大学事典

Encyclopedia of Universities

編集委員

児玉善仁（代表）

赤羽良一

岡山 茂

川島啓二

木戸 裕

斉藤泰雄

舘 昭

立川 明

平凡社

はじめに

　今，世界の大学は大きく変動しつつある。大衆化を経てポスト大衆化の時代を迎えた，かつてない変動である。日本の大学もその渦中にある。国立大学法人化，自己点検・評価などの急激な改革が行われる一方で，伝統的な教養教育の切捨てなどが行われ，これらをめぐって多様な議論が展開されている。

　しかし，議論の前提となる大学そのものの組織や機能について，必ずしも正確で十分な理解がなされているとは限らない。ともすれば，曖昧な理解や誤解に基づいた議論も見受けられる。

　このような状況の中で，大学をめぐる正確な知識と理解の拠りどころとなる事典の必要性と需要は高まっている。本事典は，この必要性と需要に応えることを目的とし，かつ一般読者も本事典によって容易に大学というものを理解できるようにすることを目指している。

　大学をめぐる諸問題は，現代的で国家的な問題が多い。しかし，これらの問題は歴史的な流れの中で生じ，国際的な影響を受けてきた。それは，大学というものが優れて歴史的に，かつ国際的に形成されてきたものであるからにほかならない。

　単に現在の大学を現実的かつ実際的に理解するだけでなく，歴史的にさかのぼって理解し，世界の大学の状況を踏まえて，より深くかつ広く理解するために，本事典がチチェローネ(導き手)となるように期待するものである。

　英語圏では，『国際高等教育百科事典』など大部なものが数点刊行されている。これらはいずれも，大学を含む高等教育を対象としたものであって，大学に焦点を当てた事典は，国際的に見てもまだ刊行されていないようである。

　本事典は，高等教育の側から大学をとらえるのではなく，大学の側から高等教育も視野に入れるという観点をとっている。それは，大学こそが高等教育機関の中軸であり，最も長い歴史と広い国際性を持つ機関であって，他の高等教育機関に多大の影響を与えてきたからである。

　この意味においても，「最初の」大学事典を刊行することの意義は大きいと思われる。

『大学事典』編集委員代表　児玉　善仁

[追記]

前頁の「はじめに」は，本事典の編集代表者であった児玉善仁先生が，各項目の執筆者に原稿依頼を行うにあたり，「刊行の趣旨」について書き表した文章をもとにしている。児玉先生におかれては，本事典の上梓を見ることなく，病魔により2015年5月17日不帰の客となられた。まことに痛恨の極みである。

本事典刊行については，親交のあった児玉先生と関口秀紀氏（平凡社執行役員，当時）との間で，2008年頃からその企画・構想が話し合われていたと伺っている。その後2010年秋になって，正式に児玉先生を代表者とする編集委員会が設けられた。以後，今日に至るまで数十回にわたる編集委員会の場をとおして，執筆方針の確認から項目の選定，記述の仕方，全体の構成と枠組み，集稿された原稿内容の検討等々について，議論を積み重ねてきた。執筆者への正式な原稿依頼は，2013年から開始された。

児玉先生が提唱し，編集委員の間で共有した「大学概念」についての理解は，次のようなものであった。

- 本事典は，「高等教育」事典ではなく，あくまで「大学」事典として位置づける。
- 従来，研究者の間ですら，高等教育機関と大学は必ずしも厳密に区別されてこなかった。そうした曖昧さを明確化することも本事典の目的の一つである。
- この場合の「大学」は，中世後期のヨーロッパで成立し，学部のような専門分野ごとのセクション，自治的団体性，学位授与権などの共通の制度と機能をもっている組織に限定する。したがって，これらの特徴をもたない他の類似機関はすべて高等教育機関であっても，「大学」ではないと捉える。
- 当然，高等教育機関には大学も含まれる。その意味で，他の高等教育機関が大学と関連する限りにおいて，高等教育に関する事項も本事典の対象となるが，それらの記述においても，大学と高等教育機関の違いを明確に区別したうえで記述するものとする。

終始リーダーシップをとってこられた児玉先生が病に倒れられた後，編集作業は難航し，刊行時期も遅れに遅れてしまった。早々に原稿をお書きいただいた執筆者のなかには，改めてこの間の新しい動向を書き加えていただくことにまでなった方もおられる。こうした方々に，たいへんなご面倒とご迷惑をおかけしてしまったことを深くお詫びしたい。

そのような事情もあって，当初の予定では，平凡社創立100周年記念出版物のひとつとして，2014年度の完成をめざしたが，その目標はかなえられなかった。しかしこの間，大学研究を専門とされる総勢202名に及ぶ執筆陣の手をお借りして，十分な時間を費やした分，結果的にはより充実した，精査された内容のものとなっていると思う。

このたびこうして完成した本事典を先生の墓前にささげることができ，編集委員一同たいへん喜ばしく思うとともに，ご協力いただいたすべての執筆者，関係者の皆様に心より御礼を申し上げる次第である。とりわけ児玉先生の一部未完の原稿について，先生の学識をよく知る山辺規子先生（奈良女子大学教授）がそのあとを補完してくださったことはたいへんありがたいことであった。

編集にあたっての基本的方針として，学術的水準を落とすことなく，難解な表現を避け，極力平易な言葉遣いの記述となるよう努めたが，至らぬ点もあるのではないかと恐れている。不備な点については，忌憚のない叱正とご教示を賜ることができれば幸いである。

児玉先生が意図された「刊行の趣旨」を，遺された私どもがどれだけ実現できたかについては読者諸賢のご判断に委ねるほかはないが，本事典が本邦初の本格的な大学事典として，大学に関心をもっておられる方々にご活用いただけることを切に希望している。

最後に，厳しい出版事情のなかで，大部にわたる学術的な内容をもつ『大学事典』刊行の意義に関して，深い理解を示され，積極的に私どもの仕事に支援を惜しまれなかった平凡社の関係各位に衷心より御礼を申し上げたい。とりわけ前記関口氏と，ほどなく加わった大澤克行氏の献身的で，行き届いた編集作業なくしては，ここまでたどりつくことはとうていおぼつかなかったであろう。また刊行に関わる種々の社内調整の労をとってくださった蟹沢格氏のご尽力にも謝意を表したい。

児玉先生のご冥福を心よりお祈り申し上げる。

2018年5月

『大学事典』編集委員一同

目次

はじめに ……………………………………………………………………………… i
編集委員／執筆者一覧 …………………………………………………………… iv
凡例 ………………………………………………………………………………… vi

テーマ編 …………………………………………………………………………… 1

I 大学が直面する課題 ………………………………………………………… 2

大学の概念 2 ／国際化とグローバル化 5 ／大学の質保証 8 ／大学の自
治 11 ／学問の自由 13 ／契約と大学 18 ／平等と大学 21 ／大学と研究 23
／大学教育とカリキュラム 26 ／教養と大学 29 ／大学と言語 31 ／大学と学
費 34

II 大学と社会の関係 ……………………………………………………………… 37

情報社会と大学 37 ／労働市場と大学 40 ／地域社会と大学 43 ／経済
発展と大学 46 ／社会構造と大学 48 ／生涯学習と大学 51 ／専門職と大
学 54 ／都市と大学 57 ／宗教と大学 60 ／知識人と大学 63

III 大学の組織と機能 ……………………………………………………………… 67

大学法制 67 ／学部の概念 70 ／学位と称号 73 ／大学院 76 ／教職員 79
／学生 82 ／入学制度 84 ／大学の設置形態 87 ／大学の目的・機能 92
／大学の行政・経営・管理 95 ／大学の財政 98

IV 世界の大学——歴史と現状 …………………………………………………… 102

日本の大学 102 ／アジアの大学 107 ／アメリカ合衆国の大学 110 ／カナダ
の大学 115 ／イギリスの大学 118 ／フランスの大学 122 ／ドイツの大学 126
／オランダ・ベルギーの大学 130 ／南欧の大学 133 ／中・東欧の大学 139
／北欧の大学 142 ／ロシアの大学 144 ／ラテンアメリカの大学 148 ／オセ
アニアの大学 151 ／アフリカの大学 153

項目編 …………………………………………………………………………… 157

［ア—ワ］

索引 ……………………………………………………………………………… 872

和文索引 ………………………………………………………………………… 872
欧文索引 ………………………………………………………………………… 928

編集委員／執筆者一覧

編集委員

児玉 善仁（代表）
帝京大学名誉教授

赤羽 良一
前長崎大学教育学部教授，
群馬工業高等専門学校名誉教授

岡山 茂
早稲田大学政治経済学術院教授

川島 啓二
京都産業大学共通教育推進機構教授，
国立教育政策研究所名誉所員

木戸 裕
前国立国会図書館調査及び
立法考査局専門調査員

斉藤 泰雄
国立教育政策研究所名誉所員

舘 昭
大学改革支援・学位授与機構名誉教授，
桜美林大学名誉教授

立川 明
国際基督教大学名誉教授

執筆者

青木 麻衣子	紀 葉子
赤羽 良一	栗田 佳代子
阿久津 正幸	栗原 康
阿曽沼 明裕	黒川 直秀
有本 章	黒田 光太郎
安藤 万奈	古賀 暁彦
池田 輝政	古賀 稔邦
池田 充裕	小佐々 学
伊藤 彰浩	小島 佐恵子
伊藤 公雄	五島 敦子
犬塚 典子	小杉 礼子
稲永 由紀	児玉 善仁
井上 史子	小西 公大
井上 美香子	小濱 歩
岩崎 久美子	小林 信一
岩田 弘三	小林 雅之
植田 康夫	齋藤 千尋
江島 尚俊	齋藤 麻美世
江藤 智佐子	斉藤 泰雄
榎 孝浩	齋藤 芳子
遠藤 忠	堺 完
大川 一毅	阪田 蓉子
大塚 豊	坂本 辰朗
大場 淳	笹井 宏益
大前 敦巳	佐々木 研一朗
大森 不二雄	佐藤 浩章
小笠原 正明	澤野 由紀子
小方 直幸	篠田 道夫
岡山 茂	島 一則
沖 清豪	清水 一彦
隠岐 さや香	JUNG, Insung
沖 裕貴	白石 嘉治
奥山 洋一郎	白川 展之
小野 俊介	白川 優治
小原 優貴	白鳥 義彦
加藤 かおり	杉谷 祐美子
加藤 一夫	杉村 美紀
加藤 和哉	鈴木 克夫
亀野 淳	鈴木 崇義
川島 啓二	髙瀬 淳
川嶋 太津夫	高田 里惠子
木岡 一明	髙谷 亜由子
北村 友人	高橋 洋行
木戸 裕	竹下 諒

舘 昭	羽田 積男	山口アンナ真美
立川 明	秦 由美子	山﨑 和美
田中 岳	服部 憲児	山崎 慎一
田中 達也	浜 邦彦	山下 正美
田中 正弘	濱中 義隆	山田 肖子
棚村 惠子	林 隆之	山田 健
谷口 清彦	早田 幸政	山田 剛史
谷口 利律	原 聖	山田 礼子
谷本 宗生	日下田 岳史	山辺 規子
近田 政博	樋野 惠子	山本 眞一
蝶 慎一	平田 利文	山本 剛
塚原 修一	平野 亮	山本 隆太
月澤 美代子	深堀 聰子	吉川 卓治
坪根 輝彦	福井 文威	吉田 文
寺倉 憲一	福石 賢一	吉田 和浩
寺島 吉彦	福留 東土	吉田 香奈
所 伸一	福本 みちよ	吉本 圭一
冨岡 勝	藤田 敦	米澤 彰純
戸村 理	藤本 頼生	米村 明夫
内藤 泰治	藤原 聖子	李 尚波
中井 俊樹	船勢 肇	我妻 鉄也
長澤 多代	船守 美穂	和氣 太司
中島 夏子	細川 敏幸	和崎 光太郎
中島 英博	細野 光章	渡邊 あや
長島 啓記	堀田 泰司	渡部 廉弘
長瀬 修	堀内 健	渡部 芳栄
中田 有紀	堀之内 敏恵	
中富 公一	前田 早苗	
中村 香	松浦 寛	
中村 勝美	松浦 正博	
中村 章二	松浦 真理	
中村 征樹	松浦 良充	
中村 雅子	松岡 宏高	
中山 あおい	松村 比奈子	
夏目 達也	松本 麻人	
南部 広孝	丸山 文裕	
西巻 明彦	水島 和則	
西村 和雄	溝上 智恵子	
西山 雄二	三谷 賢	
橋場 論	嶺井 明子	
橋本 鉱市	胸組 虎胤	
橋本 勝	森岡 修一	
長谷部 圭彦	安田 淳一郎	
羽田 貴史	安原 義仁	

凡例

【構成】

● 本事典は〈テーマ編〉と〈項目編〉からなり，巻末に索引を掲載した。

〈テーマ編〉

● 「I 大学が直面する課題」「II 大学と社会の関係」「III 大学の組織と機能」「IV 世界の大学——歴史と現状」に分類した48項目からなる。

● 「IV 世界の大学——歴史と現状」は，国名・地域名を冠した「○○の大学」を立項し，各国，各地域の大学の歴史および現状を概観した。

〈項目編〉

● 世界と日本の大学の歴史と現状，社会との関係，組織と機能にかかわる概念や用語，固有名詞等のほか，海外と国内の個別大学を五十音順に配列した。

● 欧文（欧文略称を含む）の項目は，原則としてアルファベット読みで配列したが，日本語として通用する略称がある場合は，その読みで配列した。

● 主要な国・地域では，テーマ編IVに配列した「○○の大学」項目とセットになる「○○の大学改革」を立項した。さらにアメリカ合衆国，イギリス，フランス，ドイツの4ヵ国は「○○大学モデル」を立項している。前者では現在の大学改革を中心に，後者ではモデルの出現要因と特徴，他国への影響などを中心に記述した。

● 中東地域は，テーマ編IV「中東の大学」に代えて，「イランの大学」「エジプトの大学」「トルコの大学」および「イスラームと大学」を立項した。

● アジア地域は，テーマ編IV「アジアの大学」に加え，「韓国の大学」「韓国の大学法制」「中国の大学」「中国の大学法制」を立項した。

● 国内の大学の立項にあたっては，文部科学省のウェブサイトに掲載される国立・公立・私立各大学の一覧（2016年度）を参照し，4年制大学を網羅した。

【項目見出し】

● 欧米を出自とする概念や固有名詞等には，適宜欧文表記を付した。英語以外の言語には，その言語名を示した（略号は以下の通り）。
[仏]：フランス語，[独]：ドイツ語，[蘭]：オランダ語，[伊]：イタリア語，[西]：スペイン語，[葡]：ポルトガル語，[希]：ギリシア語，[露]：ロシア語，[羅]：ラテン語

● 国内の大学には英語，海外の大学には英語ないしはフランス語，ドイツ語，イタリア語等の名称を付した。英語と諸語を併記した場合もある。

● 人名項目には生没年を示した。

● 検索の便を図るため，立項された項目の異称や項目名の一部を直送項目（空見出し）として立項し，➡️で送り先（立項項目名）を示した。

【項目本文】

● 書名や作品名には『 』，引用文や特定の呼称には「 」を使用した。

● 海外の機関や人名には，必要に応じて欧文表記を付した。

● 年号は西暦を使用し，日本に関連する記述箇所では適宜和暦も併記した。

● 関連項目を示す場合，本文中では該当項目名の語頭に ▶ 印（参照マーク）を付し，項目末尾には➡️で参照項目を示した。

● 内容の理解に資するため，適宜，項目末尾に参考文献を掲載した。

● 項目の記述にあたっては多くの文献・資料を参照したが，直接引用など特別な場合を除き，出典は掲載していない。項目末尾の参考文献が出典となる場合，その文献を（執筆者，刊行年）の形式で本文中に示した例もある。

● 各種機関や個別大学の項目では，当該機関・大学のウェブサイト等を参考にした。

● 執筆者名は本文末尾に掲載した。複数の執筆者が分担した項目は，原則として小見出しごとに執筆者名を記した。

【文字表記】

● 外国語のカタカナ表記は現地音に近づけることを旨としたが，慣用に従ったものもある。

● [v]音のカタカナ表記は，固有名詞に限り原則として[ヴ]を用いた（スペイン語を除く）。

● キリル文字・ギリシア文字等は，ラテン文字に転写して示した。

● 計量単位は原則として国際単位系（SI単位）を用いた。

【索引】

● 和文索引と欧文索引に分け，それぞれ五十音順，アルファベット順に配列した。

● 見出し語の次の数字はページ数，aは左段，bは右段，fは図，tは表を示す。

● 和文索引の場合，独立項目は見出し語およびページ数・段を太字で示した。

テーマ編

Ⅰ 大学が直面する課題 …… 2
Ⅱ 大学と社会の関係 …… 37
Ⅲ 大学の組織と機能 …… 67
Ⅳ 世界の大学——歴史と現状 …… 102

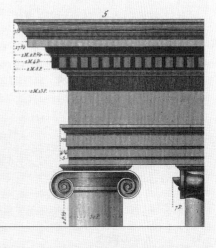

I 大学が直面する課題

大学の概念 |だいがくのがいねん

［大学という言葉と概念］

大学と呼ばれている今日の組織は，12世紀末頃のヨーロッパで生まれたものである。それ以前の時代には，今日の意味での「大学」と呼びうる高等教育機関は存在しなかった。もちろん，「大学」に匹敵する高等教育機関は，すでに古代からさまざまな国に存在してきた。プラトンのアカデメイアやアリストテレスのリュケイオンもその一つである。中国にもそうした機関はあった。日本の古代の▶大学寮などもそれに含まれるかもしれない。しかし，これらは高等教育機関ではあっても，「大学」とは言えない。中世後期のヨーロッパで誕生した「大学」という組織のみが，学部のような専門分野ごとのセクション，団体による試験や学位による学業の認定，テキストの使用や▶講義・討論の方法といった，現代にまで繋がる伝統的な制度と機能の枠組みを作り上げた。こうした制度と機能の特徴をもった高等教育機関のみを，われわれは「大学」と呼んできたのである。

　このような「大学」は，最初にイタリアのボローニャで，続いてフランスのパリで誕生した。ボローニャが学生主体の法学の大学であったのに対し，パリは教師が主体となった神学の大学として生まれた。どちらも自然発生的に出現したが，その後両大学をいわば母体として，さまざまな都市に大学は派生していくとともに，両大学は他大学創設のモデルともなった。また▶ラテン語という共通語を土台にして，「大学」はヨーロッパ各地から学生を集めることで，きわめて国際的な性格を示すとともに，そこで授与される学位はあらゆる地域で有効な普遍性をもつことになるのである。

　現代の意味で「大学」は，一般に「学部」などの専門分野ごとの組織をもつ，高度な教育と研究の機関とされる。中等教育修了を修学条件とし，公教育の最上位に位置づけられる。その目的や機能は専門職業人の養成，教養教育，諸学問分野の研究開発，現職教育などによる社会貢献などであるが，当該分野の教育を受けた者に対する特別の法的な認定である▶称号，▶学位，▶専門職資格などの授与権をもつ。そして，その認定の際などの自治団体的な性格を特徴とする。日本の「大学」は，明治以後に英・米，独，仏の▶ユニバーシティ，ウニヴェルジテート，ユニヴェルシテや，カレッジ，▶コレギウム，▶コレージュなどの概念を導入したもので

ある。

［ウニヴェルシタスの基本概念］

「大学」を表すユニバーシティなどの諸言語は，ラテン語の▶ウニヴェルシタス（universitas）に由来する。中世ヨーロッパでは，ウニヴェルシタスという言葉がコレギウム，コングレガチオなどとともに，組合などの団体組織を表す言葉として使用されていた。それらは単にさまざまな団体を意味する一般的な法概念にすぎなかったとされるが，この概念が12世紀末から13世紀にかけて教師や学生の団体にも使用され始めた。ボローニャでは「学生のウニヴェルシタス」，パリでは「教師と学生のウニヴェルシタス」という形式で一般的に使用された。ボローニャのそれが学生のみによる法人団体であったのに対して，パリのそれは教師と学生の法人団体であったからである。

　最初に出現したボローニャとパリのウニヴェルシタスは，当初は暗黙のうちに，のちには公式に教皇権や神聖ローマ皇帝権から承認され，その団体の成員による自治と法人格が保証された。そのため，ウニヴェルシタスは法人の規約（statuta）と代表権者としての学頭（rector）をもち，法的代理人（procrator）や全学秘書官（bidellus generale），指定写本商などの「職員」を抱えていた。この団体を他の職業組合（ギルド）と同等に捉えることがあるが，いくつかの点でそれらとは基本的に相違していた。職業組合は都市などの地方権力下に置かれていたが，「大学」は普遍権力である教皇庁や神聖ローマ帝国を背景として，都市などの地方権力とも時に対立し，時に密接な関係をもつという，普遍性，独立性を有した。またボローニャの場合には，ウニヴェルシタスは法学生のみによって構成され，教師が排除されていたため，徒弟よりも親方によって構成された職業組合とはかなり異質なものであった。

　ボローニャでは，法学生による生活上の協同・防衛のための「▶国民団」組織がつくられ，その連合組織としてウニヴェルシタスが形成された。それは教師と教育上の契約を結んで教育行為をおこなわせるための法人団体組織であった。そのため，そこから教師は排除され，彼らは別にコレギウムをつくった。パリでも，教養諸科は「国民団」組織をもっていたが，法学，医学，神学の上級学部の学生の多くは教養諸科の教師でもあったので，都市権力や司教座の参事会に対して彼らの権利を擁護する際には，教師が中心となって組織化がなされていた。このことから，ボローニャが法学生によるウニヴェルシタス，パリが教師主体の教養諸学を土台とした神学中心のウニヴェルシタスという対比がなされ

るようになった。そして，他の「大学」は学生型のボローニャか，教師型のパリのいずれかから派生するか，それをモデルとして大学を創設するか，あるいは▶トゥールーズ大学のように両者の混合型が採用された。

しかし，ウニヴェルシタスは必ずしも単一であったわけではない。ボローニャではアルプス以北出身の法学生によるウニヴェルシタスと，アルプス以南出身の法学生によるウニヴェルシタスがまず出現し，のちに第3の教養諸学のウニヴェルシタスが新たに形成された。したがって，ウニヴェルシタスの形成原理は，学問分野ごとのセクションだけでなく，構成員の出身地にも依存していた。古代以来高等教育に相当する機関はさまざまな国や地域において存在してきたが，それらと「大学」とが根本的に相違するのは，こうした教育機能の団体性と普遍性においてである。

[ウニヴェルシタスの語義とその使用]
元来，ウニヴェルシタスという言葉は，人的あるいは物的な総体のような全体性や普遍性を表すものとして用いられ，やがて団体ないしは結社の多様な形態を表すものとして使用された。そして，それが学生ないしは教師と学生の自治団体組織にも使われるようになったのである。「大学」が成立する12世紀から13世紀にかけての法的論議の中でも，ウニヴェルシタスはローマ法の「集合性」と「全体性」を土台としながら，個人の集合体すべての一般的な概念として用いられ，成員共通の一般意志による団体の意志と，公的承認による法的権利主体である一個の法人団体を意味するようになった。こうして中世都市の諸団体の形成動向の中の一つとして表れた，教育のための法人団体にもウニヴェルシタスという言葉が使用された。

いつ頃からウニヴェルシタスが学生や教師の自治団体組織に使用され始めたのかは，残存する資料に依存する問題であり，各大学によって異なっている。▶ボローニャ大学では「国民団」と混同して使用されることもあったが，1210年代以降の都市規約や教皇教書などでは「学生のウニヴェルシタス」として使用された。▶パリ大学の場合は，1215年の教皇使節ロベール・ド・クールソンの規約以降に「教師と学生のウニヴェルシタス」という定型が使用され始めた。ボローニャの学生型「大学」の影響を受けた▶モンペリエ大学では，1220年の文書に「学生とドクトルの医学のウニヴェルシタス」の名称が見られる。神聖ローマ皇帝フリードリヒ2世が創設した▶ナポリ大学に対抗して，教皇グレゴリウス9世が設立したトゥールーズ大学では，1229年の文書にパリ大学と同様の「教師と学生のウニヴェルシタス」という定型的表現が使われている。イングランドでは，▶オックスフォード大学のチャンセラーが1216年の文書で，初めて「オックスフォードのウニヴェルシタス」の表現を使用した。▶ケンブリッジ大

学に関しては，1233年の教皇グレゴリウス9世の文書に「学生のウニヴェルシタス」の表記が見られる。

以上の例から，史料上は13世紀の初期から「大学」にウニヴェルシタスという語が使用されていることが見て取れよう。この用語の出現は団体組織としての成立の時期に関わる問題であって，団体規約や代表者をもった時点からウニヴェルシタスが法人団体組織を意味するようになったのである。しかし，ボローニャにしてもパリにしても自然発生的な大学の宿命として厳密な団体組織の成立時期を確定するのは困難であり，おおむね13世紀初期の漸進的形成を前提として，ウニヴェルシタスが学生の，あるいは教師と学生の自治法人団体組織を意味するようになったと捉えられる。

[ウニヴェルシタスとストゥディウム・ゲネラーレ]
中世には，ウニヴェルシタスと並んでストゥディウムという言葉も「大学」を意味するものとして使用された。ウニヴェルシタスは学生ないし教師と学生の自治団体組織，ストゥディウムは教育機関一般を意味した。前者は人的な団体概念であり，後者は組織的機能や場の概念である。のちに，「大学」は単なるストゥディウムではなく，▶ストゥディウム・ゲネラーレ (studium generale) とされて，普遍的性格をもつ高度な教育機関として区別された。この場合の普遍性は，神聖ローマ帝国とローマ教会がローマ法あるいは教会法といった普遍法によって実現しようとした普遍的君主制の理念が学問分野に反映されたもので，そこから普遍的に有効な諸特権がもたらされる。それら諸特権のうちで最も重要なものが，あらゆる地域で有効な教授権とその授与権となる。こうして，「大学」の固有にして最も重要な機能として，普遍的に有効な学位の授与権が位置づけられた。あらゆる地域から学生が集まってきた国際性も，この学位の普遍的有効性に由来する。

15世紀以降にウニヴェルシタスとストゥディウム・ゲネラーレが同義的に使用されるようになったことは，ウニヴェルシタスのもつ教育法人自治団体としての概念と，ストゥディウム・ゲネラーレのもつ普遍的な▶学位授与権が，ともに「大学」の概念として使用されるようになったことを意味する。すなわち，以後ウニヴェルシタスと表記される「大学」は，普遍的な学位授与権をもつ高等教育のための法人自治団体という概念をもつようになったのである。

しかし，近代になって大学の地方化・国家化によってその普遍性はしだいに喪失する。それに伴って普遍的な学位授与権の意義も失われていく。その結果，用語としても「普遍的」を表す「ゲネラーレ」をもつ「ストゥディウム・ゲネラーレ」という語が消滅し，高等教育の法人自治団体という概念を表すウニヴェルシタスという語が残っていったのである。とはいえ，以下に示すように，学位に象徴される大学の普遍性だけでなく，高等教育のコルポラ

チオ（法人自治団体）という概念も，近代における大学が国家的なアンシュタルト（行政的組織）へと変容していく過程において，変容せざるをえなくなるのである。

［多様化する高等教育と大学概念の変容］

前述のように，中世から近代初期まで，大学は普遍性をもったコルポラチオとしてのウニヴェルシタスの性格を何とか維持しようとしたが，次第に学生や教師は特定の地域や国家の出身者に限られていく。その結果，組織そのものが国家的制度に位置づけられるとともに，授与する学位も汎ヨーロッパ的普遍性をもたなくなった。こうして，大学は普遍性を喪失して，ストゥディウム・ゲネラーレではなくなり，国家的アンシュタルトとしてのウニヴェルシタスとなっていった。

大きな流れで見ると，大学の形成期ともいうべき13，14世紀を含めて，大学はおおむね2世紀ごとに大きく変化してきた。15，16世紀になると，▶中世大学の基本的な知的構造こそ変化しなかったが，大学そのものの普遍性は急速に失われ，大学の組織・機能は地方化・国家化していった。そして，続く17，18世紀には，大学組織よりも，学の構造そのものがより深刻な状況に陥ることになった。▶アカデミア（アカデミー）に結集した近代科学の外圧が，旧体制となった大学を揺るがしたのである。当然のことに，大学は当初その外圧に抵抗したが，その抵抗は逆に近代科学の勢いをいっそう促進させ，やがて大学は近代科学を従来の伝統的な学問と同等と認めるか，あるいは大学自体の内部組織に取り込まざるを得なくなった。

こうした17，18世紀の大きな地殻変動を経て19世紀になると，ウニヴェルシタスの概念は明らかに変容していく。「大学」が多様化していったのである。厳密には「高等教育機関」が多様化し，その中で「大学」もまた変容せざるを得なくなった。大学は伝統的な神学，法学，医学，教養諸学の四学部組織を変更して，自然科学を取り込んだ新たな近代大学として再生することになったのである。これとあわせて教育機能に加え，研究機能も大学の重要な構成要素として明確に位置づけられることになる。19世紀前半のフランス，ドイツ，イギリスの一連の改革は，全く新しいウニヴェルシタスを創造するか，昔の衣を仕立て直してモダンなものにするか，新たな方向を模索して伝統を変えるか，その変容が頂点に達した現象であったと言ってよいであろう。その例を挙げれば，ナポレオンが「帝国大学」（▶ユニヴェルシテ・アンペリアル）を設立したのが1808年であり，2年後の1810年には▶フンボルトが▶ベルリン大学を創設した。1836年には従来のオックスブリッジ型とは異なる▶ロンドン大学が設立され，中世以来のオックスフォード，ケンブリッジも改革を余儀なくされるようになった。

現在，大学発祥の地であるヨーロッパでは，それぞれの国家や地域の問題を抱えながらも，汎ヨーロッパ的で統一的な欧州高等教育圏（European Higher Education Area）の確立に向かって，急激な大学改革がおこなわれている。こうした動きは，一方で▶ボローニャ・プロセスに見られるように，地方化した「大学」を共通の学位制度や▶欧州単位互換制度（ECTS）などによって統一的な教育圏へと一体化しつつ，他方で，▶エラスムス計画などを通して人的な国際的流動性を引き起こし，中世において実現されていたような「大学」の普遍性を再構築しようという動きとして理解されよう。

実際，12世紀末頃に生まれた中世大学は，学生の国際性と学位の普遍性を特徴とするものであった。ボローニャやパリにはヨーロッパの各地から学生が参集し，そこで得た学位は▶専門職資格として汎ヨーロッパ的な有効性をもっていた。そのようなかつての大学を理想として，ヨーロッパは統一的な高等教育の空間を再び作り上げようとしているように見える。それは，国際性と普遍性を兼ね備えた中世大学が，近代に入って次第にその組織そのものも国家化されるとともに，学位もまた国家によって裏付けられた地方的有効性しか有しなくなり，それにしたがって学生の出自も地方化していったという，大学の「発展」の歴史への必然的反動であるのかもしれない。学問そのものやその学問を教える行為は本来普遍的であって，国家という地域権力の枠外に存在すべきものであるからである。

まさに近世以降の大学の歴史は，大学のもつ本来的な国際性・普遍性と，近代に顕著となった地方性・国家性との相克の歴史であったといっても過言ではない。そして今，近代大学の特性となった地方性や国家性を乗り越えて，かつてのような国際性と普遍性をヨーロッパの大学は取り戻そうとしているわけである。換言すれば，本来の姿を失って各国の特徴をもつに至ったウニヴェルシタスが，再び普遍的なストゥディウム・ゲネラーレへと回帰する試みであるかのように見える。もちろん，それは単純な先祖返りではなく，EU（欧州連合）の基本原理である継承性と補完性と柔軟性を生かし，地方性と国家性に縛られた各国の大学の現状を踏まえて，国際性と普遍性を再構築しようとするものである。それゆえに，各国の実状と新たな大学の方向性との間で，さまざまな矛盾や相克が生まれている。その意味で，今ヨーロッパの大学概念は大きく転換しつつある。

ひるがえって現在の日本の大学の状況はどうであろうか。日本の大学は現在，一方で少子化時代における学生数の減少など日本的事情への対応を必要としつつ，他方で「ポスト大衆化」時代という国際的な状況下における変革の必要性への対応に迫られている。その意味で状況は，ヨーロッパの大学が各国の個別的状況への対応と，EUにおける普遍性の再構築の必要性への対応というアンビバ

4 　　大学の概念

レントな状況に置かれていることと似通っている。日本では明治以来，大学は「国家的アンシュタルト」と捉えられるか，あるいは「公的な営造物」のように捉えられることが多かった。現代日本の大学改革が，「大学」の歴史を踏まえた地域性や国際性，そして普遍性といった基本的な概念を根本から見据えることなくおこなわれているとすれば，それは足が地に着いたものとはなりえないのではなかろうか。　　　　　　　　　　　　　　　　児玉　善仁

→中世大学モデル，高等教育と大学，学位と称号（テーマ編），学部の概念（テーマ編），大学と研究（テーマ編）

◎児玉善仁『イタリアの中世大学―その成立と変容』名古屋大学出版会，2007.
◎児玉善仁「起源としての『大学』概念」，別府昭郎編『〈大学〉再考―概念の受容と展開』知泉書館，2011.
◎児玉善仁「世界の大学改革―伝統と革新」，大学史研究会『大学史研究』第24号，2010.
◎児玉善仁「大学の歴史と「指導法」」，児玉善仁・別府昭郎・川島啓二編『大学の指導法―学生の自己発見のために』東信堂，2004.
◎児玉善仁「Studium generaleの概念―その普遍性と法的根拠をめぐって」『イタリア学会誌』第25号，1977.

国際化とグローバル化

こくさいかとグローバルか

［基本的視点］

国際化とグローバル化は，現代の大学が直面する緊急課題の一つであるが，両者の関係には複数の解釈がある。国際化の度合いが高まるとグローバル化に至る，と連続した段階としての捉え方がある。別の有力な解釈は，グローバル化という広範な現象への，大学による対応が国際化であると論じる。こうした解釈を念頭に置くと，20世紀のアメリカ合衆国を代表する大学人クラーク・カーが，1990年，ヨーロッパで公表した大学の国際化論が課題の探索への有力な手がかりを与えてくれる。そこで彼は，国際化と国家化とに引き裂かれた現在の大学の問題を，世界史の中に位置づけ分析しているからである。

カーによれば20世紀末，学術研究は科学を中心に国境を越え目立って国際化した。同時に，そうした成果の利用を国家の利益に限定しようとする圧力が強まった。二つの正反対のベクトルに挟まれ，大学は引き裂かれそうな状況にある。カーによれば，こうした現状は歴史に即して初めて理解できる。分岐点は16世紀のルターによる宗教改革であった。古代から中世を含む2000年間，ヨーロッパの学者は，多少の迫害は受けつつも，国境を越えて歓迎され活動していた。しかし，宗教改革に続き誕生した国民国家は，大学と学問に公然と掣肘を加えた。一つの▶教育言語（▶ラテン語），一つのカリキュラム，一つの宗教にもとづく単一な中

世大学モデルは，これ以降，各国語で教授され，国家ごとの目的に奉仕する，宗教も異なる多数のモデルへと分裂した。

それから500年を経た現代の大学は，英語と数学の学術上の共通語化，カリキュラムの世界共通指向化，教会とイデオロギーとの衰退，さらに情報通信の電子化の結果，再度均一モデルへと収束する兆しを見せている。ただし皮肉にも各国は，経済活動のグローバル化の度合いに比例して，学術成果を自国のみに還元すべく，大学への圧力を強めている。現代の大学はそうした矛盾のただ中にあるとカーはいう。

大学の国際化の観点から，カーの主張の2点に注意したい。第1に，彼は宗教改革に先立つ▶中世大学を，すべてが一つの単一モデルとして記述する。しかし，▶パリ大学は四つの，▶ボローニャ大学は実に十数個の▶国民団（natio=nation）から構成されていた点を半ば無視している。事実は，初期の中世大学の基本構成単位は専門（専門職）領域ではなく，出身地や母語別の学生や教師からなる国民団であり，大学の長はそこから選任された。しかも，国民団の間の主導権争いは熾烈で，しばしば全面戦争の様相を呈し，個別大学の存立を脅かしさえした。中世大学は理想の国際大学からはほど遠く，出身背景や母語別の国民団の相争う，一面では近代国家群の先駆けのような組織でもあったのである（Pearl Kibre, *The Nations in the Medieval Universities*）。

第2に，カーは現代の大学が転換を遂げる可能性を展望しつつも，国民国家の存続を疑わないのみか，大学との関係強化をさえ示唆する。近年の論者の多くは，情報伝達手段の革命的な変化と大学教育の国際市場での商品化の結果，国民国家の弱体化と大学のグローバル化とがともに加速すると見る。文芸批評家のビル・レディングズに至っては，そうした国家の文化の擁護を天職とした近代大学は今や廃墟と化したと断定する程である（『廃墟のなかの大学』）。カーはそうした立場をとらない。

［前史と国際化とグローバル化］

以下では，国際化は中世大学への単純な回帰では果たし難いこと，国民国家は今後も存続するであろうことを前提に，大学の国際化とグローバル化を検討する。まず気づくのは，ヨーロッパ史上で国際化の自覚は比較的最近に生じたことである。『オックスフォード英語辞典』（OED）によれば，功利主義哲学者ジェレミー・ベンサム（1748-1832）がinternationalの語を最初に用いた。アメリカ独立宣言直後の1780年のことであった。15年後の1795年には，イマニュエル・カント（1724-1804）が『永遠平和のために』を公刊し，世界の恒久的な平和に向け，各民族が自らの共和国を形成した上で，平和連合を結成する必要を述べた。19世紀前半，諸国民

の信念と政体の多様にもかかわらず，国際的な秩序の構築に向けた調停は，文明の旗印のもと可能であるとの認識が共有されはじめた（Mazower）。ジョン・スチュアート・ミル（1806-73）は，個性的な国民国家間の相互交渉のみが，ヨーロッパを停滞から護り，進歩させる原動力であると断定するに至った（『自由論』）。19世紀から20世紀初頭のヨーロッパは，各国民国家による個性の最大限の発揮が，その構成員全体に最大限の恩恵を与えるという，いわば民主的な国際共同体の実現を期待するまでになった。20世紀の前半，そうした理想への期待は，2度の世界大戦に直面して，一敗地にまみれたのである。

　戦前の国際化の前史は，現代の国際化・グローバル化論に影を落としている。カナダのジェーン・ナイトによれば，グローバル化は工業技術に始まり，知識，人，価値観等の果てしない越境とその多様な影響を指す。これに対し国際化は，グローバル化への各国・大学による対応の一形態ではあるが，そこでは何よりも「国家の個性が尊重される」。国家であれ大学であれ，その個性を失うような対応は国際化ではないと明言する（Hans de Wit）。イギリスの大学行政家・研究者のピーター・スコットは，大学のマス化こそ一大課題だと指摘した上で，この課題とグローバル化とは即応する面を見いだす。他方，現行の国際化は，先進的な国家間の高度な学術文化研究の交流を下敷きにしており，エリート主義的な上下関係を拭いきれない。今後の国際化は，大学教育のマーケット化や国内の側での教育の国際化，冷戦終結後の途上国での大学教育の実体を見据えて実施すべきだとする。

　歴史を踏まえたナイトとスコットの国際化論は，途上国からの議論にも反響している。イランの論者は，国際化を被る国の主権と，変化に果たすその固有の役割とが認知される必要を訴える。さもないと，潜在力の低い国の大学は高い側に従属せざるを得ず，本来は双方向的な国際化が，一方向的なグローバル化に終わるという（Arabkheradmand, et al.）。アフリカの立場の論者は，学術活動の辺境に位置する地域は先進国での大学教育の成果を丸ごと消費するため，形態上は「国際化」したように見えても，国際化とは似て非なる一方的な屈服であると主張するのである（Damtew Teferra et al, eds., *Higher Education and Globalization*）。

　現在の大学の国際化は，先進国・途上国の別なく，新規参入のグローバル化に押され，やや守勢気味のようにも見える。しかし，グローバル化の原動力たる市場主義にも長い前史があり，その源は国際化と同じ時代に遡る。『永遠平和のために』の中でカントは，元首は安易に戦争を引き起こし，商業の従事者は平和を促進すると主張した。実際，19世紀の自由貿易は当初，平和運動の一環として実施された。経済学者デヴィッド・リカード（1772-

1823）は，諸国個々に固有な能力を最大限に発揮させる自由貿易こそ，文明世界を統一し平和を招来すると論じた（Mazower）。しかし，政治と同じく，こうした自由市場の運動も世界大戦の到来で，一度は灰燼に帰したのである（Glenda Sluga, *Internationalism in the Age of Nationalism*）。

[グローバル大学の出現]
20世紀末に再燃した市場化は，人の移動の圧倒的な増加，通信技術上の革命，冷戦終結に伴う世界の一元化等の点で，19世紀の場合を遥かに凌いでいる。中でも今回，世界貿易機関（WTO）の「サービスの貿易に関する一般協定（GATS: 1994年）」は，大学を含む教育分野を貿易の対象と指定した。大学教育は万国向けに商品化され，かつては不可能かつ無意味と見なされていた，一定の基準にもとづく世界の大学のランク付けが実施され，その結果がブランド商品然として毎年公表される。大学側も自らの「品質」保証としてランクを利用して憚らない。世界の大学の同列の評価が可能であれば，その際の基準を具体化したグローバル大学，世界大学の出現は自然であろう。

　教育史家のジョエル・スプリングは，そうしたグローバル大学は，まずは世界の諸大学のネットワークの形で実現すると予言し，その概略を以下のように記述する。「（それは）世界の諸大学を寄せ集めた組織として形成されよう。この組織は，学生も教員をも共に分かち合い，研究も協同して遂行し，国際的に標準化したカリキュラムを共用し，e-ラーニングを活用して仮想のセミナー（virtual seminars）を行うだろう。（中略）個々の大学はそれなりの特長を保持し続けるだろうが，学位授与の権限はネットワークに委ねられる。（『*Globalization and Education*』）」

　こうしたグローバル大学の出現の前段階として，世界の特定の地域による大学圏の整備の試みがある。EUが1999年以来推進する▶ボローニャ・プロセスは，学位の比較可能化，学士・大学院課程の区別化，単位の互換制度の確立等を目標に，ヨーロッパの高等教育圏の創出を目指す。多様な伝統を持つ四十数ヵ国の間で，大学教育の透明化，標準化，交流の活性化を追究している（木戸）。しかし，2015年現在，学生の相互交流を始めとして成果の限られた分野も多いのが実情である（*The European Higher Education Area in 2015*）。確かに，大学の国際化と比べて，そのグローバル化には賛否両論が際立つ。賛成派は，職業に直結する勉学を普及して世界の繁栄を導く教育上の推進力として，その徹底化を強く推奨する。他方，反対派は，大学を職業学校化した上で商品化し，各国の文化をいたずらに均一化する元凶として厳しく批判する（Maringe & Foskett, eds.）。論争は今後も続くであろう。

[国際化・グローバル化への大学の反応]
では，世界の大学は国際化とグローバル化にいかなる態度で対処しているか。▶国際大学協会（Inter-

national Association of Universities）は2005年，国際化に関する調査を実施し，世界の6地域526大学からの回答結果を公表した。まず注目すべきは21世紀に入り，国際化の主目的が国際協力や国際理解（回答の14％）から，国際間の競争力の獲得（同28％）へと大きく変化したことである。同様に，国際的な名声や知名度が，かつて最重要だった学術水準を凌ぐ重要項目となった。大学教育のこうした商業化への危惧はアジア・パシフィック地域が最も強く，北米，中近東の順で続いた。他方，国際化・グローバル化を伝統文化への脅威と見なす傾向は中近東で根強く（同地域回答の32％），逆に北米ではほぼ皆無（同1％）であった。回答上の落差は，グローバル化即アメリカ化との通念を裏づけるようにも見える。しかし，大学間で最も評判の高い留学先はヨーロッパ，アジア・パシフィック（含オーストラリア）で，アメリカ合衆国は3位という調査結果から判断すれば，大学に関する限り，そうした通念はやや短絡的と言える（Jane Knight）。

　もう一つ，大学の地域別によるグローバル化の受容の仕方の違いを，研究者が2009年に49大学について調査した結果を見よう。グローバル化を自然かつ不可避と見なす割合は，西欧は80％，西欧以外の地域は60％，アフリカ・中近東は30％と，先進国で高く途上国で低かった。逆に，グローバル化を西欧イデオロギーの支配と見る大学が，西欧では10％と低く，アフリカ・中近東では75％と高かった。ところが，グローバル化は国々の貧富の格差を拡大するという説には，西欧が60％，非西欧は80％，中近東・アフリカは75％が賛意を表明し，地域で大差はなかった（Maringe & Foskett, eds.）。これらの結果を総合すると，アフリカ・中近東の大学にとってグローバル化は西欧化の別名に過ぎず，先進国による途上国の搾取の一部と映っている。他方，西欧の大学は，グローバル化は西欧の思想を超えた普遍的な現象であるが，地域の大学の文化的素地に応じて効果が異なると判断している。論争はここでも続くだろう。

［今後の課題と可能性］

1980年から2015年にかけて，世界の大学生人口は5000万弱から2億強へ，留学生人口は約100万から約500万へ増えたと推計される。留学生の割合は学生全体の400分の1程度で，依然エリート的な「国際化」色を残す。にもかかわらず，留学生の増加率はこの間，学生全体のそれをわずかであるが上回っている。先進国を中心に，公的資金の減少を留学生からの収入で埋め合わせる動きが続いている。EUのように，地域内での学生の移動を促進する政策も広まる気配を見せる。さらに既述のような留学先としてのヨーロッパ，アジア・パシフィック地域の人気で，留学生の分散化も予想される。こうした傾向の結果として，▶留学は次第にグローバル化し，マス化との繋がりを強めよう。留学

生数の増加に加え，留学生を多数抱える大学の数，さらには自国内で留学生とともに学ぶ機会を持つ学生の数が飛躍的に増大するであろう。

　こうした事態が現実化する時，世界の大学は19世紀に培われようとした国際化の精神，個々の個性を純化・透明化した上での相互貢献にもとづき，諸国家の連合を形成するという精神の実現に，新たな条件の下，再度挑戦することになろう（国際連合やUNESCOの貢献を忘れるわけではないが）。ソクラテスに端を発し啓蒙時代に開花した西欧の理性の伝統と，国民国家を文化面で支えた近代大学との終焉が叫ばれて久しい。確かに今日，大学は一面では廃墟と化しているのかも知れない。にもかかわらず存続する限り，大学が，今後いかなる主義主張，いかなる文化遺産をも無批判に絶対化し，肯定し続けるとは想像し難い。大学はやはり，さまざまな主義主張，文化遺産を相互検討する場を学生・研究者に与え続けるだろう。究極的なコンセンサスは求めないとしても，検討を加える主義主張，文化遺産の保持が，自らにとって，また他の主義主張や文化遺産の保持者たちにとって，どのような意味と帰結とをもたらすかについて，学生たちに自覚化させることを，依然としてその教育作用とするであろう。こうした作業を首尾よく遂行する条件は，グローバル化した将来の大学では，かつてより遥かに自然かつ広く整うかも知れない。

　グローバル化に伴う深刻な問題も多く，大胆かつ果敢な対応を必要としよう。言語はそうした問題の最右翼である。にわかにコンセンサスに至るはずもないが，現在の英語の独占化を打破するため，世界の大学公用語にもう一つ東洋語を加え，大学で学ぶ者には母語以外の言語を教育研究用の媒体として強制するのも方法であろう。大学では母語で学ぶ特権を誰にも与えない替わりに，二つの言語に焦点化された教育研究活動の間に適度な緊張を生み出して学問の硬直化を防ぎ，中世大学でのラテン語以上の役割が期待できるかも知れない。また，各地の大学での留学生が顕著に増加して，文化や文学，宗教等を広範囲に検討しあい，科学も学際的に教育研究する機会が増せば，学生や教員の学問分野別の分類や所属の意義が相対的に薄れるであろう。その上，全員が母語以外の言語で学習・研究するとなれば，グローバル大学では母語や出身地域が同一な者たちの連帯感が強まるかも知れない。中世初期のように，いくつもの国民団（nation）が復活し，大学の運営の一角に参画するとしても，決して荒唐無稽な話ではない。ただし，国民団間の主導権争いが目的ではない以上，前提条件として，学生と教員の全員が腕力や策謀術の替わりに，「戦いかつ愛するコミュニカツィオーン」（K. ヤスパース『大学の理念』）の能力をあらかじめ鍛えておく必要のあることは断るまでもない。

立川　明

→ 世界大学ランキング，教育・研究媒体の英語化，大学教育の国際化加速プログラム，欧州単位互換制度

◎Ali Arabkheradmand, et al., *An Introduction to the Internationalization of Higher Education*, U. P. of America, 2015.
◎Hans de Wit, *Internationalization of Higher Education in the United States and Europe*, Greenwood Press, 2002.
◎Clark Kerr, "The Internationalization of Learning and the Nationalization of the Purposes of Higher Education." *European Journal of Education*, XXV,1, 1990.
◎木戸裕『ドイツ統一・EU統合とグローバリズム』東信堂，2012.
◎Jane Knight, *Higher Education in Turmoil*, Sense Pub., 2008.
◎Felix Maringe and Nick Foskett, eds., *Globalization and Internationalization in Higher Education*, Continuum, 2010.
◎Mark Mazower, *Governing the World*, Penguin, 2012.
◎Peter Scott, ed., *The Globalization of Higher Education*, Open University Press, 1998.
◎Joel Spring, *Globalization and Education*, Routledge, 2009.
◎Luc E. Weber and James J. Duderstadt, eds., *The Globalization of Higher Education*, Economica, 2008.

大学の質保証 |だいがくのしつほしょう

［質保証の定義］

大学が提供する教育プログラムの質を測定・監視し，質を維持もしくは強化する一連の取組みと手続きを指す。大学，専門職団体もしくは政府や他の基準設定団体が設定した教育プログラム基準への達成を測定することで遂行されることが一般的である。また，大学など教育機関および団体が行う評価(evaluation)，適格判定(accreditation)および監査(audit)などの活動を包含したものと考えられている。この定義はOECD, Quality and Recognition in Higher Education The Cross-border Challenge(2004)およびEuropean Association for Quality Assurance in Higher Education (ENQA), Standards and Guidelines for Quality Assurance in the European Higher Education Area(2005)の定義に基づいて整理したものである。

［質概念の多様性］

大学教育の質の定義は多様であり，歴史的に変化してきた。質(quality)として社会的に認識されているものは，建物・設備のような資源はもちろんのこと，学生あたり教師数のように個別指導を受ける機会の豊かさ，学生に提供される知識の水準，入学する学生の学力などもあげられる。ユネスコ「21世紀の高等教育に向けての世界宣言―展望と行動」(1998年)は，「(a)高等教育の質とは多面的な概念であり，そのすべての機能や活動を包含するものでなければならない。具体的には，授業・教育計画・研究・奨学金・教職員・学生・建物・設備・備品・地域社会への貢献・学問的環境などをすべて含まなければならない」(11条「質的評価」)と述べている。

これらの質概念は調和的でなく，専門的知識の高い水準を質として目指せば，幅広い知識がおろそかになるといったように，現実の教育において相互排他的になる面もある。大学教育の質は，最高段階の教育として共通する使命と理念に基づいて定義できるが，相対的であり，価値的判断を含むのである。質の評価による改善は，教育的価値を変更し，別な観点からはダメージを与える面もある。Green(1994)は質の概念を，①伝統的な質の概念(学生に対して与える経験，卒業生と研究の成果など)，②基準ないし仕様への適合，③目的への適合性としての質(目的に対してどの程度達成したか)と定義し，機関の目標を達成する上での有効性とみなしている。この定義は，質概念の相対性を踏まえた上で，大学教育の質を向上させるメカニズムに対応した質を規定するためのものである。

［質保証の原型］

大学は学校教育の最高段階として，この用語を使う以前から，国民国家の枠内で質を確保するさまざまな制度が存在してきた。大学教育の質を決定する要素は，①入口(中等教育からの接続と入学者選抜など)，②プロセス(教員の質，カリキュラムと教育内容・方法，在学期間，与えられる学習経験，成績評価，研究指導，学習・学生支援，施設・設備など)，③出口(学位審査，卒業試験など)の三つに区分できる。

入口の質保証として大きな役割を果たしてきたのは，大学入学資格と，これに連動する選抜性の高い中等教育機関である。ドイツの▶アビトゥーア(1788年に導入)とギムナジウム，フランスの▶バカロレア(1808年に導入)とリセが典型である。ドイツの大学におけるフンボルトモデル(教員と学生がともに真理探究をめざすことで陶冶を図る)は，ギムナジウムがリベラルアーツ教育を行うことで保証されていた。日本の旧制高等学校は学科課程，教科書，教授日数，設備等のプロセス要因を法令によって定めて大学予備教育を行い，▶帝国大学の入学定員と連動した厳格な入学定員管理によって選抜性を維持していた。

プロセスの質保証としてもっとも典型的なものは，アメリカ合衆国の▶アクレディテーションである。もともとアクレディテーションは，19世紀後半に，地域に開かれた多様な水準の中等学校に対して，カレッジで受け入れるに足る教育を行っているかどうかを認定する仕組みとして始まり，1910年には北中部地区基準協会がカレッジを対象にしたアクレディテーションを始め，1950年代には全米で定着した。

出口の質保証は，大学教育の成果を明確にする上でもっとも重要である。ドイツの場合には学位試験，学部卒業試験，さらに職業資格のための国家試験が19世紀の大学で確立していた。イギリスにおいては，1832年に▶ダラム大学が学位論文の審査に▶オックスフォード大学の教員を加えたのを嚆矢として，1880年代にはイギリス全体に学外試験

委員制度が広がった。日本の場合，修業年限を厳格に定め(年限主義)，学年制の下で各科目の試験を行い，進級させることで▶学士の称号を与えることにしており，その内容は大学によってばらばらで出口管理は発達しなかった。

日本の大学の範型となった帝国大学卒業生の就職先は官僚であり，大学教員の資格としては，▶留学により外国大学の学位を取得することが重視され，▶大学院は教育の成果として学位を授与する機関としてほとんど実質化しなかった。また，大学生は1930年においてすら同世代の0.8％に過ぎず，選抜性はきわめて高く，こうした事情も出口管理を必要としなかった理由と考えられる。

[新たな質保証の要求]
以上の質保証は，いずれも国民国家と教育システムの確立の一環として各国で発展してきたものであるが，1990年代には，新たな▶質保証制度の必要性が叫ばれるようになった。その背景には三つの要素が絡んでいる。第1は，大学の大衆化による質への懸念である。イギリスにおいては，1992年に▶ポリテクニクを昇格した新大学が創設されたが，質について▶デアリング報告書(1997年)が問題視し，▶高等教育質保証機構(QAA)が設置され，学位の要件や分野別参照基準が作成された。

第2は，冷戦体制の崩壊とグローバリゼーションを背景に，国境を越えた学生の移動と高等教育の商品化が広がることで，互換性が求められたことである。その典型は1999年のボローニャ宣言で明確になった▶ボローニャ・プロセスであり，国民国家の枠組みで完結していた高等教育を，▶学士課程・▶修士課程・▶博士課程の3段階の学位を相互に認証するなど高等教育圏の創出を目指すことである。その重要な柱として，高等教育の質に関する概念を基準として明確化することが打ち出された。2004年には欧州高等教育質保証協会(ENQA)が設置されている。

第3は，公財政における▶アカウンタビリティ要求の増加である。どこの国でも大学教育は政府からの財源によって維持されており，高等教育の規模が拡大する一方，財政の赤字化が進行してきた。アメリカでは1980年代から高等教育のアカウンタビリティを求める動きが強くなり，近年は学習成果を明確にすることが求められ，各機関における▶インスティチューショナル・リサーチ(Institutional Research: IR)活動の強化と▶内部質保証が進められている。

質を支える要素は多様であり，機関に共有されている卓越性の文化，価値観や態度を重視する意見もあるが，質保証が国境を超えて求められると，よりフォーマルな形態が追求されるようになってきた。第1に，ボローニャ・プロセスが示すように，国民国家の多様性を超えて質保証を行う手法として，大学教育としての質を規定する要素を明確に

した基準に基づき，それへの適合状況を評価するアクレディテーションが広く採用されてきた。第2に，アクレディテーションも，アメリカにおいて顕著なように，より直接教育効果を評価することを重視するようになってきた。第3に，学位の質を保証するために，個々の科目で教える知識構造を明確にし，▶単位互換を促進するなど，学習の内容も含めた質保証が推進されている。第4に，アクレディテーションに限らず，監査など多様な方式が各国で試行され，質保証に関する情報を共有するために，地域単位の質保証ネットワーク(2015年現在，▶アジア・太平洋質保証ネットワークなど23団体)や，世界的な国際高等教育質保証機関ネットワーク(▶INQAAHE)が結成され，質保証の理論と実践に取り組んでいる。

[日本の質保証の原型]
第2次世界大戦前の日本において質保証を支えていたのは，各種の教育内容基準によって大学予備教育を行い，帝国大学の入学定員と連動した厳格な入学定員管理によって選抜性を維持していた旧制高等学校であった。戦後学制改革によって旧制高校は廃止され，アメリカ型の大衆的中等教育機関である新制高等学校制度が導入された。▶新制大学は，レベルの異なる多様な高等教育機関を統合して制度化された。統合された新制大学が大学教育としての水準を備えるために，アメリカ型のアクレディテーションが導入されることになり，1947年に▶大学基準協会が設置されたが，政府は設置認可の機能を重視し，定着しなかった。▶卒業試験など出口管理は重視されず，旧制高校入試に代わって大学入試による選抜が，質保証において現実的に大きな力を発揮し，社会的には入試成績によるランクが学生と大学の質とみなされた。

[大衆化と質保証]
新制高校が定着して大学進学が拡大し，第1次ベビーブーマーが進学年齢を迎える1960年代は，量的拡大に伴う大学教育の質が本格的に問われるべき時期であった。しかし政府は，教員数の増加など教育環境を整備する条件を付けずに，▶私立大学の定員拡大を行うことを決定し，定員増を届け出にしたため，マスプロ授業が常態化し，教育の質は急速に悪化した。文部省と▶中央教育審議会は，いわゆる三八答申(大学教育の改善について)と四一答申(後期中等教育の拡充整備について)によって，高校と高等教育機関を多様化し，大学の規模を抑制することで，普通高校の大学予備教育機能と大学教育との関係を強化する方針を示した。これも高校の多様化がもたらす進学要求とのミスマッチが社会問題化し，まったく機能しなかった。質の改善がわずかに進んだのは，1972年に公表された中教審答申(いわゆる▶四六答申)による私学助成と結びつけた教育条件の改善方策であり，私立大学の入学定員超過規制が高等教育計画として推進

され，教師一人当たり学生数などは改善された。

　一方，入口管理として重要な入学者選抜は，大学進学者数が増加するにつれ，学力中心で高校教育から乖離していると批判を浴び，1979年に▶共通一次試験が発足した。しかし，私立大学は利用せず，独自に入試を行い，大学教育に必要な学力を共通に求める方向には進まなかった。また，初等・中等教育は，教育の現代化をうたった1968年学習指導要領に基づく教育課程が「落ちこぼれ」問題を生み出したことから，「詰め込み教育」への批判が高まり，78年の学習指導要領改訂から，学習時間数削減・選択の拡大が進められた。1989年の指導要領改正は新学力観に基づいて実施され，大学で必要な学力と高校での履修とのミスマッチを生み出した。

　1980年代半ばに第2次ベビーブーマーが大学進学期を迎えると，文部省は臨時定員増で対処する方針をとったが，その50％を恒常化することにした。この結果，18歳人口の減少とあいまって，入学者選抜は急速に質保証機能を失い，2010年代には「大学全入時代」とまで言われるようになった。こうした経緯は，イギリスとは対照的である。イギリスでは，▶ロビンズ報告（1963年）によって高等教育の拡大が勧告されたが，大学は質を維持するために拡大に反対し，大衆化はおもに大学の拡大でなく，准大学高等教育機関であるポリテクニクを設置することによって進められた。また，学位授与はポリテクニクではなく，▶英国学位授与機構（CNAA）の審査によって行うこととした。イギリスは大学の学位の質を維持するために二元構造をつくり，その後，ポリテクニクの水準向上を待って，1992年に新大学に昇格させたのである。

[質保証制度の構築]
この間，日本において質の維持についての取組みが皆無というわけではなかった。臨時教育審議会第2次答申（1986年）は，大学がその活動の社会的寄与を検証し評価を明らかにすること，個別大学の自己評価にとどまらず，大学団体がメンバーを相互に評価し合うことを提言した。これも広い意味では質の向上をめざし，その保証につながるものといえる。これを受けて，大学審議会答申（1991年）により大学の自己評価が▶大学設置基準に盛り込まれた。さらに1998年の大学審議会答申により，大学評価・学位授与機構（現，▶大学改革支援・学位授与機構）が設置されて，国立大学を対象とした▶第三者評価が試行的に開始された。

　しかし，これらの評価は国公私立大学の設置形態で大きな差があり，大学外に質保証を明確化したものとはいえない。日本において質保証が本格的に議論されたのは2001年以後であり，大学設置認可の規制緩和にともなう事後評価，▶専門職大学院の制度化，国際的な質保証という三つの契機があった。2001年4月の小泉内閣誕生後，規制緩和が多くの分野で進められ，総合規制改革会議「規制改革の推進に関する第1次答申」（2001年12月11日）は，大学や学部の設置に係る事前規制の緩和と継続的な第三者による評価認証（アクレディテーション）制度の導入で競争的な環境を整備することを提言した。

　また，2001年6月の司法制度改革審議会意見書は，法曹人口の拡大と質の維持のために▶法科大学院を設置し，受験資格を限定するとともに，大学院として認可する適格性のための第三者評価を制度化することを提言した。こうした提言を受けて，中央教育審議会は2002年8月5日に「大学の質の保証に係る新たなシステムの構築について」「大学院における高度専門職業人養成について」「法科大学院の設置基準等について」の三つの答申を提出した。2002年11月22日には答申を具体化した▶学校教育法の改正が行われ，認可制度の弾力化，法令違反に対する是正措置，専門職大学院，大学の▶自己点検・評価，▶認証評価が制度化された。

　認証評価制度は，あらゆる大学および専門職大学院は，文部科学大臣の定めた要件をクリアして認証を受けた認証評価機関による評価をそれぞれ7年および5年ごとに受けなければならないとするもので，アクレディテーションの日本版ともいえる。評価はそれぞれの認証評価機関が作成し，文部科学大臣の審査を受けた基準によって行われ，プロセス評価をおもな内容にしている。大学に対する認証評価機関としては，大学改革支援・学位授与機構（独立行政法人），大学基準協会（公益財団法人），▶日本高等教育評価機構（公益財団法人）がある。このほか，▶短期大学・▶高等専門学校も認証評価を義務付けられており，短期大学の認証評価機関としては▶短期大学基準協会（一般財団法人），大学基準協会，日本高等教育評価機構，高等専門学校の認証評価機関としては大学改革支援・学位授与機構が認証されている。専門職大学院の認証評価は，法科大学院を含む14分野12機関が認証されている（2017年11月現在）。

[質保証のほかの制度]
質保証のためのほかの手段は，法令違反に対する文部科学大臣の勧告，変更命令および組織廃止命令である。2004年からは新たに設置認可された大学に対し，計画通りに行われているかどうかを調査する履行状況調査が実施されてきた。これらは機関全体を対象にする国のシステムである。近年では，個別機関内で質を維持するために，授業科目レベルでの▶成績評価の厳格化，さらには授業外学習時間など学習成果に寄与する諸要因を機関として把握し，効果的な教育・学習方策を進めるIR（Institutional Research）活動など，教育マネジメントも質保証の一部として捉える動向もある。

羽田　貴史

➡学位と専門職団体，ラーニング・アウトカムズ，単位制，チューニング，カリキュラム・マップ，大学入学資格制度，21世紀のための高等教育に関する世界宣言，フンボルト理念，リベラルアーツ，イギリスの大学（テーマ編）

◎Green, Diana（eds.）, *What is Quality in Higher Education ?*, Open University Press, 1994.
◎Schwarz, Stefanie & Don F. Westerheijden（eds.）, *Accreditation and Evaluation in the European Higher Education Area*, Springer, 2007.
◎広島大学高等教育研究開発研究センター『COE研究シリーズ28 大学改革における評価制度の研究』，2007.
◎羽田貴史・米澤彰純・杉本和弘編著『高等教育質保証の国際比較』東信堂，2009.
◎村澤昌崇『リーディングス日本の高等教育6 大学と国家—制度と政策』玉川大学出版部，2010.

大学の自治 | だいがくのじち

［定義］

大学の自治とは，大学が一つの組織として国家，教会，その他の公的・私的な団体，あるいは政治統治者，政治家，官僚，宗教指導者，企業家等の個々人からの干渉をまぬがれる自由を指す。一般的には，自治の範囲には教授スタッフの任免，学生の選抜，教育課程の編成，学位授与，研究の遂行とその自由な公表などが含められる。その根拠は，▶学問の自由と関連づけて論じられることが一般的である。学問の自由は，国民が個々人として自ら信ずる学問を研究したり，なんらかの学説を支持したり，それらを自由に公表することを妨げられない自由を意味する。学問の自由は，近代社会ではすべての国民に認められた権利として法的にも確立，擁護されている。これに対して大学の自治は，学問の自由の理念をより一層完全に擁護するために，とくに学問の自由を行使することを必要とする学者・研究者の協同体である大学に特別の法的・制度的地位，特権や権限を与えて，組織の自律的運営を可能にする制度的，組織的な概念である。英語で「university autonomy」が，しばしば「institutional autonomy」と表現されるのはこのためである。

［歴史的背景］

大学自治の起源に関してはさまざまな議論があるが，次のような説明がほぼ定説となっている。大学は中世ヨーロッパに発生したものであり，もともとそれは当時存在していたさまざまな職業の同業者組合（ギルド）に倣って，専門知識を売買する学者やそれを学ぶ学生たちが，自らの利益を保護するために作り上げた独自の同業者組合として出現した。こうした独自の組合を結成することによって，独自の後継者養成システムを採用し，新規参入者を制限する権限などの特典を封建領主や教会から獲得していった。開業資格あるいは教授資格となる学

位を授与する権限などである。これが大学の制度的起源となり，この各種の特権や特典の獲得が大学自治の原初的形態とされる。この段階では，大学の自治的運営は学問の自由の理念とはほとんど関連はなかった。

やがて18〜19世紀に，ヨーロッパに国民国家が成立し，大学が国家の保護を受けるようになり，あるいは国家が自ら大学を設立する主体となり，大学教員が国王に忠誠を誓う官吏，もしくは国家公務員となるにつれて大学の運営も変化してくる。大学に対する国家的統制はしだいに強まっていった。また同時にこの時代は，それまでもっぱら法律家，医師，聖職者，技師などの専門職の養成にあたってきた大学に，新しい学問，すなわち近代哲学や科学が導入された時期でもあった。大学は既存の確立された知識技能を学生に伝達すればよいだけの機関ではなくなり，自由な学問研究の場，新しい知識の探求や創造をめざすための機関，またそれを学生に表明して論議をたたかわせる場とならねばならないという近代大学の理念が登場してくる。1810年に創立されたドイツの▶ベルリン・フンボルト大学は，そうした新しい大学像の典型であった。

こうした近代的大学像は，国家へ奉仕をもとめる政府当局，あるいは確立された権威ある学問体系に固執する教会権威との葛藤や対立を引き起こしやすい。事実，大学への介入は増え，大学教授の政治的発言や，不適切な学説の発表や講義を行ったことを理由にした教授陣の追放や解任という事態が頻発した。1837年，ハノーファー王国の▶ゲッティンゲン大学で起こった教授追放事件などが有名である。こうした中で，はじめて学問の自由を根拠として，大学人の研究・教授の自由を主張し，さらにそれを制度的に保障するための措置として大学の自治の獲得をめざす運動が展開されてゆくことになる。

ドイツにおいては，やがて教授たちの研究・教育の自由，大学教授の任用を学者集団が自ら決定する人事権，▶学長・▶学部長を大学人の選挙で選ぶ慣行，一方では学生の側に学習の自由（転学の自由）を認める独特の大学自治制度が確立してゆくことになる。同じように国立大学が多いフランス，さらにはスペインの大学の伝統を引くラテンアメリカ諸国の大学でも大学自治の制度や慣行が定着するにいたる。ラテンアメリカ諸国では，大学自治が憲法あるいは法律の条文に明記され，▶メキシコ国立自治大学，ホンデュラス国立自治大学のように，大学の名称に自治の形容を冠している大学も多い。

これに対して，私立大学や都市型市民大学の形が主流のアメリカ合衆国やイギリスでは，学問の自由は強く主張されたが，大学自治の要求そのものはそれほど大きなものとはならなかった。

大学事典　　大学の自治　11

[日本における大学自治]

1877年（明治10），文部省所管の高等教育機関である東京開成学校と東京医学校を統合して東京大学が設立される。さらに1886年に▶帝国大学令が公布され，東京大学は他官庁が所管する高等教育機関をも吸収して▶帝国大学へと再編された。帝国大学令では「帝国大学ハ国家ノ須要ニ応スル学術技芸ヲ教授シ及其蘊奥ヲ攷究スルヲ以テ目的トス」（1条）と明記され，帝国大学は国家がさし迫って必要とする教育・研究活動に従事することを期待された。1893年の帝国大学令改正において，▶教授会に学科課程，試験，学位等に関して審議する権限が明文化された。教学の内容・方法を決定する権限を大学が持つということは，最高学府としての大学の性格上当然のことであり，これをもって直ちに大学自治を論ずることはできない。日本で大学自治が議論されはじめるのは，帝国大学の誕生から25〜30年が経過し，帝国大学も5校に増えた明治末期から大正初期の頃からである。1905年（明治38）の▶戸水事件，13（大正2）〜14年に起きた▶沢柳事件の頃からである。とくに沢柳事件が契機となって，教授の任免には学部教授会の同意を必要とすることが承認され，また政府から直接的に任命されていた総長を大学人の選挙によって選出することが認められるようになるという，教官人事権を中心とする大学自治，▶学部自治が慣習法的規律として確立されてゆく。

一方，第1次世界大戦後の大正デモクラシーの時代を経て，国家主義思想や軍国主義が台頭してくるにつれて，社会主義思想や自由主義の立場からこうした潮流に反対する行動をとる学者・研究者に対する批判や攻撃が高まった。こうした反体制的な言動を行う学者の休職処分や辞職を求める政府の要求に対して，大学や学部が自治を唱えて抵抗する，あるいはその圧力に屈するという構図の紛争が続発した。それらは筆禍事件と呼ばれ，新聞紙上などをにぎわした。1920年（大正9）の▶森戸事件，28年（昭和3）の河上事件，33年の▶滝川事件，37年の矢内原事件，39年の河合事件等が第2次世界大戦前の大学自治侵害の事例として知られている。

大学自治の理念と慣行は，第2次大戦後の新制大学にも継承される。戦前に自治侵害事件で大学を追われた大学人も復職を認められた。また1949年（昭和24）に制定された▶教育公務員特例法は，大学の「学長及び部局長の採用並びに教員の採用及び昇任は，選考によるものとし，その選考は，▶大学管理機関が行う」（4条1項），「学長，教員及び部局長は，大学管理機関の審査の結果によるのでなければ，その意に反して免職されることはない。教員の降任についても同様とする」（6条）ことを定めた。この場合，「大学管理機関」とは，文部省ではなく，学長の場合は▶評議会，部局長の場

合は学長，教員にあっては「教授会の議に基き学長」を指すとされた。戦前には慣例であった国立・公立大学の教官人事に関する自治が法律条文によって明記された。

大学は，政治や社会の世俗的関心から一定の距離感を置いた環境の中で教育・研究活動に専念すべきであるという「▶象牙の塔」的状況を理想とし，学問の自由を保持するために大学外部の政治的勢力等が大学の運営に介入するのを極力排除しようという大学自治論が声高に叫ばれてきた。戦後の大学論においては，▶産学連携という言葉には批判的な意味が込められていた。さらに大学自治を拡大解釈し，大学構内に警察官が足を踏み入れることさえ拒絶する，大学を一種の治外法権の場であるかのようにみなす見解も有力であった。▶東大ポポロ事件はこうした雰囲気の中で生じた事件であった。一方で，大学自治により身分保障を確保された大学人は，いわゆる進歩的文化人として政治的・社会的発言や活動を行うことも少なくなかった。

[大学自治の動揺]

日本における大学自治に大きな転機をもたらしたのは1968（昭和43）〜69年に生じた全国的な▶大学紛争である。紛争の直接的原因はさまざまであったが，学生たちの要求に対する大学側の権威主義的な対応や不手際から紛争は拡大し，長期化，過激化の様相を示した。学生の授業放棄，校舎の占拠や封鎖，集会や街頭デモ，大学当局と学生間での「大衆団交」などの大学をめぐる様相がマスコミなどでも大きく報道された。紛争は大学当局の権威主義，▶教授会自治の機能不全，大学人の当事者能力の欠如などを浮きぼりにし，大学の権威を失墜させることにつながった。紛争は政府による介入ももたらした。大学紛争の混迷に業を煮やした政府は，1969年8月に「▶大学の運営に関する臨時措置法」を成立させ，大学が自治能力を欠くと判断される場合には，設置者（文部省）が▶国立大学に直接的に介入しうる措置を導入した。臨時措置法は効力5年間の時限立法とされたが，多くの大学は機動隊の出動を自ら要請し，校舎の封鎖解除，占拠学生の排除に踏み切った。紛争は鎮静化していったが，同時に大学人は自らの管理運営能力に自信を喪失し，大学自治の主張は輝きを失い，色あせたものとなっていった。

大学をとりまく状況はその後も大きく変化し続けた。大学大衆化といわれる急速な量的拡張の時代を迎える。国や自治体からの財政的支出も増大する。大学は優れた人材の養成，学術研究の推進にとどまらず，経済状況，国際環境，国民生活の変化にともなって多様化，複雑化したさまざまな社会的要求に対応することを求められた。大学は，以前よりははるかに大きな社会的存在として，公共的な役割を担っていることを自覚し，それにふさわし

い態度・行動を求められるようになる。大学は，社会から委託された使命に応えるために，自らの役割や実績を社会に対して積極的に説明し，了解を求める責任を果たすべきである，というアカウンタビリティ論がしだいに有力となってくる。1990年代に入ると，大学自治の建前を残しながら，大学に▶自己点検・評価を求める動きが顕在化する。大学運営に学外者の声を反映させるべきであるとする声も高まる。

[大学法人化以降]

2004年（平成16），国立大学は，政府から独立した法人組織へと転換された。この改革は，政府が推進していた大規模な行政改革，すなわち行政組織の効率化とスリム化，行政サービスへの民間手法の導入，国家公務員総数の削減等の政策が国立大学にも適用されたというところから出発していた。当初は，大学関係者からも，戸惑いや不満や不安が表明され，反対の声も少なくなかった。しかしながら，2003年7月，▶国立大学法人法が制定され，法人化された大学の運営組織や法人と文部科学省との関係が定められた。国立大学の教職員は，国家公務員の身分を喪失し，教育公務員特例法の適用外となった。

　法人の代表者となる学長には，予算，将来計画，教職員人事，大学独自の給与体系の決定等に関する権限が与えられた。学長は，自らを補佐する複数の理事を任命して「役員会」を構成し，そこでの審議を経て大学の意思を決定する。理事には学外者を含むものとされた。大学には，主として大学の経営面を審議する「経営協議会」，およびおもに大学の教育研究の側面を審議する「教育研究評議会」が置かれる。経営協議会は学長が議長となり，委員には大学外部の有識者を半数以上任命しなければならないとされている。学外者の大学経営への参加が制度化されたのである。学長は，二つの組織からの代表者によって構成される「学長選考会議」によって選び出される。同時に▶国立大学法人には，大学として6年間の▶中期目標・中期計画を作成し文部科学省の認可を受けることが義務づけられた。また，この目標の達成の進捗状況をみるために，大学には，毎年の業務実施計画を提出し，文部科学省による評価をうけることが要求されている。こうした業務を行うために，文部科学省に国立大学法人評価委員会が設置された。各大学には▶運営費交付金の交付という形での財政支援が継続されることとなった。

　国立大学は，大学自治の存立基盤となる条件そのものを喪失したのである。2006年に制定された新しい▶教育基本法は，大学に関する条項を加えたが，そこでは「大学については，自主性，自律性その他の大学における教育及び研究の特性が尊重されなければならない」（7条2項）と規定された。大学の管理運営は，自主性，自律性を基盤にしてな

されるべきと定められてはいるが，もはや自治という用語は使われていない。自主性，自律性にしても，「尊重される」対象とされている。日本における大学自治は，もはや古い大学人のノスタルジーの中にのみ存在するものになりつつあるといえるかもしれない。

斉藤　泰雄

→大学自治侵害，アカウンタビリティ，学外者の大学経営参画，ゲッティンゲン七教授事件

◎天野郁夫『国立大学・法人化の行方』東信堂，2008.
◎海後宗臣・梅根悟監修「特集 大学の歴史」『Energy』第6巻第1号，1969.
◎寺﨑昌男『日本における大学自治制度の成立』評論社，1979.
◎成田克矢・寺﨑昌男編『学校の歴史4 大学の歴史』第一法規出版，1979.
◎Shils E., "Academic Freedom" in Altbach P.G. (eds.), *International Higher Education: An Encyclopedia* Vol. I, Garland Publishing, 1991.

学問の自由｜がくもんのじゆう

ボローニャやパリでは，団体的諸原理をもって自発的に大学が成立した。これは外部的な権威によってつくられたのではない，学徒の自由な集団であった。しかし，大学がこのような自由な性格を有していたのは，その成立後わずか数十年の期間にすぎなかった。本項では，「大学の自由」に焦点をあてながら，まず中世後期に誕生したヨーロッパの大学について，イタリア，ドイツ，イギリスを中心に，その歴史を概観する。次に新世界アメリカ合衆国の大学について，同様な観点からそのあらましを抽出することを試みる。最後に，明治中期に成立した▶帝国大学以来の日本の大学について，「大学の自由」とのかかわりにおいて，いくつかの視点から記述する。なお，「学問の自由」と深く関係した概念として，大学の制度的自由にかかわる「大学の自治」があり，両者は区別されるべきものであるが，ここでは前者を制度的自由も含めた広義の「大学の自由」と考える。「大学の自由」とは，おもに教育の自由，研究の自由，教師の身分保障，思想・信条の自由をさす。

[中世大学と普遍権力]

[教授免許授与権とその認可]　▶中世大学では，教える資格であり学位でもある▶教授免許の授与とその権限，そしてその汎ヨーロッパ的通用性が重要であった。この大学の自由の根幹にかかわる教授免許授与権に教皇が介入した。ボローニャでは，ホノリウス3世が1219年，大学における教授免許（licentia docendi）をボローニャ助祭長が与える権限を認める教書を発した。この教書の発布は，世俗世界で自生的に大学として誕生した▶ボローニャ大学において，教会による教授免許制度の導入という

新局面をもたらした。さらにホノリウス3世は同年，聖職者に対して暴力事件を起こした学生と教師への赦免権をボローニャ助祭長に与えた。これは，大学の裁判権と教授免許授与権を助祭長に与えることによって，助祭長を大学監督官として，大学を世俗権力である都市国家(ボローニャ)から切り離して教会勢力の支配下におこうと教皇が意図したのではないかと考えられる施策であった。

[教皇と皇帝による大学]　教皇は，はやくも1229年に大学を設立した。グレゴリウス9世が南フランスのトゥールーズに設立した大学がそれである。この地域(ラングドック地方)はローマカトリック教会からみて異端であるアルビ派の拠点であり，その撲滅のため，大学設立前にアルビジョワ十字軍が派遣された地域であった。カトリック信仰の擁護と異端の根絶が設立の第1の目的であった。つまり，カトリック教会の思想的あるいは宗教的意図のもとに大学が設立されたのである。

　一方，トゥールーズよりはやく1224年には，シシリー国王で神聖ローマ帝国皇帝フリードリヒ2世が▶ナポリ大学を設立した。この大学では，教師は国王の官吏であり，国王は試験を統制し，学位授与権を握った。ナポリ大学では，教師の教師たるゆえんである試験を行い，学位を授与する権限を教師は持たなかったのである。学生も外国大学への遊学を禁止された。

　普遍権力による学徒の保護の歴史にも触れよう。1158年，神聖ローマ皇帝フリードリヒ・バルバロッサは「ハビタ」なる勅令を発した。それは，「勉学のために巡礼するすべての学生と，とりわけ神聖なる法律の教師とに，彼ら自身も彼らの使者も学問が行われている場所におもむき，そこに安全に滞在することができるように，この特権を与えるものである」(児玉善仁，一部改変)で始まり，①学生の保護，②裁判の選択権の学生への付与(学生が訴訟を起こされたとき，裁判権をもつ教師か司教を学生が選べる権利)を内容としたものである。学生や教師，そして学問の保護を希求した歴史的勅令であるが，皇帝勅令集への挿入を命じた「普遍的にして永遠に有効なる法令」であり，それを発する意図に，皇帝権による教育権の確保が念頭にあったのではないかと考えられている。

[ローマ教皇の教育専管権]　教授免許は，やがて教皇の権威によってヨーロッパ中で通用する普遍的教授権(万国教授資格＝ius ubique docendi)となった。13世紀末に教皇ニコラウス4世は，▶パリ大学とボローニャ大学の学位(教授免許)に万国教授資格を与えた。これは普遍権力による学位の普遍性を保証するものであったが，同時に教皇が大学を教会の保護と統制の下におくことも意味した。また1219年，ホノリウス3世は市民法の研究を禁じた。このような施策は教皇が教育権を持っていると認識していることを示唆している。この教皇の教授認可権という概念は，ローマ教会の教育専管権に由来するものとされ，すでに，すべての司教区と小教区などに読み書きや自由学芸などを教える教師を置くことを規定した，826年の公会議(教皇エウゲニウス2世)にも現れている。ヴェルジェは，「教会は西欧におけるすべての教育を統制する権利を断固主張していた」と述べた(『中世の大学』)。

[設立認可と特許状]　大学を誰が設置し，認可するかは重要である。中世大学の設置認可には二つの普遍権力たる教皇権と皇帝権が深くかかわってきた。13世紀末ころまでは，ヤコブス・デ・アレーナらのイタリア法学者による，大学設置権は国家や都市国家が持つとの見解が有力であったが，14世紀前半にはバルトルスらが，新しく大学を設立する権限は教皇ないし皇帝の特権に属すると主張していた(横尾壮英，1999)。14世紀以降の大学は，ほとんど皇帝あるいは教皇の勅許状によって設立されている。ドイツ圏最古の大学であるプラハ大学も，皇帝カール4世の意志によるものであったが，特許状は教皇クレメンス6世により1347年に与えられ，そしてカール4世も皇帝の権限でパリ，ボローニャと同等の自由と特権を保証する特許状を1349年に発布している。

[団体的原理から国家的原理へ —宗派的大学の成立]

16世紀ヨーロッパで起きた宗教改革は中世大学とその自律性に甚大な影響を及ぼした。大学の「世界主義は領邦主義に取って代わられた」のである(島田雄二郎，1967)。

[公権力への屈服—ヴィッテンベルク大学]　宗教改革以前に設立(1502年)されたヴィッテンベルク大学は教皇と皇帝からすべての中世的特権を付与されていた。しかし宗教改革によって，この大学は文字通り「革命的」な変化を被ることになった。ディルセーによれば，ザクセン選帝侯フリードリヒ(領邦君主)は1508年に大学の団体的自治を破壊し得る規約を認めさせ，さらに教授の俸給を含む大学の財政の管理権，そして出版物の検閲権をもつ大学改善委員会を設置した。何人も事前に彼ら(大学改善委員会)の閲覧と承認なくして講義，講読を行うことはできないのであった。違反した場合は給与停止あるいは追放となった。これは君主が領内大学諸特権をすべて掌握することを意味した。ザクセン選帝侯フリードリヒが，教皇の大学認可の否定，アリストテレス哲学の論理学，修辞学，詩学以外の教授禁止，教会法の全廃などを要求した「専制的な改革者たるルターのために新しい権力を行使することを辞さなかった」のである(ディルセー『大学史』，一部改変)。

[プロテスタント大学の成立]　ルターの宗教改革は純粋に宗教的なものであったはずであるが，結局世俗権力と大きくかかわり合うことになった。ヘッセン方伯フィリップはルター主義を信奉し，領邦国

家と国家に従属する領邦教会に奉仕する人材を養成する大学の創立を望み，1527年，新教を奉ずる初めての大学としてマールブルク大学が設立された。皇帝カール5世（カトリック教徒）は伝統的な諸特権を授与したが，教皇から特許状は得られず，この大学の学位は普遍的効力を持たなかった。君主は教授のルター主義遵守を監督し，人事の多くを決定し，教授科目まで指定したという。ここに中世大学の自治と学位の普遍性が消滅したといえるのかもしれない。

［イギリスの大学の自由と宗教改革］　イギリスでは，14世紀末にロラード運動（ロラード派と呼ばれた人々による教会批判）が起こった。ロラードとは「放浪の異端者」の意味を持つとされる。大学史的問題は，このロラード派が▶オックスフォード大学で勢力を持っていたことである。1411年，大司教アルンデルによる大学の「臨検」という中世以来の大学の特権を侵害する大事件が起こった。大学と国王との争いとなり，大学側は敗北し，反対派は大学から追放された。

このロラード派の弾圧のあと，イギリス宗教改革が進む。1534年に「国王至上法」が制定され，国王（ヘンリ8世）がイングランド教会での最高の首長であることが定められた。大学に対して1535年勅令が発せられ，教会法の廃止，▶スコラ学の著作の追放，聖書による神学教育の重視などの改革が行われた。続くエドワード6世の時代にはプロテスタント化がいっそう進み，大学に対する政治的干渉も強まった。1549年には旧教主義の排除を狙った欽定学則が制定され，多くの旧教を信奉する学者が大学から追放された。しかし，「血まみれのメアリ」（浜林正夫，1987）と呼ばれたメアリ（ヘンリ8世の子）が即位（1553年）すると，ふたたびカトリックへの復帰が企てられ，プロテスタントへの弾圧が強行された。多くのプロテスタント信者が焼き殺され，海外に亡命した。大学ではスコラ哲学の学習が復活した。続いてエリザベスが即位（1558年）すると，メアリのもとで復帰したカトリック信者はふたたび大学から追放，追放されたプロテスタント信者がふたたび大学に帰ってくるというありさまであった。国家（エリザベス）は「英国教会と国家に奉仕する健全な学徒たち」（島田雄二郎，1990）を望んだのである。オックスフォード・ケンブリッジ両大学の学生は，入学に際して「三十九箇条の信仰箇条」（三十九か条ともいわれ，今日まで続くイギリス国教会公式教義）と「国王至上法」への承諾を要求された。このように，イギリスの大学は宗教改革を通じて国教会と王権に完全に支配される機関と化した。

［宗派的大学からの脱皮］　宗派や国家（領邦）による大学の支配の中で大学生活も退廃した。17世紀は大学が沈滞し，活力を失った時代であった。しかし，やがてこの宗派主義からの脱却が進行していく。アルプス以北の大学の国家化による衰退

の流れの中で，イタリアの大学では早くからルネサンス的自然科学が受容され，新しい学問がめざめつつあった。とくに▶パドヴァ大学では14世紀頃から人文主義の萌芽があって人文主義者が活躍した。▶ヴェサリウスによる解剖学・医学も発達した。16世紀後半から17世紀にかけて，自由な研究がその使命である実験科学，数学，文学のための多くのアカデミーが創設され，ローマのアカデミア・デイ・リンチェイとフィレンツェのアカデミア・デル・チメントはひときわ優れていた。ガリレオ・▶ガリレイは前者の会員であり，後者で発行された「自然科学実験集録」はアルプス以北の国にも強い影響を及ぼした。これらのイタリアのアカデミーの会員の多くは大学教授でもあったことを指摘することは重要である。ガリレオ・ガリレイは，ピサ，パドヴァで教えた大学教授であったし，マルピーギもそうであった。当時，大学の役割は教育であり，研究として興味深くとも職業的効用が曖昧な分野を大学は教育の対象としては引き受けなかったのである。

このような潮流の中で，宗派的分裂にある領土を統一しようとする機運も高まり，ドイツでは1694年，ハレ大学が創立された。哲学者クリスチャン・ヴォルフらを中心に「リベルタス・フィロソファンデ」（哲学することの自由＝学問の自由）の考えが生まれてきた。続いて，▶ゲッティンゲン大学が1737年，やはり「自由」をかかげて創立された。国王により「教授の自由」がはっきりと規定された。同大学はやはりゲッティンゲンに設立（1751年）された研究を行うアカデミーとも強い絆を持ち，教授たちは知識の伝達を使命としてきた大学においても研究を行う手法を見いだしていった。通常の講義以外に私的授業（Privatissima）が行われ，それを通じて研究成果を学生に伝えるようになったのである。のちの「研究と教育の統一」なる▶フンボルト理念の萌芽はすでにここに見られるであろう。しかし，こうした自由や検閲免除の特権がまったく制約なしに存在していたわけではなかった。ハレやゲッティンゲンはあくまで啓蒙君主の大学であった。教授は君主に選任された監督者のもとに管理され，同僚（教授）選任権などの大学としての団体的権利は国家に帰したのであった。

［近代的大学へ向けて］

啓蒙専制時代後も大学はその存在が脅かされ，その自由が危険にさらされる多くの厳しい運命と相対しなくてはならなかった。フランスでは，フランス革命後に大学は廃止され，その後約1世紀の間大学は存在しなかった。プロイセンでは19世紀のウィーン体制下，メッテルニヒの「カールスバートの決議」（1819年）による大学や学生への厳しい弾圧が行われた。ドイツでは，1810年▶ベルリン大学が誕生，続く19世紀から20世紀にかけてフンボルト理念によるドイツ大学の黄金時代を迎えたが，20世紀に至っても大学における学問の自由が完全に達

成されたわけではなかった。財政と教授の最終的選任を通して国家権力は断固として行使された。ユダヤ人で社会民主党員の政治社会学者が大学教授資格授与を拒否されて国外に移住した事件（1908年）に遭遇したマックス・▶ウェーバーは、新聞紙上で「「学問の自由は」、政治的および宗教的に認められるかぎりで存在する」と書いた（アンダーソン『近代ヨーロッパ大学史』）。

以上概観したように、自由な学徒の組合として誕生したヨーロッパの大学は、その成立以来800年以上にわたって普遍権力、領邦君主、都市国家、近代国家によってさまざまな、あるときは決定的な統制・弾圧・機能停止・廃止の圧力を被りつつも、それをはね返しながら、学問とその精神を今日に伝えた。21世紀の今、ヨーロッパの大学は▶ボローニャ・プロセスに基づく協調と競争の新しい時代に入った。学問の自由がすべての構成大学・教師・学生に公正・平等にもたらされるのかどうか注目されよう。

［アメリカの大学と学問の自由］

［カレッジから大学へ―自由の拡大］　アメリカの植民地カレッジは特定の宗派を信奉する人々が地域社会を構成し、その中で信条を守りつつ地域や未来の新世界を担う人材を育て、ヨーロッパから移入した学問を継続させるべく設立されたものである。このような宗教的・思想的に同質な地域社会のカレッジにおいて、学問の自由を特別に意識するという背景はほとんど存在しなかったといえるのではないだろうか。南北戦争前あるいは戦争中までは、当時ドイツに存在していたような大学はほとんどなく、研究にもかかわる大学教授の専門職業的性格も未発達で、研究費の調達などで現在そうあるところの大学と連邦政府（独立以前には存在していない）や財団、そして篤志家を含む社会との有機的関係もほとんど存在していなかったからである。

しかし、19世紀に入って産業が発展し、▶モリル法によって新興の農学・工学の教育が大学に取り入れられ、▶大学院が生まれ、大学における研究活動が活発になってくるにつれて状況は変わってきた。既成概念にとらわれずに発言・行動していくことが重要となり、大学教授の専門的職業人としての自覚も増大してきた。これに伴って、大学の重要性・有用性を理解する資本家階級や大学設置者自身の思想・利害・関心と大学教授の思想の自由・学問の自由に基づく意見表明・発言などが衝突するようになってくる。元来、アメリカの大学は設置者の権限が大きく、大学教授は教育を行う、いわば被雇用者であって身分保障も存在していなかった。

こうした状況の中で、教員が設置者に解雇され、また審問を受けるなど、その思想や表現の自由を侵害される事件がたびたび起こった。▶スタンフォード大学では、創立者リーランド・スタンフォード亡きあと、大学創立時の規定によって、大学のすべての「権限」はその夫人に帰することになった。その権限によって1900年、その発言や行動が夫人には社会主義的であるとみられた経済学者エドワード・A.ロスは辞職させられた。

このような歴史的流れの中で、アメリカの大学は学問の自由を行使する権限であり、大学の水準を満たせば終身で在職できる権限でもある▶テニュア（tenure）を獲得していく。▶アメリカ大学教授連合（AAUP）とアメリカ大学協会（Association of American Colleges: AAC）による1938年の報告書は、「見習い期間の教師も教授団の他のすべてのメンバーが享有する学問の自由をもつべきである」と宣言した（メッガー『学問の自由の歴史』）。見習い期間の教師とは、終身で在職できるとされるその決定以前の教師、すなわち、今日でいうテニュア・トラック（tenure-track）にある教師のことにほかならない。

［研究財政上の自由］　一方で、アメリカの大学は「研究財政上の自由」（高柳信一、1983）を開拓したことでも学問の自由の発展に貢献してきた。これは国家による大学がなく、研究遂行のための資金を州立、私立にかかわりなく、その外に求める形で大学が発展していったことにその理由が求められる。とくに1950年以降、▶全米科学財団（NSF）や▶国立衛生研究所（NIH）に代表される政府系の財団、および、それらの設立以前から存在する民間の非営利財団によりアメリカの大学教授の研究は支援されてきた。各大学は固有の基金を持ち、直接、間接に教育・研究活動を支援しているが、それによって教授の研究資金請求にかかわる恒久的権限がアメリカ社会の中で制度化されたとはいえない。上記の外部資金による直接経費は研究者個人に交付されるもので、大学内の権威の制限を受けることはない。国防総省などによる軍事研究に関係した▶研究資金への応募を大学が制限することもない。その理由の一つは、その資金が大学ではなく、研究者個人が受け取る資金であると考えられているからであろう。政府系財団の研究資金も予算上の増減はあるが、同僚による審査（▶ピア・レビュー）による研究資金受領後の政府や大学によるいっさいの本質的制限・統制は存在していない。非営利財団による研究資金（グラント）も同じ性格をもつ。

［社会の中の大学と自由］　ところでアメリカでは、多くの大学が大事業家の寄付行為をもとに設置され、あるいは継続的に支援されてきたという特別な歴史がある。これは19世紀後半からとくに著しくなり、ジョン・D.ロックフェラー、アンドリュー・カーネギーらによって財団が設置され、大学に巨額の資金的援助が行われてきた。この寄付の規模が大きくなるにつれ、寄付者（大事業家や財団）と受贈者（大学）の関係は複雑となっていった。寄付者が大

学に贈った資金の用途について指図しようとする傾向があったからである。ウィリアム・レイニー・ハーパーは1905年に、「大きな大学に与えられた寄付金の90％の場合、イニシアチブは大学側ではなく、寄贈者が握った」と述べたという（メッガー『学問の自由の歴史』）。このような寄付行為は現在でも財団や、事業家、卒業生などによって行われているが、寄付者が寄付の代償として研究の方向性や大学の運営に関して発言権を要求したりする場合には、大学の自律性ひいては学問の自由に関する大きな問題が生じよう。これは潜在的に今後もいつでも起こりうることである。

以上のように、アメリカの大学における学問の自由は、連邦政府や州などの公権力からの自由というよりも、大学管理者やさまざまな社会的勢力から各教員それぞれの自由をいかに守っていくかということ、そして今日的観点からも、研究の自由にかかわる本質論からしても、その重要性がいっそう増している研究財政上の自由を、研究者が所属する大学以外の機関から研究資金を研究者個人が調達することによって達成しようとしていることに大きな特徴があるといえよう。

［学問の自由と日本の大学］

［旧制度下の大学］　1886年（明治19）、帝国大学が設立された。帝国大学令1条（勅令第3号）「帝国大学ハ国家ノ須要ニ応スル学術技芸ヲ教授シ及其蘊奥ヲ攷究スルヲ以テ目的トス」にあるように、19世紀末に研究を制度化し、十分に機能はしなかったが大学院（旧制）を置き（同2条）、さらに「技芸」の系譜も大学に受容したことは、明治政府の卓見であったといえよう。しかし同時に、日本の大学は文字通り国家により設立され、国家のための学問を究め、国家に有用な人材を養成する機関として成立したこともまた確かであった。さらに天皇大権によって、国家の官吏であった帝国大学教授の人事権は天皇にあった（大日本帝国憲法10条）。このような歴史的条件のもとで設置された帝国大学とその系譜を引く日本の大学は、第2次世界大戦後新憲法が発布され、新学制下で再生するまで、学問の自由や大学の自治の原則を必ずしも十分には享受することができなかった。旧学制下では、政府と大学の間で教授の思想・表現の自由と身分保障にかかわる多くの事件が起きた。時の権力あるいは為政者が政治的・経済的・倫理的な国家の意志を貫徹するため、学問の中心であり、高度な職業人を生み出す大学においてその教育権を行使しようとすることは十分にあり得ることであり、それは中世以来のヨーロッパ大学史が示す通りである。

［大学の区別化と自由］　大学にかかわる日本の大きな制度的特徴は、旧学制下での帝国大学、▶官立大学、▶専門学校という機関の名称が示すように、大学を中心とする高等教育機関の種別化であったといえる。これは大学の規模とそれが遂行し得る学問分野を決定し、それに伴う予算規模の違いによって、大学の研究水準（少なくともその量的なものにおいて）を大きく規定してきた。▶国立大学においては、その基本的構造は今日でも変わっていないようにみえる。新学制下でも旧帝国大学、官立大学の系譜をもたない大学は、大学院▶修士課程と▶博士課程（医学系学部を除く）の設置も長く認められなかった。近年では、文部科学省の国立大学改革プラン（2013年11月）による「機能強化」において、国立大学が「世界水準の教育研究の展開拠点」「全国的な教育研究拠点」「地域活性化の中核的拠点」に分類されざるを得ない状況になり、大学の区別化はさらに進んでいる。大学の制度的歴史と第一次的な目的と機能による大学の区分を乗り越える、大学自身が持つ自由こそが求められるのではないか。

［研究体制と教師の自由］　学内の教育・研究体制の革新も大学の自由の本質にかかわる。1893年、帝国大学に導入された▶講座制は、新学制下でも長く維持され、大学設置基準改正（2006年）で講座の規定が削除された現在においても、多くの理系研究室で、実質的には「研究室体制」（グループ制）として機能している。問題は、講座あるいは研究室における教授・助教授（准教授）・助手（助教）の階層制と定員制にある。職階の定員のある研究室体制では、教員個人の研究課題追求の全過程における完全な学問的自由は保障され得ない。研究には研究を遂行する学内資金、場所、時間、そして学生を含む共同研究者を必要とし、これらにアクセスする権限が職階によって異なるからである。この自由の後退は日本の大学制度に特有のものである。

アメリカでは、上述のように職階に関係なく、学問の自由は平等に保障されている。ヨーロッパの研究・教育体制も大きく変わりつつある。2002年、▶博士号取得後、私講師を経ないで教授へ至るジュニア・プロフェッサーの職位がドイツの大学で導入されたことはこれを象徴していよう。「正教授支配」といわれた歴史をもつドイツで、これは画期的なものであった。この職位は文字通りプロフェッサー（教員）であり、大学院生を指導し、授業も行う。日本でも、大学の活性化と若手研究者の自立のために▶テニュアトラック制度が導入されているが、教員全体ではまだ少数である。研究体制の変革には、どちらが全体としてより生産的であるかではなく、どちらがより各教師にとって自由で快適であるかの大学教師自身の判断が必要とされよう。

［何ももたない教師］　高柳信一は、研究者と研究手段の分離が学問の自由の根底にかかわることを指摘した。高柳が述べるように、自らの財力で研究を行える人間は実際には存在せず、大学教師たる研究者は、ある機関（大学）に所属して、通常そこから俸給を受け、所属する、あるいは外部の機関から研究資金を受領して研究を遂行せざるを得な

い。自前で研究費をまかない，かつ場所を提供しない限り，これ以外に研究を行う方法はない。研究遂行が不可能であれば大学での研究自体が存在せず，大学教師の学問・研究を通じた人類・社会への貢献はなしえない。ここに，研究資金の請求とその受領および使用にかかわる権限が学問の自由に決定的に重要である理由がある。では，研究資金提供者は制限あるいは統制なく資金を提供しなくてはならない義務があるであろうか。公的機関も含めて「ない」ということに障害はない，というのが高柳の見解である。ここから，市民的自由に加えてさらに大学人には，研究資金を請求し，それによって研究を遂行するための，「特権的」ではない，「特別の」真理探究の自由が保障されなくてはならないという「学問の自由」の概念が生じてくる。日本国憲法23条「学問の自由は，これを保障する」はこのことを含んだ条文と解すべきであろう。近年，とくに国立大学の教師は▶運営費交付金の削減による定常的研究費の減少と，総額は増大しているが採択率の限られる科研費などの外部資金への依存という，研究を通しての「学問の自由」の実質的な制限に直面している。

[文理の分断を越えて] 2014年（平成26）の▶学校教育法改正によって▶教授会の性格が大きく変わり，教授会は基本的に▶学長に対して意見を述べる組織に変わった。学長は学内者であり，同僚であるはずであるが，これは教授会構成メンバーたる教授団にとっては，教育研究に関する重要な事項である教育課程の編成や教員の教育研究業績の審査等にかかわる少なくとも形式上の決定権は失われたことを意味する。また近年の大学改革の流れの中で，財政面でも国立大学では運営費交付金の削減，文部科学省により主導された改革プランへの貢献度に基づく運営費交付金の選択的配分などによって，教育・研究遂行における自由度が減少している。教授団の意志決定の自由も，教育・研究の遂行に要する大学の運営資金（外部機関からの資金も含めて）を大学が主体的に獲得する権限も，いずれも「学問の自由」の本質的問題である。「大学の自由」の実現には，「▶カントの大学論」では，それは深い洞察を含み，かつ，大いなる示唆に富むが，今日的にはなお十分とはいえない。文系と理系，基礎と応用，学術課程と職業課程などによる分断を超えて，大学教授団が真に共同していくことこそが求められている。 赤羽 良一

→研究の自由，学習の自由，学問の自由と法制度，科学革命と大学，アカデミア，財団と大学，正教授支配大学，科学研究費補助金

◎R. ホフスタッター著，井門富二夫・藤田文子訳『学問の自由の歴史（Ⅰ）―カレッジの時代』東京大学出版会，1980.
◎W.P. メッツガー著，新川健三郎・岩野一郎訳『学問の自由の歴史（Ⅱ）―ユニバーシティの時代』東京大学出版会，1980.
◎寺﨑昌男『大学の自己変革とオートノミー―点検から創造へ』東信堂，1998.

◎高柳信一『学問の自由』岩波書店，1983.
◎島田雄次郎『ヨーロッパの大学』玉川大学出版部，1990.
◎島田雄次郎『ヨーロッパ大学史研究』未来社，1967.
◎R.D. アンダーソン著，安原義仁・橋本伸也監訳『近代ヨーロッパ大学史―啓蒙期から1914年まで』昭和堂，2012.
◎児玉善仁『イタリアの中世大学―その成立と変容』名古屋大学出版会，2007.
◎ジャック・ヴェルジェ著，大高順雄訳『中世の大学』みすず書房，1979.
◎横尾壮英『大学の誕生と変貌―ヨーロッパ大学史断章』東信堂，1999.
◎ステファン・ディルセー著，池端次郎訳『大学史（上）（下）』東洋館出版社，1988.
◎家永三郎『大学の自由の歴史』塙書房，1962.
◎浜林正夫『イギリス宗教史』大月書店，1987.

契約と大学 | けいやくとだいがく

［契約と誓約］

12世紀イタリアの都市国家は契約社会であったといわれる。法学が盛んなボローニャでは，ヨーロッパ各地からやってくる学生も公証人を介して教師と教授契約を交わした。「教師の側は，学生に教授内容を含めて何を与えるかを明記し，それに対して学生の側はいくらの報酬を払うかを明言した」（児玉，2007）。身寄りのない学生とよそ者を受け入れる教師は，そのようにして互いが信用できる者であることを証明しなければならなかった。しかし教師が自らの家に何人もの学生を住まわせ，彼らを家族のような絆で庇護するようになると，ソキエタスと呼ばれる私的な団体が成立する。また12世紀末には出身地ごとに集まった学生が▶ナチオ（国民団）を形成し，教師と集団で交渉するようになる。このナチオはすでに会費や代表選出などについても独自の規約をもつ法人であった。そして複数のナチオによって構成されるウニヴェルシタス（大学団）は，もはや同朋の互助組織ではなく学生という普遍的な存在のための法人であった。法人としてのウニヴェルシタスは個人としての教師を契約によって雇うようになるだろう。

同じころ北フランス地方では，弁証法や神学を学ぼうとするピエール・アベラールのような学生がよき教師を求めてさまよっていた。アベラールは弁証法という「武器」をもって神学に挑み，教師ともたびたび衝突する学生だった。彼は教師となってからも孤独な騎士のようにふるまい，教皇や聖ベルナールに斥けられて失意の晩年を過ごしている。しかしこのアベラールを慕う▶リベラルアーツの教師たちによって，▶パリ大学は立ち上げられる。彼らが教皇から規約を授けられ，学生とともに「パリの教師と学生のウニヴェルシタス」を結成するのは1215年のことだった。

ボローニャでもパリでも，当初学生は教師と個人

的に契約を結んでいる。知を契約の対象とすることは，教えることで金を稼ぐソフィストを批判したプラトンや，知を神からの賜物とみなすキリスト教には反することであったかもしれない。もとより目には見えない知を対象とするこの契約は，当事者間に軋轢や紛争を生じさせた。ナチオやウニヴェルシタスはそのなかで個人が連帯し，より有利な立場で交渉するために創られたものである。しかしこれらの法人がひとたび成立すると，それに参加するときの誓約（プロフェッション）がより大きな意味をもつようになる。きびしい規律に貫かれたその共同体においては，地方の僧院で生き永らえていたプラトン以来の「知への愛」や，教育の無償性（贈与としての教育）のイデアもよみがえる。

ところが大学が制度として整ってゆくに従い，また領主や教会や都市によって創られる大学が増えるにつれ，この誓約の精神も失われてゆくのである。14世紀のボローニャでは，教会からは聖職禄をもらい都市からは給与をもらうようになった教師が貴族化している。するとそういう教師におもねる学生も現れ，教師と学生の関係は逆転している。パリのリベラルアーツの教師たちは聖職者でもあったため，教えることで金を稼ぐことは禁じられていたはずだが，アベラールのころから学生の「謝礼」はもらっていた（さもなければ自分の学校を立ち上げることはできなかった）。「▶貧困学生」はそれを免除されたにしても，そのことゆえの不利益あるいは▶ハラスメントを被ることはあったかもしれない。学費や寮費の制度はそうした「不透明」な習慣に断絶をもたらすために導入される。しかしそれが定着するにともない，契約や誓約のきびしい掟も形骸化するのである。

[社会契約]
近代になると，大学に疑問を抱いていたホッブズ，ロック，ルソー，カントらによって「社会契約」が語られるようになる。そしてそのなかで大学も近代にふさわしく脱構築される。社会契約においては，個人と国家が契約によってじかに結ばれるため，中間団体（法人，コルポラシオン，組合）としての大学はそこから排除された。しかし中世の大学が教師と学生の契約から生まれたように，近代の大学も社会契約から誕生している。カントはそのような中世と近代のパラレリズムのなかで，新たな大学，そして新たな国際社会を構想した。

中世からマグナカルタがあったイギリスでは，▶オックスフォード大学と▶ケンブリッジ大学がそのまま存続している（しかし18世紀にはそれらも貴族や上級ブルジョワジーに占領されてしまう）。フランスでは大革命のときに国内にあったすべての大学が廃止され，その代わりにエコール・スペシアル（のちの▶グランド・ゼコール）が立ち上げられる。ナポレオンは「ユニヴェルシテ・アンペリアル」（帝国大学）を唯一の法人（コルポラシオン）として認めるが，国家によってきび

しく管理されるそのシステムは，他のヨーロッパ諸国からは大学の否定とみなされた。

ドイツではルソーの影響を受けたカントが，革命によらない社会契約の成就を模索しつつ，契約を啓蒙と結びつけている。「私は言おう，人類がこれからの啓蒙にあずかることを永久に阻止するために結ばれるような契約はぜったいに無効である，よしんばその契約が最高権力により，国家により，また極めて厳粛に締結された平和条約によって確認せられようとも，それが無効であることに変わりはない，と」（『啓蒙とは何か』）。大学はそうした人類の啓蒙のために必要な組織である。それは国家（および国民）に奉仕する法，医，神という三つの上級学部と，国家から独立して自由に真理を探究しうる▶哲学部という下級学部が，互いに牽制しあうことによって存立する法人であった。▶ベルリン大学の第4代総長となるヘーゲルも，「ジャコバン独裁による恐怖政治へと顛落したフランス革命に対する反省から」（大河内，2013），個人と国家の間にそうした中間団体としての大学が必要であることを認めている。近代の大学とは，「古い特権団体の解体の上に成立したはずの近代国家が必要としたコルポラツィオン」（同上）なのである。

しかし▶フンボルトの「ビルドゥング」（自己形成・教養）はナポレオンへの抵抗のなかで，カントのいう啓蒙よりもドイツ国民のアイデンティティを重視するものとなった。ベルリン大学の教師たちは学生から▶授業料を徴収するほかに，プロイセン王国官僚として給与をもらっていた。学生も中世の大学のように「ナチオ」を形成するのではなく，「▶ブルシェンシャフト」のような学生団体を創って，旧体制からの解放とドイツの統一をめざしていた。

普仏戦争に敗れたフランスは，ドイツにならってようやく1896年に法人格をもつ大学を復活させている（▶総合大学設置法）。この大学は独自に授業料を設定することも，個人や法人から遺贈や寄付を受けることもできた。しかしパリ以外の都市では規模も限られ，メセナの恩恵にあずかることもまれだった。また▶メリトクラシーが機能するためには機会の平等が保たれねばならないが，中等教育の無償化が実現するのは1930年代，大学も含めたすべてのレベルで教育の無償性が保障されるのは，第2次世界大戦後のことにすぎない。

イングランドではフランスやドイツと異なり，オックスフォード大学とケンブリッジ大学が19世紀に至っても国王勅許の▶学位授与権を独占し，豊かな土地資産によってその自治を維持していた。しかしそれらの大学も，第1次世界大戦のころになるとインフレのせいで収入が激減し，国に助けを求めざるをえなくなる。1919年には「▶大学補助金委員会」が創られ，公的資金の分配を担うようになるが，それでもそれらの大学の自治はあいかわらず尊重された。イギリスが高等教育の社会的開放にお

いて他の先進国よりも「遅れている」のを自覚するのは，第2次世界大戦後のことである。

[契約政策ほか]

そのイギリスで，1980年代からサッチャー首相のもと，新たな国家と大学の関係が模索されるようになる。大学は「エイジェンシー」として自治を認められるが，▶ピア・レビューによる研究評価や教育評価によって公的資金の配分を受けねばならない。伝統的な大学への多額の公的資金の配分を正当化するためにも，そうした「契約関係の擬制」（大崎，2003）が必要とされた。

フランスでも1986年にCNE（全国大学評価委員会）が創設されている。国家から自立したこの独立行政機関による大学評価は，大学への公的資金の配分には用いられなかった。しかし1989年に国民教育省は「契約政策」を始めている。これは政府が大学に対して，通常の予算のほかに大学が自由に使える補助的予算を「4年契約」で与えるというものだった。それを望む大学は自らの現状を分析して発展のための計画を立て，国に提出する。国との間に合意が成立すれば，補助的予算（当初は全予算の5%ほどであった）を獲得できた。しかし4年契約（現在では5年）が終了するときには計画の達成度が評価され，その結果が次期の契約に影響した。

大学の自治を尊重しながら補助的な予算を与えるというこの政策は，大学側からの反発を呼ぶことなく導入されている。しかしその効果は予想を超えていたという（Musselin, 2001）。つまり▶学長の裁量で使える予算がもたらされることにより，予算配分という中央行政の主要な役割に変化が生じたばかりでなく，大学も学長を中心に変貌することが可能になったのである。フランスの大学は19世紀末に法人格を得て復活した後も，▶ディシプリンごとに分かれた教員の団体としての学部（ファキュルテ，1968年以降は▶UFR）の力が強かった。しかし「契約政策」は学長に大きな権限を与え，そのもとで大学が自律的な経営に向けて動きだすことを可能にした。2007年に成立する▶LRU（大学の自由と責任に関する法）は，学長の権限をさらに強めるとともに，CNEを▶AERES（研究・高等教育評価機構）へと改組することによって，この機関による大学評価を公的資金の配分に利用できるものにしている。

[中期目標・中期計画]

日本では2004年の「国立大学法人化」にともない，すべての▶国立大学法人に6年間の「▶中期目標・中期計画」が義務づけられた。これはフランスの契約政策とよく似ているが，①希望する大学ではなくすべての国立大学法人が対象となる，②非公務員となった教職員の待遇も含めた全学的な計画が対象となる，③「中期目標」は国が決定し「中期計画」は大学が作成するが，この「中期計画」も国による承認を得なければならない，などの点で異なっていた。フランスの契約政策が対等なパートナーによる

「契約」の体裁を保っているのに対し，ここにはそのような配慮はみられない（長谷，2012）。

国立大学法人の「中期目標・中期計画」が契約でないのは，▶学校法人（▶私立大学）への「私学助成」が契約でないのと同じである。国と契約を結ばない代わりに，大学は国立（国立大学法人）であれ私立（学校法人）であれ，教職員と「雇用契約」を結ばねばならない。2014年には労働契約法が改正され，5年以上同じ職場で働く非正規の教職員も無期契約への変換を要求できるようになった。しかし法人のなかには非常勤教職員は5年未満しか働けないとする就業規則を定めるものも現れ，法人と非常勤講師組合との間で争議が起きている。

[社会契約から「普遍契約」へ]

社会契約は人間が自然状態から社会状態へと移行するのを許すものだった。しかし自然が文明化され，社会状態が人間にとっての自然のようなものになると，その契約の意味も失われることになる。大学も今では，社会契約のためというより地域貢献，職業訓練，教養教育，研究などのために「種別化」されて存在している。そのなかでも▶研究大学には多くの公的資金がつぎ込まれるが，それらもまた世界の大学ランキングで上位に入らねばならない。競争に生き残れるかどうかは法人としての大学の自己責任とされ，大学の「自治」も今やそのためにある（「大学の自律性に訴えかけることは，今日では行政側の武器にさえなっており，国家が大学から全面的に撤退することを正当化している」[アレゼール，2003]）。

かくして中央官庁による資源配分をとおしたコントロール（契約政策）はいまや大学界全体に行き渡り，官僚の「天下り」が日常化するなか，われわれが選んだはずの（あるいは選んだわけでもない）学長による「ガバナンス」が粛々と行われている。しかし大衆化という未曾有の出来事を経験し，学生の視点からのこれまでにない改革が必要となった大学にとって，この現状はかならずしも未来の「契約」を約束するものではない。

大学はその誕生以来つねに契約をめぐる葛藤のなかにあった。「知への愛」などはすべての人に必要ないとか，贅沢であるという「政治家たち」の意見に煽られ，カント以来の大学の理念もいまや風前の灯である。とはいえ「知への愛」に限りはないし，自然が完全に文明化されることもない（想定外の災害や事故あるいは▶68年5月のような出来事はいつでも起こりうる）。それゆえ契約をめぐる葛藤はこれからも続くだろう。「普遍契約」とでも呼びうるような新たな契約が成立して，「普遍的なるものへのアクセスの条件が普遍化される」（ブルデュー，1999）ときまで，「契約関係の擬制」としての契約政策は続くだろう。しかしその限りにおいて，近代の大学の灯が消えることもないのである。

岡山 茂

▶大学法制における契約，学則，カントの大学論，ナポレオン

契約と大学

大学体制

◎児玉善仁『イタリアの中世大学―その成立と変容』名古屋大学出版会，2007.
◎大河内泰樹「特権としての教養―大学の統治と自律をめぐる争い」，西山雄二編『人文学と制度』未来社，2013.
◎大﨑仁「国立大学法人の国際座標」『IDE 現代の高等教育』452，2003.
◎Christine Musselin, *La longue marche des universités françaises*, Presses Universitaires de France, 2001.
◎長谷博之「フランスの国立大学の法的地位と近年の改革―公施設法人としての地位と，国-法人関係の契約化・マネジメント改革の進展」『自治研究』88巻8-11号，第一法規，2012.
◎アレゼール「危機にある大学への診断と緊急措置」，アレゼール日本編『大学界改造要綱』藤原書店，2003.
◎ピエール・ブルデュー「文化・教育・学校の未来と知識人」『世界』1999.4.

平等と大学 |びょうどうとだいがく

プラトンの『メノン』では，ソクラテスが何も知らないはずの召使に向かって幾何学の証明をしてみせる。あたかも知性はすべての人間に平等に分け与えられているかのようだ。しかしプラトンは，哲学を学ぶためには学問の基礎としての数学や，人間としての情操をすでに身につけていることが必要であるとした。なぜなら哲学が可能にする批判は，そのまま用いられるとソクラテスのような自死をもたらしかねない危険なものだからである。アカデメイアはそれゆえポリスから少し離れた所で，選ばれた者にのみ開かれることになった。

しかし子どもの知性や情操も，親の持つ「経済資本」や「文化資本」(▶ブルデュー)によって決まるとしたらどうだろう。大学は中世のヨーロッパにおいて，そうした宿命から人間を解き放つものとして誕生した。そこに入れば哲学をとおして真理と正義を探究できるばかりでなく，専門職を身につけて自立することもできる。この発明は大成功をおさめ，近代になると世界中に拡がった。

現在，先進国では50％を超える若者が大学に進学している。しかし多くの大学では哲学は問われなくなっている。大学ランキングの上位を占める大学に将来のエリートが集まる一方，ほとんどの大学は▶職業教育へとシフトしている。大学に進学しない約50％の若者のなかには，プレカリアートと呼ばれる非正規労働者や，失業者とならざるをえない者もいる。大学のなかにも▶ジェンダー，専任と非常勤，▶ディシプリン(教養と専門，理系と文系)，国・公・私立などをめぐる不平等が存在している。しかもそれらの問題は，▶学長により大きな権限が与えられる「ガバナンス」のもとで，必ずしもデモクラシーによって解決されるわけではない。

平等を求める声は世界のいたるところで上がっている。「アラブの春」の混乱のなかで難民となっ

た人々，先進国といわれる国々で学費の無償化を求める人々，彼らの声はどのように響きあうのだろうか。フランスの哲学者ジャック・デリダは▶スタンフォード大学での講演の最後で，そこにいるエリートたちに向って呼びかけている。「ゆっくり考えてください。でも急いでそうしてください。これから何があなた方を待ち受けているのか，あなた方には判らないのですから」(『条件なき大学』)。じっさい「▶68年5月」のような出来事は，いつでもどこでも起こりうる。しかしそれを封印するかのように，国家や資本も大学改革を急いでいる。

[68年5月と平等]

「68年5月」(五月革命)では平等が問われた。大衆化が進むなか，教室に入りきれないほどの学生を前にして，フランスの大学は彼らのやる気をくじいて中退させるというネガティブな選別しかできなかった。政府はENA(国立行政学院)などを新設して▶グランド・ゼコールを充実させたが，大学には有効な対策を講じなかった。しかし学生の反乱は，進学機会の平等やグランド・ゼコールとの格差を問うより，世界の人民との連帯を問うものとなった。学生に労働者が合流することによって，反乱は前代未聞の規模のものとなる。アルジェリア戦争とド・ゴール主義への反発，ヴェトナム戦争とアメリカ帝国主義への批判が，「フランスでの蜂起を西ドイツ，日本，アメリカ，イタリアなど世界各地での蜂起と結びつけた」(ロス，2014)のである。

しかし「解放」にともなう粛清の事実(クメール・ルージュ，文化大革命，ボート・ピープル，連合赤軍……)を前にして，学生たちの平等への希求も急速に萎んでしまう。そしてそのときの幻滅が，現在の「大学改革」につながっている(「68年の世代」は90年代以降の改革においても中心的な役割を担うだろう)。平等は自由な競争という形で取り崩され，不平等がふたたび社会の常態となる。1966年には労働者の子の3.4％，農家の子の8％，サラリーマンの子の16.2％，中間管理職の子の35.4％，管理職および自由職の子の58.7％が大学に進学していた。2014年においても，▶修士課程の学生全体に労働者(就労人口の21.1％)の子が占める割合は7.5％にすぎず，管理職および自由職(就労人口の17.6％)の子が占める割合は33.9％に上る。▶メリトクラシーは，たとえ民衆の出自であってもメリット(長所＝功績)さえあれば高い社会的地位に就くことを約束するものであったが，機会の不平等を無くすよりもそれを隠蔽するのに貢献しているようである。

[アメリカにおける保守革命]

1960年代のアメリカ合衆国では，社会的な解放と不平等の解消のためのかつてない努力がなされた。63年以降，東海岸の私立大学(プリンストン，ハーヴァード，イェール)において「▶アファーマティブ・アクション」が導入され，他大学もそれに追随している。背景にはヴェトナム戦争や，ハーレム，ロサンゼル

スでの市民暴動があった。アメリカの公立大学はそのなかで，全方位(人種，ジェンダー，専門分野，文化価値)に平等を訴える教員や学生によって満たされた。

しかし80年代になると，保守エリート層が大学(それもとりわけ人文系や社会学系)を告発している。彼らは「政治的公正」(ポリティカル・コレクトネス)を装いながらも，平等を経済的繁栄とは相容れないものとし，ニューエコノミーによってますます必要とされるようになった大卒の「知識労働者階層」(コグニタリアート)を抑圧した。「アファーマティブ・アクション」もそうしたなかでは，不平等主義的な政策を肯定させるための口実にすぎなくなる。1960年代から80年代までのアメリカの文化＝経済闘争の核心にあったのは，「平等の原則の確立であるとともにその無力化」(ニューフィールド，2008)であったといわれている。

アメリカの中流階級はその闘争のなかで，自らの内部で強まっていた社会的細分化の傾向と戦うための手立てを失ってしまう。かつては平等をめざしたけれども，今や不平等を助長するものとなってしまった大学に対しても，彼らはもはやどうすることもできない。カリフォルニアでの「公立大学の解体」(ニューフィールド)は，文化と経済が分かちがたく結びついた政策によってなされている。1984年から2004年までの20年間に，初等教育において生徒一人あたりの財政支出が26％，社会サービスのそれが34％増えていたとき，監獄への支出は126％増えている。この最後の支出は，大学への予算が12％削られることによって可能となっている。

90年代以降，コンピュータ技術の革新などによって「アメリカン・ドリーム」は持ちなおし，アフガンそしてイラク侵攻も保守派によって正当化される。しかしエリート富裕層のための大学と大衆のための大学という「二極化」は，そういうアメリカの「天国のような豊かさと慢性的な悲惨さ」(シトン，2009)を象徴するだろう。たとえ▶コミュニティ・カレッジが無償化されても，それによってこの「二極化」が解消することはない。

[新たな平等思想の展開]
アメリカにおけるこのような状況は，「グローバリゼーション」のなかで世界に拡散した。フランスでも2007年には，ニコラ・サルコジ大統領が「68年5月を亡きものにする」と宣言し，▶LRU(「大学の自由と責任に関する法律」)を成立させている。しかし「68年5月」への反省を踏まえた新たな平等の理念も立ちあげられている。

ジャック・ランシエールは『無知な教師』のなかで，知とはそれを持つ者から持たない者へと水が上から下に流れるように伝えられるものではなく，もともと平等な知性をもつ人間が，それぞれの知的冒険のなかで獲得するものであると言う。彼は19世紀に「普遍的教育」を唱えたジョセフ・ジャコトという教師の，「人は自分の知らないことを教えることができ，一家の父は貧しく無知でも解放されていさえすれば，いかなる教師の手助けもなしに自分の子どもを教育できる」という言葉を紹介している。

その平等は「分け前なき者の分け前」という考えに基づいている。古代ギリシアの貴族は，自由であるほかに自らの名や財産を持っていた。名もなく財産もない民衆(デモス)は，自由しか持たなかったがゆえにそれを自らに固有のものとみなし，それに基づく政治(デモクラシー)を主張した。ランシエールはそこに「統治」とは異なる「政治」の可能性を見ている。

たしかに自由はデモスだけのものではない。しかしそれを自らに固有のものとみなす「過誤」がなければ，名もなく財産もないすべての人(「奴隷」も含む)の権利を認める「デモクラシー」はありえなかった。

ジャック・デリダの「来たるべきデモクラシー」もそれと似ている。デリダにとってのデモスは学生である。未来を担う彼らに対して，大学は「条件なき」ものでなければならない。そこにおいては「学問の自由と呼ばれるもののほかに，問うことと提案することにおける無条件の自由，そして真理に関する研究，知，思考が必要とするすべての事柄について，公的に述べる権利が保障されねばならない」。ジャン=フランソワ・リオタールの『ポスト・モダンの条件』の後でも，デリダはカントの「近代の大学」をあえて守ろうとした。なぜならそれこそがデモクラシーの「条件」だからである。

この「条件なき大学」はすべての人に開かれている。もとより市民社会においては，市民一人一人が自らの判断で行動できなければならない。判断が分かれ，多数決によって裁定しなければならないようなときでも，その集団が不正義をなすと思えば，人はそこから離れることができる。国家が法に背いていないかどうかは司法が判断するが，その司法に訴えるのも，そして司法の判断を検証するのも市民である。大学はそういう自由な市民と，その責務を率先して担う者たち(法律家，教師，研究者，ジャーナリスト，エンジニアなど)を育成する。

[日本における平等の概念]
▶福沢諭吉は，「人は生まれながらにして貴賎貧富の別なし。ただ学問を勤めて物事をよく知る者は貴人となり富人となり，無学なる者は貧人となり下人となるなり」(『学問のすゝめ』)と述べた。しかしそのすぐ後のところには，「学問をするには分限を知ること肝要なり」とある。「分限を知る」とは「分け前なき者の分け前」を諦めるということだろう。フランスに今でもグランド・ゼコール出身の「国家貴族」がいるように，日本にも「封建時代から現在の東大まで続く貴族の歴史」(ブルデュー，2014)がある。

戦前の旧制高校では，国家のエリートを養成するために「ビルドゥング」(教養・自己形成)の理念が取り入れられた。その理念は，東京帝国大学出身

22　　平等と大学

の作家や批評家の活躍によって民衆をも感化しうるものとなった。しかしそのようにして成立する文化は，普遍的というよりは国家主義的なものである。大学人や文化人の多くは戦争へと向かう国家を支え，それに抵抗しえた数少ない知識人は迫害される運命にあった。

戦後にはアメリカから新たな平等の理念がもたらされる。エリートの特権は，「新制大学」においてはすべての学生が共有しうるものとなるはずだった。しかし文部省の統制のもと，アメリカの▶リベラルアーツとは異なる「教養と専門」のカリキュラムが構築され，それが長らく維持されるあいだに，エリートと民衆という分断もふたたび正当化されてしまった。入試という制度によって旧帝大系の大学は狭き門となり，学費が少しずつ高くなることで▶私立大学も民衆から遠のいてしまった。1990年代になると，戦後の平等を「悪平等」といい，すべてを「市場」に投げ込むのをよしとするネオリベラリズムが幅をきかせるようになる。

現在，国語によるビルドゥング（文化・教養）は「グローバリゼーション」のなかで崩壊しつつある。しかしそのなかで不平等も深刻になりつつある。知は商品化され，エリート大学はエリート富裕層の子によって占められ，英語ができる者とできない者の間に分断が生じている（English divide）。大学はこうした不平等を告発できるだろう。エリート大学ばかりに公的資金がつぎ込まれている現状に対しては，「高等教育の無償化」や「奨学金の給付化」を求めることができる。また理系・工学系によるイノベーションが優先され，人文系が縮小されていることに対しては，デリダの「新たな〈人文学〉」の必要を訴えることもできる。しかし平等のためにエリート教育を否定するのは，エリート教育のみに公的資金を投資するのと同じくらい不毛なことだろう。なぜなら大切なのは，すべての人にエリートのための充実した教育環境を開くことだからである。

そのような財源はないというのは政治家の詭弁である。大学はさまざまな能力をもつ自由な市民を育成し，国家はそのための全国的なネットワークを形成する。ヒーローあるいはヒロインは市民（あるいは民衆）のなかからおのずと生まれてくる。リーダーやエリートの養成，あるいは有用なテクノロジーの開発のためだけに公共投資を行うというのは，本末転倒の議論なのである。　　　　　　　　　岡山 茂

→ 大学の民主化，マイノリティと大学，教育機会の平等，学費無償化，ユダヤ人問題，障害者，ハラスメント

◎クリスティン・ロス著，箱田徹訳『68年5月とその後—反乱の記憶・表象・現在』航思社，2014.
◎Christopher Newfield, *Unmaking the Public University: The Forty Year Assault on the Middle Class*, Harvard University Press, 2008.
◎Yves Citton,《Démontage de l'Université, guerre des évaluations et luttes de classes》, *La Revue internationale des Livres et des Idées*, n11, mai–juin 2009.
◎松葉祥一「「分け前なき者の分け前」を求めて—J・ランシエー

ル」，三浦信孝編『来たるべき〈民主主義〉反グローバリズムの政治哲学』藤原書店，2003.
◎梶田裕「差延と平等—他者の倫理か，それとも平等な者たちの共同体か」『現代思想2015年2月臨時増刊号 総特集＝デリダ』青土社，2015.
◎Patrick Champagne, *Pierre Bourdieu*, Les essentiels de Milan, 2008.
◎Pierre Bourdieu, *Sur l'État*, Seuil, 2012.

大学と研究 |だいがくとけんきゅう

［大学の使命と研究］

大学の歴史は長く，科学の歴史も長い。しかし，大学の歴史に科学はほとんど登場せず，科学の歴史にも大学はほとんど登場しない。大学が科学の探求（研究）と実質的に関係を持つようになるのは，ここ1世紀半ほどのことである。しかし今日では，研究を抜きに大学を語ることはできないほど，両者は密接な関係にある。

歴史的には，大学はもっぱら知識の保存と伝達（教育）を担うものと考えられてきた。大学が教育を担う以上に研究を担う使命を持っているという考え方は，1810年の▶ベルリン大学の創設が契機になったと言われる。ベルリン大学の基本構想をつくったと言われるヴィルヘルム・フォン・▶フンボルトは，ベルリン大学の創設に際して，大学を研究の場として位置づけ，あわせて研究を実現するための基盤的条件として大学の自治，学問の自由の理念を打ち立てた。それゆえ，これらを▶フンボルト理念と呼び習わしている。実は，このような説明は通俗的なものであり，フンボルト理念がフンボルトの独創であったとは言いがたいが，その主旨は間違っていない。この理念は，今日の大学像の本質的な一面を表現している。

19世紀初頭の自然科学は揺籃期にあり，自然哲学から分離して徐々に独自の地位を獲得する途上にあった。設立当時のベルリン大学を見ると，当時のドイツの大学と同様に，▶神学部，▶法学部，▶医学部，▶哲学部の4学部から構成されていた。哲学部の中には，哲学のほかに数学，自然科学，史学，言語学，国家学，財政学の各学科が配された。自然科学は，哲学部の一角に居場所を与えられた新興の学問分野であった。したがって，自然科学のためだけに，フンボルトらが研究の重視，学問の自由，大学の自治を唱道したとは考えにくい。当時のドイツの哲学者たちは，学問の自由，知識の探求を言う際に，もっぱら哲学とその周辺の学問における新たな知識の探求を念頭に置いていた。その意味で，フンボルト理念における研究は，その後の研究活動で主役に躍り出た自然科学分野の研究ではない。しかし，後述するように，当時は自然科学が大きく発展した時期であり，自然科学が

大学における研究重視の価値を最も享受することになった。大学に自然科学とその研究が浸透していき，ドイツの大学における自然科学は成功を収めた。その結果，研究を大学の使命とする考え方は，自然科学とともに，19世紀後半以降各国に伝播していき，各国の大学で研究活動が展開されるようになった。

研究を大学の第1の使命と位置づけることには批判もあったが，研究が大学の使命の一角をなすことを否定する見方はほぼない。たとえば，▶オルテガ・イ・ガセットは「「探求」を大学の支配的位置につかしめた偏向は，大きな不幸であった」とフンボルト的大学像を批判した。オルテガは，大学教育の第1の機能は教養(文化)の伝達，第2が専門職教育，第3が科学研究と若い科学者の養成だとした。このようにフンボルト的大学像を否定する立場であっても，大学の研究機能そのものを否定するわけではない。今日においても，大学における研究のとらえ方には幅があるが，それでも大学と研究は分かちがたい。

[科学の発展と大学]

17世紀の科学革命以前は，科学と哲学の区別は困難で，科学者と呼べる者もいなかった。大学はその歴史の半分以上の間，スコラ的な哲学や知識の伝承者であった。科学革命以降に登場した近代科学はむしろそれを脅かすものであり，近代初期には科学は大学(ならびに宗教的権威)と対立する存在であった。ニュートンは例外的であり，▶ケンブリッジ大学の教授職にあり偉大な業績を上げた。しかし，当時は自然科学という概念は存在せず，ニュートンは自然哲学の成果を成し遂げたのであり，大学の中で今日的な意味での自然科学が教えられていたわけではなかった。当時は，学会の原型とも言うべきロンドン王立協会などの集まりが科学の活動の場となったことはよく知られている。そこで繰り広げられた科学愛好家たちの活動は「見えざる大学 invisible college」と呼ばれたが，この表現には当時の科学と大学との微妙な関係が投影されている。

科学と大学の関係を大きく変えたのが，前述のドイツの大学における自然科学の成功と大学における研究の浸透である。もっぱらアマチュアの営為であった科学研究を職業とする者(すなわち科学者)が大学教員の中に誕生し，科学が大学の教育研究の一分野となり，さらには科学を学ぶ学生を次代の科学者として育成する再生産の仕組みが，19世紀のドイツで確立したのである。この大学像の転換を大学史の観点から「大学革命」と呼び，科学史の観点から「科学の制度化」もしくは「第2の科学革命」と呼ぶ。

ドイツの自然科学分野の研究活動の発展と，前述のフンボルト理念とは直接的には結びつけられない。ベン-デービットは「ドイツにおける新大学設立の直接の結果が，他ならぬ自然科学の衰退だった」とし，また「1820年代の末期にはじまる実証科学の登場は(中略)決して近代大学の産物なのではなく，むしろ，こうした哲学に対する意図的な反逆の結果であり，たとえ，意図的・意識的な形はとらなかったにせよ，近代大学の構造に対する重大な変容の結果だったのである」と言う(『科学の社会学』)。このように，ドイツが世界の学術の中心として評価されるにいたったのは，フンボルト理念に負うのではない。むしろフンボルト理念は一時的にせよ，実証主義自然科学を後退させた面があったのである。それでも，自然科学の興隆と大学への浸透は止まなかったのである。

[研究機関としての大学]

こうして，研究は大学の機能の一つとして広く認識されるようになった。ただし，大学の研究活動は社会的にも重要な役割を担っているものの，先進諸国においてもすべての大学が本格的に研究活動を展開しているわけではなく，研究への重点の置き方は大学によって異なっている。ましてや発展途上国の場合，大学が研究活動を十分に担う力を持っている国は限られている。大学はもっぱら人材育成を担い，研究活動を公立の研究機関に集中させている国や，研究者がいても国内では研究活動の場がなく，もっぱら▶頭脳流出の形で外国で研究に従事しているような国も珍しくない。

大学が研究機能を獲得したとはいえ，ドイツ自身もそうであったように欧州諸国では，大学のほかに研究を担う組織が存在した。これはアカデミーと呼ばれるもので，芸術，文学，科学等々の分野別に，都市・地域ごとに組織されていた。アカデミーは学会のようでもあり，また活動の場でもあった。前述のイギリスの王立協会はその典型であるが，同様の組織が主要な都市ごとに成立し，発展していったのである。一部の科学分野のアカデミーはしだいに固有の施設を持ち，そこで研究活動が展開されるようになった。アカデミーは研究機関の性格も有するようになっていったのである。

さらに20世紀初頭には，たとえばドイツのカイザー・ウィルヘルム協会(1911年設立，のちのマックス・プランク協会)のように，研究活動を専門とする公設の大規模研究機関が大学とは別に成立し，研究活動を担うようになっていった。そのため，大学は科学者の養成は担っていたものの，研究機能の面では，一国の中では必ずしも優位にはなく，むしろ相対的に小規模な状態にとどまっていた。ドイツやフランスでは大学以外の公的研究機関の活動の規模が大きく，比較的最近まで一国の研究活動の主役はそれらの公的研究機関であった。

大学が一国の研究活動の中心的役割を担うようになるのは，アカデミーが発達していなかったアメリカ合衆国の第2次世界大戦中のことである。原子爆弾開発などで有名なマンハッタン計画は，有力

大学と研究

大学の自然科学者を大量に動員して進められた。その結果として▶研究大学の基盤が形成され，大学が一国の研究活動の主役に躍り出た。マンハッタン計画の成功で，第2次世界大戦後には大学の研究機能に注目が集まり，先進諸国の政府が大学の研究活動を資金的に支えるようになった。それまでは大学の研究活動は一部の大学にとどまり，規模も比較的小規模なものにとどまっていたが，政府の財政支援を機に多くの大学に研究活動が広まり，一部では大学内に▶研究所や研究センターといった研究実施のための専門組織を創設するなど，大学の研究活動は格段に活発化することになった。こうして，国ごとに形式等は多様であるが，多くの先進国で，大学の研究活動は一国の研究活動の主要な担い手となっていった。このような変化は，1950年代から70年代にかけて徐々に始まり，その後本格化して今日に至っている。

[研究と社会的責任]
大学が研究を担うことの社会的意味は何だろうか。フンボルト的理念に基づけば，大学が研究活動に関与することは，大学が大学であるための基本的条件であり，外在的な目的や理由が大学の研究活動を合理化するわけではない。その場合，大学外部の世界，経済社会さらには政府や国民の大学に対する期待の如何にかかわらず，大学は研究をできる（しなければならない）のである。その意味で，研究は大学と研究者の特権であり，また研究者にとって大学は外部世界から隔絶された楽園である。この立場からは，大学の研究はそれが真理の探究であることで社会的な意味を有するのであり，研究の世俗的な有用性によるのではない。

一方で，今日のように政府が大学の研究を財政的に支援する場合，すなわち国民の税金で大学の研究活動を支える場合，大学の研究は「科学技術もしくは研究者集団と国家と市民・社会とのあいだの社会契約」に基づいている。社会契約にしたがって展開される研究活動に対して社会は財政的に支援し，公的研究資金の援助を得た研究者たちはその期待に応える責任を有する。ただし，時代によって社会契約の内容は変遷する。たとえば，かつては戦争の勝利，宇宙開発競争の勝利や疾病の克服といった期待に基づいていたが，最近では環境問題の解決や経済発展への貢献等へと社会の期待は交替している。

大学の研究は，それ自体が意味を持つとする考え方と，大学の研究が何らかの形で現実社会または現実生活に貢献すべきだとする考え方は，どちらか一方が正しいということではなく，両者は混在している。前者の考え方は，たとえば伝統的な大学像から支持されている。たとえばシュプランガーは，今日の大学の病は，有用性を旨とする科学が広まりすぎたことにあると言う。このような考え方が時代遅れかといえばそうでもない。憲法学の「学問

の自由」の解釈において，日本国憲法の制定に関わった佐々木惣一は「学問が自由に為されることそのことが，公共の福祉である」と言っている（『日本國憲法論』）。こうした憲法解釈はその後も大きくは変わってはいない。伊藤正己は，学術的場での発表は学問であるが，社会一般を対象とする論考の発表は学問的活動ではないとする。さらに，▶基礎研究だけでなく応用研究も学問に含めるとしつつも「学問上の研究を応用して技術者が物を製造し，医師が診療にあたり，弁護士が実務を行う活動など」「既にできあがった学問上の成果を職業的に単に適用するのみの活動は，（中略）学問の自由の保障の外にある」と言う（『憲法（新版）』）。

すなわち，▶学問の自由によって保障される研究は研究者集団の中で閉じる研究であり，それを社会へ持ち出す形で公表することや職業活動に適用することは学問の自由の対象外ということである。こうした憲法学的解釈は，研究の社会的責任は大学の研究が直接的に社会に貢献することよりも，研究すること自体にあるとするフンボルト的な大学像における研究観に近い。

こうした解釈は，今日の科学技術の現実を十分に反映できない面もある。たとえば，医学・生物学分野の研究では，基礎的研究から臨床的応用までのあいだの区別をつけにくくなっている現実もある。そのような研究の場合には，基礎的研究の成果であっても学界だけでなく，産業界や医療の現場に成果を発していき，基礎的研究の段階から臨床や製薬企業との共同研究が必要になる場合も少なくない。真理のための研究と社会的貢献を意図した研究とを厳密に区別することは，ほぼ不可能なのである。いわゆる▶産学連携による研究活動も同じことであり，さらには社会契約に基づく研究活動も，結局は同じ特性を持っている。これらの研究では，研究活動や研究者に一定の社会的責任が生じることになり，伝統的な学問の自由の範囲外のものになる。

一方，「学問が自由に為されることが公共の福祉である」といって，真理の探究のみを目的とする研究を推進するだけで，大学の研究の社会的責任を果たせるというほど単純な状況でもない。研究者は価値中立的に研究成果を生み出すだけで，それをどのように使うかは社会が決定することであり，研究の成果を使った結果に関して研究者に責任はないという論法が持ち出されることもある。しかし，東日本大震災とその後の東京電力福島第一原子力発電所事故に際して，社会に対して物言わぬ研究者集団が社会からの信頼を失い，結局研究者集団としてもそのことを反省することになった経過からも明らかなように，社会から超然とした大学の研究という古典的なあり方も，その社会的存在としての責任を果たしているとは言い難い。

［大学と研究のあり方］

このように，学問の自由により保障される研究と社会的責任を担う研究という二つの性格の研究のあり方をいかにして大学の中で統合していくのか，換言すれば，大学の研究，学問の自由，社会契約と社会的責任，研究の資金確保と財政的支援，これらの相互関係をいかに整理し直すのかが，大学の研究の今日的課題である。

なお，研究が大学の使命であり，大学が研究機関としての性格を有するようになったといっても，それは一面の姿であることを直視する必要がある。たとえばユネスコ（UNESCO）の統計を見れば，研究活動がほとんど存在しない国が大多数であることも事実である。そこまで極端でないとしても，小国や発展途上国の場合には，教育機関としての大学は比較的普及していても，大多数の大学で研究活動を行うほど，人的基盤や財政基盤が整っていない場合も珍しくない。このような場合には，大学とは別に研究専門の機関を設けて，集中的に一国の研究活動を担うか，逆に公的研究機関をほとんど設置せず，一部の大学に研究機能を集中するかのいずれかになる傾向がみられる。研究は大学の使命だと言うことは難しい。

大学が研究機関としての重要な位置を占めると言える国は，先進国および一部の発展途上国で，人的，経済的規模が比較的大きい十数ヵ国ないし二十数ヵ国にすぎないのである。それらの国でも，高等教育が普及して大学数が増えると，かえってすべての大学が研究機能を持つことは現実的に困難になる。その結果，先進諸国でも21世紀に入って以来，大学の研究機能を一部の大学に集中しようとする政策的動きがみられる。もちろん，日本も例外ではない。このように，研究は大学の使命であるという理念は必ずしも普遍的とは言えなくなっているのが，現実である。フンボルト理念から2世紀を経て，大学と研究の相互関係，大学の研究の社会的意義は，再定義の途上にあると思われる。

小林　信一

→ 教育と研究，人文・社会科学系の研究，理工系・医学系の研究，研究組織／研究施設，研究資源，科学技術政策，科学革命と大学，アカデミア

◎ヴィルヘルム・フォン・フンボルト「ベルリン高等学問機関の内的ならびに外的組織の理念」，梅根悟訳『大学の理念と構想』明治図書出版，1970.
◎オルテガ・イ・ガセット，井上正訳『大学の使命』玉川大学出版部，1996.
◎ヨセフ・ベン-デービット，潮木守一・天野郁夫訳『科学の社会学』至誠堂，1974.
◎エドゥアルド・シュプランガー「現代ドイツの大学における研究・職業陶冶および人間陶冶」，村井実・長井和雄訳『現代の文化問題』牧書店，1959.
◎佐々木惣一『日本國憲法論』有斐閣，1949.
◎伊藤正己『憲法(新版)』弘文堂，1990.

大学教育とカリキュラム

だいがくきょういくとカリキュラム

［日本の大学カリキュラム］

▶中世大学の歴史を持たない日本の大学は，明治以後になって欧米先進国に追いつけ追い越せをスローガンに近代大学設置に乗り出し，世界先進国の大学を見渡し，最先端の学問を移植してカリキュラムの編成に着手した。中山茂が観察したように，英・仏・独・米・蘭の先進大学を対象にウィンドーショッピングさながらの物色を行った結果，当時としては最強の専門分野を輸入した。当然ながら，カリキュラムの内容は理系，文系を問わず，翻訳調にならざるを得なかったのは不思議ではない。自らの独創性を発揮するよりも，まず世界水準をキャッチアップするための翻訳文化が成立したのである。今から70年ほど前の戦後期を想起しても大同小異であった。

たとえば文系の教育学は戦後新設された▶教育学部の中に種々の専門分野を擁する▶学科・▶講座を設置して，研究と教育に着手していた。新設後間もない時期のせいか，学科・講座では諸外国の学問の輸入，紹介が中心であるとの印象は拭えなかった。教育哲学は旧西ドイツ，教育方法学は旧東ドイツや旧ソヴィエト連邦，教育社会学はアメリカ合衆国・フランス，西洋教育史は旧西ドイツ・フランス，比較教育学はイギリス・アメリカといったように外国の指導的な研究者や文献の紹介，解説，翻訳などが支配的であったのである。

学問中心地から周辺地へと伝播する学問の性格からすれば，当時のカリキュラム編成が世界の▶COEを手本とするという明治期の性格から脱皮できない状態に留まっても不思議ではないとしても，従属型や受信型から独立型や発信型への転換が課題となる。

現在の日本の大学カリキュラムは，2007年（平成19）の▶大学設置基準(昭和31年文部省令第28号)の改正に依拠して編成され，運用されており，そこには主として二つの特徴が存在する。一つは，「大学は，学部，学科又は課程ごとに，人材の養成に関する目的その他の教育研究上の目的を学則等に定めるものとする」(2条)。二つは，「大学は，当該大学，学部及び学科又は課程等の教育上の目的を達成するために必要な授業科目を自ら開設し，体系的に教育課程を編成するものとする」(19条)。換言すれば，大学にはその教育研究上の目的を公表し，教育上の目的を達成するため体系的に教育課程を編成することが求められている。

このことは，初等中等教育の編成とは異なり，大学の独自性が認められていることを意味する。それと同時に，世界的にタイムズや上海交通大学などの主宰する大学ランキングの時代を迎え，研究

生産性や教育生産性など学問的生産性の競争が激化している現在では，世界水準との共通性を志向するとともに，日本の大学固有のカリキュラム編成を目指しているから，個々の大学，学部，学科，課程などにおける学者や研究者の主体性がそこにいかに強く反映されるかは重要な課題である。

[西洋の大学カリキュラム]

中世大学の発祥を見ると，学生が主体の▶ボローニャ大学と，教員が主体の▶パリ大学が嚆矢であるが，それはいずれも当時の社会を反映して，「Universitas」というギルド＝組合であった。他にもガウン，学長，評議会など修道院から拝借した要素が多い中で，カリキュラムは学部，講義方式，学位などとともに大学独自の発明であり，固有のカリキュラムを基軸に成立する学芸，法学，医学，神学などの学部も独自の発明であった。その点に大学共通の独自性が見られると同時に，学部編成には個々の大学の性格が刻印されている。たとえば，法学と神学は異なる学部である。教員の生活が学生の授業料で賄われたボローニャ大学では学生の自由意思が反映されて▶法学部が誕生したし，教会が教員の給料を支払ったパリ大学では，その統制を受けて▶神学部が誕生した。法学と神学のカリキュラムには大きな相違があるように，カリキュラムは時代や社会の制約を受けて成立する大学の性格が刻印されることが分かる。

今日の大学では母国語で▶授業が行われるが，中世大学はそうではなかった。授業の言語は▶ラテン語であるから，母国語は使用できない。学芸学部は自由七科(文法，弁証法，修辞学，算術，幾何学，天文学，音楽)のカリキュラムに比重を置き，とくにラテン語の習熟を重視した。上級学部の法学，医学，神学の各学部はラテン語を使用したので，母国語を使用する世俗社会とは隔絶した社会を形成した。中世大学では宗教の影響も大きかった。チャペルでの礼拝はキリスト教の強い場合は必修になるが，たとえばアメリカ合衆国の大学で，▶ハーヴァード大学のように19世紀前半までそれが必修とされたのは，中世的な神学的文化を踏襲したためである。中世ではスコラ哲学がカリキュラムの中枢を占め，アリストテレスの宇宙観が支配し，天動説に逆らう者はガリレオ・▶ガリレイのように異端者とされた。宗教によるカリキュラムの縛りがあると同時に，学問の自由には制約が存在したのである。

中世大学では，希少価値の高い羊皮紙の書物によってカリキュラムが編成され，教科書が作成されたことも見逃せない要素であり，学生は写本に精力を割くとともに授業では暗唱によって教科書の内容を記憶したのであるから，今日流の自由な学習や学修を基にした発明発見は許されない。今日では当然のことである，自由な科目を選択することが不可能であった。この点では，ハーヴァード大学で19世紀後半に登場したエリオット学長の時代に選択制が導入され，学生は必修科目から解放されることになった。それまでは，中世大学さながら教員は複数の科目を監督し，学生は暗唱することが授業であり，専門分野の教員の授業を受講する機会はほとんど皆無であったのである。日本でも，明治時代はベルツが指摘し慨嘆しているように，暗記中心であったのであるから，独創性や考える力を涵養する意図が乏しかったといえる。

[主要国の大学カリキュラム]

中世大学に淵源する近代大学は，カリキュラムにおいて中世大学と共通性を持つことが少なくない。日本の大学のように中世大学を持たなかった国の大学ですら，カリキュラムの上では西洋の学問中心地で発達した近代大学のカリキュラムを移植したり，模倣したりして，彼我の間にかなりの共通性を持つのは否めない事実である。欧米主要国の大学では中世大学以来の伝統を継承しているので，共通性は少なくなく，概して大陸型とイギリス型の伝統がある。大陸型はフランス，ドイツ，イタリアを原型とする。大陸型はパリ大学とボローニャ大学を中心にフランス・イタリアから大学が勃興し，パリ大学から▶オックスフォード大学を通してイギリス，あるいは▶プラハ大学を通してドイツ語圏へ伝承し，ボローニャ大学からスペイン・ポルトガルなどを通してラテンアメリカへと伝承し，世界へと波及した。このことは，大学教育の中身であるカリキュラムの原型が世界へ伝播したことを物語るものでもある。

中世大学の学部である学芸，法学，医学，神学の中で，パリ大学は神学，ボローニャ大学は法学の拠点になったので，その継承大学はこうした性格を大なり小なり引き継いだ。近代大学はドイツの大学を中心に革新的な大学を構築し，新たなカリキュラムを開拓した。科学の大学への制度化が実現した結果，研究と教育を統合したタイプのカリキュラムは▶ベルリン大学をはじめドイツの大学が先鞭をつけ，当時の世界の学問中心地を形成し，他国へ影響を及ぼした。といっても，研究と教育の統一を果たしたのは▶大学院を設置して，教育と研究を学士課程と大学院課程に分離して分業化すると同時に，両者の統合によって教育と研究の統合を果たしたアメリカである。日本はドイツモデルを移植したものの研究と教育の統一はできず，もっぱら研究志向を強めた。フランスはドイツモデルから影響を受けず，大学は教育，研究はアカデミーと分離方式を辿り，ロシアもこの方式を模倣し，1960年代以前の中国もソ連経由でこの方式を踏襲した。

ドイツモデルを移植する時点で大学院を発明したアメリカモデルは，その成功によって，現在ではヨーロッパ連合の諸国や他の国々で追随する傾向がみられる。19世紀にはドイツ，20〜21世紀にはアメリカモデルが他国から模倣されたとみれば，世

界の大学は学問中心地のモデルを模倣しながら発展してゆく様子が窺われる。カリキュラムは大学教育の中身であり，内容である以上，そのような伝播の動きのバロメーターである。

[教育理念とカリキュラム]

最も重要な大学の使命は，研究と教育を通じて社会発展に貢献することである。すなわち，研究による学問の発展を通しての社会発展，教育による人材養成を通しての社会発展である。このうち，教育は中世大学以来，現代大学まで一貫して大学のアカデミック・ワーク（学事）の中核を占めているのに対して，研究が本格的に学事に組み込まれたのは近代大学以後であるから，その時点からカリキュラムにも変化が生じた。研究が組み込まれて以後は，専門分野ごとの最先端の研究が重視され，各専門分野の専門家がその分野の教育を担当するようになった。専門分野ごとの最先端の研究を教育に反映しようとすると，教育理念の統一が困難と化す。大学の教育理念は，概して学生の人間教育を標榜するから，最先端の発明発見にしのぎを削る狭小な専門分野の研究のみでは対応できず，タコツボから出て理念との調和を図る必要がある。その点は，研究と教育の両立は概して困難である。

第1に，専門分野，それを統合する学科，さらには学科を統合する学部などの教育の目的と大学全体の教育の目的との調和を図ることの必要性があるが，専門分野の分化は教育との両立を拒む傾向がある。近代大学では，学部の目的に見合う人材を養成したので，学部中心主義のカリキュラム編成となったのに対して，現代大学では学部の壁を除き▶学士課程を通じて▶学士力を醸成することがカリキュラムの要点となった。同様に，大学院では修士力や博士力を醸成する。前者の場合，学士力の到達目標を設定して，それに見合うカリキュラムを編成し，そのことを前提に入学者を選ぶのである。いわゆるDP（ディプロマ・ポリシー），CP（カリキュラム・ポリシー），AP（アドミッション・ポリシー）の一貫性が問われるようになった。したがって，教育理念と教育目的の関係は，従来の学部型から全学型へ，あるいは学部主義から課程主義への転換に特徴が見いだされるのである。しかし学部主義から課程主義への転換が難しい。

第2に，大学教員は教育よりも研究に対して関心が高い。大学教授職の国際比較を引くと，日本を含む世界14ヵ国（1地域を含む）が参加したカーネギー調査（1992年）では，①研究志向，②研究・教育両立志向，③教育志向に分かれた。しかし，日本を含む世界19ヵ国（1地域を含む）が参加したCAP（Changing Academic Profession）調査（2007年）では，世界的に①の研究志向が強まり，教育との両立が困難になっている。とくに日本の大学教員は最も両立の困難度が高い。ヴィルヘルム・フォン・フンボルトの提唱した研究と教育の統合からすれば，②

型が理想であるが，現実は後退しつつある。今後，高等教育のユニバーサル化と学生の超多様化が進行する時代では，教員の研究と教育の両立，さらに研究・教育・学修の連携（R-T-Sネクサス：Research-Teaching and Study Nexus）が不可欠であるが，世界の大学教員の実態はその実現の困難性を予兆しているのである。

[カリキュラムと大学教育]

カリキュラムの構造は理念，目的，目標と重層的に構成されている。大学教育の理念が上位概念であり，それを敷衍して実現するために目的・目標が成立する。私立大学のように▶建学の精神が大学教育の理念を形成する大学では，建学の精神を上位概念とし，その下で学士力を形成するための教養力，専門力，就業力が有機的に作用し，最終的には学士力の到達目標を具現した人間力を涵養する。建学の精神を体得した人間力の追求は，教養力は教養教育，専門力は専門教育，就業力は▶キャリア教育が理念を実現するための主たる目的や目標を分担し統合することによって達成される。

ギリシア時代以来，▶リベラルアーツ（教養教育）が発達し，中世大学以来，大学教育にそれが組み込まれた伝統をもつ西洋の大学と，そのような歴史を持たない日本の大学とでは，教養教育への取組みに違いがあっても不思議ではない。アメリカの大学は19世紀にドイツモデルを移植して以来，大学院に▶専門教育，学士課程に教養教育を位置づけたのに対して，日本の大学の学士課程では戦前は専門教育，戦後はアメリカの教養教育を移植して学士課程前半に▶教養部を配置したが，1991年の▶大学設置基準の大綱化以後に形骸化し，教養教育のカリキュラムが弱体化したことは否めない。

他方，専門教育は中世大学以来，世界の大学において連綿と存在してきたし，日本の大学の場合は大学院ばかりではなく学士課程においても戦前以来，強力であり，1991年以後はさらに強化された。最近，大学院にも教養教育を導入する動きが生じているが，中世大学以来，学芸学部の教養教育を終えて専門学部に進学して専門教育を履修する伝統を踏襲すれば，大学院に教養教育を制度化するよりも，学士課程で教養教育を形骸化させるのではなく，アメリカのように本腰を入れて取り組むのが先決であろう。

▶知識基盤社会の到来により社会の不確実性が高まり，しかも平均寿命が90歳前後になる公算が高い以上，そのための豊かな基礎学力を涵養する大学教育の重要性は増している。その点，汎用的能力を培う教養教育，専門的能力を培う専門教育，さらに卒業後の就業力を培うキャリア教育は，それぞれ独自のカリキュラムを模索し深化させつつあり，そのことを中世大学以来の大学カリキュラムの長い歴史の中に位置づければ，21世紀後半にかけて明らかに新時代を迎える動きが日本の大学教

育において胎動しているのである。　　　有本　章

⇨カリキュラム概念，カリキュラムの理念，カリキュラムの専
門性，ドイツ大学モデル，アメリカ大学モデル，職業教育カリ
キュラム，教員のカリキュラム編成，カリキュラムの学際化，
リテラシー，医学教育，法学教育，国際交流カリキュラム，
DP・CP・AP（三つのポリシー），学部の概念（テーマ編）

◎中山茂『帝国大学の誕生─国際比較の中での東大』中公新
書，1978.
◎B.R. Clark & G. Neave (eds.), *Encyclopedia of Higher Education*,
Vol.3, Oxford: Pergamon Press, 1992.
◎有本章編著『大学のカリキュラム改革』玉川大学出版部，
2003.
◎有本章編著『変貌する世界の大学教授職』玉川大学出版部，
2011.
◎Jung C. Shin, Akira Arimoto, William C. Cummings & Ulrich
Teichler (eds.), *Teaching and Research in Contemporary Higher
Education: Systems, Activities, and Rewards*, Dordrecht: Springer,
2014.
◎有本章『大学教育再生とは何か─大学教授職の日米比較』
玉川大学出版部，2016.

教養と大学 ｜きょうようとだいがく

教養は時代や地域によって変化する。ふつうそれ
を定義しようとするのは，それぞれの時代や地域の
エリート，知的創造者，批評家たちだからである。
彼らはしばしば普遍的であるかのような文化を語
る。学校で行われる教育の土台となるのも，そのよ
うにして蓄積される象徴遺産としての文化である。
しかし大学は▶ディシプリンごとに専門知を生み出
し，それらの知を互いに批判的な関係におくことに
よって，そうした教養＝文化を脱構築することがで
きる。大学はその「▶一般教育」あるいは「教養教
育」に関して，自らが社会に送り出した官僚，政治
家，そして「教養あるブルジョワジー」と対立するこ
とがある。ゴリアール（▶ゴリアルド）やユマニストの
自由への渇望によっても生かされてきたこの「不純
なる教養」（白石，2010）の場は，「社会のヒエラルキ
ーを維持し，知識人の運動を管理しようとする体
制にとって，つねに不穏なる場」（シャルル，ヴェルジ
ェ，2009）となるのである。

［パイデイアからリベラルアーツまで］
古代ギリシアのピッピアスのようなソフィストは，数
学，幾何，天文学，音楽の知識を重視し，イソク
ラテスはプラトンのアカデメイアよりも先に修辞学
の学校を開いていた。プラトンによれば，当時の
「自由人」の若者は，それらの諸学（「アーツ」）をその
専門家となるためではなく，「パイデイア」のために
学んだ。「パイデイア」とはさまざまな知と徳が合一
した「一般教育」culture générale の境地をいい，哲
学（知への愛）によってそこへと至るのが「自由人」の
理想とされた。この伝統はストア派などを介して，
古代ローマにも受け継がれている。

ローマ時代から中世にかけて，ギリシア由来の諸
学は▶リベラルアーツとして体系され，ゆっくりとキ
リスト教化されてゆく。中世の初期にリベラルアー
ツの教師たちによって▶パリ大学が創られ，法学を
学ぶ学生たちによって▶ボローニャ大学が形成され
るころには，ローマ教皇も，法学や医学という世俗
的な学問にも人間についての総合的なヴィジョン
があることを認めるようになっていた。こうしてリベ
ラルアーツを人文学部 faculté des arts で学び，専門
知識を神・法・医と分かれた上級学部で学べば，専
門職として働くことができる新たな時代が到来す
る。

人文学部の学生も上級学部へと進まない場合に
は教師となるために学んだ。しかしそこにおいて
は，「知への愛」もまたよき教師となるための条件と
されたはずである。イタリアでは文献学によって培
われたあらたな感性─文芸，古典，テキスト批評へ
の愛─がダンテやペトラルカによって花ひらいてい
る。そうして生まれた「人文主義」（ユマニスム）は，
やがて大学の抽象的・非時間的・普遍的な知の枠
組みを窮屈なものとみなすようになる。人文主義
者たちはアリストテレスよりもプラトンを好み，マキ
ャベリがのちに分析する政治経済の新たな環境に
おいて，君主や貴族のもとで活躍するだろう。大
学は旧態のままにとどまっていたが，それは「学外
の知的動向を拒否したというよりは，そうした動向
に適合するまでの遅れという問題」だとジャック・ヴ
ェルジェは述べている。

［ユマニスムから百科全書まで］
16世紀のフランスではフランソワ1世が▶コレージ
ュ・ド・フランスを創設している（1530年）。そこでは
国王の庇護のもと，人文主義者たちが▶ラテン語の
ほかにギリシア語やヘブライ語も教え，文献学，哲
学，神学などの講義も行われた。ソルボンヌ（パリ
大学）の反対で▶学位授与権こそ持たなかったが，
そのことはむしろこのユニークな機関をして，知の
ための無償の空間とするのに役立った。

17世紀初めにはアンリ4世がイエズス会の▶コレ
ージュを許可している。そこではローマ教会の影響
のもとにありながらも，コレージュ・ド・フランスにな
らった人文主義的な教育が行われた。デカルトは
その一つのラ・フレーシュ学院に学び，古典文化の
みならず数学の知識も身につけた。しかしデカルト
の「方法」は，そういうコレージュでの教育をさえ批
判するものだった。近代の科学の精神は，ガリレオ
を断罪するローマ教皇の権威のもとにもはやとどま
っていることはできなかった。

ルイ14世は▶アカデミー・フランセーズ（1635年）に
ならい幾何学，天文学，工学，化学などにも開か
れた▶科学アカデミーを創設した（1699年）。18世紀
にはダランベールが『百科全書』の序文で，科学と
リベラルアーツのほかにメカニカルアーツを重視す
ると述べ，ディドロはロシアのエカテリーナ女王のた

めに「人民」の啓蒙のための大学を提言している（1775年）。彼らの「アンシクロペディー」は古代ギリシアの「エンキュクリオス・パイデイア」（円環をなす教養）を近代にふさわしく蘇らせるものであったが，その書巻の膨大さによって，一人の人間がすべての知に通暁するのはもはや不可能であることを示していた。

イングランドでは近代になっても中世以来の▶オックスフォード大学と▶ケンブリッジ大学が存続し，学生はフェローとともにカレッジで生活しながら「ジェントルマン」となるのにふさわしい教養を身につけた。それらの大学は英国国教会と結びついていたが，カレッジの哲学クラスは新たな知的動向にも開かれていた（ニュートンはケンブリッジ大学のトリニティ・カレッジで学んでいる）。

ドイツのプロテスタント圏やスコットランドでは，すでに17世紀末から大学を近代化するための改革が始まっている。1737年に創設される▶ゲッティンゲン大学では，富裕層の子弟向けの教養科目（舞踏，乗馬，デッサン，現代語）や現代的な科目（歴史学，地理学，物理学，応用数学，自然法，行政学），そして研究と教育を小グループごとに行うゼミナールが導入されている。ほとんどの大学において人文学部が衰退してしまうなか，ゲッティンゲン大学やハレ大学（1694年創設）においては，往年の人文学部が▶哲学部としてよみがえる。1810年創設の▶ベルリン大学ではそれらの例やカントを参照しながら，「ビルドゥング」という新たな教養の理念が立ち上がる。

［ビルドゥング］

ヴィルヘルム・フォン・フンボルトによれば，教育と研究はともになされることによって「ビルドゥング」（教養・自己形成）を可能にする。大学において学生は教師から教わるのではなく，教師とともに未知なるものを探求することによって真理へと至る。リベラルアーツはギムナジウムで学ぶものとされ，大学の哲学部においてはそれらの知を総合するための批判精神が培われた。この「ビルドゥング」は，ゲーテからロマン・ロランまでの近代ヨーロッパの新人文主義を象徴する理念となるだろう。日本語の「教養」もドイツ語のBildungや英語のcultureの訳語として大正時代以降に使われるようになったものである（『日本国語大辞典』）。

しかし「ビルドゥング」はプロイセンをナポレオンの支配から救うための起死回生の策でもあった。それは知の普遍性とナショナリズムを結びつけることにより，諸邦に分かれていたドイツを一つにするのに貢献する。「学校やギムナジウムは，それをもつ国にとって莫大な利益をもたらすものです。しかし，大学だけが国境を越えた影響力をその国にもたらし，同じ言語を話す民族全体の教養（Bildung）に作用しうるのです」とフンボルトは述べている（斉藤渉，2009）。

フランスでは1830年代以降になると，あまりにも国家のエリートの養成へと偏ったナポレオンのシステムへの批判がなされている（ヴィクトール・クーザン，エルネスト・ルナン，イポリット・テーヌ）。しかしそれが本格的に見直されるのは，1871年に普仏戦争でフランスがプロイセンに敗北した後のことである。大学はようやく1896年に法人格をえて復活するが，ファキュルテ（学部）の自治が優先されたためにディシプリンを超える知の対話がなされることはまれだった。他方1802年にナポレオンによって創られたリセ（高校）においては，修辞学やラテン語などの古典的教養が重視され，いまでも▶グランド・ゼコール準備級においては，百科全書的なリベラルアーツ教育が行われている。

イギリスでは，▶ロンドン大学（1836年創設）ができるころから教養をめぐる議論が活発になっている。オックスフォード大学の改革を主導したジョン・ヘンリー・ニューマンは，ロンドン大学が学生の「ビルドゥング」および知的完成を軽視しているとして批判し，ジェントルマンを育成する「リベラル・エデュケーション」を擁護した。ニューマンはカトリックに改宗して枢機卿となると，ヴィクトリア朝において勝ちほこる資本主義をも批判するが，その影響はジョン・スチュアート・ミルのような経済学者やアメリカ新大陸の大学人にまで及んでいる。立場の違いはあっても，道徳的な教育を大学に期待することにおいて彼らは一致していた。

もとよりフンボルトの「ビルドゥング」は「上級ブルジョワジーあるいは貴族階級の卓越した人間の養成を目的とするものだった」（シャルル，ヴェルジェ，2009）。しかし19世紀後半のドイツでは，人文主義的な理想を踏まえない中等教育しか受けずに大学に進学してくる学生も増えている。諸邦も工業社会のあらたな需要に応える大学や学科を求めたため，大学における教育はしだいに実践，実用主義，そして専門化の方に向かっている。他方，ギムナジウムと大学を卒業した伝統的なエリート，身分でも財産でもなく「ビルドゥング」によって再生産される「教養あるブルジョワジー」（ビルドゥングス・ブルゲルトゥム）は，自らを正統化するために「教養」をイデオロギーとして利用する。するとそれへの反動として反知性主義やポピュリズムも民衆のなかに呼び覚まされる。自律性を失って迷走しはじめるそのようなドイツの「教養」を，ニーチェはすでに1870年代に批判している（『反時代的考察』）。しかしウィルヘルム2世やヒトラーは，その混乱を利用しながら社会主義者やユダヤ人を迫害するようになるのである。

［ジェネラル・エデュケーションと教養］

アメリカ合衆国の伝統的な大学は，当初イギリスのカレッジをモデルとしていた。しかし多様な移民によって構成されるこの国では，ジェントルマンを養成するイギリス流のリベラル・エデュケーションより

も，さまざまな文化をもつ移民を統合しうる「市民」のためのジェネラル・エデュケーションが好まれるようになる。今でも▶リベラルアーツ・カレッジや私立大学のカレッジ（学士課程）では，人文・社会・自然科学のディシプリンが「アーツ・アンド・サイエンシーズ」と呼ばれ，専門職養成とは区別して教えられている。他方，多くの州立大学や▶コミュニティ・カレッジでは，より実践的な職業専門教育が学士課程から重視されている。エリートのためのリベラルアーツと，それ以外の学生のための職業専門教育という分断（あるいは「二極化」）は，「グローバリゼーション」のなかで世界的な拡がりをみせることになるだろう。

　日本では，近代化を急いだ明治政府が東京大学（1877年創設）に多くの外国人講師を招聘し，彼らに外国語でそれぞれの専門分野を教えさせた。学生はその前に3年間にわたって外国語を学ばねばならなかったが，それがこの時期の「教養教育」を構成していたといえる。江戸時代以来の武士の伝統のなかにいた学生は，「開国と維新」をそうした言語の体験として生きたのである。▶留学してさらに研鑽を積むときでも，外国語に堪能となった彼らは当地の環境にすばやく適応することができたろう。1881年に東京大学医学部を卒業し，84年にドイツに留学した森鷗外は，そこで出会った女性との恋愛を自らの小説（『舞姫』）で描いているほどである。

　しかしこの第1世代が日本に戻り，外国人講師の代わりに日本語で教えるようになると，国語による「ビルドゥング」が日本にも定着する。1890年に▶帝国大学に入学し1900年にイギリスに留学した夏目漱石は，イギリスで神経衰弱に苦しみ，帰国後には大学の職を辞して小説家となっている。しかしその漱石が切り開いた「ビルドゥングス・ロマン」（教養小説）の伝統は芥川龍之介，谷崎潤一郎，川端康成，小林秀雄，太宰治，三島由紀夫，大江健三郎など，東京（帝国）大学出身の作家や批評家たちによって受け継がれる。出版文化の隆盛のなかで，それは▶大学令（1919年）で大学となった官立・私立専門学校の学生の知への渇望をも潤しながら，民衆にまで浸透してゆく。

　旧制高校での外国語の学習は，それを日本語にして理解する訓読が主となった。翻訳の文化（教養）が花ひらく一方，外国語そのものの実践はおろそかになった。戦後にはアメリカ経由で「ジェネラル・エデュケーション」（一般教育）がもちこまれるが，多言語・多国籍の移民の統合のためのものであったそれは，国語による「ビルドゥング」がすでに定着していたこの国の大学にかんたんに根づくものではなかった。変化が起こるのは，1991年に▶大学設置基準が緩和され，戦後の「一般教育課程」が解体され，「グローバリゼーション」のもといくつかの大学で，日本人の教員にも英語で教えることが推奨されるようになってからである。

　しかし古代ギリシア以来の哲学の問い，真理とは，正義とは，人間とは何かという問いは今でも存在している。そして一人の人間がプラトンをギリシア語で読み，シェークスピアを英語で読み，カントをドイツ語で読むのは容易ではない。それゆえ翻訳をめぐる試練と葛藤はこれからも続くであろうし，英語はついに「国語」とはなりえないだろう。また大学がすでに日本にも定着している現在，教養をめぐる議論は幕末の志士たちが開国をめぐってしたようなものではありえないだろう。大学が幕末の日本のように「不穏なる場」であるとしても，そこでの「維新」のポテンシャルは，書物という「時限爆弾」のなかに静かに蓄えられるからである。　　　　　　岡山　茂

→ 教養の概念，人文学，一般教育／教養教育，カルチュラル・スタディーズ，知識基盤社会，アカデミア，ナポレオン大学体制，英米型のカレッジ，旧制高校の教養

◎Ilsetraut Hadot, *Arts libéraux et philosophie dans la pensée antique*, Études augustiniennes, Paris, 1984.
◎斉藤渉「フンボルトにおける大学と教養」，西山雄二編『哲学と大学』未来社，2009.
◎クリストフ・シャルル，ジャック・ヴェルジェ著，岡山茂，谷口清彦訳『大学の歴史』白水社，2009.
◎白石嘉治『不純なる教養』青土社，2010.
◎R.D. アンダーソン著，安原義仁，橋本伸也訳『近代ヨーロッパ大学史―啓蒙期から1914年まで』昭和堂，2012.
◎吉田文『大学と教養教育―戦後日本における模索』岩波書店，2013.

大学と言語 | だいがくとげんご

［大学登場以前］

ヨーロッパにおいては，初期キリスト教会の権威をもった書き言葉はギリシア語であった。ローマでも，教皇クレメンス1世（101年頃没）の「クレメンスの第1の手紙」（91年）はギリシア語を用いていた。これに対し，2世紀カルタゴのラテン教父たちはその教説を▶ラテン語で執筆しており，キリスト教とラテン語の緊密な関係の出発点を形成したとされる。ローマで最初にラテン語を用いて執筆した対立教皇ノヴァティアヌス（258年没）の時代も，いぜんギリシア語が公的言語だった。第1ニカイア公会議（325年）においてもギリシア語が用いられた。

　第1コンスタンティノポリス公会議（381年）では，ギリシア語にラテン語の使用が付加された。東ローマ皇帝テオドシウス2世（在位408-450）のもとでつくられ，東ローマ帝国崩壊の15世紀まで存続したとされる高等教育機関パンディダクテリオン（コンスタンティノープル大学の前身）ではラテン語とギリシア語が併存したが，それ以降，1960年代の第2バチカン公会議（1962～65年）に至るまで，ラテン語はキリスト教教会，少なくともカトリック教会の典礼言語であった。したがって大学の誕生以前も，キリス

ト教教会の庇護のもとで誕生したヨーロッパの高等教育機関は，すべてラテン語が▶教育言語（教授言語）であった。こうした事情は，カール大帝（742-814）に招かれて教授したアルクウィン（735頃-804），ウェセックス王アルフレッド大王（849-899）に教えたアセリウス・メレヴェンシス（ジョン・アッサー，908-909頃没）についても同様であった。

10世紀にはその存在がすでに確認されるサレルノ（イタリア）の医学学校の初期の教師，コンスタンティヌス・アフリカヌス（1017-87）はラテン語で講義を行ったが，彼はバグダードで医学を修め，イスラーム医学がそのもとにあった。6世紀から12世紀にかけて，シリアのキリスト教徒がギリシア語からアラビア語に翻訳した医学書がもとになっているともされる（史料的な裏付けはない）。アラビア語からラテン語への翻訳は重要で，その主要な機関として名を馳せたのがトレド翻訳学校であった。1085年のレコンキスタ（カスティーリャ王アルフォンソ6世によるトレドのイスラーム教徒からの奪回）ののち，同地の大司教トレドのライムンド（1152年没）によって創設され，ゲラルドゥス・クレモネンシス（クレモナのジェラルド，1114頃-1187）などによって，大量のアラビア語文書がラテン語に翻訳された。トレド翻訳学校にはプトレマイオスを含むギリシア語の文書が多数収蔵されていたのである。後に同学校では，「カスティーリャ語散文の創始者」といわれるカスティーリャ王アルフォンソ10世（1221-84，王位1252-84）により，アラビア語文献のカスティーリャ語（イスパニア語）への翻訳が行われ，宗教や学問分野でのラテン語からの脱却がはかられたとされる。1254年には▶サラマンカ大学が正規に認可されるが，その時点でカスティーリャ語が用いられた証拠はない。

ボローニャ（イタリア）の法律学校はイルネリウス（1055？－1130？）によって1088年に創立され，12〜13世紀に至ってもヨーロッパの法学校の中心的位置を占めた。12世紀のパリの神学校はその初期に，▶スコラ学の基礎を築いたコンピエーニュのロスケリヌス（1050頃-1121頃）とペトルス・アベラルドゥス（ピエール・アベラール，1079-1142）という著名な教師を擁していたが，スコラ学は次世紀のトマス・アクィナス（1225-74）がラテン語による学問として体系化した。教科書としては，ペトルス・ロンバルドゥス（1100頃-60）の手になる『命題集 *Libri Quattuor Sententiarum*』（4巻の命題集，1150年頃）が，これ以後16世紀まで広く用いられることになる。さらにいえば，ラテン語使用は子ども向けの学校でも同様であった。9世紀末のフランスではすでに聖堂区が形成され，そこで少年少女が学校に通っていた事例が確認されるが（たとえばソワッソン司教区），こうした学校でも使用されるテキストはラテン語であった。

[ヨーロッパでの大学の開始とラテン語]

大学（▶ウニヴェルシタス）が登場する13世紀，教皇庁から認可を受けた高等教育機関ストゥーディウム・ゲネラーレ（総合学園）はサレルノ，ボローニャ，パリのほか，オックスフォード，ケンブリッジなど9校にのぼるが，ここでも使用言語はラテン語であった。大学（ウニヴェルシタス）とストゥーディウム・ゲネラーレとはほぼ同義であったが，その先駆としてのボローニャでもパリでも，また13世紀の第4四半世紀に仲間入りしたオックスフォードでももっぱらラテン語が用いられた。たとえばパリでは，スコラ学者から人文主義者（ユマニスト）の時代（13〜15世紀）にかけて，そうした人々が大学で教師を務め，テキストの言語ばかりでなく，教育言語も一貫してラテン語であった。ラテン語が事実上唯一の使用言語だったがゆえに，こうしたローマ教皇圏の大学では，学生は「学術遍歴」（ペレグリナティオ・アカデミカ）と呼ばれる国から国へと旅をしながらの教育の享受が可能となり，教師もまた「どこでも教える権利」（ユス・ウービクエ・ドケンディ ius ubique docendi）を全うできたのである。

15世紀から16世紀にかけてのルネサンス期，イタリアやフランスの大学における教皇の権威はなお高く，ラテン語使用が揺らぐことはなかった。ただし興味深いのは，この時期，スコラ哲学流のラテン語に代わり，前1世紀のキケロが模範とされるようになったことである。教皇ピウス2世のもとで活躍したフラヴィオ・ビオンド（1392-1463）がその代表的推進者であった。16世紀から18世紀に至る各地での大学の新設は，ラテン語のネットワークを中東欧へ，さらにはアメリカ大陸へと拡大することになった。

大学はその創設期から教皇の権威と認可に結びついたため，東方教会地域には存在しなかった。なおかつ16〜17世紀の東方教会においては，教会スラヴ語が文人たちの共用語であり，典礼の言語であった。16世紀のケーニヒスベルク（当時ドイツ領），ヴィルノ（ポーランド），17世紀のリヴィウ（現ウクライナ），18世紀のモスクワなどでは，おもにイエズス会の主導のもとに大学が生まれてラテン語使用が東漸し，ヨーロッパ全域で書簡のやり取りが可能となる「レスプブリカ・リテラリア respublica literaria」（▶文人共和国）が形成されたのである。

16世紀後半以降，ヨーロッパ列強の植民地にも大学が誕生した。イスパニア（スペイン）語圏がもっとも早く，1536年にメキシコ・シティーに設立されたコレジオ（トラテロルコ聖十字架コレジオ Colegio de Santa Cruz de Tlatelolco，また1574年設立の聖ペドロ聖パブロ大コレジオ Colegio Maximo de San Pedro y San Pablo），さらに1575年にペルーのクスコで設立されたコレジオ（聖フランシスコ・デ・ボリャ・コレジオ Colegio de San Francisco de Borya）では教育言語としてラテン語が用いられた．これに対し，1551年に誕生したリマのサン・マルコス大学と1553年創立のメキシコ王立大学では創立当初からイスパニア語が用いられた。その理由は，ネブリーハのイスパニア語訳『ラテン語入

32　　大学と言語

門』（1486年）が宣教師たちのあいだで広く用いられていたという，例外的な事情にあったという。

北アメリカではハーヴァード（1636年），ウィリアム・アンド・メアリー（1693年），イェール（1701年）などが創立された。ハーヴァードの初代学長ヘンリー・ダンスター（1609-59）の定めた「規則と指針」によれば，「大学の敷地内ではラテン語」を用いた。ハーヴァードのモデルとなった当時のケンブリッジ大学でも同様であり，それを踏襲したものであった。

一方，16世紀にはギリシア語とヘブライ語の広範囲にわたる学習も開始された。12〜13世紀にはアラビア語を媒介にしたギリシア語の知識は，前述のトレド翻訳学校や南イタリア，サレルノの2地域にほぼ独占されていた。1453年のビザンティン帝国の崩壊は，コンスタンティノープルの学者たちを西欧諸国（とりわけイタリア）へ移住させた。その一人ゲオルギオス・ヘルモニュオス（1510年頃没）は1476年頃からパリの私塾で教えたが，その学生のエラスムス（1467頃-1536）やヨハネス・ロイヒリン（Johannes Reuchlin，1455-1522）は，▶コレギウム・トリリング（Collegium Trilingue），すなわちラテン語，ギリシア語，ヘブライ語を教える学校の創立や，ギリシア語やヘブライ語に関する著作の出版を通して古典語教育の振興に貢献した。ただし，この段階でも，ローマ教皇を頂点とするキリスト教世界の一体性を背景として，教育言語はつねにラテン語であった。加えて，初期の印刷本グーテンベルクの『42行聖書』（1455年）のほか，15世紀のインキュナブラ（揺籃期本）の70％強はラテン語による出版であった。後にみるように，18世紀の後半に至ってのラテン語への翻訳本の減少は，大学での俗語（母語）使用の開始と結びついていたのである。

[母語使用の開始]
ラテン語の権威を揺るがしたのが宗教改革である。ルターはスコラ学など旧来の神学を否定，それに伴い俗語（母語）使用を提唱した。1522〜34年に出版された彼のドイツ語訳聖書は，ドイツ語綴字法の基礎を提供した。聖書の俗語訳はウィクリフ（1320頃-1384）の英訳（1380年頃〜1384年以前）を嚆矢とするが，ルターと同時代にはルフェーヴル=デタープル（1450頃-1536）によるフランス語聖書（1523〜30年），オランダ語（1523〜32年），スヴェーリエ語（スウェーデン語，1526〜41年），イースランド語（アイスランド語，1540年），デンマーク語（1550年）版などがあり，いずれも書記言語規範の基盤を提供した。さらにダンテの『俗語論』（活字本，1529年），ジョアン・デ・バロス（1496頃-1570）の『われらの言語賞讃（ポルトガル語）』（1540年），ジョアシャン・デュベレー（1522頃-1560）の『フランス語の擁護と賞讃』（1549年），シモン・ステフィン（1548-1620）の『ネーデルラント語の尊さ』（1586年）等が，ルネサンスの人間論の一環としての俗語を賞讃した。

16世紀設立のマールブルク（1527年），ケーニヒスベルク（1544年）等のプロテスタント系大学は，もはやヨーロッパ全域に及ぶ教会組織の影響下にはなく，国内のパトロンのもと，国家が管理する施設となった。中世以来の教会法やロンバルドゥスの『命題集』などの教材は排除され，19世紀以降の国民国家における大学のあり方を先取りする形態を示した。にもかかわらず，ここでも使用言語はいぜんラテン語であった。

1525年に▶バーゼル大学（スイス）の医学部教授となったパラケルススはドイツ語で講義を行い，その翌年には大学から追放された。1597年にロンドンに開校したグレシャム・カレッジでの講義は英語を用いたが，正式な大学機関とは見なされなかった。1600年，▶ライデン大学工学部の創設を担った上記のシモン・ステフィンは，ネーデルラント語での講義の規定を設け，自身はもっぱらこの言語で執筆したが，他の者たちによってラテン語に翻訳される有様であった。さらに下って1687年，ドイツの▶ライプツィヒ大学における博物学者クリスティアン・トマジウスのドイツ語による講義の告知が物議を醸し，彼はハレ大学（現，▶ハレ・ヴィッテンベルク大学）への異動を余儀なくされた。天文学者のガリレオ・▶ガリレイ（1564-1642）やアイザック・ニュートン（1642-1727）の母語による学術的な著作の刊行等が徐々に効を奏し，1707年にハレ大学の哲学の教授となったクリスティアン・ヴォルフ（1679-1754）では，ようやく講義や哲学の体系化にドイツ語が用いられるようになった。

1750年代，ニコライ・ポポフスキーはロシア語で▶モスクワ大学での講義を開始したが，同大学で母語が公用語化されたのは1767年であった。▶ナポリ大学で1765年，哲学教授アントニオ・ジェノヴェーシがイタリア語での講義を始めた。1778年設立のフランス王立鉱物学鉱物分析大学校，1783年設立の王立鉱山大学校ではフランス語を用いた。同年，ポーランドのクラクフ大学（▶ヤギエヴォ大学）では，神学以外はポルスカ（ポーランド）語で教授を開始した。こうして，ヨーロッパの大学でラテン語から母語に代わるのは，18世紀半ば以降のことである。

この時期以降，各国語間でも支配・非支配の力関係による争いがあり，もちろんこれには民族主義が絡み合っていた。1793年，チェコのプラハではチェコ語・文学の講座が開設されたが，教育言語としてドイツ語と同等での使用は1860年代の工科大学設置まで待たなければならなかった。オーストリアでは，1867年のオーストリア・ハンガリー帝国成立以前の1859年，すでにマジャール（ハンガリー）語がマジャール語圏のすべての段階の教育言語となった。現ウクライナ南西部のガリツィアは，オーストリア・ハンガリー帝国の領地だったが，1869年以降，ポルスカ（ポーランド）語が教育言語になった。その中心地のルブフ（リヴィウ）大学でも，教育言語

がドイツ語からポルスカ語になった。ウクライナ語・文学の講座は1849年に設けられていたが，ウクライナ語を用いる複数の講座が開設されるのは1890年代になってからである。スオミ（フィンランド）では，1840年代にスオミ（フィンランド）語を教育言語とすることが要求され，部分的には実現した。ただし大学では，1920年代までスヴェーリエ（スウェーデン）語を用いた。言語的少数派においては，20世紀になってから初めて言語的回復が行われるようになったのである。

原　聖

→古典語・外国語教育，言語純化，言語政策と大学，言語学研究，スヴェーリエ語化，ベルギーの言語戦争

◎Nicholas Ostler, *Ad Infinitum. A Biography of Latin and the World it Created.*, London, Harper Press, 2007.
◎Agnès Blanc, *La langue du roi est le français. Essai sur la construction juridique d'un principe d'unité de langue de l'État royal* (842-1789), Paris, L'Harmattan, 2010.
◎*The Catholic Encyclopedia*, New York, Robert Appleton, 1910.
◎ピーター・バーク著，原聖訳『近世ヨーロッパの言語と社会』岩波書店，2009.

大学と学費｜だいがくとがくひ

［学費とは何か─その誕生と変遷］

学費は，学生や家計など教育を受ける者が支払う教育やサービスに対する対価を指す。学費の具体的な内容は，狭義から広義まで非常に幅がある。狭義には▶学生納付金（学納金）を指す。学生納付金は，さらに▶授業料とその他の学生納付金に分かれる。その他の学生納付金には，▶入学金や▶私立大学などの施設整備費・実験実習費などが含まれる。入学金は入学のための契約金とみなすことができる。またフランスなど一部の国の大学で徴収されている▶登録料は，低額の入学金に相当すると考えられる。広義の学費には，学生納付金に加えて書籍代や通学費など学習に要する費用を含める。さらに広義の学費は，学生生活を送るための生活費も含んでいる場合もある。たとえば家計の学費負担といった場合，狭義の学費ではなく，広義の学費を指すことが多い。

学費に対して教育費は，学生や家計が支払う費用という意味で学費と同じ意味の場合もある。しかし教育費にはもう一つの定義として，教育に要するすべての費用という定義がある。教育費の大きな部分は人件費からなっているが，それ以外にも施設整備費や維持管理費などがある。一般に学費は教育に要する費用の一部に過ぎない。このため両者を混同することは避けなければならない。とくに政府や教育機関が負担する費用を含むのか，学生や親が負担する費用のみを指すのかは明確にする必要がある。一般的に学費という場合には，上記

のように教育に要する費用のうち私的な負担分を指す場合が多い。しかし，現状では両者は明確に区別されずに併用されている。このように，一口に学費と言ってもその用法や概念の意味するところに注意する必要がある。

学費の淵源は，古代中国の束脩（そくしゅう）である。束脩とは，入学・入門の際に弟子・生徒が師匠に対して納めた金銭や飲食物のことで，もとは干し肉の束を指す。日本でも中国にならって，757年施行の「養老令」学令（がくりょう）に束脩の規定があり，それ以降も学問や芸能などを習う場合に金品や飲食物などを納める慣習が続いていた。

学制（1872年）による日本の近代教育制度の創設以来，教育機関は授業料徴収を原則としてきた。大学についても，明治期以来，授業料徴収が原則で，とくに▶国立大学は1972年（昭和47）まで低授業料政策が続いていたが，同年に3倍に値上げされ，その後も値上げが続いた。私立大学の授業料も毎年値上げが続いていたが，国立大学の授業料が急速に値上げされた結果，国立大学授業料に対する私立大学授業料の比率（平均，医学を除く）は，2013年（平成25）には約1.6倍にまで縮小している。2004年の国立大学法人化以降は，国立大学標準授業料額が設定され，当初は10％，その後20％まで各大学の裁量で値上げができるようになった。しかし，ほとんどの大学は標準授業料額以上の値上げや値下げはしていない。2016年度の国立大学授業料は53.58万円で，2005年度から変わっていない。例外は▶法科大学院で，国立大学でも80.4万円と高額になっている。

なお，海外の大学の学費についてみると，ヨーロッパの▶中世大学は私的高等教育機関であり，授業料を徴収していた。教員の生活は授業料で成り立っていたからである。そもそも大学の語源である「universitas」は組合という意味であり，教員や学生が組合をつくって，授業料などについて交渉することは，その重要な活動の一つであった。教員の個別の授業に対する謝金以外にも，学位取得試験への謝礼，分担金などが課せられていた。さらに宿舎代やテキストの写本代など，学生生活を送るための費用もかかり，それらを合わせると学費は非常に高額であった。こうした高額の学費を支払うことのできない▶貧困学生に対して給費制度も早くから行われていた。

近代大学においては，授業料の徴収は各国や大学の設置者あるいは個々の大学の状況によって，無償から有償高額までさまざまに分かれ，現在に至っている。大学教育の有償から無償への転換は，戦後の福祉国家政策の一つとして実施された。20世紀以降，とりわけ第2次世界大戦後には福祉国家的な政策としてドイツ，フランス，イギリス，オーストラリア，中国など多くの国で，授業料は無償かきわめて低額におさえられ，給付奨学金などの

学生への支援もなされていた。

こうした大学教育の無償化には、公教育の無償原則も影響を与えたともみられる。大学の学費を考える場合に重要な規定として、国際連合の1948年の「世界人権宣言 Universal Declaration of Human Rights」の第26条「高等教育は、能力に応じ、すべての者にひとしく開放されていなければならない」と、66年の「国際人権規約 International Covenant on Economic, Social and Cultural Rights」の第13条2項c「高等教育は、すべての適当な方法により、特に、無償教育の漸進的な導入により、能力に応じ、すべての者に対して均等に機会が与えられるものとすること」があげられる。

しかし、上記の国々では、大学▶進学率の上昇と公財政の逼迫により、1980年代から授業料徴収に踏み切り、89年オーストラリア、98年イギリスと中国で授業料の徴収が行われた。ドイツでは有償から1970年に登録料を含めて無償となったが、2000年代には一部の州で一部の長期在学学生などについて授業料を徴収していた。しかし、2017年にはすべての州で再び無償に戻っている。また、スウェーデンなど北欧諸国では無償制度が続いている。このように、現状では学費の負担は国ごとにさまざまである。

[主要地域の学費事情]

現在の大学の学費は、無償ないしはきわめて低廉な登録料などをとる国と、授業料を徴収する国に大きく分けられる。ヨーロッパ各国、とりわけ北欧やフランスなど福祉国家では高等教育も無償の場合が多い。とくにスウェーデンでは私立大学も無償である。フランスでは数万円の登録料のみ収める必要がある。また、ドイツでも保険料などのみである。オランダやベルギー、南欧の大学では授業料を徴収しているが高額ではない。これらの国では生活費の一部についても給付奨学金やローンを支給している。

これに対して近年、それまで無償であったイギリス、オーストラリア、中国などで授業料が導入され、その高騰が大きな問題となっている。さらにアメリカ合衆国や韓国でも授業料の高騰が大きな社会問題となっている。私立大学の授業料は各大学の裁量であることは当然であるが、国公立大学は基本的に国の政策によっており、国ごとに大学の裁量権に相違がある。EUや▶ボローニャ・プロセスの欧州高等教育圏構想においても、授業料の統一や共通化は現在まで考えられていない。これは、欧州高等教育圏がそもそも各国の事情を尊重する緩やかな共同体構想であることにもよる。もともと授業料が徴収されていない国の場合には、EU圏内の国からの学生の授業料は徴収していないか、イギリス（イングランド）のように、EU圏内の学生からは国内学生と同額の授業料を徴収している国もある。スコットランドでは国内学生は無償だが、イングラ

ンドからの学生からは授業料を徴収している。

[授業料高騰の理由]

大学の授業料はなぜ高騰するのか。その原因はいくつかある。まず、大学は労働集約的産業であり、大学の教育費の大部分は人件費で効率化が難しいことがあげられる。さらに、コンピュータなどの施設設備費なども常に増加する傾向にある。また高騰の大きな要因は、大学の財務の体質にあるという説がある。大学は高コストを志向することがあっても、コスト削減のインセンティブは働きにくい。これはボーモル（William Baumol）のコスト病と呼ばれる。芸術の場合など、生産性の向上は期待できず、コストをかけるほど質は高くなる傾向がある。大学教育もこれと同じというのである。またボーエン（Howard Bowen）の費用の収入理論によれば、大学の質の向上には際限がないため、大学は収入のすべてを費消し尽くす性質を固有に持っているとされる。これらの議論は、いずれも大学は効率化のインセンティブに乏しい高コスト構造で、公的補助や寄付などの外部資金がなければ、授業料は高コストを補うため上昇を続けることを説明している。

さらに、授業料が高騰する要因の一つは、大学教育の商品としての性質にも求められる。大学教育は内容がわかりにくい。とりわけ購入以前にわかりにくいという情報の非対称性がある。このような場合には、価格が商品の質を表す重要な情報になるため、価格が下がりにくい性質を持っている。そのため定価を下げず、販売価格を下げる値引き（ディスカウント）が行われることが多い。大学教育の場合、高授業料・高奨学金政策がこれにあたる。

[高授業料・高奨学金政策]

高授業料・高奨学金政策は、1970年代にアメリカで始まった政策で、公表された授業料（定価授業料, sticker price; list price）を高額に設定し、大学独自給付奨学金（institutional aid、以下、大学独自奨学金と呼ぶ）でディスカウントする方法である。たとえば定価授業料を300万円に設定し、大学独自奨学金を200万円支給すれば、学生が実際に支払う授業料（純授業料）は100万円となる。大学独自奨学金の額は個々の学生によって変えることができるので、純授業料は学生によって異なることになる。つまり、300万円全額を支払う学生から、まったく授業料を支払わない学生、場合によっては大学独自奨学金の方が定価授業料より多い、負の純授業料の学生までいることになる。2012年のアメリカの大学独自奨学金の平均金額は、私立非営利4年制大学が約1.48万ドルと最も高く、公立4年制大学では約4800ドル、私立営利4年制大学では約2900ドルとなっている（U.S. Department of Education, *The Condition of Education*, 2012）。

この政策は、大学独自奨学金によって大学が望む学生を獲得することを可能にし、大学の授業料収入も定価授業料を高額に設定することにより増

加させることができるとされ，アメリカの私立大学から始まり，現在ではアメリカの多くの公立大学のほか，イギリスのすべての大学で採用されている。したがって，こうした場合には，大学授業料を検討する際に定価授業料より，学生が実際に支払う純授業料を見ることが重要となる。高授業料・高奨学金政策は，割引率の設定や合格者の決定を誤れば，かえって収入を減少させたり，大学の望む学生を獲得することができなくなるという可能性もある。たとえば，割引率の高い学生の歩留まり率が予測より高ければ，大学は望む学生を入学させることができるが，大学の収入は減少することになる。このため，この政策の可否については，さまざまな論争がある。

[授業料と奨学金政策の推移]
高授業料・高奨学金政策に対して，ヨーロッパの各国では授業料無償あるいは低授業料政策と奨学金などの政策がとられている。授業料が無償である場合には，政府による経済的支援がなされているのであり，直接学生や親に奨学金が手渡されるのではないものの，実際には高等教育機関を通じて間接的に目にみえない多くの公的補助がなされているのである。それがなければ日本やアメリカの私立大学のように，高額の授業料を徴収することになる。

このように，学費をみるためには，何より授業料と奨学金をセットで考えることが重要である。授業料と奨学金の組合せを図のように授業料／奨学金政策の四つの局面に分けてみる。ただし，この図は授業料と奨学金の関連を概括的にみるための図式であり，実際の推移はより複雑で例外も多い。また授業料／奨学金政策には，政府レベルの政策と，個別高等教育機関レベルの政策の二つのレベルがあることにも注意する必要がある。

まず第1に，近代大学の多くは国立大学あるいは公立大学として公的に供給され，教育費はほとんど公的に負担された。図の左上の高奨学金・低授業料政策からスタートしたとみることができる。これは，大学が何より国家須要の人材すなわちエリート養成をその任務としていたからである。かつては多くのヨーロッパの国立大学やイギリスあるいは中国の大学も，生活費を含む広義の学費をカバーする，こうした手厚い学生支援システムを持っていた。また，現在でもスウェーデンなど北欧の大学の多くはこうした特性を保持している。しかし高等教育がマス化するに伴い，高額の奨学金の公的負担は困難となり，エリート養成からより一般的な専門職の養成と高等教育機会の提供が大学の中心的な役割となるにつれて，低授業料・低奨学金政策に移行すると考えられる。アメリカの公立大学，とりわけ公立2年制大学はこうした性格を持っている。また，かつての日本の国公立大学もこのタイプに入っていた。

さらに，高等教育に対する需要が拡大すると，これを満たすために高授業料・低奨学金政策をとる私立大学が登場する。高授業料・低奨学金政策は，高授業料を私的に負担するための家計所得の増大と，授業料収入に大きく依存する私立高等教育機関の供給が必要であり，そのためには経済成長が必要条件となる。高授業料・低奨学金政策により，公立セクターに対して私立セクターが大きく発展し，私的負担が増大する。それに対して，近年アメリカの大学で多くとられているのが，先にみた高授業料・高奨学金政策であり，イギリスの大学もこの政策に移行している。このように大学の学費は，国による相違と歴史的な推移の両面から見る必要がある。

小林 雅之

→教育費の負担，学費無償化，学費免除

◎広田照幸ほか編『シリーズ大学3 大学とコスト』岩波書店，2013．
◎小林雅之「家計負担と奨学金・授業料」，日本高等教育学会編『高等教育研究』第15集，2012．
◎小林雅之編著『教育機会均等への挑戦──授業料と奨学金の8ヵ国比較』東信堂，2012．
◎小林雅之『大学進学の機会──均等化政策の検証』東京大学出版会，2009．
◎小林雅之『進学格差──深刻化する教育費負担』筑摩書房，2008．

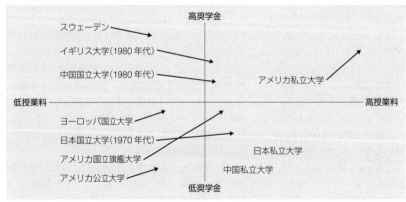

図｜授業料／奨学金政策の各国の動向

Ⅱ　大学と社会の関係

情報社会と大学
じょうほうしゃかいとだいがく

［情報社会と大学の関係］

情報とは人間にとって意味のある象徴の連鎖であり，情報社会(information society)とは，情報の役割が巨大化した現在社会の一呼称である。情報の役割の巨大化は，情報を人間ではなく機械によって処理する技術，いわゆる情報技術(information technology: IT)の普遍化によってもたらされている。

　現代社会は狩猟採集社会，農業牧畜社会，工業(産業)社会の後に到来している，人類史上の新しい段階の社会と考えられている。脱工業社会，ポスト産業社会，知識社会(▶知識基盤社会)とかさまざまに呼ばれているが，とくに情報技術の普遍化に注目した呼称が情報社会である。一般に，この段階の社会では，情報が他の諸資源よりも重要となるとされる。しかし，どの段階の社会においても，情報は社会活動の中心であった。違いは，それまでの社会では情報の処理が人間の肉体(脳)の中で行われていたのに対して，それが機械であるコンピュータによってなされている点にある。それは，人間や役畜の行動が機械に置き換えられることが一般化した社会を，工業社会と呼んできたことに相似する。コンピュータは，その登場期には一部の社会の特別な道具であった。しかし，今や一般の人々の使用するものとなり，社会活動の隅々まで情報技術が浸透している。

　最初のデジタルコンピュータの実用は1940年代とされるが，80年代以降はパソコンの登場とインターネットの一般への開放によって職業活動を中心に社会に根を張った。そして，2000年代に至って，携帯端末の普及や家電を含む日常生活機器への実装によって，情報技術は社会の隅々まで行き渡り，さらなる展開をみせている。そのことによって，情報社会との呼称は高い普遍性をもつようになっている。

　コミュニケーション(通信)技術も広くは情報技術の一部であるが，情報技術をコンピュータの演算・制御・記憶・入出力装置の部分に限定し，通信部分をあえて強調した情報通信技術(ICT)の用語も多用されている。また，情報技術が進化を続けていることを表そうとする情報化社会とか高度情報(高度情報化)社会という言葉もあるが，通常は情報社会の用語で足りる。

　情報社会にあって，大学は新たな可能性と危機の下にある。まず大学は，学問分野としての情報を研究，教育，公共サービスのいずれの活動においても位置づけなければならない。コンピュータに対する学問はコンピュータ・サイエンスと呼ばれることが示すように，人工物に対する科学という領域を生み出した。その領域はコンピュータ理論，情報記号理論，アルゴリズムとデータ構造，プログラム言語，ソフトおよびハードウェア，人工知能，コンピュータ・アーキテクチャー，コンピュータ・グラフィック，コンピュータ・セキュリティ，暗号技術，ネットワーク理論など広範囲で，旧来の理学部と工学部の区別を超えた位置づけが必要な存在なのである。また他のすべての分野において，情報技術への対応が迫られている。さらには日本も含む普通教育(教養教育)を大学教育の役割に含めているアメリカ型の大学では，分野を問わず全学生への情報リテラシーの教育が課題とされる。

　情報技術の組込み，つまり情報化は大学の活動の質と機会を飛躍的に向上させる。研究においては大量化と迅速化が，公共サービスでは多様化と拡大が，運営面では大規模化と効率化が可能となる。そして教育面では，情報技術の装備によって教室授業の強化が可能となり，情報技術を駆使した遠隔授業によって生涯学習社会の構築とグローバルな展開が現実のものとなる。現代の大学は，限られた財源のもとで質の向上と機会の拡大の両方を求められており，情報化はその解決のツールを提供しようとしている。

　一方，情報化には可能性の裏に危機が潜んでいる。情報技術がそうした高機能を有する以上，情報化に失敗した大学は衰退せざるを得ない。情報化に適応を果たした大学が，できなかった大学を駆逐する。既存の大学が可能性を実現しなければ，大学外の組織がこれを供給する。また，これを国内的に実現できない場合は国際的な供給が起こる。情報技術の有効かつ効果的な装備こそ，現代の大学が直面する最大課題の一つとなっているのである。

　そもそも，情報技術はおのずから限界をもつ。情報技術は，人間の肉体内でなされる情報行為の全体に取って替わるものではない。コンピュータはあくまで情報処理をしているだけで，情報に意味を与えるのは人間である。そして，大学の活動にとってポジティブであるはずの可能性の実現さえ，その道程には技術的，経済的，組織的に，あまたの問題が伏在している。

［情報技術の可能性と大学教育の変容］

情報技術の大学教育への適用の効果には，教育の質の向上と教育機会の拡大の2面がある。これま

での大学教育には，大別すると対面クラス形態と遠隔学習形態の2種類が存在してきた。対面クラス形態は伝統的な教育形態で，教員と複数の学生が教室で直接対面して実施される。これに対して遠隔学習形態は教員と学生が直接対面せず，印刷教材あるいは放送教材と郵便システムを媒介として学習が行われてきたものである。高等教育における情報技術の活用は，その両者に変化をもたらしている。

対面クラスに情報技術が装備された場合，まず質の向上が期待される。資料へのアクセスの拡大，効果的なプレゼンテーション，メールによる緊密な指導など，教授学習環境の質的向上が起こる。また複数のクラスを結ぶなどの方法で，ある種の機会の拡大が起こる。つまり，伝統的な対面クラスは情報技術装備対面クラス（IT equipped face-to-face classroom: ITEFC）へと展開する。国外を含む交流授業も可能となり，大学はいながらにして国外大学との交流授業や共同の学位プログラムの実施などの，グローバルな展開が可能となる。

一方，遠隔学習形態に情報技術が導入された場合（IT-Mediated Distance Learning: ITMDL），それは従来の媒体に比べ高い双方向性を与え，画期的な質の向上に寄与する。したがってこの情報技術を媒介した教育提供は，これまでの一方向的な遠隔方式では十分な学習効果を上げられなかった，あるいはそれに魅力を感じなかった層の学生を，大幅に高等教育に引き付けることになる。その上，ITMDLの教育効果は，対面クラス，とくに一方向的になりがちな多人数対面クラスより高いという評価もある。そして，優秀な教員の授業を共有できるということもあって，対面授業の一部に取って代わる。

このようにITMDLは，その効率性から，本来は手間がかかって利潤を生みにくい大学教育に営利の機会を生み出している。そのことから既存の大学が営利部門を設けたり，営利企業が大学の設立を行ったりすることが盛んになっている。さらに情報技術の特性から，国境を超えるコストはとくに発生しないことから，グローバル・マーケットが想定される。こうしたことから，ITMDLは▶バーチャル・ユニバーシティ，▶サイバー・ユニバーシティ，オンライン・ユニバーシティ，eラーニングなどさまざまな名称が付され，大きな進展をみせている。

一方，ITEFCの方も，遠隔地にいる学生を授業に取り込む形で，遠隔学習をその一部にするものが現れている。つまり，情報技術装備対面クラスと情報技術媒介遠隔学習は，その境界を狭め，融合していくことが予想されている。1997年の『The Chronicle of Higher Education』の掲載記事「ハイテク時代における大学教員の役割の再考」は，将来型の授業の一典型を「授業科目は，技術専門家と教員のチームによって設計，制作され，出版社または

ブランド大学によって市場に供給される。講義は，世界的な学者の話の録画を含むマルチメディアCD-ROMかワールドワイドウェブ・サイトに置き換えられる。討議では，職務が軽減された教員が，対面またはオンラインのセッションでより焦点のはっきりした討論を指揮し，学生がオンラインで資料検索するのを援助する。成績評価は，独立の評価機関が行い，雇用者に成績が公平で成績インフレがないことを保証する」として描いたが，それは今や現実の一部となっている。

[情報化の課題]

しかし，情報技術にはおのずからの限界と活用上の問題点が存在している。情報技術を媒介とした教育の場合，それがいかに効果的に実施されたとしても，対面授業と直接接触による伝統的クラスルームの機能，そして伝統的学校のすべての機能を代替はできない。

そもそも情報技術が得意とするのは，人間の五つの感覚のうち視覚と聴覚，そしてせいぜい触覚までであり，嗅覚，味覚には弱いため，提供できる学問分野や教育内容に限りがある。その上，対面の伝統的クラスルームでは，暗黙知の形成を含む知識形成や技能開発があり，伝統的学校には社会化，友人・配偶者探し，文化の享受といった，直接の対面自体を目的とする機能がある。したがって，その展開はその提供する教育がいかなる目的のもとに実施されるかによって，有効な範囲が限定されてくる。また，そのことはITEFCの場合でも，授業展開全体の中での情報技術活用範囲の限界として浮上する。

さらに，社会的に大学教育を成立させる上で，なんらかの形での対面性をもった集団の形成は不可欠である。▶生涯学習社会の学習の態様として，孤立した個人が自立的に学習設計をし，積極的に端末から教育にアクセスするモデルが描かれることが多いが，それは一つの理念型であっても，現実の姿ではない。初中等教育に義務教育制度と集団への順応心理にもとづく集団化が必要であるように，大学教育の普及においても，状況に応じた対面集団の組織化が課題として存在するのである。そのことから，ITMDLによる営利大学も，一部の適合する学生以外では学習効果を上げることが難しく，高い評価を得るに至るには程遠いのが現状である。

さらに情報技術を活用する上では，種々の問題点が存在する。情報技術の高等教育への可能性を実現する上での技術上の問題は，まず，第1にそれが発展途上の技術であることから来る。つまり，その性能は向上し続けており，ワールドワイドウェブ（WWW）の登場によって実用段階に入り，ソーシャル・ネットワークによって補完はされているものの，上で示した情報技術のメリットは，まだ完全には現実のものとなってはいない。1964年以来の大

学と企業の合同組織であるEducomが1994年の報告書で述べた「情報技術を用いた学習環境は伝統的大学の教室の代替機能をある程度果たしているが，たいていは（費用の上乗せで）伝統的クラス構造に「ボルト止め」されるか，質の犠牲のもとに，それを複製，拡張するかに終わっている」という現状は今も続いている。

　そもそも，情報技術の展開にはインフラストラクチャーの整備が前提になる。その基幹となるのは，光ファイバーと通信衛星を軸とした統合的デジタル通信網であり，情報技術の展開にはその全国的，国際的な整備が前提になる。その整備の動向と離れて情報技術の導入計画を立てることはできない。インフラには，汎用インフラと高等教育主体のインフラがある。汎用インフラは経済，生活（医療），ニュース，娯楽等多様な用途のために汎用的に構築されるが，大学教育はその中に明確な位置づけをもたなければならない。そして，先端的な部分では教育研究インフラについて大学が先導する必要がある。

　さらに，直接利用する機器と使用されるソフト，そしてノウハウは陳腐化が早く，更新が日常化する。その上，いまだにそのどれをとっても相当不便で，扱いが難しく，標準化されていない。物理的なインフラに加え，プログラム作成の共同化，教材作成の標準化，授業，学習成果評価法の確立などソフト面のインフラの構築が課題となる。

　その上，情報技術の導入は組織構造の変革を迫る。それは教員の職務，行動の変革を要請するため，抵抗の発生が予想される。こうした事態の進行が差し迫る中で，すでに1997年には，史上初めてのハイテク技術を主たる争点とした大学教員のストライキが発生している。『高等教育新聞』同年10月3日の記事によれば，カナダのヨーク大学の教員組合は，55日間のストライキの末，教員は教室で技術を使うことも，授業をインターネットで提供することも強制されないという労働協約を結んだ。情報技術の利用は，教員個人の教育的な判断によるとされたのである。また，情報技術の導入と維持には専門のサポートスタッフを必要とし，▶教職員全体の職能開発が必要とされる。

　そして上記の問題はすべて経済的困難性と結び付いている。1997年時点において，イギリスの高等教育の将来像を描いた「▶▶デアリング報告書」では，すでにイギリスの大学で占める情報技術費用は，総支出のうちの10％にあたっていると指摘し，その負担の大きさに警鐘を鳴らした。各国とも高等教育経費に占める情報技術費は増大しており，長期的にみれば，情報技術は経費をそれほど増大させないで高等教育の質の向上と機会の拡大に貢献すると見込まれる。しかし短期的には大きな，しかもリスクを伴う投資が必要とされているのである。

　こうした問題を孕みつつ，情報技術は大学世界に大きな影響を与え続けている。その一つが協同活動の推進であり，情報技術の可能性を実現するためには，大学と政府，企業の協同した活動，そして戦略的なアプローチが要請され，実施されている。アメリカ合衆国では，全米の情報インフラの構築計画に合わせて，Educomが1994年に全米学習情報インフラ先導事業（NLII）を発足させ，大学の需要に合わせた最先端のネットワーキングシステムであるインターネット2の構想を進展させた。さらに，Educomは1998年に大学の管理システムの情報化のための大学間連合であるCAUSEと合併してEDUCAUSEとなり，2014年現在で1800以上の大学が加盟する大学間IT共有組織として活動している。

　日本でも，国立大学の間では国立大学法人情報系センター協議会，私立大学の間では私立大学情報教育協議会などの団体があり，協同活動を推進している。後者は，1977年に社団法人日本私立大学連盟，日本私立大学協会，私立大学懇話会の3団体を母体に，コンピュータを導入した教育を振興・普及するため，国の財政援助の実現を事業の中心として創立された私立大学等情報処理教育連絡協議会を淵源としており，2013年現在400を超える会員を有する公益社団法人として活動している。

　そして，情報社会と大学との関係を象徴する現象は，▶MOOCなどの▶オープンコースウェア（OCW）の展開である。情報技術の特性は大学の公開性にはうってつけで，大学の教育，研究と並ぶ第3の機能とされ，大学の存在価値を直接社会に知らしめる公共サービスには大きな可能性をもつ。その面で，世界に衝撃を与えたのが，世界トップクラスと自他ともに認める▶マサチューセッツ工科大学（MIT）が2003年に開始した，すべての授業の資料をオンライン上に無償で公開するオープンコースウェアで，多くの有力大学がこれに倣っている。また2014年に創設され，その選抜度が全米1位であることで注目を集めているミネルヴァ大学（Minerva Schools at KGI）では，学生は伝統的な講義を受けず各セメスターを異なった国で過ごすが，それを成り立たせているのはオンラインでのセミナーとフリーにアクセスできるMOOCの存在である。　　　舘 昭

▶ICTと大学のクロスボーダー化，eラーニングとICT活用教育，大学通信教育，電子図書館，通信制と通学制の融合，メディア授業，通信制大学院，電子ジャーナル／電子書籍，ソーシャルメディアと大学

◎舘昭「マルチメディアの活用による高等教育に関する一考察」，IDE大学協会『IDE—現代の高等教育』1998年1-2月号．
◎*Educom's National Learning Infrastructure Initiative, NLII Call to Participate.* November1, 1994.
◎Massy, F. William and Zemsky, Robert, *Using Information Technology to Enhance Academic Productivity.*, Educom, 1995.
◎National Committee of Inquiry into Higher Education, *Higher*

Education in to the Learning Society., Dearing Report, July, 1997.
◎Young, Jeffrey R., *Rethinking the Role of the Professor in an Age of High-Tech Tools.*, The Chronicle of Higher Education, October3, 1997.
◎Young, Jeffrey R., *Canadian University Promises It Won't Require Professors to Use Technology.*, The Chronicle of Higher Education, October3, 1997.

労働市場と大学
ろうどうしじょうとだいがく

マス化・ユニバーサル化など高等教育の規模拡大とともに，日本の教育と職業との移行・接続にかかる諸制度は量的，質的に固有の発展を遂げてきた。量的には，大学から職業への新規学卒者としての円滑な移行システムが定着するのと並行して大学の威信序列を反映した▶学歴社会が形成され，▶就職協定などをめぐる大学と企業との緊張関係が続き，大学はまた就職部などを通して労働市場に積極的に関与することとなった。大学知識・技能と職業的コンピテンシーとの接続関係をめぐる質的なマッチングに関しては，新規学卒者を企業内訓練によって育成する内部労働市場に対応した大括り採用と，とくに事務系ホワイトカラーを中心に採用時に求められる資質としての「訓練可能性」の考え方とが一般化し，大学専門教育における▶職業的レリバンスを等閑視する風土が形成された。

今日，企業・経済界においては「社会人基礎力」や「就職基礎能力」など大学に求める資質・能力が多く議論されるようになってきたが，大学サイドでは，それへの対応について，▶専門教育に即してというよりも，むしろ全学的に▶一般教育や▶キャリアガイダンス，▶キャリア教育を通して扱われている。学修成果をめぐる質保証としてディプロマ・ポリシーを重視した学位プログラムの見直しも進められている。とはいえ，とくに人文社会科学系分野では，▶日本学術会議の分野別参照基準などのように在学時の学問分野で修得可能な能力等としての学術プロファイルは反映できるとしても，そこに卒業後の職業（職業群）で必要な能力要素としての職業プロファイルを組み込んでいくことは容易ではない。▶中央教育審議会の2011年（平成23）「キャリア教育・職業教育」答申では，若者の初期キャリア形成と職業的・社会的自立にむけて▶職業教育を実践的に担う高等教育の確立などが政策的な課題として提起，議論されているが，なお教育と産業・職業を統合していく政策が不在のまま，諸外国と比して労働市場への再参入のための大学のリカレント学習のための革新が進んでいない。

［旧制度における複線型制度から新制度への改革に至る大学と労働市場］
日本の高等教育制度は，1872年（明治5）の学制における8大学区構想に始まり，77年の東京大学の創設，大正期の▶大学令（1918年）で私立専門学校の大学昇格などを経て，官立の▶帝国大学・▶高等学校，専門分野に特化した大学，▶専門学校，私立の大学と専門学校など旧制度のもとで多様な発展を遂げた。それぞれの機関の成立・発展の歴史的経緯に応じて労働市場における社会的評価は異なり，出身校別に異なる初任給設定も一般的であった。また一時期の帝国大学法科大学卒業生に行政官吏や司法官吏への無試験任用の道が開かれていたように，官立諸学校は各専門分野の指導的人材養成に向けての専門・職業教育という性格づけが期待されていた。

他方，私立専門学校は，多く高等学校への進学準備や都市遊学の受け皿として人文・社会科学系分野を主として発達しており，当然ながら出口の進路は約束されたものではなかった。1918年（大正7）の大学令のもとで私立専門学校は大学への昇格を果たすが，卒業後の進路確保が大学としての評価確立のために不可欠であった。折悪しく，この私学の参入による大学急拡大期は大恐慌と重なった。大学卒業者の半数近くが卒業直後に職を得られない時代が到来し，▶私立大学では，大学昇格間もない時期から「人事課」など就職あっせんの組織が編成されている（天野，1989）。

第2次世界大戦後の六・三・三・四制の単線型制度が構築される過程で，旧制度における官立・私立の大学，専門学校，▶師範学校，高等学校などの多様な高等教育機関は，大学という単一のセクターへと統合，転換され，とくに官立の諸機関は▶一府県一大学原則のもとで再編統合された。他方で，工員と職員の身分格差解消など労働秩序の民主化も進展し，大学間の初任給格差や昇格格差も表面的には消滅していった。また地方▶国立大学では，教員養成・工学・農学・医学などの実学分野が順次整備されていき，全国的な労働市場での指導的人材というより，むしろ各地域の労働市場や専門業界との関わりが重視されるようになっていく。

［高度成長期における大学拡大と労働市場］
戦後復興期を経て，▶人的資本論の発達に影響を受けたマンパワー政策が展開し，1960年代には国民所得倍増計画が策定され推進される。理工系技術人材の養成が必須とされ，政府は国立大学▶工学部を拡大するとともに，私立大学に対しても理工系学部の設置・拡大を要請した。私立大学は，その対応の見返りとして，またベビーブーム世代の大学進学期の到来を好機として，文系学部を中心に大幅な定員超過を容認され，高等教育の規模全体が急拡大を遂げることになる。

とはいえ，この時期の高等教育の大衆化は，大卒者を求める▶職業構造の高度化を反映したものというより，むしろ職業構造の高度化を待望しての

ものであった。そのため，1970年代以後，急増する大卒者の失業やブルーカラー化などの問題が喧伝された。結果的には，日本における内部労働市場の発達とそこでの職務の境界設定の弱さも相まって，この時期に特別の失業増加傾向や就職先変化も顕在化することなく，しかし，実質的な大卒・高卒の学歴間での代替傾向が広範囲に確実に進行していったとみることができる。同時に，企業サイドでは大企業を中心に幹部候補人材としての銘柄大学への選好がより一層鮮明になり，特定の銘柄大学だけに求人・採用活動の範囲を絞った▶指定校制度や，そうした人材確保のための青田買いの横行，その歯止めを目指した▶就職協定をめぐって，大学側・企業側，政府の緊張関係が長く繰り返されることとなった。また，新興非銘柄大学は就職部等の活動を活性化させてこうした格差構造に挑戦していった。

こうした現実が，OECD教育調査団（1976年）の報告においては「学歴主義（degree-ocracy）」として指摘された。その後，就職後の昇進構造にみられる出身校別の差異まで含めて，学歴社会をめぐる論争がなされ，ひろく社会的関心を集めた。こうした論争は，いずれも文系大卒の事務系ホワイトカラーという，大学専門教育の専門性と労働市場における職業専門性にかかる非対応を前提とし，また「訓練可能性」が重視される大きな領域が形成されていったことの帰結でもある。

こうした労働市場実態に対して，1971年（昭和46）の中教審答申ではいわゆる大学の「種別化」構想が提起されたものの，大学関係者の強い反対を受けて実現には至らなかった。その後1976年の専修学校制度創設などの改革がなされ，規模的にも4年制大学が若年同一年齢層（コーホート）の過半数を受け入れ，専門学校も含めてコーホートの4分の3までが高等教育に進学するまでに拡大している。今日，その機能別分化・多様化が議論され続け，2019年度からは実践的な職業教育を担う▶専門職大学等が創設されることになっている。

[知識基盤社会とグローバル化のもとでの雇用構造の変化]
日本経済は，高度成長期の大量生産・輸出型製造業主導の産業構造から，オイル・ショックからの回復，1990年代のバブル経済とその崩壊を経て，サービス産業にその比重を移し，また付加価値の高い▶知識基盤社会モデルへと変容しつつある。とくに第2次ベビーブーム世代の進学期には急速な高等教育の拡大が進み，これらに呼応して旧来の長期継続雇用と年功処遇型の日本的経営も見直されることとなった。

1995年に日本経営者連盟が「新時代の「日本的経営」」のなかで提起した雇用三層化モデルでは，従来の長期雇用の正社員コンセプトであった「長期蓄積能力活用型」人材の規模を絞り込み，従業

員のニーズに即して多様な選択肢を用意するとし，有期契約で専門性の高い職域での「高度専門能力開発型」や，短期研修により活用できる短期雇用契約による「雇用柔軟型」などの人材ポートフォリオの多様化モデルが提起された。▶非正規雇用の広範囲での活用は，その後の大卒者の無業問題，フリーター・ニート問題につながっていく。

他方で，日本だけでなく先進諸国においては，知識基盤社会の進展に伴って，先端的人材としての「シンボリック・アナリスト」などに象徴される，グローバルな人材の養成と獲得の競争が激化していく。ポスト・モダン，ポスト・フォーディズムの社会と生産・労働組織の転換を総合して，ハルゼー，ブラウン，ローダーらの監修する「教育社会学」のリーディングス（ハルゼーほか編，訳書2005年）のなかで，彼らは官僚制的なヒエラルキーの鋭い組織パラダイムから，柔軟でフラットな組織パラダイムへと，企業・労働組織モデルが変容しつつあることを指摘した。また，そうした変化に応じる大卒人材には，官僚制的な専門的に分化した知識・技能よりも，むしろ人格的なまた社会的なスキルが注目され，それは大学において専門的に養成するのが困難な資質として論じられ，社会的・文化的資本としての階層・階級の再生産の次元としても論じられている。

他方，柔軟性パラダイムにおいて注目される知識が大学の伝統的な組織枠組みで生産されるものとは異なってきつつあることは，ギボンズらの「モード論」からも理解できる。すなわち，大学と外部との組織ネットワークから生み出される知識が重要性を帯びるという仮説を提起しており，このことは直接には▶産学連携による知的生産の様式の変容を伴い，▶産学共同の研究開発も促進されていくことにかかわっている。また「モード論」は知の創造だけでなく，その伝達の様式にも適用することができる。すなわち，▶インターンシップや産学連携によるPBL（Problem Based Learning）など，異なる場の協働を通して生産と同時的に伝達される「知識」の重要性がクローズアップされている。学校教育の知識が直接に職業的なスキルと対応することはないにしても，場の協働を通して学校教育における知識が拡張・転換されて，職業的なスキル・コンピテンシー形成の基礎となっていくという仮説がここから読み取れるのである。

大企業の多国籍化やそれに伴う▶外資系企業の進出も進み，「青田買い」防止にかかわる大学と大企業中心の経済界による紳士協定としての就職協定は実効性を失い，最終的に政府が仲介役から降りることで1997年に廃止され，その後は大学と企業団体との合意による「倫理憲章」へ，さらに2014年度からは「申し合わせ」へと，より限定的で拘束性のない取決めへ変化していく。

労働市場と大学　41

[専攻分野を通した知識・技能・コンピテンシー形成と大学の職業教育的機能]

日本では，学歴社会論など大学の序列的構造と大企業・有名企業への就職やそこでの昇進など，いわばタテの対応関係が多く議論されてきた反面で，教育の専門分野と卒業後の就職先の産業や職業に関する，ヨコの対応関係については社会的な関心も低く，学術的にも十分な解明がなされてこなかった。国民所得倍増計画のもとでの▶マンパワーポリシーにしても，付加価値性の高い科学技術分野に特化した人材の需給予測がおこなわれていたに過ぎなかった。その後，医師など保健・医療分野での個別の専門的職業に関する需要予測は，政策的な養成課程の拡大や部分的な抑制などに用いられてきた。しかし，人口動態によって一定の需要予測が可能であり，なおかつ国が定員を定めている国立大学の養成課程中心の教員養成の分野ですらも，政府主導の需給の計画と調整は，適切には機能してこなかった。

「学校基本調査」から大学の卒業学科専攻と就職先の職業的進路との対応関係の推移をみると，▶学科と就職先の職業，学科と就職先の産業の対応関係は，いずれも時代を下るほどに一貫して弱くなっている。大学の学部名称をみても，1950年に▶新制大学は47種類の学部名称の構成でスタートし，その後新しい学部名称が出現し今日ではその数は200種類を超えている。学部の名称は▶法学部，▶文学部などの伝統的な一文字学部から，複数のキーワードを組み合わせて，たとえば経営情報学部など「学際型」のテーマを強調した学部名称となる傾向もみられる。そうした新名称学部でも，しかしそれが新たな社会ニーズに応えているのかどうか，旧来の▶専攻単位でのコースなどが内部に複数併存するなど，学部単位での固有の進路形成上の機能を把握しにくいケースなども指摘できる。前述の専攻分野の進路特性希薄化傾向とともに，今日の大学が明確に職業教育を意識するようになったとは必ずしも言いにくい。

また，大学設置基準2条では「人材の養成に関する目的その他の教育研究上の目的を学則等に定める」とされているが，そうした目的設定やその成果の質保証として不可欠な情報としての卒業生の職業的なキャリアの把握や顕彰のための方法論も，高等教育研究として確立，普及するには至っていない。

[欧米諸国における大学と労働市場への移行と接続]

欧米諸国における大卒者の労働市場については，日本における「メンバーシップ型」の内部労働市場の拡がりとは対照的に，「ジョブ型」の専門・職業別労働市場が発達しているとされる。もちろん，欧米でも大企業や中央官庁等では幹部候補に対する内部労働市場の発達と新規学卒者重視傾向をみ

ることができる。イギリスの大企業等での1年から3年間程度の新規学卒幹部候補のための研修プログラムは，その経験が履歴として次の就職に有効に働くような密度の濃いものがある。しかし，そうした企業でも対象となる職員の範囲は限定的である。また日本と異なるのは，採用時の選考において，大学での専門的な知識・技能が第一義的に求められることである。

他方，欧米諸国のなかでも，職業専門性の位置づけ方はそれぞれの労働市場の歴史に応じて異なっている。ドイツ語圏諸国では，中等教育段階での訓練生としての見習職業訓練と，学校での学生としての座学とを組み合わせたデュアル・システムモデルが高く評価されており，これを参照しながら，▶専門大学(Fachhochschule)のみならず，一般の大学においても職業実習や▶インターンシップも含め，職業専門性を学位プログラムの内部に組み込む指向性がみられる。専門大学では，制度創立当初は3年制教育課程と教育課程外の1年間の必修実習・インターンシップの設定が，その後，実際の学修年限に即して4年制の教育課程として再認定された事例などに，現場実習の価値の評価の高さをみることができる。これに対してイギリスなどアングロ・サクソン諸国では，3年制の大学学士プログラムにおいて学術専門性に集中しており，1992年以後に昇格した大学のなかには職業関連性を意識し，大学で学ぶ学期と企業等でのインターンシップの学期とを交互に組み合わせたサンドイッチ・システムを提供するものもある。そこでの就業体験は1年間の必修で，むしろ学士プログラムの3年制の修学年限の外に置かれている。

すなわち，双方の国々では，労働市場への参入時にはそれぞれ専門的知識・技能の到達度が採用時に重視されることとなるが，その知識・技能の参照される領域や考え方には大きな違いがある。ドイツでは出口の職業のプロファイルが想定されているのに対して，イギリスでは専門の学術的なプロファイルがおもに想定され，カリキュラム編成がなされているのである。欧州においては，両者の収斂の方向性も論じられている。すなわち，職業専門的な能力形成が重視される欧州大陸系諸国では，将来的な拡張や転換をうまく進めるための柔軟性を獲得させていく方向性，アングロ・サクソン圏諸国においては大学における職業的レリバンスを高める方向性へと，双方が互いに欠落している部分を補うような方向への収斂を目指しているとみることもできる(吉本編，2010)。

なおアメリカ合衆国の場合，▶学士課程においてはイギリスなど欧州アングロ・サクソン圏モデルのように学術専門性に徹するよりも，むしろ高校教育の補完的な一般教育とそこでの教養指向的教育への比重を大きく設定しており，そのため職業への移行支援はむしろインターンシップや▶コーオプ教育な

ど，おもに学位プログラムの単位外で，しかし場合によっては必修での職業的経験として，大学教育制度の一環に組み込まれている。インターンシップ経験が大卒者の就職の前提とみなされる労働市場への大学側のスタンスでもあり，専門職領域の職業専門性については，ロー・スクールや▶MBAなど▶専門職大学院がその役割をおもに担っているといえよう。

　従来，職業関連性の弱かったアングロ・サクソン系諸国では，スコットランドの国家高等ディプロマなど非大学型セクターが高等教育段階での職業的専門性，リカレントな学習機会を担っており，こうした歴史を踏まえ，1990年代以後，国家学位・資格枠組み（national qualifications framework）を整備していく政策が展開されている。大学セクターにおける▶ボローニャ・プロセスでの学習成果にもとづく各国の大学の教育プログラムの標準化・可視化，非大学型セクターにおける職業教育訓練の相互可視性・浸透性を目指すコペンハーゲン・プロセスが展開し，欧州連合としての▶学位・資格枠組みとしてEQF（European Qualifications Framework）が成立，欧州外の諸国が学位・資格枠組みの導入を進めるようになってきている。　　　　　　　　　　　　　　吉本　圭一

➡ラーニング・アウトカムズ，職業教育カリキュラム，専門職教育，リカレント教育，労働市場の国際化，グローバル人材育成，官立大学，新設学部の動向

◎天野郁夫『近代日本高等教育研究』玉川大学出版部，1989.
◎濱口桂一郎『新しい労働社会―雇用システムの再構築へ』岩波新書，2009.
◎OECD教育調査団編著，深代惇郎訳『日本の教育政策』朝日新聞選書），1976.
◎労働政策研究・研修機構編『高等教育と人材育成の日英比較―企業インタビューから見る採用・育成と大学教育の関係』労働政策研究報告書No.38，労働政策研究・研修機構，2005.
◎吉本圭一編『柔軟性と専門性―大学の人材養成課題の日欧比較』高等教育研究叢書No.109，広島大学高等教育研究開発センター，2010.
◎吉本圭一，稲永由紀編『諸外国の第三段階教育における職業統合的学習』高等教育研究叢書No.122，広島大学高等教育研究開発センター，2013.
◎A.H. ハルゼー，H. ローダー，P. ブラウン，A.S. ウェルズ編，住田正樹，秋永雄一，吉本圭一編訳『教育社会学―第三のソリューション』九州大学出版会，2005.

地域社会と大学
ちいきしゃかいとだいがく

［近代大学の形成と地域］

地域社会と大学の関係は，地理的条件と歴史的条件によって規定される。地域の定義はあいまいであるが，地理的範囲と考えると，▶キャンパスを持たない中世の大学は地域社会から独立した組織であった。地域の住民や権威者から危害を加えられることなく，自らの権利を守るため結集した，教師と学生との組合（ギルド）だったからである。

　しかし16世紀以降になると大学は，ヨーロッパ各地の宗教改革と国民国家の台頭を背景として，次第に地域や国家の機関としての度合いを強めた。プロテスタントの大学は宗教改革の各教派の思想を育む場となり，ドイツのハレ大学や▶ゲッティンゲン大学のように，領邦国家が必要とする聖職者と官僚を養成した。北米でも▶ハーヴァード大学，▶イェール大学，▶プリンストン大学のように各教派の大学が設立され，聖職者を養成するとともに，地域社会の政治的・社会的指導層の教育を担った。19世紀になると，ドイツの大学は研究と教育の一体化を図るという発想の転換のもとに，自然科学や人文科学の各学問分野を制度化し，国家形成を担う専門職エリートを養成するようになった。

　19世紀後半には産業革命によって生み出された新興階級の要求に応えて，地域産業に即した実用分野を重視する大学が登場した。イギリスでは，地方工業都市に「赤レンガ大学」「▶市民大学」と称される大学が設立され，地域産業を支える技術者が養成された。一方，▶ケンブリッジ大学や▶オックスフォード大学のような伝統的な大学も，労働者や女性たちの学習要求に対応し，大学の講師を各地に出向かせる巡回講義を始めた。こうした大学拡張講座は，労働者教育協会の協力と地方教育当局の財政支援を得て，地方都市に定着した。

　アメリカ合衆国では，1862年に▶モリル法を制定し，国有地売却益によって各州に基本財産を確保し，それぞれ1校以上の主として州立の▶ランドグラント・カレッジを設立した。その運営はおもに州税に依拠したため，大学は成立当初から地域社会との強い結びつきを保った。農学・工学を地域住民の子弟に教授するとともに，研究成果を応用して地域産業の生産性向上に貢献した。また，州民の教育や生活全般に責任を有するという考えのもと，大学拡張部を設立するところも多かった。州内の遠隔地の人々に通信教育や巡回講義を提供したり，公衆衛生事業や巡回図書などを通して生活改善に寄与し，多様な地域サービスを提供した。

　以上のように，西欧の近代大学の形成過程は，大学が地域社会との関係を深めながら拡大した過程とみることができる。これに対し，国家の殖産興業を使命とした日本の大学は，地域社会との関係は必ずしも深くなかった。明治期の大学は，国家エリートを養成する▶帝国大学のみであった。1918年（大正7）の▶大学令以降は官立，私立，公立の大学が登場し，▶医科大学，商科大学，工業大学等の単科大学も各地に設置されたが，その数はわずかであった。第2次世界大戦後の学制改革では，アメリカのランドグラント・カレッジをモデルとした▶一府県一大学の原則にもとづき，すべての都道府県に▶国立大学を設立し，地域社会との深い結びつきが期待されるようになった。国立大学には教

養部（学部）ないし教員養成の学部を置くとともに，地域医療人材や地域産業に寄与する農学・水産学・工学等の学部・講座・研究所を置く努力がなされた。こうして，地域社会における「文教の中心」としての複合大学（multiple-faculty university）の形態が，戦後日本の大学の基本的なモデルとなった。

[地域の人材育成]
大学が地域に期待される重要な役割は，大学▶進学率の上昇と，専門職の養成を通しての地域の人材養成への貢献である。地域住民子弟の大学進学率の上昇は，優秀な人材の流出を防ぎ，域内の労働需要とマッチングさせる点で，地域経済にとって重要である。戦後日本では，大都市圏での大学設置を抑制し，それ以外の地域では規制を緩和する「高等教育の地方分散化政策」を実施した。この政策は，大学進学率の地域間格差の縮小に一定の効果を発揮したとされる。しかし実際の進学では，大都市圏から他地域への流出が少なく，地方から大都市圏への流出が多い構造がある。さらに大都市圏への進学者はそのまま大都市圏に就職し定着するうえ，就業機会の限られた地方大学卒業者も大都市圏に移動する傾向がある。そのため，大学進学率の上昇は地方から大都市への労働力の移動を促す結果となり，必ずしも地域の人材養成に結びつかないことが課題である。

地域の専門職養成への期待は，医療と教育の分野でとくに高い。地域医療の崩壊が社会問題化する中で，大学は医師や看護師等の医療関係の専門人材を養成するとともに，地域医療機関に医師を派遣し，地域の中核病院として高度医療を行ってきた。周産期医療やがん医療，救急医療体制の強化など，大学および▶大学病院に期待される役割は大きい。そのため，卒業後に当該大学の所在地域で定着することを期待して，入学者選抜の際に，地元高校生を優先的に入学させる地域枠を設定する大学もある。地域の初等・中等教育を担う教員には，家庭や地域社会に対して積極的に働きかけ，保護者や地域住民とともに，子どもたちを育てていくことが期待されている。大学は開かれた学校を担う教育専門職者の育成に加え，地方自治体と協定を結び，学校教育上の諸課題に対する共同調査や先駆的な教育研究活動を行っている。

[地域の知の拠点—生涯学習と地域再生]
大学は従来18歳人口の青年層を対象としていたため，社会人の受入れや生涯学習には消極的であった。しかし，産業構造が急激に変化する現代では，学校教育修了後も新たな知識・技術を習得する必要がある。また長寿社会では，生涯にわたって豊かな教養を深めるとともに，福祉や環境などに関わる身近な課題を学ぶことが不可欠である。そこで大学には，「地域の知の拠点」として住民の生涯学習を支えると同時に，地域社会の課題をともに解決し，地域の活性化や新たな価値の創造への

積極的貢献が求められている。

大学の中には，生涯学習や地域連携を専門的に担う中心組織をもつところが少なくない。国立大学では▶東北大学，▶金沢大学などが先駆的に大学教育開放センターを設置した。中央教育審議会答申「生涯学習の基盤整備について」（1990年）によって大学の生涯学習機能が謳われたことを契機に，1990年代には次々と生涯学習教育研究センターが設置された。全国国立大学生涯学習系センター研究協議会は，これらの生涯学習系センターが参集し，生涯学習の振興および地域社会との連携の推進に資するために協議と情報交換を行う組織で，2017年現在，25大学が加盟している。生涯学習系センターの呼称や活動はさまざまであり，それぞれの地域の課題や大学の個性と特色に応じて展開されている。たとえば和歌山大学地域連携・生涯学習センターは自治体，企業，NPOなどの多様な組織と結んで住民の主体的力量形成に貢献し，大学と地域を繋ぐ新たな人材を育成する各種セミナーを積極的に提供してきたことで知られる。

近隣に国立大学がない地域では，▶私立大学が地域貢献の要となってきた。たとえば1966年に公設民営大学として開学した長野大学は，「地域貢献」を大学憲章の一つに掲げて，さまざまな地域貢献活動を行ってきた。学生たちは福祉，環境，観光，地域おこしをテーマに研究したり，ボランティアを経験したりして，卒業後は県内に就職することで地域に有用な人材として活躍している。そのほか，自治体と複数の私立大学がネットワークを結んで，生涯学習事業を提供してきた事例も多々見られる。たとえば東京都武蔵野市と武蔵野地域の五つの私立大学が連携する武蔵野地域自由大学は，継続的・体系的な生涯学習の機会を20年にわたって提供してきた。

生涯学習の豊かな実績をもつ大学には，近年，地域再生の核となる人材育成が期待されている。過疎化と高齢化に悩む地域にとって，賑わいと活力の源泉である学生の存在は大きい。また留学生等との国際交流の機会の提供，まちづくりと調和したキャンパスの形成，施設開放など，多面的な存在価値があり，これらを地域再生に生かすことができる。

2006年には内閣府地域再生本部の地域再生計画と連動して，文部科学省や厚生労働省などの省庁が，大学等を地域再生の拠点として位置づける各種のプログラムを開始した。2012年には大学改革実行プランにおいて，「地域再生の核となる大学づくり（COC: Center of Community）構想の推進」が掲げられた。「地（知）の拠点整備事業（COC）」は，各大学の強みを生かしつつ，大学の機能別分化を推進し，地域活性化の拠点となる大学の形成に取り組む事業を支援するもので，2015年には，地方創生の中心となる「ひと」の地方への集積を目的とし

た「地（知）の拠点大学による地方創生推進事業（COC＋）」へと発展した。これらの事業では，学長のリーダーシップのもとで全学的に地域を志向する改革が進められた。

[地域産業の振興と産学官連携]

地域再生の方向性の一つとして，産学官連携による地域産業の活性化が掲げられている。日本における産学官連携は，知的財産の活用による経済再生を成功させたアメリカに学び，1990年代後半以降，急速に発展した。1995年の▶科学技術基本法施行および96年の科学技術基本計画策定に続き，98年には大学等技術移転促進法が制定され，大学の技術や研究成果を民間に移転する▶技術移転機関を国が支援することになった。1999年には日本版▶バイ・ドール法といわれる産業活力再生特別措置法が制定され，2002年には知的財産基本法が公布された。法整備が進むとともに，国から地方へ権限を委譲する地方分権改革を受けて，大学が地域経済の核となって産業クラスターを形成するイノベーション政策が発展した。産学官連携支援事業，▶知的クラスター創成事業，大学知的財産本部整備事業などの政策的展開である。

加えて2004年の▶国立大学法人化以降は，研究成果の社会還元が大学の使命と明記されるとともに，産学官ネットワークの形成，産学共同研究，特許化と▶技術移転，大学発ベンチャーで成果が現れはじめ，多面的な連携が形成されている。たとえば地域の異業種企業の協力によって中小企業の保有技術を生かし，伝統工芸や地産地消の素材を活用する新製品を開発することで，地域ブランド化と雇用創出をめざす取組みが全国各地で展開されるようになった。また研究マネジャー，中小企業の経営者，知的財産人材，ものづくり人材など，産学官連携をすすめる人材育成事業も各大学で取り組まれている。こうした事情から，生涯学習系センターの中には，既存の各種センターとの整理統合が進み，産学官連携部門，知的財産権部門，生涯学習・地域交流部門，国際協力部門などを併せ持つ社会貢献・地域連携センターへと再編成されたところもある。

しかし産学官連携では，実効性のある分野を選択して予算を集中的に投入する「選択と集中」という競争的環境が圧力となり，経済的利益を生む事業が優先される傾向がみられる。これが高じると，地域住民の主体形成をめざしてきた生涯学習の歴史的伝統が等閑視されかねない。また新しいセンターが統括する事業の範囲が広いうえ，社会貢献や地域連携の概念規定が曖昧であるため，組織運営の整合性が欠けているという指摘もみられる。

[アウトリーチからエンゲージメントへ]

▶知識基盤社会といわれる21世紀では，大学と地域の関係は一方通行のアウトリーチ（Outreach）ではなく，相互に結び合うエンゲージメント（Engage-ment）という関係が注目されている。従来のアウトリーチは，大学の恩恵を受けることができない人々に，大学に集積された知を届けることがねらいであった。それは大学の専門知が地域社会の課題に対して最善の解決を与えるという考えにもとづいている。その前提には基礎科学は応用科学を経て実用に向かうという科学観があり，大学の科学研究がその起点となるというリニア・モデルの考えがある。このモデルでは基礎研究，応用研究，開発，生産，販売の各段階が逐次的に起きてイノベーションが起こる。しかしながら研究が高度になるほど，科学研究と実際的課題の乖離が起こり，大学から社会へ，いわば上から下への一方通行のサービスが日常化してしまう。

これに対し，知識基盤社会では新しい知が生まれる場面や経緯は多様であり，問題の解決方法も一つとは限らないと考えられている。そのため，よりよい解決を生むには，大学で生み出された専門知と，社会での実践から生まれる経験知の相互作用が必要となる。経験を省察し，知識が絶え間なく再構成されることが，イノベーションを生むからである。ニーズが発見を誘引するため，課題中心型になり，個別の▶ディシプリンにとらわれない領域横断性が求められる。さらに，その成果は参加者たちの間で学習的に共有されるため，ネットワークが要請される。ここでの大学と社会の関係は一方通行ではなく，双方向的・互恵的である。社会での実践知はキャンパスでの学びの質を変え，大学の文化や研究そのものに変革をもたらす。こうした大学と社会の新たな関わりの深さをあらわす概念が，エンゲージメントである。

エンゲージド・ユニバーシティ（Engaged University，結び合う大学）がめざすのは，理論の探求に軸足を置きつつ，他方で複数のディシプリンを融合させることで社会のニーズに結びつける大学である。そこでは大学と企業・行政・NPO等が双方向的・補完的に協力し，新しいイノベーションを前提とした価値形成がめざされる。そのねらいは，大学が市民の貢献を積極的に評価し，大学と社会が互恵的に繋がることによって，民主的な市民社会の形成に寄与することである。

五島 敦子

→大学開放／大学拡張，社会貢献，地域振興，ウィスコンシン・アイデア，セツルメント運動，コミュニティ・カレッジ，社会開発支援，生涯学習と大学（テーマ編）

◎玉井克哉・宮田由紀夫『日本の産学連携』玉川大学出版部，2007.
◎David Watson, Robert M. Hollister, Susan E. Stroud and Elizabeth Babcock, *The Engaged University: International Perspectives on Civic Engagement*, Routledge, 2011.
◎上杉孝實，香川正弘，河村能夫編著『大学はコミュニティの知の拠点となれるか―少子化・人口減少時代の生涯学習』ミネルヴァ書房，2016.

経済発展と大学
けいざいはってんとだいがく

経済発展と大学(もしくは教育)に関連しては，1960年代の▶人的資本論にもとづいた▶マンパワーポリシーによる教育を通じた経済発展への貢献に関する期待，70年代におけるオイルショックなどを契機とした両者の関係に関する懐疑の時代，そして80年代以降の知識経済・社会における研究を通じた富の源泉としての知識生産拠点としての大学への新たな期待の高まりといった流れが存在する。同時にこうした動きの中，それぞれの局面で課題も生じてきた。

[教育の経済的価値の発見と人的資本論]
教育の経済価値の発見は，アダム・スミスの『国富論 An Inquiry into the Nature and Causes of the Wealth of Nations』(1776年)に遡る。そこでは，群を抜く器用さや技術を必要とする仕事のために，多くの労働と時間を犠牲にして教育を受けた者は高価な機械に比較し得るといったことや，仕事について学んだものは通常の労働者の普通の賃金を超えることが期待され，彼の教育のすべての費用を返済するであろうなどとされている。その後，アルフレッド・マーシャルによる『経済学原理 Principles of Economics』(第1巻は1890年刊)においても，産業訓練は国家的投資であると言及されている。

　しかしながら，こうしたコンセプトが「人的資本」として，「(物的)資本」と「労働」に明確に対置する形で明確に把握されることになるのは，1950年代後半から60年代にかけて，ジェイコブ・ミンサー，セオドア・▶シュルツ，ゲーリー・ベッカーなどのシカゴ・コロンビアトリオと称される研究者らによる。この人的資本論の基本的な考え方は，個人が教育を受けるとその教育によって身に付いた知識や技能(すなわち人的資本)によって労働生産性が向上し，より高い賃金が得られるようになるというものであり，これによって教育の経済的価値が明確に把握されるようになったといえる。そして，こうした人的資本概念は，経済成長にみられる資本と労働によって説明のつかない残りの大きな部分を説明しうるものとして注目され，1960年代におけるマンパワーポリシーなどの理論的基礎ともなった。

[マンパワーポリシーと人材需給のミスマッチ]
人的資本論の勃興と時期を同じくしつつ，経済発展のためには一定の労働力構成(職業別・教育段階別)が必要であるとし，こうした労働力構成の構築のために教育計画が必要とされるとする考え方が普及した。こうした発想をマンパワーアプローチと呼び，その考え方を踏まえた一連の政策をマンパワーポリシーと呼ぶ。マンパワーポリシーは1950年代〜70年代にかけて各国で進められた。マンパワーアプローチにもとづく経済発展と労働力構成との

関係については多くの実証分析があるが，なかでもハービソンとマイヤーズの研究(Harbison & Myers, 1964)で，中等教育修了レベルの技能労働力と一人当たりGNPの相関が最も高いことが発見された。ここから，いわゆる中級マンパワー，ミドルレベルマンパワーが工業化にクリティカルな役割を果たすという政策的含意が見出され，当時の途上国のみならず，先進国の教育政策にも大きな影響を与えた。なお，体系的な国際比較の分析としてはOECDによる報告書(1970年)がある。

　日本では，こうしたアプローチにもとづいて文部省によって複数の分析がなされたが，なかでも「▶日本の成長と教育」(1962年)は，教育計画策定の必要性を各国の状況や日本における教育投資収益率の値などを踏まえて指摘した最も初期の政策文書の一つといえる。またアメリカ合衆国においては，1957年のソヴィエトによる人類最初の人工衛星スプートニクの成功も大きな影響を与え，国を挙げての大学教育奨励の時代に入っており，日本もそうした影響を多分に受けることとなった。日本における実際のマンパワーポリシーとして，1950年代半ば以降に新長期経済計画(1957年)の一環で理工系学生8000人増募が行われ，その後の国民所得倍増計画(1960年)でも17万人の科学技術者の不足が見込まれ，理工系学生の増募が重要な課題となった。こうした「理工系人材養成」のほかに，医師・歯科医師や教員などの養成もマンパワーポリシーの具体例と考えられる。

　日本におけるマンパワーアプローチの研究としては，ほかに潮木守一「経済変動と教育」(『現代教育社会学講座2 社会変動と教育』東京大学出版会，1976)が代表的なものとして存在するが，重要なポイントとして経済システムの変動とともに高等教育システムへの需要も変化するといった観点から分析が行われている。逆にいえば，経済システムと高等教育システムを「固定的」に捉えると，こうしたマンパワーアプローチでは現実との間に大きな乖離が生じることになり，そうした問題はオイルショックなど経済システムの急変が生じることによって現実のものとなった。アメリカにおいては，さらにベビーブーム世代の大学進学が重なり，大卒者の供給が過剰となり，▶高学歴失業の問題が生じた。またこの時期多くの発展途上国でも同様に高学歴者の間で高い失業率が見られ，いわゆる「オーバー・エデュケーション問題」が生じることになり，実際にマンパワーポリシーの期待通りの経済成長が達成されることもなかった。

　こうした結果，1970年代において，マンパワーポリシーに対する懐疑的な態度が急速に高まることになる。そして，このような状況を説明するための理論として，シグナリング論が誕生した。マイケル・スペンスは，「個人の生産能力を高めることが教育の目的ではなく，個人が既に獲得している能力に

関する情報を社会に伝達することが教育の真の機能である」というシグナリング論を打ち立てた(荒井一博『教育の経済学・入門―公共心の教育はなぜ必要か』)。この理論は「大学教育は仕事をするうえでの生産能力を高めることはなく(すなわち仕事には役立つことはなく)，単なる学歴(というシグナル)を得るというだけに過ぎない」といったスタンスにもとづく理論であった。

しかし，マンパワーポリシーがまったく排除されたわけではない。日本における事例としては，看護師等医療技術者や福祉・IT分野などにおける人材養成などの例を挙げることができる。また，知識経済化・知識社会化が唱えられる中で，1990年代以降，日本においては大学院拡充政策も進められるが，こうした政策もマンパワーポリシーとして理解することができるであろう。ただし，こうした▶大学院の拡充についても，結果としては「高学歴無業者」「高学歴ワーキングプア」といった形で，新たな「オーバー・エデュケーション問題」が生じていることには留意が必要である。

［知識基盤社会と大学］

1960年代の教育への期待の時代と70年代の教育への不信の時代を経て，現在は知識経済・▶知識基盤社会と呼ばれる時代となっている。一般的には，知識経済という言葉が最初に用いられたのはピーター・ドラッカーの著作『断絶の時代』(ダイヤモンド社，1969)とされる。この知識経済においては，知識こそが生産要素としてもっとも重要な役割を果たすとされ，「知識の生産性が経済の生産性，競争力，経済発展の鍵」とされる。加えてドラッカーは『イノベーションと企業家精神』(ダイヤモンド社，1985)において，多様なイノベーションの中でも新しい知識にもとづくものの重要性について言及している。またダニエル・ベルは『脱工業化社会』(1973年)において，財貨生産経済からサービス経済への変化の中で，イノベーションの源泉として理論的知識が中心的役割を果たすとし，さらにはその知識生産のための主要施設として大学を挙げている。

こうした状況のもとで，知識の性質やその生産プロセスにも注目がなされるようになる。マイケル・ギボンズらは『現代社会と知の創造』(1994年)において，大学内の専門領域における伝統的な知識の生産のあり方であるモード1に対して，イノベーションの創出のために基礎と応用，理論と実践との往還の中で専門領域を超えて知識が生み出されるあり方をモード2としている。また野中郁次郎・竹内弘高著『知識創造企業』(東洋経済新報社，1996)では，企業における形式知(形式化が可能で容易に伝達ができる知識)・暗黙知(形式化が困難な個々人の体験に根差す個人的な知識・信念・もののみかた・価値システムを含めたもの)の相互作用が繰り返し起こるスパイラル・プロセスによって組織的に知識創造がなされ，このことがイノベーションの創出につながるという

知識生産のあり方を明らかにしている。

こうした形で成り立つとされる知識経済，さらにそれを概念的に拡張した知識基盤社会(もしくは知識社会)は，高等教育のあり方にも強く影響を及ぼしてきており，1999年のケルン・サミットを契機として「知識基盤社会化」を念頭に置いた高等教育改革が世界各国で進んできている。日本においても「▶我が国の高等教育の将来像」(中央教育審議会答申，2005年)において「知識基盤社会」を正面に据えた高等教育改革の進展の必要が唱えられている。そこでは個人の人格形成，社会・経済・文化の振興や国際競争力の確保のために高等教育が重要であること，そして優れた人材の養成，すなわち21世紀型市民の育成と科学技術の振興が不可欠とされた。こうした知識基盤社会において大学が果たすべき役割として，知識伝達(教育)機関としての役割と新しい知識生産(研究)の場としての役割がある。

知識伝達機能に関連して，ロバート・ライシュは『ザ・ワーク・オブ・ネーションズ』(1991年)において，グローバル経済のもとで新しいデザインや概念を生み出すといった仕事を果たすシンボリックアナリストの重要性を説いており，アメリカの大学でのその育成の成功に言及している(同時に大学での育成の重要性も指摘)。また日本の大学においてもコンピテンシー，ジェネリックスキル，トランスファブルスキルといった専門的知識・技術にとどまらないより汎用的な能力への注目が高まり，それらを含めた社会人基礎力，▶学士力といった能力の育成が求められている。

一方，知識生産機能に関連しては，▶産学連携としての▶共同研究・受託研究や特許のライセンシング，さらには大学からのスピンオフ企業の誕生・拡大が進んできており，大学における研究は世界各国で知識基盤社会における経済成長のエンジンとして注目されている。こうした動向の起点となったのが，アメリカにおける1980年のバイドール法の成立である。この法律によって，連邦政府による▶研究資金をもとにした研究成果であっても，それにもとづいて得られた特許権を研究者や大学のものとすることが可能とされた。このことは大学に対する知識生産機能に対する期待の表れでもあり，実際に大学における特許権取得の大きなインセンティブとなり，アメリカの大学における特許権取得件数は大きく拡大した。一方，日本においても，産業活力再生特別措置法(平成11年法律第131号，同25年廃止)30条が日本版のバイドール条項とされており，これにより大学等への特許等の帰属が可能となった。こうした流れの中，日本でも大学による特許権等の取得は急速に伸びてきたが，現在では特許が必ずしも大きな収入を大学にもたらすわけではないこと，またそれらの維持コスト負担といった課題も生じている。

また，知識経済・知識社会のもとにある大学を世界的な研究・教育拠点とすべく，各国で研究・教育拠点を育成するためのさまざまな政府主導の取組みがなされている。日本においても2002年の▶21世紀COEプログラムから13年の研究大学強化促進事業，14年のスーパーグローバル大学創成支援事業などがすすめられている。しかし，知識が経済成長の鍵となり，教育・研究の充実・強化を通じた経済発展を目指すという考え方には疑義も呈されている。すなわち，大学教育へのアクセスには格差が存在し，そのことが経済格差の拡大や再生産をもたらすといった考え方や，多くの人間がより高い教育達成を果たした時，教育のインフレーションが生じ，教育過剰が生じるに過ぎないというものである。さらには，知識経済が大学における研究活動のあり方に対してネガティブな影響を及ぼすといった，アカデミック・キャピタリズムという概念の提唱もみられる。　　　　　　　　　　　　島　一則

→マンパワーポリシー，財団と大学，教育経済学，収益率分析，大学と特許，研究大学

◎荒井一博『教育の経済学・入門―公共心の教育はなぜ必要か』勁草書房，2002.
◎Lauder, H., Brown, P., Dilabough, J.A., & Halsey, A.H., *Education, Globalization, and Social Change*, Oxford University Press, 2006.（広田照幸・吉田文・本田由紀編訳『グローバル化・社会変動と教育〈1〉―市場と労働の教育社会学』東京大学出版会，2012）
◎OECD, *Occupational and Educational Structures of the Labour Force and Levels of Economic Development*, Paris: OECD, 1970.
◎Marshall, Alfred, *Principles of Economics*, 8th edition, Macmillan and Co., Ltd., 1920.
◎Harbison, F.H. and Myers, C.A., *Education, Manpower, and Economic Growth*, New York: McGraw Hill, 1964.
◎Psacharopoulos, George, and Patrinos, Harry, A., "Human Capital and Rates of Return", G. Johnes and J. Johnes eds., *International Handbook on the Economics of Education*, Edward Elgar Publishing, 2004.
◎Smith, Adam, *An Inquiry into the Nature and Causes of the Wealth of Nations*, W. Strahan and T. Cadell, 1776.
◎小林信一「知識社会の大学」『高等教育研究』4，日本高等教育学会，2001.

社会構造と大学

しゃかいこうぞうとだいがく

［大学の相対的自律性］

社会構造（social structure）の概念は多義的であり，政治経済の権力構造から社会階級・階層構造，資本主義生産様式の構造，社会システムの機能的諸要件の構造，集合意識や象徴体系の構造，組織や個人のネットワークの構造，諸個人の相互行為の構造までさまざまなレベルのものが考えられるが，その中で大学は，最高学府として学問的・科学的真理に支えられた相対的自律性をもつ点に特有性がある。中世ヨーロッパに大学が出現して以来，大学は教会・都市・国家などの認可や庇護を受け

つつ，その支配や介入に抵抗する自治を守り続けてきた歴史があり，タウン（町・市民）とガウン（大学）の対立として矜持が示されることもあれば，社会から隔絶した学問世界に閉じこもる「▶象牙の塔」として批判の目が向けられることもあった。

中世の大学は聖職者，教師，医師，官吏，法律家などを目指す，おもに都市部のごく一握りの人々にしかアクセスする機会がなかったが，▶ラテン語の使用を通じて国際的な移動を可能にしていた。古代ギリシア・ローマ時代の自由市民を源流とする自由七科の▶リベラルアーツが大学で教えられ，文法学・論理学・修辞学の三学を通じて言葉や記号を扱う技芸を修得し，幾何学・算術・天文学・音楽の四科を通じて事物と数を扱う知の体系が伝達された。リベラルアーツに基づいた人文主義的教養が，人を自由にする学問を可能にする大学の自律性を内面から支えており，17世紀以降に発展したアメリカ合衆国の大学においても▶リベラルアーツ・カレッジが基幹的な役割を担った。

市民革命と産業革命を経て世俗的な国民国家形成に向けて再建された近代の大学は，アカデミックな専門分野ごとの知的訓練としての▶ディシプリンのもとで，科学技術の発展を促す専門職を養成していった。19世紀ドイツで，フンボルト主義に基づく研究と教育を統一したゼミナール方式の大学モデルが世界的な影響を及ぼすとともに，実用性から距離をとり自由と孤独の中で人格陶冶を重んじる，社会的エリートをなす読書人としての教養市民層が形成された。フランスにおいては，1894年のドレフュス事件を契機に，大学内外で公共の議論に参画する知識人の自律性が確立していった。

19世紀末から20世紀にかけて，女性や留学生をはじめ大学進学機会が広く開かれるようになり，学生数が増加して教育拡大が進み，職業専門性に結びつく多様化した諸要求に応える必要性が高まった。イギリスでは，オックスフォード・ケンブリッジの伝統的大学に対し，赤レンガ大学と呼ばれる工業化に対応した▶市民大学が建設された。学生に科目選択の自由を与える▶モジュール方式を採用したアメリカの大学は，世界に先行してマス化した教育に対応し，それに伴って発展した創発的な高等教育システムが，全世界の学生や研究者を惹きつける新たなモデルになった。

第2次世界大戦後は教育拡大が一層加速し，エリート主義の伝統的大学モデルへの異議申立てが激化した一方，古典学問分野に対する現代的研究教育の自律性が高まり，ディシプリン複合性・学際性による新規の学問分野（精神分析学，情報学，女性学など）が創出された。他方で，情報化社会や▶知識基盤社会が進展する中で産業界からの教育要求も高まり，産学協同（▶産学連携），研究と教育の分離，▶学長主導のガバナンスなどが強化され，従来の▶教授会自治に取って代わるようになった。

さらに市場化と規制緩和を推進する新自由主義改革により，契約政策，▶認証評価，大学法人化などの導入が進み，経営体としての自律性が強調される一方で，経済面への従属による学問的自律性の低下が危惧されている。

[近代産業社会における大学]
上記のように相対的に自律した大学の諸形態は，とくに近代社会の発展に伴う産業構造の転換に応じて，その姿を大きく変容させてきた。伝統社会においては，文・理・法・医・神学を中心とする人文主義の古典学が威信を保持し続けたのに対し，近代に入って自然科学の方法を用いた実証的学問研究が徐々に優勢になり，かつては大学外の専門機関や▶研究所で行われていた技術開発研究も，大学の中に取り入れられていった。人間科学，外国語学，教育学，経済学，工学，農学などの応用学問分野が発展し，職業人材を育成する独自のディシプリンを確立した。第2次大戦後の経済成長とともに産業が複雑高度化する中，人間工学やエコロジーなど，現代的課題解決に向けて複数ディシプリンを交差させる学際研究も推進された。近年では情報化・脱工業化および国際化・グローバル化の進展に伴って，絶えざる知識生産と技術革新が社会的富を生み出す知識基盤社会に移行し，国際競争も強まる中で，研究教育の高度化と質保証を企てる大学のマネジメントが重要視されている。

　大学の職業養成に関しては，古くから当該社会のエリートを担う専門職養成が行われてきたが，社会的分業が進む近代産業社会において，ホワイトカラーと呼ばれる専門・管理・事務職を大量に養成するようになった。類語としてフランスではカードル，日本ではサラリーマンという給与所得者の名称も作り出された。1950年代末から▶人的資本論が登場するようになると，大学への教育投資が個人の所得向上と社会の経済成長を促進するという考えから，教育によって労働の質を高めるマンパワー政策に基づく計画的な職業養成が導入された。大学のカリキュラムも，職業に直結するコースや学位・資格が創設され，専門知識に加えて実習や研修を通じて即戦力の技能を向上させる職業専門化（professionalization）が浸透していった。

　学生の就職支援やキャリア形成支援の面では，グローバル市場競争のもとで雇用流動化が進み，とくに若年層の失業や不安定就労が高まった中，専門的知識技能を社会生活に活用する基礎的・汎用的能力としてのコンピテンシーやジェネリックスキルの習得が重視され，日本では社会人基礎力などの名称で課題対応，人間関係，自己管理などの能力育成が図られるようになっている。

　大学教育が職業専門化に傾斜していく一方で，古来からのリベラルアーツに源流をもつ教養教育に対しては，社会の役に立たないと批判される向きもあるが，現代における「新しい時代の教養教育」と

して再評価されている。2002年▶中央教育審議会答申では，変化の激しい社会の中で生涯にわたる豊かな生き方を実現するために，主体的に行動していく力をもち，個人の人格形成と魅力ある社会を築くことを教養教育の目的に掲げている。義務教育段階からの基礎学力はもとより，外国語を用いて異文化と接触し地球規模の視野で多元的に物事を考える国際教養，コンピュータやメディアを駆使して適切なデータ処理とコミュニケーションを可能にする▶情報リテラシー教育などが，現代社会を生きる資質として注目されている。また，▶読書などの自発的学習を習慣的に継続することが，大学と職業を通じて有益な効果を生み出す生涯の資本になると指摘されている。

[教育拡大と民主化]
大学の相対的自律性は，その受益者の変化によっても様態の移り変わりがみられる。20世紀初頭までの大学は，社会のエリート層を担う専門職養成が中心であり，必要性の制約から免れた早期選抜の教育を行う庇護移動によって，支配階級・階層の再生産に寄与してきた。それに対してアメリカでは，公平な選抜のもとで社会的に開かれた自由競争を促す競争移動の原理によって，エリート型からマス型への高等教育の量的拡大が先行して遂げられた。アメリカの社会学者マーチン・▶トロウ（Martin A. Trow）は，高等教育進学率が15%に達するまでのエリート型では，教育機会が少数者の特権とみなされて制約されるのに対し，進学率が15〜50%に拡大したマス型では，相対的多数者の権利として多様な学生の要求に応える制度の弾力化が進むと指摘した。さらに1960年代の学生急増期を経て50%を超える▶進学率になると，万人の義務としての良識ある市民の育成が教育目的となり，多様化する修学形態に応じて柔軟なアクセスが可能になるユニバーサル型に移行するという発展段階説を提示した。

　教育機会が大学に至るあらゆる段階で拡大するにつれて，出自にかかわらず誰でも高い教育を受けることができ，職業を自由に選択できる社会を構築することが政策目標になり，支配階級・階層やエリートの専有を脱して万人に教育を開く民主化の理想実現が目指された。1965年にポール・ラングラン（Paul Lengrand）がユネスコで生涯教育を提唱して以来，「人々が，生涯のいつでも，自由に学習機会を選択して学ぶことができその成果が適切に評価される」（文部科学省生涯学習審議会平成4年7月答申），▶生涯学習社会の構築が世界的に推進された。職業人再教育が導入されたのをはじめ，多様な人々が多様な形態で大学に参画することにより，教育水準や生活水準が向上するとともに，新たな社会的ニーズに対応する研究と教育の機関が作り出されていった。アジア・アフリカなどの新興国においても大学教育機会が急速に拡大し，情報通信

技術やインターネットの普及に伴ってグローバルなネットワークが形成され，世界中でリアルタイムの学問的営為が繰り広げられるまでになった。

他方，20世紀に入り，政治・経済・社会・文化の全領域で，特権者の独占に代わり，大衆が進出して大きな社会的勢力になる大衆社会が出現した。社会の近代化，産業化，民主化が発展したのに並行して，大量の人間の「塊」として同調的・画一的といった価値判断を含む「大衆」が無視できない存在となって現れた。日本では，第2次世界大戦後の高度経済成長を経て国民所得が飛躍的に上昇し「豊かな社会」を実現した一方で，都市への人口集中，被雇用者の増大，人材の流動化，大量生産・消費，マス・メディアの大量情報提供，生活様式の均質化・私生活化などが進行した。大学においても就学長期化が進むことにより「学校化社会」という形で教育システムの「制度化」が進行し，学校機能の硬直化・肥大化，進学競争の常態化，不本意入学，学習の無気力化，学力の水準低下などの弊害を引き起こした。また，高等教育の種別化，大学や学部の序列化，普通教育と▶職業教育の分離，家庭の教育費負担能力，家庭からの▶文化資本の相続継承などにより，教育機会が拡大しても依然として社会的不平等が存続する余地があり，これらの問題解決に向けた議論が展開されている。

[日本型学歴社会の中の大学]
日本においては，1877年(明治10)に創設された東京大学を中心に，おもに旧制の▶帝国大学と▶専門学校が基盤となって大学が発展し，戦後の▶新制大学に移行して量的拡大が加速していった中で，入学試験に合格する難易度に基づいて大学が序列化され，より上位の大学入学を目指して▶受験競争が激化する▶学歴社会が問題になってきた。1979年(昭和54)に▶国立大学が一期校と二期校に分離した入学試験を廃止し，マークシート方式の▶大学共通第一次学力試験を導入してから，得点分布中の合格水準を標準化した▶偏差値が大学ランクの指標として定着し，個別入試を行っていた▶私立大学を巻き込んで一元的序列化が進む結果になった。学生の過半数を受け入れてマス化を担ってきた私立大学も，最古参の慶應義塾大学と早稲田大学を筆頭にランク分けされ，学生獲得をめぐって教育サービスの競争を繰り広げながら発展してきた。

小刻みに序列化された学校教育システムが拡大すると，大学と国民全体を巻き込む学歴競争と化し，継続的な加熱→冷却→再加熱の繰り返しによって自己展開する増幅効果が，競争の焚きつけと鎮静の圧力を恒常化させていった。そこには支配階級・階層を再生産する疑惑を崩すために，敗者復活を用意する選抜規範も組み込まれる。人々の不公平感が受験や学歴に向けられるために，その背後にある社会的不平等の問題が見えにくくなり，

学校教育や入学試験での公平・厳正な扱いに敏感に反応する世論が形成された。1950〜70年代の教育拡大を通して，「大衆教育社会」と呼ばれる長期の学校教育を受けることを前提とする高学歴化した大衆社会が成立し，高度成長期に被雇用者への就職が増加していった中で，学校や大学の社会的選抜に果たす役割が大きくなった。

「大衆教育社会」の成立とともに，学歴社会批判を唱える議論も高まってきた。1984年に中曾根康弘首相の下で設置された▶臨時教育審議会は，学歴社会の弊害をもたらした画一性・硬直性・閉鎖性を打破する「個性重視の原則」と，学歴偏重を是正する評価の多元化を図る「生涯学習体系への移行」を提言し，同答申を受けて87年に設置された▶大学審議会で大学改革の具体的施策が議論された。1991年の▶大学設置基準の大綱化によって，開設授業科目の区分が廃止されるなど，各大学で多様な特色あるカリキュラム設計が可能になった。大学入試の改善においては，学力検査のみならず▶推薦入試，▶AO入試，▶帰国子女・社会人特別選抜など，各大学の自主性に基づく多面的評価による特色ある多様な選抜が導入され，過度の受験競争を抑制することにつながった。

しかし，少子化の進行に伴って大学経営環境が悪化したのに加え，初等中等段階の「ゆとり教育」による▶学力低下が危惧されるようになり，学歴社会を是正すべく導入された大学の個性化・多様化施策が選抜機能の衰退を招いたことで，入学試験だけで質保証を維持することが困難になった。また，予算配分や補助金などの面で市場原理を動員した新自由主義改革により，大学間競争はむしろ強化されることになり，序列化に加えて格差拡大が進むことにつながった。大学教育においては，学部・学科のカリキュラムや名称が，▶学生消費者主義に傾斜してアカデミックな一貫性を失ったものになり，「脱ディシプリン」が問題になっていった。学生の側においても，入試選抜が形骸化して学習のプレッシャーが弱まったことで，出自の影響を受けた学力や意欲の格差拡大が指摘され，社会的不平等が顕在化するようになった。

今日では，その足元からゆらいでいる「大衆教育社会」に対して，上記の諸問題を解決するための施策を打ち出し，▶大学の質保証と条件整備を図ることが課題になっている。国公私立の設置形態ごとに発展が遂げられ，偏差値などによって大学序列化がなされた日本型学歴社会の構造的制約を受けつつ，グローバルな情報化社会や知識基盤社会が進展する中で，マス化，ユニバーサル化した大学を全体としてどう機能充実させていくかが問われている。各大学が，その個性・特色に応じて機能的に分化していくことが想定され，それを尊重・促進する改革が進んでおり，相対的に自律した大学の歴史を踏まえながら，世界的な視野のもとで

社会構造と大学

今後の民主的な大学のあり方をめぐって，多方面から省察と議論が企て続けられている。　　大前　敦巳

▶教育選抜と社会移動，文化的再生産，大学の大衆化，教育機会の平等，生涯学習社会，格差社会，所得階層，意図せざる効果，メリトクラシー，タウンとガウン，フンボルト理念，マンパワーポリシー，大学法人化論，専門職教育，一般教育／教養教育，専門職と大学(テーマ編)

◎クリストフ・シャルル，ジャック・ヴェルジェ著，岡山茂・谷口清彦訳『大学の歴史』白水社，2009.
◎マーチン・トロウ著，天野郁夫・喜多村和之編訳『高学歴社会の大学─エリートからマスへ』東京大学出版会，1976.
◎天野郁夫『日本の高等教育システム─変革と創造』東京大学出版会，2003.
◎苅谷剛彦『大衆教育社会のゆくえ─学歴主義と平等神話の戦後史』中央公論社，1995.
◎竹内洋『日本のメリトクラシー─構造と心性』東京大学出版会，1995.

生涯学習と大学
しょうがいがくしゅうとだいがく

[大学機能の多様化と成人学習者]

先進国の大学は，▶進学率の増加に伴い，限られたエリートが進学する場から，大衆化の過程を経て誰もがアクセスしうる普遍的な場へと，その性質を変容させてきている。このような大学の性質の変容は，大学が抱える学生の構成も変える。進学者が限られていた時代には，学生はおもに後期中等教育修了後，ストレートに大学に進学する者であった。しかし，近年はこのような伝統的学生といわれる若年層だけでなく，成人の学習需要の高まりとともに，大学は一定数の成人学生(入学時年齢が25歳以上の者と定義される)を受け入れるに至っている。大学における成人学生の比率を見れば，先進諸国では次のような三つの類型がある。
(1)成人学生の比重が高く，入学基準や就学形態で相対的に柔軟なシステムが認められる国(スウェーデン，アメリカ合衆国)
(2)成人学生の比率は低いが，誰もが入学できる▶通信制大学や成人教育・継続教育専門の教育センターがある国(オーストラリア，カナダ，ニュージーランド，イギリス)
(3)成人学生の比率が低い国(オーストリア，ドイツ，アイルランド，日本)
　日本の大学は比較的均等な学力の同年齢層の若者が占め，成人学生が少ない傾向がある。このことは，大学が国家・社会の要請に応えるものとして，国家の人材育成のために創設され，将来性ある青年に集中的に教育投資を行ってきたという歴史的経緯に根差している。しかし，高等教育進学率が過半数を超え，入学者数と志願者数の比である大学収容率がほぼ充足している現在，社会の変化に伴い，大学は生涯学習機関としての機能を期待されるようになってきている。その背景には，第1に▶知識基盤社会といわれる社会経済システムの構造変化により，高度な知識や技能を維持・更新する必要から，社会人が大学で学び直しを行う機会を求めるようになったことがある。先進諸国各国も国際競争力を高め，生産性を上げうる人的資本の蓄積のため，労働者の再教育を政策課題としてきている。第2に，少子高齢化に伴い，大学の経営上，人口学的シフトが求められるようになったことがある。大学は，▶少子化に伴い学生数の確保のため，生涯学習機関として広く成人を対象とするものへと変容してきている。
　成人を学生とする場合，ストレートに進学する若年層を対象にしたフルタイムの通年教育とは異なり，成人が学習可能な形態に大学の既存の制度を変える必要がある。このような日本の大学での成人への学習機会の提供は，表「日本の大学教育開放の流れ」のとおり，大学が生涯学習機関として，大学を成人に開放していく経緯に対応する。この経緯は，▶大学通信教育，▶大学開放・大学拡張事業，▶社会人大学院の三つの段階で表される。

[大学通信教育]

さまざまな事情により大学入学の機会を得られなかったが，それでも大学卒業の資格の取得を目指す者に対し，大学教育の機会を提供する例としては，大学通信教育と▶放送大学がある。大学通信教育とは，1947年3月の▶学校教育法の公布により制度化され，一部の私立大学で実施されているものである。修了要件を満たせば，通信教育であっても大学修了資格，職業資格，教員免許が取得可能である。通信教育では，印刷教材等による自己学習とスクーリングとよばれる面接授業の形態を併用する場合や，近年では情報技術を活用したeラーニングも用いられている。
　通信教育のうち，さまざまなメディアを用い，遠隔教育による高等教育を世界で最初に行ったのは，1969年に始まったイギリスの▶オープン・ユニバーシティ(公開大学)である。オープン・ユニバーシティは，年齢や国籍を問わず誰でも入学可能で，場所を問わず学習ができ，その学習成果に基づき学位が取得できる。一方，アメリカでは，オンラインによる学位取得プログラムを提供する▶フェニックス大学(University of Phoenix)が1989年に設立され，▶バーチャル・ユニバーシティとして注目を浴びた。これに続いて，1995年にアメリカ西部の11州の知事が合意し，98年に西部諸州の既存の大学とIT関連企業によるコンソーシアムの形態により，ウェスタン・ガバナーズ大学(Western Governors University)の名称で学生の受入れを開始している。
　日本では，放送大学がテレビ・ラジオを活用し，通信制により大学学部・大学院の教育を提供している。放送大学はイギリスのオープン・ユニバーシティに倣って，1969年(昭和44)の社会教育審議会

答申「放送大学の設置について」を受けて開設されたものである。1981年6月の放送大学学園法公布・施行により83年4月に設置，85年以来，ラジオとテレビを通した教育を提供してきた。放送大学には入学選抜基準はなく，登録した学生が印刷教材，通信による指導を受けて自主的に学習を行い，スクーリングなどの直接の指導によって学習が補完される形をとっている。正規学生以外の学生には，学位取得を目的としない1年もしくは1期（6ヵ月）限定の学生が含まれる。放送大学の学習センターは，1998（平成10）年度までに全都道府県に設置され，教育研究の充実や学習支援体制の整備が図られている。また1998年3月に▶大学院設置基準が改正され，▶通信制大学院が制度化されたことを受け，放送大学でも2001年には高度専門職業人養成を主とした▶修士課程，14年に▶博士課程が設置された。

大学通信教育は，大学の本体と切り離されて実施されることが多く，昼間に開講されている正規の講義への出席や単位認定が認められないことが多い。また専任教員が少なく，講義科目の選択肢が限られている場合がある。大学通信教育では，とくに学習者の学習意欲の継続が課題とされ，カリキュラムや教材の工夫，スクーリングの併用や地域の学習センターなどの施設を活用した教員や学友との対話や個人的接触などにより，学習を支援する方策が必要とされている。

[大学開放・大学拡張事業]

大学開放・大学拡張事業の歴史を見れば，イギリスの▶ケンブリッジ大学（The University of Cambridge）で1873年に一般市民対象で行われた講義が最初とされ，その後，アメリカにも伝わり，アメリカの大学において運動として急速に広がった。現在，アメリカの大学拡張事業は，講座の参加登録者数が正規学生数を上回る盛況の事業となっている。大学開放・大学拡張事業は，大学の課程を地域の市民に開放するものであり，大学の▶公開講座の提供や▶聴講生などの形態をとる。

日本では1960年代から70年代の進学率の高まりに伴い，▶新構想大学や専修学校の認可など高等教育の多様化路線を受けて大学開放が進められた。1964年（昭和39）の社会教育審議会答申「大学開放の促進について」では，大学公開講座の拡

充・強化，地域振興の協力活動の促進，大学内の大学拡張センターの設置，通信・放送教育の充実などの具体的施策が提案された。このような大学開放センター設置の提言は，10年の年月を経て1973年の東北大学による大学教育開放センターの設置を最初に，大学内部の組織として順次実現された。現在，ほとんどの大学が公開講座を実施するに至り，量的拡大を見ている。

一方，1996年（平成8）4月に出された生涯学習審議会答申「地域における生涯学習機会の充実方策について」では，公開講座のさらなる拡充の方途として，質的充実についての具体策が提示されている。その内容は，第1に講座内容・方法の改善として，①職業技術取得などの新たなニーズへの即応，②高度で専門的な内容の整備，③新しいメディア活用による広域受講の可能性，④社会教育施設等の学習との連携・接続，⑤聴講形式以外の演習・実験を取り入れた参加型学習の増大，⑥地方公共団体や民間団体等との連携・協力の推進，⑦地域社会のニーズへの的確な即応，⑧地域の教育委員会や生涯学習センター，社会教育・文化・スポーツ施設を通じた積極的な広報，地域住民の参加推進などの提言である。第2に公開講座を授業科目に位置づけ，科目等履修生として単位取得が可能とする旨の提言がなされている。第3に先端的，学際的なものなど専門性の高い短期集中プログラムの開設への提言である。またプログラムの企画段階では，受講者や派遣企業などと協議することが望ましいとしている。

大学公開講座は，現在，聴講のみならず，実習や知識・技術を身に付ける内容，最先端の研究など，多様かつ特色ある講座が多くの大学で提供されており，地域住民の高度で専門的な学習へのニーズの受け皿となっている。また地域住民に対し，図書館，▶博物館，資料館，体育館，グラウンドなど大学施設の開放が期待されるところである。大学開放の専門的組織は，国立では大学教育開放センター，生涯学習研究センター，地域連携教育センターなどの名称，また私立大学では生涯学習センター，エクステンション・センター，アカデミー，カレッジなど多様な名称を持つ。

大学公開講座の目的は，社会的貢献の一端として地域社会や地域住民に大学の保有する知的・物

表｜日本の大学教育開放の流れ

	大学教育開放の段階	学習者の特性	成人学習者のおもな目的	学習形態
1	大学通信教育 （1950年代〜）	就労経験や副次的教育ルートを通じて大学入学資格を取得した者	大学卒業資格取得	正規の大学教育 （通信教育，放送大学など）
2	大学開放・ 大学拡張事業 （1970年代〜）	大学を卒業した者， それ以外の者	自己実現	公開講座， 科目等聴講生
3	社会人大学院 （1990年代〜）	自分の専門的知識の更新や，追加的資格を獲得するために，大学院に入学する者	転職，昇進	専門職大学院， 社会人大学院

的資源を還元することである。このことは，大学側からすれば，大学のイメージアップや広報・宣伝につながるものである。アメリカ，イギリス，ドイツでは大学と地域社会が結びつき，地方自治体や地元産業界，地域住民などとの交流が活発になされ，また大学が地域社会の市民講座などを自主的かつ組織的に運営する伝統がある。一方，日本では大学の設置者が国か学校法人であることが多く，大学と地域との結びつきが必ずしも強いとは言えない。そのため，大学による地域の問題解決，地域の人的・物的資源の活用，地元企業や地方自治体との連携・協力が難しいとの指摘がある。

［社会人大学院］

大学の開放は，最終的には正規の大学教育の開放を求める。成人の生涯学習に対する需要を受けとめるためには，正規の大学教育を成人に拡げ，若年層と同様に受講できるような制度や規則の弾力化が必要である。このため，成人学生を受け入れるために，大学学部の夜間部，昼夜開講制や，▶夜間大学院，▶社会人大学院といったかたちでの拡充がなされてきた。

その経緯を振り返れば，1981年(昭和56)に出された中央教育審議会答申「生涯教育について」では，大学教育における制度や運用方法の一層の弾力化，柔軟化を求める多様な提言がなされている。そこでは，大学教育の開放として，学士入学などの▶編入学を含め昼間学部への正規学生としての受入れ拡大，昼夜開講制・大学通信教育・放送大学などの開放型制度の拡充，成人対象の多様な教育課程の編成，修得した単位の認定や単位の累積加算，成人の学力を考慮した入学者選抜方法，入学後の学習評価の多様化，社会経験の評価など具体的方策が挙がっている。

その後，1984年から87年にわたって，新たな教育の方向性が検討された臨時教育審議会では，多様化，規制緩和を旗印に生涯学習体系への移行がスローガンとされ，生涯学習の観点から，大学入学者選抜制度の改革と大学入試資格の弾力化，ユニバーシティ・カウンシル（大学審議会）の創設，▶大学設置基準の大綱化，単位の累積加算，▶高等専門学校の分野拡大，▶大学院の飛躍的拡大などの改革への提言がなされた。この臨時教育審議会の答申を受けて1987年に設置された▶大学審議会により，大学改革の一環として社会人受入れに関する改善策があらためて検討され，前述の81年答申「生涯教育について」で述べられた提言の多くが実行に移された。

さらに大学審議会大学院部会では，大学院制度の量的整備目標の策定や大学院制度の弾力化が審議事項となり，1989年(平成1)の大学院設置基準の改正により，従来の研究者の養成に加え，▶高度専門職業人の養成機能・社会人再学習機能の強化が大学院の目的として明示され，社会人が生涯学習の一環として大学院に在籍する道が開かれていった。大学における社会人の受入れは，小論文や面接などを中心とした社会人特別選抜の推進，1989年および93年の大学院設置基準の改正による，おもに夜間に教育を行う大学院修士課程・博士課程の設置，91年の大学院設置基準等の改正による▶科目等履修生制度の創設による，パートタイム学生の大学での正規の単位認定など，教育内容の多様化と履修形態の弾力化によりさらに進められた。

［新たな学習機会の出現］

近年では，▶マサチューセッツ工科大学(MIT)などの著名大学・大学院の講義をインターネットにより無償で公開する▶オープンコースウェアや，インターネットで大学の授業が視聴でき，条件を満たせば修了証が交付される▶MOOC(Massive Open Online Course)といった無料のオンライン講義が展開されてきている。学習を希望すれば，国内外を問わず，自由な時間と場により学習リソースにアクセス可能な環境が生み出されている。また，一般市民が自主的にプログラムを企画立案し，講座運営を行う▶市民大学と呼ばれる学習の場も地域に数多く出てきており，そこでは，正規の大学ではないが，大学の呼称が用いられる場合も多い。

このように，生涯学習として学びたい者が学習しうる機会は格段に広がっている。しかし，学習を決定するのは学習者自身であり，学習活動を支えるのは学習者の意欲にほかならない。この点から，成人で学習を行いうる者とそうでない者の差異に，過去の学習経験や学歴が関わることは否定できない。制度が弾力化する中で，学習を継続的に実施しうる者とそうでない者，学習機会の恩恵を受ける者とそうでない者との格差は広がっている。知識基盤社会では知識は力であり，学習は必須である。大学において継続的に成人が学習するに際し，自分で学習を計画，実行，評価しうる学習への意欲とスキルを，それまでの教育経験において十分に身につけることがますます肝要になってきている。

岩崎 久美子

→リカレント教育，資格取得，生涯学習社会，社会人入試，就学・履修の弾力化，eラーニングとICT活用教育，大学図書館

◎市川昭午『生涯教育の理論と構造』教育開発研究所，1981.
◎OECD/CERI, *Adults in Higher Education*, 1987.
◎日本労働研究機構編『高等教育と生涯学習者—その変化に関する各国の状況』JIL資料シリーズ，No. 121, 2002.
◎吉田文『アメリカ高等教育におけるeラーニング—日本への教訓』東京電機大学出版局，2003.
◎Maria Slowey and Hans G. Schuetze (eds.), *Global Perspective on Higher Education and Lifelong Learners*, Routledge, 2012.

専門職と大学 せんもんしょくとだいがく

まず中世ヨーロッパを事例に大学と専門職の連関を確認して，近現代のヨーロッパでの展開，近現代の日本，アメリカ合衆国でのその変遷と現状を概観する。

ヨーロッパ
[中世大学と専門職]

中世の大学には，専門職と大学との関係を今日まで規定する条件がすでにあった。通説によれば，▶中世大学に特徴的な役割は▶専門職教育を施すことであった。しかし，1349年の▶パリ大学では学芸教員の514人に対し，神学32人，教会法17人，医学46人と専門職教員は桁違いに少なかった（Robert L. Benson, et al eds., *Renaissance and Renewal in the Twelfth Century*）。15世紀前半の医学の卒業生は，ボローニャでも大規模なパドヴァでも年間数名を超えなかった（H. de Ridder-Symoens, 1992）。中世での▶職業教育はわずかで，圧倒的に「一般教養」——神学・哲学と「学芸」（artes）であったという▶オルテガ・イ・ガセットの主張には根拠がある（『大学の使命』）。▶医学教育は専門知のメッカ，サレルノではなく，アリストテレス自然学・論理学と医療実践を統合したボローニャで発展した（児玉善仁, 2007）。ローマ教会を擁護した托鉢修道士たちは学芸部，すなわちアリストテレス哲学を素通りして神学学位の取得を試みたが拒絶され（J. ルゴフ『中世の知識人』），ローマ教会はやむなくアリストテレスと伝統的な神学との総合という神業をトマス・アクィナスに託した。以上の例は，大学誕生期での専門職教育がオルテガ流の「一般教養」，すなわち時代の「生きた諸理念の体系」と不可分であったことを示している。

[近代ヨーロッパでの専門職と大学]

文脈は異なるが，「一般教養」と専門職との緊密な関係は，科学革命を経た18世紀にはカントの『学部の争い』，19世紀にはアメリカ合衆国での▶ランドグラント・カレッジでの生産者階級向け教養教育論に反映している。こうした観点からまず注目すべきは，聖職以外の専門職教育を大方放棄した近代のオックスブリッジである。イギリスの両大学は聖職と親和的な中世風の「一般教養」に固執し続け，近代的な「諸理念の体系」（＝科学）を軽視したのである。対してドイツの近代大学は科学中心の▶哲学部を充実させ，法，医の専門学部も堅持した。科学時代の19世紀，大学での聖職者育成は両国を含むヨーロッパで大きく後退し，20世紀には文字通り周辺化したのである。

法と医の専門職と大学の関係も，国により異なる軌跡を辿った。1818年から97年にかけ，法曹と医へ進出したオックスブリッジ卒業生は6.4倍に増加した（Ruegg, 2004 & 2011）。1830年から1910年の間，ドイツ大学では純粋科学や歴史等専攻の哲学部生が9.5倍と急増する中で，法学部生は2.4倍，医学部生は4.5倍の増加を見た（プラール, 1988）。産業革命の国イングランドでは，オックスブリッジ流の教養教育と市民感覚との乖離が甚だしく，法や医に進んだ卒業生は通常，専門職の訓練・資格認定機関の▶法学院（Inns of Court）や王立医師協会（Royal College of Physicians）で実地経験を積み，法廷弁護士や医師の免許を取得した。19世紀前半のドイツ大学も病院での十分な医療訓練を欠いたが，その理由は理論的（科学的）教育への強調にあった。イングランドが20世紀半ばまで病院実習を偏重したのに対し，ドイツは医学教育と大学の不可分を前提として，国家が大学の発展を強力に指導し支援した。ルードルフ・フィルヒョウやロベルト・コッホの医学・生理学を誇ったドイツは，大学中心の医師養成に国の厚生を託したのである。大学よりも法曹の専門職組織が優先したイングランドに対し，19世紀のドイツの法教育は，民法と民族主義を巡る論争を経ても学術性を堅持して過度に国家化せず，ヨーロッパを指導する勢いを見せた。しかし，元来国家の壁が高い法は，20世紀にはドイツでも国家化し，超国家的な特質を喪失した。

[工学と20世紀の専門職]

フランスの先駆的な工科大学，▶エコール・ポリテクニーク（1794年設立）は，軍と強く連携して民間からかけ離れ，エンジニア専門職を築けなかった。イングランドでは，工学は専門職団体を中核に発達した。準大学機関でエンジニアを量産したのは，国家が産業と科学を結合したドイツで，19世紀末には博士の授与権を得た主要な▶工科大学（TH）は，新設大学の諸工学部とともに，今日でも工学教育の主要な担い手である。現在，ヨーロッパでの理工系の卒業生の約半数はエンジニアであり，工学専門家の数に不足はない。しかし，ヨーロッパの大学には商業化・商品化，産業との連携への反感はいぜん根強く，顕著なイノベーションや新パラダイムも見られない（Ruegg, 2004 & 2011）。EUは，マーストリヒト大学（オランダ）を核にヨーロッパ地域法の教育を図り，共通テキスト，学術誌，ケースブックの普及に努めている。かつてのドイツ大学が公言した超国家的な法 ius commune の再興が待望される法教育は，重要な岐路にある。20世紀は大学での医の専門職教育の全盛を画したが，その元祖だったドイツで現在，科学・医学研究の大学から研究所への大規模な移動が生じつつあり，将来のヨーロッパでの医師養成の変貌の兆しと見なしうるかも知れない。

立川 明

日本
昭和前半までの日本の専門職養成は，▶帝国大学

を中心に官・公立の大学が高級官僚や技術者の，▶専門学校（旧制）と▶私立大学が中級の人材や開業医，弁護士等の養成と，階層分化していた。一般教養を包摂する第2次世界大戦後の大学は，医師等を除き，あらゆる層の専門職者の短期間養成を建前としたため，大学の専門学部との関係が希薄化し，近年その中心は▶大学院，▶専門職大学院へと移行しつつある。

［戦前期における専門的人材の養成］
戦前期の大学と専門職の関係を考える際，近代化の後発国としての経緯と制約に鑑みて，大学側が国家的要請と市場的需要を満たすべく専門的人材を創出していったという点，ならびに官（国）公私立というセクター間および専門学校（旧制）との役割分担などを考慮に入れる必要がある。

近代国家として早急に体裁を整える必要があった明治新政府は，その国家的事業を担う専門的人材を早急に創出しなければならなかった。そのため，当初は▶お雇い外国人による専門教育を取り入れたが，次第に各省庁がその分野ごとに専門的人材を養成し始めた。司法省の法学校，工部省の▶工部大学校，農商務省農務局の駒場農学校などである。こうした行政機関に付属した教育機関は，近代国家としての先導的事業も一段落すると次第に文部省の東京大学へと包摂され，帝国大学（1886年，明治19年）に統合された。帝国大学は「国家ノ須要」に応じた専門的人材養成がその使命であった。すなわち，法・医・工・文・理学（のちに農学が加わる）における高級行政官僚・高等教員・工業技術者などの養成が主眼であり，近代化・産業化とともに生じた各種の専門的人材の養成・供給のすべてを帝国大学だけで対応することは不可能であった。開業医，弁護士，中等教員などの専門職に対する需要と供給のギャップを埋めるために，明治期においては各種の資格試験制度が活用された。この学歴・履歴を問わない開放的なシステムを併存させることで，明治政府は専門的人材の供給不足を補ったのである。

1918年（大正7）に▶大学令が公布され，帝国大学以外の官公私立大学が認められるようになると，専門的人材の養成の中心も大学機関が中心となっていく。たとえば医療系分野では医術開業試験制度が廃止され，専門学校と大学の二層に分かれた医学教育の一元化政策が進められ，官公私立医学専門学校が▶医科大学へと昇格し，医師養成の中心は大学に移行した。しかし歯学・薬学の人材養成は，依然として私立の専門学校が中心的に担い続けた。また商工業の発達や中等教員市場での需要増を背景に，工業・商業・教育分野でも官公立専門学校の大学昇格が行われ，その結果，設立された各工業大学，商業大学，▶文理科大学では，応用的な教育研究が目指された。

このように，戦前期においては官公立セクターの大学は国家の人材需要に応じるべく整備・拡充され，高級官僚，技師，病院医師，判検事，高等教育機関の教員などを創出し，一方で専門学校には産業化の担い手となる中級の実践的な産業技術者などの育成が期待された。一方，私立セクターでは大学・専門学校ともに弁護士，開業医，中下級官公吏，歯科医師・薬剤師，中等学校の教員など，官公立セクターでは応じきれない人材需要や社会的需要としての進学需要に対応して発展したといえるだろう。

［第2次世界大戦後の専門職養成］
戦後改革によって，この戦前期の大学と専門学校という二層のシステムは▶新制大学に一元化された。国公私立いずれも原則2年の一般教育課程と，2〜4年の専門教育課程を置くことが求められたが，このことは新制大学では学部段階の専門（職業）教育期間が戦前と比べて短縮されたことを意味しており，医学・歯学などの6年制を別とすれば4年間の▶学士課程において完結されることとなった。またこうした統一的な戦後改革により，大学の専門学部と専門職養成の関係は分野ごとにむしろ差異が際だつこととなった。たとえば医療系では非弾力的な教育によって独占的に養成が行われる一方で，社会科学系ではもっぱらホワイトカラーを中心に広く人材を創出することになり，法曹をはじめとする法務系専門職の養成は期待されなくなった。理工系の技術職においては専門学部だけでなく▶修士課程とあわせた養成が目指されることとなり，また▶教員養成は教員養成系大学・学部と一般大学・学部における▶教職課程が担う「開放制」が取られることとなった。このように戦後の大学制度と専門職養成との関係は，戦前に比べて短期間の教育プログラムとなり，また医療系を除いて両者のレリバンスも希薄化したといってよいだろう。

こうした関係性の反省と見直しは，日本の場合，大学の専門学部よりもむしろその上の大学院（修士課程）における改革という形で現れてくる。1970年代に入る頃から，修士課程大学院を職業大学院化させようとする動きが現れ，2000（平成12）年度以降，▶高度専門職業人の養成に特化した「専門大学院」が創設されることになった。さらにこの制度は2004年には「専門職大学院」へと発展的解消をとげ，法曹をはじめとする各種の専門職が，この日本版プロフェッショナル・スクールによって養成されるようになっている。ただし，すべての専門職がこの新たな大学院によって養成されているわけではなく，多くの専門職が跛行的な形態を残しつつ大学専門学部で養成されているのが大勢である。

橋本 鉱市

［近年の専門職養成の動向］
2002年（平成14）8月，▶中央教育審議会答申が，専門大学院をより欧米の▶プロフェッショナル・スクールに近づけた形での「専門職大学院」の創設構

想を公表した。これにより，▶法科大学院と専門職大学院の制度化の基盤が整備された。制度化をきっかけとして長年既存の研究者養成を目的とした研究科の枠組みのなかで，職業人教育を実施してきたことから生じていた齟齬が整理され，高度専門職業人養成といった目的と目標が明確になった。実際に2012年度の「学校基本調査」(速報)によれば，専門職学位課程の学生数はおおよそ2万人であるが，在学者数に占める社会人学生数も多い。

1998年の大学審議会答申▶「21世紀の大学像と今後の改革方策について─競争的環境の中で個性が輝く大学」では，今後の大学院にとくに求められることとして，高度専門職業人の養成機能の充実が提示され，「特定の職業等に従事するのに必要な高度の専門的知識・能力の育成に特化した実践的な教育を行う大学院修士課程の設置を促進することとし，制度面での所要の整備を行い教育研究水準の向上を図っていく必要がある」と明記された。さらに，「高度専門職業人の養成に特化した大学院修士課程は，カリキュラム，教員の資格及び教員組織，修了要件などについて，大学院設置基準等の上でもこれまでの修士課程とは区別して扱い，経営管理，法律実務，ファイナンス，国際開発・協力，公共政策，公衆衛生などの分野においてその設置が期待される」との提言がなされた。

その答申を受けて，1999年の▶大学院設置基準の改正により，「専門大学院」の設置が可能となった。この「専門大学院」の特徴としては，従来の研究者養成型大学院とは異なり，事例研究や▶フィールドワークなどを中心とした教育方法によること，修士論文の提出ではなく特定の課題についての研究成果の審査が修了要件となることが定められ，同時に教員組織においても実務経験者が含まれること，および▶外部評価が義務付けられるなどの整備がなされた。

2002年の中央教育審議会答申は，専門大学院制度をさらに改善し，発展させていく必要を前提として，新たな制度設計を提言した。▶法科大学院構想は最も具体的に制度設計がなされたが，それは「法曹養成に特化した実践的な教育を行う学校教育法上の大学院」として位置付けられ，標準修業年限が3年とされ，研究指導や特定課題についての研究成果をまとめることは課せられないとするなど，現行の専門大学院とは異なる制度の導入が求められた。この法科大学院と同様に，専門職大学院においても従来の研究者養成型大学院とは別の設置基準により，修業年限の幅が1～3年，研究指導ではなく授業科目の履修を必須とし，研究論文を義務付けないこと，▶実務家教員の相当数を置き，独自の専門職学位を授与すること，そして▶認証評価機関である▶第三者評価機関の評価を継続的に受けることが勧告された。その後，法科大学院と専門職大学院は，2004年4月より定期的に文部科学大臣の認証を受けた評価機関(認証評価機関)による評価(▶認証評価)を受けることとなった。

このような大学院改革の流れのなかでの専門職大学院は，法科大学院をはじめとする専門職大学院がアメリカのプロフェッショナル・スクールを具体的なモデルとして制度設計されてきた。しかしながら，100年以上もの発展過程を経て現在の形に落ち着いてきたアメリカ社会におけるプロフェッショナル・スクールの存在価値には，各々のスクールに関連した専門職が社会に深く根付いているという前提があるが，日本では医師(歯科医師，獣医師を含む)や法曹関係，会計士等国家資格と深く結びついている領域以外での専門職は社会に深く根付いていないこともあり，専門職と大学との関係性もアメリカのようには明確ではない。

山田 礼子

アメリカ合衆国

アメリカ合衆国のプロフェッショナル・スクールが社会で認知されている前提には，専門職という概念が一般化していることが大きい。西洋社会では神学，医学，法学等，すなわち聖職者，医者，弁護士などの職業が古典的プロフェッションとして認識されていた。1910年にフレックスナーがプロフェッションの定義を提示している。現在も，こうした古典的な定義に基づき，プロフェッションに要求されている高度な体系的知識と特別な技能という点から，プロフェッションが公示する技能が社会全体で評価される仕組みが出来上がっている。したがって，こうした知識・技能の習得のためには，一定の特殊な教育・訓練，すなわちプロフェッショナル教育が必要となり，プロフェッショナル教育の多くはその高度性，科学性といった性格を伴っていることから，大学院レベルで実施されることになる。そうした大学院がプロフェッショナル・スクールである。

アメリカのプロフェッショナル・スクールの特徴として，大学院レベルでの教育が基本となっていることが挙げられるが，プロフェッショナル・スクールは学術系の大学院とは異なり，ほとんどが独立型の大学院となっている。そのため，▶メディカル・スクールへの進学を希望する学生は学士課程教育の上級学年でメディカル・スクール進学の必須条件となっている科目群(自然科学系)を履修し，単位を取得していくことが必要となる。ロー・スクールも当然独立型であり，かつ日本とは異なり，学士課程段階では▶法学部は存在していない。それゆえ，学生の学士課程教育段階での専攻は多様性があり，その多様性がロー・スクールの特徴でもある。言い換えれば，アメリカのプロフェッショナル・スクールでは徹底した専門職教育を提供することに主眼が置かれ，一方で，しっかりとした教養教育は学士課程段階で学ぶことが前提となっている。ヨーロッパ中世大学の専門職教育の伝統が，800年を超えて受

56　専門職と大学

け継がれている。ここに，学士課程教育の下級学年段階ですでに専門分野での学習を基本とする日本との差異がある。

資格やライセンス授与に専門職団体の果たす役割も明確であり，このことが専門職とプロフェッショナル・スクールの存在を確実にしているといえよう。高等教育機関全体と専門教育課程とに対して別々に実施されるアメリカの▶アクレディテーションは，高等教育機関に設けられている専門職課程の質および機能が，ある機関あるいは専門職団体の掲げる基準，水準を充たしていると評価されるものとして，公的に認定されることを意味している。プロフェッショナル・スクールや専門職課程に対して実施される専門アクレディテーションは，建築や法律，医学等を代表する全国的な専門職協会によって実施されている。各専門職業を代表する専門職団体の目的，使命等は，専門職業の多様性という点から鑑みると，求められる資格，アクレディテーションの基準，目標などにおいても多様であることは当然だが，教育課程を通じて学生が専門職へ参入できるだけの水準に達したかどうかを審査することもアクレディテーションの一過程であると認識されており，それゆえ認定された教育機関での専門職課程を修了した学生は，専門職への参入の第1条件を突破したと通常みなされている。

同時に，プロフェッショナル・スクールを社会に定着させるためには，学生による学問上の業績（プログラムの修了）を教授陣が正式に証明すること，つまりその高等教育機関の教授陣による証明の裁可を意味する学位が授与されなければならない。とりわけ，プログラムの内容がプロフェッショナル・スクールという高等教育機関に適切な内容であるか否かを教授陣が質的に審査し，その結果としてのプログラムを修了したことの証明として授与される称号が専門職学位とするならば，当然研究者の養成を主体とする大学院の課程を修了した結果として授与される学位とは異なる名称，および位置付けがされることになろう。

アメリカでの修士学位の位置付けを明確化したグレーザーは，研究を主体とする大学院で授与される修士学位は，第1に博士後期課程への通過点として，第2には博士後期課程での教育・研究継続が困難になった際の慰めとして位置付けられるとしている。一方，プロフェッショナル・スクールで授与される修士学位は，大半の専門職に従事するための最終学位（ターミナル・ディグリー）として機能していると分析している。▶研究学位のターミナル・ディグリーがPh. D.として存在していることから，実際にはM. A.（Master of Arts）とM. S.（Master of Science）の意味は曖昧にならざるをえないが，専門職課程の修了証明として授与されている専門職学位は，ターミナル・ディグリーとしてその位置付けが明確になっているため，その目的，目標も明確に設定することが可能である。したがって，通常学習課程を通じて学生が取得するべき能力，知識といった点でより標準化された特徴を持っている。結果として，この明確性という特徴は現在プロフェッショナル・スクールが授与する修士号が産業界や専門職団体から専門職として通用する学位であるという評価の確立に寄与しているといえよう。

図は，アメリカのプロフェッショナル・スクールのひとつである▶ビジネス・スクールを例に，プロフェッショナル・スクール，学生，社会がどのような関係性になっているかを示したものである。

山田 礼子

図｜プロフェッショナル・スクールと社会，学生，専門職団体との関係

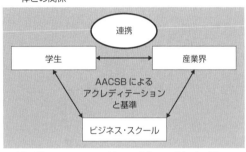

AACSB: The Association to Advance Collegiate Schools of Business

→専門職資格，専門教育，専門職学位／職業学位，一般教育／教養教育，学位と専門職団体，法学教育，技術者養成教育

[ヨーロッパ]◎H. de Ridder-Symoens, ed., *A History of the University in Europe*. Vol I, Cambridge University Press, 1992.
◎児玉善仁『イタリアの中世大学』名古屋大学出版会，2007.
◎Walter Rüegg, ed., *A History of the University in Europe*. Vols. III & IV, Cambridge University Press, 2004 & 2011.
◎ハンス＝ヴェルナー・プラール著，山本尤訳『大学制度の社会史』法政大学出版局，1988.
◎望田幸男編『近代ドイツ＝「資格社会」の制度と機能』名古屋大学出版会，1995.
[日本]◎橋本鉱市編著『専門職養成の日本的構造』玉川大学出版部，2009.
◎天野郁夫『大学の誕生（上）帝国大学の時代』中公新書，2009.
[アメリカ]◎山田礼子『プロフェッショナルスクール――アメリカの専門職養成』玉川大学出版部，1998.

都市と大学｜としとだいがく

都市と大学の関係は複合的であり，また両者の発展に伴い変化してきた。ヨーロッパ中世都市と大学とは，最初期には一面ハネムーンの関係にあった。しかし同時に，互いの足元を見透かした打算的な関係にもあった。歴史を辿れば，同じ都市でも古代のポリス・アテナイの盛衰と，プロシア（プロイセン）の首都ベルリンのそれとは同日に論じられない。大学を見れば，哲学者▶オルテガ・イ・ガセットが「一般教養」の場に尽きると解釈した▶中世大学と，教育研究上の機関や施設の巨大な複合体と化

した現代の大学とはかけ離れている。そのような都市と大学であるが，両者の繋がりを問う手がかりはある。文明史家ルイス・マンフォードによれば，都市化が活発であった点で，中世ヨーロッパと19世紀後半のドイツとは傑出していた。ところで，これらは大学の歴史にとっても，最重要な二つの時代・地域である。こうした一致は，両者の繋がりを問う意義をどのように裏書きするのか。まず大学の起源を画した中世ヨーロッパから始めよう。

［中世都市と大学の起源］

デンマークの大学史家 O. ペデルセンは，中世大学の先駆となる学校は，なぜ田舎ではなく都市に誕生したのか，という重要な問いを出している。現在ではそれを，学徒と都市の住人の双方にとっての利便性と利益から説明するのが普通である。都市でこそ，各地から蝟集した学者・若者は住処と食事とを継続的に提供され，都市の住人はその対価を期待できた。創成期の大学は，建物・基金なしの教師・学生が皇帝・法王から特権を得て，都市の住人の横暴から保護される中で組織された面がある。現在から振り返れば，学徒を▶学寮に収容し，大学運営用の基金を蓄積した16世紀以降のオックスブリッジこそ，中世の教師・学生が無意識に目指した究極の学園であったと見なすことも可能である。

しかし，以上の説明に対しては，ペデルセンに触発され，次のような問いが直ちに出てくる。大学はなぜ田舎の▶修道院に住処を見いださなかったのか。中世初期にはシトー会を中心に，多数の学徒を長期収容でき，基金も蓄えた修道院が相当数存在した。それのみか，暗黒の時代にひとり学問の伝統を守り抜いた修道院は，古代の写本を大量に所有・管理し，さらにクレルヴォーのベルナール（1090-1153）やセント・ティエリーのウィリアム（1080-1148）等，12世紀を代表する知識人さえ擁していたのである。教師と学生はなぜ，好条件を完備した修道院ではなく，一面ではいばらの道の都市を選択したのだろうか。

今日でも広く支持されている中世大学の誕生の説明は，チャールズ・ホーマー・ハスキンズの「12世紀ルネサンス」説である。知識が文法，修辞学，論理学等の七自由学科に限定された中世初期には，大学はあり得なかった。しかし12世紀，おもにスペインのアラビア人学者を経由し，ヨーロッパへ大量に流入（a great influx）したアリストテレスの主要著作，ガレノス，ヒポクラテス，ローマ法の本文等の「新知識」が司教座や修道院の学校の狭い縛りを一気に破砕し，学問に裏打ちされた専門職（神，法，医）をつくりあげた。大学誕生のこうした背景，一般的要因に基づき，ハスキンズは最初期の3大学の誕生を個別に説明する。ギリシアに近く，医学で名を馳せた最古のサレルノは，13世紀前半には早くも衰退し，「大学制度の成長には何の影響も与えなかった」。ボローニャは，商業ベースの都市

生活とローマ法との同時復活の結果誕生した。最後にパリの生誕は，ピエール・アベラール（1079-1142）の影響力に相当大きく依存していたと結論する。しかし，医のメッカのサレルノが大学として不発で，ボローニャはローマ法を復活しただけ，さらにパリは論理学の教師が誕生させたとすれば，ハスキンズの「12世紀の専門知識の流入説」との自己矛盾は否定できない。大学の発生は，中世都市のただ中において生じた新たなエートスとの関連で扱う方が，はるかに矛盾なく説明できる。

中世都市は封建社会の所産である。国王と家臣団とが主従関係を通して強力な戦士階級を形成し，農地を外敵から護る見返りに地代を徴収した封建制は，農業生産を安定化させ，戦士・農民階級向けの商品を生産・供給する職人・商人層を下支えした。広大な農地の安全のため戦士階級に服従した農民とは違い，コンパクトな活動拠点（都市）を壁で囲い込んだ職人・商人層は，重火器が導入される15世紀以前は，戦士階級に依存せず自力で自己防衛を果たしえた。「都市の空気は自由にする！ Die Stadtluft macht frei !」。かくして，封建社会のただ中に，相容れない二つのエートスが相克し始めた。戦士階級はローマ教会を利用して，支配の正当化をはかった。少数派であっても，絶対的な存在＝神に庇護された権力者として，実体の希薄な多数者に君臨する特権を主張したのである。これに対し，中世都市の職人・商人層は，おそらく史上初めて戦士階級の論理に対抗する思想的な基盤を自覚し始めた。自らを希薄な実体とは見なさず，少数者の支配に屈従しないための論理を模索したのである。

この時，アリストテレスを読むだけの才覚を持つ者は，何を見いだしただろうか。早くからヨーロッパに知られていた『カテゴリー論』は，目の前の一人一人の人間，ここにいるこの馬こそ第一実体であり，人間そのもの，馬そのものという抽象概念は第二実体に過ぎないと高らかに宣言していた。個々人が第一実体なら，特別な権威に基づく少数者の支配は正当化されない。ウォルター・ウルマンが論じるように，中世においてアリストテレスは，上からの神権的な威厳ではなく，下からの総意に基づく支配をこそ正当視すると受け止められた。他の時代なら振り向かれないアリストテレス，なかでも味気ないその論理学を，都市の自由を直接・間接に味わった中世の若者はむさぼるように読んだ。そのリーダーがアベラールであった。現代では穏健と解釈される彼の存在論は，中世のただ中では「一貫して唯名論（個物を抽象概念に優先）の一形態」と見なされた。若者はアベラールに群れ従い，パリに大学の基を築いた。その出発において，アリストテレス中心の大学と中世都市とは根本的なエートスを共有し，両者はいわば相思相愛の関係にあったのである。

58 ┃ 都市と大学

修道院はこの両者とは対極に位置していた。その思想は，12世紀の文脈では，アリストテレスと正反対のプラトンの実在論（抽象的概念の圧倒的な優越）に立脚したアウグスティヌスのオーソドックスなキリスト教であった。その外的な条件がいかに魅力的であっても，大学が修道院を住処とすることはありえなかったのである。

アリストテレスの盛況は，ローマ教会にとっても脅威であった。教会は当初，彼の主要な著作の禁令をもって打開を図った。しかし，その不可能を悟ると，都市での布教のため結成されたドミニコ会の修道士，トマス・アクィナス（1225-74）を2度にわたって▶パリ大学に送り込み，常識的には不可能と思われるアリストテレス哲学とアウグスティヌス神学の総合を企てさせた。トマスは，アリストテレス全盛の中世都市のただ中で，なおキリスト教の伝統の命脈を繋ぎ留めるべく，『神学大全』の完成という力技を敢行したのである。

［都市とドイツ近代大学］

数世紀を経て，近代大学がドイツに誕生した。しかし，どの年代のどの大学を嚆矢とするか，解釈は分かれている。大方の歴史家は，学者文相▶フンボルトの理念を体した1810年創設のベルリン大学を，それと断定してきた。しかし，日本での最新の著作も含め，1世紀前後を遡るハレ大学（1694年）とゲッティンゲン大学（1737年）を初の近代大学と主張する歴史研究もある。前者ならば，プロシアの首都ベルリンとその大学との繋がりが検討対象となる。後者ならば，ハレやゲッティンゲンという小都市と大学との関係を問うことになろう。

ハレとゲッティンゲンを近代大学の先駆とする根拠は何か。両大学は科学革命を経た17世紀末から18世紀前半に創設され，いずれも「libertas philosophandi＝哲学し探求する自由」をモットーとした。ハレの創設者は領邦国家からの支持を得て，数学，物理，天文等を中心に▶哲学部を強化する一方で，官僚の計画的な養成を果たした。▶ゼミナール方式も導入した。ゲッティンゲンは，ハレでの実践に加えて，私講師（Privatdozent）の制度を拡充し，学位取得者に講義する権利を保証して学問の自由を担保した。留学生を含む多くの学生を集めた両校こそ，近代大学の先駆けと呼ばれるにふさわしいという。

では，以上の事実にもかかわらず，1810年創設のベルリンを近代大学の嚆矢と見なす根拠は何か。確かに哲学部の強調やゼミナールの導入では，ベルリンは両大学の後塵を拝した。しかし，「ドイツ」近代大学と限定して歴史を俯瞰するなら，ハレやゲッティンゲンが外国文明を模倣しつつ官僚養成や貴族的マナー・スポーツ訓練を実施した一方で，ベルリンはドイツに深く根ざし，かつ大学にふさわしい教養としての文化に力を傾注したことがわかる。カントは早くも1784年，立派な作法や社交上

の優雅さを文明（Zivilisation），他方では自身の「三批判」に対応する芸術，学問，道徳を文化（Kultur）として対比し，当時のドイツの過度な文明化を諌めていたのである。

自身ドイツ観念論から出発したジョン・デューイは，西洋哲学の起源を，新規な社会的傾向に脅かされた伝統的な価値を理性的な言語に置き換えて擁護する活動と解釈した。ソクラテス，プラトンの古代アテナイ，トマス・アクィナスの13世紀ヨーロッパ，そして19世紀初頭のドイツに，その顕著な時機が到来した。ベルリンの▶フィヒテやヘーゲルが代表したドイツ観念論は，科学革命と近代民主主義の脅威に晒された母国の伝統文化の核心を多少大げさな，しかし理性的な言語で再構築し防衛する運動であった。この意味で，ベルリン大学はドイツの「近代的」ナショナリズム形成と深く繋がり，それがプロシアの首都としての文化都市ベルリンに所在した意義は大きい。現代では悪名に染まったナショナリズムは，ベルリン大学誕生の前後から100年余りは，個人の社会貢献への条件として個性を尊重した同じ近代の潮流の中で，個々の国家による国際社会全体への固有の貢献に不可欠な前提と見なされ，自他共存のヒューマニズムに基づく，近代化に不可欠な条件と理解されていた。世界史の文脈の中で自国の伝統を徹底的に吟味し，そのエッセンスを理性的な言語で再構築せずして近代大学はありえず，そうした大学抜きに近代国家はないという意味で，かつてのベルリン大学は典型的なドイツ近代大学だったのである。

しかし，都市ベルリンの発展は跛行そのものであった。大学開学直前の18世紀末はまだ人口十数万の地方都市ではあったが，ユルゲン・ハーバーマスの指摘するごとく，読書し論争する教養階層の公衆が，この工業都市でも手工業的な小市民層まで拡大したはずである。実際この時期，ベルリンはライプツィヒ等とともに，ドイツの出版の中心都市として台頭した。19世紀の中途には，プロシアの書籍印刷業の4分の1を占めたのである。しかし，重要なのは出版界に浸透したプライドであった。印刷工・植字工さえもきわめて高い知的水準を保ち，ツンフト（ギルド）的な制約から自由であった。労働「貴族」を自認した彼らは，のちにカール・カウツキーによって，他の労働者と連帯しない「階級闘争の裏切り者」と決めつけられさえした。彼らのプライドは特殊な技術上の伝統への参与と同時に，教養階層の公衆と，ドイツ文化の刷新者・擁護者としてのベルリン大学との双方に，不可欠な出版物を提供し続けた自負にも由来したのであろう。

他方，ベルリン市はさまざまな社会問題を露呈した。確かに出版文化を奨励したが，秘密警察と連動したその検閲制度は厳しく，嫌気がさした18世紀の批評家レッシングはベルリンを脱出したという。古くから軍人の多かったベルリンには，排他的

なナショナリスト学生も出現した。大学が最高の知性を集めた19世紀前半，ベルリン市には知将クラウゼヴィッツの下，夥しい数の軍人が闊歩し，第1次世界大戦への遠い伏線をなした。旧態依然たる政治制度が一因だったのであろう，首都ベルリンにはヘーゲルやマルクスの絶対窮乏論を彷彿とさせる貧困者があふれ，衛生状態は劣悪であった(ヘーゲルもコレラで死亡)。次の世紀に大学が取り組む都市問題がすでに顕在化していたのである。

［都市と日米の大学］

アメリカ合衆国の大学は最初期から，若者を堕落させる反面教師として都市をとらえ，実際の立地にも反映させてきた。代表的な▶研究大学60校(アメリカ大学協会会員校)と，▶リベラルアーツ・カレッジ127校との創設時の立地状況を調べてみよう。研究大学60校のうち41校(68%)が，各時代の人口上位100都市以外の地方に創設された。小規模のリベラルアーツ・カレッジでは，127校のうち実に112校(88%)が田舎に設立された。これら所在地の一部はのちに大都市化したとはいえ，アメリカではそもそも都市と大学という構図が成り立ちにくい。日本の場合と比較すると，相違が際立つ。第2次世界大戦前に設置された大学は，▶帝国大学令(1886年)により設立された▶帝国大学のほか，▶大学令(1918年)にもとづく官立・公立・私立の大学を含めると45校(「内地」のみ。帝国大学に昇格・合併された機関を除く)であった。所在都市別では東京22校，京都6校，大阪3校，札幌以下14都市(町)に各1校であった。実に69%が三大都市に集中し，残りも西宮(関西学院)と高野町(高野山)を除き，すべて道・県庁所在地に所在した。現在の日本，そして世界の大学の多くは，語弊があるが，大都市に寄生してきた。こちらの場合も，都市と大学の対等な関係は成立しにくい。

しかし，大学進学のマス化と▶大学紛争とが生じた1960年代以降のアメリカで，アーバングラント(Urban-Grant)大学構想が登場した。クラーク・カーは1967年，▶ランドグラント・カレッジ(国有地付与大学)の現代版として，「知の探求の主要な流れを無視することなく」，都市環境や地域医療等の課題と意識的に取り組む大学を，大都市ごとに1校は設けることを提唱した。連邦議会は1980年代以降，カーの提案に呼応した研究補助金の規定を法制化したが，これまでのところランドグラント・カレッジに比肩するような成果は挙げていない。この10年間，都市に所在する三十数校の中堅州立大学からなる団体，アーバン・サービング・ユニバーシティ(USU)も，地域との連帯，高度な職業訓練を通しての地域の経済発展の条件整備，都市での医療体制の強化を共通な課題として活動を継続している。今後の組織的な動静が注目されるが，しかし資金面では前途多難なようである。

他方，アメリカの学生の意識では，勉学と集団生活との意義が後退して，都会風に洗練された消費生活への志向が高まり，進学先としてプリンストンやイェールを最優先する親世代と，大都会の中心に所在するニューヨーク大学(NYU)を第1候補とする子世代との対立が深刻化しているという。大学選びでの日米の若者の嗜好とその問題点とは，都市を媒介として相互接近しているようである。

［都市と大学——その課題］

以上，都市と大学の関係を二，三の時代に即して検討したが，そこから両者は互いに呼応する中で，活性化することが知られる。中世での都市と大学がそれを雄弁に証している。現代の大学が長く命脈を保つか否かは，一部，現代の都市からの呼びかけの質に依存する。もしも都市が自らの諸問題を，献体するがごとく大学に丸投げし，解決策を一方的に委ねるのであれば，都市の衰退は大学の停滞，やがては滅亡すら引き起こしかねない。他方，共同体としての都市が，自らの課題解決を大胆かつ真摯に模索する時，大学はその固有な能力を発揮するパートナーとして，自らも新たな活力を加えるであろう。優れた大学は優れた都市を必要とし，その逆もまた真なのである。

立川 明

→キャンパス，大学都市，タウンとガウン，科学革命と大学，カントの大学論

◎Thomas Bender, ed., *The University and the City*, Oxford University Press, 1988.
◎別府昭郎『近代大学の揺籃——一八世紀ドイツ大学史研究』知泉書院，2014.
◎John Goddard and Paul Vallance, *The University and the City*, Routledge, 2013.
◎Arnold B. Grobman, *Urban State Universities*, Praeger, 1988.
◎Lewis Mumford, *The City in History*, Harcourt, 1989(1961).
◎O. Pedersen, *The First Universities*, Cambridge University Press, 1997.
◎Walter Ullmann, *A History of Political Thought: The Middle Ages*, Penguin, 1965.
◎エンゲルハルト・ヴァイグル著，三島憲一・宮田敦子訳『啓蒙の都市周遊』岩波書店，1997.

宗教と大学 | しゅうきょうとだいがく

［大学は世俗化したのか］

従来の歴史解釈では，大学の歴史はおおづかみには西洋社会において宗教と教育が分離する世俗化の過程として語られてきた。すなわち，聖職者養成を目的とする僧院のような教育機関が大学の前身であり，中世末期に成立した大学においても学問の中心は▶スコラ学という神学だった。しかし聖書神学を中心とする宗教改革以降，ヘブライ・ギリシア語教育への過大な期待は長続きせず，他方で産業革命は実用的な科学の意義を高めた。その結果大学の中での神学の地位は後退し，さらに宗教とは設立当初から無関係の世俗的な大学が一般

化していった。約言すれば，大学の進歩とともに宗教は無用物と化していったという歴史観である。

　近年はそのような歴史観に対して異議を唱える研究がなされている。大別すれば，一方では，19～20世紀の世俗的な欧米の大学においても実際には何らかの宗教的イデオロギーが作用していたという議論，他方では，1990年代以降，一度は世俗化した公共圏に宗教が再び進出するようになり，大学においても宗教のプレゼンスが増しているという議論がある。以下は典型的なアメリカ合衆国の状況に焦点を当てて説明する。

　ハーヴァード，イェール，プリンストンといったアメリカの伝統的な大学は，プロテスタントの牧師を国内で育成するための機関(教派ごとのセミナリー[神学校]など)として始まった。従来の歴史理解では，これらは近代化の過程で▶リベラルアーツ・カレッジに変わり，それに加えて独立革命後は世俗的な州立大学が設立されていく。さらに19世紀後半にはコーネル，ジョンズ・ホプキンズ，シカゴといったドイツ型の▶研究大学が広がり，それに従ったハーヴァードなども，組織の中に▶神学部(ディヴィニティ・スクール)を残すものの，大学全体としては宗教色を払拭したとされてきた。

　これに対し，大学の近代化を科学的理性が宗教を駆逐した過程としてではなく，プロテスタント勢力が時代に即した形で大学を再編した過程としてとらえ直す研究がある(D.G. Hart および T. Masuzawa)。それによれば，確かに19世紀後半には科学と経済が目覚ましく発展したが，プロテスタント勢力は後退したのではなく，適応を図り，大学内に居場所を確保しようとした。つまり正規の授業として▶宗教教育を設けたわけではないが，大学の理念はキリスト教道徳に基づいており，カリキュラム外の活動(ボランティア・節制運動やYMCA)として宗教的実践が奨励された。▶ミシガン大学のような州立大学が宗教的に中立であったのも，宗教を排除するためではなく，むしろあらゆる教派の学生を受け入れつつ分裂を防ぐことを牧師である総長らが求めたためだった。

　20世紀に入り第1次，第2次世界大戦を経て科学万能主義が後退し冷戦が始まると，民主主義を支えるものとしてプロテスタント主流派とナショナリズムが結合したため，カリキュラムの中にもキリスト教が組み込まれていった。西洋文明とアメリカ社会の源流としてキリスト教を学ぶことが大学教育に不可欠な人文的教養とされたのである。

　このプロテスタント的教育は1960年代も続くが，63年の「アビントン学校区対シェンプ」裁判最高裁判決(公立校での聖書朗読や礼拝は政教分離に抵触するが，宗教知識教育は可能であるとする判断)が大学にも影響を及ぼしたこと，また社会全体でも宗教の私秘化が進んだことなどにより下火になる。それまでは公立大学にもチャプレン(牧師)が配属されていた

のだが，大学生活の中で宗教は一転して見えない存在となっていった。

　その状況に再び変化が起こったのは1990年代である。一因として，プロテスタントの保守派が1980年代以降活発化したということもあるが，多くの大学に関してはマルチカルチュラリズムの延長線上で宗教が再び可視化したと見る方が妥当である。すなわち，かつてのようにプロテスタントの理念をトップダウンで浸透させるのではなく，異なる民族的背景の学生がもつ多様な宗教的ニーズに大学が積極的に応じるようになってきたのである。それはたとえば，州立大学内に多宗教対応の大規模な礼拝センターを設けるといった形で現れている。2001年の同時多発テロ事件は，現代社会においても宗教は無視できない威力をもつし，互いの信仰を尊重することが必要であるという認識を大学に広めるもう一つの契機となった。

[日本の宗教系大学]
以上のようなアメリカの現状に比べると，日本では国公立大学で厳密な政教分離原則が貫かれているだけでなく，宗教系の大学ですら宗教色を前面に出さない傾向が見られる。これは「宗教」に不信感をもつ人が多いということが大きな原因と思われるが，歴史的にはいわゆる国家神道の負の遺産という面もある。

　第2次世界大戦前の体制は，戦後の宗教系大学の構成にも，通常は意識されない形で影響を及ぼしている。2002年に全国の4年制大学698校を調査したところでは，宗教系大学(何らかの宗教を全学の教育理念としていることを公表している大学)は114校(全体の約16%)，宗教ごとの内訳はキリスト教77校(同11%)，仏教29校(4%)，神道2校，仏教系新宗教1校，神道系新宗教1校，その他の宗教4校(儒教を理念とするケースなど)であった。同年の『宗教年鑑』によれば，宗教法人数は神道系8万5067，仏教系7万7472，キリスト教系4378とあるので，神道は宗教法人の数では全体の半数近いが，大学の数は著しく少ないということになる。さらに，無宗教の大学を含む全大学で開講されている授業を調べたところ，「神道」の語を授業題目やテーマ名に含むものはごく少数であり(そのほとんどは神道系大学で開講)，イスラームの授業より少なかった。

　▶神道系大学が少ない一因は，神道は伝道しないため「ミッション系」学校もまた存在しないということがあるが，それは戦後の現象か，言い換えれば戦前ならば多かったのかと言えばそうではない。戦前も神道系大学は國學院・皇學館の2校だった。だがこれは，それ以外の大学は神道と無関係だったということではなく，1891年(明治24)の第一高等中学校での内村鑑三による不敬事件からも知られるように，いわばみな「国家神道系大学」だったのである。國學院・皇學館がとくに「神道系」として際立つのは，神職養成機関だからである。神道研究

大学事典　　　　　　　　　　　　　　　　　　　　　　　　　宗教と大学 ｜ 61

機関としては，戦前は東京大学にも神道講座が置かれ，神道研究室が存在していた。戦後は大学と神道が分離され，神道の名を冠するものは学科のみならず授業も國學院・皇學館のみのものとなっていった。

戦後の新たな政教分離は信教の自由をも保障したが，それによって宗教系大学の創設が集中したということもなく，高度経済成長期から20世紀末まで大学と宗教の関係は概して希薄であった。多くの宗教系大学の建学当初の目的の一つは聖職者養成だったが，この時期，大学が大衆化するほどに，一般的な進路をとる学生の割合が増え，小規模の大学ではキリスト教学科・仏教学科など，神学・教学を学ぶために存在した学科を社会福祉学科などに改編するケースも現れた。京都など伝統的に仏教寺院の役割が大きな地域では，▶仏教系大学の仏教系としての存在感も保たれるといった地域差もあるとはいえ，大勢としては宗教系大学が無宗教化した時代だった。

ところが，21世紀に入るとその状況に若干の変化が現れた。宗教系であることを積極的に打ち出す大学が増えてきたのである。これには大学改革の一環として，大学評価が制度化されたこと，その評価項目として，▶建学の精神を明確化し，それと整合的な形で個性ある大学を目指すという基準が設けられたことがある。宗教系大学であれば，建学の精神が特定の宗教に基づくことを周知させ，その理念をキャンパスで具現化することが求められるようになった。それまでは宗教系であることが入学者募集において不利に働くという懸念があった大学でも，「自校教育」として宗教の授業を全学必修化したり（もともとその種の授業を設けていたが，20世紀後半に廃止ないし簡略化していた大学は少なくない），大学の地域貢献と母体となる宗教団体の福祉活動を連携させたり，宗教芸術を特色とする美術館を学内に建立したりといったことを試みるようになった。しかし，学生側の宗教的ニーズが高まったわけではない状況で，大学当局の方針転換により起こった変化であるため，いかに根づかせるかは多くの大学にとって課題となっている。また，アメリカほどではないにしても，留学生の増加による学生側の宗教的多様化と，建学の精神の強化との間には摩擦も起こりうる状況である。

[大学の宗教教育]

上記のような宗教系私立大学の自校教育は，一般的な宗教教育の分類法を用いれば，特定の宗教に基づいた人格教育を指す「宗派教育」に該当する。これとは表裏の関係にあるものとして，やはり近年，全学的に行う大学が増えてきた，「カルト問題を防ぐための教育」がある。特定の宗教を推進するのではなく批判する形で，大学が宗教問題に一歩踏み込むものである。地下鉄サリン事件などを起こしたオウム真理教の中心に高学歴の信者がいたことな

どが，公立・私立を問わず，キャンパスでの宗教団体による勧誘へ注意を喚起するセミナーなどの定期的開催につながった。本来宗教に関しては中立であるべき大学が，自ら危険な宗教と安全な宗教を分けるという行為は，被害に遭う学生が後を絶たないという実情に迫られてのものではあるが，具体的な教団名を挙げる場合などは宗教差別に近づき，難しい問題が発生する。

専門教育・研究組織としては，再び宗教教育の分類法を使えば，大学では客観的な宗教知識教育に当たるものとしては「宗教学」，信仰に依拠する宗派教育に当たるものとしては「神学」（神学の名称は主としてキリスト教の場合であり，ほかは仏教学，宗学等という）が宗教に特化した分野になる。神学と大学の関係は中世以来だが，宗教学は19世紀後半に歴史学や社会学，人類学のような経験科学の一種として始まった学問領域である。もちろんほかの人文社会系の諸学でも宗教を1トピックとして教育・研究することはあるが，宗教学は宗教を総合的に扱う。ただし，大学によっては，宗派教育的な自校教育の授業に「宗教学」という名称をつける場合もある。また，ほとんどの大学では哲学科・人文学科やキリスト教学科・仏教学科などの中に宗教学のコースが設けられており，独立した学科を形成してはいない。なお，前述のように神道を名称に冠する授業は稀だが，民俗学や日本文化に関する授業で宗教学に類する観点から神道文化が取り上げられることは多い。

この宗教学と神学の2分法は，両者の発祥地である欧米社会でも一般的なものである。アメリカでは，前述の「アビントン学校区対シェンプ」裁判により，知識教育にあたる宗教学ならば公立大学で教えても問題がないことが明確化したため，それまで宗教系大学・私立大学を中心としていた宗教学科が州立大学にも設置拡大されていった。その中で顕著になっていったことの一つに，宗教学の授業に学生側が求めるものと教員側が目指すものがしばしば食い違うという問題がある。教員側は対象が宗教であっても，他の社会・文化現象を扱う場合と同様に，論理的・批判的思考力を教育の目標とする。ところが，学生の中には「人生の意味を知りたい」といった期待をもつ者がいるのである。そのような学生の受け皿として，スピリチュアル・エデュケーションが試みられることもある。これは特定の宗教に所属するわけではないが，広義の宗教的希求をもつ学生の自己探求をサポートするものである。特定の宗教に偏らない点では日本の宗教的情操教育に似ているが，一方的に宗教的情操を植えつけるものではなく，学生の主体性・多様性を重視するため，公立大学でも可能と考えられている。前述の1990年代以降の宗教の可視化の一部をなす動きである。

日本の公立大学でも，当事者は教員側も学生

宗教と大学

側もまったくその自覚はないかもしれないが，2000年代から登場した「死生学」の授業などはスピリチュアル・エデュケーションに接近する場合もある。死生学は，初等・中等教育レベルでの「いのちの教育」やデス・エデュケーションに相当するものだが，その授業はホスピスなどの医療臨床の問題，臓器移植・遺伝子診断などの生命倫理の問題などを論じながら，生命とは何か，生と死をどのように意味づけるかという根本的な問いに行き当たるためである。さらには，2013年には東北大学で臨床宗教師研修が開始された。これは2011年3月の東日本大震災後，被災者の心のケアに宗教者はどのように関わりうるかが問題になったことから，聖職者が公共の役割を医療機関や福祉施設で担うことができるように設立されたものである。特定の宗教を推進するものではなく，参加者自らが対話を通して学び合うスタイルであるため，国立大学でも問題はないとされている。

　以上をまとめれば，宗教と大学の関わりは現在多様化しているが，それはつきつめれば政教分離とは何かということが以前ほど自明ではなくなったことを示唆している。それは大学から宗教を極力排除することなのか，それとも特定宗教を優遇しない限り，社会や学生の宗教的ニーズに大学は積極的に応えてよいのか，それには特定宗教を批判することも含まれるかという問いが，学生・教員の流動性が高まるグローバル化のなかで再考されている。

藤原　聖子

→キリスト教系大学，神道系大学，仏教系大学

◎Hart, D.G., *The University Gets Religion: Religious Studies in American Higher Education*, Baltimore: The Johns Hopkins University Press, 1999.
◎Jacobsen, D. & R.H. Jacobsen, *No Longer Invisible: Religion in University Education*, New York: Oxford University Press, 2012.
◎Waggoner, M.D. ed., *Sacred and Secular Tension in Higher Education: Connecting Parallel Universities*, New York: Routledge, 2011.
◎Fujiwara, S., "Survey on Religion and Higher Education in Japan," *Japanese Journal of Religious Studies*, 32/2, 2005.
◎Masuzawa, T., "The University and the Advent of the Academic Secular: The State's Management of Public Instruction." In Sullivan, W.F. et al eds., *After Secular Law*, Stanford, Calif.: Stanford University Press, 2011.
◎櫻井義秀・大畑昇編著『大学のカルト対策』北海道大学出版会，2012.

知識人と大学 |ちしきじんとだいがく

［社会的存在としての知識人および大学］

「知識人」とは単に知識を有するような人々を指すのではない。▶サイードは，「知識人」という語は従来「▶象牙の塔」とか「木で鼻をくくる」といったイメージと結びついてきたが，こうしたステレオタイプや図式的な範疇は人間の思考とコミュニケーションを阻害するため，これを打ち破るよう努力することが知識人のつとめともなると述べる。知識人は自らの知性をもとに，普遍性に依拠して行動するというリスクを負う存在である。普遍性に依拠するとは，人間の行動を考える際，単一の規準となるものを模索し，それにあくまでも固執するということにつながる。したがって，普遍的なものを，限定的なものや，主観的なものや，今とここに関するものなどと，どうからませていくかという問題が重要となる。同時に，知識人個人にとって，人間の悲惨と抑圧に関する真実を語ることが，所属する政党や，民族的背景や，国家への素朴な忠誠心などよりも優先されるべき事柄ともなる。「知識人」とは，普遍性に依拠しながら，社会の根幹に関わる本質的な問題に関与し，参加していく，社会的な存在としてとらえられる。

　大学は，聖なる権力としての教会と，俗なる権力としての王権や国家との関係の中で，時にそうした権力に近づき，また時にそうした権力との距離を保ちながら，自らの存在を探ってきた。大学の存在の根本には，真理の探究という理念が見出される。真理とは時々の利害や，権力者への迎合といったことを超えた，普遍的なものである。こうした普遍性を接点として，社会の中で果たすべき役割に着目して社会的な存在としてとらえた場合の知識人と大学には，期待される事柄の共通性が見出されることとなり，知識人と大学との関係について考察する観点が生まれてくる。いくつかの典型的な事例を通じて，両者の関係を検討していこう。

［中世の知識人と大学の誕生］

▶ル・ゴフによれば，中世における知識人という語は輪郭のきわめてはっきりした身分，つまり学校の教師を指している。中世初期にその萌芽がみられるが，12世紀に都市の学校で成長し，13世紀以降，大学を舞台に大いに活躍する。それは思索を重ね，その成果の教授をなりわいとする人々を指す。一個人の省察と，教育を通じてそれを広めるという行為が一体をなした時，はじめて知識人はその名に値することになる。確かにそれまでにもこうした身分の存在は認められるが，中世盛期におけるほど明確な身分を構成してはいなかったし，また中世盛期の知識人ほど，自らの役割を自覚してもいなかった。著述にいそしみ，教えることをなりわいと

する者，その二つを同時に行い，教師および学者として生計を立てる者，つまり知識人は，都市の勃興をまってはじめて現れた。都市では分業が必要とされ，そこで身を立てた職人の一種として，知識人が現れる時期は，商工業の機能，より控え目に言えば職人的機能と結びついた都市の飛躍的発展の時期と軌を一にしている。中世の知識人についてのこうした特徴づけの根本には，精神労働を自らの活動の一部とするものの，それ自体が目的とされるわけではなく，修道会則によって神に捧げられるべく定められていた修道士との対比がある。

こうした知識人は，他の市民におとらぬ専門的職人として，自由学芸を研究し，それを教えることを自らの任とするという強い職業意識をもっていた。学芸とは，単なる知識ではなく，大工や鍛冶屋の特殊技能と同じような，教師の特殊機能を意味していた。そして彼らは，学問と教育は切り離しがたい関係にあるということをわきまえており，知識は後生大事に蓄えられるべきものとは考えず，むしろ広く普及されるべきであると確信していた。学校は，商品のごとく諸々の思惟の所産が送り出される仕事場である。都市の仕事場における教師は，ものを生み出すことに賭ける情熱のゆえに，職人や商人に近い存在であった。12世紀の都市の発展に促された精神の職人が，やがて自治都市運動によって開花する大規模な団体運動のさなかで，組織化されるに至る。教師と学生のこのような自治団体が，13世紀には厳密な意味での「大学」となる。大学は，時に教会権力，時に世俗権力とくに王権との闘いを通じて自治権を獲得していくこととなる。こうして，学問と教育の結びつきについて自覚的な認識を有し，民衆との接触を失わず，都市を舞台に専門の学芸をもって生計を立てる知的労働者としての中世の知識人が，大学を拠りどころとして生まれてくるのである。

[ドレフュス事件と「知識人」]

普遍性という価値の擁護と，社会的関与による実践的行動という要素によって特徴づけられる今日的な意味での「知識人」が生まれたのは，少なくともフランスにおいてはドレフュス事件においてであるとされる。ドレフュス事件とは，フランス第三共和政を揺るがした政治的，社会的事件であり，1894年にユダヤ系の陸軍大尉アルフレッド・ドレフュスがドイツに情報を売ったとして逮捕され，終身流刑に処せられたことに端を発する。当初から家族を中心とする再審請求の動きはあったが，1898年の作家エミール・ゾラによるフォール大統領宛の公開書簡「私は弾劾する！」の発表を大きな契機として，再審の動きが高まった。1899年に行われた再審では再び有罪とされたが，再審請求を取り下げることを条件として大統領特赦が出されて刑が免じられた。逮捕の容疑事実とされた文書が偽造されたものであったことが明らかとなり，ドレフュスの

無罪が確定し，最終的に復権に至るのは1906年のことであった。

ドレフュス事件では，共和派と，カトリックや王党派などの伝統的，保守的な勢力を中心とする反共和派との対立が，ドレフュス派と反ドレフュス派との間の対立として具体化され，フランス社会が二分された。ドレフュス事件を通じてドレフュス派と反ドレフュス派との間で争われたのは，フランス社会，フランス国家のあり方をめぐる根本的な理念であった。ドレフュス派にとっては，フランスが革命の成果と人権宣言に忠実でないとしたら，それはもはやフランスではない。他方，反ドレフュス派は，フランスが弱体化し分裂してしまい，国家の存在が危うくなったり，外敵に対して弱められたりするようであれば，それはもはやフランスではないと考える。これは個人と国家のいずれを優先するかという論争であり，また，ある理想にもとづいた政治体制としてのフランスと，永遠の実体としてのフランスという二つのフランスの対立でもあった。さらにこれは，フランス革命以降の1世紀間のフランス社会における論争を反映するものでもあり，一方に人権を支持し，個人の権利が国家理性に優先すると考える人々（ドレフュス派）が，他方に，人民をつなぐものとしての国家をすべてに優先させる君主制の理念に忠実な人々（反ドレフュス派）が見出されるのである。

こうした文脈のもとで，ゾラの公開書簡が『オーロール』紙に掲載された翌日，これに賛同し，ドレフュスの再審を求める一般人の署名による抗議の声明が発表され，のちにこれを，反ドレフュス派の主要人物の一人であるモーリス・バレスが自らの論文において「知識人の抗議文」と呼んだことから，「知識人」という概念が生まれることとなった。したがって，知識人という呼び名は当初は，それに敵対する側から批判的に名付けられたものであった。

知識人という呼称がドレフュス派に属する人々に与えられたことは，ドレフュス擁護の重要な根拠が，ドレフュス有罪の証拠とされた文書の信憑性を争点とし，のちにこの文書が偽造されたことが実際に明らかになることからして，時に権力に抗してでも真理を追究するという，今日に通じる知識人の概念の源泉となっている。

このようにドレフュス事件に際して生まれてくる知識人の先行者として，シャルルは「文人」「詩人」「芸術家」「科学者」といった類型を指摘する。知識人という社会的な人物像には，18世紀の哲学者，ロマン派の詩人，芸術のための芸術派の芸術家，その後では科学者といった，古くからの伝統をそのモデルとして挙げることができ，知識人はこの歴史的遺産の一部を継承している。しかし「知識人」が生まれた時代が先行者たちの時代と異なるのは，知識界の拡大，文化的生産における経済的依存関係の比重の増大，さらに当時の大学改革といっ

64　知識人と大学

たことによって，古典的な自由業に対して知的職業の重要性が高まるとともに，知的職業内部での分化が推し進められもしたところにある。知識界の新たな状況に直面していかなる戦略を選択する場合でも，この「知識人」という新語が使用可能となる。そしてそれ以前の類型と比べて当時の知識人の場合には，単数から複数へ，すなわち個人から集団へという変容と，他の領域の人間による認知から自らによる存在の宣言へという変容との，二つの変容が見出される。

先行する科学者や芸術家の場合，道徳的権威は，その人がどれだけ傑出しているかという度合いに応じて個人的にしか認められておらず，集団としての科学者や芸術家は，その大部分が凡庸かつ無名であったため，象徴的権威の一部を喪失した。知識人の場合にはその逆で，複数で初めて重要性が獲得されることになる。集団でなければ，彼らの態度は，根拠のない気まぐれ，個人的な意見，個人的な非常識と見なされただろう。当時の状況の中で，「知識人」という概念においては，数の多さは力になる。だからこそ，彼らは自らの象徴権力を基礎づけるための他からの認知を必要としなかった。彼らはすでに結集しており，自分たちの間で知識人と認知し合っているが故に，自分たちの内部の社会的判断は，他の諸集団による外部からの社会的判断を考慮せず，さらにそれと対立することさえできた。

大学に関わる観点において，こうした集団としての知識人の出現を可能にしたものが，当時の一連の大学改革である。それまで一般公衆にも開かれていた「公開講義」が常態だった状況に代わって，真の学生を対象とする「閉鎖講義」が導入され，学生の正規登録が制度化され，准教授職が新たに設けられ，いくつかの▶研究所も創設されるといった諸改革を通じて，学生や若手の大学教員が数を増し，カテゴリー化されて一つの社会的な層として存在するようになり，そのことが当時の「知識人」の出現の背景をなしているのである。また，当時の大学改革に際してその中心的な役割を果たした一人であるルイ・▶リアールが「科学によって，真実と虚偽，現実と妄想，可能と不可能のより正確な識別が可能になろう。(中略)彼らは，民主政が偉大で栄誉あるものとなるために不可欠な，明晰な理想が，科学によって守られることを期待した」と述べているように(Liard, 1894)，当時の議論においては，科学に対して，物質的な側面ばかりでなく精神的な側面からの期待も寄せられ，科学をシンボルとしての社会統合が主張されてもいた。▶グランド・ゼコールと大学との対比で言えば，前者が技術・職業教育の場，科学の応用を学ぶ場として性格づけられるのに対して，後者は科学の中心地であると見なされていた。こうして，科学を媒介として，真理と大学とが結びつくことになり，真理の概念を仲立ちとし

て，普遍性をもって真理を追究する知識人の拠りどころとして大学がとらえられることとなる。

[アメリカの亡命知識人と大学]

ドイツでナチスが政権をとって以降，ユダヤ系を中心に多くの人々がアメリカ合衆国へと逃れた。その人数として，1933年から1944年までの間にヨーロッパのファシズム体制を逃れてアメリカに入国した難民は24万人から32万人程度，このうち教師を含めて何らかの知的職業に就いていたのは約2万5000人という数字や，1933年から1941年にかけてアメリカに到着したドイツとオーストリアからの亡命者約10万4000人のうち，学者は約7600人だったという数字などが示されている(前川，2014)。

ナチスを追われた亡命知識人の存在は，アメリカの社会や思想に対して影響を与えることになった。1930年代のアメリカは，移民法や大恐慌の影響で外国人に対して必ずしも寛容な社会だったとは言えないが，にもかかわらず現実に亡命知識人を含め多くの難民が流入したことで，1945年までに第1次世界大戦前夜よりもさらにコスモポリタンな様相を呈していたと前川は指摘する。そしてこうした亡命知識人たちの受け皿となっていったのが，ニュー・スクール・フォア・ソーシャル・リサーチ，▶コロンビア大学，ニューヨーク大学，▶ハーヴァード大学といった各大学であった。亡命知識人に対する支援を行った「亡命外国人学者緊急援助委員会」は，普遍的な学問と表現の自由の擁護を掲げ，ロックフェラー財団などの確立された権威を担ぎつつ，不十分な予算の補塡をユダヤ系財団にも求め，ニューヨーカーのコスモポリタニズムに訴えながら，できるだけ多くの亡命学者に居場所を提供しようと試みた。多くの亡命知識人は学生たちに大きな影響を与えるとともに，自分たちの専門の学問的領域に留まらず，時代の諸問題に積極的に関わり，母国に対しても，自分たちを市民として受け入れたアメリカに対しても，批判的な姿勢を保っていた。ここには，大学が亡命知識人を受け入れ，亡命知識人が社会に対して影響を及ぼしていくという，知識人と大学および社会との間での深い関係性が見出される。

[知識人と大学]

権力におもねることなく普遍的な真理に基づく主張を行い，社会的，政治的，人道的といった諸問題に積極的に関与し参加していく知識人は，たとえ目につくレベルでは個人として活動しているようにとらえられるとしても，実際には，彼らを支える仲間や支持者がいなければその活動も，その存在自体も，難しいものとなる。大学という場は，そうした仲間や支援を提供し得る場として重要な存在であった。それぞれの時代，それぞれの社会に固有の知識人像が見出され得るとともに，そうしたそれぞれの固有の像を踏まえた上での普遍的な知識人像を考えていくことが可能であり，また重要なことで

もある。知識人の消滅や衰退といった，周期的に繰り返されるテーマですら，この鍵概念の持続性を立証する結果になっているとシャルルは指摘するが，今日，かつてほど知識人について語られないとすれば，そのこと自体が知識人の根源的な危機を示していると考えることもできる。反知性主義といった言葉に象徴される社会全体の傾向，▶職業教育や社会実装といったことに大学の役割が強調される風潮，ともすれば大学で行われるべき教育や研究についての本質的な内容よりも，たとえば大学ランキングといった外形的なところから大学についての語りが始められる趨勢，こうした中で大学も今日危機にあるとするならば，知識人の危機と大学の危機とは実は軌を同じくするものとして現出して

いるのかもしれない。

白鳥 義彦

→ 都市と大学（テーマ編），教養と大学（テーマ編），大学と研究（テーマ編），専門職と大学（テーマ編），カウンターカルチャー，文人共和国，大学論の系譜

◎クリストフ・シャルル著，荻野文隆訳「ドレフュス事件以降のフランス知識人—政治的記憶の主体／構成要素としての」『思想』，1997.2.
◎クリストフ・シャルル著，白鳥義彦訳『「知識人」の誕生 1880-1900』藤原書店，2006.
◎ジャック・ルゴフ著，柏木英彦・三上朝造訳『中世の知識人—アベラールからエラスムスへ』岩波新書，1977.
◎Liard, Louis, *L'enseignement supérieur en France* (1789-1893), tome II, Armand Colin, 1894.
◎前川玲子『亡命知識人たちのアメリカ』世界思想社，2014.
◎エドワード・W. サイード著，大橋洋一訳『知識人とは何か』平凡社，1995.

III 大学の組織と機能

大学法制 |だいがくほうせい

[定義]

大学法制は法(law)によって規定された大学制度を意味し，大学に特有の法令と，より一般性をもつもので大学制度の基礎にある法令と，学術振興や学生援助に関するものなどのとくに大学の活動に影響を及ぼす法令から構成されている。

日本の現行法制では，大学制度に特有の法令としては，▶教育基本法7条に大学の基本的性格の規定があり，制度的骨格は▶学校教育法の総則と大学の章，政令である同法施行令の「認可，届出等」および「認証評価」「審議会等」の章における大学に対する条項に示され，さらに文部科学省令である同法施行規則の総則と大学の章や，大学，大学院，大学通信教育，短期大学等ごとの設置基準や諸規則によって詳細が定められている。また，▶国立大学法人法，▶地方独立行政法人法の▶公立大学法人に関する特例の章，▶私立学校法や▶私立学校振興助成法における大学に対する条項があり，それらのもとでの政令や省令などが国立，公立，私立それぞれに固有な規定を設け，大学法制を織りなしている。

大学制度の基礎にある法令としては，そもそも日本国憲法の規定する国の行政組織および財政制度と教育を受ける権利や学問と信教の自由などの条項や，教育基本法の示す教育の目的および理念の条項がある。また，とくに大学の活動に影響を及ぼす法令としては，▶科学技術基本法に示されている科学技術振興に当たっての大学への配慮の規定や独立行政法人日本学術振興会法による学術研究に対する各種の助成に関する規定，学生の修学援助に関する独立行政法人日本学生支援機構法の規定と，それらの法律のもとでの該当の省令等が大学関連法令として存在し，全体として大学法制を構成している。

[法制の性格と大学との関係の歴史的概観]

現在の大学は，国家主権と国民概念が成立して以降の国家，いわゆる近代国家の定める法制のもとにある。しかし，ユニバーシティとしての大学の起源となっているヨーロッパの中世の大学は，西ヨーロッパで近代国家が成立する以前に，ローマ教皇や西ローマ帝国皇帝，さらにはイギリス国教会の首長たるイギリス国王からの特許状によって，職人ギルドの一種として自治権を与えられた存在であった。中世の大学が，自らの警察や監獄をもってい

たり，同じく自治権を持つ周辺の都市と対立していわゆる▶タウンとガウンの争いを起こし，その結果として他の都市に移っていったりということが起こったのも，大学が自治権をもつ学問(教員)ギルドであったからである。今日，博士と訳される最高位の学位であるドクターは本来教師という意味であり，同じく学位のマスターは学問に限らないギルド一般の親方を意味した。

そうしたギルドとしての大学も，中世社会が終焉を迎え，西ヨーロッパで近代国家が成立すると，その法に服することになった。その場合，近代の西洋の法の系統を，独仏等の大陸系と英米系とに分け，その性格の差異を，前者を成文法による法治主義，後者をコモンローによる法の支配とすることが通説化している。しかし，大陸法系でも，権力者が主権者国民によって選ばれる近代の民主国家においては，成文の根拠を自然法によっているので，根本的には法の支配の原理のもとにある。逆に英米系においてもアメリカ合衆国に連邦憲法があるように，一定程度は成文を用いている。そもそも，法治主義は成文法をもって統治するということを意味するのみで，統治の基礎が人治を超えた法則に則るべしとする法の支配の原理と対置されるレベルの概念ではない。歴史上に現れた法治主義は，まず，皇帝や君主などの絶対権力者が成文化した法によって統治しようとしたもので，東洋では，諸子百家の中で孔子に始まる徳治主義の儒家に対して，法律の強制による人民統治を説いた韓非子などの法家の思想がそれにあたる。近代以前の社会では，法治主義をとった場合でも，権力者は自らを神としたり天や神の命としたりして専制的に存在し，法を定めた。

一方，法の支配は，法を人の意志を超えた絶対神のものとみて，神の命令としての律法に従うことを求めてきた西洋的発想に由来する。現代の自由民主主義国家は，権力者の恣意を排すという意味での法治主義をとるが，その根本には法の支配の原理がある。ただし，科学革命を経て，その法は神の命令ではなく自然の法則として認識されるようになった。その法則のもとで，すべて人は平等に存在し，国家社会は人類不変の法則にもとづき形成されるという，近代的な法の支配の観念が存在しているのである。

このように，近代以降の自由民主主義国家では，法の支配のもとで権力者が民主的に選ばれるようになったが，法の実体化を，選ばれた権力者が定め判じ行う場合と，権力者のそれを抑制して多くを当事者に任せるものとの違いが生まれた。前

者が，権限をもった専門家が正解を示し行おうとする体系的成文法重視の大陸法系の狭義の「法治主義」であるのに対して，後者が当事者の主張し合いの中に正解を見つけ出し行おうとする判例法重視のコモンロー系とされるものなのである。

そうしたことから，近代において，中世大学の自治権が形を変えてでも残りえたのは，自由民主主義国家，とりわけ法源を国に置くのではなく当事者に置いているコモンロー系であった。大陸においては，中世的なギルド的自治権は，近代において国の法治主義のもとに剝奪されていった。それは民主国家のフランスにおいて顕著であり，革命によって学者ギルドとしての大学は解体され，研究はアカデミーで，高度な教育は▶グランド・ゼコールと称される高級な専門学校の担うところとなった。大学はのちに復活されたものの，専門学校の集合として存在し，その制度は細部まで法定された。象徴的には，学科やカリキュラムの新設や改廃には国の認可を必要とした。このモデルは，共産主義諸国によって踏襲された。近代化を絶対主義のもとで行ったドイツにおいては，自治的要素が教員団の特権として残ったものの，大学の法制は国家行政機関の一部としてのそれであった。

一方，コモンロー系の諸国では，近代法制のもとでも，中世的な特権的自治はチャーターリング（設立認可）に当たる認可によって責任能力を認められた当事者の自律性へと転化した。大陸系と異なり，イギリスでは，大学は学科やカリキュラムの新設や改廃は学者集団の自己責任として残ったのである。また，アメリカの大学は，教育内容はイギリスの模倣で始まったが，学者集団は▶理事会の被雇用者であり，自律的権限は雇用者たる理事集団に与えられた。しかし，大学が▶学位授与機関として認可された以上，自らが学科やカリキュラムの新設や改廃の責任を負うことに変わりはなかった。こうした経緯から，コモンロー系諸国における大学法制は複雑な様相を呈しており，イギリスでは中世からの法令を引きずるオックスブリッジから近代化の過程で生まれた都市型のレッドブリック，第2次世界大戦後の高等教育拡大政策の結果であるプレートグラス，近年の改革で▶ポリテクニクから昇格した1992ユニバーシティの大学群では適用の法制が異なる。また，アメリカでは主権の内の教育権は州に留め置かれて連邦に移譲されていないことから，50州で教育システムが異なっており，大学法制を複雑なものにしている。その点では，オーストラリアの大学法制は，歴史の新しさ故にコモンロー系としては統一性がある。

そして，近年の世界的な公財政の逼迫による大学への公費支出の限界化とグローバリゼーションによる国際的な大学間の競争の発生で，大陸法系や旧共産圏の国々でも，国家行政組織の一部である大学の運営に行き詰まりが生じ，大学の自律性

を促すため，アメリカを一定程度モデルとして，大学を国家行政機関の一部としての扱いをやめ，法人として扱う大学法制への転換が進められている。ちなみに日本における国公立大学の法人化も，この流れを反映したものと言うことができる。一方，コモンロー系諸国の大学でも，直接間接の公財政補助の見返りとして，自律性のもとでの会計責任（▶アカウンタビリティ）が求められるようになってきた。そうしたことから，アカウンタブル・オートミーと普遍的には表現できる法制が一般化し，そこにはアカウンタビリティの証明手段として第三者的な要素をもつ組織による評価が組み込まれるようになってきている。

なお法人といっても，日本の場合は，私立大学の設置者が第2次世界大戦前は財団法人で戦後も財団法人の亜種としての▶学校法人であり，▶国立大学法人も国の出資による財団法人的な性格の法人として存在するが，ギルドとしての出自をもつ欧米の大学は構成員からなる法人，いわば社団法人的な法的性格を持つものとして存在している。

［日本の大学法制とその特質］

現在の日本の法制は，その最上位に日本国憲法を置いている。狭義の法律は国の立法機関である国会が制定するもので，その執行のために内閣と各省庁が命令を作成する。前者は政令，後者は省令と呼ばれ，全体は法令と呼ばれる。また一部の国権は地方に分権されており，地方自治体の策定する法は条例と呼ばれる。

第2次世界大戦後の1946年に制定されて今日まで続く日本国憲法では，その定めるところの国の行政組織および財政制度が大学のあり方を大きく規定している。大学に関する特定の条項は存在しないが，まず教育について「すべて国民は，法律の定めるところにより，その能力に応じて，ひとしく教育を受ける権利を有する」（26条）と定めていて，当然に大学教育もその対象である。また憲法では「国及びその機関は，宗教教育その他いかなる宗教的活動もしてはならない」（20条）としており，国立大学での宗教教育は許されない。また，「公金その他の公の財産は，宗教上の組織若しくは団体の使用，便益若しくは維持のため，又は公の支配に属しない慈善，教育若しくは博愛の事業に対し，これを支出し，又はその利用に供してはならない」（89条）としている。さらに「学問の自由は，これを保障する」（23条）の条文は，大学における学問の自由を，一般社会における学問の自由を宣言することによって基盤から保証するものになっている。

次に教育関係の法律で特殊な位置を占めるのが教育基本法である。1947年に施行された旧教育基本法は，教育の基本原則を記述するのみで特定の教育機関への言及はなかったが，2006年公布施行の現行法では，第7条に「大学は，学術の中心として，高い教養と専門的能力を培うとともに，深く

68　　大学法制

真理を探究して新たな知見を創造し，これらの成果を広く社会に提供することにより，社会の発展に寄与するものとする」「大学については，自主性，自律性その他の大学における教育及び研究の特性が尊重されなければならない」と規定されている。

一方，大学の制度的なあり方について具体的に規定しているのは学校教育法である。1947年制定の同法では，現在第9章を大学とし，83条から114条の32条を充てて大学の目的から組織，教職員，大学院，附置研究所，所轄，短期大学，学位，評価，関連の行政，さらには専攻科・別科，▶公開講座に至るまで詳細に記述している。また，第1章総則では，そもそも大学が同法の定める学校の一種であること，学校は国立大学法人を含む国，公立大学法人を含む地方公共団体，私立学校法に規定する学校法人のみが設置できること，学校の設置は文部科学大臣の定める設置基準に従うべきこと，公立および私立大学（大学の学部，大学院および大学院の研究科ならびに短期大学の学科を含む）の設置廃止には文部科学大臣の認可が必要なこと，学校の設置者はその経費を負担すべきこと，国公立学校での義務教育を除いては授業料を徴収できること，文部科学大臣は公私立の大学が法令に違反した場合には勧告，変更，さらには廃止を命ずることができることなどを規定している。この法律で注意を要するのは，肝心な大学の定義そのものが大学院を含む広義の大学概念と，大学院を除く学士課程の部分のみを指す狭義の大学概念とが輻湊して規定されていることである。

政令である学校教育法施行令では，大学を含む学校の認可および届出事項や認証評価の期間の規定がある。また，学校教育法施行規則では，第9章大学において設備，編制，学部及び学科（第1節），入学，退学，転学，留学，休学及び卒業等（第2節），履修証明書が交付される特別の課程（第3節），認証評価その他（第4節）の規定がなされている。さらに，実務的に重要な位置にあるのは省令である設置基準である。大学に関わる設置基準は，▶大学設置基準（1956）を基軸に，大学院設置基準（1974），短期大学設置基準（1975），大学通信教育設置基準（1981），短期大学通信教育設置基準（1982），専門職大学院設置基準（2003）があり，大学の仕組みや活動を細部に至るまで規定している（括弧内の数字は制定の年）。

また国立，公立，私立大学ごとの固有な規定として国立大学法人法，地方独立行政法人法の公立大学法人に関する特例の章，私立学校法や私立学校振興助成法における大学に対する条項と，それらのもとでの政令や省令などが設けられている。このうち，1975年制定の私立学校振興助成法は私立大学に対する経常費の補助ができることを定めており，2006年制定の新たな教育基本法で「国及び地方公共団体は，その自主性を尊重しつ

つ，助成その他の適当な方法によって私立学校教育の振興に努めなければならない」（8条）と規定してそれを裏書したが，憲法89条における「公の支配に属しない（略）教育（略）の事業に対し，これを支出し，又はその利用に供してはならない」との定めとの齟齬が解決したわけではない。

日本の近代法制は1889年（明治22）公布の大日本帝国憲法（明治憲法）下のそれに始まるが，明治憲法は「朕祖宗ノ遺烈ヲ承ケ万世一系ノ帝位ヲ践ミ（略）朕カ後嗣及臣民及臣民ノ子孫タル者ヲシテ永遠ニ循行スル所ヲ知ラシム」（前文）として定められたもので，平等な個人を基礎とする自然法を前提とするものではなかった。そのことから，第2次世界大戦前の法制は近代法制を絶対主義のもとで整備したドイツを範としつつ，さらに東洋的法治主義の要素を多分に含むものであった。そのもとで，大学法制は，最初の近代大学法制である1886年の▶帝国大学令下でも公私立大学の存在を認めた1918年（大正7）の▶大学令下でも，議会の制定する法律にもとづかない勅令による教育法制の一環として行政優位で存在した。

これに対して，戦後に制定された現行憲法は，「そもそも国政は，国民の厳粛な信託によるものであつて，その権威は国民に由来し，その権力は国民の代表者がこれを行使し，その福利は国民がこれを享受する。これは人類普遍の原理であり，この憲法は，かかる原理に基くものである」（前文）と，明確にその根源が自然法によるものであることを宣言し，自由民主主義国家のものであることを明示している。しかし，その運用は英米系のコモンロー系ではなく，大陸系の狭義の「法治主義」で行われている。その上，戦前からの東洋的法治主義の要素の濃い行政優位は慣性のように残っている。

本来，上位法の優位で，立法機関たる国会が作る法律にもとづき，内閣の命令である政令や各省の命令である省令が作成されるべきであるが，しばしば省令のみでの法規定がなされたり，法律化が省令の後を追ったりということが起こっている。前者の例としては，学校教育法3条で，設置基準は「大臣の定める設備，編制その他に関する」ものとして，その規定の範囲を設備と編制とその類似物としているにもかかわらず，実際の▶大学設置基準では「教育課程の編成に当たつては，大学は，学部等の専攻に係る専門の学芸を教授するとともに，幅広く深い教養及び総合的な判断力を培い，豊かな人間性を涵養するよう適切に配慮しなければならない」（19条）とか，「学生が卒業後自らの資質を向上させ，社会的及び職業的自立を図るために必要な能力を，教育課程の実施及び厚生補導を通じて培うことができるよう」（42条の2）といった，教育内容にまで踏み込んで規定を行っている。また後者の例としては，大学における▶自己点検・評価の義務が当初は設置基準に盛り込まれ，のちに学校

教育法に規定されるようになったことなどが挙げられる。さらに，1週間分45時間の学修量を1単位とし，その実行を強く要求しているのに，1学期15週では15単位の学修にしかならず，8学期4年間の卒業要件単位数124単位にならないといった齟齬には目をつぶり続けているなど，細部までを法定している一方で，根本的な問題には無頓着なものになっている。

こうした法令環境のもとで，大学制度の原点とも言える学校教育法において，大学の定義が大学院を含む広義の大学と大学院を除く学士課程の部分のみを指す狭義の大学概念が輻湊して規定され混乱を生んでいるといった齟齬も，解消されることなく推移している。2004年に制定された国立大学法人法も，何度か改正を重ねている私立大学関係の法令も，ここで指摘したような日本の法制の特質をしっかり認識した上でのものとは言えず，日本の大学法制は，混迷の度を深めていると言えよう。

舘 昭

→学校教育法と設置基準，大学法人，国立大学法制，公立大学法制，私立大学法制，高等教育機関法制，国立大学法人，公立大学法人，アカデミア，日本の大学改革，チャーターリングとアクレディテーション，アメリカ合衆国の大学法制，イギリスの大学法制，フランスの大学法制，ドイツの大学法制，北欧の大学法制，中国の大学法制，韓国の大学法制，オーストラリアの大学法制

◎小島武司編著『日本法制の改革：立法と実務の最前線』中央大学出版部，2007.
◎クリストフ・シャルル，ジャック・ヴェルジュ著，岡山茂，谷口清彦訳『大学の歴史』白水社，2009.
◎舘昭『原点に立ち返っての大学改革』東信堂，2006.
◎舘昭『改めて「大学制度とは何か」を問う』東信堂，2007.
◎舘昭『原理原則を踏まえた大学改革を』東信堂，2013.

学部の概念 |がくぶのがいねん

中世以来今日に至るまで，大学を構成する最も重要な概念となってきたのが，「学部」（ファクルタス：facultas［羅］）である。現代の日本では，一つの大学の中に一つないし複数の学部が存在し，それぞれの学部が自治的組織として独立しながら全体としての大学を構成していると，一般的に捉えられている。

［起源］
ラテン語の「ファクルタス」という語は元来，学部という意味で使用された言葉ではない。古典的には「能力」「自由」「所有」などの意味で使用された。それが「学問」や「学科目」といった意味で使用されるようになるのは，12世紀以降のことである。▶中世大学が出現した13世紀になると，より明確に「大学組織の行政的な下位区分」として使用されるようになった。

▶パリ大学では，13世紀半ば頃に「カリキュラムや学習段階の認定などの教育権と教師の任命の人事権を有する現職教師の会議」を明確に意味するようになったとされる。確かに「教師と学生のウニヴェルシタス」という表現に明示されるように，大学団が教師と学生によって成立し，法学，神学，医学の上級学部と教養諸学の下級学部に分かれて，その合議によって大学の管理運営がおこなわれた。すなわち，この四つの学部が全体としてのパリの大学を構成していた。その意味で，いわゆる四学部はまさしく「ストゥディウムの行政的下位区分であり，教育組織に結び付いたものであった」（ヴェルジェ，1979）と言える。

これに対して，▶ボローニャ大学は法学生のみによるウニヴェルシタスとして出現し，完全に教師を除外していたため，教師を含む学位取得者たちは独自の組織である▶コレギウムを形成した。このため，ファクルタスという言葉も概念も初期には使用されなかった。それが使用され始めるのは，14世紀後半にパリ型の▶神学部が設立された頃からである。そのため，初期の法科コレギウムはウニヴェルシタスに対する管理・運営権をまったくもたなかった。パリでは教師が大学団を管理・運営したが，イタリアでは，その権限は学生大学団の学頭とその▶国民団から選出された評議員が掌握し，教師選出権すら学生が行使していた。

したがって，パリ大学の「学部」は，大学の専門分野ごとの行政的な区分組織として自治権をもち，それはカリキュラム認定などの教育権，教師任命の人事権，組織の管理・運営権からなっていた。とりわけ教育権には，教育段階の認定である学位の授与権が含まれた。ボローニャでは，学生ウニヴェルシタスが教育権と人事権，管理・運営権をもち，教育認定としての▶学位授与権のみ教師のコレギウムが有していた。いずれにしても，これらはすべて法人自治団体としての自治権に由来している。

［定義と各国の形態］
「学部」概念は，大学をめぐる諸概念のなかで最も基本的なものの一つであるにもかかわらず，現在の大学史研究において，必ずしも明確に定義されて使用されているとは言い難い。たとえばJossey-Bass社の『国際高等教育百科事典』では，ファカルティ（faculty）の定義をアメリカ合衆国とヨーロッパに分け，アメリカでは「通常，高等教育の一つの組織の教授メンバー」を指すとし，ヨーロッパでは「総合科学や政治科学，健康科学などのような関連する学科目の一つのグループ」を意味するとしている。アメリカで使用される教授メンバーとしてのファカルティの意味は，国際的に見ると特殊で，むしろヨーロッパ的な意味で使用される場合が多い。その場合，同事典の「関連する学科目の一つのグループ」という定義も曖昧であり，学科目の集合体なのか，その人的集合体なのか，研究組織なのか教育組織

なのか，学生を含むのか否かなどが明確に定義されていない。

イタリアの百科事典『*Dizionario Enciclopedico Italiano*』などを見ると，大学組織としての「学部 facoltà」をおおむね三つに分けて定義することが多い。その場合，まず「学部」は大学の下部組織として，特定の学問分野に属するすべての教育が集合した「教育上の単位」と定義づけられる。そして，その教育がおこなわれる「場」としての意味，その教育をおこなう「教師の団体」という人的定義が付加される。このような定義にしたがえば，ヨーロッパを中心に広く見られる「学部」は，大学組織において特定学問分野の教育上の区分を意味するとともに，そこに属する教師の団体と，その教育がおこなわれる場を意味することになる。そして，研究組織というよりも教育組織であり，一般に学生はそこから排除されるという，中世のパリ大学以来今日に至るまでの伝統的「学部」組織概念が継承されている。

しかし，この基本的概念はその展開にあたり各国において多様な形態をもっている。ファカルティそのものが人的意味をもつアメリカでは，「特定学問分野の教育上の区分」という組織的意味では，カレッジ，デパートメント，スクールが「学部」に相当する形態をもつ。アメリカがモデルとしたイギリスのカレッジは，生活と特定分野に限定されない教育の場であり，「特定学問分野の教育上の区分」である「学部」と共存している。フランスではナポレオン体制下において，ファキュルテ(faculté)は「学部」の意味ではなく，独立の高等教育施設(分科大学，単科大学ともいう)を示す名称として使用された。

第2次世界大戦後のドイツでは，1960年代から70年代の▶正教授支配大学から▶集団合議制大学への移行のなかで，従来の伝統的な学部(Fakultät)に代わり，関連する専門分野の集合体である専門部(Fachbereich)が大学組織上の基本単位として設けられるようになった。それにより，一方で▶学長等の権限を強めるとともに，他方で学部よりも小さな単位のなかでの意思決定プロセスに，学生を含むすべての構成員グループの代表が加わることを可能とする仕組みの創設が目指された。

[権限と機能]

「学部」のもつ本質的な権限は，時代と地域によってそのあり方に変動はあるものの，基本的に大きく変化したとは言えない。主要な権限としては，その起源において見られたように，教育権としてのカリキュラムの決定権と教育の認定としての学位授与権，同じ「学部」の人員を決定する人事権，「学部」を機能させるための管理・運営権の三つを挙げることができる。このうち教育権と人事権に関しては，初期のボローニャなどに見られたように学生が行使した事例があり，その伝統から「学部」成員に学生の代表を加え，管理・運営に至るまで学生を参画させるべきとの考え方が存在してきた。また人事権

に関しては，当初より地域国家が介入してそれを侵犯したし，近代国家によっても直接国家が人事権を行使する例も見られるようになった。管理・運営権についても，当初は教会や都市の官吏が大学の監督権を行使した場合もあり，また，大学が国家組織化されてからはその行政権の下に置かれることにもなった。一般に「学部」の権限は，中世以来伝統的に受け継がれてきた法人団体的な自治権を基盤としながら，地域国家や近代国民国家による行政的な組織原理がそれを凌駕することによって形成されてきたものである。

これらの権限に密接に関係して「学部」の機能もまた存在するが，それは多様であり，大学そのものがもつ機能とも重複している。現在言われている大学の主要な機能としては学生の教育，研究，社会貢献の三つが挙げられる。このうち，学生の教育機能は中世以来今日に至るまで大学が有してきた最も本質的な機能とされる。しかし，一貫しておこなわれてきた教育も，その目的は時代とともに変化し拡大してきた。おおむね中世以来の神学，法学，医学の3学部が専門職養成の機能を果たしてきたのに対して，近代になってからは，ドイツの▶哲学部やイギリスのカレッジ教育などに見られるような教養教育が隆盛した。19世紀以降は工業化の進展によってドイツで高等実業学校が▶工科大学となり，アメリカで州立大学を中心に▶工学部が設立されるなど，工学系分野が大学に取り込まれ，科学技術教育が大学でおこなわれるようになった。大学の大衆化が起こった近年に至っては，本来の学部の専門分野を越えた一般職養成の機能も期待されるようになった。

教育と並んで研究の機能もまた，「学部」とその成員の機能として挙げられる。しかし，この機能は，大学ないし「学部」の組織的機能としては，近代とりわけフンボルト改革以後に明確にされた機能である。一般に中世以来，大学は研究機能をもっていたと言われることがあるが，中世以来の「学部」組織の規約には教育機能が明記されているのみで，研究機能は組織としては規定されていない。近世までは，真理を探究するという近代的な研究の観念すら確立していなかった。その後も都市や国家の要請に応じて大学教師が個人的に研究に従事することはあっても，大学ないし「学部」組織として研究機能を果たしていたわけではない。▶フンボルト以後に「真理の探究」が大学の機能として位置づけられ，「学部」の成員に研究の推進とその公表が要求されるようになった。とりわけ科学技術系の「学部」が大学に成立してからは，「学部」において研究が組織化された。また近年は世界各国で大学評価が推進され，一定期間に一定の研究業績を挙げることが義務づけられるようになっている。

公的な業務や相談・助言活動もまた，「学部」ないし「学部」成員の機能として，関連法規や▶学則

等によって必ずしも規定されてきたわけではない
が，今日ではとくに，社会的に要請される機能と見
なされる。この機能は，大学の草創期においても
都市や国家への法的な相談・助言や，地域医療へ
の貢献などをおこなって以来，今日に至るまで一
貫して要請されてきた。ことに大学が国家組織化
されて以後は，「学部」として，あるいはその成員に
は国家官吏ないし公務員としての責務を果たすこ
とが要求されるようになった。

　この主要な3機能に加えて，「学部」にはその運
営上必要とされる自治的機能などがある。組織と
しての教職員や学生の人的な管理・運営と，大学
全体の自治的機能とそれにかかわる学部の自治的
機能の有機的分担がそのおもなものである。

[内部組織と人的構成]
「学部」は，一般に「▶学科」（デパートメント）と呼ばれ
る，より細分化された専門分野に応じた組織に分
かれる。「学部」成員は通常この組織に属するため，
「学部」は教育組織，「学科」は研究組織とされ
る場合がある。日本の大学の▶教職課程のように，
一定の資格を取得するために所定の科目を設置し
た「▶課程」も設けられている。

　「学科」の内部に，もしくは「学科」に代えて，
「▶講座」が置かれる。「学部」の構成単位としては，
「学科」よりも「講座」のほうが歴史的に古く，重要
な意味をもった。中世大学では元来，「講座」を意
味するカテドラ（cathedra[羅]）という言葉は教師が座
る具体的な「椅子」を意味し，そこから権威をもって
教師が▶講義をおこなう場というやや抽象化された
意味へ，そして教師の権威ある「地位」へ，さらには
教師がその「椅子」でおこなう▶授業の内容を示すま
で抽象化されて使用されてきた。当然，一つの「講
座」は一人の▶教授によって占められ，一講座一教
授を原則としたが，同一講義に複数の「対立講座」
と称される「講座」が開かれたこともあった。これに
対して日本では，導入当初は一人一講座であった
が，次第に複数の教員で構成されるようになり，
「講座」を教授・助教授・▶講師などのピラミッド構
造で捉える考え方が定着してきた。

　2007年（平成19）の学校教育法改正により，学部
の構成員のうち助教授は▶准教授に改称され，▶助
手に加えて，新たに▶助教の職が設けられ，法制上
は教授，准教授，助教の職務は同じとなり，その違
いは資格要件だけとなった。そのほか学校教育法
で定められている▶名誉教授とは異なり，各機関が
その規定により授与している特別教授，栄誉教授
などの称号をもつ教授も存在する。医学部では臨
床教授や病院教授の名称も使用されている。近
年，大学内の教員の職務の分業化にともない，ア
ドミッションセンター，▶保健管理センター，留学生
センターなどに，学部に属さない教授職も置かれて
いる。

　また「学部」は，付属組織として独自に▶研究所，

学校，病院，図書館などの教育研究施設をもつ場
合もある。これらの組織の管理・運営は▶教授会や
各種委員会などによっておこなわれ，学部「規定」，
「内規」，講義要項などを通じて実行される。とり
わけ「学部」の最高意思決定機関として▶学部長に
よって主宰される教授会は，▶学部自治の根幹をな
してきた。2014年の学校教育法改正により，教授
会は学長等が「決定を行うに当たり意見を述べる」
機関として位置づけられ，その役割が限定されるこ
とになり，最終的な決定権限は教授会ではなく，学
長等の組織の長が有するとされている。

[日本]
日本で初めて「大学」に「学部」なる名称が使用され
たのは，1877年（明治10）に東京開成学校と東京医
学校が合併されて▶東京大学と改称され，文学部，
理学部，法学部，医学部が置かれたときである。
予備門を別にすれば，この4学部によって一つの
「大学」が構成された。しかし，この「学部」なるもの
は，上述の西洋的な意味でのファクルタスではな
く，太政官制における一つの「部」を意味したと言
われる。1886年の▶帝国大学令では▶分科大学を
置いて「学部」組織を採らなかったため，おそらく，
初めて西洋的な「学部」組織が導入されたのは，
1918年（大正7）公布の▶大学令による。そこでは
「大学ニハ数個ノ学部ヲ置クヲ常例トス」とされ，例
外的形態として単一「学部」による「大学」も認めら
れた。これにしたがって翌年，帝国大学令の改正
がなされ，従来の分科大学に代えて「学部」が置か
れた。また▶帝国大学にのみ「学部」に講座が置か
れることとなった。

　第2次世界大戦後は，学校教育法によって「大
学には，数個の学部を置くことを常例とする」と定
め，その後の改正で，学群や学系等を想定した学
部以外の組織の設置も認めている（53条，現行85
条）。この場合の「学部」は「専攻により教育研究の
必要に応じ組織されるものであって，教育研究上
適当な規模内容を有し，教員組織，教員数その他
が学部として適当であると認められるものとする」
（大学設置基準3条）と定めている。しかし，▶専攻分
野ごとの教育と研究を目的とした組織であるとの
定義以上の詳細な規定はない。なお，学部内の組
織としては「学科」を置き，「有益かつ適切であると
認められる場合」には「課程」を置くことができると
している（同4条，5条）。このような日本の「学部」
は，アメリカ型の組織ではなく，ヨーロッパ型の組
織であると言える。

　現在日本では，学部制度は大きな転換期を迎え
ている。その要因は一つには，▶学士課程段階の
教育再編のなかで，学部の枠を越えた共通教育・
教養教育等の創成と運営が各大学に求められてい
ること，もう一つは，学部と専門の▶ディシプリンと
の関係に変化を促す外からの強い圧力が働いてい
るということである（寺﨑昌男，2011）。前者について

72　　学部の概念

大学事典

言えば，学生層のニーズが伝統的な「閉じられた専門家集団」としての「学部」に対し，根本的な変革を促しているという点である。後者は，近年の学部名称の多様化に典型的に現れている。従来の名称を使用していたのでは学生を集められないという大学経営面からの要請がある。その結果，専門のディシプリン自体もそれに合わせて変えていかなければならない。こうした事情を背景に，伝統的な学部の概念も根本からの変更を迫られている。

児玉 善仁

→大学の概念(テーマ編)，フンボルト理念，学部外組織，新設学部の動向，学系／学群，学域／学府，大学の目的・機能(テーマ編)

◎ジャック・ヴェルジェ著，大高順雄訳『中世の大学』みすず書房，1979.
◎児玉善仁『イタリアの中世大学―その成立と変容』名古屋大学出版会，2007.
◎児玉善仁「起源としての「大学」概念」，別府昭郎編『〈大学〉再考―概念の受容と展開』知泉書館，2011.
◎寺﨑昌男「「学部」と「学位」を見なおす」，前掲『〈大学〉再考―概念の受容と展開』
◎児玉善仁「Studium generale の概念―その普遍性と法的根拠をめぐって」『イタリア学会誌』第25号，1977.
◎*The International Encyclopedia of Higher Education*, Jossey-Bass, 1978.
◎*Dizionario Enciclopedico Italiano*, Istituto della Enciclopedia Italiana, 1955-61.

学位と称号 | がくいとしょうごう

[中世ヨーロッパの大学と学位]

中世ヨーロッパでは，学位は本来的に「教える資格 licentia docendi」を意味し，同時にそれを認定する教師の集団(ギルド)に入会する資格を意味した。大学は12世紀後半にまずボローニャで，そしてパリで誕生した。ボローニャにおいては，▶国民団(ナチオ)と呼ばれる法律を学ぶ学生による共同体から大学(universitas)が生まれた。学生は法学教師にコレクタ(collecta)といわれる謝礼を払って学んでいたが，やがて法学教師も▶コレギウム(collegium)というギルドを形成して，教授内容や学生の修学の程度を認定するようになった。この時代は都市国家が発展し，商工業者はギルド(組合)を形成していたが，教師と学生も同様に団体を形成するようになり，教師はその後継者を養成し，その認定を行うようになっていった。ボローニャでは，この教師のギルドともいえるコレギウムが規定による試験によって教授資格を認定したが，それが学位(法学のドクトル)であった。やがて，▶パリ大学におけるように，ボローニャでも司教座の助祭長が授与する▶教授免許が導入され，学位授与と教授免許授与が区別されるようになっていった。13世紀後半以降，ボローニャでは，法学のコレギウム(法学のドクトルを

持つ大学教師と教師でないものの団体)から教養諸学(医学を含む)のコレギウムが分離していき，教養諸学では▶マギステルの学位が，医学では▶ドクトルの学位が授与された。

一方，フランスでは，大学と呼べる組織が成立する12世紀ごろから，北フランスのパリ，シャルトル，ランス，オルレアンなどの司教座聖堂学校で▶リベラルアーツ(三学四科)の教育が行われていたが，1160年代になると「教授免許 licentia docendi」の制度が設けられ，すべての教師は，教える認可を得るために各司教区の司教あるいはその代理人に願い出る必要があった(ヴェルジェ『入門 十二世紀ルネサンス』)。パリ大学はこのような地域的背景の下，教授免許を授けるパリのノートルダム司教座聖堂学校が母体となって誕生した。当初は教師の団体として成立し，やがて，教師と学生の組合(universitas)に成長した。司教座聖堂の▶カンケラリウス(文書局長とも訳される)は，大学成立後もしばらくは教授免許授与権を保持した。その後，他の商工業のギルドでの階級である徒弟，職人，親方に相当する大学内での階級として，学生，▶バカラリウス，ドクトルあるいはマギステルの身分(資格)が導入されていった。後者三つが学位である。

マギステルとドクトルはもともと同義で，パリ大学では神学，医学，教養諸科(学芸学部)ではマギステル，法学ではドクトルが，法学中心のイタリアではドクトルが使われた。しかし，次第に神学，法学，医学の上級学部ではドクトルが，教養諸科ではマギステルが使われるようになった。マギステルの学位はアングロ・サクソン系大学でマスター(▶修士)として定着し，現在日本でも▶学士と▶博士の中間の学位として制度化されている。

おそらくは13世紀に，パリ大学で「リケンティアトゥス」なる学位が登場した。リケンティアトゥスは本来「免許取得者」を意味し，これによって教授する資格，すなわち▶講義や討論裁定などを行う資格を得ることができた。しかし，ドクトルあるいはマギステルの学位を取得しない限りは，正式な教授の組合の一員になる資格はなかった。この組合加入の最終試験は inceptio(インケプティオ，ボローニャではコンヴェントゥス conventus)と呼ばれた。

イギリスでは，パリから移住した学生や教師によって▶オックスフォード大学が12世紀後半に成立したらしい。中世のこの大学の学位や修学の規定は，ほとんどパリ大学と変わるところがないとされる(ラシュドール『大学の起源』)。教養諸科では，まずバチェラー(これは「教養諸科でなんらかの書物を読む資格」とされる)を取得し，マスター(マギステル)に向けて学修を進めた。パリと異なるオックスフォードの特徴として，教師(マスター)となること(inceptio)，あるいは教授免状(licentia)を取得することに対して，希望者がチャンセラー(カンケラリウス)の前で一定の書物を読んだことを宣誓するなどのことはあった

が，パリでのように試験官の前で現代的な意味での試験は課されなかったといわれる。

ドイツ語圏の大学は，▶プラハ大学が神聖ローマ皇帝のカール4世に，▶ハイデルベルク大学がファルツ選帝侯ルプレヒト1世というように，皇帝や領邦君主などの，いわば権威によって最初から設立されたものであり，▶ボローニャ大学やパリ大学のように，学生や教師の団体として自発的に生成した大学ではなかった。そこでは国民団は意味を持たず，それは次第に教師の組合に移行し，大学は教師の集団としての学部制に向かうことになった。学位は段階的に四つに分かれ，各学部においてバカラリウス，リケンティアトゥス，マギステルあるいはドクトルとなっていた。

ドイツ語圏最初の大学である▶ウィーン大学（1365年創立）を例にとると，学生はまず学芸学部で修辞学や文法などの教養諸科を学び，試験に合格するとバカラリウスを取得した。バカラリウスは「教えつつ学ぶ」もので，自らさらに学びながら，バカラリウスを目指す学生の指導などに従事した。バカラリウスを得た学生は規定の学習を終わると，リケンティアトゥスのための学位試験を受けることができた。これに合格して初めて教授免許取得者，すなわちリケンティアトゥスであることが認定された。しかしドイツでも，実際に教えることのできるマギステルになるためにはさらに教師組合に加入しなければならなかった。ここでもマギステルの学位は，「大学教師としての資格認定」と「ギルドの親方としての教師」の両方の意味を有していた。法学，神学，医学の各学部でも同様に修業年限，学習内容は異なるが，階梯をのぼり各学部のバカラリウス，リケンティアトゥス，ドクトルあるいはマギステルの学位を得た。

［アメリカ合衆国の大学の学位］

アメリカは中世の歴史を持たず，近代国家として出発したので，ヨーロッパにおけるような，学位が教師の団体（ギルド）の加入資格であると同時に学生を教える資格でもあるという考え方は，17世紀の大学（カレッジ）成立時には生まれていない。アメリカの大学は，▶大学院（graduate school）が成立し博士の学位（Ph.D.）を提供するようになるまでは，まったくの教育機関（カレッジ）として機能した。それまでの大学はあくまで新興国家の牧師や地域の良き市民を養成する機関であった。

一方，南北戦争が終了するころから産業が発達し，1862年，▶モリル法によって国有地付与大学（land-grant college）が設立され，それまでのカレッジでの市民育成のための▶リベラルアーツ教育だけではなく，農学や工学を教授内容とする大学が誕生した。また，大学での研究の先進国であったドイツの大学に留学した人々は，研究の機能をアメリカのカレッジに付け加えるべきだと考えるようになり，19世紀後半から20世紀にかけて，いくつかの植民

地カレッジや有力州立大学に，カレッジの組織は残したまま，大学院が設置されるようになった。1876年には，最初の大学院を有する▶ジョンズ・ホプキンズ大学が誕生した。

このように，アメリカの大学は教育機関として出発し，のちに博士の学位を出すべく大学院を設置し，研究機能を大学に付加する形で発展してきた。したがってアメリカの大学で授与される学位は，まずカレッジの卒業時に授与されるものが学士（バチェラー），その後の大学院修了時で授与されるものが修士（マスター），博士（ドクター：Ph.D.）である。この点がヨーロッパの歴史と比べて大きく異なる。ヨーロッパ（大陸）では，学位はもともと博士（ドクトルあるいはマギステル）であり，バカラリウスは中途で発生した中間学位であった。このバカラリウスは現在，バチェラーの学位として（意味は変容したが），日本やアメリカなどで制度化されている。しかし，ヨーロッパの大学が，バカラリウス（バチェラー）とマギステル（マスター）あるいはドクトル（ドクター）の学位を授与する別の組織に分かれていたわけではないことに注意する必要がある。それを明確に制度化したのはアメリカである。

アメリカの大学の学位授与組織は，▶学士課程（undergraduate）卒後段階で二つに分かれていることが特徴である。一つはPh.D.に象徴される▶研究学位を授与する学術大学院（graduate school）であり，もう一つは分野別の職業学位である博士や修士を授与する専門職養成のための学校（professional school）である。修士あるいは博士の学位を取得するためには，学位を提供する大学院あるいは専門職養成の学校に入学し，一定期間（2～3年程度，学校により異なる）「在学residency」しなくてはならない。たとえば▶ハーヴァード大学で医学の学位（M.D.）を得るためには，ハーヴァード医学校（Harvard Medical School）に入学し，所定の学修を行わなければならない。博士や修士の学位は，大学院での単位修得と専門的訓練を経て初めて授与される。アメリカには日本の「▶論文博士」は存在しない。これはヨーロッパでも同じで，たとえば中世パリ大学で学位を取得するためには，定められた期間パリに在住し所定の授業に出席する必要があった。

［日本の学位制度の歴史と現在］

日本の学位の一つに使われる「博士」という言葉は，8世紀の律令制時代の「博士」に遡ることができる。当時は，貴族の子弟たちのための▶大学寮があり，その教官職の最高の位が「博士」であった。明治に入り，学制追加（明治6年文部省布達第51号）により，「学士」が規定された。これは学位令発布以前であり，ここでの学士は「学位」である。授与権者は文部卿（現在の文部科学大臣に相当）である。この学制追加は1887年（明治20）の学位令まで続くが，77年には東京大学が成立する。ここでは，授与権者は東京大学綜理である。また，工部省によ

74　　学位と称号

り設置された▶工部大学校においても卒業者のうち成績優秀者（一等及第）に学士（工学士）が校長から授与された。

1887年の学位令（勅令第13号）制定時に学士の学位は廃止され，博士と▶大博士が学位として登場した。大博士は誰にも授与されることがなく，1898年の学位令改正（勅令第344号）によって廃止された。また，この学位令改正によって，1887年の学位令に規定された授与条件を満たすものに加えて，博士会の承認を得たもの，および帝国大学分科大学教授であって帝国大学総長の推薦を受けたものが博士の学位を得ることができることとなった。ここでも授与権者は文部大臣である。

1920年（大正9）7月の学位令改正（勅令第200号）では，学位の種類は博士のみで以前と同じであったが，初めて論文提出が求められたこと，授与権者が文部大臣から大学になったこと，そして学位取得後の論文の印刷公表が義務づけられたことが特筆される。授与要件は研究科に2年以上在籍し，論文を提出し，その審査に合格したもの，あるいは論文を提出し，学力が前記のものと同等と認められるものとされ，文部大臣の認可を経て大学が授与した。この時点ですでに，現在まで続いている▶課程博士と論文博士という二つの博士の学位のあり方を見ることができる。

第2次世界大戦後になり，学位は▶学校教育法（昭和22年法律第26号）の規定に基づき，文部省の▶学位規則（昭和28年文部省令第9号）により定められることとなった。学位は博士と修士とされ，初めて修士の学位が制定された。学位取得の要件の一つは，博士の学位を取得するためには基本的には大学院に4年以上在学すること，一方，修士の学位では大学院に2年以上在籍することであり，学位と大学院が制度的に強く結びつけられたことがこの学位規則の特徴である。

1974年（昭和49）に▶大学院設置基準（文部省令第28号）が制定され，学位規則も一部改正（文部省令第29号）となり，新たに学術博士が制定された。この改正で重要な点は，学位の取得が，大学院▶修士課程あるいは▶博士課程修了者に対して授与されるものであることが明確に規定されたこと（ただし，論文提出による論文博士取得の制度は継続），および学位の意義（授与資格）が変更されたことである。1953年の学位規則では，博士の学位は「独創的研究による新領域の開拓」「文化の進展に寄与」「研究を指導する能力」に対して授与されるものとされたが，この改正では自立して研究活動を行うのに必要な「高度の研究能力及びその基礎となる豊かな学識」に対して授与されることとなった。これは，明治初期の大博士に見られるように，博士の学位が権威的な「学問的な威信」を示すものから，実際に「自立して研究を行える能力の証明」へと大きく変化したことを示す。また修士の学位も「精深な学識と専攻分野における研究能力」に「専門性を要する職業等に必要な高度な能力」が付け加えられ，修士の学位を職業に必要な能力と結びつけた点が注目される。

その後，1991年（平成3）6月の学位規則改正によって，明治初期に学位であった学士が再び学位に位置づけられ，文学修士や理学博士など分野別の修士，博士の種類が学位規則上廃止された。また，学位授与機構（現，▶大学改革支援・学位授与機構）が設置され，大学でない機関が学位を授与する制度が開かれた。さらに，学校教育法ならびに学位規則の改正によって，2003年に▶専門職大学院の課程を修了したものに対して修士（専門職），法務博士（専門職）の，2007年には教職修士（専門職）の学位が新設された。また2005年には，それまで▶準学士の▶称号が与えられていた短期大学卒業生に対して，▶短期大学士の学位が与えられることとなった。

［学位とその将来—教師・職業・研究］

すでに述べたように，中世ヨーロッパの大学に起源を持つ学位は「教える」資格であるとともに，教師の組合（universitas）に入会するための資格でもあった。教師の教える資格である教授免許（学位）は，13世紀には教皇の教書によって万国教授資格（ius ubique docendi［羅］）となり，中世の一時期ではあるが，これを持てば特定の大学ではなくヨーロッパのどこの大学でも教授することができる普遍的教授権となって広く通用した。しかし，大学成立初期では教師の資格がその第一義的な性格である学位であったが，法律家や開業する医師のように，次第に教師にならない学位取得者も現れてきた。つまり，学位はその本来的性格からも予想されるように，▶専門職資格の性格も持つようにもなっていき，学位の意味自体も変化していった。一方，18世紀末ごろからドイツの大学で「研究」なる概念が登場し，それに伴って学位が「研究する能力」に関係づけられるようになっていった。これは，アメリカの学術大学院の成立とそこで授与されるPh.D.に象徴されるように，大学自体も教育機関から研究機関の性格をあわせ持つ組織に変化したことを意味している。

このように学位は現在，世界各国で「教授（教育）」「職業」，そして「研究」に密接に関係したものとなっている。ヨーロッパ，とくに大陸では，学位とは本来，ドクトルあるいはマギステルで，最も高度な学術的訓練を受けたものに授与されてきたが，現在は▶ボローニャ・プロセスへの参加により，アメリカと同じように学士・修士・博士の三つの学位を段階的に取得するシステムに変わりつつある。日本では，修士の学位が理工系では職業資格としても十分機能しているものの，文系分野では修士や博士などの研究学位は，大学教員や研究者を目指す一部の学生に対してしかほとんど意味をもっておらず，また社会通念上，学位とは最近まで博士号

を意味し，一部の研究者に限られる特別な資格であった。しかし，戦後に修士の学位を制定してからすでに久しく，最近になって学士を再び学位化し，また専門職学位も導入された。

今後学位は，学生にとって大学で学ぶ学生の知的達成と知的能力の証明（横尾，1999）として機能しつつ，かつ社会での職業実践に結びついた専門資格的要素をこれまで以上に増していくのか，それとも修士，そしてとくに博士などの高位の学位はそれにふさわしい意味を依然としてもたず，学生は職業実践の中で訓練を受けながらキャリアを達成していく道を選んでいくのか，それが学位に関わる日本の教育における大きな課題の一つだといえるのではないだろうか。

赤羽 良一

➡学位の種類，学位法制，学位授与権，学位授与機関，学位と職業，学位と専門職団体，大学教授資格，専門職学位／職業学位

◎C.H. ハスキンズ著，別宮貞徳，朝倉文市訳『十二世紀ルネサンス 新装版』みすず書房，1997.
◎ジャック・ヴェルジェ著，野口洋二訳『入門 十二世紀ルネサンス』創文社，2001.
◎C.H. ハスキンズ著，青木靖三，三浦常司訳『大学の起源』法律文化社，1970.
◎横尾壮英『大学の誕生と変貌—ヨーロッパ大学史断章』東信堂，1999.
◎児玉善仁『イタリアの中世大学—その成立と変容』名古屋大学出版会，2007.
◎J. ヴェルジェ著，大高順雄訳『中世の大学』みすず書房，1979.
◎別府昭郎『ドイツにおける大学教授の誕生—職階制の成立を中心に』創文社，1998.
◎H. ラシュドール著，横尾壮英訳『大学の起源—ヨーロッパ中世大学史』上・中・下，東洋館出版社，1968-70.
◎島田雄次郎『ヨーロッパの大学』玉川大学出版部，1990.
◎寺﨑昌男『大学教育の創造—歴史・システム・カリキュラム』東信堂，1999.
◎寺﨑昌男『大学は歴史の思想で変わる—FD・評価・私学』東信堂，2006.

大学院 だいがくいん

［定義］
日本の大学院は，➤学校教育法を根拠とする制度的存在で，大学に置くことができ，大学より高度な教育と研究を行う教育研究機関とされる。一般の大学院のほかに，➤専門職大学院がある。大学は➤学士の教育を担う機関であるのに対して，一般の大学院には➤博士課程や➤修士課程が置かれ，専門職大学院には専門職学位課程が置かれる。さらに専門職大学院には，一般の専門職大学院のほかに➤法科大学院と➤教職大学院がある。大学の教育研究組織が原則として学部であるのに対して，大学院のそれは原則として➤研究科とされる。

このように日本では，基本的に大学院を，大学に置かれるが大学とは異なる機関であり，それを担

う教育研究組織も別に置くものという位置づけをしている。しかし，その英語に該当すると目されている➤グラデュエート・スクール（graduate school）は，➤ユニバーシティとしての大学の一部であって，大学と対置されるものではない。その上，世界的には，学士（バチェラー，リサンス）等の大学としての一番基礎の学位（第1学位）より上の教育は，第1学位課程の卒業者（グラデュエート）に対する教育という意味で，グラデュエート・エデュケーションと言い，学ぶ側から見てグラデュエート・スタディーズ（graduate studies）という場合もあるが，そのすべてがグラデュエート・スクールという名称の組織によって行われているわけではない。それは，日本の法科大学院のモデルとされたはずのアメリカ合衆国のロー・スクールが，当然グラデュエートのレベルのものであるにもかかわらず，そうは称していないという一例をもってしても明白である。ただし，それらがユニバーシティとしての大学の一部であることは共通している。そして，同一分野に第1学位の課程を持つ場合は，ごく特殊な場合を除いて，その教育研究組織である教員団（ファカルティ）は一つである。大学院を大学とは異なる機関と位置づけて，教員団を別に持とうとしている日本の制度は，世界的には特異なものである。

ただし，➤教育基本法の規定には「大学」のみがあって大学院はなく，学校教育法でも大学院は「大学」の章題のもとに規定がなされていて，これらの場合の「大学」は，大学院が含まれる広義の「大学」と解される。その上，実際には大学と大学院それぞれの教育研究組織である学部と研究科が重なりあっていて，実質的な教員団はほとんど同一という場合が多い。専門職大学院に至っては，実態は大学院の中の他の研究科と並ぶ一組織にすぎないという場合もある。学部に対応する分野を持たない研究科や大学院を，わざわざ独立研究科，独立大学院と称しもしている。

それにもかかわらず，大学院は大学より上の機関であるという認識が，その独立を進めるという動きをしばしば誘発する。こうした制度的な齟齬と，それに伴う実態と制度の乖離は，個々の機関と国全体としての高等教育の効率性を低めている。こうした制度的齟齬を打開するために，機関の存在としては大学をユニバーシティすなわち広義の「大学」の意味のみで使い，大学と大学院の別ではなく，前者にあたる教育課程を世界的にいうアンダー・グラデュエート（卒前）課程，後者を（ポスト・）グラデュエート（卒後）課程と位置づけて，大学制度を根本から整理しなおすことが提案されているが，実現していない。

［アメリカにおける発生］
日本の大学院の起源は，後述するように➤帝国大学令の規定と，実態としての➤東京大学の組織にあるが，世界的な意味でのグラデュエート・エデュケ

ーションの起源は，その言葉がアメリカ英語である
ことが示唆するようにアメリカにある。19世紀に高
い水準の教育と研究を行っていたドイツの大学に
は，アメリカの学士課程のみのカレッジの卒業者
（グラデュエート）が多数留学した。彼らは帰国後，
それまでアメリカ国内に存在しなかったそのレベ
ル，つまり卒業者がさらに学ぶレベルの教育を本国
でも実施しようとした。そこに卒前教育（アンダー・
グラデュエート）と明確な区切りを持つ組織化された
卒業者教育，つまりグラデュエート・エデュケーショ
ンが発生したのである。

19世紀半ばまでのアメリカでは，ハーヴァードが
ハーヴァード・カレッジと名乗っていたことから分か
るように，大学をカレッジと称し，上層階級の紳士
や教養ある牧師を養成する場であった。その教育
の核は▶リベラルアーツと聖書を用いてのアカデミッ
クな学力と善良な性格の形成に置かれていた。そ
れは創設当時のアメリカの大学がモデルとしたイギ
リスにおいて，大陸ヨーロッパでは大学の役割であ
った神・法・医の専門職者（プロフェッショナル）の養
成を現場の徒弟奉公（アプレンティスシップ）に依存
し，大学はイギリス紳士養成の場としてのカレッジ
の集合体であったことに呼応する。アメリカでも植
民地時代には，専門職者の訓練は完全に徒弟奉
公を通じてなされ，大学（カレッジ）の教員団はリベ
ラルアーツのみで，法学，医学，そして神学の教員
団さえなかったのである。

そして17世紀以来のイギリスでは，新興の科学
研究とそれに刺激されての学術の展開は大学の内
ではなく，外で起こった。大陸ヨーロッパでも，フ
ランスでは18世紀後半の革命期に大学は解体さ
れて専門分野ごとの教員団に分割され，科学研究
は大学外の▶アカデミー（学士院と訳される）の機能と
された。一方，後進のドイツでは科学研究もまた
大学に頼らざるを得ず，結果として科学の教育も
専門職の教育においても大学が最高の水準にあっ
た。ドイツの大学は他のヨーロッパ諸国のそれと違
い，高度な教育と研究を一体化するという，いわゆ
る▶フンボルト理念のもと，図書館，実験室，講堂
に加えて研究施設を持つに至り，それが個々の学
者の研究と学生の訓練を促進する手段となってい
た。▶ライプツィヒ大学は医学で，ハレ・ヴィッテン
ベルク大学と▶ゲッティンゲン大学は哲学・神学・文
献学で，▶ベルリン大学はそれらに加えて歴史・国
際法・政治経済学で強みを発揮していた。

そのため，グラデュエート・エデュケーションの起
源をドイツの大学とする見解があるが，そうとは言
えない。19世紀のドイツの大学では，教員は自分
の研究と学術を自由に展開することができ，大学
に在籍を許された学生は教員との相互契約のもと
自由に学習することができた。その上，大多数の
学生にとって，博士号等の学位の取得は目的では
なく，国家試験に合格して公務につくまでの在籍そ

のものが目的であった。教育も普通教育としてリ
ベラルアーツは大学予備門としての▶ギムナジウム
の任務とされ，したがって大学はすでに学士レベル
の学位は出しておらず，学士の取得を区切りとした
明確なレベル設定などはなかったのである。つま
り，ドイツの大学ではアメリカの大学では行われて
いないレベルの教育がなされ，博士その他の学士
より上の学位が授与されていたが，それだけなら
ば，そもそもユニバーシティとしての大学の起源と
される中世ヨーロッパの大学は，ドイツに限らず博
士，修士の学位を出していたのであり，中世の大
学がグラデュエート・エデュケーションの起源という
ことになってしまう。

したがって，明確に第1学位の取得者（グラデュエ
ート）を対象にした学位課程教育としてのグラデュ
エート・エデュケーションの起源は，アメリカで学士
レベルの学位を取得したカレッジ卒業者（グラデュ
エート）が，それより高いレベルの教育と学位の取得
を目指してドイツに留学，帰国後にそのレベルの教育
をアメリカの教育体系の中に組み込んだところに発
生したと言える。1876年創設の▶ジョンズ・ホプキ
ンズ大学（ユニバーシティ）がその嚆矢であり，のちア
メリカの有力大学の大部分がグラデュエート・スタ
ディを実施するようになった。その過程で，たとえ
ばハーヴァード・カレッジがハーヴァード・ユニバー
シティという具合に，学士課程のみの時代の名称
である○○カレッジを○○ユニバーシティに改名
し，カレッジはユニバーシティの一部となったので
ある。

[日本の大学院の生い立ち]

日本の大学院は，1886年（明治19）発布の▶帝国大
学令を起源とする。同令において，▶帝国大学は
大学院と▶分科大学とで構成し，分科大学が学術
技芸の理論および応用を教授するところであるの
に対して，大学院は学術技芸を考究するところと
規定された。その実体物は，分科大学については
旧幕府の洋学系学校を淵源とする東京大学と，も
と司法省管下の東京法学校（前身は▶司法省法学
校），もと工部省管下の▶工部大学校，もと内務省
管下の東京農林学校を改組して置いた法・医・工・
文・理・農の分科大学であり，大学院については東
京大学に置かれていた学士研究科であった。この
帝国大学の構想とそこにおける大学院の位置づけ
のモデルはドイツの大学ということが通説化してい
るが，それは完全な誤りである。ドイツの大学には
学術研究と教育を切り離す発想はないことからも，
それは歴然としている。そしてアメリカも，またグラ
デュエート・スクールも黎明期であり，旧東京大学
の学士研究科のモデルではあっても，到底，帝国
大学大学院のモデルとなり得るようなものではなか
った。もっとも有力視されるモデルは，当時のフラ
ンスの教育制度である。フランスにおける▶帝国大
学は全教育機関を統括する教育行政組織の名称

であり，それは日本において初期の帝国大学が東京に存在した学校の集合体であるにもかかわらず，東京の名を冠さなかったことに符合する。帝国大学令における分科大学は，フランス革命後に専門分野ごとに分割されて教育機能のみを担ったフランスの大学の専門学部に該当し，大学院はフランスの研究の中心であったアカデミーの機能を期待したものと考えるのが妥当である。

しかし，帝国大学の実態は東京大学等の旧機関を踏襲したものにすぎず，そもそもその構想者である文部大臣の▶森有礼は帝国大学発足直後に暗殺され，その意図は達成されなかった。大学院の内実は，旧東京大学の学士研究科を踏襲したものにすぎなかった。1897年に京都にも帝国大学が設置されると，帝国大学は全国唯一の役割を解かれ東京帝国大学と改称された。

やがて東北，九州，北海道に帝国大学が設置され，各帝国大学内で教員団が力を持ってドイツの大学をモデルにした改革が進むと，大学院と分科大学の齟齬が明らかとなった。そして1918年（大正7）制定の大学令では，専門分野ごとの組織をそれぞれ大学（分科大学）とするのではなく，大学の部分としての学部とし，研究組織としての研究科を学部に置くものとした。大学令では，大学院は複数学部に置く場合に設置することができるが必置ではない，研究科の連絡協議組織と位置づけられたのである。

第2次世界大戦後の改革では，学校教育法において，大学院あるいは研究科は大学に必置ではなく，「置くことができる」ものとされた。また大学院には，新たに導入された修士学位のための修士課程と旧来からの学位である博士のための課程を置くものともされた。この発想は，明らかに当時の大陸ヨーロッパと異なり，バチェラー（学士）もディグリー（学位）として，またグラデュエート・レベルの学位にドクター以外にマスターを持ち，さらに学士課程だけの教育機関も▶学位授与機関という意味での大学（ユニバーシティ・アンド・カレッジと総称）とするアメリカの制度の影響である。ところがこの改革で，再び大学院は大学とは異なる機関とされ，この点でアメリカのシステムとは決定的に違うものとなった。

2003年から，一般の大学院のほかに，高度の専門性が求められる職業を担うための能力養成を目的とする専門職大学院の制度が導入されたが，これのモデルはアメリカのプロフェッショナル・スクールとされる。しかし，アメリカのプロフェッショナル・スクールは，日本で言えば文理「学部」に相当するアーツ・アンド・サイエンス等の名称のリベラルアーツ系の分野以外の法，医，工，農，商・経営「学部」に相当するロー，メディカル，エンジニアリング，ビジネス・スクールなどすべての職業系「学部」を指す。そのためロー・スクール，メディカル・

スクールは，ほぼ全部がグラデュエート・レベルのみのプログラムしか持たず，ビジネス・スクールの多くも同様である。またエンジニアリング・スクール，アグリカルチャー・スクールはアンダー・グラデュエートの課程を持つのが通常であるように，大部分のプロフェッショナル・スクールは「大学院」だけで構成されてはいない。このように専門職大学院制度の導入は，アメリカをモデルにしたとしながらも，日本の大学院制度をさらに特殊なものにしており，本来的にはその整理が喫緊の課題となっている。

[世界的展開とボローニャ・プロセス，ISCED]

アメリカで発生したグラデュエート・エデュケーションは，ごく最近までアメリカ圏にとどまっていたが，近年，経済のグローバル化を背景とした高等教育のマス化，国際化によって世界に広まっている。それを象徴する事象が，ヨーロッパ高等教育界に展開している▶ボローニャ・プロセスに組み込まれている。ボローニャ・プロセスは，1999年にヨーロッパ各国の高等教育担当大臣がボローニャ宣言において約した，2010年までに個々の国を超えたヨーロッパとしての高等教育圏（EHEA）を形成するという目的を達成するための行動で，そこでは学士卒に該当する第1学位をすべての高等教育の区切りとし，その上に展開する修士，博士レベルの2層の学位課程を共通の枠組みとすることを盛り込み実現した。たとえばドイツの大学でも，従来からの5年以上の履修を要した国家試験合格レベルでの修了は修士レベルのものに位置づけられ，3年程度の履修に学士レベルの区切りが持ち込まれた。また従来からのユニバーシティ外の高等教育機関の3年程度の課程が第1学位課程として，それに続く課程がグラデュエート・レベルのものとして明確な位置づけが与えられたのである。

さらに，2011年のユネスコ総会で，世界規模の統計に適用される国連の経済社会国際分類群の一つである，▶国際標準教育分類（ISCED）の改訂が決定した。ISCEDは教育プログラムをその内容によってレベルと分野の2面から分類しており，1976年に初めて作成された。その後1997年版が出されて広く普及したが，最近の動向が反映されていないとして2007年に改訂が提起され，専門的な研究と長い審議のプロセスの結果，各国の同意するところとなった。

2011年の改訂では，レベルについて，3歳未満のプログラムも対象としたこと，教育達成の分類を導入したこと，3段階コードシステムを用いたことなど，いくつも変更点がある（分野分類は2013年に改訂）。最大の注目点はレベルが7層（0〜6）から9層（0〜8）に変更され，その増分2層がすべて高等教育のものであることである。しかも1997年版でレベル6としていた「高等教育第2ステージ」はレベル8の「博士又は同等」に移行され，レベル5とされていた「高等教育第1ステージ」が，新しいレベル5の

78　｜　大学院

「短期高等」，レベル6の「学士又は相当」およびレベル7の「修士又は相当」の3レベルに分けられた。このことに，アメリカに発生した学士レベルを区切りとしたグラデュエート・エデュケーションが，▶知識基盤社会，生涯学習社会の本格化のもと世界的規模で展開していることが明確に示されている。

館　昭

→日本の大学院，プロフェッショナル・スクール(アメリカ型)，大学院重点化，アカデミア，学部の概念(テーマ編)

◎阿曽沼明裕『アメリカ研究大学の大学院』名古屋大学出版会，2014.
◎舘昭『改めて「大学制度とは何か」を問う』東信堂，2007.
◎舘昭『原理原則を踏まえた大学改革を』東信堂，2013.
◎舘昭『東京帝国大学の真実―日本近代大学形成の検証と洞察』東信堂，2015.
◎舘昭「アメリカの大学院組織」『学位研究』第6号，1997.
◎中山茂『帝国大学の誕生』中央公論社，1978.

教職員 | きょうしょくいん

一般に大学教員とは，教授，准教授等のアカデミックラインを構成する者を指し，大学職員とは，いわゆる「事務方」を指すものと通念されている。▶学校教育法上において「職員」とは，上記教員と「事務方」職員の両者を含むものとなっているが，本項目「教職員」においては，前記の一般的理解に従うこととする。ただし，2017年(平成29)3月に▶大学設置基準の改正(いわゆる「SDの義務化」)がなされ，今までの教員と職員とを，ともに大学教育とその運営に携わるスタッフとして包括的に捉える新しい「職員」概念が打ち出されている。

[大学教員の種類]
大学教員の種類として法的に根拠を持つものは，▶教授，▶准教授，▶講師，▶助教，▶助手の五つの職階である。学校教育法92条において「大学には学長，教授，准教授，助教，助手及び事務職員を置かなければならない」と定められている。現行の体制に定まったのは，2005年(平成17)の中央教育審議会答申▶「我が国の高等教育の将来像」を受けた▶学校教育法および▶大学設置基準の改正によってであり，それまでの教授，▶助教授，助手という伝統的な三層体制から大きな制度変更がなされた(「教員の職階構造」項目を参照)。

しかし，大学における職階は教授，准教授，助教，助手に限られるものではない。学校教育法では「必要な職員を置くことができる」と規定されており(92条)，教育重視の大学改革と質保証のさまざまな仕組みへの対応から，各大学それぞれの改革文脈の中で，主幹教授，上級准教授，学務准教授，准助教などの多様な呼称や称号が大学によっては用いられるようになっている。また，たとえば

▶特任教授，特定教授のように，改革を誘導するための補助金の枠内で採用されている任期付き教員も数多く存在する。

教授職としての大学教員に関する研究は，有本章らによって研究や教育などアカデミック・ワークの主要な担い手である専門職としての「アカデミック・プロフェッション」として位置づけられ，知識社会化，グローバル化，市場化等の社会変化と，学際化や融合化など学問も変化する現代社会の中で，伝統と革新の相克や研究，教育，社会貢献等の役割達成に苦闘するモデルが提示されてきた(有本，2008)。ある種の「葛藤モデル」である。大学教員の職務としては教育，研究，社会貢献，管理運営が挙げられるが，1990年代以降の「改革の時代」における，教育重視への誘導という政策を背景としながら，大学自体の多様化や独自戦略の中で，医療系の「臨床教授」など職務そのものの機能的相違を超えた，職の多様化・専門化も進行している。

[教員評価]
明治以来，日本の大学教員に係る制度設計は「大学教員性善説」に基づいていたといっても過言ではない。時の政府にとっては，今日では大学史上の事件(▶沢柳事件や▶滝川事件など)として語られる政治的発言や活動こそが問題であり，大学教員個々人の能力や業績が問われる制度は存在しなかった。大学教員の評価に関わる問題を初めて提起したのは，1984年(昭和59)8月に発足した▶臨時教育審議会(以下，臨教審)である。教育領域における新自由主義・新保守主義的な動向を背景としつつ，当時としてはきわめてインパクトの高い活動を展開した同審議会は，第4次答申(1987年)において，大学の教職員人事のあり方についても提言(外国人の任用，任期制の導入，助手の処遇や職名，教員の業績評価，事務職員の研修など)を行った。この流れは1987年に発足した▶大学審議会，そしてその後身たる中央教育審議会大学分科会に基本的には受け継がれ，今日のさまざまな制度改正に繋がっていったといえよう。

教員の業績評価については，そもそも妥当かつ可能な方法論がありえるのか(とくに教育評価の方法的可能性)，また教員個人の活動を評価することへの抵抗感など，その導入はスムーズであったとはいえないが，▶文部科学省の「大学における教育内容等の改革状況について」(平成26年度)においては，「教員の教育面における業績評価や顕彰」を実施している大学が67.9%に及んでおり，今日では大多数の大学が教員評価の導入に踏み切っているといえる。具体的な実施においては対象，領域，評価項目等が問題となるが，教授以下の▶専任教員を対象とし，教育，研究，管理運営，社会貢献，学会活動(医療系であれば診療なども含む)などを評価の領域とし，方法としては自己評価であったり，詳細な評価項目ごとにポイント化するなどの方法が一

般的には普及している。しかし，そもそもの基本的な目的や，教員の処遇にどう反映させるのか，さらに大学としての組織パフォーマンスにどのように結びつけるのか，課題も多い。

また，▶国立大学においては，▶国立大学法人評価の枠組みにおいて，6年間の中期目標期間の達成状況を文部科学省に報告する義務があり，その1項目として教員の業績評価の導入が取り入れられることが多くなり，教員評価に関する各大学の規程類の整備も急速に進んだ。

[大学教員の所属する組織]
日本の大多数の大学の組織構成は，学部が基本的な枠組みとなっているが，それは学生が所属する教育組織と大学教員が所属する教員組織とを兼ね備えた性格を持っている。すなわち，大学設置基準は教育研究上の基本組織として学部を定位し，そこには適当な規模内容をもった教員組織を備えることを求めている（3条，6条）ことと合わせて，第6章として「教育課程」を設け，単位，▶授業，▶成績評価などを詳細に定めている。つまり，大学設置基準に基づく大学システムは，教員組織と教育組織が一体となったものが前提となっているのである。

しかしながら，大学を取り巻く環境の激変は，柔軟な教育プログラムの構築や機動的な研究組織の編成と機能化を求めるようになり，教育組織と教員組織，研究組織の分離を含めた大学組織改革（いわゆる「教教分離」）が，教育プログラムや質保証に係る改革を含む総体的な大学教育改革として進められる事例が，とりわけ国立大学において目立つようになってきた。学校教育法85条は「大学には，学部を置くことを常例とする」としているが，ただし書きとして「当該大学の教育研究上の目的を達成するため有益かつ適切である場合においては，学部以外の教育研究上の基本となる組織を置くことができる」としており，現代社会の変化に対応した大学組織改革が，教員組織レベルで制度的には可能である。国立教育政策研究所の調査（「大学の組織運営改革と教職員の在り方に関する研究」，2016年）によれば，2015年時点で，一部の部局実施や今後の実施予定を含めれば，回答した国立大学69校のうち60.9%が教教分離型の組織改革を行った（行う予定）となっている。

[変容する大学教員像]
大学を取り巻く社会環境の変化やそれを受けての大学改革の中で，大学教員の職にも多様化傾向が生じてきている。GP（▶グッド・プラクティス）等の政策誘導による▶競争的資金の導入に対応して，任期付き教員の採用が広がり，現在では助教等の若手教員は任期付き採用が通例になっている。もともと大学教員に対する任期制の導入は早くから発想されており，大学審議会答申「大学教員の任期制について」（1996年10月）における提言により，「大

学の教員等の任期に関する法律」が制定され（1997年），制度化された。現在においては，大学によって名称はまちまちであるが，特定教授，特任教授などの呼称が用いられている。

日本においては，▶大学院（とりわけ▶博士課程）は大学教員養成のための学校組織として，▶帝国大学や有力私立大学の発展とともに機能化するようになってきた。そのことは，やがては大学教員の自大学出身者の増加（インブリーディング）を招き，それが弊害と認識されて公募制の必要性が語られるようになった。現在では，大学教員の採用はそのほとんどが公募制によるようになったといってよい。また，社会的に有用な人材育成を目的とした大学院の設置が，▶法科大学院，会計大学院，公共政策大学院などの▶専門職大学院制度（2004年）という形で制度化されるようになり，▶実務家教員というカテゴリーが，大学教員の世界に一定の位置を占めるようになった。

専門職大学院における実務家教員の配置は，2003年の文部科学省告示によって，おおむね5年以上の実務経験を有する者を専任教員の数のおおむね3割以上（法科大学院については2割以上）で配置することと定められており，その確保や質の維持が，設置者としての▶国立大学法人や▶学校法人にとって重要な課題になっている。また，より本質的にはディシプリンにおけるメリトクラシー原理によって，人的再生産のサイクルを創り上げ，それぞれの専門学問をも継承させてその水準を維持・向上させてきた従来の枠組みから考えれば，大学にとっての実務家教員の位置づけという，少なくとも理念的には簡単ではない問題を提起することとなってきている。

大学教員のこのような変化は，1990年代から本格化した大学教育改革を推進しようとする政策の動向と密接に結びついている。研究や教育に係る，大学のアウトプットは大学教員の資質と強く関連するという考えから，大学教員の流動性を高めてその質の向上を促し，大学教員市場に競争的な環境を導き入れようとする政策が矢継ぎ早に繰り広げられてきた。当初は公募制や年俸制といった採用や雇用に係るシングルイシューが繰り出されたが，近年では，任期付き教員やクロス・アポイントメント（大学教員や研究者が，大学，公的研究機関，企業の中で二つ以上の機関に属して教育研究活動に従事すること）など，大学教員の雇用のあり方が教育改善や研究力向上のための政策誘導の一環として位置づけられる傾向が顕著になってきている。

[大学教員の資質向上とFD]
諸外国では1960年代後半の▶学生運動をきっかけにFD（▶ファカルティ・ディベロップメント）が広く国内の大学に浸透していったという経緯がある。この間，とりわけ新任教員に対するFDの展開動向は目覚ましく，欧州諸国を中心に，テニュアトラック教員

80　　教職員

大学事典

については2年程度の教育能力育成のための研修プログラムを義務化する動きもある。またアメリカ合衆国のPOD（The Professional and Organizational Development Network in Higher Education，1974年設立），イギリスのSEDA（Staff and Educational Development Association，1993年設立）といった，FD担当者の専門家団体も数多くつくられており，そうした団体の国際組織ICED（International Consortium for Educational Development）もあり，FDの分野でもグローバル化が進行中といえる。

日本における政策動向としては，大学設置基準の改正（2007年7月）によって，いわゆる「FDの義務化」がなされながら，「授業の内容及び方法の改善を図るための組織的な研修及び研究を実施するものとする」と規定され（25条の3），概念構成は従前のままとなっている。一方，中教審答申「▶学士課程教育の構築に向けて」（2008年）では職能開発が強調され，「FDを単なる授業改善のための研修と狭く解するのではなく，我が国の学士課程教育の改革を目的とした，教員団の職能開発として幅広く捉えることが適当である」とされ，またさらに「大学教員の公共的な役割・使命，専門性が必ずしも明確に認識されないままになっている」，「大学教員の専門性をめぐる共通理解をつくり，社会に宣言することが求められる」と指摘されながら，政策的に具体的な方向性が示されるには至っていない。イギリスでは，大学教員の職能開発をナショナルな枠組みで保証したものとして，英国高等教育資格課程（▶PGCHE）があり，大学教員の教育職能開発モデルとして，西欧では一定の影響力を持っている。

欧米に比して数十年は遅れているとされる，日本のFDの水準をどのように高めていくのかが問われている。わけても，大学教員の教育面の能力については第2期教育振興基本計画（2013年，閣議決定）に盛り込まれた「大学教員の教育能力の整理・検討」が広く共有され，大学教員の資質向上のための，基盤的な知見が体系化されることが期待される。さらに，時代の変化は大学教員のFDについて，従来にはなかった新しい課題を突き付けるようにもなってきている。セクハラ（セクシュアル・ハラスメント），アカハラ（▶アカデミック・ハラスメント）対策はもとより，研究不正を防ぐためのアカデミック・インテグリティ（▶研究倫理）のための研修，他分野との協働や市民社会とのコミュニケーションを図るためのアウトリーチ，特別な支援を必要とする学生への対応など，新たな研修上の課題と向き合わなければならないようになってきており，それらの内容を含んだ新任教員研修を制度化する大学も現れてきた。

［大学職員の資質向上とSDの義務化］
FDの義務化に続いて，大学職員の資質能力の向上を目指すSD（▶スタッフ・ディベロップメント）も義務化された（2016年）。大学職員の役割は，長く大学

教員の補佐的機能としてのみ位置づけられてきたが，管理運営や学生支援など，さまざまな機能が大学に求められるようになるにつれて，職員の専門化が求められるようになってきたのである。▶大学行政管理学会のような学会組織も生まれ，また▶教職協働がうたわれてSDは広く普及するようになった。この背景としては，大学教育の質保証のアプローチとして，▶内部質保証システムの確立が政策的に強く推奨されるようになったことと無縁ではない。▶学長のリーダーシップを支える専門人材として，アドミッション・オフィサー，インスティテューショナル・リサーチャー，カリキュラム・コーディネーター，URA（▶リサーチ・アドミニストレーター）などが，「大学のガバナンス改革の推進について（審議まとめ）」（中央教育審議会大学分科会，2014年）の中で期待を込めて列挙された。これらの専門職員が大学の管理運営の中で実際にどのような役割を果たしうるのか，課題は少なくない。

［変化する大学と教職員の役割］
少子化による大学経営の困難化やITの普及も，大学のあり方や大学教職員の役割を大きく変えることになるだろう。資質向上や能力開発のための研修が必要であり，その効果にある程度は共通理解があるとしても，前提の変化は漸次的改善の努力をすっかり無化してしまう可能性もある。これらに対応できる能力として，持続的に学び続け，柔軟な思考力を養うことが求められようが，各大学における固有の組織文化の文脈をいかに生かしていくのか，教員・職員のみならず学生や▶ステークホルダーも交えた議論が必要になっていくであろう。

川島 啓二

→教員の職階構造，大学教授資格，任用制度，教職員の昇進制度，大学職員の専門職化，中期目標・中期計画，テニュア，テニュア・トラック制，ハラスメント，アドミッションズ・オフィス，インスティテューショナル・リサーチ

◎有本章編著『変貌する日本の大学教授職』玉川大学出版部，2008.
◎有本章編著『大学教授職とFD—アメリカと日本』東信堂，2005.
◎有本章著『大学教育再生とは何か—大学教授職の日米比較』玉川大学出版部，2016.
◎東北大学高等教育開発推進センター編『ファカルティ・ディベロップメントを超えて』東北大学出版会，2009.

学生｜がくせい

[学生とは何か]

一般的に学生とは，大学などの高等教育機関に在籍してなんらかの▶課程の修了証の取得をめざす者をいう。しかし総務省の国勢調査のカテゴリーに「学生」という項目はない（「通学者」として「非労働力人口」に含まれるか，「通学のかたわら仕事」をする者として「労働力人口」に含まれるかのいずれかである）。▶学校教育法などの法律においては，幼児，児童，生徒，学生のように，年齢に応じて呼び方の変わる「在学者」の一種とみなされている。▶文部科学省の統計では，「各種学校・専修学校」に通う者は「生徒」とされ，「高等専門学校・短期大学・大学・大学院」に通う者は「学生」とされるが，いずれにしても，在学者数としてしか把握できない一つの量であることに変わりはない。

日本では第2次世界大戦後に学生数が大幅に増えている。1945年の大学の学部在学者は7万7000人ほどであったが，2012年には256万人（約33倍）となっている。またユネスコによれば，世界の学生数は2000年にはおよそ1億人であったが，2012年には1億9600万人と，12年間でほぼ2倍になっている。こうした学生数の増加によって学生の概念も変わるに違いない。しかしそれは，マーチン・▶トロウのいうエリート，マス，ユニバーサルの3段階の変化に対応するものでは必ずしもない。なぜなら「大衆学生」がいる一方で，「エリート学生」もまた存在するからである。それではなぜ彼らはともに「学生」と呼ばれるのか。いつの時代にも変わらない学生のイデアはあるのか。それとも学生とは一つのフィクションなのか。

ふつう人は学生のままではいられない。ところが学生でなくなってしまうと，失業保険受給者，ホームレス，非正規雇用労働者，主婦，家事手伝いなどへと分類される。勉学への意欲や，真理と正義をともに求める意志がありさえすれば，だれもが学生であってよいはずなのに，学生証をもっている者のみが学生としての「恩恵」にあずかれる。これは失業者をあらかじめ無害化し，労働者から不穏な分子をとりのぞき，資本の論理に若者を動員して就職へと動機づけるための，国家によるフィクションではないのか。

学生とはじっさい仕事をしても賃金はもらえない，場合によっては自ら金を支払いながら仕事をしている奇妙な労働者である。そうであればこそ，「いい年をして働かない者」であっても，学生であれば身分だけは保証される。かつてフランソワ・ヴィヨンは自らを学徒と呼んだ。シェークスピアはハムレットを学生とした。ヴィヨンは大学に愛想を尽かしてゴリアール（▶ゴリアルド）となり，ハムレットは留

学先から戻って父王の無念を晴らそうとする。彼らは就職する（就職に必要な学位を得る）ために学生となったのではなかった。そして学生は今でも進学，就職，恋人をまえにして迷う存在である。自由であるとはいえ，自由ほど担うに重きものもない。

[自由人とソフィスト]

古代ギリシアの「自由人」の若者は，ソフィストたちからさまざまな知識を学ぶことでパイデイア（一般教養）を身につけた。しかし彼らはソフィストたちを，教えることで金を稼ぐ卑しい者とみなしていた。そこにはプラトンの影響がある。ソフィストのなかには，金儲けのためではなく生計のために教えた貧しい「自由人」もいただろう。そして彼らから学んだ者のなかにも，謝礼ぐらいは払えるようになった奴隷身分の者がいただろう。しかしプラトンは，教えることで金をかせぐソフィストを丸ごと批判している。それは彼の師であるソクラテスが，人から学んでも謝礼も払わず，人に教えても報酬を要求しない奇妙な学生＝教師（哲学者）であったからにほかならない。

ソクラテスは，力こそが正義であるような社会（ポリス）で，真理こそが正義であると信じていた。それゆえに市民や権力者から怪しい者とみなされ，ついには死刑に処せられてしまう。プラトンはそのソクラテスの思想を伝えるために，アテナイから離れたアカデメイアに自らの学園を創った。そこでの教育はたしかに無償であったが，哲学を学ぶことができるのは「自由人」のなかでも選ばれた者（エリート）のみだった。学生をめぐるあらゆる逆説はすでにプラトンのなかにその萌芽がある。

[学生の誕生]

12世紀のフランスでは，ピエール・アベラールが騎士の身分をなげうって学問を志し，優れた教師と出会うためにさまよっている。彼は討論で教師を打ち負かしては名を上げ，自らも弁証法（対話法）の教師となった。するとその講義を聴こうと多くの者が集まってくる。アベラールは彼らから謝礼をもらい，それを元手に自らの学校を立ち上げる。しかしさまざまな迫害のせいでその学校もさまようことを余儀なくされた。一時期それがあったとされるパリのサント・ジュヌヴィエーヴの丘のふもとに▶リベラルアーツの教師たちが集まるようになるのは，12世紀後半のことである。

同じころイタリアでは，教師たちがよりよい契約で教えられる顧客を探してさまよっている。法学が盛んなボローニャには，ヨーロッパ各地から法学を学ぼうとする者が集まったが，リベラルアーツの教師もそこに引き寄せられた。こうしてパリやボローニャに行けば，もはやさまよわずとも人は教え，学ぶことができるようになるのである。ボローニャでは学生が出身地ごとにナチオ（▶国民団）を組み，教師と謝礼の額や講義の内容をめぐって交渉しはじめる。ローマ教皇が「パリの教師と学生のコルポラ

82　学生

大学事典

シオン」に「ウニヴェルシタス」の名を与えたのは1215年のことだった。

都市の住民にとって学生とは▶ラテン語を話すよそ者にほかならなかった。「ウニヴェルシタス」はそういう都市において、学生そして教師が自らを守るために結成した法人であり、教皇庁もまたその法人を庇護したのである。しかし▶コレージュ(学寮)のような施設は不十分で、教皇による庇護もまた監視と裏腹であった。あくまでも自由を求める者は、ゴリアール(ゴリアルド)やユマニストとなってさまよい続けるしかなかった。

中世の学生が得た自由は、古代ギリシアの「自由人」の自由(働かなくともよい)ではなく、就職にあたっての自由であった。聖職者、法曹、医者になるのでなければ、彼らはリベラルアーツを教える教師となった。あるいは大学にそのまま留まることもできた。かつて労働は奴隷がするものであり、キリスト教が普及したローマ時代以降は、原罪(知のリンゴを食したアダムとイヴの罪)をもつすべての人間に贖罪として課せられたものだった。しかし今や人間は、大学で学ぶことによって自らの意志で職業(プロフェッション)を選ぶことができる。これは一つの革命にほかならなかった。

[近代における変貌]
ところでハムレットのような学生は就職する必要がない。あるいはその「職業」とは、王となって真実を明らかにし、正義をなし、民を守ることだった。シェークスピアがこの作品を書いた頃(17世紀初頭)、ローマ教皇庁はすでにその本来の役割(正義と真理がともに成り立ちうる一つの展望を示すこと)を果たしえなくなっていた。地動説を支持するガリレオ・▶ガリレイを教皇が弾劾したことは、神を信じるデカルトのような哲学者にとっては絶望的なことだった。そしてその頃から、正義と真理をともに視野に収めるような展望は、教皇庁や大学ではなく、シェークスピア、デカルト、パスカルのような「独学者」によって担われるようになった。

教皇庁の没落に伴い、大学もまた社会に流動をもたらすその役目を果たせなくなる。15世紀初頭のフランスには6000人ほどの学生がおり、そのなかには商人、職人、農民の子息もいたが、1789年には学生数は1万2500〜3000人と2倍以上になるものの、民衆的な出自の者はまれになる。▶オックスフォード大学でも16世紀末には平民の子が学生の55%を占めていたが、18世紀には平民出身の学生はほとんどいなくなる。逆に学生の大部分を占めるようになったのは、自由職(官吏、医者、法学者、弁護士、司祭)の家の子息たちである(シャルル、ヴェルジェ、2009)。

[大革命以後]
フランスでは大革命によって大学が廃止される。しかしドイツではカントがルソーを批判的に継承しながら、正義と真理をともに追究しうる近代的な大学を構想した。プロイセンの官僚▶フンボルトらは、その▶カントの大学論を礎にして▶ベルリン大学を創設している(1810年)。そこでの「ビルドゥング」(教養、自己形成)の理想は、ナポレオンへの抵抗のなかで地方の伝統的な大学にも浸透していく。

ドイツの学生数は1789年の7900人から1815年の4900人へと減少するものの、その後は増加に転じて1830年には1万5838人となる(シャルル、ヴェルジェ)。あらたな学生は旧体制からの解放を訴え、1833年には▶ブルシェンシャフトが鎮圧されるが、48年には学生全体の60%が解放の運動に参加したといわれる。こうして学生は「諸邦をまたいで存在する初めての社会政治的グループ」(同上)となり、ドイツの国家としての統一に貢献したのである。

大革命後のパリには、地方から上京した労働者のなかにも知を渇望する者がいた。カルティエ・ラタンの学生は、全寮制のエコール・スペシアル(のちの▶グランド・ゼコール)の生徒や親からの潤沢な仕送りのある者を除けば、生活と勉学の劣悪な条件に苦しめられた。しかしそのボヘミアンのような生活のなかで、家庭でのしがらみやリセ(中学・高校)での寮生活の抑圧から解放される自由を味わったはずである。保守主義者たちはカルティエ・ラタンを革命の巣窟とみなした。じっさい1830年と48年の革命のときに、学生と労働者はともに立ち上がって強圧的な政権と闘っている。そういうパリでの学生の声に、ドイツの学生もまた呼応した。

しかし19世紀後半になると、ドイツでは学生が多様化している。学生数は1865年から1914年までに約5倍に増えて6万1000人となる。世紀末にはテヒニッシェ・ホッホシューレ(▶工科大学)が相次いで創られ、その学生数の増加の速さは大学のそれを上回るほどだった(1903年には1万7000人となる)。あらたな学生は、工業および都市の発展によって豊かになったブルジョワジーと中流階級からやってきた。富裕な学生は自分たちの▶学生組合から新参者やユダヤ人の学生を排除するだろう。そしてそこから排除された者たちも「自由学生団」を創ってそれと対抗するだろう。中世の大学におけるナチオ(国民団)の対立は、近代においてはナショナル(国内的)な様相を帯びている。

フランスでは普仏戦争での敗北後、ドイツ留学から戻った学生や教師の意見を入れつつ、大学の再生が目指された。かつて自由と解放のために闘った学生も、第三共和政のもとでは民主的な社会における自らの役割について考えるようになった。ドレフュス事件ではそういう学生の一部が「アンテレクチュエル」(「知識人」)となり、ゾラやアナトール・フランスのような有名人を担ぎだしてユダヤ人の将校を冤罪から救うのに貢献している。しかし第1次世界大戦の頃になると、アクシオン・フランセーズに扇動された学生が左翼やユダヤ系の教授の講義を妨害するようになる。のちのヴィシー体制は、その

大学事典　　　　　　　　　　　　　　　　　学生　83

ときの彼らの動きにならって粛清を正当化し，反ユダヤ主義を制度化したといわれる。ドイツでも学生は大学のなかに根を張ったナチスによって，他のいかなる社会的グループよりも早く征服されてしまう。学生は20世紀に起きた未曾有の悲劇の犠牲となったばかりでなく，それを引き起こすのにも貢献している。

［学生の現在］

「▶68年5月」のときに出現したのは，もはやエリートとは呼びえなくなった「大衆学生」であった。彼らは学生数の増大のなかで機能不全に陥った大学ばかりでなく，アルジェリア戦争やヴェトナム戦争でのフランスやアメリカの植民地主義を批判した。19世紀前半のパリやベルリンにおける学生と労働者の運動が，1960年代末に至って世界規模となったかのようである。しかし80年代になると，「平等」よりも「自由な競争」が礼賛され，学生のなかにもエリート学生と大衆学生の分断が生じてしまう。コグニタリアート（知的労働者階級）とプロレタリアートはもはや連帯しえず，そのようにして労働運動が解体されると，プロレタリアートもプレカリアート（非正規労働者階級）となってゆく。

　そのなかで学生は，大学の顧客あるいは消費者となり，教員評価などを通してその「ガバナンス」に参加を求められている。授業料値上げに反対して建物を封鎖しようとする者もいれば，それに反発して授業の速やかな再開を求める者もいる。しかし多くは大学問題に無関心である。▶アルバイトや▶就活で忙しく，▶GPAが気になって授業をさぼることもできない。自由であるどころか，労働と勉学に縛られている。他方で大学に入りたくとも入れない若者がおり，世界のいたるところから「われわれにも大学を！」という声が上がっている。学生はその声にどう応えるのだろうか。

　大学は800年前の水源から発して今も流れる河であり，学生はその水である。あふれて堤防を決壊させることはあっても，水かさの増した河の護岸工事や，流れそのものを変えるような土木工事はできない。しかし河から上がって岸辺に立つときに，自らの来し方・行く末を想うことはあるだろう。もとより人間とはシェークスピアやパスカルの頃から「考える葦」である。デモクラシーもその「葦」によって支えられている。未成年状態から抜け出るまえの「モラトリアム」，あるいは「知識人としての生活を体験できる最後のチャンス」（アレゼール，2003）としての大学をいかに守るかは，学生にも開かれた問いである。

岡山　茂

▶学生文化，学生自治，ユダヤ人問題，女子学生，大学の民主化，学生運動，学費値上げ反対闘争，学費無償化，教養と大学（テーマ編）

◎栗原康『学生に賃金を』新評論，2015.
◎クリストフ・シャルル，ジャック・ヴェルジェ，岡山茂，谷口清彦訳『大学の歴史』白水社，2009.

◎ピエール・ブルデュー，ジャン=クロード・パスロン，戸田清ほか訳『遺産相続者たち―学生と文化』藤原書店，1997.
◎アレゼール「危機にある大学への診断と緊急措置」，アレゼール日本編『大学界改造要綱』藤原書店，2003.

入学制度 | にゅうがくせいど

日本では「大学入学試験制度」が「大学入学制度」を意味することが多い。しかし欧米諸国の場合，日本のように高等学校卒業後，あらためて各大学が実施する入学試験を受験しなければならないというシステムをとっている国はあまり見られない。とりわけヨーロッパの多くの国々では，特定の後期中等教育機関の修了証が「大学入学資格」を意味しており，これを取得した者は原則的に希望する大学，学部に入学することを許可されるという制度が採用されている。入学志願者が収容可能な人数を超える場合には，何らかの方法で入学者を選抜するといったシステムがとられている。

　以下では，まず日本の大学入試制度の変遷について，第2次世界大戦前から現在に至るまでを概観する。次にアメリカ合衆国，イギリス，ドイツ，フランス，中国の大学入学制度についてみていく。最後に現在ヨーロッパ全体で取り組んでいる大学入学制度をめぐる課題に言及する。

［第2次世界大戦前の大学入試］

第2次世界大戦前の大学入試は，戦後のそれと基本的に異なっていた。戦前は，▶高等学校の卒業者総数は，旧制大学全体の入学可能人数を越えないよう設定されていた。また旧制大学の入学制度では，入学志願者の学歴ごとに入学の優先順位が定められていた。▶法学部など文系学部の場合は旧制高校文科卒業者が，▶医学部など理系学部では理科出身者が優先順位の第1位とされた。第2位は，文科卒業者が理科系学部を，理科卒業者が文科系学部を志願する場合であった。第1位の者だけで定員を越えた場合は，1位の者の間で選抜試験が行われ，2位以下の者は受験できなかった。第1位，第2位で定員が埋まらない場合は，高等学校以外の官公私立の▶専門学校等の卒業者に門戸が開放された（傍系入学者）。

　入試倍率が高かったのは東京帝国大学で，文科系が法学部，理科系が医学部であった。同大学の1935（昭和10）年度入試では，法学部の入学率は40.1％，医学部のそれは32.4％であった。しかし同じ東京帝国大学でも文学部は89.7％で，無試験の学科もあった（欧文社『受験旬報』昭和10年4月下旬号）。したがって優先順位が第1位であれば，大学，学部，学科を選ばなければ無試験入学も十分可能であった。このように戦前においては，高等学校入学は▶帝国大学への進学をほぼ保証するもの

であった。難関とされたのは，高等学校の入学試験であった。しかし医学部など志願者が多い学部・学科では，「白線浪人」（旧制高校の制帽に白線が入っていたことに由来する）といわれる浪人生も少なからず生み出した。

以上は帝国大学への進学経路であるが，それは▶私立大学の場合とはかなりはっきりと分離していた。私立大学はそれぞれ▶大学予科をもち，予科からストレートに学部に進学するのが一般的であった。

［戦後の大学入試］

ここでは国公立大学を中心に，とくに共通試験の変遷をたどりながら，戦後の大学入試改革のあゆみをたどってみる。戦後まもない1946年（昭和21）に来日した米国教育使節団は，その勧告のなかで「大学進学に対する素質・能力の適性を科学的に検出」することを説き，その結果導入されることになったのが「進学適性検査」（進適）であった。そこでは受験生が文科系か理科系かといった適性の検査なども行われた。進適の結果と大学別に行われる学力試験とを総合的に判断して合否を判定する仕組みであったが，大学側からは進適の信頼性に対する評判は芳しくなかった。また受験生からも負担が大きいといった理由から支持されず，進適は1954年に中止されることになった。

その後受験競争の過熱，浪人受験者の増加などが深刻化するなかで，再び新たな共通試験が導入されることになった。それが1963年（昭和38）から開始された「能力開発研究所テスト」（能研テスト）である。学力テスト（5教科17科目の学力の測定）と生徒の適性を調べる適性能力テストが，文部省設置の財団法人能力開発研究所により作成された。しかし進適の場合と同様，大学側の協力が十分に得られなかった。またこうしたテストは政府の経済計画の一環であり，体制による人材選別であるといった批判も受け，能研テストは1968年度をもって廃止された。

3度目となる共通試験は，1979年（昭和54）から開始された「国公立大学共通第一次学力試験」（▶共通一次試験）である。今回は国立大学協会が提言する形で導入され，共通一次試験の実施・研究のための機関として，1977年に▶大学入試センターも設置された。共通一次試験は5教科7科目についてマークシート方式で実施され，引き続いて各大学による二次試験が行われた。またこれとあわせて1949年から続いた国立大学の▶一期校・二期校の制度も1979年から共通一次試験が開始されたのを機に廃止され，試験日は一元化されることになった。

共通一次試験は一定の評価を得たが，試験結果にもとづく入学難易度による大学の序列化も進んだ。また国公立大学の受験生にとっては，5教科7科目の受験に加えて二次試験も受けなければ

ならないという過重の負担感をもたらすことにもなった。私立大学に流れる受験生の増加現象も起こり，1987年（昭和62）から5教科5科目に削減された。また同年，A・Bグループに分かれて個別の二次試験を実施する複数受験制も開始された。さらに1989年（平成1）からは，募集定員を「前期日程」試験と「後期日程」試験に分割し，それぞれにおいて選抜を行う「分離分割方式」が導入されている。

共通一次試験を引き継いだ現在の▶大学入試センター試験（センター試験）は，1990年（平成2）から始まった。それに先立ち，1985年（昭和60）の臨時教育審議会第1次答申で「入試の多様化」が提言され，センター試験では受験科目は各大学の自主判断に委ねられた。また私立大学も希望により参加することになった。なお2004年度からは，大学生の▶学力低下問題が指摘されるなかで，再び5教科7科目が多くの国公立大学受験者に課されるようになった。2006年度からは英語にリスニングが加わった。

［多様化する大学入試］

社会学者のマーチン・▶トロウ（1926-2007）は，同一年代層の大学進学率が15％未満の状態を「エリート段階」，15〜50％を「マス段階」と名づけ，50％を超えると大学は「ユニバーサル段階」を迎えるという仮説を唱えたが（『高学歴社会の大学―エリートからマスへ』東京大学出版会），日本もすでに「ユニバーサル段階」に突入している。大学進学率の急増は，受験生の学力の多様化をもたらしたが，あわせて日本では18歳人口の減少が大きな社会問題となっている。学生の安定的確保がいわれるなかで，現在大学は約800校に増加しており，私立大学の4割が定員割れという状況もみられる。とりわけ私立大学の収入の7割以上は，▶入学金や▶授業料で占められており，各大学にとって受験生の確保は死活問題となっている。

そのために学科試験に代えて，面接や論文などにより選抜する▶AO（アドミッションズ・オフィス）入試や▶推薦入試が広がることにもなった。とりわけ推薦入試は，大学が高校からの推薦書で入学を決定するもので，入学者を少しでも早く確保したい私立大学で採用するところが多い。しかしそれが入試の公正性を歪めているという批判もある。またこうした学科試験に代わる入試方式は，高校生の学習離れをいっそう招くことになったともいわれる。大学で必要な学力に達していない学生が増加し，大学で補習授業を行うところも見られるようになっている。

［新たな学力観にもとづく入試改革］

学科試験による一般入試の比率が小さくなり，推薦入試やAO入試の割合が高くなる一方で，難関大学を目指す受験競争は激化し，1点きざみの競争に勝ち抜くための技術に特化した指導はますます盛んになっている。グローバル化が進行するな

大学事典　　入学制度　85

かで，市場原理が大学の世界においても大きなウエイトを占めるようになってきた。そこではより高い市場価値をもつ能力やスキルの育成がとりわけ重要視される。

そうした状況を背景に，2013年（平成25）に発足した政府の教育再生実行会議は，その第4次提言「高等学校教育と大学教育との接続・大学入学者選抜の在り方について」で，「達成度テスト（仮称）」を打ち出した。達成度テストには基礎レベルと発展レベルがあり，基礎は高校生なら誰でも身につけて欲しい学力を，発展は大学が求める学力水準をそれぞれ測定する。そこでは記述式問題により，思考力，判断力，表現力を測定することがうたわれている。現在のセンター試験に代わるこの新たな共通テストは，2020年頃からの実施を目指しているが，何十万人という受験者に記述式問題を出題して，それを公平，公正に採点することができるのかなど，課題となる点は少なくない。

［諸外国の大学入学制度］

試験制度には二つの類型がある。資格試験と競争試験とである。前者は，受験生の数に関係なく，試験の結果一定の能力水準に到達していると判定された者すべてに大学入学資格が付与される絶対評価の試験である。後者は相対評価で，試験の結果のレベルに関わらず，定員の範囲内で上位者から順に合格者を決定する方式である。日本は後者のタイプに属する。ヨーロッパ諸国においては前者が主流である。以下，おもな国々の大学入学制度をみていく。

［アメリカ合衆国］　アメリカでは，大学入学にあたっての統一的資格基準はない。選抜に重視される資料としては，①高等学校の成績（履修科目の内容と成績），②「学力評価検査」（Scholastic Assessment Test: SAT）や「アメリカ大学テスト」（American College Test: ACT）などの適性検査の成績，③推薦書，エッセイ，インタビュー等である。なおアドバンス・プレイスメント・プログラム（AP）という大学教養レベルの科目を履修している者は，その成績が加味される場合もある。入学のタイプとしては，大きく次の三つに分類できる。

(1) 開放型：高等学校卒業者であれば，原則としてすべて入学できるタイプ（▶コミュニティ・カレッジ等）

(2) 基準型：主として高等学校の成績とSATやACTの結果にもとづき，各大学が定める一定の基準に達している者は全員入学できるタイプ（多くの州立大学，私立大学）

(3) 競争型：SATやACTの得点，高等学校の成績に加え，小論文や面接などを課した，多様な基準に基づき総合的に判定するタイプ（有名私立大学と一部の州立大学）

なおSATやACTはテスト専門機関が実施する共通テストであり，高等学校のカリキュラムに準拠したものというよりも適性試験の形態をとっている。

競争型の大学では，各大学の▶アドミッションズ・オフィスがSATなどの点数，高等学校の成績と推薦書，エッセイ，インタビューなどを通して受験生の資質，能力，個性，情熱などを総合的に判断して入学者の選抜を行っている。

［イギリス］　イギリスは，アメリカと同様，統一的な法令上の規定はない。またドイツやフランスのような統一的な大学入学資格はない。各大学が定める入学要件や基準にしたがい入学者の選抜が行われる。ただし大学ごとに入学試験が行われるわけではない。各大学は，政府から独立した外部の試験機関（イングランドに三つ，ウェールズと北アイルランドにそれぞれ一つある。スコットランドには別種類の試験機関がある）が行う資格試験の成績を主たる選抜資料として入学者を決定している。

大学に進学する者は，義務教育修了時にGCSE（前期中等教育普通教育証書）試験を受けて，シックスフォーム（義務教育修了後の2年間の後期中等教育）に進む。シックスフォームでは，GCE-Aレベル（中等普通教育証書上級）の試験の合格に備える。GCE-Aレベルは，四つまたは六つのユニット（各試験科目に関する教育内容のまとまり）から構成され，シックスフォームの第1学年で二つまたは三つのユニットを学び「ASレベル」（GCE-Aレベルの基礎編）の試験に合格する。そのあと後半の二つまたは三つのユニットを履修し，「A2レベル」（GCE-Aレベルの応用編）の試験を受ける。ASとA2の両方にパスすると，その科目のGCE-Aレベル試験に合格したことになる。大学に入学するためには，通常2ないし3科目の合格が要件とされている。イングランドの場合，試験科目は三つの外部の試験機関合わせて60教科100科目以上用意されている。生徒の大学への出願から合否決定までの一連の仲介，学籍配分の調整は，UCAS（大学・カレッジ入学サービス）が行っている。各大学はGCE-AレベルとGCSEの成績のほか，中等教育学校の内申書，面接の結果などをもとに総合判定する。

［ドイツ］　ドイツでは，ギムナジウム（大学入学準備のための教育を行う中等教育機関）最後の2年間の成績とギムナジウム卒業時に実施されるアビトゥーア試験の総合成績が一定のレベルに到達した者に対し「大学入学資格」（▶アビトゥーア）を付与する仕組みになっている。この資格を取得した者はドイツ国内のどの大学，どの学部にも入学することができるというのが原則である。ただしドイツでも大学教育の大衆化が進み，1970年代に入り従来のこうした原則は修正されなければならなくなり，医学部などいくつかの専攻分野では，志願者すべてを収容できない「入学制限」（numerus clausus）という事態が生じている。これに対応するため1973年から「中央学籍配分機関」（ZVS）という名称の公的機関が設置され，ドイツ全体を一括して，入学者を決定する仕組みがとられている（現在は「大学入学財団 SfH」と

86　　入学制度

大学事典

改称されている）。すなわち，定員に余裕がある限りアビトゥーア試験に合格していれば，希望する大学・学部に例外なく入学を許可される。しかし志願者が定員を上回る場合は，大学入学財団がアビトゥーアの成績で20％，待機期間（アビトゥーア試験合格後経過した期間，これが長いほど入学可能性が高くなる）で20％を選抜し，残り60％は各大学がそれぞれ設ける基準（面接など）にもとづき独自に入学者を決定する。

[フランス]　フランスでは，▶バカロレアが中等教育の修了と大学入学資格とをあわせて認定する国家資格となっている。バカロレアを取得した者は，原則として希望する大学，学部に無選抜で入学することができる。ただしバカロレア合格者の増加に伴い，入学希望者が大学の学生収容可能数を大きく上回る状況になっており，一部の大学，学部ではバカロレアの成績，居住地などを考慮した「入学制限」が行われている。医学部では，入学試験を課す場合もある。バカロレアには，一般大学向けの「普通バカロレア」と，主として短期高等教育機関向けの「技術バカロレア」と「職業バカロレア」がある。バカロレア試験は，後期中等教育機関であるリセ（lycée）の第2学年で受ける予備試験と最終学年の本試験の成績を総合して合否が判定される。

　一般の大学には，原則として無選抜で入学できるのに対し，エナ（国立行政学院）や▶エコール・ポリテクニック（理工科学校），▶エコール・ノルマル・シュペリウール（高等師範学校）といった▶グランド・ゼコールには，バカロレアの合格だけでは入学することはできない。これらに入学するためには多くの場合，リセに付設されている▶グランド・ゼコール準備級と呼ばれる特設学級に進学し，そこで1年から3年位，試験準備教育を受け，そののちそれぞれのグランド・ゼコールが実施する入学試験に合格しなければならない。

[中国]　中国では「全国大学統一入試」（高考）と呼ばれる全国いっせいの試験が行われている。原則として，この「高考」の試験結果により入学者が決定されるので，大学入学希望者はこの試験を受験しなければならない。大学は，一般大学に相当する本科大学と短期大学レベルの専科大学に分類される。さらに本科大学は，政府により予算の重点的配分など優先権を与えられている重点本科大学と，それ以外の普通本科大学に分けられる。受験生は重点本科大学，普通本科大学，専科大学のなかから大学を選び，願書を提出する。志望大学，学部は自由に選択できるが，「高考」の成績により合否が決まるので，どこを選択するか慎重に決定しなければならない。複数の志願を行うことはできるが，第2志望で合格するのは第1志望よりかなり難しくなる。また重点本科大学では，定員の約10％について最初に大学が独自の試験を行い，そ

れに合格した者について，「高考」の成績が一定のレベルに達していれば入学を許可する方式も採用されている。最近では複数の本科大学で共同して試験を実施し，合否の判定に使用するケースもみられる。

[ボローニャ・プロセスと大学入学制度をめぐる動向]

現在ヨーロッパでは，▶ボローニャ・プロセスと呼ばれる48ヵ国が参加する高等教育改革が進行している。ボローニャ・プロセスでは，「不利な状況にある者に対する高等教育の社会的次元の進展」が大きな課題のひとつとして挙げられている。たとえばヨーロッパでは，学校で「後期中等教育修了証」を取得することを大学入学の前提条件としている国が多く，さまざまな理由から学校以外のコースを歩んだ者に対する大学進学の道が閉ざされている場合が少なくない。そのための方策として，「従前の学習」（prior learning）で取得した資格等を承認して，これを以後の学習成果に加算するシステムの整備が大きな課題に挙げられている。これは▶職業教育で取得した資格，単位などが，高等教育機関への進学にあたり一定の条件のもとで算入されることができるような仕組みである。これによりフレキシブルな学習の道を確保し，生涯学習を推進することができる。こうした仕組みを構築することにより，通常のコース以外の道を歩んだ者にも高等教育の機会を拡大することが目指されている。

木戸　裕

→大学入学者選抜制度，進学率，国際バカロレア，SAT/ACT，単位互換

◎荒井克弘「諸外国の大学入学制度」，「教育再生実行会議」第10回資料1-1：http://www. kantei. go. jp/jp/singi/kyouiku-saisei/dai10/siryou1_1. pdf
◎佐々木享『大学入試制度』大月書店，1984.
◎木戸裕『ドイツ統一・EU統合とグローバリズム―教育の視点からみたその軌跡と課題』東信堂，2012.
◎繁桝算男『新しい時代の大学入試』金子書房，2014.

大学の設置形態

だいがくのせっちけいたい

[概観]

大学の設置形態は，設置者や政府の統制の強さ等の観点から，いくつかの類型に分けることができる。国立，公立，私立という設置者別の分類はしばしばみられるところである。もともと大学は中世ヨーロッパで学者や学生のギルドとして生まれ，しだいに教皇，皇帝，のちには国王の勅許状の下で特権や自治を享受するようになった歴史を持つが，18～19世紀の国民国家成立以降のヨーロッパでは，さらに政治権力との結びつきを強めて，近代国家の要請を満たすために国家が威信をかけて設置する機関としての色彩を濃くし，多くの国で▶国立

大学が重要な役割を果たすようになった。ただし，国立大学の法的地位や政府統制のあり方も国によりさまざまであり，国の機関の一部をなす例がある一方，法人格を持ち政府から独立している例もある。

▶私立大学は，アメリカ合衆国において植民地時代から発展を遂げ，ヨーロッパではなおその存在が例外的な国が残るものの，今日では日本や韓国の高等教育の中で重要な部分を占めるなど，国際的にも存在感を増している。私立大学は非営利団体が設置することが多いが，アメリカのように営利企業による設置が珍しくない国もある。1980年代以降，民間企業の経営手法等を公共部門に適用しようとするNPM（New Public Management: 新公共経営）の手法が各国で取り入れられ，国立大学においても自主性・自律性と責任の拡大が進み，政府の統制は目標管理や業績評価に基づく財政支援等を通じた間接的なものに移行している（距離を置いた統制 steering at a distance）。国立大学の独立性が強まるにつれ，従来の国立・私立の境界が曖昧化し，設置形態における多様性が増す傾向がみられる。

大学の管理運営のあり方は大学の自治と密接に関係しており，近年，大学のガバナンスの問題としても論じられる。ヨーロッパやその影響を受けた日本では，伝統的に教員の自治に基づく管理運営が行われてきたのに対し，アメリカでは学外者からなる▶理事会を通じて納税者や社会の意思を管理運営に反映させる仕組みが作られてきた。今日，大学の管理機関としては，①理事会等の合議制による経営上の最高意思決定機関，②教学事項を所管する教員中心の合議制機関，③▶学長等の執行機関を置く例が各国ともみられる。ただし，日本の▶国立大学法人は経営協議会や教育研究評議会が決定権限を持たない審議機関に留まり，意思決定に係る権限が学長に集中している点で，他の国と異なる仕組みをとっている。NPMの流れを受けた近年の国際的傾向として，政府による直接の規制が弱まり，機関としての大学の自律性が拡大する中，大学内では教員中心の合議制機関の権限が整理される一方，学長等の執行機関の権限が強化されて，意思決定の迅速化が図られたほか，学外▶ステークホルダーの経営参加拡大も進んでいる。

［日本の大学の法的地位］

中世以来の団体的自治の歴史を持つヨーロッパの大学とは異なり，日本では，明治維新後に近代国家建設のため政府主導で大学が整備された。1877年（明治10）に東京大学が創設され，86年の▶帝国大学令（明治19年勅令第3号）により▶帝国大学に移行したのち，97年以降は京都帝国大学等の各帝国大学が順次設立されていくが，これらはすべて官立（国立）の機関であった。大正期（1912〜26）に入ると高等教育の拡大が議論されるようにな

り，1918年の▶大学令（大正7年勅令第388号）により公私立大学の設立が認められた。▶公立大学は，当初，北海道と府県のみが設立できるとされたが，市立大阪高等商業学校（現，大阪市立大学）の大学昇格問題を契機として1928年（昭和3）に大学令が改正され，市による設立も認められるようになった。私立大学はそれ自体が財団法人であることを原則とするが，特別の必要があれば，学校経営のみを目的とする財団法人が設立してもよいとされた。ただし，実際に設立された私立大学はすべて財団法人が設立したもので，大学自体が財団法人であった例はないとされる。

諸外国では，国立大学でも国から独立した法人格を持つ例が多いが，日本の国公立大学は，2004年（平成16）4月以降の法人化に至るまで，戦前・戦後を通じて法人格を持たず，国や地方公共団体の一部をなす機関であった。帝国大学の法人化が議論されたこともあるが，実現することはなかった。戦前の▶官立大学では，組織や職員配置が帝国大学令や各大学の官制により勅令の形で定められ，教授等の身分は1881年以降官吏とされていた。公立大学の教員は府県等から俸給を受けるものの，国の官吏としての待遇を与えられていた（いわゆる「待遇官吏」）。

戦後の▶学校教育法（昭和22年法律第26号）でも，国立・公立・私立という設置者別の3類型が維持された。1949年度には，旧▶国立学校設置法（昭和24年法律第150号）に基づき，旧制の大学，▶専門学校等の再編により，多くの新制国立大学が発足した。国立大学は，国家行政組織法（昭和23年法律第120号）8条の2に規定する「施設等機関」のうち文教研修施設に当たる国の行政機関と位置付けられ，その教員は国家公務員とされた。公立大学は，地方公共団体の機関として条例に基づき設置されることとなり，1963年の地方自治法（昭和22年法律第67号）改正以降は同法に基づく「公の施設」に該当するものとされた。その教員は地方公務員となった。戦後の私立大学は，▶私立学校法（昭和24年法律第270号）に基づく▶学校法人が設置するものとなり，学校法人の設立に当たっては，文部大臣による寄附行為の認可を要することとされた。

その後，国立大学については，1971年の中央教育審議会答申や，87年の臨時教育審議会第3次答申等において，法人化への言及がみられるようになる。1990年代後半の行政改革において，中央省庁改革の一環として▶独立行政法人制度が創設されると，国立大学法人化の方針も固まり，▶国立大学法人法（平成15年法律第112号）に基づき，2004年4月，一斉に法人移行が行われた。これに伴い，その教員も非公務員化された。公立大学も，▶地方独立行政法人法（平成15年法律第118号）により法人移行が可能となり，2004年度から移行が始まった。多くが法人に移行したが，設置者の判断

により地方公共団体の組織に留まる大学もある。なお国公立大学とも，法人格を付与されたのは設置者であり，大学自体ではない点に留意する必要がある。

地方公共団体の間では，1980年代以降，公私協力方式による私立大学の誘致や▶公設民営大学（法令上は私立大学）の設立等の多様な設置形態が現れたが，近年，公設民営大学の中には，経営の安定化等のために公立大学法人に移行する例がみられる。また，規制緩和が進む中，2003年以降，構造改革特別区域制度の中で株式会社による大学設置が認められたが，経営赤字等のため学生募集を停止する大学もあり，十分に定着するには至っていない。最近では，18歳人口の減少や経済社会の急激な変化を踏まえ，大学の組織再編等を促進するため，国公私立という設置者の枠を超えた連携・統合を可能とする枠組みの整備に向けて検討を進める方針が政府から示されている（「経済財政運営と改革の基本方針（骨太の方針）2017」）。

[日本の大学管理機関]
日本では，旧帝国大学における▶教授会中心の大学自治が，第2次世界大戦後も大学ガバナンスの基盤となってきた。1881年（明治14）に，最初の大学管理機関であり，教授会・▶評議会の先蹤（せんしょう）的形態とされる東京大学諮詢会が置かれ，86年の帝国大学成立に伴い，総長を議長とする合議制機関として評議会が設けられた。1893年には，職員の配置・職務等を定める帝国大学官制（明治26年勅令第83号）制定により，教員人事に関する総長の権限が規定される一方，帝国大学令が改正され，▶分科大学（学部に相当）の教授会についての規定が置かれた。この後，帝国大学の教員人事における政府の介入や総長の専断が問題となった1905年の▶戸水事件，14年（大正3）の▶沢柳事件を経て，教員人事に関する教授会の実質的権限が慣行として承認され，さらに各帝国大学の総長選出もしだいに教授の互選によるものになった。

第2次世界大戦後は日本国憲法23条の規定により学問の自由が保障され，大学における学問の自由を保障するために，大学の自治も認められるとの解釈が一般的となった。のちに最高裁は，1963年の▶東大ポポロ事件判決（昭和38年5月22日大法廷判決）において，大学の自治はとくに教授その他の研究者の人事に関して認められるとしている。学校教育法には，重要な事項を審議するため大学に教授会を置くことが規定され，1949年には▶教育公務員特例法（昭和24年法律第1号）により，国公立大学について大学管理法制整備までの暫定措置という位置付けで，旧帝国大学における教授会中心の教員人事の慣行が法律上規定された。連合国軍最高司令官総司令部（GHQ/SCAP）民間情報教育局（CIE）の中には，アメリカの州立大学のように，学外者を含む理事会を大学の意思決定機関とする

構想もあったが，日本の大学関係者の強い反対により実現せず，1951年（昭和26）に政府から国会へ提出された国公立大学の管理法案も廃案となり，大学管理法制未整備のまま，教育公務員特例法の暫定措置が引き続き適用されることとなった。法的根拠が未整備の国立大学の評議会については，文部省令による緊急避難的な手当てがなされた。

この後，大学管理問題は長きにわたり懸案事項となり，学長等の執行部と教授会の役割分担や，学外の意見を反映する仕組み等が繰り返し議論された。1999年（平成11）の法改正により，旧国立学校設置法において，ようやく評議会の設置が法律に規定されるとともに，教授会・評議会の審議事項が明確化されたほか，すべての国立大学に学長の諮問機関として学外有識者からなる運営諮問会議が設置されるなど，国立大学に関する限り法整備が進んだかにみえた。しかし，国立大学の法人化に伴い同法が廃止され，大学のガバナンスに関する議論は新たな段階に入った。

国立大学法人法では，大学の学長が法人の長を兼ねて強い権限を与えられるとともに，全学的な審議機関として学外者を含む経営協議会と，教員の代表からなる教育研究評議会を置き，学長の選考は，経営協議会の学外委員と教育研究評議会の評議員の中から選出された者からなる学長選考会議において行い，大学の申出に基づき文部科学大臣が任命するものとした。公立大学法人についても，地方独立行政法人法において国立大学法人と類似のガバナンスの仕組みが規定されている。法人化された国公立大学の教員は非公務員化されたため，教育公務員特例法の適用がなくなり，現在では非法人化公立大学の教員にのみ同法が適用される。私立大学を設置する学校法人についても，2004年の私立学校法改正により，意思決定機関としての理事会の位置付けが明確化されるなど，ガバナンス体制の整備が図られた。

大学のガバナンス体制については，今日なお経済界等から，教授会が教学事項を超えて経営事項に関与したり，学長が実質的に教員の選挙で選ばれたりすること等が大学の意思決定を遅らせ，改革を妨げているなどとして強い批判があり，2014年6月の学校教育法等の改正では，教授会の審議事項を明確化するほか，学長補佐体制を強化するなどの見直しが図られた。これに対しては，権限が集中した学長をチェックする仕組みが明確でないとの指摘や，大学の特性と組織文化を考えると，トップダウン型のリーダーシップが有効に機能するとは限らないといった声もある。また，私立大学に関しては，情報公開の推進等のいっそうのガバナンス改善の必要性が指摘されている。

[主要国の大学]
[イギリス]　イギリスの大学は，各機関の設立経

緯等により多様な設置形態や内部組織を持つが，1992年より前から大学であった機関(旧大学)と，1992年継続・高等教育法の規定により，従来の▶ポリテクニク等が昇格した機関(新大学)に大別される。旧大学の多くは，国王の勅許状(Royal Charter)により，勅許法人(Chartered Corporation)として法人格が付与され，▶学位授与権が認められている。あわせて財産の帰属等を定めるローカル・アクト(特定の地域のみに適用される法律)が議会で制定されることもある。オックスフォード，ケンブリッジ両大学では，カレッジごとに勅許状により設立された後，議会制定法により法人格が確認されている。一方，新大学は，ポリテクニク等が1988年教育改革法により高等教育法人(Higher Education Corporation)に移行し，さらに92年法により，各機関の申請に基づき，枢密院(Privy Council)の審査を経て個別に学位授与権と大学の名称使用が認められたものである。このほかにも，個別法に基づき設立されたものや，会社法に基づく非営利の保証有限会社(company limited by guarantee)の形態をとるものなど，さまざまな形態で大学が設置されている。なお，イギリスの大学は，「私立大学」を名乗るバッキンガム大学を除き，高等教育財政カウンシルを通じて政府の補助金配分を受けており，国立・私立の別が困難である。

大学の管理運営については，新旧大学とも，①経営上の決定権と執行機関の監視機能を持ち，学外者が多数を占める合議制機関(旧大学：カウンシル，新大学：管理委員会board of governors)，②教学面の権限を持つ合議制機関(旧大学：セネト，新大学：学務委員会academic board)，③学長(Vice-Chancellor)を中心とする執行機関が置かれるのが通例である。このほか旧大学では，卒業生や経済界の代表等の多くの学外者からなる総会(court)が開催され，年次報告書の承認等が行われる。学長はカウンシルまたは管理委員会が任命する。伝統的な▶研究大学ほど学長の権限は弱く，学内の合意が重視される傾向にあり，旧大学における学長のリーダーシップは，合意形成を基にしたリーダーシップと呼ばれる。新大学では，学長の強い権限による上意下達型の管理運営が行われるが，同時に学長に対する強い監視機能が管理委員会に備わっているとされる。

[アメリカ合衆国]　アメリカの大学は，設置者別に公立大学(州立大学，市立大学)と私立大学に分けられる。連邦憲法上，教育に関する権限が各州に留保されているため，大学制度も各州により異なる。大学の設置は州により認可されるが，これに加えて，社会的な大学の認知や学位の通用性の点では，権威のある団体による▶アクレディテーション(適格判定)を受けることが重視される。州立大学は，①州憲法に基づく公法人，②州法に基づく公法人，③独立性を持たない州政府の機関の三つに大別され，多くの州立大学は②に該当するとされる。私立大学は各州の法人法に基づき認可され，多くは非営利法人であるが，営利大学も珍しくなく，収益事業として社会人向けの遠隔教育サービス等を提供している。なお，州立・私立とも法人格を付与されるのは，正確には理事会であり大学自体ではない。

アメリカでは，古い歴史を持つ私立大学の管理運営方式を州立大学もモデルとしてきた経緯があるため，基本的に州立・私立とも大学管理の仕組みが共通しており，理事会(Board of Trustee; Board of Regents)が最高意思決定機関として大学を運営し，教育研究，教員人事，予算等に関する権限を有する。州立大学では，大学ごとに理事会が置かれる場合と，一つの理事会が複数の大学を管理する場合があるが，理事会の構成員はほぼ学外者のみであり，大学の管理運営に納税者の意思が反映される仕組みとなっている。各大学の実質的な運営は，理事会が任命した学長(President; Chancellor)に委任され，学長の下に執行部として，通常，財務，渉外等の分野ごとに副学長が置かれるほか，プロボスト(Provost)と呼ばれる副学長が教学面のトップとして他の副学長より一段高い地位に位置付けられている。教学面については，教員を中心とする大学評議会(Academic Senate)が教育研究の基本方針を審議し，学位授与要件の設定等を行う。制度上は理事会に決定権限がある場合でも，教学事項に関しては大学評議会の意見が重視される。アメリカの大学では理事会，執行部，教員組織の三者がそれぞれの立場で大学運営に参加し，責任を分担するとともに，相互をチェックする共同統治(shared governance)に基づくガバナンスが構築されているといわれる。

[ドイツ]　ドイツは，基本法上，高等教育に関する権限が原則として各州(ラント)にあるため，大学の多くが州立である。以前は▶大学大綱法(HRG)が大学制度の大綱的枠組みを定めていたが，2006年の連邦制改革のための基本法改正により，連邦の大綱的立法権限が廃止されたため，HRGも廃止される見通しである。これまではHRGにより，各州の制度は一定の共通性を持っていたが，今後は州ごとの隔たりが広がる可能性がある。州立大学は，原則として公法人(Körperschaft des öffentlichen Rechts)であると同時に，州の機関(staatliche Einrichtungen)としての性格を持つとされるが，1998年のHRG改正以降，他の法形態での設立も可能になった。たとえば，ニーダーザクセン州では，2002年の州高等教育法改正を経て，ゲッティンゲン大学等の五つの州立機関が公法上の財団により設置される形態に転換されており，ヘッセン州やブランデンブルク州でも財団に移行した大学が現れた。州立大学の教授の身分は官吏(Beamte)とされ，大学側の提出した推薦リストに基づき，州の教育担当

大臣が最終的な選考と任命を行う。ただし，近年，バーデン・ヴュルテンベルク州のように，任命権限を大臣から各大学の学長に変更する州が現れている。このほか，非州立高等教育機関(教会立，私立)も存在し，財団(Stiftung)，有限会社(GmbH)等のさまざまな形態をとる。

高等教育機関の設置認可は州の権限に属し，非州立機関の設置認可に当たっては，各州法に定める教育水準や財務等の要件を満たすことのほか，近年では▶学術審議会(Wissenschaftsrat)による機関ごとのアクレディテーション(Akkreditierung)を得ることが求められるようになっている。1990年代半ば以降，教育面の質保証に係る仕組みの整備が進んでおり，州立・非州立ともに高等教育機関は学士・修士の各課程(プログラム)，あるいは当該機関内部の質保証プロセスのいずれかについて，アクレディテーションを受ける必要がある。このプログラム等のアクレディテーションは，▶アクレディテーション委員会(Akkreditierungsrat)の認定を受けたアクレディテーション団体が行う。

大学管理機関は，HRGの規定が1998年の改正で削られて各州法の定めるところとなったため，州や大学により異なっている。一般的には執行機関である学長(学長部)または総長(総長部)に対し，合議制機関として教職員や学生等からなる評議会(Senat)が置かれ，学長候補者推薦，予算案作成，教授招聘のための推薦，学部の設置廃止等に関する議決を行う。学長の選挙と学則に関する議決は，評議会構成員に学部長等を加えた大評議会(Grosser Senat)が行う。学長の任命は州教育担当大臣が行う。経営上の決定権を持つ合議制機関と教学上の問題を審議する合議制機関が分離していない点が特徴的であるが，最近の傾向として，学外有識者を含む大学評議会(Hochschulrat)が置かれ，執行部に意見を述べるだけでなく，学長等の選考や学則制定等の重要事項に関する決定権限を持つ例がみられる。ニーダーザクセン州の財団立大学では，学外者が多数を占める財団理事会(Stiftungsrat)が重要事項の決定を行う。1990年代後半以降，グローバル化の進展に伴い国際競争が激化する中，ドイツでも大学の自律性が拡大される一方で，学長の権限が強化される傾向にあるが，教授団による合意重視の自治の伝統も依然としてインフォーマルな形で残っているとされる。

［フランス］　フランスの大学はすべて国立であり，学術的・文化的・職業専門的な性格を持つ公施設法人(établissements publics à caractère scientifique, culturel et professionnel: ▶EPSCP)の形態をとる。公施設法人(établissements publics)とは，特定の公役務を行うために自律性を与えられて設立された公法人であり，その中でもEPSCPは，教育・学術・管理・財政の面において自律性を持つ国の高等教育研究機関であって，高等教育・研究国家評議会(CNESER)への諮問を経たデクレ(政令)により設置される。大学の教職員は，公務員の身分を持つ。私立の高等教育機関も存在するが，学位授与権がなく，大学と称することが法的に禁じられている。デクレで設立される国立機関には設置認可の概念がない。学位を付与する国家免状の授与権に関しては，かつて教育プログラムごとに高等教育担当大臣から，定期的に授与権認証(habilitation)を受ける必要があったが，2013年高等教育・研究法(Loi n° 2013-660 du 22 juillet 2013 relative à l'enseignement supérieur et à la recherche: ESR)により，機関ごとに同大臣からアクレディテーション(accréditation)を受ける仕組みに改められた。

大学管理機関については，執行機関として，学長のほかに副学長と事務総長からなる執行部が置かれるほか，経営上の決定権を持つ合議制機関として，学長を議長とする管理運営評議会(conseil d'administration: CA)が置かれ，各大学が定期的に教育研究活動や補助金交付に関して国と締結する複数年の機関契約(contrat d'établissement)の承認，予算の決定，人員配置等の重要事項について議決権を有する。教学事項に関する合議制機関としては，教学評議会(Conseil académique: Cac)が置かれる。CAとCacは，ともに大学構成員と学外有識者から構成されている。かつてはCAと並び，学術評議会(conseil scientifique: CS)と学修・大学生活評議会(conseil des études et de la vie universitaire: CEVU)が置かれていたが，ESRによりCSとCEVUは統合され，Cacが設置された。Cacの下には，CSとCEVUの所管事項を各々引き継いだ二つの委員会が置かれる。

サルコジ政権下の2007年に成立した大学の自由と責任に関する法律(Loi n° 2007-1199 du 10 août 2007 relative aux libertés et responsabilités des universités: LRU)では，CAの規模縮小や議決要件緩和を通じて意思決定の迅速化を図るとともに，学外委員の数を増やして外部の声を運営に反映しやすくしたほか，人事等の点で学長の権限を大幅に強化した。LRUを過度の学長権限の強化として批判していた社会党のオランド政権成立後，2013年のESR制定により，CAの規模再拡大やCacの下の委員会への一定の議決権付与等の見直しが行われたが，学長権限の強化や意思決定の迅速化など，大学の自律性と責任の拡大というLRUの基本的方向性は，大きく変更されていないとみられる。一方で，現在でも実際の運営は大学により異なり，自治の伝統が強い大学では，LRU以前のガバナンスのあり方が維持されているともいう。

［その他の国］　オーストリア(2002年)，デンマーク(2003年)のように，国立大学の公法人移行の動きが目立つ。ポルトガルの国立大学は国の機関だったが，2007年9月10日の法律62号129条の規定により，各機関の判断に基づき，公法上の財団法

人でありながら，私法の下で柔軟に運営できる形態への転換が可能となった。イタリアの国立大学は以前から公法人とされていたが，2008年8月6日の法律133号16条の規定により，私法上の財団法人へ転換する途がひらかれた。フィンランドでは，2009年の大学法により，翌10年から国立大学の多くが公法人に移行する一方で，一部は私法上の財団となった。日本の国公立大学法人化もこうした動きの中に位置付けることができる。

　大学は学者や学生の自治的団体を起源とするため，政府の強い統制下にある国立大学でも法人形態をとることが珍しくなく，法人格の有無が直ちに自律性を測る指標になるわけではない。しかし，多くの国で進んでいる最近の国立大学法人化の動きは，大学の自律性と責任拡大というNPMの流れに沿うものであり，学長の権限強化と教授団の役割限定等による各機関のガバナンス強化を伴っている。変革は続いており，今後も動向を注視していく必要がある。
寺倉　憲一

→NPMと大学改革，チャーターリングとアクレディテーション，大学法人化論，大学昇格運動，営造物概念と国公立大学，戦後改革と新制大学，大学管理法案，大学法試案要綱，株式会社立大学，イギリスの新構想大学

◎Paradeise, C. et al.(eds.), *University Governance: Western European Comparative Perspectives*, Series: Higher Education Dynamics, Vol. 25, Dordrecht: Springer Science＋Business Media B.V., 2009.
◎Jeroen Huisman(ed.), *International perspectives on the Governance of Higher Education, Alternative Frameworks for Coordination*, New York and London: Routledge, 2009.
◎Marino Regini(ed.), *European Universities and the Challenge of the Market: A comparative Analysis*, Cheltenham and Northampton: Edward Elgar Publishing, 2011.
◎Michael Shattock(ed.), *International Trends in University Governance: Autonomy, Self-Government and the Distribution of Authority* (*International Studies in Higher Education*), New York and London: Routledge, 2014.
◎高木英明『大学の法的地位と自治機構に関する研究─ドイツ・アメリカ・日本の場合』多賀出版，1998.
◎江原武一・杉本均編著『大学の管理運営改革─日本の行方と諸外国の動向』東信堂，2005.
◎寺倉憲一「大学のガバナンス改革─知の拠点にふさわしい体制構築を目指して」『調査と情報─ISSUE BRIEF』826号，2014.5.
◎寺倉憲一「大学のガバナンス改革をめぐる国際的動向─主要国の状況と我が国への示唆」『レファレンス』766号，2014.11.

大学の目的・機能
だいがくのもくてき・きのう

中世ヨーロッパに生まれた大学は，17世紀から19世紀にかけて進行した三つの革命，政治革命・産業革命・科学革命を経て形成された国民国家のもとで，近代大学として再生された。また，アジア・アフリカの植民地に扶植された大学は，第2次世界大戦後の解放と自立による新興国家において，宗主国のモデルを引き継ぎながら，教育システムの

一環として再構築された。さらに20世紀半ばから進行した世界的な大学進学者の増加(大衆化)によって，組織・カリキュラムに大きな変化が生じた。そして20世紀の最後の20年間に加速したグローバリゼーションと高等教育の市場化によって，各国の大学は留学生の確保や外部資金の獲得など企業的な行動様式を取っている。大学の目的と機能には，歴史を超えて普遍的な側面と，社会の変化に伴って新たな機能が付与されたり重点が移行したりする側面とがあるので，歴史的視点が不可欠である。

［大学の目的］
大学の嚆矢は，▶ボローニャ大学と▶パリ大学である。組織形態はやや異なるが，大学が先に存在し，のちに教皇や皇帝が特権を与えるという自然発生的な性格を持っていた。やがて大学は，教皇や皇帝が規約と特権を特許状で定め，創設されるものとなった。創立された大学は，規約等により目的を明確にするようになった。

　中世の大学に共通する目的は，第1に，▶専門職教育を通じての人材育成であった。パリ大学は聖職者教育，ボローニャ大学は法学教育によって自治都市の運営に必要な公証人，裁判官，弁護士を養成した。人材育成は大学の普遍的目的であり，機能でもある。第2に，大学を組織として維持するために，試験を行って教授団に加わる資格(教授資格学位)を授与することが目的となった。ヨーロッパにおいてこの資格は，13世紀に教皇庁のお墨付きを得て，教皇の権力の及ぶ地域に学問の普遍的通用性を担保する機能を持つようになった。▶学位授与権は，今日に至るまで大学の目的と機能の中核であり，大学以外に学位授与権を持つのは，きわめてまれである。目的の第3は，設置者の利益を実現するための人材育成がある。たとえばフリードリヒ2世が1224年に創立した▶ナポリ大学は，ボローニャ大学に対抗し，皇帝に必要な官僚養成を直接行う目的があった。教皇が創設したトゥールーズ大学(1229年創立)は，キリスト教色を帯びた異端カタリ派の影響を払拭する目的を持っていた。

［大学の機能］
大学は，設置者が意図的に定めた目的を超え，当初意図していなかった機能も果たしてきた。プラールは，①資格付与，②革新(新たな知識，関連の発見と応用可能性の創出)，③伝統の保持(知の伝承)，④正当性の付与(学問的権威に基づく)をあげている。これらの機能は独立したものではなく，相互に結びついていた。革新と伝統の機能は，12世紀ルネサンスに果たした大学の役割に現れている。

　11世紀に始まった再征服運動(レコンキスタ)の結果，アラビア文字に訳されていたアリストテレスなどギリシア・ローマ文化が再発見され，▶ラテン語に訳してヨーロッパに広められた。それは▶スコラ学の基礎となり，ユークリッド幾何学のように近代科

学の基盤になった。スコラ学の確立に寄与したアベラルドゥスはパリで講義を行い，多くの学生と教師が集まり，学校が組織され，パリ大学の文化的基盤が醸成された。創生しつつあった大学は，自由七科を基礎としてこれらの学問を広め，定着する機能を果たしたのである。このように知識の創造・発見が大学のような組織で持続的に行われることを，トマス・クーンは「学問の制度化」と呼び，とくに科学革命後の大学の主要な機能になった。

　正当性の付与機能とは，大学の学問的権威が政治や信仰などの根拠づけに利用されることを指す。アンダーソンは，専門職の資格付与が世襲と結びついて社会的地位を再生産し，正当化することを「大学教育の主たる機能」と述べている。大学には，地位だけでなく，ブルデューが提示した「文化資本を再生産する機能」があり，経済的下層よりも富裕層がエリート教育に具現化する文化的伝統に慣れ親しむことから，▶文化資本の不平等配分の再生産機能も持つ。同時に，大学は教育を通じて社会的地位を再生産するだけでなく，⑤多様な社会階層から人材を選抜する社会的選抜の機能を持ち，⑥アメリカ合衆国の社会学の成果が示すように，階層間の上昇をもたらす「社会移動の機能」を持つ。

　これらの社会的および経済的な機能に加えて，大学は青年期および成人期の学生が集まり，出身階層や地域などから離れ，さまざまな集団・組織に属して学業生活を送ることで，⑦社会化の機能を持つ。これは機関としての大学の機能ではないが，仲間集団としての学生の機能も，大学の機能の一つにあげてよいだろう。以上七つの機能は大学のおもな機能と考えてよい。このほか，近代スポーツの普及に学生が大きな役割を果たし，政治運動に学生集団が果たした役割は大きい。

　また，中世大学は教師の任命や学生の選抜はもちろん，警察権を持つ自治的団体であり，現代においても自治は大学の本質的属性であり，自治のもとでさまざまな機能を持つようになった。「学問の自由の制度的保障」はその一つであるが，ただし，常にそうであったわけではない。聖職者教育が主たる機能であった中世大学においては，公認された教義以外を教える自由はなく，異端として排除された。パリ大学は13世紀にアリストテレスを禁止し，16世紀には出版検閲に違反した場合，死刑にすると定め，デカルト『方法序説』(1637年)は出版と同時に禁書とした。アメリカにおいても，ダーウィン『種の起原』(1859年)を大学で教えることが事実上禁止された時期があった。大学が宗派的信仰から解き放たれて，その機能として学問の自由の擁護を明確にするのは20世紀のことである。

[大学の宗派教育機能]
16世紀は宗教改革によってカトリックによるヨーロッパの統一が終焉し，宗派対立が激しくなった時代であった。14世紀末から，神聖ローマ帝国の権力が衰退し，都市国家の地理的領域を超えた領邦国家が成長したが，領邦国家は権力を強化するために宗派と結びつき，プロテスタントのリーダーを支援して大学を設置した。▶イエーナ大学(1558年)，ジュネーブ大学(1559年)などがその例であり，すでに存在した北ドイツの大学でも，領主によってカトリック教徒が追放された。大学のプロテスタント化は，教皇の付与した特権を失うことを意味し，学生が逃げ出して多くの大学は衰退した。対抗して，カトリシズムによる大学創設も行われた。カトリックを採用した領邦国家は，宗教改革直前に結成されたイエズス会の協力を得て，▶ヴュルツブルク大学(1582年)，ザルツブルク大学(1628年)などを設置した。オックスフォード・ケンブリッジの両大学は，国教会の官僚を育成し，国教会リーダーが教授となった。しかし，カトリック教徒メアリ1世が即位すると(1553年)，ケンブリッジの急進派は処刑され，のちにエリザベス1世のもとで，穏健なピューリタニズムをとるようになった。

　このように16世紀から17世紀にかけ，大学は宗教戦争のための宗派的訓練を目的とし，その機能も担うことになった。植民地アメリカに設置されたハーヴァードをはじめとするカレッジは，宗派教育の機能も引き継ぎ，ピューリタンの使命感を広げることを目的にしていたが，教養教育を通じて市民性を育成する幅広い目的をもって設置され，アメリカン・デモクラシーの担い手を育成する機能を発展させていった。

[近代化と大学―目的・機能の再構築]
17世紀後半から，領邦国家はその機能を拡大し，専門化した官僚機構を整備し，国家の機能を拡大し，有益な知識を取り入れて産業化を進めようとした。専制君主にリードされた啓蒙絶対主義のもとで成長した啓蒙主義は宗教と結びついた王権を批判し，近代民主主義思想を生み出した。17世紀には近代科学が勃興する時代であり，18世紀の産業革命，科学の応用(第2次科学革命)が同時に進行し，政治革命を経て，19世紀には国民国家が確立した。このプロセスで，大学は国民国家の重要な装置として目的と機能を再構築された。ハノーファー選帝侯が設置した▶ゲッティンゲン大学(1737年)は歴史学，地理学，統計学，経済学など国家的な諸学問の知識体系に基づくもので，これらの学問を行う▶哲学部は，神学部のための添え物からその地位を大きく変えたのである。

　また，ドイツは官僚への登用試験を大学と結びつけ，官僚育成を大学の目的と機能に位置づけた。その象徴は▶フンボルトによる▶ベルリン大学の創設(1810年)であり，目的は官僚養成であるが，その中核は形式的な職業訓練ではなく，真理探究を通じた陶冶であった。のちにフンボルト・モデルとして理解される理念は，教師も学生も一体となって

大学の目的・機能　93

探究する学問的共同体を形成し，国家を担う人材を育成することにあるが，真理の探究を通じて人格を形成し，あらゆる専門職の準備となる判断力を持った知性を育成することでもあった。ナポレオンはこれと異なるモデルを採用した。▶帝国大学制度（1806年）は中央集権的教育行政機関であり，医学教育や法学教育を行うファキュルテが独立の職業専門学校として存在し，大学は実質解体されたが，第三共和政（1870年）になって，ドイツモデルの影響を受けた改革で大学を復活させた。

このように，19世紀の最大の課題は，宗派闘争を終焉させて大学を世俗化し，近代科学を導入・制度化して産業社会に対応した教育を行うことにあった。ドイツの大学はその有力モデルであり，スカンジナビア諸国，スイス，オーストリアにも影響を与えた。その中核機能は近代科学の研究を通じた知の革新と保持にあり，アメリカにも伝播して大学院を生み出した。

[第3の使命―大学の社会貢献機能]
19世紀は，産業化とともに生み出された労働者階級が社会主義思想によって組織され，階級対立が激しくなる時期でもある。当時，大学に労働者階級の子弟が入学することは不可能であった。1860年代のイギリスは，労働者の学習機会拡大の要求が高まり，ケンブリッジ大学に科学に対する講義の陳情書が出され，1875年に大学教育拡張ロンドン協会が設置され，オックスフォードやヴィクトリア大学も参加した。イギリスの▶大学拡張運動は20世紀には衰退していくが，1890年代にはアメリカに波及して発展した。▶モリル法（1862年）は，大学の研究成果を社会に還元する責任を明記し，大学は農業講習会への講師派遣などのサービスを行った。20世紀に入って，アメリカの大学拡張はさらに広がり，公開講座，通信教育，サマースクール，図書館事業など多様な活動が行われ，1915年には全米大学拡張協会が結成された。大学の社会サービスは20世紀後半に▶産学連携を含めて急速に発展し，研究，教育に続く大学の第3の使命と言われるようになった。

[植民地化と民族自立のツールとしての大学]
ヨーロッパ起源の大学は，植民地化を通じて世界に広がった。16世紀スペインは南米を侵略し，メキシコ大学をはじめとするラテンアメリカの大学が形成され，19世紀後半には列強がアジア・アフリカの植民地化を進め，大学を扶植した。インドにはカレッジと学位授与機関としてのユニバーシティが設置された。その目的と機能は，インド知識階層をイギリス文化に同化し，インド支配を進めることにあった。マレーシア，フィリピン，インドネシアなどに設置された大学は宗主国の大学モデルの移入であり，大日本帝国が設置した▶京城帝国大学（韓国），▶台北帝国大学（台湾）も植民地大学である。植民地大学の目的は植民地経営の人材育成であ

ったが，その目的に反し，インドネシア独立の指導者スカルノのような独立運動のリーダーを供給する機能も果たした。

19世紀に植民地化されなかった国々での大学設置は，欧米列強に対抗し，科学・技術や法学など国家統治の学問を移入・定着させ，国家官僚を育成する目的を持っていた。日本の▶帝国大学（1886年），中華民国の▶北京大学（1912年），タイの▶チュラロンコン大学（1917年）は，いずれも政府主導で近代化に重要な役割を果たした。

近代化は，科学技術だけでなく，社会の担い手のエートスの変化も求める。アジア・アフリカ諸国には，プロテスタント宗派が布教活動も兼ねて現地人と共同してキリスト教カレッジを設置し，遅れた近代化の中で，新しい生き方を求める青年を惹きつけた。政府主導の大学が国家官僚の育成を目的にし，学問自体に官房学的性格を刻印したのに対し，これらの高等教育機関のあるものは，民間自立の思想を普及し，あるものは政府主導の近代化を補完した。

[高等教育の機会平等の機能]
国民教育システムの頂点を構成する大学では，中等教育の成熟に伴って進学者が増加し，教育内容，組織構造が変化し，目的・機能も重点が移動した。大学は少数者の特権ではなく，多数に高等教育の機会を開く機関と位置づけられるようになった。世界人権宣言（1948年）はこの目的を明示し（26条），国際人権規約（1966年）も「無償教育の漸進的な導入により，能力に応じ，すべての者に対して均等に機会が与えられるものとすること」（13条）と定めたが，実際にその機能を実現するのは国によって歴史と多様性がある。また，分離教育による機会保証は本質的に不平等ではあるが，機会の拡大や民族文化の保持に意味があり，それぞれの国の状況で意味が異なる。

性の平等に先鞭をつけたのはアメリカである。1837年にオベリン・カレッジに女子が入学したのを嚆矢とし，南北戦争後に拡大し，女子カレッジの設置や共学化が進んだ。ヨーロッパでは1860年代にフランス，スイスに始まり，1908年のプロイセンを最後に，ヨーロッパで女性の大学入学が実現した。日本では1913年に東北帝国大学が3名の女子を入学させたが，東京文理大学・広島文理大学を除いては広がらず，第2次世界大戦後の改革まで待たねばならなかった。現代ではイラン，サウジアラビアなどイスラーム文化圏も含め，女子の高等教育機会は拡大している。

人種差別の克服は，より時間がかかった。アメリカでは1837年に最初の黒人カレッジが創設され，南北戦争後，奴隷制が廃止されたものの人種隔離政策は廃止されず，増設された黒人大学へ進学し，伝統ある名門校への進学は認められなかった。1961年にミシシッピ大学入学が不許可となっ

94　　大学の目的・機能

た黒人学生が訴訟を起こし，最高裁判所判決で認められ，州知事の反対を大統領命令と連邦軍の出動によって押し切り，入学することができた。公民権運動の後押しもあり，黒人学生は次第に増加した。他方，現在も，黒人大学(Historically Black Colleges and Universities)が100校存在し，アメリカ先住民のための大学が37校ある。南アフリカ共和国は，1994年の民主化で人種隔離政策を廃止し，教員養成に限定されていた黒人の高等教育機会は拡大したものの，旧白人系大学への黒人の進学が増加し，教育の質に劣る旧黒人大学との格差が拡大している。障害者に高等教育の機会を拡大することは，「障害者権利条約」(2006年，国連総会採択)によって国際的共通理解となり，日本でも受入れが進んでいる。

　高等教育の機会平等は，差別を解消することだけでは達成できない。とくに家計の経済力が進学機会を左右し，実質的不平等をもたらすことをいかに是正するかが各国とも大きな課題であり，格差の有無の調査や▶奨学金や住居などの支援が取り組まれている。

[市化化，グローバリゼーション，ナショナリズムと大学]

20世紀の最後10年からは，商品・資本・人・情報が国境を越えて移動し，市場が一体化するグローバル化が進行し，大学の役割・機能にも大きな変化が生じている。グローバル化により国家間の経済競争が激化し，知的財産や人材育成の手段として産学連携が強化され，機能的な重点移動が生じている。大学は国家経済強化の手段として機能を強化している。一方，国境を越えた学生の移動が拡大し，高等教育が学歴や資格を得る手段として需要が高まり，大学は国民国家の枠を越えて国際交流の機能も高まっている。グローバリゼーションは国家間の競争であるとともに，国家の枠で制御できない国際金融資本の権力を強化し，大学は19世紀後半の国民国家確立以来の大変動に立っている。知の創造と再生産，人材育成と教養ある市民の育成，教育機会の拡充という20世紀に拡大した機能も持続と変容の過程にある。
羽田　貴史

▶科学革命と大学，大学教授資格，専門職と大学(テーマ編)，大学の自治(テーマ編)，フンボルト理念，ナポレオン大学体制，組織的研究，学術成果の還元，教員養成

◎ハンス=ヴェルナー・プラール著，山本尤訳『大学制度の社会史』法政大学出版局，1988(原著1978).
◎J.H. バランタイン，F.M. ハマック著，牧野暢男・天童睦子監訳『教育社会学—現代教育のシステム分析』東洋館出版社，2011(原著2009).
◎C.H. ハスキンズ著，青木靖三・三浦常司訳『大学の起源』法律文化社，1970(原著1957).
◎ジャック・ヴェルジェ著，大高順雄訳『中世の大学』みすず書房，1979(原著1973).
◎ヨセフ・ベン=デービッド著，潮木守一・天野郁夫訳『科学の社会学』至誠堂，1974(原著1971).
◎R.D. アンダーソン著，安原義仁・橋本伸也訳『近代ヨーロッ

パ大学史』昭和堂，2012(原著2004).
◎ピエール・ブルデュー，ジャン=クロード・パスロン著，戸田清ほか訳『遺産相続者たち—学生と文化』藤原書店，1997(原著1964).
◎F. ルドルフ著，阿部美哉・阿部温子訳『アメリカ大学史』玉川大学出版部，2003(原著1990).

大学の行政・経営・管理
だいがくのぎょうせい・けいえい・かんり

一般に，組織の目的を達成するための機能は，戦略の決定などを指す上位概念のガバナンス(統治)と，そうした決定の実行などを指す下位概念のマネジメント(経営)に区分され，前者には外部の利害関係者も関与する。大学行政はその一つであり，大学に対する中央および地方政府の関与を指す。国公立大学の設置などによる大学事業の実施，公的資金の支出や特権の付与などによる助成，設置認可などの規制がある。また，管理はマネジメントの一部であり，組織の機能を正常な状態に維持することなどを指す。一方，大学では教員と職員が権限・責任を分担するが，その領域は前者が「教学」，後者は「経営」と呼ばれる。双方の役割はマネジメントからガバナンスの一部に及び，大学の上層部がガバナンスを統合する。

[大学行政の歴史]

11世紀の欧州に誕生した中世大学は，教会の権威を背景とした教員ないし学生の組合であり，専門職業人(聖職者，法律家，医者)の養成を目的とした。大学は地域の威信を高め，大学の周辺を学生などが金銭的にうるおすため，各都市はさまざまな特権を提示して大学を誘致した。13世紀には皇帝，教皇，国王が大学を設置したり，設置の際に特許状を与えるようになった。特許状は水準の高い大学に与えられていたが，しだいに大学の設置に不可欠となった。大学の設置認可はのちに政府の役割となり，政府が厳しい基準を設定し，それを満たしたものに大学の設置を認めるチャーターリング(chartering)方式が世界に普及した。アメリカ合衆国の大学は18世紀にはじまり，市民の子弟の学校として定着した経緯から，州政府がゆるやかな基準によって大学の設置を認め，大学団体による自発的な適格認定によって水準の向上をはかる▶アクレディテーション(accreditation)方式がとられた。19世紀には▶ランドグラント・カレッジ(土地付与大学)がアメリカ各地に設置され，農学や工学などの実際的学問を教授した。19世紀に大学が近代科学を受容して研究の場になると，学問研究にいかに関与するかも大学行政の課題となった。20世紀に各国の大学は著しく拡充し，後半期には政府の研究開発投資が拡大して，大学行政は多額の経費をともなうものになった。

[日本の大学行政の歴史]

大学は欧州から世界に伝播したが，各国の政府は
その移植をしばしば主導した。日本で最初の大学
は，明治政府が設置した今日の東京大学である。
日本初の近代教育制度である学制のもとで1877
年(明治10)に東京大学となり，のちに帝国大学，東
京帝国大学と名称をかえた。大学行政の要点とし
て，1886年の▶帝国大学令でその目的が「国家の
須要に応ずる学術技芸」の教育と研究にあると明
確にされたこと，大学組織の官僚制と学問発展の
論理がしばしば矛盾したこと，1914年(大正3)に
▶教授会による教員人事権が慣行として成立したこ
とがあげられる。1918年の▶大学令により公立・私
立大学の設置が認められたが，高い水準が要求さ
れてあまり増加しなかった。文部省の統計によれ
ば1945年(昭和20)に大学は48校(国立19校うち帝
国大学7，公立2，私立27)，大学ではない高等教育
機関は専門学校が309校(うち私立163)，▶高等師
範学校が7校(すべて国立)であった。

1945年の敗戦後，アメリカが主導する教育改革
のもとで48年に▶新制大学が発足した。大学の設
置認可にはアクレディテーション方式が導入され，
大学団体として▶大学基準協会が誕生した。設置
審査の結果，旧制の高等教育機関のほとんどが新
制大学に移行した。しかし，大学団体の適格認定
による水準の向上はあまり機能せず，1956年に文
部省は▶大学設置基準を省令としてチャーターリン
グ方式に移行した。1948年以降，文部省は大学
管理法制の成立をめざしたが成功しなかった。
1960年代には，高度経済成長による人材需要の拡
大が予測され，第1次ベビーブームによる18歳人
口の増加(1966年度に249万人)と，経済の回復にと
もなう教育需要の上昇がみられた。大学の拡大を
もとめられた文部省は大学設置基準の運用を1961
年に緩和し，おもに私立大学の拡張と入学者の定
員超過を容認することで学生数を増加させた。一
部の▶私立大学は膨張してマンモス大学となり，教
育条件の劣悪なマスプロ教育(多人数教育)が行わ
れた。

1970年代に文部省は量的な拡大から質的な充
実へと方針を転換し，大学の立地・地方分散を含
めた計画的整備に着手した。▶私立学校振興助成
法(1975年)による私立大学への経常費助成がはじ
まり，学生数が定員を超過した大学の補助金を減
額する措置によって教育条件の改善がはかられた。
日本の18歳人口は，1976年度の154万人から第2
次ベビーブームにより92年度には205万人に増加
し，その後は減少して2015(平成27)年度以降は
120万人ほどになると予測された。これをもとに文
部省は1980年代に大学を拡大する方針をとり，入
学定員の拡大分の一部に期限をつけて減少期に
備える計画をたてた。しかし，後述する規制緩和
により，期限つき定員の一部は恒常的な定員とな

った。

[大学行政の現状と展望]

大学制度に影響を及ぼすおもな要因には政府(行
政)，社会(市場)，大学(教授団)があり，それらの強
さは国によって異なる。近年は市場の力が強まる
傾向にあり，1980年代以降，民間企業の経営手法
による行財政改革(新公共政策)が多くの国に導入さ
れた。これに沿った日本の大学改革は，▶臨時教
育審議会(1984〜87年)における教育の自由化論を
出発点とする。一連の規制緩和ののち，2004年度
から三つの現行制度が実施された。第1は準則主
義による大学設置認可である。第2は，これに対
応した大学の▶認証評価(▶第三者評価)制度である。
大学は教育研究等の状況について▶自己点検・評
価を行い，文部科学大臣の認証を受けた認証評価
機関による評価を7年(▶専門職大学院は5年)以内ご
とに受けるものとした。第3は，国立大学の法人化
である。国立大学は▶国立大学法人が設置する大
学となり，国立大学法人が6年間に達成するべき
業務運営に関する中期目標を文部科学大臣が定
め，国立大学法人はこれを達成するための中期計
画を作成して，国立大学法人評価委員会が実績
を評価する制度となった。

2005年の中央教育審議会答申▶「我が国の高等
教育の将来像」では，規制緩和によって政策手法
がかわり，計画の策定と規制の時代から，将来像
の提示と政策誘導の時代に移行するとした。大学
行政のおもな関心は，教育条件などの事前審査か
ら，教育活動や学習成果の事後評価にうつり，大
学改革を推進する手法として各大学から事業計画
を募集し，すぐれた提案に公的資金を配分する方
式がとられた。初期の事例に，▶21世紀COEプロ
グラム(2002年度から)，▶グッド・プラクティス(GP)
事業(2003年度から)がある。

今日では多くの国が大学に公的資金を支出して
いる。その理由は，社会的な投資と，教育の機会
均等や科学技術・学術の振興など公共的な価値の
実現にある。大学卒業者はそうでない者より生涯
の収入が高く，日本では収入の増加分が大学教育
の費用(在学中の逸失収入を含む)を上回り，税収の
増加分が大学への公的支出を上回る。日本の高
等教育費は，学生1人あたりの金額，国内総生産
に対する割合ともに主要国より小さい。私費負担
の割合も大きく，大学進学の機会に経済的理由に
よる不平等がある。

[大学の経営と管理]

大学に関する法令のうち，教学面は▶学校教育法
に規定される。すなわち，大学には学部を置くこと
を常例とする。大学には▶学長，▶教授，事務職員
を置かなければならない。学長は校務をつかさど
り，所属職員を統督する。教授は学生を教授し，
その研究を指導し，または研究に従事する。大学
は教授会を置き，教授会は学生の入学・卒業・課

程の修了，学位の授与など，教育研究に関する重要事項について学長が決定を行うにあたり意見を述べる。

経営面の法令は大学によって異なり，ここでは非営利の大学について述べる。国立大学は▶国立大学法人法に規定される。学長は▶国立大学法人を代表して業務を総理し，役員会の議を経て重要事項を決定する。理事は学長を補佐して業務を掌理する。監事は業務を監査し，監査報告を作成する。学長は学長選考会議が選考し，文部科学大臣が任命する。法人に経営協議会を置き，経営に関する重要事項を審議するが，委員の過半数は学外者とする。また，教育研究評議会を置き，教育研究に関する重要事項を審議する。▶公立大学法人は▶地方独立行政法人法に規定される。公立大学法人では，理事長が法人を代表して業務を総理する。法人に経営審議機関を置き，経営に関する重要事項を審議する。また，教育研究審議機関を置き，教育研究に関する重要事項を審議する。理事長は学長となるが，学長を別に任命することもできる。学長は学長選考機関が選考し，設置者が任命する。法人化されていない公立大学は地方自治体の一部として運営される。教員には▶教育公務員特例法が適用され，学長の選考は▶評議会が行い，教員の採用と昇任は教授会の議にもとづいて学長が行う。

私立大学は▶私立学校法に規定される。私立大学は▶学校法人が設置する。学校法人には理事会を置き，学長は理事となり，理事の一人が理事長となる。理事長は学校法人を代表して業務を総理する。監事は学校法人の業務と財産の状況を監査する。学校法人に評議員会を置き，理事長は重要事項について意見を聞かなければならない。

学校教育法によれば，大学の目的は教育，研究，社会貢献にあり，各大学はそれらの内容と三者の均衡を決定する。教育については，育成する人物像にそくして入学者選抜，教育課程の編成，卒業判定の方針を定める。実施過程においては，年度ごとに目標をたてて業務を遂行し，達成度を評価して必要な改善をすすめるが（▶PDCAサイクル），これらはいずれも自己点検・評価や認証評価の対象となる。研究については，研究不正を防止して成果をあげることが期待される（▶研究倫理）。

財務については，非営利の大学といえども収入が大切である。その一つは▶学生納付金で，日本の私立大学の大半はこれに依存する。18歳人口が減少するなかで，新たな学生層として社会人や留学生が注目されている。他の収入源として，国立大学は▶運営費交付金，公立大学は地方自治体が負担する▶経常的経費，私立大学は国の経常費助成と▶基本金など内部資金の運用益がある。そのほか，文部科学省などの競争的事業資金，外部研究費，▶寄付金などがある。大学のおもな経常

支出は教職員の人件費である。大学の施設は，鉄筋コンクリート造校舎の標準目標耐用年数が60年である。施設の整備は，国立大学では国の施設整備費補助金によって，公立大学では地方自治体の経費によって，私立大学では▶学校法人会計基準にいう第2号基本金（将来の固定資産取得のために蓄積された資金）や国の施設整備費補助金によってなされる。

［大学のガバナンス］

大学の特徴は，前述のように権限・責任を教育研究職員と管理事務職員が分担することにある。大学の組織には階層的な構造があり，階層によって統合の要因が異なる。学科などの基礎組織では個人的・同僚的な権威が機能するが，上層部では理事会的・官僚制的な権威が機能する。それゆえ，環境の変化は内部に多様な反応を生み出し，葛藤をもたらしつつ調整され，結果として大学の変容がなされる。

日本における大学のガバナンス改革は，学長のリーダーシップを強める方向にある。中央教育審議会の「大学のガバナンス改革の推進について（審議まとめ）」（2014年）によれば，日本の大学では権限と責任の所在が一致せず，それが機動的な意思決定を妨げている。前述の現行法令にもかかわらず，学部の教授会が教学と経営の双方について事実上の議決機関となっている場合が多いというのである。国立大学では，法人化の際に内部規則等をそのまま引き継いだ例が多々ある。私立大学では，学校と法人の管理に関する私立学校法の改正（2004年）が浸透していない例や，逆に理事長，学長，あるいは双方をかねる者に事実上の決定権が集中してワンマン経営となり，教学組織の意向が十分に尊重されない例がある。「審議まとめ」では学内規則等の総点検と現行法令の趣旨に沿った見直しをもとめ，その重点として学長のリーダーシップの確立，学長の選考・業績評価，教授会の役割の明確化などをあげた。同年に，学校教育法の改正による副学長の職務拡大と教授会の役割の縮小，国立大学法人法の改正による学長選考の基準と結果等の公表などが規定され，これらの施行期日（翌年4月）までに，大学は内部規則等の総点検と見直しをするよう通達された。

［学部・研究科等の組織問題］

大学には，学部以外の教育研究上の基本となる組織を置くことができる。この規定は1973年の改正によって学校教育法に追加され，これに沿って新構想の▶筑波大学では教育組織と研究組織が分離された。研究（教員）組織として学系が，教育組織は学士課程が学群と学類，大学院は学系に対応した5年一貫の博士課程研究科と独立した修士課程研究科が置かれたが，この方式は普及しなかった。

1990年代以降，国立大学では▶大学設置基準の大綱化によって教養部が解体され，部局化（重点

化)による大学院の充実がはかられた。部局化とは，教官の所属を学部から大学院に移して予算を増額させることをいう。教養部を母体とする新学科(研究科)の設置や部局化による研究科の再編成には次の類型がみられた。学部を廃止して教育組織と研究組織を分離する—九州大学，新潟大学，岡山大学，横浜市立大学など。学部を維持して部局横断型・学際融合型の組織を設置する—北海道大学創成研究機構，名古屋大学高等研究院，東京大学先端科学技術研究センター，東京工業大学科学技術創成研究院など。すなわち，大規模大学では学部学科組織と流動型組織を並存させて，研究開発と教育の循環をはかっている。一方，教育組織と研究組織の分離にも課題がある。教員組織が研究志向となって教育の充実に支障をきたす，学内が三重組織(教員，学士課程，大学院)となって会議が煩雑であるなどの声を耳にする。さらに，大学を超えた組織改革が大学間の連携と統合であり，これらは▶教育課程の共同設置，▶大学統合などを参照されたい。

塚原　修一

▶大学の設置形態(テーマ編)，チャーターリングとアクレディテーション，中期目標・中期計画，競争的資金，営利目的の大学，学系／学群

◎公益財団法人文教協会『国・公・私立大学ガバナンス改革必携』公益財団法人文教協会，2014.
◎篠田道夫『大学戦略経営の核心』東信堂，2017.
◎塚原修一，羽田貴史「大学の変容」，吉岡斉ほか『「新通史」日本の科学技術』第3巻，原書房，2011.

大学の財政 |だいがくのざいせい

財政とは政府が所得再分配，需要創出，資源の効率的配分等の目的で行う財源確保とその投入による経済活動である。同様に大学財政とは，政府が大学の教育研究や経営管理業務遂行のため，その財源を用意し使用することである(水田，2013)。より一般的には，高等教育システムや大学セクターが，政府財源に限らず運営のための財源を確保し，それを教育研究業務の遂行に使用することに用いられる。日本の▶私立大学では，政府からの財政支援は平均して経常費の10%余であるが，「私学財政」は私学の収入財源の状況および支出状況を示す用語として用いられている(たとえば，日本私立学校振興・共済事業団『今日の私学財政—大学・短期大学編』)。また大学財政は資源の供給側からの視点と，大学システム全体の収支構造を問題にするのに対して，大学財務は大学側からの視点および単一大学や学校法人の収支状況を扱うことが多い。

[大学への投入財源]

▶国立大学，▶公立大学，私立大学の収入は政府資金，自己収入，民間資金の三つであるが，その割合はそれぞれのセクターで異なる。国立大学セクターは収入の約半分強を▶運営費交付金，施設設備費補助金，公的研究資金といった政府の一般会計からの資金で占める。ほかは▶授業料，▶入学金等の▶学生納付金，付属病院収入などの自己収入，そして民間研究資金，寄付収入等である。公立大学には地方政府から大学経常費および病院経常費が配分されるが，中央政府から地方交付税を通じての配賦もある。自己収入と民間資金の内容は国立大学セクターと同じである。私立大学の収入は学生納付金がおもなものである。また私立大学も▶日本私立学校振興・共済事業団を通じて，政府から経常費補助を配分され，さらに政府から施設設備補助を受けている。その他，国公立セクターと同様，病院収入，民間研究資金，寄付収入等がある。国立・公立・私立の3セクターに共通して，▶日本学生支援機構から学生の▶奨学金，学生納付金を経由して資金の間接的フローがある。同機構は，金融資本市場や財政投融資および政府からの借入金を▶奨学金の原資としている。

学生一人当たり公的財源からの経常費支出は，三つのセクターで大きな差があるが，時系列的には安定している。公的および民間からの教員一人当たり▶研究資金は三つのセクターで違いがあるが，研究費はいずれのセクターでも上昇している。

[公財政支出の根拠と配分方法]

政府が大学に支出する根拠は，一つには社会的利益の存在である。大学による人材養成，研究開発は経済発展に寄与し，文化活動を支援し，社会全体に富と福利をもたらす。ただし，社会的利益があるからといって公的支出のみに頼る必要はなく，市場での解決も可能となる。大学教育を受けた者の将来の所得が，そうでない者よりも高く，個人的利益も発生しているので，大学への政府支援はなくても個人は大学に進学し，大学教育の需要はある程度満たされよう。また民間企業も研究成果があれば，大学との共同研究や委託研究等によって大学での研究を支援することができる。しかし個人的利益が発生しにくく，需要が満たされない専門分野の教育や研究成果が商業化しにくく，民間投資がされない専門分野の研究の維持発展には，市場での資金調達だけでは十分でなく，公的支援が必要となる。ただし大学は教育と研究の複合生産物を生み出し，社会的または個人的利益のそれぞれの算出も不可能であるので，政府がどれほどの額を大学に支出するかは理論的には決定できない。それは政治的力学によって決定される。

政府支出の第2の根拠は社会的正義である。多くの社会ではいつの時代にも，大学教育機会は富裕層でない若者に開かれていない。政府が大学を支援し学費を低廉化したり，奨学金によって大学進学を促進したりすることで，それらの者に機会を

与えることができる。経済的理由によって大学進学できない若者の支援は，教育基本法4条にも定められている通り国および地方公共団体の仕事である。ヨーロッパでは伝統的に大学教育は無償ないし，低価格で機会の提供を行う。それに対してアメリカ合衆国では，受益者負担原則から授業料は私立・州立とも比較的高価に設定するが，公的または大学独自の奨学金によって富裕層でない者に対する大学教育機会を提供する方法が取られている。

大学に公的資金を投入するには，経常費や施設設備費を大学に直接支出する機関助成と，大学の研究者への研究費や大学進学する学生を援助する個人助成の2種類がある。また学生一人当たり経費や，教員一人当たり教育研究費等から算出された額を▶教育研究経費として配分する基盤的経費と，大学や研究チーム，教員個人が特定の教育研究プロジェクトや研究課題に応募して資金を得るプロジェクト競争的資金がある。公的資金配分には，政府から大学へ直接交付される方法と，政府と大学との間に独立した第三者のバッファー機関を通じて配分を行う方法がある。後者の例としてイギリスのイングランド高等教育財政審議会（HEFCE）を挙げることができ，大学の自律性を守るため，政府から独立して公的資金配分を決定し，大学に交付している。

また近年，各国の大学への資金配分において，教育研究を効率的・効果的に行うことを目的として，業績連動資金配分方式が導入されている。これは政府と大学が教育研究において一種の契約を交わし，その達成水準を配分される資金額に反映させようとするものである。この方法では教育研究の業績評価の妥当性，信頼性，公平性が政府と大学の双方に受け入れられることが必要となる。学生数や教員数による大学への資金配分をインプットベース，業績による方法をアウトプットまたはアウトカムベースの資金配分と呼ぶこともある。

[**公財政支出の構成**]

大学に何らかの目的で資金を投入し，将来の利益を獲得するため投資を行うのは，政府，企業，家計である。政府支出の理由は社会的利益であるが，企業は大学の行う研究の商業的価値によって委託研究，共同研究資金を投入する。家計は大学教育を受けることによる所得の上昇や，大学生活の享受その他の利益によって大学教育に投資または消費的コストを支払う。

政府の高等教育への支出，すなわち▶公財政支出は，2010年度で対GDP比0.5％程とされる。図「高等教育への公財政支出」の折れ線にみるように，この数値は1975年から80年にかけて現在よりも高い水準にあった。これはもっぱら当時の国立大学への投資，▶私学補助の増額によるものである。図は筆者の推計によるものであり，政府統計やOECD統計と比べて，GDP比の数値が0.1％強低くなっているが，時系列的な傾向はこの通りである。しかし以後1991年まで減少しており，ここ10年ほど停滞している。図の縦棒は学生一人当たり公財政支出を，2008年価格で表示したものである。これによると1980年あたりにピークを迎えるが，その後公財政支出は伸び悩む。

公財政支出の構成内容は，国立大学運営費交付金，施設設備整備費補助金，私学振興助成金，▶科学研究費補助金（科研費），奨学金事業費がおもなものである（丸山，2013）。国立大学への運営費交付金は，2004年の大学法人化後に導入された。それ以前は，一般会計から国立学校特別会計への繰入れにあたる。国立大学への予算配分は1980年まで順調に伸び，1990年あたりまで停滞する。しかし，その後再び伸びている。法人化後，運営費交付金は毎年削減が行われることになっており，

図｜日本における高等教育への公財政支出

（複数の官庁統計により作成）

予算ベースで減少が続いている。これに対して国立大学関係者からさまざまな機会に反対が表明されている。2012年には運営費交付金として1.1兆円が交付され，国立大学全体収入の48%を占める。法人化以前は項目別予算が配賦され，使途は限定されていたが，法人化後はブロックグラント方式により，各大学の裁量により予算使用ができ，制度上，翌年度への繰越しも可能となった。法人化後，国立大学は文部科学大臣から▶中期目標・中期計画を提示され，各大学はそれに沿って教育研究業務を行う。国立大学法人評価委員会は目標・計画期間中の業績評価を行い，その評価結果は次期目標・計画期間の運営費交付金の配分に反映される。法人化後の国立大学への資金配分は，インプットからアウトカムベースにシフトしたといえる。しかし資金配分の割合は国立大学収入のわずか0.5%であり，これは教育研究の業績評価が簡単ではないことを示している。

国立大学は，法人化後も自らの施設設備の整備について，概算要求という毎年の予算要求を▶文部科学省に対して行う。文科省は第三者を含めた委員会でそれらを審議し，施設設備整備費補助金の配分を決定する。採択は厳しく，新築改築プロジェクトの概算要求のうち1割しか認められない年もある。補助金額は毎年一定ではなく変動がある。国立大学にとって交付額が予測不可能で不確定なので，施設整備の将来計画が立てにくい。法人化後，国立大学は中期目標・計画を立てるが，計画策定時に施設整備費が配賦されるか不明であるため，計画が具体性を持たないことも生じてくる。

私立大学は，1960年代に大学教育機会の拡大に大きな役割を果たした。しかし過剰な設備投資と人件費の高騰により経営が困窮し，教育の質が低下した大学も出てきた。そこで政府は私学助成を1970年から本格化し，75年に▶私立学校振興助成法を成立させた。ピーク時には私学の経常費の30%が助成されていた。私学諸団体の強い要求にもかかわらず，私学助成額は伸び悩んでおり，現在は経常費の10%余を占めるにすぎない。私学助成には主として学生数や教員数に基づいて助成額が算出される一般補助と，特別な教育プロジェクトに補助される特別補助があり，近年は特別補助の割合が増えている。

科学研究費補助金は長い歴史を持ち，ほかの高等教育関係の公財政支出が減少する中，毎年順調に増額されている。科学研究費補助金はすべての研究分野において，単年度，小規模な個人研究から数年にわたる大規模国際研究プロジェクトまでをカバーする。大学の研究者ばかりでなく研究機関の研究者，民間の研究者も応募できるが，研究プロジェクト遂行に使用が限定され，研究機関が本来整備すべき施設設備整備には使用できない。奨学金事業費も近年増額傾向が続く。日本

の大学教育の機会は，国立大学を例として学費を安価にして提供がなされてきた。奨学金の機会拡大への機能は限定的であった。しかし国立大学の学生納付金が1970年代半ばに値上げされるのに伴って，奨学金の重要性が認められ，毎年事業費は増額されている。日本学生支援機構が扱ってきたのは，返済が必要な▶貸与奨学金であり，将来の負債を避ける富裕層でない者の進学には限定的な効果しか持たないという議論もあったが，2017年度から給付奨学金も一部導入され，また直近においては低所得家庭への▶学費免除が検討されるなど，流動的な要素も生じている。

日本の高等教育への公財政支出は，運営費交付金や私学助成などが停滞し，機関助成あるいは基盤経費から，科研費や奨学金事業費など個人助成あるいはプロジェクト経費にシフトしているといえる。

[高等教育財政の国際比較]
OECDでは，過去20年以上にわたって加盟国の高等教育財政の状況について報告書を公表している。日本の高等教育への公財政支出は，2010年のデータによると対GDP比0.5%と加盟国で最低となっている。しかし政府と民間を合わせると，1.1%とOECD加盟国の平均あたりである。これは日本では民間支出の割合が高いためである。学生の75%が学費の高い私立大学に進学し，民間支出の割合を高めている。北欧の福祉国家であるフィンランドでは対GDP比1.9%であるが，公財政支出の割合がほとんどで民間支出の割合は低い。政府民間支出の割合が日本と同じレベルにあるドイツ，フランスなどでも民間支出の割合は低い。アメリカ，オーストラリア，韓国は日本よりも公財政支出も多いが，民間支出の割合も高い。日本の学生一人当たり経費は，1万6000ドルとドイツ，イギリス，フィンランドとほぼ同じである。これを高等教育の大まかな質の指標とすれば日本は劣っていないが，ここでは家計の負担によって支えられていると考えられる。

OECD統計では，公財政支出の構成を人件費，物件費，資本的支出について比較することができる。日本の公財政支出の使途の特徴は，ヨーロッパ諸国に比べて資本的支出の割合が高いことである。スペイン，トルコ，韓国など高等教育人口の拡大が比較的最近に始まった国ではキャンパス建設等，経常費よりも資本支出が多くなる傾向がある。

[国私格差と公私負担]
日本の高等教育への民間支出の割合が高いのは，学生の8割近くが私立大学に学んでいるためである。第2次世界大戦後の▶新制大学制度発足後から，国立・公立大学と私立大学の学費の格差が問題となってきた。国立大学は戦後しばらく学費が安価で，良質な大学教育機会を全国的に提供するという目的のため，授業料が低く抑えられてきた。

100　大学の財政

他方，私立大学はその収入をほとんど学生納付金に頼り，国立大学よりも高い授業料を設定してきた。また収入を増加させるため，定員以上に学生を在籍させ，質の面でも国立に見劣りしていた。私立大学は高い授業料の割に，教育の質はそれに見合ってはいないことが明らかであった。

国立大学と私立大学の負担と質の格差縮小は，高等教育政策において重要な課題である。格差縮小の一つの手段は，私立大学へも国立大学と同様に公的資金を投入し，授業料を低下させることである。そこで政府は，1975年に私立学校振興助成法を成立させ，私学の経常費の半分までを助成できるようになり，それ以後助成が拡大する。助成法に謳ってあるように，家計の負担軽減は助成目的の一つである。格差是正の第2の手段は国立大学の授業料を値上げし，格差を縮小することである。そこで国立大学でも，授業料と入学金との値上げが1970年代後半から開始される。これら二つの手段の結果，ひところ国立1：私立20ほどであった授業料格差は，1：1.6ほどに縮小した。学生納付金の国私格差は縮小したが，私立大学も国立大学も高額な授業料を課すことになった。この原因について，国立大学の授業料が上昇すると，私立大学は自らの授業料も上昇させてしまう相互作用を挙げることができる。この結果，日本の大学の授業料水準は国際的に見てアメリカについで高くなってしまった。

国立大学と私立大学の授業料水準がこれ以上上昇すると，大学進学需要自体が縮小してしまう恐れがある。大学への公的財源投入は必要であるが，現行の機関助成方式による授業料の低下策の非効率性は早くから指摘されてきた。機関助成による授業料低廉策は，その必要のない富裕層にも恩恵が及ぶからである。もう一つ厄介な問題は，大学への公財政支出を増加させると，大学に進学しない家計に何らの恩恵が及ばないさらなる不利益が生ずることである。大学進学しない家計は，進学する家計に比べて裕福ではないといわれる。そこで進学しない家計には，バウチャーなど別途手当てが必要となる。

丸山 文裕

→ 国立大学の財政・財務，公立大学の財政・財務，私立大学の財政・財務，パフォーマンス・ファンディング，競争的資金，寄付金，運営費交付金，共同研究／受託研究，国立大学法人評価，大学と学費（テーマ編）

◎水田健輔「大学財政の日本的特質」，広田照幸ほか編『大学とコスト―誰がどう支えるのか』岩波書店，2013.
◎丸山文裕「高等教育への公財政支出の変容」，前掲『大学とコスト―誰がどう支えるのか』.
◎水田健輔「日本の高等教育をめぐるマクロ財政フローの分析」，日本高等教育学会編『高等教育研究』第12集，2009.
◎OECD, Education at a Glance, 2013.

IV　世界の大学——歴史と現状

日本の大学|にほんのだいがく

[伝統的機関の近代への継承・断絶]

日本における西欧近代科学（洋学）の摂取は，明治以前から進んでいた。それは1770年代の『解体新書』の頃に端を発し，1853年（嘉永6）のペリー来航以降になって，体系的な学習と教育が始まることになる。江戸期の洋学は，外国語を基礎とした軍事学，天文・地理学，医学・本草学という3分野からなるものであった。まず，海軍の軍事学系統としては，オランダ人を教官とし，さらに軍医養成の目的で西洋医学の教育も行われていた長崎海軍伝習所（1855年設置）があり，これは築地軍艦操練所を経て海軍所（1866年）に発展することになる。他方陸軍の方では，築地講武所（1856年）から陸軍所（1866年）の流れが存在した。天文・地理学系統では，幕府の天文方（1684年）があり，1811年（文化8）に蕃書和解御用が置かれた。これは55年（安政2）には外国書の翻訳および外国語と地理学，物理学，化学，兵学等の教育を行う洋学所となった。さらに▶蕃書調所（1856年），洋学調所（1862年），開成所（1863年）と名称を変えながら明治政府に引き継がれ，▶大学南校（1869年），▶開成学校（1873年）を経て東京開成学校（1874年）と発展していく。

また医学・本草学系統としては，蘭方医たちが設立した種痘館（1858年）を幕府直轄として改称した種痘所（1860年）があり，医学所（1863年）を経て維新後に大学東校（1869年），東京医学校（1874年）へと引き継がれる。1877年（明治10），上記の東京開成学校と東京医学校は合併され▶東京大学へと改編されるが，ここで初めて西欧の近代学術を教授する本格的な専門教育機関が軌道に乗ったと見てよいだろう。

これらの洋学系の流れとは別に，維新期にはこれまでの漢学・儒教と国学・神道は昌平学校に包摂されることとなった。上記の開成所，医学所とともに統合されて，1869年（明治2）に大学校として設立され，昌平学校はその本校として位置づけられた。しかし学内での皇学派・漢学派の激しい対立と，それに加えて洋学派に対する確執のために，閉鎖されることになり，再開することなく廃止されてしまったため，旧幕時代以来の漢学・儒学教育はここで断絶し，国学者・儒学者の養成が復活するのは，1877年以降の東京大学文学部の和漢文学科および古典講習科の設置を待たなくてはならなかった。こうした旧来からの伝統的学問は明治政府におけ

る「有用性」を求める思想によって抑制され，大学のなかでは個別の学部として継承されることはなかったのである。

[明治初期のモデル探し]

こうした明治初期の強力な欧化政策の中で，どのような諸外国が日本の大学のモデルとなったのだろうか。以下ではこれを教育内容と言語の変遷から捉えてみる。

まず急速な近代化・産業化のために，明治政府は各専門領域で最も優れた外国の学術を指定し，国ごとに人を派遣して，外国人教師・技術者を雇い（▶お雇い外国人），その国の言語を学生に勉強させ，さらに留学生を派遣するという方針を採った。したがって明治10年代までは現業部門ごとに欧米諸国をモデルにした諸官庁直轄の大学校が林立しており，特定の国をモデルとした統一的な教育システムというわけではなかった。東京大学の直接の母体となった東京開成学校と東京医学校でも，当初使用された言語は異なっていた。東京開成学校が英語を重視した一方で，東京医学校はドイツ語中心であった。ただ，特定の学問と学校制度とを対応させるという仕組み，また学術水準を国別・分野別に比較・検討することによって定めた本格的な▶専門教育が最初に成立したのは医学であったと言える。幕末の西洋医学はオランダ医学であり，当時医学教育を指導していたウィリス（William Willis, 1837-94）はイギリス人であったが，1876年（明治9）にはすでに卒業生31人を出すに至っていた東京医学校は，ミュルレル（Benjamin Carl Leopold Müller, 1824-93）とホフマン（Theodor Eduard Hoffmann, 1837-94）の意見によりドイツ大学の方式に移行するようになっていた。ドイツ医学を導入した理由は，幕末期にはすでに蘭医学のもととなっているのはドイツの医学であるという理解が広まっており，近代医学の中心としてドイツが捉えられていたためである。1882年に，東京大学医学部の卒業生である医学士を教師の定員に入れなければ地方医学校としての認可を与えないという「医学校通則」の制定を通じて，全国の医学教育の中心をドイツの医学とする制度が確立した。

他方，法・文・理の分野でも英語優位から徐々にドイツ語に移行することになる。明治初期の時期には英語は国際語として最も使用されている言語であった。開成学校で教える普通教育（当時「普通学」と呼んだ）のレベルでは英語系が多数派を占めており，授業も英語に統一された。フランス人・ドイツ人など英語圏外から来たお雇い外国人教師も，英語で教えることを強制された。そしてそれまで

英・独・仏の3ヵ国語に分かれていた語学専攻のうち，独・仏語専攻は次第に廃止されることになった。これは1878年(明治11)12月まで学監のポストにあったダヴィッド・モルレー(David Murray, 1830-1905)の意図によるものと考えられる。その意味で東京大学における法・理・文の3学部という構成は，アメリカ・アングロ・サクソン系の「カレッジ」をモデルとしていたと考えられる。

しかし，1881年(明治14)頃より，法・理・文学部は徐々にドイツ語を重視するようになっていく。これは，文科系における官房学(カメラリスムス)から発展した国家学や国家経済学の興隆，および理科系における化学などの新しい科学分野の発展によるものであった。また明治14年の政変以後においては，▶伊藤博文と▶井上毅を中心として▶帝国大学創設に向けてプロイセン・ドイツへ傾倒する方針が採られるようになる。たとえば文学部政治学及理財学科では，その政治的状況を背景としてアーネスト・フェノロサ(Ernest F. Fenollosa, 1853-1908)が来日し，それまで支配的であった英仏哲学にかわってドイツ哲学を紹介し，日本における国家主義の隆盛に大きく作用したといわれている。また法学部では，司法省法学校の流れを汲んでボアソナード(Gustave Émile Boissonade de Fontarabie, 1825-1910)によるフランス法学ならびにフランス語が主流で，法学部4年制のうち最初の3年(のち2年)はフランス語を課していたほどであったが，ドイツにおける学術の隆盛という国際的な動向，および伊藤博文・井上毅などをはじめとする政府によるドイツの学問を振興しようという考えのもとに，ドイツ語が重視されていくことになるのである。

[帝国大学における理念]
東京大学は1886年(明治19)帝国大学へと改編され，その後の日本のすべての「大学」の原型となったと言える。この帝国大学のモデルは，上記の経緯から見てもドイツの影響が強いことは確かだが，それにのみ基づいていたとは言えない。たとえば▶分科大学はフランスの帝国大学制度に類似しており，落第の厳しさや席次などの面もフランス的である。他方，それぞれの分科大学は「カレッジ」と英訳されており，寮舎を兼ねられる校舎などはイギリス的である。また▶大学院という制度はアメリカ的であるなど，単一の国をモデルにしたというよりは，ドイツ，アメリカ，フランスなど諸外国の最も進んだと思われた形態を取り入れたのであり，それは複数のモデルに基づく選択的導入であったといわれる。

このように制度面ではさまざまな国をモデルとしていたが，しかし▶帝国大学令における「国家ノ須要ニ応スル」という帝国大学の理念は確かにドイツによるものであった。伊藤博文，井上毅，▶森有礼などがドイツから模倣しようとしたものは，その制度そのものというよりも，その官僚制度，すなわち▶高

等文官試験によって選抜された法科官僚による制度を作るという目的であった。伊藤らは，明治14年の政変以後，民権派への対抗を意図しプロイセン的な憲法を採用しながら，大学を国民にまかせるのではなく国家が管理し，官僚の藩閥人事を能力に基づくものに変えようとした。

また帝国大学令を作成した森有礼などが，自覚的にドイツの大学を模倣していたのは確かであった。当時，紳士と市民のための大学に過ぎなかったイギリス，革命により中世以来の大学が解体されたフランス，ドイツを模してカレッジからユニバーシティへの移行を始めたばかりのアメリカなどに比べ，ドイツの大学は「国家の大学」であるとともに，大学と学問の世界で国際的に最も成功していたモデルとして考えられていた。

事実，官僚エリートの供給源は，イギリス＝工学からドイツ＝法科に移っていくことになる。明治初期の特徴は，工部省と1871年(明治4)に設置された工部省工学寮を前身とする▶工部大学校が供給する技術官の数と待遇であった。その工部省は，イギリスから工学を模倣しようとしていた。工部卿であった伊藤博文の委嘱をうけたヘンリー・▶ダイアーと工部省は，フランス・ドイツの学理面とイギリスの実際面を統合した新しい工科大学をつくろうとした。工学という新語は，現在の意味というよりは，官僚が西欧の技術を基にして国家を構想・設計し，国民を管理するための学問として定義されていた。しかし，のちに工部大学校は東京大学に併合されることになり，これはある面で工部大学校の独自性を失わせることになった。

したがって帝国大学の成立は，イギリス＝工科系にとっては，ある意味，当該官庁の衰退と並行した制度的な改編という面も持っていたといえる。他方でこのことは官僚エリートの地位をドイツ＝法科系が独占することになる端緒となった。当然ながら，法科大学はそれまでのフランス法・イギリス法ではなく，ドイツ法が中心となった。また医学においても，1905年にベルツ(Erwin von Bälz, 1849-1913)が日本を去るとともにドイツ人教師の時代が終わり，帝国大学の邦人教師の時代となったが，ドイツ一辺倒の流れは変わらなかった。

[帝国大学以降の変容と展開]
ただ，帝国大学という日本の大学の範型が確立したとはいえ，そのモデルの模索はその後も続けられた。まず▶講座制についてみてみよう。帝国大学令が公布された時点では，その主眼は官僚制の構築にあったため，その学問の教育・研究，つまりドイツ流のアカデミズムを輸入することは後手に回っていた。これが制度化されるのは，1893年(明治26)の帝国大学令改正の際に行われた講座制創設である。これにより，一つの教科を一人の教授に担任させてそれを講座とし(一つの講座に複数の教員を置くようになるのは，1920年代以降のことである)，その講座

図1｜日本の学校系統図（1921年［大正10］）

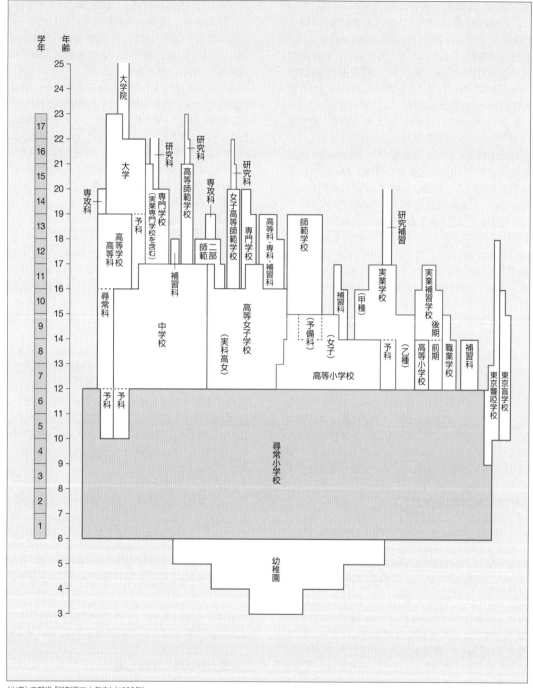

（出典）文部省『学制百二十年史』（1992年）

図2｜日本の学校系統図（2017年［平成29］）

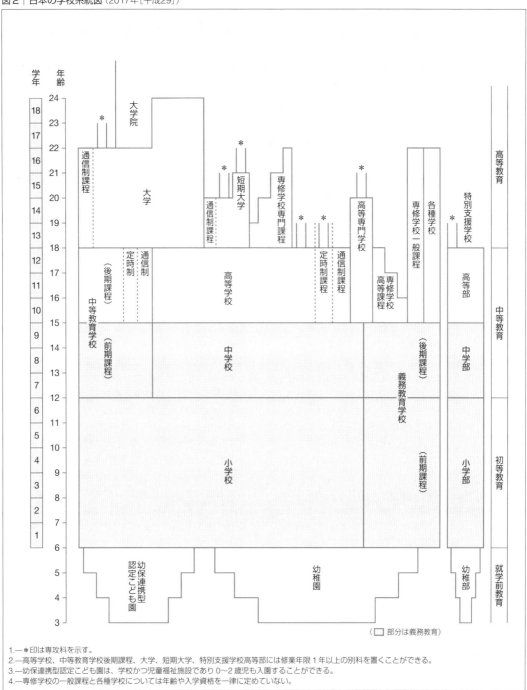

1.—＊印は専攻科を示す。
2.—高等学校、中等教育学校後期課程、大学、短期大学、特別支援学校高等部には修業年限1年以上の別科を置くことができる。
3.—幼保連携型認定こども園は、学校かつ児童福祉施設であり0〜2歳児も入園することができる。
4.—専修学校の一般課程と各種学校については年齢や入学資格を一律に定めていない。

（出典）文部科学省「諸外国の教育統計」2017年版

俸を本俸とは別に給付することとしたのである。ただし，これを創設した井上毅が調査した制度は必ずしもドイツ系ではなく，むしろフランスの制度であった。官僚の法科主義はドイツから輸入したが，井上にとってその大学制度は望ましいものではなく，むしろフランスのナポレオン体制下につくられた中央集権的な教育制度をモデルとした。講座制により帝国大学を官僚組織のなかに位置づけ，その管理を目指したのである。

次に，大学院制度についてみる。大学院は，「大学ハ大学院及分科大学ヲ以テ構成ス」と定められた帝国大学令によって生まれたが，このモデルは当時成立しつつあったアメリカの大学院だと考えられる。1887年(明治20)に学位令が公布され，▶学位(博士号)と大学院とが結ばれることになるが，これは確かにアメリカ的なモデルであり，学生は各分科大学の研究科に2年所属し，入学後5年に学位試験を受けることが定められた。しかし，この後大学院制度は整備されず，その課程教育の内容充実が図られた形跡は見あたらない。これは，明治以降の日本において帝国大学の一義的な機能が国家官僚の養成・供給に置かれていたことをうかがわせるものである。

ただし，アメリカのモデルは日本の少なくとも一部の関係者たちにとって，魅力的なものであり続けた。日本が大学制度を構築していた時期は，アメリカもドイツの大学から学びながら，カレッジから▶ユニバーシティへという独自の高等教育制度を構築し始めた時期であった。それは，大学と大学以外の機関を区別せずに「ハイヤー・エデュケーション」として包括的な教育機関として捉え，また「私立」の教育機関を多数含むモデルであった。たとえば伊沢修二は，ドイツ的な帝国大学は程度が高すぎるとして，これに代わるアメリカ・アングロ・サクソン型の高等教育制度を提唱した。また▶菊池大麓は教育調査会において，アメリカ・アングロ・サクソン的モデルを提唱した（「教育制度改革ニ関スル意見」，1914年[大正3]）。そこでは，▶高等学校(旧制)の▶リベラルアーツ・カレッジ化，大学のユニバーシティ化，そしてユニバーシティからカレッジまで多様な機関を置くなどという，アメリカのモデルを踏襲した制度が提唱されている。すなわち，高等普通教育(教養教育)・専門職業教育・学術研究の三者を統一したものが，アメリカの▶総合大学(ユニバーシティ)であり，高等教育システムはこの総合大学のほかに，それら三つの機能のうち，とくに高等普通教育と専門職業教育に特化した多数の大学(カレッジ)を含むという意味での，「カレッジ・アンド・ユニバーシティ」を総称するものとして成り立つとされた。これは，ドイツモデルとアメリカモデルのどちらをとるかという議論，外国語として何を使用するかという議論が長く続いていたことを意味している。

［第2次世界大戦後への遺産］

戦後改革はアメリカによって推進され，大学をはじめとする教育制度もその影響が色濃く反映されている。▶新制大学を法制化した，▶学校教育法(1947年法律第26号)52条は，大学の目的を次のように規定している。すなわち「大学は，学術の中心として，広く知識を授けるとともに，深く専門の学芸を教授研究し，知的，道徳的及び応用的能力を展開させることを目的とする」。これは大学を研究，専門職業教育，一般教育の三者を一元的に行い，社会的啓蒙の拠点とする第1次米国教育使節団の大学観を反映したものであり，アメリカにおいて広く共有されていた大学観に通じていると言えるだろう。

ただ，大学の理念の面ではこのようにアメリカ的ではあるが，大学の周辺の制度からみた議論においてはさまざまな対立があった。たとえば，教育刷新委員会における旧制▶専門学校と高等学校の存廃をめぐる議論の基礎にあったのは，戦後における新しい大学像をどのように構想するのかという問題であった。それは高等教育のあり方を，一方で戦前からの伝統的な学術的水準を維持するという高等教育側からの考えと，他方では高等教育に進学していくことになる者たちの権利を尊重するという中等教育の側からの考えの対立であった。これを西欧モデルの議論からみれば，大学は▶職業教育から区別されたものとして学術・研究を行うというドイツ的モデルと，大学を大学院と学部を結合させることによる研究と職業訓練を含む教育とを統一的に行うものとするアメリカ的モデルの対立であったと言える。明治期からの大学観の相違とそれに基づくモデル探しは，戦後においても形を変えて根強く残存し続けたと言えるだろう。　　　橋本鉱市

▶ 日本の大学改革，日本の高等教育，戦後改革と新制大学

◎天野郁夫『大学の誕生』上・下，中央公論新社，2009.
◎天野郁夫『高等教育の時代』上・下，中央公論新社，2013.
◎廣重徹『科学の社会史―近代日本の科学体制』中央公論社，1973.
◎国立教育研究所編『日本近代教育百年史』第3，4，6巻，教育研究振興会，1974.
◎海後宗臣・寺﨑昌男『大学教育』東京大学出版会，1969.
◎中山茂『帝国大学の誕生』中央公論社，1978.
◎寺﨑昌男『東京大学の歴史―大学制度の先駆け』講談社学術文庫，2007(元本は1992年刊).

106　　日本の大学

アジアの大学 | アジアのだいがく

アジアの大学の特徴は多様性にある。アジアの国・地域が政治システム、経済水準、宗教・民族・言語などの社会文化的な状況といった諸側面において、非常に多様であることは論をまたない。それらを反映して、アジアの大学も多様性に富んでいる。▶研究大学として国際的な名声を誇る大学もあれば、10万人以上の学生を抱える公開大学(Open Universities)のように大衆的な高等教育の担い手となっている大学もある。さらには新興の私立大学など途上国の大学のなかには、国際的な基準よりもかなり質の低い教育しか提供できない大学も散見される。したがって、「アジアの大学」と一言で表すことは困難を極める作業であることを前提にしつつ、おもに近年のアジア諸国の大学にみられる特徴や現象を概観したい。

[アジアの大学の発展過程]

アジアの高等教育を歴史的に遡ると、中国の国子監や太学、日本の▶大学寮、インドのナーランダ大学、ヴェトナムの文廟など、各地でさまざまな高等教育機関が設立され、10世紀前後にはある程度体系的な高等教育システムを確立した国・地域があったと言える。これらの高等教育機関は官僚養成の機能を担ったり、宗教的な修練の場となったりするとともに、長年にわたり知の拠点としての役割を果たしてきた。ただし、こうした古くからの高等教育機関の多くは、特定の目的にもとづき、限られた人々を対象としていた。それに対して、今日的な意味での「大学」の歴史は、19世紀後半から20世紀前半にかけて始まった。この時期に社会の近代化が進む過程で、国・地域によっては植民地支配の影響を強く受けながら、西洋の近代大学モデルにもとづく「大学」がアジア各地に設立された。

植民地主義の影響は大学の理念、制度、運営、教育内容、研究開発などに色濃くみることができた。第2次世界大戦の終結まで、東アジアの大学には日本からの影響を、東南アジアではインドシナ諸国がフランス、インドネシアはオランダ、マレーシアがイギリス、フィリピンにはアメリカの影響をそれぞれみることができた。また、南アジアや中央アジアではイギリスの影響が強くみられた。しかし戦後、多くの国が旧宗主国からの自立を目指し、教授言語を現地の言葉に置き換えるなどの改革を行うなかで、徐々にアメリカ型の大学モデルの影響が増していった。その一方、インドシナ諸国や中央アジア諸国は社会主義体制へと移行するなかで、ソヴィエト型の高等教育システムが広まったり、中国では文化大革命中に中国型のシステムを確立しようと模索したりした。これらの動きも冷戦構造が終焉した20世紀末には、基本的にアメリカ型の大学モデルへと収斂しつつあるように見受けられる。

21世紀初頭の現在、世界的にみてもアジアほど高等教育システムが急速に拡大している地域はほかにない。たとえば大学で学ぶ学生たちの数をみると、とくに1990年代以降の進学率の上昇が著しく、多くの国・地域で高等教育の大衆化が確実に進んでいる。大学への進学に関しては、日本と韓国がいち速く大衆化を実現し、東南アジア諸国のなかにも30%以上の進学率を記録する国が次々と現れ、その勢いは年々増している。同様の傾向は中央アジア諸国においてもみられる。また中国、インド、インドネシアといった人口の多い国でも、2000年代に入ると10%台半ば～20%前後の進学率を示すようになり、就学者数を考えると非常に多くの学生が大学に通っていることがうかがえる。こうした大学進学率の高まりの背景には、全般的に順調な経済成長に伴い中産階級の層が厚くなっていることが挙げられる。

その一方、インドシナ諸国(カンボジア、ラオス、ミャンマー)や南アジア諸国(パキスタン、バングラデシュ、ネパール、ブータン)のなかには、いまだに大学進学率が1桁台から10%台前半に留まっている国もみられる。とはいえ、アジア諸国のなかでは高等教育拡充の後発組であるこれらの国々でも、高等教育の急速な拡大が起こっている。しかしながら、あまりにも急速な拡大は過度な市場原理を煽り立てたり、教育内容の質的な低迷をもたらしたりする要因ともなっている。

アジアの大学が発展してきた過程を振り返ると、それぞれの国・地域における政治・経済・社会・文化の影響を受けつつも、ある一定の方向性がみえてくる。それは社会の近代化を促進するために、おもに政府が主導して大学を設立してきたことである。多くのアジア諸国では、開発政策の一環として国家施設型の大学(すなわち国立大学)を設立することがこれまで主流となってきた。もちろん日本、韓国、台湾、フィリピンのように、高等教育システムの拡充において私立大学が伝統的に大きな役割を果たしてきた国・地域もあるが、社会の近代化を促進するという大学の役割・機能については、それらの国・地域でも他のアジア諸国と共通した特徴を備えている。

ただし、基本的に国立大学が中心となって社会経済的な発展に資する人材育成や研究開発を推進してきたアジア諸国ではあるが、近年、とくに私立大学の著しい増加に伴い、高等教育システムが急速に大衆化を進めている。こうした現象を理解するために、アメリカの比較教育学者ウィリアム・カミングス(William Cummings)は「東アジア的アプローチ(The East Asian Approaches)」という分析視角を提示している。カミングスによれば、東アジア諸国では政府主導で教育政策の実施を推し進める一方、国家予算に占める教育予算の割合が欧米諸国よりも

大学事典　　アジアの大学　107

貧弱である現実を踏まえて，公的目的に抵触しない限り私的(民間)部門のイニシアティブに対して許容的な政策をとってきた。そのため高等教育に関しても，かなりの財源を家庭(私教育費)および私学セクターに依存してきたし，研究開発においても民間部門に多くを頼ってきた。カミングスが指摘するこうした政府の姿勢と，とくに2000年代以降のアジア諸国における順調な経済成長にもとづく高等教育への活発な民間投資とが相まって，東アジアのみならずアジア全域で私立大学の数が急増している。また経済成長に伴い拡大している中産階層のなかに高等教育への進学意欲が高まっていることも，こうした動きを下支えしている。

このようにアジアの大学を取り巻く環境が急激に変化するなか，欧米で発展してきた近代大学モデルにもとづく従来型の国際高等教育研究が提示する見解に対して，見直しを迫る必要があると考えられる。これまでアジアの大学は，いわゆる従属論・新植民地主義の観点から，国際的な高等教育システムのなかで欧米の大学が占めている「中心」に対して「周辺」に位置すると考えられてきた。これは，たとえば学術文化の世界において，体系的な「知」は基本的に「中心」である欧米の大学で創出され，「周辺」に位置するアジアの大学は，そういった「知」を受容する立場にあるという見方である。

こうした考え方を主唱してきたのが，1980年代から国際高等教育研究をリードしてきたアメリカ人研究者フィリップ・アルトバック(Philip Altbach)である。アジアの諸大学は，基本的に欧米の先進工業諸国の影響を受けて，基本的エトス(学問の自由，大学の自治などの考え方)，組織構造，カリキュラム，さらにはかつて植民地を経験した国々では言語なども含めて，欧米をモデルにしてきたと指摘する。もちろん日本，インド，中国などでは独自の学術出版システムが構築されてきたし，アジアの文脈に沿った学術研究や科学技術開発が皆無というわけではないが，アジアの大学は基本的に国際的な学術文化の世界で「周辺」の地位に留まっていると論じている。

しかしながら，こうした考え方に対する反論も提示されている。たとえばアルトバックとの共同研究にも積極的に取り組んだ日本の比較教育学者の馬越徹は，先進的なアジアの大学のなかには，これまでの一方的な欧米大学への従属関係を脱し，自立への道を歩み始めている大学も現れており，とくに大学の教育機能(teaching)については，欧米の大学との間に「支配－従属」関係が機能しているとは言えないと主張した。またオーストラリアの高等教育研究者サイモン・マージンソン(Simon Marginson)は，古代にまで遡ることができる中国とインドの間の知的交流から始まり，朝鮮半島と日本の関係や，東南アジアの多様な王国・帝国が中国との間で築いてきた繋がりなど，過去3000年以上にわたりアジア

のなかで学術文化の国際交流が積み重ねられてきたことを指摘する。さらに東アジアの国・地域(日本，韓国，中国，香港，台湾)とシンガポールにみられる高等教育のあり方を「儒教モデル(Confucian Model)」と名づけ，長年にわたり積み上げられてきた教育と学術に対する尊敬の念にもとづく高等教育モデルは，北米型や欧州型とは異なるモデルであると強調している。

[アジアにおける大学改革の潮流]
今日のアジア諸国における大学改革の潮流を俯瞰すると，政府レベルでも大学レベルでも，教育・研究の質をいかに向上させるかということへの問題意識が広くみられる。上述のように1990年代以降，アジア各地で高等教育への進学率が高まり大衆化が進むとともに，大学数も急増している。とりわけ私立大学の急増ぶりには目をみはらされるが，それらの新興私立大学のなかには経営を優先し，教育・研究面での投資を怠り，高等教育機関としての質を十分に満たしていないものも少なくない。また，たとえ国立大学であっても，途上国のように十分な財源を確保できない国では，やはり教育・研究の質が低い大学が数多くみられる。

このような状況を踏まえて，欧米での取組みを参考にしながら，アジアの大学関係者の間でも質保証や▶アクレディテーションに対する関心が高まっている。また，アジアの多くの大学で域内・域外の大学との国際的な教育連携や学生交流が活発化するなか，大学教育の質保証を国レベルで完結させることは難しくなってきており，国際的な通用性が問われている。

そうしたなか，大学における教育・研究の質的な向上を目指すために，国を越えた地域連携ネットワークを活用しようという動きがアジアでは広がっている。アジア太平洋といった広域にわたるネットワークの例としては，「高等教育質保証機関の国際ネットワーク(▶INQAAHE)」と協力しながら，アジア太平洋地域の高等教育の質保証機関の連携・協力を高め，地域の高等教育の質を高めることを目的とする「▶アジア太平洋地域質保証ネットワーク(APQN)」が挙げられる。その他，アジア太平洋地域の大学間の「移動(mobility)」を促進するための「▶アジア太平洋大学交流機構(UMAP)」，研究大学間の教育・研究面での協力を推進することを目的として大学の学長たちによって設立された「環太平洋大学協会(APRU)」なども挙げることができる。

また，2015年末にアセアン共同体(ASEAN Community)を立ち上げた東南アジアでは，高等教育分野でも域内連携が活発化している。たとえば，アセアン加盟諸国で指導的地位にある研究大学が連携する「▶アセアン大学ネットワーク(AUN)」，「東南アジア教育大臣機構(SEAMEO)」の「高等教育開発地域センター(RIHED)」が主導する「アセアン学生国際移動プログラム(AIMS)」，タイの「科学技術

108　アジアの大学

大学院教育研究開発事務所(PERDO)」による東南アジア・レベルでの研究拠点(COE)形成プロジェクトなど，さまざまな取組みが進められている。さらにAUNやSEAMEO/RIHEDは，東南アジア域内のみにとどまらず，日中韓を含めた「ASEAN＋3」の枠組みにも視野を広げており，日中韓の大学との連携強化を進めている。

これらの地域連携ネットワークにみられる特徴として，教育・研究を質的に向上させるために，ひとつの大学やひとつの国・地域ではなく，複数の大学や国・地域の間で知見・経験・資源を共有し合うことを重視している点がある。そこでは，欧米の大学と較べると後発組であるアジアの大学が，欧米を中心とする高等教育市場のなかで醸成されてきた国際標準を意識しながら，アジア的な多様性を加味して教育・研究の質を向上させようとしていることがみてとれる。ただし，冒頭で指摘したように，アジアの大学には著しい多様性が存在するため，これらのネットワークが十分に機能を果たしているとは言えない現状もある。

[アジアの大学の国際化]

大学の「国際化」を進めることで教育・研究の質に関する国際競争力を高めようという意識は，域内ネットワークの構築だけでなく個別の大学による取組みのなかにも広くみられる。そうした取組みの一環として，アジアの大学では英語による教育プログラムの開発が積極的に行われている。たとえば日本でも2000年代に入ってから，文部科学省の主導による「国際化拠点整備事業(グローバル30)」や「大学の世界展開力強化事業」(とくに日中韓の大学連携を進める「CAMPUS Asia 事業」)などを通して，教育プログラムにおける国際言語(多くのケースが英語)の導入が図られているが，それらの取組みはいまだ限定的であることも否めない。

それに対してアジアのいくつかの国では，日本を遥かに凌駕する勢いで大学の国際化が進められている。たとえば韓国の主要大学のなかには，全講義のうちの3〜4割の講義を英語で教授しているところもある。またタイの主要国立大学では，多くの学部が従来からのタイ語による教育プログラムに加えて，英語で講義を行う国際プログラム(International Program)を提供している。さらにシンガポール，香港，マレーシア，フィリピン，インドなどの諸大学は，長年にわたり英語による教育プログラムを提供してきた実績を有する。これらの国・地域に加えて中国などでも，欧米の大学との国際共同教育プログラムの開発や，海外の大学のブランチ・キャンパスの誘致などが積極的に行われている。

そうした取組みの先駆的な事例として，モナシュ大学(オーストラリア)のマレーシア・キャンパスを挙げることができる。また，とくにシンガポールは欧米の大学による進出を誘致するなかで，大学運営などに関する知見を戦略的に積み上げてきた。その

蓄積を活かして，▶ペンシルヴェニア大学ウォートン校(アメリカ)をモデルとしながらシンガポール経営大学が2000年に設立され，瞬く間にアジアのビジネス・スクールを代表する機関に成長した。同様にインドでは，政府による認可を受けていないカレッジであるインド計画経営インスティテュート(IIPM)が，長年にわたりベルギーの大学と連携するなかで，国内基準にとらわれない教育プログラムを開発してきた。その結果，アジアでトップ・レベルと言われるインド経営大学(IIM)をビジネス・スクール・ランキングでともすれば上回るような評価を得るまでになった。

また今後さらに重要性が高まると予想されるのが，いわゆる理系人材の育成である。とくにアジアでは重厚長大の産業がさらに発展する余地を残すとともに，金融工学や情報技術といった先端的な科学技術の需要もますます高まっていく。そうしたなか，欧米の先進諸国に伍して経済成長を続けるためには，科学技術分野の人材の裾野拡大と底上げが不可欠である。その意味で，自然科学分野の強化による大学の国際競争力の向上が，国家の経済的な力を高めることに直結する。

このような観点から，鉄鋼系の大企業であるポスコによって1986年に創立された韓国の▶浦項(ポハン)工科大学校(POSTECH)が，設立から短期間で国際的に高い評価を得るようになった例は示唆的である。また中国では，自然科学分野での研究を充実させてきた浙江大学が▶北京大学や▶清華大学と並ぶ評価を受けており，インドでは▶インド工科大学が工学系人材の育成に関して国際的な注目を集めている。さらに東南アジア条約機構(SEATO)の一部として1959年に発足したSEATO工科大学院大学を前身とする国際的な▶大学院大学であるアジア工科大学(AIT，タイ)は土木工学，先端技術，経営管理といった分野に特化して，長年にわたり高度専門人材の育成に取り組んでいる。自然科学分野に強みをもつアジアの大学の多くが，域内・域外の大学と連携しながら教育・研究の質的向上に取り組んでいる。

多様性に富むアジアの大学は，これからも量と質の両面において拡充を続けていくであろう。そのなかで大学間・国家間の格差を縮小させ，域内・域外の大学による国際協調を推進することによって，グローバル化した▶知識基盤社会で大学に対して求められる社会的責務に応えていくことが必要である。近年の国際的な高等教育市場のなかでは，経済的な効能や効率をより重視する傾向が強まっているが，大学の高い公共性を踏まえ，多様な機能・役割を果たしていくことが，今後のアジア地域における社会経済発展や政治的安定を大学が支えていくためにも不可欠である。 北村　友人

⇨アジアの大学改革，中国の大学，韓国の大学，大学の質保

証(テーマ編)

◎P.G. アルトバック，V. セルバラトナム編，馬越徹・大塚豊監訳『アジアの大学—従属から自立へ』玉川大学出版部，1993.
◎P.G. アルトバック，馬越徹編，北村友人監訳『アジアの高等教育改革』玉川大学出版部，2006.
◎北村友人・杉村美紀編『激動するアジアの大学改革—グローバル人材を育成するために』上智大学出版，2012.
◎黒田一雄編『アジアの高等教育ガバナンス』勁草書房，2013.
◎Marginson, S., Kaur, S. and Sawir, E. (eds.), *Higher Education in the Asia-Pacific: Strategic Responses to Globalization*, Dordrecht: Springer, 2011.

アメリカ合衆国の大学
アメリカがっしゅうこくのだいがく

アメリカ合衆国の大学は多様である。歴史が長く，教育・研究上の貢献の観点から文句なく大学と分類できる代表的な種類だけでも，以下の三つがある。①多くが地方に所在する教育水準の高い，全寮制の小規模▶リベラルアーツ・カレッジ，②しばしばそうしたカレッジを核として19世紀の末以降，大学院を拡充し発展した▶研究大学，③前二者と違い，古典中心の伝統的な教育からまったく自由に出発した工科大学である。これらに，大学院も備えた教育中心の中規模・大規模の私立・公立大学を加えれば，4年制大学の大半を網羅すると言って過言でない。こうした多様な大学は他方で，後述するごとく，相互に役割を補完し，影響を与え合いながら，全体として高い教育・研究の水準を保っている。「多様から統一を e pluribus unum［羅］」の国是は，大学にも具現化しているのである。

[植民地時代]
北米の植民地に最初のカレッジが設立された1636年は，ヨーロッパでは20世紀の世界大戦以前では最大数の犠牲者を出した三十年戦争の渦中であった。宗教戦争はキリスト教世界をカトリックとプロテスタントに分断し，1648年のウェストファリア条約以降のヨーロッパは国民国家として分立してゆく。歴史家ジェフリー・パーカーの表現を借りれば「ヨーロッパの危機」の時代であった。1643年，募金目的でヨーロッパに宛ててハーヴァードの関係者たちが送った報告書「ニュー・イングランドの初穂」は，定住の諸条件を整えたのち彼らが最初に熱望したのが「学術を進歩させ子孫たちへと永続させること」だと述べた。新天地に「無学の牧師しか残らない」惨状を恐れたのが直接の動機ではあったが，しかし「この偉大な事業 this great Work」という表現にうかがえるごとく，カレッジ創設の目的は遠大であった。辺境のただ中で学識を伝達するのみならず，解体に瀕したキリスト教世界を，「学術の進歩」を通して再構築するという意気込みが感じられる。
　学者の自治団体であったオックスブリッジとは異なり，ハーヴァードは宗教改革の慣習を反映し，外

部から管理された。オックスブリッジでは，個々のカレッジとは独立した大学が▶学位授与権を持ったが，ハーヴァードは一カレッジの身分で1640年代から学士号を授与した。とは言え，新入生が年間約400名のケンブリッジに比して，毎年の卒業生が数名の取るに足らない超小規模校であった。そのハーヴァードが，「学術の進歩」という「偉大な事業」の一歩をどう踏み出したのか。創立300年にあたりサミュエル・エリオット・モリソンが執筆した正史によれば，オックスブリッジに比べて，初期ハーヴァードの教育に見られた唯一の新規な特色はヘブライ語の重視であった（*Three Centuries of Harvard, 1636-1936.* および *Harvard College in the Seventeenth Century*）。毎日の朝夕の礼拝に，上級生は旧約聖書（ヘブライ語）のギリシア語への翻訳を求められた程であった。実際，ダートマスを含む植民地時代のほかの8校でも，ヘブライ語は18世紀の後半まで重要科目に留まった。
　旧約聖書の言語はなぜ特別扱いされたのか。さまざまな説明の中で，既述の17世紀の宗教戦争の経緯が着目に値する。ウンベルト・エーコが指摘するように，宗教上の根本的な言語不通現象に直面したキリスト教世界で，かつて天使たちやアダムとイヴが楽園で用い，曇りない世界の共通認識の再建に資する唯一の完全言語の候補としてヘブライ語が当時浮上した（『完全言語の探求』および Peter Harrison, *The Fall of Man and the Foundations of Science*）。同じ17世紀，ガリレオ・ガリレイやデカルトは数学という普遍言語を駆使して，神のつくった自然世界の諸現象の相互連関を一義的に解析して示し，ヨーロッパを深刻でかつ不毛な対立から救出しようと試み，近代科学の原型を作る結果となった（佐々木力『科学革命の歴史構造』）。17世紀のヨーロッパの宗教対立の回避を目指す知的運動において，ヘブライ語と数学とは類似の役割を負わされており，ピューリタンたちのヘブライ語への熱情は，ニュートン力学の北米への到来を機にやがて科学への献身に移行してゆく。

[植民地時代から南北戦争までのカレッジ・学生数の増加]
その移行の紹介に先立ち，植民地時代の末期から南北戦争までのカレッジの増加を確認したい。1776年にはハーヴァード（会衆派）をはじめ，現在の呼称で記せば，ウィリアム・アンド・メアリー（創立1693年，英国教会派），イェール（1701年，会衆派），プリンストン（1746年，長老派），ペンシルヴェニア（1755年，無宗派），コロンビア（1754年，英国教会派），ブラウン（1764年，バプティスト派），ラトガース（1766年，オランダ改革派），ダートマス（1769年，会衆派）の9校が存在した。八十数年後の南北戦争前夜，カレッジは約250校に増加していた。1770年から1860年の間，人口は215万から3144万へと約15倍に増加した。同じ期間，国土面積はルイジア

ナ購入等で約3.4倍拡大した。9校に人口と面積の増加比15と3.4を乗ずれば，$9 \times 15 \times 3.4 = 459$となり，1860年の250校は合衆国の拡大に比例する高い設立ペースの結果であったと分かる。しかし真に驚くべきは，イギリスとは対照的に，1800年から60年までに同年齢層中のカレッジ在学者率が0.59％から1.18％へ倍増したことである。こうした増加はどのような理由で生じたのか。

1740年代前後，植民地時代のカレッジの屋台骨であったキリスト教に大きな変動が生じた。ニュージャージー州から全植民地に広がった大覚醒（第1次信仰復興）である。この動きの中では，理知的な教義よりも，信者たちの間に直接伝播する心情的な覚醒が重要視された。指導者の一人で偉大な神学者でもあったジョナサン・エドワーズ（1703-58）は，大覚醒の継続によって，旧世界にはまったく未知であった新世界アメリカに，「地上で最も輝かしい神の教会としての国家」が出現すると確信した（Jonathan Edwards, *The Great Awakening*）。学識偏重を批判して覚醒派の牧師を養成した「丸太小屋カレッジ」（The Log College）を前身としたプリンストン（当時はCollege of New Jersey）から学長として招聘されたエドワーズは，自身，ヘブライ語を除いて，古典語は教えたくないと公言したという（Varnum L. Collins, *Princeton*）。大覚醒の運動は，創設時のハーヴァードの意気込みに部分的には通じるが，しかし南部の奴隷にまで浸透し，ギリシア・ラテン語や理知的な教義を重視するニュー・イングランドの教養階級の信仰と対立するに至った。伝統尊重か覚醒重視かを巡る諸宗派内の分裂混乱に巻き込まれたカレッジは，民衆にも近い存在となった。1746年に創設されたプリンストンは，覚醒の側の嚆矢であった。それ以降1850年までに設立され，現存する主要なカレッジ・大学のうち40校は州立校だったのに対し，120校が宗派を背景とした私立校だったのである。

当時の保守の代表イェールは，大覚醒に厳しく対応した。中でも学長のトーマス・クラップ（任期1745-66）は覚醒側の学生を容赦なく処分し，不寛容の悪名を歴史に残した。しかしクラップは同時に，アメリカ科学の「創設の父」でもあった（Leonard Tucker, *ISIS*, 52）。ニュートン力学を理解し，観測天文学にも足跡を残した彼は，植民地時代のイェールの「数学と科学の黄金期」を築いた。のちの学長エズラ・スタイルズ（同1778-95），ジェレマイア・デイ（同1817-46）も数学・自然哲学者であり，デイの時代のイェールは合衆国の科学研究の中心となった。かつて神の創造した世界の把捉にはヘブライ語が不可欠と信じられたが，クラップは間違いなく普遍的かつ有用な数学へと道具を移した。大覚醒の「無学」を許容しない頑迷な保守主義者は，そのエリート主義の根拠が近代科学に通じた進歩派でもあった。イェールは数多くの学生を集め，また他の

どの教育機関より多くのカレッジの生みの親ともなったのである。

[19世紀の新展開]

1828年の古典的なカレッジ教育論，▶イェール・レポートは，そうした複雑な構図を反映した。1819年にジェファーソンが創設した▶ヴァージニア大学は，世俗的で，学生に専攻分野を選択させる新構想の州立大学であった。1824年，ニューヨーク州トロイに開校したレンセラー校は高い水準の応用科学校であった。同じ頃，複数の教授たちがドイツ大学で得た自らの教育研究体験を，アメリカ各地に広めつつあった。こうした中，実用性を顧慮しない古いイェールへの批判が内外から高まった。学長のデイと古典語教授のキングスレーとがこれに対して組織的な反批判を展開し，古典語の学修を中核に学生の諸能力をバランスよく鍛錬するのがカレッジ教育の特長であると論じてまとめたレポートは，保守的なカレッジのバイブルとして長く機能した。しかし，数学・自然哲学者のデイは，応用的な訓練を排除した一方で，科学と文芸の諸原理の徹底的な訓練は，農業，工業，商業に対しても高度に有用な基礎を提供すると主張した。実際，同レポート以降，イェールを含む多くのカレッジが科学教育コースや科学校を併設し，それらは研究大学への発展の重要な礎石となるのである。

南北戦争の前後とそれに続く時代は，アメリカ的な大学の性格を決定づけた。第1に，同戦争の最中に成立し，批准された▶モリル法に基づく▶ランドグラント・カレッジの誕生である。第2に，南北戦争後に本格化した工科大学の登場がある。第3に，Ph.D.（学術博士）の取得を制度化した研究大学の出現がある。以下これら三者の展開を，カレッジとの関連を視野に入れて瞥見しよう。

1862年のモリル法は，アメリカ的な大学の出現を画したといわれる。農工分野を備えた機関の維持・設立を申請した州には，連邦政府が例外なく国有地を下付し，科学と文芸の諸原理の教育部門を併置しつつ，生産的な応用分野を擁する大学を支援したのである。しかし，モリル法の誕生は意外な経緯を経ていた。同法成立の立役者は，大学教育を受けなかった東部の下院議員ジャスティン・モリル（1810-98）であった。他方，「生産者階級向けにリベラルでかつ実践的な教育を促進する」という法文の教育方針を提唱したのは，西部のカレッジ教授を退職した農民ジョナサン・ボールドウィン・ターナー（1805-99）であった。ターナーは生産者階級を少数派の旧専門職者と峻別し，後者の専門職に有用な教養に匹敵する，生産者階級向けの新たな教養を創出した上で，革新的で実用的なカレッジを設立する運動を展開した。しかもターナーは保守本命のイェール卒で，イェール・レポートの著者デイ学長の直弟子だったのである。

こうした背景をもつランドグラント・カレッジは，

図｜アメリカ合衆国の教育構造

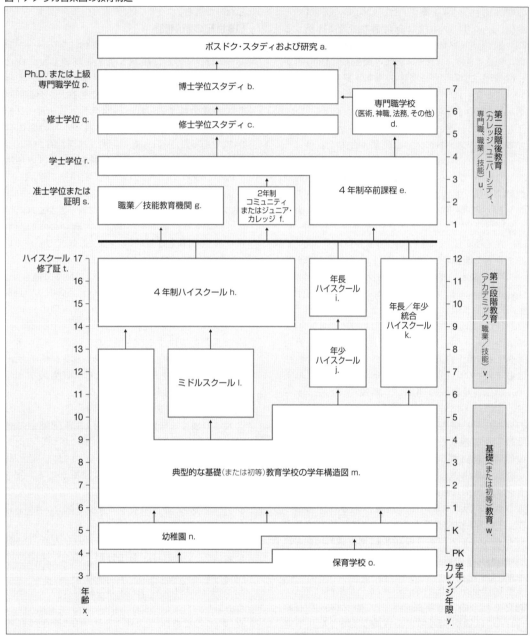

112　アメリカ合衆国の大学

［解説］

日本で「初等教育」に当たる教育段階は，アメリカ合衆国では「基礎（または初等）教育 Elementary (or primary) education」と表現され，ほぼ同様である。ただし，学校形態としては6年制一律ではなく，「典型的な基礎（または初等）教育学校の構造図 Typical grade configurations of elementary (or primary) schools」にあるように，8年制，6年制，4年制と多様である。4年制の場合，次の段階の架け橋として「ミドルスクール Middle schools」がある。

そして，日本では初等と高等との間に挟まった存在であることを意味する「中等教育」は，「基礎・初等（段階）」に続く「第二（段階）教育 Secondary education」と観念されている。また，そこには「アカデミック分野（日本でいう普通科）と職業／技能分野 academic, career/technical」があることが示されている。第二段階教育の学校種としては，8年制基礎教育学校とミドルスクールに続くものとして「4年制ハイスクール 4-year high schools」が，6年制に続くものとして「年少ハイスクール Junior high schools」＋「年長ハイスクール Senior high schools」および「年長／年少統合ハイスクール Combined junior/senior high schools」がある。日本では中学校と高等学校と校種名を変えるため，前者に中学校，後者に高等学校の訳を当てることがあるが，アメリカでは両者をハイスクール（高等学校）としている。前者に下級ハイスクール，後者に上級ハイスクールの訳語を当てる例があるが，上下の意味はなく，あくまで年齢段階の差であることから，ここでは上記の訳語を用いている。このように初等にも第二段階にも多様な学校種がひしめくが，トータルの「学年 Grade」は12学年，標準的な到達「年齢 Age」は17歳で，その修了証明が「ハイスクール修了証 High school diploma」という点では一貫している。

次の段階の用語は日本では「高等教育」であるが，アメリカでは「第二段階後教育 Postsecondary education」である。「中等後教育」という訳語が一般的であるが，ここではその訳語を避けた。また，そこには「カレッジ，ユニバーシティ，専門職，職業／技能 college, university, professional, career/technical」の種類が含まれることが示されている。日本では学位プログラムでなくても高等教育という用語を用いるが，アメリカで higher education（高等教育）という場合には，学位教育のみを指す。「学士学位 Bachelor's degree」取得に到達する教育が「4年制卒前課程 4-year undergraduate programs」であり，アンダー（より下）・グラデュエート（卒業）であることから，「卒前」課程と訳している。その前期を引き受けるのが「2年制コミュニティまたはジュニア・カレッジ 2-year community or junior colleges」であり，その教育は「准士学位 Associate's degree」につながる。一方，同じ第二段階後教育であっても「職業／技能教育機関 Career/technical institutions」は，「4年制卒前課程」への進級矢印がないことで分かるように学位教育ではなく，その修了には「証明 certificate」が用意されている。なお，2年制カレッジは日本の短期大学に相当するが，公立がコミュニティで私立がジュニアというのは俗説で，公立にもジュニア・カレッジの名称のものがあり，私立の多くは単にカレッジと称している。また，その授与する学位は日本の短期大学士のような学校種名を付けたものではないことから，アソシエート・プロフェッサーを准教授と訳すことに倣って，准士としている。

日本の大学院レベルにあたる「博士学位スタディ」の原語は Doctor's degree study，「修士学位スタディ」は Master's degree study である。また，専門職学校（医術，神職，法務，その他）の原語は Professional schools (medicine, theology, law, etc.) で，とくに当該分野（医術，神職，法務）について Professional schools としている。スクールであって，グラデュエート・スクール（大学院）とは言わないことから，ここでは専門職学校と訳している。ただし，これはあくまで連邦教育省の統計で，一般の博士学位課程，修士学位課程のパターンに当てはまらない専門職課程をカテゴライズしたものである。専門職課程の大多数，たとえば工学，経営のような専門職課程については一般の方に含まれていることに注意を要する。対応する学位は，「Ph.D. または上級専門職学位」の原語は Ph.D. or advanced professional degree，「修士学位」は Master's degree で，博士号取得後の教育についても「ポスドク・スタディおよび研究 Postdoctoral study and research」として構造図の中に位置づけられている。

なお，「学年／カレッジ年限 Grade/year of college」の記述で分かるとおり，第二段階（中等）教育までを年齢と結びつく学年（grade）で数え，第二段階後教育では年齢と無関係に標準修業年限のみを提示している点にも注意を要する。

舘　昭

a. —Postdoctoral study and research
b. —Doctor's degree study
c. —Master's degree study
d. —Professional schools (medicine, theology, law, etc.)
e. —4-year undergraduate programs
f. —2-year community or junior colleges
g. —Career/technical institutions
h. —4-year high schools
i. —Senior high schools
j. —Junior high schools
k. —Combined junior/senior high schools
l. —Middle schools
m.—Typical grade configurations of elementary (or primary) schools
n. —Kindergartens
o. —Nursery schools
p. —Ph.D. or advanced professional degree
q. —Master's degree
r. —Bachelor's degree
s. —Associate's degree or certificate
t. —High school diploma
u. —Postsecondary education (college, university, professional, career/technical)
v. —Secondary education (academic, career/technical)
w.—Elementary (or primary) education
x. —Age
y. —Grade/year of college

（注）図では，機関の相対的な数や教育レベルごとの就学者の相対的な規模を示すことを意図していない。図が示す進学プロセスは，可能性のあるすべての態様ではなく典型的なパターンである。成人教育（adult education）プログラムは，左図では分けて描かれてはいないが，基礎・第二段階・第二段階後のレベルで展開している。
（出典）National Center for Educational Statistics, "The structure of education in the United States" Digest of Education Statistics: 2015. https://nces.ed.gov/programs/digest/d15/figures/fig_01.asp?referrer=figures 所載の図をもとに作成

19世紀中には所期の成果を挙げなかった。1870年から90年まで，カレッジ・大学の在籍者総数が5万2000から15万7000へ3倍増した中，ランドグラントの対象学生総数は三千数百に低迷し続けた。それでも農工に特化して創設された機関は一定程度の成績を挙げたのに対し，既存の州立大学に農工を付加し再編したデラウェア，ミネソタ，ノース・カロライナ，ウィスコンシン等の大学の不振は顕著であった。かつて，こうした低迷は農学や工学への信頼性の欠如から説明された。しかし，イェールに倣い，科学と文芸の諸原理の広範な有用性を公言する伝統的なカレッジが眼前にあれば，生産者階級が依然として伝統校に子弟を送ったとしても不思議はない。

南北戦争後に順調な発展を遂げたのが工科大学(Institutes of Technology と Polytechnic Institutes)である。今日，▶マサチューセッツ工科大学(MIT，創設1861年)や▶カリフォルニア工科大学(Caltech，同1890年)は，多くの研究大学(Universities)を凌いで世界の大学の上位を占めると評価されている。ジョージア工科大学(Georgia Tech，同1885年)，▶レンセラー工科大学(同1824年)，ウースター工科大学(同1865年)，イリノイ工科大学(同1893年)等も高い評価を得ている。しかし，工科大学が古いカレッジに取って代わるまでには至らなかった。19世紀の後半には大学116校，カレッジ290校が新設されたが，工科大学の新設は44校にとどまった。現在でも700校を優に超えるカレッジに対し，その数パーセントにとどまる。加えて20世紀の前半，卒業生中の科学者の輩出率でも，リベラルアーツ・カレッジに水をあけられた。上位50校中，カレッジ三十数校が名を連ねた中，工科大学はカリフォルニア工科大学1校を数えたのみであった(Bernard Barber and Walter Hirsch, eds., *The Sociology of Science*)。

前記6工科大学の学士課程の現在の卒業生の特質を専攻の割合から見ると，工学が平均で約半分，次いで理学の諸分野が約30％，さらにビジネス，人文学，社会科学と続く。ただし工学専攻の割合は機関のランクに応じて変化し，上位のカリフォルニア工科大の34％から，MITは43％，ジョージア工科大は58％，イリノイ工科大72％へと上昇する。逆に，科学の諸分野専攻の割合は上位校ほど高く，カリフォルニア工科大が54％，MITが26％，ジョージア工科大は8.5％，イリノイ工科大は7％と下降する。上位の工科大学ほど科学と工学の専攻生の割合がともに高い上位の研究大学と類似し，科学の諸分野の専攻生の割合が高い点では上位のリベラルアーツ・カレッジ(平均20％)と似ている。

19世紀後半，初の▶大学院大学を目指したジョンズ・ホプキンズは，1882年の年次報告で，大学とカレッジを次のように差異化した。大学は，科学と文芸の諸分野に関し高度な教育を行い，研究の成果を公表する。博士号を授与し，実験室を建て，書籍や実験道具，芸術作品，博物学の資料等を収集・活用する。対してカレッジは，大学教育への入門にふさわしく原理的で，修練に近い教育を目標に知力と注意力，記憶力，判断力の訓練と基礎的な知識の獲得を目指す。しかし，こうした区別は現実と一致しなかった。上記の区別の3年後の機関別蔵書数を見れば，すでに大学への途上にあったジョンズ・ホプキンズ大学，カリフォルニア大学，ミネソタ大学，ウィスコンシン大学の蔵書数は，カレッジ上位8校の平均3万1000冊をかなり下回っていた。同じく博士号の授与数ではこの年，大学と認められていたプリンストン大学，ミネソタ大学，ウィスコンシン大学が皆無だったのに対し，オハイオ州のウースター・カレッジが11件，また1900年にはインディアナ州のテイラー・カレッジが45件と，小規模カレッジが両年度で最大の件数を授与していた。研究大学が博士号授与の本流となるのは，1900年にエリート大学の組織，▶アメリカ大学協会(AAU)が発足し，学位授与の基準が強力に標準化された20世紀に入ってからである(*Reports of the Commissioner of Education*)。

しかし，それ以前は，そして現在でも，大学とカレッジを根本的に区別することは困難である。両者の分化を促進したのは，最終的には規模であった。大学は，多くが▶専門職大学院を擁するという点を別にすれば，巨大化し専門面で充実したカレッジであり，独立のカレッジを学術面で強く刺激しつつ，逆にそうしたカレッジから教育面で何かを汲み取りながら時代の節目ごとに再生を果たす存在である。ランドグラント・カレッジと工科大学も，既存のカレッジ・大学に無条件で挑戦したわけでなく，相互に影響を与え合い，相違点と並んで類似点を共有しつつ，システムの不可欠な部分を形成していたのである。

[マス化と公立・私立大学]

▶マーチン・トロウが設定した同年齢人口中の大学進学者15％という閾に従えば，大学のマス化が本格化したのは1950年代であった。マス化の背景の一端を，既述のごとく諸種の機関が形成した高等教育システムに照らして見ると，アメリカの公立・私立，大学・短大の役割分担が明らかになる。マス化の開始から大学進学者が同年齢人口の半数を超えるユニバーサル化までの展開を，私立と公立，4年制と2年制の区別に基づいて辿ると，以下のようになる。1954年，高等教育機関の在籍学生総数は私立が109万，公立が135万で，両者はかけ離れてはいなかった。ユニバーサル化に突入した1989年，私立は296万，公立は1058万を収容し，両者の比は22％対78％へと拡大した。こうしたデータから，合衆国のマス化段階では，日本の場合とは反対に，公立セクターが増加学生の大半を吸収したと主張された。しかし4年制に限ると，公立

の増加率は私立の2倍にとどまっていた。他方，2年制カレッジ在学生数では，私立が4万から27万へと約6.8倍に増加したのに対し，公立は24万から488万へと20倍増加した。公立セクターによる主導は，4年制より2年制で目立ったのである。公立セクターが国民の期待通りに対応したのか，はたまた進学希望者の多くを2年制の学校へ政策的に吸収したのかは別として，高度な研究から広く行き届く教育機会の提供まで，裾野の広い責任を果たしていることは確かである。

合衆国での私立と公立大学の位置関係はしばしば論究され，重要でもある。研究の質が反映する連邦政府の補助金獲得額の上位30校では，私立が16校，公立が14校と両者は拮抗している。また，客観的な実績を評価する上海交通大学の国際ランキングでも，合衆国に限った上位30校は私立16校，公立14校で両者のバランスが目立つ。私立大学は個々人が洗練された教育を受け，しばしば世代を継いで愛着する母校であり，大学側はそうした条件にふさわしい教育研究の場の実現に力を尽くし，州立大学に教育理想のモデルを示すこともある。他方，州立機関は民主社会にふさわしく，一方では大衆的な教育上の期待に最大限に応え，他方では公益に繋がる高度な研究の遂行に力を尽くす。そして，私立大学に社会的な責任を想起させる。近年の州財政の逼迫と一部州立大学の私学化は，私立と公立大学の共存が下支えするアメリカ大学に特有な機能を揺るがす由々しき事態である。

[大学と連邦政府]
最後に大学と連邦政府の関係について一瞥する。私立，州立大学の区別がまだ明瞭でなかった建国期以来，州本位の政治体制を中央政府の立場から危惧したワシントン大統領を嚆矢として，連邦立＝国立大学の設立の提案が浮上し消滅していった。その危惧が的中し，国家分裂の一大危機を迎えた南北戦争において，連邦政府がモリル法を通し，間接的にせよ，ただ一度だけ大学の設立・維持に関与した事実は象徴的である。それ以降，現在まで，軍の学校等を例外として，アメリカが「国立」大学の設置を，夢物語としてはともかく，深刻に検討した例はなかったといってよい（David Madsen, The National University）。国の統一を図るため，もはや州立・私立以外の特別な大学の必要はなくなったのである。にもかかわらず，現在のカレッジ・大学，なかでも研究大学での研究教育活動は，私立か州立かを問わず，連邦政府からの補助金なしには立ち行かない。主要な研究大学に所属する教授・研究者は，NIH（▶国立衛生研究所）からの医学・生命科学関連の研究助成金を筆頭に，大学で用いる研究開発費の7割弱を連邦政府からの資金で賄う。1980年のバイ・ドール法は，連邦政府の資金による研究成果の特許権取得を大学・研究者に認め，企業等への技術移転を促進している。これら補助金に伴う管理体制の整備や産業界との交流の結果，研究の自由の制限や事務組織の肥大化・官僚化が懸念されている。

他方，カレッジ・大学の在籍者のうちの4割近く，営利大学に学ぶ者では7割以上が連邦政府奨学金を受けている。1970年代初頭ではその8割が給付で残りが貸与であったが，現在では逆転して8割が貸与となり，近年の授業料等の高騰や高い退学率，留年率と相まって返済問題が深刻化している。連邦政府の研究補助および奨学金ともに，可能性と裏腹に問題点を抱えており，その成否はカレッジ・大学での今後の教育・研究上の成果が決するであろう。かつてピューリタンたちが辺境の厳しい生存条件の中で目指した「学術の進歩」の動機がにわかに蘇るとは想定し難いが，しかし何らかの教育ルネサンスが起こるのか，あるいは社会的地位の通行証を求める功利主義の中でアメリカの大学は衰退を迎えるのか，予断を許さない。しかし，そうした関心を抱かざるを得ない段階に達していることは確かである。

立川 明

▶アメリカ大学モデル，アメリカ合衆国の大学改革，州立大学の私学化，ジュニア・カレッジ，コミュニティ・カレッジ，公立大学システム

◎Bok, Derek, *Higher Education in America*, Princeton University Press, 2013.
◎Cohen, Arthur M. and Carrie B. Kisker, *The Shaping of American Higher Education*, Jossey-Bass, 2010.
◎Harrison, Peter, *The Fall of Man and the Foundations of Science*, Cambridge University Press, 2007.
◎立川明「19世紀を中心とする『アングロ・サクソン』の大学」，別府昭郎編『〈大学〉再考』知泉書館，2011.
◎谷聖美『アメリカの大学』ミネルヴァ書房，2006.
◎Thelin, John R., *A History of American Higher Education*, Johns Hopkins University Press, 2004.

カナダの大学｜カナダのだいがく

連邦制度を採用するカナダでは，憲法上の規定（1867年憲法第93条）により，教育は各州の管轄である。そのため徹底した分権化がはかられている。現在に至るまで連邦政府に教育省が設置されたことはなく，大学入学者選抜方法は州により異なり，大学に関する種々の統計データについても，定義が一致しているとは限らない。大学の発展もこの分権化により地域ごとに様相が異なる。しかし，近年のカナダの大学教育は，その高い質とともに▶ファカルティ・ディベロップメント活動推進国としても関心が寄せられるようになっている。なおカナダの公立大学は，大学に独自の権限が付与されていることから，公費運営大学と称されている。

[植民地大学としての出発]

フランスが現在のカナダの地で植民地支配を開始した折，当時のフランスと同様に，教育の運営は教会に委ねられた。1663年，ケベックにセミネール・ド・ケベックが設立され，旧フランス領での聖職者養成が始まった。しかしこうした聖職者養成機関には大学の名称が付されず，1763年のパリ条約でイギリスの植民地になるまで，カナダに大学は誕生しなかったという見方もあるが，実質的には大学教育が存在したと考えるのが妥当であろう。なお，ケベックでは1821年に英語系の▶マギル大学の設置が認可され（授業開始は1843年），52年にはセミネール・ド・ケベックを核にラバル大学も設立された。

一方，カナダ最古の英語系の2大学は，アメリカの独立戦争時にカナダへ移住してきた王党派によってアメリカ・ニューヨークのキングス・カレッジ（現▶コロンビア大学）をモデルに国教派の施設として開校した。まず1787年にニューブランズウィック植民地フレデリクトンに設置されたキングス・カレッジは，1800年に植民地政府が最初に設立認許状を与えたものの，実質的な高等教育は1820年代まで提供されなかった。その後同大学はニューブランズウィック植民地議会に財政的支援を仰ぐこととなり，1859年に公立非宗派大学・ニューブランズウィック大学として再編された。もう一つのキングス・カレッジは，1789年にノバスコシア植民地ウィンザーに設立され，1802年にジョージ3世から設立認許状を獲得したカナダ初の大学となった。

ただし，これら先行する英語系大学が国教徒以外の者を閉め出したことから，東部カナダでは各宗派がそれぞれ大学を設けるようになり，小規模の宗派大学が発達していった。

[連邦結成から第2次世界大戦期まで]

1867年にカナダ連邦が結成され，自治領として出発した時，連邦を結成した4州全体でもおよそ1500人程度の大学生しかおらず，学生が100人を超える大学はわずか5校にすぎなかった。そこで，沿海諸州とオンタリオ州では小規模宗派大学の統合をめざし，オンタリオ州では1887年大学統合法を制定した。そもそもオンタリオ州地域における最初の大学は，1827年にヨーク（現在のトロント）に誕生した国教派のキングス・カレッジである。1849年，キングス・カレッジは公費で運営されるオックスブリッジ風の▶トロント大学となった。このトロント大学に，1890年にはビクトリア大学，1910年にはセント・マイケルズ・カレッジが正式に組み入れられた。もっとも長老派が1841年に設立したクイーンズ大学や国教派が78年に設立したウェスタン・オンタリオ大学は統合せず，宗派大学として生き残る道を選んだ。後日，前者は1912年，後者は1908年に世俗化している。こうして，第2次世界大戦前のオンタリオ州ではこれら三つの公費運営大学，小規模な宗派大学および数少ない専門学校

から構成されていたにすぎず，戦前の州政府において，高等教育政策の重要度は低く，大学と政府の関係も限定的だった。

ケベック州では，ラバル大学やマギル大学に加えて，いくつかの大学が開学したものの，総じて私立大学としてゆるやかな発展を遂げるにとどまった。一方，西部諸州は運営が難しい宗派別小規模カレッジの弊害を避けるべく，非宗派の州立大学として高等教育の制度設計を行い，各州はアメリカの州立大学をモデルに，州内に一つの大学を構築していった。

1901年，カナダで学位授与権を有する大学は18を数え，第1次世界大戦から第2次世界大戦の戦間期の大学進学率は，カナダ全体で約4%を保っていたという。

[大学の量的拡張]

第2次世界大戦後，カナダの大学は量的発展を遂げた。大学進学率は戦前の4%から，1952年に7%，62年には13%と飛躍的に拡大していった。その要因の一つがカナダ連邦政府による退役軍人援助プログラムだった。第2次世界大戦末の1944年4月から戦後の48年10月までの間，カナダ連邦政府は，退役軍人援助プログラムの一環として，復員兵に中等教育，職業教育，高等教育の機会を提供した。大学の場合，その具体的内容は，連邦政府が授業料に加えて一人あたり150ドルを大学に支給するもので，このプログラムにより，3万5000人の復員兵が大学に進学した。戦前期の大学生数は1930年3万2926人，35年3万5108人，40年3万6386人と徐々に増加していたとはいえ，3万数千人程度だった。そこに大量の復員兵が進学し，1945年には6万4731人と倍加したのである。この量的圧力が大学にさまざまな影響を与えた。なかでも大学に対する財政面での十分な支援が必要とされた。

1951年に刊行されたカナダの教育文化に関する連邦政府委員会報告書『芸術・文芸・科学の国家的発展に関する政府委員会報告書』（『マッセイ報告書』）では，従来，州政府の権限とされてきた高等教育について，連邦政府が学生数と各州の人口数を基に，大学に直接支援することを提言した。第2次世界大戦後のカナダは高等教育を公共財とみなし，連邦政府も州政府も，大学の量的拡大を推進すべきだと考えたのである。しかし，教育分野への連邦政府の介入とするケベック州等の反対もあり，サン・ローラン連邦首相は大学への直接支援の代わりに，連邦政府の外郭団体であるカナダ大学財団（CUF）を通じた財政支援へと切り替え実施した。

さて復員兵による大学生増加の波がおさまると，次にベビーブームによる大学生増加の時代を迎えた。大学への進学者数増加と，戦後きわめて好調に推移したカナダ経済の成長に対応するため，新たな大学の設立と短期高等教育機関であるカレッ

116　カナダの大学

大学事典

ジ制度が創設された。カレッジの機能は州により若干異なるが、アメリカの▶コミュニティ・カレッジをモデルに、職業教育、成人教育、大学編入教育の3本を柱に、カナダ全域で設立されていった。1960年代以降、カナダは大学とカレッジの2元システムにより、高等教育制度を運用していったのである。

たとえばオンタリオ州でも、1943年8月から40年近く政権を握った進歩保守党が、戦後の州経済の好調から熟練労働者の需要や、苦しくなる宗派大学の財政等を背景に、レイクヘッド工科専門学校(1946年)やライアソン工科専門学校(1948年)を設立する一方、52年にはオタワYMCAをルーツにもつカールトン大学も世俗化した大学へと再編し、57年にはマクマスター神学カレッジをバプティストから分離するなど、60年までに新たに五つの公費運営大学が誕生した。1960年代末までに、州内の大学は15を数えるようになったが、うち12大学は1945年以降の昇格である。

またケベック州では、1960年代に「静かな革命」といわれる、州内の近代化をめざした大きな社会変革が断行された。カトリックの影響下での超保守的な社会状況からの離脱として始まった「静かな革命」は、電力の州有化や産業化の推進とともに、教育改革が重要な柱とされた。教育の教会支配からの解放もめざされ、1961年に制度改正に関する一連の法律が制定され、州教育調査委員会(パラン審議会)が設置された。同審議会の提言をもとに、1964年に教育省と教育高等評議会が設置され、中央教育行政の統一と政教分離が実施された。

大学関連では、教育の民主化と機会拡大をめざして、CEGEP(一般教育／職業専門教育カレッジ)という教育機関が制度化された。CEGEPには大学の専門課程に入る前の一般教育課程(2年制)や職業専門課程(3年制)が設けられ、大学は3年制の専門課程を備えた教育機関となった。また政教分離の観点から、1965年にはモントリオール大学、70年にはラバル大学が世俗化された。高等教育のさらなる機会拡大をめざして、1969年には新構想大学として公費運営のケベック大学も創設された。

[財政緊縮と大学改革]

カナダの国立大学は1874年設立のロイヤル軍事大学のみである。現在この大学は所在地のオンタリオ州から学位授与を認可されている。この大学を除くと、大半の大学は州の公費で運営されており、私学は少ない。よって高等教育予算の多くを州政府が負担し、連邦政府の支出はきわめて少ない。もっとも、研究にかかる経費は、1990年代半ばから連邦政府の支出の伸びが著しく、同様に民間からの資金も右上がりで増加している。

1970年代以降、州政府の厳しい財政状況を反映して、州政府の支援が削減されるなか、各大学はコストの削減、運営の効率化、そして自己収入

の増加が求められるようになった。そのため授業料は年々上昇傾向にある。公費運営大学でも、州により授業料は異なるのみならず、同一州内でも大学により異なる。たとえばケベック州やニューファンドランド・ラブラドール州では大学の授業料高騰が抑えられ、学部の平均授業料は3000カナダ・ドルに達していないが、オンタリオ州は6000カナダ・ドルを超えている。

このオンタリオ州をみると、経済の鈍化とともに、拡張一辺倒だった大学は、1970年代から90年代の予算削減期に自らの自治権を確立し、学位授与権を法制化(1983年)するとともに、大学セクター内の平等化の促進をめざした。一方、1990年代の経済不況をうけて、95年に政権についた進歩保守党のマイク・ハリス政権は大幅な予算削減に踏み切った。高等教育分野では、①15%の予算カット、②10%の授業料値上げ、各大学にはさらに10%までの授業料の値上げを可能とし、③留学生数を予算配分の際除外し、留学生の授業料の決定は各大学の自由裁量による、という内容だった。2003年の州選挙で進歩保守党にかわって自由党が勝利したため、マイク・ハリス政権の政策は若干揺り戻されたものの、新自由主義改革の基調は変わらなかった。

さらに2005年には、オンタリオ州の高等教育レビューと改革提言の報告書『オンタリオ―学習の先導役』(『ボブ・レイ報告書』)が公表された。同報告書はこれまでオンタリオの高等教育が質の高い教育を提供してきた点を確認するとともに、さらなる教育の質を保証するための枠組みと教育機会の公正さの確保の必要を強調した。ちなみに現在、カナダ全体をカバーする機関認証制度はなく、大学の設置認可も含めて各州の権限で行われている。ただし、プログラムごとの認証評価をみると、たとえば工学分野ではカナダ技術者認証協会、コンピュータ科学分野ではカナダ情報教育専門協会がプログラムの認証評価を行っており、また図書館情報学分野のように、合衆国のアメリカ図書館協会が実施する認証評価を受けることで、カナダ全体をカバーする仕組みも導入されている。なお近年、オンタリオ州(2005年)のみならず、アルバータ州(2006年)やノヴァ・スコシア州(2010年)などでも高等教育に関する州の審議会等が設置され、改善策が提言されている。細かな点で違いはあるものの、改善方向としては、①公正な高等教育機会の提供、②私立大学の伸張への対応、そして③教育の質保証への取組みの3点が共通している。

いずれの州政府においても厳しい財政状況のなか、大学の民営化が進んでいるとはいえ、歴史的な経緯もあり、現在でもカナダの高等教育は膨大な公費を費やし運営されている。そこで、大学に対し、▶アカウンタビリティを求める声が非常に強い。加えて高騰する授業料の影響もあり、高等教

育へのアクセスに関心が強く寄せられている。また規制緩和により，宗教教育に限定しない総合制私立大学が認められるようになってきた。今後，私立大学の教育の質をどのように担保していくのかが問われている。

なお国際的にも関心の高い教育の質保証については，各州で取組みが始まっており，カナダ国際資格情報センターは，各州における教育の質保証にかかる制度を，①学位授与や大学設置にかかる法律や規則の制定，②非学位授与権機関と学位授与権機関の提携状況，③編入や単位互換，④外部評価と自己評価，⑤公費運営大学以外の高等教育機関にかかる認証，⑥専門職団体の認証評価といった点から現状をまとめ公表している。

[現状と展望]

現在カナダの大学数は190を超え，学生数は約120万人，うち留学生が10万人強である。近年，パートタイム学生数は学士課程のみならず，修士課程や博士課程でも増加がとまっているのに対して，フルタイム学生数は，学士課程では1990年代の停滞期を除き，1980年以降ほぼ右上がりで増加している。1980年から2010年の30年間で学部のフルタイム学生数は約2倍の伸びを示した。しかし大学をめぐる政治的，財政的状況は大きく変化した。財政的には，州政府が支えてきた公費運営大学は州政府の予算削減とともに自己収入の増加をはかりつつ，質保証につとめ，さらに国際化にも取り組むなど，さまざまな課題に対応している。

オーストラリアやアメリカは，カナダと同様に連邦制度を採用し，教育の権限は州にあるとはいえ，両国は財政面の支援を通じて大学との関係を深めている。一方カナダでは連邦政府に教育を所掌する省庁がおかれたことはなく，1867年憲法の枠内で大学教育政策が実施されている。もっとも，州間の教育事項に関して協議する場として，カナダ教育担当大臣協議会を設けて，「汎カナダPan-Canada」という枠組みのもと，教育全般の調整も行われている。こうしたゆるやかな枠組みの下で今後もカナダの大学はすすんでいくのか，はたまたさまざまな問題に対応するため，連邦政府からの支援を積極的に受け入れることになるのか。今後のあり方が問われている。　　　　　　　　　　溝上 智恵子

◎小林順子『ケベック州の教育』カナダの教育1，東信堂，1994.
◎F. ヘンリー・ジョンソン，鹿毛基生訳『カナダ教育史』学文社，1984.
◎溝上智恵子「カナダの高等教育制度」『カナダ教育研究』11号，2013.
◎Harris, Robin S., *A History of Higher Education in Canada, 1663-1960*, Toronto: University of Toronto Press, 1976.
◎Jones, Glen A. ed., *Higher Education in Canada: Different Systems, Different Perspectives*, New York: Routledge, 1997.

イギリスの大学 │イギリスのだいがく

[オックスフォードとケンブリッジ]

大学はヨーロッパ中世社会に神学，医学，法学，七教養諸科など高度な学問・知識を学び教える人々の団体・組合(universitas)として自然発生的に誕生した。▶ボローニャ大学(イタリア)と▶パリ大学がその原型・母胎とされる。▶オックスフォード大学と▶ケンブリッジ大学(オックスブリッジと略称される)は，当初パリ大学に倣って組織された。大学の運営やカリキュラム，教授形態，試験，学位制度いずれもパリのそれを踏襲したものであった。しかしやがて，高位聖職者や国王など裕福な有志篤志家たちによって次々に▶学寮(カレッジ)が創設されていくに従い，学寮を基本組織とした学寮制大学(collegiate university)への独自の発展をとげていく。ルネサンス・宗教改革期には人文主義の新学芸の思潮に洗われて「ジェントルマン教育理念」が標榜されるとともに，両大学はチューダー絶対王政の下で確立されたイングランド国教会(イギリス国教会)体制に組み込まれ，国教会の牙城と位置づけられて聖職者や廷臣など支配エリートの再生産を担うことになった。

国家と教会の厚い庇護の下，豊かな基本財産を持った両大学は，やがて閉鎖的な特権団体と化して学問や教育の流れから取り残されていく。科学革命や産業革命は，おおむね大学の外のアカデミーや学協会を中心に展開されていった。18世紀の長い低迷と沈滞を経て，大学が近代社会に不可欠な制度・装置として再生するのは，学位試験制度改革に始まる19世紀を通じての大学改革を経た後のことであった。2度にわたる王立調査委員会による実態調査とその勧告に基づく議会立法を通じて，両大学は学寮制度を基本としつつも，幅広い社会階層にその門戸を開き，カリキュラムの幅を広げ研究理念を受容して近代大学へと脱皮していった。

[ロンドン大学の設立と市民大学の勃興]

▶ロンドン大学はオックスブリッジに対抗するイングランド第3の大学として首都ロンドンに誕生した。最初▶ユニバーシティ・カレッジが詩人トマス・▶キャンベルやヘンリー・ブルームなどの急進主義者や功利主義者，非国教徒により株式会社組織として設立され(1826年)，続いてこの宗教色を排した「神なき大学」に対抗してキングズ・カレッジが国教派の人々によって設立された(1829年)。いずれのカレッジも通学制を採用して教育費を抑え，新興中流市民階級の子弟を対象に近代科学や医学を含む広範なカリキュラムを提供したが，▶学位授与権は持たなかった。ついで1836年，勅許状(royal charter)により，両カレッジの学生をはじめ一定の学生に対して試験を実施し学位を授与する機関が，新たに

ロンドン大学という名称のもとに設立された。この試験機関としての大学の機能はやがて植民地にまで拡大されてユニークな▶学外学位制度を生んだ。また1878年にはイギリスで初めて女性に学位授与を認可した。研究・教育機関としてのロンドン大学が新たに発足したのは1900年で，以来，インペリアル・カレッジや経済学スクール(LSE)，そして病院など多数の研究教育施設を傘下に吸収・統合してイギリス最大の連合制大学となっていった。

一方，19世紀中葉以降，イングランド各地の地方産業都市に，オックスブリッジやロンドンとは異なる独自の特徴をもった一群のカレッジが次々に設立され，やがて▶市民大学(civic universities)と呼ばれる一つのまとまった大学群を形成することになった(建物が赤煉瓦で造られていたことからレッドブリックと呼ばれる)。これらのカレッジや大学はいずれの場合にも，地方都市に高等教育の恩恵をもたらし，地元産業の要求に応えることを旗印に，地元産業界の有志篤志家や地方自治体，そして多くの市民の支援を得て設立され発展したものであった。市民大学の設立には▶大学拡張運動，医学校，科学技術教育運動のいずれかがその背景にあった。先駆けとなったのは，1851年にマンチェスターの綿貿易商 J.▶オウエンズの遺贈によって創設されたオウエンズ・カレッジである。これに続いてリーズ(ヨークシャー科学カレッジ，1874年)，ブリストル(ユニバーシティ・カレッジ，1876年)，シェフィールド(ファース・カレッジ，1879年)，バーミンガム(メイソン・カレッジ，1880年)，リヴァプール(ユニバーシティ・カレッジ，1881年)などにもカレッジが設立された。

市民大学は最初から「大学 university」として設立されたわけではなく，まずカレッジとして発足した。枢密院の議を経て勅許状によって大学として認められない限り，独自の学位授与権をもつことはできなかった。カレッジの学生にはロンドン大学の学位取得への道が開かれていたけれども，カレッジが大学昇格を果たすことは「都市の誇り」でもあった。かくて市民挙げての大学昇格運動が展開され，その結果，カレッジはやがてバーミンガム(▶バーミンガム大学)を先頭に，勅許状の獲得に成功して大学昇格を果たしていった。

[スコットランドとウェールズの大学]
スコットランドには中世以来，大学が存在していた。セント・アンドルーズ(1412年)，グラスゴー(1451年)，アバディーン(1494年)，エディンバラ(1582年)の4大学である。前3者は司教により聖職者の養成を目的に設立された。一方，▶エディンバラ大学は市議会の主導の下，「スコットランド教会と国家に奉仕する有能な人材」の養成を標榜して設立された，宗教改革後の所産であった。スコットランドの大学もパリ大学の範型に倣って組織されたが，イングランドの大学のような学寮を基本組織とする大学には発展せず，学部を中心とする大陸の大学と類似の発展パターンを辿った。貧しく，学生の年齢が低く，その教育水準は中等教育レベルだとされる一方，国民の幅広い階層に開かれた「国民の大学」として独自の「民主的伝統」を誇るとともに，18世紀にはオックスブリッジの沈滞・低迷を尻目にフランシス・ハチソン，アダム・スミス，トマス・ライドなどいわゆる「スコットランド啓蒙」の担い手となる人材を輩出した。医学の分野でもエディンバラの名声はヨーロッパ全域に及んだ。

1826年には王立委員会が設置されて，4大学すべてを対象に調査が実施された。その調査結果に基づいて出された勧告は1858年のスコットランド大学法に盛り込まれ，大学近代化の出発点となった。以後，スコットランドの大学改革はイングランドのそれと並行し対抗しつつ，紆余曲折を経ながら進められていく。

一方，ウェールズに大学を設立する計画は15世紀からあったが，その計画が実現をみたのは19世紀になってからのことであった。聖職者の養成を目的としてランペーターにセント・デーヴィッド・カレッジが開学し(1827年)，将来の▶ウェールズ大学の設立が期待されたが，その道のりは遠かった。さまざまな努力が重ねられて，まずアベリストウィス(1872年)，カーディフ(1883年)，バンガー(1884年)にそれぞれユニバーシティ・カレッジが設けられた。これら三つのカレッジで構成される，ウェールズの「国民大学」としての連合制ウェールズ大学が創設されたのは1893年のことであった。

[工科大学の創設と新大学の実験・革新]
市民大学の誕生以降のイギリスの大学地図を大きく塗り替えたのは1960年代のことであった。1960年代はかつてない高等教育の拡張期であり，高等教育に対する広範な需要に応えるべく，さまざまな方策がとられた。おもなものは既存の大学の拡充，既存の高等教育機関の大学への昇格，そして大学の新設である。既存の高等教育機関としては，上級工科カレッジ(Colleges of Advanced Technology: CATs)があったが，高等教育に関する包括的な調査報告書『ロビンズ報告書』(1963年)の勧告に沿って，同カレッジ群は工科大学(Technological Universities)へと昇格した。

『ロビンズ報告書』の公表と相前後してイングランドに7校，スコットランドと北アイルランドに各1校新設された新大学(New Universities)も，大学進学者の急増の時代，「数の圧力」に対応するための措置であった。ただし，これらの大学には同時に大学教育の実験と革新も期待された。学問の専門分化が著しく，デパートメンタリズムの弊害が問題となりつつある中で，「学問の新地図」を描くことが目指されたのである。サセックス(1961年)，エセックス(1961年)，ヨーク(1963年)，イースト・アングリア(1963年)，ランカスター(1965年)，ケント(1965年)，ウォーリック(1965年)，スターリング(1967年)，アル

図｜イギリス（イングランド）の教育制度

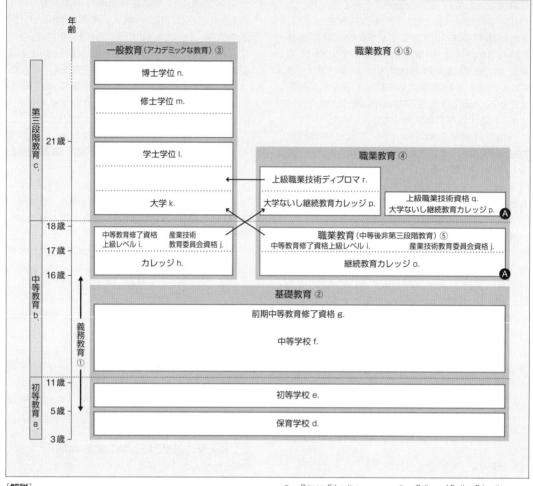

[解説]

イギリスの教育制度はイングランド，ウェールズ，スコットランド，北アイルランドで異なっており，ここではイングランドの教育制度図（2012年）を掲げた。

イギリスの義務教育は5歳から16歳までの11年間とされており，11歳から18歳までが中等教育で，それ以降の教育は第三段階教育と呼ばれている。これには大きく分けて高等教育と成人教育があり，高等教育はさらに一般教育（アカデミックな教育）と職業教育に大別される。高等教育レベルの教育は大学や継続教育カレッジにおいて提供され，所定の課程を成功裏に履修した場合にはそれぞれの学位・資格が授与される。就学形態は全日制，昼・夜間のパートタイム制など多様である。

安原 義仁

a. —Primary Education
b. —Secondary Education
c. —Tertiary Education
d. —Nursery School
e. —Primary School
f. —Secondary School
g. —GCSE
h. —College
i. —A-Levels
j. —BTEC
k. —University
l. —Bachelor's Degree
m. —Master Degree
n. —PHD
o. —College of Further Education
p. —University or college of further education
q. —HNC
r. —HND
① —Compulsory Education
② —Basic Education
③ —General Education
④ —Vocational Education
⑤ —Vocational Education: Post-Secondary Non-Tertiary Education
Ⓐ —Apprenticeship-based qualifications（徒弟制教育資格）

（出典）ONISEP (Office National d'information Sur les Etudes et les Professions):
http://mavoieproeurope.onisep.fr/en/initial-vocational-education-and-training-in-europe/united-kingdom/2017所載の図をもとに作成

スター(1968年)がこうして誕生した。

新大学の特徴は市民大学と比較してみるといっそう顕著になる。新大学は国家による高等教育の計画的整備という観点から，設立当初より国庫補助金の支給にあずかり，自由な実験と革新を可能にする学位授与権を認められて，緑豊かな広大な▶キャンパスと最新の建物群を持っていた。1949年にノーススタッフォードシャー・ユニバーシティ・カレッジとして設立され，1962年，大学に昇格した▶キール大学はこれら新大学の先駆をなすもので，その大胆な大学教育の試みは「キールの実験」として知られた。1969年に設立された▶オープン・ユニバーシティも壮大な実験を志向した新しいタイプの大学である。入学資格を問わず成人であれば誰でも，どこでも学べ，テレビやラジオ等あらゆるメディアを活用する開かれた大学というのがその理念であった。国庫補助金をいっさい受けないイギリス唯一の私立大学である▶バッキンガム大学の誕生(1973年)も新しい動きであった。

[ポリテクニク・高等教育カレッジの大学昇格]

1960年代後半に既存の種々のカレッジを統合し，▶ポリテクニクという名称の新たな公立の高等教育機関が設立されて以降，イギリスの高等教育制度は「二元構造」を持つものとして知られてきた。一方に自治権と学位授与権を有する伝統的な大学からなる「私的部門」があり，他方にポリテクニクなど地方自治体の管轄下に置かれて研究機能を持たず，技術的・応用的な学問分野に傾斜した「公的部門」があるという構造である。しかし，この高等教育の「二元構造」はまず，ポリテクニクや主要な高等教育カレッジに法人格が付与されて地方自治体の管轄下から離され(1988年教育改革法)，次いで「大学」の名称の使用が認められ自治権と学位授与権が付与されて(1992年継続・高等教育法)，解体された。かくて一挙に約40校の大学が新たに誕生し，高等教育は再び大学に一元化された。ポリテクニクおよび主要カレッジの大学昇格によって大学の数は一挙に倍増した。1992年継続・高等教育法によって昇格した大学は一般に「1992年大学」ないし「新しい大学」と呼ばれて，新たな大学群を形成することになった。

[現代の動向]

1997年の総選挙で「政策の最重要課題は教育，教育そして教育」だと訴えて政権を獲得したブレア労働党政府は教育改革を重視し，教育のあらゆる面にわたって改革を押し進めた。急速なグローバリゼーションの進行に伴ってますます激化する国際産業・経済競争に打ち勝つため，そして安定した健全な社会を構築するためには，国民一人一人の能力を開発し，国民全体の教育水準の向上をはかることが不可欠だとの認識がその背景にあった。

高等教育に関しても政府は，21世紀イギリスの高等教育の将来像を展望した全英高等教育調査委員会の包括的な調査報告書『学習社会における高等教育』(▶『デアリング報告書』，1997年)の勧告に沿って改革を推進した。高等教育を高度な知識と技能に関する重要な国家資源の一つとして位置づけ，就学率を高めて規模を拡大し，経済の活性化，統合性のある安定した社会の発展に資する，世界クラスの高等教育システムの構築が目指す改革の方向である。そのためにはより広範な社会層出身のもっと多くの若者(および成人)にとって身近な，接近しやすい高等教育システムが必要だとして，高等教育へのアクセスと教育の質を改善する政策に重点を置いている。こうした改革を厳しい財政状況のなか，できるだけ費用効率の高いやり方で，これまで誇りとしてきた高等教育の質と水準を低下させることなく達成しようというところに改革の困難な課題がある。

改革は市場原理の導入による競争的環境のなかで推進されており，授業料の徴収，奨学金制度の給費制から貸与制への移行，民間・外部資金等の獲得や留学生の受入れ，マルチメディアを活用した学習形態の弾力化・柔構造化，卓越した研究の推進，産学の協力・連携，地域社会への貢献，高等教育機関の効率的運営と再編・統合などが重要テーマとして浮上してきている。研究経費国庫補助金を各高等教育機関に配分するに際して，研究評価結果を反映させた傾斜配分方式を導入したり，教育経費国庫補助金に関しても，一定の質と水準に達していない学科に対しては補助金配分の停止措置をとるなど，いわゆる大学評価やランキングが大きな問題となっている。高等教育システムの「二元構造」は解消されたが，一元化された大学間，大学とカレッジ間および学位授与権をもつ高等教育機関とそうでない機関との間における新たな格差も今後，問題となってこよう。

また，高等教育のグローバル化とIT化への対応も重要課題であり，国内外における▶単位互換システムの普及拡大，▶エラスムス計画やソクラテス計画などヨーロッパ連合域内の学生の移動・交流，留学生をめぐる海外市場での獲得競争，そして電子大学(e-University)の発足などは今後のイギリス高等教育のゆくえを大きく左右することになろう。

安原 義仁

→イギリス大学モデル，イギリスの大学改革，イギリスの新構想大学

◎E. アシュビー著，島田雄次郎訳『科学革命と大学』中央公論社，1967.
◎V.H.H. グリーン著，安原義仁・成定薫訳『イギリスの大学──その歴史と生態』法政大学出版局，1994.
◎M. サンダーソン著，安原義仁訳『イギリスの大学改革 1809-1914』玉川大学出版部，2003.
◎R.D. Anderson, *Universities and Elites in Britain since 1800*, London, 1992.
◎R.D. Anderson, *British Universities: Past and Present*, London, 2006.
◎J. Mountford, *British Universities*, Oxford, 1966.

フランスの大学|フランスのだいがく

フランスには世界最古の大学の一つ▶パリ大学があったが，大革命のときに他のすべての大学とともに廃止されている。その後にナポレオンが創った帝国大学(▶ユニヴェルシテ・アンペリアル)は，教員のコルポラシオン(同業者団体)あるいは初等・中等・高等の教育システムを意味する特異な「大学」であり，他のヨーロッパ諸国からは大学の否定とみなされた。今あるのは19世紀末にドイツの大学をモデルに再建された大学，そしてそれ以後に新設された大学である。他方，大革命の前から創られるようになった高度な専門職養成のための学校(▶グランド・ゼコール)は，今なおエリート養成機関として機能している。フランスの大学を世界でもユニークなものにしているのは，このグランド・ゼコールと大学との相補性である(大学がすべての高卒者に対して開かれているからこそ，グランド・ゼコールは入学に当たって厳しい選抜ができる)。

[フランスの大学の現在]

2017年現在フランスには70の大学がある。それらはすべて▶EPSCP(学術的・文化的・職業専門的性格を有する公共施設)と呼ばれる，法人格をもつ国立の施設である。「公教育のすべてのレベルでの無償性とライシテ(非宗教性)の保障は国家の義務である」とフランス共和国憲法(1946年10月27日憲法前文第13条)にあることから，大学は原則として無償とされる。またリセ(高校)の修了の際に取得する▶バカロレアは高等教育の最初の免状でもあるため，高卒者は原則としてだれでも大学に進学することができる。ただし入学しても進級できずに中退してしまうケースは多い。

2016年度のバカロレア合格者(高卒者)は63万3497人であった(合格率は88.6%，合格者数は当該年齢人口の78.6%)。そのうち就職せずに高等教育に進学したのは53万3600人，大学への進学者はさらにそのうちの60%強であった。この割合は1970年の75%以降，高等教育の多様化もあって少しずつ低下している。

2016年度には，図「フランスの高等教育」に示されるような多様な高等教育機関に260万9700人が在籍しており，そのうち大学(IUTなどの短期コースも含む)には162万4000人(62.2%)，CPGE(グランド・ゼコール準備級)には8万6000人(3.3%)が登録している。大学以外の学校のなかには私立のものもあり，その生徒が18%を占める。15万2000人(5.8%)が通う商業・経営・会計学校は，ほぼすべて(99.3%)私立学校である。

大学の教員は教員・研究者と呼ばれる国家公務員である。教員・研究者はCNU(Conseil national des universités，全国大学評議会)の専門分野ごとに分か

れた77の分科会のいずれかに属し，採用および昇進に際しては大学ばかりでなくCNUの分科会による審査も受ける(審査委員の少なくとも3分の2は教員・研究者のなかから投票で選ばれる)。また博士論文の主査となるためにはアビリタシオンという，論文と口頭試問からなる研究指導認証審査(habilitation à diriger des recherches)を受けていなければならない専攻分野もある。

2015年度のフランスの高等教育予算(公的支出に民間支出を加えたトータルな高等教育費)は301億ユーロであり，国内総生産(GNP)のほぼ1.5%に当たる。そのうち政府支出は70%，家庭支出(▶授業料など)は10%弱である。大学の学生一人当たりに年間1万387ユーロ，CPGEの生徒一人当たりに1万5100ユーロが支出されており，そこにみられる「不公平」が問題になっている。

[中世から大革命まで]

12世紀後半，パリのセーヌ左岸に▶リベラルアーツの教師たちが集い，ヨーロッパ各地から学生がやってきて，▶ラテン語がつねに聞こえるカルティエ・ラタンが出現した。1200年には国王フィリップ・オーギュストが彼らの特権を認め，15年にはローマ教皇が「パリの学生と教師のウニヴェルシタス」に規約を与え，31年には教皇大勅書『諸学の父』が発布されている。大学はローマ教皇の庇護を得たことで，司教，行政，国王の権力に拘束されない自治を確立した。聖王ルイは1257年にソルボンヌ学寮(コレージュ・ド・ラ・ソルボンヌ)の開設を認めている。パリ大学の名声は，トマス・アクィナス，ボナヴェントゥラ，ベーコン，ブラバンのシゲルスのような優れた教師の存在によってさらに高められることになった。

南仏のモンペリエには1130年頃から医学校が存在し，1220年には教皇から大学の規約が与えられている。トゥールーズにはアルビジョワ十字軍(1209～29年)のあとで学校が設置され，1270年頃に大学として機能しはじめる。その後，14世紀前半には▶アヴィニョン大学(1303年)，▶オルレアン大学(1306年)，カオール大学(1332年)，▶アンジェ大学(1337年)，▶ペルピニャン大学(1350年)ができた。15世紀初頭のパリ大学には4000人，▶トゥールーズ大学やアヴィニョン大学には多い年で1500人から2000人，その他の大学には数百人の学生がいたといわれる。

1337年に百年戦争が始まると，「ナチオ」(▶国民団)のなかには大学から離れてしまうものもあった。1378年から1417年にかけての教会大分裂では大学も迷走するが，1380年にはパリとアヴィニョンで最初の人文主義運動が起きている。1431年にソルボンヌ(パリ大学神学部)がジャンヌ・ダルクを火刑に処するのに貢献すると，シャルル7世はできたばかりの▶ポアティエ大学に拠ってその権威を貶めることに成功した。ルイ12世(在位1498-1515)はパリ市内での学生の狼藉，試験における不正，教師の金

122　フランスの大学

権体質を告発している。1499年の春にカルティエ・ラタンで騒乱が起こると、パリ大学はストライキ権を取り上げられる。とはいえ1500年までにフランスにはさらに八つの大学（オランジュ，エクス，ドール，カーン，ヴァランス，ナント，ブールジュ，ボルドー）が誕生している。

1530年，フランソワ1世は外交官で法律家のギョーム・ビュデの進言をいれ，王立の「高貴な三言語のアカデミー」（のちの▶コレージュ・ド・フランス）を創設する。そこでは人文主義者たちによってラテン語のほかにギリシア語やヘブライ語も用いた研究と教育が行われた。パリ大学は反発したが，王は大学の博士たちに騎士の称号と年金を与えて懐柔している。リシュリューはソルボンヌの建物の全面的な建て替え（1627〜42年）を行っており，17世紀の半ばまで大学はさほど悪い状況にはなかったといわれる。

しかしデカルトの死（1650年）の頃から，科学の分野での大学の立ち遅れがヨーロッパ規模で問われるようになる。科学はアカデミー，サロン，あるいは貴族がもつ図書館やアマチュアの実験室など，大学の外で発展している。ルイ14世は王立植物園において薬学，解剖学，外科学の研究も行わせ，▶アカデミー・フランセーズ（1635年）にならって▶科学アカデミーを設立した（1666年）。18世紀の中ごろからは，土木学校（ポンゼショセ，1743年），メジエール工兵学校（1749年），獣医学校（1762〜66年），鉱山学校（1783年）など，のちにグランド・ゼコールと呼ばれるようになる王立の専門学校（エコール・スペシアル）が創られている。

18世紀末のパリ大学の三つの上級学部には1500人，トゥールーズ大学には600人ほどの学生がいた。しかしアンジェ大学の法学部には30人，▶カーン大学の医学部やドゥエ大学（1559年創設）の人文学部には20人ほどしかいなかった。ディドロやコンドルセは改革案を示したが実現せず，大学は貴族たちから見放され，社会的上昇を夢見る人々の期待をも裏切ってしまう。失望した「文学ボヘミアン」は，大革命の知的興奮のなかにしか抜け道を見いだせないだろう。かくして1793年9月15日，国民公会はフランス全土にあった22の大学すべてを廃止している。

［19世紀］

1794年には▶エコール・ポリテクニーク（理工科学校）と▶エコール・ノルマル・シュペリウール（高等師範学校）が創設され，かつての医学部が医学校（エコール・ド・サンテ）としてパリ，ストラスブール，モンペリエに復活した。また1795年にはエコール・サントラルという通学制の学校が創られることになり，97年からは全国各地の都市で機能しはじめる。これはコンドルセの構想から生まれた新たな学校であり，数学，自然科学，デッサン，歴史なども教えられるはずだった。アンシャン・レジームの▶コレージュが

イエズス会系の修道会によって経営され，古典人文学やラテン語やギリシア語を教える寄宿制の学校であったのと対照的である。

しかしナポレオンの執政政府は1802年にこのエコール・サントラルを廃止し，国立のリセと市立のコレージュを創設している。リセでは寄宿制，厳しい規律，宗教教育，そして古典人文学とラテン語の教育が復活した（とはいえ数学や自然科学も放棄されることはなかった）。革命後の混乱を収めるためには，エリートの育成をとおして精神的・社会的秩序の回復を図ることが必要とみなされた。そのモデルとなったのは，カルティエ・ラタンにあった多くのコレージュを吸収して革命を生き抜いたコレージュ・ルイ＝ル＝グランである（それは1803年にリセ・ド・パリと改称されている）。市立のコレージュでもリセに倣った教育がおこなわれたが，その数はリセよりもかなり多くなる（1882年にリセは85校，市立コレージュは167校となっている）。

ナポレオンはエコール・スペシアルを充実させたばかりでなく，1806年には帝国大学（ユニヴェルシテ・アンペリアル）を創り，1808年には法，医，文，理，神の五つのファキュルテ（学部）の内容を定めた。1815年には全国に法学部が9，医学部が3，文学部が22，理学部が10，神学部が9存在している。文学部や理学部は，同じ頃プロイセンにできるベルリン大学（1810年創設）では学問の革新をもたらすものとなるけれども，フランスでは低迷してそのような役割を果たすことはできず，地方では教員はバカロレア（1808年創設）の審査をするのがおもな仕事となった。すでに1830年代からこのナポレオンのシステムへの批判はなされていたが，本格的にそれが見直されるのは，71年に普仏戦争でフランスがプロイセンに敗北してからである。

第三共和政においては，職業専門教育の厳しい枠が少しずつ緩められるとともに，あらたな需要に応じた専門学校として，高等商業学校（HEC）や工業技術学校などが創設された。またパスツールの研究室が高等師範学校に設けられたように，研究にも場が与えられている。この頃から専門学校（エコール・スペシアル）はグランド・ゼコールと呼ばれるようになった。またファキュルテにおいては人文学や社会科学も注目されるようになる。改革者たちにとってはフランスがドイツへの遅れを取り戻し，さらに優位に立つというナショナルな威信の問題であったが，自治を求める大学人たちの運動もそれに呼応して，1896年には▶総合大学設置法が成立する。ファキュルテは地域ごとにまとめられ，その集合体に法人格が与えられて，フランスに15の大学が復活した（エクス，ブザンソン，ボルドー，カーン，クレルモン・フェラン，ディジョン，グルノーブル，リール，リヨン，モンペリエ，ナンシー，パリ，ポワチエ，レンヌ，トゥールーズ）。

図｜フランスの高等教育

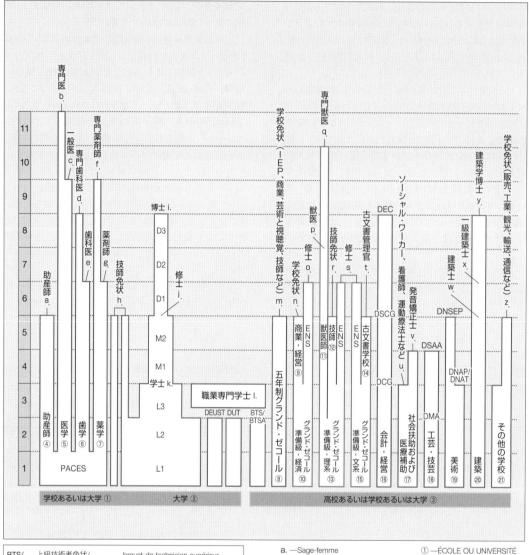

BTS/	上級技術者免状/	brevet de technicien supérieur
BTSA	農業上級技術者免状	brevet de technicien supérieur agricole
D	博士	doctorat
DCG	会計経営免状	diplôme de comptabilité et de gestion
DEC	公認会計士免状	diplôme d'expert comptable
DEUST	大学科学技術教育免状	diplôme d'études universitaires scientifiques et techniques
DMA	伝統技術職免状	diplôme des métiers d'arts
DNAP	造形美術国家免状	diplôme national d'arts plastiques
DNAT	美術技術国家免状	diplôme national d'arts et techniques
DNSEP	造形表現上級国家免状	diplôme national supérieur d'expression plastique
DSAA	応用技芸上級免状	diplôme supérieur d'arts appliqués
DSCG	会計経営上級免状	diplôme supérieur de comptabilité et de gestion
DUT	技師短期大学部修了免状	diplôme universitaire de technologie
ENS	高等師範学校	école normale supérieure
IEP	政治学院	institut d'études politiques
L	学士	licence
M	修士	master
PACES	医療分野共通第1学年	première année commune aux études de santé

（注）医療分野共通第1学年（PACES）を修了した者を受け入れる医療系専門学校もある

a.—Sage-femme
b.—Autres spécialités
c.—Médecin généraliste
d.—Dentiste spécialiste
e.—Dentiste
f.—Pharmacien spécialiste
g.—Pharmacien
h.—Diplôme d'ingénieur
i.—Doctorat
j.—Master
k.—Licence
l.—Licence professionnelle
m.—Diplôme d'écoles (IEP, commerce, art et audiovisuel, ingénieurs…)
n.—Diplôme d'écoles
o.—Master
p.—Vétérinaire
q.—Vétérinaire spécialisé
r.—Diplôme d'ingénieur
s.—Master
t.—Archiviste paléographe
u.—Assistante sociale, infirmière, kiné…
v.—Orthophoniste
w.—Architecte
x.—Habilitation
y.—Docteur en architecture
z.—Diplômes d'écoles (vente, industrie, tourisme, transports, communication…)

①—ÉCOLE OU UNIVERSITÉ
②—UNIVERSITÉ
③—LYCÉE OU ÉCOLE OU UNIVERSITÉ
④—Sage-femme
⑤—Médecine
⑥—Dentaire
⑦—Pharmacie
⑧—Grandes écoles post-bac
⑨—Commerce-gestion
⑩—Prépa-éco
⑪—Vétérinaires
⑫—Ingénieur
⑬—Prépa-sciences
⑭—École des chartes
⑮—Prépa-lettres
⑯—Compta-gestion
⑰—Social & paramédical
⑱—Arts
⑲—Beaux-Arts
⑳—Architecture
㉑—Autres écoles

（出典）フランス高等教育研究省：http://www.enseignementsup-recherche.gouv.fr/pid25125/le-systeme-francais-d-enseignement-superieur.html

［解説］

フランスではバカロレア（中等教育修了・大学入学資格）を取得した者は左の図にある諸高等教育機関に進学できる。バカロレアには「普通」「技術」「職業」の3種があり，その種類と成績によって可能な進学先の範囲も決まってくる。

一番左のPACESとは，助産師，医師，歯科医，薬剤師を志望する者がともに学ぶ初年度の課程であり，学年末にそれぞれの専門に分かれるための試験がある。

技師学校 école d'ingénieurs には，大学とみなされるもの（技術大学），大学内に設けられたもの，大学の外にあってグランド・ゼコール準備級（CPGE）から進学する3年制のもの（たとえばエコール・ポリテクニーク），5年制のもの，5年制のなかに独自の2年間の準備級を持つものがある。いずれも5年の修学によって大学の修士に相当する技師免状 diplôme d'ingénieur を取得できる。

2002年にはボローニャ・プロセスに合わせて大学にLMD（学士3年，修士2年，博士3年）のシステムが導入された。DEUSTとDUTは大学付設の，BTS/STSAはリセ付設の，そ
れぞれ2年制の技術者養成課程の修了証である。その取得後に大学のL3（学士課程3年目）と並ぶ職業専門学士課程 licence professionnelle に進学できる。初等・中等教員養成のためのIUFM（大学付設教員養成センター）は，2005年に修士課程（M1,M2）に統合された。

グランド・ゼコールはふつう3年制で，有名リセ（高校）に付属したグランド・ゼコール準備級（CPGE）での2年間の準備の後に試験を受けて入る。CPGEに入学する者はグランド・ゼコールに進学できない場合に備えて大学などにも登録することが義務づけられている。バカロレア取得者を直接受け入れる5年制のグランド・ゼコールもある。いずれも大学の修士に相当する免状を獲得できる。ENS（高等師範学校）は4年制であり，修了後に大学のD（博士課程）で博士論文を書く者が多い。

そのほかにもフランスにはさまざまな専門学校がある。それらも入学時もしくは2年度進学時に書類と面接による選抜がなされるのが普通である。 　　　　　　岡山 茂

［20世紀］

しかしフランスにフンボルト・モデルの大学がそのまま根づいたわけではない。その理由としては，まず第1に，大学は復活してもグランド・ゼコールはそのまま残ったことがあげられる。壮大な新ソルボンヌの建物が完成し，大学が新しい世紀に向けての期待を膨らませるものとはなっても，グランド・ゼコールがあるために，フランスの大学はドイツの大学のような威信をもつことはなかった。第2に，ナポレオン以来の中央集権的なシステムと，ファキュルテごとに縦割りになった教員組織はそのままだった。新しくできた大学は，さまざまな学問分野をふくむ自由な知の空間というより，学問分野ごとに孤立したいくつかのファキュルテの名目上の集合体にすぎなかった。第3に，フランスではリセの最終学年に哲学級が置かれていたため，ドイツの大学のような▶哲学部は大学に置かれなかった。19世紀末の改革は結果的に（あるいは意に反して），ナポレオンの中央集権的なシステムを強固にするのに貢献したといわれる。

とはいえ，大学が再生するプロセスで「知識人」たちによってカントが参照され，自立した市民の雛形としての学生や大学人というイデーが生まれたことは確かである。大学のなかで学部の抗争がなかった代わりに，大学の周辺で「知識人」によるドレフュス事件の抗争が生じた。この伝統はさらに，人民戦線，レジスタンス，アルジェリア戦争のときにも繰り返されるとクリストフ・シャルルは述べている。

ただしコレージュが無償化されるのは1930年代，小学校（5年制），中学校（4年制）＝コレージュ，高校（3年制）＝リセという単線化された初等・中等教育システムが確立されるのは1950年代のことである。1960年代には大学に第1次の大衆化の波が押し寄せる。就職先の拡大があまり期待できない文
学部や法学部にも学生が溢れ，過剰な学生を受け入れたこれらのファキュルテの機能不全，大学を出たのに就職先のない学生のフラストレーション，労働市場におけるこれらの修了証書の価値下落という，三つのリスクが生じている。▶68年5月の学生運動は，アルジェリア戦争やヴェトナム戦争への反発ばかりでなく，そのような大学の危機に対処できない政府への不満が爆発したものでもあった。

その後，▶エドガール・フォール法によって学生の運営への参加や自治が認められ，ファキュルテも解体されて▶UFR（教育研究単位）となり，文字どおりに「新しい大学」が誕生する。しかし1980年代半ばからの第2次の大衆化の波による危機はさらに深刻なものとなる。それはフォール法の失敗というより，68年以前から全国に創られていたIUT（技術短期大学部）が入学選抜を行ったために，大学にあふれる学生を吸収できなかったこと，グランド・ゼコールが既得権を守るために防御的な反応に出たこと，そしてグランド・ゼコール出身者が多い政治家や高級官僚もそれを容認したことなどが原因であったとされる。また，履修コースが多様化するなかでフランスの大学が均質性を失い，雑多な構成をもつようになったにもかかわらず，規格化された中央集権的な枠組みはそのままであったことも原因とされる。いずれにしても，大学や国は学生の反発が怖くて大学に入学試験や学費を導入することはできなかった。溢れかえる学生に対応できないUFRでは，彼らのやる気を挫いて中退させるというシニカルな選別法しか取れなかった。

［契約政策からLRUまで］

1986年にはCNE（全国評価委員会）による大学評価が始まり，89年からは当時のリオネル・ジョスパン教育相によって「契約政策」が導入されている。それによって大学は，自ら変貌する可能性を手に入れたといわれる。しかしそこにヨーロッパ・レベルで

の大学空間の創設の動きも絡んで，フランスの大学は1990年代以降も混乱した歩みを続ける。大学は19世紀末に復活したときにすでに法人格を手に入れていたにもかかわらず，それぞれのファキュルテの自治が優先されたために▶学長の権威はずっと名目的なものに留まっていた。しかし契約政策の導入以降，専門分野（つまりUFR）ではなく機関（つまり大学）ごとの運営への転換が図られ，学長にも予算にかかわる権限が付与される。学長のなかには学科編成をしなやかに変えてゆくことの困難や，社会の変化に大学がすばやく適応することの困難を訴える者もおり，国民教育省も地方分権政策に沿ってそれを聴くようになったのである。

しかしナポレオン以来の中央集権的なシステムが崩れたわけではない。グランド・ゼコールと大学の二分法はそのままだし，学長に大きな権限が与えられたといっても，学長によって「トップダウン」の運営がなされるとすれば「五月革命」は実を結ぶどころか，ようやく取り戻したようにみえる大学の自治さえ失ってしまうことになる。もとより1980年代以降に設置された大学の多くは，都市にある総合大学というより郊外に創られた分校のようなものだった。

2007年にはサルコジ大統領のもとで▶LRU（大学の自由と責任に関する法律）が成立し，学長の権限がさらに強化された。2013年にはオランド大統領のもとで，その修正でもある「高等教育・研究法」が成立した。前者に先立って2006年に導入された▶PRES（研究・高等教育拠点）は，いくつかの大学を連携させて「卓越の拠点」を創ろうとするものであったが，後者とともに導入されたCOMUE（大学・高等教育機関共同体）は，大学や研究機関やグランド・ゼコールの連合体にも大学と同じ法人格（EPSCP）を与えるものである。2017年現在，全国に21のCOMUEができており，それぞれの「共同体」のなかで大学とグランド・ゼコールがどのような関係を築くのかが問われている。
　　　　　　　　　　　　　　　　　岡山　茂

→フランス大学モデル，フランスの大学改革，ナポレオン大学体制，フンボルト理念，カントの大学論，PRES／COMUE

◎*L'état de l'enseignement supérieur et de la recherche en France*, n° 10, avril 2017, publication. enseignementsup‑recherche. gouv. fr/essr/10
◎Ministère de l'enseignement supérieur, de la recherche et de l'innovation, *Note Flash du SIES*, n°‑11, Août 2017.
◎Nathalie Duval, *Enseignement et l'éducation en France, du XVIIIe siècle à nos jours*, Armand Colin, 2011.
◎Marie‑Laure Le Foulon et Jean‑Maurice de Montrémy, *L'Europe des universités*, Gallimard, 2008.
◎大場淳，夏目達也「フランスの大学・学位制度」，大学評価・学位授与機構『学位と大学』2010．7.
◎上垣豊『規律と教養のフランス近代―教育史から読み直す』ミネルヴァ書房，2016.
◎クリストフ・シャルル，ジャック・ヴェルジェ著，岡山茂，谷口清彦訳『大学の歴史』白水社，2009.

ドイツの大学｜ドイツのだいがく

［大学史の概略］

［中世ドイツの大学］　ドイツの大学の創設は，イタリア，スペイン，イギリスの大学が13世紀にはすでに創設されたのに対し，14世紀に入ってからである。当時神聖ローマ帝国下にあったプラハの大学がドイツ語圏最初の大学として設置された（1348年，以下括弧内は創立年）。ウィーン大学が1365年とされている。現在のドイツで言えば，▶ハイデルベルク大学がもっとも古い（1386）。以下，ケルン（1388），エアフルト（1392）などが挙げられる。15世紀になり，ライプツィヒ（1409），ロストック（1419），グライスヴァルト（1428），フライブルク（1457），ミュンヘン（1472），トリーア（1473），マインツ（1476），テュービンゲン（1477）などが設立された。これらの大学を設立したのは領邦の君主や都市であったが，同時に教皇により設立の勅書や種々の特権が与えられた。

［16〜18世紀のドイツの大学］　ドイツの大学が，その機能とカリキュラムとの点で顕著な発展をとげ，独自の役割を演じるようになるのは，16世紀になってからである。それはルネサンスと宗教改革という二つの大きな精神史の潮流と結びついている。とりわけルター（Martin Luther，1483-1546）とメランヒトン（Philipp Melanchthon，1497-1560）は，大きな役割を果たしている。どちらもヴィッテンベルク大学（1502）で教鞭をとったが，このヴィッテンベルクにならい，メランヒトンの構想にもとづいて，その後一連の大学が創設されることになる。たとえば1527年にマールブルク大学が設立され，以後，ケーニヒスベルク（1544），ヘルムシュテット（1516），イエーナ（1558）の各大学が続いた。これらはいずれもプロテスタントの教義にもとづく大学である。カトリックの側では，ヴュルツブルク（1582），ザルツブルク（1622）など新しい大学が設けられた。当時の大学は聖職者と官吏の養成機関，領邦君主の支配の道具となった。

ハレ大学（1694）と▶ゲッティンゲン大学（1737）の設立とともに，ドイツ大学の新しい時代が始まる。近代の哲学と科学，啓蒙と教養がドイツ大学へ流れこむ。ハレ大学は法学者トマジウス（Christian Thomasius，1655‑1728），神学者フランケ（August Hermann Francke，1663-1727），哲学者ヴォルフ（Christian Wolff，1679-1754）などによって代表される近代最初の大学とされる。そこでは，はじめて「研究と教授の自由」という原理が確立された。

［ベルリン大学の創設とフンボルトの大学理念］　19世紀初頭，プロイセンはナポレオン軍に敗北し占領されるという屈辱を味わった。そのなかで行われた▶フィヒテ（Johann Gottlieb Fichte，1762-1814）の

「ドイツ国民に告ぐ」(1807年)の演説は有名である。ここから「地上で失ったものを精神の世界で取り戻す」という理想主義的な思想傾向が生み出されることとなった。こうした背景と当時の沈滞した大学に飽き足らない新たな理念に立った大学として，プロイセン政府はベルリン大学(現，▶ベルリン・フンボルト大学)を創設した(1810)。創設にあたり中心的な役割を果たしたのが，政治家であるとともに人文科学者でもあった▶フンボルト(Karl Wilhelm von Humboldt, 1767-1835)である。ベルリン大学の初代学長にはフィヒテが就任した。

[フンボルトの構想] フンボルトは大学の理念を次のように構想した(「ベルリン高等学問施設の内的ならびに外的組織の理念」)。高等学校までの学校は，すでに解決し決着した知識を扱うが，大学では「学問をつねに，なお全く解決されていない問題として取り扱う。学問は所有ではなくて行為，活動である。学問は，つねに新たに産出されるものでなくてはならない。しかもそれは教授と学生との双方によって作り出されなければならない。学ぶことは，教えることと同様にひとつの活動的な，創造的なできごとである」。すなわち，教授は与える者，学生はそれを受けとる者ではなくて，ともに探求する者，創造する者である。同一の使命に共同で働く者である。そこから「教える自由」「学習する自由」「研究と教育の統一」という理念が導き出される。国家は，大学への干渉を厳に慎み，大学に対して学問が十分に行われるような諸条件を調達することに，その使命を見出さなければならない。

[19世紀から第2次世界大戦前のドイツの大学] ベルリン大学の創設を経て，19世紀後半になるとドイツ大学はその頂点に達することになる。当時のドイツを代表する生理学者・物理学者ヘルムホルツ(Hermann Ludwig Ferdinand von Helmholtz, 1821-94)は，ベルリン大学学長就任にあたり，次のように自信に満ち溢れた演説を行っている(1877年)。「現下において，ドイツの大学では，唯物的形而上学のどんな極端な結論でも，またダーウィンの進化論を論拠とするどんな大胆な思弁でも，法王の完全無欠性についてのきわめて極端な神格論と同様に，外圧をかけられることなく自由に講義されることができる」(ヘルムホルツ，三好助三郎訳『大学の自由・回想』大学書林語学文庫, 1958)。こうしたドイツ大学の「学問の自由」に憧れ，アメリカからの多くの留学生がドイツの大学を訪れ，ドイツ大学の理念を本国に持ち帰ったとされる。また1920年代までのノーベル賞受賞者の3分の1はドイツであったと言われている。

しかし1930年代に入りナチズムの台頭とともに，数多くの学者，学生が人種的，政治的理由から迫害され，大学を追われる。こうしてドイツ大学の黄金時代は，急速にその終焉を迎えることになる。

[第2次世界大戦後の大学] 第2次世界大戦の終結(1945年)後，ドイツは米，英，仏，ソ連の4ヵ国により分割占領された。その後，東西の冷戦を背景に，西ドイツ(ドイツ連邦共和国)と東ドイツ(ドイツ民主共和国)という二つのドイツが建国され(1949年)，東西ドイツは，以後まったく異なる政治体制のもとで，新しい国家づくりを行っていくことになった。高等教育においても，両国は40年間それぞれ独自の教育制度を構築してきた。1990年の東西ドイツの統一は，東ドイツの西ドイツへの「編入」という形で行われたため，旧西ドイツの教育制度は従来どおり維持され，旧東ドイツが西のそれをモデルとして教育制度の再編を行った。しかし，統一によって生じている問題は，教育の領域でも少なくないことはつとに指摘されるところである。

[旧東ドイツの大学の再編] ドイツ統一後，旧東ドイツの大学は，これまでのマルクス・レーニン主義のイデオロギー形成の一環としての大学から，西ドイツ型の学問・研究の自由，大学の自治を基本とする大学へと大転換をとげることになった。これと並行して，少なからぬ数の教授は解雇され，従来の大学，学部，学科は廃止もしくは大幅に再編された。そのために旧西ドイツから多数の大学人が，東の再建のために派遣された。またあわせて，旧東ドイツ時代の総合大学と各種の単科大学という区分が，旧西ドイツ型の▶学術大学(総合大学，工業総合大学，工業大学，教育大学など)，▶専門大学，芸術大学という構成に改編され，これまで置かれていなかった専門大学が，旧東ドイツ地域にも新設されることになった。そのほか，下級段階の小学校教員を養成する機関であった教員養成所が廃止され，教員はすべて大学で養成されることになった。

[大学制度の特色]
[高等教育の大衆化] 日本同様，ドイツにおいても，第2次大戦後，大学への進学者数は増加の一途をたどった。学生数は，1950年代前半は10万人台にすぎなかったのが後半になると20万人台となり，60年代半ばには40万人近くまで倍増した。70年代後半には85万人前後，80年代に入るとついに100万人を突破するに至った。大学の数もこれに対応して，1950年度に143校であったものが，統一前年の1989年には243校に達した(いずれも西ドイツの数値)。統一後の1991／92年冬学期においては，全ドイツで大学数は312校，学生数は178万3000人であった(旧西ドイツに249校，旧東ドイツに63校。在学者数は，西が164万7000人，東が13万6000人)。現在，大学数は426校を数え，学生数は約280万人となっている(2016／17年冬学期)。すでに同年齢層の半数を超える者が大学に入学している。

[教育制度と大学入学に至る道] ドイツ全体に見られる教育制度の大きな特色として，①教育制度は州の権限となっている，②複線型の学校体系が構築され，多彩な学校タイプが見られるという点を

図｜ドイツの教育制度

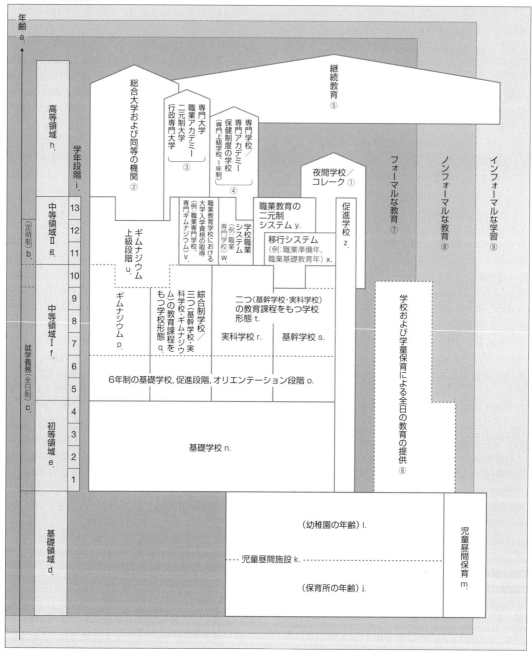

挙げることができる。すべての生徒が共通に通うのは，満6歳から始まる基礎学校（Grundschule）の4年間のみである。基礎学校における初等教育を終えると，生徒は基幹学校（Hauptschule），実科学校（Realschule），ギムナジウム（Gymnasium）のいずれかの学校種類に振り分けられる。基幹学校は5年制で，卒業後すぐに就職する生徒が多い。実科学校は6年制で，中級の技術者などの養成を目指している。ギムナジウムは9年制（目下，8年制に移行しつつある）で，伝統的な大学進学コースである。ギムナジウムに進む者は大体4割である。これら三つの学校形態をひとつにした総合制学校（Gesamtschule）も設けられているが，普及度は高くない。このように中等教育段階において生徒を3種類の学校形態に分岐させる教育制度は，日本とは異なるドイツの特色となっている。

なおドイツでは，かつてはギムナジウムを経て大学入学へと至るというのが伝統的大学進学コース（第1の教育の道）であったが，現在では，ギムナジウム以外の学校を経由して大学進学を目指すことも可能となっている（第2の教育の道）。また学校修了証なしに職業訓練などを経て大学入学に至る道

[解説]

ドイツは16の州からなる連邦制の国家であり，教育に関する権限は各州に委ねられている。各州は，その名称は一様ではないが文部省に相当する省をもち，教育政策もそれぞれの州の事情に対応して策定されている。連邦政府は高等教育，学術・研究などの一部に権限をもっているにすぎない。州ごとに存在する学校法，文部省令，学習指導要領等によって詳細が定められている。連邦全体にかかわる大綱的基準に関しては，常設の各州文部大臣会議(KMK)の決議により，できる限り制度的な統一化は試みられているが，この決議には法的拘束力がなく，州によってかなりの相違がみられる。この図は州によるそうした相違をとりあえず度外視した，いわば標準的な教育制度図である。連邦教育研究省(BMBF)とKMKが共同で刊行した『ドイツの教育 2016』に掲載されている図版を訳出した。　　　　　　　　　木戸 裕

a. ―Alter	p. ―Gymnasium
b. ―Teilzeit	q. ―Gesamtschule/ Schulart mit 3 Bildungsgängen
c. ―Schulpflicht (Vollzeit)	r. ―Realschule
d. ―Elementarbereich	s. ―Hauptschule
e. ―Primarbereich	t. ―Schulart mit 2 Bildungsgängen
f. ―Sekundarbereich I	u. ―Gymnasiale Oberstufe
g. ―Sekundarbereich II	v. ―Erwerb der Hochschulreife an beruflichen Schulen (z.B. BFS, FGY)
h. ―Tertiärer Bereich	w. ―Schulberufssystem (z.B. BFS)
i. ―Jahrgangsstufe	x. ―Übergangssystem (z.B. BVJ, BGJ)
j. ―Krippenalter	y. ―Duales System der Berufsausbildung
k. ―Kindertageseinrichtung	z. ―Förderschule
l. ―Kindergartenalter	
m.―Kindertagespflege	
n. ―Grundschule	
o. ―6-jährige Grundschule, Förderstufe, Orientierungsphase	

①―Abendschule/ Kolleg	④―Fachschule/ Fachakademie, Schulen des Gesundheitswesens (Fachoberschule, 1-jährig)
②―Universität und gleichgestellte Einrichtung	⑤―Weiterbildung
③―Fachhochschule, Berufsakademie, Duale Hochschule, Verwaltungsfachhochschule	⑥―Ganztagsangebote in Schule und Hort
	⑦―Formale Bildung
	⑧―Non-formale Bildung
	⑨―Informelles Lernen

(出典) Autorengruppe Bildungsberichterstattung (Hrsg.), *Bildung in Deutschland 2016, Ein indikatorengestützter Bericht mit einer Analyse zu Bildung und Migration*, 2016. Online-Ausgabe:
http://www.bildungsbericht.de/de/bildungsberichte-seit-2006/bildungsbericht-2016/pdf-bildungsbericht-2016/bildungsbericht-2016

（第3の教育の道）も開かれているが，その割合は1%未満である。

[大学の種類]　ドイツの大学は大きく二つの種類に区分されてきた。すなわち，博士号や▶大学教授資格(Habilitation)を授与できる大学と，そうでない大学である。前者を学術大学(wissenschaftliche Hochschule)，後者を専門大学(Fachhochschule)と呼んでいる。前者には総合大学(Universität)のほか，工業大学(工科大学)，神学大学，芸術大学，教育大学などの単科大学が含まれる。学術大学には，一般にギムナジウム上級段階を終えた者が進学する。専門大学は，それまでの技術者学校(Ingenieurschule)や高等専門学校(höhere Fachschule)などの職業中等教育機関が大学に昇格したもので，1970年から発足した。専門大学には職業教育の学校を経て「専門大学入学資格」を取得した者が進学するケースが多い。なお，近年は専門大学でも博士号を授与できるようになるなど，学術大学との区分が薄れてきている。

[大学入試]　ドイツでは，日本のような個々の大学ごとに行われる入学試験制度は存在しない。▶アビトゥーア試験(Abiturprüfung)と呼ばれるギムナジウム卒業試験に合格することによって，原則としてどの大学，どの専門分野にも進学できるという制度が採用されている。ただしこの原則が例外なく適用されたのは古き良き時代で，大学教育の大衆化がすすんだ1970年代から，医学部などいくつかの分野では志願者全員を収容できない，いわゆる「入学制限」(Numerus clausus)の事態が生じている。このため1973年から中央学籍配分機関(ZVS)と呼ばれる公的機関がノルトライン・ヴェストファーレン州のドルトムント市に設置され，ドイツ全体を一括して，入学者を決定する仕組みがとられるようにな

った(2010年から大学入学財団：SfHと名称が変更されている)。すなわち定員に余裕があるかぎり，アビトゥーア試験に合格していれば，希望する大学・学部に例外なく入学を許可される。しかし志願者が定員を上回る場合は，アビトゥーア試験の成績と待機期間(アビトゥーア試験合格後に経過した期間。これが長いほど入学可能性が高くなる)などを基準にして選抜が行われる。

　ドイツの大学入学制度では，基本的に大学は自校の入学者の選抜に関与してこなかった。こうした方式に対し，ZVSの機能を縮小し各大学が自ら設定する基準にしたがって，それぞれの大学の責任で入学者を決定できるシステムを導入すべきであるといった議論は，従来から大学学長会議(HRK)などを中心に行われてきた。これを踏まえて現在では，入学者の選抜が必要な専攻分野では学籍は「アビトゥーア試験の成績」「待機期間」に加えて，「大学によって実施される選抜手続き」の結果によって決定されるとして，一定の枠は各大学の裁量でもって選抜されることになった。具体的には「アビトゥーア試験の成績」により20%，「待機期間」により20%が選抜され，各大学が独自に決定できる枠は60%となっている。

[ドイツの大学の特色とその変貌]

[自由な学習から単位制度の導入へ]　ドイツの大学の特色として，とりわけ「自由な学習」という点が挙げられてきた。また，これまでドイツの大学には「▶学士」「▶修士」といった学位制度は存在しなかった。博士号を取得する場合は，大学に残り，指導教授(Doktorvaterと呼ばれている)のもとで数年間にわたって論文を作成し，博士試験に合格するというステップが踏まれてきた。こうした従来の制度から，▶ボローニャ・プロセスの展開のなかで，学士，

修士，▶博士というように段階化された高等教育の基本構造が導入されることになった。これとあわせて，ECTS（European Credit Transfer System）という名称のヨーロッパ共通の▶単位互換制度が取り入れられることになり，所定の単位を取得することにより学士（BA），修士（MA）などの学位が付与されるシステムに変わりつつある。

［大学教授資格］　ドイツの大学教授は，博士号を取得したあと，さらに博士論文以上の論文を執筆し，大学教授資格（Habilitation，ハビリタツィオン）を取得した者が就任してきた。こうした大学教授の任用システムも，近年大きな変貌をとげている。これまで大学教授資格の取得が大学教授になるための必須条件となっていたが，▶大学大綱法の改正（1998年）により「大学外において達成された同等の学問的業績」によっても「大学教授としての専門性を証明できる」ことになり，大学教授資格をもたない有能な人材を教授に登用する道も開かれるようになった。

　これとあわせて2002年の大学大綱法の改正により，若手研究者のためのジュニア・プロフェッサー（Juniorprofessor，▶準教授）制度が設けられることになった。その理由の一つとして，これまでのシステムでは大学教授資格の取得まで年数がかかり，研究者の自立が遅いという問題点が指摘されてきた。新しいジュニア・プロフェッサー制度では，30歳代前半で独立した研究者を輩出することが目指されている。なお，ジュニア・プロフェッサー以外でも，実社会または外国の大学での研究活動を経て，教授に招聘される道が開かれるようになり，研究者の流動性向上と大学の活性化が志向されている。

［大学の設置形態］　ドイツの大学は州立大学が主体である。連邦立の大学は，国防軍の兵士を養成する▶連邦軍大学などごく一部に過ぎない。近年，アメリカタイプのビジネススクール，ロースクールが設立されているが，教会が設立・運営している聖職者養成の大学を除いた私立大学に在籍する学生の割合は約6％となっている。

［エクセレンス・イニシアティブとエリート大学］　ドイツでは，入学資格をもつ者に開かれた「オープン・アドミッション」の制度が採用されている。こうした大学入学制度を維持できるのは，国民の間に，基本的に大学間に格差はないという意識が浸透しているからということもできよう。大学はそれぞれの特色においてバラエティーに富んでいるが，大学としてのレベルでは格差はないという考え方である。ドイツの大学はこれまで，こうした「大学間に格差はない」という前提のもとで発達してきた。しかし，今やその建前は，財政面からも，また社会の実態からも変更を余儀なくされている。たとえばドイツの大学における卓越した研究を促進することを目指した「▶エクセレンス・イニシアティブ」が連邦と州が一体となって開始されている（2005年）。これに選

ばれた大学を新聞などのメディアは「エリート大学」と呼んでいる。

［今後の方向性］　ヨーロッパではボローニャ・プロセスが進行しており，そのなかでドイツの大学も大きな変貌を遂げている。ドイツの大学における質の保証は，▶アクレディテーション機関と大学評価機関により行われている。大学教育の学習成果については，「ヨーロッパ高等教育圏のためのヨーロッパ資格枠組み」と「生涯学習のためのヨーロッパ資格枠組み」がヨーロッパレベルで策定され，それに対応した「ドイツの大学修了のための資格枠組み」と「生涯学習のためのドイツ資格枠組み」がその▶ラーニング・アウトカムズについて記述している。ドイツの大学は，その方向性と中身について見ると，「評価」と「競争」を主体とするアメリカ型の大学へと変貌しつつあるように見受けられる。しかし，そのなかでフンボルト以来の伝統をもつ大学理念とヨーロッパの統合を視座においた一連の高等教育改革が進行している。

木戸　裕

▶ドイツ大学モデル，ドイツの大学改革，学位・資格枠組み

◎W. フンボルト「ベルリン高等学問施設の内的ならびに外的組織の理念」，梅根悟訳編『大学の理念と構想』（世界教育学選集53），明治図書出版，1970.
◎ヘルムート・シェルスキー著，田中昭徳，阿部謹也，中川勇治訳『大学の孤独と自由―ドイツの大学ならびにその改革の理念と形態』未来社，1970.
◎ハンス=ヴェルナー・プラール著，山本尤訳『大学制度の社会史』叢書・ウニベルシタス256，法政大学出版局，1988.
◎天野正治「精神的支柱としての大学―中世から現代の大学改革まで」，西尾幹二編『ドイツ文化の基底―思弁と心情のおりなす世界』有斐閣，1982.
◎木戸裕『ドイツ統一・EU統合とグローバリズム―教育の視点からみたその軌跡と課題』東信堂，2012.
◎別府昭郎『大学改革の系譜―近代大学から現代大学へ』東信堂，2016.

オランダ・ベルギーの大学

オランダ・ベルギーのだいがく

オランダとベルギーは両国ともヨーロッパの小国であるものの，教育・研究面において世界的に優れた評価を得ている大学が存在する。またヨーロッパの中では，▶ボローニャ・プロセスの改革案に素早く対応できた国々としても注目に値する。とはいえ，アメリカ，イギリス，ドイツ，フランスなどの大国や，中国や韓国のような日本の近隣諸国の大学に比べて，オランダやベルギーの大学に関する日本への情報量は圧倒的に少なく，読者の多くは両国の大学への馴染みが薄いのではないかと思われる。そこで本項目は，まずオランダとベルギーにおける大学の誕生から現在までの発展の流れを，オランダ・ベルギーの大学の概説史として簡潔に記述した。その上で，ボローニャ・プロセスへの対応について，重要な点に絞って説明を施した。なお，ベルギー

はオランダ語圏のフランデレン地域とフランス語圏のワロン地域で，大学の制度が大きく異なっている。そしてフランデレン地域の大学は，後述するようにオランダの大学との類似が多々あることから，本項目のベルギーの大学に関する説明はフランデレン地域に限定する。

[オランダ・ベルギーの大学の概略史]
オランダおよびベルギーのフランデレン地域における最も古い大学は，1425年にローマ教皇マルティヌス5世が設立した，ベルギーの▶ルーヴァン・カトリック大学である。この大学は現存する世界最古のカトリック系の大学でもある。モデルとされたのは▶パリ大学，▶ケルン大学，▶ウィーン大学であったが，短期間でこれらの大学に匹敵するような規模と名声の両方を得ている。大学の名声はヨーロッパの文化の発展に貢献した優秀な教員によってかたちづくられたものである。たとえば人文学者のデジデリウス・エラスムス（1466-1536）は，ヘブライ語，ラテン語，ギリシア語を教授する▶コレギウムを1517年に設立し，自らも教壇に立っている。ローマ教皇ハドリアヌス6世も，教皇に選出される1522年までこの大学で教鞭を執っていた。なお彼は非イタリア人という異色のローマ教皇であり，彼の毒殺から1978年にポーランド出身のヨハネ・パウロ2世が教皇になるまでの455年もの間，ローマ教皇の座はイタリア人に独占されることとなった。

ルーヴァン・カトリック大学に次いで古い大学は，スペインの支配に対する市民の抵抗運動への感謝としてオラニエ公ウィレム1世によって1575年に創設された，オランダにある▶ライデン大学である。当時のオランダはプロテスタントが多数派であったものの，カトリックも少なからず存在した。このためライデン大学は，カトリック教徒の入学にも寛容であった。このことは，16世紀のヨーロッパでは異例なことであったが，大学の知的発展に強い正の影響を与えたといわれる。なお，1855年にライデン大学に世界で初めて日本学科が設立されている。現在でもヨーロッパにおける日本研究の一大拠点である。ライデンには日本とゆかりの深いフィリップ・フランツ・フォン・シーボルトも住んでいた。

17世紀になると，オランダに相次いで大学が設立されている。1614年には▶フローニンゲン大学が開校している。この大学はオランダで初めて女子学生を受け入れた大学としても知られている。またオランダ初の女性教員も，この大学に勤務している。開学当初から国際的な性格を持ち，教員・学生の過半数はオランダ国外の出身で，総長のウッボ・エミウスもドイツの出身であった。なお，他の当時の多くのヨーロッパの大学と同様に，フローニンゲン大学においても▶教育言語は学問の共通語であった▶ラテン語を使用しており，外国人教員・学生の受入れへの言語の壁は低かったといえよう。

続いて1632年に，▶アムステルダム大学の前身校（Athenaeum Illustre）が交易と哲学を指導する機関として設立されている。ただし，講義は教員の家で行われるような状態で，1877年にアムステルダム市立大学と改称されるまで，大学と呼べるような組織ではなかった。アムステルダム大学の設立から2年後の1634年には，ユトレヒト大学（Universiteit Utrecht［蘭］）が設置されている。この大学は17世紀のスコラ哲学と近代哲学の論争の地としても有名であり，「我思う，ゆえに我あり」の言葉で知られるルネ・デカルトも，この論争の中心人物の一人であった。

上記の大学以外にも，オランダではフラネカー大学（1585年）とハーデルワイク大学（1648年）という小規模な大学が設立されていた。しかし，これらの大学はフランス占領下の1811年に，ナポレオンの命令によって廃止されることになった。この廃止の流れは，現在まで存続している大学にも強い影響を及ぼしている。たとえばルーヴァン・カトリック大学は1797年に解体され，その学部はブリュッセルとリエージュに分散配置されている。ユトレヒト大学は，1806年から1813年の間，中等教育学校（école secondaire［仏］）に格下げされた。

1815年にフランスの占領下からネーデルラント連合王国（現在のオランダ，ベルギー，ルクセンブルクの領域に相当）が独立すると，国王のウィレム1世はフランス式の中央集権体制を構築した。その体制の一環としてライデン大学，フローニンゲン大学，ユトレヒト大学は国立大学となった。研究機能は強化され，一例としてユトレヒト大学には自然科学の研究所が設置されている。加えて大学の教育言語が，ラテン語からオランダ語へと置き換えられている。同様にベルギーの大学の教育言語も，1830年にベルギー王国が独立した際にフランス語に置き換わっている。この置換には，フランデレン地域のルーヴァン・カトリック大学なども含まれていた。当時のベルギーは教育，法廷，行政，軍隊などの公的な場ではフランス語が使用されていたのである。

フランス語のみの使用を公的な場で事実上強要されていたフランデレン地域の人々は，フランデレン語（オランダ語の方言に近く，のちにオランダの共通語に統一される）を公的な場でも用いることができるべきだという，▶ベルギーの言語戦争の契機ともいえるフランデレン運動を活発化させていった。そして，彼らはフランデレンの言語や文化を大学で教えることを強く望んだ。この要望に最も早く応えた大学は，フランデレン地域に1817年に設立されたヘント大学（Universiteit Gent［蘭］，ゲント大学とも）であった。同大学では，1852年にフランデレン文学の講座が新設されている。さらにフランス語に加えて，フランデレン語でも指導するバイリンガル大学へと早々に改められ，ついに1930年にはベルギーで最初のオランダ語のみを教育言語とする大学となった。

［高等教育の機会拡大と二元構造の誕生］

オランダおよびベルギーのフランデレン地域では，1960年代から70年代にかけて，高等教育の機会拡大のための政策が実行に移されている。大学の新設計画では，地方分散化と地方活性化の大義名分により経済が停滞している地域が意図的に選ばれた。たとえば，オランダにおいて，1961年にトゥエンテ大学（Universiteit Twente［蘭］）が，1976年にマーストリヒト大学（Universiteit Maastricht［蘭］）がそれぞれ設置された。加えて社会人の再教育を目的に，放送大学（Open Universiteit［蘭］）も1984年に設立されている。放送大学はベルギーのフランデレン地域の政府との協約に基づき，この地域の学生をオランダ人と分け隔てなく受け入れている。ベルギーでも地方分散化と地方活性化の趣旨で，1971年にマーストリヒトに近いハッセルトにハッセルト大学（Universiteit Hasselt［蘭］），既存の高等教育機関をいくつか統合する形で，1973年にアントワープ大学（Universiteit Antwerpen［蘭］）が設立された。

　上記のような新設大学の開設と並行して，高等教育への進学および高度な人材養成への社会的な需要の増加に応えるため，1968年にオランダとベルギー（フランデレン地域）における中等教育レベルの職業教育機関が専門大学（Hogeshool［蘭］）に格上げされている。その結果，研究活動を重視する従来型の▶研究大学（Universiteit［蘭］）と，職業教育を重視する専門大学という，目的が異なる2種類の大学が共存する「二元構造」が生じることとなった。専門大学は1970年代から80年代にかけて，両国政府の手厚い支援の下でその数を飛躍的に増加させていくとともに，各機関の学生定員も急速に拡大させていく。政府が専門大学の拡大を手厚く支援した理由として，①研究大学と比べ専門大学の設置・運営は安価であったこと，②専門大学がパートタイムの学生受入れに積極的であったこと，③専門大学が地域の経済発展に利益となる教育を志向していたことなどが挙げられる。

　しかし専門大学の急速な拡大は，専門大学のガバナンスのあり方に疑問を投げかけた。その結果，より効率的なガバナンスのあり方として，予算や人事に関する裁量権の拡大と，規模のメリットを活かすための専門大学の統合が進められた。それによってオランダでは，1987年までに350校以上あった機関が85校に統合されている。そして，いくつかの専門大学は総合化して，研究大学を凌ぐ規模となった。専門大学と研究大学の教育目的の差は，1993年に施行されたオランダの高等教育・研究法（Wet op het hoger onderwijs en wetenschappelijk onderzoek: WHW［蘭］）に明記されている。この法律によると，研究大学は学術研究者や専門職業人の養成のための機関であるのに対して，専門大学は社会の要望に応える広範な職業の専門家を養成する機関であるとされた。

高等教育・研究法は，研究大学と専門大学の自由裁量のさらなる拡大を認めている。自由裁量とは，政府による事前規制が緩められる代わりに，事後規制が強められることを意味した。換言すると，規制緩和という名の下に政府は必要なときだけ干渉するという，選択的な規制が採用されたのである。その具体的な内容は以下のとおりである。政府は，社会の需要や趨勢を鑑み，高等教育・研究計画（Hoger Onderwijs en Onderzoeksplan: HOOP［蘭］）を4年ごとに公表する（1998年までは2年ごとの公表であった）。そして大学はその計画に従って何を実行し，実行にいくらの費用がかかったかを年次レポートに記載し，政府に提出する。このレポートを参考に，大学の自主的管理が好ましくない成果しか出せなかったケースに限り，政府が大学に干渉するのである。

［ボローニャ・プロセスへの対応］

2002年にオランダの内閣は，ボローニャ・プロセスで示された学位制度（学士課程と修士課程）の採用を認可した。そして高等教育・研究法が改正され，オランダの研究大学と専門大学は，2002〜03年度から学士と修士の学位を正式に授与できるようになった。これらの学位の教育プログラムの認可制度として，▶アクレディテーション制度が導入されている。同時に欧州域内の学生の移動を容易にするといわれる▶欧州単位互換制度（European Credit Transfer System: ECTS）の採用も決められた。ただしオランダ内閣の決議に先んじて，研究大学の大多数は，伝統的な学位（doctorandus, ingenieur, meester, これらの学位は日本の博士や修士に相当する）を授与する従来の課程を，すでに学士・修士課程に改めていたのである。事実，2003〜04年度にはオランダの9割近い教育プログラム（博士レベルを除く）が，学士課程または修士課程として提供されていた。

　オランダの研究大学の学士課程は通常3年制で，修士課程は1〜2年制とされた。その後博士課程が整備され，その多くは4年制となった。オランダの専門大学でも，学士課程のプログラムが提供されるようになった。ただし，その年限は通常4年間とされた。また，専門大学でも修士課程のプログラムを設置できるものの，研究大学の修士課程とは異なり，政府の財政的な支援を得られないことになっている。言い換えると，オランダの政府は専門大学は学士課程教育に特化すべきだと考えているとも説明できる。なお専門大学は博士課程の提供を認められていない。

　一方，ベルギーのフランデレン地域の政府は，2003年4月に高等教育改革条例を制定した。この条例は三つの改革案を含んでいた。その中の二つはオランダと同じく，①学士・修士課程の設置，および②アクレディテーション制度の導入であった（なおベルギーは1990年代からすでにECTSに類似した単位制度を広く活用していたため，ECTSの導入に関する文言

はこの改革案に記載されていなかった）。オランダと異なる改革案は，③研究大学と専門大学で構成する大学協会（Associatie Universiteit［蘭］）の設置であった。大学協会は1校の研究大学といくつかの専門大学で構成されており，各協会の参加大学が共同して多様な教育プログラムを提供するという斬新な構想である。フランデレン地域には，ルーヴァン・カトリック大学協会（Associatie KU Leuven［蘭］），ヘント大学協会（Associatie Universiteit Gent［蘭］），アントワープ研究大学・専門大学協会（Associatie Universiteit & Hogescholen Antwerpen［蘭］），ブリュッセル大学協会（Universitaire Associatie Brussel［蘭］），リンブルク研究大学・専門大学協会（Associatie Universiteit-Hogescholen Limburg［蘭］）の五つの大学協会が設立されている。なおリンブルク研究大学・専門大学協会は，リンブルク地方のハッセルト大学，ベルギーのハッセルト大学およびオランダのマーストリヒト大学が共同で運営する国際的機関であるリンブルク国際大学および，いくつかの専門大学で構成される。

大学協会の教育プログラムは研究大学と専門大学が共同して提供しており，結果的に専門大学の教員が研究志向の学士・修士課程の教育にもかかわることができるようになった。その上，政府は2009年以降，専門大学の研究活動を活性化させるために多額の投資を行っている。専門大学の研究活動に対するベルギーとオランダ両政府の見解の相違は興味深い。しかしながら，ベルギーでも研究大学のみが博士課程を設置できることに変わりはない。ベルギーのフランデレン地域の学士課程はオランダと同様に3年制であるが，修士課程は2段階に分かれていて，それぞれ1年制の計2年間になっていることが多い。この点もオランダの一般的な制度と異なる。

ベルギーのフランデレン地域におけるアクレディテーションは，オランダとベルギーのフランデレン地域の両方を管轄するオランダ・フランデレン・アクレディテーション協会（Nederlands-Vlaamse Accreditatieorganisatie［蘭］）が行っている。ベルギーのフランデレン地域とオランダにおける学士・修士課程の教育プログラムはすべて，アクレディテーションの審査の対象であり，適格認定を受けられなければ政府による財政支援や学生の奨学金授与資格が得られない仕組みになっている。またこの適格認定は6年ごとに更新しなければならない。

オランダにおける新たな試みとして，1999年以降，寄宿型の教養カレッジ（University College）を研究大学の附設機関として設置する動きが見られる。2010年度の時点で教養カレッジは4校あり，すべての講義を英語で教え，国際化を前面に掲げている。教育課程は3年制の学士のみで，授与される学位は教養学士である（このためアメリカのLiberal-Arts Collegeに近い）。教養カレッジを卒業した学生の大多数は，研究大学の修士課程に進学している。

国際化のもう一つの流れとして，修士課程の教育プログラムにおける指導言語を英語にする趨勢も見られる。2010年の時点で6割程度のプログラムが英語化されている。

大学教員の初任者研修制度も近年急速に発達している。オランダでは各大学が独自の初任者研修プログラムを開発・運営し，その研修プログラムの修了要件を満たした教員に「基礎教育能力資格」（Basiskwalificatie Onderwijs: BKO［蘭］）を授与している。このBKOの相互認証に関する取決めに，研究大学のすべての学長が2008年1月に署名した。その結果，BKOは国家資格（教員免許）ではないものの，オランダ全土で通用する民間資格（能力証明書）となった。2008〜09年度の統計によると700名を超える大学教員がBKOの保有者である。

田中 正弘

▶ベルギーの言語戦争

◎R.D. アンダーソン著，安原義仁・橋本伸也監訳『近代ヨーロッパ大学史——啓蒙期から1914年まで』昭和堂，2012.
◎Egbert de Weert and Patra Boezerooy, *Higher Education in the Netherlands, Country Report*, CHEPS, 2007.
◎Dassen, Adrie and Luijten-Lub, Anneke, *Higher Education in Flanders, Country Report*, CHEPS, 2007.
◎小竹雅子「オランダの大学における英語による学位プログラム——拡大の背景と要因」『大学論集』43，広島大学高等教育開発研究センター，2012.
◎田中正弘「オランダにおけるティーチング・ポートフォリオの活用」，鬼島宏・神田健策編『ティーチング・ポートフォリオを活用したFD活動の展開』弘前大学出版会，2012.

南欧の大学 | なんおうのだいがく

南欧諸国をどこまでと捉えるかは，地理学的，歴史的，文化的な観点ごとに異なる。大学の生成と展開という観点に立つときは，南欧諸国のうちイタリア，スペイン，ポルトガルが代表となる。これら3ヵ国では，まずイタリアに大学が誕生し，そこからスペイン，ポルトガルに派生した。そのため教師中心の▶パリ大学を模倣したアルプス以北の諸国と異なって，学生主体の▶ボローニャ大学の影響を受けた。イタリアの場合，15世紀に学生がいたことが確認できる大学は16を数える（Grendler, 2002）。

イタリア
［中世〜17，18世紀］

イタリアでは中世前期にも修辞学や法学の教育がなされていたが，11世紀末からボローニャで，▶イルネリウス（Irnerius）が『ユスティニアヌス法典』，つまりローマ法の包括的な研究，講義をおこない，多くの学生をひきつけたことが大学誕生につながった。このローマ法の研究法を取り入れるかたちで，12世紀半ばにボローニャのサン・フェリーチェ修道

院において，グラティアヌス（Gratianus）が『矛盾教会法令調和集』（通称『グラティアヌス教令集』）を編纂したことにより，ボローニャは教会法の学びの場にもなり，学生から▶授業料をとる法学教育を中心とする教場が数多く生まれた。

1158年に神聖ローマ皇帝フリードリヒ1世（Friedrich Ⅰ）はボローニャで学ぶ外国人学生の権利を守るためのハビタ（Authentica Habita，学問に関する特許状）を出したが，なおも外国人学生は不安定な状態にあったため学生団を組織した。これが学生中心の大学（universitas）であり，12世紀から13世紀にかけて，しだいに大学組織としての形を整えていった。さらにさまざまな事情でボローニャ大学の教師や学生が集団移住して，▶パドヴァ大学などイタリア各地に大学が成立した。南イタリアでは，1224年皇帝でシチリア王でもあるフリードリヒ2世（Friedrich Ⅱ）によって，王国臣民のための▶ナポリ大学が設立され，古くから存在したサレルノ医学校も医科大学となった。13世紀末には，教皇や皇帝から「万国教授資格」を獲得した各地の大学が競って有名教師を招聘したことから，教員に給与が支払われるようになった。

中世末には，各地に分立する多くの国家で住民を地元の大学に就学するように義務づけた。たとえばミラノのヴィスコンティ支配領域では▶パヴィア大学，ヴェネツィア共和国ではパドヴァ大学，フィレンツェ支配領域では▶ピサ大学が就学の場となった。このような大学だけでなく，ボローニャ大学でもルネサンスで花開いた人文主義の研究を反映して人文学の講座が設けられた。

16世紀に入ると，さらに自然科学的な研究がイタリアの大学の数学講座でおこなわれるようになった。たとえばガリレオ・ガリレイ（Galileo Galilei）はピサ大学，パドヴァ大学の数学講座で教え，多くの学生を集めた。また，ルネサンス芸術を支えた観察眼は解剖学の発達を促し，17世紀半ばまでパドヴァがヨーロッパ最高峰の医学の拠点となったのをはじめ，ボローニャ，ピサの医学部は多くの外国人学生を引きつけた。しかし，17～18世紀において学問の中心となったのは，文人，研究者が自主的に集まった▶アカデミアであり，各地に数多くのアカデミアが設立された。自由に独創的な研究活動の場になったアカデミアとして，現在まで国際的科学アカデミーとして知られる1603年設立のローマのアカデミア・デイ・リンチェイがある。 山辺 規子

［国家統一からファシスト政権時代］

諸邦分立の時代が終わり，リソルジメント（国家統一）の時代を迎えると，サルデーニャ王国政府の公教育大臣カザーティ（Gabrio Casati）が，近代国家としての中央集権的な公教育制度を確立させ（▶カザーティ法），大学もまた近代大学へと改革されることとなった。しかし現実には，1870年に23校存在した大学は中北部に17校，シチリア3校，サルデー

ニャ2校，ナポリ1校と地域格差が大きく，その多くは統一前の古い学則に従って運営されていた。

1910年には，大学における必修教科と選択教科による教育課程や，各教科ごとの試験とすべての教科についての最終試験によるラウレア（laurea，学位）取得などの改革がおこなわれたが，決定的な改革がなされたのはファシスト政権になってからである。哲学者であった公教育大臣ジェンティーレ（Giovanni Gentile）による改革（▶ジェンティーレ改革）は，大学の自治と教育の自由を認める革新的なものであった。しかし，1933年から38年にかけて，デ・ヴェッキ法やボッタイ法によって，教育課程の編成が再び国家統制の下に戻されるなど反動的な改革がおこなわれ，ジェンティーレの改革は後退した。こうして，中央集権的な統制による大学の本質的な自治の欠如や，教育内容の形式的な画一性といった特徴がその後もイタリアの大学を規定していくこととなる。

［第2次世界大戦後］

第2次世界大戦後に成立した共和国政府は，その憲法33条において学問・教育の自由や，「大学とアカデミーは，国家の法の規定する範囲内で自治的秩序を持つ権利を有する」と制限付きながら大学の自治を認めた。時の公教育大臣ゴネッラ（Guido Gonella）は，それまで国立大学しかなかったイタリアに，国家規制の下ではあるが私立大学の存在を認可した。1958年には公教育大臣メディチ（Giuseppe Medici）が教育改革のための10年計画を打ち出し，これを受けて新大臣グーイ（Luigi Gui）は計画を3年間に圧縮するとともに，教育制度全体の改革の中に大学改革を位置づける法案（▶グーイ法案）を提出した。

グーイが目指した改革の背景には，ほかのヨーロッパ諸国と同様にイタリアでも大学の大衆化現象があった。急激に増加しつつあった大学登録者数をめぐって，大学の門戸をより開放すべきという考え方と，大学のほかに職業高等教育機関を拡大すべきという考え方が対立した。同時に，大学の民主化を要求する▶学生運動が激化し，1967年から68年にかけて国立大学のほとんどが学生によって占拠された。

この状況を受けて1969年の910法「大学のための緊急施策」では，結果的に大学の門戸を開放し，大学入学資格（maturità）の種類にかかわらず，どこでも学生が望む課程に登録できる改革がおこなわれた。いわば，教育を受ける権利の平等性を，大学の統一的組織と教育の同一性によって保証したのであるが，伝統的なエリート養成機関としての大学の性格は温存しながら，大学登録の自由化によって大衆化に対応するという一種の矛盾を抱え込むことにもなった。

しかし，大学登録の自由化は，登録者数の増加が学位取得者数の増加に結びつかないという結果

134 ┃ 南欧の大学

を生んだ。つまり，▶フオーリ・コルソと呼ばれる中途退学者ないし科目受講者の増大という南欧諸国特有の問題を生んだのである。フオーリ・コルソは1960年代までは減少傾向にあったが，この910法を境に70年代以降増加し続けて99年には登録学生数の37.5％にまで及んだ。ことに建築学や法学の分野では，5割前後の中退率である。2000年の段階でも，OECD諸国のなかで大学入学者に対する修了者の割合は，イタリアは最低の42％，日本は最高の94％である。

登録学生数は，1961年に約29万人で同世代人口の10％，71年に約76万人で25％，81年に約102万人で27％，91年に約147万人で41％，98年度には約168万人となり48.5％まで増加した。この増大した学生の半数以上が，ローマ，ミラノ，トリノ，パドヴァ，ボローニャ，フィレンツェなどの13大学に集中し，これらの大学では教育機能が麻痺する事態が生じた。

1970年代から80年代は，この学生数の増加という現象を背景に，矢継ぎ早に法律が発布され，国立大学審議会の創設，グーイ法案で提案された学科制の導入，学生の大学管理参加，大学の新設などがおこなわれた。とりわけ，1980年に研究博士課程が創設されて，近代以降のイタリアに初めて研究ドクター学位が導入されたことが注目される。従来からイタリアの学位はラウレアのみであり，その取得者をドットーレと称してきた。この称号は英語のドクターに相当するため，新設の博士課程の学位はドットラート・ディ・リチェルカ（研究ドクター学位）としたのである。また同年の改革では，正教授，非常勤教授，講師という古来の職階を改め，正教授，准教授，研究員の新しい職階構造を導入して，正教授層を中心に教員数を増やした。その結果，2000年には正教授と准教授の比率がほぼ1対1となり，かつては絶大な権限を持った正教授による講座支配の構造が崩壊する端緒となった。

しかし，これらの改革は一定の意義を持つものの，大学の組織や運営の決定的な改革とはならなかった。そのため，1980年代末から90年代初めに，新たに大学の組織制度改革がおこなわれることとなった。とりわけ，教育・大学・科学研究省大臣ルベルティによる改革（▶ルベルティ改革）は，中央集権的な大学組織と運営を修正して大学の自治権を拡大する革新的なものであったが，必ずしも十分に実現されたとは言いがたい。強力な中央政府の統制と保守的な正教授支配の構造は，容易には改まらなかった。それが，▶ボローニャ・プロセスとEUの▶エラスムス計画という「外圧」にもよって，大きく変化しはじめたのは1999年以降のことである。

とりわけ，欧州高等教育圏(EHEA)をめざす大学の学習サイクルの改革は，1999年509省令(大臣O.ゼッキーノ)で即座に導入され，3年間のラウレア課程，その後の2年間の専門職ラウレア課程，いずれの課程修了後にも進学できる1年間のマスター課程と専門職ラウレア取得者のみが進学できる研究ドクター課程が設置されることになり，2001/02学年度からすべての大学に適用された。これは大学教育を一般労働市場と専門職市場に適合させるためのものであると同時に，ボローニャ・プロセスにおける大学制度の3＋2サイクル化に応じたものである。また，従来の科目試験と最終試験によるラウレア取得を改めて，▶欧州単位互換制度も導入されることとなった。この省令は，2004年の施策270省令(大臣L. モラッティ)によって部分的に改訂され，2010/11学年度までに学習課程の改革が大学に課せられた。現在は，2010年公布の240法による改革(▶ジェルミーニ改革)が進展している。

［現在の高等教育制度］
この数十年来，高等教育システムは拡大してきており，2009/10学年度の段階では，高等教育機関として位置づけられているものは95校である。このうち国立の大学組織が61校，法的に承認された私立大学(非国立大学)が28校，残り6校は特殊高等教育機関である。国立大学に分類されるものには，純粋な国立大学，イスティトゥートと呼ばれる国立大学校，総合技術大学，外国人大学がある。法制上は非国立大学と表記される実質的な私立大学には私立大学，イスティトゥートの私立大学校，IT通信大学，外国人大学がある。特殊高等教育機関は高等師範研究系大学などである。ただし，芸術と音楽に関しては，アカデミーやコンセルヴァトーリオと呼ばれる学校が129校あり，「芸術・音楽高等教育(AFAM)」として，大学とは別に高等教育制度に重要な位置づけがなされている。

［高等教育行政］
かつては，高等教育と初中等教育は別の省によって管轄されていたが，1999年以降は「教育・大学・科学研究省(MIUR)」(以下，文科省と略称)に一元化されている。文科省の目的には，大学と大学レベルの高等教育機関の発展の推進，予算配分の振分け，大学の教育内容の国際的かつ共通の基準の実現，大学制度の国際的統合とヨーロッパの調和，大学自治の完成，国際計画への参加の協同，大学教育へのアクセス条件の合理化，専門職や行政職へのアクセスに関わる活動などが大学教育に関連するものとして挙げられ，科学技術研究に関わる政策では大学と研究機関の共同推進などもその目的とされている。

この文科省大臣の諮問機関として1997年12月に設置されたのが「国立大学審議会(▶CUN)」で，イタリアの大学の代表から選出された委員によって構成され，大学政策全般について諮問している。これと並んで大学行政に大きな影響力を持っているのが「全国大学学長会議(▶CRUI)」である。国立大学のみならず私立大学の▶学長によっても構成さ

れる独立した組織であるが，以下の目的を持つ。まず，大学制度上の問題を考究して政府当局や議会にその必要性を表明すること，次いで，大学教育の状況や大学発展の見通しに関する意見の表明，外国の高等教育組織との関係を通じて大学の主導性を推進することなどである。また，文科省が意見を聴取する組織として「学生国家評議会（CNSU）」があり，大学教育に対する学生の意見を反映するシステムが構築されている。

[大学評価組織]

最初の大学評価のための国家組織は，1993年の537法によって2年後に設置された「大学評価観察機構」である。このとき同時に，各大学にも当該大学の教員と外部委員によって構成される評価組織がつくられることになり，その各大学の組織を統轄する目的をこの国家組織が持つこととなった。その構成は「大学審議会」から1名，「大学学長会議」から1名，文科省が選んだ学界以外の2名を含む3名の計5名によって構成された。

しかし，大学大衆化の進展に伴う教育システムの見直しなどに影響されて，1999年の370法によって翌2000年に「大学評価観察機構」は名称が改められ，「大学評価国家委員会（CNVSU）」となった。その目的には，大学評価の一般的基準の策定，大学評価についての年報の企画，評価の方法と実際についての実験，適用，普及の促進などが挙げられている。また同じ1999年には，「大学評価国家委員会」に加えて，研究生産の評価をおこなう「研究評価委員会（CIVR）」が設置された。ことに2001年以降は，「大学評価国家委員会」の提案で新設課程について認証方式が採られることとなり，最低必要教師数，学生数の上下限，教室数，図書館などについて定めた最低要求条件を充足することが必要となった。また▶研究評価に関しては，「研究評価委員会」によって教員の3年ごとの学術生産の評価がおこなわれるようになった。この学術生産の推進のためには，評価に基づいた財政保証のための新しい政策，「国家的利益研究計画（PRIN）」が文科省によって推進されている。

2006年11月に，上記の二つの組織が合併されて，評価を通じて研究と教育の推進を図る「大学・研究評価独立機構（▶ANVUR）」となった。法人格を持つ独立組織で，機構長（1名），研究・高等教育の有識者から選ばれた7名からなる運営評議会，会計監査官の団体によって構成される。各大学の評価組織は5名から9名の委員からなり，教育課程，学生，教職員，財政状況などについて「大学・研究評価独立機構」に報告することになっている。

[大学運営組織と教育研究組織]

大学の自治は憲法33条によって規定され，1989年5月の168法によってその詳細が定められた。そこでは，学長の発令によって公布された「規約」と「規則」が，大学の統治機関と教育・研究の構造を組織化することになっている。

一般に，学長は大学の法的な代表者として，4年ごとに正規教員の中から選出され，大学の構造や機能や規律の監督，対外的協同の同意，教育研究活動の計画などを，大学の運営機関を通じておこなう。大学内部の主要な運営機関は三つある。まず，「大学理事会（Senato accademico）」。これは学長，学部長，規約規定に従って選出された研究員，学生，職員の代表によって構成され，大学の活動の一般的方向を定め，運営計画を決定する。大学の諸規則を承認し，教育活動を調整する。大学自治の計画，統制などの諸権限を行使する。次いで「運営評議会（Consiglio di amministrazione）」が，学長，副学長，事務長，教員の代表，技術・事務職の代表，学生の代表，文科省と地域の代表によって構成される。これは主として財源の捻出や経済的・財政的管理をおこなう機関であるが，事務職員・技術職員の運営，管理・運営に関する諸規則の承認などもおこなっている。第3に，「学生評議会（Consiglio degli studenti）」が挙げられる。大学のさまざまな組織から選出された学生の代表によって構成され，勉学の組織や権利など学生に直接関わる問題についての提案や確認の機能を果たしている。国家レベルでは，1997年に「学生国家評議会（CNSU）」が，「文科大臣」に教育や学生の状況に関する意見をとりまとめて提案する学生代表による諮問機関として設置された。

大学の目的である教育と学術研究は，個々の大学の内部組織である学部（facoltà），▶学科（dipartimento），▶研究所（istituto），サービス・センターなどを通じておこなわれてきた。学部は大学における教育活動のための基本組織で，特定の教育分野に関わる学科目をグループ分けして，勉学課程に組織化し教員を配置する。その意味で，この組織は教育組織である。学部は学部長によって学部評議会を通じて統括される。学部評議会は学部長，常勤教授，特任教授（fuori ruolo），研究院の代表，学生代表によって構成され，学部のあらゆる事項について規定する。この学部に対して，基本的に研究組織として位置づけられるのが学科である。学科は同じ目的と方法を持つ学問分野のセクションであり，研究活動を組織化するとともに，複数の学部に関与してその教育活動も組織化している。研究所は類似学問分野をグループに分けて，教育と研究をおこなう組織である。しかし現在は，この大学組織についても，ジェルミーニ改革が進展している。この改革によれば，大学の構成基本単位を学科として，それを統合するかたちでスクオーラ（スクール）がある組織となっている。

[大学入学資格と入学試験]

初中等教育の学校段階は，小学校（Scuola elementare）が6歳から11歳までの5年間，前期中等学校（Scuola media inferiore）が11歳から14歳までの3年

間，後期中等学校(Scuola media superiore)が14歳から19歳までの5年間で，義務教育は後期中等学校の前半，16歳までとなっている。ヨーロッパの他の諸国では後期中等教育を終えて高等教育に入るのがおおむね18歳であるのに対して，イタリアは19歳で1年遅い。大学への入学資格は，後期中等学校の修了者が取得できるマトゥリタで，フランスの▶バカロレア，ドイツの▶アビトゥーアに相当する。

従来は，このマトゥリタさえ取得すればすべての大学のすべての学部に登録して勉学できたが，近年は大学の大衆化が進んで，少人数教育が必要な学部にも登録者が殺到したため，医学・外科学部，獣医学部，建築学部では入学試験がおこなわれることとなった。この傾向は拡大されつつあり，他の学部でも入学試験をおこなうところが現れている。このため，学習権の問題が浮上している。機会の平等の観点から，高等教育へのアクセスは学習権の保証をするために完全に自由化されるべきであるとの立場と，教育要求に応じた高等教育構造の多様化を主張する立場との間で論争がおこなわれている。実態はマス化しているにもかかわらず，大学は依然としてエリート養成の構造と機能を維持している現状がこの問題の背景にある。

[大学の教育課程]

ボローニャ・プロセスで3＋2サイクルと呼ばれる共通の課程が導入され，登録学生は3年間の学習を終えるとラウレア学位(laurea)を取得できる。そして，そのまま就職するか，その後の2年間の専門学位(laurea specialistica，2004年以降はlaurea magistrale)を得られる課程に進学できる。専門課程はこれ以外にも，laurea specialisticaの後の1年間の課程の最後に得られ，特別の専門職活動に要求される知識能力を与える目的を持つ専門ディプロマ課程(diplomi di specializzazione)と，科学的完成と高度な養成を目指す1年の課程の最後に得られるマスター学位(diploma di master)の課程がある。マスター課程は，3年のラウレアが必要なレベルⅠと，専門学位を必要とするレベルⅡのものがある。さらに専門課程の後には，3年間の研究ドクター課程(dottorato di ricerca)が設置されている。従来は存在しなかった研究ドクター課程で学び，研究ドクター学位を取得することは，大学教員任用のための公募(コンコルソ)への応募資格に今後なっていくものと思われる。

この学習サイクル改革は同時に，従来型の所定科目の試験合格を前提としたラウレア取得を改めて，▶欧州単位互換制度(ECTS)を導入した。ラウレア取得のためには計180クレジット，年60クレジットの取得が必要である。専門学位のためには，120クレジット以上が要求される。1クレジットは講義，試験，個人学習などの25時間に相当する。ただし，専門職分野である医学・外科学，獣医学，薬学はレベルⅠの学位の取得は定められていない。これらの課程は「統一サイクルCiclo unico」として規定され，5年間で300クレジットが取得されることになっているか，医学・外科学の場合は6年間で360クレジットになっている。法学に関しては，法曹養成における課程を長くすべきという批判に応えるために，2004年の改正によって，その養成課程を統一サイクルの課程に含めることとなった。　児玉　善仁

スペイン・ポルトガル

[史的変遷および現状と改革]

13世紀，イベリア半島には複数の王国が存在していた。その中のカスティーリャ王国に，イベリア半島初の大学が誕生する。1208〜12年頃パレンシアに，アルフォンソ8世によって，司教座付属学校を基に設立されたものがそれである。続いて1218年にはレオン王国のアルフォンソ9世がサラマンカに大学を創設，この大学もまた，すでに存在していた大聖堂学校に由来し，14世紀から15世紀中頃までイベリア半島内の学問の中心として機能する。さらに，13世紀中頃にバリャドリードに大学が誕生する。また，アラゴン王国においてもジャウマ2世が1300年にレリダに，そしてポルトガル王国のディニス王が1288年あるいは1290年，▶コインブラ大学の前身である司教座付属学校をリスボンに設立した。このように，イベリア半島の王国では司教座付属学校を基盤に次々に大学が誕生していった。

イベリア半島に中世に誕生した大学は，領土拡大とともに，近世になって半島のみならず，新大陸やヨーロッパ大陸内の領土においても，行政および政治的専門家の育成の場となっていく。15世紀後半から17世紀初頭にかけても，半島では大学の設立が相次ぐ。15世紀後半に8校，17世紀初頭には30校を超える大学が存在した。三大大学といわれたサラマンカ，バリャドリード，アルカラも含め，その多くがカスティーリャ王国にあった。地理的にはドゥエロ川とタホ川の間とカタルーニャ地方に集中している。ポルトガル王国にも二つの大学があった。サラマンカ大学は16世紀および17世紀においても大学のモデルとして存在し，アメリカ新大陸に設立される大学のモデルともなっていく。

19世紀に入って，大学改革の時代を迎える。スペインでは，1857年にモヤーノ法と呼ばれる公教育法が制定される。同法により，それまでカトリック教会と密接に結びついていた大学は大きく変化した。大学は産業振興省の公教育局に属し，学長は政治的任命となり，教授も中央で行われる資格試験を経なければならなくなった。哲・文学，精密科学，物理・自然科学，薬学，医学，法学，神学の7学部が基本学部となり，行政面でも大学を10の学区に分割，マドリードを中央学区として，博士号も含むすべての段階の学業を統括し，地方の大学のモデルとした。その他の九つの学区はバルセロナ，グラナダ，オビエド，サラマンカ，サンティアゴ，セビーリャ，バレンシア，バリャドリード，サラ

ゴサの各大学に所属した。サラマンカ，バリャドリード，アルカラの三大大学が担ってきた役割をマドリードにすべて移し，アルカラ大学は1836年にマドリードに移転し，中央大学となった。19世紀には大学の自治をめぐり，2度にわたり大学教員と国の間で「大学問題」と呼ばれる論争も起こっている。

20世紀に入り，スペインでは，第二共和国時代を経て1936年から39年の内戦，その後，1975年までフランコ独裁時代が続く。高等教育に関する法律としては，1943年7月に「大学教育法」が公布されている。大学はフランコ独裁政権と密接に結びつくこととなり，フランコ体制の権力の一つの道具となっていった。大学の指導権は，国によって任命される学長に一任され，学長は正教授であること，またファランヘ党員であることが推奨された。また，この法律により大学の学部として政治科学学部および経済学部が新設された。

1940年代，50年代の大学はエリート主義，かつ厳格な政治的支配の下にあった。1960年代，社会的変化が加速し，大学の近代化が叫ばれ，学生運動も活発化した。そして，スペインにおける教育の大きな転換点となる「1970年教育法」へと導かれていく。1970年法で教育制度そのものも大きく変わったが，大学での教育と研究においてもある程度の自治が規定され，カリキュラムも弾力化，選択科目も導入され，教授会も復活した。師範学校，専門学校は大学の一部となり，さらに技術学校として存在していた学校は工科大学となった。「1970年教育法」は自由かつ民主的大学という新たなモデルを提示した。しかし，さらに主導的，ダイナミックで社会に開かれた大学の出現は，フランコ後の民主化のプロセスの中で施行された1983年の「大学改革組織法」まで待たなければならなかった。

1975年11月20日にフランコが死去すると，スペインは王政復古，民主化への道を歩み出す。1978年，現行の憲法が発布され，その中で大学の自治が規定された。また憲法によって，中央集権的な政治から地方分権型の政治へのプロセスが推し進められ，自治州の制定が行われた。教育もこの地方分権化の波にもまれることになる。1983年に制定された「大学改革組織法」によって公立大学の設置が促進され，大学の自治も拡大することとなった。1990年代に入って，国立大学の権限も自治州に委譲されることとなった。地方分権と社会的な高等教育への要求から，大学の数は急増する。当然のことながら学生数も増加した。1984年に34大学，学生数70万人であったが，1995年には51大学，150万人となった。さらに，1991年には「大学設置令」が施行され，それまでカトリック系4校のみであった私立大学が増加した。2013年には私立大学数は31校となっている。

一方，ポルトガルは13世紀にできた▶コインブラ大学が20世紀になるまで唯一の大学として存在し，特権的地位を保っていた。途中16世紀にイエズス会によってエボラ大学が設立されたが，イエズス会のポルトガルからの追放によって，18世紀に廃止され（現在のエボラ大学は国立で，1973年の設立），ポルトガルのエリートを養成する唯一の高等教育機関として，ますます大学の特権化，保守化が深まる。1910年，ポルトガルに共和国政府が誕生する。翌11年，リスボンとポルトに大学が設立され，コインブラ大学の独占が打破され，自然科学や実学にも力が置かれる。1960年代まで，この3大学がポルトガルに存在する大学となった。1926年の軍事クーデタ，その後に続くサラザール体制下では，政策の一環として教育の向上が掲げられ，その中で高等教育の充実が図られ，地方都市にも大学が設立された。しかし，大学へ進学できるのは依然として限られた人々で，大学は完全にエリート養成の場であった。また，大学の自治，研究の自由は保障されていなかった。1974年のいわゆるカーネーション革命後の民主化のプロセスとともに，大学においても，質的向上，量的拡充を目指した改革が始まる。国立大学は15校となり，1986年の私立大学設置の認可以降は私立大学の設立も本格化し，大学数は飛躍的に増加した。　　安藤 万奈

→南欧の大学改革，教員の職階構造

[イタリア]◎児玉善仁『イタリアの中世大学—その成立と変容』名古屋大学出版会，2007.
◎児玉善仁『ヴェネツィアの放浪教師—中世都市と学校の誕生』平凡社，1993.
◎山辺規子「大学の誕生と都市」，齊藤寛海・山辺規子・藤内哲也編著『イタリア都市社会史入門—12世紀から16世紀まで』昭和堂，2008.
◎Grendler, Paul F., *The Universities of the Italian Renaissance*, Baltimore: The John Hopkins University, 2002.
◎*Annali di storia delle università italiane*（1988年から刊行されている専門雑誌）
◎William J. Courtenay & Jürgen Miethke with the Assistance of David B. Priest（eds.）, *Universities & Schooling in Medieval Society*, Brill（Leiden, Boston, Köln），2000.
◎AA.VV., *Università e società nel secoli XII-XVI, atti del nono Covegno internazionale, Pistoia, 20-25 settembre 1979*, Pistoia; Centro Italiano di studi di Storia e d'Arte, 1982.
◎AA.VV., *Studenti e Università degli student dal XII al XIX secolo*, a cura di Gian Paolo Brizzi e Antonio Ivan Pini, *Studi e memorie per la storia dell'Università di Bologna, n.s. vii*, 1988.
[スペイン・ポルトガル]◎VV.AA., *História da Universidade em Portugal, Coimbra*, Universidade, Fundação Calouste Gulbenkian, 1997.
◎VV.AA., *La Universidad en el siglo XX*（España e Iberoamérica），*Murcia, Sociedad Española de Historia de la Educación, Departamento de Teoría e Historia de la Educación*, Universidad de Murcia, 1998.
◎Viñao, Antonio, Escuela para todos, *Educación y modernidad en la España del siglo XX*, 2004.
◎Neave, Guy, Amaral, Alberto（eds.）, *Higher Education in Portugal 1974-2009: A Nation, a Generation*, 2012.

中・東欧の大学

ちゅう・とうおうのだいがく

[中・東欧の概念]

中・東欧地域は，地理的に広域ヨーロッパの中部と東部に位置し，東と西の狭間にあってキリスト教（プロテスタント，カトリック）文化圏といってよいが，ビザンツ文化・ロシア正教文化圏，イスラーム文化圏と隣接，さらにその一部を含む。ここでは第2次世界大戦後の冷戦期は社会主義体制下にあった国々を取り上げる（中部の旧東ドイツは「ドイツの大学」項目で，オーストリアとスイスは本項目末尾に小見出しを立てて言及した）。なお近年は中・東欧と南・東欧（バルカン諸国）を分けることが多いが，ここではバルカン諸国も含める。中・東欧のうちバルト3国（リトアニア，ラトヴィア，エストニア）は，1990年代初頭まで旧ソヴィエト社会主義共和国連邦（旧ソ連）の統治下にあり，チェコ，スロヴァキア，ポーランド，ハンガリー，ルーマニアは旧ソ連の衛星国として独自の社会主義体制の国であった。また南・東部のバルカン半島に位置するアルバニアと旧ユーゴスラヴィアのクロアチア，スロヴェニア，セルヴィア，コソボ，ボスニア・ヘルツェゴヴィナ，マケドニア，モンテネグロも独自の社会主義国であったが，冷戦終結後に旧ユーゴスラヴィアが分裂して，それぞれが独立，民族紛争が発生した。このように中・東欧諸国はきわめて多様で複雑な歴史的・文化的な背景を持っており，各国とも大学の歴史にその多様性が反映されている。

[宗教，民族，言語が交錯する大学]

中・東欧の大学の歴史は古い。たとえばチェコのプラハにあるカレル大学（現在の▶プラハ大学），ポーランドのクラクフにある▶ヤギエウォ大学などは14世紀に生まれている。両大学は15世紀後半にヤギエウォ王朝連合が生まれたとき，▶ラテン語を共通言語としていたので中・東欧地域の多くの学生が集まっていた。いずれも貴族の子弟を集め，思想や政治を動かす聖職者の養成機関として主要な役割を果たしていた。

中・東欧は9世紀にキリスト教を受け入れたが，西からのカトリックと東からの正教（ビザンツ文化）が交わる地域でもあった。10世紀以降は独立した国家を求め，各民族が宗教や言語をめぐる抗争を繰り返した。大学の多くは15〜18世紀に設立されているが，西ヨーロッパの古い大学（11〜12世紀に誕生した▶ボローニャ大学や▶パリ大学など）のような学生団体や教員団体がつくる独自の組合（ウニヴェルシタス）ではなかった。強い自治特権は持ってはいなかったが，ある程度自立的な民族別組織を持つ大学が多かった。大学はこの地域を支配した王朝や開明貴族が統治の指導者を養成する目的で設立されたため，王朝の興亡が大学の存亡を左右した。

とりわけ宗教改革以後のキリスト教間の対立・戦争がそのまま大学内に持ち込まれた。

10世紀以降この地域の大部分は神聖ローマ帝国のもとにあり，ゲルマン化（ドイツ語化）政策が行われ，現地語との対立が激化していた。ハプスブルク帝国支配下のボヘミアで1348年に設立されたカレル大学の例を取り上げると，同大学はカレル1世（神聖ローマ皇帝カール4世）によって創設されたが，ドイツ語とチェコ語の言語をめぐる学内対立が生まれ，また▶オックスフォード大学のウィクリフが唱えた神学をめぐり抗争が起こり，さらにキリスト教の改革者で教授であったヤン・フス勢力の拠点となり，フス戦争の発火点となった。フスは1415年に処刑されている。その後17世紀に本格化する宗教改革以後も，カトリックとプロテスタントの抗争の場となった。カレル大学でも1618年に起こった三十年戦争でプロテスタントが敗れると，カトリック・イエズス会が勢力を拡大して大学運営の中心となった。三十年戦争末期，スウェーデン軍がプラハに侵攻すると大学は教授・学生で「アカデミー軍団」を組織して戦闘に参加し，スウェーデン軍を撃退した。その後，これまでドイツ語で行われてきた講義に対しチェコ人の不満が高まり，チェコ人意識の高まりの中で言語をめぐる対立がさらに激化した。このような状況は，第1次世界大戦でハプスブルク帝国など周辺の大国が解体されるまで続いた。

ハプスブルク帝国外にあったポーランドも周辺諸国に翻弄された。18世紀に台頭してきたプロイセン王国（1871年にドイツ帝国となる）やロシア帝国の力が強まり，それにオーストリア・ハンガリー帝国も加わり，1795年にポーランドは分割されてヨーロッパの地図から消滅した。▶ワルシャワ大学はロシアの支配下に置かれた。カトリック教国ポーランドの同大学はロシアに抵抗し，学生たちは幾度も反ロシアの蜂起に加わり弾圧された。

カレル大学やワルシャワ大学の例は，バルト諸国でも同様で，エストニアの▶タルトゥ大学，リトアニアの▶ヴィリニュス大学なども，統治国が変わるたびに名称も性格も学部も変わり講義言語（▶教育言語）も変わっている。ハンガリーやルーマニア，バルカン諸国はビザンツ文化を経験し，15世紀にはオスマン帝国に支配され，イスラーム文化の影響を受けた。その後19世紀には，オーストリア・ハンガリー二重帝国に統治された。同じバルカン地域でも，スロヴェニアは19世紀初めにフランスのナポレオン統治下に入り，首都の▶リュブリャナ大学はこの時に生まれている。このように中・東欧の大学は西ヨーロッパの大学のように単線的に発展せず，複雑な文化的背景が絡み合っている。

[民族の独立と大学]

近代はナショナリズムと国民国家建設の時代であるが，中・東欧では民族独立の動きが大学の発展に影響し，市民・中間勢力の勃興とともに，その指

導者の養成機関が大学の使命となった。それには民族的自立が前提であり，ナショナリズムが重要な原動力となった。1773年に当時のポーランド・リトアニア共和国で生まれた国民教育委員会は歴史上最初の教育省といわれているが，民族の独立と国民国家形成のための人材を養成するために設置された。この時期の中・東欧諸国の大学はこのナショナリズムの歴史とともに歩んだ。たとえばバルト3国では，リトアニアのヴィリニュス大学の変遷にもそれが示されており，同大学はロシアとポーランドの間を揺れ動いた。18，19世紀になると国民国家形成の動きはさらに強まり，中・東欧の大学はその拠点となった。チェコのモラヴィアにある▶マサリク大学の設立過程（1919年設立）にそれが表れており，民族自決と独立国家の建設が建学の理念となっている。

第1次世界大戦によってロシア帝国，ドイツ帝国，オーストリア・ハプスブルク帝国は解体され，いわゆるヴェルサイユ体制のもとで本格的に近代化が進展した。現在存続しているこの地域の大学は，この時期に創設あるいは再建されたものである。ワルシャワ大学やカレル大学など古い大学の再編もこの時に行われた。▶ブカレスト大学（ルーマニア），▶ソフィア大学（ブルガリア），▶コメニウス大学（スロヴァキア）も近代化され，新たな大学として生まれ変わった。

しかし，この時期の平穏は短く，東欧諸国に権威主義的政権が生まれ，国内の民族問題から不安定が続き，1930年代に入ると世界経済の悪化から排外主義，反ユダヤ主義が強まり，やがてナチスが台頭して政情不安が激化して各地の大学は再び戦火に見舞われる。バルト3国は1917年に生まれた社会主義国家ソ連に統合され，ほかの東欧諸国もナチスに占領されて，再び多くの大学は閉鎖された。しかし同時に，多くの大学は抵抗の拠点でもあった。たとえばワルシャワ大学は300以上の地下講座（ワルシャワ秘密大学）を開いてナチスに抵抗し，1944年にはワルシャワ蜂起に参加した。その結果，大学は多くの犠牲者を出し徹底的に破壊された。

［社会主義体制と中・東欧］

第2次世界大戦後，中・東欧は旧ソ連を代表とする社会主義陣営に繰り込まれ，半世紀近く社会主義体制を経験した。教育も社会主義化して大学も再編された。当時のソ連に代表されるような共産党の一党支配の下で，ソ連をモデルにした大学となった。教育のすべてのシステムは厳しい政府の統制下に置かれ，カリキュラムは支配政党である共産党（国によってその名称は異なる）が規定した。そのため，大学もかなり同質的な性格をもつようになった。

しかし社会主義体制における大学の意味を，単に支配・抑圧の観点だけで見るのは一面的であろ

う。これまで高等教育とは無縁であった労働者階級の子弟に門戸を開いたからである。社会主義の理念は平等（公平）社会の実現であった。しかも中・東欧のすべての大学がすべて共産党支配に甘んじていたわけではない。大学が蓄積してきた文化的伝統や歴史をさまざまな形で維持してきた。それは1956年のハンガリー動乱，68年のプラハの春で大学や学生が中心となったことに表れている。

1980年代から始まる各国の民主化の動きに，各国の大学が大きな役割を果たした。ポーランドの「連帯」運動，チェコスロヴァキアの「ビロード革命」，ハンガリーの「静かな革命」，ルーマニアの反チャウシェスク運動，バルト3国の独立運動などにそれが示されている。国によってそれぞれ運動の仕方は異なるが，大学は反体制民主化運動の拠点となった。1990年以降，中・東欧は体制転換し社会主義体制から自由主義体制となり，大学は学問の自由と自治をようやく獲得することになった。

［体制転換後の大学，近年の動向］

中・東欧は，体制転換後いずれの国も西ヨーロッパ指向を強め，EU加盟を目指してきた。2001年にバルト3国，2003年にポーランド，ハンガリー，チェコ，スロヴァキア，2007年にルーマニア，ブルガリア，そして2013年にクロアチアがEUに加盟した。その他の国の多くも加盟を希望している。EUは1999年のボローニャ宣言により，2010年までに「ヨーロッパ高等教育圏」を創設することを目標に，ヨーロッパ全域の大学改革を目指してきた。いわゆる▶ボローニャ・プロセスで，中・東欧もその動きに沿って改革を行っている。ボローニャ宣言に署名した中・東欧諸国はハンガリー，チェコ，スロヴァキア，ポーランド，ルーマニア，ブルガリア，スロヴェニア，エストニア，ラトヴィア，リトアニアであったが，2001年にはクロアチアが，2003年にはアルバニア，セルヴィア・モンテネグロ，マケドニア，ボスニア・ヘルツェゴヴィナが参加し，2007年にはモンテネグロが加わった。セルヴィアから独立したコソボを除き，中・東欧のほぼすべての国々が参加して行動している。

ボローニャ・プロセスは国家間，各国家，大学がそれぞれ有機的に協力してその目標を実現することになっており，2年ごとに高等教育担当大臣会議（サミット）を開催してそれぞれ進展状態を報告し，問題点を洗い出している。中・東欧では2001年にチェコのプラハで，12年にはルーマニアのブカレストで開催され，関係国の各大学が積極的に参加，協力している。とはいえ，こうしたヨーロッパ大学教育の統合構想をすぐに実現できる状況にはない。中・東欧の財政面の現状やEU諸国が抱える金融危機の問題から，実現までには相当の時間を要するであろう。西ヨーロッパの国々と同様，中・東欧諸国においても大学制度のヨーロッパ化や国際化，ヨーロッパ統合へ向けた中央集権化の動きに対し，

地方から批判や反対運動が起こっている。各国の独自性や伝統の強調である。また市場経済に対応する即戦力としての労働力を確保するため，私立大学，単科大学（カレッジ），専門大学（高等専門学校）へとシフトする動きも強まっている。　　加藤　一夫

［オーストリア］

オーストリアの名前の由来は，996年にフランク王国の東の辺境伯領が「オスタリキ」と呼ばれたことに由来する。その後，同地を支配したハプスブルク家の領域が「オーストリア」と呼ばれ，1919年のオーストリア連邦共和国の成立後に領域が確定する。オーストリアの大学は，1365年の▶ウィーン大学創立によって始まる。初期は大学の自治が認められていたが，16世紀後半に反宗教改革の影響を受けると，自治が制限され，カトリック思想を根底にした教育機関に変わり，イエズス会によって支配されるようになった。その後，1585年にグラーツ大学，1617年にザルツブルク大学，65年にインスブルック大学がそれぞれ創立された。

18世紀の啓蒙絶対主義の時代に，ウィーン大学の改革が行われた。マリア・テレジアは，オランダからスヴィーテンを招聘し医学部の改革を行わせた。次のヨーゼフ2世はプロテスタントやユダヤ人にも大学入学と学位取得を認める一方，1784年に大学の▶教育言語をこれまでの▶ラテン語からドイツ語に変更した。これによって，大学は学者から高級官僚の養成機関に変化した。1848年に三月革命が勃発すると，学生や教授は研究と教育の自由を要求した。それがはじめて実現したのは，1849年大学組織改革臨時法である。これにより大学は研究と教育を行う機関に戻され，大学の自治も復活した。19世紀後半に産業革命が発展すると，▶職業教育を行うための六つの専門学校が設立され，のちに▶単科大学へ発展していった。

第2次世界大戦後の1955年高等教育組織法は，大学の自治の継続を認め，単科大学の法的立場を大学と対等にした。1975年大学組織法は単科大学を大学に名称変更させるとともに，大学を国家の下に中央集権化した。しかし1980年代後半以降，国家の中央集権を批判する意見が強まっていった。　　田中　達也

［スイス］

連邦制をとるスイスには26の州（カントン）があり，それぞれの州の教育省が教育の権限を持ち，大学も州に属している。スイス全体で10の州立大学（Universität）と，スイス連邦により設立された二つの連邦工科大学（チューリヒおよびローザンヌ）がある。さらに専門大学（Fachhochschule）と呼ばれる多様な高等教育機関がある。スイスの特徴としては，人口に対して大学の数が多いことがある。ノーベル賞受賞者数（2016年現在，世界6位）も同様に人口に対して比率が高いことが話題になるが，その背景にはスイスが世界でも質の高い教育や研究レベルを維持していることが挙げられる。

さらに特徴的なのは，スイスの大学は大衆化の道を進まず，厳選された学生数（大学進学率は約20％）を保つ一方で，亡命者を受け入れる歴史的経緯から国外の優秀な教師と学生を吸収してきたことである。たとえば2014年現在，▶バーゼル大学の学生の27％，スイス連邦工科大学ローザンヌ校の学生の約半数は外国人であり，▶スイス連邦工科大学チューリヒ校においては1999年にスイス出身の教授陣と外国出身の教授陣の数が逆転している。また，スイスの大学はヨーロッパのなかでも早くから女性に門戸を開いたことで知られ，1864年にチューリヒ大学，72年にベルン大学と▶ジュネーヴ大学において女性が入学できるようになった。当時のドイツ語圏の女性にとってスイスの大学が唯一開かれた大学であり，またロシア出身の女子学生の多くはスイスで医学を学んだとされる。チューリヒ大学で学んだナデージダ・スースロワは，ヨーロッパで最初に医学博士の学位を授与された女性といわれている（1867年）。

このようにスイスの大学は歴史的にも外国人と女性に開かれていたが，その起源は宗教改革時に誕生したアカデミーに遡る。1815年にはスイスにはバーゼル大学が1校と，ベルン，ジュネーヴ，ローザンヌに3校のアカデミーがあるだけであった。1830年代に各州において自由主義者による政権が樹立するとともに，大学の世俗化と拡張が行われたが，そのための費用を外国人と他国で閉め出されていた女性の受入れによって補塡したという事情もあった。さらにドイツ語圏の大学はドイツを，フランス語圏の大学はフランスを向いていたこともスイスの大学の特徴であり，これらの特徴のもとにスイスの大学は，「ドイツ・モデルの影響下にあったにもかかわらず，近隣の国々よりもめざましい知的な革新の場」となりえたといわれている（クリストフ・シャルルほか『大学の歴史』，2009年）。スイスの大学は歴史的に国外から自由や質の高い大学環境を求める多くの学生や学者を受け入れつつ今日に至っている。　　中山　あおい

→ 中・東欧の大学改革

◎沼野充義監修『中欧—ポーランド・チェコ・スロヴァキア・ハンガリー』（読んで旅する世界の歴史と文化），新潮社，1996.
◎アンリ・ボグダン著，高井道夫訳『東欧の歴史』中央公論社，1993.
◎下村由一・南塚信吾編『東欧革命と欧州統合』彩流社，1993.
◎エーリヒ・ツェルナー著，リンツビヒラ裕美訳『オーストリア史』彩流社，2000.
◎R.D. アンダーソン著，安原義仁，橋本伸也訳『近代ヨーロッパ大学史—啓蒙期から1914年まで』昭和堂，2012.
◎クリストフ・シャルル，ジャック・ヴェルジェ著，岡山茂，谷口清彦訳『大学の歴史』白水社，2009.
◎横尾壮英『大学の誕生と変貌—ヨーロッパ大学史断章』東信堂，1999.

北欧の大学 ｜ほくおうのだいがく

［概観］

北欧はアイスランド，スウェーデン，デンマーク，ノルウェー，フィンランドの5ヵ国から構成される地域である。北欧諸国内ではさまざまな分野において地域協力が行われてきており，1953年に設立された国会議員間の協力組織である北欧会議（Nordic Council），72年に設立された大臣間の協力組織である北欧閣僚会議（Nordic Council of Ministers）などは，それが具現化した制度である。こうした地域間協力の枠組みのもとで誕生した高等教育分野における連携・協力の取組みも少なくない。たとえば，北欧閣僚会議が北欧文化協力のための行動計画の一部として開始した高等教育交流プログラム「ノルドプラス（Nordplus）」などはその一例である。

北欧諸国間協力が行われる背景はさまざまであるが，その一つに北欧諸国が独自の言語・文化を持つ一方，歴史的・地政学的理由から共通点を多く有していることが挙げられる。教育における平等主義，総合制を基盤とする義務教育制度，生涯学習体系の充実などは北欧諸国における普遍的な価値観である。

大学も同様である。ドイツ型に範をとっていること，学術型の大学とあわせて職業型の高等教育機関である大学カレッジないしは▶専門大学が並立する二元的な高等教育制度が採用されていること，学費が原則として無償であることなどは各国に共通する。加えて北欧諸国内で大学入学資格や学位を互いに承認しあったり，学生支援制度を分け隔てなく適用したりするといった取組みを，1997年の「欧州地域の高等教育に関する資格の相互承認協定（Convention on the Recognition of Qualifications concerning Higher Education in the European Region）」が採択されるはるか以前から実施するなど，欧州の動向を先取りする形で「北欧高等教育圏」的な協力関係を構築してきている。

北欧諸国の大学は相互に影響しあいながら発展してきた歴史もあって，制度上の共通点が多い。しかしながら，それらが成立した時期や具体的な運用については異なっている点もあり，似て非なる制度を持ちつつそれぞれに発展してきた。そうした状況に新たな影響要因が生まれている。1990年代以降顕著となっているグローバル化である。欧州レベルで展開されている▶ボローニャ・プロセスなど，国を超えて展開される高等教育改革は各国に制度的な改革を促した。北欧諸国は，EUへの参加やユーロの導入など欧州という枠組みに対する対応は異なりながらも，大学を含む高等教育における動きでは，いずれも積極的な対応を取っている。

［アイスランド］

アイスランド共和国（Lýðveldið Ísland）は，人口約35万人の北大西洋上に位置する島国である。1944年にデンマークから独立して誕生した。アイスランドの大学の起源は北欧諸国においては最も新しく，20世紀初頭である。1911年，独立の機運が高まる中，ナショナリズム形成の拠点としての期待を受け，アイスランド大学（Háskóli Íslands）が設立された。当初は官吏養成などを目的とする小規模の機関であったが，その後拡大し，2014年現在，11学部に1万4000人の学生が学んでいる。アイスランドには，2014年現在，大学と大学カレッジがあり，これらはいずれも大学（Háskóli）型の高等教育機関として扱われている。ただし，博士号授与権を持つのは7機関中2機関のみである。

［スウェーデン］

スウェーデン王国（Konungariket Sverige）は，スカンジナビア半島の東側に位置する立憲君主制の国である。約1000万人の人口を抱え，北欧の大国として他の北欧諸国の動向に影響を与えてきている。スウェーデンの大学の歴史は，1477年に▶ウプサラ大学が設立されたことに始まる。ウプサラ大学は，1666年に設立された▶ルンド大学とともにスウェーデンの大学史を担ってきた。当初，哲学・法学・神学の3学部でスタートしたが，17世紀には官吏養成や自然科学系分野にもその範囲を広げている。

現在につながる高等教育制度が成立したのは1977年のことである。包括的な改革を行い，中等教育後の教育を提供する機関を高等教育機関として整備したことにより，大学と大学カレッジからなる二元型の高等教育制度が成立した。この改革では，大学の管理運営における中央（国）の権限の強化も図っている。その結果，国によって学生定員が設けられたり，教育内容が規定されたりしている。1990年代に入ると大学の自律性についての関心が高まった。1992年に制定された新高等教育法と高等教育施行規則は，高等教育の管理運営や財務における各機関の自律性の拡大を規定するものであった。これに付随して，成果重視の運営や質の保証が求められるようになっている。

2000年以降は，グローバル化や国際化の影響がスウェーデンの高等教育制度に変化をもたらしている。ボローニャ・プロセスに即して2007年に導入された3サイクルの学位制度（▶学士・▶修士・▶博士）はその一例である。これまで無償制を貫いてきた学費も，2011年以降，EU／EEA（European Economic Area）およびスイス以外の国籍を持つ学生からは徴収することになるなど，これまで特徴とされてきた制度が変容しつつある。

現在のスウェーデンの高等教育制度は，大学（universitet）と大学カレッジ（högskola）から構成されている。多くが国立であるが，私立も存在する。大学は研究型の高等教育機関であり，すべての機関

がすべての分野において学士号・修士号・博士号を授与する権利を持つ。一方、大学カレッジは実学型の高等教育機関である。博士号授与権の認可を受けることができるが、実際にそれを持つ専攻・機関はまだ限定的である。なお、大学カレッジから大学への格上げも制度上可能である。大学が大学カレッジよりも多様な教育プログラムを提供していることや、それらすべてにおいて博士号を授与する権利を持っていることなどにおいて違いがある。

[デンマーク]

デンマーク王国（Kongeriget Danmark）はユトランド半島とその周辺の島々、さらに自治領であるグリーンランドとフェロー諸島から構成される立憲君主制の国である。人口は約570万人ほどである。ほかの北欧諸国の欧州連合（EU）加盟が1990年代もしくはまだ非加盟である中、デンマークはその前身である欧州諸共同体に1973年から加盟している。デンマークの大学の歴史は、1479年に▶コペンハーゲン大学が設立されたことに始まる。同大学は19世紀にデンマーク工科大学や王立獣医農業大学、デンマーク薬科大学が設立されるまでの400年もの間、唯一の高等教育機関であった。20世紀に入ると、コペンハーゲン以外の地域にも大学が設立された。学位制度は4〜6年半で修士相当の学位を授与するものであったが、1980年代後半の改革により学士と修士からなる構造へと改革され、学士も授与されるようになった。1993年の大学改革により、学士と修士からなる制度が一般化されている。

　2000年以降、大学をめぐる大きな改革が次々に実行されている。最初の大きな改革は2003年の財団化である。この時、従来学内の直接選挙で選ばれていた学長・学部長等の選考方式が改められた。2007年にはデンマークの高等教育の国際競争力を強化することを目的として、大学の統合が行われた。その結果、改革以前の12機関から8機関へと再編された。翌2008年には大学カレッジでも大規模な再編が実行されている。2012年には高等教育を所管する省庁の整理が行われ、これまで3省存在した高等教育機関の所管省庁が高等教育科学省に一元化されている。

　デンマークの高等教育機関としては大学（Universitet）のほか、芸術アカデミー（Kunstneriske uddannelsesinstitutioner）、大学カレッジ（professionshøjskole）、職業高等教育アカデミー（Erhvervsakademier）の4種がある。これらのうち前の2機関が学術志向の機関で大学相当とされている（後の2機関は職業志向の機関）。大学はすべての学問分野において学士・修士・博士課程の教育を提供する高等教育機関であり、伝統的な総合大学や工科大学のほか、ビジネスやITなど特定の分野に特化した▶単科大学も含む。芸術アカデミーは芸術・デザイン・建築分野のプログラムを提供する大学相当の高等教育機関で、学士・修士・博士課程教育を提供している。大

学カレッジは職業志向の高等教育機関で、教育学（教員養成）、工学、ビジネス、看護学、保健学、栄養学、社会福祉学分野において職業学士課程を提供している。大学と比較すると、その教育課程において▶インターンシップや実習など実務的な内容を含むことが義務付けられている点が特徴的である。職業高等教育アカデミーもまた、職業志向の高等教育機関であるが、より短期の職業教育プログラムを提供する。デンマークの高等教育制度は、二元型の区分が他国に比べ明確であることにおいて特徴的である。

[ノルウェー]

ノルウェー王国（Kongeriket Norge/Kongeriket Noreg）は、スカンジナビア半島の西側に位置する、人口約526万人ほどの立憲君主制の国である。1905年にスウェーデンから分離して独立した。EUに非加盟であることなど、独自の外交スタンスを有している。ノルウェーにおける大学の歴史は、デンマーク＝ノルウェー時代の1811年にまで遡る。この年、官吏養成を目的とする王立フレゼリク大学（現、▶オスロ大学）の設立が勅令をもって認可された。当時の王の名を冠した大学名は1939年に現在の名称に改められている。オスロ大学は、第2次世界大戦後の1946年にベルゲン大学が設立されるまでノルウェー唯一の高等教育機関であった。1960年代に入ると、大学改革の結果、大学の量的拡大が進み、機関数も急増した。ただしその規模は多様で、小規模な機関も少なくなかった。1994年には地方の職業機関を再編・統合して大学カレッジにする改革が実行された。これをもって大学のみを高等教育機関として位置づける制度が改められ、二元型へと移行した。

　現在の高等教育制度は、おもに大学（Universitetet）と大学カレッジ（Høgskolet）から構成される二元型である。かつては研究型の大学、実学型の大学カレッジという形で差別化が図られていたが、高等教育改革が進められる中でその境界は曖昧となっている。現在は、大学カレッジも4種類以上の博士号を授与する権利を持つことという条件は付されているが、大学としての認可を申請することも認められている。デンマークやフィンランドが法人化・財団化、再編・統合といった改革に踏み切る中、ノルウェーにおいても同様の改革が構想された（2003年に財団化、2008年に大学の統合を骨子とする法案）。しかし、いずれも国会で否決されるなど、慎重な姿勢を見せている。

[フィンランド]

フィンランド共和国（Suomen tasavalta）は、人口約550万の共和制の国である。フィンランド語とスウェーデン語を公用語とする2言語国家である。北欧諸国で唯一ユーロを採用している。スウェーデンとロシアという二つの大国に隣接し、1917年に独立するまで、両国いずれかの支配下に置かれてきた。

こうしたフィンランドの歴史は大学の歴史にも少なからず影響を与えている。フィンランドの大学の歴史は1640年に遡る。この年，当時フィンランドを支配していたスウェーデンが統治の強化を図るべく，スウェーデンに近いトゥルク（オーボ）の地にトゥルク王立アカデミー（現，▶ヘルシンキ大学）を設立した。19世紀にロシアによる統治に移ると，大学の名をアレクサンドル皇帝大学というロシア皇帝の名を冠した名称に改めたり，その所在地をロシアにとってより統治のしやすいヘルシンキに移したりするといった措置が取られた。

大学の量的拡大が進んだのは20世紀以降のことである。最初の拡大期は，1910年代から20年代である。フィンランド語話者とスウェーデン語話者間の対立と，産業化に伴う高度人材の需要の高まりを契機として，新たに機関が創設された。これにより，首都以外にも大学が設置されることとなった。第2の拡大期は1960年代である。教育の機会均等および地域開発の観点から，それまで大学が設置されていなかったフィンランド東部や北部などに新たに大学が設立されている。

さらに1990年代には，それまで唯一の高等教育機関であった大学（Yliopisto）に加え，新たに職業志向の高等教育機関である専門大学（AMK: Ammatti-korkeakoulu）が設立されている。当初，試行としてスタートした専門大学であったが，1996年に制度化された。これをもって，高等教育制度は大学と専門大学という2種の機関から構成される二元型へと移行した。フィンランドの専門大学は大学の補完性がより意識されている点が特徴であり，学士課程から修士課程への進学の際に就労経験を義務付けるなど職業志向性がより明確である。博士号授与権も大学にのみ認められている。近年，大きな変化を伴う高等教育改革が次々に実行されている。その結果，かつてはすべて国立であった大学が，2009年の新大学法制定に伴い，翌10年以降，法人型・財団型のいずれかを選択することとなった。また大学の統合も大規模化・総合化を図る方向で進められている。　　　　　　　　　渡邊 あや

→北欧の大学改革

◎世界教育史研究会編『世界教育史大系 14 北欧教育史』講談社，1976.
◎Study in Iceland: http://www. studyiniceland. is/
◎Study in Sweden: https://studyinsweden. se/
◎Study in Denmark: http://studyindenmark. dk/
◎Study in Norway: http://www. studyinnorway. no/
◎Study in Finland: http://www. studyinfinland. fi/

ロシアの大学 ｜ロシアのだいがく

［帝政ロシア時代の高等教育機関］

ロシアにおける最初の高等教育機関は，ピョートル1世（大帝）によって18世紀前半に設置されたスラヴ・ギリシア・ラテン・アカデミーであった。ロモノーソフの提起で1755年に創立された▶モスクワ大学は，次第にヨーロッパにおける指導的教育機関の一つになっていった。

19世紀の前半に発達した高等教育システムは教育省の管轄下におかれ，大学（ウニヴェルシテート），特権的なリツェーイ，専門別の高等専門学校（インスティチュート）からなった。大学はモスクワ，サンクト・ペテルブルグ両大学のほかに，ヴィリノ（1579年創立，1803年ロシア帝国の大学として統合），デルプト（1632年創立，1802年統合），カザン（1804年帝大として創立），ハリコフ（1804年帝大として創立），ワルシャワ（1816年創立。ポーランド蜂起のため一時閉鎖後，1869年復活）の5校であり，その基本構成は20世紀初めまで歴史・哲学，物理・数学，法，医の4学部であった（サンクト・ペテルブルグのみ医学に代えて東洋学）。19世紀後半には，大学教育に国家以外の社会セクターが出現した。その端緒は高等女学院が開いた。20世紀に入ると大学と同等の高等教育機関・非国立セクターが拡大した。たとえばモスクワ市立シャニャフスキー記念人民大学（1908年設立）が広く知られる。

1905年公布の臨時規則により，各大学の教授会に学長・副学長・学部長・教授の選出権が付与され，学生団体の結成と行事の実施も教授団の責任の下に許可された。1911年には，モスクワ大学の大量の教授グループが大学内行事への警察の介入に抗議して辞職した。19世紀末には63の高等教育機関に3万人の学生を数え，1914年頃には学生数は4倍に増えて12万人に達した。ロシアの教育制度はヨーロッパ的，とくにプロシア的なあり方から派生していた。大学は自治と政治的自由の問題に苦しんだものの，世界の学術に対して本格的な貢献をした。

［ソ連時代の大学・高等教育機関］

1917年の十月革命後，政府はただちにソヴィエト的高等教育の創設に着手した。1918年には新しい大学をニジニノーヴゴロド，ヴォロネジ（デルプト＝ユリエフ大学の疎開先），イルクーツク，シンフェローポリ（タヴリーダ大学）等に設立した。主要学術都市には私立の高等教育施設を基礎にして国立大学が設置された。すなわち第二，第三ペトログラード（1920年まで），第二モスクワ（1920年まで存続）の各大学である。1920年にはエカテリンブルグとウラジオストク，およびロシア人教授層の協力の下にミンスク，トビリシ，バクー等にそれぞれ大学が組織さ

れた。しかし他面ではソヴィエト政府による大学自治の否定，学位の廃止，学生受入れの階級原則，大学システムの性急な改廃が教授集団を分裂させ，教授層の公然たる抵抗を招いた。権力側はこれらの事件に対して政治的方策で対応した。1922年には大学都市から何十人もの教授が国外に追放された。1921～33年には「赤色教授学院」が，マルクス・レーニン主義，経済学その他社会科学の講師にさせるべく学生を養成した。スターリン工業化の時代に入ると，高等諸学校の分野別再編(1929年以後)の過程で総合大学を基礎に400校以上の専門化された技術，農業，医学その他の高等教育機関が設置され，文教の委員部から経済系人民委員部その他官庁へ移管された。再編は最古の大学にも及び，総合大学一般の否定という動きさえ起きた。分野別に分離された国立大学の一部はのちに復活し，1933年には全総合大学に学部構造が戻った。

ソヴィエトの学校制度は，1935年の大学入試の階級的制限撤廃・成績本位化，1940年の国家労働予備軍制度(前期中等教育以後のペ・テ・ウ[職業技術学校]等の労働訓練系統)発足と大学・後期中等普通教育への授業料導入により，西側諸国とさして変わらない構造となり，その本質ではエリート重視・能力主義教育に限りなく近づいた(授業料制は1956年廃止)。

第2次世界大戦中は膨大な犠牲にもかかわらず施設網は保存された。レニングラード大学(現，サンクト・ペテルブルグ大学)は内陸部に疎開して授業を続けた。戦後はカリキュラムの厳格な画一化と，しばしば他の分野が犠牲になるほどの工業系諸学校の増設を特徴とした。卒業後，学生には仕事が国家から割り当てられたが，その運用は実際には単純なものでなくミスマッチが日常茶飯であり，他方企業実習時のコネが実質的なこともあった。1950年代末～70年代には連邦内の自治共和国の首都と主要都市に総合大学が設置され，実践系の学部が置かれた。

総じてソヴィエトの大学の卒業者数は安定して増え続けたものの，その教育のレベルと内容は国や地域の必要にあまり合致しなかった。教育課程における選択の欠如とイデオロギーを教化する課程の優先のため，低い勉学動機，社会的アパシーがもたらされた。ソ連は第2次世界大戦後，東欧やアジアの勢力圏にソヴィエト大学制度を「社会主義モデル」として普及したが，これは一定の近代性を広げた反面，自己革新の回路を奪われたソヴィエト型の弱点も広めた。

[ペレストロイカと高等教育機関の変容]

1985年に登場した指導者M.ゴルバチョフによってグラスノスチ(言論の自由)策が採られて一大論争・改革の時代に入る。大学はその重要な舞台となり，推進者にして改革対象でもあった。この期の動向

は以下三つの論点で整理することができよう。

まず「科学・技術の進歩からの立後れ」をめぐる点で，大学は学生に最新の知識・技術も，労働に向かう態度も教えていないとされて，人材育成に考慮しない経済部門，規模の割に成果の乏しい研究部門とともに，政府の最高機関から批判を受けた(高等・中等専門教育のペレストロイカに関する1987年2月の党中央委・閣議の合同決定)。これは1970～80年代に試みた教育改革が国の停滞脱却につながる成果を挙げていないという総括であった。世論レベルでは，大学で研究と教育が結合されてこなかったあり方が批判され，科学アカデミーの研究所と連携するモスクワ物理工業大学等の「方式」が推奨された。他方では，ソ連の大学予算が国際比較で見てきわめて少ないことを政府の文教幹部が公表する(1990年。大学生一人当たり年間教育経費は，アメリカがソ連の6.4倍，イギリスが4.8倍，日本が4.7倍，西ドイツが3.4倍)等，教育の政策優先度が低かった真実もさらけ出された。

次に「大学における思想の画一，党と国家の癒着」をめぐる点で，ここではまず全員必修とされてきた「ソ連共産党史」ほかのイデオロギー系4科目に対して学生が改革要求を突きつけている(1987年以降各地)。この結果，政府は必修4科目に代えて「20世紀社会・政治史」「哲学」「経済学」「現代社会主義論の諸問題」の導入を決めるが(1989年夏)，結局それらの必修撤廃と中心科目「マルクス・レーニン主義」の国家試験廃止を余儀なくされる(1989年末)。国民教育国家委員長(教育相)のヤーガジンは，1990年夏の党大会発言で，ソ連共産党の73年が国民に生活の充足感や国への誇りをもたらすに至らなかったのは何故かと問い，原因を単一イデオロギー制の過ちに求めた。ロシア共和国レベルにおいてはドネプローフ教育相の下，学校内への政党組織の進出禁止を決定した(1990年12月)。

第3に「大学の国家独占」をめぐる点で，この関わりでは経済における協同組合認可(1987年)に続いて，学校制度の「国家・社会的制度」化が決定される(1988年。国家労働予備軍制度の廃止も同時)。さらに旧体制の解体が進み，市場制導入の連邦政府案が商業的教育組織の設置を許容する(1990年)のとほぼ同時に，ロシアでは大統領令「高等教育機関の地位について」が大学に規則(ウスタフ)の自主制定権を与え独立法人格を承認する(同年10月)。このようにして国立大学が有料・企業委託学生の受入れ枠を設けることが合法化され，公共施設を借用して「非国立」大学を組織する途も開かれたのであった。1991年初めの時点で非国立大学が早くも45校登録されている。これ以降，大学はソヴィエト制とソ連邦の解体という大転換を経て変容を続ける。

[高等教育機関の現状]

[種類と機関数] 高等教育機関には3種ある。①

図｜ロシアの教育制度—高等教育

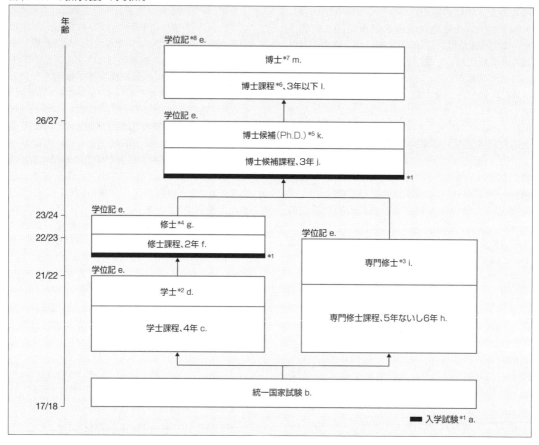

総合大学(広範囲の専門分野で学部と大学院を持ち，基礎と応用科学の研究を行い，その分野で専門家再教育も含むセンターとなる)，②アカデミー(学部と大学院を持つが個別の知識分野に限られる)，③単科大学(個別分野の大学であるが，必ずしも大学院を持たない。独立でもまた総合大学の一部としても存在)である。これらの機関の総数は1046校(その分校が約2100校)に上り，そのうち国立大学は609校，非国立大学が437校である(2012年1月1日現在)。その合計学生数は約600万人である。非国立大学はロシア連邦教育法(1992年7月)において国立・公立以外の設立形態として承認された形態であるが，これは種別では96.5%が単科大学で，2%がアカデミー，1%が総合大学として存在する(2003年現在)。

［高等教育の段階］　高等教育の関係法令はしばしば改訂されるが，2013年9月現在，次のようである。①バカラーヴル(学士，4年)——一般教育の学力を定着させ，大くくりの専門教育の基礎を形成(例：経済学，法学等)。②スペシャリスト(5～6年)とマギストル(修士，2年)——いずれかの専門の完成段階の高等教育。③高度資格要員養成——高度資格の課程は大学院における学術教育要員養成のプログラムである。卒業者は研究活動に従事し，大学教員のポストに就くことが予定される。学士とスペシャリストの課程には中等普通教育課程を終えた者が入学できる。修士課程には学士卒業者が，高度資格要員養成の課程にはほかの高等教育を終えた者(必ずしも国費枠でなくともよいが，高度資格の課程への進学はスペシャリスト卒業者と修士卒業者のみ)が入学できる。

大学院におけるプログラムの範囲では，授業を受けるほかに，カンディダート・ナウク(博士号請求候補)学位の請求論文の準備も基本条件の一つである。この準備は大学と研究所に付置された大学院のソイスカーテリ(請求者)制によっても可能である。引き続いてドクター学位を目指す博士課程に進むことができる。上級の学位につながるこのソイスカーテリは期間が限定されないパートタイムの地位であり，これは主たる職場を離れることなく研究を続ける学業を許すものである。

［高等教育の連邦統一国定スタンダード］　1992年の教育法で創出された国定教育スタンダードは高等専門教育を含む。これは基本的教育課程の構成，その実施条件，履修結果に関わる要件を定めるもので，教育省の調整下に主要大学，学界代表，雇用者代表が参加して作成される。その後の法令により区別された2大学と連邦大学，国家研究大学は連邦統一のものよりも高く，独自の教育

[解説]

*1 入学試験：Vstupitelnye Ispytanie

入学試験は，高等教育の各段階すなわち学士課程，専門修士課程，修士課程，博士候補課程それぞれの入学にあたって行われる。学士課程，専門修士課程の入学においては統一国家試験の受験が必須であるが，各大学においてその専攻にふさわしい科目を追加することができる。修士課程，博士候補課程においてはそれぞれの教育機関が入学試験を実施する。

*2 学士：Bakalavr

2003年のボローニャ・プロセス加盟に基づいて導入された学位制度における最下位の学位。1996年制定の「高等および高等後職業教育法」(1996年8月22付 No.125-Ф3)によってすでに導入されていた学士(Bakalavr)と修士(Magistr)の名称は，2007年10月24日付の同法改正により4年制の学士課程(Bakalavriat)と2年制の修士課程(Magistratura)の修了者にそれぞれ与えられる段階的な学位名となった。ちなみにソ連時代につくられたロシアの高等教育制度は5年制を基本としていた。

*3 専門修士：Spetcialist

ソ連およびロシア連邦では高等教育修了者に与えられる職業資格の名称で，和訳名も「専門家」ないしは「スペシャリスト」としていた。ボローニャ・プロセス加盟に合わせて職業資格と同時に学位名称と規定され，現在では修士(Magistr)と同等のものとされている。すなわち，2012年12月29日付 No.273-Ф3ロシア連邦教育法69条4項により専門修士は修士と同様に博士候補課程への進学の基礎資格とされている。なお，専門修士課程の年限は5年以上とされている。

*4 修士：Magistr

2003年のボローニャ・プロセス加盟に基づき，2007年10月の法改正により制度化された学位。学士取得後に入学する修士課程(Magistratura)を修了することによって授与される。

*5 博士候補：Kandidat nauk

1934年1月13日付ソ連邦人民委員会決定に基づく学位名称。現在でも引き続き使用されており，欧米諸国の博士(Ph.D.)に相当する。博士候補課程(Aspirantura)の年限は3年。この課程は2012年のロシア連邦教育法で，修士課程の上位に位置する高等教育の第3段階とされている。

*6 博士課程：Doktorantura

2012年制定の連邦教育法により，それまで高等職業教育と高等後職業教育(博士候補課程および博士課程)に分けられていた区分は再編され，高等教育は第1段階の学士課程→第2段階の修士課程および専門修士課程→第3段階の博士候補課程の3段階で構成されることになり，博士課程は教育制度から外され，学術法制中の研究者養成制度として位置づけられることとなった。この課程に入るには，博士候補の学位をもち，教育研究職ないしは研究職として5年以上の職歴と派遣元機関での1年以上の勤務実績をもつことが求められる。課程年限は3年以下で，関係者(派遣元機関，受入れ養成機関，入学者)間の契約により決められる。学位請求論文の提出と審査によって修了し，合格により学位が授与され，学位記(Diplom)が与えられる。課程在籍中は生活保証と研究保証のためにそれぞれ補助金が支給され，また研究に必要な特権が与えられる(2014年ロシア政府決定「博士課程規程 Polozhenie o Doktoranture」)。

*7 博士：Doktor nauk

ロシア連邦における最高の学位名称。英語では Doctor of Science である。欧米諸国の博士(Ph.D.)，すなわち Doctor of Philosophy と比べ一段高く位置づけられているロシア連邦独特の学位である。前記1934年のソ連邦人民委員会議決定に基づいて創設され，今日のロシア連邦においても引き続き使用されている(前掲，2014年ロシア政府決定)。

*8 学位記：Diplom

中等職業教育機関および高等職業教育機関，博士課程を修了したものに与えられる資格証明書(2013年ロシア政府決定「学位授与規程 Polozhenie o Prisuzhdeyii Uchyonyikh Stepenei」)。中等職業教育機関では訳語として「資格証明書」が適切だが，高等職業教育機関および博士課程では「学位記」がふさわしいだろう。ちなみに初等中等普通教育では卒業証(Attestat)が与えられる。

遠藤　忠＋嶺井　明子

a. —Vstupitelnye Ispytanie	g. —Magistr
b. —Edinyi gosudarstvennyi ekzamen	h. —Spetcialitet,5-6 let
	i. —Spetcialist
c. —Bakalavriat,4 goda	j. —Aspirantura,3 goda
d. —Bakalavr	k. —Kandidat nauk
e. —Diplom	l. —Doktorantura,do 3 godakh
f. —Magistratura,2 goda	m.—Doktor nauk

(出典)ロシア連邦教育科学省：学術認証及びモビリティに関するナショナル・インフォメーション・センター http://www.russianenic.ru/rus/scheme.html 所載の図をもとに作成

スタンダードを制定することができる。スタンダードに基づく諸学校の活動を監督する機関も先の教育法により設置されており，2004年以降は連邦教育監督機構(Rosobrnadzor)が認可，資格審査，認証評価の機能を担う。

[管理運営]　大学行政は，かつては70の官庁に分かれていたが，2000年までに機能が教育・科学省の下に統合された。教育法によって学問の自由がうたわれ，革命前の大学自治が復活し，学長の任命制は廃止されて教職員による選出の可能性が開かれた。この下で一部の大学においては活気ある教育・研究組織をつくり始めた。しかし，民主主義の経験で若く，しかも経済的不安定下のロシアにあっては，大学自治の原理が広範に力を発揮するにはまだ時間を要しそうである。

[現在の大学の特徴]

[大学の量的拡大]　第1の特徴は，1990年代より非国立セクターの諸大学の著しい増加が見られることであろう(1993～2012年で359校増)。国立大学の増加は新規大学の創設と，分校の分離・独立大学化によって生じた(同時期に61校増)。かくして大学の総数は90年代初頭と比較して1.5倍以上に増えた。しかし大学の分校開設の過程はさらに続き，ここでは国立大学が先頭を走っている。1993年には国立大学の分校(国内)は合計200であったが，2010年9月には1069校(ほかに私立599校)に達した。これは有料学生受入れ拡大を含む学生数増加による国庫内外からの収入増を図ったことが理

由の一つであろう。その後は整理誘導策の結果，2013年9月で949校(他に私立533校)となっている。非国立大学は必ずしもすべてが大学としての期待に応えているわけではない。それにもかかわらず従来の大学の代替となる機関が存在することは，客観的には高等教育の選択と獲得の可能性を拡大し，教育サービス市場の発展にとって好ましいとロシア教育界では受けとめられている。ロシアの非国立大学では2013年9月現在約6万人の教職員が働く(うち教員が3万人)。社会構造に変化が起きているということができる。

　高等教育の先例のない進学率上昇は，中等職業教育との事実上の交代によって形成された。1998年頃で卒業証を得ていながら低い資格の仕事に就いた大卒者数は8倍に増えたという試算がある。1990年代を通して簿記・会計の職種に高いニーズが続いた。こうして出生率の低下により中等以下の学校の生徒数が減ってゆくなかでも，大学生は増え続けている。他方，このような「学歴過剰」現象は「高度ブルーカラー」層の不足を招いており，経済界は「人材難」を訴えている。関係者による調整の必要が指摘されている。

　ロシアの大学では小規模校が圧倒的である(大学総数の40%が学生数1000人以下で，とくに非国立セクターでは3分の2が学生1000人以下，32%は学生200人以下である)。このことへの対応も含め，近年は教育監督機構が教育効果を基準に大学と分校に対して業務改善や学生募集停止を通知し，政府が大学の削減を誘導している。
[大学の窮状]　傷んだ建物，設備更新の遅れ，図書館・食堂・スポーツ施設等の不十分さは大学に突きつけられた問題の一部に過ぎない。また高い教育費負担に親も学生も苦しむ。学生ローンの概念は制定された教育法でうたわれていたが，ようやく2000年以降実際的な計画が提案された。資本家による学生支援基金はつくられ始めたばかりである。国立大学のほとんどの教授陣は，学校教師と同様に飢餓賃金しか支払われず，二重ないし三重の負担で授業を(時にはまさに同じ教室を使う「非国立」大学で副業として)教えなければならない。国外および非国立大学への▶頭脳流出は続く。高い学位の保持者を含む大学教員の高齢化という傾向も続く。教員は教室外の大学実務への関心をほとんど示さず，また教授陣の管理機関は現在ほとんど影響を及ぼさないという見方がある。　　　　所 伸一

→ロシアの大学改革

◎G. Avis (ed.), *The Making of Soviet Citizen: Character Formation and Civic Training in Soviet Education*, London, 1987.
◎*Rossiiskaya Pedagogicheskaya Entsiklopediya*, Moskva, 1993-99. (『ロシア教育学事典』全2巻，大百科事典社，1993-99)
◎*World Education Encyclopedia: A Survey of Educational Systems Worldwide*, 2nd ed., 2002.
◎Ben Eklof et al. (eds.), *Educational Reforms in Post-Soviet Russia*, N.Y., 2005.

◎Dzhurinsky, A.H., *Istoriya pedagogiki i obrazovaniya*, 2-e izd. 2011. (ジュリンスキー『教育学と陶冶の歴史』改訂増補第2版，ユライト書店，2011)

ラテンアメリカの大学
ラテンアメリカのだいがく

[植民地大学の伝統]
ラテンアメリカにおける大学の歴史は古い。ヨーロッパ中世に出現した大学が，ヨーロッパの外の地に移植された最初の事例がラテンアメリカであったからである。16世紀初頭，スペインはアメリカ新大陸の本格的な征服，植民化に着手した。当時，黄金時代を迎えようとしていたスペインは，大学教育の面においても発展が著しかった。ヨーロッパでも名声の高かった▶サラマンカ大学をはじめ，16世紀初頭には30校を超える大学が各地に設置されていた。上流階層の青年にとって大学教育を受けることは教養あるひとかどの人物とみなされるための必要条件とされていた。征服に参加したスペイン人の中には読み書き能力を欠く者が多かったが，植民地で特権的地位を獲得すると，自らの子弟にはその地位・身分にふさわしい教育，すなわちヨーロッパ流の中等・高等教育を受けさせることを望んだ。そして植民地大学の設立請願運動を行った。こうして1551年に，スペイン国王からメキシコ市とペルーのリマに大学を設立する勅令が下された。

　これらの大学は，いずれも本国の大学をモデルにして，その特色と構造を忠実に再現しようとするものであった。大学では，当時の伝統に従い，ラテン語古典文献の講読を行い，修了者にはバチジェラート(予科教育修了証)，リセンシアトゥーラ(学部学位)，さらに修士，博士の学位を授与する本格的なものであった。アルゼンチンのコルドバ大学，ボリビアのフランシスコ・ザビエル大学，グアテマラのサンカルロス大学などがこれに続いた。約300年にわたる植民地時代を通じて，ラテンアメリカ各地に25〜30校の植民地大学が設立された。ちなみにポルトガルは，ブラジル植民地に大学を設立することはなく，植民者は本国の▶コインブラ大学に留学するか，植民地に設立された医学，農学，航海術などの専門学校で高等教育を受けた。

　19世紀初頭のラテンアメリカ諸国の分離独立後，植民地大学の多くは各国の国立大学として再編された。また▶ブエノスアイレス大学(アルゼンチン)や▶ウルグアイ共和国大学のように，独立後に設立された大学もある。しかしながら，大学の発展はそれほどめざましいものではなかった。多くの国で保守派と自由派の対立，地方統領の割拠，国家と教会の葛藤など政情不安が続いた。大学は，法律家の育成を中心に，医者，軍事技術や土木工学の

148　　ラテンアメリカの大学

知識をもった技師の養成を細々と継続していた。しかし、これらの分野で学位を取得した者がその専門職に実際に従事することは必ずしも多くなかった。大学学位はむしろ、身分にふさわしい社会的威信を付与するエリート・シンボルとしての意味合いが大きかった。大学の知的活動は低迷し、エリート層子弟の虚飾的学位獲得の場、貴族趣味的社交の場となっていた。

[大学改革運動]

分離独立から約1世紀がたち20世紀初頭になると、ラテンアメリカの大学にもようやく変革の動きが現れた。これがラテンアメリカの大学史上有名な「大学改革運動」と呼ばれるものである。それは1918年、アルゼンチンの国立コルドバ大学での紛争、学生運動に端を発する改革運動を指す。改革派学生たちは、古い体質の大学への批判を高めるとともに、自分たちの求める大学像を明確にし、それを改革要求として結実させていった。▶コルドバ宣言に掲げられた大学改革の理念は、次のようなものであった。①大学の自治、②教授・学生・卒業生による大学の共同管理、③公開競争による教授の任用、④聴講出席の自由化、⑤大学教育の無償制、⑥教育方法の改善、⑦非選抜式の大学入学、⑧中等教育との統合強化、⑨大学拡張講座の推進、⑩国の社会・政治・経済問題への大学の積極的な関与。すなわち大学管理運営の民主化要求であり、また社会に開かれた大学、社会問題に積極的に関与する大学という大学像である。このような大学改革理念は、同じような問題状況に直面していた他のラテンアメリカ諸国にも急速に波及した。

しかしながら、この地域での大学改革運動は、必ずしも順調な歩みを遂げたわけではない。1930年代以降における大学の歴史は、改革の試行錯誤と挫折の歴史であった。共同管理方式と大学執行部の選挙は、学内に選挙運動がらみの騒乱を持ち込んだ。ときには、学内の権力闘争と▶学生運動が結びつく。大恐慌後の経済不況や政治的混乱の中で、しばしば軍事政権や独裁政権が出現し、大学自治を侵害し、改革派教授や学生への抑圧や追放が強行された。これに対して学生運動は急進化、政治化し、大学改革運動というよりも、直接的な反体制運動の色彩を強める。改革が実施に移された場合においても、運営の不慣れや性急な改革が混乱や行き過ぎの批判を招いた。

[量的拡張への対応、大学の巨大化]

1950年代を過ぎると、この地域においても高等教育の量的拡張の時代が到来する。ラテンアメリカ全体において、1950年から60年の間に、大学数は75校から139校へとほぼ倍増した。次の10年間で228校に増え、1975年には329校となった。1980年にはすでに約400校が存在したと推定されている。1950年にはわずかに2%であった高等教育の就学率も、60年に3.1%に、70年に6.3%、75年には11.7%となり、80年には13.5%にまで到達している。1950年から30年の間に、ラテンアメリカの高等教育はエリート的段階からマス化の一歩手前にまで急激な拡張を遂げたことになる。

この時期になると、ラテンアメリカ諸国は、いわゆる輸入代替工業化政策を推進し、比較的安定した経済成長を遂げていた。人口が急増し、都市化が進展する。都市の中間階層の形成と発展もめざましく、女子の社会進出の動きも顕著となっていた。教育制度全体の整備が進むにつれて、中等教育修了者の数も急速に増加していた。また当時流行していた人的投資論は、高等教育の計画的拡大によるハイタレント・マンパワーの育成を声高に主張していた。こうした動きは、各国政府に対して大学門戸の開放、高等教育進学機会の拡大を迫る強い圧力となって収斂していった。

高等教育の拡張の圧力に直面したとき、ラテンアメリカ各国では、その対応に若干の相違が見られた。とくにブラジルにおける対応は異なっていた。ブラジルに大学が設立されたのは、1920年のリオデジャネイロ大学(現在の▶リオデジャネイロ連邦大学)が最初であり、大学の歴史という点では浅かった。また、国を代表する中核的大学とされるものも存在していなかった。高等教育拡張の圧力にさらされたとき、政府は私立大学の設立を認可し、また大学以外の単科高等教育機関を増加する多様化策によって、それに対応することが比較的スムーズにできた。

一方、多くのスペイン語圏の国においては様相が異なり、植民地大学の伝統を持つ大学、国を代表する中核的国立大学が、その名声と規模において他の少数の高等教育機関を圧倒する形で存在していた。その典型的な事例が▶メキシコ国立自治大学とブエノスアイレス大学であった。地方公立大学、私立大学、単科高等教育機関、短期大学など高等教育進学需要の新たな受け皿となりうる機関の発達が未整備な状況において、これらの国で急増する需要は、少数の名声ある大学に対し一極集中的に殺到した。これらの大学は大学内外からの圧力に抗しきれず、大学の門戸を開放していった。わずかの期間のうちに大学は巨大化の道を突き進み、1970年代末までには、双方とも学生数が十数万人を超える世界でも最大規模の大学へと変貌を遂げていた。こうした巨大国立大学(現在ではメガ大学と呼ばれている)の出現はボリビア、ウルグアイ、ベネズエラ、エクアドル、さらには中米諸国においても見られた。

大学の量的拡張とともに、教授陣にも変化が見られた。伝統的なラテンアメリカの大学では、授業は講座所有者(カテドラティコ)と呼ばれる人々によって担われてきた。彼らは法曹家、医者、技師、政治家、高級官僚など別の専門職に従事し、パート

タイムで講義を行った。講座所有者は一種の名誉
職であり，大学での給与もほとんど必要としなかっ
た。彼らは週に数回大学に顔を見せ，講義を行
い，それを終えるとたちどころに自分のオフィスに
戻った。「タクシー・プロフェッサー」の異名があっ
たほどである。量的拡張とともに，大学にはじめて
専任の教授職が誕生する。また主要な大学には
▶研究所が付設され，専任の研究職も出現する。

［経済危機と大学の変貌］

1980年代，ラテンアメリカは「失われた10年間」と
呼ばれる深刻な経済危機に陥った。緊縮財政政
策の中で，教育・保健衛生・福祉関係の予算は大
きく削減された。それは財政基盤を政府に全面的
に依存していた国公立大学を直撃した。大学は，
教育省や財務省を相手に厳しい交渉に忙殺され
た。政府や国際金融機関からは，自己資金調達の
努力を行い，大学の資金源の多元化を図るよう迫
られた。大学内でも予算の配分をめぐって利害の
対立が表面化した。教職員組合は既得権益の確
保，勤務条件の悪化を阻止するために活動を活発
化させた。就職難に直面した学生たちは，大学に
在籍する年数を引き延ばす傾向にあり，それを制
限しようとする大学当局と対立した。巨大化し，
複雑な利害関係がからみあった大学では，経済危
機以降，紛争沙汰が蔓延した。

　国立大学の混乱，学術・教育水準低下の風評の
前に，一部エリート層子弟の国立大学離れの動き
も顕在化する。宗教系，世俗系を問わずエリート
系私立高等教育が台頭することになる。また一方
で，高等教育の地方分散，設立コストの安い単科
高等教育や短期高等教育の設置も進んで行く。こ
れまで抑制してきた大衆型私立大学・高等教育機
関の認可でも規制緩和に舵をきった。経済危機と
それに続く1990年代半ばまで，ラテンアメリカ各国
では，程度の差はあるが，いわゆる新自由主義的
な高等教育政策，すなわち高等教育機関の多様
化，地方分散，公立機関での資金調達源の多元
化(授業料の導入，寄付・寄贈受入れ，収益事業の推
進)，競争的資金配分，私学設立促進，大学評価・
認定システム導入，産業界との連携強化，欧米系
大学への門戸開放などが同時並行的に進行してい
った。

［大学の復権と大学政策の転換の模索］

1990年代後半になると，ラテンアメリカ大学をめぐ
る政策の動向は再び変化を見せはじめる。構造調
整政策がある程度効を奏したこともあり，各国とも
経済再建が軌道に乗りはじめる。グローバル化し
た経済への参入は，ラテンアメリカ社会の人々の目
を，従来とは異なる視点から教育に向けさせること
になった。「国際競争力」が時代のキーワードとな
ってきた。世界的規模での経済競争に参入しこれ
に勝ち抜くための国際競争力を保持するためには，
質の高い労働力の育成が不可欠であるという認識

が高まる。一方で，▶知識基盤社会の到来により，
科学・技術の研究開発がますます重要になるという
議論も展開される。もう一方では，新自由主義的
政策の下で多様化し複雑さを増した高等教育シス
テムに対して，国家による従来の統制方式が機能
しなくなっているという不安感が広がってきた。ま
た，急増した脆弱な私立高等教育機関での教育の
質への懸念も強まった。

　ラテンアメリカの高等教育関係者が，高等教育
の新しい姿を模索しつつあった1990年代半ば，一
つの注目すべき会議が開催された。1996年11月，
キューバのハバナ市において開催された「ラテンア
メリカ・カリブ海地域における高等教育の変革のた
めの政策と戦略に関する地域会議(CRES)」である。
地域の25ヵ国から600人を超える高等教育関係者
が一堂に会したこの会議は，21世紀を目前にして，
この地域の高等教育の将来像を展望し，高等教育
改革の基本的方向性と戦略を打ち出そうとするも
のであった。さらに2008年6月，コロンビアのカル
タヘナにて2回目のラテンアメリカ・カリブ海地域高
等教育会議が開催された。これらの会議において
は，経済危機以降，ラテンアメリカの高等教育界を
席巻してきた新自由主義的高等教育政策の見直
しと，財政支援を含めて高等教育に対する国家の
責任と役割の復活強化が明確に提言されているこ
とが注目される。

［近年の動向］

古い歴史を有するラテンアメリカの大学は，エリー
ト大学時代の大学像を前提にした理念や構造を温
存したまま，1960年代，70年代に急激な量的拡張
を経験した。80年代の経済危機は，蓄積されてき
た大学の諸問題を一気に顕在化させることになっ
た。しかし，この間にラテンアメリカの高等教育シ
ステムは構造転換を遂げ，その様相を変貌させて
きた。90年代半ば以降，高等教育をめぐる潮流は
再び変化をみせている。知識基盤社会の到来，グ
ローバル化した国際競争への本格的な参入は，国
家の開発過程における高等教育の戦略的重要性
を再認識させている。2000年には，地域全体の平
均で高等教育総就学率は25％に到達しており，量
的にはすでにかなり普及をみせている。高等教育
関係者はやや自信を回復し，使命感と責任を自覚
しながら，質を維持しつつラテンアメリカの経済・
社会・文化的ニーズに対応した高等教育の樹立を
模索しつつある。研究開発の拠点となる▶研究大
学の形成や世界大学ランキングの中での順位への
関心も高まっている。　　　　　　　　　斉藤　泰雄

→ラテンアメリカの大学改革

◎Ana Lúcia Gazzola & Axel Didriksson (eds.), *Trends in Higher
Education in Latin America and the Caribbean*, IESALC-UNESCO,
2008.
◎Benjamin H.R.W., *Higher Education in the American Republics*,
McGraw-Hill, 1965.

◎Brunner J.J., *Educación Superior en América Latina: Cambios y Desafíos*, FCE Chile, 1990.
◎IESALC(ユネスコ ラテンアメリカ・カリブ海地域高等教育国際研究所)， *Report on Higher Education in Latin America and the Caribbean 2000-2005*, 2006.
◎斉藤泰雄「ラテンアメリカの高等教育─その変貌と改革課題」『大学論集』第42集，広島大学高等教育開発研究センター，2010.

オセアニアの大学 |オセアニアのだいがく

旧イギリス植民地のオーストラリア，ニュージーランド両国が，オセアニア地域の大学教育をリードしている。大学の数自体は多くはないものの，教育・研究の質の高さ，環境の良さで近年留学先としても注目を集めている。

オーストラリア
［高等教育機関における大学の位置づけ］
オーストラリアにおいて，初等・中等教育に続く教育は第三段階教育(Tertiary Education)と呼ばれており，大学をはじめとする高等教育機関，職業教育訓練機関および留学生向け教育提供機関が含まれる。憲法規定により，教育に関する権限は各州政府にあるが，第2次世界大戦に端を発する連邦政府の政策的・財政的関与により，現在でも連邦政府が多大な影響力を持つ。各高等教育機関は，連邦政府から補助金を受けるために，高等教育支援法(Higher Education Support Act 2003)が定める要件を満たす必要がある。また原則，「高等教育の質・基準機構」(Tertiary Education Quality and Standards Agency: TEQSA)から，定期的に規制・監督を受けなければならない。

2016年3月現在，オーストラリア国内には40の大学が存在するが，そのほとんどが国立大学である。また，上記の規定にもかかわらず，大学はすべて自己認証機関とされているため，TEQSAによる適格認定を定期的に受けるのではなく，自身でそれを行う権限を持つ。オーストラリアの大学では，通常のフルタイムはもちろんのこと，就労等を理由としたパートタイムでの在籍，さらには遠隔教育やオンライン教育等，多様な方法で教育プログラムを受講することができる。また，大学には主として学士，修士，博士の三つの教育課程があるが，学士課程においては，二つの学士号を取得するダブル・ディグリーおよび複合学位(combined degree)が一般的である。

［大学の発展］
オーストラリアにおける大学の歴史は，▶シドニー大学の創設(1850年)に端を発する。同大学は，ロンドン大学およびオックスブリッジといったイギリスの伝統的な大学をモデルに設立されたが，当時の社会状況とはかけ離れた教養教育の重視により，しだいに周辺的立場に追いやられていった。その後，旧植民地の各地に▶メルボルン大学(1853年)，アデレード大学(1874年)，タスマニア大学(1890年)，クイーンズランド大学(1909年)，西オーストラリア大学(1911年)が次々と設立されたが，いずれも同様に社会から孤立し，経済的困窮を極めていった。しかし，第2次世界大戦後，EC加盟等による旧宗主国イギリスとの隔たりは，オーストラリアにアジア太平洋国家の一員であることを強く意識させ，大学はより社会に密着し，▶専門職教育を重視する方向へと変わっていった。▶オーストラリア国立大学(ANU)の設立(1946年)を契機に大学の新設が相次ぎ，1970年代後半までに大学の数は19校にまで増加した。

ANUの創設は，戦後の社会経済的発展という国家的使命を帯びたものであり，オーストラリアの大学の研究活動および研究者養成を本格化させる一つの契機となった。一方，1950年代以降の高等教育への進学率の向上に対応するために，大学以外の高等教育の整備・拡充が求められた。『マーティン報告』(1964～65年)では，大学以外の新たな高等教育機関として，戦前期に設置された地域密着型の技術カレッジ，教員養成カレッジ等を連邦政府の財政支援の下に整備すべきことが提唱され，「高等教育カレッジ(College of Advanced Education: CAE)」が，大学と並ぶ高等教育の一部門として創設された。これにより，オーストラリアの高等教育に，大学とCAEという二元制が成立した。

CAEの創設は，多様な背景やニーズを持った人々を取り込み，高等教育の量的拡大と質的多様化に貢献した。しかし，大学を頂点とする序列化が進み，一部の大規模CAEが大学への昇格運動を展開するなど，二元制はしだいにその制度自体に限界が見られるようになった。そのため，1980年代後半の大規模な高等教育改革(ドーキンズ改革)では，高等教育システムの再編と効率化を目的に，大学を中心とする一元制への転換が断行された。また，当時の経済不況のなかで，大学が相互に競争しあうための環境整備が行われ，高等教育の市場化が進められた。この改革により，高等教育機関の統合が進んだ。

また財政改革も進められ，1974年以後，不徴収とされてきた大学の▶授業料が，学生の「分担金(contribution)」という名の下に徴収される仕組み(Higher Education Contribution Scheme: HECS)が導入された。1986年以降は留学生からも全額学費を徴収できるようになり，機関収入の増加を期待する大学の競争は一層激しさを増すことになった。1990年代以降はさらに規制緩和が進み，国内学生の学費額についても各大学の裁量で自由に決定できるよう整備が進められている。

[質保証制度の成立と展開]

1980年代後半の大幅な再編と90年代初頭に始まる進学率の上昇から，連邦政府は高等教育の質・水準の維持に積極的に取り組んできた。1992年には，教育機関の質保証政策とそのプロセスに対するオーディット（監査）等を行うことをおもな目的とする高等教育質保証委員会が設置された。また1995年には，連邦・各州政府の教育大臣会議において，オーストラリアの教育訓練機関で授与される資格・学位それぞれについて，全国で統一的な定義付けおよび管理を行うためのオーストラリア教育資格枠組み（Australian Qualifications Framework: AQF）が承認された。AQFは，オーストラリアの第三段階教育分野の学位・資格および後期中等教育分野の資格を定めたもので，各州政府が教育に関する権限を持つ同国において，国内での資格の汎用性および国際通用性の確保を目的に制定された。大学をはじめとする高等教育機関が付与できるのは，主として学士，修士，博士の学位であるが，非学位型の学部・大学院資格も存在する。

2000年には，国内の高等教育の質保証の枠組みを強化し，その質を高めていくことを目的に，オーストラリア大学質保証機構（Australian Universities Quality Agency: AUQA）が設立された。また同時に，全国的な高等教育の認可プロセスに関する連邦・州政府間の取決めである「全国高等教育認可プロセス規約（National Protocols）」が採択された。さらに2011年には，『ブラッドリー報告』（2008年）の提言に基づき，オーストラリアの高等教育の規制・監督と質保証について責任を持つ国直属の機関として，前述のTEQSAが設立された。AUQAのすべての業務および各州が有していた高等教育機関の適格認定機能はすべてTEQSAに移管され，一元的に管理・監督されることとなった。

[留学生の獲得と受入れ環境の整備]

オーストラリアの大学で全学生数に占める留学生数の割合は，平均約20％と高い（2014年9月）。第2次世界大戦後に始まった留学生の受入れは，当初，開発援助の一環と見なされていたが，1980年代には当時の経済不況を背景に政策の見直しが図られた。その結果，全額授業料を納める私費留学生の受入れが定員制限なしで認められ，1980年代末に約2万人であった留学生数は，その10年後にはすでに20万人を超え，教育産業はオーストラリア第3の輸出品と言われるまでに成長した。

急速な高等教育市場の拡大に対する要求とそれに対する対応は，多様な背景・目的・ニーズを持った留学生の受入れを可能にし，民間機関による強引な勧誘やそれによる不法移民の流入等，さまざまな問題も引き起こした。政府はこの状況に対処すべく法整備に尽力し，1991年には連邦教育省の主導で「留学生に対する教育サービス法（Education Services for Overseas Students Act: ESOS法）」が制定され

た。また1994年には，連邦・各州政府の教育大臣会議で「留学生の受入れ・教育に関する行動規範（The National Code）」も採択された。さらに2008年にシドニーやメルボルンをはじめとする大都市で主としてインド人留学生に対する暴力事件等の発生が相次ぐと，政府はESOS法の見直しを行い，教育サービスの受給者としての留学生の権利保護強化に乗り出した。

現在，留学生の受入れ・教育について，大学には一般的な設置認可等とは別に，一連の法体系（ESOS Legislative Framework）に従うことが義務付けられている。またESOS法に従い，留学生に教育・訓練を提供する機関はすべて，「連邦留学生受入れ機関登録制度（Commonwealth Register of Institutions and Courses for Overseas Students: CRICOS）」に登録しなければならない。さらに認可を受けた後でも，学生募集時の情報提供から入学後の出席・成績管理，教員資格や教育環境の整備に至るまで，各機関はThe National Codeに示されたスタンダードに従う必要がある。CRICOSは，留学生のビザ受給に関する情報管理制度（Provider Registration and International Students Management System: PRISMS）とも連動しており，留学生の包括的かつ一元的な管理を可能としている。

青木 麻衣子

ニュージーランド

[高等教育機関における大学の位置づけ]

ニュージーランドの高等教育セクターは，職業教育・訓練から高等教育，職場訓練，生涯学習，後期中等教育で行われる高等教育プログラムと多岐にわたる。それらのプロバイダーは，1989年教育法162条により，①高等教育機関，②民間訓練機関，③職業訓練機関，④その他に分類される。①の高等教育機関はさらに大学（University），工科学校（Institute of Technology）およびポリテクニク（Poly-technic），教員養成カレッジ（College of Education），ワナガ（Wananga，マオリの言語・文化の教授に重点）に分類される。高等教育機関はすべて国立で，うち大学は8校である。大学は1989年教育法162条4項によりそれ以外の高等教育機関との専門性の違いが明確に規定されているため，急増することはない。それだけに大学の社会的責任は大きく，その

表｜連邦ニュージーランド大学（大学群）の構成とその継承大学

設置年	カレッジ名	連邦NZ大学解体後（現在）
1873年	カンタベリー・カレッジ	カンタベリー大学
1874年加盟（創立は1869年）	オタゴ大学	オタゴ大学
1878年	カンタベリー農業カレッジ	リンカーン大学
1883年	オークランド・カレッジ	オークランド大学
1897年	ヴィクトリア・カレッジ	ヴィクトリア大学ウェリントン
1926年	マッセー農業カレッジ	マッセー大学

質は保証されなければならない。大学評価はその質保障の重要なツールとなっている。

　ニュージーランドという国自体が他国と比べて歴史の浅い国である。その中でニュージーランド最古の大学は、1869年設置（開校1871年）の▶オタゴ大学である。その後、1870年に唯一の学位授与機関として連邦ニュージーランド大学が設置された。これは全国に設置された六つの高等教育機関による大学群を意味する（表「連邦ニュージーランド大学（大学群）の構成とその継承大学」参照）。各機関の学位授与は連邦ニュージーランド大学が行った。連邦ニュージーランド大学は1961年に解体され、六つの高等教育機関はそれぞれ独立して大学として自治権を取得し、表にある現在の大学となった。さらに、1964年にワイカト大学、2000年にオークランド工科大学（ポリテクニクからの唯一の昇格校）が新設され、現在の8大学（すべて国立）となった。

［現代の大学改革］

ニュージーランドでは、1980年代後半のニュー・パブリック・マネジメント（NPM）理論にもとづく大規模な行政改革の一環として、抜本的な教育改革が就学前教育段階から高等教育段階に至る全過程において展開された。市場原理による制度運営が大きく注目され、高等教育においては1989年に大学法人化が実施された。改革以前は返済不要の奨学資金（bursary）により実質的に無償だった大学授業料は有料（学生負担）となり、大きな社会的混乱を招いた。NPM型改革においては投資に見合った成果が求められるのは当然のことであり、大学は社会に対する▶アカウンタビリティが求められた。これは現在の大学改革でも中核をなす考え方である。また教育の質保障という観点からみると、とくに大学における研究機能の強化が強調されている。「第三次高等教育戦略2010～15」では、公的資金にもとづく質の高い調査研究の成果を経済的利益の増大につなげていくためには、企業・大学・国立調査機関による円滑な連携が重要であると指摘されている。

［太平洋島嶼部の大学］

オーストラリア、ニュージーランドを除く太平洋島嶼国・地域（キリバス、クック諸島、サモア、ソロモン諸島、ツバル、トンガ、ナウル、ニウエ、バヌアツ、パプアニューギニア、パラオ、フィジー、マーシャル、ミクロネシア）は、固有の文化伝統を継承しつつ、限られた国土と資源の中で経済的自立と人材育成が国家維持のための重要な社会的課題となっている。太平洋島嶼国・地域には国立サモア大学、▶南太平洋大学、パプアニューギニア大学、パプアニューギニア工科大学等の大学が存在している。こうした島嶼国・地域においては、放送など通信技術を利用した遠隔教育が活発に展開されており、その教育効果が期待されている。とはいえ、資金、指導者、技術関係者、社会インフラが十分に整わない状況の中

で取り組まざるを得ず、日本、オーストラリア、ニュージーランドをはじめとする他国の資金・技術協力が不可欠なのが現状である。

福本　みちよ

→ **オーストラリアの大学法制**

［オーストラリア］◎杉本和弘『戦後オーストラリアの高等教育改革研究』東信堂、2004.
◎大学評価・学位授与機構『諸外国の高等教育分野における質保証システムの概要—オーストラリア2015年版』、2015.
◎*Department of Education and Training, Country Education Profiles*, Australian Government, 2015.
［ニュージーランド］◎Ministry of Education, *Tertiary Education Strategy 2010-15*, New Zealand Government, Wellington, 2010.
◎福本みちよ「教育と労働の接続と教育の質保証」、青木麻衣子・佐藤博志編著『オーストラリア・ニュージーランドの教育』東信堂、2013.
◎太平洋島嶼国遠隔教育開発推進調査委員会『太平洋島嶼国地域遠隔教育調査研究報告書』笹川太平洋島嶼国基金、1995.

アフリカの大学 ｜アフリカのだいがく

［アフリカの高等教育の歴史的ルーツ］

アフリカ大陸における高等教育の歴史的研究では、英語圏、仏語圏といった植民地時代以降の言語・制度上の区分で論じられ、植民地政府やミッショナリー（宣教師）などの西欧人によってもたらされたものとして位置付ける場合が多い。このような大学＝近代化の産物という発想は、それらが導入される以前のアフリカには見るべきものがなかったかのような西欧中心史観を生むと批判される。しかし一方で、西欧的でないアフリカの高等教育とはなんだったのか、という議論はなかなか深まらないのが現状である。その原因は研究のための制度や学問的伝統そのものが西欧列強によって導入された大学に基づいており、知的エリートがその思考枠組みを踏襲していること、アフリカの伝統社会の多くが文字によらない文化伝承や教育を行っていたため、歴史的分析の対象となる西欧化以前の記録を見出すことが困難なことにある。

［西欧化以前のアフリカ高等教育］

そうした中で、ヨーロッパの大学より高等教育機関としての起源が古いと言われるのが、紀元前2000年代の寺院に始まるエジプトの古代の神官、行政官、学者の養成所である。ペル・アンク（Per-ankh）と呼ばれたこの高等教育機関にはギリシアを含む地中海、アラブ世界から多くの研究者が集まった。また紀元前3世紀頃、ギリシア統治下のエジプト・アレクサンドリアで、植物学、天文学、動物学、哲学など多分野の研究者が集まり、研究、出版、教育を行う拠点として「図書館」と「博物館」が発展したという。

　このほかに、エチオピア正教会に付属して発展し

た教育制度(基本的な識字から高等教育まで)や，イスラーム教の伝播とともに広まったイスラーム教育制度(モスクに付属するコーランの暗誦や基本的アラビア語の読み書きの学校から僧侶を養成する高等教育まで)もあった。西欧型の大学が導入される以前からあったイスラーム高等教育機関としては，737年にチュニス(チュニジア)に設立されたエトゥイナ(Ez-Zitouna)マドラサ，フェズ(モロッコ)のカラウィネ(Quaraouiyine)大学(859年設立)，カイロ(エジプト)のアル・アズハル(Al-Azhar，970年設立)，トゥンブクトゥ(マリ)のサンコレ(Sankore)大学(12世紀頃設立)が知られている。このうちエトゥイナ，カラウィネ，アル=アズハルは現在も存在している。近代化や大学の世界標準化を経て，これらの大学も原初の姿はほとんど留めていないとも言われる。研究や教育の府としての大学は，現実社会に根ざしていなければ存続できず，時代とともに変質してきたことも当然と言える。

　「近代化前」のアフリカの教育制度の特徴は，政教不分離で，宗教の教えを伝えることや僧侶を育てることと，政治機構を担う世俗の知識人の養成が一緒に行われていたことである。宗教界であれ世俗であれ，社会構造全体とかみ合ったところで，教育は個人にとっても社会にとっても意味を持つものである。そうした妥当性を持った高度な教育制度が，「近代化前」のアフリカに点在していたということは重要であろう。

[植民地支配の拡大と西欧型教育]
地中海世界では，15世紀頃までにイスラームおよびアラブ文化の影響が強まり，拠点を失ったキリスト教徒がアフリカ西部から南部の海岸部で貿易，布教に手を広げるようになった。やがて，貿易拠点での通訳やキリスト教の布教に従事する現地聖職者の養成のため，おもにミッショナリー(宣教師)によって学校が作られるようになる。ミッショナリーの学校の卒業者の中には西欧で高等教育を受け，宣教師や弁護士，医者などのほか，海外の大学で学者になる者もあった。

　1827年にシエラレオネのフリータウンに英国聖公会宣教協会(Church Mission Society)によって設立されたフォーラーベイ・カレッジ(Fourah Bay College，現シエラレオネ大学)は，アフリカにおける最初の西欧型高等教育機関とされる。当初は教会のアフリカ人助手を養成する目的で設立された同校は，1876年にはイギリスの▶ダラム大学傘下の大学に昇格した。19世紀後半は，ミッショナリーの活動の拡大とともに，西欧列強による支配が組織的に展開し始めた時期でもあった。アフリカ人エリートによる高等教育への欲求は，植民地支配への反発を強めるものとして警戒されたが，一方で領土運営のためにアフリカ人を登用する必要もますます高まっていた。過度に西欧化した理屈屋ではなく，アフリカ文化に根差した人材育成を目指し，西欧宗主国政

府，ミッショナリー，研究者を巻き込んでアフリカの教育についての研究が活発に行われた。19世紀後半から1930年頃までの期間には，ミッショナリーや植民地政府によってさまざまな高等学校や聖職者および教師の訓練カレッジが設立されている。この時期に設立され，のちに大学になった教育機関には，スーダンのゴードン・メモリアル・カレッジ(Gordon Memorial College，現▶ハルツーム大学)，ウガンダのマケレレ・カレッジ(Makerere College，現，▶マケレレ大学)などがある。

[脱植民地化と高等教育—1945〜60年代]
第2次世界大戦が終わると，世界的に民族自決の動きが広がり，植民地の多くが独立を果たした。しかし，列強はアフリカの独立を近い将来の問題とはとらえておらず，対応は緩慢であった。そんな中，第2次世界大戦に従軍した兵士や組織化された工場労働者，知的エリートによる独立を求めるストライキや闘争が激化した。独立のための一つの条件としてアフリカ人エリートが要求したのは，ヨーロッパ人に独占されていた政府の要職や技術職を肩代わりできるアフリカ人材を養成する高等教育機関の設立だった。

　まず動いたのはイギリス政府であった。アスキス(Asquith)委員会によるアフリカの高等教育の課題調査が行われ，組織構成やカリキュラムを英国の教育機関に準じ，▶ロンドン大学の学位を得られる植民地大学の制度が構想された。この構想に基づいて，1948年にはガーナ大学(ガーナ)，▶イバダン大学(ナイジェリア)が設立されたほか，マケレレ，ゴードン・メモリアル等の既存教育機関も順次大学に昇格した。

　フランスは，フランスの大学に進学する一部エリートを除き，植民地での大衆教育に力を入れていなかったため，高等学校の数もイギリス領より少なく，大学設立への圧力も当初は大きくなかった。しかし，フランスの大学に進学した植民地出身者の学生運動などに押される形で，1955年にはアンタナナリボ大学(マダガスカル，アンタナナリボ高等教育院より昇格)，57年にはダカール大学(セネガル，セネガル高等教育院より昇格)を設立した。このほかにも，高等教育発展が遅れていたベルギー領でもロヴァニウム(Lovanium)大学(1954年，コンゴ民主共和国，現▶キンシャサ大学)，ルブンバシ(Lubumbashi)大学(1955年，同共和国)などが設立された。また植民地支配を免れたエチオピアでも，近代化のための国策として1950年にハイレセラシエ皇帝によってアジスアベバ大学が設立された。

　この当時の大学は，アフリカ人エリートがヨーロッパ人より少しでも劣る教育を与えられることを極端に嫌ったこと，西欧諸国が植民地とのつながりを保とうとしたこと，アフリカに住む白人が西欧と同レベルの大学の設立を望んだことなどから，教員やカリキュラム，学位授与などを宗主国と同じ基準に

し，宗主国の大学の系列校として位置付けるのがほとんどであった。このことは，アフリカの民族自決，教育のアフリカ化のイデオロギーのもと，旧宗主国によって植えつけられた西欧型の教育ではなく，伝統的な教育モデルを復活させようというアフリカの知的エリートの主張と，エリート層の形成に寄与している大学に内在する矛盾でもあった。つまり，アフリカ化を訴える知的エリート層自体が西欧化の産物で，大学が西欧的であることを望んだのである。

［高等教育の必要性をめぐる議論の変化と大学の低迷―1970〜90年代］

アフリカの多くの国々が独立した1960年代から70年代にかけて，アフリカに対して援助を提供する旧宗主国をはじめとする援助国・機関は，国家の人材需要に合致した人材を輩出するメカニズムとして大学教育の拡充を重視していた。産業や技術分野ごとに人材需要を予測し，それに基づいて人材計画を立てるマンパワー・プランニングという手法が主流となり，高等教育機関の施設，機材整備や教員の研究および教育能力の向上に支援が集まった。冷戦対立が鮮明化したこともアフリカの高等教育機関への支援には追い風となった。西側，東側とも，アフリカ諸国の政府を自らの陣営に組み込もうとして競争で援助を行い，その一部は教育の重点分野と考えられていた高等教育に向けられた。

一方，少なからぬ数の国では独立直後から国家基盤が不安定で，内乱やクーデタが大陸各地で起きた。軍事クーデタによって成立した政権は庶民階層出身の兵士を多く擁し，大衆寄りの政策を取りがちである。現代と違い，高等教育の機会が限られ，エリート的性格が強かった1970〜80年代には高等教育への国内関心は低かった。また独立期には経済状態が比較的良かったガーナ，ナイジェリアといった国々も，80年代には国内不安による経済基盤の未整備，1次産品輸出価格の低下などから一様に経済が悪化した。こうした国内状況を背景に，国際社会の関心が高等教育から離れるとともに，アフリカの高等教育機関は荒廃していくこととなった。

1980年代に世界銀行・IMFが導入した構造調整政策は，高等教育を国家のための投資ではなく，個人の将来の便益に対する投資とみなし，高等教育への政府の補助金をさらに削減し，学生によるコスト・シェアリング（授業料負担）を求めた。また90年代以降には貧困削減を目指すミレニアム開発目標が国際的に合意され，教育分野では貧困削減に直接的に貢献する領域として基礎教育（初等教育＋前期中等教育）が優先された。限られた資源の基礎教育への集中は，高等教育を含むほかの教育分野の犠牲のもとに行われた。たとえば世界銀行の教育セクターへの支援のうち，高等教育の占める割合は，1985〜89年期には17％だったが，95〜99年期には7％に減少した。こうした一連の援助機関の方針が，アフリカの高等教育機関の質の低迷を招いたことは否めない。

［現代のアフリカの大学］

1990年代以降の基礎教育優先政策は，大幅な就学の拡大をもたらし，間接的には大学への就学需要を押し上げる結果にもなった。また基礎教育の拡大だけでは雇用や貧困削減につながらないとの反省から，近年は高等教育への国際的支援が回復している。アフリカ諸国の経済も好調で，高等教育のボーダーレス化も進む中，先進国・機関によるODAに依存していた従来とは違う形で，民間セクターや教育機関単位でのイニシアティブも含めたアフリカの高等教育の発展の可能性が見えてきている。

一般に大学の機能として，教育，研究，社会サービスの三つの側面がバランスよく発展することが必要と考えられている。まず教育の側面であるが，独立期のアフリカにおいては国家の開発のための人材養成機関として，少数の知的エリートに対し個人の経済的負担を少なく教育を提供するのが大学教育の特徴であったが，近年はアフリカでも大学教育への市場原理の導入，マス化が進んでいる。サブサハラ・アフリカの高等教育の総就学率は，1965年の1％から8％（世界銀行統計）に増加したに過ぎず，就学機会はいまだに限定されている。しかし，高等教育進学への期待は年々高まっており，多くの国で国公立の大学の新設や学位コースの増設が続いている。これらの新設コースの中には，従来より高い授業料を課すものもある。また，私立大学が急速な増加を見せており，働きながら就学する夜間コースや通信コースもでき，専攻分野も増えるなど大学教育の多様化が進んでいる。

一方，急速な拡大の結果，大学の教員や施設のキャパシティが学生需要に追い付かず，教育の質が低下したり，そもそも十分な基盤がないまま教育を提供する私立大学が増えるなど，大学間あるいはプログラム間での教育の質や内容の格差をなくし，質保証をする必要性が高まっている。アフリカには，1967年に設立され，46ヵ国（2017年現在）が参加する▶アフリカ大学連合（Association of African Universities）や，19の仏語圏アフリカの国々によって構成される▶アフリカ・マダガスカル高等教育評議会（Conseil Africain et Malgache pour l'enseignement superieur，1968年設立）といった大学連合が存在し，教員の研究・教育能力の向上，専門教育カリキュラムの標準化やモニタリング，情報共有などを行ってきている。さらに2009年には，ユネスコの質保証能力に関するグローバルイニシアティブの支援を受け，アフリカ大学連合を事務局として，アフリカ質保証ネットワーク（African Quality Assurance Network）が構築された。このネットワークは，アフリカ域内だけでなく，世界的な教育・研究の質保証の標準に

合わせていくことを目標としており，アフリカの大学も今後グローバル化の波を受け，標準化が進む可能性がある。

　研究の観点から見ると，アフリカの大学は1990年代までの政府予算カットによる財政基盤の脆弱さから，研究のための資金や施設には予算がほとんど回らない状態が続き，研究力が弱いことが問題とされている。1995年時点で，サブサハラ・アフリカに拠点を持つ研究者による学術論文の刊行は5839点で，南アジアの1万5995点，ラテンアメリカ・カリブ海地域の1万4426点を大きく下回っていた。このように独自資金が限られている状態で，アフリカで行われてきた研究の多くは，海外の援助機関や大学等から資金提供される受託研究がほとんどであり，アフリカの大学に所属する研究者自身が社会のニーズに鑑みて研究テーマを設定する可能性が限られていた。また，このように主体的な研究が行いにくい環境では優秀な研究者・教員を確保することが難しく，頭脳流出も問題となっている。現在，アフリカ出身の博士号取得者で，アフリカ以外で働いている者は5万人を超えると言われている。

　こうした教育，研究基盤の未整備から，社会の開発に必要な知的リソースの提供という大学の社会貢献的役割は，アフリカでは限定的に果たされてきたに過ぎない。もちろん，農業，産業，医学などの分野でアフリカの土地柄に合わせた適正技術を開発し，普及活動を行っている事例などは少なからずあるが，それらも海外からの援助に大きく依存しており，今後，アフリカの好調な経済と社会の成熟を背景に，アフリカの大学が研究および社会サービスの質を高めていけるかは一つの試金石となろう。

山田 肖子

◎Ajayi, J.F. Ade, Lameck K.H. Goma, and G. Ampah Johnson, *The African Experience with Higher Education*, Athens, OH: Ohio University Press, 1996.
◎Ashby, Eric, *Universities: British, Indian, African-A Study in the Ecology of Higher Education*, London: Weidenfeld and Nicolson, 1966.
◎Bloom, David, David Canning, and Kevin Chan, *Higher Education and Economic Development in Africa*. Washington, D.C.: World Bank, 2006.
◎Lulat, Y. G-M., *A history of African higher education from antiquity to the present: a critical synthesis*, Santa Barbara, CA: Praeger, 2005.
◎Saint, William S., *Universities in Africa: Strategies for Stabilization and Revitalization*, Washington D.C.: World Bank, 1992.
◎Teferra, Damtew, and Philip G. Altbach, *African Higher Education: An International Reference Handbook*, Bloomington, IN: Indiana University Press, 2003.

項目編
[ア―ワ]

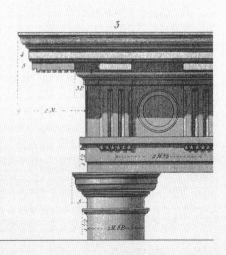

あ　　　　ア

IR (アイアール) → インスティチューショナル・
リサーチ

愛国学園大学 [私立] あいこくがくえんだいがく
Aikoku Gakuen University

1939年(昭和14)財団法人織田教育財団によって
東京都江戸川区に開校した愛国女子商業学校を
起源とする女子大学。1951年財団法人を学校法
人愛国学園に組織変更し，62年に愛国学園女子
短期大学を開学，70年の愛国学園短期大学への
名称変更を経て，98年(平成10)愛国学園大学が
開学した。現在，千葉県四街道市にキャンパスを
構える。人間文化学部人間文化学科の1学部1
学科制であり，心理，言語文化，生活科学，環境
や福祉などを学ぶ「生活文化福祉コース」，情報科
学，ビジネス経営，異文化理解や国際コミュニケ
ーションなどを学ぶ「国際情報ビジネスコース」の2
コースから構成されている。2017年現在の収容人
数210人。
　　　　　　　　　　　　　　　　　　鈴木　崇義

ICT活用教育 (アイシーティーかつようきょういく) →
eラーニングとICT活用教育

ICTと大学のクロスボーダー化
アイシーティーとだいがくのクロスボーダーか
ICT and cross-border activities of universities

[ICTの活用]
コミュニケーション(通信)技術は，広くは情報技術
(IT)の一部であるが，情報技術をコンピュータの演
算・制御・記憶・入出力装置の部分に限定し，通信
部分をあえて強調した用語として，情報通信技術
(Information and Communication Technology: ICT)があ
る。人間活動が国境を越えて行われることは，人
類の歴史において通常のこととしてなされてきたこ
とであり，西欧人による大航海時代以来，「新大
陸」を組み込んで，文字通り地球規模にまで展開
されるようになった。それに伴って，大学の活動
も，国境を越えて行われてきた。そして，二つの大
戦を経て世界の国境を越えた活動は東西両陣営
で2分され，冷戦の終結とともに市場経済があらゆ
る社会体制のもとで行われるようになると，政治的
な国境は低くなり，社会の諸活動に地球規模での
クロスボーダー化現象が起こっている。大学の活
動も，その例にもれず，国境を越えて行われる度合
いが増えて来ている。そして，それと並行して進化
し，より国境を低くする効果をもっているのがICT

である。
　旧来，大学の活動をクロスボーダー化するには，
外国に姉妹校をもったり分校や提携プログラムを
つくったりという形でなされてきた。遠隔学習は，
印刷教材あるいは放送教材と郵便システムを媒介
としていた段階では，郵便システムが国内外で同
時性を欠くためもあって，クロスボーダー化を大き
く促進するものではなかった。しかし，ICTを用い
たプログラムの提供は，基本的に国境の影響を受
けないため，IT媒介遠隔学習(IT-Mediated Distance
Learning: ITMDL)を展開する大学にとって，対象と
なる学生を国内に限る理由はないという事態が現
出している。そのことから，多くのITMDLプログラ
ムが，クロスボーダーな展開をしている。また，そ
の特性を生かして，国内よりは国際的な展開を主
流とする大学もある。2000年代には世界貿易機関
(WTO)の推進した新多角的貿易交渉(新ラウンド)
の下で，高等教育の自由化が推奨され，複数国の
大学が共同でクロスボーダーな教育を提供するプ
ログラムや，営利のクロスボーダー大学が出現し，
それらの大学がICTを活用している。

[課題と可能性]
ただ，ICTにはおのずからの限界がある。情報技
術を媒介とした教育の場合，それがいかに効果的
に実施されたとしても，対面授業と直接接触によ
る伝統的クラスルームの機能，そして伝統的学校
のすべての機能を代替できない。そもそも，情報
技術が得意とするのは，人間の五つの感覚のうち
視覚と聴覚，そしてせいぜい触覚までであり，嗅
覚，味覚には弱いため，提供できる学問分野や教
育内容に限りがある。その上，対面の伝統的クラ
スルームでは，暗黙知の形成を含む知識形成や技
能開発があり，伝統的学校には社会化，友人・配
偶者探し，文化の享受といった直接の対面自体を
目的とする機能がある。さらに，社会的に大学教
育を成立させる上で，なんらかの形での対面性を
もった集団の形成は不可欠である。したがって，
その展開は，その提供する教育がいかなる目的の
もとに実施されるかによって，有効な範囲が限定さ
れてくる。
　2000年代に出現した，複数国の大学が共同でク
ロスボーダーな教育を提供するプログラムや，営利
のクロスボーダー大学のいずれもが，大きな発展を
遂げているとはいいがたい。ICTを主たる手段にし
ての，クロスボーダーでの高い質の教育を提供する
ことは，極めて難しいのが現実である。
　一方，ICTの活用のもう一つの形態であるIT装
備対面クラス(IT-Equipped Face-to-face Classroom:

ITEFC)は伝統的な大学の内部に浸透しており，個別の大学間でクロスボーダーにITEFC同士が結びあって授業を展開するというようなことも，珍しいものではなくなっている。さらには遠隔学習を提供していない大学にとっても，情報化は大学の存在をクロスボーダーに提示するものになっている。大学ランキングの世界版の普及が示すように，世界の主要大学の活動は国際化しており，学生や教員の獲得も資源の呼び込みも，国境を越えて行われており，その存在はインターネットのウェブサイトで示される。とくに大学のすべての授業資源を無償で公開する大規模公開オンライン講座(▸MOOC)の提供は，大学の実力を積極的に誇示するものである。

舘 昭

→情報社会と大学(テーマ編)，eラーニングとICT活用教育，世界大学ランキング

◎舘昭「マルチメディアの活用による高等教育に関する一考察」『IDE―現代の高等教育』1998年1-2月号.
◎舘昭「ヴァーチャル・ユニヴァーシティの衝撃Ⅰ～Ⅲ」『カレッジマネジメント』93～95，1998～99年.

ISCED(アイセッド) →国際標準教育分類

愛知医科大学 [私立] | あいちいかだいがく
Aichi Medical University

1972年(昭和47)愛知県長久手市に開学した医学の単科大学。教育理念を「新時代の要請に応え得る医師を養成し，あわせて地域住民の医療に奉仕すること」とする。開学後，1980年に大学院医学研究科，2000年(平成12)に看護学部，2004年に大学院看護学研究科(修士課程のみ)を開設し，17年現在は2学部・2研究科をもち，704人の学生が在籍。これまでの5000名を超える卒業生は，医学部卒業生・看護学部卒業生のそれぞれどちらも98%以上が医師・看護師になっている。近年はとくに地域連携事業に力を入れており，定期的に公開講座を開催するほか，2012年に長久手市，同年に北名古屋市，翌2013年に尾張旭市と包括連携協定を調印した。

和崎 光太郎

愛知学院大学 [私立] | あいちがくいんだいがく
Aichi Gakuin University

学校法人曹洞宗興学教団(1955年に学校法人愛知学院に名称変更)により1953年(昭和28)に開学。起源は，1876年(明治9)開設の曹洞宗専門学支校にさかのぼる。仏教精神を主旨としており，建学の精神は，道元禅師の思想である「行学一体」と「報恩感謝」である。名古屋市北区名城，同千種区楠元町および末盛通，日進市岩崎町に四つのキャンパスを構える総合大学であり，2016年(平成28)5月現在，9学部9研究科に1万1642人の学生を収

容。開学以来力を入れてきた，禅の教えに基づく一人一人の学生の可能性を引き出す人間教育として，2015年より「クロスオーバー型教育」を採用して，学部の垣根を越えた多彩な学びのスタイルを提供する。

平野 亮

→仏教系大学

愛知学泉大学 [私立] | あいちがくせんだいがく
Aichi Gakusen University

1912年(明治45)開学の安城裁縫女学校をルーツとして，66年(昭和41)に愛知女子大学が家政学部の単科大学として開学。1968年に安城学園大学と改称，82年に現大学名に改称。1987年に経営学部を開設，同年に家政学部を男女共学として共学の大学へと移行。1998年(平成10)にはコミュニティ政策学部を開設。2011年に現代マネジメント学部を開設し，経営学部とコミュニティ政策学部の募集を停止した。家政学部は，近年の他大学と同様に，家政学のみではなく多様な専攻を設置しており，本学では管理栄養士専攻のほか，小学校教諭および幼稚園教諭・保育士の資格を取得できる「こどもの生活専攻」が設置されている。キャンパスは愛知県岡崎市と豊田市に置く。2017年現在1138人の学生が在籍。

和崎 光太郎

愛知教育大学 [国立] | あいちきょういくだいがく
Aichi University of Education

1873年(明治6)に設立された愛知県養成学校以来の歴史を有す。1949年(昭和24)愛知第一，第二師範学校および愛知青年師範学校を統括する形で愛知学芸大学として創設。1966年には愛知教育大学と改称され，70年に現在キャンパスをかまえる刈谷市井ヶ谷地区へ移転した。2016年(平成28)現在，1学部2研究科に4131人の学生を収容する。教育目標を「平和で豊かな世界の実現に寄与しうる人間の教育をめざす」とし，正規教員就職者数は6年連続，教員就職者数は4年連続で全国1位である(2015年3月卒業者時点)。2012年には大学院教育学研究科に静岡大学と共同で共同教科開発学専攻(大学院後期3年博士課程)を設置。翌13年には教員養成機能を有する国立4大学により教員養成の高度化支援システムの構築をめざすHATOプロジェクト(H：北海道教育大学 A：愛知教育大学 T：東京学芸大学 O：大阪教育大学)を推進。教員養成における新たな拠点として大きな期待が寄せられている。

戸村 理

愛知県立芸術大学 [公立]
あいちけんりつげいじゅつだいがく
Aichi University of the Arts

中部地域における産業経済の発展に対応し，東西の中間地に特色ある文化圏を築くことを目的として，1966年(昭和41)に開学。五芸大(東京藝術大学・金沢美術工芸大学・京都市立芸術大学・沖縄県立芸術大学)の一つに数えられる。2007年(平成19)に設置形態を変更し，愛知県立大学および愛知県立看護大学(両大学は2009年に統合)とともに愛知県公立大学法人が設置者となる。1970年に大学院を設置し，2009年に博士課程を開設。長久手市岩作にキャンパスを構え，2017年5月現在，2学部2研究科に971人の学生を収容する。音楽と美術の両学部をあわせもつ特質を活かし，毎年開催されるオペラ公演のような地域貢献活動や，留学や海外アーティスト招致にも積極的に取り組んでいる。　　　平野 亮

愛知県立大学 [公立] あいちけんりつだいがく
Aichi Prefectural University

1947年(昭和22)設置の愛知県立女子専門学校が49年に愛知県立女子短期大学と改組され，57年に愛知県立女子大学が開設された。1966年同大学が男女共学化され，文学部，外国語学部，外国語学部第二部の3学部で創立された。全国的に大学のキャンパスが都市部から都市周辺部へ移転が進んでいた1998年(平成10)に本学もキャンパスを名古屋市から長久手町へ移し，初めての理系学部である情報科学部や，初めての大学院である国際文化研究科を設置するなど，施設・設備を一新した。2009年には愛知県立看護大学を統合。2017年現在では5学部と4研究科を擁する総合大学となっており，2017年現在3516人の学生が在籍，そのうち約半数が外国語学部の在学者である。　　　和崎 光太郎

愛知工科大学 [私立] あいちこうかだいがく
Aichi University of Technology

1959年(昭和34)設置の学校法人電波学園により2000年(平成12)開学。略称はAUT。建学の精神は「社会から喜ばれる知識と技術をもち歓迎される人柄を兼ね備えた人材を育成し英知と勤勉な国民性を高め科学技術，文化の発展に貢献する」である。工学部のみの単科大学として開学し，2008年に博士後期課程を設置。愛知県蒲郡市西迫町にキャンパスを構え，2017年5月現在，1学部1研究科に627人の学生を収容。同じ目標を共有する学生単位で実施される「雁行型教育」や，レベル別クラスの共同学習を採り入れるほか，これからのIoT(Internet of Things，モノのインターネット)時代のエンジ

ニアを育成する学科横断型の選抜コースを2017年4月より設置している。　　　平野 亮

愛知工業大学 [私立] あいちこうぎょうだいがく
Aichi Institute of Technology

1912年(大正1)創立の名古屋電気学講習所を起源として，59年(昭和34)名古屋電気大学が開学，翌年現校名に改称。1966年に大学院工学研究科の修士課程を開設し，92年(平成4)には同研究科の博士課程を開設。2000年に経営情報学部を開設した後，2009年に学部・学科・専攻を再編し，工学部・経営学部・情報科学部の3学部と大学院工学研究科・経営情報科学研究科の2学科となる。本部を愛知県豊田市に置き，キャンパスは豊田市のほかに名古屋市千種区にも持つ。2016年現在6018人の学生が在籍。建学の精神を「自由・愛・正義」とし，「創造と人間性」を教育理念として企業の第一線で活躍する人材，グローバルな舞台で活躍できる人材の育成と，時代の先端を行く研究をめざしている。　　　和崎 光太郎

愛知産業大学 [私立] あいちさんぎょうだいがく
Aichi Sangyo University

1984年(昭和59)設置の学校法人愛知水野学園(1951年設置の学校法人常懐学園より改称。2003年(平成15)に学校法人愛知産業大学に改称)により1992年に開学。造形学部のみの単科大学として開学の後，1996年に全国初のデザイン系4年制通信教育部を，2000年に経営学部を，2005年に大学院を開設した。英字略称ASUには「明日(ASU)を夢見る」想いをも託している。建学の精神は「豊かな知性と誠実な心を持ち，社会に貢献できる人材を育成する」。愛知県岡崎市岡町にキャンパスを構え，2017年5月現在，2学部1研究科に1803人の学生を収容。2013年には開学20周年記念事業としてPLASU(言語・情報共育センター)が設置され，新しい学びの拠点として機能している。　　　平野 亮

愛知淑徳大学 [私立] あいちしゅくとくだいがく
Aichi Shukutoku University

1905年(明治38)創立の愛知淑徳女学校をルーツとして，75年(昭和50)文学部の単科女子大学として開学。開学20周年を機に大学理念を「違いを共に生きる」と定め，1995年(平成7)に男女共学化し，現代社会学部を開設。さらに2000年と2004年に2学部ずつ開設し，10年あまりで総合大学へと飛躍的に発展した。2010年に学部の再編を行い，文学部・人間情報学部・心理学部・メディアプロデュース学部(2016年に創造表現学部と改称)，健康医療科学部，福祉貢献学部，交流文化学部，ビジネス

学部の8学部となり，2016年にグローバル・コミュニケーション学部を開設して17年現在では9学部と大学院5研究科を持つ。本部を愛知県長久手市に置き，キャンパスは同地のほかに名古屋市千種区にも置く。2017年現在9140人の学生が在籍。
和崎 光太郎

愛知大学 [私立] | あいちだいがく
Aichi University

1901年(明治34)に上海で設立された東亜同文書院(のち▶東亜同文書院大学)を起源とする。アジア太平洋戦争の終結により東亜同文書院大学は中国に接収されたが，学長の呼びかけに同大学などの教職員・学生の多くが集い，1946年(昭和21)11月に旧制の法文系大学として愛知大学が誕生。1949年に法経学部，文学部の2学部で新制大学に移行。1955年に華日辞典編纂処(現，中日大辞典編纂所)，97年に現代中国学部を設置するなど，設立時以来の中国研究の分野に力を入れている。順次新しい学部を設置していき，2016年(平成28)5月現在，7学部(法・経済・経営・現代中国・国際コミュニケーション・文・地域政策)の在籍学生数は9934人，大学院(博士後期課程・法科大学院・会計大学院を含む)の在籍学生数は174人。キャンパスは名古屋，豊橋，車道にある。
和崎 光太郎

愛知東邦大学 [私立] | あいちとうほうだいがく
Aichi Toho University

1951年(昭和26)設置の学校法人東邦学園により2001年(平成13)に経営学部のみの単科大学である東邦学園大学として開学。起源は，中部産業界の重鎮だった下出民義の創立した東邦商業学校にさかのぼる。2007年に現行の名称に変更。建学の精神は「真に信頼して事を任せうる人格の育成」であり，校訓に「真面目」を掲げる。名古屋市名東区平和が丘にキャンパスを構え，2017年5月現在，3学部に1252人の学生を収容。地域の発展に貢献する人材の育成を旨としており，地域と連携したプロジェクト型授業の開講や，中部地方の地域研究の基幹的機関となることをめざして設置された地域創造研究所(2002年に地域ビジネス研究所として発足)を中心とした研究活動にも力を入れている。
平野 亮

愛知文教大学 [私立] | あいちぶんきょうだいがく
Aichi Bunkyo University

1927年(昭和2)に設置認可された稲沢高等女学校をルーツとして，学校法人足立学園の系列大学として98年(平成10)に開学。人文学部(2010年までは国際文化学部)の単科大学であり，愛知県小牧市に

立地する。2003年に大学院国際文化研究科の修士課程を開設，2005年に同研究科の博士後期課程を開設(博士後期課程は2012年に募集停止)。大学の理念は「質実有為で宗教的情操を身につけた真人の育成」であるが，教育にあたっては実践的な英語・中国語の習得をめざす。国際語とも言いうる両言語を習得することで，異文化交流や日本文化の発信に加え，自己の将来を開き今は不可能だと思っていたことを可能にする「逆転力教育」に取り組んでおり，そのための教育プログラムが構築されている。2017年現在310人の学生が在籍。
和崎 光太郎

愛知みずほ大学 [私立] | あいちみずほだいがく
Aichi Mizuho College

1993年(平成5)に開学。建学の精神および大学の基本理念は，「健への探究─豊かで活力ある健康社会に貢献する人をめざして─」と端的に表現され，これはカレッジモットーにもなっている。また大学の使命・目的は，「「健康科学を基本とする人間科学」に関する専門的知識・技術を身につけた人材の育成」「人間科学に関する研究の推進とその研究関係者の育成」「国際的視野を持ち，地域社会に対し貢献する大学としての発展」とされている。2017年現在，愛知県名古屋市にキャンパスを構え，人間科学部に454人の学士課程学生が在籍する。教育では「5つの強み」を掲げており，とくに学生一人一人の成長を最大化する少人数制教育は，進学ブランド力調査2015「親しみやすい」大学ランキングにおいて，東海地区第10位となった実績を持つ。
戸村 理

会津大学 [公立] | あいづだいがく
University of Aizu

1993年(平成5)コンピュータ理工学部1学部からなる県立4年制大学として開学。日本初のコンピュータ理工学専門の大学である。1997年に大学院博士課程前期，99年に同後期課程を設置。世界トップクラスのコンピュータ理工学研究の実現に向けて，国際化の推進を建学の精神に掲げている。2005年度に文部科学省「大学国際戦略本部強化事業」に公立大学として唯一の採択を受け，国際戦略本部を設置。2014年度には文部科学省「スーパーグローバル大学創成支援事業」に採択された。教育体制についても，開学以来コンピュータ研究者・技術者を広く海外から公募して迎え，2016年10月現在，会津若松市のキャンパスに1202人の学生を収容する。また，教員数108人のうち外国人教員が40人(37%)を占め，海外の協定大学・研究機関は69ヵ所に及ぶなど，専門分野のみならず，国際性の豊かさも大きな特色となっている。
小濱 歩

IDE大学協会 アイディーイーだいがくきょうかい
Institute for Development of Higher Education

大学を中心とする日本の高等教育の充実・発展に貢献することを目的とする任意団体。1954年(昭和29)に尾高朝雄，坂西志保ら戦後日本の民主主義普及の中心にいた知識人18人によって，民主教育協会(Institute for Democratic Education: IDE)として設立。初代会長は当時お茶の水女子大学学長だった蠟山政道。設立時は大学人による民主的教育の普及を目指したが，1972年に第3代会長として元文部次官の天城勲が就任後，活動領域を高等教育に特化。協会誌の名称『IDE』に「現代の高等教育」を付す。当初から研究活動を重視し，『大学制度の再検討』(1962年)，『大学評価研究』(1984年)など先駆的成果を生む。1979年には財団法人高等教育研究所を併設し，成果を『高等教育研究紀要』として刊行。2004年(平成16)に財団法人を解消して，会の名称も現在のものに改める。年10冊の会誌刊行のほか，時々の重要問題をテーマとした会員向けの研究会やセミナーなどを開催。2015年現在，大学等の機関会員301，個人からなる維持会員952および学生会員20。関東甲信越以外の地域に6支部があるが，それぞれが理事会を持ち，本部の下部組織の位置づけではない。

舘 昭

藍野大学 [私立] あいのだいがく
Aino University

2004年(平成16)学校法人藍野学院により開学。同法人は1968年(昭和43)に医療法人恒昭会藍野病院附属准看護学院の開設を起源とする。建学の精神として，「知」を愛することを第一義とし，医療従事者を送り出すにあたって，人間教育を行うことを掲げている。その上で，社会・経済の変化や保健・医療・福祉のあり方の急速な動きの中で，豊かな人間性，倫理観と最良の適応力と創造性を基盤に，実践・教育・研究の場で活躍できる保健・医療・福祉人材の育成をめざしている。大学にはグループの関連病院や福祉施設などが隣接し，在学中から医療現場で実践的に学べる上，病院のさまざまなスタッフと触れ合えるなど，質の高い実習教育を実現している。キャンパスは大阪府茨木市にあり，2017年時点で1172人の学生が在籍。

堺 完

アイビー・リーグ
Ivy League

アメリカ合衆国北東部にある八つの大学の運動部の競技連盟。全米大学体育協会(National Collegiate Athletic Association: NCAA)に所属。運動部は野球，バスケットボール，フットボールなど20種類。加盟大学はブラウン大学(ロードアイランド州)，▶コロンビア大学(ニューヨーク市)，▶コーネル大学(ニューヨーク州)，ダートマス大学(ニューハンプシャー州)，▶ハーヴァード大学(マサチューセッツ州)，▶プリンストン大学(ニュージャージー州)，▶ペンシルヴェニア大学(ペンシルヴェニア州)，▶イェール大学(コネティカット州)で，アメリカで最も歴史の古い私立大学により構成されている。メンバーの大学の学士課程のアドミッションが非常に競争的な伝統ある東部の私立大学であることから，運動競技連盟という範疇にとどまらず，アメリカで最も名声のあるカレッジ群と見なされているが，それはカレッジ(大学学士課程)としての評価である。ハーヴァード大学，コーネル大学など多くはアメリカを代表する▶研究大学(research university)としても有名である。

赤羽 良一

▶ 大学スポーツ，セブン・シスターズ

アヴィニオン大学 [フランス] アヴィニオンだいがく
Université d'Avignon

南仏プロヴァンス地方，ヴォークリューズ県の県庁所在地であるアヴィニオンにある。前身は中世初期，当時のアヴィニオン市民のコミューンに支援された神学，自由学芸，医学の学校といわれる。1303年，時の教皇ボニファティウス8世等によってこれらの学校は統合され，現在の大学の基礎が形作られた。これは▶パリ大学に対抗する形としてつくられたともいわれる。急激な人口増加に伴い，1964年に文系の高等教育センターが創設される。1972年には大学センターが設置され，教育と研究が一つのユニットとして統合された。2010年現在，そのユニットは教育研究単位(▶UFR)として人文科学，自然科学・精密科学，応用言語科学，法学・政治学・経済学の四つに分類されている。学生数7823(2014/15年)。

高橋 洋行

アウトソーシング
outsourcing

組織内で行っていた業務を外部組織へ委託すること，または組織内で必要とする資源やサービスを外部から調達することを指す。大学で古くから活用されてきた資源の外部調達は▶非常勤講師である。近年は，特定科目の教育を担当する非常勤講師のみならず，特定の研究や業務に従事する特任教員の採用が増えている。「学校基本調査」における大学兼務教員の割合は，1960年(昭和35)には約27%であったが，2010年(平成22)には約51%となり，教育・研究領域の外部調達は拡大傾向にある。一方，管理業務のアウトソーシングも事務システム電算化とともにその範囲を拡大しており，現在では施設・設備管理，入試出願・集計管理，人事・給

与・旅費支払い，図書館運営，広報，留学生対応，学生相談・健康管理など広い分野でアウトソーシングが活用されている。財務状況の悪化する大学が増えるなか，アウトソーシングの拡大は，専任教職員数の減少と契約教職員・派遣職員の増加につながっている。また，こうした人件費抑制策の一環として，学校法人が出資・設立する株式会社に学内の業務を委託する事例も，2000年以降多数見られるようになった。　　　　　　　　中島 英博

→ 大学の管理事務部門

ANR│アーエヌエール
Agence nationale de la recherche[仏]

フランスの「国立研究機構」。2006年の研究計画法に基づいて，翌年に設置された研究振興機関。その法的地位は行政的性格を有する公施設法人で（前身は2005年に公的利益団体として設置），公的研究機関や大学，企業等の研究活動を，▶競争的資金配分を通じて支援する。ANRの2013年研究支援予算は43億2500万ユーロで，同年支援対象の事業は4850件，2005年の設置から起算してその数は1万2000件余に達している。2013年は51種の競争的資金が提供され，7209件の応募（うち6464件を受理）に対して1068件が採択された（受理数に対する採択率16.5%）。配分先は公的機関が86.1%（おもな配分先は▶CNRSが31.4%，大学8.6%，国立衛生医学研究所INSERMが8.6%，その他の高等教育機関が8.4%），企業や財団等の私的機関が13.9%である。2010年以降「未来への投資」プログラムの主たる担当機関ともなっている。　　大場 淳

AERES│アエレス
Agence d'évaluation de la recherche et de l'enseignement supérieur[仏]

フランスの「研究・高等教育評価機構」。2006年の研究計画法に基づいて，大学評価委員会（Comité national d'évaluation des établissements publics à caractère scientifique, culturel et professionnel: CNE），研究評価委員会（Comité national d'évaluation de la recherche: CNER），科学技術教育調査室（Mission scientifique, technique et pédagogique: MSTP）を統合して，2007年に設置された総合的質保証機関。その法的地位は独立行政機関で，高等教育・研究担当省の外に置かれた。AERESは高等教育機関の評価，研究組織の評価，学位プログラムの事前審査等を行うとされ，すべての大学は国との機関契約（5年ごと）の更新に際してAERESの評価を受けることとされていた。2013年に制定された高等教育・研究法でAERESを廃止することが決められ，2014年に研究・高等教育評価高級審議会（Haut conseil de l'évaluation de la recherche et de l'enseignement supérieur:

HCERES）に置き換えられた。　　　　　大場 淳

→ 質保証制度，大学の質保証［テーマ編］

青森県立保健大学［公立］│あおもりけんりつほけんだいがく
Aomori University of Health and Welfare

青森県青森市にある。1973年（昭和48）県看護連絡協議会が県立看護大学の設置を強く要望，県議会がその請願を選定したことに始まり，99年（平成11）青森県立保健大学として開学。理念は「人々の健康と生活の質の向上を掲げ，「いのち」を育んできた創造性と四季豊かな自然に恵まれた地域特性を生かした教育研究活動を進め，ヒューマンケアを実践できる人間性豊かな人材を育成するとともに，地域に開かれた大学として地域社会，ひいては国際社会の発展に寄与する」である。健康科学部には看護，理学療法，社会福祉，栄養の4学科があり，将来の「チーム医療」へと結実する教育，研究を展開している。2016年現在の学部生931人。　　　　　　　　　　　　蝶 愼一

青森公立大学［公立］│あおもりこうりつだいがく
Aomori Public University

青森県青森市にある。1963年（昭和38）青森市議会に大学誘致特別委員会が置かれたことが始まりとされ，93年（平成5）青森公立大学として開学し，経営経済学部（経営学科・経済学科・地域みらい学科）が設置された。1997年大学院経営経済学研究科，98年地域研究センターが相ついで開設された。教養人としての教育に力を入れており，「アカデミック・コモン・ベーシックス」「教養科目」「キャリア教育科目」の独自の共通科目が行われている。アメリカのボストンやニュージーランドへの留学制度も整備されているほか，就職支援の取組みも積極的で高い実績を誇っている。2016年現在の学部生1310人。　　　　　　　　　　蝶 愼一

青森大学［私立］│あおもりだいがく
Aomori University

青森県青森市にある。1918年（大正7）創設者の山田きみが裁縫塾を設立したことに始まる。1962年（昭和37）青森短期大学，68年に青森大学が開学となった。大学の基本理念は「青森の豊かな自然と文化の中で人間性と確かな教養を培い，社会に役立つ基礎学力，技術及び専門知識を身に付けさせるための実践的な教育を行う」「教員と学生の親密なコミュニケーションを通じて，教員が個々の学生の能力を十分に引き出すための親身な指導を行う」「大学の知的財産を活用することにより地域への社会貢献を行うとともに，地域との親密な交流を通じて地域から愛される大学となることを目指す」の3

点。現在，総合経営学部，社会学部，ソフトウェア情報学部，薬学部で構成されている。2017年（平成29）現在の学部生数は1095人。　　　蝶　慎一

青森中央学院大学[私立]
あおもりちゅうおうがくいんだいがく
Aomori Chuo Gakuin University

青森県青森市にある。1946年（昭和21）青森珠算簿記学院，青森裁縫学院が設立されたことに始まる。1970年青森女子中央短期大学が開設され，74年青森中央短期大学と改称，98年（平成10）青森中央学院大学が開学した。2014年に前身の青森中央短期大学看護学科を受け，看護学部が新設された。建学の精神は「愛あれ，知恵あれ，真実あれ」である。現在は経営法学部，看護学部を有している。キャリア支援センターを設け，インターンシップの取組みも行っている。また，生涯学習として公開講座，地域特有の課題でもある日本語学習支援にも関与している。女子学生の学生生活満足向上に向けて「女子力 A-girl プロジェクト」を実施している。2016年現在の学部生939人。
　　　蝶　慎一

青山学院女子短期大学[私立]
あおやまがくいんじょしたんきだいがく
Aoyama Gakuin Women's Junior College

アメリカ・メソジスト監督教会婦人外国伝道局から派遣されたスクーンメーカー（Dora E. Schoonmaker）が開いた女子小学校を源流とする女子短期大学。1874年（明治7）開設の女子小学校は救世学校，ついで海岸女学校と名を変えたのち，88年に上級生の部門として，東京英和学校（のちの青山学院）の青山南町の敷地に東京英和女学校を開校。1894年海岸女学校と東京英和女学校が合併し，翌95年青山女学院が発足。青山女学院は1922年（大正11）から代官山への移転を進めていたが，23年の関東大震災による打撃を受け，27年（昭和2）に青山学院との合同により青山学院高等女子部と改められた。1933年専門学校令に基づき青山学院女子専門部を開設，戦後の女子短期大学へと連なる。短期大学制度発足時（1950年）の149短期大学のうちの一つ。設置時の学科組織は文科（国文専攻および英文専攻）と家政科。2016年（平成28）現在，現代に不可欠な教養を広く共通に学び現代を生きる人間力を育成する現代教養学科（日本，国際，人間社会の各専攻）と，3年制で総合的に現代子ども人間学を探究する「子ども学科」の2学科を有する。2016年5月現在の学生数1661人。2019年度以降の学生募集停止（2017年発表）。　　　藤田　敦

青山学院大学[私立]　あおやまがくいんだいがく
Aoyama Gakuin University

1874年（明治7）に開校の女子小学校，78年開校の耕教学舎，79年開校の美會神学校というアメリカ・メソジスト監督教会から派遣された宣教師が設立した三つの学校が源流。1883年に東京英和学校，94年に青山学院と改称する。1949年（昭和24）に新制大学として青山学院大学を開学。開校時は文学部（英米文学科，基督教学科），商学部，工学部の3学部であったが，2016年（平成28）5月現在，10学部（文学，経済学，法学，経営学，国際政治経済学，理工学，総合文化政策学，社会情報学，教育人間科学，地球社会共生学）26学科と12研究科（3専門職大学院を含む）からなり，学生数は1万8975人。キャンパスは東京都渋谷区と神奈川県相模原市に所在。キリスト教信仰に基づき「地の塩，世の光」をスクール・モットーとする。「共に学び，探究し，世界に発信する大学」をめざしている。2003年度からは全学共通の教養教育システム「青山スタンダード科目」を開始し，「確かな教養」を身につけるためのカリキュラムが設定されている。　　　山本　剛

→キリスト教系大学

アーカイブズ
archives

アーカイブズとは，『文書館用語集』（大阪大学出版会，1997）によると①史料，記録史料，②文書館，③公文書記録管理局，④「コンピュータ用語では…」とある。ここでは②文書館，すなわち「史料が記録され，閲覧利用できる建物，または建物の一部」として，大学における文書館として扱う。

[歴史]
大学アーカイブズの歴史は，中世の大学に始まる。当初は大学設立の趣意書，あるいは創設に関わった人物にまつわる資料や遺物が保管されてきた。ドイツ語圏では，大学以外にも地域のアーカイブズで，当該地域に創設された大学の資料史料等を保存している例もある。1365年創設の▶ウィーン大学では，1388年に法的文書を収めた「大学の木箱」が設けられ，歴代の学長たちが保管してきた。16世紀になると「記録所」が設けられ，法的，歴史的に重要な史料が保存されていくという経緯をたどっている。おおむねこのような流れをたどるが，スウェーデンの▶ウプサラ大学のように，アーカイブズの設立が大学設立と同年の1477年という例もある。

　アメリカ合衆国におけるアーカイブズ設立の発端は，アメリカ歴史学会の結成（1884年）にある。1936年に全米アーキビスト協会が結成され，1949年にはこの協会の一部会として大学アーカイブズ委員会が設けられた。大学全体の資料等を扱うアーカイブズとは別に，ニューヨーク大学のランゴン

メディカルセンターアーカイブズのように，独自にアーカイブズを持つ分野もある。アーカイブズ関係の国際団体としては，1950年にユネスコの提唱で設置されたICA（International Council on Archives：国際公文書館会議）がある。

日本の大学では，創立50年などの節目に記念誌編纂がなされたが，その際収集された資料等が，記念誌刊行後，東京大学などにみられたように，散逸あるいは廃棄される傾向にあった。国立大学としていち早くユニバーシティ・アーカイブズ（University Archives）の名称を持った東北大学史料館は1963年に設立された。1960年の『東北大学五十年史』刊行後，資料保存等の目的のために東北大学記念史料室が設立されたのに始まり，国立大学アーカイブズの先駆けとなった。今日では多くの大学が資料室や年史室を設けている。中小規模の単科大学では，大学史の資料収集と編纂の仕事の大半は，大学の卒業生である図書館員が担当し，図書館の一隅に設置されていた。しかし100年史などを刊行する頃には，独立した部屋を設けられた例もある。大学史編纂とは直接関わりなく，情報公開法の施行や国立大学法人化などを機に，アーカイブズを設けた国立大学の例が京都大学と大阪大学である。2000年設置の京都大学文書館は，保存期間満了の行政文書を保存する機関の設置が必要とみなされて設けられ，同時に文書の保存規程や管理簿の作成もなされた。

アーカイブズの事業，活動は多岐にわたる。①調査・収集，②整理・保存，③閲覧やレファレンスサービス，④関係紀要等の編纂，⑤教育活動：大学のアイデンティティ確立を目的とした，当該大学の歴史の授業科目の開講など，⑥イベント活動：大学史関係事業や講座の実施，⑦展示：常設展・企画展，⑧地域交流：大学ゆかりの地での講演・展覧会，シンポジウム等の実施などがある。昨今ではウェブ上での公開の例もある。共催で行われるイベントもあり，2014年に明治大学博物館特別展示室において開催された企画展「近代日本の幕開けと私立法律学校」では，専修，中央，日本，明治など各大学のアーカイブズのほか，獨協学園，法政大学の協力のもとに，神田学生街や民法・商法の施行をめぐって繰り広げられた法典論争を取りあげた。

大学史資料関係者の全国組織は，1996年発足の全国大学史資料協議会である。設立の発端は1983年の▶大学史研究会東京セミナーであった。1988年には関東地区大学史連絡協議会が設立され，西日本で1990年に発足した西日本大学史担当者会と合併するに至った。専門職としてのアーキビストの養成と現職者教育については，大学院レベルの教育が注目され，文書館専門職養成や再教育のための講義や講座が各地の大学や大学院で開かれている。公文書等の管理に関する法律

（平成21年法律第66号）15条3項に，国立公文書館等の長は，特定歴史公文書等に個人情報（生存する個人に関する情報）が記録されている場合には，当該個人情報の漏洩の防止のために必要な措置を講じなければならないとある。アーキビストにも求められることであろう。

［コレクション］
アーカイブズが収集する資料は，現状では事務局や各部局の行政文書のうち保存年限を経過したもの，広報や履修案内などの刊行物，写真や図版，デジタル資料，大学関係者の書簡，書類，メモなどである。会議録としては，▶教授会ほか各種会議の議事録に加えて，出席者のメモなど，公的な記録では分かり難い議事の経緯が，後世にとっては貴重な資料となる。行政文書等については，大規模大学ではアーカイブズの資料保存の原則が学内の各部署に十分に伝わらず，廃棄されてしまう可能性もあり，学内の各部署への資料保存への徹底が求められている。京都大学は，「京都大学における行政文書の管理に関する規程」9条で，「保存期間（延長された場合にあっては，延長後の保存期間とする）が満了した行政文書は，京都大学文書館へ移管するものとする」と銘記している。このような学内行政文書を移管する仕組みをとっている例は少ない。各大学における移管システムの確立が肝要である。

加えて，大学は教育と研究の機関である。したがって，今後は教育・研究関連資料の収集と保存の強化が望まれる。学術研究成果のほか，授業の副教材，学生のレポートなどが時代を表す重要な証言となりうる。1960年代末の大学闘争（紛争）の折には，学生側のチラシ，ポスターなどが収集され，立て看板なども写真撮影され保存された。これらのコレクションは，個別大学史としての意義だけではなく，高等教育史，社会史，文化史，政治史，郷土史に関わる資料であり，後世への保存と公開が肝要である。日々増加する資料のうち，何を残し，何を廃棄するか，選択基準を徹底する必要がある。

阪田 蓉子

→大学図書館，大学研究

◎全国大学史資料協議会編『日本の大学アーカイヴズ』京都大学学術出版会，2005.
◎小川千代子，高橋実，大西愛編著『アーカイブ事典』大阪大学出版会，2003.

アカウンタビリティ
accountability

［定義と使用法］
日本語で「説明責任」と訳されることが多い。元来はaccount（勘定，経理，会計簿）に由来し，金銭の出納が適切になされていること，投入された資金に対応する適切な成果が得られているかについて，それ

を取り扱う個人や組織が責任を持つことを要求されることを意味しており，「会計責任」と訳されることもあった。しだいに拡大された意味で使用されるようになり，経理上だけではなく，ある事業を行うことを任された組織や人員が，そこでもたらされた結果全体について，経過や理由を含めて第三者や社会全体に対して説明することを求められる状況を指すようになった。責任 responsibility という言葉が，法律上あるいは制度的な権限に基づく責任という意味で使われる傾向があるのに対して，一種の職業倫理あるいは社会的要請により発生する責任というニュアンスがある。

　教育の文脈では，1960年代のアメリカで，公立学校がその費用負担に見合うだけの学習成果をあげているか否かという論争をめぐって，とりわけ教員たちの団体的行動を批判することを意図して使われたのが最初の事例である。こうした事例や文献が日本に紹介された時に，日本の教育界でもアカウンタビリティという用語が知られることになったが，定義が必ずしも明確ではなく，論者によりニュアンスの相違があり，日本語に置き換えにくいという事情もあってカタカナのままで使用される場合も多い。学校のアカウンタビリティ，教員のアカウンタビリティという文脈で使われることが多い。

［高等教育での使用］

高等教育に関しては，より最近になってから使われはじめた言葉である。従来，一般的に高等教育機関には，政治や社会の世俗的関心から一定の距離感を置いた環境の中で教育・研究活動に専念すべきであるという▶「象牙の塔」的状況を理想とし，学問の自由を保持するために大学外部の政治的勢力等が大学の運営に介入するのを極力排除しようとする傾向があった。大学は一般市民の目から見れば，内部をうかがい知ることのできない別世界であり，栄光ある孤立を許された存在であった。大学が自らの活動実績や情報を社会に対して積極的に公開，発信するという姿勢はほとんど見られなかった。しかし大学をとりまく状況は大きく変化している。急速な量的拡張をとげるとともに，大学は優れた人材の養成，独創的な学術研究の推進にとどまらず，雇用状況，国際環境，国民生活の変化にともなって多様化，複雑化したさまざまな社会的要求に対応することを求められている。

［高等教育の社会的責任］

こうした変化を受けて，日本の高等教育の分野でも▶大学設置基準の緩和や▶自己点検・評価の導入などが行われた1990年代以降，政府や大学関係者の中でアカウンタビリティ論が議論されるようになってきた。1998年（平成10）の大学審議会答申には，「特に大学等においては公共的機関としてのその基本的な性格に改めて思いを致し，開かれた大学運営，社会的責任の履行にこれまで以上に努力していくことが求められる」と述べられている。ここ

では「社会的責任」という言葉が使われているが，文脈的に見れば，アカウンタビリティとほぼ同じ意味で使われている。大学は，以前よりもはるかに大きな社会的存在として，公共的な役割を担っていることを自覚し，それにふさわしい態度・行動をとるよう求められている。

　もっとも，その後の展開をみれば，各国立大学法人による6年ごとの▶中期目標・中期計画の作成と報告，自己点検・評価の結果の公表，▶認証評価機関による定期的な評価結果の公表はすでに義務化，制度化されており，現実はもはやアカウンタビリティ（説明責任）という概念を超えたレベルにまで進展していると言えるかもしれない。さらに個別大学のレベルでは，詳細な授業シラバスの作成，客観性や透明性の高い新しい学業成績評価システム（▶GPA）の採用，卒業生の進路や雇用実績に関するより詳細な情報公開等が活発になってきている。少子化時代，大学淘汰の時代に突入した今日，大学が自分たちの活動規範，達成目標，運営方針，さらには活動実績を積極的に社会に広報し，その存在をアピールすることは，もはや自校の存亡にかかわる不可欠の活動となっている。

斉藤　泰雄

→大学の自治（テーマ編）
◎広島大学大学教育研究センター編『大学のアカウンタビリティーとオートノミー』同センター，1998.
◎大学審議会答申「21世紀の大学像と今後の改革方策について」，1998.

アカデミア
academia［羅］

アカデミー（academy; académie［仏］; Academie［独］）などの語源となったアカデミアは，多様な意味を持つ。起源としては，紀元前4世紀にプラトンがアテナイの郊外，アカデメイア（Akadēmeia）の地に学校をつくったことに由来する。この学校は法人格と土地建物などの不動産を持ち，学頭を中心に対話や討論による哲学の教育と探求をおこなった。古代地中海世界の高等教育の学校の模範となったが，同時にピタゴラス教団の影響で宗教的な知識人集団の性格を持ったとも言われる。この性格や理念が，のちに至るまで教育研究機関や学術団体への根源的な範例となり，それらがアカデミアの名称を採ることになった。古代から中世にかけて，プラトンのアカデメイアを模範とした学校としては，教育の内容と方法は異なっていたがアリストテレスのリュケイオン，プトレマイオス1世がアレクサンドリアにつくったムセイオン，シャルル・マーニュの宮廷学校などがあげられるが，これらはいずれも高等教育機関ではあるが，中世後期に出現する大学に繋がるものではない。

［組織としてのアカデミア］

大学成立以降近代に至るまでに，研究と知識の普及活動を中心とした組織としてのアカデミアが出現する。この種のアカデミアは，おおむね人文主義，言語，科学の3種類に分かれる。人文主義アカデミアは15世紀頃にイタリアを中心に出現し，アカデミア・プラトニカ（プラトン・アカデミー）が代表的なものである。フィレンツェのコジモ・デ・メディチによってつくられ，プラトン哲学を中心としたギリシア文献の探求と知識の普及を目的とした一種のサロン的な組織であった。同世紀末には，ヴェネツィアの人文主義の出版者であったマヌティウスの周りに人文主義者が集って，アカデミア・アルディーナが形成され，人文主義著作を出版した。これらのアカデミアに集った人文主義者の多くは，大学とは無関係に知識の探求と普及に努めた。14世紀末にギリシア人の人文主義者クリュソロラスが▶フィレンツェ大学のギリシア語講座を担当した例や，15世紀前半にグアリーノ・ダ・ヴェローナがフェラーラ大学の修辞学教授となった例などがあり，人文主義者は徐々に大学に地位を占めていったが，大学はまだ彼らに十分に門戸を開いていなかった。

16世紀以降にこの種のアカデミアは変容を遂げる。従来のサロン的性格が弱まって，個人だけでなく国家が設立するか国家機関化して明確な組織形態をとり，教育機能を果たすものも現れる。その典型がストラスブールのアカデミーである。これは，1538年に人文主義者シュトルム（Johannes von Sturm）によって設立されたギムナジウム（中等学校）が1566年にアカデミーに昇格し，皇帝から大学と同等の▶学位授与権を認められたもので，人文主義教育で著名となった。1621年には上級学部への進学権が認められて大学へと昇格した。他方で，人文主義者の文献学や言語批評の関心が，古典語のみならず母国語に向けられて，言語アカデミアが誕生する。その代表が1582年にフィレンツェに創設されたアカデミア・デラ・クルスカ（Accademia della Crusca）で，イタリア語の検討と純化を目的とした。この影響はパリに及び，17世紀前半には枢機卿リシュリュー（1585-1642）による▶アカデミー・フランセーズが生まれた。

［近代以降の多様な展開］

次いで，近代科学の勃興とともに科学アカデミアが多数隆盛する。とりわけ，ガリレオ・ガリレイがメンバーであったことで著名なローマのアカデミア・デイ・リンチェイ（Accademia dei Lincei，1603年設立）は現在まで存続し，国立の研究機関となっている。これらの科学アカデミアの中には，大学の伝統的な天文学に対して，コペルニクス的天文学を研究教育するカウンター・カルチャーの牙城となったものも見られる。また，大学のスコラ的伝統を嫌ったライプニッツがその長となったプロイセンの科学アカデミーは，自然科学だけでなく人文学も組織化した。

大学に制度化されていない，科学知識を研究教育するアカデミアは，イタリアからアルプス以北に影響を与えて，フランスのアカデミー・デ・シアンス（Académie des sciences，1666年）やイギリスのロイヤル・ソサエティ（Royal Society，1660年）などの創設に繋がり，近代科学の発展に貢献した。大学はこれらの新しい分野では立ち遅れることとなった。

17世紀には，純粋に教育を目的としたアカデミーも多数出現した。とりわけ，絶対主義国家における貴族層の職業訓練などの目的で，前述のリシュリューも設立に関与した貴族アカデミーや，近代科学や近代外国語を教えたドイツの騎士アカデミーなどが隆盛した。いずれも大学教育の系統とは明確に区別された，近代的な教育需要に応じる教育機関であった。

18世紀以降，アカデミアはさらに多様化し，美術，農業，経済学のアカデミアなども各国につくられるようになる。これらは，おもに研究や啓蒙活動を中心としたアカデミアであったが，それとは別に教育を主目的としたアカデミーも多数創設されるようになった。それらの中には，鉱山や建築のアカデミーのように19世紀に▶工科大学に昇格したものもみられる。また自然科学や農業のアカデミーのように，大学の学部として制度化されるものが現れるようになった。これに対して，音楽や美術のアカデミーは現代に至るまで大学教育に取り込まれることなく，独自の高等教育機関として位置づけられている。またアカデミーという場合，日本の学士院（The Japan Academy）のように，各国で学識者の学術団体の意味でも使用され，国際アカデミー連盟（IUA）のような国際組織もつくられている。

児玉 善仁

→ 大学の概念（テーマ編），科学アカデミー，ルネサンス・アカデミー，大学と言語（テーマ編），古典語・外国語教育

◎別府昭郎編『〈大学〉再考―概念の受容と展開』知泉書館，2011.

アカデミック・ドレス
academic dress

▶学位授与式や入学登録式など，大学の式典や祝祭行事の際に着用される衣服。通常，ガウン（ローブ），フード，▶学帽の3点から成る。今日，イギリスではおもに学位授与式の際に着用されるのが一般的だが，かつては日常的に用いられた。オックスフォードやケンブリッジ（オックスブリッジ）では，現在でも授業や試験や共同正餐（フォーマル・ディナー）の際などにはガウンが着用されている。アカデミック・ドレスのデザインやカラーは各大学により，保持する学位の種類や大学での役職や身分・地位ごとに細かく規定されている。オックスブリッジでは学位保持者だけでなく▶学士課程に学ぶ学生用にも奨学生（スカラー）と自費生（コモナー）のガウンがある。アカデミック・ドレスを着用する際に下に着る

服装についても，かつては「subfasc」（男性の場合には
ダークスーツと黒の靴下，黒の靴，白のシャツとカラー，
白のボウタイ）が厳密に要求されていた。アカデミッ
ク・ドレスは中世の僧服に由来し，大学人の身分・
地位を表象するものであった。　　　　　　安原　義仁

➡タウンとガウン，入学式／卒業式

アカデミック・ハラスメント

［日本における規制の取組みと現状］

欧米では，嫌がらせやいじめは差別論（性差別，人
種差別，性的マイノリティ差別など）の枠組みから議論
されることが多く，差別にあたらない大学内の嫌がら
せはアカデミック・モビング，ブリングと呼ばれ，
アカデミック・ハラスメント（academic harassment）とい
う言葉はあまり一般化していない（湯川やよい，
2014）。対照的に，キャンパスにおけるセクシュア
ル・ハラスメントの問題化が▶ハラスメント全般の可
視化につながっていき，「セクハラ」「アカハラ」「パワ
ハラ」がしばしばセットで語られるところに日本の特
徴がある。

　1990年代前半から日本の各大学で深刻なセク
ハラの案件が次々に浮上したが，大学のハラスメ
ント対応の転機となったのは99年の男女雇用機会
均等法改正である。この法改正によって，セクシュ
アル・ハラスメント防止配慮義務（2007年度以降は措
置義務）がすべての大学に課され，多くの大学はハ
ラスメント防止の規定やガイドラインを作成し，職
員研修会を実施したり，相談窓口を設置し，対応
が必要な事案については調査・懲戒委員会を立ち
上げて対処を講じるようになった。2001年に
「NPOアカデミック・ハラスメントをなくすネットワー
ク」が設立され，アカハラが性的な言動以外の不快
で不適切な言動一般を示すようになると（北仲千里，
2013），大学に設置された相談窓口もセクハラに限
らずハラスメント全般についての訴えに対応するよ
うになった。

　このような仕組みの整備にもかかわらず，大学の
取組みが十分な効果を上げていないのが現状であ
る。たとえば多くの加害者（ハラッサー）は，なぜ自
分が訴えられたのかが理解できず，処分を不服と
して組織や被害を訴えた相手を訴え返すケースが
後を絶たない。大学が設置する調査委員会，懲戒
委員会の問題対応能力にも限界がある。調査委員
会はたいてい，加害者の対抗訴訟を想定してハ
ラスメントの「調査」は慎重に進めざるをえないが，
被害者が学生や大学院生だった場合，問題への対
応は急を要するというジレンマを抱えている。委員
会の設置にあたっては弁護士など外部からの委員
を招く手法が一般化している一方，風評による大
学イメージの低下を恐れて事件そのものを秘匿す
るケースも私立大学を中心に多く，被害件数が明

らかにならないばかりか，加害者が何もなかったよ
うに他大学に移る，つまり制裁が機能しないケース
もみられる。個々の大学を越えた防止対策ネット
ワークの構築が急がれる所以である。

［アカデミック・ハラスメントを生み出す大学の体質］

ハラスメントを大学から根絶するためには，対症療
法だけではなく，どのような大学の構造的条件がハ
ラスメントを発生させるのかについての実証研究が
求められている。これまでのところ研究は明らかに
不足しているが，数少ない研究を三つに分けること
ができる。一つは，しばしば▶象牙の塔と形容さ
れる大学の閉鎖的な体質を問題視し，その点で大
学の「開放化」のビジョンを提示する議論である。
研究中心の大学では，いわゆる「小講座制」の組織
形態を今なお採っているところが多く，一人の教授
が講座構成員に対する生殺与奪の力をもって君臨
する「密室」がパワハラの温床になる。沼崎一郎は，
教師－学生関係をサービス関係としてとらえなお
し，指導と評価を分離する，学位審査権を外部化
するなど，ブレーン・ストーミングというべきラディカ
ルな提案をおこなっている（沼崎，2005）。

　もう一つは，今の議論と矛盾するものではない
が，大学が近年直面している急速な変化に着目す
るものである。いわゆる理系の専門領域ではプロ
ジェクト型研究が主流になり，成果主義のもとチー
ム単位で厳しい国際競争にさらされている。この
状況下で「役に立たない」とされたチーム構成員（あ
るいはその予備軍である大学院生や学生）に対する排除
や暴力が起こりやすい。大学の「生き残り」のなか
でマイナスの評価をされた大学教員もハラスメント
の対象になる。湯川が『アカデミック・ハラスメント
の社会学』で紹介している「Westhues2005」の分析
は，このようなケースに該当する。

　第3に，同じく近年の大学が被る変化に注目し
ながらも，大学構成員の多様化によって生み出さ
れる「差別」に焦点を当てる研究がある。「アカハ
ラ」という言葉の日本での定着に決定的影響を与
えた上野千鶴子編『キャンパス性差別事情』が「研
究職に固有の性差別」を意味して「アカデミック・ハ
ラスメント」という言葉を用いた背景には，日本の
大学構成員にみられる著しい男女間不均衡があ
る。振り返ってみれば，この20年間の日本の大学
における最大の「ニューカマー」といえるのは留学生
以上に大学院生（社会人入学者を含む）だった。ハラ
スメントのおもな被害者も学部学生や教職員以上
に大学院生に集中し，その少なからぬ部分が女性
である。狭義のセクハラではないアカハラ全般につ
いても，その被害者のなかで女性が相対的に多い
ことが知られている（北仲，2013）。大学内ハラスメ
ントは大学内マイノリティの問題と切っても切り離
せない問題なのである。

　以上の三つの視点は重要だが，今最も欠けてい

るのは大学での指導－被指導関係をめぐるミクロレベルの事例研究であろう。こうした研究なしに拙速な「改革案」を出しても，新しいハラスメントをつくり出す結果に終わる可能性もある。　　　　水島 和則

→マイノリティと大学，ジェンダー，平等と大学(テーマ編)

◎北仲千里「ハラスメントの被害と支援 そして大学に根を張るハラスメント」『現代思想』41巻15号，2013.
◎沼崎一郎『キャンパス・セクシュアル・ハラスメント対応ガイド(改訂増補版)―あなたにできること，あなたがすべきこと』嵯峨野書院，2005.
◎御輿久美子・赤松万里『アカデミック・ハラスメントの実態調査研究―大学および大学教員に対するアンケート調査結果報告書』，2004.
◎NPOアカデミック・ハラスメントをなくすネットワーク(NAAH)：http://www. naah. jp/
◎上野千鶴子編『キャンパス性差別事情―ストップ・ザ・アカハラ』三省堂，1997.
◎湯川やよい『アカデミック・ハラスメントの社会学―学生の問題経験と「領域交差」実践』ハーベスト社，2014.

アカデミック・ポートフォリオ→ティーチング・ポートフォリオ／アカデミック・ポートフォリオ

アカデミック・リーダーシップ
academic leadership

ある教員(リーダー)が，他の教員(フォロワー)に対して影響力を及ぼす行為の総体を指す。本来はリーダーの公的な立場にかかわらず，フォロワーが自発的にリーダーの影響力を受け入れて，行動を変容させること(インフォーマル・リーダーシップ)を指すが，狭義には管理的立場にある教員(アカデミック・アドミニストレーター)が与える影響力を指す。とくに次の四つの領域において影響力や存在感を発揮することが期待される。①学部や大学全体の目標実現に対して，教員が行うべきことを明確にする，②教員間で異なる見解がある際に，状況を整理し，新たな意味づけを行い，教員組織の活動の非効率性を最小にする，③教員組織内の規範を維持する，④大学内の人間関係を安定的にして安心感を与える。そのためリーダーは明確な目標を持っていることが重要であり，その目標が他の教員から見ても実現したいと思えるものであれば，リーダーシップは発揮されやすい。リーダーシップは関係性に規定される上，多くの大学で教員組織はフラットであるため，アカデミック・リーダーシップの発揮においては，リーダーとフォロワーの接触時間の長さも重要な要素の一つとなる。　　　　中島 英博

アカデミー・フランセーズ
Académie française[仏]

ルイ13世の治世下，1630年前後から，詩人コンラールの家に文学者たちが集まっているのを宰相リシュリューが知り，これを公的な機関として保護することを望んだ。1635年にアカデミー・フランセーズ

が創設され，翌35年には国王の勅許状によって公式に設立された。動詞の活用や正書法なども確立していない当時の状況のなか，フランス語に確かな規準を与えることがその役割として示された。したがってフランス語辞書の編纂が主たる役割となるが，1694年の初版の刊行以降，1718年(2版)，40年(3版)，62年(4版)，98年(5版)，1835年(6版)，78年(7版)，1932-35年(8版)と版を重ね，現在9版(1巻1992年，2巻2000年，3巻2011年)が刊行中である。終身の会員数は40名で，欠員が生じた場合には，現会員による選挙(投票数の絶対多数)によって新会員が選出される。フランス学士院を構成する五つのアカデミーの一つ。　　　　白鳥 義彦

→言語学研究，文法学校

秋田看護福祉大学 [私立]｜あきたかんごふくしだいがく
Akita University of Nursing and Welfare

1996年(平成8)設立の秋田桂城短期大学が前身。秋田県が求めた看護・介護の人材育成の要望と大館市の支援によって，秋田県北初の高等教育機関として創設された。2005年に現行の秋田看護福祉大学となる。建学の精神は「真理・調和・実学」であり，真理の探究を教育研究の根本理念とし，調和を社会に生きる基本として，実践的・科学的実用に富む学問を教授している。2017年現在，秋田県大館市にキャンパスを構え，1学部2学科に381人の学士課程学生が在籍する。2017年度からは秋田キャンパスに福祉学科(行政・企業コース)が開設される予定であり，同一法人のノースアジア大学や，秋田栄養短期大学の授業科目を▶単位互換制度によって履修することも可能とする。2009年以来，9年連続で就職率は100％である。　　　　戸村 理

秋田県立大学 [公立]｜あきたけんりつだいがく
Akita Prefectural University

1999年(平成11)4月に，「21世紀を担う次代の人材育成」および「開かれた大学として，秋田県の持続的発展に貢献」することを理念に開学。2016年4月現在，秋田・本荘・大潟の三つのキャンパスにシステム科学技術，生物資源科学の2学部2研究科を置き，1819人の学生を収容する。特筆すべき教育活動に学生自主研究があり，新入生の段階から本格的な研究活動に従事する。具体的にはグループを結成して自主的に研究テーマを設定させ，交付された研究資金を一定の研究期間内に有効利用することで，研究活動のノウハウを学び，3年次以降の本格的な専門分野の研究のステップとしている。教員一人あたり学生数(ST比)は約8人と少人数教育が実践されており，また民間企業での実務経験を有する教員も3割を占め，基礎から応用までバランスの取れた教育研究活動が実践され

ている。就職支援体制の充実も徹底されており，2015年3月卒業生(就職希望者)の就職率は，ほぼ100%であった。 戸村 理

秋田公立美術大学 [公立] | あきたこうりつびじゅつだいがく
Akita University of Art

秋田県秋田市にある。1952年(昭和27)秋田市立工芸学校(修業2年)として設置され，95年(平成7)秋田公立美術工芸短期大学が設立された。2010年秋田公立美術工芸短期大学4年制大学化検討有識者委員会が置かれ，13年秋田公立美術大学が4年制大学として開学した。四つの基本理念には「新しい芸術領域を創造し，挑戦する大学」「秋田の伝統・文化をいかし発展させる大学」「秋田から世界へ発信するグローバル人材を育成する大学」「まちづくりに貢献し，地域社会とともに歩む大学」とある。美術学部(美術学科)は，アーツ&ルーツ専攻，ものづくりデザイン専攻，景観デザイン専攻など五つの専攻に分かれて教育されている。2015年現在の学生数は323人。 蝶 慎一

秋田大学 [国立] | あきただいがく
Akita University

秋田県秋田市にある。1949年(昭和24)秋田師範学校，秋田青年師範学校，秋田鉱山専門学校を基盤として設置された。設置当初は，学芸学部，鉱山学部で構成されていた。基本理念として「国際的な水準の教育・研究を遂行」「地域の振興と地球規模の課題の解決に寄与」「国の内外で活躍する有為な人材を育成」を掲げる。2014年(平成26)国際資源学部，16年には大学院国際資源学研究科が設置され，17年4月現在，4学部・3研究科を有する総合大学である。2016年現在の学部生4392人，大学院生669人。「博士課程教育リーディングプログラム」として「レアメタル等資源ニューフロンティアリーダー養成プログラム」が展開され，国際資源開発の卓越したリーダー，人材の養成に力を入れている。 蝶 慎一

秋入学 →9月入学

アクティブ・ラーニング
Active Learning

▶講義を聴くだけの受動的学習では学習効果が上がらないことが指摘されて久しい。受動的学習に対する概念が能動学習(アクティブ・ラーニング)である。学生が授業に積極的に参加する方略すべてを含む。たとえば，グループ学習による議論や発表，▶チュートリアル，問題解決型学習(Problem Based

Learning: PBL)，ディベートなどである。図書館やLMS(▶ラーニング・マネジメント・システム)，OCW(▶オープンコースウェア)が整備された現在，大学の講義の意義が深く問われている。単なるテキストの紹介は，学生にとって有益ではないのではないかという疑念である。アクティブ・ラーニングは，それに対する答えの一つである。最近はこの考え方をさらに進めた「Significant Learning(意義ある学習)」が推奨されている。かつての講義形式はテキスト講読を講義中に行い，それを使った課題解決を宿題で行っていたが，それを逆転させる方略の反転学習(Flipped Learning)である。 細川 敏幸

→ラーニング・アウトカムズ

アクレディテーション
accreditation

高等教育の質の保証と質の改善のために，大学等の高等教育機関の外部団体が，団体自身が持つ基準に照らして調査し，基準に適合しているか否かの認定を行い，その結果を公表するプロセス。アクレディテーションには通常5年から10年の期限があり，大学等は期限前に再度アクレディテーションを受けることが求められている。大学を総体として評価する機関別アクレディテーションと，教育プログラムを評価するプログラム・アクレディテーションがある。アクレディテーションは19世紀末にアメリカ合衆国で考案されたシステムで，1990年代以降，高等教育のグローバル化の進展とともに世界各国に普及しており，他国の大学との交流や，政府等による職業資格付与の際に当該大学がアクレディテーションによる認定を得ているかどうかが判断の根拠となる場合が増加している。日本語では適格認定，適格判定，基準認定などと訳される。日本の▶認証評価制度をアクレディテーションととらえる向きもあるが，▶学校教育法で規定された認証評価は，▶法科大学院の認証評価を除いて，基準への適合性の判定を求めていないので，正確にはアクレディテーションとはいえない。 前田 早苗

→質保証制度，チャーターリングとアクレディテーション

アクレディテーション委員会
アクレディテーションいいんかい
Akkreditierungsrat [独]

▶アクレディテーションの手続きの原則の策定と，実際に審査を行うアクレディテーション団体の認定および再認定を任務とするドイツの機関。ドイツの高等教育機関では，伝統的な学位であるマギスターおよびディプロームの学修課程については，▶各州文部大臣会議(KMK)の大綱試験規程にしたがって各高等教育機関が試験規程を定め，学位の水準を維持してきた。また，各州の試験規程の審査

もこの大綱試験規程に基づいて行われ，課程の設置認可が実施されてきた。

　しかし，1998年の▶大学大綱法の改正により新たに導入されることになった学士・修士の学修課程については，大綱試験規程を作成せず，代わって課程の質を認定するアクレディテーション制度を導入することで質の維持が図られることとなった。これを受けて翌99年に設置されたのがアクレディテーション委員会である。委員会は州立・私立の大学の代表4名，各州の代表4名，職業界の代表5名（うち1名は勤務関係および賃金関係の事柄を所管する州の大臣），アクレディテーションの経験を有する外国人の代表2名，学生2名，協議の投票権を有する団体の代表1名で構成される。欧州域内の質保証機関の連合組織である欧州高等教育質保証協会（ENQA）に加盟しており，2016年現在，10のアクレディテーション団体を認定している。

髙谷 亜由子

→ 質保証制度

旭川医科大学 [国立] ┃ あさひかわいかだいがく
Asahikawa Medical University

北海道旭川市にある。1973年（昭和48）旭川医科大学が設置され，76年医学部附属病院が設置された。教育の理念は「豊かな人間性と幅広い学問的視野を有し，生命の尊厳と高い倫理観を持ち，高度な知識・技術を身につけた医療人及び研究者を育成する。また，地域医療に根ざした医療・福祉の向上に貢献する医療者を育てる。さらに，教育，研究，医療活動を通じて国際社会の発展に寄与する医師及び看護職者の養成に努める」である。地域医療に根差した教育，研究が行われており，とくに医学科と看護学科の連携が積極的に図られている。2016年（平成28）5月現在の学部生980人，大学院生133人。学部，大学院修了生の活躍地は北海道内のみならず，関東圏へ進む卒業生なども少なくない（2015年度実績）。

蝶 慎一

旭川大学 [私立] ┃ あさひかわだいがく
Asahikawa University

1898年（明治31），沢井兵次郎が創設した旭川裁縫専門学校が淵源で，1970年（昭和45）に旭川大学と改称して現在に至る。北海道のほぼ中央，旭川市にある。母体である学校法人旭川大学は旭川大学，旭川大学大学院，旭川大学短期大学部のほか，旭川大学高等学校，旭川大学附属幼稚園，旭川大学情報ビジネス専門学校を有する。建学の理念は「地域に根ざし，地域を拓き，地域に開かれた学園」である。経済学部，保健福祉学部の2学部，大学院は経済学研究科の1研究科を有する。2016年（平成28）5月現在の学生数は1011人。

社会人入試，インターンシップ，出張講義，▶公開講座といった地域社会と大学の連携を意識した幅広い取組みを行っていることが特色である。「旭大ナビ」（あさひかわ企業ファイル http://www.kyokudainavi.com/）という学生・企業のための就職支援のデータベース・サービスも行われている。

蝶 慎一

朝日大学 [私立] ┃ あさひだいがく
Asahi University

岐阜県瑞穂市にある。1971年（昭和46）に歯学部の私立単科大学として岐阜歯科大学が開学，同年附属病院も開設された。創設者は宮田慶三郎。1973年，岐阜市の村上外科病院が大学に寄付され，歯学部附属村上記念病院となる。1977年に大学院歯学研究科を設置。1985年に朝日大学と改称し，同年に経営学部，87年に法学部を設置し総合大学化を進める。両学部には1989年（平成1）に教職課程が併設され，順次大学院も設置。2014年には保健医療学部看護学科が設置された。2016年5月現在の学部在学者数は2350人，大学院在学者数は76人。建学の精神は「国際未来社会を切り開く社会性と創造性，そして，人類普遍の人間的知性に富む人間を育成する」である。

和崎 光太郎

麻布大学 [私立] ┃ あざぶだいがく
Azabu University

1890年（明治23）に與倉東隆が東京麻布に獣医師養成を目的に開設した東京獣医講習所を起源とする。1950年（昭和25）に麻布獣医科大学として開学，80年には麻布大学と名称を変更した。設置者は学校法人麻布獣医学園。建学の精神は「学理の討究と誠実なる実践」で，大学のモットー（教育研究の理念）に「地球共生系～人と動物と環境の共生をめざして～」を掲げる。実学重視の人材育成に努め，動物側または環境因子側から教育・研究を行い，人および動物の健康社会に貢献する▶高度専門職業人および幅広い職業人の育成を教育目標とする。当初は獣医学部のみであったが，1978年に環境保健学部を開設，2008年（平成20）には同学部を改組して生命・環境科学部を開設。2016年5月現在，神奈川県相模原市にキャンパスをかまえ，2学部2研究科に2671人の学生を収容する。附属教育研究組織も充実しており，附属動物病院は年間約2万例の診療を行うと同時に，教育病院として学生の臨床教育施設として機能している。

戸村 理

アジア学長会議 | アジアがくちょうかいぎ
Conference of Asian University Presidents: CAPs

「アジア地域の主要な大学の間において，教育・研究分野，産学連携，大学運営，教職員や学生の交流推進等について意見交換を行うことにより，ネットワーク形成等新たな協力関係を構築することを目的」として開催されている国際会議。▶九州大学の呼びかけによって始まり，会議は2000年から2011年までに九州大学，韓国の釜山大学校，タイの▶チュラロンコン大学，▶タマサート大学，マヒドン大学，中国の上海交通大学，▶国立台湾大学，▶インドネシア大学において計8回開催されている。これまでの会議では産官学連携，生涯教育，▶社会貢献，遠隔教育，質保証，大学経営，大学連携等について，アジアの大学の役割や今後の取組み方針が検討された。会議を通して，参加大学が共同で利用し情報発信，共同研究，相互交流等ができるよう3ヵ所の海外拠点事務所が設置され，新たな学生交流事業の立上げにも成功している。

堀田　泰司

亜細亜大学 [私立] | あじあだいがく
Asia University

1941年(昭和16)設立の財団法人興亜協会が開設した興亜専門学校を起源とする。1954年現在の学校法人亜細亜学園となり，翌55年亜細亜大学を設置した。太田耕造初代学長は，建学の精神について「自己を助ける者は自己なり，自己こそ最上の助け主なり」「自助は独立に通ず」と記している。自助は自分自身のアイデンティティを確立し，自らの力でそれぞれの道を切り拓くことであり，「協力の花は自助の根から」とし，真の協力関係は自立した人間同士の協力関係であると説いている。この精神のもと，アジアを中心に世界各国に貢献できる人材育成を行っている。留学生の派遣数は全国的にも高い実績を持ち，充実した語学教育のもと世界各国に多彩な▶留学プログラムを展開している。東京都武蔵野市にキャンパスを構え，2016年(平成28)現在，経営・経済・法・国際関係・都市創造の5学部および短期大学部，3研究科に6995人の学生が在籍。

山崎　慎一

アジア太平洋大学交流機構
アジアたいへいようだいがくこうりゅうきこう
University Mobility in Asia and Pacific: UMAP

高等教育分野における政府ならびに非政府代表からなる任意団体。1991年にアジア太平洋地域の高等教育機関間の学生・教職員の交流を促進することを目的に発足した。1998年にUMAP憲章が採択され，日本にUMAP国際事務局が設置された。その後，2006年にタイ，2011年に台湾が事務局を引き継いでいる。2013年現在，UMAP正会員国は日本，タイ，台湾をはじめ計16ヵ国である。UMAPはアジア太平洋諸国間の学生交流の促進に加え，UMAP単位互換制度(UCTS)の普及に努めてきた。さらに2008年には独自のオンラインシステムを開発し，学生交流事業を開始した。その他，共同研究事業の支援や副学長フォーラムの開催等にも取り組んでいる。2013年にはUCTSへの新たな概念の導入を計画し，UMAP参加大学間の単位換算を大幅に簡素化し，▶質保証の伴った学生交流の促進を目指している。

堀田　泰司

アジア太平洋地域質保証ネットワーク
アジアたいへいようちいきしつほしょうネットワーク
Asia-Pacific Quality Assurance Network: APQN

2004年に世界銀行とユネスコの支援を受け，アジア地域の高等教育の▶質保証機関の機能と連携を強化することを目的に，オーストラリアのヴィクトリア州で登録された非営利団体。「高等教育質保証機関国際ネットワーク：▶INQAAHE」と連携する地域ネットワークとしての役割も果たしている。2008年にはAPQN憲章(第7版)が正式にヴィクトリア州政府によって公認された。おもな活動は高等教育の質の改善や維持に関する▶グッド・プラクティス(GP，模範的取組事例)の普及や経験の共有，研究プロジェクトへの支援，質保証機関への助言や機関間の連携促進，そして高等教育の各種認証評価基準や評価方法のガイドラインの策定と普及等である。2005年には17機関の登録であったが，のち会員数が急激に拡大し，2013年9月現在，36ヵ国・地域から137の質保証機関や大学機関が登録している。

堀田　泰司

アジア太平洋地域における高等教育の資格の認定に関する地域条約
アジアたいへいようちいきにおけるこうとうきょういくのしかくのにんていにかんするちいきじょうやく
Asia-Pacific Regional Convention on the Recognition of Qualifications in Higher Education

1983年にユネスコの主導で締結された「アジア太平洋地域における高等教育の学業，卒業証明，及び学位の認定に関する地域条約(仮訳)」の改訂版。2011年11月26日にユネスコが東京で開催した会議で，アジア諸国を中心に全世界からの26ヵ国の賛同を得て採択された。旧条約はアジア太平洋地域の全国家が連携・協力し，高等教育における相互の学位や資格，取得単位等をできるだけ積極的に認定し合うことをうたっている。今回の改訂ではさらに，①各締約国はそれぞれの高等教育制度に関する情報提供のため，「国内情報センター」を設立する，②締約国間を学生が留学し帰国する場

172　あじあがく　　　　　　　　　　　　　　　大学事典

合，締約国は迅速に資格審査を行い，実質的な相違がみられない限り，他の締約国において授与された学位や資格，取得単位等を認定する，③締約国は資格審査，認定手続き，基準について透明性，一貫性，公平性等を確保することを約定した。

堀田 泰司

アジアの大学 →テーマ編 p.107

アジアの大学改革 |アジアのだいがくかいかく

［高等教育の拡充と世界水準大学への挑戦］

多様化と民営化が進むアジア各国の大学改革において，その原動力となっているのは，自国の高等教育をいかに拡充し経済発展を担う自国の人材育成を図るかという旧来からの政策目標と，自国の大学をいかに「世界水準大学（World Class University: WCU）」に育て上げるかという教育の国際化に伴う課題である。これら二つの政策課題は，1990年代以降，高等教育の需要が高まり大学の大衆化が進み，大学の量的拡大と▶認証評価・質保証が求められることに加え，新自由主義に伴う競争や効率を重視する方向性が強まり，▶大学ランキングと人材獲得をめぐる競争原理がはたらくことでより重視されるようになった。重点大学に特化した中国の「211プロジェクト」および「985計画」，韓国の大学院改革，シンガポールのWCUの海外からの誘致・提携，タイの大学における「インターナショナル・プログラム」の導入，マレーシアの拠点大学（APEX）の重点化，インドネシアの総合大学への移行，インドにおけるWCUの誘致など，いずれも国際競争力を維持するための人材育成と高等教育機関の拡充を目的としている。

しかしながら，とくにアジアでは，国際競争力の獲得が，経済発展を遂げている国のみならず，発展途上にある国においても強く意識されている点に特徴がある。たとえばヴェトナムでは世界銀行とアジア開発銀行の融資を受け世界水準の新大学の建設を目指しており，スリランカでは南アジアの教育ハブを目指す国家戦略が，またブータンでも同様に教育ハブを目指す「Education City プロジェクト」が開始されており，ラオスでも「高等教育マスター計画」を打ちだしている。さらに国立大学だけでなく，カンボジアのように急増する私立大学が高等教育の急速な拡大過程で大きな役割を担っている点も特徴的である。

［大学改革と地域化］

他方，競争原理が働く一方で，国際化に伴う国境を越える教育がアジアの高等教育のネットワーク化を促し，地域化（リージョナライゼーション）へと結びつく動きが高まるなかで，結果として国家の枠組みを超えた大学改革が展開されているという側面もある。この背景には，学生ならびにプログラムの国境を越えた流動が活発化するなかで，アジア域内外の諸外国・地域との協力と信頼関係の構築なしには，高等教育の量的・質的拡充を図ることができなくなっている現実がある。そこでは東南アジア諸国連合（ASEAN）が展開する「▶アセアン大学ネットワーク（AUN）」や「アセアン学生国際移動プログラム（AIMS）」のように複数の大学を結ぶ循環型と，南アジア地域協力連合（SAARC）8ヵ国からの学生が集う南アジア大学（SAU，ニューデリーに所在）のように拠点型の大学があるが，いずれも多国籍の学生を対象にし，国際連携を図る大学のあり方を模索している。

こうした地域化の動きは，競争原理よりもむしろ，ASEANが2015年の地域統合に向けて強調する「調和化」や「人と人の連結性」といった概念に象徴されるとおり，アジアを担う次世代リーダーの育成を協力して行う国際高等教育プログラムの開発を大学改革に促している。また国際連携を行ううえで質保証のシステムや▶単位互換制度を共有する共通教育が必然的に求められるようになり，従来，国民国家が中心であった大学改革に，国境を越える国際高等教育のフレームワークが導入されるようになっている。

［アジアの大学改革の課題］

「世界水準大学」を競う各国の高等教育の拡充と地域化の枠組みという重層的な構造のもとに大学改革が国際的に展開されるようになった結果，近年，アジアの大学は，旧来のように留学生の送り出し側としてだけでなく，アジア域内外からの受入れや，アジアの大学をステップとしてさらに第三国・地域へと留学する通過点としての役割を果たすようになっており，学生，プログラム，教育機関それぞれの移動拠点も誕生している。しかしながら同時に，異なる文化を持つ人々の接触や軋轢が生む文化摩擦や，大学が海外との連携を深めることが，結果的に流入する外国籍の人々に対し国内の人々の教育や就業機会を縮小することになり，公正をめぐる「新たなナショナリズム」の問題が起きるなど，社会的・文化的課題が深刻化している。

またプログラムの内容が，即戦力となる人材育成と学生の資格取得志向に合わせ，経済や経営やコンピュータ科学，情報技術等の実学教育を重視する傾向にあり，知の創造や科学基盤の構築といった大学の持つ研究機関としての側面が軽視されがちである。アジアの大学改革で進み始めている量的拡大やネットワーク化は，▶研究大学と教育に重点をおく大学の二つの特性をそれぞれいかに考慮して，量的拡大のみならず質的拡充を実現することができるかという点で，あらためてその真価が問われている。

杉村 美紀

→アジアの大学(テーマ編),中国の大学,韓国の大学,アジア・太平洋地域質保証ネットワーク

◎北村友人・杉村美紀編『激動するアジアの大学改革―グローバル人材を育成するために』上智大学出版,2012.
◎SHIN, Jung Cheol and Barbara M. Kehm (eds.), *Institutionalization of World-Class University in Global Competition*, Springer, 2013.

足利学校 | あしかががっこう
Ashikaga School

室町時代,足利氏一門によって下野国足利(現,栃木県足利市)に設けられた学校施設。創設には諸説あり,いまだ定説をみない。室町中期に関東管領上杉憲実が学校を再興。宋版などの蔵書を寄進し,鎌倉円覚寺の僧快元を庠主（校長）とした。火災などで一時衰退するが,明治初期まで存続する。上杉,北条,徳川諸氏の保護を得て僧侶,武士,医師らを対象に儒学のほか漢籍,兵法,医学などを教授した。最盛期には3000人にも及ぶ生徒が学んだといわれ,「坂東の大学」とも称される。上杉氏の古書寄進に加え,小田原の北条氏政は金沢文庫から『文選』を取り寄せ,徳川家康も安国寺恵瓊から没収した朝鮮本を分蔵するなど援助支援した。江戸時代には,庠主が将軍の来年の運勢を幕府に申上して,学校維持費とした。学校跡には,足利文庫(足利学校附属文庫)から引継ぐ足利学校遺跡図書館が残る。足利県の廃止によって,栃木県下に貴重な蔵書が一時死蔵されるが,足利町民らの切望によって県から返却され,有志らの募金も得た。国指定史跡。　　　谷本 宗生

足利工業大学 [私立] | あしかがこうぎょうだいがく
Ashikaga Institute of Technology

1967年(昭和42)に開学。母体となったのは,明治期以降に足利旧市内で慈善事業を行ってきた足利仏教和合会である。建学の理念は,聖徳太子「十七条憲法」第1条にある和の精神であり,工学に関する研究と教育とを行うことで,人類の平和と国際社会の発展に貢献する専門職業人材の育成をめざしている。2016年(平成28)現在,栃木県足利市に二つのキャンパスを構え,工学部と看護学部とに1289人の学士課程学生が在籍する。2017年には大学創立50周年を迎えた。特徴的な研究施設としては睡眠研究を行う睡眠科学センターがあり,睡眠に関するさまざまな施設が完備され,基礎研究から応用研究まで,他領域との学際的な研究が進められている。　　　戸村 理

芦屋大学 [私立] | あしやだいがく
Ashiya University

1964年(昭和39)に私学ではめずらしい教育学部教育学科の単科大学として開学。1966年に教育学部産業教育学科が増設され,教育学の探求と経営者2世の養成という社会的使命を担い,現在の礎を築いた。設置母体の学校法人芦屋学園は1936年設立の財団法人芦屋啓成会をその母胎とし,芦屋高等女学校設置を端緒とする。創設者は福山重一で,建学の精神は「人それぞれに天職に生きる」である。2007年(平成19)に教育学部の単一学部から臨床教育学部と経営教育学部の2学部3学科に改組し,2016年現在,兵庫県芦屋市六麓荘町にキャンパスを構え,2学部と1研究科に776人を収容する。創立以来,面接による入学試験を重要視し,現在でもすべての入試制度で面接を必須としている。　　　堀之内 敏恵

アシュビー
Eric Ashby | 1904-92

イギリスの植物学者で,1950年代から▶マンチェスター大学,▶ケンブリッジ大学等,イギリスの複数の大学運営に関わったのをきっかけに,旧植民地を含む諸外国での教育,研究に関する調査に携わるようになる。イギリスをはじめとするヨーロッパの教育モデルの移植に過ぎなかったアフリカの教育を,現地の社会経済発展の需要に適用させるべきとの持論をもち,多くの著作を発表した。アフリカ,インドにおける社会文化的背景を分析し,高等教育の再検討を促した『*Universities: British, Indian, African- A Study in the Ecology of Higher Education*』(1966)や『*African Universities and Western Tradition*』(1964)はよく知られている。「アフリカの高等教育に関する王立委員会」の主査として1960年に発表した報告書は,英領アフリカにおける中等教育制度,教員教育制度の整備,複数の大学の新設や単科カレッジからの昇格に貢献したと言われる。とくにナイジェリアには自ら調査団の代表として赴き,当時の三つの州にそれぞれ大学を設立するよう提言するなど,独立後の高等教育制度の形成に大きな影響を与えた。　　　山田 肖子

アセアン大学ネットワーク | アセアンだいがくネットワーク
ASEAN University Network: AUN

1995年にアセアン10ヵ国の高等教育担当大臣により設立されたアセアン諸国を代表する大学間のネットワーク。設立当時は13大学(7ヵ国)の参加であったが,2013年には30大学(10ヵ国)が参加している。学生と教員の交流,共同研究,情報共有,そしてアセアン研究の促進を四つの柱として多岐にわたる教育・研究交流事業を展開し,参加大学間の相互理解を深めている。アセアン諸国域内では学生や大学代表の参加による各種フォーラム・国際会議等の開催,学生交流事業,共同研究,そし

てアセアン単位互換制度(ACTS)の運用と▶質保証
のための研修等を実施している。また域外の政府,
高等教育機関, 国際組織等とも積極的に連携し,
たとえばアセアン諸国と日本, 中国, 韓国の大学
が連携した「ASEAN＋3大学ネットワーク」による各
種事業をはじめ, 欧米諸国とも高等教育分野にお
けるさまざまな活動を手掛けている。　　堀田 泰司

アーティキュレーション
articulation

「骨と骨の接合点」「関節」を意味する語を語源とす
るアーティキュレーションという用語は, 教育の分
野で用いられる場合, 異なった教育段階間(初等教
育, 中等教育, 高等教育), あるいは異なった学校段
階間(小学校, 中学校, 高等学校, 大学等)でスムーズ
に移行が可能であるように調整が行われた, 連続
した接続関係のことを指す。または同一段階の各
学校間や異なった学科間における同様の接続関係
を指す。前者は垂直的なアーティキュレーション,
後者は水平的なアーティキュレーション(インテグレ
ーションとも)と呼ばれる。もともとは, アメリカ合衆
国における大学等の高等教育機関が, 大衆教育機
関となったハイ・スクール(中等教育機関)に対し, 大
学教育を受けるのに十分な準備教育を行うよう求
めたことで, 19世紀末の中等教育改造運動期以降
に焦点化されるようになった考え方である。日本
では, 1970年代から大学入試のあり方をめぐって,
中等教育と高等教育の間の垂直的アーティキュレ
ーションの問題が研究され始めた。大学をめぐる
アーティキュレーションの問題には, 入学者選抜だ
けでなく, 異なった学校段階間の接続, 同一段階
の学校間・学科間の教育課程の接続や相互乗り入
れ(▶単位互換の問題)等も含まれる。　　齋藤 千尋

▶ 高大連携

ATER|アテール
Attaché temporaire d'enseignement et de recherche[仏]

フランスの「教育研究補助員」。所定の学位取得
後に博士号を準備したり, 大学の教員や研究員を
目指す者が就く臨時職で, 政令第88-654号で任
期は3年, 更新は1回限り1年と規定されている。
職務内容は教員や研究員に準ずるもので, その役
割は日本の▶助教から▶ティーチング・アシスタント
(TA)にわたる職務に似ている。ただし, 日本のTA
制度の運用が各大学の任意であるのに対して, フ
ランスのATER制度は, フランスの高等教育・研究
担当省が支援する公的な教育研究制度の一環と
して運用されており, 研究奨学金やモニター奨励
金の終了後も博士研究を続ける者への助成と位置
づけられている。フランスには▶ポストドクター研究
者に対する組織的な援助制度はないが, この

ATERの制度はすでに博士号を取得している者も
応募できるようになっている。　　松浦 寛

跡見学園女子大学[私立]｜あとみがくえんじょしだいがく
Atomi University

1875年(明治8)跡見花蹊によって創立された跡見
学校を起源とする。女性の美徳や品格, 人生を豊
かにするための知恵, 将来妻や母になった時の心
得など, 知育だけでなく, 情操教育も重視した教
育方針を持っている。1965年(昭和40)埼玉県新
座市に跡見学園女子大学が設立され, 国文学科
と美学美術史学科の2学科から始まった。2008年
(平成20)東京都文京区に文京キャンパスを開設。
現在は大学本部も文京キャンパスに移転し, 文学
部, マネジメント学部, 観光コミュニティ学部の3
学部と大学院を設置している。2017年現在4020
人の学生が在籍。跡見学園の持つ教育方針のも
と, 自律し自立した女性, 品性のある社会人を育
成することによって実践力をそなえた教養人を社会
に輩出している。　　山崎 慎一

アドミッションズ・オフィス
admissions office

入学オフィスとも。教授会等による入学者判定向
けの事務処理に専念する部局とは区別され, 入学
判定自体を独自に主導するオフィス。学力本位に
対抗し, 志願者の人物に注目して判定する場と特
徴付けられることが多い。しかし, アメリカ合衆国
では, 標準テストや高校成績の重視を前提として,
大学固有の教学方針と志願者の特性との整合性,
互いに有意義な4年間を過ごせるバランスのとれた
仲間集団(クラス)の構築, 自校の世評を将来とも
維持・向上させる人材の確保等を慎重かつ現実的
に判断する部局を指す。通常, 学部長と同じ呼称
の部局長と, 数名から十数名の局員(中程度の成績
の卒業生が最適とされる)から構成される。しかし,
上記のような使命を全うするアドミッションズ・オフ
ィスは, 実際には少数のエリート大学に限られる。
中堅以下の大学でのオフィスの主要な任務は, 志
願者の標準テストの点数や高校の成績と, 各大学
の基準点との照合と確認に尽きる。アドミッション
ズ・オフィスの十全な活用は, アメリカ国内の多く
の大学にさえ困難であり, 異なった教育・文化伝統
の国には至難というべきである。　　立川 明

▶ SAT/ACT

アビトゥーア
Abitur[独]

ドイツでは, アビトゥーア試験といわれる大学入学
資格試験に合格することにより, 基本的には希望

するどの大学，どの学部・学科にも，大学入試なし
で入学することができる制度が採用されている。ア
ビトゥーア試験の総点は900点（300点以上が合格
点）であるが，そのうち600点分はギムナジウム（大
学入学準備教育を行う中等教育学校）在学時の成績で
ある。このように在学時の成績が十分加味された
評価方法がとられているという点も，ドイツの大学
入学制度の特色である。300点分について，ギム
ナジウムの卒業時に5教科で試験が行われる。5
教科のうち4教科は筆記試験で，いずれも長時間
にわたって相当高度の思考力を必要とする論文試
験の形式がとられている。残りの1教科は口述に
よる試験となっており，人の前で自分の意見を説得
力をもって発表する能力が試される。州（16州）ご
とに，州の統一試験として行われているが，どこの
州で取得しても，その資格は全ドイツで有効であ
る。またいったん取得された資格は終身有効であ
る。　　　　　　　　　　　　　　　　　　木戸 裕

アファーマティブ・アクション
affirmative action

アメリカ合衆国では，1964年公民権法において
「人種，肌の色，宗教，性別，出身国など」に基づ
く差別が禁止され，そうした差別が行われたと認め
られた時には，裁判所はそれを是正するための「積
極的差別是正措置（アファーマティブ・アクション）」を
命ずることができると規定された。アファーマティ
ブ・アクションは本来，上記の趣旨での多様な措置
を含むものだが，その中でもっとも注目されたのが
高等教育機関の入学者選抜で，マイノリティ出願
者の入学を確保するためにとられた措置であり，と
りわけ一定の優先的な枠組みを設ける「クオータ
（割当）制」が議論の的になってきた。

［アファーマティブ・アクションをめぐる三つの裁判］

公民権法制定を受け，カリフォルニア大学デーヴィ
ス校のメディカル・スクールの入学者選抜では，マ
イノリティ出願者は「一般方式」の出願者とは競合
しない「特別方式」で100人の定員のうち16人が入
学許可を得ていた。「特別方式」では大学の成績
が▶GPA（Grade Point Average）2.5以上という要求をせ
ず，面接にまで進める出願者の割合も5人に一人
で「一般方式」の6人に一人よりも高い等の違いが
あった。これが「人種割当」に当たるとするバッキ
判決（1978年）の多数派意見を書いたパウェル判事
は，「過去の差別による不遇の是正のために人種を
考慮することは認められるか」という憲法修正14条
に関わる判断は避けて，憲法修正第1条の範疇で
ある「学問の自由」を根拠として「多様性の尊重」を
人種の考慮を正当化する唯一の根拠と位置づけ
た。大学は特定のカテゴリーの学生の「クオータ（割
当）制」による一定の数や割合の確保や，異なった

選抜方式の適用はしてはならないというのがバッキ
判決の判断であり，これがその後の大学入学者選
抜方式策定の指針となった。
　この指針に従って制度化された▶ミシガン大学の
入学者選抜方式について，2003年6月に二つの最
高裁判決が出された。ロー・スクールの選抜方式
を審理したグルッター判決では，人口構成比より
入学者数の割合が過小で特別な配慮がないと入
学が困難となる可能性の高いアフリカ系アメリカ
人，ヒスパニックとネイティブ・アメリカンの受入れ
について，志願書の「人種」記載の評価に重みをお
いて「決定的に意味のある人数」を入学させるとし
た方式が支持された。一方，最高150点で100点
以上を入学考慮の最低点とする選抜方式におい
て，これらのグループの出願者に20点を自動的に
加算していた学芸学部（Literature, Science & the Arts）
の入学者選抜方式は却下された。
　どちらの裁判も，白人の志願者が自らを「優遇さ
れない」人種と位置づけ，特定グループの出願者に
大きなチャンスを与えていることを不服としたもの
だった。この判決ではオコーナー判事がアファーマ
ティブ・アクションの必要性と期限についての定期
的レビューを大学に求め，期限を「次の25年の内
に」と示唆したことが注目されたが，ギンズバーグ
判事は奴隷制度と人種隔離の300年の歴史を考慮
するならば，その見通しはあまりに楽観的であると
批判した。

［アファーマティブ・アクションと人種の考慮］

「多様性の確保」であれ「過去の差別の是正」であ
れ，その目的のために志願者の人種を考慮し，マ
イノリティでない人の機会が制限されることに異議
を唱えたのが，これらの一連の裁判だった。希望
大学に入れなかったのは「人種の考慮」による特典
を得られなかったためで，自分の権利が侵害され
たと原告は主張したのである。アファーマティブ・
アクションは「優遇措置」と訳されることもあるが，
字義通りには「積極的差別是正措置」である。「逆
差別」と表現されることもあるが，その措置によっ
て，マイノリティが差別されていた時代に「優遇」さ
れてきたグループのメンバーがその「特権」を失うこ
とを「逆差別」と表現していると理解するべきだろ
う。差別是正のための限定的な「優遇」が，かつて
「優遇」された人たちの正当な期待にあまりに厳しく
介入するのは避けるべきであるというところに現在
の主要な議論は収斂しているが，そのような「程度」
の問題におさまらず，「人種の考慮」そのものに対す
る反発も強まっている。
　しかし，人種を理由とした差別を禁じた憲法修
正14条が「人種の考慮」一般を禁じていると主張
するのは，修正14条が制定されたのが奴隷解放直
後であったという文脈を無視したものと言わざるを
得ない。「過去の差別の是正」を離れたところで
「人種の考慮」の妥当性について議論すること自体

を，ギンズバーグ判事は鋭く批判している。アファーマティブ・アクションの意義はそれ自体の必要がもはやないようにすること，という点では多くの人が同意するだろう。そうした状態の一つの目安は，失業や貧困というマイナス要因や，医療や教育の機会というプラス要因において，人口比に対する相対的過大や過小が特定の人種やエスニシティグループに顕著でないということだが，初等・中等教育においていまだに続く人種隔離や学力格差，富裕層と貧困層の二極化などの現実を見るならば，その大学教育における実現はまだ遠いと言わざるを得ない。

中村 雅子

→平等と大学(テーマ編)，マイノリティと大学，バッキ訴訟事件

◎中村雅子「教育と「人種」―再隔離とアファーマティヴ・アクション」，川島正樹編『アメリカニズムと「人種」』名古屋大学出版会，2005.

アフリカ大学連合|アフリカだいがくれんごう
Association of African Universities

アフリカ内の高等教育機関や国際的な学術コミュニティのネットワーク。メンバー間の協同の促進を目的とし，1967年にユネスコの支援をうけて発足した。本部はガーナのアクラに置かれ，46ヵ国，286の公立・私立高等教育機関が加盟している(2013年現在)。運営は各高等教育機関から支払われる会費，出版による収入，アフリカ連合やアフリカ諸国，援助機関からの寄付・譲渡金などによってまかなわれている。おもな活動に教職員の交換，奨学金の提供，ワークショップの開催，共同プロジェクトの運営，高等教育に関する情報の収集や分類・発信などがあり，年に1度，加盟国やアフリカ連合，国際機関の担当者を交えた会合を開催している。2011年から15年の戦略計画では，第1次戦略計画(2003～10年)の内容を発展させ，経済的持続性の確保と，メンバーに質的サービスを提供するためのキャパシティの拡大を目標として掲げている。

谷口 利律

アフリカの大学 →テーマ編 p.153

アフリカの大学改革|アフリカのだいがくかいかく

アフリカの大学をめぐる環境の急激な変化に伴って，大学ガバナンス，財政から教育内容に至るさまざまな改革が進められている。一連の改革は，従来の政府主導による大学経営から，大学自治と成果主義，説明責任を拡大させる方向に向かい，また民間部門の参入とその急速な拡大に合わせて，質保証の制度化と，その枠組みの共通化に向かっ

ている。

[改革の背景]
アフリカの大学は1980年代からの停滞期を経て，2000年以降は拡大期を迎えている。ユネスコによれば，1980年にアフリカ全土で約59万人だった高等教育就学者数は，2000年には273万人，10年には590万人へと増加している。これは国立大学の受入れ規模拡大に加え，私立大学の急成長によるところが大きい。21世紀に入り，▶知識基盤社会の到来，グローバル化の進展，情報通信技術の普及とあわせて，高度専門家人材に対する需要が高まっている。また欧米で先行した大学の国際化の動きも加速している。こうした世界的な追い風に加えて，多くのアフリカ諸国において政治面での民主化が進み，好調な経済面での自由化政策が拡大するとともに，中等教育の拡大による進学希望者が増加するなどの内部要因が相まって，大学改革への圧力が高まってきている。以下に，改革の実態を，事例を交えつつ概説する。

[改革の実態]
[大学自治とガバナンス]　エチオピアでは2003年の高等教育法成立以降，大学の自治権が拡大している。アジスアベバ大学ほか2大学以外は教育省直轄だったが，すべての公立大学に自治権が与えられた。自治の範囲は人事，財政から国内外の機関との連携にまで及ぶ。ケニアでは政府と大学との間にパフォーマンス契約が結ばれ，この契約の下で公立大学に経営権が認められている。ナイジェリアでは2003年以降，独立法人として大学に裁量権が付与され，大統領による学長任命制から大学評議会による任命制へと変わった。

[大学財政]　大学自治の拡大は財政面での改革を伴って実施されている場合が多い。とくに公立大学では，コストを抑えながら大学の規模を拡大するためのさまざまな財政改革が実践されている。政府による補助金の一部廃止，学資融資制度，学生数に応じた予算の一括配分などに加えて，大学内企業の設立，公費学生と私費学生の並列制，授業料や利用者負担サービス制の導入など，大学側による試みも広く展開されている。こうした施策によって，大学による財源獲得能力が高まり，政府への資金的依存が緩和される効果を生んでいる。

[学術研究面の改革]　大学の自治権と財政面での裁量権の拡大は，社会経済の需要に対応した教育内容での変革を余儀なくしている。公立大学においては産業構造に即した新しい学科，コースの創設，地元企業との共同研究，情報通信技術の応用などが進められている。私立大学では学位授与プログラムに加え，証明書を授与する比較的短期のプログラムを提供する大学以外の高等教育機関の増加が顕著である。とくに私立大学ではビジネス，コンピュータ，会計，マーケティング，経済学，通信などの専門コースを提供する場合が多く，高

額な投資を必要とする科学，医学，工学はほとんど見られない。質保証の面では大学教育の民間参入，さらには国際化の進展に対応するため，1982年に合意されたアフリカ高等教育の学位資格に関するアルーシャ協定が2002年に改定されている。

[マケレレ大学の改革例]

国家元首である大統領が学長を務めていたウガンダの▶マケレレ大学では1992年，大学自治権の拡大要求に応えるため，国家的な財政危機に瀕する中で大学が財源確保の策を導入することを条件に，ムセベニ大統領が学長を退く意図を表明した。この年，それまで無償だった学費の徴収が始まり，翌93年には学内から新学長が選任された。これを機に大々的な大学改革が始まる。第1に，従来の教育省による大学計画策定に代えて大学独自の戦略計画作りが始まり，1997年には3ヵ年計画が，さらに2000年からの5ヵ年戦略の枠組みが関係者の参画を得て大学評議会により採択された。第2に，代替財源の確保を目指し，政府からの補助金に全面的に依存した体質から脱却し，1999年には開発予算の6割を非政府予算から捻出している。従来の公費学生に加えて初めて学費を導入し，90年代末までには学費を支払う学生が全体の8割に達し，大学収入の半分以上を占めた。この施策により，学生数も飛躍的に増加している。第3に，営業部門を学内に設置し，学生寮の運営，メイズ製粉，パンの製造販売，建設事業，出版事業を商業ベースによって運営させている。また大学教員がコンサルタントサービスを提供した場合，それまでの個人収入扱いから大学で管理費を積み立てる制度に切り替えた。

　改革の対象は学術面にも及び，カリキュラムの拡大，改訂，多様化が進んでいる。アグリビジネス経営，国際関係，公共経営倫理などの修士コース，コミュニティ・フォレストリー，森林科学などの学部コースが新たに開設され，地域の社会経済ニーズへの適応を図っている。また，年間日程の有効活用を目指した4学期制から2学期制への移行や，学術的質保証委員会の設置も実現している。

吉田　和浩

◎Musisi, N.B. and Muwanga, N.K., *Makerere University in Transition 1993-2000: Opportunities and Challenges*, Fountain Publishing: Kampala, 2003.
◎Varghese, N.V., *Governance reforms in higher education: "A study of selected countries in Africa" a theme paper prepared for Policy Forum on governance reforms in higher education in Africa*, Nairobi Safari Lodge, Kenya, 16 May, 2013.

アフリカ・マダガスカル高等教育評議会

アフリカ・マダガスカルこうとうきょういくひょうぎかい
Conceil Africain et Malgache pour l'enseignement superieur[仏]: CAMES

1968年，アフリカ・マダガスカル・モーリシャス共同機構のメンバー国の首長が集まって設立され，19の仏語圏アフリカおよびインド洋の国々が参加している。おもな役割は，高等教育および研究に関してメンバー国間での情報の共有，連携である。メンバー国の教育大臣を中心とする高等教育，研究関連大臣委員会を最上部機関とし，その下に専門家委員会，総合諮問委員会，事務局がある。CAMESはメンバー国の多くの高等教育・研究機関および教員，研究員，管理職員の質保証のため，各種ワークショップを行い，1978～2011年の間に，CAMESが評価した教員のうち，8090名（69.91％）が専門能力と教授能力の基準に合格した。そのほかにも研究者の表彰などを行い，教育・研究の質向上に貢献している。また，アフリカ全域の高等教育の単位・学位の互換性や質の均質性を高めるため，2009年に設立されたアフリカ質保証ネットワークに参加するとともに，独自に専門家会合を行っている。

山田　肖子

アムステルダム自由大学[オランダ]

アムステルダムじゆうだいがく
VU Amsterdam; Vrije Universiteit Amsterdam[蘭]

オランダ改革派教会（カルヴァン主義プロテスタント）を宗旨とする総合大学。教育の自由を保障する憲法に則り，財政基盤は国立大学と同等であり，オランダにはこのような大学がほかに2校（ともにカトリック）ある。1901年から5年間首相を務めたアブラハム・カイパーによって1880年に設立された。19世紀後半から半世紀にわたって教育の自由に対する論争が繰り広げられていたオランダでは，改革派教会による政党党首のカイパーとカトリック政党とが連立することで，宗教立学校や独自の教育方針による学校の全額国庫補助への道筋がつけられ，そのさなかの設立であった。とはいえ自由大学の「自由」は「国家からも教会からも産業界からも（学問は）自由である」ことを象徴している。2016年現在は10の学部で2万人以上の学生が学士，修士，博士（Ph.D.）を目指して学んでいる。コンピュータ科学，生命科学，環境システム，教育など現代の社会的課題に貢献できる8領域が重点的に研究されている。

松浦　真理

アムステルダム大学[オランダ]｜アムステルダムだいがく

University of Amsterdam; Universiteit van Amsterdam[蘭]

首都アムステルダムに位置し，3万人近い学生と5000人以上のスタッフを有するオランダで最大規模の国立総合大学。人文学，社会行動科学，経済経営学，法学，自然科学，医学，歯学の7学部があり，ヨーロッパ内23の大学が加盟する研究大学連盟（LERU）と基礎研究のために連携し，世界の27大学と学生移動を促進するU21のメンバー

であるなど国際性豊かな大学である。元来，市の地位を高めるために市民に開かれた高等教育機関アテネウム（Athenaeum Illustre）として1632年に開校され，オランダ黄金期の人々の教養を支える役割を果たしてきた。1877年にアムステルダム市立大学としての地位を得，教員の任免も市議会が行うなど，市民の大学として発展。1961年に国立大学になるまでのほぼ100年間はとくに自然科学研究に優れ，6人のノーベル賞受賞者，7人のスピノザ賞受賞者を輩出した。タイムズ誌の世界大学ランキング（2016/17年）の順位は63位であるが，人文学では32位，社会科学では26位。

松浦 真理

アムハースト・カレッジ [アメリカ]
Amherst College

マサチューセッツ州西部の小都市に所在し，さらに西に位置する▶ウィリアムズ・カレッジと並んで，アメリカ合衆国を代表する▶リベラルアーツ・カレッジ。カルヴァンのキリスト教の保守派を原動力に1821年に設立され，同志社大学の創設者▶新島襄と無教会派の指導者内村鑑三が学んだことで有名。大学とカレッジが分岐した20世紀初頭，人間の知性の涵養を掲げたアレキサンダー・マイクルジョンを学長に迎えてカレッジ教育の刷新を試みたが，オーソドックスな勢力と衝突し，革新と伝統の相克の中で，質の高いリベラルアーツ教育の素地を築いた。大学進学者が急増した1920年代，学生数600への削減を実施し，少人数教育を強調した。数少ない卒業生の中から，経済学と理学系のノーベル賞受賞者を4名出している。現在の学生数は約1600で，隣接するマサチューセッツ大学，および近隣のスミス，マウントホリョーク，ハンプシャーの諸カレッジとコンソーシアムを形成している。

立川 明

アメリカ合衆国の大学 ➡テーマ編 p.110

アメリカ合衆国の大学改革
アメリカがっしゅうこくのだいがくかいかく

［アメリカの大学と日本の大学の違い］

日米の大学制度を比較すると，いくつかの目立った違いがみられる。第1に，短期大学を含めた大学を大きく公と私の両セクターに分けた場合，日本では学生の約73%が私立に在籍するが，この比率はアメリカでは逆転し，公立セクターの在籍者が約73%となる。第2に，その在籍者をジェンダーで見ると，日本は約42%が女性であるが，アメリカではこの比率が約57%であり，女性が多数派ということになる。これは大学院レベルで見ても，1988年

以来，女性の大学院生が男性のそれを凌駕しており，2000年から2010年の間の大学院生の増加率を見ると，男性が38%増であるのに対して女性は実に62%増である。

第3に，アメリカの大学は「おとなの大学」である。在籍者数に占める25歳以上の学生比率が約43%に達するからである。第4に，人種／民族というカテゴリーで見ると，1976年から2010年の期間にもっとも増加したのがヒスパニック系の学生で，全学生数に占める割合が3%から13%に，次がアフリカ系の学生で9%から14%に，続いてアジア／太平洋諸島出身の学生が2%から6%へと増加している。これに伴い，絶対数では900万から1270万へと増加した白人学生の比率が83%から61%へと落ちている。第5に，2004年度に初めて4年制大学にフルタイム修学（大学の定める一定以上の単位を毎学期履修する）で入学した学生のうち，その大学で2010年度までの6年間のうちに学士号を取得できた比率は私立が65%，公立が56%であった。卒業率で見る限り，「入るのはやさしいが出るのが難しい」のが平均的なアメリカの大学ということになる。

［世界最大の高等教育システム］

しかしながら，以上のような日米比較もその前提として，規模の違いを勘案しなければならないであろう。アメリカの大学数は，2013年現在，公立・私立を合わせて約4700校，在籍者数で2037万人を超え，2014年現在，大学の基本財産（endowment: 寄付等を蓄積した原資でその利子を使用）の市場価値は5352億ドルに達する。しかもハーヴァード大学（364億ドル），テキサス大学システム（254億ドル），イェール大学（239億ドル）の上位3校を含め，最大規模の基本財産をもつ120校で，このうちの約4分の3の3985億ドルを所有している。いわゆる▶世界大学ランキングに見るアメリカの大学の圧倒的な優位性―たとえばタイムズ誌の世界大学ランキング（2015/16）を見ると，上位100校中，アメリカの大学が39校を占める。上位10校となると6校がアメリカの大学である―は，このような巨大なシステムと基本財産が産む豊富な資金力を背景として可能になったものである。

［アメリカの大学改革］

以上のように世界最大の高等教育システムとなったアメリカの大学は，現在，大きな構造変動を迫られている。第1の問題は，高等教育制度の財政構造に関わるものであった。2010/11年における▶学生納付金の平均は公立大学で1万3564ドル，私立大学で3万6252ドル，▶営利目的の大学で2万3495ドルになっている。2000年から2010年の間に，公立大学の学生納付金が42%，私立大学のそれが31%も上昇しており，多くの家庭にとってもはや負担限度をはるかに超えている。これに対する連邦政府の学生経済援助政策を見ると，援助を受

けている学生は全体の63％（2007/08年度）となっており，2012年度では総額1419億ドルを1500万人の学生に援助するという巨大な事業になっている。収入の低い家庭出身者に対して，一定の条件を満たせばすべての学生が受給できる給付型▶奨学金の受給者数および総額は，▶学生ローン（貸与型）の返済不能の件数および総額とともに増加の一途をたどっており，根本的な構造改革を必要とする段階に至っている。第2の問題は，前述のような「アメリカ大学の圧倒的な優位性」は事実としても，グローバル化経済の中で必要とされる知識・技術をもった人材を「高等教育システム全体」として輩出しているのか，という問題である。

この両者からは，「アメリカ合衆国の大学は，投入した資金にみあった教育の成果が挙げられているのか」という問いが提起されることになる。2006年，アメリカ教育省は「スペリングス報告」と通称される大学教育改革案を提示した。内容は多岐にわたっているが，高等教育に関わるすべての関係者および組織（大学，認証評価団体，連邦と州の政策立案者，初等中等学校，ビジネス界，親および学生）が考えるべき課題として，①大学入学のための正確で可視化された情報提供システムの構築（access），②適切な費用負担のあり方（affordability），③質の高い教育（quality），④教育の説明責任を果たすための手法の確立（accountability）という四つの問題領域を指摘し，これらの問題の克服のために，教育・研究機関としての大学のパフォーマンスの質を評価する新たなベンチマーキングの手法を開発することを要請した。そこでは，学生は修了時に「あらかじめ意図された学習成果としての学習のアウトカムズ」を獲得しているのかという視点が導入されている。すなわち，「ある教育的な働きかけが，本当に意図した学習成果を生み出しているのか」を明らかにする責任を大学の側に負わせているのである。「説明責任」「可視化」「パフォーマンスの質の評価」といった概念は，日本のほか，ヨーロッパの大学改革にも決定的な影響を与えている。

坂本 辰朗

→アメリカ合衆国の大学（テーマ編），アメリカ大学モデル，ラーニング・アウトカムズ

◎*A Test of Leadership: Charting the Future of U.S. Higher Education. A Report of the Commission Appointed by Secretary of Education Margaret Spellings.*（U.S. Department of Education, 2006）．
◎*Digest of Education Statistics 2016.*（U.S. Department of Education, June 2016）．

アメリカ合衆国の大学法制
アメリカがっしゅうこくのだいがくほうせい

アメリカ合衆国には現在4000校を超える大学があり，それらの中には▶研究大学（research university）と呼ばれ，博士課程大学院を通して世界に通用する科学研究と研究者・指導者を養成する少数の大学が一方にあり，他方には大衆化し，さまざまな職業実務能力獲得の必要から学びたい多様な学生を受け入れる大学や▶コミュニティ・カレッジなどの短期高等教育機関が多数存在する。その実態は，世界のいずれの国も達成しえないほど多様化が進んでおり，これを「アメリカ合衆国の大学」と一括りで論じることはできない。しかし，その法制上の特色は日本と比べた場合，明らかであり，ここでは日本の大学法制と対比して論じる。

［三つの特色］
第1に，アメリカには日本のように全国の大学を一律に所管する政府機関，つまり日本の▶文部科学省に相当するものは存在しない。これは合衆国憲法に教育に関する条項がないことからも明らかであり，大学に関する法制は州権に委ねられていることの証左でもある。ちなみに連邦政府には教育省（U.S. Department of Education）という機関が存在するが，その役割は教育統計の収集や学生奨学金の交付や保証などのサービスに限られていて，大学の

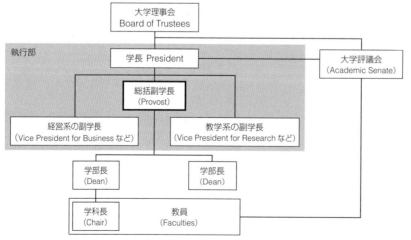

図｜アメリカの大学のガバナンス概念図

（出典）各種の資料・調査により，山本眞一作図　（注）副学長，学部長，学科長は大学の規模等に応じ，複数が配置される

運営に法的権限を行使するものではない。

第2に、日本では▶学校教育法に定める「設置者」が大学を設置する、という形で設置者の区分によって国立・公立・私立に分かれるものの、設置者の義務や設置者によってつくられた大学に課せられる法的な諸規制がほぼ一律に定められているのに対し、アメリカでは州立大学であっても異なる法的設計がなされていることである。すなわち、州立大学の法的地位に関しては、大別して三つの種類があるといわれており、一つは州憲法によって法人格を与えられた大学である。日本でもよく知られているカリフォルニア州の高等教育制度においては、カリフォルニア大学システム（University of California）がこれに当たり、他州においてもいわゆる代表的大学（flagship university）は、同様の位置づけが与えられていることが多い。州議会や裁判所からの恣意的な干渉に対して最も強い立場を有しているといわれている。

二つは州法による公法人である。法人として州から独立した形をとっている点で、日本の▶国立大学法人と類似の位置づけであり、相当の独立性が担保されているが、他方で州議会の強大な権限による種々の影響を受けやすい立場にあることは日本の国立大学法人の例を見ても明らかである。カリフォルニア州を例にとれば、カリフォルニア州立大学（California State University）がこれに該当する。三つは州政府の機関としての州立大学である。法人格を有しておらず独立性が最も弱いもので、数は少ないものの、州によってはこのような形態があることが知られる。

なお、私立大学のほとんどは各州の制度に則った私法人であり、各州の認可を得て設立されるが、その認可の要件は日本に比べて緩やかで、設立後に各地を担当する▶アクレディテーション機関の適格認定を受けることによって大学としての質を保証し、また在学して公的奨学金の受給資格が得られる大学となれるかどうかが決まるなど、事前規制よりも事後規制の色彩が強い仕掛けが採用されている。この点は州立大学についても基本的に同様である。

第3の特色は、大学の管理運営に関する法制である。州立大学に対しては、州政府の側に「調整委員会」などなんらかの行政組織が置かれ、また州議会は大学に対する予算額の決定に大きな権限を持つのが普通であるが、大学そのものの運営に関する意思決定は州立・私立を問わず▶理事会によって行われる。▶学長の任免をはじめ業務執行責任者である学長を監督するのも理事会の役割である。この点について、日本の法制では国立大学については法人の長である学長が大学における最高意思決定権限を有し、理事等により構成する役員会は学長を補佐する役割に過ぎないことと大きな違いがある。次に、アメリカにおいて学長を支え学

内を実質的に掌理する役割は、プロボスト（総括副学長）にあるのが一般的である。このプロボストを中心に、さまざまな役割分担を行う複数の副学長によって「大学執行部」が構成され大学運営の実務に当たる。日本においても、近年、学長のリーダーシップの確立が議論され、その結果、学長の権限を制約しがちであった▶教授会の役割・権限を縮小する措置がとられているが、アメリカではもともと教授会あるいはそれに類する組織の役割は小さく、多くは学長—副学長—学部長—学科長のラインによって決定が行われる。ただし、学長の権限を掣肘（せいちゅう）する役割を合議機関である理事会が担っている点は、日本の国立大学とは異なる。

山本　眞一

→アメリカ合衆国の大学（テーマ編），アメリカ大学モデル，アメリカ合衆国の大学改革
◎高木英明『大学の法的地位と自治機構に関する研究』多賀出版，1998.

アメリカ教員組合｜アメリカきょういんくみあい
American Federation of Teachers: AFT

アメリカ合衆国の教員主体の労働組合。1900年発足の教員と学生の組織（American Federation of Teachers and Students）を先駆として、16年にシカゴで設立。構成員の約6割は初中等教育学校教員だが、ほかに学校関係職員、政府関係職員、保健関係専門職者、それに高等教育機関教職員がおり、それぞれに部門を構成する。初期には学校管理職者を構成員としないことで、NEA（▶全米教育協会）との差別化があった。1918年という早い時期にアフリカ系アメリカ人を正会員として受け入れた。1930年代に大学教員が加わり始め、共産党の強い支配下に置かれたが、戦時下に排除。1940年代以来団体交渉を主要戦術として数多くのストライキを打ち、60年代にはアメリカで初めての大学教員による大規模ストライキを指揮した。政治的にアクティブで、民主党を支持し、バラク・オバマやヒラリー・クリントンへの多額の献金でも知られている。1977年以来、季刊紙『American Educator』を刊行。組合員数はNEAの半数の160万人程度で、1998年にはNEAとの合併を寸前で断念。全米の労働組合連合であるAFL-CIO（アメリカ労働総同盟・産業別組合会議）のメンバー。過去の著名なメンバーとしてジョン・デューイやアインシュタインがいる。本部は首都ワシントンにある。

舘　昭

アメリカ高等教育学会
アメリカこうとうきょういくがっかい
Association for the Study of Higher Education: ASHE

アメリカ合衆国の代表的な大学（高等教育）研究学会。通称はアッシェ。1976年、全米から参集した

10人の先駆的大学研究者による首都ワシントンでの創立は，大学が組織的にして恒常的な学術研究の対象として確立したことを意味した。初代会長は，学生経験調査を開発するなどIR(▶インスティチューショナル・リサーチ)の先駆者として知られるC. Robert Pace。現在の本部はネバダ州ラスベガス。事前行事も含め4日にわたって開催される年次大会，および毎年発行の紀要『Review of Higher Education』，1985年以来毎年発行の高等教育理論研究ハンドブック等の各種シリーズ出版物は当該分野の全米的研究水準を示す。また1930年創刊で，現在は隔月刊の高等教育研究の総合誌『The Journal of Higher Education』(オハイオ州立大学出版部発行)の支援をしている。現在，全米の高等教育の学位・資格プログラムの質向上を図るCAHEP，少数人種・民族の参画を促進するCEP，公共政策の高等教育へのインパクトに関する研究を促進するCPPHE，国際分野や比較研究の促進を担当するCIHEの四つの常設委員会を持つ。約2000人の会員のうち3分の1は大学院生で，当該分野の研究者育成の機能も担う。

館　昭

アメリカ大学協会 アメリカだいがくきょうかい
Association of American Universities: AAU

アメリカ合衆国の大学の学術，とくに博士学位の水準維持に関心を抱いたシカゴ，ハーヴァード，カリフォルニア等14大学が1900年に結成した，研究指向の強い大学の団体。2018年現在の会員校は，カナダの2大学を含め62校である。会員校の4分の3の賛成をもとに入会の招待を受けて，初めて会員校となる仕組みで，資格基準は厳しく，発足以来，創設会員校の2校を含む4校が会員資格を返上ないし喪失した。発足時のおもな関心は，当時乱発が懸念されていた博士学位の授与条件の標準化であり，大学院部長たちが協会の主役となった。他方，ドイツの諸大学が会員校の卒業生の入学を優遇したため，国内の大学の資格認定（accreditation）を実施する役割も担った。スプートニク・ショック以降は，急増した連邦政府の研究補助金と，それを受けての会員校での研究活動を調整し，さらに最近では減少する補助金の確保と適正な配分のため，強力なロビー活動を展開している。

立川　明

→ 学位授与機関，アクレディテーション

アメリカ大学教授連合
アメリカだいがくきょうじゅれんごう
American Association of University Professors: AAUP

1915年，大学での教育研究者の活動条件の改善を目標に発足した，専門分野を超えた自主参加の組織。業績・研究に卓越した867名の教授から出発したが，のちの大学の急増に伴う連合の方針転換を経る中で，会員は1970年代の9万7000名をピークに，2013年までには4万数千名に減少した。しかし，学問の自由の擁護を公称する本組織への期待は依然として強い。

AAUP誕生の直前に，アメリカ経済学会，同政治学会，同社会学会が協力し作成した，学問の自由と教員の身分保障に関する報告が示したごとく，当時の主要な関心は大企業や州政府を批判した社会科学者の一方的な解雇問題にあった。大学教員の身分安定を図り，自立的な学術活動への正当な評価を確保するのがAAUPの目標であった。しかし，初代会長デューイ（John Dewey）のもとでの連合の最終目的は，特権の擁護ではなく，大学の知性の社会への参与を奨励して，思考しつつ行動する市民を育て，民主主義の基を盤石にすることであった。AAUPは，一方では知の理性的な探求という貴族的な使命と，他方では大衆的な民主主義への貢献という使命をあわせ持ち，両者への分裂の危険も孕んでいたのである。

発足時のAAUPが対応した学問の自由に関わる事例の多くでは，大学の教員や学長が，その言動を理由に，理事会，州議会，教会，同窓会などからの強い圧力のもと，正当な手続きを経ずに解雇されていた。連合はこうした事態に対し，同僚を含む専門家による調査に基づく審査の制度化を強く求めた。100年後の今日，AAUPの中核をなす学問の自由委員会が調査し報告書を作成する事例の多くは，理事会や行政部が経済上の理由を根拠に行う学科の再編や廃止に伴う教員の解雇であり，論点は政治的言動の是非ではなく，教授たちを排除した，教育研究プログラム上の方針決定の手続きに係る。連合はこうした制度面での問題点が判明した大学を譴責（けんせき）リストに載せて修正を求め，牽制している。

連合が団体交渉権を是認した1970年代以降，▶研究大学（▶アメリカ大学協会会員校）所属の多数の教育研究者が離脱した。発足から75年の間，会長の9割は研究大学の教授であったが，1980年以降は6割が▶リベラルアーツ・カレッジを含む他の種類の大学の教授である。大学教授の身分保障は専門的な職務遂行の能力を根拠とし，同僚は保護と同時に審査の対象ともなるという連合の立場からは，団体交渉への躊躇は一つの論理的な帰結である。他方，合衆国の大学では現在，教育活動の実に4分の3を身分保障なしの非常勤ないし期限付き任期の教員が担っている。管理責任者が経済的な浮沈のみを考慮する場合でも，教員たちが仲間の保身だけに献身する場合でも，民主社会の発展に固有の貢献を果たす大学の条件整備は疎かになる。

将来に向けてのAAUPの評価は，教授団の生活の安定と学問のユニークな発展とを両立させる，

新たな方策の開拓にかかっている。　　　立川　明

◎Schrecker, Ellen, *The Lost Soul of Higher Education*, The New Press, 2010.
◎AAUP, *Academe*, Vol.75, No.3, May–June 1989.

アメリカ大学モデル|アメリカだいがくモデル

大学のアメリカモデルは一通りでない。たとえば，ミシガン州所在の在学生数1400名のカラマズー・カレッジと，同四万数千名のミシガン大学アナーバー校は，規模の点では小都市とメガロポリス程の対比を示すが，しかしともに等しく大学のアメリカモデルと言える。したがって以下では図式を単純化して，第1段階では大学教育を牽引する2種類の機関，▶リベラルアーツ・カレッジ（以下LACと略称）と▶研究大学の特徴を説明する。第2段階では，こうした2種を含んだ数種類の機関が相補的に形成する体系として，アメリカモデルを提示する。

［第1段階］
LACと研究大学は，1世紀前に現代の姿に変容し始めた。1909年に至る三十数年間，代表的なLAC10校では平均学生数が150から340名へ，代表的な研究大学10校では同300から3800名へと変化し，両者は規模の点で明瞭に分化した。ともに拡大した現在でも，両者間の比率はほぼ等しいままである。LACは20世紀以降，科目履修上の分散と集中を原則に，教養と専攻（major）の訓練とを統合する学士課程教育に特化してきた。学問の発展に即し徐々に規模を拡大しつつも，厳選した少人数（上位校では学年平均450名）を▶学寮に収容して共同生活を徹底し，全教員はそうした学業・生活規律の訓練への参加を求められる。卒業生からは科学者や著名人を多く輩出し，アメリカの伝統的なカレッジの現代版として一大モデルをなす。古くは20世紀の初頭に，ドイツの哲学者フリードリヒ・パウルゼンが，かつて自国にも存在したアメリカのLACに類似した機関が，のちには消滅してしまった事実を嘆いたという（Irving Babbitt, *Literature and the American College*）。最近ではオランダ，イギリス，ドイツでLACの見直しと逆輸入が，シンガポールを中心とするアジアでも新規導入が具体化しつつある。

　両次大戦を経て確立した主要な研究大学は，現在その多くが年間数百件の博士号（Ph.D.）を授与し，最大1校あたり2000億円を超す研究開発費を使用して，世界水準の成果を公表している。▶大学院の役割は重要であるが，研究大学の第1の特色は，それが内にカレッジを抱えているのみならず，それ自体が巨大化し，かつきわめて高度化・専門化したカレッジそのものだという点にある。現在，大学院のみの大学は生命科学や医学に特化した

数校に過ぎない。開学時には▶大学院大学を目指したスタンフォード大学やシカゴ大学も，学士課程を基礎とする組織に落ち着いている。第2に研究大学は早くから，科学的な農学や工学を正規の学部・学科として取り入れていた。▶モリル法（1862年）の大学は，応用分野の教育研究を強調して，生産者階級向けに大学教育を再編成したが，そうした方針はハーヴァードやイェール，コロンビア，スタンフォード，プリンストン等にも部分的には共有されている。第3に，アメリカの研究大学は20世紀の初頭から，社会奉仕（social service）を大学の根本目的の一つに据えた。巨大資本による自然と農民・労働者との搾取に対抗して，社会改革の機運がみなぎっていたこの時代，州立大学の数校は経済・文化・自然（自然保護）の学術研究を総動員し，改革に向けて州民に援助の手を差しのべた。ドイツ大学の教育と研究の統一の理想を，現実社会の巨大な「実験室」において，新たな次元で現実化する試みでもあったのである。

　以上のような特徴を備えた研究大学は，現在，世界の大半の大学からモデルあるいはライバルと見なされている。またエリック・アシュビーによれば，アジア・アフリカの旧植民地諸国においては，とくに上記の第2の特徴のゆえに，ヨーロッパモデルに替わるモデルとして20世紀初頭から注目されてきた（Eric Ashby, *Universities: British, Indian, African*）。

［第2段階］
以上の2種に加え，修士号授与大学，準学士号授与大学（短大），特殊な目的の大学を含む多様な大学が，固有の役割を果たしつつ相互依存する体系としてのアメリカモデルがある。各州に分散する約100校の高度な研究大学が，一線の研究と，ポテンシャルの高い学生・専門職者・研究者の養成（Ph.D. の授与）を担当する。LACの多くは宗教を含む濃密なカレッジ文化の中で，優れた市民・科学者や専門職者にふさわしい洗練された教養教育を担い，卒業生の多くを研究大学の大学院に送り出す。州立と私立が半々の修士号授与大学は，他種の大学にも増して，4年制大学の大衆化に対応した進学の機会を与え，有用な中堅の人材の育成にあたる。高等教育の在学者の4割を収容し，あらゆる市民にオープンな▶コミュニティ・カレッジは，職業訓練中心ではあるが，4年制の上級学年への入学機会も提供する。実際，カリフォルニア大学バークレー校への編入生三千数百名の9割以上は，毎年，コミュニティ・カレッジの出身者である。

　以上のような諸種の機関の相互依存に立つアメリカモデルは，民主化に不可欠な大衆化と流動化の要求に応えながら，資源が集中する比較的少数のカレッジ・大学を核として高度な学術研究を促進している。加えて固有な文化伝統を堅持するLACや一部の研究大学は，各個が有する巨額な基金に依拠する私学セクターに属し，機会の均等と公共

福祉の向上を優先する2年制カレッジや研究大学の多くは，毎年の州の予算から経常費補助を受ける公的なセクターに属する。こうしたシステムとしての大学モデルはアメリカの社会構造そのものの反映であり，大学モデルのみを抽出しての移植は困難である。社会・経済の構造にまで踏み込んで根本的な民主化を試みた戦後改革の一部としての日本の大学改革は，そうした稀な移植の試みであった。その帰結はモデルの移植の難しさを証したといえよう。　　　　　　　　　　　　　　　　立川 明

→アメリカ合衆国の大学(テーマ編)，アメリカ合衆国の大学改革，ドイツ大学モデル

◎Harper, Shaun R. and Jerlando F.L. Jackson, eds., *Introduction to American Higher Education.* Routledge, 2011.
◎Graham, Hugh Davis and Nancy Diamond, *The Rise of American Research Universities.* The Johns Hopkins University Press, 1997.
◎Harris, Michael S., *Understanding Institutional Diversity in American Higher Education.* Wiley, 2013.

『アメリカン・マインドの終焉』
アメリカン・マインドのしゅうえん
The Closing of the American Mind

アラン・ブルーム (Allan Bloom, 1930-92) の著作。1987年，▶シカゴ大学の政治学者ブルームが，現代の専門主義的な大学教育の不毛とプラトンへの回帰の必要を論じて，ベストセラーとなった大学教育論。ブルームによれば，現代の大学と大学生の窮状の理解には，古代アテナイと啓蒙の17〜18世紀とを比較せねばならない。ソクラテスは理性的な探求を続ける中で，慣習の巣窟としての市民社会と衝突し圧殺された。2000年後の17〜18世紀，啓蒙の到来は史上初めて市民社会の全員に理性的な探求を期待し，ソクラテスとともに一度は滅びた「大学の魂」が公然と蘇るかに見えた。しかしそうした夢は1960年代，啓蒙を理性の解放ではなく，かえって人間の自由の鉄の檻への収監である，と指弾したニーチェ左派の学生たちによって破砕された。ブルームは，今や大学人にできるのはただ一つ，啓蒙への幻想に惑わされることなく，ソクラテスが見いだした理性的な探求と市民社会との対立という大学のリアルな原点へ，プラトンの古典を通して立ち戻ることだと主張する。1988年，みすず書房刊。菅野盾樹訳。　　　　　　　　　立川 明

アラブ首長国連邦大学 [アラブ首長国連邦]
アラブしゅちょうこくれんぽうだいがく
United Arab Emirates University

アラブ首長国連邦 (UAE) で最も古い，国を代表する国立総合大学。UAEを構成する七つの首長国の一つ，アブダビ首長国の第2の都市アル・アインに位置する。UAEは1971年に独立し，豊かな石油収入を背景に経済発展を遂げ，国民の教育機

会の充実や国の発展を担う人材の育成が課題となった。このため，ザーイド大統領 (在位1971-2004) は1976年，UAE初の大学としてアラブ首長国連邦大学を設立。翌1977年に502人の学生 (男子313人，女子189人) を受け入れた。2014年時点で9学部 (経営・経済，教育，工学，食物・農業，人文・社会科学，IT，法律，医学・保健学，理学) を擁し，1万3996人 (学士課程1万3043人，大学院953人) の学生が学ぶ。教育研究は英語で実施され，UAE国民は無償で教育を受けることができる。学生数の77%は女子であるが，背景として男子には就職や海外大学への進学の機会が多いという事情がある。2015年のQS社の世界大学ランキングでは421-430位に入った。　　　　　　　　　　　　　　　　和氣 太司

アリーガル・ムスリム大学 [インド]
アリーガル・ムスリムだいがく
Aligarh Muslim University

1875年，ムスリムの社会改革者サイヤド・アフマド・ハーンがムスリムに近代的教育を施す目的で，オックスフォードとケンブリッジ両大学をモデルとするムハマダン・アングロ・オリエンタル・カレッジをウッタル・プラデーシュ州のアリーガルに設立。連邦議会法のもと，1920年に国立大学に昇格し，アリーガル・ムスリム大学となる。多くのムスリム知識人や政治家を輩出し，19世紀末以降のムスリムの文化教育運動であるアリーガル運動の指導的立場にあった。2012年の学生数は約2万8000人 (うち約2割が非ムスリム)。12学部98学科 (うち22学科が大学補助金委員会から特別補助金プログラムの交付を受ける) と七つのカレッジ，三つのアカデミー，15の研究所をもつ。2015/16年のタイムズ誌の世界大学ランキングでは90位。　　　　　　　　　　　　小原 優貴

アル=アズハル大学 [エジプト] | アル=アズハルだいがく
Al-Azhar University

エジプトのカイロに，アズハル・モスクおよび教導組織，中等教育，大学，法学委員会，出版局などからなる複合的な学術・教育組織であるアル=アズハルがある。アル=アズハル大学はアル=アズハル内の高等教育機関である。教育機関としてのアル=アズハルの起源は，970年にカイロに建設され，978年に教育活動を開始したアズハル・モスクにある。同モスクはシーア派によって建設されたが，王朝の交代とともに12世紀後半からスンナ派の養成機関として発展した。1961年にイスラーム法学部，イスラーム神学部，アラビア語学部といったイスラームの伝統的な3学部に加えて，医学部，理学部，工学部，女子学部などが設置され，近代教育機関としての国立総合大学であるアル=アズハル大学が成立した。エジプトで最も規模の大きい大学で，

教職員数は約8900人で，学生数約26万9000人のうち，10万人が女性である（2011年）。イスラーム世界における宗教教育の中心的機関として世界各地から多数の留学生を受け入れ，イスラームの指導者も多数輩出している。

谷口 利律

アルカラ大学［スペイン］｜アルカラだいがく
Universidad de Alcalá

スペインの首都マドリードから東へ30kmのアルカラ・デ・エナーレスにある公立大学。起源となる大学が誕生したのは1293年，司教座付属学校エストゥディオ・ジェネラーレとしてであり，その後，正式には1499年にシスネロス枢機卿により大学として設立された。聖職者の教育のみならず，官僚養成を目的とするものであった。16〜17世紀に最盛期を迎え，エラスムスら国内外の人文主義者が迎えられ，スペイン初の文法書を手掛けたネブリーハによって『多言語対訳聖書』を刊行。1836年にマドリードに移されたことにより，▶マドリード・コンプルテンセ大学とその起源を共有する。1977年にアルカラ大学として再建される。大学の建物も含めて所在地であるアルカラ・デ・エナーレスの歴史地区は，1998年に世界遺産（文化遺産）に登録されている。世界初の計画的大学都市であること，アメリカ大陸や他のヨーロッパ諸国の都市モデルになったこと，言語学などの学問の発展に尽くしたことが登録理由となっている。

安藤 万奈

アルジェ大学［アルジェリア］｜アルジェだいがく
Université d'Alger［仏］

アルジェリア民主人民共和国の北端に位置する首都かつ最大の都市アルジェにある。1909年に創立され，同国最初の大学とされる。創立以前の19世紀後半，当時の植民地政府はイスラーム教徒の人員を養成するべく，宗教的権限をもつ学校を三つ創設し，バイリンガル教育を提案した。のちに医学・薬学・科学・法文学の四つの高等教育機関が設けられた。1962年のアルジェリア独立後，多くのフランス人のボランティア（多くの場合，旧反植民地運動家）の助けを借り，再開発が始まる。アルジェリア政府によって開始された1971年の高等教育改革により，これまで学部体系によって各学科を組織していたが，改革後は類似する研究機関の枠の中で再統合され，すべての分野において母国語の教育が導入された。その後いくつかの変遷を経て，現在は法学，医学，イスラーム科学の三つのユニット（大学教育研究単位）で構成されている。

高橋 洋行

アールト大学［フィンランド］｜アールトだいがく
Aalto University; Aalto-yliopisto［フィンランド語］

2010年，ヘルシンキ市および隣接するエスポー市に所在する三つの単科大学（ヘルシンキ工科大学，ヘルシンキ経済大学，ヘルシンキ芸術デザイン大学）を統合する形で誕生した。大学名は，フィンランドを代表する建築家・都市計画家・デザイナーであるアルヴァ・アールトに由来する。基金によって運営する「財団型」の設置形態を取っており，実質的には私学といえる。3大学の統合構想は，国の高等教育機関の再編統合案を受け，ヘルシンキ芸術デザイン大学のソタマー学長（当時）が2005年に示したアイデアに端を発するが，「トップ大学」構想として時の内閣の施政方針に明記されるなど，国際的に競争力のある大学をつくるという国策としての側面もあった。2015年現在，6学部（芸術・デザイン・建築，経営，化学工学，電子工学，工学，理学）に約2万人の学生が学ぶ。

渡邊 あや

アルトホーフ
Friedrich Althoff｜1839-1908

プロイセンの文部官僚で，人事と予算を通じて学術行政に辣腕をふるい，ドイツの近代科学の発展に大きく貢献した。1839年，ライン地方のディンスラーケンに生まれ，ギムナジウム修了後，56年からボン大学，ベルリン大学（現，ベルリン・フンボルト大学）で学ぶ。1862年，法学の第2次国家試験に合格。弁護士を開業後，1871年にシュトラスブルクで行政官のキャリアを開始し，82年にプロイセンの文部省に着任。1907年に69歳で同省を退職するまでの25年間，審議官や局長として大学，学術の発展に尽力。大学から提案される教授候補者ではなく，自身のネットワークで確認した研究能力を有する者を教授として招聘する，大蔵省と交渉して研究所を新設するなどの手法で，プロイセンの大学を拡充・発展させた。エールリッヒ（Paul Ehrlich），フィッシャー（Hermann Emil Fischer）などを招聘し，その中から多数のノーベル賞受賞者を輩出した。彼を中心とした体制は「アルトホーフ体制 System Althoff」と称された。

長島 啓記

アルバイト
Arbeit［独］

アルバイトはドイツ語で労働を意味するが，日本ではパートタイム労働とりわけ学生のパートタイム労働を指す言葉として定着している。この意味でのアルバイトは第2次世界大戦前から見られた。とくに苦学生と呼ばれ，学費や生活費を捻出するために働く学生の労働を指していた。

　こうした学生のアルバイトが変化したのは，経済

の高度成長と大学進学率が急速に上昇した1960年代以降である。アルバイトに従事する学生の比率(アルバイト従事率)は，戦後一貫して上昇してきたが，1970年代に入ると8割を超え，多くの学生が経験するものとなった(文部省「学生生活調査」)。とくに70年代後半から，アルバイトが苦学生の労働のイメージではなく，多くの学生が経験し日常化していることが，日本青少年研究所『アルバイト白書』(学生援護会発行)などの実態調査から明らかにされた。また高校時代まで社会経験の乏しい日本の大学生にとって，アルバイトが社会経験として貴重な体験という意味を持つ反面，安易な金稼ぎといった負の問題もあることが示された。さらにアルバイトが生活の中心になって学業がおろそかになり，休学や中退にいたる学生の問題も生じている。また，一部の企業で労働法を守らないでアルバイトに従事させる「ブラックバイト」と呼ばれる問題も起きている。

全国大学生活協同組合連合会(▶大学生協)の「学生生活実態調査」2013年によると，アルバイトの目的として「旅行・レジャー」23.6%，「生活費の維持」20.1%，「生活のゆとり」19.9%が高い割合を占め，次いで「衣類・バッグ」「サークル費用」「貯金」がそれぞれ18.8%，18.5%，15.6%と続いており，単なる生計のためではなく，生活のゆとりや豊かさのためにアルバイトをしている者が多いことがわかる。

[従事率と収入額の推移，職種]
▶日本学生支援機構(2002年度までは文部省および文部科学省が実施)「学生生活調査」によれば，学生のアルバイト従事率は1968年度から92年度まで増加傾向にあったが，1994年度から2010年度まで基本的には減少傾向にある。しかし，2012年においては7割以上の学生がなんらかのアルバイトに従事している。学生1人当たりのアルバイト収入額(当年価格)は，1992年のバブル経済崩壊後，2010年度まで減少傾向にあるが，アルバイト従事者のみに限ると1992年度から2010年度までほぼ横ばい状態にある。つまり，この相違は，アルバイトに従事する学生の割合の減少がおもな原因と考えられる。なお前出の「学生生活実態調査」でも「学生生活調査」とほぼ同様で，アルバイト収入も授業期間中におけるアルバイト従事率も1991年をピークとして低下を続けている。

「学生生活調査」によれば，「家庭教師・塾講師」や「事務」の比率は1980年代から低下をみせている。「重労働・危険作業」や「特殊技能・その他」も，1970年度以降基本的には一貫して減少傾向にある。こうした減少している職種に対して，1951年度以降，拡大を続けてきたのが販売，接客などの「軽労働」である。2012年度をみると学生アルバイトの約8割が「軽労働」となっている。

なお，日本だけでなく多くの国で学生アルバイトが普及しているが，学生アルバイトと大学生活，とりわけ学習との関係はほかの国でも問題となっている。フランスやオーストラリアなどでは，生活費を捻出するためアルバイトに多くの時間を割き，その結果学習がおろそかになり，留年したり卒業できなくなる学生の問題が起きている。これに対して，アメリカ合衆国の一つの研究によると，学生の卒業率はまったくアルバイトをしない学生より適度なアルバイトをする学生の方が高いとされている。

小林 雅之

➡大学と学費(テーマ編)，教育費の負担，奨学金，貧困学生
◎岩田弘三「アルバイトの戦後社会小史」，武内清編『キャンパスライフの今』玉川大学出版部，2003.
◎日本学生支援機構「学生生活調査」隔年調査.
◎全国大学生活協同組合連合会「学生生活実態調査」各年調査.

アンカラ大学 [トルコ] | アンカラだいがく
Ankara University; Ankara Üniversitesi [トルコ語]

トルコ共和国の首都アンカラに設けられた国立大学。建国の父アタテュルク(1881-1938)により，1935年に言語歴史地理学部がまず設けられ，その後，理学部(1943年)，医学部(1945年)も置かれた。1925年に設立されていた法学校が，46年にそれらと統合されて，アンカラ大学として正式に発足した。その後，高等農業研究所の農学部と獣医学部の統合(1948年)，イスラームの神学部の設置(1949年)を経て，1950年には政治学校(オスマン帝国期の1859年に行政学校の名称でイスタンブルに設立され，1936年，アンカラ移転にともない政治学校に改称されていた)も統合し，これが政治学部となった。同学部は，共和国の高級官僚を多数輩出していることで知られている。文学部にあたる言語歴史地理学部では，トルコ・ナショナリズムの思想的中核とするためにも，トルコ学の研究・教育が精力的に進められている。2013年現在，15学部，9研究所，11実業校，芸術院などを有する。

長谷部 圭彦

アンジェ大学 [フランス] | アンジェだいがく
Université d'Angers

フランス西部，ペイ・ド・ラ・ロワール地域圏，メーヌ・エ・ロワール県の県庁所在地にある。この地に学問研究と学びの場としての学校がつくられたのは11世紀に遡るといわれる。1337年，現在のアンジェ大学の基盤が創設された。当初は法律を学ぶ単科大学であったが，1432年に医学，自由学芸，神学の学部が設立されている。現在の大学の組織は1958年に設立された大学科学センターと技術短期大学部(IUT，1966年)，大学ロー・カレッジ(1968年)等の設立を経て，工学(1990年)や植物学(1993年)，観光学(1982-83年)の分野で構成されている。2009年より▶ナント大学，ル・マン大学とともに研

究・高等教育拠点（▶PRES）を創設し，国際レベルの
教育・研究体制を整えている。2013年の高等教
育・研究法の施行に伴い，16年に大学・高等教育
機関共同体（COMUE）に参加し，ブルターニュ・ロ
ワール大学に加盟している。学生数 2 万 2710
（2015/16年）。　　　　　　　　　　　　高橋 洋行

EAIR | イーエーアイアール
The European Higher Education Society

欧州高等教育協会。1979年，アメリカ合衆国の
IR協会（AIR）のヨーロッパ版として発足，高等教育
における IR（▶インスティチューショナル・リサーチ，機関
研究）と政策決定・実行の関連性に関心を持つ専門
家が集まった。その後，国や国際レベルの政策に
まで関心を広げ，1989年に独立した組織となった。
EAIRは欧州IR協会（European Association for Institu-
tional Research）の略語であるが，正式にはこの略語
に欧州高等教育協会（The European Higher Education
Society）という言葉が付される。IRの発展のみなら
ず，高等教育全体の利益のために，研究・政策・実
践を支援することを使命としている。1995年春以
降，年4回協会誌『*TEAM*』（Tertiary Education and
Management）が発行され，99年以降は年次大会も
開催されている。会員はヨーロッパのみならず世界
中の50ヵ国から400人近くが所属している。事務
局はオランダのアムステルダム。　　　　三谷 賢

→EUの高等教育政策

イエーナ大学 [ドイツ] | イエーナだいがく
Friedrich-Schiller-Universität Jena

ドイツ中部，テューリンゲン州イエーナにある総合
大学。正式名称はフリードリヒ・シラー大学イエー
ナ。1558年に開学。宗教改革の時代はルター派
の中心。18世紀末から，シラー，▶フィヒテ，シェリ
ング，ヘーゲルらによりドイツ観念論哲学の中心と
なる。ノヴァーリス，ヘルダーリン，ブレンターノ
や，のちにはマルクスやツァイスらが学んだ。教育
学者ペーターゼンは，1924年に大学の実験校で
「イエーナ・プラン」を開始した。リベラルな雰囲気
は1920年代に失われ，他の大学に先立ってナチス
が主導する「政治的大学」の模範例となった。1934
年にフリードリヒ・シラー大学イエーナとなる。第2
次世界大戦終了後，1945年10月からソ連占領地
区の最初の大学として再開。1946年に弁証法的
唯物論研究所が設置されるなど，社会主義的大学
の先駆となった。1991年のドイツ統一後の新キャ
ンパスは，市街中心部のかつてのツァイス本社工
場跡地にある。10学部で学生数は1万7500人
（2016/17年冬学期）。　　　　　　　　長島 啓記

イェール大学 [アメリカ] | イェールだいがく
Yale University

コネティカット州ニューヘヴン所在のアメリカ合衆
国で3番目に古い大学。1701年ハーヴァードのピ
ューリタン的宗教からの後退批判を一因として創
設されたため，常に同大学と比較される宿命を負
った。南北戦争前は「諸カレッジの生みの親」と称
され，カレッジの学生数でも1870年頃までハーヴ
ァードほかを圧倒していた。1828年の▶イェール・
レポートは保守派のバイブルと見なされた。19世
紀末に至るまで，有力な牧師を学長に迎えていた。
他方，早くも1818年，現存の科学誌『*American
Journal of Science*（and Arts）』を創刊し，アメリカ初の
Ph.D.学位を61年に授与したイェールは，「進取の
気性」も備えていた。今日のイェールはカレッジ・
学術大学院ともに全米上位の水準を維持し，法学
を中心に▶専門職大学院も高い評価を得ている。
キャンパス・ライフの規則で革新性を示す一方，ゴ
シック風の学寮や図書館建築は全米一クラシック
である。　　　　　　　　　　　　　　立川 明

イェール・レポート
Yale Report of 1828

古典教育から有用な教育への転換を理事に提起さ
れたイェール・カレッジが，学長デイ（Jeremiah Day）と
古典語教授キングスレー（James Kingsley）を著者とし
て，1828年に公表したカレッジ教育擁護論。当時
のアメリカ合衆国で最大数の学生（470名）が在籍
し，影響力も強かったイェールが，有用な教育から
の挑戦を受け，能力心理学の立場から「精神の鍛
錬と知見」を中核とするカレッジ教育の優越を宣言
した記念碑的な声明となった。最近では，上記2
名と理事会が著した3部からなる同文書を，イェー
ルのReports（複数形）と表記する場合がある。内容
的にも，キングスレーの第2部は，カレッジ教育の
根本に古典語の教育を据える伝統的な論を展開し
たのに対し，数学者・科学者の学長デイの第1部
は，カレッジ教育の目的を，科学と文芸の諸原理
をあらゆる職業の根本基盤として，徹底的に訓練
することと定式化した。カレッジ教育を神・法・医
の旧専門職のみでなく，農・工・商にも不可欠な前
提と主張したのである。邦訳は，国際基督教大学
『教育研究』43号（2001年）および46号（2004年）所
収（立川明，新井元，村瀬泰信共訳）。　　立川 明

医学教育 | いがくきょういく
medical education

医学教育は，医療専門職の資格認定前の卒前教
育と，資格認定後に行われる卒後教育，さらには
医療専門職以外の人々に対する医学教育に分け

いがくきょ　187

ることができる。また，近代医学と伝統医学では異なる教育形態をとることがある。医学教育の歴史は古く，紀元前から世界各地で多様な形で実施されてきた。大学▶医学部が一般の人々の診療に携わる医師たちの教育の主要な場となったのは19世紀後半以降であり，現在でも多種多様な場で医学教育が行われているが，ここでは，大学における医療専門職育成のための近代医学教育を中心に説明する。

［歴史―ヨーロッパを中心に］

▶中世大学での医学教育の基本は座学であり，▶ラテン語による医学書の講読，注釈，討論能力の育成に主力が注がれていた。卒後教育の主体となっていたのは医療専門職組合であり，都市によって大学医学部と一体化している場合と別組織の場合があった。18世紀，オランダの▶ライデン大学で医学教育に臨床実習が取り入れられたが12床に過ぎず，本格的な臨床医学教育が開始される契機は19世紀前半のフランス・パリ学派による医療改革にある。フランス革命時，大学医学部は解体され，ルイ王朝下の医療施設やカトリック教会の慈善施設が接収されて大病院に改組され，医学生の臨床教育の場となった。フランス革命の影響を受けたドイツ諸邦では中世大学の解体と近代大学の設立が行われたが，医学部に生理学，細菌学，衛生学等の基礎医学の教授職が生まれ，講義室と研究室，病院を中心にした医学教育が定着した。19世紀のアメリカ合衆国では水治療やトムソニアンなどの多種多様な民間医療学派による教育が行われていたが，1910年フレクスナー・レポートによって近代医学に基づく医学校の質の認定基準が示され，医学教育の標準化が進められた。

［日本の歴史と現状］

1857年（安政4），オランダ海軍軍医ポンペ（Pompe van Meerdervoort）によって，長崎でパリ学派以降の体系的な近代医学教育が開始された。1877年（明治10）東京大学の設立当初，医学部は予科・本科と通学科に分かれており，本科においてはドイツ人教師による講義と病院における臨床演示，日本人教員による実習指導からなるカリキュラムが組まれていた。明治新政府は積極的な海外留学制度をとり，医学部卒業生をドイツに派遣して最先端の医学を学ばせたが，彼らにより▶講座制に基づくドイツ流の医学教育が移植された。第2次世界大戦後，連合国軍最高司令官総司令部（GHQ）による医療改革が行われ，医師の質の保証の面からフレクスナー・レポートをモデルとした医学教育の改革が求められた。この結果として，医師国家試験制度が改定され，受験資格は一定の規格に合致した医学校の卒業生に限定された。さらに，卒後教育としてインターン制度が導入されたが，激しい抵抗に遭い，▶東大紛争を契機に1968年（昭和43）廃止された。

卒前教育のカリキュラムに関しては，2001年（平成13）に医学生が学ぶべきミニマム・エッセンシャルとしてのモデル・コア・カリキュラムが文部科学省から示され，2007年，11年，16年に改訂が行われてきた。モデル・コア・カリキュラムは医師国家試験の出題と密接に関連しており，医学部医学科のカリキュラム編成に大きな影響力をもっている。6年間の卒前教育は基本的に一般教養，基礎医学，臨床医学から構成されるが，基礎・臨床の枠を超えた実践的な知と技能，さらには，それを支える人間性・社会性を育成するために，公衆衛生学等の社会医学や，医療倫理，医学史等を含んだ，分野の枠にとらわれない横断的・統合的なカリキュラムが1年次から組まれている。また，病院や高齢者施設等の臨床現場に送り込んでの早期体験実習，大学附属病院，市中病院等の各診療科を少人数で回るポリクリと通称される臨床実習など，直接，患者や医療従事者と接する実習が多く組まれているのが特色である。

現在，急速に変動する社会の中で新たに生ずる多様なニーズに対応できる実践的臨床能力をもった医師の養成を目指して，卒前・卒後をシームレスにつなぐ医学教育が求められ，受け身的な座学から能動的な演習，さらには世界医学教育連盟（World Federation for Medical Education: WFME）の示すグローバルスタンダードに沿ったカリキュラムの設定，国際化へ向けての情報伝達能力の強化育成など，医学教育の変革がさらに進行中である。外科手技や問診技能等の臨床的な技術を試験する「客観的臨床能力試験（Objective Structured Clinical Examination: OSCE）」，モデル・コア・カリキュラムで示された知識の定着を確認する「共用試験（Computer Based Testing: CBT）」，学生が医療チームの一員として参加し診療業務の一部を分担する「診療参加型臨床実習（クリニカルクラークシップ Clinical Clerkship）」，卒後の新医師臨床研修制度の導入など，医学生自身が医師の指導のもとで主体的に参加する臨床実習教育へ向けての改革が急速に行われている。

月澤 美代子

→大学病院，大学医療，メディカル・スクール，職業教育カリキュラム，専門職教育，専門職資格

◎Thomas Neville Bonner, *Becoming a Physician, Medical Education in Great Britain, France, Germany, and the United States 1750-1945*, Oxford University Press, 1995.
◎日本医学教育学会編『医学教育白書 2014年版』篠原出版新社，2014.

医学系の研究→理工系・医学系の研究

医学部｜いがくぶ
Faculty of Medicine; School of Medicine

医学に関する教育，研究，および社会的活動を行

っている学部で，附属病院を併設している。

［歴史］

大学内部でカリキュラム権，▶学位授与権等の自治団体性をもつ医学部が成立したのは中世後期ヨーロッパにおいてのことであり，▶神学部，▶法学部とともに最も起源の古い専門職養成学部である。

日本では，明治新政府の西洋医学採用の決定を受けて東京に医学校兼病院が設立されたが，1877年（明治10）東京大学が創設された際に組み込まれて医学部となった。1886年公布の▶帝国大学令においては，大学から学部という名称は消え，専門分野ごとの▶分科大学の一つとして医科大学が設けられており，1919年（大正8）施行の▶大学令以降に医学部という名称が復活する。この間，医学部という名称は高等中学校または旧制▶高等学校の医学教育部門において使用されていた。第2次世界大戦前には東京，京都，東北，九州，北海道，大阪，名古屋の7帝国大学，さらには京城，台北の2帝国大学の医学部と，私立の慶應義塾大学の医学部が存在し，戦時中の1943年（昭和18）に日本大学医学部が誕生している。戦後の1947年に施行された▶学校教育法では，大学に学部を設けるように規定されており，医科大学や医学専門学校等から組織替えした▶新制大学に医学部が設けられた。

2017年（平成29）現在，日本には82の医学部・医学類・医科大学がある。これらは1970年以降に設立された36校と，それ以前に設立された46校とに大きく区分される。医学部には医学科，看護学科，栄養学科，生命科学科等が含まれていることがあり，このうち医学科は医師養成コースであり，卒業後に医師国家試験への受験資格が与えられるが，筑波大学，金沢大学では医学類と称しており，防衛医科大学は防衛省設置の準大学である。1982年以降，医学部医学科定員の抑制政策がとられてきたが，地域や診療科における医師の偏在などの問題の解決に向けて2008年から定員増政策に転じ，2016年以降，東北医科薬科大学と国際医療福祉大学に医学部が設置された。

［社会的機能・役割］

国，時代により医学部の担う社会的機能は異なっている。16世紀スイスの▶バーゼル大学のように都市の医療専門職集団へ加入するための資格認定機関，20世紀前半日本の▶帝国大学のように卒業がすなわち医師開業の国家資格認定となる機関，あるいはフランスの▶パリ大学医学部のように国の医療技術評価認定機関として機能した場合もある。2017年現在，日本の大学の医学部は医学生の教育ばかりでなく，看護師，放射線技師等のコ・メディカルの教育も行い，先進医療の研究や難治性疾患の診療という社会的機能を担っている附属病院を併設しており，地域の中核病院，医師の卒後研修の場としての役割も期待されている。

［位置づけ］

アメリカ合衆国のように医学専門課程の教育のみを受けるために入学する▶メディカル・スクールMedical School型と，日本のように他学部と同様，高校卒業後18歳から入学して6年間で▶一般教育と医学専門課程を履修する大学医学部Medical Faculty型がある。2023年以降にアメリカ合衆国で臨床研修を行うには，一定の基準に合致した医学教育カリキュラムを備えた医学校の卒業生である必要があるというECFMG（Educational Commission for Foreign Medical Graduate）からの通告を受け，日本の大学医学部では臨床実習時間の増加，学生参加型教育などへの改革の動きが活発である。

［単線型・複線型］

医療に関する国家資格認定制度が単線型をとるか複線型をとるかによって，医学部の教育システムも異なっている。単線型とは，いわゆる近代医学のみを唯一の医学と考える立場であり，複線型とは，伝統医学と近代医学をともに医学と考える立場である。たとえばインドや中国では複線型をとっており，伝統医学を主として学ぶ医学部と近代医学を主として学ぶ医学部が存在する。日本では明治維新以降，単線型をとってきたが，2007年以降，漢方医学の教育を一定時間カリキュラムに含ませることが義務づけられた。またアメリカ合衆国やドイツなどでは，自然療法やホメオパシーなど，近代医学以外の代替医療を学ぶカリキュラムも医学部内部に設定されている。

月澤 美代子

→ 医学教育，大学医療，大学病院，看護系大学，学部の概念
（テーマ編）

◎Hilde de Ridder-Symoens ed., *A History of the University in Europe: Volume 1. Universities in the Middle Ages.* Cambridge University Press, 1991.
◎小川鼎三他編『東京大学医学部百年史』東京大学出版会，1967.

医科大学 (旧制) | いかだいがく

帝国大学の医科大学。明治政府は1868年（明治1）に旧幕府の医学所を接収し，翌年に▶大学東校，71年に東校，72年に第一大学区医学校とした。これが1874年に東京医学校と改称されたのち，77年に東京大学医学部（初代医学部綜理は池田謙斎）となり，さらに86年の▶帝国大学令により，帝国大学医科大学となった（初代学長は三宅秀）。1897年の京都帝国大学設置に伴い，従来の帝国大学医科大学は，東京帝国大学医科大学に改称した。各帝国大学の医科大学は，1919年（大正8）の帝国大学令改正によって医学部に改組された。また，1918年公布の▶大学令によって▶単科大学が認められ，医科大学がつくられるようになった。まず1922年に官立の新潟・岡山，翌23年には千葉・金沢・長崎の医学専門学校がそれぞれ医科大学に昇

格した。　　　　　　　　　　　　　冨岡　勝

イギリス大学モデル|イギリスだいがくモデル

E.▶アシュビーは，大学史を通じてモデル移植には四つの大きな波があったという。第1の波は15世紀，第2は16〜17世紀，第3は19世紀，そして第4は第2次世界大戦後である。このうちイギリスモデルの移植について注目すべきは，第2の16〜17世紀と第3の19世紀であろう。前者は北米植民地へのモデル移植，後者は帝国主義的進出の下，非西欧世界への移植を含んでいた。

[17世紀]

イギリス大学モデルの最初の輸出・移植は，17世紀の北米植民地に生じた。入植者たちは植民地での大学・カレッジの設立にあたっておもに本国イギリスを参照したが，モデルとなるべき大学はイギリスに限ってもオックスフォードとケンブリッジの両大学（オックスブリッジ）があり，またスコットランドの大学もあった。植民地の状況にあわせ，そうしたモデルから取捨選択が行われた。オックスブリッジ・モデルからは，▶学寮（カレッジ）での寄宿制と疑似家族的な学生の監督方式が採られた。オックスブリッジの学寮は，学位を授与し講義等も提供した「大学」（ユニバーシティ）とは独立の組織として，学生の生活面を親に代わり指導・監督し（in loco parentis），かつカレッジごとに学生を綿密に教育していたのである。

　このモデルを最初に受容したハーヴァード・カレッジは1636年，マサチューセッツ一般評議会（勅許を得た植民地および会社の運営機関）により，400ポンドの補助金を得て創設され，その3年後，蔵書と財産の一部を遺贈したジョン・ハーヴァード（ケンブリッジ大学エマニュエル・カレッジの卒業生）を記念してハーヴァード・カレッジと名付けられた。同カレッジは寄宿制と疑似家族的な監督方式を採用する一方，当初から単独で学位を授与し，また単一の教育カレッジのまま発展していった。▶学位授与権を備えた大学と複数の教育カレッジとが，分業・組織化されたオックスブリッジ・モデルの部分的な採用であり，一部は逸脱といってよい。

　以後，ウィリアム・アンド・メアリー（1693年），イェール（1701年），プリンストン（1746年）などが設立されていったが，いずれもオックスブリッジを選択的にモデルとしたのである。財政・管理形態面では，オックスブリッジは王室や有志篤志家による大口の寄付や支援を長期にわたって受け，大学運営の実権は教員たちが掌握していた。これに対して北米植民地のカレッジは，ウィリアム・アンド・メアリーを除いて財政的に貧弱で，学長と若手チューターのみの教員集団は，外部の監督機関から強い統制をうけた。また，北米の植民地のカレッジの中には，

スコットランドの大学から多様化した学習課程を採用したものもあった。いずれの場合にも，スペイン帝国下の中南米植民地の場合と異なり，北米における大学モデルの移植では，本国モデルの全面的模倣は望むべくもなかったし現実的でもなく，その結果，選択的採用や逸脱が生じた。しかしそうした紆余曲折の中に，イギリス大学モデルの特色はかえって鮮明化したともいえる。

[19世紀以降]

第3の波の時代，カナダ，オーストラリア，インド，アフリカなどの植民地における大学・カレッジの設立にも，イギリス大学モデルが大きな影響を及ぼした。オックスブリッジ，ダブリンの▶トリニティ・カレッジ，▶ロンドン大学，マンチェスターなどの▶市民大学，スコットランドの大学が選択肢となったが，概していえば，この時代の有力モデルは▶学外学位制度を有するロンドン大学であった。

　ロンドン大学は1826年，イングランドの第3の大学として設立されたが，学位授与権を有する大学として安定した機能を発揮するには1836年までの10年を要した。この間，当初のロンドン大学自体はユニバーシティ・カレッジ・ロンドンと改名し，1829年に創設されたキングズ・カレッジと並んで，学生を教育するだけの機関となった。他方1836年，ロンドン大学の名称の下，前二者の修了生に試験を実施して合格者に学位を授与する，教育機能をもたない試験機関・学位授与機関が新たに登場した。これと上記二つのカレッジとが相まって初めて，学生の教育と学位の授与という，大学の十全な機能を果たす広義の意味でのロンドン大学が誕生したのである。

　この一面不可思議なロンドン大学モデルは，しかし，制度上の利点も備えていた。西欧的な大学制度を新規に導入したインドやアフリカの植民地は，一定のカリキュラムに基づくカレッジを普及させると同時に，カレッジ間のばらつきや水準低下による大学の威信の失墜を回避せねばならなかった。学生の教育に専念する植民地のカレッジと，学位認定試験を実施するロンドン大学との垂直分業（学外学位制度）は，そうした困難な舵取りを可能にする有力な方法を提供したのである。

　19世紀のカナダやオーストラリアでも，たとえば▶トロント大学ではオックスブリッジ風の学寮制度が構築され，一方，▶シドニー大学ではロンドン大学モデルの採用が試みられた。20世紀前半のアメリカ合衆国では，ハーヴァードやイェールがオックスブリッジ流の寮を建設し，また学生に自主独立の高度な勉学を奨励する▶オーナーズ・プログラムが流行した。イギリス大学モデルは，世界の多様な地域に長く深い影響を及ぼしてきたのである。

安原　義仁

→イギリスの大学（テーマ編），イギリスの大学改革

◎Eric Ashby in association with Mary Anderson, *Universities: British, Indian, African: A Study in the Ecology of Higher Education*, London, 1966.

◎John Roberts, Agueda M. Rodriguez Cruz and Jurgen Herbst, 'Exporting Models' in Walter Ruegg (General Editor), *A History of the University in Europe*, H.D. Ridder-Symoens (ed.), *Volume II, Universities in Early Modern Europe* (1500-1800), Cambridge, 1996.

イギリスの新構想大学｜イギリスのしんこうそうだいがく

［キールの実験］

第2次世界大戦後，ノッティンガム，ハル，エクセターなどいくつかの市民カレッジが大学に昇格したが，これらは新構想大学とはいえない。戦後の新構想大学は1949年に設立されたノーススタッフォードシャー・ユニバーシティ・カレッジをもって始まると見てよい。その時点で独特のスポンサーシップ方式（既存のオックスフォード，バーミンガム，マンチェスターの3大学が同カレッジの教育の質と水準を監督・後援）により，学士学位授与権を認められた。さらに1962年新たにキール大学として発足してからは，「基礎学年コース」を導入するなど大学教育の大胆な実験・革新を志向して，60年代に相次いで新設されることになる新大学の嚆矢となった。文理にまたがる幅広いカリキュラムを通じて教養ある人間の育成を目指した基礎学年コースは，20世紀のイギリスの大学における最も独創的な革新と評価され，「キールの実験」の名を高からしめた。

［新大学の新しさ］

1960年代はかつてない高等教育の拡張期であり，学生数の増大に対応すべく，既存の上級工科カレッジの工科大学への昇格や大学の新設という措置が講じられた。1963年に公表された高等教育に関する最初の包括的調査報告書『ロビンズ報告書』と相前後してイングランドに7校設立された新大学は，もちろん大学進学者の増大という「数の圧力」に対応することを主要目的の一つとしていた。それと同時に，新大学は急速に変化しつつある学問や社会の状況の中で「学問の新地図」を描き，新しい大学教育の実験を行うことも期待された。新大学の設立はサセックス（1961年）を皮切りに，エセックス（1961年），ヨーク（1963年），イースト・アングリア（1963年），ランカスター（1965年），ケント（1965年），ウォーリック（1965年）と続いた。またスコットランドと北アイルランドにもそれぞれスターリング（1967年）とアルスター（1968年）が設立された。

　これらの新大学はいずれも国家による高等教育計画の下で，設立当初から独自の学位授与権を認められ，国庫補助金の支給にあずかり，カリキュラムと教授法の編成・工夫の自由を得て，さまざまな新構想を打ち出した。学科至上主義（デパートメンタリズム）を打破すべくスクール制を採用して学際領域の研究・教育に力を入れたり，副専攻や複合学位コースを設けたりした。また都市近郊の広大な敷地に建てられたキャンパス型大学においては，充実した学生宿舎を用意し，学生・教師の社交生活の面でも新しい局面を開き，キャンパスとそこにある施設（博物館・美術館や体育館・プールなど）を開放するなど，地域社会への貢献にも積極的にかかわった。ランカスター大学のキャンパス入口に「来訪者歓迎（Visitors are welcome）」と書かれた大きな看板が立てられているのはその象徴である。新大学はまさに新構想大学と呼ぶにふさわしい大学群であった。

［オープン・ユニバーシティとバッキンガム大学］

1960年代後半から70年代前半にかけての時期，イギリスにはさらに二つの新しいかたちの大学・カレッジが誕生した。オープン・ユニバーシティとバッキンガム・ユニバーシティ・カレッジである。オープン・ユニバーシティはラジオ，テレビという放送通信メディアを活用して，それまで大学教育を受ける機会に恵まれなかった成人を対象に第2の機会を提供すべく構想された。当初，放送大学（University of the Air）と称されたが，「誰にも開かれた，どこでも学べる大学，あらゆる教授方法と考えに自由な大学」という理念からオープン・ユニバーシティ（Open University: OU）という名称が採用された。実際，その大学教育では放送授業だけでなく，通信教育，対面個別指導，サマースクールも併用された。オープン・ユニバーシティは当時の労働党政権のハロルド・ウィルソン首相と担当大臣ジェニー・リーのアイデアと主導の下に打ち出された新構想であったが，世界に先駆けた大学教育の実験・革新であり，その後の放送・通信を用いる大学のモデルとなった。オープン・ユニバーシティは，ほかの大学と同様，勅許状により1969年に設立されたが，教育科学省の管轄下に置かれた点は他大学と異なっていた。

　バッキンガム・ユニバーシティ・カレッジは，国庫補助金に依存しないイギリス最初で唯一の私立大学を目指し1973年に設立された。アメリカ流の私立リベラルアーツ・カレッジをイギリスにも設立しようというもので，自由主義経済を奉じるエコノミストや大学人が主導した。ちなみに，カレッジの礎石は当時の教育科学大臣マーガレット・サッチャーの手で置かれている。1983年に念願の勅許状を獲得してバッキンガム大学となった。その後2012年には，ロンドンに人文学ニュー・カレッジと称するイギリスで2番目の私立カレッジが設立された。この2校はイギリスにおける大学の設置形態面での実験・革新といえよう。　　　　　　　　　　安原　義仁

→イギリス大学モデル，イギリスの大学改革

◎H.J. パーキン著，新堀通也監訳『イギリスの新大学』東京大学出版会，1970.
◎V.H.H. グリーン著，安原義仁・成定薫訳『イギリスの大学──その歴史と生態』法政大学出版局，1994.

イギリスの大学 →テーマ編 p.118

イギリスの大学改革 | イギリスのだいがくかいかく

[大学黎明期〜1960年]

イギリスにおいて最初の大学である▶オックスフォード大学の基礎が築かれたのが12世紀で，1209年には▶ケンブリッジ大学がオックスフォード大学から分かれ，ケム川沿いに設立された。その後，オックスブリッジにおいて最も重要な学問分野が人文学や純粋科学であった時代に，両大学が提供できない分野を教授するとともに非英国国教徒に門戸を開くために▶ロンドン大学が創設された。産業家や法曹家等による寄付が増えるにつれ，商人や中産階級の子弟の希望する実務能力の養成を担う学科が要求されるようになった結果，伝統的大学において教授されなかった自然科学や医学，法学，現代言語や経済学の教育を提供する▶市民大学が19世紀の後半に誕生した。しかし，働きながら通学できる点に存在意義があったはずの市民大学に，労働者階層の子弟は実際にはほとんど進学できなかった。その結果，真の市民大学の設立が強く促されることになった。第2次世界大戦後，それまで大学入学が困難であった若者の受け皿として，政府の企図を充分に反映し，その意向に沿った学術科目を実施する機関として，新構想大学が創設された。最後に，工学分野や実学，応用面に特化した大学となること，また機関としての特質を活かした新たな職種の創出を期待されつつ，旧上級工科カレッジが工科大学に昇格したのである。

[1960年代〜1988年]

イギリス大学史上初めて大学を含む高等教育について言及した▶『ロビンズ報告書』が1963年に公刊された2年後の65年，アンソニー・クロスランドが高等教育の「二元構造」を提唱する演説を行った。これ以降，独立自治法人である大学部門と，地方当局により管轄され財政的に完全に国と地方自治体とに依存し，教育省の監査と管理を受ける非大学部門との2部門からなる構造が公的に認知されることになった。

[教育改革法と継続・高等教育法による改革]

1988年の教育改革法により2種類の大学改革が実施された。第1は，一定の条件下でLEA(地方教育当局)の管轄下にあった非大学部門の教育機関が自動的に高等教育法人としてLEAから独立したことである。第2は，国と大学の間に立ち補助金の配分を助言してきた組織である▶大学補助金委員会(UGC)が消失し，教育科学省の管轄下に2種類の新たな国庫補助金配分機関である大学財政審議会(UFC)とポリテクニクおよびカレッジ財政審議会(PCFC)が創設されたことである。

1992年の継続・高等教育法成立以前は，88年にLEAから独立した高等教育法人は▶学位授与権を有さず，大学とは認められなかった。しかし継続・高等教育法により，高等教育法人のうち一定の条件を満たした機関は，法令上の規定ではないものの，各機関が任意に行う申請に基づく枢密院での審査を経て，学位授与権と大学の名称を受けることが可能になった。これを「イギリス高等教育の一元化」と呼んでおり，1992年以前からの大学は旧大学あるいは1992年以前(Pre-1992)の大学，1992年以降に大学の名称を受けた大学は新しい大学あるいは1992年以降(Post-1992)の大学と呼称されることになった。また，UFCとPCFCも消滅し，新たに政府補助金配分の責任を担う四つの高等教育財政審議会(HEFCs)，すなわちイングランド高等教育財政審議会(HEFCE)，ウェールズ高等教育財政審議会(HEFCW)，北アイルランド教育省(DENI)，スコットランド高等教育財政審議会(SHEFC)が各地域に創設されたのである。

[効率性が求められる時代の改革]

1985年に大学学長委員会(CVCP，現在の英国大学協会：UUK)により，大学運営に焦点を当てた『大学の効率性の研究のための運営委員会報告書』(『ジャラット報告書』)が公刊され，大学運営に関する一連の改革が矢継ぎ早に実施された。主要な改革点は，学内の改革を遅延させる強固な学内自治を弱体化し，学長や学長が長であるカウンシルの権限を拡大する点であった。さらに2003年には英国銀行の外部委員であるリチャード・ランバートにより，大学運営に焦点を当てた『ビジネスと大学との協働のためのレビュー』(*Lambert Review of Business-University Collaboration: Final Report*，『ランバート報告書』)が提出された。同報告書のあと，大学運営をビジネスに類似した効率的運営形態に近づけるための政府からの圧力が強くなったことが報告され，各大学において管理運営面での大学改革が急速に進むとともに，大学は2012年度秋から▶学士課程学生に対する▶授業料として，年額6000ポンドを基本として9000ポンドまで課すことが可能になった。

秦 由美子

→ イギリス大学モデル，イギリスの新構想大学

◎Committee on Higher Education, *Higher Education: Report of the Committee Appointed by the Prime Minister under the Chairmanship of Lord Robbins 1961-63.* Cmnd 2154, London: Her Majesty's Stationery Office, 1963.
◎CVCP, *Report of the Steering Committee for Efficiency Studies in Universities*, London: CVCP, 1985.
◎D. Jones, *The Origins of the Civic Universities*, London: Routledge and Kegan Paul, 1988.
◎安原義仁「イギリス高等教育改革—二元政策の検証」『主要国における高等教育改革の経緯に関する研究』高等教育研究所，1988.
◎篠原康正「イギリス」『諸外国の高等教育』文部科学省，2004.

イギリスの大学法制|イギリスのだいがくほうせい

イギリスの法制上，大学は国王・女王の勅許状により法人格および大学の地位を認められた公的法人（corporation）であり，自治権を享受するということになる。このことは国家・王権や地方政府から法制上ないし機構上独立しており，大学は独立的地位と独自の▶学位授与権を有する高等教育機関であることを意味する。また，理事会は大学の業務執行の長として学長を選任し，業務の執行を託する。イギリスの大学はすべて独立の法人として設置され，同様の法的地位を有するが，▶設置認可の手続きや名称は大学により異なるため，以下にその違いを示す。

［高等教育一元化以前からの大学―旧大学］

［勅許法人］　1992年の継続・高等教育法以前から存在している大学は，大学ごとに国王から授与される設立勅許状（Royal Charter）により，勅許法人としての法的地位と学位授与権が与えられているのが一般的である。勅許法人は，勅許状および勅許状の付属文書（statutes）により，個々の大学の管理運営に関する基本的枠組みや細則が定められていると同時に，基本的には教会等と同等の慈善目的を持つ慈善法人（eleemosynary corporations）であることが，1601年慈善目的付属文書（The Statute of Charitable Uses of 1601）に特定されている。大学は非営利機関であり，慈善活動で得た利益はその目的に合致した事柄にしか利用できない（『英米法辞典』東京大学出版会，1991）。

　設立勅許状およびそれに付属する大学規程には，大学の管理運営機関の組織や権限，大学の役職者の職務権限や任命方法，教員の採用や解雇，財務などについて基本的な事項が規定されている。この枠組みに沿って学部，学科構成，学位・資格の種類，入学要件，人事，規律等大学運営に必要な規則が▶学則で定められている。大学の設置認可については，とくに法令上の基準は設けられておらず，個々に審査が行われ勅許状が交付されてきた。また設立勅許状と大学規程の内容変更については枢密院（Privy Council：国王の諮問機関）の認可を必要とするが，学則に関しては枢密院の承認は不要である。

［個別法による法人］　オックスフォードおよびケンブリッジの両大学は，1923年の「オックスフォードおよびケンブリッジ法（Oxford and Cambridge Act, 1923）」に基づいて運営されている。重要な改定には枢密院の承認を要するが，両大学は大学学長委員会（CVCP）の枠外にあったため，ほかの高等教育機関と歩調を合わせる必要もなく，独自の大学運営を営むことが可能であった。ほかに▶ダラム大学およびニューカッスル・アポン・タイン大学も勅許状によらず，1963年成立の「ダラム大学およびニューカッスル・アポン・タイン大学法」に基づき運営されている。

［会社法人］　ロンドン・スクール・オブ・エコノミクス（LSE）は，1901年会社法により有限責任保証会社（company limited by guarantee）として法人の認定を受けた。イギリスにおいて，有限責任保証会社は一般に慈善法人であり非営利機関である。

［1992年以降の大学―新大学］

［高等教育法人］　1988年の教育改革法により，地方教育当局（Local Education Authority: LEA）が設置し管理してきた教育機関の中で，次の条件に該当する教育機関は自動的に高等教育法人としてLEAから独立することになった。その条件とは，フルタイムに換算した上級継続教育課程の在学者数が350名を超え，かつその数がフルタイムに換算した総在学者数の55％を超えていること，あるいはフルタイムに換算した上級継続教育課程の在学者数が2500名を超えていることである。この結果，▶ポリテクニクと少数のカレッジ，高等教育カレッジおよびインスティテュートやユニバーシティ・カレッジが高等教育法人となった。本措置は各LEAや機関が法人化を申請し，教育担当大臣がこれを認可するといった任意の申請によるものではなく，法律により一律に法人化を図るものであった。これら高等教育法人は教育担当大臣の承認を得て管理運営規則を定め，これに則って運営される。

　1992年の継続・高等教育法以前は，高等教育法人は依然として学位授与権を有していなかった。しかし，これら高等教育法人の中でも法令上の規定ではないものの一定の条件を満たした機関が，任意に行う申請に基づき枢密院での審査を経て，1992年の継続・高等教育法により学位授与権と大学の名称を受けることが認可されることになった。イギリスにおいて大学という名称を受ける場合に備えなければならない条件とは，次の3点である。第1は当該高等教育機関に「研究学位（博士）課程」が設置されていること，第2は審査基準にある11の学問領域の中で，少なくとも5領域において300名以上のフルタイム相当学生が在学していること，第3は最低4000名のフルタイム相当学生が存在していること（そのうち最低3000名は学士課程レベルに在学していなければならない）である。なお，第1の条件は2004年度以降変更となり，「研究学位（博士号等）課程」が設置されていなくても大学という名称を受けることが可能となった（DfES，2004年9月1日）。

秦 由美子

→イギリスの大学（テーマ編），イギリス大学モデル，イギリスの大学改革

◎Department of Education and Science; Scottish Office; Northern Ireland Office; Welsh Office, *Higher Education: A New Framework*, London: HMSO, 1991.
◎Her Majesty's Stationery Office（HMSO），*Education Reform Act 1988*, London: HMSO, 1989.
◎HMSO, *Further and Higher Education Act 1992*, London:

HMSO, 1993.
◎篠原康正「イギリス」, 文部科学省『諸外国の教育の動き〈2004〉』, 2005.
◎田中英夫ほか編『英米法辞典』東京大学出版会, 1991.

石川県立看護大学 [公立] いしかわけんりつかんごだいがく
Ishikawa Prefectural Nursing University

石川県内の看護教育・研究・研修の拠点として, 2000年(平成12)に看護学部のみの単科大学として開学。2004年に大学院修士課程, 2006年に博士課程が開設され, 2017年5月現在, かほく市学園台にキャンパスを構え, 1学部1研究科に385人の学生を収容する。学部初年次必修の地域でのフィールド実習や, アメリカの看護系大学への研修を特色とする。実際の医療現場を想定した看護学実習室や, 最新の医療機器を導入した看護スキル・ラボなどの実践的教育環境も充実している。「地域に開かれた大学」をめざし, 地域ケア総合センターなどにおける地域連携・貢献事業をはじめ, 人材養成事業やJICA研修員の受入れなどの国際貢献事業にも力を入れている。　　　　　　　平野 亮

石川県立大学 [公立] いしかわけんりつだいがく
Ishikawa Prefectural University

1971年(昭和46)創立の石川県農業短期大学を前身として2005年(平成17)に開学。金沢市の西に隣接する野々市市に立地。農学を発展させ, バイオ・環境・食をキーワードとして持続可能な社会の発展に資することをめざす, 生物資源環境学部・生物資源環境学研究科からなる単科大学。1学年130〜140人程であり, 少人数教育をうたっている。豊かな自然環境と農林水産物に恵まれた石川県の特性をふまえたフィールドワークを行い, 産学連携学術交流センターなどを通して地域企業と連携するなど, 地域の社会・経済の持続可能な発展への貢献を実践している。就職者のうち約半数が地元の石川県内で就職している。2017年現在592人の学生が在籍。　　　　　　　　　　和崎 光太郎

石巻専修大学 [私立] いしのまきせんしゅうだいがく
Ishinomaki Senshu University

専修大学創立の精神を継承し, 「社会に対する報恩奉仕」を建学の精神として, 1989年(平成1)宮城県石巻市に開学。現在はその建学の精神を21世紀ビジョン「社会知性の開発」として大学の理念に掲げ, 教育目標である「実践的な教育」を行う。開学当初は理工学部と経営学部のみであったが, 2013年4月に人間学部(人間文化学科・人間教育学科)を新設し, 同時に理工学部(4学科)の改組, 経営学部の定員変更を実施。理工学部生物科学科は海洋生物・動物・植物コースからなり, 山・川・海

の生物の学びに適した石巻というフィールドを生かし, 東北地方の私立大学としては初めて生物科学を総合的に学べる学科としてスタートした。2016年5月現在, 3学部2研究科に1158人を収容している。2015年度の就職率は93.9%。なお東日本大震災に際しては震災直後より「復興共済プロジェクト」を立ち上げ, 現在も多方面と連携してさまざまな復興事業を実施している。　　　　戸村 理

イスタンブル工科大学 [トルコ]
イスタンブルこうかだいがく
Istanbul Technical University;
İstanbul Teknik Üniversitesi [トルコ語]

トルコ共和国最大の都市イスタンブルにある国立大学。オスマン時代に設立された陸軍技術学校(ミュヘンディスハーネイ・ベッリーイ・ヒュマーユーン, 1793年設立)を淵源とし, 共和国建国後の1944年に大学に改組された。その間, 非軍事の技術学校(ヘンデセイ・ミュルキエ・メクテビ, 1883年設立)が構内に設置されたこともあった。正式に大学(ユニヴェルシテ)と名乗ったのはイスタンブル大学よりも後のことであるが, 前身となった教育機関は, イスタンブル工科大学のものの方が古い。現在では工学系に限らず, 人文社会系の学科も存在する。2013年現在, 13学部, 6研究所, 2実業校, 芸術院などを有するトルコ有数の大学である。　　長谷部 圭彦

イスタンブル大学 [トルコ] イスタンブルだいがく
Istanbul University; İstanbul Üniversitesi [トルコ語]

トルコ共和国最大の都市イスタンブルにある国立大学。大学の公式見解では, オスマン帝国がコンスタンティノープルを征服(1453年)した直後に設置された教育施設が起源とされ, 校章にもその年が刻まれているが, 直接の前身は19世紀中葉に構想され, 開校と閉鎖を繰り返した後, 1900年に再開された帝国大学(ダーリュリュフュヌーヌ・シャーハーネ)である。このときイスラームの神学部, 理学部, 文学部が新設され, 既存の法学校(1880年設立)と医学校(1867年設立)も, 当大学の法学部と医学部として扱われるようになった。その後, 第2次立憲政が開始された1908年に, 両大学は正式に帝国大学の学部とされた。そして共和国建国後の1933年に, イスタンブル大学(イスタンブル・ユニヴェルシテスィ)と改称された。2013年現在, 20学部, 17研究所, 9実業校, 芸術院などを有する, 国内最大規模の大学である。　　　　　　長谷部 圭彦

イスラームと大学 イスラームとだいがく

故郷の上エジプトで初等教育を終え, カイロのアズ

ハル（アズハル−モスクに付属する教育機関）でターハー・フサイン（1889-1973）が見たものは，暗記とマンネリズムに陥った教育だった。新生私立エジプト大学（現▶カイロ大学の起源）に期待を寄せて，著名なオリエンタリストの薫陶の下，過去の時代背景と文学とを対比した彼の研究は保守的な反発を招いた。イスラームの知的遺産に対する古代ギリシアの学問的影響を容認できないほど，アズハルの総意は実態から乖離していた。行きすぎた信仰の強調によって，科学的精神が歪曲される例は枚挙にいとまがない。西欧的学問とイスラームの知的遺産との間の，あたかも本質的にも見える隔たりは，歴史的過程から理解する必要がある。

神の言葉「クルアーン（コーラン）」や預言者の言行「ハディース」が伝承されるなかで，人対人の直接伝達（教育）が確立し，始原性と連続性をもつ情報の知的継承者として，ウラマー（宗教諸学の知識人）が誕生した。書物の普及で誤読や解釈の問題が表面化すると，師弟間の直接伝達の記録（イジャーザ）が新たに慣習化された。蓄積された情報は信者の内外に議論を喚起し，地中海世界東部のネストリウス派や単性論派が保持してきた古代ギリシア諸学（とくに論理学）を取り入れ，思弁神学や法学など方法論的学問が発展し，信仰や社会のあるべき姿が問われた。医学や数学なども現実的需要に応じて摂取され，ウラマーの担う知識の体系は飛躍的に拡大し，信仰に基づいた社会の発展を促す知的遺産が形成された。

日々の生活の是々非々を宗教的観点から具体的に判断する法学の需要が増大すると，社会関係の宗教的深化に寄与はしたが，蓄積された情報を用いるだけの論理的思考は新たな知識体系を創出することはなかった。11世紀半ば，ニザーミーヤ学院（▶マドラサの嚆矢）が，宗教的寄進による教育支援の範型を生み出した。社会の富で運営されるマドラサによって教師の経済的地位は安定し，学生も学業に専念できるようになった。ただし，敬虔な保護者としてウラマー自身に手放しで歓迎された実態が示すように，マドラサを積極的に援助した支配者たちにとっては，ウラマーを支配下の枠内に繋ぎ止めることが最重要課題だった。こうして既存の体制を必要条件とする学識階層化したウラマーは，なおさら知識体系の内側へと関心を向けた。アラブ固有の伝承的学問とギリシア由来の外来の学問を対置して，前者の宗教的学問が後者の理性的学問に優越するといった意識が高まっていった。信仰上の理想を追求するために，古代ギリシア由来の学問的手法を用いた過去の事実は忘れ去られていった。

16世紀後半，オスマン帝国はマドラサを位階制として整備し，官僚的人材の登竜門として発展させた（イルミィエ）。ここでは自然科学系の学問も対象とされていたため，18世紀以降，後に新学校で西欧自然科学の教師を務めて，西欧列強に対抗する改革に腐心するウラマーの輩出に貢献した。その一方で，固有の知的遺産，つまり伝統的な宗教的学問だけに固執するウラマーも存在していた。

十二イマーム・シーア派イランのゴムやマシュハドなどでは，マドラサに相当するホウゼ＝イェ・ルミーイェが現在も存続している。これらに属しないウラマーによって，社会を立て直す教育改革が試行された。ミールザー・ハサン・ロシュディーイェ（1851-1944）は，音声学的識字教育を創出したが，特定の書物を丸暗記するだけで，識字力が身につかない惨状がその背景にあった。ターハー・フサインを落胆させ，イスラーム再興に奔走したアブドゥ（1849-1905）にも改革を断念させたエジプトのアズハルとは，知的遺産の正しい記憶を失った，学識階層化したウラマーが集う伝統的高等教育施設の象徴だった。他方で，危機的な現状認識をもったウラマーたちは，正確な記憶に基づいた遺産の活用によって，イスラームと科学の両立による社会の発展に取り組んでいる。

パキスタンのノーベル物理学賞受賞者（1979年）アブドゥッサラーム（1926-96）は，イスラームの宗教観によって自然科学が促進されることを自らの経験に基づいて説いている。トルコの思想家ギュレン（1941年頃-）の宗教的教えに基づいて，大学で人文・自然科学を身につけた「世俗」の民間エリートが，異文化交流や質の高い教育の提供を通じて，信仰に基づいた社会関係を拡大するヒズメット（ギュレン運動）は世界的に注目されている。インドネシアの国立イスラーム大学医学部（ジャカルタ校）は，宗教省のサントリ奨学金プログラムの一環として，「ムスリム・ドクター」制度を実施している。サントリ（マドラサに相当するプサントレンで，宗教学を修めた学生）は，イスラームの慣習の根強い，貧しい医療過疎地の出身者が多い。医療需要に対応できる宗教的知識をもったウラマーを育成すべく，医学と宗教学を融合させるカリキュラム構築が開始され卒業生を輩出している。

西欧的学問と伝統的な知的遺産の二項対立を超越しようとするこうした事例には，神の創造した世界を適切に管理すべきという宗教的義務観が通底している。宗教的義務であれば，西欧由来の物理学であろうと経済学であろうと学問的探求の対象とされ，同時にそれは宗教的貢献として意識される。サウジアラビアには，2009年時点で国立・私立の32大学487学部があり，留学生の派遣や受入れも活発となっている。教育方針の中核にはイスラームが据えられているが，信仰と科学を融和させるカリキュラム創出の如何を見守る必要がある。豊富な予算と充実した設備で教育が行われたとしても，伝統を喪失したテクノクラートは保守的な反発に直面する。宗教を形式的に組み込んだ「カリキュラムのイスラーム化」は，科学的精神を涵養せ

ず，現実問題に対応できる技術や知識を修めた人材を生み出すことさえもできないだろう。　阿久津 正幸

→イランの大学，エジプトの大学，トルコの大学，マドラサ

◎阿久津正幸「ファーラービー「諸学通覧」―知識のネットワーク化とムスリム社会」，柳橋博之編『イスラーム―知の遺産』東京大学出版会，2014.

イタリアの大学 →南欧の大学 (テーマ編 p.133)

一宮研伸大学 [私立] いちのみやけんしんだいがく
Ichinomiya Kenshin College

2004年(平成16)に開学した愛知きわみ看護短期大学が直接の前身であり，2017年に4年制の一宮研伸大学へと改組した。その起源は1971年に開学した一宮高等看護学院にさかのぼる。建学の精神は「生命の尊重や人間の尊厳を守ることを基本とした豊かな人間性を育み，人々との相互信頼を基盤とした看護の提供者を育成することにより，地域に根ざした医療を実現する」である。2017年現在，愛知県一宮市にキャンパスを構え，看護学部97人の学士課程学生が在籍する。学びの特徴は，1年次から少人数ブループによるゼミナール形式の自律型学習が導入されていること，また実習病院との連携によるシミュレーション学習によって模擬的場面を想定した臨床実習が導入されていることである。助産師の選択課程もあり，同資格の取得をめざすことも可能である。　戸村 理

一府県一大学原則 いちふけんいちだいがくげんそく

1948年(昭和23)7月にGHQの民間情報教育局(CIE)の高等教育班が文部省に提示した「日本の国立大学編成の(再考せられたる)原則」，いわゆる新制国立大学設置の11原則の中で示されたもので，同一府県内の大学，▶高等学校，▶専門学校，▶師範学校という旧制の官立高等教育機関を統合・合併し，少なくとも一つの国立総合大学を設立することを内容とした原則。文部省もCIEの提示以前に大学の地方分散の観点から一府県一大学の方針を立てていたものの，▶国立大学の発足に向けた官立高等教育機関の再編計画には，財政的制約を前提として当該教育機関や設立地域の意向等が反映され，盛岡農林専門学校と▶東北大学，浦和高校と▶東京大学の統合など，都府県を越える多くの例外が含まれていた。しかし，CIEによるこの原則の提示と指導により，例外が取り除かれ，1949年5月の▶国立学校設置法によって同一府県内の官立高等教育機関が統合され，新制国立大学が発足することになった。　吉川 卓治

→戦後改革と新制大学

一期校・二期校 いっきこう・にきこう
first-group university, second-group university

第2次世界大戦後の学制改革により，1949年(昭和24)に▶新制大学が発足すると同時に，▶国立大学を一期校・二期校に区分し，それぞれの入学試験を別日程で実施する仕組みが導入された。受験生に国立大学の受験機会を2回与える意図があったとされるが，旧▶帝国大学をはじめとする有名大学が一期校に集中し，昭和30年代以降は一期校・二期校の区分が固定化したことから，一期校が一流，二期校は二流という格付けが生まれ，その教員や学生の間には「二期校コンプレックス」が広がっていたともいわれる。二期校が受験生にとって滑り止め的な存在となり，入試当日の欠席者や合格辞退者が大量に発生する上，他府県の学生が多数出願するため，地方の中心的大学が多い二期校に地元の学生が合格し難くなるという問題も生じた。また専攻別にみると，法学部，医学部，薬学部等が一期校に多く，教育学部は二期校に集中するなどの不均衡も指摘されていた。これらの理由により国立大学の中では一期校・二期校の区分撤廃を求める声が多く，1979年から▶共通一次試験が開始されるのを機に廃止された。　寺倉 憲一

→入学制度 (テーマ編)

一般教育 いっぱんきょういく
general education

[概説]
大学における教養諸学(自由学芸)は，古代ギリシアからヘレニズム時代の学問にその起源を持つ。児玉善仁によれば，アルテス・リベラーレス(artes liberales)，すなわち自由学芸は，古代ギリシアからヘレニズム時代にかけてエンキュクリオス・パイデイア(ε γκύκλιος παιδεία: 円環的教養)と位置づけられた諸学芸に由来する。諸学芸とは今日でいう学問分野を表し，具体的には文法や修辞学であり，また幾何学などである。ギリシア人にとって，これらの学芸を身につけることは「教養」をもつことであった。この円環的教養が古代ローマに受け継がれて自由学芸となった。その際，「円環的」が「自由な」という概念に置換されたとされる。
　古代から中世へと自由学芸の橋渡しをしたアウグスティヌスは，その「秩序論」の中で文法，修辞学，弁証術，算術，幾何学，天文学，音楽について論じ，アルテス・リベラーレスを，理性を鍛錬することによって世界の内的秩序，宇宙の秩序の理解へと導く道具として神学の基礎に位置づけた(児玉，2007)。プラトンは自由学芸を哲学(知恵)に至

るための基礎教養とし，キケロはそれを弁論家に不可欠な基礎教養としたが（岩村，2007），アウグスティヌスによって，自由学芸は神学を学ぶための基礎知識とされたのである。なお児玉も指摘するとおり，マルーは，古代の「エンキュクリオス」には必ずしも円環的な意味はないとし，エンキュクリオス・パイデイアに対して「culture générale」（一般的基礎教養）なる訳語（フランス語）を提案している。

　これらの自由学芸はやがてマルティヌス・カッペラの寓話「文献学とメルクリウスの結婚」が契機となって，カッシオドルスによって，ほかにもある学芸の中から七つの学芸，すなわち文法，修辞学，弁証術（弁証法），算術，幾何学，天文学，音楽に集約された。さらにカッシオドルスは前者3科目と後者4科目を区別して取り扱ったが，数や形を取り扱い，その内容から世界の秩序を理解する科目と考えられる後者4科目は，ボエティウスによってもほかの諸学から区別されていた。こうして，言語の三学（trivium: 三つの道）と数・形の四科（quadrivium: 四つの道），すなわち自由七科（seven liberal arts）が成立し，それは中世を数百年にわたり伝えられて，12世紀に誕生した大学で教養諸学として教授されることになったのである。この自由七科は▶中世大学を生き延び，学問の発展を取り込みながら近代の大学に受容され，日本にも到達した。

　ここで指摘すべき重要なことは，すべての学問（doctorina）の道具とされた自由七科はいわば学術分野であり，学校などの組織で教授されるべき「科目」であったことである。つまり，今日のカリキュラム概念の脈絡でいえば，▶リベラルアーツは▶専門教育あるいは専門科目となんら対立する概念ではなく，むしろ現在の大学において「社会学」や「生物学」がそれを専攻する学生にとって専門科目であるように，それ自身は各分野▶ディシプリンを表す専門科目であるといえる。

　では，一般教育を形成するべき一般科目は何であり，どこにあるのであろうか。それは，これまでそうであったように，第1に専門基礎科目として存在する。中世においても，医師には文献を読み，それを説明するために文法が，病気の原因の探求と治療のために論理学が必要であったように，今日の化学には物理学，工学には数学が必須であり，法学などの人文社会系諸学には文法，修辞学，論理学を内容として含む科目が必要とされよう。これらはみな専門基礎としての一般科目である。そして第2に，▶授業の技法としてそれは存在するであろう。「古典物理学の誕生と歴史」なる物理学史は，内容的な物理学を背景に人間の精神と学問形成，大学・学術機関とその体制，教育と国家間人的移動など，多様な観点から授業設計・実践が可能であり，専攻分野に関わりなく，学生の人間的能力の涵養にきわめて有用であるといえる。

　日本では，▶帝国大学令第1条の「学術技芸」な

る語にあるように，自由学芸を受容しただけではなく，機械的技芸の系譜をも大学に受容した。この専門科目につながるディシプリンの受容は，一般教育にとって障害になるどころか，むしろ一般教育の創造にとって不可欠のものであると問い直すことも可能である。大学はヨーロッパ中世において▶神学部，▶法学部，▶医学部の職業人養成の学部から出発した。学生が職業実践を行うべく大学に入学するのは現在も同じであり，職業と大学での教育内容の相関は以前にも増して重要となっている。1991年（平成3）の▶大学設置基準の大綱化以降，▶教養部が消滅し，一般科目と専門科目の区別がなくなった現在こそ，一般科目が専門科目と真に統合されたカリキュラムのデザインによる一般教育の創造が待たれているのである。

赤羽　良一

［教養］

第2次世界大戦後の日本のフォーディズム体制において，産業界は当初から教養教育を軽視し，理工系の大卒人材確保の必要から専門教育を重視していた。ところが，1970年代以後，高度経済成長路線の転換のなかで，産業界はグローバル競争を勝ち抜くために国際人の養成を目指す教養教育の必要性を訴えるようになる。1989年経済同友会は提言「新しい個の育成」を，96年，日本経済団体連合会は「創造的な人材の育成に向けて」を発表し，「独創性や創造性」「自己責任」「多様性」「能動性」といった能力を備え，幅広い教養を身につけた主体の育成を大学での教育に期待する。これは「集団性，協調性，同質性，順応性」が重視された高度経済成長期の主体とは異なる，新自由主義時代に適合した労働主体である。

　1980年代末から90年代前半にかけて顕在化してきた，こうしたポストフォーディズム的な主体を育成するための教養教育を，新自由主義（Neo Liberalism）の呼称にならって「新しい教養教育 Neo Liberal Arts」と名づける向きもある（上垣豊編著『市場化する大学と教養教育の危機』）。また，コミュニケーション能力や創造性が要求され，とりわけ対人関係能力が重視される新たな能力主義は「ハイパー・メリトクラシー」とも呼称される（本田由紀，2005）。従来の専門教育と教養教育が効率的に一元化されて構想される「新しい教養」は，自己責任を遵守する独創的で柔軟な主体性の形成を目的とする。伝統的な教養教育が学識の習得による自己の解放を目的としたのに対して，現代の「新しい教養」はしかるべき企業に就職し，グローバル市場で競争する能力の獲得を前提としている。

　2000年の大学審議会答申「▶グローバル化時代に求められる高等教育の在り方について」，2002年の中央教育審議会答申「新しい時代における教養教育の在り方について」でも，同様の教養観に即し引き続き「主体性ある人間としての自律する力，新しい時代の創造に向かう行動力，他者の立場に

立つ想像力」「グローバル化にともなう異文化理解とそのための語学能力」「国語力としての古典的教養」「情報および科学リテラシーの向上」などが主張される。

大学教育において「キャリア開発」が重要視され，コミュニケーション能力，IT活用能力，職業観の育成が提唱されている。その理念は「自己と他者の理解」「世界や社会の理解」「スキルや経験の獲得」「課題の発見と解決」といった能力の獲得である。職業に必要な技法や知識を教える専門教育とは異なり，教養教育においては人間の生き方をめぐる精神的な問題が根本的に問われる。そもそもキャリアは職業選択と就職の問題に限定されず，広義には生涯に及ぶ人生設計を含意する。この点でキャリア開発はいかに生きるのかという人生観を洗練させる教養教育の理念と通底しており，既存の労働文化のあり方そのものを批判的に問い直すという意味で創造的な主体形成に寄与するはずである。

西山 雄二

[労働市場]
第2次世界大戦後，アメリカ合衆国の大学のリベラルアーツ教育をモデルに日本に導入された一般教育は，学問を通じ広い知識を身に付けさせるとともに，ものを見る目や自主的・総合的に考える力を養うことがその理念とされた。労働市場の側から言えば，その養成しようとする力は見えやすい職業能力ではないものの，市場が要求するところと矛盾するものではない。近年の社会経済の変化や日本型雇用における人材観からすれば，むしろ適合的な教育理念ともいえる。

すなわちグローバル経済化の進展とともに社会変化はその頻度も変動の幅も大きくなっているが，そこで国際的な競争を続ける各国が大学に対して求めるのは，この変動社会に対応した人材養成である。そこで養成すべき能力とはどのようなものか。1990年代には各国政府や経済団体においてその能力を特定するための取組みが始まった。

イギリスではデアリング報告（1997年）が，卒業生の将来の成功に役立つ能力として，コミュニケーションスキルや学び方の学習などを提示し，またアメリカやオーストラリアでも同種の検討がなされた。OECDにおいては1997年からDeSeCo（Definition and Selection of Competencies: Theoretical and Conceptual Foundations）プロジェクトを立ち上げ，現代社会において個人がよりよく生き，同時に持続可能な経済成長と社会的公正を実現するための力としての「キー・コンピテンシー」を次の三つのカテゴリーで示した。すなわち「異質な集団で交流する」「自律的に活動する」「相互作用的に道具を用いる」である。

今後の社会において必要な個人の能力を定義する試みは日本でも行われ，「人間力」「社会人基礎力」「就職基礎力」などが各省庁によって示された。これらの能力観は大学教育に対しても影響を

与え，これを高等教育の学問体系にどう位置づけ，教育システムのなかでどのように育成するのかが課題となった。中央教育審議会答申「▶学士課程教育の構築に向けて」（2008年）は，各大学が設定すべき育成目標の参考指針として「▶学士力」を示し，さらに同審議会答申「新たな未来を築くための大学教育の質的転換に向けて—生涯学び続け，主体的に考える力を育成する大学へ」（2012年）では，能動的学修という学びの方法に言及した。改めて一般教育の理念に戻れば，これらの答申が描く能力観とそれとの重なりは極めて大きいといえる。

また，日本の雇用慣行との関係で言えば，新規学卒者を大くくりの職種枠で採用し，採用後の企業内能力開発に注力する多くの企業においては，採用基準として具体的な職業能力より「人柄」に重きを置くことが多い。その内実はあいまいなものではあるが，求められているものが専門教育の学習成果にとどまらず，一般教育の理念と整合するものであることは指摘できよう。ただし，これまでの一般教育がこの教育理念を体現したものであったかどうかは別問題である。

小杉 礼子

→ 労働市場と大学（テーマ編），一般教育／教養教育，キャリア教育，デアリング報告書，大学教育とカリキュラム（テーマ編），教養と大学（テーマ編）

[概説] ◎廣川洋一『ギリシア人の教育—教養とはなにか』岩波書店，1990.
◎児玉善仁『イタリアの中世大学—その成立と変容』名古屋大学出版会，2007.
◎岩村清太『ヨーロッパ中世の自由学芸と教育』知泉書館，2007.
◎H.I. マルー著，横尾壮英・飯尾都人・岩村清太訳『古代教育文化史』岩波書店，2008.
◎上智大学中世思想研究所編訳・監修『中世思想原典集成 サン=ヴィクトル学派』平凡社，1996.
◎K. リーゼンフーバー『西洋古代・中世哲学史』平凡社，2006.
[教養] ◎上垣豊編著『市場化する大学と教養教育の危機』洛北出版，2009.
◎本田由紀『多元化する「能力」と日本社会—ハイパー・メリトクラシー化のなかで』NTT出版，2005.
[労働市場] ◎ドミニク・S. ライチェン，ローラ・H. サルガニク編著，立田慶裕監訳『キー・コンピテンシー—国際標準の学力をめざして』明石書店，2006.

一般教育科目 | いっぱんきょういくかもく
general education

日本では，1949年（昭和24）に省令化された▶大学設置基準により大学教育に一般教育科目が導入された。同基準では，▶学士課程の卒業に必要となる124単位のうち，「一般教育科目については人文，社会及び自然の三分野にわたり36単位」が卒業要件として求められていた。一般教育は第2次世界大戦後，CIE（民間情報教育局）の指導の下でアメリカ合衆国の制度を参考に導入されたが，大学内外で概して評価は芳しくなく，とくに▶専門教育をより重視すべきであるとの主張に押され，次第に軽視されるようになった。1991年（平成3）の大学設

置基準の改正(いわゆる大綱化)により，一般教育の用語は省令の規程から消え，その後は教養教育，共通教育などと呼ばれるようになった。一方，アメリカの「general education」では，20世紀以降の▶ハーヴァード大学のカリキュラムに典型的にみられるように，配分必修方式により学生に幅広い学習を行わせる形態が一般的である。だが，幅広さと同時に，学士課程教育を通してどのような共通の知識や概念，考え方を学生に身に付けさせるべきかを巡って多様な立場に立つ議論が展開されている。

福留 東土

▶選択科目，一般教育／教養教育，大学設置基準の大綱化，労働市場と大学(テーマ編)，大学教育とカリキュラム(テーマ編)

一般教育／教養教育
いっぱんきょういく／きょうようきょういく
general education

中世ヨーロッパの大学では，上級学部(神学・法学・医学)に対して，▶リベラルアーツを教授する人文学部が教養教育の役割を果たしていた。しかし，中等教育機関が発達すると予科的な教育は中等教育段階に移行され，19世紀以降の大学では▶専門教育や研究活動に重点が置かれるようになる。今日でもヨーロッパでは準備的な教養教育は中等教育段階で完了するものとされ，大学教育には含まれていない。

17世紀にアメリカ合衆国で創設された植民地カレッジではリベラル・エデュケーション(liberal education)が実施され，西欧の古典文化を重視する少数エリートのための教育が実施されていた。古代ギリシアに端を発するリベラル・エデュケーションは支配階級である少数の自由人の非職業的な教育であり，奴隷や従者の職業的・技術的な教育とは区別されていた。貴族主義的なリベラル・エデュケーションは多様に分化し，19世紀後半から20世紀初頭にかけて▶一般教育(general education)へと発展する。当時，ドイツの大学の影響を受けて学問の専門分化が進行し，全知識を総合的に教育するという理念が薄れたことへの反動だった。リベラル・エデュケーションのエリート主義的な特質が批判され，あらゆる市民の平等を前提とする民主主義への奉仕が一般教育の目的とされた。

1945年，▶ハーヴァード大学のコナント報告によれば，一般教育とは恵まれた少数者ではなく，民主主義社会におけるすべての市民の良き人生に等しく貢献する人間教育である。新入生向けに実施される一般教育の目的は，アメリカ社会の価値多元的な現実に適切に対処するために，知識や言語，思考の基礎的教養を幅広く備えた人間の育成である。一般教育の方法として，西洋の古典的テクストによって共通の知的基盤を教授するコア・カリキュラム，人文・社会・自然科学の各分野から一

定の単位を獲得する配分必修モデル，学際的方法や問題解決学習などの多様な方法を盛り込みつつ，一貫性のある能力習得を目指す総合学習モデルが実施されてきた。

［日本］

日本では第2次世界大戦後の教育制度改革とともに一般教育が導入され，戦後の民主社会の担い手を育成する教育とされた。CIE(連合国軍総司令部民間情報教育局)の指導の下，▶大学設置基準では人文・自然・社会の3系列の均等履修(各12単位)が定められた。すでに諸専門分野が分立するヨーロッパ型の大学が形成されていた日本で，アメリカ型の一般教育を導入することは例外的な事例であり，理念や制度，教育方法といった点で一般教育と専門教育の構造的な問題が生じ，現在まで残されることになった。▶新制大学で旧制高校や▶師範学校の教員が担っていた一般教育は1963年に▶教養部として位置づけられたが，一般教育は低度の教育とみなされ大学の階層組織化が生じた。一般教育と専門教育の有機的な連関はつねに議論の的となり，一般教育の理念の貧弱さ，大学人の根深い専門教育指向，高校教育の繰り返しにも映る教育内容などつねに課題が生じた。高度経済成長期には産業界から専門教育強化の要請が強まり，その後の大学設置基準の改訂では一般教育の履修単位は削減される一方となる。

1991年，大学設置基準が大綱化されて一般教育と専門教育の科目区分が廃止されると，一般教育の比重は減少していく。専門教育を主軸とする学部の論理が先行したため，大学全体で共有されるべき一般教育は定着しなかった。一般教育を担当する教員と組織は意義をなくし，国立大学の▶教養学部はほぼ廃止され，組織が再編された。一般教育は新たに「教養教育」と呼称を変え，そのあり方をめぐっては模索が続いている。実際，中央教育審議会答申「新しい時代における教養教育の在り方について」(2002年)など6本もの答申では，縮減される教養教育の重要性が説かれている。答申では外国語，情報リテラシー，科学リテラシーといった基礎スキルと，「高い倫理性と責任感をもって判断し行動できる能力」「自らの文化と世界の多様な文化に対する理解」の促進が教養教育の目的として例示されている。総合的な知識の習得ではなく，新たな時代を生きるための能力の涵養が強調され，▶学士課程で習得されるべき能力は「▶学士力」と呼称される。

しかし，専門教育との関連も含めて，教養教育の理念と目的は明確化されておらず，往々にして社会的要請が教養教育の規定に影響を及ぼしている。高校と大学の教育の効果的な接続，▶大学の大衆化にともなう補習教育や▶初年次教育の必要性，就職に向けたキャリア開発教育の導入，教養教育に責任を負う組織や教員の確立など，さま

ざまな要素や課題との関係において教養教育の理念と目的の模索が続いている。 　　　　　西山雄二

→ **教養の概念**，**リベラルアーツ**，**人文学**，**コナント**
◎吉田文『大学と教養教育―戦後日本における模索』岩波書店，2013.
◎葛西康徳・鈴木佳秀編『これからの教養教育―「カタ」の効用』東信堂，2008.

伊藤博文 いとうひろぶみ
1841-1909（天保12-明治42）

明治の政治家。博文は諱で，「はくぶん」とも称される。幼名は利助，後に俊輔，春輔。号は春畝。長州藩士。松下村塾に学び尊王攘夷論者となるが，1863年（文久3）に密航してイギリスに渡り開国論者となって帰国。討幕運動に参加し，維新後は元勲として木戸孝允，大久保利通，西郷隆盛ら亡きあと，山県有朋らとともに明治政府の中心的存在となった。内閣制度樹立を進め，1885年（明治18）に初代内閣総理大臣に就任。さらに憲法制定の主導権を握り憲法草案を起草。枢密院議長となり，1889年に大日本帝国憲法発布。4度組閣し，立憲政友会も創設した。日露戦争後の1905年初代韓国統監となるが，1909年ハルビンで暗殺された。大学への直接の関与としては，帝国憲法発布前の1886年（明治19）に各省官制を制定し行政機関を整備するのに合わせて▶帝国大学令を制定し，東京大学などの官立高等教育機関を再編して▶帝国大学（現，東京大学）を創設。大学の目的を「国家ノ須要」（同令1条）に結びつけるとともに，法科大学をその中核に位置づけ，法学科には体制に忠実な行政官僚の養成を，前年に文学部から引き離して法科大学の一部とした政治学科には国家学会を創設して新国家体制のイデオロギー的支えを求めた。また，工部卿時代の1871年（明治4）に帝国大学工科大学の母体となった▶工部大学校の設立建議を山尾庸三とともに行うなど，直接間接に発足時の日本の近代大学に与えた影響は多岐にわたる。 　　　　　館 昭

意図せざる効果 いとせざるこうか
unintended consequences; perverse effects

諸個人の行為が集積された結果，その主観的意図とは異なる現象が生じることを意味する。アメリカの社会学者ロバート・マートン（Robert K. Merton）が，信念や思い込みに基づく行為が実現される自己成就的予言と，逆にその行為が裏切られる自己破壊的予言の概念を提示し，顕在的機能に対する潜在的順機能・逆機能という機能主義概念による一般化を行った。フランスの社会学者レイモン・ブードン（Raymond Boudon）は，方法的個人主義の立場から，産業社会において教育機会と職業機会が拡大

する中で，社会上昇移動を企図する個人選択のさまざまな諸要因が，全体として複雑に交互作用することで，逆説的に社会的不平等が維持されるシミュレーションモデルを考案した。合理選択理論やゲーム理論における社会的ジレンマの一つである「共有地の悲劇」と呼ばれる状況も，共有資源の乱獲による枯渇を招く意図せざる効果の一種であると考えることができる。近年の大学改革がもたらした機能不全も，同様の観点から説明されることがある。 　　　　　大前敦巳

→ **社会構造と大学**（テーマ編）

井上毅 いのうえこわし
1844-95（弘化1-明治28）

明治期の官僚，政治家。熊本県出身。幼名多久馬，号は梧陰。熊本藩家老米田家の家臣飯田家に生まれる。同じ家中の井上家の養子。主君米田（長岡）是容に認められて木下犀潭（韡村）の家塾で学び，木下の推薦で藩校時習館の居寮生となる。1867年（慶応3）藩命で江戸に遊学してフランス語を学ぶ。1870年（明治3）大学南校に学び，中舎長をつとめる。1871年司法省に入り，翌年，渡欧調査団の一員として渡欧。1873年の帰国以来，次第に大久保利通，岩倉具視，▶伊藤博文らの信任を得ていった。プロシア憲法をモデルとした欽定憲法構想を岩倉に建言し，大日本帝国憲法の起草・制定で中心的役割を果たした。教育勅語の起草にも関与。法制局長官，枢密院書記官長，枢密顧問官などを歴任後の1893年に第2次伊藤博文内閣の文部大臣に就任。翌年病気で辞任するまでの短期間に，▶教授会の制度化，評議会の審議事項の拡大，▶講座制の設置などの帝国大学改革を実施した。また，高等学校令制定（専門学科が主で，▶大学予科が従），実業教育の振興などの政策を推進した。1894年子爵。編著に『治罪法備考』（1874年），翻訳に『王国建国法』（1875年）などがある。 　　　　　冨岡勝

イバダン大学 ［ナイジェリア］ イバダンだいがく
University of Ibadan

ナイジェリア最古の大学で，イギリス統治下の1934年，中等教育段階の職業訓練機関として設立されたヤバ上級カレッジを起源とする。1948年のイバダンへの移転とともに，▶ロンドン大学と提携したユニバーシティ・カレッジとなった。当初は設置目的や運営形態から実質的なロンドン大学の外部キャンパスとして位置付けられたが，1962年には脱植民地化の流れでロンドン大学から独立し，ナイジェリアの国立大学，イバダン大学となった。のちに創設されたナイジェリアの他大学の学長の多くを本学から輩出している。2013年に公表されたスペイン

のグラナダ大学による世界学術研究機関ランキング(Scimago Institutions Rankings: SIR)によると，ナイジェリアで1番目に，またアフリカで6番目に優れた研究大学とされる。大学付属の病院や動物園を有し，教員数は約1400人，フルタイムの学生約2万1600人のほか，約1400人が遠隔教育で学んでいる(2011年)。　　　　　　　　　　　谷口 利律

茨城キリスト教大学 [私立] | いばらきキリストきょうだいがく
Ibaraki Christian University

1947年(昭和22)に宗教法人多賀キリスト教会の付設教育機関として，シオン学園の設置を定めたことに端を発する。以後，1949年に学長ローガン・J.フォックス学長の下でシオンカレッジが設置され，同年に茨城キリスト教学園と名称変更，67年に現行の茨城キリスト教大学となった。キリスト教精神による人格教育，「隣人愛」に基づく教育を実践しており，創立50年にむけて「「つながる大学」であり続ける」ことをめざす。2017年(平成29)現在，茨城県日立市にキャンパスを構え，4学部に2527人の学士課程学生が在籍する。「隣人愛」の精神から地域社会との連携に注力しており，「開かれた大学」であるべく，七つの項目からなる地域連携方針が掲げられている。　　　　　　　　戸村 理

→ キリスト教系大学

茨城県立医療大学 [公立]
いばらきけんりついりょうだいがく
Ibaraki Prefectural University of Health Sciences

設立の理念を「人間の尊重を基本として，豊かな人間性の涵養を図るとともに，保健医療に関する専門的かつ科学的な知識，技術を追究し，地域社会において広く活躍できる人材を育成すること」と定めて，1995年(平成7)に発足。看護学科，理学療法学科，作業療法学科，放射線技術科学科の4学科からなる保健医療学部を有し，高い資質と豊かな人間性をもった医療専門スタッフを育成する。カリキュラムには，4学科の学生が共同で問題解決に取り組む授業科目として「早期臨床体験実習」や「医療総括演習」などを設けている。実践力重視の教育により卒業生は社会的に高く評価されている。茨城県稲敷郡にキャンパスを構え，2017年4月現在，706人の学生を収容する。　　　　　山本 剛

茨城大学 [国立] | いばらきだいがく
Ibaraki University

1949年(昭和24)に旧制水戸高等学校，茨城師範学校，茨城青年師範学校および多賀工業専門学校を包括し，文理学部，教育学部，工学部の3学部を有する新制大学として発足。教育理念は「首都圏北部における学術文化の中核的な拠点として，教育と研究における専門性と総合性の調和を図りつつ，世界的視野と先見的視点に立脚し，人材育成と学術研究を通じて社会の持続的な発展に貢献する」とする。現在，人文社会科学部，教育学部，理学部，工学部，農学部の5学部と4研究科を有し，地域に根ざした総合大学として地域社会や国際社会に有為な人材を輩出している。茨城県に水戸キャンパス，日立キャンパス，阿見キャンパスを構え，2016年(平成28)5月現在，8345人の学生を収容する。　　　　　　　　山本 剛

違法状態の大学に対する是正措置
いほうじょうたいのだいがくにたいするぜせいそち

文部科学大臣が，大学の質保証の観点から公立大学および私立大学等に対してとることのできる法的措置。中央教育審議会答申に基づく2002年の▶学校教育法一部改正によって制度が整備された。同法改正前は，国は行政指導以外に大学自体の閉鎖を命ずるか，公立大学に対する変更命令しか発動できず，とくに私立大学に対するきめ細かな対応ができない状況にあった。改正後は，公私立の大学等が▶大学設置基準等の法令に違反していると認められたとき，文部科学大臣は大学等に対し必要な措置をとるべきことを勧告でき，なお改善されない場合にはその変更を命じ，それでも改善されない場合には学部等の組織の廃止を命ずることができるようになった。ただし，勧告，変更命令，学部等の組織の廃止を命ずる場合には，あらかじめ▶大学設置・学校法人審議会に諮問しなければならない。　　　　　　　　山本 眞一

→ 質保証制度

IUFM | イーユーエフエム
Instituts universitaires de formation des maîtres [仏]

フランスに1991年から2010年まで存在した初等・中等教員養成のための「大学付設教員養成センター」。1989年7月の教育基本法(ジョスパン法)で定められ，92年までに全国31の大学区に1校ずつ設置された。それまでの▶教員養成は，初等教育については各県にある師範学校，中等教育については地方養成センターなどが担っていた。IUFMはそれらを統合して2年間の一貫した教育を行う機関とされた(ただしアグレガシオン＝教授資格試験による中等教育のエリート教員の採用は別枠で続いている)。そこでは学士号取得者を対象に，1年目には教育理論や教員資格試験(CAPESやCRPE)のための準備，2年目には教育実習(仮教員として給与が支払われる)を含む専門研修が行われた。しかし2005年の基本法(フィヨン法)は，IUFMを大学内の学校として修士課程に統合した(修士化 masterisation)。2010年

にはその名称も ESPE(Ecoles supérieures du professorat et de l'éducation, 教員養成大学院)と変えられた。2013年にはオランド政権下でさらに見直しが行われ, 修士化にともなって廃止された教育実習が復活している。
岡山 茂

EU生涯学習計画|イーユーしょうがいがくしゅうけいかく
European Union's Lifelong Learning Programme: LLP

欧州連合(EU)の生涯学習計画はほぼ7年おきに策定され, 最近では2007〜13年, 2014〜20年の計画が実施されている。2007〜13年の計画では, 2000〜06年の教育計画で個別に行われていたエラスムス(高等教育), コメニウス(初等・中等教育), グルントヴィ(成人教育), レオナルド・ダ・ヴィンチ(職業教育・訓練)などの諸計画を「ひとつの傘の下に under one single umbrella」置いた, 包括的な「統合生涯学習計画」になっている点に特色がある。現在(2014〜20年)は普通教育, ▶職業教育に加え, 青少年, スポーツを含めて, 「すべての人々のためのエラスムス Erasmus for All」という名称のもとで, 教育に関わる全分野をいわば統合した形の生涯学習計画が推進されている。欧州委員会は, 2014〜20年に総額で190億ユーロをあてることを決定している。学生, 教職員を含む関係者の移動の促進をいっそう図ること, EU域外も含む国際協力プログラムのさらなる推進などが盛り込まれている。
木戸 裕

EUの高等教育政策|イーユーのこうとうきょういくせいさく
Higher education policy in the EU

[高等教育政策の位置づけ]
欧州の統合・拡大過程において国際競争が激化する中, EU(欧州連合)は欧州における雇用の創出, 経済成長, 繁栄に不可欠となる熟練した人的資本や高い能力を有する市民を確保するにあたって, 高等教育および研究・イノベーションとの高等教育のかかわりが重要な役割を果たすとし, さまざまな高等教育政策を展開している。その際, 推進力となる高等教育機関は重要なパートナーと位置づけられている。

[高等教育政策の方向性]
EUの教育政策は, 全分野を包括する中期的な経済・社会戦略に沿って, 下位の分野別プログラムに基づいて進められる。ただし「補完性原則」に則り, 教育分野へのEUの関与は, 行動計画の提供や事業を促進するためのツールを開発するなどの補完的な支援に限られている。したがって加盟各国は, EUが示す分野別プログラムに対応させつつ独自性を持たせたかたちで計画を策定し, 教育政策を進めていくことになる。

2000年には, 2010年までの経済・社会戦略として, 経済的な成長と競争力の強化と雇用の創出を可能とする, 知識基盤型経済社会の構築を目指す「▶リスボン戦略」が欧州理事会で採択され, 同戦略に沿って「教育・訓練2010ワークプログラム(ET2010)」がEUの行政執行機関である欧州委員会において策定された。同ワークプログラムは, 複数の財政支援プログラムによってサポートされており, おもなものとして, 学校教育から成人教育まで幅広くファンディングをサポートする「生涯学習行動プログラム」(2007〜2013年)や, 欧州域内と域外との学生および研究者の移動を促進する「エラスムス・ムンドゥス」(第1期:2004〜2008年, 第2期:2009〜2013年)がある。高等教育分野については, 「生涯学習行動プログラム」に包括されたかたちで「エラスムス(Erasmus)」と呼ばれる「ヨーロッパ高等教育圏(EHEA)」実現のサポートと, イノベーション過程への高等教育の貢献の機会向上を目的とした, 欧州域内の学生・教員・研究者の移動を助成するプログラムが設けられている。

ヨーロッパ高等教育圏の構築は, 1999年にEU諸国を含む欧州29ヵ国の教育担当大臣によって採択された「ボローニャ宣言」で示された構想で, 欧州各国の高等教育システムに共通枠組みをもたらす, すなわち欧州域内に学生, 教員, 研究者等が制約を受けることなく自由に移動できる環境をもたらすことを狙いとしている。具体的には, ①3年以上の学部(undergraduate)と大学院(graduate)の2段階構造の構築(2003年からは博士号取得段階を加えた3段階構造), ②▶欧州単位互換制度(European Credit Transfer and Accumulation System: ECTS)の導入などにより各国間の高等教育システムの互換性を高めることが, 2015年現在, EU非加盟国も含めて48ヵ国において目指されている。

こうした人的移動の促進を中心とした高等教育政策は, 2010〜2020年の経済・社会戦略「欧州2020(Europe 2020)」や, その下位プログラムである「欧州教育・訓練協力戦略枠組み(ET 2020)」にも引き継がれている。「欧州2020」では, 2008年に欧州全域を襲った金融・経済危機を克服すべく, 五つの優先目標を掲げ, そのうちの一つが, 2020年までに30〜34歳の高等教育修了者の割合を40%に引き上げることとする高等教育分野にかかわる目標となっている(2010年現在33.6%)。「欧州教育・訓練協力戦略枠組み」でも「欧州2020」に関連するかたちで, 第1の目標に「移動の実現」が掲げられている。さらに高等教育分野に関しては, 2011年にEU加盟各国の教育担当大臣級会合において採択された改革戦略「成長と雇用の支援:欧州高等教育システム刷新のためのアジェンダ」の中で, 優先的に行うべき五つの改革が示されている。すなわち, ①高等教育修了者数を増やすこと, ②高等教育における授業と学修の質と妥当性を高めること, ③学生および教員の移動と国境を越えた協力を促進すること, ④教育, 研究, イノベーションにかか

わらせながら「知の三角形」，すなわちこれら三者の相互作用を強化すること，⑤高等教育にとって効果的なガバナンスとファンディングのメカニズムをもたらすことである。

[高等教育政策のツール]

これらの改革を実施するのは，あくまでもEU加盟各国であるが，EUからは，各国がこれらの目標を確実に達成していけるように，先の「生涯学習行動プログラム」よりもさらに包括的かつ大規模な助成プログラム「エラスムス・プラス（Erasmus＋）」とともに，高等教育の移動，質，透明性を促進するためのさまざまなツールが提供される。移動促進のツールとしては，たとえば欧州単位互換制度（ECTS）や学位証書に添付する「ディプロマ・サプリメント」（当該学位の背景について標準的に記述された資料）が挙げられる。また，質の向上を促進するツールとしては「エラスムス大学憲章（The Erasmus Charter for Higher Education: ECHE）」などが，透明性促進のツールとしては「欧州高等教育レジスター」（EU加盟国を中心とした36ヵ国2673校の高等教育機関に関するデータベース）や「U-Multirank」（さまざまな観点から欧州域内外の高等教育機関を比較可能にした多元的な高等教育ランキング）などがある。　　　　　　　　　　高谷　亜由子

▷EU生涯学習計画，エラスムス・プログラム，ボローニャ・プロセス，OECDの高等教育政策，高等教育と大学，日本の高等教育

◎吉川裕美子「ヨーロッパ統合と高等教育政策―エラスムス・プログラムからボローニャ・プロセスへ」『学位研究―大学評価・学位授与機構研究紀要』第17号，2003.

eラーニングとICT活用教育
イーラーニングとアイシーティーかつようきょういく
e-Learning and education using information and communication technology

[用語の定義]

日本で「eラーニング（e-Learning）」という言葉が使われるようになるのは，欧米より少し遅れて2000年代初頭であり，以後，eラーニングを冠する書籍が相次いで出版され，2001年から2008年まで『eラーニング白書』（日本イーラーニングコンソシアム編，東京電機大学出版局）が刊行された。また，大規模な展示会も毎年開催された。それは，1980年代の「CAI（コンピュータ支援教育：Computer-Aided Instruction）」や90年代の「マルチメディア教育」の延長線上に位置づけられるコンピュータの教育利用の一大ブームであった。

　eラーニングは初・中等教育から高等教育までの学校教育はもちろん，企業内教育においても広く活用されたことから，その定義は多様である。また，「オンライン教育」「ネットラーニング」「Web-Based Training: WBT」など，類似の多くの用語との違いも明確ではない。しかし，eラーニングの「e」が

eメールと同じelectronic（電子的な）の「e」であることを考えれば，eラーニングはそれまでのスタンドアローンのコンピュータによる自学自習とは異なり，インターネットを介して提供されるデジタルコンテンツを使い，双方向で行われる教授・学習過程であると定義することができる。

　しかし，2000年代後半，インターネットが日常生活のあらゆる場面に浸透し，大学のICT（情報通信技術：Information and Communication Technology）化も急激に進んだことで，eラーニングの実施は大学にとって特別なことではなくなった。そのため，現在ではより大きな概念である「ICT活用教育」の中に組み込まれて言及されるようになっていると考えられる。

[環境整備と取組支援]

2000年代，eラーニングの普及・推進は，国の重要な政策課題としても取り扱われた。2001年に内閣に設置された高度情報通信ネットワーク社会推進戦略本部，いわゆるIT戦略本部が03年8月に発表した「e-Japan重点計画―2003」では，ITを活用した遠隔教育を推進していく必要があるとして，「2005年度までに，ITを活用した遠隔教育を実施する大学学部・研究科を2001年度の約3倍とすることを目指し，遠隔教育を可能とするための環境整備を行う」と述べている（「e-Japan―2003」IT戦略本部）。eラーニングという言葉は使われていないが，「遠隔教育」はそれと同義である。

　そして，▷文部科学省が実施した「▷現代的教育ニーズ取組支援プログラム（現代GP）」では，募集テーマの一つに「ITを活用した実践的遠隔教育（e-Learning）」（2004年度），「ニーズに基づく人材育成を目指したe-Learning Programの開発」（2005年度）が設定されるなど，eラーニングの推進に財政支援も行われた。

　また2006年には，国立大学法人熊本大学大学院社会文化科学研究科にeラーニングを開発・実施・評価できる高度専門職業人，すなわちeラーニングの専門家の養成を目的とする教授システム学専攻も設置された。さらに文部科学省内に置かれた「国際的な大学の質保証に関する調査研究協力者会議」が2004年3月に提出した，「国境を越えて教育を提供する大学の質保証について―大学の国際展開と学習機会の国際化をめざして―〈審議のまとめ〉」では，日本の大学が学位につながる本格的なeラーニングを海外に展開することを今後の課題として提言している。

[現状と課題]

放送大学学園が文部科学省の先導的大学改革推進委託事業として実施した「ICT活用教育の推進に関する調査研究」（2011年3月）によれば，2010年度，eラーニングまたはICT活用教育を重要と考えている学部研究科は81.8％に達しており（「十分」と「ある程度」の合計），ICT活用の重要性に対する意

識は高い。ICT活用教育を行う際の基盤システムとなるLMS（学習管理システム：Learning Management System）についても，40.2％が利用していると回答している。また，インターネット等を用いた遠隔教育（授業の一部またはすべてをeラーニングで行うもの）を実施している学部研究科の割合は35.7％で，2005年度の14.6％から5年間で大幅な上昇が見られる。しかし，1科目の授業がすべてeラーニングで行われる「フルオンライン型授業」を実施している学部研究科の割合は16.0％にとどまっている。

この数字をどう見るかは意見の分かれるところである。インターネットの利用がかなり日常的になっているとはいえ，それは教室での対面授業の周辺において，それを補完し，効率的なものにするための利用が主であって，基本的には従来ながらの対面授業における▶講義という形態には変化をもたらしていないのかもしれない。また，もともとフルタイムで勉強する18歳から22歳の学生をおもな対象とする日本の大学で，フルオンライン型のeラーニングは必要とされていないともいえる。しかし，インターネットの優れたコミュニケーション機能を対面授業の補完として利用することによって，学生のモチベーションを高め，学習効果を向上させ，学習の継続率・卒業率の向上が図れることも事実である。さらに，単位制度の空洞化を解消し，その実質化を図る手段として有効に機能することも，ICT活用教育には期待されるところである。　　　鈴木　克夫

→ 情報社会と大学（テーマ編），ICTと大学のクロスボーダー化，インターネット大学，バーチャル・ユニバーシティ，サイバー・ユニバーシティ，MOOC，大学通信教育，放送大学
◎青木久美子『eラーニングの理論と実践』放送大学教育振興会，2012.

イランの大学 |イランのだいがく

ガージャール朝（1796-1925年）下の19世紀，フランスやアメリカを主としたミッション・スクールや，トルコ・ロシア経由の西欧思想に触発された女性を含む新知識人たちが，イラン流の近代を目指す教育改革を模索し，新方式（ジャディード）教育を開始した。男子では国家エリート養成という観点からフランス語が，女子ではアメリカの影響を受け家政学や衛生学が重視された。

一方，政府は留学生を欧州に派遣し，教育省を設立（1855年頃），エリート養成を目的とする中等・高等教育レベルの新方式学校を設立した。ロシアとオスマン帝国視察で西洋の近代科学に触れた宰相アミーレ・キャビール（在職1848-51）により，ダーロル・フォヌーンがテヘランに創立された（1851年）。その後，政治学校（マドラセイェ・オルーメ・スィヤースィー，1899年創立），農業学校（マドラセイェ・ファラーハテ・モザッファル，1900年創立），法律学校（マドラセイ

ェ・アーリーイェ・ホグーグ，1918年創立）など，各専門の高等教育機関が設立された。ダーロル・フォヌーンでは，外国人教授によって軍学，工学，医学，外国語（英・仏）などが教えられた。

しかし，上記のエリート教育は女子を対象とせず，また一般の状況は識字教育を必要としていた。新方式教育を推進する宰相アミーノッドウレ（在職1896-98）時代，従来のマドラサ教育に対して，オスマン帝国での先例やロシア啓蒙思想の影響を受けた新知識人により，初等レベルでの識字教育普及に向けた努力がなされた。その嚆矢が，ミールザー・ハサン・ロシュディーイェ（1851-1944）によるロシュディーイェ校である。ロシュディーイェは伝統的なイスラーム教育を受けた十二イマーム派法学者だったが，識字率の問題は教授法が原因と考え，ベイルートでフランス式教授法を学び，イスタンブルで視察した官立リュシュディイェ校を模し，1883年エレヴァン（ロシア領アルメニア）に学校を設立，音声学的観点による新しい識字教育を開始した。その後，同校はタブリーズやテヘランにも設立された。

ロシュディーイェ校の教師として活躍したヤフヤー・ドウラターバーディー（1862-1940）は，自ら受けた伝統的教育を振り返り，教育における教師の役割や，子どもが家庭で日常的に使用している言語（母語）の重要性を主張した。また，新しい教育方法に対する反発を考慮して，イスラームの法や倫理に関する教科書を編纂し，のちに多くの初等学校で用いられるようになった。1899年に自らサーダート校（テヘラン）を新設すると，貧しい家庭の子弟向けの無償教育を実施した。彼らの活動は女性も含む新方式教育の模範となり，欧州型カリキュラムなどで人気を集めたが，従来の教育の担い手であるウラマーなど，保守層には敵視された。イスラーム法に適う伝統的な慈善方式の運営によって反発を回避しようとしたが，イスラーム法厳守を強調する保守的な者たちの反発は大きく，とくに女子教育に対する攻撃は激しかった。

［大学の成立］

国会と憲法が制定されたイラン立憲革命期（1905-11年）に愛国主義と結びついた大衆運動が活発化し，パフラヴィー朝（1925-79年）では古代ペルシアを礼賛する上からのナショナリズムが断行された。レザー・シャー（初代，在位1925-41）は西欧型の近代化と中央集権化を推進するため，教育・司法・立法の場からイスラーム的要素とウラマーを排除し，女子教育振興策も採用した。また，体制強化に貢献する専門エリートを養成するため，欧州への国費留学を実施，帰国後は官僚になる者が多かったが，有害視される西洋思想を吸収して政府を批判する者も出たため，イラン人アイデンティティの涵養も図られた。

1920年代末，欧州留学などで欧米型の教育を

204 ｜ いらんのだ

大学事典

受けた新知識人が，西洋型高等教育の導入を進言したことから，►テヘラン大学（ダーネシュガーヘ・テヘラーン）の創設が決定された。1934年に大学設立法案が国会に提出されると，政治・財政的な自立性を保持するとされつつも，教育省の管轄下，35年にペルシア語「ダーネシュガー（知識の場）」の名称で正式発足し，女子学生の受け入れも開始された（一般に1937年とされるが1936年とする研究もある）。

創立後のテヘラン大学は，国家による厳しい統制の現実，フランス式モデルの安易な借用など，学問水準は向上しなかったが，体制を支持するエリートの創出には一定の効果があり，新興中産階級子弟の動向に与えた影響は少なくなかった。ただ，一般民衆にとって大学は縁遠い存在で，彼らの間に根強い伝統的な信仰感情は，その後の体制にとって潜在的脅威となった。

モハンマド・レザー・シャー（第2代，在位1941-79）時代には，大学数が増加した。タブリーズ大学（1947年），マシュハド大学（1949年），シーラーズ大学（1949年），エスファハーン大学（1950年）が主要な都市に開学された（すべて►単科大学，のち総合大学化）。その後も，ジョンディーシャープール大学（アフヴァーズ，1955年），メッリー大学（私立，テヘラン，1960年），アーリヤーメフル工科大学（テヘラン，1966年）が新設された。

モハンマド・レザー・シャーは，より急速な近代化・世俗化を目指す「白色革命（正式名：国王と人民の改革）」に着手（1963年），教育分野では識字率向上と教育制度改革，公立学校無償化が実施された。初等・中等教育へのてこ入れに対して，高等教育の整備が著しく遅れていたため，1967年科学・高等教育省が設置された。1970年代半ばまでに，タルビヤテ・モアッレム大学（教員養成単科，のち総合化，テヘラン，1974年），セパーヘ・ダーネシュ大学（単科，のち総合化，ヴァラーミーン，1974年），ファラフ・パフラヴィー大学（女子・単科，のち総合化，テヘラン，1975年），バルーチェスターン大学（ザーヘダーン，1975年），ブー・アリー・スィーナー大学（ハマダーン，1976年），ファーラービー大学（テヘラン，1976年），ギーラーン大学（ラシュト，1976年），ケルマーン大学（1976年），ラーズィー大学（ケルマーンシャー，1976年），レザー・シャー・キャビール大学（バーボルサル，1976年）などが新設された。

この時期，4年制及び2年制の単科大学も拡充されたが，多くは経理，翻訳，教育，社会福祉の2年課程を実施する私立大学であった。エルム・ヴァ・サンアト大学（テヘラン）やサンアティーイェ・ポリーテクニーク大学（テヘラン）など，総合大学に匹敵する名声を誇るものもあった。レザー・シャーの時代，これらの卒業生の大部分は海外に派遣されるかテヘラン大学に進学するなどして，学歴に見合う職を得ることができた。ところがその後，高等教育の整備が追いつかず，教育の質も改善されなかっ

たので，社会的上昇の手段として教育に期待を寄せる人々を失望させた。十分な役割を果たせないまま，科学・高等教育省は1977年に解体された。1978年には，中等教育の卒業生のうち高等教育に進学できた者はわずか12％で，大学在籍学生数は3万人に届かなかったと言われている。教育は社会的地位を決定する重要な要素と受け止められていたが，同時に非識字率は依然として高い割合を占めており，教育の機会均等にはほど遠い状況だった。高等教育を受けてもその後の道が開かれない若者たちの間には不満が募り，1979年イラン革命の一つの布石となった。

阿久津 正幸

［大学改革］

イラン革命（1979年）後，イスラーム法（シーア派十二イマーム派ジャアファル学派）とイスラーム法学者の統治（ヴェラーヤテ・ファギーフ）を統治の基本とするイラン・イスラーム共和国が成立すると，政府はパフラヴィー朝によるイスラーム軽視の姿勢を批判し，文化や教育の「イスラーム化」に着手，女性のヒジャーブ（ヴェール）着用義務ならびに大学を除く男女別学が導入された。反イスラーム的とされる教員の粛清や再教育が実施され，学校に配置された指導員が集団礼拝など宗教活動を管理するようになった。

イスラーム的公正の名の下に，教育格差の是正も目標とされた。モハンマド・レザー・シャー時代の1960年代，都市部を中心に大学進学競争が激化したため，70年代には高等教育機関が増設された。私立学校は，大学進学に有利な教育を提供することで富裕層を惹きつけていた。こうした状況が教育格差を助長したとして，1980年，革命評議会は私立学校の解散・公立化を決定し，学区制に基づく生徒の採用，被抑圧者への定員割り当て，学費の徴収禁止などを命じた。

イラン革命直後，大学は政治闘争の場と化し，1980年に閉鎖されてから再開までに3年近い歳月を要した。この間，教授陣の再教育，「イスラーム的カリキュラム」の構築，学内の政治活動の規制が実施された。大学再開後，学力試験に加えて，政治的信条や活動歴，宗教義務の実践状況も学生の審査項目に加えられた。都市中間層や富裕層による大学教育の独占を打開する策として，辺境出身者，革命や戦争功労者の家族に特別枠を設定し，大学入学を有利にさせる改革も行われた。実際は，革命の主要な支持基盤である地方出身者，貧困層や低学歴層に有利な機会を与え，体制に忠実なエリートを養成する措置とみなされている。パフラヴィー朝期には，大卒・高卒者は事務職に偏重し，政府諸機関の雇用が肥大化したことから，労働実習プログラムを導入し，男子学生には工場や病院などでの労働体験，女子学生には学内での家事・育児・保健衛生などの学習も義務付けられた。

山崎 和美

→イスラームと大学

◎David Menashri, "Education xvii. Higher Education", *Encyclopædia Iranica Web Version*(Last Updated: December 9, 2011): http://www. iranicaonline. org/articles/education-xvii-higher-education(2013年10月最終閲覧).
◎Ringer, Monica Mary, *Education, Religion, and the Discourse of Cultural Reform in Qajar Iran*, Costa Mesa, California: Mazda Publishers, 2001.
◎桜井啓子『革命イランの教科書メディア―イスラームとナショナリズムの相剋』岩波書店, 1999.

イリノイ大学 [アメリカ]|イリノイだいがく
University of Illinois at Urbana-Champaign

イリノイ州シカゴの南130マイルに所在する州立の代表的な▶研究大学。1862年の▶モリル法に基づき67年創設された。その設立は▶ランドグラント・カレッジ構想の生みの親と目される地元の改革家, ジョナサン・ボールドウィン・ターナー(1805-99)の生産者向け教養教育思想と, 彼が主導した設立運動の結実であって, 南北戦争後のアメリカ的大学のプロトタイプの誕生を画した。ターナーの思想を反映したその名称はIllinois Industrial Universityで, 初期には文系を含む全学生に対し科学技術の高度な素養の付与を試みた。卒業生からの圧力もあり, 1885年にはUniversity of Illinoisへと改名された。ランドグラント・カレッジにふさわしく, コンピュータ科学を含む工学や物理・化学等の水準がとくに高い。史上初めてノーベル物理学賞を2度受賞したJ. バーディーンも長く教鞭をとった。他方, 全米の大学図書館の中で, 蔵書数がハーヴァードに次いで2位, 書庫の規模は最大を誇る。広大なキャンパスの一角には, 地方空港規模の飛行場を所有する。学生数4万4000。　　　　　　　　立川 明

イルネリウス
Irnerius

11世紀末から12世紀初期に活躍した法学者。名前もWerneriusとも言われ, その出自, 経歴ともによく分かっていない。神聖ローマ皇帝ハインリヒ5世の司法会議に裁判官として出席したとされる。ボローニャで, 従来の俗化したローマ法ではなく, 改めて「ユスティニアヌス法典」全体のテキストに注釈の方法を導入し, 自律的な学問としてのローマ法研究に高めた。彼の門下から, さらに著名なローマ法学者が輩出し, ボローニャには多くの法学校ができ, ヨーロッパ各地から学生が集まった。この学生たちの集団が▶ボローニャ大学の原型をなす。そのため, 大学の起源をイルネリウスの学校に求める傾向が生まれたが, ローマ法の復興者としての側面と法学校の復興者としての側面を同一視して, 大学の起源に結びつけることには疑問もある。
　　　　　　　　　　　　　児玉 善仁＋山辺 規子

いわき明星大学 [私立]|いわきめいせいだいがく
Iwaki Meisei University

1987年(昭和62)に福島県いわき市からの誘致を受けて設立。当初は理工学部と人文学部で創設されたが, 2007年(平成19)の創立20周年を機に薬学部が設置され, 15年に教養学部, 17年には看護学部を開設。福島県浜通りにおける唯一の医療系高等教育機関である。教育目標は, 学校法人明星学苑の校訓である「健康・真面目・努力」のもとで, 「全人教育に基づいた, 地域社会に貢献できる人の育成」とする。2017年現在, 福島県いわき市にキャンパスを構え, 5学部7学科に980人の学士課程学生が在籍する。薬学教育では地域に貢献する自立した薬剤師の育成をめざして, クラムスクール, イグナイト教育, ファーマドリル, ▶チューター制といった教育プログラムを実施する。2016年の第101回薬剤師国家試験の合格率は98.7％であり, 全国平均の76.9％を大きく上回って, 薬系大学73校中全国第1位となった。　　　　　戸村 理

岩手医科大学 [私立]|いわていかだいがく
Iwate Medical University

1897年(明治30)に三田俊次郎が開院した私立岩手病院と院内に併設した医学講習所, 産婆看護婦養成所が起源。1901年に私立岩手医学校が設立され, 1928年(昭和3)に財団法人岩手医学専門学校, 1947年に財団法人岩手医科大学, 1951年に学校法人を設立して新制岩手医科大学が発足。キャンパスは盛岡市に所在。1965年に歯学部, 2007年(平成19)に薬学部を設置し, 医学, 歯学, 薬学の3学部からなる医療系総合大学として発展する。建学の精神を「医学教育, 歯学教育及び薬学教育を通じて誠の人間を育成する」としている。医療系3学部を同一キャンパスに設置し, 学部間の連携を取り入れる。専門知識や技術の習得のみならず, 幅広い教養と深い人間愛, 社会性ある医療人, 研究者を育成するためのカリキュラムが設定されている。2016年5月現在, 3学部3研究科に2287人が在籍し, 地域医療を重視した有能な医師, 歯科医師, 薬剤師を育成している。2017年看護学部を設置。　　　　　　　　　　　山本 剛

岩手県立大学 [公立]|いわてけんりつだいがく
Iwate Prefectural University

1998年(平成10)の開学。看護学部, 社会福祉学部, ソフトウェア情報学部, 総合政策学部の4学部が置かれ, 2000〜04年にかけて大学院が次々に設けられた。2005年, 公立大学法人岩手県立大学となる。所在地は岩手県滝沢市および同県宮古市(短期大学部を併設)。2016年現在の学生数は

2597人。理念は「自然，科学，人間が調和した新たな時代を創造することを願い，人間性豊かな社会の形成に寄与する，深い知性と豊かな感性を備え，高度な専門性を身につけた自律的な人間を育成する大学を目指します」とされ，「地域の中核人材育成と活力創出に貢献する大学」を掲げ，2012年に設置された「いわてものづくり・ソフトウェア融合テクノロジーセンター（通称：i-MOS）」で▶産学連携も進んでいる。東日本大震災の復興支援に対する取組みも活発で，災害復興支援センター，地域政策研究センターを設置し，教職員のボランティア活動や，地方自治体・住民との連携を推進している。2012年度より「震災特別入試」を岩手県内の高校生を対象に行っている。また社会人も多く受け入れている。
蝶 慎一

岩手大学 [国立] ｜いわてだいがく
Iwate University

1876年（明治9）に設置された盛岡師範学校を起源とする。その後身である岩手師範学校と岩手青年師範学校，盛岡工業専門学校，盛岡農林専門学校が1949（昭和24）年に統合され，新制岩手大学となる。「岩手の風土に根ざした"イーハトーブの学び舎"」として地域社会に開かれた大学をめざし，教育研究および社会貢献活動を展開する。2016年（平成28）5月現在，4学部5研究科に5612人の学生を収容する。2016年4月からは「震災復興・地域創生」「イノベーション創出」「グローバル人材育成」の理念のもと，地域の課題に世界の視点で応える教育・研究体制の強化に向けて学部改組が行われた。現行の工学部は理工学部へと改組した。また学部名称は継続するものの，人文社会科学部は4課程から2課程へ，教育学部は3課程から1課程へ，理工学部は工学部での5学科から3学科へ，農学部は4課程1学科から6学科へと発展的に改組された。
戸村 理

岩手保健医療大学 [私立] ｜いわてほけんいりょうだいがく
Iwate University of Health and Medical Sciences

2017年（平成29）に開学。建学の精神に「人々の生活と健康を高め地域社会に貢献するケア・スピリットを備えた保健医療人」が掲げられ，教育理念は「人々の生活と健康を高めるために，豊かな人間性・社会性を培い，ケア・スピリットをもって，科学的根拠に基づく看護の専門的知識・技術を実践に活かせる基礎的能力を養い，多職種と協働しつつ地域社会の保健医療福祉に貢献できる看護実践者を育成」することとされている。2017年現在，岩手県盛岡市にキャンパスを構え，看護学部に78人の学士課程学生が在籍する。ディプロマ・ポリシーには「人間力」「ケア・スピリット」「人間の実践的理

解」「専門的知識・技術とその臨床実践」「多職種連携・チームワーク」「アドボカシー」が掲げられており，地域社会に貢献する看護師・保健師が育成されている。
戸村 理

INQAAHE ｜インクアヘ
The International Network for Quality Assurance Agencies in Higher Education

高等教育の質保証（大学評価）機関の国際ネットワーク。通称はインクアヘ。高等教育の質の評価，改善および維持に関する理論や実践について，情報収集および情報提供を行うことを目的とする。1991年に返還前の香港で設立。わずか8機関で設立されたこのネットワークのメンバーが四半世紀後の今日には250を超えるまでになっていることは，この間の高等教育のグローバル化とそれに伴う質保証の国際的重要性の高まりを象徴している。2016年現在，質保証機関からなる正会員175機関（83ヵ国・地域），高等教育機関等の非質保証機関からなる準会員88機関（41ヵ国・地域），関係の個人からなる提携会員13人（10ヵ国）。正会員数最大国は23機関のアメリカ合衆国，準会員数最大国は26機関のパキスタン。日本からは▶日本高等教育評価機構，▶大学基準協会，実務能力認定機構，▶大学改革支援・学位授与機構が参画。主要行事は年1回開催のフォーラムで，主要出版物は年3回発行の紀要『Quality in Higher Education』。質保証機関の国際ネットワーク（Quality Network: QN）は，ほかにも特定の地域や分野を基礎に存在するが，当ネットワークがもっともグローバルな存在である。
舘 昭

→ 質保証制度

印刷術 ｜いんさつじゅつ
printing techniques

[歴史]
中国では11世紀に木版印刷が普及し，陶活字も使われ，朝鮮では銅活字が用いられるなど，印刷術は東洋において発達していた。東洋の印刷術は，14世紀末から15世紀にはヨーロッパへ伝播した。マインツの金細工師ヨハン・グーテンベルク（1397-1468）は，1450～55年頃，鉛合金による活字の鋳造，油性インキの使用，ブドウ圧搾機を改良した印刷機の製造などにより，ヨーロッパにおける印刷術の開拓者となった。彼は当時ドイツで流行していたゴシック体を用いて印刷し，中世写本に迫る印刷物制作を目指していた。印刷において有用であったのが，媒体となる紙である。製紙法はおよそ1000年の時を経て，ヨーロッパに伝わっていたが，当時の紙が皮紙に比べ粗雑であったこともあ

り，事務的な記録用として用いられるに留まっていた。その後，次第に紙質が改良され，グーテンベルクは『四十二行聖書』を皮紙と紙の両方を用いて印刷した。1450～1500年頃にかけての印刷はインキュナブラ(揺籃期本)といわれ，現存するものが零葉(リーフ)を含めて約4万版ある。この時期は，写本と刊本(印刷本)の両方が制作されていた。

写本制作についてみると，13世紀頃から講義のためのテキストおよびその註解書や参考書が必要となり，大学周辺には写本工房が設置されていた。学生たちは，その多くが僧籍を持つ専門の写字生がいる写本工房に書写を依頼した。これらの工房は専門の業者として，大学認可のもとに，大学が定めた正本のみを書写する権利を持つ組合を結成していた。印刷術が知られると，写本の販売・取引をしていた業者は，印刷本と写本を並べて売るようになった。インキュナブラが制作されたこの時期は，写本時代と同様，聖書や時禱書などキリスト教関係の書物に加えて，ギリシア・ローマの古典や▶ラテン語の文法書などが提供されていた。書籍業者は当初は商人というより，委託販売人の様相を呈していたが，次第に自ら出版業者となる，あるいは印刷工房の設立に出資するようになった。

16世紀に入ると，ルターらの宗教改革の影響もあり，短期間に多くのものを印刷する必要に迫られた。写本の時代には書物1冊が家1軒の価値を持っていたが，大量生産が可能となり，廉価なものとなって流通するようになった。挿図に関しては，写本時代には画家が挿絵や文字の装飾を受け持っていたが，木版画の技術も進み，同じページに印刷することが可能になる。次いで銅版画が開発され，より精巧な描写が可能となった。銅版画は，ダンテの『神曲』におけるボッティチェリの銅版画の例に見られるように，あらかじめ空けておいたスペースに印刷したものを貼っていたが，後には同時に印刷することができるようになった。

印刷術が果たした最大の貢献は，博物学や解剖学など，科学の分野での図版が豊富な書物の刊行であるといわれる。著名なものでは，1530年の最古の植物図鑑，1543年のコペルニクスの『天体の運動について』，同年のヴェサリウスの『人体の組成について』(全7巻)などが刊行されている。印刷工房は，主要な大学都市にとどまらずバーゼル，ヴェネツィア，ニュルンベルクといった大商業都市にもつくられ，刊本は全ヨーロッパに流通した。形態も変化し，15世紀末には学生向けに廉価なポケット版が考案され，発売された。書物の小型化のためにイタリック文字を考案したのは，ヴェネツィアの印刷業者アルドゥス・マヌティウス(アルド・マヌーツィオ)である。彼はラテン語・ギリシア語の教師であったが，印刷業者となり，古典を原語で刊行した。

17世紀半ばから末にかけて，フランス，イギリス，ドイツおよびオランダなどで，書評の場，学者のコミュニケーションの場としての役割を果たす雑誌が登場する。専門的な雑誌の出版である。印刷術の出現は，著作権確立への道筋もつけた。書物が著作者名を冠して出版されるようになったため，写本の時代には不可能であった著作権を主張することが可能になったのである。19世紀に入ると輪転機の開発など，印刷機械も大幅に改善され，出版界は20世紀半ばには全盛期を迎えた。

[大学教育との関わり]
廉価なテキスト作成による学問の普及など，印刷術が後世に遺した影響は大であった。他方，印刷術は学問のあり方，教育のあり方を変化させたといわれる。印刷術の発明が単独で突如もたらした変化というよりも，それまでに蓄積されてきた改善の諸要素を統合し，拍車をかけることとなったのである。古代から中世にかけて「読む」ということは音読ないしは誦詠を意味していた。マクルーハンらが指摘するように，▶読書は「聴覚的読書」であったが，これに対して「視覚的読書」が始まったのである。写本の時代には，学生はテキストを書き写すことにより内容を吟味し，論理の構成法や表現方法などを修得した。▶講義においても学生の手元にテキストがない時代には，教師は学生が筆記できるようにゆっくりとした速度で講義をしており，学生たちは考えながら講義を書き取っていった。図書が増えたために「口述による講義ノートの書き取り」をやめることが可能になった。印刷術は，読書を「聴覚的読書」から「視覚的読書」に替えた。人間の文化的な生活に変化をもたらしたと同時に，人が「考える」という行為のあり方を変え，人間の思考法にも変化をもたらしたといわれる。印刷術の発明は，その萌芽となったのである。

阪田 蓉子

→アーカイブズ
◎リュシアン・フェーヴル，アンリ・ジャン・マルタン著，関根素子，長谷川輝夫，宮下志朗，月村辰雄訳『書物の出現』上・下，筑摩書房，1985.
◎マーシャル・マクルーハン著，森常治訳『グーテンベルクの銀河系—活字人間の形成』みすず書房，1986.

インスティチューショナル・リサーチ
Institutional Research: IR

大学等の高等教育機関関係者が，自らの所属機関を対象として行う調査研究活動のこと。IRは1960年代以降急速に発展し，北米，ヨーロッパ，オーストラリア諸国など多くの大学に担当部署が設置されている。1965年にはIRの学会・専門職団体AIR (Association of Institutional Research) が設立され，学術雑誌の刊行や年次大会，ワークショップの開催などさまざまな活動を展開している。たとえば，アメリカ合衆国ではIRの一般的業務として，大学の概要(Fact Book)の作成，学内外への報告業務，適格認定(▶アクレディテーション)への対応，入学・在

籍の分析，学習成果の測定，戦略計画策定，学内コンサルティングなどが挙げられている。日本でも2008年の「▶学士課程教育の構築に向けて(中教審答申)」で推奨されて以降，質保証を支える役割として期待されている。

所属機関のIR専従担当者あるいはその研究を行う専門家はIRerと呼ばれており，予算・財源配分や教職員の人事統計，入学者・卒業生の動向等に関するデータ分析，年次報告書の作成や▶第三者評価への対応などきわめて多様な業務を担っている。テレンジーニ(1999年)は，IRerに求められる知性として「技術的・分析的知性」「問題知性」「文脈上の知性」の3層構造を提示している。日本においてもIRerの育成は急務の課題とされ，実践と研究，OJT(On the Job Training)やOff-JT(Off the Job Training)による能力開発が進められている。

山田　剛史

▶大学職員の専門職化

インスティテュート
institute

一般に大学あるいは大学院レベルの教育機関の名称に使われている。ウィスコンシン大学の酵素研究所(Institute for Enzyme Research)，アメリカ国立がん研究所(National Cancer Institute)などのように，大学の▶研究所や政府が設立した大規模研究施設などの名称にも用いられる。民間企業の研究所にはInstituteは使われない。アメリカ合衆国ではMIT(Massachusetts Institute of Technology)や▶レンセラー工科大学(Lansselaer Polytechnic Institute)などがそうであるが，産業の発展を背景に理工系に特化した形で出発した大学は校名にInstituteを用いている機関が多い。スイス連邦工科大学(Swiss Federal Institute of Technology)も英語名ではInstituteを用いる。ドイツでは大学の研究組織名にInstitutが使われ，たとえば有機化学の研究組織はInstitut für Organiche Chemie(英語名：Institute of Organic Chemistry)である。これは，▶学科と訳しているアメリカの大学のdepartmentとはやや異なるが，日本の大学の学科的な組織である。

赤羽　良一

インストラクショナル・デザイン
Instructional Design: ID

効率的・効果的な教育を実施するためのシステマティックな手法。教育プロダクト(授業，カリキュラム，教材)を，ニーズ分析・設計・開発・実施・評価という手順を経て運用するという工学的なアプローチに基づいている。これによって教育者・学習者双方のニーズが満たされ，目標が達成されることを目的としている。第2次世界大戦中のアメリカ合衆国において，新兵教育を短期間で効率よく行うために開発された手法がもとになっている。大学がエリート段階の教育機関であった時代にIDは個々の教員に私事化されていたが，大衆化段階以降は大量の学生を効率的・効果的に教育する必要が生じ，かつICT教育が普及するのにあわせて，システム化・標準化を目指すIDの必要度は高まっている。IDの専門家であるインストラクショナル・デザイナーには，内容面での専門家と分業・連携して，一連のシステム運用を担うことが期待されている。

佐藤　浩章

▶eラーニングとICT活用教育，情報社会と大学(テーマ編)

インターネット大学｜インターネットだいがく

2002年度に創設された構造改革特別区域における「インターネット等のみを用いて授業を行う大学における校舎等施設に係る要件の弾力化による大学設置事業(特例措置番号832)」(2004年施行)のこと。通信教育(▶大学通信教育)を行う学部のみを置く大学は，教育研究に支障がなければ，校舎等面積の数値基準(大学通信教育設置基準別表2)によらずに設置できる。大学院では，大学設置基準36条に定められた学長室，会議室，事務室などの本部機能のみ確保すればよい。少額の設備投資で大学が設置できるようにして，社会人の再教育等の社会的要請に応えることがねらいである。ただし，実施できる授業の方法は▶メディア授業に限られ，卒業要件となる面接授業等を実施する場合は対象外となる。2016年度時点で2大学がこの特例措置により設置されている。文部科学省では，2013年度中を目途にこれを全国展開するという構造改革特区推進本部の決定に基づき，2014年3月に大学通信教育設置基準の一部を改正し，全国展開が図られた。

鈴木　克夫

▶通信制大学，通信制大学院

インターンシップ
internship

［インターンシップとは］
日本においてインターンシップは，後述するいわゆる三省合意において「学生が在学中に自らの専攻，将来のキャリアに関連した就業体験を行うこと」と定義されている。インターンシップという言葉が政府の文書に最初に登場したのは「「教育立国」を目指して」(1997年1月)の中であり，インターンシップの総合的な推進が盛り込まれ，さらに「経済構造の変革と創造のための行動計画」(1997年5月閣議決定)では，▶産学連携による人材育成策としてその推進が盛り込まれた。これらを受け，当時の文部省，通商産業省，労働省においてインターンシップのより一層の推進を図るため，インターンシップに

関する共通した基本的認識や推進方策を取りまとめた「インターンシップの推進に当たっての基本的な考え方」(1997年9月、以下「三省合意」という)を発表し、政府、大学、産業界においては、この三省合意に沿ってインターンシップの普及・推進を図ってきた。

しかしながら、従来、教育実習、医療実習、看護実習など特定の▶資格取得を目的として実施しているものや、資格取得と関連性はないが、専門をより深めるための工場実習などは大学において実施されてきた。たとえば教育実習については、1873年(明治6)に東京師範学校において実施されており、第2次世界大戦後は1949年(昭和24)の教育職員免許法および同施行規則において義務付けられている。工場実習についても、戦前から盛んに行われていた。アメリカ合衆国においては、大学が主導で管理運営するものを▶コーオプ教育(co-operative education)、企業等が主導で管理運営するものをインターンシップといい、両者を区別することが一般的であるが、日本では両者をともにインターンシップと称している場合が多い。

[インターンシップの現状]
文部科学省では、1997年(平成9)より「インターンシップ実施状況調査」をすべての大学および▶高等専門学校を対象に実施してきた。さらに2011年度からはこれを拡大して調査を実施している(2013年6月公表)。最新の2015年度の結果によると、単位認定を行う授業科目か否かは問わずインターンシップを実施している大学は93.4%となっている(特定の資格取得に関連するもの、関連しないものの両者を含めた実施割合)。また、単位認定を行う授業科目として実施されるインターンシップに参加している学生の割合は22.2%で、そのうち特定の資格取得に関連しないものは3.1%、特定の資格取得に関連するものは19.1%となっている。つまり、ほとんどの大学で何らかのインターンシップを実施しているものの、参加学生はその一部にとどまっている。さらに実施期間をみると、特定の資格取得に関連しないものでは、1～2週間未満が38.2%となっており、1週間未満の37.3%と合わせると約4分の3が2週間未満である。海外のインターンシップやコーオプ教育では数ヵ月が一般的であるのに対し、極端に短期間であることが日本の特徴といえよう。

[インターンシップの課題]
今後の拡充に向けてさまざまな課題が指摘されている。第1は量的な課題である。参加学生の割合はまだ少なく、その拡大が求められている。そのためには、受入れ先である企業等の確保や学生の希望業種・職種と受入れ企業のミスマッチの軽減が必要である。第2は質的な課題である。上述したように、日本の学生のインターンシップは短期が中心といえる。また、その内容・目的も職業意識・就労観の醸成が中心であり、▶専門教育との関連性

が希薄であることが指摘されている。上記の量的および質的な課題に対応するためには、受入れ企業の開拓やプログラムの構築が不可欠であるが、これらを担う専門的な知見を有する人材の不足が第3の課題である。

第4の課題は就職との関連で、三省合意では「インターンシップと称して就職・採用活動そのものが行われることにより、インターンシップ全体に対する信頼性を失わせるようなことがない」ようにと記述されており、インターンシップと就職を関連付けることはいわばタブー視されているが、現実的には結果としてインターンシップ先に就職しているケースもある。インターンシップ実施における企業側のメリットを鑑みると、インターンシップと就職の関係についても検討が必要であろう。第5の課題は、インターンシップの効果についてである。インターンシップの参加者数は徐々に拡大を示しているが、その効果についての計測、研究が不十分である。インターンシップが推進されるようになってからまだ20年程度であり、その継続的な効果の把握が今後も求められる。

亀野 淳

▶職業統合的学習、ボケーショナル教育、労働市場と大学(テーマ編)

◎高良和武監修、石田宏之・太田和男・古閑博美・田中宣秀編著『インターンシップとキャリア―産学連携教育の実証的研究』学文社、2007.

インテーカー
intake worker

担当カウンセラーによる面接に先立って来談者に予備的な面接を行い、相談したい内容や経緯などを聴取する係。多くの場合は所属部署の担当カウンセラーに面接を引き継ぐが、必要に応じて関連部署を紹介することもある。受付面接者・受理面接者などとも呼ばれる。経験の豊富な受付・事務職員がインテーカーの役割を果たすこともあるし、初心者のカウンセラーがインテーカーとしての役割を担うこともある。受付面接の果たす役割を重視し、ベテランのカウンセラーがインテーカーとして見立てと動機付けを行い、適切な担当者に振り分けるシステムにしている▶学生相談室もある。どちらにしても、大学内外のリソースに精通しており、短時間で十分な見立てと来談者の動機付けができるだけの経験と技能を持っていることが求められる。また、継続した研修を受けていることが望ましい。

寺島 吉彦

▶学生相談

インド工科大学 [インド] | インドこうかだいがく
Indian Institute of Technology

インドの発展に寄与する科学技術分野の人材育成を目的として，アメリカの▶マサチューセッツ工科大学をモデルに設立された。1961年の工科大学法のもと，インドの国家的重要機関に指定されている。1951年に設立された西ベンガル州カラグプル校に始まり，その後，ボンベイ校(ムンバイー)，マドラス校(チェンナイ)，カーンプル校，デリー校が，それぞれロシア，西ドイツ，アメリカ，イギリスの援助を受けて増設された。2013年現在16校がインド各地に展開。共通入学試験では，約1万人の定員に対して約50万人が受験。卒業生がアメリカをはじめ海外に移る▶頭脳流出が指摘されてきたが，流出した頭脳がインドの発展に生かされる頭脳循環や，インド経済の発展を背景に頭脳が国内に留まる頭脳保持(brain retain)の傾向も確認されつつある。QS社の大学ランキング(2015/16年)ではバンガロール校が147位，デリー校が179位，ボンベイ校が202位，マドラス校が254位，カーンプル校が271位，カラグプル校が281位にランク入りしている。

小原 優貴

インドネシア大学 [インドネシア] | インドネシアだいがく
University of Indonesia／Universitas Indonesia: UI

インドネシアを代表する高等教育機関。20世紀初頭，オランダ植民地期のジャワに設立された医学校をはじめとする複数の専門学校を前身とする。1945年8月のインドネシア独立宣言の後，オランダ政府はジャワの再占領を試み，独立前に開設していた諸学校を47年に再開させた。それらを1950年にインドネシア大学(Universitet van Indonesie)として統合し，ジャカルタ(医学，法学，文学，哲学)，ボゴール(獣医学，農学)，バンドン(工学)，スラバヤ(医学)，マカッサル(経済学)の各都市に諸学部を開設した。1954年から63年にかけて，ジャカルタ以外にある学部はそれぞれ独立した大学となった。インドネシア大学は1955年にUniversitas Indonesiaとインドネシア語表記の名称に変更し，63年以降は13の学部(医学，歯学，数学，科学，文学，法学，経済学，工学，心理学，社会・政治学，公衆衛生学，コンピュータ学，看護学)をもつ総合大学となった。近年はグローバルな教育・研究協力にも積極的で，アメリカ，オランダ，オーストラリア，シンガポールの主要大学のほか，東京大学や京都大学と交流がある。2000年に国有法人化された。

中田 有紀

インノケンティウス3世
Innocentius III | 1160/61-1216

ローマ教会の普遍権力の強力な唱道者で，第4回十字軍を提唱。神聖ローマ皇帝となるフリードリヒ2世の保護者としても知られる。教皇在位1198-1216。教皇アレクサンデル3世が確立しようとした▶教授免許制度を受け継いで，その無償制の確立など文教政策も強力に推進した。▶パリ大学に対しては，教授免許授与における教師たちの権限を大幅に認め，司教権下の▶カンケラリウスの権限を縮小した。▶ボローニャ大学では『グラティアヌス教令集』を編纂していたが，普遍権力としての教皇権の法的基盤を確立するためにさらなる教令編纂を推進するとともに，ボローニャやパリをその影響下に置くための大学政策も積極的におこなった。1215年の第4回ラテラノ公会議で司教座に文法教師，大司教座に神学教師を置くことを定め，神学教育を整備した。次の教皇ホノリウス3世とともに，初期の▶中世大学に多大な影響を与えた教皇とされる。

児玉 善仁

インパクト・ファクター
Impact factor

引用頻度を用いて個々の▶学術雑誌の重要度や影響力を測る尺度であり，具体的には特定の学術雑誌における直近2年間の単位論文あたりの平均被引用回数をいう。ある学術雑誌の2014年のインパクト・ファクターは，2012年と2013年の掲載論文の2014年内の被引用数の総和を，2012年と2013年掲載の全論文数で除した値となる。インパクト・ファクターは，トムソン・ロイターが刊行する『Journal Citation Reports』やデータベース「Web of Science」に掲載される。研究者の評価に利用されることもあるが，研究分野や学術雑誌の性格により，引用に関する文化が異なるため，研究分野を超えた比較が困難なことや，論文ごとの引用頻度のばらつきが大きいことなど問題点も指摘されている。近年では，研究者を評価する際に，インパクト・ファクターに代わり，被引用数がh回数以上である論文がh以上あることを示す「h指数(H-index)」が用いられることも増えている。

榎 孝浩

→ 引用数

引用数 | いんようすう
citation

学術論文が他の学術論文にどれだけ引用されたか計測した数を引用数(あるいは被引用数)という。学術論文は先行研究を引用することにより，既存の知識体系に対する新規性を示すことが求められる。そのため，論文が引用されることは，知識体系を構

成するものの一つと認められ，その後の他者の研究に影響をもたらしたことを示す。この前提のもとで，引用数は論文の「インパクト」の大きさを示すものとして考えられており，論文の「質」を直接的に示すものではない。引用数を計測するためには，論文に記された参考文献を一覧化して収録したデータベースが必要であり，1950年代にユージン・ガーフィールドがサイテーション・インデックス（現在のWeb of Science）を開発して可能となった。現在は，大学ランキングなどにおいて，引用数の集計値や平均値，引用数が高い論文（高被引用論文）の数や割合といった指標がしばしば用いられる。しかし，学問分野によって引用数の平均値は大きく異なることや，否定的な引用（問題点を指摘するための引用など）も存在し，引用数のみによる分析には限界もある。

林　隆之

→インパクト・ファクター

ヴァージニア大学 [アメリカ] | ヴァージニアだいがく
University of Virginia

トーマス・▶ジェファーソンが1819年，ヴァージニア州のシャーロッツヴィルに設立した州立大学。創設当時は革新的な大学で，卒業要件や学位取得の制度を持たず，学生は古典語，物理学，法学等の8分野から自分の専門分野を選択し，その修了証明を担当教授から受けるのみであった。宗教教育は排除された。小規模であった20世紀初頭，発足直後の▶アメリカ大学協会から第1番目の新入会員として招待を受けた。1904年，最初の学長（それまでは教授会議長のみ）にアルダーマン（Edwin Alderman）を迎え，▶研究大学向けの組織作りを開始した。現在，建築学部，文理学部，工学部等の学士課程とビジネス，教育，法，医学等の大学院に2万名が在籍する。学生一人当たりの基金額は23万ドルと州立大学中最大で，▶アイビー・リーグのコーネル大学と等しい。私学化する州立大学の最右翼である。ジェファーソン自らが設計した創立期からの建物群は，大学における世界で最初のユネスコ世界遺産である。

立川　明

EHESS | ウーアッシュウーエスエス
École des hautes études en sciences sociales [仏]

フランスの高等教育機関で，「社会科学高等研究院」と訳されることが多い。1975年1月25日の政令によって設立されたEHESSは，1947年に創設された高等研究実習院（École pratique des hautes études: EPHE）の第六部門を前身としている。EPHEは第二帝政下の1868年に，当時の公教育相ヴィクトル・デュルイの発意によって，ドイツのゼミナールの制度をモデルとして創設された。発足時には第一部門の数学，第二部門の物理学・化学，第三部門の自然科学・生理学，第四部門の歴史学・文献学からなり，1886年に第五部門として宗教学，1947年に第六部門として経済・社会科学が加わった。今日EHESSは▶修士課程以上の学生を受け入れる▶大学院大学としての機能を有し，学問領域や研究方法の学際性，横断性を重視しつつ，600人以上の教職員，約3000人の大学院生（うち半数は外国から），5500万ユーロの予算（2017年度）をもって運営されている。数多くの研究センターを基盤に教育研究が行われ，その領域は人文社会科学の幅広い分野に及んでいる。

白鳥　義彦

ウィスコンシン・アイデア
Wisconsin Idea

［革新主義時代の政治改革理念］
ウィスコンシン・アイデアとは，大学での研究成果を現実社会の課題解決に応用することで，社会の進歩に貢献するという考えであり，社会に開かれた大学を象徴する概念である。その起源は，州立大学と州政府の密接な連携によって民主的に社会改革を推進しようとした，20世紀初頭アメリカの政治改革理念に求められる。世紀転換期は，急激な経済の拡大に伴って，貧困や失業といった新しい社会問題が出現するとともに，政治ボスによる腐敗と不正が横行した時代であった。この危機に対して，社会効率と社会改良という原則にもとづいて，政治経済体制の再編成を目指す「革新主義（Progressivism）」と称する改革運動が始められた。ウィスコンシン州は，ラ・フォレット州知事（Robert M. La Follette）によって政治腐敗禁止法，累進所得税，銀行規制，天然資源保護，労働立法など数々の改革が行われたことから，「民主主義の実験室」と呼ばれた。改革の原動力となったのが，▶ウィスコンシン大学の教授たちである。彼らは専門家としてこれらの立法・行政各種委員会の顧問を務め，政策決定に参与した。大学で培われた専門的知見を用いて行政を効率化するという取組みは他州のモデルとなり，労働災害補償法や予備選挙制などの連邦法にも大きな影響を与えた。

［教育機会の開放と地域サービス］
教育機会の開放という意味でのウィスコンシン・アイデアの起源は，ラ・フォレットの朋友であったウィスコンシン大学ヴァン・ハイス学長（Charles R. Van Hise）の就任演説（1904年）に求められる。彼は「州内のすべての家庭に大学の恩恵を届けるまで，私は満足できない」と宣言し，1906年に大学拡張部を設置した。これにより，大学で学ぶ機会に恵まれない人々に対して▶通信教育や巡回講義が提供されるとともに，巡回図書，視聴覚教育，労働者教育，公衆衛生，ラジオ放送など，地域のニーズに応じたさまざまなサービスが提供された。「大学の境界は州の境界（The boundaries of the university are

the boundaries of the state.）という格言で知られるように，州全域にわたるサービスを，州立大学が組織的に展開したことが特徴である。この構想と実行に深く携わったのが，ウィスコンシン州立法調査図書館長のマッカーシー（Charles M. McCarthy）である。彼の著作『ウィスコンシン・アイデア』（1912年）によって，その概念と改革の成果が広く知られた。

［今日のウィスコンシン・アイデア］
ウィスコンシン・アイデアは，今日も州立の高等教育機関を結んで約18万人の教育を担うウィスコンシン大学システム（University of Wisconsin System）の中核的理念として位置づけられている。そこでは「大学が教室を超えて人々の生活を向上させる」という原則のもとに，州民の教育，健康，福祉，労働環境などのあらゆる側面の発展に対して，大学が貢献する義務を負うことがうたわれている。

　優秀な頭脳や才能の争奪戦が国際化している21世紀において，大学の境界は州の境界にとどまらず，国境を越えて研究者や学生を引き寄せることや，研究成果を世界中に届けることが目指されている。国際コンソーシアムや国境なきエンジニアの育成などが展開される中で，とくに期待されるのは知的財産をイノベーションに結びつける▶技術移転である。

　ウィスコンシン大学に2006年に設置されたWID（Wisconsin Institutes for Discovery）という産学官連携組織は，研究施設と開放エリアを統合した空間づくりを行い，科学の可視化をテーマに，研究者や住民を巻き込んだ学際的な交流の場を提供している。子どもの理科教室や起業支援ワークショップ，地域住民の環境教育に至るまで，その活動は実に多様である。そこで目指されている社会的相互作用とは，優れた研究は優れた教育を生み，それらが社会に開放されることで成果が検証され，大学自身に新たな変革をもたらすという考えである。つまり，今日のウィスコンシン・アイデアは，研究成果を社会に還元するプロセスの中で，国境を越えて人財を還流させることにより，市場における競争力を強化することを意味している。ただし，そこでは近視眼的な利益創出ではなく，▶知識基盤社会を牽引する生涯学習者の育成が目指されている。

五島 敦子

→ 地域社会と大学（テーマ編），大学開放／大学拡張，社会貢献
◎McCarthy, C.M., *The Wisconsin Idea*, Macmillan, 1912.

ウィスコンシン大学マディソン校［アメリカ］
ウィスコンシンだいがくマディソンこう
University of Wisconsin-Madison

アメリカ中西部ウィスコンシンの州都マディソンに所在し，州立研究大学の盛衰を表徴しつつある旗艦校。創設こそ1848年と州立大学の多くに遅れた

が，19世紀末から，巨大資本による自然と中小企業・労働者の搾取から州を保護するため，キャンパスを州境まで拡張する方針を提唱し，全米の注目を浴びた。州の自然と政治・経済の総体を学問，とくに社会科学の実験室と見なして全学規模で参画・研究し，その成果を州民全体に還元する新しいスタイルを創出した。他方，カリフォルニア大学とミシガン大学等とともに▶アメリカ大学協会を創設し，20世紀の▶研究大学の発展を牽引した。過去の半世紀，各州の財政難から危機の渦中にある州立研究大学の中で，かつては州と特別に緊密な関係を保持したウィスコンシン大学は現在，他大学に先がけて世界水準からの脱落の可能性に直面し，再び全米の注目を集めている。卒業生に歴史家のフレデリック・ジャクソン・ターナーや社会学のC. ライト・ミルズがいる。2014年現在の学生数4万3000。

立川 明

ヴィッテン・ヘアデッケ大学［ドイツ］
ヴィッテン・ヘアデッケだいがく
Universität Witten/Herdecke

ドイツ西部，ノルトライン・ヴェストファーレン州の認定を受けた私立の総合大学。1970年代末，大学の発展に停滞を感じ，大学教育の質に不満を抱いていた大学教員たちによって1983年に創設された。その名称は，同州南東部のルール工業地帯に位置するヴィッテン市に創設されたこと，創設に協力した市民病院がヴィッテン市に隣接するヘアデッケ市に置かれていたことに由来する。高等教育機関の大半が州立で，非州立の多くが教会立の神学大学か福祉関係の専門大学であった当時，本大学は非教会立の総合大学として世間の注目を集めた。

　創設時は医学部に27名の学籍登録者を抱えるだけであったが，学生からの授業料，経済界からの寄付金，ノルトライン・ヴェストファーレン州からの助成金を主要な財源とし，その後，経済学，歯学，生物学，看護学など専門領域を増やし，学生数は2011年には約1300人にまで拡大した。2008年には不十分なマネジメントと不堅実な経営計画を理由に州が助成金の拠出を拒否したため，一時財政破綻の危機に晒されるが，大学側が提示した再編計画が受け入れられ，期限付きで引き続き州から補助金が拠出されることになった。2010年からは学部再編により保健，経済，文化の3学部で構成されるようになった。学生数は2300人（2016/17年冬学期）。

髙谷 亜由子

ウィリアムズ・カレッジ［アメリカ］
Williams College

ボストン隣接のハーヴァードとは対照的に，マサチ

大学事典　　　　　　　　　　うぃりあむ　213

ューセッツ州の西端，森林地帯の小さな町に所在する，1793年創立のアメリカ合衆国の代表的な▶リベラルアーツ・カレッジ。学生数は2000余，教員との比率は7対1と，類似校の中で最高の教育条件を備える。人文，社会，自然科学の36の専修分野での行き届いた教養教育の一部は，交流の深いオックスフォードに倣い，学生2名教員1名を基礎単位とするウィリアムズ版▶チュートリアル方式で実施される。近隣の施設・環境を活用した美術史，途上国の実務家向け開発経済学の2分野では大学院修士課程を有し，学士卒業生の90名前後が経済学を専修するなど，教養教育の学問的水準の維持にも繋げている。工学に関心の深い学生には，▶カリフォルニア工科大学在学の機会がある。卒業後，約6割は学術ないし専門職の大学院へ進学する。かつて青年心理学で一世を風靡したG.スタンレー・ホールからヤンキースの所有者スタインブレナーまで，卒業生は多彩である。　　立川　明

ヴィリニュス大学 [リトアニア]｜ヴィリニュスだいがく
Vilnius University; Vilniaus universitetas [リトアニア語]

リトアニアの首都ヴィリニュスに本部を置く国立大学。ポーランド・リトアニア共和国時代の1579年に設置されたリトアニア最古の大学。当初はイエズス会が中心となり，▶ラテン語で教育が行われたが，1795年にポーランド・リトアニア共和国が分割されてロシア領となり，1803年にヴィルナ帝国大学と改称された。この時期はヨーロッパで最大の大学で，各国から学生が集まったが，1830年十一月蜂起でニコライ1世によって閉鎖された。1918年のリトアニア独立とともに再建されたが，翌19年ポーランドに占領され，ステファン・バートリ大学と改称された。第2次世界大戦期はドイツ軍によって閉校，その後，ソ連軍に占領されてリトアニア共和国となり，ヴィリニュス大学と称し，1990年の体制転換後に独立し現在に至る。2015年現在12学部，学生数約2万1000人。　　加藤　一夫

ウィーン大学 [オーストリア]｜ウィーンだいがく
University of Vienna; Universität Wien [独]

ドイツ語圏最古の大学。1365年にハプスブルク家のルドルフ4世がプラハのカレル大学(現在の▶プラハ大学)に対抗して創立した。初期は国家からの自治が認められていたが，16世紀に反宗教改革により国家の影響力が強まった。ヨーゼフ2世は大学の自治を否定し，高級官僚の養成機関とした。しかし，1848年の三月革命は大学改革を促し，67年の国家基本法に反映された。その17条1項は「学問研究とその教授は自由である」と定め，のちの教授会中心の大学自治の整備に繋がった。1907年に女性に初めて博士号が授与された。2002年の大

学法によって，ウィーン大学も国家から切り離され自律性を持った法人になり，それは2004年に医学部がウィーン医科大学として分離独立することを可能にした。2014年にはドイツ語圏で最大規模の9万2000人以上の学生が在学し，180以上の学位プログラムを履修している。15の学部と四つのセンターを擁する。コンラート・ローレンツ(生理学・医学)など多数のノーベル賞受賞者を輩出している。
　　田中　達也

植草学園大学 [私立]｜うえくさがくえんだいがく
Uekusa Gakuen University

1904年(明治37)植草竹子が千葉市院内町に創設した千葉和洋裁縫女学校を起源とする。1972年(昭和47)の植草幼児教育専門学院・植草学園幼稚園開設，79年の文化女子高等学校開設，99年(平成11)の植草学園短期大学開学を経て2008年に植草学園大学が開学した。2017年現在の収容人数684人。発達教育学部発達支援教育学科と保健医療学部理学療法学科があり，発達教育学部では子どもの発達と教育について学修し，小学校教諭・特別支援学校教諭・幼稚園教諭の第一種免許および保育士の資格を取得できる。保健医療学部では身体障害のリハビリテーションなどについて学修し，理学療法士国家試験の受験資格を得ることができる。それぞれ取得した資格を活かし，教育関係をはじめ医療機関や介護施設，保健や福祉のサービス関係の分野で活躍できる人材の育成をめざしている。　　鈴木　崇義

ヴェサリウス
Andreas Vesalius ｜ 1514-64

近代解剖学の祖とされる。ベルギーに生まれ，▶パリ大学のジャック・デュボワなどの下で医学を学んだ後，▶パドヴァ大学で医学学位を取得して，すぐに23歳で外科学・解剖学の教授となった。7年間の勤務の後，神聖ローマ皇帝カール5世の招聘によって侍医となり，のちにはフェリペ2世の侍医ともなった。『ファブリカ』の略称で知られる著書『人体の構造について』は，初めて人体の完全にして組織的な記述をおこない，それまで正当とされてきたガレノスの論述の誤りを正した。とくに，心臓を起点とする血管を流れる血液が心房中隔を通過しないことを指摘したことはよく知られている。アヴェロエス主義と呼ばれる自然学研究が盛んであったパドヴァ大学では医学研究が隆盛し，のちに血液循環を発見するハーヴェイも同大学で学んだように，近代医学揺籃の地となった。　　児玉　善仁

上野学園大学 [私立] ｜うえのがくえんだいがく
Ueno Gakuen University

1904年(明治37)石橋蔵五郎の設立になる私立上野女学校を起源とし，58年(昭和33)学校法人上野学園によって開設された。現在は音楽学部と短期大学の音楽科を設置し，クラシック音楽を高等教育機関において専門的に学べる体制を整え，高度な専門音楽教育とバランスのとれた人間教育を施している。建学の精神は「自覚」であり，自己を深く見つめ，自身の能力や立場，価値，そして課せられた義務と使命に気づき，それに即した行動をとり，一生をかけて探求していくことを意味している。2007年(平成19)より男女共学化し，音楽を通して人間を作り，人間を作ることによって良いお音楽を育てるという教育理念を実践している。東京都台東区東上野にキャンパスを構え，2017年現在280人の学生が在籍。
山崎 慎一

ウェーバー
Max Weber ｜ 1864-1920

ドイツの社会学者・経済学者。エアフルトに生まれ，ハイデルベルク大学，ベルリン大学(現，▶ベルリン・フンボルト大学)，ゲッティンゲン大学で法律学，経済学，歴史学等を学ぶ。1889年に「中世商事会社史」で博士の学位を取得。1894年フライブルク大学教授，97年ハイデルベルク大学教授となるが，1903年に病気のため大学を退く。1919年にミュンヘン大学教授に就任するが，翌年死去。ウェーバーの研究は大きく二つに分かれる。一つは宗教社会学の研究で，『プロテスタンティズムの倫理と資本主義の精神』(1905年)に代表され，資本主義の精神はカルヴィニズムにより禁欲的プロテスタンティズムの宗教倫理に遡ると考えた。もう一つは社会集団の分析に焦点を当てた研究であり，『経済と社会』(遺稿)にまとめられている。この中の「支配の社会学」では，大学の卒業証書が特権層の形成を助長しているとした。また1917年の講演をまとめた『職業としての学問』では，混沌の時代の中で新しい生き方を求める若者に向けて大学論を展開し，ドイツの大学は学問的な訓練を行うべきと主張した。
田中 達也

ウェールズ大学 [イギリス] ｜ウェールズだいがく
University of Wales

イギリス・カーディフに本部を置く連合制大学。ウェールズには1822年，セント・デーヴィッド・カレッジ(ランペーター)が設立され(1827年開学)，主として国教会聖職者の養成を担った。カレッジは将来，ウェールズ大学へと発展するよう期待されていたが，宗派間の対立ゆえにその実現は容易ではなか

った。あらゆる宗派に開かれたウェールズ国民のための大学を設立する運動は，1850年代以降，民族文化復興運動という性格を伴いつつ展開した。まずアベリストウィス(1872年)，次いでカーディフ(1883年)とバンガー(1884年)に▶ユニバーシティ・カレッジが設立された。これらのカレッジの学生は▶ロンドン大学の▶学外学位を目指していたが，1893年，ヴィクトリア大学に倣った，独自の学位授与権を有する連合制ウェールズ大学が上記三つのカレッジを構成機関として設立された。

その後，ウェールズ連合大学にはスウォンジー・ユニバーシティ・カレッジ(1920年)，医学校(1931年)などが加盟し，1969年にはセント・デーヴィッド・カレッジも傘下に入った。今日，加盟していた各カレッジが次々と大学として独立を果たすなか，連合制大学のあり方(海外の高等教育機関との提携など)をめぐって大きな岐路に立っている。
安原 義仁

ヴォロネジ大学 [ロシア] ｜ヴォロネジだいがく
Voronezh State University;
Voronezhskii gosudarstvennyi universitet [露]

ロシア南西部のドン川支流ヴォロネジ川河口に位置し，1802年創設のデルプト大学からユリエフ大学を経て1918年に現在の名称となる。エストニアは同年の独立宣言直後ドイツ軍に占領されたが，ボリシェビキ政府が▶タルトゥ大学のスタッフ等を一部移して開学した。1942年にもドイツ軍の侵略を受け，ヴォロネジ市内は壊滅状態となったが，以後復興を果たしてロシアで15番目の100万都市に発展し，ノーベル賞受賞者バーソフ，プラトーノフ，マルシャークなど多くの文化人を引き付け，黒土地帯の中心地となった。2013年現在の学生数は2万人を超え，教授陣も約1500人を数える。大学最古の文学部・法学部のほか，1969年には応用数学・情報・メカニック学部を，また99年にはコンピュータ学部を新設するなど18学部を擁し，大学院，研究所，図書館，博物館，学術諸施設も充実の度を加えている。
森岡 修一

受取利息・配当金収入
うけとりりそく・はいとうきんしゅうにゅう

預貯金，有価証券の利息や配当金，第3号基本金引当特定資産の運用収入など，▶学校法人が所有する資産を運用して得られる副次的な収入のこと。日本私立学校振興・共済事業団『今日の私学財政—大学・短期大学編』(平成28年度版)によれば，2015年度の大学法人の▶事業活動収入に占める受取利息・配当金収入の比率は2％となっている。2009年1月に文部科学省学校法人運営調査委員会が公表した「学校法人における資産運用について(意見)」では，学校法人がどのような方法で資産

の運用を行うかについては法人自らの責任において決定するものであるが，その資産は教育研究活動を安定的・継続的に支えるための大切な財産であるため，運用の安全性を重視することが求められた。近年，学校法人の資産運用の形態には預金や公共債（国債・地方債・政府保証債）等の保有のほか，仕組債やデリバティブ（金融派生商品）取引などの金融商品による運用も行われるようになっており，慎重な取扱いが必要とされている。なお，▶国立大学法人・▶公立大学法人においても余裕金の運用は可能であるが，厳しい制限が設けられている。

吉田 香奈

宇都宮共和大学 [私立] | うつのみやきょうわだいがく
Utsunomiya Kyowa University

1900年（明治33）創設の共和裁縫女学校を起源とする。1999年（平成11）に那須大学を設置し，2006年に宇都宮共和大学と名称変更した。建学の精神は，「全人教育」であり，それは「学生一人ひとりの持って生まれた優れた個性・能力・特質に応じて最大限伸ばしていく人間教育」である。これは創立者である須賀栄子の「共和（共にあい和して事にあたる―史記）」の精神によるものである。2017年現在，栃木県宇都宮市に二つのキャンパスを構え，シティライフ学部と子ども生活学部とに302人の学士課程学生が在籍。地域社会に貢献する開かれた大学をめざしており，都市経済研究センターや子育て支援研究センターで得られた研究成果は積極的に学内外へ発信を行っている。

戸村 理

宇都宮大学 [国立] | うつのみやだいがく
Utsunomiya University

栃木師範学校と宇都宮農林専門学校を母体に，1949年（昭和24）に学芸学部と農学部の2学部を有する新制国立大学として発足。設置目的を「学術の中心として広く知識を授けるとともに深く学芸を教授研究して，知的，道徳的及び応用的能力を展開させ，真理と正義を愛する人格を育成して，人類の福祉と文化の向上に貢献する」とする。現在，地域デザイン科学部，国際学部，教育学部，工学部，農学部の5学部と4研究科を有する。全学生必修の授業として，英語教育「EPUU（イーブー）」を開講し，実践的な英語運用能力の養成を図っている。栃木県宇都宮市に峰キャンパスと陽東キャンパスを構え，2016年（平成28）5月現在，5023人の学生を収容する。

山本 剛

UDUAL（ウドウアル）→ラテンアメリカ大学連合

ウニベルシタス21 | ウニベルシタスにじゅういち
Universitas 21

1997年に11ヵ国20の研究重点大学によって創設された国際的な大学コンソーシアム。2014年現在，17ヵ国の27大学（学生およそ130万人，研究者およそ22万人）が本コンソーシアムに参加しており，日本からは2007年以降早稲田大学が参加している。創設当初は研究・教育活動の戦略的推進を図るべく，もっぱら学生や研究者の交流機関として機能していた。しかし，2001年に世界最大級の情報企業であるトムソン社の教育部門であったトムソンラーニング（当時）と共同で，「ウニベルシタス21グローバル」（U21 Global）と呼ばれるオンライン大学を創設すると，オンラインで▶MBAプログラムを提供するようになった。その後，同プログラムのような，グローバルなコンソーシアムによる課程の質を保証する機関が当時なかったことから，アクレディテーション機関「ウニベルシタス21ペダゴジカ」（U21 Pedagogica）がウニベルシタス21の下部機関として設立された。以降，下部機関による質保証の仕組みに批判があるものの，同機関がウニベルシタス21グローバルのMBAプログラムの▶アクレディテーションを行っている。

髙谷 亜由子

→国際交流，インターネット大学

ウプサラ大学 [スウェーデン] | ウプサラだいがく
Uppsala University; Uppsala universitet [スウェーデン語]

1477年に設立された北欧最古の大学。スウェーデンの首都ストックホルムから北へ40kmほどのウプサラ市に所在する。設立当初は，学生50人とごく少数の教授のみという小さな規模であった。経営基盤が不安定な状態が長く続いたが，17世紀にグスタフ2世アドルフが大学に寄進を行ったことにより，財政・経営が安定し，欧州でも屈指の▶研究大学としての礎を築くこととなった。高等教育の大衆化が進んだ今日においても，研究水準の高い大学として認知されている。当初，神学，法学，哲学の3学部であったが，現在，人文・社会科学，医薬学，理工学の3学系のもとに9学部（人文学部，社会科学部，言語学部，神学部，法学部，教育学部，医学部，薬学部，理工学部）に拡大している。2014年現在，約4万人の学生（うち2万4000人がフルタイム学生）が学んでいる。

渡邊 あや

EPSCP | ウーペーエスセーペー
Établissement public à caractère scientifique, culturel et professionnel [仏]

フランスの教育法典 L711-1 が定める「学術的・文化的・職業専門的な性格を有する公共施設」。大学などの国立の高等教育機関に与えられる法的地

位を指す。教育・学術・行政・財政のそれぞれにおいて自治が許される。1968年11月の高等教育基本法（▶エドガール・フォール法）によりEPSC（Établissement public à caractère scientifique et culturel，学術的・文化的性格を有する公共施設）が定められ，1984年のサヴァリ法により「職業専門的」（professionnel）がつけ加えられたという経緯がある。EPSCPには大学のほかに，高等師範学校（▶エコール・ノルマル・シュペリュール），技師学校，外国にあるフランス学校，さらに「グラン・ゼタブリスマン」（grands établissements）が含まれる。「グラン・ゼタブリスマン」とは，▶コレージュ・ド・フランス，自然史博物館，そして▶グランド・ゼコールのような由緒ある特別教育機関を指す。それらに対しては，コンセイユ・デタでの議を介して大学にはないさまざまな特例（たとえば独自の学費の設定）が認められる。パリ－ドフィーヌ大学（2004年）やロレーヌ大学（2011年）のように，大学からグラン・ゼタブリスマンへの移行を果たした「大学」もある。

岡山 茂

宇部フロンティア大学 [私立] | うべフロンティアだいがく
Ube Frontier University

1903年（明治36）香川昌子が山口県宇部市に開塾した香川裁縫塾（香川裁縫女学校）に始まる。1960年（昭和35）に宇部短期大学を設立。同大学を母体として，2002年（平成14）に山口県・宇部市の支援のもと宇部フロンティア大学を開学した。2004年に大学院を設置。2017年現在，人間社会学部・人間健康学部の2学部と，人間科学研究科の1研究科を置き，学部生504人，大学院生38人，教員46人を擁する。「人間性の涵養と実学重視」を建学の精神に掲げ，心理士・社会福祉士・看護師・臨床心理士など，ヒューマンケアにかかわる専門家の育成を推進する。公開講座の開講や自治体との連携など，地域社会への貢献にも積極的に取り組んでおり，2015年には地域連携センターを設立して地域貢献的研究に対する資金助成制度を発足させるなど，一層の充実を図っている。

小濱 歩

ヴュルツブルク大学 [ドイツ] | ヴュルツブルクだいがく
Julius-Maximilians-Universität Würzburg

ドイツ南部，バイエルン州ヴュルツブルクにある州立総合大学。正式名称はユリウス・マクシミリアン大学ヴュルツブルク。1402年に設立されるが，財政難により短期間で閉学。1582年に再開され，神学部，哲学部，法学部，医学部が置かれた。19世紀初めにバイエルン王国の大学となる。1833年，教授の3分の1以上が，リベラルな傾向を理由としてルートウィヒ1世により追放される。1849年，新しい大学規則により大学組織等を改善，その結果

学生数が急増した。1888年から1900年まで教授を務めたレントゲンは，1901年にノーベル物理学賞を受賞。1933年以降，一部の教授，ユダヤ人学生を追放。1945年3月，空襲により市と大学のほぼ90％が破壊されたが，10月にカトリック学部から再開。1974年，バイエルン州大学法の施行により，総長制，専門部の設置等がなされた。ライフサイエンス大学院が▶エクセレンス・イニシアティブ（2006年）に選定。10学部で，学生数は2万8000人（2016/17年冬学期）。

長島 啓記

浦和大学 [私立] | うらわだいがく
Urawa University

1945年（昭和20）九里總一郎が珠算・簿記・英語を指導するために開設した私塾を起源とする。1959年に学校法人浦和実業学園を組織し，77年に法人名を九里学園に改称。1987年の浦和短期大学開学を経て，2003年（平成15）浦和大学を開学する（これに伴い短期大学は短期大学部に変更）。建学の精神は「大学は実学教育を基礎とした人間形成を教育目標とし，「実学に勤め徳を養う」を校訓とする」である。2017年現在は，大学に総合福祉学部，こども学部の2学部，短期大学部に介護福祉科が設置され，ソーシャルワーク，福祉健康スポーツ，心理，保育，幼児教育，介護職などの専門職に従事する人材の育成をめざしている。キャンパスは埼玉県さいたま市に置かれ，2016年現在638人を収容している。

鈴木 崇義

ウルグアイ共和国大学 [ウルグアイ]
ウルグアイきょうわこくだいがく
Universidad de la República [西]

起源はカトリック教会（ジェスイット）の学校にあるが，ウルグアイ共和国の大学として1849年に開学（法的な創設は1838年）した同国最大で，最も伝統ある大学。2011年現在，首都モンテビデオにあるファカルティ14（大学院コースを含む），高等専門学校6，病院1および地方センター4よりなる。学部学生数8万5905人，大学院学生数6351人。学部レベルで最大の学生数を擁するのは，開学以来の伝統を持ち，多くの主要政治家を輩出してきた法ファカルティ（1万4065人）で，続いて経済・行政諸科学ファカルティ（1万3842人）となっている。憲法により自治が保証されており，教員，学生，卒業生の選挙により各ファカルティ理事会，各ファカルティ集会のメンバーが選ばれ，これらメンバーによって大学中央理事会，学長，各ファカルティ長が任命される。

米村 明夫

運営費交付金 うんえいひこうふきん

▸国立大学法人や▸大学共同利用機関法人(以下、国立大学法人等とする)の運営費として国庫より措置される資金。2004年(平成16)4月の国立大学法人制度の発足に伴い、新たに導入された。独立行政法人通則法46条には「政府は、予算の範囲内において、独立行政法人に対し、その業務の財源に充てるために必要な金額の全部又は一部に相当する金額を交付することができる」と規定されており、国立大学法人等に対する運営費交付金には同条項が準用されている。運営費交付金は▸中期目標・中期計画に記載された教育研究を確実に実施するための基盤的経費であり、法人の自主性・自律性を確保するため人件費・物件費の区分は盛り込まれていない。交付額は、法人化時においては法人化前の公費投入額を踏まえて必要経費と自己収入額が算出され、これに基づき決定された。また次年度以降は、前年度の算定額をベースとして効率化係数や経営改善係数を乗じて交付額が算定された。第2期中期目標期間(2010～15年度)においては、第1期に設定されていた効率化係数を改め、大学改革促進係数が採用された。さらに、第3期中期目標期間(2016～21年度)においては大学改革促進係数を改め、機能強化促進係数が導入された。運営費交付金の2015年度予算額は約1兆1000億円である(文部科学省『文部科学白書2015』)。

吉田 香奈

AIR エーアイアール
Association for Institutional Research

通称エーアイアールまたはエアー。アメリカ合衆国を代表するIR(▸インスティチューショナル・リサーチ)の学会・専門職団体。1960年代におけるIRへの関心の高まり、IR組織の拡大を背景として、1966年にミシガン州で発足。1961年にシカゴで開催されたアメリカ高等教育協会(American Association for Higher Education: AAHE)年次大会での全国IRフォーラムが発足の契機で、初代会長は当時IR体制整備で先駆的だったミネソタ大学のIR部門ディレクターを務めたJohn E. Stecklein。現在の本部はフロリダ州タラハシーにある。州や地域のIR協会など約50が連携する全米組織であり、欧州、オーストラリア、アジア等のIR協会も関連団体に名を連ねる。会員数4000以上、アメリカ外の会員約160を擁する世界最大級のIR協会である。

毎年5月下旬、6月上旬頃に4日間にわたり開催される年次大会(AIR Forum)には、1600以上の機関から世界各国のIR関係者が集う。高等教育の充実に向けたIRの支援、IR専門職の発展と地位向上を目的とし、オンライン会報「eAIR」の月次配信、査読付き学術誌『Research in Higher Education』(RIHE)、特定のテーマを取り上げる季刊誌『New Directions for Institutional Research』(NDIR)の刊行など、高等教育やIRに関する学術情報を発信するほか、全米教育統計センターが管理する中等後教育総合データシステム(IPEDS)の実務研修、オンライン教育プログラムの提供など、IR人材の育成、キャリア形成支援に取り組む。

山田 健

エアフルト大学 [ドイツ] エアフルトだいがく
Universität Erfurt

ドイツ中部、テューリンゲン州の州都エアフルトにある州立総合大学。1379年に教皇クレメンス7世による特許状を得ていたが設立に至らず、89年に教皇ウルバヌス6世の特許状に基づき設立され、92年開学。エアフルトは交通の要地でもあり、中欧の著名な大学として発展。15世紀初めには法学部が隆盛、15世紀から16世紀にかけてはスコラ哲学の中心となる。16世紀初めにはルターも学ぶ。宗教改革とルネサンスの時代に最高潮に達するが、ナポレオン時代に威信が低下し、学生数も減少。1816年に閉学。第2次世界大戦後の東ドイツの時代、エアフルトには1954年に医学アカデミー、1969年にエアフルト教育大学等が設置される。ドイツ統一後の93年12月、テューリンゲン州議会はエアフルト大学の再建を決議。法律上は1994年1月1日に大学再建、99/2000年冬学期から授業開始。国家学、哲学、教育科学、カトリック神学の4学部から構成され、学生数5700人(2016/17年冬学期)。

長島 啓記

英国学位授与機構 えいこくがくいじゅよきこう
Council for National Academic Awards: CNAA

イギリスの高等教育機関の質の維持と向上を目的とした、パブリック・セクターの学位審査・授与機関で、ロビンズ委員会の勧告にもとづき1965年に創設された。1960年代のイギリス政府は大学数の増加を望まず、中央政府が管轄できる非大学型高等教育機関である▸ポリテクニクと継続教育機関の機関数の拡大を促進した。以前から、一般的に継続教育機関や技術教育を担う技術カレッジは大学と比較して教授内容の質が劣ると見なされていたが、1955年、これら非大学機関の教育水準と質の向上を図るために、英国工学学位授与機構(National Council for Technological Awards: NCTA)が創設された。1964年、NCTAの任務は英国学位授与機構(CNAA)に引き継がれ、それ以降、継続教育機関による学位授与もCNAAを通じて可能となった。CNAAは地方の教育機関の水準を大学レベルへ引き上げるため短期的な便宜をはかるだけの予定であったが、異なる部門間で学位を認可する機関が

必要となったため，高等教育の一元化が実現した1992年まで存続した。　　　　　　　　　秦　由美子

→『ロビンズ報告書』

営造物概念と国公立大学
えいぞうぶつがいねんとこくこうりつだいがく
the theory of "Öffentliche Anstalt" and national and local public universities

［営造物とは何か］

日本の国公立大学は，2004年（平成16）4月以降の▶国立大学法人・▶公立大学法人への移行に至るまで，戦前・戦後を通じ国や地方公共団体の機関であり，行政法学上は「営造物」に当たると説明されてきた。「営造物」とはドイツ行政法学にいう「Öffentliche Anstalt」の訳語であり，国や地方公共団体といった行政主体により特定の公の目的に供用される人的・物的施設の総合体であるとされる。また法人格の有無により，独立営造物と非独立営造物に分かれ，前者は営造物法人とも呼ばれる。この定義からすれば，国公立大学は，法人化により国や地方公共団体の機関でなくなった現在でも，なお営造物または営造物法人にあてはまるということができ，裁判例の中にも，国立大学について，国立大学法人が設置する学校となった後も，国が財政の基盤を整え，運営の大枠に関与する公の営造物であると述べるものがある（東京高裁平成19年3月29日判決）。

ただし以下にみるように，今日，国公立大学をめぐる問題は，実定法上の規定がある場合はともかく，営造物の概念を用いなくても「公の施設」等の問題として構成すれば足り，その方が現行法の体系に則していると考えられる。営造物概念は，行政法学上もあまり使われなくなっている。

［営造物と特別権力関係論］

伝統的な公法理論によれば，営造物とその職員や使用者との間には，一般的な統治関係とは異なる特別権力関係が生じ，職員や使用者は特別権力主体たる営造物が行使する包括的な支配権に服することを求められ，一般の国民に保障される権利や自由を法律の根拠なく制約されてもやむを得ないと考えられていた。刑事施設被収容関係（在監関係）や公務員関係は，特別権力関係論により説明される典型的な例である。第2次世界大戦前は，▶官立大学における学生の在学についても，営造物たる大学の利用と位置付けられ，そのような営造物利用関係に立った場合，特別権力関係が生じて一般の市民法秩序が排除され，大学の定める規則に学生が違反すれば，▶退学・停学等の処分対象となる上，こうした処分は司法審査による救済対象から除かれるとされた。営造物の利用者たる学生は，行政の営造物設定行為により反射的利益を受けるに過ぎず，営造物を利用する権利を主張できるわ

けではないと考えられたのである。

第2次世界大戦後になっても裁判例では，営造物である国公立大学における学生の在学関係等が特別権力関係論で捉えられる傾向がしばらく続いた。たとえば，京都府立医科大学における放学処分の取消が争われた訴訟の1953年（昭和28）の控訴審判決は，国立または公立学校の学生生徒について，学校という営造物の利用者と位置付け，営造物である学校の設置者としての国または地方公共団体と特別権力関係に立つとした上で，本人の自由意思に基づいてこの関係に入ったものであるから，放学処分により特別権力関係（営造物利用関係）から排除されても，これに対して裁判所に訴を提起することは許されないとしている（大阪高裁昭和28年4月30日判決）。

しかし，法的根拠なく国民の権利の制約を認めるという特別権力関係論に対し，学説上は，法の支配と基本的人権の尊重を掲げる日本国憲法下では妥当し得ないとの考え方が有力であり，特別権力関係の概念を用いずとも，一般的権力関係における人権の制約の問題として議論すればよいとの指摘がある。「特別権力関係」の語も次第に用いられなくなっており，最高裁は，1977年の富山大学単位不認定等違法確認請求事件において，大学における授業科目の単位授与行為には司法審査が及ばないとする結論を導き出すに当たり，特別権力関係論を用いず，部分社会の法理に基づき，国公私立を問わず大学が一般市民社会とは異なる特殊な部分社会を形成していると指摘した上で，自律的な法規範を有する特殊な部分社会における法律上の係争は，一般市民法秩序と直接の関係を有しない内部的な問題に留まる限り，その自主的・自律的な解決に委ねるのを適当とし，司法審査の対象から除かれるという論理構成を採用した（最高裁昭和52年3月15日判決）。ただし，部分社会の法理についても，多様な団体・機関を一括りに「部分社会」として扱っている上，その内部のさまざまな紛争に一律に司法審査が及ばないとする理由が不明確であるなどの指摘がなされ，学説上，今日では疑問が持たれている。結局のところ，国公立大学の内部の関係に司法審査が及ぶか否かは，各機関の目的・機能や法的紛争の性質等に照らし，個別具体的に検討することが求められるだろう。

［公の施設概念の導入］

地方自治法（昭和22年法律第67号）では，1963年（昭和38）の改正以降，公衆の利用に供する営造物について，行政的側面と財産的側面を峻別し，後者については公有財産として捉え，前者については，従来の「営造物」に代えて「公の施設」の語を用いることとした。同法244条1項の規定により，普通地方公共団体は，住民の福祉を増進する目的をもってその利用に供するための施設として「公の施設」を設けるものとされ，▶公立大学をはじめとする

公立学校も公の施設に含まれると解されている。また同条2項では，設置者たる普通地方公共団体は，正当な理由なく，住民による公の施設の利用を拒んではならないと規定し，住民の公の施設利用権を認めているので，公の施設である公立大学における退学処分等は，公の施設利用権の侵害の問題として司法審査に服することになる。

　裁判所は，国立大学も「公の施設」に相当するものとして捉えており，たとえば前出の富山大学事件において，最高裁は単位授与行為を司法審査の対象外とする一方で，専攻科の修了認定行為については，大学が認定をしない場合，一般市民としての学生の国公立大学の利用を実質的に拒否することになり，学生が一般市民として有する公の施設を利用する権利の侵害に当たるとして，専攻科修了の認定・不認定に関する争いが司法審査の対象となることを認めている。「公の施設」の概念を用いることにより，かつて営造物利用関係として議論されていた問題がかなり整理されたといえる。

[営造物と国家賠償法]

ほかに検討すべき点としては，国家賠償法(昭和22年法律第125号)2条1項の規定との関係が挙げられる。同規定は，道路，河川その他の公の営造物の設置または管理に瑕疵があった場合の国または公共団体の賠償責任について規定しており，法人化前の国立大学の設置管理に係る施設設備等の瑕疵に由来する損害には当該規定が適用されてきた。ただし，同規定にいう「公の営造物」は，講学上の一般的な「公の営造物」概念とは異なり，人的要素等を含まず，有体物ないし物的施設のみを指すと解されている点に注意が必要である。学説はほぼ一致して，当該規定にいう「公共団体」には，行政主体性を有する営造物法人たる国立大学法人や▶独立行政法人も含まれるとして，国立大学法人の設置・管理に係る施設設備等はここでいう「公の営造物」に当たり，同規定の適用を受けると考えている。 寺倉 憲一

→ 大学の設置形態(テーマ編)，大学法制(テーマ編)，国立大学法制，公立大学法制

◎高木英明『大学の法的地位と自治機構に関する研究─ドイツ・アメリカ・日本の場合』多賀出版，1998.

英米型のカレッジ|えいべいがたのカレッジ
Anglo-American Colleges

イギリスのオックスフォード大学とケンブリッジ大学は▶学寮の集合体として発展し，学位を授与する大学に対して，個々に財産を所有し，教員と学生の共同生活と教育訓練の場を供するカレッジ(college)の意義を定着させた。今日でも，イギリスにおいてカレッジは，まずはマートンやトリニティ等の学寮を指す。北アメリカが17世紀以来移植したカレッジは個別に学位を授与し，大学との区別を不明瞭と

しつつも，学寮での共同生活を重視し，基礎学術分野での学士課程教育に専念する▶リベラルアーツ・カレッジとして，あるいは大学内部の中核的な組織としてオックスブリッジの伝統を汲む。にもかかわらずアメリカ合衆国では，カレッジは大学と類義語化し，総合大学の中にもカレッジを自称するものがある。加えて，工学や農学を中心にした専門学部の呼称でもある。かくして英米のカレッジは，オックスブリッジが代表する学寮，その伝統を継ぐ合衆国での学士養成機関をおもに指すが，専門学部，さらには大学一般の呼称でもあり，多義的である。上記のどれを意味するのか，まず見極めることが肝要である。 立川 明

→ コレギウム，イギリスの大学(テーマ編)，アメリカ合衆国の大学(テーマ編)

営利目的の大学|えいりもくてきのだいがく
for-profit colleges and universities

利潤追求を目的とするが，社会変化に即応した実用的な教育を素早くかつ柔軟に提供する会社組織に類似した大学。アメリカ合衆国では，営利目的の大学の学生数が2010年までの30年間で3万6000人から158万8000人に急増し，私立大学の5分の2を占めるまでになった。講義は医療，ビジネス，教育等の分野を標準化した▶シラバスに基づき，借用した教室を用いておもに夜間提供する。学生の多数は有職者，教師は実務家の非常勤講師で，オンラインのプログラムも活用する。非営利の大学に比して学生のまとまりが弱く，学士号の取得率も州立大の30%，私立大の50%に対し，10〜20%と低迷している。無税の特権がない反面，利潤を株主に配当し，自由に投資や企業活動をする権利を有し，通常の大学に不可欠な設備やサービスも最小限にとどめている。収入の大部分を学生への連邦政府の給付奨学金・ローンに拠っているため，その獲得手続きと使途の適法性をめぐり，近年，国家レベルでの疑問を招いた。日本では類似の試みとして2003年以降，▶株式会社立大学が認められたが，数校以上に増加していない。 立川 明

→ 大学の設置形態(テーマ編)

ANVUR|エーエヌブイユーアール
Agenzia nazionale di valutazione del sistema universitario e della ricerca[伊]

2006年，イタリアに設立された大学・研究評価独立機構。通称アンブル。国立であるが，法人格を持つ独立組織。機構長(1名)，研究・高等教育の有識者から選ばれた7名からなる運営評議会，および会計監査官の団体によって構成されている。その目的は，大学評価の一般的基準の策定，大学

220　えいべいが

大学事典

評価についての年報の企画，評価の方法と実際についての実験，適用，普及の促進などで，▶研究評価に関しては研究評価委員会によって教員の3年ごとの学術生産の評価がおこなわれる。この学術生産の推進には，評価に基づいた財政保証のための新しい政策「国家的利益研究計画」が教育・大学・科学研究省によって推進されている。各大学の評価組織は5名から9名の委員からなり，教育課程，学生，教職員，財政状況などについて大学・研究評価独立機構に報告することになっている。

児玉　善仁

→ 質保証制度

AO入試 | エーオーにゅうし
examination conducted by admissions office

日本がアメリカ合衆国の大学にならって導入した，一般的な学力試験によらない入学者選抜方法の一種。アメリカの大学では一般的に個別の筆記試験は行わず，SATや高校の成績（▶GPA），小論文，面接，推薦状等の多様な観点から入学者を選抜するが，このプロセスに教員はほとんど関与せず，専門の事務部門である▶アドミッションズ・オフィス（入学オフィス）が従事する。日本に導入された類似の方法による入試がAO入試と呼ばれているが，実態としては▶推薦入試を拡張した入試となっている（ただしAO入試は高等学校長による推薦は不要）。能力・適性を重視し，目的意識や熱意・意欲を重んじる試験形態で，書類審査（志望理由書など），面接，小論文等の選考方法の組合せによって選抜され，▶オープン・キャンパスでの事前面談や，独自の課題が課される場合もある。一般の入試より選考期間が長く，実施している大学の9割以上が8〜10月に出願時期を設定し，合格発表時期は早い傾向にある。

　日本では1990（平成2）年度に慶應義塾大学が初めて導入し，2000年度から国立3大学で開始。2015年度は計534大学1329学部で実施された。とくに私立大学で広がっており，AO入試による入学者は10％超（2015年度）となっている。9割の大学で選考時に何らかの学力把握措置を講じるが，推薦入試とならび大学生の▶学力低下の温床になっているとの指摘がある。大学の経営安定のため定員の早期確保に使われているとの批判もある。このためAO入試自体の廃止や，学生の学力確保のために▶入学前教育等の措置をとる大学もある。

齋藤　千尋

→ 大学入学者選抜制度，SAT/ACT

エクセレンス・イニシアティブ
Exzellenzinitiative [独]

有力な高等教育機関や研究プロジェクトチームへの教育研究費の重点配分を目的に，ドイツで2005年に始動した連邦と各州との共同助成プログラム。「大学院」「エクセレンス・クラスター」「将来的構想」の三つのプログラムからなり，資金の75％を連邦が，25％を当該大学が置かれている州がそれぞれ負担することとなっている。これはいわゆるドイツ版▶COEプログラムとして，国際競争に対する意識が高まる中，伝統的に大学間に序列のなかったドイツの高等教育界に競争的な環境を醸成するにあたり，重要な役割を果たしてきた。当初は2006〜11年の第1次をもって終了することとなっていたが，そのさらなる効果を期待して，2009年の連邦と各州の首相の署名により，2012〜17年を第2次として継続実施された。第2次分で選ばれたのは▶ベルリン自由大学，▶ベルリン・フンボルト大学，▶ハイデルベルク大学，▶ミュンヘン大学など11大学である。これまでに「将来的構想」に選定された高等教育機関は「エリート大学」と呼ばれている。

髙谷　亜由子

エコール・ノルマル・シュペリウール [フランス]
École normale supérieure: ENS

フランスの高等師範学校。▶グランド・ゼコールや大学の教員・研究者を養成することを目的とする。現在のフランスにはパリとリヨンに2校ずつ，合計4校の高等師範学校が存在するが，単に高等師範学校といえばパリのウルム通りにある高等師範学校を指すことが多い。フランス革命期の1794年10月3日に国民公会によって教員養成を目的として設立された。翌95年5月に廃止されるものの，1808年3月17日にナポレオンによって再び設立され，47年に現在の所在地であるウルム通りに移転。1985年にパリ近郊セーヴルの女子高等師範学校を吸収合併した。学生のみならず卒業生もノルマリアン（Normalien）と呼ばれ，学生には準公務員として手当ても支給される。修業年限は4年。学生数2400（2016/17年）。

髙橋　洋行

エコール・ポリテクニーク [フランス]
École polytechnique

理工科学校と訳される。フランスにおける▶グランド・ゼコールの一つで，国防省所管の卓越した技師学校である。理工系のエリートを養成するための学校としてパリに設立されたが，1976年以降はイル・ド・フランス圏に移転している。現在も国防省の所管であるが，士官養成のためには別の高等教育機関が存在する。創設はフランス革命期の1794

年で，本来の設立目的は技術将校の不足を補うための士官養成であり，そのため創設時には新公共事業中央学校と命名された。近世国家の基盤整備にあたっては軍事技術が重視され，それは築城術，軍用道路の建設などかなりの部分を土木技術に負っていた。現在は数学，製図といった自然科学の系統的な基礎教育の上に土木，機械学等の高い水準の技術学が教授され，卒業生からは優れた科学者，技術者，技術将校を輩出している。学生数2888（2015/16年）。

高橋 洋行

→ポリテクニク

ACT（エーシーティー）→SAT／ACT

エジプトの大学｜エジプトのだいがく

オスマン帝国から事実上の独立を果たし，軍事技術の獲得を急ぐムハンマド・アリー（初代，在位1805-48）が，1816年カイロの居城内にダール・アルハンダサ（ムハンディスハーナ）と呼ばれる一連の実験的学校を設置した（一部が市内に移転して存続し，後のカイロ大学工学部へと発展する）。西欧式の法律，医学や薬学など教育対象の拡大は人々を惹きつけ，欧州派遣留学（第1次：1844年）を経て改革派の人材を輩出した。第1次派遣組のアリー・ムバーラク（1823-93）は，1872年にフランスの▶高等師範学校に倣いダール・アルウルームを創立し，改革派のアブドゥ（1849-1905）もここで教鞭を執った（1946年カイロ大学に編入）。

　オラービー革命以後に成立したイギリスの財政支配下では，教育の整備に対する強い要望は無視され続けた。それでもアブドゥとラシード・リダー（1865-1935）は，アズハルの改革は困難と判断して新大学設立を構想するが，アブドゥが道半ばで没した。次いでサアド・ザグルール（1859-1927）とカーシム・アミーン（1863-1908）は，1906年に国立大学設立準備委員会を組織し，前者が教育大臣に任命されるも後者は志を果たすことなく亡くなった。両者の遺志を継いだルトフィー・サイイド（1872-1963，初代学長）によって，王子フアード（1世）（第9代，在位1917-36）を名誉学長に，1908年私立エジプト大学が発足した（現▶カイロ大学の起源，以後国立化されて1925年エジプト大学，1940年フアード1世大学，1952年カイロ大学に改称）。1910年に人文学部が整備され，著名なオリエンタリスト教授陣の下，新しい教育に啓発された者たちのなかには，エジプトを代表する知識人となるターハー・フサイン（1889-1973）がいた。

　1913年，フアード1世の名誉学長辞任で求心力を失い，第1次世界大戦期の財政難のなかで給与が削減され教員の質の低下を招いた。この頃フラ

ンスで，『イスラームの伝統と発展における女性の地位 La condition de la femme dans le tradition et l'évolution de l'Islam』で学位を取得したマンスール・ファフミー（1886-1959）は，宗教的保守層から批判を浴びたが，戦後の混乱のなかかろうじて大学で職位を得ることができた（1920年）。信仰に基づく保守的観点と科学や学問の創造的営為の対立は，これ以降ますます問題化していく。

［大学の成立］

第1次大戦が終了しても独立運動が抑圧され，1919年革命を経て22年の独立につながった。イギリスは戦略を転換し，教育制度を通じて影響を維持しようと，東洋における先例として京都帝国大学などを例に国立大学構想を模索した。いまやルトフィー・サイイド，その教え子フサイン・ヘイカル（1888-1956），フランス留学から帰国したターハー・フサインなど，西欧的精神を学んだ新知識人たちが活躍していた。アメリカのミッション系大学の創立構想が進んでいたが，ムスリム住民の感情を配慮して私立の▶カイロ・アメリカン大学となった（1920年）。1925年4月，エルサレムの国立▶ヘブライ大学発足に触発され，再びフアード1世の指揮下，フランスを手本に人文，自然科学，法律，医学部からなる国立エジプト大学が同年秋に発足した。その後1935年に工学部，商学部，農学部が，1946年にダール・アルウルーム編入と獣医学部の設置が実施された。

　大学教育の整備で現地教員が増加し，教育言語のアラビア語化も進んだ。中流階級の女性が大学教育を受けて社会進出すると，▶ジェンダー論が表面化したが，国民の圧倒的多数は非識字者で，地方在住者に大学教育の恩恵は皆無だった。1938年，ようやくアレクサンドリアに人文・法学部の分校が設立され，1942年にファールーク大学（第10代支配者）として独立した（1952年アレクサンドリア大学に改称）。一方，国立エジプト大学は，故フアードの功績を称えてフアード1世大学に改称した（1940年）。1950年，第3のイブラーヒーム・パシャ大学（第2代支配者）がカイロ郊外に（1952年アイン・シャムス大学に改称），ムハンマド・アリー大学が上エジプトのアスユート（1952年アスユート大学に改称）に相次いで設立された。

　1930年，ターハー・フサインは国立エジプト大学の人文学部長に就任した。西欧的手法を用いてアラブ・イスラームの知的遺産を研究し，1914年に『アブー・アルアラー追憶 Dhikrā Abī al-'Alā'』（詩人マアッリーに関する博士論文，エジプト大学），次いで『ジャーヒリーヤ詩について Fī al-shi'r al-Jāhilī』（1926年）を世に問うたが，保守的な信仰上の観点からの反発を招いていた。ときの政争とも相まって，1931年にターハー・フサインは職を解かれた。大学教育の前に，政治と信仰という大きな壁が公然と立ちはだかりつつあった。そして1952年，ナセル（1918-70）

率いる自由将校団のクーデタで王制が打倒された。

1953年，共和制に移行すると，農地や産業の国有化が推し進められた。フアード1世大学はカイロ大学(ジャーミア・カーヒラ)に名称変更され，政府方針に反する人員は排除された。無用視された人文系学問の予算は削減され，社会改良に必要とされる技術教育と，その担い手育成のため初等教育が重点化の対象とされた。女子への大学教育の門戸は1953年に初めて開かれた。歯科と薬学が1955年に，政治・経済学部が1960年に新設され，新たに技術系の研究所も設置された。国外に対しては汎アラブ主義の旗印を掲げ，スーダン(1955年ハルトゥームにカイロ大学分校)やパレスチナ(1953年アラブ連盟附属アラブ学高等研究所)に学術拠点が整備され，カイロ大学の培った人材と知的伝統が周辺地域に波及した。

マルクス主義や西欧思想の影響を黙殺する，独自の「科学的な」アラブ社会主義が標榜されるなか，西欧思想の否定という点でアズハルは体制との接点を見いだすことに成功したが，管理と改革のメスも同時に入れられた。大衆に奉仕するというナセル主義の命題のもと，現実的に大学は「国家と政府」に奉仕する苦難の時代におかれた。「アズハルのためのイスラーム」から決別し，大衆的基盤に立った社会的公正を追求するムスリム同胞団が，ナセル引退とその死後(1970年)のサダト体制で，自由を取り戻した大学の内外に暗い影を落とすことになる。

[大学改革]

1973年の石油禁輸措置で，莫大な利益がアラブ産油国にもたらされた。インフラとともに教育施設も整備され，「洗練された」エジプトの人文・社会科学系の教授たちも，破格の待遇を求めて出稼ぎに奔走した。西側諸国で地位を得た者は祖国に戻ることはなく，国内の大学教育が空洞化した。

サダト(在職1970-81)体制以降，大学は再び自由を手にしたが，腐敗した独裁体制の干渉が続いた。1975年カイロ大学に考古学部とマスコミ学部が新設されたが，増加する学生に見合った施設環境の整備は追いついていなかった。教員は家庭教師で収入を補填せざるをえず，そうしたレッスンの恩恵を受けた子弟は，カイロ・アメリカン大学の質の高い教育を志向した。

イギリス・フランスが去り，ソビエトを経て，アメリカの影響がエジプトを圧倒するようになった。ムバラク(在職1981-2011)時代，人文，政治・経済から技術まで，研究の多くはアメリカへの関心の下で行われた。その晩年，外国語(事実上英語)教育を重視した私立校が認可されると，良質な初等・中等教育を提供して注目を集めたが，入学のための経済的障壁は高く，それらの卒業生の進路は国内に限られず，人材の流出に歯止めはかからなかった。

一方で公立学校では，依然として識字教育が最重要課題であり，日常語(話し言葉)と教育言語(書き言葉)の乖離が，論理的思考の習得を困難にさせていた。

地域間格差の解消のため，地方にも大学が開設されてきたが，それはイスラームの信仰を習慣化していた学生層を未成熟な高等教育の現場に抱えることでもあった。政治や経済や社会など多様な領域で，穏健な立場であろうと過激派であろうと，ただ闇雲にイスラームを最前面に掲げる者たちの動きが活発化し，その影響力はすでに首都のカイロ大学にまで及んでいた。かつては信仰に深く根ざした疑問から諸科学が発展してアラブ・イスラームの知的遺産が構築されたが，いまや信仰は科学の発展を阻害するために作用していた。既存の学問や教育的伝統を西欧的な学問の手法や精神と均衡させることは，エジプトに大学が成立されて以来の難問であり続けている。伝統対革新，イスラーム対西欧，宗教対世俗という二項対立を乗り越える新しい知的枠組みの創出如何が，エジプトひいてはアラブ世界の大学の将来を左右している。　　阿久津 正幸

→イスラームと大学

◎Donald M. Reid, *Cairo University and the Making of Modern Egypt*, Cairo: American University in Cairo Press, 1991.

SAT／ACT│エスエーティー／エーシーティー
Scholastic Assessment(Aptitude)Test／American College Test

SAT，ACTはともにアメリカ合衆国における高校生を対象とする全国統一テスト。SATは民間の非営利団体であるカレッジボード(College Board)により運営され，全米で年に7回実施される。SAT論理試験(SAT Reasoning Test)とSAT科目別試験(SAT Subject Test)の2種類があり，おもに批判的読解(critical reading)，作文(writing)，数学からなる前者が用いられる。ACTは民間の非営利団体であるACT, Inc.により運営され，年に4〜6回実施される(実施回数は州によって異なる)。SATやACTの成績は大学入学者選抜の資料として活用されているが，日本におけるおもに1回限りの筆記・学力テストとは異なり，テストの受験期間が合計4〜5年の長期にわたる点に特徴がある。統一テストの成績が必須でない大学もあるが，一定レベル以上の大学ではいずれかの成績を提出することを求める場合が多く，どちらの試験の受験者数も増加傾向にある。複数回のテストの結果から最も良好な成績のみを提出すればよいとするなど，テスト結果の選抜への反映については，各大学の裁量で決定することができる。

齋藤 千尋

→入学制度(テーマ編)，大学入学者選抜制度

SD(エスディー) →スタッフ・ディベロップメント

SBI大学院大学 [私立] | エスビーアイだいがくいんだいがく
SBI Graduate School

2008年（平成20）SBIグループによって設立された通信制の大学院大学（▶専門職大学院）で，経営管理研究科・アントレプレナー専攻を設置している。実学はもちろんのこと，実務家に求められる倫理的価値観や人間力を涵養するための徳育も重視し，これらの資質を修得するための教育を通じて，グローバル社会におけるリーダーとなれる人材の育成をめざしている。よって，アドミッションポリシーにはすでに起業している社会人や，実業をめざす社会人，新たな市場の開拓や事業の創出を通じてキャリアアップをめざす社会人など，現在ビジネスの世界において活動している社会人を学生として求めている。教育の形式は，WEB配信授業およびディスカッションやプレゼンテーションを行う対面授業がある。カリキュラムに沿って履修し，2年間の学修を経てMBAを取得することが可能であるとしている。2016年現在の学生数369人。

鈴木 崇義

→ 通信制大学院，社会人大学院

SPS | エスピーエス
Student Personnel Services

学生助育。アメリカのカレッジ・大学が，おもに教育・研究以外の領域で提供する体系的な学生向けサービス。19世紀末までのカレッジは，「in loco parentis（親代わり）」の立場から，年齢も低かった学生の生活全般を監督した。主要なカレッジ・大学の大規模化，学生の青年化，教員の専門研究・教育への特化に伴い，「学生」を冠した独立の役職や部局が出現し，学生の監督・援助・助言活動を拡充した。学資の援助，健康の維持・管理，学業・職業・人生問題上のガイダンス，クラブ・自治活動への補助は20世紀前半からSPSの中核であったが，後半には留学生向けのカウンセリングも充実した。現代では多様性への強調を受け，アフリカ系およびネイティブ・アメリカ人等の活動センター設置や障害者の学業参加への条件整備，ボランティア活動への援助が重視され，他方では▶ハラスメントや犯罪のないキャンパスづくりが課題である。SPS専門家には，発達心理学からグローバル化論に至る広い知見が求められている。

立川 明

→ 学生支援，学生相談

エディンバラ大学 [イギリス] | エディンバラだいがく
University of Edinburgh

スコットランドで4番目，イギリスで6番目に古い歴史を持つ。1582年，エディンバラ市議会の主導の下，スコットランド王ジェームズ6世（のちイングランド王ジェームズ1世）の裁可を経て，スコットランド教会と国家に奉仕する有能な人材の養成のために神学を教授する教育機関として創設され，1583年に最初の学生が入学した。18世紀にはエディンバラをスコットランド啓蒙の拠点の一つとすることに貢献。卒業生にはチャールズ・ダーウィン，発明家アレクサンダー・グラハム・ベル，小説家アーサー・コナン・ドイルやブラウン元首相らがいる。イギリスの▶研究大学の連合体であるラッセル・グループの加盟校で，ヨーロッパの大学の提携組織であるコインブラ・グループ，ヨーロッパ研究大学連盟（LERU）にも加盟している。QS社の世界大学ランキングでは19位（2016年）。卒業生とかつてのスタッフから18名のノーベル賞受賞者を輩出している。

福石 賢一

エドガール・フォール法 | エドガール・フォールほう
Loi d'orientation de l'enseignement supérieur, dite Loi Edgar Faure [仏]

1968年11月12日制定の高等教育基本法。当時の国民教育相の名前をとってエドガール・フォール法（フォール法）と通称される。9章46条からなるこの法律は，同年のいわゆる「五月革命」で示された要求への対応をなし，自治や参加が重視される。従来大学を構成していた文，理，法，医といった伝統的な「学部」が廃止され，これに代えて，より小規模な「教育研究単位UER」（1984年のサヴァリ法以降は▶UFR）が新たに導入された（3条）。また，それまで本土に23あった各大学区内に大学は1校のみであったが，複数校が設置され得ることとなった（6条）。大学および教育研究単位は評議会によって運営され（12条），これら評議会は教員，研究者，学生，教員以外の職員，さらには学外者で構成されることも定められた（13条）。大学が生涯教育に対して果たす役割も明記されている（1条，23条，24条）。本法をもって，フランスの大学は19世紀末以来の大きな制度的変容を遂げた。

白鳥 義彦

→ EPSCP，フランスの大学（テーマ編），68年5月

江戸川大学 [私立] | えどがわだいがく
Edogawa University

1931年（昭和6）松岡キン創設の城東高等家政女学校を起源とする。1951年学校法人江戸川学園を設立し，85年の江戸川女子短期大学開学を経て，90年（平成2）に江戸川大学が開学した。所在地は千葉県流山市。学部構成は社会学部が人間心理学科・現代社会学科・経営社会学科，メディアコミュニケーション学部がマス・コミュニケーション学科・情報文化学科・こどもコミュニケーション学科で構成される。2017年現在の収容人数2023人。特色としては「国際化」と「情報化」があげられ，国際化については「異文化理解系」科目を設置してさ

224 えすびーあ 大学事典

まざまな異文化を学修し，さらにニュージーランドなどへの海外研修制度が用意されている。また情報化については新入生全員にノートパソコンが貸与され，履修登録，成績閲覧，レポート作成に卒業時まで活用できる。またインターネット接続環境も整備し，学内無線インターネット接続ポイントの増設を行っている。

鈴木 崇義

NPMと大学改革 [エヌピーエムとだいがくかいかく]
NPM and University Reform Policy

［NPMによる公共経営改革］

1980年代以降，イギリスやニュージーランド等のアングロサクソン諸国を中心に，小さな政府の理念を掲げ，行政が担ってきた公共サービスの分野に民間企業的な手法や理念を導入しようとする動きがみられるようになった。この動きは北欧諸国やオランダなど多くの国に波及して世界的な潮流となり，一般に新公共経営（New Public Management: NPM）と呼ばれている。

NPMは体系的な理論に基づき展開してきたものではなく，行政改革の実践の中で実務家が開発したさまざまな手法をあとから分析して作られた概念であり，厳密な定義が難しい面があるが，おもなキーワードとしては，旧来の行政管理（administration）から民間企業的な経営（management）への転換，市場メカニズムの導入，民営化（privatization），規制緩和，公共サービスへの契約的手法の導入，企画立案および監督・監視を担う政府とサービス執行者の分離，現場への裁量の付与と業績・成果による統御，業績評価制度の整備，▶アカウンタビリティの重視，行政組織の簡素化・フラット化，公共サービスの享受者たる国民を顧客とみなし，その満足度や選択肢の増大を追求する顧客主義の導入，投入する資金に見合った価値を求めるバリュー・フォー・マネー（Value For Money: VFM）の考え方等を挙げることができる。

日本でもNPMの考え方は，1980年代の第2次臨時行政調査会答申に基づく国鉄や三公社の民営化の中に共通するものがみられ，90年代後半の中央省庁改革と▶独立行政法人制度創設，政策評価の制度化，PFI（Private Finance Initiative: プライベート・ファイナンス・イニシアティブ）導入等の流れの中で浸透するに至った。2000年代以降の小泉純一郎政権下における構造改革路線もこの流れの延長線上にある。

［NPMと国立大学］

ヨーロッパなどでは多くの大学が国（州）立であるため，公共セクターの改革手法であるNPMの動きは，大学のあり方をめぐる議論にも影響を与えており，大学の自律性と責任の拡大，政府と大学の契約等による目標管理，使途を特定しない一括交付金による公費支出，▶研究資金獲得等における大学間競争の促進，▶学長の権限強化と教授団の役割の限定によるガバナンス改革，学外の▶ステークホルダーの経営参加，大学評価制度の拡充，情報公開推進等によるアカウンタビリティ強化など，NPMの考え方に基づく国（州）立大学改革が推進されている。グローバル化の進展により国際的な競争が激化する中，各大学も急激な環境変化に対応し生き残りを図るため，戦略的な経営を可能にするNPM的手法を取り入れる必要に迫られているといえる。

大学改革がNPM的であるかどうかを判断する指標として，E. ファーリーらの研究（Ferlie, E. et al., 2009）は，①市場重視の改革：学生や研究資金の獲得における競争原理の導入，私立学校の参入促進等，②「ソフトな予算制約（soft budgetary constraints）」（安易な事後的救済等による本来の予算制約の機能不全）の是正：国の政策における予算コントロール強化，効率化とVFMの強調，サービスの商品化，③業績の重視：業績の測定，評価，モニタリングの手法の高度化，④高い業績を上げた機関への資金の集中，⑤目標による管理や契約に基づく政府の大学統御，⑥ガバナンスの改革：学長の権限強化と経済界からの人材調達，学長等の管理職のポストの選挙による選出から任命への移行，教員組織や労働組合の役割の縮小，⑦学長，▶学部長等におけるマネジメントの役割の重視，⑧成果型報酬の拡大といった項目を挙げている。

［フランス・ドイツの事例］

フランスやドイツの大学では，教員団の学内自治と政府の統制が強固であり，NPMの考え方の浸透に時間を要したとされる。しかし最近になってフランスでは，NPM的手法を用いた改革が進められており，2001年の予算組織法（LOLF）によって，事後の業績評価を通じて予算管理における透明性確保を目指す新たな予算制度が国立大学にも導入されたのに続き，2006年の研究計画法により高等教育研究機関の機関評価制度が整備された。サルコジ政権下の2007年には，NPM的色彩の濃い「大学の自由と責任に関する法律」（Loi nº 2007-1199 du 10 août 2007 relative aux libertés et responsabilités des universités: ▶LRU）が制定され，学長の権限強化や合議制意思決定機関の審議迅速化によるガバナンス体制の変更等が行われた。LRUを新自由主義的として批判してきた社会党のオランド政権成立後，2013年の高等教育研究法（Loi nº 2013-660 du 22 juillet 2013 relative à l'enseignement supérieur et à la recherche: ESR）により，一部見直しが行われたが，大学の自律性と責任の拡大というLRUの基本的な方向性が抜本的に変更されたわけではないとみられている。

ドイツでも，各州により制度が異なるが，一般的傾向として各大学への権限委譲により自律性の拡大が図られる一方，学内のガバナンスにおいては

学長等の執行機関の権限が強化されている。2006年からは，連邦政府による大学の構造改革プログラム「エクセレンス・イニシアティブ(Exzellenzinitiative)」により，大学間の競争を促してエリート大学を創出し，ドイツの大学の国際競争力を強化するプログラムが実施された。また近年，ニーダーザクセン州のように，一部の州立大学を財団立大学へ転換する例や，バーデン・ヴュルテンベルク州のように，2005年5月の▶学術審議会(Wissenschaftsrat)の提言等を受けて，教授任命の権限を州教育担当大臣から各大学の学長に変更する例がみられるが，これらは大学の自律性拡大の動きと捉えることができる。バイエルン州のように，学外有識者を含む大学評議会(Hochschulrat)に人事，学則の制定・改正等の決定権限の一部を付与する例も出てきており，学外のステークホルダーの大学経営参加の仕組みも整備されつつある。

[日本の国立大学法人とNPM]
日本の▶国立大学法人化も，大学の自律性・自主性と責任を拡大し，大学の使命遂行に向けて効率的運営を図ろうとするものであり，以上のようなNPM導入の流れの中に位置付けることができる。国立大学法人制度の下では，▶中期目標・中期計画という政府と大学の間の一種の契約に基づき目標による管理が行われる。運営費交付金として使途に制約のない資金が大学に一括交付される一方で，大学の業績は国立大学法人評価委員会により事後的に評価されるほか，教育・研究面の業績については，▶大学改革支援・学位授与機構からも評価される。学長は大学と法人の長を兼ねて強力な権限を与えられ，強いリーダーシップと経営手腕の発揮を期待される。学外のステークホルダーが経営協議会や学長選考会議に参加し，意思決定の透明性の確保とアカウンタビリティの向上に貢献する。教職員は非公務員化され，弾力的な人事が可能になり，最近では成果報酬制(年俸制)拡大やクロスアポイントメント制度(研究者等が複数の機関と雇用契約を締結し，各機関において常勤職員の身分を有しつつ研究・教育等の業務に従事，それぞれから給与の支払いを受けることを可能とする制度。混合給与制度ともいう)導入のような人事給与システム改革の方針が打ち出されている。

　以上は諸外国の大学改革と共通する動きであり，NPMと親和性の高い手法を多数取り入れていることが分かる。日本の国立大学法人化は，形態・制度としては大学改革の国際的標準に近いという指摘もなされている。

　一方で，大学では個々の教員や学科の意思決定を尊重する「同僚制(collegium)」の組織文化が存在し，合意形成を重視する管理運営手法が伝統的にとられてきた。このため，表面的に制度を変更しただけでは実際の改革につながらない例もフランスやドイツではみられる。インフォーマルな組織文化がガバナンスに及ぼす影響も看過し得ないことに留意すべきであろう。

寺倉憲一

▶大学の設置形態(テーマ編)，国立大学法人評価

◎Evan Ferlie et al., "The Governance of Higher Education Systems: A Public Management Perspective," in C. Paradeise et al. (eds.), *University Governance-Western European Comparative Perspectives*, Dordrecht: Springer Science + Business Media B.V., 2009.
◎寺倉憲一「大学のガバナンス改革をめぐる国際的動向―主要国の状況と我が国への示唆」『レファレンス』766号，2014.11.

AP(エーピー，Admission Policy)➡**DP・CP・AP**(三つのポリシー)

APQN(エーピーキューエヌ)➡**アジア太平洋地域質保証ネットワーク**

愛媛県立医療技術大学[公立]

えひめけんりついりょうぎじゅつだいがく
Ehime Prefectural University of Health Sciences

1988年(昭和63)設立の愛媛県立医療技術短期大学を前身とする。2004年(平成16)に(1)地域の保健・医療・福祉を支える質の高い専門職の育成，(2)幅広い教養と豊かな人間性を備えた医療技術者の育成，(3)愛媛県の保健・医療・福祉の発展への貢献，の3点を目的として同短大を発展改組し，4年制公立大学として開学した。2010年公立大学法人化。2012年に助産学専攻科を，14年に大学院を開設した。「豊かな感性」「実践能力」「協調・共働」「自己教育力」「柔軟な思考」の5項目を教育目標に掲げて，専門的学識を備えた医療技術職の養成を推進する。2016年現在，愛媛県伊予郡のキャンパスに，保健科学部(看護学科・臨床検査学科)，保健医療学研究科(看護学専攻・医療技術科学専攻)，助産学専攻科を置き，学部生412人，大学院生23人，教員48人を擁する。

小濱歩

愛媛大学[国立]｜えひめだいがく

Ehime University

1949年(昭和24)に松山高等学校，愛媛師範学校，愛媛青年師範学校，新居浜工業専門学校を母体として設立された国立大学。開学当初は，文理学部，教育学部，工学部の3学部で構成されていたが，1954年に農学部，73年に医学部を設置した。2016年(平成28)5月現在，愛媛県内の四つのキャンパスに法文，教育，理，医，工学部，農，社会共創の7学部7研究科，学生9419人を擁する四国最大の総合大学として発展している。2004年に愛媛大学憲章を制定し，「地域とともに輝く大学」を目標に地域・環境・生命の三つの主題に関連する教育研究活動に力を注いでいる。2016年には文理融合型の学部である社会共創学部を新設し，地

226　｜えーぴー

域社会の価値創造に貢献できる人材養成に向けて，地域のステークホルダーの声を積極的に学部運営に反映させるための新たな教育研究体制の構築を進めている。
福井 文威

FD（エフディー）➡ファカルティ・ディベロップメント

ABEST21｜エーベストにじゅういち
The Alliance on Business Education and Scholarship for Tomorrow, a 21st century organization

ABEST21（エーベスト21）は，先端的情報通信技術を駆使して学生および教員の国際交流に基づくマネジメント教育を展開する「グローバル・クラスルーム国際会議」（1994年発足）を源流としており，大学間連携協定に基づく「グローバル・ナレッジ・ネットワーク機構」（2002年）への改組を経て，2005年にグローバル化時代におけるマネジメント教育の質向上を目指す会員制組織として設立された。2016年現在，日本，中国，インドネシア，マレーシア，タイ，アメリカ合衆国をはじめとする18ヵ国74大学および組織・個人会員等から構成されている。ABEST21は文部科学省が定める▶専門職大学院の分野別認証評価機関の一つであり，2007年より経営分野，2011年より知的財産分野の第三者評価機関として▶認証評価を行っている。「教育プログラムの教育特徴を伸長する視点からの評価」「グローバルな視点からの評価」「国際的な Peer Review Team による評価」「教育の質維持向上を推進する視点からの評価」を認証評価の視点として掲げ，その対象も国内機関に留まらない。国際的な認証評価委員会および専門審査委員会のもとに，2016年現在，中国(1)，インドネシア(11)，日本(10)，マレーシア(7)，ロシア(1)，シンガポール(1)，タイ(2)の33プログラムを認証している。
深堀 聡子

➡大学間連携，質保証制度，第三者評価，ピア・レビュー

MCAT｜エムキャット
Medical College Admission Test

アメリカ合衆国およびカナダの多くの医学大学院（▶メディカル・スクール）が入学時に受験を要求する共通テスト。通称エムキャット。1876年に設立されたアメリカとカナダの医学大学院の連合体であるアメリカ医学大学院協会（Association of American Medical Colleges: AAMC）が実施主体である。同協会は大学における医学教育の質の向上を目指して設立され，現在，協会による▶アクレディテーションによって基準認定を受けた158のメディカル・スクールが加盟している。MCATはコンピュータベースの多肢選択式によって行われる。医学を学ぶ前提となる能力を測るため，おもに生物学，化学，物理学

の分野から出題され，自然科学，行動科学，社会科学に関する知識や原理の理解とともに，問題解決能力，批判的・論理的思考能力を測定することを目的としている。1991年に大幅な改訂が行われたが，医学と科学の進歩を反映するため，次なる改訂に向けた検討が進められ，2015年4月に改訂が行われた。
福留 東土

MBA｜エムビーエー
Master of Business Administration

企業の経営者などビジネス・リーダーを育成する修士プログラムで得られる学位，またはその修了者。経営学修士。MBAには経営者対象のEMBA（Executive MBA）等もある。経営管理はもともとヨーロッパでは陸軍士官学校等で学ばれ，19世紀にフランスの高等商業学校やドイツの商科大学，東欧では工学系で学ばれたが，アメリカ合衆国では大学の▶ビジネス・スクールがそれを引き受けた（1881年創設のペンシルヴェニア大学ウォートン・ビジネス・スクールが最初）。さらにアメリカでは20世紀に入ってビジネス・スクールの▶大学院化が進み，ダートマス大学のタック・ビジネス・スクールが大学院レベルの学位を最初に授与したが，それは科学修士（MS）であった。最初にMBAプログラムを提供したのは▶ハーヴァード大学のビジネス・スクールであり，1908年のことであった。MBAプログラムの質保証は，1916年創設の全米大学ビジネス・スクール協会（AACSB）による▶アクレディテーションが担ってきた（現在はAACSB International）。日本では，専門職学位課程による経営管理修士（専門職）と従来の大学院▶修士課程による修士（経営学）があるが，資格社会であるアメリカほど流通しているわけではない。
阿曽沼 明裕

➡ハーヴァード・ビジネス・スクール，専門職学位／職業学位，修士

AUN（エーユーエヌ）➡アセアン大学ネットワーク

エラスムス大学ロッテルダム［オランダ］
エラスムスだいがくロッテルダム
Erasmus University Rotterdam;
Erasmus Universiteit Rotterdam［蘭］

世界第3位の貨物取扱量を誇る港湾都市ロッテルダムにある。「人命と財産（Health and Wealth）を守る」両分野，すなわち経済・経営学を中心とした社会科学と医学に秀でた国立大学。7学部を有する総合大学としての歴史は1973年からと浅いが，ノーベル経済学賞を受賞したティンバーゲン（Jan Tinbergen, 1969年受賞）のほか，多くの首相経験者や経済界をリードする人物を前身のオランダ経済高等

えらすむす｜227

専門学校時代から輩出してきた。大学名は，中世末期にこの地域から人文主義をひろめたことで有名なカトリック司祭エラスムス（Desiderius Erasmus）による。2009年から開発教育と国際協力研究で世界的に著名な国際社会科学研究所（ISS）を所管。▶アムステルダム大学，▶アムステルダム自由大学との共同研究機関であるティンバーゲン研究所や，歴史学の拠点であるホイジンガ研究所がある。タイムズ誌の世界大学ランキング（2016/17年）では69位。

松浦 真理

エラスムス・プログラム
European Community Action Scheme for the Mobility of University Students: ERASMUS

欧州共同体（当時）域内での大学生の移動を促進することを目的として，1987年から開始された行動計画。この計画の名称は，ルネサンス期を代表する人文主義者でヨーロッパ各地を遍歴したエラスムス（1469ころ-1536）の名にちなむ。具体的には次の四つの行動から成る。行動Ⅰ：ヨーロッパ大学ネットワークの構築と維持，行動Ⅱ：学生の域内移動のための奨学金付与，行動Ⅲ：ディプロームおよび学位の相互承認，行動Ⅳ：ゼミナール，出版活動など域内における学生の移動を促進させるための補助的措置である。このうち，行動Ⅲのための措置として▶欧州単位互換制度（ECTS）が開発され，この制度により，出身国以外の加盟国で取得した単位が，自国でのそれに算入されることが可能となっている。エラスムスの名を冠した「エラスムス・ムンドゥス」は，第三国との共同を通して異文化理解を促進し，大学教育の質の向上を図るための事業である。なお，エラスムス・プラス（ERASMUS＋）という名称の，2014〜20年にわたるEUが実施している教育・訓練・青少年・スポーツのための総合的な助成計画がある。

木戸 裕

ERATO｜エラトー
Exploratory Research for Advanced Technology

CRESTや「さきがけ」と同様に，▶科学技術振興機構（JST）が行う▶戦略的創造研究推進事業のプログラムの一つ。他薦を原則とする公募で選任された研究総括（プログラムオフィサー）が，政策課題の解決と新技術の創出に資する研究領域について，分野や機関を超えた機動的・時限的な研究組織を編成し，直接指揮することで研究計画を推進する仕組みを採用している。個別の研究課題を公募して実施する同事業の「さきがけ」やCRESTとは，課題解決を目指したトップダウン型の▶基礎研究である点で共通するが，「さきがけ」やCRESTでは研究総括がJSTにより指名されるのに対し，ERATOでは一般研究者の推薦公募により選出されるという点

で大きく異なっている。なお，実際の研究は個々の研究者やグループの所属する機関で実施されるため，バーチャルな研究組織である。産学官の優れた研究者の機関を超えた連携と独創的な技術シーズの開拓を図るという科学技術会議の答申に基づき，1981年に創設された創造科学技術推進事業を源流とし，2002年に同事業が発展的解消されて，現在の形となった。

榎 孝浩

エリオット
Charles William Eliot｜1834-1926

1869年から1909年までハーヴァードの学長を務め，小規模カレッジを教育・研究の両面で近代大学に成長させたボストンの名家出身の化学者。新設のMIT（マサチューセッツ工科大学）での数年の教員の経歴を経て，35歳で母校の最高責任者となった。就任の翌1870年から退任の1909年までの40年でハーヴァードの教員数は，イェールの場合の3.7倍に対し4.9倍に増加した。とくに▶専門職大学院の教員数はイェールの場合の2.8倍に対し，8.3倍に達した。エリオットが，カレッジの教育体制に比較して，専門職大学院を相当に充実させたことが知られる。また，アメリカ教育協会（NEA）での活動を通し，中等学校教育の改善を強力に推進した。彼を有名にしたカレッジ科目の自由選択制は，若者が天性を発見し，専門訓練でのその開発により最大限の社会貢献をするという，民主主義に不可欠な教育制度の一環であり，カレッジの伝統はこの意味での社会奉仕であると彼は主張した。アメリカの伝統的な管理原則に則り，教授会に対し優位を保った最後の学長の一人である。

立川 明

エリザベス学則｜エリザベスがくそく
Elizabethan Statutes of 1570

1570年に改訂されたケンブリッジ大学学則。1561年の開封勅許状，70年のエリザベス学則，71年のオックスフォード・ケンブリッジ大学法は，1853年のケンブリッジ大学法の制定まで大学運営の基本的性格を決定づけた。学則改訂の直接の契機は，レディ・マーガレット神学講座の教授職就任講義において，イギリス国教会を批判したピューリタン派トマス・カートライト（Thomas Cartwright）を大学から追放するためであったが，背景には学生の社会構成の変化への対応と国王の大学への干渉があった。16世紀にはヘンリ8世によるトリニティ・カレッジをはじめとする新カレッジの創設により，大学の規模が拡大しただけでなく，上級学位取得を目的としない上流階級出身の学生が増加し，都市の人口増に伴う▶タウンとガウンの争いが頻発した。国王たちは大学に特権や寄付を与えると同時に，統治エリートおよび改革されたイギリス国教会の指導者た

るべき若者の教育機関としての大学への関与を強化し始めた。

エリザベス学則はヴァイス・チャンセラーと学寮長5名から構成される委員会(caput)に権力を集中させた。そのため対外関係・学内管理担当の役職者である学監の権威は縮小され，大学教師による民主的な大学運営は寡頭支配へと性格を変え，大学運営におけるカレッジの大学に対する優位性が確立された。　　　　　　　　　　　　　中村　勝美

→ロード学則，ケンブリッジ大学

エリザベト音楽大学[私立] | エリザベトおんがくだいがく
Elisabeth University of Music

ベルギー国籍のイエズス会士エルネスト・ゴーセンス神父によって，1948年(昭和23)に創設された広島音楽学校を前身とする。1952年後援者のベルギー国エリザベト王太后の名を冠したエリザベト音楽短期大学を開設。1963年に4年制大学に昇格し，エリザベト音楽大学と改称。2016年(平成28)現在，広島県広島市中区のキャンパスに1学部2学科(音楽文化学科・演奏学科)と1研究科(音楽研究科)を置き，学部生264名，大学院生36名，教員27名を擁する。「カトリシズム(普遍性)の精神」に基づく「教養・実力・慈愛のある音楽家の育成」を教育理念に掲げる。2004年，高校2年修了飛び入学制度「アーティスト21特別入学試験」を導入。2012年に音楽文化学科に設置した音楽コミュニケーションデザイン専修は，卒業生が音楽産業や放送・出版関係，文化施設などでの活躍を通して地域社会に貢献することをめざす。　　　　　　小濱　歩

LMD | エルエムデー
Licence-Master-Doctorat[仏]

欧州統一基準に基づくフランスの高等教育学位。高等学校修了水準の大学入学資格である▶バカロレアを取得後，高等教育機関で3年，5年，8年の課程を修了した者に，それぞれLicence(学士)，Master(修士)，Doctorat(博士)の学位が授与され，それらの頭文字をとってLMDと称される。1998年の英仏独伊4ヵ国によるソルボンヌ宣言，99年の29ヵ国によるボローニャ宣言を経て，欧州高等教育圏創設に向けた▶ボローニャ・プロセスの中で2002年に制定された。同プロセスの▶欧州単位互換制度(ECTS)を導入し，1年間で60単位の履修を基準として，同制度を導入する国内外の高等教育機関との▶単位互換が可能になった。フランスの従来の高等教育資格もLMDの中に位置づけられ，大学以外でも▶グランド・ゼコール修了者は5年次相当の水準となり博士課程に開かれるなど，複線型高等教育の収斂が図られ，学位水準における教育の質保証が求められた一方，欧州の人材移動拡

大に向けて高等教育の市場化を推進する役割を担った。　　　　　　　　　　　　　　　　大前　敦巳

→フランスの大学改革

LRU | エルエールユー
Loi relative aux libertés et responsabilités des universités[仏]

フランスの「大学の自由と責任に関する法律」。当時の高等教育担当相の名を取ってペクレス法ともいう。大学の組織運営を改革するため2007年8月10日に制定された。学業免状取得や就職により結びついて「大学を魅力あるものとする」「現今のガバナンスの麻痺状態を脱する」「大学での研究を国際レベルで可視的なものとする」といった問題認識を出発点に改革が行われた。ガバナンス面では▶学長の権限の強化が図られ，▶教職員の配置に関する拒否権を持ち，教職員の手当の配分に責任を有して，教育，研究，技術，事務のポストについて有期あるいは期限の定めなしに契約職員を雇用することができるようになった。また従来，管理，学術，学業・大学生活の3評議会が合同で学長を選んでいたが，管理評議会によって選出されることとなり，同評議会への権限の集約も行われている。なお，この法律を展開する形で，オランド大統領への政権交代後の2013年7月22日には高等教育・研究法(loi relative à l'enseignement supérieur et à la recherche)が成立している。　　　　　　　　　　　　　白鳥　義彦

→フランスの大学(テーマ編)，フランス大学モデル，フランスの大学改革，AERES

エル・コレヒオ・デ・メヒコ[メキシコ]
El Colegio de México[西]

メキシコの社会科学系の教育，研究の最高水準にあり，入学競争率も高い。1936年のスペイン内戦時，メキシコは共和国政府側を支持し，1938年に「スペインの家」を設立，亡命知識人を受け入れた。これを前身に1940年，連邦政府，メキシコ中央銀行，▶メキシコ国立自治大学等が設立者となって研究，研究者養成機関として設立された。私立であるが，政府補助金が主財源であり，実質的には公立の組織である。1961年に教育がその目的として加わったが，教育は大学院レベルが中心である。言語・文学研究センターと社会科学系の六つの研究センター(歴史，国際，アジア・アフリカ，経済，社会学，都市人口・環境)によって，研究，教育が行われている。2012年度の学生数は学部74人，大学院317人，職員数は研究者345名(3分の2がフルタイム)，研究奨学生131名，その他341名が管理部門となっている。　　　　　　　　　米村　明夫

燕京大学 [中国] | えんきょうだいがく
Yenching University

1919年，通州協和大学，華北協和女子大学，北京匯文大学という三つの教会大学が合併して北京市に創設された。初代学長はアメリカ人のジョン・スチュアート。最初に設置された学院は文，自然科学，応用社会科学の三つで，後の二者はその後理学院，法学院に改称された。1929年に正式に私立大学としての認可を得た。1941年の太平洋戦争勃発により大学は日本軍によって閉鎖され，学長をはじめ多くの教員，学生が逮捕されたが，一部の教員と学生は四川省成都市に燕京大学臨時学校を置いて授業を継続した。1945年10月にスチュアートが指導して授業を再開し，翌年になると成都市にいた教員・学生も復学。1949年の教員156人，学生903人。1951年に中国政府に接収されて国立大学となり，翌52年には，院系調整の中で文学院と理学院の専門分野が▶北京大学を中心に北京師範大学，▶清華大学などに編入され，法学院の専門分野は北京政法学院，中央財経学院に編入されて，燕京大学は閉鎖された。　南部 広孝

園芸学部 | えんげいがくぶ
Faculty of Horticulture

農学の中で，園芸学や造園学に特化した学部。2016年（平成28）現在，国立大学で唯一設置されている千葉大学園芸学部は園芸学科，応用生命化学科，緑地環境学科，食料資源経済学科の4学科を有するが，基本構成としては一般の▶農学部と大きな違いはない。相違点はその教育・研究の対象である。農業生産物の中でも果樹，野菜，花卉の園芸作物を対象としており，果実の色彩等の視覚的特性から関連の深い造園学を内包している。園芸作物は資本・労働集約による高付加価値生産が特色であり，主食である穀物生産と比べると生存のためのカロリーベースでの収量増よりは，社会・生活文化の変化に対応した生活の質全体の向上への貢献が主課題となる。この点を考慮すると，園芸学は狭量な土地で実施可能な都市農業，社会文化に即応した都市環境緑化と親和性が高い学問分野でもある。このため，都市部の大学には実質的には園芸分野に特化した農学部も存在する。　奥山 洋一郎

エンジニア称号 | エンジニアしょうごう
engineer's title

エンジニア（工学系技術者）の資格証明は，歴史的にみれば，産業革命が内発的に進行したイギリスでは同業者団体（学協会）への会員登録によって，ほかの後発諸国では工学士などの学歴取得によって

おもになされてきた。後年，技術者の増加にともない，高度な技術者をあらわす▶称号が求められた。アメリカ合衆国では，責任をともなう技術業務を実施する者の資格として，各州政府が認定するプロフェッショナル・エンジニア（PE）が1907年に誕生した。イギリスでは，工学系学協会の合議体が認定するチャータード・エンジニア（CEng）が1965年に生まれた。日本では，国家資格である技術士が1957年につくられた。いずれも認定は学歴，実務経験，試験などによる。近年は専門職業人の自由な国際移動の促進を目的に，欧州のヨーロッパ・エンジニア（Eur Ing, 1992年）や，アジア太平洋圏のAPECエンジニア（2000年）など，国際的に通用する称号がつくられている。　塚原 修一

→ 技術者養成教育

演習／ゼミナール | えんしゅう／ゼミナール
seminar

「演習」とは，▶大学設置基準21条に定める大学の授業方法の一つで，多人数集団方式の教授＝学習（講義），教師1対学生1の教授＝学習（個別指導）の中間に位置し，2人以上から20人程度の学生と教師からなる小集団による教授＝学習形態を指す。大学の▶シラバスや履修基準で演習をゼミナールと称する事例もあるが，歴史的起源からは別なものである。

　▶中世大学は▶講義をおもな方法にしていたが，教師による註釈に加え，解釈に対する賛否を問う討論が行われ，とくに論理学の学習は命題への反論，等値，換位などの手続きを討論で学んでいた。中世大学の講義は正当とされた教義に基づくものであったが，19世紀に科学革命が進み，ドイツの大学は真理探究のための教師と学生の共同体と考えられ，研究の過程と成果を提示し，批判的検討を行うことで，学生が自主的に学習する場となるゼミナールが盛んに行われるようになった。ゼミナールでは，学生は受け身の学習者ではなく，学習と研究に携わるとされ，▶ベルリン大学で1812年に開設された言語学ゼミナールは，選抜を通じて採用された8名の学生に古典学研究の訓練を行った。ゼミナールは演習と報告検討会から構成され，演習では論文や著書の批判的検討が行われ，報告検討会では参加者の論文発表・討論・検討が行われた。これは今日の大学院で行われる研究指導を核にしたゼミの原型といってよい。

［近代日本の様相］
近世日本においても，塾や▶藩校などで討論を含む学習形態として会読・輪講があり，明治期に創設された官立学校でも「演習」は教育課程に組み込まれていた。1877年（明治10）の東京大学法学部には「日本現行法律（擬律）」という科目があり，法令の適用について検討するもので，79年には「訴訟演

習」と改称された。しかし，これらの演習は，あらかじめ教師の定めた課題に取り組むためやテキストを理解するための練習であり，ドイツ大学に起源を置くゼミナールとは理念も内容も違う。

ゼミナールを日本の大学に紹介したのは，1897年から1900年までイギリス・ドイツに留学した京都帝国大学教授高根義人であり，学生に研究させるドイツのゼミナールを紹介し（「大学ノ目的」1902年），演習科の設置を提案した。東京帝国大学法学部外国人教師ヴェンティッヒは機械的暗記と試験に縛られた学生に，独立した思考力を育成するため演習の設置を提案した（1910年）。また，1912年に来日した▶ハーヴァード大学総長▶エリオットは，硬直的な日本の大学教育を批判し，選択の自由の拡大とともに，講義の一部を小集団に分け，助手の担当のもとで学生の自主的学習の時間とすることを提案した（成瀬仁蔵『大学教育法改善案』1916年）。このように，演習の拡大は，大人数講義と試験による知識注入主義の大学教育改革の手段として主張された。東京帝国大学法科大学は1914年に演習を選択科目にし，東京商科大学では1年生でプロ・ゼミナールに属し，2，3年で教官の開くゼミナールに申し込んで選抜されれば，研究指導を受けることができた。単なる科目としての演習ではなく，ドイツ型のゼミナールは，研究大学のいくつかに定着していたのである。

［戦後日本の様相］
しかし，戦後大学の教育課程編成を定めた大学基準（1947年）は，講義毎週1時間15回で1単位，演習は週2時間15回で1単位としたため，教員配置や演習を行う施設の貧弱な▶新制大学での演習の拡大は困難を抱えた。とくに大学教育の入口となる▶一般教育は，教員不足のために，ほとんどが大人数講義で行われ，学生の多くは学部教育（専門教育）になって初めてゼミナール（演習）の経験を持つのが普通であった。

大学教育においてゼミナールが拡大したのは，1970年以降である。▶大学紛争が貧弱な教育条件に対する異議申し立てであり，教師と学生との人間関係構築がうまくいかなかったことの反省も含め，一般教育における教養ゼミナールが拡大した。またマークシート方式による▶共通一次試験を契機に，すでにある答えを求める思考が強くなったという反省から，1980年代にもゼミナールが拡大した。1991年に大学設置基準が改正され，講義と演習の単位の換算が大学の判断で行えるようになったことも，ゼミナールの拡大を促進した。1990年代には，高校での科目選択により，大学での学習とのミスマッチが顕在化し，リメディアル科目とともに，大学での学習方法やスキルを身に着け，主体的な学習への転換を促し，大学での適応を促進するために，名古屋大学・広島大学・東北大学など研究大学でも教養教育のゼミナールが設置された。

ゼミナールは，専門教育の中で自律的な学習を促進する方策としてだけではなく，▶初年次教育・▶導入教育において学生の主体的学習を進める教育手段として広がっており，留学生との国際共修，現地調査や訪問を含めた実物教育，サービスラーニングなど多様な方法を取り入れながら進められている。

羽田 貴史

→講義，リメディアル教育
◎潮木守一『京都帝国大学の挑戦―帝国大学史のひとこま』名古屋大学出版会，1984.
◎ロンドン大学教育研究所大学教授法研究部『大学教授法入門』玉川大学出版部，1982.

エントリーシート

ESと略称されるが，和製英語。就職採用の際に，企業が独自にもうけている応募用紙である。書面でなされる面接のようなものだといってもよい。記入する内容としては，たとえば氏名，連絡先，出身校，大学名，志望動機や自己PRなどがある。内容だけみれば履歴書と同じであるが，履歴書のフォーマットが学生によって異なるのとは違い，エントリーシートは企業が志望学生に同じ質問に回答させる点に特徴がある。エントリーシートは企業が採用選考を簡略化するための方法であり，とくに大量の学生を選考しなければならない大企業ほど，この方法を使うといわれている。大企業はエントリーシートを用いることで，スピーディーに学生の足切りをおこなっているのである。ちなみに，大企業の人事担当者がエントリーシートをみるのに費やす時間は，ほんの10秒程度だといわれている。

栗原 康

エンロールメント・マネジメント
enrollment management

大学入学から在学中，卒業後までを一貫してサポートする，総合的・組織的な学生支援策。エンロール・マネジメントとも呼ぶ。特徴として，各種の方策をデータ（エビデンス）に基づいて行うことが挙げられる。▶インスティテューショナル・リサーチ（IR）とも密接に関係している。双方とも個々の教職員の経験や感覚（主観性）に基づく改革・改善から，膨大に蓄積される各種データや分析（客観性）に基づく改革・改善へと展開する手法である。どのような学生が入学し，学び，卒業していくのか。入学前のデータ（高校時代の学習態度や入試方式，成績など）から，在学時のデータ（成績や修得単位数，課外活動への傾倒，進路希望など），卒業時や卒業後のデータ（在学時の到達度や満足度，職業との関連性など）までさまざまなデータを包括的に収集・分析し，学生募集や教学改革・改善へと結びつける。教育の質保証の実現における有力な手法の一つとして期待されて

いる。　　　　　　　　　　　　　山田　剛史

OECDの高等教育政策
オーイーシーディーのこうとうきょういくせいさく
education policy of the OECD

「世界最大のシンクタンク」として，さまざまな分野で政策調整や意見交換などを行っている経済協力開発機構(OECD)は，教育分野では「生徒の学習到達度調査(PISA)」などの国際的な調査研究や比較分析を通じて，各国の教育改革の推進や教育水準の向上に貢献している。高等教育では，これが知識基盤型経済社会において競争力を維持・強化し，経済成長を促すものとして重視し，2004年からは各国の高等教育政策の立案・実施を支援すべく，任意の加盟国の高等教育政策を分析する「高等教育政策レビュー」事業を展開し，高等教育政策について提言・勧告を行ってきた。また高等教育の財政・管理にかかる問題について，共同研究やセミナー等の開催を通じて意見交換を行う「高等教育機関の管理運営に関するプログラム」(Institutional Management in Higher Education: IMHE)や，高等教育修了前の学生の知識，技能，態度の状況を調査する「▶高等教育における学習成果調査」(Assessment of Higher Education Learning Outcomes: AHELO)などの事業も展開している。　　　　　高谷　亜由子

▶EUの高等教育政策，知識基盤社会

奥羽大学 [私立]｜おううだいがく
Ohu University

1972年(昭和47)設置の東北歯科大学を前身とし，88年に校名を奥羽大学と変更。「高度な専門知識と技術を備えた人間性豊かな人材を育成する」という理念の下，高度専門人材として歯科医師および薬剤師の養成を目的としている。2017年(平成29)現在，福島県郡山市にキャンパスを構え，歯学部と薬学部を有し，921人の学士課程学生が在籍する。2016年3月現在で4106人の歯学士と613人の薬学士を輩出している奥羽大学では，歯科医師および薬剤師を志す学生を対象に，自らの学力と努力で未来を切り拓く学費フルサポートの特待生制度を創設した。これにより特待生選抜入学試験を通過した学生は，最大6年間の授業料全額免除を受けることが可能となった。　　　　戸村　理

オウエンズ
John Owens｜1790-1846

イギリスの実業家。オウエンズ・カレッジ(ヴィクトリア大学の構成校，▶マンチェスター大学の前身)の創設者。マンチェスター生まれ。父は帽子の裏張り職人。私営の学校で教育を受ける。1817年に父と

パートナーシップを組み，以後事業を急拡大し，木綿の買付けや鉄道への投資も行った。幼いころから教育に興味を持ち，信教や社会的身分などによる大学教育への制限に反対していた。彼は，人生の終わりに向けて学友のフォークナーに遺産を託そうとした。しかし，フォークナーはオウエンズ自身の考えを反映したカレッジをつくるほうがよいと進言。1846年7月29日，オウエンズが死亡。彼の遺言により，親族等への遺贈分の残りが「マンチェスターの地に，現在および将来イングランドの大学で教えられるような学問と科学を若い男性に教育し，彼らを向上させる教育機関を創設するために」使用されることになった。これにより1851年，オウエンズ・カレッジが開学した。　　福石　賢一

桜花学園大学 [私立]｜おうかがくえんだいがく
Ohkagakuen University

1903年(明治36)創立の桜花義会看病婦学校をルーツとする。1990年(平成2)開学の豊田短期大学を改組して98年に愛知県豊明市に開学した女子大学。学校法人桜花学園の系列であり，開学当初は人文学部の単科大学。2002年に保育学部を開設，大学院人間文化研究科の修士課程を開設。2009年に人文学部を改組して学芸学部を開設。2016年現在776人の学生が在籍。建学の精神は「心豊かで，気品に富み，洗練された近代女性の育成」であり，2002年の保育学部開設時には大学理念「参加・共同・創造」が掲げられた。小規模大学としてのメリットを生かすきめ細かい教育・指導が行われており，2016年度は教育・保育職希望者の就職率100%を達成。例年通り，そのうち6割以上が公務員採用試験に合格している。　和崎　光太郎

欧州単位互換制度｜おうしゅうたんいごかんせいど
European Credit Transfer System: ECTS

高等教育機関における学習量を国際的に対照し，互換できるように開発されたシステム。市場の活性化を狙いとしたEU(欧州連合)の高等教育における人的移動の促進プログラム「エラスムス」の一環で，1989年から欧州各国で導入が進められていった。これを採用する高等教育機関では，他の高等教育機関との相互協定を前提に，学生は自国の所属大学と留学先で履修した学修量をそれぞれ共通の▶単位(credit)に換算して互換することによって，いずれも学位取得に必要な単位の一部として認定してもらうことができる。1単位は25～30時間に相当するとして，学生の1年間のフルタイムの学修量1500～1800時間は60単位に換算される。一般に欧州に共通する学位である▶学士(Bachelor)の取得には180単位，▶修士(Master)の取得には120単位が必要とされる。　　　　　　　　高谷　亜由子

→ 単位互換, エラスムス・プログラム

追手門学院大学 [私立] | おうてもんがくいんだいがく
Otemon Gakuin University

1888年(明治21)に西日本初の私立小学校として創設された大阪偕行社附属小学校を前身とし，第2次世界大戦終戦に伴って大阪偕行社学院から改称した学校法人追手門学院により，1966年(昭和41)に文学部および経済学部の2学部4学科を設置して開学。校名は，前身の小学校が大阪城の三の丸跡に設置されたことから，その表門の古称「追手門」をとって命名された。大阪府茨木市の茨木キャンパスには，2016年(平成28)5月現在，人文社会科学系の6学部4研究科に6565人の学生を収容する。2013年に幼保連携型の認定こども園を設置，0歳児から大学院生までを対象とする総合学園の一角を担っている。2015年には地域創造学部を創設。「独立自彊・社会有為」を教育理念とし，「自主・自由・自立」の精神の涵養に努めている。全学をあげて学生のキャリア支援に力を入れており，入学時(一部は入学前)から4年次，さらには卒業後までを対象としたさまざまな取組みを行っている。
平野 亮

桜美林大学 [私立] | おうびりんだいがく
J.F. Oberlin University

1966年(昭和41)4月に学校法人桜美林学園が設置。学園の創立者清水安三がキリスト教の宣教師であったことから「キリスト教精神に基づく国際的人材の育成」を建学の理念とする。町田キャンパス，プラネット淵野辺キャンパス，四谷キャンパスに5学群からなる学士課程と七つの研究科を持ち，2017年(平成29)5月現在，9424人の学生を収容する。学士課程における学群は，日本の私立大学で初めて学部や学科の垣根を取り払ったもので，旧来の学部(文学，経済，国際，経営政策)に代わる5学群(▶リベラルアーツ，ビジネスマネジメント，健康福祉，芸術文化，グローバル・コミュニケーション)を設置し，現代の社会および学生が求めているプロフェッショナルアーツ(職業専門性重視)とリベラルアーツ(広域性・総合性重視)の双方に応えることのできる教育組織と位置付けている。
中村 章二

→ 学系／学群

大分県立看護科学大学 [公立]
おおいたけんりつかんごかがくだいがく
Oita University of Nursing and Health Sciences

1998年(平成10)看護学部看護学科からなる県立単科大学として開学。大分県大分市大字廻栖野に所在。2006年公立大学法人に移行。2017年現

在431人の学生が在籍。県内の出身者が60％を超え，就職先は約半数が大分県内。看護師の国家試験合格率は100％に近く，全国平均を上回る。建学の精神は，看護学の考究・心豊かな人材の育成・地域社会への貢献である。医療や看護に科学的な根拠に基づいた実践が求められていることから「看護」と「科学」の融合あるいは連携が必要と考えられている。短大や専門学校に対して，大学教育で専門職業教育を通して学問としての看護学を追究し，看護実践することが目的とされている。
船勢 肇

大分大学 [国立] | おおいただいがく
Oita University

1949年(昭和24)学芸学部と経済学部による大分大学が設置。現在は教育学部・経済学部・医学部・工学部(2017年理工学部に改組)・福祉健康科学部と5研究科からなり，2017年(平成29)現在5693人の学生が在籍。卒業後の就職先は約40％が大分県内で，約70％が大分を含めた九州である。大学憲章(基本理念)において「人間と社会と自然に関する教育と研究を通じて，豊かな創造性，社会性及び人間性を備えた人材を育成するとともに，地域の発展ひいては国際社会の平和と発展に貢献し，人類福祉の向上と文化の創造に寄与する」と位置付けている。大分県とそれを取り巻く地域が抱える課題に向けた取組みに対して，中核的拠点である本学が最大限のコミットメントをうたっている。
船勢 肇

大隈重信 | おおくましげのぶ
1838-1922(天保9-大正11)

肥前佐賀藩出身。外相3回，首相2回を歴任。1882年(明治15)に立憲改進党を結成，98年に板垣退助と憲政党を結成して日本初の政党内閣(隈板内閣)を組織し，憲政史上大きな功績を残す。長崎でフルベッキ(Guido Herman Fridolin Verbeck, 1830-98)に英学を学び，英学館致遠館を設立した経験から，政治家としてのみならず立憲国家の国民を育成すべく，教育事業や文明運動にも尽力した。明治14年の政変で下野した後，小野梓にはかり，1882年に東京専門学校(▶早稲田大学の前身)を創設。当時，外国語で教授を行う官学中心の風潮にあって，国民精神の独立は学問の独立によるとし，権力から独立した場である私学を発足させ，日本語で専門学科を教える速成を旨とした。1907年，憲政本党総理辞任後，早稲田大学総長となるも，創立当時から公式行事への出席は極力控え，大学の法的権限を持たず，自身の政治活動とは一線を画す立場を貫いた。女子教育も重視し，▶日本女子大学の設立を支援するとともに清国留学生

の受入れ，指導にも熱心にあたった。また1908年大日本文明協会を設立し，東西文明の調和を説き，講演録の出版等を通して啓蒙する文明運動を進めた。　　　　　　　　　　　　　　　杉谷 祐美子

大阪青山大学 [私立] | おおさかあおやまだいがく
Osaka Aoyama University

2005年（平成17）学校法人大阪青山学園により開設。同法人は1965年（昭和40）に青山幼稚園ができた後，67年に大阪青山女子短期大学の開学を起源とする。建学の精神は，高い知性と学識と豊かな情操を兼ね備えた品位ある人材の育成であり，グローバル化する現代社会にあって，日本の文化と伝統に基づいた感性を磨き，知性，倫理性および創造性を備えた専門的職業人を育成し，地域社会に深く貢献することをめざしている。2015年度には「輝く未来へ繋がる教育」というタグラインを制定し，教職員を一体とした組織の「繋がり」を確たるものとし，学生の望む夢を実現する教育を行っている。キャンパスは大阪府箕面市にあり，2016年時点で821人の学生が在籍。　　　　　　堺　完

大阪医科大学 [私立] | おおさかいかだいがく
Osaka Medical College

学校法人大阪医科大学（2016年より学校法人大阪医科薬科大学）により，1946年（昭和21）大阪医科大学を開学。学校法人大阪医科大学は1926年（大正15）の大阪高等医学専門学校設立を起源とする。建学の精神は「至誠仁術」であり，前身の大阪高等医学専門学校がめざした「国内外問わず如何なる地域においても活躍できる医療従事者を養成する」を目標にしている。創立時より卒業生の海外への雄飛を期待してグローバルに活躍する医療人の養成に力を注いでおり，学部学生の学生交流，大学院生や教職員による手術技術交流，研究室交流をはじめとする学術交流，また国際シンポジウムの開催や国際協力機構（JICA）への協力など多岐にわたる国際交流を行っている。キャンパスは大阪府高槻市にあり，2017年（平成29）時点で1227人の学生が在籍。　　　　　　　　　　　堺　完

大阪大谷大学 [私立] | おおさかおおたにだいがく
Osaka Ohtani University

学校法人大谷学園により1966年（昭和41）大谷女子大学を開学し，2006年（平成18）男女共学制に移行することで大阪大谷大学に校名を改称。学校法人大谷学園は1909年（明治42）に大谷裁縫女学校を設立したのを起源とする。建学の精神は「報恩感謝」である。特色として，現場における実習などを重視し高い専門性と実践力を有する人材の養成

をめざしている。2017年現在，4学部を有しているが，現実の世界への興味・関心を高め，学びへの動機を強めるよう，各学部ではさまざまな社会の現場における実習などを行っている。たとえば，史蹟・古墳におけるフィールドワークや博物館などにおける学修や保育・教育現場と密接に連携した学修，ボランティア先や企業，病院や薬局での実務実習などである。キャンパスは大阪府富田林市にあり，2017年時点で3151人の学生が在籍。堺　完

大阪音楽大学 [私立] | おおさかおんがくだいがく
Osaka College of Music

1958年（昭和33）学校法人大阪音楽大学により開学。同法人は1915年（大正4）に大阪音楽学校を開校したのが起源である。建学の精神は「新音楽新歌劇ノ発生地タラン」であり，関西唯一の音楽単科大学として，世界に広がる音楽文化や関連諸領域を広量な精神をもって理解，摂取し，時代を革新する創造的な音楽の発信者や音楽文化の担い手となる，高い音楽能力と幅広い人間力を備えた良識ある音楽人の育成をめざしている。クラシックだけでなく，ジャズ，ポピュラー，邦楽といった専攻・コースを設けるなど，一人一人の個性と時代のニーズに応えた教育を行い，第一線で活躍する音楽家が指導者となり，マンツーマンで手厚い指導体制を用意している。キャンパスは大阪府豊中市にあり，2016年（平成28）時点で775人の学生が在籍。　　　　　　　　　　　　　　　堺　完

大阪学院大学 [私立] | おおさかがくいんだいがく
Osaka Gakuin University

1963年（昭和38）学校法人大阪学院大学により設置。同法人は1940年創設の関西簿記研究所が起源である。建学の精神は，教育と学術の研究を通じ，広く一般社会に貢献し，かつ人類の福祉と平和に寄与する視野の広い実践的な人材の育成である。2017年（平成29）現在，8学部を有し，各学部でビジネス社会を担う実践的な人材育成を重視した教育を実施している。複雑化する国際社会で活躍できるグローバル人材育成にも力を入れ，海外への留学以外にキャンパス内でも語学力を伸ばせるさまざまなプログラムを設置している。また希望の進路に進めるよう，キャリアチューター制度やインターンシッププログラムなど，学生の進路実現を全面的にサポートしている。キャンパスは大阪府吹田市にあり，2017年時点で5046人の学生が在籍。　　　　　　　　　　　　　　　　　　堺　完

大阪河崎リハビリテーション大学 [私立]
おおさかかわさきリハビリテーションだいがく
Osaka Kawasaki Rehabilitation University

2005年(平成17)学校法人河崎学園により開学。同法人は1997年に河崎医療技術専門学校を開校したのが起源である。建学の精神は「夢と大慈大悲」であり，常に夢と希望を持った，仁の心を備えたリハビリテーション分野の保健・医療の人材を育成することをめざしている。リハビリテーション学部には三つの専攻(理学療法学，作業療法学，言語聴覚学)があり，各専攻において実社会で即戦力となる能力を身につける実験・実習(インターンシップ)などの体験型授業を数多く開設している。また国家試験を意識した講義を行い，ステップアップしながら確実に実力をつける体制を整えている。キャンパスは大阪府貝塚市にあり，2017年時点で530人の学生が在籍。　　　　　　　　　　　堺　完

大阪観光大学 [私立] | おおさかかんこうだいがく
Osaka University of Tourism

学校法人明浄学院により2000年(平成12)大阪明浄大学として開学し，2006年に大阪観光大学へと名称を変更。同法人は1921年(大正10)の明浄高等女学校開校を起源とする。建学の精神は「明(あか)く，浄(きよ)く，直(なお)く」の精神にのっとり，豊かな心と深い教養を備え，知性に輝く有為の人材の育成をめざしている。開学当初は観光学部のみの単科大学だったが，2013年に国際交流学部を開設し，現在は2学部体制になっている。世界中の人々のおもてなしができる「これからの観光立国日本」を担う人材や豊かな語学力と日本独自の知識や文化を土台に，国際人として活躍できる人材になれる教育を行っている。キャンパスは大阪府泉南郡にあり，2016年時点で553人の学生が在籍。　　　　　　　　　　　堺　完

大阪教育大学 [国立] | おおさかきょういくだいがく
Osaka Kyoiku University

1874年(明治7)に大阪府が開設した教員伝習所を起源とする。1949年(昭和24)に大阪第一師範学校と大阪第二師範学校を母体とする新制の大阪学芸大学として開学，67年に現在の大学名に改称した。幼稚園，小・中学校の教員養成課程といわゆる「ゼロ免課程」の教養学科からなる教育学部，修士課程である教育学研究科および現職教員を対象とした特別支援教育特別専攻科を持ち，さらに国立大学では唯一，教員養成の5年制夜間学部が設けられている。2016年(平成28)5月現在，大阪・柏原市のメインキャンパスと大阪市の天王寺キャンパスに4730人(うち大学院476人)の学生を収容

している。大阪市天王寺区・平野区ならびに池田市の3地区には初等教育・中等教育・特別支援教育に対応した九つの附属学校園を擁し，総合的な教育系大学をめざす。2015年に近畿大学・関西大学と合同で連合教職大学院を開設した。　　平野　亮

→連合大学院

大阪経済大学 [私立] | おおさかけいざいだいがく
Osaka University of Economics

1949年(昭和24)学校法人大阪経済大学により開学。同法人は1932年に浪華高等商業学校の開設が起源である。建学の精神は「自由と融和」であり，「複合的実学」を高く掲げ，個性的な教育をめざしている。こうした理念は，入学時から卒業時まで4年間を通じて行われるゼミナール形式の授業に象徴される少人数教育にも表れている。またフィールドワークを重視した講義を開講し，国内のトップ企業や海外の日系企業などを訪問調査する機会を設けている。経済・経営系の伝統を基盤に，地域社会・企業社会・国際社会との交流をさらに進め，全学一丸となって，学生一人一人の主体性，自発性を引き出す教育プログラムとキャリアサポートシステムを提供している。キャンパスは大阪府大阪市にあり，2017年(平成29)時点で7786人の学生が在籍。　　　　　　　　　　　堺　完

大阪経済法科大学 [私立] | おおさかけいざいほうかだいがく
Osaka University of Economics and Law

1971年(昭和46)学校法人大阪経済法律学園により開学。建学の精神は「経済と法律，二つの学問の修得による人格の形成」「実学の精神を持った人材の育成」「人権の伸長と国際平和への貢献」の三つを掲げている。学部間の垣根を越えた「相互乗り入れ」によって，経済学と法学の両方の知識と豊かな国際感覚と優れたコミュニケーション力を身につけた，国際的なビジネス・市民社会で活躍できる人材をめざしている。特色のある教育として，ゼミナール形式の少人数・双方向型教育を実施している。各学部学科での専門ゼミに加えて，学生の進路・キャリアに対応したキャリアゼミを行う「Wゼミ」体制をとり，学生一人一人の目標達成をサポートしている。キャンパスは大阪府八尾市にあり，2017年(平成29)時点で3002人の学生が在籍。　　堺　完

大阪芸術大学 [私立] | おおさかげいじゅつだいがく
Osaka University of Arts

1964年(昭和39)学校法人浪速外語学院(のちの学校法人塚本学院)により浪速芸術大学を開学，66年に大阪芸術大学へと改称。学校法人塚本学院は1945年の平野英学塾創設が起源である。建学の

大学事典　　　　　　　　　　　　　　　　おおさかげ　235

精神は「自由の精神の徹底，創造性の奨励，総合のための分化と境界領域の開拓，国際的視野に立っての展開，実用的合理性の重視」の五つを五角形の理念としている。近年は学外での成果発表および社会連携(産学官)を活用しており，▶産学連携による新商品の企画・開発・商品化や，テレビ局との産学連携によるドラマ・映画制作，そのほか学外公演を正課に組み込み，公演に向けての制作や実技指導を実習科目として認定している。キャンパスは大阪府南河内郡河南町にあり，2016年(平成28)時点で5683人の学生が在籍。　　　　堺　完

大阪工業大学 [私立] | おおさかこうぎょうだいがく
Osaka Institute of Technology

1949年(昭和24)財団法人摂南学園(のちの学校法人常翔学園)により摂南工業大学を開設，同年のうちに大阪工業大学へと改称。学校法人常翔学園は1922年(大正11)関西工学専修学校の創設を起源とする。建学の精神は，世のため，人のため，地域のために「理論に裏付けられた実践的技術をもち，現場で活躍できる専門職業人」の育成である。技術者・研究者のグローバル化が強く求められる現状を踏まえ，世界への意識付けを1年次から実施し，実践的な英語教育に取り組めるサポート体制を用意して，多彩な国際交流・連携プログラムを実施している。また技術とデザインを融合した学びの拠点として，2017年(平成29)にロボティクス＆デザイン工学部を開設している。キャンパスは大阪府大阪市に二つ，枚方市に一つあり，2017年時点で7206人の学生が在籍。　　　　堺　完

大阪国際大学 [私立] | おおさかこくさいだいがく
Osaka International University

1988年(昭和63)学校法人帝国学園(のちの学校法人大阪国際学園)により設立。学校法人大阪国際学園は1929年に設立の帝国高等女学校を起源とする。建学の精神は「全人教育」であり，この理念を基礎として，礼節を重んじ，世界に通じる心豊かな人間の育成をめざしている。1年次から全員が所属する少人数制のセミナーやさまざまな留学プログラム，グローバル研修プログラムの導入，学生チャレンジ制度など学生のさまざまな挑戦をサポートする環境が用意され，「全人教育」と「国際教育」，また学生の「挑戦」の支援によって，時代が求める「人間力溢れるグローバル人材」の育成に取り組んでいる。キャンパスは大阪府守口市にあり，2016年(平成28)時点で2030人の学生が在籍。　　　　堺　完

大阪産業大学 [私立] | おおさかさんぎょうだいがく
Osaka Sangyo University

学校法人大阪交通学園(のちの学校法人大阪産業大学)により1965年(昭和40)大阪交通大学を開学，同年中に大阪産業大学へと校名を改称。学校法人大阪産業大学は1928年の大阪鉄道学校の設立が起源である。建学の精神は「偉大なる平凡人たれ」であり，深い人生観と広い世界観を養うとともに，新しい産業社会の発展と人類の福祉に寄与できる世界的視野に立つ近代的産業人の育成をめざしている。2017年(平成29)現在，7学部16学科を有する総合大学であり，実学を重視した教育が特徴的である。日本と中国の教育分野における協力を一層強化し，漢語教育の発展を支持および促進するために，学内に「大阪産業大学孔子学院」をサテライトキャンパスとして併設している。キャンパスは大阪府大東市にあり，2016年時点で8381人の学生が在籍。　　　　堺　完

大阪歯科大学 [私立] | おおさかしかだいがく
Osaka Dental University

1947年(昭和22)学校法人大阪歯科大学により設立。同法人は1911年(明治44)大阪歯科医学校の創設を起源とする。建学の精神は「博愛」と「公益」であり，歯科医師として必要な知識と技術，ならびに道徳的理念を授け，応用能力を涵養して調和のとれた人材の育成を目的としている。基礎から専門まで6年間一貫した系統講義と理解を深める統合講義で，歯科医学の知識や技能を学ぶ一方で，附属病院における入学後の間もない時期に行われる早期臨床体験学習実習や年次が上がった段階での臨床実習によって，歯科医師となる使命感の醸成や歯科診療技術の訓練の向上に努めている。キャンパスは大阪府枚方市にあり，2017年(平成29)時点で888人の学生が在籍。　　　　堺　完

大阪樟蔭女子大学 [私立]
おおさかしょういんじょしだいがく
Osaka Shoin Women's University

1949年(昭和24)学校法人樟蔭学園により開設。同法人は1917年(大正6)樟蔭高等女学校の設立が起源である。建学の精神は「「高い知性」と「豊かな情操」を兼ね備えた社会に貢献できる女性の育成を目指す」ことであり，また「職場・家庭・地域社会において人間関係の要となる」女性の育成を掲げ，地域社会の中で活躍できる女性の育成を目指している。これを実現するため学士課程基幹教育科目を編成し，とくに主題別科目の中で生活者・消費者としての視点や女性のライフステージのあり方，歴史・文化への理解，他者への配慮など総合

的人間力の育成に努めている。キャンパスは大阪府東大阪市にあり，2017年(平成29)時点で2446人の学生が在籍。　　　　　　　　　　　堺　完

大阪商業大学 [私立] | おおさかしょうぎょうだいがく
Osaka University of Commerce

財団法人城東文化学園(のちの学校法人谷岡学園)により1949年(昭和24)大阪城東大学が開学し，52年に大阪商業大学と校名を改称。学校法人谷岡学園は1928年の大阪城東商業学校設立が起源である。建学の理念は「世に役立つ人物の養成」であり，実学教育に向けた教育課程の体系化とその実践に努めている。特色として，学生が将来を見据えた学びの必要性に早い時期から気づけるよう積極的に支援し，教職員が連携した全学的な支援体制のもと「楽しい働き方」を実践するための就業力教育に力を入れている。ゼミナールやキャリアデザイン科目で，学修や卒業後に必要となるプレゼンテーション能力といったスキルを修得しながら，勤労観・職業観を形成している。キャンパスは大阪府東大阪市にあり，2017年(平成29)時点で4345人の学生が在籍。　　　　　　　　　　　堺　完

大阪女学院大学 [私立] | おおさかじょがくいんだいがく
Osaka Jogakuin University

2004年(平成16)学校法人大阪女学院により開学。同法人は1884年(明治17)ウヰルミナ女学校の開校が起源である。建学の精神は，キリスト教に基づく教育共同体の中で真理を探究し，自己と他者との尊厳に目覚め，確かな知識と豊かな感受性に裏づけられた洞察力を備え，社会に積極的に関わる人間の形成をはかることである。教育の特色としては，英語で学ぶ教育課程を中心に，専門的な仕事に結びつく英語力と課題に対して専門性を活かして適切に対処できる力を形成し，また問題発見・問題解決・リサーチ・プレゼンテーションを含む課題を通した体験学習法(Project-based Learning)を1987年(昭和62)から取り入れて，より深い学びを重視している。キャンパスは大阪府大阪市にあり，2017年時点で586人の学生が在籍。　　　　　　　　堺　完

大阪女学院短期大学 [私立]
おおさかじょがくいんたんきだいがく
Osaka Jogakuin College

明治期創設の長老教会系のミッション・スクールを起源とし，英語教育を大学教育の中核に位置づける，英語科1科の私立女子短期大学。1904年(明治37)ルーツであるウヰルミナ女学校(1884年創設)と，もう一つのルーツである大阪一致女学校(1886年創設，92年に浪華女学校に改称)が合併。最初の

寄付者夫婦の名前に由来するウヰルミナ女学校の校名を継承するも，時の皇民化政策のもとで変更を余儀なくされ，1939年(昭和14)に大阪女学院高等女学部に改称。戦後の学制改革により大阪女学院中学校・高等学校となり，1968年に大阪女学院短期大学が設置された。英語教育が人格形成を目的とする短期大学全体の教育の一部をなすという方針のもと，「日常会話」ではなく「対話」ができる英語教育を推進。2003年(平成15)こうした英語教育と教養教育を統合した教育課程が評価され，文部科学省による特色ある大学教育支援プログラム(GP)の第1回に選定された。設置の学校法人は大阪女学院。2016年5月現在の学生数218人。併設校に中学校・高等学校のほか，2004年設立の大阪女学院大学(国際・英語学部)がある。　館　昭

大阪市立大学 [公立] | おおさかしりつだいがく
Osaka City University

1880年(明治13)に，五代友厚ら大阪財界有力者16名によって創設された大阪商業講習所を起源とする。大阪市制の発足に伴う市立大阪商業学校(1889年創設)，市立大阪商業高等学校(1901年創設)を経て，「大学は都市とともにあり，都市は大学とともにある」という理念のもと，1928年(昭和3)に日本最初の市立大学・大阪商科大学に昇格した(現在も一橋大学・神戸大学とともに旧三商大と称される)。1949年に大阪市立都島工業専門学校および大阪市立女子専門学校との統合によって，新制・大阪市立大学が設置された。2006年(平成18)に公立大学法人大阪市立大学となる。2008年に看護学研究科を設置し，2016年10月現在，8学部10研究科を擁する日本最大規模の公立総合大学となっている。大阪の杉本・阿倍野の2キャンパスに8188人の学生を収容する。2013年以降，大阪府立大学との統合構想が具体化しつつあり，話合いが継続中である。　　　　　　　平野　亮

大阪成蹊大学 [私立] | おおさかせいけいだいがく
Osaka Seikei University

2003年(平成15)学校法人大阪成蹊学園により開設。同法人は1933年(昭和8)の高等成蹊女学校の発足が起源である。建学の精神は「桃李不言下自成蹊」であり，徳があり，人に慕われ，信頼される人を育てることを教育の目標としている。2017年現在，マネジメント学部，教育学部，芸術学部の3学部であり，社会のニーズに応えられるような多彩な学びを行っている。特色としては，講義・演習，キャリア支援科目の中で，企業や地域から提示される課題に対して，学生たちがリサーチや議論を重ね，課題解決を行っていく実践型の学修を導入している。そのほかに教員や各学部専任の就職

部スタッフが連携して，学生一人一人に合わせたきめ細やかな就職サポートを行っている。キャンパスは大阪府大阪市にあり，2016年時点で1794人の学生が在籍。　　　　　　　　　　　　　堺　完

大阪総合保育大学[私立]｜おおさかそうごうほいくだいがく
Osaka University of Comprehensive Children Education

2006年(平成18)学校法人城南学園により設置。同法人は1935年(昭和10)の城南女子商業専修学校設立が起源である。建学の精神は「自主自律」「清和気品」「敬天愛人」であり，時代に即した最良の子育て支援を実践する知識・技能を修め，日本の未来を保育と教育で担う強い使命感と豊かな人格を陶冶した人材を育てることをめざしている。保育系小規模単科大学である特色を活かしてきめ細かな少人数教育を行い，「個人カルテ」を作成して1年次から学修・キャリア支援を行っている。また自身の進路を決めていく時期にインターンシップや実習を行い，大学での学修と有機的に結び付け，現場の課題にも適切に対応できる実践的指導力を身につけさせている。キャンパスは大阪府大阪市にあり，2016年時点で589人の学生が在籍。
　　　　　　　　　　　　　　　　　堺　完

大阪体育大学[私立]｜おおさかたいいくだいがく
Osaka University of Health and Sport Sciences

1965年(昭和40)学校法人浪商学園により設立。同法人は1921年(大正10)浪華商業実修学校創立を起源とする。建学の精神は「不断の努力により智・徳・体を修め社会に奉仕する」であり，学業・スポーツ・研究を通して心身ともに健全な人材を育成することをめざしている。特色としては，4年間を通した学修支援やキャリア・就職支援といったプログラムを展開しており，「キャリア計画ノート」「学習点検ノート」などを学生に作成させ，自ら考え，文章にするという主体的取組みを促す支援を行っている。またとくに希望の多い保健体育教員への進路を実現するための重点的な支援も行っている。キャンパスは大阪府泉南郡にあり，2017年(平成29)時点で2759人の学生が在籍。　　　　堺　完

大阪大学[国立]｜おおさかだいがく
Osaka University

起源は緒方洪庵が1838年(天保9)に大坂・船場に設立した適々斎塾，あるいは1724年(享保9)創設の漢学塾，懐徳堂(学主・三宅石庵)までさかのぼる。1931年(昭和6)に日本6番目(京城帝国大学，台北帝国大学に次いで8番目)の▶帝国大学として，理学部および医学部からなる大阪帝国大学が創設，49年に新制の大阪大学となった。のち基礎工学部，人

間科学部など先駆的な学部を設置し，2007年(平成19)には大阪外国語大学(1921年創設の大阪外国語学校が起源)を統合して外国語学部を新設。2016年5月現在，2万3371人(うち大学院7892人)の学生が，大阪の吹田・豊中・箕面市の3キャンパスに点在する11学部16研究科で学ぶ日本有数の国立大学である。法人化に際して2003年に確認された「地域に生き世界に伸びる」をモットーに，「22世紀に輝く」という長期的視野のもと，創立100周年を迎える2031年に世界トップ10の研究型総合大学になることをめざしている。
　　　　　　　　　　　　　　　平野　亮

大阪電気通信大学[私立]｜おおさかでんきつうしんだいがく
Osaka Electro-Communication University

1961年(昭和36)学校法人大阪電気通信学園(のちの学校法人大阪電気通信大学)により設置。学校法人大阪電気通信大学は1941年東亜電気通信工学校および大阪高等通信工学院の開設を起源とする。建学の精神は，電子工学や通信工学などの最先端のエレクトロニクスの分野で，世の役に立つ実学を身につけた有為の人材を育成することである。電子工学や通信工学をはじめ，情報学や金融情報学，健康福祉分野ICTを基盤としたテクノロジーの総合大学である。教育の特色としては，知識や技能を活用して課題に対処し，自分の考えを図解によってビジュアルに表現し，グループワークなどで自らコミュニケーションがとれる，手と頭と心を同時に動かす実践型教育をとくに重視している。キャンパスは大阪府寝屋川市にあり，2017年(平成29)時点で5230人の学生が在籍。　　堺　完

大阪人間科学大学[私立]｜おおさかにんげんかがくだいがく
Osaka University of Human Sciences

2001年(平成13)学校法人薫英学園により開学。同法人は1931年(昭和6)薫英女子学院の創設が起源である。建学の精神は「敬・信・愛」であり，自立と共生の心を培う人間教育をめざしている。きめ細かな学生支援体制のもと4年間支援することを教育方針として掲げており，資格取得支援，専門能力の獲得，キャリア形成などさまざまな状況に応じて，対人援助の専門職業人の素養を育てるヒューマン・プロフェッショナル・プログラムを展開している。また学科・専攻の枠を越えた少人数制の演習があり，社会に出たときに必要となる他分野の専門職との連携を実践的に体験するチーム支援の学びを行っている。キャンパスは大阪府摂津市にあり，2016年時点で1299人の学生が在籍。　堺　完

238　｜おおさかそ　　　　　　　　　　　　　　　　大学事典

大阪物療大学 [私立] | おおさかぶつりょうだいがく
Osaka Butsuryo University

2011年(平成23)学校法人物療学園により開学。同法人は1933年(昭和8)物療学院の設立を起源とする。建学の精神は「之科學為報國修」であり，人の心と温かさがわかり，一人の社会人・医療人としての自覚と誇りを持って，社会の要請に積極的に対応できる人材の育成をめざしている。少人数担任制や少人数教育の導入により，普段から相談しやすい雰囲気づくりに努め，授業や学修，学生生活などきめ細かい支援を行っている。また診療放射線技師に占める卒業生の割合も10人に1人と高いこともあり，国家試験対策から就職まで手厚いサポートを行っている。キャンパスは大阪府堺市にあり，2017年時点で338人の学生が在籍。　　　堺完

大阪府立大学 [公立] | おおさかふりつだいがく
Osaka Prefecture University

起源は1883年(明治16)に大阪府立大阪医学校(現，大阪大学医学部)内に設置された獣医学講習所にさかのぼる。1949年(昭和24)に官立大阪工業専門学校，府立農学校，官立大阪青年師範学校など七つの専門学校を母体に，工・農・教育学部からなる大阪府立の新制浪速大学が設置。1955年に大阪府立大学に改称。2005年(平成17)に大阪府立看護大学(1994年開学)および大阪女子大学(1949年開学)と統合され，公立大学法人大阪府立大学が設置する新しい大阪府立大学となる。2012年に生命環境科学部や総合リハビリテーション学部を含む当初の7学部28学科が，現代システム科学域・工学域・生命環境科学域・地域保健学域の4学域13学類に改組された。2016年5月現在，大阪の中百舌鳥(堺市)・羽曳野(羽曳野市)・りんくう(泉佐野市)の3キャンパスに7839人の学生を収容。2013年以降，大阪市立大学との統合について話合いが継続中である。　　　平野亮

→ 学域／学府，学群／学類／学系

大阪保健医療大学 [私立] | おおさかほけんいりょうだいがく
Osaka Health Science University

2009年(平成21)学校法人福田学園により開学。同法人は1895年(明治28)製図夜学館創立を起源とする。建学の理念は「専門知識(学問)，技術(実習)，そして人間尊重(心)を兼備し，社会に貢献する人材の育成」である。障碍を負った人々のために，最先端の知識と技術を兼ね備えた臨床家を育成することも目標に掲げている。リハビリテーションの分野を学ぶにあたり，自ら考える力や，対象者の話を傾聴しコミュニケーションをとる力，科学的な根拠に基づいた最新の医療や技術の学び，段階

に応じた臨床実習といった四つの柱をもとに医療・介護福祉の現場を意識した実践的な教育を行っている。キャンパスは大阪府大阪市にあり，2017年時点で463人の学生が在籍。　　　堺完

大阪薬科大学 [私立] | おおさかやっかだいがく
Osaka University of Pharmaceutical Sciences

1950年(昭和25)学校法人大阪薬科大学(2016年より学校法人大阪医科薬科大学)により設置。学校法人大阪医科薬科大学は1904年(明治37)大阪道修薬学校の設立を起源とする。建学の精神は「自助自立した精神を涵養し，深く薬学の知識を授けることにより，豊かな人間性を備えた薬剤師・薬学人を養成し，もって人類の福祉と文化の向上に寄与する」ことである。薬学部には薬学科と薬科学科があり，4年次の進級時に薬剤師をめざす6年制課程か薬学スペシャリストをめざす4年制課程かを選択するシステムが採られている。早期体験学習や薬学共用試験対策，実務実習など充実した教育指導体制や学生各自の価値観に沿ったキャリアサポート体制をとっている。キャンパスは大阪府高槻市にあり，2017年(平成29)時点で1980人の学生が在籍。　　　堺完

大阪行岡医療大学 [私立]
おおさかゆきおかいりょうだいがく
Osaka Yukioka College of Health Science

2012年(平成24)に開学。母体である行岡保健衛生学園の歴史は古く，1932年(昭和7)に大阪接骨学校を設置したことにさかのぼり，70年には日本医学技術学校にリハビリテーション科を増科した。建学の精神には，創立者行岡忠雄による「医療は医師がひとりで行なうものではなく，看護婦，整復師，レントゲン技師等医療技術者との連携，協同の上に成り立つ」という考えから，「協同」を掲げる。2016年現在，大阪府茨木市にキャンパスを構え，学部学科は医療学部理学療法学科で構成される。就職率は専門学校時代からのノウハウもあり高く，2012年の開学以来一貫して100%である。おもな就職先は系列の行岡病院をはじめ，介護福祉施設，教育機関など多岐にわたる。　　　戸村理

大谷大学 [私立] | おおたにだいがく
Otani University

起源は1665年(寛文5)に京都東六条に創設された東本願寺の学寮。幾多の変遷ののち，真宗大学として1901年(明治34)に東京巣鴨に移転，さらに真宗大谷大学として1913年(大正2)に現キャンパスの所在地である京都市北区に移転。1923年の旧制大谷大学を経て，1949年(昭和24)に新制大学と

して開学。「大谷」は親鸞の廟地に由来。2016年(平成28)5月現在，1学部(9学科)・1研究科と短期大学部(学生数181人)で構成され，3170人の学生を収容する。専任教員数は224人。親鸞の思想に立つ仏教系大学，「浄土真宗の学場」として，仏教精神に基づく人間教育，すなわち「人材」ではなく「人物」の育成を目標とする「人間学」を大学における教育・研究の根幹に据えている。第2次世界大戦後多くの大学が総合大学化していったのに対し，建学の理念としてきた「自己の信念の確立」実現のためには小規模であることが有効との考えから，開学以来，一貫して文学部(文学研究科は1953年設置)のみの単科大学であったが，2018年に社会学部と教育学部を開設する予定。　　　　平野 亮

→仏教系大学

大妻女子大学 [私立]｜おおつまじょしだいがく
Otsuma Women's University

1908年(明治41)に大妻コタカによって開設された家塾に起源を有する。1949年(昭和24)に，家政学部被服学科・食物学科・家庭理学科・別科からなる新制大学として設置された。2016年(平成28)5月現在，家政学部・文学部・社会情報学部・人間関係学部・比較文化学部の5学部，大学院人間文化研究科4専攻を有し，千代田キャンパス・多摩キャンパスに併せて6762人の学生を収容する。2011年度に「人間関係の豊かさを育むキャンパス」をコンセプトとする千代田キャンパスの再開発を中核として「大妻新世紀プロジェクト」を立ち上げ，千代田キャンパスへの学部の移転，センターなどの機能集約，また学生寮の新設などを含めた総体的な学習環境整備・強化の取組みを推し進めている。2015年5月『週刊東洋経済』臨時増刊「本当に強い大学2015」の総合ランキングで40位，女子大学の中で1位にランクインし，これらの取組みが紹介された。　　　　小濱 歩

大手前大学 [私立]｜おおてまえだいがく
Otemae University

1966年(昭和41)学校法人大手前女子学園により大手前女子大学が開学。前身は1946年創設の大手前文化学院である。2000年(平成12)に大手前大学と改称するとともに男女共学となる。建学の精神は「STUDY FOR LIFE(生涯にわたる，人生のための学び)」である。2016年現在，さくら夙川キャンパス(兵庫県西宮市御茶家所町)，いたみ稲野キャンパス(同伊丹市稲野町)に4学部1研究科の学生2265人を収容する。また通信教育部も有する。入学時点で専攻を決める必要はなく，基礎科目を学んでから本当にやりたい専攻を絞り込んでいく「レイトスペシャライゼーション」と，学部の枠を越えて

専攻以外も学べる「Myカリキュラムスタイル」という特徴的な学び方により，教養・知恵・実行力を備えた魅力ある人材づくりをめざしている。　堀之内 敏恵

大原大学院大学 [私立]｜おおはらだいがくいんだいがく
Ohara Graduate School of Accounting

1957年(昭和32)学校法人大原学園によって東京千代田区に設立された大原簿記学校を起源とする。創設者の武市春男は，戦後すぐにアメリカの教育を視察し，ビジネス・スクールでも職業教育が活発であることに触れ，その経験から簿記学校を創設した。校訓は，「感動なきところに感謝なし，奮闘なきところに成功なし，興味なきところに上達なし，起動なきところに自立なし」を意味する「感奮興起」である。2006年(平成18)▶専門職大学院が制度化されたことに伴い，より高度な会計専門職業人を育成するために大原大学院大学を設置。研究者教員と実務家教員がバランスよく配置され，実践と理論を組み合わせた体系的なカリキュラムのもと，公認会計士，税理士，財務部門の専門家などの養成をしている。　　　　山崎 慎一

→ビジネス・スクール

岡崎女子大学 [私立]｜おかざきじょしだいがく
Okazaki Women's University

1954年(昭和29)設置の学校法人清光学園により2013年(平成25)に開学。建学の精神は，学園の創立者本多由三郎による「「行覚」おこなって，さとる／さとって，おこなう」である。同法人の設置する岡崎女子短期大学(1965年開学)とともに三つの附属幼稚園(蕨幼稚園・第一早蕨幼稚園・第二早蕨幼稚園)を擁し，幼稚園教諭および保育士の養成に一体となって取り組んでいる。2017年度からは新たに小学校教諭一種免許状の取得も可能となった。愛知県岡崎市中町にキャンパスを構える子ども教育学部のみの単科大学であり，2017年4月現在，296人の学生を収容。希望者には4年次に1年間180時間の長期フィールド実習を実施しており，実践力育成に力を入れている。　　　　平野 亮

岡山学院大学 [私立]｜おかやまがくいんだいがく
Okayama Gakuin University

学校法人原田学園の初代理事長となる原田林市によって，1924年(大正13)に設立された岡山県生石教員養成所・岡山県生石高等女学校を淵源とし，その建学の精神「自律創生，信念貫徹，共存共栄」を受け継ぐ。2002年(平成14)に人間生活学部(食物栄養学科・生活情報コミュニケーション学科)を置く4年制大学として開学。2004年生活情報コミュニケーション学科を人間情報学科に改称し，

2007年には同学科を廃止してキャリア実践学部キャリア実践学科を開設（2010年募集停止）。2016年現在，岡山県倉敷市に人間生活学部食物栄養学科の1学部1学科を置き，学生136人，教員16人を擁する。なお，食物栄養学科は，1951年（昭和26）に原田学園の認可を受けて設立された岡山女子短期大学が，63年に開設した栄養科を継承するもので，栄養士教育においては県内で長い歴史を有する。　　　　　　　　　　　　　　　　小濱　歩

岡山県立大学 [公立]｜おかやまけんりつだいがく
Okayama Prefectural University

1993年（平成5）に開学。保健福祉学部・情報工学部・デザイン学部・短期大学部で構成（うち短期大学部は2007年閉学）。1997年に大学院保健福祉学研究科・情報系工学研究科を，また翌年にデザイン学研究科を設置した。2007年に独立行政法人化して公立大学法人岡山県立大学となった。2017年現在，岡山県総社市のキャンパスに3学部3研究科を置き，学生数は学部1633人，大学院161人，教員163人を擁する。2015年に採択された文部科学省「地（知）の拠点大学による地方創生推進事業」（COC＋事業）では，岡山県立大学が代表となって，同県下の大学・自治体・企業・NPOなどと連携しつつ地域課題に取り組む中で学生の人材育成を図る「地域で学び地域で未来を拓く‘生き活きおかやま’人材育成事業」の取組みを展開している。　　　　　　　　　　　　　　小濱　歩

→ 知の拠点整備事業

岡山商科大学 [私立]｜おかやましょうかだいがく
Okayama Shoka University

前身校である1911年（明治44）設立の吉備商業学校，48年（昭和23）設立の岡山県吉備高等学校，55年設立の吉備商科短期大学において受け継がれてきた「産業教育」の伝統を引き継ぎつつ，65年商学部商学科を置く4年制大学として開学。1971年に産業経営学科を増設。1991年（平成3）に法経学部法学科・経済学科を設置。1995年に大学院を開設した。2005年に学部学科の改編を行い，商学部商学科・会計学科，法学部法学科，経済学部経済学科の3学部4学科体制となる。2009年に商学部を経営学部に名称変更し，経営学部経営学科を開設した。2016年現在，岡山市北区津島京町のキャンパスに3学部（経営学部・法学部・経済学部）3研究科（商学研究科・法学研究科・経済学研究科）を置き，学部生1461人，大学院生27人，教員82人を擁する。　　　　　　　　　　　　小濱　歩

岡山大学 [国立]｜おかやまだいがく
Okayama University

1870年（明治3）創立の岡山藩医学館（のちの岡山医科大学）を起源の一つとし，ほか第六高等学校，岡山師範学校，岡山青年師範学校，岡山農業専門学校，財団法人大原農業研究所などを包括して，1949年（昭和24）に新制の国立大学として創立。大学の理念は「高度な知の創成と的確な知の継承」，目的を「人類社会の持続的進化のための新たなパラダイム構築」とする。2016年（平成28）5月現在，11学部（文・教育・法・経済・理・医・歯・薬・工・環境理工・農）のほか，学部・学科の枠組みを越えて履修するマッチングプログラムコースがある。津島キャンパスと鹿田キャンパスがあり，学生数は学部1万148人，8研究科からなる大学院2951人。　船勢　肇

岡山理科大学 [私立]｜おかやまりかだいがく
Okayama University of Science

1964年（昭和39）理学部1学部2学科の4年制大学として開学。1986年に工学部を設置。さらに1997年（平成9）に総合情報学部，2012年に生物地球学部，16年に教育学部を設置した。また大学院は1974年に理学研究科，90年に工学研究科，2001年に総合情報研究科を，2016年には生物地球科学研究科を設置している。現在では岡山市北区のキャンパスに6学部4研究科を置き，中国・四国地区の私立大学では最大の収容定員をもつ理工系総合大学に発展した。2017年に経営学部を設置（2018年に西日本の私立大学で初の獣医学部を設置予定）。2017年現在，学部生6022人，大学院生216人，教員313人を擁する。今後10年間の将来像を示す「岡山理科大学ビジョン2026」を発表し，国際性豊かな人材を輩出し，地域とともに発展する「学生の成長に主眼をおく人材育成拠点」となることを宣言している。　　　　　　　　　　小濱　歩

沖縄科学技術大学院大学 [私立]
おきなわかがくぎじゅつだいがくいんだいがく
Okinawa Institute of Science and Technology
Graduate University

2011年（平成23）に開設。2001年に尾身幸次内閣府特命担当大臣（沖縄・北方対策，科学技術政策担当）が沖縄科学技術大学院大学構想を提唱したことに端を発する。学士課程を設置せず，5年一貫性の博士課程を置く▶大学院大学であり，世界最高水準の教育と研究を行うことで，沖縄の振興と自立的発展および世界の科学技術の向上に寄与することを目的とする。2017年1月現在，沖縄県国頭郡恩納村にキャンパスを構え，35ヵ国134人の博士課程学生が在籍する。基本コンセプトとし

て，世界最高水準，柔軟性，国際性，世界的連携，▶産学連携を掲げており，学生と教員の半数以上は外国人，教員対学生の比率は1：2，英語を公用語とした教育と研究が実施されているといった特徴を有す。　　　　　　　　　　　　　戸村 理

沖縄キリスト教学院大学[私立]
おきなわキリストきょうがくいんだいがく
Okinawa Christian University

2003年（平成15）に開設。母体は，1957年（昭和32）に仲里朝章牧師を中心に建学された沖縄キリスト教学院である。建学の精神はキリスト教を基礎とした平和の理念であり，教育の使命は悲惨な戦争経験を有す沖縄から世界へ「平和を実現する人」かつ「隣人への奉仕」を実現する人材を育成することである。2017年現在，沖縄県中頭郡西原町にキャンパスを構え，人文学部英語コミュニケーション学科に467人の学士課程学生が在籍する。沖縄の地理的・歴史的な特性および建学の精神から，国際舞台で活躍する「Peace Maker」の育成を使命に掲げる。また，国際化ビジョン「小さな大学から世界に羽ばたく[Peace Maker]～学生の海外派遣促進」を策定し，数値目標を設定して，学生の国際感覚の養成に努めている。　　　　　戸村 理

→ キリスト教系大学

沖縄県立看護大学[公立] おきなわけんりつかんごだいがく
Okinawa Prefectural College of Nursing

1999年（平成11）沖縄県那覇市与儀に開学。1学部1学科で発足。生命の尊厳を重んずる豊かな人間性を育成するとともに，看護に関する高度な専門的知識や技術を習得させることにより，保健医療福祉の分野において看護を科学的に実践し，人々の健康と福祉の向上に貢献することのできる人材を育成することを目的とする。2015年現在346人の学生が在籍。看護教育の体系を，「教養科目」「専門教養科目」「広域・基盤看護科目」「生涯発達看護科目」「統合科目」の五つの科目群で編成している。大学院生のほとんどが実践現場で働きながら学んでいる。離島で仕事をしながらでも大学院で学べるよう，ICTを活用した遠隔教育の環境整備を進めている。　　　　　船勢 肇

沖縄県立芸術大学[公立]
おきなわけんりつげいじゅつだいがく
Okinawa Prefectural University of Arts

1986年（昭和61）開学，初代学長は山本正男。学部は美術工芸学部と音楽学部がある。建学の基本的な精神は，沖縄文化が造りあげてきた個性の美と人類普遍の美を追究することにある。広く教

養を培い，深く専門芸術の技術，理論および歴史を教授研究して，人間性と芸術的創造力および応用力を育成し，もって伝統芸術文化と世界の芸術文化の向上発展に寄与することを目的とする。個人指導や少人数授業による密度の高い芸術教育を行っている。海外11大学と姉妹校締結。沖縄県那覇市に首里当蔵キャンパス・首里金城キャンパス・首里崎山キャンパスがあり，2017年（平成29）現在540人の学生が在籍。　　　　　船勢 肇

沖縄国際大学[私立] おきなわこくさいだいがく
Okinawa International University

宜野湾市にある。1972年（昭和47）沖縄大学の一部が国際大学（1962年設立，コザ市に所在）と統合して開学。沖縄の本土復帰にあたり，両大学理事会が統合に向けた計画を進め，1972年2月，琉球政府私立大学委員会によって新設が認可された。同年5月の本土復帰に伴い学校教育法が規定する大学となる。設立基金として政府・文部省から沖縄県私立大学統合施設整備費補助金10億円が交付され，日本私学振興財団から特別長期融資4億4000万円を受けた。2016年（平成28）5月現在，法学部（法律学科・地域行政学科），経済学部（経済学科・地域環境政策学科），産業情報学部（企業システム学科・産業情報学科），綜合文化学部（日本文化学科・社会文化学科・英米言語文化学科・人間福祉学科），大学院3研究科，4研究所を擁し，学部学生5652人，大学院生64人。2004年に本館に米軍のヘリコプターが墜落・炎上する事故があった。　船勢 肇

沖縄大学[私立] おきなわだいがく
Okinawa University

那覇市にある。1956年（昭和31）琉球政府から嘉数学園が設立認可され，58年に沖縄短期大学（1988年沖縄大学短期大学部となる）が開学。1961年に沖縄大学が開学。1972年の本土復帰前後には，政府・文部省による国際大学（沖縄国際大学の前身）との統合構想に対し，県民を巻き込んだ存続運動（沖大存続闘争）が展開された。同年の沖縄国際大学開学に伴い，一部学生・教職員が同大学に移籍。沖縄返還後の1974年に文部省からあらためて設置認可を受けたが，財政難から移転問題が発生した。建学の理念は「地域共創・未来共創の大学へ」を掲げた。2001年（平成13）に短期大学部を廃止。法経学部（法経学科），人文学部（国際コミュニケーション学科・福祉文化学科・こども文化学科）があり，2016年5月現在の学生数1980人。　　　船勢 肇

オークランド大学[ニュージーランド]|オークランドだいがく
University of Auckland

1883年，連邦ニュージーランド大学の1校としてニュージーランド第2の都市オークランドの中心部に設立。当初は教員および法務官養成を目的としていたが，現在は8学部(人文，経営，芸術・芸術工学，教育，工，法，医・健康，理)に学生約4万1000人を有するニュージーランド最大規模の大学。1900年代初頭までは教授活動のみに焦点が当てられていたが，1930年代の経済不況時には学術研究に対する関心が高まった。1950年代には在籍者数が急増し，校舎等の拡張にせまられた。1961年の連邦ニュージーランド大学の解体により，大学自治権を獲得する。これにより地理学や人類学，マオリ研究などの新たな科目を導入。さらに教員による研究活動にも焦点が当てられるようになり，若い研究者たちが活発な学術研究を展開する。ニュージーランドで唯一，「世界の大学トップ50」に選ばれた実績をもつ，ニュージーランドの最高学府。

福本 みちよ

オーストラリア国立大学[オーストラリア]
オーストラリアこくりつだいがく
Australian National University: ANU

1946年，オーストラリアの国家的優先事項に関連した分野の研究を促進することを目的に，連邦政府により設立。首都キャンベラに立地する。当初は物理学，医学，太平洋研究，社会科学の四つの大学院でスタートしたが，1960年にはキャンベラ・ユニバーシティ・カレッジとの統合により，学部も加設した。2006年には，それまでの研究院・学部・センター等を統合し，社会科学，アジア太平洋研究，経済学，工学，法律，医学，物理・数学の七つのカレッジを設立。アジア太平洋研究カレッジには日本研究機構(Japan Institute)がある。オーストラリア議会議定書によって規約と体制とを指示される国内唯一の大学。オーストラリア国内の卓越した大学の連合であるグループ・オブ・エイト(Group of Eight: Go8)の一つで，▶環太平洋大学協会(APRU)にも所属。卒業生に，本大学でアジア研究を専攻した第26代首相ケビン・ラッドがいる。

青木 麻衣子

オーストラリアの大学 →オセアニアの大学
(テーマ編 p.151)

オーストラリアの大学法制
オーストラリアのだいがくほうせい

[オーストラリアの法制度]
オーストラリアは六つの州(ニューサウスウェールズ州，ヴィクトリア州，クイーンズランド州，南オーストラリア州，西オーストラリア州，タスマニア州)，北部準州，首都特別地域からなる連邦制国家である。このため，法制度は国家法である連邦法とともに各州が制定した州法が存在する二重の構造となっている。大学に関わる法令も同様であり，連邦政府により制定された法令に加え，州政府により制定された法令が存在する。

[連邦レベルの大学法制]
オーストラリアには，2003年高等教育支援法(Higher Education Support Act 2003)と2011年高等教育質・基準機構法(Tertiary Education Quality and Standards Agency Act 2011)といった連邦レベルでの大学関係法令がある。2003年高等教育支援法は高等教育システムに対する支援，知の創出や応用等の大学特有の目的に対する支援，国家の知識基盤や研究力の強化，学生支援を目的として制定された。高等教育財政支援等に関する補助金(第2章)，学生支援(第3章)などから構成されており，連邦政府による大学への機関補助や学生への経済支援が主たる内容となっている。連邦政府による機関補助や経済支援を受けた学生の受入れを希望する機関は，同法が定める要件を満たした高等教育機関として認定されなければならない。ただし，同法の一覧表に記載された大学(40大学，2外国大学，1専門大学，2015年現在)についてはすでに認定された機関として取り扱われている。

　前述の高等教育機関財政支援等に関する補助金(第2章)には連邦補助金制度，各種補助金，連邦奨学金がある。連邦補助金制度は要件を満たした高等教育機関に対して政府支援枠に関わる補助金を交付するもので，高等教育支援法の財政支援の中心的なものといえる。政府支援枠とはコース運営に関わる費用の一部を政府が負担し，その残りを政府支援枠の適用を受けた学生が支払うというものである。2010年度には44の機関に対して総額48.5億オーストラリアドルが拠出され，約45万人分の政府支援枠が割り当てられた。続いて学生に対する財政支援(第3章)であるが，これには前述の政府支援枠に在学する学生の学生負担分を補助する「政府支援枠学生に対する高等教育貸付プログラム」や，授業料全額自己負担の学生に対して授業料の貸付けを行う「授業料負担学生に対する高等教育貸付プログラム」などがある。これらの財政支援を受けた学生は，卒業後に各自の所得に応じて定められた金額を返済していくこととなる。連邦政府はこれらのプログラムを通じて2010年度には73万人の学生を支援した。

　次に2011年高等教育質・基準機構法は，全国的に統一された基準による▶質保証の枠組みを用いて高等教育を統制することを目的として制定され，登録(第3章)，教育課程の適格認定(第4章)などから構成されている。オーストラリアで高等教育の学位を授与する機関は，登録(第3章)に従い，

「高等教育提供機関」「大学」「ユニバーシティ・カレッジ」「専門大学」「外国の大学」「外国の専門大学」のいずれかとして登録されなければならない。登録に際しては，適格認定を受けた教育課程の提供，最低基準の遵守（学位授与につながるコースの場合），年1回の財務情報の提出などが要件として課されている。これらの要件を満たす機関に対して，高等教育質・基準機構は7年を超えない範囲で登録機関として認定する。教育課程の適格認定（第4章）については，大学に関しては自らが教育課程を適格認定できると定められている。

　以上が連邦レベルでの大学関係法令であるが，連邦政府は2011年に高等教育質・基準機構法が制定される以前は高等教育支援法の下での財政支援を通じて高等教育を統制していた。しかしながら，2011年高等教育質・基準機構法を制定することで全国的な基準に基づく機関登録や教育課程の適格認定という新たな手段を用いて高等教育を統制しているといえるだろう。

［州レベルの大学法制］
州レベルでの大学法制は州によってさまざまであるが，一般的には各州に存在する大学の根拠法と高等教育法ないし高等教育に関する規定を含んだ教育関連の法令から構成されていることが多い。ニューサウスウェールズ州の場合，州内に11の大学があることから，各大学の設置根拠となる11の大学法が存在している。たとえば▶シドニー大学の根拠法である1989年シドニー大学法（University of Sydney Act 1989）では大学の組織・業務，評議会・権限・役員，評議会の職務，カレッジの設置について規定されており，内容の多くは評議会の職務に割かれている。また，ニューサウスウェールズ州には大学関連法令として2001年高等教育法（Higher Education Act 2001）がある。同法はニューサウスウェールズ州における高等教育機関の登録，教育課程の適格認定，留学生に対する教育課程の提供および海外での教育課程提供の認可について規定している。ただし，対象の多くは高等教育機関や外国の大学となっており，オーストラリアの大学が対象となる部分は少なく，主として留学生に対する教育課程の提供と海外での教育課程の提供に関連する。

我妻 鉄也

→オセアニアの大学（テーマ編），大学法制（テーマ編）

◎Australian Government, *Higher Education Support Act 2003 No. 149, 2003 as amended*, The Office of Parliamentary Counsel, 2013 a.
◎Australian Government, *Tertiary Education Quality and Standards Agency Act 2011 No. 73 2011 as amended*, The Office of Parliamentary Counsel, 2013 b.
◎New South Wales Government, *Higher Education Act 2001 No. 102*, Parliamentary Counsel's Office, 2011.
◎New South Wales Government, *University of Sydney Act 1989 No. 124*, Parliamentary Counsel's Office, 2013.

オーストリアの大学→中・東欧の大学（テーマ編 p.139）

オスロ大学［ノルウェー］｜オスロだいがく
University of Oslo; Universitetet i Oslo［ノルウェー語］

官吏養成を目的として設立されたノルウェー最古にして最大の大学。デンマーク＝ノルウェーの同君連合国家であった当時，ノルウェーの分離独立の機運の高まりを恐れた王フレゼリク6世が反対していたため，構想が持ち上がりながらも長らく実現には至らなかった。1811年にようやく大学設立に関する勅許を受け，1813年に開学に至った。当初は，高度人材養成を主たる機能としていたが，1870年代以降は研究にも力が入れられるようになった。設立以来，王立フレゼリク大学という名称が用いられていたが，1939年に現在の名称に変更された。1946年にベルゲン大学が設立されるまでノルウェー唯一の総合大学であった。2015年現在，8学部（医学部，歯学部，法学部，神学部，人文学部，数理学部，社会科学部，教育学部）に約3万人の学生が学ぶ。

渡邊 あや

オセアニアの大学→テーマ編 p.151

オタゴ大学［ニュージーランド］｜オタゴだいがく
University of Otago

1869年オタゴ州議会条例にて設置された，ニュージーランド最古の大学（開学は1871年）。ニュージーランド南島のダニーデンにある。ネオ・ゴシック建築による時計台や校舎はダニーデンの象徴的建築物。1870年連邦ニュージーランド大学法の制定により，学位授与機関として連邦ニュージーランド大学（全国に設置された六つの高等教育機関による大学群）が順次設置され，オタゴ大学は74年にその1校として加盟。加盟前まではニュージーランド唯一の大学として文学，医学，法律，音楽の4領域で教育を展開。1961年に連邦ニュージーランド大学が解体されると，大学自治権が復活。南島で唯一となる医学系学科を持つ高等教育機関として，とくに医学部は世界的に高い評価を得ている。2016年現在，商学部，健康科学部，人文学部，理学部の4学部を有する総合大学。2011年7月，心理学者ハーリン・ヘインが初の女性学長に就任。

福本 みちよ

小樽商科大学［国立］｜おたるしょうかだいがく
Otaru University of Commerce

1911年（明治44）開校の小樽高等商業学校を前身とする。第2次世界大戦後，他の高等教育機関と

の合併・統合がなされることなく, 商学部のみの単科大学として新制の小樽商科大学へ昇格した。2016年(平成28)5月現在, 1学部(4学科)1研究科に2409人の学生を収容する。その歴史性から実学思考の強い大学であるが, 2013年8月には文部科学省「平成25年度地(知)の拠点整備事業」に採択され, 「No.1グローバル大学宣言」を発表した。そこでは「地域と共創する北海道経済活性化モデルと人材育成」がテーマに掲げられ, 教育面では「明確な人材像を掲げた教育課程の再編」, 「即戦力となる「タフな人材」を育成(実学・語学教育の強化)」することとし, 研究および社会貢献の面では「北海道との共創を目指し研究・社会貢献を展開」することが方針とされた。学内資源を有効利用して適切な人材育成を行うことで, 地域のみならず北海道経済全体の再生・振興を担うことが期待されている。　　　　　　　　　　　　　　　　　戸村 理

→ 知の拠点整備事業

お茶の水女子大学 [国立] | おちゃのみずじょしだいがく
Ochanomizu University

1875年(明治8)に創設された東京女子師範学校が前身。東京師範学校女子部, 高等師範学校女子部, 女子高等師範学校, 東京女子高等師範学校と変遷し, 1949年(昭和24)に新制国立大学としてお茶の水女子大学となり, 文学部, 理家政学部を設置。1950年に文教育学部, 理学部, 家政学部の3学部を設置。1992年(平成4)に家政学部を廃止し, 生活科学部を設置する。2004年に国立大学法人となり, 「学ぶ意欲のあるすべての女性にとって, 真摯な夢の実現される場として存在する」という使命を掲げる。2008年度から「21世紀型文理融合リベラルアーツ教育」, 2011年度から「複数プログラム選択履修制度」を開始し, 「21世紀の社会に必要とされる教養と専門性を備え, 自主自律の精神に富んだ, 女性リーダーを育成する学士課程教育」を行う。2012年度には文部科学省「グローバル人材育成推進事業(全学推進型)」に採択されるなど, グローバルな視点をもった女性の育成をめざしている。キャンパスは東京都文京区に所在。2016年5月現在, 3学部1研究科に学生2947人が在籍。　　　　　　　　　　　　　　　　　山本 剛

オックスフォード大学 [イギリス] | オックスフォードだいがく
University of Oxford

イギリス最古の大学。ロンドンの北西約80km, テムズ川上流のオックスフォードに位置する。市内にはレン(Christopher Wren)設計によるシェルドニアン・シアターをはじめ歴史的建造物が点在し, セント・メアリー教会からは「夢見る尖塔」と呼ばれる美しい街並みを望める。起源は11世紀末までさかのぼ

り, ヘンリ2世によるイングランド学徒の▶パリ大学への一時的な留学禁止令(1167年)を契機に, 学問の中心地として発展を遂げた。パリ大学を範として形成されたが, 13世紀頃▶タウンとガウンの争いの頻発によって学生のためのホールがつくられ, やがてカレッジへと発展した。とりわけ宗教改革と絶対王政を経て, イギリス王室と深い関係をもち国教会聖職者・エリート養成機関としての性格を強めていく一方, つねに宗教的, 政治的論争の中心地でもあった。

ユニバーシティ(1249年), ベイリオル(1263年), マートン(1264年)など, 貧困学生の寄宿舎として寄付により創設されたカレッジは, 15〜16世紀には次第に大学教育・運営およびコミュニティの中心となり, 学生はどこかのカレッジに所属し, そこで寄宿生活を送りながら教育を受け, 大学は学位試験・授与を行うという独特の方式が形成された。19世紀半ばより自然科学・社会科学を充実させ, 一部の特権階級からより広い階層や女性へ門戸開放するなど諸改革が行われた。2013年現在, 38のカレッジ, 六つのホールがあり, 世界140ヵ国以上からの1万1832人の学部生, 9857人の大学院生が学んでいる。オックスフォード大学出版局, ボドリアン・ライブラリーは大学付設機関として世界有数。　　　　　　　　　　　　　　　　　中村 勝美

→ 学寮

オックスフォード・ブルックス大学 [イギリス]
オックスフォード・ブルックスだいがく
Oxford Brookes University

オックスフォード市街から1.6kmほど離れたヘディントンをメインに四つのキャンパスを有する。1865年にオックスフォード芸術学校として始まり, 70年に科学学校が加わり, 1956年にはオックスフォード技術カレッジに名称を変更。1970年にはオックスフォード・ポリテクニクとなった。大学昇格に功績のあったジョン・H. ブルックスの名をとり, 1992年にオックスフォード・ブルックス大学と命名された。学部生が1万4165人(うち定時制2465人), 大学院生が4265人(うち定時制2425人)で, 旧▶ポリテクニク時代を表すように労働者層からの進学者や成人学生が多く, それぞれ41.7%と33.6%を占める(2011/12年度)。旧大学と比較し, 研究で遅れをとっていた新大学であるが, 産学連携に力を入れ, イギリスの大学ランキングでは新大学の中で常に1位か2位, 2014年には全大学中45位になった。　　　　　　　　　　　　　　　　　秦 由美子

オーナーズ・プログラム
honors program

成績優秀で向学心旺盛な学生向けに, 一般学生

とは区別して自学中心の高度な勉学の機会を与え，卒業時に優秀性を段階付け顕彰する教育プログラム。1920年代，イギリスのオックスフォードからアメリカ合衆国の拠点スワスモア・カレッジへ移植された当時は，第3，4年次のオーナーズ生は参考書リストをもとに，学内教員のセミナーに出席しつつ専門分野を集中的にマスターし，学外の審査員によるその成果の評価でランク付けされ卒業した。以後1世紀を経て，オーナーズ・プログラムを標榜する機関としては，上位の▶リベラルアーツ・カレッジよりも大規模な▶研究大学，とくに州立の上位校が目立つようになっている。州内から一定の基準に達した学生を収容する義務をもち，他方，能力面で優秀な州内外からの学士課程生も多数擁するカリフォルニア大学バークレー校やミシガン大学等は，後者の学生に少人数での高度なセミナーや研究への参加，卒業論文の作成の機会を与え，機会の平等と質の高さの両立を目指している。

立川 明

尾道市立大学 [公立] おのみちしりつだいがく
Onomichi City University

1946年(昭和21)設立の尾道女子専門学校が学制改革により50年に尾道短期大学に昇格し，これが大学の前身となった。2001年(平成13)に4年制大学「尾道大学」として開学。2005年大学院を設置。2012年の公立大学法人への移行に伴い，尾道市立大学に名称変更した。2016年現在，広島県尾道市のキャンパスに経済情報学部(経済情報学科)・芸術文化学部(日本文学科・美術学科)の2学部3学科と，経済情報研究科・日本文学研究科・美術研究科の3研究科を置き，学生1376人，大学院生30人，教員62人を擁する。小規模校ならではの少人数教育を大学の特色として活かしつつ，自然環境・歴史・文化に恵まれ，国際文化都市を掲げる尾道市を拠点とする公立大学として，開学以来，地域の文化振興・経済活動への貢献，人材育成の取組みに注力している。

小濱 歩

オーバードクター
postdoctoral fellow

狭義には定職に就いていない博士号取得者を指し，広義には定職に就いていない満期退学者や▶博士課程に標準年限を超えて在籍する者までを含む。over doctorは和製英語。ODと略したり，余剰博士ともいう。従前の日本においてはポスドク制度がなく，大学や公的研究機関に正規採用されるまでの数年間を無給のまま過ごすことは珍しくなかった。1970年代にその数が累積増大して就職難が顕在化し，「オーバードクター問題」として認識された。近年この語がほとんど使用されないのは，

1990年代に科学技術政策において「▶ポスト・ドクター」「ポスドク」の用語が出現し，さらに2000年代に博士の多様なキャリアパスが提示されたことによる。現在は，ポスドクの処遇の低さやキャリア開発の難しさを指す「ポスドク問題」，政策誘導によって増加した任期付職を経験した後に定職に就けない「ポスト・ポスドク問題」，従来型の「オーバードクター問題」が混在した状況にある。

齋藤 芳子

→ 博士研究員

帯広畜産大学 [国立] おびひろちくさんだいがく
Obihiro University of Agriculture and Veterinary Medicine

1941年(昭和16)に創立された帯広高等獣医学校を起源とする。第2次世界大戦後，獣医学科・酪農学科からなる新制帯広畜産大学となり，現在では日本で唯一の国立獣医・農畜産系単科大学として存在する。2016年(平成28)5月現在，1学部3研究科に1404人の学生を収容する。大学のミッションは「知の創造と実践によって実学の学風を発展させ，「食を支え，くらしを守る」人材の育成を通じて地域及び国際社会に貢献する」である。学士課程教育は「アドバンス制」の教育課程とされ，基盤教育，共通教育，展開教育の三つで構成されている。これは基盤教育と共通教育により幅広い知識や技術，農畜産分野の専門基礎知識を学習した後，学生の目的意識や進路に沿った専門職業教育である展開教育へと前進(アドバンス)していく教育課程のことである。研究面では「アニマル・グローバル・ヘルス」開拓拠点として文部科学省のグローバルCOEプログラムに採択され，地球規模での「食の安全確保」に向けた高度な国際専門職業人の育成に努めている。

戸村 理

オフィス・アワー
office hour

高等教育機関において，教員が特定の場所・時間を指定して，学生の質問・相談に応じること。学習助言(アカデミック・アドバイジング)機能の一つ。アメリカの大学で普及している制度であるが，現在は日本でも多くの大学で取り入れられている。指導教官制(▶チューター)の導入と合わせて，個々の学生の履修相談・指導，修学支援を行う方法として推奨されている。一般的には▶シラバスにオフィス・アワーの条件を明示し，学生に周知している。受講している授業内容に限定される場合もあるが，所属学部・学科を超えて学習や進路に関する内容など自由に相談できる場合もある。通常，一対一の面談方式で行われるため，教員との関係性を深める方法としても効果的である。一方，教員の多忙化や学生の学習への消極性といった問題から，積極的に活用されていないケースも少なくない。

教育システムの複雑化に学生が適応できるようオフィス・アワーの実質化が求められる。　山田 剛史

オーフス大学 [デンマーク] | オーフスだいがく
Aarhus University; Aarhus Universitet [デンマーク語]

1928年，デンマーク第2の都市オーフス（中央ユラン地域）に設立された総合大学。「ユランの大学教育」としてスタートし，1933年以降，現在の名称が用いられている。当初は人文学系のコースのみであったが，徐々に分野を拡大していった。設立以来，私立の高等教育機関として運営されてきたが，1970年の大学法制定を機に国立へと移管されている。21世紀を迎え，デンマーク全体での高等教育機関の再編・統合が進む中で，2006年にヘアニング経営管理・工科大学，2007年にオーフス経営大学，デンマーク農業科学研究所，デンマーク国立環境研究所，デンマーク教育大学，12年にオーフス工学カレッジをそれぞれ吸収する形で統合している。その結果，デンマークでは最大規模の大学となった。2015年現在，4学部（人文学部，医（保健）学部，理工学部，経営・社会科学部）に4万5000人の学生が学ぶ。　渡邊 あや

オープン・キャンパス
open campus

アメリカ合衆国の大学におけるオープン・キャンパスとは，同窓生，他大学の研究者，企業関係者，近隣住民や子ども，受験生等さまざまな人々に大学を開放し，研究や教育の説明会，実験参加，文化・娯楽イベント等を開催する活動であり，主催者・対象者別に多様なイベントがある。日本においては，おもに大学が受験生を対象に施設を公開し，学校説明会・施設見学会・模擬授業等を行うものとして定着している。少子化により受験生・入学者の確保が大学間の競争状態になってきたため，学生を募集するための広報活動の一環として開催される。当初は私立大学が中心だったが，次第に国公立大学にも拡大した。受験生にとっては，大学の情報を得るとともに，実際に体験することができる重要な機会となる。大学側は大学内の食堂・カフェテリアの無料券や大学オリジナルグッズの配布，最寄り駅・大学間の無料送迎バスの運行，遠隔地の受験生向け交通費補助等，多様な特典を用意することもある。保護者を対象とする説明会も開かれる。オープン・キャンパスでの模擬授業等への参加を▶AO入試の選抜プロセスの一部とし，オープン・キャンパス参加で入試時の面接・筆記テスト等を免除する等，入試と関連させる例もみられる。　齋藤 千尋

オープンコースウェア
open courseware

狭義には，2001年▶マサチューセッツ工科大学（MIT）が開始した「Open Courseware: OCW」プロジェクトを指す。MITは1800の講義で使われている教材のすべてをウェブ上に無料で公開すると宣言し，大学界に大きな衝撃を与えた。この動きの背景には，大学の知を全世界に公開することによる「教育機会の平等の実現」があるが，世界中に点在する優秀な学生をMITに呼び込むという学生獲得戦略の狙いもある。その後2005年になるとOCWコンソーシアムが立ち上がり，200を超える大学が参加し4000以上の授業を公開するようになった。日本においても2006年に日本オープンコースウェア・コンソーシアム（JOCW）が設立され，16校の大学が3000を超えるコースを公開している（2017年現在）。2012年になると，▶MOOC（Massive Open Online Course）と呼ばれる新たな教育のオープン化の動きが始まり注目を集めている。MOOCではOCWでは提供してこなかった学習内容の小テストや学習者の修了認定を行っており，急速にその利用者数を増やしている。　古賀 暁彦

→ インターネット大学

◎渡辺智暁「教育のオープン化と高等教育の再編可能性」，2013：http://www. glocom. ac. jp/j/chijo/118/076-088_B_watanabe.pdf
◎梅田望夫・飯吉透『ウェブで学ぶ』ちくま新書，2010.

オープン・ユニバーシティ
open university

ラジオ・テレビなどの放送メディア，通信教育，印刷教材，サマースクールなどを多角的に用いて，成人に対し開かれた大学教育の機会を提供すべく1969年イギリス（UK）に創設された。世界に先駆けて大学に遠隔教育を導入し，この種の大学・高等教育機関のモデルとされる。入学の資格・要件を問わず，21歳（現在は16歳）以上であれば誰でも入学可能で，自宅をベースに学習することができる。発足にいたるまで「wireless university」「teleuniversity」「University of the Air」等さまざまな名称がその理念とともに提案されたが，最終的に「オープン・ユニバーシティ」となった。誰でも，どこでも，あらゆるメディアを用いて学べるというのが「オープン」の意味である。2010年現在，博士学位を含む600を超す多様な学習コースを提供。約15万人が▶学士課程に，3万人以上が大学院課程に在籍している。ほぼ全員がパートタイム学生（学士課程の学生の約70%がフルタイムで就労）。なお，2万5000人を超す学生はイギリス（UK）以外に在住。入学資格を問わないにもかかわらず，その教育の質は全英トップクラスと評価されている。研究面でも，たとえば大学

教授法や大学評価の分野で指導的な役割を果たしている。

安原 義仁

→情報社会と大学（テーマ編），大学通信教育，インターネット大学，メディア授業，バーチャル・ユニバーシティ，サイバー・ユニバーシティ

オベリン・カレッジ [アメリカ]
Oberlin College

アメリカ中西部のオハイオ州北部に位置する，音楽学校を併設したやや大規模な▶リベラルアーツ・カレッジ。その名称は，生涯をかけて敬虔で差別のない村をアルザスに建設し，カレッジの創設者たちに強烈な印象を与えたフランスのジャン・F. オベリン牧師(1740-1826)にちなみ付けられた。オハイオのフロンティアに1833年開学した当初から，同牧師の改革精神に倣い男女共学やアフリカ系アメリカ人の入学を他大学に先がけて実践し，58年には逃亡奴隷の歴史的救出（オベリン－ウェリントン奪還）に深く参画して，南北戦争の戦端を開く奴隷解放運動のシンボル的存在となった。1870年には全米で最大の学生数（約1000名）を記録した。その後現在まで，実験的・改革的な伝統と研究大学に匹敵する蔵書数等を保持しつつ，在籍学生数を3000前後に抑制して高度なリベラルアーツと音楽教育に専心している。卒業生には東洋史のエドウィン・ライシャワーや社会心理学のジョージ・H. ミードがいる。

立川 明

お雇い外国人 |おやといがいこくじん
foreign instructor of higher education

幕末・明治期に，日本の近代化を推し進めるべく，西欧諸国の学術技芸を急速に摂取するため，官公庁，学校，病院，民間組織などで各部門・分野にわたる指導者や教師として採用された外国人をいう。お雇い外国人の総数は未確定ながら，約3000人は存在したとされる。明治前期までは自然科学系分野の技術者・官吏・教師が多いが，明治後期になると人文・社会科学系分野の教師・事務家などが多い。国籍別にみるとアメリカ・イギリス・ドイツ・フランスなどが多く雇用され，部門・分野ごとの意識的な選択採用がなされた。たとえばドイツからは医学教育を，イギリスからは鉄道・鉱山を，フランスからは造船・陸軍教育を，アメリカからは教育・農業などの方面を重点的にお雇い外国人教師から学んだ。お雇い外国人のなかには，太政大臣三条実美や右大臣岩倉具視の月給を凌ぐ者も数十名は存在した。1880年代以降，邦人教師，邦人技術者の台頭により，お雇い教師は漸次減少していった。親日家となるお雇い外国人もおり，また多くの日本人から長く愛される者も多い。

谷本 宗生

オランダ・ベルギーの大学 →テーマ編 p.130

オリエンテーション
student orientation

大学・大学院への▶入学時，あるいは学部・▶学科・▶専攻への進学時に，新入生・進級学生を対象に開催される。新しい環境や組織，人間関係の中でスムーズに勉学や生活を送ることを支援し，また方向性を与えることが目的である。数時間程度の簡易なものから数日間かけて綿密に行われるものまで期間には幅がある。開催場所もキャンパス内の教室などで行われる場合もあるし，合宿等の形式でキャンパスを離れて行われる場合もある。後者の場合，学生間，あるいは学生－教員間の連帯意識を高めることが狙いとされる。大学や教員によって主催される場合，上級生によって主催される場合，また教員と上級生が協働して開催される場合がある。上級生が主催する場合は，大学や教員が行う公式なものとは別途行われることが多く，参加は任意であるが，新たな環境に溶け込むことを目的に多くの新入生・進級学生が参加する。上級生による指南が，安易な学生生活へ傾倒する原因の一つとなる場合もあり，大学側によって問題視されることもある。

福留 東土

オルテガ・イ・ガセット
José Ortega y Gasset | 1883-1955

スペインの哲学者。生のための理性を主張して，生の生産物としての文化を論じ，国家や芸術などを対象とした多様な批評をおこなった。W. ディルタイやG. ジンメルと同様な「生の哲学」の立場に立つ。マドリード大学（現，▶マドリード・コンプルテンセ大学）で学んだ後，ドイツのマールブルク大学などに留学して新カント派の哲学の影響を受けた。帰国後にマドリード大学の形而上学教授となった。著名な『大衆の反逆』(1929年)では，19世紀リベラリズムの頽廃と危機的状況を論じ，共存の「文明」の可能性を主張する。1930年，この危機意識の下で書かれた『大学の使命』では，科学的探求や研究よりも教育を大学の第一の使命として位置づけ，とりわけ生の混沌から抜け出す理念の総体としての教養の教育を主張した。この大学論は概ね英米では好意的に受け入れられたが，▶フンボルト以降研究中心の大学を模索していたドイツでは批判的に受け取られた。

児玉 善仁

オルレアン大学 [フランス] |オルレアンだいがく
Université d'Orléans

フランス中部のサントル地域圏，ロワレ県オルレア

ン市にある。1306年1月27日，教皇クレメンス5世によって創設された▶中世大学が起源で，フランスでは▶パリ大学，▶トゥールーズ大学，▶モンペリエ大学，▶アヴィニオン大学に次いで5番目に古い大学である。宗教改革者カルヴァンが法学を学んだことでも知られる。現在の大学は1960年に教養課程の分校として科学系の大学コレージュがつくられて以来，理学部（1961年），技術短期大学部（1967年），法学部（1968年），文学部（1969年），スポーツ科学部（1992年）と徐々に学問領域を広めていった。2002年には二つの技術学校を統合し，オルレアン理工科学学校が設立された。2009年トゥール大学とともに研究・高等教育拠点（▶PRES）となり，フランス中部における学際性に富む教育・研究機関の中心を担っている。学生数1万4656（2012/13年）。

高橋 洋行

音楽・芸術系学部 | おんがく・げいじゅつけいがくぶ
School (Faculty) of Music; School (Faculty) of Arts

音楽・芸術系の教育・研究をおこなう学部。旧学制期には大学に存在せず，▶専門学校などそれ以外の諸学校にこの分野は委ねられていた。▶新制大学発足時に美術学部，音楽学部，芸術学部，工芸学部が設置されたのが最初である。その後，とくに1990年代以降に学部の種類が増加し，現在は工学やメディア学などとの融合学部も含めて三十種類近くの学部が存在する。従来は美術系，デザイン系，音楽系の諸分野を中心としたが，近年はマンガ，アニメーション，ゲームといったいわゆるサブカルチャー的分野を取り込むなど内容の多様化が顕著である。2013年（平成25）時点で全学部在学者に占める比率は3％弱，在学者の88％が私立大学に在籍し，72％が▶女子学生である。

伊藤 彰浩

か / カ

海外キャンパス|かいがいキャンパス
overseas campus

世界的な定義では，本校所在の外の国に設置され，学位を授与する大学施設を指す。アメリカ合衆国や日本の大学が自校の学生向けに外国に用意した施設はその条件を満たさない。1995年のWTOによる貿易自由化のサービスへの適用以降，本格的に増加した海外キャンパスは，2013年には169校を数え，設置国別では合衆国の80校，イギリスの19校，オーストラリアの14校，受入れ国別ではアラブ首長国連邦の34校，シンガポールの15校，中国の12校，カタールの10校の順で続く。▶世界大学ランキング上位の西欧諸国が，富の蓄積が顕著であったり，生産活動の活発な地域に設立している。インドの8大学がアラブ首長国連邦へ進出している例も目立つ。世界の大学のアングロ・サクソン型化や過度の商業化が懸念されている。他方，イェール・シンガポール国立大学(Yale-NUS College)のような，世界に通用する新型の大学教育創出の試みも海外キャンパスの背景の一部をなす。

立川 明

➡ 外国大学日本校

開講式|かいこうしき
academic orientation

入学式とは別に，入学式の前に授業の選択，受講の仕方，単位のとり方などについて行われる▶オリエンテーションの場を指して開講式と呼ぶことが多い。学校以外の社会教育の場でも，この言葉はよく使われる。ヨーロッパ中世の大学では，大学で学ぶに際して入学試験のようなものが実施されたわけではない。一通りの▶ラテン語の知識があれば，希望する者は誰でも大学に「登録する」ことにより入学することを許された。したがって現在の大学に見られるような入学式が行われていたわけではない。授業が始まるにあたって行われる開講の式典が入学式を意味していた。ドイツ語の「immatrikulieren」（登録する）という言葉には「大学に入学する」という意味があるが，これは▶アビトゥーアに合格した者が「登録する」ことが大学入学を意味していたことに由来する。中世ヨーロッパの大学では大学の規則を遵守することを宣言し，入学者名簿に署名する一連の儀式が入学式を意味していた。現在でもドイツの大学には，大学入学に際し大学の名簿(▶マトリケル)に自分の名前を記入する慣習がある。

木戸 裕

外国語学部|がいこくごがくぶ
Faculty of Foreign Studies

日本の大学の外国語学部は，1949年(昭和24)に東京外事専門学校と大阪外事専門学校がそれぞれ新制の東京外国語大学と大阪外国語大学になったときに誕生した。『東京外国語大学史』によれば，東京外事専門学校は1948年，単独での大学昇格を目指して，文部大臣の諮問機関である大学設置委員会(1949年6月，大学設置審議会に改称)に「外事大学設置基準案」を提出したが，「外国語は学術研究の手段であって目的ではない」という理由で却下された。再び検討を重ねた結果，Foreign Languages(外国語)だけでなくForeign Studies(外国の文化風土・政治経済など広い範囲での研究)をも目的とする基準案ができたという。1949年制定の東京外国語大学学則第1条に掲げられた「本学は，外国語大学基準に従い，外国の言語とそれを基底とする文化一般につき，理論と実際にわたり研究教授し，国際的な活動をするために必要な高い教養を与え，言語をとおして外国に関する理解を深めることを目的とする」(『東京外国語大学史 資料編2』)という文言は，その後▶私立大学に新設されることになる外国語学部の性格，とくに▶文学部との差異を規定している。外国語学部の誕生は，語学運用能力の習得や文学研究に偏りがちであった日本の外国研究の可能性を広げたといえる。2017年(平成29)現在，外国語学部をもつ国公立大学は4校である。

高田 里恵子

➡ 学部の概念(テーマ編)，大学と言語(テーマ編)，古典語・外国語教育

外国語教育 ➡ 古典語・外国語教育

外国大学日本校|がいこくだいがくにほんこう
campuses in Japan of foreign universities

1980年代からアメリカ合衆国等の外国大学が日本校を開設し始め，日米貿易摩擦緩和の一環として両国の国会議員がアメリカの大学の日本設置を提唱したこともあって，80年代末には開設数が急増し，一時は50校近くを数えた。しかし，これらの学校の多くは会社形態をとっており，▶学校教育法上の大学ではないため，日本の大学卒業資格を取得できないなどの問題があった。一部の学校の経営トラブル等で不信感が強まったこともあり，1990年代になると学生数が減少し，多くの学校が閉校す

るに至った。

2000年代に入ると，WTOのサービス貿易交渉や，日米二国間協議（日米投資イニシアティブ）において，アメリカから同国大学日本校の取扱い改善が要請されるようになり，アメリカのテンプル大学日本校からも，構造改革特別区域制度の枠組みの中で取扱い改善が提案された。これらを受けて，2004年（平成16）に学校教育法施行規則等の見直しが行われ，外国大学日本校のうち，当該外国の学校教育制度において当該外国大学の一部と位置付けられているものを文部科学大臣が指定する仕組みが設けられ，指定校については日本の大学との▶単位互換，転学，大学院進学が可能となった。通学定期等への学割適用，外国籍学生への留学の在留資格付与等も実現したが，▶学校法人のような税制優遇措置は認められていない。文部科学大臣による指定を受けた教育機関は，2015年4月現在で大学4（アメリカ・ロシア各1，中国2），大学院3（アメリカ2，カナダ1），短期大学3（アメリカ2，ロシア1）となっている。 寺倉 憲一

→ 株式会社立大学，国境を越えて提供される高等教育の質保証に関するガイドライン

外資系企業｜がいしけいぎょう
foreign-affiliated company

一定額以上を外国資本が出資している企業。詳細な定義は国や機関，文献により異なるが，日本の場合，たとえば経済産業省「外資系企業動向調査」では，資本の3分の1以上が外国資本である企業を指す（対象企業数：約6000社）。外国企業（とくに欧米系）は仕事に人を貼り付ける「ジョブ型」社会として特徴づけられ，部門別採用，空席補充での採用，職務給が基本である。だが日本の外資系企業の場合，本国の文化・慣習を現地に持ち込むタイプ（アメリカ型）と，現地の文化・社会を尊重するタイプ（ヨーロッパ型）があり，日本的雇用慣行の一つである新規一括採用をする外資系企業も多い。一方で，採用・処遇において日本学卒者が本国（とくにアメリカ）の学卒者よりも低く位置づけられるケースがあるなど，人に仕事を貼り付ける「メンバーシップ型」社会に対応する日本の大卒人材への評価には厳しいものが多い。 稲永 由紀

→ 労働市場の国際化

KAIST［韓国］｜カイスト
Korea Advanced Institute of Science and Technology

1971年設立の韓国科学院を前身とする国立大学で，80年に韓国科学技術院（Korea Advanced Institute of Science and Technology）に改編された。従来，「KAIST」（カイスト）は大学の略称として使用されていたが，2008年から公式な大学名称として用いら

れている。高等教育法に基づき設置されるほかの大学とは異なり，韓国科学技術院法（1980年制定）に依拠し，法人格を有している。産業の発展に必要な科学技術分野において，深遠な理論と実践的な応用力を備えた高級科学技術人材を育成することを目的としており，科学技術分野に特化した教育・研究機関として代表的な大学の一つである。2016年現在，自然科学部，生命科学技術部，工科学部，人文社会融合科学学部，経営学部の5学部のほか，ナノ科学技術大学院や医科学大学院，情報保護大学院，科学技術政策大学院，テクノ経営大学院など14大学院を擁している。2015年現在の学部学生数は3968人，教員数は563人。 松本 麻人

開成学校｜かいせいがっこう

明治初期の官立学校。1869年（明治2）までの初期開成学校と，73年からの後期開成学校に分かれる。前者は1868年，旧幕府直轄の開成所を新政府が接収し，開成学校と改称して設置された。翌年より▶大学南校，南校，第一大学区大一番中学などと改称を繰り返した。後者は「学制二編追加」の▶お雇い外国人教師による専門学校構想を背景として，1873年に第一大学区大一番中学が再び開成学校と改称されて成立したもので，翌74年には東京開成学校に改称された。外国人教師の指導のもとで，法学・理学・工業学は英語で，諸芸学はフランス語で，鉱山学はドイツ語で専門教育が行われるとともに，予科の語学教育と普通教育にも力が入れられた。1877年，東京医学校と東京開成学校を併せて▶東京大学が設立され，東京開成学校を母体として法学・理学・文学の3学部がつくられた。 冨岡 勝

→ 蕃書調所，大学区

開智国際大学［私立］｜かいちこくさいだいがく
Kaichi International University

1889年（明治22）安田善次郎・三越得右衛門により創立された日本橋区教育会を母体とする，学校法人日本橋女学館により開学した。その前身は1904年開校の日本橋女学校であり，86年（昭和61）の日本橋女学館短期大学，2000年（平成12）の日本橋学館大学の開学を経て，15年に現行校名に改称。所在地は千葉県柏市。2017年より教育学部，国際教養学部が発足した（リベラルアーツ学部は募集停止）。建学の精神「質実穏健」に基づき，深い専門性と幅広い教養を備えるための▶リベラルアーツ教育の実施をめざしている。2017年現在の収容人数360人。 鈴木 崇義

外部資金と利益相反|がいぶしきんとりえきそうはん

利益相反(conflict of interest)とは，同一人物が特定の行為に関して，関連する複数の当事者の利益を代表することをいう。営利企業から外部資金を得て進める研究活動では，たとえばそれに従事する大学研究者が相手先企業から報酬を得る立場にある場合，大学の職員としての立場と相手先から報酬を得る立場の間で葛藤が生じる。もし，相手先企業の利益，ひいては個人の利益を優先する場合は，大学の利益や大学の研究活動の不偏性を犠牲にすることにつながる。このような状況を利益相反という。大学研究者が得る利益の中には，金銭的報酬のみならず株式やストックオプションなども含まれる。また，一定範囲の親族，姻族の利害関係(報酬，株式などのほか，取引関係も含まれる)についても判断の対象となる。ただし，一定以下の利害関係については，それを開示することで公平性を担保する。利益相反が生じる可能性のある外部資金による研究等については，事前に機関内で審査を受け，利益相反と判断される場合は研究を実施することはできない。製薬会社から▶寄付金を得ている研究者が，その会社が販売する医薬品の臨床研究を実施する場合等は，個人的収入でなくとも利益相反として扱われるようになりつつある。

小林 信一

外部評価|がいぶひょうか
external evaluation

学外の有識者を評価者として行われる大学評価の一形態。大学や大学の各部署あるいはセンター等における教育，研究，社会貢献，組織運営等の状況について評価を行う。大学等はその評価結果を事業の発展や改善に活用し，また社会への説明責任(▶アカウンタビリティ)として公表する。外部評価を広義で解釈すれば，自己評価以外の「他者による大学評価」全体を総称するが，一般的に自己評価および▶第三者評価以外の大学評価を指す場合が多い。第三者評価との大きな違いは，評価者および評価項目が評価対象機関自身によって選定されることにある。

[外部評価実施の目的，体制，内容，方法]
大学評価の基本的作業は▶自己点検・評価にあるが，この評価では判断が自学に都合のよい結果となる懸念もある。その欠点を補うため，自己点検・評価結果を外部者の視点から検証してもらうのが外部評価である。これによって，自己評価結果の妥当性と信頼性を担保すると同時に，大学が見いだし得なかった改善課題やストロングポイント(強み)を指摘してもらい，組織や事業の改善・発展に資することを目的とする。

外部評価は全学で実施する場合もあれば，学部・▶研究科あるいは▶学科，▶課程，▶専攻単位で実施することもある。また，大学や学部に付属する教育研究支援組織やセンターでも行われる。このほか外部資金を得て実施される教育プログラムや研究プロジェクトについても，途中経過における進捗や運営の適切性，最終結果における費用対効果など事業の妥当性検証のために行われることもある。

外部評価の特徴の一つは，大学や学部等組織自身が学外から評価者を選ぶところにある。選定にあたっては評価対象大学等の特性や社会的役割をよく認識している有識者や利害関係者(▶ステークホルダー)に依頼することが多い。たとえば近隣大学の学長経験者や大学教員，自学の卒業生や同窓会関係者，地域社会の企業経営者や報道関係者，自治体や公共団体の首長に準ずる主要人物，高等学校長，地域の医療や福祉に関与する有識者などが評価委員として選ばれる。

外部評価にあたっての評価項目やその内容も，評価を受ける組織が設定する。▶認証評価機関が提示する評価基準や観点・項目を援用する場合もあれば，大学や学部等それぞれの特性や強調すべき事項を踏まえ，独自に設定することもある。評価項目は評価を受ける組織によって多様だが，一般的には教育研究に関する理念・目的，実施体制，内容と方法，事業成果，入学者受入れ，管理運営，財務状況，情報公開，質保証の取組み，学生や社会へのサービス，国際化などから取捨選択される。これら評価項目について自己点検・評価を行い，その結果を外部評価者がさらに検証・評価するのが通常である。実施時期の設定も評価を受ける組織の判断による。毎年，もしくは2〜3年の周期で実施することもあるし，不定期のこともある。7年ごとの大学機関別認証評価周期の合間に組み込んで，認証評価の事前，または中間評価の位置づけで実施する事例も多い。

外部評価の実施に法的義務はないが，認証評価では外部評価の実施有無やそれを踏まえた改善事例を確認する。また，▶競争的資金による教育プログラムや研究プロジェクトでは，外部評価による成果検証を事業採択や支援継続の条件とする場合もある。こうしたことから外部評価を実施する大学等もある。外部評価の結果は，評価報告書やウェブサイトで公開し，社会への説明責任の一端とする。

[第三者評価と外部評価]
第三者評価とは，評価対象組織と利害関係を持たない第三者機関によって行われる大学評価である。この評価では，第三者機関が評価委員を選定して評価委員会等を構成し，そこで大学等の教育，研究，社会貢献活動，国際交流，組織体制や運営状況などについての評価項目，評価基準(水

準），評価方法を設定する。これに照らして各大学等は自己点検・評価を実施し，さらにその結果について第三者評価機関が選定した評価者が，客観的数値を示した根拠資料（エビデンス）を要求しながら検証評価を行う。これによって大学等の教育・研究の質保証や，社会貢献活動等の遂行状況，組織運営の健全性を評価し，必要があれば改善指摘を行う。第三者評価では，最終評価結果が期待する水準以上だった場合は何らかの適格認定（▶アクレディテーション）を行うことが多い。代表的な第三者評価として大学機関別認証評価がある。大学機関別認証評価は▶学校教育法109条2項，3項にもとづいて実施され，すべての大学は7年以内に1回，国から認証された評価機関（▶大学改革支援・学位授与機構，▶大学基準協会，▶日本高等教育評価機構）による大学評価を受けることが義務づけられている。認証評価などの第三者評価も広義の外部評価ではあるが，評価特性の違いから，通常は外部評価とは区別される。　　　　　　　　　　大川　一毅

→ 大学の質保証（テーマ編）

◎山野井敦徳，清水一彦編著『大学評価の展開』（講座「21世紀の大学・高等教育を考える」第2巻），東信堂，2004.
◎川口昭彦『大学評価文化の展開―わかりやすい大学評価の技法』（大学評価・学位授与機構大学評価シリーズ），ぎょうせい，2006.

外部連携 |がいぶれんけい

大学が国内外の研究機関や企業，自治体などと組織的に連携協力する取組みが進んでいる。代表的形態として産学官連携や▶大学間連携がある。その内容は共同研究やプロジェクトの推進，データ・情報基盤の構築，外部資金の提供・受入れ，大学間での教育連携，シンポジウム・講演会の共催などがある。産学官連携は，新技術の研究開発や新事業の創出を目的として大学と企業および官公庁・自治体が協働・連携する取組みをいう。大学間連携については，大学間相互の▶単位互換をはじめ，海外大学との学生交流協定，▶連合大学院，共同共通教育プログラムの提供，研究開発拠点の設置，人材交流などさまざまな形態と内容で展開される。大学相互が連携を進める背景には，学生のニーズに応じた教育機会の多様化要請，大学の地域貢献ニーズの高まり，大学のグローバル化推進など多様である。大学と外部組織との連携は，教育研究の範囲と可能性を広げる成果がある一方で，大学が特定組織との連携を深める中で，いかに大学としての公共性や自立性を保つかが課題となっている。　　　　　　　　　　大川　一毅

→ 産学連携，共同研究／受託研究，外部資金と利益相反

カイロ・アメリカン大学 [エジプト]
カイロ・アメリカンだいがく
American University in Cairo: AUC

長老派のアメリカ人ワトソン（Charles A. Watson）が，英語教育による文化貢献のため，大学進学準備リンカーン校（1951年廃止）とともに，アメリカのリベラルアーツ型私立大学として1920年に創立した。人文・自然科学部，教育学部から出発し，1923年短大卒相当学位，28年学士号，50年修士号の授与を開始した。1928年から女子に門戸が開かれた。その後東洋学研究所（1921年）と社会福祉系学科（1924年）が設置され，1956年東洋学研究所が人文・自然科学部に統合されアラビア語学センターとなり，英語研究所も新設された。1961年教育学部が廃止，社会福祉系学科が停止すると，人文・自然科学部のみに再編され，社会学，人類学，政治・経済学や，自然科学のカリキュラムも拡大された。1953年社会調査センター，79年砂漠開発センターが設立された。工学，コンピュータ科学，ジャーナリズム，マスコミ，経営学が大学院教育で活発に行われてきた。1993年，人文・社会学部，自然科学・工学部，経済・経営・コミュニケーション学部が再編され，社会教育学部で教員養成，経営学センター，工学業務科，砂漠開発センター，社会調査センターで専門研究が実施されている。アメリカ，デラウェア州の大学として学位はアメリカで認定され，エジプトでも文化協力協定（1962年）に基づき現地国立大学卒と認定される。阿久津　正幸

カイロ大学 [エジプト] |カイロだいがく
University of Cairo

ムハンマド・アリー朝フアード1世が1908年私立エジプト大学として創立し，名高いオリエンタリストによる欧式教育が本格化すると，アズハルの伝統教育に飽き足らない人材を国内外から集め，欧留学を経験した新知識人を数多く輩出した。1925年に国立大学に改編（人文，自然科学，法，医学部），35年に工，商，農学部，46年には教員養成（既存ダール・アルウルーム）を編入，獣医学部が追加された。死後，創立と運営に貢献したフアード1世の名を大学名に冠したが（1940年），ナセルの共和体制になって現在のカイロ大学と変更された（1952年）。分校として，国内では1938年アレクサンドリアに人文・法学部が設立され，42年ファールーク大学として独立した（52年に現在のアレクサンドリア大学に改称）。1976年にはファイユーム（2005年ファイユーム大学として独立）とベニ・スエフ（2005年ベニ・スエフ大学として独立）にも分校が設置された。国外では，1955年スーダン・ハルトゥームに創立され（1993年スーダン国立ニーレイン大学に改変），周辺地域に知的伝統を涵養し人材を輸出する重要な役割を担った。

2013年現在，27の学部と研究所から構成される巨大な組織となっている。

阿久津　正幸

ガウン→タウンとガウン

カウンターカルチャー
counterculture

［カウンターカルチャーとサブカルチャー］

カウンターカルチャーおよびサブカルチャーは，社会における支配的な文化（行動様式や価値観などを含む広い意味での文化）であるメインカルチャーに対置される文化のあり方を指し示す概念である。前者は「対抗文化」あるいは「反体制文化」，後者は「下位文化」あるいは「副次文化」などと訳されるが，ある社会の支配的文化（メインカルチャー）に対して，何らかの点で相対的に区別される独自性を示す部分的な文化がサブカルチャーであるとすれば，メインカルチャーに敵対し反逆し，あるいは離反する特性を有する下位文化（サブカルチャー）が対抗文化（カウンターカルチャー）である。したがって一般にサブカルチャーの方がカウンターカルチャーよりも広い概念として用いられることが多い。カウンターカルチャーの代表的な例として，1960年代以降のアメリカ合衆国における若者文化が挙げられる。

［1960年代のアメリカにおけるカウンターカルチャー］

1960年代にアメリカで展開したカウンターカルチャーは，従来の既成権力や既存の価値観に抵抗し，豊かな生活と安定という中産階級的な生活様式を物質主義的であるとして拒否しながら，当時の若者たちによって形成された独自の文化を指す。挑戦的な態度で新たな意識改革を迫るものであったが，特定の組織や人物によって展開された運動というよりも，多種多様な文化実践が同時多発的に生起したという特徴を有している。ヒッピー現象，コミューン生活，マリファナやLSDなどのドラッグを用いた「トリップ・アウト」，ロックやフォークなどの新しい音楽や「ウッド・ストック」に代表されるフリー・コンサート，「アメリカン・ニュー・シネマ」と言われる映画，絵画や写真などさまざまな表現や文化に及んだ。ヒッピーに典型的に見られる，テクノロジーを批判した自然志向・反合理主義志向には，禅をはじめとする東洋思想の影響も指摘される。

　こうしたカウンターカルチャーの動きの背景には，公民権運動に現れる人種問題の激化と黒人解放運動，女性解放運動，ヴェトナム戦争の泥沼化と反戦運動の高まり，一連の▶大学紛争などが見出される。1960年代はさまざまな局面における「異議申し立て」の時代としてとらえられ得るが，カウンターカルチャーはこうした社会全体の動きの中から生まれてきたという側面も有している。

大学の問題に即して見るならば，1944年に制定された第2次世界大戦の復員軍人に対する援助優遇立法である「GI権利章典」によって，大学への優先入学，授業料免除などの特典が与えられたことにより，大学進学者が戦後急激に増加し，今日の高進学率に至るきっかけとなった。そして1960年代末は，戦後のベビーブーマーが大学に進学する時期にあたり，学生数の増加と大学教育のあり方や意味づけの変化，さらにより広くはヴェトナム戦争への反対とともに，工業化に伴って現代社会の管理体制へと組み込まれていく学生や知識・情報の商品化に対する異議申し立てといった文脈で，大学の管理・運営への学生参加の拡大を求めつつ，大学紛争が拡大していった。カウンターカルチャーの背景の一つに大学紛争があるという点に着目するならば，反合理主義志向というカウンターカルチャーの外見にもかかわらず，通常メインカルチャーの側に位置づけられる大学とのかかわりが，カウンターカルチャーの重要な要素をなしていることがわかる。あるいはメインカルチャーとしての大学の意味を問い直すことこそが，カウンターカルチャーの一つの要素となっていたとも言える。

［他国における展開］

アメリカで生まれたカウンターカルチャーの他国への影響は一様ではないが，当時，日本，フランス，イタリア，西ドイツ，イギリスといった国々でも同時的に大学紛争が発生していった。個別の争点はそれぞれ異なるとしても，既存の秩序に対する学生による異議申し立てという点でこれらは共通し，また戦後のベビーブーマー世代がこれを担ったという点でも軌を一にしている。

　またカウンターカルチャーに通ずるものとして，フランス，ドイツ，イタリアのヨーロッパ諸国を中心に環境保護運動，フェミニズム，平和運動，地域分権運動，マイノリティの運動などとして行われてきた「新しい社会運動」を挙げることができる。これは，労働者による従来の階級闘争的な運動ではないというだけでなく，運動組織の形態が非官僚制的なネットワーク型であること，組織による動員ではなく個人として運動に参加する傾向がより強く見られること，従来と比べて社会階層の高い者の参加が多く見られること，近代社会の物質的価値観を問い直す運動であることなどの特徴によって，「新しい社会運動」としてとらえられる。そして経済的な観点に限定されることなく，既存の社会のあり方を根本から問い直そうとする点で，カウンターカルチャーと重なってくる。ボルタンスキーらは疎外の観点からの批判である「芸術家的批判」と，搾取にかかわる資本－労働の関係からの批判である「社会的批判」という，資本主義に対する二つの批判の類型を提示したが，前者はまさにカウンターカルチャーや「新しい社会運動」に通じるものである。

白鳥　義彦

→知識人と大学(テーマ編)，GIビル，学生運動，学生文化，マイノリティと大学

◎リュック・ボルタンスキー，エヴ・シャペロ著，三浦直希，海老塚明，川野英二，白鳥義彦，須田文明，立見淳哉訳『資本主義の新たな精神 上・下』ナカニシヤ出版，2013.
◎シオドア・ローザック著，稲見芳勝，風間禎三郎訳『対抗文化(カウンター・カルチャー)の思想―若者は何を創りだすか』ダイヤモンド社，1972.
◎竹林修一『カウンターカルチャーのアメリカ―希望と失望の1960年代』大学教育出版，2014.

嘉悦大学 [私立] | かえつだいがく
Kaetsu University

1903年(明治36)嘉悦孝による日本初の女子を対象とした商業学校である私立女子商業学校の創立を起源とする。1950年(昭和25)日本女子経済短期大学を設置し，82年嘉悦女子短期大学に改称。校訓である「怒るな働け」の「怒るな」は人間の和と世界平和を，「働け」は人間社会に必要不可欠な財の生産を意味する世界観と人生観をあらわしている。現在は，校訓を現代的に解釈し，「働きながら学び，働きながら経験を積む」ことができる「働ける大学」として，専門分野と社会実践を融合した教育から，創造的実学の理念と，公を支える精神を備えた人材育成をしている。東京都小平市にキャンパスを構え，2016年(平成28)現在，経営経済学部とビジネス創造学部，1研究科に1106人の学生が在籍。

山崎 慎一

課外活動 | かがいかつどう
extracurricular activities

学習指導要領が適用される初等・中等教育の場合は，特別活動を除く部活動，課外授業などを指す明確な規定があるが，高等教育における課外活動に関してはそうした規定がなく，たとえば▶学生自治，大学祭，ボランティア活動，就職活動など正課外活動全般を指すものと考えられる。最近増えてきた就業体験(▶インターンシップ)を卒業単位に参入する大学もあり，大学によっては一定の条件を満たした部活動を単位化しているケースもあって，課外活動と正課教育との境界線は曖昧になっている。とくに日本の場合は長期にわたる就職活動が正課教育に食い込み，これを単純に個人的活動と見なし切れない特殊事情が存在する。また近年，各大学で作成・公表されたディプロマ・ポリシー(DP: 学位授与方針)に盛り込まれることが多いコミュニケーション能力や協調性などの育成を推進するにあたって，正課教育と正課外教育(課外活動)との連携を模索し，課外活動を奨励する大学も増えている。

橋本 勝

→就活，大学祭／学園祭

科学アカデミー | かがくアカデミー
academy of sciences

大学が自然科学研究のための場ではなかった時代の西洋において，科学の研究発表や交流の場を提供していた組織。科学と技術の国家支援を奨励したフランシス・ベーコンの思想が理念的原型となっている。15世紀半ば以降，西欧諸国で活発となった私的な研究会合(英語圏では▶ルネサンス・アカデミーとも呼ばれる)のうち，自然科学や数学を扱うものを国家が認定，もしくは直接支援することで制度化されたという側面もある。とくに1660年代に成立したイギリスのロイヤル・ソサエティ(王立協会)とフランスのパリ王立科学アカデミーは，組織モデルの原型となった。前者は愛好者の共同体のような性質を保った水平的な組織であり，後者は選ばれた少数精鋭の会員の上に王侯貴族の庇護者を戴く垂直型の組織であった。この2種類を原型にして多様な形態のアカデミーが200ほど欧州各地に生まれたが，自然科学のみならず人文系諸分野を同時に扱う組織が多かった。19世紀以降，おもな科学研究の場は大学に移り，アカデミーは科学振興を役割とする存在となった。

隠岐 さや香

→アカデミア

◎James E. McClellan Ⅲ, *Science Reorganized: Scientific Societies in the Eighteenth Century*, New York: Columbia University Press, 1985.

科学革命と大学 | かがくかくめいとだいがく
scientific revolution and university(academics)

16世紀から18世紀にかけて起こったとされる科学革命には，おもに四つの学問分野とその変革が関係している。第1に，コペルニクス，ティコ・ブラーエ，ケプラー，そしてニュートンに連なる天文学の革新とそれによる宇宙像の転換である。第2に，第1と関係するが，ガリレオ・▶ガリレイらによる機械学と静力学の系譜である。第3に，大学教授として初めて解剖を行った解剖学者▶ヴェサリウス，血液循環の発見者であるハーヴェイ，腎臓のマルピーギ小体や昆虫のマルピーギ管を発見したマルピーギらによる16～17世紀の医学・生命科学の新展開，そして第4に，これは上の医学にも関係するが，パラケルススやヘルモントによる中世以来の錬金術から発展した▶実験を中心とする化学哲学である。さらに化学の革新という意味では，18世紀末のフランス革命期でのラヴォアジェの定量的化学実験の開拓も科学革命の範疇に入る。また，17世紀のイギリスでは実験哲学が盛んとなり，それを先導したボイルは錬金術，化学，今日の物理学など多分野にわたって実験を行い，化学を中心として，現在の自然科学の基礎をつくって科学革命に貢献した。

大学事典　　かがくかく　255

のちに「科学的」と呼ぶ上記のことがらが革命的であった理由は、①それによって、それまで西洋世界で維持されてきたアリストテレス的自然観、たとえば地球は宇宙の中心であり、宇宙は月下界と天上界に分かれていて、そこでは別の法則が支配すること、また地上では、物体は等速運動をするだけで、その落下速度は物体の重さに比例するなどの考えを放棄して新しい自然観を持つようになったこと、そして、②それが天体や物体の運動、生物の機能や構造を観察だけではなく、実験を用いて明らかにしようとしたこと、さらに、とくにニュートンやガリレオの仕事においてそうであるが、③数学を用いて観測される現象を定式化しようとしたことである。①は結果として世界像の転換として重要であるが、②③は自然現象に立ち向かうときの、それまでにはなかった手法の革新として捉えることができる。

この実験と数学の利用が、科学革命において大学の果たした役割と深い関係を持っている。今日の天文学や物理学につながる、コペルニクスの太陽中心説（地動説）、ケプラーによる惑星の楕円軌道の発見、ニュートンによる万有引力の発見と数学による定式化、ガリレオによる落体の法則の発見においては、大学の果たした役割は必ずしも大きくはなかった。確かにニュートンは▶ケンブリッジ大学教授となり、ガリレオも▶パドヴァ大学教授を務めたが、コペルニクスは司祭として働く中で「天球の回転について」を発表し、ティコ・ブラーエは貴族であり大学外で観測を行い、ケプラーはおもに宮廷付学者として観測と研究を続けた。ガリレオは大学を辞して宮廷付きの学者となった。彼らにはみな、数学への深い傾倒がある。当時の大学は、中世後期以来の▶スコラ学の教育がその機能の中心であったから、実験を行い、その結果を数学により説明するという、今日の経験主義的な研究につながっていく考え方は、科学革命期とそれ以前の多くの大学教師にとってなじみの少ないものであった。

14〜16世紀のルネサンスの影響も大きい。12世紀ごろから、鉱山の開発や戦争によって鉱山技術と軍事技術は発達してきていたが、15世紀の大航海時代と重なるルネサンス期には技術の飛躍的発展があった。数学を用いて技術を定量化したレオナルド・ダ・ヴィンチによりそれは象徴される。また、アルキメデスの著作がこの時期（16世紀）に翻訳され、技術およびそこでの数学の重要性や実験を尊ぶ風潮が加速された。ガリレオはアルキメデスの影響を大きく受けた機械学者でもある。このように、科学革命に密接に関係した技術と数学の発展はおもに大学の外で起こった。そして、これには技術が古代ギリシア以来、機械技芸として卑しめられ、大学の中に取り入れられなかったことも関係していよう。

一方、医学・生命科学分野での科学革命には、ほぼ在野の学者として過ごしたパラケルススによる貢献を除いて、大学が重要な役割を果たしている。上記のヴェサリウスは▶ライデン大学に学びパドヴァ大学で教授となり、ハーヴェイも血液循環説の発見のもとになった医学を留学先のパドヴァ大学で学んでおり、マルピーギは長く大学教授を務めた。また▶医学部には16世紀以降、解剖学教室以外にも、実験を行うのに必要な化学実験室や▶植物園などが設けられている。

科学革命は科学を通じて人が交流し、また実験による研究成果を発表する協会やアカデミーを生む契機の一つとなったことにおいても重要である。フランスでは、専門家集団としての王立科学アカデミーが、ルイ14世によってパリに1666年に設立され、ラヴォアジェもそのメンバーであった。またボイルは科学の愛好者が集まった自立的組織であるロンドンの王立協会（1660年創立）の主要メンバーで、多くの実験を行い公開した。王立協会発行の『フィロソフィカル・トランザクションズ』（*Philosophical Transactions*）は1665年に創刊され、現在も発行されている世界で最も古い科学雑誌である。これらの学協会は、その後各国各地に設立され、大学等での科学の発展と科学者の交流に重要な役割を果たしている。　　　　　　　　　　　　　　　　赤羽　良一

→アカデミア、科学アカデミー、先端科学・技術

◎ジョン・ヘンリー著、東慎一郎訳『一七世紀科学革命』岩波書店、2005.
◎ピーター・ディア著、高橋憲一訳『知識と経験の革命』みすず書房、2012.

科学技術基本法 |かがくぎじゅつきほんほう

科学技術（人文科学のみに係るものを除く）の振興に関する施策の基本となる事項を定め、日本における科学技術の水準の向上を図ることを目的として1995年に施行された（平成7年法律第130号）。科学技術の振興施策に関する国および地方公共団体の責務を宣言するとともに、研究者の確保や研究施設の整備を含む研究開発の推進、国際的な交流等の推進、科学技術に関する学習の振興に関する基本的方針を定めている。なかでも重要なのは、政府が科学技術の振興に関する施策の総合的かつ計画的な推進を図るため、科学技術の振興に関する基本的な計画（科学技術基本計画）を策定しなければならないとしている点である（9条）。科学技術基本計画には、研究開発推進の総合的な方針や政府が講ずべき施策が含まれるとともに、その実施に要する経費を予算に計上するなど、政府が必要な措置を講ずるよう努力義務を課している。本法に基づき、1996年から5年ごとに科学技術基本計画が策定されている。　　　　　　　　　　　　　山本　眞一

→科学技術政策，先端科学・技術

科学技術振興機構|かがくぎじゅつしんこうきこう
Japan Science and Technology Agency: JST

▶文部科学省が所管する国立研究開発法人で，課題解決型の戦略的な▶基礎研究や基盤的な研究開発のほか，新技術の事業化支援，科学技術情報基盤の整備，科学教育の促進により，科学技術の振興を図ることを目指している。前身は1957年(昭和32)に設置された日本科学技術情報センターと，61年に設置された新技術開発事業団(1989年に新技術事業団に改称)が合併して96年(平成8)に誕生した科学技術振興事業団で，2003年に独立行政法人，15年に国立研究開発法人となった。▶日本学術振興会と並ぶ，文部科学省の代表的な資金配分機関である。2009年から革新的研究開発推進プログラム(ImPACT)や戦略的イノベーション創造プログラム(SIP)，最先端研究開発支援プログラム(FIRST)といった内閣府と総合科学技術・イノベーション会議が主導する大型プログラムの運営管理も担っている。創造的な研究開発による科学技術イノベーションの実現，「バーチャルネットワーク型研究所」として世界の知の結集，科学技術基盤の整備による科学技術イノベーションの加速化の3点がビジョンに掲げられている。　　　　榎　孝浩

科学技術新体制確立要綱
かがくぎじゅつしんたいせいかくりつようこう

1941年(昭和16)5月，戦時色を強める当時の日本において，科学技術に係る新体制確立を目指し，第2次近衛文麿内閣で閣議決定された政策。目的は，高度国防国家完成の根幹である科学技術の国家総力戦体制を確立し，科学の画期的振興と技術の飛躍的発達を図るとともに，その基礎である国民の科学精神を作興し，もって大東亜共栄圏資源に基づく科学技術の日本的性格の完成を期したものとされる。背景には戦時総動員体制が色濃く，その面においてこの新体制は1945年の敗戦によって崩壊した。ただ，この頃から「科学技術」なる用語が使われ始め，現在もこの用語はさまざまな政策文書で使われていること，研究活動の振興，研究費の充実，研究者養成の計画的実施など，政府主導による▶科学技術政策の推進という体制に通じるものもあるとして，現在の▶科学技術基本法や科学技術基本計画との類似性を指摘する意見もある。　　　　山本　眞一

→先端科学・技術

科学技術政策|かがくぎじゅつせいさく
science and technology policy; science policy

科学技術が社会に与えうる種々の影響を最適化するために計画的・組織的になされる施策群や，それらを統合する政策体系を指す。科学技術を政策の対象とする「科学のための政策 policy for science」と，科学技術を政策遂行の手段とする「政策のための科学 science for policy」とに区分されるが，両者は密接に関係している。英語圏では science policy の語で科学技術政策を表すことがある。

［科学技術政策の特徴］
科学技術そのものならびにその影響に対する認識の変容に伴って，科学技術政策が意味するところも変遷しており，確たる定義がない。しばしば引用されるのは，経済協力開発機構(OECD)『科学・成長・社会』(1971年，通称「ブルックス報告」)における「科学研究と技術開発に対する資源の配分，産業発展と経済成長のための戦略の基礎となる科学技術への政府の助成，さらには公共部門における諸問題への科学の適用などにかかわるもの」という文言である。

　科学技術政策は文化・教育政策，経済・産業政策，環境・都市政策などと近縁である。科学技術が未発達のうちは科学技術政策もこれらの政策から未分化である場合が多く，科学技術に対する政府の期待や懸念の高まりが科学技術政策を形成させる基盤となる。ただし科学技術関連人材育成は，科学技術のレベルによらず高等教育政策から切り離しがたい。政府が科学技術政策に取り組む目的・根拠は，①政府の援助が必要な科学技術活動の支援，②公共的ニーズのための科学技術活動の推進，③公共的観点からの科学技術活動に対する規制・統制・誘導，④科学技術活動の悪影響からの国民の保護および科学技術活動への国民の参画の4点に大別される。

　科学技術が高度に専門分化したこと，科学技術の不確実性，影響する程度や範囲の広さなどが，科学技術政策を複雑かつ多様なものにするとともに，科学技術政策への科学技術人材の参画を余儀なくさせている。加えて，科学技術活動に求められる創造性のために，科学技術コミュニティに一定の自律性が担保されてきた経緯がある。各政府は，科学的助言制度(科学アカデミー，審議会，外郭組織，科学顧問など)や研究費助成における▶ピア・レビューによって，政策過程に科学技術人材を参画させている。このような複雑さに科学技術政策の固有性ならびに存立意義が認められる。

［科学技術政策の歴史的概観］
実質的に科学技術政策とみなせるものは，第2次世界大戦中やそれ以前からあった。アメリカ合衆国の初代首席科学顧問 B. ブッシュが，『科学──限りなきフロンティア』(1945年)において国の基礎研

究機関創設を勧告したことがよく知られている。各国の制度の中にscience policyの語が出現するのは1947年から55年ごろである。大学等の基礎的研究開発に対する支援政策(学術政策)を土台として，行政的あるいは公共的目的の研究開発を大学等に委ねる方式を採用したことから科学技術政策が始まっている。

科学技術政策という概念が国際的に共通理解を得たのは1970年前後のことである。OECDが初の科学担当大臣会合を開催したのが1963年であり，71年に発表された「ブルックス報告」(前述)が今日的な科学技術政策概念の起源と言える。国の威信をかけた科学技術競争，科学技術活動の巨大化，産学官連携の進展，公害問題の出現などにより，多様化した施策群を調整・統制する必要が各国に生じた時代であった。ときに他国を参照しながら政策立案や制度設計が進められたが，実際の科学技術の制度や政策は国ごとに異なる歴史的背景に根ざしており，現在に至るまで多様性がきわめて大きい。▶産学連携や大学からの技術移転が主要課題であった時代を経て，2000年前後からはイノベーション政策や科学技術と社会・公共との関連を重視する政策への転換が進み，関連する政策分野・事項や▶ステークホルダーが急拡大してますます複雑になっている。科学技術政策への市民参画やエビデンスに基づいた政策立案が昨今の課題である。

日本の科学技術政策については，明治期に始まった学術政策や学士院設立が土台となり，第2次世界大戦の戦時下に科学動員ならびに技術院や科学技術審議会の設置が行われ，戦後1948年(昭和23)に▶日本学術会議と科学技術行政協議会(のちに科学技術庁となり，2001年(平成13)の省庁再編により文部科学省)が設置されるなど，おおむね諸外国の動向に共通または追随して推移している。特殊性としては，初期の大学にすでに工学があったこと，比較的早い1917年(大正6)に産業発達を目的とする理化学研究所が創設されたこと，戦後に科学動員を否定するところから再始動したこと，1980年代後半から90年代前半のいわゆる「基礎研究シフト」などが挙げられる。なお科学技術政策という概念が明示的に登場したのは，科学技術会議に対する諮問「1970年代における総合的科学技術政策の基本について」(1971年)と見られる。

2015年現在，日本の科学技術政策における主要根拠法令は「▶科学技術基本法」(1995年)と「研究開発システムの改革の推進等による研究開発能力の強化及び研究開発等の効率的推進等に関する法律」(略称「研究開発力強化法」，2008年)である。内閣府特命担当大臣(科学技術政策担当)や総合科学技術・イノベーション会議が省庁横断型で置かれているほか，文部科学省に科学技術・学術政策研究所がある。

齋藤 芳子

→ 大学と研究(テーマ編)，科学技術新体制確立要綱

◎小林信一「第1章 科学技術政策とは何か」『科学技術に関する調査プロジェクト調査報告書—科学技術政策の国際的な動向』国立国会図書館調査および立法考査局，2011.
◎乾侑『科学技術政策—その体系化への試み』東海大学出版会，1982.

科学研究費補助金 | かがくけんきゅうひほじょきん

▶文部科学省・▶日本学術振興会による人文・社会科学から自然科学まですべての分野にわたり，基礎から応用に至るあらゆる学術研究(研究者の自由な発想に基づく研究)を発展させることを目的とした競争的研究資金を指す。科研費と略称される。目的・内容に応じて特別推進研究，新学術領域研究，基盤研究(S・A・B・C)，挑戦的研究(開拓・萌芽)，若手研究，研究活動スタート支援などに分かれており，審査は▶ピア・レビューにより行われ，独創的・先駆的な研究に対して助成が行われる。なお2011(平成23)年度から，複数年度間での研究費の使用を可能とする基金化が行われたものは学術研究助成基金助成金，それ以外は旧来通り科学研究費補助金と呼称されている。当制度は1939年(昭和14)に創設され，2017年度の予算額は2284億円に達している。なお当制度とは別に厚生労働省による厚生労働科学研究費補助金なども存在する。

島 一則

→ 競争的資金

香川県立保健医療大学 [公立]
かがわけんりつほけんいりょうだいがく
Kagawa Prefectural University of Health Sciences

1999年(平成11)に設立された県立医療短期大学を前身とする。2004年に4年制公立大学として香川県高松市に開学。保健医療学部1学部に，看護学科・臨床検査学科の2学科を置く。2009年に大学院保健医療学研究科を設置。2012年に助産学専攻科を設置。2013年には大学院に専門看護師コースを開設した。2017年現在，学部生369人，教員51人を擁する。「生命の尊厳を畏敬する深い人間愛を基盤として，教育，研究，地域貢献を推進」することを教育理念に掲げ，地域の保健医療をリードする人材の育成や，国際的視野を有して保健医療の発展に寄与する先駆的研究の推進などをめざす。2011年に開設した地域連携推進センターを拠点として，地域との共同研究・保健医療従事者の生涯学習推進・地域住民の健康増進などに取り組んでいる。

小濱 歩

香川大学 [国立] | かがわだいがく
Kagawa University

1949年（昭和24）香川師範学校・香川青年師範学校を母体とした学芸学部（1966年，教育学部に改称）と，高松経済専門学校を母体とした経済学部の2学部からなる新制大学として発足。1955年に香川県立農科大学を移管して農学部を設置し，81年に法学部，97年（平成9）に工学部を置いた。また2003年に香川医科大学と統合，2004年に国立大学法人化。2017年現在の学生数は学部5661人，大学院716人。6学部13学科，7研究科，2▶専門職大学院を擁し，高松市幸町・高松市林町・木田郡三木町に4キャンパスを有する。工学系人材や公認心理師の養成を行う新学部・学科構想や，地域活性化のための経済学部の機能強化，「希少糖研究」と「防災・危機管理研究」を戦略的重点研究と位置づけて機構組織を立ち上げるなど，教育・研究双方で積極的な取組みを進めている。　　小濵 歩

学域／学府 | がくいき／がくふ
college／graduate school

大学には，教育研究上の基本組織として学部あるいは▶研究科が置かれるが，ただし書きとして学部や研究科以外の基本組織を設けることができる（学校教育法85条，100条）。▶新構想大学の筑波大学における学系・学群制もそうであるが，近年，他大学においても学部・研究科に代わる基本組織が数多く見られるようになった。学域や学府もその一つである。学域は従来の学部に代わる新たな組織で，これまでに比べてより広い学問領域の組織となっている。金沢大学や大阪府立大学などでは，学部・学科に代わる学域・学類制を導入している。たとえば金沢大学の場合，人間社会学域，理工学域，医薬保健学域の三つの学域を設け，それぞれ6学類，6学類，4学類を配置している。他方，学府は従来の研究科に代わる組織で，学生の所属する教育組織となっている。東京大学や九州大学などの▶大学院に見られ，教員組織（研究組織）としての学環や研究院に対置する組織となっている。たとえば東京大学では情報学環・学際情報学府，また九州大学では法学府・法学研究院，工学府・工学研究院といった名称で設置されている。　清水 一彦

▶学系／学群，学部の概念 (テーマ編)

学位規則 | がくいきそく

1953年（昭和28）に学校教育法68条1項の規定に基づき文部省令として制定された規則で，大学あるいは独立行政法人大学評価・学位授与機構（現，▶大学改革支援・学位授与機構）が行う学位授与に関して定める。1991年（平成3）の▶学校教育法改正により，それまでの▶修士，▶博士の2種類の学位に加えて▶学士（従来は称号）が学位として認められ，2003年には専門職学位が，2005年には▶短期大学士が，それぞれ学位として認められ5種類となった。大学以外に学位授与の機関が創設されたのは，1991年の学位授与機構（現，大学改革支援・学位授与機構）であり，▶短期大学や▶高等専門学校の卒業後に大学の科目履修を行った者，短期大学・高等専門学校の認定専攻科卒業者，あるいは省庁所轄大学校卒業者・修了者を対象に学士，修士，博士の学位が授与される。学位規則では，それぞれの学位の授与要件のほか，博士学位については論文要旨等の公表や文部科学大臣への授与報告の義務，▶学位授与機関における学位規程（論文審査の方法，試験および学力の確認の方法等）などが規定されている。　清水 一彦

▶専門職学位／職業学位，学位と称号 (テーマ編)

学位工場 | がくいこうじょう
diploma mills

ディプロマ・ミル。贋物の学位や証明書を与える，大学・教育機関を偽装した，あるいは信頼に値しない教育を提供する事業者のこと。職業経験等の履歴書，簡単なエッセイ等を提出することで学位を取得できる，在籍（出席）要件があったとしても，大学において学位を取得する場合に比べてはるかに少ない課業量しか要求されない等，実質的な教育を行わない，いわば「偽学位販売業」である。簡素な手続きや基準で大学の設置が可能な州が存在するアメリカ合衆国では，大学教育の質保証において，アクレディテーション団体による適格認定が重要な役割を果たしているが，そうした教育制度の仕組みについて一般の人々が正確な知識を持つことは必ずしも容易なことではなく，それゆえ安易に学位等を取得できる手段としてディプロマ・ミルを利用してしまう人が存在する。むろん「偽学位」がそれと知られずに横行することは雇用主，顧客，大学等教育機関，ひいては社会全体にとって損失であり，各国の政府，公的団体等でディプロマ・ミルに関する情報ネットワークを構築するなどの対策がとられている。　濱中 義隆

▶アクレディテーション，学位授与機関

学位・資格枠組み | がくい・しかくわくぐみ
Qualifications Framework: QF

［基本的特徴］
学位・資格枠組みとは，教育訓練システムで用いられるさまざまの▶学位・資格等（qualifications）を，統一的な分類規則に沿って複数レベルに分類し，学位・資格等の可視化や相互の浸透性の向上をめざ

す制度であり，国家学位・資格枠組み（National Qualifications Framework: NQF）として開発・導入が進んでいる。その構成要素となる学位・資格等は「証明書の形態で公的認定の価値を判断する基準や単位のパッケージ」（ILO, 2007）と定義され，第三段階教育／高等教育で取得される学位・称号等とともに，職業教育訓練や学校教育で獲得される修了証や資格，称号等が含まれる。その基本単位は国ごとに異なり，アングロ・サクソン圏諸国では，教育訓練プログラム修了時に授与される学位・資格とともに，その一部分としての▶モジュールや個別授業で修得される単位等までも視野に入れるのに対して，ドイツ語圏諸国では個人の人格に関わる全体性を表現するものを学位・資格として理解する傾向にある。

この学位・資格等の分類規則には，学習時間や▶修業年限などのインプットではなく，到達すべき「知識」「技能」「コンピテンス」などの複数次元での学習成果目標，アウトカムが用いられる。多くのNQFでは，8〜12程度のレベル別基準を示す説明指標（descriptor）が設定され，これを教育関係者だけでなく，産業界，職能団体，労働組合，行政などの関係者が参画して個別分野の学位・資格等に適用して位置づけを確定していく。

［国家学位・資格枠組みの多様性と社会的ニーズ］
このNQFの範囲は国ごとに異なり，高等教育，職業教育訓練，学校教育の三つすべてを取りこむNQFが多いけれども，高等教育だけを扱うものもある。また，すべての産業・職業領域をカバーするのが通例であるが，特定の産業・職業セクターのみで先行導入がなされる場合もある。職業教育訓練についても，初期職業教育訓練は多く含まれるが，継続職業教育訓練を扱わない場合も多い。継続職業教育訓練は，公共職業教育訓練とともに企業内訓練を含み，到達すべき能力等に対応させる学習プログラムの輪郭を明確に限定し得ない場合が多いためである。

日本でも「公共の福祉のために職業選択の自由を制約するもの」として公的職業資格は理解されているが，公務員試験等の受験資格として職業選択の制約条件であるとともに，上級段階の教育への進学機会を制約する学歴等の教育修了証書を含んで学位・資格が想定される。また「学位」にしても，1991年（平成3）の学位規則改定によって，それまで称号だった大学卒業資格としての▶学士が学位となり，さらに2005年に▶短期大学士まで学位概念は拡張され，学位や卒業証書等の考え方が大きく変化してきている。

異なる文脈から発展を遂げてきた学位・資格等を統一枠組みに位置づけるNQF開発の狙いは国ごとに異なるが，共通点として学位・資格等の性格の変化，とくに教育市場・労働市場における活用の変化，そのグローバル化などを指摘できる。従前の進学・初職就業の条件としての意味だけでなく，学位・資格等は他の職業・社会経験とともに総合的に，労働移動やリカレント学習のための資質証明としての活用が期待されるようになってきている。また，教育訓練を受けた国と就業国とが異なるなどの経済社会のグローバル化がこれに拍車をかけている。

［制度展開の歴史］
歴史的には，それまで教育プログラムにおける▶職業的レリバンスが弱く，また職業資格などの標準化やそのための公的介入の弱かったアングロ・サクソン系諸国による，1990年代のNQF導入が注目される。NQFの名称を持つ制度はオーストラリア，ニュージーランドで1990年代に制定される。また，スコットランドのScottish Credit and Qualifications Framework（SCQF）や，イングランドの全国職業資格（National Vocational Qualifications: NVQ）などの導入は1980年代まで遡る。スコットランドのSCQFを例にとると，それはリカレント学習のための継続教育カレッジにおける国家高等ディプロマ（HND）や国家高等サーティフィケート（HNC）などの高等教育プログラムを社会的に認知し，また大学教育への編入学を促すために学校，継続職業教育カレッジ，大学のすべてのサブシステムの学位やSVQ（Scottish Vocational Qualification）などの職業資格を体系的，統合的に表現したものである。

こうしたNQFの源流を辿ると，そのルーツとして欧州大陸諸国で確立されていた教育機関，産業界，職能団体，政府などの関係者の連携協働による職業教育の質保証モデルがある。とくに，1960年代後半に整備されたフランスの教育訓練の分類枠組み（Nomenclature des niveaux de formation）はインプット評価型の制度で，UNESCOの▶国際標準教育分類（ISCED）へと繋がるものでもあるが，ここには学術型教育と職業型教育による学位や資格を一元的に位置づける考え方においてNQFの原始モデルと見ることができる。

欧州諸国では，2000年に打ち出されたEUの社会・経済政策である▶リスボン戦略のもとで，大学教育サイドでは▶ボローニャ・プロセスによる学習成果にもとづく大学教育プログラムの標準化・可視化への試みが展開するとともに，職業教育サイドでも2002年に職業教育訓練関係大臣による合意のもとでコペンハーゲン・プロセスが展開し，職業教育資格の相互可視性・浸透性の改善，職業能力理解の共有化，職業教育の質保証への連携が課題として追究された。それらが，2008年地域参照枠組みとしてのEQF（European Qualifications Framework）の成立につながる。この説明指標をもとにしたアウトカム評価型のEQFモデルは，EU諸国における地域内での標準化を促すとともに，欧州外でも，旧イギリス連邦諸国を経由して世界的に拡大していくこと

になった。2015年段階では，日本とアメリカ合衆国などを除く世界150ヵ国以上で，公式に開発・普及が進められている。 吉本 圭一

→ 専門職資格，資格取得，学位と職業，学位と専門職団体，学位規則，職業教育，リカレント教育，ラーニング・アウトカムズ，労働市場と大学(テーマ編)，学位と称号(テーマ編)

◎CEDEFOP, 'Global Inventory of Regional and National Qualifications Framework', 2015.
◎ILO, 'An Introductory Guide to National Qualifications Frameworks', 2007.
◎OECD, 'Qualifications Systems: Bridges to Lifelong Learning', 2007.
◎David Raffe, 'What is the evidence for the impact of National Qualifications Frameworks ?', Comparative Education, 49:2, 2013.

学位授与機関 | (がくいじゅよきかん)
degree-granting institutions

[日本]
▶学校教育法104条各号の規定により，現在，日本において学位を授与することができる機関は，大学(▶大学院を含む)，▶短期大学および独立行政法人▶大学改革支援・学位授与機構のみであることが定められている。国際的な慣例として学位授与権を有するのは大学であり，日本においても基本的にその原則が貫かれている。
[大学における学位授与] 現行の学校教育法では，大学は，大学を卒業した者に対して▶学士の学位を，大学院(▶専門職大学院を除く)を修了した者に▶修士または▶博士の学位を授与するとともに，大学院の▶博士課程を修了した者と同等以上の学力を有する者に対して博士の学位(慣例上，▶論文博士と称される)を授与することができると定められている。なお専門職大学院については▶学位規則5条の2により，▶法科大学院を修了した者に対して「法務博士(専門職)」，▶教職大学院を修了した者に対して「教職修士(専門職)」，それ以外の専門職大学院の課程を修了した者に対して「修士(専門職)」の学位(これらを総称して専門職学位という)を授与するとされている。
　1887年(明治20)の学位令制定以降，長きにわたって学士を大学卒業者が称することのできる▶称号として法令上扱ってきたため，大学院を置かない大学は，大学という名称の機関でありながら学位授与機関ではないという奇妙な状態が続いてきたが，1991年(平成3)の学校教育法ならびに学位規則の改正により，学士が学位として法令上位置づけられたため，現在では国(▶文部科学省)によって大学として設置が認められている機関はすべて学位授与機関である。また2005年度より短期大学を卒業した者に対して▶短期大学士の学位が授与されることとなり，短期大学が学位授与機関に加わった。
[大学改革支援・学位授与機構における学位授与]
▶大学改革支援・学位授与機構は，①短期大学，

▶高等専門学校等を卒業した後，さらに大学の▶科目等履修生制度等を利用して所定の学修を行い，大学卒業者と同等以上の学力を有する者に対して学士の学位を，②学校教育法以外の法令によって設置された教育施設(いわゆる各省庁▶大学校)のうち，大学または大学院に相当する教育を行うと認められるものを修了した者に対して学士，修士または博士の学位を授与するための機関として1991年に設立された(当時は学位授与機構，2000年に大学評価・学位授与機構に改組，2004年の独立行政法人化を経て，2016年に大学改革支援・学位授与機構に改組された)。前述のように，学位は高度の教育研究を行う大学が授与することが国際的な慣例となっていることから，大学の延長線上にある機関として，大学共同利用機関と同様の組織・運営の仕組みが設けられるとともに，学位授与の可否等の審査にあたっては，専門分野ごとに高度の学識を有する国公私立大学の教員・研究者等の参画を得て行うことにより，大学による学位授与の原則を維持している。 濱中 義隆

[アメリカ合衆国]
アメリカにおいて，授与される学位は準学士(associate degree)，学士(bachelor's degree)，修士(master's degree)，博士(doctor's degree)だが，これらの学位を授与する機関は一般に大学であり，その設立には州政府による設置認可が必要である。連邦政府でなく州政府であるのは合衆国憲法で教育の管理が州に任されているからである。しかし，アメリカでは州政府の設置認可だけでは社会通念上，大学とは認められず，学位も通用性がない。州政府の設置認可に加えて，非政府の大学団体である地域アクレディテーション団体(Regional Accrediting Organizations)による機関アクレディテーション(適格認定)を受けることで，社会的にも大学として認知される。むしろ大学であるか否かは，政府の設置認可以上に，アクレディテーション団体による機関適格認定が重要であるといわれる。このため，学位授与機関かどうかも，実質的には地域アクレディテーション団体によって適格認定を受けたか否かで決まる。専門職学位であれば，ふつう専門職団体によるプログラム・アクレディテーションも必要とされる。
　なお学位授与機関は，必ずしも大学つまりcollegeやuniversityといった名称でなくてもよい。マサチューセッツ工科大学(Massachusetts Institute of Technology)の例が有名だが，このほかカーネギー高等教育機関分類での特定分野の高等教育機関(Special Focus Institutions)等で，神学校(theological seminary，たとえばJewish Theological Seminary)や単体の学校(school，たとえばIcahn School of Medicine at Mount Sinai, New York Law School, Hult International Business School等)も，アクレディテーション団体の認定を受けた学位授与機関である。
　また，陸軍士官学校(United States Military Acade-

my)や海軍兵学校(United States Naval Academy)も，地域アクレディテーション団体である中部地区高等教育委員会(Middle States Commission on Higher Education)で認定され，学士(Bachelor of Science)を授与する。営利大学も適格認定を受ければ学位授与機関として認められ，リージェント大学(Regent University)，トーマス・エジソン大学(Thomas Edison State University)，チャーターオーク州立大学(Charter Oak State College)等のように，学習者に通学を課さず学習の評価のみによって学位を授与する機関(学外学位授与機関，日本でいえば大学改革支援・学位授与機構の機能をもつ)も，大学として設置認可され適格認定を受けている。さらに研究機関が学位授与を行う場合もある。たとえばアメリカ自然史博物館(American Museum of Natural History)はニューヨーク州大学評議会(Board of Regents of the University of the State of New York)による適格認定を受け，▶スクリップス研究所(Scripps Research Institute)は西部学校・大学協会大学評価委員会(Accrediting Commission for Senior Colleges and Universities, Western Association of Schools and Colleges)による適格認定を受け，Ph.D.等を授与している。

このようにアメリカでは，適格認定を受けることで学位授与機関として社会的に認められる。なお，アクレディテーション団体にも不適切な団体があるため，全米の高等教育適格認定協議会(Council for Higher Education Accreditation)や連邦教育省がアクレディテーション団体を認定している。アメリカの学位でしばしば話題になるディグリー・ミル(degree mill)あるいはディプロマ・ミル(diploma mill)は，十分な教育を行わずに金銭目的で学位を授与する組織であるが，これらは政府の設置認可や適切なアクレディテーション団体による適格認定を受けていない組織とされる。　　　　　　　阿曽沼 明裕

［ヨーロッパ］
イギリス，ドイツ，フランスが代表するヨーロッパの学位授与機関のあり方は近年，20世紀までの多様な発展を反映しつつ，▶ボローニャ・プロセスに即し，共通性を持った方向に向かいつつある。研究教育機関としての大学をその中核としながらも，工学等の応用分野を重視する機関を同格として徐々に大学に取り込み，同時に職業訓練向けの教育機関にも修士以下の学位の授与権限を徐々に拡大している。

イギリスの▶オックスフォード大学と▶ケンブリッジ大学は，大陸では中等教育が吸収した教養教育の修了証，バチェラー学位の授与権を19世紀まで独占した。市民向けの▶ロンドン大学は，学生の教育と学位の授与の権限を分割された2機関の並立として初めて誕生でき，この後は後発の▶市民大学の学位授与機関となった。市民大学の十全な大学化，▶サセックス大学等の新構想大学の誕生，▶ポリテクニク校の大学昇格を経て，大学は現在約

150校を数える。加えて大学を認定機関として学位を授与する機関が約300，さらに生涯教育向け機関にも基礎学位の授与の道が開かれ，他方，大学によるPh.D.学位の授与も拡大している。

イギリスとは対照的に，19世紀のドイツ大学は研究成果を根拠に授与する博士号(Doktor der Philosophie)を重視した。応用分野の軽視の結果，工学系の教育機関による博士号の授与は20世紀に入ってからである(博士号授与権獲得は1899年)。単科大学としての▶工科大学(TH)の誕生は19世紀後半を待たねばならなかった。現在，ボローニャ・プロセスの示唆する学士，学術向け修士(マスター)，博士を授与する中核は，約100校の州立の総合大学である。職業中等教育機関を前身として1970年代から発足した▶専門大学(Fachhochschule: FH)も学士を授与できるが，FHの付記を要し，修士は職業向けが中心である。博士の学位授与権は総合大学を中心とする▶学術大学のみが有するが，総合大学と連携する形でFH卒業生の博士学位取得を可能とする道も開かれている。なお，マックス・プランク研究所等も，総合大学との提携なしには博士養成に参加できない。

イタリアとともに最古の伝統を有するフランスの大学は，18世紀の革命を経て平等化を迫られ，エリートの養成機関▶グランド・ゼコールという強力なライバルが出現したのに加えて，強力な中央集権の下に一度は廃止に直面した。ドイツの大学に比肩しうる総合大学は19世紀末まで復活しなかった。前記の2国とは異なり，フランスでは学位の授与権は国家に属する。したがって高等教育機関は学位取得の正規ルートを提供し，学位と読みかえうる卒業免状を発行する範囲で学位「授与」の権限を行使するに過ぎない。ボローニャ・プロセスが示す3段階，学士(リサンス)，修士，博士のうち，学士の授与は約80校の大学が原則として占有する。修士は研究型と職業型の2種があり，前者は大学が，後者は大学付設の教員養成センターや技術および経営のグランド・ゼコール等が主として授与する。博士は大学のほか，▶高等師範学校，▶エコール・ポリテクニーク等のグランド・ゼコール，その他の公高等教育機関が授与するが，その訓練はこれら機関が単独ないし共同で設置する博士院(école doctorale，約300)において実施される。　立川 明

［ロシア］
ロシアでは，博士候補(kandidat nauk)と博士(doktor nauk)の学位授与にかかる機関として，高等資格審査委員会(Vysshaia Attestatsionnaia Komissiia)が置かれている。博士候補の学位取得には，博士候補学位請求論文を作成し，高等資格審査委員会の許可を受けたアスピラントゥーラ(大学院)や研究所などに設けられた学位請求論文審査会による審査に合格しなければならない。学位請求論文を提出するための資格は，アスピラントゥーラ等において提供

される学術−教育要員（大学教員をはじめとした研究職）の養成プログラムを修了した者，または高等教育を修了し，かつロシア連邦教育科学省が定める博士候補試験に合格した者に認められる。博士候補学位の取得者には，学位請求論文審査会を設けた機関より学位記が交付される。

博士の学位取得には，博士学位請求論文を作成し，高等資格審査委員会の下に設けられた学位請求論文審査会による審査に合格しなければならない。すでに学術−教育要員の職にある者については，大学や研究所などに設置されるドクトラントゥーラにおいて，博士学位請求論文を作成・準備し，学位請求論文審査会による審査を受けることが認められている。学位請求論文を提出するための資格は，博士候補学位を取得し，所定の研究成果を有する者に認められる。博士学位の取得者には，ロシア連邦教育科学省より学位記が交付される。

高等資格審査委員会は，こうした博士候補ならびに博士の学位授与をめぐる学術的な審査の国家的な保障を目的として設立されたロシア連邦教育科学省の付属機関である。委員は博士学位取得者と学術，科学技術，教育および文化の各分野における専門家から構成され，ロシア連邦教育科学省の推薦を受けて連邦政府が任命する。委員の任期は4年間（最長2期8年間）で，審査水準の継続性・安定性を確保する観点から，半数以上の委員が同時に交代することができないとされている。高等資格審査委員会のおもな活動は専門性，独立性，客観性，公開性および研究者倫理の遵守を原則としつつ，次のような事項について審議し，その結果をロシア連邦教育科学省に報告・勧告することとされる。①学位請求論文審査会の設置，構成メンバーの決定または変更，②学位請求論文審査会による審査の基本方針ならびに学位授与の決定に関する適否，③学位請求論文審査会による審査の中止，再開および打切りの決定に関する適否，④学位記の交付，准教授ならびに教授の学術称号の付与，⑤外国で授与された学位の承認など。これらのほか，高等資格審査委員会はロシア連邦教育科学省の諮問を受けて，学位に関する国際条約の締結，学術−教育要員に関する幹部任命職リストの作成などについて審議・答申する。　髙瀬 淳

→ 学位と称号（テーマ編），学位法制，専門職学位／職業学位，大学共同利用機関法人，アクレディテーション，カーネギー財団／カーネギー分類，営利目的の大学，学外学位課程

［日本］◎大学評価・学位授与機構編『学位と大学―イギリス・フランス・ドイツ・アメリカ・日本の比較研究報告』，2010.
［アメリカ合衆国］◎飯島宗一・西原春夫・戸田修三編『大学設置・評価の研究』東信堂，1990.
◎前掲『学位と大学―イギリス・フランス・ドイツ・アメリカ・日本の比較研究報告』.
◎舘昭『現代学校論―アメリカ高等教育のメカニズム』放送大学教育振興会，1995.
◎Council for Higher Education Accreditation: http://www. chea. org/
［ヨーロッパ］◎前掲『学位と大学―イギリス・フランス・ドイツ・アメリカ・日本の比較研究報告』.
◎Walter Rüegg, ed., *A History of the University in Europe. Vol. IV: Universities since 1945*, Cambridge University Press, 2011.
◎Claudius Gellert, ed., *Higher Education in Europe*, Jessica Kingsley Publishers, 1993.
［ロシア］
◎Federal'nyi zakon ot 23.08.1996 N 127-FZ "O nauke I gosudarstvennoi nauchno-tekhnicheskoi politike" (izmeneniiami na 01.01.2017)
◎遠藤忠「ロシア科学アカデミーの改革について」『宇都宮共和大学論叢』第16号，2015.

学位授与権 | がくいじゅよけん
degree-granting powers（authority）

［学位の起源］
そもそも学位制度は，中世ヨーロッパ（12世紀）に成立した，自由な知的集団ないし同業者組合としての性格を持った大学における教師（ドクターまたはマスター）が，自らの後継者を養成し，教師としての資格（教授資格）を認定しようとしたものに起源を持つとされる。したがって誰に，どのようにして学位を授与するのか，すなわち学位の審査権を教師の集団あるいは組織としての大学が有することは自明のことであった。他方で，当時の大学は法・医・神の上級学部において，法曹，官僚，医者，聖職者など専門的職業従事者の養成を行っていた。これら社会の知的エリート層の養成機能を有する大学教師の地位を，学位＝教授資格を介して独占することは，大学にとってきわめて重要な権限として認識されたことであろう。社会情勢が変化しようとも，学位の授与権（審査権）に関しては，学外のいかなる勢力からも干渉されたり，侵害されることなく今日まで保持されてきたといわれている。

［学位授与権の正統性］
学位授与権（審査権）が大学の特権であるためには，授与する学位の通用性と大学による学位授与権の独占の正統性が担保されなければならない。この点において中世ヨーロッパの大学で重要な役割を果たしたのが，教皇，皇帝など普遍的な権力による「お墨付き」を意味するチャーターの存在であった。汎ヨーロッパ的な権力である教皇あるいは皇帝によるチャーターは，一国あるいは一地域を超えて学位の通用性を担保したのである。ただし，教皇あるいは皇帝によるチャーターは，学位授与権のみを担保したのではなく，大学の設立特許状として交付されたものであった。つまり大学の設置認可と学位授与権は不可分のものとして存在していたことを意味している。

その後，宗教改革によって教皇権が後退し，他方でヨーロッパにおける主権国家体制が確立すると，大学の設置認可の権限はそれ以前の教皇あるいは皇帝から各国の国王あるいは領邦主などに移行した。これにより学位の通用性，正統性も国家

の枠組みの中に限定されるようになったが，学位の授与権（審査権）に関しては，依然として大学のみに認められる特権として維持された。

[大学の自治と学位授与権]

近代国家の成立以降，自国民に対する教育が組織化・制度化され，現代社会に連なる学校教育制度が誕生すると，大学もまた，義務教育，中等教育とともに各国の学校教育体系の中に組み込まれ，かつての同業組合的な性格から国家の教育機関としての性格を帯びるようになる。大学の設置認可，教育機関に対する学位授与権の付与に関しては，法令等を通じた国家の管理下に置かれるとしても，学位の審査権そのものは，大学（大学の教授団）に委ねられていることが通例であった。これは，社会的勢力としての大学の特権が維持されたというよりも，大学の政治的中立性が保たれる限りにおいて，大学教員・学生の自由な意思による研究・教授・学修を認めることが学問研究の発展・継承において有益であると考えられたからであろう。さらに現代の民主主義国家においては，「▶学問の自由」およびその制度的裏付けとなる「▶大学の自治」が，思想・良心の自由などと並んで普遍的な価値として認められているということも，大学による学位授与権（審査権）の独占が認められてきたことの背景として考えられる。

[学位授与権をめぐる課題]

今日の社会においては，大学以外の組織であっても，内容面・水準面ともに高等教育に類する教育研究を行う教育機関，あるいは高度な学術研究を行う研究機関が少なからず存在する。そのため，こうした教育研究機関による学位授与の可能性が課題として議論の俎上に上ることがある。学位が特定の職業への参入資格として，あるいは職業上の一般的な能力証明として社会的に重視されるようになればなるほど，そうした教育研究機関において大学・▶大学院修了者と同等以上の能力を有することが認められるならば，学位取得を可能とすることに対する社会的要請も強まるのである。実際，一部の国においてはすでに大学以外の教育研究機関における学位授与が認められている事例もある。

ただし，研究機関等で学生を受け入れ，実際に研究指導を行う場合においても，学位の授与に当たっては大学との連携や審査における大学教員の参画を必須とするなどの現実的な方策により，大学による学位授与の原則を維持している。その背景としては，学外からの干渉を受けることなく，もっぱら学問もしくはその基礎となる知識・理論等に基づいて自律的・中立的に審査ができる制度的基盤を与えられた組織として大学が社会的に認知されていること，またそうした体制を維持するための仕組み（▶アクレディテーション制度等）が歴史的・伝統的に構築されてきたことがあげられよう。　濱中 義隆

→教授免許，学位授与機関，大学教授資格，学位と称号（テーマ編），大学の設置形態（テーマ編）

◎天野郁夫『教育と選抜』第一法規出版，1982.
◎大学評価・学位授与機構編『学位と大学──イギリス・フランス・ドイツ・アメリカ・日本の比較研究報告』，2010.
◎横尾壮英『大学の誕生と変貌──ヨーロッパ大学史断章』東信堂，1999.

学位授与式｜がくいじゅよしき
commencement; degree awarding ceremony

審査を経て認められた学位を授与される際に行われる儀式であり，現在では卒業式や修了式と実質的に同じである。もともと中世の大学では，学位は教授資格であり，学位試験合格者は教授免許者（リケンティアートゥス）と呼ばれ，ギルドへの組合加入式に臨む必要があった。組合（学部）に入るには宣誓や教職員への贈物を行い，彼らを招いて祝宴（古くドイツの大学で「アリストテレスの饗宴」と呼ばれる）を催さなければならなかった。こうした饗宴を伴った学位授与式では指輪（学問との婚姻を象徴），書物（職業の象徴），ビレッタ帽（角帽の祖）等が授与されたが，これらは騎士社会や商工ギルドの風習に倣ったものである。学位が教授資格から学外の▶専門職資格へと変容し，さらに専門職資格的性格が薄れるにつれ，学位授与式は組合加入的な色彩を失い，単なる卒業式や修了式へと変化するが，伝統を重視する大学では今でもガウンの装いやさまざまな儀式が残っている。　阿曽沼 明裕

→卒業，入学式／卒業式，学帽，アカデミック・ドレス，リケンティア

学位と称号 →テーマ編 p.73

学位と職業｜がくいとしょくぎょう
degree and occupation

中世ヨーロッパの大学で誕生した学位制度は，大学の教師の資格（教授資格）であるとともに，法学，医学，神学の分野における学位は，そのまま法曹，官僚，医師，聖職者などの専門職としての能力を有することの証明としても機能した。その意味で，学位と職業との結びつきには長い歴史がある。

[伝統的専門職と学位]

現代においても，法曹，医師など国家資格と結びついた伝統的専門職（プロフェッション）の人材養成をもっぱら大学において実施している国が多く，法学，医学，神学分野における学位の取得を国家資格試験等の受験資格とすること等により，学位は特定の職業へ参入するための要件となっていることが多い。その典型例がアメリカ合衆国の専門職学位である。連邦教育省の『教育統計要覧 *Digest of Educational Statistics*』では学位の種類を準学士，学

264　　がくいじゅ

士，修士，第一専門職，博士の五つに分類し，このうち第一専門職学位（first professional degree）について「所定の専門職に就くための学習要件の修了と，学士学位に標準的に要求される以上の専門技能水準の双方を意味する学位」と定義し，歯科学（D.D.S. または D.M.D.），医学（M.D.），薬学（D.Pharm. または Pharm.D.）などの医学系，法学（J.D.），神学（M.Div. または M.H.L.）の各分野の学位が該当するとしていた。ただし 2011 年度以降，『教育統計要覧』では第一専門職学位の分類は使用されなくなり，上記の学位の多くは現在では博士に分類されている（神学のみ修士に分類）。

［新たな専門的職業の拡大］

産業・経済の発展，高度化にともない，高度な専門的知識・技術が要求される職域は上述の伝統的専門職以外でも増加する。具体的には工学技術者，経営管理，公共政策，教育，福祉，医師以外の医療関連職などが挙げられよう。これらの人材の養成においても大学は重要な役割を果たしており，大学の修了証である学位が，特定の職業への実質的な参入要件としての機能を果たすことになる。

この点においても特徴的な発展を遂げてきたのがアメリカの大学および学位制度である。アメリカでは，法令等で明確に規定されているわけではないけれども，「学術的学位」と「専門職学位」の区別が社会的に認知されているという。その際，大きな役割を果たしているのが，専門アクレディテーションの存在である。専門職団体が主導する専門アクレディテーション機関の認証を受けることによって，当該教育プログラムが，職務遂行上必要とされる能力の獲得を志向した課程であり，その内容・水準に関しても一定のレベルを有していることが社会的に了解される。専門アクレディテーションを受けた大学・大学院の課程が授与する学位が「専門職学位」として認知されるのである。アメリカにおいてこうした学位と職業の関係が成立した背景には，伝統的に大学および職業資格に対する国家（連邦政府）の統制が弱かったことがある。大学，職業資格への国家的統制の程度が大きい大陸ヨーロッパでは，伝統的専門職以外の広範な専門的職業について，学位との対応関係が制度的に規定されている国もある。

［学位と職業のリンケージ］

一方，日本のように，ある特定の学位の取得と特定の職業への就業との対応関係が多くの場合明確でない国もある。高等教育が大衆化した社会では，とりわけ▶学士課程において，その修了者のすべてが専門的・技術的職業に就業することはもはや期待できない。またアメリカの学士課程における▶リベラルアーツ教育のように，そもそも特定の職業との関連を想定しない課程も大学教育の重要な位置を占めている。このように職業上の専門的知識・技術と大学教育の内容との対応関係が明確でない

としても，学位は個人の一般的な知的水準に関する能力証明として，労働市場への参入時に一種の資格要件としての機能を果たしている。こうした事実は学位が表象する知識・能力あるいは大学教育が授ける知識・能力のある重要な特性を示していると考えられる。

一般的に大学教育においては，たとえ特定の職業的知識・能力の育成を目的とする場合であっても，その職業的知識の基盤となる学術的・理論的知識の修得に重点が置かれる。さらには，そうした学術的・理論的知識を修得するためには，その基礎となる読み書き能力，コミュニケーション能力，関連領域における幅広い視野や思考様式など，コンピテンシーと称される能力の獲得も重要となる。むろんこうした能力は職種を問わず職場における職務遂行上，必要とされるし，職務がより高度かつ複雑なものになるほど高い水準で要求されるであろう。このように学位と職業との対応関係（リンケージ）は，大学教育を通じて培われる知識・能力の重層性を介して，やはり重層的な構造を有している。個別具体的な職業的能力の獲得を証する他の職業資格とは一線を画して，学位が広汎な職業への参入資格として利用されている背景には，そうした重層的な能力の養成において，長い歴史の中で形成されてきた大学教育の方法的特質が，今日においてもなお有効であると社会に認識されていることが挙げられよう。

濱中 義隆

→学位と専門職団体，専門職学位／職業学位，専門教育，職業教育，専門職教育，専門職資格，アクレディテーション，プロフェッショナル・スクール（アメリカ型），専門職と大学（テーマ編），学位と称号（テーマ編），労働市場と大学（テーマ編）

◎金子元久「流動的知識社会と学位制度」，大学評価・学位授与機構編『学位研究』17号，2003.
◎舘昭「アメリカにおける学位と専攻分野の関係について」，大学評価・学位授与機構編『学位研究』1号，1993.
◎山田礼子『プロフェッショナルスクール──アメリカの専門職養成』玉川大学出版部，1998.

学位と専門職団体 | がくいとせんもんしょくだんたい
academic degree and professional organization (association, body, society)

学位と専門職団体の関係は多様である。しばしば学位とは別に職業資格があり，それを付与するのが専門職団体や国家である。しかし，学位が職業資格として実質的に機能する場合もあるし，さらに専門職団体が▶アクレディテーション（適格認定）を通じて学位に直接に影響を与える場合もある。

［歴史］

歴史的には，学位はもともと教授資格であり，専門職集団である教授ギルドが独占する職業資格であった。さらに▶中世大学では▶神学部，▶法学部，▶医学部の卒業生は聖職者，法曹関係者，医師といった伝統的な専門職に就くことから，その主要な役割は教師養成から専門職養成へと変化した。当

然，大学の外部に教師以外の専門職集団が形成され，専門職養成や資格付与機能が発生する余地があった。たとえば医学部は，当初は医学教育を行う教師の組合であると同時に医師組合でもあり，学位授与のみならず開業や医業統制を行っていたが，14世紀以降に大学外部に医師組合が出現すると，医師組合による資格試験が行われ，開業認可権と医業統制は医師組合に奪われた。その後18世紀までに大学の専門職養成は形骸化し，抽象的で実用的ではなく，専門的技術の実践のための準備とならなかったため，徒弟制度や大学以外の学校に取って代わられた。

こうして学位は職業資格や専門職団体との距離を広げたが，さらに18世紀以降ヨーロッパでは国家主導の専門職の職業資格化が進み，国家官僚，大学教授，聖職者，医師，弁護士等の専門職で，大学教育と国家試験を経て職業資格が授与される仕組みができ，19世紀には伝統的な専門職だけでなく，技術者やビジネスマン等の新たな専門職も国家資格化が進む。この結果，大学は近代的資格制度の一翼を担うという点で資格付与権の一部を取り戻したとはいえるものの，職業資格付与の主導権は国家に奪われ，教育資格である学位の授与にその役割が限定されるようになった。同時に国家が前面に出たことで，学位に対する専門職団体の影響は間接的なものとなった。

［アングロ・サクソンの固有性］
ただし，ヨーロッパでも国によって違いがあり，国家が主導権を握る大陸の国々と違って，イギリスでは専門職集団が強く，専門職団体に職業資格の統制が委ねられる傾向があり，職業資格付与権を与えられた専門職団体もあり，専門職団体が大学の専門職養成プログラムのアクレディテーションを行う場合もある。このイギリス以上に専門職団体と大学との距離が近く，アクレディテーション制度が発達したのはアメリカ合衆国であった。アメリカでも国家が強力な統制を行わなかったため，職業資格の統制は専門職団体に任された。しかし，イギリスと違って専門職の権威が低く，組織化が遅れた専門職集団(神学を除く)は，大学から職業資格付与の権限を奪うどころか，大学をよりどころとして専門職の水準と地位向上を図る道を選んだ。

アメリカでは19世紀までカレッジ教育が主流で，専門職養成がほとんど行われず，徒弟制度やその派生形態である私設学校での専門職養成の水準には問題が多く，評判も悪かった。このため専門職集団は大学にその場を得ると，教育内容の改善や水準の向上のための改革を通じて専門職としての体裁を整えていった。さらにカレッジがユニバーシティ化していく，つまり▶大学院が形成されていくなかで，一部の専門職養成はほかとの差別化を図るために，カレッジ卒業を入学要件とするようになり，教育内容を大学院レベルへとシフトさせた。こ

のプロセスの中で，大学の▶プロフェッショナル・スクールと専門職団体との協働によって，大学の学位プログラムに対する，専門職団体によるアクレディテーションが始まった。たとえば1878年創設の全米法曹協会(American Bar Association: ABA)，1847年創設のアメリカ医学協会(American Medical Association)によるアクレディテーション制度が確立するのは1920年ごろである。

アクレディテーションには，機関認定を行う機関アクレディテーションと，専門職学位プログラム認定を行うプログラム・アクレディテーションがあり，専門職団体が行うのは後者である。連邦教育省あるいは高等教育適格認定協議会(Council for Higher Education Accreditation: CHEA)が認定するプログラム・アクレディテーション団体は70以上ある。たとえば，全米法曹協会(ABA)で認定された法律スクールで3年程度の学修を要するJ.D.(Doctor of Jurisprudence)を取得すると，各州で実施される司法試験の受験資格を得ることができる。J.D. はアメリカで弁護士等法曹関係の専門職に入職するための実質的な最低要件となっている。こうした専門職団体によるプログラム・アクレディテーションは専門職分野の学位プログラムが対象であり，人文社会科学，自然科学等の文理学分野(リベラルアーツ専門分野)は対象としない。また心理学でPh.D. プログラムを認定する専門職団体もあるが，一般にPh.D. 等の▶研究学位には専門職団体によるアクレディテーションはない。　　　　　　　　阿曽沼 明裕

→ 学位と職業，専門職学位／職業学位，専門職教育，専門職資格，医学教育，法学教育，学位と称号(テーマ編)，専門職と大学(テーマ編)，労働市場と大学(テーマ編)

◎阿曽沼明裕『アメリカ研究大学の大学院─多様性の基盤を探る』名古屋大学出版会，2014.
◎大学評価・学位授与機構編『学位と大学─イギリス・フランス・ドイツ・アメリカ・日本の比較研究報告』，2010.
◎児玉善仁『イタリアの中世大学─その成立と変容』名古屋大学出版会，2007.
◎望田幸男編『近代ドイツ＝「資格社会」の制度と機能』名古屋大学出版会，1995.
◎コンラート・ヤーラオシュ編著，望田幸男，安原義仁，橋本伸也監訳『高等教育の変貌 1860-1930─拡張・多様化・機会開放・専門職化』昭和堂，2000(原書1983).

学位の種類 がくいのしゅるい
types of academic degree

［教育段階による違い］
学位の種類には，教育段階に応じてドクター＝▶博士，マスター＝▶修士，バチェラー＝▶学士などの違いがある。ドクター(doctor)は古代ローマでは教師を指し，マスター(magister)も，長や親方という意味から教師，校長，尊師を指すのに用いられ，▶中世大学では両者ともに教師を指し，学位は「教授資格」であった。13世紀には，大学はローマ教皇によって「万国教授資格 ius ubique docendi」を授与できる「▶ストゥディウム・ゲネラーレ studium generale」と

して認可されるようになった。中世大学では，教師を指すのにドクター，マスターのほか，▶プロフェッサー，ドミヌス，シニューレなども使われたが，どの言葉を使うかは地域や大学によって異なった。法学を中心としたイタリアではマスターよりもドクター，パリその他では神学，医学，教養学部でマスター，法学でドクター，ドイツでは神学，法学，医学の上級三学部でドクター（神学ではマスターも），教養学部でマスターが用いられた。イギリスでもドイツと同様であったが，さらにバチェラー（baccalarius［羅］）が定着する。バチェラーは13世紀にパリ大学で教師が学生を補助や助手として手伝わせることに始まったものであった。

近代になると，ヨーロッパでは国ごとに職業資格制度が確立し，それに伴い教育資格や学位はさらに多様化する。このなかで学士（undergraduate）レベルの学位としてバチェラー，▶大学院（graduate）レベルの学位としてマスターとさらにその上級のドクターという位置づけが確立していったのは，むしろ19世紀後半から20世紀にかけて大学院が形成されたアメリカ合衆国においてであった。ヨーロッパでは，教養教育の基礎教育が中等教育へ移行すると同時に，大学院制度の発達が遅れたこともあって，アメリカとは異なる多様な学位システムを有するようになった。たとえばフランスでは，▶バカロレア（baccalauréat，中等教育修了資格であると同時に大学入学資格だが，高等教育第一学位として位置づけられる），リサンス（licence），メトリーズ（maîtrise），DEA（diplôme d'études approfondies，博士準備課程修了証）などが使われ，ドイツではディプロム（Diplom）や▶マギステル（Magister）など，イギリスでも3段階の学位以外に▶サーティフィケイトや▶ディプロマが使われてきた。しかし，ヨーロッパ高等教育圏の創設をうたったボローニャ宣言（1999年）以降，ヨーロッパにおいてもアメリカ的なバチェラー，マスター，ドクターという階梯に統一されつつある。

［教育内容による違い］

学位の種類には，教育の内容や機能に応じて専門職学位（職業学位），教養学位（基礎学位），▶研究学位などの違いもある。学位の始まりは専門職と自由学芸（基礎学芸）といわれ，大学が誕生したころ学位は教授資格であったが，次第に聖職者，法律家，医師などの大学外部の専門職集団が力を増し，学位は教師の学位から専門職学位（Doctor Theologiae／Divinitatis Doctor, Legum Doctor, Medicinae Doctor）へと変容した。しかし，その後大学の専門職養成は次第に形骸化し，さらに近代になって新しい専門職も増え専門職学位は多様化するが，職業資格制度の確立で，職業資格としての学位の位置づけは低下する。

他方でギリシア，ローマ以来の自由学芸（artes liberales）は，大陸で教養学部や▶哲学部として発展し，イギリスでは▶学寮（college）制大学におけるエリートのための教養教育へと展開した。このイギリスのカレッジを導入したアメリカ合衆国では，自由学芸の基礎教育的な部分をカレッジ教育が担い，それが20世紀に高等教育の大衆化に伴って大学教育の主要部分として発展した。その結果，「教養学位」あるいは「基礎学位」ともいうべきバチェラーが大学教育の中核的な学位として普及し，世界的にも認知されるようになった。さらに，19世紀にドイツの大学が研究機能を持ち，哲学部で授与されていたPh.D.（Philosophiae Doctor）が研究志向の学位となり，このドイツ大学の哲学部をモデルにアメリカで大学院が形成され，Ph.D.（Doctor of Philosophy）が数多く授与され，その結果現在ではPh.D.は研究学位として世界的にも認知されている。

機能的に以上の3種の学位に相当する学位はどの国でも存在するが，どのような学位が対応するのかは国によって異なり，学位カテゴリーも違う。この区分で最もわかりやすいのはアメリカの大学だが，概してヨーロッパでは明確ではないし，基礎学位も職業資格の陰に隠れている。なお，イギリスにはコースワークを主体とする「教育学位あるいは課程学位 taught degree」に対比されるものとして研究学位があり，フランスでは研究修士と職業修士の区分がある。日本では専門職学位制度の導入は最近であり，研究学位という言葉もほとんど使われていない。

［その他の違い］

このほか学位の種類として，教育課程を経ずに授与される名誉的な学位（unearned degree, honorary degree）に対して，一定の教育課程を経て獲得できる修士号（earned degree）という違いもある。イギリスを中心に英語圏では，同じ教育段階の学位でも普通学位（ordinary degree）に対して，優秀な学生に対して授与される優等学位（honours degree）の違いなどがある。また，近年ではダブル・ディグリー，ジョイント・ディグリー，デュアル・ディグリー，▶共同学位，複数学位など，複数の学位授与機関が共同して授与する学位がある。

阿曽沼 明裕

→教授免許，大学教授資格，専門職学位／職業学位，複数学位課程，学位と称号（テーマ編）

◎大学評価・学位授与機構編『学位と大学―イギリス・フランス・ドイツ・アメリカ・日本の比較研究報告』，2010.
◎舘昭『改めて「大学制度とは何か」を問う』東信堂，2007.
◎横尾壮英『大学の誕生と変貌―ヨーロッパ大学史断章』東信堂，1999.
◎ジョセフ・ベン＝デビッド著，天城勲訳『学問の府―原典としての英仏独米の大学』サイマル出版会，1982（原書1977）.

学位法制｜がくいほうせい
legal system on academic degrees

現代社会において学位は，各国の公教育体系の一部に組み込まれた教育機関（一般には大学）の修了証明であり，その取得の有無が特定の職業への参

入資格として用いられるなど社会的地位の選抜・配分機構として重要な機能を果たしていることから，その取扱いについて法令等によって何らかの制限が設けられることが一般的である。学位に関する法制としては，教育機関に対しては①▶学位授与権の有無・制限，②授与する▶学位の種類や名称に関して，個人に対しては③学位名称の使用に関して，規定が設けられていることが通例である。

[学位授与権]
ここでいう学位授与権の有無・制限とは，どのような要件を満たす機関が，学位を授与することが認められるかに関する基準のことである。具体的には，ある学位を授与するために必要な教育課程の▶修業年限（標準的な学修量），教育上の目的や教育内容，教員が有するべき資格要件，専任教員数，校地・校舎の面積，図書館の蔵書数などの教育研究条件，国・政府が直接設置する機関でない場合には，機関を設置する団体の法的性格や資格などの各項目について具体的な基準が規定される。ただし，こうした基準は学位授与権のみを規定するのではなく，大学の設置認可の基準として定められている場合が多い。この場合，学位授与権の有無，授与できる学位の種類によって高等教育機関を制度的に定義していると捉えた方がむしろ適当かも知れない。

　たとえば現在の日本では，▶学校教育法104条において「大学は，文部科学大臣の定めるところにより（中略）学位を授与するものとする」等と規定するのみであり，大学（厳密には大学の教育研究上の基本組織である学部・▶学科もしくは大学院▶研究科・▶専攻）としての設置が認められることと，当該大学が学位授与権を有することは同義である。一方，フランスのように大学の設置と学位授与権の付与が分離され，高等教育機関が修了者に学位を授与するためには，各機関が対応する国家免状の授与権認証を国から受けなければならない例もある。また，大学（高等教育機関）の設置認可は州の権限だが，学位授与権は地域アクレディテーション団体による適格認定を受けて付与されると解説されることが多いアメリカ合衆国においても，現在では州の認可なしに学位またはそれに類する免状等を発行することを禁じている州が多く，新設の大学が学位を授与するためには実質的に州の認可を受けることになる。ただし，適格認定を受けていない大学が発行する学位が社会的通用性を有するかは別問題である。

[学位の種類・名称]
学位の種類，名称・表記方法についても程度の差こそあれ，多くの国で法令によって規定されている。日本では，学位の種類については学校教育法104条ならびに▶学位規則（文部科学省令）により，修了した課程に応じて▶学士，▶修士，▶博士，専門職学位，▶短期大学士とすること，大学等は学位を授与するに当たっては適切な専攻分野を付記するこ

とが定められている。ちなみに1991年（平成3）に学位規則が改定されるまで，博士，修士の学位については文学博士，法学博士のように専攻分野を冠した名称（博士19種類，修士28種類）が具体的に定められていた（当時，学士は法令上，学位とはされず▶称号の位置づけであったが，同様に29種類の学士の種類が▶大学設置基準において定められていた）。近年では社会のグローバル化の進展により，学位の国際通用性が問われるようになっているため，学位の種類については国際標準として博士（doctor），修士（master），学士（bachelor）に収斂する傾向にあるが，一方で専攻分野まで含めた学位の表記方法については，学問領域の多様化・学際化に伴い法令等であらかじめ制限することは困難になっている。

[学位名称の使用]
冒頭で述べたように，現代社会では学位の取得は社会的地位の選抜・配分機構として用いられていることから，学位を授与する教育機関に対してだけでなく，個人に対してもその使用について制限が設けられている。ここでも日本を例にとると，軽犯罪法により「官公職，位階勲等，学位その他法令により定められた称号若しくは外国におけるこれらに準ずるものを詐称し，又は資格がないのにかかわらず，法令により定められた制服若しくは勲章，記章その他の標章若しくはこれらに似せて作つた物を用いた者」は拘留または科料に処するとされ，学位を詐称しそれを使用することが禁じられている。また，学位規則において「学位を授与された者は，学位の名称を用いるときは，当該学位を授与した大学又は独立行政法人大学改革支援・学位授与機構の名称を付記するものとする」とされており，学位の使用についても一応の制約が設けられている。もっとも，他人を欺いて不当に利得を得ようとした場合でなければ，こうした制約が厳密に適用されることはない。

濱中　義隆

→学位授与機関，教育課程法制，チャーターリングとアクレディテーション，専門職学位／職業学位，学位と称号（テーマ編），大学法制（テーマ編）

◎大学評価・学位授与機構編『学位と大学──イギリス・フランス・ドイツ・アメリカ・日本の比較研究報告』，2010.

学園祭 →大学祭／学園祭

学外学位 |がくがいがくい
external degree

イギリスにおいて，ある特定の教育機関に在籍して定められた学位コースを履修するのではなく，一定の試験に合格することによって授与される学位。候補者は独学や通信教育その他さまざまな方法で準備して試験に臨む。1858年に発足した▶ロンドン大学の学外学位がその最初で広く知られている。

最初に▶ユニバーシティ・カレッジが誕生し（1826年），それに対抗するかたちでキングズ・カレッジが創設され，次いで両カレッジの学生への試験機関・学位授与機関としてロンドン大学が設立された（1836年）という特異な事情がその背景にある。学外学位は教授活動と試験を分離するイギリス独特の考え方から生まれ，またそれを促進する方向にも作用した。イギリスが海外に多くの植民地を持っていたことも学外学位が発展する一因としてあった。ちなみに植民地では1865年にインド洋南西部のモーリシャスで最初の試験が実施されている。今日ではロンドン大学国際プログラム（University of London International Programmes）として広く展開されている。
安原 義仁

学外学位課程 |がくがいがくいかてい
external degree program

一般に大学において学位を取得するためには，学生は所属大学の▶キャンパスにある教室で▶授業に出席し，所定の年限の教育課程を修了することが求められる。こうした在籍要件をいっさい（もしくはほとんど）課さずに，キャンパスの外，つまり「学外」での学習経験のみを評価して学位を授与する仕組みを総称して学外学位課程とよぶ。いわゆる成人学生の大学教育機会への需要が高まった1960～70年代のアメリカ合衆国で発展した。軍隊や企業，政府機関など大学以外の場で行われた教育・学習の成果，あるいは大学レベルの標準学力テストの結果等を授業に出席して取得した単位と同等と認定することで，学外での学習のみで学位を取得することを可能にした。またテレビ・ラジオ，インターネット等を介して行われる通信教育による学位課程も，オフキャンパスでの学習という意味で学外学位課程と称されることがある。
濱中 義隆

→ 学外学位，大学通信教育

学外者の大学経営参画
がくがいしゃのだいがくけいえいさんかく

[聖域としての大学]
長らく，大学における管理運営方式は，▶国立大学と▶私立大学では異なる体制がとられてきた。国立大学では学内組織である▶教授会とその代表者で構成される▶評議会が大学の管理運営にあたってきたのに対して，私立大学では管理組織として▶理事会が置かれ大学経営にあたり，大学によっては教授会が管理運営にも関与することが見られた。私立大学の理事会は▶学長，教職員代表という学内関係者のほかに，卒業生，地域社会関係者，その他の有識者などによって構成されてきた。国立大学は政府を設置者とする国家組織であり，教職員は国家公務員であり，法制上の管理権限は文部大臣にあるとされたが，学問の自由の理念を基盤に高度の教育・研究を行うことを本質とする機関であるという特殊性により，政府の直接的な統制や介入をできるかぎり回避し，大学人自らの手による自治的な管理運営を行うことを制度的慣行として認められてきた。大学自治，▶教授会自治の伝統と慣習である。かつて大学は，学問の府，▶象牙の塔として現実の社会とは一定の距離を置き，静謐な環境の中で研究・教育を行うことが理想とされ，政府の介入のみならず，産業界や経済界からの大学への要請にも消極的な態度をとることが見られた。産学共同や▶産学連携の呼びかけや要求は，かつては否定的な意味で用いられることが多かった。

[経営参加論の出現]
しかしながら，1960年代以降の高等教育の大衆化，大学をとりまく社会経済的環境の変化にともない，大学の自治的管理運営体制はしだいに見直しをせまられるようになる。とりわけ，1968（昭和43）～69年に全国の多くの大学を巻き込んで生じた▶大学紛争は，その長期化と過激化の過程で，大学人による大学自治の形骸化と弱体化とを社会に露呈させることになった。紛争は，政府による「▶大学の運営に関する臨時措置法」の制定という介入によってようやく収拾に向かったのである。大学紛争を受けて政府が推進した新構想の筑波大学には，学系・学群制や副学長職設置のほかに，学外の有識者の意見を大学運営に反映するために大学参与会という新機構が設けられた。同じく▶新構想大学とされた技術科学大学や新設の教員養成大学院には，参与が設けられた。大学紛争後，多くの既存の国立大学でも改革案が作成され，大学改革が論じられたが，大学が正常化されるとともに改革熱も下火となっていった。新構想大学で導入された学外者による参与制度を自ら導入する大学もみられなかった。

1990年代末に，国立大学の独立法人化をめぐる議論が活発化してくるにつれて，国立大学の管理運営をめぐる議論は再び注目されるようになる。1998年（平成10），▶大学審議会の答申は「各大学が自らの主体的判断と責任において，社会の期待にこたえ得る効果的な大学運営を行っていくことが求められる」として，責任ある意思決定と実行を行うために大学組織運営体制の整備を提言した。これを受け，1999年5月に▶国立学校設置法が改正され，学長，評議会，▶学部長などの役割分担を明確にするとともに，あらたに大学の将来計画や自己評価その他大学運営に関する重要事項について外部有識者の意見を取り入れるための「運営諮問会議」の設置が義務づけられた。

[法人化以降の学外者の経営参加]
2004年（平成16）の国立大学の法人化を契機に，大学の管理運営形態は大きく変わり，これにともない

学外者による大学経営への参加もかなり強化される体制となった。法人の代表者となる学長には予算，将来計画，教職員人事，大学独自の給与体系の決定等に関する権限が与えられた。学長は自らを補佐する複数の理事を任命して役員会を構成し，そこでの審議を経て大学の意思を決定する。これは，大学の運営にトップマネジメントを実現し，また民間的発想の経営手法を導入することをめざすものと説明された。理事には学外者を含めなければならないとされている。また大学には，主として大学の経営面を審議する経営協議会，およびおもに大学の教育研究の側面を審議する教育研究評議会が置かれた。経営協議会は学長が議長となり，委員には大学外部の有識者を半数以上任命しなければならないとされている。これに対して教育研究評議会は学内の代表者から構成される。学長は，二つの組織からの代表者によって構成される「学長選考会議」によって選び出される。したがって，学長選考にも学外者が参加することとなる。

斉藤　泰雄

→大学法人化論，アカウンタビリティ，大学の自治(テーマ編)
◎天野郁夫『国立大学・法人化の行方』東信堂，2008.

学系／学群|がくけい／がくぐん
institute／cluster

▶新構想大学としての筑波大学において，学校教育法53条(現，85条)ただし書きに基づき，従来の学部に代わる教育研究上の基本組織として設置された。学系は研究上の目的に応じ，かつ教育上の必要性を考慮して組織され，他方，学群は教育上の目的に応じて組織された。筑波大学では当初，第1学群(基礎科学分野)，第2学群(応用科学分野)，第3学群(経営・工学分野)という学生定員400人程度のナンバー学群と，体育，芸術，医学の専門学群から編制され，ナンバー学群にはそれぞれ学類が設置された。学系については，ほぼ研究分野を同じとする教員から構成され，26の学系が設けられた。その後，図書館情報大学との統合等を経て，2007(平成19)年度からは大幅な学群・学類制度の再編が行われ，現行のような人文・文化学群，社会・国際学群，人間学群，生命環境学群，理工学群，情報学群，医学群，体育専門学群，芸術専門学群の9学群・23学類となった。他方，学系についても再編が行われ，2012年度からおよそ教員200人程度の規模とする10の系に移行した。教員組織(学系)と教育組織(学群・学類)とを明確に分離し，柔軟な教育プログラムの開発を可能とした。

清水　一彦

→学域／学府，学部の概念(テーマ編)

学芸学部|がくげいがくぶ
Faculty of Liberal Arts; Faculty of Arts and Sciences

第2次世界大戦直後の教育改革の論議を通じて打ち立てられた「大学における養成」と「開放制」を2大原則とする，▶教員養成制度を具現化するために創設された学部。▶新制大学発足時(1949年)に▶師範学校と青年師範学校は国立大学・学部に昇格し，広汎な教養教育による教員養成を担うことになった。その際，師範系諸学校の統合だけで昇格を果たしえた▶国立大学は学芸大学と称し，学芸学部を擁する▶単科大学となった(北海道学芸・東京学芸・愛知学芸・京都学芸・奈良学芸・大阪学芸・福岡学芸の各大学)。それに対し，旧制▶専門学校等と統合して昇格した比較的小規模な国立大学(19大学)でも学芸学部を称した。しかし，人的条件等の諸事情から高い教養教育を講ずるという学芸学部の教育理念の実現を果たせず，1960年代半ば，教員養成の目的性強化政策により，東北大学教育学部から分離独立するかたちの宮城教育大学創設を契機に，全国の学芸大学・学芸学部は教育大学・▶教育学部に改称された。東京学芸大学は東京教育大学があったために和名変更がなかったが，英表記は「Tokyo University of Liberal Arts」から「Tokyo Gakugei University」になった。なお，国立大学学芸学部の系譜と異なるかたちで，私立大学学芸学部は多様な教養教育を提供する学部として今日，存在している。

木岡　一明

学際科目|がくさいかもく
inter-disciplinary subject

学際とは，特定の現実的な課題に取り組むために，複数の異なる学問専門分野(▶ディシプリン)が参画するアプローチである。学際科目という場合には，現実の場にある特定の探究課題を前提とし，複数の学問ディシプリンの対話という経験がその核心となり，PBL(Problem-basedないしProject-basedな学習)などの学習方法が多用されることになる。学習者には，複数の学問専門分野の視座を交錯させながら，▶アクティブ・ラーニングを深めていくことが求められる。ただし大学の，とくにディシプリンを原則として編成される学位プログラムが前提となっている場合には，その位置づけは必ずしも容易ではない。複数学問分野が関わるため，複数の教員によるチーム・ティーチングなど新しい教授・学修方法やその編成が期待されるからである。また，▶一般教育科目の中で，専門科目やディシプリン科目以外の▶キャリア教育を含むさまざまな科目を，大学独自の判断で学際科目群等として位置づける場合など，共通の理解が形成されにくい用法も見られる。単にディシプリンを組み合わせるだけでなく，その目的とする現実的な探究課題に向けてディシ

プリンを組み合わせるというようなコンセプトの共有・確立が課題となっている。　　　　　　　吉本　圭一

→ カリキュラムの学際化，学際性

◎アレン・F. レプコ著，光藤宏行ほか訳『学際研究―プロセスと理論』九州大学出版会，2013.

学際性 |がくさいせい
multi-disciplinary; cross-disciplinary; Inter-disciplinary; trans-disciplinary

ある一つの対象や目的について，複数の学問分野から研究や分析を行うことをいう。研究の態様や発展段階によって，しばしば次の四つの段階に分けられる。①対象や目的は共有しながら，複数の学問分野で個々に研究や分析を行うMultidisciplinary，②ある学問分野の知識や手法が，他の学問領域に作用し，複数の学問分野にまたがる学問分野を開拓するCross-disciplinary，③複数の学問分野が個別に研究や分析を行うのではなく，協働し，新たな知識や手法が統合されるInter-disciplinary，④複数の学問分野の研究者だけでなく，研究者ではない政策決定者，産業界，市民団体等が協働し，新たな知識や理論等を生み出すTrans-disciplinary。なお，Trans-disciplinaryは超学際性ともいわれる。単一の学問分野だけで現代の社会的課題を解決することは困難であり，また伝統的な学問分野に比べ，学際的研究の成長が著しいことから，学際的研究のいっそうの促進が課題とされている。　　　　　　　　　　　　　　　　榎　孝浩

→ カリキュラムの学際化，学際科目

格差社会 |かくさしゃかい
society of widening disparities; gap-widening society

経済面に加えて社会的・文化的側面も考慮に入れたさまざまな社会集団間の差異が，資源配分の不均衡により成員の許容を超えて固定ないし拡大している社会を意味する。格差の概念は，ある程度の個人差を含むため，成員の許容度についていかに合意が得られるかという困難を伴うものの，近年における一つの合意の根拠として，国境を越えた人や物の移動が頻繁になるグローバリゼーションを背景に，規制緩和による自由化と市場化を促進してきた新自由主義政策の影響があげられる。政策的に市場化を放置することで，俗に「勝ち組winner」「負け組loser」と呼ばれる許容しがたい格差が生じ，消費文化の浸透や福祉の切り捨てによって「新しい貧困new poor」が増大することが危惧されている。また，情報化や技術革新を軸とした▶知識基盤社会の中でニューエコノミーが発展することにより，一部の人々に金銭的成功をもたらす一方で，人々の生活が分断され個人や社会の損失も大きくなることが問題にされる。　　　　　　　　大前　敦巳

→ 所得階層，社会構造と大学 (テーマ編)

学士 |がくし
bachelor

学士号または学士号取得者を指す。学士号は，日本ではおおむね大学の学部で4年の学修を終え授与される▶称号である。明治時代には当初学士号は安定せず，1886年 (明治19) の▶帝国大学令で▶帝国大学卒業生に与えられる称号となり，翌年の学位令で学位から外された。学士といえば帝大卒という時期もあったが，徐々に対象者が広がり，1919年 (大正8) の▶大学令施行で本格的に帝国大学以外に広がった。もともとバチェラーは，ヨーロッパの▶中世大学において，学生と教師 (ドクター) の中間に位置し，半人前のドクター，教師の助手として位置づけられていた。だが，バチェラーが最も明確に位置づけられ定着したのは，国家資格が学位よりも優位となったヨーロッパよりも，▶大学院教育がカレッジ教育から分離し，大量のバチェラーを生むことになったアメリカ合衆国であった。日本では学士よりも「大卒」のほうが流通しているが，1991年 (平成3) の▶学位規則改正以降，学士号が学位として位置づけられ，4年間の大学教育を，教育目標やカリキュラムが明確化された学位プログラム化することで，よりアメリカ的な▶学士課程教育として位置づけようとする取組みがなされている。　　　　　　　　　　　　　　　　　　阿曽沼　明裕

→ 学士課程教育の構築に向けて (中央教育審議会答申)，学士力，短期大学士，準学士，学位と称号 (テーマ編)，学位の種類

学士課程 |がくしかてい
undergraduate program

大学を▶卒業した者に対して当該大学が授与する学位を▶学士といい，卒業に必要な要件を満たしている大学の教育課程を学士課程という。1991年の▶学校教育法の改正により，それまで称号であった学士が学位とみなされるようになった。従来「学部教育」など組織に注目した呼び方がなされていたが，「専門の学芸を教授するとともに，幅広く深い教養および総合的な判断力を培い，豊かな人間性を涵養する」よう配慮された学士の課程 (プログラム) を重視するという考え方から (中央教育審議会「学士課程の構築に向けて 審議のまとめ」2008年など)，次第にこの呼び方に変わってきた。卒業の要件は大学に4年以上在学し，124単位を修得することであるが，専門分野によって例外がある。医学または歯学に関する学科は大学に6年以上在学し，188単位以上を修得しなければならない。また，薬学に関する学科のうち臨床にかかわる実践的な能力を培うことを主たる目的とするもの，および獣医学に関する学科では，いずれも大学に6年以上在学し，

それぞれ186単位，182単位を修得しなければならない。

小笠原 正明

学士課程教育の構築に向けて（中央教育審議会答申）|がくしかていきょういくのこうちくにむけて

2008年（平成20）12月24日に，文部科学省▶中央教育審議会が答申したもので，グローバル化する▶知識基盤社会において，学士レベルの資質能力を備える人材育成をめざして，学位の国際的通用性を担保する学士課程における三つの方針，すなわち①学位授与の方針，②教育課程編成・実施の方針，③入学者受入れの方針を明確化する提言を行った。
　学位授与の方針については，すべての学生が卒業までに身に付けるべき能力として「▶学士力」を明示し，具体的には知識・理解，汎用的技能，態度・志向性および総合的な学習経験と創造的思考力の四つを挙げた。教育課程編成・実施の方針では，順次性のある体系的な教育課程を編成すること，国は分野別のコア・カリキュラム作成を支援すること，学生の学習時間の実態を把握した上で単位制度の実質化を図ること，成績評価基準を策定し，▶GPA等の客観的な評価基準を適用することなどを求めた。入学者受入れの方針においては，大学は大学と受験生のマッチングの観点から入学者受入れ方針を明確にすること，入試方法を点検し適切な見直しを行うこと，▶初年次教育の充実や▶高大連携を推進することなどが挙げられた。この答申を受けて，各大学は三つの方針の策定作業に取り組み，国もFD（▶ファカルティ・ディベロップメント）の推進や教育の質保証の仕組みを強化する支援策を実施している。

清水 一彦

→教育課程法制

学士入学→編入学

学者グループ事件|がくしゃグループじけん

教授グループ事件ともいう。1928年（昭和3）に起こった三・一五事件（日本共産党に対する弾圧事件）の第2弾として，37年12月に労農派（非日本共産党系のマルクス主義者集団）の治安維持法違反容疑による全国一斉検挙が行われたが（人民戦線事件），翌38年2月の第2次検挙により東京帝国大学経済学部教授の大内兵衛，助教授の有沢広巳と脇村義太郎が，労農派支援という治安維持法違反容疑で，他大学の約30人の教員とともに検挙された事件。経済学部の国家主義的「革新派」教授グループは，3教授の起訴前の休職処分を要求するも教授会・評議会で否決され，「文官分限令」の規定に

より起訴とともに3教授は休職処分に処せられた。
　また東京帝国大学経済学部では，1937年に▶矢内原忠雄教授の執筆した論文に反戦的内容が含まれるとして，土方成美（ひじかたしげよし）学部長を領袖とする「革新派」教授グループが教授会で糾弾し処分を求めたものの未承認となったが，矢内原が講演で不穏当発言をしたとの圧力が内務省から文部大臣を経て総長にかけられるに及び，矢内原が自主的に退職するという事件（矢内原事件）も起こっている。以上の事件および1928年の▶三大学教授追放事件は，いずれも「思想・良心の自由」と「表現の自由」に関する「学問の自由」が侵害を受けた事件であるが，形式的には「教授会（大学）の自治の自由」が突き崩されたわけではなかった。しかし，その前後に起こった1933年の▶滝川事件，39年の▶平賀粛清では「教授会の自治の自由」さえ侵害されることになる。

岩田 弘三

学習院女子大学[私立]|がくしゅういんじょしだいがく
Gakushuin Women's College

1877年（明治10）華族のための学校として設立された学習院を起源とする。前身は1950年（昭和25）設立の学習院女子短期大学で，88年学習院女子大学に改組・転換し，国際文化交流学部を掲げ，現在は日本文化学科，国際コミュニケーション学科，英語コミュニケーション学科の3学科から構成される。東京都新宿区にキャンパスを構え，2017年（平成29）現在1785人の学生が在籍。教育の特徴は，日本の歴史や文化，国際的な位置づけを学びながら，それらを英語で伝える力を養い，開校以来一貫したグローバル人材教育を行っていることである。また，キャリア支援にも力を入れており，入学後の早期からのキャリア教育や，資格取得の支援，OGを通じた実践的な就職指導を行い，就職に強い大学としても高い評価を受けている。

山崎 慎一

学習院大学[私立]|がくしゅういんだいがく
Gakushuin University

起源は幕末京都に設置された公家の教育機関にさかのぼるが，明治天皇から「学習院」の勅額が下賜された1877年（明治10）が現在の学習院の創立年とされている。第2次世界大戦前は宮内省管轄の官立学校であったが，戦後は私立学校として運営されることとなり，1949年（昭和24）に文政学部と理学部からなる新制学習院大学として開学した。初代学長は安倍能成。2016年（平成28）5月現在，東京都豊島区の目白キャンパスに5学部7研究科（法科大学院を含む）を展開し，9046人の学生を収容する。学校法人学習院は具体的な教育目標として「ひろい視野・たくましい創造力・ゆたかな感受性」を持つ優れた人材の育成を掲げており，近年では

「学習院未来計画28」を策定して，2012年度より5年間かけて取り組む五つの重点課題（I 教育成果の一層の向上，II 上記Iを実現するための研究活動の活性化，III 学習院らしさの追求，IV 国際化の推進，V 経営基盤の更なる強化）が示された。2013年に文学部教育学科が新設された。さらに創立150周年を見据えて未来計画2021を策定。　　　　　　　戸村 理

学習成果➡ラーニング・アウトカムズ

学習の自由 がくしゅうのじゆう
Lernfreiheit［独］

ドイツ大学において大学入学資格（▶アビトゥーア）をもつものが，大学の規則や教育課程の制限を受けることなく，▶授業やゼミナールを自由に選んで聴講できる権利を表す。この概念は18世紀後半に成立し，これまでドイツ大学が伝統的に維持してきたものである。「学習の自由」が成立するためには，授業（講義科目）の内容，学習量および科目を学習する時間的配列を定めた教育課程，すなわちカリキュラムが存在しないこと，そして科目を修得し，それを積み上げて「▶卒業」するという考え方自体が存在しないことが必要であった。実際，歴史的にドイツの大学では，卒業という概念は存在せず，したがって，卒業のために修得しなくてはならない▶必修科目や▶選択科目という講義科目の区分は存在しなかった。いかなる▶講義を聴講しようとそれは学生の自由であった。この自由は，法学部や医学部など，職業のために必須の知識や技能が要求される分野の学生にも適用された。さらに「学習の自由」には，単に授業選択の自由にとどまらない，もっと広い意味も与えられてきた。すなわち学生は，いつでも，学びたいときに，学びたい大学に登録して学習する自由を持つこと，そして大学間をいつでも移動できる自由（転学の自由）を持つことである。

このように，ドイツ大学での「学習の自由」は，抽象的な学ぶ自由ではなく，大学という制度の中で，いつ学ぶか，何を学ぶか，そして，どこで学ぶかを学生自身が決定できるということを意味した。これが十分に機能するためには，いくつかの制度的背景があった。まず，私講師制度の維持のための「教育」と「試験」の分離がある。ドイツの大学では，従来，教授資格試験に合格すれば▶教授として講義を行うことができたが，多くの場合，最初は私講師として講義を行った。私講師は自由に講義を行うことができたが，教授と異なり官吏ではないので，学生が医師などの国家資格を得るための国家試験を行うことができない。試験を行えるのは官吏たる教授のみである。国家試験に合格すなわち卒業（大学を離れる）を意味したから，私講師制度が機能するためには，「試験」と「講義」（教育）を分離してお

く必要があった。一方，私講師による自由な研究と講義は，多様な学問分野を発展させるとともに，学生の講義選択の自由を増大させるという点で優れていた。しかし，このことは同時に，カリキュラムと結びついた教育の成立を困難にしたとも言える。

「学習の自由」の考え方は，17世紀後半のドイツ大学の覚醒とともに成立してきた。16世紀以降，宗教改革，反宗教改革，三十年戦争などの歴史的できごとを経て，ドイツの大学は領邦主の支配とその宗派（新教か旧教か）によって，国家権力と宗派に強固に結びつけられていき，活力を失っていった。しかし，17世紀後半に入って，「リベルタス・フィロソファンデ（哲学する自由＝学問の自由）」，すなわち近代的な「学問・思想の自由」の精神が登場してくる中で，「▶研究の自由」そして「教授の自由」と密接な関係にある「学習の自由」の考え方がドイツの大学に生まれてきた。大学での「自由」の概念は▶ベルリン大学創立（1810年）前後にシュライエルマッハー，そして▶フンボルトによって完成されたといわれるが，それは▶ゲッティンゲン大学（1737年）あるいはハレ大学（1694年）の創立にまでさかのぼることができる。

この伝統的な「学習の自由」を持つドイツの学生のあり方は，日本やアメリカ合衆国におけるそれとは大きく異なっている。日本では，学生は4年間で▶必修科目を含めてカリキュラムに定められた科目を履修し，その単位を修得しなければ卒業はできず，卒業のためには大学の課する教育方針を受け入れなくてはならない。▶修業年限も限られており，大学間の自由な移動も不可能である。ここには学ぶ権限を行使することそのものは存在するが，ドイツ大学の伝統である「学習の自由」は存在しない。ドイツの大学でも，法学国家試験など国家試験を受験する場合は，そのために最低限学んでおくべき必修とされる科目が設定されていて，この点，制限があるにはあったが，本質的な制度の問題からみれば，学生にとって学習はやはり「自由」であった。このドイツ大学の「学習の自由」は，大学による学習方法の制限，成績等による学生の評価とそれに基づく序列化などから学生を自由にするものといえよう。

なお，ドイツでは1999年以降，▶ボローニャ・プロセスへの参加によって，学生の学業が，▶単位（credit）の修得とその積み重ねによる学位の取得という学習形態に移行している。そのため，それまでドイツ大学が標榜し維持してきた「学習の自由」のあり方も今後大きく変わっていくのではないかと考えられる。　　　　　　　　　　　　　　　　赤羽 良一

➡大学教育とカリキュラム（テーマ編），学問の自由（テーマ編），ドイツの大学（テーマ編），フンボルト理念，大学教授資格，カリキュラム概念，演習／ゼミナール

◎島田雄次郎『ヨーロッパの大学』玉川大学出版部，1990.
◎R.D. アンダーソン著，安原義仁，橋本伸也監訳『近代ヨーロ

ッパ大学史―啓蒙期から1914年まで』昭和堂，2012.
◎天野正治「精神的支柱としての大学―中世から現代の大学改革まで」『現代のエスプリ』No. 205（「世界の大学制度」天野正治編集・解説），至文堂，1984.

各州文部大臣会議 かくしゅうもんぶだいじんかいぎ
Ständige Konferenz der Kultusminister der Länder[独]：KMK

教育に関する基本的な権限を各州が有するドイツでは，州間の教育政策・制度の違いを調整し，共通性を確保するため，常設の各州文部大臣会議（KMK）が重要な役割を果たしている。KMKは連邦の組織ではなく，各州間の行政協定に基づく機関であり，教育，高等教育，研究，文化に関する事柄を担当する各州の大臣によって構成されている。1年に4回程度開催される総会には，これらの大臣がメンバーとして参加し，諸問題の調整を図るための勧告や決議を行っている。ただし，総会での決議や勧告自体は法的拘束力を持たず，各州がそれに基づく法令を制定して初めて拘束力が発生することになる。KMKが決議した特に主要な協定として，義務教育の開始年齢と年限，学校種，成績評価の基準など，現在のドイツの学校制度の基本的枠組みを定めた「学校制度の領域における統一化に関する協定」（いわゆる1964年の「ハンブルク協定」）がある。

高谷 亜由子

学術雑誌 がくじゅつざっし
academic journal

学術論文を公表するために定期的に刊行されている雑誌。学術誌，学術ジャーナルとも呼ぶ。最初の学術雑誌は，いずれも1665年に発刊された，フランスの著述家ドニ・ド・サロ（Denis de Sallo）による『ジュルナール・デ・サバン Journal des Sçavans』と，ロンドン王立協会の『フィロソフィカル・トランザクションズ Philosophical Transactions』の2誌とされる。それまで研究成果は私信や単行本で伝達されたり，剽窃を恐れて少人数にのみ伝達される秘密主義がとられることが多かった。それに対して，定期的な学術雑誌の発刊により，発見の名誉が明確化され，アカデミーにより成果が認められることから，研究成果の公開が促進されていく。19世紀以降には学問分野の専門分化がすすみ，専門学会による学術雑誌が増えていった。学術雑誌の重要な機能は，提出された論文をその雑誌に掲載すべきか否かを当該分野の研究者が審査する▶ピア・レビューにある。ピア・レビューは，科学者共同体が公表されるべき研究成果を選別することにより，知の質を高く維持するという自己規制のメカニズムであり，科学という制度の基盤となっている。

林 隆之

学術審議会 がくじゅつしんぎかい
Wissenschaftsrat[独]：WR

連邦と州との行政協定によって1957年に創設されたドイツの機関。連邦および各州の政府に対して高等教育，学術，研究の内容的・構造的な発展に関する勧告や，ドイツの憲法に相当する基本法の連邦と州との協力を定めた第91b条第1項第3号に則り，大型装置を含む全国的な意義を有する研究建築物の連邦と州の共同助成に関する勧告を行うことをおもな任務としている。また，私立の高等教育機関の機関アクレディテーションも任務としており，私立大学の教育・研究における学術的な質の基準やそれに要する財政的な条件および構造的な条件を鑑定し，適格認定を行っている。連邦政府および州政府の代表と，ドイツ研究振興協会（DFG），マックス・プランク協会（MPG），▶大学学長会議（HRK）等の共同提案により選出された高等教育機関の研究者や民間の有識者などを構成員としている。

高谷 亜由子

学術成果の還元 がくじゅつせいかのかんげん
academic knowledge transfer

［大学の社会との相互関係］
知識社会の到来に伴う学術成果への期待が高まり，社会への応答責任として大学に要請される概念。現代の大学には経済・社会・文化における多元的な社会との交渉関係がある。大学の学術成果の還元とは，教育・研究活動により蓄積された知識・ノウハウ・知的財産などの知識を社会の要請に応じた形態で提供することで利活用を図ることである。近年は，産業や国際競争力確保の観点で経済活性化のためイノベーションを求める期待が強い。とくにバイオテクノロジー，情報通信，医薬品など「サイエンス型産業」と呼ばれる産業化・商業化の源泉として重視される。

学術成果の還元は，大学の第3の機能であるサービスに係る文脈でおもに議論される。教育・研究といった長期的視点での社会貢献以外に，さまざまな次元での知識移転の関係がある。その背景には，知識社会における次世代産業基盤創造と文化継承に果たす学術・知識に対する役割，政策レベルの知的財産の創造と活用・継承，産業競争力や経済活性化，企業の新技術・製品の開発に際して組織の枠を超えて幅広く技術・アイデアの結集を図るオープン・イノベーションの技術開発戦略，生涯学習機会の提供などのエクステンション活動など地域振興の核となる大学組織への期待の高まり等がある。

［社会還元の歴史的経緯］
大学の学術成果の社会還元のチャンネルは，知識社会化の中，大学が機能的・制度的発展を遂げる

のと軌を一にその手段が多元化してきた。近代大学以前では，大学の最大の社会貢献とは▶職業的レリバンスのある専門的人材を，専門職の共同体内で技能の伝承を通して供給することであり，高等教育の範囲で完結していた。科学技術研究の専門職化と制度化が進展し，大学での研究機能が充実すると，公的資金の対価もしくは専門職化した研究者である大学教授職の応答責任として，学術的成果としての知識を活用した社会還元が求められるようになった。さらに，大学がマス化・ユニバーサル化によって組織的拡大を遂げると，立地する地域においても，地域におけるサービスを担う組織として地域振興や産業振興への役割が期待されるようになった。

［アメリカ大学モデルの発展と普及］

20世紀前半に▶研究大学が発展したアメリカ合衆国では，第2次世界大戦中の科学動員を契機として，研究成果を直接的に社会で応用するプロジェクト型の科学研究を大学が主体的に担うようになった。戦後，独立した政策分野として科学政策が誕生し，冷戦下基礎科学のもたらす学術的成果は，直接的に役に立たなくとも将来的な技術進歩のシーズとして川下の産業にスピルオーバー（spill over）することで結びつくという考え方（linear model）のもと，▶基礎研究・純粋科学研究への公的研究開発投資が正当化された。実際に，軍事研究のスピルオーバーが産業界へ開放・技術移転されることで，電子部品やインターネットなどの情報通信分野で新産業創出のイノベーションをもたらした。

　冷戦が終わり，日本やドイツの経済力が増してアメリカの経済力が伸び悩むと，学術成果をシーズに新産業の創出を図る「新しい技術の開発，導入，普及に関連する私的・公的セクターのネットワーク」であるNIS（National Innovation System）が注目され，知的財産の保護・活用に経済的劣勢の打開策を求める「プロパテント政策」が生まれた。アメリカでは公的研究開発資金による研究開発成果に由来する特許権を発明者の帰属とする，「バイドール法Bayh-Dole Act」（1980年）による学術成果の産業化と商業化が進められた。これら国際競争力の確保と新産業の創出・保護育成を行うイノベーション政策実践は，OECD加盟国などを中心に各国に普及した。

　日本においても，1990年代以降，大学が生み出す学術的成果に社会的付加価値や新産業を創出するプロセスとしての▶産学連携が注目され，産学連携やプロパテント技術移転政策が大学改革に結び付けられた。研究交流促進法や大学等技術移転促進法など，おもに産業技術や科学技術政策の観点から研究交流・技術移転を促進する取組みが行われてきたが，2004年の国立大学法人化に続き，2005年の「▶我が国の高等教育の将来像（中教審答申）」，さらに2006年の▶教育基本法で明文化

された。

［学術成果の商業化と大学］

知識社会への大学組織の起業家的対応を，バートン・クラークは起業家的大学（Entrepreneurial University）と表現した。一方，学術成果の商業化（commercialization）と科学知識の私有化（privatization）を追求する大学の企業化には，科学の公有制と伝統的な大学像の変容を，アカデミック・キャピタリズム（academic capitalism）という用語で批判する向きもある。ただ，学術成果の社会還元のチャンネルは，産学連携や特許のライセンシングといった理系（実験系）に見られるような，大学が研究成果と経済的便益の双方を追求する契約により公式化された活動に限らない。学会を通じた非公式なコミュニケーションによる産学官の知識の移転，人文社会科学系での著書発行や教員ベースでの審議会への委員等としての政策過程への参加・貢献，さらに教員以外の地域における社会活動への学生のボランティア活動への参画，図書館開放や出前講座などエクステンション・生涯学習の機会提供など，必ずしも教員組織にもよらない大学組織としての多元的な活動がある。

白川 展之

→▶アメリカ大学モデル，産学共同研究開発，技術移転，知的財産活動，大学と特許，生涯学習と大学（テーマ編）

◎S. スローター，G. ローズ著，阿曽沼明裕ほか訳『アカデミック・キャピタリズムとニュー・エコノミー——市場，国家，高等教育』法政大学出版局，2012（原著2004）.
◎Clark, Burton R., *Creating Entrepreneurial Universities: Organizational Pathways of Transformation*, Emerald Group Publishing, 1998.
◎白川志保，白川展之「国立大学の産学連携・地域社会貢献とアカデミックプロフェッションのための組織マネジメント——民間プロフェッショナル組織との比較と New Public Management の視点から」，広島大学高等教育研究開発センター編『大学論集』38（山野井敦徳教授退官記念），2006.

学術大学 ｜がくじゅつだいがく

wissenschaftliche Hochschule ［独］

ドイツの高等教育機関はその目的や機能等により，いくつかの分類が可能である。学術大学とは，1990年代まで用いられていた分類で，博士学位授与権（Promoitonsrecht）や▶大学教授資格（ハビリタツィオン）授与権を有する大学をさす。学術大学に分類されたのは総合大学，工科大学，教育大学，▶連邦軍大学，神学大学等である。芸術大学や▶専門大学は博士学位授与権を有していなかったので，学術大学には分類されていなかった。大学法として，「学術大学法」を制定していた州もあった。学術大学という分類の背景には研究を主とする大学とそうでない大学という考え方があったが，研究を重視する大学の範囲は拡大してきている。現在，学術大学という分類は公的にはなく，連邦教育研究省や▶各州文部大臣会議，学長会議の文書，連邦統計局の統計では，博士学位授与権を有する大学は「総合大学及びそれと同等の大学 Universitäten und gleichgestellte Hochschulen」と表記されている。

長島 啓記

学食 →学生食堂

学士力 |がくしりょく
bachelor attributes

2008年（平成20）の中央教育審議会答申「▶学士課程教育の構築に向けて」において，分野横断的に日本の学士課程教育が共通して目指す学習成果の参考指針として提案された。▶学士課程で育成する「21世紀型市民」の内容は，①知識・理解，②汎用的技能，③態度・志向，および④総合的な学習経験と創造的思考力の四つからなる。具体的な内容として，①では多文化理解，人類の文化，社会と自然に対する理解，②ではコミュニケーション・スキル，数量的スキル，情報リテラシー，論理的思考力，問題解決能力，③では自己管理能力，チームワーク・リーダーシップ，倫理観，市民としての社会的な責任，生涯学習力があげられている。④では批判的思考力（critical thinking）が内容として含まれている。答申では，これらの指針により各大学における学位授与の方針等の策定や分野別の質保証枠組みづくりを促進・支援するとしている。

小笠原 正明

→ラーニング・アウトカムズ

学生 →テーマ編 p.82

学生運動 |がくせいうんどう
students' movement

学生運動は，大きく二つの流れに分類できる。一つは学内外の教育問題をめぐる運動であり，もう一つは政治的・社会的な運動である。後者は，しばしば前者と重なりつつ展開する。近代日本の学生運動は，明治以後の旧制高校などでの学校当局との管理運営をめぐる運動の一方で，大正期以後は，社会主義思想とのかかわりの中で政治的運動もまた活発化した。東京帝国大学の学生を中心に組織された運動団体である新人会がその代表的事例といえる。当初，人道主義的かつ理想主義的な学生運動として生まれたこの新人会は，やがて日本共産党と強く結びついていった。大正末期，京都帝国大学や同志社大学のマルクス主義的傾向をもった学生たちへの一斉弾圧であった京都学連事件もまた，社会主義と学生運動の結びつきを示すものである。
　第2次世界大戦後の学生運動も，マルクス主義との強いかかわりの中で発展した。1948年（昭和

23）に結成された▶全学連（全日本学生自治会総連合）も，日本共産党の強い指導の下で運動を展開していった。しかし，1950年代後半，党中央を批判する学生たちを中心に共産主義者同盟（ブント）が結成され，その指導の下に社会主義学生同盟（社学同）の活動が活発化していく。また，ほぼ同時期，トロツキズムの影響を受けて結成された革命的共産主義者同盟（革共同）の指導下に，日本マルクス主義学生同盟（マル学同）が誕生した。既成左翼に対する新左翼の誕生である。ブントの指導下にあった全学連は，1960年の安保改定闘争を主役として担った後，さまざまな流れへと分岐していく。同じ60年4月には韓国でも，いわゆる学生革命が展開され，当時の李承晩政権打倒を達成した（しかし，翌年の朴正煕によるクーデタにより，その後の長期にわたる軍事独裁政権が続くことになる）。
　1960年代に入ると，社会党の青年組織である社会主義青年同盟の内部に解放派が誕生し，再編された第2次ブント指導下の社学同，革共同の分裂に伴い生まれたマル学同（中核派）とともに，いわゆる三派全学連として，街頭闘争などで活発な活動を展開していった。ほかにも中核派と分岐した革命的マルクス主義派（革マル派）や，共産党から分岐した構造改革派，さらに日本共産党の影響下にある日本民主青年同盟（民青）など，さまざまな政治潮流が学生運動を担っていった。この時期の運動は，▶学費値上げ反対闘争や学生処分の取り消し，古い講座制による教育制度への反対の運動，▶学生寮や▶学生会館の自主管理などの学内課題と，他方でのヴェトナム戦争反対運動や日米安保粉砕闘争，さらに沖縄返還協定をめぐる運動などの政治社会的問題が，渾然一体となって展開された。60年代後半には，学内課題を軸に政治セクトに所属することを選択しないノンセクトラジカルと称する学生運動も誕生し，政治的党派も巻き込んだ全学共闘会議（▶全共闘）型の運動体が全国の学園に広がっていった。
　日本だけでなく，1960年代後半には経済の発展した諸国を中心に，スチューデント・パワーと称された学生の運動が国際的にも広がりをみせた。アメリカ合衆国の▶コロンビア大学や▶カリフォルニア大学バークレー校などを代表例とするヴェトナム反戦運動，1967年以後イタリアのトリノ，ローマやミラノなどで展開されていった大学占拠闘争や，1968年のフランスの五月革命，ドイツの社会主義学生同盟などの運動である。これらの運動は，政治的課題や大学内の課題に取り組むとともに，しばしば，ヒッピー運動やコミューン運動，芸術や文化をめぐる▶カウンターカルチャー運動といった多様な文化運動やライフスタイルの転換を求める動きと深いかかわりをもって展開された。
　1970年代に入ると，こうした学生運動の一部は警察権力との闘争のなかで過激化し，日本の連合

赤軍やドイツ赤軍，さらにはイタリアの赤い旅団などが生まれた。しかし，こうした政治的テロリズムの路線は，警察の厳しい弾圧のなかで，多くの人々の信頼を失い左翼勢力そのものの力をそぐ結果になってしまった。他方で，学生を中心とするいわゆる新左翼の運動が，伝統的なライフスタイル転換の大きな契機となり，エコロジー運動やフェミニズム運動，さらにエスニック・マイノリティの運動などの新しい運動の原動力にもなった。1970年前後には，ラテンアメリカやアジア地域における学生運動も大きな盛り上がりをみせ，68年のメキシコにおけるオリンピック反対の学生運動，70年代中期のタイにおける学生運動など，時には流血の惨事につながるケースもしばしばみられた。

1980年代には，韓国や台湾などで軍事独裁に反対する学生運動が発展し，結果的に独裁政治を解体し，民主化を達成するのにあたって大きな力を発揮した。現在もさまざまな国で，政治的かつ社会的問題や，大学改革や管理強化などをめぐって，学生の運動は多様な形態をとって続けられている。

伊藤 公雄

→ 大学紛争，68年5月，学生自治，大学の自治（テーマ編）

◎高木正幸『全学連と全共闘』講談社現代新書，1985.
◎武藤一羊編『現代革命の思想 第8巻 学生運動』筑摩書房，1969.
◎東大闘争全学共闘会議編『砦の上にわれらの世界を』亜紀書房，1969.
◎日大全共闘編『バリケードに賭けた青春―ドキュメント日大闘争』北明書房，1969.

学生会館 |がくせいかいかん
student hall

学生の文化・スポーツ団体の部室などが集まる大学の学内棟のこと（これとは別に，企業が経営する複数大学の学生向けの▶学生寮という意味もある）。おもに▶サークル活動や課外活動に用いられ，学期外の長期休暇の際も使用できることが多い。管理は通常，学生部生活課などで行われ，大学の公認団体であれば指定された部室を使うことができる。同好会等であっても，学生会に昇格した場合は，限度を決めて単独部室の使用を認められることがある。授業教室等とは異なり，その管理が学生の自治に委任されることが多いので，飲酒・喫煙・火気の禁止にはじまり，詳細にわたる使用上の規定があることがほとんどである。学園祭など各種行事においては今でもその準備の拠点になるが，学生の「自由の象徴」としてのかつての会館は取り壊され，カードによる入室管理の徹底した，新たな学生会館が造られるようになっている。

松浦 寛

→ 大学祭／学園祭

学生教育研究災害障害保険
がくせいきょういくけんきゅうさいがいしょうがいほけん
Personal Accident Insurance for Students Pursuing Education and Research

学生が教育研究活動中に被った災害に対して必要な給付を行い，大学の教育研究活動の充実・発展に寄与することを趣旨として，1976年度から始められた災害補償制度。本保険は公益財団法人日本国際教育支援協会が契約者となり，損保会社の共同保険契約となっている。補償対象は，①正課中，②学校行事中，③キャンパス内にいる間の課外活動中である。「通学中等傷害担保特約の補償範囲」および「接触感染予防保険支払特約」があり，補償範囲は前者が通学中と学校施設等相互間の移動中，後者の場合は臨床実習の目的で使用される施設内で感染症の病原体に予期せずして接触し，その接触感染に対する感染症予防措置を受けた場合と定められている。保険金の種類は死亡保険，後遺傷害保険金，医療保険金（入院加算金），接触感染予防保険金に分かれ，保険加入金は昼間部と夜間部と通信部とで若干異なる。

松浦 寛

学生組合 |がくせいくみあい
students' union

とくにイギリスの大学で発達している学生の親睦・相互扶助・自治などを総合的に扱う自主組織。古くは，中世ヨーロッパにおける大学の発祥と同時にその原型が形成されたといわれるが，各国での大学制度の変遷の多様性の中で，必ずしも一様な発展を遂げたわけではない。現在に残るイギリスの場合，各大学レベルでたとえば気軽な社交場や娯楽・生活物資の安価な提供といった▶大学生協的な役割といわゆる学生自治組織機能の両面をあわせ持ち，ピアサポートとしての学生支援活動も積極的に展開する一方，それらを束ねる全国組織NUS（National Union of Students）も学生の権利保障を中心に活発に活動している。学生は入学と同時に自動加入という形をとり，主として福利厚生面でのさまざまな特典を得ることになる。運営には選挙で選ばれた学生代表があたるが，大学によっては卒業生が協力しているケースもある。広義に捉えれば，日本の各大学にみられる学生自治会や▶生活協同組合あるいは学生健康保険組合なども学生組合の一種であるが，日本をはじめ多くの国では，それらを統合するイギリス型の学生組合はあまり見られない。

橋本 勝

→ 学生自治

学生支援|がくせいしえん
student services

学生支援とは，各大学が取り組んでいる修学支援，▶学生相談，就職支援，健康支援，メンタルヘルス支援，経済的支援，課外活動支援，留学支援，学生生活の支援，障害のある学生への支援などのことであり，さまざまな環境におかれた学生たちがよりよい学生生活を送り，卒業して社会にでていくための支援をおこなうことである。各大学には，「学生支援課」ないしは「学生支援センター」が設けられており，こうした支援事業に取り組んでいる。近年では，大学はとりわけ就職支援に力をいれる傾向にあり，「▶キャリアセンター」という名称をとっていることが多い。大学がおこなう就職支援としては，企業の求人情報の紹介や，その企業に就職したOBの紹介，それに加えてキャリア・アドバイザーなどの相談員が常駐し，学生の進路相談にのったりもしている。

▶インターンシップについても，就職支援の一環としておこなわれており，学生支援センター，キャリアセンターが窓口となって，ホームページで企業を紹介し，職員が相談にのるという形式をとっている。ほかにも，企業を選定して学内企業説明会を主催したり，就職講座を開いたり，あるいは学内で開催される就職むけのイベントを紹介するなどしている。近年，大学は企業とのパートナーシップを深め，就職講座の数を増やす傾向にあり，また企業の側もそうした講座に積極的に協力し，インターンシップをひきうけることで，人材の発掘，育成，選定につとめているが，そうした両者の媒介役をつとめているのが，学生支援センター，キャリアセンターである。ちなみに，大学は企業との関係を深めるばかりでなく，行政機関との提携もおこなっており，公務員採用にむけた講座やガイダンスなども開いている。

こうした大学の支援事業に加えて，「学生支援」という言葉で，学生に最もなじみ深いのが▶日本学生支援機構である。同機構は▶奨学金の貸与を通じて学生の経済生活をサポートすることを一義としているが，そればかりでなく，学生生活の実態調査，就職支援活動，留学生の生活支援，障害者の修学支援などもおこなっている。しかし，同機構もやはり全国の大学の潮流にもれず，就職支援を中心に支援事業をおこなうようになっている。就職のためのガイダンスやワークショップを増やしているということばかりではない。同機構の奨学金事業そのものが，就職支援の一環になりつつあると指摘することができる。たとえば，近年，同機構が最も力をいれているのが，奨学金返済滞納者への借金取立てである。卒業後，経済的困難のために，3ヵ月以上返済が滞っている卒業生の数は，2014年度において30万人を超えているが，これをうけて同機構は財産差押えの裁判訴訟を起こしている。その件数は，2014年度で6193件である。2002年度の訴訟件数は58件であったから，12年間で100倍以上の件数になっている。

なぜ，このような措置をとっているのだろうか。それは日本学生支援機構の赤字を減らすとか，そういうたぐいのものではない。なぜなら，財産を差し押さえたところで，経済的困難者は返済できるだけの財産をもっていないからだ。結局，裁判費用だけがかかってしまう。では，なぜやるのかというと，それが就職支援になると考えているからだ。奨学金といえども，滞納すれば財産を差し押さえられる。そのプレッシャーがあれば，誰もが必死になって返済しようとするだろう。返済のためには，就職しなければならない。ほんとうのところ，就職できないから返済できないので，話があべこべなのであるが，同機構は借金の取立て強化が就職支援になると考えているのである。

2009年度，日本学生支援機構は，奨学金の返済が3ヵ月以上滞った者に対して，全国3000の金融機関に個人情報を通知するとの発表をした。いわゆる「ブラックリスト化」である。このとき，それはやりすぎなのではないかとの批判の声もあがっていたが，同機構は「教育的配慮」をもって，こうした措置をとっているのだと反論した。この「教育的配慮」が就職のための配慮であり，就職にむけて学生に精神的プレッシャーをかけることであるというのはあきらかだろう。いったい大学教育とはなんなのか，学生支援とはなんなのか，あるいは学生にとって望ましい就職支援とはなんなのか，いまあらためて問いなおす時期にきているのではないかと考えられる。

栗原 康

→就活，キャリアガイダンス，大学生活支援団体，労働市場と大学(テーマ編)

◎「奨学金返還訴訟8年で100倍」産経WEST 2013年11月18日：http://sankei.jp.msn.com/west/west_affairs/news/131118/waf1311812090014-n1.htm
◎日本学生支援機構ウェブサイト「奨学金制度の変更」：http://www.jasso.go.jp/shogakukin/seido/seidohenko/index.html

---

学生自治|がくせいじち
students' self-government

[大学と学生自治]

大学の起源を12世紀の▶ボローニャ大学(イタリア)における学生自身による大学設立・運営に求める時，学生自治は大学の本質に関わる問題である。無論，M.▶トロウのいうユニバーサル段階に突入した現代社会における大学の存在意義を，そのルーツに照らして安易に論じることは避けるべきであるが，「主体的学び」が大学の本質として語られ続けていることを考慮すると，学生自治の現代的ありようを整理・考察することは極めて重要な課題であ

る。そもそも，学生の自発的な真理探究欲求があらゆる外圧から独立して達成されることが学生自治の根源にあるとすれば，学生自治は時代や国を越えて保証されるべきとも考えられる。

[学生自治と学生運動]

近代ドイツの学生自治運動などはその理念に沿ったものといえるが，日本においては，学生自治といえば1960年代に活発化した▶学生運動を思い起こしやすい。戦後の▶新制大学制度が民主化の動きと連動して確立したという歴史的経緯は，必然的に安保闘争や社会変革運動との連帯という性格を学生自治に付与することになるが，1948年(昭和23)設立の▶全学連(全日本学生自治会総連合)も，当初は学費値上げ反対など本来の学生自治の範疇を活動内容の中心としていた。しかし，社会問題への学生の積極的関わりが学生運動という形で展開され始めると，多くの大学で大学自治会がその中心的役割を担っていくことになる。とはいえ，本来の学生自治の範囲を超えることも少なくない状況の中，いわゆる▶大学紛争に発展して大学の機能停止に陥ったり，少なからぬ暴力事件を起こして社会批判にさらされたりした。その結果，学生運動自体はやがて社会的支持を得られにくくなり，文部省も事態の深刻化を打開するため，学生自治会の活動に対し法整備や公権力を使って一定の歯止めをかける大学改革を進める事態に発展する。やがて，多くの大学では学生自治会がなくなったり，活動内容を大幅に縮小したりした。

[今日の学生自治]

そうした変遷を経て，1980年代以降，学生自治会は課外活動を主たる対象として再編が図られるケースが目立ってくるが，やがて課外活動への学生の関心も低下する中で，学生自治の意義が問い直される状況となっている。その一方で，1990年代に入ると，学生の意見を積極的に大学運営に取り入れようとする風潮が高まり，学生の意見を集約するための学生自治会の存在が見直されている面もある。2000年(平成12)に文部省が発表した，いわゆる「廣中レポート」(「大学における学生生活の充実方策について」)は，今後の大学像を「学生中心の大学」とし，正課教育にまで踏み込む形での学生の声の吸い上げを重視しているものの，これを拠り所とし，これに呼応するような学生自治会の再評価・再興に進んだ例は少ない。むしろ，たとえば岡山大学に典型的にみられるように，大学コミュニティとしての一体感を意識し，学生と教職員との協働を目指す取組みが新たに登場して，学生自治とはやや異質な方向性が目立ってきている。

[学生自治の組織形態]

今日残っている学生自治会組織は，一般的に年1回程度，代議員を集めて開催される学生大会を最高議決機関とし，規定に則って中心執行機関，各種委員会などが学生大会で承認された計画にした

がい活動する，民主的運営がなされていることが多い。ただし，学生全員が構成員という建前とは裏腹に，活動に無関心な学生が多く，学生の総意が実現しているとは言いにくいのが実情である。学生自治の必要性自体に疑問を持つ学生も少なくない。比較的関心がもたれやすいのは▶大学祭(学園祭)であるが，それを学生自治とは切り離している大学もあり，学生自治会組織の現状は多様である。

[今後の学生自治のあり方]

指示待ち症候群と揶揄され，受け身の姿勢の学生が目立つ現代の大学において，社会的諸矛盾の解決に向けての変革を精神的にリードすることはおろか，自らがエンジョイするイベントでさえ主体的に参画することに消極的な学生層に，学生自治の重要性を説くだけでは効果は期待できないが，彼らもそうした活動に対する潜在的熱意・潜在能力を持っていないわけではない。21世紀型市民社会を確実につくり出すためには，そのトレーニングの場として大学の果たすべき役割は大きい。学生自治という考え方に固執するのではなく，どうしたらその潜在的な部分を開花できるかをあらゆる角度から検討し直すこと，いうなれば「ポスト学生自治」にあたる新たな発想が必要であろう。

橋本 勝

→学生組合，学生文化

◎寺﨑昌男『日本における大学自治制度の成立』評論社，1979.
◎草原克豪『日本の大学制度—歴史と展望』弘文堂，2008.

学生自由連合 |がくせいじゆうれんごう

Freier Zusammenschluss von Studentenschaften[独]: FZS

ドイツの党派を超えた学生団体の連合組織(社団法人)。約100万人の学生が加入し，そのなかから90名の構成員が選ばれて運営にあたっている。その目的は，学生の利害に関わる社会的，文化的，政治的，経済的な事柄について，学生の主張を代表し，親の収入にかかわらず教育へのアクセスを保障することなど，差別の撤廃とも取り組んでいる。法的にも，財政的にもFZSは大学における学生の代表と見なされている。ドイツでは，学生の代表が大学の▶アクレディテーションにあたってその過程に参加することが義務付けられているが，FZSはそこに代表を送っている。またドイツにおける▶ボローニャ・プロセスの遂行にあたっての作業グループにも教員組合，大学の代表などと並んでメンバーの一員となっているなど，大学政策の決定過程に，個々の大学レベルだけでなく，州，連邦のレベルで関与している。またドイツを代表し，ヨーロッパ学生連合の構成員ともなっている。

木戸 裕

学生消費者主義｜がくせいしょうひしゃしゅぎ
student consumerism

デイヴィッド・リースマン（David Riesman）による『*On Higher Education: The Academic Enterprise in an Era of Rising Student Consumerism*』（1980年，日本語版は『高等教育論—学生消費者主義時代の大学』）の中で紹介された概念。学生が消費者としてより大きな影響力を持つようになる状況を指す。1960年代のアメリカ合衆国では，大学内の重要な政策形成や意思決定において大学教授団の力が強かった。こうした教授団による支配を衰退させる形で誕生したのが学生消費者主義で，青年人口の減少や大学進学の停滞などによる学生集団の市場支配力（market power）の増加等によるものとされる。1980年代には大学への入学許可を哀願する立場であった学生が，丁重に迎えられるお客様へと変化し，厳しい履修要件を課すことが避けられたり，成績や学位の安売りが行われるなどの現象が生じた。日本においても，1992年以降の18歳人口の減少，大学における定員未充足などの問題が，これに類する状況を生じさせているとも言える。
　　　　　　　　　　　　　　　　　　　　　島 一則

学生職員｜がくせいしょくいん
student staff; staff as student

学生が大学職員でもあるという場合は大きく分けて二つある。一つは▶ティーチング・アシスタント（Teaching Assistant: TA），あるいはスチューデント・アシスタント（Student Assistant: SA）として，学生が教員の補助者として関わるケースである。関西大学のようにラーニング・アシスタント（Learning Assistant: LA）と称する場合もある。また▶オープン・キャンパスなどでの補助業務などを担当する場合もあるが，いずれも学生にとってはアルバイト感覚の臨時職員という意識と後輩学生のためのボランティア意識が重なる。ただし近年は，大学院生のTAの一部業務を，のちの大学教員としての職務を円滑にこなすためのプレFDという捉え方をすることもある。
　もう一つは大学職員のまま，あるいは一時休職する形で大学職員向けの大学院社会人コースに入学するケースである。桜美林大学大学院アドミニストレーター専攻が代表例であるが，単なる個人的キャリアアップというより，今日の大学事情に対応した新たな職員を社会的に育成することが求められていることも意味する。こうした社会人学生は職員としての現場経験を有するという意味で，学生・教員・職員が一体的・有機的に大学教育改善を推進する上で有益な存在である。
　　　　　　　　　　　　　　　　　　　　　橋本 勝

学生食堂｜がくせいしょくどう
canteen

大学や短期大学の構内に設けられた，学生に飲食を提供する食堂。「学食」と略称で呼ばれることが多い。学生のための食堂としては，すでに1871年（明治4）に慶應義塾が三田に移転したときから存在し，学生はそこで単に食事をとるだけでなくマナーも学んだとされる。すでに第2次世界大戦前から多くの大学に学生のための食堂は設けられていたが，学食といわれるようになったのは戦後になってからのようである。1946年（昭和21）に財団法人学生食堂連合会が東京大学を中心とする都内のおもな大学を中心に組織され，各大学の学生食堂への食糧の特別配給を受け，学生の食生活を援助した。同年，東京大学農学部3号館の地階に，農学部協同組合が設けた構内外食券食堂は開業10日にして1日の利用者数866人を数えたという。その後，学食は他の大学構内にも続々と設けられ，安価な食材の一括大量購入とセルフサービスによる人件費の軽減によって，比較的低い価格で飲食物が提供された。
　近年は▶大学生協だけでなく，給食事業者，弁当製造メーカーなど学食の運営母体も多様になり，ファストフードや有名レストランチェーンの店舗が構内に設置されている場合も少なくない。かつての安さと量を競う時代から，大学の魅力を高めるため高級感をもったメニューも用意されるようになっている。ミールカードなど年間利用券を発行したり，学生の食習慣の改善を図り，早い時間帯に学食で積極的に「朝食」を提供する大学もある。
　　　　　　　　　　　　　　　　　　　　　松浦 寛

学生処罰｜がくせいしょばつ
student disciplinary

大学も学校教育法1条に定められたいわゆる「一条校」なので，学生に対する処罰も，学校教育法第13章（143〜146条）の規定を踏襲している。13章に規定された罰則の要件として，13条，17条1項・2項，20条および135条の規定に違反した者と定めている。大学における処罰要件は各大学によって一律ではないが，法令違反による犯罪行為に加えて，多くの場合，人権侵害，▶ハラスメント，不正アクセス等情報倫理に反する行為，試験における不正行為，その他大学の名誉を著しく失墜させる行為などが規定されている。処罰の種類は，軽度の違反には口頭による注意に終わる場合もあるが，重大な違反行為には訓告，停学，▶退学などの重処罰が課されることもある。
　　　　　　　　　　　　　　　　　　　　　松浦 寛

学生新聞 ➡大学新聞

学生相談|がくせいそうだん
university (college) counseling

[歴史と変遷]

日本における学生相談は，厚生補導(student per-sonnel services)の概念が第2次世界大戦後アメリカ合衆国から伝えられたことによって始まった。この概念は学生を支え育てていくこと，すなわち学生の学園生活上の諸問題について援助・助言・指導を行うことが教育機関としての使命であり，それはすべての教職員が担うものであると捉えたものである。この概念の導入が進む中，1953年(昭和28)に国立大学初の学生相談所が東京大学と山口大学に設置され，1955年には日本学生相談学会の前身である学生相談研究会が発足した。その後，学園紛争の影響から学生に対する対策や管理の視点が強くなり，また国立大学を中心として▶保健管理センターが学生相談を内包する形で設置されたことなどから，当時定着しつつあった「すべての教職員が担う厚生補導・学生相談」という理念はしばらく停滞することとなった。

大学がユニバーサル化し入学してくる学生の多様化が指摘される中，2000年(平成12)に「大学における学生生活の充実方策について──学生の立場に立った大学づくりを目指して(報告)」，通称「廣中レポート」が文部省から公表されたことを契機に，厚生補導および学生相談の重要性が再認識されることとなった。以降大学を取り巻く環境が大きく変化する中，学生相談・▶学生支援の取組みは，それぞれの大学の実情に合わせて展開されてきている。現在は「厚生補導」に代わって「学生相談・学生支援」という言葉が一般的となった。

[学生相談の範囲]

多様化する学生また関係者からのニーズに対応するため，「学生相談・学生支援」に求められる範囲は近年拡大しつつある。個別相談のおもな内容は性格，友人・異性・家族等対人関係，メンタルヘルス(睡眠・不安・抑うつなどの精神的健康)，修学相談，進路・就職相談，経済問題，留学生の適応，セクシャリティに関する悩みなどが挙げられる。また目的を同一にする学生を募集して実施するグループ・カウンセリングも広く行われている。専門的なカウンセリング以外にも，学生・教職員・家族対象の啓発，療学援助，障がい学生支援，危機管理(自殺対策，薬物対策，カルト対策，ハラスメント対策等)も学生相談の範囲といえ，さらに学生本人を対象とするだけでなく，教職員へのコンサルテーションや，家族からの学生に関する相談に応じることも大きな役割となっている。

[連携と守秘]

学生支援が十分に機能するためには，関係者・関係部署が密に連絡を取り合い，大学コミュニティの持つ学生支援力をフルに発揮できるような連携体制の構築が不可欠である。学生が障がいを抱えていたり，困難が広範囲に及ぶような場合は，学生の身体的・心理的特徴を踏まえた上で学内外のリソースを動員する必要があり，総合的な学生支援の要となる専門的な学生相談が重要な役割を果たすことになる。部署間の連携がスムーズにできることは重要であるが，一方では利用者のプライバシー保護に十分な配慮がなされなければならない。学生相談・学生支援に関わる者は守秘義務を負うことを自覚の上，業務に従事する必要がある。しかし，利用学生およびその他の人の安全が脅かされる危険性があると判断される場合は守秘義務に例外が生じ，利用者に十分な説明がなされた上で来談者の利益に沿った連携と守秘のバランスを模索する必要がある。

[特徴と可能性]

学生相談の特徴としては，在籍中の学生を対象とした大学コミュニティ内での教育的相談活動であることが挙げられる。在籍期間という限られた時間の中で，心理発達的課題に取り組む学生を支援するという点を意識する必要がある。また学生相談機関は大学コミュニティ内の組織であるため，学生の現状やニーズ，大学が取り組むべき改善点を把握しやすい立場にあり，日々の活動から得られる知見を大学行政部や関連部署に提言することができる。調査や研究などを通して知見を蓄積し，より良い大学コミュニティの構築を提案することは，広い意味での学生支援につながることも銘記されるべきであろう。

寺島 吉彦

→ 学生相談室，インテーカー，大学生活支援団体

◎文部省高等教育局・大学における学生生活の充実に関する調査研究会「大学における学生生活の充実方策について──学生の立場に立った大学づくりを目指して(報告)」，2000.
◎日本学生支援機構「大学における学生相談体制の充実方策について──「総合的な学生支援」と「専門的な学生相談」の「連携・協働」」，2007.
◎日本学生相談学会50周年記念誌編集委員会編『学生相談ハンドブック』学苑社，2010.

学生相談室|がくせいそうだんしつ
university (college) counseling room

カウンセリングセンター，よろず相談室などの名称で運営されていることもあり，また保健センターなどの中に学生相談室がおかれていることもある。学生相談室は，学生の生活上の困難や心理的な悩みに対して，カウンセリングの専門的手法によって相談活動を行い，学生の適応・成長・発達を促進することを目指して大学内におかれる。教職員や学生の家族へのコンサルテーション(助言)，また予防啓発活動，部署間連携活動なども求められる。学生相談室はすべての学生にとって利用しやすい場所にあることが望ましく，また面接室は防音・空調等の配慮された個室である必要がある。

必要な数の面接室のほかに受付・待合スペース，スタッフ室，記録保管スペースが必要で，多目的室や談話室なども設けられるのが一般的である。組織によって異なるが，人員的には長(責任者)・専任カウンセラー・非常勤カウンセラー・▶インテーカー・事務スタッフなどで構成される。

寺島 吉彦

→学生相談，保健管理センター

学生に関する法制 |がくせいにかんするほうせい

大学の学生の修学上必要な事項を定めた規則として，各大学が設けている規程が▶学則と呼ばれる。▶学校教育法施行規則(昭和22年文部省令第11号)4条1項には，学則の中に少なくとも記載しなければならないものとして修業年限，学年，学期および休業日，部科および課程の組織，教育課程および授業日時数，学習の評価および課程修了の認定，収容定員および職員組織，入学，退学，転学，休学および卒業，授業料，入学料その他の費用徴収，賞罰，寄宿舎が挙げられている。このうち賞罰に関する懲戒については，性行不良者，学力劣等者，出席常でない者，学校秩序を乱す者は退学，停学および訓告処分を行うことができる(同規則26条)。他方，学生の経済支援や留学支援あるいは外国人留学生の就学支援については，独立行政法人日本学生支援機構法によって同機構が行っている。奨学金事業には国内と海外留学向けがあり，国内に関しては第1種奨学金(無利息)と第2種奨学金(利息付)，海外留学向けにも第1種奨学金(無利息)と第2種奨学金(利息付)がある。近年，返還滞納額の増加などの問題が表面化していることが，制度面でも問題となっている。

清水 一彦

→学生処罰，奨学金，日本学生支援機構

学生による授業評価 |がくせいによるじゅぎょうひょうか
class evaluation by students

授業改善に向けた受講生向けのアンケート調査のことを指す。アメリカ合衆国の諸大学では1970年代から普及し始めたが，日本では，早い段階の国際基督教大学(ICU)や東海大学でも1990年前後から本格導入され，比較的歴史が浅い。しかし，FD(▶ファカルティ・ディベロップメント)の義務化の影響もあって，今日では全国の大学の9割以上で実施されている。十数項目程度をマークシート用紙に回答する形式が最も多いが，自由記述を併用するものやウェブ上で回答を入力する形式もあり，大学により多様である。たとえば山形大学のように個々の授業の集計結果を大々的に公表しているところもあるが，多くは教員へのフィードバックや組織としてのFD資料として活用するにとどまってい

る形が一般的である。なお大学によっては使用目的を授業改善に限定する意図から授業改善アンケートのような名称を用いているところもある一方，岡山大学のように教員の個人評価に積極的に活用している大学もある。

橋本 勝

→授業評価

学生納付金 |がくせいのうふきん
tuition and fees; student payments

教育やそれに付随する教育機関が提供するサービス(図書館など施設の利用など)を利用するための対価を指す。略して学納金ともいう。その多くの部分は▶授業料であるが，▶入学金や入試検定料なども含まれる。さらに，▶私立大学では施設整備費や実験実習費なども含まれる。しかし，授業料は学生納付金の大部分を占めるために，学生納付金と厳密に区別されない場合も多い。とくに施設使用料や実験実習費などは，▶国立大学では徴収されていないので，入学金を除けば，授業料と学生納付金はほぼ等しくなる。このため，授業料と学生納付金の区別は実際には厳密にはなされておらず，相互に用いられることが多い。

小林 雅之

[日本の大学財政における学生納付金]
大学財政における収入は，おもに学生からの納付金，大学運営のための国や地方自治体からの交付金，民間企業等からの出資金や▶寄付金，共同研究の研究費で構成されている。病院を運営している場合には病院収入も含まれる。日本の大学財政の特徴は，大学の設置主体によって中心となる財源が異なることにある。

国公立大学では，国や設置自治体からの交付金が収入の中心を占める。国立大学全体の財政状況をみると，収入の34%が▶運営費交付金，付属病院収益が33%を占め，学生納付金が占める割合は11.5%となっている(2013年度)。▶公立大学では収入の42%が設置自治体の負担金であり，学生納付金は24%である(2014年度)。国公立大学では，学生納付金が大学財源全体に占める割合は相対的に小さい。他方，私立大学の財源は，学生からの納付金が収入の中心を占める。私立大学では，収入のおよそ75%が学生納付金である(2015年度)。私立大学に対する国からの経常的補助金(私学助成)は，財源の1割程度でしかない。私立大学がその収入を学生納付金に依存していることは，学生募集の状況が大学経営に直接影響することを意味し，また学費の値上げにつながりやすい構造となっている。なお，大学経営を考えると財源の多様化が重視され，アメリカの大学の財源では寄付金や資産運用が大学財政で重要な役割を果たしていることが指摘されるが，日本の大学では国公私立大学ともにそれらが占める比率は小さい。

学生納付金は入学金(入学料)，授業料が中心と

なる。また大学や学部等の専門領域の特徴により，施設整備費，実験実習費，同窓会費などの費目が設定されている。とくに学生納付金が大学財政で重要な位置を占める私立大学では，さまざまな種類の納付金が設定されている。このような学生納付金は，1年もしくは半年など大学が指定する期間を対象に前納を要求し，事情を問わず返還しないとする扱いが一般的である。このことが大学財政を安定させることにつながるためである。ただし，2000年に消費者契約法が制定され，入学辞退者による前納金返還訴訟が争われた結果，入学前納付金について，3月31日までの入学辞退者には入学金以外の授業料などの費目の納付金は返還するようになった（2006年11月27日最高裁判決）。また，休学中の学生の授業料について，徴収するかどうか，徴収する場合でも全額とするか半額とするかなどは大学による違いがみられる。学納金は，大学財政への影響と社会制度や教育的配慮とのはざまにあるといえる。

　現在，日本においても大学の機能分化が進められており，今後，大学財政のあり方も変化していくことが想定される。研究を中心とする大学は各種▶研究資金が重点的に配分され，研究費が重要な財源となり，教育を中心とする大学は学生納付金への依存が高まることが想定される。授業料を中心とする学生納付金がもつ財政上の意味が，大学によって異なるものになるだろう。　　　　　白川　優治

→大学と学費（テーマ編），大学の財政（テーマ編），私学補助，学納金返還請求訴訟
◎日本私立学校振興・共済事業団『今日の私学財政―大学・短期大学編』各年度版.

学生の大学運営参加 |がくせいのだいがくうんえいさんか
students' participation in university management

［大学の起源と学生参加］
中世ヨーロッパにおける初期の大学が，与えられた学校組織ではなく，学びたい熱意・意欲のある人たちが自ら運営主体となり，一定の自主ルールの下で組織を動かしていたことはよく知られている。一方，時代が下って，1810年設立の▶ベルリン大学を創始とする近代の大学は，国家社会の近代化の推進のための人材育成を主目的に再構築されたものであり，明治維新を経て国家有為のエリートを輩出する組織として高等教育機関が設立された日本においても，その面が前面に強く出ている。しかし，そのようにしてできた大学でも真理探究の自由が意識的に語られ継承されることで，ルーツとしての大学の精神が意識され次第に根づいていくこととなる。ただし，少なくとも第2次世界大戦前においては，大学自治という考え方はあっても，学生が大学運営に関与するという発想は日本ではほとんど見られなかった。やがて，戦後の民主化の動き

の中で▶新制大学が次々と誕生すると，大学の本質的性格が意識され，▶学生自治の考え方が表面に登場する。

［学生自治会の台頭と運営参加への行き詰まり］
戦後の日本の大学においては，社会的混乱の中での学生の学ぶ権利の保証という観点から，次々と学生自治団体が設立され，大学当局と折衝する形で自らの要求を実現せんと努力を重ねることになる。この場合，学生代表が団体交渉をするという労使交渉に近いイメージで活動が展開され，必ずしも学生が大学運営に積極的に関与することには至っていない。たとえば立命館大学では1948年（昭和23）から，常任理事会に学生自治会（学友会）代表や院生協議会の代表も加えた全学協議会を大学としての最高意思決定機関としているほか，4年に1度程度，全構成員に参加（傍聴）を呼び掛ける公開全学協議会を開催している。しかし，これは例外的であり，大半の大学では今日に至っても運営組織そのものの中に学生が入り込んではいない。とくに1960年代以降，学生自治活動が政治運動と結びつき，必ずしも学内運営ではない広範な社会的諸矛盾の解決に向けた▶学生運動に発展し，その一部が先鋭的，暴力的行動を引き起こして大学当局と対立する図式が定着すると，学生自治そのものにも社会的批判が向けられ，学生自治組織が大学運営に関わるという可能性は急速に低下することとなった。

［学生参画型FDの登場］
この状況に変化を与える契機となったのは，2000年（平成12）に文部省が発表した，いわゆる「廣中レポート」（「大学における学生生活の充実方策について」）である。岡山大学のように，これを直接の契機とせずに学生参画型FD（▶ファカルティ・ディベロップメント）をスタートさせた例もあるが，「教員中心の大学から学生中心の大学への転換」を提言する同レポートは，1991年の▶大学設置基準の大綱化以降，改革を模索する各大学にとって一つの指針を与えた面が強い。岡山大学の場合，「廣中レポート」と関係なく，2001年に「学生・教員FD検討会」（現在は「学生・教職員教育改善委員会」）を始動させ，それまで教員の問題とされたFDを学生とともに進める姿勢に切り替えることで，大学の教学運営に学生が関与する道を切り拓いた。たとえば▶シラバスや授業評価アンケートを学生と一緒に再検討したり，学生が構想案を固める学生発案授業を次々誕生させたりするなど，ミクロ・ミドルレベルのFDを学生と教員との協働で進めていく体制づくりが進んでいる。

　これは，ヨーロッパでかつて見られた，あるいはその流れを汲む，大学運営全体への学生の関与と違って限定的な範囲ではあるが，正課教育を視野に入れた内容での学生の組織参加は，上述の「廣中レポート」でも必要性はうたいながらも日本では

すぐに実現は困難であろうと指摘する内容だっただけに，注目すべきものと思われる。また，大学における「主体的な学び」が注目される中，2009年頃からは岡山大学に触発される形でサークル型の学生主体型FDも各地の大学で活発化し，中には同大学に準じた形で運営組織の中に学生が新たな形で入り込んでいく形も試されている。

[教育の質保証への学生参画]
一方，イギリスやデンマークなどを中心にヨーロッパ各国では，近年，教育の質保証という観点から学生参画を推進する動きが活発化している。大学評価において学生が積極的に関与することは，アメリカ合衆国におけるエンパワーメント評価の考え方とも重なり，急速に勢いを増しつつある。これは大学運営全体への学生の本格参加を企図した流れの中で，とくに教育に焦点を当てたものである。教育内容の統合・調整を目指す▶ボローニャ・プロセスが進むヨーロッパと，▶認証評価や法人評価が第2サイクルに入っている日本の双方で，別々の経緯からではあるが，結果として教学面での大学運営への学生参加が注目を集めているのは歴史的必然を感じさせる。
橋本 勝

⤷学生による授業評価，質保証制度，大学の行政・経営・管理（テーマ編）

◎橋本勝，清水亮，松本美奈編著『学生と変える大学教育―FDを楽しむという発想』ナカニシヤ出版，2009.
◎木野茂編著『大学を変える，学生が変える―学生FDガイドブック』ナカニシヤ出版，2012.

学生文化 |がくせいぶんか
students' culture

本格的な大学が誕生したとされる中世ヨーロッパの時代から，学生たちはエリートとして独自の社会的性格を負わされてきた。国家や一般の社会から自立し，学問の自由や自治の文化を担ってきた学生たちは，他の社会階層とは異なる独自の文化を生み出してきたのである。とくにボローニャ，パリ，ケンブリッジやオックスフォードなど，古くから大学のある都市には，しばしば学生の自発的な活動に基づく独自の学生文化が発達してきた。近代日本社会においても，学生文化は独特なものをもっている。たとえば，教養主義文化はその典型例だろう。明治，大正期から昭和に至る時代を通じ，おもに西欧文化の受容を軸に▶読書を通じた人格形成と知的成熟を目指した学生たちは，独自の知的文化を形成していた。

学生の理想主義的傾向は，そのエリート的立場をもった社会認識と連動しつつ，貧しい人々，虐げられた人々への奉仕の精神とともに，しばしば社会改革という課題と結びついてきた。近代日本の学生文化とマルクス主義や社会主義思想との結合は，その代表的な事例だろう。他方，俗世間からの離脱という学生の意識は，世間的な常識の否定

や世俗的生活からの離脱の傾向をもつことも多かった。旧制高校生の間に広がった，ぼろぼろの衣服に破れた帽子という「弊衣破帽」の蛮カラ文化や，デカルト，カント，ショーペンハウエルの名前にちなんだといわれるデカンショ節などにみられる飲酒と高歌放吟のスタイルも第2次世界大戦前までの学生文化だろう。

[第2次世界大戦後]
戦後，学生たちは戦前の教養主義的学生文化を受け継ぎ，サルトルやカミュらの実存主義思想やマルクス主義思想をはじめ，文化，芸術，生活スタイルなどの新しい文化潮流の受容にあたって，その先陣を切ってきた。他方で，「駅弁大学」（大宅壮一の命名ともいわれる）と呼ばれるように，次々と誕生する新しい大学の登場は，大学の大衆化を拡大していくとともに，戦前型の教養主義とは異なる，より大衆化した学生文化の広がりも生み出していった。映画，ラジオ，テレビや雑誌などマス・メディアを媒介とした情報の普及も，それらの先進的な受け手であった学生たちに大きな影響を与えるようになる。戦前から人気のあった六大学野球への一層の注目をはじめとするさまざまなカレッジ・スポーツの普及や，ファッション，音楽などのポピュラーカルチャーの新たな受容者としての学生の登場である。また，新しい▶女子大学の登場も含めて，戦前においては高等教育の場からほとんど排除されてきた▶女子学生の増加も，戦後日本の学生文化に大きな影響を与えた。この動きに対しては「女子大生亡国論」（早稲田大学教授・暉峻康隆など）のような暴論さえ登場した。

1960年代後半には，国際的にも学生文化に大きな変化が生じた。「若者の反乱」と称される政治的運動が，とくに経済の発達した諸国を軸に大きく拡大した。社会的マイノリティの権利擁護やヴェトナム反戦運動，さらにさまざまな大学内外の課題をめぐって展開された▶いわゆるスチューデント・パワーの運動である。この動きは，政治的な反抗のみならず，それまで支配的だった伝統的文化への反抗をともなって世界各地で展開された。ヒッピー文化やコミューン運動，マリファナやLSDなどによるトリップ志向などが，国際的な動きとして学生文化の中に持ち込まれていく。Tシャツ，ジーンズ，長髪スタイルなどの新しい若者ファッションの登場もこの時期の現象といえる。音楽，演劇，映画制作など芸術活動における対抗文化（▶カウンター・カルチャー）も1960年代後半の学生文化と深いかかわりをもつ。こうした対抗文化としての学生文化は，商業化された文化に対抗する，DIT（Do It Yourself）型ともいえる「自前」の活動形態をとることが多かったのも，一つの特徴といえるだろう。

しかし，こうした学生文化における教養主義やカウンター・カルチャーの動きは，1970年代半ば以後，急激に衰えていく。学生文化における教養主

義の終焉(竹内洋『教養主義の没落』など)とでもいえる事態である。背景には，日本も含めた世界中の大学が，マーチン・▶トロウのいう「エリート型」から「マス型」(同世代の15%から50%までが大学進学する状況)へと移行していったということがある。とくに日本の場合，急激な消費社会の深まりが，若い世代を強く巻き込んでいったという事情もあるだろう。三無主義，シラケ文化，モラトリアム時代といった用語が若者，とくに学生に対して向けられる時代が開始されたのである。1980年代に入ると，学生文化とマス・メディアや消費社会との結びつきはより強まっていく。たとえば，マス・メディアにおける女子大生文化の登場やバブル経済に連動する学生ビジネスの流行などが，この時代の学生文化の新しい動きとしてあった。また，1990年代以後のコンピュータの発達とネット社会の登場は，トロウのいう大学のユニバーサル化(同世代の50%以上が大学進学する時代)とも重なり合って，国際的にも学生文化の大きな変容を生み出しつつある。　　伊藤 公雄

→教養の概念，旧制高校の教養，学生運動，学生自治，社会構造と大学(テーマ編)，大学都市

◎竹内洋『教養主義の没落―変わりゆくエリート学生文化』中公新書，2003.
◎高田里惠子『文学部をめぐる病い―教養主義・ナチス・旧制高校』ちくま文庫，2006.
◎マーチン・トロウ著，天野郁夫・喜多村和之訳『高学歴社会の大学―エリートからマスへ』東京大学出版会，1976.

学生寮 (がくせいりょう)
dormitory

学生寮とは，大学に学ぶ学生が居住する宿舎のことで，寄宿舎などとも呼ばれる。本来大学との通学距離が長かったり，交通不便で通学困難な学生のために作られた施設だが，今日の大学の前身である旧制高等学校などでは，通学状況とは無関係に寮での生活を義務づけることが多かった。

[日本の学生寮の歴史]
日本における学生寮の始まりは，1890年(明治23)に旧制第一高等学校の校長，木下廣次(1851-1910)が学生自治を認めた自治寮(のち東京大学駒場寮)を開設したことに始まる。その後，学生寮は他の旧制高等学校や私立大学にも広まり，運営者そのものも大学当局のみに限らず，地方の篤志家によるものや，仏教やキリスト教などの宗教的背景を持った学生寮も設置されるようになった。青年たちの共同体としての学生寮は，久米正雄(1891-1952)の『学生時代』(1918年)から村上春樹(1949-)の『ノルウェイの森』(1987年)に至る青春小説の格好の舞台として，繰り返し文学作品に登場してきた。北杜夫の『どくとるマンボウ青春記』にも，旧制高等学校の寮の様子がよく描かれている。

旧制高等学校では，第一高等学校の「嗚呼玉杯に花うけて」(1902年)，第三高等学校の「紅もゆる丘の花」(1904年)，北海道大学予科の「都ぞ弥生」(1912年)をはじめ，寮歌が次々と作られ，ほとんどが学生寮に寄宿していた旧制高校出身者の寮歌に対する愛着は，「寮歌祭」という形で今日も受け継がれている。寮歌の歌詞は，当時の教育事情を反映してほとんどが文語調である。戦前の学生寮では，新入生に対する通過儀礼的ないじめも一部存在し，また久米正雄の『学生時代』にも出てくるように，寮の規律を破った下級生に対して上級生が鉄拳制裁を加えるなどの弊風もあったが，反面，学部学科を越えた知的交流の場と文化の揺籃場としての役割も果たしていた。

1960年代になると，東京大学駒場寮をはじめ多くの大学の学生寮は▶学生運動の拠点となり，自主管理も標榜された。学生寮の自治会の連合組織として「全日本学生寮自治会連合」(全寮連)も結成されたが，2001年(平成13)に駒場寮が閉寮となり，2006年には「自治会連合」も解散，旧制高等学校以来の自由な雰囲気のなかで文化的・政治的実践を行うという従来の学生寮のあり方は終焉を迎えた。

[現状]
今日の学生寮では，旧制高等学校風の知的共同体としての性格が薄れる一方，ホールやラウンジなどの共有スペースの施設充実によって，さまざまな学生の交流の場としての役割も果たしている。また，海外からの研究者のゲストハウスとしての学生寮を筑波大学が設置して話題を呼び，家族で住む部屋がある寮など，今日の学生寮のあり方は多様である。

今日の学生寮と以前の学生寮の最も大きな相違点は，男子のみの学生寮の激減と運営母体の多様化である。第2次世界大戦前には女子の大学進学者はまれであったが，今日男子を上回る女子の大学進学者の需要に応え，女子のみが入寮できる学生寮も多くつくられている。また，男女両方の学生が入寮する学生寮も多く，男子のみの学生寮の激減は，大学進学者数の男女拮抗という実情を反映している。また，2009年に始まった「グローバル30」と呼ばれる▶文部科学省の「国際化拠点整備事業」(大学の国際化のためのネットワーク形成推進事業)により，大量の留学生を受け入れなければならなくなった諸大学では，海外からの留学生が宿泊する大学寮の整備を急いでおり，とりわけ早稲田大学が中野国際コミュニティプラザに建設した「国際学生寮WISH」は，定員872人という巨大な規模の建築になっている。　　松浦 寛

→高等学校(旧制)，旧制高校の教養，学寮

◎週刊朝日編『青春風土記―旧制高校物語1』朝日新聞社，1978.
◎網代毅『旧制一高と雑誌「世代」の青春』福武書店，1990.
◎竹内洋『教養主義の没落―変わりゆくエリート学生文化』中公新書，2003.

◎山田浩之・葛城浩一編『現代大学生の学習行動』高等教育研究叢書90，広島大学高等教育研究開発センター，2007.

学生ローン|がくせいローン

日本では主として18歳以上の高等教育機関の学生対象の民間金融機関，とりわけ貸金業のローンを指すことが多い。短期融資が中心で，ATM等で即決で借入れできるものもある。利子率も4〜18％までとなっている。この点で，長期返済で融資額も多額の銀行等が実施している▶教育ローンとは異なる。しかし近年は大手の銀行や系列会社も学生ローンを提供し，融資額も数百万円と高額のものもある。なお日本以外の国では，日本の教育ローンにあたるものを「student loan」というので混同しやすい。このため，教育ローンの方を学資ローンと呼んで，学生ローンと区別する場合もある。

小林　雅之

→ 貸与奨学金

学籍|がくせき
school register

学籍とは学生の身分や所属等，学生として大学に在籍している（あるいは在籍していた）ことを証明する，大学における学生の戸籍である。各大学は▶学則に基づき，学生の休学・復学・退学・再入学，留学，転学・転部・転科・転専攻，転籍・除籍・復籍，卒業・修了等，学籍に関する取扱いを定める。学籍上の取扱いによって，授業料納入の要不要や▶単位互換の可否が異なる（たとえば休学中の学生について，学籍上は大学に在籍していても授業料納入が不要となる場合など）。また学籍に基づき，各種証明書等の発行，保険の手続き等のサービスが提供される。日本では一般に，各大学が実施する個別の入試に合格し，所定の入学手続きを完了した場合に，当該大学の学生として学籍を取得できる。他方，フランスやドイツ等の大学入学資格制度を採用している国では，大学入学資格取得者が入学を希望する各大学に登録する（実質的な入学手続き）ことによって，学籍を取得することになる。

木戸　裕＋齋藤　千尋

学則|がくそく
university regulations

学校において，それぞれの組織体制，管理運営，学事などについて定めた決まり，規則。

［学則に関する法規］
学則に関わる法規として学校教育法施行規則の規定がある。同施行規則3条は，学校の設置認可の申請または届け出にあたり，「一 目的，二 名称，

三 位置，四 学則，五 経費の見積り及び維持方法，六 開設の時期」を記載した書類を提出することを規定している。4条では，前条の学則中に記載する事項として①修業年限，学年，学期および授業を行わない日（休業日）に関する事項，②部科および課程の組織に関する事項，③教育課程および授業日時数に関する事項，④学習の評価および課程修了の認定に関する事項，⑤収容定員および職員組織に関する事項，⑥入学，退学，転学，休学および卒業に関する事項，⑦授業料，入学料その他の費用徴収に関する事項，⑧賞罰に関する事項，⑨寄宿舎に関する事項を定めている。また2条には，私立の学校設置者は，その設置する大学または▶高等専門学校について「目的，名称，位置又は学則を変更しようとするとき」は，その旨を文部科学大臣に届けなければならないと規定している。大学は▶学校教育法1条に規定される公教育学校であり，学校教育法施行規則に則り，これらの内容を織り込んだ学則の制定が必須である。このほか，▶大学設置基準においては，収容定員について「学科又は課程を単位とし，学部ごとに学則で定めるものとする」と規定している（18条）。

大学において組織体制，管理運営，学事に関することなど主要な改変を行う場合は，学則の改定を伴うことになる。また大学に関わる法令の変更があった場合は，それにあわせて学則も改定することが多い。学則に示された事項について，さらに詳細な事項を定める場合，学部・研究科，あるいは教育研究もしくは管理運営上の組織単位で「規則」や「規定」を設定し，学則にはそのことを明記する。

［学則における大学目的の記載］
2005年の中央教育審議会「▶我が国の高等教育の将来像（答申）」では，「大学とは何か」という概念が希薄化しているなかで，各高等教育機関の個性・特色は見出せず，それぞれの人材養成目的も曖昧化し，これらを含めて教育機能軽視の傾向がある日本の高等教育を懸念し，危機を警告している。さらに現状の課題として，大学設置審査の内容や視点をより明確化し，時代の変化に応じて不断の見直しを行う必要性を指摘した。この答申を反映し，2007年に大学設置基準が改定された。学則に関しては，2条（教育研究上の目的）で「大学は，学部，学科又は課程ごとに，人材の養成に関する目的その他の教育研究上の目的を学則等に定めるものとする」と規定された。これにより，大学は教育研究上の目的を抽象的なものとせず，養成しようとする人材像や学生に修得させるべき能力等を具体的にし，学則に提示することを義務化した。これを受け，各大学は学則に大学の目的を明確に示し，それを実現するための組織および運営体制，ならびに学事や教育課程に関しての基本規定を定めることになった。このことについて，▶第三者評価である大学機関別認証評価では，大学は学則に目的

（使命，教育研究等の基本的方針，達成しようとする成果等）を明確に定めているかを評価基準として設定し，教育の質保証の観点から検証している。

[学則の構成]
これらを踏まえながら，一般的に学則は次のような内容構成で大学運営上の基本を条文化する。まず「総則」として大学の目的，組織の構成（学部・研究科・教育施設，教育支援施設，附属施設），役員・職員（教員，事務職員等），役員会・教授会・教育研究評議会・経営協議会等の主要会議や委員会，事務組織および技術支援組織，教育研究等の状況の公表，大学評価，男女共同参画など。続いて「学部通則」として修業年限・在学期間等，学年・学期および休業日，収容定員，教育課程，入学・卒業・転学・留学・休学・復学および退学等，教育職員免許，検定料，入学料および授業料，表彰・除籍・懲戒など。さらに「補則」として学生証，健康診断，福利厚生施設，科目等履修生，研究生および特別聴講学生，外国人留学生，研修員，公開講座など各大学の特性に応じた諸規定を明示する。

[学則と校則]
学則と混同しやすいものに「校則」がある。初等中等教育機関においては，学則と同義に使われる場合もあるが，校則を定めることは法的に求められてはいない。校則は，それぞれの学校における規則のうち，とくに在校生の生活や行動，あるいは学務に関する決まりを称する。児童規則，生徒規則，学生規則などともいう。校則の設定，形式，効力は各学校に委ねられる。学校によっては校則がない場合もある。ただし，学則の設定は前述の学校教育法施行規則の諸規定によって大学を含むすべての公教育学校に求められるものであり，学則と校則の混同や誤解は避けたい。

大川 一毅

→内規，認証評価
◎中井俊樹・上西浩司編著『大学の教務Q＆A』玉川大学出版部，2012.

学長 |がくちょう
president; vice-chancellor; rector

大学の管理・運営に最終的に責任を負うとともに，対外的に大学を代表する職員を指す。

[国立大学における学長の選出方法・職務内容]
学長の職務と権限は，▶学校教育法のほか，▶国立大学法人法（国立大学の場合）等で規定されている。学校教育法では「大学には学長，教授，准教授，助教，助手及び事務職員を置かなければならない」（92条）と規定されており，大学に必置の職である。同条3項では「学長は，校務をつかさどり，所属職員を統督する」として，大学の校務・全職員に対して監督責任を有する立場であることを規定している。

学長と一言でいっても国公私立という設置形態により，その選出方法，職務内容・権限等は異なっている。国立大学の場合，学長の選出は学長選考会議の選考により行われる。学長選考会議は，経営協議会と教育研究評議会の選出する者（両者同数）で構成する。同会議の選考結果をふまえ国立大学法人の申出により，文部科学大臣が任命する。多くの大学では，選考会議の選考に先立って教員等による意向投票が行われている。ただし，選考会議の選考結果が意向投票の結果と異なることは起こりえるし，実際にいくつかの大学で発生している。学長選出の際の留意事項として，以下のような規定がある。「学長の選考は，人格が高潔で，学識が優れ，かつ，大学における教育研究活動を適切かつ効果的に運営することができる能力を有する者のうちから，行わなければならない」（国立大学法人法12条7項）。これに従えば，学長は「学識が優れている」と判断されれば教員である必要はなく，また学内での勤務実績が問われない。実際に，学外から学長を招くケースは法人化以前からあった。法人化後には，学外者であり，かつ教員以外の者が学長に選出されたケースもある。

学長の職務は，国立大学法人法11条2項の規定に従って，学長と理事で構成する会議（役員会）の議を経て，以下の事項について決定することである。①中期目標についての意見，年度計画に関する事項，②文部科学大臣の認可または承認を受けなければならない事項，③予算の作成・執行・決算に関する事項，④大学・学部・学科等の重要な組織の設置・廃止に関する事項，⑤その他役員会が定める重要事項。つまり，大学運営に関する重要事項のすべてについて最終的な決定を行う。

[公立・私立大学における選出方法・職務内容]
公立大学の場合，学長職は▶地方独立行政法人法の第7章「公立大学法人に関する特例」で規定されている。原則として▶公立大学法人の理事長が学長を務めるが，両者を別個にすることも可能である。学長の任命は公立大学法人の申出に基づいて，設立団体の長が行う（71条）。

私立大学の場合，学長の選出方法に関する法令上の定めはない。一般的には▶教授会が学長を選出する。法人の長である理事長と学長の関係は大学により異なる。理事長が学長を兼任する大学もある。理事長と学長が別の大学では，理事長が大学の経営面について責任と権限を有するのに対して，学長は教学面で責任と権限を有する。学長の職務内容の範囲や権限の大きさなどは，理事長との関係で決まる場合もある。

[副学長]
国公私立大学に共通するのは，学長の職務を補佐する職として副学長が置かれることである（学校教育法92条）。学長は大学の管理・運営全般に責任を負っているが，大学の広範囲に及ぶ業務内容全

体に直接的に指揮・権限を行使することは現実的には無理である。複数の副学長を置いて，学長の職務を補佐させている。学長補佐を置く大学も多い。大学や学長自身の方針によるが，副学長は一定の権限をもってそれぞれの業務を統括する。担当する業務の事務部門の責任者として，職員の指揮・命令をするとともに，執行状況について学長に報告し，必要に応じて指揮・命令を受ける。

[学長の権限を制約する学内事情]
国立大学の場合には，法人化以前には限定的であった学長の権限は，法人化後は著しく拡大・増強された。しかし，実際に行使できるかどうかは大学の慣習，学部・研究科，教育研究評議会，経営評議会等との力関係に規定される。一般に，これらの組織は独自の論理・利益に従ってその権限を発揮するため，しばしば学長の意向と反したり，学長の権限行使を抑制したりする。公立・私立大学でも，学内の複雑な力関係によって，学長の権限行使が多少とも制約される点は共通している。このような事態が大学組織としての迅速な決定や大学の多方面にわたる改革の桎梏になるとして，改善の必要性を説く論調も近年目立つ。すでに▶私立学校法の改正（2006年）により，▶理事会の権限を強化する一方，教授会等の権限制限の方向が打ち出された。さらに，経済同友会は，事態改善が進んでいないとして，大学執行部の権限強化を主張している（2012年）。複雑な状況の中で，学長が権限を行使し，大学の発展につながるような改革を実施するためには，各種条件整備を含め課題は多い。

さらに中央教育審議会大学分科会は，2014年2月に発表した審議のまとめの中で，学長の意思決定のサポート体制強化の観点から，学長を統括的に補佐する副学長（総括副学長）や組織横断的な調整権を持つ「総括理事」を置くこと等を提言している。

[学長の業績評価]
中教審大学分科会は上記の審議のまとめの中で，学長の業績評価に言及している。学長選考組織が学長の職務遂行を評価すること，監事が日常的な業務執行状況を監査すること，学長選考組織と監事間の意見交換を通じて学長の職務状況を把握すること等を提言している。さらに，学長の評価体制を確立した上で，業務の実績が悪化した場合，法令の規定に基づき，任期途中の交代を想定した制度を内部規則等で整備することもあわせて提言している。

[総長の呼称]
一部の大学では，大学を代表する職員として「学長」の代わりに，「総長」が学内的・対外的に用いられている。国立大学のうち旧帝国大学の7校が，私立大学でも一部の大規模校が「総長」を用いている。学校教育法や▶大学設置基準では，大学を代表する職員として「学長」が用いられており，「総長」は用いられていない。そのため，「総長」は慣例的な呼称といえる。

夏目　達也

→評議会，大学管理機関，大学の管理事務部門

◎島田次郎『日本の大学総長制』中央大学出版部，2007.
◎山本眞一・田中義郎『大学マネジメント論』放送大学教育振興会（NHK出版），2014.
◎日本私立大学連盟編『私立大学マネジメント』東信堂，2009.

学長会議→大学学長会議

学年制｜がくねんせい
class; grade

厳密には，学年ごとに▶履修すべき科目を定め，すべての科目の履修と合格をもって次の学年への進級を認める制度を意味する。現代の高等教育では，▶単位制に基づく進級・卒業が一般的であり，次学年への進級が認められなかった場合でも，単位を修得した科目を再度履修するよう課されることは一般的ではない。しかし，機関によっては，取得単位数により次学年，あるいは上級学年（たとえば2年次から3年次）への進級が制限されることは少なくない。たとえばアメリカ合衆国の高等教育では，もともとは全人的発達が重視され，必修制を原則とするなかで全履修科目の修得が次学年進級の条件とされていた。しかし19世紀後半に入ると，科学の発展と教育内容の分化・多様化により，選択科目制が広く普及して単位制が一般的となり，厳密な学年制は必修制とともに崩れることとなった。それでも，4年間の学修課程を入学以後の年数（フレッシュマン，ソフォモア，ジュニア・ソリシタ，シニア・ソリシタ）で表現する緩やかな学年制は存続している。

福留　東土

→選択科目，必修科目，修業年限

学年暦｜がくねんれき
academic calendar

日本では通常，4月に新年度が始まり，3月に終わる。学生の▶入学，▶卒業（修了）もそれに合わせて行われるのが一般的だが，年度途中での入学や卒業（修了）を認める大学・大学院が増加している。欧米では8〜9月に新年度が始まる大学が多い。そのため，留学生の獲得と送り出しの利便性を高めて国際化を図ることを主眼として，日本の新年度の開始を欧米に合わせようとする議論がたびたび起こっている。2006年（平成18）教育再生会議において大学入学を9月とし，高校卒業および入学試験の時期とのずれを埋めるため，欧米の▶ギャップ・イヤーが注目され，議論が行われた。また，2011年には東京大学が秋入学（▶9月入学）の方針を

打ち出し，一時期，学年暦を巡る議論が起こった。秋入学に全面的に移行する大学はまだ現れていないが，学期制の変更を打ち出し，合わせて入学・卒業（修了）の柔軟化を図ろうとする大学が増加しており，今後しばらく学年暦を巡る議論が続くことが予測される。

福留 東土

学納金 →学生納付金

学納金返還請求訴訟
がくのうきんへんかんせいきゅうそしょう

一般に学生は大学に入学する以前に，▶入学金および当該年度の▶授業料等を納付する。しかし入学の意思決定を翻した場合，支払った学納金が返還されるのかをめぐってしばしば訴訟がおこされてきた。従来はいったん大学に支払った学納金は返還が認められないという地方裁判所の判決が一般的であった。しかし2001年（平成13）に消費者契約法が施行され，その後の判決に少なからず影響を与えているとみられる。2006年の最高裁判所判決は，学生が授業を受ける前に入学の意思を撤回した場合，大学には損害を与えないと解釈でき，大学は「授業料」を返還しなければならないとした。しかし「入学金」は，その支払いによって学生は入学しうる地位を得ているのだから，入学しなくても大学は返還義務を負う理由はないとした。授業料は授業に対する対価，その他の教育活動や施設の利用等を含めた学校教育サービス全体の使用料と取り扱われる。入学金は入学を許可するときに徴収されることから，入学事務手続きの手数料，または地位獲得のための契約金と解釈された。

丸山 文裕

→学生納付金，大学と学費（テーマ編）

学費 →大学と学費（テーマ編 p.34）

学費値上げ反対闘争 がくひねあげはんたいとうそう

学費値上げ反対闘争は，学生の生活の防衛であると同時に，学生であることが金銭による検閲の拘束を受けないことの意思のあらわれでもある。国家や経済は，学費を通じて大学を捕獲しようとする。そのことを端的に示しているのは，1948年（昭和23）6月の最大規模のストライキ（114校，20万人）だろう。争点は学費の値上げのみならず，学外理事の導入による▶国立大学の管理（「社会化」といわれた）である。闘争の結果，大学理事会法案は撤回され，▶奨学金や▶学割の拡大をみた。その後，▶学生運動は政治化していくが，1965年の慶應大学では学

費値上げが焦点化される。それは現在の大学の「ユニバーサル化」（マーチン・▶トロウ）とその欲求の先触れをなすものといえるだろう。実際，21世紀の世界に広範にみられる100万人規模の大学ストライキのスローガンは，例外なく学費値上げ反対ないし「Free Education（教育の自由＝無償）」を掲げる。賭けられているのは，国家や経済のロジックからの自由である。

白石 嘉治

→授業料，学費無償化，大学紛争

学費無償化 がくひむしょうか
introduction of free education

大学の学費無償化の政策は，国際連合の「経済的，社会的及び文化的権利に関する国際規約（社会権規約，A規約）」13条2項c「高等教育は，すべての適当な方法により，特に，無償教育の漸進的な導入により，能力に応じ，すべての者に対して均等に機会が与えられるものとすること」にもとづく。日本政府は1979年の同規約の批准以来，上記cの「特に，無償教育の漸進的な導入により」という文言については，国連からの勧告にもかかわらず留保を続けていたが，2012年9月11日に留保の撤回を国連事務総長に通告した。

　こうした大学の学費ないし▶授業料の無償化の背景には，1998年に採択されたユネスコの「21世紀に向けての高等教育世界宣言」でもうたわれているように，サービス業を中心とした▶知識基盤社会における，高等教育への「公的なアクセス」に対する欲求の増大があるだろう。2014年の時点ではフランス，ポーランド，チェコ，スロヴァキア，ハンガリー，ルクセンブルグ，ギリシア，スウェーデン，デンマーク，ノルウェー，フィンランド，アイルランド，アルゼンチン，チリ，ブラジル，スリランカ，エジプトなどの大学の授業料が無償であり，それ以外の国でもおおむね10万円前後である。日本，韓国，アメリカ合衆国などの高額な授業料は例外的な範疇に属する。

　しかしながら，大学の無償化を知識基盤社会との対応だけから展望することは二重の意味でまちがっている。まずなにより，製造業を中心とするフォーディズム体制の飽和にともなって，1970年代以後の資本の蓄積は，金融が主導する非物質的な労働に準拠するようになった。知識基盤社会の出現もそうした資本の蓄積体制の変容の結果であり，そこでは大学もサービス業として経済的な単位に組み込まれる。たとえば，今日の監視カメラは，われわれの非物質的な身振りやイメージを捕獲し，資本に転換する装置である（おそらくそれはサービス業でもあるのだろう）。同様に大学も，われわれが表現する認識や情動を資本に転換する捕獲装置となる。そのことは金融資本の支配の強度にほぼ比例するかたちで，高額な授業料が徴収されていること

からもあきらかだろう。

　そして第2に，大学そのものは，知識基盤社会のみならず，いかなる社会的ないし経済的なロジックともなじまない。社会や経済は交換によって成り立つ。交換とは，なにかを失ってなにかを得ることである。だが，教員が大学で語るとき，みずからの認識や情動を失うわけではない。学生も同様である。大学に授業料が課されるならば，それは「擬制商品」（カール・ポランニー）をつくりだしているに過ぎない。大学での認識や情動は摩滅しないし，商品のように売買することもできない。多くの大学論で，ヨーロッパ中世の学生の「ときは去りぬ／されどわれはなにごともなさざりき」という詩句が繰り返し喚起されるのも偶然ではないだろう。交換のロジックに拘束される社会や経済のただなかで，大学は無為の共同性として立ち現れるのであり，その営為は無償であるほかない性質を帯びる。

　今日，先進諸国では大学の▶進学率は50％を超える。問わなければならないのは，交換のロジックとは無縁の共同性に対するわれわれの欲望である。その意味で，大学と学校とは区別されなければならない。学校は社会に組み込まれている。学校で教授されることは，社会にとって有用なことである。それはアテネのアカデメイア以来変わらない。プラトンにとってよく生きることとは，ポリスのために生きることだった。それに対して，12世紀のヨーロッパで発生した大学は，都市住民にとってはなかば反社会的な存在であり，当時の社会に有用な知識を伝授する神学や法律の専門学校とは緊張をはらんだ関係にあった。

　今日の大学は，こうした中世の大学を想起しつつ構想された19世紀のベルリン大学を祖型としている。1970年代以後，われわれの大学への欲望が亢進し続けているとすれば，賭けられているのは，もはや社会的でもなければ経済的でもない，そしておそらく垂直的な交換のロジックを体現する国家にも拘束されないような大学における生のイメージの肯定である。国際連合の社会権規約の無償化の条項もその表現の一つだろう。もちろん反動はあるだろうが，21世紀になって学費無償化の名のもとで頻発する大規模な大学ストライキは，なによりわれわれの大学への欲望の深さと広がりを示している。　　　　　　　　　　　　　　　　白石　嘉治

→21世紀のための高等教育に関する世界宣言，アカデミア，大学と学費（テーマ編），学費免除
◎アラン・ド・リベラ著，阿部一智・永野潤訳『中世知識人の肖像』新評論，1994.
◎細川孝編著『「無償教育の漸進的導入」と大学界改革』晃洋書房，2014.

学費免除 | がくひめんじょ
tuition waiver

学費免除には，▶入学金や授業料減免のほか，寮費など生活費の免除制度がある。実質的には給付奨学金とほぼ同じ役割を果たしていると言えよう。日本の大学では，スポーツや学業が優秀な学生に対する特待生制度として学費免除を取り入れているところも多い。しかし，国の補助施策は大学の設置者によって大きく異なっている。▶国立大学に対する授業料減免額は約300億円であるのに対して，▶公立大学には約90億円，▶私立大学に対しては▶私立学校共済・振興事業団を通じた約120億円となっている（2014年度予算）。私立大学に対する補助は国立大学に比べて少額であるだけでなく，2分の1補助のため，この補助を受けるには私立大学が2分の1を負担しなければならない。もう一つの問題として，私立大学の場合，大学や学部等によって▶授業料が異なるため，その減免額も異なるという点がある。この問題については，将来の方向性として授業料減免を給付型奨学金に統一していくことが今後の政策課題となっている。　　　　　　　　　　　　　　　　小林　雅之

→奨学金，教育費の負担，学費無償化

学部外組織 | がくぶがいそしき

大学における教育，研究，社会貢献活動を促進または支援するために設置される学部以外の組織の総称。▶研究所，各種センター，図書館などがある。

[学部外組織に関する法規定]
▶学校教育法96条において「大学には，研究所その他の研究施設を附置することができる」と定められ，これを受けて学校教育法施行規則143条の3で「大学に附置される研究施設として，大学の教員その他の者で当該研究施設の目的たる研究と同一の分野の研究に従事する者に利用させるものを置くことができる」と規定する。これら大学に附置される研究施設として，たとえば医科学研究所，ウイルス研究所，化学研究所，数理解析研究所，原子炉実験所，防災研究所，東洋文化研究所，人文科学研究所，社会科学研究所，経済研究所，生産技術研究所，史料編纂所，分子細胞生物学研究所，宇宙線研究所，物性研究所，大気海洋研究所，総合研究博物館，アイソトープ総合センターなどがある。

[共同利用・共同研究拠点]
大学研究所のうち，学術研究の発展にとくに資するものは，共同利用・共同研究拠点として文部科学大臣の認定を受けることができる（学校教育法施行規則143条の3）。共同利用・共同研究拠点では，個々の大学の枠を越える大型の研究設備や大量

の資料・データ等を全国の研究者が共同利用したり，それらを利用した共同研究を展開する。2017年4月現在，53大学(28国立大学，25公私立大学)105拠点が認定されている。共同利用・共同研究拠点に認定されると，設備整備や共同利用に係る経費について，国からの重点的予算配分が行われる。国としての政策的判断や多額の予算措置をともなう共同利用・共同研究拠点の設置を計画する場合，▶国立大学法人であれば，あらかじめ各法人の中期計画に記載し，文部科学大臣の認可を得る必要がある。

[学部外組織の運営]

大学の教育研究組織は，各大学の自主的な判断で柔軟かつ機動的に編制することによって学術研究の動向や社会の要請等に適切に対応し，大学の個性化に寄与することが求められている。そのために，▶学科以下の組織の改変については法令に規定せず，各大学の予算の範囲内で随時設置改廃を行うことになっている。共同利用・共同研究拠点を除く各大学の研究所・施設の運営についても各大学に任され，国からの直接的な関与は行われない。ただし，その研究成果や組織の機能状況については，大学機関別認証評価や▶国立大学法人評価によって検証評価される。

[大学設置基準で義務づけられる教育研究施設]

▶大学設置基準では，図書館の設置を義務づけ(36条)，学部の種類や規模等に応じ，図書や▶学術雑誌等の教育研究上必要な資料を系統的に備えることとしている(38条)。また同基準39条では，大学が特定の学部または学科を置く場合，その教育研究に必要な施設として附属施設の設置を義務づけている。すなわち，教員養成に関する学部または学科は▶付属学校，医学または歯学に関する学部は付属病院，農学に関する学部は▶農場，林学に関する学科は演習林，獣医学に関する学部または学科は家畜病院，畜産学に関する学部または学科は飼育場または牧場，水産学または商船に関する学部は練習船，水産増殖に関する学科は養殖施設，薬学に関する学部または学科は薬用植物園(薬草園)，体育に関する学部または学科は体育館である。また工学に関する学部を置く大学は，原則として▶実験・実習工場を置くこととされている。これら施設設備の運営も各大学に任されるが，その設置や機能状況については大学機関別認証評価で検証評価され，不備があれば改善指摘が行われる。

大川 一毅

→ 大学図書館，大学共同利用機関法人，教育関係共同利用拠点，共同研究／受託研究，認証評価，質保証制度，大学と研究(テーマ編)，アメリカ合衆国の大学(テーマ編)，イギリスの大学(テーマ編)，フランスの大学(テーマ編)，ドイツの大学(テーマ編)

学部自治|がくぶじち
autonomy of faculty council

[帝国大学における学部自治]

学部自治の根幹をなすのは学部教授会自治の原則である。1886年(明治19)の▶帝国大学令以前から法・医の2学部(分科大学)では「▶教授会」なる管理機関が存在し，学部運営に関するある程度の会議がなされていた。ただし86年の帝国大学令では，▶評議会以外の学内管理機関は原則として認められていなかった。つまり学部教授会は法的根拠に裏打ちされた組織ではなかった。▶帝国大学に学部(分科大学)教授会制度が法認される形で導入されることになったのは，1893年の帝国大学令改正によってである。そこには学部こそが大学の基盤をなす実態であるという帝国大学側の意識を察知していた▶井上毅文部大臣の意向が強く働いていたという。この時の帝国大学令改正で図られた▶講座制の導入とならんで，「学者に専門研究を奨励すると，専門ばかりになり，政治など」に口出ししなくなるというビスマルクの助言をもとに，井上が着手した専門研究体制作りの一環をなしていたとみなせる(中山，1978)。

　ただし1893年の教授会規定では，学部は学位授与審査資格の権限をもつにすぎなかった。さらに1918年(大正7)に制定(翌年施行)された▶大学令でも，法規上の権限は学部の学科課程に関する事項，学生の試験に関する事項，その他文部大臣または帝国大学総長の諮問した事項に限られていた。しかし1913年の▶沢柳事件を契機に14年以降，教授の任免は教授会の議を経ることという「慣行として」の学部自治が定着していった。そしてその延長線上で実質的に教授会が広大な権限を獲得していき，政府・行政機関からの自立性を確保し，学問の自由を保障する最大の砦となっていった。

[私立大学における学部自治]

1918年の大学令制定以前については，大学を名乗っていた▶私立大学も存在したものの，その法令上の地位は1903年に公布された▶専門学校令に基づく学校にとどまっており，正規の大学は帝国大学に限られていた。この専門学校令では教員の資格について厳格な基準が定められていなかったため，その法令に基づき認可を受けた私立専門学校はほとんど専任の教員をもたず非常勤講師に全面的に依存しており，その都合で夜間に授業を行う学校も多かった。この時期は，どの私立大学でも教員は専任・兼任を問わず単に「教員」または「講師」と呼ばれていたことからも分かるように，教授会規定すら存在しなかった。ほとんどの私立大学で教授という職階ができ，それに合わせて教授会が設置されていくのは1918年の大学令をもとに▶専門学校から大学に昇格してからになる。たとえば1920

年に大学昇格を果たした慶應義塾大学でも，1917年に教授会を設置する以前は，教授名称が教員中の特定の地位とは考えられておらず，幼稚舎から大学まですべて教員と称していたのみならず，それら全教員が参加する「教員会議」で学事に関する討議を行っていた。

大学令18条では，私立大学の教員採用に関して文部大臣の認可を受けることが義務付けられ，教員人事については法令上文部大臣の強力な監督権下におかれた。ただし学部自治の問題はそれとの関係より，経営権をもつ理事側と教授側との対立抗争の形で問われることになった。そしてそれらいくつかの対立抗争を経て，一部の伝統的私立大学を中心に，教授会・評議会等の教員組織が教員の任免を含む教学面について学部・大学の自治を確保していった。ただし教員は経営体の一雇用者にすぎず，教授会等の管理機関設立を義務付ける規定もなく，▶学長が経営者を兼ねる場合も少なくなかったゆえに，教学面を含め大学全体が経営主体の恣意によって運営されるといった意味で，学部・大学自治が制約されていたケースが一般的には多かった。

[戦後における学問の自由と教授会]
1947年（昭和22）に公布・施行された▶学校教育法は，59条で国公私立を問わずすべての大学に「重要な事項を審議するため」教授会を置くことを義務付けた。教授会の議を経る必要のある具体的案件として，同年に出された同法施行規則67条に「学生の入学，退学，転学，留学，休学及び卒業」が列記された。そして1949年に制定された▶教育公務員特例法によって，国公立大学教員の任免については教授会が大きな権限をもつようになり，学部自治の主体となっていく。これに対し同法が適用されない私立大学では，学校教育法施行規則67条以外の案件について明記する法令がなく，各大学の自主判断に委ねられることになったため，学部自治・学問の自由の問題として教員の任免について教授会の議を経る必要性の有無などがしばしば裁判上での争点となった。

2014年（平成26）に公布，翌年施行された「学校教育法及び国立大学法人法の一部を改正する法律」とそれにともなう施行規則の改正によって，教授会はそれまでの「重要な事項を審議するため」のものから「教育研究に関する事項について審議する機関」に変更された。のみならず学長のリーダーシップを確立するため，2014年8月29日に出された「学校教育法及び国立大学法人法の一部を改正する法律及び学校教育法施行規則及び国立大学法人法施行規則の一部を改正する省令について（通知）」（26文科高第411号）の解説をもとにすれば，教授会は「決定権者である学長等に対して，意見を述べる関係にあることを明確化」し，「学長は，教授会の意見に拘束されるものではない」，つまり

「『審議』とは，字義どおり，論議・検討することを意味し，決定権を含意するものではないこと」を趣旨とする一文が加えられ，学部自治の根幹をなす教授会の権限は大幅に縮小された。ただしそれ以前から学長のリーダーシップを標榜する▶文部科学省の方針のもと，教授会権限の相対的な縮小が進行していた。▶国立大学ではとくに2004年の法人化により学長の権限は格段に強化されていたし，18歳人口が1992年以降減少に転じ，志願者・入学者確保が困難になる大学も出てくるとの将来的危機感をもとに，私立大学では1980年代あたりから理事会の力が強まるといった傾向がみられたからである。

岩田 弘三

→ 大学の自治（テーマ編），学問の自由（テーマ編），教授会自治

◎寺﨑昌男『増補版 日本における大学自治制度の成立』評論社，2000.
◎岩田弘三『近代日本の大学教授職―アカデミック・プロフェッションのキャリア形成』玉川大学出版部，2011.
◎中山茂『帝国大学の誕生―国際比較の中での東大』中公新書，1978.

学部長 | がくぶちょう
dean

大学における教育研究上の基本組織である学部にあって，その組織の長として学部運営上に必要な校務をつかさどる管理職。学部は大学の内部組織であり，学部長は大学の責任者である▶学長の統監を受ける。

[学部長に関する法規定―職務と権限]
日本の教育法規において，学部長について規定するのが▶学校教育法である。92条に「大学には学長，教授，准教授，助教，助手及び事務職員を置かなければならない。ただし，教育研究上の組織編制として適切と認められる場合には，准教授，助教又は助手を置かないことができる」とあり，学長，▶教授その他の職員の配置を定めている。その上で，2項は「大学には，前項のほか，副学長，学部長，講師，技術職員その他必要な職員を置くことができる」とし，5項で「学部長は，学部に関する校務をつかさどる」と学部長の職務を規定する。同法が学部長配置の法的根拠となるが，学部長の配置を義務化してはいない。

「学部に関する校務をつかさどる」とは，学部運営上必要な事柄について学部長の責任と権限に基づいて処理することと解釈される。ただし，学校教育法以外に法的規定はないため，具体的な職務内容や権限の詳細は各大学の▶学則や学部規則などで独自に定めることになる。学部長の職務を一般的な事例としてあげるならば，▶教授会の主宰，学部の代表者として全学的審議会への参加，学部校務に関わる各種主要委員会の招集および必要に応じてその委員長に就任，学部の代表者として各種広報や渉外活動への関与等がある。

[学部長の役割―教授会・全学的活動]

学部長は学部に関わる案件を審議決定する学部教授会を招集し，その議長となって教授会の審議を統括する。教授会を主宰することは，学部長の職務や権限に大きく関わる。教授会の審議事項をあげると教員の人事，学部長の選考および解任，評議員の選出および解任，副学部長および課程長の選出，各種委員会委員の選出，将来計画・改革に関すること，中期計画・年次計画に関すること，学部での予算配分・決算に関すること，研究戦略に関すること，三つのポリシー（▶DP・CP・AP）の策定に関すること，組織の改変，点検評価，教育課程の編成，学生の入学や卒業その他在籍に関すること，学位の授与，学生指導，表彰および懲戒，規則の制定および改廃などがある。これらの職務に主導的な立場で関与する学部長の影響力は少なくない。ただし，最終的には教授会構成員による審議とそれにもとづく決定を優先するために，教授会の決定が学部長の意向に反することもある。そこで，学部長のリーダーシップによる事業の迅速化や学部運営の活性化を図るために，ある一定の範囲において，経費の分配や人事に関することなど，学長裁量による権限を認めている大学もある。

学部の自治機能が伝統的に強い大学では，学部長を中心とする学部教授会が人事や学部運営に関する自治を大学に主張することも多く，学長が校務全般に関する最終決定権を適切に執行できない場合もあった。そこで2015年（平成27）1月，文部科学省高等教育局は各大学に対し「内部規則の総点検・見直しにおける留意事項」として，学部の校務が学部長の専権事項のように解されたり，全学の方針に反する学部運営が行われていたりしても，学長が是正を求めることができないなどの事態が起きないよう，最終的な決定権はあくまでも学長が有し，必要な場合には，いつでも学長が学部長に対して指示できる仕組みを置くことを要請している。

このほか，学部長は全学の重要な審議を行う主要会議等の構成員となり，教育・研究あるいは大学運営の意思決定に加わる。学部長が参画する全学的会議の事例として教育研究評議会，組織検討委員会，財務委員会，部局長会議，点検評価委員会，全学入試委員会などがある。また全学的な各種専門委員会（会議）の構成員となることも多く，これらにおいて学部の代表として議案の審議決定に関与する。

[学部長の選考と任期]

学長の選考と異なり，学部長の選考については法令上規定されておらず，大学ごとに多様な実態がある。日本の大学では，学部教授会構成教員による投票で学部長候補者が決定し，その候補者を学長が任命するのが一般的である。このほか，学長および常勤理事で構成される選考会議で候補者を選考して学長が任命する場合や，教授会で2名以上の候補者を投票決定して内申し，学長が最終的な任命を行う大学もある。学長や▶理事会が任命する場合，教授会での得票数や得票順位が優先されないこともある。学長のリーダーシップによる独自の大学マネジメントを具体化するために，▶国立大学でも学長による学部長指名制度を導入する大学も出てきた。非法人型公立大学では，▶教育公務員特例法により，学部長の選出は当該学部の教授会の議に基づいて学長が行い（3条3項），その任命は学長の申し出に基づいて任命権者（都道府県もしくは政令指定都市の教育委員会）が行う（10条）。法人化した公立大学の場合は理事長が候補者を決定し，大学経営協議会の議を経て任命する事例がある。

学部長の選考候補者は，教授会構成員（教授）の立候補制もあれば，教授会構成員による推薦制を採用する大学・学部もある。また候補者を特定せず，教授会構成員のうちから学部長資格者全員を対象にして投票を行い，その上位者を候補者として最終選考投票を実施する事例もある。学部長の任期は学則もしくは学部規則で定められ，おおむね2〜4年である。再任は1回を限度とする場合が多いが，それとても大学・学部により多様である。再任無制限の大学もあれば，再任を一切認めない大学もある。

[欧米の大学における学部長]

海外大学の教育研究組織あるいは人事や自治の単位はそれぞれの歴史的・社会的背景のもとに形成され，学部長の職責や権限も多様である。学部長に該当するディーン（dean）という語は，イギリスではカレッジに住み込んで学生の勉学，生活を監督する者というオックスブリッジ時代に由来する意味があり，この役職に宗教的背景や責務が加味されることもある。ヨーロッパ大陸あるいはスコットランドの「ユニバーシティ」では，ディーンに教授団または学部における責任者（学部長）の意味がある。ヨーロッパ大陸の大学では，学部が大学の重要構成単位として存在し，大学の内部秩序の維持ならびに対外防衛の機能をもつ団体として機能する。教員団体である学部は，教育内容や教育課程の決定，人事を自分たちで行い，学部長はその自治的な利害を代表し保護統括する役割を期待され，メンバーの選挙で選ばれる。

一方，アメリカ合衆国の大学におけるディーンは，学部教員団を代表したり，その利益の獲得・保護責任を負うのではなく，理事会・学長によってつくられた基本方針に沿った学部運営を責務とする経営陣の一員である。大学と一体化した共通利益の追求を求められる。それゆえ学部パフォーマンス発揮の手腕が要求され，そのために学科長の任免権や予算・機器物品の配分権，執行状況の監督権，カリキュラムチェック，事務職員統括の権限も

与えられる。その任命も，大学の理事会や学長が，適任者を全米から選ぶことになる。アメリカでは学生部長もディーンと呼ばれることが多い。　大川一毅

→学部の概念(テーマ編)，学科，学部自治
◎谷聖美『アメリカの大学―ガヴァナンスから教育現場まで』ミネルヴァ書房，2006.
◎別府昭郎『大学改革の系譜―近代大学から現代大学へ』東信堂，2016.

学部の概念 →テーマ編p.70

学帽|がくぼう
student cap

学生がかぶる帽子。『郵便報知新聞』(明治18年3月10日付)に「(東京大学の前身である大学予備門では)今度学生有志者申合せ，欧洲諸大学にて用ゆる大学帽の形を折衷し一定の帽子を製して之を用ゐ」とあり，日本ではこの頃から学帽が使用されるようになったようである。上部が丸いものと四角のものがあり，それぞれ丸帽，角帽と言われている。丸帽は旧制高校の生徒をはじめ初等・中等学校で用いられた。大学生の場合はもっぱら角帽で，▶帝国大学だけでなく，官立・私立の諸大学でも着用された。角帽という言葉で大学生を意味することもある。淵源をたどると，カトリック聖職者のビレッタ(ラテン語でbiretum)という帽子に由来するとされている。それが大学でも用いられるようになり，西欧の大学ではガウンとともに▶アカデミック・ドレスとして着用されるようになった。卒業式(▶学位授与式)など儀式の際にかぶる帽子は「mortarboard」と呼ばれてきたが，これは壁塗り職人が作業するときの「モルタルを載せる台」と似ているところから来ているとされる。trencher cap(四角い料理皿の格好をした帽子)とも言われる。　木戸裕

→タウンとガウン

学問の自由 →テーマ編p.13

学問の自由と法制度|がくもんのじゆうとほうせいど
academic freedom and legal system

[学問の自由をめぐる法規定と歴史]
日本国憲法では19条と21条で「思想及び良心の自由」と「表現の自由」がうたわれているにもかかわらず，23条で「学問の自由」をあえて特記しており，それを受け▶教育基本法2条でもその尊重が明記されている。国際的には「学問の自由」は上記二つの基本的人権(自由権)の中に含まれると解釈されており，それを憲法上に特記している国はドイツやイタリアなどを例外として稀である。

学問の自由とは一般的には，①研究の自由，②研究発表の自由，③教授(教育)の自由といった学問的活動に対して，外部からの干渉を受けない自由，④大学の自治の自由の四つの内容を含むとされている。①～③は「思想・良心の自由」と「表現の自由」に属する自由であるが，どの国でもとくに「学問の自由」とあえて称するのは，真理の探究を旨とする学問の進歩には健全な批判精神が不可欠であり，公権力を含む外部からの干渉によってその精神が阻害されてはならないとの考えが基本に存在するからである。さらに④は，それらの個人的自由が侵害されないよう大学教員の身分保障を制度的に確保するための自由である。そして④を具体的に保障するため，1947年(昭和22)に公布・施行された▶学校教育法では59条で，大学には「重要な事項を審議するため」▶教授会を置くことを義務付けるとともに，49年には▶教育公務員特例法を制定し国公立大学教員の任免に関する基本手続きが規定されている。

1886年(明治19)の▶帝国大学令によれば，大学に求められたのはあくまで「国家ノ須要」に応じた学問の教育研究であり，その任を果たすべき教員には他の国家官吏と同様，大日本帝国憲法によってその任免は天皇の大権のもとにおかれ，87年改正の官吏服務紀律により天皇への忠誠を義務付けられ，個人生活に至るまで法的規制が課せられていた。このような制約の下で戦前期には①～③が侵害される事件が数多く起こった。1892年の久米邦武事件，1905年の▶戸水事件(帝大七博士事件)，20年(大正9)の▶森戸事件，28年(昭和3)の三大学教授追放事件，33年の▶滝川事件，35年の美濃部達吉に対する天皇機関説事件，37年の矢内原忠雄事件，38年の▶学者グループ事件(教授グループ事件)，同年の河合栄治郎事件，40年の津田左右吉事件などである。

さらに④についていえば，1913年の▶沢柳事件を契機に14年以降，教授の任免は教授会の議を経ることという▶教授会自治の慣行が定着していった。しかしそれはあくまで「慣行としての大学自治」に過ぎず，法的裏付けを持つものではなかったため，1914年以降もその原則を侵害する滝川事件，39年に河合事件の処分を裁定・断行した▶平賀粛清といった事件が起こった。以上のような学問の自由に対する侵害が思想統制を推し進め，軍国主義へ繋がる一因になったとの教訓をもとに成文化されたのが日本国憲法23条である。さらにその精神にのっとり「慣行としての大学自治」から「制度としての大学自治」への昇格を目指して策定された法令が教育公務員特例法である。

[学問の自由の起源と外国におけるその展開]
大学の起源とされる▶中世大学は，そもそも学びたい人と教えたい人の知的共同体として発生・発展していき，どこの大学でも授業は万国共通語であ

294 ｜ がくぶのが

る▶ラテン語で行われていたのみならず，ヨーロッパ各国から学びにくる外国人学生で満ち溢れているという一種特異な空間であった。このような共同体のなかで，大学の自治の自由を中心とする学問の自由が自然な形で定着していった。大学がいかに特異な空間とみなされていたかは，1850年に制定されたドイツのプロイセン憲法では「学問の自由」の保障が盛り込まれることになったが，その自由とは大学の中だけで許される教育研究の自由であり，大学の外では政治的中立を保つことが要求されたことからも分かる。近代国家の形成は18世紀以降のことになるが，中世大学の起源は11世紀にまで遡ることができ，その伝統は一種の既得権益として無視することのできないものであったため，憲法上それを明文化しなくとも「学問の自由」の伝統は大学の権利とみなされた。

ただしアメリカ合衆国では，私立大学・公立大学とも▶理事会が教職員の雇用を含む管理権を持っており，極論すれば教員は一定の期間を限って雇用契約を結んでいる雇われ人にすぎないという理事会管理方式が発展していった。そのため教員の身分保障も脆弱で学問の自由が侵害される出来事が頻出した。そこで学問の自由とそれを裏打ちする身分保障の確立を求めて1915年に専門職団体として結成されたのが，▶アメリカ大学教授連合（American Association of University Professors: AAUP）である。AAUPの活動をとおして，身分保障については終身在職権（▶テニュア tenure）制度が浸透していくとともに，学問の自由も確保されていくことになった。

［学問の自由に対する争点］

学問の自由については，以下のような争点が残されている。とくに▶大学の自治の問題については，(1)それへの大学外部からの干渉排除の問題と，(2)その自治の担い手として誰を含むかといった大学内部での問題に分けて考える必要があるとすれば，第1の争点は(2)に関して，(a)そこにどこまで学外者の関与を認めるか，(b)その担い手に学生も含まれるかという問題である。(a)については2003年（平成15）に公布・施行された▶国立大学法人法によって，その「経営に関する重要事項」の審議ならびに学長選考の権限は，学外委員を2分の1以上の構成員とする経営協議会に委ねられることになった。大学管理制度の問題が大学自治の問題と密接な関係を持つとすれば，このように学外者を大学の管理運営組織の一員とすることには大学の自治の侵犯であるとして歴史的にみると抵抗が強かった。

教育公務員特例法は，教員の身分に関する権限を持つ組織として学外者も構成要員とする，「大学管理機関」の設立を盛り込んだ▶大学管理法案（大学法試案要項）制定を前提にもともとは策定されたものであった。しかしこの法案は1951年に国会に提出されたものの，そこに学外者を含むことへの反発が強く，結局廃案になったため，「大学管理機関」が発足するまでの暫定処置であったはずの1949年に公布・施行された教育公務員特例法附則の読み替え規定が存続し，教員人事については教授会・▶評議会が大きな権限を持つという，戦前の教授会自治の思想と制度が▶新制大学にそのまま継承されることになった。このような形での大学の自治継承の良否については，戦後における大学の自治への干渉として有名なものの一つに1949年のイールズ事件が挙げられるが，教員のレッドパージは高等学校以下の学校では大量に行われたにもかかわらず，大学の被害が少なかったのは，教授会による人事権が残されていたためとの評価もある。

(b)については，1952年の▶東大ポポロ事件に対する63年の最高裁判決で1審・2審の判決が覆され，大学自治の担い手は基本的には教員のみであり，研究以外の活動については学生はその担い手となりえないとの判断が下された。しかし大学が学びたい人と教えたい人の知的共同体として成立したという，ヨーロッパの中世大学以来の伝統をもとにすれば，問題が残るとの考えもある。

第2の争点は，人体・環境や社会秩序に及ぼす危険性がいまだ予測困難であったり，重大な影響を与えると想定される研究や，「人の尊厳の保持」（生命倫理）にかかわるような研究については，▶研究の自由に外部から規制を加える必要があるのではないかといった，(1)に関連する問題である。この観点にもとづき，2000年に成立した「ヒトに関するクローン技術等の規制に関する法律」では，罰則規定も定める形で特定の研究活動を禁止した。そのような外部からの規制がどの程度まで許されるのかという問題が，科学技術の長足の進歩によって発生してきている。

第3の争点は，2014年に公布，翌年施行された「学校教育法及び国立大学法人法の一部を改正する法律及び学校教育法施行規則及び国立大学法人法施行規則の一部を改正する省令」によって，▶学長の権限が増すとともに教授会の権限は縮小されたことにともなう問題である。これによって，教授会がどこまで大学の自治の主体になるべきなのかといった，(2)に関連した権限配分の問題が新たに提起されることになった。

岩田 弘三

→学問の自由（テーマ編），学習の自由，学部自治，矢内原忠雄，大学の自治と教育公務員特例法

◎海後宗臣・寺﨑昌男『大学教育』（戦後日本の教育改革9），東京大学出版会，1969.
◎伊ヶ崎暁生『大学の自治の歴史』新日本出版社，1965.

学寮 | がくりょう
college; collège[仏]

[合宿から学寮へ]

中世ヨーロッパに誕生した大学に学ぶ学徒の多くはいわゆる他国者であったから，▶大学都市にやってきた時にまず確保すべきは宿舎であった。宿舎の形態は賄い付き下宿，間借りなどさまざまであったが，最も一般的だったのは，何人かの仲間で一軒の家屋を借り受けて共同生活をするという方式である。いわば「合宿」であり，それらは「ホスピキウム」「ホール」などと呼ばれた。このホスピキウム方式は，同じ学徒として団結し自己防衛をはかったり権利の獲得を目指したりする点からも，また経済的な面からも便利であった。

実際，ホスピキウムの家賃をめぐっては家主と賃借者との間でしばしば問題が生じたが，ホスピキウムの住人である学徒，そしてその背後にある大学団は団結して，家賃が法外につり上げられるのを防ぐ体制を敷いた。町の代表と大学団の代表からなる「家賃査定係」の設置である。それは大学団が獲得した諸特権のなかで最も早いものの一つ，大学団最初の役職の一つであり，やがて教皇や国王の承認を要する重要な役職となる。

しかしながらホスピキウムという居住形態は，学徒の生活の場，安心して勉学に励む場としては必ずしも適切とは言えなかった。中世の大学都市はいつも宿舎難の状態にあり，家賃査定係の活動にもかかわらず，家賃が安くて居心地の良い家屋は容易には見つからなかったし，また家賃をめぐるいざこざも絶えなかった。そのうえ，合宿には学徒が（大学当局にとって）好ましくない思想にかぶれるとか，放埒で不健康な生活をするといった，血気盛んな若者が集団で自由気ままな生活をすることから生じるさまざまな問題があった。こうした問題を背景に，学徒の居住の場はやがて合宿（ホスピキウム）から学寮（カレッジcollege）へと変化していく。

[学寮の創設]

学寮は合宿とは異なり，いわばパトロンつきの宿舎であった。パリではすでに1180年に「18人学寮」が設けられていた。ロンドンのヨキウスという信心深い者がノートルダム寺院の近くにあった聖マリア施療院の一部を買い取って，大学で学ぶ貧しい学徒の宿舎としてあてがったのである。18人の学徒を収容したことから「18人学寮」と呼ばれたこの学寮は，個人篤志家によって学徒用宿舎が寄贈された最初期の例であり，その後の慣行の嚆矢となった。以後，学寮の設立が相次ぎ，パリではその後の1世紀ほどの間にソルボンヌ（1257年）など約20，1500年までにはダルクール（1280年），ナヴァール（1305年），モンテギュー（1314年），ナルボンヌ（1317年），アベマリア（1336年）など68を数えた。ボローニャでは，1367年に枢機卿アルボノスによって「ス

ペイン学寮」が設立されている。スペインの若者30人を収容して，法学の本場で修学させることがその目的であった。

学寮の創設者は司教や枢機卿といった高位聖職者，国王・貴族・領主などの世俗の権力者，大商人などであった。彼らは現世で得た富の一部を社会に還元しないかぎり来世で救われないとの中世的敬神の念などから，学寮のパトロンとなった。遺言状などによって学寮の創設を謳い，そのために必要な基本財産（所領など）を寄贈し，目的，構成員，運営方法等を明記した規約を定めて学寮の安定的存続をはかった。「18人学寮」やナヴァール学寮，ハイデルベルクのディオニシアヌムなど初期の学寮の創設目的は，貧しい学徒に対する慈善と奨学であった。だが，それらと同時に郷土愛も初期の学寮創設の重要な一因であった。

やがて時代の推移とともに学寮の創設目的も，助け合い精神の涵養，品位ある規律正しい生活，神学の学習，法学の助成などへと変化していった。概していえば，国家・教会・社会に必要な有能なエリート人材の効果的養成へという方向への変化である。それに伴って，とくにイギリスの場合に顕著なように，王権による，権力と資金にものいわせた豪壮華麗な学寮も誕生していく。さらに15世紀には，百年戦争による戦乱や疫病によってもたらされた教師・知識人の不足を補充する目的で，また16世紀にはルネサンス新学芸の振興を目的として学寮が創設された。前者の例としてはパリのモンテギュー，オックスフォードのオールソウルズ，ケンブリッジのキングズ・カレッジ，後者の例としてはルーヴァンの「三国語学寮」，オックスフォードのコーパス・クリスティが有名である。

上述のように，学寮は中世からルネサンスの時代にかけてヨーロッパ大陸部の大学でもみられた。しかしその後，大陸では学部を中心に大学が発展するに伴い，学寮は次第に衰退していった。一方，オックスフォードとケンブリッジというイギリスの2大学では学寮を中心に大学が発展を遂げ，「学寮制大学」として今日見られるような独自の大学類型を形成することとなった。

安原 義仁

[イギリスの学寮]

[モデルとしてのニュー・カレッジ]　イギリスの場合にも，大学で学ぶ学徒の多くがまず居住の場としたのはホステルないしホールであった。やがて国王，貴族，高位聖職者，商人などの有志篤志家が慈善や奨学のため，あるいは有能な人材の育成を期して学寮を創設するにいたる経緯もヨーロッパ大陸部の場合と同様である。学寮は学徒で構成されるパトロン付きの生活・教育共同体であり，独自の基本財産と規約を有する自治法人団体であった。

イギリスの学寮はオックスフォードのユニバーシティ・カレッジ（1249年）とケンブリッジのピーターハウス（1284年）を嚆矢として，以後今日にいたるまで

次々と設立されていくが，そうした学寮のなかで，建築様式や運営その他の面で後世のモデルとなったのはオックスフォードのニュー・カレッジであった。ニュー・カレッジはウィンチェスター司教で大法官にもなったウィカムのウィリアムにより，1379年に設立された。学識ある聖職者の養成を目的に「学徒にふさわしい品位ある規律正しい生活」を願ってのことであった。彼は郷里のウィンチェスターにも姉妹校である聖マリア・カレッジ（今日まで続く名門パブリック・スクール，ウィンチェスター・カレッジ）を創設している。

おおかた，庭をめぐって礼拝堂と食堂（ホール），図書室，学寮員（フェロー）の居室を配し，回廊付き中庭とつなぐ学寮の建築様式（方庭形式）はニュー・カレッジによって確立されたものであった。ニュー・カレッジは一人の学寮長（ウォードンと呼ばれる）と70人の奨学生（スカラー）で構成され，ほかに礼拝堂付き司祭，書記，少年聖歌隊などを含め100人を数える大世帯であった。年少のスカラーは2年を経過するとフェローとなり，学寮長とともにカレッジの運営に参画した。学寮の運営は衣食住全般にわたって細かく規定された創設規約に則って行われ，その永続的安定を保証した。学寮が大陸の諸大学では発達せず，イギリスの大学において顕著な発展をとげた一因として，豊かな基本財産に裏づけられていたことと並んで，注意深く規定された創設規約の存在もあった。

[学寮制大学の成立]　イギリスの学寮は15世紀末までに，オックスフォードとケンブリッジでそれぞれ10を数えるにいたった。その一方でホールやホステルも存続していた。そうした状況はやがて「ホール，ホステルから学寮へ」という顕著な動きへと変化していく。ルネサンス・宗教改革という思潮に洗われた16世紀は，19世紀ならびに20世紀とともに学寮創設ラッシュの時代であり，オックスブリッジ両大学にそれぞれ六つの学寮が設立された。数だけではない。チューダー絶対王政の成立を見，ルネサンス新学芸の流入を目の当たりにした時代の学寮は，従来の学寮には見られなかった性格や機能を備えていた。すなわち，学部自費生の大量流入，俗人学生の増加，学寮内における教育の組織化である。

学寮は本来，長期間の学習を志す貧困学徒のための慈善・奨学施設であり，奨学生（スカラーないしフェロー）を対象にしていた。ところが，16世紀には奨学生以外に大量の学部自費生（コモナー）を受け入れるようになり，しかもその多くは貴族・地主など俗人有力者の子弟たちであった。ルネサンス新学芸に基づくジェントルマン教育理念や，安全で秩序ある生活・教育の場としての学寮が新たな顧客を呼び込んだのである。自費生がもたらす豊かな財源は大学・学寮にとっても魅力的であった。一方，すでにニュー・カレッジなどで年長の学生が年

少の学生に対して生活・学習面での指導を行う慣行（▶チューター制の始まり）や学寮内での授業が始まっていたが，こうした学寮内での教育の組織化もこの時代に進んだ。かくて，学部生の教育を中心とする世俗的な傾向を取り入れた近代の学寮が誕生し，それとともにイギリスの大学に顕著な「学寮制大学」が成立していくのである。学寮はスコットランドのセント・アンドリューズ大学など（1411年設立）にも見られるが，一般にはこの「学寮制大学」であるオックスブリッジの学寮を意味する場合が多い。

[学寮（カレッジ）と全学（ユニバーシティ）]　学寮制大学の成立以降，大学の運営は学寮長による寡頭制によって行われるようになり，学生の生活・教育は学寮を中心に展開されることとなった。だが，大学の中核に位置してその運営と教育に責任を持つべき学寮は，国王や高位聖職者などをはじめとする歴代篤志家の手厚い庇護を受けて次第に裕福になるとともに，やがて閉鎖的特権団体と化していく。19世紀オックスブリッジの大学改革の重要テーマの一つは，既得権益の擁護に固執する学寮（カレッジ）に対して，全学としてのユニバーシティの復権・復興をはかり，正しい均衡を回復することにあった。19世紀の大学改革はまた，女子カレッジ（ケンブリッジのガートン・カレッジなど）の誕生をもたらしたし，20世紀にはカレッジの共学化や大学院生用のカレッジ（オックスフォードのリナカー・カレッジなど）の設立という新しい動きが見られた。

安原　義仁

[**フランスの学寮**]
現在のフランスでコレージュ（collège）は，小学校を卒業したすべての生徒が進学する「中学校」を意味するが，中世において大学が誕生した頃は，大学の貧しい学生や奨学生を受け入れる「学寮」であった。篤志家の寄付や遺言によって創設され，独自の規約をもち，土地・建物を備えた慈善施設としてのコレージュは，パリでは12世紀末から1422年までの間に56創設されている（15世紀の終わりにはトゥールーズに14，モンペリエに3，アヴィニョンに3あった）。それらのコレージュには，大学の学位を得ようとする修道士のための修道会コレージュ（collège régulier）と，修道会に属さない聖職者やふつうの学生のための世俗コレージュ（collège séculier）の2種類があった。

[托鉢修道会]　1217年に托鉢修道会がパリに到着したころ，コレージュの数はごく限られていた（1180年に設けられた18人学寮，1186年創設のサン・トマ・デュ・ルーヴル学寮，12世紀末にセーヌ河左岸に初めて創られたボン・ザンファン・ド・サン・ヴィクトール学寮など）。しかし托鉢修道会ドミニコ会の「ジャコバン学寮」とフランシス会の「コルドリエ学寮」は，やがて▶パリ大学で神学の博士号を取ろうとする多くの修道士たちも受け入れる本格的なものとなる（ジャコバン学寮には1224年に120人の寮生がいた）。その後，13世紀前半に創られるコレージュはすべて修道会コ

レージュである。

[ソルボンヌ学寮]　1257年にルイ9世の聴罪司祭ロベール・ド・ソルボンによって創設されるコレージュ（ソルボンヌ学寮）は，修道会系（レギュリエ）と世俗系（セキュリエ）の対立を鎮めること（あるいは托鉢修道会の影響を押しとどめること）を目的に，13世紀になって初めて創られた世俗コレージュである。神学を学ぼうとするすべての学生に開かれていたこの学寮は，入るには一連の厳しい試練をくぐらねばならなかったが，やがて托鉢修道会のコレージュに匹敵する威信をもつものとなる。その後，1270年代の半ばから14世紀前半にかけて，数多くの世俗コレージュが創られている。

[ナヴァール学寮]　そのなかでも1305年創設のナヴァール学寮は，王家によって創られた最初のものであり，ソルボンヌと同じように他のコレージュのモデルとなった。王妃ジャンヌ・ド・ナヴァールの遺言により70人の学生を受け入れるべく創られたこの学寮では，講義もすべて寮内で行われるようになり，奨学生たちは外に出る必要がなくなった。その成功を受けて，とりわけ王の相談役たちが競うように新たな学寮を創るようになる。ソルボンヌ学寮が世俗コレージュの新設ラッシュをもたらしたとすると，ナヴァール学寮はコレージュそのものを変容させた。それは貧しい学生を救うための慈善施設であったはずのコレージュを，王室に忠実で優秀な官吏を育てるための場へと変貌させたのである。

[学寮としてのコレージュの凋落]　14世紀の後半には八つの世俗コレージュしか創られていない。1348年のペストの大流行，1357～60年にかけての不安定な政治情勢のためとされる。さらに1407年以後になると，ブルゴーニュ派とアルマニャック派の内戦によりコレージュは危機にさらされる。パリ大学はブルゴーニュ派についたが，アルマニャック派に好意的であったいくつかのコレージュ（とりわけナヴァール学寮）は略奪と破壊に遭った。1422年にパリがイギリスの支配下に入ってからコレージュに関する記録はほとんどない。再建の動きが見え始めるのは1460～70年頃からである。運営のための資金に苦しむコレージュは，寮費を払うことのできる豊かな学生を歓迎するようになる。

[コレージュ・ド・フランスとイエズス会のコレージュ]　1630年にフランソワ1世が創設するコレージュ・ロワイヤル（のちの▶コレージュ・ド・フランス）は，パリ大学を批判するユマニストたちの牙城となった。またその影響のもと，イエズス会によって創られるいくつものコレージュも，厳格なカリキュラムのもとでユマニスムにもとづく教育をおこなう全寮制の学校となった。イギリスでは大学はカレッジを中心に発展するが，フランスのコレージュはむしろ大学の外に出て生きのびている。イエズス会のコレージュ・ド・クレルモン（クレルモン学寮）は，1682年にルイ14世の正式の庇護を得てコレージュ・ルイ＝ル＝グラ

ンとなるが，1762年のイエズス会の追放の後には，パリ大学の本部として使われて28のコレージュを吸収している。しかしフランス大革命によって大学が廃絶された後も，1802年にはリセとなってエリートを輩出するようになるのである。

岡山　茂

→コレギウム，フェローシップ，大学生活，イギリスの大学（テーマ編），フランスの大学（テーマ編）

[概説，イギリス]◎横尾壮英『中世大学都市への旅』朝日新聞社，1992.
[フランス]◎エミール・デュルケム著，小関藤一郎訳『フランス教育思想史』行路社，1981.
◎Aurélie Perraut, *L'architecture des collèges parisiens au Moyen Age*, Pups, Paris, 2009.

学力低下 | がくりょくていか
decline in academic ability

日本の教育における学力低下は，おもに1990年代に大学の教員を中心に問題提起された。しかし，学力低下は突然起こったわけではない。1967年（昭和42）に始まった東京都高校入試における学校群制度，80年に始まった「ゆとり教育」，79年から始まった大学入試の▶共通一次試験，80～90年代の大学改革と，教育制度が変化するとともに進行してきた現象である。

[教育改革]
学力低下に影響を与えた変化としては，国公立大学の「入学試験制度」の改革と，初等・中等教育における「ゆとり教育」の実施が考えられる。前者は大学の入学試験科目の減少を，後者は高校までの教育内容の希薄化を結果としてもたらした。大学入試は，1979年に共通一次試験制度が導入されてしばらく，国公立大学の二次試験がすべて同一日に行われ，受験生は国公立大学を1校しか受けられなくなった。また共通一次試験の試験科目は5教科7科目で，一般に3教科入試で行われる▶私立大学と比べると，受験生にとって国公立大学の受験は負担が多い選択だった。結局，より多くの受験生が，最初から私立大学のみを目指して勉強するようになり，国公立大学離れが進んだ。結果として，受験に必要な3科目以下しか勉強しない学生も多くなった。そして，共通一次試験が実施されてから，5年ほどして大学の教員が学生の学力低下を認識し始めることになる。

　国立離れを解消するために，1987年から共通一次試験の科目数が5教科5科目に削減され，同時に国公立大学を二次試験入試日程が前期のAグループと後期のBグループに分け，受験生が二つの国公立大学を受験することを可能にする入試制度が始まった。また，1990年（平成2）から共通一次試験はセンター試験（▶大学入試センター試験）となり，国公立大学は採用するセンター試験の科目数を自由に選べるようになった。多くの国公立大学が前期・後期の2回に分けて入学試験を行い，後期試

験は論文，総合科目，少数科目等のユニークな試験を採用した。1980年代，国公立大学はまだ共通一次試験で5教科を課していたとはいえ，▶国立大学の独自試験（二次試験）では科目数が減少傾向にあった。1988年からの入学者選抜実施要項には「出題教科・科目数は入学志願者の負担を軽減する方向で適切な見直しを不断に行うように配慮すること」とあり，文部省も科目数の減少を大学に要求していた。

そういう状況の中で，1991年2月8日に▶大学審議会が提出した「大学教育の改善について」という答申がきっかけとなり，▶教養部の改革が行われるようになった。その結果，90年代にほとんどの国立大学で，大学1年生と2年生の授業（教養課程）を受け持っていた教養部が改組され，教養課程の必修の授業が少なくなり，教養課程の科目選択は大きく自由化された。これにより，より少ない科目で受験して入学した学生にとって，入学後も幅広い学習を必要としなくなり，進学，卒業が容易になったのである。一方，小学校，中学校，高等学校の「ゆとり教育」は，小学校でいえば，1977年，89年，98年のそれぞれに告知された3回にわたる指導要領の下で進められてきた。1977年は授業時間を削減した「ゆとりのカリキュラム」，89年は知識よりも意欲と関心を重視する「新学力観」，98年は学習内容の3割削減と体験重視の「生きる力」による指導要領が告知された。

[学力低下の指摘]

1990年代は，センター試験の導入を機として，一芸入試に代表される入学試験科目数の削減による大学生の学力低下，ゆとり教育では新学力観の導入による小・中・高校生の学力低下が大きな問題であった。そして，新学力観をさらに徹底した内容の2002年実施の指導要領の導入に反対する議論も起きていた。

大学生の数学力の低下については，日本数学会の大学数学基礎教育ワーキンググループの社会科学系分科会のメンバーであった京都大学西村和雄と慶応大学戸瀬信之が，1998年に算数・数学の問題で大学生の数学力の調査をした。難関私立大学の経済学部生の場合，大学を問わず，ほぼ2割の学生が小学校の問題でつまずいていた。同じく日本数学会のワーキンググループが，1995〜96年に全国の大学の数学の教員102人にアンケート調査をしている。その結果，大学生の学力についての問いに「向上している」が0%で，「低下している」が79%であった。「気づいたのはいつ頃か」という問いには，共通一次試験が始まって5年後の「1985年から」が21%で一番多く，センター試験の始まった「1990年前後から」が15%で続いた。

学力低下の原因では，1999年に駿台教育研究所が全国の高校900校にアンケートを行っていて，大学入試の少数科目制が「学力低下を招いてい

る」と結論づけられている。東京大学では2年次の秋学期に，工学部進学者に対し，同じ数学の問題で学力テストを行っていたが，1981年から94年までの間に100点満点で54.0点であった平均点が42.3点に，すなわち20%もの低下があったことが関係者から報告されている。

[政策の変化]

2000年ころからは，多くのマスコミが学力低下を取り上げるようになり，大学や行政も次第に対応するようになってきた。まず，▶国立大学協会の入学試験のあり方を考える第二常置委員会（委員長：杉岡洋一，当時九州大学学長）は，2000年9月11日に「国立大学がセンター試験で5教科7科目を課す」という提言を発表した。そして文部省は2001年度の大学入学者選抜実施要項から「出題教科・科目数は入学志願者の負担を軽減する方向で適切な見直しを不断に行うように配慮すること」の一文を削除した。2002年1月17日に遠山敦子文部科学相が「学びのすすめ」と題し，宿題，放課後の補習，始業前の読書，土曜日の補習も可能とするアピールを出した。2004年12月，PISA（Programme for International Student Assessment）の結果が発表された直後に，中山成彬文部科学大臣が文部（文部科学）大臣として初めて学力低下を認めた。

そのような状況で，大学も学力低下への対応を始め，▶文部科学省の調査によると，2008年度で，全国の国公私立大学723校のうち，高校レベルの補習を実施するなど，新入生の学力不足に配慮した措置を取っている大学は473校で，全体の65%に上っている。282校が学力別のクラス分け，264校が補習授業，120校が既習組・未習組に分けた授業を行っている。また，入学後の学習につなげる▶初年次教育に取り組む大学は595校で82%を占めた。その一方，少数科目入試，一芸入試に加えて，学力試験を課さない入学者選抜の拡大は止まっていない。私立大学の場合，2012年の▶推薦入試の入学者が40.3%，▶AO入試の入学者が10.2%で，合わせると入学者の半数を超えている。推薦入試，AO入試を問わず，何らかの形で客観的な学力を測る仕組みを入れることが，学力低下を止めるためにも必要とされる。

西村 和雄

→ 入学制度（テーマ編）

◎戸瀬信之・西村和雄「日本の大学生の数学力─学力調査」，岡部恒治・戸瀬信之・西村和雄編『分数ができない大学生』東洋経済新報社，1999.

◎西森敏之「大学生の数学の学力は低下しているか？」，岡部恒治・戸瀬信之・西村和雄編『小数ができない大学生』東洋経済新報社，2000.

◎森正武「東大工学部における数学教育」『大学における数学基礎教育の総合的研究』（科学研究費基盤研究報告集，代表者：三宅正武），1997.

学力評価｜がくりょくひょうか
scholastic ability evaluation

▶授業は目標の設定から始まり，方略を決め，▶成績評価の実施で完結する。設定された目標は成績評価でその達成度が確認されなければならない。大学教育では，ブルームの教育目標分類における認知領域（知識），情意領域（態度・習慣），精神運動領域（技能）をバランス良く教える必要がある。そこで，評価も3領域の特性にしたがって準備しなければならない。大学設置基準25条の2では「大学は，学修の成果に係る評価及び卒業の認定に当たつては，客観性及び厳格性を確保するため，学生に対してその基準をあらかじめ明示するとともに，当該基準にしたがつて適切に行うものとする」とされている。したがって，▶シラバスには学力評価基準が記述され，教員はそれにしたがつて評価しなければならない。また，学力評価にはその基準をどのように設定するかで絶対評価と相対評価（クラス内の成績分布をあらかじめ設定する）があり，欧米の成績評価が相対評価であることや，外部からの透明性を確保するために，相対評価の導入が高等教育でも求められるようになってきた。▶GPAとして数値化される場合には，その平均や分散を各国で合わせることが標準化につながる。　　　　　細川　敏幸

学歴社会｜がくれきしゃかい
credential society

社会的出自の如何にかかわらず，獲得した学歴によって社会的地位が規定される程度の高い社会。高学歴の保持者ほど，高い社会的地位が与えられるため，学歴を獲得するまでの過程が重視される。日本社会はその典型であるが，近代産業社会では程度の差はあれ，学歴は能力や知識技能の保有証明書とみなされ，人々の選抜・配分の基準となり，その結果を正統化する機能を担っている。この価値観が人々に共有されれば，「よい学歴→よい仕事→よい人生」という筋書をもつ学歴主義が広まることになる。しかし，この程度が極端になると，受験競争の激化，学校の序列化，学歴の社会的身分への転化，学歴インフレーションの進行など，「学歴偏重社会」と呼ばれるさまざまな弊害を引き起こす。このような学歴社会の弊害を，ロナルド・ドーア（Ronald P. Dore）は近代社会の「文明病」と診断し，それはとくに近代化を開始した時期が遅い国ほど顕著（後発効果）であると指摘した。　大前　敦巳

→教育選抜と社会移動

学連事件｜がくれんじけん

大正時代末におきた左翼・社会主義的な▶学生運動に対する政府による最初の弾圧事件。ロシア革命の影響などにより左翼的学生運動が活発化し，1922年（大正11）に東京帝国大学新人会，早稲田大学文化会，第一高等学校社会思想研究会などを中心として全国学生連合会（学連：SF）が結成される。1924年には学生社会科学連合会（SFSS）と改称する。この学連が1925年12月，京都大学で第2回大会を開催し，マルクス主義を指導精神として無産階級運動を展開する綱領を採択する。これに対し京都府警は，治安維持法を初めて適用して学連の指導者たちを逮捕・拘禁した。このため京都学連事件とも呼ばれる。翌26年には，この事件に関連して全国の社会問題研究会等に所属する学生の検挙が続いた。事件を契機として，文部省は学生の思想運動，左傾化を防ぐために思想善導の対策に本格的に乗り出すことになる。1928年（昭和3），文部省は東大新人会，東北・九州各帝国大学の社会科学研究会に解散命令を出した。

　　　　　斉藤　泰雄

学割｜がくわり
student discount

学生割引の略。日本では鉄道の料金が2割ほど安くなるが，この割引率はかならずしも普遍的なものではない。ヨーロッパでは通学の学割は5割が普通であり，日本でも1948年（昭和23）の大学ゼネストの直後は5割という鉄道の学割が実現された。通勤の交通費が会社から支給されるのに対して，通学費が大部分自己負担であることは再考の余地があるだろう。また，映画館や美術館などの文化施設についても，日本の学割は相対的に貧困である。　　　　　白石　嘉治

科研費 ⇒科学研究費補助金

鹿児島国際大学 [私立]｜かごしまこくさいだいがく
The International University of Kagoshima

1932年（昭和7）に九州地方の経済商業系の私立高等教育機関としては初めて設立された鹿児島高等商業学校を起源とする。1960年に鹿児島経済大学，2000年（平成12）に鹿児島国際大学と改称して現在に至る。建学の精神は「東西文化の融合」と「地域社会への貢献」である。2017年現在，鹿児島県鹿児島市にキャンパスを構え，3学部6学科3研究科に2674人の学生が在籍する。建学の精神で定める地域連携を重視しており，文部科学省平

成27年度「地（知）の拠点整備事業（大学COC事業）」において，鹿児島国際大学による「フィールドワークをベースにした地域が求める人材育成プログラム」はとくに優れた取組みとして認定された。

戸村 理

→知の拠点整備事業

鹿児島純心女子大学[私立]
かごしまじゅんしんじょしだいがく
Kagoshima Immaculate Heart University

1994年（平成6）に開学。1933年（昭和8）にカナダのホーリーネームズ修道会が創設した聖名高等女学校を起源とする。教育理念は「カトリック精神に基づく人格教育を行い，有為な人材を育成」することであり，建学の精神は鹿児島純心女子学園創立者江角ヤスの理想「聖母マリアのように神様にも人にも喜ばれる女性の育成」である。また教育目的は「いのちを育む知性と愛」を学生一人一人に育むことである。2016年現在，鹿児島県薩摩川内市にキャンパスを構え，2学部4学科に641人の学士課程学生が在籍する。建学の精神に則った「純心講座」が必修科目となっており，キャリア教育の原点として位置づけられている。2016年度の就職率は100％であって，鹿児島県内の大学における女子平均就職率を上回る。

戸村 理

鹿児島大学[国立]｜かごしまだいがく
Kagoshima University

1773年（安永2）に藩主島津重豪が設置した造士館を起源とする。造士館は1871年（明治4）に廃止されたが，「造士館再興」の下，1901年に第七高等学校造士館（現在の法文学部・理学部の前身）として再興された。経費は1905年まで島津家の寄付金で賄われ，旧制高校の中では唯一，藩校の流れと館号までも継承した高等教育機関であった。第2次世界大戦後，第七高等学校と県立鹿児島医科大学（旧制）が統合され，新制の鹿児島大学となる。2016年（平成28）5月現在，9学部10研究科に1万541人の学生を収容。2007年には「鹿児島大学憲章」を策定し，「進取の気風にあふれる総合大学」をめざすことが宣言され，リーダーシップを発揮できる人材の養成，基礎研究の重視と社会の発展につながる応用研究の推進，地域再生の核となる大学づくり，開かれた大学として社会に積極的な情報発信を行っていくなどのミッションが掲げられた。

戸村 理

カザーティ法｜カザーティほう
Legge Casati[伊]

イタリア統一直前のサルデーニャ王国政府の公教育大臣カザーティ（Gabrio Casati, 1798-1873）が，近代国家としての中央集権的な公教育制度を確立させた法律。1859年に公布，翌年施行され，統一以後はすべての地域に適用された。強力な国家管理の下で教育行政から教育内容に至るまで総合的な教育改革をおこない，学校制度は4年間の初等学校修了後は，大学に接続する5年間のジンナジオと3年間のリチェオ，大学に接続しない技術学校等の職業教育に分断された。大学もまた近代的な大学に改革され，中世以来継続していた法学部，神学部，医学部に，新たに文・哲学部，物理・数学・自然科学部の二つの学部が加えられ，5学部から構成されることとなった。教授や学長の任命はもとより，教育課程の決定までも国家統制の下に置かれた。

児玉 善仁

→ジェンティーレ改革

カザン大学[ロシア]｜カザンだいがく
Kazan State University;
Kazanskii gosudarstvennyi universitet[露]

ロシア連邦，タタールスタン共和国の首都カザンに所在。1804年アレクサンドル1世によって創設され，ロシア帝国で4番目の歴史的伝統を誇る。かつて大学名にレーニンの名を冠していたことからもうかがえるように，レーニンはこの大学に在籍し，学生運動に参加して放校処分となった。小説家のレフ・トルストイも中退者である。有機化学発祥の地とされ，著名な自然科学者を多数輩出しているが，他方，カザンはロシア（正教）とムスリム文化の交差する都市であり，非ロシア人教育（イリミンスキー・システム）の伝統的文化を醸成した。さらに，のちのプラハ言語学派に連なるカザン言語学派の高名なポーランド人言語学者ボードゥアン・ド・クルトネの活躍する舞台を提供するなど，歴史・言語学関連の学部および付属図書館の東洋学，沿ヴォルガ民族誌文献の充実ぶりが特筆される。

森岡 修一

カターニア大学[イタリア]｜カターニアだいがく
Università degli Studi di Catania

シチリア島の商業都市カターニアにある国立総合大学。1434年にアラゴン王アルフォンソ5世によって大学と承認され，同年が設立年とされるが，正式な大学になったのは1444年の教皇エウゲニウス4世の設立教書による。シチリアで最も古い大学であったが，16世紀までは比較的弱体であった。17世紀には若干の評判を得て，1693年の大地震のあとに現在の大学本部が建設された。1737年にシチリア総督によって伝統的な諸特権が再確認されるとともに，79年には学生学頭職が廃止されるなど，以後改革がおこなわれて，法学と医学を中心に30

もの講座が開講され，学生数も2000人に達した。しかし，19世紀初期にはパレルモやメッシーナに大学が設立されたために，急激に学生数も減少した。イタリア統一の前後も政情の影響で大学は低迷したが，第2次世界大戦後は，他大学と連携をはかるなど南部イタリアの中核大学の一つとなった。2011年には22学科，正教授424人，准教授417人，研究員600人，2015/16年の登録学生数約4万4000人。

児玉 善仁

カタール大学 [カタール] カタールだいがく
Qatar University

首都ドーハにあるカタール唯一の国立総合大学。カタールはペルシア湾岸諸国の中でも有数の天然ガスや原油の埋蔵量に恵まれる。近年ドーハ市郊外の「教育都市」内にアメリカの大学を誘致するなど教育に重点的に取り組んでいる。カタール大学の前身は1973年に設置された教育カレッジ。国家建設において教育を優先課題とするハリーファ首長の構想により実現し，初年度に男子学生57人と女子学生93人を受け入れた。その後，経済発展に伴う人材需要の高まりに対応して1977年，4学部(教育，人文・社会科学，イスラーム法・イスラーム学，理学)を擁するカタール大学が設置された。さらに，工学部(1980年)，経営・経済学部(1985年)，薬学部(2008年)が続き，2015年時点で8学部(人文・科学，経営・経済，教育，工学，法律，薬学，イスラーム法・イスラーム学，医学)を擁し，1万4000人を超える学生が学ぶ。2015年のQS社の世界大学ランキングで481-490位に入った。

和氣 太司

学科 がっか
department

学術的に一定のまとまりをもつ専攻分野で構成される教育研究上の組織。大学の基本組織である学部を母体とし，その構成組織として設置される，学部の収容定員を決定する単位組織となる。日本の大学において学科は教育研究上の基礎組織として重要な存在であるが，教育研究の多様化や総合化の流れは，学科制度にも多分に影響を与えている。

［学科設置の法的根拠］
学科の設置を法的に規定するのは▶大学設置基準である。その4条で「学部には，専攻により学科を設ける」(1項)，「学科は，それぞれの専攻分野を教育研究するに必要な組織を備えたものとする」(2項)と定めている。さらに18条において「収容定員は，学科又は課程を単位とし，学部ごとに学則で定める」とし，学科もしくは▶課程が学部の収容定員設定上の細組織であることを規定している。
　大学学部の学科等の新設や廃止については，

▶学校教育法，学校教育法施行令において，当該大学が授与する学位の種類および分野の変更を伴わないものに限り，監督省庁への届け出で済むことを規定している。これは学部・学科の設置規制を緩和することによって，大学の主体的判断による柔軟な学科編成を可能とし，大学の活性化を図ることを目的とするものである。2003年(平成15)の法改正で施行されたこの措置により，学科構成や学科名称の多様化が一気に進んだ。ただし，大学や学部の目的に照らした学科の構成や組織体制の妥当性は，大学機関別認証評価において検証される。

［課程］
大学設置基準5条では「学部の教育上の目的を達成するため有益かつ適切であると認められる場合には，学科に代えて学生の履修上の区分に応じて組織される課程を設けることができる」と規定している。近年，日本の大学における▶学士課程では，従来の学術的枠組みの垣根を越えた学際的・総合的な教育プログラムが提供されている。こうした領域での教育研究に対応する柔軟な組織として，学科に代わり課程を設置する大学も多い(例：日本文化課程，地域研究課程，共生環境課程など)。また，学科制で求められる▶授業科目を担当する専任教員の確保が困難な場合，より柔軟な教員配置が可能となることを理由に課程制を導入する大学もある。

［短期大学における学科］
学校教育法108条に規定される▶修業年限2年もしくは3年の大学，すなわち▶短期大学は同条において学部を置かず(4項)，学科を置くこと(5項)が規定されている。▶短期大学設置基準3条では「学科は，教育研究上の必要に応じ組織されるものであつて，教員組織その他が学科として適当な規模内容をもつと認められるものとする」(1項)，「学科には，教育上特に必要があるときは，専攻課程を置くことができる」(2項)と規定され，学科が教育上の基礎組織であることを定めている。さらに4条において，短期大学の収容定員設定は学科ごとに▶学則で定め，学科に専攻課程を置くときは▶専攻課程を単位として学科ごとに定めると規定している。従来，短期大学における学科は，大学の学科と同様に既存の学問領域を基礎としてきたが，今日では伝統的学問領域にとらわれない融合領域に立脚する学科(例：現代コミュニケーション学科，生活デザイン学科)や，キャリア形成教育プログラムに応じた学科(例：情報ビジネス学科，キャリア教養学科)が主流である。

［学科における教員配置―学科目制］
大学の学科組織では，教育研究上で必要な科目を定め，これに教員を配置する。こうした仕組みを学科目制という。主要学科目は，専任の▶教授または▶准教授が担当することを原則とする。学科目制は，▶新制大学発足時に大学における授業科目

開設と教員配置の仕組みとして制度化された。これに対し，戦前期の▶帝国大学や▶医科大学などでは講座制が採用された。▶講座は学問の専攻分野ごとに設けられ，一つの講座を原則として一人の教授が指導し，その下に▶助教授，▶講師，▶助手という階層関係のある教員を配置した。講座制は教育研究の責任体制を確立し，当該分野における教育研究の深化を目的としており，新制大学発足後も前身が帝国大学だった▶国立大学などではこの体制がそのまま継承された。一方，戦後に発足した新制の国立大学や▶私立大学では，教員配置の面で講座制の採用は難しく，それに代わるものとして学科目制を導入した。なお国立大学では1999年度末まで，講座制と学科目制では教育研究費や管理運営費の予算措置も異なっていた。

第2次世界大戦後，大学を新設するのに必要な最低の基準を定めた文部省令である大学設置基準では，教員組織について，大学は講座制もしくは学科目制のいずれかを採用することを規定した。しかし，講座制における教員の階層序列に伴う弊害や，学科目制においては教育科目を教員の研究分野に無理やり一致させてしまうことなど，それぞれの制度や運用上の課題が指摘されるようになった。このため，2001年の大学設置基準の改正によって講座制や学科目制以外の教員組織編成が可能となり，2007年には大学設置基準から教員組織としての講座制，学科目制の記載が削除された。

［欧米の様相］

海外大学の教育研究組織あるいは人事や自治の単位は，それぞれの歴史的・社会的背景によって多様である。ヨーロッパ大陸のユニバーシティ型大学では，学問領域あるいは専門職への準備領域に対応させて組織が区分され，それぞれ組織の中でさらに垂直的な構成配置が行われる。まず上位にはファカルティ(faculty)，スクール(school)，カレッジ(college)といった英語があてられる広範な学問もしくは職業領域を包括する部門あるいは組織が設置され，その傘下に，より領域が特化された講座，▶研究所，学科などのグループが置かれる。イタリアやフランスなどでは，学科が設置されていない大学も多い。一方，アメリカ合衆国では，日本の学部に最も近いのはスクールやカレッジである。その下部組織である学科はデパートメント(department)と訳されることが多いが，欧米のスクールやカレッジ，デパートメントを日本の学部・学科制度にそのまま該当させて正確に訳し分け，理解するのは困難である。 大川 一毅

→ 学部の概念（テーマ編），教職員，認証評価，アメリカ合衆国の大学（テーマ編），フランスの大学（テーマ編），ドイツの大学（テーマ編）

◎寺﨑昌男『大学教育の可能性―教養教育・評価・実践』東信堂，2002.

◎谷聖美『アメリカの大学―ガヴァナンスから教育現場まで』ミネルヴァ書房，2006.
◎バートン・R.クラーク著，有本章訳『高等教育システム―大学組織の比較社会学』東信堂，1994.

学期|がっき
academic term

日本の多くの大学では2学期制が採られている。日米の一部の大学では1学期の期間が短いクォーター制（学生の就学が任意の夏学期を含め4学期制）が採用されている。アメリカ合衆国には一部トリメスター制（3学期）もある。アメリカでこれら期間の短い学期制を採用しているのは，学生の転学が少ない（ゆえに他大学と学期期間を揃える必要のない）著名な私立大学が多い。日本では，2011年に東京大学において秋入学（▶9月入学）の議論が起こって以降，留学生の獲得のしやすさと，日本人学生の海外サマーセッションへの参加しやすさをおもな理由として，▶セメスター制からクォーター制や4ターム制と呼ばれる学期制への移行を打ち出す大学が増加している。学期を短く区切り，その間学生が，限られた科目の学習に集中できることもメリットとして挙げられる。ただし，日本で採用され始めた4学期制はアメリカのクォーター制とは学期の区切り方と運用の仕方が異なり，日本のほうが短い期間で多くの授業数を設定している場合が多い。 福留 東土

→ 授業

学校教育法|がっこうきょういくほう

1947年公布（昭和22年法律第26号）。日本国憲法や▶教育基本法の理念を受けて，日本の六・三・三・四制の学校制度の基準を定めた法律。第1条に定められるように，大学はこの法律で定められる学校であり，短期大学や大学院も含めた規定となっている。本法は制定以来しばしば改正がなされ，現在の章立てでは，大学は第9章に定められ(83～114条)，大学の目的として「学術の中心として，広く知識を授けるとともに，深く専門の学芸を教授研究し，知的，道徳的及び応用的能力を展開させること」を掲げている(83条)。以下，教育研究組織や修業年限，入学資格，職員，▶教授会，さらには自己点検や認証評価機関等の規定が盛り込まれているが，とくに大学の職員については「大学には学長，教授，准教授，助教，助手及び事務職員を置かなければならない」と規定し，このうち必置職は▶学長，▶教授および事務職員となっている(92条)。また教授会については，「大学には，重要な事項を審議するため，教授会を置かなければならない」とし，その組織には准教授その他の職員を加えることができるとしている(93条)。 清水 一彦

→学校教育法と設置基準，自己点検・評価，内部質保証，認証評価

学校教育法と設置基準
がっこうきょういくほうとせっちきじゅん
School Law and Standards for School Establishment

［学校教育法の規定と設置基準の種類］
▶学校教育法3条には「学校を設置しようとする者は，学校の種類に応じ，文部科学大臣の定める設備，編制その他に関する設置基準に従い，これを設置しなければならない」と定められている。設置基準は，学校教育が一定の水準を保ち教育の機会均等を図るために定められた最低基準をいう。この学校教育法の規定に基づいて制定されている設置基準には，幼稚園，小学校，中学校，高等学校，高等専門学校，短期大学，大学，大学院，専門職大学院，専修学校および短期大学通信教育，大学通信教育がある。このほか，高等学校通信教育規程や各種学校規程も設置基準の範疇に入る。いずれも文部科学大臣が定める省令である。このうち▶大学設置基準は大学設置の認可のための最低要件を規定したものであるが，同時に基準内における実際の具体的な運用は各大学に任せられる。

［大学基準と大学設置基準］
現行の大学設置基準は，1956年（昭和31）10月22日に文部省令として制定されたが，内容自体はそれまでの▶大学基準協会による大学基準およびその解説の大部分を引き継ぐものであった。大学基準協会（現在の公益財団法人大学基準協会）は，アメリカのアクレディテーション団体をモデルに1947年（昭和22）7月に設立された自立的な団体である。同年8月に，▶新制大学制度の基本構造ともなった「大学基準及びその解説」を発表した。この大学基準は基本的には協会への入会の資格判定基準であったが，その後文部省に設置された大学設置委員会（のち大学設置審議会と改称）の大学設置の基準としても継承・採用されることになった。

　省令基準である大学設置基準の制定の要因としては，①新制大学の教育研究体制の整備が急務になったこと，②とくに旧制の▶専門学校から移行した国立大学および学部の整備充実の必要性，③▶一般教育の科目枠を専門科目との関係で弾力化を図る必要があったこと，が挙げられる。一般教育の科目例示などはそれまでの大学基準とほぼ同じであったが，大きく変更された事項として，まず1単位の履修時間を明確にし，「教室内及び教室外合せて45時間」という原則規定がはじめて明示された。次に，単位の計算方法に関しては，従来のような科目例示による方法をやめ，単に講義と演習および実験・実技等の授業形態に基づく計算方法にとどめた。また，卒業要件124単位のうち一般

教育科目は36単位としながらも，専門技能の教育を主とする学部では8単位を「基礎教育科目」の単位に振替ができると規定した。同様に外国語科目についても，一つの外国語科目8単位を最低として，二つ以上の場合は他の一つは4単位以上でしかも専門科目に含まれるとした。このほか授業科目の編成に関して，各授業科目を必修，選択および自由科目に分け，これを各年次に配当して編成するという原則も明確にされた。評価については，「1授業科目を履修した者に対して，試験の上単位を与える」ことが基準上明確にされることになった。

　1973年（昭和48）11月28日には，同年のいわゆる「筑波大学法」と呼ばれる法律改正を受けて答申された，大学設置審議会の「大学設置基準の改善について」の内容をほとんどすべて盛り込んだ基準の改正が行われることになった。この改正は改革のための大胆な試みをも可能にするものであり，とくに単位制度に関わる弾力化のうち授業期間の弾力的措置は注目された。つまり，学習の連続性や国際化を考慮した3学期制の導入で，授業科目の授業期間は15週のほか10週でもよいことになった。また教育上必要な場合は，外国語の演習や体育実技などでは短期間に集中的授業を行うなど，従来の期間にとらわれないで授業が行えるようになり，単位計算方法に関する規定から週数に関する事項が整理されることになった。

［大学設置基準の大綱化］
1991年（平成3）の大学設置基準の改正は，個々の大学がその教育理念・目的に基づき，学術の進展や社会の要請に適切に対応しつつ，特色ある教育研究を展開し得るために，「大綱化」を最大のキーワードとしてそれまでの規定内容をほぼ全面的に改めるものとなった。基準改正の大きな柱は次の三つに置かれた。一つは基準の大綱化であり，二つは生涯学習の振興の観点からの学習機会の多様化であり，三つは基準史上初めての▶自己点検・評価の導入である。

　基準の大綱化のうち最も画期的でかつ各大学に大きな影響を与えたのが，一般教育科目や専門教育科目等の授業科目区分の廃止と単位制度の大幅な弾力化である。単位制度の弾力化措置は，それまでの授業科目区分への単位数配分規定の全廃という思い切った形でみられたが，それとともに1単位の計算方法の弾力化も図られることになった。

　単位計算方法に関しては，講義や演習の場合には15～30時間，実験・実習等の場合には30～45時間までの範囲内で，各大学が定める時間の授業をもって1単位と規定された。これにより演習等による授業の開設を促進させるとともに，それぞれの枠の中で各大学の自主性が期待されることになった。授業時間設定の自由度は増したが従来の1単位の大原則は順守され，「標準45時間の学修」と

いう基本的枠組みは残された。したがって，45時間から授業時間を差し引いた残りの時間は学生の予習や復習の準備学習の時間となり，その意味では制度発足の自学自習の尊重は維持されたといえる。大学審議会の議論の過程でも，当初は教室外の学習成果を単位計算の中に組み入れることが現実には空洞化しており，単位計算方法を「技術的な観点から」見直すことに始まったといわれる。しかし，その後に「標準45時間の学修」という大枠は最終の段階で残すことになり，それは「単位の実質化という観点から」この問題を考え直した結果でもあった。教室外の準備学習およびその成果をどのように考え具体的に対処していくかという，古くて新しい問題がここでも論議の中心となっていたのである。

大学設置基準は，その前史としての大学基準を含めると70年近くを経過したが，その変遷の歴史は大学の現場や運用の問題を改善する形で展開してきたといえる。基準の大綱化によって授業科目区分の撤廃や1単位の計算方法の弾力化など，各大学の自由裁量が大幅に増加したが，教育の実質化あるいは学位の質保証といった点においていまだに残された課題は大きい。なお2013年（平成25）4月からは，これまでの授業期間10週・15週の基準規定も原則規定に緩和され，学期制の柔軟な運用などを促すことになった。 　　　　清水 一彦

→大学設置基準の大綱化，大学設置・学校法人審議会，短期大学設置基準，学校法人，私立学校法，質保証制度，内部質保証，単位制

◎戦後大学史研究会（代表大崎仁）編著『戦後大学史』第一法規出版，1988.
◎清水一彦『日米の大学単位制度の比較史的研究』風間書房，1998.

学校法人 |がっこうほうじん
private school corporation

私立学校を設置・運営する主体。→学校教育法によれば，学校は国，地方公共団体および学校法人のみが設置できるとされており（特別措置としての株式会社立を除く），学校法人はその設置者の一つである。学校法人を設立しようとする者は，法人の根本規則としての「寄附行為」において目的，名称，設置する学校の種類・名称等所定の事項を定めた上，所轄庁（学校の種類により，文部科学大臣または都道府県知事）の認可を受けなければならない。学校法人は役員として理事5人以上，監事2人以上を置かなければならず，公共性を高めるために配偶者や親族からの役員就任数に制限がある。業務は理事によって組織される→理事会によって行われ，寄附行為に別段の定めがない場合には理事の過半数をもって決定される。当該学校法人が設置する学校の校長（学長を含む）は→私立学校法の規定により，必ず理事となり，ほかの理事は寄附行為

によって選任される。理事会のほか，学校法人には私立学校法の定めるところにより，評議員会が置かれる。なお学校法人は，法律に定める一定の事由が発生した時，解散によってその活動を終了する。 　　　　山本 眞一

→私立大学法制

学校法人会計基準 |がっこうほうじんかいけいきじゅん

1971年に制定された→学校法人の会計処理のための基準（昭和46年4月1日文部省令第18号）。→私立学校振興助成法（昭和50年7月11日法律第61号）4条1項では「国は，大学又は高等専門学校を設置する学校法人に対し，当該学校における教育又は研究に係る経常的経費について，その二分の一以内を補助することができる」と定められている。また同法9条には，学校法人に対する都道府県の補助に対して国がその一部を補助できると定めている。さらに同法14条には，これらの補助金の交付を受ける学校法人は「文部科学大臣の定める基準に従い，会計処理を行い，貸借対照表，収支計算書その他の財務計算に関する書類を作成しなければならない」と定められている。学校法人会計基準とは，この→文部科学省の定める基準に相当するものである。なお，2013年に「学校法人会計基準の一部を改正する省令」（平成25年4月22日文部科学省令第15号）が制定され，2015年4月より新基準が施行された。 　　　　吉田 香奈

→経常的経費，私学補助

合衆国学生協会
The United States Student Association: USSA

アメリカ合衆国で最も古く（1947年創設），最も規模の大きい（公称150万人以上）学生組合。1920～30年代にも全国的な学生組合は存在したが，第2次世界大戦時に解体。1946年プラハでの→国際学生連盟（IUS）創設に参画した人々によって，→ウィスコンシン大学マディソン校で発足したNational Student Association（NSA）が母体。1971年設立のNational Student Lobbyと78年に合併して現在の名称となる。発足時の「学生権利章典」で，大学内で学生が成人として尊重されるべきことを宣言。1948年に対立を乗り越えて，アフリカ系アメリカ人を会長に選任。50年代の中道路線は左右の政治勢力から批判を受ける。冷戦時代にIUSが完全に共産圏のものとなると，アメリカ政府がNSAの国際部を援助。60年代，70年代の学生運動，反戦運動全盛期に，その中心的な役割を果たす。その後も内部に対立を抱えながらも，女性やLGBT学生の権利保護など多様な活動によって組織を拡大。現在の会員には個人入会の会員と州単位の学生組織

のメンバーとがあるが，後者の規模は予算ベースで5％以下である。本部は首都ワシントンにある。

舘 昭

活水女子大学 [私立] ｜かっすいじょしだいがく
Kwassui Women's University

長崎市に本部を置く女子大学。1879年(明治12)アメリカの宣教師エリザベス・ラッセルが出島メソジスト教会の要請により来日し，活水女学校を創立したのに始まる。1887年に初等科・中等科・高等科・神学科・音楽科・技芸部を設置。1919年(大正8)，活水女学校大学部を改組し，専門学校令による活水女子専門学校を設置。1950年(昭和25)新制の活水女子短期大学が開学。1981年に活水女子大学として開学し，文学部を設置(短期大学は2005年閉学)。「活水」の名は『新約聖書』ヨハネによる福音書4章14節からとり，建学の精神を「知恵と生命との泉－主イエス・キリストーに掬(むす)べよ」とする。2016年(平成28)5月現在，文学部・音楽学部・健康生活学部・看護学部があり，学部学生1274人。キャンパスは長崎市の東山手と新戸町，大村市にある。

船勢 肇

→ キリスト教系大学

課程 ｜かてい
program

一般には，学校など教育機関等において，ある一定期間に所定の学習や研究を修得・遂行するために配分・配当された内容やコースなどを指す。教育課程が最も代表的で頻繁に使われるが，このほかに一般教育課程あるいは教養(教養教育)課程，専門(専門教育)課程，▶教職課程，大学院の▶修士課程，博士前期課程・博士後期課程，一貫制博士課程，4年制博士課程，専門職学位課程など多種に及ぶ。教育の実施形態として，全日制課程とか夜間制課程あるいは通信制課程などを使用する場合もある。大学の教育課程の中で，長い間，議論されてきた(一般)教養課程と専門課程については，1991年(平成3)の▶大学設置基準の改正いわゆる基準の大綱化によって大きな転機を迎えた。つまり，それまでは設置基準の上で一般教育科目と専門教育科目といった科目区分が明示され，それぞれ修得必要単位数も規定されていたが，その科目区分が廃止され，各大学の自由裁量となった。教養課程と専門課程のカリキュラム編成は，各大学とも今なお重要な課題となっている。

清水 一彦

→ 大学教育とカリキュラム (テーマ編)，教育課程法制，大学設置基準の大綱化，博士課程，一般教育，専門教育

課程博士 ｜かていはくし
doctoral degree after completing a doctor program

▶大学院の▶博士課程に入学し，コースワークや論文作成，試験を経て授与される学位。▶博士は1887年(明治20)の学位令で最初に規定され，1920年(大正9)の学位令改正でいわゆる課程博士と▶論文博士の2種類となり，その後▶帝国大学以外の官公立大学や私立大学でも授与されるようになり増加していったが，論文博士が主流であり(1910年ころまでは，総長や博士会による推薦博士と論文博士とが拮抗)，課程博士取得者は20年度までに28人でその間に生まれた博士全体のわずか4.0％に過ぎず，21～45年度の間では2837人で13.1％しかいなかった。第2次世界大戦後になって，課程博士は1953年(昭和28)の▶学位規則(文部省令)で博士「甲」(論文博士は「乙」)と規定され，アメリカ的なスクーリングを経た課程博士への改革が求められたが，論文博士の優位な時期が続き，91(平成3)年度に至っても，その年度の課程博士は同年度に生まれた博士全体の43.9％にとどまった。だが，同年の学位規則改正後，課程博士の割合は2002年度に69.6％に増え，2010年度には83.5％を占めるに至り，現在では新たに生まれる博士は課程博士が主流になっている。

阿曽沼 明裕

→ 学位の種類

神奈川県立保健福祉大学 [公立]
かながわけんりつほけんふくしだいがく
Kanagawa University of Human Services

神奈川県の策定した総合計画「かながわ新総合計画21」によって，保健・医療・福祉の総合的人材を養成するために2003年(平成15)に開学。保健福祉学部に看護学科，栄養学科，社会福祉学科，リハビリテーション学科の4学科を有する。ヒューマンサービスを使命として掲げて，「保健・医療・福祉の連携と総合化」「生涯にわたる継続教育の重視」「地域社会への貢献」という三つの基本理念を設定する。ヒューマンサービスへの理解を深めるためのヒューマンサービス論を開設し，全学の学生がともに学び議論する授業形態を実施する。また，充実した少人数制教育により学生の修学をきめ細かくサポートしている。横須賀市にキャンパスを構え，2016年5月現在，1学部と1研究科に1034人の学生を収容する。

山本 剛

神奈川工科大学 [私立] ｜かながわこうかだいがく
Kanagawa Institute of Technology

1963年(昭和38)学校法人幾徳学園により設置された幾徳工業高等専門学校を起源とする。1975年幾徳工業大学を開学し，88年に現在の神奈川工

科大学に改称。工学部，情報学部，創造工学部，応用バイオ科学部，看護学部の5学部13学科で構成される。神奈川県厚木市にキャンパスを構え，2016年（平成28）現在の収容人数5237人。学生のものづくりに関する意欲を促進させるため，2008年にKAIT工房を開設し，学生の自主的・創造的活動のための設備などを提供し，専門スタッフによる助言などを行っている。このほか関東山梨地域大学グループ14校による連携事業「関東山梨地域大学連携による産業界等のニーズに対応した教育改善」にも取り組んでいる。　　　　鈴木　崇義

神奈川歯科大学 [私立] | かながわしかだいがく
Kanagawa Dental University

1910年（明治43）欧米諸国の歯科事情を視察した大久保潜龍が女子の歯科医学教育機関の必要性を考慮して創立した東京女子歯科医学講習所を起源とする。1922年（大正11）東京女子歯科医学専門学校に昇格，34年（昭和9）に学園規模を拡大し，日本女子歯科医学専門学校と改称。1950年日本で初めて歯科衛生士の養成を始めることとなる日本女子歯科厚生学校を開学した。1952年日本女子衛生短期大学を開設，64年に神奈川歯科大学を開学。歯学部を有する単科大学であり，2016年（平成28）現在の収容人数639人。医療施設として神奈川歯科大学附属病院・神奈川歯科大学附属横浜クリニックを設置し，さらに地域貢献として歯科に関する公開講座などを開講。キャンパスは横須賀市。　　　　　　　鈴木　崇義

神奈川大学 [私立] | かながわだいがく
Kanagawa University

1928年（昭和3）米田吉盛が創立した横浜学院を起源とする。1929年の横浜専門学校設立を経て，49年に神奈川大学が開学。建学の精神は「質実剛健」「積極進取」「中正堅実」であり，現在は横浜市と平塚市にキャンパスを置く。法学部，経済学部，経営学部，外国語学部，人間科学部，理学部，工学部の7学部20学科で構成され，2017年（平成29）現在の収容人数1万7925人。学修支援の充実にも努めており，教育支援センター（KUスクエア）を設置し，学修相談はもとよりグループ学習室や談話室を設置し，学生のコミュニケーションの環境を整備している。また障碍がある学生の授業支援や地域のボランティア活動の案内をしている。　　　　　　　鈴木　崇義

金沢医科大学 [私立] | かなざわいかだいがく
Kanazawa Medical University

1972年（昭和47）6月，金沢市のベッドタウンである

石川県河北郡内灘町に開学した私立大学。建学の精神は「倫理に徹した人間性豊かな良医の育成」。1974年に大学病院，82年に大学院医学研究科，2007年（平成19）には看護学部を設置。地域医療の崩壊が叫ばれる中，2008年より富山県氷見市の氷見市民病院の指定管理者となり，金沢医科大学氷見市民病院の運営を開始した。2010年には公立穴水総合病院（石川県鳳珠郡穴水町）内に能登北部地域医療研究所を開設するなど，地方の診療，教育支援による医療再生に取り組む。2016年5月現在，医学部の学生数697人，看護学部の学生数308人。看護学部在学生の過半数が石川県出身者である。　　　　　　　和崎　光太郎

金沢学院大学 [私立] | かなざわがくいんだいがく
Kanazawa Gakuin University

1946年（昭和21）大正自由教育の実践者である赤井米吉が創立した金沢女子専門学園を源流として，87年に金沢女子大学として開学。石川県金沢市に立地する。当初は文学部のみの単科大学だったが，1995年（平成7）現大学名に改称して男女共学化，経営情報学部を開設。経営情報学部の最初の卒業生を輩出する1999年に大学院経営情報学研究科を設置。その後，美術文化学部，大学院美術文化専攻科，スポーツ健康学部，大学院スポーツ健康学研究科を開設，学部・学科の改組を経て，2017年現在は4学部と1専攻科，大学院3研究科を擁する総合大学となっている。学園創立60周年を機に新たな教育理念を「創造」と定めた。「地域社会もキャンパス」をうたい，フィールドワークなどを積極的に行っている。2016年現在2064人の学生が在籍。　　　　和崎　光太郎

金沢工業大学 [私立] | かなざわこうぎょうだいがく
Kanazawa Institute of Technology

石川県野々市市にある。1957年（昭和32）開校の北陸電波学校を起源とし，65年に開学した。1966年に経営工学科，67年に土木工学科，70年に建築学科，電子工学科，情報処理工学科，86年に機械システム工学科，95年（平成7）に物質応用工学科，人間情報工学科，環境システム工学科，2000年に先端材料工学科，居住環境学科を順次設置。大学院は1978年に修士課程，80年に博士課程が設置された。2004年と12年に学部・学科を再編し，現在の4学部（工，情報フロンティア，環境・建築，バイオ・化学）14学科体制になる。2016年5月現在，学部在学者数6829人，大学院在学者数469人。学部在学生のうち約7割が石川県外出身者であり，高い教育付加価値と就職率が評価され，全国区の大学となっている。　　　　　和崎　光太郎

金沢星稜大学 [私立] | かなざわせいりょうだいがく
Kanazawa Seiryo University

1967年(昭和42)開学の金沢経済大学を直接の前身とする。2002年(平成14)に現在の金沢星稜大学に名称変更。建学の精神は「誠実にして社会に役立つ人間の育成」であり、大学憲章では、「「誠実な人間」をめざして人間性・社会性を磨き、「社会に役立つ人材」となるための分析力・総合力・実践力を育成するとともに、グローバルな視野を育てる教育を重視する」と定められている。2017年現在、石川県金沢市にキャンパスを構え、3学部5学科に2424人の学士課程学生が在籍する。建学の精神を反映し、「自分を超える力をつける」を合い言葉に、学生たちの自主的な成長を促す教育が行われている。2016年度には人文学部国際文化学科が設立され、同学部では1年次後半から2年次前半にかけて全員が海外に出る早期留学制度が導入された。
　　　　　　　　　　　　　　　　　　　戸村 理

金沢大学 [国立] | かなざわだいがく
Kanazawa University

1862年(文久2)開設の加賀藩彦三種痘所が起源。明治期以降、石川県師範学校、石川県女子師範学校、金沢医学校、第四高等学校、金沢高等工業学校などが開校。これらを引き継いだ各旧制の学校を母体として、1949年(昭和24)の国立学校設置法公布により金沢大学が誕生する。医学部・薬学部・工学部以外は金沢城跡の丸の内にキャンパスが置かれていたが、1989年(平成1)から94年にかけて郊外(角間地区)へ各学部が順次移転。2008年に従来の8学部25学科・課程が3学域(人間社会学域・理工学域・医薬保健学域)16学類に再編された。2016年5月現在、3学域17学類の在籍者数7895人、大学院(博士後期課程・法科大学院を含む)の在籍者数2341人。入学者のうち半分強を北陸三県の出身者が占める。
　　　　　　　　　　　　　　　　　和崎 光太郎

→学域／学府

金沢美術工芸大学 [公立]
かなざわびじゅつこうげいだいがく
Kanazawa College of Art

1946年(昭和21)設立の金沢美術工芸専門学校が前身。大学憲章によれば、「学問を好み、伝統を愛し、美の創造を通じて人類の平和に貢献することを希求する金沢市民の熱意により、工芸美術の継承発展と、地域の文化と産業の振興を目指して」設立された。1950年に3年制の短期大学、55年に4年制の金沢美術工芸大学となって、2010年(平成22)に現行の公立大学法人へ移行した。2016年現在、石川県金沢市にキャンパスを構え、学士

課程学生は722人。専任教員数は62人で教員1人当たりの学生数は約12人と少人数教育体制をとる。活動指針には「創作の意欲と能力を育てる教育の推進」「質の高い研究とオリジナリティの追求」などが掲げられている。卒業後は作家やデザイナー、教員や学芸員として活躍するほか、高度な専門技術を活かして民間企業へ就職する学生も多い。
　　　　　　　　　　　　　　　　　　　戸村 理

カナダの大学 →テーマ編 p.115

カーネギー財団／カーネギー分類
カーネギーざいだん／カーネギーぶんるい
Carnegie Foundation／Carnegie Classification of Institutions of Higher Education

カーネギー財団の正式名称はカーネギー教育振興財団(Carnegie Foundation for the Advancement of Teaching)。1905年にアンドリュー・カーネギー(Andrew Carnegie)によって設立された、アメリカ合衆国の高等教育に関する独立の政策・研究機関である。医学教育の抜本的改善を訴えたエイブラハム・フレックスナー(Abraham Flexner)によるいわゆる『フレックスナー・レポート』の出版(1910年)や、教育機関での学生の学習量を時間単位で測定するカーネギー単位(Carnegie Unit)の開発で有名。現在では、高等教育機関における教育(Teaching)に焦点を当てたさまざまなイニシアティブを展開し、高等教育の改善・推進における最も主要な民間財団である。

カーネギー分類は、同財団が設立したカーネギー高等教育審議会(Carnegie Commission on Higher Education)によって1970年に最初の分類が作られた。それ以降三十数年間にわたり時おり改訂され、高等教育界で広く利用された分類表は、アメリカの全高等教育機関を、おもに授与する学位のデータに基づき、博士号授与大学(研究重視の大学)、修士まで授与する大学(教育中心の中堅大学)、学士課程教育を中心とする大学(▶リベラルアーツ・カレッジを含む)、短期大学等に分類した。同審議会会長のクラーク・カー(Clark Kerr)は、分類作成の目的を、高等教育の現状分析のために機関間の同質性と多様性を把握することにあるとしていたが、現実にはランキングのような受け止められ方も強かった。こうした傾向を受け、また多様化する高等教育の現状を反映するため、2005年に大幅な改訂が行われ、多様な分類基準を用いた複数の分類表が作成された。2014年より、同分類の管理はカーネギー財団からインディアナ大学ブルーミントン校中等後教育研究センターに移管された。その後も「カーネギー分類」の名称は維持されている。
　　　　　　　　　　　　　　　　　　　福留 東土

カーネギーメロン大学 [アメリカ]

カーネギーメロンだいがく

Carnegie Mellon University

ペンシルヴェニア州ピッツバーグにある，コンピュータ科学やロボット工学などの分野で国際的名声を有する私立の▶研究大学。入学者のSATの平均点も高く，研究の上では学際的な学風をもっても知られる。建築学や音楽，デザインなどの芸術学部，経済学，現代語学，歴史学などの人文および社会科学部，数学，物理学，化学などの自然科学部，経営大学院(▶ビジネス・スクール)も有する。1900年，ピッツバーグ市が場所を提供するという条件で，鉄鋼王アンドリュー・カーネギーによる100万ドルの寄付で，全部で四つの工業学校(technical school)と商業学校(trade school)の集団として，カーネギー工業学校(Carnegie Technical Schools)の名称で誕生，設立当初はピッツバーグおよび近隣の地域の労働者向けの2年および3年コースの学校であった。1912年に4年制課程を設置して，カーネギー工科大学(Carnegie Institute of Technology)となり，67年メロン家の設立したメロン研究所(Mellon Institute)と合併してカーネギーメロン大学となった。2016年の在籍学生数は約1万3500。

赤羽 良一

▶SAT/ACT，カーネギー財団／カーネギー分類

鹿屋体育大学 [国立]｜かのやたいいくだいがく

National Institute of Fitness and Sports in KANOYA

鹿児島県鹿屋市にある国立の体育大学。1981年(昭和56)開学。学部は体育学部のみで，2016年(平成28)5月現在，学部生は773人。大学院は77人で，博士後期課程まである。基本目標には「体育・スポーツ学分野における学術・文化の発展と国民の健康増進に貢献し，もって健全で明るく活力に満ちた社会の形成に寄与する」などとある。学部はアスリート・コーチング系，生涯スポーツ系，武道系の三つの系が柔軟なコースとして設定されている。各種体育施設・設備は全国でも屈指とされ，見学を広く受け付けている。2015年度の卒業者の進路状況は教員16%，公務員18%，生涯スポーツ等企業21%，一般企業24%，進学11%，その他8%である。

船勢 肇

株式会社立大学｜かぶしきがいしゃりつだいがく

for-profit university

▶学校教育法(昭和22年法律第26号)2条1項の規定により，学校を設置できる主体は国(▶国立大学法人等を含む)，地方公共団体(▶公立大学法人を含む)および▶私立学校法(昭和24年法律第270号)に基づく▶学校法人のみとされている。しかし，2000年代に入り政府の総合規制改革会議等において非営利分野への株式会社参入が議論されるようになり，地域の特別の教育ニーズに対応して学校教育の活性化を図るため，2003年(平成15)の構造改革特別区域法(平成14年法律第189号)の一部改正により，構造改革特区において学校設置会社が学校を設置することが可能となった。

2004年4月に株式会社立大学第1号となるLEC東京リーガルマインド大学が開校し，2007年までに7校が開校した。しかし，専任教員確保等の問題で一部に改善勧告が出されたり，私学助成や税制優遇措置が受けられないことなどもあって，定員割れや赤字が目立つようになり，当初から指摘されていた公共性，安定性，継続性等の点で懸念を払拭できないまま，学生の募集停止や，ほかの学校法人への事業譲渡に至った例も現れている(2008年以降，2校の設置者が学校法人に変更され，1校は廃止された)。実績を積み重ね，全国展開のために学校法人化した例も見られるが，全体として十分に定着しているとはいい難い(2016年現在，継続している大学は4校)。主要国の中では，アメリカ合衆国において多数の株式会社立大学(営利大学)が設立され，社会人向けのオンライン授業等を提供しているが，一部の大学における卒業率の低さや高額の▶授業料等が問題になっている。

寺倉 憲一

▶私立大学，営利目的の大学

壁のない大学｜かべのないだいがく

university without walls

壁のない学校(school without walls)の大学版。1960年代に，旧来の強制性の強い学校から学習者の主体性を生かした学校への転換を図ろうとする，オルタナティブ・スクールの運動がアメリカ合衆国を発信源として起こり，その思想のもとにつくられた学校がフリースクール，オープンスクール，壁のない学校などと称された。1971年に連邦教育省が，マサチューセッツ州立大学アマースト校などの大学が成人などの非伝統的な学生にフレキシブルな学位プログラムを提供したのに対し，壁のない大学プログラム補助金を出して支援するなどしたことから，大学でもこの名称が普及した。成人が大学で学ぶことがある程度一般化した現在では，その独自性は影が薄くなってはいるが，学習者主体のプログラムであることの思想を具体的に示せる名称としての価値は失ってはいない。また制度的な大学ではなく，ボランティア的な学習プログラムがこの名称を用いている場合も多い。

舘 昭

▶オープン・ユニバーシティ

鎌倉女子大学 [私立] かまくらじょしだいがく
Kamakura Women's University

1943年(昭和18)に学祖・松本生太によって設立された京浜女子家政理学専門学校を起源とする。1959年に京浜女子大学(家政学部家政学科)を設置し，89年(平成1)に鎌倉女子大学と改称した。学校法人鎌倉女子大学を設置者とする私立女子大学で，古都・鎌倉市唯一の大学である。建学の精神は，教育の理念「感謝と奉仕に生きる人づくり」，教育の目標「女性の科学的教養の向上と優雅な性情の涵養」，教育の姿勢「人・物・時を大切に」，教育の方法「ぞうきんと辞書をもって学ぶ」，教育の体系「徳育・知育・体育の調和」である。2014年創立70周年を迎えた。2016年5月現在，神奈川県鎌倉市の大船キャンパスに家政・児童・教育の3学部と，大学院児童学研究科を擁して2452人の学生を収容する。女性，鎌倉ならではの貴重な学びの機会と1年次から計画的かつ体系的な就職支援体制がとられており，初等・中等教員免許状をはじめ，保育士，管理栄養士などの資格取得・採用にも実績がある。
戸村 理

亀田医療大学 [私立] かめだいりょうだいがく
Kameda College of Health Science

学校法人鉄蕉館によって2012年(平成24)に開学した看護学部看護学科のみの単科私立大学。医学教育のルーツは，1830年(文政13)，西洋医学を学んだ亀田自證が開設した学問所「鉄蕉館」にさかのぼる。大学の目的は「21世紀社会が必要とする保健医療福祉分野における学術の中心として広く知識を授けるとともに，深く専門の学芸を教授研究し，知的，道徳的及び応用的能力を展開できる専門職者の育成」をめざすことである。キャンパスは千葉県鴨川市にあり，1学年の定員は80人。2016年5月現在，学生335人。21世紀のヘルスケアニーズに応え，全人的な医療を実践できるプロフェッショナルな看護師を育成すべく，教育理念にHEART (Humanity, Empowerment, Autonomy, Reason, Team)を掲げて，教養豊かな社会人および医療人として育つことをめざす。看護師育成に際して実習の質を重視しており，実習の中心を千葉県南部の基幹病院である亀田メディカルセンターとすることで，現場を学ぶ最適な環境を提供している。
戸村 理

科目等履修生 かもくとうりしゅうせい
non-degree students; special register students

正規の学生と異なり，大学で開設されている授業科目のうち必要な授業科目や興味関心のある授業科目だけを選んで▶履修する学生。正規の学生と同様，履修した授業科目について試験に合格すれば単位を修得できる。ここで修得した単位は正規の単位であるため，のちに当該大学の正規の学生となった場合，大学の定めるところにより，既修得単位として卒業に必要な単位に組み込むことができる。また，履修した単位は教員免許，社会教育および学芸員の資格修得のための単位としても使用できる。大学の科目等履修生として随時単位を修得して累積加算し，▶大学改革支援・学位授与機構の定める条件を満たせば，同機構から▶学士の学位を授与されることも可能である。ただし，この場合，▶短期大学や▶高等専門学校など一定の要件を満たした学校を卒業した者であることが条件になっている。この制度を利用して学士の学位を得る者の数は毎年3700〜3900人にのぼる。
小笠原 正明

→ 単位制，聴講生

カリキュラム ▶大学教育とカリキュラム
(テーマ編 p.26)

カリキュラム概念 カリキュラムがいねん
concept of curriculum

カリキュラムの語源はラテン語のcurrere(走る)に由来し，「走るコース」を意味する。狭義には教育課程とほぼ同義に使われるが，さまざまな角度から分析可能であるから，広範な意味を擁していると解される。狭義の教育課程に限定して考えても，社会，政府，知識，大学，教員，学生などは，それを規定する要因である以上，下記のごとく，それらが変化すれば内容が変化するのは回避できない。

第1に，社会変化を農業社会から工業社会や知識社会への変化と巨視的にとらえると，農業社会では▶中世大学が，工業社会では近代大学が，知識社会では現代大学からさらに今後登場してくる未来大学が社会の中枢を占めており，この変化は大学に影響を及ぼしカリキュラムの変化を喚起する。たとえば天動説から地動説への転換，ダーウィンの進化論の登場，DNAの解読などの科学革命を媒介にしたパラダイム転換は，おのずからカリキュラム改革を招来した。社会変化は専門分野の増加とカリキュラムの内容の増殖をもたらした。基本的に神学，法学，医学，教養諸学(学芸)の4学部が存在した中世大学に対して，現代大学は15学部前後を数える大学は少なくないし，学部に所属する▶学科や▶講座は数百を数えるほど増殖しているのは，社会変化と同時に政府，知識，大学，教員，学生などの諸側面が変化して，カリキュラムに化学変化的な増殖と新陳代謝を招いていることにほかならない。

第2に，世界の国家政府は，大学の発展が国家の発展を左右する度合いが高まった近代社会以後

においては，大学政策を通して社会の要請するイノベーションを推進するためにカリキュラム改革を大学に求めている。日本では▶大学審議会の1991年（平成3）答申以後，大学教育改革が唱道され，近年では2008年の「学士課程答申」，2012年の「質的転換答申」など▶中央教育審議会の一連の答申を基に学生の創造力，想像力，問題解決力，汎用的能力などを涵養するために学修力の向上を導くカリキュラムが模索されている。

　第3に，大学の学事が知識に依拠する限り，知識の比重は大きい。19世紀以来の科学の大学への制度化によって知識の専門分化が進行し，それに伴い専門分野の増殖が生じた結果，アメリカ合衆国で▶大学院が発明され研究が重視されることになったが，大学院に限らず大学教育では最先端の研究がカリキュラムを通して教育へ転換される必要性が強まった。学問の日進月歩に背を向ければ，大学は進歩からたちまち取り残されてしまうのは必至である。教員は自己の専門分野において研究に携わると同時に，▶授業あるいは教授―学修過程を通して，最先端の発明発見を基礎に準備した教科書や資料などを媒介にして学生の学修を醸成する役割を果たす。その意味で研究と教育と学修との連携（R-T-Sネクサス）が重要な課題となった。それだけに，教員は教育現場でのカリキュラムの質的な維持に日増しに大きな責任を担うようになっている。

　第4に，学生はカリキュラム（教育課程）を基軸に教員の指導を担保しながら，自らの学修によって学力を形成する。学生の能動的学修に大きな期待がかけられる知識社会におけるカリキュラム編成では，学生の成長発達や学修ニーズなどの学修者に即した要求を無視できない。学生の学修に直接的な影響をもたらすカリキュラムは，社会，政府，知識，大学，教員，学生などさまざまな要因を反映して成立するのであるから，カリキュラムは単なる教育課程を超えた，これらさまざまな要因からの期待や圧力を刻印した力学の所産であるとみなされる。

　以上，実際には社会といっても国際社会，国家社会，地域社会など複雑に分化しているから，これらのどの社会からの期待や圧力が主たる比重を占めるかによって，要求は一元的ではない。具体的には政府，知識，大学，教員，学生などの複雑な要求が交錯する中でカリキュラムは規定され，形成され，しかも刻々と変化を遂げている以上，カリキュラムは決して静的ではなく動的な生きものであると解されよう。　　　　　　　　　　　　　　有本　章

→カリキュラムの理念，科学革命と大学，大学の目的・機能（テーマ編）

◎トーマス・クーン著，中山茂訳『科学革命の構造』みすず書房，1971.
◎中山茂編著『パラダイム再考』ミネルヴァ書房，1984.

◎Jung C. Shin, Akira Arimoto, William C. Cummings & Ulrich Teichler (eds.), *Teaching and Research in Contemporary Higher Education: Systems, Activities and Rewards*, Dordrecht: Springer, 2014.

カリキュラムの学際化 |カリキュラムのがくさいか
interdisciplinary curriculum

従来の学問領域の枠に細分化せず，複数の異なる学問分野を関わり合わせながら大学の教育課程（カリキュラム）を編成しようとする取組みやその動向。新しい学問領域の登場や多様化する社会と学生への対応など，大学を取り巻く状況の変化を背景とする。学際化されたカリキュラムは，授業科目の内容や編成，学生の▶履修において自由度が高い。

［大学のカリキュラム編成と学際化］
学問は対象とする分野の知識や概念を体系立てて整理し，一定のまとまりある領域を構成する。これを▶ディシプリン（discipline，学問領域）と呼び，研究や教育の内容・方途にそれぞれ固有の特性がある。大学は，教育しようとする学問領域について，その知識や技術の修得に必要な内容を授業科目として構成し，それらをカリキュラムとして体系的に編成する。しかし，学問は常に新しい領域を生み出しながら発展し，また高度複雑化する社会は従来の学問的枠組みにとらわれない研究教育を大学に期待する。カリキュラムの学際化は，こうした要請に対応する教育課程編成の取組みであり，複数の学問領域を融合させながら新たな学修領域を拓こうとするものである。

［大学設置基準の大綱化とカリキュラム改革］
日本の大学において，カリキュラムの学際化が広く進展するのは「▶大学設置基準の大綱化」を契機とする。1991年（平成3）2月，▶大学審議会は「大学教育の改善について」を答申し，これを受けて改訂した▶大学設置基準が同年7月より施行された。「大学設置基準の大綱化」と呼ばれるこの改訂は，大学における教育面での規制を大きく緩和した。カリキュラムの編成については，従来の▶一般教育，▶専門教育といった科目区分や区分ごとの単位数規定を撤廃し，大学は特色あるカリキュラムの編成が可能となった。

　大学設置基準の大綱化以降，各大学において旧一般教育の改革機運が高まった。従来の設置基準が示した「人文，社会，自然」の3領域に区分された伝統的学問領域に依拠する授業科目を改変し，「学習スキル取得のための授業」「少人数ゼミ」「大学適応支援科目」「キャリア教育科目」，専門教育のための「基礎科目」，複数教員による「総合科目」や「テーマ別科目」など，学際的要素を持つ授業科目が開設された。また，▶選択科目の幅を広げたり，主副専攻制を導入するなど，その履修によって「学際的学修」が可能となるカリキュラムを構築した。新設置基準では設置学部の例示もなく

なり，これによって学際的教育や研究を指向する「国際」「環境」「情報」「生命」等の名称を冠する「学際学部」も多く新設された。

［教養教育改革から学士課程教育改革へ］
大学設置基準の大綱化以降も，▶中央教育審議会は▶学士課程全体のカリキュラムについて積極的に答申した。とくに1998年の「▶21世紀の大学像と今後の改革方策について―競争的環境の中で個性が輝く大学」答申では，授業方法やカリキュラム等の一層の工夫・改善を進め，「課題探究能力」を涵養することの重要性を述べている。また，教養教育と▶専門教育に有機的関連をもたせ，専門教育についても細分化した分野に限定された知識やそれまでの学問研究成果だけを教えることに終始せず，関連諸科学との関係も含め，学生が主体的に課題を探求し解決する能力の育成に配慮すべきことも強調した。2003年からは全国の大学を対象とした「▶特色ある大学教育支援プログラム」（特色GP）や「▶現代的教育ニーズ取組支援プログラム」（現代GP）の採択競争も始まり，カリキュラムの学際化がさらに進行する。学際化の局面は教養教育だけのものから，専門教育も含めた学士課程全体に移行した。

［今後の課題］
しかし，カリキュラムの自由化や学際化の動向は，その多様性がカリキュラムの編成意図を不明瞭にしているという懸念も指摘されるようになった。こうしたことも背景に，2005年の中央教育審議会答申「▶我が国の高等教育の将来像」では，学位授与の方針，教育課程編成・実施の方針，入学者受入れの方針の「3ポリシー」を各大学が明確化すべきとした。大学はそれぞれの教育目的を明確にし，これを実現する教育課程編成・実施の方針を具体化して公表することにより，教育の質を保証することが求められたのである。これら「3ポリシー」の設定・機能状況は，大学機関別認証評価において検証される。

大学設置基準の大綱化以降，カリキュラム改革のキーワードでもあった「学際化」だが，学習成果の観点から問題があることも指摘されている。学力水準の高い学生を集める大学では，理論的・アカデミックな授業科目の再開設や，基礎スキルよりも幅広い学問的知識基盤修得を重視する教育のあり方が検討されるなど，大綱化以降の流れを軌道修正する動きも現れている。カリキュラムの学際化はすでに普及定着しており，もはや特別な取組みではない。大学の特性や学生の学力水準が多様化した現況で重要なのは，各大学それぞれの目的に応じ，いかなるカリキュラムを構築するかである。

大川　一毅

▶大学教育とカリキュラム（テーマ編），教養と大学（テーマ編），学部の概念（テーマ編），労働市場と大学（テーマ編），職業教育，一般教育科目，授業，一般教育／教養教育，教育課程の共同

設置，専攻
◎井門富二夫『大学のカリキュラムと学際化』玉川大学出版部，1990.
◎清水畏三，井門富二夫編『大学カリキュラムの再編成―これからの学士教育』玉川大学出版部，1997.

カリキュラムの専門性｜カリキュラムのせんもんせい
specialty of a curriculum

19世紀に▶ベルリン大学をモデルとして近代的な大学に改組されるまで，ヨーロッパの大学の学生たちは三学四科（いわゆる自由七科，文法・修辞学・論理学・算術・幾何学・音楽・天文学）を学び，のちに▶職業教育として神学・医学・法学を学んだ。この伝統は，職業が農学や工学に拡大してもアメリカ合衆国では踏襲され，大学教育は教養教育と▶専門教育を含んでいる。日本の大学も同様であり，▶学士課程教育の中でカリキュラムは教養課程と専門課程に分離され，それぞれの課程で専門性が求められる。日本では，1991年7月の▶大学設置基準の大綱化により，各大学は比較的自由にカリキュラムを設定できるようになった。学部4年間の授業科目の制度区分（一般教育，外国語，保健体育，専門教育）が廃止されたからである。そこで，これまで専門教育で教えられていた内容の一部を教養課程に含ませる，「くさび形」教育が行われるようになった。

▶大学設置基準19条では「大学は，当該大学，学部及び学科又は課程等の教育上の目的を達成するために必要な授業科目を自ら開設し，体系的に教育課程を編成するものとする」「教育課程の編成に当たつては，大学は，学部等の専攻に係る専門の学芸を教授するとともに，幅広く深い教養及び総合的な判断力を培い，豊かな人間性を涵養するよう適切に配慮しなければならない」とだけ規定されており，カリキュラムの設定に強い規制はない。各大学において，学部ごとに専門教育を意識したディプロマ・ポリシー（DP）が策定され，それを達成するための実行教育課程表が作成され運用されている。

［教養課程］
いずれの科目が必要かは学部学科で異なるが，理系では基礎科目として数学（微積分とベクトル）・理科（物理，化学，生物，地球惑星科学）が設けられる。理科実験，情報学，統計学が加えられることもある。また，英語やその他の外国語も必須である。文系では数学，外国語，情報学，統計学のほかに文系基礎科目が専門の基礎として配置される。一方で，学部学科によらず，すべての卒業生に共通して求められる能力もある。文系学生の理系の素養，現代世界の理解，コミュニケーション力などである。

［専門課程］
カリキュラムはディプロマ・ポリシーを達成するために構築され，カリキュラム・ポリシー（CP）でその概要

が述べられる必要がある。ここにカリキュラムの専門性が記述されることになる。また，カリキュラムはディプロマ・ポリシーの下で体系的であり，一貫性を持つべきである。しかし，その内容がどこかに規定されているわけではない。日本の大学では，医歯薬系などの職業資格の取得をめざす学部以外は，カリキュラムの拘束性は低い。近年，職業資格としての工学士の養成をめざしJABEE(▶日本技術者教育認定機構)に参加している工学部の学科は以前よりも拘束性が高い。これ以外の大学は独自のカリキュラムにより専門性を持たせなければならない。基本的には，ディプロマ・ポリシーに記述されるような卒業生を育てるために必要な教育を設計することになる。社会が要求する卒業生の資質は，年々変化するためディプロマ・ポリシー，ひいてはカリキュラムを再考する必要がある。最近では▶キャリア教育と▶インターンシップの導入が推奨されている。

［大学院課程］

▶大学院設置基準3条では「修士課程は，広い視野に立つて精深な学識を授け，専攻分野における研究能力又はこれに加えて高度の専門性が求められる職業を担うための卓越した能力を培うことを目的とする」，4条では「博士課程は，専攻分野について，研究者として自立して研究活動を行い，又はその他の高度に専門的な業務に従事するに必要な高度の研究能力及びその基礎となる豊かな学識を養うことを目的とする」とされている。すなわち，▶修士課程ではさらなる研究能力が，▶博士課程では自立した研究能力が求められている。

現代では，さらに専門家としてのコミュニケーション力や教育力が求められるようになってきた。博士号取得者が，毎年1万6000人近く生み出されている日本では，すべてが大学や企業などの研究職に就けるわけではない。これは，アメリカ合衆国(5万2000人)や中国(5万人)などの諸外国でも同様である。博士課程教育では，今や狭い範囲の研究者だけではなく，社会のあらゆる側面に適応できるユニバーサルな能力を持った人物の養成が求められている。カリキュラムにはこれを保証するような内容が求められる。　　　　　　　　　　　細川　敏幸

→職業教育カリキュラム，一般教育／教養教育，DP・CP・AP(三つのポリシー)，理系のカリキュラム，専門教育，労働市場と大学(テーマ編)，教養と大学(テーマ編)

◎エリック・アシュビー著，島田雄次郎訳『科学革命と大学』玉川大学出版部，1995.
◎京都大学高等教育研究開発推進センター編『大学教育学』培風館，2003.
◎文部科学省『文部科学統計要覧』平成24年版.
◎David Cyranoskiほか「PhD大量生産時代」『Natureダイジェスト』2011年4月21日号.
◎安藤厚，細川敏幸，山岸みどり，小笠原正明編著『プロフェッショナル・ディベロップメント―大学教員・TA研修の国際比較』北海道大学出版会，2012.

カリキュラムの理念 |カリキュラムのりねん

ideal of curriculum

カリキュラムの理念は，時代や社会の特殊性や限定性を超越した普遍性や恒常性を意味する。しかし同時に，それが時代や社会の各種要因によって規定されていることは否めない。たとえば大学教育の目的・目標，学生の学修力，教員の教育力などと密接に関係し，それらの影響を受けて理念が変化することは否めないであろう。

［大学教育の理念と目的・目標］

時代や社会によって変化する大学教育の目的・目標は，カリキュラムの理念との関係が深い。目的が変化すれば理念が変化するのは回避できないからである。理念が目的を規定する演繹的な側面と，目的が理念を規定する帰納的な側面がある。一般に大学が社会の影響を受けて変化するのは後者の事例である。大学の社会的条件は農業社会，工業社会，知識社会によって異なるから，順次，▶中世大学，近代大学，現代大学，さらに今後到来するだろう未来大学というように大学の目的も変化するし，それに呼応してカリキュラムの理念も変化を余儀なくされる。

カリキュラムの理念は，大学教育の理念と密接に関係する。現代の大学の理念は▶教育基本法や▶学校教育法(ともに1947年制定)など法的規定を引用するまでもなく，研究と教育によって社会へ貢献することに集約される。中世大学は教育を中心とし，近代大学はそれに研究と社会サービスを追加した歴史を振り返ると，長い歴史を通して研究，教育，社会サービス，とりわけ研究と教育の車の両輪が重視されるに至ったことが分かる。大学は社会の影響を受け，従属するだけでなく，研究と教育という社会的機能によって社会に影響を与え，貢献することができるという理念を標榜するに至ったのである。研究によって学界さらには社会発展に寄与すると同時に，カリキュラムを媒介にした教育による人材養成によって社会発展に貢献するのであるから，大学教育の理念とカリキュラムとは密接に関係していることが分かる。

［カリキュラムの理念と内容］

カリキュラムの内容に注目すると，時代や社会の影響を受けて変遷するとはいえ，基本的にはカリキュラムの構造は大学教育の理念を反映している。近代大学以前のカリキュラムでは教養教育，▶専門教育が主であり，今日ではそれに加えて▶キャリア教育，▶初年次教育などが主たる構造を形成している。

第1に教養教育は中世大学以来存在し，名称は学芸学部の自由七科を基軸とした▶リベラルアーツ(教養教育)であるが，1945年にJ.B.▶コナントによって高等普通教育の視点から▶一般教育に改鋳された歴史がある。日本では1991年の▶大学設置基準

の大綱化までは，この一般教育を▶教養部で行った。今日の日本の大学では，教養部がほぼ解体された結果，教養教育は衰退気味であるとしても，依然としてカリキュラムの基本部分を担っていることに変わりはない。

第2に▶専門教育も中世大学に淵源し，法学，医学，神学の三大専門職を原型として近代・現代大学を通じて専門職への発展途上に位置する準専門職，専門職や準専門職と一般職との境界領域に位置するマージナル専門職などを包摂しながら次第に増大して今日を迎えた。専門教育は学部，▶学科，▶講座などの専門分野に依拠した教育の総称である。学部を事例にするならば▶文学部，▶教育学部，▶法学部，▶経済学部，▶理学部，▶工学部，▶農学部，▶医学部などの専門教育がある。今日の日本では，専門教育と関わる200以上の学部，700種類以上の学士号が存在する。

第3にキャリア教育は，学生のライフサイクルを射程に入れて，学生の成長発達や就業力に重点を置いた進路指導や▶職業教育の総称である。大学教育を生涯学習の一環に位置づければ，学生のライフサイクルやライフステージの重要性が問われ，キャリアに即した教育が不可欠となる。教養教育や専門教育が中世大学以来発達してきたのに対して，キャリア教育は現代大学の所産である。

第4に▶初年次教育は，多様化した入学時の学生にとっては学校と大学との接続が不十分のため，学修意欲，態度，学力に改善点があることを想定して，今日では広くアカデミック・スキル（論理的思考力や問題発見・解決能力，レポート・論文作成方法など），ソーシャル・スキルおよびアイデンティティ（大学教育・学問に対する動機付け，時間管理や学修習慣の確立など）といった内容を持った初年次ゼミ，講座などが展開されるようになった。ほかにも▶リメディアル教育，▶導入教育なども同様の試みとして登場している。

［学生の学修力］

次に学生の学修力，さらに学力の到達度に注目すると，カリキュラムは▶学士課程において達成すべき学生の全学の到達目標をDP（ディプロマ・ポリシー）に基づいて設定した上で，各学部等の到達目標がCP（カリキュラム・ポリシー）に基づいて構築されている。上位目標と下位目標の整合性や実現度はAP（アセスメント・ポリシー）によって査定され，改善される。

［教員の教育力］

さらに教員の教育力に注目すると，学生の学力を目標通りに達成するには学生自身の学修力に依存する度合いは少なくないとしても，基本的には教授―学修過程における教員の教育力に負う度合いが大きい。とくに現代は，学生の従来型の学習（learning）から授業を担保した学修（study）への転換が問われているし，学生の能動的学修（▶アクティブ・

ラーニングあるいはアクティブ・スタディ）をいかに醸成するかが問われているので，教員の教育力の向上が不可欠となった。トロウの分類に依拠して説明すれば，高等教育のエリート段階では，学生の自主性に委ねられた学習は，大衆段階さらにはユニバーサル段階を迎え，学生の超大衆化が生じている現代では，個々の学生の多様なニーズを掘り起こし，学修への動機づけを行い，学力を高めることが必要となっているのであり，そのためには，教員の力量に負う公算が大きい。研究と教育と学修を統合する教員力（R–T–Sネクサス）の向上が重要性を高めているのである。

教員力を向上させるためには，カリキュラムの内容である教育科目や教科書や教材を十分に研究すること，教育方法，技術を洗練すること，学生の成長発達段階や学修へのレディネスを周知すること，学生の予習，復習を促進するように▶シラバスを工夫すること，▶オフィス・アワーによって教室外での指導を行うことなどは重要な取組みである。さらに，▶キャップ制（履修単位の上限設定），▶GPA（平均点），教科目の番号制，厳格な評価などもカリキュラムと関連した教育改革として欠かせないはずである。

有本 章

⇒カリキュラム概念，職業教育カリキュラム，一般教育／教養教育，DP・CP・AP（三つのポリシー），大学と研究（テーマ編），学部の概念（テーマ編），教養と大学（テーマ編），労働市場と大学（テーマ編）

◎*General Education in Free Society: Report of the Harvard Committee*, Harvard University Press, 1945.
◎井門富二夫『大学のカリキュラム』玉川大学出版部，1985.
◎有本章編著『大学のカリキュラム改革』玉川大学出版部，2003.
◎杉谷祐美子編『大学の学び―教育内容と方法』（リーディングス日本の高等教育2），玉川大学出版部，2011.

カリキュラム・マップ
curriculum map

［普及の背景］

カリキュラム・マップとは，ディプロマ・ポリシー（Diploma Policy，以下DP）と各科目あるいは授業の到達目標との対応表（マトリクス）を意味する。カリキュラムやプログラムに配置される個々の科目・授業の到達目標がDPのどの教育目標に対応するかを明示し，そのカリキュラムやプログラムの履修がDPを実現するにあたって整合的か否かを示す根拠資料あるいは点検表として用いられる。日本では山口大学，愛媛大学，立命館大学が2005年頃より先駆的に利用し，その後，2008年の中央教育審議会答申「▶学士課程教育の構築に向けて」のDP，CP（Curriculum Policy），AP（Admission Policy）の明示化を受けて全国的に広まった。CPの根拠資料として，カリキュラムやプログラムの系統性，体系性を示すカリキュラム・ツリー（Curriculum Tree）と組み合わせて用いられることが多い。また日本では，カリキュ

ラム・チェックリスト(Curriculum Checklist)という名称もカリキュラム・マップと同じ意味で用いられる。

海外においてカリキュラム・マップは，1990年代以降，高等教育機関の説明責任を果たすためにイギリスの医歯薬系大学が用い始めたといわれる(鹿住大助ほか，2010)。また，アメリカ合衆国の▶ミシガン大学で提唱されたダイヤモンド・モデルの「カリキュラムの基盤」においても，カリキュラム全体と個々のコースの教育目標との連関を示し，結束性の高いカリキュラムを構築するための点検表に用いられている(鳥居朋子ほか，2007)。カリキュラムやプログラムの構築には，①目標，②スコープ，③シーケンスの三つの要素が必須であるが，大学において①目標がDPに相当し，②スコープがカリキュラム・マップによって示されるもの，③シーケンスがカリキュラム・ツリーによって示されるものと考えると，カリキュラム・マップとは誰しもが考案しうるカリキュラム構築のための点検表あるいは整合性を示す根拠資料と考えるのが適切である。

イギリスにおいては，2000年に▶高等教育質保証機構(The Quality Assurance Agency for Higher Education: QAA)から出されたガイドラインに沿って，自学で提供するそれぞれのプログラムに関する詳細な仕様書の作成が求められたが，その中の一つの根拠資料として学科の教育目標と個々の科目との関連性を示すカリキュラム・マップの策定と公開が広まった。

[利用方法]
カリキュラム・マップの策定には，DPや科目・授業の到達目標を，ベンジャミン・ブルーム(B.S. Bloom)の提唱する教育目標の分類学(taxonomy)に沿って認知的領域，情意的領域，精神運動的領域の三つに分類し，学習者を主語に行動目標(「～できる」という書き方)で記述することが前提となる。これまで学則や学部則，あるいは授業の▶シラバスに見られがちであった複雑で抽象的な人材像や到達目標では，両者の対応を検討することがきわめて困難になる。これらの条件がそろったうえで，各科目の担当者が自らの科目の到達目標とDPの教育目標との対応関係を判断し，マッピングすることでカリキュラム・マップは策定される。当初は科目担当者がDPを意識せずに自らの科目を設計していることが多いため，できあがったカリキュラム・マップは整合性を欠くことが往々にして見られる。しかし，カリキュラム・マップの目的がカリキュラムやプログラムの整合性の点検にあることを考えると，これは次回のカリキュラム改訂の際の貴重な資料となるため，取り繕うよりは科目担当者会議やプログラム会議等でその結果を共有し，科目内容や科目の到達目標の見直し，さらには科目の統廃合や新規科目の開発に取り組むべきであろう。

カリキュラム・マップを策定する過程で発見されるカリキュラムの問題点には，大きく分けて以下の四つのケースがある。一つめは，DPの一つもしくは複数の教育目標に対応する科目が存在しないケースである。これは授業実践や評価が難しい情意的領域のDPに対応する科目が存在しない場合が多いが，小規模のクラスやゼミなどを活用して対応する到達目標を設定し，適切な授業を開発することが求められる。二つめはDPの認知的領域の教育目標に該当する科目が大多数となり，マッピングに大きな偏りが出るケースである。大規模講義が多い大学で比較的多く見られるが，この場合もプログラム会議や学科会議等で結果を共有し，DPとの関連で科目内容や到達目標の見直し，あるいは情意的領域や精神運動的領域の到達目標に対応する教育方法の開発などが必要となる。

三つめは科目の到達目標がDPと合致せず，どこにマッピングするかが不明確となる科目が散見されるケースである。これは各科目の担当者がDPに依らず自らが教えたい内容に関して到達目標を設定しているために起きることが多く，カリキュラムの整合性に問題があるのみならず，他の科目との系統性や体系性にも問題がある。カリキュラムやプログラムはDP実現のために存在し，その教育は組織全体で行うものであることを踏まえて，学科や学部の教員間で十分な議論をすることが必要であろう。最後に四つめはDPの全教育目標にマッピングされる科目が非常に多くなるケースである。これは意外にもカリキュラム・マップを策定する大学の多くに見られることで，科目の到達目標の記述が行動目標として記述されていなかったり，抽象的に過ぎたり，領域に分けられていなかったり，あるいは▶成績評価に関わらない到達目標まで記述していたりする場合が多い。到達目標の記述や成績評価に関する研修会を開催し，地道に科目担当者の意識と技術の向上を図る必要がある。　　　　　　　沖 裕貴

→DP・CP・AP(三つのポリシー)，大学教育とカリキュラム(テーマ編)，カリキュラム概念，カリキュラムの理念，カリキュラム・マネジメント

◎沖裕貴「大学における教育目標の設定と達成度評価の基本的な考え方」，山口大学大学教育機構『大学教育』第2号，2005.
◎沖裕貴・宮浦崇・井上史子「一貫性構築のための3つのポリシー(DP・CP・AP)の策定方法―各大学の事例をもとに」，日本教育情報学会誌『教育情報研究』第26巻第3号，2010.
◎鹿住大助・前田早苗・白川優治「カリキュラム・マップの理論と実践」『大学教育学会 第32回大会発表要旨集録』，2010.
◎鳥居朋子・夏目達也・近田政博・中井俊樹「大学におけるカリキュラム開発のプロセスに関する考察―Diamondのモデルとその適用事例を中心に」，日本高等教育学会『高等教育研究』第10集，2007.

カリキュラム・マネジメント
curriculum management

大学の教育理念や目標を実現するために，その置かれた状況を踏まえ，カリキュラムを編成(Plan)・実施(Do)・評価(Check)し，改善を図る(Action)という

一連のサイクル（▶PDCAサイクル）を計画的・組織的に推進していくこと，およびそのための人(Men)や物・情報(Materials)，財(Money)，そして組織と運営（狭義のManagement）の条件整備のこと。その議論の中心となるのは，カリキュラムのPDCAサイクルを動かす組織構造や組織文化，そしてその組織のリーダーシップのあり方である。1991年（平成3）の▶大学設置基準の大綱化により，各大学において「教育上の目的を達成するために必要な授業科目を開設し，体系的に教育課程を編成する」ことになったのを契機として，その必要性が認識されるようになってきたが，大学での取組みとしては緒に就いたばかりである。

中島 夏子

カリフォルニア工科大学[アメリカ]
カリフォルニアこうかだいがく
California Institute of Technology: Caltech

ロサンゼルス近郊のパサディナ所在の世界水準の工科大学。2015年の学生総数2200名はアメリカ合衆国の▶研究大学中最小であるが，タイムズ誌の世界大学ランキング(2015/16)では第1位に輝いた。19世紀末に職業訓練校として発足。20世紀前半，天文学者G. ヘール(1868-1938)，化学者A. ノイズ(1866-1936)，物理学者R. ミリカン(1868-1953)等，傑出した科学者の指導の下，質の高い科学教育・研究機関へ変貌した。発展の背景には西海岸での富の蓄積，両次大戦での高度な軍事技術への貢献があった。パロマ山の5メートル反射望遠鏡を所有し，合衆国の宇宙開発の要，ジェット推進研究所も運営してきた。授業料は一流の私立大学並みであるが，学生ないし教員1名あたりの研究開発費は，絶対額で上位校の平均の4倍を超える。その9割は連邦政府ないし財団から拠出されている。卒業生から輩出した科学分野のノーベル賞受賞者18名は，学生数の規模で5倍のMIT（マサチューセッツ工科大学）に匹敵する。

立川 明

カリフォルニア高等教育マスタープラン
カリフォルニアこうとうきょういくマスタープラン
California Master Plan of Higher Education

1960年に策定されたアメリカ合衆国・カリフォルニア州の高等教育基本計画。この計画を主導したカリフォルニア大学総長クラーク・カーは，マスタープランをして1860年代の▶モリル法に次ぐ偉大な高等教育改革であったと回想している。第2次世界大戦後のベビーブーマーは津波のように大学に到達するものと予想され，州はこの対策として州民の教育要求をもとに公立大学を機能別に分化し，これを統合し有機的な制度を策定した。誰もが入学可能な短期大学群を基底部に，総合制の州大学群(California State Universities)を中間に，研究大学群

であるカリフォルニア大学(Universities of California)を最上位におき，編入学制などを導入して柔軟な制度とした。計画は連邦政府からも財政支援などを受け，「すべてのひとに高等教育を」の理念はカリフォルニアの夢からアメリカの夢となったが，1980年代から90年代に顕著だった州の人口増加や財政難が計画の実施を困難にしている。

羽田 積男

▶公立大学システム

カリフォルニア大学バークレー校[アメリカ]
カリフォルニアだいがくバークレーこう
University of California, Berkeley

カリフォルニア大学はアメリカを代表する州立の▶研究大学で，バークレー校は10校からなる大学の起源であり旗艦校である。1855年，私立カレッジ・オブ・カリフォルニアがオークランドに創設された。1862年に▶モリル法が成立すると，カリフォルニア州は15万エーカーの国有地売却で得た基金をもとに，リベラルアーツのほかに農業，鉱業，機械工学をもつカレッジを計画し，1868年オークランドの私立カレッジを基盤に州立のカリフォルニア大学を創設した。1873年，隣接するバークレーにキャンパスを移し，学生数は男子167名，女子22名となった。人口増加や豊かな経済力を背景に大学院課程，研究所などを増設し，現在ではアメリカ合衆国で最多数の博士号を授与する研究大学となっている。▶学生運動の中心地であり，大学革新の伝統を誇り，対抗文化や若者文化の発信地でもある。

羽田 積男

カリフォルニア大学ロサンゼルス校[アメリカ]
カリフォルニアだいがくロサンゼルスこう
University of California, Los Angeles: UCLA

起源は1881年にサンノゼ州立師範学校の分校として創設された，ロサンゼルス州立師範学校にある。1919年にカリフォルニア州南部の大学教育の要求に応じて，師範学校を再編し大学とした。当初は市中心部の西側，25エーカーのキャンパスに250名の学生を擁した。師範コースは1922年に教育カレッジとなり，現在の教育学大学院となった。1925年大学はビバリー・サイトと呼ばれた現在地に移転することを決定し，27年正式にUCLAを名乗った。文理学部はすでに1923年から大学上級学年の教育を開始し，25年には男子29名と女子100名に学士号を授与した。1960年以降，急激な大規模化のなかで教育研究の質向上を推進し，▶研究大学として際立った発展を遂げた。土地柄を反映し，映画，演劇などに優れ，学生スポーツも有名である。

羽田 積男

ガリレイ
Galileo Galilei｜1564-1642

近代科学の創始者の一人。自ら作成した望遠鏡での天体観測によって地動説を唱道。それをめぐる宗教裁判は，近代の科学と宗教の対立の先駆的事例となった。▶ピサ大学で自由学芸を学んでいたときに，司教座聖堂のランプが揺れるのを見て振り子の等時性に気づいたとされる。その後，フィレンツェの▶科学アカデミーの一種アカデミア・デル・ディゼーニョの数学教授であったオスティリオ・リッチから数学を学んだ。そのためガリレオ・ガリレイの数学的素養は大学の伝統とは異質の性格を持ったが，1589年にピサ大学の数学教授への就任に成功。ピサ時代に斜塔からの実験で自然落下法則を発見したとされるが，実験をした確証はない。1592年に▶パドヴァ大学に移り，望遠鏡による天体観測を始め，地動説の確信を得た。1610年トスカナ大公コジモ2世によって大公付き首席数学者・哲学者に任命。ローマのアカデミア・デイ・リンチェイ会員。『天文対話』(1632年)によって地動説を公表し，異端審問にかけられた。
　　　　　　　　　　　　　　　　　　児玉 善仁

カルカッタ大学 [インド]｜カルカッタだいがく
University of Calcutta

1857年，イギリス植民地体制のもと，▶ロンドン大学をモデルにインドの西ベンガル州コルカタ(当時のカルカッタ)に創設された大学。インドの上層階級に高等教育を施せば，彼らを通じて民衆が啓蒙されると期待された。設立当初，教育は大学に加盟するカレッジで行われ，大学は入学志願者の試験と学位授与の実施機関として機能したが，徐々に大学みずからが教育活動を行うようになった。インドで最も歴史・伝統のある州立大学として存続しており，州知事が総長を務める(初代総長はインド総督)。14のキャンパスをもち，8学部59学科，約170の加盟カレッジ，22の研究所によって構成される。大学補助金委員会が発展性のある研究拠点(centre with potential for excellence)に認定する15大学の一つで，教育・研究環境整備のための補助金を受けている。2009年にはインドの高等教育の質保証機関である国家評価認証評議会からA評価を得ている。
　　　　　　　　　　　　　　　　　　小原 優貴

カルチュラル・スタディーズ
cultural stadies

[知識人と文化]
カルチュラル・スタディーズ(以下CSと略記)を大学における「文化研究」一般と混同しないためには，それがある一定の理論的関心と方向性をもった研究潮流であると捉える必要がある。通常それは，1960年代のイギリスで形成された「バーミンガム学派」(英国CS)をモデルとし，オーストラリア，北米，インド，ヨーロッパや東アジア各地へと伝播していった，人文・社会科学分野の批判的潮流であると説明される。本項目もまたこの通例に従うが，それはCSが単一の起源から発展したと主張するものではない。

　社会批判の言説としての英国CSは，産業化・資本主義化とともに低俗な物質主義がはびこることへの，教養主義的知識人の危機感にその端緒を求められる。19世紀のアーノルドから20世紀前半のリーヴィス夫妻にいたる，こうした保守的でエリート主義的な知識人の「文化主義」は，1950年代，リチャード・ホガート，R. ウィリアムズ，E.P. トムスンといったニューレフト知識人の登場によって，大きく書き換えられることとなった。彼らは自らの背景である労働者階級の生活世界に内在し，その有機的な全体と「感情の構造」(ウィリアムズ)を多面的で奥行ある記述において描き出すことで，文化を単なる物質的現実の反映ではなく，さまざまな社会的現実との重層的な相互作用や交渉を生みだす，独自の構造として捉えようとした。ホガートの『読み書き能力の効用』(1957年)はその模範的な著作であり，英国CSの嚆矢と評価されている。

[現代文化研究センター]
1964年，ホガートを所長として，▶バーミンガム大学に現代文化研究センター(Centre for Contemporary Cultural Studies: CCCS)が設立された時点をもって，CSは大学内に拠点を置いて組織化されはじめたと見ることができよう。この小さなセンターの際立った特色は，教員と大学院生が協働して研究を行い，ガリ版刷りのジャーナルを発行して，共著や共編の形で成果がまとめられていったことにある。学術的な価値を認められないサブカルチャーや若者の反抗的実践が積極的に取り上げられ，階級構造のみならず，人種・エスニシティ，▶ジェンダーといった差異に敏感な分析が次々と生みだされていった。

　このCCCSの理論的発展を牽引したのが，ジャマイカ出身のステュアート・ホール(1932-2014)である。ホールはホガートらの「文化主義」に対して「構造主義」の側から理論的な接近を試み，とりわけA. グラムシの「ヘゲモニー」概念を発展させることで，イデオロギーや言説によって構造的に規定されつつも，それらと「交渉」する主体の実践の領域を探っていった。こうして「ポピュラーなもの」や「アイデンティティ」が，構造との交渉や闘争のプロセスの，言い換えれば政治の場として再定義されることになる。ホールたちの文化=政治的批判が主要な課題としていたのは「英国性」の帝国的編成であり，サッチャリズムであった。

　ホールは1987年にCCCS所長の座を退いて▶オープン・ユニバーシティの社会学教授となり，以後，

オープン・ユニバーシティが新たにカルチュラル・ス
タディーズの拠点となる。一方，CCCSは1980年
代になると研究機関としての運営が困難になり，カ
ルチュラル・スタディーズ／社会学部へと改組され
て，学部教育に力を注ぐこととなった。

[カルチュラル・スタディーズの旅]
1990年4月，▶イリノイ大学に各国から約900人の
参加者を集めて開催された5日間の国際会議「カ
ルチュラル・スタディーズ—現在と未来」を皮切り
に，CSは1990年代には国際的な広がりを見せはじ
める。それは英国CSが練り上げた「理論」の導入
や移植というより，各地域でそれぞれ独自に発展し
てきた文化研究を，国際的な対話の場に置き直し
て再評価するような動きでもあったといえる。
　日本におけるCSの受容には，はっきりした日付
があるように見える。すなわち，1996年3月，東京
大学で英国CSを代表する6人の研究者を招いて4
日間にわたる国際シンポジウム「カルチュラル・スタ
ディーズとの対話」が開かれ，これに合わせて『思
想』(岩波書店)，『現代思想』(青土社)でCSの特集
が組まれたのである。それまでほぼメディア研究の
分野でしか知られていなかったCSが，日本のアカ
デミズムに一挙に紹介された形である。むろん，こ
のようにCSを「外来の」流行思潮と捉えることには
さまざまな批判がある。むしろそうした一過性の
「ブーム」がいったん収まったかに見える2000年代
以降，東京，沖縄，名古屋，仙台，神戸，広島と
いったローカルな知の現場を巡りつつ毎年開催さ
れる国際学会「カルチュラル・タイフーン」のような，
持続的な議論の場が広がり「節合」され深化してき
たことはたしかだろう。

[CCCSの閉鎖]
2002年6月，バーミンガム大学は突如，カルチュラ
ル・スタディーズ／社会学部の閉鎖を通告した。
衝撃は大きく，行き場を失った大学院生や，かつて
のCCCSの卒業生らによる閉鎖撤回の署名呼びか
けとともに，ニュースは世界各地を駆けめぐった。
注意すべきは，イギリスにおける新自由主義的な
大学再編のただ中で起こったこの突然の閉鎖劇
が，CSの「政治性」が危険視された結果というわけで
はなかった点である。学部閉鎖の理由は，保守党
政権時代から進められてきた研究業績評価(Re-
search Assessment Exercise: RAE)による学部評価が，バ
ーミンガム大学の設定する目標に届いていないとい
うものであった。ところが同学部は，社会学分野の
学部教育においては政府の査定で最高点を与えら
れており，教育機関としての名声を保っていたので
ある。
　このことは，RAEによる学部評価の問題性を浮
彫りにしたのと同時に，CSが元来，大学を拠点に
組織される学術的な知であったのかどうか，自問
する契機になったともいえよう。ホールが強調する
ように，それは「いつも片足をアカデミーの外側に置

き」，大学内のアカデミックな秩序に囲い込まれて
しまうことがないところにこそ，その知的活力は由
来していたのである。　　　　　　　　　　浜 邦彦

➡人文学，社会構造と大学(テーマ編)

◎Lawrence Grossberg, Cary Nelson & Paula Treichler (eds.),
Cultural Studies, Routledge, 1992.
◎花田達朗，吉見俊哉，コリン・スパークス編『カルチュラル・ス
タディーズとの対話』新曜社，1999.
◎ポール・ギルロイ著，小笠原博毅訳・解説「バーミンガム大学
カルチュラル・スタディーズ／社会学部強制閉鎖について」『イ
ンパクション』インパクト出版会，133号，2002.

カールトン・カレッジ [アメリカ]
Carleton College

北米大陸のほぼ中央，ミネソタ州のノースフィール
ドに所在する1866年設立のアメリカの代表的な▶リ
ベラルアーツ・カレッジ。1871年に5万ドルを寄付
し財政基盤を築いた東部のウィリアム・カールトン
の名を校名とする。20世紀前半に全米水準のカレ
ッジに成長し，現在では西部のリード，東部のスワ
スモアとならび，卒業生が▶研究大学で博士号を取
得する割合が文系でも理系でも全米の大学中で5
位に入る，高度でバランスの取れた教育を実施し
ている(理系のトップはカリフォルニア工科大学)。カー
ルトンは1920年代から中国へ，49年からは日本へ
学生の代表を英語訓練要員として派遣した実績を
もち，海外で1学期以上学ぶ学生の割合は同学年
中の七十数%に上り，現在全米トップである。卒
業生には『有閑階級の理論』で世界的に著名な社
会科学者ソースタイン・ヴェブレンがいる。2016年
の学生数1995。　　　　　　　　　　　　立川 明

カレッジ ➡学寮，コレギウム

カレッジ・オブ・ヨーロッパ
College of Europe; Collège d'Europe [仏]

ヨーロッパ研究を行う大学院大学。私立大学であ
るが，欧州連合(EU)の一機関の役割を果たしてい
る。スペインの政治家で作家でもあったサルバドー
ル・デ・マダリアーガ(Salvador de Madariaga, 1886-
1978)が欧州統合を議論したハーグ会議(1948年)で
提唱し，1949年にベルギーのブリュージュに設立さ
れた。東欧革命後，ポーランドのナトリンに新キャ
ンパスが設置された(1992年)。2013年現在，両キ
ャンパスあわせて50ヵ国以上からの約420人の学
生が学んでいる(教員は20ヵ国から230人)。学習期
間は10ヵ月で，寮生活を通して国同士の相互理
解，交流を深める。9月に入学，翌年6月に修了
し，修士号(MA)が付与される。卒業後は欧州委
員会などEUの各機関に就職する者が多い。デン
マーク初の女性首相を務めたヘレ・トーニング・シュ

ミットなど政治家として活躍している者も少なくない。授業言語は英語とフランス語で，EU法，欧州の政治・行政・経済などを中心としたカリキュラムが組まれている。学長は2013年からドイツ出身のイェルク・モナー（Jörg Monar）が務めている。　　木戸 裕

カレル大学→プラハ大学

カロリンスカ・インスティチュート［スウェーデン］
Karolinska Institute; Karolinska Institutet［スウェーデン語］

スウェーデンの首都ストックホルムに所在する医科系の単科教育研究機関。カロリンスカ医科大学とも呼ばれる。1810年，当時のスウェーデン王カール13世によって設立された。1808年に勃発したフィンランドをめぐるロシアとスウェーデン間のフィンランド戦争の影響により，需要が高まっていた軍医（外科医）の養成を目的とするものであったが，1811年には医師全般を養成する機関として認可を受けている。1816年に軍医養成アカデミーから現在の校名へと変更されている。それから現在までの間に，一時「王立」の冠が付されたこともあったが（1822年），学生運動が盛り上がりを見せていた1968年に外されている。2015年現在，学士課程・修士課程において約6000人の学生が学ぶ。博士課程には約2000人の学生が在籍し，その割合はスウェーデン全体の12％にまで及ぶ。　　渡邊 あや

川崎医科大学［私立］｜かわさきいかだいがく
Kawasaki medical school

岡山県倉敷市にある医科大学。川崎学園創設者の川﨑祐宣により，1970年（昭和45）に「人間をつくる。体をつくる。医学をきわめる」を建学の精神として開学。教育目標は「第一・心身ともに健全で，人間性豊かな医師の育成」「第二・幅広い守備範囲の知識と技能を持ち，広く国民に信頼される有能で心優しい医師の育成」「第三・全人的医療ができるだけでなく，専門性を持った医師の育成」「第四・研究マインドを持ち，新しい医学に貢献できる医師の育成」とされる。第1学年は全寮制で，第2〜6学年には自習机が完備されている。2016年（平成28）5月現在の学生数は812人。学校法人川崎学園にはほかに川崎医療福祉大学，川崎医療短期大学などがある。　　船勢 肇

川崎医療福祉大学［私立］｜かわさきいりょうふくしだいがく
Kawasaki University of Medical Welfare

1991年（平成3）医療福祉学部・医療技術学部の2学部を置く日本初の医療福祉大学として開学。1996年に大学院開設。2005年に医療福祉マネジ

メント学部を設置。2016年現在，岡山県倉敷市のキャンパスに3学部3研究科を置き，学部生3423人，大学院生103人，教員246人を擁する。「人類への奉仕のあり方を追求し，より豊かな福祉社会の創造的担い手を育成する」ことを教育理念に掲げ，「専門科目を履修するために必要な基礎学力のスタンダード（STARTS）」と，「職業に必要な専門的能力や専門家としての指導力を得るための履修ガイド（GOALS）」から構成される独自の履修システム「KAWASAKI DIPLOMA SYSTEM」を実施。川崎医科大学附属病院，川崎医科大学総合医療センター，総合医療福祉施設の旭川荘と連携することで，より実践的な専門教育の推進を可能としている。　　小濱 歩

川崎市立看護短期大学［公立］
かわさきしりつかんごたんきだいがく
Kawasaki City College of Nursing

看護婦養成所の指定を受けた川崎市立高等看護学院を起源とし，看護学を大学教育の中核に位置づける，看護学科1科3年制の政令指定都市唯一の公立短期大学。1964年（昭和39）に神奈川県川崎市市民の健康保持と増進の役割を担う市立病院への看護師充足のため，男女共学の高等看護学院を開学，92年（平成4）に川崎市立看護専門学校に改称。川崎新時代2010プランに基づき，看護師の確保・資質の向上を図るため，1995年に公立短期大学を設置。看護に関する高度の知識および技術について教授研究し，併せて豊かな教養と人格を備え，社会の保健医療の向上に寄与し得る有能な人材を育成することを目的とする。生命の尊厳と人間理解を基盤にして，自ら考え，課題を解決する力や豊かな人間性をはぐくむことをめざし教育課程を構成。開設時の特徴である豊富な教養科目である「人間理解の基礎」において，人間を深く理解する幅広い教養と，相手を尊重できる豊かな感性，健康な心身をはぐくむ能力を養う教育目標を推進。2016年4月現在の学生数240人。　　坪根 輝彦

川村学園女子大学［私立］｜かわむらがくえんじょしだいがく
Kawamura Gakuen Woman's University

1988年（昭和63）に開学。千葉県我孫子市と東京都豊島区にキャンパスを置く。その起源は1924年（大正13）目白に創設された川村女学院で，創立者の川村文子はその前年の関東大震災による社会の荒廃を憂え，社会の復興の一助となるべく女子中等教育に踏み出した。以来，教育を通じて女性の使命，責任を自覚し，社会に貢献しうる人材を育成することを目標としている。これに基づき，文学部に国際英語学科・史学科・心理学科・日本文化

学科，教育学部に幼児教育学科・児童教育学科・社会教育学科，生活創造学部に生活文化学科・観光文化学科を設置している。2017年（平成29）現在の収容人数1052人。2007年我孫子市と教育ボランティアに関する協定を結び，市内の小中校に学生を派遣し教育補助を行っている。2015年には豊島区と区内の7大学が包括協定を結んでいる。

鈴木　崇義

カンケラリウス
cancellarius[羅]

ローマ時代の法務職に由来するが，中世以降に多様化し，現代でも法務，外務などさまざまな職務担当者の名称となっている。英語のチャンセラー（chancellor），フランス語のシャンスリエ（chancelier），ドイツ語のカンツラー（Kanzler）はこの語に由来する。大学に関しては，▶中世大学の草創期から重要な役割を果たしてきた。▶パリ大学の場合，元来スコラスティクス（scolasticus）と呼ばれた司教権内の教師職が地位を上昇させて文教監督官であるカンケラリウスの地位に昇り，教授資格の認定権を行使するようになった。これに対して，▶オックスフォード大学でも当初は司教座のカンケラリウスが大学に対する裁判権を行使して監督したが，抗争を経てこの職務は教会から大学の手中に移り，大学を代表するものとなった。▶ボローニャ大学では，司教座の助祭長がその役割を果たした。オックスブリッジの伝統から英語圏では，プレジデントなどを使用するアメリカ合衆国を除いて，▶学長，副学長，管理部門の長などの名称として使用されてきた。

児玉　善仁

→大学教授資格，大学の行政・経営・管理（テーマ編）

韓国大学教育協議会
かんこくだいがくきょういくきょうぎかい
Korean Council for University Education

国公私立すべての4年制大学を会員とする大学の連合組織。1982年に設置された特殊法人で，韓国大学教育協議会法を根拠とする。協議会の定款は，その設置目的について「全国の大学の学事・財政・施設等の主要関心事に対する自律的な協議と研究・調整を通して相互協力し，必要な事項を政府に建議して政策に反映させることで，大学の自主性を引上げ，公共性を涵養し，大学教育の健全な発展を図ること」と定めている。大学間あるいは政府と大学との調整のほか，各種事業の研究開発も担う。協議会が行う諸事業には，大学教育や入学者選抜制度に関する研究開発や大学の財政および会計制度に関する事項，大学の評価，教職員の研修などがある。大学評価を実施する機関として政府から認証を受けた韓国大学評価院や，大

学教職員の研修プログラムを開発・運営する高等教育研修院などの諸機関が付設されている。

松本　麻人

韓国の大学｜かんこくのだいがく

［大学制度の概要］
社会の需要の拡大に応じて多様化が進められてきた韓国の大学は，その種類によってさまざまな特色があるが，設置する学位課程を基準にすると，大学と専門大学の二つに大きく分類される。大学は4年制で，学士課程を設置する。医学部など，分野によっては4年以上の修学が必要となる。高等教育法第28条は，大学の目的について「人格を陶冶し，国家と人類社会の発展に必要となる深奥な学術理論とその応用方法を教え，研究し，国家と人類社会に寄与すること」と定めている。量的に最も多いのは大学院（修士課程と博士課程）を設置できる総合大学で，ほかに初等学校教員の養成機関である教育大学，有職者をおもな対象とする産業大学や技術大学，成人学習者をおもな対象とする放送通信大学やサイバー大学などがある。

　専門大学は2～3年制の短期高等教育機関で，準学士相当の専門学士課程を設置する。高等教育法第47条が「専門大学は社会各分野に関する専門的な知識と理論を教え，研究し，才能を練磨して，国家社会の発展に必要な専門職業人を養成することを目的とする」と定めるとおり，おもに▶職業教育を提供する機関である。室内建築デザイン科やホテル外食産業科など，細分化された職業分野に対応する学科を設置し，より実践的な職業教育を重視している。そのため，教員も企業での就業経験がある者が少なくないが，専任教員の6割は博士号を所持している。施設・設備基準も4年制大学よりは緩いものの，一定の校地・校舎面積を有し，運動場や図書館などの各種施設を整備していなければならず，高等教育機関としての体裁が整えられている。

　2015年現在，総合大学189校，教育大学10校，専門大学138校，産業大学2校，技術大学1校，放送通信大学1校，サイバー大学19校の合計360校が設置されている。設置主体別にみると国立大学47校，公立大学8校，私立大学305校で，80％以上を私立が占める一方，公立大学の割合は日本と比べて非常に低い。高卒者の大学進学率は70％以上で，旺盛な進学熱は私立大学によって支えられている。

［大学の歴史的展開］
▶京城帝国大学以外はすべて旧制専門学校に留め置かれるなど，日本統治下では抑圧されていた高等教育だが，解放後は既存の専門学校を中心に多くの大学が認可を受けた。国の重点的な支援を

受けた▶ソウル大学校は著しい発展をみせ，首都圏に位置する有力私学も，その歴史と伝統を背景に全国から学生を集めた。

1950年に朝鮮戦争が勃発すると，韓国の国土は壊滅的な被害を受けたが，その後の「漢江の奇跡」と呼ばれる急激な経済成長により，高等教育に対する需要も大きく拡大した。1970年以降，既存の大学の入学定員増加や大学新設などが相次ぎ，高等教育の量的拡大が進行した。1990年代に入ると，大学設置に関して準則主義が採られるようになり，再び量的拡大期を迎えた。1993年に成立した金泳三政権は，国民のニーズを政策に大きく反映させる手法を採り，大学設置規制の緩和とそれに伴う大学数の増加を促した。その結果大学数は，1990年から2000年の10年間で専門大学も含めて95校も増加した。

また，1990年代後半には，高等教育政策に大きな影響を与える二つの出来事が起こった。1996年のOECD加盟と，アジア金融危機に伴う1997年のIMF管理体制という二つの経験は，国際的競争力を備えた人材の育成が急務であることを政府に実感させた。高等教育では，世界水準の教育・研究機関となることを目標に，「選択と集中」を通した大学の質的向上が政府の主導で強力に取り組まれるようになった。「頭脳韓国21」事業（通称BK21）や「WCU（World Class University）」事業など，競争的資金に基づく大規模な教育・研究支援事業が推進され，有力大学を中心に一定の成果をあげたと評価される。

一方，競争力に乏しい大学の間では，とくに地方の私学を中心に統廃合が進められている。折からの18歳人口の減少は政府の大学構造調整政策を後押しし，大学類型ごとの統廃合モデルを示した政府計画が策定された。政府による大学再編の試みは2000年代に入って活発となったが，李明博政権期（2008～13年）になるとその動きが加速し，運営に問題のある大学に対して財政支援事業や奨学金事業への参加を制限する仕組みが導入されている。

財政面では，政府は2010年に公表した「高等教育財政投資10ヵ年基本計画（2011～2020年）」において，高等教育に対する公財政支出をOECDの平均水準であるGDP比1％に引き上げる目標を掲げた。学生の授業料負担を軽減するため，給付型奨学金制度も導入され，拡充が続けられている。量的拡大の一途を辿ってきた韓国の大学だが，膨張した高等教育市場を適正規模に整えるとともに，質的な向上を図る挑戦が続いている。　　　　松本　麻人

→ アジアの大学（テーマ編），アジアの大学改革，中国の大学

◎馬越徹『韓国大学改革のダイナミズム―ワールドクラス（WCU）への挑戦』東信堂，2010.
◎韓国教育部・韓国教育開発院『教育統計年報』各年度版.

韓国の大学法制 |かんこくのだいがくほうせい

［歴史］

近代教育体制への転換が図られた甲午改革期（1894～95年）においては，儒教教育体制下の最高学府であった成均館について規定する「成均館官制」が整えられたが，成均館は大学としての発達過程を辿らず，近代的な高等教育の法制度は未整備の状態が続いた。

1910年から日本の統治下に置かれると，1911年に「朝鮮教育令」が公布されたが，高等教育については専門学校（旧制）に関する条項のみが定められ，大学に関してはなんら言及されなかった。その専門学校についても，詳細な規定は1915年の「専門学校規則」の制定を待たなければならず，統治初期において高等教育は厳しい規制下に置かれた。朝鮮総督府の高等教育政策の方針に変化が生じたのは，1910年代のいわゆる「武断政治」から「文化政治」に転換した1920年代に入ってからである。1922年に改正された「朝鮮教育令」が，「専門学校ハ専門学校令ニ，大学教育及其ノ予備教育ハ大学令ニ依ル」と定めたことで，大学設置の道が開かれた。しかし，1945年まで続いた植民地期を通して設置されたのは▶京城帝国大学ただ1校であり，ほかの官立私立専門学校が大学に昇格されることはなかった。

1945年の解放からの3年間，朝鮮半島の南半分は米軍の統治下に置かれた。米軍統治期においては各段階の教育制度が整えられたが，大学については「現行高等教育制度に対する臨時措置要綱」（1946年4月）や「高等教育制度に関する臨時措置」（同年6月），「高等教育計画の基本方針」（同年12月）などにより基本的な方針が定められた。また，この間の1946年8月には，国立総合大学の設立に向け，「国立ソウル大学校設立法」が軍政法令として公布された。

3年間の米軍統治期を経て，1948年8月に大韓民国が成立すると，その翌年，大学を含む教育全般の基本的事項を定めた「教育法」が制定された。その後，長きにわたって同法は大学に関する諸事項を定めてきたが，社会の急激な変化の中，多様化・複雑化が進む教育ニーズに対応するため，1997年に教育法制度の再編が行われ，「教育基本法」と「初等中等教育法」「高等教育法」が制定された。よって現行法制においては，「高等教育法」と同施行令が高等教育に関する基本的事項を定めている。

［大学関連の法制度］

高等教育法（法律第13571号，2015年12月22日改正）は，本則64条および付則で構成されている。本則は，第1章総則（第1～11条の2），第2章（第12～17条），第3章（第18～59条），第4章付則及び罰則（第

60～64条の2)から成る。第1章総則では，法律の目的や大学の種類，大学の設置，指導・監督，大学規則，財政，授業料，大学評価などについて定められている。第2章では，学生の自治活動や懲戒，教職員の区分，教職員の任務，教員の資格基準，兼任教員などについて定められている。

最もボリュームがある第3章は，すべての機関を対象とする通則のほか，大学の種類別の諸条項から成る。通則(18～27条)では大学の名称や組織，学年度，カリキュラム運営，講義，単位認定，編入学，分校，研究施設などについて定められている。28条から59条までは，大学の種類別(大学，産業大学，教育大学，専門大学，遠隔大学，技術大学，各種学校)の諸条項から成る。たとえば大学については，大学の目的，大学院，学位課程の統合，大学院大学，修業年限，学生定員，入学資格，入学者の選抜方法，入学査考官，入学選考料，入学選考計画の公表，学位の授与，パートタイム受講などについて規定されている。第4章付則及び罰則では是正および変更命令，休業および休校命令，大学の閉鎖などについて定められている。

そのほか重要な関連法令として，「大学設立・運営規程」(大統領令第26900号，2016年1月19日改正)と「私立学校法」(法律第13938号，2016年2月3日改正)がある。大学設立・運営規程は，本則13条および付則で構成され，大学や大学院の設置認可基準，学科および定員などの増設・増員基準，専門大学と産業大学の統廃合に関する特例，大学の一部を産業団地内に移転する場合の特例，医学関連の学士学位および修士学位課程を統合した課程を設置する場合の特例，大学設立審査委員会，校舎，校地，教員，収益用基本財産，基準などの充足の可否に関する評価，規制の再検討などについて定めている。私立学校法は，大学に限らず，初等中等教育を含めたすべての学校を対象とするものであるが，私立大学が全大学の8割以上を占める韓国の高等教育にとって重要な法律である。本則74条および付則で構成され，学校法人の設立や機関，財産と会計，解散と合併，支援と監督，私立学校経営者，私立学校教員，教員の身分保障および社会保障，懲戒，罰則などについて定めている。

松本 麻人

→韓国の大学，アジアの大学(テーマ編)

◎馬越徹『韓国近代大学の成立と展開』名古屋大学出版会，1995.
◎教育史編纂会編『明治以降教育制度発達史』第10巻，龍吟社，1939.

看護系大学 |かんごけいだいがく
Nursing Programs in Universities

看護系大学とは，保健師・助産師・看護師の国家試験受験資格を取得させ得る4年制大学および省庁▶大学校をいう(日本看護系大学協議会定款7条)。看護学教育を実施する学部・学科の名称は，看護学部看護学科や医学部保健学科など多様である。看護系大学では社会の医療・看護ニーズに対応できる質の高い保健師・助産師・看護師と，看護学の研究者・教育者の確実かつ効果的な養成を目標としている。世界における大学レベルでの看護学教育の場は，1892年アメリカ合衆国ニューヨーク市の▶コロンビア大学に設立された看護学部が最初とされる。日本では1952年(昭和27)，高知女子大学(現，高知県立大学)家政学部に看護学科が設立されたことに始まる。看護系大学は1991年(平成3)年度で11校であったが，92年の「看護師等の人材確保の促進に関する法律」の施行等により，90年代後半から急激に増加した。2017年4月現在，日本看護系大学協議会の会員校は265校で，内訳は国立42校，省庁大学校2校，公立48校，私立173校。看護学教育における課題としては，看護学教育の質の保証，研究教育者養成の充実，医療提供体制に対応した学士教育課程の策定および実施等が挙げられている。

樋野 恵子

→医学部，医学教育

関西医科大学 [私立] |かんさいいかだいがく
Kansai Medical University

1928年(昭和3)開校の大阪女子高等医学専門学校を前身とする。戦後，1947年に大阪女子医科大学予科，49年に同学部が開設され，54年に関西医科大学と改称し男女共学制となって現在に至る。建学の精神は「慈仁心鏡」であり，慈しみ・めぐみ・愛を心の規範として生きる医人を育成することをめざす。2016年(平成28)現在，大阪府枚方市にキャンパスを構え，医学部に711人の学士課程学生が在籍する。附属医療機関には日本有数かつ最新医療設備を有す附属病院のほか，総合医療センター，香里病院，天満橋総合クリニックの4機関があり，建学の精神に則り，「健康沿線」と称される担い手として京阪沿線の地域住民の医療ニーズに大きく寄与している。

戸村 理

関西医療大学 [私立] |かんさいいりょうだいがく
Kansai University of Health Sciences

1957年(昭和32)に創始者武田武雄が設立した関西鍼灸柔整専門学校(現，関西医療学園専門学校)に端を発する。以後，1985年に関西鍼灸短期大学，2003年(平成15)に4年制の関西鍼灸大学を設置し，2007年に現在の校名となる。建学の精神は「社会に役立つ道に生きぬく奉仕の精神」である。2017年現在，大阪府熊取町にキャンパスを構え，2学部5学科1研究科に1205人の学士課程学生が在籍する。学びの特色には「人の健康を素敵に感

じ，人の幸福を大好きに思える」専門職の養成を掲げており，学びのスタイルには「医療の世界の中で，自分の[元気な役割]を見つけるキャリア形成」の実現を掲げ，それを可能にするサポート体制，就職支援を充実させている。

戸村 理

関西外国語大学 [私立] | かんさいがいこくごだいがく
Kansai Gaidai University

商業学校の英語教師だった谷本昇が，妻の多加子とともに1945年（昭和20）に設立した谷本英学院を起源とする。1947年開設の関西外国語学校を経て，1966年に大阪府枚方市に開学した。中宮キャンパスと学研都市キャンパス（旧穂谷キャンパス）に，2016年（平成28）5月現在，英語キャリア・外国語・英語国際・国際言語の4学部，大学院外国語学研究科，留学生別科，短期大学部を展開する（国際言語学部は2015年4月に募集停止）。学生総数は1万3280人。学部生の約50%が卒業までに▶留学を経験しており，全国の大学と比較しても群を抜いて多く，国際ボランティアへの参加も盛んである。また2，3年次編入学者数は，2013年度全国第1位である。女子比率が高く，学生全体の3分の2以上が女子学生であることも特徴の一つ。キャビンアテンダント採用者数も2013年に65人で全国1位である。教員の約4割を外国人教員が占める。建学の精神は「国際社会に貢献する豊かな教養を備えた人材の育成」。

平野 亮

関西看護医療大学 [私立] | かんさいかんごいりょうだいがく
Kansai University of Nursing and Health Sciences

兵庫県初の私立4年制看護大学，淡路島唯一の4年制大学として，2006年（平成18）に特定医療法人社団順心会と淡路市との公私協力により，順心会看護医療大学が開学。2008年に関西看護医療大学と改称する。建学の精神は「一隅を照らす」で，自らの持ち場を最高のものと信じて，責任感を持ち，喜びを感じながら，誠心誠意を尽くしていく姿勢を表している。2016年現在，兵庫県淡路市志筑にキャンパスを構え，1学部1研究科に408人を収容する。学内の看護診断研究センターを軸に順心会グループ，淡路市との「ユニフィケーション」（教育・研究・臨床の協働＝「大学と医療機関が一体となった運営」）により，現場で日々進化する医療サービスのあり方や変化を敏感にキャッチできる環境が整えられている。

堀之内 敏恵

関西国際大学 [私立] | かんさいこくさいだいがく
Kansai University of International Studies

学校法人濱名学院により1998年（平成10）に開学。校祖浜名ミサヲが「戦後の復興は教育，特に幼児教育にあり」との信念から1953年（昭和28）に愛の園幼稚園を開設したことを起源とする。建学の精神は「以愛為園」すなわち「愛をもって学園となす」である。2017年現在，三木（兵庫県三木市）と尼崎（同尼崎市）にキャンパスを構え，3学部2研究科に2033人の学生を収容する。自立的，主体的な学習に力を入れており，「○○できる」という表現による教育目標「KUIS学修ベンチマーク」（評価基準表）を定めている。学生とアドバイザーがベンチマークの達成状況を把握することにより，学生自身が自己を評価する能力を養うとともに，日々の学修や生活の工夫改善を行うことで，社会で必要な力の修得をめざしている。

堀之内 敏恵

関西大学 [私立] | かんさいだいがく
Kansai University

前身は，司法省顧問ボアソナードの教えを受けた井上操ら司法官と自由民権運動家の吉田一士らの連携によって，1886年（明治19）に大阪の願宗寺に設立された関西法律学校。1922年（大正11），大学令に基づき法・商2学部からなる関西大学として認可され，48年（昭和23）に法・文・経済・商の4学部を有する新制大学として開学。2009年（平成21）に外国語学部，10年に人間健康学部を新設し，16年5月現在，13学部に三つの▶専門職大学院を含む15研究科を擁する大規模総合大学となっている。学生数3万454人も全国有数の規模。大阪に点在するキャンパスは，メインとなる千里山（吹田市）に加え，高槻，高槻ミューズ，堺，留学生別科（2013年開設）を置く南千里国際プラザ，中学校・高校を併設する北陽の六つがあるほか，2016年「地域・社会人・大学がともに発展できる新たな拠点」として梅田キャンパスが開設された。建学の精神は「正義を権力より護れ」。2015年に近畿大学・大阪教育大学と合同で連合教職大学院を開設。

平野 亮

→ 連合大学院

関西福祉科学大学 [私立] | かんさいふくしかがくだいがく
Kansai University of Welfare Sciences

1997年（平成9）に開学。建学の精神は，学園創立者山田藤一が唱えた教育の原点「感恩」である。これを受けて大学の教育理念を，「「感恩」の構造化と具現化，その実践を支える「臨床福祉」の精神，「豊かな人間性」の涵養」であるとした。2016年現在，大阪府柏原市にキャンパスを構え，5学部9学科1研究科に2343人の学士課程学生が在籍する。福祉の総合大学として，福祉のほか，心理，教育，健康，栄養，リハビリテーションに関する高度専門教育を提供する。就職支援プログラムも充実しており，学生はキャリアカウンセラー，学科別担当

者，学科別就職ガイダンスによる指導を受け，1年次からキャリア形成に努める。　　　　　　戸村 理

関西福祉大学 [私立] | かんさいふくしだいがく
Kansai University of Social Welfare

1997年(平成9)兵庫県赤穂市と学校法人関西金光学園との公私協力方式により，社会福祉学部社会福祉学科の単科大学として開学。1922年(大正11)設立の進修裁縫女学校を起源とする。建学の精神は「人間平等」「個性尊重」「和と感謝」である。2017年現在，兵庫県赤穂市新田にキャンパスを構え，社会福祉学部，教育学部，看護学部の3学部2研究科に1068人を収容し，福祉・教育・看護分野における学術研究と人材育成に力を注いでいる。大学の基本理念である「地域社会の発展に貢献する開かれた大学」を実現するため，図書館の開放，校友会館における地域の知的障害者への社会参加の場の提供，特別支援学校との交流学習など地域連携，貢献を積極的に行っている。

堀之内 敏恵

関西学院大学 [私立] | かんせいがくいんだいがく
Kwansei Gakuin Univeristy

1889年(明治22)にアメリカの南メソジスト監督教会宣教師W.R. ランバスによって神戸に創立された関西学院が起源。1948年(昭和23)に新制大学として開学。校名は，当時多くのミッション・スクールが「英和学校」を名乗った慣例を破って「学院」とし，西のリーダーとなる気概も込めて命名された。キリスト教主義に基づく青年教育を理念とし，「Mastery for Service(奉仕のための練達)」をスクール・モットーとする。1年生の必修科目「キリスト教学」や毎日の「チャペルアワー」などを通じてキリスト教を学ぶ機会が充実している点や，日本では数少ない神学部を設置している点は特徴。2010年(平成22)に開設された国際学部を含め，16年5月現在，11学部14研究科からなる総合大学で，本部のある兵庫県西宮市の西宮上ヶ原キャンパスのほか，大阪や東京など合わせて七つのキャンパスを持つ。学生数は2万4546人。2009年4月に聖和大学(1964年設置の私立大学)を併合したことで，現在，学校法人関西学院は幼稚園から大学院まで有する。

平野 亮

▶キリスト教系大学

間接経費 | かんせつけいひ

研究者が▶競争的資金を獲得し，その研究を行うに当たり研究機関において発生する，さまざまな費用や獲得者の研究環境の改善，研究機関全体の機能の向上などを目的として，直接経費の一定割合が措置されるもの。一般的に，直接経費の対象となっている研究課題遂行のための研究費としては利用が認められておらず，それらを除く管理経費，すなわち施設管理，設備整備・維持および運営費，備品・消耗品費，謝金，旅費，通信運搬費，光熱水費，特許出願費用などの研究の応用等のための費用，事務補助者の雇用経費などが想定されている。▶科学研究費補助金を例にすれば，2013年(平成25)の助成額は507億円となっている。▶運営費交付金や私立大学等経常費補助金が削減されるなか，弾力的な使途もあいまって，大学にとって重要な財源の一つとなってきている。　島 一則

▶私立大学等研究設備整備費等補助

カーン大学 [フランス] | カーンだいがく
Université de Caen Basse-Normandie

フランスの北西部，バス=ノルマンディー地域圏に位置する。カーンはカルヴァドス県の県庁所在地で，「カン」とも表記される。1432年にイングランド王ヘンリー6世によって設立された。1452年フランス王シャルル7世によって追認されており，フランスにおける古い大学の一つとされる。1944年，ノルマンディー上陸作戦の最中に破壊されたが，当時の学長ピエール・ドールのプロジェクト管理下，建築家ヘンリー・バーナードの計画に従って48年に再建された。1957年に新大学として落成，戦後の技術的な復興と都市大学としての生活空間を導入した新たなビジョンを発信している。現在の▶UFR(教育研究単位)は人文学，地理学，歴史学，現代外国学，法律と政治科学，経済経営学，心理学，スポーツ科学，薬学，医学の10UFRによって構成されている。2013年の高等教育・研究法により，ノルマンディー大学・高等教育機関共同体(COMUE)の中核を担っている。学生数2万8390(2015/16年)。

高橋 洋行

▶PRES／COMUE

環太平洋大学 [私立] | かんたいへいようだいがく
International Pacific University

1987年(昭和62)ハワイにおいて環太平洋各国の大学人・教育関係者により掲げられた環太平洋大学構想を背景として，1990年(平成2)学校法人創志学園によってニュージーランドにIPU New Zealandが設立され，続いて2007年に環太平洋大学が設立された。環太平洋圏の若者に国際的な教育機会を提供し，教育・スポーツ・文化・ビジネスなどを通じて相互理解を促進するという「構想」の理念に基づき，次世代教育学部・体育学部の2学部を置き，2016年には経営学部を設置。個性教育・実学教育・国際教育を教育指針とし，企業実習や学外

学習等の重視，学習塾等の活用，IPU New Zealandとの教育連携による語学研修など，時代のニーズに応える実践的教育に注力している。2016年現在，岡山県岡山市のキャンパスに通学課程の学生2290人，通信課程の学生は1177人，教員102人を擁する。

小濱 歩

環太平洋大学協会 |かんたいへいようだいがくきょうかい
The Association of Pacific Rim Universities: APRU

環太平洋地域の16ヵ国・地域の45校の研究重点型大学によって構成される国際的な大学コンソーシアムで，1997年に発足した。事務局は▶シンガポール国立大学に置かれている。大学間の相互理解を深め，経済発展，科学技術，人材育成，環境保護をはじめとする同地域の重要な諸問題に教育・研究の分野から貢献することを目的とし，具体的には加盟大学の学長による年次総会のほか，総会で示された案件をより詳細に検討するためのシニアスタッフ会議，シンポジウム，ワークショップ等の各種会合や，学生および研究者の交流プログラムも実施している。本協会への加盟に際しては，当該大学がそれぞれの地域で優れた教育研究機関として広く認められていることが求められ，日本からは2014年現在，東京大学，京都大学，大阪大学，東北大学，慶應義塾大学，早稲田大学の6校が加盟している。

髙谷 亜由子

→国際交流，アジア太平洋大学交流機構

神田外語大学 [私立]|かんだがいごだいがく
Kanda University of International Studies

1987年（昭和62）に学校法人佐野学園が設置。同法人は「言葉と文化を学ぶ場」を生涯にわたって提供し，学んだことを生かして活躍するための支援をするという信念のもと，本大学を含む四つの教育機関と二つの関連企業を展開する。2016年（平成28）5月現在，千葉市の幕張新都心にキャンパスをかまえ，外国語学部（英米語学科・アジア言語学科・イベロアメリカ言語学科・国際コミュニケーション学科）と言語科学研究科に3922人の学生を収容する。基本理念である「言語は世界をつなぐ平和の礎」のもと，四つのポイント（言語＋α・少人数・参加型・実践的）に重点を置いた教育が行われ，とくに英語運用能力に重点が置かれている。長期・短期の海外留学・研修制度も整備され，多くの学生が異文化交流を経験する。こうした取組みは高く評価され，2012年に文部科学省「グローバル人材育成推進事業」に採択された。全国学生英語プレゼンテーションコンテストを主催し，英語プレゼンスキルの成長を促す機会も提供している。

戸村 理

関東学院大学 [私立]|かんとうがくいんだいがく
Kanto Gakuin University

1884年（明治17）にアメリカ・バプテスト伝道協会により設立された横浜バプテスト神学校を源流とする。1949年（昭和24）に関東学院経済専門学校，関東学院工業専門学校の両校を母体とし，経済学部と工学部からなる関東学院大学が開学。キリスト教の精神を建学の精神とし，「人になれ 奉仕せよ」を校訓とする。1968年に文学部，91年（平成3）に法学部，2002年に人間環境学部，13年には工学部を改組し理工学部と建築・環境学部，さらに看護学部も設置され，総合大学として発展を遂げる。さらに2015年文学部を改組して国際文化学部・社会学部，人間環境学部2学科を改組して教育学部・栄養学部とし，翌16年人間環境学部を人間共生学部と改め，11学部5研究科となる。2017年には経済学部を改組して経営学部を設置する。キャンパスは神奈川県横浜市の金沢八景キャンパス，金沢文庫キャンパス，神奈川県小田原市の小田原キャンパスの三つがある。2017年5月現在，14学部（募集停止学部を含む）5研究科（法科大学院を含む）からなり，学生数1万978人。「リメディアル（補習）教育」を実践するなど，すべての学生がカリキュラムに取り組めるよう学習支援が行われている。また全学部でキリスト教関連科目を開講し，校訓の具現化に向けて努力するとともに，宗教教育センターを設置し，「キリスト教教育ならびにキリスト教活動」を行っている。

山本 剛

→キリスト教系大学

関東学園大学 [私立]|かんとうがくえんだいがく
Kanto Gakuen University

1924年（大正13）に松平浜子が創立した関東高等女学校を由来とし，戦後の1976年（昭和51）に開学。建学の精神は「敬和・温順・質実」であり，それは教育方針として，品性と自主創造の気風の養成や，豊かな情操，穏健中正の思想と国際的協調の態度形成といった点にも反映されている。2017年（平成29）現在，群馬県太田市にキャンパスを構え，経済学部に698人の学士課程学生が在籍する。特筆すべき教育としては，「社会対応力」の育成を目的にコンピテンシー育成プログラムを導入していることである。また就職支援に関しては1年次からプログラムを開設し，学年ごとにレベルを上げて取り組むことで多様な進路を開拓する。

戸村 理

カントの大学論 |カントのだいがくろん
Kant's theory of university

カント（Immanuel Kant, 1724-1804）は，東プロイセンのケーニヒスベルク（現在のロシア領カリーニングラー

ド)で生まれた。ケーニヒスベルク大学に1740年に入学，哲学部に登録し，神学，教義学，哲学，数学，物理学等を学び1746年に修了。大学修了後数年は，ケーニヒスベルク近郊で家庭教師の仕事につく。1755年に哲学の博士学位を取得するとともに，講義資格取得論文「形而上学的認識の第一原理」により，ケーニヒスベルク大学私講師となる。大学での講義は哲学だけでなく，数学，自然学，倫理学，自然地理学，教育学など広範に及んだ。1770年，哲学部の正教授に任命される。『純粋理性批判』第1版(1781年)，『純粋理性批判』第2版(1787年)，『実践理性批判』(1788年)，『判断力批判』(1790年)などにより，フィヒテ(Fichte)，シェリング(Schelling)，ヘーゲル(Hegel)をはじめとして，ドイツ観念論哲学に多大な影響を及ぼした。

[**学部の争い**]

最晩年である1798年，カントはその哲学的大学論といえる『諸学部の争い』(*Der Streit der Fakultäten*)を公刊した。同書は序言と第1部「哲学部と神学部との争い」，第2部「哲学部と法学部との争い」，第3部「哲学部と医学部との争い」の3部から構成されている。序言はフリードリヒ・ヴィルヘルム2世による検閲に対する弁明となっているが，3部を構成する論文はそれぞれ異なる意図で，異なる時期に執筆されたものであること，しかし一つのまとまった著作として公刊するのにふさわしいものであることを述べている。中世以来，またカントが生きた当時も，ドイツの大学の学部は三つの「上級学部」と一つの「下級学部」に区分されていた。ケーニヒスベルク大学を含めドイツの大学は領邦君主により設置されたものであり，「上級学部」は▶神学部，▶法学部，▶医学部であり，「下級学部」は▶哲学部であった。ここで「争い」とは，上級三学部と哲学部との間のものである。

カントは，その学問分野から，上級三学部の性格を国民に影響力をもつ政府の目的のために利用できる動機，すなわち「各人の永遠の幸せ」「社会の成員としての市民的な幸せ」「身体的な幸せ」によって区分する。政府は第1の動機により，幸せに関する公の教説を通じて臣民の内面にきわめて大きな影響力をもつことができ，第2の動機により幸せに関する公の教説を通じて臣民のふるまいを法の規制下におくことができ，第3の動機により強健な国民を確保することができる。そして，第1の動機は神学部，第2の動機は法学部，第3の動機は医学部に関わるものである。

カントによれば，上級三学部が政府自身の関心を引く学部であるのに対し，下級学部である哲学部は学問の利害関心のみに配慮する。また上級三学部における教説は，政府によって委託されたものであり，規約，すなわち上位者の意思に由来する教説を含まなければならず，それは神学部においては聖書，法学部においては国法，医学部において

は医療法規ということになる。聖書神学者，法学者，医者は，政府から委託された教説について理性により解釈することはしない。しかし，下級学部である哲学部では，政府の命令によって規準として受け入れられるのではないような教説にのみ携わる。すなわち，哲学部は上級三学部と異なり，その教説を政府から委託されることはなく，あらゆる教説の真偽を理性により判定する。上級三学部における教説は政府から委託されたものとして遵守されるべきであるが，その真偽は理性の判定に服すべきものであり，それを行うことができるのは，ただ哲学部のみである。

学部間の争いは，国民への影響力をめぐっても起こる。国民が求める不当な幸福の要求(たとえば，放埒な生き方をしても天国への入場券が得られるなど)に聖職者，司法官，医者がおもねるとき，上級学部と哲学部との争いが生ずるが，この場合，上級学部による教説は学問的な洞察に基づくものではなく，哲学部による吟味や批判の対象ともなりえず，「違法な争い」である。一方，上級学部における政府の裁可を得た教説は，政府の意思に由来する規約として尊重されるべきではあるが，哲学部はあらゆる教説を批判的に吟味することを要求する。この場合，上級学部と哲学部の「合法な争い」となる。これらは政府と学部との争いではなく，学部間の争いである。上級学部と哲学部は議会の右翼と左翼にたとえられる。上級学部は政府の規約を擁護するのに対し，哲学部はそれを吟味し異議を唱えるが，このことは政府にとっても利益をもたらすものとなる。こうしたことを通じて，いつかは下級学部が上級学部になるであろう。それは，権力を所有することによってではなく，権力を所有する政府に助言することを通してそうなるとカントは言うのである。

当時のケーニヒスベルク大学の哲学部は，中世以来の自由七科を教授しており，上級三学部のための準備教育を行うという機能も果たしていた。したがって，「争い」には大学における哲学部のあり方，上級三学部と哲学部との位置づけを逆転させるというカントの構想などが示されていた。『学部の争い』に示された大学の理念は，▶フンボルト(Humboldt)やフィヒテ，シュライエルマッハー(Schleiermacher)，シェリングらの大学論に影響を及ぼした。今日でも，大学における学問の自由の重要性，国家と大学との関係，大学が社会において果たすべき役割などについて，ここから示唆を得ることができる。　　　　　　　　　　　　　　長島 啓記

→学部の概念(テーマ編)，フンボルト理念，リベラルアーツ，大学論の系譜

◎角忍，竹山重光ほか編『カント全集18』岩波書店，2002.
◎ビル・レディングズ著，青木健，斎藤信平訳『廃墟のなかの大学』法政大学出版局，2000.

326　　かんとのだ

大学事典

管理事務部門 ➡ 大学の管理事務部門

官立大学 | かんりつだいがく
official university

戦前期における▶国立大学の呼称。「官立」には政府が設立した機関であることを強調する意味がある。明治期にはもっぱら国が設立した▶帝国大学を指すものとして使用され、その教職員も国家官吏の身分(勅任官、奏任官、判任官)として任用された。1918年(大正7)に▶大学令が公布され、従来の総合制の帝国大学のみならず、▶単科大学の設置が認められるようになると、既存の官立専門学校の中のいくつかが大学へと昇格し、東京商科大学、東京工業大学、新潟医科大学、岡山医科大学、大阪工業大学、神戸商業大学、東京文理大学、広島文理大学などが新たな官立大学として仲間入りした。同時に認可された公立大学、私立大学との区分を明確にする際などに使用された。第2次世界大戦後の大学改革、▶新制大学発足の際に官立大学の呼称は廃止され、国立大学と総称されることになった。
斉藤 泰雄

畿央大学 [私立] | きおうだいがく
Kio University

学校法人冬木学園により2003年(平成15)健康科学部のみの単科大学として開学。学校法人冬木学園は1946年(昭和21)開設の冬木文化服装学院を起源とする。創設者は冬木智子である。建学の精神は「徳をのばす」「知をみがく」「美をつくる」である。2017年現在、奈良県北葛城郡広陵町にキャンパスを構え、健康科学部、教育学部の2学部と1専攻科2研究科に2299人の学生を収容。実社会で即戦力となる能力を身につけるため、実験・実習などの体験型授業を数多く開設しており、理学療法学科は臨床実習、看護医療学科および健康栄養学科は臨地実習、人間環境デザイン学科はプロジェクトゼミ、企業▶インターンシップ、現代教育学科は教育実習、保育実習、学校インターンシップなど、医療機関、福祉施設、保健所、企業、教育機関で実施している。
堀之内 敏恵

機関リポジトリ | きかんリポジトリ
institutional repository

大学その他の研究機関において、その構成員が創造した知的生産物をデジタル化し、電子資料として収集、蓄積し、所属研究者に提供する一連のサービスのことであり、学術機関リポジトリともいう。機関リポジトリは国の内外で設置され、その多くは研究成果共有のために公開されている。学内にお

ける研究成果を保存する機関のひとつである▶大学図書館が、そのとりまとめ役を果たしている例が多い。収集対象は各リポジトリの方針によって異なり、多様である。学術雑誌論文(査読済みあるいは査読を経ていないプレプリント)が大半であるが、教材などもみられる。NII(National Institute of Informatics：国立情報学研究所)では、各大学における機関リポジトリの構築とその連携を支援しており、2012年度から共用リポジトリサービス、JAIRO Cloud(Japanese Institutional Repositories Online Cloud)を運用開始している。2017年5月の時点で、JAIRO Cloud導入機関数は、公開中、公開準備中、申請中の機関を含めて507機関である。
阪田 蓉子

➡学術雑誌、電子図書館

危機管理 | ききかんり
crisis management

大学における危機管理は近年、多様な側面で従来以上に関心が高まってきている領域であり、その対象も広がっている。大学の教育・研究活動のみならず社会との関係、さらには当該機関の経営に至るあらゆる領域の諸活動で危機が存在しており、それらを考慮し実際に準備・対応すべき課題は広範に認められる。ここでは危機管理への注目が高まっている背景と危機管理の領域別の対象、および全体ならびに具体例を通して危機管理の原則と現状の課題について取り上げる。

[背景と領域別課題]
教育・研究をめぐる危機管理が注目される背景として、大規模な自然災害の頻発という外因と、国際化の中での教育・研究活動の変化という内因とがあげられる。1995年(平成7)と2011年の未曾有の震災では、被災地の大学で生じた危機への対応が必要となっただけでなく、学生や教職員に関係する直接間接の被災者が学内外に生じたこと、ボランティア活動が盛んになるにつれて、被災地で活動する参加者の安全性も求められるようになったことなどが指摘できる。あるいは鳥インフルエンザ等の突発的な大流行への不安や天候の激変は教育・研究だけではなく入試の実施などにも大きな影響を及ぼしうることが明らかとなってきた。

　また研究の国際化および▶留学や国際交流への関心の高まりを通じて、海外で活動する教職員や学生あるいは日本国内で受け入れている留学生によって引き起こされる、ないし彼らを巻き込むトラブルが、ときには生命にかかわる犯罪をも含む多様なものとなっており、組織としての大学の迅速な対応が必要とされる事例も増加している。国内においても、研究活動の細分化や競争の激化を通じて、調査時や実験設備の安全といった問題だけでなく、研究における不正など倫理的な問題が発生した場合の組織としての対応も問われる事態が生

じている。とくに公的補助金によって進められている大規模研究の場合，補助金の返還や対応策の策定と実施までが危機管理の対象となる。

こうした具体的な危機をめぐる対象・活動領域の拡大によって危機管理が問題になるだけでなく，社会全体の変容に応じて危機に対する考え方が変化している点も注目される。たとえば，伝統的なマス・メディアだけでなくインターネット上での情報発散が急速に進行する中で，大学として把握できていない危機が学外で広く周知されてしまう事態，あるいは学生や教職員が新たなメディアを通じてトラブルを起こし，それが組織全体の問題として社会的に認知され，危機対応が問われる事態が頻発している。つまり，大学が組織としての説明責任を要請され，トラブルへの迅速な対応とその説明による状況の統制が必要となっている点が注目される。

さらに，1990年代以降の少子化と大学改革の制度化，さらに2000年代における「大学全入」時代の到来によって，とくに新設小規模私立大学の一部において学生確保や定員充足が困難になってきていることに伴う経営面での危機が具体化している点も無視できない。

［危機管理の原則と課題］

危機管理学の観点からの危機管理の三原則は，多様な危機を事前に防止・回避するための方策を取ること(危機の回避)，危機が生じた場合に人的・物的被害を最小限にとどめること(危機管理)，および危機から日常への復帰を迅速に進めることと再発防止策を立案すること(事後対応)とされている。これらの観点は教職員や学生個人が直面する危機においても，組織としての大学が直面する危機においても意識しておく必要がある。

ただし，大学や教育機関に関する危機管理の理論や原則をめぐる研究は，まだ事例研究に基づく「事後対応」の知見共有が進められている段階であり，それを踏まえた「危機の回避」に関心が広がりつつある段階である。これまで公表された書籍や論文で「危機の回避」にまで言及しているのはおもに留学生対応をめぐる議論であり，全体としては実際の「危機管理」や「事後対応」の事例紹介が行われている段階である。なお東日本大震災については「事後対応」と「危機管理」の検証を踏まえて，今後の「危機の回避」に関心が向けられてきている。

しかし，たとえば大規模自然災害への対応であれば全学的に知見が共有されるとしても，留学生問題への対応や入試実施をめぐる諸課題，研究の方法・規模をめぐる文理間の危機管理観の差異，学生支援や大学経営に関する問題から生じる危機については，同一大学内でもその知見が共有されるとは限らず，まさに組織・教学マネジメントの課題となる。なお，「危機管理」の状況下では意識されにくいものの，「危機の回避」や「事後対応」を検討するにあたり，費用対効果の観点も無視できないことが本件の対応をさらに困難にしている。

沖 清豪

→ **大学の行政・経営・管理**(テーマ編)
◎大泉光一『危機管理学総論─理論から実践的対応へ（改訂版）』ミネルヴァ書房，2012.
◎国立大学協会『東日本大震災と大学の危機管理─被災した国立大学から学ぶ』一般社団法人国立大学協会，2011.

菊池大麓 | きくちだいろく
1855-1917(安政2-大正6)

数学者，文部大臣，東京帝国大学・京都帝国大学総長。江戸生まれ。洋学者箕作秋坪の次男。秋坪の実家菊池家を継いだ。▶蕃書調所で洋学を学び，1866年(慶応2)イギリスに留学し，68年(明治1)帰国。1870年再度イギリスに留学し，ケンブリッジ大学に学んだ。1877年同大学を卒業して帰国し，同年東京大学理学部教授。1888年理学博士。1890年貴族院議員となり，文部省専門学務局長，文部次官を経て，98年東京帝国大学総長。1901年文部大臣，翌年男爵となる。1908年京都帝国大学総長。以後，帝国学士院長，枢密顧問官，理化学研究所所長を歴任。藤沢利喜太郎・高木貞治などを育て，日本における西洋数学研究の基礎を築いた。『初等幾何学教科書』(1888年)などの教科書を執筆し，東京数学物理学会の発展に尽くした。大学人にして強い政治力を持った人物として注目される。

冨岡 勝

帰国生入試 | きこくせいにゅうし
examination for returnees

帰国子女入試とも。保護者の海外勤務等の理由で海外に長期間在留した後，帰国する生徒を対象とする大学入試。2015(平成27)年度は国立54大学，公立36大学，私立290大学の計1106学部で実施され，入学志願者数4911人に対して入学者数は974人だった。出願要件は，各大学・学部・学科によって定められているためそれぞれ異なるが，海外の学校に最終学年を含め2年以上在籍していることを要件とする場合が多い。また海外の学校を卒業していることも要件とされやすいが，一定期間の在籍のみで良い場合もある。日本の高等学校への在籍の有無や在籍期間も問題とされる。試験の実施期間は長く，おもに私立大学において9～11月，国公立大学において11～12月または2～3月に行われる。選考で重視される要素は，現地での成績(SAT，▶国際バカロレア，▶アビトゥーア，▶バカロレア等)や入学試験の成績など，それぞれの大学・学部・学科で異なる。ほぼすべての選考で面接が課されることも特徴である。

齋藤 千尋

→ **SAT/ACT**

技術移転|ぎじゅついてん
technology transfer

高水準の技術を有する者が，当該技術を有しない
他者に移転することにより，その伝播をはかること
で，従来は国際間の移転，すなわち先進国間，先
進国と発展途上国間等での移転を指すのが一般
的であった。しかし，1980年以降のアメリカ合衆
国国内で，大学を含む公的研究開発機関で創出
された技術が民間企業に移転され，新技術開発や
新規事業創出に貢献したという言説が一般化し，
新産業の育成やイノベーションの創出を望む日本
を含む多くの国において，大学等からの民間企業
に対する技術移転に注目が集まった。とくに1980
年にアメリカで制定された連邦政府資金での研究
開発から創出された，大学研究者等による発明を
当該研究者の所属大学等に帰属させることを可能
にしたバイドール法は，大学等から民間企業に対
する技術移転の円滑な促進に寄与したと見なさ
れ，諸外国で模倣された。日本では1999年に施
行された産業活力再生特別措置法(産活法)30条
が日本版バイドール条項とされた(同法は2014年1
月の産業競争力強化法施行に伴い廃止)。　細野 光章

→ 産学連携

技術移転機関|ぎじゅついてんきかん
Technology Licensing Organization: TLO

大学の研究者の研究成果について特許等の形で
権利化し，その技術の利用や応用による事業化を
目指す民間企業等と譲渡やライセンス(実施権許
諾)契約を結び，▶技術移転を促進する機関。1999
年(平成11)に施行された「大学等技術移転促進
法」により設けられた。TLOが技術移転により得た
収益は，大学や研究者に還流され，大学の自主財
源となる。文部科学大臣と経済産業大臣の承認を
受けたTLOは，特許料の減免等の優遇措置を受
けることができるようになった。TLO設置形態は，
大学内の内部組織と，大学と法人格を異にする民
間事業者に大別される。後者では複数の大学の
技術移転を担うもの(広域型)が多くなっている。国
立大学の法人化(2004年)後は，特許等の知的財産
権は原則として機関帰属となり，大学自身がTLO
と同等の機能を持つことができるようになった。こ
のためTLOを仲介役とする技術移転は，その必要
性が必ずしもなくなり，TLOの大学法人への吸収，
統合，廃止等が進んだ(一部は存続)。　榎 孝浩

→ 大学と特許，知的財産活動，共同研究／受託研究

技術者養成教育|ぎじゅつしゃようせいきょういく
engineering education

英語のengineeringは，技術業とでもいうべき職業

の名称が本義である。これに従事する技術の専門
家を技術者(engineer)といい，開発，改良，設計，
工程管理といった高度な活動が期待される。一般
に，今日の技術者養成教育は，大学の▶学士課程
ないし同等以上の教育課程において，体系化され
た技術学(工学や農学など)，その基礎となる数学や
自然科学，人文・社会科学などによって構成され
る。なお，技術者の語に技能者を含める広義の用
法もあるが，本事典の性格から技能者は扱わない。

[初期の動向]
技術の専門家は，軍事部門には古くから存在した
が，民間部門に登場するのは18世紀後半以降で
ある。産業革命が内発的に進行したイギリスでは，
技術者の活動がそれを養成する学校制度よりも先
行した。1818年には同業者団体である民間技術
者協会(the Institution of Civil Engineers)が設立され，
技術者養成の正規の経路(正会員の資格要件)は見
習い修業と規定された。理論的知識の重要性も認
識されていた。1870年代以降に設立された各地の
▶市民大学(Civic Universities)には技術者のための
専門教育を行うものがあり，1897年には理論的な
教育を補強する目的で会員資格試験が導入され
た。

　他の後発諸国では，政府が学校を設置して技術
者養成を推進した。フランスでは1794年に理工科
学校(École Polytechnique: ▶エコール・ポリテクニーク)が
設置され，理論的・基礎的な科目と応用的・技術
的な科目からなる，今日につながる工学教育課程
が考案された。1829年には，産業界により適合し
た中央工学校(École Centrale des Arts et Manufactures)
が設立された。ドイツでは，1864年以降，各地に
設置された高等工業専門学校(Technische Hoch-
schule: TH，のちの▶工科大学)において技術者養成が
なされた。アメリカ合衆国では1824年にレンセラ
ー理工科学校(Rensselaer Polytechnic Institute，現，▶レ
ンセラー工科大学)が創設された。1862年の▶モリル
法によって，工学部や農学部をそなえた多数の土
地附与大学が設置され，大規模な技術者養成が
大学の内部で開始された。

　日本では，1874年に工学寮(のちに▶工部大学校)
が技術者養成を開始し，1885年には▶帝国大学の
工科大学(工学部にあたる)に移行した。帝国大学に
は農科大学(農学部)も設置された。これらの学部
は他の帝国大学にも設置され，あわせて多くの旧
制▶専門学校に設置された。▶新制大学制度の発
足(1948年)により，旧制▶専門学校の大半は大学に
昇格した。

　以上のように，各国の初期の技術者養成機関に
は大学でないものが多く，高等教育の水準に達し
ていないものもみられた。それらのほとんどは，の
ちに大学に昇格するか，大学と同格の位置を獲得
して，技術者養成の中心は大学に移行した。

［近年の状況］

アメリカでは，技術者教育の認証団体として，今日の工学技術教育認証委員会(The Accreditation Board for Engineering and Technology: ABET)の前身となる組織が1932年に発足した。認証の目的は大学教育の質の保証にあり，教育条件(教育環境，教員資格，教員学生比率など)と教育課程(カリキュラム，成績評価のあり方など)がおもな評価の対象とされた。1970年代には欠陥車問題，航空機事故，環境汚染などをきっかけに，科学技術への不信が各国に広がった。これを克服するものとして，アメリカでは技術者倫理が注目され，1985年にはABETが技術者養成課程に倫理教育を要請した。

1989年には，技術者教育相互認証条約(ワシントン・アコード)が締結され，技術者教育に国際的な質保証が導入された。1996年にABETは，新しい認証規準として「Engineering Criteria 2000」を導入した。これは学習成果(卒業生が身につけた知識や能力)を評価の対象とするもので，11項目の認証規準には，①数学，科学，工学の知識とともに，②課題を発見し，工学的に構造化して解決する能力，③コミュニケーション能力，④チームの一員として働く能力，⑤専門職の責任と倫理についての理解，⑥工学的な解決策が世界，経済，環境および社会にもたらす影響への理解などが含まれる。

日本では，技術者教育の認証評価機関として，▶日本技術者教育認定機構(JABEE)が1999年に設立された。2000年には技術士法の改正により，JABEEの認証を受けた学士課程の卒業者は技術士補の資格が得られるようになった。JABEEは2005年にワシントン・アコードへの正式加盟が認められ，日本の技術者教育の国際的な整合性が確保された。　　　　　　　　　　　　　　塚原 修一

→ 専門職と大学(テーマ編)，専門職資格，エンジニア称号，質保証制度，職業教育カリキュラム，工学部，ポリテクニク

◎広瀬信『イギリス技術者養成史の研究』風間書房，2012.
◎村上陽一郎『工学の歴史と技術の倫理』岩波書店，2006.
◎杉原桂太『科学技術社会論と統合された技術者倫理の研究』名古屋大学博士論文，2007.

基礎研究 | きそけんきゅう
basic research

日本では，基幹統計である科学技術統計調査において「特別な応用，用途を直接に考慮することなく，仮説や理論を形成するため，又は現象や観察可能な事実に関して新しい知識を得るために行われる理論的又は実験的研究」と定義されている。このように研究の用途や，応用研究や開発(研究)と対比した研究段階における位置付けから整理を行うのは，OECDや諸外国でも同様である。かつては基礎科学や純粋科学といわれていたが，第2次世界大戦後，基礎研究，応用研究，開発(研究)，そして実用化・社会実装等による社会還元が連続するという研究のリニアモデルの台頭や，科学論の変化等によって用いられるようになった。分野にもよるが，基礎研究は公共財とされ，日本では学術研究の中心である大学が大部分を担っている。近年，特別な応用，用途を考慮した基礎研究(ドナルド・ストークス Donald E. Stokes の研究分類により，パスツール型という)が，イノベーションに資するとして注目が集まっている。　　　　　　　　榎 孝浩

北九州市立大学 [公立] | きたきゅうしゅうしりつだいがく
The University of Kitakyushu

北九州市の「北方」「ひびきの」のキャンパスに5学部(外国語・経済・文・法・国際環境工学)・1学群(地域創生学群)，4研究科を擁する総合大学。1946年(昭和21)設立の小倉外事専門学校を起源としている。1950年に北九州外国語大学へ昇格。1953年に北九州大学と改称。2001年(平成13)には国際環境工学部を開設し，北九州市立大学と改称。2005年，公立大学法人となった。2009年度の入試から外国語学部・経済学部・文学部・法学部の夜間主コースの募集を停止し，昼間主コースの入学定員を増やしている。2016年5月現在の学部学生6163人，大学院生508人。　　　　　船勢 肇

北里大学 [私立] | きたさとだいがく
Kitasato University

1962年(昭和37)に北里研究所創立50周年記念事業として学校法人北里学園が設立され，北里大学衛生学部が開設されたことに端を発す。建学の精神は北里柴三郎が成した学統を継承し，「開拓」(事を処してパイオニアたれ)，「報恩」(人に交わって恩を思え)，「叡智と実践」(そして叡智をもって実学の人として)，「不撓不屈」(不撓不屈の精神を貫け)とされている。2016年(平成28)5月現在，白金(東京都)・相模原(神奈川県)・北本(埼玉県)・十和田(青森県)・新潟(新潟県)の5キャンパスと，八雲牧場および三陸臨海教育研究センターを有し，7学部6研究科1学府に8535人の学生を収容する(併設校は除く)。生命科学の総合大学として，①生命科学の基礎的研究を行う分野(理学部)，②動植物と環境に関する分野(獣医学部，海洋生命科学部)，③人間の生命と健康に関する分野(薬学部，医学部，看護学部，医療衛生学部)という三つのフィールドから，生命科学を総合的にアプローチする教育研究上の特色を有する。なお医学系学部の臨床実習は，同一キャンパス内にある四つの大学附属病院で実施し，最先端の医療を修得する。　　　　　　　　戸村 理

→ 学域／学府

北見工業大学 [国立] きたみこうぎょうだいがく
Kitami Institute of Technology

北海道北見市にある。1960年(昭和35)前身である北見工業短期大学(機械科,応用化学科)が設置され,66年の同短期大学廃止後,北見工業大学が設置された。基本理念は「人を育て,科学技術を広め,地域に輝き,未来を拓く」で,開学以来,多彩な高度専門人材,技術者を輩出している。学生数は2065人(2016年5月現在)。道東の寒冷地という所在地の特色を生かした教育研究活動も盛んで,大学院工学研究科の博士後期課程には「寒冷地・環境・エネルギー工学専攻」という専攻がある。ここでは工学技術によって広く地域社会に貢献できる研究を積極的に推進している。また,高齢化や過疎化が深刻な問題となっているオホーツク地域にあって,工学と医学の分野を融合した学際的な教育研究,農業地帯に関する多彩な取組みも行われている。学生支援,修学支援も手厚く,1人の教員が4〜5人の個別担任として入学から卒業までサポートする体制が構築され,就職率も全国有数の実績がある。　　　　　　　　　蝶 慎一

吉備国際大学 [私立] きびこくさいだいがく
Kibi International University

1990年(平成2)岡山県高梁市との公私協力方式により社会学部の単科大学として開学。1995年に保健科学部・社会福祉学部,大学院を設置した。その後,学部・学科の増設・改組を経て,2016年現在,高梁市・岡山市・兵庫県南あわじ市にキャンパスを構え,社会科学部・保健医療福祉学部・心理学部・地域創成農学部・外国語学部・アニメーション文化学部の6学部11学科に加えて,通信教育部,大学院5研究科,▶通信制大学院6研究科を置く総合大学に発展している。学部生1851人(通信制149人),大学院生51人(通信制78人),教員158人を擁する。地域密着型大学として産学官連携・▶高大連携・地域貢献活動を推進する一方,国際大学としても海外の諸大学と積極的に教育交流協定を締結し,特色ある取組みを進めている。　　　　　　　　　　　　　　　　小濱 歩

岐阜医療科学大学 [私立] ぎふいりょうかがくだいがく
Gifu University of Medical Science

1967年(昭和42)設置の学校法人神野学園により2006年(平成18)に開学。岐阜医療技術短期大学(1983〜2008年)を前身とする。建学の精神は「技術者たる前によき人間たれ」である(これは同法人がほかに設置する中日本自動車短期大学および中日本航空専門学校と共有する)。「人間性」「国際性」「学際性」を教育目標に掲げて,将来のチーム医療体制におけるリーダーとして活躍できる人材の育成に努めている。開学当初は保健科学部のみの単科大学であったが,2017年5月現在,1学部1専攻科1研究科に1202人の学生を収容。岐阜県関市市平賀にキャンパスを構えるほか,2019年4月の開設をめざして可児市に新キャンパスを計画中。　　平野 亮

寄付金 きふきん

寄付者が大学の事業を無償で支援しようとする篤志に基づいて贈る現金,有価証券や不動産などの現物を指す。法令や公用文では「寄附金」と記す。寄付金の用途は,寄付者によりあらかじめ指定されている場合と,指定されていない場合がある。大学財政上の寄付金の特徴は,大学の工夫や努力により開拓・拡大しうる自主財源という点にある。▶授業料や▶入学金の値上げが難しく,国立大学運営費交付金や私立大学等経常費補助金の十分な増加がすぐには期待できないとすれば,寄付金は大学財政の安定性を確保し,資源配分の裁量性を拡大するものとして,いっそう重要な役割を担う財源といえる。中央教育審議会答申「▶我が国の高等教育の将来像」(2005年)は,「高等教育機関の多様な機能に応じたきめ細やかなファンディング・システム」の構築が必要だとして,民間企業や個人などからの寄付金をはじめとする自主財源の確保,財源の多様化を大学に求めている。　　日下田 岳史

→ 運営費交付金, パフォーマンス・ファンディング

岐阜経済大学 [私立] ぎふけいざいだいがく
Gifu Keizai University

1967年(昭和42)地元の自治体,経済界,教育界の要請を受けて,公設民営の大学として開学。岐阜県大垣市に立地。開学当初は岐阜県下唯一の経済学部を持つ単科大学だったが,1994年(平成6)に経営学部を開設し,2001年には大学院経営学研究科(修士課程)を開設。開学当初から,地域で学び地域をつくることをめざす徹底した実践主義の教育を行っており,これは大学が「大衆化」する以前の1960年代においては画期的なことだった。その一方で,1年次から4年間通してゼミに所属して少人数制の専門教育・研究を行い,さらにはキャリア教育を,「職業訓練」や「職業指導」,「いかに社会に出るか」ではなく,キャリア教育本来の意味である「社会の中で自分の人生をいかに豊かなものとして生きるか」という視点から取り組んでいる。2017年現在1352人の学生が在籍。　　和崎 光太郎

→ 公設民営大学

岐阜県立看護大学 [公立]｜ぎふけんりつかんごだいがく
Gifu College Of Nursing

2000年（平成12）に看護学部のみの単科大学として岐阜県羽島市に創立。2004年に大学院修士課程（現在は博士前期課程）を開設，2006年に大学院博士課程を開設。岐阜県には，1964年（昭和39）に岐阜県立大学が岐阜大学医学部へと移管されて以降県立大学がなかったが，本学の開学で36年ぶりに県立大学が復活した。本学開学の背景には，高齢化・過疎化の進展や都市一極集中といった現在まで続く国家規模での社会問題があり，設置趣旨にはその克服のための県の取組みである「総合福祉」政策がうたわれている。ケアが多様化・複雑化する中で現代にふさわしい新たな「看護」師の育成をめざし，県下で看護の実務にあたっている人たちへの生涯学習の場を提供するなど県立大学としてふさわしい取組みもなされている。2017年現在364人の学生が在籍。

和崎 光太郎

寄付講座｜きふこうざ

教育研究のための経費として用途が詳細に指定された▶寄付金により大学内に設置される組織。公用文では「寄附講座」と記す。寄付された資金により，一定期間に限って講座が設置され，そこで教育研究を行う教員の人件費などが措置されることが一般的である。寄付者が企業の場合，▶産学連携の一環として位置付けることも可能である。寄付金と寄付講座の違いは，「奨学寄付金が教育・研究活動への資金提供で終わるのに対し，寄付講座は実際の講座という活動組織を設置するところまで寄付者が関与指示できる」という，寄付者が大学に関与する程度の差にある（『国立大学法人経営ハンドブック3』国立大学財務・経営センター，2008年）。ただし，寄付金はそもそも篤志に基づくものであり，寄付を受ける大学は公共性を有する機関である。ゆえに寄付講座の設置にあたっては，たとえばその教育研究活動が寄付者への便宜供与にならないようにするなど倫理的な配慮が求められる。

日下田 岳史

岐阜聖徳学園大学 [私立]｜ぎふしょうとくがくえんだいがく
Gifu Shotoku Gakuen University

1972年（昭和47）教育学部のみの単科大学として聖徳学園岐阜教育大学が創立。1990年（平成2）外国語学部を開設。1998年に現大学名に改称し，経済情報学部，大学院国際文化研究科（修士課程）を開設。2002年に大学院経済情報研究科の修士課程，2004年に同研究科の博士課程を開設，15年に看護学部を開設し，現在は4学部2研究

科。岐阜県岐阜市に二つのキャンパスを持つ。2017年現在2845人の学生が在籍。浄土真宗本願寺派（西本願寺）の系列であり，龍谷総合学園に加盟している。本学の理念は「以和為貴（和をもって貴しとなす）」（厩戸皇子［聖徳太子］作成という十七条憲法）であるが，その意味するところは「自己中心的で頑なな心を離れたやわらかな心のこと」とする。

和崎 光太郎

岐阜女子大学 [私立]｜ぎふじょしだいがく
Gifu Women's University

1965年（昭和40）設置の学校法人杉山女子学園（2016に学校法人華陽学園に名称変更）により68年に開学。創設者は，女性の社会的地位の向上を志した杉山新七であり，「人らしく，女らしく，あなたらしく，あなたならでは」を建学の精神とする。岐阜市太郎丸にキャンパスを構え，2017年（平成29）5月現在，2学部2研究科に1028人の学生を収容。女性の社会的自立を実現すべく，文化創造学部と家政学部では，保育士や教員，管理栄養士や建築士などのさまざまな専門職の資格取得を支援するカリキュラムを整備している。2009年より沖縄女子短期大学と姉妹校提携を結んでおり，「沖縄校」として土・日などを利用して遠隔授業を実施している。

平野 亮

寄付税制 ➡ 大学財政と寄付税制

岐阜大学 [国立]｜ぎふだいがく
Gifu University

1873年（明治6）設立の師範研修学校（のちの岐阜師範学校）を淵源とする。1949年（昭和24）岐阜師範学校・岐阜青年師範学校・岐阜農林専門学校を統合して成立した。1952年に岐阜県立大学工学部を併せて工学部とし，64年には岐阜県立医科大学を併合して医学部とした。1966年に教育学部，96年（平成8）に地域科学部を設置，2004年には農学部を応用生物科学部と改称。2016年5月現在，岐阜市のキャンパスに5学部9研究科を置き，7296人の学生を収容する。「学び，究め，貢献する」地域活性化の中核拠点としての機能強化を進め，2013年にはその取組みが文部科学省「地（知）の拠点整備事業（大学COC事業）」に採択された。一方で，南部アジア地域10大学とともに「南部アジア地域における農学系博士教育連携コンソーシアム」を結成し，同地域に関心を有する地域企業とも連携しつつ，各々の地域を担う▶高度専門職業人の育成に取り組むなど，国際的活動にも注力している。

小濱 歩

岐阜薬科大学 [公立] | ぎふやっかだいがく
Gifu Pharmaceutical University

1932年(昭和7)に渡辺甚吉(14代)が私財を投じることで創立された岐阜県岐阜市立の岐阜薬学専門学校を母体として，49年に岐阜市に開学した市立大学。1953年に修士課程，65年に博士課程を開設して，大規模校舎を現在地に設けて移転。基本理念として，日本で唯一「グリーンファーマシー(ヒトと環境にやさしい薬学)」を掲げ，2006年(平成18)にグリーンファーマシー教育推進センターを設置。なかでも，各授業および個別指導で医療人としてのヒューマニズム教育が徹底されており，岐阜県内はもとより県外からの入学者が多数を占める。隣接する岐阜大学医学部との連携・連合体制を強化し，市民公開講座や薬剤師向けの生涯学習講座，薬草園の一般公開など，市立大学として地域貢献活動に積極的に取り組んでいる。2016年現在854人の学生が在籍。

和崎 光太郎

基本金 | きほんきん

▶学校法人会計基準では「学校法人が，その諸活動の計画に基づき必要な資産を継続的に保持するために維持すべきものとして，その▶事業活動収入のうちから組み入れた金額を基本金とする」(29条)と定められている。▶学校法人が教育研究活動を維持していくためには，校地，校舎，設備備品，図書，現金・預金などの資産が必要となる。基本金は，学校法人が財政基盤を安定させるために維持しなければならない必要不可欠な資産である。事業活動収入から基本金に組み入れる金額については，同基準30条1項において①学校法人が設立当初に取得した固定資産で教育の用に供されるものの価額または新たな学校の設置もしくは既設の学校の規模の拡大もしくは教育の充実向上のために取得した固定資産の価額，②学校法人が新たな学校の設置または既設の学校の規模の拡大もしくは教育の充実向上のために将来取得する固定資産の取得に充てる金銭その他の資産の額，③基金として継続的に保持し，かつ運用する金銭その他の資産の額，④恒常的に保持すべき資金として別に文部科学大臣の定める額，と規定されている。

吉田 香奈

金日成総合大学 [北朝鮮]
キム・イルソン(きんにちせい)そうごうだいがく
Kim Il Sung University

1946年に設立された朝鮮民主主義人民共和国最初の総合大学。朝鮮労働党や政府機関，各学問・産業分野などで重要な役割を果たす人材を輩出し

ている。国内のほかの大学は，内閣傘下の教育委員会が所管しているが，金日成総合大学だけは内閣が直接管轄しており，特別な大学として位置づけられている。修業年限は4～6年で，分野によって異なる。大学のウェブサイトによると，金日成総合大学傘下に平壌医科大学や平壌農業大学など7単科大学があるほか，学部組織として経済学部や歴史学部，哲学部など14学部が設置されている。そのほか付設施設として社会科学研究院や自然科学研究院，出版社など，16の研究所や関連施設が存在するようである。大学の組織については，情報源によって内容が若干異なるほか，組織改編も頻繁に行われているようであり，正確な情報が取得しにくくなっている。

松本 麻人

客員教授 | きゃくいんきょうじゅ
visiting professor; guest professor

正規の教員以外の者からとくに迎えられた教員(客員教員)のうち，▶教授の職位をもって待遇される者。客員教授の選考基準等は学内規則で決められる。かつての▶国立大学については，国立学校設置法施行規則(30条の4)が客員教授・客員助教授に関して規定し，文部科学省はこれを称せしめる者を，引き続き3ヵ月以上専攻分野について教授または研究に従事する者とし，その選考基準を教授または▶助教授の選考基準に準じて当該大学等の長が定めることとしていた。法人化後の国立大学では従前の制度に準じて学内規則で客員教員について規定している大学が多いが，それ以外の大学では客員教授を含む客員教員についての選考基準等は多様で，幅広く資格等を認めている場合が少なくない。原則として客員教員は特定の教育・研究等の活動のみに従事し，▶教授会等組織の意思決定に関わる会議等には参加しない。

大場 淳

ギャップイヤー
gap year

大学で開講される教育カリキュラムでは得られないような社会体験・異文化体験(▶留学，研修，▶インターンシップ，ボランティア，旅行等)を，個人の活動として経験するために，大学への入学を一定期間延期したり，入学後の大学在籍期間中に休学できる制度。イギリスにおける実践を指すことが多い。期間は3ヵ月～2年と幅広く，活動内容も個人の選択に委ねられる。イギリスでは民間団体による活動の斡旋により始まり，その後拡大した。入学前に行われる場合，入試を受ける段階での活動計画の提出が求められ，その内容が選考にも影響する。入学後に休学して活動する場合，卒業要件としてどの程度単位への振替が可能かはカリキュラムにより異なる。日本においては2011年(平成23)に東京大学

が▶9月入学（秋入学）への全面移行を目指すと発表，その際に高等学校卒業と大学入学の間に生まれる半年間を日本版ギャップイヤー（ギャップターム）として，留学やボランティア活動等に活用することを促そうという動きがあった。これは実現しなかったが，すでに部分的にギャップイヤーを導入している大学が小規模ながら見られる。ギャップターム中の留学やボランティア，インターンシップ等の活動で，学生が学外での経験を積めることがメリットとして挙がるが，経済的な事情により活動内容に差が生じかねないなど異論も多い。

齋藤　千尋

CAPs（キャップス）▶アジア学長会議

キャップ制│キャップせい
CAP system

学生が1年間または1学期に履修できる単位の上限を設ける制度。▶履修すべき授業を精選し，授業時間以外の学習時間を十分に確保するために多くの大学で導入されている。文部科学省によると，2014（平成26）年度には657大学で導入されている。1999年に改正された▶大学設置基準27条の2で「大学は，学生が各年次にわたつて適切に授業科目を履修するため，卒業の要件として学生が修得すべき単位数について，学生が一年間又は一学期に履修科目として登録することができる単位数の上限を定めるよう努めなければならない」と規定している。キャップ制は学生の単位▶早取り傾向に対して，一定の抑止効果があるといわれている。ただし制度を導入するからといって，学生が十分な予習・復習をすることに直結するわけではない。また，キャップ制の導入が学生の多様な学習機会を阻害したり，学習意欲を削ぐことがないよう運用には十分な配慮が必要である。

近田　政博

→単位制

◎中井俊樹・上西浩司『大学の教務Ｑ＆Ａ』玉川大学出版部，2012.

キャリアガイダンス
career guidance

ガイダンス（guidance）という用語は，1998年（平成10）に初めて学習指導要領で用いられるようになった。career guidanceは後期中等教育では「進路指導」と訳される。▶大学設置基準の改正に関連して，2010年に文部科学省が交付した「大学におけるキャリアガイダンスの推進」は，キャリアガイダンスを「社会的・職業的自立に関する指導等」としており，高等教育においては「職業指導」という訳語が用いられるようになった。大学設置基準42条の2，短期大学設置基準35条の2の規定により，新

卒者の就職支援にとどまらず，学生が在学中に大学教育を通して職業観・勤労観を培い，社会的・職業的自立を図るために必要な能力を身につけるよう，教育課程内外の教育活動や科目間の有機的な連携を制度的に行うことのほか，授業科目選択等の履修指導や相談，情報提供等を段階に応じて実施することなどが求められている。

江藤　智佐子

→キャリア教育，キャリアデザイン

キャリア教育│キャリアきょういく
career education

2011年（平成23）の中央教育審議会答申「今後の学校におけるキャリア教育・職業教育の在り方について」によれば，「一人一人の社会的・職業的自立に向け，必要な基盤となる能力や態度を育てることを通して，キャリア発達を促す教育」のこと。2006年の教育基本法改正において「職業及び生活との関連を重視し，勤労を重んずる態度を養うこと」が教育目標となったことや，2007年の学校教育法改正において義務教育の目標の一つに「職業についての基礎的な知識と技能，勤労を重んずる態度及び個性に応じて将来の進路を選択する能力を養うこと」が定められたことから，現在では幼児期の教育から高等教育までを通した体系的な教育を行うことが求められている。キャリア教育は，①仕事や職業の意味について考えさせる指導と，②社会的・職業的自立に必要な能力の育成の二つの方向性をもつ。②の能力には，たとえば「人間関係形成・社会形成能力」「自己理解・自己管理能力」「課題対応能力」「キャリアプランニング能力」がある。

加藤　かおり

→キャリアガイダンス，キャリアデザイン，職業教育，労働市場と大学（テーマ編）

キャリアセンター
career center

学生生活を通して，将来どのようなキャリアを形成するのか，そのために在学時にどのような学生生活を過ごすのか，就職活動の支援やキャリアカウンセリングのみならず，在学時から職業観の醸成を行うための講義やガイダンスの実施，▶インターンシップなどを通しての就業体験や▶資格取得のための支援など，広範で多岐にわたる活動を行っている部署。個別相談などに応じるキャリアアドバイザーを配置している大学も多い。2010年（平成22）に▶大学設置基準に42条の2が新設され，▶キャリアガイダンスや，キャリアセンター等による職業・就職に関する情報の提供や相談体制などの機能がとりわけ重視されるようになり，大学の▶キャリア教育を担う部署として期待されている。1999年に立命館大学が日本で初めてキャリアセンターを設置，その

後2000年代に従来の就職課をキャリアセンターに衣替えする大学が増えていった。　　　江藤　智佐子

→キャリアデザイン

キャリアデザイン
career design

キャリア(個人の生き方や働き方)を自立的にデザインすること，とくに仕事や人生で岐路に立った時に自分のキャリアについて主体的にデザイン(設計)したり，リデザイン(再設計)したりすることとされる(金井壽宏『働くひとのためのキャリア・デザイン』PHP研究所，2002年)。バブル経済が崩壊した1990年代以降，産業界を中心にキャリアやキャリアデザインという言葉が注目されるようになってきた。学校教育において▶キャリア教育という用語が公式に使用されるようになったのは，1999年(平成11)の中央教育審議会答申「初等中等教育と高等教育との接続の改善について」以降である。2000年代に入り，就職支援的な取組みとして大学等でも科目の開設が始められたが，当初は正課外の活動として捉えられることが多かった。2003年▶短期大学の学科名にキャリアの語が登場し，大学の学部においても同年，法政大学にキャリアデザイン学部が設置され，翌年には日本キャリアデザイン学会が設立された。2010年の大学設置基準改正以後，正課内のプログラムとしてキャリア科目を位置付ける大学も増えている。　　　　　　　　　　　　江藤　智佐子

→キャリアガイダンス

キャンパス
campus

ラテン語の原義では広場，原を指すが，歴史的な変遷を経て今日では，敷地と諸施設とを合わせた大学を意味する言葉。『オックスフォード英語辞典(OED)』によれば，「キャンパス」を初めて用いたのは1774年，アメリカ独立宣言直前のプリンストン大学(当時はニュージャージー大学)であった。イギリス本国への抵抗の一環であろう，「キャンパスで茶を燃やした」という。それから2世紀半を経て，キャンパスは大学の土地建物のみか，そこでの生活全般も含意する表現として定着した。15世紀以降，ヨーロッパ各地の大学が荘厳な建物を競ったにもかかわらず，キャンパス(広場，原)が大学の代名詞化したのはなぜか。そうした転換が北米植民地で発生したのはなぜか。
　アリストテレス哲学(論理学)を一大動因として発生した▶中世大学は，一面では教会が危惧するほど世俗的で，宗教本位の▶修道院を回避し，都市に定着した。しかし宗教改革を経たプロテスタントは，俗人個々の信仰の意義を強調し，市民生活を修道院に近づける結果となった。北米に移住した

ピューリタンの一派は，18世紀の大覚醒(the Great Awakening)を通してキリスト教のアメリカ化を実感し，その指導者ジョナサン・エドワーズは，新天地に「地上の天国が実現する」と確信した。エドワーズは，都市ボストンやニューヘヴンを拠点に学識を偏重するハーヴァードやイェールの旧派に対抗し，個々人の敬虔と宗教体験とを重視したカレッジの創設を，都会から隔絶したプリンストンで試みた。シトー会が代表する中世の修道院は，大学とは対照的に，騒擾をきわめた都会を離れ，書物よりは森に信仰の拠り所を求めた。キャンパスを自覚したプリンストンは，植民地期カレッジの古の修道院への立戻りを象徴している。
　しかし，北米の大学は修道院の閉鎖的な土地建物の配置に盲従しなかった。図1が示すように，オックスブリッジを構成するカレッジの多くは，中庭を囲む修道院と同じく閉鎖的な空間を採用していた。これに対し，図2のプリンストンでは，キャンパス(広場，原)を囲む建物群が相互に間隔を保ち，カレッジを外の世界に開いている。図3の20世紀のハーヴァードでは，互いに間隔をあけた古いキャンパス(ヤード)の建物群と，1920年代に建設したオックスブリッジ流の▶学寮(ハウス)群とが併存する。全体的にはキャンパス周辺に建物を開放的に増設し，研究大学化に伴う拡張に対応している。州立を含めた歴史の長い大学の多くも，建物を開放的に配置して発展してきたのである。
　▶リベラルアーツ・カレッジのキャンパス形成には，研究大学化以前のプリンストンの例がほぼ該当する。州立大学の地方立地には，1862年の▶モリル法が一大原動力となった。初期の▶ランドグラント・カレッジ(国有地付与大学)は，田園地帯のただ中で農業研究を実施するとともに，教会や▶神学部を持たなかったにもかかわらず，学生を都会文化に染まらない敬虔なキリスト教徒に育てることに余念がなかった。
　大学のキャンパス化には，近代大学に普遍的な事情も働いている。近代大学では，哲学部・文理学部が応用・専門職分野に高度な基礎学術を提供し，かつその水準を保証することが不可欠で，教育研究施設の一元的な配置が利点を持つ。さらに進学者の増大で，大学の大規模かつ計画的な設置が必要となった20世紀後半以降は，全施設を集中し合理的な管理を徹底する効用も無視できない。かつてアメリカ合衆国に大学モデルを提供したイギリスが，1960年代には十校余りの「キャンパス大学」を設立したが，これらは全教育研究施設を1ヵ所に集中する点で，町中に分散したエディンバラ等の伝統的な大学から区別され，また学生を寮に収容するが，独立の学寮の集合体としてのオックスブリッジとは画然と異なる，アメリカ発の典型的な大学パターンであった。
　今日，キャンパスという表現は，田園指向や都

市への対抗という意味合いを失い，都会あるいは地方の別を問わず用いられる。原義からは想像しにくい，上智大学や明治大学駿河台の「キャンパス」に誰も違和感を抱かない。しかし，本来は広場，原を意味するキャンパスが，大学の土地建物全体の呼称として選択され続けてきたことは意味深長である。宗教的な意味合いは完全消滅したとしても，現代大学の理想は，広い緑の庭をさまざまな建物が囲み，教育と研究とを静謐に繰り広げる自然な環境としての「キャンパス」になお仮託されているのかも知れない。

立川 明

→都市と大学（テーマ編），大学都市

◎Paul V. Turner, *Campus: An American Planning Tradition*, The MIT Press, 1984.
◎朝倉文市『ヨーロッパ成立期の修道院文化の形成』南窓社, 2001.
◎土田旭・若林時郎・土肥博至「都市と大学 その1」『SD』May, 1970.

キャンパスライフ→大学生活

キャンベル
Thomas Campbell | 1777-1844

イギリスの詩人，▶ロンドン大学（ユニバーシティ・カレッジ）の創設者の一人。スコットランドのグラスゴーで煙草商人の子として生まれる。▶グラスゴー大学で教育を受けた後，▶エディンバラ大学でも法学の講義を聴講。エディンバラではウォルター・スコットやヘンリー・ブルームなどと親交を結ぶ。詩作に励む一方，1820年に『ニュー・マンスリー・マガジン』の編集者となり，ドイツを訪問して▶ベルリン大学などドイツの教育制度を調査する。その経験を踏まえて，ロンドンに新しい大学を設立する案をヘンリー・ブルームなどとともに提唱した。のち1826年には母校グラスゴー大学の3年任期の総長（lord rector）に学生たちにより選出される。

安原 義仁

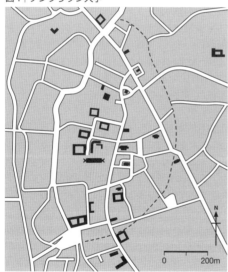

図1｜ケンブリッジ大学

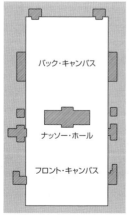

図2｜プリンストン大学

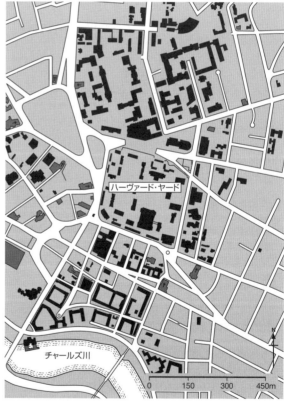

図3｜ハーヴァード大学

キャンパス
図1｜15世紀ころのケンブリッジ大学。各カレッジは建物で囲まれ，完全な閉鎖空間を形成している
図2｜1836年のプリンストン大学（当時はニュージャージー大学）のマスタープラン。ナッソー・ホールを挟む前後のキャンパスを，数棟の建物が大きな間隔をあけて囲んでいる
図3｜20世紀のハーヴァード大学。中央のヤードの左半分の古い建物群はアメリカ的に開放的に配置される。一方の南，20世紀前半にオックスブリッジ流教育への回帰を目指しチャールズ河畔に建てられた学寮（ハウス）群は，オックスブリッジ風の閉鎖空間を再現している
『SD 別冊 28 大学の空間』（鹿島出版会，1996年2月）所載の図版をもとに作成

九州栄養福祉大学 [私立]
きゅうしゅうえいようふくしだいがく
Kyushu Nutrition Welfare University

2001年(平成13)食を通して福祉を実現しようという教育理念を持った管理栄養士養成専門大学として，学校法人東筑紫学園により開学。食物栄養学部食物栄養学科を設置し，学長に宇城照燿就任。2011年リハビリテーション学部理学療法学科，作業療法学科設置。人間の健康で幸福な生活，すなわち福祉を実現する上で最も根源的なものが「食」であり，その「食」を守ることが人間生活の基盤であり社会や国家の礎であるという認識に立ち，その礎となる「食医」「食の番人」的役割を果たす管理栄養士養成を開学以来めざしてきた。福岡県北九州市小倉北区・小倉南区にキャンパスを構え，2017年現在973人の学生が在籍。2016年の管理栄養士国家試験合格率は100%。単なる受験指導ではなく，管理栄養士としての資質向上を目標としている。　　　　　　　　　　　　　船勢 肇

九州看護福祉大学 [私立]
きゅうしゅうかんごふくしだいがく
Kyushu University of Nursing and Social Welfare

1998年(平成10)開学。2市20町の財政支援などによる「公設民営」。三つの基本理念として「地域とともに成長する大学」「生涯にわたって学べる大学」「近隣諸国と学ぶ大学」がある。また，五つの教育方針は「「こころ」豊かな人間性を培い，個性を尊重する精神を養う」「患者並びにクライアントとコ・メディカルスペシャリストとの間の人間関係と信頼性を確保する」「論理的・学際的思考力を育成し，適切，かつ，柔軟性に富んだ判断力と分析力を養う」「国際的な幅広い視点に立ち，最新の情報収集と情報発信能力を培うとともに，国際感覚の習得と創造的・意欲的な活動力を育成する」「保健・医療・福祉に関する最新の知識と技術水準を向上させる」。熊本県玉名市富尾にキャンパスを構え，5学科があり，2017年現在1404人の学生が在籍。　　　　　　　　　　　　　船勢 肇

→公設民営大学

九州共立大学 [私立] ｜ きゅうしゅうきょうりつだいがく
Kyushu Kyoritsu University

1965年(昭和40)福原学園により開設。経済学部経済学科で発足，2006年(平成18)スポーツ学部スポーツ学科開設。福原学園の建学の精神である「自律処行(自らの良心に従い，事に処し善を行う，の意)」が大学の学是でもある。社会に適応できる自立した職業人を養成する大学をめざし，教育活動の充実や学生支援の充実を基本目標に掲げ，各学部の教育課程編成方針に対応した教育活動を展開している。経済学部とスポーツ学部がある。福岡県北九州市八幡西区にキャンパスを構え，2016年現在2397人の学生が在籍。入学者のおよそ3分の1が福岡県出身。ビジョン・スローガン・人材・教育面・学生生活サポート体制などについて，15大特色を打ち出している。　　　　　船勢 肇

九州工業大学 [国立] ｜ きゅうしゅうこうぎょうだいがく
Kyushu Institute of Technology

1907年(明治40)に重化学工業に資する人材育成を目的に設立された，4年制の私立明治専門学校を起源とする。その後，1921年(大正10)に官立明治専門学校，44年(昭和19)に官立明治工業専門学校と改称し，49年に新制の九州工業大学となる。2016年(平成28)5月現在，戸畑・若松(北九州市)，飯塚(飯塚市)の3キャンパスに，2学部1研究科2学府を置き，5723人の学生を収容する。創立当初の経営を担った山川健次郎の理想のもと，「技術に堪能なる士君子」の養成を指導精神とし，質の高い教育を提供することで，志と情熱を持ち産業を切り拓く技術者・知的創造者を育成する。2013年に行った「ミッションの再定義」の中では，自動車・ロボットの高度化・知能化に向けた専門人材育成連携大学院などの▶産学連携を活用した特色ある教育実績，さらには環境関連工学，航空宇宙工学，高信頼集積回路，情報通信ネットワーク，ロボティクス分野や，歯工学連携などの異分野融合研究の研究実績を活用し，高度工学系専門人材の育成や先端的研究の推進を公表した。　戸村 理

→学域／学府

九州国際大学 [私立] ｜ きゅうしゅうこくさいだいがく
Kyushu International University

1930年(昭和5)開設の九州法学校を起源とし，40年九州専門学校創立，47年戸畑専門学校創立，49年八幡専門学校に改称，50年八幡大学設立，89年(平成1)九州国際大学に改称。建学の精神は「単ニ知識ヲ授ケルバカリデナク，塾的精神ニ依リ，相互ニ心的鍛錬ヲナシ，以ッテ誠実，有為ナル人材ヲ養成スル」こととする。法学部・現代ビジネス・経済学部・国際関係学部，2研究科があり，北九州市八幡東区の平野地区と枝光地区の二つのキャンパスに中学校から大学院までの課程を有する。2017年現在1942人の学生が在籍。地域社会の発展に貢献する人材を輩出するために，地域社会に開かれた教育とその実践性(実務教育)を重視してきた。　　　　　　　　　　　　　船勢 肇

九州産業大学 [私立] きゅうしゅうさんぎょうだいがく
Kyushu Sangyo University

福岡市にある。1960年(昭和35)に九州商科大学として開学し，商学部の単科大学であった。1963年，設置者が学校法人中村英数学園から学校法人中村産業学園となり，大学名を九州産業大学に改称。建学の理想は「産学一如」，建学の理念は「市民的自覚と中道精神の振興 実践的な学風の確立」である。国際文化・経済・商(第一部・第二部)・経営・理工・生命科学・建築都市工・情報科学・工・芸術の10学部，5研究科があり，2017年(平成29)5月現在の学部学生1万665人，大学院生140人。入学志願者の60%以上が福岡県。2002年九州で初めての大学美術館である九州産業大学美術館が開館。所蔵品は絵画をはじめ彫刻，版画，工芸，デザイン，写真など幅広いジャンルで構成され，特徴ある展覧会が開かれている。 船勢 肇

九州歯科大学 [公立] きゅうしゅうしかだいがく
Kyushu Dental University

1914年(大正3)九州歯科医学校創立，国永正臣が初代校長に就任。1921年九州歯科医学専門学校に昇格。1944年(昭和19)九州専門学校・小倉市立病院とともに福岡県に移管し，医学科を併設して福岡県立医学歯学専門学校と改称。福岡県立歯科医学専門学校を経て，1949年新制九州歯科大学に昇格。2006年(平成18)公立大学法人設立。2017年現在779人の学生が在籍。卒業するとほとんどが卒後研修医(歯科医師国家試験合格者)となる。歯科医師国家試験合格率は80%を超えることもあり，全国平均を上回る。全国に29校ある歯科大学および歯学部の中で唯一の公立大学。 船勢 肇

九州情報大学 [私立] きゅうしゅうじょうほうだいがく
Kyushu Institute of Information Sciences

1998年(平成10)経営と情報の融合をめざす経営情報学部を有する大学として創設。情報処理技術を身につけているだけでなく，経営学や情報学，会計学など企業経営に必要な知識を持ちながら，独自の発想と行動力で新しい事業を立ち上げていくことができる企業家の育成を使命と考える。教育理念(建学の精神)には，「優れた社会人たるにふさわしい温かい人間性を」「優れた科学技術者になる前に豊かな人間性を」とある。大学の特徴として，コミュニケーションを重視した指導と環境，自在にPCを活用し世界と交信(学生は全員ノートパソコンを携帯)，全国屈指の奨学生制度を用意，地域に開かれた大学，資格取得も積極的に支援を掲げる。福岡県太宰府市にキャンパスを構え，2017年現在435人の学生が在籍。 船勢 肇

九州女子大学 [私立] きゅうしゅうじょしだいがく
Kyushu Women's University

1947年(昭和22)福原学園により創立の福原高等学院(女子部)を起源とし，50年福原高等学校と改称，60年九州女子短期大学(家政科)開設，62年九州女子大学(家政学部)を開学。福原学園は九州共立大学・九州女子短期大学，1高校・3幼稚園を擁する。学是「自律処行(自らの良心に従い事に処し善を行う)」にのっとり，自ら立てた規範に従って，自己の判断と責任の下に行動できる強くてしなやかな女性を育成する。活動理念として，地域社会との連携の強化，教育活動の質の転換および質保証の強化，免許・資格取得支援の強化，学生サービスの強化，国際交流システムの構築などを掲げる。福岡県北九州市八幡西区のキャンパスに家政学部と人間科学部を設け，2017年(平成29)現在1226人の学生が在籍。 船勢 肇

九州大学 [国立] きゅうしゅうだいがく
Kyushu University

福岡市にある国立総合大学。1867年(慶応3)に福岡藩が設立した賛生館を起源とし，福岡病院(1877年)，福岡県立福岡病院(1888年)などを経て，1903年に京都帝国大学福岡医科大学が設置された。1911年，九州帝国大学(初代総長は山川健次郎)，九州帝国大学工科大学が設立され，さらに京都帝国大学福岡医科大学が九州帝国大学医科大学となる。1947年(昭和22)九州大学が設置され，49年に福岡高等学校，久留米工学専門学校を包括して新制大学として開学。2003年(平成15)に九州芸術工科大学と統合。教育憲章に「日本の様々な分野において指導的な役割を果たし，アジアをはじめ広く全世界で活躍する人材を輩出し，日本及び世界の発展に貢献することを目的とする」とある。11学部(文・教育・法・経済・理・医・歯・薬・工・芸術工学・農)があり，学部の枠組みを超えた「21世紀プログラム」もある。2016年11月現在の学部学生1万1710人，大学院生6904人。2005年から福岡市西区の伊都キャンパスへの移転が順次進められている。 船勢 肇

九州保健福祉大学 [私立]
きゅうしゅうほけんふくしだいがく
Kyushu University of Health and Welfare

1999年(平成11)学校法人順正学園により開学。同学園の建学の理念は「学生一人ひとりのもつ能力を最大限に引き出し引き伸ばし，社会に有為な人材を養成する」。開設の目的として第1条に「国際化社会に向けて，介護・福祉・医療・薬学に関する理論及び社会の問題を教育研究し，応用能力を

持つ人格を陶冶することを目的とする」と掲げる。宮崎県および延岡市との公私協力方式により創設された地域密着型大学であり、地域社会の学術や文化活動など生涯学習の拠点の役割も担っている。宮崎県延岡市吉野町のキャンパスに社会福祉学部・保健科学部・薬学部・生命医科学部・通信教育部が置かれ、2017年現在1831人の学生が在籍。

船勢 肇

九州ルーテル学院大学[私立]
きゅうしゅうルーテルがくいんだいがく
Kyushu Lutheran College

1908年(明治41)アメリカ・ペンシルヴェニア州のインマヌエル・ルーテル教会で「日本に女子学校を作るために」5ドルが献金されたことが始まりで、26年(大正15)九州女学院を5年制のキリスト教主義の女学校として開校。1928年(昭和3)10月3日高等女学校令と同等の学力のあるものとして文部省の指定を受けた。以後この日を創立記念日とする。1941年九州女学院高等女学校と改称、75年九州女学院短期大学開学、97年(平成9)九州ルーテル学院大学開学。基本理念は「建学の精神"感恩奉仕"に則ったキリスト教主義の人格教育」「幅広い教養教育と専門領域における実践的な教育研究」「福祉と社会・文化の向上に資する人材の育成」。熊本市中央区にキャンパスを構え、人文学部があり、2016年現在715人の学生が在籍。90%の学生が熊本県内出身者。

船勢 肇

→キリスト教系大学

旧制高校の教養|きゅうせいこうこうのきょうよう

教養(教え養う)の語は、古来の漢籍にはなく明治以降に造語されたが、当初は教育(教え育てる)と同義語であった。大正期には主として夏目漱石門下で東京帝国大学の哲学担当のケーベル博士の影響を受けた、大正教養主義と呼ばれる知識人層によって、文化の享受を通しての人格の完成という特定の意味を持つ概念となった。彼らの生み出す岩波書店刊を多くとする「哲学叢書」や『三太郎の日記』など翻訳書、解説書、それを素養としたおびただしい著述の最大の読者層こそが旧制高校の学生たちであった。彼らは、正規の教育課程で培った能力を用いて教育課程外での▶読書に耽った。そして旧制高校の寮生活という集団性が読書の量と質、教養の高さの競い合いを生み、特殊な価値観をもつ教養概念を定着させた。彼らが長じて関与した第2次世界大戦後の大学改革で、教養の語がイメージ的に大学のカリキュラムの概念として用いられたことが、その後の大学教育の混乱の潜在要因となっている。

舘 昭

→高等学校(旧制)、学生寮、教養の概念

旧制高等学校 →高等学校(旧制)

QAA(キューエーエー)→高等教育質保証機構

共愛学園前橋国際大学[私立]
きょうあいがくえんまえばしこくさいだいがく
Kyoai Gakuen University

1988年(昭和63)開学の共愛学園女子短期大学が99年(平成11)に全面改組されて設立(男女共学化)。共愛学園のそもそもの母体は1888年(明治21)設立の前橋英和女学校である。建学の精神は「共愛・共生の精神」であり、モットーは「学生中心主義」「地域との共生」である。また教育は、「キリスト教主義に基づく全人教育」「国際性豊かな人材育成」などを含む、五つの「教育の基本」からなっている。2017年現在、群馬県前橋市にキャンパスを構え、国際社会学部に1031人の学士課程学生が在籍する。「ちょっと大変だけれど実力のつく大学です」をキャッチフレーズに、「国際社会のあり方について見識と洞察力を持ち、国際化に伴う地域社会の諸課題に対処することのできる人材の養成」に努めている。

戸村 理

教育インターナショナル|きょういくインターナショナル
Education International: EI

世界の教職員の国際的組織。3200万人の教育従事者を代表する世界規模の団体(以下、データは2017年)。170の国・地域の約400の団体から構成される。1993年にストックホルムで設立、本部はブリュッセルに置かれている。教職員のほか教育関連領域に従事する者、就学前教育から大学、職業教育の従事者も包括する。4年に1回国際会議が開催され、活動方針を決定し執行部が選出される。社会の公正の追求、人種的偏見・外国人敵視の除去、女性差別の撤廃、教育の質の確保などがスローガンに掲げられている。EIのヨーロッパ地域の組織として欧州教育労働組合(European Trade Union Committee for Education: ETUCE)が1977年に設立されており、ヨーロッパ45ヵ国130の機関が加入している。EIは欧州審議会、ユネスコ・ヨーロッパ高等教育センター、ヨーロッパ高等教育質保証協会(ENQA)、▶ヨーロッパ大学協会(EUA)、ヨーロッパ高等教育機関協会(EURASHE)、▶ヨーロッパ学生連合(ESU)、ビジネス・ヨーロッパ(欧州経営者連盟)などの団体とともに▶ボローニャ・プロセスの審議メンバーとなっている。

木戸 裕

教育学部|きょういくがくぶ
Faculty of Education

日本には性格の異なる「教育学部」がある。典型的には，主として▶教員養成を目的とするものと，主として教育学の研究と教育を目的とするものに大別できる。教育学の学的大系に沿って構成されたというより，社会的需要によって構成されたという面が強い。第2次世界大戦前・戦中の日本の大学には存在しなかった。

［教育学部の発足］
日本の大学に初めて教育学部が設置されたのは，1949年(昭和24)5月の新制国立大学発足の時であった。その際には典型的な三つのタイプがあった。

第1に，旧制の▶帝国大学を母体とする大学に置かれたもので，教育学研究と併せて教育指導者・教育学研究者の養成を主目的とする教育学部である。その背景には，教育を科学的に探究しようとする指向と，教育学部や▶教職課程の教育学系科目を担当する教員の養成，教育委員会制度の発足や教育長・指導主事・校長等の免許状授与に応じるという実際的な指向があった。第2に，旧制の▶文理科大学と▶高等師範学校を母体とする大学に置かれたもので，第1のタイプに類似し同様の目的を掲げているが，併せて中等学校教員養成機能も強く有した教育学部である。その背景には，新制の高等学校教員の需要に応えるという要請があった。そして第3は，旧制▶高等学校と▶師範学校を母体とする比較的小規模な大学に置かれたもので，おもに義務教育諸学校の教員養成の機能を担う教育学部である。その背景には，旧制師範学校だけで▶新制大学になった▶学芸学部と並んで義務教育諸学校の教員需要に応えるという要請があったが，旧制高等学校を母体とする文理学部が全学の▶一般教育や教科に関する専門教育を担ったゆえに，一般教育や教科専門教育をも担う教員を擁した学芸学部に比べて，教職専門教育の学部としての性格づけをより濃く負うことになった。

ただし，母体となった機関の多様性や学部構想を担った中心人物の指向性等を反映して，発足当時の教育学部には以下のような個別性や相違がある。それは，①京都大学教育学部は▶付属学校を有さないこと，②北海道大学は地域開発の指向性を持ち，九州大学は地域開発の指向性だけではなく国際比較の指向性をも併せ持ったこと，③東北大学教育学部は第1のタイプに属しながら，広島大学教育学部は第2のタイプに属しながら，それぞれ旧師範学校も包摂したために第3のタイプの性格も併せ持ったこと，④理系の旧帝国大学であった大阪大学は教育学部を置かなかったが，名古屋大学教育学部は岡崎高等師範学校を母体にしながらも教員養成機能を排して第1のタイプを堅持しようとしたこと，⑤国立女子大学を東西2校創設

するとの原則から，お茶の水女子大学が東京女子高等師範学校のみを母体にして単独でつくられ，1950年に▶文学部を改組して文教育学部が設置されたのに対して，▶一府県一大学原則にも沿うべく学長と事務局を同じにした奈良女子大学(奈良女子高等師範学校が母体となったが，教育学部も教育学科も置かれず)と奈良学芸大学学芸学部(奈良師範学校と奈良青年師範学校が母体)がつくられたこと，⑥大阪学芸大学学芸学部に参画しなかった大阪青年師範学校を母体に，大阪府立浪速大学教育学部がつくられたことなどである。

なお▶私立大学としては，早稲田大学だけが新制大学発足時に教育学部を創設しているが，高等師範部を母体にしている点で第2のタイプに類似していた。なお文学部には，第1のタイプに類した教育学科が置かれた。

［教育学部の改組再編］
戦後に発足した学部である教育学部は，大学内での存立基盤が脆弱であったために，その後の教員養成政策や高等教育政策の影響を受けてさまざまな改組再編がなされ，今日に至っている。とくに1960年代半ば，教員養成目的を強化させようとする政策により，全国の学芸大学・学芸学部が教育大学・教育学部に名称変更したことによって一挙に教育学部の数が増え，また教育学部総体における教員養成機能への比重が高まり，教育職員免許法や教員需給からの影響も強く被ることになった。1970年代には新構想による大学改革が政策主導でなされ，東京教育大学が移転するかたちで筑波大学が発足し，旧教育学部に相当する人間学類が設置され，兵庫教育大学をはじめとする三つの教育大学が新設された。ただし，兵庫教育大学はまったくの新設であったが，上越教育大学は1978年に新潟大学教育学部高田分校を，鳴門教育大学は81年，徳島大学教育学部を改組転換するかたちで新設された。一方，1970年代後半から90年代初めにかけては，教員養成における水準の高度化の要請を受けて，上述した第3のタイプである▶国立大学の教員養成系教育学部に▶大学院修士課程の設置が進んだ。

1990年代の教員需要の縮小は，国立教員養成系教育学部に教員養成を目的としない「新課程」の設置を促し，ひいては学部名称を学際的なものに変更する事態にまで至らしめたが，近年の教員需要の増大は国立大学の教育学部等における新課程の見直しや廃止，教員養成課程の定数増，そして私立大学に教育学部新設を促した。それは，たとえば新潟大学に，2008年(平成20)に教育人間科学部を再び教育学部に変更するなどの影響を与えている。一方，国立大学の法人化は大学における研究や教育，社会貢献の見直しを促し，教育学部においても大学院を中心に組織改革が進められ，従来の学部の枠組みにとらわれない形態，たとえ

340　　きょういく

大学事典

ば筑波大学の教育学域，北海道大学の教育学研究院，九州大学の人間環境学府などが生まれてきている。また教員養成の水準の高度化や専門化の要請を受け，▶教職大学院の設置が進められ，その数は2016年度現在，45大学に定員1224，うち国立大学39，定員1054となった。2018年度には，開設準備が遅れていた高知大学にも設置されることになり，教員養成系教育学部を擁するすべての国立大学に教職大学院が設置されることになった。

木岡　一明

→専門職と大学(テーマ編)，国立大学法人，学部の概念(テーマ編)

◎TEES研究会編『「大学における教員養成」の歴史的研究—戦後「教育学部」史研究』学文社，2001.

教育課程 → 大学教育とカリキュラム(テーマ編 p.26)

教育課程の共同設置|きょういくかていのきょうどうせっち
joint degree program

複数の大学が連携し，共同して教育課程を開設，提供し，学位を連名で授与するもの。国内においては2008年(平成20)11月に▶大学設置基準等の一部改正がなされ，「共同教育課程」が編成できるようになった。また外国大学との教育連携については中央教育審議会大学分科会により，ジョイント・ディグリーおよびダブル・ディグリー等に関する考え方が示され，これに基づき2014年11月に大学設置基準等の一部改正がなされた。

大学は伝統的には単独で，教育や学位授与に必要な教員や教室など教育リソースを学科・専攻ごとに用意し，教育課程を開設，提供していた。しかし時代の流れとともに，他大学の教育や指導も受講可能とする方が幅広い魅力ある教育を提供できることが見いだされ，これを可能とする方法が複数生み出されてきた。最も基本的な方法は他大学において受講した科目の単位を学生の所属する大学における単位として認める方法であり，「▶単位互換制度」と呼ばれる。これは国際的にも広く行われている。その他大学院等において，他大学や研究所等においても指導を受けられる「連携大学院制度」もある。これら二者は基本的に，学生の関心に応じて他大学の科目や指導を教育に組み入れる方法であるが，より組織的に，複数の大学が事前の協議等を経て，共同で教育課程を提供する▶連合大学院という方法もある。

連合大学院は，「教育課程の共同設置」と理解することも可能であるが，制度上，連合大学院は単位互換制度に則った教育課程の設置方式であり，教員や学生は基幹となる大学院に所属し，他大学で修得した単位は基幹となる大学の単位として組み込まれる。学位も基幹となる大学の名義で

授与される。これに対して，共同教育課程制度では各構成大学が対等な立場で参画し，学位も連名で授与する。教員は各構成大学に所属し，学生はすべての構成大学に在籍する。単位互換制度の援用では実現できず，大学設置基準等の一部改正を必要とした所以である。なお事例としては，連合大学院は農学，教職，医薬の分野など，単一の大学に十分な教育資源のない分野に多い。共同教育課程についても学部段階については，国際水準の教育の実現等の観点から教育研究体制の充実が必要とされた▶獣医学部の共同設置が進んでいる。大学院における共同教育課程は，多様な学際的な分野で設置されつつある(2015年現在)。

複数大学で共同教育課程を提供する方法は，国際的には，①学位記＋修了証(サーティフィケイト)，②ダブル・ディグリー・プログラム(▶複数学位プログラム)，③ジョイント・ディグリー・プログラムが知られている。いずれにおいても学生は複数の大学で科目を履修し，総修得単位に基づいて学位を授与されるが，学位の形態がそれぞれの場合で異なる。①では，学生が他大学で履修した科目の単位が学生の所属大学の単位として組み込まれ，それに基づいて所属大学から学位が授与され，所属以外の大学からは，一定の教育プログラムを受講し修了した証明として修了証を得る。②では，学生は二つ以上の大学それぞれから学位を授与される。この場合，各大学の学位授与に必要な要件単位数を各大学で修得することが条件のため，大学における総在学年数は原理的には，通常の教育課程の倍以上となる。しかし一部の単位を単位互換制度に基づいてもう一つの大学の単位として組み込むことで，総在学年数を短縮することができる。

日本においては他大学で修得した単位を組み込むことのできる単位数の上限が定められているため，総在学年数の短縮には限界がある。しかし外国においてはこのような制約を設けていない国もあり，各大学が相手大学で修得した単位をすべて認定することにより，事実上，単一の大学を修了するのに必要な在学年数と同一の年数で，二つ以上の学位を同時取得できる場合もある。③では参画大学の連名で単一の学位が授与される。

短縮された総在学年数で複数の学位が授与される②ダブル・ディグリーは，学位の質保証上，問題があるとみなされることもあり，それに対して，学習量に応じた学位が授与される③ジョイント・ディグリーの方が適正であるとする見方もある。しかし外国大学とのジョイント・ディグリーは，国内法に照らして教育課程と学位の質保証をいかに行うかの制度設計が難しく，長いこと実現されなかった。日本においては大学設置基準により，大学設置時の審査がなされ，その後▶認証評価を定期的に行うことにより，大学の質を保証している。しかしこうした日本の学校教育法等に基づき，外国の大学

の教育課程を審査し質を保証することはできない（法の属地主義）。しかし一方で，日本の大学が一部でも関わって授与する学位について，質の保証をまったく行わないというわけにもいかない。なお「共同教育課程制度」については，参画大学がすべて国内大学であるため，早めの実現が可能であった。

　結局のところ，外国大学とのジョイント・ディグリーについては，国内大学に国際連携教育課程の設置を求め，外国大学にて修得した単位を同教育課程の単位に組み込むことで，外国大学も含む複数大学連名によるジョイント・ディグリーであっても，実現可能としている。
　　　　　　　　　　　　　　　　　　　　　船守 美穂

▶教育課程法制，大学の質保証（テーマ編）
◎文部科学省「大学における教育課程の共同実施制度について」：http://www. mext. go. jp/a_menu/koutou/daigakukan/1251913. htm
◎中央教育審議会大学分科会大学のグローバル化に関するワーキング・グループ「我が国の大学と外国の大学間におけるジョイント・ディグリー及びダブル・ディグリー等国際共同学位プログラム構築に関するガイドライン」，2014.
◎Institute of International Education, *Joint and Double Degree Programs in the Global Context: Report on an International Survey*, 2011.

教育課程法制｜きょういくかていほうせい

国民の教育を受ける権利（日本国憲法26条）を保障するための法体系であり，その理念や内容に関わる規定は▶教育基本法や▶学校教育法のほか，大学については▶大学設置基準の中で詳細に定められている。教育基本法7条では大学の基本的機能と役割が明示され，学校教育法では「広く知識を授けるとともに，深く専門の学芸を教授研究」するという大学の目的が掲げられ（83条），さらに▶修業年限や学位授与等の規定が盛り込まれている。これらを受けて，大学設置基準では第6章「教育課程」の独立項目が設けられ，教育課程の体系的編成や必修・選択・自由科目の編成方法，単位，授業期間，授業を行う学生数，講義・演習・実験・実習・実技の授業方法，授業計画（▶シラバス），FD（▶ファカルティ・ディベロップメント）研修，昼夜開講制などの規定が定められている。また第7章には関連して「卒業の要件等」の規定が詳細に決められ，日本では単位修得と修業年限を基本とした卒業制度が明示されている。
　　　　　　　　　　　　　　　　　　　　　清水 一彦

▶学校教育法と設置基準，学位法制，単位制，卒業

教育関係共同利用拠点
きょういくかんけいきょうどうりようきょてん
Facilities for Common Use Among Universities

2009年（平成21）9月に創設された教育関係共同利用拠点の認定制度に基づき，文部科学大臣に認定された施設。国公私立大学の施設は，教育上支障がなければ他大学が利用可能とする。多様な社会と学生のニーズに応えつつ質の高い教育を提供するには，個々の大学の取組みのみでは限界があるため，他大学との連携を強化し，各大学の人的・物的資源を共同利用するなど，有効活用することによって，大学教育全体として多様かつ高度な教育の展開を支援することが認定制度の趣旨。関係法令は学校教育法施行規則143条の2，教育関係共同利用拠点の認定等に関する規定。拠点類型は留学生日本語教育センター，大学の教職員の組織的な研究等の実施機関，練習船，演習林，農場，臨海・臨湖実験所，水産実験所など。大学が持つ教育研究機能のうち，教育面に着目している点で，共同利用・共同研究拠点制度と異なる。認定数（申請数）は2009年度1次8（14），2次4（14），2010年度9（22），2011年度なし，2012年度10（17），2013年度9（13）。
　　　　　　　　　　　　　　　　　　　　　竹下 諒

▶大学間連携，戦略的大学連携支援事業

教育機会の平等｜きょういくきかいのびょうどう
equality of educational opportunity

教育機会の平等（「教育の機会均等」といっても同じ）はフランス啓蒙思想のなかに登場し，公教育制度の根幹となった考え方である。日本の▶教育基本法にも明記され，誰もが「結果の平等」との対比において直観的に了解可能だろう。しかしながら第2次世界大戦後，OECD諸国で教育機会の開放という意味での教育の量的拡大（たとえば中等教育や高等教育への進学率上昇）が進むと，この言葉の意味はとくに高等教育に関しては必ずしも自明ではなくなり，この言葉をめぐる問題の構図も一気に複雑化した。

　第1に，さまざまな社会調査の結果から，教育の量的拡大が教育機会の均等化に必ずしもつながらず，場合によっては機会の不平等を拡大することが明らかになった。教育のスタートラインにおける（つまり既存の社会における）グループ間（男女間，階級・階層間，人種間あるいは国籍保有者と非保有者間など）の不平等が，学校制度によってむしろ強化されうるという，想定外の事態が明らかになったのである。第2に，教育達成を左右する要因，たとえば生徒の学力がスタートラインの不平等たとえば家庭環境と深く結びついているため，学校の資源（施設，教育スタッフの質など）を平準化するだけでは既成の不平等の改善につながらないということも判明した。それまで教育機会の平等をめぐる議論は教育制度の枠内で行われていたから，これは議論の土俵そのものを変えるに等しかった。

　問題の転換はこれだけにとどまらない。以上の知見から，「結果の平等に寄与しない」機会の平等とはいったい何か，という問い，社会的不平等（結

果の不平等)の是正に貢献できない「教育機会の平等」とは「絵に描いた餅」以上のものだろうか,という問いが生まれてきた。実際アメリカ合衆国では,1964年に制定された公民権法の要請に従い,翌年,人種,皮膚の色,家庭,出身国などによる教育機会の不平等について調査した報告書(通称「コールマン報告」)が刊行されると,機会の平等の徹底を求める動きは「機会の平等」から「結果の平等」へシフトする流れを生みだした。「自由な個人間の競争」の虚構性を暴き出し,機会の利用能力の不平等や,同じスタートラインに立てないグループ全体のハンディキャップを強調することを通して「結果の平等」を模索していく,▶アファーマティブ・アクション(積極的差別是正措置)に象徴される動きである。

とはいえ,合衆国のアファーマティブ・アクションにおいても,大学が特定カテゴリーの学生を一定数あるいは一定割合で機械的に入学させるという方式が正当化されたことはない。求められているのは「結果の平等」の制度化ではなく,あくまで「結果の平等」につながる「機会の平等」の定式化なのである。しかし,この目的を政策として具体化するための答えが自動的に得られるわけではないことは,アファーマティブ・アクションが合衆国でさまざまな困難に直面し,後退を余儀なくされてきたことからもわかる。教育選択や教育達成が個人(個々の家庭)の営みであるのに対して,「機会の平等」は階層や人種といったグループ単位でしか測定できないという二律背反は,そうした困難を代表するものの一つだろう。不利な立場に置かれた人々をグループ単位で助けようとする政策的企ては,自由を主張する個々人(個々の家族)の反発に直面する。このように,教育機会の平等を求める議論が「平等と自由との両立」という古くて新しい問題にあらためて直面し,公正(フェアネス)や正義(ジャスティス)といった概念を軸にする議論にシフトしていったのも,「教育機会の平等」という概念が孕む曖昧さ,それを実現する社会的合意を見いだすことがいかに難しいかを示している。

教育は一方では個人の能力という要因と切り離せず,他方でともに学び,高めあう仲間のような「社会関係資本」とも分かちがたく結びついている。そのため,「平等に分配する」ことの意味が自明であるお金のような財とパラレルな議論を「教育機会」に関しておこなうことは難しい。しかし逆の見方をすれば,「お金(教育費)に関する限り」は教育機会の平等をめぐってシンプルで明確な議論ができる,ともいえる。社会調査からは,家庭の所得格差と教育機会の格差との間に深い関連があることも明らかにされてきた。こうした研究をうけて日本でも2009(平成21)年度版『文部科学白書』では,▶文部科学省自身が「経済格差と教育格差の関係」を認めるに至った。家庭の経済力の格差が,たとえば大学進学率や入学できる大学のランクに影響を与えているという認識は,社会的に共有されつつある。

そもそも,「高等教育を無償化して,能力に応じて等しく教育を受ける機会を与える」要請は,国連総会で1966年(昭和41)に採択された「経済的,社会的及び文化的権利に関する国際規約(社会権規約)」(A規約)13条2項cに明記されている。日本は1979年にこのA規約を批准して以来,「高等教育無償化」を含めた四つの条項を長く「留保」してきたが,2012年11月にその留保を撤回したため,現在,なんらかの対応を迫られる状態になっている。

大学進学率の上昇が私立大学定員の拡大により家計に負担を強いるかたちで実現し,高等教育に対する支出がGDPに占める割合が,OECD諸国の平均の半分以下という日本の場合,教育費という角度から高等教育機会の平等を考えるアプローチは,不平等の改善にとってとくに有効だろう。大学授業料の無償化,無利子奨学金,あるいは仕送りによる家計負担を減らすための大学の地方分散が有効であることはいうまでもないが,そのための税金の投入によって大学に進学しない選択をする人に不利が生じないようにするにはどうすればいいかなど,高等教育機会の平等を経済的に実現する社会的合意を模索することが,今求められている課題の一つといえよう。

水島 和則

➡学費無償化,奨学金,教育費の負担,進学率,平等と大学
(テーマ編),社会構造と大学(テーマ編)

◎苅谷剛彦『階層化日本と教育危機―不平等再生産から意欲格差社会へ』有信堂,2001.
◎黒崎勲『教育と不平等―現代アメリカ教育制度研究』新曜社,1989.
◎宮寺晃夫編『再検討―教育機会の平等』岩波書店,2011.

教育基本法 |きょういくきほんほう

1947年公布(昭和22年法律第25号)。2006年(平成18)に全面改正がなされた。教育基本法は「教育の憲法」とも呼ばれるもので,日本の教育の根本的な理念や原則を定めた法律である。2006年の改正までは前文と11条からなり,前文には「民主的で文化的な国家を建設」するためには「根本において教育の力にまつべきものである」と高らかに教育宣言をしていた。その上で「個人の尊厳を重んじ,真理と平和を希求する人間の育成」と「普遍的にしてしかも個性ゆたかな文化の創造」をめざすことが強調されていた。日本国憲法に基づく民主主義あるいは自由主義の教育理念が明示されることになった。1条の教育の目的では,「教育は,人格の完成をめざし,平和的な国家及び社会の形成者として,真理と正義を愛し,個人の価値をたつとび,勤労と責任を重んじ,自主的精神に充ちた心身ともに健康な国民の育成を期して行われなければならない」と規定した。以下,教育の方針(2条),教育の機

会均等（3条），義務教育（4条），男女共学（5条），学校教育（6条），社会教育（7条），政治教育（8条），宗教教育（9条），教育行政（10条）および補則（11条）が続く。

［改正教育基本法］

2006年12月22日に，従来の教育基本法が全面改正された（平成18年法律第120号）。新法では，条文数はそれまでの11条から18条へと増加し，しかも4章立て（第1章「教育の目的及び理念」，第2章「教育の実施に関する基本」，第3章「教育行政」，第4章「法令の制定」）となった。新時代にふさわしい基本法の制定をねらったものといわれたが，時代や社会の変化とともに見失われがちであった「豊かな情操と道徳心」「公共の精神」「伝統と文化を尊重」「我が国と郷土を愛する態度」といった教育理念をはじめ（2条），生涯学習社会の実現（3条），信頼される学校の確立や大学の社会貢献あるいは教員の自覚（5〜9条），家庭教育や幼児期の教育，学校・家庭・地域の連携協力（10〜13条），国と地方公共団体との役割分担と相互協力の教育行政（17条）などが新たに盛り込まれた点が特徴的であった。とくに7条に大学の条項が新たに加わり，大学の社会の発展への寄与が法律で明示されたこと，また17条の教育振興基本計画に見られるように，国の関与を重視した項目が散見される点は注目される。

清水　一彦

→ **大学法制**（テーマ編），**学校教育法**

教育経済学 |きょういくけいざいがく
economics of education

教育経済学とは教育を対象とした経済学，もしくは教育と経済の関係を探究する学問である。経済学者が教育に注目したものの源流として，アダム・スミスやアルフレッド・マーシャルなどの著作があることはよく知られているが，これらの時点において教育は経済学者にとって主要な関心事とはなり得ていなかった。そうした状況の中で，1950年代後半から60年代にかけて，ジェイコブ・ミンサー，セオドア・シュルツ，ゲーリー・ベッカーなどを中心に，教育を労働生産性の向上を通じて賃金を高めるための投資と捉える▶人的資本論が発展し，教育経済学の端緒が開かれた。現在，教育経済学はさまざまな理論，分析手法，データをともなって急速に拡大してきている。教育経済学の研究群を整理すれば，①人的資本投資としての教育（教育投資の収益率），②教育サービスの供給主体としての学校（教育の生産関数），③教員労働市場，④教育と市場などに分類できる。

［人的資本投資としての教育］

この点について，現在も理論的バックボーンをなすのは人的資本論である。一方，これに対する影響力の大きい批判を展開しているものとして，教育は

労働生産性を高めることではなく，自身が持っている能力のシグナルとして機能するものとする，シグナリング論がある。これらの理論にもとづく数多くの実証分析がなされる中で，近年は単なる教育の量（すなわち教育年数）だけではなく，教育の質についての注目も高まってきている。またこれらに関連するマクロレベルの研究では，各国データを用いて集合的な教育と経済成長との関係の検討が進んでおり，そこでは以下の三つのメカニズムが想定されている。

（1）教育は人的資本を増加させ，労働者の生産性を高めることにより，アウトプットのより高い均衡水準を生み出す（修正新古典派成長理論）

（2）教育は経済のイノベーション力を高め，そこで生み出された技術，製品，プロセスに関する新しい知識が経済成長を促進する（内生的経済成長理論）

（3）教育は新しい情報を理解し処理するため，また他者によって考案された新しい技術を利用するために必要な知識の普及と伝達を促進し，これらが経済成長を促す

また，教育による賃金への効果以外に，健康・犯罪・市民的関与などの社会的便益に関する研究も進んでいる。

［教育の生産関数分析］

教育サービスの供給主体としての学校に関しては，教育の生産関数分析が中心をなしている。生産関数分析とはテストスコアなどの教育のアウトカムと，インプット（クラスサイズや教員の経験）についての統計的な関係性を明らかにするもので，近年では家庭環境や家族の社会・経済的地位，仲間集団や隣人，教員とその質，クラス規模などの影響が注目されている。また教育の生産関数分析は，より多くの注目を費用側面やファイナンスに向けており，教育プログラムや政策についての費用—便益分析（教育プログラム等の費用と教育のアウトプットの貨幣価値を算出し，生産関数分析にもとづいて比較する）や，費用—効果分析（生産関数分析にもとづいて，教育プログラム等の費用と効果を比較する）も実施されている。

［教員労働市場］

学生の学業成績の向上にあたって，教師の重要性は多くの研究で今や明白になっている。そのため1990年代以降，教員労働市場や採用・雇用維持，動機付け施策などについての研究関心が高まり，教員の就職にあたっての給与を含めた各種の労働条件についての選好などが明らかにされている。

［教育と市場］

最後に教育と市場に関する研究群についてであるが，これには教育における政府の役割について，公共財，非競合性，外部性（ある経済主体の行為が他の経済主体に影響を与えること）などの概念を用いて検討するものなどが挙げられる。実態として公教育はほぼ一貫して拡大してきた。しかし，政府の財政難等から公教育へ厳しい視線が注がれるように

なった。そうした中，1990年代半ば以降，経済学者は教育バウチャー（教育サービスが購入可能な金券）などによる学校選択の拡大などを通じて，市場メカニズムを教育に導入することによる競争の促進と，その競争が教育アウトカムを向上させるのか，それらの平等化に影響を及ぼすのかについての分析などを実施している。　　　　　　　　　　島 一則

→ マンパワーポリシー

◎D.J. Brewer, G.C. Hentschke and Eric R. Eide, "Theoretical Concepts in the Economics of Education", D.J. Brewer and P.J. McEwan(eds.), *Economics of Education*, Elsevier, 2010.

教育研究経費 きょういくけんきゅうけいひ
education/research funds

教育研究のために支出する経費（学生，生徒等を募集するために支出する経費を除く）。▶私立大学に適用される学校法人会計においては，経費は教育研究経費と管理経費に分けられ，7項目の管理経費以外はすべて教育研究経費とされる。これに対して国立大学法人会計では，資金の支出について人件費と人件費以外の業務費に分け，人件費は「教員人件費」と「職員人件費」，業務費は「教育」「研究」「診療」に分けられる。業務費を三つに分ける点は，▶運営費交付金の積算や長期借入金との関係によるコスト管理会計の必要性などから求められているものである。しかし，「教育」「研究」を中心に実際の支出を区分けする基準の設定は難しい。とくに大学附属病院において，医学研究科との関係も含め「教育」「研究」「診療」の区分けをいかに行うかは，病院経営の財務面からの成否にも大きな影響を与える事項となる。　　　　　　　小林 雅之

→ 学校法人会計基準，大学の財政(テーマ編)，大学病院

教育・研究媒体の英語化
きょういく・けんきゅうばいたいのえいごか
anglicization of the medium of education and research

21世紀初頭までの半世紀間に，世界の大学で進行した教育・研究媒体の英語化は今後も拡大し，それに伴う教育・文化上の課題の深刻化が予想される。2014年の調査によれば，ドイツ，ブラジル，中国，日本，サウジアラビア，ナイジェリア等を含む世界55ヵ国のうち8割弱が公立大学での，9割強が私立大学での，教授言語としての英語(English as a Medium of Instruction: EMI)の使用を公認している。2015年現在，ドイツの大学の大半(57校)は複数分野のPh.D.専攻課程を英語で提供し，中でもゲッティンゲン大学およびミュンヘン大学でのそうした課程数は50にも達する。東京大学も両大学に劣らない数の大学院専攻課程を英語で開設している。自然科学の学術論文の言語は，20世紀初頭の欧米の主要国ではドイツ語，英語，フランス語

の割合が全体の約34％，30％，26％の順でほぼ拮抗していたが，世紀末には英語の引用文献が60％台，アメリカ合衆国に限れば90％を超え，ドイツ語，フランス語の論文は激減した。現在，世界の自然科学論文の90％以上が英文であると言われる。

20世紀後半の英語化は，ドイツ語の衰退と表裏一体をなす。第1次世界大戦に至る半世紀の間，ドイツの大学は世界の学術の中心を占め，ドイツ語の習得は研究者にとって死活問題であった。英語への移行は合衆国を中核とする英語圏の経済繁栄と切り離せないであろうが，しかし学問興隆期のドイツが経済的には貧しく，オイルマネーを持て余した現代のアラブ諸国が学術言語としてのアラビア語の普及面で成功していないのも周知の事実である。J. ベン・デヴィッドが解釈したように，個々の領邦より遥かに巨大な言語文化圏の間に分散して所在した19世紀のドイツ大学は，学者の獲得と研究成果面で競争し発展したが，20世紀には飽和状態となり，英米，とくに合衆国の大学に凌駕された。後者に顕著な近代的な市民階級は，応用分野を内包する新時代の科学の導入を容易とし，何よりも独立国家のごとき諸州が，主要な英語国の場合を遥かに超えた規模の言語文化圏の中で，大学間の自由な競争を育んだからである。

他方，現在の英語化は，ドイツ大学時代との類比では論じきれない問題も孕んでいる。まず，第1次大戦直前のドイツ大学では4000人前後であった留学生数は，2014年度の合衆国およびイギリスの大学では116万人と，約300倍に達している。加えてカナダ，オーストラリア等への留学生の大半は言うに及ばず，ほかのヨーロッパやアジアの諸国への膨大な数の留学生が英語を媒体として学んでいる。さらに英語圏以外で開催される学術会議や共同研究，発行される▶学術雑誌の多くも英語を採用している。21世紀の英語には，19世紀のドイツ語に比して，第1言語が英語でない学生・研究者同士での意思伝達の媒体，▶リンガ・フランカとしての役割が格段に大きいのである。

こうした事態は，世界の大学を新規な諸課題に直面させている。まず政策立案者と大学人との間の意識のずれが挙げられる。国力の上昇と留学生の大量獲得を目論む為政者は，教育研究の媒体の英語化を大胆に推進しがちである。対して大学人の主要な関心事はEMIにはなく，準備も不十分である。その結果，壮大な机上のプランに比して，にわか作りのEMIはしばしば不完全で，学生の講義内容の理解を阻害する。さらに，留学生総数が400万人にものぼる世界の大学の多くでは，教育研究に用いられる英語の水準，基準自体が問題化する。大学での英米の教養人の英語が模範となるべきなのか。はたまた，第1言語としてよりも，リンガ・フランカとして用いる人口が遥かに多い英語

は，他の言語文化を反映して複数の英語へと分化すべきであるのか。

　具体的には，留学生の学位取得の条件として，また英文学術誌への掲載論文の判定において，言語面でのレベルの基準をどこに置くかが深刻な課題となる。英米本位の英語でもなく，リンガ・フランカとして他の言語文化を反映した複数の英語でもなく，科学を中心とした学術活動が醸成する第3の英語，すなわち科学英語ないし学術英語をこそ奨励するべきであるとの意見も根強い。しかし，デヴィッド・クリスタルも指摘するごとく，学術論文も日常言語に大きく依存している以上，その実現を阻む壁は高い(D. Crystal, "English and the Communication of Science")。したがって最後に，大学の教育研究の英語化は，結局は英米化，グローバル化に名を借りた世界のアメリカ化の一環にすぎないのではないかとの反感ないし批判，英語と伝統文化間の深刻な対立化は避けられない。しかもジェニファー・ジェンキンズによれば，そうした反感ないし批判は，途上国・非西欧圏からの留学生に顕在化するだけでなく，イギリス以外のヨーロッパ諸国の大学にも強く潜在しているという。教育・研究媒体の英語化は，グローバル化の持つ可能性以上に，文化上の対立の火種となる可能性を十分に秘めているといってよい。　　　　　　　　　　　立川　明

→ 大学と言語(テーマ編)，教育言語，植民地の教授言語

◎Ulrich Ammon and Grant McConnell, *English as an Academic Language in Europe*, Peter Lang, 2002.
◎Julie Dearden, *English as a Medium of Instruction: A Growing Global Phenomenon*, EMI Oxford, 2014.
◎Jennifer Jenkins, *English as a Lingua Franca in the International University*, Routledge, 2014.
◎N. Murray and A. Scarino, eds., *Dynamic Ecologies: A Rational Perspective on Languages Education in the Asia-Pacific Region*, Springer, 2014.

教育言語 | きょういくげんご
languages of instruction

教授言語とも称する。初期キリスト教会で権威をもったのはギリシア語だが，それも4世紀までで，5世紀以降，ギリシア語の権威は東ローマ(ビザンティン)帝国の範囲内に限られる。▶ラテン語は，キリスト教(ローマ教会)と結びつくことによって，西ローマ帝国の崩壊にもかかわらず，5世紀以降，西欧では言語的権威を独占する。したがって，西欧の高等教育機関では，以降，ラテン語がもっぱら教育言語となった。

　5世紀においてラテン語は形が崩れつつあり，それは「俗ラテン語」と呼ばれるが，これが8〜9世紀にはフランス語，イタリア語など「俗語」に発展していくことになる。俗ラテン語の母語話者にとって，教育言語である古典的ラテン語は理解可能だったはずだが，フランス語やイタリア語の場合はそうは

いかず，自発的に習得する必要がある。このための教科書として有名なのは，4世紀半ばのローマの文法家ドナートゥス(Aelius Donatus)の『文法術 *Ars Grammatica*』であり，15世紀にいたるまで写本や木版刷りで出回った。いったんラテン語を習得すれば，学生は「学術遍歴」(ペレグリナティオ・アカデミカ)と呼ばれる国から国へと旅をしながらの教育の享受が可能となり，教師もまた「どこでも教える権利」(ユース・ウービクエ・ドケンディ ius ubique docendi)が全うできたのである。

　15世紀から16世紀にかけてのルネサンス期では，イタリアやフランスの大学における教皇の権威は高く，ラテン語使用が揺らぐことはなかった。とはいえ，イスパニア(スペイン)では，エリオ・アントニオ・デ・ネブリーハ(Elio Antonio de Nebrija, 1441-1522)による，1481年の『ラテン語入門 *Introductiones latinae*』(ラテン語による)が，1486年にカスティーリャ(イスパニア)語に訳されているので，同地の学校でイスパニア語が教育言語として用いられた可能性があるが，大学で用いられた事例は知られていない。さらに重要なのは，ラテン語の権威を揺るがすことになった宗教改革である。ルターは▶スコラ学など旧来の神学を否定し，それに伴い俗語(母語)の使用を提唱した。彼の手になるドイツ語訳聖書は1522〜34年に出版され，ドイツ語綴字法の基礎を提供することになった。

　だが，そうした動きが直ちに大学での母語使用につながりはしなかった。16世紀後半から17世紀にかけて，講義や自著の執筆にドイツ語やフランス語を用いようとする学者が単発的に登場しはするが，しかし欧州の大学でラテン語が教育言語として使用されなくなるのは18世紀半ば以降である。

　16世紀後半からは，欧州列強の植民地にも，宣教師たちによって高等教育機関が設立される。メキシコやペルーに建てられたコレジオで教育言語として用いられたのはラテン語だったが，1551年創立の王立リマ大学(Real y Pontificia Universidad de Lima)，1553年創立のメキシコ王立大学(Real y Pontificia Universidad de México)では，創立時からイスパニア語が用いられ，さらに先住民言語の講座も開設されていた。こうした例外的事例は，既述のネブリーハのイスパニア(スペイン)語訳『ラテン語入門』(1486年)が，初期宣教師たちの手によって新大陸に渡り，メキシコやペルーで用いられたため生じたとされる。一般的にいえば，ラテンアメリカにおける教育言語としてのラテン語の消滅は，カルロス3世(在位 1759-88年)による植民地からのイエズス会の追放(1767年)以降起こったのである。

　ハーヴァード・カレッジ(▶ハーヴァード大学の前身)初代学長ヘンリー・ダンスター(Henry Dunster, 1609-59)の伝記によると，彼の定めた「規則と指針」では「大学の敷地内ではラテン語を用いる」とある。聖書の英語からギリシア語への翻訳も課されたような

346 　きょういく

大学事典

ので，英語がまったく用いられなかったわけではないが，教育言語は基本的にはラテン語であった。これは当時，ハーヴァード大学のモデルとなったイギリスの▶ケンブリッジ大学を踏襲したものであった。ちなみにダンスターは先住民の教育にも熱心で，1655年に先住民のためのカレッジを設立している。先住民教育では母語使用の重要性も強調した。

18世紀以降，世界各地での植民地で植民者の母語使用が一般化し，それが学校教育にも反映されるようになる。19世紀の国民諸国家では，ラテン語に代わって国語の使用が一般化する。それとともに植民地での宗主国の言語の地位も固まっていくのである。

近代外国語教育における「直接法direct method」には，フランス人のフランソワ・グアン（François Gouin, 1831-96）による1880年出版の『諸言語を教え学ぶ方法』，アメリカでのマクシミリアン・ベルリッツ（Maximilian Berlitz, 1852-1921）による1880年の方式確立，ドイツのヴィルヘルム・フィーエトル（Wilhelm Viëtor, 1850-1918）による1882年発行の論文にはじまる。グアンの方式は「連続法series method」ともいわれ，20世紀初頭，台湾での日本語教育でも用いられた。　　　　　　　　　　　　　　原 聖

▶植民地の教授言語，大学と言語（テーマ編）

◎Nicholas Ostler, *Ad Infinitum. A Biography of Latin and the World it Created*, London, Harper Press, 2007.
◎Agnès Blanc, *La langue du roi est le français. Essai sur la construction juridique d'un principe d'unité de langue de l'État royal* (842-1789), Paris, L'Harmattan, 2010.
◎ *The Catholic Encyclopedia*, New York, Robert Appleton, 1910.
◎ピーター・バーク著，原聖訳『近世ヨーロッパの言語と社会』岩波書店，2009.

教育公務員特例法 | きょういくこうむいんとくれいほう

1949年公布（昭和24年法律第1号）。教育公務員の職務と責任の特殊性に基づき，その任免・給与・分限・懲戒・服務および研修等について国家公務員法・地方公務員法の特例を定めた法律。ここでいう教育公務員とは▶学長，校長（園長を含む），教員，部局長（副学長，学部長等），教育長および専門的教育職員（指導主事，社会教育主事）を指す。教員のうち大学の場合には▶教授，▶准教授，▶助教および▶講師が含まれる。なお国立学校の教員については，2003年（平成15）の▶国立大学法人法の制定に伴い非公務員となったため，すべての規定から除外された（▶公立大学法人も同様）。そのため，本法律は公立学校教員に対象が限定され，事実上「公立学校教育公務員特例法」という位置づけとなった。大学の学長，教員および部局長の採用・昇任は競争ではなく「選考」によるものとすること，教育公務員には直接本人に「研修の義務」があること，さらに

2006年からは不適切教員に対する「指導改善研修」の実施も義務づけられている。　　　　清水 一彦

▶大学の自治と教育公務員特例法

教育情報の公表 | きょういくじょうほうのこうひょう

学校教育法施行規則の改正に伴い，2011年4月より施行された制度。教育情報の公表の制度化は，大学の▶アカウンタビリティの視点に立脚したもので，その具体的目的は，①大学自身の活動状況の把握・分析，②他大学との比較による課題の把握・改善，③提供情報を前提とした▶認証評価などの大学評価への活用等の点にある。公表が義務づけられた教育情報として大学の教育研究目的，教育研究組織，教員組織および各教員の学位・業績，入学者受入方針・入学者数・収容定員・在籍学生数・卒業者数・進学者数・就職者数，その他進学・就職等の状況，授業科目・授業内容とその方法・年間授業計画，成績評価基準・卒業認定基準，施設・設備等の教育研究環境，学生から徴収する費用，学生支援など，また公表を努力義務化したものとして，教育目的に応じ学生が修得すべき知識・能力の一覧が挙げられる。この法改正に伴い，大学は個別にその法的要請に対応することとなったほか，全国大学の教育情報の公表・活用のための共通枠組みとして「大学ポートレート」がシステム化されている。　　　　　　　　　早田 幸政

教育審議会 | きょういくしんぎかい

1937年（昭和12）12月に，内閣により設置された教育に関わる審議機関。内閣総理大臣の諮問に応じ，「教育ノ刷新振興ニ関スル重要事項ヲ調査審議ス」とされた（教育審議会官制）。1942年5月に廃止されるまでの4年6ヵ月間に学校教育から社会教育，教育行財政に至るまで包括的な審議がなされ，七つの答申と四つの建議が可決されている。大学に関しては1940年9月に「高等教育ニ関スル件」が答申された。そこでは昭和初年以来の学制改革論議の焦点であった大学と▶専門学校の一元化論は認められず，現状維持とされた。他方で，大学の目的規定に「皇国ノ道」に基づくという表現を入れること，新たに▶女子大学制度を創設することなども提案された。部分的には新しい方向性はあったが，全体としては▶帝国大学関係者が議論をリードし，従来の大学のあり方の維持を目指した提案が主であった。しかもそれらの提案の多くは戦局の悪化により実現せず，この審議会が同時代の大学改革に果たした役割は限定的だったとされる。他方でこの審議会が，そもそも戦時対応ではなく，より長期的な観点からの提案を目指していたとの

見方もある。 　　　　　　　伊藤　彰浩

教育選抜と社会移動 | きょういくせんばつとしゃかいいどう
educational selection and social mobility

［業績原理に基づく選抜］

社会の近代化が進むにつれて，身分・家柄・人種・性別などの属性原理による差別が否定され，世襲や情実による地位伝達が不当と見なされるのに対し，本人の能力・努力・適性・学歴・資格といった業績原理に基づいて，専門分化した分業体制の中に人材を配置することが求められる。おもに学業成績や入学・卒業試験を通じて行われる教育選抜は，その中心的な役割を担うと同時に，教育達成および社会的地位達成の結果を正当化する働きを有している。

　日本国憲法26条では「すべて国民は，法律の定めるところにより，その能力に応じて，ひとしく教育を受ける権利を有する」と規定しており，▶教育基本法4条で教育の機会均等を保障する支援や措置を義務づけている。この「能力に応じて」という部分を正当化するのが教育選抜であり，出自にかかわらず本人の能力や努力次第で誰もが高い教育を受けることができ，それに見合う社会的地位にアクセスする可能性を開く。他方で，この考え方を極度に推し進めると，有能な人を早期から分離して教育すべきとするエリート主義を伴った▶メリトクラシーのイデオロギーに結びつき，すべての人に最大限の教育を等しく提供する平等主義と相反することにもなる。

　業績主義に基づく教育選抜が優勢になる中で，親子世代間または同一世代内で，人々が所属する社会階層を変えることを社会移動という。社会階層とは，財産・職業・所得・学歴などの社会的資源およびその獲得機会が，人々の間に不平等に分配されているために，社会的地位の異なる人々が層をなす状態にあることをいう。産業社会の発展とともに学校教育が広く人々に普及するようになると，親子間の学歴や職業の再生産が縮小し，社会の流動化が進んで社会移動の程度が高まるという産業化仮説が提示され，その真偽をめぐって実証研究に基づく議論が展開されてきた。日本では1955年から10年ごとに社会階層と社会移動全国調査（SSM調査）が実施され，教育達成と社会的地位達成の関わりについて，個人の所属階層間の移動という観点から計測している。世代間・世代内の職業を組み合わせた社会移動表から，周辺度数の階層分布によって構造的に制約される移動を除いた純粋移動（循環移動）を指標化したり，世代間の地位達成経路や移動パターンの適合度をモデル化して検証するなど，統計手法を駆使した分析が行われてきた。

［教育の機会不平等と信用低下］

これらの実証研究から，20世紀を通じて教育機会の拡大により全体的な学歴水準が向上し，また産業構造の変化によりとくに第3次産業の職業が増大したにもかかわらず，世代間における教育達成と社会的地位達成の機会構造は大きく変化しておらず，階層間格差を縮小させるほど社会移動による流動化が進んでいるわけではないことが国際比較の視点によって指摘されてきた。つまり，相対的に社会的出自が高いほど，相対的に高い学歴と職業的地位に到達するチャンスが大きいことが維持されてきた。今日の大学進学機会も，本人の能力や努力に加えて，親の学歴，職業，所得，あるいは兄弟数などによる影響を受けており，家庭の状況によって進学を断念せざるを得ないケースが少なくない。日本の大学は入試難易度によってピラミッド型に序列づけされており，とくに選抜性の高い大学への進学機会が問題となり，若年層の就職難に対して条件のよい大学卒の学歴を有することが，社会的地位達成に影響を及ぼすようになっている。情報化やグローバル化が進む▶知識基盤社会において，より高度の教育を受けた学歴・資格の重要性が高まっている。

　他方で，教育を受ける過程の中で出身階層の影響を受けるために，依然として不平等が存続する余地が残り，教育の信用低下につながるさまざまな問題を引き起こしている。あらゆる教育段階における機会が拡大し，「大衆教育社会」と呼ばれる社会の高学歴化と就学の長期化が進行する中で，学生数の増大という量的拡大のみならず，学力や学習態度などの多様化や水準低下といった質的変容をもたらした。同時に，職業の学歴代替と学歴インフレーションが進行していった。長期にわたる学校教育が当然のように見なされ，進学ルートが社会的に制度化されるようになると，学校機能の硬直化・肥大化，進学競争の常態化，学習の無気力化，不本意入学などの弊害が問題視された。さらに，人々の不公平感が受験や学歴に向けられることにより，その背後にある社会階層，▶ジェンダー，エスニシティなどの社会的不平等を見えにくくするという問題も指摘されている。社会における学校教育の役割が増大し，誰もが高い教育を受けて社会上昇移動の実現を目指す民主化の理想が掲げられる一方で，その実現を妨げる社会的不平等の諸要因について，多方面にわたる研究の展開が必要な状況になっている。　　　　　　　大前　敦巳

➡社会構造と大学（テーマ編），学歴社会，教育機会の平等，入学制度（テーマ編）

◎Hiroshi Ishida, *Social Mobility in Contemporary Japan*, Stanford University Press, 1993.
◎近藤博之編『日本の階層システム3—戦後日本の教育社会』東京大学出版会，2000.

348 　｜　きょういく　　　　　　　　　　　　　　　　　大学事典

教育担当副学長|きょういくたんとうふくがくちょう

vice-chancellor for academic affairs; vice-president of educational affairs

副学長は，▶学長を補佐する大学執行部の一員として，2000年（平成12）以降多くの大学で置かれるようになった。近年は大学運営の複雑化・高度化と，それに対応する専門的人材の必要性から，担当副学長制を採用する大学が増え，教育，研究，国際交流，評価，産学連携，広報，総務，財務，法務など，必要性に応じて1名から10名以上置く大学もあり，副学長ポストは増加傾向にある。その中で，教育施策や法令改正を通じた大学教育改革の必要性が指摘されるとともに，▶認証評価等が教育面の評価を重視することから，大学全体の教育状況を的確に把握し，活用できる資源を考慮しながら，全学的な教育改革案をまとめ，教育の質向上の取組みに学内構成員を巻き込む牽引者として，教育担当副学長の役割に注目が集まっている。役割への期待の高まりと要求される職務の高度化の一方，職務を担える人材の希少性が懸念されている。国内外の大学で執行部職の専門職化・流動化が進む中，名古屋大学が2011年に行った調査では，教育担当副学長の約80％が，勤続年数20年以上であった。日本では学内から教育担当副学長の選任に苦慮する大学も多く，各大学で長期的視野に立った育成が課題となっている。

中島 英博

→大学職員の専門職化

教育と研究|きょういくとけんきゅう

education and research

［教育と研究の統合］

教育と研究は，ともに大学の重要な使命である。教育と研究の関係をどう捉えるべきかに関しては，相互に対立する二つの典型的な考え方がある。一方は，教育と研究は不可分であり，教育と研究が統合して行われることが大学の存在意義だとする考え方である。この考え方は，研究優先主義ないし研究至上主義に結びつくことが多い。他方は，教育と研究は別のものであるとする考え方で，教育や人材育成を優先する傾向がある。

　カール・▶ヤスパースは「教育と研究の統合」を直截に表現した。ヤスパースは「研究と教授の統合」が大学の最大の原則であると述べた（『大学の理念』）。ここで教授と言うのは，専門分野の教育（▶専門教育）を指す。教育には専門教育のほかに教養教育もあり，ヤスパースは，教授，教養，研究が不可分の統一体を形成しているのが大学の原理であるとする。大学は研究者と学生の共同体であり，その共同体の中で学生は教師とともに研究に参加すべきであり，教師にせよ，学生にせよ，研究する

者のみが本質的な意味で知識の獲得ができる，すなわち，研究を通じて教授も行われるということである。これが教授と研究が統合された姿である。このことから「最高の研究者が同時に唯一の善き教師」であり，大学の教師は，善き研究者であることを目指して研究に邁進することになる。これが研究至上主義的な価値観につながる。

　このような「教育と研究の統合」理念の源流は，いわゆる▶フンボルト理念に遡る。教育が完成された知識体系の伝達や学習であるとすれば，新しい知識の探求としての研究とは交わることはない。しかし，知識の獲得を知識探求のプロセスの追体験により成し遂げるとすれば，それは学生にとっては研究の擬似的体験にほかならない。これが▶ゼミナールや▶実験を通じた教育であり，そのために大学に図書室や実験室が配されるようになった。もし，この教育において，いまだに解決されていない問題の解明を目的とする知的探求が行われるのであれば，それは教育であると同時に研究にもなる。これが教育と研究の統合の典型的なイメージであり，ヤスパースの「教育と研究の統合」へと連なっていく。

［大衆化した大学における教育と研究］

教育と研究の統合，ないしは研究至上主義的な考え方に反対する意見もある。▶オルテガ・イ・ガセットはその典型である。大学の教育には教養教育，司法分野や医療分野を典型とする知的専門職の育成のための▶専門職教育，研究職の育成のための分野別の専門教育が存在している。オルテガは，大学が最も重視すべきなのは教養教育であり，これに次いで，社会の人材育成需要の観点から知的専門職の育成も重視すべきだとする。オルテガは研究者養成につながる専門教育の意義を否定するわけではなく，専門教育と研究活動も大学の使命の一つだとしている。専門教育の範囲では，専門教育と研究が分かちがたいものであることも認めるが，その「教育と研究の統合」原理を大学全体に波及させ，大学の第1の原理，あるいは大学の共通原理だとすることには異を唱える。

　教育と研究の統合を主張する立場と，教育や人材育成を優先する立場の違いは，エリートのための大学か，それとも大衆のための大学かという大学観の対比に求めることもできる。エリートのための大学であれば，フンボルト的あるいはヤスパース的な「教育と研究の統合」は可能であろう。しかしこの理想を大衆化した大学に当てはめれば，多くの大学では，研究至上主義の教師の下で学生は，真の意味で未解決の新しい問題の探求ではなく，研究の物まねに終始し，十分な知識を学ぶ機会もないままに卒業することになる。あるいは知的職業人養成と研究とを混同することにより，研究者の養成に成功しても，職業人としての育成に失敗することもありうる。「教育と研究の統合」は理想主義的では

あるが，建前が先行し，現実と理念の乖離を内包する大衆化大学を生むことになる。

ここから，大衆化した大学にふさわしい教育と研究のあり方を再検討すべきだという問題意識が生じてくる。またエリートを対象とする大学においても，研究の進展に伴って学問分野の細分化が進む結果，教育と研究の統合はきわめて狭い範囲でしか成立しなくなり，大学は細分化された知識の寄せ集めになる。このような細分化された大学は，本来期待されている知的総合性や知的な規範としての役割から離れていく面があることも事実である。ここに，教養や人材育成を重視する立場が生まれてくる余地がある。大学における教育と研究を如何に考えるかという問題は，古くて新しい問題であり，大学改革の議論においても重要な位置を占め続けている。
　　　　　　　　　　　　　　　　　　小林　信一

→ 大学と研究（テーマ編），一般教育／教養教育，教養と大学（テーマ編）

◎オルテガ・イ・ガセット，井上正訳『大学の使命』玉川大学出版部，1996.
◎ヴィルヘルム・フォン・フンボルト「ベルリン高等学問機関の内的ならびに外的組織の理念」，梅根悟訳『大学の理念と構想』明治図書出版，1970.
◎カール・ヤスパース，福井一光訳『大学の理念』理想社，1999.

教育費の負担｜きょういくひのふたん

教育費の負担は主として次のように区分される。まず第1に公的負担か私的負担か，第2に私的負担は民間負担か家計負担か，第3に家計負担は親負担か子（学生本人）負担か，という区分である。民間負担には企業や慈善的負担（寄付，財団など）もあるが，日本ではその割合は大きくないため，教育費の負担は公的負担と，親負担，子負担の三つになる。教育費のうち家計負担分が学費である。つまり，教育費には公的負担があるため，学費は教育費の一部である。

多くの国では，実際にはすべて一つの負担というより先に挙げた三つの負担を組み合わせている。つまり，いかに負担を分担するか，それぞれの負担の割合が問題となる。日本は学費の家計負担が著しく重いことが大きな特徴である。OECDの統計でも日本は常に韓国と並んで家計負担の最も重い国の一つであったが，近年イギリスやアメリカ合衆国でも▸授業料の値上げが相次ぎ，家計負担の重い国になっている。

日本の家計負担が重い理由は，私立大学生が全学生数の7割以上を占めていることと，私学助成が経常費の約1割と少ないため，家計の授業料負担が重いためである。国公立大学についても，▸私立大学とのイコール・フッティングという主張が，財政当局や私立大学関係者から強く打ち出さ

れた結果，1972年度の3倍値上げ以来急速に値上げを続けており，私立大学との初年度納付金の差は平均1.6倍にまで縮まった（2014年現在）。他方，アメリカのように授業料が高額な場合でも，十分な給付奨学金があれば，家計負担は相当軽減される。日本では，学士課程学生に対する公的給付奨学金が2017年度にようやく創設された。また大学独自給付奨学金や民間の給付奨学金もアメリカのようには普及していない。これらの結果，家計の教育費負担はますます重いものになっている。

教育費の公的負担，親負担，学生本人負担（子負担）の三つの費用分担の背景には，三つの教育観がある。第1に公的負担を支える教育観は，社会が教育を支えるというもので，これは教育に関する福祉国家主義といえよう。北欧諸国やフランスなどに広く見られる考え方である。多くのヨーロッパ諸国では，この教育観により高等教育は無償である。スウェーデンでは国公立大学だけでなく私立大学も完全に無償である。第2に親負担の背景にある教育観は，親が子どもの教育に責任をもち費用を負担するのは当然であるべきという教育の家族主義である。日本，韓国，中国，台湾などで強い教育観であるが，南欧諸国もこれにやや近い。第3に学生本人負担（子負担）の背景にある教育観は，教育の個人主義という考え方である。つまり，三つの教育負担の考え方は，異なる教育観によって支えられている。

各国と比較すると，日本では教育の家族主義が強く，教育費の家計負担が当然視されているため，教育費の負担問題がわかりにくいが，他国の例をみれば日本の家族主義とまったく異なる考え方があることがわかる。子の教育は親の責任であるという教育観は，「教育は社会が支える」という教育観とは正反対の立場と言っていい。こうした教育費負担の家族主義から，教育費の負担論は日本ではあまり大きな問題として考えられてこなかった節がある。このため，政策課題として俎上に載せることが少なかったと考えられる。

日本の公財政支出の中で，教育費支出の割合が低いことの背景には，親が子どもの教育に責任を持つという教育観により，教育費の親負担が当然視されていることがある。こうした考え方がいかに強いかは，各種の調査結果にも示されている。学費に関する調査には，保護者を対象にした調査（日本政策金融公庫「教育費負担の実態調査」や東京私大教連「私立大学新入生の教育費負担調査」など）と，大学生を対象とした調査（日本学生支援機構「学生生活調査」や全国大学生活協同組合連合会「学生生活実態調査」など）があるが，いずれも家計の学費負担割合がきわめて高いことと負担感が強いことを示している。

しかし近年，▸貸与奨学金の増加により，学費の負担が親負担から子負担に急速に移行している。

つまり，家計からの仕送り・小遣い等が減少し，その分▶奨学金が増加している。これらの奨学金の大部分は貸与であり，原則として卒業後に学生本人が返済していくことになる。もっとも，これらの奨学金は子(学生本人)が返済することになっているが，親が返済している場合も少なくないとみられる。その実態は正確にはわからないが，▶日本学生支援機構の奨学金の「延滞者・無延滞者調査」(2015年度)によると，延滞者の場合には本人が返還している割合が71.2%，無延滞者の場合には85.9%である。必ずしも子負担に移行しているとは言い切れない点に留意する必要があるが，メガトレンドとしては，親負担から子負担への移行が進展していると言えよう。教育費の負担構造の変化は徐々に進行しており，教育機会に影響を与えることが懸念されている。

小林 雅之

▶大学と学費(テーマ編)，アルバイト，学生納付金，貧困学生

◎広田照幸ほか編『シリーズ大学3 大学とコスト』岩波書店，2013.
◎小林雅之「家計負担と奨学金・授業料」，日本高等教育学会編『高等教育研究』第15集，2012.
◎小林雅之編著『教育機会均等への挑戦―授業料・奨学金の8カ国比較』東信堂，2012.

教育評議会 |きょういくひょうぎかい

大正時代に設置されていた文部省管轄の審議機関。1921年(大正10)7月設置，24年4月廃止。文部大臣の諮問に応じ，「教育ニ関スル重要ノ事項ヲ調査審議シ意見ヲ開申ス」とされた(教育評議会官制)。臨時教育委員会(1919年設置，1920年廃止)において，政府が実現を目指していた官立諸学校のいわゆる「大学昇格」案への反対勢力が多数を占めたことが，同委員会の廃止と教育評議会の新設をもたらしたとされる。よって教育評議会では東京高工，大阪高工，神戸高商，東京および広島の▶高等師範学校の大学への組織変更や官立歯科医学専門学校の創設が諮問され，いずれも承認された。他方で▶専門学校卒業者に学士号を授与する案や，専門学校の修業年限を4年とし，中学校第4学年から専門学校に進学できるようにする案も政府から諮問されたが否決されている。そのほか公立・私立大学の設置認可などおもに高等教育にかかわる諮問がなされたが，盲啞教育令や義務教育年限延長についての諮問もあった。文政審議会の設置に伴い廃止された。

伊藤 彰浩

教育ローン |きょういくローン
student loans

日本政策金融公庫や民間金融機関が行う長期返済の融資額の比較的高いローンを指す。なお日本以外の国では，日本の教育ローンにあたるものを「student loan」というので，▶学生ローンと混同しやすい。そのため教育ローンを学資ローンと呼んで，学生ローンと区別する場合もある。日本政策金融公庫の「国の教育ローン」は最高350万円(2016年現在)まで一時期に借りられるため，初年度納付金の高い日本では，そのための利用が多いとみられる。返済期間は最長15年で，在学中も有利子である。利子率は2016年5月現在，年1.90%で固定金利(保証料別)である。また，母子家庭または世帯年収(所得)200万円(122万円)以内の場合は年1.50%と低く設定されている。連帯保証人か，教育資金融資保証基金による機関保証が選択できる。利用者数は年間約11万件となっている。また銀行などでも教育ローンを提供している例は多い。借入れ可能金額は数百万円台が多いが，1億円に達するものもある。利子率は2%から5%程度が多いが，10%以上のものもある。保証料などがかかるため，実質金利はさらに高くなる。これは教育ローンには担保がないため，リスク・プレミアムとして利子に上乗せしていることによる。

小林 雅之

▶貸与奨学金

教員のカリキュラム編成
きょういんのカリキュラムへんせい
faculty and curriculum

大学において教育の体系を示すのは教育課程(近年，同じ意味を持つ言葉として「教育プログラム」の語がよく用いられる)であり，教育課程の内容に当たるカリキュラムを編成するに際して最も重要な役割を果たすのが，各課程の教育の実施を直接担当する教員および教員集団である。大学教育はその基本的なあり方として，各学問分野の専門家集団である教員(大学教授職，faculty)が，各専門分野の教育・研究に関する決定権を有する。これは大学における学問の自由，専門家自治に関わる最も根源的な原理の一つであり，大学の中核に位置するアカデミックな諸事項の決定は，その内容を最も深く関知する専門家集団に委ねるべきであるとの原則に則っている。国・地域によっては，法律によって，あるいは学内規則によって，カリキュラムの最終決定権を▶理事会や▶学長に担保させている場合がある。しかし，その場合でも，カリキュラムを含むアカデミックな事項については，教員集団の判断が最大限尊重されるべきであり，それとは異なる決定を下すのは稀な場合に限られるとされる。また通常は，こうした決定の様式が慣習として成り立っている。

[三つの教員集団]
このようにカリキュラム編成は基本原則として専門家集団の判断が尊重され，またそれが最も重要な意味を持つ。ただし，ここでいう教員集団，専門家集団には大きくいって三つの異なるレベルが存在する。最も狭い意味では，各教育課程の実施に

直接携わる教員集団がある。この集団の規模は教育課程の目的や規模により異なる。カリキュラム編成を実質的に担うのはこの集団である。次に，各教育課程が属する組織における教員集団がある。日本の場合，これは通常，部局（学部，大学院）における教員組織としての▶教授会に当たる。部局は普通，複数の教育課程から成り立っており，部局に所属する教員の担当する課程は専門により異なるが，分野や規模によっては部局が第1の意味における教員集団と重なる場合もある。部局は各課程の専門的内容をより大きく包含する形で専門的学問を構成しており，すなわち部局の教員集団は広い意味での専門家集団に当たる。新たな課程の立上げ，教育科目の新設・改廃などは，通常，部局教授会での議論と決定の手続きに委ねられる。この場合，上述のように，第一義的には教育課程の実施に当たる狭い意味での教員集団の判断が重視されるが，場合によっては教授会の場で専門的内容に立ち入った実質的な議論が交わされ，結果として元の判断が覆されたり，修正されたりする場合がある。内容的な議論に至らない場合でも，カリキュラムや授業科目の実施可能性の検討や重複の整理などの各種調整が行われることがある。また，教授会と並行して教育課程委員会，カリキュラム委員会などが編成され，より小規模な単位でカリキュラムに関わる実質的な議論の場を確保する場合もある。このように，部局レベルにおける教員集団では，課程のカリキュラムに対するチェックや調整（場合によっては支援）が行われ，すなわち，それはカリキュラムを管理する権限を有しているといえる。

最後に，全学レベルの教員集団がある。このレベルの教員集団がカリキュラムに及ぼす影響は，大学の規模や専門分野の多様性によって異なる。多数の部局を有する大学では，全学レベルでカリキュラムに関わる議論がほとんど行われない場合もある。一方，部局の数が少なく，部局間の学問的な親和性が高い場合などは，前述の部局レベルで行われるような議論が全学レベルで交わされる場合もある。またアメリカ合衆国では，全学レベルの教授会に相当する評議会（faculty senate, academic senateなど）が置かれる場合が多く，学内のほぼ全課程のカリキュラムに関する実質的な最終意思決定はここで行われる。全学レベルにおける議論で最も重要な意味を持つのは，全学的に企画・実施される教育課程，すなわち教養教育や共通教育に関する議論である。ここでは多くの場合，全部局から教員の代表が選定され，委員会や部会等の組織を編成して，カリキュラムに関する議論が行われる。全学的な議論においてはさまざまな調整が必要となることが多く，こうした議論を支えるために，教育担当副学長などの下にセンターや機構，室などの組織が置かれる場合もある。

以上のようないくつかのレベルの教員集団での議論を超えて，学長をはじめとする大学執行部や理事会などがカリキュラムに影響を及ぼすことは多くないが，教養教育・共通教育に関わる議論には学長の意向が反映される場合がみられる。また，全学的な教育改革が進む状況下や財政上の危機にある場合などには，学長や理事会の意向がカリキュラムのあり方に強く影響を及ぼす場合がある。また近年では，特色GP，現代GPなど，政府による特定教育プログラムへの各種の財政支援が行われるようになり，これらプログラムの企画・申請・実施に当たっては，大学執行部を含めた全学レベルで議論が行われる場合が多い。

福留 東土

→ 大学教育とカリキュラム（テーマ編），カリキュラム概念，カリキュラムの理念，一般教育／教養教育，グッド・プラクティス

◎寺﨑昌男『大学教育の創造—歴史・システム・カリキュラム』東信堂，1999.

◎Lisa R. Lattuca & Joan S. Stark, *Shaping the College Curriculum: Academic Plans in Context*（2nd Edition），Jossey-Bass, 2009.

教員の職階構造｜きょういんのしょっかいこうぞう

職階制度とは，職位の上下に基づく組織秩序によって，組織本来の目的を十分に達成しようとするものである。官僚制や会社組織の場合，上司の指示によって業務が遂行され，組織目的が達成されるが，大学組織の場合，その組織目的が教育，研究，社会貢献と広範に及んでいるのみならず，教育や研究という機能そのものが複雑で，指示命令作用だけでは本来的な目的の達成が期待できるものではない。各国においては，それぞれの文脈に合わせて独自の制度が発展を遂げてきた。

［日本］

日本の大学教員の職階として，法的に根拠を持つものは，▶教授，▶准教授，▶講師，▶助教，▶助手の五つである。学校教育法92条において「大学には学長，教授，准教授，助教，助手及び事務職員を置かなければならない」と定められている。現行の体制に定まったのは，2005年（平成17）の中央教育審議会答申「▶我が国の高等教育の将来像」を受けた▶学校教育法および▶大学設置基準の改正によってであり，それまでの教授，▶助教授，助手という伝統的な三層体制から大きな制度変更がなされた。

大学教員の職種や職制については，研究者養成や後継者養成の観点から，古くは1987年（昭和62）の臨時教育審議会第4次答申において，助手の職務内容，処遇，職名等の検討を求めたところまで遡ることができる。ただ，2005年の制度改正（施行は2007年）の実質的かつ重要な目的の一つは，とくに▶医学部において課題となっていた授業を担当できない助手制度，すなわち大学教員として位置づけられず教育を担当できるための法的根拠がない

ことから生じる諸問題の解消にあった。そこで，新たな職種としての助教が設けられたのである。さらに，教育研究活動における助教授の自律性を高めることを眼目として，助教授の「教授を助ける」規定(当時の学校教育法58条)を削除し，これまた新たな職種としての准教授を設けたのである。

すなわち学校教育法の旧規定における，助教授は「教授の職務を助ける」，助手は「教授又は助教授の職務を助ける」との規定を改め，三者はそれぞれ「教授は，専攻分野について，教育上，研究上又は実務上の特に優れた知識，能力及び実績を有する者であつて，学生を教授し，その研究を指導し，又は研究に従事する」，「准教授は，専攻分野について，教育上，研究上又は実務上の優れた知識，能力及び実績を有する者であつて，学生を教授し，その研究を指導し，又は研究に従事する」，「助教は，専攻分野について，教育上，研究上又は実務上の知識及び能力を有する者であつて，学生を教授し，その研究を指導し，又は研究に従事する」とされたのである(学校教育法92条)。

改正前の制度は，第2次世界大戦後長らく続いたもので，大学教員の職階構造という問題にとどまらず，日本の大学教員組織のプロトタイプともいえる講座制と深く結びついていた。19世紀末にドイツの大学に範をとりながら，▶帝国大学への講座制導入に大きな力を発揮したとされる▶井上毅の意図は，帝国大学教官の処遇改善と専攻責任の明確化であったとされるが(寺﨑，1992)，講座制が教授-助教授-助手という大学教員の階層性を担保するものとなるに及んで，日本の大学教員組織や教員文化に後々まで大きな痕跡を残すものとなったのである。

大学設置基準の旧規定によれば，「大学は，その教育研究上の目的を達成するため，学科目制又は講座制を設け，これらに必要な教員を置くものとする」(5条)，また「講座には，教授，助教授及び助手を置くものとする」(7条)とされていた。講座制は，細分化された専門的学問の担い手を継承していく上で，明治以来有効に機能してきた面があり，教員組織や校費積算の基礎ともなってきたので，その制度的影響は，大学教員の意識に大きな痕跡を残してきたともいえる。現行規定では，「教育研究組織の規模並びに授与する学位の種類及び分野に応じ，必要な教員を置くものとする」とされているだけで(7条)，講座制に関する規定は削除されている。また，同条2項において「大学は，教育研究の実施に当たり，教員の適切な役割分担の下で，組織的な連携体制を確保し，教育研究に係る責任の所在が明確になるように教員組織を編制するものとする」とされ，大学の教員組織の構成原理はきわめて柔軟なものとなった。

なお，大学における職階は教授，准教授，助教，助手に限られるものではない。学校教育法では

「大学には，前項のほか，副学長，学部長，講師，技術職員その他必要な職員を置くことができる」と規定されており(92条2項)，主幹教授，上級准教授，学務准教授，准助教などの多様な呼称や称号が大学によっては用いられている。

　　　　　　　　　　　　　　　　　　川島 啓二

[アメリカ合衆国]

アメリカの大学の専任教員の職階は，常勤講師(instructor)，助教授(assistant professor)，准教授(associate professor)，教授(professor あるいは full professor)を基礎とする。教授を full professor とも呼称するのは，professor は時とすると，常勤講師から教授までの総称として機能するからで，それと区別して最上位の職階を指すためである。

19世紀前半まで，カレッジの専任教員は教授で尽くされ，これを卒業したての短い任期の▶チューター数名が復誦の指導を中心に補助していた。助教授の職位は，1840年代の▶イェール大学，50年代の▶ハーヴァード大学や▶ミシガン大学で初めて登場した。19世紀末には，上記3校を含む代表的な諸大学では平均約70名の教授に対し，二十数名の助教授が在職していた。他方，准教授は平均2名で，ミシガンなどは一時准教授に替えて，少壮教授(junior professor)を置いていた。准教授の職階が定着したのは，20世紀に入ってからである。

四つの職位を，在職権(tenure)，研究業績，学位と関連づけつつ比較する。通常，准教授以上は在職権を得て身分が安定する。では，ともに身分が不安定な常勤講師と助教授は，何を根拠に区別するか。単純な説明は，就職時での博士学位(Ph.D.)の有無で，何らかの事情で就任までに学位が未取得の場合，常勤講師となる公算が大である。助教授は，将来，准教授ないし教授としての教育研究上の職務遂行能力を持つか試される段階である。こうした助教授への任用では，所属▶学科での決定が重きをなす。在職権を得る准教授への昇進(昇任)または任用では，学科の支持に加え，関連分野の教員や学部長等の判断も重視される。

ともに在職権をもつ准教授と教授とを何故区別するか。助教授から一挙に教授では，試用期間のさらなる延長が生じる恐れがあるので，准教授の職位で安定を図り，なお教育研究業績の向上への圧力をかけ続ける。さらに教授に準じて役職等を果たしうるため，小規模な学科での人事のやりくりの自由度を劇的に高められる。しかし，こうした便利さの故に，准教授への昇進は厳格さを欠き，大学の研究教育水準の低下を招きやすい。そこで，あえて准教授の職位を排し，助教授から教授への昇進時の厳格な審査で質を維持した大学もかつて存在した。今日でも，▶カリフォルニア大学バークレー校やハーヴァード大学での准教授の割合は10%前後と小さく，優れた教授の確保が昇進によらない構造がうかがえる。他方，中堅かそれ以下の私立・州立大学では，一般に准教授の割合が相

対的に高く，中間の職位として機能している。たしかに，そこに潜む水準の停滞も否定できない。

2011年，アメリカでは高等教育機関の非常勤教員数が常勤教員数を初めて上回った。adjunct professorあるいはpart-time lecturer等と称されるこれら教員の職位と処遇とが，今後ますます論議を呼ぶことは間違いないであろう。
立川 明

［イギリス］

イギリスでは，大学の教職員はその専門性の領域ごとに分類される。教員はアカデミックスタッフに分類され，通常，教育，研究，管理運営等，大学での学術的な活動すべてに携わる者をいう。しかしながら，1992年にいわゆる▶ポリテクニクが大学に昇格して以降，高等教育機関の役割が多様化したことや，管理運営体制の変革などから，教員の役割，雇用条件や形態も変化してきた。そうした変化の中で，大学教員は，基本的に①教育と研究，②教育重視，③研究重視の3種類のキャリアパスで区分されるようになった。2016年現在，フルタイム教員では①教育と研究の教員が全体の約6割を占める。

3種類のキャリアパスごとに，その職務の各レベルでのおもな職務内容や活動範囲，必要とされる能力の目安として「全英大学教員職務概要集」(the National Library of Academic Role Profiles: NLARP)がある。この目安は機関による職務の格差を減らし，人事における透明性と移動性を確保するために，大学組合(University and College Union)など関連する諸団体の合意のもとに作成された。各大学はこれを参照しつつ，自大学での職階(職名)や職務規定を作成する。

教育と研究をおもな職務とする教員の職階は，職名でいえば講師(lecturer)に始まり，職務内容の要件をもとに実施される毎年の教員評価ごとに(機関によっては専門職能開発の進度によって)，レベルに沿って昇進(progression)する。こうした一般的な教員の大半が昇進可能な最高の職階は，上級講師(senior lecturer)である。同じ上級職(senior)であるレ

ベル4以上の准教授(reader; associate professor)，教授(professor)へは，本人や所属部局の意向により昇格審査(promotion)を経て昇進する。とくに教授は，従来，職階というよりも▶称号に近いとされてきた。教授には，国内はもとより国際的な名声を確立した教員が採用され，その割合も全英の教員全体の約1割と少ない。なお同レベルでも，機関により職名や実際の職務内容が異なる場合がある。若手の教育アシスタントや研究アシスタント(機関によりアソシエイトともいう)は，期限付契約雇用(fixed-term contract)である。
加藤 かおり

［フランス］

フランスの大学には教育研究に従事する多様な者が存在するが，その中核に位置するのは教員＝研究員(enseignant-chercheur)の地位を有する教授(professeur)と准教授(maître de conférences)である。かつてはこれらに加えて専任助手(assistant titulaire)の職階があったが，1985年にその職団(corps)が廃止されて(政令第85-1083号)，それ以降専任助手は新規に採用されていない。

教員＝研究員は，①初期教育，継続教育，個別指導，進路指導，助言，評価を含む教育，②研究，③知識の普及および経済・社会・文化領域における連携，④国際協力，⑤機関の管理運営の五つの職務に従事する(教育法典L. 952-3条1項)。これらに加えて教授は，教育課程の策定，学生の指導，教育実施組織(équipe de formation)の連絡調整において主たる責任を負う(同条3項)。教員＝研究員の職務の詳細は，高等教育の教員＝研究員の地位に関する政令第84-431号で規定されている。同政令は，2007年の大学自由・責任法(▶LRU)に基づく政令第2009-460号によって大幅に改正され，学生の就職・進路決定(insertion professionnelle)が新たに職務として明記された。

准教授は公募される。それに応じるには，関係する分野の博士号を取得し，さらに大学評議会(Conseil national des universités: CNU)が行う准教授になるための資格審査に申請し合格しなければならない(教育法典L. 952-6条)。例外として，国外の高等教育機関で同等の地位にある者についても公募対象に含めることが可能である。CNUは，大学教授職の管理を行うために設置された高等教育・研究大臣の諮問機関であり，大臣の諮問を受けて全大学の教員＝研究員の資格審査を行うとともに，採用や昇進についての答申を行う。公募を受けて，応募者の審査を担当するのは選考委員会(comité de sélection)である。選考委員会は管理運営評議会(conseil d'administration，教員＝研究員および研究員のみで構成)の決定に基づいて設置され，半数以上の外部者を含む教員＝研究員で構成される。教授も，准教授同様に公募によって採用される。CNUの資格の取得，選考委員会の設置等については准教授と同様である。ただし法学，政治学，

表｜アカデミックスタッフのキャリアパスの例(イギリス)

NLARP レベル	キャリアパス1 教育と研究	キャリアパス2 教育重視または教育のみ	キャリアパス3 研究重視または研究のみ
1	-	教育アシスタント 教育アソシエイト	研究アシスタント 研究アソシエイト
2	講師(初期)	講師(初期) 上級教育アソシエイト	研究フェロー(初期) 上級研究アソシエイト
3	講師	教育フェロー	研究フェロー
4	上級講師 准教授	上級教育フェロー 准教授	上級研究フェロー 准教授
5	教授	教授 教育プリンシパル	教授 研究教授

経済学，経営学については，公募による採用はあるものの，上級教員資格(agrégation，アグレガシオン)の全国試験を通じた採用が原則である。　　大場　淳

［ドイツ］

ドイツでは，大学に勤務する者は大きく次の四つのカテゴリーに分類することができる。(1)本務で学術的・芸術的活動に従事する者，(2)兼務で学術的・芸術的活動に従事する者，(3)本務で非学術的活動に従事する者，(4)兼務で非学術的活動に従事する者である。このうち(1)と(2)が大学教員に相当する。「非学術的活動に従事する者」は事務，技術，その他に分類されている。

(1)の「本務で学術的・芸術的活動に従事する者」は，次の四つのグループに分類される。①教授，②講師および助手，③学術協力者および芸術協力者，④特別任務教員。①はさらにa. 教授(給与表の格付けにしたがい，C4教授，C3教授，C2教授，W3教授，W2教授に分けられる)，b. ジュニア・プロフェッサー(▶準教授，2005年から)，c. 客員教授(本務)に区分される。なお「C」「W」は官吏公務員に適用される俸給表の種類を示す。従来「C」の俸給表が適用されてきたが，後述するように2005年からジュニア・プロフェッサーの制度が導入されたことにともない，「W」が設けられ，新しい制度で任用される者に適用されている(それ以前に任用された者は，そのまま「C」が適用される。ジュニア・プロフェッサーにはW1が適用される)。②は大学講師，上級助手，上級技術者(Oberingenieure)，学術助手・芸術助手に分類されている。

(2)の「兼務で学術的・芸術的活動に従事する者」には，次のような種類がある。①客員教授(兼務)，名誉教授(Emeriti)，②教育受託者(Lehrbeauftragte)。このなかには名誉職教授(Honorarprofessoren，特定の専門分野について大学で講義する「名誉」を与えられた者)，教授，私講師(Privatdozenten)，定員外教授(außerplanmäßige Professoren)が含まれる。③学術(芸術)補助員(Hilfskräfte)。

上述の教授になるためには，大学修了後，パートタイムの学術補助員等を務めながら教授の指導のもとで博士号を取得し，さらに助手あるいは学術協力者等に従事しながら▶大学教授資格を付与され，取得することが要件とされてきた。この資格を付与されてはじめて，大学教授になるための要件を充たすことになった。教授人事は基本的に公募により行われ，まずC2教授のポストにつくことになる(C1は助手)。C2の教授ポストは，上級助手，大学講師とも呼ばれ，任期が設けられている。C3，C4の教授は終身である。なお，ドイツの特色として，C2からC3，C3からC4というように一段高いランクに移るためには，大学を変わらなければならないというのが原則とされてきた(同一学内招聘禁止)。

こうした大学教授任用システムに対し，2002年2月の第5次改正▶大学大綱法により，2005年から新たに若手研究者のためのジュニア・プロフェッサー(準教授)の制度が設けられることになった。従来の制度では大学教授資格の取得まで年数がかかり，研究者の自立が遅いなどの問題点が指摘されてきたのを受けて，ジュニア・プロフェッサーという職階を設けることにより，30歳代前半で独立した研究者を輩出することが目指されている。ジュニア・プロフェッサーに採用されるためには，博士号取得後，取得大学とは別の大学に異動するか，すでに他大学で2年以上勤務していることが条件となっている。またジュニア・プロフェッサーには任期(3年)も設けられている。この新たな制度では，教授は基本的にジュニア・プロフェッサーを経験した者のなかから選考されることとなった。ただし従来の大学教授資格の取得後，教授に就任するコースも併存している。また，大学大綱法から大学教授資格の取得を必須とする条項が削除され，実績を有する大学外の人材を教授に任用する道も開かれている。　　木戸　裕

［イタリア］

イタリアの大学教員の基本的な職階は正教授(第1級教授)，准教授(第2級教授)，研究員からなる。この3段階の職階は，研究員から正教授への「飛び級」もないことはないが，基本的に各段階を昇っていくものとされる。ただし，本質的に日本のような「昇任」という考え方はなく，各段階ごとの任用試験に合格することで段階を昇る。この任用試験をコンコルソ(concorso，コンクール)と称する。

以前は，大学教員の任用は国家コンコルソによって決定されていた。この国家コンコルソは，唯一の国家コンコルソ委員会によって2年ごとに学術・教科分野に応じた募集の公布が行われ，57歳以下の者が応募できるというものであった。しかし，この旧来の任用システムは十全に機能しなかったため，1998年に重要な改革(210法)が行われた。各大学に生じた教員の空席を埋める権限と教員の任命権が各大学に委譲されたのである。教員に空席が生じた大学は自らコンコルソを布告し，志願者を招集して適任者を決定することができるようになった。

しかし，この大学ごとのコンコルソは，逆に任用の地方化という新たな問題を生んだ。イタリア社会に特徴的なネポティズモ(身内びいき)がそれに拍車をかけたようである。正教授のコンコルソの最終勝利者や「適格者」(選考で資格ありと認められた者)の中では，すでに約90％が同じ大学で准教授のような職に就いている教師であったし，准教授の場合には，4分の3がすでにその大学で，あるいは「適格者」とされた大学で研究員職に就いている者であったのである。このような地方化を排除するために，再びコンコルソの国家化ともいうべき改革が，2005年(230法)に行われようとした。すなわち，かつてのような志願者の比較評価を定める国家コンコルソ

委員会を設置して，この委員会が「適格者」のリストを作り，そのリストから各大学が採用するというものであった。また研究員に関しては，2013年までは非常勤研究員のためのコンコルソを継続するが，それ以後は4年間（さらに4年間延長可能）の定時契約研究員のみ残すこととした。したがって，正規職員になっていない研究員は8年間の間に，正規の研究員か准教授のコンコルソに勝ち残らない限り，大学で生きていくことはできないというものであった。

これをうけて，2008年から2011年まで文部科学大臣職にあったジェルミーニによって，改革が進められた。教員任用における大学自治の後退や若手教員確保の不透明性のために，各大学の反対も大きく，この法律は十分に実施されないまま，2009年（1法）に見直しがなされた。それによると，各大学のコンコルソ委員会のメンバー構成は，研究員のコンコルソでは，ポストを公布した学部によって任命された1名の正教授ないし准教授と，公布対象学問分野に属する教授から選ばれた委員リストの中からくじで選ばれた2名の正教授によって，正・准教授のコンコルソでは，ポストを公布した学部によって任命された1名の正教授と，当該学問部門に属する正教授の中から選ばれた委員リストからくじで選ばれた4名の正教授によって構成されることになった。これは，教員任用の地方化を避ける目的で始まった改革であったが，委員に選ばれる人員が専門分野の限られた人員である上に，正教授主体の委員構成は，選出の公正さなどを妨げる危険性が依然として指摘されていた。

また，この改革では，正規職員の人件費が基本財源の9割を超える大学については，コンコルソの布告もできず，新規採用もできないと定め，さらに2011年までの3年間は，退職正規教員に必要であった財源の5割の範囲内でのみ，新規教員の採用を認めた。これは，教員数を削減しないとすれば，若手の研究員や准教授の採用を増やす道しか大学に残されていないことを意味した。ただ，全体としてみれば，国家コンコルソによって選出された「適格者」の中から，各大学のコンコルソによって最終的な選出が行われる手順を明確化するとともに，若手の正規教員を増加させる施策であったと考えられ，一種の折衷的な改革の方向性を示すものであったと言えるだろう。

この一連の流れを踏まえて，2010年に大学全体のシステムが大きく改革されることとなった。この現在進行中の改革を定めた法律（240法）は，教員の資格と任用に関しても大きな変革をもたらすものである。まず，基本的な国家コンコルソと大学コンコルソの共存は，それ以前の改革を受け継いでいるが，国家コンコルソで資格付与するという方向が明確化された。そのため，国家コンコルソに合格した者に大学教授資格を意味する「アビリタツィオーネabilitazione」の資格が付与されることとなる。これは，コンクール方式を採っていたフランスが「アビリタシオン」を導入して，ドイツ型の大学教授資格方式に転換したことの影響と考えられる。

その手順は，2005年の改革を踏まえて，第1段階としてそれぞれの専門分野ごとの国家コンコルソが公布され，そのための国家委員会によって，論文などの業績に基づいて選考がなされる。応募者の資格は明記されていないが，現状では研究ドクター学位の取得者でないと合格は困難とみられる。正教授については准教授よりも厳しい基準が適用される。合格者はアビリタツィオーネ資格者としてリストに順序を付けて掲載される。第2段階は各大学による選抜で，各大学は必要な分野の人員をリストの中から選んで，大学ごとのコンコルソによって任用を決定する。また，一度アビリタツィオーネを取得した准教授は各大学でおこなわれる正教授のコンコルソに応募できることになっている。

もっとも数多い研究員については，従来30代から40代にかけて正規研究員になるという比較的高年齢層が多く，その処遇が問題となってきた。2009年の段階でも，正規研究員職を廃止して，3年契約の研究員職のみ残す方針であったものを，ジェルミーニ改革では，正規研究員を「professore aggregato」として研究・教育に従事することができるように改革した。これには，1980年に研究員制度ができる前から存在し廃止されるものとされていた助手や，最低3年以上教育に従事した技官，非常勤講師なども含まれる。これはフランスのアグレジェの制度の影響とも考えられるが，廃止の方向である研究員職に対する緊急避難的な制度化の色彩が強い。また3年契約の研究員については，2年任期で契約更新が可能なジュニア（juniorあるいはRTDa）とアビリタツィオーネを持っていれば契約更新しないが優先的に准教授になりうるシニア（siniorあるいはRTDb）がある。このような新しい職階が恒常的に定着するかどうかは，今後の推移を見極める必要がある。　　　　　児玉　善仁＋山辺　規子

→教職員の昇進制度，任用制度，教職員（テーマ編），講座

[日本] ◎山野井敦徳編『日本の大学教授市場』玉川大学出版部，2007.
◎羽田貴史編著『もっと知りたい大学教員の仕事』ナカニシヤ出版，2015.
◎寺﨑昌男『プロムナード東京大学史』東京大学出版会，1992.
[アメリカ合衆国] ◎有本章編著『変貌する世界の大学教授職』玉川大学出版局，2011.
[イギリス] ◎加藤かおり「イギリスにおける大学教授職の資格制度」，東北大学高等教育開発推進センター『諸外国の大学教授職の資格制度に関する実態調査報告書』（文部科学省先導的大学改革推進委託事業），2011.
[フランス] ◎大場淳「フランスの大学教授職―身分・地位，職務，資格，養成等を巡って」，前掲『諸外国の大学教授職の資格制度に関する実態調査』.
[ドイツ] ◎木戸裕「ドイツにおける大学教授職の資格制度」，前掲『諸外国の大学教授職の資格制度に関する実態調査』.

[イタリア]◎Alessandro Bellavista, Il reclutamento dei professori e dei ricercatori universitari dopo la legge "Gelmini", Newsletter Roars review, 2002. ：http://www. roars. it/online/il-reclutamento-dei-professori-e-dei-ricercatori-universitari-dopo-la-legge-gelmini/

教員の専門性│きょういんのせんもんせい
professional standards of the faculty

[日本における専門性の課題]

大学教員の専門性は，従来その研究活動の専門分野についての専門性と捉えられてきた。すなわち，▶大学設置基準の第4章「教員の資格」14条「教授の資格」以降に記載されている「博士の学位を有し，研究上の業績を有する」，もしくはそれに準ずる研究業績がある研究者としての専門性が重視されてきた。しかしながら，2001年(平成13)の大学設置基準改定において，「教授となることのできる者」は，「教育研究上の能力を有する」者から，「大学における教育を担当するにふさわしい教育上の能力を有すると認められる者」(14条)へと改正された。このことから，大学における教育者としての専門性を含めた大学教員の専門性が問われている。しかしながら，現状は，2008年の中央教育審議会答申にあげられた，「総じて，大学教員の公共的な役割・使命，専門性が必ずしも明確に認識されないままになっている」という状況が今なお続い

表│UKPSFにおける三つの領域枠組み(HEA, 2011)

活動領域	1.学習活動および/もしくはスタディプログラムの設計・計画をする 2.ティーチングおよび/もしくは学習支援を行う 3.成績評価および学習者へのフィードバックを行う 4.効果的な学習環境，学生支援，ガイダンスを開発する 5.専門分野およびその教授法における継続的な専門職能開発を，研究，スカラーシップ，専門職業実践の評価を組み込みながら行う
コア知識	1.科目内容の知識 2.科目領域や学術プログラムレベルでの適切な教授学習方法 3.学生がいかに学ぶか(一般的な概念と専門分野別で) 4.適切な学習テクノロジーの利用と価値付け 5.ティーチング効果の評価方法 6.とくにティーチングに焦点化した学術的かつ専門職業的な実践の質の保証および質の強化についての意味
プロフェッショナルな価値観	1.個々の学習者および多様な学習コミュニティを尊重する 2.高等教育への参加および学習者の機会の平等を推進する 3.エビデンス情報に基づくアプローチおよび研究，学問，継続的専門職能開発からのアウトカムズを利用する 4.幅広い高等教育機能の文脈を認め，専門職業実践に対する影響を認識する

ている。

[欧州における専門性確立の取組み]

一方，高等教育の質の保証や大学運営における各種手続き等の透明性の確立に取り組む欧州高等教育圏では，2000年代になって，多くの国が大学教員の職務内容やその職務に必要とされる専門性(professional standards)や専門的な能力(academic competence)の明確化を進めている。たとえばイギリスでは，教育の専門性について，2006年に「全英の教育および学習支援の専門職能の基準枠組み」(The UK Professional Standards Framework for teaching and supporting learning: UKPSF)が作成され，2011年に改訂されている。UKPSFは，キャリア段階ごとの教育活動範囲の例示を示した「キャリア段階の基準記述」(Standard descriptor)と，教育のプロフェッショナルとしての「実践活動の領域，コアとなる知識，プロフェッショナルな価値観」の三つの領域を提示した枠組み(Dimensions of the Framework)の二つの軸で構成される(表「UKPSFにおける三つの領域枠組み」参照)。この基準枠組みは，各大学が▶PGCHEの教育プログラムを開発する際の指標となっている。

さらに研究者の専門性についても，大学院生および大学教員を含めた全英の研究者の専門職能開発を支援する団体であるVitaeが「研究者開発の枠組み」(Researcher Development Framework: RDF)を作成している。この枠組みは，成功した研究者に必要とされる専門職業能力を四つの能力領域「知識および知的能力」「自己効力」「研究ガバナンス・組織化」「関与・影響・インパクト」ごとに提示したものである。研究者がより高い能力開発を目指すための目安であるとともに，研究者開発支援者の職能開発支援の指標となっている。UKPSFとRDFの目的は，いずれも大学教員の専門職能やキャリアの開発支援にある。　　　　　　　　　　　加藤 かおり

→ 教職員(テーマ編)，専門職と大学(テーマ編)，学士課程教育の構築に向けて(中央教育審議会答申)

◎加藤かおり「イギリスにおける大学教授職の資格制度」，東北大学高等教育開発推進センター『諸外国の大学教授職の資格制度に関する実態調査報告書』(文部科学省先導的大学改革推進委託事業)，2011.
◎中央教育審議会「学士課程教育の構築に向けて(答申)」，2008.

教員養成│きょういんようせい
teacher training

教育機関に従事する教員としてふさわしい資質の錬成や，力量の形成を意図した教育と訓練。ただし一般的には，大学教員や専門学校教員等を除外した，初等・中等教育機関の教員となるための教育職員免許状を授与する教育プログラムや教育機能を指す。

[近代公教育の成立と教員養成]

近代公教育制度の確立にとって，近代学校の整備

と普及，そしてその学校教育を直接に担う社会的職業としての教職（教員）の成立は不可欠な要素であった。したがって，教員養成は国家的な関心事であり，小学校の整備に先立って教員養成の制度化が進められた。日本でも，1872年（明治5）の「学制」発布とほぼ同時に東京に，翌年には大阪および宮城に，そして翌々年には愛知，広島，長崎，新潟に官立の▶師範学校が設立されていった。さらに1879年の教育令を経て，翌年の改正教育令により義務化されたために，各府県では小学校教員養成のための師範学校設置が急速に進められ，翌々年の「師範学校教則大綱」により教則の全国的な統一がなされた。

他方，中等教育機関の教員の養成については，1875年（明治8）に東京師範学校に中等師範学科を置くなどして制度化を進め，やがて官立の▶高等師範学校を設置して独立の学校設置に至る。ただし，基本的には専門職としての教育プログラムを適用せずに専門学を修めた大学卒業者や，無試験検定制度の指定機関修了者をもってあてるというものであった。

[二つの教師像と教員養成]
アメリカ合衆国では，知にすぐれたカレッジ出の「学芸の教師」と教育法に長けた師範出の「方法の教師」という相克の上で，20世紀に入って中等教育機関が急速に普及・増大することを与件として，両者を統合する動きが進展した。一方，船寄俊雄が明らかにしたように，確かに日本でも，大正から昭和の初めにかけて中学校や高等女学校が普及し始めたが，それらは一部のエリート教育機関に留まったために，「学芸の教師」像によった中等教員養成と「方法の教師」像によった初等教員養成に二元化したまま教員養成が展開した。しかも，高等教育機関の教員養成については，大学においては教員を講座内で自給自足するとともに▶専門学校の教員を供給するというかたちで，一方，師範教育系の機関においては，師範学校の教員をおもに高等師範学校が，高等師範学校の教員をおもに▶文理科大学が供給するというかたちで展開したため制度化には至らず，二つの教師像を統合する契機を生み出すこともなかった。

[戦後教育改革と教員養成]
戦前・戦中の反省に立って，日本では，▶新制大学は単線型学校体系における高等教育機関の一つに位置づけられ，師範学校や高等師範学校などの師範教育系の機関も，その新制大学に改組再編されることになった。そして，初等教員養成と中等教員養成の統合が図られ，「開放制」原則の下で，大学において教員養成を担うことになった。ただし，師範教育批判が強く，かえって教職への専門職業的な準備教育という理解が十分に深められなかったために，「学芸の教師」像によった学芸大学・▶学芸学部を理想型とする教員養成大学・学部観を打

ち出すことになってしまったのである。

[教員養成制度改革の展開]
戦後，義務教育年限が延長されたことに加えて，ベビーブームが起こり，その世代の成長とともに各学校段階への大量の就学需要が発生することになった。しかも，急激な社会変化や科学技術の急速な発展の影響を受けて公教育は高度化し，国民の高学歴化を促し，後期中等教育や高等教育の拡大を導いてきたために，教員養成についても，質・量ともに問われてきた。したがって，1954年（昭和29）から課程認定制度が導入されて，教員養成学部・大学以外でも広く養成が可能な「開放制」への制限が加わり，さらに58年の中央教育審議会答申「教員養成制度の改善方策について」を受けて，教員養成系大学・学部の性格づけが「目的化」の方向へと傾斜し，60年代半ばでの学芸大学・学部（Colleges of Liberal Arts）の教育大学・学部への名称変更を促した。その後も教育職員免許法の改正を通じた基準強化がなされ，また国立教員養成系大学・学部に対する大学院修士課程の設置が完了したことを受け，1988年の教育職員免許法改正により従来の一級・二級の区分が一種・二種に改められ，大学卒業を標準としながらも，小中学校教員にも，高等学校教員と同様に「修士の学位」を基礎資格とする「専修」免許状が新設された。

一方，1970年代から80年代初め，現職教員を大幅に受け入れることを前提とした▶大学院大学の創設が賛否両論交わされた末に，兵庫・上越・鳴門の三つの新教育大学が大学院修士課程だけでなく小学校教員養成課程に特化した学部を伴って開設されていった。さらに，2006年（平成18）の中央教育審議会答申「今後の教員養成・免許制度の在り方について」を受け，▶教職大学院の設置が進められてきた。ただし，6年制への移行がそのまま大学院修士課程での養成レベルへの移行を意味するものではなく，インターンシップが強調されているように，学問的理解よりも実務経験や適格性をいっそう重視する指向を含んでいる。なお，2010年3月には，教職大学院の▶認証評価を行う「教員養成評価機構」が文部科学大臣から認証されている。
　　　　　　　　　　　　　　　　　　　　　木岡　一明

➡教育学部，教職課程，教職員（テーマ編）

◎三好信浩『教師教育の成立と発展』東洋館出版社，1972.
◎船寄俊雄『近代日本中等教員養成論争史論』学文社，1998.
◎浦野東洋一ほか『変動期の教員養成』同時代社，1998.
◎横須賀薫『教員養成これまでこれから』ジアース教育新社，2006.
◎別惣淳二ほか『教員養成スタンダードに基づく教員の質保証』ジアース教育新社，2012.

共栄大学[私立]｜きょうえいだいがく
Kyoei University

1933年（昭和8）岡野弘・さく夫妻が本田立石（東京

都葛飾区)に設立した本田裁縫女塾を起源とする。その後，中学校，高等学校，幼稚園，短期大学の設立を経て，2001年(平成13)に共栄大学が設立された。教育理念は，①社会学力「教育の誠の生命は実践にあり。社会を生き抜く実践力を身につけよ」，②至誠の精神「自らを律する強き心，至高の誠実さをもって，すべてのことにあたれ」，③気品の模範「気品の模範として行動せよ。紳士淑女たれ」である。現在，国際経営学部と教育学部が設置され，両学部とも少人数制授業を敷き，学生へのサポート体制を充実させている。また▶インターンシップや学校現場研修・ボランティア体験などの現場体験を重視した教育をめざしている。キャンパスは埼玉県春日部市に置かれ，2017年現在の収容人数は1335人。　　　　　　　　　　　　　鈴木 崇義

教授 <small>きょうじゅ</small>
professor

大学の教員のうち最上位の職階。▶学校教育法92条は教授を必置の職とし，その資格・職務を「専攻分野について，教育上，研究上又は実務上の特に優れた知識，能力及び実績を有する者であつて，学生を教授し，その研究を指導し，又は研究に従事する」と規定している。教授は▶教授会の必要構成員である。▶大学設置基準14条は「大学における教育を担当するにふさわしい教育上の能力を有すると認められる者」で，①博士の学位(外国において授与されたこれに相当する学位を含む)を有し，研究上の業績を有する者，②研究上の業績が前号の者に準ずると認められる者，③専門職学位(外国において授与されたこれに相当する学位を含む)を有し，当該専門職学位の専攻分野に関する実務上の業績を有する者，④大学において教授，准教授又は専任の講師の経歴(外国におけるこれらに相当する教員としての経歴を含む)のある者，⑤芸術，体育等については，特殊な技能に秀でていると認められる者，⑥専攻分野について，特に優れた知識及び経験を有すると認められる者のいずれかの条件に該当する者が教授になることができると定めている。　大場 淳

➡ プロフェッサー

教授会 <small>きょうじゅかい</small>
faculty council(meeting)

教授会は，1893年(明治26)の▶帝国大学令改正において▶分科大学の自治管理機関として明文化された。教授会は分科大学ごとに置かれ，教授をメンバーとして学科課程や試験，学位に関する事項を審議する機関だった。1914年(大正3)の京都大学の▶沢柳事件により教員人事権が認められ，これを契機に大学自治の根幹をなすものとみなされるようになった。分科大学が学部に変わるのは，

1919年の▶大学令の制定を受けて後のことだが，この大学令においては，公私立大学における学部教授会の設置は規定されていなかった。

公私立の大学を含むすべての大学に教授会が置かれるようになったのは第2次世界大戦後である。1947年(昭和22)制定の▶学校教育法59条により，大学の必置機関となり，メンバーとして助教授を加えることができるとされた。ただし，教授会の審議事項は列挙されておらず，その権限については大学の自主判断に委ねられてきた。旧学校教育法93条でも，「大学には，重要な事項を審議するため，教授会を置かなければならない」とのみ規定していたが，2014年(平成26)の改正により，単に「大学に，教授会を置く」とする一方，教授会は，▶学長が次に掲げる事項について決定を行うに当たり意見を述べるものとされ，具体的には学生の入学，卒業および課程の修了と学位の授与(第2項)が規定されることとなった。この改正に伴い，旧学校教育法施行規則144条では「学生の入学，退学，転学，留学，休学及び卒業は，教授会の議を経て，学長が定める」となっていたが，その部分も削除された。現在でも教授会は，教育研究上の基本組織に位置づくものだが，その構成や重要事項の内容は大学によって異なっている。なお▶教育公務員特例法(教特法)3条5項では，「教員の採用及び昇任のための選考は，評議会の議に基づき学長の定める基準により，教授会の議に基づき学長が行う」とされており，国立大学では教員人事に対して教授会に強い権限が与えられていたが，▶国立大学法人化後は，非公務員化によって教特法は適用外とされた。

教授会の権限は大学の管理・運営形態にも依存するため多様だが，たとえば東京大学では，学部の教授会は，①学生の入学および卒業に関する事項，②学位の授与に関する事項，③学部の教育研究に関する基本組織，教育課程の編成および教員の選考に関する事項について，▶学部長に対して意見を述べることができるとされ，早稲田大学では，①研究および教育に関する事項，②学生の指導訓育に関する事項，③学科課程および教育課程に関する事項，④学生の入学，退学，休学，転科，転学および懲戒に関する事項，⑤授業科目および研究指導の担当に関する事項，⑥学生の試験，履修単位および卒業に関する事項，⑦その他教務教則に関する事項，⑧教員の嘱任，解任，進退その他に関する事項，⑨学術院長候補者の選挙に関する事項，⑩学術院を構成する箇所の箇所長の選出に関する事項，⑪教授会の運営に関する事項，⑫将来計画に関する事項，⑬施設利用計画に関する事項が，教授会の議決事項として規定されている。

教授会は，大学の自治を司る中核組織と位置づけられ，大学の自治＝▶教授会自治と考えられてき

た歴史的な経緯もあるため，その果たしてきた機能には一定の評価を与え得るが，その権限のあり方をめぐっては，批判も同時に行われてきた。たとえば大学紛争を契機として，教授会参加資格の拡大等の民主化も進んだが，その後も大学の管理・運営問題が俎上に載るたびに，再検討が必要な対象とされてきた。1995年の大学審議会答申「大学運営の円滑化について」では学長，学部長などの執行機関，▶評議会や教授会などの審議機関の権限と責任を明確にし，教授会の審議事項を真に重要な事項に精選する必要があるとの指摘があり，98年の大学審議会答申「▶21世紀の大学像と今後の改革方策について」でも，学部教授会は学部の教育研究に関する重要事項について，具体的には学部の教育課程の編成，学生の入学，退学，卒業，学位の授与などについて審議する機能を担うことが適当とされた。

最近では2012年に経済同友会が提言した「私立大学におけるガバナンス改革」が，決定の迅速性の欠如や教員にとって不利益になることへの抵抗といった教授会の課題を指摘し，教授会は学長などが教育・研究に関する重要事項に関して教員の意見を聴取する場，または情報共有の場とし，教授会は自らの本来の機能・役割を認識すべきと提案している。教育再生実行会議の2013年の「これからの大学教育等の在り方について（第三次提言）」でも，国や大学は各大学の経営上の特色を踏まえ，学長・大学本部の独自の予算の確保，学長を補佐する執行部・本部の役職員の強化など，学長が全学的なリーダーシップをとれる体制の整備を進め，学長の選考方法等のあり方の検討や教授会の役割の明確化が重要だとして，学校教育法等の法令改正の検討や学内規定の見直しも含め，抜本的なガバナンス改革を行う，と指摘するなど，法改正をにらんだ議論が行われ，先に示したように2014年の学校教育法の改正として帰結した。教授会のあり方は，大学の管理・運営の性格だけでなく，大学の根幹をなす教育研究活動にも大きな影響を与え得る事項であり，今回の改正がどのような影響をもたらすのか，慎重な検証が必要とされている。
小方 直幸

▶ 大学の自治（テーマ編），学部自治，大学管理機関，評議会

◎寺﨑昌男・海後宗臣『大学教育』東京大学出版会，1969.
◎寺﨑昌男『東京大学の歴史』講談社学術文庫，2007.

教授会自治｜きょうじゅかいじち
autonomy of the faculties

国公立大学において，大学を構成する各学部の▶教授会が当該学部の管理運営を自治的に遂行するという制度的慣行。▶学部自治とほぼ同じ意味。各学部教授会が学部の学科課程編成，入学者選考，履修方式，成績評価，学生処分等を決定する

だけでなく，とくに学部の教授陣の人事（選考，任免，昇進，懲戒等）に関して外部（文部省，文部科学省）や大学執行部（▶学長）の介入を拒否し，独占的に決定を行うことをその中核とする。1913年（大正2），文部省が任命した京都帝国大学の沢柳総長が，独断で教授7人の罷免を断行したことから生起した大学教授の任免手続きをめぐる紛争（▶沢柳事件）を契機に，学問の自由と独立の確保，専門家集団による学術的人事評定の必要性をその理論的根拠として日本の大学に定着してきた。教授会構成員には，通常，教授だけでなく助教授も含まれたが，第2次世界大戦前には，教官の採用・昇進等に関する人事案件の審議・決定には教授のみが参加しうるという制限を設けている大学もあった。2004年の国公立大学の法人化以降，教授会自治の伝統は大きく揺らいでいる。
斉藤 泰雄

教授グループ事件➡学者グループ事件

教授言語➡教育言語

教授資格➡大学教授資格

教授団革命｜きょうじゅだんかくめい
faculty control over academic matters

19世紀までのアメリカ合衆国の▶理事会・▶学長による大学支配が，20世紀初頭，教授団の主導に置き換わり，1960年代にその頂点に達したというデイヴィッド・リースマン（David Riesman, 1909-2002）の解釈。地域や宗派の利益に奉仕した19世紀までのカレッジの多くは，学長のもと2, 3名の教授が卒業直後の若い▶チューターとともに，100名前後の学生を教えた。教授団は到底学長や理事会の対抗勢力となれなかった。学問の専門分化とカレッジの大規模化が進み，能力主義の社会に向け学生を訓練する必要が深刻化すると，教授団は勢い専門諸分野の担い手で構成されるようになった。加えて大学院への進学が普及し，カレッジがその準備機関になると，特定の地域や宗派の利益が幅を利かす余地はなくなり，教授団の参与なしに決定できる学務事項はほとんどなくなった。学問研究への信頼が専門学者たち全盛の時代を築き上げたのである。
立川 明

教授法｜きょうじゅほう
teaching method

教授・学習指導の方法。教育方法も同様な意味で用いられることがある。教育方法が，教育活動の行為のあり方とその諸条件を含む教育の過程のすべてを対象とした広義の意味でも使用されるのと

は違って，教授法は教育活動をいかに実現するのかという点に特化している。教授法を学習する機会が十分にないまま大学教員が職場に採用されてきたにもかかわらず，従来は教授法の問題は大学の中で大きな問題にならなかった。1999年（平成11）に「授業の内容及び方法の改善を図るための組織的な研修及び研究」，つまり▶ファカルティ・ディベロップメントの実施が▶大学設置基準に加えられたことで，大学において教授法が注目されるようになった。各大学で，教授法の研修会の開催や教員向けハンドブックの開発が行われるようになり，将来大学教員を志望する大学院生を対象に教授法の研修を実施する大学もある。また，大学教員の採用に際し，応募者に模擬授業を課すなど教授能力を評価する事例も見られる。　　　　　中井　俊樹

⇨ティーチング・ポートフォリオ／アカデミック・ポートフォリオ，大学教員準備プログラム

教授免許 | きょうじゅめんきょ
licentia docendi [羅]

［リケンティア・ドケンディ＝教授免許の発生］
ヨーロッパに大学が成立するのは，12世紀頃からの都市の成立・発展や「十二世紀ルネサンス」と呼ばれる文化的潮流を背景とする動きの中においてである。その最初の動きは，12世紀末から13世紀初頭においてボローニャとパリに誕生した団体であったが，それぞれ「学生大学団」(universitas scolarium)，「教師と学生の大学団」(universitas magistrorum et scolarium)と呼ばれた。この団体は形成期において，当時，地域の教会裁治権者であった司教や教会参事会の教育監督者，▶カンケラリウス（文書局長）と教授免許授与権をめぐって激しく対立，抗争を繰り返すこととなった。カンケラリウスが主催して行った試験（個人試験：examen privatum）の結果，司教区内で教授活動を認めるものとして授与されたのがリケンティア・ドケンディ(licentia docendi)＝教授免許あるいは教師免許状であった。

その出現の時期については明確でないが，画期であったのは，ローマ教皇アレクサンデル3世が招集した1179年の第3回ラテラノ公会議の決議であるといわれる。そこでは，カンケラリウスは教授免許の授与に際して謝礼を受け取ってはならず，十分な資格のあるすべての希望者に免許状を与えるよう命じられている。司教やカンケラリウスは，この教授免許授与権をてこに，新生間もない教師と学生の団体（大学団）を自己の裁治権の下に置こうとしたが，最終的に失敗に帰す。なお，大学団の指標として，新入会員採用権および▶学位授与権，規約を制定し，その遵守を成員に要求する権利，役員の選出，印璽の保有が指摘されている。

［リケンティア・ドケンディ授与をめぐる教会権力と大学団の相克］
パリでは，12世紀末から13世紀初頭にかけて，伝統的に教育を教会の責務の一つと捉えていた司教やカンケラリウスは教授免許授与権を容易に放棄せず，大学の教師たちが彼らに服従することを要求した。こうした争いに教皇庁が介入する。教皇の干渉は，この対立構造の局面を大きく変えることになるが，総じて13世紀の教皇たちは大学の発展を歓迎した。なぜなら，教皇たちは大学という機関に知的活動の重要さとその価値を認めるとともに，当時出現していた異端運動に対するカトリック教会の正統信仰擁護の研究機関であることを望んだからである。パリにおいてカンケラリウスは，こうした教皇の介入により，実質的に1213年教皇認可を授与する特権を失った。1219年最終的にカンケラリウスのこの特権は失われ，この権限は大学に移譲された。その結果，大学団は自ら行う試験（公開試験：examen publicum）により，▶マギステルや▶ドクトル学位を授与することになったのである。

ボローニャでは，12世紀に教授免許を授与する権限は，教会にはなかった。法学のマスターやドクターが志願者に試験を行い，免許を授与していた。しかし，1219年教皇ホノリウス3世（在位1216-27）が助祭長に教会の名において教授免許を授与する権限を与えている。ここでも，教皇の意図は利害を離れたものではなく，ボローニャの法学校を教皇の教育監督制度の中に取り込むことであった。

［万国教授免許と大学］
中世において，アカデミックな教育機関を示す言葉はウニヴェルシタス(universitas)よりストゥディウム(studium)であった。13世紀になると，このストゥディウムにさまざまな形容詞が付加されて使われるようになる。たとえばストゥディウム・パルティキュラーレ(studium particurale)あるいは▶ストゥディウム・ゲネラーレ(studium generale)がそれである。

13世紀初頭，ストゥディウム・ゲネラーレという言葉はいまだ一般化しておらず，その呼称も慣例によっていた。一般に，ストゥディウム・ゲネラーレの意味するところは，ヨーロッパのあらゆるところから学生が集まる場所であり，高等の諸学科（神学，法学，医学）の少なくとも一つが教えられたこと，また，複数の教師がそうした学科を教える場であった。このような意味内容に重要な変化がみられるようになるのが，13世紀後半になってからである。つまり，ストゥディウム・ゲネラーレの創設は，中世において普遍的権威であった教皇や神聖ローマ皇帝によらなければならないという考えが一般化してきた。と同時に，他のストゥディウムと異なり，そこに学ぶ者には任地を離れても，一定の期間，聖職禄が認められた。また，そこで教授資格を得た者は，全キリスト教国で教えることができる「万国教授免許(licentia ubique docendi)」あるいは「万国教授

資格 (ius ubique docendi)」を持つことが認められた。教皇ニコラウス4世は、▶ボローニャ大学(1291年)、▶パリ大学(1292年)に上記の特権を認めている。これにより、両大学はこの万国教授資格を認められ、教会の保護を受けるとともに統制の下に置かれることになった。

しかし、この全キリスト教国において通用性をもった万国教授資格は、14世紀を境としてその通用性に限界が見られるようになる。その背景にはフランスやイギリスにおける国民国家形成の開始や、当時の社会の変貌にともなう大学教師たちの意識の変化があった。すなわち、国民国家形成と関連して、大学の新設の増加が(ラシュドールによれば、12世紀：6大学、13世紀：18大学、14世紀：22大学、15世紀：34大学)、大学や学位の国家・地域化を促進する。また14世紀に本格的に始まる俸給制は、大学の教師を国・地域の政治体制に組み込むことになった。また、大学人たちの意識変化に関して、万国教授資格の出現当初より、学位課程のレベルの違いを根拠にした、大学間相互の学位認証に障壁が設けられることになった。さらに外部からの教師の自由な流入は、いまだその収入を学生の聴講料に頼っていた教師の収入減をもたらすことになった。とくに、このことは上級学部の学生でもあった学芸学部の教師たちにとっては、生活上の死活問題であったため、教師の自由な流入を歓迎しなかった。

このように万国教授資格の通用性は、ストゥディウム・ゲネラーレの重要な法的属性の一つであったが、14世紀以降、徐々に形骸化していった。ここに、近代以降、学位が国家・地域の枠内で生産、適用されることになる動きの端緒を認めることができよう。

松浦 正博

→ 学位と称号（テーマ編）、学位の種類、学位授与権、バカラリウス、リケンティア、大学教授資格

◎H. ラシュドール著、横尾壮英訳『大学の起源―ヨーロッパ中世大学史』上・中・下、東洋館出版社、1968-70.
◎児玉善仁『イタリアの中世大学―その成立と変容』名古屋大学出版会、2007.
◎A.E. Bernstein, Magisterium and License: Corporate Autonomy against Papal Authority in the Medieval University of Paris, *Viator*, vol.9, 1978.

教職員 →テーマ編 p.79

教職員の昇進制度 | きょうしょくいんのしょうしんせいど
faculty and staff promotions

昇進は、下位の職級に位置する職務から上位の職級に位置する職務に異動することを意味する。日本の企業の多くにおいては、役職と職能資格が区分されて従業員の処遇（職の資格制度）が行われていることから、通常上位の資格への移行は「昇格」

と称され、上位の役職への異動である「昇進」と区別されている。大学においては一般に教員外職員（以下「職員」）については同様に区別されるが、身分が法令で定められている教員については取扱いが異なるので、本項目では教員と職員を分けて取り扱う。なお、教員については▶学長や部局長への就任については一般に昇進とみなされないことから、教授職等への昇任について記述する。

［教員］
大学における教員職として学校教育法92条は▶教授、▶准教授、▶講師、▶助教、▶助手を規定している。これらのうち准教授（▶助教授から置き換え）および助教は、2007年の学校教育法改正によって新たに設けられた職である。これらの教員職は、助教授の職務が「教授の職務を助ける」と規定されていたことに見るように、「教授又は助教授に準ずる職務に従事する」と職務が規定されていた講師を除いて階層性が明瞭であり（実際上は助教授に次ぐ職階）、それは▶講座制を採用した大学においてとくに顕著であった。そこでは、大学教員は助手から講師、次いで助教授、教授へと昇格（昇任）していくことが想定されていた。

前述の学校教育法改正は、講座制・学科目制関連の規定削除と併せて、准教授・助教を独立して職務を遂行する職として規定し、教授・准教授・講師・助教間の職務内容に差異がなくなった。このため従前と比べて不明瞭ではあるものの、講師・助手に関する規定ならびにその他の職に求められる知識・能力の水準の違いに鑑みて、助手から教授に至る階層性は依然として存在し、上位の職への移行は昇任であることには変わりはない。しかしながら、教員は大学間を移動することによって昇任を果たすことが多く、その傾向は公募制や任期制を採用する大学が増えるに連れて顕著になっている。任期付で雇用された教員については、常勤への地位変更をもって昇任とされる場合がある。

大学内部での昇任の手順は、教員採用と同様に委員会組織を関連部局内に設けて審査し、その選考結果に基づいて▶教授会で決定する場合が多い。一部の大学では、全学委員会等で審査が行われる。昇任の審査基準は、任用の場合と同様に大学設置基準第4章で定められているが（「任用制度」項目を参照）、必要査読付論文数等の形で各部局において詳細に決められていることが通例である。日本に限らず、多くの大学で教員の昇任は教授会等の教員集団の専権事項と考えられてきた。今日でも教授会等が重要な役割を果たすことに変わりはないものの、全学の資源管理や教学マネジメントの観点等から執行部の意向が反映されることを近年の政策は促している。

［職員］
多くの企業で採用されている職能資格制度であるが、大学の職員については年功序列型人事制度が

多く採用され，職能資格制度が普及してきたのは比較的最近のことである。この制度は人事考課制度，能力開発制度，昇格試験制度等と連結して設計され，その下で職務や役職と階層化された資格が結び付けられている。各資格には必要とされる職務遂行能力（職能要件）が定められ，人事考課や昇格試験等に基づいて上位資格への昇格が行われる。一般に職能資格の上昇は給与に反映されるが，上位の役職への異動を伴う場合が昇進である。

大場 淳

→教職員（テーマ編），任用制度，教員の職階構造，講座

◎篠田道夫『大学戦略経営論―中長期計画の実質化によるマネジメント改革』東信堂，2010.
◎新堀通也編『大学教授職の総合的研究―アカデミック・プロフェッションの社会学』多賀出版，1984.

教職課程｜きょうしょくかてい
program for teachers' license

教職員免許状授与の資格を得るためには，教育職員免許法が規定する基礎資格を修得し，かつ大学が開設する教職課程において必要な専門科目の単位を修得しなければならない。その上で，本人が都道府県教育委員会に申請して認められれば，全国で効力を有する教員の普通免許が授与される。幼稚園，小学校，中学校，特別支援学校の各教諭のそれぞれについては専修，一種および二種の3種類の免許がある。高等学校教諭には専修と一種の2種類の免許がある。基礎資格について，たとえば小学校教諭の一種免許状では▶学士の学位が，また専修免許状では▶修士の学位が必要である。教職課程では，①教科に関する科目，②教職に関する科目，③教科または教職に関する科目，④特別支援教育に関する科目のそれぞれについて修得すべき最低の単位数が教育職員免許法で定められている。それぞれの大学の教職課程は，文部科学大臣により「課程認定」を受けたものであるが，その審査は中央教育審議会初等中等教育分科会教員養成部会の付託を受けて，課程認定委員会が行っている。

小笠原 正明

→教員養成，教育学部

教職協働｜きょうしょくきょうどう
cooperation of teaching and clerical staff

大学の掲げる目標や仕事の内容に共感した教員と職員が，協力して任に当たること。内容の共有や役割分担ができていれば，教員と職員との間に協働関係が自然発生するとは限らない。中世の頃からギルド的な組織といわれ同僚性が強い専門家集団である教員組織と，階層構造をもったピラミッド型の総合職集団といえる事務組織の二つが，大学には併存する。これまでの慣行（職員は教員を支える

黒子的な存在）から，両者が対等に仕事を進めることは難しいとされてきた。そうした現状を踏まえ，1995年（平成7）の大学審議会答申「大学運営の円滑化について」は，教員組織と事務組織を車の両輪にたとえ，両者の良きパートナーシップの確立が必要であると提起した。2008年の中央教育審議会答申「▶学士課程教育の構築に向けて」には「教員と協働する専門性の高い職員」とあるが，これは専門性を前提とした教職員対等論から脱していない。教職協働を任務遂行のための手引き（技法）と捉えるのか，大学における仕事観（理念）に基づく教職員論と考えるのかによって教職協働の捉え方は異なるが，職業文化の違う両者が互恵的な関係を築くことによる大学運営が求められている。 田中 岳

→大学職員の専門職化，ファカルティ・ディベロップメント，スタッフ・ディベロップメント

教職大学院｜きょうしょくだいがくいん
professional schools for teacher education; graduate schools for teacher education

2008年度より制度化された教員養成に特化した▶専門職大学院。①学士課程レベルの資質能力を修得した者の中から，より実践的な指導力・展開力を備えた新しい学校づくりの有力な一員となる新人教員の養成，②現職教員を対象に，地域や学校における指導的役割を果たし得る教員等として不可欠とされる確かな指導理論と優れた実践力・応用力を備えたスクールリーダー（中核的中堅教員）の養成の二つを主な目的とする。そのため，各教職大学院において共通して開設すべき授業科目として五つの領域（教育課程の編成・実施，教科等の実践的な指導方法，生徒指導・教育相談，学級経営・学校経営，学校教育と教員のあり方）の履修を必須とするほか，連携協力を行う学校の設定が義務づけられるなどの特徴がある。標準修業年限は2年で，45単位以上を修得する。修了者には「教職修士（専門職）」の学位が授与され，専修免許状の取得も可能となっている。

濱中 義隆

行政・経営・管理 ➡大学の行政・経営・管理
（テーマ編p.95）

競争的資金｜きょうそうてきしきん
competitive funds

研究費の配分主体（政府や財団など）が研究提案を公募し，当該研究分野の専門家を中心とする関係者の評価に基づいて配分する時限付き研究費を競争的資金と呼ぶことが一般的である。競争的研究資金ともいう。研究提案の公募方法に注目して，研究者の自由な着想に応じて研究費を配分するボトムアップ型と，公募に際して研究分野をあらかじ

め限定するなどの形で政策的な意思を反映して研究費を配分するトップダウン型の二つに大別される。広義には，大学の教育改革などを目的とする資金も含まれる。以下，中央政府が大学（大学に所属する研究者）に配分する競争的研究資金に焦点を当て，「大学と研究」の文脈に関連付けながら，その特徴と課題について述べる。なお，中央政府が配分する競争的資金の一覧は，内閣府ウェブサイトで確認できる。

［大学に対する公的研究費の配分政策］

大学の研究費はそもそも，常に増加する傾向がある。その理由には諸説あるが，H. ボウエン（Bowen, 1980）の「費用の収入理論」を大学の研究に敷衍できる（阪本崇, 2013）ならば，①大学は非営利組織であるなどの理由により，コスト削減の誘因が生じないこと，②投入費用と研究成果との関係を正確に把握できず，費用と研究成果との間には正の相関があるという信念を研究者が有していることが原因だとされる。大学の研究費にはこのような基本的性質があるため，限りある公的財源から研究費を配分する方式の決定が政策上の重要事項となる。

　従前の公的研究費の配分方式は基盤的経費を主とし，ボトムアップ型を中心とする▶科学研究費補助金等の文部省予算がこれを補う形であったが（小林信一, 2012），政府は1996年（平成8）から5年ごとに科学技術基本計画を策定し，「競争的資金」という言葉を定義のうえ，公的研究費の大幅な拡充と競争原理の拡大を進めた（田中久徳, 2006）。創造性の源泉は研究者の自由な発想に基づく研究であるからこそ，競争的研究資金制度が重視される（内閣府編, 2004）という信念に基づき，研究費の獲得競争が研究水準の向上を促すものと期待された。その後，経済再生や持続的発展などのために累次策定された「科学技術イノベーション総合戦略」に競争的資金制度の再構築が位置付けられた。政策的意思が反映されたトップダウン型の研究費配分方式を重点化する政府の姿勢がうかがわれる。

　このような科学技術政策の変遷と並行して，大学政策においても，1998年の大学審議会答申「▶21世紀の大学像と今後の改革方策について」で競争的環境という言葉が使われるなど（阿曽沼明裕, 1999），競争の導入による大学改革が明確に志向されるようになった。2005年の中央教育審議会答申「▶我が国の高等教育の将来像」以降，大学政策における競争的資金は，基盤的経費の助成と両輪をなす「多元的できめ細やかなファンディング・システム」（デュアル・サポート）を形成し（水田健輔, 2011），大学改革（機能別分化）に資する公的研究費の配分方式としての役割を担うものとして期待されている。

［制度拡大に伴う研究への影響］

日本の競争的資金は，公的研究費の配分政策の変遷を受けて，政府の科学技術関係予算に占める比率を上げてきた。競争的資金額の比率は2009年度の13.8％を頂点に減少に転じているが（『科学技術指標2016』），社会保障関係費の自然増などによる財政難を考慮すれば，競争的資金は優遇されてきたとみることもできよう。また，競争的資金の配分結果を機関別にみれば，特定大学への集中が顕著である。

　その結果，大学の研究の生産性が向上していれば，まだ良いのかもしれない。しかし実際には，大学の研究活動の生産性が2000年以降低下していることが示唆されるという（小林信一, 2012）。このことから競争的資金制度のあり方を問うとすれば，競争的資金の拡大は，大学に措置される基盤的経費の削減とほぼ同時的に進められてきたことに留意する必要があろう。大学の研究費は，時限が設定されていない恒久的な財源から，数年という時限付きの財源にシフトしつつあるといえる。その結果として，政策的な期待とは逆に，研究者が自由な発想を育む環境が損なわれているおそれがある。

　たとえば競争的資金で設置されるポストは任期付きであり，そのポストに採用された研究者は，より安定したポストを得るために，その任期内に結果が出やすい研究を行う誘因に直面する。また，とくに生命科学系分野で被引用頻度が高い研究における▶ポスト・ドクターの役割は大きいことが知られているが（科学技術・学術政策研究所, 2015），ポスト・ドクターの雇用財源はしばしば競争的資金であり，そのポストは不安定である。ゆえに中堅以上の研究者は，若手研究者の雇用財源の確保に頭を悩ませることになり，競争的資金の獲得自体が自己目的化する余地があることは否定できない。

　競争的資金制度の拡充が，大学の研究の活性化という所期の目的を果たしていないとすれば，その制度的前提の吟味の必要性が示唆される。研究者が研究成果それ自体を競い合うことで，科学研究の発展が達成されうることは事実かもしれない。しかし，研究費の獲得競争が研究成果の競争と同等の成果をもたらすためには，研究費配分時の事前評価が，当該研究の成果を完全に予見できるという非現実的な仮定が必要であり，研究費に占める競争的資金の比率を高めていくことが科学研究の発展に資する保証はないという指摘がある（小林信一, 2012）。日本の研究費に占める競争的資金の比率はまだ小さいという見解もあるが（OECD, 2009），競争的資金の比率を拡大することが研究の生産性向上に資するのか検証が求められる（丸山文裕, 2013）段階にあることに留意する必要がある。

　他方，競争的資金へのシフトが行き過ぎたと認識してこれを是正するとしても，常に増加を求め続

ける大学の研究費を，限りある財源からどう措置するのかという難問から逃れることはできない。競争的資金が惹起している課題の一つは，大学の研究費の基本的性質をどう受け止めるのかという，社会の側の認識のあり方でもある。　　　　日下田 岳史

→ 大学の財政(テーマ編)，研究資金，科学技術基本法，間接経費，大学と研究(テーマ編)

◎阿曽沼明裕「国立大学における研究費補助のパターン変化—「特定目的化」と「競争化」」『高等教育研究』2集，1999.
◎科学技術・学術政策研究所『科学技術指標2016』，2016.
◎科学技術・学術政策研究所『科学技術イノベーション人材育成をめぐる現状と課題—科学技術分野の高度専門人材の流動化・グローバル化・多様化の観点から』NISTEP ブックレット2，2015.
◎小林信一「科学技術政策と大学財政」『高等教育研究』15集，2012.
◎阪本崇「社会は大学のコストを支えていくことができるか—大学の生産性と「コスト病」」，広田照幸ほか編『大学とコスト—誰がどう支えるのか』岩波書店，2013.
◎田中久徳「競争的研究資金制度—不正防止対策と審査制度の拡充を中心に」『調査と情報』第555号，2006.
◎内閣府編『科学技術創造立国のための競争的研究資金の制度改革—政府研究開発データベースに基づく実態分析と改革設計』，2004.
◎丸山文裕「高等教育への公財政支出の変容」，前掲『大学とコスト—誰がどう支えるのか』，2013.
◎水田健輔「競争的資金による大学改革の光と影1」『週刊教育資料』No. 1167，2011.
◎OECD 編『日本の大学改革—OECD 高等教育政策レビュー』明石書店，2009.

共通一次試験｜きょうつういちじしけん
common first stage university entrance examination

1979(昭和54)年度から89(平成1)年度まで実施された，国公立大学の統一一次試験。正式名称は国公立大学共通第一次学力試験。▶大学入試センター試験の前身。▶新制大学発足後は各大学の個別試験による入学者選抜が基本だったが，進学希望者の増加に伴って受験競争が激化し，入試問題において高等学校の学習指導要領から逸脱した難問奇問の続出，高等学校における教育活動への悪影響といった弊害が生じた。このため，国公立大学の入試制度の改革について，ドイツの▶アビトゥーアやフランスの▶バカロレアのような全国的な統一試験の実施を望む声が高まり，▶国立大学協会，大学入試改善会議，全国高校長協会などを中心に検討された。この結果，共通一次試験の準備機関として▶大学入試センターが発足し，数回の試行テストを経て実施された。5教科7科目をマークシート方式で解答。二次試験は各大学で個別の試験を実施した。国公立大学に▶一期校・二期校の区別があり2回受験が可能な時代は終わり，受験機会が1回に限られることになった。私立大学の参加もなかった。入試一元化により，▶偏差値に基づく大学の序列化が強まったとされる。　　齋藤 千尋

京都医療科学大学 [私立]｜きょうといりょうかがくだいがく
Kyoto College of Medical Science

2007年(平成19)学校法人島津学園により開学。同法人は1927年(昭和2)の島津レントゲン技術講習所が起源である。建学の精神は「品性を陶冶し有為の技術者を養成するをもって目的とす」であり，放射線技術学の進歩と並行して教育・施設の充実をはかり，高度医療専門職としての放射線技師の養成教育を行っている。医療科学部では「医療科学技術に関する高度な教育・研究により社会に貢献する」人材を育成することを基本理念として，臨床の現場での経験が豊富な専門家から直接学ぶことにより，実践的な技術を身につけることができるようプログラムや最新機器などの施設を用意している。キャンパスは京都府南丹市にあり，2016年時点で382人の学生が在籍。　　堺 完

共同学位｜きょうどうがくい
joint degree; double degree

複数の大学が相互に教育研究資源を有効に活用し，共同して一つの教育プログラムを編成し，その修了者に対して授与される学位，もしくは当該教育プログラムそのものを指す。日本国内では，2008年(平成20)の▶大学設置基準(第43〜49条)，▶大学院設置基準(第31〜34条)等の改正により制度化された。当該規程に基づく「共同教育課程」では，複数の構成大学が連名で一つの学位記(ジョイント・ディグリー)を授与するものとされている。一方，外国の大学との間では，大学の設置認可の方式・基準等が異なることから同規程に基づく共同学位は適用されない。そのため，単位互換協定等を活用して他の大学における学生の▶履修を相互に単位認定し，同時に複数の教育プログラムを修了したものとみなして，学位を授与する場合がある。この場合，日本の大学からは日本の法令に基づく学位が，協定先の大学からは当該国の制度に基づく学位がそれぞれ授与されることとなる。こうしたケースも広義の共同学位に含まれると考えられるが，複数の学位記が授与されることから「ダブル・ディグリー」と称されるのが一般的である。　　濱中 義隆

→ 教育課程の共同設置，複数学位課程，単位互換

共同学術委員会｜きょうどうがくじゅついいんかい
Gemeinsame Wissenschaftskonferenz [独]: GWK

研究助成や学術・研究政策的な戦略，研究政策，学術システムについて，ドイツ連邦と州が共同で任務を遂行するため，連邦の憲法に相当する基本法第91b条に基づき，2008年1月に設置された機関。連邦と各州の財務および学術・研究分野を所管す

る大臣で構成される。基本法第91b条は，全国的な意義を有する場合に，①高等教育機関外の学術研究の設備と計画，②高等教育機関の学術と研究の計画，③大型装置を含む高等教育機関の研究建造物の助成に際して連邦が州に協力できることを規定しており，これらの共同任務が通常GWKを通じて行われる。連邦と州との権限関係を整理するために2006年に行われた連邦制度改革以前は，教育計画における連邦と州の共同任務の執行機関として連邦・各州教育計画・研究助成委員会（BLK）が設置されていた。しかし，連邦制度改革により，連邦の州への協力が学術・研究分野に限定されたことに伴ってBLKは解散され，代わってGWKが発足した。

高谷 亜由子

共同研究／受託研究
きょうどうけんきゅう／じゅたくけんきゅう
collaborative research／sponsored research

一般的に共同研究とは，大学と当該大学以外の機関とが共通の研究課題に対してともに研究費・研究者を投入し実施する研究を指し，ほとんどの場合，その研究成果は大学と当該機関の共有となる。また，一般的に受託研究とは，大学が当該大学以外の機関から指定された研究課題を委託された研究費を用いて実施する研究を指し，原則的にその研究成果は研究受託者である大学の所有となる。とくに国立大学では，2004年の▶国立大学法人化前には，文部科学省による「民間等との共同研究」（1983年創設），「受託研究」（1970年創設）という制度として運用されていたが，法人化以降は各国立大学法人により変更等が加えられつつあり，制度的多様性が生じている。近年，大学は外部研究費獲得および社会貢献の手法として共同研究および受託研究を重要視しており，また，共同研究および受託研究の件数や金額が，大学の研究力や社会貢献度を示す代理指標としても利用されている。

細野 光章

京都外国語大学 [私立]｜きょうとがいこくごだいがく
Kyoto University of Foreign Studies

1959年（昭和34）学校法人京都外国語大学により設置。同法人は1947年の京都外国語学校を起源とする。建学の精神には"PAX MUNDI PER LINGUAS"（言語を通して世界の平和を）を掲げ，「国際社会の平和に貢献し，次世代を担うことのできる「人間力」豊かなリーダーの養成」を教育の理念として据えて，実践的な外国語運用力やコミュニケーション力，多文化共生実現力などの力を備えた人材を育成している。外国語学部の特色としては，学べる外国語が19言語と私立の外国語大学では最多レベルであること，習熟度別の少人数クラスで

外国語の授業が受けられること，目的に応じた多彩な海外留学プログラムがあること，留学生と協働しながら京都の伝統文化を学ぶ授業が多いことがあげられる。キャンパスは京都府京都市にあり，2017年（平成29）時点で4229人の学生が在籍。

堺 完

京都学園大学 [私立]｜きょうとがくえんだいがく
Kyoto Gakuen University

1969年（昭和44）学校法人京都学園により開学。同法人は1925年（大正14）の京都商業学校を起源とする。建学の精神として「日本人らしい日本人の育成」を掲げ，世界的視野で主体的に考え行動する人材の育成をめざしている。社会から求められている人材ニーズ像を把握し，「人間力の育成」として教育目標と六つの基礎力（コミュニケーション力，協働力，適応力，行動力，課題発見力，論理的思考力）を定めて各学部教育の中でさまざまな取組みを行っている。それ以外にも職業的自立に必要な人間力を育成する「協育プログラム」や各学部より選抜した学生に「グローバル人材育成プログラム」を提供している。4学部10学科の総合大学であることから，キャンパスは京都府京都市と亀岡市の二つにあり，2017年（平成29）時点で3351人の学生が在籍。

堺 完

京都華頂大学 [私立]｜きょうとかちょうだいがく
Kyoto Kacho University

2011年（平成23）学校法人仏教教育学園によって開学。同法人は1911年（明治44）創立の華頂女学院を起源とする。建学の精神は「浄土宗宗祖法然上人の仏教精神」であり，現代を生きる女性に託した「生命の尊さを深く理解し，素直に感謝のできる社会人を育成する」ことを教育目標としている。現代家政学部に二つの学科（現代家政学科と食物栄養学科）を有し，人と人とを取り巻く生活構造という空間的な横軸と人間生涯のライフステージという時間的な縦軸において，子育て，家庭，住宅，家計，食生活，介護，地域などの現代社会が抱える課題にアプローチし，現代の家族・家庭を取り巻く課題を解決できる生活者・職業人の育成をめざしている。キャンパスは京都府京都市にあり，2017年時点で411人の学生が在籍。

堺 完

→仏教系大学

京都看護大学 [私立]｜きょうとかんごだいがく
Kyoto College of Nursing

学校法人京都育英館により2014年（平成26）京都看護大学が開学。京都看護大学は2013年まで公立の京都市立看護短期大学であり，その起源は

366 ｜ きょうどう

1950年(昭和25)設立の京都市高等看護学院である。建学の精神は「明徳・格物致知の実践」であり，京都府内唯一の看護単科大学として，高い医療倫理や豊かな人間性を身につけ，幅広い教養と国際的な視野を備えた社会に貢献する看護専門職の育成をめざしている。隣接する京都市立病院をはじめ高度医療を担う専門病院，地域に密着した病院など数多くの実習病院があり，在学中から医療現場で実践的に学べ，質の高い実習を受けることができるのも特徴である。キャンパスは京都府京都市にあり，2017年時点で464人の学生が在籍。

堺　完

京都教育大学 [国立] きょうときょういくだいがく
Kyoto University of Education

1876年(明治9)設立の京都府師範学校を起源とする。1949年(昭和24)の新制大学発足時に京都青年師範学校を包括して国立京都学芸大学学芸学部となり，66年には国立学校設置法の一部改正に伴い京都教育大学と改称，学芸学部を教育学部に改めた。2016年(平成28)5月現在，教育学部・教育学研究科を置き，京都市伏見区のキャンパスに1478人の学生を収容する(後述の連合教職大学院を除く)。近隣大学との「双方向遠隔授業システム」を含む「京阪奈三教育大学連携共同事業」を推進し，また2008年には京都府・京都市教育委員会や京都地域の7大学(京都産業大学，京都女子大学，同志社大学，同志社女子大学，佛教大学，立命館大学，龍谷大学)と連携・協働して京都連合教職大学院を設置しその基幹校となるなど，近隣大学との連携を積極的に推進しつつ教育者育成の取組みを進めている。

小濱　歩

→ 大学間連携

京都光華女子大学 [私立] きょうとこうかじょしだいがく
Kyoto Koka Women's University

学校法人光華女子学園により1964年(昭和39)光華女子大学が開設し，2001年(平成13)に京都光華女子大学へと校名変更。建学の精神は「其光如華又似星月」であり，「仏教精神に基づく女子教育の場の実現」に努めている。2017年現在，こども教育学部，健康科学部，キャリア形成学部の3学部体制であり，少人数制の親身な指導と体験型学習を通して，大学での学びにスムーズに適応できる科目配置を行っている。また，在学中の学習面・生活面に加え，入学前から卒業後までを一貫してサポートする「京都光華のエンロールメント」を展開し，学部・学科での学びとともに，キャンパスライフ全般を支援する取組みなど，全学を挙げて行っている。キャンパスは京都府京都市にあり，2017年時点で1756人の学生が在籍。

堺　完

京都工芸繊維大学 [国立] きょうとこうげいせんいだいがく
Kyoto Institute of Technology

1949年(昭和24)に設立された国立大学。1899年(明治32)に京都に開設された京都蚕業講習所，1902年に設立された京都高等工芸学校を起源とする。2016年(平成28)5月現在，学生数は4017人，キャンパスは京都市(松ヶ崎，嵯峨)に位置する。開学当初は工芸学部と繊維学部が設置されたが，2006年に学部・学科制にとらわれない教育プログラムを促進するため従来の2学部を工芸科学部として統合した。1学部1研究科で構成される工科系大学であるが，建学以来「科学と芸術の融合」を重視し，バイオ，材料，電子，情報，機械，環境などの先端科学技術分野とともに，建築・デザイン分野において幅広い教育研究活動を展開している。教育改革を積極的に進めており，2009年に理工系学生が備えるべき知識・技能を「KITスタンダード」としてまとめ，遺伝子，環境科学，ものづくり，造形感覚，知的財産，英語，数学の領域に関する独自の検定制度を導入している。

福井　文威

京都産業大学 [私立] きょうとさんぎょうだいがく
Kyoto Sangyo University

京都市北区上賀茂の国有林を敷地に，1965年(昭和40)に開学。初代総長の天文学者，荒木俊馬の掲げた建学の精神「将来の社会を担って立つ人材の育成」のもと，当初は経済学部と理学部の2学部で開学。1967年に経営・法・外国語の3学部，89年(平成1)に工学部(のち後述のコンピュータ理工学部および総合生命科学部に改組)，2000年に文化学部，2008年にコンピュータ理工学部，10年に生命科学部，14年に大学院生命科学研究科(修士課程)，17年には現代社会学部を開設。2017年5月現在，神山キャンパスに1万3248人の学生を収容する，9学部10研究科の総合大学である。2009年竣工の神山天文台や，全学生・教職員が学内外のステークホルダーと新たな関係を結び，新たな価値の産出をめざす「むすびわざDNAプロジェクト」の策定など，創立50周年(2015年)に向けた取組みが新スローガン「Keep Innovating」のもとに展開された。

平野　亮

京都情報大学院大学 [私立]
きょうとじょうほうだいがくいんだいがく
The Kyoto College of Graduate Studies for Informatics

2004年(平成16)学校法人京都情報学園により開学。同法人は1969年(昭和44)のコンピュータ教育機関「京都コンピュータ学院」を起源とする。建学の理念として，社会のニーズに応え，時代を担い，次代をリードする高度な実践能力と創造性を持っ

た応用情報技術専門家を育成することを掲げてい
る。とくにIT（ICT）スキルとマネジメントスキルとを
兼ね備えた，ウェブビジネス分野で活躍できる▶高
度専門職業人を育成するためのカリキュラムを編
成し，産業界の多様な人材供給のニーズに応える
ことを可能にしている。キャンパスは本校が京都府
京都市内にあり，そのほかにも札幌市や東京都港
区にサテライトキャンパスを設けており，2017年時
点で511人の学生が在籍。　　　　　　　堺　完

京都女子大学[私立]｜きょうとじょしだいがく
Kyoto Women's University

1899年（明治32）に京都市下京区に創立された顕
道女学院を母体に，1920年（大正9）創立の京都女
子高等専門学校を経て，49年（昭和24）に新制の京
都女子大学として開学。当初の設置主体は浄土
真宗本願寺派（西本願寺派）の財団法人龍谷女子
学園で，51年に学校法人京都女子学園に組織変
更し現在に至る（同法人はほかに短期大学部・高等学
校・中学校・附属小学校・京都幼稚園を設置。短期大学
部は2010年に学生募集停止）。文学部と家政学部の
2学部で開学し，2000年（平成12）に現代社会学
部，2004年に発達教育学部，11年に法学部を設
置し，16年5月現在，5学部5研究科で構成され
ている。三十三間堂や京都国立博物館に隣接す
る東山阿弥陀ヶ峰の山裾に広がるキャンパスに学
部生6102人，大学院生92人の学生を収容。「親
鸞聖人の体せられた仏教精神に基づく人間教育」
を建学の精神としており，宗教教育にも力を入れ
ている。　　　　　　　　　　　　　　平野　亮

➡仏教系大学

京都市立芸術大学[公立]
きょうとしりつげいじゅつだいがく
Kyoto City University of Arts

1969年（昭和44）京都市立美術大学（1950年開学）と
京都市立音楽短期大学（1952年開学）とが統合して
開学。日本で最も長い歴史を有する芸術系大学
であり，京都市立美術大学を前身とする美術学部
の起源は，1880年（明治13）創設の京都府画学校に
までさかのぼる。音楽学部の前身である市立音楽
短期大学は日本初の公立音楽大学であった。
1980年に大学院を設置し，2003年（平成15）までに
博士（後期）課程を設置。2015年5月現在，2学部
2研究科に1044人の学生を収容する。1980年以
降，京都市西京区大枝沓掛にキャンパスを構えて
きたが，2013年より京都駅東側に位置する崇仁地
区への移転計画が進んでおり，2023年の供用開始
をめざす。　　　　　　　　　　　　　平野　亮

京都精華大学[私立]｜きょうとせいかだいがく
Kyoto Seika University

1979年（昭和54）学校法人京都精華大学により開
学。同法人の前身は学校法人京都精華学園であ
り，1968年の京都精華短期大学を起源とする。建
学の理念は「人間尊重」「自由自治」である。学部
構成は人文および芸術分野の五つから成り，その
中には日本で初のマンガ学部が含まれている。教
育の特色としては，2017（平成29）年度からは社会
展開力を身につける全学プログラム「SEEK」を実施
し，「教養教育」を通じて人間や社会への理解を深
めることで，創造力の支えとなる知識をより豊かに
すること，さらに八つの「副専攻」科目群を設け，自
分の専門性を社会で展開できる知識と実践力を身
につけることを目的としている。キャンパスは京都
府京都市にあり，2017年時点で3089人の学生が
在籍。　　　　　　　　　　　　　　　堺　完

京都造形芸術大学[私立]
きょうとぞうけいげいじゅつだいがく
Kyoto University of Art and Design

1991年（平成3）学校法人瓜生山学園により開設。
同法人は1934年（昭和9）設立の藤川洋裁研究所を
起源とする。建学の理念は「京都文芸復興」に記さ
れており，芸術の力による国づくり「芸術立国」を志
して，東洋の思想を基盤にした芸術教育をめざし
ている。芸術系の単科大学として，通学課程と通
信課程の二つがあり，通学課程では「生きる基礎
力をつける」「実社会を学びの場にする」ことを機軸
にした人間力教育に，また通信教育課程では「多
地域・多世代の教育」に注力している。また，積極
的に「国際交流プログラム」にも取り組み，世界各
国の芸術大学と交流協定を結ぶことで，学生，教
職員の国際交流を促進している。キャンパスは京
都府京都市にあり，2017年時点で通学課程が
3446人，通信課程は7055人の学生が在籍。
　　　　　　　　　　　　　　　　　　堺　完

➡大学通信教育，通信制大学

京都大学[国立]｜きょうとだいがく
Kyoto University

1869年（明治2）に大阪に設置された舎密局を起
源とし，97年に東京に次ぐ2番目の▶帝国大学とし
て創設。1949年（昭和24）に附属医学専門部と第
三高等学校を包括して新制の京都大学が開学し
た。理工科大学，次いで医科大学，法科大学が
設置されて開学した京都帝国大学以降拡大を続
け，2016年（平成28）5月現在，10学部18研究科な
どに日本最多の14研究所などから構成される大規
模総合大学である。全国第3位の常勤教員数と全

国第4位の校地・校舎面積を誇り，京都市の吉田・宇治・桂の3キャンパスには2016年現在で2万2676人（うち大学院9302人）の学生が学ぶ。本学の特色と称される「自由の学風」は，政治の中心から離れた地において開学以来築いてきたものであり，2001年に定められた大学の基本理念でもある。学術的分野における国内外の指導的人材を多数輩出しており（たとえば日本最多6人のノーベル賞受賞者），タイムズ誌の世界大学ランキングでは，日本では東京大学に次ぐ第59位（2014/15）にランクイン（2015/16は第88位，2016/17は第91位）している。

平野 亮

京都橘大学 [私立] | きょうとたちばなだいがく
Kyoto Tachibana University

学校法人京都橘学園により1967年（昭和42）橘女子大学が開学し，2005年（平成17）の共学化に伴い京都橘大学に校名を改称。学校法人京都橘学園は1902年（明治35）設立の京都女子手芸学校を起源とする。建学の精神は「力を実業教育に注ぎて，将来自営独立の実力を得しめん」である。教学理念としては男女両性の「自立」と「共生」，そして社会と人々の幸福に貢献できる"実践的"な学問の追究と人材の養成をめざす「臨床の知」を掲げている。2017年現在，6学部10学科を有する総合大学であり，文学・歴史・歴史遺産・教育・英語・経営・観光・建築・看護・理学療法・心理・救急救命など，幅広い分野を実践的に学べる環境が充実している。キャンパスは京都府京都市にあり，2017年時点で4333人の学生が在籍。

堺 完

京都ノートルダム女子大学 [私立]
きょうとノートルダムじょしだいがく
Kyoto Notre Dame University

学校法人ノートルダム女学院により1961年（昭和36）ノートルダム女子大学を設立し，99年（平成11）に京都ノートルダム女子大学と校名を改称。学校法人ノートルダム女学院は1948年アメリカのセントルイスからノートルダム教育修道女会の4人のシスターが来日して後の52年に設立したのが起源である。建学の精神は「徳と知」であり，カトリック精神を基礎とした品性と知性を兼ね備えた，こころで時代と向き合える女性の育成を目標としている。2017年より2学部5学科（英語英文・人間文化・福祉生活デザイン・心理・こども教育）体制になることで，教養教育と専門教育，その周辺領域をより学べるような教育を行っている。キャンパスは京都府京都市にあり，2017年時点で1170人の学生が在籍。

堺 完

京都美術工芸大学 [私立]
きょうとびじゅつこうげいだいがく
Kyoto Arts and Crafts University

2012年（平成24）学校法人二本松学院により開学。同法人は1993年に設立された京都伝統工芸産業支援センターを起源とし，2005年に設置者変更を行っている。大学の理念として，世界を代表する美術工芸文化が息づく京都で，日本の伝統と文化を尊重し，その継承と文化の創造を担う有為な人材を育成するため，美術工芸に係る教育・研究を行い，併せて教養を身につけた専門職業人を育てることにより，国家・社会の発展に貢献することを目的としている。この目的のため，美術工芸〈工芸・デザイン・文化財・建築〉に関する知識・技能，社会に受け入れられる人間力，美術工芸の将来を思考する能力を養成し，美術工芸業界を牽引すべき人材の育成をめざしている。キャンパスは京都府南丹市と京都市にあり，2017年時点で400人の学生が在籍。

堺 完

京都府立医科大学 [公立] | きょうとふりついかだいがく
Kyoto Prefectural University of Medicine

1872年（明治5）に僧侶たちの出願によって誕生した京都粟田口青蓮院内の療病院を前身とする。1879年に医学校が併設され，のち大学令により1921年（大正10）に大学に昇格して開学。1952年（昭和27）に新制の京都府立医科大学となる。2008年（平成20）に京都府立大学法人となる。2002年に看護学科が設置される一方，05年には医療技術短期大学部（1993年に開設）が廃止。2016年4月現在，1学部2研究科で構成される，学生数1379人，教職員数1733人の公立単科医科大学である。建学以来の使命の一つは「世界のトップレベルの医学を京都府民の医療へ」であり，たとえば京都府の医療機関，保健所などの行政機関に継続的に医師を派遣する「医療センター」という日本初の機関・システムを1971年に開始し，京都の地域医療充実に力を入れている。また再生医療の実現化や女性研究者支援などにも積極的に取り組んでいる。

平野 亮

京都府立大学 [公立] | きょうとふりつだいがく
Kyoto Prefectural University

1895年（明治28）創立の京都府簡易農学校と1927年（昭和2）創立の京都府立女子専門学校を母体として，49年農学部と文家政学部の2学部で西京大学として創立される。創立10周年を機に1959年京都府立大学と改称し，その3年後に現在地の京都市左京区下鴨にすべてのキャンパスを集約。のち学部の改組と新設，大学院の設置など大学の規

模を着実に拡張していき，2017年（平成29）時点で文学部・公共政策学部・生命環境学部の3学部と，それぞれの学部の上位に位置づく3研究科を擁する。2016年現在2095人の学生が在籍。歴史都市京都に立地するということもあり，公立大学では珍しく文学部に歴史学科が開設されている。2017年附属図書館を隣接する京都学・歴彩館内に移設し，府民に広く公開している。

和崎 光太郎

京都文教大学 [私立]｜きょうとぶんきょうだいがく
Kyoto Bunkyo University

1996年（平成8）学校法人京都文教学園により開学。同法人は1904年（明治37）の高等家政女学校を起源とする。建学の理念は仏教の教えを基礎とし，自己を鍛えて自分の目的を達成し，社会に出たらそれを他者の幸せに役立て，その他者の幸せを自分の幸せとすることができるような人間に育てることを目的としている。総合社会学部と臨床心理学部の二つの学部を有し，現代社会や心理学の多様な視点で関連する分野を4年間段階的に学びながら，また学生のニーズに即した就職支援・進学支援を行うなど，就業力と学士力双方を同時に高めていく教育をめざしている。キャンパスは京都府宇治市にあり，2016年時点で1875人の学生が在籍。

堺 完

京都薬科大学 [私立]｜きょうとやっかだいがく
Kyoto Pharmaceutical University

起源は，1884年（明治17）に創立された京都私立独逸学校に別科として開設された薬学科。1892年の私立京都薬学校，専門学校令による1919年（大正8）設立の京都薬学専門学校を経て，49年（昭和24）に新制の京都薬科大学が開学。薬学部および1965年設置の大学院薬学研究科を擁し，2013年（平成25）にはバイオセンターを開設した。「愛学躬行 Philosophia et Praktikos」の建学精神のもと，2016年5月現在京都市の山科キャンパスに2288人の学生が学ぶ。法改正により2006年度以降，学部は6年制課程へ移行。大学設置基準大綱化以後の1992年3月に私立の薬系大学ではいち早く大学基準協会の維持会員校として承認され，99年3月には同協会から単科薬学系大学としては初の「大学基準」適合大学と認証された。2013年度統計によると，6年制薬剤師養成の90%以上を私立大学が担っており，その先頭に立つ一つが本学である。

平野 亮

教養学部｜きょうようがくぶ
Faculty of Arts and Sciences; Faculty of Letters and Sciences

日本の大学において，教養学部は第2次世界大戦後の教育改革により登場し，1949年（昭和24）に設置された東京大学教養学部がその嚆矢である。新たに導入された▶一般教育を担当するとともに，文理にわたる多様な専門学問を教える学部として，おもに旧制第一高等学校を改組再編して設置された。また，アメリカ合衆国の▶リベラルアーツ・カレッジにならった国際基督教大学が教養学部のみの大学として1953年に創設されたが，それ以降は長らく，特定の専門学問を教える学部ではないことを理由に，教養学部を設置する大学は限られていた。しかし，1991年（平成3）の▶大学設置基準の大綱化による学部名称の自由化や国立大学▶教養部の改組を契機に，また時代の潮流として多様な専門の幅広い学習や学際的な学問，実践的な外国語教育の人気の高まりにより，教養学部に類する学部や「教養」を学部名称の一部に入れる学部が増加している。

2017年現在，「教養学部」をもつ大学は7校，「国際教養学部」をもつ大学は15校，「リベラルアーツ学部」など「教養」と類似の学部名をもつ大学は7校である。「教養学部」のほとんどは1991年以前に設置されているが，「国際教養学部」や「リベラルアーツ学部」などは2000年代半ばから設置されはじめ，2010年代以降も設置が続いている。また，「国際教養学部」や「リベラルアーツ学部」などは私立大学に多く，22校中19校に上っている。　吉田 文

→リベラルアーツ，学部の概念（テーマ編），新設学部の動向

教養教育 →一般教育／教養教育

教養と大学 →テーマ編 p.29

教養の概念｜きょうようのがいねん

教養は，字義通りでは「教え養う」の意味しかなく，したがって教育（教え育てる）と同義であり，英語ではeducation，culture，ドイツ語ではBildungがそれにあたる。しかし，大正期には「文化の享受を通しての人格の完成」という特別な意味をもたされて（大正教養主義），旧制高校文化に浸透した。さらに第2次世界大戦後は，▶リベラルアーツ（liberal arts）の訳語として大学のカリキュラム概念として用いられたり，学際学問分野のこととして用いられたりすることによって，日本の大学教育を混乱に陥れてきた概念である。

教養は，古来の漢籍中の語彙を網羅したとする『字源』に熟語としての記載はない。つまり，『孟子』を字源とする教育とは違い，明治期になって登場した近代熟語で，しかも，その意味は字義通りの教育，教化であった。そして，明治の知識人は，西洋知識を取り入れつつもその基礎を江戸期の儒

370 ｜ きょうとぶ

大学事典

教としていたため，修身斉家治国平天下的知徳である「修養」の語が，人格の完成のための修練を指すものとして使われていた。明治末期に第一高等学校の校長としてその校風を刷新したとされる新渡戸稲造が用いたのも修養の語であった。

しかし，これが大正期には，新しい時代の知識人たちによって文化，とくに西洋哲学的知識の享受を通しての人格の完成という概念として特殊に使われることになる。その意味での教養の概念は，明治中期から大正初期まで東京帝国大学で哲学を担当したドイツ系ロシア人のケーベルの影響を受けた，主として夏目漱石門下の人々によって形成されたといわれている。この文化の香りは高いものの，政治性を持たない知識人たちによって生み出されたおびただしい書籍が，▶読書という形で旧制高等学校に浸透し，教養という概念が学生たちの脳裏に刻まれた。それは「大正教養主義」と呼ばれ，プチブル的との揶揄を受けていた流れでもあった。

したがって，この概念は旧制高校の学生文化に深く浸透した概念ではあるが，そのカリキュラムに組み込まれたものではなく，正規の教育で育まれた語学力を基礎にしつつも寮生活の一部であった読書によって培われたものであった。ところが，戦後の改革で▶一般教育を一般教養といい，リベラルアーツを教養と訳すことによって，それがカリキュラム概念として用いられるようになった。戦後改革は，文科と理科からなる旧制高等学校，専門学部の集合体の旧制大学，▶専門教育のみの旧制専門学校，初中等学校教員を養成する▶師範学校を，一般教育と専門教育とからなるアメリカモデルの総合大学に再構成するものであったが，そこで決定的な齟齬が発生した。日本の大学人は，アメリカの専門教育がリベラルアーツ分野と専門職分野の違いを基礎に構成されていることを理解していなかったのである。再編時の当時の代表的専門分野でいえば，文・理・経済学が前者で，法・医・工・農・商学が後者に当たるが，そうした意識がまったく欠けていたと考えられる。

一般教育の原語はジェネラル・エデュケーションであり，それは初中等教育で用いられ，旧制高等学校の用語でもあった普通教育のことであり，普通教育に特定職業向けの科目は用いずにリベラルアーツ科目，つまり文・理学の科目が当てられる。▶一府県一大学原則のもと，大多数の旧制高校は大学の文理学部になり，師範学校は▶学芸学部となり，ともに一般教育も担当するという，アメリカではアーツ＆サイエンス等の名称で存在したリベラルアーツ学部に相当する役割を担った。ところが，その原理を理解しない日本の大学人は，一般教育を一般教養と呼び，それのみを担当する▶教養部を設置する方向に動いた。

さらに，東京大学では第一高等学校等の旧制高校の文科・理科に相当する文学部・理学部があることから，文科系では後者の文学部に欠けていた地域研究や国際関係論といったいわゆる学際分野の専門を設置し，理科は理学を基礎科学科と称して，全体を▶教養学部と名乗った。ここから教養＝学際のイメージが生まれ，のちに▶新構想大学の一つとして設立された放送大学では，教養学部の全専攻を学際的な名称のものとした。次の混乱の原因は，アメリカのリベラルアーツ・カレッジそのものとして作られた国際基督教大学がその設置する学部を教養学部と称したことにある。なぜ，リベラルアーツの直訳たる「学芸」を名乗らなかったのかは，旧師範学校が真の意味を知らずにその名称の学部・大学に転換していたからだと推測される（旧師範系の学芸学部は，のちに▶教育学部に改称）。

その後，教養という語は十分な概念として吟味されないまま，たとえば1991年（平成3）のいわゆる▶大学設置基準の大綱化時には「パンキョウ」とも称された一般教養の語の使用が教養部の解体とともに消える一方で，2006年全面改正の▶教育基本法に「大学は，学術の中心として，高い教養と専門的能力を培う」と規定されるなど，大学界でイメージ的な用語として多用され，混乱は複雑さを増している。
舘 昭

→一般教育／教養教育，高等学校（旧制），専門学校（旧制），学生寮，教養と大学（テーマ編）

◎簡野道明『字源』北辰館，1923.
◎舘昭『大学改革日本とアメリカ』玉川大学出版部，1997.
◎筒井清忠『日本型「教養」の運命』岩波書店，1995.

教養部 きょうようぶ
Division of General Education

［設立の経緯と課題］
第2次世界大戦後の教育改革によって，日本の大学はすべて4年制大学に再編され，加えてアメリカ合衆国にならって▶一般教育が導入された。大学の前期2年間に文理にわたる幅広い科目を一般教育として学習し，後期2年間に専門を開始するという履修方法は，戦前期の大学が▶専門教育のみの学部構造をもっていたために，一般教育として何を教えるかという問題以上に，どのような組織構造のもとで誰が担当するかという問題に突き当たった。

▶国立大学は▶一府県一大学の原則のもとに，旧制▶高等学校や旧▶師範学校を▶新制大学の一学部として統合した。そのため，旧制大学よりも下の段階に位置づけられていたそれらの組織から誕生した学部（文理学部や学芸学部）とそこの所属教員が，一般教育の担当組織・教員となることが多かった。ただ，旧制▶帝国大学を中心とする旧制大学では旧制高等学校を教養部（あるいは分校）とし，それを一般教育の担当部署とした。これが教養部の嚆矢である。学部ではない「部」であり，しかも学

内措置による設置であるため，学部よりも格下の扱いを受けることが多く，また教養部所属教員は学部の専門教育を担当できなかったことが，その後の教養部問題として長く続くことになる。

こうした不満を解消するための措置として，1963年（昭和38）の▶国立学校設置法改正により教養部は法制化されて責任の所在が明確にされるとともに，旧制帝国大学以外の国立大学においては，文理学部や▶学芸学部から分離する形で教養部を新たに独立させて一般教育を担当する部署とし，母体であった文理学部は▶文学部と▶理学部に，学芸学部は▶教育学部に再編されて，それぞれ▶専門教育に特化した学部になった。翌64年の「国立大学の学科及び課程並びに講座及び学科目に関する省令」により，一般教育は課程制，学科目制，学部の専門教育は学科制，講座制と区別されたが，一般教育は専門教育と比較して予算配分，教員対学生比などにおける処遇が悪く，問題の解消には至らなかった。その後，1968年までに31国立大学に教養部が設置されたが，それ以上には拡大しなかったのは大学からの不満が大きかったからである。また，文部省が教養部の設置を進めた理由の一つには，一般教育の責任の明確化以外に，第1次ベビーブーマーの大学進学期の到来を前に，いかにして増大する進学需要を吸収するかという課題への対処として，学部よりも廉価な教養部という選択をしたことがある。

▶私立大学の場合，戦前期に予科を設置してはいたが規模が小さく，それを教養部として一般教育の担当組織としたところは限られており，むしろ一般教育は各専門学部内で独自に実施するケースが多かった。教養部や一般教育部といった一般教育の担当組織を設けるところは，10％程度でしかなかった。

［教養部廃止と新たな課題］

その後，教養部は，高校教育の充実により一般教育が高校教育の繰り返しと揶揄されたこと，1960年代後半の▶大学紛争の温床になったという批判を受けたことなどにより，さまざまな改革が繰り返される。とりわけ教育課程面では，学部の専門科目との差異化による一般教育の特色を打ち出すため，総合科目が多くの大学で導入されたことを指摘したい。それらの工夫は，やがて1970〜80年代には，教養部を▶教養学部に改組することで，教養部設置当初から抱えた処遇の問題を全面的に解消しようとする動きにつながっていく。ただし，教養部をもとに新学部を設置できたのは広島大学，岩手大学，徳島大学のみであった。他の教養学部への改組運動は，学内・学外の両面から阻害された。学内においては類似の専門をもつ学部との差異が明確でないという理由で，文部省からは「教養」は「専門」ではないので学部にはできないという理由で，改組案は頓挫する。

1984年から88年にかけての▶臨時教育審議会では，規制緩和の方針のもとに▶大学設置基準に規定された一般教育という科目区分の廃止が答申され，これを受けた▶大学審議会でも同内容が答申され，1991年（平成3）に大学設置基準から一般教育という語は除去される。それは，とりもなおさず一般教育を担当していた教養部の存在意義が喪失することを意味した。国立大学では，1992年から97年の5年間に東京医科歯科大学を除くすべての教養部が廃止され，このうち大規模大学を中心として11大学では，教養部の教員を資源として新研究科や新学部が設置された。それまでの教養部所属教員は学部所属となり，多くは専門教育を担当し，それまでの学部所属教員も教養教育（共通教育）と改称された旧一般教育を担当することで，教養教育を全学で実施する体制がとられるようになり，教員間の処遇の差異とそのことによる不満という問題は解消をみるに至った。

ただし，科目区分が廃止されたこと，教養教育のみを担当する部署がなくなり，該当する教員もいなくなったことで，国立・私立を問わず，▶学士課程に占める教養教育の比重は減少している。そのなか，第2次ベビーブーマーの大学進学後の急速な少子化のもとでの大学進学率の上昇は，大学生の▶学力低下という新たな問題をもたらした。それへの対応として，教養教育は補習教育や大学生活への適応支援のための教育という新たな課題を抱えるようになっている。　　　　　　　　　　吉田 文

→学部の概念（テーマ編），一般教育／教養教育，大学予科，初年次教育

◎吉田文『大学と教養教育―戦後日本における模索』岩波書店，2013.

共立女子大学 [私立]｜きょうりつじょしだいがく
Kyoritsu Women's University

学校法人共立女子学園は，1886年（明治19）女性に専門的知識と高度技能を修得させることによって，女性の自主性と社会的自立を育成することを目的として創立された。1949年（昭和24）共立女子大学が開学，家政学部，文芸学部，国際学部，看護学部から構成される。総合大学として自然科学，社会科学，人文科学の各系の専門課程を持ちつつ，大学全体を見渡すことのできる規模を維持しており，充実した全学共通の教養教育とともに，各専門課程の特質が分断されることなく大学全体に浸透している。短期大学と大学院も含め，キャンパスはすべて東京の神田一ツ橋キャンパスで展開され，文化的環境の高い立地にあり，地域連携などの課外活動も盛んに行われている。2017年（平成29）現在，5049人の学生が在籍。　　山崎 慎一

杏林大学 [私立] | きょうりんだいがく
Kyorin University

1970年(昭和45)の医学部開設からその歴史が始まる。「真善美の探究」を建学の精神とし,「真」は真実・真理を究めるために学問をすること,「善」は倫理観を持った人間性・人格を形成すること,「美」は謙虚な姿勢と美しさを感じる感性を磨き成長していくことを意味している。現在は,医学部・保健学部など医療系を中心とした総合大学になっており,東京都内の三鷹キャンパスなどに,2017年(平成29)現在4974人の学生が在籍。教育的な特色として,保健医療系と社会科学系学部の交流など,医療系と文系の連携教育があげられる。またグローバル化への対応にも力を入れており,外国語学部における語学教育と総合政策学部との連携による専門学習と,留学制度の活用による日中英のトライリンガル人材の育成を行っている。　　　山崎 慎一

極東連邦大学 [ロシア] | きょくとうれんぽうだいがく
Far Eastern Federal University;
Dal'nevostochnyi federal'nyi universitet [露]

ウラジオストク市にあるロシア連邦の極東部最大の総合大学。1899年同地に勅令で設置された東洋学院に起源を持つ極東国立大学を母体とし,市内の国立極東工科大学(1930年設立)と国立太平洋経済大学(1964年設立)および国立ウスリースク教育大学(1954年設立)を統合して2010年10月に発足。これにより地域・国際研究,経済・経営,芸術・文化・スポーツ,工,法,教育,理,生物医学,人文の9学部からなり,2014年現在,在籍学生数4万1000人(うち大学院生約500人),教職員数約5000人(うち教員が約1600人)を擁する。ロシア政府は市の南,ルースキー島に大規模キャンパスを新設し,2012年秋この施設でアジア太平洋経済協力サミットを開催して極東開発への注力を誇示した。新大学は日本を含む環太平洋諸国の有力大学との提携を強化するとともに,地域開発戦略の一環を担いつつある。　　　所 伸一

キリスト教系大学 | キリストきょうけいだいがく
Christian colleges and universities in Japan

カトリック教会のアジア宣教の時代にいっとき小さいが特徴的な足跡を印してから,江戸時代の鎖国を経て明治の近代化の延長線上にある現代まで,キリスト教系高等教育は日本の宗教的な教育機関の歴史において特異な位置を占めている。それはしばしば日本の近代化の唯一のモデル(西欧)に潜む危険イデオロギーの伝達機関と警戒されつつ,同時に歴史の節目節目で,女性の人権や民主主義の根拠など多くの点で,日本人の蒙を啓きもしてきた。今日,西欧と日本の双方で世俗化が進行し,キリスト教系大学の存続に黄信号がともりつつあるが,以下では日本のカトリックとプロテスタント系高等教育機関の足跡をたどりその現状を検討する。

[カトリック]

狭義には,カトリック教会の正式の認証を受けた大学をカトリック大学と呼び,国内では日本カトリック大学連盟に加盟する大学が該当する(このほかに「日本カトリック短期大学連盟」加盟校があり,また両連盟に加盟していないカトリック系大学も数校ある)。これらのほとんどは来日したカトリックの修道会が設立母体となっているが,宗教法人である修道会は学校法人となれないため,修道会の会員が理事や教職員として大学に関与して精神的支柱となり,教育の特徴を守ってきた。ただし,カトリック信徒数がきわめて少ない日本社会では,キリスト教信仰を前提にした教育ではなく,キリスト教の持つ普遍的価値に根ざした全人教育を目的として掲げている。また,近年では教職員を務める修道者数は著しく減少しており,カトリック信徒や卒業生の教職員を中心に大学の独自性をどのように守っていくかが課題となっている。

16世紀に来日したイエズス会は,日本にも大学を設立する計画を持っていたが実現しなかった。ただし,1581年(天正9)に豊後国に設置されたコレジョ(Collegio,大神学校)は,日本最初のキリスト教系高等教育機関となった。これは聖職者養成を目的とするものではあったが,それ以外の学生も受け入れて人文学課程の教育を行ったほか,辞書や教義書の出版事業も行い,江戸幕府によって宣教師らが追放される1614年(慶長19)まで存続した。

明治時代に再来日したカトリック教会が行った教育事業は,孤児院とそれに併設された小学校など社会福祉事業としての性格の強いものから始まり,中高等教育への進出は遅かった。1906年(明治39),日本にそれまでなかったカトリック系の高等教育機関を求める声が高まったことに応えて,ローマ教皇ピウス10世はイエズス会と聖心会にそれぞれ男子,女子の高等教育機関の設置を要請した。両者とも,1908年に会員を派遣した。イエズス会は,1913年(大正2)に▶専門学校令による大学として▶上智大学(哲学科・独文科・商科)を開校し,聖心会も翌年女子高等専門学校(英文科)を設立した。ほかにもカトリック修道会を母体として数校の旧制▶専門学校が戦前に開校したが,これらのうち▶大学令(大正7年公布)による認可を受けて旧制大学となったのは上智大学のみであった(1928年)。これらは第2次世界大戦後の学制改革によっていずれも新制の大学・▶短期大学に移行した。さらに1950(昭和25)〜60年代を中心に進学熱の高まりを受けて,全国各地にカトリック系の女子短期大学が誕生している。1990年代に▶大学設置基準が緩和さ

れると，短期大学の中には4年制大学に改組され
たり，母体を同じくする4年制大学に合流したりし
たものもある。

カトリック大学では，人文系・社会系・理工系に
またがる複数学部を持つ大規模総合大学は2校
（上智大学・南山大学）のみであり，他は入学定員が
500名に満たない人文系，看護・福祉系，生活科
学系等の1学部からなる単科大学が多い。短期大
学は看護・福祉系や保育・幼児教育系が多い。ま
た，▶女子大学が多いことも特徴で，女子の大学進
学率がまだ低かった時代に女子高等教育に一定の
役割を果たしたといってよい。日本カトリック大学
連盟に所属する大学は18校（うち女子大学は11校），
学生数は約4万人，日本カトリック短期大学連盟
は16校（うち女子校は12校），学生数は約5000人
（2015年現在）。

加藤和哉

［プロテスタント］

プロテスタントの伝道は，幕末に来日した英米圏の
キリスト教各派の外国人宣教師たちによって開始
された。宣教師たちは教育を通しての伝道が有効
であることを早くから見抜き，禁教下に外国人居留
地で英語の私塾を開き，聖書も教授した。明治初
めの文明開化路線は広く国民の間に欧米文明や英
語への関心を引き起こし，宣教師の設立した塾は
発展してキリスト教学校となり，有為の青年を集め
た。また▶新島襄（1843-90）による同志社英学校の
創立（1875年）は，日本人キリスト者による学校設立
の一例である。女子に関しては婦人海外宣教団体
が経営するミッション・スクールが全国各地に設立
され，活動的な新しい女性像を掲げて明治期のキ
リスト教初等・中等女子教育をおもに担った。

しかし，明治20年代以後，明治政府はそれまで
の欧化政策から転じ，大日本帝国憲法や教育勅
語の制定により，急速に天皇制を中心とする国家
主義へと舵を切った。さらに1899年（明治32）の文
部省訓令第12号や私立学校令により，キリスト教
学校の宗教教育や礼拝が禁止された。これにより
キリスト教界は大きな打撃を受けたが，一方，問題
の対処のために基督教教育同盟会の結成（1910年）
へとつながった。以後キリスト教学校は時々に変
化する政府の文教政策との対峙，対応のために協
力，団結しながら今日に至っている。

キリスト教高等教育機関の必要に関しては，日
本開教50年記念会（1909年）で決議され，日本に
おけるクリスチャン・リーダーの養成の目的で，合
同キリスト教大学設立の機運が盛り上がった。エ
ディンバラ世界宣教会議（1910年）でも，アジアにキ
リスト教主義高等教育機関設立の必要が認識され
たものの，実際には各教派の男子校同士の一致に
至らず，実現は困難であった。一方，女子の場合
は，各教派の宣教師たちが創立した女学校間の協
力が実り，1918年（大正7）に東京女子大学の創立
に至った。このほか，キリスト者の津田梅子（1864-
1929）による女子英学塾（1900年，津田塾大学の前身）
と成瀬仁蔵による日本女子大学校（1901年，日本女
子大学の前身）の設立は，キリスト者による女子高等
教育の先駆である。

プロテスタント各派設立の男子校で，1918年の
大学令により大学とされたのは同志社，立教，関
西学院で，ほかは専門学校の範疇であった。私立
大学としてのキリスト教主義大学は国公立大学と
は異なり，財政的に苦闘を強いられつつも，それぞ
れ特色を活かして発展した。1930年代の世界的
不況と40年代の戦時下においてキリスト教学校は
海外宣教団体から自立する一方，国民儀礼に合わ
せつつ戦争協力（勤労奉仕，学徒動員など）を余儀な
くされて困難な時代を生き延びた。

第2次大戦後の新学制により，1948年（昭和23）
に同志社，立教，関西学院，神戸女学院，青山学
院，東京女子大学，金城学院が▶新制大学とされ，
翌年には明治学院，関東学院，宮城学院，東北学
院，西南学院，広島女学院などが加わり，東京神
学専門学校，同志社女子専門学校は新制大学に
昇格した。また，国際基督教大学が超教派の大学
として1949年に新たに設立されたことは，合同大
学の実現として重要である。戦後，多くの短期大
学が設立されたが，のちに4年制大学へと改組し
た学校が多い中，特色を活かし短期大学として引
き続き使命を担う学校もある。なお，先述の基督
教教育同盟会は，現在，一般社団法人キリスト教
学校教育同盟としてキリスト教大学共通の課題に
取り組んでいる。2017年5月1日現在，所属する
大学は56校（うち女子大学17校），学生数は男女合
わせて23万4600人，短期大学・短期大学部は23
校（うち女子校10校），学生数は男女合わせて8800
人である。キリスト教主義大学が抱える今日の課
題は，キリスト教基盤を明確にしつつ，多数を占め
る非キリスト者教職員と協力して，どのように特色
ある人格教育・専門教育を提供していくかであろ
う。

棚村惠子

［カトリック］◎佐々木慶照『日本のカトリック学校のあゆみ』聖母
の騎士社，2010.
［プロテスタント］◎キリスト教学校教育同盟百年史編纂委員会
編『キリスト教学校教育同盟百年史』教文館，2012.

桐生大学 [私立] きりゅうだいがく
Kiryu University

1901年（明治34）番幹子によって設立された桐生女
子裁縫専門女学館を由来とし，2008年（平成20）に
開学。建学の精神は「社会に出て役立つ人間の育
成」であり，そのための教育方針は「実学実践」であ
って，「高い教養と確かな技術の修得をめざした
「実学実践」による幅広い職業人の育成」を教育理
念に掲げている。2017年現在，群馬県みどり市に
キャンパスを構え，看護学科と栄養学科からなる

医療保健学部に554人の学士課程学生が在籍する。なお助産師育成を目的とした1年制の別科も併設されており、建学の精神および教育方針に則って実習にウェイトを置いた即戦力の人材育成が行われている。

戸村 理

キール大学 [イギリス] | キールだいがく
University of Keele

1960年代に相次いで設立されたいわゆる新大学（New Universities）への道を切り開いた先駆的実験大学。ウェッジウッド陶磁器で有名なイングランドのポッタリーズ地方の労働者成人教育運動に胚胎し、R.H.トーニーやA.D.リンゼイなどオックスフォード理想主義学派に連なる「行動する大学人・市民的学者」の支援の下に、1949年、まずノーススタフォードシャー・ユニバーシティ・カレッジとして誕生した。▶ロンドン大学の▶学外学位の枠組みに依拠するという従来の慣例を踏襲せず、オックスフォード、マンチェスター、バーミンガムの3大学の監督・後援の下に最初から学士学位授与権を認められた。かくて実験の自由を得て画期的なカリキュラムを創出し、幅広い視野を持った教養人の育成を目指した。カリキュラムの第1の特色は、第1年次の学生全員に対し、学問・知識の全領域を展望する基礎学年コース（foundation year）を必修化した点にある。1962年に独自の勅許状を得、キール大学に名称を改めた。緑に囲まれたイギリス一広大なキャンパスを背景にしたコミュニティ形成重視の革新的な教育は、今なおヨーロッパ中の学生の関心を引いている。

安原 義仁

ギルマン
Daniel Coit Gilman | 1831-1908

アメリカ合衆国のユニバーシティの形成者と呼ばれる高名な学長で、ハーヴァードの▶エリオットと比肩される。イェール大学で地理学を教え、創設期のカリフォルニア大学長（1872-75）となり、▶モリル法の適用を受けて農業と工業を教えることを大学の課題とした。農業教育では州の農民団体（グレンジャー）と対立を深めて1875年に大学を去る。その後、請われて新設の▶ジョンズ・ホプキンズ大学の学長（1875-1901）となった。新設された無名の大学を無名の教授陣でどのように優れた大学へと導くかが課題であったが、国内の優れた大学長などの意見を聞き、当時のドイツ大学に比肩し得る教育と研究の機能をもった新しい大学を創設した。世界初の試みである▶大学院を設置して成功をおさめ、アメリカの大学を世界の大学へと導いた功労者とされる。ギルマンの下で大学院に学び、アメリカの歴史に名を残した人物は、哲学者ジョン・デューイ、歴史家フレデリック・ジャクソン・ターナー、第

28代大統領ウッドロウ・ウィルソンなど枚挙にいとまがない。

羽田 積男

近畿大学 [私立] | きんきだいがく
Kinki University

1925年（大正14）に創立された日本大学専門学校が、43年（昭和18）に日本大学大阪専門学校に改称、同年創立の大阪理工科大学と49年に合併して新制の近畿大学が設立された。設立当初は理工学部および商学部の2学部であったが、薬学部（1954年）、農学部（1958年）、工学部（1959年）を相次いで開設し、さらに医学部（1974年）、文芸学部（1989年）や建築学部（2011年）などの新設を経て、2016年（平成28）5月現在、14学部14研究科に19の研究所、二つの短期大学、併設学校17校園、ならびに3ヵ所に設置された総合病院を擁する国内有数の大規模私立総合大学となっている。学部・大学院の学生数は3万2735人。キャンパスは本部のある東大阪キャンパス（東大阪市）と医学部のある大阪狭山キャンパス（狭山市）のほか、奈良・和歌山・広島・福岡といった西日本各地に点在する。建学の理念は「実学教育」と「人格の陶冶」。2015年大阪教育大学・関西大学と合同で連合教職大学院（▶専門職大学院）を開設。

平野 亮

キング・アブドゥッラーサイエンス＆テクノロジー大学 [サウジアラビア]
キング・アブドゥッラーサイエンス＆テクノロジーだいがく
King Abdullah University of Science and Technology

サウジアラビア唯一の国立の大学院大学。サウジアラビアの西側、紅海に面する都市ツワルに位置する。アブドゥッラー第6代国王（在位2005-15）の世界最高水準の科学技術のセンターを目指すという構想を実現するため、2009年に設置された。世界中から優れた教授陣と学生を集めるという方針をとり、独立の理事会が運営に当たる。数十億ドルに達するワクフ（寄付）が活動を支える。第2代学長（2013-17）のジャン・ルー・シャモー博士は、アメリカの名門▶カリフォルニア工科大学の学長経験者。提供プログラムは生物・環境科学工学、コンピュータ・電気・数理科学工学、物理科学工学で、英語が公式の教授言語となっている。サウジアラビアではイスラームの影響で他の大学のキャンパスは男女別で、女子学生の服装もヴェール着用などが義務付けられるが、この大学院大学では男女の学生が同じ教室で学び、女子学生が自由な服装を許容されるなど新たな方向性が注目を集めている。

和氣 太司

キング・アブドゥルアズィーズ大学 [サウジアラビア]
キング・アブドゥルアズィーズだいがく
King Abdulaziz University

サウジアラビアを代表する国立総合大学の一つ。サウジアラビアの西側，紅海沿岸の都市ジェッダに位置する。第2次世界大戦後に石油開発が本格化したサウジアラビアでは，経済発展とともに国家開発を担う人材育成が課題となった。このため1957年にリヤドに初の国立大学（▶キング・サウード大学）が設置された。西部にも大学の建設を望む声が高まり，1967年に建国の祖の名前を冠するキング・アブドゥルアズィーズ大学が誕生。当初，私立大学と位置づけられたが1974年に国立大学となった。準備段階のプログラムでは男子68人，女子30人の学生を受け入れ，翌年度に経済・経営学部が設置された。2015年時点で19学部を擁し，10万人を超える学生が学ぶ。イスラームの影響でキャンパスは男女別であるが，開学時に女子にも教育機会を提供したのでサウジアラビアでは女子教育のパイオニアと目される。ゲノム医学研究，環境学の研究拠点を備える。2015年のQS社の世界大学ランキングでは303位。 　　　　　和氣 太司

キング・サウード大学 [サウジアラビア]
キング・サウードだいがく
King Saud University

首都リヤドにあるサウジアラビアで最も古い，国を代表する国立総合大学。第2次世界大戦後の石油開発の本格化によりサウジアラビアでは経済発展が始まるとともに，国家開発を担う人材育成が課題となった。このため，1957年，サウード第2代国王（在位1953-64）は初の大学としてリヤド大学を設置。1982年にキング・サウード大学と名称変更された。初めに文学部が設置され，9人の教員が21人の学生を教育した。2015年時点で人文，理学，経営，工学，農学，医学，歯学，看護，教育，コンピュータ，情報の各学部を擁し，6万5000人の学生が学ぶ。材料工学，バイオテクノロジー，理数教育開発の研究センターを備える。イスラームの影響で男女のキャンパスは分かれているが，3万人の女子学生を収容する新キャンパスの建設プロジェクトがアブドゥッラー第6代国王（在位2005-15）により2013年に開始。2015年のタイムズ誌のアジア大学ランキングでは72位。 　　　　　和氣 太司

キンシャサ大学 [コンゴ民主共和国] | キンシャサだいがく
Université de Kinshasa [仏]

コンゴ民主共和国で最大最古の大学。ベルギー統治期の1926年に宗主国の▶ルーヴァン・カトリック大学によって設立された看護・医療の養成施設

が起源。ルーヴァン・カトリック大学と提携したロヴァニウム大学として1954年に教育活動を開始した。1960年の独立直後から続いた民族問題や政治混乱を経て，65年に成立した独裁政権に対し，69年には本学学生を中心とした大規模な反政府運動が組織された。1971年，中央集権の強化と，脱植民地化や民族間競合を超えた国家統合を目指す「ザイール化」政策をうけ，ロヴァニウム大学はプロテスタント自治大学（1962年設立），コンゴ大学（1955年設立）と合併してコンゴ国立大学となり，翌年ザイール国立大学に改称した。1981年に大学自治の観点から再び分離，それぞれキンシャサ大学（旧ロヴァニウム大学），キサンガニ大学（旧プロテスタント自治大学），ルブンバシ大学（旧コンゴ大学）の3大学となった。学生数約2万6500人，教職員数約1700人，12学部からなる（2010年）。 　　谷口 利律

金城学院大学 [私立] | きんじょうがくいんだいがく
Kinjo Gakuin University

1889年（明治22）にプロテスタント（長老派）宣教師が創設した女学専門翼望館をルーツとして，1949年（昭和24）に英文学部の単科女子大学として開学，翌年現在地（愛知県名古屋市守山区）に移転。1954年英文学部を文学部と改称，62年家政学部を開設，67年大学院文学研究科の修士課程を開設，93年（平成5）に同研究科博士課程を開設。その後，2005年に薬学部を開設するなど，学部増設と学部・学科の改変を経て，2017年現在では文学部・生活環境学部・国際情報学部・人間科学部・薬学部の5学部と，大学院文学研究科・人間生活学研究科（ともに博士前期および後期課程）の2研究科を持ち，女子大としては国内有数の規模を持つ総合大学となっている。2016年現在5358人の学生が在籍。スクールモットーは「主を畏れることは知恵の初め」。 　　　　　和崎 光太郎

金城大学 [私立] | きんじょうだいがく
Kinjo University

2000年（平成12）に，1904年（明治37）創立の金城遊学館を起源とする金城短期大学に併設して，社会福祉学部の単科大学として開学。石川県白山市に立地。建学の精神「遊学」は，系列高校の遊学館高校の校名になっている。大学設立の理念は，「明日の福祉社会を先導する福祉のリーダー的存在の養成」であり，地方社会の高齢化への対応を，人材育成の面で担うことがめざされている。開学以降，学部・学科の新設・再編を積極的に進め，2017年現在，社会福祉学部，医療健康学部，看護学部の3学部と，大学院総合リハビリテーション学研究科（修士課程）を持ち，理学療法学・作業療法学・看護学などを学び国家資格を取得できる福

祉医療系の総合大学となっている。2017年現在1195人の学生が在籍。　　　　　　　和崎 光太郎

グーイ法案 | グーイほうあん
Riforma Gui [伊]

1962年から68年まで5期にわたってイタリアの公教育大臣を務めたグーイ（Luigi Gui, 1914-2010）は、▶ジェンティーレ改革が方向付けた義務教育年限8年の延長化の厳格適用などをおこなうとともに、大学に関しては通常の4年制課程に加えて、社会的要請に応じた2年間の短期学位課程とラウレア（学位）取得後の2年課程による3段階学位制度、学科（dipartimento）の創設、教授のフルタイム勤務などの改革を提言した。この改革案には、一方で社会的な要請に合致した大学への改革やその自治の拡大など革新的な方向と、他方で教授の勤務評定など国家統制的な方向とが共存していた。結果的に廃案となったものの、その後の大学改革に影響を与え、その内容の一部は1960年代に実現することとなった。　　　　　　　児玉 善仁

クウェート大学 [クウェート] | クウェートだいがく
Kuwait University

首都クウェート市にあるクウェートで最も古い、国を代表する国立総合大学。豊かな石油資源に恵まれるクウェートは急速な経済発展を遂げ、国民の教育機会の充実や国家開発を担う人材育成が課題となった。このため1966年に初の国立大学であるクウェート大学が誕生した。初年度は理学、人文、教育、女子教育の4学部が設置され、翌年度に法学、イスラーム学、ビジネス、経済、政治学の各学部が続いた。2015年時点で六つのキャンパスに16学部（法学、アーツ、理学、医学、工学・石油、看護学、教育、イスラーム法・イスラーム学、ビジネス管理、薬学、歯科学、社会科学、生命科学、建築、コンピュータ科学・工学、健康）を擁し、76の学士課程プログラム、71の大学院プログラムを提供。3万7879人の学生が学び、その72％を女子が占める。その背景には男子の方が女子よりも海外大学への進学の機会が多いという事情もある。2015年のQS社の世界大学ランキングでは「701＋」に入った。　和氣 太司

9月入学 | くがつにゅうがく
starting the new school year from autumn

秋入学とも。学校の入学時期・始業時期を9月（秋）とする制度。日本では現在、初等・中等・高等教育を通じ大部分の学校が4月入学（春入学）だが、もともと日本の大学においては明治時代の大学創立期以来、9月入学を採用していた。1921年（大正10）から全面的に4月入学に改められたが、これは先に4月入学・3月卒業に移行していた初等・中等教育との接続を確保するとともに、大学入学までの修業年限の短縮を図るための改革だった。▶帝国大学は4月入学への対応に消極的で、1913年末から学事暦を改める検討に入りながらも、20年2月にようやく4月入学への移行を決定した。

9月入学は、1987年（昭和62）の臨時教育審議会等で、たびたび大学改革案として取り上げられてきた。この間、特定の学生（海外帰国生や社会人学生等）を対象とする秋入学制度が部分的に導入される例外もあった。2008（平成20）年度からは、文部科学省令で原則4月と規定されていた大学の入学時期を、各大学の学長判断で決められるようになった。2011年には、東京大学が国際化の一環として「9月入学への全面移行を目指す」と発表して注目を集め、政府や経済界に歓迎ムードが広がり、追随しようとする大学も出てきた。しかし、同大学内で異論が相次ぐとともに、社会的な環境整備が追い付かず資格試験や就職活動への影響が避けがたいことから、早期の9月入学移行を見送り、代わりに4学期制を導入することでいったん収束した。　　　　　　　齋藤 千尋

釧路公立大学 [公立] | くしろこうりつだいがく
Kushiro Public University of Economics

北海道釧路市にある。1982年（昭和57）釧路市長が市政方針で地元大学設置を提示したことに端を発し、88年4月に開学した。建学の理念には「地域に結びつき開かれた大学」「国際性を重視する大学」「理論と実践の相まった大学」の3点が掲げられている。カリキュラムは「コモンツールズ」「教養科目」「専門科目」から構成され、経済学部に経営学科・経済学科が置かれている。2016年（平成28）5月現在の学生数1357人。1999年「地域に開かれた大学」として地域経済研究センターが設置され、「主な共同研究プロジェクト」を継続的に実施、展開してきた。国際化の推進もなされ、カナダ、ロシア、韓国、台湾の各大学と姉妹校としての協定を結んでいる。　　　　　　　蝶 慎一

グッド・プラクティス
Good Practice: GP

[GP事業の概要]
GP（Good Practice）とは、各大学（短期大学・高等専門学校を含む、以下同）の優れた教育改革等の取組みを公募により選定・支援し、その取組みの内容や成果を広く周知させて、教育改革のさらなる推進を図る▶文部科学省の事業である。本来、GPという語は「優れた取組み」を意味する語だが、日本の高等教育界では文部科学省の事業を指すことが通例となっている。GPは、①国公私立大学を通じた競

争的環境，②第三者による公正な審査，③積極的な社会への情報提供の三つをキーワードとして展開した。2003年(平成15)から2010年までの8年間で計282大学が採択され，大学全体の4割近くは採択されたこととなる。このGPは，各大学の教育改革に焦点を当てたものだが，それに先駆けて2002年から「21世紀COE(Center of Excellence)」という大学の研究面に焦点を当てた▶競争的資金の配分が行われていた。そのため，研究と教育のバランスをとる施策だったとする見方もある。これらはいずれも2000年代に入って意識されたものではなく，1998年の大学審議会答申(「▶21世紀の大学像と今後の改革方策について」)に，限られた予算を「評価」に基づいて「重点的」に配分する必要があるという指摘があることから，90年代から推し進められてきた政策が具現化されたものともいわれている。

　文部科学省は，①▶特色ある大学教育支援プログラム(特色GP)，②▶現代的教育ニーズ取組支援プログラム(現代GP)，③▶質の高い大学教育推進支援プログラム(教育GP)，④大学教育・学生支援推進事業[テーマA]大学教育推進プログラムの四つを「各種GP」としている。そのうち特色GP(支援期間3年)と現代GP(支援期間2〜4年)は2003年，2004年と連続で開始したが，それぞれ評価の重点が異なっていた。前者は当該機関がそれまでに行ってきた教育の実績に重点を置き評価するもので，後者は各大学が将来に向けて構築していく教育プログラムに焦点を当てて評価するものだった。両者を発展的に統合する形で，2008年に開始されたのが教育GP(支援期間3年)である。また2009年からは大学教育・学生支援推進事業(支援期間3年)が開始された。

　全体の数では，2003年から実施された特色GP以後，全国の国公私立の各大学から960の取組みが採択され(申請件数は6389件，採択率15%)，総予算額は477億円に上った。文部科学省の委託研究(「競争的な教育資金の効果の検証及び今後の在り方に関する調査研究」)によれば，「GPは高等教育システム全体にとって良い影響があったか」について，肯定的に回答した学長は97%，GP取組担当者は79%，GP審査委員は68%と差はあるものの，成果としては全体的に高く評価された。それにもかかわらず，GP事業を含む文部科学省の各種支援事業は，2010年11月，当時の民主党政権下の行政刷新会議の事業仕分けの対象となり，GPは「バラ撒き型事業は原則として廃止」「大学の本来業務であり経常収支の中で大学自身が取り組むべきもの」「大学の本来の業務をこのように短期的政策で対応することは原則として廃止すべき。教育は長期的視点で考えるべき」といった厳しい評価を受け，この当時実施されていた大学教育・学生支援推進事業が廃止されることとなり，GP事業は終焉した。

［GP事業の総括と課題］

文部科学省は，個別のGP事業については評価が行われてきたものの，全GP事業を俯瞰した評価は行われていないとして，2013年4月に有識者を集め，「国公私立大学を通じた大学教育改革の支援に関する調査検討会議」を設置し，総括を行った。同年8月には，補助事業の成果と課題，および今後の大学教育改革のあり方を検討した「意見のまとめ」を出した。そこでは，GP事業の成果・効果について，①日本の高等教育全体に「教育」の重要性を強く認識させたこと，とくに地方の中小私立大学にとってはGP事業の採択は非常に大きな活力となったこと，また，②学内の教職員に「大学改革」「教育改革」という意識が浸透したこと，③学内だけでなく地域関係機関とも連携・信頼が築けたこと，④学生支援などに対する理解・意識の高まりが見られたことなどを挙げ，全体としての成果を高く評価した。

　一方で，特色GPの5年間の総括に見られるように，①申請が1機関1件(全学ないし学部・学科の単位で申請)という機関間の平等を期したものではあったが，「組織としての改革」を重視するために，学部の多い大規模国立大学が有利になり，小規模な私立大学には不利になっていた，②大学の営みは分節化されてはならないにもかかわらず，申請のために学内の取組みが分節化された，③▶学士課程教育の効果を問うならば最低4年間のサイクルが必要だが，そこまで見据えることのないパッチワークのような改革案で改善を図るという方向性が定着してしまった，④新しい資金を得ることで日常的な活動が攪乱した，事業終了後の継続性が担保されなかったなど，多くの懸念も提示された。こうした懸念はどのGP事業にも当てはまることである。これらを受け，前述の検討会議からは，今後の課題(進化した新しいGPの構築)として，5年程度の中期的な補助期間を設定すること，厳格な中間評価を行い評価の高い事業に重点配分すること，そして最大の目的である積極的な普及活動を行うためのネットワークを形成することなどが挙げられた。

小島　佐恵子

→センター・オブ・エクセレンス，21世紀COEプログラム

◎天野郁夫「競争的資金と大学改革」，「COE・GP型競争的資金」『IDE 現代の高等教育』479号，IDE大学協会，2006.
◎絹川正吉・小笠原正明編『特色GPのすべて—大学教育改革の起動』JUAA選書14，財団法人大学基準協会，2011.

国立音楽大学 [私立]｜くにたちおんがくだいがく
Kunitachi College of Music

1926年(大正15)創立の東京高等音楽学院を起源とし，50年(昭和25)新制大学として創設された。「自由，自主，自律の精神を以て良識ある音楽家，教育家を育成し，日本及び世界の文化の発展に寄

与する」という基本的理念のもと，日本の音楽界や音楽教育界に多くの卒業生を輩出し，音楽文化の向上に貢献をしている。大学名は1977年までキャンパス所在地が東京都国立にあったことに由来する。2017年(平成29)現在キャンパスは東京都立川市にあり，1574人の学生が在籍。教育課程は，1・2年次を基礎課程，3・4年次を専門課程と位置づけ，基礎的技能を習得した上で，自分の将来に合った専門性を高めることができるようになっている。

山崎 慎一

熊本学園大学 [私立] | くまもとがくえんだいがく
Kumamoto Gakuen University

1942年(昭和17)東洋語学専門学校創立を起源とし，45年熊本語学専門学校と改称，50年熊本短期大学設立，54年熊本商科大学設立，94年(平成6)熊本学園大学と改称。建学の精神は「師弟同行，自由闊達，全学一家」である。教育目標に「幅広い教養を身につけ，専門知識・技能を活用することにより地域社会を支える人物を育成すること」「自由闊達を尊重する学風のもとで知的関心を醸成しつつ，多様な人びとと協力しながら課題に取り組む人物を育成すること」「地域に根ざし世界につながる知的能力の高い国際人を育成すること」を掲げる。熊本市中央区にキャンパスを構え，商学部・経済学部・外国語学部・社会福祉学部を設け，2017年現在5048人の学生が在籍。

船勢 肇

熊本県立大学 [公立] | くまもとけんりつだいがく
Prefectural University of Kumamoto

1947年(昭和22)創立の熊本県立女子専門学校が前身。1949年に熊本女子大学に移行し，学芸学部(文学科・生活学科)を設置。熊本城内に創立されたが，1950年に県立劇場敷地，80年に熊本市健軍町水洗(現在地)に移転。1994年(平成6)に熊本県立大学に改称し，総合管理学部増設と同時に全学男女共学となった。2006年に公立大学法人化。理念として人文・社会・自然の学問の3分野をおおう「総合性への志向」，地方分権の時代を意識した「地域性の重視」，「国際性の推進」を掲げる。文，環境共生，総合管理の3学部，大学院3研究科からなる。2016年5月現在の学部学生2134人，大学院生110人で，約3分の2が女性。入学者の出身高校の96%以上が九州圏内，卒業生就職先の約70%以上が九州である。

船勢 肇

熊本大学 [国立] | くまもとだいがく
Kumamoto University

1756年(宝暦6)創立の蕃滋園(のち熊本薬学専門学校)と再春館(のち熊本医科大学)および1874年(明治

7)設置の県立仮熊本師範学校(のち熊本師範学校)などを前身とする。1949年(昭和24)第五高等学校・熊本工業専門学校などを包括して新制熊本大学として開学。大学の理念は「教育基本法および学校教育法の精神に則り，総合大学として，知の創造，継承，発展に努め，知的，道徳的及び応用的能力を備えた人材を育成することにより，地域と国際社会に貢献することを目的とする」。2016年(平成28)5月現在，文・教育・法・理・医・薬・工の7学部があり，学部学生7981人，大学院生2102人。キャンパスには五高記念館(国指定重要文化財)をはじめ多数の歴史的記念物が残る。

船勢 肇

熊本保健科学大学 [私立] | くまもとほけんかがくだいがく
Kumamoto Health Science University

1959年(昭和34)衛生検査技師養成所の創立を起源とし，60年熊本医学技術専門学校と改称，68年銀杏学園短期大学発足，2003年(平成15)熊本保健科学大学開学，保健科学部を設置。「国家試験に強い」「就職に強い」「学費が安く奨学金が充実」「万全の教育環境」を四つの魅力とする。「知識」「技術」「思慮」「仁愛」を4綱領とし，基本理念として「保健医療分野に関する専門知識技術の教育と研究を行う」「人間と社会に深い洞察力を持つ人材の育成」「高度な知識と技術を有し，保健医療分野に貢献できる人材の育成」「豊かな人間性を備え，創造性に富む，活力ある人材の育成」を掲げる。熊本市北区にキャンパスを構え，2016年現在1536人の学生が在籍。

船勢 肇

クラーク
William Smith Clark | 1826-86

札幌農学校(▶北海道大学の前身)の初代教頭。アメリカ，マサチューセッツ州生まれ。▶アムハースト・カレッジ卒業後，ドイツで博士号を取得。アムハースト・カレッジの化学教授在職中，南北戦争で武勲を輝かす。1867年▶モリル法によって創設されたマサチューセッツ農科大学の初代学長に就任。その手腕により，同大学は全国的に注目される。1876年(明治9)学長在職中に日本政府の招きで札幌農学校の創設に尽力。わずか9ヵ月余の滞在にもかかわらず，アメリカの農科大学のモデルを定着させ，農学校の基礎を確立した。付属農園長として実験農場を経営管理し，北海道の経済発展にも寄与。「Be gentleman!(紳士たれ)」を教育方針に据え，キリスト教に基づく徳育を開拓使長官▶黒田清隆と激論の末黙認させた。酒・煙草，食欲・情欲の抑制，実地に沿った指導と人格教育，兵式教練や運動会の実施など，自ら行動で示した教導により，生徒たちに多大な感化を与えた。帰国時に残した「Boys, be ambitious!(少年よ，大志を抱け)」は有名。

直接指導を受けていない新渡戸稲造，内村鑑三など有為な人材を輩出したことにも影響力は及ぶ。

杉谷 祐美子

倉敷芸術科学大学 [私立]
くらしきげいじゅつかがくだいがく
Kurashiki University of Science and the Arts

1995年（平成7）に芸術学部・産業科学技術学部・教養学部の3学部で開学。1999年に大学院設置。2016年現在，倉敷市連島町のキャンパスに芸術学部・産業科学技術学部・生命科学部の3学部と，大学院芸術研究科・産業科学技術研究科・人間文化研究科・通信制研究科，また留学生別科を置き，学生数は1380人，大学院生20人（通信制5人），別科生33人，教員91人を擁する（産業科学技術学部は2016年をもって募集停止，17年4月から新たに危機管理学部を発足）。開学時にコンセプトとして掲げた「芸術と科学の協調」を具現化する共通科目・推奨科目の設置を進め，また2014年にはくらしき作陽大学と共同で，文部科学省「地（知）の拠点整備事業（大学COC事業）」に「文化産業都市倉敷の未来を拓く若衆育成と大学連携モデル創出事業」を申請し，採択されている。　小濱 歩

➡知の拠点整備事業

くらしき作陽大学 [私立] ｜ くらしきさくようだいがく
Kurashiki Sakuyo University

1930年（昭和5）に岡山県津山市に創立された津山女子高等技芸学院を淵源とする。1966年に音楽学部を置く4年制大学として作陽学園大学を設立。1968年に作陽音楽大学に改称。1996年（平成8）に岡山県倉敷市の誘致を受けて同市玉島地区に移転し，翌97年に大学名をくらしき作陽大学に変更するとともに，食文化学部を設置した。2008年に子ども教育学部を，10年には大学院音楽研究科を設置して現在の3学部1研究科体制となる。2016年現在，学部生1347人，大学院生11人，教員70人を擁する。建学の精神「大乗仏教に基づく宗教的情操教育により豊かな人間性を涵養する」に則り，大学の使命として「菩薩道（心豊かにいきいきと生きる）を歩むプロの養成」を掲げて，特色ある専門教育・教育研究成果の地域への還元・地域貢献活動に取り組んでいる。　小濱 歩

グラスゴー大学 [イギリス] ｜ グラスゴーだいがく
University of Glasgow

英語圏では▶オックスフォード大学，▶ケンブリッジ大学およびセント・アンドルーズ大学に次いで4番目，スコットランドでは2番目に古い歴史を持つ。1451年，ターンブル司教により聖職者養成を目的

として設立されたとされる。18世紀にはスコットランド啓蒙の拠点，19世紀にはイギリスにおける自然科学の研究教育の中心地の一つとなった。1840年にイギリス初の工学教授職を創設。スコットランド啓蒙の担い手で経済学の祖アダム・スミス，絶対温度にその名を残す19世紀物理学・工学研究の主導的人物の一人ケルビン卿は当大学の出身でのちに当大学教授を務めた。1894年にはスコットランドで初めて女性に医学学位を授与。イギリスの▶研究大学の連合体であるラッセル・グループの加盟校で，▶ウニベルシタス21の創立メンバーでもある。QS社の世界大学ランキングでは51位（2013年）。7名のノーベル賞受賞者を輩出。化学者・薬学者の高峰譲吉や醸造家の竹鶴政孝が留学した。

福石 賢一

グラデュエート・スクール
graduate school

アメリカ合衆国で発生した，カレッジの卒業者（グラデュエート）が研究的な学修をするための組織（スクール）。19世紀に高い水準の教育と研究を行っていたドイツの大学には，当時▶学士課程のみのカレッジしか存在しなかったアメリカのカレッジ卒業者たちが多数留学した。彼らは帰国後，そのレベルの教育を本国でも実施しようとし，そこに卒前教育（アンダー・グラデュエート）と明確な区切りを持ち，組織化された卒業者教育，つまりグラデュエート・エデュケーションが発生した。▶リベラルアーツの機関であるアメリカのカレッジ上にできたグラデュエート・スクールもリベラルアーツ分野の組織で，取得される学位はPh.D.（Doctor of Philosophy），つまり哲学博士というアカデミックな研究者としてのものであり，通常，カレッジとグラデュエート・スクールはアーツ・アンド・サイエンスの教員団（ファカルティ）によって担われる。医師，法曹その他の専門職系の組織は，グラデュエート・レベルであっても▶プロフェッショナル・スクールと呼ばれ，通常はグラデュエート・スクールとは言わない。またグラデュエート・スクールの名称も絶対的なものではなく，大学によってはグラデュエート・ディビジョン（graduate division）など別の名称で呼んでいる。　舘 昭

グラムシ
Antonio Gramsci ｜ 1891-1937

イタリアのマルクス主義思想家，政治家。イタリア共産党の創設者の一人。サルジニア島の生まれ。奨学金を得て▶トリノ大学に入学し，のちに中退。同大学在学中に革命運動に加わり，1921年イタリア共産党の創立に参加する。1922～23年，イタリア共産党代表としてモスクワに滞在し，コミンテルン執行委員をつとめる。1924年イタリア共産党書

記長，また同年トリノから下院議員に選出される
が，26年ムッソリーニのファシスト政権に逮捕，投
獄され，獄中生活は37年までの11年間に及び，
出獄直後に死去した。著名な「獄中ノート」を残し
ている。彼は支配の二側面としての強制と合意に
注目し，合意による支配をヘゲモニーとして概念化
する。また聖職者を典型とする，実体的な社会階
層としての「伝統的知識人」との対比で，各々の階
級の必要に応じて育成される，社会的機能として
の知識人という「有機的知識人」の概念を示し，知
識人論の展開をもたらした。

白鳥 義彦

▶知識人と大学（テーマ編）

グランド・ゼコール
grandes écoles[仏]

［グランド・ゼコールと大学］
中世以来の大学は歴史的に，神・文・法・理・医と
いう枠組みが守られてきた。フランスのグランド・
ゼコールの起源は，もともとは，この枠組みを越え
た技術教育，▶専門教育を行い，高度な技術者の
養成に応えるために設立されてきたところに由来す
る。「grandes écoles」の字義通りの意味は「大・学
校」であるが，これは大学外の「学校」として創設さ
れたものであることを示してもいる。フランス以外
の他の多くの国々にも技術者養成のための高等教
育機関は存在してきたが，通常は大学よりも格下
に位置づけられることが多い。これに対してフラン
スのグランド・ゼコールの独自性は，少数精鋭のエ
リート教育を行い，大学よりも高い威信を有する点
に見いだされる。

フランスでは，中等教育の修了と同時に高等教
育の入学資格でもある▶バカロレア試験に合格すれ
ば原則として大学に入学できるが，グランド・ゼコ
ールへの入学は，バカロレア取得後，リセ（日本の高
校に相当）に付設されている▶グランド・ゼコール準
備級への厳しい入学試験に合格し，さらにそこで
の通常2年の勉学を経て，さらに厳しいグランド・
ゼコールへの入学試験に合格することが必要であ
る。このグランド・ゼコール準備級には2014〜15
年で8万人強が登録している（高等教育全体の学生
数は247万人）。また，たとえば理工科学校（▶エコー
ル・ポリテクニーク）が国防省，鉱山学校が経済産業
省，土木学校が環境・エネルギー・海洋省というよ
うに，グランド・ゼコールによっては大学とは異なる
省の管轄下に置かれている点も特徴的である。

［グランド・ゼコールの歴史］
今日に至る著名なグランド・ゼコールのいくつかは，
1743年創設の土木学校，83年の鉱山学校のよう
に大革命前に創設されている。これらの学校の特
徴として，養成する専門分野を校名に冠している
ことも指摘できる。こうした学校は，教育の内容は
時代に応じて変化してきていても，学校名は常に
保持し続けており，それも威信の源の一つとなって
いる。革命期の1794年には，理工科学校および高
等師範学校（▶エコール・ノルマル・シュペリウール）が創
設された。19世紀後半の第三共和政初期の1872
年には，今日のパリ政治学院（シアンス・ポー）が当初
は私立の学校として創設されている。また，1819
年にはパリ商業高等学校，21年には古文書学校，
81年にはパリ高等商業学校（HEC）が創設され，さ
らに第2次世界大戦後の1945年には国立行政学
院（ENA）が設立された。これらの学校の創設を大
きな流れで見るならば，革命以前から革命期という
早い時期には技術系の学校が多く創設され，19世
紀末頃からは政治や経済に関わる学校が設立され
てきたと捉えることができよう。こうした流れは，社
会の要請の大きな変化に対応したものと捉えること
もできるのである。

［グランド・ゼコールとエリート養成］
グランド・ゼコールによるエリート養成は，どのよう
なものとして捉えることができるだろうか。一例と
して，大統領や首相の出身を見てみよう。複数の
学校を卒業している者も少なからずいるが，それら
を延べ人数として数えると，1958年の第五共和政
成立以降の7人の大統領のうち，ENAの出身者は
3人，シアンス・ポーの出身者は4人，理工科学校，
高等師範学校の出身者は各1人である。また20
人の首相経験者のうち，ENAの出身者は8人，シ
アンス・ポーの出身者は12人，高等師範学校の出
身者は3人を数え，ほかにも商業系のグランド・ゼ
コールを卒業している者も複数いる。学問界にお
いても，たとえばパストゥール，ベルグソン，▶デュ
ルケーム，サルトル，アルチュセール，フーコー，
▶デリダ，▶ブルデューなど，高等師範学校出身の
著名な学者は数多い。このように，グランド・ゼコ
ールはフランス社会において指導的な役割を果た
す人々を実際に輩出してきたと言うことができよ
う。

学校によっては全寮制のものもあり，少人数の教
育で，卒業後にも続く関係が育まれる場となること
も多く，それがエリートとしての支えともなり得る。
ただし，とくに政治の分野においては，こうしたグラ
ンド・ゼコール出身者のエリート主義が，庶民から
離れた政治を行っているという批判が示されること
もある。一方，シアンス・ポーでは社会的に困難な
状況に置かれている地域の出身者の入学枠を設け
て，階層的なエリートの再生産のみとはならないよ
うにとの試みも進められている。

［グランド・ゼコールの将来］
今日グランド・ゼコールの多くは外国人を積極的に
受け入れて，単なるフランスのためのエリート養成
という枠を越えた国際的な展開を行ってきている。
またフランスでは近年，▶PRES（研究・高等教育拠点）
やその後継のCOMUE（大学・高等教育機関共同体）

という形で，複数の高等教育機関，研究機関が集まってより大きなまとまりがつくられてきているが，グランド・ゼコールもこうしたまとまりに加わって，大学や他の教育研究機関との関係を深めようとしている。時代の動きに対応しつつ，これからもグランド・ゼコールはその独自の存在を示し続けていくのではないだろうか。

白鳥 義彦

→ フランスの大学（テーマ編），高等教育と大学

◎Louis Liard, *L'enseignement supérieur en France*(1789-1893), tome II, Armand Colin, 1894.
◎George Weisz, *The Emergence of Modern Universities in France, 1863-1914*, Princeton University Press, 1983.

グランド・ゼコール準備級
グランド・ゼコールじゅんびきゅう
classes préparatoires aux grandes écoles[仏]: CPGE

▶グランド・ゼコールの入学試験を準備するために，伝統あるリセ（高等学校）に設置される通常2年間の課程をいう。▶バカロレアを取得すれば入学が可能な大学とは異なり，バカロレア取得後に選抜を経て進級が許可される。リセに設置されてはいるが，高等教育の課程として位置づけられており，この課程後にグランド・ゼコールに入学しなかった場合にも，大学の当該学年への編入は可能である。2014～15年で，公立357校，私立96校，合計453校に約8万4000人（1学年4万人強）が登録している（高等教育全体の学生数は247万人）。うち公立校の生徒の比率は83%である。文科，経済・商科，理科の3コースがあり，それぞれの生徒数は約1万3000人，2万人，5万2000人で，理科の比率が高い。また女子生徒の比率はそれぞれ74%，55%，29%，全体で42%となっており，分野による性比の違いも大きい。

白鳥 義彦

グルノーブル大学 [フランス]｜グルノーブルだいがく
Université de Grenoble

フランス南東部，イゼール県の県庁所在地グルノーブル市にある。1339年，アンヴェール2世王子によって設立され，医学，自由学芸，教会法，公民法の四つのセクションで構成された。法学者のボアソナードが教鞭をとったことで知られる。1968年の高等教育改革によって法人格（EPSC）を持つ大学となった。1970年にはグルノーブル第1大学，同第2大学，同第3大学と政治学院（アンスティチュ・デテュド・ポリティック）の四つの組織に分かれた。2005年，この四つの組織はグルノーブルの公益グループとなり，翌年，研究・高等教育拠点（▶PRES）としてその範囲を広げた。2013年9月より，シャンベリー，アヌシー，ヴァランスの3都市を含めた大学・高等教育機関共同体（COMUE）の拠点となっている。2015年6月，名称をグルノーブル・アルプ大

学とし，大学・高等教育機関共同体の範囲を広げていくことを宣言した。学生数4万5000（2015/16年）。

高橋 洋行

久留米工業大学 [私立]｜くるめこうぎょうだいがく
Kurume Institute of Technology

1958年（昭和33）学校法人久留米工業学園として設立認可，66年久留米工業学園短期大学を設置，76年学校法人久留米工業大学と改称。「人間味豊かな産業人の育成」を建学の精神とし，これを実現するために「知・情・意」，すなわち「知を磨き，情を育み，意を鍛える」ことを教育の基本理念としている。ビジョンとして，"実践的ものづくり能力"を育む大学，"ものづくりの楽しさ"を発信する大学，"就職に強い"大学を掲げている。学部は工学部のみ。福岡県久留米市に向野キャンパスと中尾山キャンパスを構え，2017年（平成29）現在1217人の学生が在籍。民間企業への就職希望者に対する就職者割合は全国平均を超えている。

船勢 肇

久留米大学 [私立]｜くるめだいがく
Kurume University

福岡県久留米市にある。1928年（昭和3）に設置の専門学校令による九州医学専門学校が創始で，1943年に九州高等医学専門学校となる。1946年久留米医科大学（1961年廃止）および同予科（1951年廃止）を設置。1950年新制の久留米大学が開学し商学部を設置，52年に医学部が開設された。基本理念は「真理と正義を探求し，人間愛と人間尊重を希求して，高い理想をもった人間性豊かな実践的人材の育成をめざすとともに，地域文化に光を与え，その輝きを世界に伝え，人類の平和に貢献することを使命とする」。2017年（平成29）5月現在，文，人間健康，法，経済，商，医（医学科，看護学科）の6学部13学科と大学院5研究科があり，学部学生6726人，大学院生310人。

船勢 肇

クレジット
credit

アメリカ合衆国の状況について記述する。時間によって計測される学習単位のこと。「credit hour」とも称する。19世紀後半以降の高等教育の拡大の中で，中等教育と高等教育の円滑な接続，および高等教育機関における学習の管理を標準化するために編み出された。2011年7月に定められた連邦教育省による規定では，1クレジットとは1週間につき教室での学習1時間，教室外での学習2時間に相当する学習量を指す。▶実験，▶インターンシップ，実習等の方法を用いる場合，上記に相当する時間を機関ごとに定める。クレジットは各機関が

採用する学期の長さにより異なる。▶セメスター制の場合、1学期が約15週、クォーター制の場合10〜12週であり、▶学士課程の標準的な修了要件は、セメスター制では約120セメスター単位、クォーター制では約180クォーター単位となる。量的指標に基づいて学生の学習が計測可能となったことで、▶修業年限によらず、単位を積み上げることで学位に値する能力の修得を示すことができるようになった。また、機関間の学生の移動（転学）が促進された。一方で、学習の内実は単純な時間数で測ることは困難との批判がなされることがある。

福留　東土

→学習の自由

グレート・ブックス
Great Books

アメリカ合衆国の大学教育や成人教育において、主として西洋文明・文化の伝統や価値を学ぶことを目的として選抜・集成された古典的名著集。内容が西洋の古典に限定されない場合、さらに議論の題材として批判的な読み方が推奨される場合がある。大学教育のプログラムとしてその重要性が強調されるようになったのは、専門分化した諸科学の進展によって大学教育の多様化や選択制が進んだことによる。その嚆矢は、1920年に▶コロンビア大学でジョン・アースキン（John Erskine）が指導した「ジェネラル・オーナーズ・コース」である。さらにそこで学んだモティマー・アドラー（Mortimer Adler）が、1930年代に▶シカゴ大学でロバート・ハッチンズ（Robert Maynard Hutchins）とともに実践したプログラムも有名である。この実践から派生して、▶セント・ジョンズ・カレッジでは学士課程全体が必修制のグレート・ブックス教育で構成されるという独特のプログラムが発展し、現在に至っている。

松浦　良充

黒田清隆 ⟨くろだきよたか⟩
1840-1900（天保11-明治33）

政治家。北海道開拓長官。薩摩藩出身で薩長連合の成立に奔走。戊辰戦争では箱館五稜郭の攻撃を指揮したが、榎本武揚ら旧幕臣の助命に尽力するなど、その人材愛惜の念はのちの人材育成策重視に表れている。開拓次官として西洋技術導入による北海道開拓を強く推進し、開拓使十年計画を策定。1871年（明治4）渡米の折に自ら7名の留学生を帯同するとともに、岩倉使節団に5名の女子留学生を託すことを提唱。開拓使費による留学生は33名に上り、留学生派遣に力を注いだ。1874年陸軍中将兼参議開拓長官となり、76年アメリカから▶クラークを招聘して札幌農学校（▶北海道大学の前身）を開校。教育の全権をクラークに委ね、短期間にその手腕を十分に発揮させた。1881年の開拓使官有物払下げ問題など、独断専行の面や奇行で知られる一方、内村鑑三の黒田への弔辞によれば、「嗚呼、伯なかりせば、札幌農学校はなかりしなり」とその教育的功績が称えられる。1888年に首相に就任し、大日本帝国憲法の発布に当たるも、条約改正交渉失敗のため辞職。

杉谷　祐美子

グローバル化 →国際化とグローバル化（テーマ編 p.5）

グローバル化時代に求められる高等教育の在り方について（大学審議会答申）
グローバルかじだいにもとめられるこうとうきょういくのありかたについて

文部省の諮問機関である▶大学審議会が2000年（平成12）11月に文部大臣に提出した答申。グローバル化の進展と高等教育の環境変化を踏まえ、日本の高等教育が世界に開かれた高等教育機関として、その社会的責任を果たしてゆくことが重要であるとし、日本の高等教育の国際的通用性・共通性向上と国際競争力の強化を目指す改革方策として、以下の五つの視点に立つ改革を提起。①グローバル化時代を担う人材の質の向上に向けた教育の充実、②科学技術の革新と社会、経済の変化に対応した高度で多様な教育研究の展開、③情報通信技術の活用、④学生、教員等の国際的流動性の向上、⑤最先端の教育研究の推進に向けた高等教育機関の組織運営体制の改善と財政基盤の確保。高等教育の国際的通用性、国際競争力強化をキーワードとしたところに特色がある。教養を重視した教育の改善充実、幅広い視野を持った人材養成、インターネットを活用した遠隔授業での単位取得増加を提起する。

斉藤　泰雄

グローバル人材育成 ⟨グローバルじんざいいくせい⟩
development of globally competent human resources

グローバル人材を緩く定義すれば、社会・経済のグローバル化に対応する資質を持った人材となるが、国家や企業、個人などの立場によって人材像は異なる。日本の大学との関連では、2010年代に入って政府の成長戦略においてグローバル人材育成が政策課題となり、「経済社会の発展を牽引するグローバル人材」（2012年）、「スーパーグローバル大学創成支援」（2014年）など、大学でのグローバル人材養成関連への▶競争的資金の投入が相次いだ。ユニバーサル化した大学では、グローバル・リーダーのようなエリートだけではなく中核的・専門的人材層におけるグローバル人材養成への対応も必要であり、また現地の文化への感受性や言語習得能力は重要な資質となるはずだが、日本の場合、実際にはグローバル・リーダー養成もしくは英語人材の養成に矮小化されてしまう傾向が見られる。また、

国籍や民族に依存せずに自らの専門性でキャリア
を積む人材という意味での「グローバル人材」は養
成の射程に入っていない，という指摘もある。

稲永 由紀

→労働市場の国際化

グローバス経営大学院大学[私立]
グローバスけいえいだいがくいんだいがく
Graduate School of Management, GLOBIS University

2006年（平成18）に東京都千代田区のキャリア教育
推進特区制度を利用した▶株式会社立大学として
創立。現在は学校法人立の私立大学として経営
研究科を設置し，MBA（Master of Business Administra-
tion，経営学修士）の学位を授与する機関となってい
る。教育理念は，「創造と変革」の現場でリーダー
として活躍できる能力を開発する場，自らの志と生
き方（キャリア）を見つける場，生涯にわたって切磋
琢磨していける人的ネットワーク構築の場を提供す
ることである。主たる学生はビジネスパーソンであ
ることから，単科生制度，長期履修制度，通学と
オンライン教育の併用など，仕事をしながら学び続
けることができる環境が整っている。2017年現在
1943人の学生が在籍。

山崎 慎一

群馬医療福祉大学[私立]｜ぐんまいりょうふくしだいがく
Gunma University of Health and Welfare

1449年（宝徳1）に長尾昌賢によって開設された学
問所を由来とする。現在の群馬医療福祉大学の
前身は2002年（平成14）開学の群馬社会福祉大学
であり，同大学が2010年に校名変更したことによ
る。建学の精神は「己に克って礼を復む」とする
「仁」であり，教育理念は「知行合一の実践」とし
て，教育目的を「奉仕の精神，環境の美化，礼儀
正しい人になる」としている。2016年現在，群馬県
前橋市および藤岡市に3キャンパスを構え，3学部
5学科に1021人の学士課程学生が在籍する。地
域の大学として地域社会の拠点となるべく多様な
活動を行っており，キャンパスが存在する前橋市お
よび藤岡市とは，文化，産業，学術，生涯学習，
地域防災などに加え，教育委員会との連携も積極
的に行っている。

戸村 理

群馬県立県民健康科学大学[公立]
ぐんまけんりつけんみんけんこうかがくだいがく
Gunma Prefectural College of Health Sciences

群馬県立看護学院と群馬県立診療エックス線技
師養成所を起源として，2005年（平成17）に看護学
部看護学科と診療放射線学部診療放射線学科の
2学部2学科を有して開学。教育理念は「常に最
良の健康状態の実現を目指す保健医療専門職と

しての看護職者・診療放射線技師」の養成を掲げ
る。保健医療の対象となる「人間」を中心に学び，
社会や文化，自然への理解を深めながら系統的・
段階的に専門的な知識，技術が習得できるように
カリキュラムが組まれている。看護師国家試験，
保健師国家試験，診療放射線技師国家試験では，
例年，高水準の合格率を維持している。前橋市上
沖町にキャンパスを構え，2017年4月現在，501人
の学生を収容する。

山本 剛

群馬県立女子大学[公立]｜ぐんまけんりつじょしだいがく
Gunma Prefectural Women's University

1980年（昭和55）に文学部の単科大学として開学。
「家庭生活の向上及び地域社会における文化の進
展」への寄与や「国際化社会に対応し得る広い教
養と豊かな情操を備えた人材」の育成という目的の
もと，「社会的に自立した光り輝く女性」の育成を
教育理念に掲げる。群馬県佐波郡玉村町にキャン
パスを構え，2017年（平成29）4月現在は，文学部，
国際コミュニケーション学部の2学部と2研究科に
1014人の学生を収容する。開学当初より少人数
制教育を重視している。また独自の海外▶留学支
援制度を通じて，ボランティア活動やインターンシ
ップ，フィールドワークなど，海外での幅広い活動
に挑戦しようとする学生の支援を積極的に行って
いる。

山本 剛

群馬大学[国立]｜ぐんまだいがく
Gunma University

1949年（昭和24）に群馬師範学校，群馬青年師範
学校，前橋医科大学，桐生工業専門学校を母体
とし設立された国立大学。設立当初は学芸学部，
医学部，工学部から構成されていたが，学部の新
設・改組を経て，2016年（平成28）5月現在，群馬
県内の四つのキャンパスに教育，社会情報，医，
理工の4学部と4研究科1学府1専攻科，学生
6494人を擁する。日本の大学付属病院で唯一，
重粒子線がん治療装置を有しているほか，2014年
に「未来先端研究機構」を創設し，医療分野で海
外との共同研究を促進させている。また，地域貢
献事業を積極的に実施しており，2014年の『日経
グローカル』誌の全国大学の地域貢献ランキングで
全国2位となっている。2016年より「グローバルフ
ロンティアリーダー（GFL）」の育成のためのカリキュ
ラムを全学部で導入し，教育研究活動の国際化を
進めている。

福井 文威

→学域／学府

群馬パース大学 [私立] | ぐんまパースだいがく
Gunma Paz University

1997年(平成9)設置の群馬パース看護短期大学が前身で，それを母体として2005年に現在の群馬パース大学が開学。建学の精神は，平和を意味するポルトガル語のPazであり，平和で公正な社会の発展のために，Pazには，Pessoa(個性：個人の尊厳と自己実現)，Assistencia(互助：多様な人々の共存と協調)，Zelo(熱意：知の創造)の意味も与えられている。2017年現在，群馬県高崎市にキャンパスを構え，保健科学部に1054人の学士課程学生が在籍。地域保健医療の発展に寄与する人材の育成を目的としており，カリキュラムは「知識・理解」「思考・判断」「技術・表現」「関心・意欲」「態度」の五つの要素から順序性と体系性を伴って組み立てられ，ディプロマ・ポリシーを満たす教育が行われている。　戸村 理

敬愛大学 [私立] | けいあいだいがく
Keiai University

1966年(昭和41)長戸路政司により千葉県千葉市に開学。当初の名称は千葉敬愛経済大学で，1988年現行名に改称。「敬愛」とは長戸路政司の好んだ西郷隆盛の遺訓「敬天愛人」に基づき，同時にこの言葉が建学の精神ともなっている。経済学部に経済学科・経営学科，国際学部に国際学科とこども教育学科を置く。経済学部では経済学の基礎およびアジアを中心とした国際ビジネスやスポーツビジネスについて学修することができ，国際学部では英語およびIT運用のスキルの修得と，小学校教諭の免許取得をめざす学生が学んでいる。2017年(平成29)現在の収容人数1502人。　鈴木 崇義

経営学修士 →MBA

経営学部 | けいえいがくぶ
Faculty of Business Administration

日本における経営学研究は，ドイツ経営学の移入およびその後のアメリカ合衆国の科学的管理法の紹介を端緒として1910年代より開始されていた。しかし，経営学部の設置は第2次世界大戦後のことで，1949年(昭和24)に神戸大学が開学と同時に設置したものが日本初の経営学部となった。2016年(平成28)時点では神戸大学，横浜国立大学の2大学を含め，国公私立合わせて94の経営学部が設置されている。近年は▶商学部を経営学部や関連領域の学部に改組転換する傾向も見られる。2003年に▶専門職大学院制度が創設されたことを受けて，欧米の▶ビジネス・スクールにおける▶MBA課程と同様に，企業経営や会計等の実務家養成

を目的とする専門職大学院が相次いで設立された。2017年時点で，ビジネス・MOT(Management of Technology)または会計に関する37大学42専攻の専門職大学院が設置されており，それらの大学院では経営管理修士(専門職)，技術経営修士(専門職)等の学位が授与されている。　福石 賢一

→経済学部，経営系専門職大学院

経営系専門職大学院 | けいえいけいせんもんしょくだいがくいん

経営管理(MBA)専門職大学院，技術経営(MOT)専門職大学院，会計専門職大学院，知的財産専門職大学院などの総称。経営系専門職大学院は経営管理，技術経営，ファイナンス，知的財産などの専門職を育成することを目的としており，狭義のビジネス・スクールではないものとして捉える方がより正確である。日本においては，▶法科大学院以外での分野別ではビジネス・MOTが最も多く設置され，ついで会計分野の▶専門職大学院が多い。また株式会社立専門職大学院が構造改革特別区域法により認められたことを反映して，ビジネス・MOT分野と会計およびその他の分野で設置されていることが近年の動向である。ビジネス・MOT分野では専門職団体による▶認証評価についても進捗している。たとえば，2005年に設立された特定非営利活動法人「THE ALLIANCE ON BUSINESS EDUCATION AND SCHOLARSHIP FOR TOMORROW, a 21st century organization」(▶ABEST21)は，国内外の経営分野専門職大学院の教育の質の維持向上に資する認証評価システムモデルの構築を目指している。　山田 礼子

慶應義塾大学 [私立] | けいおうぎじゅくだいがく
Keio University

1858年(安政5)に▶福沢諭吉が江戸築地鉄砲洲，中津藩邸内に開いた蘭学塾を起源とする。のちに英学塾に転向し，1868年(慶応4)に慶應義塾と命名した。1890年(明治23)に大学部を開設し，98年には現在の原型である大学部，普通部，幼稚部からなる一貫教育体制が完成。1920年(大正9)には大学令のもとで，私立の総合大学(文・経済・法・医の4学部)として公的認可を得た。以後，理工学部や商学部に加えて，1990年(平成2)には湘南藤沢キャンパス(SFC)に総合政策学部・環境情報学部を置き，2001年には看護医療学部を設置した。2016年5月現在，東京と神奈川を中心とする12キャンパスに10学部14研究科を置いて，4万1829人(通信教育課程を含む)の学生を収容する大規模私立大学である。福沢が提唱した「独立自尊」「実学の精神」を継承し，教員と学生が互いに教え学び合う精

神を今日もなお重視する。研究大学として学術研究に革新的な成果を遂げているのはもちろん，卒業生は国内外のあらゆる分野で活躍している。なお塾員有志が自発的に運営する同窓会組織「三田会」は，卒業生の結束や連帯感，ネットワークの形成に大きく寄与している。　　　　　　　戸村　理

経済学部 |けいざいがくぶ
Faculty of Economics

［経済学部の誕生］

日本で最初に設置された経済学部は，1919年(大正8)設置の東京帝国大学経済学部である。この年，▶分科大学を廃して学部を置くこととする▶帝国大学令の改正がおこなわれ，東京帝国大学は旧来の各分科大学に対応した法・医・工・文・理・農の各学部を設置するとともに，それまで法科大学の下に置かれていた経済学科および商業学科を独立させて経済学部を新設した。同年5月には京都帝国大学にも経済学部が設置され，同年施行の▶大学令によって大学に昇格した▶私立大学のうち1920年に昇格した慶應義塾，中央，法政の各大学ならびに22年に昇格した専修大学も昇格時に経済学部を置いた(早稲田大学は1920年の昇格時に▶政治経済学部を設置)。第2次世界大戦後には，多くの国公私立大学で経済学部が設置され，2016年(平成28)における経済学部(類似名称・関連領域の学部を除く)の設置数は141で，日本では名称別学部数において最多となっている。

［商科大学と商学部］

日本の大学における最初の「経済学」の講義は，東京大学開学の翌年に当たる1878年(明治11)，同大学文学部第一科史学哲学及び政治学科において開始された。翌79年には文学部第一科は哲学政治学及び理財学科に改称され，経済学(理財学)の名称が初めて組織名称の中に用いられた。それから約30年後の1908年，東京帝国大学法科大学に単独の経済学科が設置され，翌年には商業学科が設置された。このように経済学部の設置に先立ち，経済学ならびに商学の名を冠する▶学科が日本で初めて東京帝国大学に設置されることになった。

しかしその背景には，それまで学科はおろか商業学の講座も専任教員もいなかった▶帝国大学をよそに，日本における商学の研究と教育の主翼を担い，この領域「唯一の最高学府」(天野，2009)の地位にあった東京高等商業学校(一橋大学の前身)の大学昇格運動があった。東京高等商業学校は▶森有礼によって1875年に創設された私立の商法講習所を起源に持ち，東京府，農務省の所管を経て85年に文部省所管となった。1887年に高等商業学校と改称され，97年に専攻部を設置，1901年からは帝国大学と同様に卒業生に「学士」(商業学士，1906年からは商学士)の称号が認められるようになった。そ

してこの頃より，同校(1902年に東京高等商業学校と改称)の教員集団や同窓会を中心に商科大学設立(昇格)運動が展開されるようになっていった。

前世紀転換期は，商学を大学における伝統的な学問と同格のものにすることを目指す運動が世界的に展開された時期であった。アメリカ合衆国では1881年，▶ペンシルヴェニア大学にウォートン・スクールが誕生し，1898年には▶シカゴ大学とカリフォルニア大学に商科カレッジ(College of Commerce)が設立された。同年ドイツではライプツィヒに商科大学(Handelshochschule)が誕生し，1901年までにアーヘン，ケルン，フランクフルトがこれに続いた。国際市場において米独の後塵を拝しつつあるとの危機感を抱いていたイギリスにおいても，1895年のロンドン経済・政治学スクール(LSE，1900年より▶ロンドン大学の構成校となり，同大経済・政治学部［商工業含む］：Faculty of Economics and Political Science [including Commerce and Industry]の教育・研究を担った)に続いて，1902年には▶バーミンガム大学に▶商学部が創設された。

こうした情勢を目の当たりにした留学生から情報がもたらされるなか，商科大学設立運動は展開され，日露戦争をはさんだ1907年に帝国議会において商科大学の設立を求める建議が提出・可決されたことにより，この運動は勢いを増した。しかし，▶単科大学を認めるか否かという問題をめぐって事態は紛糾し，結局は先に見た通り，1908年の経済学科に続き1909年に東京帝国大学法科大学に一人の専任教授もいないまま商業学科が新設される一方，商科大学の設立および商学部の設置は，1918年の▶大学令公布後まで持ち越されることになった。東京帝国大学に経済学部が設置された1919年の翌年，大学令によりようやく東京高等商業学校から昇格した東京商科大学に商学部が設置された。同年，同じく大学に昇格した早稲田，明治，中央，日本の各私立大学にも商学部が置かれ，日本における商学部の歴史が始まった。

［経営学部の隆盛と戦後の経済学部，商学部］

前世紀転換期の高等商業教育運動に続き，20世紀初頭には欧米で商業経営学(Business Administration)の勃興が見られた。ドイツでは1906年，先行する諸商科大学とは一線を画し商業経営を軸とするベルリン商科大学が創設され，1908年にはアメリカでハーヴァード経営大学院が創設された。日本でも1910年代よりドイツ経営学の移入およびその後のアメリカの科学的管理法の紹介を端緒として経営学研究が開始されたが，日本初の▶経営学部が設置されるのは第2次世界大戦後のことであった。1949年(昭和24)神戸大学に最初の経営学部が設置されて以後，多くの大学で経営学部が設置されたが，2003年からは欧米の▶MBA課程と同様に企業経営や会計等の実務家養成を目的とする▶専門職大学院が相次いで設立され，2017年時

点でビジネス・MOT（Management of Technology）または会計に関する37大学42専攻の専門職大学院が設置されている。

なお，『学制百年史』（文部省）によれば1971年における経済学部（類似名称・関連領域の学部を除く，以下同）の設置数は119で，▶法学部，▶工学部を凌ぎ▶文学部（123）に次いで2番目に多かった。また同年，これとは別に商学部47，経営学部30，政治経済学部および政経学部9が設置されていた。それから45年後の2016年度の「学校基本調査」によれば，学部名称の種類が1971年の67から502に増加するなか，設置数を141へと増加させた経済学部は，前述のように日本で最も設置数の多い学部となった。この間，商学部の数が36に減少する一方，経営学部は94に増加し，経済，工，文，看護，法についで6番目に設置数の多い学部となっている。
　　　　　　　　　　　　　　　　　　　　　福石 賢一

▶学部の概念（テーマ編），経営系専門職大学院

◎天野郁夫『大学の誕生（下）──大学への挑戦』中公新書，2009.
◎西沢保『マーシャルと歴史学派の経済思想』岩波書店，2007.

経済発展と大学 ▶テーマ編 p.46

芸術系学部 ▶音楽・芸術系学部

京城帝国大学 [けいじょうていこくだいがく]
Keijo Imperial University

日本統治下の朝鮮において1924年に設立された最初の近代大学で，日本が設置した6番目の▶帝国大学にあたる。2年制（1934年からは3年制）の予科と，法文学部，医学部，理工学部が設置された。ほかの帝国大学と同様に講座制が採られ，法文学部に49講座，医学部に27講座，理工学部に37講座が設けられた（いずれも1942年当時）。欧米諸国の植民地大学が応用的な教育を重視する傾向があったのに対し，京城帝国大学は学術研究に重きを置いた点で異色な植民地大学であった。入学機会は朝鮮人にも日本人にも開かれていたが，日本人学生が過半数以上を占め，とくに医学部の朝鮮人学生の割合は3割程度にすぎなかった。また教員のほとんどは日本人で，わずかな朝鮮人教員も低い職階にとどめられた。1945年に解放を迎えると，京城大学に名称が改められ，その後ほかの官私立専門学校とともに新設の▶ソウル大学校に再編統合された。
　　　　　　　　　　　　　　　　　　　　　松本 麻人

経常的経費 [けいじょうてきけいひ]

大学の教育研究活動等に要する経常的な経費。▶私立学校振興助成法（昭和50年7月11日法律第61号）4条1項には「国は，大学又は高等専門学校を設置する学校法人に対し，当該学校における教育又は研究に係る経常的経費について，その二分の一以内を補助することができる」と定められており，続く2項において「前項の規定により補助することができる経常的経費の範囲，算定方法その他必要な事項は，政令で定める」とされている。この補助の対象となる経常的経費の範囲は，私立学校振興助成法施行令（昭和51年11月9日政令第289号）1条において専任教員等給与，専任職員等給与，非常勤教員給与，労働者災害補償保険料，雇用保険料，退職等年金給付掛金・厚生年金保険料，教育研究に直接必要な機械器具・備品・図書・消耗品・光熱水料等，厚生補導費，国内研究旅費，外国研究旅費，謝金の11項目が規定されている。
　　　　　　　　　　　　　　　　　　　　　吉田 香奈

▶学校法人会計基準

恵泉女学園大学 [私立] [けいせんじょがくえんだいがく]
Keisen University

1929年（昭和4）東京新宿区に創立の恵泉女学園を起源とし，88年に恵泉女学園大学が設立された。創設者の河井道が学園創立以来課題としてきた「聖書」「国際」「園芸」を建学の理念とし，「生涯就業力」を磨くため，単なる就職力ではなく，生涯にわたって，精神的・社会的・経済的自立を可能にする力を身につけるための教育を施している。また，建学の理念を引き継ぐ大学の理念として，「考える大学」「平和をめざす女性の大学」「地球大学」という三つの大学の理念も掲げている。その特徴は，キリスト教主義に基づく女性の育成，リベラルアーツ教育，少人数教育を基本とするカリキュラムである。2017年（平成29）現在東京都多摩市のキャンパスに人文学部・人間社会学部と2研究科が置かれ，996人の学生が在籍。
　　　　　　　　　　　　　　　　　　　　　山崎 慎一

契約と大学 ▶テーマ編 p.18

敬和学園大学 [私立] [けいわがくえんだいがく]
Keiwa College

1991年（平成3）に開学。キリスト教の精神に基づいた▶リベラルアーツ教育を行う。「敬」は神への畏敬を，「和」は隣人愛を基盤とする人の和を意味する。ミッション・ステートメントは「キリスト教精神に基づく自由かつ敬虔な学風の中でリベラルアーツ教育

を行い，グローバルな視点で考え，対話とコミュニケーションとボランティア精神を重んじ，隣人に仕える国際的教養人を育成」するというもの。2016年現在，新潟県新発田市にキャンパスを構え，1学部3学科に604人の学士課程学生が在籍する。教育課程は，3学科にある合計八つのコースの27の専門分野を自由に組み合わせて体系的に学ぶディプロマとなっている。同時に聖書学や言語教育学を始めとする「敬和が提供する29の学び」も設定されている。

戸村 理

ゲッティンゲン七教授事件
ゲッティンゲンしちきょうじゅじけん
Göttinger Sieben[独]

1837年に，ドイツの▶ゲッティンゲン大学の7人の教授が，新たにハノーファー王となったエルンスト・アウグストによる憲法停止に抗議して罷免された事件。ハノーファーでは，七月革命（1830年）の影響を受けて，1833年に自由主義的な憲法が制定されていた。七教授は以下のとおり。フリードリヒ・クリストフ・ダールマン（哲学部正教授。歴史学，国家学），ヴィルヘルム・エドゥアルト・アルブレヒト（法学部正教授。私法学，国法学），ヤコブ・グリム（哲学部正教授。言語学，文学），ヴィルヘルム・グリム（哲学部正教授。言語学，文学），ゲオルク・ゴットフリート・ゲルヴィーヌス（哲学部正教授。歴史学），ハインリヒ・ゲオルク・アウグスト・エーヴァルト（哲学部正教授。オリエント学，神学），ヴィルヘルム・エドゥアルト・ヴェーバー（哲学部正教授。物理学）。ヤコブ（兄）とヴィルヘルム（弟）は，『グリム童話』を編纂したグリム兄弟として有名である。

木戸 裕

ゲッティンゲン大学[ドイツ]｜ゲッティンゲンだいがく
Georg-August-Universität Göttingen

正式名は創設者の名前を冠してゲオルク・アウグスト大学ゲッティンゲン。神学，法学，医学，哲学，数学，物理学，化学など13の学部からなる総合大学である。大英帝国の王ジョージ2世としても知られるハノーファー選帝侯ゲオルク・アウグストによって，1737年にドイツ中部の街ゲッティンゲンに創設された。神学が優位に置かれた当時，ゲオルク・アウグストは啓蒙の精神の下，ドイツで初めてこれを廃し，各学問分野の同権をもたらした。1837年には，グリム兄弟を含む7人の教授が当時の選帝侯の政策に異議を唱えたことで追放または免職処分を受けた▶ゲッティンゲン七教授事件の舞台となり，ナチズム期にはヒトラー政権下で50名の講師・教授が大学から追われるという暗黒の時期を迎えるが，第2次世界大戦後は再び先端研究において輝かしい業績を出している。2000年時点でのノーベル賞受賞者は科学，物理学，医学の分野において

44名に上るほか，2007年には卓越した高等教育機関に重点投資を行う▶エクセレンス・イニシアティブにおいて「エリート大学」に選ばれている。学生数は3万700人（2016/17年冬学期）。

髙谷 亜由子

ケーニヒスベルク大学｜ケーニヒスベルクだいがく
Albertus-Universität Königsberg[独]

正式名称は，創設者プロイセン大公アルブレヒト（1490-1568）の名前にちなんでアルベルトゥス大学ケーニヒスベルク。1544年に東プロイセン中心都市であったケーニヒスベルクに開校した。宗教改革の精神によってつくられた2番目のプロテスタントの大学として知られる（1番目はマールブルク大学）。哲学者カント（1724-1804）は，ケーニヒスベルクで生まれ，ケーニヒスベルク大学に学び，のちに母校の教授となったことで有名である。カントが活躍した18世紀末はドイツ観念論哲学のメッカとなった。第2次世界大戦後ケーニヒスベルクはソ連領（現ロシア領）となり，カリーニングラードと呼ばれるようになった。ケーニヒスベルク大学も閉鎖され，現在はカントの名前を付したイマヌエル・カント・バルト大学という名称のロシアの大学となった。ドイツロマン主義を代表する作家E.T.A.ホフマン（1776-1822）は，ケーニヒスベルクの生まれで本大学の卒業生である。

木戸 裕

ケープタウン大学[南アフリカ]｜ケープタウンだいがく
University of Cape Town

南アフリカ共和国最古の大学。1829年創設のサウス・アフリカン・カレッジが起源。ダイヤモンドや金山の資源開発需要が高まった1880〜90年代には，鉱物学や地質学の研究が積極的に行われた。1918年にケープタウン大学となり，1920年代から黒人学生の受入れが始まった。アパルトヘイトによる黒人学生受入れ停止期間を経て，2004年に白人と黒人の学生割合が同等になった。先駆的な高等教育機関であり，タイムズ誌の世界高等教育ランキングにおいてアフリカ第1位，世界で第113位の研究・教育機関とされる（2012年）。教職員数は約5000人，6学部に約2万5000人の学生が在籍し，うち3分の2は大学院に所属する。また100を超える国から計4600人以上の留学生を受け入れている（2012年）。東・南アフリカ8大学間の人材能力開発プログラムであるアフリカ大学科学・人文・工学パートナーシップ（University Science, Humanities and Engineering Partnerships in Africa: USHEPiA）の基幹大学でもある。

谷口 利律

ゲルフ大学 [カナダ] | ゲルフだいがく
University of Guelph

カナダのオンタリオ州ゲルフにある公費運営大学。1874年創設のオンタリオ農業学校を嚆矢とする。同校は1880年にオンタリオ農科大学となり，1903年にはゲルフへと移転し，女子学生に自然科学や家政学を教授していたマクドナルド専門学校とキャンパスを共有した。さらに北米で最長に近い歴史を持つオンタリオ獣医大学（1862年設立）も1922年にゲルフキャンパスへ移転したが，64年までは▶トロント大学の付属として位置づけられていた。第2次世界大戦後のオンタリオ州では，州経済の好調から熟練労働者の需要等を背景に，州政府が公費による大学支援を強調するようになり，小規模大学の統合と専門学校の大学昇格を促進した。その一つとして，1964年にゲルフに所在した前述の三つのカレッジを統合して，ゲルフ大学が誕生した。現在は農学分野と獣医学分野のみならず，環境分野や工学分野でも優れた研究を行い，2万500人の学部生と2500人の大学院生を擁し（2015年現在），教員は1500人を超える中規模大学である。

溝上 智恵子

ケルン大学 [ドイツ] | ケルンだいがく
Universität zu Köln

ドイツで最も規模の大きな総合大学の一つで，医学，理学，哲学，経済・社会学，法学，人文科学の6学部に約5万人の学生を抱える。▶ハイデルベルク大学が創設された2年後の1388年に，神聖ローマ帝国で4番目の大学として，ケルン市民の要請を受けたケルン市参事会によって，ローマ教皇ウルバヌス6世の裁可の下に創設された。初年度には700人以上の学籍登録者を得，以降，ヨーロッパの学術界の発展に寄与した。その後，フランス革命戦争期（1792～1802年）の1798年には閉鎖を余儀なくされたが，ナポレオン戦争（1803～15年）を経た1919年，ケルン市参事会がプロイセン政府の認可を受け，コンラート・アデナウアーの下にケルン大学を再開させた。以後，新制ケルン大学は3人のノーベル賞受賞者を輩出し，2012年には卓越した高等教育機関に重点投資を行う▶エクセレンス・イニシアティブにおいて「エリート大学」に選出されている。学生数5万3100人（2016/17年冬学期）。

髙谷 亜由子

建学の精神 | けんがくのせいしん
school philosophy

大学は中世ヨーロッパにおける教師と学生の組合を起源とし，自然発生的なものであったが，13世紀には国王や都市の首長が目的を持って設置し，教皇や皇帝に認可を求めた。▶ナポリ大学（イタリア）は，皇帝に奉仕する官僚育成を目的とした。▶中世大学の衰退を経て，国民国家の成立とともに新しく大学が創設されると，その目的は創設の意図として明示されるようになり，▶ベルリン大学（ドイツ）はその典型である。近代日本においては，▶帝国大学が「国家ノ須要ニ応スル学術技芸ヲ教授」することを明確にした。私立高等教育機関は結社性が強く，キリスト教精神による人間育成（同志社・▶新島襄）など，創設者によって理念を闡明し，有志によって維持された。建学の精神に新たな脚光が当てられたのは，1990年代末に第三者による大学評価が示唆された時であり，多様な高等教育機関の評価のために重視された。現在，▶日本高等教育評価機構，▶短期大学基準協会は，建学の精神を評価の項目に入れている。

羽田 貴史

[日本の私立大学]
▶私立大学では，創設者の学校設立の趣旨・理念が建学の精神として重んじられ，それに基づく方針により個性豊かで特色のある教育・研究が展開されてきた。国公立大学にも設立の目的・趣旨は存在するが，建学の精神というときは，通常，私立大学が念頭に置かれている。建学の精神に基づき長年にわたり醸成された学校の雰囲気や，教員・学生の気質等は，その学校の学風・校風として社会的に認知され，新たな入学希望者を惹き付けることになる。一方で，建学の精神とそれに基づく▶学則等を理由として学生の退学処分や教員の解雇が行われ，訴訟に発展した事例もある。

　第2次世界大戦後は，大学の設置認可が国公私立大学のいずれも同一の▶大学設置基準に基づき行われるようになったうえ，▶進学率の上昇による高等教育の大衆化・マス化が大学の規模拡大や総合大学化につながり，各大学の個性が失われて建学の精神の希薄化が進んだとされる時期もあった。しかし，1980年代以降，18歳人口の減少と高等教育のユニバーサル化を前にして，臨時教育審議会答申にみられるように，大学の個性化・自由化を求める声が強まり，1991年（平成3）には大学設置基準が大綱化され，各大学が特色あるカリキュラム編成や個性的な学部再編を行うことが可能となった。近年も，文部科学省から大学の機能別分化を促す方向性が示されている。各大学が社会における存在意義を問われている現在，私立大学それぞれのミッションや個性・特色の淵源として，建学の精神の意味をあらためて考える必要性が指摘されている。

寺倉 憲一

→大学設置基準の大綱化，チャーターリングとアクレディテーション，第三者評価

◎天野郁夫「建学の精神を問う」『大学改革を問い直す』慶應義塾大学出版会，2013.

研究 → 大学と研究（テーマ編 p.23）

研究科｜けんきゅうか
unite of Japanese graduate school for education and research

大学院に置かれる，教育と研究のための一般的な組織。▶学校教育法は「大学院を置く大学には，研究科を置くことを常例とする」（100条）と規定しているが，それが何かの記述はない。しかし，「ただし，当該大学の教育研究上の目的を達成するため有益かつ適切である場合においては，文部科学大臣の定めるところにより，研究科以外の教育研究上の基本となる組織を置くことができる」と付されており，研究科が大学院の教育研究上の基本組織であることがわかる。さらに▶大学院設置基準には「教育研究上の基本組織」の章があり，研究科は「専門分野に応じて，…，専攻の種類及び数，教員数その他が大学院の基本となる組織として適当な規模内容を有すると認められるもの」（5条）とされている。複数の大学が協力して教育研究を行う研究科の存在も認められている。なお，研究科以外の基本組織の規模内容，教員組織，運営の仕組みの要件も設置基準に定められており，教育部と研究部を分けて置くもの，前者に当たる組織を学環や学府，後者に当たるものを学府や研究院と称しているものなどがある。　　　　　　　　　　館　昭

　▶日本の大学院，連合大学院

研究学位｜けんきゅうがくい
research degree

研究（research）と研究論文作成を経て得られる学位。▶中世大学以来の学位はおもに専門職学位であったが，19世紀ドイツの大学の▶哲学部で研究機能が取り込まれると，そこで授与される哲学博士（Philosophiae doctor［羅］）が研究志向の学位となり，さらにドイツの影響を受け，▶大学院制度を生んだアメリカ合衆国で，大量のPh.D.（Doctor of Philosophy）が研究者の学位として授与されることで，Ph.D.は世界的に普及した。Ph.D.以外にも研究学位に相当する学位は各国にあるが，その内容や範囲に国際的に共通の合意があるわけではない。アメリカの連邦統計では大部分を占めるPh.D.のほかに，Ed.D.（Doctor of Education），D.Sc.（Doctor of Science），S.J.D（Doctor of Juridical Science）なども研究博士号（research doctorate）とされるが，Ed.D.のように専門職学位か研究学位か曖昧な学位もある。イギリスではPh.D.のほかM.Phil.（Master of Philosophy），M.Res.（Master of Research）などが研究学位とされ，フランスでは博士（Doctorat）のほか研究修士と呼ばれる学位がある。日本では研究学位とは呼ばないが，▶博士の多くが研究学位に位置づけられよ

う。　　　　　　　　　　　　　　阿曽沼　明裕

　▶専門職学位／職業学位，学位と称号（テーマ編）

研究資金｜けんきゅうしきん
research funding

大学の研究活動に用いられる公的資金（研究費）は，大きく分けて，大学などの機関に対して定常的に配分される基盤的資金（一般大学資金やコア・ファンディングとも呼ばれる）と，個別の研究者・グループの研究計画へ配分されるプロジェクト資金（あるいは直接政府資金）がある。後者は審査を通じて配分されることが多く，▶競争的資金とも呼ばれる。国によりこれらの資金の構成比は異なり，アメリカ合衆国はプロジェクト資金が中心であるが，欧州諸国は基盤的資金が多い傾向がある。しかし近年，多くの国で研究費の効率性や説明責任への要求が高まり，プロジェクト資金に比重が移動している。日本では，国立大学への基盤的経費である▶運営費交付金が2004年の法人化以降，毎年1％程度減少した一方，競争的資金の総額は増加してきた。その影響として，若手人材の雇用や研究設備の維持などの研究基盤への支出が細っていることが問題となっている。これらの公的資金以外にも，民間企業や非営利団体からの共同・受託研究費や奨学寄付金も研究資金としての重要性を増しており，公的資金の種類（資金制度）の増加ともあわせて，大学の研究資金源は多様化が進んでいる。　　　　　　　　　　　　　　　　林　隆之

　▶共同研究／受託研究，研究評価

研究資源｜けんきゅうしげん
research resources

研究を遂行するにあたって利用可能なものすべてを指す。ここでは，研究者全体にとって共通の価値がある施設，組織のほか，▶学術雑誌のデータベースなどを研究資源とする。

［学術雑誌］
研究結果を載せるために定期的に刊行される学術雑誌は，研究結果を発表する媒体であり，それは世界で現在どのような研究が行われているかを知るだけではなく，これまでどのような研究が行われてきたかを知る手段でもある。これまで学術雑誌は伝統的に紙（印刷）媒体であったが，1990年代後半から電子版（電子ジャーナル）が登場するようになった。たとえば，世界最大規模の会員数を有し，化学だけではなく，物理学や生物学にもまたがる分野の雑誌を発行しているアメリカ化学会は，1996年に初めて電子版を掲載し，99年にオンラインでの初めての投稿を受け付けた。印刷媒体のそれも残っているが，現在主要学術誌はほとんど電子化され，データベース化されているので，ウェブ

390　　けんきゅう　　　　　　　　　　　　　　　　大学事典

上で検索することによって，直接あるいは抄録（論文内容の要約）を載せたデータベースを経由して，比較的短時間のうちに，自分で参照したい論文を探し出すことができる。

学術雑誌は，アメリカ化学会や日本物理学会など学協会によって発行されているものと，商業出版社によって発行されているものがあり，多くの場合，定期購読も特定の論文の閲覧も有料である。印刷媒体の，また電子化され，データベース化された学術雑誌（論文）あるいはその抄録誌は，各大学がそれを管理する学協会や出版社から購入するが，データベースの商業出版社による寡占化も進んでおり，数百から数千誌の学術雑誌あるいはその抄録を収録したデータベース（電子版）は1パッケージで年間数千万円から数億円の経費を必要とするものもある。その結果，大学の規模や性格によってはこれに十分にはアクセスできない状況，すなわち研究者によって，学術雑誌を見ることができない状況が生じており，学問・研究を進める上での権利と自由の観点からも由々しき問題となっている。

［論文検索用データベース］

特定の学術雑誌やそこに記載されている研究内容にアクセスするために，分野ごとに検索機能を持つデータベースが用意されている。人文学では「LLBA: Linguistics and Language Behavior Abstracts」（言語学・言語行動），社会科学では「Worldwide Political Science Abstracts」（政治学・政策），自然科学では，化学系の「Chemical Abstracts」，生物・医学関係の「MEDLINE」などがある。これらは論文内容を要約した抄録のデータベースである。また，個別の論文を直接入手できるものとして自然科学，生命科学，医療科学，そして社会科学・人文学を包括する「ScienceDirect」や，アメリカ化学会が維持管理する化学およびその関連雑誌のデータベースなどがよく知られている。

アメリカ化学会の一部門であるCAS（Chemical Abstracts Service）が発行している「Chemical Abstracts」は，学術的な文献（抄録）データベースとしては世界で最も大きなものの一つで，1808年発表資料の収録以来，3600万以上の収録件数がある。学術雑誌の論文，特許情報，化学物質に関する情報を網羅しており，現在はSciFinder（サイファインダー）と呼ばれる検索手段によりウェブ上で利用できる。MEDLINEはMEDLARS（Medical Literature Analysis and Retrieval System: 医学文献分析検索システム）のオンライン版で，アメリカのNIH（▶国立衛生研究所）の一機関であり，世界最大の生物医学系図書館である国立医学図書館（National Library of Medicine）による生物医学系の論文に関するデータベースである。2016年現在，世界各国で発行された約40の言語で書かれた5600種類の学術雑誌を網羅している。MEDLINEへのアクセスはPubMedというオンライン検索システム（無料）を利用する。

日本で開発されたデータベースには，国立情報学研究所（National Institute of Informatics）によるCiNii（NII学術情報ナビゲータ［サイニィ］）と，▶科学技術振興機構（Japan Science and Technology Agency: JST）が構築したJ-STAGE（Japan Science and Technology Agency Information Aggregator, Electronic; 科学技術情報発信・流通総合システム）がある。CiNiiでは，「CiNii Articles—日本の論文をさがす」によって，日本で出版された学協会刊行物・大学研究紀要・国立国会図書館の雑誌記事索引データベースなどの学術論文情報を，「CiNii Books—大学図書館の本をさがす」から，全国の▶大学図書館等が所蔵する本（図書・雑誌）の情報を，また「CiNii Dissertations—日本の博士論文をさがす」を通して，国内の大学および大学評価・学位授与機構（現，▶大学改革支援・学位授与機構）が授与した博士論文の情報の検索ができる。一方，J-STAGEでは，科学・技術，工学，生命科学分野を中心に2000誌以上の学術論文のほか，200以上の会議論文・要旨集，研究報告・技術報告などの検索が可能である。海外の他サイトにもリンクされているので，J-STAGEにある論文やその引用文献から，PubMedなどの論文抄録情報にアクセスすることも可能となっている。また，大学図書館の蔵書は大学間相互利用（ILL）によって現物貸借ができる。学術雑誌の当該論文（文献）の複写も同様である。

［共同利用研究施設・機関］

個別大学で対応できない高額な，あるいは特殊な装置を使った▶実験や共同研究などを行うには，国内的には自然科学研究機構，高エネルギー加速器研究機構，情報・システム研究機構（文部科学省所管）などの大学共同利用機関が，国外では欧米の大学あるいは国際共同利用機関の研究施設が利用できる。たとえば，分子科学研究所（大学共同利用機関法人自然科学研究機構の一機関）には極端紫外光研究施設（UVSOR）という高輝度放射光（シンクロトロン光）発生装置があり，国内大学等研究者の研究資源として，物質科学の共同研究に利用されている。

国際共同研究が可能な物質や宇宙を研究する大型研究装置を備えた代表的な物理学の研究機関としては，スイスのジュネーヴ近郊にあるCERN（セルン，European Organization for Nuclear Research: 欧州原子核研究機構）やアメリカのイリノイ州バタヴィアにあるフェルミ国立加速器研究所（Fermi National Accelerator Laboratory）がある。CERNはヨーロッパ21ヵ国の共同出資により運営されている。フェルミ研究所はアメリカのエネルギー省により設置され，▶シカゴ大学を中心とする89の▶研究大学のコンソーシアムが管理している。いずれの施設においても，日本を含む世界の大学から教員と大学院生が国際共同研究グループをつくって研究に参加している。世界各地にある大型▶天文台も世界の大学の

共同利用に供されており，たとえばアメリカ国立光学天文台（National Optical Astronomical Observatory: NOAO）のアリゾナ州キットピーク山にあるWYN望遠鏡（WYN Telescope）はウィスコンシン大学など，アメリカの3大学とNOAOによるコンソーシアムにより運営されている。日本の国立天文台（大学利用機関法人自然科学研究機構の一機関）ハワイ観測所のすばる望遠鏡も国内外の多くの研究者・研究機関に利用されている。

ウイルスや細菌などによる感染症研究には特別な安全管理と施設が必要であるが，現在最高度の安全管理レベル（バイオセーフティーレベル，biosafety level: BSL）を持つ高度安全（BSL-4）施設がアメリカ，ドイツ，フランス，インドなど，世界各国に52ヵ所以上（2015年8月現在）設置されている。エボラウイルス，ラッサウイルスなどの遺伝子解析などにはこの施設が必要である。日本では国立感染症研究所がBSL-4施設に指定されている。2016年現在，日本の大学にBSL-4施設はないが，長崎大学などが設置に向けて準備を進めている。

[研究用試料の提供]
医学・生物系の研究では実験用動植物を利用する。医学・薬学・農学系学部を持つ大学は個別に必要な実験用の動植物を飼育・管理しているが，国内では国立遺伝学研究所が中心的センターの一つとして，さまざまな遺伝学的系統を持ったマウスやイネなどの動植物やその胚，菌の株などの研究と管理を行い，それらを大学の研究者に必要な実験資源として提供（有償）している。国外ではアメリカのメーン州にあるジャクソン研究所（The Jackson Laboratory）が有名で，遺伝子転換や変異を行ったマウスを世界中の大学や研究機関に提供している。

以上の研究機関や研究施設は，その使用には研究計画書の提出や契約書の締結などを必要とするが，基本的には国内外のすべての大学の研究者に開かれた施設で，これらの機関や施設を活用して国内外で活発に研究活動が行われている。大学院生がそれに参加すれば，これらの機関・施設が教育機能も果たすことになる。以上に加えて，研究実験に使われる試薬の製造，装置の製作・販売を行う企業と，それを支えるさまざまな社会的基盤，政府系および非営利民間財団およびそこから研究計画の応募・審査を経て大学に所属する研究者に支給される研究費も，研究遂行のための必須の資源と言えよう。　　　　　　　　　　　　赤羽　良一

→大学と研究（テーマ編），研究組織／研究施設，大学共同利用機関法人，電子ジャーナル／電子書籍，受託研究，大学図書館相互利用，財団と大学，研究資金，学問の自由（テーマ編）

◎日本学術会議科学者委員会学術誌問題検討分科会「提言　学術誌問題の解決に向けて─『包括的学術誌コンソーシアム』の創設」，2010.8.2.
◎上田修一「学術情報の電子化は何をもたらしたのか」『情報の

科学と技術』65巻6号，2015.
◎アメリカ化学会（Chemical Abstracts Service）：http://www. cas-japan. jp
◎MEDLINE：https://www. nlm. nih. gov/pubs/factsheets/medline. html
◎大学共同利用機関法人自然科学研究機構分子科学研究所：https://www. ims. ac. jp
◎CERN; https://home. cern
◎大学共同利用機関法人 自然科学研究機構：http://www. nins. jp
◎文部科学省「研究施設共用に対する取組」：http://www. mext. go. jp/a_menu/kagaku/shisetsu/index. htm
◎文部科学省「共同利用・共同研究体制の強化に向けて（審議のまとめ）」：http://www. mext. go. jp/b_menu/shingi/gijyutu/gijyutu4/010/toushin/1355592. htm

研究施設 →研究組織／研究施設

研究室｜けんきゅうしつ
laboratory; institute

英語ではlaboratoryが相当する。この語には実験室，実習室，演習室などの意味がある。また教員個人の執務室を研究室ということもある。教員の私室を指すだけでなく，哲学研究室，国文学研究室といった具合に，▶教授を中心として，そこに集まる研究者および学生の集団を指す場合もある。教授の個人名を付した研究室も存在する。医学部などでは生理学教室というように，研究室でなく教室と呼ぶこともある。一般に日本で研究室と言う場合，そこに属するのは教授を頂点として准教授，講師，助教，ポスドク，大学院生というようにピラミッド型の構造をとることが多い。これに対しアメリカ合衆国では，PI（Principal Investigator）と呼ばれる研究グループの責任者が研究室を主宰する。PIには，教授だけでなく，准教授，助手など階層に関係なく就くことができる。ドイツでは，laboratoryに相当する研究室という語はあまり使われない。研究と教育の基礎単位としてのインスティトゥート（institut）が研究室を意味している。　　　　　木戸　裕

→講座，インスティチュート

研究指導｜けんきゅうしどう
supervision

日本における研究指導とは，▶大学院設置基準が定める，授業科目の▶授業と並ぶ大学院の教育方法の一つであり，「学位論文の作成等に対する指導」を指す。必要な研究指導を受けることが，大学院の課程を修了するための要件の一つである。大学院担当教員のうち高度の（▶修士課程の場合），またはきわめて高度の（▶博士課程の場合）教育研究上の指導能力があると認められる者が研究指導を担当する。これを研究指導教員と呼ぶ。研究指導教員の認定は，大学院設置審査を受ける新設または改組される▶研究科，専攻の場合は▶大学設置・

392　｜けんきゅう　　　　　　　　　　　　　　　　　　　　　　　　　　　　　　　　　　　　　大学事典

学校法人審議会が，すでに課程として完成している場合は研究科や大学が行う。大学設置・学校法人審議会が認定する研究指導教員を，「Ⓜマル合」（※○の中に合の字）「Ⓓマル合」などと呼ぶ慣行がある。また，研究指導の補助をする教員を研究指導補助教員と呼ぶ。大学院の課程は，分野別に定められた研究指導教員数，研究指導補助教員を含む総数を上回る教員を確保することが必要である。　　　　　　　　　　　　　小林　信一

→ 大学院(テーマ編)

研究所 |けんきゅうじょ
research institute

[研究所の歴史と多様性]
研究所は，公設の研究所や民間の営利，非営利の研究所を指して言うことが多い。このほかに，民間企業や大学に付属する研究所もある。研究所はその設置主体にかかわらず，一般的に特定の研究分野の研究，または特定の目的のための研究を実施するために設置される。

ポルトガルのエンリケ航海王子は，15世紀初頭に造船，天体観測，航海術などを研究させるための施設を1ヵ所に集めて建設するとともに，航海や探検を援助し，大航海時代の礎となったと言われている。エンリケ航海王子が開いた研究施設は，歴史上初の研究所であると言われている。17世紀以降は欧州各地に科学分野のアカデミーが設立されるようになる。アカデミーは科学愛好家の集まりであったが，大学における科学の教育研究が本格化するまでは，科学研究の交流の場であるとともに人材育成や研究のための施設としての性格も有していた。18世紀末にはロンドン王立協会の会員が中心になって科学の研究，教育のための専門施設である王立研究所(Royal Institute)が設立された。このように，研究を実施することを目的に設置された施設としての研究所は，大学とは別のものとして発展してきた。

日本では，明治期に政府直営の衛生試験所，気象台，▶天文台，電気試験所，農事試験所，工業試験所等が設置された。これらは国立研究機関の源流ではあるが，研究所としては未熟な段階にとどまった。日本で最初の本格的な研究所は，1917年(大正6)設立の理化学研究所(理研)であると言われる。理研では自然科学分野の基礎研究，応用研究が行われ，研究成果の産業化も行った。関連企業も多く，理研コンツェルンを形成した。このため，第2次世界大戦後には財閥解体の対象となり，理研本体も解体されたが，1958年(昭和33)に特殊法人として新たに設置され，その後独立行政法人，さらに国立研究開発法人に移行し今日に至っている。

日本では，公設の研究所を公設試験研究機関と言う。そのうち都道府県等が設置する研究所は，地域産業の振興や行政支援のため，工業，農業，環境衛生等の分野の研究所が設置されている。国立の研究所は医学系を中心に，産業，農林水産業，建設，通信，その他の行政分野にほぼ対応する形で，国の直営研究機関もしくは国立研究開発法人として設置されている。なお▶文部科学省には，基礎研究分野の研究所や航空宇宙，海洋，原子力等の国家プロジェクトの推進のための研究所が設置されているほか，大学共同利用機関と呼ばれる形態の▶基礎研究分野の研究所がある。大学共同利用機関は固有の研究活動のほか，大規模施設や研究基盤を有し，大学関係者等の利用に供する役割を担っている。日本では，大学共同利用機関の多くが▶国立大学の附置研究所等が独立して設置され，かつては国立大学と同じ財源(国立学校特別会計)で運営されていたことから，伝統的に産学官の区別では大学部門に分類されている。ただし，海外の同等の機関は公設研究部門に分類される。

[国立大学の研究所]
国立大学は，かつて附置研究所と分類される研究所を持っていた。これは学部等と同等の部局として，予算上も一定の裏付けをもって設置されていた。▶学科相当の研究所は研究施設と呼ばれ，特定の学部に附属する学部附属研究施設，大学直轄の学内共同利用研究施設，全国共同利用研究施設などの種類があった。研究センターと呼ばれる組織の多くは，制度上は研究施設に分類されていた。しかし，2004年(平成16)の国立大学の法人化により，国立大学の附置研究所，研究施設の設置・改廃等は法人の自由裁量に任されることになり，従来の附置研究所，研究施設の運営基盤は脆弱になった。一方，大学の独自の判断で研究センター，研究ユニットなどと呼ぶ研究組織を設置することが可能になり，各大学が重点的に資源を投入し，研究拠点の形成を目指すことが可能になった。また多くの大学では，一定規模の教員が集積している場合や，大型の外部資金を受け入れた場合に研究センター等を名乗ることを認めるようになった。これらは，組織の永続性を保証するわけではないが，研究活動の可視性を高め，研究活動の進展に応じて柔軟に組織化する手段となった。

なお，国立大学法人化以降，運営基盤が脆弱化していた国立大学の全国共同利用研究所・研究施設の制度は2009年で廃止され，新たに「共同利用・共同研究拠点」の制度が発足した。共同利用・共同研究拠点は，従来の国立大学の全国共同利用研究所・研究施設の枠を超えて，さらには公私立大学を含めた大学の枠を超えて大型の研究設備や大量の資料・データ等を全国の研究者が共同利用し，共同研究する制度として発足したものである。また，大学を超えて連携するネットワーク型共

同利用・共同研究拠点も可能になった。共同利用・共同研究拠点となるためには文部科学大臣の認定を受ける必要があるが、認定は期限付きである。このような制度変化の結果、国立大学の研究所、研究センターは私立大学のそれらと似たものになった。アメリカ合衆国では、学部等とは別に組織される研究組織を組織的研究単位(Organized Research Unit)と呼ぶが、日本の大学における研究組織も似たものになってきたと言える。　　　小林 信一

▶研究組織／研究施設，大学共同利用機関法人，教育関係共同利用拠点，科学アカデミー，ルネサンス・アカデミー，世界トップレベル研究拠点プログラム

◎日本科学史学会編『日本科学技術史大系 第3巻(通史第3)』第一法規出版，1967.

研究組織／研究施設
けんきゅうそしき／けんきゅうしせつ
research organization／research facility

[研究組織]
研究を遂行するためにつくられた人的組織のこと。大学が置かれた制度と密接な関係を持つ。
[大学]　自然科学分野のとくに実験系では、研究組織の中心は▶研究代表者(principal investigator: PI)が主宰する▶研究室である。これは形のない組織の名称であるとともに、実験台や実験装置を備えた複数の実験室を含む物理的存在としての実験施設全体も表す。各研究室は、▶大学院の▶研究科あるいは学部の▶学科に属している。▶大学院重点化後の現在では、教員は多くの国立大学で大学院所属となっているので、研究室は大学院に所属している場合が多い。研究室は通常、教員としては▶教授，▶准教授，▶講師，▶助教などで構成される，ここに学部4年生、大学院生、▶博士研究員、企業からの派遣研究者などが所属して研究実験を行う。理工系学部，▶農学部，▶薬学部などの実験系研究室では、▶大学設置基準における講座制の規定が削除(2006年改正)された現在でも、教授(場合により准教授)を研究代表者(PI)として、准教授や助教で研究室体制(複数の教員がグループで研究を遂行)をつくっている場合が多い。

　これは、設置基準改正前の講座制が実質的にそのまま残っているという面もあるが、グループ制の方が学生の指導も複数の教員が参画するため多角的な観点から行え、研究費の調達と使用という面からも効率が良いことがおもな理由である。また、それにも関係するが、実験系研究室では、講座制の規定削除前後において徒弟制的訓練(apprentice system)による研究体制(学生にとっては教育体制)は変わっていない。これは、応用分野を含む自然科学系では、学生は、PIを中心として設定される研究室の課題を遂行する中で研究者に向けての訓練を受けるからである。この点は、大学あるいは研究室

の規模にはよらず、またヨーロッパでも、教員が採用時点(通常、助教授)から独立して研究を行うアメリカ合衆国でも同じである。このように学生は、研究室で行われている研究課題を教員と相談の上選択して研究実験を遂行し、その結果をまとめて▶卒業論文、修士論文、博士論文を作成していく。学位論文作成後あるいはその過程で、成果がまとまればそれは▶学術雑誌に論文として投稿される。

　学位あるいは卒業のための論文作成は研究者あるいは専門職業人養成としての教育機能であるが、各学生や博士研究員による研究結果が学術論文として教員と連名で発表されていく過程は大学の研究機能である。このように日本の自然科学系学部では、大学院生はもちろん、分野にもよるが、通常学部4年生も研究室に1年間配属され、研究実験に参加して専門分野で訓練を受ける。成果があがれば4年生でも学術論文の共著者となる。これは研究のカリキュラム化(研究を通じての教育)ともいえる研究にかかわる日本の大学制度の大きな特徴である。なお、文部科学省が2006(平成18)年度以降進めているテニュアトラック事業で各大学に採用されたテニュアトラック助教や同准教授は、より職階の高い教員とは独立に研究室を運営している。

　▶医学部では、臨床系では外科学、内科学、産婦人科学など、診療科名に関係した伝統的な分野名で分類された研究室体制で、また基礎医学系では病理学や解剖学、生化学など学術分野別の研究室体制で研究が行われるのが普通である。臨床系研究室では、教員には学部(研究科)の定員と病院の定員がある。教員は病院外来での診療や病棟での患者の治療・看護などの通常の任務以外に時間を確保して研究実験を行う。なお医学部では、学生(学部)は最終学年であっても、臨床的訓練は受けるが、研究実験には参加しない。この点は、他の理工系、自然科学系学部の4年生が研究実験に参加し、卒業論文を作成する状況にあることとは大きく異なっている。ただし、卒業前に研究経験を持たせるため、たとえば3年生後期に数ヵ月間基礎医学の研究室に所属して研究実験を行うことがカリキュラム化されている場合も多い。▶歯学部もその研究体制は医学部と類似性が高い。大学により異なるが、4〜6年生で数ヵ月基礎あるいは臨床系研究室に配属し、教員の指導のもとに研究実験に参加するカリキュラムが組まれている。医学部基礎医学系の研究室では医師免許を持たない分子生物学や生化学専攻の大学院生も多く、各分野で研究実験に参加している。
[附置研究所・共同利用機関]　大学により、附置研究所(附置研)が設置されている。附置研には学部4年生以下の学生は通常配属されないが、大学院生は構成研究室に配属されて研究実験に参加する。附置研では、各研究所のミッションに応じた

大型の実験器具や探索機器などが置かれている。大学共同利用機関である自然科学研究機構の分子科学研究所，同じく情報・システム研究機構の国立遺伝学研究所などは，組織として総合研究大学院大学を構成している。これらの研究所も大学院生を各研究室に受け入れて研究実験を行っており，教員と学生，博士研究員などの研究スタッフで構成される研究室で研究が遂行されるという意味では，各機関の設立目的は異なるが，通常の大学と研究組織上の本質的な違いはない。

[大型外部資金による研究体制]　現在では学部・研究科や附置研究所を越えて，文部科学省の▶「世界トップレベル研究拠点プログラム(WPI)」や▶科学技術振興機構の▶ERATO や CREST などの大型予算によって，大学内，場合により学外に時限的な研究機構や組織を設置し，それによって研究計画を推進する場合も増えている。この場合，研究代表者は各大学の専任教員であるが，博士研究員や研究支援スタッフなどは当該プログラムの予算で雇用されて研究に参加する。この方法は，専任である大学の研究室の大型化を意味するものではない。同じ研究代表者が大学と大学外に研究組織を持つことである。アメリカではこのようなシステムはなく，複数の財団等から研究目的の異なる▶研究資金を受領しても研究遂行は大学内の同一研究室で行われるのが普通である。研究代表者によっては，1グループで100人を超える大学院生，博士研究員等の研究スタッフを持つ場合もある。

[研究施設]
研究を遂行するために必要な研究設備を備えた空間・建物を指す。大学内の施設と国内外の共同施設がある。

[大学内研究施設]　研究遂行には研究施設が不可欠である。これは，実験台と水道・熱・電気などのインフラを備えた一定の広さを持つ通常の実験室的空間と，実験に使用する装置とその装置を収容する装置的空間に大別される。また実験装置は頻繁に使用する汎用装置，より高価で学科あるいは専攻別に備える大型装置，さらに国内あるいは国際共同利用のための，その設置と維持に巨額の経費がかかる施設・装置に大別できる。自然科学系では，分野によらず，最も基本的な施設は上記の通常実験室であるが，実験によって，零度以下の低温室，温度や湿度を一定に維持した恒温・恒湿室なども必要となる。実験で頻繁に使用される汎用機器・装置は，通常の実験室内に置かれるが，化学や生命科学分野などで用いられる分子の構造決定のための高額機器類(たとえばX線構造解析装置)は，各研究室で維持・管理する場合もある。学内に設置した共通機器センター(実験で用いる分析装置を機器と呼ぶ)でその管理を行う場合も多い。

一方，生物・薬学・医学系の実験で利用される遺伝子改変マウスなどの実験動物は，学内で専用の施設をつくって飼育・管理されるが，国内外にそれらを提供する大学以外の研究機関もある。また物理学では，装置としてはやや大型の計算物理学のためのスーパーコンピュータや，それ専用の大型実験棟が必要なプラズマ実験装置等を設置・稼働させる施設も必要となる。たとえば，筑波大学では，そのような施設としてプラズマ研究センターが置かれ，4年生，大学院生が研究実験に参加している。大学附属の▶植物園，演習林，病院も研究施設である。なお物理的にも大型で維持・管理にも巨額の経費のかかる装置は，大学共同利用機関や欧米の研究機関において教員や学生はこれを使用することができる(項目「研究資源」を参照)。

赤羽 良一

→ 大学と研究(テーマ編)，講座，実験，基礎研究，ERATO，研究指導，テニュアトラック制，医学教育，大学病院，研究資源

◎荒井克弘「専門職業教育としての大学院」，市川昭午，喜多村和之編『現代の大学院教育』玉川大学出版部，1995.
◎学術月報編集委員会編『研究と独創性』学振選書2，日本学術振興会，1991.
◎『研究する大学──何のための知識か』シリーズ大学4，岩波書店，2013.
◎赤羽良一「アメリカの主要研究大学の化学科における研究環境と実験の安全対策」『大学研究』14巻，1996.

研究大学 けんきゅうだいがく
research university

[概説]
▶大学院，とくに▶博士課程の教育に重点を置き，高い水準の教育・研究活動を行う大学のこと。アメリカ合衆国においては，1970年代初期からカーネギー教育振興財団(Carnegie Foundation for Advancement of Teaching)による大学の種別分類が試みられ，年代によってその分類は若干異なるものの，多種・多数の博士号を授与する大学，すなわち「博士号授与機関」の多くが「研究大学」として認知されている。これはアメリカの高等教育研究者や，大学に▶研究資金を提供する連邦政府各機関においても共有された認識である。このような基準に従えば，アメリカに約4000校ある大学の中で，研究大学として認めうる機関はせいぜい300校足らずで，厳しく要件を精査するならば100校程度であろうと考えられる。大学数がアメリカの約3分の1の日本の高等教育機関において，2001年(平成13)の▶遠山プランが今後重点的に育てるべき大学として「トップ30」に触れていることは，研究大学の数としてあながち無関係とはいえない。

日本における研究大学の原型的イメージは，東京大学や京都大学をはじめとする旧制▶帝国大学の系譜を引く大規模国立総合大学であろう。第2次世界大戦後，大学制度が一本化され，また大衆化の進行によって大学間の質的格差が生じてきた

こともあって，▶中央教育審議会の1963年答申や72年答申などによって種別化の試みが行われてきたが，平等化志向が強かった当時の大学関係者の受け入れるところとはならなかった。しかし水面下では，大学院（博士課程）の整備や▶大学院重点化政策，さらには▶センター・オブ・エクセレンス（Center of Excellence: COE，優れた研究拠点）形成補助など大型競争資金の選択的配分により，大学の組織としての研究機能の差の拡大は着実に進み，たとえば2005年の中央教育審議会答申「▶我が国の高等教育の将来像」においては，大学の機能別分化に触れ，世界的研究・教育拠点としての大学のほか，幅広い職業人養成や総合的教養教育など各種の機能を各大学の特色として分化させることを提言するに至った。

また▶文部科学省では2013年度から「研究大学強化促進事業」を開始し，世界水準の優れた研究活動を行う大学群の増強を目指すことにしているが，当該年度支援対象に選ばれたのは北海道大学をはじめ17の国立大学，慶應義塾大学および早稲田大学の二つの私立大学，自然科学研究機構をはじめ三つの▶大学共同利用機関法人の総計22機関であった。日本の大学は今後，自らの責任においてそれぞれの特色を活かしつつ，大学院博士課程や▶研究所を舞台に高度な教育・研究活動に特化する研究大学となるものや，職業教育や教養教育に重点を置く大学など，その重点とする機能の差異に応じて，いっそうの機能分化を遂げていくものと考えられる。
　　　　　　　　　　　　　　　　　　　山本　眞一

［アメリカ合衆国］

研究大学（research university）とは，一般的には多くの学術分野で大学院を持ち，年間の博士号授与数が多く，多額の研究資金を使い，活発な研究活動を行っている大学をさす。▶アメリカ大学協会（Association of American Universities: AAU）は，アメリカのメンバー校60大学が，アメリカでの先導的な研究大学群（leading research universities）であるとしている。その研究大学の中でも，より包括的な大学院プログラムを持ち，高い研究水準を持つ「major research university（主要研究大学）」と呼ばれる機関が20校は存在する。どの機関がそうであるかについて必ずしも定説はないが，少なくともAAUの創立会員（1900年加盟）はそうであると考えてよいであろう。2013年10月，AAU，LERU（▶ヨーロッパ研究大学連盟：League of European Research Universities），Go8（オーストラリア8研究大学：The Group of 8，1999年に設立されたオーストラリア8研究大学からなる法人），C9（中国9研究大学，1998年中国政府による世界トップクラスの大学形成政策985工程により定められた9大学）は共同発表を行い，研究大学の存在意義と地球規模での役割について論じたが，そこでも何が研究大学であるのかについて一般論を超える定義が述べられているわけではない。研究大学という用語は，個別の大

学あるいは研究の規模や活発度において類似した大学群が自らを研究大学と規定する場合に用いられるのが現状である。

そのような恣意性を除いて研究大学の性格について理解するには，カーネギー教育振興財団による大学の分類が有用である。この機関はこれまで，その性格や機能に関する定量的な指標を用いて，序列化ではない，大学の類型化・種別化を行ってきた（カーネギー分類）。この分類では「Research University」なる用語が使われたことはあるが，2015年以降は用いられなくなった。最新の分類によれば，多くの分野で博士号を授与する大学院を持ち，研究を活発に行っている「Doctoral University」（博士号授与大学）を，大学の「research activity」（研究活動の規模や水準）が「Highest」（最高度），「Higher」（高度）あるいは「Moderate」（中程度）のどれであるかによって，①Doctoral Universities: Highest Research Activity，②Doctoral Universities: Higher Research Activity，③Doctoral Universities: Moderate Research Activityの三つに区分（category）している。①に分類される機関（institution）は115校で，短期大学等を含む全機関の2.5％である。また，Doctoral Universityとは調査当時（2013〜14年）で年間20以上の博士号（M.D. やJ.D. などの専門職学位は含まない）を授与した機関である。このカテゴリーは基本分類（classification, basic）に基づくもので，その基準は科学・工学分野の研究開発費，それ以外の分野の研究開発費，▶博士研究員などの博士号所持研究者の数，STEM分野（Science, Technology, Engineering, Mathematics），人文・社会系，経営学（business），教育学等における博士号授与数などを，研究開発費などは教員（faculty）一人あたりの値に換算したものも含めて，総合的に評価して決定されたものである。

なお，上記の分類では同じであっても，別の分類（classification）では異なるカテゴリーに分けられる場合もある。たとえば▶マサチューセッツ工科大学（MIT）と▶カリフォルニア工科大学（Caltech）は，基本分類ではいずれも上記①に入るが，大学院教育プログラム（Graduate Instructional Program）による区分では，MITとCaltechでは，大学院のプログラムの規模や種類が前者において後者より包括的であることなどから，この二つの大学は別のカテゴリーに区分される。しかし，そのことは，MITがCaltechより優れた研究大学であるということを意味するものではない。また，カリフォルニア大学サンフランシスコ校（University of California-San Francisco）や▶ロックフェラー大学は生命科学・医学研究にほぼ特化した大学院プログラムを持ち，その分野では世界的な研究水準を有するが，いずれの大学も上記①のカテゴリーには入っていない。なお，アメリカのAAU加盟大学は，上記基本分類ではすべて①に入る。アメリカの研究大学は，あくまで大学が持つ多くの

使命のうち，「研究」活動も活発に行っている機関を意味する用語であり，研究を最も重視している大学の意味はなく，各大学の▶学士課程プログラムの評価ともまったく別である。　　　　　　赤羽　良一

［日本］

日本では，アメリカのカーネギー教育振興財団のような非営利機関による大学の分類や類型化はこれまでなされてこなかったが，1979年（昭和54）大学を大学院博士課程の規模などによって評価・分類する先進的な試みが天野郁夫らによってなされ，ここに研究大学が学術用語として登場した。そこでは，①すべての学部の上に博士課程大学院を持ち，②大学院生／学部生比が国公立で9％以上，私立で6％以上，医歯系の単系大学（医歯系という一つの系を持つ大学）では20％以上の大学が研究大学（Research-R型）とされ，これにより国立大学15校，公立大学4校，私立大学5校，計24校が研究大学とされた。

この研究大学（Research-R型）は，さらに「総合大学」「複合大学」「単系大学」に区分され，総合大学には東北大学，東京大学，京都大学などの七つの旧帝国大学と，筑波大学，大阪市立大学，早稲田大学などが，複合大学には一橋大学とお茶の水女子大学が，単系大学には東京医科歯科大学，東京工業大学，東京芸術大学，日本医科大学などが分類された。なお，たとえば理工系分野では，調査時点で「修士大学」と分類された▶修士課程のみを持つ大学，「準大学院大学」として分類された大学（医学部のみが博士課程を持ち，他学部が修士課程を持つ大学が多い）の修士課程などにおいても，きわめて盛んに研究が行われていた大学（理工系学部）があり，また，それらの大学は現在においても研究が活発に行われている場合が多い。この分類で研究大学に分類されなかったことが，その大学で研究活動が行われていなかったことを意味するものではないことに注意する必要がある。

一方，自身を研究大学と自ら規定した大学群の組織が2009年（平成21）に誕生した。これはRU11というコンソーシアムで，正式名称は「学術研究懇談会」である。RUは「Research University」の省略形で，現在のメンバー校は北海道大学，東北大学，筑波大学，東京大学，早稲田大学，慶應義塾大学，東京工業大学，名古屋大学，京都大学，大阪大学，九州大学である。カーネギー分類におけるように，具体的な分野別の大学院プログラムの規模や研究開発費の額，教員以外の研究スタッフの数などについての相互評価が，天野による分類以降，研究者や公的機関によってこれらの大学に対して行われたわけではないが，設立趣旨の文の中に「最先端の知・多様な文化を生み出し」「国内外の優秀な頭脳の集積地となり」「イノベーションの創出や課題解決に貢献する」研究大学とあるので，これらの大学群が研究大学を，前記「　」内の性格を少なくともその一部として有する大学と規定していることがわかる。RU11は「日本の国際力強化に研究大学が貢献するために（提言）」「医療分野の研究開発の総合戦略についての要望」など，政府や社会に対してさまざまな提言や要望を行っている。研究大学をキーワードとして，研究を中心とした未来の大学の役割について理解を求めるべく活動・発言していく大学群の組織が日本に生まれたことは，アメリカのAAUやヨーロッパでのLERUの存在を考えると，意義深いことと思われる。

このように，日本では天野らの研究によって大学がその機能や規模により分類され，「研究大学」がはじめて定義された。その後，有力大学による研究大学の組織も誕生した。しかし，天野らによる「研究大学」の定義とそれによる各大学の分類は，大学院の規模などによる研究・教育プログラムの評価に基づく性格付けであり，その手法はこれからも受け継がれるべきものであるが，日本では，通称「旧帝大」なる用語に象徴されるように，日本固有の歴史的背景に基づく大学の性格によって大学が分類されることが多く，それは分類というより序列化の意味合いが大きい。今後は，高等教育研究を行う非営利機関等によって，学士課程教育や▶専門職大学院の充実度，そして地域連携への取組みなども含めた総合的な尺度の中で「研究大学」の分類・評価と大学によるその利用をはかっていくことが求められるであろう。なお，ヨーロッパでは，とくに▶フンボルトによるベルリン大学（▶ベルリン・フンボルト大学）の誕生以降，「研究」はほぼ自明のこととされてきた部分もあるが，社会全体にとって「研究」が重要であるとの新たな認識のもとに，2002年にヨーロッパ研究大学連盟（LERU）が設立された。これは，その名が示すとおり一国の組織ではなく，政策提言などにおいて全ヨーロッパ的な視点で活動している。　　　　　　赤羽　良一

→ 大学と研究（テーマ編），博士，カーネギー財団／カーネギー分類，工科系研究大学，専門職学位／職業学位，医学教育，法学教育

［概説］◎天野郁夫『高等教育の日本的構造』玉川大学出版部，1986.
◎バートン・クラーク著，有本章訳『高等教育シリーズ　大学院教育の国際比較』玉川大学出版部，2002.
◎大﨑仁『大学改革 1945〜1999─新制大学一元化から「21世紀の大学像」へ』有斐閣選書，1999.
［アメリカ合衆国］◎カーネギー教育振興財団：http://carnegie-classifications. iu. edu/methodology/basic. php
◎ヨーロッパ研究大学連盟（共同発表について）：
http://www. leru. org/files/news/Hefei_statement. pdf
◎Go8：https://go8. edu. au
◎中国教育センター（C9について）：
http://www. chinaeducenter. com/en/
◎中国科学院：http://english. cas. cn
［日本］◎慶伊富長編『大学評価の研究』東京大学出版会，1984.
◎文部科学省（大学の分類に関して）：
http://www. mext. go. jp/b_menu/shingi/chukyo/chukyo4/031/siryo/attach/1293333. htm
◎RU11：http://www. ru11. jp/

研究代表者 |けんきゅうだいひょうしゃ
research representative; principal investigator

研究課題ないし研究プロジェクトの総責任者であり，研究計画とその実施，また研究費の使用に関する裁量と責任を有する。▶競争的資金や公募型研究においては，申請から採択，その後の評価等に係る事務手続きにも責任を負う。複数の研究者で実施される研究課題においては，たとえば▶科学研究費補助金では，研究代表者のほか，研究分担者や連携研究者，研究補助者で構成されている。分担金の配分を受ける研究分担者は，以前は研究代表者の地位の交代が可能であったが，研究代表者の責任がより重視されるようになり，2011年からは交代が認められなくなった(すなわち，研究代表者が欠けた場合には，その研究課題は廃止される)。研究代表者の研究マネジメントに係る負担を軽減するため，近年これを補助する専門職，▶リサーチ・アドミニストレーター(University Research Administrator: URA)の導入・普及が課題とされている。　榎　孝浩

研究の自由 |けんきゅうのじゆう
freedom of research

「研究の自由」は「▶学問の自由」に含まれる概念で，具体的な実験的研究の遂行を含む「研究活動の自由」「研究成果の発表の自由」，そして成果を制限なく「教授する自由」よりなる。▶帝国大学令1条にあるように，日本の大学は最初から「攷究」すなわち「研究」することをその使命とした。以来，日本の大学は，研究を遂行する機関として，帝国大学令にあるこの精神に規定されている。研究は単なる精神的営為ではない。とくに自然科学系，医学系，工学系分野では，研究費と研究を行う場所が確保されない限りは「研究」自体が存在せず，したがって「研究の自由」も存在しない。研究の場所を確保し研究費を獲得すること，そしてそれらをどのように使っていけるかが「研究の自由」の実現にかかっている。

[グループ制での自由]
日本の大学における「研究の自由」は，大学での教員のあり方に大きく依存している。1893年(明治26)▶帝国大学に講座制が導入されたが，新学制下の大学設置基準改正(2006年)によってその規定が削除された後も，とくに理工系，医学系では教授を中心とするグループ制で研究が行われている。そこでは，研究課題の設定や実際に研究実験を遂行する大学院生の指導に関して，最終的な方針の決定は▶教授(あるいは研究室を主宰する教員)が行うのが一般的である。よって，少なくとも形式上は，教授以外の各教員は，研究課題の設定やその遂行に大幅な裁量を持ちはするが，完全な「自由」を持つとは言えない。しかし，これは合意のもとに研究グ

ループを組んで研究を遂行する上での問題であるので，グループの「研究の自由」がなんらかの制限を受けているわけではない。

[研究費の分配]
▶国立大学では，基本的に旧文部省(現，文部科学省)の積算公費(現在の▶運営費交付金)によって研究活動が行われてきた。▶科学研究費補助金のような外部資金とは異なり，この経費は学内で分配され，その配分の仕方により各教員が受領する研究費の額は変化する。研究費の減少は研究の遂行に大きな影響を及ぼすので，大学執行部等による研究費の分配の仕方そのものが，大学教員個人それぞれの研究の自由を実質的には制限することになる。

[政府による研究の規制]
どこの国であっても，分野によっては行えない，あるいは行うには政府あるいは所属大学の許可等が必要な研究がある。現在，クローン胚移植技術，ゲノム編集技術など，それが無制限に実施されれば人間の尊厳が崩壊しかねない由々しき事態が生じ得る技術が驚くべき速さで開発されている。このような技術の利用あるいはさらなる技術開発に制限を設けるため，政府による規制がガイドラインの制定という形で行われている。問題は，これらの規制は日本国憲法23条で保障された「学問の自由」における「研究の自由」に抵触しないのかどうかである。

[軍事研究の規制]
▶日本学術会議は1950年(昭和25)に「戦争を目的とする科学の研究には絶対従わない」決意を表明したが，2015年(平成27)以降，その再検討が行われている(2017年3月「軍事的安全保障研究に関する声明」を発表)。その背景には防衛省の「防衛生産・技術基盤戦略」に基づく「安全保障技術研究推進制度」による，大学や民間の研究者が応募し得る▶競争的資金の導入(2015年度開始)があり，これは，政府の「防衛にも応用可能な民生技術(デュアルユース)の開発」という考えに基づいている。ここで，そのような研究費に応募しないことを大学が決定したとき，「研究の自由」にとって問題が生じる。つまり，その判断がそこに所属する大学教員の研究費への応募の意志に影響をもたらし得る，という問題である。軍事的研究とそうでない研究との線引きは簡単ではない。ロボットは放射線の高い区域での作業もできるが，兵士の代わりに戦闘行動も行い得る。また，防衛省以外からの資金で研究を遂行したとしても，その研究成果が兵器開発等に利用されることは十分にあり得る。

　以上のように今日，「研究の自由」の問題は，おもに自然科学や生物医学系の研究の進展によって非常に複雑化している。伝統的な精神的営為としての考える自由，発表の自由，教える自由の概念を超えて，研究課題によってはそもそも研究を行っ

てよいのかどうか，それ自体が問われるようになっている。これらはみな，研究の発展に伴い，人間の尊厳や個人の権利などに関係して，研究という行為とその内容そのものから生じてくる問題である。これまでの大学の歴史において，たとえば「▶平賀粛清」のように，時の権力者あるいは大学管理者によって，大学教員の「研究の自由」が奪われたことが確かにあった。今後，このような公権力による「研究の自由」の侵害ないし弾圧が起きないように注意を払っていくことはもちろん重要であるが，それに加えて研究者としての大学教員自身が，▶研究資金の調達の仕方とその性格も十分に考慮しつつ，すべての大学とそのメンバーに「研究の自由」の恩恵がもたらされるべく努力していくことが強く求められるであろう。　　　　　　　　　　赤羽　良一

▶大学と研究（テーマ編），講座，学習の自由，
学問の自由（テーマ編）

◎島田雄次郎『ヨーロッパの大学』玉川大学出版部，1990.
◎R.D. アンダーソン著，安原義仁，橋本伸也監訳『近代ヨーロッパ大学史―啓蒙期から1914年まで』昭和堂，2012.
◎大浜啓吉「市民社会と行政法 第42回 学問の自由とは何か」『科学』岩波書店，86巻10号，2016.
◎日本学術会議：http://www. scj. go. jp/ja/member/iinkai/anzenhosyo/pdf23/anzenhosyo-setti. pdf

研究評価 （けんきゅうひょうか）
research evaluation

研究評価とは，研究活動や研究成果に対して何らかの判断を行う行為全般を指す。日本における研究評価の枠組みとしては，総合科学技術・イノベーション会議が策定した「国の研究開発評価に関する大綱的指針」があり，その2012（平成24）年度版では研究開発プログラム，研究開発課題，研究者等の業績，研究開発機関等の4種類の評価の実施を求めている。研究評価は，17世紀に最初の▶学術雑誌が発刊され，論文掲載のための▶ピア・レビューが行われるようになったことから始まる。その後，1940〜50年代にアメリカ合衆国の▶国立衛生研究所（NIH）や▶全米科学財団（NSF）が研究課題の採択審査でピア・レビューを行うようになり，研究課題の事前評価は広く行われるようになった。

大学を単位とした研究評価としては1980年代にイギリスで研究評価事業（RAE，現在は研究卓越性枠組み：REF）が，オランダで大学協会による研究評価が開始され，その後，フランス，イタリア，オーストラリア，スペイン，香港など複数の国で行われている。日本では▶国立大学法人評価において，学部・▶研究科を単位とした研究水準の評価が行われている。大学を対象とする研究評価の目的は国により異なり，たとえばイギリスでは基盤的資金（コア・ファンディング）の配分のために行われているが，オランダでは大学の自己改善のために行われている。評価方法も詳細なピア・レビューを中心とする国が

ある一方，ピアを確保しにくい規模の小さい国では指標によって簡便に行う傾向がある。　　林　隆之

［欧州における研究評価］

［イギリス］　高等教育の研究補助金に対して，先進諸国では二重支援制度（dual support system）が導入されている。イギリスでもこの制度が採られており，イタリアやニュージーランドにおいてもイギリスと似通っている点が多々みられる。この制度は次の二つのタイプの補助金の有効な組合せにより構成されている。一つは国が重視する総合研究のテーマを大枠で決め，それに対し補助金を申請，同じ分野の専門家による検討（ピア・レビュー）により厳しく評価し交付する申請型の補助金（プロジェクト資金，直接政府資金）である。もう一つは政府や政府の諸機関が各教育機関を比較して決定する配分型の補助金（基盤的資金）である。研究補助金の中でも流動的に使用できる配分型の補助金は大学側にとって主要な財源で，イギリスでは1986年の第1回RAE（Research Assessment Exercise）以来，その結果にもとづき配分されてきた。

研究評価の実施にはいくつかの目的がある。まず，補助金を給付する側としては，研究評価の実施により，自分たちが投資する研究の質を評価することができることである。同時に学界としても，自らの研究成果を評価し，今後の研究目標に反映させることができる。さらに必要ならば研究評価を財源モデルとすることもできる。しかしオランダなど一部の国では，研究評価が財源モデルとして利用されることはない。これらの国における研究評価の目的は，各機関の研究政策の向上を支援するため，そして公的資金の説明責任を果たすために実施するものに限定されている。

一方，イギリスにおける研究評価の焦点は，おもに財政審議会（Funding Councils）に情報を提供することにあり，質の高い研究を実施している研究機関に対し，透明性を備えた公正な方法で効率的に補助金を配分することを目的としている。2001年に実施されたRAEの後，HEFCE（イングランド高等教育財政審議会）はある通達を受けた。それは高等教育白書である『高等教育の未来 *The future of higher education*』（DfES，2003年）でも言及され，高い評価を受けた高等教育機関に研究補助金を集中させ，それらの機関が国際的にきわめて高いレベルの機関になるよう支援するというものであった。2014年にはRAEの後継としてREF（Research Excellence Framework）という名称の評価制度が新設され，2015−16年度にはREFの結果を使って選択・集中的な予算配分に移行した。

［EU］　EUに申請されるプロジェクトに対する研究評価の過程では，①質の高さ，②透明性，③平等性，④不偏性，⑤効率性，⑥倫理性が重視される。また2003年以降は，遠隔評価の拡大や評価委員の増員による評価プロセスの質の改善，2段

階申請システムの採用や申請者からのヒアリングによる評価システムの強化，さらには倫理面の評価プロセスの成文化などに重点が置かれるようになった。

[日本における研究評価]
日本においても研究評価は，研究活動に対する資金への説明責任を果たすとともに，活動を活性化し研究の質を高めるために必要なものであるという認識から，2008年以降，①研究課題に応じた評価，②▶第三者評価体制の構築，また，③評価に係る人材の養成といった側面が見直されることになった。

[競争的資金の導入]　日本では権力の学問への介入という歴史的反省を踏まえ，第2次世界大戦後，憲法に「学問の自由」(23条)が規定され，研究者の自由な発想がことのほか尊重されてきた。1965年(昭和40)に▶科学研究費補助金が制度化されたが，その趣旨は研究者の自由な発想を尊重し，科学の興隆を図ることが最大の目的であり，研究を評価するという考えは近年までなかった。しかし，2001年6月，文部科学大臣が経済財政諮問会議において「大学(国立大学)の構造改革の方針」(▶遠山プラン)を発表し，その柱の一つは大学に第三者評価による競争原理を導入し，国公私「トップ30」の大学を世界最高水準に育成するというものであった。その後さまざまな事業が▶競争的資金として導入されることになった。以下はその一例である。

[研究大学強化促進事業]　日本の大学等の研究機関において，論文の世界的シェアが下がっており，国際競争力の向上が課題となっていることから，世界にも通用するような優れた研究活動を行う機関を増強し，日本の研究力の強化を図るため，大学等による研究マネジメント人材群の確保や集中的な研究環境改革等の研究力強化の取組みを10年間支援する計画である。2013年8月に科学分野重点校22機関が決定した。

[スーパーグローバル大学の選定]　2013年8月，文部科学省は世界のトップレベルの研究や国際教育に取り組む，国公私立大学30校(スーパーグローバル大学)に予算を重点配分する構想を打ち出した。スーパーグローバル大学は，世界水準の教育研究を進める「トップ型」10校と，積極的な国際教育によって海外で通用する人材を育てる「グローバル化牽引型」20校に分類され，10年以内に▶世界大学ランキングのトップ100に，日本から10校以上のランクインを目指すこととなった。　　　秦 由美子

▶大学と研究(テーマ編)，研究資金，科学研究費補助金

◎研究評価の在り方検討委員会『我が国における研究評価の現状とその在り方について』日本学術会議，2008.
◎Department for Education and Skills, *Science and Innovation Investment Framework 2004-2014. DES*, London: HM Treasury, 2004.
◎Research Excellence Framework 2014:
http://www. ref. ac. uk/

研究倫理 |けんきゅうりんり
research ethics; research integrity

学術研究に携わる人々の集団がもつ，研究遂行上の規範の体系。研究コミュニティ内部の規範体系をリサーチ・エシックス(研究倫理)，社会的負託に応じる専門家集団としての規範体系をリサーチ・インテグリティ(研究公正)と呼ぶ区別が提唱されているが，使用実態は混然としている。避けるべき行為は「研究不正」と呼ばれ，狭義にはFFPと略称される「捏造：Fabrication，改ざん：Falsification，盗用／剽窃：Plagiarism」を指し，広義には非倫理的行為や不法行為，「疑わしい研究行為」をも含む。白黒つけがたい「グレーゾーン」の存在や研究分野による慣行の違いが知られている。1980年代からの議論を経て2000年に制定された米国連邦規律が諸外国で参照されている。日本では複数の研究不正事件を受けて2000年代半ばに議論が活発になり，学協会が作成する倫理綱領や投稿規程，大学における行動指針や研究不正対応規程の整備が進んだ。2014年には大学等における研究倫理教育が義務化された。なお研究倫理よりも広い概念として「アカデミック・インテグリティ」がある。

齋藤 芳子

言語➡大学と言語(テーマ編p.31)

健康科学大学 [私立]|けんこうかがくだいがく
Health Science University

2003年(平成15)に開学。建学の精神および基本理念は，「豊かな人間力」「専門的な知識・技術」「開かれた共創力」の三つを兼ね備えた人材の育成である。教育ではリハビリテーション医療，看護，福祉，地域を学び，最終的には医療・福祉の基本である人間を学ぶことに重点を置いている。2016年現在，山梨県富士河口湖町と都留市にキャンパスを構え，2学部4学科に915人の学士課程学生が在籍する。健康科学部に加え，2016年には看護学部が設置された。すべての学科で国家資格の取得をめざすことが可能である。現在は，教職員が学生一人一人を「合格」「就職」「卒業」に導く「健大プロジェクト」が立ち上げられており，「国家試験合格率100%」「就職率100%」「学生生活満足度100%」をめざす取組みが行われている。　　戸村 理

言語学研究 |げんごがくけんきゅう
linguistic studies

トレド翻訳学校などにおいて11世紀にはすでに，アラビア語などセム語派と欧州諸語の比較は行われていたが，両者のより精密な親縁性の研究は，

16世紀のギヨーム・ポステル(Guillaume Postel, 1510-81)にはじまる。彼は1540年前後にコレージュ・ロワイヤル(王立教授団学校)で東洋諸語について講義し，ヘブライ語とセム諸語の親縁性を初めて論じた。言語史では，ヴァロ(Marcus Terentius Varro, 116BC-27BC)の『ラテン語史 De lingua latina』が早くも紀元前1世紀に著されているが，俗語の歴史が登場するのは，ジョアシャン・ペリオン(Joachim Périon, 1498頃-1559)の『フランス語の起源 De linguae gallicae origine』(1554年)など16世紀以降である。俗語文法も，ネブリーハ(Elio Antonio de Nebrija, 1441-1522)の『カスティーリャ語文法 Gramática de la lengua castellana』(1492年)など15世紀末以降になる。

[本格的な言語比較研究]

本格的な歴史的言語比較研究は，18世紀イングランドのインド研究者ウィリアム・ジョーンズ(William Jones, 1746-94)にはじまる。彼はギリシア語，▶ラテン語，ペルシア語，ゲルマン語，ケルト語(19世紀にスラヴ諸語が追加)はすべてサンスクリット語の一族であると主張し，ここに印欧語比較言語学が開始された。印欧語以外では，マジャール(ハンガリー)のシャイノヴィッチ・ヤーノシュ(Sajnovics János, 1733-85)が，1769年にサーミ語とマジャール語の親縁性を見いだしている。

大航海時代とともに，新大陸の言語が発見され，記述されるようになった。マゼランの世界周航(1519〜22年)に同行したイタリア人ピガフェッタ(Antonio Pigafetta, 1480頃-1534頃)は，モルッカ諸島などの言語を書き留めた。宣教師たちによる言語記述，文法作成も，イスパニア人修道士バスケス・デ・エスピノーサ(Anotonio Vázquez de Espinosa, ？-1630)による『インド諸島の言語の混乱と多様性』(1629年)のアメリカ大陸の諸言語の記述など数多い。世界中の言語の辞典としては，1786年にロシアのエカチェリーナ2世(在位1762-96)の命によって収集された『全世界言語辞典』が嚆矢である。

19世紀では，ドイツのアーデルンク(Johann Christoph Adelung, 1732-1806)による『ミトリダーテス Mithridates(言語学大全)』(1806-17年)という総合的試みがあるが，未完に終わった。18世紀末のジョーンズ(William Jones)に始まる印欧語比較言語学は，▶ベルリン・フンボルト大学の創設者フンボルト(Karl Wilhelm von Humboldt, 1767-1835)による言語思想史上の貢献がなされたのち，ボップ(Franz Bopp, 1791-1867)とヤーコブ・グリム(Jacob Grimm, 1785-1863)，▶コペンハーゲン大学のラスク(Rasmus Christian Rask, 1787-1832)の3人によって精密な学問として確立された。ボップは1821年にベルリン大学でサンスクリット学と比較言語学の講座を開設した。ラスクは1823年にコペンハーゲン大学の文学史の教授となり，比較言語学的な講義を行った。▶ライプツィヒ大学のブルークマン(Karl Brugmann, 1849-1919)は言語の歴史的変化，とりわけ音変化の法則性を重視して，「青年文法学派 Junggrammatiker」の中心となった。フランスでの比較言語学の草分けは，1852年▶パリ大学(ソルボンヌ)に創設された比較言語学の講座を担当した，ドイツ生まれのギリシア語学者シャルル=ブノワ・アーズ(Charles Benoît Hase / カルル=ベネディクト・ハーゼ Karl Benedict Hase, 1780-1864)であった。

[20世紀以降]

ソシュール(Ferdinand de Saussure, 1857-1913)が，1906年から11年まで3期にわたり▶ジュネーヴ大学で行った「一般言語学講義」は，弟子たちの講義ノートが出版されるに及び現代言語学の基礎となった。通時言語学と共時言語学，ラング(社会に共有される言語)とパロール(個人的活動としての言語)，シニフィアン(能記)とシニフィエ(所記)，二重分節(音の区分と意味の区分)など，今日でも用いられる言語学的用語は彼によるものである。アメリカのシカゴおよびイェールで教鞭をとったサピア(Edward Sapir, 1884-1939)は，ネイティブ・アメリカンの諸言語の研究を進め，世界観を規定する諸言語の機能を指摘して，言語学と人類学の橋渡しを行った。20世紀後半の代表的言語学者は，▶マサチューセッツ工科大学のチョムスキー(Avram Noam Chomsky, 1928-)である。人間の言語には普遍的な特徴があるという仮説をもとに生成文法を提唱し，言語運用から言語形式を分析し，その奥に潜む言語能力を探り出すという戦略による言語研究を行った。

日本では1886年から東京帝国大学で教えたチェンバレン(Basil Hall Chamberlain, 1850-1935)，その教えを受けドイツ留学して比較言語学を修め，東京帝国大学で教授となった上田萬年(1867-1937)により，西欧の言語学が導入された。　原　聖

→教育言語，古典語・外国語教育，文法学校，アカデミー・フランセーズ，コレギウム・トゥリリンゲ

◎Georg Kremnitz (ed.), *Histoire sociale des langues de France*, Rennes, P.U.R., 2013.
◎Sylvain Auroux, *Histoire des idées linguistiques*, Liège, Mardaga, 3 vol., 1989-2000.

言語純化 |（げんごじゅんか）
language purification

言語純化とは言語改革の手段のひとつで，国語の明瞭な輪郭を保つために，それに生じた変化を否定したり，混入した外国語を排除したりして，過去の姿を取り戻そうとする試みをいう。欧米での大学と言語純化との連関では，16〜17世紀と19世紀が特記に値する。前者では，宗教改革と宗教戦争がキリスト教世界の崩壊の危機をもたらし，その危機の克服を知性面で試みた科学革命が生じた。▶ラテン語を含む不完全で不純な言語こそ宗教対立の一大要因をなすとの認識の下，対立の解消に不可欠な純粋で完全な言語(ヘブライ語，科学革命で

は数学)が注目された時代である。後者(19世紀)は，近代的な民族国家が欧米に確立し，ベルリン大学(現，▶ベルリン・フンボルト大学)が自立的な学術研究体制の下，国際社会の一員にふさわしい独自の文化と言語を備えた国家の体制を支える近代大学として，世界に模範を示した時代である。

[16～17世紀]

16世紀には，ジョアシャン・デュベレー(Joachim du Bellay，1522頃-1560)の『フランス語の擁護と賞讃』(1549年)など，言語の優劣に関する議論が起こり，またこの頃登場した言語盛衰論の中には，アドリアーノ・カステッレシ(Adriano Castellesi，1460頃-1521頃)の『ラテン語について』(1515年)のように，言語の変遷が腐敗の歴史だと説くものがあった。雑多な人々が交流する都会の言語に比して，田舎の言葉が古風で純粋だとする考え方は，すでに16世紀イタリアのボルギーニ(Vincenzo Borghini，1515-80)，スヴェーリエ(スウェーデン)のシャーンイェルム(Georg Stiernhielm，1598-1672)などにあった。

16世紀イタリアのベンボ(Pietro Bembo，1470-1547)は，理想的文体を「純粋で，簡潔で，明快」と定義し，この考え方を体現する組織として言語アカデミー「アカデミア・デラ・クルスカ」が設立された(1538年)。コペルニクスの『天体軌道の回転について』(1543年)の5年前である。「クルスカ」とは精麦の際に取り去る「籾殻」のことであり，純化の比喩をそのまま組織名にしたのである。ベンボの伝統を引き継いだのが，17世紀フランスのマレルブ(François de Malherbe，1555-1628)であり，「言語から汚物を一掃する」目的で▶アカデミー・フランセーズが設立された(1635年)。「クルスカ」をモデルにドイツ語純化の組織として1617年に結成されたのが，実益協会(Fruchtbringende Gesellschaft)である(1668年解散，この経験が1885年設立の全ドイツ言語協会 Allgemeiner Deutscher Sprachverein につながる)。スヴェーリエ語の純粋性を高めるために，1786年にはスヴェーリエ・アカデミーが国王グスタヴ3世によって設立された。

この間，ガリレオ・▶ガリレイ(1564-1642)やデカルト(1596-1650)，ニュートン(1642-1727)は，宗教上の立場の如何にかかわらず普遍的に妥当する数学的言語を用いて，物理世界の運動の法則を解明し，科学革命を遂行した。一方，人文学者ヨハネス・ロイヒリン(1455-1522)やその弟子・孫息子フィリップ・メランヒトン(1497-1560)は，旧約聖書の言語であり，楽園のアダムの言語として純粋で完全と目されたヘブライ語を，ドイツなどヨーロッパの大学に導入した。

[19世紀]

民族国家の確立する19世紀においては，民族の支柱となる言語の標準化が行われ，その中で隣接する外国語の排除，すなわち純化運動が進んだのである。たとえばコピタル(Jernej Kopitar，1780-1844)が

中心となって，スロヴェニア語からロシア語的要素の排除が試みられた。セルヴィア語のヴィダコヴィッチ(Milovan Vidaković，1780-1842)はトルコ語，マジャール(ハンガリー)語，ドイツ語由来の単語の除去を進めた。1822年のギリシア独立に際しては，古典学者のコライス(Adamantios Korais，1748-1833)が中心となって，外国語とりわけトルコ語を排除して，純粋な言語すなわち「純正語」(古典ギリシア語，カタレヴサ)が創生され，1830年にこれが公用語となった。現代では1994年のトゥーボン法による，フランス語から英語的要素を排除する国家的取組みが注目される。

近代大学の嚆矢とされるベルリン大学は1810年に開学したが，その創立者にあたるヴィルヘルム・フォン・フンボルト(1767-1835)やヨハン・ゴットリープ・フィヒテ(1762-1814)は，すでに純化されつつあったゲルマン的ドイツ語を大学において民族主義と結合させ，グリム兄弟(ヤーコブ：1785-1863，ヴィルヘルム：1786-1859)等によるそのさらなる学問的な純化への道を準備した。ドイツの大学に固有の教養(ビルドゥング)は，純化されたドイツ語を用いての人格的交流と協力に深く根ざすといわれる。ドイツの大学と類似する動きは19世紀の後半から，ロマンス諸語，英語，スラヴ諸語等についてヨーロッパ諸国の大学に広く普及してゆく。 　　　　原聖

→ スヴェーリエ語化，科学革命と大学，大学と言語(テーマ編)

◎ピーター・バーク著，原聖訳『近世ヨーロッパの言語と社会』岩波書店，2009.
◎P. Harrison, *The Fall of Man and the Foundations of Science*, Cambridge University Press, 2007.
◎George Thomas, *Linguistic Purism*, London, Longman, 1991.
◎ウンベルト・エーコ著，上村忠男・廣石正和訳『完全言語の探求』平凡社ライブラリー，2011.

言語政策と大学 |げんごせいさくとだいがく
language policies and universities

言語政策と大学との関わりは，国ごと時代ごとに異なる。また大学が教育や研究目的にあわせて言語を採択する狭義の政策に始まり，国家や国際社会の文化的・政治的な目的を言語普及のモデル教育機関として浸透させる役割まで，その幅は広い。さらに政府の言語政策を研究面で公然と支持する場合があり，他方，政策の立案者や執行者を教育・訓練する間接的な関係もある。以下では時代を追って，そうした関わりの概要を辿る。

[大学成立以前から18世紀]

古くは9世紀初頭，カール大帝がカロリング小文字の採用という改革を実施し，行政レベルでのドイツ語の使用も奨励したことを指して，言語政策の開始とみなす場合がある。1200年を過ぎた頃，フランスの宮廷書記官たちが，書記言語を俗語(フランス語)へと替えたこと，さらには13世紀，カスティーリャ王アルフォンソ10世が王国の言語をイスパニ

ア（スペイン）語に定めたことも権力に裏付けされた言語改革といえる。他方，16世紀の言語改革を促進した「俗語賞讃論」の代表的な著者たち，たとえばイタリア語の『言語対話篇』（1542年）のスペローニ（Sperone Speroni, 1500-88），フランス語の『フランス語の擁護と賞讃』（1549年）のデュベレー（Joachim du Bellay, 1522頃-1560），ネーデルラント（オランダ）語の『ネーデルラント語の尊さ』（1586年）のステフィン（Simon Stevin, 1548-1620）の3人はいずれも大学教育を受けている。15世紀初頭のイギリスでは，国王ヘンリー4世（在位1399-1413）およびヘンリー5世（在位1413-22）が，新王朝のランカスター朝の正統性を誇示するため，大法官府の言語として英語を課そうとした。ただし，言語社会史家ピーター・バーク（Peter Burke, 1937-）によれば，こうした近代以前の事例は，言語政策と言うには「対処療法」的で一貫性を欠いている。

　大学で特権的な地位を占め続けた▶ラテン語は，16世紀に至ると中世を経て汚染され不透明化したと指摘された。「ヴィレール・コトレの王命」（1539年）は，法廷での使用言語は明瞭かつ簡潔であるべきとの立場から，ラテン語からフランス語への変更を命じ，法律分野での言語政策を画した。同年，ポルスカ（ポーランド）の王国議会（セイム）も，すべての法律をポルスカ語で印刷する決定を行った。1560年，アルプス山中のサヴォア王国のフィリベール公は，法廷と議会ではラテン語ではなくフランス語を用いるよう命じた。

　16〜18世紀のヨーロッパ諸国に登場する言語アカデミーが進めた辞書や文法書の作成や「国語」の規範化は，近代的な意味での言語政策の成果であり，大学人に活躍の場を提供した。1531年，ラテン語で最初のフランス語文法を出版した医師ジャック・デュボワ Jacques Dubois（Jacobus Sylvius, 1478-1555）は，コレージュ・ロワイヤル（王立教団学校）で講義を行っていた。1539年，これもラテン語で最初のマジャール（ハンガリー）語文法を出版したヤーノシュ・シルヴェスター（János Sylvester, 1504頃-55頃）は，ウィーンでヘブライ語，ギリシア語を教えた。1630年にカスティーリャ語綴字法の改革案を提示したゴンサロ・コレアス（Gonzalo Correas, 1571頃-1631）は，▶サラマンカ大学（スペイン）のギリシア語教師であった。

［19世紀以降］

厳密な意味での言語政策がはじめて行われたのは，中央政府が言語上の特定の理念を全土に徹底普及を目指したフランス革命においてであった。地方の「連邦主義や迷信」と戦うために，公安委員会のバレール（Bertrand Barère, 1755-1841）が1793年，言語における革命，すなわち国民が一致してフランス語を用いるという国家的言語政策を提唱した。ただし，旧体制を徹底的に否定したフランス革命下では一時的に大学が廃止され，機関として言語

政策へ参画する機会は失われた。対照的に，言語学者フンボルト（Karl Wilhelm von Humboldt, 1767-1835）の指導で1810年に設立されたベルリン大学（現，▶ベルリン・フンボルト大学）は，学問の自由を高く掲げ，グリム兄弟等の参画も得て，ドイツ語・ドイツ文化の研究と普及を強力に推進した。19世紀には多くの政府が言語計画に取り組むようになり，この世紀以降出版される文法書・辞書は一般に民族主義的政治性を持つようになる。1809年にチェコ語文法を出版したヨゼフ・ドブロフスキー（Josef Dobrovský, 1753-1829）はチェコの民族復興の英雄とされ，1814年にセルヴィア語文法，18年に初のセルヴィア語辞典を出版したヴク・ステファノヴィッチ・カラジッチ（Vuk Stefanović Karadžić, 1787-1864）は，セルヴィア・クロアチア文章語確立の立役者として知られるが，両者はそれぞれプラハおよびウィーンで，フンボルト前後のドイツ系大学の影響下に学んでいる。

　非西欧圏では1920年代にトルコ共和国が，初代大統領ケマル・アタチュルク（Mustafa Kemal Atatürk, 1881-1938）の下，オスマン帝国支配の過去と絶縁して西洋文化に接近する手段として，アラビア文字を廃止し，ローマ字を採用した。中国や日本における漢字改革は，中国では清末以降の簡化運動が1954年の「漢字簡化方案」に結実し，日本では明治期以降の国語国字問題が1946年に告示された「当用漢字表」や「現代かなづかい」につながった。日本の大学は明治初期から，▶教育言語としては▶お雇い外国人教師が打ち切られるまで，学生の学習・研究用の補助言語としては現在に至るまで，近代西欧語の使用・習得を公認してきた。その結果日本は，イスラエル等とともに国内に複数の世界水準の大学を擁しつつ，非近代西欧語を大学での教育言語とする数少ない国のひとつとなった。その言語政策は今後も世界の注目を集め続けるであろう。

原　聖

→古典語・外国語教育，大学と言語（テーマ編）

◎Georg Kremnitz（ed.），*Histoire sociale des langues de France*, Rennes, P.U.R., 2013.
◎天野郁夫『大学の誕生（上）』中公新書，2009．
◎George Thomas, *Linguistic Purism*, London, Longman, 1991.

言語戦争 ➡ ベルギーの言語戦争

建造物 ➡ 大学と建造物

現代的教育ニーズ取組支援プログラム

げんだいてききょういくニーズとりくみしえんプログラム

Support Program for Contemporary Educational Needs

2004（平成16）年度から行われた文部科学省の事業。略称は「現代GP」（Good Practice）。社会的要請

の強い政策課題に対応したテーマを設定し，各大学・短期大学・高等専門学校のとくに優れた取組みに対して財政支援を行い，高等教育の活性化を促進することが目的。2004年度の募集テーマは，①地域活性化への貢献，②知的財産関連教育の推進，③仕事で英語が使える日本人の育成，④他大学との統合・連携による教育機能の強化，⑤人材交流による産学連携教育，⑥ITを活用した実践的遠隔教育（e-Learning）。2005年度から①は地元型と広域型に分かれ，2006年度から持続可能な社会につながる環境教育を推進。特色GP・教育GPと共通して，国公私立大学を通じた競争的環境，第三者による公正な審査，積極的な社会への情報提供がキーワード。特色GPの対象が，大学教育の改善に対して今日まで継続的に実施し実績を挙げている取組みである一方，現代GPはテーマの趣旨・目的に沿って新たな大学教育改革を図る取組みが対象である。採択件数（応募件数）は2004年度86(559)，2005年度84(509)，2006年度112(565)，2007年度119(600)。

竹下 諒

⇒グッド・プラクティス，eラーニング

ケンブリッジ大学 [イギリス] | ケンブリッジだいがく
University of Cambridge

▶オックスフォード大学に次いで英語圏で2番目に古い歴史を持つイングランドの大学。13世紀初頭に起きた町の人々との対立を契機とするオックスフォードからの学徒の移住を起源とする。ニュートン，ダーウィン，バイロン，ケインズ，バートランド・ラッセルはじめ多数の著名人を卒業生に持つ当大学は，いわゆる「旧大学」としてオックスフォード大学との間に多くの共通する歴史や特徴を有し，両者を合わせてしばしばオックスブリッジと称される。大学は自治権を持つ31のカレッジから構成されており，学部学生はカレッジにおいて「スーパービジョン」と呼ばれる少人数形式の授業を受ける。カレッジとは別に全学的教育・研究運営組織として，それぞれが複数の学部・学科から構成される六つの学群（school）も置かれる。卒業生とかつてのスタッフの中から90人のノーベル賞受賞者を輩出し，QS社の世界大学ランキング（2016年）では4位に位置する。

福石 賢一

⇒チュートリアル

県立広島大学 [公立] | けんりつひろしまだいがく
Prefectural University of Hiroshima

2005年（平成17）に県立広島女子大学（前身は1920年設置の県立広島高等女学校），広島県立大学（前身は1954年開学の広島農業短期大学），広島県立保健福祉大学（1995年開学の広島県立保健福祉短期大学）の3大学が統合して開学。現在キャンパスは広

島・庄原・三原の3ヵ所のほかサテライトキャンパスもある。学部は人間文化学部・経営情報学部・生命環境学部・保健福祉学部。基本理念には県が設立した大学として，地域に貢献する「知」の創造・応用・蓄積を図り，「地域に根ざした，県民から信頼される大学」をめざして教育・研究・地域貢献活動を積極的に推進し，その存在価値を示すことを掲げている。2016年5月現在，学部学生2479人，大学院生195人。

船勢 肇

コーア
Korp [独]

大学に在籍する同郷の学生が集まって相互扶助的な団体を結成したのが，ドイツの学生組織の始まりとされる。そうした学生団体として，ランツマンシャフト（同郷人会）がある。18世紀の学生団体にはほかに友愛信徒団（Bruderschaft），クレンツヒェン（Kränzchen），学士団（Orden）といった組織があり，それぞれが競っていた。このうちランツマンシャフトは，19世紀にはいるとコーアと呼ばれるようになった。コーアは，その構成員の出身地域にしたがいバヴァリア（Bavaria），サクソニア（Saxonia）などといったラテン語名がつけられていた。名門といわれるコーアの構成員には，貴族や高級官僚の家庭出身の学生が多かった。その後，コーアなどの学生組織のもつ古い体質を批判し，「精神の自由の独立」と「祖国の自由と独立」といった愛国的な▶ブルシェンシャフト運動が生まれることになる。現在も学生同志の親睦団体としてコーアの名前は残っており，各大学に置かれている。

木戸 裕

⇒フラタニティ／ソロリティ

コインブラ大学 [ポルトガル] | コインブラだいがく
Universidade de Coimbra

ポルトガル中部の都市コインブラに位置するポルトガル最古の大学。コインブラは，1255年に首都がリスボンに移るまで，ポルトガル王国の首都であった。1288年あるいは1290年にリスボンに創設された司教座付属学校が起源で，ローマ法に精通する法学者の養成を主たる目的として設立された。所在地はリスボンとコインブラの間を4度往復し，1537年にコインブラに定着した。大航海時代初期に数学，地理学，天文学の講座を開講したことが注目される。1910年に誕生した共和国政府によって新たにリスボンとポルトに大学が設立される1911年まで，イエズス会によって設立されたエボラ大学を除いて，ポルトガル唯一の大学として大学教育を独占した。詩人カモンイスら多くの文人，学者が学んだ。キャンパスはモンデゴ川右岸にあり，時計塔や図書館，黒マントを身に付けた学生の姿はコインブラの街のシンボルでもある。コインブラ大学

を含めたコインブラ歴史地区は，2013年6月に世界遺産(文化遺産)に登録された。
　　　　　　　　　　　　　　　　　　安藤 万奈

公開講座 [こうかいこうざ]
open lectures; university extension courses

大学など教育研究機関が，社会人を対象に教育研究の成果を講義する大学開放の一形態。イギリスでは，大学を広く社会に開放する理念のもと，1870年代に▶ケンブリッジ大学が取り組み，20世紀には▶ハーヴァード大学，▶イェール大学などアメリカ合衆国の大学にも広がった。日本では1919年に直轄学校による公開講演会などが成人教育事業として始まったが，欧米の取組みが，社会改良や特権階級以外への大学教育の普及という理念を持っていたのに対し，思想善導的性格が強かった。戦後は，1964年に社会教育審議会答申で大学開放の促進が提言され，急速に広がった。2010年で約2万8000の講座が全国で開設され，受講者は120万人近くに及び，教員免許更新のための講習のような職業資格と結びつくものから，教養・啓蒙，社会人の学び直しなど多様な内容がある。また収入確保の手段，自治体との連携，大学のイメージアップなど多様な目的を持っている。
　　　　　　　　　　　　　　　　　　羽田 貴史

[生涯学習と公開講座]
大学設置基準に公開講座実施の規定はないが，学校教育法107条に規定があり，各大学の通則で定められている。一般に社会人向けであることが多く，生涯学習のあり方の一形態である。大学における学術・教育研究の成果を社会に還元するためや，最新の研究成果を公開するために開講される場合もある。参加者から見れば，大学の豊富な知的資源を入手する機会ともなる。当該地域に大学が少なければ，公開講座は地域連携事業の中核をなす場合もある。社会人が求める資格取得を支援するような大学の公開講座は少ない。一方，大学以外の関連機関が運営する資格取得のための社会人向け有料講座は，英語検定，ソフトウェア，簿記，宅建，気象予報士，社会保険労務士など多彩な内容が用意されている。大学と地域住民との間の期待するものの相違解消が今後の課題である。
　　　　　　　　　　　　　　　　　　細川 敏幸

→生涯学習と大学(テーマ編)

工学院大学 [私立] [こうがくいんだいがく]
Kogakuin University

1887年(明治20)に帝国大学総長渡辺洪基を中心として設立された工手学校が前身。1928年(昭和3)に工学院と改称。1949年に新制大学として工学部を設置。1951年に財団法人工学院大学を学校法人工学院大学に組織変更する。2006年(平成18)に情報学部とグローバルエンジニアリング学部，11年に日本初の建築学部を設置。15年工学部・グローバルエンジニアリング学部の改編により先進工学部を新設，4学部18学科1研究科となる。キャンパスは東京都新宿区と八王子市にある。2016年5月現在，学生数は6502人を数える。建学の精神として「社会・産業と最先端の学問を幅広くつなぐ「工」の精神」を掲げ，産業界を支える専門技術者を育成する。「実習演習」を重視し，「学生主体のモノづくり活動」を全学的に支援する。また基礎科目を個人レベルでサポートする学習支援センターも設置されるなど，学生支援に関して積極的な取組みが行われている。2013年度の一級建築士試験の学校別合格者は全国で第3位。
　　　　　　　　　　　　　　　　　　山本 剛

工学部 [こうがくぶ]
Faculty of Engineering

[工学部の設置と展開]
日本の工学高等教育は，1873年(明治6)に開設された工部省工学寮に始まる。当初はシビルインヂニール，メカニカルインヂニール，電信，造家学，実用化学，採鉱学，溶鋳学の7科で編成された。4年後の1877年には▶工部大学校と改称された。一方，1877年には▶医学部，▶法学部，▶文学部，▶理学部の4学部で構成される東京大学が誕生し，理学部の中に工学系の土木，機械，応用化学，採鉱冶金学科が設置された。1886年に東京大学は▶帝国大学に改称，学部制から分科大学制へと改編され，▶大学院が設けられた。また，理学部の一部(工芸学部)と工部大学校とが合併して工科大学が開設された。工部大学校は1879年から合併までの7年間に213名の卒業生を送り出し，東京大学の工学系は1878年から合併までに58名の卒業生を出している。

　▶帝国大学令に規定されるように，帝国大学は「国家ノ須要ニ応スル学術技芸ヲ教授シ及其蘊奥ヲ攷究スル」目的をもって開設され，日本の大学における工学教育は工業化のための戦略的方策として，国家による大学教育としてすすめられたことが欧米諸国と大きく異なっている。工学寮の都検(教頭)として日本の工学教育の基礎を作ったヘンリー・▶ダイアー(Henry Dyer, 1848-1918)は，ヨーロッパ大陸諸国の▶ポリテクニクは学理の教授に走り過ぎ，イギリスの工業教育には経験重視の行き過ぎがあると認識していた。彼は「成功的なエンジニアになりうる人材を養成するためには，二つの方式の賢明な結合が必要である」と考え，日本で実験的に新たな工学教育を推進した。

　帝国大学は東京に続き，日清戦争後の1897年に京都にも設立された。京都帝国大学には最初から理工科大学が設置された。日露戦争後には，古河財閥の寄付をもとにして，東北帝国大学が1907年に，九州帝国大学が11年に創設された。これら

の大学への古河財閥の寄付は，足尾鉱毒事件を契機に資本家に対する反感に沸き立つ世論をかわすことをねらったもので，内務大臣原敬が仲立ちをして実現した。1909年に九州の鉱山資本である明治炭坑によって明治専門学校，翌10年に中央資本の藤田・岩崎・古河の3家によって秋田鉱山専門学校も創設されている。また米沢高等工業学校，桐生高等染織学校，金沢高等工業学校，福井高等工業専門学校は，地元資本による地方産業をおもな基盤にして発足している。このように技術者の養成という目的に沿って，官立および私立の高等教育機関への産業資本の寄付が行われたのである。

[欧米での工学高等教育の始まり]
フランスではフランス革命期に，公共事業に従事する技術者養成のための総合的で専門的な技術教育機関として，パリに▶エコール・ポリテクニーク（1794年）が設置されている。この学校では砲術，軍事，軍艦に関する技術や道路，橋，鉱山などの技術から構成される各種の「応用学校」へ人材を送る基礎教育課程として，とりわけ工学教育における数学の核心が教えられた。この学校の理念はのちにアメリカ合衆国で設立されたウエストポイント陸軍士官学校（1802年設立）や▶レンセラー工科大学（1824年設立）に影響を及ぼした。ヨーロッパ各地には，カールスルーエとチューリヒに代表される総合技術学校がつくられている。またベルリンには工業学校がつくられ，1871年には機械，化学，造船，冶金の四つの専門課程を持つ▶工科大学に発展している。イギリスではカレッジからなる▶ケンブリッジ大学や▶オックスフォード大学において人文科学が重視され，科学技術は教育されなかった。1851年のロンドン万国博覧会のあとに，最初の政府立の専門学校として王立鉱山学校（のちのインペリアルカレッジ）が開校している。アメリカでは独立（1776年）以前にイギリスの伝統的なカレッジのシステムにならって高等教育機関がつくられた。理工学教育の導入は，フランスの影響を強く受けるかたちで前述のように19世紀になってから行われた。▶マサチューセッツ工科大学（MIT）は1861年に設立されている。

[戦後の工学高等教育と現在]
第2次世界大戦前の日本には早稲田大学理工学部，日本大学工学部（現，理工学部），藤原工業大学工学部（現，慶應義塾大学理工学部），興亜工業大学（現，千葉工業大学），大阪理工科大学（現，近畿大学工学部）を除き，▶私立大学に工学系の学部は存在しなかった。1947年（昭和22）制定の▶学校教育法によって高等教育機関は▶新制大学に再編され，国立，公立，私立の大学に工学部が設置された。1960年代の高度経済成長期に理工系学部の拡充が行われ，工学部の規模は世界でも際立って大きなものになった。日本では2015年度に約8万5000

人の工学部卒業生がおり，人口がほぼ2.5倍のアメリカでも約10万人で，日本の工学部の人口当たりの学生数は先進国の中では最大規模となっている。1960年代中期から国立大学の大学院工学研究科の▶修士課程が拡充され，その修了生が1970年代から80年代の日本の製造業の発展を担う技術者として重要な役割を担った。しかし，▶博士課程への進学者が少ないことは日本の工学高等教育の特徴で，現在でも博士後期課程では社会人学生や留学生の占める割合が高い。2011年3月11日の東日本大震災を経験して，エネルギー政策をはじめとする科学・技術のあり方が問われ，工学教育にも大きな改革が求められている。　　　黒田 光太郎

→学部の概念（テーマ編），理系のカリキュラム

◎日本科学史学会編『日本科学技術史大系 第8巻（教育1）・第9巻（教育2）』第一法規出版，1964-65.
◎三好信浩『明治のエンジニア教育─日本とイギリスのちがい』中公新書，1983.
◎村上陽一郎『工学の歴史と技術の倫理』岩波書店，2006.

高学歴失業 | こうがくれきしつぎょう
over-education

▶人的資本論にもとづけば，教育投資が進めば労働者の限界労働生産性と賃金が上昇し，ひいては経済成長につながることが想定されている。実際に人的資本論にもとづく▶マンパワーポリシーが1960年代以降多くの国で採用された。その先進的な事例がアメリカ合衆国である。また同国においては，1957年のソヴィエトによる人類最初の人工衛星スプートニクの成功も大きな影響を与え，国を挙げての大学教育奨励の時代に入った。しかし，1970年代の不況の影響，さらにはベビーブーム世代の大学進学が重なり，大卒者の供給が過剰となり，高学歴失業の問題が生じた。またこの時期，多くの発展途上国でも高学歴者の間で高い失業率が見られた。一方，日本においては1970年代以降学歴が高いほど失業率が低く，この傾向は80年代から顕著になる。ただし2000年代に入り，博士課程修了者が常勤職に就けないなどの就職問題が発生しており，70年代と異なる形での高学歴失業問題が生じている。　　　島 一則

→オーバードクター

工科系研究大学 | こうかけいけんきゅうだいがく
technological research university

工学や科学を中心とした▶学士課程および大学院プログラムを持つアメリカ合衆国の▶研究大学のこと。ミズーリ理工科大学がその条件を定義して公にしているもので，カーネギー教育振興財団や▶アメリカ大学協会（American Association of Universities: AAU）などの高等教育に関係した非営利機関がこの用語を用いて大学を分類したものではない。定義

は，①学生の4分の1が工学を専攻，②過半数（majority）の学生が科学，工学，経営学，数学のコースに登録，③②のコースでの堅固な大学院プログラムがあること，④工学教育を補完する▶リベラルアーツや人文・社会系の学位プログラムを持つことである。

具体的には以下の大学をさす。▶カリフォルニア工科大学（California Institute of Technology: Caltech），クラークソン大学（Clarkson University），コロラド鉱山大学（Colorado School of Mines），フロリダ工科大学（Florida Institute of Technology），ジョージア工科大学（Georgia Institute of Technology），イリノイ工科大学（Illinois Institute of Technology），▶マサチューセッツ工科大学（Massachusetts Institute of Technology: MIT），ミシガン工科大学（Michigan Technological University），ニュージャージー工科大学（New Jersey Institute of Technology），ニューメキシコ鉱山・工科大学（New Mexico Institute of Mining and Technology），ポリテクニク大学（Polytechnic University，2015年校名変更でニューヨーク大学タンドン工学部 NYU Tandon School of Engineering），▶レンセラー工科大学（Rensselaer Polytechnic Institute），サウスダコタ鉱山・工科大学（South Dakota School of Mines and Technology），スティーヴンス工科大学（Stevens Institute of Technology），ミズーリ理工科大学（Missouri University of Science and Technology），ウースター工科大学（Worcester Polytechnic Institute）。

これらの大学は，その名称から想像されるように，アメリカが産業国家として発展していった19世紀半ばから後半にかけて，各地域の特色ある産業の振興に必要な人材を育成するという目的で誕生し，その後，より規模の大きい工科系大学として発展していった機関が多い。たとえば，1885年創立のミシガン工科大学は，ミシガン州北西部の半島地域（アッパー半島 Upper Peninsula）の銅鉱山で働く技術者養成の学校（Michigan School of Mines）として教員4人，学生23人で出発したが，20世紀前半のミシガン鉱山カレッジ（Michigan College of Mines）の時代までに多くの鉱山技術者を輩出した。その後，化学工学，電気工学，機械工学などの工学プログラムを強化しつつ20世紀半ばに，カレッジから大学（College to University）となって，現在博士号を授与する工科系総合大学に発展している。MIT と Caltech は高い名声を有するが，それ以外でも，これらの大学群には，たとえばレンセラー工科大学のように，革新的な成長戦略で世界的な工科大学を目指す大学も含まれる。

また，上記④にあるように，これらの大学群は，みな人文・社会系の▶学科あるいは組織を持つことにもその特徴がある。これは，日本の以前の▶教養部のように，工学専攻の学生に人文・社会系科目を提供するためにある組織ではない。その使命もあるが，学生がその分野を専攻し，学士号や修士号などの学位を得て卒業あるいは修了することができる，独立したプログラムを提供する組織である。

これらの工科系研究大学は▶ランドグラント・カレッジ，▶リベラルアーツ・カレッジと並んで，数はそれらに比して多くはないが，アメリカ大学史において今後も確固たる地位を占めるべき機関である。とりわけ大学と産業，そして大学と技術教育・工学教育の関係を考えていく上で，アメリカにとってもきわめて大切な資産であるといえよう。　　　　　　赤羽　良一

▷カーネギー財団／カーネギー分類，工学部，工科大学，ポリテクニク，アメリカの大学（テーマ編），大学院（テーマ編）

◎ミズーリ理工科大学：http://www. mst. edu/
◎ミシガン工科大学：http://www. mtu. edu/

工科大学 こうかだいがく
Technische Hochschule: TH

19世紀までドイツの総合大学では，応用技術的な工学の分野はその範疇のなかから排除されていた。これらの分野の教育は，職業中等教育機関であった工学の専門学校で行われていた。これに対し19世紀の後半から，ドイツの目覚ましい技術の発展ともあいまって，これら学校に工科大学（Technische Hochschule）という名称が与えられることになり，高等教育機関に位置づけられるようになった。こうして発足した工科大学としてカールスルーエ（1865年），ミュンヒェン（1868年），アーヘン（1870年），ブラウンシュヴァイク（1872年），ダルムシュタット（1877年），ベルリン（1879年）などが挙げられる。これらの大学では大学修了証である工学のディプロームが付与され，徐々に博士号の授与権も獲得することになり，総合大学と同等の▶学術大学とみなされるようになった。1945年以降，多くの工科大学は工学以外の専門分野も擁するようになり，工業総合大学（Technische Universität）と呼ばれるようになった。類似の名称として，1970年代にかつての技術者学校などが大学に昇格した▶専門大学（Fachhochschule）がある。　　　　　　　　　木戸　裕

皇學館大学 [私立] こうがっかんだいがく
Kogakkan University

三重県伊勢市にある。1882年（明治15）に伊勢神宮祭主久邇宮朝彦親王の令達によって林崎文庫内に創設された皇學館を起源とする。1903年に内務省所管の官立専門学校，40年（昭和15）に官立の神宮皇學館大學に昇格。第2次世界大戦後，占領軍（GHQ）による神道指令により廃学したが，占領が終結した1952年に神宮皇學館大學再興期成会が設立され，10年後の62年に文学部のみで皇學館大学が開学。初代総長は吉田茂，第2代総長は岸信介。1900年に神宮祭主の賀陽宮邦憲

王から与えられた令旨に「皇国ノ道義ヲ講ジ，皇国ノ文学ヲ修メ，之ヲ実際ニ運用セシメ，以テ倫常ヲ厚ウシ，文明ヲ補ハントスルニ在リ」とあり，建学の精神をよく示すものとされる。1998年（平成10）に社会福祉学部（2009年募集停止），2008年に教育学部，10年に現代日本社会学部を設置。2016年5月現在の3学部の在学者数2946人，2研究科の大学院在学者数38人（博士後期課程を含む）。

和崎 光太郎

→神道系大学

交換留学 |こうかんりゅうがく
international educational exchange

大学・大学部局間で結ぶ協定に基づき，2国の大学の学生を，通常半年ないし1年程度の間交換し学ばせる制度。学生にとっての利点は，自国校で授業料を支払い，留学期間と取得単位（一部）を卒業要件に充当しうる，留学先の情報が豊富で適応しやすい等がある。協定大学側には，在学者総数を安定化しつつ学生の多様化を図り，留学先の学生の状況が把握しやすい等のメリットがある。他方，参加学生には，異文化への適応力以上に，外国語を含む十分な学力と勉学意欲が求められる。協定大学側は，質の高いカリキュラムの透明化をはじめ，教学制度上のさまざまな調整等の課題を負う。協定に基づく最大の派遣先，アメリカ合衆国への日本人学生数が，日本へのアメリカ人留学生数に比べ，数倍の輸出超過である一事に照らしても，対等な「交換」留学の困難が伺える（日本学生支援機構資料）。にもかかわらず，グローバル化の中，交換留学は徐々に▶複数学位課程（joint-degree programs）に移行するであろう。

立川 明

→留学

講義 |こうぎ
lecture

［講義の起源］
大学における教育方法のうち，もっとも普遍的で古くからある形態のもの。英語の講義 lecture は，ラテン語の lectare（読むこと）に由来し，多くの学生を相手に教師が文献を読み説明を加えることで，知識を伝達し，批判的思考を刺激したりすることを目的とする。その起源は，古代ギリシアにさかのぼる。プラトンは紀元前387年頃にアカデメイアを開いたが，そこでの教育方法は，一問一答の対話によって考察を深めるディアレクティケー（対話法）がおもなものである。ソクラテスの問答が示すように，当時は対話を通じた問題の発見と考究，すなわち教師と学生がともに研究することで教育するものであり，講義は普遍的ではなかった。これに対し，アリストテレスは講義を重視し，紀元前335年に開いた

リュケイオンでは白板，図表，地図などを使った。紀元前300年を下るヘレニズム時代には，教育方法としての講義は一般的なものとなった。文法・文学の教師は，まず生徒の写本を照合し，次いで生徒は朗読・暗誦を行い，教師は文の解説を行った。このほかにも，教師たちの講演，ギリシア世界で重視された弁論術のための理論や，範例学習，応用練習なども行われていた。文献をもとに教師が読み・説明することは，知的成果が体系化された段階で，効率的に学習させる方法として，その後拡大し，洋の東西を問わず共通した方法になった。

［中国の講義］
中国においては，体系的な教育は孔子などの儒学者によって始められた。当時の教育方法は，教師は講義をするものの生徒との質疑によって理解を深めるもので，それを記録したものを「講義」と称した。孔子は，生徒にヒントを与えて悟らせる「啓発誘導」などを行い，今日の講義とは異なっていた。戦国時代に入り，斉（BC386-BC221）には「稷下（しょくか）学宮」が設立され，さまざまな学者が集まり，それぞれの学派の講義を行った。時代が下がって，秦・漢などは国家を運営する官僚育成が求められ，科挙と結びついて，試験のための講義が主流となった。しかし，唐末期から宋，元に広がった書院は，講師の講義と生徒の質疑を組み合わせたもので，教授者の一方的説明だけで講義が行われたわけではなかった。

［大学の講義］
知識伝達の方法としての講義は，中世の大学で広まり，教育方法の主流となった。大学教授職の地位として，lecturer（▶講師）という職名があるのはそれを反映している。講義はあらかじめ定められた書物をもとに▶ラテン語で行われ，註釈書も決まったものであった。印刷技術の発達しない時代には，学生は一字一句書物を筆写した。18世紀になると，近代科学の成立や新たな大学の設置によって，医学教育における臨床や化学での▶実験も行われ，講義と命題討論だけが大学の授業ではなく，実務的な演習，コロキウム，ゼミナールなども導入されるようになった。1920年代には，授業形態としての講義の効果について疑問が呈されるようになり，欧米ではさまざまな研究が行われるようになった。それらの研究から，講義は情報伝達を行うには効果的だが，批判的思考の促進や，態度の変容には効果が低いという結論が得られている（D.A. ブライ）。1970年代の研究では，講義とそれ以外で学生の満足に明らかな違いはないと結論付けられている。

［前近代日本の講義］
古代日本の体系的教育は，大宝律令（AD. 701）の▶大学寮設置に始まり，『孝経』『論語』などを教科書に音博士（おんはかせ）による読み方，大博士・助博士による講義が行われ，令に定めた註釈書によって解説が行われた。江戸時代には▶藩校・▶私塾が広がり，

漢学・国学・洋学の教育と学習が行われたが，その教育方法の中心に講義は位置付けられていた。漢学の場合，初学者はテキスト(課書)の素読(リーディング)から学習をはじめ，教師は読み方のみ教えた。一通り読みがわかると，講義が始まり，一斉教授で経典の一章一節を説明する講釈や，個別教授である講授も行われた。このほかの教育形態としては，学生がグループを作り，順番を決めてテキストを読んで説明し，他の参加者が質問・討論する今日のゼミに当たる会読・輪講などもあった。江戸末期の私塾における学習は，▶福沢諭吉『福翁自伝』(1899年)が活写している。

[大学の移入と講義]

札幌農学校，開成学校，医学校など明治初期の高等教育機関は，▶お雇い外国人教師により，欧米の学問を講義し，それを国内化することが重視された。1886年(明治19)に成立した▶帝国大学は学年制をとり，法科大学では教授が読み上げるノートを学生が書き写すことが講義であることが珍しくなかった。講義は試験と連動し，3科目落とすと無条件で落第となった。明治40年代のある法科大学卒業生が4年間に69冊の講義ノートを書き溜めたという記録もある。試験が学生の自由な思考を育てず，暗記中心の学習になることの批判は，大正期になると外国人教師からも出始め，試験の成績による表彰などは廃止されるが，授業形式としての講義そのものを見直す動きは，21世紀になって強くなってきた。学生との応答を組み入れた双方向授業，ビデオなど視聴覚教材の利用，ミニット・ペーパーによる学生からのフィードバックなど，講義形式でありながら，多様な取組みも行われている。

山田 礼子

公共性 ➔ 大学の公共性

講座 [こうざ]
Lehrstuhl [独]

▶中世大学成立以来，現在まで伝わっている大学の教授職とそれを支える制度的枠組みのこと。現在日本や諸外国で用いられている▶教授や▶准教授なる語句は大学教師の職階を表すが，講座は，それぞれの職階を持つ個別の教師とその教授職の存在形態であるといえる。中世大学以来，教授職は長い歴史を持つが，講座の意味は大学，時代，国家や領邦などによって多様であり，単なる教師のいる「場所」という意味だけでは捉えきれない。それは中世から現代まで，大学という共同体における教師の階層と自律性，授業担当の義務と権利，研究の遂行や共同体内での「同等者の中の首席」(primus inter pares [羅])を選ぶ権限など，多岐にわたる教授(教師のこと)と教授職のあり方の根底に関わる概念である。

[中世大学と講座]

講座なる言葉は，もともとラテン語の「cathedra」(肘掛け椅子)を意味し，これは教師が教室に一段高く置かれたそれに座って話す(講義する)椅子を表す。児玉善仁によれば，カテドラはもともと古代ローマで教師が座る椅子の意味で使われていたが，キリスト教の普及に伴って，司教が座る権威ある「椅子」と同時に場所である「座」を意味するようになり，ここから司教座教会＝cathedrale [羅]なる言葉が誕生した。中世大学(パリ大学)は司教座聖堂学校から生まれたものであり，したがって，大学が成立し，そこでの授業が制度化される過程で，「cathedra」は教師の地位や▶講義を表す言葉，すなわち「講座」と訳されるべき言葉として自然な形で使われていったのである。実際イタリアの大学には，市民法や教会法に関した「講義」(lectura＝読むことを意味するラテン語のlectioに由来)のことが「講座」(cathedra)と書かれた14世紀以降の大学団の規約も存在している。これは，講義(lectura)が主として▶授業の形態(中世大学の授業には講義のほか，討論disputatio [羅]やその裁定determinatio [羅]など，いくつかの形態があった)を表すのに対して，「講座」は講義と結びつき，それを行う特定の人物が座るべき地位を意味していたものとして理解できる。

中世大学では元来，教師が上下関係を規定する職階で区別されることはなく，▶教授免許(licentia

羽田 貴史

➔ 演習／ゼミナール，実験，大学教育とカリキュラム (テーマ編)

◎D.A. ブライ著，山口栄一訳『大学の講義法』玉川大学出版部，1985.

公共・社会政策プロフェッショナル・スクール
こうきょう・しゃかいせいさくプロフェッショナル・スクール
graduate school of public and social policy

公共政策や社会政策の立案ができるような専門職育成を専門としたアメリカ合衆国の▶プロフェッショナル・スクール。学位は公共政策学修士学位(Master in Public Policy: MPP)，行政学修士学位(Master in Public Administration: MPA)などが一般的であるが，都市計画について学ぶことができる公共政策学課程もあり，その場合は，Master in Public Policy and Urban Planning: MPP/UPといった学位を取得する。日本においても近年，公共政策に関わる実務能力を持った人材を養成することを目的とした公共・社会政策の専門職を育成する▶専門職大学院

も登場している。アメリカや日本いずれの公共・社会政策プロフェッショナル・スクールも，国際機関や中央省庁，地方自治体など公共性の高い機関で活躍できる人材の育成を目的としている。

docendi[羅]）である学位（▶ドクトル）を有する教師が団体を構成し，そこに所属する教師がすなわち大学で教える人であった。その意味で教師は教師であればよく，それ以上の地位や身分に関する制度的枠組みなどはもともと必要がなかったといえる。しかし，講義には▶法学部の教会法など，本来その名称が必要であり，大学の制度的確立と教授すべき学問分野の拡大に伴って，講義の種類や教師数も増えてくる。ここに，講義名を系統的に定め，どの教師がどの講義を担当するかを決める必要が生じてくる。また後述するように，教師に給料（salaria[羅]）を支払う俸給制の採用に伴って，俸給を受ける有給教師とそれに与らない無給教師の区別が生まれ，さらに有給の講義（科目）においてもその重要度の違いが発生し，そこから俸給額（給料）が変わる状況が生まれることによって，講義（学問）の存在を通して教授職の分裂，つまり元来平等であった教師に階層制が発生してくる。講座は，この俸給制（給料）と教師の階層制の発生の問題にも大きく関わってきたといえる。

[有給教授職と講座]

俸給制の導入は，ボローニャでは1280年に教会法学者ガルシアをスペインから高額の経費で招聘したときに始まったといわれるが，すでに13世紀初頭，▶パレンシア大学を設立したカスティーリャ王アルフォンソ8世は，大学に必要な教師をパリやボローニャから招聘するため，有給教授職（英語ではendowed professorship）の制度を中世大学に初めて設けた。これは，教師を選ぶことより先に，俸給付きの特定の分野の教授職を設けるのであるから，教師が就くべき職，すなわち講座を設置したことにほかならない。1398年には▶バリャドリード大学で，国王エンリケ3世によって付与された三分の一税によって，教会法，市民法，論理学など，いくつかの有給教授職への支援が行われている。16世紀の同大学の規約では，講座担当教授はCathedrariusと表現されている（ラシュドール『大学の起源（中）』）。こうした俸給制，すなわち有給講座教授職はフランスでも導入され，▶トゥールーズ大学（1229年創立）では神学4，教会法2，教養諸科6，文法2の計14講座が設立された。基金は，トゥールーズ伯レイモン7世とフランス国王ルイ聖王により提供された。注目すべきことに，俸給は文法の10マルクから神学教授の50マルクまで，講座（分野）により異なっていた。

[教師の階層化と講座]

14世紀まで大学を持たなかったドイツでは，教授招聘のため，最初から俸給制を取らざるを得ない面があった。ドイツでは，とくに教養諸科（学芸学部）のためにカレッジ（寮舎，collegium）が設立された。パリやオックスフォードと異なり，これは教師のための寮舎（カレッジ）であり，これに財政援助が行われた。▶ハイデルベルク大学では，1390年に12人の

教養科教師のために学寮が設けられ，翌年，ルプレヒト2世伯によって3000グルデンが寄贈された。またグライフスワルト大学（1456年創立）では，記録に残る最初の例として個人の寄付による教授職が設けられたが，この教授職はラテン語でCollegiatraといわれた（ラシュドール『大学の起源（中）』）。ドイツ大学では，寮舎（カレッジ）に住む有給の教授は寮舎付き教師（コレギアトゥス）と呼ばれ，この寮舎付き教師はのちに正教授（Professor Ordinarius）となっていく。

また，権限を持つ有給教授職の誕生には分野の固定，つまり特定の教授が特定の分野（講義）を持つようになっていったことも重要な役割を果たした。▶ウィーン大学では14世紀末まではどの教授もあらゆる主題について講ずることができたが，次第に上級学部で講義担当が決まっていき，1399年には30人の教養諸科の教師にさまざまな科目が割り当てられたという。ディルセーはこれを，近代的な意味における教授職の誕生のもとになった永続的，固定的講座の起源ではないかと考えている。ウィーン大学では，1533年の改革によって，上級学部でも教養諸科でも，すべての学問領域を特定の有給教授職に結びつける第一改革令がフェルディナンド1世により発布されている。

[教師と講座―その影響]

このように，教皇や国王などの権力により設立された後発の大学を中心にして，教師全員ではない有給の教授職と特定の教師に対して講義（分野）が固定化するシステムが中世大学で生まれ，それは16世紀までには完成した。この過程は，教授職を規定する枠組みとしての講座が出現し，それが制度化されていく過程と捉えることができる。同時に，12世紀に発生した大学での教師の同僚制が消失していく過程ともいえ，教授職に権威と階層制を生むことになった。このことはドイツにおいて，正教授，員外教授，私講師というドイツ大学を長く規定することになる制度を生み出していくことになる。ドイツ大学に限らず，一般に大学教師の給料は学生からの聴講料，教会聖職禄，大学等からの俸給（国王などの私庫からの場合もある）であったが，学生からの聴講料以外の給料（俸給）を受けることは，その教師が俸給を与える普遍権力（教会）や国王，領邦君主，都市などの権力機構から何らかの制約を受けることをも意味していた。

赤羽良一

欧米大学の教授職の現在

近代になって科学が制度化され，大学で科学の教育と研究が行われるようになった。講座の問題は，この科学の制度化とも深く関わってくる。とくに，講座ともなり得る研究室内での共同作業が中心となる自然科学系分野では，講座の性格が，研究費の分配や講座での階層制に基づく論文作成におけるオーサーシップ（互いに共著者になるかどうか）など，いわば研究者としての自律性に関わる重要な問題

に関係してくることになる。

[ヨーロッパ]

現在，ドイツの大学教授職は，高等教育機関に勤務する公務員である大学教師に適用される俸給（給与）の等級に用いられるW（学問を表すWissenschaftの頭文字）を用いて，W3とW2という名称で表される。W3はアメリカでのFull Professor（教授），W2はAssociate Professor（準教授）に相当するが，厳密な比較は困難である。職階の上下はあるが，これらは互いに独立して研究を進めることができる教授職であり，研究を進める上ではW2がW3の指示を受けることはない。また，公務員の扱いを受けない（定員外の）Außerplanmäßiger Professor（Apl. Professorと略）という教授職もある。この職も独立して研究活動を行い，授業も担当する。旧来，ドイツでは博士号取得後，教授資格試験（ハビリタツィオン）を取得して講義や研究指導もできるPD（Priv.-Doz.: Privat Dozent＝私講師）となり，ここから昇進していく職務経歴が普通であったが，現在はハビリタツィオンを経ないでJuniorprofessor［独］（ジュニア・プロフェッサー）を経て教授（W2やW3）を目指す研究者が増えている。PDになるまでは博士号取得後も教授の指導のもとに研究活動に参加するが，ジュニア・プロフェッサー（任期制）は，W2，W3（俸給表のこと）が適用される教授職ではないが独立して研究を行うことができ，自然科学系でも高位の教授と共著の論文発表はない。なお，「講座」を表す「Lehrstuhl」は，通常，分野を示してLehrstuhl für Präparative Organische Chemie（合成有機化学講座）のように，▶研究室を管理する教授（通常W3）に現在も使われ，講座保持者を明示する場合はLehrstuhlinhaber（head of chair）と表現される。

　一方，フランスの大学の研究室は，とくに自然科学系では，制度上，▶CNRS（Le Centre National de la Recherche Scientifique: フランス国立科学研究センター）と共同で研究室を構えていることが多く，CNRSの職員が代表者（Directeur de recherche）として研究室を主宰している場合もある。研究室では大学に所属する教授（Professuer）とアメリカの准教授あるいは助教授に相当するメートル・ドゥ・コンフェランス（Maître de conférences）が研究グループを形成する。この場合，メートル・ドゥ・コンフェランスは教授からは独立はしていず，論文は共著となる。このように，フランスの大学の自然科学系研究室では，二人以上の教師が教授を代表者として研究室を構成する場合がある。

[アメリカ合衆国]

ヨーロッパとまったく異なった大学教授職のあり方を創造したのがアメリカである。カレッジでも▶研究大学でも教師の職階はAssistant Professor（助教授），Associate Professor（准教授），（Full）Professor（教授）と3段階に分かれているが，これらの教授職には研究を遂行する上での上下関係は存在せず，各

教授は完全に独立して研究室（research group）を構えることにシステムとしての特徴がある。これはとくに研究大学において，①（正）教授に定員がなく，したがって定員に左右されずに学内の基準を満たせば必ず昇進できること，②基本的に外部資金（本人だけが受領する研究経費）だけで研究を行う，ということによって可能となっている。研究室に教員（研究代表者）は常に一人であるから，共同研究を行っている場合を除いて，自然科学系分野でも，ある教授が別の研究代表者の論文の共著者となることはない。アメリカでは，講座という固定的な概念が存在しないので，ある特定の分野が代を追って継承されていくことはないが，その選択（すなわち人の選択）は学問の重要性や新分野の趨勢を見て学科内の議論で決定されることになる。

赤羽　良一

大学教員と講座制―日本の場合

大学における教育・研究活動組織の最小単位の一つである講座は，かつては研究室とほぼ同義であった。2000年代以降はいくつかの研究室から構成されることが多い。

[講座制の特徴]

日本の大学における講座制度は，1893年（明治26）に当時の文部大臣であった▶井上毅が▶帝国大学に導入したのがはじまりである。その意図は，設立当初の帝国大学から官界への人材流出を防ぎ，各専門分野に対する大学教授の責任を明確化することにあった。導入時の制度設計では一講座に教授一人をあてる方式をとり，座という言葉が「すわること」を意味するように，講座とは「教授の椅子」を体現するものであった。

　やがて旧制大学において学部・学科内の専門分野ごとに講座が設置され，各講座は教授1－助教授1－助手1ないし数名で構成されるようになった。一人の教授を数名の若手教官（当時）が支えるこの仕組みは「講座制」と呼ばれる。この制度は第2次世界大戦後も旧帝国大学を中心とする国立の研究大学において継承され，1990年代まで1世紀にわたって存続した。一方，戦後に設立された新制▶国立大学や▶私立大学の多くは，学部・学科に必要な学科目ごとに教員を置く「学科目制」をとった。学科目制では教授と助教授，▶講師，▶助手などの若手教員層の間に制度上の上下関係はないが，研究費は講座制に及ばなかった。

　講座制では一人の教授が助教授，講師，助手，研究員などを統率し，さらに大学院生や学部生を擁する。助教授以下の人事選考には教授が大きな影響力を持った。この制度は，教授のリーダーシップのもとで，先輩－後輩関係にある研究者が一丸となって研究活動を推進する場合などに適している。大学の教官定員や予算も講座を基礎として積算された。講座には理系実験，理系非実験，文系実験，文系非実験の4種類があり，実験講座の方

大学事典　　　　こうざ　411

が非実験講座よりも多くの予算を割り当てられた。講座化の可否は，各大学の概算要求を通じて文部省（現，▶文部科学省）が決定権を握った。

［大講座制への改編］

ところが1990年代に大学院強化策の一つとして▶大学院重点化の動きが加速し，各研究大学は従来の講座を再編して大講座化し，大学院の定員拡充を図った。「大講座」とは複数の教授による研究・教育グループのことで，多くの場合は従来の講座を統合する形で編成された。大講座では複数の教員による民主的な教育・研究体制を実現することが期待された。2007年（平成19）には▶学校教育法と▶大学設置基準が改正され，准教授，講師，▶助教の教育・研究活動上の独立性が明記された。それでもなお，旧講座制および大講座制は今でも伝統的な研究大学において存続している。

　大講座化による弊害は次のように指摘されている。大講座の名称と各学問分野が必ずしも一致しなくなり，大講座がどんな専門分野をカバーしているのかが外部からわかりにくくなったという批判がある。また，制度上は大講座化しているが，教授の名前を冠した研究室などの形で，かつての講座が運用上は存続している場合も少なくない。教員間の上下関係がなくなったことにより，学生に対する教育上の責任が不明確になりやすいことも問題視されている。
近田 政博

日本の教授職とその未来

1893年，井上毅により帝国大学に導入された講座制は，▶帝国大学令17条（明治26年改正勅令82号）で「各分科大学ニ講座ヲ置キ教授ヲシテ之ヲ担任セシム」とされ，「帝国大学各分科大学講座ノ種類及其数」（明治23年改正勅令93号）により，法科大学の「憲法・国法学」，医科大学の「解剖学」など，帝国大学全体で合わせて123講座が置かれた。

［一講座一教授］

講座制の大きな特徴は，帝国大学教官俸給令（明治26年勅令84号）によって，通常の俸給（本俸）に加えて，講座担当の教授・助教授には職務俸が支給されたこと，そして講座は通常教授が担当したが，これを欠く場合は，職位が下の助教授または嘱託講師もそれを担当できるとしたことである（帝国大学令中改正勅令82号）。とくに後者の，職階の最高位である教授でなくても分野を定めた講座を担当できたことは，のちに教官間に階層制を生むなど，権威主義的システムであると問題視されがちであった性格を，設置された講座制がこの時点では持っていなかったことを示唆している。また，発足当初は勅令82号にあるように，「一講座一教授（または助教授または嘱託講師）」であって，通常は講座内に複数の教官（教授または助教授）はおらず（講座を担当しない助教授は存在したようである），その場合は職階の違いからくる教官の間の葛藤は同一講座内では生

じ得なかったことも指摘されるべきである。

［講座制の展開・意義］

「一講座一教授」制は，1926年（大正15）に一講座に複数の教官（教授1，助教授1，助手1など）を持つ制度変更が行われるまで存続した。教官が複数いる講座制には後述のように問題もあったが，それは理工系，農学系，そして医学系などの学部における研究の推進と学生の研究者へ向けた訓練において大きな役割を果たした。講座では教授，助教授，助手（のち助教）等がそれぞれ関連した別の研究課題を持ち，学生は各課題を担当して実験を行い，実験報告や新着▶学術雑誌購読の輪講には全員が参加する。したがって，研究室（講座）に配属される学生には，自分の研究課題以外のさまざまな課題に触れるだけではなく，講座内の複数の教員と議論する機会も日常的に存在したのである。それは講座制が複数の教員が共同研究を行う体制であったからこそである。この点はアメリカの研究大学などにはない長所であったといえよう。

［教育・研究体制の今後］

問題は同一講座に複数の教官（教員）がいたこと，そして，一講座の教員の数に関係なく，教授や助教授の職に（国立大学で）定員があったことである。前者によって，つまり若手の教員が複数いることによって，▶博士研究員などの研究スタッフの考え方は最近まで生じてこなかったし，助教授（准教授）以下の教員のイニシアティブによる外部機関との共同研究なども発展せず，研究・教育を支援する教員以外のスタッフの概念（すなわち分業）も生まれてこなかった。後者は，①場合によっては人事の停滞を生み，②若手教員の自由な主体的研究活動を阻害する効果をもたらしたことは否定できない。

　この二つの問題はすでに寺﨑昌男により，講座制そのものによるものではなく，教官の定員などに関わるものであるのではないかとの指摘がなされている。井上毅の講座制では，▶分科大学や講座によって職務俸は異なっていた。教授ではなくとも講座を担当できた。これらは逆説的ではあるが，見方によっては教員が必ずしも独立していない現代の研究室体制よりもむしろ近代的にさえ見える。ドイツでは教授の定員制はあるが，学位取得後の若手の研究者は独立するようになってきている。現代のアメリカでは大学からの俸給は実績等によって教授により異なるのが普通であり，中世大学でも俸給は講座や個人で異なっていた。何が日本に真にふさわしい制度なのか，講座制の規定廃止後の教授職と研究室体制について，まことに日本の大学制度の骨格に関わる大きな課題が提起されているといえよう。
赤羽 良一

→教員の職階構造，大学教授資格，正教授支配大学，帝国大学令，大学の概念（テーマ編），学部の概念（テーマ編），ドイツの大学（テーマ編），フランスの大学（テーマ編）

◎寺﨑昌男『東京大学の歴史―大学制度の先駆け』講談社，

2007.
◎別府昭郎『ドイツにおける大学教授の誕生―職階制の成立を中心に』創文社，1998.
◎寺﨑昌男「「講座制」の歴史的研究序説―日本の場合(1)」「同(2)」『大学論集』第1集(1973年)，第2集(1974年).
◎児玉善仁「起源としての「大学」概念」，別府昭郎編『〈大学〉再考―概念の受容と展開』知泉書館，2011.
◎ステファン・ディルセー著，池端次郎訳『大学史 上・下』東洋館出版社，1988.
◎ヘースティングス・ラシュドール著，横尾壮英訳『大学の起源―ヨーロッパ中世大学史 上・中』東洋館出版社，1966，1968.
◎島田雄次郎『ヨーロッパの大学』玉川大学出版部，1990.
◎児玉善仁『イタリアの中世大学―その成立と変容』名古屋大学出版会，2007.
◎ジャック・ヴェルジェ著，大高順雄訳『中世の大学』みすず書房，1979.
◎横尾壮英『大学の誕生と変貌―ヨーロッパ大学史断章』東信堂，1999.
◎池端次郎『近代フランス大学人の誕生―大学人史断章』知泉書館，2009.
◎Hastings Rashdall, *The Universities of Europe in the Middle Ages, Vol.1: Saleruno, Bologna, Paris*, Cambridge University Press, 2010.
◎Hastings Rashdall, *The Universities of Europe in the Middle Ages, Vol. 2-Part1: Italy, Spain, France, Germany, Scotland* (et al.), Cambridge University Press, 2010.
◎岩田弘三『近代日本の大学教授職―アカデミック・プロフェッションのキャリア形成』玉川大学出版会，2011.
◎國學院大学梧陰文庫「講座ニ関スル仏書抄訳」(B-2680)
◎國學院大学梧陰文庫「分科大学講座職務倖」(B-2701)
◎國學院大学梧陰文庫「教授職務倖額分配表」(B-2702)
◎國學院大学梧陰文庫「帝国大学講座及俸給ニ係ル勅令(原題)」(B-2694)

公財政支出｜こうざいせいししゅつ

経済協力開発機構編著『図表でみる教育―OECDインディケータ』(2016年版)によれば，教育への支出は国や地方公共団体等による公財政支出，個人・企業等による私費負担，私費負担のうち公財政からの補助部分の三つに分類される。公財政支出には，教育サービスに対する公財政支出，大学での研究・開発に対する公財政支出，給食や▶学生寮などの補助的サービスに対する公財政支出がある。私費負担には▶授業料・補助的サービス利用料・書籍費・学生生活費等への家計支出や，大学での研究・開発に対する民間企業からの資金が含まれる。私費負担のうち公財政からの補助部分とは，家計支出の一部を公財政が負担するものである。教育支出のうち，高等教育への支出が国内総生産(GDP)に占める割合は，2013年のデータではOECD各国平均1.6%，日本1.6%であり，日本はOECD諸国の中では平均的である。しかし，これを高等教育への公財政支出に絞ってみるとOECD各国平均1.1%に対して日本は0.6%であり，他国と比較して低い数字となっている。日本の高等教育支出は私費負担に大きく依存していることが特徴であると言えよう。

吉田 香奈

講師｜こうし
lecturer; instructor

▶学校教育法92条で規定された大学の教員の職階の一つ。その職務は「教授又は准教授に準ずる職務に従事する」とされているが，実態では常勤の講師は▶准教授に次ぐ職階と位置付けられている(人事院規則9-8教育職俸給表(一)級別標準職務表で，講師は准教授と助教の間に位置している)。その資格として▶大学設置基準は教授または准教授と同等の資格を有する者のほか，その他特殊な専攻分野について，大学における教育を担当するにふさわしい教育上の能力を有すると認められる者と定めている。なお，他の教育職と異なって講師は非常勤の職が想定されており，▶教授・准教授相当者についても常勤以外の者については▶非常勤講師として取り扱われるのが通例である。

大場 淳

→ 非常勤講師

甲子園大学 [私立]｜こうしえんだいがく
Koshien University

学校法人甲子園学院により1967年(昭和42)栄養学部栄養学科のみの単科大学として開学。創立者久米長八が1941年に甲子園高等女学校を創設したことを起源とする。校訓「電℃勉努力・和衷協同・至誠一貫」を建学の精神として，人格陶冶に中心を置いた人間教育を行っている。学部学科の改廃などを経て，2016年(平成28)現在，栄養学部，心理学部の2学部と2研究科を擁し，兵庫県宝塚市紅葉ガ丘のキャンパスに589人の学生を収容する。早期からより専門的に学ぶことができるよう，1年次から開始の4年間ゼミナールを行っている。地域を志向した大学であることを宣言し地域連携推進センターを設置。宝塚市民を対象とした「幼児の食育プログラム」「高齢者の生活の質の向上を図るプログラム」などを実施している。

堀之内 敏恵

江西共産主義労働大学 [中国]
こうせいきょうさんしゅぎろうどうだいがく
Jiangxi Communist Labor General University

1958年8月，中国江西省に創設された半労半学の高等教育機関。運営方針は「半労(農)半読，勤労倹学，学習と労働の結合，政治と業務の結合」とされた。総校(本部)のほか分校が置かれ，総校は江西省政府の指導のもとで本科課程および専科課程の学生を養成し，江西省内各地に置かれた分校は中等専門教育や初等技術教育を提供した。創設当初は農学，園芸，林学，牧畜獣医，山岳地域工業，社会科学，数学・物理・化学の7専攻が開設された。その後専攻の調整が行われて，1965年には農学，農業経済，林学，牧畜獣医，農業機械，園

芸といった専攻と，農林総合技術研究クラスと政治理論クラスが設置され，教員240人余，学生2000人余に達した。1978年に全国重点大学に選ばれ，同時に大学院生の募集が再開された。80年5月には分校が切り離されて総校のみが江西共産主義労働大学となり，全日制で農林系の全国統一教学計画を使用する一般的な大学になった。1980年11月に江西農業大学に改名し現在に至る。 南部 広孝

公設民営大学 |こうせつみんえいだいがく
publicly established and funded, but privately owned and run university

1980年代に入り，地域活性化等のため，地方公共団体が用地，建物，資金等を提供して▶私立大学を誘致する公私協力方式による大学設置が盛んになった。1984年(昭和59)に旧文部省の大学設置審議会大学設置計画分科会がまとめた新高等教育計画では，大学の地方分散のため，公私協力方式により大学，▶短期大学を整備する構想が示されていた。当時は，第3次全国総合開発計画を受けて旧国土庁が▶大学誘致による地域振興を進めており，旧通産省もいわゆるテクノポリス構想に基づき大学の地方立地を掲げていた。

1990年代になると，地方公共団体が学校法人の設立自体に関与する公設民営大学(法令上は私立大学)の設立が続き，東北芸術工科大学(山形県山形市：1992年)を皮切りに，長岡造形大学(新潟県長岡市：1994年)，名桜大学(沖縄県名護市：1994年)，高知工科大学(高知県香美市：1997年)，千歳科学技術大学(北海道千歳市：1998年)，九州看護福祉大学(熊本県玉名市：1998年)，静岡文化芸術大学(静岡県浜松市：2000年)，東北公益文科大学(山形県酒田市：2001年)，鳥取環境大学(鳥取県鳥取市：2001年)が相次いで開学した。なお，1966年の本州大学(現，長野大学)の設置も公設民営方式によるとされる。近年は18歳人口の減少等による定員割れも目立ち，経営の安定化等を目指して，高知工科大学，静岡文化芸術大学，名桜大学，鳥取環境大学，長岡造形大学，長野大学のように▶公立大学法人の設置する公立大学に移行する例がみられる。 寺倉 憲一

→公立大学，地域社会と大学(テーマ編)，地域振興，「大学等の地域的適正配置の推進について」

高卒認定 →高等学校卒業程度認定試験

高大連携 |こうだいれんけい
cooperation of high school and university

高等学校と大学が協力して行う事業の総称。狭義には「大学における学修を高校の単位として認定す

る制度」で，実施が危ぶまれたが，SSH(スーパーサイエンスハイスクール)の浸透などで高校生が大学の▶授業に参加し，高校がその単位を認める場合が出てきた。文部科学省の資料では，単位認定が始まった2000年(平成12)には12校だったが，2010年には478校に増加している。また，多くの大学で▶オープン・キャンパスや大学教員による高校での出張授業が実施されている。その結果，高校生の大学教育への理解が深まり，より積極的な学部学科の選択が行われるようになることが期待される。課題は，大学から高校への支援の形態が主体であることである。今後はアメリカ合衆国のような「高校と大学の教員が共同で，生徒・学生の育成を連続的な視点から捉えた教育改善を議論し，お互いの教育活動に参画する取組み」が期待されている。 細川 敏幸

高知県立大学 [公立]|こうちけんりつだいがく
University of Kochi

1949年(昭和24)に「平和と文化の発展を支える女子の育成」を掲げて設立された高知女子大学を前身とする。1998年(平成10)に家政学部・文学部をそれぞれ生活科学部・文化学部に改組し，社会福祉学部と大学院看護学研究科を新設。2010年に生活科学部健康栄養学科を健康栄養学部に昇格させた。2011年，男女共学化に伴い高知県立大学に改称し，公立大学法人となった。2016年現在，高知県高知市の池キャンパスに看護学部・社会福祉学部・健康栄養学部の3学部を，永国寺キャンパスに文化学部を置き，大学院は看護学研究科・人間生活学研究科の2研究科を置く。学部生1364人，大学院生82人，教員124人を擁する。2015年度からは「域学共生」の理念のもと，地域社会の諸課題に地域の人々とともに取り組む能力の育成をめざしている。 小濱 歩

高知工科大学 [公立]|こうちこうかだいがく
Kochi University of Technology

高知県香美市にあり，高知県が設立した。1992年(平成4)に高知県工科系大学(工学部)構想検討委員会が設置され，1997年に工学系人材の育成をめざし，県が設立し，私大として運営する公設民営方式で開学。2008年にマネジメント学部を開設。2009年に公立大学法人化。工学部を3学群13専攻に再編。3年次に専門分野となる専攻を決定できるため，工学を広くかつ深く学べる教育システムとなっている。2016年5月現在，学部学生2159人，大学院生279人。開学に際して「大学のあるべき姿を常に追求し，世界一流の大学を目指す」という目標が掲げられた。 船勢 肇

→公設民営大学

高知大学 [国立] | こうちだいがく
Kochi University

1874年(明治7)設立の陶冶学舎(のち高知師範学校)を起源とし，1949年(昭和24)に高知師範学校，高知高等学校，高知青年師範学校，高知県女子師範学校を包括して新制の国立大学として開学。2003年(平成15)に高知医科大学と統合。学部は人文学部(2016年人文社会科学部に改組)・教育学部・理学部(2017年理工学部に改組)・医学部・農学部(2016年農林海洋科学部に改組)のほかに，2015年地域協働学部が新設された。また従来の学部・学科などのカリキュラムから独立した「土佐さきがけプログラム」が設置され，大学院には総合人間自然科学研究科がある。大学の理念は「教育基本法の精神に則り，国民的合意の下に，地域社会及び国際社会に貢献しうる人材育成と学問，研究の充実・発展を推進する」。2017年5月現在，学部学生4949人，大学院生474人。
船勢 肇

高等学校 (旧制) | こうとうがっこう

第2次世界大戦前において▶帝国大学への進学を約束された男子のみの特権的なエリート教育機関で，寮生活を中心に教養主義的な学生文化と自治・自律を重視する伝統を有していた。前身は1886年(明治19)の中学校令により全国に5校設置(のち3校増設，ナンバースクールと呼ばれた)された高等中学校である。高等中学校の本体は▶大学予科であったが，同時に医・法・工の専門学部の付設も認められており，1894年に策定された高等学校令では，この専門学部を主体とする新しい高等教育機関に改編しようとしたが，逆に専門学部が▶専門学校として独立し，高等学校は大学予科だけを置く予備教育機関となった。1918年(大正7)に新高等学校令が施行され，修業年限7年(高等科3年，尋常科4年)が原則となったが，高等科のみの設置も認められ，一高をはじめとする官立高校の多くは当初の形態通りに高等科を置いた。また公私立の高等学校の設置も可能になった。この結果，地名を冠するネームスクールが次々と増設された。戦後1950年(昭和25)に廃止され，その多くは▶新制大学の▶教養部・文理学部などへ引き継がれた。
橋本 鉱市

▶旧制高校の教養，学生寮

高等学校卒業程度認定試験
こうとうがっこうそつぎょうていどにんていしけん
certificate for students achieving the proficiency level of upper secondary school graduates

高等学校を卒業した者と同等以上の学力があるかどうかを認定するために，文部科学大臣が行う試験。「高卒認定」「高認」とも。前身は大学入学資格検定(大検，1951～2004年度)。2003年(平成15)に学校教育法施行規則が改正され，大学入学資格が弾力化されたため，後期中等教育を経ずに高等教育機関へ進学できる経路が大検以外にもできたことから，2005年度から高認に移行した。受験資格は「受験年度に満16歳以上になる者」のみで，大検の規程にあった数々の資格要件は撤廃された。受験科目は削減され，8～9科目が必須となった。選択科目であった英語は必須とされた。大検で一部の科目に合格している場合，高等学校に1年以上在籍していて一部単位を修得している場合，または対象となる技能審査(実用英語技能検定など)に合格している場合は，対応する受験科目が免除される。試験は年2回，8月と11月に実施。試験合格者は高等教育機関だけでなく，各種公務員試験や国家試験等の受験資格を保障される。
齋藤 千尋

高等教育 ➡日本の高等教育

高等教育機関法制 | こうとうきょういくきかんほうせい
the legal system on higher education institutions

日本の法制では，▶学校教育法の規定の下で，高等学校の卒業およびそれと同等の資格を入学資格とする学校に，▶短期大学を含む大学と専修学校の専門課程(専門学校)がある。また，大学卒業相当を入学資格としているものに▶大学院と大学の▶専攻科がある。中学校卒業を入学資格としているものの，修業年限が5年または5年半で卒業が短期大学と同等になるものに▶高等専門学校がある。これらのうち文部科学省が行う「学校基本調査」においては，大学院を含む大学，短期大学，高等専門学校を高等教育機関としており，専修学校は入学レベルに特定がない各種学校とともに，高等教育機関にも初等中等教育機関にも当たらないものとして別記されている。ただし，審議会答申などの文部科学省の政策文書の中で，専門学校は高等教育機関として扱われている場合も多い。

こうした高等教育概念の曖昧さは，法制の曖昧さに由来している。そもそも，法令上には高等教育，高等教育機関という用語はない。2007年の改正前の学校教育法には「高等普通教育」の記述があったが，これは高等学校の教育のことであった。その記述も改正後には「高度な普通教育」になっており，高等教育は法令上の用語としては存在しないのである。

もともと高等教育の用語はハイヤー・エデュケーション(higher education)の訳語として普及したものであるが，欧米におけるハイヤー・エデュケーションは，ディグリー(degree)の意味での学位プログラムを

指しており，中等教育の修了の上にある教育であっても，それ以外のものはポスト・セカンダリー・エデュケーション（post-secondary education），訳せば中等後教育であっても高等教育外のものと区別される。最近普及してきているターシャリー・エデュケーション（tertiary education）もハイヤー・エデュケーションとほぼ同義である。ユネスコが加盟国全体に共通なものとして設定している▶国際標準教育分類（ISCED）の1997年版では，レベル4を中等後・非高等教育（post-secondary non-higher education）としてレベル5・6の高等教育（higher education）と区別していたし，近年になって使用が開始されている2011年版では，レベル4の中等後・非高等教育をレベル5から8の短期ターシャリー（short-cycle tertiary），学士または同等（bachelor or equivalent），修士または同等（master or equivalent），博士または同等（doctoral or equivalent）と区別している。

　それと対照してみると，日本の高等教育概念はきわめて曖昧であることが分かる。まず，かつて高等学校の教育を高等普通教育としてきたように，もともと高等教育は高等学校の教育を意味した。これはアメリカの同等機関がハイスクール（high school）であることに対応してはいるものの，アメリカの場合はハイ（high）であってハイヤー（higher）ではない。実は，英語のハイヤーが比較級であるのには，相当の意味があると考えられる。そもそも英語では，初等（elementary）教育の次にくるのはsecondary education，そのまま訳せば第2段階教育であって中等教育ではない。つまり，それは初等教育の延長というニュアンスを持つ。それに対して比較級を用いたハイヤーは，それから隔絶した，質的に違うものというニュアンスを持つのであり，それは単に第2段階の卒業後の教育，ポスト・セカンダリー一般の教育ではない，学位に繋がる研究的な質を含んだ教育だけを意味しているのである。しかし日本の場合，大学ですら1991年まで，その卒業者の称号である▶学士を学位ではないとしてきたし，1991年から導入された短期大学卒業者の称号である▶準学士は学位ではないとしていて，2005年にいたってそれを▶短期大学士と改めて学位に列した。一方，高等専門学校の卒業者に同じく適用された準学士は今でも，学位ではないとされている。こうしたことから，日本の高等教育概念が学位を基準に用いられているものでないことは明らかである。

　その一方で，専門学校が高等教育機関に分類されたりされなかったりの状態にあるのには，それが当該の卒業者の称号の専門士，高度専門士が学位に列されないということとは関係のない理由がある。それは，この学校種が学校教育法第1条で学校の種類とされている，いわゆる一条校ではないからである。学校教育法は，実にイロジカルな規定を重ねている法律で，その第1章の第1条で，「この法律で，学校とは，幼稚園，小学校，中学校，

義務教育学校，高等学校，中等教育学校，特別支援学校，大学及び高等専門学校とする」と明記しておきながら，その第11章を「専修学校」とし，「第一条に掲げるもの以外の教育施設で，職業若しくは実際生活に必要な能力を育成し，又は教養の向上を図ることを目的として次の各号に該当する組織的な教育を行うもの（略）は，専修学校とする」と，学校ではない教育施設を専修「学校」と名付けて法定しているのである。専門学校とは，そうした専修学校のうち，高等学校における教育の基礎の上に教育を行う課程である専門課程を置く専修学校が「称することができる」名称であって，他の学校の名称のような特定の学校種の名称ではないのである。ちなみに学校教育法には第12章雑則に「第一条に掲げるもの以外のもので，学校教育に類する教育を行うもの」で，専修学校以外のものを「各種学校」としており，さらに学校ならざる「学校」を法定している。
舘　昭

→日本の高等教育，学校法人，大学法人，国立大学法制，公立大学法制，私立大学法制，短期大学法制，専門学校法制

◎舘昭『改めて「大学制度とは何か」を問う』東信堂，2007.
◎舘昭『原理原則を踏まえた大学改革を』東信堂，2013.

高等教育計画 | こうとうきょういくけいかく
National Planning for Higher Education

高等教育機関の規模や編成について計画的整備を図ることを目的とした計画。日本では1960年（昭和35）頃から進学率が向上し，高等教育の規模が急激に拡大していくにつれて，教育条件の低下，大都市への過度の集中，進学機会の地域間格差などの問題が出現し，高等教育の計画的整備の必要性が認識されるようになった。1976年に高等教育懇談会が取りまとめた「昭和五十年代前期高等教育計画」がその最初の試みであった。その後も，5〜7年間を区切りに同様な計画が立案され，高等教育の量的拡大あるいは抑制，教育研究条件の改善，地域配置の適正化等の観点から高等教育の計画的整備が図られてきた。すでに昭和50年代から，工業等制限区域など政令指定都市では大学の新増設が抑制されてきた。18歳人口がピークに達して減少に転じた1992年（平成4）以降は，計画的な整備目標を設定する方式を転換して，大学等の新増設は原則抑制する方針が示された。2000年頃からは，大都市での抑制が弾力化され，大学の大都市回帰や都心▶サテライト・キャンパス設置等の傾向も見られている。
斉藤　泰雄

高等教育質保証機構
こうとうきょういくしつほしょうきこう
Quality Assurance Agency for Higher Education: QAA

イギリスでは，▶質保証制度の導入に先駆け，大学

側が大学学長委員会を中心として1989年に独自の学術監査部（Academic Audit Unit: AAU）を創設し，翌90年から各大学における教育の▶自己評価を開始した。1992年の高等教育の一元化に伴い，高等教育質審議会（Higher Education Quality Council: HEQC）が設立され，AAUもHEQCに統合された。1997年に質評価部門（Quality Assessment Division: QAD）とHEQCが統合されて高等教育質保証機構（QAA）が設立され，高等教育の質と水準の維持のために中心的な役割を果たすことになった。

　発足当時のQAAの仕事は，①高等教育の質の維持と向上，②財源の用途を明示する科目別調査判定の実施，③公的財源の保証，④科目別調査報告書や総覧の出版による教育の質向上の奨励，⑤高等教育の質に関する有益かつ入手可能な情報の提供であった（QAA 1999，QAA 2000）。その後，教育評価が2001年をもって一巡したことに伴い，QAAによる教育評価のあり方について検討がなされ，2002年に教育技能省は，①機関ごとの評価に変更し，分野別評価を大幅に削減，②各機関の提供する情報の正確さ・適切さを重視する，といった教育評価の枠組みを公表している（QAA 2002，イングランド高等教育財政審議会：HEFCE 2002）。

秦 由美子

高等教育者全国組合
こうとうきょういくしゃぜんこくくみあい
Syndicat national de l'enseignement supérieur[仏]: SNESUP

1956年フランスに創設された高等教育に携わる教員の組合で，前身は高等教育研究者全国組合（Syndicat national de l'enseignement supérieur et de la recherche）。大学のみならず，さまざまな高等専門学校，海外でのフランス関連の教育機関，また農業や漁業に特化された専門教育機関など，あらゆる身分の高等教育従事者の相互扶助を目的としている。活動の上で力点を置いているのは，高等教育と研究活動における環境の向上，外部からの研究への干渉の排除，学生団体との連携，国際的な学術文化交流である。とくに近年の文教予算の削減と学生の教育環境の悪化に対し，政府に改善要求をするなど，フランスの高等教育のあり方の根本的問題点に関して，繰り返し問題提起を行っている。

松浦 寛

高等教育政策 ➡EUの高等教育政策，OECDの高等教育政策

高等教育世界宣言 ➡21世紀のための高等教育に関する世界宣言

高等教育と大学 こうとうきょういくとだいがく
higher education and university

［現代の高等教育概念］

単なる比較概念としての高等教育は，古代から存在した。古代ギリシア・ローマ，インド，中国などでも，読み書きソロバンを中心とした基礎教育に対して，多様な上級知識を学ぶより高度な教育という考え方が存在していた。しばしば，前者が庶民層，後者は支配層の教育としての性格を持った。このような高等教育を行う機関としては，古代ギリシアのアカデメイアやリュケイオン，イスラームの▶マドラサ，日本の▶大学寮などが知られている。中世後期ヨーロッパで大学が誕生してからは，従来の基礎教育と▶文法学校などの高度な教育に加えて，大学が最高の教育を与える機関として位置づけられたが，全体としての段階性を前提とした高等教育概念が存在したわけではない。

　それが現在考えられているような高等教育となったのは，近代の公教育成立以後のことである。公教育の成立過程において基礎教育の学校が整備されて，これを第1段階の教育とし，従来から存在した文法学校等の第2段階の教育との接続が問題となるにつれて，第1段階と第2段階の教育の区別が意識された。大学を中心とした教育は第2段階以後の第3段階の教育とされ，やがて第2段階の教育との接続が問題となって初等，中等，高等の3段階教育区分が明確化した。現代の高等教育はこの3段階区分を前提にして，各段階の教育の接続を問題とした公教育概念と不可分の関係にある。この場合の高等教育は，一般に中等教育修了をその機関への入学資格とし，より高度な知識や技能の教育・研究を行い，その修得に対する資格などの授与による専門職養成を中心とした教育を意味する。

　高等教育機関は大学だけでなく，法学，医学，神学，音楽，芸術などさまざまな分野の専門職を養成する学校やアカデミー，▶インスティチュートなどと称される科学技術系の機関も含んでおり，それらは全体として拡大傾向にある一つの高等教育システムを構成している。この世界各国における高等教育システムは，ヨーロッパとアメリカ合衆国で形成されたものがモデルとなっている。

　UNESCO（国際連合教育科学文化機関）では，1997年の「高等教育教員の地位に関する勧告」における高等教育の定義に従って，翌年に▶21世紀のための高等教育に関する世界宣言」を採択した。そのなかで高等教育は，「国家の所管当局や認証システムによって高等教育機関として認可された大学や他の教育施設によって提供される，中等教育後のレベルの学習，教育，研究のための教育の課程である」と定義されている。また，UNESCOが策定している▶国際標準教育分類（ISCED-2011）では，高

等教育に相当する第3段階の教育をレベル5から8までの4段階に区分している。日本では▶学校教育法に定められる大学，規定上は大学に含まれる▶大学院，▶短期大学，▶高等専門学校，専修学校専門課程（専門学校）に加えて，▶文部科学省以外の各省庁が定める▶大学校でおこなわれる教育が高等教育に相当する。

[大学と高等教育機関の違い]
前述の高等教育概念からすれば，大学もまた高等教育機関の一つではあるが，UNESCOの定義でも区別されているように，大学と他の高等教育機関は明確に区別される。大学は12世紀末頃のヨーロッパで誕生し，学部のような専門分野ごとの組織，自治的団体による試験や学位による学業の認定，テキストの使用や▶講義・討論・演習といった教育方法などの，現代にまで繋がる教育の組織と機能の特徴を持った。これらの組織や機能は，ヨーロッパでの拡散，アメリカ合衆国への流入，アジア諸国などへの伝播の過程で，各国の特徴が付加されて変容したが，自治団体性や▶学位授与権などの特徴は共通して保持されてきた。これらの特徴を共通に持つ高等教育機関のみを大学と称する。

　大学の成立以後に出現した多様な高等教育機関は，元来大学が授与してきた学位の授与権を持たなかったため，独自の▶称号等をその教育の修了時に付与してきたが，学位授与権を獲得するものも出現した。そのため，高等教育修了時に授与される学位や資格もディグリー，▶ディプロマ，▶サーティフィケイトなどとさまざまに称されるようになった。この経緯によって他の高等教育機関が大学と同一視されるか，あるいは混同される状況が生まれたが，学位授与権のみならず上記の特徴も保持してきた大学は，人類社会に文化的，社会的，政治的にも最も重要かつ多大な影響を与えてきた高等教育機関として傑出している。なお日本の大学は，明治初期にドイツやフランスなどの大学をモデルに導入され，日本的特徴が付加されつつ，第2次世界大戦後はおもにアメリカの影響の下に発展してきたものである。　　　　　　　　　児玉 善仁

→大学の概念（テーマ編），専門職と大学（テーマ編），専門職教育，アカデミア，学位授与機関，比較高等教育学

◎Bowen J., *A History of Western Education*, Vols. 1-3, Routledge, 2003.
◎『変貌する高等教育』岩波講座「現代の教育」10，岩波書店，1998.
◎児玉善仁「起源としての「大学」概念」，別府昭郎編『〈大学〉再考―概念の受容と展開』知泉書館，2011.

高等教育における学習成果調査
こうとうきょういくにおけるがくしゅうせいかちょうさ
Assessment of Higher Education Learning Outcomes: AHELO

学生が大学教育を通して習得した知識・能力を世界共通のテストで測定することを目指す経済協力開発機構（OECD）による国際調査。2009年から2012年にかけて実施されたのは，そうした取組みが可能かどうかを検証するためのフィージビリティ・スタディである。17ヵ国248大学の学生2万2977人の参加のもとに「一般的技能」「経済学」「工学（土木）」の3分野で実施された。日本は12大学の学生504人の協力を得て工学分野の取組みに参加した。実施にあたっては，国立教育政策研究所が国際コンソーシアムのメンバーとしてテスト問題開発に関わるとともに，ナショナル・センターとしてテスト問題の翻訳，国内実施，報告を担当した。本調査の結果，国際的に合意された能力枠組みに基づいて妥当性と信頼性のあるテスト問題を開発し，大学と学生の協力を得て実施することは技術的に可能であることが確認された。その一方，どのような目的でテストを実施し，誰に対してどのようなフィードバックを行うかについて国際的合意を形成することの難しさが浮彫りとなった。
　　　　　　　　　　　　　　　　　　深堀 聡子

→ラーニング・アウトカムズ，学位・資格枠組み

高等師範学校｜こうとうしはんがっこう

師範学校令によって成立した教員養成機関。1886年（明治19）の師範学校令によって，▶師範学校の校長・教員と中等学校教員を養成する官立の高等師範学校が設けられ，東京師範学校が高等師範学校となった。男子師範科と女子師範科が置かれ，男子師範科は尋常師範学校卒業者対象の3年制，女子師範科は尋常師範学校2年修了者対象の4年制であった。1902年には広島に高等師範学校，1908年には奈良に女子高等師範学校が増設された。1944年（昭和19）から翌年にかけては金沢と岡崎（愛知県）に高等師範学校，広島に女子高等師範学校が設立された。1911年，高等師範学校卒業者を対象とする高等師範学校専攻科を設けることができるようになり，東京高等師範学校に2年制の専攻科が設置され，1918年（大正7）には広島高等師範学校にも専攻科が置かれた。これらの専攻科をもとにして1929年，東京と広島に▶文理科大学が新設された。
　　　　　　　　　　　　　　　　　　冨岡 勝

高等師範学校（フランス）→エコール・ノルマル・シュペリウール

高等専門学校｜こうとうせんもんがっこう

「深く専門の学芸を教授し，職業に必要な能力を育成することを目的」とし，中学校卒業者を入学させ，5年（商船学科は5年6ヵ月）の教育を行う学校。旧制の▶専門学校レベルの技術者教育を求める産業界からの要請に応え，また折からの政府の理工

418　｜こうとうき

系拡充策の一端を担うものとして 1961 年(昭和 36)に発足した。2016 年現在で校数は 57 校(国立 51 校, 公立 3 校, 私立 3 校), うち 4 校が商船系, ほかは工業系を中心とする学校で(1 校は商船系・工業系両方), 大半が 1960 年代の創設である。在学生の総数は 5 万 7611 人で(2015 年 5 月), 1990 年代からほぼ横ばいである。1991 年以降, 卒業者が▶準学士を称することが可能となり, また専攻科が設置され, その修了者には学士が与えられることになった。近年は卒業後に大学に▶編入学する者も多く, 専攻科に進む者を含め 4 割近い卒業生が進学している。国立校では統合により学科の多様性を増やすなど改革の動きもみられる。就職者に対する雇用者の評価は高いといわれ, 卒業生の就職状況は他の高等教育機関に比べるときわめて良い。

伊藤 彰浩

高等文官試験 →文官高等試験

高度専門士 |こうどせんもんし
Advanced diploma

専修学校専門課程のうち, 所定の要件を満たしたもので, 文部科学大臣の指定した▶課程を修了した者に対して付与される▶称号のこと。所定の要件は, ▶修業年限が 4 年以上であること, 課程の修了に必要な総授業時数 3400 時間以上であること, 体系的に教育課程が編成されていること, 試験等により成績評価を行いその評価に基づいて課程修了の認定を行っていることである。また卒業証書等における表記については, 修了した分野の専門課程名を括弧書きで付記することとされている。一定の要件を満たす専修学校専門課程における学習の成果を適切に評価し, 称号を付与することにより, その修了者の社会的評価の向上を図ることを目的として導入された制度である。高度専門士の称号が付与された者は, 「大学卒業者と同等以上の学力があると認められる者」として▶大学院への入学資格が与えられている。

濱中 義隆

→専門学校法制

高度専門職業人 |こうどせんもんしょくぎょうじん
professionals

大学教員, 研究者などとならんで日本の▶大学院が養成するべき人物像の一つ。その養成は, 大学院設置基準(1974 年)では▶修士課程の目的の一つとされ, 1989 年の改正により▶博士課程の目的にも追加された。▶学校教育法には, 2002 年の改正によって高度専門職業人の養成(高度の専門性が求められる職業を担うための深い学識および卓越した能力を培うこと)を目的とする▶専門職大学院が規定され

た。専門職大学院設置基準には, ▶法科大学院と▶教職大学院があげられている。一方, 日本標準職業分類には専門的・技術的職業従事者という大分類があり, 「高度の専門的水準において, 科学的知識を応用した技術的な仕事に従事するもの, 及び医療・教育・法律・宗教・芸術・その他の専門的性質の仕事に従事するもの」とされる。この大分類には高度専門職業人のほか, 大学教員と研究者が含まれるが, 大学院修了者に限定していないので範囲がやや広い。

塚原 修一

甲南女子大学 [私立] |こうなんじょしだいがく
Konan Women's University

学校法人甲南女子学園により 1964 年(昭和 39)に開学。安宅彌吉を設立主唱者として, 1920 年(大正 9)に設立された甲南高等女学校を起源とする。建学の精神は「まことの人間をつくる」である。自由教養教育を旗印に, 女子高等教育の拠点校として「教養と品格, 国際性を備え社会に貢献する高い志のある女性」の育成に努めている。2017 年(平成 29)現在, 兵庫県神戸市東灘区森北町にキャンパスを構え, 関西屈指の女子総合大学として 3 学部 2 研究科に 4119 人の学生を収容する。2018 年には医療栄養学部の開設が予定されている。従来からの語学・情報教育, キャリア教育, 海外留学・語学研修制度の充実に加え, 対外協力センター(社会貢献室/国際交流室)や資格サポートセンターの設置により, 学生のニーズにこたえる体制を整えている。

堀之内 敏恵

甲南大学 [私立] |こうなんだいがく
Konan University

1911 年(明治 44)に私立甲南幼稚園を設立した関西の実業家平生釟三郎らが, 19 年(大正 8)に開校した甲南中学校を起源とする。1923 年の甲南高等学校を経て, 51 年(昭和 26)に新制の甲南大学が開学し, 文理学部を設置。2016 年(平成 28)現在, 知能情報学部・マネジメント創造学部・フロンティアサイエンス学部などを含む 8 学部 4 研究科から構成され, 専門職学位課程として法科大学院ならびに社会科学研究科会計専門職専攻を持つ総合大学となっている。神戸市に岡本キャンパス・ポートアイランドキャンパス, 西宮市に西宮キャンパスを持ち, 9377 人の学生を収容。専任教員数は 292 人。建学の精神は「人格の修養と健康の増進を重んじ, 個性を尊重して各人の天賦の特性を伸張させる」。同じ岡本地区にある甲南女子大学(1964 年開学)とは, 現在の経営母体は異なるが, ▶単位互換制度などをはじめ親密な関係が創立以来続いている。

平野 亮

工部大学校 | こうぶだいがっこう

1877年(明治10)に工部省によって設けられ、翌年開校した工業の専門教育機関。工部省が1871年につくった工学寮が母体となった。工作局長大鳥圭介が事務を総理し、都検(principal: 教頭)としてイギリス人ヘンリー・ダイアーが招聘された。予科学・専門学・実地学各2年間の6年制で、全寮制が実施された。専門学は土木学・機械学(機械工学)・電信学(電気工学)・造家学(建築学)・実地(実用)化学(応用化学)・鉱山学(採鉱学)・冶金学(鎔鋳学)の7科からなり、1882年には造船学が置かれた。6年間の課程を修了した学生のうち、在学中の総合成績上位者にのみ、「工学士」の学位が授与された。卒業生通算211名のうち、工学士を授与されたのは61名だった。1885年工部省廃止にともなって文部省に移管され、翌年帝国大学工科大学となった。　　　　　　　　　　　　　　　冨岡　勝

神戸医療福祉大学 [私立] | こうべいりょうふくしだいがく
Kobe University of Welfare

1973年(昭和48)開設の学校法人姫路学院が姫路学院女子短期大学のキャンパスを利用して、2000年(平成12)近畿福祉大学として開学。近畿医療福祉大学への改称、学校法人都築学園との法人合併を経て、2013年に神戸医療福祉大学に改称。建学の精神は「個性の伸展による人生練磨」であり、「青年は、次代創造の源泉である。その個性を伸展し、人間と社会と地球に福祉的未来を実現する」ことを教育理念としている。2017年現在、姫路キャンパス(兵庫県神埼郡)、大阪天王寺キャンパス(大阪府大阪市)に社会福祉学部の学生1078人を収容する。神戸三宮サテライトキャンパス(兵庫県神戸市中央区)では、地域貢献として教員による公開講座や、学生主導によるボランティアなど地域連携活動が行われている。　　　　　　堀之内　敏恵

神戸海星女子学院大学 [私立]
こうべかいせいじょしがくいんだいがく
Kobe Kaisei College

学校法人海星女子学院により1965年(昭和40)文学部のみの単科大学として開学。明治時代に日本で活動した「マリアの宣教者フランシスコ修道会」の修道女シスター・マリ・ド・ラ・パシオンらの精神を礎とする。建学の精神は「真理と愛に生きるというキリスト教的価値観に基づき、人を支え、社会に奉仕する女性の育成を目指す」である。2016年(平成28)現在、兵庫県神戸市灘区にキャンパスを構え、現代人間学部に328人の学生を収容する。小規模大学の特性を生かし、英語観光学科、心理

こども学科ともに少人数教育、マンツーマン教育を実践。学生一人一人の希望と適性に応じたサポートにより、2015年から近畿圏の女子大学で2年連続第1位という就職実績をあげている。　堀之内　敏恵

神戸学院大学 [私立] | こうべがくいんだいがく
Kobe Gakuin University

1912年(明治45)に森わさが設立した森裁縫女学校を前身として、66年(昭和41)に栄養学部のみの単科大学として開学。創設者で初代学長は体質医学者の森茂樹である。建学の精神は「真理愛好・個性尊重」で、「後世に残る大学(時代がどのように変わろうとも、常にその時点で存在価値のある大学の意、そのために常に未来志向であれ)」をモットーとする。2017年(平成29)現在、兵庫県神戸市にポートアイランドキャンパスと有瀬キャンパスを構え、9学部7研究科に1万1064人の学生を収容する。神戸市内で最大規模の文理融合型私立総合大学である。全学共通教育機構が組織され、リテラシー科目群とリベラルアーツ科目群を共通教育科目として配置し、教養教育の充実を図っている。　堀之内　敏恵

神戸芸術工科大学 [私立] | こうべげいじゅつこうかだいがく
Kobe Design University

学校法人谷岡学園により1989年(平成1)に開学。学校法人谷岡学園はほかに大阪商業大学、大阪女子短期大学などの教育機関を運営しており、至学館大学などを設置する学校法人至学館は姉妹法人である。建学の理念は「世に役立つ人物の養成」である。デザインとアートを教育研究する芸術大学として、2017年現在、神戸研究学園都市(兵庫県神戸市西区学園西町)にキャンパスを構え、1学部1研究科に1740人の学生を収容する。学部には環境デザイン、プロダクト・インテリアデザイン、ファッションデザイン、ビジュアルデザイン、まんが表現、映像表現、アート・クラフトと多様な学科が設置されており、人類の生活文化を豊かにするデザイナー、アーティスト、クリエーターの養成を行っている。　　　　　　　　　　　　堀之内　敏恵

神戸国際大学 [私立] | こうべこくさいだいがく
Kobe International University

1963年(昭和38)設置の学校法人八代学院により68年八代学院大学として開学。1992年(平成4)に神戸国際大学に名称を変更。創立者はキリスト者として17歳で伝道、聖職者の道に進んだ八代斌助である。建学の精神は「神を畏れ、人を恐れず、人に仕えよ」で、イギリス国教会(The Church of England)により宣教された日本聖公会に属し、「キリスト教にもとづく教育を行う」ことを目的としている。

2017年現在，六甲アイランド（兵庫県神戸市東灘区）にキャンパスを構え，経済学部，リハビリテーション学部に1699人の学生を収容する。経済学部では"やる気"のある学生をバックアップするKIU特別クラスが設けられており，少人数・選抜制により高度な経済学教育を行う経済ビジネスコースと，理論と実践によりハイレベルな観光学を学ぶ観光ビジネスコースが用意されている。

堀之内 敏恵

神戸市外国語大学 [公立] こうべしがいこくごだいがく
Kobe City University of Foreign Studies

1946年（昭和21）創立の神戸市立外事専門学校を母体に49年開学。1986年に六甲から現在地の学園都市へ移転。外国語学部のみの単科大学だが，英米学科，ロシア学科，中国学科，イスパニア学科，国際関係学科を擁しており，大学院は7専攻の修士課程と，文化交流専攻の博士課程が設置されている。全国でも数少ない，イスパニア語を学び研究することができる大学である。ほかに夜間主の外国語学部第2部（英米学科）がある。本学独特のコース制を導入しており，外国語の背景にある文化や社会などについて幅広く学ぶことができる。外国語大学ならではの国際交流・留学の充実に加えて，市民講座・オープンセミナーや神戸市・地域団体などとの連携・交流を図るなど，地域の大学としての役割も積極的に果たしている。2017年（平成29）現在2308人の学生が在籍。

和﨑 光太郎

神戸市看護大学 [公立] こうべしかんごだいがく
Kobe City College of Nursing

1981年（昭和56）開学の神戸市立看護短期大学を母体に，96年（平成8）に開学（短期大学部は2004年に閉学）。前身は1959年設置の神戸市立高等看護学院（1976年に神戸市立看護専門学校に名称変更）。2000年に大学院を開設し，2006年に博士課程を設置。学園都市である神戸市西区学園西町にキャンパスを構え，17年5月現在，1学部1研究科に492人の学生を収容する。地域社会の保健・医療・福祉に貢献できる看護専門職育成のために，地域生活や臨床の場を想定した講義・実習を重視している。2013年より文部科学省事業「地（知）の拠点整備事業」に参加し，地域住民とともに学び・創る「コミュニティケアの拠点づくり」に力を入れている。

平野 亮

→ 知の拠点整備事業

神戸松蔭女子学院大学 [私立]
こうべしょういんじょしがくいんだいがく
Kobe Shoin Women's University

学校法人松蔭女子学院により1966年（昭和41）に文学部の単科大学，松蔭女子学院大学として開学。1995年（平成7）に神戸松蔭女子学院大学へと名称変更。1892年（明治25）に英国聖公会の宣教師により設置された，英語と和裁を教える松蔭女学校を前身とする。教育理念は「キリスト教の精神」「実践的な教養」「キャリア教育」である。キャンパスは六甲の山の手に位置し（神戸市灘区），レンガ造りの校舎からは海と街を一望できる。2016年現在，人間科学部，文学部の2学部，1研究科に2010人の学生を収容する。建学以来の女子グローバル教育の伝統を重んじ，留学や海外研修を充実させるとともに，学内にイングリッシュ・アイランド，ピア外国語応援サロンを設置し，ネイティブ教員との自由会話などにより，楽しみながら語学力を磨く機会が設けられている。

堀之内 敏恵

神戸情報大学院大学 [私立]
こうべじょうほうだいがくいんだいがく
Kobe Institute of Computing; Graduate School of Information Technology

学校法人コンピュータ総合学園により2005年（平成17）に開学したITの▶専門職大学院である。1958年（昭和33）に福岡富雄が創設した神戸電子学園を起源とする。神戸電子学園は1965年に神戸電子専門学校と改称し，76年に兵庫県下第1号の工業系専修学校として認可されたICT人材育成のパイオニアである。2016年現在，兵庫県神戸市中央区にキャンパスを構え，情報技術研究科情報システム専攻に93人を収容する。「人間力を有する高度ICT（Information & Communication Technology）人材の育成」を教育目標とする。出身学部やIT業界での就労経験にかかわらず，即戦力として活躍できるIT技術者を育成するICTプロフェッショナルコースと，ICT技術を活用した社会課題解決，国際協力，社会開発，社会イノベーションを実践できる人材を育成する，日本で初めてのICTイノベータコースがある。

堀之内 敏恵

神戸女学院大学 [私立] こうべじょがくいんだいがく
Kobe College

1875年（明治8）に二人のアメリカ人女性宣教師が神戸に開校した女子寄宿学校「女学校（Kobe Girl's School）」が起源。1879年の英和女学校，94年の神戸女学院（Kobe College）を経て，1948年（昭和23）に新制の神戸女学院大学が開学，英文学・社会学・家政学各学科からなる文学部を開設。「愛神愛隣」の標語のもと，「▶リベラルアーツ＆サイエンス」「国際理解」「キリスト教主義」を教育の三つの柱に，兵庫県西宮市のキャンパスには，2016年（平成28）5月現在，文学部・音楽学部・人間科学部の3学部および大学院3研究科が設置されている。学

生数は2627人。校舎のほとんどが関西学院大学の西宮上ヶ原キャンパスの建築群などと同様，アメリカ出身のW.M.ヴォーリズの設計。英語教育の強化を2012年から10年間の重点目標の一つに掲げ，13年には共通英語教育研究センターを立ち上げた。2014年度からは「リベラルアーツ＆サイエンスプログラム」の運用を開始し，専門分野以外の学修促進を図る。　　　　　　　　　　平野 亮

神戸女子大学 [私立] | こうべじょしだいがく
Kobe Women's University

学校法人行吉学園により1966年（昭和41）家政学部のみの単科大学として開学。学校法人行吉学園は1940年に行吉国晴・行吉哉女が創設した神戸新装女学院を起源とし，50年には神戸女子短期大学を設立している。女子の特性を生かした総合大学として，2017年（平成29）現在，須磨（兵庫県神戸市須磨区），ポートアイランド（同神戸市中央区）にキャンパスを構え，文学部，家政学部，健康福祉学部，看護学部の4学部と1専攻科，3研究科に3419人の学生を収容する。「大学の機能を教育・研究・地域貢献ととらえ，学生が求める大学，地域が求める大学，時代が求める大学として，自立心に富み，対話力と創造性にすぐれ，人類社会の発展に貢献する女性を育成」することを教育目標としている。　　　　　　　　堀之内 敏恵

神戸親和女子大学 [私立] | こうべしんわじょしだいがく
Kobe Shinwa Women's University

学校法人親和学園により1966年（昭和41）文学部のみの単科大学，親和女子大学として開学。1994年（平成6）に神戸親和女子大学へと名称変更。1887年（明治20）開校の親和女学校を前身とする。建学の理念は「社会において自立して活躍する女性の育成」で，校祖は友国晴子である。1908年制定の校訓「誠実，堅忍不抜，忠恕温和」を継承している。2016年現在，鈴蘭台キャンパス（兵庫県神戸市北区）に文学部，発達教育学部の2学部と1研究科，1868人の学生を収容し，男女共学の通信教育部児童教育学科，福祉臨床学科には662人が在籍する。学内の座学を中心としたオンキャンパス教育と海外も含めた学外の▶アクティブ・ラーニングを中心とするオフキャンパス教育を融合，両者の学びを繰り返すことで，学生の学習を活性化させ成長させる仕組みとなっている。　堀之内 敏恵

神戸大学 [国立] | こうべだいがく
Kobe University

創立の起源は1902年（明治35）に設置された神戸高等商業学校で，29年（昭和4）に神戸商業大学に昇格し，44年に神戸経済大学に改称。姫路高等学校，神戸工業専門学校，兵庫師範学校などと統合されて，1949年に文理・教育・法・経済・経営・工の6学部からなる新制の神戸大学が開学した。2003年（平成15）に神戸商船大学（1925年設立）と統合して海事科学部を設置。2017年5月現在，12学部15研究科を有する総合大学である。六甲山腹の六甲台・鶴甲，大学病院併設の楠，名谷，繋船池を持つ深江の4キャンパスに，3641人の教職員と1万6144人（うち大学院4555人）の学生を収容する。国際港湾都市・神戸に立地することから「異文化との交流」を重視しており，2012年に採択された文部科学省「グローバル人材育成推進事業」のもと，英語などの外国語で授業を実施する「グローバル専門科目」，深い教養と洞察力を身に付けるための「グローバル共通科目」を設けるなど，グローバル人材育成の重点化がはかられ，2017年には国際人間科学部を設置。　　　平野 亮

神戸常盤大学 [私立] | こうべときわだいがく
Kobe Tokiwa University

学校法人玉田学園により2008年（平成20）開学。学校法人玉田学園は校祖玉田貞也が1908年（明治41）に「女子ニ必須ナル智識技能ヲ授ケ，質実健全ナル母妻ヲ養成スルヲ目的トスル」という趣意のもとに創設した，私立家政女学校を起源とする。創立60周年の1967年（昭和42）に神戸常盤短期大学を開学している。2017年現在，神戸市長田区にキャンパスを構え，保健科学部，教育学部の2学部3学科に1073人の学生を収容する。短期大学部の口腔保健学科は兵庫県で唯一の歯科衛生士養成課程であり，看護学科は短期大学ではじめての看護学科通信制課程である。4年制，短期大学部の全学科をあげて，さまざまな人の「いのち」を心身両面から支えるスペシャリストの養成をめざしている。　　　　　　　　堀之内 敏恵

神戸薬科大学 [私立] | こうべやっかだいがく
Kobe Pharmaceutical University

1930年（昭和5）神戸以西で初の女子薬学教育機関として創設された神戸女子薬学校を起源とする。1932年に神戸女子薬学専門学校，戦後の学制改革により49年に神戸女子薬科大学となり，94年（平成6）に神戸薬科大学と改称し，男女共学となった。「高度な薬学の知識を身につけたプロフェッショナルを育て，地域の医療人とともに，地域の医療に貢献する」ことを教育理念とする。2016年現在，兵庫県神戸市東灘区の山裾に学舎を構え，薬学部と薬学研究科に1751人の学生を収容する。2007年に薬剤師認定制度認証機構から西日本の薬科系大学初の「生涯研修プロバイダー」に認証さ

れ，エクステンションセンターを設置するなど，医療現場の薬剤師に生涯研修の場と情報を提供する，支援活動を行っている。

堀之内 敏恵

神戸山手大学 [私立] | こうべやまてだいがく
Kobe Yamate University

学校法人神戸山手学園により1999年（平成11）に開学。学校法人神戸山手学園は，1924年（大正13）に神戸市立山手尋常高等小学校校長杉野精造，同校父兄会有志の賛同と協力により設立された山手学習院を起源とし，「コミュニティ立」ともいうべきその設立経緯を特色とする。建学の精神は「自学自習」「情操陶冶」である。神戸のまちそのものをキャンパスに見立てた都心立地型コミュニティ大学として，神戸市中央区にキャンパスを構え，2016年現在，現代社会学部に594人の学生を収容する。KOBE 4D Learning (Develop, Diversify, Dialogue, Dynamic) として，神戸という立地と長年の知見をさらに進化させた立体的な学び，教室で仮説を立て街で実証する，▶アクティブ・ラーニングを実践している。

堀之内 敏恵

高野山大学 [私立] | こうやさんだいがく
Koyasan University

1886年（明治19）に創設された僧侶育成のための古義大学林を起源とし，真言宗高野山大学などを経て，1949年（昭和24）に新制の高野山大学が開学。世界遺産登録された和歌山県伊都郡の高野山にキャンパスを構え，真言宗の宗祖弘法大師空海の思想に基づく教育・研究を展開している。1943年に高野山密教研究所が発足（現，密教文化研究所）。2010年（平成22）に日本文化学科および社会福祉・社会学科を廃止し，同年にスピリチュアルケア学科の学生募集を停止したため，文学部密教学科のみの単科大学となったが，2015年に人間学科を新設。大学院には密教学専攻および仏教学専攻があり，2004年には生涯学習の一環として通信教育課程である修士課程密教学専攻を設置，別科として真言宗の僧侶をめざす2年間の短期養成コースも設けられている。2005年には京都・宗教系大学院連合（K-GURS）に加盟し，▶単位互換制度をはじめとした学術研究の幅広い連携を行っている。

平野 亮

→仏教系大学

校友会 | こうゆうかい
university alumni association

大学の卒業生，修了者，元教職員，名誉博士などで構成され，互いの交流と親睦を図り，大学の事業に協力，その発展に寄与するための組織。通常，本部は大学内にある。人格，識見や社会貢献などから推薦に足りると見なされた人物は，卒業生でなくとも代議員会の承認を経て推薦校友になるなどの制度も存在する。地域，職域，職種あるいは学部学科，ゼミや▶サークルなどの別で届け出されることもあり，多くの卒業生を擁する大規模な大学には，日本人の駐在員の多いアジアや欧米に海外校友会も存在する。校友会は総務や財務など専門別の代議員会を持ち，会則や年会費，役職員や個人情報保護などの細目に関する独自の規定がある。会報を発行し，会員名簿の更新を行ったり，▶奨学金給与などの事業を行う場合もある。校友会員は卒業後も大学の図書館や談話室などの諸施設を使用する権利を保持する。ホームカミングデーなども開催・運営される。

松浦 寛

→同窓会

公立およびランドグラント大学協会
こうりつおよびランドグラントだいがくきょうかい
Association of Public and Land-grant Universities

1887年に▶ランドグラント・カレッジと農業試験場を中心に発足し，州立大学協会等と合併して，現在まで研究の促進から食品の安全基準の設定，アフリカとの交流推進まで幅広く活動するアメリカ合衆国の協会。2013年の会員217校は，▶アメリカ大学協会所属のエリート州立大学36校に私学のマサチューセッツ工科大学（MIT）とコーネル大学を加え，世界水準の大学集団を包摂するが，他方，修士課程のみの大学やサモアのコミュニティ・カレッジも含む。アメリカ大学協会と対照的な多様性は，とくにランドグラント，次いで州立大学にも顕著な使命に由来する。協会発足の1887年，▶モリル法が規定した農業の科学的研究の促進を具体化するハッチ法が成立し，各地のランドグラント・カレッジ等は巨大な試験場の本格的活用と成果の公表の義務を課された。同時にランドグラント・カレッジの別の不朽の使命は，最新で一級の学問をすべての生産者階級とアフリカ系アメリカ人，アメリカ先住民，さらにはアフリカ諸国にさえ普及することであった。

立川 明

公立大学 | こうりつだいがく
local public university; prefectural and municipal university

地方自治体（地方政府）が設置した大学をいう。世界的に見ても，アメリカのニューヨーク市立大学やイタリアのヴァッレ・ダオスタ特別自治州立大学のように，地方自治体が大学を設置する例は少なくない。日本では，1918年に▶大学令（大正7年勅令第388号）により公立大学の設立が認められ，第2次世界大戦後も▶学校教育法（昭和22年法律第26号）の下で，地方自治体が大学を設置できること

された。2004年度以降は，▶公立大学法人への移行が可能となっている。

公立大学の数は，戦後しばらく30～40校程度で推移していたが，平成に入る頃から新設が続き，1989年（平成1）の39校（学生数約6万人）から2016年の91校（同約15万人）へと2倍以上に増加した（学校基本調査）。この背景には，地方自治体の要望に応じて旧自治省が公立大学の設置抑制策を転換したことなどがあるとされている。地方自治体が大学を設置する目的としては，地元の若者の進学先の確保，地域に必要な人材の養成，地域活性化等が挙げられる。公立大学は小規模な▶単科大学または2学部のみの大学が多く，近年では医療看護，産業デザイン等の学部が目立つ。地域社会が必要とする人材の分野を反映しているといえる。地方分権の時代を迎え，地方自治体がつくった大学として，いかに地域に貢献していけるのかが問われている。最近では，▶公設民営大学を中心に，定員割れに悩む地方の私立大学が公立大学に移行する動きが目を引く。　　　　　　　　　寺倉 憲一

→ 公立大学法制，地域社会と大学（テーマ編）

公立大学協会｜こうりつだいがくきょうかい

1949年（昭和24）10月に設立された▶公立大学の連合体。2015年（平成27）現在86公立大学が会員となっている。公立大学の振興と高等教育，学術研究の水準の向上および均衡ある発展に寄与することを目的とする。高等教育政策，公立大学の経営課題等の調査・研究と会員校への情報提供を行うこと，公立大学の教育・研究および地域・社会への貢献活動を推進すること，および公立大学の全国組織としての発言を行うことを軸に，地区協議会，部会および三つの委員会を中心に活動を行っている。公立大学の法人化や自らの存在意義について設置母体である地方公共団体からの説明責任の要請が高まるなか，本協会の活動領域は広範なものになっている。なお2013年7月には公立大学に関する政策・認証評価等の課題を調査・研究し，会員校に成果を提供する「公立大学政策・評価研究センター」（現，公立大学改革支援・評価研究センター）が設立された。　　　　　　　　　沖 清豪

公立大学システム｜こうりつだいがくシステム
public university systems

アメリカ合衆国の各州で，州立大学群が形成するシステム。面積や人口で一国規模の州の多い合衆国は，大学のマス化と，続く財政上の困難への対応に，州立大学の計画的な配置・調整を必要とした。諸州は，研究重視の旗艦校を中核に，複数校の新設や既存の師範学校等の昇格を通して，州立

大学群を分散配置し組織化した。通常，総長がシステム全体を統括するが，各キャンパスは別個の学長の下で独自に教育研究活動を展開する。ニューヨーク州立大学システム（SUNY）は，研究大学から短期大学までの計六十数校に46万の学生を擁する。ニューヨーク市は別に54万の学生が在籍し，かつては入学自由・無償であった市立大学システム（CUNY）をもつ。最大規模のカリフォルニア州のシステムは，研究重視の大学群，修士課程までの州大学群，短期大学群の3層を成し，大学群は世界水準の数校を含む。表は上記システムの代表的な構成校名。　　　　　　　　　立川 明

→ アメリカ合衆国の大学（テーマ編）

表｜公立大学システム（SUNY, CUNY, UC System）

ニューヨーク州立大学システム（SUNY）の代表校
University at Buffalo（旗艦校）
University at Albany
Stony Brook University
Binghamton University
Cornell University, College of Agriculture and Life Sciences
Alfred University, College of Ceramics
ニューヨーク市立大学システム（CUNY）の代表校
CUNY City College
CUNY Hunter College
CUNY Baruch College
CUNY Brooklyn College
CUNY Queens College
CUNY The Graduate School & University Center
カリフォルニア大学システム（UC System）の代表校
UC-Berkeley（旗艦校）
UCLA
UC-San Diego
UC-Irvine
UC-Santa Barbara
UC-San Francisco
UC-Santa Cruz

公立大学の財政・財務
こうりつだいがくのざいせい・ざいむ

▶公立大学は原則として都道府県や市が設置する大学，あるいは都道府県や市が設立する▶公立大学法人が設置する大学であり，その財政・財務のあり方は国の政策と設置主体である各地方公共団体の政策との両方に左右され，きわめて多様である。

［公立大学行財政の制度的特徴］

公立大学は「公立」の「大学」である。「公立」とは地方行財政の枠組みで行われていることを示し，地方行財政を国レベルで所轄するのは総務省である。一方，「大学」は教育行財政の枠組みで運営される組織であり，大学を国レベルで所轄するのは▶文部科学省である。「国公立大学」と一括りにされることが多いが，国レベルで文部科学省と総務

省の双方から政策的影響を受けるのに加え，さらに設置者（公立大学法人が設置する大学の場合は法人の設立者）たる地方公共団体の方針や規模等からも影響を受ける点で国立大学とは大きく異なる。

公立大学の財政に関して，国レベルではおもに文部科学省の補助金，総務省の地方交付税がある。文部科学省からの補助金に関しては，1950年代後半以降の科学技術者養成拡充計画や，18歳人口急増を背景にして1963年（昭和38）から設備費に対する補助金が，68年には在外研究員派遣費補助が始まり，その後73年から医科歯科大学，75年から▶看護系大学に経常費補助が開始された。翌76年にも芸術大学学生特別経費が設けられ，この時期，公立大学への補助は拡充された。しかし，これらの補助は近年になってすべて整理され，文部科学省からの公立大学特有の国庫補助は姿を消している。一方の総務省は，もともと公立大学への助成には積極的ではなかったが，やはり1960年代半ばから公立大学への支援を拡充せざるを得なくなった。公立大学施設設備のための起債を可能としたり，政令指定都市以外で公立大学を持つ市を特別地方交付税の対象としたりしたが，最も大きな変化は1970年代前半から公立大学経費を普通地方交付税の対象と認めたことである。

地方交付税制度の詳細な説明は省略するが，地方交付税は▶国立大学・▶私立大学にはない公立大学（を持つ地方公共団体）に特徴的な財源である。ただし，地方行政を行うのに必要な経費である「基準財政需要額」への算入は，単位費用（学生一人当たりに要する経費）×種別補正係数×在学生数という統一ルールで行われるものの，地方交付税はあくまで財源の不足分を補うものであり，実際の交付額は地方財政の状況によるし（富裕団体は不交付），財源措置された金額のどれほどを公立大学に交付するかも地方公共団体に任されている。文部科学省の公立大学のみに対する補助金がなくなった今，基準財政需要額を決める積算単価（単位費用×補正係数）の算出が，公立大学財政にとって最重要である。なお種別補正係数は省令によって分野ごとに異なる値が設定されており，2015（平成27）年度の積算単価は医科系，歯科系，保健系，理科系，家政系・芸術系（市町村立），家政系・芸術系（道府県立），人文科学系，社会科学系の順となっている。

[公立大学の財政・財務状況]

公立大学数は，1950年代半ば以降30大学台で推移していたが，80年代後半以降急増した。『公立大学便覧』（公立大学協会）によると，2015年度には86大学となっており，その設置者（法人の設立者）は都道府県58，県・市共同1，市24，事務組合等3と多様である。▶公立大学協会の『公立大学便覧』『公立大学実態調査表』によって2015年度の公立大学の財政・財務状況（付属病院に関するものは除く）

を概観すると，大学の財源（回答のあった大学のみ）は，地方公共団体から大学へ交付される一般財源負担額が約56％，学納金等が約28％であり，この二つで財源の83％以上をカバーしている。同じく経費については，大学経費全体のうち人件費が約57％，教員研究費が約18％，学生経費が約2％，管理経費が約14％である。なお地方公共団体について，その決算額（2013年度）は124億1148万6000円から6兆2022億3822万2000円まで，一般財源負担額（2015年度。回答のあった大学のみ）も3723万円から157億6648万8000円までやはり相当な開きがある。

公立大学財政で興味深いのが，地方公共団体の大学への姿勢である。一般財源負担額は大規模大学ほど多く交付されることは予測できるが，先に述べたような地方交付税制度が公立大学財政制度の中核を占めるなか，大学経費に必要な金額と算定された地方交付税額（公立大学に関する基準財政需要額）と比較して，実際にどれほどの金額を大学に交付するかは設置者の大学政策によるだろう。経常費のみに着目した場合，2015年度の基準財政需要額（公立大学協会事務局による試算額を使用）に対する実際の一般財源負担額の比率は，0.30から3.79（12.21と突出して高い1大学を除く）と大学間の差が大きい上，基準財政需要額を上回る一般財源負担額を交付されている大学は半数にも満たない。ここに公立大学と地方公共団体の関係の一つの姿を見ることができる。地方交付税制度においては，基準財政需要額を下回る金額しか大学に交付しないことはすぐに法令違反になるわけではなく，地方自治のもとでその使途には裁量が認められているのである。これが公立大学財政・財務の最大の特徴である。　　　　　　　　　　渡部 芳栄

→大学の財政（テーマ編），公立大学法制，補助金収入

◎公立大学協会50年史編纂委員会編『地域とともにあゆむ公立大学』公立大学協会，2000.
◎宮崎正寿「公立大学の政策と財政」『現代の高等教育』451号，2003.
◎鳥山亜由美「私立大学の公立大学化─その背景と過程」『公共政策志林』第5号，2017.

公立大学法人 こうりつだいがくほうじん
Municipal (Prefectural) University Corporation

2003年（平成15）に公布された▶地方独立行政法人法に基づいて，翌年4月1日に大学および高等専門学校の設置および管理を行う制度として創設された。経営・運営の効率化あるいは財政上の理由から公立大学の法人化が促進されているが，▶国立大学法人とは異なる点もある。たとえば法人の設立は議会の議決を経て定款を「総務大臣及び文部科学大臣」が認可する。また国立大学法人では法人理事長＝学長であるが，公立大学法人の場合，法人理事長は学長を兼任せずに別に学長を任

命できる。そのため「一法人複数大学」という設置も認められている。その他の学長の任命や解任，運営組織の構成員や審議事項，中期目標の策定や評価，非公務員型身分などにおいては国立大学法人と類似の規定をとっている。自主・自律的な環境の下で，民間的発想によるマネジメント，能力・業績に応じた弾力的な人事システム，情報公開や▶第三者評価による適切な資源配分などが期待されている。

清水 一彦

▶大学法人，公立大学法制，中期目標・中期計画

公立大学法制 [こうりつだいがくほうせい]
the legal system on local public universities

▶公立大学は，地方公共団体（▶公立大学法人を含む）によって設置される大学である（学校教育法2条）。日本の公立大学制度は，大正7年（1918）制定の▶大学令により，これまで国のみが行ってきた大学（▶帝国大学）の設置が拡大し，同時に認められた私立大学制度とともに始まった。第2次世界大戦後の学制改革の中でも公立大学制度は受け継がれ，地域との強い関わりを軸に教育・研究を通じて多様な人材を養成してきた。公立大学は，設置者が地方公共団体，所轄は文部科学大臣であるところから，国立大学や私立大学と異なり二つの公的機関からの監督を受ける。すなわち設置者としての地方公共団体は設置した公立大学を管理し，大学運営の経費を負担する（学校教育法5条）ほか，大学の設置根拠は当該地方公共団体が定める設置条例による。また予算その他大学運営の基本的事項について，議会や首長の意思から強い影響を受けやすい。これは国立大学が文部科学大臣の所轄の下に80校を超える多様なものであるのに対し，公立大学は同一設置者の下に1校ないし数校しか存在しないことから，両者の関係が国立大学に比べてより密であることと関係がある。他方，大学の設置廃止等の認可は文部科学大臣が行い，また大学の基本的な制度については▶学校教育法の規定によることから，国による規制を受ける。

国の行財政改革の中で，独立行政法人通則法が1999年に公布されたが，地方にも同趣旨の制度の導入のため2004年に▶地方独立行政法人法が公布された。同法の規定により，地方独立行政法人の特例として「公立大学法人」制度が規定され，設置者の選択により，公立大学は従来型のもの，または公立大学法人制度に基づくものの二つの種類に分かれる。現実には多数が公立大学法人制度に基づく大学・短期大学となっている。公立大学法人の設立の認可は，都道府県が設立する場合は総務大臣および文部科学大臣，それ以外の地方公共団体が設立する場合は都道府県知事である（地方独立行政法人法7条，80条）。

公立大学法人制度に基づく公立大学法制はおおむね以下の通りである。まず設置者（以下「設立団体」という）は，設置する大学における教育研究の特性に常に配慮しなければならない（地方独立行政法人法69条）。これは同様の規定が置かれる▶国立大学法人と同じである。次に，公立大学法人の理事長は設置する大学の▶学長となるのが原則であるが，理事長とは別に学長を置くこともできるとされ，この点については国立大学法人の場合とは異なる扱いになっている。理事長の任命は当該公立大学法人の申出に基づき設立団体の長が行うが，その際には大学における教育研究の特性に配慮し，当該大学に係る選考機関の申出に基づき行うこととされている。その選考機関は地方独立行政法人法77条に定める二つの審議機関，すなわち経営審議機関および教育研究審議機関を構成する者の中から選出された者によって構成される。学長と理事長が別に置かれる場合の学長は，同様の手続きにより理事長が任命する。またその場合の学長は，同法の規定により副理事長になるものとされている。このほか，公立大学法人の監事は設立団体の長が，理事は理事長が任命する（同法14条）。なお，理事長は当該公立大学法人が設置する大学の職員を任命するが（同法20条），その際学長が別に置かれる大学では，職員の内の部局長や教員については学長の申出に基づき行われることになっている（同法73条）。

公立大学法人が設置する大学には，理事長，学長等の管理機関に加えて，定款に定めるところにより，当該公立大学法人の経営に関する重要事項を審議する機関（経営審議機関）と当該公立大学法人が設置する大学の教育研究の重要事項を審議する機関（教育研究審議機関）が置かれることとされ，その構成員は前者においては理事長，副理事長その他の者，後者においては学長，学部長その他の者であることが法定されている（地方独立行政法人法77条）。その他の構成員については，定款の定めるところによる。

公立大学法人が設置する大学の運営に関しては，国立大学法人の運営と同様に中期目標を，あらかじめ当該公立大学法人の意見を聴き，当該意見に配慮して設立団体の長が定め，また中期計画はこれを受けて当該公立大学法人が作成し，設立団体の長の認可を受けなければならない。その際，一般の地方独立行政法人については，目標・計画の期間が3年以上5年以下と法定されているのに対し，公立大学法人については6年間と定められている。また▶中期目標・中期計画に定める事項についても，国立大学法人に相当する特例が設けられている（同法78条）。なお中期目標の期間における業務の実績については，一般の地方独立行政法人と同様，地方独立行政法人評価委員会の評価を受けなければならないが，その際には学校教育法に基づき認証評価機関が行う教育・研究の状況

についての専門的な評価を踏まえることとされている(同法79条)。　　　　　　　　　　山本 眞一

→国立大学法制，私立大学法制，認証評価
◎文部科学省「公立大学法人制度の概要」：http://www.mext.go.jp/a_menu/koutou/kouritsu/detail/1284493.htm

公立鳥取環境大学 [公立]
こうりつとっとりかんきょうだいがく
Tottori University of Environmental Studies

2001年(平成13)鳥取県と鳥取市が設置する公設民営方式の大学として環境情報学部の1学部を置いて開学。2005年に大学院修士課程(環境情報学研究科)を設置。2009年には既設の「環境政策学科」「環境デザイン学科」を「環境政策経営学科」「建築・環境デザイン学科」に改称し，新たに「環境マネジメント学科」を設置した。2012年に公立大学法人に移行し，環境学部・経営学部の2学部を設置。2017年現在，鳥取市のキャンパスに2学部2研究科を置き，学部生1237人，大学院生7人，教員59人を擁する。2015年に文部科学省「地(知)の拠点大学(COC)」に認定され，「麒麟の知(地)による学生教育プログラム」の推進や，卒業生の鳥取県への定着促進等を含む地方創生事業に取り組んでいる。　　　　　　　　　　小濵 歩

→公設民営大学，知の拠点整備事業

公立はこだて未来大学 [公立]
こうりつはこだてみらいだいがく
Future University Hakodate

2000年(平成12)函館市・上磯町・大野町・七飯町・戸井町の1市4町(市町村合併により現在は，函館市・北斗市・七飯町の2市1町)からなる函館圏公立大学広域連合によって，情報系の単科大学(システム情報科学部)として設立された。2003年に大学院設置。2010年に学科を情報アーキテクチャ学科と複雑系知能学科に再編し，さらに社会の要請に応え，即戦力となる人材の育成をめざして，大学・大学院一貫(6年制)の高度ICTコースを開設した。2016年5月現在，函館市亀田中野町のキャンパスに1152人の学生を収容する。経団連の報告書「産学官連携による高度な情報通信人材の育成強化に向けて」(2005)で，「産学連携の実践教育によって高度ICT人材を輩出している，わずかな成功例」としてあげられるなど，地域連携・産学官連携の領域で実践的取組みを推し進めている。　　小濵 歩

コーオプ教育 [コーオプきょういく]
cooperative education

3〜6ヵ月程度にわたり，大学での勉学と職場での労働を繰り返す教育手法をいう。全米コーオプ教育委員会(The National Commission for Cooperative Education: NCCE)では「大学・カレッジにおけるコーオプ教育は，学生のアカデミックなまた職業的な目標に関連する専門領域内で，教室での学習と生産的な就業体験を統合したアカデミックなプログラム」と定義されており，教育課程に位置づけられているのが大きな特徴である。コーオプ教育は1906年にアメリカのシンシナティ大学(University of Cincinnati)工学部において実施されたのが最初と言われ，その後1909年にノースイースタン大学(Northeastern University)で実施され，全米の多くの大学に広がった。近年では，全米で約25万人の学生が約9万7000の企業等でさまざまなタイプのコーオプ教育を経験している。日本では▶インターンシップという用語で呼ばれることも多い。　　　　亀野 淳

郡山女子大学 [私立] | こおりやまじょしだいがく
Koriyama Women's University & College

1947年(昭和22)設置の郡山女子専門学院が前身。1950年に日本最初の短期大学の一校として校名を郡山女子短期大学と変更し，創立20周年を機に現在の郡山女子大学を開学した。建学の精神は，尊敬・責任・自由であり，その理念の下で，個性を重視し，互いを理解する「個」の確立と「他」との協調をもって，自主自立できる女性を育成することを目的としている。2016年(平成28)現在，福島県郡山市にキャンパスを構え，家政学部に人間生活学科と食物栄養学科を設置しており，334人の学士課程学生が在籍する。人間生活学科では，生活重視の時代に即した生活福祉や生活経営，衣食住生活のあり方について学ぶ。一方で食物栄養学科は管理栄養士の養成機関であり，1967年に国から最初に指定を受けた養成施設の一つでもある。　　　　　　　　　　　　戸村 理

國學院大學 [私立] | こくがくいんだいがく
Kokugakuin University

第2次世界大戦前より大学として公的認可を受けた私立大学の一つで，1882年(明治15)に創設された皇典講究所が前身である。1906年に私立國學院大學と改称，20年(大正9)に大学令によって私立大学へ昇格。戦後，1951年(昭和26)に学校法人國學院大學となる。2016年(平成28)5月現在，東京都渋谷区と神奈川県横浜市(たまプラーザ)の2キャンパスに5学部3研究科を置き，1万857人の学生を収容する。建学の精神は，皇典講究所創設の際に有栖川宮幟仁親王が宣言した告諭を基底とする。学士課程教育では神道精神に基づき人格を陶冶し，諸学の理論ならびに応用を攻究教授し，有用な人材を育成することを教育研究上の目的に掲げる。各学部・学科の専門科目の多くが全

学オープン科目として全学生に開放されており，それを系統立てて学ぶ副専攻プログラムも用意され，学生の主体性に基づいた自由な学修計画を立てることが可能である。2017年現在，第4次「21世紀研究教育計画」が策定され，教育，研究，人材育成，国際交流，施設設備の基盤整備が図られている。　　　　　　　　　　　　　　戸村 理

→神道系大学

国際医療福祉大学[私立]｜こくさいいりょうふくしだいがく
International University of Health and Welfare

1995年(平成7)日本初の医療福祉の総合大学として開学。「人間中心の大学」「社会に開かれた大学」「国際性を目指した大学」という三つの基本理念のもと，その実現のために人格形成，専門性，学際性，情報科学技術，国際性，自由な発想，新しい大学運営という七つの教育理念を掲げ，「共に生きる社会」の実現を目指した教育を実践する。2017年「国際医療学園都市構想」を構成する国家戦略特区事業の一つとして，成田市との共同提案で実現した医学部を成田キャンパスに新設した。2017年現在，五つのキャンパス(栃木県大田原市，千葉県成田市，神奈川県小田原市，福岡県福岡市および大川市)を構え，9学部22学科に7096人の学士課程学生が在籍する。　　　　　　　戸村 理

国際学院埼玉短期大学[私立]
こくさいがくいんさいたまたんきだいがく
Kokusai Gakuin Saitama College

「人づくり教育」を伝統とする学校法人国際学院が設置する私立短期大学。所在地は埼玉県さいたま市大宮区。2016年(平成28)現在，幼児保育学科と健康栄養学科を置く。併設校に国際学院中学校，国際学院高等学校，関連法人に社会福祉法人誠心会がある。国際学院は，1963年(昭和38)に公認大宮国際料理学院，66年に公認富士服装学院，68年に国際クッキングスクールを開校。1969年公認大宮国際料理学院が国際栄養学院に改称。1971年の学校法人化以降は，72年に大宮保育専門学校を設置，76年には国際栄養学院を国際調理師専門学校とし，大宮保育専門学校とともに専修学校化。翌1977年に国際栄養士専門学校を開校。短期大学は，幼児教育科と食物栄養科の2科で1983年に開学。2004年と2007年に文部科学省による「特色ある大学教育支援プログラム」に，2008年には「質の高い大学教育推進プログラム」に選定されている。建学の精神は「誠実・研鑽・慈愛・信頼・和睦」。2016年5月現在の学生数429人。　　　　　　　　　　　　　　藤田 敦

国際学生連盟｜こくさいがくせいれんめい
International Union of Students: IUS

通称は国際学連。114ヵ国・地域の152の学生組織からなる世界最大級の超党派的な国際的学生組織で，社会政策および教育政策における学生の利益を代表し，世界レベルで民主主義，自由，平和，発展に貢献することを目的としている。1939年チェコスロヴァキア(当時)のプラハの路上で学生たちがナチスの占領に抵抗したことをきっかけに創設された国際学生評議会を前身とし，46年に世界学生会議(WSC)に出席した43ヵ国の学生連合によってプラハに創設された。しかし，第2次世界大戦後，本連盟が共産色を強めソヴィエト連邦の外交政策を公に擁護するようになっていったことから，西ヨーロッパ諸国および共産主義に反対する国々は連盟への協力を拒み，新たに国際学生会議(ISC)と呼ばれる国際的な学生組織を1950年に結成して対抗した。冷戦終了後，国際学生連盟は共産主義系の組織を閉め出して構造改革を図ったものの，以降，今日まで続く財政難に陥り，活動はそのために半ば休止状態にあるとされる。　髙谷 亜由子

→合衆国学生協会，ヨーロッパ学生連合

国際化とグローバル化 →テーマ編 p.5

国際教養大学[公立]｜こくさいきょうようだいがく
Akita International University

2004年(平成16)秋田市に開学。教学理念として「International Liberal Arts」を掲げ，「英語をはじめとする外国語の卓越したコミュニケーション能力と豊かな教養，グローバルな視野を伴った専門知識を身に付けた実践力のある人材を養成し，国際社会と地域社会に貢献すること」を目標としている。国際教養学部はグローバル・ビジネス課程，グローバル・スタディズ課程の2課程から構成されている。2016年現在の学生数は884人。授業は基本的に英語で行われ，入学後1年間は寮生活が義務づけられている。専任教員71人のうち外国人の専任教員は38人を占める。46ヵ国・地域，175の海外提携大学をはじめ(2016年4月現在)，グローバルなネットワークを生かした1年間の海外留学が実施されている。2008年には▶専門職大学院であるグローバル・コミュニケーション実践研究科が設置され，英語教育や日本語教育の▶高度専門職業人育成にも力を入れている。卒業後は，さらに専門的な研鑽を積むため海外の大学院に進学する者も少なくない。　　　　　　　　　　　　　蝶 慎一

428　こくさいい

国際基督教大学 [私立] こくさいきりすときょうだいがく
International Christian University: ICU

1953年(昭和28)に学校法人国際基督教大学を設置者に，日本最初の4年制教養学部大学として創立。キリスト教の精神に基づき，建学以来，「国際的社会人としての教養をもって，神と人とに奉仕する有為の人材を養成し，恒久平和の確立に資すること」を目的に，国際性への使命(I：International)，キリスト教への使命(C：Christianity)，学問への使命(U：University)を掲げ，教育研究活動を行う。キャンパスは東京都三鷹市。2016年(平成28)10月現在，教養学部とアーツ・サイエンス研究科の1学部1研究科に3020人の学生を収容。教養学部では文理にとらわれずに広く知識を身につけながら，創造的な発想法を訓練する教育システムがとられている。したがって学生は専門化を急かされない。すべての学問に取り組む基礎力を身につけたのち，30を超えるメジャー(専修分野)から専攻を選択する。必修科目によりすべての学生に日本語と英語のバイリンガリズムを実現する。就職率は希望者のほぼ100％で，国内外の大学院進学も顕著である。　　　　　　　　　　　　　　戸村　理

→キリスト教系大学

国際交流 こくさいこうりゅう
international exchange; international educational and research exchange

［大学間］
大学間の国際交流は，典型的には機関(全学)または部局単位で交流協定を締結して，その枠組みの下で交流活動を行うものである。協定の多くは2大学間で締結されるが，「エラスムス・ムンドゥス」で見られるように，3大学以上の間でコンソーシアムをつくって締結する場合もある。これらの協定に基づいて行われる活動には，学生・教職員の相互派遣・受入れ，ベンチマーキング，共同でのカリキュラムやプログラムの開発，セミナーや会合の開催，共同研究等が含まれる。

　▶文部科学省は，大学における教育内容等の改革状況調査において，外国の大学と締結している大学間交流協定について調査を行っている。協定数は近年急速に増加しており，2007年に1万2840件(国立5407，公立519，私立6914)であったものが，11年には1万9102件(国立7847，公立1000，私立1万255)に達した。また，機関間の国際交流推進・支援および留学生獲得等を目的として，海外拠点を設ける大学が増えている。その数は，2007年に227(国立133，公立6，私立88)であったが，11年には431(国立288，公立1，私立142)にほぼ倍増した。協定締結相手国・拠点設置国は特定の国に偏っており，いずれも最上位は中国で，それぞれ3865協定

(全体の20％)，119拠点(同28％)を占める。中国に続く4国(協定についてはアメリカ，韓国，台湾，イギリス，拠点についてはタイ，アメリカ，ヴェトナム，韓国)と合わせると，それぞれ上位5国の占める比率は55％，58％に達する。

　こうした協定・拠点拡大の背景には，世界的な高等教育国際化の進展，グローバル化への対応の要請，▶留学生30万人計画の策定，キャンパス・アジアの取組みの開始，文部科学省の大学国際化支援事業の拡大等があるものと考えられる。大学間交流は国の政策において従来から推進が求められており，2000年の大学審議会答申「▶グローバル化時代に求められる高等教育の在り方について」は，▶アジア太平洋大学交流機構(UMAP)の活動支援，単位相互認定の推進，コンソーシアム方式の連携・交流の促進等を求めていた。文部科学省の国際化支援は2008年に20億円であったが，14年にはスーパーグローバル大学創成支援を含んで127億円に達した。

　文部科学省が近年推進している活動の一つは，外国大学との▶単位互換やダブル・ディグリー制度の導入である。2012年度現在，国外大学等と交流協定に基づく単位互換制度を実施している大学は356大学(国立69，公立38，私立249)で全体の46.4％を占める。また，同年度において国外大学等との交流協定に基づくダブル・ディグリー制度を導入している大学数は140大学(国立41，公立7，私立92)で，全体の18.3％である。ダブル・ディグリー制度の導入は少ないが，2006年度に導入していた大学は37大学(全体の5.0％)であり，それと比較すれば4倍近く拡大している。2014年には新たに国際連携学科・専攻の制度が設けられ，共同で単一のプログラムを開設するジョイント・ディグリー制度が可能となった。

　前述のように，近年，大学間協定は大幅に増えてきたが，協定を締結しても実際に大学が行い得る活動には限りがあり，多くの協定は活用されていない。このため，より明瞭な目的とそれに対応した成果を伴う戦略的な連携が求められる。近年の傾向としてネットワークの開発があるが，ネットワークは協定よりも目的・戦略が明瞭に定められているものの，その機能の複雑さゆえに維持が難しいと言われる。大学間国際交流を推進するには，協定等に基づいた枠組み設定は有効な方策であるが，派遣学生の学費の相互免除等といった経費の取扱い，修得単位・学位の帰国後の認証，学内での受入れ体制や支援組織の整備等数多くの課題がある。また各機関の取組みを支援するため，地域における単位互換制度の整備等が期待される。　　　大場　淳

［研究］
［日本の国際研究交流］　日本では2016年現在，世界47ヵ国・機関と科学技術協力協定等を結んで，相互の国際研究交流を進めている。たとえば

経済協力開発機構(OECD)との間では，その科学技術政策委員会(CSTP)，情報・コンピュータおよび通信政策委員会(ICCP)，産業・イノベーション・起業委員会(CIIE)，農業委員会(AGR)，環境政策委員会(EPOC)，原子力機関(NEA)，国際エネルギー機関(IEA)等を通じて人材の交流などを進めている。また1987年のヴェネチア・サミットで日本が提唱した国際的な研究助成プログラムとして，ヒューマン・フロンティア・サイエンス・プログラム(HFSP)がある。HFSPは，生体の持つ複雑な機能の解明のための基礎的な国際協同研究などを推進することを目的としたもので，英・米・独・仏などの主要国，EU(欧州連合)，アジアの新興国等15ヵ国・機関との間で積極的な研究交流が行われている。

そのほか大規模な国際協力プロジェクトとしては，ITER(国際熱核融合実験炉)，国際宇宙ステーション(ISS)計画，国際深海科学掘削計画(IODP)，大型ハドロン衝突型加速器(LHC)計画，国際リニアコライダー(ILC)計画などに参加し，国際交流・協力の体制が組まれている。

[EUが推進する研究交流]　現在EUでは，研究・イノベーションの枠組み計画である「ホライズン2020」が実施されている。EUは1984年から多年次資金助成プログラムである「研究・技術開発枠組み計画(Framework Programme: FP)」を開始し，2013年まで7次にわたって研究・イノベーションを推進してきた。「ホライズン2020」はこれを引き継ぐもので，2014〜20年の7年間で総額800億ユーロの支出が見込まれている。「卓越した科学」「産業リーダーシップ」「社会的課題」の三つの柱から構成され，これには日本も含む世界各国の研究者が参加でき，そのなかで国際的な研究交流の場が提供されている。またヨーロッパを，世界に開かれた，研究者・知識・技術の移動の自由を確保する研究を行う場として統合する「欧州研究領域(European Research Area: ERA)」のイニシアティブも進められている。

EU全体としての包括的な経済・社会成長戦略としては「欧州2020(Europe 2020)」が開始されている。これは「知的な経済成長」「持続可能な経済成長」「包括的経済成長」を目標としたものである。この枠組みの中でも，積極的な国際的研究交流は必要不可欠なものとされている。このほか，キュリー夫人の名前を冠した研究者育成制度であるマリー・スクウォドフスカ＝キュリー・アクションズ(MSCA)による研究者交流(モビリティ)，優秀なトップレベルの研究者に資金が提供される欧州研究会議(ERC)の助成などの取組みの中で，EU域内だけでなく世界各国との研究面での国際交流も行われている。学生，教員の交流を支援することを目的とする「エラスムス・プラス(Erasmus＋)」にも，世界各国から応募することができる。　　　　　　　　　　　　木戸　裕

[教職員]
教職員の国際交流は研究者交流と職員交流に分

けられる。

[研究者交流]　大学において教育・研究業務を担当するために雇用されている大学教員や研究者，▶ポストドクター(ポスドク)等による国際交流を指す。これまで研究目的の交流が多かったため，大学教員交流ではなく，研究者交流(researcher mobility, mobility of the highly skilled)と呼ばれることが国際的に多かった。しかし近年は人材育成重視の観点から，渡航先で教育活動を行ったり，教育連携プログラムのもと教員交流を行ったりすることも増えている。

研究者交流は渡航した研究者の学術に資するのみならず，受入れ国にとっても多様な影響を与え，国境を越えた知識やノウハウの伝播が期待される。中世から学者や学生は自分の関心のある図書や学術，博識者を求めて，複数国の大学から大学へと渡り歩き，その過程で多くの知識が国境を越えて伝播した。現代において研究者は特定の大学に所属するのが一般的であるが，知識やノウハウを求めて，また共同研究などを行う目的で，他国の大学に短期・長期に一時滞在するようになっている。

一般的には先進国が受入れ国となり，中進国や開発途上国が派遣国となるため，後者からみた研究者交流は「▶頭脳流出」として問題視されることが多い。しかし，先進国滞在期間中の仕送りは母国の重要な収入源であり，かつ先進国で研鑽を積んだ研究者が帰国したときには母国の発展にも大きく資するという見方もある。先進国にとって研究者交流は近年，とくに科学・技術分野において，国際競争力につながると考えられており，各国において著名研究者等を招聘するための助成プログラムがあることが多い。経済協力開発機構(OECD)では2008〜09年にかけて，高度人材のモビリティやその獲得に関わる報告書2編をまとめた。科学技術人材(HRST)に特化した統計もとられるようになっているが，各国とも研究者交流は十分に捕捉できていないことが課題となっている。

近年はバーチャル・モビリティという言葉も生まれている。これは電子会議やテレビ会議システム等を通じた合同セミナー，e-ニューズレターやチャット，バーチャル・ラボなどインターネットを介して交流することを指し，物理的な移動より簡便で効果的とされる。今後ますます拡大し，研究者交流は統計としてさらに捕捉されづらくなるだろう。なお日本における研究者交流は受入れ・派遣ともに拡大傾向にあるが，短期が拡大し，中・長期が頭打ち，もしくは減少となっている。地域別に見るとアジアからの受入れが最も多く，欧州，北米地域がこれに続く。派遣については，2004(平成16)年度あたりからアジア地域への渡航が最多となり，欧州，北米地域がこれに続いている。ただし国別にみると，アメリカへの派遣が短期・長期ともに最多である(2013年度統計)。

[職員交流]　大学運営や事務等を中心業務とする職員による国際交流を指す。おもに人事交流として実現し，双方の組織運営を学ぶために交流が行われることが多い。統計が取られていない場合が多く，各国とも実態の把握は難しい。財源も各大学依存のことが多いため，大規模研究型大学において機会が多いと言われている。ただしEUでは，職員交流についても「エラスムス・プラス(Erasmus＋)」計画で助成されている。職員交流は伝わることの少ない大学運営が学外に拡がる優れた機会であるが，交流をした職員のみに知見が蓄積し，これが勤務校の組織改革等につながらないことも課題とされている。　　　　　　　　　　船守 美穂

[学生]

[歴史の概観]　大学はもともと学生の「国際交流」から始まっている。12世紀末ごろにヨーロッパ各地からボローニャに集った学生たちは，出身地ごとにナチオ(ネーション＝国民団)を作って結束し，それらの合議体としてのウニヴェルシタスを成立させた。そこでは大学のあり方をめぐって，「ナチオ」の枠を越えた議論がなされていたはずである。だが大学がヨーロッパ各地に創られ，それぞれの国の君主や領主の支配のもとに置かれるようになると，学生の国際的な移動はむしろ制限されることになる。国外で得た学位は，国内では通用しないということにもなる。18世紀には，貴族の子息が教育の最後の仕上げに行うグランド・ツアーのようなものを除いて，学生が外国に留学あるいは遊学することはまれになる。

19世紀前半のプロイセンに成立した近代の大学も，ナショナルな枠組みのなかで教養あるエリートを育てるものに変わりはなかった。しかし普遍的な真理や正義の探究によって専門職を養成するというその理念は，やがて世界から注目されることになる。19世紀後半には，ドイツをはじめとする先進国の大学および高等教育機関に，開発途上国や植民地からの留学生が集まるようになる。しかし，とりわけ日本のように，西欧から離れたところで「近代化」を急いだ国からの留学生には，「コンプレックス」があったと言われる。「コンプレックスは，外に出てはただ取ることのみを考えてスパイのように見られがちな留学生を生み，内にあっては，日本に学びに来るのはこちらより遅れているからだと，留学生を見下す傾向を生じ，国際交流の大事な意義であるべき国際理解にマイナスの影響を与えることさえ珍しくなかった」(前田陽一，1967)。

とはいえ大学が世界に向かって開かれ，その内部で学生が国際的に交流しうるものとなったことは事実である。周縁でも，私的な留学や亡命などによって外国で学ぼうとする者が現れている。1870年代のベルギーでは，学生全体の4分の1を外国人学生が占めている。またスイスでは，大学近代化のための費用を留学生の受入れによって捻出したこともあって，ジュネーブ大学の外国人学生の割合は1880年に44％，1910年には80％に達している。

[グローバリゼーションのなかでの変容]　一国の国際化にとって必要なものが，世界に向かって開かれた知性と自由な精神であることは，大学が大衆化した現在においても変わらない。しかし留学生の数が1990年以降に急増するなか(2010年までの20年間に約4倍となっている)，学生の国際交流も様変わりしている。

EU(欧州連合)は1987年から「エラスムス・プログラム」による学生の留学支援を始め，2013年度には27万2497人の学生を留学させている。1999年からはボローニャ・プロセスによって学位や単位互換のシステムを整備し，学生の移動を促進している。さらに2004年からは世界のすべての国に開かれた「エラスムス・ムンドゥス」も始めている。日本政府も2008年には，受け入れる外国人留学生を20年までに倍増する計画(留学生30万人計画)，そして2013年には，20年までに大学生の海外留学を12万人，高校生のそれを6万人へとそれぞれ倍増する計画(「トビタテ！留学JAPAN」)を発表した。留学生の急増には留学の早期化と短期化という現象がともなっている。2014年度に日本から海外に留学した学生は8万1219人であるが，そのなかで1年以上留学する者は1650人にすぎず，1ヵ月未満の留学が半数以上(4万8853人)を占めている。海外の大学と協定を結び，短期の留学を学士課程のカリキュラムに取り入れる学部や大学が増えている。

英語が世界の公用語とみなされ，アジアからの多くの留学生がみずからのキャリアアップのために留学を志すなか，その受入れを収益事業化するオーストラリアやニュージーランドのような国も現れている。「世界各国の経済が結びつきを強め，大学へと進学する者の割合が増えるにともない，高等教育を外国で受けようとすることは，学生の視野を広げ，彼らに外国語を学ばせ，世界における商業活動の文化と実践をよりよく理解させるための一つの手段となっている。(中略)留学もそういった高等教育の国際化の多様な様相の一つである。それは学生や政治家たちの多くの関心を惹きよせている」(OECD，2016)。

いまや学生にとって留学は，グローバル化した労働市場での就職可能性を広げる手段であるかのようである。しかしそのなかで留学生の「コンプレックス」は，消滅するどころかむしろ経済的に構造化されている。「留学における双方向性がきわめて少ない。結果として，相手大学が授業料収入を目的に設置するコース，あるいは語学コースに短期間，在学することをもって短期留学としているケースが極めて多い」(金子元久，2014)。たしかにアメリカ合衆国に1年間留学するには，国内の大学に支払う

学費のほかに300万円ほどの旅費や滞在費がかかる。留学できるのは裕福な親をもつ学生か，アルバイトのために学業がおろそかになった学生に限られる。

学生の国際交流は，人間が互いに共感しうる感性と，互いの理解しがたさへの謙虚さを共有しうるチャンスである。「たとえ国家が自国の利益のために留学を考えても，立案者の意図とは別に良い意味での国際理解に貢献することはありうる。交流の対象となった学生が，実際にそれぞれの社会で活動し始めるのは数年先である。ことに指導的地位に立つのは遥か先のことである。その時の行動は，当人のその時の自主的判断に基づいて行われる」（前田陽一，1967）。いずれにしても学生は，それぞれの経験のなかで「自主的判断」ができる人間へと成長してゆかねばならない。
岡山 茂

→複数学位課程，欧州単位互換制度，国際交流カリキュラム，大学教育の国際化加速プログラム，INQAAHE，国際化とグローバル化（テーマ編），国際大学協会，国際学生連盟

[大学間]◎Knight, J., "Internationalization Remodeled: Definition, Approaches, and Rationales", *Journal of Studies in International Education*, 8(1), 2004.
[研究]◎駐日欧州連合代表部「日・EU科学技術関係」：http://www. euinjapan. jp/relations/science-research/
◎文部科学省『平成26年度　文部科学白書』：http://www. mext. go. jp/b_menu/hakusho/html/hpab201501/1361011. htm
[教職員]◎文部科学省「国際研究交流の概況（平成25年度）」：http://www. mext. go. jp/a_menu/kagaku/kokusai/kouryu/
◎OECD, *International Mobility of the Highly Skilled*, 2009.
◎OECD, *The Global Competition for Talent: Mobility of the Highly Skilled*, 2008.
◎日本能率協会『大学職員ナレッジ・スタンダード―大学業務知識編III』，2011.
[学生]◎前田陽一「学生の国際交流の意義」『厚生補導』17号，1967.
◎金子元久「留学の新段階」『IDE』2014年2-3月号.
◎日本学生支援機構「平成27年度外国人留学生在籍状況調査等について」：http://www. mext. go. jp/a_menu/koutou/ryu-gaku/_icsFiles/afieldfile/2016/04/08/1345878_1. pdf
◎OCDE, *Regards sur l'éducation 2016- Les indcateurs de l'OCDE*.

国際交流カリキュラム こくさいこうりゅうカリキュラム
curricular problems relative to international exchange

国際交流カリキュラムは，異文化理解という目的に特化したカリキュラムと，交流や▶留学の増加に伴い大学関係者に自覚化される通常のカリキュラム全般の問題点と可能性という二つの主題に大別できる。大学教育にとっては後者がより重要であるが，まず異文化理解を念頭においたカリキュラムについて述べる。

特定の大学（の連合）に所属する学生が，1年を上限とする期間他国で学修するには，送り出し大学を中心に現地の協力を得て効率よく企画されたプログラムが有効である。これには学期の開始前（たとえば夏休み）に開講する広義のオリエンテーションを行う場合と，1年にわたり，たとえばアメリカ文化研究ないしドイツ研究のプログラムとして，正規

の科目として組織する場合とがある。両者とも言語の訓練を含め，留学先の文化や歴史，政治経済の実態等を過不足なく紹介するが，現地にいる利点を最大限生かし，さまざまな施設の見学や行事への参加を組み込むのが特長である。アメリカ合衆国の一流大学の多くは，こうした自前のプログラム（ときには施設）を世界各地に持ち自校生に便宜を図っているが，しばしば現地の人々と交わらず集団行動するため，「ゲットー」や「孤島」現象として批判の対象となる。

しかし，大学にとっては，▶国際交流がカリキュラム全般に突きつける問題がより重要である。大学の国際交流は，「相互理解」を超えた学問教育上の水準向上を前提としている。途上国の大学のみならず，たとえば合衆国の小規模▶リベラルアーツ・カレッジにも，世界の主要な大学との交流を通して，地域研究等を含む専門分野での▶研究大学に対する劣勢を挽回しようとする意図が見られる。大規模な大学でさえも，将来国境を越えビジネスに従事する学生等に，異文化の中での教育体験を与える意義を実感しつつある。また理工系の諸分野は内容（スコープ）面で文化的な制約が少なく，国を越えても比較が容易である利点を備えながら，各大学でカリキュラムが学年ごとにタイトに組まれ（シークエンス），▶交換留学には不向きとされてきた。しかし，たとえば日本の大学等からの海外派遣研究者数が，過去の20年間で3万人から16万5000人へと増加し，その半数近くが理工系である事実に照らすとき，学生時代の研鑽の一部を外国の大学で積むことの意義は無視しがたいであろう。

けれども，そうした目的や意義の実現を阻むカリキュラム上の障害は大きい。今，言語の壁は問題外として，たとえば日本史専攻の合衆国の大学生が留学のため母国で第2学年を修了した直後の5月末に来日し，1年間滞在するとしよう。到着時と翌年の離日時は，ともに日本では前期（1学期）の中途にあたる。完全な在籍と履修とが可能なのは，秋からの後期のみとなる。加えて，既習条件等により，その後期にも希望する科目の履修が不十分となり，入門科目のみで終わる公算は高い。こうした不都合は他分野の留学生にも共通し，在学期間の算定にも悪影響を及ぼして，4年間での卒業を脅かしかねない。既述のごとく，理工系では困難はとくに深刻である。他方，社会科学や専門職の分野では，個々の科目や科目群の内容も留学生の理解と帰国後の有用性を阻害する場合がある。

留学生の実態を熟知したバーバラ・バーンは，早くも1980年に，アメリカ合衆国がもし▶専門教育や▶専門職教育レベルの留学生を多数受け入れ続けるつもりであれば，「彼らの受ける訓練が，帰国後の職務に多少とも役立ちうるのかどうか明確な判断をまず下すべきである」と警告している。たとえば，母国で教育計画や管理の職を目指すアフ

リカの学生たちには，合衆国の教育制度のみを前提とした科目はきわめて理解しにくいのみならず，帰国後の仕事にも役立たない。さりとて，アフリカの制度を前提とした組直しは担当教員の手に余るし，万が一実現しても，今度は合衆国の学生たちの側に理解とのちの実用性の点で困難が生じてしまう。

　ではどのような解決策がありうるか。学期制等の枠組みの相互調整はもちろん不可欠であるが，現在合衆国で進行中の，留学を視野に入れた「カリキュラム統合」は，有力な運動である。そこでは，まず影響力の強い教員に科目や科目群の国際化への参画を呼びかける。上記の例にならえば，既存科目の，合衆国とアフリカの二つの教育制度を前提とする科目への転換である。担当教員の負担は軽減し，二つの前提の上で論を比較展開する科目は，アフリカ人・アメリカ人学生の双方に知的な刺激を与える。こうした方法はほかの多くの科目，科目群に応用可能である。さらに，こうした教員を交換留学先の実態の視察に派遣する。結果，学生の留学が後押しされ，他国を知る学生の増加で，科目，科目群ひいてはカリキュラムはますます国際化されるだろうという。カリキュラム統合の運動が成功すれば，21世紀の世界の大学の静かな革命の引き金となろう。

立川 明

→ 大学教育とカリキュラム（テーマ編），カリキュラムの理念，教育課程の共同設置

◎足立恭則「大学学部課程における海外留学の教育的価値とカリキュラムにおける位置づけ」，東洋英和女学院大学『人文・社会科学論集』28号，2010.
◎Barbara B. Burn, *Expanding the International Dimension of Higher Education*, Jossey-Bass, 1980.
◎Gayle A. Woodruff, *Curriculum Integration: Where We Have Been and Where We Are Going*, Office of International Programs, University of Minnesota, 2009.

国際交流基金 |こくさいこうりゅうききん
The Japan Foundation

1972年に特殊法人として設立（2003年からは独立行政法人）された，文化・芸術から学術まで広範囲な国際交流を支援，企画・推進する日本の専門機関。国内の本部，支部，2センターのほか，ヨーロッパ，アジア，南北アメリカ，アフリカに計24の海外拠点を置き，国の交付金を中心に年間百数十億円の予算を執行し，国内外での活動を展開する。大学に関連する事業には，日本への留学志願者向け「日本語能力試験」の作成と実施に加え，海外の日本研究機関・活動への支援，世界規模の諸課題の解決を目指すアメリカ合衆国との知的交流がある。2013年度には世界の70余の大学・研究所等の財政面での支援，海外の二百数十名の日本研究者・博士課程生の招聘，多数の日本人研究者の派遣等を通して，世界各地での日本研究を下支え

した。他方，アメリカとの研究交流は，アジアの専門家や大学院生の招聘，日系アメリカ人のリーダーシップセミナー等，研修的色彩を残している。

立川 明

国際大学 [私立]|こくさいだいがく
International University of Japan

1982年（昭和57）国際社会で活躍できる高度専門知識を有す職業人の育成を目的に▶大学院大学として開学。建学の理念に相当する設立趣旨の一部には，「広くわが国の経済界，教育界並びに地域社会の強い支援を背景に誕生した私学であることに鑑み，国際的進取の精神のもとに自主独立と，自由闊達な運営を基本姿勢とする」「国際大学大学院は高度に専門的且つ学際的学識を具備し，それを国際場裡で実践活用し得る人材を育成することをその主目的とする，新しいプロフェッショナル・スクールである」とある。2016年（平成28）現在，新潟県南魚沼市にキャンパスを構え，国際関係学研究科と国際経営学研究科に361人の大学院生が在籍する。少人数教育が徹底され，教員1人当たりの学生数は9.1人である。

戸村 理

国際大学協会 |こくさいだいがくきょうかい
International Association of Universities: IAU

高等教育界で活動するさまざまな機関と連携を図りつつ，高等教育における共通の関心事について反省・対応していくために，1950年に国際連合教育科学文化機関（UNESCO）の下に設立された世界最大規模の高等教育機関のコンソーシアム（NGO）。2014年7月現在，およそ120ヵ国から624の高等教育機関および27の高等教育関連協会が加盟している。具体的には国際機関や政府機関への意思表明，国際会議やセミナーの開催，『国際大学ハンドブック International Handbook of Universities』『アフリカ高等教育ガイド Guide to Higher Education in Africa』や「世界高等教育データベース World Higher Education Database」などによる世界の高等教育機関に関する情報の提供，国際戦略についての加盟機関への助言，調査研究の実施といった活動を行っている。

髙谷 亜由子

→ 国際交流

国際バカロレア |こくさいバカロレア
International Baccalaureate: IB

スイスのジュネーヴに本部を置く，財団法人国際バカロレア機構（Organisation du Baccalauréat International）が定める教育プログラム。このプログラムを修了することで，国際的な大学入学資格を得られる。国際バカロレア機構は，認定校の共通カリ

ュラムの作成や国際バカロレア試験の実施，国際
バカロレア資格の授与を行う。3～19歳の子どもの
年齢に応じて3種類のプログラムがある。このう
ち，16～19歳に対応するディプロマ資格プログラ
ム（DP）を修了し，ディプロマ資格取得のための統
一試験に合格することで，国際バカロレア資格を
取得することができる。認定校は，2017年3月現
在，世界の140以上の国・地域において約4819校
あり，日本では45校が認定されている。また日本
の多くの大学で帰国子女特別選抜等の出願資格
の一つとされており，一定の要件を満たせば，この
制度により大学の入学試験を受けることが可能で
ある。併せて小論文，面接なども行い，選抜する
例が見られる。

齋藤　千尋

→ バカロレア，ディプロマ，帰国生入試

国際評価・認定 こくさいひょうか・にんてい
international evaluation and accreditation

高等教育機関の評価・認定は，従来，政府による
審査や第三者評価機関による▶アクレディテーショ
ンを通して，各国独自の枠組みの中で推進されて
きた。どの国でも，高等教育機関の直接的な▶ステ
ークホルダーである国内の学生・雇用主・納税者等
を主たる対象として，教育・研究の質を挙証する仕
組みが確立されてきた。学生や教員の国境を越え
た移動が活発化する中で，高等教育機関は国外
機関とも教育・研究上の連携をとったり，国外の高
校から学生を受け入れたり，国外の労働社会へと
学生を送り出したりする役割も期待されるようにな
っている。とりわけ有力大学は，世界の高等教育
市場のヒエラルキーの中に自らを位置づけ，少しで
も威信を高めるプレッシャーにさらされるようになっ
ている。

しかしながら，高等教育の質を世界共通の基準
に基づいて統一的に評価するシステムは，いまだ存
在しない。高等教育機関の多国間・広域連携の枠
組みである欧州高等教育圏では，欧州高等教育
資格枠組み（3段階の学位システム）と欧州単位互換
累積制度（European Credit Transfer and Accumulation
System: ECTS）の共有を通した学位・単位の等価性・
互換性の向上，学位水準基標（Dublin Descriptors）や
学問分野別参照基準（Tuning Subject Areas Reference
Points）の導入を通した学位・単位の質の透明性の
向上が目指されてきた。また，各国の教育制度お
よび学位・資格に関する情報提供を行う各国情報
拠点ネットワーク（European Network of Information
Centres: ENIC）や学位や学修期間の承認に関わる情
報提供や助言を行う各国学術承認情報センター
（National Academic Recognition Information Centres:
NARIC）が設置され，情報公開も促進されてきた。
しかしながら，いずれも高等教育機関を直接，統
一的な基準で評価・認定することを目的としている

のではない。

そうした中で，各国で推進されてきたアクレディ
テーションの国際的な共通性を高めることで，国家
間で高等教育の質の同等性を相互承認する仕組
みが，専門職を養成する学問分野を中心に構築さ
れてきている。たとえば工学分野では，技術者教
育の国際的同等性を相互承認するワシントン協定
がアングロ・サクソン系6ヵ国間で1986年に締結さ
れ，▶日本技術者教育認定機構（JABEE）も2005年
より加盟している。医学分野でも，世界医学教育
連盟（WFME）がグローバル・スタンダードを提示し，
日本医学教育学会もそれに準拠した医学教育分
野別評価基準を策定している。これらの枠組みに
基づいて，当該国の教育プログラムが国際通用性
を認定されることのメリットとは，他国で認定され
たプログラムと実質的に同等とみなされる点，その
ことによって卒業生が他国でも専門職として活躍
しやすくなる点にある。

各国アクレディテーション団体のネットワーク形
成も進展している。たとえば，1991年に設立され
た高等教育質保証機関の国際的ネットワーク（In-
ternational Network for Quality Assurance Agencies in Higher
Education: ▶INQAAHE）は，高等教育の質の評価・改
善の理論と実践に関する「情報共有」を目的として
いる。日本の独立行政法人▶大学改革支援・学位
授与機構，公益財団法人▶大学基準協会，公益財
団法人▶日本高等教育評価機構，NPO法人実務
能力認定機構を含む86ヵ国・地域の175機関が正
会員として加盟しており，▶アジア・太平洋地域質
保証ネットワーク（Asia-Pacific Quality Network: APQN）
等の地域ネットワークも整備されている。また2012
年には，米国高等教育アクレディテーション協議
会（CHEA）に国際質保証グループ（International Qual-
ity Group: CIQG）が設置され，CHEA正会員（約3000
のアメリカ合衆国の大学・カレッジ）と各国101機関の
加盟の下に，諸外国の高等教育機関と協働して質
保証の課題に取り組むことが目指されている。

このように，高等教育機関の国際評価・認定に
対して慎重な姿勢がとられてきたのは，各国の多
様な高等教育システムの中で，異なる学問分野の
文脈において，教育・研究・社会貢献等の複合的
機能を果たしながら，多様な学生を多様な進路先
に送り出している高等教育機関の質を，世界共通
の統一的な基準で評価することはきわめて困難だ
からである。

その一方で，統一的な基準に基づいて大学の序
列化を行う▶世界大学ランキングが大学や報道機
関によって手がけられており，社会の関心を集めて
いる。その背景には，高等教育の質に関するより
分かりやすい指標への要求がある。こうした事態
に対して，利用者自身が大学を評価する指標をオ
ーダーメイドで設定することのできる多元的大学ラ
ンキング（U-Multirank）が，欧州委員会の支援を受

けた大学コンソーシアムによって2014年より運営されている。また，学生がいかに学習成果を習得したかという観点から高等教育の質を問うための試行調査（▶高等教育における学習成果調査，OECD-AHELO）が経済協力開発機構によって手がけられるなど，高等教育機関の国際評価・認定に向けた試行錯誤が重ねられている。

深堀 聡子

➡️ 欧州単位互換制度，チューニング，質保証制度，医学教育

◎高等教育質保証機関の国際的ネットワーク：International Network for Quality Assurance Agencies in Higher Education (INQAAHE)：http://www. inqaahe. org/
◎多元的大学ランキング（U-Multirank）：http://www. umultirank. org/

国際標準教育分類
こくさいひょうじゅんきょういくぶんるい
International Standard Classification of Education: ISCED

教育のプロセスと成果に関するデータを収集，分析および比較するために作られた国際的なフレームワーク。ユネスコ（UNESCO）により1976年に開発され，1997年，2011年に改訂された。複雑な各国の教育システムを比較するため，0～8の教育レベルと分野から分類され，幼児教育等をレベル0とし，初等教育，前期中等教育，後期中等教育，中等後教育（非高等教育），短期高等教育，高等教育（学士），高等教育（修士），高等教育（博士）によって構成されている。この分類は，各国の教育システムや状況を反映するため，学校教育だけでなく，ノンフォーマル教育などさまざまな教育制度を対象としている。世界的に生じている高等教育のグローバル化や教育のパフォーマンスを評価する観点から，国際的な議論を踏まえて作られた分類と，比較可能な教育統計に対する需要が高まっている。

山崎 慎一

国際仏教学大学院大学 [私立]
こくさいぶっきょうがくだいがくいんだいがく
International College for Postgraduate Buddhist Studies

1996年（平成8）東京都文京区に開学。霊友会図書室・旧国際仏教学研究所を前身とし，仏教学研究科の1研究科1専攻からなり，5年一貫の教育課程を組んでいる。人類の共通遺産としての仏教と関連する文化について，学術的理論および応用を研究・教授することを目的としている。▶大学院大学として，高度な専門知識と研究遂行能力を持ち，さらに宗教的文化的素養を持つ人材育成によって，国際的に活躍する仏教研究者の養成を行っている。毎年外国からの著名な仏教分野の研究者を招聘し，諸外国の研究状況を学ぶ機会とともに，国際的な学術交流機会も設けられている。2017年現在東京都文京区のキャンパスに14人の学生

が在籍（収容定員20人），日本人だけでなく，中国，韓国，台湾，イギリスの学生が含まれる。

山崎 慎一

国際武道大学 [私立] こくさいぶどうだいがく
International Budo University

1984年（昭和59）松前重義により千葉県勝浦市に開学。2017年（平成29）現在，体育学部（武道学科・体育学科）と武道・スポーツ研究科を設置し，収容人数1755人。教育理念は，創立者の松前重義の提唱する「武道精神を基調とする人材育成」であり，現代の日本人に求められる日本人としての行動規範を武道精神に求めている。体育大学ならではのスポーツ・武道系のクラブ活動が盛んである。卒業後の進路としては，プロ競技選手や実業団といったスポーツ選手や，教員や道場経営などの指導者，さらには社会福祉や公務員，警察官といった職種があげられる。

鈴木 崇義

国際連合大学 こくさいれんごうだいがく
United Nations University: UNU

公式の略称は国連大学。国際連合の制定する国際連合大学憲章（1973年）に基づき設置された「国際連合および専門機関が関心を寄せる，人類の存続，発展および福祉にかかわる緊急かつ世界的な問題の研究をその仕事」（憲章1条2）とする，グローバルなシンクタンク。すべての経費を賛同する政府などの拠出金で賄っており，日本政府は日本に本部を置く唯一の国連機関としてその誘致に力を注ぎ，国連大学基金に対し1億ドルを拠出したのに加え，本部ビルを建設し，東京都が用地を無償で提供した。毎年の経費においても日本がトップの拠出国となっている。東京都青山にある大学本部と，別表（次ページ）の通り世界各地にある国連大学の扱う研究領域のうち特定の分野について研究・研修を行う付属機関としての研究所，プログラム，ネットワークから構成される。2009年の憲章改正で博士・修士の学位の授与が認められ，大学院の機能も有する。

舘 昭

国士舘大学 [私立] こくしかんだいがく
Kokushikan University

1917年（大正6）に，柴田徳次郎をはじめとする青年有志により東京麻布に創立された私塾「國士舘」を起源とする。1919年に現在のキャンパスが位置する世田谷に移転。1958年（昭和33）に国士舘大学を設置し，体育学部を開設した。その後，政経学部，理工学部，法学部，文学部，経営学部，21世紀アジア学部を開設し，2016年（平成28）5月現在，世田谷，町田，多摩の3キャンパスに7学部10研究科，学生1万3289人を擁する総合大学に

発展している。設置者は学校法人国士舘。創設以来，吉田松陰の精神を範とし，「日本の将来を担う，国家の柱石たるべき眞智識者「国士」を養成する」を建学の精神として掲げ，国を思い，世のため，人のために尽くせる人材の養成を貫いている。また不断の「読書・体験・反省」により，「誠意・勤労・見識・気魄」を涵養する教育指針を受け継いでいる。「文武両道」の教育を伝統的に重視しており，国内外で活躍する多くのアスリートを輩出する。

福井 文威

国費留学 |こくひりゅうがく
government-financed study abroad

国費により，国民か外国人が国外の大学で学修し，通常は学位を取得する制度。国費留学は，とくに国民国家の発展段階によって異なった意味合いを持つ。欧米の知の移入を不可欠視した明治政府は，官制留学制度を導入して，派遣留学生に国家の期待を背負わせ，その成果を▶官立大学に還元させた。今や先進国の日本では，国費で他の先進国・途上国から留学生を招き，知と技術を転移することが国費留学の意味である。2015年現在，9200人の国費留学生（日本政府支弁），3700人の各国政府からの派遣（国費）学生（各国政府支弁）が日本の大学に在籍する。日本は今でも，年に各府省の職員や国立大学教員2000人以上を国費で海外へ長期派遣するが，かつてのような悲壮な使命感は過去のものとなった。国費留学はこれまで私費留学と対比されてきたが，授業料の高額な今日の英米の大学は，大学が授業料を免除し多額の生活費を支給する奨学生に対し，大学にとって大きな収入源となる国費留学生と私費留学生を同じ側に分類する傾向がある。

立川 明

→留学

国民団 |こくみんだん
natio［羅］

▶中世大学において，学生ないし教師と学生が相互扶助や自衛を目的として形成した団体。ラテン語natioは英語nationなどの語源となったが，それ

表｜国際連合大学─関連機関とプログラム

[研究所]	[略称]	[所在地]
地域統合比較研究所	UNU-CRIS	ベルギー（ブリュージュ）
コンピューティングと社会研究所	UNU-CS	中国（マカオ）
環境・人間の安全保障研究所	UNU-EHS	ドイツ（ボン）
物質フラックス・資源統合管理研究所	UNU-FLORES	ドイツ（ドレスデン）
グローバリゼーション・文化・モビリティ研究所	UNU-GCM	スペイン（バルセロナ）
国連大学サステイナビリティ高等研究所	UNU-IAS	日本（東京）
グローバルヘルス研究所	UNU-IIGH	マレーシア（クアラルンプール）
アフリカ自然資源研究所	UNU-INRA	ガーナ（アクラ）
水・環境・保健研究所	UNU-INWEH	カナダ（オンタリオ州ハミルトン）
マーストリヒト技術革新・経済社会研究所	UNU-MERIT	オランダ（マーストリヒト）
世界開発経済研究所	UNU-WIDER	フィンランド（ヘルシンキ）
[プログラム]		
中南米バイオ技術プログラム	UNU-BIOLAC	ベネズエラ（カラカス）
アイスランド拠点のプログラム	UNU-FTP, UNU-GTP, UNU-LRT, UNU-GEST	アイスランド（レイキャビク）
[提携機関]		
アジア工科大学院	AIT	タイ（バンコク）
ボン大学開発研究センター	ZEF	ドイツ（ボン）
ガーナ大学食品科学・栄養・技術学部		ガーナ（レゴン）
甘粛自然能源研究所	GNERI	中国（蘭州）
マックス・プランク科学振興協会，世界火災監視センター	GFMC	ドイツ（フライブルク）
グリフィス大学 倫理・統治・法学研究所	IEGL	オーストラリア（クイーンズランド州）
光州科学技術院	GIST	韓国（光州）
中国科学院上海生命科学研究院栄養科学研究所	INS	中国（上海）
国際空間情報科学地球観測研究所	ITC	オランダ（エンスヘーデ）
アイスランド・エネルギー局		アイスランド（レイキャビク）
農業・食品産業技術総合研究機構 食品総合研究所	NFRI	日本（つくば市）
国立保健研究所 栄養・保健研究センター	INSP	メキシコ（クエルナバカ）
スコットランド海洋科学協会	SAMS	イギリス（グラスゴー）

は国民という近代的な意味は持っておらず，同一言語を話す地域出身者といった意味である。元来コンソルティアなどと呼ばれた私的な互助団体が，ほぼ出身地域を同じくし共通の言語を話す学生などで形成される法人団体となったもので，独自の規約と役職者をもったが，教育そのものには関与しなかった。

やがて学生たちは，それぞれの国民団から代表者を選出し，それらの代表者によって運営される大学団(universitas)を組織した。13世紀前半の▶ボローニャ大学には，アルプス以北大学団にフランス人，スペイン人，イギリス人，ノルマン人，ドイツ人など13の国民団，アルプス以南大学団にはローマ人，カンパーニア人，トスカナ人，ロンバルディア人の四つの国民団が存在した。同時期の▶パリ大学には，教養諸学の教師と学生によるフランス，ノルマンディー，ピカルディー，イギリスの四つの国民団があった。

児玉 善仁

→ 大学の概念(テーマ編)

国立衛生研究所 こくりつえいせいけんきゅうじょ
National Institutes of Health: NIH

アメリカ連邦政府の健康福祉省(U.S. Department of Health and Human Services)の一機関。医学・生物系の研究を行う研究所群を持つとともに，大学等に対する研究助成機関の機能も有する。医学・生物系の大学等への研究助成額は世界最大の規模。本部はメリーランド州ベセスダ。年間予算約301億ドル(2014会計年度)。研究所群は国立がん研究所(National Cancer Institute: NCI)や国立心臓・肺および血液研究所(National Heart, Lung, and Blood Institute: NHLBI)など，身体の部位や疾患の種類等に特化して組織された27の研究所とセンターにより構成されている。予算の80%以上は，毎年5万件分の競争的助成金として，約2500の大学や研究機関の約30万人の研究者の研究を支援，約10%の経費がNIH内の研究所にいる6000人の科学者の研究課題を援助している。

赤羽 良一

→ 研究所，研究資金

国立学校設置法 こくりつがっこうせっちほう

▶学校教育法に定める学校で，国が設置するものの設置根拠および組織編制等を定めた法律(昭和24年法律第150号)。学校以外に，国が設置する大学共同利用機関等の組織についても定める。1949年(昭和24)の▶新制大学発足時に制定され，全国に設置された▶国立大学の名称および所在地を定め，各大学の学部・研究科，附置研究所等の内部組織については政令により，学部および大学院に置く附属の教育施設や研究施設等は文部省令(文

部科学省令)によって設置根拠が与えられた。また，大学改革等による新たな国立学校の組織形態や大学運営のあり方に対処するため，その都度改正され，その一例として国立大学に置かれる▶教授会の審議事項の限定(7条の4)や▶筑波大学の組織の特例(7条の10〜12)などがある。なお国立の小学校，中学校，高等学校等は，政令により国立大学等に附属して設置されることとされていた(2条)。2004年(平成16)の国立大学法人化に伴って廃止。

山本 眞一

→ 国立大学法人，大学共同利用機関法人

国立西南連合大学 [中国]
こくりつせいなんれんごうだいがく
National Southwestern Associated University

1938年4月，前年に設置された国立長沙臨時大学を改称して雲南省昆明市に設立された中国の国立大学。1937年7月に勃発した盧溝橋事件以降日本軍が華北に進攻したため，▶北京大学，▶清華大学，南開大学を合併して湖南省長沙市に臨時大学を置いたが(1937年)，戦線が南に拡大したことにより，さらに昆明市に移転して国立西南連合大学となった。三つの大学にあった学院・系を合併・調整して教育組織が整えられ，文・理・法商・工・師範の5学院(26系)を擁するまでに拡大されるとともに，各大学の大学院教育も再開された。運営面では一貫して学長が置かれず，3大学の学長と秘書主任から構成される常務委員会が校務全般に責任を負い，そのもとに大学の重要事項を審議する校務会議とすべての教授，副教授からなる教授会が置かれて「教授治校」が行われた。第2次世界大戦後，1946年に3大学がそれぞれ以前の所在地に戻ったのに伴い閉校となった。9年間で約3800人が卒業した。

南部 広孝

国立大学 こくりつだいがく
national public university; state university

国家が設置した大学をいう。日本の▶国立大学法人のように，国が直接設置しなくても設置・運営に一定の役割と責任を持つものも国立大学と呼ばれることがある。アメリカ合衆国やドイツのような連邦制国家では，州立大学が国立大学に相当するといってよい。18世紀以降，近代国民国家が成立すると，大学と国家の結びつきは強固になり，プロイセンでは国家自らがその威信を示すため▶ベルリン大学を設置した。同国をモデルに近代化を進めた明治の日本でも，国家主導で大学設置が進められ，1877年(明治10)に創設された東京大学が86年に▶帝国大学令(明治19年勅令第3号)に基づく帝国大学となったのち，1918年(大正7)の▶大学令(大正7年勅令第388号)により公私立大学が認められる

まで，国家の須要に応じた教育研究を使命とする▶帝国大学のみが正式な大学であった。

　第2次世界大戦後は，▶学校教育法（昭和22年法律第26号）の下で，新制国立大学のほか，公私立大学がそれぞれ特色ある教育研究を展開し，とくに▶私立大学は高等教育の規模拡大を牽引するなど大きな役割を果たしている。しかし，現在も国立大学には，多額の国費により維持される機関として，計画的人材養成等の政策目標の実現，全国的な高等教育の機会均等の確保，当面の需要は少なくても中長期的に重要な学問分野の継承発展等，公私立大学だけでは担い切れない使命を果たすことが期待されている。2004年（平成16）4月の法人化以降は，各大学の強み・特色をいかす機能分化の動きが進みつつあり，2016年度から始まった「第3期中期目標期間」では，各国立大学における機能強化の取組みを支援するため，①地域のニーズに応える人材育成・研究の推進，②分野ごとの優れた教育研究拠点やネットワークの形成推進，③世界トップ大学と伍して卓越した教育研究推進という三つの機能別の重点支援の枠組みが文部科学省により設定された。各国立大学の取組みは自ら選択した枠組みの中で評価され，評価結果が▶運営費交付金の配分に反映される。「学校基本調査」によれば，2016年現在の国立大学数は86校，学生数は61万401人となっている。　寺倉 憲一

→ 国立大学法制

国立大学管理法案 → 大学管理法案

国立大学協会 こくりつだいがくきょうかい
The Japan Association of National Universities: JANU

新制国立大学が設置された1950年（昭和25）7月に，70大学を会員校として設立された▶国立大学の連合体。2017年（平成29）時点で86の会員校および人間文化研究機構，自然科学研究機構，高エネルギー加速器研究機構，情報・システム研究機構の4機関が特別会員として加盟しており，理事会の下に地域ごとの支部，各種の委員会や有識者懇談会などを擁している。国立大学が質の高い教育，学術研究および社会貢献を推進するために必要な事業としての調査・研究，自主的政策立案や国の高等教育政策および学術研究政策等に関する政策提言のための調査研究，国際パートナーシップを基本とした国際交流事業，国立大学法人の経営に関する支援を活動の軸としている。政府や社会に対して，総会や委員会レベルで積極的に声明・要望書を発表しており，日本の高等教育政策形成にあたって強い影響力を有してきた。とくに▶共通一次試験導入にあたっては，大学入試改善を国立大学全体の問題と位置づけ，国立大学協

会が中心となり制度導入に向けての改革を推進した。　沖 清豪

国立大学財務・経営センター
こくりつだいがくざいむ・けいえいセンター
Center for National University Finance and Management

国立学校財務センター（1992年7月設立）を前身とし，2004年（平成16）4月に▶独立行政法人として設立された（独立行政法人国立大学財務・経営センター法を根拠法とする）。その目的は▶国立大学法人，▶大学共同利用機関法人および独立行政法人国立高等専門学校機構（以下「国立大学法人等」という）の施設の整備等に必要な資金の貸付けおよび交付，ならびに国立大学法人等の財務および経営に関する調査・研究，その職員の研修その他の業務を行うことにより，国立大学法人等の教育研究環境の整備充実，財務および経営の改善を図り，教育研究の振興に資することである。セミナー・研修事業は2006年度に終了し，国立大学財務・経営に関する調査・研究を担ってきた研究部は2012年3月に廃止された。2016年4月，大学評価・学位授与機構と統合し，▶大学改革支援・学位授与機構となった。　島 一則

国立大学の財政・財務
こくりつだいがくのざいせい・ざいむ

［国立大学財政］
国立大学財政とは，市川昭午による定義を援用すれば，「国が国立大学に関する目的を達成するために必要な財源を確保し，公教育経費として配分管理する活動」となる。この国立大学財政に関する法的・制度的側面として，第2次世界大戦前から続く学校特別会計法が1947年（昭和22）に廃止されるとともに一般会計に移行された。しかし，このことは大学予算の伸び悩みや執行上の弾力性を失うといった問題を生じさせた。高度経済成長期に入ると，大学進学需要の急速な高まりや世界各国における科学技術の進展に伍していくために，▶国立大学の拡大・充実が求められることとなり，1964年に国立学校特別会計法が制定され，同法1条では「国立学校の充実に資するとともに，その経理を明確にするため，特別会計を設置し，一般会計と区分して経理する」ことが定められた。その後，同制度のもとで国立大学は第2次臨時行政調査会によるシーリングで一時的な停滞時期はあったものの，総じて安定的な拡大を経験してきた。しかし同法は，国家財政の逼迫を受けての国家公務員改革の流れの中で実施された2004年（平成16）の国立大学の法人化にともない廃止され，新たに▶運営費交付金制度が導入され現在にいたっている。

　この運営費交付金制度は，従来の国立学校特

別会計制度に基づくラインアイテム方式からブロックグラント方式に変更されることにより，その使用にあたる大学側の裁量が大幅に増えることになった。具体的には，こうした制度変更により，予算の使途制限が外れ，年度間の予算の繰越しなども可能となり，多期間にわたる最適化が可能となるなど，大学の自主性・自律性拡大を狙った法人化の趣旨に沿う形での変更がなされることになった。一方で，2005年から導入された国立大学に対する効率化係数（1%）・付属病院を有する大学に対する経営改善係数（2%）の導入により，国立大学への運営費交付金の削減が始まり，第2期中期目標・計画期間においても，大学改革係数への変更はあったもののその削減が現在まで続いている。こうした基盤的資金の削減の一方で，▶競争的資金としての▶科学研究費補助金や各種のCOE／GP（▶センター・オブ・エクセレンス／▶グッド・プラクティス）などの獲得競争が促進されてきている。これらの結果として法人化以降，効率化係数等の導入にもかかわらず，国立大学全体で見た場合の収入総額は，病院収入や各種の競争的資金の獲得額の増加によって上昇してきている。

[国立大学財務]

国立大学財務とは，市川による大学財務の定義を援用すれば，「個別の国立大学法人における日常的な資金調達や会計処理活動」と定義することが可能となる。こうした国立大学財務は，大学法人化以前はほとんど注目を浴びてこなかった。その理由は，前述した国立学校特別会計制度の下では，個別国立大学の予算執行に当たっての使途も強く制限されたうえに，▶授業料収入などの自己収入も含めて基本的に収支が均衡するように制度設計されていたことがあげられる。これに加えて国立学校特別会計として国立大学全体としての数値は公表されてきたものの，個別国立大学に関わる数値の公表はきわめて限られていたことなども影響している。しかし，法人化とともに導入された運営費交付金制度によって，国立大学法人会計基準に基づいて個別国立大学レベルでの財務諸表（貸借対照表・損益計算書・キャッシュフロー計算書）の公表も義務付けられ，前述した効率化係数・経営改善係数等による運営費交付金の削減のもとで，個別国立大学はその収支バランスを保つことが求められることとなり，その財務活動は大学運営においてきわめて重要な意味を持つようになった。

この結果，各国立大学は収入増加策，支出抑制策をさまざまな形で取り入れていき，大学内における資金配分も国立学校特別会計制度下における各部局への一律的配分ではなく，大学が掲げる▶中期目標・中期計画の達成や外部資金の獲得に向けたさまざまな学内資金配分がなされるようになる。こうした国立大学の収入増加策として何よりも重視されたのが，各種の競争的資金の獲得であっ

た。こうした競争的資金の獲得にあたっては，学内資金配分においてさまざまなインセンティブの付与がなされるなど，学内における競争的資金も増大してきた。しかし，すべての大学においてこうした競争的資金や外部資金の獲得が成功しているわけではなく，結果として▶医学部を有する大規模総合大学でより大きな収入増が生じている一方で，人文系の▶単科大学など一部の大学では収入減が生じており，大学間での収入格差や学問分野間での収入格差の増大などが進行してきている。こうした結果は，大学間での競争的環境の醸成といった観点からは成功しているように見えるが，長期的にサステイナブルな形で多様な学問の発展を目指すといった観点からは問題のある状況となっている。

島　一則

→大学の財政（テーマ編），国立大学法制，大学法人化論，外部資金と利益相反

◎市川昭午「高等教育財政研究の課題と方法」，塚原修一（研究代表者）『高等教育の現代的変容と多面的展開―高等教育財政の課題と方向性に関する調査研究』国立教育政策研究所，2008.

国立大学法人 こくりつだいがくほうじん
National University Corporation

国立大学の法人化とは，国立大学に独立の法人格を与え，組織編成権や人事権あるいは財務処理権を拡大させ大学の自主性・自律性の大幅な拡大を図る一方，他方では各大学が設定する中期目標や策定する中期計画に対する主務大臣である文部科学大臣の認可をはじめ，文部科学省および総務省に置かれる評価機関による評価システムを導入しようとしたものである。この問題は，中央省庁の再編を中心とする行政改革会議の行政改革案の中で取り上げられた。具体的には，2001年（平成13）9月に発表された文部科学省の独立行政法人化に関する調査検討会議の中間報告および翌年3月の同会議の最終報告「新しい「国立大学法人」像について」を経て，教職員の非公務員化とともに2004年度からの実施が明らかにされ，所要の法改正を経て実現されることになった。一大学一法人となり，法人理事長＝学長で学長の任命（解任）は学長選考会議の選考に基づいて文部科学大臣が行うこと，運営組織として経営審議会や教育研究審議会を設置すること，文部科学大臣が中期目標（6年間）を策定すること，国立大学法人評価委員会が評価することなどが制度的な特徴となっている。

清水　一彦

→大学法人，国立大学法制，公立大学法人，認証評価，中期目標・中期計画

国立大学法人評価 <small>こくりつだいがくほうじんひょうか</small>
National University Corporation Evaluation

▶国立大学法人を対象に，2004年4月から導入された国による評価で，▶国立大学法人法にその制度上の根拠がある(同法35条による独立行政法人通則法32条，34条，35条の準用)。評価の目的は国立大学の質の向上と▶アカウンタビリティの確保，次期の運営費交付金等の算定の際の評価結果の反映にある。評価の実施主体は，文部科学省に設置された国立大学法人評価委員会である。国立大学法人評価は，毎年度行われる「年度評価」と6年ごとに行われる「中期目標期間評価」の二つに区分される。年度評価とは，各国立大学の当該事業年度における年度計画の業務実績についての評価である。中期目標期間評価とは，中期目標に対する目標期間中の業務実績についての評価である。年度評価と中期目標期間評価の基本的な違いは，中期目標期間評価の中で実施される教育研究の評価にあたって，専門的観点から行われる▶大学改革支援・学位授与機構の評価結果が尊重される点にある。

早田 幸政

→ 中期目標・中期計画

国立大学法人法 <small>こくりつだいがくほうじんほう</small>

日本の▶国立大学は長らくの間，制度上，国の行政組織の一部として位置づけられていたが，2004(平成16)年度より各大学に独立した法人格が付与されることとなった。いわゆる国立大学の法人化にともない，国立大学を設置する法人の目的，組織運営，業務，財務・会計等について2003年10月に施行された法律が国立大学法人法(平成15年法律第112号)である。国立大学の法人化は行政改革の一環として行われたため，民間的マネジメント手法の導入，学外者の参画による管理運営システムの弾力化，▶第三者評価の導入による事後チェック体制の確立など，独立行政法人通則法による一般の独立行政法人と同様の枠組みを準用しつつも，教育・研究を行う自律的組織としての大学の特性に鑑みて，▶学長の選考や中期目標の設定において各大学の自主性に配慮すること，教育・研究の評価については大学評価・学位授与機構(現，▶大学改革支援・学位授与機構)による評価結果を尊重することなど，独自の制度設計が盛り込まれている。

濱中 義隆

→ 国立大学法制，国立大学法人，中期目標・中期計画

国立大学法制 <small>こくりつだいがくほうせい</small>
the legal system on national public universities

▶国立大学は国が設置する大学であるが，2004年度に発足した国立大学法人制度によって，▶国立大学法人が設置する大学を指す概念となった。国立大学法人制度は，他の大学制度すなわち公立大学や私立大学の場合と同じく，▶学校教育法や▶大学設置基準などにより，組織編制・教員・施設・設備等，大学として必要な一般的な規制を受けるが，このほか国立大学の設置・管理・運営に係る法制(▶国立大学法人法ほか)によっても規定される。総じて国立大学は，戦前期の▶帝国大学や▶官立大学および官立▶専門学校等の時代から，欧米の先進的な学術研究成果の導入や日本の近代化に必要なエリート人材，専門人材を多数輩出してきた実績から，数の上では私立大学に遠く及ばないものの，日本の高等教育にとって非常に重要な地位を占めている。

国立大学法人制度の発足以降の国立大学はすべて国立大学法人によって設立される大学であり，個々の国立大学名称，主たる事務所(大学本部)の所在地(都道府県)，理事の員数は，国立大学法人法2条による別表第1に明示されている。ただし，法人化以前の国立大学においては，教育研究に係る組織編制は▶国立学校設置法に基づき，同法施行令(政令)で学部レベルまで，また省令で学科および課程，講座および学科目レベルまで規定されていたことに比べると簡略化され，▶学則など法人が定める規則や▶中期目標・中期計画という現実の運用にゆだねられている。また，設置者としての国立大学法人は，学校教育法5条の規定により国立大学の管理および経営負担に責任を有しているが，経費の大半は国からの運営費交付金によって賄われている。

国立大学法人制度は，1990年代以来の国の行財政改革の結果生まれた独立行政法人に係る法制に多くを依拠するものではあるが，大学という制度がもつ「教育研究の特性に常に配慮しなければならない」とされている(国立大学法人法3条)。このことは，法人の長である▶学長の任命手続きや法人に与えられる中期目標の設定手続き等に反映されている。国立大学は法人格をもつ組織であり(同法6条)，各国立大学法人には役員として学長および監事2人のほか，大学ごとに法定された員数以内の理事を置くこととされ(同法10条)，学長は国立大学法人の申出に基づいて文部科学大臣が任命し，監事は直接に同大臣が任命，理事は学長が任命する(同法12，13条)。理事は学長を補佐して国立大学法人の業務を掌理し，また役員会を構成して学長の意思決定に参画する(同法11条)。なお，国立大学法人の役員および職員(教員を含む)は非公務員であるが，刑法その他の罰則の適用については法令により公務に従事する職員とみなされる(同法19条)。

運営面において，これまでの国立大学は，帝国大学時代の伝統や戦前の多様な高等教育機関で

440 こくりつだ

あったことの歴史的経緯などから，いわゆる部局自治の考えが強く，部局の▶教授会の意向を受けたボトムアップ的な意思決定システムが主流を占めていたが，法人化後の国立大学は学長を中心とする運営体制が重視されるようになり，これを助ける審議機関として，経営協議会と教育研究評議会が置かれることになった。とくに経営協議会については委員の2分の1以上は外部の有識者でなければならず(国立大学法人法20条)，社会に開かれた国立大学であることが求められている。また業務運営そのものについては，法人化以前は公私立大学と同様，学校教育法に基づく大学の目的に沿ってそれぞれの大学の判断によって行われてきたが，法人化に伴い，一般的な独立行政法人と同様，主務大臣(文部科学大臣)が定める「中期目標」に基づき，大学が作成し大臣が認可する「中期計画」に従い行われることとなっている(同法30条)。

このうち中期目標は，文部科学大臣が各国立大学法人に対し示す目標で，国立大学が6年間において達成すべき教育研究の質の向上や業務運営の改善および効率化に関する事項等が含まれる。なお大学の特性に鑑み，文部科学大臣が中期目標を定め，またはこれを変更しようとするときは，あらかじめ国立大学法人の意見を聴き，当該意見に配慮することや，文部科学省に置かれる国立大学法人評価委員会の意見を聴かなければならない(国立大学法人法30条)。また，中期計画は国立大学法人が中期目標を達成するためにとるべき措置等について定めるもので，文部科学大臣の認可を受けなければならず，また認可を受けた中期計画は遅滞なく公表しなければならない(同法31条)。

国立大学法人は，毎事業年度ごとに当該年度の業務運営に関する計画を定め，これを主務大臣に届け出るとともに公表しなければならない。また各事業年度に係る業務の実績について，国立大学法人評価委員会の評価を受ける。さらに国立大学法人は，中期目標の期間終了後に国立大学法人評価委員会の評価を受けなければならず，評価の結果，文部科学大臣が必要な措置を講ずるものとされている(国立大学法人法31条)。このようにして，国立大学法人の社会的責任(▶アカウンタビリティ)が担保される仕組みがとられている。　　山本 眞一

▶ 国立大学法人評価，公立大学法制，私立大学法制

◎国立大学法人法制研究会編『国立大学法人法コンメンタール』ジアース教育新社，2000年〜
◎大崎仁『国立大学法人の形成』東信堂，2011.

国立台湾大学 [台湾] こくりつたいわんだいがく
National Taiwan University

1945年11月，中華民国に接収された▶台北帝国大学が改称されて設立された大学。設立時には文，法，理，医，工，農の6学院，22学系が置か

れ，1000人余の学生が在籍した。1967年に夜間部が新設され，1980年代半ば以降，管理学院(1987年)，公共衛生学院(1993年)，電機学院(1997年，2000年に電気資訊学院に改称)，生命科学院(2003年)，牙医(歯科医)専業学院(2008年)，獣医専業学院(2008年)などが新たに設置された。2016年時点で11学院，3専業学院に54学系，49研究所(大学院教育課程のみを有する教育研究組織)を有する。専任教員は2016人，学生総数は3万1670人で，その半数は大学院段階で学んでいる。歴史，規模，名声のいずれにおいても台湾を代表する総合大学である。李登輝，陳水扁，馬英九といった歴代総統，ノーベル化学賞受賞者の李遠哲をはじめ多くの著名人を輩出している。校地面積は広大で，実験林場も含めると台湾総面積の1%を占有する。　　南部 広孝

国連大学 →国際連合大学

国境を越えて提供される高等教育の質保証に関するガイドライン
こっきょうをこえてていきょうされるこうとうきょういくのしつほしょうにかんするガイドライン
Guidelines for Quality Provision in Cross-border Higher Education

学生の▶留学，大学の海外分校の設置，eラーニングなどの情報通信技術を利用した高等教育の配信等，国境を越えて提供される高等教育が進展する中で，国際連合教育科学文化機関(UNESCO)と経済協力開発機構(OECD)が連携して2005年に作成した高等教育の質保証に関する指針。国家間の相互信頼と尊重，国際協力の重要性，国家主権と高等教育システムの多様性を重視する原則のもとに，政府，高等教育機関・高等教育提供者，学生団体，質保証・適格認定機関，学位・学修認証機関，専門団体のそれぞれが，国境を越えて提供される高等教育の質を保証するために取り組むべき事項を指針として提唱している。この指針は，質保証に係る国際的枠組みを提供することを意図しており，法的拘束力をもつものではないし，標準化や統一を目指すものでもない。各国には，それぞれの責任において指針に沿った高等教育の質保証に取り組み，国際協力を推進していくことが期待されている。　　深堀 聡子

▶ 質保証制度，eラーニングとICT活用教育

古典語・外国語教育 こてんご・がいこくごきょういく
classical- and foreign language education

大学と古典語・外国語教育の関係は，錯綜している。大まかな図式としては，古い時代の大学でのギリシア語，▶ラテン語，ヘブライ語が，啓蒙時代

大学事典　　こてんごが　441

以降，近代外国語に替わられるといってよい。しかし，ラテン語は大学の誕生から18世紀まで一貫して主要言語に留まったのに対し，近代大学を席巻したアリストテレスの母語ギリシア語の教育は中世末期にようやく始まり，しかもヘブライ語と並び本格化したのは17世紀であった。加えてギリシア語が熱心に学ばれることは少なく，ヘブライ語の最盛期は17世紀を中心にきわめて短命であった。近代外国語に目を転ずると，学術言語としてのその発展開始の遅さが目を引く。なかでも自他ともに近代学問の牽引役と認めたドイツの母語が，19世紀以前は大学での外国語として学ばれることがほぼ皆無だった点である。そうした諸点を念頭に置きながら，以下では各地の大学における古典語と近代外国語の導入の実態を時代を追って辿る。

[古典語の教育]

11世紀以降，スペインのトレド，南イタリアのサレルノで，アラビア語を介したギリシア語の知識が広がるが，アリストテレスなどは教会にとっては危険思想であり，▶パリ大学でも1215年に禁書にされたが，1255年には許可され，人文学では必読文献ともなった。1453年のビザンティン帝国の崩壊が画期となり，15世紀半ば以降，大学でギリシア語が教えられるようになった。16世紀末にはギリシア語教育はヨーロッパ全土にいきわたる。

ヘブライ語については，エラスムス（1466-1536）による，ベルギーのルーヴェン大学と，スペインの▶アルカラ大学に設けられた▶コレギウム・トリリングCollegTum trilingue（三言語学院，すなわちラテン語，ギリシア語，ヘブライ語）が最初とみられる。1530年，▶コレージュ・ド・フランス（Collège de France）の前身にあたる「コレージュ・ロワイヤルCollège royal（Collège de lecteurs royaux，王立教授団学校）」が設立されたが，そこにはヘブライ語，ギリシア語の講座があった。1587年にアラビア語が，1692年に古典シリア語が追加され，これはフランス革命期まで変わらなかった。

ラテン語の入門書・辞書としては，ウィリアム・リリー（William Lily, 1468-1522）が1511年に初版を出し，以後2世紀にわたり使われ続けた英語版の『ラテン語文法入門』，19世紀前半まで使用されたエゼキール・チーヴァー（Ezekiel Cheever, 1615-1708）によるアメリカ向け簡略本『アクシデンス，ラテン語簡略入門 Accidence, a Short Introduction to a Latin Tongue』（1709年）などが挙げられる。しかし，15世紀に抜群の評判をとったラテン語文法の著者は，エリオ・アントニオ・デ・ネブリーハ（Elio Antonio de Nebrija, 1441-1522）である。1481年，ラテン語で刊行された『ラテン語入門 Introductiones latinae』は，1486年にはカスティーリャ（イスパニア）語に翻訳され，初期宣教師たちの手によって新大陸に渡り，メキシコやペルーで用いられた。いうまでもなくネブリーハの貢献は，カスティーリャ語をラテン語に匹敵する地位に高める目的で著した『カスティーリャ語文法 Gramática de la lengua castellana』（1492年）の出版である。

日本では1580年，滋賀の安土と長崎の有馬に設けられたイエズス会神学校（セミナリオ，初等教育機関）がラテン語を教えたが，1614年には閉鎖された。1581年に大分の府内に設けられたのち，島原，天草，長崎に移った中・高等教育機関コレジオもラテン語を教えた（1597年閉鎖）。ネーデルラント（オランダ）の植民地だったバタヴィア（インドネシア）でも，1642年にラテン語学校が設置され1670年に閉鎖されている。

アイルランドのウィリアム・ベイズ（William Bathe, 1564-1614）による『諸言語の扉 Janua linguarum』（1611年）は，言語を文法によって別の言語で説明する「通常の方式」ではなく，「直接法 direct method」という「異例の方式」による最初の言語入門書といわれる。教育学の父コメニウスの『開かれた言語の扉 Janua linguarum reserata』（1631年）は，この書がもとになっている。北米のハーヴァード（1636年創立）の初代学長ヘンリー・ダンスターの伝記によれば，構内ではラテン語の使用のみが許され，古典語としてはギリシア語のほか，ヘブライ語，カルデア語（古代バビロニアの言語），古代シリア語が教えられていた。同じくウィリアム・アンド・メアリー（1693年創立），イェール（1701年創立）でも，中級ラテン語と初級ギリシア語の習得が入学条件であった。18世紀半ば以降設立されたプリンストン（1746年創立）やコロンビア（1754年）等の大学でも入学条件は同様であった。

[近代外国語の教育]

イタリア語は16世紀には早くも，ヨーロッパの他の諸国の神学校や大学で教えられており，16世紀末から17世紀初めにはイスパニア（スペイン）語，フランス語は17世紀半ば以降，英語は18世紀から教授されていた。17世紀のドイツの諸大学を見るに，ハレではイタリア語が，インゴルシュタットやライプツィヒではロマンス諸語が学ばれていた。スヴェーリエ（スウェーデン）の大学では，東のウプサラが1637年から，南のルンドでは1669年から，フランス語が教授された。1730年代，ドイツのゲッティンゲンでは英語講座が開設された。ポルスカ（ポーランド）やマジャール（ハンガリー）を含む東欧圏の行政は，18世紀末までラテン語を用いたので，その必要性はこの頃まで継続された。

英語とドイツ語は近現代の学術語の代名詞といってよいであろう。しかし，英語は18世紀までは外国語としてどの国の大学の関心も引かず，ドイツ語は哲学者カント（Immanuel Kant, 1724-1804）の活躍以前は，ほとんど学術的な用途に耐えないレベルの言語だったといわれている。大学での古典語中心から近代語への急激な転換と，近代諸言語自身の急速な変貌ぶりは目覚ましい。そうした転換

442 　こてんごが

大学事典

や変貌の仕組みの解明にはさまざまな要因の分析を要するであろうが，科学革命以降の学術研究の発展に対する数学(数学の実験との結合)の貢献は無視できない要因のひとつであろう。　　　　　　原 聖

→教育言語，言語学研究，文法学校，大学と言語(テーマ編)

◎Nicholas Ostler, *Ad Infinitum. A Biography of Latin and the World it Created*, London, Harper Press, 2007.
◎Agnès Blanc, *La langue du roi est le français. Essai sur la construction juridique d'un principe d'unité de langue de l'État royal* (842-1789), Paris, L'Harmattan, 2010.
◎*The Catholic Encyclopedia*, New York, Robert Appleton, 1910.
◎ピーター・バーク著，原聖訳『近世ヨーロッパの言語と社会』岩波書店，2009.
◎Jeremiah Chaplin, *Life of Henry Dunster, First President of Harvard College*, Boston, Osgood, 1872.
◎Auguste Vallet de Viriville, *Histoire de l'instruction publique en Europe et principalement en France*, Paris, Administration du Moyen Age et la Renaissance, 1849.
◎今村義孝『天草学林とその時代』天草文化出版社，1990.

言葉狩り｜ことばがり
prohibition of unofficial languages

大学との関係では，公式の▶教育言語使用からの学生の逸脱を防止・禁止する措置を指す。イエズス会による「学校規則 Ratio Studiorum」(1599年成立，1777年まですべてのイエズス会学校を規定)には，「低学年教員の一般規律」として生徒が，「ラテン語を話すことはいつも厳しく遵守しなければならない」「母語を用いることは許されない。これを守れない生徒には罰点が与えられる」(第18項)とある。中高等教育の場に関してはこうした規則はないとはいえ，これがいわゆる「罰札」の原点と考えられる。17世紀中途のハーヴァード・カレッジ(1636年創立)の「規則と指針」は，「公開の場での英語の訓練が課される場合以外では，俗語(vernacular tongue)の使用を禁止」しており，違反者は2回の警告ののち，成人(18歳)未満の場合は「むち打ち」，成人の場合は「監督官に召還され，公開の場で処罰が決定される」とある。

1833年のフランス，ブルターニュ地方の視学官の記録では，地元の言語ブレイス語を使わせないために相互監視システムが取られており，90年代にはフランス語で「サンボル」(印)と呼ばれ，1960年代まで用いられた。同様の事例は，世界各地の少数言語地域に見られ，沖縄でも1900年前後から60年代まで「罰札」(方言札)が使用された。

1885年設立の全ドイツ言語協会(Allgemeiner Deutscher Sprachverein)は，フランス語と英語の排除に取り組み，1930年代には，ナチスの「ドイツ精神 Deutschtum」と文化的純化の思想に沿って，「外国語狩り Fremdwortjagt」と称し，外来語をドイツ語的単語に系統的に置き換えた。高等教育機関における言語禁止の事例としては，ロシア革命に続く1920年の教育改革で，ソ連の大学が▶ラテン語を追放したことが挙げられる。　　　　　　原 聖

こども教育宝仙大学 [私立]
こどもきょういくほうせんだいがく
Hosen College of Childhood Education

1935年(昭和10)東京で初めての仏教系保育者養成校として設立された仏教保育協会保姆養成所を前身とする。設置母体である宝仙学園の創立者は，真言宗豊山派の古刹宝仙寺第50世住職富田學穀大僧正である。建学の精神は「仏教精神を基調とした人間教育によって品格と知性を兼ね備えた人を造る」とし，幼児教育・保育・児童福祉などの専門的知識や技術を修得し，高次な倫理観と教養を備え，広い視野に立った判断力をもって，社会に貢献し得る人材を育てることを基本理念としている。こども教育学部の1学部からなり，2016年(平成28)現在東京都中野区のキャンパスに374人の学生が在籍。カリキュラムの特徴は，きめ細やかな少人数教育と，隣接する学園の幼稚園を活用した実践的プログラムである。　　　　　山崎 慎一

→仏教系大学

コナント
James Bryant Conant｜1893-1978

アメリカの化学者，外交官，教育者。ボストンに生まれ，1913年に▶ハーヴァード大学を卒業，有機化学を専攻して1916年，同大学より Ph.D. の学位を取得した。1927年同大学教授。おもに有機化学の分野で業績をあげ，多くの後進を育てた。1933年から53年までハーヴァード大学学長(第23代)。大胆な大学改革を行い，とくに教員の任用や昇進では，各分野で世界一評価の高い教員しか終身の教授職を与えないという方針を貫き，今日の▶研究大学としてのハーヴァード大学の基礎を築いた。学生選抜では，全米各地から能力ある学生を受け入れる方針を採用，大学の近代化に貢献するとともに，TOFFL など世界中で使われているテストを開発・実施している ETS(Educational Testing Service)の設立や，大学選抜の共通テストである▶SAT(Scholastic Assessment Test)などの導入に中心的役割を果たした。学外では全米国防研究委員会(National Defense Research Committee)委員として，トルーマン大統領の日本への原爆投下の決定に関与した。1955～57年，ドイツ連邦共和国(西ドイツ)大使を務めた。　　　　　　赤羽 良一

コーネル大学 [アメリカ]｜コーネルだいがく
Cornell University

ニューヨーク州イサカ(Ithaca, N.Y.)に，▶アイビー・リーグ(Ivy League)8校の中では最も遅く，南北戦争後の1865年に設立された。創立者はエズラ・コーネル(Ezra Cornell)とアンドリュー・▶ホワイト(Andrew D.

White)で，実際の開講は1868年である。アメリカ大学史においては，アイビー・リーグで初めて「宗派立でない(non-sectarian)」私立部門と，▶モリル法による土地供与で設立された州立部門が一つの大学を構成していること，男女共学制や科目選択制(elective system)を最も早く取り入れた大学の一つであることなどで注目される。現在，七つの学部，四つの大学院およびプロフェッショナル・スクールがイサカに，医学系大学院とメディカル・スクールがニューヨーク・シティにある。2015年度の学部生・院生合わせて約2万2000人，教員は約1500人，スタッフは8000人。

中村 雅子

コペンハーゲン大学[デンマーク]｜コペンハーゲンだいがく
University of Copenhagen;
Københavns Universitet[デンマーク語]

1479年設立。デンマークの首都コペンハーゲンに所在する，デンマーク最大にして最古の大学。▶ウプサラ大学と競うように1419年より設立に向けた準備が進められていたが，実現までに時間を要した。ドイツの大学に倣い，神学・法学・医学・哲学の4学部から構成されていた。設立当初はカトリック系であったが，宗教改革により1537年以降はプロテスタント系(ルター派)の大学として発展した。19世紀半ばまでの400年以上にわたって，デンマーク唯一の高等教育機関であった。2007年，デンマークの高等教育制度再編の流れの中で，獣医農業大学と薬科大学を吸収・統合している。現在は6学部(健康科学部，人文学部，法学部，理学部，社会科学部，神学部)から構成され，2014年現在，約4万人の学生が学んでいる。

渡邊 あや

駒沢女子大学[私立]｜こまざわじょしだいがく
Komazawa Women's University

1993年(平成5)東京都稲城市に開設。建学の精神は，道元禅師の禅の教えである「正念」と「行学一如」である。「正念」とは，正しく物事を見つめ，とらえていくことを意味している。「行学一如」は，学ぶことと実行することは一体であることを示している。教育理念は，「知性と理性を備えた心豊かな女性の育成」である。特徴的な教育実践として，テーラーメイド教育という考え方を導入している。これは単に学生の要望を聞いていくというものではなく，学生とのさまざまなコミュニケーションを通じて情報を集積し，多角的な視野から，各学生にふさわしい教育を提供することである。人文学部と人間健康学部の2学部と1研究科から構成され，2017年現在1923人の学生が在籍。

山崎 慎一

駒澤大学[私立]｜こまざわだいがく
Komazawa University

1592年(文禄1)曹洞宗が禅の実践と仏教の研究，漢学の振興を目的として設置した学林(のちに栴檀林と命名)を源流とする。1875年(明治8)に曹洞宗専門学本校が開校。その後，1882年に曹洞宗大学林専門学本校，1905年に曹洞宗大学と改称され，25年(大正14)に大学令により設立認可され駒澤大学と改称し，寺院の子弟だけでなく，一般学生に門戸開放する。

1949年(昭和24)に新制大学となり，仏教学部，文学部，商経学部の3学部を設置。「仏教の教えと禅の精神」を建学の理念とする。東京都世田谷区に駒沢キャンパス，深沢キャンパス，玉川キャンパスがある。2016年(平成28)5月現在，7学部17学科と8研究科(法科大学院を含む)からなり，学生数は1万5425人。初年次教育では「教養教育」を充実させ，「はばひろい教養」と「高度な専門教育」の連携を図るカリキュラムが設定されている。仏教学部では仏教および禅について体系的な知識を修得する。さらに医療健康科学部を設置し，診療放射線技師の育成を行うなど多彩な教育，研究が行われている。

山本 剛

→仏教系大学

COMUE(コミュ) ➡PRES／COMUE
(プレス／コミュ)

コミュニティ・カレッジ
community college

アメリカ合衆国の地域社会立(おもに市や町)の総合的短期高等教育機関。ハイスクール卒業者を受け入れるだけでなく，地域社会のすべての住民を対象にした教育課程(多様な職業・技術教育の課程，4年制大学に編入するための課程，資格取得のための課程，成人教育の課程等，単位制・非単位制のさまざまな科目)を持っている。

［歴史的起源］
コミュニティ・カレッジの起源は▶ジュニア・カレッジである。20世紀初頭に成立したジュニア・カレッジ自体が，地域社会の要求によって設立された教育機関という意味で，その教育はすぐれて地域性を有しており，たとえば地域社会の要求にこたえた職業・技術教育も提供していた。

コミュニティ・カレッジは，教育制度上は中等教育の延長として成立したにもかかわらず大学教育を提供するという形態のため，その法制的・財政的な位置は必ずしも明確ではなかった。しかしながら，第2次世界大戦後，とりわけ1960年代初頭，▶カリフォルニア高等教育マスター・プランに代表される各州の高等教育長期計画によって，予想され

る高等教育人口増大を支えるための必須の機関として高等教育制度上の地位を獲得するに至った。マーチン・►トロウの提起したマス高等教育あるいはユニバーサル高等教育は，コミュニティ・カレッジの存在なしには実現できなかったと言えよう。「オープン・ドア（無試験）」入学政策を掲げ，一方で社会の技術革新に敏感に対応した職業技術教育，他方で生涯学習のための多様な成人教育プログラムを次々に展開し，1970年代には全米で急速な発展をするに至った。とりわけ，コミュニティ・カレッジの全米連合団体であるアメリカ・コミュニティ・カレッジ協会が掲げたスローガン「すべての人にあらゆることを」が象徴するように，「地域社会を革新するカレッジ（Community-Renewal College）」としての地域社会への教育サービスの理論と実践は注目すべき業績をあげた。しかしながら，1970年代末から80年代初頭にかけての「納税者の反乱」と呼ばれた全米的な減税運動は，公費で運営され低廉な学費を誇ったコミュニティ・カレッジを直撃することになり，その成長は一時頓挫する。以降，新たな顧客たち，たとえばアメリカ先住民や留学生，主婦や高齢者を積極的に獲得することで着実な発展を遂げていった。

[現状]
2年制の短期高等教育機関であるコミュニティ・カレッジは，かつてOECD（経済協力開発機構）が中等後教育のモデルとして定式化した「多目的第一サイクル・モデル」の一つであるが，世界で最も成功した事例である。通常の公立4年制大学と比較した場合，①低廉な学費，②自宅や職場から通学可能，③学生集団が比較的小規模であること，④4年制大学への編入の途が開かれているなどの理由で，2017年現在，大学数1108校（公立982校，私立90校，アメリカ先住民のカレッジ36校），登録学生数は2015年現在で約1220万人（単位制課程720万人，非単位制課程500万人）を擁し，大学に初めて入学する学生の約41%がコミュニティ・カレッジで学業を開始するという，依然としてアメリカ高等教育の一大勢力となっている。コミュニティ・カレッジ出身の著名人も数多く，ヒトゲノム研究のJ.クレイグ・ヴェンター（1946-），映画監督のジョージ・ルーカス（1944-），キューバ系アメリカ人作家として最初にピュリッツァー賞を受賞したオスカー・イフェロス（1951-2013）などはコミュニティ・カレッジから4年制大学に編入している。

パートタイム学生，人種・民族という点でのマイノリティ学生，女性の学生が多数派という点もコミュニティ・カレッジの特質としてあげることができる。大都市型の大規模コミュニティ・カレッジとしてマイアミ・デイド（フロリダ州，単位制課程在籍者6万1000人），ヒューストン（テキサス州，単位制課程在籍者6万人）など巨大なカレッジも存在するが，基本的には所在する地域社会に見合った規模である。例

外は部族カレッジ（Tribal College）と呼ばれるアメリカ先住民の教育に特化したコミュニティ・カレッジで，ごく少数を除きいずれも数百名の在籍者数である。

近年，教育機会の平等という観点から，連邦政府および州政府が積極的に財政援助を行うようになった。運営に必要な全経費の内訳を全米教育統計センターが公表した最新値（2016年度）で見ると，連邦が13.5%，州が31.3%，地域社会が18.2%，学生（授業料等納付金）が29.1%，その他が8.0%となっている。このような財政支出への連邦政府および州政府の関与は，►アカウンタビリティの観点から，コミュニティ・カレッジの教育の成果がより厳格に問われるようになり（退学率や在学中に借りた経済援助ローン返済のデフォルト率など），これはコミュニティ・カレッジにとって克服すべき新たな課題となっている。　　　　　　　　　　　　　坂本　辰朗

→アメリカの大学（テーマ編）

◎American Association of Community Colleges, 2017 Fact Sheet (AACC, 2017)：http://www.aacc.nche.edu/wp-content/uploads/2017/09/AACCFactSheet2017.pdf
◎Cohen, Arthur M., Brawer, Florence B. and Kisker, C.B., *The American Community College*, 6th Edition, Jossey-Bass, 2013.

コメニウス大学 [スロヴァキア] ｜コメニウスだいがく
Comenius University;
Univerzita Komenského v Bratislave [スロヴァキア語]

スロヴァキアの首都ブラチスラヴァにある。コメンスキー大学とも呼ばれ，チェコスロヴァキア独立時の1919年に創設された総合大学。現在の正式名は国立コメニウス大学。前身は1465年にハンガリー国王マチアス・ゴルヴィヌスによってブラチスラヴァに設立されたイストロポリターナ・アカデミー（Akademia Istropolitana）。チェコのモラヴィア出身の教育学者ヨハン・コメニウスの名前を冠し，現在スロヴァキア最高位の大学とされている。2013年の学生数2万8000人。学部は12あるが，医学部は世界的な権威を有し，バイオ関係の研究大学としても有名である。1993年に日本語学科が誕生し，日本との学生交流も盛んである。スロヴァキアは2003年にチェコスロヴァキアから分離独立してEUにも加盟，大学として►ボローニャ・プロセスに積極的に取り組んでいる。　　　　　　　　　　加藤　一夫

雇用の流動化 ｜こようのりゅうどうか

[社員教育の転換]
日本経済再生本部における安倍総理の指示（2013年4月）の一つとして「成熟産業から成長産業へ『失業なき円滑な労働移動』を図る」ことが示された。このため，雇用支援策に関して，「行き過ぎた雇用維持型から労働移動支援型への政策シフトを具体化すること」があげられた。国の政策として，雇用

の流動化を推進するということである。その背景には，正規と非正規雇用者間の格差の固定化という社会問題がある。

雇用の流動化は，社員教育の転換を促す。日本企業の社員教育は，終身雇用と年功賃金という日本型雇用慣行に基づく先行投資と捉えられてきたからである。終身雇用であれば，企業は自社精神の育成をも含む人材育成を計画的に編成しやすく，教育に投資する意味があった。1980年代後半のいわゆる「バブル経済期」には，大学を卒業した新入社員であっても「一から教育し直す」と豪語する企業が存在した程，日本企業ではOJT（On the Job Training）とOff-JT（Off the Job Training）を組み合わせた社員教育が計画的・組織的に推進されていた。しかし，1990年代の「バブル経済の崩壊」以降，多くの企業では「即戦力」となる人材の中途採用や非正規雇用者を増やすとともに，日本型雇用慣行に基づく社員教育のあり方を見直さざるを得なくなったのである。

今日の日本企業では，企業主導の社員教育から社員の主体性や多様性（ダイバーシティ）を生かすナレッジ・マネジメントへと転換している。その理由は，大別すると二つある。一つは，今日の企業には社員教育の先行投資をする余力がなく，社員の自助努力による自己教育に任せざるを得ないということである。もう一つは，企業主導型の従来の社員教育ではさまざまな変化に対応できないということである。今日の企業は，技術革新・国際競争等の唯一の正解があるわけではないさまざまな課題や変化に対応しなければならず，そのためには「形式知」のみならず「暗黙知」をも含む幅広い知識や情報を用いなければならない。また新製品の開発をする際等には，既存の価値の枠組みにとらわれない発想の転換や新しい価値の創造も必要である。つまり，社員一人一人の多様性を最大限に生かすナレッジ・マネジメントをしなければ，急速で複雑な変化に対応できないのである。

[大学教育の質的転換]
雇用の流動化は，力量形成のあり方の質的転換をも促す。終身雇用制が安定していた時代には当該企業の中で発揮される能力を社員教育や仕事を通じて身につけていれば良かったが，雇用が流動化した時代にはライフプランやキャリアデザインを主体的に考え，自助努力によりエンプロイアビリティ（当該企業の内外で発揮される労働市場性の高い能力）を高めなければならないからである。

経済産業省では「職場や地域社会で多様な人々と仕事をしていくために必要な基礎的な力」を「前に踏み出す力」「考え抜く力」「チームで働く力」の三つの能力と12の能力要素からなる「社会人基礎力」として提唱している。社会人として「基礎学力」「専門知識」に加え，「社会人基礎力」を培う必要があるということである。また，中央教育審議会答申

「▶学士課程教育の構築に向けて」（2008年）では，「各専攻分野を通じて培う学力」を提唱している。「社会人基礎力」や「▶学士力」が唱えられるようになった背景には，OECD（経済協力開発機構）の「コンピテンシーの定義と選択」プロジェクト（Definition and Selection of Competencies: DeSeCo，デセコ）が2003年にまとめた「キー・コンピテンシー」がある。コンピテンシーとは単なる知識や技能を指すのではなく，「相互作用的に道具を用いる力」「自律的に活動する力」「異質な集団で交流する力」の三つのカテゴリーからなり，同プロジェクトではそれらの力を培う生涯学習の必要性を説いている。

このような動向を踏まえて中央教育審議会がまとめた答申「新たな未来を築くための大学教育の質的転換に向けて」（2012年）の副題が「生涯学び続け，主体的に考える力を育成する大学へ」であるように，今日の大学の役割は生涯学習者の育成である。具体的には，「答えのない問題に解を見出していくための批判的，合理的な思考力等の認知的能力」「チームワークやリーダーシップを発揮して社会的責任を担う，倫理的，社会的能力」「総合的かつ持続的な学修経験に基づく創造力と構想力」「想定外の困難に際して的確な判断ができるための基盤となる教養，知識，経験」などを「学士力」として培うことが求められている。そのために，教員が一方的に話す講義形式の授業からディスカッションのような双方向で学びあう授業へ，また▶インターンシップのような教室外学修プログラムで学生が主体的に学ぶ教育への質的転換が必要であると同答申は強調している。

大学教育の質的転換では，女性の教育も重要な課題の一つとなる。正規と非正規雇用者間の格差の固定化という点では男女差が大きく，『平成22年版男女共同参画白書』（2010年）によると，高等教育を受けた女性（25〜64歳）の就業率が，OECD諸国の中で「日本は，最も低いグループに属し」，「高等教育によって形成された女性の能力が，日本では就業の形で十分にいかされていない」からである。「社会のあらゆる分野において，2020年までに指導的地位に女性が占める割合を少なくとも30％程度」とする「2020年30％」が日本の目標として掲げられていることを踏まえて，▶ジェンダーの視点を取り入れた教育を展開する必要もあろう。

中村 香

→労働市場と大学（テーマ編），非正規雇用，男女共同参画

◎ドミニク・S. ライチェン，ローラ・H. サルガニク編著，立田慶裕監訳『キー・コンピテンシー』明石書店，2006.

ゴリアルド
goliardus[羅]；goliard[仏]

フランス語ではゴリアール。中世の大学で学業を放棄し，バッカス（飲酒）とウェヌス（好色）をたたえな

がら放浪した学生の総称。彼らの生活はしばしば酒と女と歌に要約されるが，彼らが▶ラテン語で書き残した数多くの詩の多くは，冒瀆的であると同時に叙情的でもあり，制度的な宗教性から自由な情動の発露がみられるという点で，のちに文学とよばれる表現の先触れと呼ぶにふさわしいものである。中世末期にあらわれた詩人フランソワ・ヴィヨンがその『遺言』の冒頭で「われは学生なり」という詩句を響かせるのも偶然ではない。また，その認識や情動が聖と俗をかさねあわすように働くという意味で，ダンテやエックハルトというルネサンス的な文人や哲学者たちもゴリアルドの系譜に連なるともいえるだろう。中世の大学はスコラ哲学者のみならず，無数のゴリアルドたちを産み出したのであり，そのことは近代の大学から「知識人」が誕生したのと同様の意味をもっている。　　　　　　白石　嘉治

→学生(テーマ編)，中世大学モデル

高麗大学校 [韓国] | コリョ(こうらい)だいがっこう
Korea University

日本統治期に設立された普成専門学校を前身とする，韓国で最も有力な私学の一つ。民間の韓国人による最初の近代的高等教育機関としての矜持から，「民族高大」を称する。教育目的として「民主教育の根本理念に基づき，学術理論とその応用方法を教授・研究すると同時に，国と人類社会の発展に必要な人材の育成」を掲げ，政界や経済界，学術界，スポーツ界などに多くの人材を輩出している。近年は国際化にも力を入れており，大学の国際化計画である「Global KU Project」を通して，英語による講義の割合を大幅に拡大した。海外の大学との連携・交流も積極的に進めており，2014年現在で，世界91ヵ国の863大学と連携している。本部が所在するソウル市内の安岩(アナム)キャンパスのほか，韓国中部の世宗(セジョン)市に世宗キャンパスがある。2016年現在，両キャンパスを合わせて23の学部のほか，24の各種大学院が設置されている。大学院も含め学生数は3万5446人，専任教員は1696人。　　　　　　　松本　麻人

コルドバ宣言 | コルドバせんげん
Manifesto of Cordoba

1918年にアルゼンチンのコルドバ大学での大学紛争の際に，学生たちが発表した大学改革の理念を示した宣言文。ラテンアメリカ全域の大学において学生の共感を得て，20世紀前半期を通じて，この地域全体の大学改革運動の理念と基本戦略となる。宣言は，旧来の大学管理のあり方を雄弁かつ激烈な調子で批判するとともに，学生こそ大学の主体であり，改革の担い手であるという原則を表明する。その後，全国学生会議やラテンアメリカ

諸国の学生代表を結集した国際会議の場での議論をへて，その理念が具体的改革要求へと結実された。具体的な内容は大学の自治，教授・学生・卒業生の3者による共同管理，公募による教授採用，授業出席の自由化，大学教育の無償制，教育方法の改善，非選抜的入学方式，大学拡張講座の開設，国の政治・社会・経済的問題の解決への大学の貢献などである。改革運動は必ずしも順調に進展しなかったが，そのたびにコルドバ宣言の原点に立ち返ることが呼びかけられた。国立教育研究所『研究集録』第11号(1985年8月，187-196頁)に「1918年『コルドバ宣言』」(全訳)が紹介されている。　　　　　　　　　　　　　　斉藤　泰雄

コルドバ大学 [スペイン] | コルドバだいがく
Universidad de Córdoba

スペイン南部アンダルシア自治州第3の都市，古都コルドバにある公立大学。1972年設立。19世紀末に存在した自由大学にその起源がある。1970年代に，▶セビーリャ大学の地方拠点となり，以後大学として発展した。獣医畜産学，自然科学，とくに化学，生物学，環境学，健康科学といった分野に重点をおいている。特に獣医畜産学においては，アンダルシア自治州内で獣医畜産学部を有する唯一の大学であり，前身の畜産学校から数えると100年の歴史と伝統を持つ。コルドバ市内に法学部，社会学部，健康・医療系学部，科学，工学系学部に分かれて3つのキャンパスを持っている。　安藤　万奈

コレギウム
collegium [羅]

ウニヴェルシタスと並んで「大学」に関わって使用され続けたが，歴史的にはおおむね三つの意味に分けられる。まず第1にウニヴェルシタスと同様の人間の集合体，団体。第2に学生のための▶学寮。第3にウニヴェルシタスとは別の高等教育機関ないし中等教育機関。英語のカレッジ(college)，フランス語の▶コレージュ(collège)は，コレギウム(collegium)に由来する。

[法人団体組織としての意味]
同じ職業ないし地位にある者によって構成される団体としての概念はローマ法に由来し，目的と機能を定めた規約，法的な代理人であるプロクラトーレないし管理者，共有財産と財政，法的な代表権などの法人格としての資格を完全に備えた団体組織であった。このような法人団体組織としてのコレギウムは商人，職人，医師，法曹家などの職業組合として多様な形態で存在した。団体としての性格や権利はウニヴェルシタスと変わりはなく，中世にも両者は厳密に区別されなかった。▶パリ大学では「教師と学生のウニヴェルシタス」に対して教師

の組織としてコレギウムが使用されたし，▶ボローニャ大学でも▶ドクトルたちが学位授与を目的としたコレギウムを形成した。これは，当時法曹家が形成した職業組合としてのコレギウムとは別種のものであった。その意味では，▶ストゥディウム・ゲネラーレはウニヴェルシタスやコレギウム，ファクルタスから成り立っていたと捉えることもできる。また，コレギウムは中世に教会や修道院の諸団体にも使用されたため，一種の共住的な団体を意味するようになった。ここから，学寮の意味が派生したとみられる。

［学寮としての意味］

中世の学生たちは，もっぱら仲間同士で民家を賃貸して共同生活をする方式をとった。こうした形態はホスピティウム（hospitium）と呼ばれた。ホスピティウムは，その同居者のなかから代表者を選出して自治的に管理される団体であった。ホスピティウムの分担金を払えない▶貧困学生は，市民の屋根裏部屋などに間借りした。そうしたなかで篤志家によって，貧困学生のための学寮（コレギウム）が設けられるようになった。そうした行為は神への奉仕とみなされたからである。1180年にパリに設けられたコレージュ・デ・ディズュイット（18人学寮）が，この種の学寮の最初のものとされている。このように学寮は元来，貧困学生のための生活の場として設立されたものである。そのなかでも，1257年創立のパリのソルボンヌ学寮，1364年創立のボローニャのスペイン学寮などがよく知られている。

当初は，枢機卿などが特定の▶国民団の学生のために設立し，14，15世紀には各地の大学に多くの学寮が設立された。とくにイギリスでは，13世紀からオックスフォードにマートン学寮，ケンブリッジにはピーターハウス学寮など多数設立された。また学寮は次第に貧困学生だけでなく，一般的な学生の生活の場へと変化していった。15世紀頃からは学生だけでなく▶チューターなどの教師も共住して，教育機能をも果たすようになり，コレギウムは学寮であると同時に大学教育をおこなう場へと発展していくことになる。フランス革命以降，ヨーロッパ大陸部では学寮は次第に消滅していったが，イギリスでは残存し，大学における「学部」と「学寮」の二重の教育構造が次第に確立した。イギリスの現在まで続くカレッジ制度は，こうした「コレギウム」から発達したものである。

［教育機関としての意味］

人的団体としてのコレギウムという意味は，高等教育機関や中等教育機関にまで拡大された。その典型は，反宗教改革以降にイエズス会が創設したコレギウムで，人文主義理念の下に中・高等教育にまたがる教育をおこなった。教皇の許可を受けてイエズス会を結成したイグナティウス・デ・ロヨラ自身が創設したローマのコレギウムは，のちにグレゴリアーナ大学となった。このようなコレギウムは宗派ごとに多数つくられたが，フランスではパリの学寮の影響下で大学に接続する中等教育機関としてのコレージュが，公的ないしは私的にも設立されるようになった。人文主義の影響は，ルーヴァンに▶コレギウム・トゥリリンゲ（三古典語学院），ボルドーにコレージュ・ド・ギュイエンヌを生んだ。なかでも著名な▶コレージュ・ド・フランスは「大学」に対抗する人文主義教育の牙城となったが，高等教育機関ではあっても学位は授与しなかった。

アメリカ合衆国のカレッジは，ヨーロッパとは異なった展開をした。1636年，植民地で最初に設立されたハーヴァード・カレッジ以降，カレッジは中等教育後に学ぶ3年ないし4年の課程とされ，修了後はバチェラーの学位のみが取得できた。その多くが自由学芸を中心に学ぶ▶リベラルアーツ・カレッジで，「大学」としてはアンダーグラジュエート・コース（修了前課程）とされ，グラジュエート・コース（卒後課程）であるグラジュエート・スクールなどとは区別される。このほかに，おおむね2年課程である▶ジュニア・カレッジや▶コミュニティ・カレッジがある。日本では，カレッジという語は▶短期大学や現在は少なくなったが学部が一つの▶単科大学に対して使われてきた歴史的経緯がある。しかし現在は，4年制の学部を一つしかもたない機関も日本名は「大学」で，その英語名もuniversityである。　　　児玉 善仁

→ 大学の概念（テーマ編），ユニバーシティ

◎児玉善仁「起源としての「大学」概念」，別府昭郎編『〈大学〉再考─概念の受容と展開』知泉書館，2011.
◎島田雄次郎『ヨーロッパの大学』玉川大学出版部，1990.

コレギウム・トゥリリンゲ
Collegium Trilingue［羅］

ベルギー北部に位置するルーヴァン（16世紀当時，アルプス以北における，パリに次ぐ重要な大学都市）に1517年に設立，翌年開校された教育研究機関。1425年創設の▶ルーヴァン・カトリック大学とは独立した形で，自らも人文主義者として知られるジェローム・ビュースレイデンのメセナによって開設され，その構想にはエラスムスが大きな影響を与えている。名称は「三言語学院」を意味し，従来の神学の枠組みを乗り越えた原典研究を求めるユマニスムの探究を背景に，古典語である▶ラテン語，ギリシア語，ヘブライ語の3言語で教授がなされた。エラスムス自身は教鞭をとらなかったが，彼はこれら3言語の優れた教授陣を選んでいる。神学を中心とする旧来の大学に対抗し，幅広く人文主義の展開を図るという点において，1530年にフランソワ1世によってパリに創設された，今日の▶コレージュ・ド・フランスの前身であるコレージュ・ロワイヤルのモデルとされる。　　　白鳥 義彦

→ 言語学研究

コレージュ
collège[仏]

中世のフランスに大学が誕生したころ，コレージュは大学の学生のための▶学寮であった。しかし大学が校舎をもたなかったこともあり，次第にコレージュでも講義がなされるようになる。16世紀にイエズス会がいくつものコレージュを創るころには，それはむしろ全寮制の学校となっていた。17世紀には5年（文法3年，人文学1年，修辞学1年）とその準備のための1年を定めたプログラムが形成されている。19世紀にはバカロレアを取得するための中等教育ばかりでなく，その前の（2年から5年にわたる）幼年教育も担うようになる。1881年に無償の初等公教育が導入されても，1930年代にリセなどの中等教育が無償化されても，コレージュはエリートのための学校として有償のまま存続した。公私の中等教育を一本化する「コレージュ・ユニーク」が成立し，コレージュが小学校を出たすべての生徒が進学する「中学校」を意味するようになるのは，1975年のアビ改革以降のことである。

岡山 茂

➡ コレギウム

コレージュ・ド・フランス
Collège de France[仏]

1530年に，フランス・ルネサンスの擁護者として知られるフランソワ1世が，人文学者ギョーム・ビュデの提議を受けて設立した高等教育・研究機関。神学中心であった当時の大学に対して，人文主義をはじめとしてより開かれた学問を行う場として構想され，「あらゆることを教える」をモットーとする。今日57の講座が設けられ，その学問領域は理系，文系の幅広い領域にわたる。たとえば数学者が歴史学者の後継者となるように，講座は固定的ではなく，教授会によって最も望ましいとされる分野・人物が選ばれる。こうして，学術の発展に応じた形での組織運営がなされている。近年は，時代の変化に応じる新たな試みとして，毎年担当者が代わる「年次講座」も導入されている。政体の変遷に応じてコレージュ・ロワイヤル，コレージュ・アンペリアルと呼称は変化したが，1870年以降は現在の名で呼ばれている。講義は公開・無料で，試験や学位の授与は行われない。

白鳥 義彦

➡ フランスの大学（テーマ編）

コロニアル・カレッジ
Colonial colleges

1776年の独立宣言に先立ち北米のイギリス植民地に存在した九つのカレッジで，開学順に現在の呼称でハーヴァード（1638年），ウィリアム・アンド・メアリー（1694年），イェール（1702年），プリンストン（1747年），コロンビア（1754年），ペンシルヴェニア（1754年），ブラウン（1766年），ダートマス（1770年），ラトガース（1771年）を指す。1775年での9校の学生総数は721名で，植民地の白人男子の同年齢人口の1%に過ぎなかった。しかし9校は植民地時代，それぞれの内部で，またカレッジ間でキリスト教の教派間の対立，啓蒙期の科学と古典教養との調停，独立を巡る政治的な立場の相克といった深刻な諸問題を体験した。独立後は，国内の▶ランドグラント・カレッジの出現やドイツの研究重視型大学台頭の挑戦を受けながら，不断に変革を遂げて存続し，その大半は今日，世界的にも優れた大学と評価されている。コロニアル・カレッジは，単に植民地時代の大学を超えて今日でも注目に値しよう。

立川 明

コロンビア大学 [アメリカ] ｜コロンビアだいがく
Columbia University in the City of New York

1754年にキングス・カレッジ（King's College）として設立され，設立に際しイギリス国王ジョージ2世による国王勅許状を受けた。植民地カレッジとしては5番目に古く，ニューヨーク州最初の高等教育機関である。植民地カレッジの中では実学志向が強く，1767年には▶メディカル・スクールが設置された。イギリス国教会に属する機関として設立されながら，合衆国初代財務長官アレキサンダー・ハミルトン（Alexander Hamilton）をはじめ，アメリカ独立革命に関わる人材を多く輩出した。革命による一時閉鎖後，1784年にコロンビア・カレッジ（Columbia College）として再開。19世紀中盤以降，ロー・スクール（1858年），アメリカ最初の鉱業スクール（1864年）など専門職スクールを多く設置した。その後，1890年に始まるセス・ロウ（Seth Low）学長のもとで本格的なユニバーシティ化の道を辿る。続くニコラス・バトラー学長（Nicholas M. Butler，ノーベル平和賞受賞者）の時代は40年以上続き，この間，主要な▶研究大学としての地位をさらに高めた。1919年に始められた科目「現代文明（Contemporary Civilization）」はアメリカ一般教育の主要な取組みとして広く知られ，コロンビアの学士課程教育の特徴であるコア・カリキュラムの主要な起源をなしている。1960年代後半に全米に吹き荒れた▶学生運動の拠点の一つとなった。2014年現在の在学生数2万8000人。

福留 東土

コンスタンツ大学 [ドイツ] ｜コンスタンツだいがく
Universität Konstanz

ドイツ南西部バーデン・ヴュルテンベルク州の南端，ボーデン湖に面しスイスと国境を接するコンスタンツにある州立総合大学。1965年にダーレンドルフらをメンバーとする設立委員会が設けられる。

研究と教育の単位として研究所の代わりに専門部を設置するなど，伝統的な大学の構造を変える新しい形式の学修・教育・研究による改革大学の構想を提示した。キャンパス・ユニバーシティとして構想され，1966年に開学。大講義室を設けず多数のゼミ室を設けるなど，改革は建築にも反映され

た。学部制はとらず，数学・自然科学，精神科学，政治・法律・経済の3部門に計13の専門部が設けられている。▶エクセレンス・イニシアティブの2006年の「エクセレンス・クラスター支援」，2007年の「大学院支援」「エリート大学支援」に選定された。学生数は1万1500人（2016/17年冬学期）。　長島 啓記

さ　　　　　　　　　　　　　　　　　　　　サ

サイエンスカフェ
science café

カフェやバーで飲み物を飲みながら，研究者と市民が科学技術をめぐる話題について語り合うイベント。講演会やシンポジウムなどと異なり，研究者からの一方的な情報発信ではなく，研究者と市民の間の対話が重視される。カフェやバーが会場に使われるのは，参加者が気軽に発言できるようにとの配慮からである。▶講義のような雰囲気になるのを避けるため，パワーポイントなどは使用しないことが多い。1997年頃にイギリス，フランスで始まり，その後，世界中に広がった。イギリスでは研究者がその日のテーマについて20分程度，話題提供を行ったのち，休憩を挟んで1時間ほどディスカッションが繰り広げられる。対してフランスでは，テーマに関連する複数名の研究者や専門家がゲストに招かれ，簡単な自己紹介ののちすぐに全体でのディスカッションに移る。日本では2004年以降，急速に普及し，大学・研究機関やNPO，自治体などさまざまな団体・個人によって，全国で年間1000件以上開催されている。　　　　　　　　　中村 征樹

財政➡大学の財政（テーマ編p.98）

埼玉医科大学 [私立]｜さいたまいかだいがく
Saitama Medical University

1972年（昭和47）開学。1892年（明治25）創立の毛呂病院を母体とする。創設者は毛呂病院院長で精神科医であった丸木清美。埼玉県内で初めて医学部が設置された大学で，2016年（平成28）現在は医学部（埼玉県毛呂山キャンパスなど）と2006年開設の保健医療学部（同日高キャンパスなど）の2学部が設置され，収容人数は1773人。建学の理念は，「生命への深い愛情と理解と奉仕に生きるすぐれた実地臨床医家の育成」「自らが考え，求め，努め，以て自らの生長を主体的に開展し得る人間の育成」「師弟同行の学風の育成」である。さらに1999年には「埼玉医科大学の期待する医師像」を制定し（2007年および17年改定），社会の変化を踏まえて医師を始めとする保健・医療・福祉の面で活躍する多種多様な医療人の育成をめざす，医療系総合大学である。　　　　　　　　　　　　　鈴木 崇義

埼玉学園大学 [私立]｜さいたまがくえんだいがく
Saitama Gakuen University

2001年（平成13）埼玉県川口市に設置され，人間学部，経済経営学部（経営学部を改組）を擁する。その起源は，1972年（昭和47）設立の学校法人峯徳学園による川口幼稚園，および87年の川口短期大学の設置であり，これら幼稚園および短期大学は本学に併設される。「自立と共生」を教育理念に掲げ，人間学部では歴史・文学・言語・メディア社会・人間心理などの幅広い分野を学ぶことにより，各種教員免許や図書館司書，学芸員の資格取得をめざす人間文化学科や，子どもの成長について学び保育士や幼稚園・小学校教諭の免許取得をめざす子ども発達学科が設けられ，2017年には臨床心理士の育成をめざす心理学科が設置された。経済経営学部では経済・経営・会計・スポーツビジネスについて学べる環境が整備されている。2017年現在，2学部3研究科に1309人を収容。　鈴木 崇義

埼玉県立大学 [公立]｜さいたまけんりつだいがく
Saitama Prefectural University

1999年（平成11）保健医療福祉学部と短期大学部を有する大学として開学。「陶冶，進取，創発」を基本理念として「保健医療福祉に関する教育・研究の中核となって地域社会に貢献」することを使命に掲げる。保健医療福祉学部には看護学科，理学療法学科，作業療法学科，社会福祉子ども学科，健康開発学科の5学科を有する。カリキュラムには，専門領域（学科）を超えて幅広い識見を身につけ，統合化されたケアを提供していくための基礎となる知識と技術を習得することを目的とした「連携と統合科目群」を設けている。全国でもトップレベルの国家試験合格率を維持する。埼玉県越谷市にキャンパスを構え，2017年4月現在，1687人の学生を収容する。　　　　　　　　　山本 剛

埼玉工業大学 [私立]｜さいたまこうぎょうだいがく
Saitama Institute of Technology

1903年（明治36）山下谷次によって創設された東京商工学校を母体とする。その後，中学校・高等学校の開設を経て，1961年（昭和36）に埼玉県大里郡に聖橋学園埼玉工業高等学校（機械科）を開校，76年に埼玉工業大学を開設した。現在の法人名は学校法人智香寺学園である。仏教精神を基盤として広く学術教育を行うことを建学の精神とし，科

学技術の発展に寄与すると同時に，その技術をどう活かすかといった正しい道徳観・倫理観・宗教観を持つこと，感性，精神力やコミュニケーション能力を磨くことを教育の理念としている。現在は，工学部・人間社会学部の2学部5学科を，付設機関として先端科学研究所・臨床心理センターを設置している。また，公開講座・高大連携・出前授業などの地域連携を通じて，教育・研究の成果を地域に還元する取組みにも力を入れている。埼玉県深谷市にキャンパスが置かれ，2016年（平成28）現在の収容人数2257人。

鈴木 崇義

埼玉大学 [国立] さいたまだいがく
Saitama University

1921年（大正10）に設立された浦和高等学校のほか，1874年（明治7）設立の埼玉県師範学校，1922年設立の埼玉県実業補習学校教員養成所を前身とする。1949年（昭和24）にそれらが統合され，首都圏を構成する埼玉県唯一の国立大学となった。2016年（平成28）5月現在，5学部5研究科に8681人の学生を収容。大学の基本方針として，知の府としての普遍的な役割を果たし，現代が抱える課題の解決を図るとともに，国際社会への貢献を掲げる。人文社会系学部（教養学部・経済学部），自然科学系学部（理学部・工学部），教員養成系学部（教育学部）といった全学部，さらには日本人学生，留学生，社会人学生といった多様な学生が一つのキャンパスに集約（All in One Campus）。首都圏と地域性という両義性の中で多様性と融合の具現化をめざし，学部・専門領域の枠を超えた教育研究力の機能強化と人材育成が図られている。

戸村 理

財団と大学 ざいだんとだいがく
foundation and university

［日本の大学と財団］
財団と大学との関係の一つの契機としては，1918年（大正7）の▶大学令により，必要十分な資金および基本財産を持ち，維持費用を支出し得る基本財産を文部大臣へ供託できる財団法人によって，▶私立大学の設置が可能とされたことを挙げることができるであろう。この条件のもとで1920年2月に慶應義塾大学と早稲田大学が最初に設立され，同年4月には明治大学，法政大学，中央大学，日本大学，國學院大學・同志社大学が認可された。しかしながら，その後に認可される大学群も含め，潤沢な資金を有した財団法人の存在により，施設・設備の整備や専任教員の確保などに問題を抱えることがなかったという大学は皆無であった。こうした意味において日本における財団と大学との関係は，先に教育機関があり，それらが大学への昇格のために財団（法人）をつくるといった形でスタート

したといえる。

［アメリカの大学と財団］
これに対してアメリカ合衆国は，篤志家（フィランソロピスト）による▶寄付金に，大学の設立や発展が強い影響を受けてきた。その典型的な例として，アンドリュー・カーネギーが設立したカーネギー教育振興財団による▶カーネギーメロン大学（前身はカーネギー技術学校）の設立と，ジョン・D. ロックフェラーが設立したロックフェラー財団による▶ロックフェラー大学の設立を挙げることができよう。前者は鉄鋼王として有名なアンドリュー・カーネギーが，その経済的成功を背景としてカーネギー教育振興財団を設立し，同財団が多様な社会貢献（▶フィランソロフィー）を展開するなかで設立されたものである。当該大学はタイムズ社の世界大学ランキング（2015年）で24位に位置づけられるなど，きわめて重要な役割をアメリカの高等教育界で果たしている。またロックフェラーは石油王として有名で，▶シカゴ大学やロックフェラー大学はロックフェラー財団が設立したもので，前者は総合大学として国際的に高い評価（タイムズ誌世界大学ランキング2015で11位）を得ており，後者は生命科学分野において高い評価を得ている。こうした事例は，日本における大学と財団の関係性とは異なっている。

［理想と現実］
前述したカーネギー教育振興財団やロックフェラー財団は，これらの大学の設立のみを行ったのではない。これらの財団は多様な研究・教育センターの設立や，さまざまな形で大学で行われる研究・教育への財政を支援している。さらに，アメリカにおけるこうした財団の数，そして規模は日本をはるかに凌駕しており，合田哲雄「アメリカの大学支援組織」（2012年）によれば，2004-05年度で6万団体，助成額にして320〜350億ドルとされており，その多くが高等教育に配分されている。こうした量・質ともに備わった多様な財団の存在がアメリカの大学に果たしている役割はきわめて大きい。実際にアメリカにおける財団の規模・多様性が大学の財源の多様性，ひいては大学の多様性を生み出し，その自立性・自律性を高めているということもできるであろう。財団による財政支援が期待しにくい日本社会において，その大学の構造と機能にはおのずから違いが出てきている。こうした観点から，アメリカの大学の事例を範とすることが多い日本の高等教育改革の現状において，財団にかかわる背景についての留意や各種改革の移植に伴う配慮が不可欠と考えられる。

島 一則

→カーネギー財団／カーネギー分類，全米科学財団

◎天野郁夫『高等教育の時代〈上〉』中央公論新社，2013.
◎合田哲雄「アメリカの大学支援組織」『IDE―現代の高等教育』IDE大学協会，538号，2012.
◎文部省『学制百二十年史』ぎょうせい，1992.

サイード
Edward W. Said | 1935-2003

エルサレムにキリスト教徒のパレスチナ人として生まれ，アメリカ合衆国で活躍した文学研究者，文学批評家。▶コロンビア大学で英文学・比較文学を教える。また，学問の枠をこえて，パレスチナ問題に関しても積極的に発言を行い，言説の役割や知識人のあり方を追究した。『オリエンタリズム』(1978年)で「東洋」に対する「西洋」からの植民地主義的なまなざし，観念を批判し，ポストコロニアリズム論を主導する。イギリスBBC放送向けに行われた講演をまとめた『知識人とは何か』(1994年)では，亡命者にして周辺的存在であり，またアマチュアであり，さらには権力に対して真実を語ろうとする言葉の使い手としての「知識人」の社会的な意味を論じた。これは彼自身の発言や行動に裏打ちされたものであり，1999年にはユダヤ系指揮者D. バレンボイムとともに，イスラエルとアラブ諸国の双方から若い音楽家を集めたウェスト＝イースタン・ディヴァン管弦楽団を創設してもいる。　白鳥 義彦

→ 知識人と大学 (テーマ編)

再入学 → 復学／再入学

サイバー大学 [私立] | サイバーだいがく
Cyber University

2007年(平成19)ソフトバンクグループ株式会社が設立，サイバーユニバーシティ株式会社が運営。福岡市の構造改革特区を活用し認可された。すべての授業をウェブ上で提供し，かつ通学がいっさい不要な日本で最初に設立された4年制大学。メディアを利用して行う通信教育により多様な学習者に学修機会を提供し，学術的専門的知識とともに幅広い教養を備え，国家および社会の形成者として有能な人材を育成することを目的とするとともに，人類・文化の発展に貢献することを使命とする。IT総合学部，世界遺産学部がある。パソコンを設置した学習室や研究室，学生指導室，教室，図書館などを備えた福岡キャンパスもある。2017年現在1934人の学生が在籍，半数近くが首都圏の学生。　船勢 肇

→ 株式会社立大学，通信制大学

サイバー・ユニバーシティ
cyber university

情報技術としてのコンピュータ・ネットワークが形成する情報空間をサイバースペースといい，それを活用した大学のこと。サイバー大学はそうした大学を指す普通名詞であるが，自大学の名称に用い

ている場合もある。日本にそのままサイバー大学と称する大学があり，韓国ではソウル・サイバー・ユニバーシティなど，2013年現在で21大学が展開している。▶バーチャル・ユニバーシティ，オンライン・ユニバーシティなどとほぼ同義であるが，バーチャルが仮想という意味で必ずしも情報技術を用いていることを意味しないのに対して，コンピュータ・ネットワークを用いているという点を明確に示している。だが，オンライン・ユニバーシティはオンライン・コースという言い方もできて，それがどういうプログラムなのか明確なのに対して，サイバー・ユニバーシティは強烈な印象を与えるものの具体性に欠ける。またサイバーという用語自体に流行語的な様相があり，旬の時代が過ぎ，影が薄くなっている感がある。　舘 昭

財務情報の公開 | ざいむじょうほうのこうかい

大学の財務情報は大学経営の安定性・継続性を示すものである。大学は公共性を有し，大学設置者は大学経営の安定性・継続性を確保するための努力が求められる。このため，大学設置者には財務情報の公開が求められている。▶国立大学法人の場合，事業年度ごとに所定の財務諸表を作成し，文部科学大臣の承認を経たうえで，財務諸表や事業報告書などを一般に公表することが義務付けられている(▶国立大学法人法)。▶私立大学を設置する▶学校法人の場合，会計年度ごとに所定の財務諸表および事業報告書を作成のうえ，これらを当該学校法人の事務所に備え，在学生などの「利害関係人」から請求があった場合は，正当な理由がある場合を除いて閲覧させなくてはならない(▶私立学校法)。ただし，積極的な情報公開の観点から，私立学校法に基づく閲覧請求権を持たない人からの閲覧請求にも柔軟に対応することが期待されている(「私立学校法の一部を改正する法律等の施行に伴う財務情報の公開等について(通知)」文部科学省，2004年)。　日下田 岳史

佐賀大学 [国立] | さがだいがく
Saga University

1949年(昭和24)旧制の佐賀高等学校・佐賀師範学校・佐賀青年師範学校を包括し，文理学部と教育学部の2学部からなる新制大学として発足した。2003年(平成15)に佐賀医科大学と統合し，翌年，国立大学法人法の施行に伴い国立大学法人となる。キャンパスは佐賀市本庄町と同市鍋島町の2ヵ所。2016年5月現在，文化教育・経済・医・理工・農・教育・芸術地域デザインの7学部と大学院9研究科に6879人の学生を収容している。また，九州・沖縄地域における農林水産業の指導的担い

手の育成をめざして，佐賀大学・琉球大学・鹿児島大学が連合して教員組織および教育研究体制を構築し，鹿児島大学大学院連合農学研究科(博士課程)を設けている。2016年文化教育学部の改組にともない大学院についても教育学研究科を廃止して学校教育学研究科(教職大学院)および地域デザイン研究科を設置。

小濱 歩

嵯峨美術大学 [私立] さがびじゅつだいがく
Kyoto Saga University of Arts

学校法人大覚寺学園により2001年(平成13)京都嵯峨芸術大学として開学し，2017年に嵯峨美術大学へと校名変更。学校法人大覚寺学園は1971年(昭和46)に設立，大覚寺を設立母体としている。建学の精神は，大覚寺が始祖と仰ぐ嵯峨天皇ならびに宗祖弘法大師の思想とその実践とし，芸術教育を通じて創造性と人間性の涵養に努め，豊かで平和な社会の実現に貢献できる人材を育成することにある。特色としては，キャンパスのある場所が京都府京都市の嵯峨嵐山であり，日本有数の景勝地でもあることから最高水準の文化遺産，美術作品を直接鑑賞しながら，芸術教育や創作活動に従事できるところにある。芸術系の単科大学であり，2017年時点で547人の学生が在籍。 堺 完

相模女子大学 [私立] さがみじょしだいがく
Sagami Women's University

1900年(明治33)西澤之助によって創設された日本女学校を母体とする。1915年(大正4)静修実科女学校を併設し，48年(昭和23)の静修女子高等学校開講を経て，49年に相模女子大学が開学。学芸学部，人間社会学部，栄養科学部，短期大学部で構成され，2017年(平成29)現在の収容人数3020人。建学の精神である「高潔善美」に基づき，女子に広く高度な知識を授けるとともに，深く専門の学芸を教授研究し，知的，道徳的および応用的能力を展開させ，教養ある人材を育成することを教育の理念としている。2010年には大学のスローガンとして「見つめる人になる。見つける人になる」を定め，より現代に即した新しく具体的な目標としている。キャンパスは神奈川県相模原市。

鈴木 崇義

作新学院大学 [私立] さくしんがくいんだいがく
Sakushin Gakuin University

1885年(明治18)に船田兵吾が創立した私立下野英学校に由来する。1989年(平成1)現在の作新学院大学が開学。中国の古典『大学』にある「作新」という言葉から，「作新民」を理念に掲げ，教育方針を「自学・自習」「自主・自律」とし，教育目標を

「時代の変化にきちんと対応し，自らを常に新しくできる人材を育てること」として，大学教育を実践する。2017年現在，栃木県宇都宮市にキャンパスを構え，2学部3学科に1105人の学士課程学生が在籍。地域社会に対する大学の責務から，2015年に作新キャリア教育宣言を表明，学生に学べる環境を生涯を通じて提供すること，学生が自分らしく働ける進路をともに考えること，学生を精神的・経済的に自立した社会人となるよう育成することが宣言されている。

戸村 理

佐久大学 [私立] さくだいがく
Saku University

2008年(平成20)に看護学部のみの単科大学として開学。翌2009年に別科助産専攻，12年に大学院看護学研究科を設置して現在に至る。建学の精神は「知を求め 徳を高め 愛に生きよう」であり，教育理念には「自律・創造・友愛」を掲げる。2016年現在，長野県佐久市にキャンパスを構え，1学部1学科に384人の学士課程学生が在籍する。地域医療先進エリアと称される長野県佐久市にあって，大学は地域の総合病院と綿密に連携を取り，学生に充実した実習の場を提供している。なお海外からの研修受入れも行っており，2014年には国際協力機構(JICA)「アフリカ地域母子保健包括的看護管理研修」の委託により，国際看護交流協会が実施する研修でアフリカからの研修員を受け入れた実績を有す。

戸村 理

サークル
club activities

学生課外活動。大学でのクラブ活動はいわゆる部活とサークルに大別される。前者が大学として公式に位置づけられ，大学から資金や活動空間などの支援が得られる代わりに組織運営などがきちんとなされるとともに，対外的にその活動分野の当該大学の代表的役割を果たすのに対し，後者は自由度が大きい代わりに活動環境は十分には保証されない。大学との関係の点では，届け出など最低限の条件を満たす「公認サークル」と，大学としても内容を把握しきれない「非公認サークル」が存在する。なお同好会という呼称を用いるケースもあるが，概念的に明確な区別があるわけではない。正課外活動による教育効果・人材育成という観点から積極的に奨励される一方，たとえばカルト団体や宗教活動の隠れ蓑的に使われることもあるため注意が喚起されてもいる。近年，特定の活動内容に限定せず，曜日や時期によって複数の活動内容を展開する複合サークルも増えている。

橋本 勝

→ 学生文化，大学スポーツ，学生会館

ザグレブ大学 [クロアチア] | ザグレブだいがく
University of Zagreb; Sveučilište u Zagrebu [クロアチア語]

クロアチアの首都ザグレブにあり，東南ヨーロッパ最大の国立総合大学。1669年にハプスブルク帝国皇帝レオポルド1世のもとで創設された。その後100年以上にわたりイエズス会が運営していたが，1773年に法王クレメンス14世によって解散された。皇帝フランツ・ヨーゼフの勅令により，1874年にオーストリア・ハンガリー帝国のハンガリー領の大学として再開（4学部），以後，学部を拡大し，1941〜45年のクロアチア独立国の時代にクロアチア大学と名乗った。第2次世界大戦後，クロアチアはユーゴスラヴィア連合の一共和国として社会主義体制となった。1991年に民族紛争が発生するが比較的短期間で収束し，体制転換後はEUに加盟して▶ボローニャ・プロセスを推進してきた。近年，次第に大学運営の管理強化の方向へ転換している。2015年現在29学部，学生数7万9000人。ヨーロッパの140の大学と提携するなど，国際交流の盛んな大学として知られる。

加藤 一夫

サセックス大学 [イギリス] | サセックスだいがく
University of Sussex

1960年代のイギリス高等教育拡張期に，国家による高等教育の計画的整備という観点から，▶『ロビンズ報告書』の勧告と相前後してイングランドに7校設立された新大学の一つ。新大学は学問の専門分化の弊害が問題となりつつある中で，「学問の新地図」を描くことを期待された。設立当初より国庫補助金の支給にあずかり，大学教育の実験と革新を可能にする独自の学位授与権を認められて，緑豊かな広大な郊外型キャンパスと最新の建物群を持つ。サセックス大学はそうした新大学の最初のもので，イングランド南部ブライトン郊外に1961年，勅許状により設立された。学科制に代えてスクール制を採用し，学際的な教育・研究を志向した。その発展は初代学長ジョン・フルトン，2代学長エイザ・ブリッグズの卓越したリーダーシップに負うところが大きい。グローバル研究に代表される大学院レベルの実験的な教育はとくに高く評価され，120ヵ国に上る国々から学生を集めている。

安原 義仁

札幌医科大学 [公立] | さっぽろいかだいがく
Sapporo Medical University

北海道唯一の公立の医学系大学として札幌市にある。前身は北海道立女子医学専門学校で，1950年（昭和25）に戦後の新制の医科大学の第1号として開学した。1993年（平成5）には札幌医科大学衛生短期大学部を改組し，保健医療学部を設置し

た。「進取の精神と自由闊達な気風」「医学・医療の攻究と地域医療への貢献」という建学の精神のもと，2007年には，道立札幌医科大学から北海道公立大学法人札幌医科大学となる。医師，看護師，理学療法士，作業療法士の国家試験合格率は常に上位にランクし，地域密着型チーム医療を推進する取組みも特色となっている。「最高レベルの医科大学」を掲げ，脳梗塞に関する再生医療の研究やがんワクチンの開発などで優れた研究成果があがっている。顕在化する北海道の医師不足に対応するために，2013年度から，卒後7年間札幌医科大学および道内の医療機関で従事することが求められる北海道医療枠（募集定員55人）の入試方法を整備している。2016年現在の学生数は1336人。

蝶 慎一

札幌大谷大学 [私立] | さっぽろおおたにだいがく
Sapporo Otani University

札幌市東区にある。1906年（明治39）創立の私立北海女学校（初代校長清川円誠）に端を発し，61年（昭和36）に札幌大谷短期大学，2006年（平成18）に札幌大谷大学が開学した。建学の精神は「生き切れない命は一つもない」である。北海道内の私立で唯一の音楽学科を有する4年制大学として芸術学部，地域社会学科を有する社会学部とともに教育，研究活動に取り組み，2016年札幌大谷学園開学110周年記念式典を遂行した。2016年現在の学生数は658人。また高校生が卒業後の進路を考え，勉学がより充実したものになることを目的に積極的に「出張講義」を実施している。行政，地域，地方銀行，楽団，コンサートホールなどとの連携も進めている。

蝶 慎一

札幌学院大学 [私立] | さっぽろがくいんだいがく
Sapporo Gakuin University

北海道江別市にある。1946年（昭和21）創立の札幌文科専門学院を前身とし，50年札幌短期大学が設立され，68年には札幌商科大学が開学となった。1990年（平成2）札幌学院大学に改称。2000年大学院臨床心理学研究科臨床心理学専攻修士課程が設置され，2001年に人文学部臨床心理学科が置かれた。建学の精神は，札幌文科専門学院当時からの「学の自由」「独創的研鑽」「個性の尊重」が掲げられ，大学の理念としての「自律」「人権」「共生」「協働」に生かされている。人文学部，経営学部，経済学部，社会情報学部（2014年募集停止），法学部の5学部，3研究科で構成されている。2016年に創立70周年，18年には大学開学50周年となる。2016年現在の学部生2412人，大学院生45人。

蝶 慎一

札幌国際大学 [私立] さっぽろこくさいだいがく
Sapporo International University

北海道札幌市清田区にある。1969年（昭和44）設立の札幌静修短期大学を前身とし，93年（平成5）静修女子大学を開学，97年札幌国際大学に名称を変更。1999年全学部で男女共学制となった。2006年日本臨床心理士資格認定協会の第一種指定校に大学院心理学研究科が認められた。建学の礎として，「真理を探ね，自由を愛し，自らを省みる自立した人間を育成する」「理想を求め，明日の地域社会を拓く創造性豊かな人間を育成する」「日本人としての自覚と誇りを持ち，自らの責任において行動する国際人を育成する」を掲げる。2016年現在の学部生1137人，大学院生26人。インターンシップや就職支援，国際交流，ビジネス関係の資格取得などにも充実したプログラムを提供する。　　　　　　　　　　　　　　　　蝶 慎一

札幌市立大学 [公立] さっぽろしりつだいがく
Sapporo City University

大学本部がある「芸術の森キャンパス」は北海道札幌市南区にある。前身は1965年（昭和40）開校の札幌市立高等看護学院，91年（平成3）開校の札幌市立高等専門学校で，2002年両校の大学化に関する提言が示され，2004年「(仮称)札幌市立大学基本計画」が作られ，2006年札幌市立大学として開学した。2010年大学院修士課程であるデザイン研究科，看護学研究科，助産学専攻科を設置。教育と研究の理念として，「人間重視を根幹とした人材の育成」「地域社会への積極的な貢献」を掲げ，特長でもある「〜D×N〜デザインと看護の連携」の取組みを推進していくことがめざされている。2017年現在の学部生812人。　　　　蝶 慎一

札幌大学 [私立] さっぽろだいがく
Sapporo University

1967年（昭和42）に開学。所在地は北海道札幌市である。翌68年には札幌大学女子短期大学部（英文科，国文科）が開学。建学の精神を「生気あふれる開拓者精神」とし，「生気あふれる，知性豊かな，信頼される人間の育成」を教育目標に掲げている。これまで経済，外国語，経営，法，文化の5学部制だったが，2013（平成25）年度より「1学群13専攻」体制を整えた。学群は地域共創学群と称し，入学後の興味関心に応じて専攻（経済学，地域創生，現代政治，日本語・日本文化，英語，ロシア語，中国語・中国文化，異文化コミュニケーション，スポーツ文化など）を決定することができるユニークな教育活動を展開している。大学院生を含む学生数は2838人（2016年5月現在）。また「ウレシパ・プロジェクト」

と称する教育プロジェクトには，北海道の先住民族であるアイヌの若者の入学者に授業料相当額（入学金を含む）を奨学金として給付する制度がある。創立40周年を記念して，新コミュニケーション・キャラクター「sapp（サップ）」と「unipon（ユニポン）」が誕生した。札幌駅近くに札幌サテライトキャンパスがあり，そこには中国語と中国文化を学べる札幌大学孔子学院が併設されている。　　　　蝶 慎一

→学系／学群

札幌保健医療大学 [私立] さっぽろほけんいりょうだいがく
Sapporo University of Health Sciences

北海道札幌市東区にある。2008年（平成20）「看護職の質向上と地域保健医療福祉への貢献方針」により新たな大学の設立を計画，10年札幌保健医療大学大学設置準備室が置かれ，13年札幌保健医療大学として始まった。教育理念は「人間力教育を根幹とした医療人育成」とし，「豊かな感性」「高潔な精神」「確かな知力」を培い，「他者と共存」できる人材を育成する。保健医療学部は2017年より看護学科，栄養学科の2学科となり，各々の学生がお互いに学び合いながら，コミュニケーションを図り，幅広く知識を習得していく。また教員が一丸となって国家試験に向けた対策を行っており，就職の支援も手厚い。2016年現在の学生数は看護学科のみで414人。　　　　　　蝶 慎一

サーティフィケイト
certificate

大学を含めた中等後教育機関において開設されるプログラムのうち，学位取得を目的とする課程以外を修了したことを「証書」などの形式で証明したもの。特定領域の知識，能力を獲得するための科目群を▶履修するプログラムで，数週間から1年程度と，学位プログラムに比べて短期間で修了できるため，職業上の必要性など多様な学習需要に対応できる柔軟なプログラムとして発展してきた。中等教育修了者程度を対象とする学士号未満のレベルのプログラムが主ではあるが，分野によっては大学院レベルのプログラムも存在する。日本では2007年より，学校教育法105条に規定する特別の課程（履修証明書が交付される特別の課程）として制度化され，大学等の教育・資源を活かし一定の教育計画のもとに編成された体系的な知識・技術等の習得を目的とした教育プログラムのうち，総時間数120時間以上の課程の修了者に「履修証明書」を交付することができるようになった。　　　　　濱中 義隆

サテライト・キャンパス
satellite campus

学則や寄附行為で定められた法人所在地以外の場所に設置されるキャンパスを指し、▶大学設置基準で定める校舎および附属施設に該当しない施設である。大学院における社会人学生の学習ニーズの上昇に対応する形で、2003年（平成15）に文部科学省告示43号において、「大学が授業の一部を校舎及び附属施設以外の場所で行う場合について定める件」の要件を満たす場合、教育研究の一部をサテライト・キャンパスで行えるようになった。既存の大学院研究科は、要件を満たす限りサテライト・キャンパスの設置に際して特段の手続きが不要であり、郊外にある大学が交通アクセスの良い都心部にサテライト・キャンパスを設置する事例が急増した。近年は、社会人教育の機能に加えて、産学連携・企業との共同研究、都市部における大学広報や学生の就職支援拠点等の機能を付加したサテライト・キャンパスも増えている。　　中島 英博

→ 社会人大学院

サバティカル・リーブ
sabbatical leave

大学教員としての資質向上を企図した、長期にわたる有給休暇。教育や管理運営の業務を免除され、国内外に長期滞在しての研究活動や書籍執筆などに費やされる。研究休暇とすることが多いが、教育ならびに管理運営の能力開発や政治任用などに充てることがある。欧米では研修休暇として企業等にも広く導入されている概念である。語源はギリシア語のsabatikos（7日間に1日の安息日）であり、各大学における規定では7年間の勤務を経て1年を上限に申請可能とするのが基本形である。そのためサバティカル・イヤーと呼ぶこともある。大学によっては、▶テニュア・トラックの教員のみに権利を認める事例もある。日本では、法人化前の国立大学教員について在外研修の制度があり、また1960年代から類似制度を有していた私立大学が存在する。近年は国公私の別なくサバティカル・リーブの制度化が進展しているが、実際に取得できるか否かは大学や部局の事情に依存しがちである。　　齋藤 芳子

サラマンカ大学 [スペイン]｜サラマンカだいがく
Universidad de Salamanca

スペイン北西部カスティーリャ・イ・レオン自治州サラマンカにある公立大学。1218年にレオン王国のアルフォンソ9世によって設立された。スペインおよびスペイン語圏において現存する最古の大学である。14世紀には▶ボローニャ大学、▶パリ大学とと

もにヨーロッパの学問の中心となった。大航海時代には天文学に基づいた航海計画が作られた場所である。また宗教改革時代には、スペインおよびヨーロッパにおけるカトリック神学の中心となった。大学図書館には活版印刷以前の版本や原稿とともに膨大な数の図書がある。スペインを代表する思想家ウナムーノは1891年からギリシア語の教授を務め、その後、学長となった。大学の本部等の建物を含むサラマンカ歴史地区は1988年に世界遺産（文化遺産）に登録されている。外国人に対するスペイン語教育にも定評があり、日本人留学生も多い。1999年には日本企業の寄付による日西文化センターが設立され、日西文化交流の場として活用されている。　　安藤 万奈

サレルノ大学 [イタリア]｜サレルノだいがく
Università degli Studi di Salerno

サレルノにある国立総合大学。「ヒポクラテスの町」として知られたサレルノには古くから医学校が存在し、12世紀には『サレルノ養生訓』（Regimen sanitatis salernitanum）などの医学著作が多数生み出されて、医学の全ヨーロッパ的中心となった。ここで作成された▶医学教育のカリキュラムは、パリをはじめとする▶中世大学の医学教育に導入されて後世まで影響を与えた。しかし、この学校が組合・規約・学位授与など中世大学固有の組織機能を持って大学となったのはパリ、ボローニャ、モンペリエなどの大学成立以後のことである。

　最初の法的承認は1231年の神聖ローマ皇帝フリードリヒ2世の勅令によるとされる。1253年コンラート4世が▶ナポリ大学をサレルノに移動させたが、58年にはナポリに大学が再興されてサレルノには医科大学のみが残された。14世紀には都市による教師給与の支給の開始など、都市の大学関与が強化された。15世紀頃から哲学、法学なども教授され、16〜17世紀に再興の兆候が現れた。しかし、18世紀における幾何学、産科学などの講座新設によっても衰勢いかんともし難く、ついに1812年に閉学されるに至った。1970年に再建されて、2011年には16学科、正教授261人、准教授327人、研究員403人、2015/16年の登録学生数約3万5000人。　　児玉 善仁

沢柳事件 ｜さわやなぎじけん

第2次世界大戦前の国立大学において、大学の自治、とりわけ教員任免に関する▶教授会自治の慣行を生み出す契機となった事件。1913年（大正2）辣腕の文部官僚として知られていた沢柳政太郎が京都帝国大学総長（学長）に任命される。沢柳は教学刷新を主張し、教官の任用に業績主義を求め、

同年7人の教授を罷免した。これに対し法科大学教授会は，当該教授会が教授の任免に没交渉であれば，学問の進歩・独立を保てないことなどを理由に，教授の任免にはあらかじめ教授会の同意を要することを決議して総長と対立した。論争は紛争へと発展し，1914年1月，法科大学の教授たちは抗議の連帯辞職を申し出た。調停を依頼された東京帝国大学法科大学の教授たちも教授会側を支持する姿勢を示した。その結果，当時の奥田義人文相は教授の任免については教授会の同意を得ることを承認する意見を発表するにいたる。沢柳は辞職に追い込まれた。これ以降，総長が教官人事を専断することはなくなり，人事権は事実上，学部教授会が持つという慣行が定着するようになる。

斉藤 泰雄

沢柳政太郎 さわやなぎまさたろう
1865-1927(慶応1-昭和2)

長野県松本出身。帝国大学文科大学卒業後，文部省に入る。修身教科書機密漏洩事件の責を負って辞任後，群馬県尋常中学校6代校長，同群馬分校初代校長，第二高等学校長，第一高等学校長等を歴任，学校騒動を生徒とともに解決して「名校長」とも言われた。1898年(明治31)普通学務局長，1906年に文部次官となり，再び文部官僚として義務教育年限の延長，高等教育機関の増設等に携わる。1911年には東北帝国大学初代総長となり，帝大で初めて女子の入学を認めた。しかし，学術中心主義，総合大学主義の立場から大学教授の権威を重視するあまり，大学教授たるもの「学術ノ研究ト学生ノ教授トニ向ツテ全力ヲ尽クシ随ツテ常ニ進境ニアルモノタルヲ要ス」として，1913年(大正2)京都帝国大学総長着任後に，不適とみなす谷本富ら7教官に辞表の提出を求め，法科大学教授団から強い抵抗にあう。この▶沢柳事件により，▶教授会は教官人事に関する自治権を承認されたとして日本の大学史上画期をなした。沢柳は翌年総長を辞し，以後は在野の教育家として活動。帝国教育会会長を務め，1917年には成城小学校を創立し，子どもの自発的活動を重んじる新教育運動をリードした。

杉谷 祐美子

三育学院大学 [私立] さんいくがくいんだいがく
Saniku Gakuin College

1898年(明治31)セブンスデー・アドベンチスト教会の宣教師ウィリアム・C. グレンジャーが東京麻布に創立した芝和英聖書学校を前身とする。1919年(大正8)に東京杉並天沼に天沼学院を開校し，26年に千葉県袖ヶ浦に男子部を移転，名称を日本三育学院とした。1928年(昭和3)東京衛生病院看護婦学校を開校したが，これが現在の看護学部看護

学科の母体である。1971年の三育学院短期大学開学を経て，2008年(平成20)三育学院大学が開学。現在は千葉県夷隅郡大多喜町の大多喜キャンパスと東京都杉並区の東京校舎の2校地で，2016年現在の収容人数203人。看護学部看護学科のみを設置する単科大学で，東京衛生病院看護婦学校以来の伝統として，キリスト教の精神にのっとり神と人に仕える看護師の育成に努めている。

鈴木 崇義

→キリスト教系大学

産学共同研究開発 さんがくきょうどうけんきゅうかいはつ
university-industry collaboration in research and development

民間企業等が経費を負担して大学等で行われる研究開発活動をいう。国内の歴史は1910年代にさかのぼるが，2004年(平成16)に法人化するまでの▶国立大学は契約の主体にならないため，用途を指定した▶寄附金の受入れ(奨学寄附金，寄附講座・寄附研究部門)や，企業等と文部大臣(文部科学大臣)の契約(受託研究，共同研究)の形をとった。▶科学技術基本法(1995年)の制定後は，大学に帰属する知的財産権を介した▶産学連携が注目され，研究開発費の還流と大学の社会貢献がめざされた。2014年度の件数と研究費受入れ額は，共同研究(大学等と企業等が共同して実施)が1万9000件(416億円)で，2009年度の1万5000件(295億円)から増加した。受託研究(企業等の委託により大学等が実施)は7000件(111億円)，国立大学等の寄附金受入れ額は707億円で，双方とも2009年度から横ばいである。これらの合計額は，大学等の人件費を除いた内部使用研究費の9%にあたる(2014年度)。

塚原 修一

→共同研究／受託研究，寄付講座

産学連携 さんがくれんけい
University-Industry Collaboration

教育・研究における産業界と大学等の協力・連携をいう。1906年にアメリカ合衆国でシュナイダーが始めた大学での座学と企業での実習を組み合わせた工学教育に代表されるように，産業界に必要な人材を育成するための教育面の取組みが中心であり，日本では長く「産学共同」と呼ばれてきた。しかし高度経済成長期以降，教育面ではなく研究面に重点が置かれ，「産学共同」よりも「産学連携」が用いられるようになっている。1990年代以降は中央省庁や地方自治体，公的研究機関等も加えた「産学官連携」がしばしば用いられるようになり，政府は大学の研究成果や技術を民間企業等に移転し，新製品や新事業を創出すべく，大学技術移転促進法の制定(1998年)や大学発ベンチャー1000社計画(2001年)，国主導の大規模研究開発プロジェ

クトを推進してきた。近年，大学での座学と企業での実習を組み合わせたプログラムである▶コーオプ(COOP)教育が注目されるなど，日本でも再び教育面にも目が向けられつつある。　榎　孝浩

→産学協同研究開発，技術移転

産業医科大学[私立]｜さんぎょういかだいがく
University of Occupational and Environmental Health, Japan

1978年(昭和53)開学。北九州市八幡西区医生ヶ丘に所在。労働安全衛生法の制定により，一定規模以上の事業場に労働者の健康管理を担当する産業医の選任が義務付けられ，労働衛生管理に精通した産業医の確保が緊急の課題となったことから設立された。医学および看護学その他の医療保健技術に関する学問の教育および研究を行い，労働環境と健康に関する分野におけるこれらの学問の振興と人材の育成に寄与することを目的および使命とする。医学部と産業保健学部があり，2017年(平成29)現在1453人の学生が在籍。医師国家試験合格率は90％を超え，保健師・看護師国家試験合格率は100％近い。医学部卒業生は，卒業後直ちに産業医学卒後修練課程に所属し，産業医などとして勤務するために必要な専門知識や技能の修練を受ける。　船勢　肇

産業技術大学院大学[公立]
さんぎょうぎじゅつだいがくいんだいがく
Advanced Institute of Industrial Technology

2006年(平成18)▶専門職大学院大学として開学。建学の理念は「専門的知識と体系化された技術ノウハウを活用して，新たな価値を創造し，産業の活性化に資する意欲と能力を持つ高度専門技術者の育成」を掲げて，産業界で働く技術者などの社会人や首都大学東京を始めとする幅広い大学学部卒業生などを受け入れている。産業技術研究科情報アーキテクチャ専攻と創造技術専攻の1研究科2専攻を有し，職業を持ちながら学修することができるように平日夜間および土曜昼間に多くの授業科目を配した時間割構成を採用している。東京都品川区に品川シーサイドキャンパスとサテライトキャンパス(秋葉原サテライトキャンパス)を構え，2017年4月現在，214人の学生を収容する。　山本　剛

産業能率大学[私立]｜さんぎょうのうりつだいがく
SANNO University

1925年(大正14)に上野陽一が創設した日本産業能率研究所が起源。1979年(昭和54)に日本で初めての経営情報学部を設置した大学として設立。2000年(平成12)に経営学部を設置し，2007年には経営情報学部を情報マネジメント学部に改称。キ

ャンパスは東京都世田谷区の自由が丘キャンパス，神奈川県伊勢原市の湘南キャンパス，東京都目黒区の代官山キャンパスがある。2016年5月現在，経営学部(現代ビジネス学科，マーケティング学科)，情報マネジメント学部(現代マネジメント学科，現代マネジメント学科通信教育課程)の2学部1研究科(総合マネジメント研究科)からなり，学生数は3901人(通信教育課程の学生数は3691人)。「マネジメントの思想と理念」を実践する人材の育成をめざし，▶アクティブラーニング(学生が主体的に知に向かうことに主眼を置いた授業形態)」や注目の業界とタイアップした「コラボレーション授業」を行うなど，教育中心の大学として高い評価を得ている。教育目的を「一人ひとりの学生を社会人として着実に育てる」こととし，「世の中で実際に役に立つ能力を育成する実学教育」を行う。　山本　剛

サンクト・ペテルブルグ大学[ロシア]
サンクト・ペテルブルグだいがく
Saint-Petersburg State University;
Sankt-Peterburgskii gosudarstvennyi universitet[露]

ロシアの名門大学で，現在24の学部とその他カレッジ等からなり，▶モスクワ大学とともに国家を代表する独自の地位を付与される。起源は1724年のサンクト・ペテルブルグ科学アカデミーの付属大学とされる。大学として独立(1819年)の経緯については論争が続く。ワシーリー島のネヴァ河畔で開学し今も本部等を置くが，自然科学系学部・施設は南のペトロドヴォレツ地区ほかにある。2014年現在，学生約3万2000人，職員1万3000人，教員約6000人を擁す。大学の公式名称は政治に翻弄されて目まぐるしく変わったが，1991年以降は現在名。研究では18世紀以来，東洋諸語部門は有名だったが，近年はナノテクノロジー，生物医学，経営・経営工学などに力を入れる。著名出身者には，作家ではツルゲーネフ，学者ではメンデレーエフ，パヴロフ，Y.ロトマン，ランダウ，ペレリマン，政治家ではレーニン，プーチン，メドヴェージェフ，音楽家ではストラヴィンスキーなどがおり，ノーベル賞受賞者数ではロシア最多。受験生に人気は高い。　所　伸一

三大学教授追放事件
さんだいがくきょうじゅついほうじけん

1928年(昭和3)3月に日本共産党およびそのシンパに対し，治安維持法違反容疑による全国一斉検挙が行われた。この三・一五事件では帝国大学学生から多数の検挙者を出したこともあり，水野錬太郎文部大臣は事件への関係が疑われた「左傾」教授の追放を各帝国大学総長に要求した。その圧力により，同年4月に東京帝国大学経済学部助教授の

大森義太郎，京都帝国大学経済学部教授の河上肇，九州帝国大学では法文学部教授の向坂逸郎・石浜知行・佐々弘雄と助手の塚本三吉が，自主辞職に追い込まれた事件。京都帝国大学・九州帝国大学の4教授の場合は，学部教授会は罷免には同意しなかったものの，総長による自発的辞職勧告は容認するとの議決に至ったことを踏まえての自主辞職であった。

岩田 弘三

→ 学者グループ事件，滝川事件，平賀粛清

サント・トマス大学 [フィリピン] | サント・トマスだいがく
University of Santo Tomas: UST

マニラにあるカトリック系私立大学。スペイン統治下の1611年にドミニコ会がカレッジとして創設し，19年から教皇庁の学位授与権を保有し，45年に大学に格上げされた。現存するアジア最古の大学とされている。サント・トマス大学より早く，フィリピンには1589年にイエズス会が創立したサン・イグナシオ・カレッジがあり，1623年に大学に格上げされたが，1768年にイエズス会がフィリピンから追放された際に閉鎖された。サント・トマス大学は，当初おもに聖職者養成機関としてスペイン人のみを対象としたが，特権階級のフィリピン人，一般のフィリピン人へと門戸を広げた。フィリピン独立運動の闘士で国民的英雄でもあるホセ・リサールは本学医学部の卒業で，これまで4人の大統領を輩出している。学生や教員などの大学関係者はトマシアン (Thomasians) と呼ばれる。2013年の総学生数4万2271人。

中井 俊樹

サント・ドミンゴ自治大学 [ドミニカ共和国]
サント・ドミンゴじちだいがく
Universidad Autónoma de Santo Domingo [西]

カリブ海地域に位置するドミニカ共和国を代表する国立大学。スペインが最初に植民都市を建設し，ラテンアメリカ植民地進出の初期の拠点としたイスパニョーラ島サント・ドミンゴ市にローマ教皇の認可によって1538年に設立される。当時のスペインの大学をモデルにして医学，法学，神学，教養の4学部で発足。ラテンアメリカで最古の歴史を誇る。フランス領となった西半分（ハイチ）との戦争等により荒廃し，19世紀初頭に閉校となった。1844年ドミニカ共和国の独立とともに大学再興がめざされ，59年国立サント・ドミンゴ大学の再建が宣言されたが実現せず，66年専門学校として再開される。1914年，専門学校からサント・ドミンゴ大学に昇格する。20世紀前半のトルヒーヨ長期独裁政権の下で，大学は自由を奪われ活動は低迷する。トルヒーヨ追放後の1961年，政府から大学に自治権が付与され，現在の名称となる。2013年現在，法，医，工，農，理，経済，教育，人文，芸

術の9学部からなる。

斉藤 泰雄

サンパウロ大学 [ブラジル] | サンパウロだいがく
Universidade de São Paulo [葡]: USP

サンパウロ市の西方郊外にあるアルマンド・デ・サレス・オリベイラ学園都市 (Cidade Universitária Armando de Salles Oliveira) に拠点をもつ，ラテンアメリカでトップクラスに立つブラジルの名門州立総合大学。2013年のタイムズ誌の世界大学ランキングで158位にランクインし，ブラジルで最も難関な大学。1827年創設の法律学校が母体となり，1934年に創立された。現在はサンパウロ市の四つのキャンパスのほかに，サンパウロ州に六つのキャンパスを擁し，総面積7631万㎡はブラジル最大規模。2013年の予算はブラジル最大の1882億円，図書館の蔵書数1639万冊余。42の学科や研究機関で構成され，2014年現在の教員数は6090人，学生数9万4875人（学部生5万9081人，修士1万4130人，博士1万5909人など）。ブラジルの学術研究の25%に貢献し，12人の大統領を輩出した。高水準の教育を授業料無料で提供する公立大学であるため，入試の倍率は高い（2013年：最も人気の医学は56倍，平均15倍）。2007年から公立学校出身者の増加を目指す▶アファーマティブ・アクション政策を導入。

山口アンナ真美

サンフランシスコ・シティ・カレッジ [アメリカ]
City College of San Francisco: CCSF

1935年，市民に職業訓練と教育の場を提供するため，カリフォルニア州サンフランシスコに設立された公立の2年制カレッジ。サンフランシスコ・ジュニア・カレッジとして創設され，1074人の学生と74人の教職員でスタートした。1948年ジュニアという呼称が不適切だとの理由で，サンフランシスコ・シティ・カレッジに改称。開設当時，メインキャンパスがなく，学区内のガリレオ高校ほか市内22ヵ所で授業を行い，学生がこれらキャンパス間の移動を余儀なくされたことから「トロリーカー・カレッジ」と俗称された。1950年代から60年代に，連邦と州の補助金によって規模を拡大。1997年から2005年にかけて，総額4億9100万ドルの借入れにより，新校舎の建築や施設・設備の充実をはかった。現在，オープン・アドミッション・ポリシーのもと，11のキャンパスに約9万人の学生を収容。50を超す学位課程と100を超える資格課程を展開する。女性航空整備士養成や女性学の草分け的存在である。高校とのデュアル・エンロールメント（二重在籍）を実施。サンフランシスコ州立大学など近郊の4年制大学へ編入する学生も多い。多文化かつ複数キャンパスを有する大規模▶コミュニティ・カレッジの一つに数えられる。2012年，ガバナンス，財務，自

己点検評価につき懸念を指摘され，2017年までの改善を目指す。カリフォルニア・コミュニティ・カレッジ・システム（CCCS）の一員。

内藤 泰治

サン・マルコス国立大学[ペルー]
さん・まるこすこくりつだいがく
Universidad Nacional Mayor de San Marcos[西]: UNMSM

ペルーの大学で，通称リマ大学，サン・マルコス大学。ドミニック派の修道会とリマ市会の請願を通じて，1551年にスペインのカルロス5世の勅許によって創設された。ラテンアメリカ最古の歴史を持つ。1574年にサン・マルコス大学と命名されたが，当初の呼称リマ大学は1946年にサン・マルコス国立大学が正式名とされるまで用いられた。ペルー共和国の制憲議会が大学の礼拝堂で開催されたが，その議長は大学の学長トルビオ・ロドリゲス・デ・メンドーサで，議員の大多数が本大学卒業生であった。2013年現在，ファカルティ数（大学院レベルを含む）20となっている（植民地期には5）。2010年度の学生数は，学部レベル2万8645人，大学院レベル3447人，教員数2711人，その他の職職員数2786人。

米村 明夫

山陽小野田市立山口東京理科大学[公立]
さんようおのだしりつやまぐちとうきょうりかだいがく
Tokyo University of Science, Yamaguchi

1987年（昭和62）に開学した，東京理科大学山口短期大学を前身とする。山口県および小野田市（現，山陽小野田市）・宇部市両市からの要請のもと，公私協力方式により設立された。1995年（平成7）に山口東京理科大学へと改組転換し，基礎工学部1学部を置く4年制大学となる。2009年には新たに工学部を設け，また2013年には教職課程を設置した。2014年に山口東京理科大学と山陽小野田市との連携を一層強化すべく学校法人東京理科大学と同市との間で締結された基本協定に基づき，2016年公立大学法人山陽小野田市立山口東京理科大学となった。2016年現在の学生数896人。理工系の基礎的知識と，専門的な学術を教育・研究するとともに，地域に根ざし，地域社会の発展に寄与する「地域のキーパーソン」育成を目的に掲げる。

小濱 歩

山陽学園大学[私立]|さんようがくえんだいがく
Sanyo Gakuen University & College

1994年（平成6）国際文化学部を置く4年制女子大学として開学。母胎の学校法人山陽学園は，1886年（明治19）に岡山基督教会の信徒たちにより創立された山陽英和女学校を嚆矢とする。2003年国際文化学部をコミュニケーション学部に改称。

2009年同学部を総合人間学部に改組し，看護学部を設置，共学化。2013年に大学院看護学研究科を，16年に看護学部専攻科を設置。2016年現在，岡山県岡山市のキャンパスに2学部5学科1研究科1専攻科を置き，学部生624人，大学院生6人，専攻科生9人，教員58人を擁する。建学の理念に「愛と奉仕の精神を培う」を掲げ，高い倫理観を持つ看護職，「生活」の中に表現される心の問題を理解できる専門職業人，自己表現できるコミュニケーション能力を備えた人材，地域社会に参加・貢献できる人材，新しい価値観を創造できる人材の育成をもって，その具現化をめざすとする。

小濱 歩

CIS|シーアイエス
International Centre for the History of Universities and Science

大学史・科学史国際センター。通称はチス。1988年の▶ボローニャ大学（イタリア）の九百年祭を記念して，世界の諸大学の連携を図ることを目的に，90年に同大学に設立された。具体的な活動目標として，大学史・科学技術史・高等教育制度史の研究の推進，研究・教授のための他国研究者の招聘，セミナー等を通じて大学の過去と未来に関する比較研究の推進を掲げている。1991年9月にヨーロッパ大学学長会議との共催で「大学と科学：歴史的・現代的見通し」に関する国際会議を開催した。この会議で，当時計画中であった大学史研究の記念碑的集成である『ヨーロッパ大学史』全4巻についての議論がおこなわれ，同書は翌年からケンブリッジ大学出版局から出版された。本組織は，人文諸学と自然科学を分離させることなく関連させて，大学史と科学史の総合的な研究を推進する点に特徴があり，ニュースレター『ウニヴェルシタス』を刊行している。

児玉 善仁

GIビル|ジーアイビル
GI Bill

第2次世界大戦中の1944年に，アメリカ合衆国のローズヴェルト政権が成立させた退役軍人援助法（Serviceman's Readjustment Act of 1944, PL78-346）とその恩典，また，その後のプログラムをいう。在郷軍人会が同法を「兵士の権利章典G.I. Bill of Rights」と賞賛し，GIビルという通称が普及した。教育恩典（education benefits），住宅・農場・法人取得のための貸付，失業手当などが盛り込まれていた。この教育恩典によって200万人を超える成人学生が入学・復学し，大学の大衆化の一因になったといわれる。復員軍人援助法などの訳語もあるが，看護師や事務職，国内基地スタッフも利用できるものであった。時限的な政策であったが，朝鮮戦争，ヴェトナム戦争を経て恒常的な事業となり，2001年9

月以降はポスト9.11 GIビル（Post 9/11 GI Bill）とし
て実施されている。　　　　　　　　　　犬塚 典子

◎犬塚典子『アメリカ連邦政府による大学生経済支援政策』東
信堂，2006.

GRE｜ジーアールイー
Graduate Record Examinations

アメリカ合衆国，カナダの大学院入学に必要となる
標準テストで，現在では多くの国で大学院入学や
奨学金・▶フェローシップ授与の指標の一つとして
広く活用されている。1949年，ETS（Educational
Testing Service）によって開発・開始された。一般試
験（General Test）と専門分野別試験（Subject Test）があ
る。後者は生化学および細胞・分子生物学，生物
学，化学，英文学，数学，物理学，心理学の7分
野がある。これら特定分野のスコア提出を要求す
るかどうかは，研究科や専攻によって異なる。一般
試験は英語での論理的・分析的言語能力，数量的
論理能力・問題解決能力，分析的・批判的論述能
力という3部門からなる。どの部門のスコアをどれ
だけ重視するかは研究科や専攻，プログラムにより
異なる。GREスコアは，学士課程GPA，推薦書，
研究計画書など多くの指標の中の一つとして用い
られることが多い。近年では多くの▶ビジネス・スク
ールでも標準テストのスコア提出に際し，▶GMAT
かGREを選択できるようになっている。　福留 東土

▶GPA

CRUI（シーアールユーアイ）▶CUN／CRUI

CAMES（シーエーエムイーエス）▶アフリカ・マダガ
スカル高等教育評議会

シェク＝アンタ・ジョップ・ダカール大学［セネガル］
シェク=アンタ・ジョップ・ダカールだいがく
Université Cheikh Anta Diop de Dakar［仏］

セネガル共和国の大学。フランス植民地期の1918
年に設置された仏領西アフリカ医学校が起源。
1957年にフランスの公立大学であるダカール大学
となった。1960年の独立とともにセネガルの国立
大学となったが，68年にフランス人の教職員職独
占に抗議する大規模な学生運動が起こり，フラン
ス人による実質的な支配の残る部門での騒乱に繋
がった。1980年代には状況が改善され，87年にセ
ネガルの歴史家であり政治家でもあったジョップに
ちなむ現在の大学名に改称された。質の改善に向
けた高等教育改革をうけて1994年に大学改革を
行い，2003年には旧来のフランス型学位授与体系
から，学士号（Licence），修士号（Master），博士号
（Doctrat）の3段階からなるLMD制への転換を開始
した。学生数約7万5000人，教員数約1300人，6

学部と23の教育・研究機関を有する（2012年）。旧
仏領西アフリカ諸国において最も古く著名な大学
で，セネガル第2代大統領，ベナン第4代大統領
のほか，西アフリカを代表する多くの政治家や研究
者を輩出している。　　　　　　　　　　谷口 利律

CSHE｜シーエスエッチイー
Center for Studies in Higher Education

1956年，▶カリフォルニア大学バークレー校に創設
された高等教育研究センター。アメリカ合衆国で
最初の高等教育システム・制度・過程の研究を専
門とする研究機関。これが実現した背景には，全
米での高等教育システムの計画的整備の嚆矢とな
った1960年の▶カリフォルニア高等教育マスター・
プランにつながるカリフォルニア州の高等教育政策
があり，また研究所はその策定に貢献した。現在
は高等教育の戦略的課題に対する学際的研究，
政策志向の議論を通じての学者と政策立案者の共
同体の形成，高等教育に関する資源としての公衆
への奉仕を使命として，全米的・国際的比較の視
点を持ち，カリフォルニア州さらにはカリフォルニア
大学特有の課題を念頭に置きつつ活動している。
2016年現在の規模は専任教員6人，管理職員6
人，研究プロジェクト職員1人，研究員16人，補
助員8人，客員教員23人。マスター・プラン制定
時のカリフォルニア大学群の総長で，その理念を
提示した▶『大学の効用』の著者でもあるクラーク・
カーの記念講座（Clark Kerr Lectures On the Role of
Higher Education in Society）を持つ。　　　　舘 昭

シエナ大学［イタリア］｜シエナだいがく
Università degli Studi di Siena

トスカナ地方にある国立総合大学。1203年に特権
を付与され，学生と教師が多く存在したとされ，
1240年の文書に法学校の痕跡があるが，イタリア
のほかの町の学校ほどの重要性を持たなかった。
1246年に加えて，1321年に起こったボローニャの
学生・教師の移住によって大きな重要性を獲得し
た。都市が一貫して学生獲得のための財政援助を
おこなうとともに，普遍権力から設立認可を得よう
とした。その結果，1357年に皇帝カール4世から
大学の特権を獲得し，さらには1408年に教皇グレ
ゴリウス12世からも特権を得た。1590年には学生
たちが自らの中から学頭を選んで教会権力から解
放されるように要求し，その権利を獲得した。フラ
ンス支配下の1808年に閉鎖された。イタリア統一
後に再建され，1892年に公教育大臣マルティーニ
が弱小大学の廃止政策を採った際にもその対象と
なったが，市民の抵抗で存続を確保した。現在，
アレッツォにも学科組織がある。2011年には15学
科，正教授246人，准教授248人，研究員366人，

2015/16年の登録学生数約1万5600人。 児玉 善仁

CNAA(シーエヌエーエー)➡英国学位授与機構

General Education in a Free Society
(自由社会における一般教育)
ジェネラル・エデュケーション・イン・ア・フリー・ソサエティ

1943年に▶ハーヴァード大学のジェイムズ・▶コナント(James Bryant Conant)学長が任命した「自由社会における一般・普通教育の諸目的」に関する委員会の報告書。同大学の文理および教育学部門の教員12名の委員によって審議・答申され，1945年に学長および理事会(ハーヴァード法人)によって学長の序文を付して刊行された。第2次世界大戦後の「自由社会」を構成するすべての市民にふさわしい教育として一般教育・普通教育(general education)のあり方を探究し，知識の統合性や共通性を強調した。6章構成で，アメリカ合衆国の教育発展や問題，一般・普通教育の理論，中等学校および地域社会の成人教育における一般・普通教育についての包括的な考究となっている。ハーヴァード・カレッジに関する改革提案は第5章の一部で述べられているにすぎないが，専門教育との連携，人文学・社会科学における必修の共通コア科目の設置を提案するなど，カレッジ教育の統合を強調している。
松浦 良充

➡一般教育

ジェファーソン
Thomas Jefferson | 1743-1826

アメリカ独立宣言の起草者，第3代大統領，▶ヴァージニア大学の創設者。ウィリアム・アンド・メアリー大学卒業後，法律事務所で働き，植民地議会の議員，独立後の州知事，フランス大使，国務長官，副大統領，大統領を歴任し，農園も経営した。公職退任後の1819年，ヴァージニア大学を設立し，世俗化を含めて教学や管理制度面の新機軸で内外の大学に影響を与えた。生涯を政治と革命に献身した啓蒙時代人として，人間一般の能力の開発と共和制の相互依存性を確信した。新時代の共和国は理性的な判断力を獲得した人民の支持なくしては機能せず，とくに大学の学生が各自の特性に応じ専門的な能力を最大限に発展させつつ社会貢献する必要を強調した。ヴァージニア大学での専門分野の履修選択の完全な自由と神学の排除とはその帰結であった。教育を重視した彼の農本主義の影響は，のちの▶ランドグラント・カレッジにも及んだ。
立川 明

シェルスキー
Helmut Schelsky | 1912-84

ドイツの社会学者。ケムニッツで誕生し，ケーニヒスベルク大学とライプツィヒ大学で学び，1935年に博士号，39年に大学教授資格を取得。最初は▶フィヒテの哲学研究を行っていたが，第2次世界大戦後に社会学に移行し，家族・産業・青年・学校・大学を社会学的な立場から分析した。『現代ドイツ家族の変化』(1953年)は，当時のドイツ(西ドイツ)の家族の位置づけを分析し，『懐疑的世代』(1957年)は青年層の精神構造を分析した。またドイツの大学問題に積極的に提言を行い，『大学の孤独と自由―ドイツの大学ならびにその改革の理念と形態』(1963年)は60年代の大学論に大きな影響を与えた。シェルスキーは大学の社会的な観点を重視し，▶フンボルトの大学理念の現代的再構築を図ろうとした。ジャーナリストなどを経験したのち，1953年からハンブルク大学，60年からミュンスター大学で，社会学の教授。1965年からノルトライン・ヴェストファーレン州文部大臣の委嘱を受け同州における大学の新設に関与。▶ビーレフェルト大学設立の中心メンバーとなるとともに，同大学の社会学教授を務めた。1973年から再びミュンスター大学に戻り，同地で没した。
田中 達也

ジェルミーニ改革 |ジェルミーニかいかく
Riforma Gelmini[伊]

イタリアの教育・大学・科学研究大臣ジェルミーニ(Mariastella Gelmini, 1973-)による2010年公布，2011年施行の240法による現在進行中の大学改革。まず，①教育・大学・科学研究省が「大学・研究評価独立機構(▶ANVUR)」による大学評価によって，各大学の人員配置などを承認することでの質保証の進展。②大学教員任用のためのコンコルソ(公募)合格者への▶大学教授資格に相当する「アビリタツィオーネ」資格の導入。③▶学科を統廃合して学部組織に代わる教育研究機能を統合した「スクオーラ(スクール)」の導入などを主眼とする。同法に基づき，各大学は新たな学則を制定して改革を行っている。学科組織の再編によって自治権が拡大されるという利点もあるが，予算削減による課程数・講義数・教員数が削減されることへの反発も根強い。
児玉 善仁

ジェンダー
gender

[社会・文化に規定される男らしさ，女らしさ]
各々の社会はそれぞれの社会に特有の分類体系を有し，それに基づいて秩序を維持している。太陽と月，魂と肉体，右と左といったプリミティブな差

異に象徴的な意味を付与し，分類し，範疇化するのであるが，生物学的な性差，男性と女性とてもその例外ではない。各々の社会には構成員が認識を共有する「男らしさ」「女らしさ」がある。そして，学問の領域もその影響を色濃く受けている。大学という空間をいち早く成立させたヨーロッパにおいて，そもそも学問は男性の領域に分類されるものであり，女性は入学さえ許されなかった。理性をよりよく働かせることができるのは男性のみであり，より肉体的で感情的な存在である女性は学問に馴染まないとされてきた。また，日本の社会においても公式な文書を記すための真名（漢字）が男手とされるのに対し，私的な感情を表現する際に用いられることが多かった仮名は女手と分類され，紫式部は真名を書き散らす清少納言を「さかしだ」つものとして批判している。女らしさは理知的な「賢さ」ではなく，愚かなまでの信仰の篤さや狂おしいまでの情念の豊かさによって表象されてきた。

[**女性的な学問**]
男性が理性的な存在とされるのに対し感情的な存在とみなされがちな女性にふさわしい学問領域は，情感の豊かさが求められる文学や日常的な実践領域としての家政学である。男性が優位な社会においては往々にして，女性に「賢さ」は不要としながらも母は賢くなければならないというダブルスタンダードがあり，良妻賢母教育を引き受けることをミッションとする大学も設立されている。その一方で，自然科学系の学問領域を選択する女性は少なく，女性は抽象的・論理的な思考力に乏しいといった「神話」を後押ししている。男性優位の社会において大きな軋轢を回避して生きてゆくための「戦略」として，女性が（無意識に）選択しがちな学問領域は社会的に女性が学ぶことが望ましいとされている領域であり，家政学，文学，教育学，芸術学，社会福祉学，保健学，看護学を学ぶ▶女子学生あるいは教える女性教員が多いという社会的事実によって大学におけるジェンダーは再生産され続けている。

[**大学界における女性研究者**]
学問的な領域に女性的なるものと男性的なるものの差異が存在するのみならず，女性研究者の大学という界における位置にもジェンダーの問題が横たわっている。20世紀半ば以降に展開されたフェミニズムの社会運動の成果として，女性には狭き門であった▶総合大学への進学が可能になるとともに研究職への女性の採用も進められた。2011年のOECDの調査によると，大学における女性研究者の割合はイギリス44.2％，ドイツ35.6％，フランス32.8％であるのに比して，日本では総務省の「平成24年度科学技術研究調査報告」によると24.7％にとどまっている。また，首尾よく大学教員として採用された女性研究者が大学という界の中で地位上昇をはかることは，とりわけ日本の社会においては容易ではない。2007年度の「学校教員統計調査」のデータに基づき大学教員の職階別の男女比率をみると，女性が男性を上回るのは助手の51.8％だけであり，助教22.3％，講師26.7％，准教授18.2％，教授11.1％と職階が上がるにつれて減少する傾向にある。また，女性が▶学長や副学長に就任しているケースは1割にも満たない。

大学という界が依然として男性支配の下に置かれていることが明らかであるが，果たしてこれは女性が理性的ではないからなのだろうか。女性が理

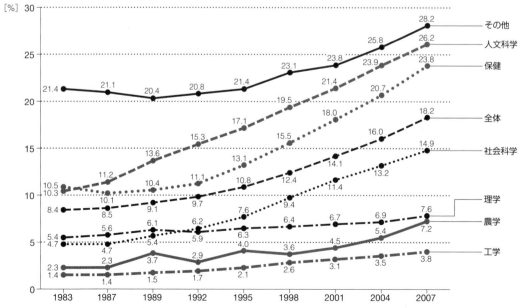

図 | 本務教員に占める女性比率の推移

出典：各年度「学校教員統計調査」、科学技術政策研究所「日本の大学教員の女性比率に関する分析」所収

性で感情を抑えることが困難であるのに対し男性が十分に理性的な存在であるというのなら，▶アカデミック・ハラスメントなどという概念は存在すらしなかったのではないか。もちろん，アカデミック・ハラスメントの被害者が常に女性であるということはなく，女性が加害者になることもあり得る。が，理性的であるかのように偽装して自らの感情に由来する理不尽な要求をまくしたてるのは，一般社会においてもそうであるように，自らに権限の拠り所があると誤認し得る立場にある者である。歴史的に構成されてきたジェンダー，「男らしさ」「女らしさ」として表現されるもののすべてが問題であることはない。しかしながら，自らの意思で選択することができない性差によって自己実現が妨げられることがないように努めるのは大学に課せられている大きな宿題である。　　　　　　　　　　　　　紀 葉子

▶マイノリティと大学，女子大学，ハラスメント

◎ピエール・ブルデュー，ジャン＝クロード・パスロン著，宮島喬訳『再生産─教育・社会・文化』藤原書店，1991.
◎文部科学省科学技術政策研究所第1調査研究グループ「日本の大学教員の女性比率に関する分析」2012：http://hdl.handle. net/11035/1143

ジェンティーレ改革 |ジェンティーレかいかく
Riforma Gentile[伊]

イタリアの新理想主義哲学者であり，▶ローマ大学などの正教授を経て公教育大臣となったジェンティーレ（Giovanni Gentile, 1875-1944）による改革（1923年）は，教育行政組織改革や，14歳までの8年間の義務教育年限の延長，科学リチェオの創設などの改革をおこなう革新的なものであったが，学校組織をエリート向けと一般大衆向けに区分するものでもあった。大学に関しては，その法人格とそれに基づく自治権を保障して，教育課程の編成の自由を各大学に認めるなど管理運営の幅を拡大し，大学の自治と教育の自由を認め，試験制度を簡素化するなど積極的な改革を進めた。また彼の理想主義はフランスの高等師範学校のような専門職養成学校を設立し，教養教育を前提とした真理探究の場としての大学と専門職養成の高等教育機関の二重構造をつくり上げようとした。　　　　児玉 善仁

▶グーイ法案

COE |シーオーイー
Centers of Excellence

センター・オブ・エクセレンス。最先端の設備環境を持ち優秀な頭脳・研究者が集積し，世界的に名声・評価を確立した研究拠点のこと。ノーベル賞受賞者を多数輩出したような研究機関で，アメリカ合衆国の▶ハーヴァード大学や▶マサチューセッツ工科大学（MIT），イギリスの▶オックスフォード大学や▶ケンブリッジ大学のような世界的な▶研究大学

以外に，企業の中央研究所や非営利・公的研究機関も含んだ，研究実績上，令名が高い機関の呼称である。非営利機関ではドイツのマックスプランク研究所，フランスのパスツール研究所，企業の中央研究所ではアメリカのAT＆Tベル研究所，IBMトーマス・J. ワトソン研究所などが代表例。転じて，国際的に卓越した研究業績と人材を集積・輩出する大学や研究拠点を形成する，▶科学技術政策上の目標を指す語としても各国で用いられる。文部科学省が▶21世紀COEプログラムを2002年に開始し，世界的な拠点形成を目標とする各種研究助成が継続的に実施されている。
白川 展之

［日本］
日本では，冷戦後のテクノ・グローバリズムへの対応策として産業技術政策の中で言及されるようになり，国立試験研究機関のCOEとするための支援策が1993（平成5）年度から講じられた。1995年度からは，文部省がCOEを目指す大学等の研究組織に対して研究費等の重点配分を行った（「中核的研究拠点形成プログラム」）。これらの方針は，▶科学技術基本法に基づき策定された第1期科学技術基本計画や「大学の構造改革の方針」（▶遠山プランとも）で確認され，2002年度からは，国際競争力のある最高水準の大学づくりを目標に，大学院重点化を図る「21世紀COEプログラム」が，また2007年度からはこれを見直して，選択と集中を図った「グローバルCOEプログラム」（2013年度まで）が実施された。日本でCOEという場合は，これら二つのプログラムを指すことが多い。選択と集中の度合いや規模は異なるが，COE形成を目指したプログラムは諸外国でも散見され，リサーチ・エクセレンス・イニシアティブ（Research Excellence Initiative: REI）と呼ばれることもある。　　　　　　　　榎 孝浩

▶世界トップレベル研究拠点プログラム

滋賀医科大学 [国立] |しがいかだいがく
Shiga University of Medical Science

第2次田中角栄内閣が打ち出した「一県一医大」構想の下，1974年（昭和49）に医学部のみの単科大学として開学。1981年に大学院医学研究科，次いで94年（平成6）に看護学科が設置され，滋賀県内唯一の医学系大学として専門的で倫理的な医療人および研究者の養成を行う。大津市瀬田月輪町にキャンパスを構え，2017年5月現在，1学部1研究科に1146人の学生を収容する。神経難病，生活習慣病，癌などに関する研究で成果を上げるほか，カニクイザルの繁殖維持ノウハウおよび施設を生かした独自の前臨床研究にも取り組んでいる。「地域に支えられ，地域に貢献し，世界に羽ばたく大学」を掲げ，2016年には在宅看護力育成事業「訪問看護師コース」看護師特定行為研修が新設された。　　　　　　　　　　　　　平野 亮

資格課程 | しかくかてい
qualification course

指定されたカリキュラムを履修することで，免許や資格あるいは受験資格を得ることができる▶課程。医歯薬系学部以外の一般の大学では教職，図書館司書，社会教育主事，博物館学芸員などを取得することができる。そのためには，数十単位以上の講義・演習の▶履修や実習が求められる。免許や資格がそのまま就職に結びつくわけではないが，大学在学中に免許取得という明瞭な目的を持って学修することは，学修動機の向上につながる。免許取得には達成感が伴うとともに，ある職業分野の総合的な知識が習得できる利点もある。しかし，これらの資格を有効に使える就職先がそれほど多くないことは問題である。社会は同じ免許を持っていれば，より高度な能力を持つ者を採用する。とくに教職は大学院修士課程修了以上の能力（専修免許取得者）を求めるようになってきたが，実際に取得した人数は第一種免許（大学卒業）のおよそ1割で（2009年度），免許取得者が少ないことを示している。

細川 敏幸

➡教職課程，社会教育主事課程，職業教育カリキュラム，専門教育，専門職教育，専門職資格

志學館大学 [私立] | しがくかんだいがく
Shigakukan University

1999年（平成11）に鹿児島女子大学を改編・改称して開学。起源は1907年（明治40）に満田ユイが開設した鹿児島女子手芸伝習所にさかのぼる。建学の精神は「時代に即応した堅実にして有為な人間の育成」であり，それに則った大学の基本理念を「豊かな教養に裏付けられた実践力と学ぶことへの高い志を持つ人間の育成」とする。2017年現在，鹿児島県鹿児島市にキャンパスを構え，2学部4学科1研究科に1257人の学生が在籍する。人間関係学部は心のケアの理論と実践とを探求する心理臨床学科と，欧米・アジアの言語や文化を学び幅広い視野と国際性を身につける人間文化学科とで構成される。一方の法学部はリーガルマインドを涵養する法律学科と，社会変化に対応する実践的な法学教育を主とする法ビジネス学科とで構成される。

戸村 理

資格取得 | しかくしゅとく
qualification

「資格」の定義については，専門家によってニュアンスの違いはあるものの，一般的には「特定の職業や社会的地位・立場などを得ることを目的とした，個人の専門的能力を証明するもの」と理解されている。ここでいう「専門的能力」とは職業上要求される知識やスキルにとどまらず，資格によっては学術的な知見，さらには芸術や宗教に関わる知識やスキルなども含まれることがある。

OECDは，資格について「評価・認定プロセスの公式の結果であり，ある個人が所定の基準に沿った学習成果を達成，あるいは特定の業務分野において働くために必要なコンピテンスを持ち，適格性のある機関が判断した場合に得られるもの。労働市場や教育・訓練における学習成果の価値について公式の承認を与えるものであり，ある業務を行う上での法的な資格となる場合もある」と就業に焦点を当てた定義をしている。なお英語では，qualificationあるいはcertificateが日本語の「資格」に当たるとされている。このうち，qualificationは学位や能力評価検定，ジョブカードも含めて使われており，日本でいう「資格」より広い概念になっている。

[資格の特徴]

一般に「資格」は，次のような特徴をもっている。
(1)授与の前提として，当事者のパフォーマンスに対する第三者による評価が行われ，その結果が資格の要件を満たすか否かの検討が行われる
(2)当事者が身に付けた能力（全部または一部）と企業や社会が必要とする能力（全部または一部）を結びつける機能を有する
(3)特定の資格を得ようとする場合，多くの場合，教育活動や学習活動が行われる
(4)資格取得の効果・機能は次のとおり
・当事者：特定の職業あるいは職業上の地位・身分に就くことができる（適切なキャリア形成）
・企業：必要とする能力を有する人材を確保することができる（適切な人材確保）
・社会：自由で公正な競争の実現につながり，合理的な労働市場や競争ルールの形成を促す
(5)資格・認証が有効に機能するための条件として考えられるものは，次のとおり
・当事者の有する能力がその評価結果に適切に反映されていること
・能力の評価結果と企業・社会のニーズ・必要性とが合致していること
・能力の評価結果を多くの企業・社会の側が評価すること（評価結果が社会的に通用力をもつこと）

[資格をめぐる今後の動向]

近年，資格枠組み（特定の内容・レベルを有する学習成果に適用される資格を分類・開発するためにつくられた仕組み，いわば「資格のものさし（指標）」）についての検討がヨーロッパやアジアで盛んに行われている。

EUについては，2002年のコペンハーゲン宣言以降，ヨーロッパでは▶ボローニャ・プロセスの進展と並行して，▶職業教育分野における能力評価のあり方，いうなればヨーロッパ域内で通用する共通の資格・認証の仕組みを研究・策定しようとする取組み（コペンハーゲン・プロセス）が開始され，2008年には欧州資格枠組み（European Qualifications Framework:

466 | しかくかて

大学事典

EQF)として制度化された。以降ヨーロッパ各国では，自国の技術者・労働者の職業上の能力をヨーロッパ共通の枠組みで評価し就業に活用してもらおうという方向性のもとで，それぞれの国で開発している国家資格枠組み(National Qualifications Framework: NQF)をEQFとリンクさせようとする取組みが進められている。

また，アジア・太平洋地域では，ASEAN等の活動に見られるように，グローバル化の進展に伴い，主として域内の経済発展に向けた自由な労働市場の形成という観点から，技術者・労働者の職業上の能力を適切に評価し，労働力の国境を越えた流動化と技術者・労働者の望ましい就業につなげようという政策志向が強まっている。こうした中で，マレーシア，インドネシア，韓国，オーストラリアといった国々がそれぞれNQFを策定し，それらを標準化して，域内共通の資格枠組み(ASEAN Regional Qualifications Framework: ARQF)を策定しようという動きを始めている。

これらの背景には，主として経済活動のグローバル化に伴う人材の流動化があると考えられる。人材の流動化が円滑かつ適切に行われるためには，企業や社会から必要とされる能力の「見える化」が進み，それらが社会的に共有される必要があるが，その前提として，社会的な場面で個人が自由に職業等を選択したり地域を移動したりできるように，インフラや制度等が整備されることも必要である。

［資格取得とキャリア形成］
資格取得の意義を「人材の流動化」の観点でとらえることは重要であるが，それ以上に，資格取得を社会人のキャリア形成の手段としてとらえることも重要である。それは，終身雇用制が変容しつつある現在，資格取得を自らのキャリアアップにつなげていくことは，学習の成果が適切に評価・流通することを意味するのみならず，合理的で透明性の高い就業システムをつくることにつながると考えられる。

笹井 宏益

▷学位・資格枠組み，専門職資格，資格課程

◎国立教育政策研究所『知識基盤社会を生きる力「キー・コンピテンシー」をめぐる国際的動向』，2009.
◎辻功『日本の公的職業資格制度の研究』日本図書センター，2000.

歯学部 |しがくぶ
Faculty of Dentistry

歯科医術に関する教育は，欧米では19世紀中頃まで徒弟制(学校以外での技術の伝承組織)が主体であった。世界で最初の歯科医学教育は，アメリカ合衆国のボルティモア歯科医学校(Baltimore College of Dental Surgery)においてであり，同校は1840年にホーリス・H.ハイデンにより創立された。1868年までに13の歯科大学(College of Dentistry)が開校して

いる。

日本においては，1875年(明治8)医術開業試験の専門科に口中科(のち歯科に改称)が存在し，83年に医術試験とは別に医術開業試験歯科試験が設けられた。そのため，この国家試験合格のための予備校的な歯科医学校が創立され始めた。1906年の歯科医師法の成立とともに▷専門学校令に基づき▷専門学校に昇格，内務省の国家試験免除の資格を得ると無試験で歯科医師免許が取得できた。1907年に東京歯科医学専門学校，1909年に日本歯科医学専門学校，国立では1928年(昭和3)年に東京高等歯科医学校(東京医科歯科大学の前身)が開校した。第2次世界大戦前の歯科医学にはアメリカの影響が強い。戦後，GHQの指導により1946年に東京歯科医学専門学校を母体に東京歯科大学(旧制)が設立され，従来の歯科医学専門学校がこれに続いた。1947年，教育刷新委員会によって▷医学部と同様の6年制課程となり，今日に至る。2016年(平成28)現在，国公私立あわせて29の歯学部が存在する。

西巻 明彦

▷医学教育

私学補助 |しがくほじょ

日本国憲法89条は，宗教団体や公的ではない慈善，教育，博愛事業への公金支出を禁じている。しかし▷教育基本法4条は国民の教育機会均等を定め，8条では国および地方公共団体が私立学校教育の振興に努めることを規定している。また▷私立学校法59条では，国・地方公共団体が▷学校法人に対して助成することを認めている。さらに▷私立学校振興助成法は，より具体的な国・地方公共団体の私立学校への助成について定めている。私学補助というと私学の経常費補助が一般的であるが，補助にはさまざまな方法がある。学校法人が設置する私立学校はその公共性，公益性によって，法人税・事業税は学校法人の行う収益事業のみに課税され，教育のために取得する不動産取得税，固定資産税は非課税とされている。また学校法人に対する寄付者へのさまざまな免税措置を講ずることによる助成もある。▷日本学生支援機構の▷奨学金は，▷私立大学の学生を通じて私学を補助していることになる。大学進学者を対象にした所得の特別扶養控除によって大学進学が奨励され，間接的に私学も補助を受けていることになる。

丸山 文裕

▷私立大学の財政・財務

滋賀県立大学 [公立] |しがけんりつだいがく
The University of Shiga Prefecture

1995年(平成7)に開学。前身は，滋賀県立短期大

学(1950年開学，2005年閉学)の工業部・農業部・家政部である。彦根市の琵琶湖畔にキャンパスを構え，2017年5月現在，4学部4研究科に2832人の学生を収容する。開学以来「キャンパスは琵琶湖。テキストは人間。」をモットーに「人が育つ大学」をめざす。特色ある全学共通科目「人間学」を開講するほか，全学共通副専攻の「近江楽士(地域学)」(2010年設置)や大学院共通副専攻「近江環境人地域再生学講座」(2006年設置)を整備する。2013年度より文部科学省事業「地(知)の拠点整備事業」に参加して，少子高齢化や若者人口減少をはじめとした地域課題の解決にも取り組んでいる。　平野　亮

→ 知の拠点整備事業

シカゴ大学 [アメリカ] | シカゴだいがく
University of Chicago

イリノイ州シカゴにある。大学院課程の比重が顕著な私立の▶研究大学。バプティスト教会および石油王ジョン・D. ロックフェラー(John D. Rockefeller)の支援と，初代学長ウィリアム・R. ハーパー(William R. Harper)の手腕によって1890年設立，92年開講。ハーパーは研究志向の強い多機能大学を構想したが，4学期制や前期学士課程(▶ジュニア・カレッジ)，大学拡張など，広く全米の高等教育制度に与えた影響も大きい。また第5代学長ロバート・▶ハッチンズ(Robert M. Hutchins)のもとでの共通必修コア科目や，総合試験制度を中心とする統合的な学士課程カレッジ改革も注目を集めた。2016年現在，学士課程カレッジ，学術大学院(生物・人文・物理・社会科学・分子工学研究所の5部門)，神，経営，法，医，公共政策，社会福祉の6専門職大学院をはじめ，成人継続教育部(修士・諸資格)，大学病院，諸研究所，大学出版部，初等・中等学校などを擁する総合的教育機関である。　松浦　良充

滋賀大学 [国立] | しがだいがく
Shiga University

滋賀県内の2大都市である大津市と彦根市に，教育学部(大津市)と経済学部・データサイエンス学部(彦根市)がある。1875年(明治8)創立の滋賀師範学校および1915年(大正4)創立の滋賀青年師範学校を基にする教育学部，22年に彦根高等商業学校として創立した彦根経済専門学校を基にする経済学部の2学部で，49年(昭和24)に滋賀大学として発足。2017年(平成29)には，統計学・情報学などを駆使してデータから価値を引き出す知識・技術を学び研究するデータサイエンス学部が彦根キャンパスに新設された。教育学部は，地元での圧倒的な教員採用試験合格率(新卒)を誇り続ける。経済学部は，5学科17講座を有する国立大学の中では最大の規模であり，法学や社会学，人文科学な

ど幅広い分野の教育・研究が行われている。全学部に共通するのは，地域に根ざす視点とグローバルな視野である。2016年現在3878人の学生が在籍。　和崎　光太郎

至学館大学 [私立] | しがっかんだいがく
Shigakkan University

学校法人至学館により2010年(平成22)に開学。起源は1905年(明治38)に内木玉枝が創立した中京裁縫女学校にさかのぼる。1950年(昭和25)に体育科および家政科を開設して中京女子短期大学を開設し，1951年学校法人内木学園が設置される。1963年前身となる中京女子大学が体育学部を設置して開学した。校名を改めて男女共学化した附属至学館高校(2005年)に続き，2010年に男女共学化して校名を現行のものに変更した。建学の精神は「人間力の涵養」。戦前からオリンピック選手を輩出する体育の名門校であると同時に，中京地区における女子教員養成機関の先駆的存在である。愛知県大府市横根町にキャンパスを構え，2016年5月現在，1学部1研究科に1304人の学生を収容する。　平野　亮

事業活動収入 | じぎょうかつどうしゅうにゅう

▶学校法人会計基準は，事業活動収入を「当該会計年度の学校法人の負債とならない収入」(16条1項)と規定している。2012年(平成24)8月に文部科学省に設置された「学校法人会計基準の在り方に関する検討会」の報告書(2013年1月)では，▶学校法人の作成する計算書類等の内容をより一般に分かりやすく，また的確に把握できるものとするよう改善が求められた。これを踏まえて「学校法人会計基準の一部を改正する省令」(平成25年4月22日文部科学省令第15号)が制定され，2015年度以降，旧基準において使用されていた帰属収入は事業活動収入に，また消費収支計算書は事業活動収支計算書に名称が改められた。新基準では，事業活動収入は教育活動，教育活動以外の経常的な活動，これらの活動以外の活動に区分された。　吉田　香奈

事業構想大学院大学 [私立]
じぎょうこうそうだいがくいんだいがく
The Graduate School of Project Design

2012年(平成24)学校法人日本教育研究団によって開学。国際的かつ社会的に活躍できる▶高度専門職業人養成を目的とし，事業構想修士(専門職)の学位を授与する。建学の理念は「意志があれば，道は開ける」とし，理想とする事業構想を考え，実現するための構想計画を研究することを目的とし

ている。企業の新規事業の企画担当者，事業継承者，社会企業家，地域創生をめざす人々を主たる対象とし，教員，学生ともに多くが社会人経験を有しており，▶専門職大学院として実践的な研究がなされている。また付属機関として事業構想研究所も設立し，各種プロジェクトの推進やカリキュラム開発なども同時に推進している。2017年現在東京都港区のキャンパスに76人の学生が在籍。

山崎 慎一

事業創造大学院大学 [私立]
じぎょうそうぞうだいがくいんだいがく
Graduate Institute for Entrepreneurial Studies

2006年（平成18）起業家および組織内事業創造を担い得るプロフェッショナルの育成を目的に▶大学院大学として開学。基本理念は「独立あるいは組織内で新規事業を創造しうる人材の育成」「地域社会のニーズに応えうる人材の育成」「国際社会に貢献しうる人材の育成」である。その上で建学の精神として「研究に基づいた実践，実践に基づいた研究」が掲げられている。2017年春学期現在，新潟県新潟市にキャンパスを構え，事業創造研究科に167人の大学院生が在籍する。教育の特徴として，事業企画力（起業・社内起業・新規事業などをおこなうための事業計画書の作成）の育成や，多様なキャリア志向を支える幅広いMBA科目の設置，そしてグローバルに形成される人的ネットワークを有すといった点があげられる。

戸村 理

滋慶医療科学大学院大学 [私立]
じけいりょうかがくだいがくいんだいがく
Graduate School of Health Care Sciences, Jikei Institute

2011年（平成23）に開設。1978年（昭和53）設置の大阪薬学専門学院を前身とする。医療安全管理学の専門家養成を目的とした機関としては日本で唯一の▶大学院大学である。建学理念は「職業人教育を通じて社会に貢献する」ことであり，実学教育，人間教育，国際教育に注力する。また大学の使命・目的は「高い職業実践能力と豊かな人間性及び国際性の涵養」である。2016年現在，大阪府大阪市にキャンパスを構え，医療管理学研究科に45人の大学院学生が在籍。医療の質・安全の向上に寄与する医療安全マネジメントを究めることを目的に，知識・技能・行動から成る体系的カリキュラムの下で，学生の研究計画，学歴，履歴に応じた実践的指導体制が取られている。

戸村 理

自校教育 じこうきょういく
education about the own university

学生に対して自校の建学の意義，歴史，研究成果

などについて教える▶授業のこと。愛校精神を涵養し，▶入学した意義を再確認させる意味がある。早期退学を防ぎ，勉学への動機を高める効果が期待されるため，はっきりした目的なしに入学した学生にとって，自校の素晴らしさを認識することは重要である。海外の大学では，自学の歴史を入学時配布のパンフレットにするなど，授業以外で活発に行われている。日本でも導入する大学が増えており，ある大学では「○○大学の歴史」「大学と社会」として1年生に開講したり，受験生や在校生に100人の教員の研究内容を伝える冊子「知のフロンティア—○○大学の研究者は，いま」を配布したりしている。

細川 敏幸

→ 建学の精神

四国学院大学 [私立] しこくがくいんだいがく
Shikoku Gakuin University

1949年（昭和24）アメリカ南長老教会宣教師と日本人信徒によって，福音主義キリスト教信仰に立つ高等教育機関として設立された四国基督教学園に始まる。1962年に四国学院大学（文学部基督教学科・英文学科）設置。1972年大学院開設。以後，学部学科の新設・改組を経て，2016年（平成28）現在，香川県善通寺市のキャンパスに文学部・社会学部・福祉社会学部の3学部と文学研究科・社会学研究科・社会福祉学研究科の3研究科を置き，学部生1158人，大学院生1人，教員61人を擁する。設立時の▶リベラルアーツ・カレッジとしての教学理念を継承しつつ，キリスト教信仰に基づく「豊かな人間性の醸成」をミッションに掲げる。2012年に定めた中長期計画「D & D＝知のポストモダン共同体」に基づき，建学の精神の具現化・経営基盤の安定化を推進している。

小濱 歩

→ キリスト教系大学

四国大学 [私立] しこくだいがく
Shikoku University

徳島市にある。1925年（大正14）に専門職業人としての女性の自立を掲げ，佐藤カツ（初代理事長）が創設した徳島洋服学校が前身である。1961年（昭和36）に徳島家政短期大学，66年に4年制の四国女子大学として開学。1992年（平成4）に四国大学に名称を変更し，全学男女共学となる。1999年に大学院を開設。学部は文・経営情報・生活科学・看護の4学部で，ほかに短期大学部がある。2016年5月現在の学生数は学部2162人，短期大学部348人，大学院38人。建学の精神は「全人的自立」。教育指針は「社会で活躍するための基盤となる知識と実践力」を重視する。

船勢 肇

自己点検・評価|じこてんけん・ひょうか
self-monitoring and self-evaluation; self-assessment

大学が教育研究等を自ら点検および評価する活動を指す。すべての大学は▶文部科学省が定める▶大学設置基準に従って設立・運営される。設置基準は大学の組織，教員資格，学生定員，教育課程，卒業要件，施設整備等の最低基準を定める。政府は1991年に設置基準の一部改正を行い，教育課程編成基準を大綱化し弾力化した。これにより，各大学が独自の教育課程を編成する裁量の余地が拡大された。これを機に▶一般教育課程等を見直す大学が増えた。一方で大学側には，自らの教育および研究活動の現状と改善に向けた課題を自己点検・自己評価することが求められるようになり，1999年にその結果の公表が義務づけられた。2004年に大学認証評価制度が導入されて以降は，すべての大学が第三者による評価を定期的に受けるようになった。現在は，大学自らの自己点検・評価と第三者が行う評価とを組み合わせて，教育研究等の質の維持向上をより確実なものとすることが目指されている。　　　　　　　　　　　　斉藤 泰雄

→認証評価，第三者評価，外部評価

自己投資|じことうし
investments for oneself

自らの資金や時間などを自己啓発のために用いること。不安定で変化が急速な社会においては，さまざまな変化に柔軟に対応し新たなことにチャレンジできる能力を開発するための自己投資が促されている。2012年度に大学や専門学校で学んだ社会人は約12万人であった。大学等で学び直すことでキャリアアップを図る人がいる一方で，将来に不安を抱きながらも，自己投資の意欲や機会を失っている人もいる。情報不足，動機不足，時間不足，経済的制約が学習の潜在的な障害となる。とくに就職後3年以内に離職した若者，リストラなどで再就職の機会を得られない中高年，子育てなどで就業を中断した女性，就学や就労の場にいないニートなどは自己啓発の機会を捉え難い。その格差を是正するためには，教育・労働・福祉の関係機関の連携が不可欠であり，誰もが「学び直し」や「再チャレンジ」ができる機会の充実が図られなければならない。また，自己投資から得られる経済的利益や社会的報酬を明らかにするとともに，すでに多くの国で導入されている学習歴の認定の検討が求められる。　　　　　　　　　　　　　　　　中村 香

→生涯学習社会，教育経済学

『時事新報』|じじしんぽう

▶福沢諭吉が1882年(明治15)に創刊した日刊紙。大新聞が各政党の系列と化していたのに対し，不偏不党，独立不羈の立場を唱えた。福沢自らが論説を主宰し，福沢没後は慶應義塾出身の石河幹明や板倉卓造が継承した。創刊時は大学出版部の嚆矢とされる慶應義塾出版局から発行され，1884年からは時事通信社が刊行。当初の社長は中上川彦次郎，1896年からは福沢の次男捨次郎がつとめた。福沢の名声もあって中立派の政論紙として高い評価を得た。経済記事の充実や海外報道にも力を入れた。1905年には大阪に進出し，『大阪時事新報』を発刊したが振るわなかった。関東大震災での社屋罹災や販売競争激化などで経営が悪化し，1936年(昭和11)『東京日日新聞』に吸収されて廃刊。1946年に板倉卓造らによって復刊されたが，55年に『産業経済新聞』に合併された。　　　　　　　　　　　　　　　　冨岡 勝

→大学出版会

私塾|しじゅく

江戸時代の学者・文人・武芸者などが自宅を教場として開設した，学問・技芸の民間教育施設。手習塾(寺子屋)よりも高い程度の内容を教えた。学問を教える私塾のことを学問塾と呼ぶ場合もある。18世紀後半以後に普及した▶藩校などの組織的教育機関を除けば，江戸時代の学問教授は通常，私塾で行われた。中江藤樹の藤樹書院，伊藤仁斎の堀河塾，荻生徂徠の蘐園塾，細井平洲の嚶鳴館，菅茶山の廉塾，広瀬淡窓の咸宜園，木下犀潭の辛村書屋などの漢学塾，シーボルトの鳴滝塾や緒方洪庵の適塾などの▶洋学塾が著名。幕末，民衆の向学熱が高まり，開設数は急増した。なお，私塾のうち幕府や藩に仕官していた儒者などが幕藩から公認され，幕臣・藩士の子弟教育のために設けたものを家塾と呼ぶこともある。家塾では，幕藩から施設や修繕費用などの支給を受けていたものがあった。私塾の中には咸宜園のように明治時代になってもしばらく存続したもの，慶應義塾のように現代の私立大学にまで展開したもの，適塾のように大阪大学の母体とされるものがあるなど，現代日本の大学に大きな影響を残している。　　　　　　　　　　　　　　　　冨岡 勝

自主講座|じしゅこうざ
voluntary course

学生が正規に登録している授業科目以外に，一般市民にも開放されている独自の講座のこと。公害

問題に取り組んでいた化学者の宇井純(1932-2006)が，1970年に東京大学工学部の教室を借りて開講した夜間講座「公害原論」が早い時期のものとして知られている。その後宇井の運動に影響を受け，原子力グループ，反公害輸出センター，大学論，「グループ水」(環境問題)などの自主講座が設置され，それまでの▶象牙の塔的な大学のあり方を改革する先駆的拠点となった。初期の自主講座と呼ばれるものは，学問や科学技術のあり方を問いかける社会的な問題意識の延長線上にあった。しかし今日，自主講座という場合は，学生のみならず，広く一般市民に開かれた生涯学習的な意味合いの講座を指すようになり，大学と地域社会をつなぐ中継地の役割を果たしている。講座の多様化にともない，担当講師も大学の外部から招かれる場合もあり，大学講義の輪講制の雛型となった。　松浦 寛

▶公開講座

四條畷学園大学 [私立] しじょうなわてがくえんだいがく
Shijonawate Gakuen University

2005年(平成17)に開学。学園の起源は1926年(大正15)創設の四條畷高等女学校にさかのぼる。建学の精神は，創立者の牧田宗太郎，環兄弟が唱えた「報恩感謝」であり，教育理念は「人をつくる」である。教育理念の達成に際しては「実践躬行」「Manners makes man」を重視し，教育方針には「個性の尊重」「明朗と自主」「実行から学べ」「礼儀と品性」を掲げる。2017年現在，大阪府大東市にキャンパスを構え，2学部2学科に548人の学士課程学生が在籍する。「人に優しい医療人の育成」を教育の特色とし，教育方針に従って体験から理解を深め，コミュニケーションスキルを高める双方向型授業によって，人間性豊かな医療人の育成に努める。開学以来，就職内定率(国家試験合格者)は100％を継続している。　戸村 理

静岡英和学院大学 [私立] しずおかえいわがくいんだいがく
Shizuoka Eiwa Gakuin University

1887年(明治20)創立の静岡女学校をルーツとして，2002年(平成14)に静岡県静岡市に開学。キリスト教の精神に基づく教育を行う。系列校には中学校・高等学校・短期大学(現在は短期大学部)があり，本学が系列校で最も新しい。大学の聖句は「愛の実践を伴う信仰こそ大切です」(『新約聖書』)であり，教育は「愛と奉仕の精神」を基盤としている。人間社会学部の単科大学であり，同学部には人間社会学科とコミュニティ福祉学科がある。ただし前者は英語文化や日本語文化に加えて心理学などの専攻領域を持ち，後者は社会福祉士や小学校および幼稚園教諭の育成も行うなど，実際は人文科学全般の幅広い分野の専攻が設置されて

いる。2017年現在644人の学生が在籍。

和崎 光太郎

静岡県立大学 [公立] しずおかけんりつだいがく
University of Shizuoka

1916年(大正5)に設置された静岡女子薬学校を源流とする静岡薬科大学と，静岡女子大学，静岡女子短期大学の県立大学3校が1987年(昭和62)に統合，薬学部，食品栄養科学部，国際関係学部，経営情報学部の4学部で開学。国際関係学部はその後多くの大学で設置されるが，本大学がその嚆矢であり，2016年(平成28)現在では学内最大の在学生数を持つ。開学以来，大学院(修士課程・博士後期課程)および附属機関である研究センターを順次設置し，1997年には看護学部を設置。静岡市にキャンパスがあり，2016年5月現在，学部在学者は2688人，大学院在学者は314人(短期大学部を除く)。在学者の過半数が静岡県内出身で，静岡県立美術館など近隣の文化施設と協力し地域貢献に積極的に取り組んでいる。　和崎 光太郎

静岡産業大学 [私立] しずおかさんぎょうだいがく
Shizuoka Sangyo University

1965年(昭和40)設置の学校法人第二静岡学園(2011年に学校法人新静岡学園に名称変更)により94年(平成6)に開学。建学の精神は，静岡学園の掲げる「孝友三心(服する心，感謝する心，全うする心)」を継承する。磐田市との公私協力方式によって設立され，静岡県磐田市大原(経営学部)と藤枝市駿河台(情報学部)に二つのキャンパスを構える。2017年5月現在，2学部に1719人の学生を収容する。開学以来地域との連携を重視しており，「県民大学宣言」を掲げて，地域社会に貢献する人材の育成ならびに資源の地域への提供を積極的に行っている。学生が地域の企業・団体・行政機関などと連携し，県の資源を活用して主体的に学びを創造する「SHIZU産プロジェクト」なども特色の一つである。　平野 亮

静岡大学 [国立] しずおかだいがく
Shizuoka University

1949年(昭和24)旧制の静岡高等学校，静岡第一師範学校，静岡第二師範学校，静岡青年師範学校，浜松工業専門学校を統合して新制大学静岡大学として出発した。1951年には静岡県立農科大学を移管して農学部とし，95年(平成7)には情報学部を設置した。静岡市駿河区大谷・浜松市中区城北の2ヵ所にキャンパスを有する。2015年4月に理工系4研究科(情報学・理学・工学・農学)15専攻を統合し，4専攻16コースからなる総合科学技術研

究科を設置。従来の研究科・専攻の枠を超えた分野横断的研究プログラムの遂行体制を整えた。2016年5月現在，6学部5研究科に1万290人の学生を収容している。2016年，地域が抱えるさまざまな問題を解決するクリエイティブリーダー養成の場として，学部横断型の新教育プログラムである「地域創造学環」をスタート。 　　　　小濱 歩

静岡福祉大学 [私立]｜しずおかふくしだいがく
Shizuoka University of Welfare

1903年(明治36)創立の静岡精華学園を起源とする静岡福祉情報短期大学に併設して，2004年(平成16)に社会福祉学部の単科大学として開学。2015年に子ども学部を開設し，福祉の総合大学となる。静岡県焼津市に立地。建学の精神は，「時代に即応する新しい人材の育成」であり，基本理念(教育理念)は「福祉力を鍛える」である。この端的な精神・理念に表れているように，急速な少子高齢化や人口一極集中などに対応する福祉界の専門職の人材育成と地域活動に特化した大学である。静岡県中部に新設された地方大学ではあるが，地域の福祉を支える大学として，2017年現在756人の学生が在籍。 　　　　和崎 光太郎

静岡文化芸術大学 [公立]
しずおかぶんかげいじゅつだいがく
Shizuoka University of Art and Culture

2000年(平成12)静岡県と浜松市ならびに地元産業界による公設民営の私立大学として開学した。当初は静岡県立短期大学部の4年制化議論において構想されたが，新しい4年制大学として設置された。略称はSUAC。2004年に大学院を設置し，10年には静岡県設立の公立大学法人へ移行した。浜松市中区にキャンパスを構え，2017年4月現在，2学部2研究科に1460人の学生を収容する。「社会に貢献する大学」と「実務型の人材を育成する大学」を基本理念としており，幅広い教養と独創的感性を養うよう学部・学科の枠を越えて学ぶことを推奨する。文化とデザインの融合をめざし，文化政策学部とデザイン学部の積極的な交流も行っている。 　　　　平野 亮

→公設民営大学

静岡理工科大学 [私立]｜しずおかりこうかだいがく
Shizuoka University of Science and Technology

1991年(平成3)設置の学校法人静岡理工科大学(1962年設置の学校法人静岡県自動車学園より名称変更)により同年に開学。起源は1940年(昭和15)設置の静岡県自動車学校にさかのぼる。袋井市との公私協力方式により開学した，静岡県唯一の工学

系私立大学である。建学の精神は「技術者の育成をもって地域社会に貢献する」。遠州地域の方言である「やらまいか(一緒にやってみよう)」が表わすチャレンジ精神を大切にしており，その言葉を冠した「やらまいか教育」や「やらまいか創造工学センター」において，学生の主体的学習や地域企業連携研究などを推進している。袋井市豊沢にキャンパスを構え，2017年5月現在，2学部1研究科に1377人の学生を収容。 　　　　平野 亮

至誠館大学 [私立]｜しせいかんだいがく
Shiseikan University

1967年(昭和42)設立の萩女子短期大学に始まり，1999年(平成11)に国際情報学部を置いて開学した萩国際大学を前身とする。2007年山口福祉文化大学に改称。2014年に再度校名を改め，至誠館大学となった。2015年現在，山口県萩市のキャンパスに，ライフデザイン学部ライフデザイン学科の1学部1学科を置き，学生827人，教員31人を擁する。校名の由来「至誠」は吉田松陰の座右の銘からとり，「至誠通天の心をもって，人類の平和とこころ豊かな社会に貢献できる人間の育成」を建学の精神とする。山口県北部および島根県西部唯一の4年制私立大学として，地域貢献活動，ならびに潜在的な社会的弱者のエンパワーを通じた社会正義の追求と福祉社会の実現を使命に掲げ，2009年以来，独自の授業料減免制度を設けて児童養護施設などの退所者を毎年20人近く受け入れている。 　　　　小濱 歩

自治医科大学 [私立]｜じちいかだいがく
Jichi Medical University

1972年(昭和47)，学校法人自治医科大学の設置認可をうけて，へき地・離島などの医療の確保向上や住民福祉の増進を図ることを目的に開学。大学部門の運営経費は全都道府県からの負担金が中心となっており，施設設備経費は栃木県が発行する地域医療等振興自治宝くじの収益金から交付を受ける。建学の精神は「医の倫理に徹し，かつ，高度な臨床的実力を有する医師を養成することを目的とし，併せて医学の進歩と，地域住民の福祉の向上を図ることを使命とする」である。栃木県下野市にキャンパスをかまえ，2017年(平成29)5月現在，医学部と看護学部からなる2学部2研究科に1340人の学生を収容。医学部は全寮制である。入試では各都道府県から2〜3名の学生を選抜。また修学資金貸与制度により，医学部入学者(全員)は入学金を含めた学生納付金全額および入学時に必要な経費の貸与が可能である。卒業後，一定期間，知事の指定する公立病院などに勤務した場合，返還が免除される。開学以来，2016年3月

までに 3796 人が卒業し，地域医療に貢献している。

戸村 理

実業専門学校 | じつぎょうせんもんがっこう

第 2 次世界大戦以前の中等学校卒業者に，程度の高い実業教育を授けた旧制の▶専門学校。1899年(明治32)制定の実業学校令において，実業学校は工業，農業，商業等の実業に従事する者に必須の教育をする学校と定め(同令1条)，その種類を工業学校，農業学校，商業学校，商船学校および実業補習学校とし，蚕業学校，山林学校，獣医学校，水産学校等は農業学校とみなすとした(2条)。1903 年▶専門学校令の制定に伴い実業学校令が改正され，程度の高い実業学校を実業専門学校とし，専門学校令の規定に従う別類型の学校として扱われることとなり，名称には高等工業学校，高等商業学校，高等農林学校などが付いた。さらに第2 次世界大戦中の 1943 年(昭和18)の専門学校令の改正および実業学校 36-39 令の廃止により専門学校と実業専門学校の区別は廃止され，同じ専門学校として扱われることとなり，高等工業学校は工業専門学校，高等商業学校は経済専門学校，高等農林学校は農林専門学校などと改称した。実業専門学校以外の実業学校は初等中等程度の学校であり，公立と私立のみであったが，実業専門学校は公立，私立に加え官立のものもあった。その一部は 1919 年(大正8)施行の▶大学令のもとで東京高等工業学校が東京工業大学に，東京高等商業学校が東京商業大学(現，一橋大学)になったように大学に転換し，さらに第2次大戦後の改革でほとんどすべてが▶新制大学あるいはその学部に転換している。なお，現行の専門学校制度のもとで，校名を○○実業専門学校と称しているものが相当数あるが，これは制度的な実業専門学校ではなく，固有名詞の一部である。

舘 昭

実験 | じっけん
experiment

実験とは，一定の装置・器具等を用いて，何らかの操作を加えることによって対象に働きかけ，その結果，対象に起こる変化を観察・記録し，それを考察することによって，対象に起きた現象や変化が何を意味するかを明らかにしようとする実践的行為をさす。ここではカリキュラム上の学生実験と，▶学士課程の学生や大学院生などが参加する研究実験に分けて，おもに日本の大学の状況を述べる。

[学生実験]

教室での座学(講義形式など)や演習，ゼミナールなどとともに，カリキュラムに定められた授業の一環として，学生が専攻する分野の知識や原理を理解・

確認し，また将来，▶卒業研究や大学院での研究実験を行うために必要な技術等を身につけるために，装置や器具を使って自然界の試料の観察，種々の物理量の測定，フラスコ内での化学反応などを行うこと。たとえば，▶理学部や▶工学部の化学系学科では，物質が反応する速度の測定，物質を構成する有機化合物の合成，電磁波を用いた物質の3次元構造の同定，生物系諸学科では，植物などの生物材料からのDNAの抽出や分離，タンパク質の精製と純度の測定，電気系学科では，電子回路や電気回路の製作と測定など，各学科の教育内容に応じたさまざまな実験がある。近年は，コンピュータを用いた種々の物理的・化学的変化等を追跡する計算機科学による課題もさまざまな分野の学生実験に取り入れられている。学生実験で行う課題は，すでに既知の科学的事実を実験のテーマとして設計したものであり，後述の研究実験とは異なる。

学生実験では，大学やカリキュラムにより異なるが，通常，2〜3 週で 1 課題を行い，1課題を学生 2人程度で共同して行う。テーマごとに行った実験についての結果と考察をまとめたレポートの作成が課される。学生実験は，あくまで実験に参加し，それを遂行すること，そして実験終了後にレポートを書き，それを提出することで完了する。これによって，学生は実験内容に含まれる諸原理を理解するとともに，実験を遂行するのに必要な装置の使用方法を含む基礎的技術，データ処理の手法，得られた結果を文章で発表するスキルなどを修得する。なお，学生実験は，そのために必要な装置や空間を備えた学生実験室で行われ，担当教員と技術職員が安全面も含め，実験を指導，監督する。近年では，同じ分野の大学院生 TA (Teaching Assistant, ▶ティーチング・アシスタント)が指導の補助にあたることも多い。

[研究実験]

大学院生は研究を主宰する教員の研究室に所属して，新規な現象の発見や問題の解決，新技術の開発などを求めて，それぞれの分野で課題を設定して研究実験を行う。これは通常，研究室を主宰する教授や准教授が行う研究に参加する形で行われる。大学院生の場合は，所属後に始める研究の蓄積がそのまま修士論文や博士論文となる。学位論文をまとめるためには，必ず何か，実験により明らかになった新知見を各専攻分野に付け加えなくてはならない。大学院修了前でも，発表する価値ありと判断されれば，学術雑誌に投稿する。現在，分野によるが，研究結果に基づいた，審査を経て受理された学術論文が数編なければ課程博士は取得できないのが普通である。▶博士研究員やその他の研究室で実験を行っている室員の研究のあり方も同様で，新たな発見を行い，その結果を学術論文(場合により特許取得後)として報告するため

大学事典　　　　　　　　　　　　　　　　じっけん　473

に実験が行われている。

[教育と実験]

このように，大学における実験には，学生の当該分野での基礎的訓練のために，すでに人類にとって既知であることを実験としてデザインし，それを学生に行わせる教育のための学生実験，ならびに学士課程上級生（大部分は4年生）と研究の推進に中心的役割を果たしている大学院生や博士研究員により遂行されている人類にとっての新たな知識を生み出す研究実験の二つがある。前者が，学生が各専攻分野で，将来企業や大学等で研究実験等を行っていく場合の基礎的技術と知識を与える教育の一環であるのに対し，後者は，大学が遂行する学術研究活動の一環としての実験である。しかし後者も，大学院生が参加する場合は，それによって大学院生が研究活動を実際に進めていくための知識と手法，技術等を修得し，将来，大学教員や専門職業人として働いていくための土台を作っていくわけであるから，これも広義の教育，すなわち大学院教育として捉えることができる。これらの研究実験もカリキュラム上，たとえば「特別実験」と名付けられて，単位化された科目となっている。同様に，学士課程4年生で行われる研究実験も，カリキュラム上は「▶卒業研究」として単位化されている。

　なお，研究実験は自分の所属する大学で行われるとは限らず，課題解決のために，大学院生等が，共同研究を行っている他大学・他研究機関に赴いて実験することも頻繁に行われる。また，研究実験の高度化，装置の巨大化等により，一研究室では対応できない研究も数多くある。そのような場合は，共同利用のために国の内外に創設された研究機関に大学院生や博士研究員を派遣して研究実験を行う。たとえば，ジュネーブにある欧州原子核研究機構（通称CERN: セルン）では，さまざまな国から参加した多くの大学院生らによって研究実験が遂行されている。　　　　　　　　　　　　赤羽 良一

➡️大学と研究（テーマ編），大学院（テーマ編），博士研究員，教育と研究，演習／ゼミナール，学術雑誌

◎Burton Clark (ed.), *The Research Foundations of Graduate Education: Germany, Britain, France, United States, Japan*, University of California Press, 1993.
◎Roger L. Geiger, *Research and Relevant Knowledge: American Research Universities Since World War II*, Oxford University Press, 1993.
◎群馬大学工学部75年史編纂委員会『群馬大学工学部75年史』群馬大学工学部，1990.
◎市川昭午，喜多村和之編『現代の大学院教育』玉川大学出版部，1995.

実験カレッジ｜じっけんカレッジ
experimental colleges

正規の大学の機能を保持しつつ，革新的な教育上の実践を試みるアメリカ合衆国のカレッジを指す。

かつては，古代ギリシアと現代社会問題の統合を探求したミクルジョンの「実験カレッジ」，▶リベラルアーツと学外での労働体験とを結合したアンティオック・カレッジ，芸術教育を中核に据え多くの創作家を育んだブラック・マウンテン大学等が全米の注目を集めた。現在では，エヴァーグリーン州立大学やアルバーノ大学がその代表と目される。前者では，複数の教員が担当する大科目，たとえば中国事情ひとつのみを各学期に履修する。後者では，履修する各科目の評定は，全学に共通な八つの能力領域に関し教員と地域の識者，学生の相互作用の過程を経て，各学生に1（正確な観察力）から6（構造と構成の分析力）までの数字が与えられ，学生のポートフォリオを形成する仕組みを採用している。既存の大学の多くは，実験的な試みの成果を教学に反映させる。建国以来，過去の教育モデルへの固執を戒め，社会変化に応じた変革を国是とする合衆国では，実験カレッジの役割はその名声に比して大きいといえる。　　　　　　　立川 明

➡️ラーニング・ポートフォリオ

実践女子大学［私立］｜じっせんじょしだいがく
Jissen Women's University

1899年（明治32）千代田区麹町に実践女学校ならびに女子工芸学校が創設されたことに始まる。1898年に下田歌子により結成された帝国婦人協会の最初の事業であり，下田が初代校長に就任した。1903年に渋谷に移転し，08年に両校は合併して私立実践女学校中等学部と改称，また高等専門学部を新たに開設して家政科と技芸科を設置。付属幼稚園も開設し，組織を再編して財団法人私立帝国婦人協会実践女学校と改称した。1947年（昭和22）同法人を財団法人実践女子学園と改称，49年に実践女子大学を設立し，文家政学部の1学部に国文・英文・家政の3学科を設置した。1986年に東京都日野市の日野校地に全面移転したが，2014年（平成26）には渋谷区に文学部，人間社会学部，短期大学部を移転。都市型の渋谷キャンパスと，生活科学部を置く地域中核型の日野キャンパスとの2校地での教育体制をスタートした。2016年5月現在，3学部3研究科に4708人の学生を収容している。　　　　　　　　　小濱 歩

質の高い大学教育推進支援プログラム
しつのたかいだいがくきょういくすいしんしえんプログラム
Program for Promoting High-Quality University Education

▶大学設置基準の改正等への積極的な対応を前提に，大学等における教育の質の向上につながる特に優れた教育取組みに関して重点的な財政支援を行うことにより，日本全体としての高等教育の質保証，国際競争力の強化に資することを目的とする

文部科学省の事業。略称は「教育GP」(Good Practice)。各大学のポリシー明確化と▶PDCAサイクル確立など組織的運営により教育の質向上を目指す。事業内容は大きく分けて，①教育課程の工夫改善(教養教育や▶初年次教育，専門基礎教育の改善のためのカリキュラム再構築，政策課題への対応として関連科目の体系化等)，②教育方法の工夫改善(学外との連携教育プログラムの構築，ICTの効果的な活用等)，③上記以外の工夫改善(▶ファカルティ・ディベロップメントや▶スタッフ・ディベロップメント活動の実施，▶高大連携の取組み，学生の学習支援システムの導入等)への取組みの支援である。2008(平成20)年度予算額は86億円。財政支援期間は2〜3年。申請は488大学等から939件，選定は148件。　　　　竹下　諒

→グッド・プラクティス

質保証 →大学の質保証(テーマ編p.8)

質保証制度 しつほしょうせいど

[アメリカ合衆国]

[アクレディテーション]　アメリカでは，合衆国憲法で教育に関する権限は連邦政府ではなく州に帰属するものとされており，大学の設置認可は州によって行われる。ただし，設置認可の厳格性は州によって差があるため，設置認可だけでは大学の質の保証は十分とはいえない。こうしたアメリカ固有の状況のなかで，非政府のボランタリーな組織による▶アクレディテーション(accreditation)が発展した。アクレディテーションとは，これを実施する組織が独自に基準を設定し，その基準に適合した大学またはプログラムを認定し，その認定校のリストを社会に公表することで，大学またはプログラムの質を保証するシステムである。

アクレディテーションには大学全体を対象とする機関別アクレディテーション(institutional accreditation)と，特定の専門分野を対象とするプログラム・アクレディテーション(programmatic accreditation)がある。機関別アクレディテーションを実施する組織にはそれぞれ管轄州を持つ地区アクレディテーション協会(6団体)と全国の宗教関係教育機関を対象とする団体(4団体)，全国の職業関連の教育機関を対象とする団体(8団体)がある。プログラム・アクレディテーション団体は2015年現在で70を超え，年々増加する傾向にある。アクレディテーションのプロセスはおおよそ，①アクレディテーションを受ける教育機関の資格要件の確認，②教育機関による自己点検(self-study)の実施，③自己点検に基づく教育機関の実地訪問，④認定の可否の決定，⑤モニタリングである。なお，アクレディテーションを受けるか否かは教育機関の判断によるもので，義

務ではない。

[アクレディテーション団体の認可および承認]　アクレディテーション団体自体も外部から認可や承認を受ける二様のシステムがある。第1が連邦政府による認可である。連邦政府が，朝鮮戦争からの復員兵が大学に復学するための経済的支援を行うにあたり，独自のシステムを構築せずにアクレディテーション・システムを活用したのが起源である。1965年の高等教育法制定以降，連邦政府の主要な奨学金の受給資格は，連邦政府の認可を受けたアクレディテーション団体の認定した教育機関に入学することが要件となった。民間のアクレディテーションと公的支援の連動は，アクレディテーションを定着させるとともに，連邦政府の高等教育への関与の根拠ともなっている。

第2が，高等教育アクレディテーション協議会(Council for Higher Education Accreditation: CHEA)によるアクレディテーション団体の承認である。CHEAは機関別アクレディテーション団体に認定された大学を会員とする民間の機関で，連邦政府や社会に対して大学の代表者としてアクレディテーションに関する助言も行っている。アメリカではアクレディテーション団体を容易につくることが可能なので，CHEAの承認を得ることはアクレディテーション団体の社会的な信用につながっている。また多くの州で，法曹，教師などの専門職業資格の交付にあたり，当該分野のしかるべきアクレディテーション団体の認定を得たプログラムの修了を要件としている。　　　　前田　早苗

[ヨーロッパ]

[学修の承認]　欧州では学術・文化の多様性に起因する大学の多様性が尊重され，学生の大学間の移動も個人の経験の幅を広げ，情報の流通を図る観点から重視されてきた。そうした大学間の相互信頼の伝統の下で，他大学での学修の承認(recognition)が推進されてきた。

学修の承認に係る最初の全欧的取組みは，第2次世界大戦後，民主主義をはじめとする普遍的価値を推進する目的で設立された欧州評議会(Council of Europe)による三つの協定への署名であった。「大学入学要件としての卒業証書」「大学での学修期間」「大学資格」の同等性を相互に承認する基盤となったこれらの協定は，1997年には「欧州地域の高等教育に関する資格の相互承認協定」(リスボン協定)へと発展し，協定批准国の中等教育修了者と大学生は，規定外という明白な証拠がない限り，他の批准国でも同等に扱われるべき原則が共有されてきた(2016年現在，53ヵ国が批准)。この協定の実質化に向けて，欧州評議会とユネスコは他国の教育制度および学位・資格に関する情報提供を行う各国情報拠点のネットワーク(European Network of Information Centres: ENIC)を構築した。欧州共同体(現在の欧州連合)も，学修の相互承認とカリキュラ

ム改善に取り組むことを条件に▶留学のための学生奨学金を大学ネットワークに提供するエラスムス計画補助金事業を1987年に開始するとともに，学位や学修期間の承認に係る助言や情報提供を行う各国学術承認情報センター（National Academic Recognition Information Center: NARIC）のネットワークを設置した。

［アクレディテーションの導入］　高等教育の拡大による多様化とグローバル化は，相互信頼の前提の下に学修を承認してきた欧州の質保証の伝統に抜本的な転換を迫った。教育大臣等によって1999年に署名されたボローニャ宣言は，3サイクルの学位制度および欧州単位互換累積制度（European Credit Transfer and Accumulation System: ECTS）の導入による欧州高等教育圏（European Higher Education Area: EHEA）の確立と質保証における透明性の向上を目指すものであった。この▶ボローニャ・プロセスへの対応として，各国は2000年前後からアクレディテーション機関の設置に乗り出し，2003年には適格認定の相互承認に合意した機関による欧州アクレディテーション・コンソーシアム（European Accreditation Consortium: ECA），2005年には欧州高等教育質保証協会（European Association for Quality Assurance of Higher Education: ENQA）を結成した。そして2007年からは，ENQA，欧州学生組合（European Students' Union: ESU），欧州高等教育機関協会（European Association of Institutions in Higher Education: EURASHE）および欧州大学協会（European University Association: EQA）が共同で策定した「欧州高等教育圏質保証基準及びガイドライン」（Standards and Guidelines for Quality Assurance in the European Higher Education Area: ESG）に基づくアクレディテーション機関の登録制度（European Quality Assurance Register for Higher Education: EQAR）が運用されている。

深堀 聰子

［ロシア］

［国家認証］　特別な法的地位を有する▶モスクワ大学と▶サンクト・ペテルブルグ大学を除く，国公私立のすべての高等教育機関とその附属機関を対象とし，過去5年間の実績にしたがって，それぞれの種別（ウニベルシテート，アカデミヤ，インスティチュート）としての妥当性，専攻と教育課程の水準，卒業までの教育の内容と質が連邦国家教育スタンダードに見合ったものであるかどうかなどについて審査を行い，正規の教育機関として認証された場合に認められる地位を国家認証（ガスダールストヴェンナヤ・アクレディターツィヤ）という。高等教育機関を新設する際のライセンスとは区別される。

　国家認証を受けたい大学や付属機関がロシア連邦教育科学省のロシア連邦教育科学分野管理局に申請書を提出すると，同局の監督の下に専門家による審査委員会が結成され，国家認証のための審査が行われる。連邦教育科学分野管理局の下

部機構である全国教育領域認証エージェンシーは，年度ごとに国家認証を受けた高等教育機関のリストをウェブサイトに公開している。国家認証を受けていない高等教育機関は，卒業生に国の定める正規の教育修了資格（▶ディプロマ）や学位を授与することはできない。

［社会的認証］　社会団体，職業団体，組合，協会などがそれぞれ独自の尺度にしたがって高等教育機関の評価を行うことを，社会的認証（アブシェーストヴェンナヤ・アクレディターツィヤ）と呼んでいる。社会的認証を受けることは高等教育機関にとっては名誉なこととなるが，国からの保証を得るための根拠にはならない。近年はさまざまな民間団体が高等教育機関を評価・格付けする「社会的レイティング」と大学ランキングも流行している。

澤野 由紀子

→ 認証評価，チャーターリングとアクレディテーション，国際評価・認定，国境を越えて提供される高等教育の質保証に関するガイドライン，欧州単位互換制度，ヨーロッパ学生連合，大学の質保証（テーマ編）

［アメリカ合衆国］◎前田早苗著『アメリカの大学基準成立史研究—「アクレディテーション」の原点と展開』東信堂，2003.
◎福留東土「第10章 米国におけるアクレディテーションのアウトカム評価」，羽田貴史・米澤彰純・杉本和弘編著『高等教育質保証の国際比較』東信堂，2009.
◎喜多村和之著『新版大学評価とは何か—自己点検・評価と基準認定』東信堂，1993.
［ヨーロッパ］◎米澤彰純「ヨーロッパにおける高等教育の質保証」，前掲『高等教育質保証の国際比較』東信堂，2009.
◎ウルリッヒ・タイヒラー著，馬越徹・吉川裕美子監訳『ヨーロッパの高等教育改革』玉川大学出版部，2006.
◎欧州地域の高等教育に関する資格の承認に関する協定：http://www.coe.int/en/web/conventions/full-list/-/conventions/treaty/165
◎欧州高等教育圏質保証基準及びガイドライン：http://www.enqa.eu/wp-content/uploads/2015/11/ESG_2015.pdf
［ロシア］◎全国教育領域認証エージェンシー：http://www.nica.ru/

実務家教員｜じつむかきょういん
professor of practice

実務家教員とは，実務上の知識・経験を有する者として大学の教員に就任した者を意味する。▶大学設置基準が教員資格を研究業績や教育履歴に基づいて選考することとしていたものを，1985年（昭和60）▶教授の資格に「専攻分野について，特に優れた知識及び経験を有し，教育研究上の能力があると認められる者」が追加されたことから（▶助教授については「特に」を除いて同じ），実務家教員の採用が容易に行われることとなった。実務家教員は▶専門職大学院では必置とされており，専任教員のおおむね3割以上（▶法科大学院においてはおおむね2割以上）は，専攻分野における実務経験と高度の実務能力を有する者でなければならない。実務家教員は法令上の用語ではなく，社会人教員等とも呼称されるが，専門職大学院や実践的な能力養成を目的とした▶薬学部にかかる文部科学省の通知等で

は，実務家教員の用語がこの種の教員にあてられている。 大場 淳

指定校制度 | していこうせいど
recruitment based on designated schools

労働市場との関係では，企業が一定数を特定の学校から採用する制度。会社が指定した学校の学生のみが採用試験を受けることができる。企業が優秀な人材を確保するための手段だが，個人の能力ではなく学校歴によるスクリーニングがおこなわれる点で，問題視される。大学の場合，第2次世界大戦前の会社身分制における学校歴主義が，戦後，大企業によって指定校制度という形で受け継がれた。1970年代の▶学歴社会批判を受け，とくに人文・社会科学系において指定校制度は徐々に衰退し，学生が自由に応募できる自由応募制へ移行していったが，自由公募制の下でも「リクルーター」と呼ばれるOB，OGを経由した特定大学出身者の採用や，特定大学からの採用目標数の設定など，事実上指定校制度と同じ機能を果たす採用行動は一般的に見られた。就職協定廃止（1996年）以降，ソニーが新卒採用時に出身大学を不問にしたことを機に，こうした採用行動は一時衰退したが，近年，採用活動開始時期の「後ろ倒し」で，「リクルーター」復活の兆しが見られるともいわれる。 稲永 由紀

→ 就職協定

指定国立大学法人 | していこくりつだいがくほうじん
designated national university corporation

世界最高水準の教育研究活動の展開が相当程度見込まれる▶国立大学法人を申請に基づき文部科学大臣が指定し，さまざまな規制緩和による特例措置を講じて支援する制度をいう。2014年（平成26）に政府の産業競争力会議において提言され，文部科学省の有識者会議による検討を経て，2016年の▶国立大学法人法改正により制度が設けられた。指定を受ける国立大学法人には，国際的な研究・人材育成および知の協創の拠点として，高等教育全体の改革を牽引し，わが国の成長とイノベーション創出に寄与することが期待されている。申請の要件として，「研究力」「社会との連携」「国際協働」の各領域においてすでに国内トップレベルに位置する国立大学法人であることが求められ，申請時に提出される指定国立大学法人としての構想が国立大学法人評価委員会により審査される。同委員会の意見を聴いて文部科学大臣は指定を行う。指定国立大学法人の中期目標の策定・変更に当たっては，世界最高水準の外国の大学の業務運営の状況を踏まえなければならない。
　指定を受けた場合には，当該大学の研究成果の

事業化に取り組む企業への出資が可能になるほか，役職員の報酬・給与等に特例が認められ，世界的な研究者を高給で招聘することもできるようになる。2016年11月に最初の公募が開始され，国立大学法人評価委員会の審査を経て2017年6月に東京大学，京都大学，東北大学の3法人が文部科学大臣による最初の指定を受けた。 寺倉 憲一

→ 中期目標・中期計画

四天王寺大学 [私立] | してんのうじだいがく
International Buddhist University

1967年（昭和42）に開設。起源は聖徳太子が約1400年前に創設したと伝える四天王寺敬田院にさかのぼり，教育使命も敬田院設立の精神を拠り所とし，建学の精神とその教育目的および人物像は「仏教精神に基づく，社会貢献力のある人間づくり」である。教育の基本方針は「課題解決型教育による学修の質保証と全人化の推進」とする。2017年（平成29）現在，大阪府羽曳野市にキャンパスを構え，3学部6学科に3447人の学士課程学生が在籍する。さまざまな国際交流プログラムが用意されており，短期〜中長期休暇中の研修プログラムはもちろん，豪州サンシャインコースト大学とのダブルディグリープログラムも準備されている。 戸村 理

→ 仏教系大学

シドニー大学 [オーストラリア] | シドニーだいがく
University of Sydney

1850年に創設された，オーストラリアで最も古い大学。開学当時はギリシア語，ラテン語の古典とフランス語，ドイツ語，自然科学・数学等の現代諸科学を教える教養教育機関であった。1881年には▶メルボルン大学等とともに女子学生の入学を認めている。幾度かの大学統合等を経て，2016年現在16の学部で構成。近年の統合により10のキャンパスを持つ。メインキャンパスはシドニー市街にあり，11の学部が置かれている。研究およびこれまでの実績から，オーストラリア国内の卓越した大学の連合であるグループ・オブ・エイト（Group of Eight: Go8），環太平洋地域を代表する37の主要大学で構成される▶環太平洋大学協会（APRU）等に所属する。マルコム・ターンブル首相（第29代）をはじめとする歴代首相や政治家，ノーベル賞受賞者等，著名人を多く輩出している。 青木 麻衣子

芝浦工業大学 [私立] | しばうらこうぎょうだいがく
Shibaura Institute of Technology

1927年（昭和2）に有元史郎が設立した東京高等工商学校を前身とする。建学の理念は「社会に学び

社会に貢献する実践型技術者の養成」であり，戦前より実学主義に基づく多くの技術者を輩出してきた。2017年（平成29）5月現在，豊洲（東京都江東区）・大宮（埼玉県さいたま市）・芝浦（東京都港区）の3キャンパスに4学部2研究科を置き，8724人の学生を収容する。2008年には建学の理念を21世紀の現代に敷衍した「チャレンジSIT－90作戦」を掲げ，常に前進する文化の醸成をめざしている。具体的には「世界に学び，世界に貢献する理工学人材の育成」の実現に向けて，「教育の質保証」「大学の国際化」「人間形成」「学生満足度の向上」「SITブランド力向上」「イノベーション創出への参画」の六つの改革に取り組む。大学の国際化については，理工系単科私立大学としては国内で唯一「スーパーグローバル大学創成支援」に採択されており（2014年度），短期から長期，語学学習から専門領域の研究目的まで，多様な▶留学プログラムを提供している。

戸村　理

師範学校 | しはんがっこう

1872年（明治5）文部省は東京に師範学校（のち東京高等師範学校，▶筑波大学の前身）を設置，大阪・仙台・名古屋などの都市にも官立師範学校が増設される一方，74年には東京女子師範学校（現，▶お茶の水女子大学）が設立された。1877年官立を東京・東京女子の2校に限り，教員養成は地方の公立校に委ねる方策が採用され，80年の第2次教育令により私立の設置は実際上禁止された。1886年師範学校令が公布され師範学校は高等と尋常の二つに分けられ，高等師範学校は文部大臣の管理に属して東京に1ヵ所，尋常師範学校は府県に各1ヵ所設置し，地方税でその経費を支弁するものとした。1897年，師範教育令が公布され，学齢児童数に基づいて師範学校の生徒定員が算出されることとなり，正教員の需要増から師範学校は急速に拡大した。1943年（昭和18）師範教育令を改正，師範学校は従来の府県立から官立に移管され，さらに翌44年青年師範学校が別に設置された。戦後改革によりすべて制度上廃止され，新制の大学・学部などへ引き継がれた。

橋本　鉱市

→戦後改革と新制大学

CP（シーピー，Curriculum Policy）**➡DP・CP・AP**（三つのポリシー）

GP（ジーピー）**➡グッド・プラクティス**

GPA | ジーピーエー
Grade Point Average

学生の成績評価値（グレード・ポイント・アベレージ）。アメリカ合衆国などの大学において行われている学生の成績評価方法の一つ。一般的な方法として，学生の授業科目ごとの▶成績評価を5段階（A，B，C，D，Fなど）で評価し，それぞれに対してグレード・ポイントを付与し，単位当たりの平均（GPA，グレード・ポイント・アベレージ）を算出する。日本では近年，学生の卒業時の質の低下が懸念されていることから，▶シラバス等において成績評価の基準を明示し，その基準に基づいた客観的な成績評価を行うだけでなく，GPA制度を進級や卒業認定，退学勧告の基準として活用することによってより厳格な成績評価を行うことや，一定の水準を満たした学生を表彰したり，逆に下回った学生に対しては丁寧な履修指導を行うなど，学生の学習意欲の向上や改善を図る取組みも行われている。文部科学省による2014年度の調査では，国立・公立・私立大学をあわせ578大学（約78％）が学部段階でGPA制度を導入している。

井上　史子

司法省法学校 | しほうしょうほうがっこう

明治初期に司法省が設置した法曹養成のための法学教育機関。1871年（明治4）に司法省内に設けられた明法寮が翌年廃止され，司法省直轄の法学校が創置された。1872年に初めての生徒20名を受け入れ，74年からはフランス人のボアソナード（Gustave Émile Boissonade de Fontarabie, 1825-1910）とブスケ（Georges Hilaire Bousquet, 1846-1937）による法律学の講義がフランス語で行われた。翌年，生徒7名のフランス留学が太政官に認められ，木下広次・熊野敏三・井上正一・磯部四郎・栗塚省吾・関口豊・岡村誠一に留学が命じられた。1876年には正則科2期生として100名が募集され，修学年限8年と規定された。1884年に法学校正則科は予科・本科ともに文部省に移管され，東京法学校と改称した。翌年，予科が▶東京大学予備門に，本科が東京大学法学部にそれぞれ合併された。

冨岡　勝

GMAT | ジーマット
Graduate Management Admission Test

大学院レベルのビジネス教育プログラムへの入学希望者の能力を測定する試験。通称ジーマット。同分野で唯一の標準化された試験であり，現在114ヵ国にわたる2100大学，6000以上のプログラムが入学選抜に際してこの試験のスコア提出を求めている。コンピュータベースで行われる。日本の

---

478 | しはんがっ

大学事典

ビジネス系研究科でもGMAT受験を義務付けているところがある。入学後の学習に必要となる分析的論述能力，問題解決能力，数量的分析能力，論理的・批判的思考力などを測定するよう作成されている。

GMATは1953年，アメリカ合衆国の九つの▶ビジネス・スクールの長とETS(Educational Testing Service)が集まり，テスト開発の可能性について協議したことに始まる。翌年，ATGSB(Admissions Test for Graduate Study in Business)として10校が参加して試験が開始された。現在，GMATを管理・実施している経営管理大学院入学協会(Graduate Management Admission Council: GMAC)は，1970年にその前身となる組織が設立された。1976年にそれぞれ現在の名称であるGMAT，GMACに改称された。ビジネス・スクールへの出願に際しては，近年，GMATに代えて▶GREのスコア提出を認める大学が増えている。

福留 東土

島根県立大学 [公立] しまねけんりつだいがく
The University of Shimane

1993年(平成5)設立の島根県立国際短期大学を母体とする。2000年に総合政策学部総合政策学科のみの単科大学として島根県浜田市に開学。2003年に大学院北東アジア研究科・開発研究科を設置。2007年に松江市の県立島根女子短期大学，出雲市の県立看護短期大学と統合し，公立大学法人島根県立大学となった。2012年に看護学部を設置。2016年現在，総合政策学部・看護学部の2学部と，大学院北東アジア開発研究科・看護学研究科の2研究科を置き，学生数は学部1276人，大学院43人，教員96人を擁する。短期大学の時代から北東アジアとの国際交流に注力しており，現在でも「北東アジア学」の構築をテーマとして定期的に日中間合同国際シンポジウムを開催するなど，北東アジアの諸大学・研究者間での積極的交流を推し進めている。

小濱 歩

島根大学 [国立] しまねだいがく
Shimane University

1949年(昭和24)松江高等学校(1920年設置)のほか，島根師範学校，島根青年師範学校，島根県立島根農科大学が統合されて誕生。2003年(平成15)10月に島根医科大学(1975年設立)が統合された。2016年5月現在，松江・出雲の2キャンパスに5学部6研究科を置き，5957人の学生を収容する。地域に根ざす総合大学として，「島根大学憲章」には地域社会から世界に発信する個性輝く大学をめざすことがうたわれている。2013年度には文部科学省「地(知)の拠点整備事業(大学COC事業)」に採択され，地域社会が抱える人口・産業・医療などの

課題解決に取り組むとともに，地域貢献に寄与する人材の育成に努めている。2016年度入試からは，国立大学では全国初となる「地域貢献人材育成入試(COC入試)」を導入し，山陰地方から地域の課題解決に高い関心を持つ学生を受け入れる体制をとる。2017年人間科学部設置。

戸村 理

→ 知の拠点整備事業

市民大学 しみんだいがく
civic universities

19世紀中葉以降，イングランド各地の地方産業都市に叢生した一群の大学をいう。いずれも当初はカレッジとして発足し，のち大学に昇格した。地方都市に高等教育の恩恵をもたらし，地元産業の要求に応えることを訴え，地元産業界の篤志家や地方自治体，多くの市民の支援を得て設立され発展した。市民大学の設立には▶大学拡張運動，医学校，科学技術教育運動のいずれかがその前身ないし背景としてあった。先駆けは1851年に創設されたマンチェスターのオウエンズ・カレッジで，他の都市もこれに続いた。最初の市民大学は1880年に創設されたヴィクトリア連合大学，単独で最初に大学の地位を獲得した市民大学は1900年に昇格した▶バーミンガム大学である。建物の材質から「レッドブリック(赤レンガ)」大学と呼ばれることもある。現在はその多くがイギリスの▶研究大学の連合体であるラッセル・グループに加盟している。

福石 賢一

→ イギリスの大学 (テーマ編)，オウエンズ

事務長 じむちょう
head officer; office manager

おもに学部や▶研究科等の単位における事務部門の長に用いられる職位。図書館や附置研究所，各種センターに配置されることもある。2004年(平成16)の法人化以前における▶国立大学では，本部事務局を頂点としつつ各学部等に部局事務局を設置するという階層的な体制を採っていた。本部事務局には事務局長，部長，課長，課長補佐など，部局事務局には事務長，事務長補佐，係長などが配置された。事務局長をはじめとする課長以上の要職には▶文部科学省から派遣される異動官職が就き，いわゆる生え抜きの事務職員にとって昇進の上限は事務長ほどまでであった。法人化以降，課長職以上への生え抜きの昇進が徐々にみられるようになってきた。他方で，2000年代以降，業務の効率化や組織のスリム化の観点から，▶私立大学を中心として学部や研究科に分散した事務室等と全学的な教務系組織，および共通教育に関わる事務組織等の統合・再編が進められている。それゆえ，私立大学では学部や研究科などの

単位で事務長が配置されない場合も珍しくない。

橋場 論

→大学の管理事務部門，文部科学事務官

下関市立大学 [公立] | しものせきしりつだいがく
Shimonoseki City University

1962年（昭和37）経済学部経済学科を置く単科大学として開学。1983年に国際商学科を増設。2000年（平成12）に大学院経済学研究科を開設。2007年に公立大学法人となった。2011年に公共マネジメント学科を増設。2017年現在，山口県下関市のキャンパスに学部生2255人，大学院生11人，教員66人を擁する。「バランスのとれた教養豊かな高度職業人を養成すること」および「地域社会及び国際社会の発展に寄与すること」を目的に掲げている。2015年度から，①1年次からの段階的専門教育，②4年間を通じた少人数教育，③一層充実した外国語教育と外国語副専攻制度の設置，を特色とする新カリキュラムを始動した。1年次からの体系的なキャリア教育の展開にも注力し，2016年度卒業生の就職決定率は99.8％に達している。

小濱 歩

社会移動 →教育選抜と社会移動

社会開発支援 | しゃかいかいはつしえん
support for social development

大学は教育・研究・社会サービスを通じて所在国の進歩に寄与することが求められるが，とくに発展途上にある国にとって社会開発に必要な技術・ノウハウの蓄積やマンパワー養成の中心的役割を担うのは大学である。こうした発展を各地域にみると，以下のような事例がある。

[アジア]
フィリピンでは，アメリカ合衆国の州立大学を範として1908年に作られた国立▶フィリピン大学の卒業生が，旧来の大地主層に代わって社会の新たなエリート層を急速に構成するようになった。また，独立から今日までに国中に広がった7校15キャンパスからなる同大学システムのもと，医学のマニラ校，農業のロスバニョス校やミンダナオ校，水産のヴィサヤ校のように地域産業の振興や社会発展の拠点としての機能を果たす期待に応えている。

タイでは，第2次世界大戦終結まで大学は例外なく首都バンコクに集中していたが，1960年代に国のマンパワー需要を満たすため，大学の地方への拡散計画が立てられた。インフラ整備に加えて難題は条件の悪い地方勤務を希望する大学教師が少ないことであったが，待遇や研究条件面での種々の優遇措置が講じられた結果，北部のチェン

マイ（1964年），東北部のコンケーン（1965年），南部のソンクラー（1968年）に地名を冠する各大学が生まれ，農業や経済の発展を促し，地域の雇用機会を刺激し，農村青年の大学進学需要を満たすなど地域の発展に寄与するようになった。

ヴェトナムでは，南部メコンデルタ地域の開発が国の発展にとって重要な意味を持つが，同地域で唯一の旗艦大学であるカントー大学が1975年の南北統一後の再編成を経て農学，教育，医学の分野で地域の社会開発の中心となっている。そのために各コースの在籍者が一夏ないし二夏を使って自らの専門分野に関連した農村地域での仕事に従事したり，地域関連のテーマについて卒論を執筆したりすることを奨励するなどの措置がとられた。

中国では，地域間格差の是正を目指して始まった西部大開発の一環として大学に期待が寄せられている。沿海や東部地区の支援する大学と西部地区の支援を受ける大学が一対一でパートナー校を決めて支援を進める方式を国務院に属する教育部が2001年に導入し，西部地区の発展に必要な研究および教師陣の充実に関して大きな成果を挙げてきた。また大学卒業生で西部地区での開発支援ボランティア活動への従事を希望する者に対しては，特別の奨励策がとられる。受入れ側の市・県当局は当該卒業生に生活費を補助し，中国ではきわめて厳格な管理下にある戸籍の移動に関しても本人の希望に基づいて優遇し，とくに農村に赴く者は共産党支部での勤務などに優先配置し，奉仕期間終了後の大学院進学や党機関への就職・公務員希望者にも試験での加点を行うなど特別の優遇措置がとられている。

大塚 豊

[中南米]
▶ラテンアメリカの大学は，伝統的に階級社会制度を背景に国の統治エリートを養成，再生産することを最大の目的としており，その教育内容も医師，法曹家，建築士，技師等の伝統的専門職養成を中心とするものであり，国の社会経済的発展に貢献するという機能は大きなものではなかった。大学が国民の保健衛生，教育，雇用，住宅，人口・家庭，社会保障，環境問題等の解決に直接的に貢献するという発想はほとんど見られなかった。しかし，近年は大学の量的拡張，大学の社会的責任論，大学教育の社会的適合性（レリバンス）の追求の脈絡の中で，社会開発支援を大学の基本的役割の一つと位置づけ，活動を強化すべきという議論が，ラテンアメリカ地域においても高まりを見せている。

2008年に南米コロンビアで開催された地域の高等教育会議では次のような項目を含む宣言が採択されている。「高等教育は，内在的な発展とわれわれの国の統合に内包される多様な挑戦に倫理的，社会的，環境的責任を持ちながら取り組み，また社会に積極的，批判的，そして建設的に参加することができる人間，市民，そして専門家の統合的

育成を目指さねばならない。高等教育は，次のようなものを含めて人権の尊重と擁護を促進する必要がある。①あらゆる形の差別，抑圧，支配に対する闘い，②平等と社会正義，男女平等のための闘い，③われわれの文化的および自然的遺産の保護と拡充，④安全保障と食料の自給および飢餓と貧困の根絶，⑤アイデンティティを相互に尊重しあう文化間での対話，⑥ラテンアメリカ・カリブ海地域の団結，世界の人々との協同を含めて平和の文化の促進。これらは高等教育の重要な責務の一部をなしており，すべての教育プログラム，研究の優先順位，拡張事業，機関相互間の協力においても体現されねばならない」。またこの会議では，ラテンアメリカにおいても，国連ミレニアム目標の達成に向けての活動が基本的優先課題とされねばならないことがあらためて宣言されている（Declaration of the Regional Conference on Higher Education in Latin America and the Caribbean–CRES, 2008）。

メキシコの大学では，学生が無償制の高等教育を受けた見返りとして，卒業前に各自の専門分野を生かした各種の「社会奉仕」活動をすることが義務づけられてきた。これはボランティアではなく，学位を取得する前に要求される必修活動とされてきた。学生はこの制度のもとで，農村部での保健衛生活動や識字教育支援，無償の法律相談などに従事してきた。こうした奉仕活動の関連情報を集約し，調整・斡旋を行う学内組織も設けられた。少数エリート大学時代の学生の，社会に対する一種のノブレス・オブリージの伝統と言えるかもしれない。社会開発支援活動はラテンアメリカの大学にとって新しい課題ではあるが，取組みに抵抗がある課題ではない。現在のラテンアメリカ社会には，社会開発にかかわるNGOも続々誕生しており，このような組織との連携も大学に求められる新たな課題とされている。　　　　　　　　　　斉藤　泰雄

［アフリカ］

アフリカの社会は貧困削減，教育や保健医療など必須の公共サービスの改善，農業振興，雇用，紛争など，さまざまな開発課題を抱えている。それら課題の克服に寄与することは▶アフリカの大学にとって重要な役割と認識されている。大学の社会開発支援は，大学が本来持つ機能としての教育や研究を通じた課題解決に加えて，より直接的に社会開発に関与する活動として行われている。たとえばタンザニアのダルエスサラーム大学は大学のミッションとして，「タンザニアおよび他のアフリカの公平で持続的な社会経済開発を達成するために学術的・戦略的研究，教育，訓練および公共に対するサービス（public services）を追求すること」と表明している。ただし大学の社会との具体的な関わり方についてはその概念が必ずしも確立されておらず，community service（地域社会への奉仕），social responsibility（社会的責務），social engagement（社会へ

の関与）といった用語で語られる場合が多い。

アフリカの大学は，社会開発への支援を産業界，地方政府，NGO，援助機関との協力といった形態で，あるいは単独で行っている。活動分野は国の特性，地域性，そして大学の特徴によっても異なるが，中には南アフリカ共和国におけるHIV/エイズへの対応のように，政府の方針に沿って大多数の大学が取り組んでいる例もある。支援活動の具体的な場については国レベル，地方レベルなど事例によって異なる。

南アフリカ共和国は，1997年の高等教育白書において，大学が社会的責任を発現し，その専門性を地域社会への奉仕活動に向けること，また役割について学生にもこうした意識を持たせることを求めている。この考え方は，同年，高等教育法に盛り込まれた。さらに同法に基づいて設立された高等教育質委員会は，「地域社会への関与が教え・学びと統合され，制度化されており，適切な予算と監視が行われていること」を，大学組織評価の1項目として位置づけている。以来，同国の公立大学では，学生による課外ボランティア活動や，正規カリキュラムの一環としての体験学習，▶インターンシップ，実習活動などに積極的に取り組んでいる。大学の▶社会貢献を促進するための機関として1999年に設立されたコミュニティ高等教育サービス・パートナーシップ（CHESP）は，これまでに40分野250以上の正式な学科コースの立上げを支援し，大学，高等教育機関で実施されている。これはアメリカで広く行われているサービス・ラーニング（奉仕学習）の考えを取り入れたものと言える。

一方，西アフリカのガーナでは国立の開発学大学が1992年に設立され，地域社会と大学が共同して土着の知識と科学の知識を結合することによって北部ガーナの地域貧困削減と社会開発に取り組んでいる。ここではすべての学生が地域社会と関わる活動に参加している。またアフリカ地域共通の課題として，英国国際開発省（DFID）と▶アフリカ大学連合（AAU）の支援を受けて，レソト，ナイジェリア，ボツワナ，マラウイの大学が協力して大学の社会貢献のあり方を実践的に研究した例（2010～11年）もある。　　　　　　　　　　吉田　和浩

→ 地域社会と大学（テーマ編）

［アジア］◎P.G. アルトバック，V. セルバラトナム著，馬越徹，大塚豊監訳『アジアの大学―従属から自立へ』玉川大学出版部，1993.
◎馬越徹編『アジア・オセアニアの高等教育』玉川大学出版部，2004.
［中南米］◎Ana Lúcia Gazzola & Axel Didriksson (eds.), *Trends in Higher Education in Latin America and the Caribbean*, IESALC–UNESCO, 2008.
◎斉藤泰雄「ラテンアメリカの高等教育―その変遷と改革課題」『大学論集』広島大学高等教育開発研究センター，第42集，2011.
［アフリカ］◎Council on Higher Education (South Africa), *Community Engagement in South African Higher Education*, Jacana Media:

Auckland Park, 2010.
◎Kaburise, J.B., *Community Engagement at the University for Development Studies*（Ghana）, Paper presented at the CHE-HEQC/JET-CHESP Conference on Community Engagement in Higher Education 3 to 5 September 2006, Cape Town, South Africa, 2006.

社会科学系の研究➡人文・社会科学系の研究

社会教育主事課程 | しゃかいきょういくしゅじかてい
program for social education officers' license

社会教育主事は，都道府県および市町村の教育委員会の事務局に置かれる専門的職員で，社会教育を行う者に対する専門的技術的な助言・指導に当たる。職務の例としては，教育委員会事務局が主催する社会教育事業の企画・立案・実施や，管内の社会教育行政職員等に対する研修事業の企画および助言等がある。大学に開設されている社会教育主事課程は，社会教育主事の資格を得るためのコースの一つ。大学に2年以上在学して62単位以上を修得し，かつ大学において文部省令で定める社会教育に関する科目の単位を修得し，社会教育主事補の職，または社会教育関係団体など文部科学大臣が指定する職にあった期間を通算した期間が1年以上になるとその資格が与えられる。社会教育主事として働くためには，さらに都道府県または市町村教育委員会から社会教育主事として発令される必要がある。　　　　小笠原　正明

社会貢献 | しゃかいこうけん
public service

［第三の使命としての社会貢献］
社会貢献とは，教育・研究と並ぶ大学の基本的機能の一つであり，大学が「▶象牙の塔」から脱却し，社会の発展に寄与するよう要請する概念である。英語の「public service」に相当するが，「公共奉仕」「社会奉仕」「社会的サービス」「公共へのサービス」などとさまざまに訳されてきたように，概念規定が曖昧であった。これは社会貢献を教育・研究の付加的な機能とみなす，従来のとらえ方を反映している。

　これに対し，中央教育審議会答申「▶我が国の高等教育の将来像」（2005年）は，社会貢献を教育・研究と並ぶ大学の「第三の使命」として明記した点で画期的であった。「当然のことながら，教育や研究それ自体が長期的観点からの社会貢献であるが，近年では，国際協力，公開講座や産学官連携等を通じた，より直接的な貢献も求められるようになっており，こうした社会貢献の役割を，言わば大学の「第三の使命」としてとらえていく」とする記述である。さらに2006年の▶教育基本法改正および

2007年の▶学校教育法改正では，大学が果たすべき役割として従来の学術研究，人材育成に加え，教育研究の成果を広く社会へ提供することが新たに位置づけられた。

［アメリカの大学の社会貢献］
社会貢献の起源は，しばしばアメリカ合衆国の▶モリル法制定（1862年）に求められる。同法では，国有地の払下げを受けて，各州に通常は1校以上の主として州立の▶ランドグラント・カレッジを設立することが定められた。同法は，大学が産業階級に対して農学・軍事・工学という実学を提供する義務を負うことを示した。これにより，ランドグラント・カレッジは▶研究大学として国家社会の繁栄を支える高度な研究を行い，研究成果を産業・経済や社会政策に応用することで，公共の福祉に貢献する使命を負うことが明らかになった。第2次世界大戦後になると，高等教育機会の拡大のために年齢や職歴が異なる学生を受け入れることや，都市再生問題と雇用開発に政策的提言を行うことなど，大学に求められる社会貢献の内実が多様化した。

　連邦助成が縮小に向かった1970年代後半以降は，教育研究活動の成果を経営資源に転化することで，社会に対する説明責任（▶アカウンタビリティ）を果たすことが求められた。研究面では，▶技術移転で新産業を育成する産学連携が進展した。教育面では，実学志向のカリキュラム改革や職業経験につながる▶インターンシップが盛んになった。近年，インターネットを介した遠隔教育の技術革新が試みられ，著名大学が競って▶オープンコースウェアを開発しているが，教育研究成果の開放という観点からみれば，これも社会貢献に含まれる。

　以上のように，社会貢献の様相は固定的ではなく，各時代の高等教育課題に対応して大きく変化するものである。したがって，その領域は広いが，大きく分けて組織レベルで行うものと個人レベルで行うものがある。前者には，①専門職および実務指向のカリキュラム改革，②高等教育の機会開放，③公共事業，④研究成果の活用がある。後者には，⑤公共政策への提言や▶公開講座などによる専門的知見の提供，⑥大学運営への参画，⑦専門領域の学会活動，⑧貧困や都市再生などの地域行政への協力，⑨専門的な相談業務に就くコンサルティングなどが含まれる。

［日本の大学の社会貢献］
日本でも「第三の使命」を主張する議論は古く，すでに1960年代から，大学の閉鎖性を打開する「開かれた大学」論のなかで展開されてきた。中央教育審議会答申（1971年）でも，高等教育の多様化をすすめ，生涯教育振興の観点からの貢献が目指された。一定年齢層の学生や特定の学歴のある者だけでなく，広く国民一般に対して，生涯にわたる教育の機会を開放するという意味である。▶臨時教育審議会では，大学に対して，生涯学習の体系化

と高等教育の弾力化に対する貢献がますます期待される一方で、「産・官・学における人，情報，物の相互交流」（臨時教育審議会第2次答申，1986年）がうたわれた。しかしながら，教育・研究と比べると，社会貢献の使命に対する意識は必ずしも高くなかった。

「社会貢献」というタームが審議会答申に登場するのは，1998年の大学審議会答申以降である。そこでは「高等教育機関は，今後，その知的資源等をもって積極的に社会発展に資する開かれた教育機関」となり，「社会貢献の機能を果たしていくために，リフレッシュ教育の実施，国立試験研究機関や民間等の研究所等との連携大学院方式の実施，共同研究の実施，受託研究や寄附講座の受入れなど産学連携の推進」を図ることと記されている。すなわち1998年の大学審議会答申の「社会貢献」とは，知的資源を活用した国際競争力強化の施策であり，各大学が競争的環境に適合しつつ独自性を発揮するための産学官連携を示唆している。こうした事情から今日の社会貢献は，「産学官連携は社会貢献の一形態」という考えにもとづいて，生涯学習の振興や教育政策というよりも，むしろ科学技術・学術政策の文脈で推進されている。とくに2004年の▶国立大学法人化と連動して，地域再生や産学官連携を推奨する資金配分が行われたことにより，社会貢献が注目されるようになった。

大学の社会貢献活動は，いまや大学から社会へという一方通行ではなく，オープン・イノベーションや知識生産を行う主体同士をいかに連携させていくかが問われている。したがって大学には，単なる経済活性化だけではなく，地域の人材育成，地域共同体の再生，福祉や環境問題など多様なファクターを視野に入れ，地域社会・経済社会・国際社会を含む広い社会の発展へ寄与することが期待されている。

五島 敦子

→地域社会と大学（テーマ編），大学開放/大学拡張，地域振興，コミュニティ・カレッジ

◎Ward, K., "Faculty Service Roles and the Scholarship of Engagement", *The ASHE-ERIC Higher Education Report Series*, Vol. 29, No.5, 2003.
◎OECD編，相原総一郎，出相泰裕，山田礼子訳『地域社会に貢献する大学』玉川大学出版部，2005.

社会構造と大学 →テーマ編 p.48

社会人大学院 | しゃかいじんだいがくいん
postgraduate school for adult learners

社会人の再教育や生涯学習需要に応えるために，通常の学科試験とは異なる特別入試や，夜間・昼夜開講制など，社会人が学習可能なように柔軟な制度的運用がなされている▶大学院。1988年（昭和63）の大学審議会答申「大学院制度の弾力化に

ついて」に基づき，89年（平成1）に▶夜間大学院として▶修士課程を設置，また93年の大学審議会答申「夜間に教育を行う博士課程等について」を受け，▶博士課程における昼夜開講制および夜間大学院の設置が順次検討・実施されることで，その制度が整備・拡充された。社会人大学院は，年齢，職業などが多様な大学院生を一緒に教育することで，学生や教員に刺激を与え，現実社会の課題に対する理論と実践を統合する学際的取組みを可能にする。一方で，現場の実践的課題の解決を目的にするあまり，理論的，基礎的学問が相対的に軽視される場合もあり，留意が必要とされる。

岩崎 久美子

社会人入試 | しゃかいじんにゅうし
examination for working adults

高等学校や大学の既卒者を対象とする入試。大学院で先行した。要件は大学により設定されるが，出願時に就業証明書の提出を求めるなど対象を就業者に限る場合や，少なくとも過去に就業経験があることを要件とする場合がある。社会人が一般入試を受ける場合は含まない。社会人の立場に配慮し，試験科目を軽減したり，書類選考や論文・面接試験など一般入試とは異なる特別な選抜方法をとる。国公立大学では▶大学入試センター試験の受験を免除できる。履修上の特例として，▶夜間部や昼夜開講制の実施も増加している。

2015（平成27）年度は国立46大学，公立58大学，私立447大学の計1296学部で行われ，入学志願者数2717人に対して入学者数は1175人。入学者数のピークは1998年の5228人，通信制を含めると2001年の1万8340人であり，以降は減少傾向にある。少子高齢化の進行や就業者の学修ニーズの高まりを背景に，日本の大学において社会人の受入れを促進するための対策は講じられてきたものの，大学入学者に占める25歳以上の者の割合は，OECD平均の21%に対し，ピーク時でも2%で，現在はさらに減少している。OECDは社会に出てからも必要に応じて大学へ戻り反復的に教育を受けられる▶リカレント教育を提唱しており，この実現には社会人の学修動機に応える教育プログラムの充実や，大学就学に係る社会的・経済的な負担の軽減が求められる。日本では職業人再教育に重点を置く「リフレッシュ教育」という用語も使われた。

齋藤 千尋

→社会人大学院，通信制大学，通信制大学院

社会福祉系学部 | しゃかいふくしけいがくぶ
School (Faculty) of Social Welfare; School (Faculty) of Social Work

社会福祉系の教育・研究をおこなう学部。旧学制

期では1931年(昭和6)に同志社大学で神学科社会事業学専攻が発足するなどの例はあるが，学部レベルでの設置は▶新制大学期に入ってしばらくたってからであり，1957年に日本福祉大学，翌年に日本社会事業大学に社会福祉学部が創設されている。福祉を名称に含む学部は，1993年(平成5)には5種類13学部(夜間部を含む)であったが，2013年には26種類77学部(夜間部を含む)となり，1990年代以降に急激に増加している。その背景には，大きくは高齢化社会の到来にともなう社会福祉人材の需要拡大があること，加えて90年代から2000年代初頭にかけて，社会福祉系が当時の学部新増設抑制原則の例外分野の一つとされていたことが影響している。近年は医療，看護，健康，介護，心理，地域，教育，経営といった多様な分野と関連した学部・学科構成となってきている。卒業後に社会福祉士や精神保健福祉士の国家試験受験資格が得られる学部も多い。

伊藤 彰浩

→新設学部の動向

JABEE (ジャビー) →日本技術者教育認定機構

シャリフ工科大学 [イラン] | シャリフこうかだいがく
Sharif University of Technology

首都テヘランにあるイランで最大規模の国立工科系大学の一つ。大学の位置するテヘラン都市圏は1300万人以上の人口(2014年)が集中し，政治，文化，経済，商業の中心。シャリフ工科大学の前身は1966年，国王の称号に由来するアーリヤーメフル工科大学。当初は電気，冶金，機械，化学の4学科に教員数54人を擁し，国家試験で選抜された学生412人が学んだ。1979年のイラン革命によりパフラヴィー朝が倒れて政治体制が移行したことに伴い，1980年，シャリフ工科大学へと名称変更した。2015年時点で航空，化学・石油，化学，土木，コンピュータ，電気，エネルギー，生産，経営・経済，機械，物理の各学科，各種の研究センターを擁している。約1万2000人の学生が学び，常勤教員は約300人，パートタイム教員は約430人。学士課程への入学者は国家入学試験の上位5%以上に限られるなど厳しく選抜される。2015年のタイムズ誌のアジア大学ランキングでは43位。

和氣 太司

獣医学部 | じゅういがくぶ
Faculty of Veterinary Medicine

世界最初の近代的な獣医学教育機関は，1761年にフランス国王ルイ15世の設立許可が下り，その翌年開校したリヨン獣医学校で，18世紀後半にはオーストリア，ドイツ，スウェーデン，デンマーク，イギリスなどの西欧諸国で獣医学校が設立された。アメリカ合衆国での開校は遅く，1879年設立のアイオワ州立大学獣医学校が最初とされている。

日本最古の医療行為は獣医療で，『古事記』に記載があるほど歴史は古い。古代から馬が軍事上重要だったため，明治時代初期まで獣医師は「馬医」と呼ばれていた。日本の近代的な獣医学教育は，1873年(明治6)陸軍兵学寮に馬医生徒が入学したのに始まる。翌年フランス陸軍獣医教官アンゴーが来日して本格的な軍陣獣医学教育が開始されて，のちに陸軍獣医学校になったが，1945年(昭和20)の第2次世界大戦終結後に廃校となった。また農学校での獣医学教育は，1876年に来日したイギリス出身教師マックブライドにより駒場農学校で始まり，東京大学農学部獣医学科の前身となった。1878年に来日したアメリカ出身教師カッターは札幌農学校で獣医学教育を始めており，北海道大学獣医学部の前身となった。最初の私立の獣医学校は1881年設立の私立獣医学校で，日本獣医生命科学大学の前身である。

1885年に「獣医免許規則」が公布され，農商務省の試験合格者と官立や府県立の獣医学校や農学校で獣医学を修めた卒業生に無試験で「獣医」の免許を与えた。1926年(大正15)に改正されて「獣医師法」となり，おもに専門学校以上の学校において獣医学4年の課程を修めた卒業者に農林省(現，農林水産省)が無試験で「獣医師」の免許を与えた。1949年の同法改正により，農林省による獣医師国家試験受験資格は4年生大学の獣医学部や獣医学科の卒業者になったが，77年の改正により翌年から修士課程修了者に，さらに83年の改正により翌年から学部6年の獣医学課程卒業者になった。

2017年(平成29)現在，国立大学10校，公立大学1校と私立大学5校に獣医学部や獣医学科があるが，国立大学の多くは共同獣医学部や共同獣医学科として教育している。現代の獣医師は，犬猫のような伴侶動物や牛豚鶏馬のような産業動物から魚類，爬虫類・両生類やミツバチなどの昆虫まで多種多様な動物の診療業務に従事している。また野生動物保全，食品衛生などの公衆衛生業務，One Health(人と動物の健康は一つ)などの人獣共通感染症対策，生命科学などの基礎研究，農林水産省・厚生労働省や大学・企業などでの研究業務，獣医学や医学関連国際機関での活動など，広範で多岐にわたる分野の業務を担って活動している。

小佐々 学

→農学部

収益率分析 | しゅうえきりつぶんせき
rate of return analysis

収益率分析における収益率とは，教育を通じた人

484 | じゃびー

的資本への投資の効率性を測定する指標である。教育を投資として考えた場合，投資費用としては▶授業料などの直接費用と，教育機関に在籍する間に放棄している，労働に従事していれば得られたであろう賃金としての間接費用がある。一方，収益は，教育投資を行うことによって労働生産性が高まった結果として生涯にわたっての賃金の上昇分に該当する。投資費用と便益両者の比較にあたって，それぞれ発生タイミングがずれており，それぞれの現在価値について考慮する必要がある。そこで，ある一定の利率で費用，便益とも割り引いた値を比較する方法が現在価値法である。これは想定される利率によって結果が変わってくるが，費用と便益の現在価値が等しくなる利率が，教育投資の効率性の指標として収益率と呼ばれている。なお収益率の算出方法にはエラボレイト法とミンサー型所得関数法がある。 島 一則

⇨人的資本論

自由が丘産能短期大学[私立]

じゆうがおかさんのうたんきだいがく

Jiyugaoka Sanno College

「能率の父」と呼ばれた上野陽一(1883-1957)が設立した財団法人日本能率学校を起源とし，経営・ビジネスを大学教育の中核に位置づける，能率科1科の私立短期大学。短期大学制度の発足に伴い，1950年(昭和25)に産業能率短期大学を設置，第一部・第二部を開設。2006年(平成18)に自由が丘産能短期大学に改称。短期大学が行う学生教育事業，上野の精神と活動を受け継いだ総合研究所が行う社会人教育事業の両事業をもってマネジメントの思想と理念を究め，これを実践の場に移しうる人材の育成の実現に努めている。専任教員は企業などの勤務経験者多数。文部科学省により2009年度「大学教育・学生支援推進事業」，2010年度「大学生の就業力育成支援事業」に選定された。2012年に第二部の学生募集停止，2014年第一部の学生募集停止を行い，2015年通信教育課程のみとなる。2016年5月現在の学生数3214人。設置の学校法人は産業能率大学。同法人内に1979年設立の産業能率大学がある。 坪根 輝彦

就学・履修の弾力化 しゅうがく・りしゅうのだんりょくか

[社会人が学びやすい教育制度]

「ケルン憲章─生涯学習の目的と希望」(1999年)で「経済や社会はますます知識に基づく」ことが国際的にも確認され，中央教育審議会答申「▶我が国の高等教育の将来像」(2005年)でも示されているとおり，「工業社会」から▶知識基盤社会(knowledge-based society)」への転換の中で，成人期以降も学び

表1 | 就学・履修制度の弾力化

社会人特別選抜
・社会人等を対象に，一般の入学者選抜とは異なる方法(学力試験を課さず，論文，面接による方法など)により判定する入学者選抜方法

夜間における授業の実施
①夜間学部(大学学部)：学校教育法制定時(1947年)〜
　短期大学：短期大学の法制化時(1964年)〜
　修士課程：1989年〜，博士課程：1993年〜
②昼夜開講制(大学学部・短期大学)：1991年〜
　修士課程：1974年〜，博士課程：1993年〜
・学習時間等の制約のある社会人等の利便に資するため，もっぱら夜間に授業を行う夜間大学と，同一学部・研究科において昼間および夜間の双方の時間帯に授業を行う昼夜開講制

校舎以外の場所での授業の実施：サテライト教室
・2003年に大学設置基準・短期大学設置基準が改正され，いわゆるサテライト教室での授業の実施が可能となった(大学院についても大学設置基準を準用)

標準修業年限の弾力化
①短期在学コース(修士課程：1999年〜)
・標準修業年限より短い期間(1年以上2年未満)の修業年限を定めた修士課程
②長期在学コース(夜間大学院は1989年〜，他の修士課程：1999年〜)
・標準修業年限を超える修業年限を定めた修士課程・博士課程
③早期卒業・課程修了(大学学部：1999年〜，修士課程：1989年〜，博士課程：1999年〜)
・個人の能力に応じた修業年限の弾力的な取扱いとして，とくに優れた成績・業績をあげた学生が希望する場合，修業年限より短い期間の在学による卒業・学位取得を認めること
④長期履修学生制度(2002年〜)
・学生が，職業を有しているなどの事情により，修業年限を超えて一定の期間にわたり計画的に履修し，卒業・課程修了することを希望する場合には，その計画的な履修を認めることができる制度

通信による教育
①通信制大学・大学院(大学学部・短期大学)：学校教育法施行時(1947年)〜
　修士課程：1998年〜，博士課程：2002年〜
②放送大学：1983年〜
・通信制大学・大学院数は増加している。大学学部については，放送大学を除くと入学者数は減少傾向にあるが，大学院は入学者数・学生数ともに増加している

科目等履修生制度及び履修証明制度
①科目等履修生制度(大学学部・短期大学)：1991年〜
　修士課程・博士課程：1993年〜
・社会人等に対し学修機会を提供し，その学修の成果に適切な評価を与えるため，大学が自らの定めるところにより，当該学生以外の者で授業科目を履修する者(科目等履修生)に対して単位を与える制度
②履修証明制度：2007年〜
・当該大学の学生以外の者で大学入学資格を有する者を対象とした特別の課程を編成し，これを修了した者に対し，学校教育法に基づいて修了の事実を証明する「履修証明書」を交付する制度

中央教育審議会大学分科会　大学規模・大学経営部会(第5回，2009.12.1)
参考資料「大学における社会人の受入れの推進について」より作成

続ける必要が高まっている。しかしながら，日本における大学入学者のうちで25歳以上の者の割合は，OECD平均よりも大幅に下回る（約10分の1）とともに，社会人入学者の割合は通学制よりも通信制の大学の方が高い。近年，▶大学院への社会人入学者数は増加傾向にあるが，それでも文部科学省の「学校基本調査」（2013年）によると，▶修士課程の入学者数のうち，22歳の割合が50.8％，23歳が23.6％，24歳が7.5％と25歳未満の者の割合が80％を超える。社会人が就学しやすい教育制度や，職業と学業との両立をしやすく，学んだことを適切に評価される社会制度が整わなければ，社会人が大学や大学院で学び直すのは容易なことではない。

教育制度としては，社会人が大学・大学院で学びやすくするために，表1に示すような就学・履修の弾力化が図られてきた。表1は，大学の正規の教育課程に関する弾力化であり，そのほかにも，多くの大学では▶公開講座等で社会人の生涯学習機会の地平を広げている。

［今後の課題］

中央教育審議会大学分科会の大学規模・大学経営部会が取りまとめた「大学における社会人の受入れの促進について（論点整理）」（2010年）によると，社会人を受け入れるための今後の課題として，「大学教育の充実」「学修成果の評価」「大学就学に係る負担の軽減」の三つがあげられている。また，「社会の成長，経済の活性化を支える知的資本としての成人層への能力向上のための学修機会の提供」という観点から，大学には表2に示されるようなタイプの社会人学習者層への教育促進が期待されている。

中村 香

表2｜社会的要請に応える観点からとくに大学就学が期待される学習者層

就業者のうち，企業研修等で組織的に学修する者，及び自主的に大学に就学する者 学習目的は専門的知識・技能の向上，業務の高度化・現代化に伴う知識・技能の獲得（情報化，国際化，労働集約化，新規立法・制度への対応等），企業経営の中核を担うための職能開発など
入職後，短期間で離職した者や，高等教育修了後に就業機会が得られなかった者 職業生活への移行に困難をきたしている20〜30代の若年層。学習目的は就業に必要な職業知識・技能の習得など
子育て等に従事する女性のうち，就業を中断後，復職等を希望する者（とくに医師，看護師，保育士等の資格職業への復職希望者）や，新たに就業を希望する者 学習目的は，復職希望者にあっては自らの職業に係る知識・技能の現代化，就業希望者にあっては就業に必要な職業知識・技能の習得など
定年退職等を迎えた高齢者 学習目的は，職業経験を生かした起業（営利目的，社会貢献目的の双方を含む）や，就業の準備，地域参画活動の準備など

中央教育審議会大学分科会　大学規模・大学経営部会「大学における社会人の受入れの促進について（論点整理）」（2010）より作成

➡生涯学習と大学（テーマ編），生涯学習社会，リカレント教育，社会人大学院，資格取得，履修

就活｜しゅうかつ
job hunting

就職活動の略。1996年（平成8）まで，大学生の就活は一定期間に限られていた。就職協定にもとづき，ほとんどの企業が同じ時期に就職採用をおこなっていたからである。しかし通年採用をおこなう企業が増えたことにも伴い，1997年から大学生の就活は半年から1年に及ぶようになっている。大学側からは就活期間があまりに長いため，学業に悪影響を与えているとの批判もあがっており，経済団体連合会（経団連）は現在，3年生の12月から開始されている就活を翌年3月にまで遅らせるという方針を出している。しかし，たとえ就活期間が短くなったとしても，その分，企業は▶アルバイトや▶インターンシップ，リクルーター面談などを通じて，非公式に学生と接触する。また近年，大学では就活講座が増加する傾向にあり，企業はこれに積極的に協力することで，学生の情報を集めようとしている。学生の側からすれば，結局のところ，早い時期から就活のための訓練を受けなければならないため，就活期間の長さに変わりはない。学業の充実を図るためには，ほかにもなんらかの手段を講じる必要があるだろう。

栗原 康

➡就職協定，指定校制度，キャリアセンター，キャリアガイダンス，キャリアデザイン，エントリーシート，労働市場と大学（テーマ編）

宗教教育｜しゅうきょうきょういく
religious education

［宗教教育の分類］

宗教教育の語は，もっとも狭義には特定の宗教の教えを説く教育を指す。19世紀初頭までのアメリカ合衆国に見るごとく，西欧の大学では政治とキリスト教とは長く不可分の関係にあった。植民地時代のカレッジは，「宗教的な目的と性格を持つにもかかわらずではなくて，まさにそうであるがゆえに公的な機関だった」のである（M. Curti et al.）。政教分離体制をとる現代の日本では宗教教育は宗教系の私立校でのみ許されている。しかし，教育機関が宗教に関わる場面はそれに限るものではなく，多様であるため，日本では①宗教知識教育，②宗教（的）情操教育，③宗派教育の3分類を用いて整理するのが学術的には慣例となっている。

①は歴史等の一般教科で，宗教に関する知識を客観的に伝える教育であり，これは政教分離に抵触しないとされ，国立大学を含めた公立校でも認められている。③は上記の狭義の宗教教育，すなわち特定の宗教への信仰をはぐくむための教育で

ある。授業のほか，集団礼拝，課外活動等を通して行われる。何らかの教化・感化を目指すものであるため，日本の公立の教育機関では行うことはできない。両者の中間に位置づけられた②は，特定の宗教に限定されない宗教的情操を養う教育で，これを公立の教育機関で実施できるかどうかについては議論がなされてきた。宗教的情操とは，「生命の根源すなわち聖なるものに対する畏敬の念」（1966年中央教育審議会「期待される人間像」），「自己を超えたもの，無限なものへの畏敬」（宗教倫理学会『宗教と倫理』第15号，2015年11月）などと表現されてきたもので，いわば広義の信仰心である。世の中は目に見える物質だけで成り立っているわけではない，自分は人間を超えた存在に「生かされている」のだという認識を持ち，感謝すべきだということを教えるものである。このように宗教的情操教育は一つの宗教に偏った教育ではないが，公立の教育機関でも可能かというと，反対派はこれを特定の価値を植えつける教育と見て，政教分離に反すると主張してきた。他方推進派は宗教的情操なくしては道徳教育は完成されない，エゴイズムは克服されないと考え，公立の教育機関全般でこれが実施されることを求めてきた。

まとめれば，①は知育，②と③は徳育にあたるため，後者には戦後日本社会での道徳教育をめぐる論争が直結する上に，政教分離に関する解釈の相違，すなわち政教分離を，政治（公共圏）と宗教を完全に分離することととるか，特定の宗教を優遇・差別しなければ政治・公共の場に宗教が存在してもよいのだととるかという問題が加わり，議論が複雑化している。現状では大学を含めた公立の教育機関での②の実施は認められていない。

英語では宗教教育は一般に「religious education」だが，日本語と同じく宗派教育のニュアンスが強いため，さまざまな代替概念が提案されている。たとえば知育に限定した宗教教育を「learning about religion」とし，徳育（旧来の道徳教育よりも哲学教育的なものが想定されることが多い）的なものを「learning from religion」としたり，伝統的な宗派教育を「confessional religious education」，多文化主義教育の視点から多様な宗教を学ぶアプローチを「non-confessional and multi-faith religious education」と呼んだりといった例がある。宗教的情操教育に近い概念には，「spiritual education」がある。

諸外国の公立の教育機関で宗教教育が行われるかどうかは，その国の政治体制に左右される。たとえばイギリスは国教制であるため，公立の教育機関でも宗教教育が必修科目として存在するが，その内容は20世紀後半の社会情勢の変化とともに「confessional religious education」（キリスト教教育）から，「non-confessional and multi-faith religious education」へと移行した。連邦制の合衆国は20世紀前半まで，州立大学のうち4分の1が，出席任

意とはいえ，集団礼拝の機会を提供していた。他方，1960年代には私立大学の多くが宗教科目の必修要件を廃止したのも事実である（Marsden）。

［宗教教育に関わる資格］

なお，大学の▶教職課程には，宗教科の教員免許を取得するためのプログラムがある。この宗教科は宗教系私立校での宗派教育の授業（宗教科目）を指す。しかし，国公立でも宗教科の免許を取得できる大学がある。つまり，宗派教育が一切行われていない大学の中で，宗教系私立校で宗派教育を施せる教員を養成していることになるわけだが，その不整合はとくに問われてはいない。また，宗教系私立大学の多くには，聖職者養成のための教育課程が存在する。一般に▶仏教系大学では僧階課程，▶神道系大学では神職課程と呼ばれており，修了した者は聖職者資格を取得する（修了後にさらに試験等を受ける宗派もある）。

藤原　聖子

▶宗教と大学（テーマ編）

◎國學院大学日本文化研究所編『宗教と教育──日本の宗教教育の歴史と現状』弘文堂，1997.
◎江原武一編著『世界の公教育と宗教』東信堂，2003.
◎Curti, M. et al., *The University of Wisconsin: A History*, Vol. I, 1974.
◎Marsden, G.M. et al eds., *The Secularization of the Academy*, New York: Oxford University Press, 1992.

宗教と大学 →テーマ編 p.60

修業年限 ｜しゅうぎょうねんげん
time to degree

教育課程を卒業・修了するのに必要とされる標準的な年限のこと。▶学士課程では，▶学校教育法に基づき，一部の分野を除いて4年，▶短期大学は2年または3年が修業年限とされている。▶大学院は標準的には▶修士課程2年，▶博士課程5年（博士課程後期のみは3年）であるが，修士課程は1年での修了も可能な場合があり，また専門職学位課程は1〜3年と多様性がみられる。日本では，修業年限を超えて在学を続ける▶留年は，とくに学士課程ではマイナスイメージが強く，避けられるべきこととされている。ただし，博士課程では修業年限を超えて在学を続けるのは稀ではなく，また近年では大学院における成人学生が増加しており，長期履修制度などを用いて修業年限を超えた在学により学位を目指す者が増えている。逆に，▶飛び級や学士–修士一貫プログラムなどにより，修業年限未満で各課程を修了する場合もある。アメリカ合衆国では，標準的には学士の修業年限は4年であるが，4年以上をかけて卒業することは一般的であり，逆に夏学期の利用などにより4年未満での卒業も可能である。

福留　東土

→ 専門職学位／職業学位，長期履修学生制度

修士 | しゅうし
master

修士（マスター）は，▶学士と▶博士（ドクター）の間に位
置するが，▶中世大学ではドクターとマスターは同
義語であり，教師を意味した。いつのころからか法
学・医学・神学の下位にあたる教養学部でマスター
が使われるようになったが，▶大学院の学位として
マスターが定着するのは20世紀のアメリカ合衆国
であった。大学院教育がカレッジ教育から分離し，
バチェラー（学士）とドクターの違いが明確になるに
伴い，マスターの位置づけも固まっていった。日本
では，第2次世界大戦前に修士はなく，戦後アメリ
カの制度を参考に導入された。戦前形骸化してい
た大学院を，スクーリングを行う教育組織へと変え
るために▶修士課程が置かれたのである。さらに
1955年（昭和30）の大学院基準の改正で修士課程
が高度な▶職業教育を行うところとされ，60年代に
工学系での修士課程が大きく拡大したが，人文・
社会科学系では修士号は実質的には大学教員資
格として機能した。だが1980年代後半からの大学
院拡大で人文・社会科学系の修士も増え，また
2003年（平成15）の▶専門職大学院制度創設により
修士（専門職）も始まり，高度専門職業人のための
学位としての修士の役割が拡大しつつある。

阿曽沼 明裕

→ 学位と称号（テーマ編），学位の種類

修士課程 | しゅうしかてい
master's course

学士学位取得者およびそれと同等の課程を修了し
た者が進学できる2年制を基本とした▶大学院の教
育課程。「広い視野に立って精深な学識を授け，
専攻分野における研究能力又はこれに加えて高度
の専門性が求められる職業を担うための卓越した
能力を培うこと」（大学院設置基準3条）を目的とした
課程である。基本的な修了要件は，大学院に2年
間以上在学し，30単位以上を習得したうえで必要
な研究指導を受け，修士論文等の研究成果の審
査と試験に合格することである。ただし，課程在
学中に優れた業績を修めた者は，1年以上在籍を
すれば課程を修了できる。前期2年および後期3
年の課程に区分する▶博士課程においては，前期2
年の課程は博士前期課程と呼ばれ，課程修了後の
学位は修士課程と同じく▶修士である。▶専門職大
学院の専門職学位課程においては，修了すると修
士（専門分野）の学位が授与されるが，修士課程と
は区別されている。

山崎 慎一

就実大学 [私立] | しゅうじつだいがく
Shujitsu University

1979年（昭和54）文学部のみの単科大学として就実
女子大学を開学。母体である就実学園は，1904
年（明治37）設立の私立岡山実科女学校を起源と
する。1999年（平成11）に大学院（文学研究科）を設
置。2003年就実大学に校名を変更し，文学部を
人文学部に改称，新たに薬学部を増設した。翌年
共学化。その後2011年に教育学部，12年に大学
院医療薬学研究科，14年に経営学部，15年には
大学院教育学研究科を設置。2016年現在，岡山
県岡山市のキャンパスに4学部3研究科を置き，
学部生2636人，大学院生24人，教員126人を擁
する。建学の理念に「去華就実（外面的華美に走るこ
となく，実質的・本質的な意味における人間性の豊かさに
価値を置き，内面の充実に努める）」を掲げ，大学の基
本目標を「実地有用」の人材育成と，個性的で活
力にあふれる大学の創造に定める。

小濱 歩

就職活動 → 就活

就職協定 | しゅうしょくきょうてい
recruitment agreement for college graduates

企業側と大学側との間で新卒（見込）者の採用に関
して結ばれる取決め。あくまで紳士協定であり，法
律的制約はない。新卒採用時期の早期化に対す
る取決めは第2次世界大戦前にも存在したが，一
般的には1953年（昭和28）に大学，業界団体（当時
の日本経営者団体連盟：経団連），関係省庁からなる
就職問題懇話会において，学校推薦時期を卒業
年度の10月1日以降にしたことが就職協定の初め
とされる。だが，その歴史は常に▶指定校制度や推
薦制度などという形で早期に優秀な人材を確保し
ようとする企業側の抜け駆けと，その結果としての
協定見直しの繰り返しであり，1996年（平成8）に協
定は廃止された。以後，経団連の「倫理憲章」と大
学側の「申合せ」を双方が尊重する形をとってい
る。近年の動きでは，2014年卒業者適用の「倫理
憲章」見直しで採用活動開始が大幅に「後ろ倒し」
された。協定廃止以後，出身学校を不問にして採
用活動をおこなう企業が出てきたりもしたが，結果
としてなお，偏差値ランクの高い大学の学生から早
期に就職が内定していく構造は変わっていないとさ
れる。

稲永 由紀

自由大学 | じゆうだいがく

大正10年（1921）長野県上田に創設された民間の
高等成人教育の運動。文明評論家の土田杏

村[きそん]が村の青年層に数日間哲学を講義した際，これを継続させるべく信濃自由大学をつくり指導した。行政，財界からの援助なしに受講料のみで運営された。杏村は自由大学を「労働する社会人が，社会的創造へ協同して個性的に参画し得るために，終生的に，自学的に，学ぶことの出来る，社会的，自治的の社会教育設備」と定義し，哲学概論，哲学史，美学，文学論，倫理学，論理学，心理学，宗教学，経済学，法律学，政治学，社会学，生物学などの講座を設け，農閑期（10月から4月）に毎月1講座（5日から7日）を夜間に開講した。のちに飯田や松本，新潟県魚沼，群馬県前橋など県外にも波及し自由大学協会が設立され，『自由大学雑誌』も創刊された。その後大正デモクラシーの退潮と昭和初期の経済不況によって財政困難に陥り，いずれも廃校となった。　　　　　　橋本 鉱市

集団合議制大学 |しゅうだんごうぎせいだいがく
Gruppenuniversität[独]

管理運営に関する決定に教員，助手，学生，職員など大学の多様な構成員が加わる大学。従来，ドイツの大学では正教授のみが管理運営の決定に関与していたが（▶正教授支配大学），大学の大衆化の進行等に伴い，すべての大学構成員が管理運営に参加する機運が高まり，1973年5月29日の連邦憲法裁判所の判決により，集団合議制の原則が基本的に認められた。1976年に施行された▶大学大綱法は，当該大学に本務として勤務し，公務に従事する所属員（教職員）と学籍登録した学生を大学の構成員とし，大学の自治のために協力することはこれら構成員の権利であり義務であること，協力の種類や範囲，合議制機関などの構成員数や表決権については法律によって定めることを規定した。その後の同法改正により，集団合議制の原理は維持しながら，評議会等に学部代表として教授が表決権または審議権をもって加わる専門代表制の原理が強調されるようになるなど，協力の範囲等について見直しが行われている。　　　　　　　長島 啓記

集中講義 |しゅうちゅうこうぎ
intensive courses

授業期間を定める▶大学設置基準23条には「各授業科目の授業は，十週又は十五週にわたる期間を単位として行うものとする。ただし，教育上特別の必要があると認められる場合は，これらの期間より短い特定の期間において授業を行うことができる」と定められており，後段の規定が適応されるのが集中講義である。通常，大学や学部・研究科ごとに集中講義の開講期間が設定されており，数日間から1週間程度，集中して開講される。一つの科目に短期間集中して学習する方が高い教育効果が期待される場合，キャンパス外で授業を実施する必要がある場合，▶非常勤講師が授業を担当し，講師の都合上，集中開講が便利な場合などに採用されることが多い。集中講義が開講されている期間はその科目の学習のみに専念しやすいため，学生にとって教育内容の集中的理解が促進されるメリットがあるが，短期間での開講となるため，学生の授業外学習時間を確保することが難しいというデメリットもある。　　　　　　　　　福留 東土

修道院 |しゅうどういん
monastery

キリスト教において修道者（修道士・修道女）が共同生活を営む場。修道者とは，神のみに従う生涯を実践するために「清貧・貞潔・従順」の三つの誓いを立て，世俗を離れた生活を送る者であり，その共同体が修道会と呼ばれる。西欧では古代末期から中世前半にかけて，人里離れた山野に居住し，農耕や手作業を行って自給自足の共同生活を送る大修道院制が発達した（ベネディクト会など）。また，西ローマ帝国の崩壊後は，学問教育や生活技術を中世に伝える役割も果たした。大学誕生以前の11〜12世紀には，修道院は学問の重要な拠点の一つであった（ベック，サン・ヴィクトールなど）。13世紀に誕生したフランシスコ会やドミニコ会などの▶托鉢修道会は宣教活動や学問の拠点として都市に修道院を設けた。その学問的生活共同体は欧米の大学の▶学寮（college）の伝統の一つの起源となっている。欧米の伝統的な大学が回廊式の建築を有するのも，修道院建築に起源がある。　加藤 和哉

修文大学 [私立] |しゅうぶんだいがく
Shubun University

1941年（昭和16）創立の一宮女子商業学校をルーツとして，2008年（平成20）学校法人一宮女学園の系列大学として，健康栄養学部の単科女子大学として開学。愛知県一宮市に立地。本学開学までは系列学校は「一宮」を冠していたが，開学以降は「修文」への改称が進み，2016年に法人名も学校法人修文学院と改称した。2017年現在，おもに管理栄養士の養成をめざす健康栄養学部と，2016年に開設されたおもに看護師の養成をめざす看護学部の2学部を持つ。建学の精神は「国家・社会に貢献できる人材の育成」であり，この精神に基づく教育理念は「人と学び，人に学ぶ」。一宮市に本部を置く唯一の4年制大学であり，地域研究センターの設置や市民大学公開講座の実施など，地域における▶産学連携に取り組んでいる。2016年現在364人の学生が在籍。　　　　　　和崎 光太郎

秀明大学 [私立] | しゅうめいだいがく
Shumei University

1988年(昭和63)川島寛士により千葉県八千代市に八千代国際大学として創立され，98年(平成10)現行名に変更した。建学の精神は「常に真理を追究し，友情を培い，広く社会に貢献する人間形成を目的とする」である。学校教師学部・看護学部・総合経営学部・英語情報マネジメント学部・観光ビジネス学部からなり，2017年現在の収容人数1858人。学校教師学部は小学校・中学校・高等学校の教員免許を取得でき，全寮制を敷くことが特色である。また，おもに英語情報マネジメント学部では選択した学部，コースによって必修・選択が異なるが，1年ないしは2年のイギリス(CCC秀明カンタベリー大学)への留学制度がある。看護学部は八千代市と連携した看護師養成プロジェクトを立案し協同で人材を育成しており，総合経営学部の起業コースでは美容資格(認定エステティシャン)を取得できるカリキュラムを組んでいる。　　　　　　鈴木　崇義

宗門 | しゅうもん

任意の仏教教義を奉じる宗派・集団を意味する仏教用語で，ほとんどの場合，日本の伝統仏教教団のことを指す。旧学制下においては，1922年(大正11)の大谷大学(真宗大谷派)・龍谷大学(浄土真宗本願寺派)を嚆矢とし，その後四つの大学(立正・駒澤・高野山・大正の各大学)が各宗門を母体として設置されている。それらは近世以来の学林，檀林，学寮といった僧侶養成機関を前史としており，昭和期になっても入学者の中心は寺院子弟であった。当時の宗門にとって，大学とは最先端の近代仏教学を輸入する研究機関であると同時に，社会的権威を獲得できる装置であった。第2次世界大戦後になると寺院子弟だけでなく一般学生を多く受け入れていく。時を同じくして宗門系の女子大学や女子短期大学も設置されていったが，女子大学・女子短期大学，各宗門系大学に共通しているのは，仏教精神を重視しつつも一般学生が入学しやすい学部学科を増設していった点である。たとえば，龍谷大学や駒澤大学(曹洞宗)，立正大学(日蓮宗)は，宗門系大学のなかでも多学部化が進んでおり，宗門関係の教員数・学生数は少数派となっているのが現状である。　　　　　　江島　尚俊

→仏教系大学

◎江島尚俊・三浦周・松野智章編『近代日本の大学と宗教』法藏館，2014.

十文字学園女子大学 [私立]
じゅうもんじがくえんじょしだいがく
Jumonji University

1922年(大正11)十文字こと・戸野みちゑ・斯波安によって創設された文華高等女学校を母体とする。1966年(昭和41)の十文字学園女子短期大学開学を経て，96年(平成8)に十文字学園女子大学を開学。人間生活学部が設けられ，幼児教育学科，児童教育学科，人間発達心理学科，人間福祉学科，健康栄養学科，食物栄養学科，文芸文化学科，生活情報学科，メディアコミュニケーション学科の9学科からなる。各専門教育の充実をはかるとともに，学科間の垣根を越えた幅広い教養教育を実施し，女性の自立・将来，生き方を念頭に置いたカリキュラムを展開している。また，十文字学園女子大学古本募金という，書籍の寄付を受けその買取り金を奨学金の基金に充てるというプロジェクトも実施している。埼玉県新座市にキャンパスが置かれ，2016年現在の収容人数3083人。　　鈴木　崇義

州立大学の私学化 | しゅうりつだいがくのしがくか
privatization of the state universities

アメリカ合衆国の教育研究の一翼を担う州立旗艦大学(各州の中心的な大学)が，州政府の統制を離れ，入学者の選抜や授業料の決定などについて私学が行使する権利に与ろうとする傾向を指す。20世紀の中途まで，州立大学財政の大きな部分は州政府からの支出で賄われ，授業料は廉価で基金収入(endowmentの利子)への依存度も低かった。しかしその後，州立研究大学の財政における州からの支出の割合は減少の一途を辿り，旗艦大学の州外学生向け授業料は今や私立研究大学の授業料に迫りつつある。旗艦大学は基金の拡大にも力を注ぎ，その規模が全米の上位50校に入る州立大学は，1988年の9校から，2011年には17校とほぼ倍増した。授業料と基金収入とに財政面で依存する私学型化である。財政難の州政府にとって，寄付や研究費，州外からの志願者を集めやすい旗艦大学は支出カットの対象にできる。一方，旗艦大学は私立大学並みの授業料で収入を増やし，州内外から学生を自由に選抜し，研究教育上の自由度を高めて大学の水準維持を企てる。州立の研究大学の存在意義が問われる現象である。　　立川　明

→公立大学システム

CUN／CRUI | シーユーエヌ／シーアールユーアイ
Consiglio Universitario Nazionale／Conferenza permanente dei Rettori delle Università Italiane [伊]

イタリアの国立大学審議会(CUN，通称クン)は，1997年の設置。当時は高等教育と初中等教育は

490 | しゅうめい

大学事典

別の省によって管轄されていたが，1999年以降に「教育・大学・科学研究省」に一元化され，現在まで同省の諮問機関である。イタリアの大学の代表から選出された委員によって構成され，国立大学の設置地域の調整，大学の正規財源の配分のための活用化基準づくり，カリキュラムの一般的基準の提示，大学の教育規定の定義と調整など，大学政策全般について諮問している。CUNと並んで，イタリアの大学行政に大きな影響力を持つのが，全国大学学長会議(CRUI，通称クルイ)である。国立大学のみならず私立大学の学長によっても構成される独立した組織で，大学制度上の問題の考究と政府当局や議会へのその提言，大学教育の状況や大学発展の見通しに関する意見の表明，外国の高等教育組織との関係を通じて大学の主導性を推進することなどを目的としている。　　児玉　善仁

授業 じゅぎょう
class

トロウ(Trow)理論における大学のユニバーサル化が進行し，1990年頃からアメリカ合衆国の高等教育における授業のあり方(形態)が大きく変容し，それは世界に広まっている。一方で，授業の期間や時間には大きな変化はない。

［授業の形態］
▶大学設置基準25条は，授業を「講義，演習，実験，実習若しくは実技のいずれかにより又はこれらの併用により行うものとする」と定義している。現在課題となっているのは▶講義の形態である。長い間使われてきた講義形式は効率的な教育方法ではあるが，学生の学習は単に聞くだけの受動的学習におちいりやすい。そこで教員がしゃべるだけの一方的な講義から，学生も講義に参加する双方向授業が推奨されるようになった。グループ学習をベースにした，PBL(Problem Based Learning，問題解決型学習)やチュートリアル形式の授業である。それは，学生の能動的学習を促す▶アクティブ・ラーニングと呼ばれるようになり，最近では反転学習が推奨されるようになってきた。すなわち，従来講義で行っていたテキストの解釈は自宅で行い，宿題とした問題の解決や発表の準備を授業で行うものである。このような新しい学習形態は，LMS(▶ラーニング・マネジメント・システム)のようなe-ラーニングシステムやクリッカーのような即時集計システム，TA(▶ティーチング・アシスタント)の活用などの方略によって可能となり，実行されるようになった。

［授業期間］
日本の多くの大学では2学期制を採用している。それ以外の3学期制，4学期制の大学はきわめて少ない。大学設置基準22条には「一年間の授業を行う期間は，定期試験等の期間を含め，三十五週にわたることを原則とする」とだけ定められており，

学期の規定はない。ただし23条で「各授業科目の授業は，十週又は十五週にわたる期間を単位として行うものとする。ただし，教育上必要があり，かつ，十分な教育効果をあげることができると認められる場合は，この限りでない」として，緩やかな規制をしている。アメリカでは3学期制から5学期制までいろいろなケースがあるが，一般にそのうちの夏学期は▶集中講義や留学生対象のサマースクールとして使われるため，実質上は2学期制から4学期制であり，なかでも2学期制が多い。ただし，開始時期が日本の場合4月だが，アメリカでは9月，韓国では3月であるなど国によって異なる。現在，大学のグローバル化をめざし，外国人留学生を受け入れるための秋入学(▶9月入学)の導入や，日本人留学生を夏期に派遣するための4学期制の導入が検討されている。

［授業時間］
大学設置基準21条に「一単位の授業科目を四十五時間の学修を必要とする内容をもって構成することを標準とし，授業の方法に応じ，当該授業による教育効果，授業時間外に必要な学修等を考慮して，次の基準により単位数を計算するものとする」とある。また講義および▶演習については「十五時間から三十時間までの範囲で大学が定める時間の授業をもって一単位とする」，▶実験，実習，実技については「三十時間から四十五時間までの範囲で大学が定める時間の授業をもって一単位とする。ただし，芸術等の分野における個人指導による実技の授業については，大学が定める時間の授業をもって一単位とすることができる」としている。以上二つの併用と▶卒業論文，▶卒業研究，卒業制作等の授業科目については，大学の裁量による規定が認められている。実際には単位の定義は学部ごとに規定されている。また，1回の授業時間に関する規定はない。

　第2次世界大戦後に設定された上記の単位制度では，学生の学習時間45時間をもって1単位(90時間で2単位)としている。1単位は当時の1週間の労働時間(8時間×5日＋5時間)である。45時間の内訳は15時間の予習，15時間の授業，15時間の復習である。日本の多くの大学では90分の授業を1週に1回行い，15週繰り返して2単位(実験・実習，体育実技，外国語などは1単位)としている。この場合，計60時間の予習，復習についても実施するよう指導を行わなければならない。アメリカの大学では，1回60分で週2〜3回講義をすることが多い。また時間割には休憩時間がないが，実際には10分程度残して講義を終えるので，50分が講義時間となる。

　近年推奨されている「単位の実質化」とは，2単位授業の学習時間を合計90時間にすることである。1週間に10科目あれば，週40時間の自習時間が期待される。ところが，アメリカの大学生の週

あたりの学習時間が平均13〜18時間であるのに対して，日本の学生は3.5時間程度である。世界的な授業形態の変化に合わせて，さらなる自習時間の増加が期待されている。

細川 敏幸

→単位制，eラーニングとICT活用教育，授業評価，メディア授業，大学教育とカリキュラム（テーマ編）

◎マーチン・トロウ著，天野郁夫・喜多村和之訳『高学歴社会の大学』東京大学出版会，1976.
◎細川敏幸，西森敏之，山田邦雅，安藤厚「学期制の現状と移行の課題—4学期制研究会報告」，北海道大学高等教育推進機構『高等教育ジャーナル—高等教育と生涯学習』19，2012.
◎NSSE, Annual Results 2012: http://nsse. indiana. edu/nsse_2012_results/
◎総務省統計局編『社会生活基本調査報告 平成23年』総務省統計局，2013.

授業評価 | じゅぎょうひょうか
class evaluation by students

教員の行う授業について学生が評価を行うもの。学生による授業評価は，日本の大学における▶ファカルティ・ディベロップメント（FD）の普及とともに，学生の意見をより授業改善に反映させる仕組みとして導入が進んだものの一つである。一般的に学期の後半にマークシートなどのアンケート用紙の形で授業ごとに行われるが，最近は学生がパソコンや携帯電話で回答できるウェブを用いたシステムを導入している大学もある。設問項目は学生の授業への出欠状況，授業内容や方法に関するもの，教員の教授技術に関するもの，学習環境などに関するものなど，各大学や学部・学科等により設定されている。評価結果は授業を担当する教員にフィードバックされ，その後の授業改善のための資料として活用されることが期待されるが，どのように活用するかは個々の教員に任されている場合も多く，大学として学生の声にどう対応していくかが課題となっている。

井上 史子

授業料 | じゅぎょうりょう
tuition; tuition fees

学生や家計が教育機関に対して支払う教育に対する対価である▶学生納付金（学納金）のうち，▶授業を受けるための基本的な対価を指す。日本の国公立の教育機関においては，授業料は営造物の使用料とされている。私立の教育機関では，入学・修学等は利用者と設置者の契約関係とされる。授業料の範囲は，設置者や時代によっても異なっている。学納金には，授業料以外に▶入学金や施設整備費や実験実習費など，教育機関が提供するサービスに対する対価としてのその他の学納金などが含まれているが，学納金の大部分を授業料が占めるために，学納金と授業料を厳密に区別せず用いられることも多い。とくに▶国立大学では施設使用

料や実験実習費などの学納金は徴収されておらず，入学金を除けば授業料と学納金はほぼ等しくなる。とくに第2次世界大戦前には入学金が少額であったため，授業料と学納金はほぼ同じ意味として用いられた。このように授業料と学納金の区別は実際には厳密なものではなく，授業料は授業に対する対価だけではなく，大学が提供するサービスも含むとみなされる場合が多い。

［各国の授業料］

［イギリス］　イギリスの大学はかつて無償であったが，1998年より授業料を導入し，ゼロから1000ポンドまでとされた（家計の所得により異なる）。さらに，2006年より最高3000ポンドに値上げされたが，この大幅な値上げが低所得層の教育機会に大きな影響を与えると考えられ，論争になった。その結果，最低300ポンドの大学独自給付奨学金（bursary）の創設を義務づけ，平均で約1000ポンドが支給された。2011年より授業料はさらに3倍値上げされ，最高9000ポンドになっている。このようにイギリスは，授業料無償から急激に私的負担の重い状況に変化している。また授業料はすべてローンとなっており，卒業後に所得に応じて支払う制度となっている。なお，スコットランドでは授業料は徴収されていない。

［オーストラリア］　オーストラリアは1989年に，高等教育貢献拠出金制度（Higher Education Contribution Scheme: HECS）というきわめてユニークな制度を導入した。HECSは授業料相当額の卒業後後払い制度で，実質的には無利子ローンである。しかし，高等教育を受けた者がその費用を一部負担する，すなわち貢献するという理念に基づいており，授業料や無利子ローンとは呼んでいない。HECSがユニークなのは，支払額を所得により決定する所得連動型返済であることと，表のように三つのバンドにより授業料相当額が異なり，その額は教育費用ではなく，将来の所得に対応して設定されていることである。たとえば，最も高いバンド3には教育費用が比較的低い法学（法律）や会計学や商学，経済学などの社会科学と，医学，歯学，獣医学など高費用の領域が含まれている。

表 | オーストラリアのHECS

	バンド3	バンド2	バンド1
領域	法律，歯学，医学，獣医学，会計，行政，経済，商学部	コンピュータ，建築，環境，健康，工学，農学，統計	人文学，行動科学，社会科学，教育，臨床心理学，語学，芸術，看護
授業料相当額	0〜約92万円（＄0〜10266）	0〜約79万円（＄0〜8768）	0〜約55万円（＄0〜6152）

（注）1 ＄＝90円として計算
出典: Commonwealth of Australia, 2016 HECS-HELP Commonwealth supported places information for 2016

［アメリカ合衆国］　アメリカの高等教育は多様性に富み，授業料についてもばらつきが非常に大きい。平均で語るのは難しいが，全米教育統計局の

公式統計によると，2015〜16年度平均で公立4年制大学では州内学生授業料約8800ドル，州外学生授業料約2万4000ドルとなっている。私立非営利4年制大学では約2万8000ドル，私立営利4年制大学では約1万6000ドル，公立2年制大学通学生約3000ドル，州外学生約7400ドルとなっている（Digest in Education Statistics 2017）。ただし，これは定価授業料であり，高授業料・高奨学金政策により，学生が実際に支払う授業料は大学独自給付奨学金（institutional aid）によって大幅に割引（ディスカウント）されている。この割引率も大学による差が大きいが，2015年の私立大学平均では約4割にも達している。また，連邦政府や州政府あるいは民間団体による給付奨学金などが充実しており，学生が実際に支払う授業料はさらに低くなっている。

［ドイツ］　ドイツの大学は州立がほとんどで，1960〜70年代にすべての州で授業料無償制となっていた。しかし2005年1月に，全ドイツ一律に授業料無償を定めた連邦の▶大学大綱法は違憲であるとの連邦憲法裁判所の判決が下り，無償制から有償制への動きが起きた。一部の州では，長期在籍者や2度目の学修者（大学修了後に別の▶専攻への再入学者）あるいは外国人学生や▶聴講生から授業料を徴収しはじめた。標準修業年限に加えて4学期（2年）以上在籍する学生に，大半の州では1学期あたり500ユーロを徴収し，さらに一部の州では一般学生に対して授業料が導入されたが，額は500ユーロ以下でさまざまであった。しかし，2013年以降再び無償化の動きが起き，17年現在すべての州で無償となっている。また，授業料が高等教育への進学機会を阻害しないように，連邦奨学金制度とともに，各州が授業料融資を目的とした貸付制度を提供している。

［中国］　中国の大学進学率は過去20年の間に驚異的な上昇を遂げ，2014年現在25%とマス段階に入っている。急激な高等教育の拡大は，高等教育の質の低下と授業料の高騰と教育機会の格差の拡大をもたらしている。授業料は，1980年代に企業からの委託学生などから徴収されはじめ，97年にはすべての学生から徴収することとなり，その後も高騰が続いた。これに対して中国政府は，国公立大学の授業料の上限を5000元と設定しているが，例外も多い。また高等教育の急激な拡大に学生支援制度の拡充は追いついていなかったが，急速に整備が進められている。中国では元来，優秀者に支給するという成績基準（メリットベース）による▶奨学金が主流で，学生への経済的支援は充実していなかった。しかし，1990年代に学生の経済的必要性に基づく（＝ニードベース）助学金や助学ローンを導入し，2000年代後半には給付奨学金やローンをさらに強化している。

［韓国］　韓国の大学は日本と同じように，私立大学が学生数で7割以上と大きな割合を占めている。大学進学率は2000年代前半に8割を超え，それ以降はあまり変わっていないものの，世界でも有数の大学進学率となっている。韓国の大学の学生納付金（学納金）は登録金と呼ばれ，入学金と授業料と既成会費（期成会費とも）からなる。登録金は国立大学では既成会費の比重が大きいなど，大学によりやや差は見られるが，ほとんどの大学で上記の三つの学納金を徴収している。登録金はソウル地区の国公私立大学で他の地域よりかなり高くなっており，私立大学では800万ウォン，国立大学でも600万ウォン以上徴収している大学もある。

　韓国では国公立大学を含め，登録金の設定は大学に決定権がある。2000年代前半に大学登録金の高騰が続き，大きな社会問題となった。これに対して，ソウル市立大学の登録金半減を公約とした候補が2012年に市長に当選し，登録金を半減した。この動きはほかの大学にも波及してきている。高騰する登録金に対し，授業料減免制度以外の奨学金制度は立ち遅れていたが，2008年から大幅な奨学金制度の改革が行われ，給付奨学金や所得連動型ローンが導入された。政権交代にともない，高等教育政策が激しく変化するのが韓国の特徴である。

［授業料の比較］　このように多くの国では授業料と給付奨学金はセットであり，授業料単独で比較すると誤ることに注意が必要である。とくに高授業料・高奨学金政策の場合には，定価授業料ではなく，純授業料を見る必要がある。
　　　　　　　　　　　　　　　　　　　　小林　雅之

→ **大学と学費**（テーマ編），**学費無償化**，**教育費の負担**

◎広田照幸ほか編『シリーズ大学3 大学とコスト』岩波書店，2013.
◎小林雅之「家計負担と奨学金・授業料」，日本高等教育学会編『高等教育研究』第15集，2012.
◎小林雅之編著『教育機会均等への挑戦―授業料と奨学金の8カ国比較』東信堂，2012.

淑徳大学 [私立] | しゅくとくだいがく
Shukutoku University

1892年（明治25）創立の淑徳女学校と1919年（大正8）創設の社会福祉施設マハヤナ学園を起源とする学校法人大乗淑徳学園を母体とし，65年（昭和40）に社会福祉学部のみの単科大学として開学した。大学設置の目的は「大乗仏教精神に基づき，社会福祉の増進と教育とによる人間開発，社会開発に貢献する人材の育成」である。総合福祉学部・コミュニティ政策学部・看護栄養学部・人文学部・国際コミュニケーション学部・経営学部・教育学部で構成され，共通する教育理念は「共生の理念」に基づき将来「他者と共に生きる人生」を歩んでいける人材の育成である。千葉市中央区，埼玉県入間郡三芳町，東京都板橋区にキャンパスを構え，2017年（平成29）現在の収容人数4697人。附属機関として創立者の長谷川良信の名を冠した長谷川仏

教文化研究所をはじめ，淑徳大学アーカイブズ，アジア国際社会福祉研究所，書学文化センターなどが設置されている。　　　　　　　　鈴木　崇義

→仏教系大学

受験産業 |じゅけんさんぎょう
entrance exam industries

おもに私的教育機関が受験対策を目的として，学校外で効率的な学力向上や受験のノウハウ等のサービスを提供する産業。大学受験においては進学準備を専門とする予備校・塾が中心であり，また受験用参考書等の出版社やテスト業者等も含まれる。第2次世界大戦以前から受験準備を目的とした私塾は存在したが，1960年代の▶受験戦争の過熱とともに産業として拡大した。とくに予備校は，より上位の大学への進学を希望する浪人生の受け皿となった。▶共通一次試験の導入を契機に，大手予備校は学力向上だけでなく受験に関する情報機関としての役割も担うこととなり，駿台予備学校，河合塾，代々木ゼミナールのいわゆる「三大予備校」は，大学入試に関する情報を収集すべく全国的にネットワークを拡大した。1990年代以降は，少子化の中でも大学進学率の上昇により受験人口は減少していないが，現役志向の高まりにより浪人生が減少するなどの変化が生じており，これに対応するため大手予備校等を中心とした予備校・塾の業界再編が進行している。

　受験産業は，これを利用する者と，家計的・地域的要因により利用できない者との教育格差を拡大する要因となっていると指摘される。その一方で予備校・塾による受験ノウハウを学校が活用するなど，公教育と受験産業が連携する動きもある。2015（平成27）年度の学習塾・予備校市場の規模は9570億円とされている（矢野経済研究所「教育産業市場に関する調査」）。　　　　　　　　黒川　直秀

受験戦争 |じゅけんせんそう
entrance exam wars

入学するための選抜試験が激化した状況を指す。1960年代にマスコミによって使用され，一般に定着した。その要因としては，第1次ベビーブーム世代の進学時期に該当したこと，高等教育の大衆化が始まり高校および大学への▶進学率が急上昇したことなどが挙げられる。特定の大学への入学を目指す競争の激化により生徒の負担が増加し，また高校の授業が入試対策中心となるなど弊害が指摘されるようになった。このような過度な受験競争の緩和を目的として1979年（昭和54）に▶共通一次試験が導入されたが，結果的には▶偏差値に基づく国立大学の序列化を助長するなど，▶受験産業とともに，偏差値を重視した受験戦争を一層過熱さ

せた。1990年代以降，▶大学入試センター試験の導入，▶推薦入学や▶AO入試など選抜機会の複線化の進行や，いわゆる「大学全入時代」の到来などにより大学への入学機会自体は大幅に拡大したものの，特定エリート大学への進学熱は依然として衰えていない。　　　　　　　　黒川　直秀

主専攻・副専攻 |しゅせんこう・ふくせんこう
major／minor

大学・▶大学院の卒業修了要件の一部として，大きな単位数と小さな単位数の二つの専攻分野の▶履修を求める制度。19世紀，アメリカ合衆国の多くのカレッジでは，学士号の取得に必要な履修科目は固定されていた。啓蒙思想・専門研究主義の浸透，一部の大学の大規模化の結果，科目選択の自由が始まり，19世紀末のハーヴァードでは1，2を除き▶必修科目は消滅した。完全な選択制による極端な帰結を回避するため，20世紀前半には学生が卒業までに一定の分野の基礎と上級科目とをまとめて履修する制度が導入された。それに伴い，主専攻以外の分野を選択し履修する方法が標準化し，科目の集中と履修の自由とのバランスが回復された。主専攻・副専攻が物理学とコンピュータ科学ならば就職にも有利であり，ドイツ文学と音楽なら趣味を学的に深めうる。大学院では新たな研究主題の模索を促進すると同時に，学位取得後，教員として隣接分野の科目を担当する準備にもつながる。日本では，一般に専攻分野の数が多い国立大学が，部分的にせよ高い割合で導入しているが，全学的に実施しているのは新潟大学，埼玉大学，広島大学等の数校に過ぎない。　立川　明

→専攻

受託研究 →共同研究／受託研究

種智院大学 [私立]|しゅちいんだいがく
Shuchiin University

1949年（昭和24）学校法人綜藝種智院により設立。同法人は空海が9世紀に創設した綜藝種智院が起源であり，学校制度の創世期の1881年（明治14）設立された総黌が始まりである。建学の精神として，広く一般教養に関する知識を授けるとともに，仏教学，とくに密教学を中心として深く専門の学術を教授研究し，併せて宗祖空海の精神にのっとり，普遍的にして個性豊かな人格を養成し，もって世界文化の向上に資することを目的としている。真言宗の各宗派より碩学を迎え，声明・法式など十分に修得できるカリキュラムを設置し，寺院後継者の育成に力を入れる一方で，現在では社会福祉士・精神保健福祉士といった国家試験受験資格を

同時に取得できるカリキュラムも用意している。キャンパスは京都府宇治市にあり，2017年（平成29）時点で121人の学生が在籍。　　　　　　　堺　完

→仏教系大学

首都大学東京 [公立] | しゅとだいがくとうきょう
Tokyo Metropolitan University

2005年（平成17）4月に設立された公立大学法人首都大学東京の下に，既存の都立4大学（東京都立大学・東京都立科学技術大学・東京都立保健科学大学・東京都立短期大学）を再編・統合して設置された。東京都八王子市の南大沢キャンパスをメインキャンパスに，2016年5月現在，4学部6研究科に国内の公立大学としては最多の9185人の学生を収容する。教員数は683人。基本理念を「大都市における人間社会の理想像の追求」とし，都市環境の向上，ダイナミックな産業構造を持つ高度な知的社会の構築，活力ある長寿社会の実現を重点課題に掲げ，首都東京が設立した総合大学として教育・研究・社会貢献に努めている。1，2年次は基礎科目群，教養科目群，基盤科目群に分けられた独自の教養プログラムを履修し，幅広い教養と専門教育の基礎を修得する。タイムズ誌の世界大学ランキングでは国内公立大学として唯一ランクインするなど（2014/15では239位），教育・研究は国際的な評価を得ている。　　　　　　　　　　戸村　理

ジュニア・イヤー・アブロード
Junior Year Abroad: JYA

アメリカ合衆国では，▶学士課程の四つの学年はフレッシュマン（最近ではフレッシャー），ソフォモア，ジュニア，シニアと形容されるので，第3学年の1年間を外国の大学に学び，4年間で母校を卒業する仕組みのこと。第1次世界大戦を経た1920年代，東部の複数の大学で開始され，今日まで継続されている。特定大学の卒業生と認められるには，入学後の2年間プラス最終学年は母校に在籍するのが順当であり，他方，▶留学の成果を学士課程に十分に織り込むには1年間が必要である，との認識の妥協の産物でもある。ただし，最近外国で学ぶ合衆国の学生の大多数の滞在期間は半年ないし夏休みのみで，2012年現在，ジュニア・「イヤー」・アブロードの条件を満たす者は約9000人に過ぎない。留学生の専攻分野別では，21世紀に入り理工系が一貫して漸増し，外国語・人文学が漸減しているので，外国の学術水準への疑念ではなく，外国への関心の低下がJYAの停滞を招いているといえる。　　　　　　　　　　　　　立川　明

ジュニア・カレッジ
junior college

アメリカ合衆国で成立した短期高等教育機関。1891年，▶シカゴ大学の初代学長ハーパーは▶学士課程を2分し，第1・第2学年の修了者に対して第3学年への進学のための資格証を授与，同時に近郊の公立ハイスクールに増設された2年制の卒業後課程の修了者に対しても，シカゴ大学の第3学年への編入を認めるという構想を発表した。この背景には，アメリカの大学教育の第1・第2学年はヨーロッパでは中等教育に属するものであり，大学からこの部分を切り離すことで大学教育のレベルアップをはかるという大学教育観があった。2年制の卒業後課程は，1920年代に独立したジュニア・カレッジとなるが，その教育課程はハイスクールが立地する地域社会の要請に応じた職業教育等の課程も含むものとなった。ジュニア・カレッジは第2次世界大戦後，より総合的な教育機関▶コミュニティ・カレッジとして，急速な発展をとげることになる。
　　　　　　　　　　　　　坂本　辰朗

ジュネーヴ大学 [スイス] | ジュネーヴだいがく
University of Geneva; Université de Genève [仏]

スイスのフランス語圏にあり，1559年にジャン・カルヴァンによりアカデミーとして創立された。設立当初は神学と人文科学のアカデミーであったが，1873年に大学に昇格し，ヨーロッパの大学ではかなり早く，1915年に経済社会科学部が設立された。2016年現在，9の学部があり，26の学士課程と103の修士課程，82の博士課程に約1万6530人の学生を擁し，学生数ではスイスで2番目に大きい。国際的な都市にふさわしく，学生も151ヵ国以上の国々から集まり（37%），女子学生の割合も高い（61%）。生涯教育にも力をいれ，327のプログラムを提供している（以上『ジュネーヴ大学統計資料』2016年）。▶ヨーロッパ研究大学連盟に所属しており，世界の大学ランキングにおいてもトップ100に入ることが多い（2014年上海交通大学ランキング66位，2016年QS社の世界大学ランキング89位）。卒業生にはマルセル・ジュノー，コフィ・アナン等がいる。
　　　　　　　　　　　　　中山　あおい

シュパイヤー行政大学院 [ドイツ]
シュパイヤーぎょうせいだいがくいん
Deutsche Universität für Verwaltungswissenschaften Speyer

ドイツ南西部，ラインラント・プファルツ州シュパイヤーにある行政分野の大学院大学。第2次世界大戦後，同州はフランス占領地区であったが，1947年に国立行政学院（ENA）をモデルとして設置された。フランスの占領が終わり，1950年4月，ライン

ラント・プファルツ州法による設置形態となる。その後，連邦政府，バイエルン州をはじめとして各州と行政協定を結び（ドイツ統一後は新加入5州も），連邦と各州により共同で助成されている。1961年に公行政学研究所を設置。同年大学教授資格授与権，1970年に博士学位授与権を得る。司法修習生の研修，連邦や州の幹部公務員の研修，行政学等の修士課程，博士課程を提供するなどしている。2012年にHochschule（大学）からUniversität（総合大学）に変わり，現在の名称となった。学生数は385人（2016/17年冬学期）。

　　　　　　　　　　　　　　　　　　　長島 啓記

シュルツ
Theodore William Schultz | 1909-98

アメリカ合衆国の経済学者。サウスダコタ州アーリントン生まれ。1930年に▶ウィスコンシン大学マディソン校で農業経済の博士号を取得し，同年から43年までアイオワ州立大学で教鞭をとった。1946年にシカゴ大学経済学部に転じ，60年にはアメリカ経済学会会長となる。アメリカにおける代表的な農業経済学者であるとともに，▶人的資本論の第一人者。経済成長の要因として，資本ストックのうち人的資源が大きく貢献することに注目，人的資本と名づけた。労働生産性の増加における人的資本への教育投資の役割に注目し，1963年に『*The Economic Value of Education*』（日本語版は『教育の経済価値』日本経済新聞社，1964）を刊行した。こうした業績は経済学者の教育への注目を導き，▶教育経済学の誕生に貢献した。ジェイコブ・ミンサー，ゲーリー・ベッカーなどの人的資本論者とともに，シカゴ・コロンビアトリオと称された。1979年ノーベル経済学賞を受賞。

　　　　　　　　　　　　　　　　　　　島 一則

準学士 じゅんがくし
Associate degree; title of Associate

日本では，短期高等教育機関（▶短期大学および▶高等専門学校）の卒業者に対して▶称号等は付与されていなかった（当時，大学卒業者には▶学士の称号が与えられていた）。しかし，外国においては短期高等教育機関卒業者に対して称号（学位を含む）が与えられている例があることから，日本の短期高等教育機関卒業者がより円滑に外国の大学へ▶留学，▶編入学することができること，日本に留学する外国の学生から称号が希望されている等の理由により，1991（平成3）年度より短期大学，高等専門学校の卒業者は「準学士」を称することができるようになった。その後，2005年度より短期大学卒業者には▶短期大学士の学位が授与されることとなったため，現在は高等専門学校の卒業者のみが準学士の称号を付与されている。なお，アメリカ合衆国の2年制カレッジ卒業者に授与される「Associate de-

gree」の訳語として準学士が用いられることも多い。

　　　　　　　　　　　　　　　　　　　濱中 義隆

準教授 じゅんきょうじゅ
Juniorprofessor[独]

ドイツの大学教員のポスト。ジュニア・プロフェッサー。教授と同様に，独立した教育研究活動を行うことのできる期限付きのポストとして2002年に新設された。従来の制度では，独立した教育研究活動を行える教授職に就くには▶大学教授資格（Habilitation）を取得しなければならない。しかし，これを取得して教授として初めて任用されるのは一般に40歳前後で，長い年数を要することが近年の若手研究者の外国流出の素因になっているとされた。そこで若手研究者の流出傾向に歯止めをかけようと，2002年に連邦政府は連邦全体の高等教育の枠組みを定める▶大学大綱法を改正し，平均33歳程度で就くことのできる準教授のポストを新設するとともに，大学教授資格を廃止し，原則として準教授の在職経験を教授の採用条件に据えた。ところが連邦憲法裁判所が，連邦による同法改正が教育に関する州の権限を侵すとして違憲判決を下したため，2004年に準教授の在職経験を教授の採用条件とする規定等は削除され，準教授ポストの導入や大学教授資格の存続は各州の任意とされた。2013年現在，準教授のポストは全州で導入されているが，その処遇は高等教育機関や学部等によりかなり異なる。

　　　　　　　　　　　　　　　　　　　髙谷 亜由子

准教授（日本）じゅんきょうじゅ
associate professor

2005年（平成17）の学校教育法改正によって，2007年に▶助教授に代わって設置された職階（設置の背景・経緯については「助教授」の項を参照）。従来の助教授が▶教授の職務を助けることとされていたのに対し，准教授の職務は教授のそれと同じ「学生を教授し，その研究を指導し，又は研究に従事する」ことが▶学校教育法92条で定められている。▶大学設置基準15条は「大学における教育を担当するにふさわしい教育上の能力を有すると認められる者」で，①教授について定められた条件のいずれかに該当する者，②大学において助教又はこれに準ずる職員としての経歴（外国におけるこれらに相当する職員としての経歴を含む）のある者，③修士の学位又は専門職学位（外国において授与されたこれらに相当する学位を含む）を有する者，④研究所，試験所，調査所等に在職し，研究上の業績を有する者，⑤専攻分野について，優れた知識及び経験を有すると認められる者のいずれかの条件に該当する者が准教授になることができると定めている。

　　　　　　　　　　　　　　　　　　　大場 淳

純真学園大学 [私立] | じゅんしんがくえんだいがく
Jyunshin Gakuen University

2011年(平成23)学校法人純真女子学園(1956年設立)により開学。福岡市南区筑紫丘に保健医療学部が置かれ,看護学科・放射線技術科学科・検査科学科・医療工学科がある。全学科とも男女共学で,2016年現在1124人の学生が在籍。長年にわたる医療人育成における伝統を継承し,高度化する現代医療に対応できる能力と,学園祖・福田昌子による建学の精神「気品」「知性」「奉仕」を兼ね備えた人材の育成をめざす。「チーム医療」に必要な力を身につけるカリキュラムを導入。国家試験対策委員会があり,各学科と連携し,模擬試験や対策のための講座を実施している。その結果から学生一人一人の力を把握し,きめ細かい指導と対策を行っている。九州への就職が約80%。 船勢 肇

順天堂大学 [私立] | じゅんてんどうだいがく
Juntendo University

1838年(天保9)に長崎で蘭方医学を学んだ佐藤泰然によって江戸薬研堀に創設された蘭方医学塾「和田塾」を起源とする。1843年に千葉県佐倉本町に移転した際,医学塾「順天堂」と命名,75年(明治8)に現在のキャンパスのある東京都湯島・本郷に移転した。1951年(昭和26)に順天堂大学として開学,体育学部を開設する。その後,医学部,スポーツ健康科学部,医療看護学部,保健看護学部が設置され,2015年(平成27)には国際教養学部が新設された。2016年5月現在,東京,千葉(印西市,浦安市),静岡の4キャンパスに5学部3研究科,学生4410人を擁し,六つの附属病院を有する。開学以来,学是を「仁」,理念を「不断前進」とし,他を思いやる心を持ちながら,高い目標をめざし努力を続ける精神を継承している。医学部とスポーツ健康科学部の1年次の学生は,全寮生活を経験。少人数教育によるきめ細やかな指導を重視しており,医師国家試験の合格率でも優れた実績を有する。 福井 文威

ジョイント・ディグリー・プログラム→複数学位課程

松蔭大学 [私立] | しょういんだいがく
Shoin University

1941年(昭和16)松浦昇平によって設立された松蔭女学校を起源とし,49年の松蔭女子専門学院開講,85年の松蔭女子短期大学開学を経て,2004年(平成16)男女共学の松蔭大学として開学した。経営文化学部,コミュニケーション文化学部,観光メディア文化学部,看護学部の4学部で構成さ

れ,全学部が創設者の松浦が敬愛した吉田松陰の教えである「知行合一」を教育理念とする。この理念によって,各学部におけるそれぞれの学問を継承,研究,創造,発信するための総合的学力を育成することをめざしている。神奈川県厚木市などにキャンパスを構え,2017年現在の収容人数674人。 鈴木 崇義

上越教育大学 [国立] | じょうえつきょういくだいがく
Joetsu University of Education

1978年(昭和53)に学校教育に関する理論的・実践的な教育研究を推進する国立の教育大学として設置。2009年(平成21)に上越教育大学憲章を定め,教育者としての「使命感」「人間愛」「創造力」を有する教員の養成をめざす。学校教育学部には初等教育教員養成課程を置き,「全教科・領域にわたる優れた指導能力を備えた初等教育教員を養成」しており,多くの卒業生はその実践的な能力が高く評価されている。「人間教育学関連科目」などの人間理解をめざした豊富なカリキュラムが設けられている。また,教育実習を重視しており,1年次から4年次まで実施する。新潟県上越市にキャンパスを構え,2017年5月現在,上記の学部と1研究科に1302人の学生を収容する。 山本 剛

ジョウェット
Benjamin Jowett | 1817-93

イギリスの古典学者・哲学者・神学者にして大学改革者。1817年,ロンドンに生まれる。セントポール校を経て1836年に奨学生として▶オックスフォード大学ベリオル・カレッジに入学。その2年後に同カレッジのフェローに選出されて以来,▶チューター,学寮長として1893年に死去するまでベリオル・カレッジを拠点に活躍した。この間,オックスフォード大学の欽定ギリシア語講座担当教授やオックスフォード大学総長(vice-chancellor)も務める。若い頃から「偉大なチューター」としての名声を確立するとともに,大学改革や官僚制改革に積極的に取り組み,改革派大学人・知識人として幅広い活動を行った。大学の門戸を広く開放してその民主化を図り,有能な「献身的国家エリート」を養成することが彼の目指した改革の方向であった。T.H. グリーンやA. トインビー(歴史家A.J. トインビーの叔父)など彼の影響を受けた人々は,のちにオックスフォード理想主義学派として知られることになる。古典学者としては,プラトン『国家篇』などの翻訳者として有名である。 安原 義仁

生涯学習社会 | しょうがいがくしゅうしゃかい
lifelong learning society

[教育政策の動向]

2006年に改正された▶教育基本法3条には「生涯学習の理念」が掲げられている。同条に基づくと、生涯学習社会の「実現が図られなければならない」のであり、生涯学習社会とは「国民一人一人が、自己の人格を磨き、豊かな人生を送ることができるよう、その生涯にわたって、あらゆる機会に、あらゆる場所において学習することができ、その成果を適切に生かすことのできる社会」と規定された。2013年6月に閣議決定した「第二期教育振興基本計画」（対象期間2013〜17年度）にも、「一人一人が生涯にわたって能動的に学び続け、必要とする様々な力を養い、その成果を社会に生かしていくことが可能な生涯学習社会を目指していく必要がある。これこそが、我が国が直面する危機を回避させるものである」と記されている。つまり日本の教育政策は、いまや生涯学習の観点で展開され、生涯学習社会が志向されているのである。

では、生涯学習社会という概念は、とくに大学との関係で、日本の教育政策にいかに位置づけられてきたのか。1984年に設置された▶臨時教育審議会（1985〜87年の3年間に4次にわたる答申が出された）では、人生の初期に獲得した学歴により評価される▶学歴社会を問い直し、生涯を通じての学習機会が用意された社会や、働きながら学ぶことのできる社会を築く重要性が説かれた。1991年の中央教育審議会答申「新しい時代に対応する教育の諸制度の改革について」では、「学校教育の抱える諸問題の解決を図るためにも生涯学習社会の実現」が必要であると説かれ、大学・短期大学等が「生涯学習機関としての役割を拡充する」方策がまとめられた。1992年の生涯学習審議会答申「今後の社会の動向に対応した生涯学習の振興方策について」には、「社会人のリカレント教育の実施など、生涯学習の機会を提供することは、大学等の重要な機能の一つであり、今後一層、生涯学習への積極的な取組が期待」されるとあり、2000年の大学審議会答申「▶グローバル化時代に求められる高等教育の在り方について」では、「大学における教育研究活動の成果を広く社会に開放し、生涯学習の振興に資することは、高等教育と社会との往復型の生涯学習を推進する上で重要なこと」と説かれた。そして2012年以降の大学には、社会人の生涯学習機関としてのみならず、地域・社会における「地（知）の拠点（center of community）」となり、教育・研究・地域貢献を推進することで、「地域再生・活性化の核となる大学」となることも求められている。

[知識基盤社会におけるイノベーション]

生涯学習社会とは、学歴に関する捉え方を問い直し、主体的に学んだことを尊び、それを正当に評価する社会であるが、多様な学習機会がある中で、大学が生涯学習機関として教育政策に位置づけられるようになったのはなぜか。それは少子高齢化、地域コミュニティの衰退、グローバル社会での競争激化などの現代的課題が山積しているとともに、今日が▶知識基盤社会だからである。知識基盤社会とは、社会活動の基盤として、知識の重要性が飛躍的に増してきた社会である。日本の国際競争力を高めるとともに持続可能な社会を目指すためには、知識に基づく多様なイノベーションが不可欠であり、そのための専門的な知識や技術を大学等で刷新し続けなければ、個人としても組織や社会としても持続不可能になってきているのである。

しかしながら、個人の生涯学習に関する考え方、社会人を受け入れる教育のあり方、そして社会人が学び直しやすい職場や社会の改革が図られなければ、社会人が大学・大学院等で学び直す▶リカレント教育の普及は容易なことではない。生涯学習とは、基本的には個人の主体性に基づく学びだからである。また、大学教育が社会人の学修ニーズや経験を生かす教育、国際競争力に耐え得る研究になっているかという「教育・研究内容の充実」とともに、社会人が就学しやすい入試・学費・時間等の「学修環境の整備」、そして学んだことを組織や社会のために生かせる「学修成果の評価」が社会的に定着しなければ、リカレント教育は根付かない。

つまり、大学・大学院が社会人の生涯学習機関として位置づけられるためには、人々の考え方、教育制度、社会制度などの改革も不可欠であり、生涯学習社会を志向するということは、さまざまなイノベーションを促すということである。一方で、今日の生涯学習や大学教育をめぐる議論が、学業を修了した社会人の段階で起こることに注目する傾向が強いことへの懸念もある。OECD等が指摘するように、生涯学習を強い経済社会をつくる手段としてのみならず、地域社会や参加型民主主義の形成、また充実した人生を生み出すものとして捉え直し、学校教育段階で生涯学習の基盤を形成する意義や知を生成するプロセスにも注目していく必要があろう。

中村　香

→生涯学習と大学（テーマ編）、就学・履修の弾力化

◎OECD教育研究革新センター編著、立田慶裕・平沢安政監訳『学習の本質』明石書店、2013.

生涯学習と大学 →テーマ編 p.51

障害者 | しょうがいしゃ
persons with disabilities

[障害の社会モデル]

2011年（平成23）に改正された障害者基本法は、障害者の定義を「身体障害、知的障害、精神障害（発

達障害を含む。)その他の心身の機能の障害(以下「障害」と総称する。)がある者であつて，障害及び社会的障壁により継続的に日常生活又は社会生活に相当な制限を受ける状態にあるもの」としている。重要なのは，従来はなかった「社会的障壁」が加筆された点である。社会的障壁を同法は「障害がある者にとつて日常生活又は社会生活を営む上で障壁となるような社会における事物，制度，慣行，観念その他一切のもの」と新たに定義した(2条)。

この改正は，2006年12月国連総会によって採択された「障害者には，長期的な身体的，精神的，知的又は感覚的な機能障害であって，様々な障壁との相互作用により他の者との平等を基礎として社会に完全かつ効果的に参加することを妨げ得るものを有する者を含む」(1条)と規定している，障害者の権利に関する条約(Convention on the Rights of Persons with Disabilities，障害者権利条約)を批准するための国内措置として行われた。なお日本政府は同条約を2014年1月に批准している。

このように社会の障壁によって不利益や抑圧を受けている存在として障害者を位置付けるのは，障害学(disability studies)が生み出した障害の社会モデルの特徴である。この社会モデルによって，障害者観は個人の問題から社会の問題へと大きな転換を遂げている。

[差別禁止と合理的配慮]

2013年6月に成立した障害者差別解消法は，日本の法体系の中で初めて，差別を法の名称に含む画期的な法律である。同法は差別の禁止を基本原則とする障害者基本法に基づき，行政機関と事業者に対して「障害を理由として障害者でない者と不当な差別的取扱いをすることにより，障害者の権利利益を侵害してはならない」と規定した(7条，8条)。また行政機関については，合理的配慮を義務付け，事業主に対しても努力義務を課している。

合理的配慮(reasonable accommodation)の概念は，アメリカ合衆国における1964年の公民権法による宗教差別禁止に起源を持ち，73年改正リハビリテーション法によって障害を理由とする差別を禁止する文脈で導入され，90年の米国障害者法(Americans with Disabilities Act)によって国際的に広まった。そうした背景を受けて，過重な負担ではない合理的配慮の欠如は，2006年の障害者権利条約によって，差別の一類型として国際人権法上でも明確に位置付けられている。合理的配慮自体は常識的なものが多い。たとえば，視覚障害者には音声情報や文書のデータ情報や点訳だったり，ろう者には手話通訳，難聴者にはノートテイクや文字通訳，車いす利用者にはスロープや車いす用トイレである。精神障害者の休憩室，発達障害者が集中できる環境なども含まれる。合理的配慮には，あくまで障害者一人一人によって異なる変更や調整という特質がある。

[障害学生と大学]

独立行政法人▶日本学生支援機構が全国の大学，短期大学および高等専門学校を対象に障害学生の修学支援に関する調査を行った結果，障害学生数は1万1768人で，全学生数に対する割合はわずかに0.37％という数字が出ている(2013年)。障害種別では視覚障害，聴覚障害，肢体不自由，精神障害，発達障害などがある。近年，そのニーズが把握されるようになった発達障害者については，2005年に施行された発達障害者支援法が「大学及び高等専門学校は，発達障害者の障害の状態に応じ，適切な教育上の配慮をするものとする」としている(8条)。

政府は，2013年9月に策定した新たな障害者基本計画(2013～18年度)の「高等教育における支援の推進」の項目で，「大学等が提供する様々な機会において，障害のある学生が障害のない学生と平等に参加できるよう，授業等における情報保障やコミュニケーション上の配慮，教科書・教材に関する配慮等を促進するとともに，施設のバリアフリー化を推進する」としているほか，受験での配慮を求めている。また，「入試における配慮の内容，施設のバリアフリー化の状況，学生に対する支援内容・支援体制，障害のある学生の受入れ実績等に関する各大学等の情報公開を促進する」としている。障害者差別解消法は2016年4月に施行された。受験時を含め，大学における差別禁止そして合理的配慮の提供確保は大きな課題である。従来とは異なり，法的な平等確保と差別禁止という文脈で障害学生への対応が大学には求められる。

長瀬 修

→マイノリティと大学，バリアフリー，平等と大学(テーマ編)

◎石川准・長瀬修編著『障害学への招待』明石書店，1999.
◎杉野昭博『障害学―理論形成と射程』東京大学出版会，2007.
◎日本学生支援機構『大学，短期大学及び高等専門学校における障害のある学生の修学支援に関する実態調査結果報告書平成24年度』，2013.

奨学金 | しょうがくきん
grant; scholarship

[奨学金の概念]

奨学金の歴史は中世ヨーロッパの大学の発生にまでさかのぼる。ボローニャやパリには，ヨーロッパの各地から学生や教員が集まってくる。彼らは必ずしも都市や教会から歓迎されたわけではなかった。同郷の出身者が寄り集まってネーション(natio[羅]，同郷団)をつくる。彼らの大きな関心事は，学業を続けるための金銭的な問題だった。裕福な者は親元に，繰り返し仕送りが不足している旨の手紙を書くだろう。あるいは地元の名士に無心をする。それが不首尾に終わったとき，同じネーションのなかで金銭が都合される。それが奨学金(bourse[仏];

grant［英］）のはじまりである。

ネーションの組合的な連合が大学（universitas ［羅］）であるが，近代においてネーションが大学から切り離されて国家と結びつく「国民」となっても，それがもっぱら文化にかかわるという点においてなおも大学の記憶の残響を聞きとることができる。同様に，皮製の巾着をも意味する「bourse」は容易に中世の記憶を呼び起こすが，そうした中世の大学のネーションで誕生した奨学金に近代国民国家の社会福祉の原型をみてとることもできるだろう。それゆえ通常の社会福祉と同様に状況に応じて給付されるものであって，返済義務の生じる貸付金（prêt［仏］；loan［英］）とは厳密に区別されなければならない。

実際，日本を唯一の例外として，奨学金は社会福祉の一環としての返還義務のない給付金である。だが，むしろそれゆえに，1970年代以後の福祉政策の後退とともに見直しが試みられる。とりわけ，アメリカ合衆国やイギリスなどの金融資本の圧力が強い地域では，奨学金を貸付金へと移行する「改革」が繰り返された。反発は当然であり，当事者の学生や教員（多くの教員はかつての奨学金の受給者である）のみならず，70年代以後の▶進学率の未曾有の上昇とともにネーション全体の問題となる。たとえば，90年代のイギリスでの奨学金から貸付金への「改革」は，学生が貸付金の事務所を占拠するという劇的な事件によって頓挫した。そうした強力な抵抗の背景には，奨学金という福祉の起源の防衛であると同時に，ネーションを国家から取り戻すという，大学の本質にかかわる想像力が働いているように思われる。

大学にとって奨学金は付帯的な問題ではない。それは教員にとって，給与が付帯的な問題でないのと同じである。しかも，賭けられているのは奨学金の普遍的な給付である。金持ちの学生はいない。ただ，親が金持ちであるだけである。そうした後援者の金銭による検閲から学生を解放してはじめて，大学は学生の自由な意思の発現の場になるはずである。最後に例外的な日本の状況に言及するなら，▶日本学生支援機構による貸付をただちに停止し，すくなくとも▶授業料相当の奨学金をただちに給付すること以外に，国際人権規約のもとめる大学の無償化を受け入れた日本政府にとって現実的な施策はないはずである。　　　　　白石 嘉治

［アメリカ合衆国］

アメリカ合衆国での大学生向け奨学金は目的，支援主体，方法のいずれから見ても多様である。目的は全米の最優等生の選抜・表彰から低所得階層の教育機会の確保に及び，国防・科学技術の振興等の国家目的から寄付者の個人的な嗜好を強く反映するものまで包摂する。支援主体は連邦政府と大学自身が重要であるが，州政府や民間組織も無視できない。給付と貸与に大別されるが，教育税

上の優遇措置も含む。

19世紀前半，全カレッジ学生の1割を支援し，組織的な奨学の嚆矢となったアメリカ教育協会（American Educational Society）は，会衆派・長老派の牧師・伝道師の養成を眼目とした。20世紀以降の大規模な奨学制度は世俗的・一般的である。スプートニク計画を進めるソ連に対抗した1958年の国防教育法は，科学，数学，現代外国語の分野で有能な若者を発掘・訓練し，国防体制の強化を目指した。同じころ発足した非営利団体の全米育英奨学金（National Merit Scholarship，法人）は，百数十万の応募者から標準テスト，学業成績・推薦状・課外活動歴等を用いた2段階の審査で年に一万数千人を最優秀の高校生と認定して，その一部に奨学金を給付するとともに，入学大学や企業に対し多額の支給を促している。他方，連邦政府が1972年に整備したペル奨学金（Pell Grant）は，大学進学の基礎条件を満たす経済的困難者の数百万人に毎年給付する制度で，2014年度の最大の給付額は五千数百ドル，平均は三千数百ドルである。

1980年前後からの学費高騰を受け，2013年度の私立・州立の最上位大学の学生（州立は州外からの学生）の年間必要経費は，世帯あたりの平均年収を超える5万ドルから五万数千ドル，州立の平均でも三万数千ドルに達している。年数千ドルのペル奨学金ではその小部分しか賄えず，結果として連邦政府の貸与（ローン）の膨張が生じ，かつて総額の2割だったものが8割にまで増加した。私立大学は，入学生の半数ほどにほかの奨学金からもあわせて満額を納入させつつ，成績優秀な経済的困難者には大胆に割引する方策を採り，実質の授業料は平均して額面の3分の2となっている。

大学進学のユニバーサル化を原則支持する連邦政府は，ペル奨学金への応募手続きの簡略化と，受給者の中途退学率の減少の方策とを模索しつつある。結果的にカレッジ教育はさらに普及し，ローンもかさみ続ける。私立大学の大多数は優れた学生の獲得競争に授業料の割引をますます多用し，研究費等の財源不足が深刻化する。州立大学，なかでも各州の旗艦大学は，州政府からの経常費も連邦政府からの研究補助金も削減され，学問水準の低下を容認するか，「私学化」にわずかな活路を求めるしかなくなる。一方，最近の私立・州立大学の学士課程生の6割が，平均で2万6000ドルのローンを抱えて卒業する。▶専門職大学院へ進学すればその額は何倍にもなる。建国以来の教育拡充への信頼がアメリカ社会の公益を増進するか，それとも社会の弱体化を招来するか。奨学金問題は，アメリカの行方を決める転轍手の位置に立たされている。　　　　　立川 明

［EU］

各国，各教育機関の個別の奨学金制度とは別に，EU（欧州連合）が進めている奨学金プログラムとし

て，エラスムス奨学金の制度が挙げられる。

[エラスムス奨学金] この制度は1987年から実施されている▶エラスムス・プログラムの枠内で始まった。実施当初の受給者は3200人にすぎなかったが，2013/14年度では5億8000万ユーロが，27万2000人の学生と5万7700人の教職員に支給されている。学生に支給された奨学金の平均支給額は月額で274ユーロ，学生の留学先の平均滞在期間は約6ヵ月であった(エラスムス奨学金は3〜12ヵ月間支給される)。学生の内訳は学士レベル67％，修士レベル29％，博士候補者1％，短期高等教育機関3％となっている。2007年から13年にかけて実施された▶EU生涯学習計画では，31億ユーロのエラスムス奨学金が160万人の学生と30万人の教職員に支給された。また1987年から2013/14年度までの間に，330万人の学生と47万人の教職員がこの制度で奨学金を受給している。なおこの制度を利用する学生は留学先の大学の授業料も免除される。

[エラスムス・ムンドゥス] 2004年からはエラスムス・プログラムをEU域外に拡大した「エラスムス・ムンドゥス Erasmus Mundus」が開始された。これによりEU域外の学生も複数のEU加盟国の間を移動し，修士・博士課程で学位を取得するプログラムへの参加が可能となった。「第三国との共同を通して異文化理解を促進し，大学教育の質の向上を図る」ことがその目的とされている。日本の学生もこの奨学金に応募することができる。エラスムス・ムンドゥスは大学院レベルの学生が対象となる。修士課程(EMMC)の奨学金は年額約2万4000ユーロ，博士課程(EMJD)の学生の場合，コースにより異なるが3年の奨学期間全体で最大12万9900ユーロが給付される。

[エラスムス・プラス] 2013年までのEU生涯学習計画に続き，14年からは「エラスムス・プラス Erasmus＋」が開始されている。そこでは2020年までの7年間に総額190億ユーロの予算が拠出される予定である。エラスムス・プラスは，EUがそれまで対象年齢で分けて運営してきたコメニウス(就学前教育・初等教育・中等教育)，エラスムス(高等教育)，レオナルド・ダ・ヴィンチ(職業訓練)，グルンドヴィ(生涯教育)に加え，エラスムス・ムンドゥスや青少年の海外ボランティア支援，スポーツ分野の支援を統合したものである。

　エラスムス・ムンドゥスと並んでEU域外の学生も，エラスムス・プラスのプログラムに参加できる。このプログラムを通じて修士課程のジョイント・ディグリー取得コースに応募し，ヨーロッパの2ヵ国以上で学びながら，最高2万5000ユーロの奨学金を受けることができる。今後数年にわたり，約350の新しいジョイント・ディグリー取得コースがEUの助成金を受け，留学生に幅広い機会を提供する予定である。なおコースの大半は英語で行われる。博士候補者は，EUの研究・イノベーション枠組みのなかの「ホライズン2020」のもとで▶フェローシップや研究助成金に応募できる。　　　　　　木戸 裕

[日本]

奨学金は学生の経済的負担を軽減する制度である。現在，日本では，大学生を対象とする奨学金の中心的な役割を独立行政法人▶日本学生支援機構(JASSO)が担っている。同機構は，1944年に国が創設した財団法人大日本育英会に遡る。2017年現在，給付型奨学金と貸与型奨学金の2種類の制度が運営されている。貸与型奨学金は無利子と有利子の2種類がある。JASSO奨学金の利用学生は132万人であり，学部学生では38.2％に及ぶ(2015年度)。

　かつての▶日本育英会の奨学金には，優秀な学部学生には返済免除分を上乗せして貸与する特別貸与制度(1984年まで)，奨学金貸与者が教員や研究職に就き，一定期間勤めることで返済を免除する返還免除職制度(2004年まで)があり，貸与制度の中に実質的な給付制度が存在した。現在は大学院生の一部に返還免除制度が残るだけで，学部生を対象とする返還免除は存在しない。JASSO奨学金の特徴は無利子貸与があること，返済期間が長期であることである。しかし，現実の奨学金利用者は有利子貸与が全体の約7割を占めている。

　このような日本の奨学金は経済的な困難を持つ学生の進学を支援する一方で，貸与制度であることの課題が指摘されてきた。4年間で少なくとも200万円の借入額，大学院進学者では借入額が1000万円を超えることもあり，過剰債務化が指摘されている。一方，貸与金の未返還が問題となり，訴訟による取立ても行われている。そこで，卒業後，一定の所得を得られるまでは返済を猶予する所得連動返還型奨学金制度が，2017年度から無利子貸与型奨学金利用者を対象に導入された。また2016年に給付型奨学金制度を新設する制度改正が行われ，17年度から先行実施，18年度から本格実施される。給付型奨学金は高校在学時に対象者が決まる予約制で，生活保護世帯の生徒など経済的困難を抱える優秀な進学希望者を対象としている。

　奨学金制度は地方自治体，各大学・学校，個人を含む民間奨学団体によるものもある。地方自治体の奨学金制度は地元出身者を，大学独自制度は在学者を対象とする。民間奨学団体も，その目的に応じて遺児やひとり親，特定の大学の在学生，特定の専門領域など対象を限定しているものが多い。これらの奨学金制度の内容は給付型，貸与型など実施主体によってさまざまであるが，一つ一つの採用人数は多くない。

　奨学金制度には，優秀な人材を育てるための「育英」と経済的な困難を抱える学生を支援する「奨学」の二つの理念，給付か貸与か，対象を能力

重視か経済状況重視か，一人への金額が多額か少額かなど制度設計上の論点がある。また，奨学金制度は誘導的な側面を持ち，学業成績を基準にすれば，奨学金を得るために学生の勉学を促進することにつながる。海外留学を促進する奨学金（海外留学支援）や，優秀な海外学生を日本に招くための奨学金，特定職業に一定期間勤続することで返還免除としその職業への就業を促す奨学金，移住や居住を条件に返還免除とする地方自治体による奨学金もある。同じ機能を持っていても奨学金と称さず，貸付金や奨励金などの名称を用いるものもある。大学による学費の免除・減額（学費減免）も，実質的に給付奨学金と同様の機能を有する。

現在，高等教育進学がユニバーサル段階を迎え，高い学費負担に対して，多くの進学希望者が経済的に不安を抱かずに大学で学べるための奨学金制度のあり方が課題となっている。　白川　優治

→ 学費無償化，教育費の負担，貸与奨学金，教育ローン，学生ローン，大学と学費（テーマ編），国民団，州立大学の私学化，複数学位課程，留学

◎田中峰雄『知の運動—十二世紀ルネサンスから大学へ』ミネルヴァ書房，1995.
◎奨学金問題対策全国会議編『日本の奨学金はこれでいいのか！—奨学金という名の貧困ビジネス』あけび書房，2013.
［アメリカ］◎日本学生支援機構「米国における奨学制度に関する調査報告書」，2010.
［EU］◎駐日欧州連合代表部公式ウェブマガジン：
http://eumag.jp/feature/b0614/
◎European Commission, Erasmus-Facts, Figures & Trends. The European Union Support for Student and Staff Exchanges and University Cooperation in 2013/2014.
［日本］◎小林雅之編著『教育機会均等への挑戦—授業料と奨学金の8カ国比較』東信堂，2012.
◎東京大学大学総合教育研究センター編『教育費負担と学生に対する経済的支援のあり方に関する実証研究』大総センターものぐらふ13，2015.

商学部 しょうがくぶ
Faculty of Commerce

日本では商学部の創設に先立って，1901年（明治34）から高等商業学校（1887年に東京商業学校から改称）専攻部の卒業生に対して商業学士（1906年から商学士）の称号が認められていた。1909年に東京帝国大学法科大学に商業学科が設置されたが，「商学部」を最初に設置したのは18年（大正7）の▶大学令によって昇格した新設大学であった。すなわち1920年，東京高等商業学校（1902年に高等商業学校から改称）から昇格した東京商科大学（一橋大学の前身）に商学部が設置されるとともに，同様に同年大学に昇格した早稲田，明治，中央，日本の各私立大学に商学部が置かれた。以後1941年（昭和16）までに神戸商業大学（官立），大阪商科大学（公立）が設立され，同時期までに創設された私立大学26大学のうち7大学が創設時に商学部を置いた。現在国立大学では一橋大学と小樽商科大学の2大学が商学部を置いている。近年では商学部を

▶経営学部等に改組する例が少なからず見られる。
福石　賢一

→ 経済学部，経営系専門職大学院

尚絅学院大学 ［私立］ しょうけいがくいんだいがく
Shokei Gakuin University

宮城県名取市にある。1892年（明治25）アメリカの婦人宣教師による伝道活動が教育の始まりとされる。1950年（昭和25）尚絅女学院短期大学が設置され，2003年（平成15）に尚絅学院大学として開学した。建学の精神に基づく教育の理念は，「キリスト教精神と豊かな教養によって内面をはぐくみ，他者への愛と奉仕の心をもって社会に貢献する人間を育成する」である。現在，総合人間科学部には，表現文化学科，人間心理学科，子ども学科，現代社会学科，環境構想学科，健康栄養学科と国際教養コースが置かれている。特色として，少人数教育が実践されており，教員と学生の距離が近く，担任制も整備されている。2017年現在の学部生1938人。
蝶　慎一

尚絅大学 ［私立］ しょうけいだいがく
Shokei University

1888年（明治21）済々黌附属女学校開校を起源とし，91年済々黌から独立して尚絅女学校と改称，96年私立尚絅高等女学校と改称。1948年（昭和23）新制の尚絅高等学校となり，52年熊本女子短期大学開学，75年尚絅大学開学。尚絅は中国の『中庸』の一節「衣錦尚絅」（錦を衣て絅を尚ふ）に由来し，錦を着た場合はその上から薄物をかけ，きらびやかな模様を表に出さないようにするという君子の道のあり方を説く。建学の精神は「智と徳を兼ね備え社会に貢献し得る女性の育成」。熊本市中央区などにキャンパスを構え，文化言語学部・生活科学部があり，2016年（平成28）現在524人の学生が在籍。少人数教育を基本としている。
船勢　肇

称号 しょうごう
title

ある特定の集団ないし社会の内部において，他の個人・組織との間の相対的な序列関係，支配関係を明示するために用いられる，当該個人または組織の地位，身分等を示す呼び名のことを指す。個人または組織等の業績・功績に対し，主として国家や地方公共団体などの公的機関により（あるいは法律などの公的な根拠規定に基づいて）授与されるほか，伝統芸能における世襲呼称のように世襲によって付与されるものもある。高等教育の修了証として授与される学位は，大学における学習課程を修了し一定の学術的な能力を獲得したこと，あるいは

学術研究上一定の功績を挙げたことを証するものであり，公的な称号の一種とされる。日本では，1887年(明治20)の学位令制定以降，1991年(平成3)の▶学校教育法ならびに▶学位規則の改正まで長らくの間，▶学士は法令上の学位とはされずに，大学卒業者が「称することができる」と規定されてきた経緯があり，「学位」と「称号」を区別した用法が用いられることもある。 濱中 義隆

⇨学位と称号(テーマ編)

城西国際大学 [私立]｜じょうさいこくさいだいがく
Josai International University

1965年(昭和40)水田三喜男によって創立された城西大学の姉妹校として，92年(平成4)千葉県東金市に開学した。学校法人城西大学の建学の精神「学問による人間形成」を本学でも継承し，「国際社会で生きる人間としての人格形成」を教育理念とし，経営情報学部・国際人文学部・福祉総合学部・薬学部・メディア学部・観光学部・環境社会学部・看護学部と，6研究科を設置している。グローバル教育の一環として，多くの日本人学生の留学生を海外の大学に派遣しており，日本への留学生も世界26ヵ国から受け入れている。このほか産学連携やインターンシップ制度の整備をはかり，就職支援についても充実させている。東金のほかに東京の紀尾井町キャンパス，千葉の安房キャンパスがあり，2017年現在の収容人数6068人。 鈴木 崇義

城西大学 [私立]｜じょうさいだいがく
Josai University

1965年(昭和40)水田三喜男によって埼玉県坂戸市に創立された。建学の精神「学問による人間形成」に基づき，経済学部，現代政策学部，経営学部，理学部，薬学部の5学部を擁し，地域志向と国際性をあわせもつ人材の育成に努めている。また，2015年(平成27)の創立50周年に向けて策定した中期目標「7つのJ-Vision」により「日本，アジア，そして世界のリーディング・ユニバーシティ」になることを目標としている。現在は埼玉県坂戸市の坂戸キャンパスと東京都千代田区の東京紀尾井町キャンパスを置いているが，このほか付属施設として創立者の水田三喜男の浮世絵コレクションを中心に展示している水田美術館や地域教育医療福祉センター，北坂戸にぎわいサロン城西大学を設置するなど地域連携にも力を入れている。2016年現在，5学部4研究科に収容人数8154人。 鈴木 崇義

少子化 ｜しょうしか
sub-replacement fertility

日本の出生数は，1970年代前半の第2次ベビーブーム時に約200万人と横ばいで推移し，それ以降激減している。国立社会保障・人口問題研究所によれば，2060年の出生数は48万人と推計されており，この数は第2次ベビーブームの4分の1にあたる。このような急激な人口減少に伴い，18歳をターゲットとする高等教育人口は大幅な縮小となる。入学者数と志願者数の比からなる大学収容率はすでに充足され，大学間の学生獲得競争は激化し，定員割れ・経営破綻など，大学の淘汰が今後急速に進むことが予測されている。大学は，経営上の観点から，改組・転換・再編など内部改革を進め，若年層のみならず，社会人，高齢者や留学生など多様な学生の獲得を志向するようになる。大学によっては，入学制度や履修形態を一層弾力化し，開放化を進め，大学の機能や役割の一部が社会人の再教育などの生涯学習を提供するものへとシフトする可能性がある。 岩崎 久美子

昇進制度 ⇨教職員の昇進制度

上智大学 [私立]｜じょうちだいがく
Sophia University

1549年(天文18)に渡来したイエズス会宣教師フランシスコ・ザビエルの志と行動が大学設立に結びついたとされる。1908年(明治41)に大学を設立するため3人のイエズス会員が来日し，11年に財団法人上智学院を設立。1913年(大正2)に上智大学が開学する。大学令により1928年(昭和3)に設立認可される。1948年に新制大学として発足し，文学部(哲，ドイツ文，英文，史，新聞各学科)，経済学部(経済，商各学科)を開設。1951年に学校法人上智学院となる。1957年に法学部，58年に外国語学部，62年には理工学部を設置する。その後，学部の増設・改組や大学院の設置を行い，2016年(平成28)5月現在，9学部28学科10研究科(法科大学院を含む)からなり，学生数は1万4026人を数える。キャンパスは四谷(千代田区)，市谷(千代田区)，石神井(練馬区)，秦野(神奈川県秦野市)，目白聖母(新宿区)にある。建学の理念を「キリスト教ヒューマニズム」の精神を根幹とし，「世界の人々と共に歩む「隣人性」と「国際性」を貫く大学」としている。さらに「カトリシズムの精神」にのっとり，「有能な社会の先導者を育成する」ことを教育研究上の目的としている。すべての学生が共通に学ぶ「全学共通教育」の実施や充実した語学教育に高い評価を得ている。 山本 剛

→ キリスト教系大学

上智大学短期大学部[私立]
じょうちだいがくたんきだいがくぶ
Sophia University Junior College Division

カトリックイエズス会系の学校法人上智学院が設置した私立短期大学。キリスト教ヒューマニズムに基づく「カトリシズムの精神」を生かし，徹底した語学（英語）教育を通じて国際性豊かな人間を育成することを核心的理念として掲げている。上智学院は1911年（明治44）に財団法人として創立し，13年（大正2）に上智大学を開学。1957年（昭和32）の上智大学男女共学化を伏線として，73年に神奈川県秦野市に「女子」短期大学として設置。イエズス会の教育史上初めての女子のみの大学とされる。設置時の名称は上智短期大学。現名称への変更は2012年（平成24）。2004年には「地域の外国籍市民への学習支援活動の推進」が，文部科学省による「特色ある大学教育支援プログラム」に採択された。これは学生の20％が参加する自主的な課外活動で，1988年から聖マリア修道女会の有志教員とともに実践した「家庭教師ボランティア」を発展させたプログラムである。開学以来英語科のみを置き，卒業生は上智大学をはじめ，編入実績が高い。2016年5月現在の学生数503人。 　　　　藤田 敦

省庁大学校に関する法制
しょうちょうだいがっこうにかんするほうせい

省庁大学校とは，文部科学省以外の国の行政機関等が設置・運営する学校教育に類似した教育・研修を行う施設のうち，▶大学校と称する機関を指す。行政組織の観点からは，国家行政組織法8条の2の規程により，各省庁が法律に定める所掌事務の範囲内で設置することができる施設等機関のうち，「文教研修施設」に該当するものということになる。現在では文教研修施設の設置・廃止は政令（各省庁組織令）によることを通例とするが，防衛大学校・防衛医科大学校のように法律（防衛省設置法）に定められている機関もある。一方，教育組織の観点からみれば，▶学校教育法134条に，同法1条に定める学校「以外の教育施設で学校教育に類する教育を行うもの」のうち「他の法律に特別の規定があるもの」との規定があり，これが省庁大学校に相当する。このうち大学または大学院に相当する教育を行う課程として，▶大学改革支援・学位授与機構の認定を受けた課程の修了者については，同104条4項の規定により，同機構から学士，修士または博士の学位が授与される。 　　　　濱中 義隆

湘南医療大学[私立] しょうなんいりょうだいがく
Shonan University of Medical Sciences

2015年（平成27）神奈川県横浜市に開学。保健医療学部，看護学科，リハビリテーション学科で構成される単科大学。教育理念は「人を尊び，命を尊び，個を敬愛す」であり，保健医学部は保健医療に関する高度な専門知識と技術を修得し，チーム医療を推進し，さまざまなニーズに応えられる豊かな人間性を持った人材の育成に努めている。また，▶公開講座を開講して教育・研究の成果を広く社会に開放し，地域社会への貢献を通して地域の健康増進に資する活動を行っている。就職支援としてグループ病院の協力を得て，大学教育と臨床現場の一体化をはかり，職場体験を通じて学生の修得した知識や技術を活かす場を提供している。2017年現在の収容人数528人。 　　　　鈴木 崇義

湘南工科大学[私立] しょうなんこうかだいがく
Shonan Institute of Technology

1963年（昭和38）開学の相模工業大学が，1990年（平成2）に現在の湘南工科大学に名称変更。工科系単科大学として掲げるミッションは「社会に貢献する技術者の育成」であり，実践的，創造的な能力を備えた人間性豊かな技術者を育成することを目的に，日本，産業界，地域社会の発展に寄与することを使命とする。2017年現在，神奈川県藤沢市にキャンパスを構え，1学部6学科に2139人の学士課程学生が在籍する。1998年よりCC制度（コミュニケーション・サークル）を開始。これは学生を少人数グループに分け，担当教員が1人つき，学業から大学生活といった全般にかけて指導を行う制度である。少人数教育に拠る体験・実践型授業が徹底されており，2017年度からは新カリキュラムが実施される。 　　　　戸村 理

尚美学園大学[私立] しょうびがくえんだいがく
Shobi University

埼玉県川越市の尚美学園短期大学を前身として2000年（平成12）に開学。1926年（大正15）に赤松直が尚美音楽院を東京都の本郷に開設し，以来，音楽学校として運営されてきた。1981年（昭和56）尚美音楽短期大学を川越市に開設し，2000年の4年制大学への再編成に伴い芸術情報学部と総合政策学部を設置した。音楽学校を前身とするが，特徴としては音楽応用学科に音楽ビジネスコースを置く，情報表現学科に情報・ゲームフィールド，ウェブ・エンターテイメントフィールドを置くなど，音楽プロデュースやマネジメント，コンピュータやゲーム音楽のプログラミング，ソーシャルメディアと音楽，という音楽業界の現状に即した教育内容があげら

れる。2016年現在の収容人数2710人。　　鈴木 崇義

上武大学 [私立] | じょうぶだいがく
Jobu University

1968年(昭和43)に開設。群馬県内で最も古い私立大学である。建学の精神は「雑草精神」(あらくさだましい)であり，いかなる時代・環境でも，実社会において即戦力となる職業人の育成をめざす。教育目標は4項目からなり，学生の個性を尊重し，創造力豊かな人間形成を重視して，理論と実践の融合をめざした，地域および国際社会に貢献できる人材の教育を目標とする。2016年(平成28)現在，群馬県伊勢崎・高崎市に2キャンパスを構え，2学部3学科などに1857人の学士課程学生が在籍する。1年次からゼミナール・▶チューター制を取っており，学生は1〜2年次には教養学修中心の，3〜4年次には専門学修中心のゼミナールを行う。専任教員は3人程度のグループを作り，各学年10人程度の学生を担当することで，4年間を通じた少人数による質の高い教育を実現する。　　戸村 理

昌平坂学問所 | しょうへいざかがくもんしょ
Shohei-Zaka Academy

江戸幕府の学問所。1630年(寛永7)林羅山が上野忍ヶ岡(しのぶがおか)に私塾を設立し，門弟の教育を行った。のち徳川義直の援助で，孔子廟(先聖殿)を建立。1690年(元禄3)将軍徳川綱吉の命により神田湯島に移転。林家が大学頭を主宰し，儒教経典の講釈を行い官学化する。聖堂は大成殿となる。1790年(寛政2)寛政の改革によって学舎を新築拡張し，敷地の一角が昌平坂に面していたため昌平坂学問所，昌平黌(しょうへいこう)と称した。昌平坂学問所は朱子学を正学として，幕臣・藩士などの教育を統制した。また旗本の子弟のほか，陪臣・郷士・浪人の入学も許し，諸藩から多くの人材が集った。一般人にも仰高門での日講聴聞を奨励した。通学のほかに寄宿制度もあった。小学・四書・五経・歴史・策問の学業試験があり，学問吟味(15歳以上)や素読吟味(15歳以下)を行った。明治維新後，昌平学校となり，1869年(明治2)には大学校と改称，71年に廃止となった。跡地(現，文京区湯島1丁目)は1872年に師範学校用地となる。旧敷地内に大成殿を有する湯島聖堂が現存(国指定史跡)。　　谷本 宗生

▶大学本校

情報科学芸術大学院大学 [公立]
じょうほうかがくげいじゅつだいがくいんだいがく
Institute of Advanced Media Arts and Sciences

2001年(平成13)学部を持たない▶大学院大学とし

て岐阜県大垣市領家町に開学。通称はIAMAS(イアマス)。定員20人のメディア表現研究科のみからなる。前身は，岐阜県が公益財団法人ソフトピアジャパン(1990年設立)とともに産業文化創世の担い手を育成する拠点として1996年に設置した，専修学校の岐阜県立国際情報科学芸術アカデミーのアート&メディアラボ科である。通称はもともと両校を併せたものだったが，2012年にアカデミーが閉校したため単独のものとなった。2017年4月現在，ソフトピアジャパン地区のキャンパス(同市加賀野。2014年に全学移転)に46人の学生を収容する。研究室制度を持たない領域制による少人数教育・研究で，「芸術と科学の融合」をめざす。　　平野 亮

情報工学部 | じょうほうこうがくぶ
Faculty of Computer Science and Systems Engineering

情報工学部は全国で3大学にしか設置されていない。1986年(昭和61)に九州工業大学に設置されたのが最初のことであった。この学部は同大学にとっては第2キャンパスである飯塚キャンパスに設置されたこともあり，第二工学部的な意味があったが，情報工学と対象分野との融合を目指した教育と研究を行う学部の名称として採用されたものとみられる。とくに福岡県飯塚市に設置された新学部として，産炭地振興の推進になる新しさが要求されていたことも背景にあったと考えられる。設置から30年が経った現在も，国立大学としては唯一の情報工学部である。1993年(平成5)には岡山県立大学の情報工学部が情報通信工学科と情報システム工学科の2学科で設立された。福岡工業大学では▶工学部の一部の学科を改組して1997年に情報工学部を開設し，工学部と拮抗する規模の学部になっている。その他「情報」を冠した学部には情報科学部，情報理工学部，情報通信学部，情報学部などが存在し，内実としては差異を見いだしにくいことも多いが，情報のデジタル化がもたらした情報化社会の進展に伴い，情報系学部・学科では新たな展開が始まっている。　　黒田 光太郎

情報社会と大学 →テーマ編 p.37

情報セキュリティ大学院大学 [私立]
じょうほうセキュリティだいがくいんだいがく
Institute of Information Security

2004年(平成16)に開学。学部を設置せず大学院のみを設置する▶大学院大学であり，情報セキュリティ技術者・管理者，実務専門家，研究者をはじめとする情報セキュリティの専門家を育成することを目的とする。2016年現在，神奈川県横浜市にキャンパスを構え，情報セキュリティ研究科に80人

の大学院学生が在籍する。育成する人材像・修了後の進路を明確に定めており，進路に応じた目的別カリキュラム活用パターンが用意されている。文部科学省から「研究と実務融合による高度情報セキュリティ人材育成プログラム(ISSスクエア)」や「分野・地域を越えた実践的情報教育協働ネットワーク(enPiT)」の助成を受けており，企業との連携によるさまざまな取組みも行われている。　　　戸村　理

情報の越境 じょうほうのえっきょう
cross-border data sharing

1990年代中頃のインターネット，2010年前後のクラウド・コンピュータ技術の登場により，専門家ならびに市民の間で，国境を越えたデータ(情報および知識を含む)の共有の日常茶飯事化が実現した。なかでも，情報と知識の伝達と創造，共有にかかわる仕事をおもな責務とする大学人は，多種多様な技術を駆使して，既知および未知のデータを世界中の仲間たちと日々越境共有しつつある。そうした越境共有のために，研究者や大学の教育者の間で広く用いられている技術やサービスとしては以下が挙げられる。
(1)オンライン化された学術誌データベース(具体例：JSTOR, ProQuest, ScienceDirect等)
(2)オンライン化された書籍データベース(具体例：LION, Google Books等)
(3)統計／データ共有サイト(具体例：eurostat, OECD iLibrary, UNdata等)
(4)専門家間のネット上の交流サイト(具体例：Linkedin, ResearchGate等)
(5)一般向けのネット上の交流手段(具体例：Facebook, Twitter等)
(6)コミュニケーション手段(具体例：Skype, Google Hangouts, e-mail等)
(7)仮想空間上の会議(バーチャル・カンファレンス)およびウェビナー(ウェブ上のオンライン・セミナー)討論の場(具体例：Adobe Connect, Google Hangouts, Elluminate等)
(8)ビデオあるいはファイル共有サイト(具体例：YouTube, Dropbox, Google Drive, iCloud等)

以上のような多様な情報・通信技術(ICTs)を用いて，研究者や大学の教育者は時間・空間に制約されることなく，他者が産出したデータを容易に参照できるとともに，自らの研究・教育の過程や成果を他者と共有できる。同時に，データ産出の手続き全般を共同体制の下で効率的に遂行できるようになっている。

こうした地球規模でのデータの越境共有は，大学での研究，教育およびサービスに重大な変容をもたらした。研究面では，今日の大学にとって，国境を越えた共同体制が重要な一基準となっている。すなわち，単に研究資金を全国規模ないし国

際的な財団等から獲得するだけでなく，研究内容が社会のグローバル化に応え，世界の大学や国境の壁を越えて人的資源，データ，社会システム，諸手続き，構造基盤を最大限に整備する内容でなければならない。教育面では，多くの大学がオープン教育資源(Open Educational Resources: OER)を開発し無料で提供している。これら資源は大学の講義や学生の自習に活用されている。ウェブサイトに加え，Commonwealth Connects Portalに代表される教育研究機関ないし国立，国際的な貯蔵庫からもアクセスできる。OERを通して大学には，地理的・経済的等の理由で伝統的な学修の機会を得られない人々に教育効果を波及させ，同時にマルチメディア等を活用して教育の質を向上させる可能性が開かれつつある。

最近では，世界の一流大学が自校の講義や教育資源，さらには所有するデータを，国境を越えて大規模かつ無制限に公開する動きが盛んである。サービス面で特記すべきは図書館のデジタル化であり，多くの大学はオンライン化されたデータベースやデータ共有サイトを通して，世界の利用者に教育研究上の便宜を図っている。

こうした変化の結果として大学の行政者は，大学の既存の方針や規則等が，国境を越えて情報を産出し共有するグローバル化の時代にふさわしいか否か，検討する必要がある。一方では，大学の成員の著作権や個人情報を保護し，他方では彼らの国境を越えた教育研究活動，さらにはオープン教育活動を促進せねばならない。また大学の教員(さらには学生)には，国境を越えたデータ共有活動に不可欠な諸能力の開発が求められる。具体的には，情報技術上の技能と共同研究にかかわる倫理観，研究の共有を目指した開かれた態度の訓練である。　　　JUNG, Insung(立川明訳)

→ 情報社会と大学(テーマ編)，大学図書館，電子図書館，ソーシャルメディアと大学，研究資源，オープンコースウェア

◎S. D'Antoni, "Open educational resources: Reviewing initiatives and issues", *Open Learning*, 24(1), 2009.
◎P. Kim(ed.), *Massive open online courses: The MOOC revolution*, New York: Routledge, 2014.
◎N. Romano, J.B. Pick & N. Roztocki, "A motivational model for technology-supported cross-organizational and cross-border collaboration", *European Journal of Information Systems*, 19(2), 2010.

情報リテラシー教育 じょうほうリテラシーきょういく
information literacy education

SNS普及の時代の学生に必要かつ有用である著作権の問題の理解，情報活用や論文作成能力の取得や向上に資するための教育。図書館では，利用者である学生を対象に，著作権の保護と盗作の定義の説明を始めとして，卒業後の生涯を通じて，適切な判断のもとに的確な情報を取捨選択して，自身ならびに周囲の人々を豊かな生活へ導ける能

力の育成を目標に，図書館の有効な使い方を含む情報リテラシー教育に力を注いでいる。教員と図書館専門職との協力で進められる場合も多く，情報リテラシー教育を正規のカリキュラムとして認めている例としては，京都大学での全学部，慶應義塾大学では特定の学部における必修科目，明治大学では学部間共通選択科目などがある。また，図書館によっては独自に有料データベースの利用法などの講習会を開催している。小論文や▶卒業論文等の「論文の書き方」指導は，これまで教師や図書館の専門職が担当することが多かったが，昨今では，各研究科の大学院生が▶ティーチング・アシスタント(TA)の役割の一端として，図書館内外において一定時間を担当する例もある。　阪田 蓉子

➡大学図書館

正本と版権 [しょうほんとはんけん]
exemplars and copyright

▶中世大学では，授業は権威ある著者のテキストに従っておこなわれた。中でも激しい論争の絶えなかったアリストテレスの著作には，内容の正確さが求められた。講義で使用されたテキスト写本やその一部である分冊は，大学があらかじめ厳選し公認した写本商などによって供給されていた。しかし，誤写を防いでテキストを統一化する必要があったため，大学団が写本自体の検閲をおこなって正本(exemplaria)を決定し，この正本のみの写本の売却や貸与が許可された。正本の決定は，大学団による教育内容の批准を意味する。現代の大学のカリキュラムが専門分野によって示されるのと違って，当時は特定の書物名によって示されていたため，その書物の写本の正当性を認定することは，教育内容の正当性を認定することに他ならなかった。また，大学による正本の決定と販売等の認可は，版権という概念の原初的形態を示しているとも考えられ，中世大学は▶印刷術出現以前の時代における一種の版権制度を確立していたとも言える。　児玉 善仁

昭和音楽大学 [私立] | しょうわおんがくだいがく
Showa Academia Musica

1984年(昭和59)に開学。創立者であり日本のオペラ界で活躍した下八川圭祐が1930年に下八川圭祐声楽研究所を創設し，40年に東京声専音楽学校を開学したことに由来する。建学の精神は「礼・節・技の人間教育」であり，これらを身につけることで高い品性とコミュニケーション能力をもった音楽家・音楽人を養成することである。2017年(平成29)現在，神奈川県川崎市にキャンパスを構え，音楽学部に1112人の学士課程学生が在籍する(専攻科を含む)。学科は芸術表現学科と芸術運営学科

とに分かれ，目的に応じてそれぞれ具体的なコースが用意されている。卒業後の進路は音楽の専門職として，音楽・バレエ教室講師のほか，学校教員や演奏・舞台，音楽関連企業に進む学生も多い。　戸村 理

昭和女子大学 [私立] | しょうわじょしだいがく
Showa Women's University

1918年(大正7)創立者人見円吉を中心に組織された文化懇談会を起源にもつ。1946年(昭和21)財団法人東邦学園の下に日本女子専門学校が設置され，49年に現在の昭和女子大学へと改められた。建学の精神は「世の光となろう」であり，新しい時代を切り拓くには世のため人のため，自分の力を率先して役立てる女性を育て，女性の力によって新たな世界を築くという思いを込めている。現在は坂東眞理子理事長・前学長のもと，「夢を実現する7つの力(グローバルに生きる力，外国語を使う力，ITを使いこなす力，コミュニケーションをとる力，問題を発見し目標を設定する力，一歩踏み出して行動する力，自分を大切にする力)」を学びの指針としている。2017年(平成29)現在，東京都世田谷区のキャンパスに5学部2研究科があり，5652人の学生が在籍。　山崎 慎一

昭和大学 [私立] | しょうわだいがく
Showa University

1928年(昭和3)に東京帝国大学で医学を学んだ上條秀介博士を中心に創立された昭和医学専門学校を起源とする。1946年に昭和医科大学を設置。医学部に続き，1964年に薬学部を設置，名称を昭和大学に改称した。1977年に歯学部，2002年(平成14)に保健医療学部の開設を経て，16年5月現在，旗の台，富士吉田，洗足，横浜の4キャンパスに4学部4研究科1専攻科と八つの附属病院，学生3672人を擁する。設置者は学校法人昭和大学。「真心をもって何事にも立ち向かう」という意味の「至誠一貫」を建学の精神として掲げ，その精神を入試制度，生活環境，学習環境に浸透させている。初年次の学生を対象として全寮制教育を実施しており，学部を超えた共同生活の中で豊かな人間性を培う特色あるプログラムを展開している。1996年に設置された腫瘍分子生物学研究所では，がん克服に向けた最先端の研究を推進している。　福井 文威

昭和薬科大学 [私立] | しょうわやっかだいがく
Showa Pharmaceutical University

1930年(昭和5)東京目黒に設立された昭和女子薬学専門学校を起源とし，49年に発足した昭和女子

薬科大学を前身とする。翌50年現在の昭和薬科大学に名称が変更されるとともに男女共学となる。設置者は学校法人昭和薬科大学。建学の精神は「独立と融和」であり，これは講義棟や実習棟が独立した建物で構成されているが，アクセスコリドール（連絡通路）によって機能的に一つに結ばれているキャンパスからも象徴されている。大学の理念は「薬を通して人類に貢献」とし，薬の専門家として活躍できる高度な人材育成を施している。1990年（平成2）からは東京都町田市にキャンパスを構え，2016年現在1492人の学生が在籍。　　　　山崎 慎一

助教｜じょきょう
assistant professor

2005年（平成17）の学校教育法改正（2007年4月1日施行）によって，新たに設けられた職階で，その職務は同法92条で「専攻分野について，教育上，研究上又は実務上の知識及び能力を有する者であつて，学生を教授し，その研究を指導し，又は研究に従事する」と規定されている。それまでの▶助手が，教育研究を主たる職務とするか，または教育研究補助を主たる職務とするかが必ずしも明瞭ではないことから，助手のうち自ら教育研究を行うことを主たる職務とする者について，その職務に相応する位置付け（職名，職務内容等）として助教が学校教育法上に設けられたものである。助教の資格として▶大学設置基準は，基本的に修士・専門職学位以上の学位を有し，▶教授等と同様に大学における教育を担当するにふさわしい教育上の能力を有することを求めている。　　　　大場 淳

助教授｜じょきょうじゅ
assistant professor

かつて大学に存在した教員の職階の一つで，▶学校教育法58条（当時）でその職務は「教授の職務を助ける」と規定されていた。これは，助教授は教育研究を行うことを通じて▶教授の教育研究を助けることを意味するものであるが，職名から職務内容の理解が十分に得られていないこと，大学や分野によっては実態にそぐわない状況が見られること，英語の直訳である「assistant professor」が国際通用性の観点から不適切であるといった課題が指摘されていた（2005年1月24日中央教育審議会大学分科会大学の教員組織の在り方に関する検討委員会『大学の教員組織の在り方について〈審議のまとめ〉』）。これを踏まえて，2005年（平成17）に学校教育法が改正されて助教授の職は廃止されることとなり，2007年4月1日の法改正施行を受けて同職は▶准教授職に置き換えられた。　　　　大場 淳

職業学位 →専門職学位／職業学位

職業教育｜しょくぎょうきょういく
vocational education; professional education

［大学における職業教育と専門職教育］
中世ヨーロッパの大学は医者・聖職者・法律家の養成からスタートしており，それからも職業教育は大学制度の主要な目的の一つとして位置づけられてきた。今日，そうした職業を含めて，大学▶学士以上の卒業を要件とし専門的知識・技術の提供を行う職業は「専門的技術的職業」として分類されており，それらの養成のための大学教育を▶専門職教育として把握することもできる。しかし，日本の人文・社会科学系の大学学士卒業者は，必ずしも大学の専門的知識を要求されない「事務の職業」などに多く就職しており，すべての分野で専門職教育が行われているとはいえない。それでは，専門職教育以外の領域では，大学が明確に職業教育をその教育の中に位置づけているかといえば，それも否である。日本でしばしば見られる大学における「職業教育（vocational education）」の忌避は，それが「専門職教育（professional education）」より格下であり，また明確には定義しづらい「教養教育」を強調する方がどこか高尚と見えるためと考えられる。ここでは狭義の職業教育だけでなく，専門職教育も含めて，大学における職業教育を扱う。

［職業教育の定義］
大学における職業教育とは，どのような条件を兼ね備えたものであろうか。第1の条件は，職業教育にかかる目的性である。▶大学設置基準においては，大学は「人材の養成に関する目的その他の教育研究上の目的」を明確に設定する必要がある。ここで人材養成について，「特定のまたは一定の職業」が明確に想定されていることは職業教育の必要条件の一つである。大学教育の質をアウトカム，すなわち学修成果（learning outcomes）によって把握しようとする今日の動向からも，「特定のまたは一定の職業」の目的に対応すべく，学修成果として「知識，技能」や「コンピテンシス」あるいは態度，応用能力などが規定されているのかどうかという点が「職業のための教育」を満たすために重要である。

　第2の条件は，職業教育としての方法論である。職業のための目的に対応する方法が明確に規定されている必要がある。一定の職業に就職するために就職指導をどれほど充実させたとしても，それだけで職業教育とは言えない。具体的にはカリキュラム，学位プログラム全体がどのように人材のニーズに対応して設計されているか，実際の▶授業等の運営において目的となる職業に関わる関係者との連携や協力が適切に得られているか，また教育を行う教員が当該職業に関わる適切な知識，技能，

508　じょきょう

経験を有しているのかという点が，職業教育固有の方法論的な条件であり，それは「職業による教育」と要約することができよう。

第3の条件は，職業教育の統制ないし調整である。大学における統制・調整については，B. クラークの「調整の三角形」がよく知られているが，専門職教育および職業教育においては，「市場」に相当するものとして「目的とされる職業」が位置し，それが「大学同僚制」や「国家」よりも重視されるのが職業教育の本来の姿となる。この条件は，個々の分野について学部・学科等のレベルで職業教育の日常的な質の向上・保証に，そうした職業関係者が関わるとともに，当該分野に関係する地域や産業，職業の関係者（全国的な企業・経済団体や労働組合，職能団体を含む）が，当該職業教育の目的や方法についてのデザインや運営，質保証，改善に関与するという，重層的な関与によって満たされる。すなわち，職業関係者が主体的に関与するという意味で，「職業の教育」の条件ということができる。

この目的性，方法，統制という3条件を，J. デューイの『経験と教育』から敷衍していえば，職業教育は，職業の，職業による，職業のための教育として定義される。大学における職業教育も，原理的にそうした条件を兼ね備えていることが必要である。

[大学における職業教育の現実と課題]
日本の大学教育においては，学歴主義的労働市場のもとで，とくに文系ホワイトカラー層をみると，職業教育を通して仕事に必要な知識・能力を獲得することは，これまで特段必要とされてこなかった。しかし1990年代のバブル崩壊以後，長期にわたる学卒雇用環境悪化にともない，学卒無業やフリーターなどの進路や移行問題が深刻化し，高等教育段階の職業教育が政策課題としてクローズアップされることになった。2011年（平成23）には，中央教育審議会が「今後の学校におけるキャリア教育・職業教育の在り方について」を答申し，大学における▶キャリア教育・職業教育の推進を提言し，その後，職業教育を担う新たな高等教育機関の創設に向けての議論が展開され，▶専門職大学等が2019年度から創設されることとなった。そこでは，高卒者の4分の3近くがストレートに大学・▶短期大学・▶高等専門学校・専門学校に進学する現状を踏まえ，大学を規範的モデルとする高等教育システムにおける，さらには非大学型セクターを含めた第三段階教育システムにおける制度的・機能的分化をどう確立していくのかという，高等教育の将来像への政策課題も並行して論じられている。

大学セクターにおける職業教育の充実と，非大学セクターにおける学術的アプローチの強化という双方のアプローチの共通・競合する領域として，職業現場での▶インターンシップ・就業体験，企業実習など▶職業統合的学習がある。あらゆる領域で

のグローバル化の進展する中で，第三段階教育における先の3条件などの点で，専門職教育を包含する職業教育のスタンダード形成が，今日国際的にも共通する，研究，実践，政策の課題となっている。
吉本 圭一

➡技術者養成教育，職業教育カリキュラム，専門職大学，労働市場と大学（テーマ編），専門職と大学（テーマ編）
◎中央教育審議会答申「今後の学校におけるキャリア教育・職業教育の在り方について」文部科学省，2011.
◎バートン・R. クラーク著，有本章訳『高等教育システム―大学組織の比較社会学』東信堂，1994.

職業教育カリキュラム|しょくぎょうきょういくカリキュラム
professional program

本項目での職業教育カリキュラムは，特定の職業に密着した▶学士課程および大学院課程のカリキュラムを指す。

[理系の職業教育]
理系では，医学系，歯学系，薬剤師養成系および獣医学系の学士課程が6年制になっているが，いずれも国家試験を経て専門職につながる▶職業教育の課程である。それぞれについて4年制の大学院博士課程があり，一部に▶専門職大学院がある。学士課程との関係は単純な積上げ式ではなく，たとえば医学系などでは生理学，疫学，分子生物学など学術的要素が強くなるので，もはや職業教育とはいえなくなる。日本の大学の職業教育カリキュラムは，イギリスの大学で見られるように外部の専門職機関に直接監督されるようなことはないが，学協会や国家試験を通じて，大学の外にある特定の職業集団あるいは専門職組織の影響の下にある。

職業的課程と対比されるものとして学術的課程があるが，日本の大学において純粋に学術的な分野（academic discipline）とみなされる課程は▶文学部，▶理学部，芸術学部などむしろ少数派で，多くはカリキュラムの中に職業的要素を含んでいる。

▶工学部は国立大学法人の中では最大の規模を持つ部局であるが，その起源は明治初期に創設された▶工部大学校にまで遡る。かつては職業教育に特化したカリキュラムを持っており，卒業生はほぼ特定の専門職に就くという意味で▶医学部と変わらない高度職業人養成学校だった。そこでのカリキュラムの特徴は，当時の日本に必要とされていた産業を興して維持するのに必要な科目をセットで持っていた点にある。その流れを引いた第2次世界大戦前の大学工学部では，土木，鉱山，機械，電気などの分野の▶学科が基幹学科とされ，それぞれ理論，材料，加工，システム，設計，管理などワンセットの授業科目を備えていた。しかし新しい産業が興るたびに増設を続けた結果，組織が肥大化して運営が難しくなったために，1980年代から

90年代にかけて情報関連学部の独立を含む大規模なリストラが敢行された。

その結果，表面物理，有機化学，材料科学のように専門分化した基礎学術カリキュラムを中心とする新しい学科群と，ワンセットの技術者教育カリキュラムを維持した学科の2系統に分かれた。現在の工学部は職業的要素と学術的要素の両方を併せ持っており，そのことが理学部との差別化をはかる拠り所ともなっている。1999年(平成11)に外部の認証機関として▶日本技術者教育認定機構(JABEE)が設立されたが，▶認証評価を受けている学科が工学系の一部にとどまっているのは上のような事情による。▶農学部などその他の応用的分野の学部も似たような状況にあり，学術的分野と職業的分野の乖離が進んでいる。薬学系においてはこのような流れの帰結として，臨床にかかわる実践的な能力を培う課程を薬剤師養成課程として6年制にする一方，研究者・開発者の養成課程を維持するために，従来の4年制の学士課程とその上に積み上げる形の大学院課程をそのままの形で残した。

[専門職学位課程]

文系の学士課程では，教員養成系や社会福祉系などを除いて，実際の職業と密着したカリキュラムは多くはない。しかし近年，▶法科大学院，公共政策大学院，▶教職大学院など修士および博士の学位を与える専門職学位課程の新設により，文系の職業的大学院が急速に拡大している。法科大学院，教職大学院およびその他の専門職大学院を修了したものには，それぞれ法務博士(専門職)，教職修士(専門職)および修士(専門職)の学位が授与される。

専門職学位課程は，▶高度専門職業人の養成に特化した▶大学院の課程を作ろうという機運と，それとは別にかねてから存在していた司法制度改革のための法科大学院創設の流れが合流して実現したものである。制度創設の時から法曹，会計，ビジネス・MOT(Management of Technology，技術経営)，公共政策，公衆衛生等の分野で開設が進み，実践的指導能力を備えた教員を養成する教職大学院がそれに続いた。法科大学院と会計の専門職大学院は，国家試験の合格を目指した実定法あるいは実務のカリキュラムを中心としている点で共通している。公共政策およびビジネス・MOTを中心とした高度専門職業人の養成を目指した大学院のカリキュラムは，おおむね基礎理論に関する科目と応用を目指した展開科目から構成されており，既存の学術的分野と新しい実践的分野との融合がはかられている。いずれの授業科目でも▶アクティブ・ラーニングの手法が採用されており，とくに展開科目ではケーススタディが中心となっている。

専門職学位課程は2003年度の創設以来順調に発展を遂げ，13年度現在で専攻数は182を数え，▶大学基準協会や専門職機関による▶認証評価も進んでいる。しかし在学生数は2009〜10年度の3万2000人台をピークに縮小傾向が見られ，志願者数も最近は大幅に減少している。法科大学院は2013年現在で専攻数73，入学定員4261人と専門職学位課程で最大の規模を誇るが，修了者の司法試験合格率の低さが志願者の減少を招く原因となっている。職業教育カリキュラムの問題というよりは，小泉政権時代の規制緩和政策によって需要を超える数の法科大学院を認可した上で「マーケット」による淘汰を想定した制度設計に問題があったといわれている。

小笠原 正明

→専門職と大学(テーマ編)，専門職学位／職業学位，医学教育，法学教育，高度専門士，一般教育，専門教育，労働市場と大学(テーマ編)

◎吉田文，橋本鉱市『航行をはじめた専門職大学院』東信堂，2010.
◎小笠原正明「ユニバーサル・アクセス時代の学士課程カリキュラム」，日本高等教育学会編『高等教育―改革の10年』シリーズ高等教育研究，玉川大学出版部，2003.
◎『年報 公共政策学』北海道大学公共政策大学院(2007年から年1回発行)：http://www.hops.hokudai.ac.jp/publication/pbr_new.html

職業構造 |しょくぎょうこうぞう

occupational structure

[職業と職業構造]

職業(occupation)とは，社会的分業のもとで財やサービスを生産・提供するための個人の継続的活動であり，個人はそうした活動によって収入を得て生計の維持を図り，社会的な地位や評価を獲得し，職能を発達させ自己実現の達成を図ることができる。社会にとっては，その存続・発展のためにそうした生産活動を諸個人に配分し，所得を分配する場となっている。それゆえ，職業とは，社会的分業の発達した社会においては，個人を社会と結びつける主要な役割ということもできる。「日本標準職業分類」は，職業を「個人が行う仕事で，報酬を伴うか又は報酬を目的とするもの」と簡潔に表現し，具体的な職業の分類として管理的職業，専門的・技術的職業，事務，販売，サービス職業，保安職業，農林漁業，生産工程，輸送・機械運転，建設・採掘，運搬・清掃・包装等の11の職業大分類が用意され，実際上これで分類できない場合には，分類不能の職業という統計上のカテゴリーを用意，その下位に中分類74，小分類329がある。

職業に類する個人の社会的機能を示す言葉としては，職業以外にも個々の細分化された具体的活動を示す仕事・職務(job)，天職など使命感を示すcallingやvocation，高度な専門知識と倫理性を表現するprofessionなど，われわれは日常的にさまざまな用語を使っている。そのなかで日本における職業という用語は，古くから用いられている社会的な地位とその専門的な職能を指す「職」と「生業」，生計の維持にかかわる「業」とからなってお

り，最も広範囲に用いられる総合的な概念であると
いえよう。職業とは異なるものでありながら，広義
に職業として一般に用いられる隣接の概念として，
個人の職業遂行に係る社会的関係を示す「雇用」
や「就業上の地位」がある。また，財やサービスの
生産と供給において類似した経済活動が統合的に
営まれる場として，事業所の総合体である「産業」
の概念がある。

そこで，職業構造とは，個人の就業上の社会的
機能としての職業が，さまざまの技能，経済的機
能，社会的地位のレベルにおいて社会で分布して
いる関係構造を指すこととする。そして上述の通
り，それは産業構造や雇用構造と密接に関連した
ものとして展開しているのである。

[**大卒者の進路，キャリア展開の場としての日本
的な職業構造**]
大学卒業者は，職業構造の特定の職業領域を担
っている。医師・法曹などの古典的な専門的職業
や，教員，技術的職業などは大学▶学士以上の専
門的知識技術の修得を参入要件としている。ILO
の「国際標準職業分類」が，技能および教育訓練
のレベルと対応させ，テクニシャン層の分類を確立
しているのに対して，日本の分類ではテクニシャン
層もひろく専門的技術的職業に含まれ，テクニシャ
ン層固有の分類がない点も注目される。ともあれ，
保健・医療等のコ・メディカルな領域を含めて，こ
の専門的技術的職業は大学・▶短期大学・▶高等専
門学校・専門学校の第三段階教育の修了者によっ
て多く占有されている。

また新規学卒就職の段階での，大学の人文・社
会科学系卒業者の職業は，多く事務従事者に分
類される。これも諸外国にはほとんど見られない日
本的な職業構造の特徴ということができる。統計
上で事務の職業といっても，その中には職務の責
任の範囲や自律性の程度において大きく異なるも
のが含まれている。それは職業間の境界（ジョブ・デ
マルケーション）が弱いためでもある。大卒ホワイト
カラー層は，公務員・大企業を中心に発達してきた
新規学卒定期一括採用による事務系総合職として
就職し，就職時点では専門的知識・技術などをとく
に必要としない現場の事務，営業等の業務を経験
する。しかしその職業は固定的に個人に当てはめ
られるのではなく，各人はその後の初期キャリア形
成の段階でのOJT（On-the-Job Training）などの手厚
い企業内訓練を経て，多くが徐々に管理的職業機
能を果たすようになっていく。

すなわち日本では，大卒採用時には一定期間の
継続就業を見込んでの採用がなされていることか
ら，労働市場はジョブ型ではなくメンバーシップ型
であると論じられている（濱口，2013）。大学での教
育の成果を考えてみれば，就職後現場投入後の一
定の期間を経て，大卒者の知識・技術にふさわし
い職務を始めた段階で評価されるべきであるという

教育の遅効性モデルも，こうした職業構造を前提
として整合的に理解されるのである。

[**高学歴化と学歴間代替**]
継続雇用による昇進機会を多くの学卒者が経験す
る日本的な職業構造は，高度経済成長期に，多く
の企業自身が右肩上がりの成長・拡大を経験した
ことによっても雇用管理上整合的なものであった。
しかし，高学歴化の進展は大学卒業者にふさわし
い管理的職業の拡大スピードを上回るものであり，
従来の高卒者が期待されていた職業に大卒者が参
入するという学歴間代替の進展を伴っていたとみ
ることができる。統計分析から明確に学歴間代替
は確認されてきていないが，高度経済成長期から
1980年代まで，大卒失業やブルーカラー化が多く
論じられてきた。なお，OECD等の国際比較にお
いては，韓国など一部の国で学歴間代替が生じな
いため高学歴化が大卒失業を生み出すという，日
本で生じなかったパターンも指摘されている。

1990年代以後の雇用モデルの多様化とともに，
大卒者についても▶非正規雇用が拡大し，また初
期キャリア形成の一定期間を経てもサービス職業，
保安職業，生産工程に従事する大学卒業者が一
定規模で存在するようになっており，大卒グレーカ
ラー化，ブルーカラー化が現実に進展していること
が明らかである。今日，大学の機能分化と人材養
成ポートフォリオが論じられるようになっているの
も，こうした現実に対応したものといえよう。

吉本 圭一

→ 専門職教育，職業教育，労働市場と大学（テーマ編），専門職
と大学（テーマ編）

◎濱口桂一郎著『若者と労働─「入社」の仕組みから解きほぐす』
中公新書ラクレ，2013.
◎大久保幸夫編著『新卒無業。─なぜ，彼らは就職しないの
か』東洋経済新報社，2002.

職業的レリバンス|しょくぎょうてきレリバンス
vocational relevance

職業的レリバンスとは，教育と職業との移行・接続
において，単に卒業直後の就職・無業を問うだけで
なく，その後の職業生活において教育が職業的に
意味あるものとなっているか否かという観点まで含
めて問うものである。近年，学卒就職問題の深刻
化，フリーターなどその質や長期的な視点が問題
になってきている。就職や無業，就業上の地位な
ど客観的な適切さも当然ながら，大学知が職業的
コンピテンシー形成やその基盤として適切だったか
どうか，主観的な評価も含めて議論されるわけであ
る。日本的な大卒者の就職後の一定期間にわたる
初期キャリア形成モデルを想定するとき，どの段階
で職業的レリバンスを把握するのか，大卒者の初
期キャリア形成の実態把握が必要となる。吉本圭
一ら（2010年）の研究によれば，日本の大企業にお

いて5年程度の期間，大卒者にふさわしい業務と
いうよりも，その後に管轄する現場を知悉させるた
めの研修的な配属事例などが報告されており，そ
の場合にはそうした初任研修段階を終了した段階
での職業的レリバンスの吟味が適切と考えられる。

吉本　圭一

→労働市場と大学（テーマ編）
◎吉本圭一編『柔軟性と専門性―大学の人材養成課題の日欧
比較』高等教育研究叢書109，広島大学高等教育研究開発セ
ンター，2010.

職業統合的学習 |しょくぎょうとうごうてきがくしゅう
Work Integrated Learning: WIL

文部科学省の体系的なキャリア教育・職業教育の
推進に向けたインターンシップの更なる充実に関
する調査研究協力者会議「インターンシップの普
及及び質的充実のための推進方策について」（2013
年）は，職業統合的学習を「産業界との連携の下，
各専門分野の学問体系に基づく大学教育のカリキ
ュラムと職業実践とを統合させた学習」と定義して
いる。オーストラリアやイギリスから広がった概念
で，具体的には報酬の有無，単位の有無，コース
が必修か否かにかかわらず，実習（practicum），専
門実習（professional practice），▶コーオプ教育（cooper-
ative education），PBL（project based learning），産業基
盤教育（industry-based learning），▶インターンシップ
（internship），▶フィールドワーク教育（fieldwork educa-
tion）などが含まれる。日本において職業統合的学
習の代表例はインターンシップであるが，より広い
概念として今後の実践的な▶職業教育を推進する
にあたって重視されている。

亀野　淳

植物園 |しょくぶつえん
botanical garden

薬草の蒐集や栽培，植物学の教育研究等のため
に，植物を蒐集・栽培する大学に設置される施設。
日本では▶大学設置基準で，薬学分野の学部や学
科の教育研究に必要な施設として，薬用植物園
（薬草園）を設置することが規定されている。大学
設置基準に規定はないが，農学部附属，理学部附
属の植物園もある。多くの場合，教育研究のほか，
▶公開講座，施設開放などを通じて地域との交流
に活用される。欧米でも薬草研究，植物学（博物
学）研究，育種などを目的として，古くから大学に
植物園が存在していた。日本の小石川植物園（東
京大学大学院理学系研究科附属植物園）は，江戸幕府
が1684年（貞享1）に設けた「小石川御薬園」に由来
し，長い歴史を有する。

小林　信一

→薬学部

植民地の教授言語 |しょくみんちのきょうじゅげんご
colonial languages of instruction

大学の移植も伴った欧州諸国によるアジア，ラテン
アメリカ，アフリカ等の植民地化は，16世紀以降に
進行した。植民地での大学の教授言語（▶教育言
語）は，大方は宗主国の言語に収束した。しかし植
民地化が生じた時代，また宗主国内での大学の進
展段階，植民地側の文化背景，宗主国の植民地
政策等に対応して，一時的にせよ，▶ラテン語から
アラビア語，植民地の先住民言語に至るまで，多
様な言語が導入されたのも事実である。以下では
アジア，ラテンアメリカ，アフリカでのその歴史と現
状を紹介する。

［アジア］
日本，タイ，中国を除くアジア諸国は，列強の植民
地支配を共通の体験とする。植民当局は大学の
教授言語に本国の言語を使用した。初等・中等教
育では植民地の現地語が使われた例もあったが，
大学だけは常に宗主国の言語が使われた。イギリ
スはインドでの植民地統治の初期に，例外的に現
地語の採用を考えた。ベンガルのヘースティング
ズ（Warren Hastings）総督は1781年に伝統的イスラー
ム学を教えるカルカッタ・マドラサーを設置し，ベナ
レス駐在の総督代理ダンカン（Jonathan Duncan）はベ
ナレス・サンスクリット・カレッジを創設し，デカン地
区のエルフィンストン（Mountstuart Elphinstone）知事
はヒンディー語習得目的のプーナ・カレッジを建て
た。サンスクリット語，ペルシア語，アラビア語に
精通し，植民地統治を支える現地人の必要からで
あり，ヒンドゥー教やイスラーム教エリートとの友好
関係保持が目的であった。しかし，この東洋主義
（orientalism）と呼ばれる現地語重視政策はその後イ
ギリス本国で批判を受け，英学主義（anglicism）が台
頭する中で，とくに大学では英語の使用が普遍化
した。他の列強は自国語以外を考慮しなかった。

インドネシアではオランダ語が，マレーでは英語
が，インドシナ半島ではフランス語が主要言語であ
った。植民地での教育に熱心でなかったオランダ
も1851年に医療助手養成機関を創設したのをはじ
め，医学，法学，農学の大学を設け，オランダ語で
教育を行った。宗主国オランダの教育への消極性
は，独立後に国語のインドネシア語への切り替えを
容易にした。18世紀末からボルネオ島北西部も含
めてマレー半島を支配下に置いたイギリスは英語
による衛生・医療従事者養成機関やラッフルズ・カ
レッジを設けた。紀元前111年から西暦938年ま
で中国皇帝の支配下に置かれ，その後も言語を含
めて中華文化の強い影響を受けたヴェトナムであ
ったが，新たな宗主国フランスは1887年の入植以
後，フランス語を語り，フランス語で思考し，フラン
ス文化に同化した人間を創り出す徹底した政策を
とった。1521年にスペインが植民地としたフィリピ

ンには，聖職者養成を目的としてイエズス会が創設したサン・イグナシオ大学やドミニコ会が創設し今日まで存続する▶サント・トマス大学があり，そこでの主要言語はスペイン語であった。しかし，米西戦争によりアメリカ合衆国が覇権を握った1898年以後は，英語が教授言語として大学で使われた。

　欧米列強に伍して台湾および朝鮮を植民地統治した日本は，▶台北帝国大学，▶京城帝国大学を頂点とする植民地教育体制を構築し，日本語の使用を強要した。また半植民地と形容される中国大陸でも，東北部の，いわゆる満洲国の建国大学，大同大学をはじめとする諸大学では日本語が教授言語であった。この結果，言語面でハンディを負わされた植民地住民の大学進学機会は実質的に制限され，日本人学生が多数を占めた。　　大塚 豊

［ラテンアメリカ］

スペインの植民地とされたラテンアメリカ地域には，16世紀半ば以降，各地に植民地大学が設立された。これらの高等教育機関は，本国のスペイン大学をモデルとするものであり，当時のヨーロッパ大学の伝統に従い，法学，医学，神学，教養等の講座を備え，ラテン語で書かれた古典的文献を，ラテン語を教授言語にして講義，解説するものであった。このため大学入学にはラテン語の学習が必修とされた。主としてイエズス会などの修道会に属する聖職者たちがその教育にあたった。また，ラテンアメリカ植民地大学に特有の現象であるが，これらの大学には，各地の主要な先住民言語(ナワトル語，カクチケル語，ケチュア語など)の研究・教育を行う講座も設置された。それは先住民へのキリスト教布教のために，彼らの言語や文化に精通した人材を養成する必要に迫られたからである。これらの特設講座では，先住民語やスペイン語が使用されたと推測される。しかし，これらの講座は人気がなく，受講生も少なく，大学内では例外的な存在であった。

　植民地時代末期の18世紀にヨーロッパの啓蒙思想がラテンアメリカにも流入するにつれて，植民地大学での古典偏重，ラテン語万能の教育体制への批判が生じてきた。大学人の中からも，近代科学を大学に採り入れるとともに，ラテン語に代えてスペイン語を教授言語とすることを主張する者が出現する。法学教育では，伝統的なローマ市民法偏重から，スペイン法やインディアス法(植民地法)の教育が重視されてくるにつれて，スペイン語による教授活動がしだいに優位になってゆく。また聖職者の養成は大学を離れて，独立の神学校で行われるようになっていった。1810～20年頃に，ラテンアメリカで独立運動が激しくなり，各地で内戦状況が生ずると，大学教育は事実上活動を停止する。独立の達成直後，あるいは騒乱が収拾された後，植民地大学は各国の国立大学として再編されるこ

とになるが，新設の国立大学においては，もはや教授言語に関する論争は生ずることはなく，すみやかにスペイン語に一本化されていった。

　ラテンアメリカの古い大学の図書館等を訪問すると，一角に古色蒼然とした革表紙のラテン語文献が並べられていることがある。卒業式や学位授与式のような儀式では，今日でも形式的ながらラテン語が使用される場合が多い。また大学の語学センターでは英語，フランス語，中国語，日本語などと並んで，ラテン語，ギリシア語，ヘブライ語のコースまで提供されていることもある。植民地大学時代の遺産と言えよう。　　斉藤 泰雄

［アフリカ］

アフリカでの教育活動に用いられてきた言語は三つに大別できる。イスラーム圏で広く使用されるアラビア語，キリスト教の布教・教育活動に使用されたアフリカの諸言語，植民地期の学校教育で用いられた宗主国の言語である。このうち現在のアフリカ諸国の言語使用に大きく影響しているのが，植民地教育の言語である。アフリカ諸国の旧宗主国にイギリス，フランス，ベルギー，ポルトガル，スペイン，ドイツ，イタリアがあるが，教育における言語の扱いは各国によって異なる。

　イギリスは，現地に既存の支配構造を利用した間接統治を行うとともに，コスト削減のためキリスト教ミッションによる教育活動を保護，活用した。英語を第1言語としたものの，スワヒリ語などの現地の主要言語を標準化し(正書法の決定や語彙の整備など)，初等教育では英語と現地の言語の両方を用いた。初等教育の教授言語として自国の公用語とともにアフリカの主要言語を採用した宗主国には，このほかベルギーとドイツがあった。

　一方，植民地行政官によって直接統治が行われたフランス領の，とくにサブサハラ・アフリカにおける植民地では，「文明的言語」であるフランス語の教育が重視され，現地の言語の使用は認められなかった。また，本国の教育政策の影響で学校教育の非宗教化も進められた。フランス同様，宗主国の言語のみを用いて同化主義的教育を展開した国にはポルトガル，スペイン，イタリアがある。なお宗教的言語であり書記法をもつアラビア語に関しては，フランス領においても，アフリカの諸言語とは異なり一定の地位が与えられた。各植民地の教育担当官によっても状況は異なるが，北アフリカのチュニジアにおいては，初等教育の教授言語としてフランス語とアラビア語の2言語が用いられた。

　宗主国によって植民地の言語の扱いに違いはあるが，独立後のアフリカ諸国にほぼ共通するのは，教育や行政などの公的場面において依然としてアフリカの諸言語が第1言語とされていない点である。植民地期に標準化が進んだスワヒリ語は，タンザニア独立前後の国民統一のうえで重要な役割を担ったが，教授言語としては植民地期と同様，

補助的な役割を担うにすぎず，中等教育段階以降は使用されていない。また，長期の植民地支配を逃れた唯一の国であるエチオピアにおいても，中等教育段階以降は英語が用いられている。

　アフリカ諸国においては，国内の言語的多様性にもかかわらず，使用言語と教授言語の乖離について十分な議論がなされていない。宗教的要因からアラビア語を用いるケースを除くと，アフリカにおける大多数の中等教育機関とすべての高等教育機関で，現在でも旧宗主国の言語が教授言語として採用されている。アフリカの諸言語に関しては，学習・研究の対象に留まっている。独立後においても公用語や教授言語に大きな変更がみられない背景には，特定のアフリカの言語を選択することの困難さや，アフリカ諸言語の標準化に必要な労力や費用の大きさなどがあるが，旧宗主国をはじめとした他国との関係における便宜性から，積極的には検討されなかったという側面もある。　　　谷口 利律

→アジアの大学 (テーマ編)，ラテンアメリカの大学 (テーマ編)，アフリカの大学 (テーマ編)

[アジア]◎P.G. アルトバック，V. セルバラトナム編，馬越徹，大塚豊監訳『アジアの大学—従属から自立へ』玉川大学出版部，1993.
◎梅根悟監修『世界教育史大系6 東南アジア教育史』講談社，1976.
[ラテンアメリカ]◎梅根悟監修『世界教育史大系19・20 ラテンアメリカ教育史I・II』講談社，1976.
◎斎藤泰雄「ラテンアメリカ教育史の原像」『国立教育研究所研究集録』第28号，1994.
[アフリカ]◎梶茂樹，砂野幸稔編著『アフリカのことばと社会—多言語状況を生きるということ』三元社，2009.
◎鹿嶋友紀「サブサハラ・アフリカの言語政策の取り組みと今後の課題—教授言語を中心とする政策課題」，広島大学教育開発国際協力研究センター『国際教育協力論集』第8巻第2号，2005.

女子栄養大学 [私立]｜じょしえいようだいがく
Kagawa Nutrition University

1961年(昭和36)に家政学部食物栄養学科を設置して開学。設置者は学校法人香川栄養学園。創立者は第2次世界大戦前に家庭食養研究会を発足させ，月刊誌『栄養と料理』を創刊，戦後には計量カップ・計量スプーンを考案した香川綾である。建学の精神を「食による人々の健康の維持・改善」とし，食・栄養・健康にかかわる専門領域の学修を通じて，人々の福祉向上に寄与する高度専門人材を養成すること，そして学生全員の就職，国家試験の全員合格が可能となる教育成果をめざすことを教育目標とする。埼玉県坂戸市と東京都豊島区にキャンパスをかまえ，2016年(平成28)5月現在，栄養学部(実践栄養学科・保健栄養学科・食文化栄養学科)，栄養学部二部(保健栄養学科)，栄養学研究科(栄養学専攻・保健学専攻)に2139人の学生を収容する。伝統と単科大学としての強みを生かし，管理栄養士をはじめ各種国家試験の合格率は高

く，就職率の高さには定評がある。　　　戸村 理

女子栄養大学短期大学部 [私立]
じょしえいようだいがくたんきだいがくぶ
Junior College of Kagawa Nutrition University

「実践栄養学」を基に，栄養士養成を主たる目的とした食物栄養学科1学科の私立女子短期大学。東京帝国大学医学部の香川昇三・綾夫妻が1933年(昭和8)小石川駕籠町の自宅に家庭食養研究会を発足したのが起源。建学の精神「食により人間の健康の維持・改善を図る」は，夫妻が研究の過程で食の重要性を科学的に認識したことによる。同研究会は1937年栄養と料理学園に，40年女子栄養学園と改称された。1941年駒込に校舎新築に着手したものの太平洋戦争により焼失，学園疎開，昇三の急逝ののち，48年財団法人香川栄養学園が綾によって設立，駒込に校舎が再建された。1950年女子栄養短期大学栄養科開設，同時に栄養士養成施設として厚生大臣の指定を受ける。1951年財団法人から学校法人香川栄養学園に改組。1961年には女子栄養大学を設置する。1971年食物栄養学科に改称，2000年編入学希望者を考慮し女子栄養大学短期大学部に名称変更した。1956年から短期大学に第二部(夜間)が開講され，多様な学生に学ぶ機会を提供してきた。現在第二部は廃止され，一般コースのほかに大学・短大既卒者を受け入れるキャリアコースが開設されている。2016年(平成28)5月現在の学生数348人。
　　　齋藤 麻美世

女子学生｜じょしがくせい
women students

[女子学生の誕生]
欧米の大学制度に倣ってつくられた日本の大学は，欧米と同様に女性の入学を認めていなかった。1913年(大正2)に東北帝国大学が文部省の横やりに屈することなく，黒田チカ，牧田らく，丹下ウメの3人の入学を許可したのが日本における女子学生の誕生とされ，東北大学は2013年(平成25)に入学100周年記念のシンポジウムを開催している。私立大学では1916年に，自伝『拓きゆく道』を残した栗山津彌が東洋大学に入学したのを初めとして，徐々に女性も大学の門をくぐるようになっていった。また，ほぼ同時期，のちに▶女子大学となる女子高等師範学校，女子医学専門学校をはじめ女性のための高等教育が次々に整備されていった。

　しかしながら，女子学生というカテゴリーはいかにも日本的である。フランス語のように男性名詞と女性名詞の区別のある言語の場合，末尾に「e」をつけることで女子学生であることを示すが，これは文法的なものである。女性名詞と男性名詞の区別

のない日本語において，わざわざ接頭語として女子もしくは女性をつける場合，その名詞が主として男性の界に属するものであることを暗示していると同時に，女子とつけるか女性とつけるかによってもそのニュアンスは異なる。女性運転手という表現はあっても女子運転手という表現をみることはまずないし，女性弁護士もしくは女弁護士ということはあっても女子弁護士もきわめて稀である。女子アナウンサーや女子マネージャーが内包しているのは既存のジェンダー・イメージへの従順である。

［演じられる女子学生］

ジェンダー・イメージの表象で最もインパクトが強いのは，身体的なプレゼンスである。大学生であると同時に，あるいは大学生であるより前に「女子」でなければならない日本の女子学生は，女子学生ファッションなるものをつくり上げてきた。これはファッションの都，パリでもみられない現象であり，パリの女子学生の多くは女子である前に学生であり，ファッションリーダーの役割を担うことはない。リーマンショック以降，日本の女子学生の高級ブランド志向は影を潜めつつあるものの，女子学生が愛読しているとされるファッション誌には「愛されコーデ」や「モテ系」といった露骨な他者志向に誘導する見出しが並ぶ。ファッションによって自分の個性を主張するのではなく，愛されたい私を演じる女子力の高さに同調する日本の学生こそ女子学生なのである。

男性に伍して学びの場を求めた大正期の女子学生からみると隔世の感があるが，そもそも現代日本社会において急速に大衆化した女子学生に明確な進学動機を求める方が酷であるかもしれない。また，既存のジェンダー・イメージに逆らうことなく主体的であることを放棄して愛される私を演じる女子学生は，男女共同参画社会の実現が叫ばれながらも女性の力が活用されることの稀な現代日本社会で，大きな苦悩に直面することをすり抜ける。女子学生が女子学生を演じる「戦略」は，技法を習熟しているものの言語化されえない準理論的思考である「知恵ある無知 docta ignorantia」によるものにほかならず，働き方の多様性を求めて派遣労働者を「選択」する男性支配のシステムにおける「可愛い女」予備軍なのである。

［分裂したハビトゥス］

黎明期の女子学生のように自ら学ぶことを欲し，理性を働かせることを望めば望むほど，女子学生は多くの苦悩を抱えることになる。「女らしい」感情的な言葉遣いは，自然科学であれ社会科学であれ，科学的な分析に馴染まない。家庭内や友達の間で交わしながら身につけてきた女らしい話し振りで科学的な論文を書くことはできない。女子学生であれ女性研究者であれ，男性支配のシステムによって構築されてきた大学という界の中で作業をすすめてゆくことは，それまでに日常生活の中で身に

つけてきた女らしい「ハビトゥス」（社会的に獲得された性向 disposition の総体であり，構造化する構造として身体に埋め込まれた歴史）に，男性的な批判的な精神を身体化した「ハビトゥス」を接ぎ木することである。人をむやみに疑うものではないという日常的慣習行動のなかで形づくられ無意識層に沈殿している女性的な美徳に，認識の枠組みとして哲学的・科学的懐疑を嵌め込むことは，ときに大きな自己矛盾を引き起こす。あるいは，男女共同参画社会を是として女性の社会進出の必要性を科学的に分析し語ることは，専業主婦として慈しみ育ててくれた母親の生き方を否定することになりかねない。それは学生であれ研究者であれ，自らの研究が深い苦悩の源泉となることを意味している。

しかしながら，「分裂したハビトゥス habitus clivé」に相対することは悲劇ではあっても不幸ではない。むしろ，あしたの幸せのための糧である。わたしたちに隠蔽されている世の中の仕組みを発見することは，常に痛みを伴うものである。男性が構築してきた科学的認識の世界の矛盾点は，男性にとってはあまりに自然であるがゆえに見過ごされがちであるのに対し，マージナルな存在である女性の目には明らかな誤謬として映る可能性が高い。痛みを恐れぬ女子学生の探究心こそが，わたしたちの未来を開く鍵となる可能性を秘めているとしても過言ではないだろう。

紀 葉子

→ 女子大学，ジェンダー，男女共同参画

◎ピエール・ブルデュ著，今村仁司・港道隆ほか訳『実践感覚1・2』みすず書房，2001.
◎ピエール・ブルデュー著，加藤晴久訳『自己分析』藤原書店，2011.

女子大学 ｜じょしだいがく
women's college

学士課程の教育を女性だけに限定した大学。

［歴史的起源］

もともと大学は男性の世界であり，女性は歴史的に長きにわたって，大学世界から排除されていた。19世紀以降，英米を嚆矢として，女性への大学教育の開放が現実の問題になってくると，最も有力な反対論とは，女性はその心身の構造からして大学教育には耐えられないというものであり，とくに「女性が男性と一緒に大学教育を受け，それによって脳を酷使すると，女性の生殖機能に重大な欠陥をもたらす」というものであった。アメリカ合衆国において1870年代に流行したこの言説は，ほぼそのままのかたちで，日本の大正期の臨時教育会議（1917～19年）の議論の中に見ることができる。同時期に成立した▶大学令（1918年）は▶私立大学，▶公立大学の設立を可能にしたが，ここでも女性の参入はついに認められず，第2次世界大戦後を待たねばならなかった。

したがって女性への大学教育は，それが認められた場合でも共学制ではなく別学，すなわち女子大学という形式が好まれることとなった。日本では，1900年（明治33）に津田梅子による津田英学塾，吉岡彌生による東京女医学校が創立され，さらに翌1901年には成瀬仁蔵が日本女子大学校を開設する。当時としては女性に高等教育を提供する稀有な存在であったが，法制上はいずれも中等教育機関であった。

比較的早く，女性の大学教育が認められたのはアメリカ合衆国においてであり，19世紀初頭には男女共学制による大学が設立された。オベリン（オハイオ州，1833年創立），アンティオク（オハイオ州，1852年創立）などの宗教系の私立大学，これに続いてミシガン（1817年創立，1870年共学化），ウィスコンシン（1848年創立，1863年共学化）などの有力な州立大学が女性の入学を新たに認めていく。しかしながらこれらの事例は少数であり，女性の大学教育はやはり女性のみの教育環境でおこなうのが大勢であった。ヴァッサー（ニューヨーク州，1861年設立，1865年開校）に続いて，ウェルズリー（マサチューセッツ州，1870年設立），スミス（マサチューセッツ州，1871年設立），ブリンモア（ペンシルヴェニア州，1885年設立）といった私立大学が初期の女性の大学であった。これらの大学は，それまでの女性のための中等教育機関である女子セミナリー（女学院）とは一線を画して，男性の大学に匹敵する高度なカリキュラムを設置していた。

［共学化への趨勢］
アメリカ合衆国では20世紀に入ると，別学ではなく共学で学ぶ女性の数が増加し，1910年代には早くもその比率が全体の50%を突破し，以降この数値は急速に増加する。1960年代後半からは，女性解放運動が大きなうねりとなって社会の隅々にまでその影響力を浸透させ，高等教育に対してもあらゆる性差別を撤廃することを要求した。そこには共学制こそが「進歩的」で「真正の」教育であるという暗黙の前提が存在していた。このような中，プリンストン（1969年共学化，以下同），イェール（1969年），ヴァージニア（1970年）など，男性のみに開かれた名門大学が次々と共学化したが，同時にアメリカ最古の女子大学ヴァッサーもまた，1969年に共学制への移行を決定し，これに続く数年は毎年2桁の数の女性の大学が続々とヴァッサーの例にならって共学化していった。以降，共学化への趨勢は押しとどめようがなく，この結果，女子大学数は1960年代初頭の183大学が，2017年現在ではわずか39大学に激減した。

日本においては，第2次大戦後，ようやく大学への女性の入学が認められ，▶新制大学の多くが共学制を採用した。前述のような戦前に創立された女性の高等教育の先駆者としての機関は女子大学に昇格した。さらに特筆すべきは，日本には独自の女性の高等教育機関としての女子短期大学が存在し，4年制大学に併設された短期大学部も含め，とくに1960年代以降，続々と私立の女子短期大学が設立され，女性の高等教育に一定の役割を果たした。

しかしながら，前述のアメリカ合衆国の共学化への趨勢は，若干のタイムラグはあるものの日本にも当てはまり，女子大学は1990年代末の99大学から2017年現在の78大学に減少した。▶短期大学についても，女性の高学歴志向が高まるにつれて定員確保が困難になり，学校数，学生数とも急速に減少を続け，ピーク時の1996年の598大学が，2017年現在337大学である。

［女子大学の新たな存在意義］
共学化への趨勢はとどまることはなかったが，1980年代になると，共学制という環境の下で，女性が本当によりよい大学教育を受けることができるのかどうかという問題が提起されるようになる。このような問題関心の高まりは，一方では共学大学においてのセクシャル・ハラスメント事例が数多く告発されるようになったこと，さらに目には見えにくい女性の学生の疎外状況を解明する研究が公表されたことが寄与している。1982年，ホールとサンドラーの報告書『教室の雰囲気―女性にとって冷ややかなものか？』は，共学大学内の女性の学生がおかれた「冷ややかで人を萎縮させるような雰囲気（chilly climate）」を分析した最初の報告書であった。他方で，女性のみの教育環境が女性の学生のこのような疎外状況を解消し，将来の各界の女性リーダーを，とりわけ伝統的に男性が支配していた医学・科学分野において多数輩出するとする，ティッドボールらによる女性アチーバー研究も注目を集め，女性の大学の新たな存在意義が強調されるようになっていく。

坂本　辰朗

▶女子学生，ジェンダー，ハラスメント

◎坂本辰朗『アメリカの女性大学―危機の構造』東信堂，1999.
◎M. Elizabeth Tidball, et al., *Taking Women Seriously: Lessons and Legacies for Educating the Majority*, American Council on Education/Oryx Press, 1998.

女子美術大学 [私立] | じょしびじゅつだいがく
Joshibi University of Art and Design

美術の専門教育の大半が女性に門戸を開いていなかった1900年（明治33）に私立女子美術学校を創立し，翌年現在の東京都文京区の校舎で開校する。1949年（昭和24）現在の女子美術大学として発足し，これまで画壇やデザイン，教育界などの分野に優秀かつ自立した多くの女性を輩出してきた。建学の精神として「芸術による女性の自立」「女性の社会的地位の向上」「専門の技術家・美術教師の養成」を掲げている。現在も教育課程の中で培われた技能，知性，感性と高い美術の専門性を活か

す自立した人材を育成している。神奈川県相模原市などにキャンパスを構え，2017年（平成29）現在，芸術学部の美術学科，デザイン・工芸学科，アート・デザイン表現学科，および1研究科に2517人の学生が在籍。

山崎　慎一

助手｜じょしゅ
teaching associate; research associate

▶学校教育法92条で規定された大学の職員で，職務は「その所属する組織における教育研究の円滑な実施に必要な業務に従事する」と定められている。かつて助手の職務は「教授及び助教授の職務を助ける」と規定され，それは▶教授の職務を助けるとされていた▶助教授の職務に近いものであった。2005年（平成17）の学校教育法改正（2007年4月1日施行）は，教育研究を主たる職務とする者を新たに▶助教として取り扱い，助手の職を教育研究補助に従事する者に限定することとした。助手の資格として▶大学設置基準17条は，▶学士の学位（外国において授与されたこれに相当する学位を含む）を有する者，またはそれに準ずる能力を有すると認められる者と規定している。助手が教員に含まれるかについては，明瞭ではない。大学設置基準において助手の資格は「第4章 教員の資格」で規定され，文部科学省の「学校基本調査」でも助手は教員に含められているものの，大学設置基準が規定する必要専任教員数には含まれず，また，教員給与表または職員給与表のいずれを適用するかも各大学の判断に委ねられている。

大場　淳

除籍｜じょせき
expulsion

当該学生に関する記録の追加がなされなくなることが除籍である。▶卒業・修了・▶退学・転学などによっても当然，除籍となるが，通常，意識的にこの用語が使われるのは，たとえば在学中に死亡・失踪などに至った特殊なケースのほか，近年，急増している授業料未納による事例である。このことは学費の高騰のほか，学生の一人暮らしの生活水準上昇による生活費の増大，あるいは長期不況や災害による学費負担者の困窮，さらには給付制の▶奨学金制度の大幅縮小など，学生を取り巻く経済状況の悪化の反映といえる。学費の滞納はすぐに除籍となるわけではなく，督促や保証人への請求を経た上で，一般的には次期の納期限まで待っても納付されない場合に適用される。なお除籍後，一定年数以内に滞納学費を全納すると復籍が許可されることもあるが，大学により事情は異なるようである。

橋本　勝

→ 授業料

所得階層｜しょとくかいそう
income groups

世帯や世帯主の収入を低いほうから順番に並べ，全体の世帯数を等分化して複数のグループに分類した上での各グループのことを意味する。政府の家計調査，全国消費実態調査，国民生活基礎調査などの統計に基づいて算出され，一般的に5分位や10分位の階層をつくることが多い。それ以外にも，個別の調査に基づいて操作的に所得階層を構成することがある。これらは現実の社会階層や社会階級を表すものではないが，それを代替する指標として用いられることがある。社会の高齢化や非正規雇用の増加に伴って所得格差が拡大し，とくに低所得層の経済的・社会的困難が問題になっている。大学に関する統計では，▶日本学生支援機構の「学生生活調査」などに基づいて，大学進学機会の格差と不平等，▶教育費の負担と国公立大学の役割，▶学費免除制度，▶奨学金政策，学生の経済生活，▶アルバイトの問題などが議論されている。

大前　敦巳

→ 格差社会

初年次教育｜しょねんじきょういく
first year experience in university

大学新入生が大学での学習・生活にスムーズに適応することを目指したプログラムのことで，アメリカ合衆国では1980年代から，日本では90年代から取り組まれるようになった。日本ではゼミナール型および基礎・概論型の授業科目からなる場合が多い。内容としては，①学問への動機付け，②文献検索の方法，③ディスカッションの方法，④情報処理の基礎技術，⑤プレゼンテーションの方法を扱ったものが中心で，基礎的学習スキルが重視されている。また，専門の▶ディシプリンへの▶導入教育の一環として行われている例も少なくない。アメリカではこのような学習スキルに加えて，大学生活全般における自己管理スキル，生活スキルについての指導・助言が重視されている。この違いは，日本の大学の初年次で強調される学習スキルが，アメリカではK-12と呼ばれる初等・中等教育において広く取り組まれ，大学初年次はその仕上げの時期に相当していること，大学入学による生活環境の変化がアメリカではより顕著なことなどが理由としてあげられている。

小笠原　正明

ジョリエット・ジュニア・カレッジ［アメリカ］
Joliet Junior College

アメリカ合衆国最初の短期大学で，イリノイ州ジョリエット在の公立▶コミュニティ・カレッジ。1901年にジョリエット群区ハイスクール教育長のJ. スタン

レイ・ブラウン(J. Stanley Brown)が，大学への直接の進学が経済的な理由で困難な学生のために，シカゴ大学長のウィリアム・レイニ・ハーパー(William Rainey Harper)の協力を得て，4年制大学の前期2年と同等の教育を「コミュニティ」にとどまりながら受けられる課程(大学編入課程)を，同ハイスクール内に実験学校として設立。理事会は，1902年に同課程の授業料を無償とし，16年にジョリエット・ジュニア・カレッジの名前を公式なものとする。翌年には地区協会の▶アクレディテーションを受ける。その後，「コミュニティ」の要請の時代的な推移に合わせて，大学編入課程のほかに職業課程，成人教育，識字課程，職能開発などを提供するようになり，初年度6名の学生でスタートした当校は，現在3500名以上の学生を擁する総合的なコミュニティ・カレッジとなっている。　　　　　　　　　　　館 昭

ジョンズ・ホプキンズ大学[アメリカ]
ジョンズ・ホプキンズだいがく
Johns Hopkins University

メリーランド州ボルチモアにある私立大学。同地の商人ジョンズ・ホプキンズ(1795-1873)は商業鉄道等に投資して莫大な富を得て，大学と病院を創設することを決意し，1873年，当時の類似の基金としては最大の700万ドルの遺産を残した。カリフォルニア大学から転じたダニエル・C.▶ギルマン学長は，病院の創設分を除いたホプキンズの遺産の半分を用いる新大学を構想し，ヨーロッパの大学等を見聞調査するとともに，国内では有力な大学学長たちの意見を徴して，大学院課程をもつ大学の創設を選択した。1876年，6名の教授陣と大学院生54名，大学生35名をもって開学した。1889年に国内初の教育病院を開設し同時に看護学部を開いた。1893年には医学大学院を開設し，医学大学院と教育病院との臨床重視の教育はやがて医学教育を大学院で行う契機となった。博士号授与，学会創設，学術誌刊行，出版局の整備等でアメリカの学術に大きく貢献し，アメリカの▶ゲッティンゲン大学と呼ばれた。現在6000人余の学士課程学生と，1万5000人弱の大学院生を擁する。毎年の研究開発経費額は，第2位以下を引き離して全米1位である。　　　　　　　　　　　羽田 積男

白梅学園大学[私立]｜しらうめがくえんだいがく
Shiraume Gakuen University

1942年(昭和17)発足の東京家庭学園を前身とし，白梅保母学園，白梅学園保育科，白梅学園短期大学を経て，2005年(平成17)に開学。子ども学部子ども学科，短期大学保育科，大学院子ども学研究科から構成され，東京都小平市のキャンパスに2017年現在1057人の学生が在籍。建学の精神は

ヒューマニズムであり，高齢化社会，地球環境問題，エネルギー問題などの地球規模の課題を抱える社会において，より人間的に生きるために探求できる人材の育成を目的としている。教育課程は，「労働と人権」や「現代ヒューマニズム論」など，建学の精神を体現する学科共通の教養教育課程と，高い専門性を追求する専門教育課程から構成され，理論と実践の学びから構成されている。
　　　　　　　　　　　山崎 慎一

シラバス
syllabus

科目の設計(目標，方略，評価)を記載し，学生に明示するもの。カリキュラムを実現するためには，個々の科目も教育目的に応じて設計され，シラバスに記載される必要がある。教員が何を教えるかではなく，学生が何を学ぶかが重要なので，シラバス記述の主語は学生でなければならない。学生はシラバスを見て，その科目の意義と目標を確認し，目標達成に向けて方略に従い学習を重ねる。詳細なシラバスがあれば，たとえ担当者が不在でも他の教員がそのクラスを指導することができる。シラバスは▶講義の開始前に用意されているべきであるし，原則として講義はシラバスどおりに実施されるべきである。この意味で，シラバスは大学(教員ではない)と学生との間で契約書のように機能する。目標は，理念を表す一般目標と具体的な到達目標に分割する場合もある。到達目標は行動的でなければならない。この行動ができたかどうかを確認することが学習評価である。したがって，シラバスに記載されたすべての到達目標は評価されなければならない。また，フィードバックの機能を有し，毎年シラバスが洗練されていく仕組みも必要である。
　　　　　　　　　　　細川 敏幸

▶授業評価

白百合女子大学[私立]｜しらゆりじょしだいがく
Shirayuri University

フランスのシャルトル聖パウロ修道女会を母体とし，1965年(昭和40)東京調布に設立された。前身は1881年(明治14)創設の高等女子仏英和学校にさかのぼる。教育の基本理念である「カトリシズムの世界観による人格形成」は，キリストの福音に従い，自らが奉仕すべき現代社会との出会いをめざすものとしている。教育目標の真・善・美は，学問研究を通じた正しい判断力と倫理観の養成，人々への誠実な愛と奉仕の姿勢を身につけ可能な限り追求することによって得られる徳性，美を感受するための謙虚さに根差した畏敬の念を表しており，知性，感性の調和の取れた自立的な女性を育んでいる。文学部と人間総合学部および1研究科に2017

年(平成29)現在2147人の学生が在籍。　　　山崎 慎一

→キリスト教系大学

私立学校振興助成法
しりつがっこうしんこうじょせいほう
Private School Promotion Supporting Law

私立学校の教育条件の維持・向上と学生等の経済的負担の軽減を図り，私立学校の経営の健全性を高めることを目的に，国および地方公共団体が行う助成措置について規定した法律(昭和50年法律第61号)。議員立法により制定され，1976年(昭和51)に施行された。この法律により，国は大学等を設置する▶学校法人に対し，当該学校における人件費を含む教育または研究に係る経常的経費について，その2分の1以内を補助することができるとされ(4条)，直接または▶日本私立学校振興・共済事業団を通じ，所定の算定方法に従って補助金が支出されている。私立大学に対する経常費補助は1970(昭和45)年度から開始されたが，この法律によって本格的な実施が実現した。

　▶私学補助の根拠は私学の公共性であるが，私学の自主性も尊重されなければならず，国と学校法人との間に日本私立学校振興・共済事業団という中間交付者を置いている。法律施行後，補助割合は年々増加し1980年度には約3割に達したが，その後漸減して近年は1割程度の水準で推移している。補助金額には学生定員に対する実員数割合等を算出に組み込み，質の向上について私学の自助努力を促している。同法施行の結果，経常費補助は教員一人当たり学生数の減少など，教育条件の向上には一定の効果をもった。しかし授業料水準に対しては影響が少なく，家計の経済的負担軽減にはさほど効果はなかった。この法律および私学助成制度については，その必要性を支持する意見に加え，公の支配に属しない教育への公金支出を禁ずる日本国憲法89条との関係についての議論もある。　　　山本 眞一＋丸山 文裕

→私立大学法制

私立学校法 ｜しりつがっこうほう
Private Schools Act

日本における私立学校の特別な位置づけを示した1949年制定の法律(昭和24年法律第270号)で，その目的は「私立学校の特性にかんがみ，その自主性を重んじ，公共性を高めることによつて，私立学校の健全な発達を図ること」とされている。「私立学校に関する教育行政」の章では，▶学校教育法14条が定める，「都道府県知事は，当該学校が，設備，授業その他の事項について，法令の規定又は都道府県の教育委員会若しくは都道府県知事の定める規程に違反したときは，その変更を命ずる

ことができる」との規定を私立学校には適用しない(私立学校法5条)としており，都道府県知事が学校の設置・廃止や設置者の変更の認可または閉鎖命令等を行う時には，私立学校審議会の意見を聴かなければならないなど(同法8条)，行政に制限を課している。また学校教育法において，当該の法律の定める学校を設置できるのが国，地方公共団体および同法に規定する▶学校法人のみとしていること(学校教育法2条)を受けて，学校法人についての通則，設立，管理，解散，助成および監督について定め，その骨格を示している(私立学校法第3章)。
　　　舘 昭

→私立大学法制

私立大学 ｜しりつだいがく
private university

[概説]

私立大学という用語には私立であり，大学であるという意味があるが，ここでは設置形態の面から私立ということに限定して記す。まず日本では▶学校教育法で，当該の法律の定める大学を含む学校は国，地方公共団体および▶私立学校法に規定する▶学校法人のみが設置できると規定されている。そして「国立学校とは，国の設置する学校を，公立学校とは，地方公共団体の設置する学校を，私立学校とは，学校法人の設置する学校をいう」としている(同法2条)。ただし，構造改革特別区域法で，当該の区域において株式会社(学校設置会社)の設置する学校を認めるとしているので(12条)，日本の法制上で存在する私立大学は，学校法人または学校設置会社の設置する大学ということになる。

　ここで注意を要するのは，国立，公立，私立の区分を，英訳でnational, public, privateとしているが，国立も英語ではpublicにあたり，national public, local public, privateとするのが正確である。ちなみに，公立の「公」は地方公共団体の「公」からきていると思われるが，国(中央)と対置されるのは「公」の部分ではなく「地方」であるから，語呂は良くても論理的には間違いである。また，学校法人が設置すれば私立大学という規定は，国の出資による放送大学や地方公共団体の出資による自治医科大学のような大学も私立に分類されるという，実質無視の用語になっている。さらに日本国憲法に「公金その他の公の財産は，(中略)公の支配に属しない慈善，教育若しくは博愛の事業に対し，これを支出し，又はその利用に供してはならない」(89条)と明記されているものの，私立学校法によって「国又は地方公共団体は，教育の振興上必要があると認める場合には，別に法律で定めるところにより，学校法人に対し，私立学校教育に関し必要な助成をすることができる」(59条)と定められ，該当の法律である▶私立学校振興助成法(1975年制定)は，

国が私立大学に対する経常費の2分の1以内の補助ができることを定めている。さらに2006年（平成18）制定の新▶教育基本法が「国及び地方公共団体は，その自主性を尊重しつつ，助成その他の適当な方法によって私立学校教育の振興に努めなければならない」（8条）と規定して助成を正当化しているが，憲法の規定との間にある齟齬が解決したわけではない。

　そもそも公私の区別は，その社会の成り立ちによって微妙な違いを呈している。有力な私立大学を有しているアメリカ合衆国でも，初期のハーヴァードをはじめとする諸大学は植民地政府から多大な支援を受けて存在した。公私の区別がはっきりしたのは，アメリカの産業社会が発展し，政府からの支援の見返りとしての干渉を受けずとも，有力者からの多額の寄付と高額の授業料が期待できるようになり，一方で▶ダートマス・カレッジ事件判決で私立大学への統制ができなくなった州政府が独自の州立大学の運営を積極化してからのことであった。結果としてアメリカでは，公的な経常費の補助を受けている大学はプライベートには分類されなくなっている。そして私立大学への助成は大学直接の機関補助ではなく，学生への▶奨学金や研究の契約などを通じて間接的にしか行われなくなっている。また共産圏諸国においては，私立概念は成立しなかった。大陸ヨーロッパでは，近年まで大学は国家の機関とされ，私立大学は基本的に考えられてこなかった。近年までほとんどの資金を直接間接に政府から得ていながら高度な自律性を有してきたイギリスの大学は，公立とも私立とも言い難い存在であり，そのことは，それが日本における私立大学の経常費補助金制度のモデルにされたにもかかわらず，▶国立大学の法人化の際のモデルともされたことからもうかがえる。　　　　舘　昭

［日本］

［私立大学の登場］　私立大学の実態的起源は，明治初期の私学に遡る。明治10年代には，法律学・医学・農業学・商業学・航海学・化学・数学など多種多様な学問分野を教授する私学が存在し，明治維新後の社会で立身を目指す青年たちに多様な学習機会を提供した。1903年（明治36）に▶専門学校令が制定されると，この勅令により私学は次つぎに専門学校の地位を得た。さらに，1年半程度の予科を有する私学には「大学」と称することが認められたが，「大学」名を付してはいても制度的には専門学校という位置付けであった。

　1918年（大正7）の▶大学令により，▶帝国大学以外の大学の設立が認められるようになると，一部の専門学校が私立大学として昇格を果たした。私立大学への昇格とともに大学令が適用されるため，大学・学部の設置・廃止や教員の採用などは文部大臣の強力な監督下に置かれた。第2次世界大戦期には，法文系学生を中心とした徴兵猶予の停止，学生定員の変更等に関する文部省の権限が認められたことから，やむを得ず法文系学部・学科の整理統合がなされるなど，各私立大学でも戦時非常措置への対応を迫られた。

［私立学校法の制定と自主的独立の獲得］　第2次世界大戦後の苦境を打開するため，学校種別ごとに組織されていた私学団体を結集して1947年（昭和22）に日本私学団体総連合会を結成，同年制定の学校教育法では，旧制度での私立大学に対する強力な規制に対する批判と反省から，文部省の権限が大幅に縮小された。また，1949年には「私立学校の特性にかんがみ，その自主性を重んじ，公共性を高めることによつて，私立学校の健全な発達を図る」ことを目的とした私立学校法が制定された。同法制定に伴い，所轄官庁がその権限を行使する際には，私立大学代表者と学識経験者とで組織する私立大学審議会にあらかじめ諮問することが義務付けられた。1948年には全国の私立大学の振興を図るために▶日本私立大学協会が設立され，51年には同協会を退会した一部の大学によってこれとは別の▶日本私立大学連盟が設立された。私立大学や専門学校は戦前期にすでに法人格を認められていたため，国公立のような再編統合の波をほとんど経験することなく，1948年に11校の新制の私立大学が発足したのを皮切りに▶新制大学への移行や昇格を果たしていった。

［私立学校法の改正］　1960年代には，高度経済成長に必要な人材の確保とベビーブームによる大学入学志願者の急増に対処するため，大学・学部の設置認可を一度受ければその学科等の組織や学生収容定員の増加などを自由に決めることができるようになり，私学を中心に大学の大衆化が進行していった。高等教育の急速な拡大により，大学間の格差の増大，定員水増しによる教育条件の悪化，私立大学における経営の悪化などの問題が生じた。これに対し，1975年には私学助成の基本法である私立学校振興助成法が制定され，私立大学に対する助成の措置が行われることとなった。同法の付則により私立学校法が改正され，私立大学の学科の設置・廃止や学生の収容定員の変更など私立大学の拡充はすべて文部大臣の認可事項となり，私立大学の量的規制も同時に図られた。

　1990年代以降，私立大学に対する高等教育政策は，▶大学設置基準の大綱化や設置認可に関する規制緩和と▶競争的資金の導入などによる競争促進という原則のもとに遂行された。2005年（平成17）には，学校法人の管理運営制度の改善（理事会設置の義務化や監査報告書の作成・提出の責任など）や財務情報の公開などを柱に私立学校法が改正され，学校法人の経営強化とガバナンス改革を実現していくための法制面での環境整備が行われた。「学校基本調査」（政府統計）によれば2016年現在の私立大学数600（国公私全体の77.2％），学

生数199万1420(77.5%)，本務教員数10万4846(57.5%)，本務職員数14万1902(59.8%)。

井上 美香子

[アメリカ合衆国]

アメリカでも，私立大学は財政および管理面で連邦，州，市政府から独立した高等教育機関を指す。在学生が1000人以上の正規の4年制大学は約1500校，うち私立大学は900校ある。しかし私立(private)大学は，独立(independent)の大学とも称され，宗教(教派)にも依存しない＝世俗的な大学三百数十校と，おもにキリスト教諸教派の影響(管理)下の大学500校に二分化する。75校の営利大学も加わる。今や完全に独立のハーヴァードからスワスモア・カレッジまでの私学の多くも，かつては教派の管理下にあった。アメリカの私立大学への宗教的な影響力は軽視できない。現在の常識とは逆に，19世紀前半までの諸州においてキリスト教は公的な事柄であり，ハーヴァードもイェールも潤沢な公的資金援助を受けていた。宗教勢力の多様化と社会の世俗化が進行した19世紀中葉，両校は初めて卒業生中心の理事と大学幹部が管理し，財政上も独立した私立大学となったのである。

　無償の場合さえあった州立・市立大学とは対照的に，私立大学は相応の授業料を課してきた。しかし，質の高い私学ほど，寄付や運用益を蓄積した基金からの収入にも依存してきた。州立大学が台頭中の2017年現在，基金の絶対額での上位60校中，39校はなお私立大学が占める。しかもアムハースト，ウィリアムズ等の小規模カレッジさえ，学生数で二十数倍のワシントン，イリノイ等の州立研究大学といぜん基金額を競っている。かつて多大な公的予算を得ていた州立大学と，私立大学との財政構造の違いを今でも見せている。

　他の諸国と比べて，アメリカでの最上位の私立大学の活躍は目覚ましい。しかし，同じく重要でありながら見過ごされるのは私立大学間の巨大な格差である。3兆円の基金をもつハーヴァードのような少数校と，3桁の学生数を辛うじて確保し，基金も乏しい大多数の私立大学との間には雲泥の差がある。アメリカの大学で，学生の選抜機能以上に，研究・学修の環境として重要視される教員の質について，私立の▶リベラルアーツ・カレッジ同士で比較してみよう。最上位と評価される数校のリベラルアーツ・カレッジの教員のうち，平均8割がエリート大学たる▶アメリカ大学協会(AAU)加盟の60校のいずれかから，しかも約6割が加盟校の中でも上位の15校から博士号を取得している。それに対し中堅のリベラルアーツ・カレッジでは，AAU加盟校から博士学位を得ている教員は平均1割強に過ぎず，ましてやその上位校からの取得者はほぼ皆無である。中堅以下，さらには未認証の1200～1300校の私立カレッジについては推して知るべしである。私立大学はアメリカの特定の大学の水準を測

る基準をなんら提供しない。「私立大学」に着目する意義は，世界に通用する大学のうちの十数校が，アメリカではなぜ私立大学なのかを問うことであろう。

立川 明

[ヨーロッパ]

ヨーロッパ諸国の大学は，主要な大学の多くが国立(州立)であるという点に特色がある。大学はもっぱら政府によってその財源が確保されてきた。高等教育は国が責任をもつものとされ，近年その見直しが迫られているが，多くの国々で授業料が徴収されてこなかった。

[イギリス]　大学は1992年以前からある旧大学と，1992年以降に大学となった新大学に分類される。オックスフォード，ケンブリッジなどに代表される前者は，国王の勅許状(ロイアル・チャーター)によって設立された自治団体であり，国立・公立・私立といった設置形態による区分はない。勅許状の付属文書として添えられた各大学の「大学規程」にもとづき運営される。後者は，地方教育当局(LEA)により1960年代に設立された▶ポリテクニク，高等教育カレッジなど，実学中心の非大学高等教育機関が一定の要件を満たした場合に，各機関の申請にもとづき枢密院の審査を経て大学の名称の使用が認められたものである。新旧大学(ユニバーシティ)ともに，独立法人化され国からの資金で運営されているが，バッキンガム大学のように，政府から補助金を受けていない大学もある(勅許状は受けている)。

[フランス]　大学は学術的・文化的・専門的性格をもつ公施設法人(▶EPSCP)であり，基本的に国の機関である。フランスでは私立の高等教育機関が「大学」と称することは法的に禁じられている(教育法典第L.731-14条第1項)。私立の高等教育機関としては，カトリック系の宗教団体などによって設置・維持されている小規模なものが約20校あるが，その在学者数は高等教育全体の約2%にすぎない。

[ドイツ]　大学は「公法上の団体であり，同時に国の機関」であるとされており，設置者は州(Land)が一般的である。連邦立の大学は，国防軍の兵士を養成する▶連邦軍大学などごく一部にすぎない。私立大学については「国により承認された大学」と位置付けられているが，その多くは教会が設立する教会立のものである。1998年に▶大学大綱法が改正され，「従来とは異なる法的形態」，たとえば財団の形態で設立されることも可能となり，近年アメリカ型の私立ロー・スクール，▶ビジネス・スクールなども設置されるようになってきている。これらの大学では高額の授業料が徴収されるが，進学者は増加している。

　そのほかのヨーロッパ諸国についてみると，イタリアの大学は「教育，研究，組織，財務，会計などの点で自立性をもつ公法人」とされているが，私法上の財団法人への転換も可能になっている。スペイン，ポルトガルなどの南欧諸国，スウェーデン，

フィンランドなどの北欧諸国の大学においても国立大学が主体であり，私立大学の比重は小さい。東欧諸国の大学も，旧社会主義の時代の設置形態を引き継ぎ，多くの大学は国の機関である。

木戸 裕

→ 大学の設置形態(テーマ編)，大学予科，公立大学，大学昇格運動，チャーターリングとアクレディテーション，営利目的の大学，州立大学の私学化

[概説]◎舘昭『原理原則を踏まえた大学改革を』東信堂，2013.
◎日本私立大学連盟編『私立大学マネジメント』東信堂，2009.
◎フェデリック・ルドルフ，阿部美哉・阿部温子訳『アメリカ大学史』玉川大学出版部，2003.
[日本]◎天野郁夫『近代日本高等教育研究』玉川大学出版部，1989.
◎寺﨑昌男，成田克矢編『学校の歴史第4巻 大学の歴史』第一法規出版，1979.
◎社団法人日本私立大学連盟編『私立大学マネジメント』東信堂，2009.
[アメリカ合衆国]◎Geiger, Roger L., *Knowledge and Money*, Stanford University Press, 2004.
[ヨーロッパ]◎寺倉憲一「大学のガバナンス改革をめぐる国際的動向」『レファレンス』766号，2014.11.

私立大学戦略的研究基盤形成支援事業
しりつだいがくせんりゃくてきけんきゅうきばんけいせいしえんじぎょう

文部科学省による私立大学に対する支援事業。私立大学が各々の経営戦略に基づいて行う研究基盤の形成について支援する。外部の学識経験者で構成する「私立大学戦略的研究基盤形成支援検討会」において，各大学が提出する研究プロジェクトについて，①研究プロジェクトの意義と必要性，②研究内容の妥当性，③研究組織の妥当性，④事業費の妥当性という評価項目に基づき審査，選定する。採択された研究プロジェクトは，研究に必要な施設の新増改築，改造工事，機械，器具等について一体的に支援される。期間は原則として「研究拠点を形成する研究」については5年間，「大学の特色を活かした研究」および「地域に根差した研究」については3年間となっている。採択数は，2008(平成20)年度98事業，2009年度61事業，2010年度77事業，2011年度61事業，2012年度62事業，2013年度71事業，2014年度61事業，2015年度59事業となっている。　佐々木 研一朗

◎文部科学省「私立大学戦略的研究基盤形成支援事業」：http://www. mext. go. jp/a_menu/koutou/shinkou/07021403/002/002/1218299. htm

私立大学等研究設備整備費等補助
しりつだいがくとうけんきゅうせつびせいびひとうほじょ

▶文部科学省はさまざまな方法で▶私立大学への助成を行っている。そのうち最大のものは▶日本私立学校振興・共済事業団を通じての私立大学等経常費補助である。第2に私立大学・大学院等教育研究装置施設整備費補助がある。これは学術研究

の振興，高等教育の高度化を推進するため，私立大学等の研究施設，大型の教育研究装置の整備についての補助である。私立大学等研究設備整備費等補助は第3の規模である。この補助金は，私立大学における学術の研究を促進するため，私立大学の研究設備の購入経費を国が補助することで，学術の振興に寄与することを目的としている。これは，もともと1957年(昭和32)に制定された「私立大学の研究設備に対する国の補助に関する法律」による。現在は私立の大学のみならず▶短期大学等の特色ある教育を促進するため，教育基盤設備の整備に要する経費の一部を補助する。研究設備には▶基礎研究に必要な機械，図書その他の設備，教育基盤設備は電子計算機その他の情報処理関係設備が当たる。　丸山 文裕

→ 私立大学の財政・財務

私立大学の研究設備に対する国の補助に関する法律
しりつだいがくのけんきゅうせつびにたいするくにのほじょにかんするほうりつ

私立大学における学術の研究を促進するため，私立大学の研究設備の購入に要する経費について国が補助を行うことを定めた法律。1957年制定(昭和32年法律第18号)。当時の科学技術振興政策の一環としてではあったが，私立大学等における経常費補助制度に先駆け，早い時期にとられた私立大学に対する補助制度として注目される。本法によれば，国は▶学校法人に対し予算の範囲内において，その学校法人の設置する大学(短期大学を除く)が行う学術の基礎的研究に必要な機械，器具，標本，図書その他の設備の購入に要する経費の3分の2以内を補助できるとされている(2条)。この法律および関連法令によって国から学校法人に対して支出される補助金は，「私立大学等の教育研究装置・施設の整備費に対する補助」として，「私立大学等経常費補助」や「私立高等学校等経常費助成費等補助」などと並ぶ予算項目として立てられており，大きな役割を果たしている。　山本 眞一

→ 補助金収入

私立大学の財政・財務 しりつだいがくのざいせい・ざいむ

日本私立学校振興・共済事業団『今日の私学財政—大学・短期大学編』によれば，2010年(平成22)に医歯系法人を除く492大学法人の消費収支状況において，収入構成は▶学生納付金73％，手数料3％，▶寄付金3％，補助金12％，事業収入3％，その他4％である。支出については人件費53％，教育研究経費31％，管理経費9％，資産処分差額3％，その他1％である。

　▶私立大学における財務構造の特徴の一つは，

収入において学生納付金依存度が高いことである。これは日本の私立大学が設立された明治時代から概ね変わってはいない。▶帝国大学や▶官立大学の補完機能を果たすべく設立された私立大学は，法律学，経済学，商学といった社会科学教育を中心として，法律専門職，役人，ホワイトカラーの養成を行ってきた。教育コストが高価で，実験演習施設が必要な自然科学，医学，工学系と異なって，社会科学では講義室さえあれば，少ない教員により大量の学生の教育が可能であった。そして，そこでは▶授業料収入のみでも経営が成立していた。

　私立大学の設置が法的に定められるのは，1918年(大正7)の▶大学令であり，当時の設置主体は財団法人である。これは政府が，学生の授業料収入だけでは大学の運営にさまざまな支障をきたすことを危惧し，財政的基礎を重視したためである。そこでの経営理念は，基本財産の供託を行い，そこから生ずる利子収入によって大学の経費を賄うというものであった。もちろんそれを実現することができた私立大学はほとんどなかった。

　▶国立大学や▶公立大学の授業料収入は全体の12〜13%であるので，私立大学の学生納付金依存度はすこぶる大きいと判断できる。このため日本の私立大学の財政状況は不安定であり，第2次世界大戦後，私学経営の危機が幾度か表面化した。最初の危機は1960年代終わり，大学教育需要が急拡大していたころに訪れた。高度経済成長によって，労働市場では大学卒業者の需要が増加し，また国民所得の向上によって大学進学希望者も増加した。私立大学は大学教育拡大の担い手となり，全国で私学の新設拡張が行われた。多くのキャンパス建築が進められたが，基本財産を持たない私学の多くは金融機関からの借入れにより建築費を賄った。

　当時のインフレ経済下，返済額の増大と教職員人件費の高騰により，経営が困難になった▶学校法人も出てきた。大学によっては授業料を値上げし，定員以上の学生を在籍させ，収入を増加しようと試みた。しかし全国で▶学生運動が勃発し，そのターゲットは授業料値上げと，質の低いマスプロ教育に対する反対であった。授業料値上げは困難となり，授業も開講されない大学も出てきた。そこで政府は，私学団体の強い要求もあって，1970年(昭和45)から▶私学補助を本格化させた。私学補助が開始されたころ，大学の大都市抑制策もとられることになった。これによって大学の量的拡大が抑制された。大学教育供給は制限され，売り手市場となり，学生運動の鎮静化もあって私学の授業料が値上げされた。私学助成と授業料値上げで私学教育の質は高まり，その結果，私学経営は持ち直す。

　私学経営の危機は，18歳人口の減少が顕著となった2000年代からも顕在化する。18歳人口は1992年の205万人から，2010年の122万人と4割近く減少した。大学教育需要の減少により，定員割れ大学は4割にも達する。『今日の私学財政―大学・短期大学編』によれば，私学の財政状況を総合的に表す帰属収支差額比率は，1995年に15%を超えていたが，2010年には6.5%に低下する。消費支出が帰属収入を超える赤字の学校法人は4割近くある。財政状況は立地，規模によっても異なり，都市部にある大規模法人は経営が比較的安定しており，地方の小規模法人は経営が厳しいといえる(両角，2012)。

　18歳人口減少に比べて，これまで閉校する大学が少ないのは，学校法人の保有する資産ストックと大学進学率の上昇が背後にある。▶進学率上昇は，大卒労働需要の増加ではなく，高卒労働需要が減少したため，大学進学を選択せざるを得ない若者が増えたことによると推測される。また大学側の改革も見逃せない。▶短期大学から4年制大学への転換，都心へのキャンパス移転，共学化，そしてIT，国際，ビジネス，教員養成，介護福祉，薬剤師養成，看護師養成など労働需要のある分野への改組等，大学の経営努力がなされている。

　日本の私学のストック形成に寄与してきた制度の一つは，1971年に導入された▶学校法人会計基準である。これは私学を運営する学校法人のみに適用され，ほかの会計基準にはない基本金組入れ制度がある。これは私学の▶基本金を拡大させ，経営を安定させるよう設計されたと解釈されている。基本金には4種類あり，第1号基本金は法人がすでに取得した教育用の固定資産である。第2号は将来取得するための教育用固定資産に充てられる。第3号は▶奨学金や研究のための資金，第4号は当座の経営資金である。私学は収支決算の前に収入の一部を基本金に繰り入れる。移転額は私学の裁量により，1980年には25%程度であり，近年は15%以下である。これによって基本金を増加させた私学法人がある。▶寄付によって設立されたアメリカ合衆国の私学には，基本財産から経常費への資金移転があるが，日本の私学はこの基本金組入れ制度によって，経常費から基本金への移転が生じることになる。経常収支の赤字は，このストックにも徐々に影響を与え始めている(両角，2012)。

丸山 文裕

→大学の財政(テーマ編)，私立大学法制，進学率，日本私立学校振興・共済事業団，事業活動収入

◎両角亜希子「私立大学の財政―現状と課題」，日本高等教育学会編『高等教育研究』第15集，2012.

私立大学法制 | しりつだいがくほうせい
the legal system on private universities

▶学校教育法(1947年制定)は，当該の法律の定める学校とは幼稚園，小学校，中学校，義務教育学校，高等学校，中等教育学校，特別支援学校，大

学及び高等専門学校であるとし(1条)，さらにそれらを設置できるのは国，地方公共団体および▶私立学校法に規定する▶学校法人のみと規定している(2条)。このうちの学校法人の設置する学校が私立学校とされるものであり，そのあり方は私立学校法に示されている。私立学校法は，その目的を「私立学校の特性にかんがみ，その自主性を重んじ，公共性を高めることによって，私立学校の健全な発達を図ること」(1条)として，学校法人についての通則，設立，管理，解散，助成および監督について定め，その骨格を示している。

学校の設置は，学校教育法によって「文部科学大臣の定める設備，編制その他に関する設置基準に従い」なされなければならないとされており(3条)，大学についての基準には▶大学設置基準(1956)を基軸に，▶大学院(1974)，▶短期大学(1975)，大学通信教育(1981)，短期大学通信教育(1982)，専門職大学院(2003，括弧内は制定の年)，専門職大学・専門職短期大学(2019年施行)の設置基準がある。そして私立大学の場合は，▶公立大学とともに，その設置・廃止，設置者の変更等において文部科学大臣による認可を受けなければならないとされており，そのことは大学そのものだけでなく，学部，大学院および大学院の研究科にも及んでいる(学校教育法4条)。学校教育法はさらに，文部科学大臣は私立大学について，公立大学とともに，設備，授業その他の事項について，法令の規定に違反していると認められるときは，必要な措置をとるべきことを勧告することができ，当該勧告に係る事項が改善されない場合には，その変更を命ずることができ，なお勧告事項が改善されない場合には，当該学校に対し，当該勧告事項に係る組織の廃止を命ずることができる，としている(15条)。

私立大学については，日本国憲法に「公金その他の公の財産は，宗教上の組織若しくは団体の使用，便益若しくは維持のため，又は公の支配に属しない慈善，教育若しくは博愛の事業に対し，これを支出し，又はその利用に供してはならない」(89条)と明記されているものの，私立学校法によって「国又は地方公共団体は，教育の振興上必要があると認める場合には，別に法律で定めるところにより，学校法人に対し，私立学校教育に関し必要な助成をすることができる」(59条)と定められ，該当の法律である▶私立学校振興助成法(1975年制定)は，国が私立大学等を設置する学校法人に対し，経常的経費の2分の1以内の補助ができることを定めている(4条)。この矛盾を糊塗するかのように，2006年制定の新たな▶教育基本法で「国及び地方公共団体は，その自主性を尊重しつつ，助成その他の適当な方法によって私立学校教育の振興に努めなければならない」(8条)と規定して助成を正当化したが，違憲問題としては解決したわけではない。

また，当初は2分の1までを目途に，3分の1ほどまで増加した経常費補助は，その後は比率を下げ，現在ではほぼ1割程度の水準で推移している。国からの経常費補助を受けることによって，私立学校振興助成法にもとづき定められた省令の学校会計基準に従うことが求められるなど，一面では透明性の向上がなされ，他面では大きな拘束を受けるようになっている。

なお私立大学については，学校教育法では，同法に定める学校を設置できるのは国，地方公共団体および私立学校法に規定する学校法人のみと規定しているにもかかわらず，2002年制定の構造改革特別区域法では，「地方公共団体が，その設定する構造改革特別区域において，地域の特性を生かした教育の実施の必要性，地域産業を担う人材の育成の必要性その他の特別の事情に対応するための教育又は研究を株式会社の設置する学校」(12条)を認めるとしており，営利企業たる学校設置会社による設置を認めている。これは一般法に対する特別法の優位として法律制定の原則としては認められていることであるが，法制としての仕組みがわかり難いことも確かである。

また学校法人が設置すれば私立大学という規定は，国の出資による▶放送大学，地方公共団体の出資による▶自治医科大学のような大学も私立に分類されるという奇妙な現象を生んでいる。このことは実質的な設置者によって公私を分かつ国際標準の分類とは相いれない。また日本では国立，公立，私立と区分し，英訳をnational, public, privateとしているが，国立も英語ではpublicにあたり，それぞれをnational public, local public, privateとするのが正確である。ちなみに公立の「公」は地方公共団体の「公」からきているとみられるが，国(中央)と対置されるのは「公」の部分ではなく「地方」であるから，語呂は良くても論理的には誤りである。さらには，たとえばアメリカ合衆国では公的な経常費の補助を受けている大学はプライベートには分類されない。そして私立大学への助成は，大学に直接行う機関補助ではなく，学生への▶奨学金を通じての個人補助となっており，結果として私立大学を支える間接補助になっていることから，日本の私立大学助成もそうした個人補助型をとるべきだとする主張がある。　　　　　　　　　　　　　　　　　舘 昭

→私立大学の財政・財務，国立大学法制，公立大学法制，国際標準教育分類

◎舘昭『原理原則を踏まえた大学改革を』東信堂，2013.
◎日本私立大学連盟編『私立大学マネジメント』東信堂，2009.

仁愛大学[私立]｜じんあいだいがく
Jin-ai University

1951年(昭和26)設置の学校法人福井仁愛学園により2001年(平成13)に開学。学校法人仁愛学園

は，禿了教・すみ親子による1898年（明治31）の婦人仁愛会教園を起源とする。建学の精神は，仏教的人間観たる「仁愛兼済」であり，その精神の理解を深める「仏教の人間観」などの全学共通科目が開設されている。福井県越前市大手町にキャンパスを構え，2017年5月現在，2学部1研究科に1154人の学生を収容。2005年開設の大学院人間学研究科心理学専攻は，福井県内唯一の日本臨床心理士資格認定協会第一種指定を受ける。県内すべての4年制大学（ほかは福井大学，福井県立大学，福井工業大学，敦賀市立看護大学）による地方創生推進事業に参加し，地域の持続的発展にも力を入れる。

平野 亮

新エネルギー・産業技術総合開発機構
しんエネルギー・さんぎょうぎじゅつそうごうかいはつきこう
New Energy and Industrial Technology Development
<u>Organization</u>: NEDO

1970年代に世界を襲った2度のオイルショックとエネルギーの多様化が求められるなかで，新たなエネルギー開発の先導役として1980年に「特殊法人新エネルギー総合開発機構」として設立された。1988年に産業技術研究開発業務を追加し，現在の名称である「新エネルギー・産業技術総合開発機構」に改組された。2002年に「独立行政法人新エネルギー・産業技術総合開発機構法」が成立・公布され，2003年に独立行政法人化された。2015年には，独立行政法人のなかでも研究開発を主たる事業とする国立研究開発法人となった。日本最大級の公的研究開発マネジメント機関として，新エネルギーの利用拡大と省エネルギーの推進による「エネルギーの安定供給と地球環境問題の解決」と，産官学の結集をとおして新技術の市場化を目指した「産業技術力の強化」の二つのミッションをもつ。本部は神奈川県川崎市にある。職員数は約940名（2017年4月現在）。

木戸 裕

神学部 しんがくぶ
Faculty of Theology

理念的にはキリスト教以外の諸宗教においても，また特定宗教に限定しなくても「神学」はありうるが，諸外国や日本に現実に存在する神学部は，キリスト教的な神学概念に基づくものに限られると言ってよい。神学部を構成する学問分野としては聖書学，歴史神学，組織神学（教義学など），実践神学（倫理神学，典礼学，宣教学など）などがある。ただし，近年は研究対象としてはキリスト教以外の諸宗教等が扱われることも珍しくない。大学神学部の役割は，伝統的には神学の理論的研究と教育ならびに聖職者養成であるが，現在は大学の性格や大学の諸教派との関係などによって，聖職者養成を目

的とする神学校が神学部とは別に存立する場合もある。

［中世の大学と神学部］
西洋の大学において，神学は大学そのものの起源と深く結びついている。12～13世紀に制度的に確立した最初期の大学は，論理学や自然学などの基礎的な学問（いわゆる自由学芸，▶リベラルアーツ）の教育を行う自由学芸学部と，それらを修めたあとに学ぶべき上位の学問の教育を行う神学部，▶医学部，▶法学部とからなるものであった。ただし，すべての大学にこれらの専門諸学部全部が備わっていたわけではない。

学生は14～15歳で大学に入って，7年程度自由学芸を学んだのち，神学部に入学する。授業は大きく▶講義と討論に分かれていた。講義は聖書ならびに当時の神学教育の標準的テクストであったペトルス・ロンバルドゥスの『命題集』等を扱うものであった。同書は，神学上の主要な主題について，聖書やキリスト教著作家（教父ら）のテクストの中からとられた諸命題を収集し，体系的に整理したものであり，これを通して学生はそれらの主題に精通するとともに，キリスト教の知的遺産を身につけることができた。討論は中世の大学で発達した授業形式であり，特定の主題に関して肯定・否定の諸論拠を対置させて整理し，その中から解答を見いだしていくものであり，学問的論証とならんで，神学や法学においてとりわけ重要な意味を持つ弁証術的議論の能力を磨くものであった。学生は7年ほどの修学ののち，さらに8年ほど講師として▶教授のもとで補助的な役割を務めたのち，空席の教授職があれば教授に就任することになっていた。ただし，教授職に至る学生は1割にも満たなかったと考えられ，残りは教会聖職者となった。

キリスト教を精神的支柱とする当時の社会において，神学は諸学の最上位に位置づけられており（「哲学は神学の婢」），神学部は最高の知性が集まり，優れた知的営為が行われる場であった。なかでも▶パリ大学と▶オックスフォード大学の神学部は，12世紀から13世紀にかけて西欧全体の神学研究の中心地であった。今日，中世哲学の名の下に語られるボナヴェントゥラ，トマス・アクィナス，スコトゥス，オッカムらもこれらの神学部で学び教えた神学者である。14世紀に入ると，ヨーロッパ各地に相次いで誕生した大学に神学部が設置され，その地域の聖職者養成を担うようになっていった。宗教改革者ルターももともとは神学部で学位を取り，その教授となった大学人であった。

［近世以降の神学部］
宗教改革を経て，神学部も一般的にはカトリック神学部とプロテスタント神学部に二分されるようになる（一つの大学に両方が存在する場合もある）。また社会全体の世俗化の進行につれて，大学における神学の位置づけも相対的に低下し，哲学や人文

学，そこから分離した自然科学，社会科学などと並ぶ諸学の一つとして位置づけられるようになっていった。しかし，現在でも神学部を持つ欧米の大学は少なくなく，神学部は哲学，宗教学等の隣接諸学とも関連を持ちながら，大学における精神的領域の研究を担い続けている。

[日本の大学の神学部]
日本の大学における神学部は，聖職者や修道者の養成を目的とする神学校として▶キリスト教系大学に設置されたものがほとんどであり，学部数においても学生定員においてもきわめて限られた存在である。神学部があるのは，プロテスタント系大学では東京神学大学，東京基督教大学，同志社大学，関西学院大学，西南学院大学，カトリック系大学では上智大学である。このほか神学部ではないが，プロテスタント系の東北学院大学文学部総合人文学科やカトリック系の南山大学人文学部キリスト教学科のように，聖職者養成機関として認定されているものもある。他方，立教大学文学部キリスト教学科，京都大学文学部キリスト教学専修など，聖職者養成を目的とはしないが，神学部と重なる教育研究を行っている学部・学科もある。また，聖職者養成を使命とする神学部であっても，近年では聖職者を志望する学生は減少傾向にあり，理論的研究ないし教養として神学を学ぶコースを設ける場合も増えており，学部の性格や役割についての再検討が迫られている。
　　　　　　　　　　　　　　　　　　加藤　和哉

▶宗教と大学(テーマ編)，スコラ学，修道院，大学の概念(テーマ編)，学部の概念(テーマ編)

◎ジョン・マレンボン著，加藤雅人訳『後期中世の哲学──1150-1350』勁草書房，1989.
◎佐藤優『神学部とは何か──非キリスト教徒にとっての神学入門』新教出版社，2009.

進学率 | しんがくりつ
college-going rates

[進学率の定義]
進学率とは，ある教育段階に入学する者の割合をいい，その定義は統計ごとに異なっている。たとえば日本の「学校基本調査」では，「大学・短期大学進学率(過年度高卒者等を含む)」は，大学学部・短期大学本科入学者数(過年度高卒者等を含む)を18歳人口(3年前の中学校卒業者および中等教育学校前期課程修了者数)で除した比率を指し，「大学等進学率(通信教育部を含む)(現役)」は，高等学校等卒業者のうち，大学・短期大学の本科・別科および高等学校等の専攻科に進学した者の比率(通信教育部への進学を除く)を指す。日本では，高校卒業後の進路が進学または就職と比較的明確に分かれているため，上記の定義である進学率を用いやすいが，諸外国では大学への入学の過程が異なっており，また日本と比較して進学後に卒業に至る割合が低い国がほとんどであるため，▶大学へのアクセ

スを表す指標として進学率を使用しているとは限らず，▶バカロレア等の大学入学資格取得率，学士号取得率等を基準としていることがある。

[日本の大学進学率]
「学校基本調査」によると，1955年(昭和30)の「大学(学部)への進学率(過年度高卒者等を含む)」(以下，日本の進学率についてはこの数値を用いる)は7.9%であった。1960年代には，公私立大学の学科増設や学生定員変更の届出制への変更等により，▶私立大学が大きく規模を拡大した。また，1960年代後半に第1次ベビーブーム世代が進学した後に18歳人口が減少したことも重なって進学率が上昇し，72年には21.6%と初めて20%を超えた。1970年代に入ると，私立大学の無原則な量的拡大を見直し，大学の質を充実させることの重要性が指摘されるようになった。1975年に▶私立学校振興助成法が成立したことから，私学助成の膨張を防ぐために，私立大学の学科設置・定員変更が届出制から認可制に再び変更され，大都市部での私立大学新増設が原則禁止されるなど，大学の拡大は抑制された。このため進学率は，1975年の27.2%をピークとして，90年初頭まで25%前後に抑制されることとなった。
　1990年代以降は，大学に対する規制緩和により大学の新増設が進行し大学入学定員が増加したこと，第2次ベビーブーム世代以降の18歳人口が急激に減少したことにより，大学入学定員と大学入学希望者の差が縮小した。また，同時期に高校を卒業した女性の進学先の中心が従来の▶短期大学から4年制大学へと移行した。これらの要因が重なることで進学率は急上昇し，1994年(平成6)に30%，2002年には40%，2009年には50%を超えた。2016年の進学率は52%となった。2000年以降は，全体的な在学者規模は変わらないが，18歳人口が減少したため進学率も上昇しており，また大学入学希望者総数と大学入学定員総数が等しくなる大学全入時代が到来したといわれている。

[OECDにおける高等教育進学率]
OECD(経済協力開発機構)の定義による高等教育への進学率は，生涯のどこかでいずれかの種類の高等教育プログラムに進学が見込まれる人の割合を推定したものである。OECDの調査における2014年のOECD加盟国の高等教育全体(ISCED-2011の分類に基づく)への初回進学率(当該教育段階に初めて入学する学生の割合)は68%，このうち▶学士課程については59%であった。ただし，同調査では進学率の中に留学生が算入されており，各国の進学率に大きな影響を与えている。たとえば，留学生受入れを収入源としているオーストラリアにおける学士課程への進学率は94%であるが，留学生を除くと79%に下落する。

[ヨーロッパとアメリカ合衆国の進学率の変化]
ヨーロッパでは，大学はエリートを対象とした教育

526　　しんがくり　　　　　　　　　　　　　　　　　　大学事典

の場であり，イギリス，フランス，西ドイツの1960年以前における大学進学率は10％に満たなかった。各国が高度経済成長段階に到達した1960年代になると，エリート層ではない家庭からの大学への進学希望が増加し，また経済・産業の高度化に対応できる人材の育成が求められたことから，大学の量的拡大政策が進行した。一方で，私立大学を中心として量的拡大が進行した日本と異なり，ヨーロッパでは国立大学を中心に量的拡大が進められたため，拡大のために莫大な資金投入が必要となり，1960年代以降の大学の大衆化の中でも，時期は異なるものの各国とも進学率上昇を抑制している。1990年頃からは各国で大学に対する規制緩和が進むとともに，▶知識基盤社会に対応できる人材の育成を重視し，大学の量的拡大を図っている。OECD加盟国のうち，EU加盟21ヵ国の大学型高等教育(ISCED-1997の分類に基づく)への進学率は，1995年に35％であったのが，2012年には56％まで上昇している。近年では，EUは2020年を目標年度に据えた経済社会戦略である「欧州2020」において，EUにおける学士号取得者が3人に1人にとどまっていることを問題視し，30歳から34歳までの高等教育卒業人口比率を31％から少なくとも40％まで引き上げることを目標に掲げている。

　アメリカでは，第2次世界大戦後，4年制・2年制大学双方で大学の量的拡大が進行するなど，早くから高等教育の大衆化が進行しており，1965年には18～19歳人口に占める高等教育機関在学者の比率が35％に達し，85年には40％を超えた。OECDの調査における大学型高等教育(ISCED-1997の分類に基づく)への進学率は，1995年に57％であったのが，2012年には71％まで上昇している。しかし，マイノリティの人口増大，公財政の逼迫等の変化もあり，2005年に設置された連邦教育長官諮問委員会が翌年提出した最終報告(「スペリングス報告」)は，近年では世界的に見てアメリカの在学率が最高水準とはいえないと指摘し，マイノリティや低所得家庭出身者等を中心とした高等教育へのアクセス改善を訴えている。

黒川　直秀

→ 入学制度(テーマ編)，教育機会の平等

◎伊藤彰浩「大学大衆化への過程」『シリーズ大学2 大衆化する大学』岩波書店，2013.
◎文部科学省生涯学習政策局調査企画課『諸外国の教育改革の動向』ぎょうせい，2010.

シンガポール国立大学 [シンガポール]

しんがぽーるこくりつだいがく
National University of Singapore: NUS

シンガポールの最高学府。1905年設立の海峡植民地・マレー連合州政府立医学校(1913年キング・エドワード7世医学校，1921年同医学カレッジに改称)と28年設立のラッフルズ・カレッジが前身。1949年両校が合併し，ブキィティマ地区にマラヤ大学が開学した。1959年にクアラルンプール校(マレーシア)とシンガポール校に分かれ，62年後者がシンガポール大学(University of Singapore: US)となった。1980年にUSは東南アジア地域唯一の華語系大学・南洋大学を吸収合併してNUSとなり，現在のケントリッジ地区に移転した。2006年国立大学(教育省管轄下の法定機関)から自治大学に移行。2013年現在，学士課程2万7216人，大学院1万210人，教員2196人が在籍し，三つのキャンパスに16の学部・研究科等を有する。米・中・欧・印・イスラエルに八つの海外キャンパスを構え，2011年には▶イェール大学(アメリカ)と合同カレッジ(Yale-NUS College)を設立。40ヵ国の大学と300以上の交換プログラムを提携し，将来指導的立場に立つグローバルな人材を育てている。2015/16年のQS社の大学ランキングではアジア第1位。

池田　充裕

審議会行政 [しんぎかいぎょうせい]

advisory councils for decision-making

審議会は，国や自治体(地方公共団体)の行政組織に附属する合議制の諮問機関である。意見調整的機関である協議会が関係行政機関職員や関係団体の利益代表者を構成員とするのに対し，審議会は学識経験者を主たる構成員とすることが多い。審議会の役割は，重要事項について調査・審議を行い，「答申」(大臣等の諮問に対して意見を述べる)および「建議」(自発的に意見を表明する)を行うことにある。国レベルで省庁等に置かれる審議会については，国家行政組織法8条において，国の行政機関には「重要事項に関する調査審議，不服審査その他学識経験を有する者等の合議により処理することが適当な事務をつかさどらせるための合議制の機関を置くことができる」と規定されている。これを受けて▶文部科学省には，▶中央教育審議会(中教審)をはじめとする審議会等がいくつか置かれている。

　文部科学省に置かれる審議会等は，中央教育審議会のほか，教科用図書検定調査審議会，▶大学設置・学校法人審議会，科学技術・学術審議会，文化審議会，宗教法人審議会，国立大学法人評価委員会，国立研究開発法人審議会である。この他にも特定の事項について調査研究協力者会議等があり，またスポーツ庁にはスポーツ審議会が置かれている(2017年度現在)。これらのうち，教育政策の全体的方向性について大きな影響を与えるのが中央教育審議会である。そのおもな任務は，①「教育の振興及び生涯学習の推進を中核とした豊かな人間性を備えた創造的な人材の育成に関する重要事項，スポーツの振興に関する重要事項を調査審議」すること，②「生涯学習に係る機会の整備に関する重要事項を調査審議」すること，③「法

令の規定に基づき審議会の権限に属させられた事項を処理すること」である。中央教育審議会には教育振興基本計画部会と四つの分科会(教育制度分科会，生涯学習分科会，初等中等教育分科会，大学分科会)が置かれている(2017年度現在)。このうち大学分科会は「大学及び高等専門学校における教育の振興に関する重要事項」をおもな所掌事務としている。

　教育に関する重要事項について大臣から審議会に諮問を行い，その答申に基づいて，あるいはそれを参考にしながら教育行政を進めていくことについては，いくつかの利点があるとされる。審議会を通じて学識経験者等の助言を得ることができ，政策に専門的な知識や経験を反映できること，第三者の意見・見解を取り入れることにより官僚の独善を排し，行政の公正化・中立化を図ることができ，またさまざまな利害関係の調整ができること，政権交代や内閣改造により生じうる教育政策の激変を緩和し，文教政策にある程度の一貫性を保つことなどが挙げられる。

　しかしながら，その一方で問題点も指摘されている。まず，審議会が諮問機関として位置づけられている場合，その答申が拘束力を持たない点である。答申の内容はあくまでも参考としての位置づけであり，それを無視して政策を推進することも可能である。ただ，実際には審議会が答申で打ち出した方針に従って教育行政が進められることが多い。この点に関しては，委員に文部科学省への反対派が少なく人選に偏りがあるという指摘や，独自の調査研究機関や事務局を持たない(これらを文部科学省に依存している)ために，行政当局による審議会の方向付けが行われているという指摘もある。このように，審議会制度は行政当局の「かくれみの」となり，行政責任を不明確化する危険性もある。しかし，このような問題点があるからといって審議会制度を廃止することは，外部の意見等を政策・行政に反映させる重要な機会を失うことに繋がる。より公正な運用を期していくことの方が適切と考えるべきであろう。

　さて，近年においては，内閣総理大臣の私的諮問会議や協力者会議などの提言を受けて，文部科学大臣が中教審に諮問するパターンが多く見られる。たとえば，第2次安倍政権においては，教育再生実行会議が大学教育等のあり方や高大接続・入試改革について提言を行い，その後にこれらの問題について中教審で審議が行われている。両者の役割分担について法的規定があるわけではなく，不明確であり，かえって混乱を招く危険性も懸念される。　　　　　　　　　　　　　　服部　憲児

→大学審議会，臨時教育審議会，国立大学法人評価

◎教育制度研究会編『要説 教育制度 全訂版』学術図書出版社，1991.

新公共経営 →NPMと大学改革

新構想大学 | しんこうそうだいがく

1970年代から80年代にかけて，新しい構想のもとに設立された国立大学群。戦後改革で生まれた▶講座を基礎に学部教授会自治を軸とした新制国立大学は，その閉鎖性や学問的停滞などの問題を抱え，さらに1960年代から70年代にかけての▶大学紛争を自力で解決できず管理体制の不備を露呈した。こうした状況下で，在来線に対する新幹線敷設の発想で唱えられたのが「新構想大学論」で，1973年(昭和48)の▶学校教育法・▶国立学校設置法・▶教育公務員特例法の一括改正，いわゆる「筑波大学法」の成立によって法的に可能となり，同年の学長権限を強化して学部教授会を置かず，学群・学系制をとって学術の新規性と社会への公開性を謳う筑波大学の設置によって現実のものとなった。

　その後，1974年以降に一県一医大政策に基づき設置された11の単科の国立医科大学，76年設置の▶高等専門学校に接続する形で設計された二つの技術科学大学，78年と81年に設置された現職教員対象の大学院を中心とする三つの新教育大学，88年から97年にかけて設置された四つの

表｜新構想大学の一覧

総合大学	筑波大学(1973)
医科大学	浜松医科大学(1974)，宮崎医科大学(1974 現，宮崎大学医学部)，滋賀医科大学(1974)，富山医科薬科大学(1975 現，富山大学医学部・薬学部)，島根医科大学(1975 現，島根大学医学部)，高知医科大学(1976 現，高知大学医学部)，佐賀医科大学(1976 現，佐賀大学医学部)，大分医科大学(1976 現，大分大学医学部)，福井医科大学(1978 現，福井大学医学部)，山梨医科大学(1978 現，山梨大学医学部)，香川医科大学(1978 現，香川大学医学部)
技術科学大学	長岡技術科学大学(1976)，豊橋技術科学大学(1976)
新教育大学	上越教育大学(1978)，兵庫教育大学(1978)，鳴門教育大学(1981)
大学院大学	総合研究大学院大学(1988)，北陸先端科学技術大学院大学(1990)，奈良先端科学技術大学院大学(1991)，政策研究大学院大学(1997)
特殊分野大学	図書館情報大学(1979 現，筑波大学情報学群知識情報・図書館学類)，鹿屋体育大学(1981)，筑波技術短期大学(1987 現，筑波技術大学)
通信制大学	放送大学(1983)
短期大学	高岡短期大学(1983 現，富山大学芸術文化学部)，筑波技術短期大学(前出)

( )内の数字は設置年

▶大学院大学や，79年設置の図書館情報大学，81年設置の鹿屋体育大学，87年設置の筑波技術短期大学の三つの特殊な分野の▶単科大学，83年設置の放送大学および同年に日本版▶コミュニティ・カレッジのモデル校として設置された高岡短期大学が，管理体制の強化や新分野の開拓および公開性の強化などにおいて新構想大学の範疇に入る。しかし，在来線に対する新幹線ほどの投資が新構想大学にはなされておらず，既存大学に並立する存在になっているわけではない。その先導性は既存の大学に影響を与えつつも，現在，既存大学側の改革の進行や行政改革にともなう合併の渦のなかで，新構想の意味づけが問い直されている。

舘 昭

→学部自治，教授会，イギリスの新構想大学

新時代の大学院教育（中央教育審議会答申）
しんじだいのだいがくいんきょういく
Graduate Education for the New Age

2005年の▶中央教育審議会答申で，副題が「国際的に魅力ある大学院教育の構築に向けて」とされている。本答申の題目には，大学院関係の審議会答申としては初めて，大学院に教育の語が付され，「大学院教育の実質化」の標語のもとで，大学院における組織的な教育の必要が強く意識されたことが示されている。さらに本答申は，同年1月の大学院を含む高等教育全般に対する答申「▶我が国の高等教育の将来像」に「国際的通用性のある大学教育または大学院教育の課程の修了に係る知識・能力の証明としての学位の本質を踏まえつつ，今後は，教育の充実の観点から，学部や大学院といった組織に着目した整理を，学士・修士・博士・専門職学位といった学位を与える課程中心の考え方に再整理していく必要があると考えられる」として，日本の大学院制度特有の欠陥を正す必要が提起されたことを受けて審議された点で画期的であった。しかし，この答申で，当該の問題を検討する際には「学士，修士，博士のそれぞれに係る課程の在り方や相互関係，大学，大学院，学部といった法令上の用語の使われ方の再整理等も視野に入れつつ，検討が進められていくことが望まれる」と意識されながらも先送りされ，実質的な画期性はもちえなかった。

舘 昭

信州大学［国立］ しんしゅうだいがく
Shinshu University

1949年（昭和24）に松本医科大学をはじめとする長野県下の七つの機関を包括・併合して設立された国立大学。開設以来，学部・大学院の改組拡充が行われ，2016年（平成28）5月現在，長野市，上田市，松本市，南箕輪村の4市村に五つのキャンパスを有し，人文，教育，経済，理，医，工，農，繊維の8学部7研究科，学生1万909人を抱える総合大学へと発展している。2009年「信州大学ビジョン2015」が策定され，「オンリーワンの魅力あふれる地域拠点大学」を目標に地域ブランド，イノベーション・マネジメントの分野の研究が推進された。また，2010年に創立100周年を迎えた国内唯一の繊維学部では，ファイバー工学の分野で最先端の研究を実施している。そのほかにもナノテクノロジー，ものづくり，健康と長寿，高度先進医療，機能性食料，山岳科学などの研究分野において国内外から注目される。

福井 文威

新制大学 しんせいだいがく
university under the new system

新制大学は▶学校教育法（昭和22年3月31日法律第26号）によって法制化された。同法制定に伴い，▶帝国大学令（1947年に国立総合大学令と改称）など学校種別ごとに単行勅令で規定されていた諸勅令はすべて廃止された。第2次世界大戦前の大学が「国家ニ須要ナル学術ノ理論及応用ヲ教授」（大学令1条）する機関として，▶高等学校（旧制）以下の諸教育機関とは異なる位置づけを与えられていたのに対し，戦後は学校教育法により学校体系の一環として位置づけられた。学校教育法52条では「大学は，学術の中心として，広く知識を授けるとともに，深く専門の学芸を教授研究し，知的，道徳的及び応用的能力を展開させることを目的とする」とし，新制大学では旧▶大学令における大学の国家への従属が否定された。

1947年（昭和22）国・公・私立大学を会員とし，大学の水準向上と適格判定にあたる▶大学基準協会が設立され，新制大学の発足に際しその設置を認可するための大学基準（1956年に文部省令として▶大学設置基準が制定され，大学基準は大学基準協会の会員校資格審査の基準となった）を採択した。この大学基準は，文部大臣の諮問機関である大学設置委員会（1948年に大学設置審議会に改称）の基準として採用され，戦後大学制度の基本を決めていくこととなった。大学基準に示された，外国語教育・保健体育教育・一般教養科目（1950年に一般教育科目に改称）からなる一般教養課程は新制大学に必置のものとなり，新制大学の性格を特徴づけることとなった。1948年には私立大学11校と公立大学1校，49年には国立大学70校，公立大学17校，私立大学81校が新制大学として発足した。

井上 美香子

→戦後改革と新制大学，大学の設置形態（テーマ編），日本の大学（テーマ編），日本の大学改革

◎天野郁夫『新制大学の誕生——大衆高等教育への道』上・下，名古屋大学出版会，2016.
◎海後宗臣，寺﨑昌男『戦後日本の教育改革9 大学教育』東京大学出版会，1969.

新設学部の動向|しんせつがくぶのどうこう

学部は大学の最も基本的な組織単位の一つであり，とくに日本では教育や研究の単位としても，教員の所属単位としても大きな重要性をもってきた。したがって学部設置の動向は，大学の変化をみることと少なからず重なるといってよい。以下では日本の大学学部の設置状況を歴史的に概観する。

[旧学制期]
1877年(明治10)に日本最初の近代的大学として東京大学が創設された際に置かれたのは文，理，法，医の4学部である。1886年の▶帝国大学発足とともに工科大学(以後学部に相当するものは▶分科大学となる)が加わり，1890年には農科大学も設置される。以後ほぼ30年間にわたって，分科大学の種類はこれら6種に限られた(ただし，京都帝国大学に理工科大学が一時存在した)。大正期には▶大学令(1919年施行)により，分科大学はふたたび学部へと名称が変更され，その種類に経済と商が加わって「法学，医学，工学，文学，理学，農学，経済学及商学」の8種類となり，さらに「特別ノ必要」がある場合に「前項ノ学部ヲ分合シテ学部ヲ設クルコトヲ得」ることが明記された。旧学制期末期の1948年(昭和23)に「分合」学部は法文，文理，政治経済，理工の4種類であった(それ以前には法経，商経，経商といった学部も一時存在した)。このように旧学制期に学部の種類は増加傾向にあったとはいえ，せいぜい十数種類にとどまり，基本的にはオーソドックスな学問分野を基盤とした学部に限定された時代であった。

[新学制期─1970年代まで]
▶新制大学の発足とともに若干状況が変わってくる。▶大学基準協会による大学基準(1947年)では，大学令と同じく8種類の学部が例示されるとともに，「その他学部として適当な規模内容があると認められたもの」も加えられ，さらに従来と同じくそれらの学部の「分合」もあり得るとされた。新学制期に入った直後の1950年においてすでに，「その他」の学部として「歯」「学芸」「教育」「外国語」「商船」「経営」「鉱山」「電気通信」「薬」「園芸」「獣医」「水産」「芸術」「美術」「音楽」「家政」「社会」「体育」「神」「仏教」「教養」といった多数の新しい種類の学部が設立され，その数は合計で50種に達していた。この背景には，多様な専門分野をもつ▶専門学校レベルの旧制高等教育機関が新制大学化され，そのために旧学制期には認められなかったさまざまな学部が一挙に設立されたという事情が働いている。その後，1956年の▶大学設置基準で，学部の例示に「歯学」が加わる。以後，1991年(平成3)の大学設置基準改定で学部種類の例示が削除されるまで，その内容は変わらなかった。
1950年代は，引き続き新制大学の設立が続く中

で学部数は増加したが，学部の種類はほとんど増えていない。福祉系学部がこの時期に初めて登場するが，当時はまだ広がりをもたなかった。1960年代は大学の大拡張時代となり，学部数の増加は著しいが，学部の種類は50年代に続いてあまり増えず，理工系拡充策を受けての▶工学部や，文や経済などの旧学制期以来の伝統的学部の新設が大半を占めた。1970年代はその半ばから始まる大学規模の抑制政策によって，設立される学部数の増加にブレーキがかかった。この時期に目立ったのは，「無医大県解消政策」(一県一医大政策)による▶医学部設置などの医歯薬系の学部新設である。他方，学部の種類は以前の時期よりも増加傾向を見せた。とくに国立の▶新構想大学(筑波大学など)での新学部・学群設置や教養部改組による学部設置などがなされたからである。そしてまだ少数とはいえ，国際・環境・情報を冠する学際学部も私立大学を中心に登場し始めた。

[1980年代以降]
1980年代前半は70年代の延長にあったが，後半には18歳人口増への対応のため規模の抑制から拡張へと政策が転換され，学部新設がふたたび活発になり，学部の種類も増え始める。その特徴は前述した学際学部の増加であった。この傾向がさらに顕著に現れるのは続く1990年代以降である。前掲の国際・環境・情報のみならず，生活・文化・総合・人間・政策といった語を用いた学部が大きく増加し，医療・福祉分野の学部も増え始めた。いわゆる▶大学設置基準の大綱化(1991年)に伴って，前述のように学部の例示が削除される。同時期から学部名称の種類はさらに急激に増加し始めた。1990年代のみで，その種類は2.5倍も増え，その勢いは2000年代も変わらない。学部名称と伝統的学問分野との距離は決定的に大きなものとなっていった。

1992年(平成4)以降の18歳人口減少期においては，原則的には学部の新増設は抑制されるはずであった。しかし情報，社会福祉，医療技術などの分野は人材ニーズが高いとされ，例外扱いとなった。加えて18歳人口増加への対応として時限的に認められた定員増が，私立大学関係者の強い要請を受け，私立大学ではその半数まで恒常定員化できることが認められた。さらに総合規制改革会議答申(2001年)などの規制緩和策を受け，2003年に新増設の抑制政策は一部の例外分野(医師，歯科医師，獣医師，教員，船舶職員)を除いて撤廃され，また学問分野を大きく変更しない学部等の設置が認可制から届出制に変更され，さらに設置審査の簡素化・準則化もなされることになる。2006年度開設分からは教員養成学部の抑制も撤廃された。このように学部設置を大きく後押しする諸政策によって，2000年代半ばまで学部設置がきわめて活発になされた。しかしその後は，新たに抑制の撤廃が

530 しんせつが

大学事典

なされた教員養成やスポーツに関わる学部新設が目立つとはいえ，今後さらに進展する18歳人口減を見越してか，また政府がいったん緩めた規制をふたたび強める傾向をみせつつあることも影響してか，全体としての新設数は減少傾向にある。

伊藤 彰浩

→ 学部の概念(テーマ編)，体育系学部，社会福祉系学部
◎大川一毅「1989年以降の日本における大学学部の新増設動向について」『早稲田大学人間科学研究』第8巻第1号，1996。
◎大川一毅「大衆化過程における学部設置動向」，天野郁夫・吉本圭一編『学習社会におけるマス高等教育の構造と機能に関する研究』放送教育開発センター研究報告91，1996。
◎黒羽亮一『大学政策 改革への軌跡』玉川大学出版部，2002。
◎寺裏誠司「全国・大都市圏・ローカル別20年間のマーケット・トレンドと学部・学科開発」『カレッジマネジメント』179号，2013。

人的資本論 じんてきしほんろん
human capital theory

人的資本論の基本的な考え方は，個人が教育を受けると，その教育によって身に付いた知識や技能(すなわち人的資本)によって労働生産性が向上し，より高い賃金が得られるようになるというものである。1950年代後半から60年代にかけて，ジェイコブ・ミンサー，セオドア・▶シュルツ，ゲーリー・ベッカーなどのシカゴ・コロンビアトリオと称される研究者らによって，精力的に人的資本論の研究が進められ，現在の▶教育経済学の確立につながった。ただし，上記のような考え方そのものは，アダム・スミスの『国富論』やアルフレッド・マーシャルによる『経済学原理』などにルーツがみられるとされる。そして人的資本概念は，経済成長における資本と労働によってだけでは説明のつかない，残りの大きな部分を説明しうるものとして注目され，1960年代における▶マンパワーポリシーなどの理論的基礎ともなった。

島 一則

→ 収益率分析

神道系大学 しんとうけいだいがく

[神道系大学の歴史と現状]
現在，神道系大学には，▶國學院大學(東京都渋谷区)と▶皇學館大学(三重県伊勢市)があり，両大学ともに神社本庁の神職養成機関の一つである。國學院大學の設立母体は，1882年(明治15)11月4日に神職養成と古典研究のための教育機関として創立された皇典講究所であり，同所の設立が大学の創始とされる。皇典講究所は，1890年11月に初代所長であった司法大臣山田顕義の尽力によって国史・国文・国法を講究する学校として國學院を開校し，1906年には私立國學院大学と改称，20年(大正9)に▶大学令によって帝国大学以外に初めて大

学に昇格した私立大学8校のうちの一つである。皇典講究所は内務省の委託によって神職養成を行っていたが，第2次世界大戦後，皇典講究所が神祇関係3団体の解散合併によって神社本庁となったため，財団法人國學院大學を設立して，同法人が経営する國學院大學として再発足，1948年(昭和23)に文学部を設置し，現在は5学部および大学院，法科大学院を擁する学校法人國學院大學となっている。

國學院大學の神道文化学部は，創立120周年を機に策定された21世紀研究教育計画をもとに，文学部神道学科を2002年に改組・拡充したもので，神道および内外の宗教文化を幅広く学修するための教育課程が設けられている。昼夜開講制の同学部は神道学専攻科，別科とともに，卒業後，神社本庁の神職資格(階位)が授与される学科目の履修カリキュラムが開設されている。

私立大学においては▶建学の精神が大学の理念・目的を示すものとして重要であるなかで，國學院大學では，皇典講究所の初代総裁となった有栖川宮幟仁親王から授与された「告諭」に，日本の「国柄」を明らかにし，徳性を涵養することで伝統文化に基づいた日本の根本を明らかにするという，建学の精神の基礎が示されている。現在も大学の理念・目的を示した学則第1条に「神道精神に基づき人格を陶冶し，諸学の理論ならびに応用を攻究教授し，有用な人材を育成する」とうたわれており，そこに示された「神道精神」とは「日本人としての主体性を保持した寛容性と謙虚さの精神」とされ，日本の基層信仰に基づくものと解されている。なお，大学本部のある渋谷キャンパス内には，1930年(昭和5)に神殿が創建され，天照大御神をはじめ天神地祇八百万の神々が祀られている。現在も神殿では毎月の月次祭ほか祈年祭，新嘗祭，大祓など一般の神社における恒例祭祀が年間を通して行われ，教職員および学生が祭典に奉仕，参列している。

皇學館大学は，1962年(昭和37)に創立された私立大学であるが，前身の官立神宮皇學館大學は，1882年(明治15)4月30日に神宮祭主久邇宮朝彦親王の令達により，伊勢神宮の神官の子弟に国学に関する教育を行うため，伊勢の林崎文庫内に創立された神宮皇學館に起源する。神宮皇學館は1903年8月31日に勅令の「神宮皇學館官制」が公布され，神宮司庁のもとに置かれた内務省所管の官立専門学校となり，▶専門学校令による他の学校とは異なる性格を持っていた。1900年には総裁であった賀陽宮邦憲王より令旨を授与されたが，これが現在でも建学の精神を具体的に述べたものと解されている。1940年(昭和15)4月23日には，勅令をもって神宮皇學館大學官制が公布，内務省所管の官立専門学校から，大学令による学部，予科，附属専門部を持つ文部省所管の▶官立

大学に昇格した。しかしながら，1945年8月の敗戦によって，同年12月15日にGHQより神道指令が発出され，国公立の学校において神道教育およびその調査研究を行うことを禁止する条項が出された結果，翌46年3月31日をもって神宮皇學館大學は廃学となった。

その後，1962年に神宮皇學館の精神を継承する私立の皇學館大学として再興された。現在では文学，教育，現代日本社会の3学部を持つが，このうち文学部神道学科および神道学専攻科が，神社本庁の神職養成の一翼を担っている。なお，皇學館大学には國學院大学のような神殿はないが，入学式，卒業式はもとより伊勢神宮への教職員，学生の月例参拝があり，現在でも神宮との結びつきが深いことを窺わせる行事も多い。

このほか，短期大学としては國學院大學の法人傘下にある國學院大學北海道短期大学部，系列校である國學院大學栃木短期大学が神道系大学として存在している。

藤本 頼生

→宗教と大学 (テーマ編)

◎『國學院大學130年記念誌』國學院大學，2012.
◎『皇學館百二十周年記念誌—群像と回顧・展望』皇學館，2002.

人文学 じんぶんがく
humanities

人文学は，広義には人類の文化的資料の生産・保存・解釈に関する学問の総称であり，狭義には自然科学や社会科学に対して，哲学・文学・歴史・宗教・言語・芸術などに関する諸学問を指す。ほぼ同義の表現として人文科学 (human sciences)，精神科学 (moral science; Geisteswissenschaften) がある。

自然科学は自然の諸現象を観察し実験をすることで客観的な法則を導き出し，社会科学は人間集団の行動や社会的制度を対象とし，一定の諸条件からその一般的な構造が解明され予測される。実証的な方法による定量的な科学とは異なり，人文学は人間の精神的な活動や経験を対象とし，人間本性の探求を目的とするという定性的な学問である。必ずしも実験や統計による実証が当てはまるわけではなく，おもに文献学的手法に立脚し，その解釈の妥当性や説得性，整合性が学問的明証性の基準となる。広義のテクストの読解と注釈においては読み手の経験や感性，思想が重要な役割を果たすため，人文学は対象を形式化・規範化・方法化し難いとされる。客観的で実証的な方法だけでなく，人文学には歴史的条件下での論理的考察や合理的解釈，審美的判断にもとづく意味や価値の付加も重要となる。

人文学は古代ローマで形成されたフマニタス (人文主義) に由来する。キケロによれば，フマニタスは，伝統的な徳という実践的・社会的な卓越性と，知的洗練や教養という自己完成の理念を含意していた。人間が人間であるゆえんを示すフマニタスには道徳的要素と知的要素が含まれていた。14〜15世紀のルネサンス期にフマニタス研究は進展し，古典古代の文献が新たに多数発掘されてヨーロッパに紹介された。人文主義の隆盛はスコラ諸学に対抗する形で人間性をめぐる広範囲の知的・文化的な運動を引き起こし，その後，18世紀後半のドイツで新人文主義 (Neuhumanismus) として復興した。人文主義の目的は古典古代の文献の講読と注解を通じた人間性の普遍的な涵養であり，規範や調和，完成に立脚した人間的本質の探究が目指された。

19〜20世紀にかけて従来の人文主義は実証的な歴史性を帯びていき，たとえば，歴史や言語もまた自然科学と類似した実証主義的傾向を有するようになる。探究されるべき普遍的な人間精神がそもそも歴史化・相対化されることで，人文学の認識論的な基盤が変化する。また経済，社会，行政，法律，政治などの諸科学が人文学から分離して，独立した第三の学問分野を形成する。実践的な目的にむけた合理的な諸制度を考察するこれら社会科学においては，人間の精神性ではなく人間の実践や行動に力点が置かれるため，人文学特有の意義は後退する。

さらに1950〜60年代にはフランスで構造主義が台頭し，言語学，民族学，精神分析，経済学の新たな発展とともに人文学の地平が激変する。人間は差異関係からなる構造の諸効果にすぎないという方法論的・認識論的な転回によって，人間はもはや人文学的言説の中核を占めなくなり，真理，意味，意図といった従来の重要概念が問い直される。また，多文化主義や▶カルチュラル・スタディーズ，マイノリティ論，ポストコロニアリズム，▶ジェンダーやセクシャリティ論，人種やエスニシティ論といった動向とともに，旧来の人文学を支えていた人間本性が実は西洋中心主義や男性中心主義と不可分であることが批判されていく。こうした人文学の自己批判的変容は，進歩的な啓蒙理性を基盤とする一元的な原理に疑問を突きつけ，人間的な歴史の要をなす近代性概念自体を問いに付し続けている。現代の大学において人文学は知的・道徳的な人格形成という点で教養教育の核を担ってきたが，その範例はもはや西欧の古典古代を起源とするエリート教養主義的な人間探究に限らない。多文化世界において多様な他者を承認して，お互いの共存を図る成熟した世界市民の育成や民主主義の教育のために人文学は役立つとされる。

高等教育の大衆化や高度資本主義の進展とともに，有用性や効率性，生産性といった観点から人文学の有意義性や正当性が問われるようになり，その研究教育を取り巻く現実は厳しくなっている。他方で，人文学は現状に即して，大衆文化論，視覚文化論や表象文化論，メディア論や情報科学論，脳科学論といった形で多様化し続けている。

高度情報社会における人類の知的遺産の保存や分析のためのデジタル・ヒューマニティーズ，科学技術による将来の人類進化に関するポスト・ヒューマニズムといった新たな分野も誕生している。いずれにせよ，人間の思考方法や言語表現，過去の人間の姿の保存と反省，人間が新たに紡ぎ出す物語，人間精神の奥底を揺さぶる諸作品を考究することは，人文学のつねに変わらぬ存在意義であり続けるだろう。　　　　　　　　　　　　　西山　雄二

→リベラルアーツ，スコラ学，一般教育／教養教育，人文・社会科学系の研究，教養と大学（テーマ編）

◎ジャン・ピアジェ著，波多野完治訳『人間科学序説』岩波書店，1976.
◎西山雄二編『人文学と制度』未来社，2013.

人文学部 |じんぶんがくぶ
Faculty of Humanities

日本の大学における人文学部の誕生は，1949年（昭和24）の▶新制大学の出発と結びついており，その性格もそこから浮かびあがらせることができる。▶帝国大学系ではない地方の国立新制大学は医科大学（または医学専門学校），▶工業専門学校や経済専門学校などの▶専門学校，▶師範学校・青年師範学校，旧制▶高等学校等を統合する形で出発したが，その際旧制高等学校の教師たちを中心につくられたのが，文系の人文学部もしくは法文学部，理系の▶理学部，文系理系を合わせた文理学部であった。これらの学部は新たに導入された▶一般教育をおもに担う学部でもあった。

　発足当初から人文学部を持つ新潟大学を例にとると，人文学部の学問内容は，同じ時期に成立した新制大学の▶文学部と▶経済学部と▶法学部を合わせたものであったが，1980年に経済学部と法学部が分離独立した。この分離独立後の新しい人文学部は文学部と類似の性格を持つこととなった。もう一例として弘前大学を挙げれば，旧制弘前高等学校を母体としてつくられた文理学部が1965年に人文学部，理学部，▶教養部に改組されている。この人文学部は人文科学と，さらに法学や経済学などをも含むもので，2016（平成28）年度に人文社会科学部と名称変更された。2017年現在，人文学部をもつ国公立大学は4校である。　　高田　里恵子

人文・社会科学系の研究
じんぶん・しゃかいかがくけいのけんきゅう
research in humanities and social sciences

［人文・社会科学の分野］
人文・社会科学の学問分野は，たとえば独立行政法人▶日本学術振興会の「平成29年度科学研究費助成事業—系・分野・分科・細目表」では，次のように分類されている。

［人文学］　①哲学（哲学・倫理学，中国哲学・印度哲学・仏教学，宗教学，思想史），②芸術学（美学・芸術諸学，美術史，芸術一般），③文学（日本文学，英米・英語圏文学，ヨーロッパ文学，中国文学，文学一般），④言語学（言語学，日本語学，英語学，日本語教育，外国語教育），⑤史学（史学一般，日本史，アジア史・アフリカ史，ヨーロッパ史・アメリカ史，考古学），⑥人文地理学（人文地理学），⑦文化人類学（文化人類学・民俗学）

［社会科学］　①法学（基礎法学，公法学，国際法学，社会法学，刑事法学，民事法学，新領域法学），②政治学（政治学，国際関係論），③経済学（理論経済学，経済学説・経済思想，経済統計，経済政策，財政・公共経済，金融・ファイナンス，経済史），④経営学（経営学，商学，会計学），⑤社会学（社会学，社会福祉学），⑥心理学（社会心理学，教育心理学，臨床心理学，実験心理学），⑦教育学（教育学，教育社会学，教科教育学，特別支援教育）

　そのほか，学際・複合領域として環境科学，生活科学，地域研究，エネルギー科学，国際関係などが挙げられている。

［人文・社会科学の特色］
科学技術・学術審議会の報告文書では「人文学は人間の精神や文化を主な研究対象とする学問」であり，「社会科学は人間集団や社会の在り方を主な研究対象とする学問である」とし，その研究対象は，どちらも「基本的に人間によって作られたものである」としている。また人文学・社会科学の成果は，何かの役に立つという道具的な性格をもつというよりも，「理解」の共有という対話的な性格を有している。このような性格から，人文学・社会科学は，多様性を前提としつつ人々の間に共通の理解を促すという意味で，文明の形成に大きな貢献を果たしていると，その特色を挙げている。

　さらに人文学においては，哲学や思想といった「価値」それ自体が研究対象となる。社会科学においても，社会を構成する人々や集団の意図や思想といった「価値」に関わる問題を取り扱っている。このように「価値」の問題とかかわりが比較的少ない自然科学と比較して，ある面ではより複雑な研究対象を取り扱っているということができるとも述べている。

［学問分類—人文・社会・自然科学］
人文・社会・自然科学といった学問分類はいつごろ生まれたのか。中世ヨーロッパの大学は周知のように神学，法学，医学，教養諸科という四つの学部から構成されていた。教養諸科は自由七科（三学，四科）と呼ばれる学習内容を包含し，他の三学部の予備的，基礎的な地位にあった。三学とは文法，修辞学，論理学であり，四科とは算術，幾何，天文学，音楽を指している。教養諸科は今日の▶リベラルアーツの前身とされている。教養諸科はのちに▶哲学部と改称されるが，「哲学は神学の婢°」とい

う言葉があるように，哲学部となっても他の三学部より下位に置かれていた。しかし18世紀に入り中等学校が整備され，基礎的教養は中等教育で行われるようになると，哲学部はより高度の言語的・文学的・哲学的教養を教授する学部へと発展していく。とくに18世紀後半には，ドイツ観念論が一世を風靡するなかで，理性により自由に真理を探求する場として哲学部は従来の下級学部の地位から，他の上級学部をむしろ圧倒する位置にまで高まることになった。

19世紀になると，自然科学の急速な進歩と分化は哲学部からの▶理学部の分離をもたらした。また資本主義経済の発達にともない，▶経済学部が▶法学部から独立する。こうして今日の人文（▶文学部），社会（法学部，経済学部），自然科学（理学部，▶医学部）という学問の三分類が定着することになった。

[文系学部廃止論と人文・社会科学研究の意義]
冷戦終結を大きな転換点として，さまざまな分野でグローバル化が一挙に進行した。第2次世界大戦後四十数年間続いてきた資本主義と共産主義の対立構造は終焉し，以後はグローバル化社会における価値観をめぐる考え方の相違がこれに取って代わることになる。とくに1980年代以降，国際的な市場を舞台に展開する経済競争が激化するなかで，新自由主義的な考え方が教育の世界にも波及することになった。こうした大きな流れを背景に，文部科学省は2015年（平成27）6月，▶国立大学法人に対し，人文・社会科学系などの学部・大学院の「組織の廃止や社会的要請の高い分野への転換」を求める通知を出して話題となった。以来，これらの学問領域がどう社会に役立つのか，コストに見合う成果を挙げているのかなど，その存在価値をめぐる論議が活発に行われている。

2016年5月に，日米欧主要7ヵ国の教育相による「G7教育大臣会合」が岡山県倉敷市で開催された。その「倉敷宣言」では「教育によって，基本的な価値観である生命の尊重，自由，民主主義，多元的共存，寛容，法の支配，人権の尊重，社会的包摂，無差別，ジェンダー間の平等を促進するとともに，シティズンシップを育成すること」がきわめて重要であると強調されている。こうしたテーマが現代の人文科学・社会科学分野の重要な研究課題になっていると言えよう。

前述の科学技術・学術審議会の言葉を借りれば，実証的な方法に基づいた「分析」による「説明」とともに，対話的な方法を通じた「総合」による「理解」を志向することが，人文・社会科学の知的営為であるとされる。このような知的営為には「実践的な契機」が内包されており，社会との「対話」を通じて人間や文化，さらには社会を変革する効果をもたらすはずであると結論づけている。現代教育の課題を前にして，このような視点に立った人文・社会科学の研究が望まれよう。　　　　　　木戸　裕

→大学と研究（テーマ編），理工系・医学系の研究
◎科学技術・学術審議会学術分科会『人文学及び社会科学の振興について（報告）—「対話」と「実証」を通じた文明基盤形成への道』，2009.1.20.
◎文部科学省ウェブサイト：「G7倉敷教育大臣会合 G7 Kurashiki Education Ministers' Meeting in Okayama」

水産学部 ｜すいさんがくぶ
Faculty of Fishery

農学の中で，水産学に特化した学部。国立大学水産学部は地域性・研究海域も考慮して広域に配置されており，北海道大学，長崎大学，鹿児島大学に水産学部が設置されている。東京海洋大学（海洋科学部に再編），三重大学（生物資源学部に統合）のように関連学部に再編・統合された事例もある。▶大学設置基準により水産学または商船に関する学部には付属施設として練習船を置くものとされており，練習船を活用した長期海洋実習の実施等が教育上の大きな特色である。ただし，練習船の維持，職員の雇用は他の付属施設とは異なる対応が必要であり，水産学部が稀少な理由でもある。水産学は，伝統的には漁業生産・水産物加工等の分野で構成されており，漁業・水産企業に関わる人材養成と密接に関わってきた。また，高等学校教員養成のための水産教員養成課程も設置されていたが，水産に関わる専門高校の減少に伴い漸次改編されている。近年は環境問題への関心の高まりや生産技術革新に対応して，水産生物，水産化学といった分野が拡充されており，卒業生の進路も多様化している。2016（平成28）年度全国水産・海洋系学部等協議会会員校は，▶農学部の水産系学科も含め19校（国立13，公立1，私立4，大学校1）。
奥山　洋一郎

スイスの大学 →中・東欧の大学（テーマ編p.139）

スイス連邦工科大学チューリヒ校 [スイス]
スイスれんぽうこうかだいがくチューリヒこう
Swiss Federal Institute of Technology in Zurich; Eidgenössische Technische Hochschule Zürich [独]: ETH Zürich

チューリヒ工科大学ともいう。1855年に▶ポリテクニクとして設立され，1911年に現在の名称に改称された。スイスの大学は州に管理されているため，その設立をめぐっては議論があったが，1854年に連邦工科大学（ETH）設立のための法が制定され，スイスで初めての連邦直属の高等教育機関となり，国家統合のシンボルとなった。ローザンヌに姉妹大学であるスイス連邦工科大学ローザンヌ校がある。設立当初の学生数は68人だったが，年々その数は増加し，1968年以降は女子学生の数も増え（31.1%），2016年現在，16学科，23の学士課程に

8934人，40の修士課程に5836人の学生がおり，博士課程には4010人が在籍している（ETHチューリヒ『年報』2016年版）。1970年代から国際化がさらに進展して外国籍の教授が増加し，外国籍の学生も多い（38.2％）。ヨーロッパの先進的な五つの工科大学からなるIDEAリーグ創設時からのメンバーで，さまざまな世界の大学ランキングの上位に位置づけられている（2015/16年のタイムズ誌の世界大学ランキングでは9位，ヨーロッパでは4位）。卒業生にはヴィルヘルム・レントゲンやアインシュタイン等がおり，21人のノーベル賞受賞者を輩出している（2016年現在）。

中山 あおい

推薦入試|すいせんにゅうし
examination for candidates recommended by senior high school principals

一般的な学力試験によらない入試方法の一種で，出身高等学校長の推薦に基づき，原則として学力検査を免除し，調査書をおもな資料として判定する。根拠は，学校教育法施行規則151条の規定。1967（昭和42）年度の「大学入学者選抜実施要項」（各大学における入学者選抜の適切な実施および選抜方法等のより一層の工夫・改善を促すため，文部科学省が国公私大・高等学校関係者等の審議を踏まえ，毎年度決定し各大学に通知する要項）に，初めて選抜方法の一つとして公式に記載されたが，それ以前から，当時の文部省との協議により推薦入試を行っていた大学は存在した。受験競争の激化による，高等学校の教育活動への悪影響を改善するために導入された入試方法である。選抜方法として，高等学校の教科の評定平均値が出願要件や合否判定に用いられるほか，書類審査・面接（2012年度は8割以上の学部で実施。以下同年度），小論文（6割の学部で実施）なども課される。推薦入試の募集人員は，▶付属学校からの推薦を含め，定員の5割を超えない範囲で各大学が定める。出願時期は10〜11月が9割以上を占め，私立大学は10月が最も多い。2015（平成27）年度は国立75大学，公立82大学，私立578大学の計2117学部で実施された。

齋藤 千尋

→大学入学者選抜制度，AO入試

スウェーデン王立工科大学[スウェーデン]
スウェーデンおうりつこうかだいがく
Royal Institute of Technology;
Kungliga Tekniska Högskolan[スウェーデン語]

1827年設立。スウェーデンの首都ストックホルムに所在する理工系の大学。設立当初は実学志向であったが，1877年に工科インスティテュート（Teknologiska Institutet）から王立工科大学（Kungliga Tekniska Högskolan）に名称が改められたことが象徴す

るように，徐々に学術志向を強めていった。1927年に工学博士号を授与する権利が正式に認められた。現在，自然科学，工学，建築学，経営工学，都市計画など理工系の総合大学として幅広い分野の教育・研究を行う一方，ストックホルム大学と共同で教育プログラムを提供するといった取組みも行っている。2014年現在，約1万5000人の学生が学んでいる。

渡邊 あや

スヴェーリエ語化|スヴェーリエごか

スウェーデン（スヴェーリエ Sverige）が，1658年のロスキレ条約によって，デンマーク領であったスコーネを編入した後に展開された「スウェーデン化」政策の一環。デンマークの言語・文化を持つスコーネでは，スウェーデン領となった後も約20年にわたって引き続きデンマーク語が用いられていた。そのためスウェーデンは「スコーネの人々をスヴェーリエ人にすることが文明化である」とする考えのもと，自国の統治の強化を図る目的で，宗教・教育・法制などのスウェーデン式への改変を要求した。スヴェーリエ語（スウェーデン語）の使用もこうしたねらいのもとで命じられたものである。当時のヨーロッパは，巨大な宗教戦争がウェストファリア条約（1648年）によって終結し，統一的なキリスト教世界が主権国家群の体制へと決定的に移行し始めていた。こうした時代の最初の大学の一つとして1666年，スコーネ地方に新設された▶ルンド大学は，象徴的にもかつての▶ストゥディウム・ゲネラーレ跡に建てられ，のちに近代大学の使命と公認される自国文化の普及の役割を，スウェーデン語教育を筆頭に，占領地で果たしたのである。

渡邊 あや

◎ピーター・バーク著，原聖訳『近世ヨーロッパの言語と社会』岩波書店，2009.
◎百瀬宏・村井誠人監修『北欧』新潮社，1996.

杉野服飾大学[私立]|すぎのふくしょくだいがく
Sugino Fashion College

1926年（大正15）東京芝に創立された杉野芳子ドレスメーカースクールを起源とし，同年現在地の東京都品川区に移り，ドレスメーカー女学院と改名する。1950年（昭和25）杉野学園女子短期大学，65年杉野女子大学を開設。2002年（平成14）に現在の杉野服飾大学となり，男女共学の道が開かれた。創設者の杉野芳子は，日本の近現代の過渡期にあって単身アメリカで得た経験から服飾教育を開始した。日本における洋装の普及，女性の自立を志し，日本人に適合したドレメ式原型を考案し，日本人による日本初のファッションショーを開催するなど，先進的な取組みを続けてきた。この精神は杉野服飾大学の教育の基本理念にも引き

継がれ，挑戦の精神，創造する力，自立する能力を育成している。2016年現在714人の学生が在籍。

山崎 慎一

椙山女学園大学 [私立] すぎやまじょがくえんだいがく
Sugiyama Jogakuen University

1905年(明治38)に椙山正式と妻の椙山今子が開いた名古屋裁縫女学校を起源とする女子大学。1917年(大正6)創設者にちなんで椙山高等女学校となり，30年(昭和5)に椙山女子専門学校を設置。1949年に新制大学として椙山女学園大学に改組。当初は家政学部(現生活科学部)のみだったが，1972年に文学部(現国際コミュニケーション学部)を設置して以降，人間関係学部，文化情報学部，現代マネジメント学部，教育学部，看護学部が設置され，女子大としては国内有数の規模を持つ総合大学となり(7学部)，大学院も順次設置された。キャンパスは名古屋市と日進市にある。2016年(平成28)5月現在，学部在学者は5474人，大学院(修士課程のみ)在学者は95人。教育目標は「人間になろう」である。

和崎 光太郎

スクリップス研究所 スクリップスけんきゅうじょ
The Scripps Research Institute: TSRI

アメリカ合衆国カリフォルニア州ラホヤ(La Jolla)およびフロリダ州ジュピター(Jupiter)に二つのキャンパスを持つ化学，生物学，生命科学分野を中心とした研究所。1924年，カリフォルニア州サンディエゴに慈善家エレン・ブラウニング・スクリップス(Ellen Browning Scripps)の寄付により創られたスクリップス代謝クリニック(Scripps Metabolic Clinic)を起源とする。大学(university)やカレッジ(college)という名称は持たないが，分野間の壁のない学際的教育・研究を標榜し，教師・学生比1：1.7の豊かな大学院プログラム(1989年設置)を持つ。現在，有機化学，生化学，神経科学，細胞生物学，免疫学などの基礎生命科学分野で，150人を超える教授陣による多くの先端的研究を推進している。大西洋岸のフロリダキャンパス(2005年大学院プログラム開設)と太平洋岸キャンパスの間の教員団と学生の接続とコミュニケーションは，最新の放送技術と教育的手段により確保されている。学士号は出さないが，学士課程学生のための10週間研究参加プログラムを提供するなど，地域・連邦レベルでの堅固な教育・広報活動(educational outreach)を展開している。

赤羽 良一

スコラ学 スコラがく
scholasticism

スコラはラテン語で学校の意味であるが，スコラ学はとくに中世の大学で行われた諸学問に共通する方法を示すものである。学問の主題領域の体系的な区分，個々の主題をめぐる相異なる諸見解の対置，合理的な論証による問題の解決，論駁や再解釈による対立意見の解消などが特徴である。その起源は，大学成立以前にあるが，大学における教授方法として広く用いられることで確立した。神学特有の方法ではないが，当時の大学の最高の学問とされた神学においてとくに優れた思索を生み出した。最盛期の13世紀〜14世紀前半にはトマス・アクィナス，ボナヴェントゥラ，ドゥンス・スコトゥス，オッカムなど大学出身の神学者が活躍した。トマスの『神学大全』はスコラ学の最高傑作とされる。近世以降には中世の学問を「硬直化した空理空論」として批判する蔑称としても使われたが，実際には大学の学問伝統の出発点をなすものである。

加藤 和哉

→ 宗教と大学 (テーマ編)

鈴鹿医療科学大学 [私立] すずかいりょうかがくだいがく
Suzuka University of Medical Science

三重県鈴鹿市にある。1991年(平成3)日本放射線技師会を中心に地元の支援を受け，保健衛生学部(放射線技術科学科・医療栄養学科)，医用工学部(医用電子工学科・医用情報工学科)の2学部で開学した。開学当初の大学名は鈴鹿医療科学技術大学だったが，1998年に現在の名称に変更。西洋医学だけではなく，1999年に東洋医学研究所，2004年に鍼灸学部を開設(2012年に保健衛生学部鍼灸学科に改組)するなど，東洋医学の研究・教育にも力を入れている。2008年に薬学部および保育士養成課程を設置，11年に管理栄養コースを設置するなど，狭義の「医療」ではなく広い学問的領域を「医療科学」と捉え，発展している。2014年4月看護学部看護学科を開設。2016年5月現在の学部在学生2583人，博士後期課程を含む大学院在学生29人。

和崎 光太郎

鈴鹿大学 [私立] すずかだいがく
Suzuka University

1913年(大正2)創立の英習字簿記学会をルーツとする。愛知県と三重県で中等教育の学校および短期大学を展開していた学校法人享栄学園が1994年(平成6)国際学部の単科大学として三重県鈴鹿市に鈴鹿国際大学を創設。1998年に大学院国際文化学科の修士課程を開設。2008年に国際学部を国際人間科学部に改称，15年に鈴鹿国際大学から鈴鹿大学に改称。2017年にこども教育学部を開設し，幼児教育学専攻のほか，養護教育学専攻を置く。建学の精神は，戦後の物資・人心ともに荒廃した状況の中でこれからの未来を創り出すために，学園の創立者である堀栄二の教育理念を基に

「誠実で信頼される人に」と定められた。三重県鈴鹿市に本部とキャンパスを置く。2016年現在375人の学生が在籍。
　　　　　　　　　　　　　　　　　和崎 光太郎

スタッフ・ディベロップメント
Staff Development: SD

[日本におけるSD]
職員の職能開発活動に限ってスタッフ・ディベロップメント（SD）という語を用いるのが，日本では一般的な理解となっている。またSDは，教員を対象とした▶ファカルティ・ディベロップメント（Faculty Development: FD）と対置して考えられる機会が多い。職員にとってのSD，教員にとってのFDというイメージ（区分）が定着している現状がある。

　イギリスでは，職員だけでなく教員をも含む大学スタッフの資質向上をねらった活動がSDやSDU（Staff Development in University）と表現され，また活動の力点をファカルティに置くアメリカ合衆国ではFDと呼ばれるといった例示は，一般教育学会（現在の大学教育学会）が課題研究にFDを採り上げた1985年から紹介され続けてきた。にもかかわらず日本においては，大学を一体となって支えるスタッフとして職員と教員を捉え直すことや，FDを取り込んだSDという展開は思うように進まず，職員の能力開発については独自の文脈が保たれてきたといえるだろう。それは，SDと声高に叫ばれる以前より，事務組織のあり方や業務内容の精査と職員の役割について，また職員のあり方や専門的能力に関する例証といったさまざまな「職員論」を蓄積してきたからである。

[職員論の時代からSDへ]
須川義弘が「大学の事務機構」を蠟山政道編著『大学制度の再検討』に寄稿し，事務組織の問題点を列挙したのは1962年のことである。1961年には▶日本私立大学連盟（以下「私大連」）がスタンフォード大学における大学経営セミナーのテキストを翻訳し，『大学経営の理論と実務』を刊行している。私大連は，1957年度から76年度まで計18回にわたって教務事務研究集会を開催し，定期的に研修テキストをまとめてきた。直井豊が1961年に『私立大学教務行政概論』，69年には続編の『私立大学教務管理論』をまとめ，私大連は77年に『私立大学教務事務研究』をまとめている。また私大連の機関誌『大学時報』は，1975年5月号から9年余にわたって「大学職員入門シリーズ」を長期連載し，85年には『私立大学職員入門』として出版した。こうした私大連の活動は先駆的であり，「海外大学経営セミナー」などの研修事業も職員育成の視点で再評価されてよい。

　ところで，1965年刊『日本の大学』で永井道雄が「日本の大学では，教授の地位が高く，職員はその下働きにすぎないようにみられていますが，この現状を改めるべき」と記しているように，職員の地位に関する課題を忘れてはならないであろう。この発言から十数年を経た1981年にはFMICS（高等教育問題研究会）の発足，97年には▶大学行政管理学会の設立があり，2000年代に入ると広島大学，名古屋大学，桜美林大学は▶大学院で高等教育や大学アドミニストレーションを学べる先駆けとなった。それまで研修中心であった職員育成にとって大きな変化といえる。2004年には▶国立大学が法人化し，いよいよ職員の能力開発はSDとして全大学の課題となるのである。

[SDの混乱]
2005年の中央教育審議会答申「▶我が国の高等教育の将来像」では，教育の質保証という観点から評価とFDやSDが重要課題として挙げられ，付録の用語解説でSDは「事務職員や技術職員など教職員全員を対象とした，管理運営や教育・研究支援までを含めた資質向上のための組織的な取組を指す」と規定された。続く2008年の答申「▶学士課程教育の構築に向けて」は，国公私立の大学それぞれで職員の位置付けや職員と教員との関係に違いがあると認めつつ，高度化・複雑化する大学経営において職員の職能開発（SD）が重要性を増していることについて指摘した。スタッフに教員を含み，FDを包含する意味としてSDを用いる場合（イギリスの例）もあるが，ここではFDと区別し，職員の職能開発の活動に限定してSDの語を用いたのである。SDの対象範囲が教職員全員から職員に限定されたのは，大学における現状を見据えた修正とも考えられるが，従前から実施されてきた職員に対する研修や訓練（トレーニング）といった枠組みをSDへ置換するだけに終わらせてしまうことも懸念される。

[SDと職員論の葛藤]
2008年の中央教育審議会答申本文には，職員間で起きている大学院進学や学会発足といった機運の醸成，職員が担うことを期待される新規業務の発生や伝統的業務の革新，そのような業務を担うための組織体制整備（時として教員・職員の職制区分にこだわらない），専門性ある大学職員や管理運営上級職員の養成，教職協働の確立という視点でのFDとSDの合流など，少数の大学に見られる先行する現場を観察したうえでの将来像が提言されてもいる。これらが示そうとしている，専門職（プロフェッショナル）や上級管理職（アドミニストレーター）といった職員の未来形（たとえば，教員と職員の中間的な職種の顕在化）は，職員個々の関心やキャリア充実と自身の属している組織から寄せられる期待や条件とがバランスした人事の体系，すなわち職員の職能開発（SD）によって支えられるはずのものであろう。

　しかし，大学が組織的にこれに着手できているとは言い難い。個々の職員が自身の潜在的能力を開発させることに力点を置けず，組織上の責任の

もとで行う研修や訓練で精一杯なのが，多くの大学の実状だからである。答申は，いわゆる一般的な職員のあり方については，個々の質を高める必要性といった表現にとどめている。用語解説では，「職員と教員（スタッフ）」を捉え直すことによる職能開発（SD）は留保され，FDとの対置がなされている。FDとの対置とは教員との対置であり，それは現行の「職員」という枠組みによって大学組織の活性化を目指す多くの大学に見られる現実であり，ここに少数の大学に見られる未来形との対立・葛藤を見ることができるといえよう。

現段階における「職員論」には，歴史的に確立されてきた人事制度や慣行に拘泥せず，これまでの研修や訓練の制度に加えて，自ら進んで自己改革しようとする職員をまずは大学組織の中に位置づけるといった職能開発（SD）の進展が求められている。

［ガバナンス改革を要請する社会］

2016年3月，▶大学設置基準等の改正が公布された。「大学は，当該大学の教育研究活動等の適切かつ効果的な運営を図るため，その職員に必要な知識及び技能を習得させ，並びにその能力及び資質を向上させるための研修（第25条の3に規定するものを除く。）の機会を設けることその他必要な取組を行うものとする」が改正の要綱である。改正の理由としては，大学にはさまざまな側面での改革が求められており，大学がその使命を十全に果たすためには，大学運営のあり方についての一層の高度化が必要であり，その際，個々の職員の努力に依存した取組みでは諸課題への対応に限界があるとし，各大学においては，大学を構成する職員である教員と事務職員等が大学の運営に必要な能力を身に付け，向上させるための取組みを推進する必要があると記されている。

この改正によって，SDの義務化として議論が起こりつつある。そこでは，事務職員だけでなく教員や技術職員を含んで「職員」と示される点，従前のFD（第25条の3）あるいは実施してきたSDとの棲み分けについて，大学の（教育研究活動等の適切かつ効果的な）運営に必要な能力とは何かなどが論点となるはずである。その検討は，これまで長らく続いてきた職員論やSDに対するそれにどのような影響を及ぼし，2017年4月の施行によりどのような状況が起こるか，現段階では未知数である。大学改革における多くの事項がそうであるように，大学側の論理が最優先されることはもはや少ない。職員論やSDについても同じである。教員やFDと対置された職員論やSDは，大学サイドからの主張であることが自覚化され，教職員の枠組みにとらわれることなく，大学の組織づくりに着手することが期待されている。
田中 岳

→ **教職員**（テーマ編），大学職員の専門職化

◎日本高等教育学会編『スタッフ・ディベロップメント』玉川大学出版部，2010.
◎大場淳・山野井敦徳編『大学職員研究序論』高等教育研究叢書74，広島大学高等教育研究開発センター，2003.

スタンフォード大学 [アメリカ] ｜スタンフォードだいがく
Stanford University

カリフォルニア州パロアルトにある全米有数の▶研究大学。正式名称はThe Leland Stanford Junior University。開学は1891年。元カリフォルニア州知事で連邦上院議員，セントラルパシフィック鉄道の創設者リーランド・スタンフォード（Leland Stanford）によって設立された。幼くして亡くなった息子を偲び，カリフォルニアの子弟を自らの子弟として教育することを目的に私財が投じられた。大学創設に先立ち，スタンフォード夫妻はハーヴァード，コーネル，ジョンズ・ホプキンズなど東部の有力研究大学を訪ね，各学長から助言を受けている。リーランド死去後の1900年，実質的な管理権限を握っていた妻のジェイン・スタンフォードによって，社会学者のエドワード・ロス（Edward Ross）が罷免される事件が起こり，大学教授陣による学問の自由を保障する▶アメリカ大学教授連合（AAUP）結成の一因となった。1940年代頃から本大学はハイテク企業が集まるシリコンバレーの中心としてその地位を高めるようになる。学内の研究所から最先端の科学技術が多く生み出された。近年はスタンフォードの学生，卒業生，研究者らによって開発された技術を用いたIT企業の一大拠点となっている。2014年現在の学生数1万6000人。
福留 東土

ステークホルダー
stakeholder

利害関係者のことで，大学に関しては産業界，行政，NPO，大学への進学希望者とその保護者などが具体的に想定される。大学の社会的役割や責任に対する認識の高まりにより，大学とステークホルダーとの関係性が重要視されるようになった。2011年（平成23）4月から教育情報の公表が義務化されるなど，ステークホルダーに対する説明責任が大学に求められている。さらに，大学ポートレートの整備に関する議論の過程においても，ステークホルダーへの情報発信の強化がその意義として強調されている。

他方で，ステークホルダーは情報の一方的な受け手にとどまらない。たとえば，文部科学省は地域や分野に応じて大学間が相互に連携し，社会の要請に応える共同の教育・質保証システム構築の支援を目的として，2012年より大学間連携共同教育推進事業を展開している。同事業においては，ステークホルダーとの課題の共有や教育の実施，評価などが事業推進の主要な柱として掲げられてい

る。また，大学のガバナンス改革が進行するなかで，大学経営に関わる審議機関や外部評価委員会などの構成員に産業界や行政関係者を登用し，ステークホルダーの意向を積極的に取り入れていこうとする動向も伺える。　　　　　　　橋場 諭

→ 大学間連携，アカウンタビリティ，外部評価

ストゥディウム・ゲネラーレ
studium generale[羅]

中世ヨーロッパにおいて，大学を示す言葉としてウニヴェルシタスと並んで使用された用語。ウニヴェルシタスが学生や教師の人的団体を示したのに対して，ストゥディウムは広く教育機関を示す言葉として使用された。ストゥディウム単体では一般の学校などを意味したが，やがてゲネラーレ（一般的，普遍的）の形容詞を伴って，より高度な教育機関を意味するようになった。したがって，大学も当初はストゥディウムと表記され，のちにゲネラーレが付加されるようになった。ただ，教育機関としてのストゥディウム・ゲネラーレは人的団体としてのウニヴェルシタスを伴っていたので，15世紀以降には両者は同義的に使用された。この場合のゲネラーレ（普遍的）は，神聖ローマ皇帝やローマ教皇を背景とする普遍性や，ヨーロッパのあらゆる地域から参集した学生の普遍性を意味するもので，今日の▶総合大学のような教授科目の総合性を意味するものではない。　　　　　　　　　　　　児玉 善仁

→ 大学の概念（テーマ編），中世大学モデル

ストラスブール大学 [フランス]｜ストラスブールだいがく
Université de Strasbourg

フランス北東部，アルザス地域圏のバ＝ラン県ストラスブール市にある。1538年に成立したギムナジウムが起源とされ，66年にアカデミーに昇格，学位授与権をもつ哲学部と神学部が設置された。1621年に大学に昇格，法学部・医学部が併設された。ストラスブール市は欧州評議会（加盟国47ヵ国）および欧州人権裁判所，欧州議会の所在地として名高く，国際色豊かな大学として知られる。全学生数の約20％が留学生である。現在フランスで活発となっている大学再統合・総合大学化の動きに先駆け，1970年以降，自然科学部門（ルイ・パスツール大学）・人文科学部門（マルク・ブロック大学）・社会科学部門（ロベール・シューマン大学）に3分割されていたものが，2009年に研究・高等教育拠点（▶PRES）として再統合され，現在のストラスブール大学となる。フランス有数の大学で，フランス全70大学中トップ10，タイムズ誌の世界大学ランキングでも150位前後（再統合前）を占める。詩人ゲーテや医学者シュヴァイツァーなどが学び，卒業生からノーベル賞受賞者17名を輩出している。学生数4万8011

（2015/16年）。　　　　　　　　　　　高橋 洋行

頭脳流出 ｜ずのうりゅうしゅつ
brain drain

主として優れた科学者・技術者が，研究条件や生活水準の向上のため，自国から他国へ移動し定着すること。大学の関わりとしては，第1に，他国からの留学生を組織的に選別・訓練して学位を付与し，自国の企業，研究所，大学等への残留の道を開く。第2に，研究教育水準を改善するため，優れた研究教育者を他国から任用する。こうした移動と任用に言語・文化上の共通基盤は重要で，頭脳流出の流行は，1950年代のイギリス人科学技術者のアメリカ合衆国への大量移住に端を発した。20世紀後半には，インドや中国等の途上国の若手研究者の合衆国への定着が問題視された。近年，学術と企業に浸透したグローバル化は，地域間の知的格差の拡大の懸念を部分的には杞憂とした。しかし，21世紀初頭の合衆国への移住者を学歴別に見ると，先進国からでは高卒以下と大学卒以上の比は1対2以下であるが，中国やインドからでは1対10〜15と，大卒以上が大部分である。頭脳流出はいぜん現実である。　　　　　立川 明

→ 労働市場の国際化

スペイン・ポルトガルの大学 →南欧の大学
（テーマ編 p.133）

駿河台大学 [私立]｜するがだいだいがく
Surugadai University

1987年（昭和62）埼玉県飯能市に開学。その起源は1918年（大正7）山﨑春寿が開設した東京高等受験講習会で，52年に学校法人駿河台学園として組織化がなされた。その後，駿河台予備校を始めとする各種の専修学校を開設していった。開学当初は法学部のみの単科大学であったが，1990年（平成2）に経済学部を設置し，経済全般についての基礎理論および国際経済に関する広い知識を修得し，国際社会において活躍できる人材の育成をめざした。現在は，法学部，経済経営学部，メディア情報学部，現代文化学部，心理学部の5学部を設置している。建学の精神は「愛情教育」であり，少人数ゼミやグローバル教育センターにおける外国語学習環境の整備，コンピュータ教育・インターネット環境の充実などをはかり，とくに大学での学びを支援するための「導入教育」に注力している。2017年現在5学部2研究科に3342人を収容。

鈴木 崇義

スルタン・カブース大学 [オマーン]
スルタン・カブースだいがく
Sultan Qaboos University

首都マスカットにあるオマーン唯一の国立総合大学。ペルシア湾岸のオマーンでは1970年に現カブース国王が即位し，豊富な石油収入を基盤に近代国家建設のための事業を開始した。教育にも優先的に取り組み，1980年，国王即位10周年のナショナルデーにおいて近代化に必要な専門人材を養成するために大学を設立することを宣言した。1986年，自身の名を冠するスルタン・カブース大学が誕生し，5学部（教育・イスラーム科学，理学，工学，農学，医学）が設置された。翌1987年に人文学部，93年に商業・経済学部の設置が続いた。2015年時点で9学部（農学・海洋科学，人文・社会科学，経済・政治，教育，工学，法律，医学・健康科学，理学，看護），九つの研究センターを擁している。約1万6000人の学生が学ぶ。政府が実施する最終の高校の試験で上位15〜18％の学生の入学を許可するなど厳しい入学者選抜が実施されてきた。2015年のQS社の世界大学ランキングでは501-701位に入った。
和氣 太司

スワスモア・カレッジ [アメリカ]
Swarthmore College

フィラデルフィア郊外に所在の，アメリカ合衆国で最高水準の▶リベラルアーツ・カレッジ。1864年クエーカー教徒向けの男女共学校として創設され，工学も備えた。20世紀初頭の大学とカレッジへの分岐点では後者を選択したが，東部で最大の天体望遠鏡を設置するなど学術水準の向上にも努めた。1920年ローズスカラーのフランク・アイデロットを学長に迎え，オックスフォードの▶オーナーズ・プログラムを導入した。上級生は文献リストに基づいて専攻分野を自学し，卒業時に外部の学者による試験を受けてオーナーズ生として卒業するという選択肢を得た。これ以降スワスモアは，教育上のアイデンティティを求めるカレッジと，ドイツ大学に代わる模範を求める諸大学にとってのモデル校として，全米から注目された。その後も最高レベルの教育を維持し続け，毎年の卒業生が三百数十名の小規模校でありながら，これまで5名のノーベル賞受賞者を輩出している。
立川 明

➡ローズ奨学金

諏訪東京理科大学 [私立] | すわとうきょうりかだいがく
Tokyo University of Science, SUWA

1990年（平成2）に開学した東京理科大学諏訪短期大学からの改組転換により，2002年に開学。長野県および諏訪地域の6市町村と地元産業界からの要請と協力を得て誕生した。建学の精神は「理学の普及を以て国運発展の基礎とする」であり，基本理念「主体性の確立した人材の育成」および「地域の生涯学習と地元企業の技術力・経営力の向上に貢献」の下で，「21世紀に活躍できる高度なスペシャリストの育成」「新しい社会の倫理に基づく人材の育成」「実力重視の教育の実施」を教育理念に掲げる。2017年現在，長野県茅野市にキャンパスを構え，3学部7学科に993人の学士課程学生が在籍する。開学以来，工学と経営学との融合教育を特徴とする。また姉妹校である東京理科大学との連携も行われている。2018年公立大学法人化（1学部2学科）を予定。
戸村 理

成安造形大学 [私立] | せいあんぞうけいだいがく
Seian University of Art and Design

1993年（平成5）学校法人京都成安学園により開学。同法人は1920年（大正9）に京都市内に設置された成安裁縫学校を起源とする。建学の精神は法人名にもある「成安」であり，教育理念を「芸術による社会への貢献」とする。芸術学部芸術学科からなる単科大学であり，デザインやアートなどの専門分野において専門的に特化したスペシャリスト，幅広い知識と技術を身につけたジェネラリスト，またバランス感覚に優れたクリエイターの育成をめざしている。学生自らの興味・関心を引き出し，柔軟なカリキュラムを運用するために，SPP（Seian Personal Program）という教育システムを導入し，入学から卒業まで学生一人一人の能力を開花させるためのていねいな指導を行っている。キャンパスは滋賀県大津市にあり，2016年時点で809人の学生が在籍。
堺 完

聖学院大学 [私立] | せいがくいんだいがく
Seigakuin University

1903年（明治36）アメリカのプロテスタントキリスト教ディサイプルス派の宣教師ハーヴェイ・H.ガイが石川角次郎・宮崎八百吉らの協力を得て創設した聖学院神学校を起源とする。当初は神学教育，伝道師養成を教育目標に掲げ，幼稚園から高等学校，短期大学までの教育体制を整備し，1988年（昭和63）に「聖学院大学の理念十ヵ条」に基づき大学を設置するに至った。現在は政治経済学部，人文学部，人間福祉学部があり，必ずしも神学教育に特化しているわけではないが，どの学部でもキリスト教の精神に基づいた設置理念を打ち出し，創設当初の教育理念を現在まで受け継いでいる。また，国際教育にも力を入れ，アメリカ合衆国，韓国，イギリス，オーストラリアなど海外の11の大学と姉妹校提携を結び，学生の交換留学や短期海外研修を実施している。埼玉県上尾市にキャンパ

スが置かれ，2017年（平成29）現在の収容人数
1861人。
鈴木 崇義

→ キリスト教系大学

清華大学 [中国] せいかだいがく
Tsinghua University

1911年に北京に創設された清華学堂を前身とす
る，中国を代表する大学の一つ。清華学堂は米国
留学予備学校として始まり，翌年に清華学校とな
り中国での人材養成を開始した。1928年に国立
清華大学と改称し，37年以降国立長沙臨時大学，
国立西南連合大学として継続した。1946年に文・
法・理・工・農の5学院を有して北京市で再開され
たのち，52年の院系調整により理工系に特化した
大学となる。1980年代以降，経済管理，人文社
会科学，法などの学院を設置して文系分野の拡充
が進むと同時に，99年には中央工芸美術学院を合
併して美術学院とし，2001年には医学院を設置す
るなど総合大学化が進む。「211プロジェクト」およ
び「985計画」を通じて重点支援を受けている。
2016年時点で20学院57系が置かれ，本科課程
学生1万5000人，大学院課程の学生3万人余を
擁し，教員は3000人を超える。なお国共内戦後，
国民党政府が台湾に移った結果，1955年に台湾
にも国立清華大学が再建されている。
南部 広孝

聖カタリナ大学 [私立] せいカタリナだいがく
St. Catherine University

1934年（昭和9）に設立された聖ドミニコ宣教修道
女会を経営母体として，88年愛媛県松山市に社
会福祉学部の1学部を置いて聖カタリナ女子大学
を開学。2004年（平成16）には聖カタリナ大学へと
名称変更し，男女共学化した。2008年には社会
福祉学部を人間健康福祉学部に改組。2017年現
在，松山市の2キャンパスに1学部3学科（社会福
祉学科・人間社会学科・健康スポーツ学科）を置き，学
生684人，教員50人を擁する。また2017年には
看護学科を新設。建学の精神に「愛と真理」を掲
げ，キリスト教的世界観と教育理念に基づきつつ，
「真理の探究」を通した「普遍的な価値観と高い徳
性を有する人間」の育成，また「神の愛と人への奉
仕に生涯を捧げる人間」の育成に取り組む。小濱 歩

→ キリスト教系大学

生活協同組合 せいかつきょうどうくみあい

一般市民が生活の向上を目的に各種事業を行う
協同組合で，生協，コープと略称される。消費生
活協同組合法（昭和23年法律第200号）に基づくもの
を消費生活協同組合といい，一般に「生協」と呼ぶ

場合，市民を組合員とした市民生協を指す場合が
多い。2016年度の組合数は976で，組合員数
6663万人となっている。生協は組合員からの出資
金で運営している。組合員は生協を利用でき，運
営にも参加できる。原則として生協の利用は組合
員のみに限られ，出資金は脱退時に払い戻される。
生協組織には日本生活協同組合連合会（日本生協
連）や全国生活協同組合連合会（全国生協連），全
国大学生活協同組合連合会（全国大学生協連）とい
った連合会もある。単位生協は各連合内で共同
仕入れや共同事業を行うことも多いが，それぞれ
の生協は独立して経営されており，競合する部分
もある。
小林 雅之

→ 大学生協

正教授支配大学 せいきょうじゅしはいだいがく
Ordinarienuniversität [独]

正教授（Ordentlicher Professor）とは，ドイツの大学教
員の伝統的な職名である。正教授のほかに，員外
教授（Außerordentlicher Professor），私講師（Privatdo-
zent）などが大学で教育研究にあたった。大学の管
理運営に関する決定に正教授のみ関わるのが，正
教授支配大学である。ドイツの大学は歴史的に教
授等を構成員とする団体であったが，正教授のみ
が団体の構成員としての完全な地位を有していた。
学術の発展とともに，第2次世界大戦の終わりごろ
までには大学の実態に合わないものになっていた
が，大学の大衆化の進行，1960年代末の▶大学紛
争などにより，すべての大学構成員に管理運営へ
の参加を求める機運が高まった。連邦憲法裁判所
の1973年5月29日の判決により，正教授支配大
学から▶集団合議制大学（Gruppenuniversität）に代わ
ることが根拠づけられた。
長島 啓記

成蹊大学 [私立] せいけいだいがく
Seikei University

1906年（明治39）創設の私塾「成蹊園」を起源とす
る。創立者の中村春二は，高等師範学校付属中
学校時代の友人で三菱財閥4代目総帥の岩崎小
弥太と，今村銀行頭取の今村繁三の協力を得てい
る。現在の学校法人成蹊学園は，個性の尊重，品
性の陶冶，勤労の実践を建学の精神とし，自ら課
題を発見し，解決できる専門性を備えた教養人と
しての人材育成を教育目標としている。そのため
の好奇心，探求心，他者を理解する力，自分を表
現する力を要請する観点から，2010年（平成22）度
から学部横断による教養教育「成蹊教養カリキュラ
ム」を導入し，文理融合型の授業を展開している。
東京都武蔵野市のキャンパスに4学部4研究科が
置かれ，2017年現在7708人の学生が在籍。
山崎 慎一

大学事典　　　　　せいけいだ | 541

政策研究大学院大学 [国立]
せいさくけんきゅうだいがくいんだいがく
National Graduate Institute for Policy Studies: GRIPS

1997年(平成9)に設立された国立の▶大学院大学。修士課程と博士課程および両者の一貫プログラムからなる政策研究科・政策専攻の1研究科専攻がある。1977年(昭和52)に埼玉大学に新構想の独立大学院として創設された政策科学研究科を母体とする。公共政策に関する研究と教育を通して日本ならびに世界における民主的な社会統治の普及・充実・強化に貢献することを目標にかかげ,教育と研究を展開している。中央省庁や地方自治体など,および海外から現役の若手行政官を多く受け入れており,学生数350名ほどのうち,約3分の2はIMF,世界銀行などの国際機関あるいは日本国政府の奨学金を得ている世界50以上の国および地域からの留学生とされる。修士課程プログラムの充実を誇っており,その多くは1年のプログラムで,政策分野ごとに編成されている。学生は学際的な応用問題として政策課題にアプローチできるよう,経済学,政治学,行政学,統計学,システム工学等を広く学ぶとともに,日本とアジアの政策的経験と知見についても学び,学生の問題関心と派遣元の政府等の要請を十分考慮しつつ,学生が政策研究の訓練を受けられるようなプログラムとされている。所在地は東京都港区六本木。　舘 昭

星槎大学 [私立] | せいさだいがく
Seisa University

2004年(平成16)に通信制課程のみの大学として開学。建学の精神は,運営母体である学校法人国際学園が掲げる教育の理念「自然や文化,社会や人々と積極的に関わりを持つことを通して,お互いの共生を目指す豊かな人間性を育成する」を基底に策定されており,簡潔に述べれば「人と人,そして人と自然とが共生する社会の創造に貢献する」である。2016年現在,全国19のスクーリング会場と,芦別・箱根・湘南大磯にキャンパスを構え,日本で唯一の共生科学部に正科生・特修生・科目履修生をあわせて5678人の学生が在籍する。年齢・職業ともに多様な学生が学んでおり,在籍年限もないことから,100人以上の学生が10年以上学び続けている。また専攻も共生科学,初等教育,福祉,スポーツ身体表現など多岐にわたる。　戸村 理

→ 通信制大学

星槎道都大学 [私立] | せいさどうとだいがく
Seisa Dohto University

北海道北広島市にある。1964年(昭和39)学校法人北海道産業学園に加え,北海道産業専門学校

(本科,予科高等部)が開校されたことから始まる。1978年北海道紋別市に道都大学として開学され,2005年(平成17)北広島市に移転。創立50周年である2014年より通信教育科が開設され,17年に星槎道都大学へと名称変更。建学の精神は,「先行きの予測が困難な複雑で変化の激しい現代社会に必要とされることを創造するとともに,社会の持続的発展を実現するため学術研究を通じて常に新しい道を切り開き,すべての人々が共生しえる社会の実現に貢献します」とある。経営学部(経営学科),美術学部(デザイン学科,建築学科),社会福祉学部(社会福祉学科)があり,地域貢献の一環として各高校への出張授業も実施している。2017年現在の学部生771人。　蝶 慎一

政治経済学部 | せいじけいざいがくぶ
Faculty of Political Science and Economics

早稲田大学は前身である東京専門学校の創設時(1882年)より政治経済学科を擁し,▶大学令による大学昇格の際(1920年)に日本初の政治経済学部を置いた。国立大学では,かつて広島大学が政経学部を置いていたが,1977年(昭和52)に▶法学部と▶経済学部に分離独立した。2016年(平成28)現在,早稲田大学や明治大学など私立の8大学(政経学部を含む)に置かれている。なお英語圏では旧来,経済学的な研究を総称してポリティカル・エコノミー,つまり政治経済学と呼んでいたが,その主たる関心が国家の政策から法則の科学的究明へと移行するに従い,19世紀末頃から科学的なるものという意味を込めて経済学(economics)という語が用いられるようになった。一方,当然ながら現在においても経済学と政治学とを一体的ないし学際的に研究する意義を積極的に認める考え方もあり,「政治経済学」の語義は一定ではなく,また一義的でもない。　福石 賢一

星城大学 [私立] | せいじょうだいがく
Seijoh University

1988年(昭和63)設置の学校法人名古屋石田学園(1951年設置の学校法人石田学園より名称変更)により2002年(平成14)に開学。起源は,石田鑛徳による明徳学館(1941年),次いで戦後の名古屋英学塾(1945年)にさかのぼる。前身は1989年設置の名古屋明徳短期大学である。学園創立60周年を記念して,経営学部とリハビリテーション学部からなる4年制大学として開学した。建学の精神は「報謝の至誠」「文化の創造」「世界観の確立」である。愛知県東海市富貴ノ台にキャンパスを構え,2016年5月現在,2学部1研究科に975人の学生を収容。2016年3月,愛知県の認証制度において女性の活躍促進に積極的に取り組む「あいち女性輝きカンパ

ニー」として認証された。　　　　　　　平野 亮

成城大学 [私立]｜せいじょうだいがく
Seijo University

設置母体の成城学園は，1917年（大正6）文部官僚として近代日本の教育制度の確立に貢献した沢柳政太郎によって私立小学校が設立されたことを起源とする。大学は1950年（昭和25）に開設。建学の精神は「人生は真善美を理想とすると言われるが，学校は真理行われ道徳が通りまた美的の所でありたい」である。個性尊重の教育，自然と親しむ教育，心情の教育，科学的研究を基とする教育の四つの教育要領を掲げ，現在はグローバル社会を生き抜く「独立独行」の人を育成するということをビジョンとしている。一人一人の個性を重んじる少人数教育は，開学以来の原点となっている。東京都世田谷区に所在する人文社会系の総合大学であり，2017年（平成29）現在6249人の学生が在籍。
　　　　　　　　　　　　　　　　　山崎 慎一

聖心カトリック大学 [イタリア]｜せいしんカトリックだいがく
Università Cattolica del Sacro Cuore

ミラノ校を中心にローマ，ブレシア，クレモナ，ピアチェンツァ，カンポバッソに校舎を持つ，ヨーロッパ最大の私立大学。サクロ・クオーレ・カトリック大学とも称される。1919年ミラノに，カトリック精神と文化と科学の結合の建学精神のもと，ジェメッリ神父などによって高等教育機関が設立された。翌20年に教皇の保証の下で文部大臣ベネデット・クローチェによって承認され，21年に哲学部と社会科学部の2学部で大学として開校。その後，1951年にピアチェンツァに農学部，58年にローマに医学・外科学部が設立された。この医学・外科学部はイタリアで最初に定員制を導入し，ジェメッリ付属病院での教育を充実させた。ローマのモンテ・マリオの丘に近代的なキャンパスを持ち，現在は経済学部が併設されている。ブレシアには1965年に教育学部，68年に数学・自然科学部が設置され，2002年にはカンポバッソ，2007年にはブレシアにも心理学部などが設置された。2011年には12学部，ほかに7スクオーラ，27学科，正教授310人，准教授350人，研究員705人，2015年の登録学生数約3万7000人を擁する。
　　　　　　　　　　　　　　　　　児玉 善仁

聖心女子大学 [私立]｜せいしんじょしだいがく
University of the Sacred Heart, Tokyo

1916年（大正5）に開校した私立聖心女子学院高等専門学校を前身とする。第2次世界大戦後に改組され，日本における最初の新制女子大学として発足した。1801年に聖マグダレナ・ソフィア・バラがフランスに創立した聖心女子学院の教育理念に基づく。建学の精神を「一人一人の人間をかけがえのない存在として愛するキリストの聖心（みこころ）に学び，自ら求めた学業を修め，その成果をもって社会との関わりを深めることにある」として，この「聖心スピリット」の涵養を図る。2016年（平成28）5月現在，広尾（東京都港区）にキャンパスを構え，文学部と文学研究科に2270人の学生を収容する。リベラルアーツ教育と少人数教育を徹底しており，「▶リベラル・アーツの聖心」として，1年次は基礎課程と呼ばれるカリキュラムの中で，狭い専門性に陥ることなく，語学科目から専門科目まで幅広いバランスの良い履修を求める。なお初年次教育の重要性を考慮して「1年次センター」が設置されており，学修支援の充実に努めている。　　　　戸村 理

成績評価 ｜せいせきひょうか
course evaluation

授業科目を受講した学生に対して科目終了時に行われる。4段階評価と5段階評価のどちらかを採る大学が多い。科目や履修方式によっては合格か不合格かを判定するだけの場合もある。成績評価は通常，授業科目を担当する教員の自律的判断に従って行われる。しかし，極端に寛容だったり，逆に厳格過ぎたりする場合があり，そのため科目や担当教員によって成績分布が異なり，学生間で公平性について不満が抱かれたり，学生の履修行動に影響が出たりすることが成績評価に絡む問題としてしばしば指摘される。2000年頃から，政策上，厳格な成績評価による教育の質保証の必要性が強調されるようになり，科目ごとの成績分布を学内で公開したり，相対評価のガイドラインを設けたりして，科目間の成績分布の統制を図ろうとする大学が増えている。▶GPA（Grade Point Average）を提示して学生個々人の成績の全体状況を把握しやすくし，学生指導や勉学意欲の向上に活かそうとする大学が増えている。これはアメリカ合衆国の制度に倣って導入されたため，GPA導入と同時に米国式の5段階評価に移行した大学が多い。　福留 東土

→大学の質保証（テーマ編）

清泉女学院大学 [私立]｜せいせんじょがくいんだいがく
Seisen Jogakuin College

2003年（平成15）に開学。長野県と清泉女学院との関係は，1961年（昭和36）に清泉女学院高等学校の敷地内に「専攻科」を創設したことに始まる。長野県内で唯一の4年制女子大学であり，キリストの福音に基づく大学として全人教育を教育の理念とする。建学の精神・モットーは「こころを育てる」であり，そこには「清く，正しく，愛ふかい「こころ」に加え，輝く現代的な女性としての「こころ」と

いう意味が込められている。2017年現在，長野県長野市にキャンパスを構え，1学部1学科に210人の学士課程学生が在籍する。「身につく2つの力」として「豊かな人間力」と「社会・企業で生き抜く力」が掲げられており，人間学部心理コミュニケーション学科では幅広く実践的な専門教育が行われている。
戸村 理

清泉女子大学 [私立] | せいせんじょしだいがく
Seisen University

設立母体は1935年(昭和10)麻布区(現，東京都港区)開設の清泉寮であり，スペイン系の聖心侍女修道会から来日したエルネスティナ・ラマリョら4名の修道女による。1950年清泉女子大学を設立し，73年に学校法人格を伴い独立し，現在の形となった。建学の精神は「まことの知・まことの愛」の追求である。キリスト教ヒューマニズムに基づき，人間の尊厳や文化の多様性を理解し尊重し，社会に貢献できる人材を育成している。東京都品川区のキャンパスに文学部(5学科)4研究科が置かれ，2017年(平成29)現在1921人が在籍，一人一人を大事にする少人数教育によって他者への思いやりと広い人間愛を育んでいる。
山崎 慎一

聖泉大学 [私立] | せいせんだいがく
Seisen University

学校法人聖隷学園により1985年(昭和60)に聖隷学園聖泉短期大学を開学し，2003年(平成15)に聖泉大学が開学。建学の精神は，全人教育に基づく「社会奉仕と地域貢献」とし，また教育理念として「人間に対する理解を深め，広く社会と地域に貢献できる人材を育成する」としている。2017年現在，人間学部，看護学部の2学部を有し，「地域に根差し，地域から親しまれ，地域に貢献する」大学をモットーに教育研究に取り組んでいる。なかでも2011年に開設された看護学部は，滋賀県内初の私立大学における看護職養成機関であり，14年3月卒の第1期生のうち県内の病院・関連機関に約9割が就職している。キャンパスは滋賀県彦根市にあり，2017年時点で591人の学生が在籍。
堺 完

聖徳大学 [私立] | せいとくだいがく
Seitoku University

1933年(昭和8)川並香順・孝子夫妻が東京市大森区新井宿(現，東京都大田区)に設立した聖徳家政学院と新井宿幼稚園を起源とする女子大学。校名は香順の尊崇する聖徳太子に由来し，建学の精神も「十七条憲法」に由来する「和」とし，幼児一人一人の幸せの実現と，人間性と調和を尊重する平和な社会づくりに寄与する女性を育成するという理

想のもと，1965年の聖徳学園短期大学設置を経て，90年(平成2)に聖徳大学を千葉県松戸市に開学した。学部は，児童学部，心理・福祉学部，文学部，人間栄養学部，看護学部，音楽学部を擁する。2017年現在の収容人数3672人。また通信教育部を設置し，児童学部，心理・福祉学部，文学部にて通信教育を実施している。
鈴木 崇義

→大学通信教育，通信制大学

聖トマス大学 (せいトマスだいがく) →サント・トマス大学

西南学院大学 [私立] | せいなんがくいんだいがく
Seinan Gakuin University

福岡市にある。1916年(大正5)アメリカの宣教師C.K.ドージャーによって創立された福岡市初の男子中学校「私立西南学院」を起源とし，当初の生徒104人，教職員9人であった。1921年に大学の前身である西南学院高等学部を開設。第2次世界大戦中はキリスト教主義の学校に対する風当たりが強くなり，英文科が閉鎖された。1947年(昭和22)に新制中学校，48年に高等学校を開設。1949年に新制大学として開学し，学芸学部(神学・英文学・商学)を設置した。2016年(平成28)5月現在，神・文・商・経済・法・人間科学・国際文化の7学部があり，学生数8150人。ドージャーの遺訓である「Seinan, Be True To Christ(西南よ，キリストに忠実なれ)」は建学の精神とされ，現在もキリスト教を基盤とした独自の教育を実践している。
船勢 肇

→キリスト教系大学

西南女学院大学 [私立] | せいなんじょがくいんだいがく
Seinan Jo Gakuin University

1922年(大正11)アメリカ南部バプテスト派の宣教師により修業年限5ヵ年の高等女学校として西南女学院が設立。1950年(昭和25)西南女学院短期大学設立，94年(平成6)西南女学院大学開学。福岡県北九州市小倉北区井堀に保健福祉学部(看護学科・福祉学科・栄養学科)，人文学部(英語学科・観光文化学科)があり，2016年現在1573人の学生が在籍。キリスト教に基づく女子教育は，創設時に校訓「感恩奉仕」を掲げて営まれてきた。「感恩奉仕」は「建学の精神」となっている。神の恩寵の中に生かされていることへの感謝を意味する「感恩」と，隣人への愛を意味する「奉仕」を教育の基盤とする。
船勢 肇

→キリスト教系大学

政府研究開発投資 |せいふけんきゅうかいはつとうし
Government Domestic Expenditure on R & D

任意の年度において政府が支出する科学技術研究のための経費を指す。「投資」といっても，企業会計上の投資とは関係ない。1992年（平成4）の科学技術会議第18号答申「新世紀に向けてとるべき科学技術の総合的基本方策について」，およびそれに基づいて同年閣議決定された科学技術政策大綱において，政府の研究開発投資額を早期に倍増することが決定されて以来，科学技術基本計画等の政策文書で用いられる概念。地方公共団体における類似経費を含む場合もある。なお，この概念は予算制度等の明確な裏付けがある概念ではないが，「科学技術関係経費」にほぼ該当する。科学技術関係経費の対象となる予算の範囲は，科学技術基本計画の改定に伴って，それに適合するように見直される。また，科学技術関係経費のうち▶国立大学法人等の研究開発費は推計値である。国際比較においては，Government-financed Gross Domestic Expenditure on R & D（政府負担国内研究開発総支出額）が，政府研究開発投資の指標として用いられている。

小林 信一

西武文理大学 |[私立]| せいぶぶんりだいがく
Bunri University of Hospitality

1988年（昭和63）開設の文理情報短期大学を前身として，1999年（平成11）に開設。その起源は1966年開設の西武栄養料理学院。所在地は埼玉県狭山市。開設当初はサービス経営学部のみの単科大学であったが，2009年に看護学部が設置された。2学部とも「ホスピタリティの精神」を教育の指針・目標に掲げ，大学卒業後の就職先を見据えたカリキュラム，制度を運営している。このほか特徴として，オープンキャンパスや学園祭「ホスピパル」などの機会を利用して，学生がプロデュースした結婚式を挙行していることがあげられる。さらに地域貢献として2016年に狭山市と「西武文理大学と狭山市との連携に関する基本協定書」を取り交わし，公開講座やサービスラーニングを実施し，埼玉県西部の私立大学が連携する彩の国大学コンソーシアムにも加盟している。2017年現在1406人を収容。

鈴木 崇義

聖マリア学院大学 |[私立]| せいマリアがくいんだいがく
St. Mary's College

2006年（平成18）開設。1953年（昭和28）医療法人雪ノ聖母会聖マリア病院の開設を起源とする。病院を聖母マリアに捧げる意味から，法人名を雪の聖母会と命名。その基本指針をカトリックの愛の精神に基づく医療と教育の普及とした。この設立理念を引き継ぎ，看護に携わる人材の育成をめざし，1973年聖マリア高等看護学院を開設，のち組織改編を経て2006年福岡県久留米市津福本町に開学（看護学部）。2017年現在490人の学生が在籍。教育の特色としては「生命倫理教育」「ロイ適応モデルを基盤とした看護教育」「国際看護教育」の三つがあげられる。専門的な看護実践力と，"人間の尊厳"を基調とした教育研究に努めている。

船勢 肇

聖マリアンナ医科大学 |[私立]| せいマリアンナいかだいがく
St. Marianna University School of Medicine

1971年（昭和46）東洋医科大学として開学，73年に現在の聖マリアンナ医科大学へと改称。創立者は敬虔なカトリック信者の明石嘉聞である。建学の精神は「キリスト教的人類愛に根ざした「生命の尊厳」を基調とする医師としての使命感を自覚し，人類社会に奉仕し得る人間の育成，ならびに専門的研究の成果を人類の福祉に活かしていく医師の養成」である。2016年（平成28）現在，神奈川県川崎市にキャンパスを構え，医学部に700人の学士課程学生が在籍。6年間の医学教育は，「何を習得したか」を問う，アウトカム基盤型教育を徹底しており，カリキュラムは世界医学教育連盟（WFME）の提示するグローバルスタンダードに準拠した新カリキュラムとなっている。

戸村 理

西洋医学所 |せいよういがくしょ

幕末の西洋医学教育機関。1858年（安政5）伊藤玄朴，戸塚静海，大槻俊斎ら江戸市中の蘭方医82名の拠金により，神田お玉ヶ池に設立された種痘館がその母体である。翌1859年に下谷和泉橋通りに移転し，60年（万延1）には幕府の直轄となり種痘所と改称，さらに翌61年（文久1）に西洋医学所と改称，大槻俊斎が初代頭取となり，教授，解剖，種痘の3科が設けられ，蘭医学の教育機関となった。1862年，大槻の死後，幕府は大坂より緒方洪庵を招いてその後任とし，翌年医学所と改称された。緒方は諸規則を定めたがまもなく死去し，その後をうけて頭取に松本良順が昇格した。松本は長崎養生所と長崎医学所（日本初の近代的西洋医学校・病院）を完成させたポンペ（J.L.C. Pompe van Meerdervoort, 1829-1908）に師事し，その教則に従って医科7科を系統的に教授した。戊辰戦争で閉鎖されたが，明治政府は医学所を再興，医学校兼病院，▶大学東校，東京医学校などを経て東京大学医学部へと発展した。

橋本 鉱市

聖路加国際大学 [私立] | せいろかこくさいだいがく
St. Luke's International University

1964年 (昭和39) 私立大学として日本で初めて看護学部を伴い設立された。キリスト教宣教医のルドルフ・トイスラーの創立した聖路加国際病院附属高等看護婦学校を母体とし，その設立当時，看護教育はアメリカ人看護師によりすべて英語で行われた。その国際性に基づく英語教育は，従来の看護教育に加え，医療英語を活用した看護能力の獲得を可能にしている。看護を「人間と環境との相互作用により，最適な健康状態を生み出すことをめざす働き」と捉え，基礎から専門科目を積み上げて学習できる教育課程が構成され，徹底した少人数制教育を特徴とする。東京都中央区にキャンパスを構え，2016年 (平成28) 現在550人が在籍。

山崎 慎一

→ キリスト教系大学

聖隷クリストファー大学 [私立]
せいれいクリストファーだいがく
Seirei Christopher University

1926年 (昭和1) 長谷川保らキリスト者によって創立された社会事業団体聖隷社を起源とする。「聖隷」の出典は『新約聖書』のヨハネによる福音書第13章。1930年代には迫害を受けながらも結核患者の療養に取り組む。1949年に各種学校として遠州基督学園を開設，52年には聖隷准看護婦養成所を開設。1969年に学校法人聖隷学園を設立し，聖隷学園浜松衛生短期大学を開学。1992年 (平成4) 静岡県浜松市に聖隷クリストファー看護大学を開学，2002年に現校名になる。開学以来，学部増設や学科再編，大学院の設置などを経て，2017年現在は看護学，リハビリテーション学，社会福祉学の3学部と3研究科 (修士課程・博士後期課程)，および助産学専攻科を擁している。2017年現在1508人の学生が在籍。建学の精神は「生命の尊厳と隣人愛」。

和崎 光太郎

→ キリスト教系大学

清和大学 [私立] | せいわだいがく
Seiwa University

1946年 (昭和21) 真板益夫が設立した木更津英語講習所を起源とする。1994年 (平成6) 地域社会に根ざし，その発展に一段と貢献できる総合学園構想の実現に向け，法学部法律学科を擁する単科大学として清和大学を開学した。教育理念は人間性の全人的形成をめざしてそれぞれの個性が持つ立派な可能性を自然に開発伸長できるように育成することを目的とする「真心教育」である。学部では少人数制授業や担任制により学生と教員のコミュ

ニケーションを密にし，学修内容の定着や学修・生活両面からの学生支援体制をとっている。このほかキャリアサポートの一環として警察官・公務員特進クラスを設け，専門のスタッフによる個別指導や公務員試験対策講座を行っている。千葉県木更津市にキャンパスを構え，2017年現在の収容人数720人。

鈴木 崇義

CNRS | セーエヌエールエス
Centre national de la recherche scientifique [仏]

フランスの「国立科学研究センター」。1939年10月19日に創設されたフランス最大の公的研究機関。特定分野に限定されない幅広い学問領域を対象とし，約3万3000人 (うち研究者約1万1200人，技師や職員等約1万3750人が常勤，残りの約8000人はポストドクターその他) の人員と，34億ユーロの予算，1100を超える研究単位で活動を行っている (2013年現在)。約7万5000人という大学教員の人数と比べると，CNRSの相対的な規模の大きさが理解される。すなわち大学外に広く認知された研究機関が存在していることは，フランスの研究体制の特徴をなしている。また1966年に導入された混成研究単位 (2013年では上記1100のうち約95%) の制度により，大学等との研究協力をより緊密に行うことが可能となっている。大学側にとっても，混成研究単位に選ばれることは，その研究室の質の高さを示すものであり重要である。CNRSは学際的な研究の展開にも力を入れている。

白鳥 義彦

→ フランスの大学 (テーマ編)

世界大学総長協会 | せかいだいがくそうちょうきょうかい
International Association of University Presidents: IAUP

100ヵ国以上から600人以上の高等教育機関の総長，学長，副学長といったリーダーによって構成される国際的な非政府組織 (NGO)。国際連合教育科学文化機関 (UNESCO) との正式な協議資格も持ち，本部はアメリカ合衆国，ニューヨーク市の国連プラザに置かれている。各国の高等教育のリーダー間の交流促進や連携強化を図る，世界規模の組織の創設を議論しようと，1964年にアメリカ，韓国，プエルトリコ，フィリピン，リベリアの高等教育機関のリーダーたちによって創設された。高等教育機関の国際的なミッションの強化，教育の質の向上，グローバル社会への対応，教育を通した平和と国際理解の推進に取り組んでいる。日本を含む構成員は国単位で3年間議長を務めることとなっており，3年に1度議長国で開催される総会では高等教育を取り巻く問題などについて話し合われるほか，次期議長国が選出される。

髙谷 亜由子

世界大学ランキング|せかいだいがくランキング
world university rankings

世界の1万数千の大学のうちの上位数百校について、とくに教員の研究業績を基準に、大学やマスコミの機関が実施する順位づけ作業と結果の公表をいう。

[二つのランキング]
最初の体系的なランキングは、自国と世界水準の大学との比較を目的に中国の上海交通大学が準備し、2003年、上位500校名を公表した世界大学学術ランキング（ARWU）であった。ARWUは大学の質を、卒業生とスタッフ中のノーベル賞とフィールズ賞の受賞者数、教員・研究者の専門誌での被引用回数、『Nature』と『Science』誌掲載の論文数、「拡張版科学索引誌」と「社会科学索引誌」掲載の論文数、教員・研究者一人当たりの学術生産性という指標の総計により判定する。この年の上位101校は国別に、アメリカ合衆国が58校、イギリス9校、日本、ドイツ5校、カナダ4校と続き、最上位を含め合衆国が他を圧した。

ARWUに対抗するように翌2004年、イギリスのタイムズ誌が高等教育ランキング（THE）を公表した。方法上では、学者・企業人が抱く大学の評判に判定根拠の半分、学生・教員比率、教員の論文被引用の平均数、学生・教員中の外国人の割合を残り半分に充てた。結果は、最上位の9校は順位を除きARWUと同一であったが、上位101校中合衆国の大学が35校へと激減した。下落した23校に交替したのは、イギリスの新たな5校、オーストラリアの9校、香港の3校、シンガポールの2校、インド、マレーシア、ニュージーランドの各1校で、大部分がイギリス連邦国の大学であった。THEがイギリスの教育文化的伝統、利害を強く反映したことがわかる。

[ランキングの偏り]
しかし、ARWUとTHEに共通の偏りも目立つ。1989年、アメリカのグールマン・レポート（第5版）は、世界の上位100校中に、旧ソヴィエト連邦の20大学をランク・インさせていた。この間ソヴィエト連邦が消滅したとはいえ、2003年のARWUは500位以内に2校、THEも92位に▶モスクワ大学を入れただけであった。ARWUとTHEの英語圏への傾斜には、疑問の余地がない。ちなみに、2009年にロシアが公表したReitorランキングでは、モスクワ大学がMIT等に次いで5位、他のロシア大学も「躍進」している。

ARWUとTHEはともに小規模大学の貢献を軽視している。教育の質の指標として、前者は卒業生中のノーベル賞・フィールズ賞受賞者数を、後者は学生・教員比率を選択した。これらの指標を重視したのであれば、ARWUとTHEは合衆国の▶リベラルアーツ・カレッジの最上位校に注目したであ

ろう。卒業生数の規模を考慮に入れて、ノーベル賞受賞者の割合を計算すると、ARWUでの合衆国の最上位33校のうち、スワスモアとアムハーストの両リベラルアーツ・カレッジを凌ぐのは、▶カリフォルニア工科大学1校のみで、スタンフォードを含む24校は両カレッジの5分の1から数十分の1の割合でしか受賞者を育てていない。しかし、両カレッジはARWUでは500位から完全に排除された。同様にTHEも質の高い教育に十分配慮していない。スワスモアやアムハーストは、学生・教員比率でも8対1で、ハーヴァードやイェールに並び、しかも学士課程の教育に専念する大学なのである。

[世界大学ランキングの功罪と将来]
2016年現在、主要な世界大学ランキングは十数件を超える。ドイツのCHEシステムでは、入学志願者と大学側の諸条件とを照合しつつ、ドイツ語圏から志願者に最適の大学をランク形式で紹介する。台湾のHEEACTやオランダのLeidenランキングは、研究活動の水準のみに照準を合わせ、専門の科学者向けに大学評価を提供する。大学ランキングは、各国の為政者・大学行政者に対しては、高水準の大学を維持・発展させる方策の策定に関して、強力で有用な指針を与えている。

しかし、マイナス面も指摘される。理工・医学の研究成果を過大評価する結果、順位づけが大規模な▶研究大学のみに集中し、世界の99％の大学には無関係となる。社会科学を駆使した国家建設への貢献や、各地の多様な文化に潜在する創造性の活性化に努める大学の意義が省みられず、世界の大学がアングロ・サクソン・モデルへと収斂して行くのを助長する。実際、アフリカでは地域内の大学の協力関係が薄れ、多くが合衆国の大学との提携に邁進するようになっている。何よりも大学ランキングは、自国による自国の大学の商品価値の宣伝に陥りがちで、批判的な精神に依拠する大学には自家撞着とさえいえる。にもかかわらず、欧米の大学は、高品質の教育と高度な研究活動とを伴って、はじめて優れた社会貢献を果たしてきた。将来のランキングは、そうした大学の重層的な機能を評価し、世界の大多数の機関にも有意義な順位づけへ進化せねばならないだろう。

立川 明

▶国際化とグローバル化（テーマ編）、国際評価・認定

◎P.T.M. Marope et al. (eds.), *Rankings and Accountability in Higher Education*, UNESCO, 2013.
◎A. Rauhvargers, *Global University Rankings and Their Impact*, I & II, European University Association, 2011, 2013.

世界トップレベル研究拠点プログラム
せかいトップレベルけんきゅうきょてんプログラム
World Premier Research Center Initiative: WPI

WPIプログラム。文部科学省による研究支援事業。世界規模の人材獲得競争が激化する中で、

世界第一線の研究者が集う優れた環境と高い研究水準を持つ「目に見える拠点」を日本に形成することを目的とする。研究拠点には「世界最高レベルの研究水準」「複合領域の創出」「国際的な研究環境の実現」「研究組織の改革」が求められる。文部科学省により2007（平成19）年度から実施された。2007年度は22の大学等（国立大学11，私立大学2，大学共同利用機関法人3，独立行政法人6）から応募があり，国立大学4，独立行政法人1が採択された。2010年度には9の大学等（国立大学8，独立行政法人1）から応募があり，採択数は国立大学1校，2011年度には13の大学等（国立大学9，私立大学2，大学共同利用機関法人1，独立行政法人1）から応募があり，3大学が採択された。交付決定額（円）は2007年度34億，2008年度69億，2009年度70億，2010年度72億，2011年度80億，2012年度87億，2013年度96億となっている。　　　佐々木 研一朗

→ COE，21世紀COEプログラム

◎文部科学省「世界トップレベル研究拠点プログラム（WPI）」：http://www. mext. go. jp/a_menu/kagaku/toplevel/
◎日本学術振興会「世界トップレベル研究拠点プログラム」：http://www. jsps. go. jp/j-toplevel/index. html

設置形態→大学の設置形態（テーマ編p.87）

設置者→大学管理機関（設置者）

設置認可→チャーターリングとアクレディテーション

摂南大学 [私立]｜せつなんだいがく
Setsunan University

1975年（昭和50）に創設。商業中心の大阪にあって工業技術者の必要な時代の到来を予期した初代校長片岡安等の尽力により誕生した。学園の起源は1922年（大正11）創立の関西工学専修学校にさかのぼる。建学の精神は「世のため，人のため，地域のために「理論に裏付けられた実践的技術をもち，現場で活躍できる専門職業人の育成」を行いたい」である。2017年（平成29）現在，大阪府寝屋川市と枚方市にキャンパスを構え，文理にわたる7学部13学科に8100人の学士課程学生が在籍する。タグラインSmart and Humanは，知性と人間性を結ぶ大学の理念を示したものである。創立40周年を迎えた2015年には，創立50周年を見据えたSETSUDAI VISION 2025を策定し，知と人材の循環を生み出す，持続可能な社会の実現に貢献する大学をめざすことが宣言された。　　　戸村 理

セツルメント運動｜セツルメントうんどう
settlement movement

［背景と思想］

オックスブリッジの教師・学生を中心としたボランタリー組織による社会改革運動で，中流階級のボランティアたちが貧民地区に住み込み，セツルメント・ハウスと呼ばれる施設を拠点に，当該地区の貧しい人々と直接触れ合いながらその生活実態を学び，その解決方策を探っていくもの。社会問題が深刻化したヴィクトリア時代における，ロンドン貧民地区に住む人々の生活困窮がその背景にあった。若くして死去したアーノルド・トインビー（▶オックスフォード大学の歴史学者で社会改革者）を記念して1884年に設立された▶トインビー・ホールが最初のセツルメント・ハウスである。そこでの活動は地域に暮らす貧しい人々の生活支援，教育，福祉，伝道を中心に展開された。同時に責任ある市民としての模範を示し，スラム街における中流階級のリーダーシップのあり方について新しいスタイルを模索することも目指された。そうした活動を通じて「二つの国民」といわれた中流階級と労働者階級間の溝と格差を埋めるため，その拠点としてセツルメントが構想された。

セツルメントというアイデアは，1870年代に，ロンドンのホワイトチャペル地区にあったセント・ジュード教会の牧師サミュエル・バーネット（トインビー・ホールの初代館長）により考案されたものだが，その思想的淵源はF.D. モリスやチャールズ・キングズレーのキリスト教社会主義にあった。彼らの思想に共鳴し，バーネットとも交遊があった学生たち（とくにオックスフォード大学の学生）は，すでに1860年代から個別にロンドンのスラム地区に入り込み，一定期間そこで生活するようになっていた。そうした少数の学生の個別の動きは，1883年10月のあるパンフレットの出版を契機に大きな流れとなった。ロンドン会衆派連合の事務局長アンドリュー・マーンズ師が匿名で執筆した「見捨てられたロンドン市民の悲痛な叫び─赤貧の人々の生活実態調査」がそれである。その出版は社会に大きな衝撃を与えた。とりわけキリスト教社会主義，理想主義，人道主義を信奉するオックスブリッジの若き大学人にはそうであった。

この機会をとらえてハロー校校長のモンタギュー・バトラーや，オックスフォードのトリニティ・カレッジ学寮長たちは相次いでこの問題を取り上げ，大学やカレッジの説教壇から大学人に呼びかけ訴えた。サミュエル・バーネットも彼らに続き，1883年11月17日にオックスフォードのセント・ジョンズ・カレッジで「大都市における大学人のセツルメント」と題するペーパーを読み上げた。イースト・ロンドンのセツルメントはここから始まり，トインビー・ホールの開設，そこでの活動開始（1885年1月）につなが

る。

［運動の展開］

運動の先鞭をつけたのはオックスフォード大学であった。そこにはベリオル・カレッジを拠点として，T.H. グリーンやアーノルド・トインビーなど理想主義学派に連なる「行動する市民的学者・知識人」の一群が集っていた。彼らは自らの社会的責任を果たすべく，その活動の具体的なかたちを模索していた。一方，▶ケンブリッジ大学(とくにトリニティ・カレッジ)もすぐこれに続いた。両大学の間では相互の情報・知見の交流があり，連携・協力もあった。実際，セント・ジョンズ・カレッジにおけるバーネットの演説を聴いた聴衆のなかにはケンブリッジの著名な大学人がおり，トインビー・ホール開設に向けての支援を募るため，1884年5月，ケンブリッジに委員会が設置されている。委員には著名な生理学教授マイケル・フォスターや大学拡張運動の創始者ジェームズ・スチュアートも名を連ねていた。ケンブリッジではトリニティ・カレッジが運動の先頭に立ち，1885年5月，ロンドンのカンバーウェル地区にトリニティ・カレッジ・ミッションを開設した。大学人や学生による貧困地区での伝道・布教活動はそれ以前にも行われていたが，セツルメントというかたちでの本格的な活動はこれが最初であった。トリニティに続いてペンブローク，コーパス・クリスティなどのカレッジが相次いでロンドン各地の貧困地区にミッションを開設していった。

セツルメント運動はやがて全英各地，さらにはアメリカ合衆国，カナダ，フランス，ドイツ，日本などにも広がり，国際運動へと展開していった。第2次世界大戦後，イギリスの社会保障制度の基礎を築き，福祉国家形成の一翼を担ったウィリアム・ベヴァリッジは，若き日にはトインビー・ホールのセツラーであり，のちには同ホールの副館長となるが，1905年にセツルメントを「人間性に関する大学院教育の実習現場」と定義している。　　　　安原　義仁

▶社会貢献，大学開放/大学拡張

◎Briggs, A. and Macartney, A., *Toynbee Hall: The first hundred years*, London, 1984.
◎Goldman, L., *Trinity in Camberwell: A history of the Trinity College Mission in Camberwell 1885-1985*, Cambridge, 1985.

セビーリャ大学 [スペイン] |セビーリャだいがく
Universidad de Sevilla

スペイン南部アンダルシア自治州の州都セビーリャ(セビリア)にある公立大学。15世紀末に司教座付属学校として発足。1505年に大学として創立，500年以上の歴史を持つ。16世紀のセビーリャは，スペインにおいて最も発展した商業都市であった。時代を経て，1960年代には建築学，1970年代に入ると経済学，薬学部が増設された。またセビーリャのほか，エストレマドゥーラ自治州のバダホス，

アンダルシア自治州内のカディス，そしてコルドバにキャンパスを拡大し，のちにそれぞれが大学として独立している。現在は複数のキャンパスをセビーリャ市内に有する。大学の本部はメリメの劇，ビゼーのオペラ「カルメン」にも登場する旧国立タバコ工場の建物を使用している。市内にはインディアス古文書館があり，中南米研究の拠点ともなっている。　　　　　　　　　　　　　安藤　万奈

セブン・シスターズ
Seven Sisters

アメリカ合衆国の東部に所在する，名門の女性大学群の呼称。カレッジとしての成立順にヴァッサー，スミス，ウェルズリー，ブリンモア，バーナード，マウント・ホリョーク，ラドクリフの7校であるが，1970年のヴァッサーの共学化，99年のラドクリフのハーヴァードとの統合を経て，現在は5校に減少した。あるものは一女性の遺言に基づくカレッジとして，あるものは既存の大学と連携しつつ，19世紀後半から7姉妹校間の人材提供や競争を通じて質の高い女性向け教育を実践し，津田梅子(ブリンモア)やヒラリー・クリントン(ウェルズリー)等の指導的な女性を輩出してきた。▶アイビー・リーグ校と並列する向きもあるが，7校(5校)は女性向け▶リベラルアーツ・カレッジの上位校を形成し，アムハースト，ウィリアムズ，スワスモア等に比肩すると見て自然である。ただし，ブリンモアは今日でも，かつてのラドクリフのごとく，主要な学術分野で少数の博士学位を授与し続けている。　　　　　　　立川　明

セミナー・ハウス
seminar house

通常は，大学の▶キャンパスから離れた場所に設置された合宿研修施設をセミナー・ハウス，研修所，合宿所などと呼ぶ。いわゆるゼミ・研究室単位，または▶サークル単位で利用される。一般的には都市部ではなく，自然環境に恵まれた閑静な避暑地，山間部，臨海地域等に設置される。なお複数大学の共同で設置されるセミナー・ハウスや，不特定の大学のグループの利用に供せられる民間のセミナー・ハウスもある。　　　　　　　　　　　小林　信一

ゼミナール➡演習／ゼミナール

セメスター
semester

学期制の一つ。「6ヵ月」を意味するラテン語が語源。1年間で二つの▶学期を開設する。日本の多くの大学はセメスターの考え方に基づく2学期制を

採用している。4月に前期に当たる春学期または夏学期が始まり，7〜8月に修了する。後期に当たる秋学期または冬学期は9〜10月に始まり，1〜2月に終わる。1学期につき授業期間が15週分確保されるのが標準である。アメリカ合衆国では7〜8割の大学がセメスター制を採用している。通常，8〜9月に秋学期とともに新年度が始まり，12月に終わる。春学期は1〜2月に始まり，5月に終わる場合が多い。夏期休暇が長く，多くの大学ではこの間，夏学期のセッションが開講される。また，秋学期と春学期の間に1ヵ月ほどの冬学期を設ける大学もある。アメリカでセメスター制が多く採用されているのは，夏学期に自分の所属する大学以外で授業を受けたり，転学をしたりする学生が多いため，多くの大学と学期期間を合わせることの利便性が高いためである。

福留 東土

→ 学習の自由

全学連 | ぜんがくれん
Zengakuren; National federation of students' self-government associations

全日本学生自治会総連合の略称。1948年(昭和23)9月，▶学生運動の全国的統一組織として全国145校の大学，▶高等専門学校の自治会により結成された。1960年安保闘争では，1958年に日本共産党から離脱した学生らにより誕生した新左翼系学生運動が全学連主流派を形成し，学生による反安保闘争を領導した。1960年代には内部抗争や再統合などを経て，全学連組織は左翼政党や新左翼グループなどの影響下に，日本共産党と関連の深い民主青年同盟系全学連と，新左翼の共産主義者同盟・社会主義学生同盟，革命的共産主義者同盟全国委員会・日本マルクス主義学生同盟(中核派)，社会主義青年同盟(解放派)の3派からなるいわゆる三派系全学連，さらに革命的共産主義者同盟(革命的マルクス主義派)系全学連などに分裂し，60年代後半の学園闘争や街頭闘争などを中心的に担った。その後，三派系は中核派系全学連と，社学同と社青同(解放派)系両派による反帝全学連に二分裂し，70年安保闘争時には民青系，中核派系，社青同(解放派)とその学生団体である反帝国主義学生評議会系，革マル派系など四つの全学連が活動していた。現在でも，規模は大きく減退したが，これら四つの全学連が存続している。

伊藤 公雄

→ 大学紛争

専科大学 | せんかだいがく

1950年代末に政府が発足をめざした高等教育機関類型の一つ。4年制大学とは別個の機関類型として「深く専門の学芸を教授研究し，必要があるときはあわせて高等学校に準ずる教育を施し，職業又は実際生活に必要な能力を育成することを目的」とし，修業年限は2〜3年，高等学校に準ずる教育を施す場合は5〜6年とされた。そもそもこの制度が発想された背景には，各種の旧制高等教育機関を大学に一本化した戦後改革への不満，とりわけ旧制工業専門学校が果たした「中級技術者」養成機能喪失への不満が産業界を中心にもたれていたことがある。さらに暫定的な位置づけであった▶短期大学の処理問題も加わり，短期大学を吸収するものとして専科大学構想が形成されていった。しかし，4年制大学と別類型とされたこと，また技術者教育が重視されていたことなどに，短期大学とりわけ私立短期大学関係者が強く反発し，3度にわたって国会に提出された専科大学法案は成立することなく終わった。そして短期大学に関わる部分を分離した高等専門学校制度が1961年(昭和36)に発足した。

伊藤 彰浩

→ 戦後改革と新制大学

全共闘 | ぜんきょうとう

全学共闘会議の略称。大学内で生じたさまざまな課題をめぐって，学部やセクトを超える形で，ノンセクト系学生や一部のセクト系学生によって結成された大衆運動組織。1960年代中期，各地の大学で学内諸問題をめぐる大学闘争が多くの学生を巻き込んで展開され始めた。この動きはさらに広がり，1968年(昭和43)には日本大学，東京大学で日本大学全学共闘会議，東大闘争全学共闘会議という二つの代表的な全共闘が生まれた。その後，全国の多くの大学に全学共闘会議を名乗る運動組織が続々と誕生し，60年代後半の全国学園闘争の中軸的担い手となった。戦後組織された各大学の学生自治会組織を「ポツダム自治会」と呼び，学生たちの直接民主主義による運動方針の決定主体として全共闘が登場したケースも目立つ。1969年には全国の全共闘の連合体としての全国全共闘が結成されたが，新左翼各セクトの影響力が強く，結局，大きな組織としての持続的展開はみられなかった。

伊藤 公雄

→ 学生運動，大学紛争，東大紛争

専攻 | せんこう
major

大学・大学院において専門として選択し，集中して深く学習・研究する分野のことを指す。▶学士課程では，日本では通常，大学入学試験を受験する際に，入学を希望する学部を指定する，あるいは入学を希望する学部の入学試験を受験する。受験に

550 | ぜんがくれん

大学事典

際して，▶学科や専攻まで指定させる大学・学部もある。入学後の学部や専攻の変更は可能な場合もあるが，一般的には容易ではなく，通常は一度選んだ学部をそのまま卒業する。一部の大学では，大学入学時に学部を決めることを求めず，科類や系ごとに入学者選抜を行い，2年次半ば頃までに学部や学科を選択させる制度を取っている。ただし，その場合もある程度進学先が限定され，入学後，▶履修した科目で優れた成績を得なければ希望学科に進めないなどの制約がある。一方，アメリカ合衆国では入学時に専攻を決めないことが一般的であるが，一部の専門職分野など入学時にその学部や専攻に入学することが求められる大学もある。時間をかけて専攻を決めることのできるメリットがあるが，専攻での専門的な学習の期間が短くなるデメリットもある。
福留 東土

⇨ 主専攻・副専攻，学部の概念(テーマ編)

専攻科|せんこうか
advanced course

大学(学校教育法91条)および▶高等専門学校(同119条)は専攻科を置くことができる。それぞれの専攻科は，大学または高等専門学校を「卒業した者又は文部科学省の定めるところにより，これらと同等以上の学力があると認められた者に対し，精深な程度において，特別の事項を教授し，その研究を指導することを目的とし，その修業年限は，一年以上」とされている。▶大学改革支援・学位授与機構が「大学教育に相当する水準の教育」を行っていると認めた専攻科(▶短期大学と高等専門学校の専攻科)は2年以上の就学を必要とする認定専攻科となる。そこで62単位以上を取得した修了生が，学修成果論文提出後，学士認定試験に合格し，短期大学または高等専門学校の所定の在学期間も含め，大学相当の合計124単位以上の取得を認められると，▶学士の学位を授与される。2014(平成26)年度以降，審査により特例適用専攻科(学位規則6条1項)と認められた認定専攻科の修了生は学士の学位を授与される。しかし，▶学位授与権はあくまで大学改革支援・学位授与機構にあるので，短期大学専攻科や高等専門学校専攻科は大学の▶学士課程とは異なる。
胸組 虎胤

⇨ 別科

戦後改革と新制大学|せんごかいかくとしんせいだいがく

［六・三・三・四制の成立］
第2次世界大戦敗戦後，▶新制大学制度の形成過程における最初の大きな節目は，1946年(昭和21)3月に発表された「米国教育使節団報告書」である。そこでは民主的教育を目指しての制度の再構築と

いう，占領軍の教育改革の基本的方向性が述べられ，高等教育に関してはたとえば男女の隔てのない高等教育機会の提供など，「少数者の特権」ではなく「多数者のための機会」をもたらすべきことがうたわれた。しかし初等・中等教育で「六・三・三制」が提言されたのと対照的に，高等教育に関しては教員養成が4年制とされた以外は，具体的な制度の提案はなされていない。報告書では大学とほかの旧制高等教育機関との関係もあいまいで，多様な機関が併存することを前提とした内容であった。よって新制大学制度の具体的な検討は1946年8月の教育刷新委員会(のち教育刷新審議会と改称)の発足とともに本格的に開始されることになる。

教育刷新委員会では，旧制の▶高等学校存置が根強く主張され，また▶帝国大学に相当する学問研究の場を確保することが求められるなど，上述の報告書とは異質なエリート主義的な議論の方向性がみられた。したがって高校・大学の年限に柔軟性をもたせる方向で議論は進み，1946年12月の高等教育にかかわる建議では，原則的には六・三・三・四制を基調としつつ，高校は4〜5年制を認め，大学も3年制や5年制も認めるとされた。これは当時みられた意見や高等教育機関の実態の多様性を踏まえて，ある程度の柔軟さをもつ制度への移行を図ろうとする現実的な構想であった。文部省はこの建議にもとづき学校教育法案を作成し，閣議に請議した。しかしその過程で承認をもとめられた連合国総司令部(GHQ)▶民間情報教育局(Civil Information and Educational Section: CIE)によって法案の内容は大幅に修正され，修業年限は高校が3年，大学が4年と定められ，それは例外を許さない絶対的なものとされた。CIEは六・三・三・四制の堅持を求めたのである。

こうして新制大学の骨格はCIEの強力な介入によって形成されたといえるが，しかしそれにおさまらない側面もあった。実のところ教育刷新委員会やCIEに影響を与えた日本側が作成した学制改革案が存在する。それは日本側教育家委員会と呼ばれる，そもそもは米国教育使節団に協力するために設けられた委員会による非公開の報告書(1946年3月頃の作成とされる)である。そこでは教育制度の単線化が目指され，大学と専門学校の一本化や高等学校の廃止が明記されていた。こうした構想が日本側から出された背景には，戦前の学制改革論議のなかで同様の内容がすでに一定の支持を受けていたことがあったとされる。そして，この日本側教育家委員会の主要メンバーであった▶南原繁らが教育刷新委員会にも加わっていたことにより，そこでの議論は前述のように六・三・三・四制を基調とする内容となり，他方で占領軍側にも日本側教育家委員会の報告書は渡され，それが学校教育法案への介入の根拠とされたともいわれる。

以上のように一面では新制大学の基本的構造は

CIEの強い圧力によって作られたが，他方で同様の構想を日本側ももち，それが制度形成に影響を与えたという側面もあった。六・三・三・四制が押しつけだったのか，日本側の自発的なものだったのかという問いの答えは，その両面があったということになる。そして▶学校教育法は1947年（昭和22）3月に公布され，4年制に一本化された大学は49年4月からの発足とされた。

大学制度の骨格が定まりつつあった時期から，▶教育課程などの大学の中身の検討もなされている。しかしその検討は正規の審議機関であるはずの教育刷新委員会とは異なる場でなされた。CIEの強い影響のもと，1946年10月に大学設立基準設定協議会が創設され，大学基準の検討に着手した。これはCIEの意向に反対しがちな教育刷新委員会を回避して検討を進めるためだったといわれる。この協議会はその後文部省から独立し，大学設立基準設定連合協議会を経て，1947年7月の▶大学基準協会創設へと連なっていく。こうして民間機関で検討された大学基準が大学設置の際の基準にされていくのである。そこでは人文・社会・自然の3領域の均等履修を義務づける▶一般教育や▶単位制の導入など戦後の大学教育のあり方を大きく規定する内容が盛り込まれていた。

さらに大学基準協会は大学院基準の検討も行い，そこで新制大学院制度の基本構造が決められていった。大学院基準（1949年4月）では旧学制期にはなかった▶修士学位が置かれることとされ，課程修了のための在学年数や単位数も定められた。これらはいずれもCIEの強い指導により検討が進められた。CIEは▶学士課程に一般教育を導入し，進んだ▶専門教育は課程制大学院で行うという大学像を目指していた。しかしそのことは日本側にはほとんど理解されないままであった。

▶私立大学に関わる制度も大きく変化した。▶私立学校法は1949年（昭和24）に成立したが，そこでは私立大学の設置母体は▶学校法人であることとされた。しかしここでもCIEは強く介入し，概して占領軍は私立大学に対して好意的であったこともあり，新たな制度設計は私学側の意向を大幅に取り入れ，旧学制期と比べると政府による私立学校への介入は大幅に制限されることとなった。

[新制大学設置の過程]

上述のように新制大学は1949年度より発足する予定であった。しかし12校の公・私立大学が48年度よりいわば抜け駆け的に発足した。12校のうち11校が私立大であったことからうかがえるように，予定より早い発足の背後にはCIE関係者と私学との密接な関係があった。49年度には174校（国立69校，公立18校，私立87校）の設置が認められている。その後しばらくは新制大学移行に伴う校数の増加が続くが，数年後にはそれも落ち着き，55年には228校（国立72校，公立34校，私立122校）となってい

た。

新制大学創設の過程でとくに大きな変動を経験したのは▶国立大学である。旧帝国大学等の一部の大学を除き，ほかを地方移管するという案がCIEから提案されたこともあったが，結局のところは一府県一大学を原則とする新制国立大学実施要綱（1948年）に基づき国立大学が設立されていった。人口が多いことで例外とされた六つの都道府県を除き，他の県では多様な旧制高等教育機関が強制的に合併させられた。多くの地域で反対運動が発生し，いくつかの学校は最後まで単独での大学化を求めて抵抗したが，最終的には上述の原則が貫徹されることになる。他方で私立大学の多くが戦災による被害を受け，敗戦後は急激なインフレや預金封鎖などにより財務状況はきわめて悪化していた。そうした中で教員増や施設設備の新増設が求められる新制大学移行は大きな負担となった。しかし私学側の新制大学化への意欲は強く，またCIEによる後押しもあって，十分な質が伴わないままの大学設置も少なくなかったといわれる。加えて，大学移行が物的・人的条件から困難な学校の救済策として暫定的につくられたのが▶短期大学である。1950年（昭和25）に発足し，64年に制度として恒久化された。

このように戦後改革によって大学大衆化の時代を準備する制度的基盤がつくられていった。しかしCIEのたびたびの介入によって作られた制度は，しばしば日本側の十分な理解を欠いたままに定着し，たとえば一般教育や大学院にかかわる問題など戦後の主要な改革課題をもたらす結果となった。

伊藤 彰浩

→ 日本の大学（テーマ編），日本の大学改革，日本の高等教育，大学院（テーマ編），一府県一大学原則

◎海後宗臣・寺﨑昌男『大学教育―戦後日本の教育改革9』東京大学出版会，1969.
◎土持ゲーリー法一『新制大学の誕生―戦後私立大学政策の展開』玉川大学出版部，1996.
◎大﨑仁『大学改革 1945〜1999』有斐閣，1999.
◎土持ゲーリー法一『戦後日本の高等教育改革政策』玉川大学出版部，2006.
◎草原克豪『日本の大学制度―歴史と展望』弘文堂，2008.

全国公立短期大学協会

ぜんこくこうりつたんきだいがくきょうかい

Japan Association of Public Junior Colleges

公立短期大学の連絡を密にし，その協力によって公立短期大学の健全な発展を図ることを目的として，1950年（昭和25）に創立された公立短期大学の連合体。公立短期大学相互の連絡に関する事業，関係官公庁・関係団体および他の大学協会との連絡に関する事業，公立短期大学における研究および教育の振興・発展に関する事業，短期大学基準の制定および改善に関する事業を主に行うとされている（会則5条）。2016年（平成28）現在16校が加

盟している。　　　　　　　　　　　　　　沖 清豪

全国大学高専教職員組合
ぜんこくだいがくこうせんきょうしょくいんくみあい
Faculty and Staff Union of Japanese Universities

1989年(平成1)10月に結成された国公立大学，国立高等専門学校，大学共同利用機関の教職員組合の連合体。略称は全大教。2016年10月現在で109の組合が参加しており，大学数として国立大学の4分の3以上を占める。大学・高等教育機関における教育・研究・医療の充実と発展，そこで働く教職員の待遇改善や地位向上を一体のものとして捉えて活動している。各教職員組合には教員，事務職員，技術職員，図書館職員，医療職員，海事職員等の大学・高等教育機関に働くすべての職種の人々が加入している。職種別，学校種別，設置者別に専門部が置かれ，情報交換のための相互の交流会や学習会等を開催している。また，『全大教新聞』等の定期的な刊行物，各種実態調査の実施，署名活動を展開し，これらに基づき高等教育予算の増額や給付制奨学金の実現等の要求実現に向けて政府，国会議員，文部科学省，▶国立大学協会等に要請活動を行っている。いずれのナショナルセンターにも所属せず，中立的な立場で▶日本私立大学教職員組合連合など他団体とも幅広い共同を展開している。　　　　　　　　堀内 健

専修大学[私立]｜せんしゅうだいがく
Senshu University

1880年(明治13)に夜間2年制の専修学校(校名)として創立。創立者はアメリカの大学で法律学や経済学を修め，帰国後は官僚として活躍した相馬永胤・田尻稲次郎・目賀田種太郎・駒井重格らである。当時，経済科の設置は日本初で，法律科の設置も私学では最初であった。第2次世界大戦前より大学として公的認可を受けた私立大学の一つで，1922年(大正11)に専修大学として認可。2016年(平成28)5月現在，東京都千代田区の神田および神奈川県川崎市の生田キャンパスをメインに，7学部6研究科(法科大学院を含む)を展開し，1万9723人の学生を収容する大規模総合大学である。社会に対する報恩奉仕を建学の精神とし，質実剛健・誠実力行を学風とする。近年は建学の精神を現代的に捉え直し，「社会知性 Socio-Intelligence の開発」を21世紀ビジョンに据えて，先進的な取組みを行う。教育・研究に加え，社会や地域への貢献活動も重視し，2009年にサテライトキャンパスを開設して，生涯学習の推進や，教職員や学生の教育研究・活動成果を積極的に公開している。
戸村 理

洗足学園音楽大学[私立]
せんぞくがくえんおんがくだいがく
Senzoku Gakuen College of Music

1924年(大正13)前田若尾が創設した平塚裁縫女学校を前身とし，67年(昭和42)現在の洗足学園音楽大学となる。建学の精神は「若き学徒をして，真の人生の目的に目覚めさせ，さらに人間の天職を悟らせ，謙虚にして慈愛に充ちた心情(謙愛の徳)を養い，気品高くかつ実行力に富む有為な人物を育成する」である。2016年(平成28)現在，神奈川県川崎市にキャンパスを構え，音楽学部に1826人の学士課程学生が在籍。洗足の由来は，敬虔なクリスチャンであった前田若尾の思想を表したものであり，洗足学園校歌の一節「たがいに足を洗えとのりし み教え守るここの学びや」にも反映されている。キャンパスには，シューボックス型コンサートホールとしては日本で初めて建設された前田ホールがある。　　　　　　　　　　　　　　　　　　戸村 理

仙台白百合女子大学[私立]
せんだいしらゆりじょしだいがく
Sendai Shirayuri Women's College

宮城県仙台市泉区にある。キリスト教の精神に基づく教育により，1893年(明治26)私立仙台女学校が設立され，1948年(昭和23)に仙台白百合学園と名称が変更された。1966年仙台白百合短期大学が単科大学(家政科)として設置された。1996年(平成8)仙台白百合女子大学が開学。大学の姉妹校では東京の調布にある白百合女子大学が有名。人間学部には，グローバル・スタディーズ学科，心理福祉学科，人間発達学科，健康栄養学科が置かれている。受験生の経済的な支援としてスカラーシップ(入学年次学納金の免除など)，リエゾン・ファミリア制度(入学金免除など)といった取組みも充実している。2017年現在の学生数964人。　　蝶 慎一

仙台大学[私立]｜せんだいだいがく
Sendai University

1879年(明治12)に朴沢三代治が創設した松操私塾を起源とする。1967年(昭和42)学校法人朴沢学園によって4年制体育学部(体育学科)を設置して開学。以後，同学部内において1995年(平成7)に健康福祉学科，2003年に運動栄養学科，2007年にスポーツ情報マスメディア学科，2011年に現代武道学科を開設し，1998年に設置された大学院スポーツ科学研究科(修士課程)とともに現在に至る。所在は宮城県柴田町。「実学と創意工夫」を建学の理念とし，「スポーツ・フォア・オール」を教育理念に掲げてスポーツの実践を通した人材育成を行っている。2016年5月現在，2428人の学生を収

容し，就職実績に優れ，学生の多くは一般企業の
ほか，初等・中等学校教員や公務員，スポーツ・医
療関連に就職している。なおスポーツ科学を中心
に諸外国の大学と国際交流協定を締結し，国際社
会で通用するグローバル人材の養成にも努めてい
る。　　　　　　　　　　　　　　　　戸村　理

センター・オブ・エクセレンス⇒COE

選択科目｜せんたくかもく
elective subject

高等教育における科目は，学生が選べる選択科目
と必ず学ばなければいけない▶必修科目に分類でき
る。選択科目では複数の科目が用意され，学生は
その中から好きな科目を選択して▶履修する。▶学
士課程を通じて選択科目が多いような場合は，自
由な選択を許してもディプロマ・ポリシー（DP）を達
成できるようなカリキュラム上の配慮が必要であ
る。ある科目群から選択できるが，必ずどれかを
履修しなければならない「選択必修科目」や，選択
科目群の選び方を示すコア・カリキュラムの考え方
がある。

［基礎科目 basic subject］　アメリカ合衆国の大学の
教養科目では，20世紀以前からカフェテリア方式
として，学生に大幅な裁量を認めていた。しかし，
1945年に発表されたハーヴァード大学レッドブック
の理念「大学の教育課程において専門分野にかか
わらず学ばなければならない必須の教育プログラ
ム，コモンコアがある」から，コア・カリキュラムと
しては，全体として首尾一貫した人文科学，社会科
学，自然科学の三つのコースが推奨された。日本
でもこの考えが導入され，▶大学設置基準の大綱
化（1991年）以前は教養科目としてこの3コースが用
意されていた。しかし，現在では各大学に任され
ており，大学固有の考えによるコア・カリキュラムが
提供されている。

［専門科目 specialized subject］　専門科目における
選択科目は，学部学科によって大きく異なる。一
般に，資格試験がある医歯薬系の学部は選択科目
が少ない。一方，専門分野が細分化されている文
系学部では選択科目が多い傾向がある。　細川　敏幸

➡一般教育科目，専門教育，一般教育，リベラルアーツ

センター試験➡大学入試センター試験

先端科学・技術｜せんたんかがく・ぎじゅつ
advanced science and technology

［先端科学・技術とイノベーション］
「科学技術」という用語が，現在，ひろく使われてい

る。そこには，科学の発展が技術の革新や改良に
結びつくことが含意されている。科学と技術はコイ
ンの裏表のような関係にあり，両者は一体となって
発展する。そのような発想が，科学と技術を区別
した「科学・技術」ではなく，「科学技術」という用語
が使われる背景にある。近年，科学と技術は，とき
に「一体化」と呼ぶことがふさわしいほどに緊密な
関係をもつようになってきた。とりわけエレクトロニ
クスやバイオテクノロジーの分野では，大学や企業
で行われた研究活動の成果をもとにして技術革新
が成し遂げられ，産業にあらたな展開がもたらされ
てきた。基礎研究から応用研究，そして製品開発
へと着実に展開されることによってイノベーション
がもたらされる。1990年代以降，米国特許で引用
される学術論文の件数が大きく増加してきたことも
それを裏付けている。

現在，経済発展の核となるイノベーションの源
泉として，先端科学・技術に大きな期待が寄せられ
ている。そこで中心的な役割を担うのが大学であ
ることはいうまでもない。大学は，研究活動によっ
てイノベーションのシーズを提供するとともに，教
育を通して産業界を担う人材を多数輩出してきた。
さらに近年は，大学発ベンチャーなど，研究成果を
もとに大学の研究者がみずから企業をたちあげるこ
とも増えている。大学と産業界の関わりはより密接
なものになってきている。

［大学の役割］
大学はもともと，中世ヨーロッパ社会に，聖職者や
法曹家，医師を養成するべく誕生した。その最も
重要な機能は教育であり，既存の知識を学生たち
に習得させることだった。当時，大学は，新たな知
識を求めて研究活動が繰り広げられる場所ではな
かった。先端科学の舞台となっていたのは，こんに
ちの学会の前身ともいえるアカデミーであった。ア
カデミーでは，自然界の真理の探究をこころざす
人々が集まって活動を行っており，大学人はその
一部を占めるにすぎなかった。古典的大学におい
て，教育がなによりの存立基盤であった。

19世紀に入るとそのような状況に転機が訪れる。
1820年代のドイツでは，化学者 J.F. von リービッヒ
のイニシアティブで実験室が設置され，▶実験が教
育の一貫として位置付けられた。そこで学生たち
はみずから研究を行い，教師とともに新たな知識の
探求に参加するようになった。研究と教育が密接
に結びついて展開された。これは学問分野として
の有機化学の発展をもたらし，合成染料の開発に
結びついたほか，化学工業で活躍する人材を多数
輩出した。その成功をモデルにして，アメリカ合衆
国では▶大学院という制度が誕生した。大学院で
は新たな知識を生み出すことが重視される。研究
の導入は大学のあり方を大きく変えた。19世紀後
半のアメリカでは，▶モリル法（土地賦与大学法，1862
年）により，連邦政府から州政府に供与された国有

地を財源に，多くの州立大学も設立された。これは地域経済の発展に不可欠な農業技術・工業技術の普及・改良，および地域の人材育成を目的にするものだった。地域産業への貢献もまた，大学に期待されることになった。それを可能にしたのは，農学をはじめとした先端科学・技術の知識であった。

　このようにして先端科学・技術は，大学の担う役割に大きな変化をもたらしてきた。二度の世界大戦では，化学兵器やレーダー，原子爆弾が開発され，戦後，科学研究に対する国家からの支援が本格化した。また1980年代以降，▶産学連携が強化され，大学における研究成果の特許化や技術移転，大学と企業の共同研究を推進する施策が展開されてきた。産業界との密接な交流は大学に対して，あらたな課題を提供し，研究活動の活性化に寄与するほか，資金面での恩恵ももたらしている。

[担い手の多様化]

先端科学・技術の担い手は大学にかぎらない。19世紀終わりのドイツでは，最新の実験装置を備えた▶研究所を設置し，大学の博士号取得者を雇用して研究開発を行う企業が登場した。企業における研究活動は20世紀に本格化した。大学では基礎研究・応用研究中心，企業では応用・開発研究が中心に展開されているという違いはあるが，科学技術研究費の投入額でみると，日本ではその8割が企業での研究に費やされている。さらに近年では，NGOなどの組織も研究所をもち，博士号取得者が研究活動に従事するようになってきている。高等教育の大衆化・拡大により，専門知識と高度なスキルを身につけた多くの人材が社会のさまざまなセクターに進出している。先端科学・技術の担い手の拡大も，現代の▶知識基盤社会の一つの側面といえよう。　　　　　　　　　　　　中村 征樹

➡アカデミア，科学革命と大学，産学共同研究開発，大学と特許，科学技術政策，大学と研究(テーマ編)

◎上山隆大『アカデミック・キャピタリズムを超えて─アメリカの大学と科学研究の現在』NTT出版，2010.
◎潮木守一『フンボルト理念の終焉？─現代大学の新次元』東信堂，2008.
◎後藤晃・小田切宏之編『日本の産業システム3 サイエンス型産業』NTT出版，2003.
◎ヘンリー・エツコウィッツ『トリプルヘリックス─大学・産業界・政府のイノベーション・システム』芙蓉書房出版，2009.

セント・ジョンズ・カレッジ [アメリカ]
St. John's College (Annapolis／Santa Fe)

西欧文明を体現するとされる▶グレート・ブックス中心のカリキュラムを持つ，アメリカの私立リベラルアーツ・カレッジ。1696年にKing William's Schoolとしてメリーランド州アナポリス(Annapolis)に設立され，1784年に州のカレッジ・チャーターを得て，福音書の著者ヨハネの名を冠した現在の名称の大学へと移行する。以降，州との関係の曲折や社会変

化の影響での浮沈を繰り返したが，第2次世界大戦に向かう社会情勢のもとでの1937年，歴史家のストリングフェロー・バー(Stringfellow Barr)と哲学者のスコット・ブキャナン(Scott Buchanan)によって，グレート・ブックスを中心としたカリキュラムを導入し，今日まで続く確たる個性を確立した。4年間を通じ教室内でのレクチャーは行われず，学生はグレート・ブックスの読書とディスカッションと実験を通じ，自身での思考力・探求力・創造力を身に付ける。教員は教育に専念し，知識の伝達者ではなく学生のガイドあるいはメンターの働きをする。1964年，ニューメキシコ州にサンタフェ(Santa Fe)キャンパスを開校。イギリスのオックスフォード大学やケンブリッジ大学の構成カレッジのほか，各国に同名のカレッジがあるが，直接の関係はない。　　舘 昭

専任教員 |せんにんきょういん
full-time faculty

もっぱら一つの大学における教育研究に従事する教員(大学設置基準12条1項および2項)。ただし，例外的に大学は，教育研究上とくに必要があり，かつ当該大学における教育研究の遂行に支障がないと認められる場合には，当該大学における教育研究以外の業務に従事する者を，当該大学の専任教員とすることができる(同条3項)。この例外規定は，2006年(平成18)の大学教員組織に関する制度改正によって設けられたものである。専任教員の必要数は，▶大学設置基準の別表第一(学部の種類及び規模に応じ定める専任教員数)および別表第二(大学全体の収容定員に応じ定める専任教員数)でそれぞれ定める教授等の数の合計数以上とされている(13条)。対象となる教員は▶教授，▶准教授，▶講師，▶助教であるが，この教員数の半数以上は原則として教授でなければならず，また，大学設置基準11条の授業を担当しない教員を含まない。　　大場 淳

全米科学財団 |ぜんべいかがくざいだん
National Science Foundation: NSF

アメリカ合衆国の大学における医学系を除くすべての基礎科学や工学，社会科学などの研究および教育を支援する独立した連邦政府機関。年間総予算72億ドル(2014会計年度)。大統領の任命によるディレクター(director)と，年6回の会合を持つ24人の全米科学委員会(National Science Board)による指導体制をとる。ヴァージニア州アーリントンの本部職員は約2100人。組織は化学部門，地球科学部門，大学院教育部門などに分かれ，業績等審査のうえ採択された研究計画書に基づき，研究者には直接経費が，所属機関には▶間接経費が配分される。大学教員の個別研究だけでなく，大学での大型研究機器の購入，大学院生の▶フェローシッ

プ，中高生の大学での研究参加のプロジェクトなども支援する。アメリカの大学における連邦政府の助成による研究費の約24％を支出しており，年間約1万1000の計画書（配分期間は平均3年）が採択される。　　　　　　　　　　　　　赤羽 良一

→ 研究資金，財団と大学

全米教育協会|ぜんべいきょういくきょうかい
National Education Association: NEA

アメリカ合衆国の教職員組合で，320万人の成員を有する全米最大規模の労働組合。一部の州では，法的には専門職団体。構成員は公立初中等学校教職員，教員志望学生，退職者のほかに，20万人以上の高等教育機関の教職員がいて，同分野の組合AAUP（▶アメリカ大学教授連合）やAFT（▶アメリカ教員組合）を凌ぎ全米最大。1857年に43人の教育者によってNational Teachers Associationとして設立され，70年に関連3組合と合併して現在の名称となる。さらに，1966年に有色人種系の教員組合とも合併。1960年代の各州での公務員への団体交渉権付与の拡大に合わせて急成長した。高等教育機関では，▶コミュニティ・カレッジの教職員を先頭に拡大。政治的にはもともと保守主義の立場であったが，1970年代までにリベラル化し，現在は民主党を支援する傾向にある。そのため，より労働組合性の強かったAFTとの合併の動きが起こり，全体的な合併には至っていないものの，一部の州は連携状態にある。全米の労働組合連合であるAFL-CIO（アメリカ労働総同盟・産業別組合会議）とは一線を画するも，国際組織である▶教育インターナショナル（EI）には加入。本部は首都ワシントンにある。　　　　　　　　　　　　　　舘 昭

全米独立カレッジ・大学協会
ぜんべいどくりつカレッジ・だいがくきょうかい
National Association of Independent Colleges and Universities: NAICU

千数百校を数えるアメリカの4年制私立大学のうち1000校超を組織し，会員に共通の奨学金，税制，法規制に関する活動を展開する協会。創設は1916年のアメリカ・カレッジ協会に遡るが，76年に私立大学を包括する形で活動を開始した。イェール，スタンフォード，ハーヴァード等の代表的な▶研究大学と，キリスト教原理主義等に立つ多数の小規模カレッジを含み，会員の利害は多様である。実際，当協会には私学の有力な工科系大学のカリフォルニア工科大学とケース・ウェスタン・リザーヴ大学が入会しておらず，他方1968年以来，先鋭的なキリスト教原理主義のカレッジ等が会員中の百十数校を結集し，独自な価値教育を推進する別組織の活動も展開している。結果として，当協会は

比較的利害対立の少ない事柄，連邦政府による学生奨学制度の推進，大学生を送り出す家庭と受け入れる大学の優遇税制，連邦政府による大学への過度の法規制の監視の三つを使命として活動している。　　　　　　　　　　　　　　立川 明

専門学校(旧制)|せんもんがっこう

明治初期からさまざまな法令において専門学校の名称は見られるが，大学以外の専門教育機関の総称であり，その内訳は学制前から存在していた外国語関係の私立学校，宗教主義の私立学校，学制後明治10年代に各地に設置された公私立医学校，明治10年代以降隆盛となる政治・法律関係の学校群などがその主体であった。中等教育制度が整備され専門学校への進学者も多くなると，1903年(明治36)政府は▶専門学校令を公布し，入学資格を中学校卒業者もしくは修業年限4年以上の高等女学校卒業者とし，その修業年限を3年以上とした。さらに実業学校令を改正し，▶実業専門学校という制度類型を高等教育に加えることとした。設置者別にみると，官立では実業専門学校が多く，私立では実業以外の一般の専門学校が多かった。ただし官立の女子専門学校は1校も設立されず，女子専門学校は私立と公立のみであった。戦後改革時に全国で352校を数え，その多くは▶新制大学の母体となった。　　　　　　　橋本 鉱市

→ 戦後改革と新制大学

専門学校法制|せんもんがっこうほうせい

1976年(昭和51)の▶学校教育法の一部改定により，専修学校制度が発足した。専修学校には教育の対象に応じて高等課程，専門課程，一般課程があり，専門学校は専修学校専門課程のことを称した名称である。専修学校の目的は「職業若しくは実際生活に必要な能力を育成し，又は教養の向上を図ること」(学校教育法124条)である。専門学校は学校教育法第1条で示された学校でない点や，大学・短期大学などに比べて設置基準がゆるやかになっている点など，他の教育機関とは異なる性質がある。1995年(平成7)の法改正により，修業年限2年以上等の一定の要件を満たす専門学校卒業生に，称号「専門士」が付与されることとなった。また1998年より修業年限2年以上，総授業時間1700時間以上の課程の卒業生には大学学部編入学が認められた。2005年には修業年限4年以上等の一定の要件を満たす課程の卒業生には「高度専門士」の称号付与と大学院への入学資格が認められるなど（「専修学校の専門課程の修了者に対する専門士及び高度専門士の称号の付与に関する規程」文部科学省

告示），制度の整備・充実が図られた。　　　　古賀　稔邦

専門学校令 |せんもんがっこうれい
Imperial Ordinance relating to Special Schools

1903年（明治36）3月，大学，高等師範学校，高等学校を除く，高等教育機関を包含する制度を規定した勅令。文部大臣▶菊池大麓によって，中等教育修了者を対象にする高等専門教育を行う▶専門学校を示した規定が制定された。1900年ころまでに中等教育が実質的に整備されたことを受け，私立学校からなされた高等専門教育を行う学校の設置申請への対応を政策上迫られた経緯を有する。専門学校令では，高等の学術技芸を教授する学校を専門学校とした。宗教，外国語，医学，薬学など多様な専門学校が存在し，高等商業学校，高等工業学校，高等農林学校などは，▶実業専門学校として専門学校の別類型と位置付けられた。専門学校の修業年限は3年以上とし，入学資格は中学校または4年以上の高等女学校卒業以上とした。1930年代の学制改革論議では，専門学校と大学の一元化をめぐる議論も行われた。戦時体制に向けて，国体観念に基づく国家有用の人物を錬成することが専門学校の目的とされた。第2次世界大戦後，▶学校教育法の制定によって専門学校令は廃止された。　　　　谷本　宗生

専門教育 |せんもんきょういく
professional education; technical education

［概説］
大学教育は最終的には職業への準備教育の意味合いを持つ。したがって，労働市場との関係において，専門教育は大学教育の中できわめて大きな役割を果たしている。ここでは便宜上学部を，農学部を含む理工系，医歯薬系，そして文系に分類してそこでの専門教育について記述する。
［理工系学部］　専門教育には座学と▶実験，そして▶卒業研究あるいは▶卒業論文に代表される「研究」がある。座学は各学部・各▶学科における専門分野の▶講義や▶演習である。たとえば▶工学部の化学系学科であれば，物理化学や有機化学の基礎的知識や概念を学ぶ科目，産業界で実際に行われている製造過程に密接に関係した工業化学や化学工学などの科目があり，機械系学科であれば，流体力学や工業力学などによって機械を設計し，それを働かせるのに必要な基礎から応用までの基礎知識と概念を学習する。また各学科で，座学に関係させた内容を実験として行う「学生実験」がある。これらは，各分野の労働市場に出て工場や▶研究所で働く場合に，学生が身につけているべき知識と技術の基礎として必須のものである。工場見学や工場・企業研究所実習も▶インターンシップ

として授業化・単位化されつつある。
［医歯薬系学部］　▶医学部では，医師として臨床に携わるための基礎医学と臨床医学の専門教育があり，基礎医学では生化学や法医学など，臨床医学では伝統的診療科に関係した専門分野を学ぶ。高学年ではポリクリ実習と呼ばれる▶大学病院での回診参加や手術見学など，見学型臨床実習がある。最近ではクリニカルクラークシップという，指導医の監督のもとに，規定された範囲内の医療行為を行う診療参加型臨床実習も課されている。▶歯学部でも同様に，歯科口腔医学に関する基礎および臨床的な科目を学び，その後，卒前臨床実習を行うが，ここでも臨床実習は以前の見学中心型から診療参加型に変化している。これらの臨床実習に参加するためには，医歯系では医療系大学間共用試験実施機構が行うコンピュータを用いた客観試験（Computer-Based Testing: CBT）と客観的臨床能力試験（Objective Structured Clinical Examination: OSCE）に合格していなければならない。▶薬学部では基礎および実習科目のほかに，5年次以降に病院・薬局での実務実習が必修であり，これに登録するためには薬学共用試験センターが行うCBTおよびOSCEに合格する必要がある。
［文系学部］　▶法学部，▶経済学部，▶文学部などの文系学部では，職業選択に企業など通常の労働市場を考えた場合には，学部での教育内容と企業等における職業実践の内容とは必ずしも十分には相関していない。多数の学部から抽出した卒業生の調査であるが（吉本，2001），欧州11ヵ国との比較調査（1998～99年実施）では，大学在学中に獲得した知識・技能の職業生活での活用度の意識は日本人が最も低く，日本の大学での教育内容とその職業的有意性がきわめて低いことを強く示唆している。職業的実践とより関連の深い実習・授業開発が望まれる。なお，▶教育学部や文学部，経済学部，▶理学部等から初中等教育の教師をめざす場合は，学校での授業実践を伴う教育実習が従来から必修となっている。
［職業と専門教育］　専門教育において，工学系学部でのインターンシップの単位化や，医歯薬系学部での臨床的実践を模倣した授業内での訓練の高度化が進んでおり，カリキュラムと職業との相関はこれらの学部では高くなる傾向にある。しかし，解決すべき課題も多い。理工系学部では，技術革新などに伴い，労働市場参画後において大学で習得した知識や能力が陳腐化すること，就職時点および就職後の仕事内容や専門分野の変化に伴い，大学で得た知識・能力と職場で必要とされるそれとのマッチングが減ること，による技術者の危機も指摘されている。
　今後は，各学部において語学力やコミュニケーション能力を含めた，表面的ではない高いジェネリック・スキル（汎用的能力）の訓練と専門教育との統

合が課題となると考えられる。　　　　赤羽　良一

［カリキュラム］

カリキュラムは狭義には教育課程と称されるごとく，その規定条件は狭まるとしても，概念自体はかなり広範な条件によって成立していることは否めない。▶学士課程を事例にすれば，カリキュラムは▶中世大学以来，教養教育と専門教育を基軸に編成されており，学生は▶学芸学部で自由七科の▶リベラルアーツ科目を履修したのちに，法学，医学，神学などの上級学部へ進学して，学部ごとの専門教育科目を履修した。学芸学部や他の3学部で編成されている個々の教育課程は現代大学のそれらほど大規模ではなかったものの，それでも中世大学のカリキュラム全体はかなり広範囲の包括性を擁していたことが理解できる。

　翻って現代では▶初年次教育や▶キャリア教育などが追加され，カリキュラムの規模が膨張の一途を辿り，内容の拡大と多様化は顕著である。19世紀を原点とする近代大学の誕生以後は，アメリカ合衆国の▶ジョンズ・ホプキンズ大学の設置(1876年)を皮切りにして▶大学院が制度化された。学士課程の上に▶修士課程，▶博士課程が上乗せされたのに伴って専門分野が拡大し，内容的により進んだレベルの授業が大学院で教えられるようになった。こうして知識の新陳代謝に伴う新たな専門分野の叢生と増殖がとくに専門教育のカリキュラム編成に影響を及ぼすことになった。これは科学を制度化した大学が，科学知識や先端的な知識である専門分野の増殖によって変化せざるを得なかったという必然性があると同時に，その増殖と密接にかかわる環境変化に起因しているのである。すなわちカリキュラムを取り巻く環境(たとえば社会，国家政府，知識，大学，教員，学生などを含む)が時代に呼応して変化を遂げ，専門教育のカリキュラム編成に対して少なからぬ影響を及ぼしているからにほかならない。その意味ではカリキュラムは刻々と変化する習性を持つばかりか，中世大学から近代大学，現代大学を経由する間に驚くほど飛躍的に拡大したのである。

　基本的にカリキュラムと教員と学生の三位一体の構成要素から成立する授業(教授-学修過程)に注目すると，学生は主専攻または副専攻の対象となるカリキュラムとともに，カリキュラムを具体化した教科書や資料を使って授業を担当する教員との相互作用を行うことによって学修力，さらに▶学士力を培う。したがって，学生の豊かな学士力を教育理念の到達目標・目的の水準に至るまで涵養するには，たとえば▶建学の精神の追求をめざす場合を事例にすれば，その精神を教員自身が十分に理解することとその精神をカリキュラム編成によって実現することが相まって，教員とカリキュラムが有機的に作用しなければならない。同時に教員とカリキュラム両者の質や質保証が問われるのは当然である。前者の教員の場合，カリキュラムの水準にまで学生を導く指導力が問われ，後者のカリキュラムの場合，学生の現実的な学力を理念的な学士力まで高めるために，その適切性や拘束性が問われることにほかならない。

　換言すれば，その時代や社会に不可欠なカリキュラムはコアカリキュラムとして必修化されるし，カリキュラムを構成する科目は各専攻分野における重要度に応じて▶必修科目，選択必修科目，▶選択科目とされる。中世大学では▶ラテン語や宗教は社会的な重要性が高く，概して必修科目となったが，現代大学での両者の拘束力は弱まったとみなされる。他方，現代のグローバル化や知識社会化の時代では，英語やコンピュータは社会的な重要性を増しており，両者は必修科目から落とせないはずである。なぜなら今日の大学においては創造力，問題解決力，汎用的能力など，学士力の質保証に欠かせない要素を取捨選択しながら教育課程を含むカリキュラムは編成されるべきだからである。

　　　　　　　　　　　　　　　　　有本　章

［研究］

学生時代に経験した研究活動で得た知識や能力は，社会的人材として労働市場に参画後，それぞれの職務を遂行していく上できわめて重要な役割を果たす。なぜなら，研究活動には大学での知的活動の本質が集約されているからである。

　理工系・自然科学系学部では卒業研究を行うため，通常4年生で▶研究室に配属され，新しい知見を生み出すために研究実験を行う。そこでは，①個人あるいはグループでの関連文献の検索，新着▶学術雑誌・成書講読，②実験器具・装置を用いた実験の遂行，③研究結果の整理・解釈，④成果の研究室内外での発表などの訓練が学生に課される。研究課題の設定は理工系・自然科学系分野では指導教員が最終的に責任を持つが，研究の展開の中で学生自らが課題を提案することも可能であり，また教員や研究室構成員との日常的議論，装置や共通大型機器の共用と管理，課題達成のための具体的実験テーマの分担も行う。つまり，解決すべき課題の設定，その解決のための実験(実践)，グループメンバー(他者)との協調と共同，新規課題の計画・実行，国内外での口頭あるいは文章での研究成果の発表など，社会で主体性をもって知的・実践的に活動するときに必要とされる基本的知識と能力を身につけるための訓練は，学部での卒業研究としての研究実践に基本的にすべて存在している。大学院になれば，その訓練期間はより長期になり，内容もより包括的となる。これこそ，労働市場に参画していく学生の基本的能力の養成に大学での「研究」が果たしている重要な役割である。

　同様な研究実践による訓練は，文系学部でも行われている。大学や学部にもよるが，卒業研究は

必修になっている場合もあり，そこでは上記のような研究のプロセスを踏んで学生は研究に参加する。事例研究や文献検索法など，卒業研究を支援する専門科目が配置されている場合もあり，これは卒業研究の実践に有用である。

しかし，問題点もある。理工系・自然科学系では学部と大学院修士課程合わせて3年間程度の研究経験を経て産業界に入る学生がきわめて多いが，文学部，法学部，経済学部等の人文社会系分野ではそうではない。その意味で，文系では大学院(▶専門職大学院を除く)における「研究」の労働市場への人材供給の役割は，理工系に比べればきわめて小さいということができる。このことは，理系の博士課程大学院にもいえるが，大学院での教育内容とその修了生を受け入れる社会の産業・雇用構造との関係で日本の大学・大学院制度全体が解決すべき大きな課題である。それとも関係するが，卒業研究を含む専門科目に関わる▶職業的レリバンス(大学教育と職業との内容的適合性・剥離)の問題も労働市場と大学との関係を考える上で避けて通れない大きな問題といえよう。

最後に，通常の授業科目と「研究」との関係について付言したい。近年，学生による主体的学習能力の育成をめざして▶アクティブ・ラーニングによる授業実践が盛んに行われている。しかし，上で記したように，ここで試みられていることは，学生の学部・大学院での「研究」への参加によって，とくに理工系・自然科学系学部ではこれまで十全に行われてきたものである。「研究」が学生にとってこのような機能を持つのは，それが持つ本来の性格からすればきわめて自然なことといえる。専門科目としての「研究」は，これからのアクティブ・ラーニングなどの授業の開発・実践においてその範とすべきものであると言えよう。学生に関わる労働市場と職業実践との関係において，「研究」の重要さは今日の大学において増しこそすれ，減ることはない。

赤羽 良一

［労働市場］

卒業後の労働市場と大学における専門教育との関係は，次の三つに大きく分けることができる。第1は，医師と医学部の関係にみられる業務独占型の資格職業とその養成を目的とした専門教育である。職務の専門性に根差した企業横断的労働市場が成立しており，教育内容はその職務，あるいは▶資格取得のための試験などによって強く規定される。大学の起源とされる中世のヨーロッパの大学は，法学，神学，医学の高度専門職を養成する機能を持っていたが，この領域はその流れを引き継ぐものだといえる。

第2は，技術者と工学部の間にみられるような専門性を基軸にしながらも，より緩やかに結びつく関係である。19世紀後半からの工業発展につれて専門的知識・技術を持つ人材への需要は高まり，こ

れに対応した教育機能が必要とされた。継続的な発展は産業構造の変容も伴うが，それにつれて必要な知識・技術は拡大していき，専門分野は多様化していった。それだけに職務の専門性が教育に直結する形にはならず，間接的な関係にとどまる。とくに第2次世界大戦後の日本で発達した「日本型雇用」においては，職務を基準とする企業横断的な労働市場は限定的にしか成立していなかったため，技術者採用でも新卒時は「技術系」程度の大括りの区分が用いられており，専門教育と卒業後の就業職種との対応は曖昧なものであった。

第3は，人文科学や社会科学系の専門教育と事務・営業系の職種などの間にみられるさらに弱い結びつきである。戦後の国際的な経済発展を背景として，企業活動は拡大し，企業の数が増えると同時に大規模化が進み，また福祉国家化を背景に政府機能も拡大して，ホワイトカラー職種への需要は大幅に高まった。一方で，経済発展は高学歴化をもたらし，大卒者がホワイトカラー職種の供給源となった。日本では戦後，熟練人材の多くを失った中で復興期から高度経済成長期を迎え，ブルーカラーを含めて新卒者を企業内育成する経営方針がとられ，長期雇用を基本とする「日本型雇用」に結実していった。企業特殊的な能力の開発を効率的に行うためには，新入社員にはその基盤となる能力が求められると同時に可塑性の高さも重要視された。企業からは学生が「白紙であること」を評価するメッセージが発せられ，他方，大学は研究の府であることを志向し，▶職業教育には関心を持たなかった。両者の方向性は一致し，この領域でとくに，卒業後の仕事と大学での専門教育とは無関係であることを当然とする認識が広がった。

大学進学者層がさらに拡大した現在，こうした専門教育と労働市場の関係のあり方は改めて見直すべき段階に入っており，実践的な職業教育を行う新たな高等教育機関として「▶専門職大学」が創設されることになった。

小杉 礼子

［専門職］

アメリカ合衆国の▶プロフェッショナル・スクールとアメリカ社会で認知されている専門職との関係を視座に日本社会を見ると，専門職という概念はまだ日本では一般化していないと思われるため，ここでは西洋社会での定義を基準に専門職を解説する。

西洋社会での専門職とは神学，医学，法学など，すなわち聖職者，医者，弁護士などの職業が古典的専門職として認識されていた。20世紀初頭にフレックスナーが提示した専門職の定義(Flexner, A., 1925)によると，専門職が持つ特質には，①知的な職業であり，当該職業に従事している者が適切な選択を実施し，かつ判断を下す際に重大な責任を負っていること，②特定分野に関する高度な体系的知識を所持し，かつ長期間の教育訓練を

受けていること，③体系的知識が現場で応用できうるように実践的な性格を持っていること，④特別な技術あるいは技能を要するだけでなく，知識だけで事態に対処できない場合には獲得した技能によって物事に対処できること，⑤専門職協会（professional association）が組織化されており，専門職協会が▶専門職教育の内容および専門職に参入する際の資格の認定などを規制していること，⑥当該職業に携わっている人物に公共への奉仕（public service）志向があることとなっている。

この定義に基づき，専門職に要求されている高度な体系的知識と特別な技能という点から鑑みると，専門職が公示する技能は，高度に知的かつ科学的と捉えられる。したがって，こうした知識・技能の習得のためには，一定の特殊な教育・訓練，すなわち専門職教育が必要となり，かつ専門職教育を経て，一定の能力を持つと認められた者に対してのみ，国家あるいは社会が資格あるいは免許を授与することになる。

資格や免許授与に専門職団体の果たす役割も大きい。専門職団体が組織化され，かつそれが専門職教育の内容および専門職への参入資格の認定を規制していることから，専門職は自己規制的共同体であると言い換えられる。専門職の自己規制的共同体という特質は，アメリカにおける専門職団体の専門職教育への▶アクレディテーションや認可に関する基準の提示という側面に実際に示されている。一般の職業（occupation）と専門職を区別する諸特徴をまとめてみると，①知識や技能にみられる高度な科学性，②利潤非追求に根ざした利他主義，③倫理性を存在根拠とする自己規制的共同体の3点が挙げられる。今日のアメリカ社会では図書館司書，ソーシャル・ワーカー等がかねてから擬似専門職として議論されてきたが，▶MBA資格を持つ企業の経営幹部や大企業に雇用されているエンジニアも曖昧な領域と指摘されることもしばしばである。しかし，専門職という概念がアメリカ社会に定着していることは，医学，歯学，法律，ビジネス，神学系，教育系，福祉系，看護系の専門職を育成するプロフェッショナル・スクールが制度化されていることからも自明である。　　　　山田 礼子

➡労働市場と大学（テーマ編），職業教育カリキュラム，専門職資格，学位と専門職団体，大学教育とカリキュラム（テーマ編），大学と研究（テーマ編），研究組織／研究施設，研究資源，専門職と大学（テーマ編），教養と大学（テーマ編），教養部，一般教育

[概説]◎医療系大学間共用試験実施評価機構：
http://www. cato. umin. jp/09/0501qa. html
◎薬学共用試験ウェブサイト：http://www. phcat. or. jp
◎医学部（群馬大学）のカリキュラム：http://www. med. gunma-u. ac. jp/undergrad/curriculum. html
◎歯学部（長崎大学）の教育：http://www. de. nagasaki-u. ac. jp/admission/guide_index. html
◎小方直幸「21世紀の大卒労働市場—大学教育と企業の関係の行方」，絹川正吉・舘昭編著『学士課程教育の改革』東信堂，2004.

◎小方直幸「問われる教育の職業的レリバンス」，小方直幸編『大学から社会へ—人材育成と知の還元』リーディングス日本の高等教育4，玉川大学出版部，2011.
◎荒井克弘・塚原修一・山田圭一「科学技術者の高等教育に関する研究—科学技術者の側から見たその評価」，前掲『大学から社会へ—人材育成と知の還元』.
◎吉本圭一「大学教育と職業への移行—日欧比較調査結果より」，『高等教育研究』第4集（特集 大学・知識・市場），日本高等教育学会，2001.
[カリキュラム]◎井門富二夫『大学のカリキュラム』玉川大学出版部，1985.
◎シェルダン・ロスブラット著，吉田文，杉谷裕美子訳『教養教育の系譜—アメリカ高等教育にみる専門主義との葛藤』玉川大学出版部，1999.
◎有本章編著『大学のカリキュラム改革』玉川大学出版部，2003.
◎Ulrich Teichler, Akira Arimoto, William K. Cummings (eds.), *The Changing Academic Profession: Major Findings of a Comparative Survey*, Dordrecht: Springer, 2013.
[研究]◎文系学部卒業研究（岡山大学経済学部）：
http://www. e. okayama-u. ac. jp
◎群馬大学社会情報学部：https://www. si. gunma-u. ac. jp
◎天野郁夫『大学改革を問い直す』慶應義塾大学出版会，2013.
◎前掲，『大学から社会へ—人材育成と知の還元』.
[労働市場]◎金子元久『大学教育の再構築—学生を成長させる大学へ』玉川大学出版部，2013.
◎矢野眞和「新規大卒者の労働市場」『日本労働研究雑誌』No. 405，1993.
[専門職]◎Flexner, A., *Medical Education: A Comparative Study*, New York: Macmillan, 1925.
◎Judith S. Glazer, *The Master's Degree: Tradition, Diversity, Innovation*, Washington, D.C.: Association for the Study of Higher Education, 1986.
◎橋本鉱市『専門職養成の日本的構造』玉川大学出版部，2009.
◎山田礼子『プロフェッショナルスクール—アメリカの専門職養成』玉川大学出版部，1998.
◎吉田文編著『「再」取得学歴を問う—専門職大学院の教育と学習』東信堂，2014.

専門職学位／職業学位
せんもんしょくがくい／しょくぎょうがくい
professional degree／vocational degree

特定の専門職や職業に就くのに必要とされる学位。ただし，政府や専門職団体が付与する職業資格そのものではなく，職業資格の要件とされたり，事実上職業資格として機能するものがあるなど，職業資格との関係は国や職種によって異なる。大学の学位はもともとおもに専門職の学位であったが，近代になってヨーロッパでは職業資格制度が整備され，職業資格としての位置づけが弱まった。同時に，伝統的な専門職に加えて技術，ビジネス，看護，社会福祉など多くの専門的職業の資格が生まれ，学位の専門分野は拡大したが，その結果，現在では専門職学位の定義も，職業学位との違いも明確ではない。専門職学位が最も普及したアメリカ合衆国でも法律（J.D.），医学（M.D.），薬学（Pharm. D.），獣医学（D.V.M.），神学（M.Div.）等の第一専門職学位（first professional degree，政府統計上のカテゴリーとしては現在使われていない）のほかに，専門職修士，準学士を中心に職業学位などがあるが，確立した定義があるわけではない。日本では最近

になって専門職学位制度が導入された。　阿曽沼 明裕

→学位と職業，学位と専門職団体，学位授与機関，学位の種類，学位法制

専門職教育 |せんもんしょくきょういく
professional education

近現代における専門職教育は，科学に裏打ちされた医学，法，工学等の高度な専門的技能と倫理規範の訓練を通して，国民の健康・福祉の増進と社会の安定的な発展に実践的に貢献する自律的な職業人の養成を目指す。そうした訓練の組織化は日本，西欧，その他諸国の歴史的，社会的な条件に応じて異なった様相を呈するが，大学の役割が増大する傾向が共通して認められる。

［日本］
明治初期においては，工部省の▶工部大学校，▶司法省法学校などの各省庁直轄の機関が設立され，短期間で専門的人材を養成すべく実地修業を課すなど実践重視のカリキュラム内容がとられた。こうした機関は次第に東京大学−▶帝国大学に包摂・統合されていくが，工部大学校が統合された工科大学では修業年限が縮小されて実地研究も卒業論文と統合され，またフランス法が教育された司法省法学校のカリキュラムも法科大学ではドイツ法学へと大きく転換されていく。医学においても，明治初期には臨床的なイギリス医学も指向されたものの，東京医学校・東京大学医学部を継承した帝国大学医科大学では，研究室の医科学をベースとしたドイツ医学が主流となっていく。このように明治半ばからの大学（帝国大学）における専門職教育は，実践・臨床よりも研究・学術的，あるいはクライアントへのサービスよりも国家志向的な教育カリキュラムが支配的となっていく。開業医，弁護士をはじめとする市中の専門職の教育は，▶専門学校（旧制）ならびに私立セクターで提供された。

こうした戦前期の多重多元的高等教育機関は，第2次世界大戦後に単一の4年制（医・歯学部は6年）の▶新制大学へと再統合された。医師養成は米国式に改められ，大学医学部卒業後のインターン制度と医師国家試験が導入された。インターン制度はのち廃止されたが，現在では2年以上の新臨床研修制度が開始され，また卒業までに最低限履修すべき教育内容をまとめたモデル・コア・カリキュラム，診療参加型臨床実習，臨床能力を評価する客観的臨床技能試験（OSCE）の導入など，臨床技術・実地訓練が重視されるようになっている。法曹養成については，戦前期からの開放的な司法試験制度が踏襲された結果，大学法学部が法曹養成とは直結することはなかったが，法学部教育─司法試験─司法修習を有機的に連携させた「プロセス」としての養成制度の整備が課題となり，▶法科大学院制度が2002年（平成14）に発足，法曹養

成に特化した実践的な教育が目指されている。

技術系専門職についても，1960年代以降，重化学工業発展を軸とした高度成長期を担う専門的人材を養成すべく全国的に▶工学部の増設・拡張が行われ，1957年（昭和32）に新たに工学系専門職資格として技術士が制度化された。この試験制度は技術者資格の国際化標準化推進の観点から2000年（平成12）に改正されたが，大学教育より職歴や実務経験に重点が置かれている。初等・中等教員については「大学における養成」と「開放制」の原則が示され，その資質向上が図られたが，1988年（昭和63）の教育職員免許法改正ではさらに実践的能力の育成が唱えられ，また2008年には事例研究や授業観察・分析，▶フィールドワーク等を指導方法に導入し，理論と実践の融合を目指す教職専門職大学院が創設されることとなった。以上のように，今日の専門職教育はより実践的・現場的なスキル向上とレリバンスの強化が大きな課題となっている。

明治中期の帝国大学の成立以来，日本の大学での専門職教育は理論重視で，▶専門学校や私学セクターと分化していたが，戦後の新制大学は理論と実践の再統合を目指し，職種により時期は異なるが，研修制度，制度のプロセス化，実践的能力の育成が重視されてきている。　橋本 鉱市

［アメリカ合衆国］
アメリカでは，ビジネスや看護学など一部の専門職教育を除けば，ほとんどの専門職教育は大学院レベルの▶プロフェッショナル・スクールにおいて実施されることになる。医学，歯学，獣医学，薬学など第一専門職に分類される分野以外のプロフェッショナル・スクールのカリキュラムは，2年間を標準に構成されている。そこでは，一般教養等の取得に時間をかけることよりも，専門知識の獲得とその応用に重点が置かれている。専門職教育は何かという問いに対する答えとして，「エンジニアは知識のユーザーであり，科学者は知識の追究者である」という比喩がある。これは学習を通じて取得した特定の知識をもっているだけではなく，その特定の知識を応用し使用できることが専門職としてのエンジニアであることを意味している。エンジニアに限らず，その他の専門職として認識されている分野においてもこの原則は当てはまる。

こうした特定の専門分野の知識，理論，あるいは倫理面を単に机上の空論で終わらせず，実際の現場での実践を可能にするための教育方法として，多くのプロフェッショナル・スクールでは臨床教育法（clinical education）の一部であるアプレンティスシップと呼ばれる研修を導入している。アプレンティスシップの導入や実施の形態などはプロフェッショナル・スクールによって多様であるため，一般化することはできないが，とくに技術的な技能が要求される職種である外科医，歯科医，エンジニア，建

築家などはアプレンティスシップを通じてその技能を磨くと推察される。こうした臨床教育法は，それ自体単独で取り入れられたとしても効果はそれほどなく，従来の知識や理論を体系的に取得し，かつ専門職に不可欠な倫理教育と並行して実施されて初めてその効果があると考えられる。

アプレンティスシップが導入されるまでに，学生が少なくとも学習すべき到達目標として，①論理力，分析力を伴って，特定分野の認知的情報と場面に応じてその情報を使用できること，②倫理的論理構成ができ，専門職として通用するような態度を身につけること，③テクニカルな技能を取得すること，④内面的にも成熟すること（人間としての社会化が不十分でないこと），⑤自主的な学習を進めていくだけの能力を身につけること，そして⑥専門職役割の特性を理解することが挙げられている。いったん前述の到達目標をクリアした場合，アプレンティスシップは取得した知識を問題解決力へと結びつけることにおいて効果があり，学生はアプレンティスシップを通じて，知識とその応用を一致させることができるようになる。アプレンティスシップなどの臨床教育法を円滑にすすめていくためには，前述したようにカリキュラム上で知識，理論，倫理などをバランスよく構成することが前提条件となる。

医師や歯科医師，看護師などの健康関連分野に携わっている学生は付属の病院などでアプレンティスシップを経験することが大半であり，ソーシャル・ワーカーや教師志望の学生は，実習を受入れ先の機関や学校を通じてアプレンティスシップを経験する。工学に関しては，企業がスポンサーとなる実習経験プログラムを提供することもある。法律分野における臨床教育が実施される形態は多様であり，具体的には，キャンパス内で実施される法律学習補助クリニックや民間の法律事務所が実施する実習クリニック・プログラムを通じて行われる。このようにアメリカの専門職教育は理論のみならず，臨床教育と呼ばれる実践との融合をベースとしたカリキュラムが基本である。 　　　　　　　山田 礼子

［ヨーロッパ］

高度な理論と職業上の実践との統合を特色とする専門職教育を，ヨーロッパの大学はいかに実施してきたか。以下ではイングランドとドイツでの医と法曹を具体例として概説する。

近代ヨーロッパの医師養成には二つの流儀があった。一方はドイツ型で，大学での講義とデモンストレーションを中心とし，1年余りのインターンを伴うもの。他方はイングランド・フランス型で，病院での医療補助行為を通して医師から知識と技術を獲得するスタイルである。20世紀以降，医療上の知識・技術が高度化し，患者との接触の機会が減少すると，イングランドの医学校は大学に吸収され，学士課程で基礎医学を学修したあと1年のインターン，さらに大学院レベルで医療の専門知を研修

する方式が主流化した。早くに医師の基礎資格を大学卒に限定したドイツは，中間試験で理学の知識を試し，仕上げの資格試験では臨床訓練を前提に実技も重視し始めた。結果，医の専門職教育は，科学・医学上の理論と臨床経験との間に均衡を保つ方式へ収斂した。最近ではコンピュータによる学修の増加，患者や医師との関係の希薄化も危惧される。他方，海外での医療体験や，EU内での医療交流（▶エラスムス・プログラム）が促進されている。

イングランドは法曹でも1975年以降，学問訓練を大学が，職業的訓練を法曹団体が担う分業を採用し，一面ドイツ方式に接近した。しかし，法曹への就業年齢では，イングランドがドイツより数年若い。その理由は，イングランドの古い大学と法曹界とが互いに冷淡な一方，法曹団体はその卒業生を優先的に訓練すること，新設の大学は職業指向が強く，▶法学部や法科大学院への法曹団体による強い規制に対し抵抗感を持たないこと，結果，学生による最低必要年限での養成課程の修了を阻む要因が少ないことである。

対してドイツでは，主要大学は法教育上の権限をめぐり法曹界・国家と対立的で，理論的な法体系の広く深い伝達を確保するため，中間試験をいきおい難しくする。裁判所や法律事務所での実習中心の第2段階では，法曹組織と国家とは，理論に偏向した大学教育の弊害を中和し，無難で実務的な訓練の徹底を図るため，資格試験を厳しくする。二つの難関突破の準備に学生は多大の年数を費やさざるをえない。2国での異なった状況は，しかし専門職教育に必須な理論と実践の統合には等しくマイナスに作用する。1970年代，ドイツは社会改革まで視野に入れた法教育の一元的な統合を試み，失敗した。医学教育に比べて多難ではあっても，法曹教育の改革の成否はEUの将来を大きく左右するであろう。 　　　　　　　立川 明

→専門職と大学(テーマ編)，専門職資格，専門教育，職業教育，医学教育，医学部，法学教育，教職大学院，職業教育カリキュラム

[日本]◎天野郁夫『近代日本高等教育研究』玉川大学出版部，1989.
◎橋本鉱市編著『専門職養成の日本的構造』玉川大学出版部，2009.
[アメリカ]◎山田礼子著『プロフェッショナルスクール―アメリカの専門職養成』玉川大学出版部，1998.
◎阿曽沼明裕『アメリカ研究大学の大学院』名古屋大学出版会，2014.
[ヨーロッパ]◎服部伸「医師資格の制度と機能」，望田幸男編『近代ドイツ＝「資格社会」の制度と機能』名古屋大学出版会，1995.
◎Stefan Korioth, "Legal Education in Germany Today," *Wisconsin International Law Journal*, Vol. 24(1), 2006.
◎Maria Malatesta, *Professional Men, Professional Women*, Sage, 2011.
◎Walter Ruegg, ed., *A History of the University in Europe*, Vol. IV, Cambridge University Press, 2011.
◎田中正弘「イギリスにおける法曹主体の法曹養成」『筑波ロー・ジャーナル』19号，2015.

専門職資格 | せんもんしょくしかく
professional certification

国民の健康や福祉，社会の安定的な発展に実践的な貢献を期待される専門職者の技能および倫理水準は国家の関心事であり，教育機関による組織的な養成に加え，国家や専門職団体の試験を通しての技能・倫理の水準の検証と専門資格の付与が行われている。歴史的には，大学教育等を欠くにもかかわらず，十分な専門的技能を持つ者の認定も重要であった。国家や専門職団体による資格認定の役割は依然大きいが，▶認証評価を受けた教育機関の訓練や学位が資格の前提，ないし実質的に資格付与となる傾向も無視できない。

［日本］

専門職の資格は，専門的業務を遂行する能力(スキル，知識，態度)を保証するものであるが，これを付与する主体については，日本の場合，戦前期から国家の役割がきわめて大きかった。明治政府は近代化のための専門的人材を必要としたが，学校制度による人材養成には多大な時間と費用を要するため，教育制度とは別個に各種の資格試験制度を創設して，一定の資質を持った人材の促成的育成に乗り出した。国家による資格試験制度は専門的人材の「量」を確保しつつ，また同時にその「質」を保証するという双方の役割を担っていくのである。

たとえば医師についてみると，明治政府は中世以来誰でも自由に医師(漢方医)になることのできる無秩序状態を改革するため，1874年(明治7)に「医制」を公布，医師の開業許可制について明示するとともに，医術開業試験制度を創設する。正統的な医学校卒業生には無試験免許授与の特権を付与する一方で，学歴・履歴を問わない医術開業試験によって大量の西洋医の創出を確保しつつ，一定の質を維持した医療供給を可能にしたのである。代言人(弁護士)については，「代言人規則」(1876年)を制定，開業医資格と同様に官立学校の卒業生には無試験免許授与の特権を与えつつ，代言人(弁護士)の資格試験制度の整備を進めた。1923年(大正12)の高等試験令によって判事検事登用試験と弁護士試験が司法科試験に統一され，判検事と弁護士の職業資格の対等化が実現，第2次世界大戦後の開放的な受験資格と選抜性の高い資格試験という養成システムが形成されていく。初等・中等教員，歯科医師・薬剤師など他の専門職についても同様の免許規定が制定され，国家による量と質の確保・維持が目指された。

戦後において各専門職は全国レベルの団体を結成するが，団体自体に資格付与の権限は与えられておらず，それぞれ新規参入への資格(試験)は基本的に諸官庁が管轄することとなった。また業務独占が可能な専門職においては，基本的には大学卒業が資格試験受験の要件とされることとなった(ただし司法試験は戦後長い間，学歴を不問としてきたが，▶法科大学院制度発足以降は基本的にはその修了を受験要件としている)。たとえば，医師をはじめとする医療系専門職の資格(試験)は，各専門学部を卒業の上，厚生省(厚生労働省)が所管する国家試験に合格して初めて，当該専門業務に就くことが可能になる(ただし2004年以降は資格取得後，2年間の臨床研修が義務化されている)。このように，日本の戦後における専門職の資格付与については国家試験の当否にかかっており，その意味で大学や専門職団体よりも国家の権限がきわめて強い。またその受験要件は，戦前期には大学卒業を必ずしも必要とはしていなかったが，戦後では大学教育の発展と拡大に伴って，その修了(短大を含む)が受験要件となっている職が多く，その順序的な関係性が制度化されてきたといえよう。

橋本 鉱市

［アメリカ］

アメリカ合衆国においては，医師(歯科医師，獣医師を含む)や会計士等にみられるように専門職資格が国家資格あるいは州で認可している資格と結びついている場合と，▶プロフェッショナル・スクールで学び，その学習成果として取得した学位がプロフェッショナル学位として認知されている場合に大きく分類される。専門職が免許制あるいは資格制になるに従って，適切な技量のレベルに達していない者を排除する機能が見られるようになったが，プロフェッショナル・スクールは，▶専門職教育と学術的なトレーニングを十分に受けた専門職を量的に供給することと，学位や修了証(サーティフィケイト)を発行することにより教育の質を保証することに寄与している。プロフェッショナル・スクールでの専門職教育の充実と専門職の基準の上昇によって，学位や修了証を保持していることが専門職の資格試験受験の前提条件となった。このような制度が確立していくにつれて，プロフェッショナル・スクールを卒業することが多くの専門職業分野へ参入する前提条件になった。

大学教員や研究者に対して，より高度な資格(Ph. D. などの博士号)が重要視されるようになったこと，看護系，社会福祉系などのサービス専門職により高度な学位が必要とされるようになってきたこと，ビジネスや工学系の大学院プログラムが充実したことにより，専門職学位の価値は1960年代から70年代にかけて急速に高まった。現在ではプロフェッショナル・スクールが授与する修士号は，専門職として通用する学位として，産業界や専門職団体からの評価が確立している。その結果，多くのプロフェッショナル・スクールの授与するターミナル・ディグリーと呼ばれる最終学位は修士号である。

そうした専門職学位が専門職資格として認知されるためには，専門職団体や認可機関による専門

職プログラムの認証評価の存在も大きい。プロフェッショナル・スクールや専門プログラム（カリキュラム，学習成果，教員の質，資格試験の合格率等々）に対して実施される専門アクレディテーションは，たとえば建築や法律，医学等を代表する全国的な専門職団体によって実施される。各専門職業を代表する専門職団体の目的，使命等においては，専門職業の多様性という点から鑑みると，その資格，▶アクレディテーションの基準，目標などにおいても多様である。しかし，専門職へ参入するだけの資格を，そのプログラムを通じて学生が備えられるか否かについてのアクレディテーションと考えられることから，間接的には専門プログラムを修了した学生は，専門職への参入の第1段階をクリアしたと推定できる。そのため，専門職学位への評価や信頼が生じ，結果として学位が専門職への参入資格としてみなされることにつながる。　　　　山田 礼子

［イギリス］

中世の大学の第1の役割は専門職教育を実施することといわれ，教養教育（古典語，古典文学，純粋数学が中心であったが，19世紀にはこれら以外に抽象的学問も含まれるようになる）は神学，法学，医学の上級学部で学ぶための準備教育と捉えられていた。しかし，イギリス（スコットランドを除く）では，宗教改革以後独自の富裕な基本財産を有するカレッジが創設された結果，国家の要請に応える必要がなくなり，専門職資格に通じる上級学部よりも教養教育に重点が置かれるようになった。そのため，ヨーロッパ大陸の大学では考えられないことではあったが，反専門職業教育こそが大学教育の存在証明となり，19世紀にミル（J.S. Mill）が「大学は専門職教育の場ではない」と論じたように，大学は専門職教育の機能を放棄することになった。その結果，専門職養成は専門職団体の中での徒弟制度，年季奉公，実習に取って代わられ，上級学位は大学での第一学位取得後に一定期間在籍し，課程修了後必要な手数料を支払えば授与される学位となった。

　しかし，次第に専門職教育を復活させようとする動きが活発になり，1826年▶ロンドン大学の名称のもとに▶ユニバーシティ・カレッジが創設された際には，法学と医学の専門職教育は最重要科目として位置づけられた。しかし，専門職団体である法廷弁護士や事務弁護士を養成する法曹協会や医師会は大学のこの動きに反対し，独自の講義計画を立ち上げることになった。つまり，社会的威信が高く，また専門職を独占していたそれら協会の脅威となる大学に真っ向から対抗したのであった。専門職団体の力は強く，法・医に続く新興専門職であった歯科医，会計士，建築家，技師を養成する職業集団も従来の制度を尊重し，大学とは関係を持たず，国家からの承認と国家資格の獲得に傾注した。

　1867年のパリ万国博覧会でドイツ産業の優位性が明確になった結果，競争が激化する世界市場でイギリスが優位を保つために，多数の熟練技術者や科学者を擁する必要性が繰り返し主張されるようになり，19世紀後半からは大学と専門職との関係が強化された。ことに19世紀初頭に産業資本家の手により大学となった旧▶市民大学は，専門職教育の分野に力を入れ，たとえばリヴァプール大学では歯学，建築学，獣医学，工学の学位コースを創設した。しかし，専門職資格を付与するための学位コースを新設しようとした時にはすでに専門職ごとに資格付与団体が確立されていたため，資格団体と大学とが既得領域を巡って争うことになった。職業資格について▶シラバスが要件を満たしているか否かについても，いぜんとして専門職能団体の審査を経て認証を受ける必要もある。このように専門職団体と大学との確執は深く，このことが専門職教育の軽視や大学と産業界との関係の希薄さを生み出すとともに，高等教育人口の相対的な拡大に繋がらなかった理由と考えられている。

　しかしながら，イギリスでも20世紀後半からは大学の専門学位が専門職資格の条件として重要となり，この点でヨーロッパ大陸諸国に近づいている。たとえば法廷弁護士の資格取得には▶法学院への入会が欠かせないが，大学の法学学位は必須化し，法学専攻生数は1938年の数千から，2012年の9万へと増加している。公認技師（chartered engineer: チャータード・エンジニア）の資格獲得の条件でも，大学での理学ないし工学専攻と工学修士学位が必要な場合も多々出てきている。大学での勉学は専門的経営者の基礎資格としても有用で，2012年の大学生全体のうち経営学専攻生は14％と最大の割合を占める。専門職資格の多様化に伴い，大学での専門訓練の比重は今後も高まるであろう。　　　　秦 由美子

［フランス］

フランスの社会では，学歴や職業資格が重視される。それらが就職や賃金に大きく影響するだけでなく，いったん就職してもその後の資格取得が昇進に影響する。このため，国が定める職業資格だけでなく，職業領域ごとに雇用者・被雇用者間の協定で定められる職業資格が多数存在し，これらの多くは国が作成する全国職業資格総覧（répertoire national des certifications professionnelles: RNCP）に収録されている。RNCPには大学を含む高等教育機関の職業教育課程修了者に授与される免状（課程修了者に付与される資格，一部は学位を伴う）も登録されることとなっており，2011年現在，登録されている6920資格のうち2809は高等教育機関のものである。RNCPに登録された職業資格は専門職の資格とそれ以外の資格に分けられているわけではないが，フランスおよび欧州の分類に従って格付けがなされている。フランスの区分では，最高位の水準1

に修士以上の免状，水準2に学士，水準3には高等教育短期教育課程の免状がそれぞれ該当する。

大学等の高等教育機関の職業教育課程の免状が職業資格に位置付けられているだけでなく，学校教育と職業能力開発の間の密接な連携が図られている。技術や経営に関する高度な専門職業知識・技能を育成する技師養成校（école d'ingénieurs）や商業学校（école de commerce）といった▶グランド・ゼコール（grande école）の多くが，そうした連携の典型である。フランスの大企業の幹部候補者はほぼ例外なくグランド・ゼコールの出身者から採用されており，また技師養成校の卒業者の雇用状況は大学の博士課程修了者（博士号取得者）のそれを上回っている。

他方，大学は伝統的に法学系や医歯薬系の専門職を養成してきたが，それ以外の領域での教育は必ずしも職業に直接に結び付かないことが多かった。そうした大学のあり方は大衆化を迎える中で批判の対象となり，2年制の技術短期大学部（institut universitaire de technologieè: IUT）が1966年に設置されたのを皮切りに，大学附設職業教育部（institut universitaire professionnalisé: IUP）や高等専門職課程（diplôme d'études supérieures spécialisées: DESS），職業学士（licence professionnelle）などさまざまな職業教育課程が学内に設置されてきた。内部に技師養成校を置く大学も増え，また最近では外部に設置されていた初等中等教員養成機関である大学附設教員養成センター（institut universitaire de formation des maîtres: IUFM）（かつての師範学校）が大学に吸収された。大学の職業への対応は「職業専門化 professionnalisation」と呼ばれ，その影響はあらゆる大学教育に及ぶようになっている。2007年に制定された「▶大学の自由と責任に関する法律（LRU）」は，大学の使命に新たに学生の就職を加え，職業教育・就職支援の充実を図った。
　　　　　　　　　　　　　　　　　　大場 淳

［ドイツ］

ドイツの大学では，国家試験，ディプローム試験，マギスター試験といった大学での学修の最終段階で行われる各種試験に合格することが，大学の卒業を意味してきた。通常，自然科学，社会科学の学科ではディプローム，人文科学の学科ではマギスターの学位が高等教育修了資格に相当するものとされた。一方，医学（歯学，獣医学を含む），薬学，法学，教職課程などでは，医師国家試験，教職国家試験などの第一次国家試験に合格することが，大学における修了試験の役割を果たしてきた。

こうした従来の制度から，▶ボローニャ・プロセスの展開のなかで，学士，修士という段階化された高等教育の基本構造がドイツにおいても導入されることになり，これと合わせて，ECTSという名称のヨーロッパ共通の▶単位互換制度が取り入れられることになった。これにより，所定の単位を取得することで，バチェラー，マスターの学位が付与される

システムに変わりつつある。また国家試験の場合も，マスターの学位を取得することで，第一次国家試験合格とみなすことができるようになった。なお，これまで▶専門大学で取得したディプロームはバチェラーに相当する。従来のマギステルと一般大学（▶学術大学）のディプロームはマスターと同等に取り扱われる。

ドイツの特色として，「大学は，学術的認識および学術的方法の応用または芸術的形成能力を必要とする職業活動の準備をする」（大学大綱法2条）とあるように，大学は職業準備教育を施す機関とされている。ただしそれは，職業実務の上で役立つ具体的な準備教育を行う機関という意味ではない。大学教育の使命は，特定の学問領域での専門的知識と技能の習得を通して学術的な洞察，思考方法を身につけることにあるとされている。したがってドイツの場合，医学，法学，教職課程などの専門職資格を取得する場合，専門的知識の実務への応用，あるいは社会的な能力の形成といった面での職業準備教育は，大学教育の課題領域とはみなされない。第一次国家試験の合格者は，大学以外の職業教育・訓練機関において実地の研修を経験する（教職の場合，試補として試補研修所で実務に特化した教育を受けると同時に，学校勤務を経験する）。そののち第二次国家試験に合格し，はじめて当該専門職資格を取得することができる。

なお，ドイツでは2011年に「生涯学習のためのドイツ資格枠組み（DQR）」が策定されている。DQRはレベル1から8までの8段階に区分されるが，そのうちのレベル6がバチェラー，7がマスター，8がドクターにそれぞれ相当する。大学以外の職業訓練・教育の場において取得された「マイスター」「専門技術者（Techniker）」「専門士（Fachwirt）」，「熟練スペシャリスト（IT）」などの資格はレベル6に匹敵し，バチェラーと同等とみなされる。「戦略スペシャリスト（IT）」はマスター相当とされている。
　　　　　　　　　　　　　　　　　　木戸 裕

→専門職と大学（テーマ編），専門教育，学位・資格枠組み，学位と専門職団体，職業教育，専門職学位／職業学位，医学教育，医学部，法学教育，法学部，欧州単位互換制度，職業教育カリキュラム

［日本］◎天野郁夫『試験の社会史―近代日本の試験・教育・社会』平凡社ライブラリー，2007.
◎辻功『日本の公的職業資格制度の研究―歴史・現状・未来』日本図書センター，2000.
［アメリカ］◎Sullivan, William M., *Work and Integrity*, Jossey-Bass, 2005.
［イギリス］◎Sanderson, M., *The Universities and British Industry 1850-1970*, Routledge & Kegan Paul, 1972.
◎Truscot, B., *Redbrick University*, London: Faber and Faber, 1943.
◎コンラート・ヤーラオシュ編，望田幸男，安原義仁，橋本伸也監訳『高等教育の変貌 1860-1930―拡張・多様化・機会開放・専門職化』昭和堂，2000.
［フランス］◎大場淳「フランスにおける大学教育の職業化（professionnalisation）とその有効性」『広島大学大学院教育学研究科紀要第三部（教育人間科学関連領域）』54，2006.
◎中上光夫「フランスにおける「職業訓練」と職業資格」『国際地域学研究』10，2007.

[ドイツ]◎吉川裕美子「ドイツ〈資格社会〉における高等教育と職業の関係」『日本教育社会学会大会発表要旨集録』48，1996．10．
◎Deutscher Qualifikationsrahmen für lebenslanges Lernen- DQR

専門職大学 | せんもんしょくだいがく
Professional University

産業構造が急速に変化し，経済社会のグローバル化が進む中，今後の成長分野において高度な実践力と豊かな創造力を有する専門職業人材を養成するため，2017年（平成29）の▶学校教育法改正により設けられた新たな大学の一類型。2014年7月の教育再生実行会議の第5次提言に端を発し，文部科学省有識者会議の検討を経て，16年5月の中央教育審議会答申において制度設計の方向性等が示された。この問題のもともとの背景には，専修学校の1条校（学校教育法1条に定める学校）化を求める議論があった。

2017年改正法の規定によれば，大学のうち，専門性が求められる職業を担うための実践的かつ応用的な能力を展開させること等を目的とするものが専門職大学とされる（83条の2）。卒業に必要な単位のおおむね3〜4割以上を長期の企業内実習等の実習に充てるとともに，教員として実務家を積極的に任用（必要専任教員数のおおむね4割以上）することなどが想定されている。教育課程の開発・編成等や認証評価の体制整備に当たっては，産業界との連携が求められる。また，課程が前期・後期に区分され，前期修了後に働いてから後期に戻ることなどができるほか，実務経験を通じて一定の能力を修得した者は▶修業年限が一部短縮されるなど，社会人が学びやすい仕組みが整備された。財政面では，公的支援が予定される一方，民間資金の活用が期待されている。卒業者には，学位として「学士（専門職）」が授与される予定である。なお，2017年の法改正では，▶短期大学のうち，専門職業人の養成を目的とする機関として「専門職短期大学」も創設された。

2019年度の開学が予定されており，既存の専門学校（専門課程を置く専修学校）からの移行や大学・短大の一部の学部・学科の転換等が見込まれているが，要件を満たす専任教員や産業界の協力の確保，今後の卒業生の就職状況等，課題や未知数の部分も残されている。　　　　　　　　寺倉　憲一

→ 実務家教員，専門職と大学（テーマ編），専門職教育，高度専門職業人

専門職大学院 | せんもんしょくだいがくいん
professional graduate school

▶学校教育法は99条において「大学院のうち，学術の理論及び応用を教授研究し，高度の専門性が求められる職業を担うための深い学識及び卓越し

た能力を培うことを目的とするものは，専門職大学院とする」としている。▶大学院設置基準は，一般の大学院における課程が▶修士課程および▶博士課程であるのに対して，専門職大学院の課程を専門職学位課程とし（2条），専門職大学院設置基準において，その標準修業年限を2年または1年以上2年未満の期間としている（2条2項）。教員組織として「専任教員のうちには，…専攻分野における実務の経験を有し，かつ，高度の実務の能力を有する者を含むものとする」（5条3項）とあり，いわゆる実務教員を必置としていることが特徴的である。さらに同設置基準では，一般の専門職大学院のほかに，▶法科大学院および▶教職大学院を別扱いで規定しており，法科大学院の課程の標準年限は3年（18条2項），教職大学院のそれは2年（26条2項）としている。

学校教育法104条は，「大学院（専門職大学院を除く。）の課程を修了した者に対し修士又は博士の学位を，専門職大学院の課程を修了した者に対し文部科学大臣の定める学位を授与するものとする」としており，それを受けた学位規則の規定で，一般の専門職大学院の修了者へは▶修士（専門職），法科大学院のそれには法務博士（専門職），教職大学院のそれには教職修士（専門職）の学位が授与される。

専門職大学院を置く大学にあっては，大学全体の▶認証評価のほかに，当該専門職大学院の教育課程，教員組織その他教育研究活動の状況について，政令で定める期間ごとに，認証評価を受けなければならず（学校教育法109条3項），その期間は5年以内と定められている（学校教育法施行令40条）。また，「法科大学院の教育と司法試験等との連携等に関する法律」で，法科大学院の認証評価では適格認定が必要であることが定められている（5条）。

なお，大学院設置基準の規定する一般の大学院の目的は，修士課程の場合「広い視野に立つて精深な学識を授け，専攻分野における研究能力又はこれに加えて高度の専門性が求められる職業を担うための卓越した能力を培うことを目的とする」，博士課程の場合「専攻分野について，研究者として自立して研究活動を行い，又はその他の高度に専門的な業務に従事するに必要な高度の研究能力及びその基礎となる豊かな学識を養うことを目的とする」とされており，専門職大学院でなくとも実質的には法曹以外の高度専門職者養成が可能である。また日本の専門職大学院のモデルはアメリカ合衆国の▶プロフェッショナル・スクール（professional school）とされているが，アメリカのプロフェッショナル・スクールは，アーツ・アンド・サイエンス系の学部（スクール）に対して職業系の学部の総称として使われ，必ずしも大学院だけを指さない場合もあるので注意を要する。　　　　　　　　　　　　舘　昭

→プロフェッショナル・スクール(アメリカ型)

専門職団体 →学位と専門職団体

専門職と大学 →テーマ編 p.54

専門大学 |せんもんだいがく
Fachhochschule[独]

ドイツの高等教育機関の一種。歴史的には，1968年10月31日の各州首相の協定により，それまで後期中等教育機関に位置づけられていた技術者学校等が高等教育機関に格上げされるかたちで成立した。応用志向の実践的な教育・研究が重視され，実習が課程の一部となっていることが特徴である。入学するには，専門上級学校を修了して得られる専門大学入学資格(Fachhochschulreife)が必要であり，一般大学入学資格(▶アビトゥーア)は必要とされない。農学・林学・栄養学，工学，経済学，社会福祉，情報学・数学，自然科学，芸術・デザイン，情報・コミュニケーション科学，健康・保健などの分野が提供されている。修業年限は各専門大学の試験規程に定められており，専攻により異なる。一部の専門大学には，バチェラー(学士)とマスター(修士)の課程が設置されている。専門大学は216校，連邦と州の公務員の養成を行う行政専門大学(Verwaltungsfachhochschule)が30校，計246校設置されている(2016/17年度)。設置者別にみると，およそ50%が非公立の機関である。 　　長島 啓記

千里金蘭大学 |私立| せんりきんらんだいがく
Senri Kinran University

2003年(平成15)に開学。起源は古く，当時不十分であった女子教育機会に応えるものとして，大阪府立堂島高等女学校同窓会「金蘭会」が1905年(明治38)に私立金蘭会女学校を設立したことにさかのぼる。建学の精神は，「学びたい，社会に役立ちたい」という女性の切実な要望に応える教育精神にその淵源を見出す。2016年現在，大阪府吹田市にキャンパスを構え，2学部3学科に905人の学士課程学生が在籍する。学びの特徴には1905年以来の精神が継承されており，「教養と品格を持った女性になる」「専門知識と技術を持った女性になる」「社会に貢献できる女性になる」ことが重視されている。学生の多くは，4年間の学びの成果を通して，管理栄養士や保育士，看護師などの専門職資格を取得する。 　　戸村 理

戦略的創造研究推進事業
せんりゃくてきそうぞうけんきゅうすいしんじぎょう
JST Strategic Basic Research Programs

文部科学省所管の▶科学技術振興機構が実施する▶競争的資金の一つで，新技術シーズの創出を目指すCRESTや「さきがけ」，▶ERATOのほか，RISTEX(社会技術研究開発センター)等の課題解決型の戦略的な▶基礎研究の推進を目的とする多数のプログラムで構成されている。課題解決型の戦略的な基礎研究の推進を目的とするところが，いわゆる科研費による学術研究助成と異なる。いずれのプログラムも，政策課題を踏まえ，トップダウンで定められた研究領域について，プロジェクトリーダーとなる研究総括等に大きく裁量を与え，大学，企業，独立行政法人等の機関の枠を超えた時限的な仮想(バーチャル)の研究組織を構築して，研究開発が進められる。CRESTは既存の研究チームを，「さきがけ」は研究者個人を単位として研究開発が進められる。ERATOでは，研究総括自身の構想を実現するために，研究総括自身が新たに研究チームを編成し，これを直接指揮して研究開発が進められる。 　　榎 孝浩

→科学研究費補助金

戦略的大学連携支援事業
せんりゃくてきだいがくれんけいしえんじぎょう
Support Project for Strategic University Cooperation

国公私立大学間の積極的な連携を推進し，各大学の教育研究資源を有効活用することで，当該地域の知の拠点として，研究水準のさらなる高度化，個性・特色の明確化，大学運営基盤の強化等を図ることを目的とする文部科学省の事業。各地域において，多種多様な大学間の戦略的な連携を推進するため，①大学連携による共通・専門教育の先進的なプログラム開発，②教育・研究設備の共同利用，③知の拠点としての機能強化，④大学間の連携による効率的かつ効果的な大学運営等の取組みを支援。2008(平成20)年度申請件数94，うち選定件数は総合的連携型(地元型)15，総合的連携型(広域型)22，教育研究高度化型17。2009年度には後継事業「大学教育充実のための戦略的大学連携支援プログラム」が開始された。同プログラムは戦略的大学連携支援事業の内容に加え，分野・形態に応じた教育内容・方法の開発・実施による教育の質保証や，地域が一体となった人材育成を推進している。申請件数は119，うち選定件数は総合的連携型25，質保証特化型13。 　　竹下 諒

→大学間連携

占領期大学改革|せんりょうきだいがくかいかく

1947年(昭和22)3月，▶教育基本法と▶学校教育法が制定され，アメリカの教育理念のもとで，新しい学校制度が発足することになり，六・三・三制の最終段階として大学が規定された。さらに連合国総司令部民間情報教育局(Civil Information and Educational Section: CIE)の要請を受け，文部省は1948年6月，新制▶国立大学の設置に関して，1府県ごとに1大学を置く，教養および教職に関する学部を必置するなどからなる11原則を発表し，49年5月に▶国立学校設置法を制定，戦前からの旧制大学・▶専門学校が母体となり，69校の新制国立大学が発足した。公・私立では1948年4月の段階で12校がすでに新制大学として認可されていたが，基準に達しない学校群については49年5月に学校教育法の一部を改正し，暫定措置として2年または3年の▶短期大学を設けることで新学制への切替えを行った。

橋本 鉱市

→民間情報教育局，一府県一大学原則

相愛大学[私立]|そうあいだいがく
Soai University

1888年(明治21)に設置された相愛女学校が起源。戦後，1958年(昭和33)に相愛女子大学を設置，82年に校名を相愛大学と変更して現在に至る。建学の精神は「當相敬愛」であり，これは「自らを愛するように他者をも相敬うべし」という意味である。これを基底に，「こころ」「おこない」「ことば」を調えて人生を生き抜くこと，そして「共生」と「利他」の思想による教育目標が策定されている。2017年(平成29)現在，大阪府大阪市に二つのキャンパスを構え，3学部6学科1専攻科に1169人の学生が在籍する。2008年に学園創立120周年を迎えるに伴い，中長期的構想を企画する相愛大学将来構想委員会が設置され，11年に相愛大学将来構想を策定，今後5年間の取り組むべき課題を明示した。

戸村 理

創価大学[私立]|そうかだいがく
Soka University

1971年(昭和46)創価学会第3代会長池田大作によって創立された。開学当初は経済・法・文学部の3学部を置いたが，1976年に経営・教育学部，91年(平成3)に工学部(2015年に理工学部に改称)，2013年に看護学部，14年に国際教養学部を設置。2016年5月現在，8学部，経済・法・文・工の4研究科，および法科・教職の2▶専門職大学院を有する文理総合大学として，東京都八王子市のキャンパスに学生7915人を収容する。創立50周

年に向けて，建学の精神に基づき「創造的人間」の育成をめざし，2010年に策定した「創価大学グランドデザイン」を推進中。2012年に文部科学省「グローバル人材育成推進事業」に採択され，また14年には「人間教育の世界拠点の構築～平和と持続可能な繁栄を先導する「世界市民」教育プログラム～」をテーマに掲げる取組みが，文部科学省「スーパーグローバル大学創生支援」に採択された。

小濱 歩

象牙の塔|ぞうげのとう

もとはキリスト教の聖歌の歌詞に由来する言葉といわれるが，19世紀以降のヨーロッパでは，知識人たちが日常生活の実際的な関心とは没交渉の環境の中で難解な，あまり役にも立たない学問研究に没頭する様子や態度を示す言葉として使われてきた。日本には翻訳語として紹介される。産学協同という言葉が否定的な意味で使われていた第2次世界大戦後の大学論では，学問至上主義や芸術至上主義を標榜する知識人の行動を賞賛する意味で使われることもなかったわけではないが，一般には世間知らずで独りよがりの非社会的な態度をとる大学人に対して皮肉を込めて揶揄する言葉として使われる。「学者・研究者は，象牙の塔に籠もるのをやめて，積極的に社会的問題とかかわらねばならない」といった文脈で使用されることが多い。

斉藤 泰雄

総合研究大学院大学[国立]
そうごうけんきゅうだいがくいんだいがく
The Graduate University for Advanced Studies; SOKENDAI

1988年(昭和63)に設置された国立の▶大学院大学で，全国の大学共同機関に研究科を置く。設立当初は本部を東京工業大学長津田キャンパス内に置き，数物科学および生命科学の2研究科で出発したが，翌年文化科学研究科を加え，大学共同利用機関の全分野に対応できるようになった。1995年(平成7)には本部を神奈川県葉山に移転，同所に大学共同利用機関に直接は依拠しない先導科学研究科を設けた。さらに2004年には数物科学研究科を物理科学研究科，高エネルギー加速器科学研究科，複合科学研究科の3研究科に改組し，現在は6研究科構成となっている。各研究科は，文化科学研究科が国立民族学博物館，国際日本文化研究センター，国文学研究資料館，物理科学研究科が分子科学研究所，国立天文台，核融合科学研究所，宇宙科学研究所，高エネルギー加速器科学研究科が高エネルギー加速器研究機構加速器研究施設・共通基盤研究施設，物質構造科学研究所，素粒子原子核研究所，複合科学研究

科が統計数理研究所，国立極地研究所，国立情報学研究所，生命科学研究科が国立遺伝学研究所，基礎生物学研究所，生理学研究所に所在し，このうち宇宙科学研究所だけは独立行政法人である。当初は博士後期課程のみであったが，近年，博士後期課程を併設した5年一貫制博士課程に改組されている。 舘 昭

→大学共同利用機関法人

総合大学 |そうごうだいがく
university

［総合制を基盤とした大学制度］
複数の学問から成り立つ西欧的な総合大学の概念に近しい大学観は，すでに1872年（明治5）の学制（日本における近代学校制度に関する総合的な最初の基本法令）の高等教育関係規定にみられる。学制追加では「大学即チ法学校医学校理学校文学校」（第163章）というように，学制本編で示した四つの学科（理学，文学，法学，医学）に相当するものを学校として含むものが大学であると規定している。

1877年に日本で最初の大学として創設された東京大学では，法・理・文の3学部と医学部は別個の組織を有しそれぞれが独立していたが，81年には4学部を総括する長としての総理が置かれ，総合的大学への一歩を進めた（1885，86年に東京法学校と工部大学校を東京大学に合併）。1886年には▶帝国大学令（大学に関する日本で最初の単行法令。帝国大学の基本制度を規定した勅令）によって東京大学は▶帝国大学となり，大学の構成単位が学部から▶分科大学となった。はじめ法・医・工・文・理の5分科大学であったが，1890年には農科が加えられた。工科・農科等の応用的学問分野を取り入れた点は，当時の欧米の大学には例を見ないところであった。

明治後半期には，大学の基本形態は総合大学かそれとも▶単科大学かについて議論されるようになり，臨時教育会議（第1次世界大戦後の教育改革を策定するため1917年に設置された内閣総理大臣の教育諮問機関）でも，引き続き大学改革論議の争点となった。臨時教育会議では，大学について単科制を認めつつも総合制を原則とする方針が提案された。この臨時教育会議の答申に基づき1918年（大正7）に制定された▶大学令（大正期以後，第2次世界大戦直後まで大学の基本制度を規定した勅令）では，単科大学の設置を認めつつも大学には数個の学部を置くことを常例とすることが明記され，総合制を原則とすることがうたわれた。なお同令では法学・医学・工学・文学・理学・農学・経済・商学の8学部を置かずとも，2学部以上を有する大学をすべて総合大学とした。この大学令の制定に伴い翌年2月に帝国大学令が改定され，数個の学部を総合して構成すること，教官の身分所属が分科大学から大学自体に移行することなどとされ，帝国大学で総

合制が強められた。

［大学制度の弾力化］
1947年（昭和22）の▶学校教育法（第2次世界大戦後の教育改革において六・三・三・四制の学校体系を規定した法律）では，大学の構成について「大学には，数個の学部を置くことを常例とする。但し，特別の必要がある場合においては，単に一個の学部を置くものを大学とすることができる」（53条）とし，単科大学を容認しつつも「数個の学部を置く」大学すなわち総合大学が「常例」とされた。同法の施行に伴い帝国大学令は廃止され，旧帝国大学はそれに代わる国立総合大学令（1949年▶国立学校設置法の制定により廃止）による大学となり，新たに法文系の学部が設置されるなど，名称通りに総合化が図られた。

1968年頃からの▶大学紛争を契機として各大学でさまざまな改革の試みがなされ，従来の大学のあり方にとらわれない新しい構想による大学の創設が進められた。1973年には学校教育法，国立学校設置法，▶教育公務員特例法などの改正のもとに筑波大学が設置された。同大学は学部に代えて教育組織の学群と研究組織の学系を置く総合大学で，新しい構想をとりいれた▶新構想大学の第1号となった。

この時の学校教育法の改正では，その53条で，それまで「大学には，数個の学部を置くことを常例とする」としていたのを「大学には，学部を置くことを常例とする。ただし，当該大学の教育研究上の目的を達成するため有益かつ適切である場合においては，学部以外の教育研究上の基本となる組織を置くことができる」とし，学部以外の教育研究上の基本となる組織の設置が認められるとともに，学部数に関する規定が削除された。また，1976年の学校教育法の改正では，その68条で「教育研究上特別の必要がある場合においては，第53条の規定にかかわらず，学部を置くことなく大学院を置くものを大学とすることができる」として学部を置かない大学である▶大学院大学が法制化され，大学令以来伝統的観念となっていた学部中心主義的な大学観が払拭された。 井上 美香子

→大学の概念（テーマ編），学部の概念（テーマ編），学系／学群

◎大﨑仁『大学改革―1945～1999』有斐閣，1999.
◎国立教育研究所編『日本近代教育百年史』3-6，1974.

総合大学設置法 |そうごうだいがくせっちほう
Loi du 10 juillet 1896 relative à la constitution des universités ［仏］

複数のファキュルテ（単科大学）の連合体にユニヴェルシテ（総合大学）の名を与えることを定めた，1896年7月10日のフランスの法律。第三共和政下で19世紀末に進められた一連の大学改革の到達点とされる。この法律によって15の大学区のそれぞれに総合大学が設立され，ナポレオンによる帝国

大学（▶ユニヴェルシテ・アンペリアル）の体制を刷新し，1968年の▶エドガール・フォール法まで，七十余年にわたってフランスの大学を制度的に規定した。当時の大学改革では，ドイツの大学の隆盛，普仏戦争の敗北といった状況下で，単科大学に分断されない「科学」を行う場としての総合大学の創設が，国の再建という理念とも結びついて求められた。改革の当初には，より少数の主要大学を創設することも議論されたが，この法律では各大学区の既存の単科大学をそのまま束ねて総合大学の名を与えることとなり，再編には至らなかった。一体的な総合大学の具体化という方向性は，その後の大学改革でも継続して追求されている。　　白鳥 義彦

→フランスの大学（テーマ編）

崇城大学［私立］｜そうじょうだいがく
Sojo University

1949年（昭和24）に中山義崇によって創立された私塾，君が淵電波塾を出発点とする。1961年に学校法人君が淵学園として認可されたのち，65年に熊本工業短期大学を設立。1967年には当初からの電波工学科に加えて機械工学科・工業化学科を設置し，熊本工業大学を開学した。工学部のみの単科大学であったが，2000年（平成12）には芸術学部を新設して校名を崇城大学と改め，2005年に薬学部・情報学部・生物生命学部を開設して5学部5研究科を備えた総合大学に発展を遂げた。2011年より，崇城大学教育刷新プロジェクトSEIP（Sojo Educational Innovation Project）を推進して社会人基礎力の育成を強化するとともに，起業家精神（フロンティア精神）の育成と，イノベーション・発明発見能力の開発を掲げて，改革的取組みを進めている。2016年5月現在，熊本県熊本市西区の池田キャンパス・同県菊池郡菊陽町の空港キャンパスに3674人の学生を収容している。　　小濱 歩

ソウル大学校［韓国］｜ソウルだいがっこう
Seoul National University

▶京城帝国大学やいくつかの官立および私立専門学校を再編統合する形で，1946年に設立された韓国を代表する国立総合大学。2011年12月には，法人格を有しない既存の国立大学としては初めて法人化された。設立当初から政府や海外からの支援を重点的に受ける特別な大学として位置づけられ，国内最高水準の教育・研究環境を維持している。2007年には25年までの長期発展計画を策定し，「未来人材の育成」や「世界水準の教育・研究環境の確保」，「国際化体制の強化」，「社会と世界に寄与する大学の実現」，「大学の自律性の確保と運営体制の革新」を課題に設定した。具体的な数値目標として，世界大学ランキング10位圏内への進入や外国人学生の割合30％以上，外国人教員900人以上などを掲げている。2015年現在，16学部と修士・博士課程を備えた一般大学院のほか，10の専門大学院を擁する。学生数は2万8490人，教員数は2075人。　　松本 麻人

組織的研究｜そしきてきけんきゅう
organized research

［実験科学の誕生と科学研究の制度化］
大学における組織的研究は，科学研究の方法論上のパラダイム変化をきっかけに誕生した。科学研究の方法論は，経験的事実・現象を対象に思考と観察によって実証的な方法で理論化を図る経験科学が中心であった。19世紀末に産業と強固に結びついた化学や物理学が盛んになると，仮説を検証する▶実験を研究の主要な方法論に採用する実験科学が研究方法論の中心となった。実験には大規模な設備や系統的なデータ収集が必要になり，その結果チームワークが重視されて必然的に分業・組織化が進む素地が形成された。

　19世紀には科学自体の専門分化と国民国家の下での科学研究の体制化が同時に進展し，現代までの基礎研究を中心とした自然科学は，研究の大規模化と組織的研究の拡大とともに発展した。組織的研究は▶研究資金を提供する社会からの要請，すなわちファンディングによって誘導される側面も強い。公的資金を原資とする科学研究は，真理の探究を行う科学のための科学から，一定期限内にプロジェクトの目標を達成するシステムへの転換が促された結果，20世紀には科学と技術が結合された実用のための研究開発を行い，さらにその技術を用いて新たな科学的発見を積み重ねる「科学技術」への転換が進んだ。科学が技術と結びつき，政治・経済・社会に大きな位置を占めるようになったことに伴い，19世紀以前の好事家による好奇心駆動型研究のアカデミズム科学から，大規模な実験設備を伴う使命指向型の産業科学へと転換したのである。

［戦時科学動員と研究の組織化］
好奇心駆動型から使命指向型への科学研究の変容を招いた要因には，第1次世界大戦と第2次世界大戦期の総力戦遂行のために，科学を積極的に応用・利用しようとした戦時下の科学動員の影響が大きい。アメリカ合衆国で第2次大戦中に原子爆弾を開発したマンハッタン・プロジェクトは，研究者・技術者が結集され研究を行う政府主導の大規模国家研究開発プロジェクトの代表例である。日本でも体制内科学の社会的側面である戦時動員は同様であり，「科学技術の前線配置」といった標語のもと研究者は各種資源を獲得し，戦後成長を遂げる日本の理工系大学を支える基盤が形成された。第2次大戦以降はさらに実験装置が巨大化

し，政府資金や企業組織をスポンサーとして外部資金を調達して実施する国家的・企業的色彩が強まった。

[組織的研究の現在と国際化]

近年は，物理学の高エネルギー科学などの▶基礎研究では施設の大規模化が一層進展し，直接的な便益を短期で期待できない中で費用高騰が著しい。国防や国威発揚という説明をもってしても，もはや一国での費用負担は不可能である。その結果，加速器などの設備は国際プロジェクトによる推進が一般的になっている。一方，経済活性化のため▶学術成果の還元を求める社会の要求に応えてイノベーションを追求する産学連携プロジェクトなど，セクターを超える特定の研究開発目標を一定期間に達成するプロジェクト型の組織的研究が，各国で積極的に推進されるようになっている。大学の実験室レベルでプロジェクトを分担して推進する方式を分散研方式といい，また国レベルの施策プログラム，国際科学技術連携や基盤技術研究など国家戦略として取り上げる大型プロジェクトで，産学官の研究者が1ヵ所に集い研究を行う方式を集中研方式と呼び，サイエンスパークや公的研究機関など大学外の機関で大学の研究者が研究に従事することも顕著になりつつある。

[大学と研究組織]

大学における研究管理の組織単位には，独立した研究者個人単位での学協会レベルの活動(scholarly communication)，大学教員単位でポストドクター研究者や博士課程の大学院生や実験助手等から構成される実験室レベルの管理(laboratory management)，特定の目標や目的を持つ研究プロジェクトレベルの管理(project management)，ファンディングと一体化した施策レベルのプログラム(program)の目標管理，といった多段階での組織マネジメントが求められる。このため，研究者としての教員以外にも研究関連の専門的職制が生まれている。実験室やプロジェクトレベルではファンディングを受け，研究プロジェクトを率いる▶研究代表者はPI(Principal Investigator)と呼ばれ，大学ファンディング側で研究の方向性を専門分野の学術的見地からマネジメントする研究開発プログラムの責任者をPO(Program Officer)という。大学内でも，プロジェクト研究を行う▶競争的資金に関する業務量が増加したことから，実験補助者などに加えて研究支援専門職であるURA(University Research Administrator, ▶リサーチ・アドミニストレーター)などの専門職が登場している。こうした研究関連の職制には，研究経験を持つ者が就任することが世界では一般的である。

ただし，組織的研究は実験科学の性質に応じて巨大な装置等を必要とする場合にみられる研究形態であって，現在でも一概に自然科学全般が一様なわけではない。研究スタイルや方法論は，専門分野やディシプリンによる差異が現在もはっきりみ

られる。たとえば研究成果である論文や著書の執筆でも，共著が多い分野とそうでない分野があることなどの特性に留意する必要がある。　　白川展之

→ 大学と研究(テーマ編)，産学連携，研究組織／研究施設，科学技術政策
◎上山隆大『アカデミック・キャピタリズムを超えて─アメリカの大学と科学研究の現在』NTT出版，2010.
◎イアン・F. マクニーリー，ライザ・ウルヴァートン著，冨永星訳『知はいかにして「再発明」されたか─アレクサンドリア図書館からインターネットまで』日経BP社，2010(原著2009).
◎ヘンリー・エツコウィッツ著，三藤利雄・堀内義秀・内田純一訳『トリプルヘリックス─大学・産業界・政府のイノベーション・システム』芙蓉書房出版，2009(原著2008).

ソーシャルメディアと大学 | ソーシャルメディアとだいがく
social media and university

ソーシャルメディアとは，ウェブ上で提供されるサービスのうち，ユーザーの積極的な参加によって成り立ち，ユーザー間のコミュニケーションをサービスの主要価値として提供するサービスの総称である。具体的なサービスとしてはFacebook, Twitter等のSNS(Social Network Service)のミニブログ，YouTube等の動画情報投稿サイトなどがある。ソーシャルメディアと大学の関係を考察する場合，ソーシャルメディアの適切な使い方を大学教育の中で教える側面と，ソーシャルメディアを学習活動の中で活用する側面の二つがある。前者に関してはメディアリテラシーの教育の一環として行ったり，さらには大学としてソーシャルメディアの利用ガイドラインを定めたりする場合もある。後者はソーシャルラーニングと称され，従来の教員＝教え手，学生＝学び手という一方的な関係でなく，学び手同士がソーシャルメディアの中で教え学び合うことで，ともに成長していくことを目指している。　　古賀暁彦

◎「聖心女子大学におけるソーシャルメディア扱いのガイドライン」：http://www. u-sacred-heart. ac. jp/life/files/socialmedia. pdf
◎トニー・ビンガム，マーシャ・コナー著，松村太郎監訳，山脇智志訳『「ソーシャルラーニング」入門』日経BP社，2012.

卒業 | そつぎょう
graduation

▶学士課程または準学士課程を終えることを指す。大学院段階の各課程を終える際には「修了」の語が使われる。学士課程の多くの分野では卒業に必要な年限は4年だが，医学・歯学・薬学・獣医学など一部の分野では6年の在学が必要とされる。4年課程の場合，▶大学設置基準によって124単位以上の修得が定められている。▶短期大学の2年課程の場合は62単位以上の修得が要求される(▶短期大学設置基準)。学士課程の6年課程，短期大学の3年課程では年限に応じて相応の量の単位の修得が求められる。大学や学部・学科によっては，卒業要件として▶卒業論文，▶卒業研究，プロジェクトへの参加などを課す場合がある。日本では大学

卒業後，間を置かずに就職あるいは進学すること
が一般的であり，空白の期間を置くことにはマイナ
スのイメージを持たれがちである。そうしたことも
あって，就職に際しては一般的に新規卒業者が有
利であり，就職活動の結果によっては故意に卒業
を遅らせる学生も少なくない。
福留 東土

→ 単位制，退学

卒業研究 | そつぎょうけんきゅう
thesis study

理工系学部で，通常，4年生になると▶研究室に配
属されて行う研究実験のこと。これは学生実験と
本質的に異なり，自然界における新しい現象の発
見や新技術の開発に指導教員とともに挑戦するも
のである。現在，研究実験の多くが大学院生や
▶博士研究員によって担われているが，学士課程
学生（大学により3年次から配属される場合もある）もこ
れに参加して研究実験を行う。各研究室の指導
教員と相談の上，課題を決め，随時議論しながら
▶実験を遂行する。研究が終われば学会や▶学術
雑誌に発表し，学生は貢献度があれば共著者とな
る。このように卒業研究は，カリキュラム上は一つ
の科目であり，各学生の卒業研究として単位化さ
れるものであるが，大学の機能の一つである研究
活動として位置づけることができる。学士課程学
生の研究実験への参加の制度化は日本の大学の
大きな特徴の一つであり，アメリカ合衆国の大学の
▶学士課程では，研究への参加（日本でいう卒業研
究）は必修化されていない場合も少なくない。
赤羽 良一

→ 卒業論文，大学と研究（テーマ編），専門教育

卒業式 → 入学式／卒業式

卒業論文 | そつぎょうろんぶん
graduation thesis

▶学士課程の卒業時に執筆する論文のこと。大学，
学部によっては必須とされる。日本の学士課程学
生は通常，4年次に卒業論文・▶卒業研究に多くの
時間を費やすため，卒業論文・卒業研究は学士課
程教育の重要な一環をなすものと捉えられている。
とくに▶研究室やゼミナールでは卒業論文・卒業研
究が重視されることが多い。一方で，学士課程教
育全体として卒業論文・卒業研究の比重が高く，
かつそれへの依存度が高いことが，コースワークを
通じた学習の充実を妨げる遠因となっているとする
見方もある。アメリカ合衆国ではコースワークが重
視されることが一般的であり，学生の学習時間も4
年間を通じてほぼ均等である。一方，日本では，4
年次には卒業論文・卒業研究に取り組むことで学

習時間が大きく増加するが，1～3年次の学習は一
般に低調である。だがアメリカでも，以前より優等
学位プログラム（honors program）を中心に，学士課
程の総まとめ（capstone）としての論文や研究が推進
されてきた。近年では，優等学位プログラム以外
でも「undergraduate research」として，学士課程学生
に研究や論文執筆を経験させることを重視する動
きが広がっている。
福留 東土

→ 専門教育

園田学園女子大学 [私立] | そのだがくえんじょしだいがく
Sonoda Women's University

学校法人園田学園により1966年（昭和41）開学。
学校法人園田学園は，1938年に兵庫県川辺郡園
田村（現，同県尼崎市）村長中村龍太郎により，地域
の女子教育の振興を図るべく設立された園田高等
女学校を母体とする。他者への思いやりを意味す
る「捨我精進」を建学の精神，「他者と支え合う人
間の育成」を教育理念とする。2016年（平成28）現
在，兵庫県尼崎市南塚口町にキャンパスを構え，
人間健康学部，人間教育学部の2学部4学科に
1522人の学生を収容する。独自の取組み，循環
型の「経験値（具体的な経験を通して，学び，成長した
値）教育」の実質化として，学生が尼崎市の地域課
題の探求と解決に向けて1年間，調査・研究し提
案を行う，全学科横断の地域志向必修科目「つな
がりプロジェクト」（2年次配当，通年）が2016年度に
新設されている。
堀之内 敏恵

ソフィア大学 [ブルガリア] | ソフィアだいがく
St. Kliment Ohridski University of Sofia;
Sofiyski universitet "Sv. Kliment Ohridski" [ブルガリア語]

正式名はソフィア大学聖クリメント・オフリドフスキ
で，ブルガリア最大の国立総合大学。オスマン帝
国の支配後の1888年に設立され，キリル文字を作
ったオフリドフスキの名前を冠した古い大学であ
る。法学，物理学，数学の3学部が置かれ，のち
法学，歴史，地理，スラブ哲学などに拡大された。
1901年には女性にも門戸を開いた。第2次世界大
戦後，ブルガリアはソ連に忠実な社会主義政権と
なり，大学の社会主義化を進め，労働者階級の教
育に努めた。1989年の体制転換後は，ヨーロッパ
型の大学を目指している。日本専攻学科があり，
日本との交流も盛んである。2017年現在15学部，
学生数2万4000人。
加藤 一夫

ソロリティ → フラタニティ／ソロリティ

成均館大学校[韓国]
ソンギュンクァン(せいきんかん)だいがっこう
Sungkyunkwan University

李氏朝鮮時代における儒教教育体制下の最高学府であった成均館の名を冠した韓国の私立総合大学で，法人として旧成均館との関係はないものの，その歴史と伝統の継承を表明している。1996年からサムスン・グループとの連携により，一部の学部や大学院の専攻でサムスン電子とともにカリキュラムを開発・運営しており，大学校の躍進に貢献している。建学理念に「修己治人」の儒教精神を掲げ，学部には儒学部を開設するなど，儒教を前面に押し出す一方で，2011年に発表した長期計画「Vision 2020」では，「Global Leading University」を最終ビジョンに設定し，20年までにアジアの大学10位圏内，世界の大学50位圏内への進入を目標に掲げるなど，大学のグローバル化を強力に推進している。ソウル市内とソウル市近郊の水原市にキャンパスがあり，2016年現在，18学部と24の各種大学院を設置している。2015年現在の学生数は，大学院生を含めて2万7000人，専任教員数は1423人。

松本 麻人

た　　タ

ダイアー
Henry Dyer | 1848-1918

イギリスの工学者。グラスゴー郊外ボスウェルの職工の家に生まれ，鉄工所で徒弟奉公をしながらアンダーソン・カレッジの夜学に通う。その後，▶グラスゴー大学で土木学と機械学を学び，優秀な成績を収めた。同大学のランキン教授の推薦を受け，1873年(明治6)若くして明治政府の工部省に招聘され，▶お雇い外国人教師となる。同省が開設する工学寮(1877年に工部大学校と改称，86年帝国大学に吸収)の初代都検(principal: 教頭)に就任し，土木学と機械学を講じた。フランスやドイツの学理中心の工業教育とイギリスの実践中心の技術者養成を結合し，世界に類例のない「学識ある専門職としてのエンジニアの教育」を目指した。この功績は当時の『ネイチャー』誌も称揚し，本国の技術カレッジの創設にも活かされた。また『エンジニアの教育』(1879年)では，エンジニアに専門職業教育と教養教育が必要とする工業教育論を説いている。日本の近代工業教育の基礎を築いたと評され，9年の滞在を経た帰国時には勲三等を，のちには東京帝国大学から名誉教師号を授与された。晩年は『大日本』(1904年)などを著述し，日本研究にも打ち込んだ。

杉谷 祐美子

体育系学部 | たいいくけいがくぶ
Faculty of Physical Education; Faculty of Sports Sciences; Faculty of Kinesiology

体育系の教育・研究をおこなう学部。体育・スポーツを名称に冠する学部は十種類強存在するが，保健・福祉等との融合学部を含めると二十数種類に及ぶ。旧学制期には大学の学部としては存在せず，この分野は▶専門学校等の諸学校に委ねられていた。▶新制大学発足後の1949年(昭和24)に，東京教育大学および日本体育大学に体育学部がおかれたのが最初である。1990年(平成2)前後から学部の種類の多様化が急激に進んでいる。その内容も従来の体育学から，生涯スポーツ，トレーナー養成，スポーツ経営などへの広がりをもち，医療，福祉，生涯教育，心理，経営などの多様な領域と関連した学部・学科構成になってきている。そうした変化に伴って，かつては初等中等学校の▶教員養成の機能が中心を占めていたが，近年はスポーツ産業，医療福祉分野など卒業生の進路先も多様になりつつある。

伊藤 彰浩

→新設学部の動向

第一工業大学 [私立] | だいいちこうぎょうだいがく
Daiichi Institute of Technology

1985年(昭和60)に開設。前身は，1955年開校の南日本飛行学校および68年設立認可の九州学院大学である。建学の精神は，創設者の言葉「個性をのばし，自信をつけさせ，社会に送り出したい」を受けて「個性の伸展」とする。そこから大学の基本理念を「個性の伸展による創造的技術者の育成」とした。また教育目標は「個性の伸展による豊かな人間性と進取の精神に富んだ技術者の育成」を教育の原点・基盤に「実践的能力を持つ技術者の育成」を行い，「技術的創造を目指す技術者の育成」であるとする。2017年(平成29)現在，鹿児島県霧島市にキャンパスを構え，工学部のみの単科大学に1021人の学士課程学生が在籍する。五つの学科には1971年設置の航空工学科があり，これまでに多くのパイロットや航空整備士を輩出している。

戸村 理

第一薬科大学 [私立] | だいいちやっかだいがく
Daiichi University of Pharmacy

1960年(昭和35)薬学部薬学科からなる西日本唯一の薬系単科大学として開学。1967年薬剤学科と製薬学科の2学科を設置。2006年(平成18)薬学教育が6年制に移行されたのを契機として，薬剤師養成に特化した薬学部薬学科の1学科に改組。2016年漢方薬学科を新たに設置し2学科制とする。「個性の伸展による人生練磨」を建学の精神とする。大学名に冠している「第一」は，仏教哲学である「第一義諦(絶対的な真理，真如実相)」の第一に由来。特色として，実践能力の高い薬剤師を育成，低学年での導入教育の実施，思いやりのある心を育てる教育，コミュニケーション能力の育成，高い専門教育，卒後研修会によるフォローアップ教育などがある。福岡県福岡市南区玉川町にキャンパスを構え，2017年現在1075人の学生が在籍。

船勢 肇

退学 | たいがく
dropout

アメリカ合衆国では▶学士課程の退学率が高く，▶卒業して学位を取得する学生の比率(卒業率。通常6年間での卒業率が使われる)は，その大学の教育

574　だいあー　　　　　　　　　　　　　　大学事典

の成功を示す指標として重視される。学生の退学は大学の財源にも関わる問題であり，各大学でさまざまな学生支援を通して退学率を低下させるべく努力がなされている。退学について研究するヴィンセント・ティントによれば，退学には多様な学生による多様な理由があり，要因が複合的である場合も多い。ティントによれば，学習についていけず退学するのは退学者の3割程度である。経済面が理由となる場合には，単に▶授業料が払えないというだけでなく，授業料を賄うために就労することで就学の継続が困難となる場合もある。在学によるコストに見合う利益が得られるか否かを考えた結果，退学に至る学生もいる。一方，はじめから学位取得を目標としない学生もおり，この場合，「dropout」ではなく，「stopout」と捉えるべきとされる。学生が大学に在学し続ける上では，入学時の能力以上に入学後の学習・生活経験が重要な意味を持つとされる。

福留 東土

→ **大学と学費**（テーマ編）

◎Tinto, Vincent, *Leaving College: Rethinking the Causes and Cures of Student Attrition*. 2nd ed., Chicago: University of Chicago Press, 1994.

大学医療 | だいがくいりょう
university medical services

2017年現在，日本には82の医科系大学が存在するが，▶大学設置基準39条により，いずれも附属病院を擁している。監督官庁である文部科学省，厚生労働省は▶大学病院の役割として教育，研究，診療の三つをあげている。すなわち，将来の医療を担う医療人の教育・育成として医学部生の臨床教育，卒後臨床研修を通じた専門医の養成，看護師や放射線技師などの医療従事者（コ・メディカル）やスタッフを目指す学生への卒前実習や卒後の研修の場を提供すること。研究面では，臨床医学発展と医療技術水準の向上への貢献として，難治性疾患の原因究明や新しい診断法・治療法の開発，治験等を通じた新薬の開発を行うこと。さらに診療では，地域の中核病院としての質の高い医療の提供，すなわち高度先進医療の提供，難治性疾患の治療，さらには地域医療機関への医師の供給である。しかし，医師や診療科の偏在や初診患者の大学病院への集中など多くの問題を抱えている。

月澤 美代子

→ **医学部**，**医学教育**，**理工系・医学系の研究**

大学院 → テーマ編 p.76，日本の大学院

大学院重点化 | だいがくいんじゅうてんか
putting priority on graduate education

狭義には，1990年代に一部の国立大学に対して行われた大学院重点整備政策，およびこれに対応する当該国立大学の行動を指す。広義には，公立・私立大学を含め，その後さらに多くの大学において広まった大学院教育重視の行動および政策を指すことが多い。日本の大学院制度は，明治期の▶帝国大学設置の際，▶分科大学とともに大学を構成する組織として発足したが，実際には研究者を志す少数の者のための仮の宿り場としての性格が強かった。つまり制度としてはアメリカ流の大学院を取り入れたものの，運用上はドイツの大学のように徒弟訓練的研究の場として使われていたにすぎなかった。

第2次世界大戦後の教育改革の中で，日本の大学にはアメリカ流の高等教育制度がそれまで以上に多く取り入れられ，なかでも大学院は▶修士課程と▶博士課程からなる「課程制大学院」として位置づけられ，一定の手順を踏んだ教育訓練を経て，▶修士や▶博士の学位授与に至るというシステムが構築された。ただし実際には，戦前からの徒弟訓練的運用から容易に脱却することができず，とくにそれは文系の大学院に顕著であった。

また文部省は，国立大学については当初大学院の設置を厳しく抑制し，当初から博士課程の設置がセットされていた医学・歯学分野を除けば，旧制の帝国大学および官立大学の流れを汲む大学・学部についてのみ大学院▶研究科の設置を認めていた。その後，社会的ニーズの高まりや大学関係者の熱心な努力によって，修士課程が各地の国立大学に設置されるようになり，さらにこれが博士課程の設置にまで広がるようになった。なお，この時期の大学院は一部の独立研究科やいわゆる▶連合大学院を除けば，学部と一体として運用されており，大学院は専用の人員や施設・設備を持たず，学部の付属物にすぎないと批判する声も多かった。

大学院の設置は，私立大学や公立大学においても，当該大学の学術研究レベルの高さを示すものとして重視されていたが，とりわけ国立大学においては，大学の運営費（校費）や大学院を担当する教員の給与上の格差となって現れるため，大学院を持たない，あるいは修士課程のみを設置する大学や学部，さらには大学院を担当しない教員にとって，大学院や博士課程の設置・拡充はいわば悲願であり，1991年に▶大学審議会が大学院入学者の倍増を提言した背景には，そのような事情もあったと考えられる。ただし，修了者の需給関係を十分に考慮しない拡充は，その後深刻な就職問題を引き起こし，現在に至っていることに留意する必要がある。

同じく1991年，東京大学法学部において，これ

までの枠組みを崩すような制度的・財政的枠組みがつくられた。従前は学部を本務とする教員が大学院研究科の教員を兼任するという制度であったものを，本務を研究科担当教員とし，その傍ら学部教育を兼務するという形につくりかえることによって，法学部における大学院部局化を成し遂げ，同時に校費の25％増を実現したものであった。その後，この枠組みは東京大学のほかの部局および旧制帝国大学の流れを汲む北海道大学，東北大学，名古屋大学，京都大学，大阪大学，九州大学にも広がり，また一橋大学や東京工業大学にも拡大した。

大学院部局化は，その後各地の主要な国立大学にも拡大したが，積算校費の制度変更等によって，大学院部局化に伴う大幅予算増のメリットは失われ，さらに2004年の国立大学の法人化によって，狭義の大学院重点化は終わりを迎えることになった。しかし，その後も大学院を重視するという広義の大学院重点化が終わったわけではない。予算増を伴わない大学院改組・拡充は，国立大学のみならず公立・私立においても盛んに行われるようになり，いまや「大学院教授」なる教員の肩書きが普及するなど，その影響は各般に及んでいる。

広義の大学院重点化が，現在に至るまで続いている理由の第1は，▶知識基盤社会やグローバル化の進展の中，高度な知識・技術を持った研究者や技術者，さらには社会の各般で活躍する人材が求められているからである。理由の第2は，大学院における活発な研究活動を行うには，研究を支えるマンパワーが必要だからである。とくに▶実験を伴う学問分野においては多くの人手を要し，また組織的活動によって研究成果を生み出すという研究スタイルをとっていることから，マンパワー供給源としての学生確保は当該研究室にとって必須の要件である。第3には，とにかく大学教員にとって大学院を担当し，そこでの研究活動を通じて研究業績を上げていくことは，もっとも理想的な姿であると考えられていることが挙げられる。供給側には大学院拡充の圧力が常にある。このような中，1991年の大学審議会答申が打ち出した大学院学生倍増の提言は90年代末には実現を見ているが，今後はこの大きくなった大学院教育を社会のニーズにどのように繋げていくかが，大学にとっても，また政策当局にとっても大きな課題である。　　　山本 眞一

→▶大学院（テーマ編），日本の大学院，プロフェッショナル・スクール（アメリカ型），研究大学，大学法人化

◎江原武一・馬越徹編著『大学院の改革』東信堂，2004.

大学院設置基準｜だいがくいんせっちきじゅん

大学院を設置するのに必要な最低の基準を定めた文部省（現，文部科学省）の省令（昭和49年6月20日

文部省令28号）。1975年（昭和50）施行。▶学校教育法3条，8条，68条1項および88条の規定に基づき定められた。総則，教育研究上の基本組織，教員組織，収容定員，教育課程，課程の修了要件等，施設及び設備等，独立大学院，通信教育を行う課程を置く大学院，共同教育課程に関する特例，国際連携専攻に関する特例，雑則の12章45条および附則からなる。▶専門職大学院については，この基準だけでなく，2003年（平成15）に施行された専門職大学院設置基準（平成15年3月31日文部科学省令16号）も合わせて適用される。大学院はこの基準の水準を維持するとともに，向上を図ることに努めなければならない。設置基準は設置認可審査，▶認証評価という公的な質保証システムの一部として位置付けられている。近年，大学院教育の実質化や国際的通用性の確保の観点から改正がなされている（最終改正：平成28年3月31日）。
　　　山崎 慎一

→日本の大学院，設置認可，大学院大学

大学院大学｜だいがくいんだいがく

▶学校教育法97条に「大学には，大学院を置くことができる」とあり，日本の大学院は制度上，学校の種類の一つとしての「大学」の一部として規定されている。また同法85条では「大学には，学部を置くことを常例とする」として，大学の教育研究上の基本組織は「学部」であることが定められている。ただし，「当該大学の教育研究上の目的を達成するため有益かつ適切である場合においては，学部以外の教育研究上の基本となる組織を置くことができる」とし，具体的には学群，学類，学系などの組織が該当する。このように大学は学部あるいはそれに該当する組織を持つことを前提としているが，その例外的措置として，同法103条において「教育研究上特別の必要がある場合においては，第85条の規定にかかわらず，学部を置くことなく大学院を置くものを大学とすることができる」とされ，こうした大学院のみを設置する大学を一般に大学院大学と称している。▶奈良先端科学技術大学院大学，▶政策研究大学院大学などの例がある。　　　濱中 義隆

なお▶大学院設置基準においては，「学校教育法第103条に定める大学に置く大学院」について独立大学院という呼称が用いられている。また，個々の大学の中の学部に基礎を持たない研究科を独立研究科と称し，それを独立大学院と表現することもある。
　　　舘 昭

576　｜　だいがくい

大学改革支援・学位授与機構

だいがくかいかくしえん・がくいじゅよきこう

National Institution for Academic Degrees and Quality Enhancement of Higher Education: NIAD-QE

生涯学習社会の構築を目指して，大学以外の高等教育機関での学習の成果を評価し，大学卒業者・大学院修了者と同等以上の学力を有する者に対して▶学位を授与することを目的に，1991年（平成3）に▶国立学校設置法にもとづき発足した「学位授与機構」が前身。2014年度までの学位授与者数は約6万9000人。2000年に大学評価の第三者機関としての機能をも担うために改組され，「大学評価・学位授与機構」となった。2002年から3年にわたり，大学等の教育研究水準の向上に資することを目的として，全国立大学を対象に試行評価を実施し，その結果を公表した。2004年には独立行政法人へと改組，▶国立大学法人評価における教育研究評価を担うこととなった。翌2005年には大学，▶短期大学，▶法科大学院および▶高等専門学校の評価を行う認証評価機関として文部科学大臣から認証を受けた。2005年から2010年までの6年間に▶認証評価を行った4年制大学は延べ125大学（国立85，公立34，私立6）で，その後2011年度から2015年度までに延べ94大学（国立75，公立14，私立5）の認証評価を行った。2016年に独立行政法人国立大学財務・経営センターとの統合により大学改革支援・学位授与機構となった。 　　　　前田　早苗

→ 質保証制度，第三者評価

大学開放／大学拡張

だいがくかいほう／だいがくかくちょう

university extension

［大学開放の定義と領域］

大学開放とは，大学の物的・人的・知的資源を社会に開放する活動である。明治期に「大学教育普及」として紹介され，大正期に「大学拡張」という語が普及した。第2次世界大戦後は学校開放の一環とみる観点から「大学開放」が定着してきたが，大学の閉鎖性を問う歴史的概念としては「大学拡張」が用いられることが多い。総称的に「エクステンション」と呼ばれることもある。

　大学開放には「大学教育の開放」と，施設や人材あるいは研究成果を含めた「資源の開放」という二つの意味がある。前者として，①正課教育の開放（社会人特別選抜，科目等履修生，昼夜開講制，長期履修制度など），②正課教育以外の教育活動（公開講座や高校への出前授業など）がある。後者として，③大学の人材の提供（審議会や委員会など，学外での講演会・研修会等での講師活動など），④施設の開放（図書館や体育館等の開放），⑤▶共同研究／受託研究や技術移転事業等の▶産学連携活動がある。こ

のほかに，サービス・ラーニングやボランティアのように，学生への教育を社会に開放することを含む場合もある。このように大学開放の領域は広いが，現実社会と遊離した大学のあり方を問い直し，大学の教育研究機能の再考を促す概念という点では共通理解がある。

［大学開放の起源─英米の大学拡張運動］

大学開放の起源は19世紀中葉のイギリスに遡る。当初は階級や宗教にかかわらず学生を受け入れるという意味で，「古典的大学拡張」といわれる。これに対して「近代的大学拡張」とは，大学教育を受ける機会が閉ざされてきた女性や労働者などの学外の人々に，正規課程と同等の教育を提供することである。1873年に▶ケンブリッジ大学のジェームズ・スチュアートは，大学の講師が各都市に訪問して行う巡回講義を開始した。この試みはイギリス全土に広がり，1890年代以降，イギリス型大学拡張運動として欧米諸国や日本にも伝えられた。その後，イギリスの大学は▶労働者教育協会（Workers' Educational Association）の協力を得て，労働者の学習関心に密着したチュートリアル・クラスという教育方法を開発し，イギリス成人教育の伝統を形成してきた。

　アメリカ合衆国でも19世紀末にイギリスを模した巡回講義が開始されたが，20世紀初頭になると，大学が地域社会にサービスする責任を負うという理念（▶ウィスコンシン・アイデア）のもとにアメリカ型大学拡張運動が展開された。▶ウィスコンシン大学は1906年に大学拡張部を設置して，大学教育だけではなく，巡回図書や公衆衛生事業などの多様で実用的なサービスを提供した。他州でも，これに倣った大学が多数あらわれ，1915年に全米大学拡張協会（National University Extension Association）という全国組織が結成された。1960年代には現職者の専門職教育ニーズの高まりとともに，継続教育（Continuing Education）という概念が一般的となり，大学拡張部から継続教育部へと改称する大学が増えた。このように英米の大学拡張運動は大学の民主化運動を土台として成長し，大学が主体となって組織的に取り組まれてきた。

［日本の大学開放］

日本では，明治期から私立▶専門学校が校外生制度，講義録，巡回講義を行った。大正期には文部省委嘱によって▶官立学校で公開講義が行われた。第2次世界大戦後は▶学校教育法と社会教育法に基づいて，学校開放の観点から大学公開講座が提供された。1960年代には生涯教育概念の登場とともに大学開放への関心が高まり，64年に社会教育審議会答申「大学開放の促進について」が出された。1973年には▶東北大学に大学教育開放センターが設置され，▶金沢大学，香川大学，▶徳島大学にも生涯学習系センターが設置されていったが，▶公開講座が主たる活動であった。

大きな転換を遂げたのは，「生涯学習体系への移行」を打ち出した▶臨時教育審議会以降である。▶大学設置基準の大綱化（1991年）を受けて，正規課程における履修形態の弾力化と多様化が進んだからである。▶単位互換を促進する大学コンソーシアムの形成も成果の一つである。正規課程以外では，教養的な公開講座のみならず，行政や市民団体との協働による個性的な地域連携講座が開発された。1996年の科学技術基本計画策定以降は，知的財産の開放という観点から技術経営講座や起業支援が提供された。ただし，上記の進展は18歳人口の減少と国際競争力の強化という外的条件が主たる誘因であるため，英米でみられた▶大学の民主化を求めるというイデオロギー的側面は希薄である。

中央教育審議会答申「▶我が国の高等教育の将来像」（2005年）では，「教育・研究機能の拡張（extension）としての大学開放の一層の推進等」が提言され，大学開放が高等教育政策の課題であることが明示された。2011年度「開かれた大学づくりに関する調査」によれば，専門機関・組織を設置している大学は，「公開講座」は約7割，「地域連携」は約6割，「産学連携」は約5割となったように組織化が進んできた。しかし，人手・人材の不足，地域との連携の意義が学内に浸透していない，予算が確保できないなど，学内での理解と協力に関して課題が指摘された。そのため「大学改革実行プラン」（2012年）では，大学改革の方向性として「地域再生の核となる大学づくり構想の推進」が掲げられ，全学的に地域を志向する「地（知）の拠点」事業が進められた。
　　　　　　　　　　　　　　　　　　　　　五島 敦子

→ 地域社会と大学（テーマ編）

◎五島敦子『アメリカの大学開放—ウィスコンシン大学拡張部の生成と展開』学術出版会，2008.

大学拡張運動｜だいがくかくちょううんどう
University Extension Movement

イギリスにおいて，大学教育の機会と恩恵を地方産業都市の住民や幅広い階層（女性など）に広げようとする運動。1873年，▶ケンブリッジ大学トリニティ・カレッジのフェローであったジェームズ・スチュアートの提唱により始められた。大学の教師たちが地元の要請に応えるかたちで地方に赴き一連の講義を行った。地方を巡回することから「逍遥する大学」（peripatetic university）と呼ばれた。ケンブリッジに続いて▶ロンドン大学（1876年），▶オックスフォード大学（1878年）もこれに倣い，運動は急速に広がっていった。シェフィールド，ノッティンガム，ブリストルなど19世紀後半に地方産業都市に設立された▶市民大学（civic university）の前身のいくつかは，この運動の中から誕生したものである。また，1908年に労働者教育協会（Workers' Educational Association:

WEA）とオックスフォード大学との共同で始められたチュートリアル・クラスは，この運動の経験を踏まえ労働者成人に対してより高度で質の高い大学教育を提供しようとするものであった。
　　　　　　　　　　　　　　　　　　　　　安原 義仁

大学学長会議｜だいがくがくちょうかいぎ
congress of the university presidents

各国における大学の▶学長等を構成メンバーとする連絡調整組織。公式・非公式の定期的な会合により高等教育政策，大学改革，学術交流等の課題を協議・提言する。

［ドイツ］

ドイツの大学学長会議（Hochschulrektorenkonferenz: HRK）は，ドイツの約270の州立大学および州が認定する私立大学の任意の連合体で，▶ヨーロッパ大学協会（EUA）の構成メンバーでもある。1949年に西ドイツ学長会議（WRK）として発足し，東西ドイツの統一後，旧東ドイツの大学が加わったことで，1990年11月5日にWRKからHRKへと改組された。HRKは研究，大学教育，学生の学修，アカデミックな継続教育，知識・技術移転，国際協力，セルフ・マネジメントなど，高等教育機関にかかわるあらゆる政策について各高等教育機関の意見や立場を代表することを主要な任務としているほか，プロジェクトの推進，卓越した大学教育の表彰，高等教育機関の国際化戦略の評価などにも従事している。おもな財源は各州および連邦教育研究省からの補助金や私立大学の年会費で，その予算規模は年間約430万ユーロに上る。
　　　　　　　　　　　　　　　　　　　　　髙谷 亜由子

［フランス］

フランスの大学学長会議（Conférence des Présidents d'Université: CPU）は，教育法典L.233-1条に基づいて設置された合議機関である。大学（université）および同等の機関，特別高等教育機関（grand établissement），高等師範学校（école normale supérieure）の長で構成され，2014年現在加盟機関数は約100である。CPUは2007年の「▶大学の自由と責任に関する法律（LRU）」制定までは国の一組織であって，その長は高等教育担当大臣であった。現在は1901年法に基づく非営利法人で，その長を含む執行部は加盟機関による選挙で選ばれる。CPUは高等教育行政について高等教育担当大臣に対して意見を述べるとともに，大学・高等教育機関相互支援機構（Agence de Mutualisation des Universités et des Etablissements d'enseignement supérieur: AMUE）を通じて加盟機関に対して大学運営等に関する支援を行っている。LRU制定以降大学の自律性が拡大する中，フランスの高等教育におけるCPUの役割は大きくなっている。
　　　　　　　　　　　　　　　　　　　　　大場 淳

［イギリス］

イギリス（UK）の大学の連合組織として，英国大学協会（Universities UK: UUK）がある。現時点で133を

数える大学の学長(いくつかのユニバーシティ・カレッジや高等教育カレッジを含む)から構成され,協議を通じて全体としての「イギリスの大学の声」を集約・発信し,その共通の関心と利益を促進することを目的としている。各加盟大学の会費によって運営される非営利有限会社という形態をとっている。本部はロンドン。第1次世界大戦後における大英帝国大学間事務局(Universities Bureau of the British Empire: UBBE)設立の動きのなかに胚胎し,1930年に発足したイギリス学長委員会(Committee of Vice-Chancellors and Principles: CVCP)がその前身。▶ポリテクニクの大学昇格など大学をめぐる近年の新たな変化に対応すべく,2000年に現在の名称に改めた。姉妹関係にある組織としてUniversities Scotlandがある。さらにUUK内部には,伝統と格式を誇る大規模研究中心大学24校で構成されるラッセル・グループや,小規模研究型大学12校が参加する1994グループなど別個の圧力団体も存在している。　　　　　　　　　　　　　　　　安原 義仁

[アメリカ合衆国]

多様な4年制大学が3000校を超える現在はいうに及ばず,数百校の部分を代表した数個の「学長会議」が発足した100年ほど前,合衆国での包括的な学長会議はすでに困難であり,ヨーロッパ的な意味におけるそうした組織を考えることはできない。最古のランドグラント大学協会(1887年,現在は▶公立およびランドグラント大学協会)では,農工を中核とする教育・研究上の経験を学長たちが交換しつつ,協力して連邦政府からの支援を求めた。▶アメリカ大学協会(AAU)は,ドイツでも通用する博士号の授与を目指した主要14大学をもって1900年に発足し,州立・私立60校(別にカナダ2校)を包摂する現在も,学長たちが連邦政府との連携強化による研究条件の向上に余念がない。アメリカ・カレッジ協会(AAC)は,百数十校の小規模カレッジが1915年に結成し,後に大学の文理学士課程も加えて,現在1300校を傘下にもつ。AAUがヨーロッパの「学長会議」に最も近いであろうが,合衆国ではエリート的すぎる。公立およびランドグラント大学協会は,原則,私立大学を含まない。AACはリベラルアーツ教育に特化する。多様な大学間のバランスを保ち,連邦政府との関係で全体を代弁するのが,アメリカ教育協会(ACE)である。　立川 明

[日本]

全国の国公私立大学の学長で構成され,多少とも公的性格を有する恒常的な組織としての大学学長会議なるものは,日本には設置されていない。ただし,大学の特性(設置者,所在地,設置学部等)に応じて,多様な大学連合体組織が設置されている。設置者別では,国立大学が▶国立大学協会,公立大学が▶公立大学協会,私立大学が▶日本私立大学連盟と▶日本私立大学協会等を設置している。所在地別では,いわて5大学学長会議,仙台学長会

議,愛知学長懇話会,東京町田市学長会議がある。設置学部別では,全国薬科大学長・薬学部長会議のような例もある。所在地に着目すると,特定エリア内の大学によるコンソーシアムも全国各地に設置されている。学長会議の名称を冠していないが,目的・活動内容は重なる。いずれも共通の特性を持つ大学同士が,相互の利益の実現・拡大をめざして活動している。活動内容は組織の目的・規模等に応じて多様であり,理事・教職員向け各種研修,行政機関への働きかけ,経営支援,国際交流,特定テーマの調査・研究活動等がおもな活動である。　　　　　　　　　　　　夏目 達也

[ドイツ]◎Hochschulrektorenkonferenz, Ordnung der Hochschulrektorenkonferenz(HRK), 2015.
[フランス]◎大場淳「フランスの大学間団体」,羽田貴史編『高等教育の市場化における大学団体の役割と課題』科学研究費補助金研究報告書,2008.
[イギリス]◎安原義仁「イギリス帝国大学間ネットワークの形成―1912年第1回帝国大学会議」,秋田茂編著『パクス・ブリタニカとイギリス帝国』ミネルヴァ書房,2004.
[アメリカ合衆国]◎Hugh Hawkins, *Banding Together: The Rise of National Associations in American Higher Education, 1887-1950*, The Johns Hopkins University Press, 1992.
[日本]◎公立大学協会『地域とともにつくる公立大学―公立大学協会60周年記念誌』,2010.

大学管理機関(設置者)|だいがくかんりきかん
governing body of the university

[設置者管理主義と大学管理機関]

日本では,大学を含む学校は▶学校教育法2条の規定により,国(国立大学法人等を含む),地方公共団体(公立大学法人を含む)および▶学校法人のみが設置できることとされ,これらの「設置者」の種別に応じて,学校は国立学校,公立学校,私立学校に大別される。なお,私立学校の設置者を学校法人に限定する法制には例外があり,構造改革特別区域に限った特例措置として株式会社による大学設置が2003年(平成15)の構造改革特別区域法改正により認められ,2004年に最初の▶株式会社立大学が誕生した。

国立大学の法人化および公立大学法人制度の創設に伴い,学校教育法2条が改正され,同条の規定において▶国立大学法人は「国」に含まれ,▶公立大学法人は「地方公共団体」に含まれることとされている。しかし,これらの法人が国や地方公共団体とは別個の法人格を有することになり,法人の職員(教員を含む)が公務員でなくなったことは,大学の管理運営にとって法制上の大きな変化をもたらした。

学校の管理運営に関し,学校教育法5条は「学校の設置者は,その設置する学校を管理し,法令に特別の定のある場合を除いては,その学校の経費を負担する」と規定している。この規定は,学校の管理運営の権限と責任を担うのは設置者であるという「設置者管理主義」の原則を示したものとい

われる。大学といえども，学校教育法体系の下，実定法上は初等中等教育諸学校と同様，包括的な管理権が設置者にある。設置者の最高意思決定機関が「大学管理機関」であり，私立大学の大学管理機関は学校法人の▶理事会，法人化後の国立大学の大学管理機関は▶学長，法人化された公立大学の大学管理機関は理事長または学長である。

［私立大学と学校法人の関係］

大学の管理運営に関する設置者の権限・責任を考えるには，設置者たる法人と大学の区分が明瞭とはいえない国公立大学よりも，第2次世界大戦後の教育法制において▶私立学校法（1949年制定）に基づく学校法人を設置者とする長い歴史を有する▶私立大学のほうが分かりやすい。

前述した学校教育法5条に基づく設置者の学校に対する管理権は，文部科学省の公権解釈によれば，人的管理，物的管理および運営管理を含む包括的な管理権であるとされる。理事会が決する「学校法人の業務」（私立学校法36条2項）とは，設置する学校に対する包括的な管理にほかならない。設置者の包括的な管理権は，少なくとも実定法上は，大学についても初等中等教育諸学校と同様である。この解釈によれば，私立大学のすべての事項が，経営事項か教学事項かを問わず，学校法人の理事会の権限下にあることになる。教学事項について理事会が学長や▶教授会の意向を尊重する慣習は幅広く見られるが，法的な管理権そのものが及ばないということにはならない。実定法上は，学校教育法92条3項に基づき「校務をつかさどり，所属職員を統督する」学長との権限関係が論点となる。このような公権解釈は，私学の自主性や建学の精神を体現する学校法人の役割を重視する立場から，私立大学にとっての大学の自治は，学校法人と大学を一体的に捉えて考えるべきとする一部私学関係者の見解と親和的である。

これに対し，憲法学や教育法学の学説には，憲法23条の保障する「学問の自由」に基づく「大学の自治」を理由として，教員人事および教学事項を含む大学の重要事項には理事会の管理権は及ばず，教授会に権限があるとする見解も見られる。こうした見解は，大学の自治を「▶教授会自治」とみなす憲法解釈（学説としては多数説）に基づき，これを私立大学にも適用するものである。この憲法解釈の是非を論じるに当たっては，上述した学校法人理事会との権限関係のほか，国公立大学と共通する学長との権限関係も論点になる。教授会自治の憲法解釈は，学校教育法に基づき校務をつかさどる学長ではなく，同法で審議機関と位置付けられる教授会を実質的な決定機関とみなす。

［法人化後の国公立大学―大学管理機関としての学長］

国公立大学の管理運営法制は，法人化によって一変した。法人化された国公立大学においては，教員を含む法人職員が非公務員化されたことから，▶教育公務員特例法は適用されないこととなり，▶評議会や教授会が有していた学長や学部長・研究科長の選考および教員人事（採用・承認，勤務評定）に関する実定法上の決定権は失われた。文部科学省はこの点について，教育公務員特例法の規定は，公権力の行使から人事に関する大学の自治を守るため，上意下達の命令関係を前提とする公務員法制の例外を設ける趣旨であったので，法人化・非公務員化によってその必要性は失われ，各法人は学長・学部長の選考や教員の採用等について自由に手続きを整備できるようになった旨，説明している。

また，法人化後の国立大学の学長および理事長の置かれない公立大学の学長は，学校教育法に基づく大学の学長としての職務（校務をつかさどり，所属職員を統督する）のみならず，▶国立大学法人法または▶地方独立行政法人法に基づく法人の長としての職務（法人を代表し，その業務を総理する）を担う。後者の役割において，学長は私立大学を設置する学校法人の理事会と同様に大学管理機関である。

大森 不二雄

→ 国立大学法制，公立大学法制，私立大学法制

◎文部省内教育法令研究会編「学校の管理及び経費の負担」『教育法令コンメンタール』第2巻第1章第5節，第一法規出版（加除式書籍）。
◎堀雅晴「私立大学における大学ガバナンスと私学法制をめぐる歴史的検証―2004年改正私学法の総合的理解のために」『立命館法学』316号，2007.
◎君塚正臣「国立大学法人と「大学の自治」」『横浜国際経済法学』17巻3号，2009.

大学管理法案｜だいがくかんりほうあん

いわゆる▶新制大学は，▶学校教育法の施行に伴い1949（昭和24）年度（一部の大学は前年度）から発足したが，旧制度による各種の高等教育機関が新制度の大学に移行し，とくに国立大学については歴史の異なる複数の機関が一つの大学に統合されるなどしたため，統一ある大学を形成するために，何らかの組織による管理運営の法的根拠が必要とされた。文部省や大学団体が検討した結果，1951年国会に国立大学管理法案および関連法案が提出されたが，継続審議を重ねた結果，審議未了となり成立をみなかった。この法案には，国立大学の自治を尊重し国立大学の行政に民意を反映させて適正な管理をはかることを目的に，文部省に置かれる国立大学審議会（学長や学識経験者20名で構成），学長の諮問機関としての商議会，学部長等からなる▶評議会および▶教授会，代議員会という大学管理組織が予定されていた。法案の精神の一部は，1953年制定の国立大学の評議会に関する

580 ｜ だいがくか

暫定措置を定める規則(昭和28年文部省令第11号)に受け継がれた。　　　　　　　　　　　　山本　眞一

→大学の自治と教育公務員特例法

大学間連携(だいがくかんれんけい)
collaborative work among universities

複数の大学が協力し，相互の教育・研究資源を共有・活用する取組みの総称。日本では1972年(昭和47)に制度化された▶単位互換を皮切りに，連携大学院制度や▶連合大学院制度，共同実施制度など教育課程に関する制度が導入・実施されている。ほかにもFD(▶ファカルティ・ディベロップメント)・SD(▶スタッフ・ディベロップメント)などの教職員間連携や▶インターンシップなどの▶産学連携，高校との間で行う▶高大連携など，連携の対象や内容は多岐にわたっている。さまざまな利害関係者(▶ステークホルダー)を巻き込んだ広範な連携として，大学コンソーシアムが有名である。2004年(平成16)に発足した全国大学コンソーシアム協議会の加盟組織は，47組織(2017年4月)に上る。地域活性化の核となる大学の形成(Center of Community: COC)も，補助金事業と連動しながら進められている。急速な展開の背景には，拡大する高等教育需要に対する人的・物的資源の減少をはじめ，大学評価や▶アカウンタビリティ，大学の機能分化の促進などが挙げられる。持続的な大学間連携には明確な目的と戦略，継続的な支援が不可欠である。　　　山田　剛史

→戦略的大学連携支援事業

大学間連携カリキュラム
だいがくかんれんけいカリキュラム
inter-university (joint) curriculum

大学はお互いの足りないところを補い，より魅力的な教育を提供するために，連携することがある。連携の形態としては緩やかなものから組織だったものまであり，制度としては，①相手大学で取得した科目を学生の所属大学の単位として認定する「▶単位互換制度」，②大学院の学生が他の大学院や▶研究所等において必要な研究指導を受けることができる「連携大学院制度」，③複数の大学が協力して研究科を置く「▶連合大学院制度」，④教育課程の提供とともに学位授与も連名で行われる「教育課程の共同実施制度」がある。前二者は，学生が他大学等で受けた授業や指導を所属大学の単位として認めるもので，大学間の連携の度合いは低いが，後二者となると，カリキュラムの編成や各大学の提供科目等の事前の綿密な協議が必要となってくる。その他，大学はコンソーシアム等を設け，上記4制度を活用しながら共同で教育を提供する場合がある。大学コンソーシアム京都や，遠隔教育で連携する国立大学教養教育コンソーシアム北海道など

がある。　　　　　　　　　　　　　　　船守　美穂

→大学間連携，教育課程の共同設置，共同学位，単位制，大学教育とカリキュラム(テーマ編)，学位と称号(テーマ編)

大学機関評価認証(韓国)
だいがくきかんひょうかにんしょう
University Institutional Accreditation

大学が，政府が認定した評価機関による▶認証評価を受ける韓国の制度で，2011年に導入された。1994年から実施されていた大学総合評価認定制に代わる大学の▶質保証制度であり，その目的を「外部評価を通した大学教育の質保証」「大学の自律性拡大に基づく大学の責務性の向上」「大学教育の質に対する国民の知る権利の充足」「大学教育の国際的な通用性の増大」と定めている。評価領域は「大学の理念及び経営」「教育」「教職員」「教育施設及び学生支援」「大学の成果及び社会的責務」の5領域で，合計10項目に対する評価が行われる。認証評価を受けること自体は，大学に義務づけられていない。ただ，認証評価の結果が政府の各種財政支援事業の選定に反映されるため，ほとんどの大学が認証評価を受けている。4年制大学については韓国大学評価院が，専門大学については高等職業教育評価認証院が評価認証を実施している。　　　　　　　　　　　松本　麻人

大学基準協会(だいがくきじゅんきょうかい)
Japan University Accreditation Association

1947年(昭和22)に，旧制の国・公・私立大学46校を発起校として，アメリカ合衆国の▶アクレディテーション・システムをモデルに設立された自立的な大学団体で，会員制の公益財団法人。アメリカを除けば，大学評価機関として世界で最も長い歴史を持つ。会員の自主的努力と相互的援助によって日本の大学の質的向上をはかることを設立目的に掲げ，1951年から正会員としての適格性を判定するための評価を実施してきた。1996年(平成8)には大学の▶自己点検・評価を基礎とする大学評価を開始。すでに正会員になっている大学にも定期的に評価を受けることを義務づけ，アクレディテーションとしての充実を図った。2004年から認証評価制度が導入されたことに伴い，同年に文部科学大臣から機関別認証評価機関としての認証を受け，4年制大学の▶認証評価を実施している。さらに▶短期大学，▶法科大学院をはじめ6分野の▶専門職大学院の認証評価を行っている。2004年から2010年までの第1期7年間に認証評価を行った4年制大学は延べ325大学(国立1，公立41，私立283)で，その後2011年度から2015年度までに延べ204大学(国立1，公立23，私立179，株式会社立1)の認証評価を行った。2015年度現在，正会員は335大学

(国立19，公立43，私立273)および12短期大学(公立6，私立6)，賛助会員は146大学(国立50，公立10，私立86)。

前田　早苗

→日本私立大学協会

大学教育再生加速プログラム
だいがくきょういくさいせいかそくプログラム
Program for Promoting University Education Reform

教育再生会議等で提言された国として進める改革のうち，①▶アクティブ・ラーニング(学生の能動的な活動を取り入れた教授・学習法の実施)，②学修成果の可視化，③入試改革，④高大接続を行う取組みに対する文部科学省による重点的な支援。2014(平成26)年度から実施。これによって大学の人材養成機能の抜本的強化，能力・意欲・適性を多面的・総合的に評価できる大学入学者選抜への転換，高校教育と大学教育の強化による一体的な改革を推進することが目的である。教育再生の実現に対して教育を集大成し社会につなぐ大学の役割が重要であり，これまでのGP(▶グッド・プラクティス)事業等による教育改革の実績を踏まえた上で，改革を加速させることを背景としている。支援期間は最長5年。客観的な指標を用いて効果を明確にし，成果が見られない場合は補助金減額等を実施する予定。予定選定件数は，上記テーマごとに①が8件，②8件，①と②の複合型16件，③8件，④4件程度。申請件数は①94件，②41件(うち共同1)，①と②の複合型88件(うち共同3)，③8件，④19件。

竹下　諒

→高大連携

大学教育とカリキュラム→テーマ編p.26

大学教育の国際化加速プログラム
だいがくきょういくのこくさいかかそくプログラム
Program for Internationalization of University Education

長期海外留学支援，海外先進教育研究実践支援，国際共同・連携支援などの促進をめざした文部科学省の支援プログラム。長期海外留学支援では，各大学による学生等を長期間海外の大学院等に派遣し，学位取得や専門分野の研究を行わせるなどの取組みの中から，とくに優れたものを文部科学省が選定，派遣学生に対して授業料や奨学金などの必要な経費が支援される。国際社会に貢献することのできる人材の養成と大学の国際競争力の強化を図り，そのことを通じて大学教育の改革を一層推し進めることが目的とされる。2008(平成20)年度は単独申請が国立大学16，公立大学1，私立大学11あり，採択数は国立大学3，公立大学0，私立大学1であった。共同申請は5件あ

り，2件採択された。海外先進教育研究実践支援は，教職員を海外の教育研究機関等に派遣し教育内容・方法の改善や教育研究能力の向上を図る取組みを，国際共同・連携支援は日本と海外の大学との間の▶単位互換やダブル・ディグリー等を促進する取組みを文部科学省が支援する。

佐々木　研一朗

→留学，国際交流，国際交流カリキュラム，教育課程の共同設置

◎文部科学省「平成20年度大学教育の国際化加速プログラム(長期海外留学支援)の公募について(通知)」：http://www. mext. go. jp/a_menu/koutou/kaikaku/koubo/07112206. htm

大学教員準備プログラム
だいがくきょういんじゅんびプログラム
Preparing Future Faculty Program: PFFP

[大学教員養成・認証へのアプローチ]
大学教員準備プログラム(PFFP)とは，主として▶博士課程に在籍する大学院生やポスドク(▶ポストドクター)に対する大学教員養成のための教育プログラムを意味し，その名称PFFPはおもにアメリカ合衆国で用いられる。国内においては2008年の中央教育審議会答申▶「学士課程教育の構築に向けて」において「教育研究上の目的に応じて，大学院における大学教員養成機能(プレFD)の強化を図る」と提言されたように，同様の意味で「プレFD」という言葉も併用される。

　国外における大学教員養成には，大きく分けて二つのアプローチが見られる。一つはイギリスのアプローチで(オランダやスウェーデン，オーストラリアなども類似のプログラムを持つ)，▶ティーチング・アシスタント(Teaching Assistant，以下TA)に「高等教育における教授および学習支援のための専門性基準枠組み」(the UK Professional Standards Framework for teaching and supporting learning in Higher Education)で認証されたプログラムを受講させることにより，専門職能認定を行うとともに，養成を図る方法である。TAはレベル1(Associate Fellowレベル)のプログラムを修了することによって，高等教育アカデミー(Higher Education Academy)の準会員登録資格が授与される(加藤，2012)。

　もう一つはアメリカ合衆国のアプローチで，各大学で行われるTA業務を円滑に遂行するための研修プログラム(TA研修)を，将来大学教員になることを目指す大学院生を支援する仕組みとして発展させる方法である。その端緒となったのが，1993年に大学院協議会(Council of Graduate Schools)とアメリカカレッジ・大学協会(Association of American Colleges and Universities)が，ビュー・チャリタブル・トラストや▶全米科学財団等からの財政支援を受け，TA研修の上位プログラムとして開発した大学教員準備プログラムである。同プログラムは1993年から2001

年まで実施され，44の博士号授与大学である▶研究大学と339の総合大学や教養カレッジ等のパートナー大学が合計76のクラスターと呼ばれる大学連合体を形成した。研究大学の参加学生がパートナー大学に出向き，パートナー大学の複数のメンターの指導のもと，実際に▶授業を担当したり，▶教授会，委員会等に参加したりすることなどを通して，大学教員の仕事の詳細を実践的に学ぶという方式で運用された（吉良，2008）。全米レベルのプログラムは，2002年に財政支援が終了したことで解消したが，その後は規模を縮小しながらも各大学やクラスターごとに独自の予算と内容で継続しているところが数多く見られる。

アメリカにおけるアプローチの背景には，TAの独自の位置づけがある。アメリカにおいてTAは，理工系と人文系あるいはその経験や能力，職階によって異なるが，討論，復習，▶実験の指導に加え，多くの場合，授業を担当しレポートや試験の採点，あるいはオフィスアワーの開設等に当たることが許される。とくに最高の職階にあるTAは，教育内容を自分で決めて授業を担当し，テキストの選択や採点を行い，その職歴を授業担当講師として換算される。このようにアメリカの大学教員準備プログラムは，イギリスのような専門性基準枠組みに基づいたものではないが，TA研修を基盤として教育実習を含む幅広いプログラムを包含するとともに，そのプログラムの規模や内容については各大学に幅広い裁量が認められている点が特徴である。

[日本における大学教員準備プログラム]
日本の大学におけるTA業務の特徴は，教育補助業務に限定され，独立して授業を担当することが認められていない点にある。したがって将来大学教員になるための授業経験が蓄積されず，また職階も存在しないことから業務内容が一律となる問題点を含んでいる。日本の大学におけるTA制度化を決定づけた1991年の大学審議会答申「大学院の整備充実について」では，大学院生に対する経済的支援の側面が強調され，補助業務にしか従事できないTA像が定着した。その原因として，アメリカのように授業内外の業務に従事するための潤沢なTA予算が確保できなかった点や，授業を担当できない▶助手職との組織的な整合性の問題，さらには授業を担当するのに必要な研修をする機会や制度を持たないことによる授業担当資格の問題が挙げられるという（近田，2007）。

しかし，国内においては国立大学の法人化やいくつかの中央教育審議会答申などを経て，徐々にではあるが大学教員準備プログラムが取り組み始められた。北海道大学では1998年からTA研修を実施し，各種の資料やハンドブックを作成・刊行しているほか，2009年度より「大学院生のための大学教員養成講座」を開講し，2011年度には大学院共通講義として70科目以上を正規科目化している。

その内容は「情報学教育特論」や「大学院生のための研究アウトリーチ法」「教育力養成講座」など多岐にわたり，「教育力養成講座」では▶シラバスの書き方や参加型授業の方法，クリッカー，板書法やパワーポイントの使い方，模擬授業など通常のFD（▶ファカルティ・ディベロップメント）研修と同様の内容を含んでいる。さらに2010年度からはGSI（Graduate Student Instructor）制度が創設され，理学院物理部門でGSIが7科目のグループ討議中心の演習を担当するまでに至った。

他大学においても東北大学，筑波大学，東京大学，一橋大学，名古屋大学，京都大学，広島大学などの研究大学や立命館大学などの大規模私立大学において大学教員準備プログラムの開発・実施が相次いでいる。しかし，依然TAに支給される給与の額の少なさ，単独で授業を担当することに対する教員側の抵抗，将来の大学教員まで見越した系統的な養成システムの不足などは十分に解消されていないのが現状である。

沖 裕貴

→専門職教育，教員の専門性
◎加藤かおり「英国における大学教育のプロフェッショナル化」『名古屋高等教育研究』第12号，2012.
◎吉良直「アメリカの大学におけるTA養成制度と大学教育準備プログラムの現状と課題」『名古屋高等教育研究』第8号，2008.
◎吉良直・北野秋男「アメリカの若手教育者・研究者養成制度に関する研究」『京都大学高等教育研究』第14号，2008.
◎近田政博「研究大学の院生を対象とする大学教授法研修のあり方」『名古屋高等教育研究』第7号，2007.

大学教授資格 だいがくきょうじゅしかく
professorial qualifications

[日本]
現在のところ，大学教員の公的な資格制度は存在しない。▶大学設置基準では第4章に「教員の資格」を設け，14条に「教授となることのできる者は，次の各号のいずれかに該当し，かつ，大学における教育を担当するにふさわしい教育上の能力を有すると認められる者とする」とあり，「博士の学位（外国において授与されたこれに相当する学位を含む。）を有し，研究上の業績を有する者」「研究上の業績が前号の者に準ずると認められる者」以下，6項までの規定があるのみである。「各号のいずれかに該当する」かどうかは，大学設置審査における教員審査において概括的な判断基準になっているに過ぎない。加えて「教育上の能力」においては，現在のところ何ら規定はなく，2008年の中央教育審議会答申「▶学士課程教育の構築に向けて」で「大学教員の公共的な役割・使命，専門性が必ずしも明確に認識されないままになっている」「大学教員の専門性をめぐる共通理解を作り，社会に宣言することが求められる」という指摘がなされる所以にもなっている。

2012年の中教審答申「新たな未来を築くための

大学教育の質的転換に向けて―生涯学び続け，主体的に考える力を育成する大学へ」において，ようやく「体系的FDの受講と大学設置基準第14条（教授の資格）に定める「大学における教育を担当するにふさわしい教育上の能力」の関係の整理について検討を行う」との言及があり，さらに翌13年の「教育振興基本計画」において閣議決定がなされて，大学教員の資格問題は政策的検討の対象とされるかにみえた。ただ，その間に政権交代もあって，不透明な要素が出てきているのが現状といえよう。

川島 啓二

［アメリカ合衆国］

合衆国は大学の教授資格を定めた全国レベルの規定を持たない。1965年の高等教育法が，連邦補助との関連で，間接的に大学教員に言及している程度である。州の規定では，たとえばニューヨーク州が，大学教員は学位や教室での教育活動等を通して「科目の担当や学問上の他の責務を果たす能力を証明せねばならず」，学士授与の履修課程では最低でも教員1名が，大学院学位を授与する履修課程では担当者の全員が，「博士号ないし他の完成学位を保持せねばならない」とかなり踏み込んで規定している。しかし，実際の教授任用と連動する，より具体的な資格は個々の大学が教授としての適性を測るため，一定の枠内で設定した基準である。従って一方，教授資格は個々の大学に即してその特色を探る必要がある。他方，教授資格を文字通り正教授(full professor)の資格とすれば，その認定はいくつかの段階を踏み，とくに助教授から准教授への昇任は注目に値する。試用期間中の助教授に対し，身分保障を得る准教授は資質的には教授と同等であるが，業績上の蓄積が足りないだけと見なされるからである。

大学教員への着任資格としての博士号Ph.D.は，いつごろ普及し始めたか。▶シカゴ大学や▶スタンフォード大学が登場しつつあった1890年前後，▶ハーヴァード大学と▶ミシガン大学の専任教員のうちPh.D.の取得者は20～25%であった。1920年にはその割合はほぼ40%，とくに准教授以下の若手教員では，ハーヴァードが77%，ミシガンが62%にまで普及した。

ウィリアム・ジェイムズ等による厳しい批判(1903～05年)から110年を経た現在，研究学位Ph.D.は，大学への着任資格として定着したのみならず，かつては医学博士(M.D.)や法務博士(J.D.)等が独占していた▶専門職大学院までを浸食しつつある。確かに助教授への着任ではPh.D.重視は否定できない。しかし，▶研究大学での教授資格は必ずしも研究能力偏重ではない。主要大学は准教授への昇進条件に教育能力，研究能力，社会貢献のすべてをあげる。他方，研究に専念する研究教授には通常は任期を限定し，身分保証を与えない。教えて研究し，かつ社会貢献もなす者だけ

が正規の教授となるのである。にもかかわらず，たとえばハーヴァードが身分保障の授与の第1の基準に「学術業績と専門分野へのその影響力」をあげていることが示すように，研究大学では研究能力が最重要である。これに対し，▶リベラルアーツ・カレッジの多くは，教育能力を身分保障の授与の第1条件とする。ポモナ・カレッジは教育力，研究能力，社会への奉仕の順番で評価している。▶アムハースト・カレッジでの昇進審査では，必要な八つの人事資料のうち六つまでが教育力の評価を含んでいる。

以上に基づけば，大学教員への着任を希望するなら，大学・大学院で好成績を重ねてPh.D.を取得し，多少の教育経験も積んでおくべきだという巷の常識は的を射ている。ただし，身分保障を得る段階で，リベラルアーツ・カレッジでは教育共同体への，研究大学では自身の知名度にふさわしい全米ないし国際社会への多大な貢献が求められるという点は見落とされがちである。

立川 明

［イギリス］

イギリスの大学・高等教育機関で教員となるための資格・要件について，全国一律の基準は設けられていない。大学教員の人事は大学自治の根幹をなすものの一つであり，どのような人物を教員として採用するかは個々の大学の自由裁量に大きく委ねられている。また，大学教員には教授(professor)，准教授(reader)，上級講師(senior lecturer)，講師(lecturer)，助手(assistant)等々職階があり，それぞれの職階ごとに期待される職務内容や求められる能力・資格・要件は異なる。昇進の際の基準や手続きもさまざまであるが，公募による採用時の場合と同様，情報は広く公開される。

イギリスの大学では長い間，大学教員職は教授職のみであった。もちろん，オックスブリッジの各カレッジにはフェローがおり，講師や▶チューターとして学生の教育や指導に従事していた。しかし，19世紀後半に近代市民大学が設立されると，科学の勃興や学科制の整備を背景に，助手など教授以外の教員職階が誕生し，次第にその数を増していった。一方，たとえば▶オックスフォード大学でも，1882年の学則により初めて准教授職が設けられた。

これらのことを前提に，大学教員職(アカデミック・プロフェッション)一般について，「どのような人々が大学教員職についているのか」「大学教員になっているのはどのような資格・要件を備えた人々なのか」をみていくと，その要点・傾向は次のようにまとめることができよう。すなわちイギリスの場合，大学教員の資格・要件としてはまず学位を保持していることが要求され，学位のなかでは第1級の成績での優等第1学位，そしてPh.D.学位を保持していることが重視されている。優等第1学位は「知的能力一般の指標」として，Ph.D.は「研究における

訓練の指標」として考えられている。理系の学問分野ではPh.D.の方が重視されており，また近年，文系でもPh.D.重視の傾向が強まっている。とはいえ，学士課程学位の成績が伝統的に重視されてきたことは，イギリスの大学教員職に見られる顕著な特質の一つだといえよう。　　　　　　　安原 義仁

[フランス]
フランスの大学は，すべて法人格を有する国立の機関である。機関独自の予算で雇用される者を除いて，大学の常勤の教職員は公務員であり，その地位・身分等の基本的なあり方は国の法令で定められている。公務員の地位を有する教員には，高等教育機関の教員と位置づけられる教員＝研究員（enseignant-chercheur）と中等教育教員（enseignant du second degré）が含まれる（教育法典 L. 952-1条1項前半）。そのうち教員＝研究員は，教授（professeur）または准教授（maître de conférences）いずれかの職団（corps）に所属する（政令第84-431号第4条1項）。中等教育教員は，大学において中等教育の教員資格で教育に従事する教員である。

公務員である教員以外に，非常勤の教員として連携教員（enseignant associé），客員教員（enseignant invité），非常勤講師（chargé d'enseignement）が教育法典（L. 952-1条1項後半）で，また▶ATER（attaché temporaire d'enseignement et de recherche，教育研究補助員）が政令第88-654号でそれぞれ規定されている。教育法典で規定された非常勤教員は，おもに産業界や他大学（国内外）等から専門家を招致して教育・研究に従事させるものであるが，ATERはおもに博士号取得後に教員＝研究員採用を目指す者が就く職であって，その職務内容は教員＝研究員に準じたものとなっている。

教員＝研究員，その他の教員，研究員の職務遂行の自律性は法令で保障されている。教育法典 L. 952-2条は，これらの者が教育研究を遂行するに当たって，大学の伝統と教育法典に定められる規則に則って適用される寛容と客観性の原則の範囲内において，最大限の自立（pleine indépendance）と完全な表現の自由を享有すると定めている。また教員＝研究員は，その意に反して異動されることはない（政令第84-431号第2条）。　　　　　大場 淳

[ドイツ]
ドイツで大学教授に就任するためには，博士号を取得したあと，さらに博士論文以上の論文を執筆し，大学教授資格を取得した者のみが就任することができるという制度（ハビリタツィオン，Habilitation）が採られてきた。大学教授資格の授与権は▶学術大学のみが有しており，▶専門大学では取得することができない。この制度は，19世紀になってドイツ大学が近代的大学へと移行するなかで，大学教授の地位がこれまでのギルド的身分のものから，学術的業績にもとづくものと考えられるようになり導入されたものである。その取得のためには，博士学位

の保持を前提条件として，大学教授資格論文を教授会に提出し，コロキウムと呼ばれる学部成員による口述試験を受け，全学公開の試験講義などを行う。こうした一連の手続きを経て，教授会により「合格」と判定された者にはじめて授与されることになった。

これに対し，1998年の▶大学大綱法の改正で「大学外において達成された同等の学問的業績」によっても「大学教授としての専門性を証明できる」こととなり，さらに2002年の同法改正では「大学教授資格」について規定した条文が削除され，大学教授資格をもたない有能な人材をさまざまな分野から教授に登用する道も開かれるようになった。あわせて現在は，大学教授資格の取得まで年数がかかり，優秀な人材が大学に残らないなどの理由から，若手研究者のためのジュニア・プロフェッサー（Juniorprofessor，▶準教授）の制度も導入されている。博士号取得後，早い段階でジュニア・プロフェッサーに就任し，そこで実績をあげることで，大学教授へと任用される道も開かれた。なお，ジュニア・プロフェッサーには任期が設けられている。今後は，ジュニア・プロフェッサーを経て教授に昇進するコースが一般的となる。ただし，これまでの大学教授資格の取得により教授に至るコースも残っている。大学教授資格をもたない者の教授への任用も，とくに専門大学において少なからず見られる。　木戸 裕

→ 教員の職階構造，教員の専門性，大学教員準備プログラム，教職員（テーマ編）

◎大学評価・学位授与機構『学位と大学──イギリス・フランス・ドイツ・アメリカ・日本の比較研究報告』，2010.
B. Clark (ed.), *The Academic Profession: National, Disciplinary, and Institutional Settings*, California, 1987.
[日本] ◎安藤厚・細川敏幸・山岸みどり・小笠原正明編『プロフェッショナル・ディベロップメント──大学教員・TA研修の国際比較』北海道大学出版会，2012.
◎東北大学高等教育開発推進センター編『大学教員の能力──形成から開発へ』東北大学出版会，2013.
◎ケイ J. ガレスピー，ダグラス L. ロバートソン編著，羽田貴史監訳『FDハンドブック──大学教員の能力開発』玉川大学出版部，2014.
[アメリカ合衆国] ◎Amherst College, Harvard University, Pomona College, University of Michigan, University of Washington, Yale University (et al.), *Faculty Handbook, FAS Appointment and Promotion Handbook, Appointment and Promotion of Faculty Members*.
[イギリス] ◎安原義仁「イギリスの大学教師資格」『大学教授資格の史的変遷と諸類型に関する研究』（昭和62・63年度科学研究費補助金一般研究B研究成果報告書，研究代表者 相良惟昭），1989.
◎安原義仁「イギリスの教員と教育組織──オックスフォード大学における新たな教師職階の創設をめぐって」『IDE 現代の高等教育』，2005年6月.
◎A.H. Halsey and M. Trow, *The British Academics*, London, 1971.
◎G. Williams, T. Blackstone and D. Metcalf, *The Academic Labour Market: Economic and Social Aspects of a Profession*, London, 1974.
[フランス] ◎大場淳「フランスの大学教授職──身分・地位，職務，資格，養成等を巡って」，東北大学高等教育開発推進センター『諸外国の大学教授職の資格制度に関する実態調査』（文部科学省先導的大学改革推進委託事業報告書），2011.
[ドイツ] ◎別府昭郎『近代大学の揺籃──一八世紀ドイツ大学史研究』知泉書館，2014.

大学行政管理学会 |だいがくぎょうせいかんりがっかい
Japan Association of University Administrative Management

1997年（平成9）設立。1996年11月に全国の私立大学に呼びかけた「開設趣旨の説明と参加の呼びかけ」には，学会発足のねらいとして，「プロフェッショナルとしての大学行政管理職員の確立を目指して，まずは「大学行政・管理」の多様な領域を理論的かつ実践的に研究することを通して，全国の大学横断的な「職員」相互の啓発と研鑽を深める」と記されている。初代会長は孫福弘（設立時，慶應義塾大学）。定期総会・研究集会の開催だけでなく，地区別・テーマ別の研究会が全国各地で開かれている。学会誌は年1回の発行。英国大学行政職員協会（Association of University Administra-tors），大学マネジメント研究会（旧国立大学マネジメント研究会）と連携，協力している。2006年より会員のとくに優れた研究・実践業績を表彰するため「孫福賞」が設けられた。2017年3月に一般社団法人となり，会員数1411。
田中 岳

大学行政職員協会
だいがくぎょうせいしょくいんきょうかい
Association of University Administrators: AUA

イギリスの高等教育機関に従事する行政職員および管理職員の職能団体。1961年に設立された大学教務職員会合（MUAAS）を前身に，93年に大学行政職員会議（CUA）とポリテクニク行政職員協会（APA）が統合するかたちで設立され，2014年8月現在，150以上の高等教育機関の4500人以上の行政・管理職員によって組織されている。本協会では会員の職能を高めるべく，職員同士の交流の機会のほか，講演会やセミナーなどの継続教育の機会，さらに課程学位（taught degree）が取得可能な職能開発の機会も提供されている。課程学位プログラムは，▶学位授与権を持たない高等教育提供機関の学位認定を行う公開大学の認定制度（Open University Validation Services: OUVS）のもと，2002年から当協会が会員をおもな対象として提供しているもので，24ヵ月で600時間60単位の課程を修了した受講者には，修士相当の課程学位（Postgraduate Certificate: PG Cert）が与えられる。
髙谷 亜由子

大学共同利用機関法人
だいがくきょうどうりようきかんほうじん
Inter-University Research Institute Corporation

2004年（平成16）に▶国立大学法人法の下で国立大学が法人化されたのに合わせ，大学共同利用機関を設置することを目的に設立された法人（国立大学法人法2条）。人間文化研究機構（NIHU），自然科学研究機構（NINS），高エネルギー加速器研究機構（KEK），情報・システム研究機構（ROIS）があり，従来は▶国立学校設置法の下に設置されていた大学共同利用機関はこの4法人の下に再編された。各大学共同利用機関法人には，役員として機構長および監事2人と定められた員数の理事が置かれ，その経営に関する重要事項および教育研究に関する重要事項は，それぞれ機構長が議長として主宰する経営協議会および教育研究評議会が審議する（同法27条）。その業務は▶国立大学法人と同様に6年間の中期目標のもとに行われ，国立大学法人評価委員会の評価を受ける（同法9条，30条）。

国立大学法人法において，大学共同利用機関は，上記の機構の研究分野について「大学における学術研究の発展等に資するために設置される大学の共同利用の研究所」と定義されており（2条），NIHU傘下に国立歴史民俗博物館，国文学研究資料館，国立国語研究所，国際日本文化研究センター，総合地球環境学研究所，国立民族学博物館，NINS傘下に国立天文台，核融合科学研究所，基礎生物学研究所，生理学研究所，分子科学研究所など，KEK傘下に素粒子原子核研究所，物質構造科学研究所など，ROIS傘下に国立極地研究所，国立情報学研究所，統計数理研究所，国立遺伝学研究所などがある。なお，再編前に存在していた大学共同利用機関のメディア教育開発センターは独立行政法人に移行され，さらに2009

表 | 大学共同利用機関法人と大学共同利用機関の一覧
（2017年現在）

人間文化研究機構（NIHU, 東京都港区）
国立歴史民俗博物館（千葉県佐倉市）
国文学研究資料館（東京都立川市）
国立国語研究所（東京都立川市）
国際日本文化研究センター（京都府京都市西京区）
総合地球環境学研究所（京都府京都市北区）
国立民族学博物館（大阪府吹田市千里万博公園）

自然科学研究機構（NINS, 東京都港区）
国立天文台（東京都三鷹市）
核融合科学研究所（岐阜県土岐市）
基礎生物学研究所（愛知県岡崎市）
生理学研究所（愛知県岡崎市）
分子科学研究所（愛知県岡崎市）
岡崎バイオサイエンスセンター（愛知県岡崎市）
新分野創成センター（東京都港区）
アストロバイオロジーセンター（東京都三鷹市）

高エネルギー加速器研究機構（KEK, 茨城県つくば市）
素粒子原子核研究所（茨城県つくば市）
物質構造科学研究所（茨城県つくば市）
加速器研究施設（茨城県つくば市）
共通基盤研究施設（茨城県つくば市）

情報・システム研究機構（ROIS, 東京都港区）
国立極地研究所（東京都立川市）
国立情報学研究所（東京都千代田区）
統計数理研究所（東京都立川市）
国立遺伝学研究所（静岡県三島市）
データサイエンス共同利用基盤施設（東京都立川市）

年には廃止されてその業務は▶放送大学に移管されている。

舘 昭

大学区|だいがくく
Grand School District

1872年（明治5）「学制」の規定に基づき，文部省が全国的な教育行政を統括し，全国を8大学区に分割して（翌年7大学区に変更），各教育行政拠点としての大学本部を置き，大学区内の中・小学区の運営にあたるものとした。当初，大学本部は東京，愛知，石川，大阪，広島，長崎，新潟，青森の各府県に置かれたが，翌年に7大学区に変更されると，大学本部は東京，愛知，大阪，広島，長崎，新潟，宮城となった。石川，青森が削除されて，新たに宮城が大学本部とされた。法学，理学，文学，医学といった高等な専門学を教授する教育機関を大学としたが，規定どおり全国的に設置されることは実現しなかった。代わって，官立の外国語学校（のち英語学校に改組）と▶師範学校が各大学本部に設置され，各大学区では教育会議も何度か開催され，学区内の府県が互いに同様な教育課題について検討し合う試みもみられた。しかし，東京と大阪を除き，官立の外国語学校や師範学校は1877年に廃止された。

谷本 宗生

大学経営人材養成|だいがくけいえいじんざいようせい
training of the university administrative personnel

国立大学法人化は，▶国立大学を政府から独立した法人組織へと転換し，個々の大学がより大きな権限と責任をもって大学の運営にあたるものとした。▶学長には予算，将来計画，教職員人事，大学独自の給与体系の決定など幅広い権限が与えられた。学生獲得競争や経営環境の変化への対応を求められる▶私立大学でもトップ・マネジメントの重要性が認識されている。大学経営をめぐる課題が高度化・複雑化するなかで，学長，理事長，副学長，理事，部局長などがリーダーシップを発揮するのを補佐するために，大学運営に関連する専門的知見（IR，教学支援，学生支援，人事や財務，広報等）を有する人材を育成し，大学本部等に配置することが必要であるという議論が高まっている。すでに大学幹部職員や大学経営エキスパートを養成することを目的に，桜美林大学大学院「大学アドミニストレーション研究科」，東京大学大学院教育学研究科「大学経営・政策コース」，筑波大学大学研究センター「大学マネジメント人材養成プログラム」などが設置されている。

斉藤 泰雄

→▶大学職員の専門職化，インスティテューショナル・リサーチ

大学研究|だいがくけんきゅう
studies（research）on higher education

［定義］
言葉通りの意味では大学（高等教育）に関する研究全般を指すが，固有概念としての「大学研究」は「大学を対象に，その政策や経営・運営に資する実証的，理論的研究の組織化された取組み」を意味し，固有の学会や研究組織の形成によって顕在化したものを言う。大学の研究そのものは，歴史研究において古く，ラシュドールの『大学の起源』（1895年），大久保利謙『日本の大学』（1943年）のような偉大な成果が生まれているが，歴史研究全般の流れの中の個人の営為にとどまってきた。また，カントの『諸学部の争い』（1798年）や永井道雄の『大学の可能性』（1969年）のような諸学の泰斗による大学についてのさまざまな業績があるが，それらは大学に関する碩学による時代の要請に応える言説であって，大学論に分類するのがふさわしい。また，▶一般教育や▶初年次教育などの研究も盛んに行われてきているが，それらは大学教育研究として区別できる。

［発生と展開］
固有概念としての大学研究は，アメリカ合衆国に発生したと言って良い。20世紀に入ってのアメリカの高等教育が世界に先駆けてエリート段階からマス段階に移行し，さらに1960年代から70年代にかけてユニバーサル段階に移行し，大学に関する研究に組織性が必要となった。大学の経営・運営には客観的なデータが必要となり，▶インスティチューショナル・リサーチ（IR）が生まれた。IRの萌芽は1700年代のアメリカのセルフ・スタディにあるとされ，19世紀前半の各種の財団の支援を受けた大学サーベイ活動全盛期に担当部門の萌芽は認められる。しかし，それが大学研究として顕在化するのは，その業務を専門職と意識する者によって，1964年には115大学にIR部局が存在する状況下で，66年▶AIRが組織され，学会誌に恒常的に研究成果が蓄積されるようになってからである。

　高等教育システムの実証的，理論的研究においてもアメリカが発生地となった。ユニバーサル段階の複雑な高等教育システムの整備と運営にかかせない研究装置として，1956年にアメリカで最初の高等教育システムの研究を専門とする研究機関として，高等教育研究センター（▶CSHE）がカリフォルニア大学バークレー校に創設され，同種の研究機関は今やアメリカ全土の大学に波及している。全米規模では，1960年代から70年代にかけてカーネギー財団の一角であるカーネギー高等教育審議会が全米の高等教育研究者を総動員して，▶大学紛争を含む段階移行期の現象把握と課題解決の広範な研究を指導した。大学はあらゆる諸科学の対象とされ，各学会の活動の一部となってきたが，こ

うした状況を背景に，1976年にアメリカ高等教育学会（▶ASHE）が創設され，それは大学が組織的にして恒常的な学術研究の対象として確立したことを意味した。

　本来，大学研究は大学という分野に対する諸科学の▶ディシプリンからのアプローチであって，固有の方法をもつディシプリンではない。しかし，大学という固有の分野に沿った研究の結果，研究の先行したアメリカで，いくつかの固有のパラダイムを生んでいる。それの代表例が，マーチン・▶トロウ（Martin Trow）の生み出した高等教育のエリート・マス・ユニバーサル段階進化論やバートン・クラーク（Burton R. Clark）の「調整の三角形」（triangle of coordination）理論と「起業者型大学」（entrepreneurial universities）論である。なお，こうした展開の中で，歴史研究も組織性を帯び，1962年にルドルフ（Fredrick Rudolph）によってそれまでのアメリカ大学史研究が集大成され（『*The American Colleges & Universities: A History*』），また大学史専門の学術誌が1981年にニューヨーク州立大学で創刊され，現在『*Perspectives on the History of Higher Education*』としてペンシルヴェニア州立大学の手で毎年刊行されるようになっている。

［世界への波及と日本における展開］

1980年代以降，世界の高等教育がマス段階へ，ユニバーサル段階へと移行するなかで，固有の意味での大学研究も世界に波及していった。IRについてみると，1979年にヨーロッパ，88年にオーストラリア，94年にカナダと南アフリカ，2000年に台湾，01年に東南アジア，03年に中国，07年にフィリピン，09年に中東・北アフリカのIR学会の設立がそのグローバルな波及を示している。高等教育システムの研究についても世界的な波及が見られ，とくにマス化に加えてEU統合に伴う各国の高等教育のシステム調整が▶ボローニャ・プロセスとして実現しているヨーロッパにおいて著しく，それを国際的な視野をもった高等教育研究機関であるINCHER（1978年，ドイツのカッセル大学に設立）や▶CHEPS（1984年，オランダのトウェンテ大学に設置）のような存在が象徴している。そうした中で，トロウやクラークの理論も，世界各地の大学研究者に共通ツールとして浸透していった。

　日本における大学研究の展開は，第2次世界大戦後の教育改革がアメリカの強い影響下で行われたこともあって比較的早くからスタートし，その端緒は1954年に設立された民主教育協会（IDE，現在は▶IDE大学協会）の研究活動であると言って良い。同協会は民主教育普及を目的としていたが，当初から大学についての研究活動を重視し，日本の大学システムの現状分析や各国のシステムの紹介などで先駆的成果を生み，また1979年から2004年まで財団法人高等教育研究所を併設して，日本の大学研究を牽引してきた。1972年に広島大学大

学教育研究センター（現，▶広島大学高等教育研究開発センター）が日本で最初の大学・高等教育研究のための専門組織として，また97年には▶日本高等教育学会（JAHER）が誕生しているが，その担い手の多くがIDEの活動から生まれ，同協会は実質的に日本の大学研究の揺籃としての役割を果たした。

　なお，日本の大学史研究の組織化は，1968年以来ボランティア的に開催されてきた大学史研究セミナーの活動を基礎に，78年の学会としての▶大学史研究会の設立によって果たされた。大学史研究会には大学研究の担い手の参画が顕著で，歴史研究を重視する日本の大学研究の特色に繋がっている。
舘　昭

▶ 大学論の系譜，高等教育と大学，カーネギー財団／カーネギー分類

◎IDE，高等教育研究所編『業績と回顧』民主教育協会，2004.
◎Richard D. Howard, Gerald W. McLaughlin, William E. Knight, *The Handbook of Institutional Research*, Jossey-Bass, 2012.
◎Tatiana Fumasolia and Bjørn Stensakerb, "Organizational Studies in Higher Education: A Reflection on Historical Themes and Prespective Trends," *Higher Education Policy*, 26, 2013.

「大学公社」案 だいがくこうしゃあん
"University Corporation" concept

1962年（昭和37）に池田勇人内閣の下で進められた国立大学運営法案の検討に対し，東京工業大学助教授であった永井道雄（のち文部大臣）は，政府案に代わる国立大学改革案として，雑誌『世界』1962年10月号に「「大学公社」案の提唱」を発表し，▶国立大学を当時の専売公社や電電公社と同様の公社に移行することにより，大学の自治を強化するとともに，責任ある研究教育計画の実施や運営の効率化を図ることを提言した。この案では，一つの大学公社の下にすべての▶国立大学を置き，学外者を含む委員会組織が公社全体の管理運営を行うという想定であった。大学公社は，文部省等からの権限移譲により，日本の大学行政全体を担い，国立大学予算も特別会計として独自に管理することになっていた。

　その後▶大学紛争が激化すると，永井は『中央公論』1969年6月号に「実験「大学公社」案」を発表し，再び「大学公社」案を世に問うた。このときは既存の国立大学を公社に転換するのではなく，それらの既存校と並立する形で新たに大学公社を設立し，両者の競争と緊張関係を生み出そうとする案になっている。永井による一連の論考は『大学の可能性』としてまとめられ，1969年に中央公論社から刊行された（第4回吉野作造賞）。制度設計の点で細部まで練り上げられた案とはいい難いものの，国立大学の設置形態について一般の関心を喚起した意義は小さくないといえる。
寺倉　憲一

▶ 大学法人化論

大学祭／学園祭 |だいがくさい／がくえんさい
college (university) campus festival

日本の大学において，毎年1〜2回程度，定例的に開催されている学生主体の総合イベントを指す。大学によって第2次世界大戦前から継承されている伝統的側面もあり，固有の呼称が受け継がれている場合も多い。一般的には学生による実行委員会が組織され，企画・運営を行っている。文化系の部活・▶サークルにとっては定期的な発表の場ともなるが，タレント等を招く目玉企画が催されたり，来場者の飛び入り参加的な各種コンテストなどを行ったりする例も目立つ。部活・サークルの活動資金源にもなる模擬店などが多数出店され，高校生や地域住民にも開放されて，大学はしばし華やいだ空間になる。大学の休業日に開催されることが多いが，その準備・後始末のため1〜2日間全面休講措置をとる大学も多い。近年，実行委員の減少や当日の一般学生の参加度の低下から開催を縮小したり，中断に追い込まれたりしているケースもある。また飲酒に関わるトラブルの多発から，最近では大学祭でのアルコールを禁止しているところが多い。

橋本 勝

大学財政と寄付税制 |だいがくざいせいときふぜいせい

大学設置者に寄付した個人や法人は，納税額の軽減を受けられる。従前は，▶学校法人よりも▶国立大学に寄付した場合のほうが税制上の優遇内容が充実しているなどの制度的な課題があったが，逐次改善されてきている。近年では2011年(平成23)の税制改正で，特定公益増進法人の証明を受けている学校法人のうち一定条件を満たす学校法人に寄付した個人は，従来からの所得控除に加えて税額控除を受けることが可能となった(文部科学省，2014)。この制度設計は「新しい公共」という考え方に基づき，草の根的な寄付を促進するものである。▶私立大学からみれば，寄付金収入を増やし，財源の多様化に活用できる制度だといえる。ただし，寄付税制の充実は少なくとも短期的には税収の減少を意味しており，行政サービスの水準の低下を招く可能性がある。この税収減を社会的なインフラを整備するための共通経費(酒井克彦「わたしたちの社会参画と税制」『税大ジャーナル』，2013年)として捉えれば，大学に係る寄付税制の充実の目的は，大学教育の費用は私的に負担するのが当然だという根強い認識の相対化にあるとも考えられる。

日下田 岳史

→寄付金

大学史研究会 |だいがくしけんきゅうかい
Historical Studies on Higher Education

日本および世界各国の大学史をはじめ，大学問題全般まで幅広く関心を持つ研究者から構成される組織。▶大学研究を主題とした組織として，長い歴史を持っており，1978年(昭和53)に発足した。その特徴は既存の学会にみられる研究発表だけでなく，会員間の自由な討議を中心とした運営を行ってきたことである。2016年(平成28)時点において，学会誌『大学史研究』は25号まで刊行され，ニューズレター「大学史研究通信」は85号まで作成されている。研究会の年次大会にあたるセミナーは38回を数える。会員の主体的な関わりと平等な関係を基本とした学会運営によって，高度な自律性と学術性を維持している。設立時の会員らは，のちに設立された他の大学研究関連学会の基幹メンバーとして活躍するとともに，高等教育政策への積極的な関与も見せており，現在の大学研究を支えてきた。大学史研究会は，日本の大学研究の発端となった組織と言える。

山崎 慎一

→大学研究

大学自治侵害 |だいがくじじしんがい
invasion of university autonomy

［自治の侵害］
慣行上あるいは法制上，運営管理において自治を認められてきた大学に対して，政府，その他の外部の勢力がその自治を侵害する行為・事態を指す。学問の自由の侵害と重なる部分もあるが，学問の自由への侵害が研究者個々人の行動や業績への批判や攻撃という形をとることが多いのに対して，自治の侵害は学者・研究者が属する大学や学部という組織への攻撃や介入であり，両者は概念上区分される。▶国立大学が国家の営造物とされ，その管理運営や教職員人事が国家の一元的な管理下に置かれている国，あるいは置かれていた時代，さらには独自の▶建学の精神，私学経営の自由を持つ▶私立大学には，大学の自治という観念そのものが存在していないので，たとえ外部から大学への攻撃や介入が行われたとしても，そのことをもって大学自治の侵害とは見なされない。外国では，大学設置形態において国立大学が主流のフランス，ドイツ，ラテンアメリカ諸国において，歴史的にしばしば大学自治侵害の事例が報告されている。

［大学自治の慣行の成立とその侵害］
大学自治の侵害が問題視されるには，大学自治が制度あるいは慣行として社会的に承認され，運営上の実績を持つようになることが前提となる。日本で大学自治の慣行が成立するのは，1905年(明治38)の東京帝国大学の▶戸水事件，13(大正2)〜14年に京都帝国大学を舞台にして生じた▶沢柳事件

の頃からである。とくに沢柳事件が契機となって，▶教授の任免には学部教授会の同意を必要とするということが承認され，また政府から直接的に任命されていた総長を大学人の選挙によって選出することになるという，教官人事権を中心とする大学自治，▶学部自治の慣行が慣習法的規律として確立されてゆく。したがって，大学自治侵害が問題とされるのはこの時期以降，とりわけ，戦前では第2次世界大戦までの昭和前期，戦後においては1968（昭和43）～69年の全国的な▶大学紛争の勃発した時代までのことであった。

第1次世界大戦後の大正デモクラシーの時代を経て，国家主義思想や軍国主義が台頭してくるにつれて，社会主義思想や自由主義の立場からこうした潮流に反対する行動をとる学者・研究者に対する批判や攻撃が高まった。こうした学者の休職処分や辞職を求める政府の要求に対して大学や学部が自治を主張して抵抗するという構図の紛争が続発した。1920年（大正9）の森戸（辰男）事件，28年（昭和3）の河上（肇）事件，33年の滝川（幸辰）事件，37年の矢内原（忠雄）事件，39年の河合（栄治郎）事件等が有名である。森戸，矢内原，河合事件は東京帝国大学，河上，滝川事件は京都帝国大学で生じた。なかでも有名な▶滝川事件は，法学部教授滝川幸辰の著作が不適切であるとして内務省の発禁処分を受けた時，文部省が京大に滝川の辞任を求めたのに対して，法学部教授会がこの要求に抵抗して教授全員の集団辞職を申し出た事件であった。結局，滝川は休職処分となり，強硬派の教授7人が大学を追われることになった。なお，学問の自由をめぐる論議として有名な1935年の美濃部（達吉）事件は，天皇機関説が問題とされた時，美濃部はすでに大学を退職して貴族院議員となっていたため，大学自治そのものをめぐる議論とはならなかった。

[戦後の大学自治論]
第2次世界大戦後の憲法や▶教育基本法にも，大学自治についての法的規定はないが，大学自治の慣行は継承された。戦後は大学の自治の範囲が拡大解釈される傾向があり，極端な場合，大学構内での警察権の行使を拒絶するという議論も見られた。1952年の▶東大ポポロ事件や54年の愛知大学事件は，大学の自治の範囲と警察権の介入の可否が争われた事件であった。裁判の結果，大学を一種の治外法権の場とみなす議論は法的には否定されたが，こうした事件以降，戦後長らく大学は警察官の出動を要請することを躊躇し，また警察も大学構内での情報収集活動に慎重な姿勢を貫いてきた。しかしながら，1968～69年の大学紛争の多発は，大学自治論を大きく転換させた。▶東大紛争をはじめとして紛争の長期化，過激化の中で，大学人による大学の自治的運営の限界を露呈し，最終的には，政府から「▶大学の運営に関する臨時

措置法」を突きつけられ，自ら警察官の出動を要請して，大学の封鎖解除，紛争の終結に踏み切った。大学人自らが大学自治を声高に主張する姿勢は，この後，大学界から急速に姿を消すことになってゆく。

斉藤 泰雄

→大学の自治（テーマ編），学問の自由（テーマ編），学長，教授会，森戸事件，矢内原忠雄
◎寺﨑昌男『日本における大学自治制度の成立』評論社，1979.
◎竹内洋『大学という病』中公文庫，2007.

大学出版会 |だいがくしゅっぱんかい
university press

研究成果の発表としての学術書のほか，効果的な教育に資する教科書，研究成果の普及のための一般教養書等の刊行を通じて，大学の教育・研究活動を充実させ，また研究成果の社会への還元に寄与することを目的とした組織である。通常は営利目的ではない。各大学の教育・研究活動と密接に結び付いており，▶研究大学を中心に大学ごとに設置されるのが通例である（ただし，九州大学出版会や名古屋大学出版会のように近隣の各大学を対象とするものもある）。イギリスのケンブリッジ大学や，それに続くオックスフォード大学では16世紀に設置されているが，これら例外を除けば，おもに20世紀に設置された。日本における形態は，財団法人，社団法人，株式会社，NPO法人，大学を設置する法人の一組織等とさまざまである。学術書の刊行にあたっては，▶日本学術振興会の研究成果公開促進費のほか，各大学や民間団体の助成事業が利用されることも少なくない。なお，大学出版部協会は「大学出版部の健全な発達と，その使命の達成をはかり，もって学術文化の向上と，社会の進展に寄与する」ことを目的として1963年に設立され，2015年現在，31大学出版部が加盟している。

榎 孝浩

大学昇格運動 |だいがくしょうかくうんどう
movements for upgrading to university status

[多様な専門学校群の登場]
1886年の▶帝国大学令（明治19年勅令第3号）による▶帝国大学創設以降，日本では帝国大学のみを正式な大学とする期間が長らく続いた。1897年には京都帝国大学が設置され，その後も帝国大学は東北（1907年），九州（1911年），北海道（1918年）と順次設置されたが，ほかの設置形態の大学は制度的に認められていなかった。一方で，帝国大学以外に東京職工学校（1890年に東京工業学校，1901年に東京高等工業学校に改称），高等商業学校（1902年に東京高等商業学校に改称）等の官立専門学校が設立され，また公立専門学校として愛知県立（1878年），

京都府立(1879年)，大阪府立(1880年)等の医学校が早くから設けられていた。さらに，のちの▶私立大学の前身となる慶應義塾(1858年)，同志社英学校(1875年)，東京専門学校(現，早稲田大学，1882年)等の私立専門学校も多数設立されていた。当初は専門学校に関する統一的な制度が未整備であったが，1903年に制定された▶専門学校令(明治36年勅令第61号)は，専門学校を「高等ノ学術技芸ヲ教授スル学校」(1条)と位置付け，公立・私立の専門学校の設置については「公立私立専門学校規程」(明治36年文部省令第13号)の規定に基づき文部大臣の認可を得るものとした。

[大学名称の使用]

明治後期になると，有力な専門学校の中には教員集団を整え，教育の質の点で，大学としての内実をしだいに備えつつあるものが現れ，大学への昇格を望むようになった。もともと東京専門学校は，開校時から将来の大学昇格を視野に入れていたとされるし，慶應義塾に関しても，創設者の▶福沢諭吉は明治10年代末から大学移行を志向していたといわれる。慶應義塾は，1889年(明治22)には大学設立のための募金を開始し，翌90年，アメリカ人教員を招聘して文学科，理財科，法律科の3学科からなる大学部を開設したが，校名として「大学」を称したわけではなかった。1900年になると東京専門学校が大学設立構想を打ち出し，施設設備や人員整備のため募金運動を始め，1902年9月には，専門学校令公布に先立ち，1年半程度の予科を設けることを条件に，文部省から「早稲田大学」への名称変更を認められた。他の学校についても，翌年の専門学校令公布を機に，同程度の予科を設けることを条件として，文部省が「大学」名称の使用を認めたため，名称変更に踏み切る学校が続き，早稲田のほか，慶應義塾，中央，法政，明治，日本等の有力校が「大学」名称の使用を認められた。ただし，これらの学校は「大学」と称していても，法的には「専門学校」であった。

[大正7年の大学令]

帝国大学以外の大学の設置が正式に認められるのは，臨時教育会議の答申を受けた1918年の▶大学令(大正7年勅令第388号)制定による。当時，日清・日露戦争や第1次世界大戦を経て，日本の近代化の進展と経済発展に伴い，進学希望者が増加し，産業界等からの人材育成の要望も高まるなど社会的ニーズが増大したことを受け，原敬内閣の下で高等教育機関の拡張計画が策定されていた。大学令により▶公立大学，私立大学の設立が認められたほか，一つの学部のみからなる▶単科大学も設立できることとなった。私立大学については，大学自体が財団法人であることを原則としながらも，学校経営のみを目的とする財団法人がその事業として設立することも認めるとされたが，実際に認可された大学はすべて財団法人が設立したものであっ

た。公立および私立の大学の設立廃止は，勅裁を請うた上で文部大臣が認可するとされ，認可の手続等の細目については，大学規程(大正8年文部省令第11号)や文部省の審査内規で定められた。

設置認可手続では，臨時教育会議の議論を受けて，不完全な大学が容易に設立されることのないよう厳格な審査が行われた。とくに私立大学については，大学または設置者となる財団法人に対し，大学に必要な設備またはこれに要する資金および大学を維持するに足るべき収入を生ずる基本財産の保有が求められ，さらに基本財産中の一定額を現金や国債証券その他有価証券の形で国庫に供託する必要があった。供託金の額は，単科大学の場合50万円で，1学部加えるごとに10万円ずつ加算されることになっており，大学昇格を目指す各学校にとって大きな負担となった。専任教員の確保，施設設備の整備，官立高等学校と同一基準による予科の開設等も高いハードルであった。それでも，官公私立を問わず，有力な専門学校では学生，教員，卒業生等による熱心な昇格運動が展開された。

[大学昇格の状況]

大学令制定後，官立では東京高等商業学校が速やかに東京商科大学(現，一橋大学)へ昇格(1920年)を果たしたほか，新潟，岡山，千葉，金沢，長崎の医学専門学校が相次いで医科大に昇格(1922〜23年)し，1929年(昭和4)には東京高等工業学校(現，東京工業大学)，大阪高等工業学校(大阪工業大学。のち官立に移管し大阪帝国大学工学部)，神戸高等商業学校(神戸商業大学)，東京・広島の両▶高等師範学校(東京文理科大学・広島文理科大学)も昇格を果たした。神戸高等商業学校や東京高等工業学校では，熱心な昇格運動が展開されたことが知られている。公立では，大阪府立高等医学校が専門学校の位置付けながら，1915年(大正4)に名称を「大阪医科大学」と変更していたが，初代学長佐多愛彦の尽力もあって早くも1919年に正式な大学へ昇格し(のち大阪帝国大学医学部)，愛知(1920年，のち名古屋帝国大学医学部)，京都府立(1921年)，熊本(1922年，のち官立に移管)の各医科大学も次々と大学になった。

また，制定当初の大学令では北海道と府県のみが公立大学を設置し得るとしていたが，市立大阪高等商業学校の大学昇格を求める同校や大阪市の粘り強い働きかけにより，1928年に大学令改正が実現して，大阪商科大学(現，大阪市立大学)として認可された。私立は早稲田，慶應義塾が1920年2月に大学昇格を果たし，次いで同年4月に明治，法政，中央，日本，國學院，同志社の昇格が認可され，最終的に戦前期には計28校が大学になった。いずれも必要な資金を調達するために，卒業生等による大々的な募金運動が行われ，運動を通じて大学としての共同体性が獲得された面も

あった。

戦前期に正式な大学として設立された学校は，帝国大学も含めて約50校とされる。大学令に基づく大学の設置認可手続は，帝国大学に準ずる質と水準を求めるものであり，全体として厳格に行われたといえる。ただし実際のところ，私立大学に対しては供託金の分割払いが認められるなど，運用上の基準緩和が行われたとされ，帝国大学をはじめとする▶官立大学と同等の教育研究条件が確保されたとはいい難い面もあった。第2次世界大戦後は，より緩やかな設置認可基準に基づき多数の私立大学が設立され，高等教育の大衆化に貢献する一方で，大学の質の点では課題も生じている。

寺倉 憲一

→ 大学の設置形態(テーマ編)，チャーターリングとアクレディテーション，専門学校(旧制)

◎天野郁夫『大学の誕生(上)帝国大学の時代』『大学の誕生(下)大学への挑戦』中公新書，2009．
◎天野郁夫『高等教育の時代(上)戦間期日本の大学』『高等教育の時代(下)大衆化時代の原像』中公叢書，2013．

大学職員の専門職化
だいがくしょくいんのせんもんしょくか

大学職員の専門職化とは，職員が事務処理だけでなく，大学の教育・研究の発展や大学経営の強化に必要な専門的な力量を向上させ，より高度な役割を担うことをいう。以前よりさまざまな角度から議論され，プロフェッショナルな職員の育成，大学アドミニストレーター(大学行政管理職)への進化などが多くの論者によって提起されてきた。大学職員は教員も含む概念であるが，本項目では日本における事務職員を対象としておもに論じつつ，大学行政に従事する教員も含むものとする。

大学職員は，大学設置基準41条で「大学は，その事務を処理するため，専任の職員を置く」と規定されており，同42条で「学生の厚生補導を行うため，専任の職員を置く」となっている。唯一，図書館には「その機能を十分に発揮させるために必要な専門的職員」を置く(38条3項)と位置付けている。実際には職員は事務処理だけではなく，多くの分野で専門的な立場から企画・提案，教育・研究支援を行い，高度な専門的職務にも従事しており，職員が現実に果たしている役割と法令上の規程には齟齬が生じている。

[専門的職員の現状]

文部科学省は2015年，専門的職員に関わる初めての本格的な全国調査を行った。図1「専門的職員の配置状況」からわかるように，現在，専門職として配置されているのは図書館(司書)，学生の健康管理分野(保健師，看護師)，情報管理分野(IT資格取得者)，就職支援(キャリア・カウンセラー)などが多い。しかし，図2「今後配置したい職務でとくに重要と考える専門的職員」からは，IR(▶インスティチューショナル・リサーチ)分野，データを分析し課題を見つけ政策提案ができる人材や「執行部判断に対する総合的補佐」など，特定分野の専門家というよりはトップを支えて，必要な政策立案や改革の推進を担える力を持った総合力のある人材が求められていることがわかる。教育・研究支援を担う専門職人材と大学全体を目的達成に向けて動かす人材だといえよう。

一般に専門職とは国家資格等を必要とする職業と狭く解釈する場合や，「職能団体」「学会」「倫理綱領」があるなどの要件をあげる見解もある。アメ

図1 | 専門的職員の配置状況（全体）

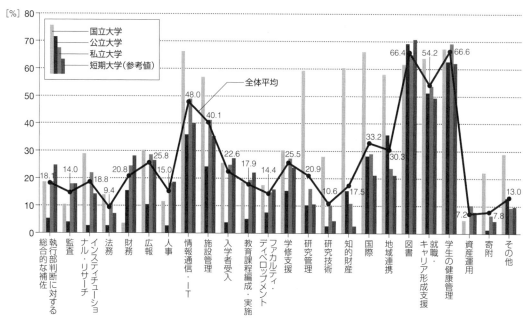

リカ合衆国では意思決定を行う上級管理職やその執行を担う高度専門職が確立しており、職種ごとに組織された大学職能団体があってその専門性が保持されている。また求人、求職と採用の市場も確立しており、日本よりはるかに大学間の流動性が高いとされる。しかし、日本では専門職としての大学職員の定義、資格基準、養成方法も十分確立していないのが現状である。

[専門職化についての近年の議論]

以上のような背景から、2015年からスタートした第8期▶中央教育審議会(以下、中教審)の大学分科会や大学教育部会では、職員のあり方が重要議題の一つとして議論されてきた。テーマは大学職員の資質向上、SD(▶スタッフ・ディベロップメント)の義務化、「事務組織」の位置付けの見直し、「専門的職員」の配置のあり方や定義付けなどである。こうした議論の背景には、2014年の中教審大学分科会「大学ガバナンス改革の推進について(審議まとめ)」で、「学長がリーダーシップを発揮し、教育・研究機能を高度化するために職員の役割は決定的に重要で、教員と対等な立場で大学運営に参画すること、力量向上のための組織的な研修、高度な専門性を有する人材(専門的職員)の配置を法改正で行うべきだ」との提起がある。

大学職員の専門職化については、これまでの中教審答申、2008年の「▶学士課程教育の構築に向けて」、2012年の「新たな未来を築くための大学教育の質的転換に向けて」でも「専門性を備えた大学職員や、管理運営に携わる上級職員を養成する」「業務の高度化・複雑化に伴い、大学院等で専門的教育を受けた職員が相当程度いる」「教員だけでなく、職員等の専門スタッフの育成と教育課程への組織的参画が必要」などと提起されている。そして具体的な専門職として、インストラクショナル・デザイナー、研究コーディネーター、学生支援ソーシャルワーカー、▶リサーチ・アドミニストレーター(URA)、インスティチューショナル・リサーチャー(IRer)、アドミッション・オフィサー、カリキュラム・コーディネーターなどがあげられている。

[専門職化の今後の方向]

こうしたことを総合すると、教育・研究の質向上には分野ごとの高度な専門職が求められ、また大学マネジメントの強化には総合力のある専門人材が求められているといえる。これを孫福弘は大学行政管理職員と学術専門職員として位置づけた。▶大学行政管理学会の研究でも、大学職員の専門性とは特定分野の専門家とともに、高等教育全体に深い知見を持ち、当該大学の基本政策や固有の事情に精通し改革推進をリードできる人材を、ゼネラリストでありながら専門性を備えた職員と見なすべきとしている(山本淳司「大学職員の「専門性」に関する一考察」『国立大学マネジメント』2006年12月号)。直面する大学改革の推進には、この二つの領域での大学職員の専門職化が求められており、両者の協力、結合なしには大学全体を動かしていくことはできない。大学の中長期の目標実現を担う大学職員の専門職化のより一層の推進と、その育成システムの確立が強く求められている。

篠田 道夫

→教職員(テーマ編)、大学経営人材養成、大学図書館

◎高野篤子『アメリカ大学管理運営職の養成』東信堂、2012.
◎孫福弘「21世紀の大学を担うプロフェッショナル職員」『SDが変える大学の未来』文葉社、2004.
◎篠田道夫「中教審が議論する職員の新たな役割と運営参画の必要性」『Between』2015年12月号.

図2 | 今後配置したい職務でとくに重要と考える専門的職員

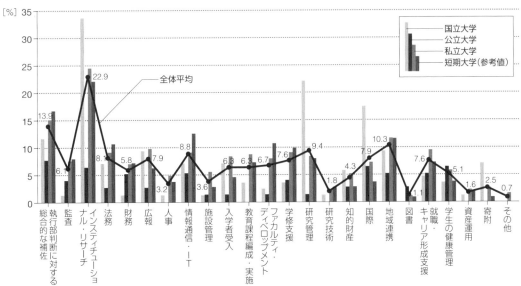

文部科学省「大学における専門的職員の活用の実態把握に関する調査結果」2016年1月
(回答大学数：国立大学86大学、公立大学78大学、私立大学279大学、短期大学116大学)

大学審議会 だいがくしんぎかい
University Council

高等教育問題を専門に審議する審議機関として，1987年(昭和62)から2001年(平成13)まで文部省に設置されていた審議会。文部大臣からの諮問を受け，高等教育に関連する重要事項を調査・審議し，その結果を大臣に答申する役割を果たす。審議会の委員は大学学長，企業経営者，ジャーナリスト，高等教育研究者など幅広い学識経験者など20人で構成。この間に，「大学教育の改善」(1991年3月)，「大学院の整備拡充」(同年5月)，「平成5年度以降の高等教育の計画的整備」(同年10月)，「平成12年度以降の高等教育の将来構想」(1997年1月)，「21世紀の大学像と今後の改革方策」(1998年10月)，「グローバル化時代に求められる高等教育の在り方」(2000年11月)など，高等教育改革の基本方針や具体的な制度改革に関する28件の答申や報告書を提出。2001年1月の省庁再編に伴う審議会等の統合整理により廃止。その役割と機能は▶中央教育審議会の大学分科会に引き継がれている。　　　　　　　　　　　斉藤　泰雄

➡審議会行政，臨時教育審議会，21世紀の大学像と今後の改革方策について，グローバル化時代に求められる高等教育の在り方について，文部科学省

大学新聞 だいがくしんぶん
university newspaper

大学の教職員や学生を対象に，大学内外のニュースや論評を載せる新聞の総称で，学生新聞とも呼ばれる。大学新聞は，1917年(大正6)5月に慶應義塾大学から創刊された『三田新聞』が最初で，23年には大学新聞の普及促進を目標として，東京帝国大学，早稲田，慶應，日本，明治各大学による「五大学新聞連盟」が結成され，他大学もこれに参加。1925年には軍事教練反対の共同宣言を東京帝大，早稲田大学，立教大学の連名で出し，『早稲田大学新聞』(1922年創刊)が運動の中心的役割を果たした。『東京帝国大学新聞』(1920年創刊)は花森安治，扇谷正造，田所太郎ら，第2次世界大戦後にジャーナリストとして活躍する人たちが編集に当たり，学外の知識層にも広範な読者を獲得した。田所は『日本読書新聞』の編集長として帝大新聞の編集方法を生かした。1962年(昭和37)全国新聞教育研究協議会によって制定された「学校新聞綱領」で，学校新聞は「学校内外における社会的活動を促進」するものとして位置づけられ，大学新聞も教育の一環として制度化された。　植田　康夫

大学スポーツ だいがくスポーツ
collegiate athletics; collegiate sports

[日本の大学スポーツ]
日本古来の武道や遊戯を除けば，日本において欧米から入ってきたスポーツが普及・発展する契機の場となったのは大学である。1873年(明治6)にアメリカ人のホーラス・ウィルソンが▶開成学校(現，東京大学)に野球を紹介し，それが高等教育機関を中心に広まっていった。一方，1880年代前半には，イギリスからの影響を受けて▶帝国大学(現，東京大学)でボートレースと陸上運動会が開催されていた。現在「部活動」と呼ばれている組織化された大学スポーツの基盤となったのは，1886年9月に▶学生自治のスポーツ団体である帝国大学運動会が発足したことである。そして1892年に7部構成の慶應義塾体育会が組織化され，96年に東京高等師範学校(現，筑波大学)で運動部を統括する運動会が設立され，97年には東京専門学校(現，早稲田大学)が体育部を創設した。

　1903年から始まった早稲田大学と慶應義塾大学による野球の対抗戦は多くの観客を集め，その後の日本におけるスポーツを観戦するという習慣の定着に大きく寄与した。また同時に大学スポーツは，勝利を目的とする競技スポーツ志向へと進んでいった。その結果，学生選手にとっては学問とスポーツの両立が困難になり，さらには競技の内外においての倫理に反する行動も目立つようになった。また最近では，各大学はメディア露出が高い競技およびその学生選手を広告塔として受験生募集に活用する動きを活発化させるようになった。このような問題点を制御できない原因の一つが，アメリカにあるNCAA(National Collegiate Athletic Association: 全米大学体育協会)のような全国統括団体がないことである。日本では各競技団体の下部組織である学生連盟が存在するだけで，実際の部活動の運営は各大学が個々の基準によって行っている。

　日本のスポーツが，学校主体から企業を母体とする企業スポーツおよびプロスポーツへと移行し，優秀な選手が大学進学せずに，高等学校から直接に企業チームやプロチームへ進むようになり，人々の大学スポーツへの関心が低下した。ただし，一部には引き続き高い人気を保つ競技もあり，その一つが東京箱根間往復大学駅伝競走，通称箱根駅伝である。1987年(昭和62)から全国完全生中継されており，約30%の平均視聴率に，2日間で100万人以上の観衆を集める。これは世界でも類を見ない大規模な大学スポーツ・イベントである。

[アメリカのカレッジ・スポーツ]
世界で唯一，大学スポーツがプロスポーツと同等の規模で経営され，人気を博しているのがアメリカである。そのカレッジ・スポーツの経営基盤を支え

ている組織が前述の NCAA である。NCAA は，IAAUS (Intercollegiate Athletic Association of the United States: 合衆国大学間体育協会) として 1906 年に設立され，10 年に名称変更された。全米のカレッジ・スポーツを統括する NCAA には 1 万 8000 以上のチームが所属し，45 万人以上の学生選手が含まれている。競技レベルと運営規模がともに高い Division I から，Division II，III まで各大学が分けられ，Division I に所属する大学には保有する競技数や施設に関する条件などがある。その中には 10 万人収容のアメリカンフットボールのスタジアムや，2 万人以上収容可能なバスケットボールのアリーナを▶キャンパスに保有している大学もある。

NCAA は，学生選手の学業に関してもさまざまな規制を整え，奨学金の給付などの支援も行っている。学業の推進に関しては，たとえば Division I の学生選手には，年次ごとの最低修得単位数が設定されており，各大学が設定している基準となる▶GPA (Grade Point Average) を上回る成績を収め続ける必要がある。これらの学業に関する条件を満たさなければ，試合や練習への参加が制限される。

各大学には，学内の統括団体として競技スポーツ局 (Department of Athletic) が設置されている。ここには多くの専任スタッフが所属し，医療サービスやコンディショニングなど，学生選手の競技活動を支援する部署だけでなく，マーケティング，チケット販売，施設管理などのマネジメント関連部署も存在し，多様な役割を果たしている。この競技スポーツ局の総収入は，多い大学では 100 億円を超える (2009～10 年報告ではテキサス大学が最高額の 1 億 4355 万 5354 ドル)。収入のほとんどがアメリカンフットボール，一部が男子バスケットボールによるものである。アメリカンフットボールの 1 試合平均観客数が 10 万人を上回る大学が複数あることからも，競技スポーツ局の収入の多さ，そして日本とは比較にならないアメリカのカレッジ・スポーツの経営規模の大きさがよく理解できる。

松岡 宏高

→アイビー・リーグ，ユニバーシアード，大学生活

◎友添秀則編「特集 変貌する大学スポーツ」『現代スポーツ評論』14，創文企画，2006.
◎中村敏雄，髙橋健夫，寒川恒夫，友添秀則編『21 世紀スポーツ大事典』大修館書店，2015.

大学生活 |だいがくせいかつ
campus life

学園生活，とりわけ大学における勉学，人的交流，修養，娯楽など学生生活全体にかかわる活動を指す。キャンパスライフ。

［日本］
▶キャンパスの語は「野原，集会の場」などを意味するラテン語の「campus」に由来するが，18 世紀のア

メリカ合衆国で現在のような「大学構内」の意味で用いられるようになったと言われている。一般には大都市郊外の，広大な芝生や樹木に囲まれた校舎，図書館，大学ホール，クラブハウス，運動施設，寄宿舎，大学チャペル等で構成されるような敷地空間が典型的なキャンパスとしてイメージされる。学生と教員で構成される特有の知的学問的共同体空間としてのキャンパスである。

日本では，近代になって大学が設立された時，その立地場所は旧大名屋敷跡 (東京大学，慶應義塾大学) や人口密集地の神田や一橋 (日本大学，専修大学，中央大学，一橋大学等) であったために，大学は都市内部に組み込まれ，キャンパス型の大学は発達しなかった。早稲田大学は「都の西北，早稲田の杜に」と歌われ，設立当時としては郊外型であったが，まもなく都市化の波にのみ込まれた。

キャンパスという言葉とイメージが定着するのは第 2 次世界大戦後，アメリカ合衆国の影響が強くなってからのことであった。戦後，東京都三鷹市郊外に広大な敷地を取得し，アメリカのカレッジをモデルに設立された国際基督教大学などが日本におけるキャンパス型大学立地の最初の事例であろう。都市型の大学とその周辺に出現した学生街 (古本屋，喫茶店，定食屋，雀荘，下宿屋等) での学生生活は独特なものであったが，一方では，学生の間には米国型のキャンパスとそのライフスタイルに対する羨望と憧れの感情も強かった。学生数の急増と都心部での土地価格の高騰を背景に，1970 年代後半から 80 年代にかけて推進された多くの大学の郊外への統合移転，都会の喧騒をはなれ緑に囲まれた大学での学生生活はこうしたイメージを実現しようとするものであった。

しかしながら，それから 20～30 年が経過した今日，キャンパスライフのイメージは再び変化しつつある。大学の都心回帰の現象である。一度郊外に移転した大学が，都心部に高層校舎を建て学部を再集約する，▶サテライト・キャンパスを駅前に設置するなどの動きが目につく。18 歳人口層の減少による学生獲得競争の激化，成人・主婦・社会人・留学生など非伝統的学生の受入れの必要などがその背景にある。アルバイトの種類と数は都心に圧倒的に多く，インターンや会社訪問にも有利。ダブル・スクールや習いごとにも便利，大学間交流や刺激も多い。地方出身学生にとって郊外キャンパスは憧れの都会生活を満足させるものではない。最寄り駅からのスクールバス通学もわずらわしい。キャンパス空間での濃密な人間関係はかえって心理的負担，等々。大学を舞台とした若者の生活，意識も変化しつつある。

斉藤 泰雄

［アメリカ合衆国］
通常合衆国では，学士課程生が中心に展開する正規の学業とは区別され，時にはそれと対抗関係に立つ諸活動の総体を意味する。フラタニティや

寮の行事，スポーツ・文化クラブへの参加，対外試合の観戦等は他国の場合と類似するが，しかし大学の立地条件，週単位の厳しい勉学のサイクル，カレッジ在学の意義の歴史的な変遷等，合衆国に顕著な背景も見逃せない。

▶アイビー・リーグ校の半数，コーネル，ダートマス，プリンストン，イェール（やや都会風）が大都市から隔絶する合衆国では，主要なカレッジや大学の多くは地方に立地し，学士課程生の多数が在学期間の大半をキャンパス内の寮で過ごす。講義・セミナーへの準備の重圧から解放される毎週金曜には多数のパーティーが学内で催され，自由な交遊に開放感を発散する。学年前半の毎土曜は，フットボールの大学対抗戦が自校か対戦相手校のスタジアムで待つ。数万の観衆が戦況の節々で大歓声を町全体に響かせ，勝利すれば学生たちは歓喜の渦に包まれ深夜まで大学周辺を練り歩き，かつての戦勝祝いを彷彿とさせる。年間の対戦成績が好調で新年のローズ・ボウルへの参観戦が実現すれば，学生生活の絶頂を画する思い出となる。ミシガン，ウィスコンシン，UCLA，スタンフォード等の人気が，学術水準に加えて，学生が抱く全米レベルのフットボールのめくるめく体験の共有願望にあることは争えない。

合衆国の独立以降のカレッジの歴史も，キャンパスライフの重要な背景をなす。もともと宗教上の役割を除けば，給与も社会的な地位も低かったカレッジの教授や学長は，18世紀末からの世俗化の中で最後の権威を喪失した。学生，とくに上流階級の子弟には，既成の学業は軽蔑や反抗の種にこそなれ，献身の対象ではなくなった。学生たちはカレッジ図書館顔負けの書籍を自ら収集し，外部から文人や科学者を講演に招いて文芸活動を独自に組織した。カレッジが専門の教育研究機関として存在意義を回復し始めると，今度は秘密結社的なフラタニティでの交わりと，荒々しいスポーツ対抗試合への献身に，学業成績とは峻別されたカレッジ生活のアイデンティティを求めた。19世紀中葉から20世紀の初頭，アムハーストのエドワード・ヒッチコック学長やプリンストンのウッドロー・ウィルソン学長等が，そうした閉鎖的な結社の「撲滅」を試みて敗北を喫した。民主主義や学問の公明性を根拠とする大学の一元的な支配に，卒業生を含む学生たちは頑強に抵抗したのである。1960年代の学生紛争には，1世紀にわたる学問万能主義への反撃という側面のあったことは否定できないであろう（Horowitz, 1987）。今日の合衆国では，多様な人種や文化背景の者たちの交わりの場としてのキャンパスが強調され，何よりも安全な学生生活を営める空間であることが関心事となっている。

立川　明

[ヨーロッパ]
学生生活とは大学に入学してから卒業するまでの間の，学修を中心とする生活のことである。大学入学は，日本では各大学による大学入学試験に合格しないと入学できないが，ヨーロッパの国々では高校修了試験が同時に大学入学資格試験となっており，これに合格した者はあらためて大学入試を経ることなく大学に入学する権利がある。ただし近年は大学進学率の向上に伴い，医学部などの入学希望者の多い学部では入学待機が生じている。ヨーロッパでは高校修了試験から大学入学までの期間に1年ほどの▶ギャップイヤーを設けて，その間は海外で旅行や仕事，社会奉仕や企業インターンを行う学生もいる。大学に入学した後は必要な単位を取得し，▶学士（BA）あるいは▶修士（MA）といった学位を取得して卒業となる。現在，学士／修士という学位制度は共通の学位制度としてヨーロッパ各国において採用されているが，これは「ヨーロッパ高等教育圏」の構築を目指す▶ボローニャ・プロセスの成果である。ボローニャ・プロセスによる制度改革は学生生活に大きな影響を与えた。

[ドイツの学生生活とその変化]　ドイツに大学入学試験はなく，大学入学資格試験（▶アビトゥーア）に合格した者は希望する大学に学籍登録を行い入学できる（医学部などを除く）。入学後には新入生のための導入ミーティングが開催される。これは学生自治会と学科の学生組織によって組織され，大学とその仕組み，履修計画についての情報が提供される。授業が始まると，最初のセメスターでは講堂いっぱいにいた学生が，次のセメスターになると半減していることがある。ドイツの大学では大学初年次から▶専門科目を学ぶカリキュラムが組まれており，学籍登録後でも自分の関心に合わないと思えば，専門科目を変更するのが一般的である。

▶学士課程では一般に，初年次から始まる入門講義や▶チューターによる学習支援，専門科目の理論やスキルについて学ぶゼミナール，必修インターンシップなどを通じて学び，単位を取得していく。学習するテーマに関連する単位群はモジュール化され，カリキュラムに位置づけられている。必要単位数を修得できれば▶卒業論文を提出して学位を取得し，卒業する。卒業論文を提出するまでは学業に専念し，卒論提出後から面接などの就職活動を本格化させる学生が増えている。そのため，大学卒業後すぐに仕事に就けない学生も多く，求職者のための社会的セーフティネット（生活保護手当）を利用することもある。▶授業料に関しては，州立大学がほとんどのドイツでは原則的に無料である。在学中は経済状況に応じた連邦奨学金（BAföG）の受給が可能であり，▶奨学金は学生の生活費などに充てられる。このように，大学が構築したカリキュラムに従って単位を取得し，学士（BA）や修士（MA）といった学位を取得して卒業するプロセスは日本と同様である。

ドイツにはもともと学士／修士という課程も学位

も設けられていなかった。代わりに専攻分野の国家資格であるディプロームやマギスターが存在した。当時の学生は，資格取得のためにみずから授業計画を立て必要な授業を履修した(「自由な学習」)。通常，主専攻と副専攻を選んで複数の専門を学び，資格試験と論文に合格し，ディプロームやマギスターといった学位を取得して大学を退学することが卒業であった。卒業までに6，7年かかるのが一般的で，10年以上大学に在籍する延長学生もみられた。それは大学の授業料が無料あるいは低額であったことや，同じ資格試験が生涯に2度までしか受験できないため慎重だったことがおもな理由である。

しかし2000年代に入ると，ボローニャ・プロセスの展開によってドイツの学位制度が変わり，アメリカや日本のような学士／修士へと切り替わっていった。学士は6から8セメスター，修士は2から4セメスターという修学年限がかなり明確化された学位制度が導入された。また成績評価システムも従来の成績証明(Schein)の発行からヨーロッパ共通の単位互換制度(▶欧州単位互換制度：ECTS)が取り入れられた。これまでの▶成績評価は教授の判断が大きく，客観的な評価が難しい絶対評価であったが，ECTSは単位修得に必要な勉学の負荷量に基づいて算出されており，ヨーロッパで比較可能な相対評価に近いものとして用いられている。その結果，現在では標準年限で卒業しない学生の減少や，実質的に在学年数が短くなることによる学習内容の軽減化が指摘されている。その一方で，以前よりも試験数や授業準備に要する時間が増え，時間的余裕がなくなった結果，ドイツ国外に▶留学する機会が減少したという指摘もあり，大学の学校化や職業準備コース化といった批判もある。学習の自由が特徴であったドイツの学生生活も，国際化や共通化といった大学改革によって大きく変化している。
山本 隆太

→学寮，フラタニティ／ソロリティ，演習／ゼミナール，大学スポーツ

[日本]◎武内清編『大学とキャンパスライフ』上智大学，2005.
[アメリカ]◎Horowitz, Helen Lefkowitz, *Campus Life*, Alfred A. Knopf, 1987.
[ヨーロッパ]◎木戸裕『ドイツ統一・EU統合とグローバリズム—教育の視点からみたその軌跡と課題』東信堂，2012.

大学生活支援団体 |だいがくせいかつしえんだんたい
student services organization

大学には▶学生支援に関する多種多様な団体が存在する。1957年(昭和32)▶日本私立大学連盟によって設置許可を得た「学生厚生補導研究会」が発足し，各大学の担当者同士の情報交換の成果が大学業務に反映するようになって以来，学生支援が本格化した。学生支援は，学修および心身の健康にかかわる支援，▶奨学金等福利厚生，そして課

外活動の支援のおおむね三つの分野に分かれている。学生の相談窓口では，心身の健康状態に関するカウンセリングや学修上のアドバイスを行っており，さまざまな理由で経済的困難を抱えている学生に対してはアルバイト先や奨学金制度が紹介される。文化・学術研究・体育等のクラブ，サークル活動等の課外活動に関しては，それらの活動が学生生活において自立性の涵養，社会性の陶冶，学生相互の啓発等に教育的な意義があるものと考えられた場合は大学側から公認団体として認可され，その大学内外の活動に関して経済援助も与えられる。日本の代表的な大学生活支援団体としては，▶日本学生支援機構などが挙げられる。
松浦 寛

→学生相談，アルバイト，サークル

大学生協 |だいがくせいきょう
University Co-operative

▶生活協同組合のうち，全国大学生活協同組合連合会(全国大学生協連)のことで，大学の学生や教職員を対象とする。日本の大学生協の歴史は，同志社中学校の教員であったキリスト教社会主義者の安部磯雄が1898年(明治31)に創設した「同志社学生消費組合」にさかのぼる。欧米留学から帰朝した安部は，学生相手に暴利を貪っていた当時の商習慣に憤慨し，イギリスの社会主義者ロバート・オーウェンの思想の流れを汲むイギリスのロッチデールの協同組合運動をモデルに，資本を持たない学生たちの少額出資を集積し商品の共同購入をする組合をつくって学生生活を助けた。今日，大学生協は，独占禁止法23条5項の適応除外規定により再販売価格維持の義務を負わないので，市販価格の1割引程度で書籍等を販売することが多い。近年，各大学がクレジットカード会社と提携して発行するTuoカードの事業を開始し，これが大学生協の組合員証の役割を果たす傾向にある。2016年(平成28)現在の全国大学生協連の会員数219(うち大学生協205)，会員組合員154万4426人，会員出資金9億6612万円。
松浦 寛

大学設置・学校法人審議会
だいがくせっち・がっこうほうじんしんぎかい

大学の設置認可について審議する文部科学省管轄の審議会で，2000年(平成12)の省庁再編に伴い，それまでの大学設置審議会と私立大学審議会を統合した組織。文部科学大臣が大学の新設を認可する場合，大学設置・学校法人審議会に諮問することが定められている(学校教育法95条，学校教育法施行令43条)。この審議会には，▶学校教育法の規定に基づき大学の教育や研究について審査する「大学設置分科会」と，▶私立学校法および▶私立

学校振興助成法の規定に基づき管理運営体制や財産に関して審査する「学校法人分科会」が置かれている（大学設置・学校法人審議会令）。審議会は委員29人以内で構成され，特別の事項を調査審議するために特別委員を，また専門の事項を調査するために専門委員をそれぞれ置くことができる。委員はすべて大学や高等専門学校の職員や学校法人の理事あるいは学識経験者から選出され，文部科学大臣が任命する。委員はすべて非常勤である。

清水 一彦

大学設置基準｜だいがくせっちきじゅん
Standards for the Establishment of Universities

学校教育法3条に根拠をもつ文部科学省令（昭和31年10月22日文部省令第28号）。

［位置づけと成立の経緯］

大学として具備すべき基本的要件が定められており，文部科学大臣の行う大学設置認可の際の準則となっている。公立および私立の大学，学部および大学院研究科等の設置認可は，▶学校教育法，▶私立学校法（私学を対象）等の定めに依拠し文部科学大臣により行われる。文部科学大臣の認可にあたり，▶大学設置・学校法人審議会にこれを諮問し，その答申を得ることが必要である。▶公立大学（法人）の場合は，さらに設置の必要性等について自治体による調査を，当該自治体の財政力等について総務省による審査を経ることとなる。

大学設置・学校法人審議会のうち，大学の教学事項の審査をつかさどるのが大学設置分科会で，分科会が同事項の審査をする際の準則が大学設置基準である。なお，▶国立大学（法人）自体は法律に設置根拠をもつが，そこに置かれる学部または▶研究科の新増設等にあたっては，教学事項について大学設置基準に従い大学設置分科会の審査・判定を受けることが必要とされる。その意味において，国・公・私立といった設置形態の別を問わず，すべての大学は設置認可や新増設などに際し，大学設置基準の定める大学としての基本的要件を具備しているかどうかが審査されるのである。

現在の大学設置基準のルーツは，1947年（昭和22）7月7日開催の大学設置基準設定連合協議会の採択した「大学設置基準」に遡る。この基準は，翌7月8日開催の▶大学基準協会の創立総会で，同協会の「大学基準」として採用決定がなされたのち，1948年2月，大学設置のための審議機関として文部省内に発足した大学設置委員会が，上記大学基準に同委員会の「大学基準運用要綱」を加え，これを大学設置基準として採用する旨を決定した。なお原初の大学基準は，連合国軍最高司令官総司令部（GHQ）・民間情報教育局（CI＆E）による指導のもと，将来的に大学を対象とする適格認定（▶アクレディテーション）の実施の際に活用すること

を念頭に起草された経緯もあり，大学の「最低基準」，「向上基準」という二面的性格を有していた。

しかし，1956年10月，文部省は大学設置認可基準として大学設置基準を新たに省令化した。この基準が現在の大学設置基準に直接連なるもので，設置認可基準としての趣旨が一層明確化された。そして経済成長の途上にあった当時の産業界の要請にも配慮し，教育課程中に基礎教育科目が新規導入されるなど，概して専門教育重視の課程編成を可能ならしめるものとなった。さらに，そこでは「▶講座」，「学科目」および「▶課程」の区別が明確化されたが，それは1953年から実質的に始動した大学院制度の発展に向け，設置基準の省令化を通じとりわけ地方国立大学充実の法的根拠を得ることを企図するものでもあった。この制度改正に伴い，大学基準協会の「大学基準」は，従来保持していた大学設置認可基準としての性格を喪失し，向上基準としての性格のみとなった。

［現行の大学設置基準の内容・性格］

大学設置基準は，その後，数次の改正を経たが，とりわけ教育活動上の縛りを大幅に緩和し，▶自己点検・評価の制度化を指向した1991年（平成3）6月の改正と，講座・学科目制の規定が削除されるとともに，2005年7月の学校教育法改正に伴い教員組織・教員資格について大幅変更がもたらされた2006年3月の改正が重要である。

現行の大学設置基準は12章と附則で構成され，教育に関する事項を中心に規定が置かれている。具体的には大学・学部等の教育研究目的の明確化，教育研究組織，教員組織，収容定員，教育課程の編成（共同教育課程や国際連携学科に関する特例を含む），単位制度，授業方法，成績評価基準の明示等，FD（▶ファカルティ・ディベロップメント），SD（▶スタッフ・ディベロップメント），履修科目の登録上限，卒業要件ならびに校地，校舎等の施設および設備等，事務組織といった事項について定められている。加えて専任教員数，校舎面積については，「別表」に専門分野・収容定員数ごとの詳細な数値基準が示されている。

大学設置基準は設置認可基準にとどまるものではなく，「大学」に対してその継続的な遵守が求められるものである。今日，大学の質保証における「事前・事後の評価の適切な役割分担と協調」を確保すべく，設置計画の履行状況を完成年度まで調査する▶文部科学省の設置計画履行状況等調査委員会の判断基準として大学設置基準が機能しているほか，▶認証評価においても大学としての最低要件の充足状況の確認が設置基準に照らして行われる。

早田 幸政

→学校教育法と設置基準，大学設置基準の大綱化，大学院設置基準，短期大学設置基準，チャーターリングとアクレディテーション

◎早田幸政『大学評価システムと自己点検・評価―法制度的視

点から』エイデル研究所，1997.
◎天城勲・慶伊富長編『大学設置基準の研究』東京大学出版会，1977.

大学設置基準の大綱化
だいがくせっちきじゅんのたいこうか

1991年(平成3)7月に施行された▶大学設置基準の大幅な改正を指し，社会や国民のニーズに迅速に対応可能となるよう大学制度を弾力化・柔軟化するとともに，各大学の自主的な取組みを尊重することによって大学制度全体の変革を促すことを目的とするとされた。これによって，▶一般教育科目，専門科目といった開設授業科目の区分ならびに科目区分ごとの必修単位数が撤廃されたほか，必要専任教員数を科目区分ごとに算出する方式から，収容定員の規模に応じた総数のみを算定する方式に変更したこと，授業の方法(講義・演習・実習など)別に一律に定められていた単位の計算方法を各大学の判断により弾力的に設定可能としたことなど，いわゆる「大綱化」によって教育課程の編成等に関する大学の自主性が大幅に認められるようになった。また大学設置基準の大綱化に伴い，大学の新増設にかかる設置審査についても学部・学科レベルでの詳細な基準から総則化された一般的な審査基準へと統合することにより，以降の多種多様な学部設置のきっかけとなったともいえる。　　濱中 義隆

→ 学校教育法と設置基準，必修科目，単位制

大学専門職・継続教育協会
だいがくせんもんしょく・けいぞくきょういくきょうかい
University Professional & Continuing Education Association:
UPCEA

▶専門職教育，継続教育，オンライン教育の普及と発展を目的とする北米の大学協会。1915年に全米大学拡張協会(National University Extension Association: NUEA)として設立されて以来，大学による通信教育と遠隔教育の強化と質的標準化を目的としてきた。1980年に継続教育の拡大を受けて全米大学継続教育協会(National University Continuing Education Association: NUCEA)と名称変更し，99年国外の加盟校の増加を受けて大学継続教育協会(University Continuing Education Association: UCEA)と変更した。さらに2010年には専門職に対するオンライン教育の質的向上を掲げて，UPCEA(University Professional and Continuing Education Association)と変更した。おもな事業は継続高等教育(Continuing Higher Education)に関するプログラムとマネージメントの研究開発，啓発活動，政策提言，研究交流，人材育成である。2017年現在の正規加盟校は366校，本部はワシントンD.C.，機関紙は『*UNBOUND: Reinventing Higher Education*』。　　五島 敦子

→ 大学通信教育，通信制大学，通信制大学院

大学大綱法　だいがくたいこうほう
Hochschulrahmengesetz[独]

ドイツの高等教育の基本的枠組みについて定めた連邦法。1969年の基本法(連邦憲法)改正により，連邦に「大学制度の一般原則」に関する大綱的立法権が与えられた(第75条第1号a)ことにより，75年12月に制定，翌76年1月に施行された。大学の使命，学修および教授，研究，大学の構成員，管理運営等の一般原則について規定しており，この法に基づき各州が州大学法を制定している。数次の改正が行われ，第3次改正(1985年)では総合制大学に関する規定の削除，教員組織の再編，第4次改正(1998年)ではバチェラー学位とマスター学位の導入，第5次改正(2002年2月)ではジュニア・プロフェッサー(▶準教授)職の新設(のち違憲判決)，▶大学教授資格(ハビリタツィオン)の廃止，第6次改正(2002年8月)では授業料を無償とすること(のちに違憲判決)などについて規定されてきた。2006年の連邦制改革により，基本法において大綱的立法が廃止されたことにより，大学大綱法は失効することとなった。ただし，失効手続きはまだ終了していない。　　長島 啓記

→ ドイツの大学法制

大学団体　だいがくだんたい
associations of universities

大学および大学関係者(主として教職員)が，大学間の相互交流，意見・情報交換，共通の利害や関心の探求，調査研究活動，セミナー開催，政策提言などを目的として組織した団体。おもなものには，国立大学法人86校を会員とする▶国立大学協会(一般社団法人)，都道府県立大学や市立大学等83校を組織する▶公立大学協会，▶全国公立短期大学協会，私立大学関係では，▶日本私立大学協会(405校加盟)，▶日本私立大学連盟(121校加盟)，▶日本私立大学団体連合会(前二者の連合組織)，▶日本私立短期大学協会(324校加盟)がある(2015年現在)。日本私立医科大学協会，日本私立薬科大学協会，日本教育大学協会など専門分野別の大学団体も存在する。1954年(昭和29)以来の歴史を持つ▶IDE大学協会は学術団体的性格が濃厚であり，会誌『IDE現代の高等教育』を定期刊行している。1947年設立の▶大学基準協会は歴史のある大学団体であるが，2004年(平成16)に認証評価機関としての認証を受けて以来，大学評価実施機関としての性格を強めている。　　斉藤 泰雄

→ 認証評価

大学通信教育 |だいがくつうしんきょういく
university correspondence education

[制度と歴史]

大学における通信教育は，1947年（昭和22）に制定された▶学校教育法にその根拠が定められており，「大学は，通信による教育を行うことができる」（旧70条，現在は84条）とされている。また，同年12月に▶大学基準協会が決定した大学通信教育基準は，「この基準に定められた通信教育は，学校教育法により，通常の課程と並んで正規の課程として行われるものである」（趣旨2）と規定している。これまで正規の教育として位置づけられていなかった通信教育に，法制上の根拠が与えられたわけである。これに基づき，1950年，法政，慶應義塾，中央，日本女子，日本，玉川の6大学の通信教育が正規の大学教育の課程として認可（文部省認可通信教育）された。

　また1981年には，▶放送大学学園の設立を契機に文部省令として大学通信教育設置基準が公布され，短期大学通信教育設置基準とともに翌年施行された。1983年に設立された放送大学は85年に放送授業を開始し，98年からは放送エリアを全国に拡大した。その後，▶大学院においても「通信による教育を行う研究科」を置くことができるようになり（学校教育法101条），1998年に修士課程が，2002年に博士課程が，そして2003年には専門職学位課程も認められた（ただし，▶法科大学院と▶教職大学院では通信制は認められていない）。さらに2004年には，構造改革特別区域における▶インターネット大学（インターネット等のみを用いて授業を行う大学における校舎等施設に係る要件の弾力化による大学設置事業：特定事業番号832）が認められた。

[授業の方法と卒業要件]

1998年の大学通信教育設置基準改正により，従来の「印刷教材等による授業」，「放送授業」，「面接授業」（いわゆる「スクーリング」）に加えて，「メディアを利用して行う授業」（いわゆる「▶メディア授業」）が認められ，大学通信教育で実施できる授業の方法は四つとなった（3条1項）。また2001年の改正で，「面接授業」と「メディア授業」は全く同等に扱われることとなり（6条2項），50年以上にわたって一律に課されてきた「面接授業」は卒業のための絶対要件ではなくなった。さらに，卒業に必要な124単位のすべてを「メディア授業」によって修得することも可能になった。ただし▶専門職大学院においては，「印刷教材等による授業」および「放送授業」を実施することができず，インターネット大学においてはこれらに加えて「面接授業」も実施することができない（つまり「メディア授業」のみ可）。

[現状]

2016年度に通信教育を実施しているのは44大学（うち2大学がインターネット大学），27大学院（修士課程25，博士課程10，専門職学位課程2），11短期大学で，学生数は大学が21万1175人（正規の課程16万3354人，その他4万7821人），大学院が8466人（3907人，4559人），短期大学が2万3020人（2万854人，2166人）で，合計24万2661人（18万8115人，5万4546人）となっている（いずれも放送大学を含む）。大学通信教育では，大学卒業資格を目的とする学生のほかに，教員免許状，保育士・図書館司書・社会教育主事・博物館学芸員等の資格，社会福祉士・精神保健福祉士・建築士等の受験資格の取得を目的とする学生も多く学んでいる。

[近年の傾向]

大学通信教育の近年の顕著な傾向は，大学においては，①設置校数の急激な増加（1994年以降の20年間で3.6倍に増加）と1校当たりの学生数の減少（同期間に約5分の1に減少），②専攻分野の多様化（芸術系，心理学系，自然科学系，学際的分野など），③通信制のみの大学の開設（2016年度は44校中6校），④入学者の高学歴化（高等教育機関の修了者が約65％，うち大学卒業者が約40％）と編入学者の占める割合の増加（約70％），⑤卒業率の上昇（1990年度の約11％が2011年度には約30％）などである。卒業率上昇の要因としては，高等教育を経験した編入学者が増加したこと，面接授業（スクーリング）の実施方法が弾力化されたこと（メディア授業による代替を含む），学習サポート体制（ICT活用を含む）の充実などが考えられる。

　大学院においては，①入学定員が少ない，②筆記試験や面接による入学者選抜を行う，③研究指導を中心に丁寧な個別指導を行う，④メンター，TA（▶ティーチング・アシスタント），アドバイザー等を配置する，⑤ICTを活用する（ただし，メディア授業を実施する大学院は少ない），⑥高い修了率と継続率，⑦学費は通学制に準ずる高額であるなど，これまでの通信教育の既成概念を打ち破るいくつかの特徴が見られる。▶短期大学においては，ビジネス系と保育（幼児教育）系を中心に，専門学校との併修制度（専門学校に入学するのと同時に短期大学の通信教育課程に入学し，二つの学校の同時卒業をめざす制度）を実施する学校が多い。こうした傾向は，大学通信教育が「通学制」の大学の単なる代替から脱却し，おもに高学歴の社会人を対象とする再教育機関として独自の役割を担うようになったことを示しているといえる。　　　　　　　　　　　鈴木　克夫

→ 情報社会と大学（テーマ編），eラーニングとICT活用教育，通信制大学，生涯学習と大学（テーマ編）

◎公益財団法人私立大学通信教育協会『2017大学通信教育ガイド（大学・短大編）』，2016.
◎公益財団法人私立大学通信教育協会『2017大学通信教育ガイド（大学院編）』，2016.

大学東校 ➡大学南校／大学東校

大学統合 |だいがくとうごう
university integration

二つ以上の大学が統合して一つの大学になること
をいう。日本で最初の近代大学である東京大学
は，1877年（明治10）に東京開成学校と東京医学校
を統合・改組して設立され，86年に▶工部大学校を
統合していることから，日本の大学の歴史そのもの
が，大学統合によって開始されているともいえる。
また，イギリスの▶ロンドン大学も既存のカレッジ等
を統合した大学（university）として1836年に設立さ
れた。

　日本では，第2次世界大戦後の大学改革の中で
▶新制大学が1948年（昭和23）以降発足したが，各
都道府県におかれた新制国立大学は，旧制のさま
ざまな大学や高等教育機関を統合して設立されて
おり，その中には国立の広島大学のように，旧制の
広島文理科大学などを母体に49年に新制大学と
して設立された後，旧制広島県立医科大学（1948
年設立）を母体に，52年に発足した県立の新制広
島医科大学を53年に医学部として統合した例も存
在する。

［東アジアおよび世界の大学統合］
これらの日本の大学統合の動きは，東アジアや世
界の動きと連動して起きている。戦前から1949年
の中華人民共和国成立に至る中国の大学は，日
中戦争のなかで多くの都市が日本の占領下におか
れ，大学の移動と統合を余儀なくされた。たとえば
▶北京大学は，1898年に清朝により京師大学堂と
して設立された後，辛亥革命を経て1912年に中華
民国のもとで北京大学に改称されたが，37年に長
沙に移転し，清華大学・南開大学とともに長沙臨
時大学を構成，その後3大学は38年に昆明に再移
転し，西南連合大学と改称され，雲南大学の一部
（教育系）を統合している。

　そのうち北京大学医学部は，1923年に北京医科
大学校として専門学校から昇格，27年に北京の高
等教育機関を統合した京師大学校の医科となり，
28年に同大学が北平大学に改組，37年に一部は
移転して他大学と統合され西安臨時大学，再移転
して西北聯合大学へ参加した。他方で，一部は北
京に残り，汪兆銘政権下で北平大学，燕京大学と
協和医学院の教員・学生を統合した。1945年に日
本が中国から撤退後，北京にあった大学等を再編
して北平臨時大学が成立，46年には西南連合大
学の一部となっていた北京大学が北京に戻り，北
京大学医学院となった。さらに1952年には全国の
高等教育の再編の中で北京大学から分離し，北京
医学院として独立，85年には北京医科大学と改称
した。なお，中国では2000年前後に旧ソ連などに
見られた独立した単科大学を統合して総合大学化
する大学統合が進み，北京医科大学は2000年に
北京大学と再統合，現在の北京大学医学部となっ

た。同様の総合大学化のための大学統合は，ロシ
ア，ヴェトナムなどにも見られる。

　他方，1925年北京公教大学輔仁（ふじん）社として発
足，27年に中華民国北洋政府の下でカトリック系
として設立された輔仁大学は，日本占領下および
日本撤退後の中華民国下で授業を継続したが，
52年北京師範大学等に統合（分割継承）され消滅し
た。しかし，1960年には台湾に移った中華民国政
府の認可を受け復興し，現在は台湾を代表する私
立大学となっている。なお，中国系の大学として
は，1955年に英植民地支配下で設立された南洋
大学がある。同大学は1963年にシンガポールがマ
レーシア連邦に参加すると学生・教員の大量逮捕，
創設者の市民権剝奪を経験した。さらに，1965年
にシンガポールがマレーシア連邦を離脱，68年に
同政府により正式に認可されたが，80年にはシン
ガポール大学に統合された。なお，1981年には南
洋大学の流れをくむ南洋理工学院が設立され，シ
ンガポール大学会計学部や国立教育学院などの
統合を経て91年に南洋理工大学を設立，同大学
には96年に旧南洋大学の同窓の役割が移管され
ている。

　21世紀に入ってからの世界的動向としては，▶世
界大学ランキングなどで示される大学の国際競争
力強化のための大学統合が活発化しており，イギ
リス，フランス，デンマーク，フィンランドなどで実
行に移されている。

［日本の大学統合とその議論］
日本では戦後安定した政治体制のもとで大学セク
ターの拡大が続き，帝京大学グループのように，大
学統合よりも一つの学校法人や関係する複数の学
校法人の間でグループ・ネットワークを構成するあ
り方のほうが盛んであった。しかし，少子高齢化に
よる若年人口の減少の影響が出始めた21世紀に
入り，2004年（平成16）以降の国公立大学の法人化
と前後して一定程度の大学統合が行われている。
このうち，国立大学に関しては文部科学省などの
国の方針，公立大学に関しては地方公共団体の方
針が影響を及ぼしているといえるが，各都道府県
内での統合が主となっている。国立大学に関して
は，2002年の山梨大学と山梨医科大学との統合，
2007年の大阪大学と大阪外国語大学の統合など
が代表的事例であるが，獣医学教育に関しては
2012年に鹿児島大学と山口大学が合同で共同獣
医学部を設立するなど，さらなる再編統合の議論
や試みも盛んである。また，公立大学では2005年
に県立広島女子大学・広島県立大学・広島県立保
健福祉大学の3大学を統合して設立された県立広
島大学などの事例が代表的なものといえる。私立
の場合，少子化に伴う市場の縮小のほか，ブラン
ディングの観点からも統合が行われることがありう
る。代表例としては，慶應義塾大学が2008年に共
立薬科大学と統合して薬学部・研究科を設置する

などの例があるほか，2008年に東海大学がグループ大学である九州東海大学と北海道東海大学を統合した例などがある。

大学行政としては，より多数の利用者に対して複数の分野に共通する資源を有効活用する規模の経済・範囲の経済を理論的根拠として，大学のとくに運営面での合理性の観点から大学統合を進めるインセンティブがあり，これは，市場基盤の弱い私立大学の救済策にも適用される。また，とくに他の高等教育機関からの大学昇格が比較的容易であり政策的にも誘導・支援されてきた日本は世界的に見ても極端に小規模な大学が多く，構造的には大学統合が求められる状況が続いている。他方で，それぞれの専門分野の同僚間での意思決定が教育・研究の基盤として残る大学の伝統・属性は，必ずしも大学統合への内的なインセンティブや効果の発現と相いれない。とくに日本の私立大学の場合，立命館大学と立命館アジア太平洋大学やそのほかの多様なグループ校に見られるように，学校法人やそのグループを通じて大学以外の多様な教育機関等と合わせて運営されることが多く，また，地域社会や産業界など大学に関わる利害関係者も多様化していることから，運営主体である学校法人としての統合やグループ化は進んだとしても，運営面の必要性で大学を統合するインセンティブは働きにくい構造にある。　　　　　　　　米澤 彰純

→大学の設置形態（テーマ編）

◎Hayhoe, R., Li, J., Lin, J., & Zha, Q., *Portraits of 21st Century Chinese Universities: In the Move to Mass Higher Education*, Springer, 2012.
◎フィリップ・G. アルトバック，馬越徹編，北村友人監訳『アジアの高等教育改革』玉川大学出版部，2006.
◎田村慶子『多民族国家シンガポールの政治と言語―「消滅」した南洋大学の25年』明石書店，2013.
◎Altbach, P. G., & Salmi, J.(eds.), *The road to academic excellence: The making of world-class research universities*, World Bank Publications, 2011.
◎羽田貴史『縮減期の高等教育政策―大学統合・再編に関する一考察』『北海道大学大学院教育学研究科紀要』85号，2002.

「大学等の地域的適正配置の推進について」(国土庁)
だいがくとうのちいきてきてきせいはいちのすいしんについて

1978年(昭和53)8月，国土庁の大学立地検討連絡会議が提示した文書。過疎・過密対策の一環として，大学の計画的立地政策に関与していた国土庁によって設置された大学立地検討連絡会議が，第三次全国総合開発計画の定住構想を推進する観点から検討していた施策を中間的にまとめたもの。大学の大都市集中，とくに▶私立大学に著しいことを指摘し，当面の施策として，①移転・新設の意向をもつ大学等とその誘致構想をもつ地方公共団体との橋渡しをする方策の検討・実施，②学園都市構想をもつ地域について基本計画を策定するため

の調査，③全国ブロックないし都道府県単位等の地域別，大学種別，専門分野別の大学等の収容規模の目標の検討，④「工場等制限法」等による大都市での立地抑制策の強化の検討，⑤大学等の移転に対する助成制度の検討，⑥文部省等，関係行政機関との協調体制の整備を掲げた。本文書は地方での新増設を含む大学の地方分散・移転を意図し，学園都市建設事業を促進することにもなった。　　　　　　　　　　　　　　　　吉川 卓治

大学と学費 →テーマ編 p.34

大学と研究 →テーマ編 p.23

大学と言語 →テーマ編 p.31

大学と建造物 |だいがくとけんぞうぶつ
universities and buildings

大学には教育と研究を支援するためのさまざまな建造物が置かれ，全体としてその大学を特色づけている。教室には▶ゼミナールなどを行う小教室から何百人を収容する大教室，パソコン教室，実験室などさまざまな形態がある。現在の図書館は単なる資料の所蔵施設にとどまらず，インターネット設備をもった▶電子図書館ともなっている。▶学生食堂(学食)はかつてのように安く食事を学生に提供するだけでなく，最近はレストラン顔負けのところも現れている。講堂は早稲田大学の大隈講堂のように大学を象徴する建物でもある。キリスト教系の大学には，上智大学のクルトゥルハイム聖堂のような礼拝堂が置かれている。厚生施設の入った大学会館，▶学生寮も大学に欠かせない建造物である。最近では大学の歴史を伝える▶大学博物館(大学アーカイブ)をもつ大学も少なくない。歴史の古い大学は，東京大学の赤門のように国の重要文化財に指定された建造物をもっている。▶ハイデルベルク大学には，かつての学生牢も建造物として残っている。　　　　　　　　　　　　　　　　　　木戸 裕

→大学図書館，学生会館，キャンパス

大学都市 |だいがくとし
university town; Universitätsstadt[独]; cité universitaire[仏]

[中世ヨーロッパの大学]
大学の誕生は都市の発達と密接に結びついている。大学は都市社会のなかで生まれた。15世紀頃までに創設された，中世ヨーロッパのおもな大学を国ごとに記すと次のようになる(括弧内は設立年)。
[イタリア]　ボローニャ(11世紀，1088頃)，パドヴァ(1222)，ナポリ(1224)，サレルノ(1231)，シエナ(1240)，ローマ(1303)，フィレンツェ(1321)，パヴィ

ア(1361)，ピサ(1343)，トリノ(1404)

[イギリス]　オックスフォード(1168頃)，ケンブリッジ(1209)，セント・アンドリューズ(1411)，グラスゴー(1451)，アバディーン(1495)

[フランス]　パリ(1150頃)，トゥールーズ(1229)，グルノーブル(1339)，エクス・マルセイユ(1413)，ボルドー(1441)

[スペイン]　サラマンカ(1218)，バルセロナ(1430)，アルカラ(1499)，バレンシア(1499)

[ポルトガル]　コインブラ(1290)

[チェコ(ボヘミア)]　プラハ(1348)

[オーストリア]　ウィーン(1365)

[ドイツ]　ハイデルベルク(1386)，ケルン(1388)，エアフルト(1389)，ライプツィヒ(1409)，ロストック(1419)，グライスヴァルト(1428)，フライブルク(1457)，ミュンヘン(1472)，トリーア(1473)，マインツ(1476)，テュービンゲン(1477)

[スウェーデン]　ウプサラ(1477)

[デンマーク]　コペンハーゲン(1479)

[ベルギー]　ルーヴァン・カトリック(1425)

[ポーランド]　クラクフ(1364)

　これらはいずれも都市の名前を冠しており，都市の成立と大学の発展は密接に結びついている。このうちサラマンカ，コインブラ，アルカラは大学の建造物をおもな対象としてユネスコ世界遺産になっている。

[大学都市の原型—ボローニャとパリ]

大学(universitas)が誕生したのは，12世紀後半から13世紀初頭の中世ヨーロッパにおいてであった。ウニヴェルシタスとは，もともとは中世社会に特有の自治都市内部の組合，市民団体などを意味した言葉であった。▶ボローニャ大学は学生たちの「組合」が発展したのに対して，▶パリ大学は「教師組合」という同業組合が発展したものである。都市の自由な雰囲気にひきつけられた学生と教師が集結し，そこで学問が講じられることになった。城壁に囲まれて大聖堂，市庁舎，商工業者のギルドの建物が並ぶ市の中心部に教場が設けられ，やがて▶学寮(コレージュ)も建設された。

　12世紀初頭，パリのセーヌ左岸のサント・ジュヌヴィエーヴで，著名な論理学者・神学者ピエール・アベラール(Pierre Abélard，1079-1142)は学生を集め教鞭をとっていた。このアベラールの例にならって，この丘の周辺に数多くの人文学者たちが集まってきた。これまで各地を放浪していた学生もそこへ行けば，多くの師と出会うことができる場所ということで「カルチェ・ラタン」(ラテン語が話される地区)が生まれることになる。当時は，学問の世界の共通語は▶ラテン語であった。以後この地区に高等教育機関の建物が集中し，学生の街へと発展する。カルチェ・ラタンは，1960年代後半から世界的な広がりをみせたさまざまな反体制▶学生運動の中心地にもなった。

[イギリス，ドイツの大学都市]

オックスフォードはロンドンの西に100キロ，ケンブリッジは北方100キロのところに位置している。▶オックスフォード大学は，1168年ころに教会付属学校から生まれた。パリで学んだ神学者たちが，ここにパリに似た組織を創設したのが始まりとされている。13世紀には，すでにオックスフォードに五つのカレッジ(学寮)が設置されていた。大学教育は，市内に点在するカレッジで行われてきた。この伝統は今日まで引き継がれている。現在カレッジは約40あり，学生数は市の人口約13万人のうちの1割以上を占めている。都市の中にカレッジがあるというより，散在するカレッジの中に都市が混在しているという趣を呈している。同様のことは，オックスフォードから分派し，約半世紀遅れて創設された▶ケンブリッジ大学にも言うことができる。

　ドイツにおいては，領邦国家が大学創設の主体をなしたが，皇帝直属の都市(帝国自由都市)もまた大学の立地に努めた。都市と国家は，ともに競って権威ある大学の建設にとりかかった。ハイデルベルクは，大学都市として最もよく知られている一つである。市の北の丘にある「哲学者の道」から眺めると図書館，教会，学生寮，講堂などが見えるが，大学の教室がどこにあるかはわからない。▶キャンパスが見当たらない。街と大学の間に境界がなく，互いに入り組み，大学とレストラン，市場などが一体化している。教育は学科ごとのインスティトゥート(▶インスティチュート)で行われるが，それらは市内のいたるところに点在し，知らない人にはどれが校舎なのか判別できない。ひとつのキャンパスに集結された形態をとらないスタイルは，ボローニャをはじめ，ドイツではテュービンゲン，フライブルクなど中世以来の伝統をもつ大学に見られる特色となっている。

[新天地の大学—アメリカ合衆国の大学都市]

アメリカを代表する大学であるハーヴァードがボストン市郊外に設立されたのは1636年である。そこは未開拓の原野であった。開墾を進めながら広大な敷地の中に大学の建物が建設された。都市の中に大学が発生し，都市と大学が一体となって発展したヨーロッパとは異なり，アメリカでは大学がその機能のために必要な小都市を独自に建設したということができよう。ちなみにキャンパスという英語は，野原(原野)という意味のラテン語に由来している。原野に建設されたのが大学の建物であった。現在では，ボストン市とハーヴァードがあるケンブリッジ市はほとんど市街地が連続し，その中間にMIT(▶マサチューセッツ工科大学)が設置され，原野の面影はない。

木戸　裕

→ **都市と大学**(テーマ編)

◎樺山紘一『都市と大学の世界史』日本放送出版協会，1998.
◎横尾壮英『中世大学都市への旅』朝日新聞社，1992.

大学図書館 だいがくとしょかん
university library

[歴史―西洋・日本]

大学図書館の起源は，西洋では中世の大学に端を発し，13世紀から14世紀にかけてその萌芽がみられる。西洋の中世社会で最大の蔵書を誇ったのは▶修道院図書館であるが，その蔵書の寄贈を受けた例として知られるのは，▶サラマンカ大学である。ほとんどの修道院図書館では，世俗世界に対しては大学に限らず，貸出しをするのみであった。▶パリ大学のソルボンヌカレッジは1250年頃に設立され，この頃図書室も設けられたが，正式にカレッジの組織として認められたのは1289年である。カレッジ創立の発端は，世俗教師であったソルボンが神学部の貧しい学生のために図書室のある施設，▶学寮を設けたことにある。蔵書は寄贈に頼っていた。14世紀になると，▶オックスフォード大学で，司教トーマス・コバムが学生に公開することを目的に，1320年から建造された総会議場の2階に蔵書を収めた。このコバムの願望は実現しなかったが，図書室設立の発端は，学生のための寄贈図書に始まるとみることができる。

大学図書館として独立した建物が多く建てられるようになったのは，15世紀半ばである。当時の書物は1軒の家屋か農園に匹敵する価値があったため，大学図書館では写本および参考図書類は鎖でとめられていた。鎖付きの図書はオックスフォード大学のクイーンズ・カレッジなど，いくつかのカレッジ図書館で具体例がみられ，18世紀末まで続いた。

日本では，1867年（慶応3）に慶應義塾が芝に移転した際，講堂に図書を備えつけたのが図書館の萌芽とみられる。1870年（明治3）には，東京大学の母体である大学南校に書籍局が，東校に転籍局が設けられ，大学図書館の種が蒔かれた。1873年には，後に▶帝国大学に合併された（1886年）▶工部大学校にも「書房」が設けられ，ともに大学図書館の起源となった。現在，大学図書館に関わる単独の法律はないが，▶大学設置基準（昭和31年10月22日文部省令第28号）36条は，大学はその組織および規模に応じて専用の施設を備えた校舎を有するものとしており，図書館などがあげられている。教育と研究・調査を支える一機関としての図書館は，設置母体である大学の種類や規模に応じて，その構成員に資料・情報を提供する責務を担っており，近年は卒業生のほか，大学が所在する地域へのサービスも求められている。

[現状・サービス]

1947年（昭和22）に▶新制大学が発足し，戦災を被った大学なども含め，多くの大学が図書館を新築，改築した。全館開架の採用は，1960年開館の▶国際基督教大学が嚆矢であった。今日では多くの大学図書館で，書庫入庫も含め，学生に開放されている。館外貸出しに関して，第2次世界大戦前の日本では，一部の私立大学を除き，学部学生に対して，休暇中の例外的措置以外は公式には認められていなかった。他方，西洋では▶ゲッティンゲン大学の図書館にみられるように，18世紀半ばには複雑な手続きを廃して，学生に10冊以上の館外貸出しを認めていた。日本でも1970年代前後の▶学生運動における学生の要求もあり，対学生サービスに改善の兆しがみられた。

昨今は，少子化の影響もあり，受験生に魅力ある学習施設のひとつとして図書館が注目を浴びている。ビブリオ・バトルなど学生をとりこんだイベント開催の実施あるいはSNSを活用した図書館からの情報伝達のほか，双方向のコミュニケーションを生かし，利用者の声に対応，サービス改善とともに広報活動にも努めている。蔵書量の増加やIT化への対応のため，いくつかの大学では図書館の新築，増築，改築を進めているが，その際，工夫がこらされているスペースのひとつが「▶ラーニング・コモンズ」である。学生がともに学ぶ共有スペースとして無線LANやタッチディスプレイなどが設置されており，ノートPCの利用も可能で，共同で学習するのに快適な空間となっている。長崎大学の図書館公開は半世紀近くに及ぶが，昨今は多くの大学図書館で公開を進めている。背景には，私学も含め国民への資源の還元が求められ，資料の公開など，資源の共有化が期待されている状況がある。医学系の単科大学や総合大学では，研究機関である医学情報センターを，地域の健康医療情報センターとして市民に公開している例もある。人文社会科学系や理学系の図書館にも，地域住民などに全面公開，ないし公共図書館を通じた利用提供を図っているものがある。貴重資料の公開も，明治大学のように図書館に展示ギャラリーを有する大学では，ほぼ年間を通じて展示，一般公開しており，ほかにも春秋など期間を限定して展示，公開している大学がある。

開館日数や時間の延長に関しては，教育・研究調査のために24時間開館している図書館もあり，自然科学系のみに限らず，人文社会系でも開館時間の延長が望まれ，夜間開館を実施する大学が増えている。資料のデジタル化により，いつでも利用できるバーチャルサービスに期待がかかるが，同時にコミュニケーションの広場としての図書館の重要性が高まっている。研究成果の共有のため，国の内外で▶機関リポジトリが設置されており，大学内における研究成果の保存機関としての図書館が，そのとりまとめ役を果たしている。不況と少子化による図書館予算の削減は，資料費面では図書や雑誌の購入のほか，個人には高額の有料データベースへの契約にもマイナス影響を及ぼし，人件費の削減は正規の専門職員によるサービスの低下につ

ながる。教育と研究水準の確保の観点からも，国全体で取り組む必要のある課題が山積している。

阪田 蓉子

→図書館員，大学図書館間相互利用，電子図書館，情報リテラシー教育

◎ヘースティングズ・ラシュドール著，横尾壮英訳『大学の起源―ヨーロッパ中世大学史』3冊，東洋館出版社，1968-70.
◎ジャック・ヴェルジェ著，大高順雄訳『中世の大学』みすず書房，1979.

大学図書館間相互利用
だいがくとしょかんかんそうごりよう
interlibrary loan

情報を共有し，利用者に資するため図書館間で相互貸出し等を行うこと(ILL)。1976年に発足した東京大学情報図書館学研究センターに端を発する国立情報学研究所(National Institute of Informatics: NII)の学術情報ネットワーク(Science Information NETwork: SINET)は，国公私立の▶大学図書館および大学共同利用機関など，2016年現在800以上の機関が参加する大規模なシステムであり，個別の大学では設備・維持が困難な最先端の大型装置や大量の学術データ，貴重な資料や分析法などを全国の研究者に無償で提供するなど，個別の大学の枠を越えた共同研究を推進する研究機関である。小規模な例では，東京の山手線沿線私立大学図書館コンソーシアムにみられる8大学図書館の相互利用ネットワークや神奈川県内の一部の大学図書館が県内の公共図書館等と連携し，インターネットで相互に資料の所蔵検索ができる横断検索サービスや相互に貸借できる「神奈川県図書館情報ネットワーク・システム」(KL-NET)などがある。

阪田 蓉子

→大学共同利用機関法人

大学と特許 だいがくととっきょ
university and patent

大学の研究成果は社会に還元されることが望ましい。アメリカ合衆国では，大学による特許保有のあり方が1960年代から注目され(宮田由紀夫『アメリカの産学連携と学問的誠実性』玉川大学出版部，2013年)，1980年のバイ・ドール法(Bayh-Dole Act)では，連邦政府の研究開発費を受領した大学等に，成果である特許を帰属させて企業への▶技術移転を推進した。同年に最高裁は生物特許を認めて特許の対象を拡大した。1980年代から特許権侵害の損害賠償額は高騰し，大学発ベンチャー企業等が擁護された。▶スタンフォード大学は，1980年に成立した特許から2億5000万ドル以上の例外的な高収入を得た。日本では産業活力再生特別措置法(日本版バイ・ドール法，1999年)や知的財産基本法(2002年)が制定され，技術移転機関や知的財産本

部が少なからぬ大学に設置された。日本の大学等の特許権保有数は3万1000件，特許権収入は20億円である(2014年度)。2009年度からの伸びは前者が4.7倍，後者は2.2倍で，この間に収入を生まない特許が増えたとみられる。

塚原 修一

→知的財産活動，大学と研究(テーマ編)

大学南校／大学東校
だいがくなんこう／だいがくとうこう
The Origins of the University of Tokyo

東京大学の前身にあたる明治初期の官立学校。江戸幕府の昌平黌(▶昌平坂学問所)を復興した昌平学校を1869年(明治2)に改称した大学本校(大学校本校)が存在したお茶の水・湯島からみて，その分局となる開成学校が位置する神田一ツ橋が南にあたり，同様に分局となる医学校が位置する下谷御徒町が東にあたるため，前者を大学南校，後者を大学東校と称した。大学南校は江戸幕府の▶蕃書調所に由来し，大学東校は幕府の医学所に始まり，1869年に大学南校，大学東校となる。翌70年には皇漢(国漢)学派と洋学派の抗争対立もあって大学本校は閉鎖された。1871年の文部省設置に伴い大学(大学校)は廃止となり，南校，東校となる。南校は普通，専門(法・理・文)の3科に大別され，諸藩から優秀な青年子弟らを推薦選抜する貢進生制度を採用し，▶お雇い外国人教師による専門教育を行った。東校ではドイツ人教師らを中心として，ドイツ医学の教育が行われた。南校は第一大学区第一番中学，▶開成学校，東京開成学校となり，東校は第一大学区医学校，東京医学校となり，1877年に合併して東京大学となる。

谷本 宗生

→大学本校，大学区

大学入学者選抜制度
だいがくにゅうがくしゃせんばつせいど
selection system of admission to universities

各国の大学入学制度をみると，大きく二つのタイプに分けることができよう。多くのヨーロッパ諸国では，たとえばドイツではギムナジウムといった，特定の後期中等教育機関の修了資格が大学入学資格を意味し，これを取得した者に大学入学の権利を付与するという考え方がとられてきた。これに対し日本では，高等学校卒業後にあらためて各大学が設ける基準にしたがった入学選抜手続きが行われる。これに合格してはじめて大学入学が許されるという仕組みになっている。前者は資格を有するすべての者に対して大学は「開かれている」という意味で「オープン・アドミッション」，後者は個々の大学ごとに入学者の選抜が行われるという意味で「セレクティブ・アドミッション」と呼ぶこともできよ

う。

一般にヨーロッパでは，後期中等教育の修了試験（ドイツでは▶アビトゥーア，フランスでは▶バカロレア，イタリアではマトゥリタといった名称で呼ばれている）が，同時に大学入学資格試験となっており，これに合格した者は，あらためて大学入試を経ることなく大学に入学することができるというシステムが採用されてきた。ちなみにイタリアの大学入学資格「マトゥリタmaturità」は，英語の「maturity（成熟）」という言葉と関係している。すなわち「知的に成熟している」（intellectual maturity）をもっているとみなされた者に与えられる証明書が「マツリタ」であり，そういう者に対し，大学は開放されていなければならないというのが，これまでのヨーロッパの大学に見られる大きな特色であった。

しかし，かつては同年齢層のわずか数％にすぎなかった大学進学率が，1990年代に入ると多くのヨーロッパ諸国において大体2割から4割に達するようになった。それにともない「資格をもつ者に対して開かれた」オープン・アドミッションの制度にも，「入学制限」（numerus clausus）の導入というセレクティブ・アドミッションの要素を取り入れざるを得ない状況となっている。現在のヨーロッパの大学入学システムは，次の二つの面からとらえられる。
(1)後期中等教育の修了試験によって生徒の学習到達度を検査し，一定の水準に達した者に対し大学入学資格を付与する。基本的にはこの段階で大学に入学できる
(2)大学の収容限度を超える場合に限定して，大学入学資格を得た者のなかから，何らかの基準を設け，入学者を選抜する

ヨーロッパ各国について現状をまとめてみると，大きく三つのタイプに分類できよう。①どの学部・学科でも選抜が実施されている国，②一部の学部・学科でのみ選抜が実施されている国，③ほとんどの専攻分野で選抜が実施されていない国。

①のタイプでは，たとえばイギリスでは，受験者は「大学・カレッジ入学サービス」（UCAS）と呼ばれる仲介機関にそれぞれ希望する大学名を記入した志願票を提出する。合否の決定は大学ごとに，GCE-Aレベル試験（中等普通教育証書上級試験）の成績を主として，そのほか面接，自己申告書，調査書などにもとづき行われる。ギリシアでは，上級中等学校（リケイア）修了証書を取得している者を対象に，政府が実施する全国共通の入学試験が行われている。スペイン，ポルトガルでは，各大学が入学試験（大学進学能力試験）を実施している。スウェーデンの大学でも，各大学による選抜のプロセスを経て入学者が決定されるが，一定の職業経験を有する者に大学入学資格を与える制度もある。

②はフランス，ドイツ，イタリア，オーストリアなどに典型的に見られるタイプである。これらの国々では志願者が殺到する学科・学部で「入学制限」が

行われているが，基本的にはバカロレア，アビトゥーアなどの資格取得者は，希望する大学に「登録する」ことにより入学することができる。医学部など「入学制限」が行われる場合にのみ，選抜手続きが実施される。③の「入学制限」がとくに設けられていないのは，たとえばベルギーなどである。ベルギーでは，近年医学部で「入学制限」が行われるようになったが，そのほかの専攻分野では基本的にオープン・アクセスとなっている。

アメリカ合衆国の大学の場合，大きく三つのタイプがある。①高等学校卒業者であれば，原則としてすべて入学できる大学，②SATやACTなどの適性検査と高等学校の成績にもとづき，一定の基準をクリアしている者全員の入学を認める大学，③適性検査，高等学校の成績に加えて，小論文，面接など多様な基準にもとづき競争型の選抜を行う大学である。有名私立大学は③のタイプに属する。

ヨーロッパに見られる動向として，後期中等教育はこれまで大学進学を前提とした一般教育を施すことにその使命が置かれてきたが，これに加えて職業・技術教育を行うことも要請され，両者をどのように結合させるかが課題となっている。▶職業教育で得られる資格を通しても大学入学へ至るコースが各国で設けられるようになっている。たとえばイギリスでは，GNVQ（一般全国職業資格）という名称の職業教育資格がGCE-Aレベル試験と同等の水準にあるとみなされている。フランスでも職業資格も兼ねた職業バカロレアが設けられるなど，各国とも大学入学へと導くさまざまなタイプの資格が導入されている。

木戸 裕

⇨入学制度（テーマ編），SAT/ACT

◎European Commission, *Key data on education in Europe 2012.*
◎木戸裕『ドイツ統一・EU統合とグローバリズム―教育の視点からみたその軌跡と課題』東信堂，2012.

大学入試センター│だいがくにゅうしセンター
National Center for University Entrance Examination

▶大学入試センター試験に関する業務等を行うことにより，大学入学者の選抜の改善を図り，もって大学および高等学校等における教育の振興に資することを目的とする独立行政法人。昭和40年代後半以降，大学進学希望者の増加により受験競争が激化し，入試での難問奇問の続出や，高等学校教育への悪影響が問題になったため，国公立大の入試改革が検討されることになった。1976年（昭和51）に，まず東京大学に全国共同利用施設として国立大学入試改善調査施設が設置された。翌1977年に▶国立学校設置法の改正を受けて大学入試における共通学力試験の問題を作成，実施を目的に大学入試センターが設立され，数回の試行テストを経て，79年に第1回の大学共通第一次学力試験を実施。1988年に所掌事務が変更され，▶共

通一次試験を改善し，私立大学も参加する新たな大学入試センター試験の一括処理業務を担当する機関となり，90年（平成2）に第1回の大学入試センター試験を実施した。研究開発部では入学者選抜方法の改善に関する調査・研究を行い，成果を『大学入試センター研究紀要』として発行。2001年から独立行政法人に移行した。

齋藤 千尋

大学入試センター試験｜だいがくにゅうしセンターしけん
the National Center University Entrance Examination

大学入試センター試験とは，共通第一次学力試験（▶共通一次試験）に代わる大学入学者選抜のための共通テストとして，1990年（平成2）から実施されている試験である。センター試験は，大学・短期大学に入学を志願する者の高等学校段階における基礎的な学習の達成度を判定しており，各国公私立大学は，大学入学者を選抜する際に各大学で実施する試験等とともにセンター試験を活用している。独立行政法人▶大学入試センターと，センター試験を利用する国公私立大学が共同で実施し，例年10月初旬に受験希望者による出願の受付が行われ，1月中旬に本試験が2日間にわたって実施される。

［導入の経緯］
▶国立大学を対象として1979年（昭和54）から実施された共通第一次学力試験は，従来の▶一期校・二期校制下で問題となった大学入試試験における難問奇問の排除や，受験競争の激化の排除を導入の目的としたが，一律に5教科利用を原則としたことなどにより，結果的には▶偏差値に基づく国立大学の序列化を進行させた。1985年，▶臨時教育審議会は「教育改革に関する第一次答申」において，偏差値偏重の受験競争の弊害を是正するとともに，各大学の個性的な入学者選抜が可能となるような，国立大学だけでなく▶公立大学・▶私立大学も利用できる共通テストの創設を提言した。同答申と1988年の大学入試改革協議会最終報告を踏まえ，90年度入学者選抜よりセンター試験が導入されることとなった。国公立大学の受験機会複線化を目的として1989年より導入された二次試験の分離・分割方式と合わせて，大学入試の個性化・多様化が図られている。2004年度から▶短期大学もセンター試験を利用することが可能となった。

［センター試験の概要］
大学入試センターは，センター試験の役割として以下の四つを挙げている。①難問奇問を排除した，良質な問題の確保，②各大学が実施する試験との適切な組合せによる大学入試の個性化・多様化，③国公私立大学を通じた入試改革，④アラカルト方式による各大学に適した利用。

高等学校学習指導要領に基づく科目から出題され，2014（平成26）年度試験では国語，地理歴史，公民，数学，理科，外国語の6教科29科目であった。マークシート式で回答し，2006年からは英語でリスニング問題が導入されている。大学は各学部・学科で必要とする利用教科・科目を指定することができ，各大学で二次試験を実施する際に独自の学力問題や小論文，面接等を組み合わせることで，大学の創意工夫に基づいた能力・適性の判定を行うことが期待されている。またセンター試験，二次試験の各科目の配点を自由に設定することができるため，他大学との総得点の単純な比較による序列化を困難にしている。

参加大学・短期大学数は，1990年の148校から，2013年には846校（うち大学685校）まで増加した。とくに私立大学の参加が増加傾向にあり，1990年には16校の参加にとどまっていたのが，2013年は523校まで増加している。また受験者数は，1990年に43万542人であったのが，2003年には60万2887人まで増加した。それ以後はやや減少し，2016年度センター試験の志願者数は56万3768人であった。

［センター試験に対する評価と課題］
上記の通り，近年もセンター試験への参加学校数が大幅に増加しており，過去の共通一次試験等と比較して定着したといえる。また，一般入試だけでなく▶推薦入試，▶AO入試においてもセンター試験を課す大学があるなど，各国公私立大学におけるセンター試験を利活用した選抜方法は多様化しており，センター試験導入当初の目的はある程度達成されている。

一方で，共通一次試験と同様のマークシート形式が知識偏重であり，受験機会が年に1度しかないこと，科目数が増加したことにより，試験が複雑化したという指摘もある。近年では，2006年（平成18）から導入された英語のリスニングにおける機器不良の発生や，2012年の「地理歴史，公民」における試験問題冊子の大規模な配布ミスなど，試験の管理・運営上のトラブルが続出している。また大学全入時代を迎える中，大学進学希望者の大学への入学が容易になる一方で，高校段階での学習到達度が問われていないことから，学生の学力低下等が生じることへの対策となる新たな試験も模索されている。文部科学省は，センター試験に代わるものとして，高校段階の学力到達度の評価を目的とする「高等学校基礎学力テスト（仮称）」と，大学入学者選抜のための「大学入学希望者学力評価テスト（仮称）」の導入を検討している。後者は2020年度からの実施が予定されており，思考力・判断力・表現力を評価するために記述式問題の出題等が検討されている。

黒川 直秀

→ 入学制度（テーマ編）

◎本木章喜「センター試験の現状」『IDE』No. 506，2008.12.

大学の運営に関する臨時措置法
だいがくのうんえいにかんするりんじそちほう

▶大学紛争の渦中の1969年に制定された法律(昭和44年法律第70号)。通称は大学臨時措置法。大学紛争が生じている大学に対し，紛争の自主的収拾のための努力を助けることを主眼として，当該大学の運営に関し緊急に講ずべき措置を定めたものである。▶学長等に紛争の妥当な収拾を図るという努力義務を課するとともに，その裏づけとして学長の補佐機関等の設置や紛争収拾のために行う教育等の休止および停止，休止および停止に伴う法的効果などを定めている。さらに紛争が生じた際には学長に文部大臣への報告義務を課し，文部大臣は必要に応じ大学に対して紛争の収拾や運営改善のための勧告や指示，▶国立学校設置法の改正のための措置等を行うことができるとされた。また，これらの措置を調査審議する臨時大学問題審議会の設置も定められた。国立大学を直接の対象としたが，公・私立大学にも準用された。この法律の施行後，全国の大学紛争は急速に収束に向かったが，施行後5年以内に廃止するとされていた本法は，実際には行政改革によって各種の法令の見直しと廃止が行われた2001年まで存続した。その間，実際の適用例はなかった。 山本 眞一

大学の概念 ▶ テーマ編 p.2

大学の管理 ▶ 大学の行政・経営・管理 (テーマ編 p.95)

大学の管理事務部門 | だいがくのかんりじむぶもん
administrative division of the university

大学の管理運営にかかわる事務を担当する部門を指し，事務職員を中心に構成される。大学の内部のほか設置者にもあり，私立大学は▶学校法人，公立大学は地方自治体，かつての国立大学は国(文部科学省)，法人化された国公立大学では国立(公立)大学法人がそれにあたるが，ここでは大学内部をおもにあつかう。

[歴史]
大学の主役は教員と学生であるが，▶中世大学には事務職員の元祖にあたる，ビードル(事務長)，ノータロ(書記)，レケプトールないしマッサリウス(出納係)が雇われていた。日本では1877年(明治10)の東京大学職制に「長 総理の命を受け一学部の事務を幹理す」，「書記 各庶務に従事す」とあり，86年の▶帝国大学令には職員として「書記官 奏任」と「書記 判任」があげられた。その職務は1893年の帝国大学官制に「書記官は総長の命を承け庶務会計を掌理す」「書記は上官の命を承け庶務会計に従事す」とされ，定員は前者が専任1人，

後者は▶帝国大学と▶分科大学(学部)を通計して専任52人であった。第2次世界大戦後は▶学校教育法(1947年)に「大学には事務職員を置かなければならない」とあり，▶大学設置基準(1956年)では，大学は「その事務を処理するため，専任の職員を置く適当な事務組織を設けるものとする」「学生の厚生補導を行うため，専任の職員を置く適当な組織を設けるものとする」とされた。厚生補導とは学生に対する援助・助言・指導を指す。内容は時期により同じではないが，1951年(昭和26)の学徒厚生審議会答申には活動領域として奨学対策，厚生援護対策，就職対策，保健対策，厚生補導対策があげられた。

[事例]
私立大学の事例として三つの小規模大学をあげる。津田塾大学(入学定員690人)の管理事務部門は，それまでは大学事務局に5課(総務，管理，経理，教務，学生生活)がおかれたが，1997年(平成9)に2課(企画広報，情報サービス)が設置され，2000年度に津田梅子記念交流館，2001年度には国際センター，2008年度にはその開設にともない千駄ヶ谷キャンパス事務室，2017年には戦略推進本部が設置された。清泉女子大学(入学定員390人)では，学校法人に理事長室があり，大学には学長室のほか，事務局(総務，人事，管理，財務の4課)，学務部(学務課)，学生部(学生，就職の2課)，入試部(入試課)と，6センター(ウエルネス，情報環境，カトリック，ボランティア，生涯学習，国際交流)の事務室がある。麗澤大学(入学定員600人)では管理事務部門が法人と大学にわかれ，法人本部に総務部(総務，人事，施設，企画広報の4課および健康支援センター)，財務部(財務，経理の2課)が，大学事務局には学務部と学事部がおかれた。2017年には大学事務局の部が廃止され，9グループ(教育研究支援，大学院，教務，学生支援，キャリア支援，地域連携・オープンカレッジ，図書館事務，国際交流，入試広報)と6室(学長，IR推進，学校教育研究科設置準備，情報システム，障がい学生支援室準備，麗澤校友会)になった。

国立大学は，小樽商科大学における変遷を『小樽商科大学百年史』に沿って述べる。発足時(1949年)の管理事務部門は事務局(庶務，会計の2課)，学生部(補導，厚生の2課)，教務部(教務課)であった。2001年に事務局を一元化する大規模な改組があり，事務局(総務，会計，教務，学生，施設の5課および入学主幹)と，課を横断する組織(企画，地域連携推進，国際交流事務の3室)がおかれた。2016年にはこの区分を廃して事務局に7課(教務，学生支援，学術情報，総務，企画戦略，会計，施設)をおいた。入学定員の増加(発足時の140人から515人へ)と，大学改革，大学評価，地域連携，国際化などの新しい課題に対応した措置といえる。法人化によって，学長権限の強化と事務職員の活性化がなされたという。▶国立大学法人法では，国立大学の設置と

運営など七つが法人の業務とされるが，法人と大学の管理事務部門は一体的に運用されている。

[多様な組織編成]

管理事務部門の基本的な業務は各大学に共通であろうが，組織編成はさまざまで，私立大学には学校法人と大学の管理事務部門が一体化した事例と分離した事例がみられた。組織編成は国や時代によっても異なる。一つは教員との役割分担で，たとえば入学者選抜は日本では教員が行うが，アメリカでは入学者選抜室（admissions office）の事務職員が行う。時代による差異として，国立大学の管理事務部門にも変遷がみられた。近年の日本では▶学長を中心とした大学経営が叫ばれ，学長室，戦略室，IR室などが設置されて，事務職員にも経営的思考と能力開発による高度化・専門化がもとめられている。

塚原 修一

→大学管理機関，インスティチューショナル・リサーチ，大学経営人材養成，大学職員の専門職化，事務長

◎山本眞一『新版 大学事務職員のための高等教育システム論』東信堂，2012.
◎大学行政管理学会大学事務組織研究会『大学事務組織の強化書』学校経理研究会，2014.

『大学の起源』｜だいがくのきげん
The Universities in Europe in the Middle Ages

日本における本格的な大学史研究は，H. ラシュドール著，横尾壮英訳『大学の起源』上・中・下巻，東洋館出版社（1968〜70年）の刊行に始まるといっても過言ではない。それまでにも大久保利謙『日本の大学』創元社（1943年），皇至道『大学制度の研究』柳原書店（1955年），島田雄次郎『ヨーロッパの大学』至文堂（1964年）などの先駆的な研究はあった。しかし，大学の歴史や現状に関心を抱く研究者や大学人に，そもそも大学とは何か，いかにしてヨーロッパ中世に大学が誕生したのか，その基本的性格はいかなるものか等々について豊富で正確な知識を提供し，大学史への関心・興味を喚起したのはまごうかたなく本書であった。本書はHastings Rashdall, *The Universities of Europe in the Middle Ages*, 1895, A new edition by F.M. Powicke and A.B. Emden, Oxford: The Clarendon Press, 3 vols, 1936の翻訳（注を除く）である。1895年に2巻本で出版された原著に新しい資料や解釈を加味した増補改訂版は，最も包括的なヨーロッパ中世大学史の古典的著作としての地位をさらに確固たるものとし，その翻訳書は日本における大学史研究の礎となった。

安原 義仁

→大学研究

大学の機能→大学の目的・機能（テーマ編 p.92）

大学の教員等の任期に関する法律
だいがくのきょういんとうのにんきにかんするほうりつ

大学における教育研究の活性化を一層図る観点から，大学教員の流動性を高めるための方策の一つとして，1997年6月13日に制定された（平成9年法律第82号）。大学の▶教授，▶准教授，▶助教，▶講師および▶助手を対象とし，次の場合にはその任用において任期を定めることができる。①先端的，学際的又は総合的な教育研究であることその他の当該教育研究組織で行われる教育研究の分野又は方法の特性に鑑み，多様な人材の確保が特に求められる教育研究組織の職に就けるとき。②助教の職に就けるとき。③大学が定め又は参画する特定の計画に基づき期間を定めて教育研究を行う職に就けるとき（4条）。また，▶国立大学法人や▶公立大学法人あるいは▶私立大学は，当該大学に係る教員の任期に関する規則を定め公表するとともに，労働契約に任期を定めることになっている（5条）。

清水 一彦

大学の行政・経営・管理→テーマ編 p.95

大学の経営→大学の行政・経営・管理（テーマ編 p.95）

大学の言語訴訟｜だいがくのげんごそしょう
litigation over a university's language of instruction

複数言語の併用地域の大学の▶教育言語をめぐる訴訟として，スペインの一自治州の例が挙げられる。ロビラ・イ・ビルジリ大学は，16世紀創立のタラゴナ大学を復活させ，カタルーニャ自治州南部タラゴナに1991年に誕生したカタルーニャ自治州政府によって設立された公立大学である。この大学のあるカタルーニャ自治州は，いわゆるスペイン語であるカスティーリャ語のほかに，カタルーニャ語を公用語としており，言語正常化法を有する。大学の言語使用規定に対して，2000年7月にコンヴィヴェンシア・シヴィカ・カタラナという団体の訴えに対する判決が出た。大学の言語使用規定がカタルーニャ語の使用を強要し，いわゆるスペイン語であるところのカスティーリャ語の使用が排除されているとした訴えであった。「違憲ではないが一部修正する必要がある」との判決が出され，大学の言語使用規定7条項のうち3条項を無効とし，それらを修正して再度可決された。この言語訴訟判決は言語訴訟の憲法裁判所への道を開いたものとして評価されている。

安藤 万奈

→ダイグロシア

大学の公共性|だいがくのこうきょうせい
publicness of university

[日本の大学における公共性]

大学が社会制度に組み込まれている限り，それが広く社会一般に影響や利害を及ぼすという公共的性質を有することは明白である。現在の日本において大学は，▶学校教育法1条に定める学校の一つである。その前提として▶教育基本法6条では，「法律に定める学校」が「公の性質を有するもの」とされ，それを設置することができるのは「国，地方公共団体及び法律に定める法人のみ」と規定されている。さらに同法7条および学校教育法83条において，大学は教育・研究の「成果を広く社会に提供することにより，社会の発展に寄与するもの」とされる。また公私立大学の設置認可は，文部科学大臣が▶大学設置・学校法人審議会への諮問を経て行う。▶国立大学の認可は不要(学校教育法4条)であるが，その設置者である▶国立大学法人は▶国立大学法人法の規定によって設立される。▶学校法人によって設置される私立学校(大学)についても「公の性質」を有する(教育基本法8条)ことが明記され，さらに私立学校の「自主性を重んじ，公共性を高める」(私立学校法1条)ことが法律で定められている。

財政的には，国公立大学に公的資金が付与されるのはもちろんであるが，1970年(昭和45)以降，▶私立大学の経常費への国からの財政補助が制度化されている。ちなみに日本国憲法89条は，「公の支配に属しない慈善，教育若しくは博愛の事業」に対する公金の支出を禁じており，私学振興助成がこれに抵触するのではないかとの議論があるが，現在の定説では合憲とされる。このように現在の日本の大学は，設置者の別を問わず公の性質をもつと認められる。

[多義的な公共性概念]

公共性という概念は多義的である。たとえば大学は，教育の機会均等の原則に基づき能力のある者にはその門戸を開いていると考えられる。しかし公園のように，利用する意思のあるものなら基本的に誰でもが受け入れられるような開放的な場ではない。また公の性質をもつとされていても，設置者や個々の大学の条件によって政府によって投入される公的資金に差異がある。このことは大学の利用者，とくに教育を受ける者の経済的負担に格差をもたらしている。他方で，大学の研究教育活動が生み出す知見や能力は，それを直接的に享受する個人の私的な便益に寄与する。ただしそれにとどまらず，大学教育を受けなかった人や社会全体の発展にも外部効果をもたらす。このように大学の公共性については，どのような観点に立つかによってその意味が異なってくる。

公共性概念の分類・定義は論者によってさまざ

まであるが，おおむね次のような要素を意味として含む概念であると考えられる。すなわち，①国や政府によるはたらきや事柄にかかわる「公権力性」，②すべての人々に共有され，広く一般的に共通する「共通性」，③誰に対しても事項や状況が開放されている「公開性」である。前述したような法的・制度的・財政的な観点からの大学の公共性は，主として①の意味を根拠としている。一方で，いわゆるユニバーサル化やグローバル化の傾向のなかで，現代の大学の公共性には②や③の意味も強く含まれるようになっている。また近年，特定の人々によって形成される言説や議論の空間としての「公共圏」や，その多元的なネットワークとして不特定多数の人々によって展開される「公共的空間(領域)」を想定することで，新たな公共性概念も構成されている。

現代の大学の歴史的淵源とされる中世ヨーロッパの大学は，学生や教員による自発的で自治的な団体を核として自生的に成立したとされる。大学では，各地から学生や教師が集まること(公開性)によって地域を越えた普遍性が形成され，共通の言語(▶ラテン語)による共有度の高い内容(テクスト)を用いた(共通性)学問活動が展開された。もっとも大学の制度・組織，とくにその固有の権能である▶学位授与権が確立・発展する過程において大学は，次第に教皇(教会)，神聖ローマ皇帝，都市，国家(国王)などの聖俗諸権力からの保護や監督，特権付与，認可といった関係に編み込まれることになり，「公権力性」としての公共性を獲得するようになる。近代の大学では，国家的な権力や制度に組み込まれることで公開性や共通性が弱まり，その公共性の意味における公権力性の比重が高まった。

大学が知の制度・組織体である限り，その公共性は公権力性を根拠とするだけでなく，大学が自ら構成した理念・思想に基づく質保証の努力によって，さらなる公開性や共通性の担保をめざして構築される必要があるだろう。そのためには現代の大学を，国境を越えた視野のもとで，あらためて言説や議論の空間・領域として編み直すことが求められる。

松浦 良充

➡ **大学法制**(テーマ編)，**教育機会の平等**，**大学の概念**(テーマ編)，**大学の設置形態**(テーマ編)，**大学の目的・機能**(テーマ編)

◎齋藤純一『公共性』(思考のフロンティア)岩波書店，2000.
◎児玉善仁「中世大学における公共性の転換構造—ボローニャとパリの学位試験制度」『大学史研究』第20号，大学史研究会，2004.

『大学の効用』|だいがくのこうよう
The Uses of the University

1963年，クラーク・カー(Clark Kerr, 1911-2003)が▶ハーヴァード大学で行った講義録。カーは1958年にカリフォルニア大学第12代総長に就任し，同年ハーヴァード大学から名誉学位を授与され，60年に

は▶カリフォルニア高等教育マスタープランの策定に貢献した。1963年，1903年から続く有名なゴドキン講座で「The Uses of the University」と題する講義を3日間にわたって行った。大学はアメリカ合衆国で最も古い社会機構の一つであるが，最新の地位を占めているとの認識から，大学をして「誤用」ではなく「効用」の方向性のもとに理解すべきと論じた。大学はもはや単一の集団組織ではないと喝破し，「University」から「Multiversity(▶マルチバーシティ)」に変貌を遂げたと宣言している。翻訳書は東京大学総長であった物理学者茅誠司の監訳で，1966年に東京大学出版会から刊行された。

羽田 積男

大学の財政 →テーマ編 p.98

大学の自治 →テーマ編 p.11

大学の自治と教育公務員特例法
だいがくのじちときょういくこうむいんとくれいほう

▶教育公務員特例法は1949年(昭和24)に公布・施行された法律で，公務員の身分にある国公立大学教員の任免の基本手続きを規定している。それをとおして，国公立大学に限られるものの，大学の自治の自由つまり大学教員の身分保障を制度的に確保するための最大の根拠法となっている。1999年(平成11)に改正され，▶学長および教員については，①免職・降任・転任・懲戒処分の審査，およびその審査要件の決定権限をもつのは▶評議会であり，②この審査結果によらない場合は，その意に反してこれらの処分に付されない，③教員の採用・昇任のための選考は▶教授会の，▶学部長選考は当該学部教授会の議に基づくこと，学長選考は評議会が行うものと規定した。1949年の法令は，教授会による閉鎖的な教員人事を避けるため学外者も構成要員とする，教員の身分に関する権限をもつ▶「大学管理機関」の設立を盛り込んだ▶大学管理法案の制定を前提に条文ができていた。この法案は1951年に国会に提出されたものの，結局廃案になった結果，附則で「大学管理機関」を当座は評議会・教授会などに読み替えるという変則的規程状態が続いていた。1999年の教育公務員特例法改正(法律第55号)によって現行の形に改正された。

岩田 弘三

→教職員(テーマ編)，大学の自治(テーマ編)

大学の質保証 →テーマ編 p.8

大学の設置形態 →テーマ編 p.87

大学の大衆化 |だいがくのたいしゅうか
popularization of university

[概念]
大学の在籍者や▶進学率の増加といった量的変化とともに，それに伴って生じるさまざまな質的変化を指して用いられる概念。よく知られたマーチン・▶トロウ(Martin A. Trow)による議論では，その過程は「エリート段階」から「マス段階」，さらには「ユニバーサル段階」へと展開するものと描かれる。そしてこの変化は大学におけるカリキュラム，学生の修学形態，教育研究の水準，規模，学生と教師の関係，管理運営，入学者選抜，社会的機能といったあらゆる側面に及び，さらには大学と社会の他の諸制度との関係についての変化にも及ぶとされる。加えてトロウが強調したのは，そうした諸側面の変化は独立したものではなく，相互に関連し合い，しかし他面でそれらの各側面の変化は必ずしも同じペースで進まず，そのテンポの違いがさまざまな葛藤を大学にもたらすことである。すなわち，大衆化に関わる諸現象は相互に関連しつつ多面的に生じ，しかもそのことで大学に諸課題をもたらす。以下では，量的変化の側面に限り，大衆化の過程を日本に関してみるとともに，欧米を中心にその国際的文脈をも明らかにしよう。

[日本]
第2次世界大戦前から初期的大衆化ともいうべき変化が生じ始めていたとはいえ，日本がトロウのいう「マス段階」(大学進学率が15%以上。トロウは大学在学率を指標としたが，ここでは日本で一般的な該当年齢人口当りの大学進学率を用いる)に達したのは1960年代である。この高度経済成長期の大学の大衆化は，ほかの時期に比べて図抜けた規模をもっていた。1960年から75年までの15年間で，戦後の大学在学者数増加分のおよそ半分が達成された。またこの時期の在学者数増加の9割を▶私立大学が占め，大衆化は私学の旺盛な拡張意欲によってその大半がもたらされた。その拡大の背景として，大きくは経済成長とベビーブーム世代到来という背景があり，加えてそれらの背景を大学の大衆化へと媒介した理工系増募計画，ベビーブーム世代の急増対策，さらに公私立大学の拡充を容易にする規制緩和策などの政策要因があったことも重要である。

　しかし1970年代半ばに大学の量的拡大には急ブレーキがかかる。その要因は高度経済成長の終焉にもあったが，むしろ直接的には大都市部の私立大新増設禁止などの政府の強力な抑制政策の影響による。そして大学規模の停滞期は10年間ほど続いたが，80年代の半ばからは今度は第2次ベビーブーム世代の大学進学への対応のため，再び量的拡大が開始される。政府は将来に予想された18歳人口減少をにらみ，拡大の規模を抑えようと

したが，それまで抑え込まれていた私立大の拡張要求の噴出を止められなかった。そして予定した規模をはるかに超える量的拡大がなされ，それどころかベビーブーム世代の波が去った後にも拡大は止まらなかった。こうして高度経済成長期に次ぐ，第2の大学拡張期がもたらされた。

この時期の拡大の背景には，上述の私立大の行動に加えて，自治省等の規制緩和による▶公立大学・▶公設民営大学の増加，▶短期大学から4年制大学への転換の増加，高卒就職状況の悪化による進学希望者の増加などの事情もある。いずれにせよ，この量的拡大と18歳人口の減少に伴って大学進学率は急上昇し，ついに50％を超えてトロウのいう「ユニバーサル段階」へ突入することとなった。しかし在学者数は2000年前後から，進学率は2010年頃から伸びが止まっている。第2の拡張期もすでに終わりを迎えている可能性が大きい。

［国際的文脈］
1960年代から大学の顕著な量的拡大を経験していたのは日本だけではなかった。金子元久が明らかにしているように，高等教育拡張政策や経済成長を背景に，アメリカ合衆国の大学も50年代後半から拡大を開始し，ヨーロッパ諸国も60年代に非大学機関を中心に高等教育の拡大を経験し，多くの先進諸国でこの時期は「第1の拡大期」を迎えていた。1970年代にやはり日本と同様に欧米での拡大も伸び悩みをみせるが，80年代後半から各国で再び拡大期を迎え，それは2000年代初頭まで続いた。その背景には，経済構造の変動に伴う大卒需要増加が各国共通の要因としてあったとともに，日本では18歳人口増，アメリカではマイノリティの若年人口増といった人口要因，ヨーロッパではイギリスでの▶ポリテクニクの大学編入，フランスでは▶バカロレアの合格者数拡大などの政策要因も影響した。このように大学の大衆化は日本や欧米の各国で多様な背景をもちつつも，直線的な増加傾向ではない，比較的同様なパターンでの拡大過程をみせた。

なお，2012年度の統計によれば，大学型の高等教育機関への進学率（対該当年齢人口。進学者には留学生・成人学生も含む）のOECD加盟諸国の平均は58％であり，日本の進学率はその平均以下の52％にとどまり，また日米英独仏の5ヵ国のなかではドイツとともに日本は最低レベルに位置する。多くの国々が近年において大学進学率を急伸させるなかで，日本の学士課程への進学率が決して高い水準にないこととともに，そこに留学生や成人学生がわずかしか含まれず，高校卒業後間もない進学者が圧倒的多数を占めるという，日本的な大衆化の特質もみてとることができる。　　　伊藤　彰浩

→ 社会構造と大学（テーマ編）
◎金子元久「高等教育財政のパラダイム転換」，国立大学財務・経営センター研究部編『大学財務経営研究』第7号，2010.
◎伊藤彰浩「大学大衆化への過程」『シリーズ大学2』岩波書店，2013.
◎マーチン・トロウ著，天野郁夫・喜多村和之訳『高学歴社会の大学―エリートからマスへ』東京大学出版会，1976.
◎OECD, *Education at a Glance 2014: OECD Indicators*, OECD Publishing, 2014.

大学の法律顧問 |だいがくのほうりつこもん

大学がその業務に関する法律上の諸問題について専門的立場からの意見を聴き，または助言を受け，関係する訴訟事件その他法律業務の補助を得るために，弁護士との間で顧問としての契約を締結して置く職。近年の訴訟事件の多様化・複雑化に伴い，設置者の如何を問わず，法律顧問や顧問弁護士制度を置く大学が多いが，とくに2004（平成16）年度からの法人化により，法人としての当事者能力を得，また他方で法律行為の最終責任を取る立場になった国立大学等でその必要性が高まっている。このため，多くの国立大学では学内規程を置き，関係理事等の意見を聴いて，学長が適任の弁護士に委嘱している。法律顧問を置くと，個別の事案ごとに弁護士等の法律の専門実務家に委嘱するよりも，日常的に法律上の諸問題についての意見を聴けるほか，当該法律顧問が大学の事情に熟知しうる立場にあることなど，コスト・ベネフィットの点から有利との判断があるものと考えられる。
山本　眞一

大学の民主化 |だいがくのみんしゅか
democratization of university

［逆説の民主化］
大学の民主化という用語はある意味，転倒している。なぜなら，組織としての大学が最も民主的であったのは，そのでき始めの時であるとしても過言ではないからである。12世紀にヨーロッパで誕生した，有識者である教員のもとに学生が集い自主的に運営されていた組合としての大学（universitas）が，その勢力を拡大するにつれ，学位を付与する権限や大学としての空間の確保を見返りに，領主あるいは国家の介入を招いてきたのが大学の歴史であるとするならば，大学は民主化してきたというよりも権力の統制下に置かれるようになってきたといえるのかもしれない。学生が修得する▶リベラルアーツは，まさに自由人たるべき教養を身につけるためのものであった。既存の権威に対抗しうる教員と学生との自由な集まりが，集まりとしての組織化を進めるにつれて既存の権威に取り込まれながら自らを権威化してきたのである。こうした権威と化した大学を本来の姿に戻そうとすることこそが「大学の民主化」といえるだろう。

[大学構成員の民主化]
今日の権威化した大学において，教員と学生の関係も組合的なフラットなものではなくなってゆく。教員という専門職は大学によって養成され，権威付けられ，学生はその権威に服するようになってきた。21世紀に入ったころ，日本社会においては大学内におけるパワー・ハラスメントに対して▶アカデミック・ハラスメント（academic harassment）という和製英語を造語し，教員への注意を喚起するとともに学生にも周知し，教職員間のまた教職員から学生に対する▶ハラスメント行為を防止するように努めている。こうした一連の動きは大学の民主化といってもよいであろう。また，大学の教員として採用されるプロセスや教職員の職位の昇進に際しての手続きや要件についても透明性を高める必要性がある。ハラスメントとして認識されることは難しいにせよ，情実人事をなくし，すべての教職員に，また採用候補者に公正な採用要件，昇進要件を明確に設定することも，今日の大学の民主化の重要なポイントになるであろう。

[学問領域の民主化]
組織としては原初形態が最も自由で民主的であったとしても，そのコンテンツには今日のような広がりはなかった。近代以降の社会科学，自然科学の発展と密接に関連付けられるにせよ，神学・法学・医学を軸に専門的な学問を展開していたヨーロッパの大学は，その研究範囲を新しい学問分野へと広げつつ今日に至っている。学問分野が多彩に発展するのにつれ，大学もまた新しい学問領域を教科として取り入れてきた。しかしながら，とりわけ大学が供給過剰になりつつある日本社会においては，この多様性は学生の為を装う仮面をつけた大学の経営戦略であることが少なくない。学問の体系が必ずしも一般化されていない「新しい領域」の学部や学科が雨後の筍のように新増設される状況は，かえって大学という界を危うくしているといえるかもしれない。

こうした危うい状況は1991年の▶大学設置基準の大綱化に伴い，多くの大学でリベラルアーツを解体した時から始まっていた。自由人たるべき教養についての，大学人による反省的な分析と考察を待たずに推し進められた「改革」は，専門課程の充実を図るとして当該領域での教養なき専門人の養成へと傾斜していった。大学の高度専門職養成の流れは▶国立大学の文系学部を飲みこむ職業訓練校への急流であり，民主化の逆流となって渦を巻いている。大学がリベラルアーツを捨てたとき，大学から文字通り自由が失われたのである。

[NPOとしての大学]
こうした失われた自由を取り戻すために，大学らしい大学を取り戻すためにNPO法人として大学を運営する市民運動が試みられている。たとえば，京都自由大学は地域社会とのつながりを重視しつつ，学生とともに歩む新しくて最も古い大学の運営を目指すものである。大学という組織体が国家による統制を免れない以上，大学を最も原初的な形態に戻そうという試みとして興味深い。大学の民主化は，文字通り民主的になりゆく過程であり，大学人が民主的な大学運営の必要性を自覚し，日常的に実践するその営みにこそ宿るものであろう。

紀 葉子

→平等と大学（テーマ編），マイノリティと大学，社会構造と大学（テーマ編），大学の大衆化

◎クリストフ・シャルル，ジャック・ヴェルジェ著，岡山茂，谷口清彦訳『大学の歴史』白水社，2009.
◎岡山茂『ハムレットの大学』新評論，2014.
◎重本直利『大学経営学序説─市民的公共性と大学経営』晃洋書房，2009.

大学の目的・機能 →テーマ編 p.92

大学博物館 |だいがくはくぶつかん
university museum

museumの語源は紀元前3世紀末に遡る。アレクサンドロス大王亡きあと，その偉業を讃えるため，エジプトのアレクサンドリアに，プトレマイオス1世とその息子の2世が建設したムーセイオン（学問研究所）に由来する。しかし，今日の▶博物館の呼称として，museumが普及したのは17世紀である。

[役割・機能]
日本における博物館の役割は，一般的には博物館法（1952年制定）の定義に示されている。第2条で，専門分野の資料を収集し，保管（あるいは育成）し，展示すると定義され，さまざまな分野の博物館があることがわかる。加えて博物館の目的が一般公衆への教育に資する事業を提供する施設であることも謳われており，専門的職員である学芸員が，所蔵する資料に関し調査研究することが求められている。このことは，大学における他の一般職員と比べ，学芸員が職務上特殊な立場にあることを意味する。博物館の定義はおおむね大学博物館にもあてはまるが，国立大学の図書館が含まれないため，機関間の協力・連携などの観点から，今後の課題となっている。単科大学あるいは総合大学には，専門分野に関連する博物館を持つものがあり，武蔵野音楽大学楽器博物館，文化学園大学服飾博物館，多摩美術大学美術館，神戸商船大学海事資料館など多種にわたる。東海大学の海洋科学博物館の海洋実験水槽の展示は，いわゆる水族館にあたる。大学に付属する博物館は継続的な資料，標本等の収集において，予算獲得の面からも，一般の博物館に比べ有利である。

[歴史─西洋と日本]
大学付属の博物館では▶植物園が最も早く，16世紀中葉には▶ピサ大学（1543年），▶パドヴァ大学

(1545年)，ライデン大学（1587年）がすでに開設していた。しかし，公開を明確に謳った本格的な大学付属博物館の起源は，近代博物館の嚆矢との評価も高い，オックスフォード大学のアシュモレアン博物館（1682年）にあるといわれる。19世紀には，主要な大学の博物館をはじめ，国公私立の博物館が多数創設された。日本の大学博物館は，明治10年代の帝国大学理学部博物場が最初とされているが，現存する施設としては北海道大学にある旧札幌農学校の博物館が最も古いと考えられる。その後，設置母体に特徴的な研究や資料の蓄積と連動して創設されてきた。大学博物館は公開制を敷いてきたとはいえ，専門色の強い博物館が多く，歴史的に見ると一般の利用は限られていた。

[意義・課題]

大学博物館の意義は研究と教育に資することである。設置母体である大学の教育・研究と深くつながり，その所蔵資料等の調査・研究によって蓄積された研究資料や成果を教育に生かし，次代を担う研究者を養成するという役割を担っている。大学博物館の今後の課題のひとつは，現在大学で進んでいる研究の成果を，どのように継続的に博物館資源とするのかということにある。

　博物館の組織は，大学によって異なる。運営に関しては，教員が兼務する形がかつては多く，明治大学，早稲田大学などのように，専任の学芸員をおく大学博物館もあったが事例は少なかった。現在，私立大学では兼務教員と学芸員の設置が多くなりつつある。国立大学ことに旧帝国大学系では，博物館専任の教員をおいて博物館運営を行うものが増えている。1996年には学術審議会報告「ユニバーシティミュージアムの設置について」が出され，全国的な大学博物館の整備が進んでいる。学芸員養成課程を設けている大学では，博物館は格好の養成の場ともなり，展示の例を見，あるいはその準備過程の疑似体験も可能である。実習の場として直接，学芸員の指導を受けることもできる。専門家養成として，その設置の意義は大きい。

　博物館は，その目的の一部である一般公衆への公開の観点から，地縁性が課題のひとつとなる。大学博物館の場合は，研究課題にもよるが，概して狭い意味での地縁性はなく，専門分野を核に調査，研究を推進し，展示その他の事業を展開して，その存在意義を発揮することが可能である。しかし公開と地縁性の面から見ると従来，その専門分野の特殊性から，広い意味での公開につながらなかった。背景には広報活動の不足という側面もある。設置母体の地域貢献が期待される今日では，大学の研究・教育の成果を社会に発信する場としての重要度が増している。IT化が進む今日，実物，標本等の展示会のみならず，所蔵品の目録，解説，調査・研究の成果の発表も，紙媒体と同時にデジタル発信が望まれる。資料・情報の共有を踏まえた外部博物館との協力は，調査・研究の面からも有効であり，また社会に向けた広報活動においても博物館活動の認知度を上げる有効な手段のひとつとなり得る。昨今は，類縁機関である図書館，アーカイブズなど，MLA（Museum, Library, Archives）のネットワーク化が進められており，情報の共有と相互の発展ならびに社会貢献のために，今後ますます大学内外の協力・連携の強化が求められる。

阪田 蓉子

→ 大学図書館

◎矢島國雄「大学博物館とその役割」，小笠原喜康・並木美砂子・矢島國雄編『博物館教育論』ぎょうせい，2012.
◎高橋雄造『博物館の歴史』法政大学出版局，2008.

大学病院 だいがくびょういん
university hospital

大学に併設されている病院のことで，日本においては大学設置基準（昭和31年文部省令第28号）39条で，医学部または歯学部を置く大学に附属施設として設置することが義務づけられている。医師や看護師等の医療人育成のための教育病院，さらには臨床医学と医療技術発展のための研究の場としての機能を果たしているほか，広く社会に開かれて患者の診療にあたっている。また，ほぼすべてが特定機能病院の認可を受けており，高度先進医療，難治性疾患の治療などの研究・開発・臨床実践を行い，治療中核病院，治療拠点病院としての機能を果たしている。日本の最初の大学病院は1877年（明治10）の東京大学の設立に伴って誕生するが，大学病院が医学・医療の教育・研究施設として中心的な位置を占めるようになるのは，欧米においても19世紀後半以降である。

月澤 美代子

→ 医学教育，大学医療

大学冬の時代 だいがくふゆのじだい

若年人口減少に伴って大学経営環境が厳しくなる時代を比喩的に表現した言葉。18歳人口の減少期を目前にひかえた1980年代末頃から大学関係者やマスメディア等で使用され始め，普及した。しかし18歳人口のピークであった1992年（平成4）を過ぎても進学者数の増加は止まらず，進学率も上昇し続けた。大学数も増え，1992年以降の10年間で150校近い大学が新設されている。冬の時代との予測とは裏腹に，1990年代は高度経済成長期に次ぐ戦後第2の大学拡大期となった。しかし2000年前後より進学者数の増加が頭打ちとなり，それに伴い定員充足率が悪化する大学が私立大学を中心に増加してきた。さらに2010年頃からは進学率の伸びも止まり，微減傾向を見せ始めている。学生募集を停止する大学もいくつか現れてき

た。このように，大学冬の時代は21世紀に入って本格的に到来しつつある。

　　　　　　　　　　　　　　　　　　　伊藤　彰浩

大学ブランド化 |だいがくブランドか
shaping the university brand

大衆化にグローバル化が加わり，消費者には機能や品質がますます区別し難くなった「商品」化した大学が，自己を他大学から差別化しようとする試み。かつてブランド化の有力な方法は，たとえば▶アメリカ大学協会のような大学らしい大学のギルドへの仲間入りであり，おもに大学関係者の間に通用する差別化であった。現在のブランド化は，留学生を含む志願者をターゲットとして，大学や国家機関が取り組む大学や国家の教育のイメージ作り，その根拠の整備が中心である。イメージを重視するため，問題を伴いやすい。紳士的なブリティッシュ・カウンシルでさえ，自国の会社が実施した▶世界大学ランキングの一部を根拠に，自国のナショナル・ブランドの特徴を，世界最高水準の大学の3分の2がイギリスに所在する点だと説明する(母数の取り方で大きく変化する)。客観性を誰よりも強く自覚すべき大学という「商品」に対し，ブランド化が逆機能する可能性を警告することはとくに重要である。

　　　　　　　　　　　　　　　　　　　立川　明

大学紛争 |だいがくふんそう

大学当局と学生との意見や利害の対立，あるいは大学と学外諸勢力との確執や反目から▶学生運動が活発化し，大学における教育と研究その他の大学の正常な運営が阻害された状況を指す。高校紛争などを含める場合は，学園紛争とも呼ばれる。日本では1960年代半ば(1964年慶應大学，65年早稲田大学，66年中央大学での学費値上げをめぐる紛争)から顕著になった現象であるが，1968〜69年には，全国の数多くの大学に大学紛争が波及し，最盛期には全国の大学の8割がなんらかの紛争状態にあるとされた。文部省が紛争校として掌握していた大学は，ピーク時には77校に達していた。

[紛争形態と背景]
紛争の出発点は，医学部の学生処分問題(東京大学)，大学の統合移転問題(東京教育大学)，大学の使途不明金問題(日本大学)，▶学生寮の管理問題，私学での学費値上げ反対などさまざまであったが，当時の高等教育進学率は22〜23％で大学生がかろうじて社会的選良の性格をとどめていた時代であり，まだ同時代の世界的な学生運動の高まり，若者の反乱，対抗文化の提唱，ヴェトナム反戦運動の高揚などの世相を背景に，学生運動は当初，一般学生や市民からの一定の支持を得て活動を活発化させた。学生の授業放棄，大学校舎のバリ

ケード封鎖，大学当局との「大衆団交」，学生集会，街頭デモや警官隊との衝突などの事件が連日マスコミ報道をにぎわし，大きな社会現象として注目を集めた。しかしながら紛争が長期化し，また左翼党派やイデオロギーの影響が大きくなり，運動が過激化するとともに大学紛争はしだいに混迷を深めていった。紛争の影響で，1969年には東京大学，東京教育大学(体育学部を除く)で，入学試験が中止された。

[政府の対応]
1969年5月，政府は大学紛争の頻発，長期化に対処するための方策として，「▶大学の運営に関する臨時措置法」案を国会に提出した。同法案は大学紛争の解決は大学の自主的な収拾の努力に期待するが，同時に大学自治能力が失われるような最悪の事態に陥った際には設置者(文部大臣，公立大学設置者等)が教育研究機能停止の措置をとりうることを旨とするものであった。臨時措置法案は，大学自治を侵害する恐れがある，ここまで立ち至った以上政府が責任上積極的措置を講ずるのはやむを得ないといった，賛否をめぐって激しい論争が行われたが，8月に成立し施行された。効力5年間の時限立法とされた。こうした事態を前にして，69年1月の東大の安田講堂事件後も，大学自治の建前のもとで警察力の導入をためらっていた大学も，次々と機動隊の出動を要請して封鎖の解除に踏み切った。69年末までには，全国の大学紛争は急速に鎮静化に向かっていった。

[影響]
大学紛争は大学当局の権威主義，▶教授会自治の機能不全，旧態依然たる非民主的な研究室運営，「進歩的知識人」たちの無力・無責任，大学人の当事者能力の欠如などを浮彫りにし，それまで漠然と認められていた大学の権威を失墜させることにつながった。紛争の激動の日々を経験し，そこからの逃避をはかった，あるいは最終的には敗北感を味わった学生たちには，しばらくの間，シラケと呼ばれる虚脱感が広がった。教職員と学生の間での感情の溝，相互不信感は容易に拭えなかった。紛争中，あるいは紛争の直後には，各大学でさまざまな大学改革案が提唱され作成されたが，大学が正常化されるとともに，それらはほとんど実現されることなく空文化していった。紛争前ほど大学の自治が声高に叫ばれることもなくなった。

　大学紛争の焦点の一つであった東京教育大学の統合移転問題は，東京教育大学の閉校，筑波大学の新設(1973年)という形で終結を見た。従来の学部に代わる学系・学群制，副学長職の創設，人事委員会，学外参与など新構想を盛り込んだ筑波大学が政府推奨の新しい国立大学モデルとして提示されたのである。しかし，この筑波モデルに追随する大学はほとんど見られなかった。大学紛争後，大学内の拠点を失った学生運動は，よりいっそ

う過激になり，内ゲバを繰り返して孤立を深め，ついには，よど号ハイジャック事件(1970年)や連合赤軍事件(1971～72年)を引き起こすにいたった。1970年以降，日本では大学紛争と呼べるほど大きい規模の現象は起きていない。　　　　　斉藤 泰雄

→学生運動，学費値上げ反対闘争，大学の自治(テーマ編)，大学自治侵害

◎文部省『学制百年史』帝国地方行政学会(ぎょうせい)，1972.
◎中央教育審議会答申「当面する大学教育の課題に対処するための方策について」，1969.4(文部科学省ホームページ).

大学へのアクセス|だいがくへのアクセス
access to university

大学にアクセスするための一般的な方法は，統一的な大学入学資格を取得したり，共通試験や各大学の個別の入学試験を受けて合格したりすることであるが，実際にはこれ以外にも多くのルートが存在する。多様なルートを整備することにより，幅広い人々が大学へアクセスし，教育を受けることが可能になる。日本を例にすると，▶推薦入試や▶AO入試は一般の学力試験で測るのとは異なる基準で，学力以外の能力を基に選抜を行う。とくに優れた能力があると評価された者は，▶飛び入学制度を用いれば，教育課程を飛び越えて大学にアクセスできる。帰国生や社会人のように，受験対象者の属性を限定した，特別な試験によるルートもある。▶編入学・転学等の制度を活用し，異なる学部・学科間や教育機関間で移転を行う方法もある。諸事情でいったんは大学から離れた者が大学に通い直すには，▶復学・再入学の制度がある。広く門戸を開いてアクセスを保障し，学生の多様性を確保することは，世界の大学に共通する課題といえる。　　　　　齋藤 千尋

→帰国生入試，社会人入試，生涯学習と大学(テーマ編)

大学法試案要綱|だいがくほうしあんようこう
"Outline of Proposal Law Governing Universities"

第2次世界大戦後の▶新制大学発足に当たり，1948年(昭和23)10月，連合国軍最高司令官総司令部(GHQ/SCAP)民間情報教育局(CIE)の原案による「大学法試案要綱」(1948年7月15日付)が文部省から公表された。同要綱は新制国立大学の目的，組織，設置認可と設置基準，教職員，財政等を定める大学法案要綱の形をとり，管理運営組織として多数の学外者が委員となる管理委員会を各▶国立大学に置くとしていた。管理委員会は学術・経済両面の一般方針を定めるとされ，学長の選出・解任，学部長・専門職員の選任，新学部の創設，予算案の作成・採択，学位の認可等の広範な権限を付与されていた。この仕組みはアメリカ合衆国の州立大学の理事会方式をモデルとし，多数

の学外者を含む合議制機関を最高意思決定機関とすることにより，社会の声を大学の管理運営に反映させることを狙いとしていたが，これには日本の大学関係者から大学の自治の侵害につながるとして強い反対があり，結局，同要綱は撤回された。

歴史的に教員の権利が必ずしも強くなく，納税者や地域の声を大学の運営に反映させるのが当然と考えるアメリカと，学部教授会の意思に反する外部からの管理運営への介入を自治の侵害と捉える日本とでは，大学の自治に対する考え方に大きな違いがあった。この後，大学管理問題は長きにわたり懸案事項となり，▶教授会の審議事項の整理や，学外の声を大学の管理運営に反映する仕組み等が繰り返し議論されることになる。　　　寺倉 憲一

→大学の設置形態(テーマ編)，大学の行政・経営・管理(テーマ編)，戦後改革と新制大学，大学管理機関，大学管理法案，大学の自治(テーマ編)，学部自治，教授会自治

大学法人|だいがくほうじん
universities as corporations or juristic persons

大学を設置する法人，または大学そのものの諸形態のうち，法人格を持つものをいう。欧米の大学は過去の歴史的経緯もあって法人格を持つとされているものが多いが，日本の大学制度は当初，政府の機関としての▶帝国大学の設置から始まり，また私学も当初は政府の強い規制を受けつつも私塾の伝統もあって「大学法人」という概念は生まれてこなかった。その後，私学についてその財政基盤の安定のための財団法人の設立義務や基本財産の供託義務が制度化(改正私立学校令および▶大学令)されたものの，今日のような姿で法人制度が整備されたのは第2次世界大戦後になってからである。

現在，国立大学については▶国立大学法人が，公立大学の多くについては▶公立大学法人が設置する大学になり，また第2次世界大戦後の教育改革の中で，▶私立大学については▶学校法人のみがこれを設置しうることになっている(学校教育法2条。構造改革特区での特例等は除く)。いずれも法人格を持つ設置主体によって大学が設立・運営されるという法的構成がとられ，このうち学校法人については制度化当初は大学(私学)の自主性の尊重の見地から，また近年では国立大学法人や公立大学法人について，大学の自主自律と責任の明確化のために，このような設計がなされている。ここでは私立大学の設置者としての学校法人制度について取り扱う(国立大学法人については国立大学法制，公立大学法人については公立大学法制を参照)。

学校法人は，私立学校の設置を目的として▶私立学校法の定めるところにより設立される法人のことである(私立学校法3条)。私立学校のうち，大学および高等専門学校を設置する学校法人は，文部

科学大臣の所轄に属する。学校法人を設立しよう
とする者は，その設立を目的とする寄附行為をもっ
て目的，名称，管理運営等の事項を定め，文部科
学省令で定める手続きに従い，所轄庁に認可の申
請をしなければならず（同法30条），大学の場合，所
轄庁である文部科学大臣は，私立学校法制定目
的の一つである私立学校の自主性の尊重の見地か
ら（同法1条），認可をする場合はあらかじめ所定の
審議会（▶大学設置・学校法人審議会）の意見を聴かな
ければならない（同法31条）。

　学校法人には，役員として理事5人以上および
監事2人以上を置かなければならず，理事のうちの
1人が寄附行為の定めるところにより理事長となる
（私立学校法35条）。学校法人には理事をもって組
織する▶理事会が置かれ，理事会が学校法人の業
務を決し，理事の職務の執行を監督する。また理
事会の議事は寄附行為に別段の定めがない限り，
出席理事の過半数で決し，可否同数のときは議長
が決するとあり（同法36条），これらは理事長および
理事の専断を防止するために設けられた規定であ
る。したがって，国立大学法人および公立大学法
人では理事長（学長）に大きな権限が認められ，理
事はこれを補佐するに過ぎないこととは対照的な規
定の仕方になっている。このことは役員の選任につ
いての規定からも窺える。すなわち理事は，学校
法人が設置する大学の学長のほか，寄附行為に定
めるところにより選任された者が就任することにな
っており，理事長の判断によって任命するものでは
ないこと，理事および監事は選任の際に現に当該
学校法人の役員または職員でない者が含まれるよ
うにしなければならないこと，役員のうちには各役
員についてその配偶者または3親等以内の親族が
一人を超えて含まれることになってはならないとし
ていることなど，その要件がきわめて厳格にされて
いることからも窺える（同法38条）。

　また，学校法人には理事の定数の2倍を超える
数の評議員によって構成される評議員会を置かね
ばならず，理事長は予算，借入金および重要な資
産の処分に関する事項，事業計画，寄附行為の変
更など私立学校法に規定する事項について，あら
かじめ評議員会の意見を聞かねばならず，また評
議員会は学校法人の業務もしくは財産の状況また
は役員の業務執行の状況について意見を述べ，諮
問に答え，さらに役員から報告を徴することができ
るなど，法人の業務執行に重要な役割を担うよう
になっている（私立学校法41～43条）。

　学校法人の解散は，寄附行為に定めた解散事
由等のほか，破産手続開始の決定があった時や私
立学校法の規定（62条）による文部科学大臣の解散
命令があった時などの事由による（同法50条）。い
ずれも厳格な要件および手続きが定められており，
これらは日本国憲法に保障する結社の自由や学問
の自由に淵源を有する私学の自主性と大きな関係

がある。ただ，近年は私学をめぐる経営環境が悪
化しており，また不適切な運営を行う私学の社会
的責任を問う声も増しており，▶学校教育法に基づ
く改善命令などさまざまな形で，所轄庁である文
部科学大臣の権限が増大する傾向にある。一方，
学校法人に対する財政支援については，当初は私
学の自主性の確保や憲法89条に定める公の財産
の支出制限などから所轄庁は消極的であったが，
1975年の▶私立学校振興助成法の制定にみられる
ように，私立学校に対する補助金の支出は国およ
び地方公共団体による私学政策の重要な柱となっ
ており，さらに制度の多角的運用によって，大学改
革の誘導や学校法人の経営の健全化に資するなど
の効果も生じている。ただし，学校法人に対する
国の基本的態度は，私立学校の自主性の尊重で
あることは，現在も変わりのない事柄である。

山本　眞一

→ 大学法人化論，評議員

◎俵正市監修『注釈私立学校法』法友社，2013.
◎小野元之『私立学校法講座―平成21年改訂版』学校経理研
究会，2009.

大学法人化論 |だいがくほうじんかろん
argument for incorporation of state universities

［第2次世界大戦前の法人化論］
日本の国立大学は，1877年（明治10）の東京大学
創設以降，▶国立大学法人法（平成15年法律第112
号）に基づく2004年（平成16）4月の法人移行に至る
まで，戦前・戦後を通じ一貫して独立した法人格を
持たない国の機関であった。しかし，大学の法人
化自体は，すでに▶帝国大学時代から何度も議論
されてきた経緯がある。早くも帝国大学が成立し
て間もない1889年4月には，外山正一（文科大学
長）等の帝国大学教授6名が「帝国大学独立案私
考」を取りまとめ，「帝国大学ハ其業務ノ性質ニ於
テ宜シク一個ノ独立体ニ為スベシ」との議論が政
府内で起こっているとした上で，「帝国大学條例」
と題する法律案の形をとって，帝国大学を「天皇ノ
特別保護ノ下ニ立チ法律上一個人ト均ク権利ヲ有
シ義務ヲ負担シ其事務ヲ自理スルモノ」とし，天皇
により特選・信任せられた親王を総裁に戴き，皇室
の保護金，授業料その他の収入金をもって維持さ
れるべきことを掲げた。同年5月に飯島魁（理科大
学教授）等の帝国大学教授グループが作成した「帝
国大学組織私案」においても，「帝国大学ヲ政府部
内ヨリ分離独立セシメテ法律上一個人ノ資格ヲ有
スル自治体トナス事」の必要性が「天下興論ノ許ス
所」となっているなどと述べ，「大学ノ独立ヲ維持シ
其自治ノ実ヲ挙クル」ために重要となる大学の内部
組織について提案を行っている。

　当時，政府部内でも法人化が検討されており，
帝国大学を法人化する旨の規定が盛り込まれた帝

国大学令改正案草稿が残されている(早稲田大学蔵大隈文書)。1889年の大日本帝国憲法発布を経て、翌90年に帝国議会開設を控えていたこの時期、政府や大学関係者の間では、議会による帝国大学予算への掣肘(せいちゅう)をいかに回避するかが喫緊の課題となっており、これらの法人化案の背景にも、財政的独立により帝国大学の特別の地位を維持することへの関心があったものとみられる。大学独立論は広く関心を集め、新聞・雑誌にも盛んに関連記事が掲載された。帝国大学の法人化は実現しなかったが、このときの議論は1890年の官立学校及図書館会計法(明治23年法律第26号)、次いで1907年の帝国大学特別会計法(明治40年法律第19号)に基づく大学の特別会計制度導入につながり、ある程度の財政的自立の獲得として結実した面がある。その後、大学の特別会計制度は、数次の法改正を経て、第2次世界大戦後の1947年(昭和22)にいったん廃止されるものの、64年の国立学校特別会計法(昭和39年法律第55号、国立大学法人化に伴い廃止)の制定まで継承されることとなる。

[第2次世界大戦後の法人化論]
1962年(昭和37)になると、のちに文部大臣となる永井道雄(当時、東京工業大学助教授)が「大学公社」論を雑誌『世界』に公表し、▶国立大学を当時の専売公社や電電公社と同様の公社に移行することにより、大学の自治を強化するとともに、責任ある研究教育計画の実施や運営の効率化を図ることを提言した。「大学公社」論は、▶大学紛争が激化した7年後の1969年に『中央公論』誌上で再び発表されたが、このときは既存の国立大学を公社に転換するのではなく、それらの既存校と併存する形で新たに大学公社を設立し、相互の競争と緊張関係を生み出そうとする案になっている。1969年の国会(常会)では、大学紛争の収拾策が議論されたが、旧民社党が提出した大学基本法案(第61回国会衆法第44号)の中には、公共的性格を有する大学法人のみが大学を設置できることとする規定が盛り込まれた(審議未了により廃案)。当時の大学改革論議の中では、東京大学の大学改革準備調査会管理組織専門委員会による1970年3月の報告書も法人化論を取り上げており、最終的な結論として採用するには至らなかったものの、検討の過程で大学行政を所管する国レベルの機関として特殊法人である「大学公社」を新設する案や、個々の大学に法人格を与え「大学法人」とする案に言及している。

紛争後の1971年には、▶中央教育審議会の答申(いわゆる▶四六答申)において、高等教育改革の基本構想の一つとして、国公立大学の設置形態の見直しが掲げられ、国公立大学が自律性と自己責任をもって運営されるものになるために、①公費の援助を受けて自主的に運営し、それに伴う責任を直接負担する公的な性格をもつ新しい形態の法人とするか、②法人化を見送る場合、大学の管理運営

の責任体制を確立するとともに、設置者との関係を明確化するため、大学管理組織に抜本的改善を加え、学外有識者を加えた新しい管理機関を設置すること等が提案された。同時期に公表されたOECD教育調査団の報告書も、この答申をまとめた中央教育審議会の議論に言及し、国立大学を法人化する場合には、5年程度の長期予算を与え、その使途を自由化することや、新たな大学管理機構として、▶理事会のような法人を代表する組織を設けることを推奨している。

[臨時教育審議会以降の法人化論]
1980年代に入ると、イギリス等の小さな政府路線に基づくNPM(新公共経営)の国際的潮流を背景に、日本でも第2次臨時行政調査会答申を受けて三公社の民営化等が進められる中、▶臨時教育審議会において、国公立大学の設置形態の見直しが検討の俎上に上り、特殊法人として位置付ける可能性について具体的な検討が重ねられた。1987年(昭和62)4月の同審議会第3次答申では、国の関与のあり方、管理・運営の制度、教職員の身分等の点でなお考慮すべき事項が多く、さらに調査研究を必要とするとして、当面、従来の設置形態を維持しつつ、規制緩和や管理・運営の自主性強化等の改革を進めるとしたものの、一方で特殊法人化の提案は、大学の自主・自律性を確立する上で有益な示唆を与えるものであると述べ、政府・大学関係者に対し、新たな設置形態創造のため、中長期的に積極的な調査研究を進めるよう要請している。文部省や国立大学の側は法人化に消極的だったといわれるが、この頃には、たとえば民間の政策研究グループである「政策構想フォーラム」から公表された「学校教育行政の行革提言」(1985年5月)の中で、国公立大学の特殊法人または民間法人への移行の構想が示されるなど、国立大学の法人化は議論として決して聞き慣れないものではなくなっていた。

1990年代後半に行政改革が始まり、中央省庁改革とともに▶独立行政法人制度の創設が固まると、国立大学の独立行政法人化も議論されるようになった。1999年(平成11)4月の閣議決定「国の行政組織等の減量、効率化等に関する基本的計画」では、大学の自主性を尊重しつつ、大学改革の一環として国立大学の法人化を検討し、2003年までに結論を得るとした。ここに至り、従来消極的だった文部省や▶国立大学協会の検討も本格化し、さらに2001年6月の経済財政諮問会議において、遠山敦子文部科学大臣(当時)が提出した「大学(国立大学)の構造改革の方針」(いわゆる▶遠山プラン)の中に、新しい国立大学法人への早期移行が掲げられたことにより、その後の国立大学法人化に向けた流れが決定的となった。こうして▶国立大学法人法(平成15年法律第112号)が制定され、明治以来議論が続いてきた法人化が現実のものとなっ

た。しかし，法人化後10年余が経過し，運営費交付金の削減や法人化に伴う事務量増加等が指摘され，教育研究現場の疲弊が懸念されるなど，課題も少なくない。国民の負託を受けた国立大学の使命遂行にふさわしい設置形態とその運営のあり方については，今後も不断の見直しが必要であろう。

寺倉 憲一

→大学の設置形態(テーマ編)，「大学公社」案，国立大学法人，NPMと大学改革

◎寺﨑昌男『増補版日本における大学自治制度の成立』評論社，2000.
◎髙木英明『大学の法的地位と自治機構に関する研究―ドイツ・アメリカ・日本の場合』多賀出版，1998.
◎天野郁夫「国立大学の財政制度―歴史的展望」『国立大学の財政・財務に関する総合的研究(『国立大学財務センター研究報告』第8号)』国立大学財務センター，2003.12.

大学法制 →テーマ編p.67

大学法制における契約
だいがくほうせいにおけるけいやく

［契約による予算配分］

近年，多くの先進諸国において，主として政府が設置する大学を対象として，規制緩和や競争拡大といった市場主義的大学改革が進められてきている。そうした改革のうち頻繁に用いられる手法の一つは，契約に基づく予算配分方式である。

大学が契約を結ぶことは▶ボローニャ大学以後の中世イタリアでも見られたことであるが，今日の形態が本格的に用いられるようになったのは1980年代のイギリス，サッチャー政権の下における大学改革においてである。同国では，イングランド高等教育財政審議会(Higher Education Funding Council for England: HEFCE)と各大学の契約である「財政覚書」を通じて，政府の政策に沿った大学運営を要求するという手法が取られた。契約に基づく財政配分は，イギリスに続いてフランス，フィンランド，スイス，オーストリア等，ほかの欧州各国でも採用されている。

法的には，大学と政府間の契約は当事者間の意思表示の合致によって成立する法律行為ではなく，所管庁と大学との間の合意文書と解されている。これは通常対等な立場の当事者間で結ばれる契約とは異なって，政府と大学の間に契約関係を擬制するものである。政府が大学から教育・研究サービスを購入し，その対価として大学に国の政策に沿った活動を求めるとする考えである。また，契約制度自体はアングロ・サクソン諸国で発展してきた新公共経営(new public management: ▶NPM)の手法の一つであり，政府機関全般に用いられている。大学でとくに用いられたのは，大学の自治の尊重と大学自らの改革を促すといった政策に基づくものといわ

れる。しかし，この契約によって(国立の)大学は政府の代理人と位置づけられ，政府の監視下に置かれるようになり，説明責任を求められるようになった(「主人・代理人」関係)。

日本では，2004年に実施された▶国立大学の法人化ならびに同年から始まった▶公立大学の法人化に伴って設定されることとなった中期目標が，本項目でいうところの契約に該当する。▶国立大学法人または▶公立大学法人は，当該中期契約に基づいて▶文部科学省または公立大学を設置する都道府県市から運営費交付金の配分を受けるが，中期計画期間後(実際はその後半)に評価が行われる。今日では，多くの国で大学への予算配分において契約制度が幅広く用いられ，さらに指標を含む評価制度と結び付いて，政府にとって大学の活動全体を統制するための重要な手段となっている。

大場 淳

［フランス］

フランスでは，1984年の高等教育法(サバリ法)において「研究，教育，資料収集は複数年度の機関契約(contrat d'établissement pluriannuels)の対象となり得る」と規定され，それに基づいて契約政策(politique contractuelle)の拡大が図られてきた。大学等がその活動全般について中長期的な計画を策定し，国との対話を経て締結する契約(行政上の合意文書)に基づいて予算配分を受ける。この契約は機関契約(contrat d'établissement)または契約期間に応じて五年契約(contrat quinquennal)と呼ばれ，日本の国立大学法人制度における中期計画におおむね相当する。契約政策は当初大学等の予算の一部を対象にしたにすぎなかったが，2007年の「大学の自由と責任に関する法律(▶LRU)」に基づいて自律性の拡大した新制度(拡大した責任と能力)へ移行した大学等については，人件費も含んで全予算(▶競争的資金を除く)が契約によって配分されることとなった(ただし教職員は原則として公務員であって，人件費についての大学等の裁量は限られている)。以前は契約期間は4年であったが，2011年の契約から5年に延長された。契約には活動内容，必要な資源(資金，人員等)，達成すべき目標，評価指標等が盛り込まれ，これらは契約期間ごとに実施される機関評価に際しての基礎となる。

大場 淳

［ドイツ］

［契約の背景］　ドイツの高等教育の基本的な枠組みについて定めた▶大学大綱法は，1998年に大幅に改正された。この改正のポイントは「自由」「競争」「国際化」とされた。そのなかで，とくに各大学が自己の責任において大学改革を遂行できるよう，経費の配分や人事の面で，▶学長や▶学部長の権限を強化することなどが要請されている。政府は，大学自らが改革を行う動機付けを与えることに徹すべきとされ，必要な措置を講ずるのはあくまで大学自身である。教育と研究の両面の実績に対応し

た経費配分方式を導入するというのがその趣旨で，その実施にあたってはとくに大学の自主性ということが重要とされている。これとドッキングする形で，各大学はその所在する州の文部省との間で，大学の発展目標に関して，具体的な達成目標について契約を締結することになった。

[ベルリンの事例]　ベルリンの大学法では，「大学契約 Hochschulvertrag」に関して次のように規定している。「文部省は，大学のさらなる発展の基本原則と大学の使命，とりわけ研究，教育および学修に対する州の支出額に関して，通常数年間の契約を大学との間で締結する。契約にあたっては，州議会の同意を必要とする」（「ベルリン大学法」第2a条）。この条文を受けて，ベルリンにある各大学はベルリン州政府との間で契約を締結している。たとえば▶ベルリン・フンボルト大学との間では，「2014年から2017年の間の州文部大臣と大学学長との間の契約」が締結され，この期間の財政上の支出額，教育，学修，研究助成，学術後継者の育成，大学入学，大学の国際化，男女平等の保障，障害者をもつ者の包摂（インクルージョン），費用対効果の透明性の向上，等々といった事柄について記述されている。

[大学契約の意義]　現在すべての州で州大学法が改正され，州政府と各大学との間で，それぞれの高等教育機関が定める目標とその目標に対する州の財政保障を約束する「契約」が締結されるシステムが導入されている。期間は，単年度主義ではなく，ベルリンのように4年といった複数年が設定され，この間大学は連続性をもって自己の裁量により予算を執行することができる。州政府は，業績を考慮した予算配分により，大学間の競争を促し，予算の効率的な運用にもかなったものとされている。それは従来のインプット型からアウトプット型の大学管理への移行としてとらえることができる。またベルリンの大学法にあるように，大学契約の締結にあたっては州議会の同意を必要とし，大学はその達成について報告書を作成することが義務づけられている。

木戸　裕

[アメリカ合衆国]

アメリカの大学には，設立目的に沿って大学の経営に関する自治を理事会法人に対して保障する設立認可状（チャーター）の制度が伝統として存在する。この伝統は1636年設立のアメリカで最古の大学であるハーヴァード・カレッジにまでさかのぼることができる。カレッジの管理機関である▶理事会のメンバーには，当時の政府関係者や牧師など地域の有識者と学長が参画し，教授陣はそこには入っていなかった。政府関係者や地域の有識者が理事会の構成メンバーに名を連ねたのは，植民地政府の直接のコントロールの下に大学を置くという意味ではなく，地域公共性を担保された人々による学外者管理（レイマン・コントロール）というアメリカ的原

理の具現であった。政府と法人組織との契約関係において大学自治を理事会に付託するこの制度は，その後1693年のウィリアム・アンド・メリーや1701年のイェールなど植民地時代に設立された九つのカレッジにも踏襲され，これらがアメリカでの大学自治の制度的基盤となった。

[独立宣言以降の公私二元制度と大学の多様化]　1776年に独立宣言が採択されて以降，州に付託された教育の権限を背景に，各州の政府や議会は最高学府としての州立大学の構想と設立に力を注ぎ始めた。これが，のちに州の旗艦（フラッグシップ）となる▶総合大学（ユニバーシティ）としての州立大学設立運動の端緒である。植民地時代のカレッジを州に移管する動きについては，1819年に連邦最高裁判所がくだしたダートマス・カレッジ判決によって，旧来の設立認可状に保障された大学の契約事項は引き継がれることになった。この判決はアメリカ的な公私観の二元制度が分岐する出発点として位置づけられる。1862年の▶モリル法の成立は，連邦政府が付与する国有地を資金源として，工学や農学の教育分野から地域に貢献するアメリカ的な大学モデルを誕生させた。

[19世紀後半以降の大学の多様化と教員の自治参加]　19世紀後半から20世紀前半にかけては，大学の多様性が加速した時期である。この時期には2年制の▶ジュニア・カレッジ，▶学士課程の教養カレッジ，▶博士課程の▶大学院大学，学部・大学院併設の総合大学，聖職者・医師・法律家などの職業専門教育を行う専門大学院（▶プロフェッショナル・スクール）など多様な大学類型が発展を遂げている。

これに連動したのが▶教職員の専門性，組織規模の拡大と管理運営の複雑性の増大である。これらが大学教職員の自治参画の構造にも大きな変化をもたらした。予算・人事・基本計画立案など全学的な管理運営の権限をもった理事会に対して，とくに有力大学の教員が中心となって，教育・研究の専門職および被雇用者の立場から，大学の管理運営や意思決定過程に参画する要求と交渉が運動として続けられた。その動きを象徴するのが，歴史的には1915年に結成された▶アメリカ大学教授連合（AAUP）の「1915年諸原則の宣言」である。これは教授団の学問の自由と身分保障にかかわる最初の憲章として位置づけられる。これ以降，多くの大学では大学自治は全学レベルの統治（ガバナンス）問題として議論・展開され，大学の新たな経営管理の現実と特徴を形成してきている。その特徴とは，学外者原理の自治権を付与された理事会が，おもな参画主体である学長・副学長等の執行部と教師集団による▶評議会に対して，いかに適切に権限移譲できるかという共同統治（シェアード・ガバナンス）の問題である。

池田　輝政

[イギリス]

イギリスの大学は法人格を有し，教員人事，教育

課程・コースの編成，入学方針，学位授与，研究といった大学の活動は，各大学が自主的に管理運営を行っている。また，公益団体(charitable status)としての地位を有する機関である点も共通しており，この地位を有することで税制上の優遇措置を享受できる。

[学位授与権]　1992年の高等教育一元化以前からの大学(旧大学)では，国王の勅許状により，法人としての地位と▶学位授与権を同時に与えられた。1992年以降の大学(新大学)においては，92年継続・高等教育法により，枢密院に対し学位授与権を付与したのち，88年教育改革法により法人化した大学が任意に行う申請に基づき，枢密院での審査後に各大学に学位授与権が与えられる。

[入学制度]　大学入学についての統一的な法令上の規定はない。たとえば，入学のための最低年齢や最低学歴についても法的規定はない。各大学が定めた入学要件や基準に則って，入学選抜を実施している。各大学は外部試験機関が実施する卒業試験の成績を選抜資料とする一方で，大学進学希望者は入試業務を一括処理する機関である大学・カレッジ入学サービス(UCAS)を通して，希望大学に入学願書を送付する仕組みとなっている。

[教員]　大学教員は公務員ではなく，雇用主である大学との雇用契約に基づき働く被雇用者である。教授，上級講師，講師およびその他の教育・研究職がある。任用については各大学に裁量権があり，一般には研究業績をもとに独自の選考基準により任用している。大学教員の雇用期間は，期限付きと定年までとに分類されていたが，1988年教育改革法により，新規採用者(1987年11月20日以降)を対象に▶テニュアの制限(定年前に解雇可能)が規定された(同法203条，204条)。教員の給与は全国レベルで作成される給与表を基本に，資格，職責，実績，勤務年数などを勘案して各大学が決定している。この給与表は教員側と大学側の代表が合議し，毎年更新される。国はこれには関与しない。勤務時間に関しても各大学の規定や個人の契約により多種多様で，旧大学においては契約の中に必ずしも明記されていない。他方，新大学の教員の勤務条件は全国的な雇用条件に関する合意に基づくとされている。

[学生]　大学では▶授業料，試験料，学生組合費等の▶学生納付金を徴収している。また，生活費給付奨学金は家計所得に準じて支給される。2006年度の改正により，大学は法定授業料最高額以上の授業料を設定した場合には，大学独自義務給付奨学金を創設しなければならない。大学に授業料設定の決定権があるため，授業料額は大学により異なるが，授業料と大学独自の奨学金(bursary)の決定には教育機会公正局(Office of Fair Access)との協議が必要である。　　　　　　　　　秦 由美子

→契約と大学(テーマ編)，大学法制(テーマ編)，大学の設置形態(テーマ編)，NPMと大学改革，ダートマス・カレッジ事件，中期目標・中期計画

[契約による予算配分]◎大﨑仁「国立大学法人の国際座標」『IDE 現代の高等教育』452，2003.
◎藤村正司「主人・代理人論からみた高等教育システム」『大学論集』39，広島大学高等教育研究開発センター，2008.
[フランス]◎Christine Musselin, *La longue marche des universités françaises*, Presses Universitaires de France, 2001.
[ドイツ]◎ベルリン文部省(Senatsverwaltung für Bildung, Jugend und Wissenschaft)：https://www.berlin.de/sen/wissenschaft/wissenschaftspolitik/hochschulvertraege/
[アメリカ合衆国]◎江原武一『現代アメリカの大学──ポスト大衆化をめざして』玉川大学出版部，1994.
◎福留東土「アメリカの大学評議会と共同統治」『大学論集』44，広島大学高等教育研究開発センター，2013.
[イギリス]◎Department for Education and Skills, *A Guide to financial Support for Higher Education Students in 2006/2007*, London: DfES, 2007.
◎小林雅之編『諸外国における奨学制度に関する調査研究及び奨学金事業の社会的効果に関する調査研究』文部科学省先導的大学改革推進委託事業報告書，2007.
◎篠原康正「イギリス」『諸外国の高等教育』文部科学省，2004.

大学補助金委員会 |だいがくほじょきんいいんかい
University Grants Committee: UGC

大学への国庫補助金の配分を行ったイギリスの組織。1919年から89年まで存続。1904年の『ホールデン委員会報告書』により設立が提案されたが，大学に対する国庫補助金を一括して受け取り各大学にそれを配分するための中立的な委員会として，政府の諮問委員会から格上げされる形で設立されたのは1919年のことであった。第2次世界大戦後，1946年の『バーロウ委員会報告書』では，大学補助金委員会に大学セクターの計画をさせ，大学を戦後復興の国家的ニーズに応えさせるべきとの提案がなされた。1960年代に相次いで設立されたいわゆる新大学に関しては，大学補助金委員会と同委員長のキース・マレー卿が，それらの大学を経済への直接的な貢献から解放する方向に導いたと言われる。1964年に大蔵省から教育科学省に管轄が移管。1989年に解体，その権限は議会に直接責任を負う新設の大学財政審議会(The Universities Funding Council: UFC)に移管された。　福石 賢一

大学本校 |だいがくほんこう

明治新政府は旧幕府直轄の▶昌平坂学問所，開成所，医学所を復興し，昌平学校，▶開成学校，医学校を設けたが，1869年(明治2)6月，これらの学校を統合して大学校を創設した。その際，国学・漢学(儒学)を講じる昌平学校を大学校本校，開成学校と医学校を大学校分局としたが，同年12月に大学校を大学と改称した。大学本校は昌平坂学問所の施設をそのまま用いたものの，内容面では

漢学に対して国学優位の立場を取ったため，国漢両学派の対立抗争が展開されることになった。そのため行政官庁としての大学は，学制改革のため1870年2月に大学規則・中小学規則を定めるが，これは洋学系統の学校計画であったことから，強い不満を持った国漢両学派は洋学派と対立することになった。こうした大学内部の対立は解消されることなく，同年7月，学制改革を理由に大学本校は当分の間休校となり，そのまま再開されることなく閉鎖された。　　　　　　　　　　　橋本　鉱市

→大学南校／大学東校

大学誘致|だいがくゆうち
invitation of universities by (local) governments

特定の地域が自ら大学を設置するのではなく，新規の大学または既存の大学の新設部門の自地域での設立を勧誘すること。地域には市町村レベルの自治体(地方政府)の場合も，都道府県レベルの場合もある。誘致対象になる大学には，国公私立のいずれもがあり，外国の大学の分校といった場合もある。日本が▶国際連合大学を誘致したように，対象が国際的なものでは，誘致地域が国である場合もある。誘致には，一般的に土地の無償提供や補助の約束などがともない，国公立の場合は誘致が成功すれば還元されるものの，私立の場合は補助の継続など経済的負担が大きい。しかし，地域のステータスの向上，若者の流入，地域の文化，ひいては経済への貢献などのプラスの効果が期待される。新設の情報を得てから誘致を準備するという場合もあるが，事前に学園都市計画のような地域全体の発展計画があってそこにオープンな形で誘致する場合もある。　　　　　　　　　舘　昭

大学予科|だいがくよか
preparatory course of the university

旧制の大学で，主として中学校卒業者を対象に行われた，大学本科への入学以前の高等普通教育課程をいう。中学校第4学年修了を入学資格とするものは3年，中学校卒業を入学資格とするものは2年とした。旧制▶高等学校の多くは▶帝国大学の大学予科としての役割を果たしたといえる。1918年(大正7)の▶大学令制定以降，官・公・私立大学に大学予科は付設された。大学本科への入学資格は，高等学校高等科卒業者，大学予科修了者に加え，これと同等以上の学力を有すると文部大臣が認めたものとされたため，女子を含めて▶専門学校，▶実業専門学校，▶高等師範学校等の卒業者にも一部の大学でその門戸が開かれていた。また大学に昇格した学校のなかには，大学本科，大学予科とともに，専門学校としての専門部を存置したものもあり，多様な在学者らが同じ学園内で，

ときには大学予科と専門部を兼務する担当教師から学ぶ機会もあった。第2次世界大戦後，旧制から新制への教育制度への移行に伴い，大学予科は旧制高等学校と同様に廃止された。　谷本　宗生

大学ランキング→世界大学ランキング

大学寮|だいがくりょう
daigaku ryo (bureau)

律令制による中央官吏養成のための高等教育機関。式部省の管轄で，明経・進士・明法の3本科と算道・書道の2付随学科があった。教官の博士・助教のほかに，頭・助・允・属の4等官事務職員がいた。明経科学生400人，算生30人，書生若干名を教育した。大学寮への入学は5位以上の貴人の子弟，漢字を伝えたとされる渡来帰化人からなる史部の子孫，6位以下8位以上の官人の子孫で請願し許可された者で，いずれも13歳以上16歳以下の「聡令」なものが入学を認められた。就業年限は一定しないが，在学9年を越えてはならないこと，歳試(年終試)に3度落第しないこと，無断欠席を年100日以上しないことなどが定められ，違反者は退学となった。授業料は無償，のちに成績優秀者には給費も行われた。所定の学業を了え応挙試(卒業試験)に及第すると，式部省が施行する国家試験を受けて在官することができた。しかし実際には，一部の中下級官吏を養成するにとどまったとされる。　　　　　　　　　　　谷本　宗生

大学臨時措置法→大学の運営に関する臨時措置法

大学令|だいがくれい

1918年(大正7)12月，勅令第388号をもって公布，翌19年4月に施行された戦前期における官公私立大学を包括的に規定する日本初の法令。大学には数個の学部を置くことを原則とし，法・医・工・文・理・農・経済・商のいくつかの学部から構成されることを基本とした。ただし，特別の必要がある場合には1個の学部を置くのみとすることができるとして▶単科大学も認めた。また学部には研究科を設置することとし，数個の学部を置く大学では研究科間の連絡・協調のためにこれを総合して▶大学院を設置する制度とした。▶公立大学は道府県市立に，▶私立大学は財団法人に限定し，その設立廃止は勅裁を得て文部大臣が認可するとした。また大学の修業年限は3年(医学部のみ4年)とした。大学令施行以後，▶帝国大学のほかに官立単科大学・公立大学・私立大学が設立され，日本における

大学制度の基盤が形づくられた。1947年（昭和22）
4月施行の▶学校教育法により廃止された。

橋本 鉱市

大学論の系譜｜だいがくろんのけいふ

［ヨーロッパ］

ヨーロッパの大学の通史としてまず，Walter Rüegg
の総編集による『A History of the University in Europe』
（4vol., Cambridge University Press, 1992-2011）をあげる
ことができる。各巻500〜700頁台の大部の4巻本
で，第1巻が「Universities in the Middle Ages」，第2
巻が「Universities in Early Modern Europe（1500-
1800）」，第3巻が「Universities in the Nineteenth and
Early Twentieth Centuries（1800-1945）」，第4巻が
「Universities since 1945」という構成となっている。
また各巻は，第1部が「Themes and Patterns」，第2
部が「Structures」，第3部が「Students」，第4部が
「Learning」という共通した構成で，さらに各部にお
いて共通に論じられている内容として，たとえば第
2部では「当局との関係」「運営と資源」「教師」な
ど，第3部では「入学」「卒業とキャリア」などが見い
だされる。各巻十数章からなり，時代を縦軸，テー
マを横軸として，各執筆者を集めて論が展開され
ている。こうした構成自体が，大学論のあり方の一
つの典型を示すことにもなっている。

クリストフ・シャルル，ジャック・ヴェルジェ著『大
学の歴史』およびハンス＝ヴェルナー・プラール著
『大学制度の社会史』は，よりコンパクトな大学の
通史である。前者は「第一部 中世の大学からアン
シアン・レジームの大学まで」をヴェルジェが，「第
二部 大革命以後」をシャルルが担当し，ヨーロッ
パだけでなく，19世紀後半以降のアメリカ合衆国
や，ごく簡潔にではあるが日本を含む「新興国」に
も触れられている。また，原著は1994年にフランス
のクセジュ文庫の一冊としてPUFから刊行されて
いるが，とくに現代の部分の展開を加えたものが
『Histoire des universités, XIIIe-XXIe siècle』として，
2012年にPUFからQuadridge版の一冊として新た
に刊行されており，時代別，国別の文献も示され
ている。一方プラールの著作は，とくに中世以降の
近現代についてはドイツに焦点をあてた構成となっ
ている。

大学は，歴史の中で何度か大きな変容を経てき
ている。そのいくつかを取り上げるならば，まず大
学という制度が成立した中世期について論じた著
作として，ジャック・ヴェルジェ著『中世の大学』，
ジャック・ル・ゴフ著『中世の知識人―アベラールか
らエラスムスへ』などがあげられる。この時代の大
学については，とりわけ教会権力，世俗権力との関
係が重要である。次に近代国家が確立してくる19
世紀末以降について，コンラート・ヤーラオシュ編

『高等教育の変貌1860-1930―拡張・多様化・機会
開放・専門職化』ではイギリス，ドイツ，ロシア，ア
メリカ合衆国の4ヵ国に限定するとともに，拡張，
多様化，機会の開放，専門職化という四つの相互
に重なりあう論点を設定することで，各国に共通す
る変化の動態と個々の国ごとの特性の双方に焦点
を合わせた比較史的な考察が行われている。F.K.
リンガーの『読書人の没落―世紀末から第三帝国
までのドイツ知識人』と『知の歴史社会学―フラン
スとドイツにおける教養1890-1920』，クリストフ・シ
ャルル著『〈知識人〉の誕生―1880-1900』は，ドイ
ツおよびフランスにおける19世紀末前後の大学お
よび社会の状況や変化を論じている。

1960年代末には世界各国で▶大学紛争が起こ
り，またこの時期以降，大学のさらなる大衆化も進
んでいった。1973年にマーチン・トロウが▶進学率
を基準に提示した，エリート段階，マス段階，ユニ
バーサル段階という高等教育の特性の区分（『高学
歴社会の大学』）は，半世紀を経た今日の状況を理
解する上でも有効である。

大学の歴史はいくども深刻な断絶に見舞われて
きたにもかかわらず，西洋文化の，そして今日では
世界の文化の歴史を決定してしまうほど重要な位
置を占めており，大学の歴史を知ることによってこ
そ，過去から相続してきた知的遺産について，社
会の機能について，文化モデルと知の伝播につい
て理解を深めることができる（シャルル，ヴェルジェ前
掲書）。したがって，大学を論じることは西洋文化
そのものを論じることにもつながる。こうした観点
からも，西洋においては中世以来の伝統のなかで，
社会との関わりの視点を持ちながら歴史学，教育
学，社会学をはじめとする幅広い分野において，大
学についての論が展開されてきている。

白鳥 義彦

［日本］

大学は西欧において12世紀頃に誕生したが，社会
変動や宗教改革などによって多様に変化を遂げ現
代に至っている。クラーク・カーは，大学は社会を
逃れて存在しないという。大学と学問そして社会
との関係を論ずることを大学論ということができる。

渡辺崋山は蘭学研究を通して『外国事情書』を
著し，「大学校（ユニフルシテイテン）」について書い
た。明治維新後，日本が近代国家のデザインの模
範としたのは主として当時のドイツであったため，
大学の設立にはドイツの大学が大きく参酌された。
「学制」期の1877年（明治10），東京開成学校と東
京医学校を合併し東京大学が創設されたが，加藤
弘之は中世の大学あるいはドイツ大学のように4学
部体制が整ったことで大学としての存立要件が満
たされたと考えた。のちに初代の東京大学綜理と
なった加藤はブルンチュリーの『国法汎論』を翻訳
しており，大学とは何かについて知悉していた。明
治憲法制定期にはスタイン，グナイスト，ロエスレ
ルなど▶ドイツ大学モデルのいわば翻訳大学論が影

響を与えた。

　自由主義的な傾向をもつ教育令期以降，私立学校が叢生したが，アメリカ合衆国の大学からの影響もみられる。▶帝国大学令は，大学をして教育と研究のための機関としてうたい，▶大学院をその基本的な構成に組み込んだ。国家の「須要」に応じる大学という条文は，この時代の大学と社会との緊密な関係をよく物語っているが，同時に世界に向けての大学設立宣言でもあった。京都帝国大学の高根義人は1902年に『大学制度管見』を書き，ドイツ大学に学んだ実際的で傑出した大学論となった。東京帝国大学が学生数や教員数ですでに世界的な大学と肩を並べ，また大学院生の数は448名と記している。翌年，『東西両京の大学』が斬馬剣禅という筆名で『読売新聞』に連載され，東京と京都の▶帝国大学間の相克を両法科大学の内部から描き，国家に著しく紐帯した東の帝大に対して西の帝大がいかに不利な戦いを闘ったかを描き，大学と国家の関係への激しい批判を展開した。同書は潮木守一によってひろく紹介された。戦中1943年（昭和18）の大久保利謙『日本の大学』は，国家が創設した大学を古代まで遡って論究し，戦前期における最後の研究書であり史的な大学論となった。

　戦後，新しい社会の形成と大学制度の改革のなかで，1962年，家永三郎は『大学の自由の歴史』を書き，大学管理制度と▶大学の自治，大学の使命と▶学問の自由について検証し，学生の存在を欠いた大学論などを批判した。1965年，アメリカで学んだ永井道雄は『日本の大学―産業社会にはたす役割』を著して新しい大学像を示し，寺﨑昌男は68年にはじまった▶大学紛争に触発され，70年に『戦後の大学論』を編集した。本格的な大学論が生まれたのは大正末期から昭和初期において学問研究の自由が深刻な危機に立ってからであると指摘し，戦後の有力新聞社による大学告発，▶矢内原忠雄，▶南原繁などの大学使命論や理念論などを取り上げ，上原専禄や▶大学基準協会による教養教育の問題，羽仁五郎や日教組などの大学の自由と自治論などを収載した。

　戦後の団塊の世代による世界的な大学紛争の時代には，学生をはじめ数多くの大学批判論が発表され，やがて大学関係諸団体などによって，より実際的で処方箋的な大学論が発表された。ドイツ大学モデルの理念的大学論は，より実際的で多様なアメリカ的大学論へと変わり，大学論もまたより精緻な大学研究へと移った。天野郁夫は，2009年（平成21）に『大学の誕生（上・下）』を，13年に『高等教育の時代（上・下）』を著し，日本の大学と高等教育の全体像を明らかにしたが，▶私立大学を含め多様な大学の設立様態や機能があったことを示している。

羽田　積男

→ 大学の概念（テーマ編），カントの大学論，フンボルト理念，大学研究，ル・ゴフ，開成学校

［ヨーロッパ］◎Walter Rüegg (ed.), *A History of the University in Europe*, 4vol., Cambridge University Press, 1992-2011.
◎クリストフ・シャルル，ジャック・ヴェルジェ著，岡山茂，谷口清彦訳『大学の歴史』白水社，2009（原著1994）.
◎ハンス＝ヴェルナー・プラール著，山本尤訳『大学制度の社会史』法政大学出版局，1988（新装版2015）.
◎ジャック・ヴェルジェ著，大高順雄訳『中世の大学』みすず書房，1979（原著1973）.
◎ジャック・ル・ゴフ著，柏木英彦，三上朝造訳『中世の知識人―アベラールからエラスムスへ』岩波新書，1977（原著1957）.
◎コンラート・ヤーラオシュ編，望田幸男，安原義仁，橋本伸也監訳『高等教育の変貌1860-1930―拡張・多様化・機会開放・専門職化』昭和堂，2000（原著1983）.
◎F.K. リンガー著，西村稔訳『読書人の没落―世紀末から第三帝国までのドイツ知識人』名古屋大学出版会，1991（原著1969）.
◎F.K. リンガー著，筒井清忠ほか訳『知の歴史社会学―フランスとドイツにおける教養1890-1920』名古屋大学出版会，1996（原著1992）.
◎クリストフ・シャルル著，白鳥義彦訳『〈知識人〉の誕生―1880-1900』藤原書店，2006（原著1990）.
◎マーチン・トロウ著，天野郁夫，喜多村和之訳『高学歴社会の大学―エリートからマスへ』東京大学出版会，1976.
［日本］◎潮木守一『フンボルト理念の終焉？―現代大学の新次元』東信堂，2008.
◎吉見俊哉『大学とは何か』岩波新書，2011.

大学校｜だいがっこう

大学（学校教育法1条に規定）以外の高等教育レベルの教育訓練施設を指す名称で，通常，文部科学省以外の省庁や独立法人が設置管理する大学水準の教育機関を指す。防衛大学校・防衛医科大学校（防衛省），職業能力開発総合大学校（独法），航空保安大学校（国土交通省），気象大学校（気象庁），海上保安大学校（海上保安庁），国立看護大学校（独法）など。高校卒業を入学資格とし，4年間以上の履修課程を提供する場合には，大学と同様に学士号のほか，大学院学位等も取得できる。また税務大学校（国税庁），自治大学校（総務省），消防大学校（消防庁）のように，おもに現職職員の研修，職能向上を目的とした教育訓練機関でこの名称を使用する機関もある。歴史的には，明治時代初期に当時の工部省が設立した▶工部大学校（のち帝国大学工科大学に編入）の名称として使われたのが最初の例であった。

斉藤　泰雄

ダイグロシア
diglossia［希］

ギリシア語で「2（ダイ）／言語（グロシア）」を意味し，1959年，アメリカ合衆国の社会言語学者チャールズ・ファーガソンが，同一言語の社会階層的2変種状況を指して提唱した概念である。事例として彼は，スイスにおける標準ドイツ語とスイス方言，ギリシアの古典語（カタレヴサ）と民衆語（デモーティキー）などを列挙した。前者が高位変種，後者が低位変

624　だいがっこ

大学事典

種である。1967年，アメリカの言語社会学者ジョシュア・フィッシュマンが，社会階層的2言語状況を指す用語に拡張し，現在ではこの意味での使用が一般的である。1980年代に，書き言葉における同様の状況（社会階層的1言語2文字使用状況）を指して「ダイグラフィア」（2文字）という概念が提唱されたが，その使用はそれほど広まっているとはいえない。大学に関していえば，俗語のプレスティージが徐々に高まり，▶ラテン語の権威を脅かそうとする，17世紀後半から18世紀にかけての状況がダイグロシア的状況といえる。また現代世界における大学の言語状況は英語を高位変種とし，各国の国語を低位変種とするダイグロシア状況にあるといってよいかもしれない。　　　　　　　　　　原　聖

第三者評価|だいさんしゃひょうか
third party evaluation

大学人自らが自校の教育・研究活動について評価する▶自己点検・評価に対して，大学の外部の専門家や専門的組織が第三者として客観的立場から大学の運営について評価を行うことを意味する。自己点検・評価の実施がほぼ定着してきた1998年，文部省の▶大学審議会は，自己評価の結果を公表することを義務化するとともに，透明性の高い第三者による評価の実施を大学の努力義務とすること，第三者評価の対象は主として▶国立大学とすることなどを提言した。2004年の国立大学の法人化に合わせて，高等教育機関の認証評価制度が導入され，国公私立のすべての高等教育機関が，政府から認証された評価機関による▶外部評価を定期的に受けることが義務づけられた。最近では高等教育機関だけでなく，高等学校以下の学校においても外部機関による学校の第三者評価の必要が議論され，導入に向けた準備がなされている。
　　　　　　　　　　　　　　　斉藤　泰雄

→ 認証評価

大正大学|[私立]|たいしょうだいがく
Taisho University

第2次世界大戦前より大学として公的認可を受けた私立大学の一つで，仏教界をリードしていた高楠順次郎・姉崎正治・前田慧雲・村上専精・沢柳政太郎らが提唱した仏教連合大学の構想に，天台宗・真言宗豊山派・浄土宗が賛同したことを起源とする。1926年（大正15）初代学長に沢柳政太郎を迎え，大学令のもとで大正大学として公的認可を得る。1943年（昭和18）に真言宗智山派の智山専門学校を加えたことで，四宗から設立される私立大学となる。2016年（平成28）5月現在，東京都豊島区の巣鴨キャンパスに6学部3研究科を置き，5011人の学生を収容。大乗仏教の精神を建学の理念とし，現在はその精神に基づいて現代を生き抜く人材を育てるための教育ビジョン「4つの人となる（慈悲・中道・共生・自灯明）」を掲げて，大正大学の社会的責任（Taisho University Social Responsibility: TSR）を果たす活動を実施。2012年度よりゼミ形式の授業を1，2年生にも導入し，ゼミ合宿を対象とした補助制度も整備して，さらなる教育の質向上に努めている。　　　　　　　　　　戸村　理

→ 仏教系大学

太成学院大学|[私立]|たいせいがくいんだいがく
Taisei Gakuin University

1935年（昭和10）創立の学校法人天満学園を原点として，大阪短期大学（1987年開学）を前身に98年（平成10）4年制大学として開学した。学園創立者で初代理事長の足立喜三郎による「教育は徳なり」—教育を行う者も受ける者も，他者に対する思いやりの心や謙虚さを大切にしなければならないという教え—を建学の精神としている。2017年現在，大阪府堺市美原区にキャンパスを構え，経営学部，人間学部，看護学部に1099人の学生を収容する。学園創立より培われてきた実学教育に基づく人材育成を現在では，"新しい実学重視の学び方"—学生一人一人の知的好奇心を呼び覚ましアイデアからイノベーションを創造できる▶アクティブ・ラーニング—により展開している。　　堀之内　敏恵

大同大学|[私立]|だいどうだいがく
Daido University

大同電力の初代社長福沢桃介の意思を引き継いで創設された大同教育財団が1939年（昭和14）に設置した大同工業学校をルーツとして，大同工業短期大学を母体として64年に大同工業大学として開学。1990年（平成2）大学院工学研究科の修士課程を開設，95年同研究科の博士後期課程を開設，2002年情報学部を開設。2009年に現校名に改称。2017年時点で2学部7学科と，大学院工学研究科（修士・博士後期課程）・同情報学研究科（修士課程）を持つ。名古屋市にキャンパスを構え，2016年現在3550人の学生が在籍。大学の理念は「実学主義」。2017年より本学史上最初の女性学長として神保睦子が就任。　　　　和崎　光太郎

大東文化大学|[私立]|だいとうぶんかだいがく
Daito Bunka University

1923年（大正12）大東文化協会により設置された大東文化学院を前身とし，中国学や日本文学などの分野の教育を施してきた。1949年（昭和24）東京文政大学を開校し，その後改称し，53年に現在の大東文化大学が創立された。設置母体の学校法人

大東文化学園の建学の精神は,「東西文化の融合をはかり, 新たな文化の創造をめざす」である。その精神を, グローバル化の進む現代社会において「多文化共生をめざす新しい価値の不断の創造」と読み替え, 東洋文化研究の原点に軸足を置きつつ, 欧米を含むより広く国際的な視野をもった教育研究活動を展開している。東京都板橋区のキャンパスに人文社会科学領域を中心とする8学部の総合学科, および8研究科が設けられ, 2016年(平成28)現在1万1812人の学生が在籍。　　山崎 慎一

泰日工業大学 [タイ]｜たいにちこうぎょうだいがく
Thai-Nichi-Institute of Technology: TNI

1973年設立のタイ国法人泰日経済技術振興協会が2005年にTNI設立を決議し, 2006年9月にタイ教育省の認可を得て2007年6月に開学。学問を発展させ, 産業の振興に寄与し, 経済・社会に貢献する人材の育成が建学理念。モットーは「キット・ペン・タム・ペン(考えたことを実際にやること)」。グローバル時代を迎えたタイ産業, とりわけ日系企業のニーズに対応して日本的ものづくり思想のもと, 専門能力と日本語・英語の語学力を教育。コミュニケーション力, 管理基礎力, ビジネス実務の基礎となる社会人基礎力の育成を特徴とし, 産業界から高い評価を受ける。日本のものづくりに直結し, 実務的かつ実践的な技術と知識を備え, 日本語および英語でコミュニケーションできる能力を持つ学生の教育を重視。4年間の学部教育(工学部, 情報学部, 経営学部)と2年間の大学院教育(工学技術学, 情報技術学, 工業経営学, 上級企業経営学)を提供。2012年現在の学部生数964人, 大学院生164人。　　平田 利文

大博士｜だいはくし

▶帝国大学の発足の翌年, 1887年(明治20)に制定された学位令により, 学位は▶博士および大博士の二等とすることが定められた。このときの学位令では, 博士の学位は▶大学院に入り所定の試験を経た者またはこれと同等以上の学力がある者に対し, 帝国大学評議会の議を経て授与されるものとされた。大学院の教育課程を修め, 試験に合格した者に対する博士の学位授与を正則とすることを, 実態はともかく制度的には意図していたといえる(日本の大学に「大学院」が正式に設置されたのは帝国大学の発足時であった)。一方, 大博士の学位は, 文部大臣が博士会(博士学位取得者によって構成される会議。委員は文部大臣が指名)に付して, 学問上とくに功績があると認められた者に対して, 閣議を経て授与されるものとされ, もっぱら推薦によって授与される学位であった。結局, 大博士の学位は一度も授与されることなく, 1898年の学位令改正により廃止された。　　濱中 義隆

台北帝国大学｜たいほくていこくだいがく
Taihoku Imperial University

1928年3月, 日本統治時代の台湾に7番目の▶帝国大学として創設された大学。創設当初は文政学部(4学科), 理農学部(4学科)と付属農林専門部が置かれた。第1期の学生は59人だった。医学部が1936年, 工学部が43年に新設され, 45年時点で文政・理・農・医・工の5学部を擁するまでになった。また付属農林専門部が1943年に独立して台中高等農林学校となる一方, 付属医学専門部, 熱帯医学研究所, 南方資源科学研究所, 南方人文研究所が新設され, 41年には予科が設置された。歴代の総長は幣原坦(在任1928〜37年), 三田定則(1937〜41年), 安藤正次(1941〜45年), 安藤一雄(1945年)の4人。1928年から45年までの卒業生は843人で, うち台湾籍の学生は219人だった。また1938年から43年の間に博士学位が32人に授与されているが, その中で台湾籍の者は5人となっている。1945年11月に中華民国によって接収され, ▶国立台湾大学と改称されて現在に至る。　　南部 広孝

貸与奨学金｜たいよしょうがくきん
student loans

▶奨学金は給付奨学金と貸与奨学金の2種類に大別される。給付奨学金は返還の必要がない奨学金であるが, これに対して貸与奨学金は返還することを前提として借りる奨学金である。現在, ▶日本学生支援機構をはじめ, 地方公共団体, 大学, 公益法人, 営利法人などが多様な奨学金事業を実施しているが, その多くは貸与型である。日本学生支援機構の貸与奨学金事業費は2016年度予算で約1兆1000億円で, 貸与人員は134万人にのぼる。大学院・大学・短期大学・高等専門学校・専修学校(専門課程)の学生の約4割が利用している。

なお, 日本学生支援機構の貸与奨学金には無利子の第1種奨学金と有利子の第2種奨学金があるが, 貸与総額の比率はおよそ1対2.4となっており, 第2種奨学金の規模が大きい。前者の財源が一般会計の政府貸付金と返還者からの返還金等であるのに対し, 後者の財源は財政融資資金等と返還者からの返還金で構成されている点が大きく異なる。貸与奨学金の返還については, 第1種奨学金の2017年度新規貸与者より, 従来の定額返還方式に加えて新たに所得連動返還方式が導入され, 返還方法の柔軟化が図られた。　　吉田 香奈

⇒教育ローン, 学生ローン, 大学と学費(テーマ編)

タウンとガウン
town and gown

ヨーロッパ中世に団体(ギルド)として誕生した大学は都市に依った。その▶大学都市には一般市民と，主として他郷からやってきた学徒・大学人という二つの社会集団が共存した。大学人は聖職者身分の一端にあるとして僧衣にならいガウンを着用したことから，やがて「ガウン」で表象されることになった。服装だけでなく，市民と学徒は使用する言葉や生活・文化面，裁判権などにおいても相互に異なるところが多かった。実際，学徒が賃借りする家屋の家賃や食料品の値段などをめぐって，両者の間でしばしば争いが生じた。「大学の発展の歴史はタウン(都市の住民)とガウン(大学人)の争いの歴史である」と言われるように，各地で生じたタウンとガウンの衝突の結果，大学側は概してローマ教皇や国王による有利な調停を得た。そして，そのたびに大学団は種々の特権を獲得し発展していったのである。その後，大学は独自の建物・施設や▶キャンパスなどを有するようになるが，都市と大学は対立・融和，相互依存の関係をはらみつつ今日に至っている。
安原 義仁

▶ 都市と大学(テーマ編)

高岡法科大学 [私立] | たかおかほうかだいがく
Takaoka University of Law

1965年(昭和40)設置の学校法人高岡第一学園(1959年設置の学校法人高岡第一高等学校より名称変更)により，89年(平成1)に開学。建学の精神は，創立者の川原忠平の示した「祖国の道義を興し，親の幸福を祈る人格」「礼儀を尊重し，正しい判断力に基づく行動」「潜在力を抽出しつつ，愛情に導かれる教育」である。北信越5県で初めての法学部法律学科を有する単科の私立大学として開学し，2001年には同じく法学系で初となる大学院を開設した。富山県高岡市戸出石代にキャンパスを構え，2017年5月現在，1学部1研究科に201人の学生を収容。地域・国際交流センターでは，公開講座や法律系の資格試験取得サポートを実施するなど，地域貢献に努めている。
平野 亮

高崎経済大学 [公立] | たかさきけいざいだいがく
Takasaki City University of Economics

1957年(昭和32)に群馬県随一の商都である高崎市に設置された公立大学。前身の高崎市立短期大学が廃止されたことに伴い，高崎経済大学として開学した。開学当初は，経済学部のみであったが，1996年(平成8)に地域政策学部，2000年に大学院地域政策研究科，02年に大学院経済・経営研究科を設置し，16年5月現在，2学部2研究科，

学生4118人を擁する。2011年に公立大学法人となり，「知の交流拠点─地域に立脚し，世界に発信する─」を目標として掲げ，市内にコミュニティカフェを設置，地域社会と連携した教育研究活動を展開している。またアメリカ，中国，モンゴル，オーストラリア，ドイツ，アイルランドの世界6ヵ国7大学と提携を結び，▶交換留学や短期語学研修を推進しており，学生の留学をサポートしている。学生の約7割は群馬県外の出身者であり，全国各地から学生が入学している。
福井 文威

高崎健康福祉大学 [私立] | たかさきけんこうふくしだいがく
Takasaki University of Health and Welfare

2001年(平成13)に開設。そもそもの由来は，1936年に須藤いま子が，女性の教養を高め，服装文化の改善と女性の地位向上を目的に，須藤和洋裁女学院を創設したことによる。建学の理念は「人類の健康と福祉に貢献する」であり，教育方針は「人の喜びを己の喜びとする「自利利他」の精神の涵養」である。2017年現在，群馬県高崎市にキャンパスを構え，4学部7学科に2444人の学士課程学生が在籍する。「人を支える分野」ともいえる医療・福祉・教育の分野に特化した総合大学として，コメディカル分野ならびに教育分野の人材育成に努めている。またインドネシア，ドイツ，ヴェトナム，台湾の大学との間に学術協定も結んでおり，国際的な活躍ができる学生の指導も行っている。
戸村 理

高崎商科大学 [私立] | たかさきしょうかだいがく
Takasaki University of Commerce

2001年(平成13)に開設。1906年(明治39)に佐藤夕子が「女性の自主・自立」「婦徳の涵養」「良妻賢母」を教育の柱に掲げて設立した，私立佐藤裁縫女学校を起源とする。建学の精神は「自主・自立」であり，教育理念は「実学重視」「人間尊重」「未来創造」となっている。2016年現在，群馬県高崎市にキャンパスを構え，商学部のみの3学科構成に642人の学士課程学生が在籍。2013年には文部科学省「地(知)の拠点整備事業」(COC事業)において，事業名「「地と知から(価)値」を創出する地域密着型大学を目指して」が採択された。これに伴い「コミュニティ・パートナーシップ・センター」(CPC)が設置され，地域の高等教育機関として地域社会に有為な人材を輩出する取組みが実施されている。
戸村 理

▶ 知の拠点整備事業

高千穂大学 [私立] たかちほだいがく
Takachiho University

1914年(大正3)日本で最初の高等商業学校として
東京都杉並区に開校した高千穂高等商業学校を
前身とする。1950年(昭和25)の学制改革によって
高千穂商科大学となり、2001年(平成13)現行大学
名に名称変更。商学部、経営学部、人間科学部、
および経営学研究科が置かれ、2017年現在1991
人の学生が在籍。建学の精神にあたる学風の指
針は「常に半歩先立つ進歩性」であり、その具体的
なめざす人物像は、学問的知見に基づく客観的視
点、中庸の視点をもつ「偏らない自由人」、学識と
モラルを身につけた「気概ある常識人」、他国の歴
史と現状に対する正しい知識をもち、他者を受容
する寛容さ、外国語能力などをもつ「平和的国際
人」とされている。
山崎 慎一

高松大学 [私立] たかまつだいがく
Takamatsu University

1996年(平成8)経営学部を置く4年制大学として
香川県高松市に開学。2000年に大学院開設。
2006年に発達科学部を設置した。2017年現在2
学部1研究科(経営学研究科)を置き、学部生569
人、大学院生5人、教員49人を擁する。1969年
に学校法人四国高松学園によって設立された高松
短期大学を直接の母体とするが、2006年には「対
話に基づく豊かな人間教育」「調和と主体性を培う
教育」「個性と創造性を伸長する教育」「社会に即
応できる実践能力を養成する教育」の4つを教育
理念として明文化し、短期大学以来の対話と実践
を重んじる教学方針の継承を確認している。その
具現化たる大学の特色として、学生が必ずいずれ
かの研究室に所属し、教員や他の学生と相互に
「対話」を深めつつ人間的・学問的成長をめざす
「研究室制度」を掲げる。
小濱 歩

宝塚医療大学 [私立] たからづかいりょうだいがく
Takarazuka University of Medical and Health Care

学校法人平成医療学園により2011年(平成23)に
開学。学校法人平成医療学園は、2000年に全国
柔整鍼灸協同組合(現、公益社団法人全国柔整鍼灸
協会)が母体となり、平成柔道整復専門学院を開
設したことに始まる。建学の精神は「徳義の涵養と
人間性尊厳の実践を理念とし、医療人たる社会的
責務を自覚せしめ、国際社会に伍して恥じぬ恒心
をもつ、有徳の人材を育成する」である。2016年
現在、兵庫県宝塚市にキャンパスを構え、保健医
療学部に447人の学生を収容する。理学療法学
科、柔道整復学科、鍼灸学科の3科において、そ
れぞれ理学療法士、柔道整復師、鍼灸師(はり師・

きゅう師)を養成している。柔道整復学科、鍼灸学
科は保健体育教員課程を有し、高等学校教諭一
種免許状(保健体育)の取得も可能である。
堀之内 敏恵

宝塚大学 [私立] たからづかだいがく
Takarazuka University

学校法人関西女子学園により1987年(昭和62)造
形学部のみの宝塚造形芸術大学として開学。前
身は1967年に設置された関西女子美術短期大学
である。建学の精神に「芸術と科学の協調」を掲
げ、芸術にIT・マルチメディアを取り入れた先駆的
な教育を展開してきた。2010年(平成22)の看護学
部の設置に伴い、宝塚大学へと名称変更。2016
年現在、宝塚(兵庫県宝塚市)、東京新宿(東京都新
宿区)、大阪梅田(大阪府大阪市)の三つのキャンパ
スに3学部、1専攻科、1研究科の学生905人を収
容する。芸術と看護という2分野の学びは一見異
なるもの同士にみえるが、ともに人間の心に働きか
ける行為で、原点は同じだとして、「人間の「生きる
力」を支える、心に働きかける芸術と看護教育」を
教育理念としている。
堀之内 敏恵

滝川事件 たきかわじけん

▶沢柳事件を契機に、1914年(大正3)以来確認され
ていた▶教授会自治の慣例が、研究発表の自由と
ともに干渉を受けた事件。京都帝国大学法学部
教授の滝川幸辰の1932年(昭和7)の中央大学での
講演が無政府主義的内容をもっていたとの報告
を、中央大学法学部長でもあった検事総長から法
相経由で鳩山一郎文相が受けていた矢先に、33
年の衆議院・貴族院の両議会で赤化教官の一人と
して滝川が糾弾され、『刑法読本』『刑法講義』は発
禁処分となった。ここに及び、文部省は滝川の休
職処分を小西重直総長の拒否を顧みず、教授の
進退は総長の具状によるとする総長の具状権をも
ないがしろにする形で断行した。これに反発した
法学部教授会は学問の自由と大学の自治を再確
認し、滝川復職を求めて在外研究中の教員を除く
全教員が辞表を提出し、小西も総長を辞任。後任
総長松井元興の下で、辞表提出教官のうち学問の
自由擁護の強硬派5教授が滝川とともに免官さ
れ、自主退職を含め当時の法学部全教官33人中
21人が辞職した。
岩田 弘三

拓殖大学 [私立] たくしょくだいがく
Takushoku University

1900年(明治33)桂太郎により、台湾開発のために
「地の塩」となって貢献する人材の育成を目標に創

立された台湾協会学校が前身。1907年に東洋協会専門学校，18年(大正7)に拓殖大学と改称。1922年に大学令により設立認可。1949年(昭和24)に新制大学として発足し，商学部と政経学部を設置。1977年に外国語学部，87年に工学部，2000年(平成12)に国際開発学部(2007年に国際学部に名称変更)を設置。「積極進取の気概とあらゆる民族から敬慕されるに値する教養と品格を具えた有為な人材の育成」を建学の精神に掲げる。キャンパスは東京都文京区と八王子市に所在。2016年5月現在，5学部14学科6研究科からなり，学生数は9676人を数える。国際学部では，アジアを中心とした開発途上国および新興国について学ぶ。また言語教育が充実しており，14の言語を学ぶことができる。「国際社会に貢献しうる人材の育成」という教育方針のもとで，開かれた「国際大学」として海外との提携を図っている。毎年1000人を超す留学生を迎えている。

山本　剛

托鉢修道会 |たくはつしゅうどうかい
mendicant orders

西洋13世紀に誕生したフランシスコ会，ドミニコ会などの新しい修道会のあり方。托鉢とはこれらの会が土地や財産を持たない「清貧」を理想とし，それまでの修道会のような自給自足の定住共同体をつくらなかったことに由来する。12，13世紀には，農業生産の拡大によって生じた急激な人口増加の結果，多くの人々が農村を離れ，都市に流入する。既存の地縁血縁的共同体秩序を持たない民衆は，世俗の権力と結びついて富裕化した教会やそれまでの修道会のもとを離れ，しばしば純粋な生き方を志向する過激な宗教的社会運動(カタリ派など)を引き起こした。托鉢修道会はこうした民衆の要求に応えようとするものであった。また，説教活動に力を注ぐ托鉢修道会は学問に力を入れ，都市に拠点を置いたことから大学にも深く関わるようになった。トマス・アクィナスやボナヴェントゥラなど▶スコラ学の代表的な神学者の多くは，托鉢修道会に属する修道者である。

加藤　和哉

たこ足大学 |たこあしだいがく
"tako-ashi(dispersed campus)" university

第2次世界大戦後の学制改革の中で，連合国軍最高司令官総司令部(GHQ/SCAP)民間情報教育局(CIE)の国立大学設置原則に基づき，一府県に一つの▶国立大学という方針で，旧制の大学，▶師範学校，▶専門学校等が再編され，1949年(昭和24)に新制の国立大学が発足した。これらの大学は異なる学校を組織的に一括りにしたため，実際の施設設備が離れた場所に分散していることが多く，たこの足のように分岐していることから，しばしば「たこ足大学」と呼ばれた。信州大学など，多くの地方国立大学がこの状態にあった。▶私立大学でも，マンモス化に伴うキャンパス拡大に当たり，政府による大都市部での大学設置抑制方針等のため，郊外等の遠隔地に敷地を確保したことなどから，施設設備が分散する例がみられた。学内の連絡・移動の困難さは，大学の運営や一体性醸成等の点で障害となった。弊害を緩和するため，学内を結ぶ情報通信ネットワークの構築や，テレビ，eラーニングによる授業等も各大学で試みられた。ただし，地域との交流や地元産業への貢献等の点でキャンパス分散にも利点があったとの指摘もある。

国立大学では，1960年代から次第に▶キャンパスの移転統合が進められたほか，2002年(平成14)7月の工場等制限法廃止により，大都市部でのキャンパス拡張が可能となったため，私立大学でも都心回帰がみられたが，国公立大学の法人化に伴う▶大学統合により新たなキャンパス分散も生じている。

寺倉　憲一

→ 一府県一大学原則，eラーニングとICT活用教育

ダートマス・カレッジ事件 |ダートマス・カレッジじけん
The Dartmouth College Case

アメリカ合衆国のニューハンプシャー州議会の干渉に抗したダートマス・カレッジ(私立大学)理事会の訴えが，私学の独立を支持した連邦最高裁ジョン・マーシャル判事の1819年の判決を導いた訴訟。1769年のイギリス国王からの設立認許状で設立されたダートマスは，1810年代，その内紛に乗じた州議会により州管理下の機関へと改変された。これを不服とした旧理事会は連邦最高裁まで上訴し，その代弁者で卒業生のダニエル・ウェブスターは，州議会の行為は契約としての認許状を毀損し，科学で国土を照らし続けた諸カレッジの消滅につながる，ダートマスは小規模なりといえども「それを敬愛する人々が存在する」と訴えた。マーシャル判事は，設立認許状は連邦憲法が保証する契約であり，州政府が一方的に変更できないと判決した。公による不干渉という法的保証のもと，私立大学はこれ以降，公立大学と並立する基盤を得た。同時に，公的な統制が必要となる1890年代まで，私企業の自由な活動を根拠づける結果ともなった。

立川　明

玉川大学 [私立] |たまがわだいがく
Tamagawa University

1929年(昭和4)設置の財団法人玉川学園により47年に玉川大学(旧制)として創設され，49年に新制大学として開設。創設者の小原国芳は当初より，学問(真)，道徳(善)，芸術(美)，宗教(聖)，健康

(健），生活（富）の六つの価値の創造をめざす「全人教育」と「個性尊重」を中心に置いており，現在ではこれらを含めた12の教育信条を掲げ，それに基づいた教育を行っている。加えて，同学園は幼稚園から高等学校まで12ヵ年一貫教育を行っており，発達に合わせて校舎を四・四・四制で分割するなど，さまざまな教育的な試みをしている。東京都町田市にキャンパスを有し，8学部6研究科に2017年（平成29）現在7539人の学生が在籍。　　山崎 慎一

タマサート大学 [タイ] | タマサートだいがく
Thammasat University

バンコクにある。タイの政治家，プリーディー・パノムヨン（初代学長）が民主主義を守る人材を養成する目的で，1934年6月27日に「法政大学」として設立。1952年にタマサート大学（マハーウィタヤライ・タマサート）と改名。1932年の立憲革命の理念を建学の精神とし，民主主義の砦としての伝統を誇りとし，言論の自由を重んじる気風を持つ。1960年まではオープン・ユニバーシティとして無試験入学制をとった。タイで初めて教養教育を導入したことでも有名。法曹界，官界，政治・経済界に優秀な人材を輩出してきた。1973年10月に軍事政権を倒すにあたっては，学生運動の拠点になった。1976年10月，クーデタの過程で構内でタマサート大学事件が発生し，多くの学生や市民が死傷した。グローバル化時代に対応し，社会のニーズと期待に応えることをミッションとする。18の学部と六つのカレッジ・研究所を擁する。学部生約2万3000人，大学院生約9000人，教員約1500人，職員約4300人。　　平田 利文

多摩大学 [私立] | たまだいがく
Tama University

1989年（平成1）学校法人田村学園により開設。田村学園は1937年（昭和12）設置の目黒商業女学校を起源とする。「現代の志塾」を教育理念として置き，グローバルな視野を持つローカルで活躍する人材である「多摩グローカル人材」の育成を，対話を中心とする「ゼミ中心の教育」によって行っており，たとえば経営情報学部では4年間を通してゼミに所属するなど「ゼミ力の多摩大」としてとくに力を入れている。また長年に及ぶ産業教育における経験を基盤とした実学教育に力を入れており，幼稚園から大学院までの一貫教育の体制も整備されている。東京都多摩市および神奈川県藤沢市にキャンパスを有し，2016年現在2071人の学生が在籍。　　山崎 慎一

多摩美術大学 [私立] | たまびじゅつだいがく
Tama Art University

1935年（昭和10）同盟休校事件をきっかけとして，帝国美術学校（現，武蔵野美術大学）から分離独立して設立された多摩帝国美術学校を前身とする。1947年に専門学校に認可され，多摩造形芸術専門学校となる。1950年に多摩美術短期大学を設置，53年に多摩美術大学を設置し，美術学部に絵画・彫刻・図案の3科を置いた。1954年に多摩芸術学園を併設（〜92年），64年に大学院（美術研究科）を設置。2016年（平成28）5月現在，美術学部・造形表現学部の2学部13学科と1研究科6専攻を有し，東京都世田谷区と八王子市との2校地に，学生4597人を収容する（造形表現学部は2014年度より募集停止）。2006年八王子キャンパスに芸術人類学研究所（IAA）を新設。芸術という営みを人類史の中で捉え直す「芸術人類学」の研究拠点として，六つの研究部門において学科間・大学間交流，地域交流，国際交流を推進している。　　小濱 歩

ダラム大学 [イギリス] | ダラムだいがく
University of Durham

議会からの設立承認を得た順序ではイングランドで3番目に古い大学で，学寮制を特色とする。ダラム主教座聖堂の豊かな教会財産に対する教会改革者からの批判を危惧し，最後のダラム領主主教であったミルダート（William van Mildert）と主教座聖堂参事会は，北部の若者への大学教育機会の提供，聖職者養成を目的として，教会財産の一部を宗教的かつ費用の低廉な高等教育機関の設立支援に充てることを計画した。この計画案は1832年に議会に承認され，33年に学生が入学，37年にダラム大学の設立勅許状が正式に授与された。聖職者養成だけでなく，創設時から医学教育，工学教育も行われた。1890年には女性の入学が認められた。1837年，ダラム城内に最初の学寮，ユニバーシティ・カレッジを創設。ニューカッスルにあった医学カレッジは，1963年ニューカッスル大学として分離独立した。2013年現在，16のカレッジを有し，1万1742人の学部学生，3580人の大学院生が学んでいる。　　中村 勝美

タルトゥ大学 [エストニア] | タルトゥだいがく
University of Tartu; Tartu Ülikool [エストニア語]

エストニアのタルトゥ市にある総合大学。スウェーデン王グスタフ2世アドルフにより，1632年に創設された。当時エストニアはスウェーデンの統治下にあった。その後，ロシア支配下の1802年に国王アレクサンドル2世によって再建された。当時はバルト・ドイツ人貴族の力が強く，講義はドイツ語と▶ラ

テン語で行われ，タルトゥのドイツ語名であるドル
パート大学と呼ばれた。1860〜80年は大学の黄金
時代で，周辺諸国からも多くの学生を集めた。そ
の後，ロシアの影響が拡大するとロシア語で講義
が行われ，1884年にユリエフ大学と改称された。
1919年のエストニア独立とともにエストニア語で講
義が行われるようになり，エストニア語のタルトゥが
大学の名称に使用されるようになった。第2次世
界大戦後，エストニアはソ連の支配下に入り，社会
主義体制下でソ連型のタルトゥ国立大学となった。
体制転換後，西ヨーロッパ型の大学へと改革され
ている。2014年現在13学部，学生数1万5000
人。

加藤 一夫

単位互換 |たんいごかん
credit transfer system

学生が他の教育機関に転学や他教育機関での学
習を行う際に，両機関あるいは複数の機関による
連合体の取決めに基づいて，それ以前に取得した
単位を学生が所属する機関が認定することをいう。
学習者の学習量を測定する手段として発展した単
位制度をもとに，アメリカ合衆国では各州が高等
教育の大衆化への対応として▶コミュニティ・カレッ
ジから4年制大学へ転学できる仕組みがあり，また
日本でも地域や専門などが近い高等教育機関同
士が二者間，あるいはコンソーシアムを組んで相互
に授業を開放して▶履修を認める例がある。国内
にとどまらず，海外の大学と在籍したままの学生交
換などを行うにあたっても単位互換がなされる。国
際的な単位互換制度としては，欧州内，さらに欧
州と他の地域の大学との学生交換を促進する目的
で▶欧州単位互換制度（ECTS），▶アジア太平洋大
学交流機構（UMAP）によるUMAP単位互換制度
（UCTS），▶アセアン大学ネットワーク（AUN）による
AUN-ASEAN単位互換制度などがある。　米澤 彰純

➡ 単位制

単位制 |たんいせい
credit system

学修時間量に換算できる単位の累積加算によって
卒業資格の認定を行う制度。

［単位制の意味］
履修内容をどのように認定するかについては，大き
く▶学年制と単位制の二つの考え方がある。学年
制では学年ごとに▶履修すべき科目が指定されてお
り，指定された科目のうち一つでも不合格になると
上の学年に進級できない。翌年度に再履修する場
合，不合格になった科目以外の全科目を再度履修
しなければならない。一方，単位制では一定の年
限の中で履修すべき科目の単位を揃えればよい。
ある科目で不合格になった場合でも，他科目の履

修単位が無効になることはない。

学年制は日本だけでなく多くの国の義務教育段
階で取り入れられている制度であり，生徒に履修
内容を体系的かつ確実に学修させるのに適してい
る。履修科目は基本的にすべて必修であることが
前提となる。これに対して，単位制は高等教育機
関で広く普及している制度である。履修科目は
▶必修科目と▶選択科目からなり，学修者は科目ご
とに提供されている授業の中から，自身の関心に
沿う授業を選択して学ぶ。つまり，単位制は学修
者の知的関心や意欲が一定程度備わっている場
合に，これをさらに深化させるのに適している。反
面，学修者の知的関心や意欲が低い場合は，選択
科目を有機的に組み合わせることは容易でなく，
体系性を欠く「つまみ食い」のような時間割を組ん
でしまう危険性がある。また，卒業のために単位を
取得すること自体が目的化すると，単位をとりやす
い授業を選択する傾向が強くなり，学修活動が必
ずしも促進されるとは限らない。その意味で，単位
制度は学修者の主体性と知的成熟度に大きく依存
する履修制度であると言える。

［単位制の仕組み］
単位制の根拠となるのは▶大学設置基準（文部科学
省令）である。同基準によると，21条2項「一単位
の授業科目を四十五時間の学修を必要とする内容
をもつて構成する」「講義及び演習については，十
五時間から三十時間までの範囲で大学が定める時
間の授業をもつて一単位とする」，22条「一年間の
授業を行う期間は，定期試験等の期間を含め，三
十五週にわたることを原則とする」，23条「各授業
科目の授業は，十週又は十五週にわたる期間を単
位として行う」と定められている。これらの規定に
より，日本の多くの大学では1回90分前後の毎回
の授業を2時間分とみなし，その倍に相当する4時
間分の予習・復習を学生が自主的に行うと仮定し，
これを15週実施した上で定期試験を行い，合格す
れば計90時間分の学修量に対して2単位を与えて
いる。

大学を卒業するためには，124単位以上を修得
することが求められる（同基準32条，ただし，医学・歯
学・薬学および獣医学を除く）。その積算根拠は次の
通りである。1週間に1単位＝45時間相当を履修
すると仮定し，週1単位×15週×2学期×4年間
で合計120単位となる。これに以前は課外活動分
としてみなされていた体育の4単位分を加えると
124単位になる。週あたり1単位分の学修時間，す
なわち授業15時間と授業時間外学修30時間の合
計45時間は，労働者の週あたり労働時間に相当す
る。これは学修活動を労働の代替行為としてみな
す考え方に基づいている。

［単位制の問題点］
ところが，日本の大学生の学修実態は単位制度の
こうした理念とは大きくかけ離れている。ベネッセ

教育総合研究所が2012年11月に実施した「第2回 大学生の学習・生活実態調査」によれば，1週間に大学生が授業の予復習や課題に充てる時間が1時間未満と回答した割合は42.9％に達する。回答者の平均は2.8時間であり，1日あたりでは0.4時間すなわち24分である。かといって，90分の授業を1日3コマ分履修すると（6時間相当），単位を取得するためには12時間分の予習・復習が必要となる。睡眠，通学，課外活動など日常生活に要する時間を考慮すれば，この前提は非現実的である。

　では，なぜこうした状況が起きるのか。第1に，大学新入生は時間割の空き時間を活用して予習・復習の時間を確保するという大学教育の考え方になじみが薄く，高校時代までと同様に時間割いっぱいに授業を詰め込みたがる傾向が強い。第2に，大学生は4年生になると就職活動に忙しいので，必要な単位は3年生までに揃えておきたいとする意識が強くはたらく。4年間で履修すべき内容を実質的には3年間で詰め込むので，時間割はますます過密になる。

　▶中央教育審議会の答申等で繰り返し強調されている「単位の実質化」とは，大学生が授業時間外で自発的に学修を行うことを大学がさまざまな方法によって促進・支援することにより，有名無実化している単位制度を機能させようという趣旨である。たとえば，多くの大学では学生による単位の「早取り」傾向を抑制するために，1年間あるいは1学期に履修できる単位の上限を設定する制度（▶キャップ制）を導入するなどの方策を講じている。

近田 政博

→ ラーニング・アウトカムズ，単位互換，欧州単位互換制度，大学教育とカリキュラム（テーマ編）
◎中井俊樹・上西浩司『大学の教務Q＆A』玉川大学出版部，2012.
◎ベネッセ教育総合研究所「第2回 大学生の学修・生活実態調査」：http://berd. benesse. jp/berd/center/open/report/daiga-ku_jittai/2012/dai/index. html

単科大学｜たんかだいがく
institute; college

一般に，一つの学部のみからなる大学を単科大学と呼ぶ。これに対し，複数学部からなる大学，とりわけ文科系，理科系の主要学問領域に係る学部を一通り備えるものを▶総合大学と呼ぶ。ドイツ等では，伝統的に研究機能重視の総合大学を理想としてきた。明治以降の日本でも，ドイツに倣って総合大学としての▶帝国大学のみが正式の大学とされ，単科大学が認められない時期がしばらく続いた。一方で，早い時期から高等商業学校等の官立の実学系専門学校のほか，公立・私立の▶専門学校が設けられており，▶専門学校令（明治36年勅令第61号）による制度的な位置付けの明確化を経て，大学昇格を求めて運動を展開する有力校も現

れた。1918年の▶大学令（大正7年勅令第388号）では，公私立大学の設置とともに単科大学の設置も認められることとなった。当時の専門学校が大学に昇格した場合，単一学部の開設しか想定し得ない学校が多かったため，公私立大学を認めることと単科大学を認めることは実質的に切り離せない問題であった。

　大学令制定後，とくに官公立では商学，医学，工学等の実学系の専門学校が大学に昇格し，帝国大学と比較して，高度な職業人育成の役割を担った。第2次世界大戦後も▶医科大学，教員養成大学をはじめ，▶女子大学も含めてさまざまな単科大学が生まれた。ドイツでも，19世紀以降，工科大学，商科大学等の単科大学が創設され，総合大学と同等の地位を有するようになっている。

寺倉 憲一

→ 大学昇格運動，教員養成

短期大学｜たんきだいがく
junior college

▶学校教育法（昭和22年法律第26号）は，職業または実際生活に必要な能力を育成することなどをおもな目的として，修業年限を2年または3年とする「短期大学」を置くことができると規定する（108条）。短期大学には学部でなく▶学科を置くこととされ，大学院を置くことができない。当初，第2次世界大戦後，教員組織や施設・設備等が不十分で4年制の▶新制大学への転換が認められない旧制▶専門学校等のため，アメリカ合衆国の▶ジュニア・カレッジ（junior college）を参考にして，学校教育法の改正により，1950（昭和25）年度から暫定的措置として設けられた。中級技術者養成機関として再編する構想もあったが，その役割を担う▶高等専門学校制度が別に創設されたこともあり，1964年の法改正により，大学の枠組みの中で恒久的に制度化された。

　短期間で修了可能な実際的高等職業教育機関として地域に密着しながら，とくに女子の高等教育の場として発展し，ピーク時には学校数598校（1996年），学生数約53万人（1993年）を数え，高等教育のファースト・ステージとしての役割も期待された。しかし，少子化に伴う18歳人口の減少や学生の9割近くを占める女子の4年制大学志向等により，近年は学校数，学生数とも大きく減少している（2016年：341校，約12万8000人）。ニーズが薄れたとの指摘もある中，各機関がいかに各自のミッションと特色を打ち出して機能分化を図っていくのかが問われている。

寺倉 憲一

→ 短期大学法制，短期大学設置基準，短期大学士，女子大学

短期大学基準協会 たんきだいがくきじゅんきょうかい
Japan Association for College Accreditation

1994年(平成6)に, 大学における▶大学基準協会と同様の役割を目指す▶短期大学による自主的な組織の設立が期待されたことに応えて設立された, 会員制の一般財団法人。短期大学の▶自己点検・評価による改善を支援するとともに, 高等教育に関する調査研究を行い, 短期大学教育の水準の維持向上を図ることを設立目的とし, 会員短期大学の現況, 自己点検・評価に関する各種資料の収受等を実施してきた。調査研究も活発で, 短期大学教育に即した学習効果測定のための「短大生調査 Tandaiseichosa」の開発実績を持つ。2005年には▶認証評価を実施する機関別認証評価機関として文部科学大臣から認証を受け, 短期大学の認証評価を実施している。2005年度から2010年度までの第1期に認証評価を行った短期大学は, 延べ328短期大学(すべて私立)である。また, 2011年度からの第2期には, 2015年度までに延べ178短期大学(すべて私立)の認証評価を実施している。2016年度現在, 会員は299短期大学(すべて私立)。

渡部 廉弘

短期大学士 たんきだいがくし
Associate degree

▶短期大学を卒業した者に対して, 当該短期大学より授与される学位。短期大学を卒業した者については, 1991(平成3)年度より「準学士と称することができる」として, ▶準学士の称号を付与する制度が存在したが, アメリカ合衆国の2年制カレッジ卒業者に授与される「Associate of Arts: A.A.」,「Associate of Science: A.S.」は学位(degree)として認知されていること等から, 日本においても短期大学卒業者に付与される称号を, 法令上の「学位」として位置づけることを求める気運が短期大学関係者を中心に高まった。そのため, ▶学校教育法ならびに▶学位規則を改正し, 2005年10月以降に短期大学を卒業した者に対して, 短期大学士の学位が授与されることとなった。なお, 短期大学士の学位の授与にあたっては, ほかの学位と同様に適切な専攻分野の名称を括弧書きで付記することとされている。

濱中 義隆

短期大学設置基準 たんきだいがくせっちきじゅん

短期大学教育が一定の水準を保ち教育の機会均等を図るため, 1975年に定められた文部省令で(昭和50年文部省令第21号), ▶短期大学を設置するために必要な最低の基準をいう。短期大学は第2次世界大戦後の六・三・三・四制の下で当分の間, 暫定的制度として発足したが, その後の発展により1964年(昭和39)の▶学校教育法改正により, 大学として恒久的な制度として位置づけられた。短期大学設置基準が制定されるまでは大学設置審議会の申合せ事項として取り扱われていた。この基準は設置の最低基準であるとともに, 短期大学がその水準の向上を図ることに努めなければならないとされる。第1章「総則」から始まり, 第2章「学科」, 第3章「学生定員」, 第4章「教育課程」, 第5章「卒業の要件等」, 第6章「教員組織」, 第7章「教員の資格」, 第8章「校地, 校舎等の施設及び設備等」, 第9章「事務組織等」, 第10章「共同教育課程に関する特例」, 第11章「国際連携学科に関する特例」, 第12章「雑則」からなる。なお, 1982年には短期大学通信教育設置基準(昭和57年文部省令第3号)も制定された。

清水 一彦

→ 学校教育法と設置基準, 短期大学法制

短期大学法制 たんきだいがくほうせい

▶短期大学は, ▶新制大学発足時に行われた専門学校(旧制)・師範学校などから大学への認可申請で, 審査に合格できない学校への救済処置として1950年(昭和25)に発足。その時点では, 転換期における暫定的教育機関という位置づけであった。その後, 1956年の中央教育審議会答申「短期大学制度の改善について」などを受けて, 1964年, ▶学校教育法の一部改正により現在の短期大学制度が確立され, 恒常的な教育機関となった。短期大学の目的は, 大学の目的に代えて「深く専門の学芸を教授研究し, 職業又は実際生活に必要な能力を育成することを主な目的とする」(学校教育法108条)と示され, 大学の枠内の制度と位置づけながら, 教養より専門教育を重視したものである。修業年限は2年(62単位以上の修得)または3年(93単位以上の修得)。短期大学の基本組織は学科であり, 大学のような学部や大学院は置かない。2005年(平成17)より▶短期大学士の学位が授与される。大学学部への編入が可能である。

古賀 稔邦

男女共同参画 だんじょきょうどうさんかく
gender equality

[定義]
男女共同参画は日本で用いられている政策用語である。本用語が最初に使われたのは1991年(平成3)の政府文書(総理府婦人問題企画推進本部「西暦2000年に向けての新国内行動計画(第一次改定)」)であり, 男女共同参画社会基本法(1999年)では「男女が, 社会の対等な構成員として, 自らの意思によって社会のあらゆる分野における活動に参画する機会が確保され, もって男女が均等に政治的, 経済

的，社会的及び文化的利益を享受することができ，かつ，共に責任を担うべき社会」を男女共同参画社会として定義している（2条）。なお，本項目見出し欧訳は日本政府の公式欧訳に準じている。

[大学から労働・社会への移行とジェンダー]
第2次世界大戦前，日本社会において女性は，「家」制度のもとでさまざまな権利や社会的活動が制限され，良妻賢母であることが長く社会的に求められてきた。とくに高等教育から労働への移行では，高等教育を受ける女性自体が極めて少数であった上に，会社身分制の下で高等教育修了女性が大企業で「正社員」「準社員」として採用されることはなかった。就業しても長期就業継続は期待されず，待遇も高等教育修了男性より悪く，会社の正式な構成員とは見なされなかった。高等教育を終えても，結婚すれば「家庭に入る」，つまり労働市場から退出することが当たり前であった。

戦後，日本国憲法の制定およびそれに伴う各種法律の制定・改定により，法体系に女性の地位向上に関する基本原則が組み込まれた。大学・▶短期大学への女性の進学率は，1980年代前半には短期大学で2割，大学で1割を超えるまでに至ったが，公的領域と私的領域での性別役割分業意識（「男は仕事，女は家庭」）は依然として存在し，労働市場においても，保育士（当時は保母）など専門職を除けば，高等教育修了女性は補助職でしか雇用されない状況が続いた。

1986年（昭和61），雇用における性差別を規制する「男女雇用機会均等法」（以下，均等法）が施行された。同法で教育訓練，福利厚生，定年・退職・解雇における差別は禁止されたが，募集・採用，配置・昇進については企業の努力義務とされた。ただし，均等法施行以後，「総合職」と「一般職」というコース別雇用管理を導入する企業が増え，非正規労働の拡大と相まって，一部のエリート女性とその他女性との分断を推し進めた。当時，「一般職」採用の大半は短大卒であり，典型的には大卒より若く入社し，社内では男性の補佐的役割を務め，結婚を機に退職するタイプの短期就業者であった。一方，「一般職」へ進む男性はほとんどいなかった。

現在，女性の▶進学率は大学だけで4割を超え（短大で約1割，専門学校で2割弱），労働力人口比率も全体として底上げされた。だが，結婚・出産による一時的な労働市場退出と子育てが一段落してからの労働市場への再参入を示す，年齢別労働力人口比率のM字形カーブは，底は浅くなって来てはいるが，諸外国と比較するとまだ深い。女性の管理職比率も1割程度にとどまっている。労働に限らず，男女平等を示す各種指数において，先進諸国の中で日本が遅れをとっている事実がいくつも指摘されている。

[大学におけるジェンダー]
戦後，学校系統図から女子の文字は消えたが，女性の高学歴化の波に乗り，女子高等教育の完成型として自らを位置づけ拡大したのが短期大学である。短大制度の「恒久化」（1964年）当時，経済学・商学分野を中心に4分の1が男子学生であったが，現在では1割を切る。分野は国文学や英文学などの教養的分野と，家庭で必要となる知識・技術を基盤とした分野（保育・学校教員，被服，調理・栄養，看護）とに大別されるが，補助職や「一般職」への需要を背景に拡大したのが前者である。女性の大学進学率の上昇や結婚後の継続就労が一般的となる中で，前者の需要は減り，後者が専門職養成として現在の短期大学を支える分野となっているが，現在でも給与の低さや昇進昇給の頭打ちなど，待遇に関する課題を抱えている。

大卒女性であっても，社会的に性別役割分業意識から解放されているわけではない。確かに学部女子学生比率は4割を超えている。だが，均等法施行から15年後に実施した日本の学卒者調査でも，出産ではなく結婚を機に労働市場を退出する大卒女性が一定数存在することが確認されている。均等法施行後，▶ジェンダーや女性学関連の授業を設ける大学が多くなった一方で，▶キャリア教育では職業キャリアに絞った取組みと展開が多く見られ，その中でワーク・ライフ・バランス（Work-Life Balance，以下WLB）や男女共同参画につながる要素がどれほど展開されているのかは定かではない。

雇用の場としての大学でも，近年，男女共同参画に関する取組みが各種進められている。とくに女性研究者支援では，職員と同様のWLB支援だけでなく，育児休業明け復職への人的・金銭的支援も充実してきている。大学単位の支援だけでなく，研究費にも特別枠を設けて支援する仕組みがある（たとえば文部科学省の▶科学研究費補助金）。現職の研究者に対してだけではなく，「リケジョ」（理系女子）増加のための各種取組みなど，男性が8割以上を占める研究職（とくに理系）での女性比率の増加にも力が注がれている。

[問われる大学の役割]
均等法施行以後も，男女共同参画は政策的にも政治的にも常に重要事項として取り扱われ，さまざまな施策が展開されてきた。にもかかわらず，性別役割分業の二重負担問題（「男は仕事，女は仕事も家庭も」）は依然として解消されない社会的状況が続いている。一方で，男女共同参画が進むにつれ，育児や介護への男性の関与の増大，「一般職」への男性の応募，妻の職業キャリア優先に伴う夫の労働市場からの退出など，女性固有の問題であったものはそのまま男性に及びつつある。現在は「ダイバーシティ」という枠組みで，ジェンダー，人種，障がいなど，多様な背景を持った者が協働する議論がなされはじめている。これらに対して，将来を担う人材を養成する大学教育が，そしてそれを提

634　だんじょき

大学事典

供する場としての大学が，いかに対応していくかが注目される。

稲永 由紀

→女子学生，平等と大学（テーマ編）
◎野村正實『日本的雇用慣行―全体像構築の試み』ミネルヴァ書房，2007.
◎内閣府男女共同参画局：http://www. gender. go. jp/
◎吉本圭一，Rolf van der Velden，稲永由紀ほか『高等教育と職業に関する日蘭比較―高等教育卒業者調査の再分析』JIL調査研究報告書，日本労働研究機構，2003.
◎短期大学基準協会調査研究委員会編『短大卒業生の進路・キャリア形成と短大評価』調査研究報告書，短期大学基準協会，2005.

地域学|ちいきがく
regionology

人の住まう地域空間に潜在する価値観や歴史を，住人本位の期待と記憶として再生し，地域の活性化を促す学問的アプローチ。その一義的な定義は難しい。しかし戦時政府の政策と連動して発展した総合的な地域研究（area study）とも，また開発の対象としての特定地域の科学的・経済学的な総合的把握としての地域研究（regional science）とも，明瞭な一線を画する。対象化した地域を科学的な知識・方法を動員して研究するのが主眼ではなく，人々が固有な歴史と生活習慣とを半ば無意識に共有しつつ住まう空間を，土地と人が織りなす共同体として心と体で感じ取り（高谷好一『地域学の構築』2004年），住人の観点から再構成して地域の固有な意義の再確認を手助けすることを目指す。近代大学が専有し特権化した学術研究施設や学問的な方法論に挑戦し，大学と社会との関係を逆転する可能性を持つアプローチである。その背景には，20世紀の後半から顕著となった，科学の絶対性に対する信頼の揺らぎと，地域ごとの固有な共同体生活を踏みにじりかねない現在のグローバル化への危惧がある。

立川 明

地域社会と大学→テーマ編 p.43

地域振興|ちいきしんこう
community development

広義には，大学が立地することにより若者の集住や卒業生の輩出，文化的威信の上昇がもたらされ，それによって経済効果が生み出されるなどの間接的な地域の活性化を含むが，狭義には大学固有の教育・研究活動とその成果を立地地域に直接投入することで地域における諸課題の解決，近年ではとくに経済発展がもたらされることを指す。

[日本]
第2次世界大戦前において狭義の地域振興は，
▶大学令により設立され始めた▶公立大学によって個別に展開された。最初の公立大学である大阪医

科大学（現，▶大阪大学）の学長佐多愛彦は，大学が都市と連携し教育・研究の課題に応えて都市に貢献することが▶帝国大学とは異なる公立大学独自の役割だと論じ，都市労働者の健康問題に対処するため「労働生理学講座」を設けた。1920年代半ばには大阪商科大学（現，▶大阪市立大学）の創設に向けて当時の大阪市長関一が「都市を背景とした学問の創造」を求め，同大学は都市研究を目的とする「市政科」を置いて都市の振興を目指した。

第2次世界大戦後には，1947年（昭和22）の教育刷新委員会総会で採択された建議「文教施設の整備に関すること」で「地方文化の高揚及び産業発展の基盤」とするべく，大学の大都市集中の是正と地方分散が提言されたように，広義の地域振興に果たす大学の役割は，早い時点で政策課題として認識されていた。1964年の社会教育審議会答申「大学開放の促進について」は「地域振興への協力活動の推進」を大学に直接的に要請した。そこでは大学が▶公開講座のほか，教育スタッフ，研究成果ならびに施設設備を動員して地域振興に寄与することが望ましいとして，①地域の農林，水産，商工業など産業各般にわたる振興計画の立案・実施への助言協力，②地域における教育，文化，社会，生活各般にわたる具体的諸活動への指導，助言および技術指導，③地域における諸問題について諸機関・諸団体への資料提供，共同調査・共同研究，④大学附属の研究施設・設備等の公開の4点が示された。

1970年代後半以降になると，国土計画において大学を中心とした地域振興が目指されるようになる。1977年に閣議決定された第三次全国総合開発計画（三全総）は，地方での特色ある大学等の整備，とりわけ都市基盤との連携による地域との一体的整備，学園都市の整備などを提言した。これを受けて国土庁内に設置された大学立地検討連絡会議が，大学が地方都市の魅力の向上，地域開発の核として果たす役割を考慮する必要があるなどとした「大学等の地域的適正配置の推進について」をとりまとめた。

1983年には高度技術工業集積地域開発促進法（テクノポリス法）が制定され，高度技術に立脚した工業開発を促進する地域の指定要件に大学の立地が明記された。同法を踏まえた1987年の第四次全国総合開発計画（四全総）は，地域で産業振興に果たす大学の役割を強調し，「産学住の一体的整備を図るテクノポリスの整備」を盛り込んだ。テクノポリス法は1998年（平成10）に新事業創出促進法に引き継がれ，四全総に続く「21世紀の国土のグランドデザイン―地域の自立の促進と美しい国土の創造」も，大学による地域産業の振興を追求し，地方の中枢拠点都市圏での研究学園都市やリサーチパークの整備，研究開発機能を担う人材の育成・確保を図るため大学等の充実や地域企業と

の連携強化を図るとした。

この方向は，2015年に閣議決定された「国土形成計画（全国計画）」にも受け継がれ，大学は「地域の個性を活かしたイノベーションを育む知的交流拠点」となることが期待されている。以上のように地域振興における大学への期待は高まりつつあるが，今日，政策的には広義のそれから狭義のそれへ，全産業から工業中心へと，二重の意味で集約化される傾向にある。　　　　　　　　吉川 卓治

［アメリカ］

アメリカ合衆国では，農村部において，19世紀末から大学が地域振興に寄与してきた。農業拡張（Agricultural Extension）といわれる事業で，農業経営指導や農村部の生活改善を包括的に含んでいる。1914年には，スミス・レヴァー法によって協同拡張事業（Cooperative Extension Service）として法制化され，▶ランドグラント・カレッジの農学部と連邦農務省の協力のもとで行われた。今日も大学の地域振興部局は，地域経済開発，地域指導者育成，地域計画，能力開発支援などにより農村部の地域振興を担っている。

都市部では，1960年代のジョンソン大統領（Lyndon B. Johnson）による貧困撲滅運動（War on Poverty）以来，都市再生に関して大学が政策的提言を行ってきた。1994年には，連邦住宅都市開発省が大学との連携を推進する部署を設置してコミュニティ・アウトリーチ・パートナーシップ・プログラムを開始した。これは低所得者が多い都市部の住宅供給，雇用開発，犯罪防止などの問題解決を図るため，大学に助成金を供給するプログラムであった。

地域産業政策という点では，大学から産業界への▶技術移転を促進する▶産学連携が注目されている。その嚆矢は1910年代に遡るが，特に第2次世界大戦後，イノベーションは研究から開発・生産に向かって起こるとするリニア・モデルの考えにより，大学では▶基礎研究が盛んになった。ところが1970年代に入ると，ヴェトナム戦争後の連邦研究資金削減により，産学連携に関心が高まった。▶バイ・ドール法（1980年）は，連邦研究資金で行った発明の成果に対して，大学や研究者が特許権を取得することを認めた。これにより，技術移転組織を介して大学と企業を結ぶ新しいモデルが台頭した。市場がイノベーションを生むとする連鎖モデルにおいて，地域が大学に期待するのは，地域内での知識の集積により，研究・開発・生産・販売のプロセスの相互作用を促すことである。これによりシリコンバレーのように高付加価値・高賃金を生むハイテク産業の創出が期待された。1990年代になると，大学の周辺にインキュベーション施設をつくってベンチャー企業を支援し，軌道にのればリサーチパークで研究開発を進め，さらにその周辺に工場を建てて地元の労働者を雇用するというサイクルが生み出された。

しかしながら▶研究大学のなかでも，人材流出や資金運用の失敗によって，このサイクルがうまく回らない場合が見られる。また，産学連携の推進が学問的誠実性（アカデミック・インテグリティ）を損なう危険も指摘されている。第1に，利益優先のためのデータの捏造という不正行為が考えられる。第2に，▶研究資金を提供する企業に有利な研究成果を発表したり，企業の依頼で研究成果を秘密にしたりするといった利益相反が起こりうる。第3に，教員が外部の活動に時間とエネルギーを割くことで，本来の責務である教育と研究がおろそかになるという責務相反も考えられる。そのほかにも，指導教員が秘匿主義，応用研究偏重，短期的成果志向となれば▶基礎研究が軽視され，将来を担う人材の質が低下するという問題がある。したがって，産学連携の進展は地域産業振興に不可欠ではあるが，いかにして教育研究の中立性を守るかが課題となっている。　　　　　　　　五島 敦子

［EU］

EU（欧州連合）では，ヨーロッパ地域間に存在する深刻な経済的，社会的な格差が，単一市場およびその通貨であるユーロを含め，EUの基盤を弱体化させるとして，地域格差の縮小に向け雇用の創出，競争力の強化，経済成長，生活の質の向上，持続可能な開発等にかかわるさまざまな取組みが地域政策の枠内でサポートされている。サポートは，通常，申請された対象プログラムへの資金提供というかたちで行われており，そのおもな財源である欧州地域開発基金（ERDF），欧州社会基金（ESF），結束基金（CF）は，これらだけでEUの全体予算の3分の1以上を占める規模となっている。

地域政策を進めるにあたっては，大学は地域の産業を支える中小企業や市民とともに地域振興の重要な▶ステークホルダーとされている。とくに2009年のギリシアの財政危機を発端にヨーロッパ全体を襲った金融・財政危機以降は，そうした状況を打開すべくEUの2010〜20年の経済・社会戦略「欧州2020」に目標の一つとして「知識とイノベーションによる経済発展」が設定されたことで，その担い手である大学にはますます大きな役割が期待されるようになっている。

中小企業や地域社会への大学の連携・協力が最も期待されているのが，「研究・イノベーション」と「教育・訓練」の領域である。これらの領域での大学の連携・協力の具体的なあり方としては，①大学の研究活動を通して地域のイノベーションを高める取組み，②企業・ビジネスの発展と成長を促進する取組み，③地域の人的資源とスキルの開発に貢献する取組み，④学生のボランティアや社会参加，また地域の文化的発達や公共的空間における魅力ある居場所づくり（Place Making）を通して社会的平等を促進する取組みの4種類が挙げられる。これ

は，2011年9月にEUの行政執行機関である欧州委員会が策定した「地域の成長への大学のかかわり：実践ガイド (Connecting Universities to Regional Growth: A Practical Guide)」において，EUの地域政策の枠内で助成対象となる大学連携型プログラムの例として類型的に示されたもので，これらの取組みに該当するプログラムに対しては，前掲の欧州地域開発基金や欧州社会基金から資金提供がなされている。

地域社会への大学の連携・協力を重視するEUの態度は，2014年5月に運用が始まった大学多元ランキング「U-Multirank」の構想にもみられる。これは従来の大学ランキングが研究業績に重きを置き過ぎているとの反省から，研究業績のみならず教育と学修の質，知識移転における成功，国際化の方向性，地域社会への貢献度といった観点からも74ヵ国850以上の大学を比較可能にしたもので，地域社会への貢献度が，①地元地域で就職した修了者の数，②地元地域からの収入，③地元地域における学生の▶インターンシップの件数，④地元地域の中等教育学校生徒のためのサマースクールの実施率，⑤地元地域が関与した研究出版物の数などによって測られている。　　　高谷 亜由子

→地域社会と大学(テーマ編)，外部資金と利益相反

[日本]◎藤原良毅『現代日本高等教育機関地域配置政策史研究』明治図書，1994.
[アメリカ]◎宮田由紀夫『アメリカにおける大学の地域貢献─産学連携の事例研究』中央経済社，2009.

CHEPS | チェプス
Center for Higher Education Policy Studies

1984年，オランダのトウェンテ大学に設立された高等教育政策研究センター。国際的な観点から高等教育政策における教育，研究，研修やコンサルティングを行っている。欧州高等教育分類(European Classification of Higher Education Institution)の開発を行うプロジェクトU-MAPに携わり，2010年には最終レポートを公表している。さらに，欧州連合(EU)の主導で開発された大学ランキングU-Multirankを作成するコンソーシアムに，ドイツの高等教育開発センター(Center for Higher Education: CHE)等とともに参加している。いずれも，既存の▶世界大学ランキングが国際志向の▶研究大学だけが評価されていることに対して，大学の多様性に合わせて多元的なアプローチでのランキング化を図ったものである。2016年現在の構成員はセンター長1人，教授3人，研究員12人，事務員3人，博士論文提出資格者(Ph.D. candidate)4人。　　　三谷 賢

→EUの高等教育政策

筑紫女学園大学 [私立] | ちくしじょがくえんだいがく
Chikushi Jogakuen University

1907年(明治40)私立筑紫高等女学校開校を起源とし，65年(昭和40)筑紫女学園短期大学開学(国文科・英文科・家政科)，88年筑紫女学園大学開学。建学の精神は「親鸞聖人が明らかにされた仏陀(釈尊)の教え，すなわち浄土真宗の教えにもとづく人間教育」。校訓は「自律」「和平」「感恩」。「自律」は，自己を深く見つめ，さまざまな恵みに生かされていることを自覚し，自ら考え，判断し，行動していくこと。「和平」は，自分のまわりにある他のすべての存在を認め，互いに尊重しあう中に生まれるおだやかな世界のこと。「感恩」は，無限の生命のつながりに気付き，自分を支える大いなる恵みに感謝を抱き，その恩に報いたいと願い生きること。福岡県太宰府市のキャンパスに現代社会学部・文学部・人間科学部を設け，2016年(平成28)現在2511人の学生が在籍。　　　船勢 肇

知識基盤社会 | ちしききばんしゃかい
knowledge-based society

［教養と知識基盤社会］
知識基盤社会の進展は，大学の教養教育にも大きな変化をもたらした。「教養」は伝統的に，知的・文化的素養の習得や人格の陶冶といった高邁な理念によって位置づけられてきた。しかし日本では1970年代以降，教養のもつ社会的位置づけが低下し，教養教育についても軽視・形骸化が進んできた。教養教育の再構築・再活性化が強くうたわれるようになったのは2000年前後からである。グローバル化や科学技術の急速な進展，労働市場の激しい変化など，知識基盤社会を特徴づける諸状況に対応していく際の基盤となるものとして，「教養」が位置づけられることになった。それは古典的な教養とは大きく異なる。新しい「教養」では，問題解決能力やコミュニケーションスキル，情報リテラシーなど，現代的で実用性の高い知識・スキルが重視される。高度な知識が経済活動の推進力となる知識基盤社会では，大学教育と労働市場との結びつきが従来になく強化され，「教養」もまたその文脈のなかで再構築されてきたのである。　　　中村 征樹

［経済発展と知識基盤社会］
［知識経済］　一般的には，知識経済という言葉が最初に用いられたとされるのはピーター・ドラッカーの著作『断絶の時代』(原著1968年)である。知識経済においては知識こそが生産要素として最も重要な役割を果たし，「知識の生産性が経済の生産性，競争力，経済発展の鍵」とされる。加えてドラッカーは，『イノベーションと企業家精神』(原著1985年)において，多様なイノベーションの中でも新しい知識に基づくものの重要性について言及している。ま

たダニエル・ベルは，財貨生産経済からサービス経済への変化の中で，イノベーションの源泉として理論的知識が中心的役割を果たすとし，その知識生産のための主要施設として大学をあげている（『脱工業化社会』，原著1973年）。

[知識の生産]　こうした知識経済のもとで，知識の性質やその生産プロセスにも注目がなされるようになる。マイケル・ギボンズらは大学内の専門領域における伝統的な知識の生産のあり方であるモード1に対して，イノベーションの創出のために，基礎と応用，理論と実践との往還の中で専門領域を超えて知識が生み出されるあり方をモード2としている（『現代社会と知の創造』）。また野中・竹内は，企業における形式知（形式化が可能で容易に伝達ができる知識）・暗黙知（形式化が困難な個々の体験に根差す個人的な知識・信念・もののみかた・価値システムを含めたもの）の相互作用が繰り返し起こるスパイラルプロセスによって，組織的に知識創造がなされ，このことがイノベーションの創出につながるという知識生産のあり方を明らかにしている（『知識創造企業』）。

[知識基盤社会と大学]　こうした形で成り立つとされる知識経済，さらにそれを概念的に拡張した知識基盤社会（もしくは知識社会）は，高等教育のあり方にも強く影響を及ぼし，1999年のケルン・サミットを契機として「知識基盤社会化」を念頭に置いた高等教育改革が世界各国で進んでいる。日本においても「▶我が国の高等教育の将来像」（中教審答申，2005年）で「知識基盤社会」を正面に据えた高等教育改革の進展の必要が唱えられた。そこでは個人の人格形成，社会・経済・文化の振興や国際競争力の確保のために高等教育が重要であること，そして優れた人材の養成，すなわち21世紀型市民の育成と科学技術の振興が不可欠とされている。こうした知識基盤社会において大学が果たすべき役割として，知識伝達（教育）機関としての役割と新しい知識生産（研究）の場としての役割がある。

[知識伝達・知識生産としての大学]　知識伝達機能に関連して，ロバート・ライシュはグローバル経済のもとで，新しいデザインや概念を生み出すシンボリック・アナリストの重要性を説いており，アメリカ合衆国の大学での育成の成功に言及し，その重要性を指摘した（『ザ・ワーク・オブ・ネーションズ』）。また，日本の大学においてもコンピテンシー，ジェネリックスキルといった汎用的な能力への注目が高まり，それらを含めた社会人基礎力，▶学士力といった能力の育成が求められている。一方，知識生産機能に関連しては，▶産学連携としての共同研究・受託研究や特許のライセンシング，さらには大学からのスピンオフ企業の誕生・拡大が進んでいる。知識基盤社会において大学が経済成長のエンジンとしてさまざまな形で注目されてきている。　　　　島　一則

→一般教育／教養教育，情報リテラシー教育，共同研究／受託研究，教養と大学（テーマ編）

◎ドラッカー，P.F. 著，上田惇生訳『断絶の時代』ドラッカー名著集，ダイヤモンド社，2007.
◎ドラッカー，P.F. 著，上田惇生訳『イノベーションと企業家精神』ドラッカー名著集，ダイヤモンド社，2007.
◎ダニエル・ベル著，内田忠夫ほか訳『脱工業社会の到来』上・下，ダイヤモンド社，1975.
◎マイケル・ギボンズ編著，小林信一監訳『現代社会と知の創造―モード論とは何か』丸善ライブラリー，1997.
◎野中郁次郎・竹内弘高著，梅本勝博訳『知識創造企業』東洋経済新報社，1996.
◎ロバート・B. ライシュ著，中谷巌訳『ザ・ワーク・オブ・ネーションズ―21世紀資本主義のイメージ』ダイヤモンド社，1991.
◎小林信一「知識社会の大学―教育・研究・組織の変容」，日本高等教育学会『高等教育研究』4，2001.

知識人と大学 →テーマ編 p.63

知的クラスター創成事業
ちてきクラスターそうせいじぎょう
Knowledge-Cluster Promotion Initiative

文部科学省による支援事業。「地域のイニシアティブの下で，地域において独自の研究開発テーマとポテンシャルを有する公的研究機関等を核とし，地域内外から企業等も参画して構成される技術革新システム」である知的クラスターを形成し，地域経済の活性化を促進することを目的とする。2001年（平成13）3月閣議決定された「第2期科学技術基本計画」に基づき，2002年度から実施された。2002年度から2006年度までを第I期，2007年度から2009年度までを第II期とする。第I期では18地域，第II期では13地域が指定された。支援の規模は1地域当たり1年間5億円程度，期間は5年間である。第II期においては他地域との間での広域連携やグローバル拠点の育成なども目指された。なお，この事業は2010年度に「都市エリア産学官連携促進事業」「産学官連携戦略展開事業」と合わせて「地域イノベーションクラスタープログラム」に一本化された。　　　　佐々木 研一朗

→地域振興

◎文部科学省「知的クラスター創成事業」：http://www.mext.go.jp/a_menu/kagaku/chiiki/cluster/

知的財産活動 ｜ちてきざいさんかつどう
intellectual property management

大学での知的財産活動とは，大学関係者が創出する知的財産の利用と保護に関する業務である。知的財産とは特許権，実用新案権，植物新品種の育成者権，意匠権，著作権，商標権，その他の知的財産（商号その他事業活動に用いられる商品または役務を表示するもの，営業秘密その他の事業活動に有用な技術上または営業上の情報）などの法令上の権利または法律上保護される利益を指す。狭義には，大学

が発明した特許などの産業財産権を民間企業等に許諾する▶技術移転(licensing)や研究成果に由来する成果有体物の移転(material-transfer)を指すことが多い。▶研究大学では制度化・専門職化が進んでいる。種々の取扱いを定める知的財産ポリシーなどを整備、知的財産本部や▶技術移転機関(Technology Licensing Organization: TLO)等の組織が大学内外に置かれ、専門職(license associates等)が専門的業務に従事する。広義には、実験系・自然科学の研究成果に基づく産業財産権の移転以外に、校章のロゴ管理や出版会の学術出版など幅広い活動が含まれる。

白川 展之

→大学と特許，産学共同研究開発，大学出版会

千歳科学技術大学 [私立] | ちとせかがくぎじゅつだいがく
Chitose Institute of Science and Technology

北海道千歳市にある。1997年(平成9)学校法人千歳科学技術大学寄附行為および千歳科学技術大学設置認可により、98年千歳科学技術大学が設立された。2004年には光科学研究科光科学専攻博士前期・後期課程が開設された。2016年理工学部にグローバルシステムデザイン学科を改組し情報システム工学科を開設。建学の精神は、「人知還流」で「有能な人材や研究成果を社会に送り出し、その果実を社会から大学に還流させること」と、「人格陶冶」で「高い理想を実現するために、人格を高めていくこと」と掲げられている。理工学部は、応用化学生物学科、電子光工学科、情報システム工学科で構成される。教職課程も設置されており、中・高校の教員として就職する者もいる。2017年現在の学部生720人。

蝶 慎一

知の拠点整備事業 | ちのきょてんせいびじぎょう
Center of Community: COC

文部科学省による大学に対する支援事業。地の拠点整備事業、大学COC事業ともいう。大学全体で、自治体を中心とした地域社会と連携し、地域を志向した教育・研究・社会貢献を行う大学に対して支援を行う。大学が地域再生や生涯学習の拠点、社会の知的基盤として社会貢献を求められているなか、地域と大学が必要と考える取組みを全学的に実施し、また大学と自治体が組織的、実質的に協力する取組みに対して支援が行われる。地域再生・活性化の中心となる大学の形成を促すことが目指される。2013(平成25)年度の申請数は319件(単独申請299件、共同申請20件)、採択数は52件(単独申請48件、共同申請4件)で、設置形態別の採択数は国立21、公立11、私立16であった。2014年度の申請数は237件(単独申請228件、共同申請9件)、採択数は25件(単独申請24件、共同申請1件)で、設置形態別の採択数は国立7、公立2、私

立17であった。

なお文部科学省では、2015年度から地方創生の中心となる「ひと」の地方への集積を目的として、大学が地方公共団体や企業等と協働して、学生にとって魅力ある就職先を創出し、地域が求める人材を養成するために必要な教育カリキュラム改革を断行する大学の取組みを支援する「地(知)の拠点大学による地方創生推進事業(COC＋)」を実施している。

佐々木 研一朗

→地域振興

千葉科学大学 [私立] | ちばかがくだいがく
Chiba Institute of Science

2003年(平成15)学校法人加計学園によって千葉県銚子市に創立された。当初、薬学部と危機管理学部で構成され、2014年に看護学部が設置された。危機管理学部は日本で初めて開設された特色ある学部であり、従来は工学部、生産管理学部、社会学部などで部分的に扱われてきた危機管理について、関連する諸領域を統合して専門性を高め、危機管理に関する諸問題をさまざまな分野から解決に導く方策を講じることのできる人材の育成をめざしている。さらに、危機管理に関する知見を活かし、一般向けに危機管理学セミナーも複数回開催している。加えて危機管理や看護に関する公開講座を開催するなど、地域連携の促進もはかっている。2017年現在の収容人数1943人。

鈴木 崇義

千葉経済大学 [私立] | ちばけいざいだいがく
Chiba Keizai University

1933年(昭和8)佐久間惣治郎によって創設された学校法人千葉経済学園を母体とし、68年の千葉経済短期大学の開学を経て88年に開学した。建学の精神は「片手に論語 片手に算盤」であり、渋沢栄一の提唱した「道徳経済合一説」と軌を一にし、経済と倫理を両立させることをめざしている。経済学部に経済学科、経営学科を設ける単科大学である。教職課程、学芸員課程、司書課程の三つの資格課程を設置し、さらに資格取得奨励金制度による学生への支援も充実させている。地域連携・生涯学習に関しては、地域経済博物館や地域総合研究所といった付属機関による▶公開講座を開講している。所在地は千葉県千葉市で、2017年(平成29)現在の収容人数925人。

鈴木 崇義

千葉県立保健医療大学 [公立]
ちばけんりつほけんいりょうだいがく
Chiba Prefectural University of Health Sciences

2009年(平成21)に千葉県立衛生短期大学と千葉

県医療技術大学校を再編・整備し，健康科学部のみの単科大学として開学。理念を「保健医療に関わる優れた専門的知識及び技術を教授研究し，高い倫理観と豊かな人間性を備え，地域社会に貢献し，保健医療の国際化に対応できる人材を育成するとともに，研究成果を地域に還元することにより，県民の保健医療の向上に寄与することを目的とする」と定めている。健康科学部には看護学科，栄養学科，歯科衛生学科，リハビリテーション学科を有する。カリキュラムでは「千葉県における健康づくりの専門職」を養成することを目的とした必修の「特色科目」を配置して，専門職連携の重要性や方法論を実践的に学ぶ。千葉市に幕張キャンパスと仁戸名キャンパスを構え，2016年4月現在，728人の学生を収容する。　　　　　　　　　山本 剛

千葉工業大学 [私立] ちばこうぎょうだいがく
Chiba Institute of Technology

1942年(昭和17)に興亜工業大学の名称で発足。1946年に千葉工業大学と改称。1950年に新制大学として工学部機械工学科，金属工学科，工業経営学科を設置する。2001年(平成13)に工学部を改組し，情報科学部，社会システム科学部を新設。2016年再度の工学部改組により創造工学部・先進工学部を新設。創設時の建学の精神「師弟同行」と「自学自律」を受け継ぎ，「世界文化に技術で貢献する」大学をめざす。クラス担任制(就職担当兼務)や入学前の大学生活への移行を手助けする準備プログラムを実施するなど，面倒見のよい大学として高い評価を得ている。キャンパスは千葉県習志野市の津田沼，新習志野，さらに東京都墨田区の「東京スカイツリータウン(R)キャンパス」の三つがあり，2016年5月，5学部17学科3研究科に9763人の学生が在籍。未来ロボット技術研究センターや惑星探査研究センターが設置され，最先端分野の研究が行われている。　　　山本 剛

千葉商科大学 [私立] ちばしょうかだいがく
Chiba University of Commerce

1928年(昭和3)に文学博士遠藤隆吉により創設された巣鴨高等商業学校が前身。1950年に千葉商科大学として商学部商学科を開設する。その後1955年に商経学部に改称し，経済学科を設置。2000年(平成12)に政策情報学部政策情報学科，09年にサービス創造学部サービス創造学科を設置する。2014年には「人にやさしい社会」，「お互いを大切にする社会」をビジネスによって担う人材を育成する人間社会学部人間社会学科が開設。さらに2015年国際教養学部国際教養学科を新設。建学の精神として「有用の学術と商業道徳の涵養」を掲げ，「天職教育による人材育成」を大学の使命と

する。キャンパスは千葉県市川市に所在。2016年5月，4学部6学科5研究科からなり，6084人の学生が在籍。「実学」を重んじた教育方針で「社会で使える専門知識を実践しながら学ぶ体制」が整備されている。2012年度には，文部科学省の「産業界のニーズに対応した教育改善・充実体制整備事業」に採択されるなど，「一人ひとりの将来の希望をかなえる」キャリア教育に取り組んでいる。　山本 剛

千葉大学 [国立] ちばだいがく
Chiba University

1949年(昭和24)に千葉医科大学，東京工業専門学校，千葉農業専門学校など七つの諸学校を包括し設立。開学当初は5学部1研究所の体制であったが，1955年に大学院を設置し，2016年(平成28)5月現在，10学部8研究科に1学府，他大学との連合研究科を有し，1万4163人の学生を収容する大規模総合大学。千葉市の西千葉キャンパスをメインキャンパスとする。2005年に千葉大学憲章を制定。「つねに，より高きものをめざして」を理念に，世界を先導する創造的な教育・研究活動による社会貢献を使命とし，生命のいっそうの輝きをめざす未来志向型大学としての目標を定めた。国立大学としては唯一となる園芸学部・園芸学研究科があり，入学者選抜では先進科学プログラムとして飛び入学を実施。2012年度には文部科学省の定める「グローバル人材育成推進事業」において全国11の拠点大学の一つに採択され，Skipwiseプログラム(飛び，考え，探求し，留学する)を策定して多様なコンテンツを学生に提供している。　　戸村 理

→学域／学府

地方独立行政法人法
ちほうどくりつぎょうせいほうじんほう
Local Incorporated Administrative Agency Law

国立の機関における独立行政法人法に対応する，地方公共団体立の▶独立行政法人について定めた法律。2003年制定(平成15年法律第118号)。大学法制として見た場合，▶国立大学については，それを独立行政法人の一種とはしつつも，独立行政法人通則法とは別に▶国立大学法人法を制定してその特別性を際立たせているのに対して，▶公立大学については，地方独立行政法人法の一部として，▶公立大学法人のあり方について定めている。同法は，地方独立行政法人を，住民の生活や地域社会および地域経済の安定等の公共上の見地から確実に実施されることが必要な事務および事業であって，地方公共団体が自ら主体となって直接に実施する必要のないもののうち，民間の主体にゆだねた場合には必ずしも実施されないおそれがあるものと地方公共団体が認めるものを効率的かつ効果的

に行わせることを目的として設立する法人としており，第7章で「公立大学法人に関する特例」を規定し，地方独立行政法人ではなく公立大学法人と称すること，設立団体が公立大学法人の設置する大学における教育研究の特性に常に配慮しなければならないことなど，大学の自律性を尊重する規定をしている。　　　　　　　　　　　　　館　昭

→公立大学法制

チャイコフスキー記念国立モスクワ音楽院
チャイコフスキーきねんこくりつモスクワおんがくいん
Moscow Conservatory; Moskovskaya gosudarstvennaya Konservatoriya imeni P.I. Chaikovskogo[露]

ロシア最高峰の国立音楽教育機関で，パリ高等音楽院，ジュリアード音楽院と並ぶ世界三大音楽院のひとつ。モスクワ音楽院とも称する。1866年，ニコライ・ルービンシュタインによって設立され，現在ではピアノ，管弦打楽器，声楽，音楽学，作曲，指揮，古楽・現代音楽，社会人向け上級資格取得の八つの学部からなる。教育改革が進む中，音楽院ではソ連時代から続く教育システムを踏襲し，実技系学生には学部（5年制）修了時に「スペシャリスト資格diplom spetsialista」が，その後3年の大学院を経て「大学院修了資格diplom aspiranta」が授与される。さらに1年以上在籍し論文を執筆することで，実技系学生も音楽学系の学生と同様に「カンディダート・ナウクkandidat nauk」（Ph.D. に相当，日本語では博士号または準博士号などと訳される）の学位を取得することができる。チャイコフスキー・コンクール本選会場としても有名な大ホールのほか，オーケストラ，オペラ劇団，合唱団等を多数有する。　　山下 正美

チャーターリングとアクレディテーション
chartering and accreditation

[概念]
大学の設置に当たっては，高等教育を担当する政府機関からチャーターリング（chartering: 設置認可）を受けるのが一般的であり，当該機関が設置時において大学の名称にふさわしい最低限の基準を満たしているかどうかが審査される。中世ヨーロッパで学者と学生のギルドとして発生した大学は，しだいに皇帝，教皇，国王の勅許状（charter）を得て，自治や特権を認められるようになった。こうした経緯は，現在のチャーターリングという用語に名残を留めている。イギリスの伝統的大学の中には，今もなお勅許状を設置根拠とするものも少なくない。

　国民国家の成立以降，政府が大学に強い統制を及ぼしてきたヨーロッパでは，国家が大学の設置認可に強い権限を持つだけでなく，設置後の大学における教育研究の質保証も担ってきた。これに対し，国家の成立以前に▶私立大学が発展した歴史を持つアメリカ合衆国では，高等教育機関における教育研究水準の維持・向上のために，各大学や専門教育分野の関係者が自主的に設立した団体により，各参加機関の教育研究の質や人的・物的基盤を定期的に評価する仕組みが作られた。これが▶アクレディテーション（accreditation）と呼ばれるものであり，日本では「適格判定」「基準認定」等と訳される。アクレディテーションのために各団体が定める適格判定基準は，高度な学術機関である大学としての社会的評価にふさわしい教育研究の水準に達しているかどうかの判断に用いられ，大学の質の維持向上に資するものであり，最低限の基準である設置認可基準とは別に考えられる。

[アメリカのアクレディテーション]
アメリカでは州政府に大学の設置認可の権限があるが，州ごとに基準が異なり，必ずしも厳格なものではないとされ，大学としての社会的な認知や学位の通用性を保証するのはアクレディテーションであるという伝統が確立されている。アクレディテーションを行う団体は，機関全体を対象とする機関別アクレディテーション団体と，学部，学科，教育プログラム等を対象とする専門分野別アクレディテーション団体に大別される。機関別アクレディテーション団体には，全米を六つの地域に分けて担当する地域別団体のほか，宗教関連団体，職業関連団体がある。アクレディテーションの仕組みでは，各団体が定める教育研究等の基準を満たしていると判定された大学のみが当該団体の会員として認められ，学問的・社会的な信用・権威を得ることになる。さらにアクレディテーション団体の評価活動の適正性等をチェックするため，大学関係者が設立した高等教育アクレディテーション協議会（Council for Higher Education Accreditation: CHEA）のほか，連邦政府が定期的に各団体の認証（recognition）を行っている。

　アクレディテーションは，政府から独立した大学関係者の団体による自主的な取組みとして行われてきたが，現在では1965年高等教育法の下で，連邦教育省の認証を受けた団体からアクレディテーションを得た高等教育機関に在籍していることが連邦政府の奨学金受給要件とされているため，この点で間接的に連邦政府が関与する仕組みとなっている。近年，連邦教育省は，高等教育機関の質の確保や学習成果（▶ラーニング・アウトカムズ）重視の観点から，アクレディテーション団体に対し，学習成果に関する評価基準を設けるよう求めるなど，アクレディテーションへの関与を強める動きをみせている。また，アクレディテーションについては，大学関係者同士の内輪の評価であって，外部への▶アカウンタビリティの点で限界があるという指摘がみられる点にも留意する必要がある。

[日本の状況]
第2次世界大戦前の日本において，旧制大学の設

置認可は，最高学府である大学にふさわしい教育研究の水準が求められるものであった。官立大学については，帝国大学をはじめとする既設校の水準を規範として勅令により設置が定められた。公私立大学については，大学令(大正7年勅令第388号)や大学規程(大正8年文部省令第11号)等に基づき，人的にも物的にも厳しい要件が課せられ，文部大臣が勅裁を得て設置認可を行った。これは，大学昇格を目指す私立学校にとって重い負担となった。このような高度な水準と質が大学に求められたため，文部大臣による設置認可は，実質的にアクレディテーションとしての性格をあわせ持っていたとの指摘もある。

　戦後，新制大学の発足に当たり，第1次米国教育使節団報告書(昭和21年3月31日)の勧告や連合国軍最高司令官総司令部(GHQ/SCAP)民間情報教育局(CIE)の指導を受けて，大学設立時の設置認可と設立後の質の維持・向上のためのアクレディテーションを分離するという大きな方針転換が行われた。公私立大学の設置認可は，学校教育法(昭和22年法律第26号)の規定に基づき文部大臣が行うこととなり，文部大臣は，1948年(昭和23)1月に設けられた大学設置委員会(現，大学設置・学校法人審議会)に諮問して，設置認可基準に基づく審査を行わせ，相当の理由がない限り，その答申のとおり認可を行うことが慣例となった。また，1947年7月に旧制大学を発起校として自主的アクレディテーション団体である大学基準協会が設立され，同年12月には会員の資格審査の基準として「大学基準」を制定した。ところが大学設置委員会でも，設置認可基準として，アクレディテーション基準であるはずの「大学基準」を採用したため，設置認可とアクレディテーションの分離は曖昧になってしまった。

　その後，「大学基準」に関しては，やはり設置認可基準とは性格を異にする上に具体性を欠くなどの問題があったため，文部省では，講和条約締結後の1956年に大学設置の最低基準として大学設置基準(昭和31年文部省令第28号)を制定した。「大学基準」は，大学基準協会の会員審査の基準という本来の姿に戻ったが，アメリカ式のアクレディテーションが日本で定着することはなく，その結果，国による設置認可のみが機能することとなり，設置認可後の質の維持・向上を図る有効な仕組みは十分確立されないままであった。これ以降，私立大学を中心に多くの新制大学が設置を認められ，高等教育の量的拡大，大衆化が進んだが，一方で，飛躍的な拡大は大学の質保証の点で課題を残すことになった。

[今後の質保証に向けた展望]
大学の質の維持・向上については，1980年代以降，臨時教育審議会，大学審議会等での検討を経て，大学評価制度の整備により対応が図られ

ている。2002年(平成14)には，学校教育法の改正により，現行の認証評価制度が導入された(2004年4月施行)。一方で，大学設置基準は，詳細にカリキュラムの枠組みを定めることにより，一定程度の教育内容を維持する役割を果たしてきた面もあるとされるが，1991年に大学審議会答申に基づき，大学の個性化，教育課程の自由化に向けて大綱化された。さらに2003年には，事前規制から事後チェックへという規制改革の動きを受けて，大学設置・学校法人審議会の内規等で定めていた設置認可の審査基準を大幅に簡素化した上で法令上明確化するなど，設置審査の準則化が行われた。大幅な設置基準の緩和は，大学の活性化等を目指すものであったが，あまりに急激に行われたこともあって，大学の質の低下を危惧する声も上がっている。

　2012年には，当時の田中真紀子文部科学大臣が大学設置・学校法人審議会の答申どおりに大学の設置認可を行うことに一時難色を示したことから，文部科学省の有識者会議における検討を経て，2013年以降，学生確保等に係る審査基準の明確化等の見直しが行われている。大学にふさわしい教育研究の水準の維持・向上のため，さらに実効性のある質保証システムの確立が求められている。 寺倉 憲一

→大学の設置形態(テーマ編)，質保証制度，大学の質保証(テーマ編)，国際評価・認定

◎天城勲・慶伊富長編『大学設置基準の研究』東京大学出版会，1977.
◎喜多村和之『大学評価とはなにか──アクレディテーションの理論と実際』東信堂，1992.

中央学院大学 [私立] | ちゅうおうがくいんだいがく
Chuo Gakuin University

1966年(昭和41)千葉県我孫子市に商学部商学科の単科大学として設立。1900年(明治33)高楠順次郎により東京日本橋に創立された日本橋簡易商業夜学校を起源とする。現在は商学部に加えて法学部と現代教養学部が設置された。建学の精神は「公正な社会観と倫理観の涵養」であり，知識の伝達のみならず全人格の形成も含めた人材の育成をめざしている。AO入試や推薦入試合格者に対して入学前に実施する「ウォーミングアップセミナー」や，専任教員によるクラス担任制度，少人数ゼミナールなど，学生への支援を充実させている。商学部と法学部では教職課程も設置し，教員免許の取得も可能である。2017年(平成29)現在の収容人数2749人。 鈴木 崇義

中央教育審議会 | ちゅうおうきょういくしんぎかい
Central Council for Education

文部科学大臣の諮問をうけ，教育・学術・文化・ス

642 | ちゅうおう

大学事典

ポーツ等に関する文教行政の基本的施策について調査審議し，大臣に建議・勧告する権限を持った政府の審議会。略称は中教審。第2次世界大戦後の教育改革を審議した教育刷新審議会にかわり1952年（昭和27）に設置される。政府の教育関係の審議会としては，首相の諮問機関として設置された▶臨時教育審議会（1984～87年），教育改革国民会議（2000年），教育再生会議（2006～08年）があるが，▶文部科学省常設の教育審議機関では中教審が最高のものである。文部省の審議会としては，このほかに教育課程審議会，生涯学習審議会，教育職員養成審議会，▶大学審議会，保健体育審議会等が設置されていたが，2001年（平成13）の省庁再編に伴う審議機関等の統合整理により，これらは中央教育審議会に統合され，それぞれ教育制度分科会，初等中等教育分科会，大学分科会等を構成するようになった。現在，委員は30人以内，必要に応じて臨時委員や専門委員を置くことができる。

斉藤　泰雄

→ 審議会行政

中央大学 [私立]｜ちゅうおうだいがく
Chuo University

1885年（明治18）に創立された英吉利（イギリス）法律学校が前身。イギリス法（英米法）の教育を通して，実社会が求める人材を養成するという「実地応用ノ素ヲ養フ」を建学の精神として掲げる。1889年に東京法学院，1903年に東京法学院大学，05年に中央大学と改称する。大学令により1920年（大正9）に設立認可される。1949年（昭和24）に法学部，経済学部，商学部，工学部からなる新制大学として発足。1951年には文学部を設置。1962年に工学部は理工学部と改称。1993年（平成5）に総合政策学部を開設する。キャンパスは東京都文京区，新宿区，八王子市に所在。2016年5月現在，6学部11研究科（▶専門職大学院を含む）からなり，学生数は2万9501人（法学部通信教育課程在籍者を含む）を数える。法曹界や官界，財界，政界に多くの人材を輩出する。国際連携推進機構と国際センターを創設し，2012年度には文部科学省の「グローバル人材育成推進事業（全学推進型）」に採択されるなど，実学教育の伝統と実績をグローバルに展開している。

山本　剛

中欧の大学 → 中・東欧の大学 (テーマ編 p.139)

中期目標・中期計画｜ちゅうきもくひょう・ちゅうきけいかく
medium-term planning

2003年（平成15）7月に制定された▶国立大学法人法は，国立大学を政府から独立した法人組織へと

転換させるとともに，個々の大学がより大きな権限と責任を持って自らの大学の管理運営にあたる方式とした。同時に，▶国立大学法人には，6年を期限として文部大臣の定める中期目標に基づいて，それぞれの大学の中期計画を作成し，文部大臣の認可を受けることが義務づけられた。6年ごとに更新される中期計画には，①教育研究の質の向上に関する目標を達成するためにとるべき措置，②業務運営の改善および効率化のための措置，③予算，収支計画および資金計画，④短期借入金の限度額，⑤重要財産の譲渡や担保化計画，⑥剰余金の使途などの事項を記載することが定められた。また，この中期計画達成の進捗状況をみるために，大学には，毎年の業務実施計画を提出し，▶文部科学省による評価を受けることが求められている。こうした業務を行うために，文部科学省に国立大学法人評価委員会が設置された。

斉藤　泰雄

→ 国立大学法人評価

中京学院大学 [私立]｜ちゅうきょうがくいんだいがく
Chukyo Gakuin University

1962年（昭和37）設置の学校法人安達学園により93年（平成5）に開学。創立者は，実父・梅村清光の創設した名古屋商業学校で教員も務めた安達寿雄である。前身は中京短期大学（1966年開学，2010年短期大学部に名称変更）の経営学科（1986年設置）であり，改組転換によって経営学部のみの単科大学として開学した。2010年に看護学部を開設。建学の精神は「学術とスポーツの真剣味の殿堂たれ」である。岐阜県瑞浪市土岐町と中津川市千旦林に二つのキャンパスを構え，2017年5月現在，2学部に921人の学生を収容する。2016年4月より所在地である岐阜県東濃地域の活性化に取り組む域学連携推進室が設置され，地域連携体制が構築されている。

平野　亮

中京大学 [私立]｜ちゅうきょうだいがく
Chukyo University

1923年（大正12）創立の中京商業学校を起源とする。同校は第2次世界大戦後，新制高校の中京商業高校に改組。同校を運営する学校法人梅村学園が，1956年（昭和31）に商学部のみの単科大学として中京大学を開学した。1959年に体育学部，66年に文学部と法学部を設置して以降，各学部に順次大学院が設置される。2016年（平成28）5月現在，11学部（文・国際英語・国際教養・心理・現代社会・法・総合政策・経・経営・工・スポーツ科学），11研究科を有し，1万2911人の学部生と206人の大学院生が在籍する中部地区最大規模の総合大学となっている。キャンパスは名古屋市と豊田市にある。創設者である梅村清光がうたったとされる「学術とス

ポーツの真剣味の殿堂たれ」が建学の精神で，スポーツ分野でも戦前から多くの成果を出している。

和崎 光太郎

中国科学技術大学 [中国]
ちゅうごくかがくぎじゅつだいがく
University of Science and Technology of China

1958年9月，中国科学院院長（当時）であった郭沫若の提案により北京市に創設された，中国科学院が所管する大学。最先端の基礎科学とハイテク技術を結びつけて創造的科学技術人材の養成をめざす。初代学長は郭沫若が兼任。銭学森，趙忠堯，郭永懐など著名な科学者が教鞭を執った。創設当初は13の系に42専攻が置かれ，学制は5年とされた。文化大革命中の1970年初めに安徽省合肥市に移転。1978年には北京市で大学院組織である「研究生院」を設立した。1959年に重点大学に選ばれており，1990年代以降「211プロジェクト」及び「985計画」にも選ばれるなど，一貫して中国政府の重点的支援を受けている。2013年時点で14学院，30系が置かれ，学生数は約1万6000人。また1978年以降，才能児教育として十代半ばの学生を受け入れる「少年クラス」を設置し，1000人を超える卒業生を輩出している。教員は約1600人で，このうち中国科学院・中国工程院の院士を39人擁する。

南部 広孝

中国学園大学 [私立] | ちゅうごくがくえんだいがく
Chugoku Gakuen University

1962年（昭和37）に設立された中国女子短期大学を母体とする。2002年（平成14）管理栄養士国家試験受験資格を付与するための課程を設けるべく，短期大学の人間栄養学科を改組して4年制の中国学園大学を開学し，現代生活学部人間栄養学科を設置した。2006年には子ども学部子ども学科，および大学院を設置。建学の精神「全人育成」に基づく「地域との連携をとりながら，豊かな人間性と専門的能力を備えた社会人を養成する」との教育目的を掲げている。2015年には，グローバル社会で求められる知識力，情操力，意思力，情報発信力，行動力を統合した「国際教養」を備える人材の育成を掲げて，国際教養学部国際教養学科を開設。2016年現在，岡山県岡山市のキャンパスに3学部3学科2研究科を置き，学部生644人，大学院生9人，教員56人を擁する。　小濱 歩

中国高等教育法 | ちゅうごくこうとうきょういくほう
Higher Education Law of the People's Republic of China

中華人民共和国主席令第7号として1998年8月29日公布，99年1月施行の高等教育の基本法。

国の委託を受け，1980年代半ばに▶北京大学と上海市高等教育局が起草作業を始めて以来，大学など各関係方面の意見を踏まえ十数回の修正作業を経たのち，96年5月に国務院に送付された草案を，さらに法制局で1年近くの修正を経て完成した。憲法，教育法の基本原則にのっとり，現代化建設と社会主義市場経済の需要に応え，中国の特色を持つとされる。総則，高等教育の基本制度，高等教育機関の設置，高等教育機関の組織と活動，高等教育機関の教師とその他の職員，高等教育機関の学生，高等教育への投資と条件保障，附則の全8章，69条構成。高等教育の任務，管理運営体制改革の方向，多様な発展形式，学内の指導体制，大学の運営自主権，経費投入と条件整備，教員の待遇改善と質的向上，貧困学生への援助の各重点事項に関する権利義務関係を定めている。

大塚 豊

中国人民抗日軍事政治大学 [中国]
ちゅうごくじんみんこうにちぐんじせいじだいがく
Anti-Japanese Military and Political College

1937年1月，前年に陝西省保安県で開校した中国抗日紅軍大学が延安に移って改称，創設された大学。略称は「抗大」。日中戦争期，中国共産党が抗日幹部の短期養成を目的として設置した。総校（本部）のほか，全国に12の分校があった。「団結，緊張，厳粛，活発」を校訓とし，教育内容は政治教育，軍事教育，文化教育，生産労働，体育活動などから構成された。中心は政治教育で政治思想と政治理論の教育からなり，政治理論科目として「ソ連共産党史」「マルクス・レーニン主義」「政治経済学」「三民主義概論」などが開設されていた。毛沢東，朱徳，林彪などが講師を務めた。学制は4ヵ月から3年までさまざまだった。第1期の学生が紅軍大学時代の1936年6月に入学して以降45年までに8期，あわせて20万人を超える人材を養成したとされる。1945年10月，総校は東北地区に移って中国人民解放軍東北軍政大学と改称され，分校は各地域の軍政大学などとして独立した。

南部 広孝

中国の大学 | ちゅうごくのだいがく

西洋文明到来以前の中国には独自の科学や知的伝統が発展し，それらを伝達する学問の府が存在した。広義の「大学」ないし最高学府の歴史は遠く紀元前15世紀頃の殷（商）時代まで遡ることができ，各王朝で国子寺，国子監，国子学，太学などと呼ばれた。とくに紀元前124年の設置が同時代の史書に明記された漢王朝の太学は，古代の高等教育機関の存在を確実に示す。「博士」「教

授」などの漢字語も古代の太学から受け継ぐ。官学のみならず，書院に代表される私学も興隆した。

しかし，西洋列強との対立から科学技術の立ち遅れを自覚した近代以降の中国は，1895年の北洋大学(天津大学の前身)を皮切りに，興国策の一環として西洋モデルの大学を開設した。1929年の大学組織法は，3学院(college)以上を擁するものを大学(university)と呼ぶと規定した。1920年代初頭，中国自身が創設した国立総合大学が▶北京大学，東南大学，上海商科大学の3大学に限られていた時期に，欧米のキリスト教団などに支援された震旦，東呉，滬江，金陵，嶺南，斉魯，聖約翰，華西協合，燕京の各大学が存在し，大学教育振興に大きな役割を果たした。日中戦争期には沿海諸省の大学の多くが内陸部へ疎開する中で，北京，清華，南開の3大学合併による▶国立西南連合大学が雲南省昆明に生まれた。同大学はのちにノーベル物理学賞を受賞した楊振寧，李政道など逸材を輩出した。

[中華人民共和国成立後]
中華人民共和国樹立後の1949年，49大学を含む205校の高等教育機関に11万6504人が学んでいた。その後の半世紀余の大学教育にとって重大な意味を持つのは，50年代初頭の院系調整と呼ばれる大学組織の再編成と，1966年から十年余にわたった文化大革命期の変化である。学院を廃して系を大学組織の基本とした前者では，全国規模で大学が再配置された。総合大学を減らし，単科大学と重理軽文，すなわち理系中心の基本構造がつくられ，さらに細分化された専業と呼ばれる専門分野ごとに卒業時に生産の即戦力となる人材の育成が目指された。一方，文革期には政治や労働実践との結びつきが強調され，エリート主義や本の虫を育てる筆記試験による選抜が廃止され，職場の勤労大衆の推薦で入学者が決定された。しかし，この斬新な方式はやがて破綻し，1977年に統一入試が再開された。

1978年以降，とくに1980年代前半の機関数の急増は著しく，1年間に100校，平均で4日に1校のペースで新設校が生まれた。1981年には学士，碩士(修士)，博士の3段階の学位制度も制定され，哲学・法律・教育・文学・歴史・物理学・工学・農業・医学・軍事科学で構成される学問範疇が確立した。文革以前には軽視された金融，経済学，政治学，法学といった分野が経済・社会開発の需要に応じて成長した。加えて勤労成人のための放送利用の電視(テレビ)大学など全日制の大学に準ずる機関も整備された。民弁大学と呼ばれる非公立大学も認可された。また，検定試験により大学卒業資格まで取得できる独学試験制度も1980年代につくられている。「無償制」「全寮制」「卒業生の統一的職場配置」という建国以来の諸慣行が見直され，学生の経済事情優先の助学金に代わり，成績

優秀者への報奨を意味する▶奨学金が導入された。一連の改革は，極端な平等主義に対して競争原理を導入し，建国以来の「国家計画一辺倒」や「国による丸抱え」の方式を見直し，社会主義市場経済体制への移行を支えるのがねらいである。このほか，学年制の教育課程に代わる単位制の導入と選択科目の開設，学内管理機構の簡素化と管理職の専門化・若年化，中央省庁と地方政府による大学の共同建設・管理，管理運営に関する大学の自主権拡大の模索も進んだ。▶単科大学主体の基本構造を変えて総合大学化を目指す合併の中で，学生数6万人超の吉林大学や4万人超の浙江大学が生まれた。学内機構でも学院を統合し学部を設ける大学も現れた。90年代末からの大拡張を経て，2011年現在，大学院生165万人弱を含む在籍者は2300万人(勤労成人のための機関の在籍者547万人強は含まず)を超え，2010年の進学率は26.5%の大衆化段階に達している。しかし，急激な拡張は卒業生の就職難を招いている。

知識基盤経済の時代に大学への期待は大きく，産学協同が急速に進んでいる。21世紀に向けて約100校(実際には107校を選定)を充実させるプロジェクトを意味する211工程(211プロジェクト)が1995年に始まり，その対象校に限って長江特別招聘教授と称する特別ポストをほぼ3～5年間で500～1000設置し，内外の優秀な専門家を集めた。1998年5月4日の北京大学創立100周年記念式典での江沢民国家主席演説にちなむ985計画のもと，大学が「科学と教育による興国の精鋭部隊」となることを目指し，また特定の大学を世界一流校の地位へと育て上げるために，第1期選定の北京大学，清華大学など9大学をはじめ，第3期認定校までの計43校の大学に資金が重点配分された。

大塚 豊

→ アジアの大学(テーマ編)，アジアの大学改革，韓国の大学

◎大塚豊『現代中国高等教育の成立』玉川大学出版部，1996.
◎大塚豊『中国大学入試研究』東信堂，2007.

中国の大学法制 │ちゅうごくのだいがくほうせい

[大学法制の現状]
中国の大学法制に関する法律・法規は，中華人民共和国学位条例(1980年に全国人民代表大会で制定，1981年より施行，2004年に改正，以下「学位条例」と略す)，中華人民共和国教師法(1993年制定，1994年より施行，以下「教師法」と略す)，中華人民共和国教育法(1995年制定，同年より施行，以下「教育法」と略す)，中華人民共和国高等教育法(1998年制定，1999年より実施，以下「高等教育法」と略す)，中華人民共和国国家通用語言文字法(2000年制定，2001年より施行，以下「国家通用語言文字法」と略す)，中華人民共和国民弁教育促進法(2002年制定，2003年より施行，以

下「民弁教育促進法」と略す)などがある。

　これらの法律・法規の制定・施行は，中国における大学の基本的法制度の整備の一環として行われてきたものである。1966年から76年にかけての文化大革命(以下「文革」と略す)の10年間は，大学を含めすべての高等教育分野の法制が破壊された時期であった。そのため1976年，文革の終焉後に，大学法制の再建が求められるようになった。法制に基づく大学のシステムを構築するために，これらの法律・法規を公布・施行し始めた。具体的にいえば，「学位条例」は大学における学士・修士・博士の学位授与に関する授与基準・授与者・学位委員会，授与のプロセスなどを定め，「教師法」は大学教育を含む各レベルの教員の権利と義務，資格と任用，育成と研修，評価，処遇，奨励，法的な責任などを定めた。「教育法」は教育基本制度，教育機構，教育関係者，被教育者，教育と社会，教育投入，国際交流と合作，法的な責任など大学を含む教育全般について定めた。また「高等教育法」(▶中国高等教育法)は大学を含む高等教育の基本的な制度，高等教育機構の設置，組織と活動，教職員，学生，教育投入とその他の条件に関する保障などを定めた。

　さらに「国家通用語言文字法」は56の民族とその異なる言語を使っている実情に基づいて，大学をはじめとする正式な教育機構では普通話(漢語)と統一された漢字を使用することを定めた。「民弁教育促進法」は中国における私立大学を含む私学の設置，組織と活動，教員と被教育者，学校の資産と財務管理，管理と監督，助成・委託・奨励，変更と廃止，法的な責任などを定めた。

[大学法制構築の要因と課題]

こうした大学法制のシステムを構築する社会的な要因として次の点が挙げられよう。まず，中央統轄の大学管理体制から大学の自主裁量権の拡大への改革が行われたことを取り上げる。1985年，中央政府は「教育体制の改革に関する決定」(以下，「決定」と略す)を，翌年，国務院は「高等教育の管理責任に関する暫定規定」を制定した。これらの政策によって，大学の管理体制は中央政府のマクロ的な管理・指導から，地方分権化と大学の自主裁量権の拡大へ移行する方針が明示された。その後1992年に，当時の最高指導者であった鄧小平が改革開放路線を押し進めるための「南巡講話」を発表した。彼の提唱した方針は，社会主義市場経済として，92年秋の中国共産党第14回全国人民代表大会に報告されたのち，翌93年に中華人民共和国憲法(以下，「憲法」と略す)を修正する形で中国の経済政策における基本方針として位置付けられた。市場原理の導入は現在まで続いている。

　それを受けて1993年，国務院は「中国教育改革・発展綱要」を新たに公布し，大学が社会のニーズに適応しながら自主的な運営を行う体制を構築

する目標を掲げた。これまで大学の設置者は政府であったが，これによって，政府が依然として中心となる一方，社会全体が大学設置に関する体制を形成するようなビジョンが示された。それは1995年，国務院の「高等教育体制改革の深化に関する意見」によって強化され，大学の設置形態と資金調達ルートが政府による単一なものから多様化する意図が裏付けられた。さらに1999年に施行された「高等教育法」によって，設置認可を受けた大学は法人格が付与され，学生募集，学問の分野・専攻の設置と調整，教育計画，教科書の選定，教育活動の実施，科学研究・技術開発，社会サービスの提供，海外大学との連携・交流，内部機構の設置・人員配置，教職員の職務・給与の水準の決定，財政と資金管理などに関する大学の自主裁量権が明示されるようになった。

　もう一つの要因は設置形態の多様化である。公的な管理に支配された大学は，1982年の憲法改正と1985年の「教育体制の改革に関する決定」によって，教育における私的セクター(民弁)の存在を容認する姿勢を示した。2002年末，大学における私的セクターの存在を認める最初の法律として「民弁教育促進法」が制定された。2004年4月，「民弁教育促進法の実施条例」が公表され，その後，国務院の「民弁高等教育機関の規範管理の強化，民弁高等教育の健全な発展を導くことに関する通達」(2006年)，教育部の「民弁高等教育機関の設置・運営管理に関する若干の規定」(2007年)，「独立学院の設置と管理に関する方法」(2008年)などが相次いで制定・実施された。このように，法制度に基づく大学の私的セクターの管理・運営体制が徐々に補完・整備されるようになってきた。

　ここ三十余年，文革期間に崩壊された大学の法制に関する整備が行われてきたが，これはグローバル社会の一員として活躍している中国の大学にとって不可欠のことであった。そしてこの法整備のもとで，1999年からは学部生の募集拡大とその後の修士課程の募集拡大が実施された。2008年8月には国務院の「国家中長期教育改革と発展に関する計画綱要(2010〜20年)」が制定され，グローバル化社会と▶知識基盤社会における大学の将来ビジョンが示された。そこでは現代大学制度の改革が今後の重点として新しく明言されており，それに合わせての大学法制の整備が2020年までの重要な課題となっている。

李　尚波

→中国の大学，アジアの大学(テーマ編)

◎舘昭『転換する大学政策』玉川大学出版部，1995.
◎馬越徹『アジア・オセアニアの高等教育』玉川大学出版部，2004.

中世大学 |ちゅうせいだいがく
medieval university

12世紀末から15世紀にかけて成立し，その原型が現代に至るまで継続している大学を指す。一般に学部のような専門分野ごとの組織，自治的な団体による試験や学位による学業の認定，テキストの使用や▶講義・討論・演習といった教育方法などの，今日まで繋がる共通した教育の組織と機能を形成した。世俗の起源をもち法学の学生を中心に12世紀末から13世紀にかけて出現した▶ボローニャ大学と，教会と密接な関係をもち神学の教師を中心に13世紀初期に出現した▶パリ大学が，その2大母胎大学とされる。この2大学は自然発生型大学である。▶オックスフォード大学や▶モンペリエ大学，▶サレルノ大学なども同様に自然発生的に成立した大学である。ボローニャ大学からは▶パドヴァ大学などが，パリ大学からは▶オルレアン大学などが派生した。13世紀には普遍権力である神聖ローマ皇帝フリードリヒ2世が▶ナポリ大学を，教皇グレゴリウス9世が▶トゥールーズ大学を創設し，中欧では1348年に皇帝カール4世が▶プラハ大学を設立した。イベリア半島では王権が▶サラマンカ大学（1218年，アルフォンソ9世）などを設立した。14世紀まではイタリアとフランスに，引き続きドイツ語圏でもウィーン，ハイデルベルク，ケルンなど多数の大学が創設された。

児玉　善仁

→中世大学モデル，大学の概念(テーマ編)

中世大学モデル |ちゅうせいだいがくモデル

[中世大学の類型]

▶中世大学の類型は，その成立形態によって自生型，派生型，設立型の3類型に分けられる。このうち自生型が中世的特徴を最も良く示すものとされ，一般的に大学の中世モデルとされるのはこの自生型である。

　自生型の典型が▶ボローニャ大学と▶パリ大学で，いずれも12世紀末から13世紀初期にかけて学生や教師の自治団体として自然発生的に出現した。その出現要因は，古代文化の再生，中世都市の誕生などの文化的・社会的・経済的要因に求められる。ボローニャの場合，ローマ法を復興させた▶イルネリウスなどの法学者のもとにヨーロッパ各地から学生が参集し，出身地ごとの互助組合である▶国民団を形成した。この国民団がアルプス以北と以南に分かれて連合することで二つの自治団体ウニヴェルシタスが形成された。この団体からは法学生以外の学生は排除されていたが，やがて教養諸学と医学の学生が別のウニヴェルシタスを形成した。教師は学位授与を主目的とした団体▶コレギウムを形成した。パリでは，司教座と関係

したアベラールなどのもとに神学を学ぶ学生が参集し，まず教師たちが団体化しはじめ，やがて学生を含む「教師と学生のウニヴェルシタス」が形成された。このウニヴェルシタスは，13世紀半ば頃から神学，法学，医学，教養諸学の四つのファクルタスに編成された。教養諸学は下級の準備学部（下級学部），他の三つは上級学部とされたが，教養諸学部が最も大きく，ボローニャと同様の国民団に分かれていた。したがって，ボローニャは世俗の組織，パリは「教会の組織」として自生的に出現したものであり，年祭を祝う必要から特定の年代が創立年とされることがあるが，厳密な創立年は存在しない。

[自生型大学]

この自生型の2大母胎大学は，ボローニャが法学の学生中心の世俗組織，パリが神学の教師中心の「教会組織」という相違点を持ちながらも，以下のような中世大学としての共通点を持つ。

(1)自治団体性　ボローニャでは学生が，パリでは教師と学生が形成したウニヴェルシタスは，独立した法人として認められた自治団体であり，独自の規約と法人として必要な役職者を持った。そして，教会や都市に対抗する裁判権や，課税免除などの諸特権を持っていた。そのため，しばしば大学は都市権力や地方の司教権と対立して他都市に退去し，そこに新しい大学を誕生させた。少なくとも近世以降に大学が国家権力下に組み込まれるまでは，大学の自治権はこの法人団体としての自治権に由来した。

(2)国際性と普遍性　二つの母胎大学には，ヨーロッパのあらゆる地域から学生と教師が参集し，彼らによって国際性がもたらされたが，その国際性は普遍権力を背景にそこで授与された学位があらゆる地域で有効な普遍性を持ったことに由来する。しかし，この学生・教師の国際性と学位の普遍的有効性も，14世紀以降に次第に他都市での勉学を禁じる政策が各地に出現しはじめて消滅していき，中世大学は徐々に地方化・国家化していく。

(3)教育方法　教育方法もまた，多少の相違はあるものの一般的な共通性を持った。専門分野ごとではなく，著名なテキストに応じて作成されたカリキュラムに従って，▶授業はテキストを読んで注解する「▶講義」，学生と教師の「討論」，特定の論題についての「論法討論」「自由討論」などによっておこなわれ，より重要と位置づけられた正講義と副次的位置づけにあった副講義，祭日講義などに分けられていた。

(4)教師の職階構造　おおむね正講義の担当者が正教授（ordinarius），副講義の担当者は副教授（straordinarius＝extraordinarius）とされ，ほかに自由講師がいた。彼らは学生の支払う▶授業料（コレクタ）に依存していたが，著名教授に対しては都市が給与を支給した。このような基本的な職階構造は，

イタリアやドイツなどの国では最近に至るまで受け継がれ、正教授支配の起源となった。

(5)試験と学位制度　▶学科ごとに定められた年数の勉学を前提に、私的試験を受けて▶教授免許(▶リケンティア)を取得し、その後公的試験を受けてドクター(▶ドクトル)学位を取得した。ドクター学位取得者にはその学科を「教授」することが認められた。その意味で、ドクター学位は当初「教職の学位」であったが、やがてその分野の▶専門職資格を意味するようになった。また、リケンティア取得前に▶バカラリウスとなる場合もあった。当初、教養諸学の学位は▶マギステル学位と称し、法学や神学のドクトル学位と区別された。これらの▶学位授与権こそが今日に至るまで大学が一貫して行使してきた最大の機能と特権であった。

　この2大母胎大学以外では、▶モンペリエ大学や▶サレルノ大学も医科大学を中心とした自生型大学とされ、イギリスの▶オックスフォード大学も、ボローニャ大学やパリ大学に並ぶ自生的な大学として出現し、▶ケンブリッジ大学を派生させたが、パリの影響を強く受けるとともにコレギウム(▶学寮)を広めていった。これが15世紀以後は教育機能を伴うカレッジ・システムへと独自に発展していった。

[派生型大学，設立型大学]
ケンブリッジのような、自生型大学から教師や学生が移動することによって出現した派生型大学は、ボローニャ大学から派生した▶パドヴァ大学、パリ大学からの▶オルレアン大学など多数に上る。ただ、派生以前の段階から高等教育機関が存在した場合もあり、必ずしも自生型と明確に区別できるわけではない。自治団体性などを特徴とする自生型に対して、当初より普遍権力が設立したのが神聖ローマ皇帝による▶ナポリ大学と▶プラハ大学、教皇による▶トゥールーズ大学である。ことにナポリ大学は、フリードリヒ2世がボローニャ大学に対抗して設立し、大学団組織は採用したものの完全に国家統制下に置かれた最初の国家創設型大学である。徐々にこれらの普遍権力が大学を設立ないし認可する権限を持つと考えられるようになっていったため、イベリア半島では、王権がボローニャ型をモデルとした▶サラマンカ大学などを設立したが、▶ストゥディウム・ゲネラーレとは認められなかった。また、14、15世紀にはイタリアやフランスだけでなく、ドイツにもパリ型をモデルとした多くの領邦立大学が創設されるが、その多くは形式的にせよ皇帝ないし教皇から設立認可を得ることとなった。現在のドイツで最も古い大学である▶ハイデルベルク大学は、プファルツ選帝侯ループレヒト1世がローマ教皇の認可を得て1386年に設立された。

児玉　善仁

▶大学の概念(テーマ編)，正教授支配大学，フランスの大学(テーマ編)，南欧の大学(テーマ編)，学位と称号(テーマ編)

◎児玉善仁『イタリアの中世大学―その成立と変容』名古屋大学出版会，2007.
◎児玉善仁「起源としての「大学」概念」，別府昭郎編『〈大学〉再考―概念の受容と展開』知泉書館，2011.

中・東欧の大学 ⇒テーマ編 p.139

中・東欧の大学改革｜ちゅう・とうおうのだいがくかいかく

中・東欧諸国は、1989～2001年の体制転換により社会主義体制から自由主義体制へ、市場経済を基調とする民主主義制度へと移行した。同時にEU加盟を指向し、EUが打ち出したヨーロッパ高等教育の統合への参加を表明した。現在ヨーロッパでは、1999年のボローニャ宣言の実現を目指した▶ボローニャ・プロセスに沿って大学改革が行われており、中・東欧のほとんどすべての国が参加している。ボローニャ宣言は政府間条約に基づいてはおらず、法的な強制力はなく、あくまでも自発的に加盟国が参加することになっている。EUは「東方拡大」を目指して積極的な攻勢をかけており、中・東欧も「ヨーロッパへの参入」を希求して双方の思惑と利害が一致した結果、予想以上の速度で参加が進んでいる。

　現在、中・東欧各国は国家レベルでの「統一化」を進めている。そのため国によって名称や性格が若干異なるが、まず高等教育法が改正され、中央教育省が整備・設置され、その権限のもとで高等教育改革が実施されつつある。また改革の前提として学校制度全般の改革(総じて六・三・三制への移行)と大学入試改革も行われている。これまで後期中等教育で個別に行われていた卒業試験(大学入学資格制度)から、全国共通試験も導入され始めている。

　中・東欧の中ではチェコとスロヴァキアが先進的である。両国は1989年の「ビロード革命」によって民主化を実現したが、これまでの統一国家チェコスロヴァキアは93年に分離して、チェコとスロヴァキアという単独国家となった。チェコではボローニャ宣言以後、2001年にプラハでヨーロッパ32ヵ国の高等教育担当大臣会議(サミット)が開催されるなど、その先進性がアピールされている。スロヴァキアも同様に積極的に改革を進めている。2012年にはボローニャ・プロセスのサミットがルーマニアのブカレストで開催された。ここでは、すべての学生に質の高い高等教育を提供すること、出身階層などによる社会的な不利の除去、マイノリティ集団に属する者の高等教育へのアクセスの拡大などが主要な課題として確認された。ルーマニアの多くの大学もこうした取組みに積極的に参加している。

　この間のボローニャ・プロセス報告書によれば、すでにいずれの国においても学位制度について、こ

れまで統一されていなかった伝統的な資格授与制度が一般化され，また2サイクル制度（学部制度と大学院制度）への移行，学士3年（部分的に4年），修士2年，博士3年の制度の導入などが実施されている。報告書には各国の達成状況などが記述されているが，比較可能な学位の枠組み，大学における学部と大学院，▶単位互換制度，学生の移動，質保証の確保などではポーランド，ハンガリー，チェコ，ラトヴィア，エストニアなど，早い段階でEUに加盟し，ボローニャ・プロセスに着手した国々の達成度が高く，そのほかの国では少し遅れている。民族紛争の後遺症が残る旧ユーゴスラヴィア諸国でも，EU加盟を展望しながらボローニャ・プロセスの課題に挑戦している。たとえば2013年にEU加盟を実現したクロアチアは，ボローニャ・プロセスの実現のための改革を積極的に展開した（ただし，当初は大学の管理運営を西側諸国のように開かれた体制にすることを目指したが，近年は管理強化の方向に進んでいる）。

　しかし，こうしたヨーロッパ高等教育の統合構想は各国の財政状況から実現はまだ先という声も強まり，市民・学生の反対運動も起こり，現段階ではまだ構想段階にとどまっている。中・東欧での実現までには，なお紆余曲折が予想される。他方，2000年以後，グローバル市場経済の矛盾でもある金融危機が深まり，EUの存在そのものの危機も強調される中で，中・東欧では独自の「地域化」の動きを見せている。労働界・産業界の要請に対応して即戦力になる労働力を養成する必要に迫られており，そのため非総合型大学・高等専門学校が設置され，私立大学も生まれ，ビジネスやIT関係の大学がグローバルな労働市場に対応した人材養成のため必要になっている。たとえばハンガリーでは▶ポリテクニクという総合技術学校に力を入れるなど，伝統的に工学に力点を置き，実践的な教育に力を注いでいる。
加藤　一夫

［オーストリア］
オーストリアの大学は，1975年の大学組織法によって国家の機関と位置づけられ，大学の自治も失われたとされる。しかし，1980年代後半にEC加盟を目指し，高等教育の競争力の向上が意識され始めると，大学の自治が段階的に認められていった。1993年の改正大学組織法によって，大学の自治が認められた一方で，国家の機関とも位置づけられた。2002年の大学法によって大学は自律性が認められ，国家と契約関係を持つ法人に移行した。その一方で，中央集権化に対する批判をかわすねらいで，新たな高等教育機関が設置された。それは1993年の専門大学教育課程法によって設立された専門大学，99年の大学評価法によって設立された私立大学，そして2007年の教育大学法によって中等後教育機関の教員養成アカデミーから昇格した教育大学である。オーストリアもボロー

ニャ・プロセスの影響を受け，教育課程の多くは学士3年，修士2年，博士3年に移行した。
田中　達也

［スイス］
スイスでは，ドイツに先がけ大学のオートノミーを強化する方向で，大学法の改定が進んだ。高等機関へのNPM（New Public Management：新公共経営）の導入により，大学の最高決定機関として大学理事会が置かれ，州政府と大学の間に立って経営戦略の最終決定と管理を行っている。構成員は大学外部の政界や経済界等の者が多く，経営戦略を決定し管理する大学理事会と，それを実行に移し運営する大学という役割分担が進んでいる。スイスの大学へのNPMの導入はまた，TQM（Total Quality Management：総合的品質管理）の導入をもたらした。TQMにおいては教育や研究，サービス分野における質の評価と発展のためにモニタリングと評価を行い，潜在的な問題を見つけ，必要な改善を行うシステムの構築が目指されている。これらの評価によって必要な改革を進め，さらにそこで得られた情報が大学理事会の判断基準になると考えられているが，スイスの評価システムの開発は大学によってさまざまである。またスイスは1999年にボローニャ宣言に署名し，▶欧州単位互換制度（ECTS）とともに学士と修士の導入が進んでいるが，それ以前にあった学位（Lizentiat/Licence）は修士に相当するため，学士を了えても多くの学生が修士課程に進学している。
中山　あおい

→ 中・東欧の大学（テーマ編）

◎木戸裕「ヨーロッパの高等教育改革—ボローニャ・プロセスを中心にして」『レファレンス』658号，2005年11月．
◎木戸裕「ヨーロッパ高等教育の課題—ボローニャ・プロセスの進展状況を中心にして」『レファレンス』691号，2008年8月．
◎松田紀子「ヨーロッパにおける大学の国際化の推進と課題—チェコでの『エラスムス・プログラム』の実施事例から」『静岡大学国際交流センター紀要』6，2012年3月．
◎吉川裕美子「ヨーロッパ統合と高等教育政策—エラスムス・プログラムからボローニャ・プロセスへ」『学位研究』第17号，2003年3月．
◎石井バーク麻子・湊七雄・中澤達哉「EU諸国のボローニャ・プロセスと複合文化社会における教員養成課程改革(1)」『福井大学教育地域科学部紀要』IV（教育科学）63，2007．
◎F. Grin, C. Metzger and A. Grüner (1997), "Current Issues in Higher Education", *Academic Reforms in the World: Situation and Perspective in the Massification Stage of Higher Education. Reports of the 1997 Six-Nation Higher Education Project Seminar* (Hiroshima, Japan February 6-7, 1997). RIHE International Seminar Reports, No.10, Research Institute for Higher Education, Hiroshima University, 1997．
◎今井重孝「スイスの大学組織改革について—チューリヒ大学を手がかりとして」，有本章編『ポスト大衆化段階の大学組織改革の国際比較研究』広島大学教育研究センター，1999．

中部学院大学 ［私立］｜ちゅうぶがくいんだいがく
Chubu Gakuin University

1918年（大正7）創立の岐阜裁縫女学校を起源とする中部女子短期大学に併設して，97年（平成9）に

人間福祉学部の単科大学として開学。学校法人岐阜済美学院が運営し，岐阜県関市に本部を置き，関市と同県各務原市にキャンパスを持つ。大学開学後，学部・研究科の増設と学科再編を経て，2017年現在では人間福祉学部，教育学部，看護リハビリテーション学部，スポーツ健康科学部，経営学部の5学部と，大学院人間福祉学研究科（修士課程・博士課程）を擁する総合大学となっている。2017年現在1456人の学生が在籍。建学の精神は，『旧約聖書』の箴言1章7節の「神を畏れることは知識のはじめである」であるが，前身の学校がキリスト教系になったのは戦後のことである。

和崎 光太郎

中部大学［私立］｜ちゅうぶだいがく
Chubu University

1951年（昭和26）設置の学校法人三浦学園（2004年に学校法人中部大学に名称変更）により64年に工科系単科大学である中部工業大学として開学。1984年に経営情報学部と国際関係学部を設置して，現行の大学名に変更した。建学の精神は，創立者三浦幸平の示した「不言実行，あてになる人間」である。2017年（平成29）5月現在，7学部6研究科に1万1265人の学生を収容。全7学部が集まる春日井キャンパスと，社会人大学院生の夜間授業などに利用される名古屋キャンパスの2キャンパスを構える。2008年に中部地区における「持続可能な発展のための教育（ESD）の10年」の拠点校に選ばれて国際ESDセンターを設置した。2017年には天文台天体観測所を開設した。

平野 亮

チューター
tutor

個人指導を行う教師，住込みの家庭教師や世話人など多義的な言葉であり，高等教育に関わってはおもに以下のような用法がある。一つは，イギリスのオックスブリッジに代表される大学の内部において，カレッジの教師の通称として用いられる場合である。チューターが行う少人数授業「▶チュートリアル（tutorial）」はオックスブリッジの教育の中核をなす（ケンブリッジでは「supervision」と呼ばれる）。一方，アメリカ合衆国では大学教授職（professorship）が制度化されるまで，大学教師の正式名称としてチューターが長く使われてきた。彼らの年齢は若く，社会的地位の低い不安定な職業だったが，それは当時のカレッジが▶専門教育の場であるよりも親代わりの役割を期待され，学生の人格的発達を監視する役割を負わされていたからである。現代ではこうした用法を引き継ぎつつ，正規授業を補完する少人数・個別指導を行う大学院生や上級生をチューターとして雇用する大学が多くある。一方，▶グレ

ートブックスを用いた少人数教育に定評のある▶セント・ジョンズ・カレッジ（St. John's College）のように，正規教員をチューターと呼ぶ例が一部でみられる。

福留 東土

チュートリアル
tutorial system at the universities

一人もしくは少人数の学生に対し，▶チューター（tutor, tutorial fellow）と呼ばれる教師が行う，独立思考の訓練に指向した個別指導。スーパービジョンともいう。▶オックスフォード大学や▶ケンブリッジ大学のカレッジにおいて，創設間もない頃から年長のフェローが若い者の勉強をみたり，生活上の指導を行っていたことは，マートン・カレッジの初期の規約等から明らかだが，▶中世大学の教育の中心は大学の教師が行う講義や討論であった。オックスフォード大学のニュー・カレッジの創設者，ウィカムのウィリアム（William of Wykeham, 1324-1404）は，若い学生に指導を行うシニア・メンバーに特別の俸給を支払うことを規約に定めた。このニュー・カレッジの方式は2大学で急速に広まり，多くのカレッジはフェローの中からチューターを選任し，学生の勉学だけでなく，大学生活の指導全般にあたらせた。寮内での規律ある学業生活はエリート養成の場として為政者の信頼を得，新たな寄付や自費生をひきつけるようになった。慈善施設であった▶学寮は大学教育の中心となり，イングランドに特徴的な学寮制大学として発展を遂げた。

中村 勝美

→ フェローシップ

チューニング
tuning

［学修成果に基づく大学教育の方法論］
チューニングとは，大学における学問分野の教育を通して，学生にどのような知識や能力を身につけさせたいのか（学修成果）について，大学間および大学・▶ステークホルダー間で緩やかな共通理解を形成するとともに，各大学がその共通理解に基づいて学位プログラムを設計・実施・改善するための方法論であり，大きく次の三つの特徴がある。

第1の特徴は，大学システムおよび学問分野としての「共通性」と，個別の大学の「多様性」「自律性」を両立させる工夫として，学修成果を抽象性のレベルが異なる「コンピテンス」と「学習成果」に区別して捉える点である。チューニングにおけるコンピテンスとは，学位プログラムを▶履修した総合的な成果として学生が修得することが期待されている知識・能力を指す。学位プログラムを構成する各科目の履修を通して学生が習得する具体的な知識・能力が有機的に結合したものであり，各科目の個別の文脈を超えて教員間で共有可能であるため

には，一定の抽象性をもって記述されている必要がある。それに対して，チューニングにおける学習成果とは，学生が個々の科目の履修を通して習得することが期待されている具体的な知識・能力である。学習成果は，科目を担当する大学教員が，学位プログラム全体で追求するコンピテンスと当該科目に割り当てられた時間数を勘案しながら，科目の教育内容に照らして自律的に決定するものであり，単位認定の根拠として，科目の履修期間内に達成可能であり，測定可能でなければならない。

抽象的なコンピテンスに関する合意に基づいて学位プログラムを設計する一方で，学位プログラムを構成する各科目の学習成果の設定は大学教員の自律的判断に委ねること，学習成果の習得をもって単位認定の根拠とし，単位の累積をもってコンピテンスは修得されたとみなすこと，こうした方法をとることで，大学教育の「共通性」と「多様性」「自律性」の両立が図られている。

チューニングの第2の特徴は，学問分野の学修成果に関する専門的合意としての「学問分野別参照基準 Subject Areas Reference Points」を，すべての学生に修得させなければならない最低基準としてではなく，多様な学位プログラムを通して学生に修得させようとする学修成果の簡潔かつ網羅的な一覧として作成している点である。大学進学人口の拡大に伴う大学の多様化が進行する中で，大学教育の質を保証することは喫緊の課題と言える。チューニングでは，各大学がその特徴を分かりやすく説明するための共通の枠組みを構築することで，大学教育の透明性を高め，質向上を図っていくことが目指されている。大学はそのミッション，学生のニーズ，労働市場のニーズ，大学教員をはじめとする教育資源の制約等を勘案しながら，参照基準に示されたコンピテンスの一覧の中から，自ら追求するコンピテンスの組合せを選択し，学位プロフィールを定義する。そして，この学位プロフィールに基づいて学位プログラムを設計・実践・評価することで，大学教育の「共通性」と「多様性」「自律性」を両立させている。

チューニングの第3の特徴は，学問分野別参照基準が大学教員によって，学生の進路先の雇用主や卒業生等のステークホルダーとの協議に基づいて作成されており，そのことによって，社会が学生に大学教育を通して修得することを期待している，いわゆる「汎用的コンピテンス」が相対的に重視されている点である。ただし，批判的思考力，問題解決力，コミュニケーション能力等といった汎用的コンピテンスは，あくまでも学問分野の文脈の中で修得されるという前提が堅持されており，その具体的内容も学問分野の言葉を使って記述されている。

[背景]

欧州では，大陸を分断した第2次世界大戦への反省に基づき，1980年代以降，単一欧州議定書(市場統合)，シェンゲン協定(国境検査の撤廃)，単一通貨(ユーロ)導入による欧州統合が目指されてきた。高等教育の領域でも「欧州地域の高等教育に関する資格の相互承認協定」(リスボン協定)が1997年に締結され，3段階の学位システムと欧州レベルの単位の互換・累積制度の導入による「欧州高等教育圏」の確立を目指す▶ボローニャ・プロセスが1999年より推進されてきた。チューニングは，こうした政府主導の共通化の動きに対して，大学が自らの「多様性」と「自律性」を保持する目的で，欧州委員会の支援を受けて2000年より展開してきた教育改革の動きである。その際，学生ニーズの多様化，大学教育の社会的レリバンスの向上，国際競争力の強化といった欧州高等教育の今日的課題に対応することも目指されてきた。

[展開]

チューニングでは，欧州で最初に手掛けられた9分野(経営，化学，地学，教育，欧州学，歴史，数学，看護学，物理学)を筆頭に，42の学問分野で参照基準が公表され，賛同する大学で利用されている。ただし，チューニングは世界共通の学問分野別参照基準の策定を目指すものではなく，学生の移動等に伴って「共通性」を確保する必要性が認められる範囲で推進することが想定されている。その方法論は南米，アメリカ合衆国，カナダ，オーストラリア，ロシア，グルジア，中央アジア，アフリカ，タイ，中国に普及し，経済協力開発機構による▶高等教育における学習成果調査(OECD-AHELO)でも採用された。

近年の新しい展開としては，抽象的なコンピテンスを具体的な学習成果に落とし込む取組みが，大学教員の共同作業として進められている。欧州では国際チューニング・アカデミーによるCALOHEE(Measuring and Comparing Learning Outcomes in Higher Education in Europe)プロジェクトが2016年に欧州連合(ERASMUS＋)事業に採択され，歴史学，教育学，物理学，土木工学，看護学の5分野でテスト問題開発が手掛けられている。日本のチューニング情報拠点である国立教育政策研究所でも，2014年より機械工学分野におけるテスト問題バンクの構築に取り組んできた。アメリカでも，学会事業としてチューニングに取り組んでいる全米歴史学会によって，歴史学科目の▶シラバスや課題を作成する試みが展開されている。

深堀 聡子

→ ラーニング・アウトカムズ，単位制，欧州単位互換制度

◎Tuning Educational Structures in Europe：http://www.unideusto.org/tuningeu/
◎International Tuning Academy：http://tuningacademy.org/
◎American Historical Association Tuning the History Discipline in the United States：https://www.historians.org/teaching-and-learning/tuning
◎国立教育政策研究所チューニング情報拠点：http://www.nier.go.jp/tuning/

◎ゴンサレス，J.・ワーヘナール，R. 編著，深堀聰子・竹中亨訳
『欧州教育制度のチューニング—ボローニャ・プロセスへの大学
の貢献』明石書店，2012.

チュラロンコン大学 [タイ]｜チュラロンコンだいがく
Chulalongkorn University

バンコクの中心部に位置するタイ国最初の大学。
ラーマ6世がラーマ5世（チュラロンコン大王）の業績
をたたえ，近代化を推進するため，官吏養成の高
等教育機関として1917年に設立。5年後に18人
の第1期生が卒業し，タイで最初の学位が授与さ
れた。2008年2月には新大学法が公布され，自治
化（法人化）した。効率的な管理運営をめざし，教
育・研究の質を保ち，変化する科学技術と労働市
場のニーズに柔軟に対応することを意図している。
大学法にはグローバル化への対応についても規定
されており，そのための改革として海外との学術協
力，語学教育の強化，インターナショナル・プログ
ラムの充実などを進める。グローバル時代の競争
的環境の中で生き残りをかけてタイの指導的大学
として魅力ある大学づくりに取り組んでいる。現
在，19の学部，23のカレッジ・研究所を擁する。
2013年現在，学部生約2万5000人，大学院生約
1万3000人。　　　　　　　　　　　　　平田 利文

長期履修学生制度｜ちょうきりしゅうがくせいせいど
register extending system

2002年（平成14）に▶大学設置基準等の一部が改正
され，職業等を有しているなどの事情により，▶修
業年限を超えて一定の期間にわたり計画的に教育
課程を▶履修し，卒業することを希望する者に対し
て，計画的な履修を認めることができる長期履修
学生制度が導入された。▶学士課程で導入されて
いる例は多くないが，5年から8年，最長で10年
に及ぶ履修を認めているところもある。大学院課
程では▶修士課程，博士後期課程および▶博士課
程の最長在学年度をそれぞれ4年，6年および8年
と設定してこの制度を運用しているところが多い。
その▶授業料については，学生の負担軽減を図る観
点から，修業年限分の授業料総額を計画的に履
修することを認められた一定の期間の年数で納め
る方法が推奨されている。また履修する単位に応
じて授業料を納めることができるようにしていると
ころもある。なお，大学学部および大学院研究科
により，入学時に修業年限を決めることを原則とし
つつ，修学途中年次において新たにこの制度の適
用を申請することができる。　　　　　　小笠原 正明

聴講生｜ちょうこうせい
auditing students

正規の学生と異なり，大学で開設されている授業
科目のうち必要な授業科目や興味関心のある授業
科目だけを選んで▶履修する学生のこと。ただし，
▶科目等履修生と違って，履修した授業科目につ
いて試験を受けて合格したとしても単位は認められ
ない。聴講生の取扱いは大学学部の定めによって
違うが，一般には当該学部において適当と認め，
かつ支障のないときに限り，聴講生として許可され
る。科目等履修生と同様，大学学部が決めた入学
料と単位あたりで計算した受講料を支払って当該
授業科目を履修する。聴講生の1授業科目の聴
講期間は，授業科目により特別な聴講期間が設定
されていない限り1年または6ヵ月とされていると
ころが多い。なお複数の学部において聴講生となる
場合の入学料は，一つの学部に納入すれば良いの
が普通である。　　　　　　　　　　　　小笠原 正明

チリ・カトリック大学 [チリ]｜チリ・カトリックだいがく
Pontificia Universidad Católica de Chile [西]

チリを代表する名門カトリック大学。▶国立▶チリ大
学に続く同国2番目の大学として1888年に創設。
私立大学であるが，政府との関係は比較的良好
で，創設以来政府からの公的財政支援を受けてき
た。1973年以来の軍事政権時代，政府の厳しい
監視下で国立大学の活動が低迷したのとは対照的
に，政府の支援を受け有力校に成長した。チリに
いち速く新自由主義的経済政策を導入した「シカ
ゴ・ボーイズ」は，本大学卒業後，アメリカのシカゴ
大学に留学を経験した者たちであった。2013年現
在，法，経済，生物学，農林，化学，医，歯，工
学，建築，歴史・地理・政治学，社会科学，教育，
文学，哲学，物理，芸術，コミュニケーション，神
学の18学部に，学部学生2万1615人，修士課程
院生3038人，博士課程院生907人と国立チリ大
学と肩を並べる有力な総合大学となっている。サ
ンティアゴ市内の大学本部のほかに市内と近郊に
四つのキャンパスを持つ。　　　　　　　斉藤 泰雄

チリ大学 [チリ]｜チリだいがく
Universidad de Chile [西]

チリを代表する国立総合大学で，首都サンティア
ゴに所在。創立は1842年で，初代学長は著名な
文人アンドレス・ベリョ。大学のルーツは植民地時
代の1738年にスペイン国王によって設立されたサ
ンフェリペ大学にさかのぼる。1888年に▶チリ・カト
リック大学が創設されるまではチリで唯一の大学で
あり，また1947年に国立工科大学が設立されるま
では唯一の国立大学として政官界，学術界，芸術

界に多数のエリートを送り出してきた。かつてはチリの各地方都市に多数の大学分校を持っていたが，1980年代の大学再編により，分校はそれぞれ地方大学として分離独立し，首都圏のキャンパスのみとなった。2012年現在，法，経済，理，物理・数学，化学・薬学，社会科学，人文，医，歯，農学，獣医・畜産，林業・自然保護，芸術，建築の14学部，国際関係研究など四つの学内研究所に学部生2万8697人，大学院生9620人が在籍。26研究領域で博士課程コースを提供する研究大学でもある。

斉藤 泰雄

通学制➡通信制と通学制の融合

通信教育➡大学通信教育

通信制大学 | つうしんせいだいがく
correspondence university

1947年に▶学校教育法で制度化され，50年に正規の大学教育課程として認可された遠隔教育による大学である。その学習方法は，テキスト等に指定された「印刷教材等による授業」，放送等の視聴による「放送授業」，教員の講義等による「面接授業」，インターネット等の多様な「メディアを利用して行う授業」の四つのいずれか，または併用によるものと大学通信教育設置基準(昭和56年10月29日文部省令第33号)に規定されている。筆記試験等の入学試験はなく，入学資格等の書類審査により，ほぼ全員が入学できる。入学時期は4月と10月の2期を設定している大学が多く，学費は通学課程に比べると格段に安価である。通信制大学は，高等学校を卒業またはそれと同等以上の学力がある者に大学教育を受ける機会を拡大させる役割を担ってきたが，今日では大学・▶短期大学を卒業後に通信制大学に編入する者の割合が5割を占める。通信制による短期大学は縮小し，▶大学院が増加傾向にある。今日の通信制大学には，教育機会の格差是正とともに高度人材の育成が期待されている。

中村 香

➡大学通信教育，放送大学，通信制大学院

通信制大学院 | つうしんせいだいがくいん
correspondence (distance education) graduate school

▶学校教育法は「大学院を置く大学には，夜間において授業を行う研究科又は通信による教育を行う研究科を置くことができる」(101条)と規定し，大学院教育を通信によって行うことを認めている。通信制大学院の語は，概念としては通信による教育を行う「研究科」を指すが，より一般的には，それのみの「大学院」をイメージして使われることが多い。

英語のコレスポンダンス(correspondence)は郵便等の文字による通信のみを指し，現在の印刷教材にとどまらないより多様なメディアを用いたものにはディスタンス・エデュケーション(distance education)の語が用いられる。日本の通信制教育も郵便ベースの印刷教材配布から始まったが，放送や衛星通信，コンピュータ・ネットワークを活用したものへと進化しており，多様な大学院教育が通信制のもとで展開している。

舘 昭

通信制と通学制の融合
つうしんせいとつうがくせいのゆうごう

第2次世界大戦後の日本の大学制度の中で，通信教育は一つの教育方法である以前に，いわゆる「通信制」の大学という，当時としては日本独自の教育制度であった。それは一方では，通信教育なのにスクーリング(面接授業)が義務づけられるという矛盾，もう一方では，自学自習にもっぱら依存する通信教育の弱点をスクーリングによってカバーしているという現実を抱えながら，通信教育にスクーリングをプラスすることによって大学卒業資格が得られる正規の課程として位置づけられてきた。

言い換えると，大学が通信教育という教育方法を使って教育を行おうとすれば，通信制の大学(正確には▶大学通信教育あるいは通信教育課程)としての設置認可を受けなければならない。通学制の大学が，授業科目の一部を通信教育という教育方法で実施することは認められなかった。その意味では，教育方法としての「通信教育」と教育制度としての「通信制」という二つの概念は一体化していたのである。そのため，通信制と通学制の区分のあり方が問題になることはほとんどなかった。

ところが近年，こうした関係に変化が生じている。1998年の▶大学設置基準等の改正によって，大学における正規の授業方法として▶メディア授業(正確には「メディアを利用して行う授業」)が位置づけられた(この時点では同期・集合型の「テレビ会議式の遠隔授業」のみ)。このメディア授業は，教える者と学ぶ者とが空間的に隔てられているという意味では通信教育と同じ教育方法のはずだが，通信制の大学だけでなく，通学制の大学でも実施できるようにした。さらに2001年に非同期・分散型の「インターネット等活用授業」がメディア授業に追加されたことで，これまで対極に位置していた通信制と通学制の区分がより連続的なものとなった。▶大学院においては，通学制であっても，メディア授業によって修得することのできる単位数に上限が設けられていないため，いったいどちらが通信制なのか判断に迷う事態も生じている。

通信制と通学制の区分のあり方が問題になっているのは，メディア授業の制度化だけがその原因ではない。通信教育を実施する大学の増加，専攻分

野の多様化，大学院への拡大，株式会社立などの新興大学の参入，学生の高学歴化など，通信制の大学は量的にも拡大し，制度的な整備も進み，かつ質的な変貌を遂げてきている。高等教育の将来像を考える場合，もはや通信制の大学の存在は無視できなくなっていることがその背景にあると考えられる。以後，この問題は，▶中央教育審議会大学分科会における検討課題の一つとして繰り返し掲げられているが，その論点は情報通信技術の活用にとどまらず，社会人の大学就学にかかる負担の軽減，日本の大学の国際展開など多方面に及んでいる。

　しかし，通信制と通学制の区分を見直すといっても容易なことではない。現在，通信制の大学に認められている授業の方法は印刷教材等による授業，放送授業，メディア授業，面接授業の四つであり，通学制ではメディア授業と面接授業の二つである。区分を撤廃する場合，通信制にのみ認められている印刷教材等による授業と放送授業を通学制にも開放するのか，それとも通信制においてもこれらの方法を実施できないようにするのかは難題である。また通信制の大学は入学定員が通学制に比べて大きいため，一般に学力試験による選抜がなく，入学資格さえあれば誰でも入学できる。しかも，通学制に比べて学費が安い。通信制と通学制の区分の融合がこうしたメリットを失わせることになれば，「大学の開放」という社会的使命を大学が果たす道を閉ざすことにもなりかねない。通信制と通学制の区分があることのメリットをできるだけ継承する形で，その区分のあり方を考えていく必要がある。

鈴木　克夫

→情報社会と大学(テーマ編)，ICTと大学のクロスボーダー化，eラーニングとICT活用教育，通信制大学，電子図書館

◎鈴木克夫「遠隔高等教育の日本的構造—「通信制」と「通学制」の区分の在り方を中心に」『大学教育研究 2007年度』桜美林大学大学教育研究所，2008.

筑波学院大学 [私立] つくばがくいんだいがく
Tsukuba Gakuin University

1990年(平成2)開学の東京家政学院筑波短期大学が前身。設置母体である学校法人東京家政学院の創立者は，女子高等師範学校(現在のお茶の水女子大学)出身の大江スミである。建学の精神は「KVA精神」と呼ばれる。これは創立者大江スミの人間観・教育観を表現するものであって，Knowledge(知識の啓発)，Virtue(徳性の涵養)，Art(技術の錬磨)の頭文字を組み合わせたものであり，21世紀のグローバル社会で自立して活躍できる人材の育成に努めている。2016年現在，茨城県つくば市の筑波研究学園都市のほぼ中心部にキャンパスを構え，1学部1学科1別科に444人の学士課程学生が在籍する。学外フィールド活動から地域の課題

発見やその解決に努めるOCP活動(Off Campus Program)が盛んである。

戸村　理

筑波技術大学 [国立] つくばぎじゅつだいがく
National University Corporation Tsukuba University of Technology: NTUT

1987年(昭和62)設置の筑波技術短期大学が前身。2005年(平成17)に国立大学法人筑波技術大学が開学。日本で唯一，聴覚障害者と視覚障害者のための高等教育機関として，「社会に貢献できる先駆的な人材を育成すること」を使命に掲げる。現在，視覚障害者が学ぶ保健科学部と聴覚障害者が学ぶ産業技術学部を有する。教育指導の上では，聴覚障害者および視覚障害者の特性に配慮して「多様なニーズに応じた教育プログラム」や「障害の特性に応じた教育方法」を展開している。卒業生は毎年きわめて高い就職率を達成する。茨城県つくば市に天久保キャンパスと春日キャンパスを構え，2016年5月現在，上記の学部と1研究科に384人の学生を収容する。

山本　剛

つくば国際大学 [私立] つくばこくさいだいがく
Tsukuba International University

1990年(平成2)に開学。大学の目的は，「国際理解に必要な知識・教養を授け，産業・福祉及び医療保健に関する専門の学芸を教授研究し，知的・道徳的及び応用的・実践的能力を備え，社会の発展と人類の福祉に貢献する人材を育成する」ことである。その目的を達成するための理念として，国際性・社会性・学際性・未来性・問題解決性の五つを掲げている。2017年現在，茨城県土浦市に二つのキャンパスを構え，2学部7学科に1525人の学士課程学生が在籍する。2016年4月には，医療保健学部に茨城県では初の医療技術学科が設置され，医療現場での生命維持管理装置の操作・運用，医療機器の開発などに従事する臨床工学技士の育成に努めている。

戸村　理

筑波大学 [国立] つくばだいがく
University of Tsukuba

1872年(明治5)に設立された師範学校が起源。以後，発展を重ね東京高等師範学校となり，1949年(昭和24)には東京文理大学などと統合され東京教育大学となる。1973年，従来の国立大学の管理運営体制とは異なる新構想大学として「開かれた大学」が掲げられ，東京都文京区から茨城県の筑波研究学園都市へ移転，筑波大学として開学した。2002年(平成14)には図書館情報大学と合併。人間形成，教育上の観点から学部・学科でなく学群・学類を採用し，2015年度現在，9学群8研究

科1教育院に1万6421人の学生を収容。「IMAG-INE THE FUTURE」をブランドスローガンに，未来を構想し，その実現に挑むフロントランナーとして文系・理系から体育，芸術まで広く学問を探求する。2013年発表，タイムズ誌の世界大学ランキングでは350位圏内にランクインした。3名のノーベル賞受賞者を輩出する研究大学であることに加え，サッカー，ラグビー，柔道などスポーツ界にも有為な人材を多数輩出している。　　　　戸村 理

→学系／学群

津田塾大学[私立]｜つだじゅくだいがく
Tsuda University

1900年(明治33)に津田梅子によって創設された女子高等教育機関「女子英学塾」を起源とする。その後，津田英学塾(1933年)，津田塾専門学校(1943年)と改称され，1948年(昭和23)に学芸学部英文学科を置いて現在の津田塾大学となる。2017年(平成29)5月現在，東京都小平市と渋谷区の千駄ヶ谷にキャンパスをかまえ，学芸学部と総合政策学部(新設)，3研究科を置き，3002人の学生を収容。創立者の理想である全人教育(all-round women の養成)に基づき，学生の個性を重んじる少人数教育，高度な英語教育が多角的な「学び合い」を通して実践されている。男女共同参画社会の推進に尽力しており，2008年には女性研究者支援センターを設立して，世代連携と理文融合を両輪とした女性研究者の育成と支援を実施。世界12ヵ国・地域の24大学と学生交流協定を結ぶほか，国内においても多摩アカデミックコンソーシアム(TAC)を結び，国内外で多様なネットワークを形成している。女子大学の就職をリードする津田塾として就職決定率は高く，例年95％から99％を推移し，かつ就職決定者の満足度も平均94％と高い。　　戸村 理

敦賀市立看護大学[公立]｜つるがしりつかんごだいがく
Tsuruga Nursing University

2014年(平成26)に看護学部のみの単科大学として開学。嶺南地域(福井県南部)における医療人材不足の解消や在宅医療支援，災害への医療的対策などを設立趣旨とする。敦賀市木崎にキャンパスを構え，2017年5月現在，224人の学生を収容。活動拠点の一つである地域・在宅ケア研究センターでは，地域の健康評価や支援モデルの開発，市民公開講座などの調査研究・地域貢献に取り組んでいる。カリキュラムの面でも，在宅看護，救急・災害看護，公衆衛生に関わる応用看護科目を設定し，地域住民の期待する医療の実現をめざす看護実践者の育成に努めている。福井県内すべての4年制大学(ほかは福井大学，福井県立大学，福井工業大学，仁愛大学)による地方創生推進事業に参加

し，地域の持続的発展にも力を入れる。　　平野 亮

都留文科大学[公立]｜つるぶんかだいがく
Tsuru University

1953年(昭和28)山梨県南都留郡谷村町に設立された山梨県立臨時教員養成所(1年制)を母体として，55年に都留市立都留短期大学が創立。1960年に4年制の都留市立都留文科大学となり，61年度入試から他大学に先駆けて全国各都市に地方試験会場を設置。1966年現在地に移転。歴代学長の多くが他大学から招聘され，諸橋轍次，和歌森太郎，大田堯など各学問領域を牽引した研究者が名を連ねる。5学科の文学部，5専攻の文学研究科からなり，2015年(平成27)5月現在，学生・大学院生をあわせて3386人が在籍。そのうち約9割が県外出身者であり，地域に根ざしながらも，全国から学生を集めている。創立以来，小学校教員養成に力を注ぎ，2014年度卒業生就職者のうち教員が3割余を占める。また学生9名に対して教員1名という少人数教育を可能とし，給付型奨学金制度の創設や，教育現場で学修支援を行う学生アシスタントティーチャー事業(SAT)など各種教育プログラムの推進など，充実した教育体制を構築している。2017年4月，国際教育学科を新設。

和崎 光太郎＋小濱 歩

鶴見大学[私立]｜つるみだいがく
Tsurumi University

1963年(昭和38)開設の鶴見女子大学を直接の前身とし，73年に現在の鶴見大学へと名称変更，同時に男女共学化した。建学の精神は，曹洞宗大本山總持寺によって設立されたことから禅の精神に基づき，「大覚円成(だいがくえんじょう)」「報恩行持(ほうおんぎょうじ)」の二句八字で示され，その意は「感謝のこころ 育んで いのち輝く 人となる」である。2017年(平成29)現在，神奈川県横浜市にキャンパスを構え，2学部5学科に2027人の学士課程学生が在籍。施設・附属機関では，建学の精神に則った学長直轄附属研究機関である仏教文化研究所や，文部科学省の認定を受けた歯学部によるハイテクリサーチセンター(顎機能研究センター)，そして先端医療の開発・応用・普及を行い，若手研究者および医療従事者の育成を図る先制医療研究センターがある。　　　　戸村 理

→仏教系大学

『デアリング報告書』｜デアリングほうこくしょ
Higher Education in the Learning Society: Report of the National Committee

イギリス政府の諮問機関として発足した全英高等

教育調査委員会（NCIHE）が1997年7月に政府に提出した報告書，『学習社会における高等教育』のことで，次の20年間におけるイギリスの国家的必要性に適う高等教育のあり方を検討および調査した結果をまとめたものである。要点は「国際的な経済競争の時代において，継続的な高等教育の拡充なしにはイギリスの反映と国際的地位を確固たるものとなすことはできない」ということになろう。ただし，その拡充には高等教育への経費抑制および質の維持を保持したままという条件も付与されていることを考慮に入れる必要がある。デアリング委員会が組織された1996年当時は，イギリスの高等教育が危機的状況にあるという認識が社会に蔓延していた。高等教育への政府予算の不足により政府と大学は緊張関係にあり，政府は①高等教育政策の大幅な修正，②管理運営・組織改革，③財政配分機関の統一の必要性を再認し，当報告以後，政府は大学教育を無償から有償へ転換し，▶研究評価や▶学生ローン制度の導入，産学連携の促進，職業教育に有効な応用准学位（foundation degrees）の導入を実施した。

秦 由美子

定員 | ていいん
quota; admission capacity

▶大学設置基準18条に，大学の定員（収容定員）に関する規定が置かれている。収容定員は「学科又は課程を単位とし，学部ごとに学則で定める」ことになっており（1項），「教員組織，校地，校舎等の施設，設備その他の教育上の諸条件を総合的に考慮して定め」られる（2項）。そして，「大学は，教育にふさわしい環境の確保のため，在学する学生の数を収容定員に基づき適正に管理するもの」と規定されている（3項）。さらに大学全体の収容定員の増減については，▶大学設置・学校法人審議会の認可を受ける必要がある。

1976年（昭和51）までは，大学進学希望者の増加に伴って多くの大学が入学定員を増やしたが，とくに▶私立大学で定員超過率が上昇し，教育の質の低下を招いていると批判された。このため，1971年の▶中央教育審議会の答申を端緒として，私立大学における定員抑制策がとられるようになった。しかし，18歳人口の減少に伴い，1991年（平成3）の大学審議会答申以降，次第に定員抑制策が緩和され，2004年度以降は基本的に撤廃された。他方，定員充足率が極端に低い「定員割れ」の状態に陥り，財政状況の悪化にあえぐ大学の増加も指摘されている。なお1991年の大学設置基準の改正までは入学定員による管理だったが，▶編入学定員の設定を可能にするため，収容定員による管理に切り替えられた。

齋藤 千尋

TA研修（ティーエーけんしゅう）➡大学教員準備プログラム

定期試験 | ていきしけん
final exams

通常，▶学期終了時に授業科目ごとに行われる試験。学期終了時に1週間程度の試験期間が設定され，あらかじめ決められた時間に教室内で行われるのが一般的である。▶授業を担当する教員が自ら出題することがほとんどだが，複数の教員が同一科目を別個の授業として開講している場合などは，科目全体で共通の問題が出される場合もある。科目によっては出題される問題があらかじめ教員によって通知されることもあり，その場合は的を絞った準備が可能な反面，よい成績を取るためには十分な準備が必要となる。また，科目によっては教科書や参考書，辞書などを試験場に持ち込んでそれらを参照しながら解答することができる場合もある。科目の▶成績評価に際しては，定期試験に加えて，あるいはそれに代えてレポート，中間試験，小テスト，授業出席，授業への貢献度などが加味される場合が多いが，授業終了時に行われる定期試験は各科目の成績の主要部分を占めることが多い。

福留 東土

➡シラバス

帝京科学大学 [私立] | ていきょうかがくだいがく
Teikyo University of Science

1990年（平成2）に西東京科学大学として開学し，96年に現行大学名に変更した。「いのちをまなぶキャンパス」を大学の統一イメージとして置いており，建学の精神は「人類の将来を正しく見据え，生命の尊厳を深く学び，自然と人間の共生に貢献できる人材を育成し，持続可能な社会の発展に寄与する」と定められている。とくに2002年に設置されたアニマルサイエンス学科（生命環境学部）は「人間と動物とのより良き共生」を理念とする日本で初めての学科であり，大学のイメージとも関連する従来とは異なる新たな視点から開設されたものである。東京都の千住キャンパス，山梨県の山梨市キャンパスなどに，2017年現在3学部1研究科に4708人の学生が在籍。

山崎 慎一

帝京大学 [私立] | ていきょうだいがく
Teikyo University

1966年（昭和41）に文学部と経済学部の2学部で開学。建学の精神は「努力をすべての基とし，偏見を排し幅広い知識を身につけ，国際的視野に立って判断ができ，実学を通して創造力および人間味豊かな専門性ある人材の養成を目的とする」である。

教育理念は「自分流」であり，「自分のなすべきこと，興味あることを見つけだし，自分の生まれ持った個性を最大限生かすべく知識や技術を習得し，それを自分の力として行動する。そしてその結果については自分自身が責任をもつこと」とする。教育指針には「実学」（実践を通して身に付ける論理的な思考）・「国際性」（学習・体験による異文化理解）・「開放性」（必要な知識・技術に対する幅広い学び）を掲げる。2016年（平成28）5月現在，板橋・八王子・霞が関（東京都），宇都宮（栃木県），福岡（福岡県）の五つのキャンパスに10学部10研究科を置き，2万3136人の学生を収容（通信教育部を除く）。なお帝京大学を運営する学校法人帝京大学では，一貫教育の実践を重視しており，帝京大学一貫教育推進機構を設置して，初等・中等・高等教育が連携しあう教育内容の充実に努めている。

戸村 理

帝京平成大学 [私立] | ていきょうへいせいだいがく
Teikyo Heisei University

1986年（昭和61）設置の学校法人帝京技術科学学園により87年に帝京技術科学大学として創設された。1995年（平成7）に法人名を学校法人帝京平成大学，大学名を帝京平成大学に変更。建学の精神は「実学の精神を基とし幅広い知識と専門分野における実践能力を身につけ創造力豊かな逞しい人間愛にあふれた人材を養成する」である。主として環境情報学，健康科学，薬学および看護学に関する分野を大学の中心に置いており，医療分野と人文社会分野を擁していることから学際的・多職種連携的な「実学教育」と「社会貢献」を重視した教育が行われている。東京都豊島区・中野区および千葉県市原市にキャンパスを有し，2016年現在5学部5研究科に1万509人の学生が在籍。

山崎 慎一

帝国大学 | ていこくだいがく
The Imperial Universities

［近代国家と帝国大学］
1886年（明治19）3月，勅令▶帝国大学令により設立された大学を指す。帝国大学は「国家ノ須要ニ応スル学術技芸ヲ教授シ及其蘊奥ヲ攷究スルヲ以テ目的トス」（帝国大学令第1条）にその性格が明確に規定されているように，「国家ノ須要ニ応スル」人材養成が一義的な目的であり，またそれに応じた学問研究が最重要な機能として掲げられた。また当初，帝国大学は法科，医科，工科，文科，理科の五つの▶分科大学（colleges）が置かれたが，技術や工学などの実学は大学の外に置かれた当時のヨーロッパの大学理念とは異なるものであった。しかし市民的な商業実務を中心とした商学は長らく帝国大学設立時には加えられなかった（経済学が学部とし

て東京・京都両帝大に新設されるのは1919年［大正8］のことである）。帝国大学の創設の背景としては，明治初年に喫緊の人材養成に応えるために現業部門ごとに設けられた多様な教育機関が財政的にも維持することが難しくなっており，それらを整理して一貫した教育体系を構築する時期に当たっていたこと，さらに1890年の国会開設に備えプロイセン的立憲君主制を採用するために法律知識を備えた官僚の養成が求められていたことなど，政治的経済的な状況も深く関わっていた。

帝国大学は分科大学のほかに，法制上独立の機関として▶大学院（university hall）が創設された。しかしその規程はたびたび改正された上に，課程内容の充実が図られることもなく，国家試験準備や就職浪人のため，あるいは有職者が大学との関係を保つために籍を置くというのが実情であった。また1893年（明治26）の帝国大学令改正の際に，大学の教育・研究上の単位として▶講座制が創設された。講座制は，一つの専門教科を一人の教授に担当させてそれを講座と呼ぶという制度であるが，この導入を行った▶井上毅文相は大学教官の専攻責任の明確化と俸給適正化をその利点として挙げている。この講座制は大学教官に研究と教育の二つの責任を果たさせ，また専門分野の後継者養成に大きな権限を与える一方で，帝国大学の研究・教育内容に国家権力が関与・介入する方便を設定することになった。

［帝国大学の拡充］
京都に第2の帝国大学を置くという建議案が帝国議会に提出されたのは，1892年（明治25）のことであるが，その建議案の趣旨は競争相手がいない大学は衰退するというものであった。94年，西園寺公望文相は日清戦争後の重要な政策の一つとして高等教育拡充を掲げ，第2の帝国大学創設に着手した。この結果，97年に京都帝国大学が設置される。京都帝大に当初導入された教育システムは，東京帝大の3学期制に対して2学期制，また学年制に対して科目制を採るなど，東京帝大のそれとは対照的であったが，高等文官試験合格者が過少であったことから，こうした改革は長くは続かず1907年には京都帝大の教育体制は東京帝大とほぼ同じになってしまった。

京都帝大設置以後，東北と九州にも帝国大学を設置するべきであるという議論が高まった。創設の理由として，①欧米に較べ大学数が少ない，②進学希望者数の増加，③学生数増加による教育環境の悪化，④九州や東北など遠隔地の学生の進学不利などが挙げられた。帝国大学増設案は予算削減から一時実現不可能となったが，古河家からの寄付の申し出があり，これを契機に増設が決まった。1907年（明治40）札幌農学校の設備を充実させた農科大学と仙台に新たに設けられた理科大学の2分科大学で東北帝国大学が設立された。また

1910年，九州帝国大学の設置が公布され工科大学が新設され，さらに福岡医科大学が京都帝国大学から分離されて九州帝国大学の一分科大学となった。この工科大学の設置は石炭・製鉄・造船など九州地方の主要産業に合わせたものであった。なお，東北帝大では専門学校卒業者への大学門戸開放が女子にも及び，1913年（大正2）には3人の女子学生が入学し，また九州帝大では東南アジアからの留学生の受入れを積極的に行った。こうした新たな試みにより，それぞれの大学は帝国大学体制の中でその個性や特色を打ち出すこととなった。

　1918年（大正7）に東北帝大農科大学を東北帝大から分離して北海道帝国大学が設立され，医学部も新設された。なお，これらの帝国大学のほかにも1911年（明治44）に北陸帝国大学，1916年には中国帝国大学の設立を求める建議が帝国議会に提出されたが，厳しい国家財政のもとでは帝国大学の新設は各地域の財政的能力に左右されざるを得ず，実現しなかった。そうした負担能力を持った地域として大阪に1931年（昭和6），名古屋に1939年にそれぞれ帝国大学が設立された。日本国外では1924年（大正13）に京城帝国大学，1928年（昭和3）に台北帝国大学が設置されたが，これら帝大の創設は帝国主義的な植民地政策によるものである。なお，戦後改革に伴う1947年（昭和22）の国立総合大学令により，国内の帝国大学はそれぞれ改称され，「帝国」の名称が抜け落ち現在に至っている。

橋本　鉱市

→日本の大学（テーマ編），日本の大学改革，日本の高等教育，戦後改革と新制大学

◎中山茂『帝国大学の誕生』中公新書，1978.
◎天野郁夫『高等教育の時代—戦間期日本の大学』上・下，中央公論新社，2013.

帝国大学令｜ていこくだいがくれい

1886年（明治19）3月に勅令第3号として公布。全14条からなり，第1条で「帝国大学ハ国家ノ須要ニ応スル学術技芸ヲ教授シ及其蘊奥ヲ攷究スルヲ以テ目的トス」と規定した。組織構成として▶大学院および▶分科大学を置き，分科大学は法科・医科・工科・文科・理科（1890年，農科を加える）から構成され，各分科大学に分科大学長・教頭・教授・助教授・舎監・書記を任命しその職務を行わせ，総長は勅任官として▶帝国大学全体を総轄し，その下に評議官・書記官・書記を置くことを定めた。各分科大学の修業年限は3年（医科は4年），大学院の攷究期間は2年以内と定められた。1893年に大規模な部分改正が行われ，▶講座制や▶教授会の設置が定められた。さらに▶大学令の公布に伴い1919年（大正8）に全面的な改正が行われ，分科大学制から学部制へと移行した。1947年（昭和22）9月に国立総合大学令に改題，49年5月に国立大学設置法により廃止された。

橋本　鉱市

→国立大学

ディシプリン
discipline

ディシプリン（discipline）はラテン語のdiscere（学ぶ）から派生した語で，「学問分野，専門分野，研究領域，学科」を意味し，いわば知識の部分や分枝を指す。学習には一定の規範が必要であるため，disciplineには「規律，訓練」「生活規範，規則」の意味もあり，さらには「規律を逸脱した際の懲罰」の含意もある。

　ディシプリンは知識の秩序を整理する枠組みであり，一定の対象や主題，一連の方法論や組織的な探求様式，合理的な認識や論証，妥当な価値関与などによって各ディシプリンは区別される。教育面では，ディシプリンを秩序立てて分割することで，整合的で有機的なカリキュラムを組み，学習者の効果的な理解を促進することができる。研究面では，各ディシプリンが研究者の専門的な共同体を形成し，学会や▶学術雑誌を通じてその成果が厳密に評価され公表される。ディシプリンは学問の全体像と学習の道筋を示す上で有効であり，大学の教育と研究を制度的に規定する重要な要素である。

　ディシプリンの特性はしばしば包括的な対立主題によって説明される。理論的学問と実践的学問という対立によって，外在的な目的に従属しない理論構築を目指すのか，世界のなかで実現可能な目的に向けた実践的応用を目指すのかが問われる。自然科学と人文科学は，自然の諸事象の因果関係や数学的法則にもとづく学問か，精神活動が創造する意味法則にもとづく学問かによって区別される。法則科学と歴史学ならば，時間的事象を貫く普遍的な法則か，あるいは，その都度1回的な個別的出来事の連鎖かに力点が置かれる。もっとも，ディシプリンが対立主題にしたがって区別されるとしても，大局的に見れば両極は深く連関しており，相対立する一方が他方から純然と分離しているわけではない。ディシプリンとは人間による世界認識の体系的方法であり，その全体性は人間精神の働きを反映した学問の構造に等しいのである。

　ディシプリンは大学の学問的宇宙や組織編成と表裏一体である。中世ヨーロッパの大学は古代の知的体系にならって，13世紀頃から科目を編成し始めた。科目は予備課程「人文学部（リベラルアーツ）」と職業教育的な高等課程（神学，法学，医学）に分けられた。人文学部は，言葉や記号を扱う「三学（トリウィウム）」（文法学，修辞学，弁証法）と事象や数を扱う「四科（クワドリウィウム）」（算術，音楽，天文

学，幾何学)からなる。高等課程の神学では，聖書の注釈学から真正なるキリスト教哲学が講じられた。法学では民法学と教会法学が教えられ，実定法的秩序に奉仕する法律家が養成された。医学では単なる経験医術ではなく，人間の生理に関する合理的な学問として確立されていく。18世紀に近代自然科学が勃興し，近代国家が誕生する中で職業教育的分野の必要性が高まり，19～20世紀を通じて農学や工学，教育学，薬学といったディシプリンが大学の学部として制度化されていく。

　20世紀には真理の専門的探究に応じて，多様化する社会的要請にしたがって，ディシプリンはますます専門化，多様化，細分化した。従来のディシプリンが自然に発展するなかで，分裂して新たな分野が内在的に増設される。また，大学の外部から新しい素材や能力，要素が付加されることで，新たなディシプリンが生み出される。ただし，大学が学問的宇宙を体現する限りにおいて，大学は多様なディシプリンの単なる学問的百貨店に陥らないことが重要である。あらゆるディシプリンはある程度まで統合的な性質をもつため，学び手が異なるディシプリン間を架橋し，相互の関係を把握する柔軟な力を得られるカリキュラム構成や教授の技法が必要となる。

　一定の概念や方法，価値，規範に立脚した伝統的なディシプリンに対して，1960年代後半から，共通の課題や問題の解決に向けた複数のディシプリンの共同，つまり「学際性interdisciplinary」が重要視されるようになる。異なるディシプリンの研究者が異なる理論と方法で共同する「多学問領域性multi-disciplinary」，理論や方法を統合して共通の理解や言語を生み出す「超学問領域性trans-disciplinary」など，ディシプリン間の共同はさまざまな形をとる。たとえば，環境問題のような複雑な課題については，自然現象の解明だけで済まされず，人間の経済活動や社会構造の解明，文明観の再考，人間と自然の共生に向けた倫理観の創出などが必要となり，自然・社会・人文科学の学際的研究が要請される。1960年代に，▶全米科学財団(NSF)や▶カーネギー財団などで研究基金が創設され，経済協力開発機構(OECD)や国際連合教育科学文化機関(UNESCO)も学際研究の積極的な支援を開始した。

　研究教育における学際化の趨勢は，科学技術や社会的・文化的な諸条件を含めて，知識生産の方法の根本的な変化をもたらしている。マイケル・ギボンズはこうした知的生産活動の変化をモード1(ディシプリン)からモード2(インターディシプリン)への推移と規定する。モード2の局面では，学際研究は大学研究者のみならず，産業界，政府の専門家，市民も参加する形で実施される。また従来の各ディシプリンの学問対象には限定されない，社会的使命を担いつつ，複雑な課題を発見し解決するという役割が期待される。　　　　　西山 雄二

▶教養と大学(テーマ編)，大学の概念(テーマ編)，学部の概念(テーマ編)，リベラルアーツ，職業教育

◎マイケル・ギボンズ編著，小林信一監訳『現代社会と知の創造──モード論とは何か』丸善ライブラリー，1997.

ティーチング・アシスタント
Teaching Assistant: TA

教育補助業務を行う▶大学院学生。TAと略される。TA制度の目的は，教育的配慮の下に優秀な大学院学生に対し，学生に対する助言や実験・演習等の教育補助業務を行わせ，大学教育の充実と大学院学生の訓練の機会提供を図るとともに，これに対する手当ての支給により，大学院学生の処遇改善の一助とすることである。1968年(昭和43)に国際基督教大学において大学院博士課程在籍者が非常勤助手として採用されたことが，日本の大学における初期のTA制度とされている。1992年(平成4)からは文部省によってTA経費が計上され，多くの大学においてTA制度が普及することになった。1998年には北海道大学がTAを対象とした研修を開始し，TAを対象としたハンドブックも作成した。アメリカ合衆国の大学のTA制度が起源とされているが，アメリカのTAは単独で▶授業を担当するなど，日本のTA制度とは異なる点もある。なお，教育補助業務を行う学部学生はSA(スチューデント・アシスタント)と呼ばれる。　　　中井 俊樹

▶学生職員，リサーチ・アシスタント

ティーチング・ポートフォリオ／アカデミック・ポートフォリオ
Teaching Portfolio: TP／Academic Portfolio: AP

[成立]
多様な情報を有する書類等を運ぶ「紙挟み」がポートフォリオの語源である。ティーチング・ポートフォリオ(以下，TP)は，1980年代にカナダにおいて教育業績の適正な評価を目的とした教育活動可視化の方法である。その後北米に普及し，アメリカ合衆国では採用・昇進時あるいは終身在職権(▶テニュア)獲得の際の教育業績の評価資料として活用され定着している。欧州やオーストラリアなどでも同様に普及している。普及の背景には，大学教員の業績評価の方針が従来は論文数などをはじめとする研究偏重であったことに対し，教育についても研究と対等に評価を行う，しかも教育については「質」をみる必要性が学内外から起こってきたことに符合する。日本では1997年にTPの概念が紹介されたが(杉本，1997)，認知度が高まるのは2008年の中央教育審議会答申において多角的な教育業績評価資料の一例としてとりあげられて以降であ

る。現在は，教育を重視するタイプの機関を中心に普及の途上にある。TPが教育活動に特化しているのに対して，アカデミック・ポートフォリオ（以下，AP）は研究，管理運営，社会貢献という大学教員の他の活動を含む総合的な資料である。

[ティーチング・ポートフォリオ]
TPは，教員が自身の教育活動についてエビデンス（根拠資料）を伴って作成する文書である。TPといってもその概念の幅は広く，ポートフォリオに含まれる情報の範囲に関わる「活動のすべてworking─厳選された情報representative」および公開の範囲に関わる「個人private─社会public」という2軸によって整理することができる。

作成目的としては，①教育の改善，②教育業績の評価資料，③優れた教育方法等，情報の共有手段，④優れた授業および教員等の社会への情報発信の四つが挙げられるが，とくに①に対しては，ポートフォリオの作成時に内省（reflection）を重視するタイプのTPが適している。セルディンの提唱するTPは，深い内省を可能にする集中型のワークショップを推奨しており，とくにワークショップにおいて作成者を支援するメンターの存在を重視している（セルディン，2007）。日本で普及しつつあるのは，このタイプのTPである。以下，このタイプに基づいて説明する。

TPは作成者本人の教育活動について，その責務（responsibility）の範囲，責務の範囲の教育活動を行う上での理念（philosophy），理念を具現化するための方法（methodology; strategy），教育方法を実践した結果としての活動の成果（outcome），今後の目標（goal）が一貫性を保って記述される。これらの5要素に基づいて，教育活動がもっとも適切に表現される目次構成を作成者自身が決定する。TPの作成には15〜18時間ほどを要するが，2，3日間のワークショップによる集中的な作成がもっとも効率がよい。できあがったTPは8〜10ページ程度の本文に，その記述を裏付ける多様なエビデンスが添付されたファイル様である。近年はICT技術の進歩によりウェブベースのe-ポートフォリオ・システムも増加しており，エビデンスとのリンクや，他者との共有や公開における効率性が高まっている。

日本では教育改善を目的とした導入が主流であるため，ファカルティ・ディベロップメント・プログラムとして捉えられることが多く，新任教員研修の一部として組み込まれるなどの取組みが始まっている。いわば個人の▶内部質保証の仕組みとしての役割が期待される。業績評価を目的とした利用については，徐々に教員採用等でポートフォリオの提出を求める機関が増加しつつある。

[アカデミック・ポートフォリオ]
TPが教育活動に特化したポートフォリオであるのに対して，アカデミック・ポートフォリオ（AP）は，大学教授職の4領域である教育・研究・管理運営・社会貢献の全活動を対象として作成される（管理運営と社会貢献は「サービス」としてまとめられることもある）。ここではセルディンらの提唱するAPにしたがう。APもまたTPと同じ作成目的を持ち，16〜20ページ程度の本文に根拠資料が添付される。構成として，4領域各々についての先述の5要素の一貫性を有した記述のほか，これら相互の寄与や統合的把握（integration），これまでの教員としての成果が含まれる点が特徴的である。APの作成により活動相互の関連に気づき，統一感をもって教員活動を俯瞰する視座を獲得する。

栗田 佳代子

→ファカルティ・ディベロップメント，ラーニング・ポートフォリオ

◎杉本均「アメリカの大学におけるティーチング・ポートフォリオ活用の動向」『高等教育教授法の基礎的研究』（京都大学高等教育叢書2），京都大学高等教育教授システム開発センター，1997.
◎ピーター・セルディン著，大学評価・学位授与機構監訳，栗田佳代子訳『大学教育を変える教育業績記録─ティーチング・ポートフォリオ作成の手引』玉川大学出版部，2007.
◎ピーター・セルディン，J. エリザベス・ミラー著，大学評価・学位授与機構監訳，栗田佳代子訳『アカデミック・ポートフォリオ』玉川大学出版部，2009.

定年制｜ていねんせい
mandatory retirement system

定められた年齢に達したことを理由に，その職から退かせる仕組み。停年制とも表記。諸外国では，年齢差別として捉えられる場合もある。日本では，人員の計画的な新陳代謝による職務能率の維持向上，勤務継続の保障による職務に専念できる環境の創出という2点において，合理性を持つ仕組みと解されている。教員に対する初期の定年制は，第2次世界大戦前の▶帝国大学での学内の申合せに散見される。定年制を最初に規定した法令は，1949年（昭和24）の▶教育公務員特例法である。同法は，法人化以前の国公立大学の教員に適用されたが，定年について当初は「▶大学管理機関」が定めることとし，その後「評議会の議に基づき学長」が定めるよう改正された。他方，法人化以前の国公立大学の事務職員に対しては，国家公務員法または地方公務員法が適用されていた。法人化後の国公立大学の勤務員に対しては，従前からの▶私立大学の例と同様に，各大学の就業規則に定められている。なお，2006年（平成18）の「高年齢者等の雇用の安定等に関する法律」の改正により，定年の引上げや雇用継続など，安定的な雇用の確保のための措置を段階的に講じることが大学にも義務付けられた。

橋場 論

DP・CP・AP（三つのポリシー）

ディーピー・シーピー・エーピー

Diploma Policy, Curriculum Policy, Admission Policy

Diploma Policy: DP（ディプロマ・ポリシー）は卒業認定・学位授与の方針，Curriculum Policy: CP（カリキュラム・ポリシー）は学部・学科における教育課程編成・実施の方針，Admission Policy: AP（アドミッション・ポリシー）は入学者受入れの方針にあたる。2008年の中央教育審議会答申「▶学士課程教育の構築に向けて」で，学士課程教育の改革にあたっては，各大学の個性や特色が具体的に反映されるものとしてこれら三つのポリシー（方針）を明確に示すことが重要であるとともに，順次性のある体系的な教育課程の編成や▶初年次教育の充実，▶高大連携の推進の必要性について提言された。学校教育法施行規則の改正（2010年）により大学の教育情報公表の促進が図られたこととも相まって，各大学のウェブサイトなどでは「▶カリキュラム・マップ」「カリキュラム・ツリー」と呼ばれる教育課程の体系性を示す図表などもあわせて明示する動きが進んでいる。

井上 史子

ディプロマ

diploma

広義には，大学などの教育機関より発行される教育プログラムの卒業証明書，修了証明書等の総称を意味する。この意味では▶学士，▶修士，▶博士などの学位もディプロマの一種となる。日本の多くの大学で「学位授与に関する基本的な方針」をディプロマ・ポリシー（DP）と称しているのは，この用法によるものである。一方，イギリスなど一部の国では，学士号未満の短期高等教育のプログラム（通常2年間）の修了者に対して，「高等教育ディプロマ Diploma of Higher Education」，「国家高等ディプロマ National Higher Diploma」などディプロマの名称を冠した▶称号を付与している。これらはアメリカ合衆国の短期大学（▶コミュニティ・カレッジ，▶ジュニア・カレッジ）におけるアソシエート・ディグリー，日本の▶短期大学における▶短期大学士，専門学校における専門士に相当する資格称号といえる。　濱中 義隆

→▶学位の種類，DP・CP・AP（三つのポリシー）

適格判定 →アクレディテーション，チャーターリングとアクレディテーション

デジタルハリウッド大学 [私立]

デジタルハリウッドだいがく

Digital Hollywood University

2004年（平成16）デジタルハリウッド株式会社が，構造改革特別区域法の特例措置に基づき設置さ

れた▶株式会社立大学としてデジタルハリウッド大学院大学を創設。2005年に4年制大学としてデジタルハリウッド大学を開学。開学当初から「コンピュータとインターネットが，人類の生活に無くてはならない社会基盤となった現代社会において，デジタルコミュニケーションの本質を理解した人材を育成することが急務である」という想いのもと教育活動が行われており，デジタルコンテンツという最新鋭の分野を扱うため，複合的に学ぶことのできる1学部1学科制を採用している。東京都千代田区と八王子市に2キャンパスを有し，2017年現在1107人の学生が在籍。

山崎 慎一

哲学部 | てつがくぶ

Faculty of Philosophy

［教養学部から哲学部へ］

ヨーロッパの大学は，中世に成立して以来，▶神学部，▶法学部，▶医学部の上級三学部と，教養学部（facultatis atrium［羅］）という名称の下級学部から構成された。H. シェルスキー（Helmut Schelsky）は，教養学部について次のように述べている。

「「バカラリウス」（baccalarius）というのは最も低い学位号であって，それは「教養学部」，つまり「自由七科」の課程を修了したことを証明するものであった。この教養学部での勉学は「上級」学部，すなわち神学部，法学部および医学部においての専門研究に進むための必修コースであったのである。」

このように学生はまず教養学部に入学し，「自由七科」すなわち文法，論理学，修辞学の三学と算術，幾何学，天文学，音楽の四科を学んだ。これらの科目は，すべて▶ラテン語で授業が行われた。また▶講義にあたって基礎になったのは，アリストテレスの論理学であった。たとえば15世紀前半の▶ケルン大学においては，全学生の7割以上が教養学部に所属した。そして2割が法学部に，その残りの学生が神学部と医学部にそれぞれ属していたにすぎなかった。学生の大部分は，およそ今日の中等学校が提供しているような，せいぜい中等教育程度の一般教養を大学で受けたにとどまったのである（シェルスキー）。

中世において，神学・法学・医学の各学部の予備門としての役割をはたしてきた「教養学部」は，近世に入りギムナジウムの発達とともに教授内容のかなりの部分をギムナジウムに移行し，その教育水準の向上をはかることで，名称も「哲学部」と呼ばれるようになった。▶中世大学において「哲学は神学の婢」（philosophia ancilla theologiae［羅］）と呼ばれたが，哲学の地位がしだいに高まってきたことがうかがえる。19世紀には，ドイツのすべての大学の教養学部が哲学部と呼ばれるようになったとされる。こうして四つの学部，すなわち哲学部・神学部・法学部および医学部をもっている組織が，その

後の伝統的な大学モデルとなった。

［哲学部のコペルニクス的転回］

神学，法学，医学が上級学部，哲学部は他の三学部の下位学部という関係を逆転させたのはドイツ観念論の哲学である。そのなかでもカントは，『諸学部の争い』(*Der Streit der Fakultäten*)という作品のなかで次のように言っている。

上級，下級という学部間の区別は，学問の中身による上下ではない。それは政府との関係によるものである。「政府は神学部を通じて国民の永遠の幸福に，法学部を通じて国民の市民的幸福に，また医学部を通じて国民の肉体的幸福に配慮する。それによって政府は，国民に対する支配を確立することができる。」その結果，政府は三学部の講義内容を規制し，これら学部は政府に従属せざるをえないことになる。これに対し「哲学部は政府の命令から独立的である。哲学部は学問的関心に従事する自由をもっており，そこでは理性が公に語る権利が与えられている。なぜなら理性はその本性上自由であり，こうした自由なしには，真理は現れることができないからである。」

このように哲学部は，「理性の立法」にのみしたがう自由な学部である。たしかに国家権力との関係，権力との結びつきという点では，神学，法学，医学は，哲学よりも上級の学部かもしれない。しかし，理性による真理の探求という見方をすれば，哲学部こそが大学の中心学部である。政府に従属している上級学部の教義，教育内容を「理性」によって検証することが，哲学部の仕事であり，それはまた義務である。そう考えれば，哲学部は上級学部よりも上位に立っているといえる。政府との関係においても，政府が行うことを，理性によりチェックするのが哲学部である。

哲学部が従来とは逆に，他の上級三学部を支配する地位を占めるべきであるという「哲学的大学」の理念は，その後19世紀に入りベルリン大学の創設のなかに色濃く反映されている。ベルリン大学総長を務めたフィヒテは，次のように大学には哲学部以外の学部は不必要ともとれることを言っている。「多くの専門科目（神学，法学，医学）の中には，学問的技法(Kunst)には属しないで，実生活への応用のため多種多様の実際的技法に属するものが含まれている。こうした実用的技法の部分はわれわれの高等教授施設からはとり除いた方がよいのである。そのためには別の，それを目的とした機関を設けるべきである。」

以上見てきたような意味で，学部の上下関係の逆転は「哲学部のコペルニクス的転回」とも言われている。

［現在のドイツと日本］

20世紀前半までのドイツの伝統的な大学は，上述の4学部に自然科学部が加わり5学部が一般的となった。その後，哲学部と法学部の一部が分離する形で社会科学部，▶経済学部，自然科学部から▶工学部，▶農学部なども生まれ，現在のドイツの大学は，さらに細分化された学部構成が採用されている。また，部門(Abteilung)や専門領域(Fachbereich)を置いている大学も見られる。日本は明治時代に▶帝国大学を発足させた際に，ドイツの大学をモデルとしたとされているが，学部構成においてはドイツのそれとは異なっていた。ドイツの総合大学は，哲学部を中心に法学，医学，神学という原理的研究を行う学部のみから構成されていたのに対し，日本の帝国大学には工学部，農学部，さらには経済学部などの応用的学部が置かれていた。また，日本では「哲学」は文学部のなかの「哲学科」として位置づけられ，学部として存在することはなかった。

木戸 裕

▶学部の概念（テーマ編），カントの大学論，ドイツの大学（テーマ編）

◎ヘルムート・シェルスキー著，田中昭徳，阿部謹也，中川勇治訳『大学の孤独と自由―ドイツの大学ならびにその改革の理念と形態』未来社，1970.
◎角忍ほか訳『諸学部の争い』『カント全集18』岩波書店，2002.
◎フィヒテ「ベルリンに創立予定の高等教授施設についての演繹的プラン」，梅根悟訳『大学の理念と構想』明治図書出版，1970.

帝塚山学院大学 [私立] ｜ てづかやまがくいんだいがく
Tezukayama Gakuin University

1916年（大正5）に設立認可の財団法人帝塚山学院（1951年に学校法人帝塚山学院に改組）により，66年（昭和41）に開学。「「力の教育」，すなわち，意志の力，情の力，知の力，躯幹の力を含む全人教育を以って有為な人材を社会に送り出すこと」を建学の精神とする。開学以来女子大学であったが，2003年（平成15）に人間文化学部（2009年人間科学部に名称変更）が男女共学化され，2007年より全学が男女共学となった。西日本初の▶リベラルアーツ学部を有し，2017年現在，狭山（大阪府大阪狭山市）・泉ヶ丘（同堺市）キャンパスに2学部1研究科1526人の学生を収容する。実務・実践と教養の調和を図りながら人間を重視した，幅広い全人教育がめざされ，一般的な知識とともに物事を自分の頭で考え，自分の言葉で表現し，判断して行動する力，生き抜く力を育てている。

堀之内 敏恵

帝塚山大学 [私立] ｜ てづかやまだいがく
Tezukayama University

1941年（昭和16）創立の財団法人帝塚山学園によって，1964年に設置。当初は教養学部教養学科，入学定員150人の女子単科大学として開学したが，1987年に経済学部を新設して男女共学制に移行。2016年（平成28）5月現在，6学部4研究科から構成されており，帝塚山学園は幼稚園から大

学院までを擁する総合学園となっている。合わせ
て甲子園球場7個分の大きさがある奈良市の東生
駒キャンパス・学園前キャンパスに、3332人の学生
を収容。ほかにセミナーなどの情報発信をする大
阪サテライトキャンパスを有する。▶高大連携や初
年次教育に力を入れ、新入生の大学へのスムーズ
な移行を図るカリキュラムを編成。「教育力が強
い」「学生への教育・支援がきめ細かい」「地域と国
際社会に開かれた」大学をモットーに、「絆」という
キーワードに象徴される建学の精神のもと、「人や
社会とのつながりを重視した人間教育」という教育
理念の達成をめざす。なお、大阪の私立帝塚山学
院大学とは別法人である。　　　　　　　平野　亮

テニュア
tenure

アメリカ合衆国の大学教員の学問の自由を守るた
めの身分保障のことである。具体的には、教育や
研究を遂行する上での権限を表す。まず、教員
(faculty)の一員として、大学内外での表現の自由が
あること、次に、教師としては、授業内容の決定の
自由が保障されること、そして、研究者としては、
研究計画書を大学外部の財団に送る権限、研究
計画が採択された場合に研究経費を受領し、さら
に、その研究費を、大学内の同僚や執行部教員、
また学外の誰にも影響を受けることなく使用して研
究を遂行していく権限、そして研究により得られた
研究結果を自由に発表する権限を持つことである。
このテニュアの制度は、1940年の▶アメリカ大学教
授連合(American Association of University Professors:
AAUP)とアメリカ・カレッジ協会(Association of Ameri-
can Colleges)の共同による「学問の自由とテニュアの
諸原則に関する宣言」(Statement of Principles on Aca-
demic Freedom and Tenure)に基づくもので、現在、全
米の多くの大学や大学院を持たない4年制カレッ
ジなどで採用されている。
　通常、アメリカでは、教員は助教授(Assistant
Professor)で採用されて教育研究活動を行っていく。
大学により異なるが、通常、7年を超えない範囲
で、教育研究上の実績や能力によって生涯その大
学に在職できるかどうかが審査され、それぞれの大
学の期待される水準に達したと判定された場合に
は准教授(Associate Professor)に昇任する。このことを
一般に「テニュアを取る」あるいは「テニュアを持っ
て(with tenure)昇任する」と表現する。これは、適法
な手続きを経ずに、あるいは、当該大学が余程の
経済的苦境に陥るなどの「相当な理由」(adequate
cause)がない限り、tenureを得た教員が解雇される
ことはない、ということを意味する。大学教員が、
採用された大学に終身で在職できるかどうか、さら
にいえば、そもそも大学教員がその権限(終身在職
権)を持ち得るかどうかは、大学教員の身分保障に

関わる根源的な問題といえる。しかし、テニュアの
意味はこれにとどまらない。以下に述べるように、
「終身在職権」を持つかどうかにかかわらず、文頭
に記した研究上の権限を持つこと、それがテニュア
を持つことの本質的な意味である。
　アメリカで大学教員として研究を行うために必
要なことは、「将来テニュアを取り得る」立場にある
助教授か、テニュアを持つ(tenured)Associate Pro-
fessor(准教授)あるいはFull Professor(正教授)に採用
されることである。この「将来テニュアを取り得る」
立場にある助教授のことを、tenure-track Assistant
Professorという。通常、アメリカの大学やカレッジ
で採用される助教授はこのtenure-track Assistant
Professorである。ここで重要なことは、これらの助
教授とテニュアをすでに持つ准教授あるいは教授
の間で、当該大学で研究を行う上での権限の差は
まったく存在しないことである。彼らは、同じように
学生あるいは大学院生を指導しながら、自ら獲得
した研究費(外部資金)によって研究を遂行してい
く。つまり、いずれの立場でも、誰にも依存しない
で、自らの研究を遂行する「自由」を持っている。
これが「終身在職権」を超えた「tenure」の意味であ
る。tenure-trackにある教員とテニュアを持った(生
涯にわたって在職してよいとされた)教員との間に
は、研究遂行上の権限の違いはない。ただし、後者は
その権限が「適法な手続き」あるいは「相当な理由」
という条件のもとで、所属大学で生涯にわたって保
障されているが、前者には生涯にわたるその保障は
ない、ということなのである。
　一方、採用時に、将来そのままではテニュアを取
れない職階の大学構成員も存在する。▶博士研究
員や、▶研究室を持たず、授業のみを担当する講師
(lecturer)や、学位を持った共通機器分析室や学士
課程学生のための学生実験の責任者などである。
彼らは教員(faculty)ではなく、academic staffと呼ば
れる。状況によっては大学が、将来もテニュアを取
ることができる可能性のない(non-tenure track)レクチ
ャラーや助教授などを採用し、彼らが、適宜契約を
更新しながら、授業の一部を担当する場合もある。
博士研究員を例にとると、彼らはそれぞれの研究
室で第一線に立って研究実験を遂行するが、彼ら
は独自の研究計画を外部財団に提出する権限(博
士研究員としての▶フェローシップに応募する場合を除く)
を持っていない。つまり、博士研究員は自分の研
究室を持っていない。レクチャラーらも同様であ
る。したがって、博士研究員は、ある研究室に所
属して研究活動を行うことはできるが、それはあく
まで、広い意味で、研究室を主宰する教員の研究
計画に沿った研究を遂行するのであって、自分独
自の研究課題で研究を行うわけでない。このよう
な研究者やスタッフは「テニュアを持たない(non-
tenured)」という。
　このように、アメリカの大学におけるテニュアと

大学事典　　　　　　　　　　　　　　　　てにゅあ　｜　663

は，表現や研究結果の発表の自由を有し，自ら授業をデザインし，外部機関から得た研究費を用いて自由に研究を遂行していく権限，すなわち，誰にも依存せず，また誰の影響も受けないで教育や研究活動を行う権限を第一義的に意味する。そして，アメリカの教員が，日本の多くの大学教員のように講座に由来したグループの一員としてではなく，採用時からまったく独立した教員の一人として教育研究活動を行える制度になっていることが，このことを可能にしているのである。　赤羽 良一

→テニュアトラック制，教員の職階構造，学問の自由(テーマ編)

◎A.L. Deneef, G.D. Goodwin, E.S. McCrate (eds.), *The Academic's Handbook*, Duke University Press, 1988.
◎渡部哲光『アメリカの大学事情』東海大学出版会，2000.

テニュアトラック制｜テニュアトラックせい

文部科学省(以下，文科省)で2006(平成18)年度以降進めている，40歳以下の博士号を持っている若手の研究者が，そのキャリアの初めから，▶講座などに所属せず，自ら▶研究室を主宰して研究を行うことを支援する制度。政府の第4期科学技術基本計画(平成23年度閣議決定)の中で進められている。日本の大学等の若手研究者が，グループや講座に所属するのではなく，若い時代から自立して研究に専念できるようにするために導入された。各大学の計画書に基づいて文科省により採択される。資格は博士号取得後10年以内の研究者で，職は5年を標準とした任期付きである。所属大学等には，国際公募を実施するなど透明性の高い選考方法をとる，任期終了後のテニュアポスト(任期付きではない常勤の職)を用意する，採用された教員(テニュアトラック教員)が研究主宰者として自立して研究活動に専念できる環境(研究スペース，研究支援体制など)を整備することなどが求められる。テニュアトラック教員には，文科省からの研究費の給付など多くのサポートがある。　赤羽 良一

→テニュア，研究の自由

デパートメント→ファカルティとデパートメント

テヘラン医療大学 [イラン]｜テヘランいりょうだいがく
Tehran University of Medical Sciences

首都テヘランにあるイランで最も古い国立医科大学。イランの近代医学教育は1851年にヨーロッパ方式の高等教育の導入のため設置されたダーロル・フォヌーンで開始された。これを継承したのが，1934年にイランで初の大学として設置された▶テヘラン大学の医学部である。1979年，イラン革命に

よりパフラヴィー朝が倒れ，イスラーム共和制へと移行した。これに伴い，医科教育の所管が高等教育省から保健・医療・医科教育省へと移され，1986年，テヘラン大学の医科教育に関する学部は分離・独立し，テヘラン医療大学が誕生した。2015年時点で医学，歯学，薬学，リハビリ，応用医学，公衆衛生，先端技術医療，栄養科学，看護・助産の各学部，100以上の研究センター，15の付属病院を擁している。1万3000人以上の学生が学び，27ヵ国から留学生を受け入れる。2015年のQS社の世界大学ランキングの医学分野で201-250位，薬学・薬理学分野で101-150位に入った。　和氣 太司

テヘラン大学 [イラン]｜テヘランだいがく
University of Tehran; Dānesh-gāh-e Tehrān [ペルシア語]

イランの首都テヘランにある。1934年の大学設立法に従って翌35年に正式発足し，法・政治・経済学部(Hoqūq o ʻOlūm-e Siāsī o Eqtesādī)，文学部(Adabiyāt)，理学部(ʻOlūm)，医学部(Pezeshkī)から出発した。これらの学部は，イラン初の近代的高等教育機関として軍学・工学・医学・外国語を教えたダーロル・フォヌーン(Dār ol-Fonūn, 1851年創立)，政治学校(1899年)，農業学校(1900年)，法律学校(1918年)に起源をもつ。その後，神学部(Maʻqūl o Manqūl，のちElāhīyātに改称)，工学部(Fannī)の2学部が新設された。1937年に女子学生も受け入れた(1936年より受入れ開始とする研究もある)。西欧人教員はおもに医学や工学の教育を，のちに増加したイラン人教員はおもにアラビア語，ペルシア史，地理，ペルシア文学の教育を担当した。1960年代には単位制度や2学期制などアメリカ・モデルへの転換が試みられたが，実際にはフランス・モデルとの混在が続いていた。現在，国内で最大規模の大学となっているが，イラン革命後，入学制度からカリキュラム，教員人事面などで，体制により大幅な「イスラーム化」の措置が実施された。2013年現在，テヘランに加え，ゴムやキャラジュ，キーシュに七つのキャンパスを擁し，15学部が存在する。　山﨑 和美

テュービンゲン大学 [ドイツ]｜テュービンゲンだいがく
Eberhard Karls Universität Tübingen

ドイツ南西部，バーデン・ヴュルテンベルク州テュービンゲンにある州立総合大学。正式名称はエーバーハルト・カール大学テュービンゲン。1477年，ヴュルテンベルク伯エーバーハルトにより4学部(神学，法学，医学，哲学)で開設。1535/36年に設立された福音派神学校では，16世紀末にケプラー，18世紀末にはヘルダーリンやヘーゲル，シェリングらが学んだ。1767年から93年まで学長であったカール・オイゲン公爵が69年に自らの名前を付け加え，現在に至る大学の名称となった。1817年に国家学

部，カトリック神学部，63年にドイツの大学で最初の自然科学部が開設された。現在は7学部(福音派神学部，カトリック神学部，法学部，医学部，哲学部，経済・社会科学部，数学・自然科学部)で構成され，学生数は2万8000人(2016/17年冬学期)。統合神経科学センター(CIN)が▶エクセレンス・イニシアティブ(2007年)に選定された。　　　　　　長島 啓記

デュルケーム
Émile Durkheim | 1858-1917

高等師範学校(▶エコール・ノルマル・シュペリウール)卒業後，リセ(高等学校)での数年間の教員を経て，1887年にボルドー，次いで1902年にパリのソルボンヌで大学人としての経歴を歩み，フランスにおける社会学の定礎者として知られるデュルケームは，フランス東部ロレーヌ地方のエピナルに1858年に生まれ，1917年パリに没している。普仏戦争(1870〜71年)におけるフランスの敗北後の第三共和政期に「祖国の再建」を目指した大学人の世代に属する彼は，▶グランド・ゼコールとの対比の中で大学をとらえている。すなわち前者が技術・職業教育の場，科学の応用を学ぶ場として性格づけられるのに対して，後者を科学の中心地としてとらえ，この科学によるフランス社会の再興を求めたのである。『自殺論』(1897年)等の社会学的な著作のほかに，大学に関連する著作としては「ドイツの大学における哲学」(1887年)，「パリ大学の歴史」(1918年)，『フランス教育思想史』(1938年)などが挙げられる。　　　　　　白鳥 義彦

デリダ
Jacques Derrida | 1930-2004

フランスの哲学者。西洋の歴史を通じて構築されてきたロゴス中心主義的な現前の形而上学を根底から読み換える「脱構築」を提唱した。高等師範学校(▶エコール・ノルマル・シュペリウール)に講師として勤務していた1970年代半ば，高校の哲学教育を削減するアビ改革に反対してGREPH(グレフ，哲学教育研究グループ)を結成し，哲学教育の拡大を要求する運動をフランス国内外で展開した。社会科学高等研究院(▶EHESS)に移籍した1983年，既存の大学制度とは一線を画する国際哲学コレージュをフランソワ・シャトレらとともに創設し，科学や芸術，文学などの諸領域との非階層的な交差による新しいタイプの哲学の創造を目指した。制度と哲学の関係，教師と学生の関係，哲学的教育法の特質，大衆化時代の哲学などをめぐる一連の考察は『哲学への権利』(1990年)に収録されている。晩年の『条件なき大学』(2001年)では，「すべてを公的に言う権利」を人文学の無条件的な力として肯定し，大学の脱構築を通じた新しい人文学への信を表明

した。　　　　　　西山 雄二

デリー大学 [インド]｜デリーだいがく
University of Delhi

デリーにある国立大学。1922年，連邦議会法のもと中央政府により設置された。総長をインドの副大統領が，総長代理を最高裁判所長官が務める。設立当初はセント・ステファン・カレッジ(1881年)，ヒンドゥー・カレッジ(1899年)，ラムジャス・カレッジ(1917年)と，人文学部と理学部の2学部で構成された。現在は二つのキャンパスをもち，16学部86学科(うち18学科が大学補助金委員会から特別補助金プログラムの交付を受ける)，81のカレッジ，27の研究所・機関によって構成される。学生数はインド最大規模の約49万人。そのうち約18万人が正規課程(学部・学科に1万7000人，カレッジに16万7000人)，約30万人が通信課程などの非正規課程に在籍。　小原 優貴

テルアビブ大学 [イスラエル]｜テルアビブだいがく
Tel Aviv University: TAU

イスラエルを代表する国立総合大学の一つ。イスラエルの西側，地中海に面する最大の商業都市テルアビブに位置する。急速に発展するイスラエル中心部に新たな大学が必要との構想を実現するため，イギリス委任統治下の1930年代にテルアビブに生物・教育学院(1953年に「自然科学院」に転換)と法律・経済学院が創設され，さらにイスラエル独立後の1954年にはユダヤ学院の設置が続いた。これら3機関を統合し，1956年にテルアビブ大学が誕生した。2015年時点で9学部(芸術，工学，理学，人文学，法学，生命科学，経営学，医学，社会科学)，29スクール，98学科，約130研究機関を擁し，3万人を超える学生が学ぶ。ユダヤ人の歴史を展示する「ディアスポラ博物館」を備える。アメリカのノースウェスタン大学，カリフォルニア大学バークレー校，カナダのトロント大学，中国の清華大学など世界の名門大学と共同研究を実施。2015年のタイムズ誌のアジア大学ランキングでは22位。

和氣 太司

田園調布学園大学 [私立]
でんえんちょうふがくえんだいがく
Den-en Chofu University

2002年(平成14)に開学。学園の沿革は，1926年(大正15)設立の調布女学校と調布幼稚園にさかのぼる。建学の精神「捨我精進」は，調布女学校初代校長の川村理助の言葉であり，むき出しの感情や自分の欲望を制約して，目前にある事柄にまい進することを意味する。2016年現在，神奈川県川崎市にキャンパスを構え，2学部3学科に1168人

の学士課程学生が在籍する。教育方針としてサポート体制の充実を重視し，少人数教育やアドバイザー制度によって親身な指導が行われている。就職内定率は97.7％(2017年3月卒)，就職率(就職者/卒業者)は94.2％と神奈川県内トップの就職率となっており，その就職率の高さは定評を得ている。

戸村 理

転科→転部／転科

転学→編入学

電気通信大学 [国立]｜でんきつうしんだいがく
The University of Electro-Communications

1918年(大正7)創設の社団法人電信協会管理無線電信講習所が起源。1949年(昭和24)新制大学として電気通信大学を設置。「人類の持続的発展に貢献する知と技の創造と実践」をめざし，情報，通信，電気，電子を中核として，メディア，ロボティクス，機械工学，計測制御，物理工学，材料科学，生命科学，光科学など，理工学の基礎から応用まで，広範な分野で教育研究を行う。産業界からの高い評価を背景に，毎年の就職率は国公立大学の中でもトップクラスを維持している。2016年(平成28)には情報理工学部が情報理工学域に改組し，「I類(情報系)」「II類(融合系)」「III類(理工系)」の三つの「類」を導入。東京都調布市にキャンパスを構え，2016年5月現在，3581人の学生を収容する。

山本 剛

▶ 学域／学府

電子ジャーナル／電子書籍
でんしジャーナル／でんししょせき
electronic journal/electronic book; e-book

1990年代から▶学術雑誌分野における電子ジャーナル化が普及し，オランダに本社をもつエルゼビアが1995年にエルゼビア電子購読制度を開始した。同社が発行する2500誌以上の学術分野の電子ジャーナルは，サイエンスダイレクトというサービスに引き継がれている(2012年)。同社に続いてほかの学術系出版社も電子ジャーナル事業を急速に拡大したが，一方で学術雑誌価格の高騰化を引き起こした。サイエンスダイレクトには，2007年から電子書籍も提供されるようになり，2012年現在1万タイトル以上の学術書籍が搭載されている。ただし，電子書籍のタイプによりライセンス方法が異なる。和書は当初『日本大百科全書』などのように参考図書の横断検索サービスが中心だったが，NetLibraryが2007年から和書の学術系電子書籍を搭載するようになった。このように一般向けの書籍に先駆けて学術論文の電子化が進んでいるが，ネットワーク系電子ジャーナルや電子書籍の長期保存が喫緊の課題となっている。

溝上 智恵子

▶ 電子図書館，大学出版会

天使大学 [私立]｜てんしだいがく
Tenshi College

北海道札幌市東区にある。1947年(昭和22)札幌天使女子厚生専門学校が開校されたことに始まる。1949年天使女子栄養学院も設立された。1950年日本初の看護系短期大学となる天使厚生短期大学厚生科が設置された。2000年(平成12)看護栄養学部(栄養学科，看護学科)が設置され，2004年には専門職学位課程である大学院助産研究科助産専攻が開設された。建学の精神は「愛をとおして真理へ」である。看護師，管理栄養士，助産師，保健師の資格につながる実践力を兼ね備えた教育を展開している。各種求人情報が閲覧できる就職相談室できめ細やかな指導，支援がなされており，就職決定率はほぼ100％である。2016年現在の学部生735人，大学院生51人で，社会人学生も15人いる。

蝶 慎一

電子図書館｜でんしとしょかん
digital library; electronic library

［定義と機能］
電子図書館とは，1996年に学術審議会が定義した「電子的情報資料を収集・作成・整理・保存し，ネットワークを介して提供するとともに，外部の情報資源へのアクセスを可能とする機能をもつもの」に集約できる。また，国立国会図書館は自らの電子図書館事業において，「電子情報と情報環境を活用して図書館がおこなうサービス」と定義している。その特徴として，①ネットワークによる情報の提供，②資料にアクセスさせるための書誌情報，電子化した資料そのものなど，さまざまな電子図書館の「蔵書」(コンテンツ)の構築と提供，③テキストだけではない音声や動画などマルチメディアの活用，④情報通信技術を活用した検索・閲覧などの利便性の向上，⑤インターネット上の情報など外部情報資源の活用と探索への援助の5点をあげている(国立国会図書館「電子図書館事業の概要」)。

電子図書館で提供される情報・資料は多岐にわたるが，コンテンツの具体例には，図書館が所蔵している冊子体資料をスキャナー等の利用により画像データ化したり，テキストファイルに抽出して電子化した資料である「電子化資料」や，最初から電子ファイルとして出版・流通させる「ボーンデジタル」がある。

また検索・閲覧の利便性の向上には，利用者からの問合せに応じるレファレンス・サービスや，所

蔵資料の予約や複写，購入，他館からの借用などのリクエスト・サービスをインターネット経由で対応することなどがその例である。さらに利用者が調べたいテーマについて，関連する文献や情報の探索法をまとめたパスファインダー（pathfinder）も，従来はリーフレット状にまとめられていたが，電子図書館機能のもとではウェブ上で，情報源の探索技法を学習しつつ，登録された情報源に到達できるため，容易に提供可能なサービスとなった。

[歴史]

このように情報通信技術の進展に伴い，図書館サービスは大きく変化してきたが，その変化を促した一人が，▶マサチューセッツ工科大学の電気工学者ヴァネヴァー・ブッシュVannevar Bush（1890-1974）である。原爆開発計画であるマンハッタン計画にも参加した彼は，1945年に人間の知的活動を助ける未来に出現する装置memex（memory extender）のアイデアを発表した。memexは個人用の情報ファイルであり，図書館の機能を持つものであったことから，ブッシュは「電子図書館の父」と呼ばれている。その後1971年に，アメリカ合衆国の「プロジェクト・グーテンベルク」が，著作権の切れた作品を電子化してネットワークに公開するとともに，国家的事業としてアメリカ議会図書館がアメリカの歴史に関する文書，画像や音声を「アメリカンメモリー」として収集して公開するようになった。

　日本における電子図書館の試みは，1994年に長尾真（当時，京都大学教授）を中心に設立された電子図書館研究会が，BBCC（新世代通信網実験協議会）等と協力して電子図書館のプロトタイプであるアリアドネを開始した。京都大学電子図書館ではこの成果をもとにして，貴重資料の電子化や学内刊行物の電子化が行われている。また，奈良先端科学技術大学院大学附属図書館が1996年から運用を開始した曼荼羅図書館が，実用化という点で日本初の電子図書館サービスともいわれている。なお国立国会図書館は，近代デジタルライブラリーとして，明治以降に刊行された図書や雑誌のうち，インターネットで閲覧可能な資料をデジタル化して公開するとともに，インターネット資料の保存にも取り組んでいる。

[電子図書館と機関リポジトリ]

このように，電子図書館は国立国会図書館や▶大学図書館を中心に発展したが，図書館におけるデジタル化は，①所蔵資料の書誌情報のデジタル化，②CD-ROM等のパッケージ系電子資料の収集と提供，③所蔵資料のデジタル化およびインターネットを通じた提供，そして④電子ジャーナルや電子書籍の収集と提供という段階を経てきている。

　なお現在，大学図書館の電子図書館化事業は，▶機関リポジトリへと展開している。機関リポジトリとは，大学および研究機関で生産された電子的な知的生産物を捕捉し，保存し，原則的に無償で発信するためのインターネット上の保存書庫を意味し，多くが無料でアクセスを可能にしている。ちなみに日本では，「学位規則の一部を改正する省令」（平成25年文部科学省令第5号）に基づき，2013年4月より，博士論文のインターネット公表が義務付けられることとなった。なお，国立国会図書館と大学図書館との連絡会「学位論文電子化の諸問題に関するワーキング・グループ」による「学位規則改正に対する留意事項及び解説」では，各大学等の機関リポジトリにおける公表が原則とされている。

　今後の大学図書館サービスは，情報通信技術のさらなる進展とともに，図書館資料の「所蔵」から，資料への「アクセス」がますます重視されるようになるだろう。電子図書館機能の充実が，あらたな大学図書館サービスの誕生を招くことになるのは間違いないであろう。

　　　　　　　　　　　　　　　　　　　溝上 智恵子

→情報社会と大学（テーマ編），電子ジャーナル／電子書籍

◎国立国会図書館「電子図書館事業の概要」：http://www.ndl.go.jp/jp/aboutus/dlib/project/
◎ウィリアム・F.バーゾール著，根本彰ほか訳『電子図書館の神話』勁草書房，1996.
◎長尾真『電子図書館（新装版）』岩波書店，2010.

転部／転科 | てんぶ／てんか
transfer of school／change of department

大学在学中に，在籍する学部や▶学科を途中で変更すること。日本の多くの大学は，学部学科ごとに入学試験を行うので，入学後当該分野の学習が学生の期待とは異なることがわかった場合や，入学後進路を変更したい場合，再び入試を受けて再入学するしか方法はない。これを救う仕組みが転部・転科である。▶大学設置基準では30条に転部に際しての単位認定に関する記述がみられる。日本では学部学科の定員が決まっているため，総合大学の内部でも転部・転科は容易ではない。入試の競争が激しい学部・学科では，公平性の観点から認められないことが多い。また，理系では学修を継続する上で必要な基礎科目の修得が前提である場合が多く，この点でも転部は難しい。大学によっては教養課程修了後に転部を認める場合もあるが，極めて少数である。この点では，同じ学科の他大学から▶編入学する方が容易である。また東京大学や北海道大学のように，入学時に理系・文系程度にだけ分ける「おおくくり入試」も，転部・転科希望を防ぐ制度である。

　　　　　　　　　　　　　　　　　　　細川 敏幸

天文台 | てんもんだい
observatory

時刻を正確に決定し，正しい暦を編成することは，人間が生活し，生産活動を営む上で大切な基盤である。時刻を決定するためには，太陽の位置を観測する必要がある。暦を編成するためには，太陽

の出没時刻や方角の観測，太陽や月，天体，星座の観測が必要である。これらの観測を古代以来，担ってきたのが天文台である。その後，光学望遠鏡，電波望遠鏡等の観測機器の発達により，天体観測，さらには宇宙論に関わる観測等，天文学の発展に貢献してきた。日本でも古代から天体観測施設は存在したが，近代的な天文台の最初は1888年（明治21）に帝国大学（現，東京大学）に設置された東京天文台である。その後，大正時代に三鷹市に移転した。研究機関としての東京天文台は，1988年（昭和63）に東京大学から分離し，大学共同利用機関の国立天文台となり，今日に至っている。大学の▶理学部の多くは天文台を有しているほか，一般向けに公開されている公立，私立の天文台も多い。

小林 信一

天理医療大学 [私立] | てんりいりょうだいがく
Tenri Health Care University

2012年（平成24）に開学。1967年（昭和42）に開校した天理高等看護学院および天理衛生検査技師学校（1973年に天理医学技術学校と改称）を起源とする。建学の精神は「人に尽くすことを自らのよろこびとする」であり，これは天理教の信条教育を基調としつつ，科学的思考に基づく▶高度専門職業人を育成することを，教育の目的として示すものである。2016年現在，奈良県天理市にキャンパスを構え，医療学部に413人の学士課程学生が在籍する。医療学部は看護学科と臨床検査学科とで構成されており，天理よろづ相談所病院などの実習病院と一体化した臨床実習や，Team-based learning などの導入によって，学生に対する教育の質の向上を図っている。

戸村 理

天理大学 [私立] | てんりだいがく
Tenri University

天理教の海外布教を目的に，1925年（大正14）に設立された男女共学の天理外国語学校を母体とする。天理語学専門学校を経て，1949年（昭和24）に新制の天理大学として開学。当初は文学部のみであったが，2016年（平成28）現在は4学部2研究科から構成され，専任教員数は164人，学生数は3107人。2015年に大学院体育学研究科を新設。建学の精神は1838年（天保9）に教祖（おやさま）中山みきの開いた天理教の教えに従い，「陽気ぐらし」世界建設に寄与する人材の養成を使命とする。天理教教会本部の敷地に隣接する奈良県天理市の杣之内キャンパスは，教義上，人間創造の地点「ぢば」いう恵まれた宗教的環境とされ，そこでの祈りと献身の生活を基盤とする教員，職員，学生のふれあいを通じて豊かな教養と専門的学識を与えることを教育目標としている。海外分校としてパリや

ニューヨークにも拠点を有する。

平野 亮

ドイツ学術交流会 | ドイツがくじゅつこうりゅうかい
Deutscher Akademischer Austauschdienst [独] : DAAD

1925年に創設された，留学などの国際的な事柄の調整や振興を目的とするドイツの高等教育機関の共同設置機関。外務省，連邦教育研究省，欧州連合（EU）などの公的資金をおもな財源とし，▶奨学金などを通じてこれまでに150万人以上のドイツ国内外の学生や研究者を支援してきた。こうした奨学金事業を中心としつつも，DAADはドイツの高等教育機関の国際化，海外におけるドイツ語の普及，発展途上国における競争力のある高等教育機関の構築の支援，教育政策に従事し，対外学術政策および開発政策における政策決定者への助言も行っている。西ドイツ時代の臨時首都であったボンに本部，現在の首都であるベルリンに事務所を置くほか，海外にも51の情報センターと14の在外事務所があり，国際的な学術ネットワークの構築に貢献している。

髙谷 亜由子

ドイツ学生互助会 | ドイツがくせいごじょかい
Deutsches Studentenwerk [独] : DSW

学生の大学生活をサポートする学生互助会の連合組織。学生互助会はドイツ全国に58機関設けられており，300大学以上の約220万人の学生の社会，経済，文化，健康における利益の推進を目的に学食の運営，住居の管理・運営，心理相談および法律相談，奨学金等やローン等の学生支援ほか，社会・経済的なサポートの供与，文化関連のサービスの提供などを任務としている。ほとんどが公法上の機関として，州の大学法または独立した学生互助会法に基づいて活動している。学食や家賃などによる自己収入を主要な財源としているが，州の補助金や学生の分担金などによる収入もある。

学生互助会の起源は，1919年に学生，教員，経済界，政界の代表がドレスデンやミュンヘンなどさまざまな都市に学生の自助機関を設置したことに遡る。これらの自助機関では，学食の運営や住居の斡旋所の開設，手仕事の斡旋などを通じて学生生活を改善することが目指された。1921年にこれらの自助機関の連盟となる「全ドイツ学生経済支援」が創設されると，その任務領域は急速に拡大し，ローン事業，奨学金事業，国際交流事業にまで及んだ。ナチズム期には独立した組織としての学生互助会は解散され，帝国学生互助会へと転換されるが，第2次世界大戦後には再開された大学で学生の経済状況を改善するため，いくつかの拠点に学生互助会が新たに設置された。1950年にその連盟であるドイツ学生互助会が創設されて以降，州からは補助金を，連邦からは主要な奨学金

事業の実施権限を与えられ，ドイツの高等教育システムには欠かせない組織に成長した。　髙谷　亜由子

ドイツ研究振興協会｜ドイツけんきゅうしんこうきょうかい
Deutsche Forschungsgemeinschaft［独］：DFG

研究助成金を第三者資金として高等教育機関や公的な研究機関のあらゆる学術研究に提供しているドイツ最大の公益団体。研究重点型の大学や大学外の研究機関，学術団体，科学アカデミーなどによって構成されている。連邦と各州からの交付金を主たる財源として（2012年度は連邦が67％，各州が33％を負担），年間20億ユーロを超える研究助成金によって2万件以上の優れた研究プロジェクトを支援することを中心的な任務としている。研究助成金は，申請された研究プロジェクトの中から競争選抜を勝ち抜いた研究プロジェクトに対して支給される。こうした競争的な研究助成金による研究支援のほかに，優秀な人材の支援，学術界におけるネットワークの構築支援，政府や公共への助言といったことにも従事している。　髙谷　亜由子

ドイツ大学教員連盟｜ドイツだいがくきょういんれんめい
Deutscher Hochschulverband［独］：DHV

ドイツの大学教員の団体。1920年設立のドイツ大学連盟（Verband der Deutscher Hochschulen）を継承するものとして50年に設立された。原語名称に教員という語は含まれておらず，直訳するとドイツ大学連盟となるが，構成員や活動の目的・内容からドイツ大学教員連盟とする。略称はDHV。およそ2万9000人の教員が加入しており，ヨーロッパで最大の大学教員の団体であるが，加入できるのはいわゆる大学の教員，すなわち教授，助教授，講師，名誉教授などであり，▶大学教授資格を取得中の者，ジュニア・プロフェッサー（▶準教授），外国の大学のドイツ人教員も加入できるが，▶専門大学の教員は加入することができない。定款によれば，国，大学，メディア等に対して大学教員の利益を代表すること，ドイツの大学教員の国際的競争力のある適切な労働条件のために尽力すること，研究・教育・自治の活動と関連するすべての問題において構成員に助言し，支援することなどを目的としている。会員から徴収される会費により運営されており，総会は年1回開催される。州ごとに州大学教員連盟が組織されている。　長島　啓記

ドイツ大学モデル｜ドイツだいがくモデル

［フンボルトとベルリン大学の創設］
ドイツモデルを語る場合，1810年にプロイセン政府により創設されたベルリン大学（現，▶ベルリン・フンボルト大学）と，この大学の基本構想を練った▶フンボルトの名前は欠かすことができない。フンボルトの大学理念はドイツ大学モデルとなり，それは広い意味で近代大学の出発点となったともいわれている。19世紀初頭，プロイセンはナポレオンとの戦いで決定的な敗北を喫した。それは当時台頭し始めたドイツ・ナショナリズムにとって，屈辱的な状態として意識された。ここから「地上で失ったものを精神の世界で取り戻す」という理想主義的な思想傾向が生み出されることとなった。こうした精神的土壌の中でベルリン大学は誕生した。フンボルトが中心となり，当時の一流の学者が招聘された。彼は，中世以来の旧態依然とした，権威を掲げた学問ではない，自由な学風にドイツの新たな未来を託そうとした。大学で使用する言語もこれまでの▶ラテン語ではなく，原則としてドイツ語が用いられるようになった。

［教師と学生の共同体としての大学］
フンボルトが構想した大学改革は，教師だけでなく学生にも研究させることにあった。彼は知識がすでに定まった不動のものであるという考え方を否定し，知識は教師と学生の対話のなかで絶えず新たに生成されていくものであると強調した。したがって大学が伝えるべきは，いかにして新たな知識を発見し，それを進歩させるか，そのための技法（Kunst）でなければならないとした。教師が一方的に既知のことを教えるのではなく，教師と学生が一体となって新たな知を創造する場が大学である。それは「内容」としての知から「方法」としての知へという発想の転換でもあった。

［研究と教育の統一］
「普通の学校はすでに解決し決着した知識しか扱わない。これに反して高等学問施設（大学）の特質は，学問をつねに，なお全く解決されていない問題として取り扱う」（フンボルト「ベルリン高等学問施設の内的ならびに外的組織の理念」）。それは教授と学生との双方によって作り出されなければならない。「学ぶことは，教えることと同様にひとつの活動的な，創造的なできごとである」。こうしたフンボルトの考え方から「研究と教育の統一」「研究を通じての教育」という概念が生まれる。フンボルトによれば「大学教師はもはや従来の意味での教師ではなく，学生もまたもはや単なる受動的な学習者ではない。学生はみずから研究を行う存在である」（「ケーニヒスベルク学校計画」）。それゆえ教授の「教える自由」と学生の「学習する自由」が保障されなければならないというのである。

［自由な個人の全面的な展開］
フンボルトの考え方は，当時の新人文主義の思想を色濃く反映したものでもあった。その根底には，人間としての自己の尊厳性を自覚し，自己の可能性をできる限り展開させようと志す「人間の教育」があった。重要なことは，役に立つ農民，有能な

職人，忠誠で勇敢な兵士の育成を目指すより先に，何よりも一人の人間としての完成をはかること，個人としての自己を完成させようとする意識を各人の内から引き出すことである。ルネサンス以来の人間尊重のヒューマニズムの伝統に立って，普遍的な「教養」を追求し，「自由な個人の全面的な展開」をはかることがまず何よりも求められた。

[学問の統一と「孤独と自由」]

フンボルトによれば，大学は単なる職業的な技術を身に付ける専門学校ではない。大学は「学問の統一を把握し，それを創出すべき立場に置かれている」。学問の統一とは，学問がひとつの「有機体」であることを意味する。学問も人間の身体と同様に，あらゆる領域が有機的に関連してひとつの全体像を形成している。大学は「各々の専門がすべての学問との関連において認識される場所」である。彼はそうした学問の中核を担うものは哲学であるとした。なぜなら哲学は「理性の立法」にのみしたがう「自由な学問」にほかならないからである。

　さらにフンボルトは「大学の本来の使命は，人間が自己の力で，自己自身のうちにのみ発見することのできる純粋な学問を理解させることであり，このような自己活動には，自由が必要で，孤独が役立つ」として，「孤独と自由」が大学における支配的な原理であるといっている。したがって国家は，大学が行うような活動をみずから生ぜしめる力をもたない。国家は大学への干渉を慎み，大学における学問が十分に行われるような諸条件を調達することにその使命を見出すべきであるとしている（以上，フンボルト「ベルリン高等学問施設の内的ならびに外的組織の理念」，シェルスキー『大学の孤独と自由』）。

[フンボルト的理念の終焉]

大学教育の大衆化が急速に進展し「知と学問の体制」が大きく変容した今日において，フンボルトの唱えた「大学モデル」はもはやむなしい響きしかもたないようにみえる。大学は市場経済のなかのエンタープライズとなり，「孤独と自由」にかわって，大学は社会に対して説明責任を問われる。研究と教育は分離し，大学教育の目標は真理の探究から有用な知識の生産へとシフトしている。こうした世界的に見られる傾向は，ドイツ大学においても中心的な潮流となりつつある。しかしそうした風潮の中で，学問それ自体が価値を有するのであり，国家はこれを自己のためにではなく，学問そのもののために促進しなければならないとするフンボルト的理念が，いまなおドイツ大学の底流として存続している様子も見て取れないわけではない。

木戸　裕

→ ドイツの大学（テーマ編），ドイツの大学改革

◎W.フンボルト著，梅根悟訳『大学の理念と構想』世界教育学選集53，明治図書出版，1970.
◎ヘルムート・シェルスキー著，田中昭徳，阿部謹也，中川勇治訳『大学の孤独と自由―ドイツの大学ならびにその改革の理念と形態』未来社，1970.
◎天野正治『現代ドイツの教育』学事出版，1978.
◎潮木守一『フンボルト理念の終焉？―現代大学の新次元』東信堂，2008.

ドイツの大学 →テーマ編 p.126

ドイツの大学改革｜ドイツのだいがくかいかく

[ドイツの大学と日本の大学の違い]

日本とドイツの大学を比較すると，従来次のような違いが指摘されてきた。まずドイツでは▶アビトゥーア試験といわれる大学入学資格試験に合格すれば，どの大学，どの学部，学科にも登録するだけで入学できる（ただし一部の学部，学科，具体的には医学部などでは「入学制限」が行われている）。日本では，高等学校を卒業しても基本的には，大学ごとに実施される入学試験に合格しないと入学できない。

　次にドイツの大学の卒業は，最終的に何らかの試験（医師，教職，法学などの国家試験，ディプローム試験，マギスター試験など）に合格したかどうかによって定まる。換言すれば，国家が行う試験に合格し，大学を退学することが卒業である。日本は，所定の単位を取得して▶学士となることが卒業を意味する。

　第3にドイツで大学教授になるためには，博士号を取得したあと，さらに博士論文以上の論文を執筆し，▶大学教授資格（ハビリタツィオン）を取得しなければならない。日本では，教授の任用は大学ごとの裁量により行われる。教授資格試験などというものはない。

　第4にドイツの大学は，その大多数が国立（ただしほとんどが連邦立ではなく州立）であり，大学では授業料を基本的には徴収しないという原則が貫かれてきた。日本では▶私立大学の比重が大きい。また▶授業料の面でも，私立大学だけでなく▶国立大学法人でも，授業料負担はたいへん大きい。

　第5に，ドイツでは基本的に大学間の格差はないとされている。日本では，大学に格差があることを誰もが当然のことと認識している。

[ドイツの大学の変貌]

以上のような特色をもったドイツの大学も，近年アメリカ合衆国や日本にみられるような▶単位制度を導入するなど，以下のように大きな変貌を遂げている。

　これまでドイツの大学では，標準的な学習期間（標準的な在学学期数）は定められていても，何単位とったから卒業といった概念は存在しなかった。学生は自らの学習計画にしたがって履修した。こうした特色をもったドイツの大学も，▶ボローニャ・プロセスの展開の中で，▶学士課程（バチェラー），▶修士課程（マスター），▶博士課程（ドクター）というように3

段階のステップを踏んだ大学教育が行われることになった。これとあわせて，ヨーロッパ共通の▶単位互換制度（ECTS）が取り入れられることになり，所定の単位を取得することにより，学士（BA），修士（MA）などの学位が付与されるシステムに変わりつつある。

またドイツの大学では，授業料が基本的に徴収されてこなかったことと，国家試験などの受験回数が原則として2回までと定められており，学生は合格の見込みがつくまでなかなか受験しない，などの理由から在学期間が長かった。しかし財政状況等からも，こうした制度は見直しを迫られ，1990年代後半から長期在学者を中心に授業料が徴収されるようになった。ただし，授業料の徴収の仕方，額などは州によって異なり，無償の州もある（その後，再び全州とも無償となっている。2017年現在）。

大学の設置形態で見ると，上述のようにドイツでは州立大学が主体となっている。連邦立の大学は，国防軍の兵士を養成する▶連邦軍大学などごく一部に過ぎない。私立大学もその多くは，教会が設立・運営している聖職者の養成を主眼とする小規模な大学である。こうした州立大学中心のドイツの大学制度の中で，近年アメリカ型の私立のロースクールや，経営学，経済学，会計学のビジネススクールが設置されるようになった。これら私立大学では高額の授業料が徴収されるが，英語で授業が行われるとか，従来のドイツの大学にない特色をもっており，入学する学生が増加する傾向にある。

あわせて大学間に格差は存在しないという建前が貫かれてきたドイツでも，こうした原則は崩れつつある。2005年に，連邦と州は「ドイツの大学における学術および研究の促進に関する連邦と州のエクセレンス・イニシアティブ協定」を締結した。この協定にもとづき，2006年に「高等教育に関する▶エクセレンス・イニシアティブ」と，それにもとづく「先端大学」が発表された。これに選ばれた大学は，マス・メディア等で「エリート大学」と呼ばれている。そうしたなかで，大学のランキング表もいろいろ出回るようになった。

大学教授任用システムについても，▶大学教授資格が必ずしも必要ではなくなった。また若手研究者のためのジュニア・プロフェッサー（▶準教授）の制度が設けられることになった。業績とリンクした給与制度も導入されている。

［大学の変貌の要因］

こうしたドイツの大学の変貌をもたらした要因として次の点が挙げられよう。まず，グローバル化である。経済のグローバル化により，世界的な競争，自由な市場経済のなかに大学も組み込まれるようになった。次に「制度の共通化」である。OECD，ユネスコなどの国際機関によるさまざまな協定が採択，批准され，国境を超えた制度の共通化が見ら

れる。こうした大きな流れは，現実的には「アメリカ化」と言えるかもしれない。グローバル化とあいまって，アメリカ的な法制度が世界に波及している。そのなかで「評価」と「競争」を基調とするアメリカ型の大学へと徐々に移行しつつある様子がうかがえる。同時にヨーロッパにおいては「統合されたヨーロッパ」を念頭に，ヨーロッパ全体の知識基盤のレベルアップを視野に置いた一連の高等教育改革が進行している。ドイツの大学改革もそうした流れのなかに位置づけることができるであろう。　　　　木戸 裕

➡ドイツの大学（テーマ編），ドイツ大学モデル，ディプロマ

◎木戸裕『ドイツ統一・EU統合とグローバリズム―教育の視点からみたその軌跡と課題』東信堂，2012.

ドイツの大学法制 |ドイツのだいがくほうせい

ドイツの大学は，州立大学を中心とする制度となっている。連邦憲法である基本法（ドイツ連邦共和国基本法）が，学問の自由や研究・教授の自由について規定している（5条3項）。大学に関する立法権は基本的に州にあり，各州が大学法（名称は州により異なる）など，大学に関連する法令を制定している。連邦と州の立法権の範囲については何回か改正が行われてきており，複雑な面がある。▶大学大綱法（1976年施行）は失効状態にあり，大学等の新設・拡充に際して連邦が経費の半分を負担することを定めた大学建設促進法（1970年施行）は廃止されている。▶奨学金に関する法律として，連邦教育助成法（1971年施行）がある。

［連邦と州の立法権］

連邦制国家であるドイツでは，連邦憲法である基本法で立法権は基本的に州にあり，連邦が立法権を有するのは基本法に規定する事項であることを規定している（「国家の権能の行使および国家の任務の遂行は，この基本法が別段の定めをなさず，または許さない限り，州の仕事である」，30条）。従来，基本法は立法権に関して，①連邦のみが立法権を有する「連邦の専属的立法」，②連邦が立法した事項について州は独自の立法ができず，州が立法した事項と同じ事項について連邦が立法すると，州法は効力を失う連邦と州の「競合的立法」，③連邦が大綱的な枠組みについて立法し，詳細は州の立法に委ねる「大綱的立法」の三つを規定していた。これ以外のものが，州の専属的立法となる。また連邦と州の「共同任務」も規定されている。このような立法枠組みにおいて，1960年代以降，連邦の立法の対象事項が拡大されてきた一方で，立法に関する連邦と州の関係が複雑になり，社会の変化や国際化の進展に迅速に対応できないという問題も生じてきた。

［基本法改正，連邦制改革］

1969年の基本法改正により，連邦に「大学制度の

一般的原則」に関する大綱的立法権が与えられた（75条1a号）。これにより1975年12月に大学大綱法が制定され，1976年1月に施行された。また，この改正により大学付属病院を含む高等教育機関の拡張および新設が「共同任務」に加えられた（91a条1項1号）。その背景には，地域バランスも考慮して高等教育機関の新設・拡充を行う必要があるが，州が単独でその経費を負担することはむずかしいということがあった。これにより大学建設促進法が制定され，大学等の新設・拡充の経費は連邦と州が半分ずつ負担することとされた。さらに教育計画の策定，地域を超える意義を有する科学的研究の設備および計画の促進に関して，連邦と州が協力することが規定され（91b条），連邦と各州の行政協定により1970年に連邦・各州教育計画委員会が設置された。1975年に共同の研究助成の実施という任務が加わり，名称が連邦・各州教育計画・研究助成委員会となった。

2000年代に入り，連邦と州の立法権限等に関して見直す動きが活発になった。2006年に基本法が改正され，立法権に関しては「大綱的立法」が廃止されるとともに，「専属的立法」が拡大され，「競合的立法」はいくつかに類型化された。「大綱的立法」の廃止により，これまで規定されていたものは「競合的立法」の範囲に移された。大学大綱法は失効することとなり（執行手続きは2015年末現在終了していない），同法が規定していた大学入学許可と大学修了証については「競合的立法」の範囲となり，競合的立法の新たな類型である，連邦が立法しても州が独自に立法できる事項の一つとなった（72条3項6号）。また連邦と州の「共同任務」も見直され，大学等の新設・拡充という事項は廃止され，①大学外の学術研究の施設と計画，②大学における学術と研究の計画，③大型施設を含む大学の研究建造物について，連邦は各州に財政支援というかたちで協力することができるようになった（91b条1項）。これにより，大学建設促進法は廃止された。

[州の大学法]

16の州それぞれが，州大学法を制定している。州大学法は大学の使命，大学の法的地位，大学の組織・機関，学修，教育，試験，研究，大学の構成員などについて，規定している。たとえばノルトライン・ヴェストファーレン州の大学法（2014年9月）は，全10部，84条からなり，次のような構成となっている。大学の法的地位・使命・財政措置・統制（第1部），構成員・参加（第2部），大学の構成・組織（第3部），大学の教職員（第4部），学生・学生団（第5部），教育・学修・試験（第6部），学位・成績証明（第7部），研究（第8部），大学としての認可・州立ではない大学の運営（第9部），補則（第10部）。

長島 啓記

→ドイツの大学（テーマ編），ドイツ大学モデル，ドイツの大学改革

◎Flämig, Chr., Kimminich, O., Krüger, H., Meusel, E.-J., Rupp, H.H., Scheven, D., Schuster, H.J., Graf Stenbock-Fermor, F. (Hrsg.), *Handbuch des Wissenschafts*, Band 1 und 2, Springer, 1996.
◎Hartmer, M., Detmer, H.(Hrsg.), *Hochschulrecht, Ein Handbuch für die Praxis*, 2. Auflage, C.F. Müller, 2011.

トインビー・ホール
Toynbee Hall

イングランド国教会の牧師サミュエル・バーネットとその妻ヘンリエッタにより，1884年，ロンドンの貧民地区イースト・エンドに設立された，ボランティアによる教育・福祉活動の拠点。前年の1883年に死去した友人であり同志であった，▶オックスフォード大学の歴史家で社会改革者アーノルド・トインビー（Arnold Toynbee, 1852-83）を記念して開設された。オックスフォードや▶ケンブリッジの学生が当該地域に住み込んで社会福祉活動を行い，そのことを通じて貧民の生活実態や現実の社会問題に向き合い，その解決方策を考える場となるようにとの期待を込めてのことであった。歴代の在住者の中にはR.H. トーニー，A.D. リンゼイ，クレマン・アトリー，ウィリアム・ベヴァリッジなどがいる。また，のちにノーベル平和賞を受賞したジェーン・アダムズは，トインビー・ホールを訪れた際の体験を基にシカゴのハル・ハウスを創設した。日本最初のセツルメント「キングスレー館」を創設（1897年）した片山潜も1894年に訪ねている。当ホールは，その後世界各地に広がった大学セツルメントのパイオニアであり，その活動は今日までずっと受け継がれている。

安原 義仁

→セツルメント運動

ドヴァケ法｜ドヴァケほう
le projet de loi Devaquet[仏]

1986年3月の下院選挙での右派の勝利を受けたフランス初の保革共存内閣のもと，同年に提出された大学改革法案。右派として5年ぶりに内閣の座を奪い返したシラク首相は，社会党政権下で進められてきた政策の転換に取り組もうとし，大学に関してこの任を担ったのが国民教育大臣付研究・高等教育担当大臣アラン・ドヴァケであった。自由化，自律化の旗印の下，大学入学時の選抜や，国家学位の規制の緩和による各大学独自の学位授与制度の導入（教育面での自律化），各大学による一定の枠内での▶授業料の設定（財政面での自律化）等を法案として掲げたが，これらは万人が高等教育を受ける権利を妨げ，大学間の格差化を招き，授業料を上昇させるものであるとして，高校生・大学生による大規模なデモを引き起こした。とくに学生マリク・ウースキンがデモ後の警察の追跡・殴打に

よって死亡した2日後(12月8日)にドヴァケは辞任に追い込まれ，法案は撤回された。 白鳥 義彦

東亜大学 [私立] | とうあだいがく
University of East Asia

1974年(昭和49)経営学部経営学科を置いて開学。1992年(平成4)大学院開設。2017年現在，山口県下関市のキャンパスに芸術学部・医療学部・人間科学部の3学部と，総合学術研究科の1研究科を置き，学部生794人，大学院生184人，教員84人を擁する。「国際的な場で学術的な研究・教育を実施し，他人のために汗を流し，一つの技術を身につけた人材の養成を目的とする総合大学を目指す」ことを建学の精神に掲げ，「地域に生き，グローバルに考える」「他人のために汗を流し，一つの技術を身につける」をスローガンとする。「アジアへの玄関口」である下関の立地を活かした国際交流事業に注力しており，海外校との提携による▶交換留学や，大学院および「東亜大学東アジア文化研究所」を拠点とする海外研究者の受入れ，国際的な研究会の開催などを推進している。 小濱 歩

東亜同文書院大学 | とうあどうぶんしょいんだいがく
Toa Dobunshoin University

1939年(昭和14)に現在の中国上海市に開学。東亜同文会(初代会長は近衛篤麿)は，大陸で活躍する人材養成を目的に1900年(明治33)に南京同文書院を開設したが，義和団事件の余波を受け上海に移転，新たに設立された東亜同文書院と合併した。この1901年に設立された東亜同文書院が東亜同文書院大学の直接の前身であり，私立専門学校として初代院長に根津一を迎え，修業年限を3年とする政治・商務の2科を置いた。1937年頃より大学昇格への熱意が高まり，39年東亜同文書院は東亜同文書院大学に昇格。初代学長に大内暢三を迎え，同年に大学予科，41年に学部を開設した。第2次世界大戦後，中国による大学の接収が行われ1945年に閉学となるが，大学昇格から閉学までの7年間に国際都市上海で中国およびアジアを重視した国際人の養成に努め，433名の卒業生を輩出した。なお閉学するも1946年に，最後の学長を務めた本間喜一の先導のもと，卒業生や教職員の努力により愛知大学が誕生した。 戸村 理

桐蔭横浜大学 [私立] | とういんよこはまだいがく
Toin University of Yokohama

1988年(昭和63)に開学。1964年設立の学校法人桐蔭学園を母体とする。建学の精神は，「社会連帯を基調とした，義務を実行する自由人たれ」「学問に徹し，求学の精神の持ち主たれ」「道義の精神

を高揚し，誇り高き人格者たれ」「国を愛し，民族を愛する国民たれ」「自然を愛し，平和を愛する国際人たれ」である。2017年(平成29)現在，神奈川県横浜市にキャンパスを構え，3学部6学科に2020人の学士課程学生が在籍。世界へと視野を広げるために学生の英語力強化にも努めており，協定に基づく米中韓豪の大学との▶交換留学制度の充実に加え，2014年には「桐蔭英語村」を開設して，ネイティブスピーカーとの交流を通した英語力強化の取組みも行われている。 戸村 理

東欧の大学 →中・東欧の大学 (テーマ編 p.139)

東海学院大学 [私立] | とうかいがくいんだいがく
Tokai Gakuin University

1961年(昭和36)設置の学校法人神谷学園により81年に開学。前身は神谷みる子・一三夫妻が「女性の経済的自立と国際感覚の涵養」をめざして1963年に創設した東海女子短期大学である。1981年に東海女子大学に改称し，2007年(平成19)共学化にともなって名称を現行名に変更した。建学の精神は「国際的視野を備えた創造性と行動力豊かな教養人の育成」である。岐阜県各務原市那加桐野町にキャンパスを構え，2016年5月現在，2学部1研究科に784人の学生を収容。地域・社会連携活動に力を入れており，地域の乳幼児に絵本の読み聞かせを行う「東海絵本の森」や，東海地区の高校生による理科研究発表会なども企画している。 平野 亮

東海学園大学 [私立] | とうかいがくえんだいがく
Tokaigakuen University

1889年(明治22)創立の浄土宗学愛知支校をルーツとして，1995年(平成7)経営学部の単科大学として開学。2000年に人文学部を開設，大学院経営学研究科の修士課程を開設。さらに2004年に人間健康学部，11年に健康栄養学部，12年に教育学部を開設，同年に人間健康学部をスポーツ健康科学部に改組。開学して20年も経ていないにもかかわらず，5学部1研究科を持つ総合大学となり，2016年現在4219人の学生が在籍している。愛知県みよし市に本部とキャンパスを置き，名古屋市内にサテライトキャンパスを置く。建学の精神は「勤倹誠実」，教育理念は「共生(ともいき)」。全学部に共通する教育方針として「総合的教養教育」を掲げており，幅広い教養を持つ社会人・職業人の育成をめざしている。 和崎 光太郎

東海大学 [私立] ｜とうかいだいがく
Tokai University

1943年(昭和18)静岡県に設立された航空科学専門学校を前身とする。1946年に大学令による旧制東海大学として認可され，理工学部・経文学部・予科を置き，1950年には新制大学となって工・文両学部を設置(55年に工学部，58年に文学部を東京都渋谷区に移転)。2016年(平成28)5月現在，8キャンパスを有し，多数の短期大学・付属高等学校および中等部・小学校・幼稚園を抱え，四つの付属病院のほか，各研究所・センター・博物館・海洋調査研修船などを擁する広域型総合教育研究機関へ発展を遂げ，2万9845人の学生を収容する。39ヵ国・地域，123大学・機関と学術交流協定を締結し，学生・研究者の交流・共同研究をさまざまな分野にわたり推進。市民講座やセミナーなど生涯学習の場を提供する社会貢献活動や，産学連携にも積極的である。教育理念の原点を，創立者松前重義が1936年に設立した望星学塾の精神に求め，文系・理系を問わない総合的な教育をめざす。

小濱 歩

東海大学医療技術短期大学 [私立]
とうかいだいがくいりょうぎじゅつたんきだいがく
Tokai University Junior College of Nursing and Medical Technology

創立者松前重義(1901-91)がデンマークの教育による国づくりをモデルとして設立した「望星学塾」を起源とし，東海大学医学部の設置および付属病院を開設した1974年(昭和49)4月に設置，看護学を大学教育の中核に位置づける，看護学科1科3年制の私立短期大学。温かい看護のできる人間性豊かな看護師を育てる教育方針のもと，調和のとれた文明社会を建設するという理想を掲げ，愛情に満ち，人道的で看護に使命感を持つ看護師育成が目標。建学精神や学園創立の由来について「現代文明論」を必須科目に設定，専門教育を生かす基盤としている。高度な医療と福祉を誇る北欧デンマークの看護を学ぶため，開学以来デンマーク看護研修を毎年実施。2016年(平成28)5月現在の学生数265人。設置の学校法人は学校法人東海大学。同法人内に東海大学，東海大学短期大学部・東海大学福岡短期大学がある。併設校に高校14校，中等部7校，小学校1校，幼稚園4園がある。東海大学の健康科学部に看護学科があり，看護系短大の多くが4年制大学に転換する中で，短大としての特色を生かしての教育が展開されている。

坪根 輝彦

東京有明医療大学 [私立]
とうきょうありあけいりょうだいがく
Tokyo Ariake University of Medical and Health Sciences

1963年(昭和38)設置の学校法人花田学園により2009年(平成21)東京有明医療大学として開学。開学以前より日本鍼灸理療専門学校および日本柔道整復専門学校を有しており，従来まで行ってきた東洋医学に従事する人材の育成に基づき，「東洋医学のホリスティックな思想とナイチンゲールの看護思想を融合させることで，きたる統合医療の時代を支える優秀な人材の育成」を目的として大学を設置した。そのため学科構成も鍼灸学科，柔道整復学科，看護学科の3学科体制であり，現代医学と伝統的な東洋医学の学問体系を総合的に学べる教育課程を特徴としている。東京都江東区にキャンパスを有しており，2016年現在555人の学生が在籍。

山崎 慎一

東京医科歯科大学 [国立] ｜とうきょういかしかだいがく
Tokyo Medical and Dental University

1899年(明治32)に医術開業試験場に附設された東京医術開業試験附属病院に端を発す。1928年(昭和3)に東京高等歯科医学校が創設され，44年に医学科を設置して東京医学歯学専門学校となり，51年に東京医科歯科大学となった。2001年(平成13)には東京外国語大学・東京工業大学・一橋大学とともに「四大学連合憲章」を締結。2016年現在，東京都文京区湯島に加えて駿河台・国府台の3キャンパスに2学部2研究科，二つの附属病院を有し，日本唯一の医療系総合大学院大学として2999人の学生を収容する。ミッションに「知と癒しの匠を創造する」を掲げ，教育理念である「幅広い教養と豊かな感性を備えた人間性の涵養」「自己問題提起・自己問題解決型の創造的人間の養成」「国際性豊かな医療人の養成」をめざす。数多くの教育研究プログラムを実施し，とくに2002年度からは▶ハーヴァード大学と世界トップレベルの医療専門職業人および医学・歯学研究者を育成する提携を結び，国際水準の臨床医養成に努めている。

戸村 理

東京医科大学 [私立] ｜とうきょういかだいがく
Tokyo Medical University

1946年(昭和21)開学。その始まりは，1916年(大正5)日本医学専門学校(現，日本医科大学)に在籍する学生が学校側と対立して総退学し，東京物理学校(現，東京理科大学)の校舎を借用して東京医学講習所を開設したことにさかのぼる。その後，高橋琢也(学祖)らの支援を受けて1918年に開設された東京医学専門学校が本学の始まりである。そのような経緯から，大学の理念は「自主自学」であり，

校是の「正義・友愛・奉仕」とともに大学の姿勢を端的に示すものである。ミッションとして「患者とともに歩む医療人を育てる」を掲げて教育活動を行っている。東京都新宿区や茨城県阿見町（医療センター）などにキャンパスを有し，2016年（平成28）現在1327人の学生が在籍。

山崎 慎一

東京医療学院大学[私立]
とうきょういりょうがくいんだいがく
University of Tokyo Health Sciences

1992年（平成4）設置の学校法人常陽学園により2012年に開設。その前身は1950年（昭和25）に平川荘作が開設した東京マッサージ師養成所（1977年に専修学校に改組）であり，東洋医学に係る人材を育成してきた。建学の精神は「人に優しく，社会に貢献できる人材の育成」であり，看護師・理学療法士・作業療法士の養成を行っている。また，学生に対し医療に関わる楽しさ，仕事のやりがいを伝えること，およびコミュニケーション力の養成に重点を置いたカリキュラムが組まれており，入学後早い段階から建学の精神に基づいた教育が行われている。東京都多摩市にキャンパスを有しており，2017年現在1学部2学科に623人の学生が在籍。

山崎 慎一

東京医療保健大学[私立]
とうきょういりょうほけんだいがく
Tokyo Health Care University

2005年（平成17）学校法人青葉学園によって開学。建学の精神は「科学技術に基づく正確な医療保健の学問的教育・研究及び臨床活動」「寛容と温かみのある人間性と生命に対する畏敬の念を尊重する精神」を掲げている。とくに看護学科は医療保健学部および東が丘・立川看護学部の双方に設置されており，大学内に二つの看護師養成を目的とした学科が設置されている。東が丘・立川看護学部の看護学科には国立病院機構と連携した災害看護学コースが設けられており，災害時にコーディネーターとして活躍できる人材の養成にも力を入れている。東京都品川区・世田谷区など四つのキャンパスを有しており，2016年現在2学部2研究科に2041人の学生が在籍。

山崎 慎一

東京音楽大学[私立]｜とうきょうおんがくだいがく
Tokyo College of Music

1907年（明治40）鈴木米次郎によって設置された東洋音楽学校を前身とし，私立の音楽大学としては最も古い歴史をもつ。1954年（昭和29）に東洋音楽短期大学，63年に東洋音楽大学が開設され，69年に東京音楽大学に改称。1910年管弦学部を基

に東京フィルハーモニー会を設立し，現在のNHK交響楽団に発展するなど，クラシック音楽の普及に大きく貢献したことでも知られている。建学の理念として「アカデミズムと実学の両立，音楽による社会貢献，国際性」を掲げており，現在も広く社会に貢献できる人材を養成することを目的としている。東京都豊島区にキャンパスを有し，2017年（平成29）現在1330人の学生が在籍。

山崎 慎一

東京外国語大学[国立]｜とうきょうがいこくごだいがく
Tokyo University of Foreign Studies

1857年（安政4）開校の▶蕃書調所，73年（明治6）開設の東京外国語学校にルーツを見いだせるが，97年に高等商業学校内に付設された外国語学校を直接的な起源とする。以後，改称を重ねながら1949年（昭和24）に東京外国語大学として発足。2012年（平成24）に既存の外国語学部を言語文化学部と国際社会学部に改編，2016年5月現在，2学部2研究科に4387人の学生と1386人の留学生を収容する。キャンパスは東京都府中市。世界有数の一大言語教育研究センターとして，世界のほぼすべての地域の文化・歴史・社会を対象に学際的，分野横断的な教育研究活動を実施。世界63ヵ国1地域167機関3コンソーシアムと国際交流協定を締結。一方，四大学連合，多摩地区5大学▶単位互換制度，EUIJ（EU Institute in Japan）コンソーシアムなど，国内の▶大学間連携にも積極的に取り組む。アジア・アフリカ言語文化研究所，留学生日本語教育センターも擁し，俯瞰的視野をもつグローバル人材の育成に努めている。

戸村 理

東京海洋大学[国立]｜とうきょうかいようだいがく
Tokyo University of Marine Science and Technology

2003年（平成15）に東京商船大学と東京水産大学を統合して設立。2004年に国立大学法人東京海洋大学となる。日本唯一の海洋系総合大学として，海洋・海事・水産分野の教育研究を担う。2017年の時点で海洋科学部（海洋環境，海洋生物資源，食品生産科，海洋政策文化各学科），海洋工学部（海事システム工，海洋電子機械工，流通情報工各学科）の2学部1研究科および水産専攻科，乗船実習科を擁する。「人類社会の持続的発展に資するため，海洋を巡る学問及び科学技術に係わる基礎的・応用的教育研究を行う」ことを理念とし，「国際的に活躍する産官学のリーダーを輩出する世界最高水準の卓越した大学」をめざす。海鷹丸をはじめとする大型練習船4隻の保有や水圏科学フィールド教育研究センターなどを付設し，現場・現物重視の教育研究を行う。2016年5月現在，東京都港区の品川キャンパス（海洋科学部），東京都江東区の越中島キャンパス（海洋工学部）の二つを有し，

学生2816人(研究生などを含む)が在籍。2017年海洋科学部を改組して海洋生命科学部とし，また新たに海洋資源環境学部(海洋環境科，海洋資源エネルギー各学科)を設置。 　　　　　山本 剛

東京学芸大学 [国立]｜とうきょうがくげいだいがく
Tokyo Gakugei University

1873年(明治6)に設立された東京府小学教則講習所を起源とする。同講習所は変遷を重ね，1943年(昭和18)には東京第一師範学校となり，同女子部のほか，東京第二師範学校と同女子部，東京第三師範学校と東京青年師範学校が戦後に統合され，現在の東京学芸大学の基礎が確立した。2016年(平成28)5月現在，東京都小金井市に1学部2研究科(連合学校教育学研究科を含む)1専攻科を置き，4771人の学生を収容。なお連合学校教育学研究科は，東京学芸大学のほか，埼玉大学，千葉大学，横浜国立大学で構成される。開学以来，高い知識と教養を備えた，創造力・実践力に富む有為の教育者を養成することを目的とし，初等中等教育を担う教員を数多く輩出してきた。「ミッションの再定義」によれば，学士課程教育ではこれまでの特徴を継承しつつ，環境などの今日的教育課題に対応した教育組織に再編するとともに，附属学校や公立の連携協力校などを活用した教育プログラムを展開することで，実践的能力に富む教員を育成するとされている。 　　　　　戸村 理

東京家政学院大学 [私立]｜とうきょうかせいがくいんだいがく
Tokyo Kasei Gakuin University

1923年(大正12)設立の家政研究所を起源とし，25年に東京家政学院を開学，50年(昭和25)に東京家政学院短期大学を設置，63年に現在の東京家政学院大学を開設した。家政研究所の創設者は，家政学研究のために文部省(当時)の留学生としてイギリス留学をし，日本の家政学と女子教育の礎となった大江スミである。建学の精神は「知識(Knowledge)の啓発」「徳性(Virtue)の涵養」「技術(Art)の錬磨」であり，それぞれの頭文字をとってKVA精神と称し，良き社会人・家庭人の育成を行っている。2011年(平成23)からは東京の千代田三番町キャンパスと町田キャンパスの2キャンパス制が始まり，2017年現在現代生活学部と人間栄養学部の2学部と1研究科に1761人の学生が在籍。 　　　　　山崎 慎一

東京家政大学 [私立]｜とうきょうかせいだいがく
Tokyo Kasei University

私立の女子大学。設置者は学校法人渡辺学園。東京都板橋区加賀に本部がある。1881年(明治

14)に，裁縫教育に生涯をささげた渡邉辰五郎(1844-1907)が東京の湯島に設立した私塾和洋裁縫伝習所が前身。「女性の自主自律」を建学の精神とする。1892年に東京裁縫女学校と改称。1922年(大正11)に専門学校令にもとづき裁縫を高等な学術技芸として教授する東京女子専門学校となる。1946年(昭和21)に現在地に移る。戦後の学制改革により，1949年に新制大学に昇格する。板橋のほか狭山にキャンパスがある。1大学院(人間生活学総合研究科)，4学部(家政学部，人文学部，看護学部，子ども学部)のほか，2研究所(生活科学研究所，女性未来研究所)と地域への大学開放を行っている生涯学習センターなどが付設されている。大学・大学院のほか，短期大学，高等学校，中学校，幼稚園を併設している。学生数は6211人，専任教員数は174人(2016年5月現在)。 　　　　　木戸 裕

東京家政大学短期大学部 [私立]
とうきょうかせいだいがくたんきだいがくぶ
Tokyo Kasei University Junior College

学校法人渡辺学園の前身，財団法人渡辺学園が1950年(昭和25)に設置した女子の私立短期大学。裁縫の教育者渡邉辰五郎が1881年(明治14)私塾和洋裁縫伝習所を本郷湯島に設立したことに始まる。女性が技術を身につけ，その技術で社会的自立を図り，時代を見通す創造性に富む女性の育成を目的とした。1892年東京裁縫女学校に改称。全国から教員養成への志願者が急増し，師範科開設，高等師範科を経て，1922年(大正11)東京裁縫女学校専門部を新設，東京女子専門学校と改称した。専門学校令による最初の，裁縫を高等の学術技芸として教授する学校となる。学制改革によって1949年(昭和24)東京女子専門学校は大学(東京家政大学)に昇格，その翌年東京家政大学短期大学部が設置された。初代学長は発達心理学者青木誠四郎。青木の生活信条「愛情・勤勉・聡明」は渡邉辰五郎の「女性の自主自律」とともに女性の専門性を高める学園の教育の指針となる。短期大学部は，2016年(平成28)現在，保育科・栄養科がおかれ，保育士・幼稚園教諭二種，栄養士などの資格取得に高い実績がある。同年5月現在の学生数424人。大学は4学部11学科で，ほかに附属幼稚園，中学校，高等学校を併設する。 　　　　　齋藤 麻美世

東京基督教大学 [私立]｜とうきょうきりすときょうだいがく
Tokyo Christian University

1881年(明治14)神奈川県横浜市に創立された偕成伝道女学校を起源とする。1950年(昭和25)同盟聖書学院開校，55年同盟聖書学院が日本クリスチャン・カレッヂとして開校，66年に東京キリスト短期大学開学，80年に学校法人東京キリスト教学

676　｜とうきょう

園のもと東京キリスト短期大学・日本基督神学校，共立女子聖書学院が合同し，1990年（平成2）に東京基督教大学が開学した。大きな特徴としては，受験資格に「洗礼を受け，キリストへの献身を明確にしたキリスト教信者」であることをうたっており，学生すべてがキリスト教徒であること，全寮制を敷いていることである。また，教職員もキリスト教徒である。神学部のみの単科大学であり，建学の精神である「プロテスタント福音主義信仰に立ち，教派を超えて21世紀の教会と社会に奉仕する世界宣教の働き人を育成するために，実践的な神学教育を施す」ことをめざしている。千葉県印西市にキャンパスを構え，2016年現在の収容人数189人。

鈴木 崇義

→キリスト教系大学

東京経済大学 [私立] とうきょうけいざいだいがく
Tokyo Keizai University

1900年（明治33）明治大正の実業家で大倉財閥創業者の大倉喜八郎によって創立された大倉商業高校を前身とし，49年（昭和24）東京経済大学として開学した。建学の理念である「進一層」の気概をもち，「責任と信用」を重んじ，実践知によってグローバル社会で活躍する人材を育成している。経済学部，経営学部，コミュニケーション学部，現代法学部から構成され，チャレンジ精神，面倒見の良さ，就職の強さを特色としている。教育の特徴は，少人数を基本とするゼミ教育を学びの中心に据えていることである。東京都国分寺市などにキャンパスを構え，2016年（平成28）4学部4研究科に6635人の学生が在籍。

山崎 慎一

東京藝術大学 [国立] とうきょうげいじゅつだいがく
Tokyo University of the Arts

明治期に設置された東京美術学校（現在の美術学部）および東京音楽学校（現在の音楽学部）を包括し，新たな性格をもった4年制大学として1949年（昭和24）に設置された。2016年（平成28）5月現在，東京都台東区上野のほか，千住・取手・横浜の4キャンパスに2学部4研究科を有し，3278人の学生を収容する。芸術教育研究に果たしてきた歴史的経緯を踏まえ，日本唯一の国立総合芸術大学として世界最高水準の芸術教育を行い，高い専門性と豊かな人間性を有した芸術家，芸術分野の教育者・研究者を養成することを目標とする。同時に国内外の芸術教育研究機関や他分野との交流などを行いながら，伝統文化の継承と新しい芸術表現の創造を推進することや，心豊かな活力ある社会の形成にとって芸術のもつ重要性への理解を促す活動や市民が芸術に親しむ機会の創出に努め，芸術をもって社会に貢献することも目標に掲げる。

学生の進路はバラエティに富み，国内外の広範な分野で目覚ましい活躍をみせる。

戸村 理

東京工科大学 [私立] とうきょうこうかだいがく
Tokyo University of Technology

1986年（昭和61）生活の質の向上と技術の発展に貢献する人材を育成するという基本理念のもと東京都八王子に開学。この基本理念を具体化するものとして「実社会に役立つ専門の学理と技術の教育」「先端的研究を介した教育とその研究成果の社会還元」「理想的な教育と研究を行うための理想的な環境整備」を掲げている。設置母体の片柳学園は本格的なコンピュータ教育を日本で初めて取り入れた機関であり，東京工科大学もまた日本初のメディア学部やバイオニクス学部（のち応用生物学部）などを設置した理工系総合大学である。充実した専門教育と実践型キャリア教育を中心に，国際的な教養や外国語の習得にも力を入れている。2017年（平成29）現在6学部1研究科に7894人の学生が在籍。

山崎 慎一

東京工業大学 [国立] とうきょうこうぎょうだいがく
Tokyo Institute of Technology

1881年（明治14）に設立された東京職工学校が前身。1890年に東京工業学校，1901年に東京高等工業学校と改称。1929年（昭和4）に東京工業大学となり，染料化学科，紡織学科，窯業学科，応用化学科，電気化学科，機械工学科，電気工学科，建築学科の8学科を設置。1949年に新制東京工業大学となる。2015年（平成27）5月現在，理学部，工学部，生命理工学部の3学部23学科と大学院6研究科46専攻からなり，学生数は9832人。キャンパスは大岡山（東京都目黒区），すずかけ台（神奈川県横浜市），田町（東京都港区）の三つを有する。「広く理工学分野における研究者および教育者，さらには産業界における技術者および経営者として指導的役割を果たす」「世界に通用する人材」を育成することを使命とする。「材料分野」や「エネルギー分野」など，世界トップレベルの研究分野が数多くあり，日本有数の研究施設や設備を備える。2013年度には文部科学省「研究大学強化促進事業」に採択され，研究力強化に取り組んでいる。さらに2014年度には文部科学省「スーパーグローバル大学創成支援トップ型（タイプA）」に採択された。

山本 剛

東京工芸大学 [私立] とうきょうこうげいだいがく
Tokyo Polytechnic University

1966年（昭和41）学校法人東京工芸大学により東京写真大学を開設し，77年に東京工芸大学に改

称。同法人は1923年(大正12)小西写真専門学校創立を起源とする。建学の精神は「時勢ノ必要ニ応ズベキ写真術ノ実技家及研究家ヲ養成シ併セテ一般社会ニ於ケル写真術ノ向上発達ヲ図ル」であり，工学と芸術学の知識・技術と表現を統合した実践的かつ創造的人材の育成をめざしている。工学部と芸術学部のみを有する学部構成は全国的に珍しく，最新の画像技術・コンピュータ教育やメディアアートなど工・芸融合をした科目も開設されている。キャンパスは東京都中野区と神奈川県厚木市にあり，2016年(平成28)現在4405人の学生が在籍。 山崎 慎一

東京国際大学 [私立] | とうきょうこくさいだいがく
Tokyo International University

1965年(昭和40)金子泰蔵により埼玉県川越市に創設された。当初は国際商科大学という名称だったが，1986年に現在の名称に変更。創設時は商学部のみの単科大学であったが，その後，経済学部，言語コミュニケーション学部，国際関係学部，人間社会学部が設置された。建学の精神は，公徳心を体した「真の国際人の養成」である。また，創設当初よりアメリカのウィラメット大学と姉妹校関係を締結するなど，▶留学に関してもさまざまな制度を整備している。なかでもウィラメット大学に1年間留学して語学力と国際性を養成するアメリカンスタディーズ・プログラム(ASP)は特色ある制度といえよう。2016年(平成28)現在の収容人数6413人。 鈴木 崇義

東京歯科大学 [私立] | とうきょうしかだいがく
Tokyo Dental College

1946年(昭和21)設置。学校法人東京歯科大学は1890年(明治23)高山歯科医学院創立を起源とする。建学の精神は「歯科医師たる前に人間たれ」であり，日本最古の歯科医学教育機関として知識や技術だけでなく，社会性を身につけ，人間的に優れた良識豊かな歯科医師の養成をめざしている。教育目標の実現のため，コミュニケーション教育(態度教育)の充実を図っており，ダイアゴナル・カリキュラムという短期集中型の講義・実習をはじめとして，在学中のすべての年次においてなんらかの形で段階的・継続的かつ漸増的なコミュニケーション教育を行っている。キャンパスは東京都千代田区にあり，2017年(平成29)現在861人の学生が在籍。 山崎 慎一

東京慈恵会医科大学 [私立]
とうきょうじけいかいいかだいがく
The Jikei University School of Medicine

1881年(明治14)に高木兼寛が開設した成医会講習所を起源とする。1903年に専門学校令のもとで私立東京慈恵医院医学専門学校となる。1921年(大正10)には大学令にもとづく財団法人東京慈恵会医科大学となって，私立大学としての公的認可を得た。設立者は学校法人慈恵大学で，日本における私立医科大学の雄と評される。2016年(平成28)5月現在，東京都港区の西新橋と調布市国領にキャンパスをかまえ，医学科と看護学科からなる医学部と医学研究科を設置し，1078人の学生を収容する。建学の精神は高木兼寛の遺訓「病気を診ずして病人を診よ」で，全人的な医学・医療を実践する礎をつくるべく，医学・看護学の専門知識・技術に加え，幅広い教養の習得をめざす。過去6年間(2009～14年)の医師国家試験合格率は95～98％と高く，看護師国家試験ならびに保健師国家試験合格率も100％を達成する年度が少なくない。なお2014年度医学部医学科入学試験より，東京都地域医療医師奨学金制度による東京都地域枠入学試験(募集人員は5名)を実施。 戸村 理

東京純心大学 [私立] | とうきょうじゅんしんだいがく
Tokyo Junshin University

1996年(平成8)東京純心女子短期大学を改組して東京純心女子大学が開学，2015年に東京純心大学に校名変更。学校法人東京純心女子学園は1934年(昭和9)純心聖母会創立を起源とする。建学の精神は「キリストの教えに基づいて真善美を探求するために，聖母マリアを理想とすること」であり，豊かな情操と高い知性を育み，責任ある奉仕の精神に富む女性の育成を目標としている。2017年現在，現代文化学部と看護学部の2学部を有しており，家庭的で落ち着いた雰囲気のなかで独特の「人間教育」「手作り教育」を展開している。また2015年の看護学部の設置を契機に共学化している。キャンパスは東京都八王子市にあり，2017年現在306人の学生が在籍。 山崎 慎一

東京情報大学 [私立] | とうきょうじょうほうだいがく
Tokyo University of Information Sciences

1988年(昭和63)学校法人東京農業大学によって千葉県千葉市に創立。東京農業大学の創設者榎本武揚の教育理念「実学主義」に基づき，その精神を発展的に継承し，情報を活かして新しい未来を切り拓く人材の育成をめざしている。当初は総合情報学部のみの単科大学で，2017年(平成29)学部を改組して総合情報学部と看護学部(新設)の2学部体制となった。総合情報学部は情報システム学系・数理情報学系・社会情報学系により，データサイエンスや人工知能などの研究教育を推進している。看護学部は「看護」と「情報」を融合し，少子超高齢・情報社会の未来を切り拓く看護師の育成

をめざしている。2017年現在の収容人数1889人。

鈴木 崇義

東京女学館大学 [私立] | とうきょうじょがっかんだいがく
Tokyo Jogakkan College

2002年(平成14)に開学。学校法人東京女学館は1888年(明治21)東京女学館設立を起源とする。キャンパスは東京都町田市にあり，建学の精神は「諸外国の人々と対等に交際できる国際性を備えた，知性豊かで気品ある女性の育成」である。国際的な視野とリーダーシップ能力を身につけた女性の育成をめざし，すべての授業において「10の底力」プログラムを実践し，少人数教育による討論・対話型授業を行ったり，オーダーメイドのキャリア教育を実施したりしていた。大学が開校して11年目の2012年に2013年度からの学生募集停止の発表があり，在籍する学生の卒業次第閉校する。

山崎 慎一

東京女子医科大学 [私立] | とうきょうじょしいかだいがく
Tokyo Women's Medical University

1950年(昭和25)に開設。学校法人東京女子医科大学は1900年(明治33)の東京女医学校創立を起源とする。建学の精神は，高い知識・技能と病者を癒す心を持った医師の育成を通じて，精神的・経済的に自立し社会に貢献する女性を輩出することである。教育の特色として，自ら問題を見つけ，分析し，適切な解決法を考える「テュートリアル教育」や問題解決を個人とチームで行いながら，定められた目標を達成する「チームベーストレーニング」などを取り入れ，実践的な問題解決の手法や事例を学び，その経験を踏まえて臨床・実践研修へと進んでいく。キャンパスは東京都新宿区と静岡県掛川市にあり，2017年(平成29)現在1447人の学生が在籍。

山崎 慎一

東京女子体育大学 [私立]
とうきょうじょしたいいくだいがく
Tokyo Women's College of Physical Education

1962年(昭和37)学校法人藤村学園により東京女子体育大学を創設。藤村学園は1902年(明治35)の私立東京女子体操学校設立を起源とする。建学の精神は「心身ともに健全で，質素で誠実，礼儀正しい女子体育指導者の育成」であり，「女性の感性を生かした体育の実践」を重視した教育を行っている。体育学部のみの女子単科大学であるが，体育大学ならではの充実した体育施設や測定評価装置があり，高度なスポーツ科学や健康科学に関する研究を進め，その理論に裏づけられた実践教育を広く展開している。学生の多くが中学校

や高等学校の保健体育の教員をめざしていることから，教員免許の取得や就職などきめこまかな学修支援やキャリアサポートを行っている。キャンパスは東京都国立市にあり，2016年(平成28)現在1565人の学生が在籍。

山崎 慎一

東京女子大学 [私立] | とうきょうじょしだいがく
Tokyo Woman's Christian University

1918年(大正7)に開学。初代学長は新渡戸稲造であり，学監は後に第2代学長となり女子高等教育の普及に一生を捧げた安井てつである。建学の精神として「すべて真実なこと」を標語に，犠牲と奉仕の精神(ServiceとSacrifice)の重要性を説き，キリスト教に基づく人格教育を行っている。2016年(平成28)5月現在，東京都杉並区にキャンパスを置き，1学部2研究科に4044人の学生を収容する。「知識よりも見識，学問よりも人格を尊び，人材よりは人物の養成を主」とした新渡戸や，「Liberal Collegeとして一方に偏しない広い教養をさずける学校にしたい」とした安井の精神を継承する。現代教養学部では広い識見と創造性を有し，専門性をもつ教養人を育成することを目的に，キリスト教を基盤とした▶リベラルアーツ教育が実践されている。なお大学名の「女性」は単数形で表記されている。これは「個」の尊重，翻れば学生一人ひとりを大切に育てたいという開学以来の教育方針の表れであり，それもあって少人数教育を基本としている。

戸村 理

東京神学大学 [私立] | とうきょうしんがくだいがく
Tokyo Union Theological Seminary

1949年(昭和24)設立。学校法人東京神学大学は1930年の日本神学校設立を直接の起源とする。建学の理念は，キリスト教の信仰に基づいた指導者を教育し，教会・キリスト教学校・病院・諸施設などに送り，人類的な新たな地球共同体時代の担い手を涵養育成することである。学部と大学院博士課程前期課程・後期課程を備えた日本で唯一の神学専門の単科大学であり，学部教育4年間と博士課程前期課程2年間を一貫した神学教育プログラムとして提供している。これまで大学の受験資格として，プロテスタント教会の洗礼と1年以上の教会生活や所属教会の推薦が必要であったが，2017(平成29)年度入学試験より，「神学研修志望」を設けて学びの門戸を広げている。キャンパスは東京都三鷹市にあり，2017年現在110人の学生が在籍。

山崎 慎一

⇨キリスト教系大学

東京聖栄大学 [私立] | とうきょうせいえいだいがく
Tokyo Seiei College

2005年（平成17）に開学。学校法人東京聖栄大学は1947年（昭和22）オリンピア洋裁学院設立を起源とする。建学の精神は、自立できる知識と技術を育み、強い向上心と真摯な行動力を備え、かつ食と栄養の分野で活躍できる有為な人材を養成することである。健康栄養学部の2学科のうち管理栄養学科では管理栄養士として必要とされる知識や技能を臨地実習や臨床栄養学実習などを通して実践的に身につけ、もう一方の食品学科では実験・実習やインターンシップ、国内外での食品研修を通して、食品を科学し、企業経営、マーケティングやフードサービスビジネスを学べるカリキュラムになっている。キャンパスは東京都葛飾区にあり、2017年現在674人の学生が在籍。　　　　山崎 慎一

東京成徳大学 [私立] | とうきょうせいとくだいがく
Tokyo Seitoku University

1993年（平成5）に開学。学校法人東京成徳学園は1926年（大正15）の王子高等女学校創立を起源とする。建学の精神は「成徳」すなわち「徳をなす人間の育成」である。2017年現在、4学部7学科を有し、学ぶ姿勢やスキルを身につける導入科目や就業力を高めるキャリア科目、専門の基礎となる基礎科目、専門応用科目や実習や実験、体験授業や学外研修を段階的に配置するなど、各学部において体系的な教育が展開されている。また課外活動として教員と学生が企画運営する自主ゼミやサークル活動である「トリプルMプロジェクト」を行っており、正課で学んだことを実践する機会を設けている。キャンパスは東京都北区と千葉県八千代市にあり、2016年現在1776人の学生が在籍。　　　山崎 慎一

東京造形大学 [私立] | とうきょうぞうけいだいがく
Tokyo Zokei University

1966年（昭和41）学校法人桑沢学園により開学。桑沢学園は1954年の桑沢デザイン研究所設立が起源である。建学の精神は、社会をつくり出す創造的な造形活動の探究と実践であり、デザインや美術の創作活動を時代の精神や社会の創造に深く結びつけ、進取の気概を持って創造的に実践することをめざしている。社会のニーズに適応する考えや技術を得る「横断的科目」と専門性を身につけるための「縦断的科目」が配置されている。特徴的な取組みとして、学生が望む教育を大学に提案するCSLAB（学生自主創造センター）があり、演習科目の「知の漂流教室」と連動してシンポジウムやワークショップ、作品展示などを企画運営する演習を行

っている。キャンパスは東京都八王子市にあり、2017年（平成29）現在1893人の学生が在籍。
　　　　　　　　　　　　　　　　　山崎 慎一

東京大学 [国立] | とうきょうだいがく
The University of Tokyo

1877年（明治10）東京開成学校と東京医学校を合併し、法学、理学、文学の3学部と医学部および予備門で構成される日本最初の大学として創設。以後、1886年に▶帝国大学、97年に東京帝国大学と改称を重ね、1949年（昭和24）に東京大学となる。2016年（平成28）5月現在、東京都文京区の本郷のほか、駒場や柏、白金台や中野にキャンパスをかまえ、10学部13研究科1学府1教育部を展開し、2万6614人の学生を収容。大規模総合大学として、世界最高水準の教育・研究を追究する。学士課程は前期課程ではすべての学生が教養学部に所属して幅広い▶リベラルアーツ教育を、後期課程では学部に分かれ広範な高度専門教育を学修する。研究機能に対する国際的評価は高く、2014年のタイムズ誌の世界大学ランキングでは、アジアトップの23位にランクインした。2012年には学位取得までのすべての授業を原則英語で実施する「PEAK: Programs in English at Komaba」も開始され、世界トップレベルの教育研究拠点をめざす取組みが進展している。　　　　　　　　　　　　　　戸村 理

→ 開成学校，東京大学大学院，東京大学予備門

東京大学大学院 | とうきょうだいがくだいがくいん
Graduate School, The University of Tokyo

日本で最初の大学である▶東京大学の創設（1877年）から間もない1880年（明治13）に、法・理・文の3学部に学士研究院（大学院の前身）が設置される。1886年に▶帝国大学に改組されると同時に、法・医・工・文・理の五つの▶分科大学および▶大学院が設置され、1888年に初めて▶博士の学位を授与した。1918年（大正7）の大学令公布、翌年の帝国大学令全文改正に合わせて各分科大学は学部に移行し、大学院は学部に置かれた▶研究科の間の連絡協調組織となった。第2次世界大戦後、▶新制大学への移行にともない、1953年（昭和28）より現行の▶修士課程2年、▶博士課程3年の課程制大学院が発足する。当時は人文科学、社会科学、数物系、化学系、生物系の五つの研究科からなり、大学院は学部と一体ではない独自の組織として構想されたという。その後、いくつかの研究科の改組、新増設を経て、2016年度現在は13研究科、1学府、1教育部を擁し、修士課程に約7000名、博士課程に約6000名、▶専門職学位課程に約900名の学生が在籍する。同大学の学部学生数約1万4000名とほぼ同数であり、現在の東京大学は大学

院に重点を置いた大学といえる。　濱中 義隆

東京大学予備門 |とうきょうだいがくよびもん

明治初期の東京大学の予備教育機関。1877年(明治10)官立東京英語学校と東京開成学校普通科(予科)を合併して，東京大学の法・理・文3学部進学者の4年制の予備教育課程として創設され，3学部の管轄下に置かれた。1881年3年制に変更。翌年5年制の医学部予科が予備門に編入され，従前の予備門が本黌，旧医学部予科が分黌に改称された。1883年には地方の中学校卒業生を対象とした英語学専修科を設置。翌84年の新入生からは本黌・分黌の区別がなくなり，4年制となった。1885年東京大学の管理を離れて文部省直轄の予備門として独立したが，東京大学への進学者を供給する唯一の教育機関であり続けた。翌86年中学校令により第一高等中学校となった。　冨岡 勝

東京電機大学 [私立]|とうきょうでんきだいがく
Tokyo Denki University

1907年(明治40)神田(東京都千代田区)に創設の私立電機学校を起源とし，49年(昭和24)に新制大学として開学。建学の精神は「実学尊重」，教育研究理念は「技術は人なり」を掲げて，高度な専門性を持った技術者・研究者の育成を使命としている。未来科学部，工学部，工学部第二部，理工学部，情報環境学部(2017年度以降の学生募集停止)の昼間部4学部9学科，夜間部1学部3学科，大学院5研究科21専攻を有する。2017年(平成29)システムデザイン工学部を開設。産業界からの高い評価によって「就職に強い大学」としての信頼を得ている。東京千住キャンパス(東京都足立区)，埼玉鳩山キャンパス(埼玉県比企郡)および千葉ニュータウンキャンパス(千葉県印西市)の3キャンパスを構え，2017年5月現在，1万10人の学生を収容する。　山本 剛

東京都市大学 [私立]|とうきょうとしだいがく
Tokyo City University

1929年(昭和4)に工学系単科大学として創設，49年学制改革に伴い武蔵工業大学とする。2009年(平成21)に同法人内の東横学園女子短期大学との統合により現在名に改称。建学の精神として「公正，自由，自治」を掲げ，大学の理念を「持続可能な社会発展をもたらすための人材育成と学術研究」と定めている。工学系，文理複合系学部に文系学部を加え，科学技術から生活福祉までの幅広い領域を網羅する6学部18学科を有する。「東京都市大学オーストラリアプログラム」などの独自の国際

人育成プログラムを開設している。東京都世田谷区に世田谷キャンパスおよび等々力キャンパス，神奈川県横浜市に横浜キャンパスを構え，2017年5月現在，7413人の学生を収容する。　山本 剛

東京農業大学 [私立]|とうきょうのうぎょうだいがく
Tokyo University of Agriculture

1891年(明治24)に榎本武揚により創設された徳川育英会を母体とする，私立育英黌農業科が源流。1925年(大正14)に大学令により東京農業大学が設立認可。1949年(昭和24)に農学部(農学科，林学科，畜産学科，農芸化学科，農業工学科，農業経済学科，緑地学科，協同組合学科)からなる新制大学として発足。1989年(平成1)には北海道網走市のオホーツクキャンパスに生物産業学部を設置。日本唯一の農学系私立総合大学として「食料・環境・健康・資源エネルギー」問題の解決に取り組む人材の養成と研究を行う。建学の精神を「人物を畑に還す」と掲げ，教育の理念を「実学主義」とする。人と動植物とのかかわりを研究する農学部バイオセラピー学科や「食の安全・安心」をはじめ，「食の機能と健康」を科学的に解明する応用生物科学部食品安全健康学科などを設置し，社会の新たな課題に取り組む研究が行われている。2017年5月現在，東京都世田谷区，神奈川県厚木市，オホーツク(北海道網走市)のキャンパスに6学部23学科2研究科1短期大学部4学科が置かれ，学生数は1万2796人(短期大学部を含む)を数える。2017年4月生命科学部(バイオサイエンス学科，分子生命化学科，分子微生物学科)を開設。　山本 剛

東京農工大学 [国立]|とうきょうのうこうだいがく
Tokyo University of Agriculture and Technology

1949年(昭和24)に東京農林専門学校・東京繊維専門学校を併合した新制大学として発足。起源は1874年(明治7)設置の内務省勧業寮内藤新宿出張所農事修学場・蚕業試験掛までさかのぼる。農学部・工学部からなる唯一の国立大学法人。幅広い関連分野を包含しつつ，基礎研究から応用研究に至る「使命指向型研究」遂行を掲げる科学技術系大学として発展。約3分の2の学生が大学院に進学しており，国際社会で指導的役割を果たす高度な専門職業人材の育成に取り組む。産業をルーツとする伝統も踏まえて，産学協同や大学発ベンチャーも推進し，欧米・アジア諸国とも連携を進める。QS社の分野別世界大学ランキング2013では，AGRICULTURE & FORESTRY分野において世界100位内に入り，研究レベルはVH(VERY HIGH)と評価された(国内では同分野で6位)。2016年(平成28)5月現在，東京都府中市・小金井市のキャンパスに5706人の学生を収容。　小濱 歩

東京福祉大学 [私立] とうきょうふくしだいがく
Tokyo University of Social Welfare

2000年（平成12）に開設。建学の精神は「理論的・科学的能力と実践的能力を統合し，柔軟な思考力と問題発見・解決能力のある人材を育成する」であり，使命は「できなかった子（生徒）をできる子（学生）にするのが教育」とする。2016年現在，池袋，王子，伊勢崎，名古屋にキャンパスを構え，3学部4学科に3873人の学士課程学生が在籍。開設以来，暗記力よりも問題解決能力の育成に注力し，双方向型の教育を重視している。その教育のモデルは，アメリカ夏期短期研修で滞在するハーヴァード大学とフォーダム大学である。入学時の学力に関係なく，一定のレベルまで学生を育て上げることに定評があり，福祉・保育・教育・心理の分野に有為な人材を輩出している。　　　　　戸村　理

東京富士大学 [私立] とうきょうふじだいがく
Tokyo Fuji University

1943年（昭和18）に高田勇道が設立した東亜学院が前身。1951年認可の富士短期大学などを経て，2002年（平成14）に経営学部ビジネス学科を設置して開学。建学の趣旨は「大愛の涵養に努むること」「正義の顕揚を図ること」「文化の向上に資すること」を三つの柱としている。経営学部に経営学科，経営心理学科，イベントプロデュース学科の3学科を有し，経営学を基礎とする人間教育および将来の職業生活へとつながる実践的教育を重視している。1年次より参加が可能な▶インターンシップを実施するなど，地域社会や企業と密接にかかわる教育に努めている。東京都新宿区にキャンパスを構え，2017年5月現在，1学部3学科と1研究科に716人の学生を収容する。　　　　　山本　剛

東京未来大学 [私立] とうきょうみらいだいがく
Tokyo Future University

1985年（昭和60）に設立した学校法人三幸学園を母体として，足立区基本構想審議会による「文化教育立区＝高等教育・研究機関の誘致」に基づき，2007年（平成19）に設立。「教育・研究・社会貢献機能を通じて，人を活かし，世の中の困難を希望に変える」ことを使命とし，「技能と心の調和」を教育理念に掲げる。こども心理学部，モチベーション行動科学部の2学部を有する。「学習サポート」体制が充実しており，「学生の面倒見が良い」大学として，高い評価を得ている。また「いつでもどこでも」学べる大学として通信教育課程を設置している。東京都足立区にキャンパスを構え，2016年5月現在，2297人（通信教育課程を含む）の学生を収容する。　　　　　山本　剛

東京薬科大学 [私立] とうきょうやっかだいがく
Tokyo University of Pharmacy and Life Sciences

1880年（明治13）に日本で最初に創設された私立薬学教育機関である東京薬舗学校を前身として，1949年（昭和24）に東京薬学専門学校と東京薬学専門学校女子部を併せて開学。薬学部，生命科学部，薬学研究科，生命科学研究科の2学部2研究科を有する。「ヒューマニズムの精神に基づいて，視野の広い，心豊かな人材を育成し，薬学並びに生命科学の領域にて，人類の福祉と世界の平和に貢献」することを理念に掲げる。薬学部では特定の分野に偏らず多様な領域をオールラウンドに学ぶ目的から，4年次に進級する時点で希望の学科を選択する。薬学教育推進センターを設置して国家試験のサポートを行う。東京都八王子市にキャンパスを有し，2017年（平成29）5月現在，3881人の学生を収容する。　　　　　山本　剛

東京理科大学 [私立] とうきょうりかだいがく
Tokyo University of Science

1881年（明治14）に東京大学の卒業生らにより創立された東京物理学講習所を起源とする。創立以来，「理学の普及を以て国運発展の基礎とする」を建学の精神として掲げ，早くから自然科学の教育を施し，明治・大正期の中等学校や師範学校の教壇に多くの卒業生を輩出してきた。1883年に東京物理学校に改称。1949年（昭和24）に東京理科大学に改組され，理学部第一部と夜間授業を行う理学部第二部の体制が組まれた。その後，薬学部，工学部，理工学部，工学部第二部，基礎工学部，経営学部を設置し，東京（神楽坂，葛飾），千葉，北海道の4キャンパスに8学部11研究科を擁する理工系総合大学として発展している。2015年（平成27）に国際化推進機構を発足させ，「日本の理科大から世界の理科大へ」を目標に学生の海外派遣事業，外国人留学生の受入れ，教職員の国際交流の推進のための施策を積極的に展開している。2016年5月現在の学生数は1万9697人，設置者は学校法人東京理科大学。　　　　　福井　文威

同志社女子大学 [私立] どうししゃじょしだいがく
Doshisha Women's College of Liberal Arts

1949年（昭和24）学校法人同志社により開設。同法人は1875年（明治8）の同志社英学校をその起源とし，同志社女子大学は同志社女子塾を起源とする。建学の精神は，創立者新島襄の志，すなわち「自由」と「良心」に立つ人間を養成するキリスト教主義教育，国際主義教育，リベラルアーツ教育を行うことにある。2017年（平成29）現在，6学部11学科を有しているが，時代や社会の要請に応じた

教育を行い、いずれの学部学科においても、専門分野に関わる識見と幅広い教養とを身に付けさせ、多様な進路に柔軟に対応できるバランスのとれた女性を社会に送り出すことをめざしている。キャンパスは京都府京田辺市と京都市にあり、2016年時点で6495人の学生が在籍。　　　　　　　堺　完

同志社大学 [私立] | どうししゃだいがく
Doshisha University

1875年(明治8)にキリスト教者の▶新島襄によって開校した同志社英学校を前身とする。大学令により1920年(大正9)に同志社大学となり、48年(昭和23)に神・文・法・経済の4学部を開設して、新制の同志社大学が開学。1950年に大学院修士課程と短期大学部を設置(短期大学部は1954年に発展的解消)。21世紀に入ってからも心理学部(2009年)、グローバル・コミュニケーション学部(2011年)、脳科学研究科(2012年)などを相次いで新設し、2016年(平成28)現在、14学部17研究科を擁する大規模総合大学となっている。今出川校地(京都市)と京田辺校地(京田辺市)に複数のキャンパスを有し、京都御所の北側にあり重要文化財5棟を有する開学以来の今出川キャンパスや、関西文化学術研究都市の一角に1986年に開設された京田辺キャンパスなどに2万9459人の学生を収容している。教育理念は「キリスト教主義」「自由主義」「国際主義」。神学部を設置しているのも特徴である。　　平野　亮

同窓会 | どうそうかい
alumni association

▶校友会が大学側のイニシアティブによる卒業生の組織であるのに対して、同窓会は同時期に卒業した者が集まる自主的な非営利団体である。一般に同窓生の間の親睦と懇親を通してその動静を明らかにすることや後輩への支援を目的に組織され、校友会とはしばしば補完的関係にある。同窓会のなかには、筑波大学や東京学芸大学のように、一般社団法人の法人格を取得しているものもあるが、大半の同窓会はいわゆる「権利能力なき社団」として活動している。同窓会のおもな活動は総会や幹事会の開催、会誌の発行、総会やクラス会あるいは在校生への▶奨学金の給付に必要な会費の運用などである。現在、ほとんどの同窓会がウェブサイトやフェイスブックなどを運営しており、会合や行事、会員に関するニュース、各種顕彰、課外活動の援助、施設利用の案内などに関する告知を行い、個人情報の登録や変更、また送付手続きの停止の手続きなどを行っている場合が多い。　松浦　寛

東大紛争 | とうだいふんそう

1968年(昭和43)から69年にかけて東京大学で生じた紛争。68年1月に医学部で研修医の待遇改善運動から紛争が生じ、医学部当局は学生・研修医の処分を行った。同年6月に処分撤回を求める学生が安田講堂の占拠を行うと、大河内一男総長は機動隊を導入してこれを退去させた。大学当局による機動隊の導入は、大学自治の放棄であるとして多くの学生や教職員の反発を招いた。これが大学運営の民主化を要求する全学的な運動へと拡大してゆく。各学部は警察導入に抗議してストライキを行った。7月には急進的学生により安田講堂が再び占拠され、また左翼系セクトも加わって東大全学共闘会議(東大全共闘)が結成された。紛争は長期化の様相を示し、学生の間でも主導権争いが起こる。11月、大河内総長以下大学執行部が辞任し、紛争収拾に向けて動き出す。新執行部と学生との間で、医学部処分撤回や自治活動の自由化、大学改革の方向性などを定めた確認書を取り交わすことで紛争は解決に向かった。少数派となった▶全共闘は、他大学からも同志を動員して講堂の占拠を継続した。69年1月、大学の出動要請を受け、機動隊が講堂の封鎖解除と学生の大量検挙を行った。テレビでも中継された安田講堂事件である。事後処理のため、東大は69年の大学入試を中止した。　　　　　　　斉藤　泰雄

→ 大学紛争，学生運動

東大ポポロ事件 | とうだいポポロじけん

大学への警察官の立入りをめぐって起こった刑事事件。大学自治と学問の自由に関する最高裁の初めての司法判断が下された。1952年(昭和27)2月、東京大学構内で大学公認の学生団体「ポポロ劇団」が松川事件をテーマとした演劇を上演した際、観客の中に私服警官数人がまぎれ込んでいるのを学生が発見し、身柄を拘束して警察手帳を奪った行為が暴行罪として起訴された。一審と二審では、被告学生の行為は▶大学の自治を守るためのもので正当であるとして無罪とされた。検察が上告し最高裁で争われ、判決では「大学の学問の自由と自治は、(中略)直接には教授その他の研究者の研究、その結果の発表、研究結果の教授の自由とこれらを保障するための自治とを意味する」と大学の自治に関する見解を表明したが、「本件集会は、(中略)実社会の政治的社会的活動であり、かつ公開の集会またはこれに準ずるものであつて、(中略)大学の学問の自由と自治を犯すものではない」として審理を地裁に差し戻した(昭和38年5月22日最高裁大法廷判決)。判決により、大学構内を一

種の治外法権の場とみなすことは否定されたが，警察は1960年代末の▶大学紛争高揚期まで，大学構内への警察官の立入りにきわめて慎重な姿勢をとることになった。　　　　　　　　　斉藤　泰雄

東都医療大学[私立]｜とうといりょうだいがく
Tohto College of Health Sciences

2009年(平成21)学校法人青淵学園によって埼玉県深谷市に開学された，ヒューマンケア学部を有する単科大学。法人名の青淵は深谷市生まれの実業家渋沢栄一の号にちなむ。教育理念は「本学は，生命を尊重し，人間の尊厳と基本的権利を理解するとともに，学問的基礎の上に専門的な実践能力をもち，地域の保健・医療・福祉の担い手としてリーダーシップを発揮し，学問の発展にも貢献できる医療人を育成すること」である。ヒューマンケア学部には看護学科を設置し，看護専門職としての倫理観，保険・医療・福祉のチームに貢献できる能力，看護および看護にかかわる広い領域に関する探求心を養成することをめざしている。このほか学生へのサポートとして学生全員にチューターの配置，国家試験対策プログラムの実施を行っている。2016年現在の収容人数437人。　　　　鈴木　崇義

導入教育｜どうにゅうきょういく

大学への入学に際し，大学教育への移行を円滑にするために，大学において求められる学習スキルや態度形成等を図る教育プログラムを指す。しばしば▶初年次教育と同義で理解されることがあるが，導入教育は中等教育課程において未履修であったり，修得された学力が不足している場合に提供される▶リメディアル教育(補習教育)を含むのに対して，初年次教育は▶学士課程の一環として，大学教育への移行と適応を促す教育プログラムとされ，リメディアル教育を含まないとされる。大学進学率の向上による大学教育のマス化の進行とともに，多くの大学で導入教育や初年次教育プログラムが取り入れられ，その教授法やプログラム開発が進められて，現在においては学士課程教育における標準的な構成要素になっているといえる。　　川島　啓二

東邦音楽大学[私立]｜とうほうおんがくだいがく
Toho College of Music

1934年(昭和9)東京高等音楽学院(国立音楽大学の前身)の院長三室戸敬光が東京都豊島区のJR大塚駅前に東京高等音楽学院大塚分教場を開設したことを起源とする。1938年三室戸為光が同校を継承し，校名を東邦音楽学校と改称した。1951年の東邦音楽短期大学開学を経て，65年に埼玉

県川越市に東邦音楽大学が開学した。建学の精神は「音楽芸術研鑽の一貫教育を通じ，情操豊かな人格の形成を目途とする」であり，音楽学部音楽学科の中に各専攻・コースを設置し，各実技の研鑽により社会の要請に応えうる人材育成をめざしている。また，2004年(平成16)には音楽ホール「東邦音楽大学グランツザール(14号館)」を竣功し，演奏会が開催されている。また，1991年にオーストリアのウィーンに海外研修施設である東邦ウィーンアカデミーを設置し，ウィーン国立音楽大学教授や著名な演奏家を招いてのレッスンが行われている。2017年現在の収容人数260人。　　　　鈴木　崇義

桐朋学園大学[私立]｜とうほうがくえんだいがく
Toho Gakuen College Music Department

1948年(昭和23)開設の「子供のための音楽教室」を母体とし，55年に短期大学，61年に桐朋学園大学音楽学部を開設。建学の精神は「自由で豊かな感性を持つ個性ある音楽家の育成」「音楽教育による社会貢献」「世界における音楽文化の創造」を掲げる。ソルフェージュ教育に重点を置く。学生一人一人が内在的に秘めている創造性と感性を開発，育成することに努める。附属教育研究機関として「子供のための音楽教室」と「桐朋オーケストラ・アカデミー」，および桐朋学園大学院大学を併設し，世界の音楽界に貢献できる音楽家を輩出することをめざしている。東京都調布市に仙川キャンパスと調布キャンパスを構え，2016年(平成28)5月現在，763人の学生を収容する。　　山本　剛

桐朋学園大学院大学[私立]
とうほうがくえんだいがくいんだいがく
Toho Gakuen Graduate School

私立の音楽大学として名だたる演奏家を輩出してきた桐朋学園大学(東京都調布市)の系列▶大学院大学。桐朋学園音楽部門の一組織として位置付けられている。富山県富山市の誘致を受けて1995年(平成7)に開校した桐朋オーケストラ・アカデミーに併設する形で，99年に日本初の芸術系独立大学院として創立された。音楽研究科演奏研究専攻(ピアノ，ヴァイオリン，ヴィオラ，チェロ)の修士課程のみを設置。入学定員10人，収容定員20人，専任教員5人の，単科の大学院大学である。
　　　　　　　　　　　　　　和崎　光太郎

東邦大学[私立]｜とうほうだいがく
Toho University

1925年(大正14)額田豊・額田晋が設立した帝国女子医学専門学校を前身とする。1930年(昭和5)，薬学科の増設を受けて帝国女子医学薬学専門学

校に改称。1941年には帝国女子理学専門学校を開設し，これらを基礎として47年に東邦医科大学予科(旧制)を設立。1950年に東邦薬科大学(1947年設置認可)と合併し，また理学部を設置して東邦大学と改称，医学部・薬学部・理学部の3学部を置く男女共学の自然科学系総合大学となった。2011年(平成23)に看護学部を設置。2016年5月現在，東京都大田区の大森キャンパスと千葉県船橋市の習志野キャンパスに4学部4研究科を置き，学生5211人を収容している。2017年には習志野キャンパスに健康科学部看護学科を開設。前身校が女子の理科系教育の向上をめざして設立されたこともあり，男女共学となった今日においても，全学生の半数を女子が占める点が特色の一つとなっている。　　　　　　　　　　　　　　　　　小濱 歩

同朋大学 [私立]｜どうほうだいがく
Doho University

1921年(大正10)に真宗大谷派の僧住田智見の創立した真宗専門学校を前身とし，50年(昭和25)に東海同朋大学として開学した。1959年に現行の大学名に改称。設置母体である学校法人同朋学園は，1826年(文政9)に名古屋東本願寺掛所内に設置された学問所「閲蔵長屋」を起源とする。建学の精神は親鸞聖人の思想である「同朋和敬」。仏教学部のみの単科大学として開学し，2003年(平成15)に大学院を設置，2005年に博士後期課程を開設。また1986年以来，別科として修業年数1年の仏教専修を置く。名古屋市中村区稲葉地町にキャンパスを構え，2017年5月現在，2学部2研究科1別科に1041人の学生を収容。同朋学園はほかに名古屋音楽大学と名古屋造形大学を運営する。　　　　　　　　　　　　　　　　平野 亮

→仏教系大学

東北医科薬科大学 [私立]｜とうほくいかやっかだいがく
Tohoku Medical and Pharmaceutical University

宮城県仙台市青葉区にある。1939年(昭和14)東北薬学専門学校としての開校が始まりである。1949年東北薬科大学(薬学部)が開学，62年に大学院薬学研究科(修士課程)，64年に大学院薬学研究科(博士課程)が設置された。2014年(平成26)「東北地方における医学部設置に係る構想委員会」(文部科学省)でその構想が選定され，16年東北医科薬科大学に名称を変更した。創設者の高柳義一の「われら真理の扉をひらかむ」の言葉が「開真の碑」に刻まれ，建学の精神として継承されている。新設の医学部医学科(募集定員100名)と従来の薬学部(薬学科，生命薬学科)で構成されている。2016年現在の学部生数は薬学部2012人，医学部医学科100人。　　　　　　　　　　蝶 慎一

東北学院大学 [私立]｜とうほくがくいんだいがく
Tohoku Gakuin University

日本最初のプロテスタント教会である日本基督公会の設立に関わった押川方義(初代院長)と，アメリカ・ドイツ改革派教会宣教師 W.E. ホーイ(初代副院長)の協力によって，1886年(明治19)に伝道者育成を目的に発足した仙台神学校を起源とする。その5年後には伝道者育成のほかに，普通高等教育実施のために学制を変更し，東北学院と改称した。第2代院長 D.B. シュネーダーは，仙台神学校時代から東北学院中興の祖として活躍。以上の3名は「三校祖」と呼ばれ，福音主義キリスト教の信仰に基づく個人の尊厳の重視と人格の完成をめざす教育を建学の精神とした。その精神は大学設置50周年を記念に制定された「LIFE, LIGHT AND LOVE FOR THE WORLD」という教育理念に反映されており，現在は人間的基礎教育と知的基礎教育からなる TG ベーシックと称される人間力をはぐくむカリキュラムが実施されている。所在は宮城県仙台市および多賀城市。2016年(平成28)5月現在，6学部6研究科に1万1569人の学生を収容。就職指導にも力を入れ，各種就職ランキングで東北地区1位となる職種も存在する。　　戸村 理

東北芸術工科大学 [私立]
とうほくげいじゅつこうかだいがく
Tohoku University of Art & Design

1992年(平成4)に山形県と山形市の出資による全国初の公設民営大学として，山形市に開学。設置者は学校法人東北芸術工科大学。建学理念を「芸術的創造と，人類の良心によって科学技術を運用する新しい世界観の確立」とし，その理念は「人類の良心による芸術と工学の運用によって，社会に貢献する人材を輩出する」という教育目的に反映されている。2016年現在，芸術学部・デザイン工学部と芸術工学研究科を置く2学部1研究科に2374人の学生を収容。学士課程の教育目標には，身に付けるべき力として四つの力(想像力・創造力・意志・社会性)を定めている。大学の主たる事業として東北文化研究センターによる「東北学」のさらなる追究，美術館と大学の融合をめざす美術館大学構想，芸術を通して平和を希求する心を育てる「こども芸術大学」の開設，全国高等学校デザイン選手権大会の開催などがあり，建学理念に基づいた取組みが多方面で展開されている。　戸村 理

→公設民営大学

東北公益文化大学 [私立]｜とうほくこうえきぶんかだいがく
Tohoku University of Community Service and Science

2001年(平成13)日本初の「公益」を冠した大学とし

て設立。理念は「尊重し調和へ」であり，使命は人材育成（教育）として「知を咲かす」を，公益学の確立（研究）として「知を結ぶ」を，地域共創（貢献）として「知をひらく」を掲げる。2017年現在，山形県酒田市などにキャンパスを構え，公益学部に746人の学士課程学生が在籍する。2014年に第1期吉村（学長）プランを発表して以来，「学習者（学生）中心の大学」を確立する改革が進められてきた。2017年からは第2期吉村プランを実施し，国際交流や学生のキャリア支援の充実をめざす。高等学校の進路指導教諭が選んだ各種大学ランキング（面倒見のよさや，就職に力を入れている大学など）では，東北地区の私立大学で第1位となっている。　戸村 理

東北工業大学 [私立] | とうほくこうぎょうだいがく
Tohoku Institute of Technology

宮城県仙台市太白区にある。1964年（昭和39）開学となる。1992年（平成4）大学院工学研究科（修士課程）の通信工学専攻，建築学専攻，土木工学専攻が設置された。2008年に新設立されたライフデザイン学部では，クリエイティブデザイン学科，安全安心生活デザイン学科，経営コミュニケーション学科により実践型教育を展開している。建学の精神は「わが国，特に東北地方の産業界で指導的役割を担う高度の技術者を養成する」である。就職支援では独自のキャリアサポートプログラムを1年次から4年間にわたって行っている。また2003年度から高校生を対象とした出前授業を提供している。2017年現在の学部生3001人。　蝶 慎一

東北女子大学 [私立] | とうほくじょしだいがく
Tohoku Women's College

青森県弘前市にある。1923年（大正12）弘前和洋裁縫女学校が開校したことに始まる。1946年（昭和21）東北女子専門学校，50年東北女子短期大学が開学し，69年に東北女子大学が開学した。建学の精神は「教育を生活の中に活かせ」「高い教養と正しい躾を身につけよ」「常に希望をいだき時代と共に歩め」の3ヵ条である。家政学部には健康栄養学科，児童学科がある。全国の女子大学の中でも就職率はきわめて高く，入学後早くから就職活動に関する指導やガイダンスを提供，卒業生の進路決定率は97.5％である（2016年3月）。柴田学園奨学金（無利子）の学園独自の経済支援も行われている。2017年（平成29）現在の学生数は350人。　蝶 慎一

東北生活文化大学 [私立] | とうほくせいかつぶんかだいがく
Tohoku Seikatsu Bunka University

宮城県仙台市泉区にある。1903年（明治36）開校

の東北女子職業学校を始まりとし，51年（昭和26）三島学園女子短期大学が開学，58年に三島学園女子大学（家政学部・家政学科）が開学した。1987年東北生活文化大学と名称を変更し，2004年（平成16）男女共学となった。建学の精神は「高い知識と技倆を修め，常に文化創造に寄与する，清く，正しく，健全な人間の育成を目指す」である。家政学部は家政学科（服飾文化専攻，健康栄養学専攻），生活美術学科で構成され，家政学に（生活）美術学を併置している大学は全国的にも珍しい。実習，実験などの実践的なカリキュラムによる少人数教育が展開されている。2017年現在の学生数313人。　蝶 慎一

東北大学 [国立] | とうほくだいがく
Tohoku University

1907年（明治40）東京帝国大学，京都帝国大学に次いで3番目の帝国大学として創立された。1918年（大正7）に農科大学は分離して北海道帝国大学農科大学となる。杜の都・宮城県仙台市に立地し，現在は川内，青葉山，片平，星陵の四つのキャンパスを有する。2016年（平成28）現在，10学部・15研究科などからなり，学生数は1万7885人。建学以来の伝統として脈打つ「研究第一主義」「門戸開放」「実学尊重」の理念は有名であり，1913年には日本の大学として初めて3名の女子学生の入学を許可したことで知られ，2013年には「東北大学女子学生入学百周年記念事業」が実施された。また材料科学の分野では，2014年QS社の世界大学ランキングで11位にランクしており（国内では最高順位），世界水準の研究成果をあげている。2007年に制定されたロゴマークでは，スクールカラーを「紫」としている。東日本大震災による被災地の復興，ひいては「日本再興」の学術拠点として積極的な取組みが行われている。東北大学基金である「震災復興支援基金」の受入れをはじめ，総長を機構長とする全学的な組織として「東北大学災害復興新生研究機構」が設置され，東北地方の復興とともに新たな知の創造，イノベーションの創出に貢献している。　蝶 慎一

東北福祉大学 [私立] | とうほくふくしだいがく
Tohoku Fukushi University

宮城県仙台市青葉区にある。1875年（明治8）曹洞宗専門学支校の設立が始まりとされ，1958年（昭和33）に東北福祉短期大学を開学した。1962年同大学を廃して新たに東北福祉大学（社会福祉学部）を開学した。1976年には社会福祉学研究科（修士課程）を新設。2014年（平成26）四谷に東京サテライトが移され，15年仙台駅東口キャンパスを設置した。建学の精神は「行学一如」である。総合福祉学部，

総合マネジメント学部，教育学部，健康科学部の4学部で構成され，大学院では総合福祉学研究科，教育学研究科が置かれている。また通信教育部ではwebスクーリングを活用できるほか，社会福祉士や精神保健福祉士に結実する資格につながる学修ができる。2017年現在の学部生5750人。

蝶 慎一

東北文化学園大学[私立]｜とうほくぶんかがくえんだいがく
Tohoku Bunka Gakuen University

宮城県仙台市青葉区にある。1978年(昭和53)開校の宮城デザイン専門学校が始まりで，93年(平成5)に東北科学技術短期大学，99年に東北文化学園大学が開学した。2003年大学院健康社会システム研究科(修士課程)を設置し，2007年博士課程(前期・後期課程)が置かれてさらに教育，研究が充実する体制が整備された。学部は医療福祉学部，科学技術学部，総合政策学部で構成され，「学部学科を超えた学び」(たとえば専門的な業務を理解するための専門職連携セミナーの実施)が行われている。教育支援センター，地域連携センター，就職センターでは，個々の学生に対して手厚いサポートや取組みを提供している。2017年現在の学部生1900人。

蝶 慎一

東北文教大学[私立]｜とうほくぶんきょうだいがく
Tohoku Bunkyo College

1926年(大正15)に開校した山形裁縫女学校が前身。戦後，数回の校名変更を経て，2010年(平成22)に東北文教大学として開学した。建学の精神は「敬・愛・信」であり，「人を敬い，人を愛し，人を信じる」ことができる人間は，「人に敬われ，愛され，信じられる」人間になるという，創設者富沢カネの信念に基づいている。2016年現在，山形県山形市にキャンパスを構え，人間科学部に306人の学士課程学生が在籍する。なお東北文教大学短期大学部も併設しており，4学科に429人の学生が在籍。教育内容の質保証については，文科省が実施した各種の教育支援事業・プログラムに複数回採択されており，キャリア支援や進路支援についても1年次から開始して，月に複数回の全体指導を行うなど，手厚い学習支援体制が構築されている。

戸村 理

東洋英和女学院大学[私立]
とうようえいわじょがくいんだいがく
Toyo Eiwa University

1989年(昭和64)に開設。ミッション系の大学であり，1884年(明治17)にカナダ・メソジスト教会派遣の婦人宣教師マーサ・J.カートメルによって設立された東洋英和女学校が母体である。建学の精神

は「敬神奉仕」であり，神を愛し敬うこと＝敬神，神から愛されている隣人(他者)を愛し，隣人に仕えること＝奉仕へと導くキリスト教教育をはぐくむ。2017年(平成29)現在，神奈川県横浜市にキャンパスを構え，2学部4学科に2438人の学士課程学生が在籍。文部科学省が実施した教育の質保証に関するさまざまな事業に複数回採択されており，2006年度に「経験・省察・連携による教員養成」，2009年度に「卒業生活用によるキャリアの早期意識化と基礎学力強化による就職支援」，2010年度には「「女子就業力」を伸ばす実学的専門教育」が採択された。

戸村 理

東洋学園大学[私立]｜とうようがくえんだいがく
Toyo Gakuen University

1926年(大正15)設立の東洋女子歯科医学専門学校を母体として，東洋女子短期大学からの改組を経て，92年(平成4)に人文学部英米言語学科と英米地域研究学科の1学部2学科を有する男女共学の4年制大学として開学。大学の理念は「時代の変化に応える大学」「国際人を育てる大学」「面倒見のよい大学」を掲げる。現在，グローバル・コミュニケーション学部，現代経営学部，人間科学部の3学部を有し，少人数教育で学生にきめ細かい指導を行っている。「リベラルアーツ教育」を中心として英語教育と教養教育を重視する。東京都文京区に本郷キャンパス，千葉県流山市に流山キャンパスを構え，2017年5月現在，2376人の学生を収容する。

山本 剛

東洋大学[私立]｜とうようだいがく
Toyo University

1887年(明治20)に哲学者の井上円了が創設した哲学館が前身。1903年に私立哲学館大学，06年に東洋大学と改称。1928年(昭和3)に大学令により設立認可。1949年に新制大学として発足し，文学部を設置。1950年に経済学部，56年に法学部，59年に社会学部，61年に工学部を設置するなど，総合大学として発展を遂げる。東京都文京区白山，埼玉県朝霞市，同県川越市，群馬県邑楽郡板倉町を中心に六つのキャンパスがある。2017年(平成29)5月現在，14学部43学科15研究科(法科大学院を含む)からなり，学生数は3万2102人(専門職大学院・通信教育部含む)を数える。建学の精神は「諸学の基礎は哲学にあり」「独立自活」「知徳兼全」。2013年に文学部ではインド哲学科と中国哲学文学科を統合再編し，東洋思想文化学科を開設，東洋の思想や文化を幅広く研究する。さらに「グローバル人財の育成」に向けた三つの柱(「国際化」「キャリア教育」「哲学教育」)による教育改革を開始するなど，グローバル人材の育成に取り組んでい

る。2017年国際学部・国際観光学部・情報連携学部，および情報連携学研究科を開設。　　　山本 剛

トゥールーズ大学 [フランス] | トゥールーズだいがく
Université de Toulouse

フランス南西部，ミディ=ピレネー地域圏のオート=ガロンヌ県北部，トゥールーズ市にある。1229年に創設され，▶パリ大学に次ぎフランスで2番目に古い大学とされる。1968年の高等教育改革によって，翌69年にトゥールーズ・キャピトル第1大学(社会学，法学，経済・経営学)，トゥールーズ・ル・ミライユ第2大学(文学，人文科学)，トゥールーズ・ポール・サバティエ第3大学(医学，薬学，歯科医学)に分かれた。またこの三つの大学を俯瞰する形でトゥールーズ理工科学院が統合され，七つの技術系高等師範学校を含む。2007年に研究・高等教育拠点(▶PRES)として刷新されて以来，トゥールーズ大学は多岐にわたる専門分野を備えるようになった。とくにエンジニアリングにおいて関連性が高い物質科学，生命科学，情報科学などの分野に秀でている。学生数10万4237(2012年)。2013年の高等教育・研究法により大学・高等教育機関共同体(COMUE)となり，名称がトゥールーズ・ミディ=ピレネー連合大学となっている。　　　高橋 洋行

登録料 | とうろくりょう
registration fees

入学時に学生が大学に登録するための費用で，フランスの大学などで徴収されている。日本では入学時に支払う費用として▶入学金と同じ意味で使われる場合がある。しかし，入学前に一括して支払うものを入学登録料と呼び，入学しなかった場合にその一部を返還するものや，▶編入学の場合に登録料と呼ぶことがあるなど，さまざまな用いられ方をしているのが現状である。海外の国公立大学で入学時に支払う費用の場合は低額であることがほとんどで，日本や韓国の高額の入学金と区別して登録料と呼ぶ場合もある。たとえば，フランスの大学の2013年度(2013年秋から2014年夏)の登録料は，学士課程で183ユーロ，修士課程で254ユーロ，博士課程で388ユーロである。またドイツの大学では登録料にあたるものは徴収していないが，学生が保険に加入する義務があるため，大学入学時に1ヵ月50ユーロ(2013年現在)程度の費用が必要とされる。　　　小林 雅之

→ 授業料，入学制度 (テーマ編)

遠山プラン | とおやまプラン

2001年(平成13)6月に当時の遠山敦子文科相が発表した大学改革方針，「大学(国立大学)の構造改革の方針―活力に富み国際競争力のある国公私立大学づくりの一環として」の通称。小泉純一郎首相が国会で国立大学民営化に言及したことへの▶文部科学省としての対案だったとされ，▶国立大学に関する改革に主眼が置かれたものであった。その内容は国立大学の再編・統合の推進，そこへの民間的発想の経営手法の導入，▶第三者評価による競争原理導入の3点を柱とした，市場原理主義色に濃厚に彩られたものである。とくに国立大学については▶国立大学法人への移行が明言され，大学数の削減，教員養成学部の地方移管，業績主義的人事システムの導入，一部の独立採算制への移行が盛り込まれるなど，関係者に大きな衝撃を与えた。その後の展開をみると，この構想が多くの点で以後の大学改革のマスタープラン的な役割を果たしているともいえる。　　　伊藤 彰浩

常磐会学園大学 [私立] | ときわかいがくえんだいがく
Tokiwakai Gakuen University

1955年(昭和30)設立の学校法人常磐会学園により，「和平　知天　創造」を校是として99年(平成11)に開学。常磐会という名称は，1905年(明治38)発足の大阪府女子師範学校(現大阪教育大学)の同窓会に由来する。2015年に国際こども教育学部国際こども教育学科の1学部1学科となる。2016年現在，大阪市平野区にキャンパスを構え，534人の学生を収容し，小学校・幼稚園教諭一種免許状，保育士資格，学校図書館司書教諭資格の取得が可能である。少人数による研究室単位のきめ細かな個別指導の徹底により，時代の要請に応え得る「ええ先生」になれるよう，勉学や学生生活を支援するとともに，実践力を磨くために学校▶インターンシップや企業インターンシップなど現場を体験する学習システムも強化している。　　　堀之内 敏恵

常磐大学 [私立] | ときわだいがく
Tokiwa University

1983年(昭和58)に開学。起源は諸沢みよを創立者に1909年(明治42)に開設された裁縫教授所にさかのぼる。戦後，学校法人常磐学園が設置され，常磐大学短期大学を設置するなどして，現在に至る。建学の精神は「実学を重んじ真摯な態度を身につけた人間を育てる」であり，教育理念は「自立・創造・真摯」である。2017年(平成29)現在，茨城県水戸市にキャンパスを構え，5学部14学科に2319人の学士課程学生が在籍する。実学を通じた学びを実現すべく，現在は「ミトナルマナビ」を掲げている。これは冨田信穂学長によると，「水戸を拠点として学ぶ」(水戸ナル学ビ)，「自分の成長のために学ぶ」(身トナル学ビ)，「夢の実現や社会への貢

献のために学ぶ」(実トナル学ビ)を示している。

戸村 理

得業士｜とくぎょうし

▶帝国大学に改組される以前の東京大学では，卒業者に▶学士の学位を授与していた。しかしすべての卒業者に等しく学位を授与することは，学位の社会的価値の低下を招く等の議論があり，得業士の▶称号を設けて卒業者にはこれを授け，学士号はさらに高等の試問に合格した者に限り授与する制度の導入が企図された。ただし得業士，高等の試問に関する具体的規定は定められないまま，1887年(明治20)より学士は学位ではなく称号として卒業者に付与されることとなる。一方，帝国大学以外の高等教育機関のうち，旧制▶高等学校の専門学部，のちにそれらが独立して設置された医学専門学校，▶実業専門学校等では，各校の規則により卒業者に対して得業士の称号を付与していた。1918年(大正7)の高等学校令では，大学へ進学しない高等科卒業生のために専攻科(修業年限1年)を置き，その修了者に対して得業士の称号を与えることが定められたが，旧制高等学校専攻科は法規上規定されているのみで何ら発展せず，1943年(昭和18)の高等学校令改正により廃止された。

濱中 義隆

徳島大学 ［国立］｜とくしまだいがく
Tokushima University

1874年(明治7)に創設された徳島師範期成学校のほか，徳島県立実業補修学校教員養成所(いずれものち学芸学部)，官立徳島高等工業学校(のちの工学部)，徳島県立医学専門学校(のちの医学部)などが第2次世界大戦後に統合されて成立。2016年(平成28)5月現在，新蔵，常三島，蔵元の3キャンパスに6学部7教育部4研究部を置き，7590人の学生を収容する。理念・目標は，「自主と自律の精神に基づき，真理の探究と知の創造に努め，卓越した学術及び文化を継承し向上させ，世界に開かれた大学として，豊かで健全な未来社会の実現に貢献する」である。教育面では「進取の気風」を身につけた人材の育成を図る。研究面では「研究戦略の概要」を掲げ，①医工連携，農工食連携を柱に，学際融合的な取組みの実施，②国際共同研究の活性化，③若手研究者の育成，④産学官連携を強め，研究成果の社会還元を図るとした。なお卒業生に2014年度ノーベル物理学賞を受賞した中村修二氏がいる。

戸村 理

徳島文理大学 ［私立］｜とくしまぶんりだいがく
Tokushima Bunri University

徳島市に本部をおく。1895年(明治28)村崎サイが女性の自立を唱え，「自立協同」を建学の精神として私立裁縫専修学校を創立。1924年(大正13)に徳島女子職業学校，44年(昭和19)に財団法人村崎女子商業学校，47年に村崎高等女学校，翌48年に村崎女子高等学校となる。1951年村崎学園は学校法人となり，58年に徳島女子高等学校に校名変更。1961年徳島女子短期大学，66年に徳島女子大学として開学。1972年に徳島文理大学に大学名を変更，男女共学となった。1983年香川キャンパスを設置。2016年(平成28)5月現在，8学部，大学院(6研究科)および短期大学部があり，学生数4711人。

船勢 肇

読書｜どくしょ
collegiate reading

大学での教養の読書は，正規の教養教育カリキュラムでの読書と，学生時代にふさわしい任意の，正課外の読書とに大別できる。本来両者は同根で，現に中世ヨーロッパでは，学芸学部のカリキュラムを独占したアリストテレスは，教室外でも若者たちを虜にした。しかし，学問が専門化・技術化した現代では，正規の教養教育(一般教育)のみでは学生の人生問題に応え切れず，正課外の任意の読書も不可欠である。以下では，日本とアメリカ合衆国を例に両者の特色を見てゆく。

［正課外の読書］
第2次世界大戦前と戦後日本の学生の任意の読書について，ともに「最近読んで感銘を受けた書名」を尋ねた，1938年(昭和13)と1987年(昭和62)の調査を比較する。前者は，文部省が当時の▶帝国大学，官公私立大学，および旧制高等学校・▶大学予科の学生に実施したもの(回答数約2万3000)，後者は，全国大学生協が旧帝大5校と早慶を含む22大学の学生を対象としたもの(回答数2100余)である。回答数は異なるが，大雑把な傾向は知りうる。昭和13年の学生と昭和62年の学生が，ともに感銘を受けた書物はあったのか。前者の調査では火野葦平の『麦と兵隊』と『土と兵隊』が約3500と1900の支持者を得て他を圧倒したが，合計10人以上の支持者を獲得し，かつ書名が判明するのは71冊であった。後者では1位が『伊達政宗』(26人)で『竜馬がゆく』(18人)と続いたが，支持者4人以上の書物の冊数は前者とまったく同じ71冊であった。

昭和13年の上位71冊のうち，半世紀後の71冊中に再登場したのは『罪と罰』，『友情』(武者小路実篤)，『風とともに去りぬ』の3冊のみであった。ただし，昭和13年の71冊は『漱石全集』を含んでおり，

これを昭和62年の『こころ』『それから』『三四郎』と対応させれば，再登場したのは6冊と見なしうる。それでも昭和13年の8.5％でしかない。とくに火野葦平から阿部次郎『三太郎の日記』までの1938年の上位10冊は，パール・バックの『大地』を除き，昭和62年の全回答書物316冊（2人以上）から完全に消滅している。学生の教養の糧となったはずの読書は，戦前と戦後とで断絶して一貫性を欠き，時代背景や流行の影響が顕著である。マルクス主義文献の全盛から十年余で火野葦平の独壇場が訪れ，その数年後に火野は旧制高校生の読書対象から姿を消す。戦前と戦後の政治・文化上の断絶を前提にしてもなお，大学生の教養としての任意の読書が，時代を超えた共通基盤を持たない現実は注目に値する。

[正課内の読書]

ヨーロッパの教養教育が中等学校に移行した後も，アメリカ合衆国のカレッジでの教養教育は継続した。しかし実際にはその存続は，科学研究中心の大学が台頭した19世紀末には風前の灯であった。危機の克服を可能にしたのは，科学研究の聖地ドイツを「元凶」とする世界大戦の勃発であった。科学研究こそ野蛮な争いから人類を永久に解放する，との信仰が根本から覆され，▶研究大学の関係者の自信喪失と大規模な戦争への加担の負い目とが，近代以前と科学時代の評価を逆転させたのである。「古い」▶人文学が見直され，カレッジでの教養教育が復活した。

そうした復活の象徴が，1937年▶グレート・ブックスの講読と討議を体系化した▶セント・ジョンズ・カレッジである。1938年，同カレッジはホメロスからヒルベルトまで哲学，宗教，歴史，科学，文学を代表する117人の著者を公表した。1960年，著者は94人に圧縮されたが，うち72人は38年のリストと同一人物であった。1938年の図書リストを，哲学者A. マイクルジョンがウィスコンシン大学で実施した，古代ギリシアと現代アメリカの社会問題を検討した教養プログラムのリストと比較すると，後者が古代ギリシア用に指定したホメロスからプルタルコスまでの12冊のうち10冊がセント・ジョンズと重なっていた。セント・ジョンズの2016年のリストと，▶コロンビア大学の教養総合科目「現代文明」の2014年の人文・社会分野の読書リストは，原典の著者の総計約60人のうちプラトン，アリストテレス，アクィナス，デカルト，ルソー，カント，アダム・スミス，マルクスを含む約20人が共通である。

20世紀以降の合衆国の大学では，教養教育用の講読書は流行とは疎遠で安定した位置を確保したのみならず，原典から精選された箇所が学生に集中的に提示されてきた。専攻や年齢が隔たった卒業生であっても，類似の文化遺産と論点とに接した経験を共有しているのである。しかし安定と共通には保守性が伴う。合衆国の教養科目の正

典＝canonは，白人男性中心主義のかどで批判に晒され，最近では「西洋文明」自体も不評である。将来，中世の「アリストテレス」が再来するのか，はたまた教養の読書は消滅するのか，にわかには断定し難い。しかし，読書が大学教育の命運の決定要因であることは確かである。

立川 明

➡教養の概念，旧制高校の教養，一般教育／教養教育，リベラルアーツ・カレッジ

◎文部省教学局「学生生徒生活調査」上・下，昭和13年11月調査．
◎大学生協連読書調査委員会編『大学生の読書生活 1987年版』全国大学生活協同組合連合会，1987.
◎Cronon, David & Jenkins, John W., *The University of Wisconsin: A History, 1925-1945*, Vol. Ⅲ, Madison: The University of Wisconsin Press, 1994.
◎Smith, J. Winfree, *A Search for the Liberal College*, Annapolis: St. John's College Press, 1983.

特色ある大学教育支援プログラム
とくしょくあるだいがくきょういくしえんプログラム
Support Program for Distinguished University Education

2003（平成15）年度から行われた文部科学省の事業。略称は「特色GP」（Good Practice）。選定・公表された特色ある優れた大学教育改善の取組みを各々の大学，短期大学が参考にすることで，日本の高等教育の活性化を促進することが目的。2003〜05年度では，五つのテーマで募集が行われた。主として，①総合的取組みに関するテーマ，②教育課程の工夫改善に関するテーマ，③教育方法の工夫改善に関するテーマ，④学生の学習および課外活動への支援の工夫改善に関するテーマ，⑤大学と地域・社会との連携の工夫改善に関するテーマである。2006年度は申請区分が▶学士課程，▶短期大学士課程，▶修士課程に変更された。さらに学士課程，短期大学士課程では上述の②，③，それ以外の教育の工夫改善に関する取組みに，修士課程では人社系，理工農系，医療系の教育の工夫改善を主とする取組みにそれぞれ分けられた。2007年度は修士区分を廃止。採択件数（応募件数）は2003年度80（664），2004年度58（534），2005年度47（410），2006年度48（331），2007年度52（331）。

竹下 諒

➡グッド・プラクティス

ドクトル
doctor

ラテン語の動詞，教える（docere）を語源とするドクトルは，12世紀末，ヨーロッパに大学が成立する以前においては，教師や教育の専門家という意味で用いられていた。しかし，教師ギルド（組合）の成立後，ドクトルはギルドによる教授資格の認定を受け，教師組合に加入を認められた者，そして「正」講義を行い，学生から聴講料を徴収することができる

者となった。この学位取得者の呼称は時代，大学，学部により異なるが，一般的に上級学部である神学，法学，医学部においてはドクトルが，教養部においては▶マギステルという▶称号が用いられた。

▶中世大学の二つの典型，パリとボローニャにおいてもその称号は異なる。パリではマギステルが神学，医学，教養部において用いられた（ただし，教会法学部ではドクトル）。また法学を中心としていたボローニャでは，ドクトルやドミヌス（主人の意）がおもに使われた。ボローニャでドクトルが大学の学位になるのは13世紀末といわれる。その経過のなかで，ボローニャにおいては，名前の後にドクトル（legis doctor）がつけられることもあった。その場合，学位称号というより法律家としての職業有資格者を表した。

このように，ドクトルという名称が職業資格を兼ねることになった背景には，中世末期に教会や国家が中央集権化を目指し，大学にその担い手としての官吏（法律顧問，裁判官等）の供給を期待することになったからである。そのことは結果的に学位の性格，すなわち教授資格の付与という特徴を大きく変容させることとなった。つまり，教師組合に加入せず，▶教授免許（リケンティア）のみで済ますケース，また，たとえドクトル学位を取得したとしても教授活動にあたらず，専門職業人として社会に活躍の場を見出す人たちを生み出すことになった（「非現職ドクター」と呼ばれた）。　　　　　　松浦　正博

→▶博士，学位と称号（テーマ編）

特任教授 | とくにんきょうじゅ
specially-appointed professor; research professor

外部資金等による事業推進等を目的として雇用される特定有期雇用教員に付される職名。法令上で規定されたものではなく，各大学の規程で独自の制度が置かれている。たとえば東京大学では，東京大学特定有期雇用教職員の就業に関する規程で，特任教員として特任教授，特任准教授，特任講師，特任助教が規定され，プロジェクト等（▶寄付講座または寄付研究部門を含む）において教育研究に従事することとされている。近年，▶競争的資金の拡大や寄付講座の増加を反映して，事業期間にあわせて特任教員として雇用される者が増えてきている。特任教員が法令上の職制ではないことから，この種の教員の職名は大学によって異なっている。たとえば京都大学では特定教員と称され，同大学で特任教授は，退任した教授から総長が命じた業務に従事する者で，必要性がある場合に付与される▶称号とされている。　　　　　　大場　淳

特別教育研究経費 | とくべつきょういくけんきゅうけいひ

2004（平成16）年度の国立大学法人化とともに導入

された▶運営費交付金制度において，「新たな教育研究ニーズに対応し，各▶国立大学等の個性に応じた意欲的な取組みを重点的に支援するため」に措置される経費。第2期の国立大学の▶中期目標・中期計画期間において「特別経費」としてあらためて新設され，①評価反映分（第1期中期目標期間における各大学の努力と成果を踏まえ交付する経費），②プロジェクト分（各法人における各種プロジェクトを支援する経費），③大学改革共通課題分（各種の大学改革上の共通課題に対応するための取組みに対し，機動的な支援を行う経費），④基盤的設備等整備分（各法人が策定している設備マスタープランに基づく基盤的設備の計画的整備等を支援する経費），⑤全国共同利用・共同実施分（共同利用・共同研究拠点等における各種プロジェクト等を支援する経費）の5区分からなり，2013年度は1258億円が計上されている。　　島　一則

→▶国立大学法人

特別研究員制度 | とくべつけんきゅういんせいど
Research Fellowship for Young Scientist

▶日本学術振興会による研究者養成と確保を目的とした若手研究者向けの▶フェローシップであり，博士後期課程在学者と博士号取得者を対象とする。採用者には，生活費に充てられる研究奨励費と，別途研究費が交付される。他方で研究専念義務が課せられ，就労や他の雇用契約は原則禁止される。採用者と日本学術振興会は雇用関係にはなく，採用者は大学や公的研究機関等の受入機関で研究を行う必要がある。特別研究員制度は，1959年に開始された▶博士課程修了者を対象とする奨励研究員制度を源流とし，いわゆる▶オーバードクター問題も経て，85年に採用期間や交付金額等を拡充したものである。研究者養成と確保の観点から，現在では博士後期課程在学者の採用者が多くなっている（2015年度では博士後期課程在学者と博士号取得者の採用者の割合は4:1である）。このほか2006年には，出産や育児による研究活動の中断からの復帰を支援する枠組み（「特別研究員−RPD」事業）が設けられた。　　　　　　榎　孝浩

徳山大学 [私立] | とくやまだいがく
Tokuyama University

1971年（昭和46）経済学部経済学科の単科大学として開学。1976年経営学科を，2003年（平成15）に福祉情報学部福祉情報学科を設置。2005年に経営学科をビジネス戦略学科に，2007年には経済学科を現代経済学科に，2012年には福祉情報学科を人間コミュニケーション学科に名称変更。2016年現在，山口県周南市のキャンパスに2学部3学科を置き，学部生1025人，教員47人を擁する。教育理念「個性の伸長を本旨とする「知・徳・

体」一体の教育を行う」の具現化として「EQ (Emotional Quotient: 心の知能指数) 教育」を推進。多様性のあるカリキュラム，▶アクティブ・ラーニング，地域社会との協働的取組みとともに，大学の教育的特徴として独自色を打ち出している。2014年，アクティブ・ラーニングの全学的浸透を図る組織的取組みが文部科学省「大学教育再生加速事業 (AP事業)」に採択された。　　　　　　　　　　　小濱 歩

独立行政法人 |どくりつぎょうせいほうじん
incorporated administrative agency

1997年 (平成9) 12月の行政改革会議最終報告に基づく中央省庁等改革の一環として，行政の減量化・効率化を図るため，政策の実施部門を企画立案部門である政府から切り離し，独立した法人に行わせることを目的として，独立行政法人通則法 (平成11年法律第103号，以下「通則法」) および個別の法人の設立法に基づき，2001年4月に独立行政法人 (以下「独法」) 制度が創設された。独法では効率的な民間企業的経営を目指し，国の事前統制を極力排して，▶中期目標・中期計画等に基づく目標管理と第三者による事後評価が行われる。多くの独法では職員が非公務員化され，弾力的な人事が可能になっている。NPM (新公共経営) 的な考え方が反映した仕組みといえる。2003年以降，特殊法人から移行した独法も設立され，2017年4月現在で87法人が存在する。

　最近では，2014年の通則法等改正により，業務特性を踏まえた独法の分類 (中期目標管理法人，国立研究開発法人，行政執行法人) の導入等が行われた。高等教育関係では▶大学改革支援・学位授与機構，▶日本学生支援機構，▶日本学術振興会等が独法とされている。▶国立大学法人制度では独法の仕組みが参考にされ，通則法の規定も活用可能な範囲で準用されるが，▶国立大学法人法は通則法の個別法ではなく，大学の自主性・自律性の特性に配慮した独自の法人制度を定める法律と説明されている。　　　　　　　　　　　寺倉 憲一

▶NPMと大学改革

常葉大学 [私立] |とこはだいがく
Tokoha University

1950年 (昭和25) 設置の学校法人常葉学園 (2017年に学校法人常葉大学に名称変更) により1980年常葉学園大学として開学。前身は，歴史学者の木宮泰彦が1946年に創設した静岡女子高等学院である。教育学部のみの単科大学として開学したが，2013年 (平成25) に同法人設置の浜松大学 (1988年開学) および富士常葉大学 (2000年開学) と統合し，現行の名称となる。建学の精神は「より高きを目指して〜Learning for Life〜」である。静岡市葵区瀬名，

同水落町，浜松市北区都田町，富士市大淵に四つのキャンパスを構える10学部4研究科の総合大学であり，2017年5月現在，7158人の学生を収容。2018年に静岡市清水区の草薙駅北口に新キャンパスを開設予定。　　　　　　　　　　平野 亮

都市と大学 ➡テーマ編 p.57

図書館 ➡ 大学図書館

図書館員 |としょかんいん
librarian

図書館に関する専門教育を受けた図書館専門職員の総称。▶大学図書館では，その学習・教育支援機能，研究支援機能，地域貢献機能を発揮させるために，専門的な知識や技能を用いて情報の収集，組織化，保存，提供に関する専門的な職務に従事する。▶大学設置基準で「図書館には，その機能を十分に発揮させるために必要な専門的職員その他の専任の職員を置く」ことが定められているが (38条3項)，大学図書館の専門職員に関する法的な規定はない。公共図書館を対象とする図書館法4条には，図書館に置かれる専門的職員を司書と称するという説明がある。専門職としての図書館員一般の名称として司書という名称が用いられることもある。▶国立大学法人では地区ごとに図書館専門職員を採用。▶私立大学では各大学が独自に採用試験を実施するが，大学の事務職員としての採用が多い。外部委託も進んでいる。

　アメリカ合衆国の大学図書館ではアメリカ図書館協会の認定校が与える学位 (修士) が図書館専門職員の採用条件で，特定の学問分野の学位 (修士や博士) を持つ主題専門図書館員 (subject librarian) も存在する。近年は，利用者が活動する場で情報サービスを提供するエンベディッド・ライブラリアン (embedded librarian)，特定の部局に派遣されるフィールド・ライブラリアン (field librarian)，図書館情報学，教育工学，教育方法学の知識や技能を兼ね備えたブレンディッド・ライブラリアン (blended librarian) など新しい大学図書館員が登場している。　　　　　　　　　　　長澤 多代

特許 ➡大学と特許

獨協医科大学 [私立] |どっきょういかだいがく
Dokkyo Medical University

1973年 (昭和48) 学校法人獨協学園によって医学部からなる単科大学として開学。その後，大学院医学研究科博士課程の設置を経て，2007年 (平成

19)には看護学部を開設する。2016年，2学部2研究科1専攻科(助産学)からなり，学生数は1471人(専攻科・社会人学生を含む)を数える。獨協学園の教育理念である「学問を通じての人間形成」の精神をもとに，「人間性豊かな医師並びに医学者の育成」「能力の啓発に重点を置く教育方針」「地域社会の医療センターとしての役割の遂行」「国際的交流に基づく医学研究」の四つを建学の理念として掲げる。「患者さま及びその家族，医療関係者をはじめ，広く社会一般の人々から信頼される医師・看護職者の育成」をめざしている。キャンパスは栃木県下都賀郡壬生町に所在。大学病院，越谷病院，日光医療センターの3病院および看護専門学校が附属施設として併設されており，地域の医療に貢献している。

山本 剛

獨協大学 [私立] | どっきょうだいがく
Dokkyo University

1964年(昭和39)カント哲学の権威である天野貞祐を初代学長として設立。設立者の学校法人獨協学園は1883年(明治16)に設立された獨逸学協会学校を起源としており，その学園創立80周年を機に開学した。建学の理念は，天野貞祐が提唱した「大学は学問を通じての人間形成の場である」とする。語学の獨協として外国語教育を重視し，学部・学科横断型の教育システムである全学共通カリキュラムを採用して，国際的教養を備えた高度専門人材の育成に努めている。2016年(平成28)5月現在，4学部3研究科および法科大学院に8815人の学生を収容する。埼玉県草加市のキャンパスは全学部全学科がまとまった「オールインキャンパス」で，全学生が4年間一つのキャンパスで学生生活を送ることから，学部・学科を超えた幅広い学びや交流が可能である。

戸村 理

鳥取看護大学 [私立] | とっとりかんごだいがく
Tottori College of Nursing

2015年(平成27)鳥取県倉吉市に看護学部看護学科を置く単科大学として創設された。「地域に根づく看護者を育成する」を建学の精神とし，地域に根ざしたヒューマンケアを実現するための基本理念として「専門的な基礎知識と技能を持ち，豊かな人間性で患者に寄り添う人材」「地域医療・在宅医療を支える人材」「地域で働くことに喜びと誇りを持つ人材」の育成を掲げる。教育課程における特色としては，段階的に配置された七つの分野の学習を通して高度な看護ケアの修得を進める中，とくに地域看護を重視する「地域包括支援分野」を設けて，地域医療・在宅医療を支える人材の養成に力を入れていることがあげられる。2016年現在，学生162人，教員29人を擁する。

小濱 歩

鳥取大学 [国立] | とっとりだいがく
Tottori University

1949年(昭和24)旧制の米子医科大学・米子医学専門学校・鳥取農林専門学校・鳥取師範学校・鳥取青年師範学校を包括して設置。鳥取市立川町を本部として学芸学部・医学部・農学部を置いたが，1965年に工学部を設置するとともに現在の鳥取市湖山町に移転した。翌年，学芸学部を教育学部に改称したが，同学部は1999年(平成11)に教育地域科学部に改組され，さらに2004年には島根大学との間で全国初の県境を越えた教員養成学生定員の移動を行うことで，地域学部へと転換された。1989年には島根大学・山口大学と連携して連合農学研究科(博士課程)を設置。2007年には社会貢献と産官学連携を推進するため「産学・地域連携推進機構」を設置。「グローバル人材育成推進室」の設置や「地(知)の拠点整備事業」での自治体との連携による地域志向の推進などに取り組む。2015年現在，鳥取・米子キャンパスに4学部5研究科を置き，学生6263人を収容(連合農学研究科を除く)。

小濱 歩

→ 知の拠点整備事業

飛び級 | とびきゅう
acceleration; grade skipping

一つ以上の学年を飛ばして進級すること。日本では大学への入学は18歳以上とされているが，一部大学・学部では特定分野で優れた資質や才能を持つ者を対象に17歳以下での入学を認めている。また，一部の大学・大学院では，優秀な学生を対象に，3年間で卒業を認める制度を設け，あるいは▶学士課程3年次修了時点で大学院入学を認める制度を設けている例がある。さらに，一定の条件を満たしつつ学士課程と▶修士課程を同一大学で一貫して学ぶことにより，標準修業年限の合計より短い期間で修士学位を取得できる制度を持つ大学もある。アメリカ合衆国では，大学レベルの授業を高校で受講し，大学入学後の単位認定がなされるアドバンスト・プレイスメント(advanced placement)プログラムや，高校在籍時から高等教育機関にも並行して在籍することのできるデュアル・エンロールメント(dual enrollment)などの制度を含め，標準の年齢を超えて上級の課程を学修する，飛び級に相当する現象が多くみられる。これらの諸形態は，学生の能力により進級を早める形で行われるため，特別な教育プログラムを必要としないという意味において効率的な英才教育であるといえる。

福留 東土

→ 修業年限

◎文部科学省「飛び入学について」: http://www.mext.go.jp/a_menu/koutou/shikaku/07111318.htm

飛び入学 | とびにゅうがく
early entry

高等学校（中等教育機関）から大学（高等教育機関）へ，あるいは大学から大学院へ進学する際に，特定の分野について優れた資質を持つと認められる者が，例外的に高等学校や大学を卒業せずに，課程を飛び越えて進学すること。日本においては，「優れた資質を持つ高校生に早期から大学教育を受けさせ，さらに能力を伸ばすこと」を目的に，1997年（平成9）に学校教育法施行規則の改正により制度化された。大学への飛び入学については，高等学校に2年以上在籍した17歳以上の生徒を対象に大学入学資格を認める。導入当初の対象分野は数学，物理学のみだったが，2001年に分野を問わず実施できるようになった。2017年度の大学入試では，7大学9学部で実施された。2015年12月までの飛び入学者数は累計で123人である。日本において飛び入学により大学に入学する場合，高等学校を中途退学する扱いとなる。アメリカ合衆国，フランス，ドイツ，中国等は大学への入学に年齢制限がなく，飛び入学が実施されている。韓国でも1996年に導入されている。

齋藤 千尋

→ 飛び級

苫小牧駒澤大学 [私立] | とまこまいこまざわだいがく
Tomakomai Komazawa University

北海道苫小牧市にある。学校法人駒澤大学は，沿革の始まりを1592年（文禄1）に設立の学林「旃檀林」に置く。1965年（昭和40）前身となった苫小牧駒澤短期大学が開校，89年（平成1）に駒澤大学苫小牧短期大学に名称を変更，98年に4年制の苫小牧駒澤大学となる。2007年開学10周年記念式典が行われた。建学の基本理念は「行学一如」であり，「信誠敬愛」の実践的徳目として具体化されている。国際文化学部は，キャリア創造学科，国際文化学科（2017年度より募集停止）で構成され，地域，地球，地力を特色とした4年間のカリキュラムで教育が行われている。学生の進路，就職のサポート体制も充実しており，就業体験にも積極的に取り組んでいる。2016年現在の学生数199人。2018年度より学校法人京都育英館が運営する予定。

蝶 慎一

トマジウス
Christian Thomasius | 1655-1728

ドイツ啓蒙主義の父と呼ばれる法学者。ライプツィヒに生まれ，フランクフルト・アン・デア・オーデルで教育を受けた後に，市民法と教会法の両法博士となった。故郷で弁護士をした後，▶ライプツィヒ大学の私講師となった。1687年にドイツ語での講義予告をおこなったため，後に教授執筆活動が禁止され，やがて免職処分となった。神学と古典語に重点を置くスコラ的大学教育の伝統に対する一種の近代化の試みであった。ブランデンブルク選帝侯フリードリヒ3世の依頼によって，ハレ大学（現，▶ハレ・ヴィッテンベルク大学）の創設に参画し，そこではドイツ語での講義をおこなった。個々人自身の洞察に基づく認識を最大限に尊重する立場から，18世紀のドイツ大学に探求する自由（libertas philosophandi）を根付かせた貢献は大きい。哲学者のクリスティアン・ヴォルフもハレ大学に移り，ドイツ語で哲学などを講義する用語集を作成した。これらはいずれも伝統的に▶ラテン語を使用してきた大学における▶教育言語の母国語化の先駆的事例である。

児玉 善仁

戸水事件 | とみずじけん

大学教授の政治的発言と大学自治をめぐって生じた事件。日露戦争の開戦時（1904年），当時東京帝国大学法科大学教授であった戸水寛人ら7人の教授は，対露強硬外交を唱え，新聞に「七博士意見書」を提出し世論は沸騰した。さらに戸水は過大な講和条件を主張し，日露講和条約（ポーツマス条約）締結に反対する運動を展開した。これに対し1905年（明治38），文部大臣久保田譲は文官分限令を適用して戸水を休職処分とする。時の総長山川健次郎は，休職処分を法科大学教授会に諮らず，総長の文相への人事具申権を行使せず受諾したという批判を受けて辞職を余儀なくされた。東京帝国大学は，大学教官の人事への介入は大学の自治と学問の独立への障害になると主張して，総辞職を宣言して政府に抵抗した。紛争は大学側の勝利に終わり，翌1906年戸水の復職が認められた。久保田文相は辞職し，山川は総長に復職した。本事件や少し後の▶沢柳事件を契機に，日本の大学に自治の慣行が確立されてゆくことになる。

斉藤 泰雄

富山県立大学 [公立] | とやまけんりつだいがく
Toyama Prefectural University

富山県の実業家大谷米太郎が1962年（昭和37）に私財を投じて創立した富山県立技術短期大学を母体とする。1990年（平成2）に開学した工学部・工学研究科のみの単科大学だが，学部内に5学科，研究科内に5専攻を擁する。富山県射水市に立地。建学の理念には，科学技術の拠点となり，富山県における地域産業の発展に資することがうたわれている。この理念は，とくに地域連携センターを中心として学外組織（産業界によるサポート組織）である「富山県立大学研究協力会」と連携すること

どによって実践されており，地域産業の発展を推進している。さらに良質な医薬品製造の伝統ある富山の特色を活かし，2015年に全国初の医薬品工学科を設置した。学部卒業生のうち3割強が大学院に進学しており，就職率は全国トップクラスである。2016年現在1205人の学生が在籍。

和崎 光太郎

富山国際大学[私立]｜とやまこくさいだいがく
Toyama University of International Studies

1990年(平成2)設置の学校法人富山国際学園(1963年設置の学校法人富山女子短期大学より名称変更)により同年に開学。学校法人富山女子短期大学は，富山県や各市町村，経済界や県民有志の公私にわたる協力によって設置された。建学の精神である「高い知性と広い教養，健全にして豊かな個性」のもと，「共存・共生の精神と知性を磨く」ことをめざして，国際社会および地域社会の発展に貢献する人材の育成に努めている。富山市の東黒牧および願海寺に二つのキャンパスを構え，2016年5月現在，現代社会学部と子ども育成学部の2学部に785人の学生を収容。8ヵ国の大学・高等教育機関と協定を結び，学生間の相互留学や学術交流を促進している。

平野 亮

富山大学[国立]｜とやまだいがく
University of Toyama

新川県師範学校(1875年設置)，共立富山薬学校(1893年設置)，高岡工業専門学校(1944年設置)など5校を前身として，1949年(昭和24)に新制大学として開学。2005年(平成17)国立の富山医科薬科大学(1975年開学)および高岡短期大学(1983年開学)との再編・統合が行われ，新たな富山大学となる。富山市五福，同市杉谷，高岡市二上町に3キャンパスを構え，2017年5月現在，8学部8研究科・教育部に9249人の学生を収容する。「知の東西融合」を学術活動の目標として掲げており，成果の一部は，薬都富山の伝統を受け継いで設置された伝統医薬学に関する和漢医薬総合研究所(1974年)や，世界の薬草を収集した民族薬物資料館(1985年)などを通じて成果発信がなされている。

平野 亮

豊田工業大学[私立]｜とよたこうぎょうだいがく
Toyota Technological Institute

1981年(昭和56)，名古屋市にトヨタ自動車の社会貢献活動の一環として創設された。開学当初は社会人のための大学とされていたのが最たる特徴で，実務経験のある社会人が学んだ。また開学以来，徹底した少人数教育，国公立大学並みの学費，機

械システム・電子情報・物質工学の三つの学問分野を学科に分けず全学生が横断的に学ぶカリキュラムなどの特色を打ち出している。建学の理念は，豊田佐吉の遺訓「研究と創造に心を致し，常に時流に先んずべし」である。1993年(平成5)から一般学生を受け入れ始め，現在は在学生の約9割を占める。2016年5月現在の学部(工学部)の在学生391人，大学院(博士後期課程含む)の在学生93人。学部卒業生のうち過半数が大学院に進学している。

和崎 光太郎

豊橋技術科学大学[国立]｜とよはしぎじゅつかがくだいがく
Toyohashi University of Technology

日本に2校ある技術科学大学の一つ。1976年(昭和51)9月，技術を科学で裏づけ，新たな技術を開発する学問，技術科学の教育・研究を使命とする国立大学として開学。開学以来，▶高等専門学校からの3年次入学に力を入れている。1980年に大学院工学研究科修士課程，86年に大学院工学研究科博士後期課程を設置し，大学院での教育・研究に重点が置かれるようになる。大学院に合わせて教員配置を行い，教員一人あたりの学生が少ない少人数教育をうたっている。また開学以来，エレクトロニクス先端融合研究所をはじめ多くの研究所，リサーチセンターを設置している。2016年(平成28)5月現在の学部在籍者は1206人だが，高等専門学校からの編入学生が多く，学部在籍者のうち8割余が3・4年生。博士前期課程および博士後期課程の在籍者は967人。

和崎 光太郎

豊橋創造大学[私立]｜とよはしそうぞうだいがく
Toyohashi Sozo University

1902年(明治35)創立の私立豊橋裁縫学校をルーツとして，83年(昭和58)創立の豊橋短期大学に併設して，96年(平成8)経営情報学部の単科大学として愛知県豊橋市に開学，短期大学は本学短期大学部となる。学校法人藤ノ花学園の系列校。2006年に経営情報学部を情報ビジネス学部に改組，リハビリテーション学部を開設。2009年にリハビリテーション学部を保健医療学部(理学療法学科・看護学科)に改組，13年に情報ビジネス学部を経営学部に改組。大学院は，2000年に経営情報学研究科の修士課程，10年に健康科学研究科修士課程を開設。建学の精神は「実用的な知識・技能を修得し，実践する過程を通して人間性を高める」。豊橋市との連携が強く，公開講座を豊橋市教育委員会と連携して行っている。2017年現在1100人の学生が在籍。

和崎 光太郎

トリニティ・カレッジ[アイルランド]
Trinity College Dublin

アイルランド共和国の首都ダブリンにあるアイルランド最古の大学。宗教改革の余波が続く1592年，エリザベス1世の勅許状により，入植者・官吏・国教会の子弟の高等教育の場として設立された。オックスフォードとケンブリッジ両大学をモデルに，植民地におけるプロテスタントの橋頭堡であるとともに，アイルランドの学術・高等教育の拠点となるようにとの期待を担ってのことであった。18世紀を通じて宗派主義への批判が高まり，アイルランドにおけるカトリック教徒の差別撤廃が進むとともに，門戸をカトリック教徒や非国教徒の子弟にも開放した(1793年)。ただし，教授職，▶フェローシップ，スカラーシップ(エリート研究生)などの保有は1873年までプロテスタント信奉者のみに制限された。女性の入学が認められたのは1904年である。

歴代の卒業生の中にはジョナサン・スウィフト，エドマンド・バーク，オリヴァー・ゴールドスミス，オスカー・ワイルド，サミュエル・ベケットなどがいる。基礎学術から伝統的な法学，医学，神学(宗教学)，さらには最新の生命諸科学まで主要な学問分野を網羅して，1万数千人の学生(うち大学院生約5000人)を収容し，オックスブリッジに比肩する水準の大学との定評を得ている。当大学図書館蔵の『ケルズの書』(聖書の手稿写本)は世界で最も美しい本と言われている。

小原 義仁

トリノ大学[イタリア]|トリノだいがく
Università degli Studi di Torino

ピエモンテ地方のトリノにある国立総合大学。1404年にピエモンテ公ルドヴィコが，パヴィアやピアチェンツァから流入した教師の要請に基づき，教皇ベネディクトゥス13世から設立教書を得て成立。1412年には皇帝からも設立勅書を得た。しかし当初は弱体で，1420年代にはキエーリ，34年にはサヴィリャーノに移動し，36年に最終的にトリノに帰り，以後は比較的安定して町の重要性の高まりとともに繁栄した。18世紀末の対フランス戦争ではピエモンテ暫定政府が大学を再開して国立大学としたが，フランス支配下ではナポレオンの帝国大学体制に組み込まれた。トリノは19世紀のリソルジメントに大きな役割を果たしたサルデーニャ王国の首都であったため，統一前後から重要な位置に置かれ，多数の学生を集めた。近年は学生数の増大に伴って，アスティやクーネオなどピエモンテ地方の諸都市に組織を分散している。2015年現在，6スクオーラ，27学科12学部，正教授422人，准教授752人，研究員779人，登録学生数約6万7000人。

児玉 善仁

トリブバン大学[ネパール]|トリブバンだいがく
Tribhuvan University

1959年首都カトマンズから5km離れたキルティプルに設置されたネパール最初の大学。2013/14年度の学生総数は約60万人で(ネパールの高等教育就学人口の約9割に相当)，学部・学科に約27万人，加盟カレッジに約33万人が在籍。2006年の民主化運動以降，国王に代わり総理大臣が総長を務め，総長代理には教育省長官が就任。国内各地に330のキャンパスをもち，人文・社会科学，経営学，教育学，法学の4学部38学科と931の私立加盟カレッジ，九つの研究所によって構成される。学部レベルでは1079のコース，大学院レベルでは1000のコースを提供している。2013年にネパール初の国立大学に指定され，学部の増設や大学の機能拡張が検討されている。一方，他大学と比べて学年末試験の合格率が低いことが指摘されており(4割未満)，教育の効率化が課題となっている。

小原 優貴

トルコの大学|トルコのだいがく

トルコにおける大学の起源は，トルコ共和国(1923年〜)の前身であるオスマン帝国(1300年頃〜1922年)の時代まで遡る。オスマン史上「タンズィマート(組織化の意)」と呼ばれる，社会の全面的な刷新を目指した時代(1839〜76年)に計画され，開校と閉鎖を繰り返しつつ，最終的に1900年に「帝国大学(ダーリュリュフュヌーヌ・シャーハーネ)」の名で再開された高等教育機関が，現在の▶イスタンブル大学(イスタンブル・ユニヴェルシテスィ)の直接の前身である。

オスマン帝国には，イスラーム教徒だけでなく，キリスト教徒やユダヤ教徒も多数居住し，学校教育は原則として宗教共同体ごとになされていた。たとえばイスラーム教徒の場合，女子を含めほぼすべての児童が通い，クルアーンの暗唱と読み書きを学んだメクテブ(マクタブ)と，イスラームの専門家であるウラマーを養成するためのメドレセ(▶マドラサ)が存在した。正教徒やアルメニア教会信徒やユダヤ教徒の場合も，規模の差こそあれ，初歩的な学校と宗教の専門家を養成する機関を独自に有していた。また，とくに19世紀初頭以降，アメリカやフランスなどの宣教団による学校が設立され，そこにイスラーム教徒が通うこともあった。

こうしたさまざまな学校がすでに存在するなか，新しい時代に対応するために，官僚・軍人・法曹・医師・教師・技師などの養成と，その準備教育を主眼とした各種の新式学校が国家主導で設置された。それはまず軍事部門から開始され，海軍技術学校(1776年設立，以下同)，陸軍技術学校(1793

年），軍医学校（1827年），陸軍士官学校（1834年）が設立された。そして1830年代末期には，非軍事の官僚養成校も設置されるようになった。

1839年にギュルハネ勅令が公布され，タンズィマート改革が開始されると，教育は改革の重要な一部と見なされた。その大綱は，1845年に設置された臨時教育審議会によって構想され，非軍事の学校は小学校（スブヤン），中学校（リュシュディエ），大学（ダーリュリュフュヌーン，「諸学の館」の意）の3段階とされた。ただしこの時点では，これからつくられるべき大学について，臣民であれば宗教・宗派を問わず受け入れると明記されただけであり，学部や教授科目や学位などについては何も規定されなかった。

1846年には帝都イスタンブルで校舎の建設も開始され，47年には，将来大学で教鞭を執る人材を養成するべく，メドレセの学生がパリに派遣された。校舎建設は遅々として進まなかったが，1863年には完成していた教室の一部において，陸軍技術学校出身者による物理と化学の講義が開始された。その後，博物学や歴史も講じられたが，1865年，この校舎は大学には広大に過ぎるとの意見により財務省に譲渡された。大学には別の校舎が用意されることになり，その建設も始められたが，行政学校（1859年設立の地方官僚養成校）の校舎に一時的に移転したところ，そこで火災が発生した。行政学校は他所に移って教育を継続したが，校舎建設中の大学は閉鎖を余儀なくされた。

［大学の成立］

こうしたなか，1869年に，メドレセと軍事諸学校を除く学校教育を体系的に規定した公教育法（全198条）が制定された。同法において，大学には「オスマン大学（ダーリュリュフュヌーヌ・オスマーニー）」という名称が与えられ，学部（文・法・理），教授科目，入学資格，学位，大学評議会などが詳細に規定された。公教育法のおよそ4分の1にあたる50条が大学に関する条文であったことから，大学再開への期待がうかがえる。

翌1870年に大学は再開されたが，73年（あるいは74年）に，おそらくは中等教育を修了した学生と専任の教員の不足のため閉鎖された。そのため1874年に，フランス語で西欧式の中等教育を行っていたガラタサライ校（1868年設立）の内部に，法曹と技師を養成するための課程が設けられ，これがときに「大学」と呼ばれることもあった。しかし，1880年に設置された法務省附属の法学校によって，ガラタサライ校の法曹養成課程は翌81年に吸収された。技師養成課程もこのとき閉鎖されたようである。

このように，「大学」の名をもつ教育機関は，長期にわたって継続的な教育を行うことができなかったが，まさにこの法務省附属法学校に加えて，1867年に軍医学校の内部に設置され，のちに独立した医学校，77年に専門課程が加えられた行政学校，

83年に陸軍技術学校が再編された技術学校などが，高度専門職に就く人材を養成していた。そして1900年，第34代アブデュルハミト2世（在位1876-1909）の即位25周年を記念して，こうした高等教育機関を基礎に大学が再開された。「帝国大学（ダーリュリュフュヌーヌ・シャーハーネ）」と称された同校は，当初，法学校と医学校を帝国大学の学部として扱い，さらに行政学校の校長が帝国大学の学長を兼任するという形態をとった。独自の学部として（イスラーム）神・理・文の各学部が設けられたが，中心は，1908年の青年トルコ革命後に正式に学部となった法学部と医学部にあった。なお，1914年にはメドレセ改革にともない神学部が廃止され，同年女子部が開設された。

第1次世界大戦によりオスマン帝国が崩壊し，トルコ共和国（1923年～）が建国されると，メドレセは全廃された（1924年）。オスマン時代に新式学校として設けられた高等教育機関のいくつかは，共和国期に大学が設立される際，その母体となった。まず帝国大学は，1924年に共和国大学（ジュムフリエット・ダーリュリュフュヌーヌ），1933年にイスタンブル大学（イスタンブル・ユニヴェルシテスィ）に改組された。大学の呼称も，トルコ語からアラビア語やペルシア語の要素を可能な限り減じようとする文化政策によって，フランス語に由来するユニヴェルシテとされた。次いで陸軍技術学校を淵源とする技術学校（1883年設立）は，1944年に▶イスタンブル工科大学（イスタンブル・テクニク・ユニヴェルシテスィ）に改められた。そして行政学校は，共和国の首都がアンカラとされたことにともない，1936年同地に移転し政治学校と改称していたが，1946年に▶アンカラ大学（アンカラ・ユニヴェルシテスィ）が設立されると，1950年にその政治学部として編入された。

［大学改革］

トルコでは，1960年，71年，80年，97年に軍によるクーデタないしは政治介入が起こり，政治的に不安定な時期が続いた。とくに1980年のクーデタでは，すべての政党の活動が停止された。参謀総長を議長とする国家保安評議会が全権を掌握するなか，翌81年に高等教育協議会（YÖK）が設置され，すべての国立大学の学長と学部長の任免権がこの協議会に与えられるなど，大学への統制が強まった（この時点で私立大学は存在せず）。1983年に政党活動が解禁され，民政に移管したが，同協議会は現在も高等教育を統制している。

他方，1970年代以降のトルコは，急速な大学拡張の時代を迎えていた。アメリカの宣教団によって1863年に設立された私立ロバート・カレッジが，1971年に国立▶ボアジチ大学に改組されたのを皮切りに，73年から78年にかけて10校，82年に8校，87年に1校，そして92年には一気に21校の国立大学が新設され，ほとんどの県に国立大学が存在するようになった。また，1984年には最初の私

立大学である▶ビルケント大学がアンカラで開校した。私立大学は，90年代後半以降，国内の巨大財閥や各種の財団などによって，とくにイスタンブルで多数新設された。2015年現在，国立109校，私立76校を数えるに至っているが，こうした急激な大学拡張にともない，学生の平均学力の低下，国立・私立間の学費の格差，有名教員の私立大学への引き抜きといった問題も生じている。

トルコはEU未加盟だが，▶エラスムス計画には参加しているため，ヨーロッパ諸国との学生の交流は盛んである。また，中東工科大学(アンカラ)やボアジチ大学など，英語による教育を実施し，国際的に評価されている大学も存在する。他方で，テュルク系諸語を母語とする中央アジア諸国からの留学生も多く受け入れている。国家自体と同様，トルコの大学は，さまざまな文化圏の結節点として機能していると言えよう。　　　　　　　長谷部 圭彦

→イスラームと大学

◎長谷部圭彦「オスマン帝国の『大学』－イスタンブル大学前史」『大学史研究』25，2013.
◎M. Tahir Hatiboğlu, *Türkiye Üniversite Tarihi 1845-1997*, Ankara, 1998.

トロウ
Martin A. Trow｜1926-2007

アメリカの社会学者。▶カリフォルニア大学バークレー校と同校公共政策大学院で教鞭をとり，高等教育の量的拡大に伴うシステム全体の質的な構造変動を論じた。▶進学率15%までのエリート型から，15〜50%までのマス型，50%を超えるユニバーサル型へと移行を遂げる発展段階説を唱え，高学歴化が進む高等教育のあり方について日本をはじめ世界的影響を与える問題提起を行った。支配階級に奉仕する少数者の特権から，多様な社会的要求に応じた国民の権利，万人に教育を保障する義務へと認識の比重が変わり，それに応じてカリキュラムや教育方法も弾力化・情報化・国際化などが進む一方，管理運営のあり方を含めて教育と学歴の質をどう保証するかが問われた。この過程は，同時的・全面的転換を意味するのではなく，社会により複合的な形態をとりながら不均等に，時間的ずれを伴って進行していくとされ，そうした分析枠組みに基づいて国際比較に開かれた議論を展開した。著書に『高学歴社会の大学—エリートからマスへ』東京大学出版会(1976年)，『高度情報社会の大学—マスからユニバーサルへ』玉川大学出版部(2000年)などがある。　　　　　　　大前 敦巳

→社会構造と大学(テーマ編)，大学の大衆化

トロント大学[カナダ]｜トロントだいがく
University of Toronto

カナダのトロント市を中心に所在するカナダ最大規模の公費運営大学。1827年に英国国教会系の教育施設として誕生したキングス・カレッジが前身で，現在のオンタリオ州地域で最初に勅令を得た大学となった。キングス・カレッジは1849年に無宗派の大学になり，50年にトロント大学へと名称変更した。1890年にはカトリック系のセントマイケルズ・カレッジとメソジスト系のヴィクトリア大学，1904年には国教会系のトリニティ・カレッジが私立大学から転換して本大学に組み込まれた。その他のカレッジを含む大学の体制は，イギリスの▶ロンドン大学を範としている。現在，トロント市街地のセントジョージ・キャンパス，ミシサガおよびスカボロの3キャンパスから構成され，学部生約7万人，大学院生約1万7000人の計約8万7000人を擁し，うち留学生は1万6000人を占める(2015年現在)。教員数は約1万4000人で，大学図書館の規模は北米第3位を誇る。カナダ屈指の名門大学。

　　　　　　　溝上 智恵子

な

内規 |ないき
bylaws

大学の内部で通用する規定や決まりの総称。▶学則のもとに設定される各種の規則等をいう。学則は大学の最も基本的な規則や方針を定めたもので，大学の実際的な運営にはさらに詳細な決まりが必要となり，各種内規を制定する。一般的には「学則―規則―規定―細則―要領―基準―申合せ」という構造序列を持つが，その体系や段階数，名称等は大学独自に定め，一様ではない。ただし，学則を頂点とする上位内規ほど適用範囲が広く原則的な内容を持ち，下位内規ほど適用範囲は限定的で内容は具体的となる。内規は全学的審議を経て設定するものもあれば，学部や▶研究科あるいは各種委員会など個別の組織単位で設定する場合もある。学則の下に設定される内規等は，大学組織，学務，研究，総務，人事，財務，施設・安全管理，学部・研究科などの領域でそれぞれ設定される。

大川 一毅

内部質保証 |ないぶしつほしょう
Internal Quality Assurance

2008年12月の中央教育審議会答申「▶学士課程教育の構築に向けて」が提唱した大学質保証の概念。同答申およびそれ以降に中教審が公にした文書により，内部質保証とは，①学習成果の測定・評価を軸とする教育質保証であること，②▶PDCAサイクル(Plan-Do-Check-Act Cycle)が組み込まれた▶自己点検・評価の枠組みの中で機能すること，③専門分野別質保証の視点が重視されること，④その機能的有効性の検証は，認証評価機関により間接評価の手法によって行われること，の四つの特質をもつものとして意義づけられる。そこではとりわけ，学習成果の検証に基づく教育の質の維持・向上のための教育改善プロセスとしての側面が重視される。こうした趣旨に沿って2015年7月，▶大学基準協会は『内部質保証ハンドブック』を公にした。そして2016年3月のいわゆる「認証評価細目省令」の改正により，内部質保証を▶認証評価における重点的評価項目として位置づけることが明定された。

早田 幸政

→ ラーニング・アウトカムズ，大学の質保証(テーマ編)

長岡技術科学大学 [国立] |ながおかぎじゅつかがくだいがく
Nagaoka University of Technology

1976年(昭和51)に開学。2016年(平成28)5月現在，新潟県長岡市にキャンパスを置き，1学部2研究科に2441人の学生を収容する。「考え出す大学」をめざし，VOS(Vitality: 活力，Originality: 独創力，Services: 世のための奉仕)を大学のモットーに掲げる。キャンパスは平成25年度から，豊橋技術科学大学と国立高等専門学校機構との3機関の連携による，研究・技術開発機能を持つ産学官連携の融合キャンパスを構築。開学以来，高等専門学校卒業者を多く受け入れており，また「日本語のできる指導的技術者の育成」をめざしてツイニング・プログラムを設けるなど，海外学生の受入れも積極的である。教育面では「技術に対する社会の要請を知り学問の意義を認識すること，自己の創造性発揮の場を模索すること，実践的・技術感覚を養うこと」を目的に，大学院修士課程進学予定者には約5ヵ月間の「実務訓練(インターンシップ)」が教育課程に組み込まれており，その教育効果は学外から高い評価を得ている。

戸村 理

長岡造形大学 [公立] |ながおかぞうけいだいがく
Nagaoka Institute of Design

1994年(平成6)私立大学として開学，2014年に新潟県長岡市を設置者とする公立大学となる。建学の理念は「造形を通して真の人間的豊かさを探求し，これを社会に還元することのできる創造力を備えた人材を養成する」ことを掲げる。造形学部にプロダクトデザイン，視覚デザイン，美術・工芸，建築・環境デザインの1学部4学科体制で，「新しい時代におけるデザインの実践的教育研究」に努めている。カリキュラムでは，すべてのデザイン分野に共通して求められる基礎教育と実践的な専門教育によって，プロとしての素養が身に付くように構成されている。長岡市にキャンパスを構え，2017年5月現在，1学部と1研究科に1061人の学生を収容する。

山本 剛

長岡大学 [私立] |ながおかだいがく
Nagaoka University

1905年(明治38)創立の私塾斎藤女学館が起源。1926年(大正15)に甲種実業学校として認可され，28年(昭和3)に長岡高等家政女学校と改称。1948年4月に新制高等学校制度が始まった際，長岡家

政学園高等学校となり，56年に中越高等学校と改称し男女共学化された。1971年に学校法人名を中越学園とし，長岡女子短期大学経済学科を開校，1973年に長岡短期大学と改称し男女共学化。2001年（平成13）に産業経営学部産業経営学科の単科大学として長岡大学を開学，「幅広い職業人としての人づくりと実学実践教育の推進」と「地域社会に貢献し得る人材の育成」という二つの建学理念を掲げる。翌2002年に長岡短期大学を廃止。2007年に産業経営学部産業経営学科を経済経営学部環境経済学科・人間経営学科に改組。2014年この2科の募集を停止，経済経営学科を開設。2016年の学生数は359人。 和崎 光太郎

長崎ウエスレヤン大学 [私立]
ながさきウエスレヤンだいがく
Nagasaki Wesleyan University

1881年（明治14）の加伯利英和学校設立を起源とし，1906年私立鎮西学院と改称。1945年（昭和20）原爆投下により校舎全壊，教職員，生徒多数を失う。1966年鎮西学院短期大学設立，80年長崎ウエスレヤン短期大学に改称，2002年（平成14）長崎ウエスレヤン大学を設立。ウエスレヤンとは，18世紀イギリスで活躍した牧師・社会運動家のジョン・ウェスレーの教えを受け継ぐ者を指している。母体である鎮西学院はキリスト教精神を「敬天愛人」としていた。大学の教育の使命は，神を敬愛し隣人愛に生きる「アデルフォス」（兄弟姉妹）を育成することと定めた。長崎県諫早市にキャンパスを構え，2016年現在343人の学生が在籍。 船勢 肇

➡ キリスト教系大学

長崎外国語大学 [私立] ながさきがいこくごだいがく
Nagasaki University of Foreign Studies

1901年（明治34）長崎基督青年会（YMCA）設立を起源とし，50年（昭和25）長崎外国語短期大学開学，2001年（平成13）長崎外国語大学開学。長崎馬町教会の牧師であった青山武雄は原爆により廃墟となった長崎の地で，新しい時代の日本を担う人材育成を決意したという。戦争と被爆を経験し，世界平和と人類の共存共栄のためには，外国語や諸国の考え方をしっかりと理解し，異なる国の人々と対話できる若者を育てる必要があると考え，建学の精神として「真理と自由の探求」「隣人愛」「献身と奉仕の精神」というキリスト教の理念を教育の基盤に置いている。外国語の能力のみならず，柔軟な思考と異文化に対する感性を磨く。長崎県長崎市にキャンパスを構え，2017年現在745人の学生が在籍。 船勢 肇

➡ キリスト教系大学

長崎県立大学 [公立] ながさきけんりつだいがく
University of Nagasaki

起源は1902年（明治35）設立の長崎県立高等女学校（1950年に長崎県立女子短期大学となる）とされ，51年（昭和26）開学の長崎県立佐世保商科短期大学（1967年長崎県立国際経済大学に昇格）も包括する。1991年（平成3）に長崎県立国際経済大学が長崎県立大学と改称して開学，2008年に県立長崎シーボルト大学（長崎県立女子短期大学を継承）と統合。長崎の歴史・文化・地理的特性を踏まえ，県立の大学として地域経済の発展と県民の健康・生活・文化の向上を図る学術文化の中心としての役割を担うべく，「人間を尊重し平和を希求する精神を備えた創造性豊かな人材の育成」「長崎に根ざした新たな知の創造」「大学の総合力に基づく地域社会及び国際社会への貢献」を理念・目的とする。2016年経済・国際情報の2学部を募集停止（看護栄養学部は存続），同年経営学部・地域創造学部・国際社会学部・情報システム学部を設置した。大学院は3研究科。2016年5月現在の学生数は3047人。キャンパスは佐世保校とシーボルト校（西彼杵郡長与町）の2ヵ所。 船勢 肇

長崎国際大学 [私立] ながさきこくさいだいがく
Nagasaki International University

1945年（昭和20）の九州文化学院創立を起源とし，2000年（平成12）長崎国際大学開設。建学の理念は「人間尊重を基本理念に，よりよい人間関係とホスピタリティの探求・実現，並びに文化と健康を大切にする社会の建設に貢献する教育・研究」。教育の目標は「専門的知識と技能に加えて，知性，感性，人間性の備わった人材の育成」「地域から愛され，地域社会に貢献できる人材の育成」「異文化を理解し国際社会に貢献できる人材の育成」。ホスピタリティの意味を茶道で体験，徹底した実学教育と少人数指導，ゼミナールなどで学力を基礎から育成する，などが学びの特長である。長崎県佐世保市ハウステンボスのキャンパスに人間社会学部・健康管理学部・薬学部があり，2017年現在2227人の学生が在籍。 船勢 肇

長崎純心大学 [私立] ながさきじゅんしんだいがく
Nagasaki Junshin Catholic University

1934年（昭和9）本学設置母体の長崎純心聖母会が創立され（初代会長江角ヤス），翌35年純心女学院創立，36年純心女学院改め長崎純心高等女学校認可。1947年純心中学校開設，純心女子専門学校（神学科・被服科）開設。1950年純心女子短期大学開学，94年（平成6）長崎純心大学開学。教育理念には「カトリシズムの建学精神に基づき，学術

の中心として真理を求め，広い知識と深い専門の学芸を教授研究し，知的，道徳的及び応用的能力の展開による全人教育に努め，地域と世界に貢献し得る有能な人物を育成すると共に，人類の平和及び文化と福祉の展開に寄与することを目的とする」とある。長崎県長崎市にキャンパスを構え，2017年現在1108人の学生が在籍。　　　　　船勢 肇

長崎総合科学大学 [私立]｜ながさきそうごうかがくだいがく
Nagasaki Institute of Applied Science

長崎市にある。1943年(昭和18)設立の川南高等造船学校(造船工学科，機械工学科)が，44年に川南造船専門学校，45年に長崎造船専門学校と改称。1950年に長崎造船短期大学となり，65年には長崎造船大学として開学，工学部(船舶工学科・電気工学科・建築学科)を設置。1976年に大学院を開設。1978年に長崎総合科学大学と改称。2014年(平成26)春から工学部と総合情報学部の2学部2学科8コース制となり，2016年5月の学部学生770人。建学の精神は，創設者である川南工業株式会社川南豊作社長による「川南高等造船学校創立趣意書」に由来する「自律自彊・実学実践・創意創新・宇内和親」を掲げる。卒業生の就職先は，九州が58%を占める。　　　　　船勢 肇

長崎大学 [国立]｜ながさきだいがく
Nagasaki University

1857年(安政4)，オランダ軍医ポンペ・ファン・メールデルフォールトが，幕府医官松本良順ら12名にオランダ語による医学講義を開始した医学伝習所が創基とされる。その後，伝習所は養生所，精得館，長崎府医学校などの変遷を経て，1923年(大正12)に長崎医学専門学校から長崎医科大学に昇格。1949年(昭和24)，同大学および長崎経済専門学校，長崎師範学校，長崎高等学校などを包括し，新制の国立長崎大学として5学部で開学。大学の理念は「長崎に根づく伝統的文化を継承しつつ，豊かな心を育み，地球の平和を支える科学を創造することによって，社会の調和的発展に貢献する」。原爆投下や放射線医療科学分野に関連する蓄積を引き継ぎ，福島県の原発事故をうけては支援と協力に取り組んでいる。2016年(平成28)10月現在，多文化社会・教育・経済・医・歯・薬・工・環境科学・水産の9学部，8研究科があり，学部学生7483人，大学院生1562人。　　　　　船勢 肇

長野県看護大学 [公立]｜ながのけんかんごだいがく
Nagano College of Nursing

1995年(平成7)に看護学部を有する県立の単科大学として開学。「健康と福祉の増進に寄与すること

を目的として，看護の社会的機能を担うことのできる人材を育成するとともに，看護に関する専門的な知識及び技術を深く教授研究する」ことを大学設置の目的とする。「人間の理解」を中心としたカリキュラムによって「深く人間を理解し豊かな人間性を持った看護専門職の育成」を行う。また討議方式の科目や体験学習を取り入れて学生の自立性・主体性を育んでおり，卒業生は臨床現場や保健所などで活躍している。中央アルプスと南アルプスの自然に恵まれた地に位置する長野県駒ヶ根市にキャンパスを構え，2017年5月現在，1学部1研究科に369人の学生を収容する。　　　　　山本 剛

長野大学 [公立]｜ながのだいがく
Nagano University

1966年(昭和41)に本州大学として開学，74年に長野大学と改称。公設民営型の大学として設立した経緯から，地域とともに，体験を通して学ぶことを最重視する。また2008年(平成20)に制定された長野大学憲章では，「教養ある職業人の育成」「学生が[自己成長を楽しむ]ことができる支援体制の追求」「未来を拓く学生主体のキャンパスづくり」「地域に貢献する学術研究の展開」「構成員の主体的活動による「知の共同体」の構築」を構成員すべての指針となる基本目標とした。2016年現在，長野県上田市にキャンパスを構え，3学部3学科に1340人の学士課程学生が在籍する。2016年12月20日に長野県知事から上田市長へ，公立大学法人長野大学設立認可書が手交されたことで，2017年4月1日より公立大学法人長野大学へと移行した。　　　　　戸村 理

→公設民営大学

長野保健医療大学 [私立]｜ながのほけんいりょうだいがく
Nagano University of Health and Medicine

2015年(平成27)開学。前身は2001年開校の長野医療技術専門学校である。大学の目的は，四徳(知恵・勇気・節制・正義)の精神を礎とする教育理念の下，「仁心妙術」をはぐくむ教育を実践し，人を慈しむ「仁」の心と優れた知識・技能を有する人材を育成することである。2017年現在，長野県長野市にキャンパスを構え，1学部2専攻に259人の学士課程学生が在籍する。前身校は専門学校でありながら4年制となっており，その専門職養成カリキュラムは，リハビリテーション分野の単科大学となった長野保健医療大学にも継承されている。事実，実習時間は日本トップクラスの長さであり，実習の受入れ先も多く，また少人数制による臨床教育や卒後教育(▶リカレント教育)も徹底されている。　　　　　戸村 理

長浜バイオ大学 [私立]｜ながはまバイオだいがく
Nagahama Institute of Bio-science and Technology

2003年（平成15）学校法人関西文理総合学園により日本で初のバイオ系単科大学として開学。同法人は1946年（昭和21）設立の京都人文学園を起源とする。教育理念として，「平和とヒューマニズムを何よりも尊び，豊かな人間性と科学的合理性を兼ね備えた「行動する思考人」の育成」を掲げ，豊かな人間性と幅広い教養を涵養し，科学的合理性に富む最先端のバイオサイエンス専門技術の教育を行っている。3学科からなるバイオサイエンス学部では，実際の研究現場で通用するバイオ技術者や研究者に求められる技術力と応用力をはぐくむため，1年次から体系的で豊富な専門性の高い実験・実習を行うカリキュラムと教員による指導体制を用意している。キャンパスは滋賀県長浜市にあり，2016年時点で1221人の学生が在籍。　堺　完

中村学園大学 [私立]｜なかむらがくえんだいがく
Nakamura Gakuen University

1953年（昭和28）設立認可の学校法人中村学園を起源とし，54年福岡高等栄養学校開校，57年中村栄養短期大学開学を経て，65年中村学園大学開学。中村ハルを学園祖とする。建学の精神にある「日本人としての自覚をもち，清節の風をたっとび，感恩の情にとみ，労作にいそしむ」「形は心の現れである」「学問と生活の融合を重んじた教育・研究」にのっとり，人間教育，社会性教育，教養教育，専門教育を有機的に連携させ，「学生一人ひとりを大切にする」教育に努めている。福岡県福岡市城南区のキャンパスに栄養科学部，教育学部，流通科学部の3学部が置かれ，各学部に修士課程（栄養科学部では博士前期・後期課程）がある。2017年（平成29）現在3163人の学生が在籍。　船勢肇

名古屋音楽大学 [私立]｜なごやおんがくだいがく
Nagoya College of Music

学校法人同朋学園により1976年（昭和51）に開学。前身は1965年に中部地方唯一の芸術系短期大学として開学した名古屋音楽短期大学である。設置母体の同朋学園が真宗大谷派に属するため，仏教精神による真理の探究を旨として，学生個々の音楽の才能を最大限に育てることを使命として教育を行う。建学の精神は，親鸞聖人の思想である「同朋和敬」，あるいは「共なるいのちを生きるLiving Together in Diversity」である。1987年に大学院を開設し，2016年（平成28）5月現在，1学部1研究科に484人の学生を収容。名古屋市中村区稲葉地町に構えるキャンパスは，同法人の設置する同朋大学と同一であり，図書館をはじめ複数の施設を共用している。　平野亮

名古屋外国語大学 [私立]｜なごやがいこくごだいがく
Nagoya University of Foreign Studies

愛知県日進市にある。1988年（昭和63）英米語学科・フランス語学科・中国語学科の3学科を持つ外国語学部の単科大学として開学した。開学以来，中部地方で唯一の外国語大学である。1994年（平成6）に国際経営学部，97年に大学院，2004年に国際経営学部を改組した国際ビジネス学科と現代英語学科からなる現代国際学部が開設される。また外国語学部には1999年に日本語学科，2008年に英語教育学科が設置され，現代国際学部には2013年に国際教養学科が設置された。2016年5月現在の学部在学者4328人。2017年に世界共生学部を開設。2002年開学の名古屋学芸大学は姉妹校であり，学園祭が合同で行われている。
和崎光太郎

名古屋学院大学 [私立]｜なごやがくいんだいがく
Nagoya Gakuin University

1887年（明治20）にメソジスト派宣教師が創設した名古屋英和学校をルーツとして，1964年（昭和39）に経済学部の単科大学として開学。1989年（平成1）に外国語学部，92年に商学部を開設。2006年開設の人間健康学部を10年にスポーツ健康学部とリハビリテーション学部に改組，13年には法学部，15年には現代社会学部と国際文化学部を開設して，17年時点で8学部の総合大学となっている。また，大学院は1997年に経済経営学研究科の修士課程，外国語学研究科の修士課程を開設。2001年開設の大学院通信教育課程（修士課程）に，2008年通信制で日本初となる博士後期課程を開設。本部を名古屋市に置き，キャンパスは名古屋市のほか愛知県瀬戸市にもある。2016年現在6135人の学生が在籍。建学の精神は「敬神愛人」。
和崎光太郎

名古屋学芸大学 [私立]｜なごやがくげいだいがく
Nagoya University of Arts and Sciences

2002年（平成14）に開学。建学の精神は「人間教育と実学」であり，教育の基本理念は「人間を対象として「人と心」をテーマに，人間のために「知と美と健康を創造」していくこと」である。2017年現在，愛知県日進市にキャンパスを構え，管理栄養，メディア造形など3学部5学科3研究科に2760人の学士課程学生が在籍する。教育のコンセプトは，建学の精神を反映した「実学」と「現場主義」であり，実務家教員も多数配置することで実践性に富む講義，演習，実験・実習を行う。研究面では健

康・栄養研究所および子どもケアセンターを付属研究所として有す。なお2018年度には国立病院機構名古屋医療センターの看護助産学校の移行により看護学部が設置される予定。　　　　戸村 理

名古屋経済大学 [私立]｜なごやけいざいだいがく
Nagoya University of Economics

1907年（明治40）創設の名古屋女子商業学校をルーツとし，79年（昭和54）市邨学園大学が経済学部の単科大学として開学。1983年現在の校名に改称。1991年（平成3）法学部を開設，2000年に大学院法学研究科を開設。2002年に経営学部と大学院会計学研究科，2005年に人間生活科学部，2007年に大学院人間生活科学研究科を開設し，4学部3研究科の総合大学となる。愛知県犬山市に本部を置き，キャンパスを持つ。2017年現在2161人の学生が在籍。建学の精神は，「一に人物，二に伎倆（ぎりょう）」。運営主体は，創設者の名に由来する学校法人市邨学園であり，系列の中学校・高等学校と短期大学部を持つ。「実学と就職の名古屋経済大学」とうたい，学部のカリキュラムは学問体系によってではなく卒業後の職業選択を念頭に組み立てられている。　　　　和崎 光太郎

名古屋芸術大学 [私立]｜なごやげいじゅつだいがく
Nagoya University of the Arts

1954年（昭和29）設置の学校法人名古屋自由学院により70年に開学。音楽学部と美術学部からなる，私立大学では日本初の芸術系総合大学として開学した。創立者は，1952年に滝子幼児園（現，滝子幼稚園）を開設した水野とし子であり，建学の精神は「至誠奉仕」である。2004年（平成16）大学院を開設。北名古屋市熊之庄および同市徳重に二つのキャンパスを構え，2016年5月現在，1990人の学生を収容。狭い専門に閉じこもらず，すべての学生が広い視野を持って社会で活躍できることをねらいとして，2017年の改組により音楽・美術・デザインの3学部4学科が統合して芸術学部の単科となり，新たに2学部4研究科体制となった。　　　　平野 亮

名古屋工業大学 [国立]｜なごやこうぎょうだいがく
Nagoya Institute of Technology

1949年（昭和24）に愛知県立工業専門学校（1943年設置の愛知県立高等工業学校が44年に改称）との統合によって開学。起源は，中部地域を日本の産業中心地に育てることを目的に1905年（明治38）に創設された，当地初の官立高等教育機関である名古屋高等工業学校にさかのぼる。名古屋市昭和区御器所町にキャンパスを構え，2017年（平成29）5月

現在，1学部1研究科に5604人の学生を収容する。「常に新たな産業と文化の揺籃」たることをめざし，短期大学部（1951〜61年），工学部第二部（1959年開設），工業教員養成所（1961〜69年）を設置するなど多様な仕方で工科系の先導的人材の育成に努めてきた。2012年には「ものづくり」「ひとづくり」「未来づくり」という憲章を制定した。　平野 亮

名古屋産業大学 [私立]｜なごやさんぎょうだいがく
Nagoya Sangyo University

1948年（昭和23）創設の菊武タイピスト養成所をルーツとして，学校法人菊武学園の系列校として2000年（平成12）に環境情報ビジネス学部の単科大学として開学。愛知県尾張旭市に立地する。2004年に大学院環境マネジメント研究科の修士課程，2007年に同研究科の博士後期課程を開設（修士課程は博士前期課程に改称）。建学の精神は「職業教育をとおして社会で活躍できる人材の育成」であり，「誠実にして創造性に富み，専門的能力を身につけた，産業社会で活躍できる人材を育成する」ことを大学教育の目的として，「学生が主人公」「親切」「自立」をモットーとする。2016年現在419人の学生が在籍。系列校に，幼稚園，高等学校，短期大学のほか，専門学校を持つ。　　和崎 光太郎

名古屋商科大学 [私立]｜なごやしょうかだいがく
Nagoya University of Commerce & Business

愛知県日進市にある。1953年（昭和28）に商学部の単科大学として開学した。1990年（平成2）の大学院経営情報学研究科の開設後，国際的な大学間交流を積極的に進める。同研究科はビジネススクール（経営学の▶専門職大学院）としての特色を持ち，2003年には社会人を対象とした「Weekend MBA」を開始。2005年に東京のキャンパスでMBA（Master of Business Administration）プログラムを開始し，翌2006年には，当時90年の伝統を持つ国際的なマネジメント教育機関であるAACSB（The Association to Advance Collegiate Schools of Business）から国内2番目の正式認証を受ける。さらに2007年には，大阪のキャンパスでもMBAプログラムを開始。2016年5月現在，448人が在学する国内最大規模のビジネススクールとなり，学部（経済・経営・商・国際）に2429人が在籍している。　　　　和崎 光太郎

名古屋女子大学 [私立]｜なごやじょしだいがく
Nagoya Women's University

1951年（昭和26）設置の学校法人名古屋市緑ヶ丘女子学園により64年に開学。学校法人名古屋市緑ヶ丘女子学園は，同じ1951年に設置された学校法人越原学園と2007年（平成19）に統合し，新たに

学校法人越原学園となる。起源は，越原和および戦後日本初の女性衆議院議員も務めたその妻春子が1915年(大正4)に創立した名古屋女学校にさかのぼる。建学の精神あるいは学園訓は「親切」である。2015年に名古屋市天白区にあったキャンパスを同市瑞穂区汐路町のキャンパスに統合した。2016年5月現在，2学部1研究科に2197人の学生を収容。女性の社会的自立を推進しており，とくに管理栄養士の輩出において全国トップレベルの成績を維持している。

平野 亮

名古屋市立大学 [公立] なごやしりつだいがく
Nagoya City University

1884年(明治17)に設置された名古屋薬学校を源流とする名古屋薬科大学と，1943年(昭和18)に設置された名古屋市立女子高等医学専門学校を源流とする名古屋女子医科大学が統合し，50年に医学部・薬学部の2学部で開学。1964年に経済学部を設置。1996年(平成8)に教養部を廃止し，人文社会学部および芸術工学部を設置。1999年に看護学部を設置し，公立大学で唯一，医学部，薬学部，看護学部を有する大学となる。大学院も，1961年以降，各学部に順次設置される。2016年5月現在の学部在学者は3851人，大学院在学者は693人。学部在学者のうち，6割以上が愛知県内の高校出身者，約3割が名古屋市内の高校出身者である。

和崎 光太郎

名古屋造形大学 [私立] なごやぞうけいだいがく
Nagoya Zokei University

1967年(昭和42)創立の名古屋造形芸術短期大学を部分的に改組し，90年(平成2)愛知県小牧市に名古屋造形芸術大学が造形芸術学部の単科大学として開学。学校法人同朋学園が運営する。2003年に大学院造形芸術研究科を開設。2008年に現校名に改称し，造形芸術学部を造形学部に，造形芸術研究科を造形研究科に改称し，学部の2学科9コース編成を1学科17コース・クラスの編成に改編。2017年現在は12コースを設置，777人の学生が在籍している。建学の精神は，親鸞が説いた「同朋(どうぼう)精神」，またはその精神の実践，つまりあらゆる差異を認め合いそれぞれの個性が輝くよう「共なるいのち」を生きることを意味する「同朋和敬」。

和崎 光太郎

名古屋大学 [国立] なごやだいがく
Nagoya University

1871年(明治4)開設の仮病院・仮医学校を起源とする。同校の後身である名古屋医科大学を母体として，1939年(昭和14)に名古屋帝国大学が開学。

1949年に名古屋帝国大学，1908年設置の第八高等学校，1920年(大正9)設置の名古屋高等商業学校，1945年設置の岡崎師範学校が統合し，国立の名古屋大学として開学。その後，各学部が東山キャンパスへの移転を順次進め，1966年の農学部移転で医学部以外の移転が完了した。1990年代から事実上の大学院重点化を進めており，2017年(平成29)5月現在，10学部(文・教育・法・経済・情報・情報文化・理・医・工・農)の在籍者数1万115人，大学院博士課程(後期課程含む)16研究科の在籍者数6272人。なお情報文化学部は2017年情報学部に改組。野依良治，益川敏英などのノーベル賞受賞者を輩出しており，中部日本最大の大学であるとともに日本を代表する大学の一つである。

和崎 光太郎

名古屋文理大学 [私立] なごやぶんりだいがく
Nagoya Bunri University

1941年(昭和16)創立の農林省財団食糧科学研究所をルーツとして，99年(平成11)に名古屋文理短期大学の一部を改組して，情報文化学部の単科大学として愛知県稲沢市に開学。学校法人滝川学園の系列校。2003年に健康生活学部を開設，12年に情報文化学部を情報メディア学部に改組。2017年時点で2学部3学科を持つ。立学の精神を「本学は，自由と責任を重んじ，学問を通して知識技術を磨き，健康を増進し，特に品性を高め，正しい歴史観と人生観を培い，世界から信頼される日本人を育成する場である」としている。初年次教育のための基礎教育センターの設置や，大学公式HPの大学案内から「大学紀要」の閲覧を可能にするなど，時代の先端を行く取組みがなされている。2017年現在997人の学生が在籍。

和崎 光太郎

ナポリ大学 [イタリア] ナポリだいがく
Università degli Studi di Napoli Federico II

ナポリにある国立総合大学。1224年に神聖ローマ皇帝フリードリヒ2世によって，教皇権と密接に関係した▶ボローニャ大学に対抗する大学として設立された。ボローニャが学生による自生的かつ自治的大学であったのに対して，皇帝権という普遍権力による最初の設立型大学。▶サレルノ大学を除くシチリア王国唯一の大学として認められ，当時の学生団体に共通の組織形態が採られながらも，強力な国家統制の下に置かれた。大学の最高監督権も，フリードリヒによって国家の▶カンケラリウス(書記官長)に与えられ，司教は公的な教育から完全に排除されていた。教師の指名権，学生の規律の監督権，教育組織の統制権，進級と学位の授与権もカンケラリウスに属した。イタリアの他大学のような学生選出の学頭は，規約に最初の例がある

1610年以降のことである。

18世紀にはヨーロッパ初の経済学の講座，19世紀初期に建築学，工学の教育機関や植物園の設置などの改革が行われた。現代も南イタリアの中心的大学として重要な位置を占めているが，1980年代の学生数増に対応するため，この伝統大学とは別に1991年にナポリ第二大学が設立された。2011年には4スクオーラ，26学科，正教授689人，准教授744人，研究員1112人，2015/16年の登録学生数約7万8000人。　　　　　　　　　　児玉 善仁

ナポレオン大学体制 ナポレオンだいがくたいせい
Université impériale sous Napoléon Ier [仏]

[フランス革命期の大学と高等教育]
中世以来の伝統を有するフランスの大学は，フランス革命期以降，激動のなかに置かれることになる。革命期において進められた同業組合とその特権の廃止という文脈の下，第一共和政下の国民公会は，1793年9月15日の法によって大学の廃止を宣した。今日でも代表的な▶グランド・ゼコールである高等師範学校（▶エコール・ノルマル・シュペリウール）および理工科学校（当初の校名は新公共事業中央学校）が1794年には設立されたが，これらは▶職業教育を公然と打ち出し，教員が世俗化され，国家が運営や教員採用を管理下に置くという，大学に対置される公的機関としての高等教育のもう一つのあり方を体現している。革命期およびその後のフランスの高等教育は，大学ではなく，グランド・ゼコールに代表される職業教育がその中心を占めるという方向に大きく舵を切ることになった。

[ナポレオンによる帝国大学の体制とその特徴]
1799年のブリュメールのクーデタ，統領政府を経て，1804年に皇帝となったナポレオンは，民法典の編纂，道路網や運河や港湾などの整備，国民軍の創設，フランス銀行の設立等，フランス社会の近代化を進めたが，彼は教育の面においても近代的な制度を導入した。それが1806年5月10日の法律によって定められた「帝国大学」の体制である。

この法律の第1条では「帝国大学の名の下に，帝国全土の公教育に専任する団体が編成される」と述べられ，また同法に関わる1808年3月17日の政令では「帝国全土における公教育は専ら大学に託される。いかなる学校も教育機関も，帝国大学の管轄外に編成されることはできない」，「帝国大学は，控訴院が設置されているのと同じ大学区académieから構成される」，「各大学区に属する学校は以下の種類の下に置かれる。①単科大学faculté：深化された科学および学位の授与のためのもの，②リセ：古代語，歴史学，修辞学，論理学および数学，物理学の基礎のためのもの，③コレージュ：市町村の中等学校。古代語の基礎および歴史学と科学の初歩のためのもの，④私立学校：個人

の教師によって運営され，コレージュと類似の教育が行われる，⑤寄宿学校：個人の教師に帰属する学校で，私立学校よりも易しい勉学が行われる，⑥小学校：読み書き，および計算の基礎知識を学ぶ」と規定されているように，この「帝国大学」は各種の学校をその監督下に置く行政機関としてとらえられる。各大学区には，中央政府によって任命された大学区長recteurが派遣された。

行政機関としてのこの「帝国大学」に対して，学問の場としての「大学」に相当するものは，17に分けられた各大学区に設置された①のファキュルテである。しかしナポレオンの「帝国大学」の体制においてこのファキュルテは，かつて大学の学部を意味していた語義は失われ，独立の学校＝高等教育機関を意味するものとなり，それぞれが別個に独立して「帝国大学」の管轄下に置かれた。しかも再編された神，法，医，文，理の5種類のファキュルテのうち，前三者は実質的には職業と結びついた一種の専門学校としてとらえられる。職業教育の場としての「法学校」や「医学校」がファキュルテの名で呼ばれたというわけである。一方，後二者の文，理のファキュルテに対しては，それらが何ら特定の職業を準備するものでもないという理由から，ナポレオンは重要な役割を与えなかった。これらの主たる任務は，▶バカロレア，学士号，博士号の学位授与のための試験機関という点にあった。このようにナポレオンは，職業教育重視という革命期に示された高等教育のあり方を踏襲しながら，大学を新たに作り直していった。

[歴史的位置づけ]
土木学校，鉱山学校等，いくつかのグランド・ゼコールは革命以前にすでに設立されており，また上記のように高等師範学校，理工科学校等，革命期に創設されたものもあるが，ナポレオンの「帝国大学」の体制は，大学とグランド・ゼコールの並立というフランスに独特な高等教育のあり方をあらためて強化している。独立的なファキュルテを糾合して総合的な大学を設立しようという動きは，1896年の▶総合大学設置法に至る第三共和政下の高等教育改革や，さらには20世紀，21世紀を通じてフランスの大学改革の基本的な軸となるが，こうした19世紀以降の近代的な大学のあり方を規定する出発点となったのがナポレオンの大学体制である。また「帝国大学」の制度の背景には，教会による教育を中央集権的な国家の手中に移すという，国家による教育の独占という含意も認めることができるが，これは，今日においてもフランスの教育の大原則となっている「義務的，無償，非宗教的」という枠組みを作った，1881年，82年のフェリー法に代表される，フランスにおける教育をめぐる基本的な課題と通じるものである。加えて，大学区の制度は現在も維持されているなど，ナポレオンの「帝国大学」の体制は，今日に至るフランスの教育のあり方を大

きく枠づけるものとなっている。　　白鳥 義彦

→フランスの大学(テーマ編)，フランス大学モデル，ユニヴェルシテ・アンペリアル，パリ大学

◎クリストフ・シャルル，ジャック・ヴェルジェ著，岡山茂，谷口清美訳『大学の歴史』白水社，2009.
◎田原音和『歴史のなかの社会学——デュルケームとデュルケミアン』木鐸社，1983.

名寄市立大学 [公立] なよろしりつだいがく
Nayoro City University

北海道名寄市にあり，日本で最も北に位置する公立大学。1960年(昭和35)名寄女子短期大学の開学に端を発し，90年(平成2)市立名寄短期大学に名称変更し，男女共学化となる。2006年に名寄市立大学が新たに開学となり，現在に至る。理念には「ケアの未来をひらき，小さくてもきらりと光る大学を目指す」と掲げられている。保健福祉学部には栄養，看護，社会福祉，社会保育の4学科がある。また教職課程を有しており，栄養学科では栄養教諭一種，看護学科では養護教諭二種，社会保育学科では中学校一種(社会科)，高等学校一種(公民)，高等学校一種(福祉)，特別支援学校教諭一種(知的障害・肢体不自由病弱者)が各々取得可能である。2017年現在の学生数695人。　蝶 慎一

奈良学園大学 [私立] ならがくえんだいがく
Naragakuen University

1984年(昭和59)に奈良産業大学として開学。2014年(平成26)に奈良学園大学と名称変更して現在に至る。建学の精神は「高度な専門学術知識に裏付けられた実践力を有する有能な人材を教育・養成し，地域社会及び社会全体の発達・発展に貢献する」であり，教育理念は「現実に立脚した学術の研究と教育を通じて，明日の社会を開く学識と実務能力を兼ね備えた指導的人材の育成を目指し，時代の進展に対応し得る広い視野と創造性をつちかい，誠実にして協調性のある心身ともに豊かでたくましい実践力を持った人材を養成する」である。2016年現在，奈良県生駒郡三郷町などにキャンパスを構え，4学部に698人の学士課程学生が在籍する。奈良県大学連合により，奈良女子大学，奈良教育大学などとの▶単位互換制度も行われている。　　戸村 理

奈良教育大学 [国立] ならきょういくだいがく
Nara University of Education

1949年(昭和24)奈良師範学校(1874年創立)と奈良青年師範学校(1944年設立)を元に奈良学芸大学が創立され，66年に奈良教育大学と改称。2007年(平成19)日本の大学で初めて，ユネスコの理念を実現することをめざすユネスコ・スクールとして承

認された。大学院は，修士課程と専門職学位課程(▶教職大学院)を設置。単位認定(互換)の提携先が多く，学内外で強いネットワークを有している。奈良県内には国立大学がほかに奈良女子大学しかなく，しかも文化の豊かな古都・奈良に立地するということもあり，教育大学でありつつ，地域の文化向上に貢献することを大学理念に組み込んでいる。具体的には，伝統文化専攻(書道・文化遺産)を持ち，大学院では「地域と伝統文化」教育プログラムを推進している。2017年現在1170人の学生が在籍。　　和崎 光太郎

奈良県立医科大学 [公立] ならけんりついかだいがく
Nara Medical University

1945年(昭和20)設置の奈良県立医学専門学校を起源として52年新制大学として創立。奈良県橿原市に所在する医学部のみの単科大学。奈良県唯一の医学部である。長らく医学科のみだったが，2004年(平成16)に看護学科を開設。2008年に県内からの入学者のための地域枠を設置する。大学院は，修士課程が医科学専攻と看護学専攻，博士課程が医科学専攻を設置。医療技術の習得だけではなく，豊かな人間性と高い倫理観を備えた良き医療人の育成をめざし，医学科は6年一貫，看護学科は4年一貫のヒューマニティーを培う教育プログラムを有している。2016年現在1240人の学生が在籍。ここ数年，医学科は県内からの入学者が3割以上を占め，看護学科は同入学者が6割以上を占める。　　和崎 光太郎

奈良県立大学 [公立] ならけんりつだいがく
Nara Prefectural University

1990年(平成2)に4年制の奈良県立商科大学として開学。母体は，勤労学生や社会人学生を対象とした商経科の夜間課程のみからなる奈良県立短期大学(1953年設置)である。2001年に商学部を改組し，地域創造学部を開設して現行の大学名に改称し，2007年にそれまでの夜間部から昼間部へと移行した。奈良市船橋町にキャンパスを構え，2017年5月現在，1学部に650人の学生を収容。テーマ別に学びを深める「学習コモンズ制」のもと，対話型少人数教育やフィールドワークに力を入れている。「地域」に視点を置いた教育・研究を重視しており，2013年より文部科学省事業「地(知)の拠点整備事業」に参加し，地域人材の育成と地域再生にも取り組んでいる。　　平野 亮

→知の拠点整備事業

奈良女子大学 [国立] ならじょしだいがく
Nara Women's University

1908年（明治41）に女子教員養成を目的として設置された奈良女子高等師範学校を前身とし，1949年（昭和24）に新制の奈良女子大学として開学。東京のお茶の水女子大学とともに2校しかない国立の女子大学の一つで，女子の最高教育機関として，「社会における女性の知的自立及び知的展開能力の獲得」をめざす。奈良市にあるキャンパスは，東大寺や興福寺など貴重な歴史的遺産を多数包蔵する奈良公園に隣接しており，構内にも国指定重要文化財の奈良女子大学記念館がある。文学部・理学部・生活環境学部の3学部と一つの博士課程の大学院（人間文化研究科）から構成されるが，2014年（平成26）には「男女共同参画社会をリードする女性人材養成」の拠点として，急速に変化する社会やその要請に対応することを目的に，学部・研究科の構成はそのままに専門コースの改組を実施。2016年5月現在，学生数は2651人（うち大学院525人）。附属学校園に中等教育学校・小学校・幼稚園がある。
平野 亮

奈良先端科学技術大学院大学 [国立]
ならせんたんかがくぎじゅつだいがくいんだいがく
Nara Institute of Science and Technology: NAIST

1980年代後半のバイオサイエンス推進や大学院の拡充を目的とした改革論議の中で設置が検討され，1991年（平成3）に学部を置かない国立の大学院大学として開学。奈良県生駒市のキャンパスに情報科学・バイオサイエンス・物質創成科学の3研究科を設け，2016年12月現在，学生1070人および教職員365人を収容する関西文化学術研究都市の中核的機関である。各先端科学技術分野の研究開発のための人材養成を使命とし，柔軟なカリキュラム編成や組織づくりに積極的に取り組んでいる。また入試では筆記試験を行わず面接などによる総合評価の方式を採用し，他方で広範な分野からの多様な学生の受入れを図っている。2008年には文部科学省「大学知的財産本部整備事業」の事業評価において最高評価を受け，2009年に同省実施の第一期中期目標・計画期間に係る業務の実績に係る評価においても，研究・教育水準が全国86国立大学法人中，第1位の評価を受けた。
平野 亮

奈良大学 [私立] ならだいがく
Nara University

1925年（大正14）に創設された奈良県最初の夜間制・無月謝の南都正強中学を起源とし，1969年（昭和44）に文学部国文学科・史学科・地理学科を設置

して開学した。1988年に社会学部を開設し，2016年（平成28）5月現在2学部6学科，2研究科と通信教育部からなる。「努力を天才とする信念」に基づき，堂々と自己研鑽に励むことを建学の精神とし，1年次から4年次まで専門分野と教養分野を並行して履修する教育システムをとる。学生数は3492人，専任教員数は73人。奈良盆地を一望し，関西文化学術研究都市に隣接する奈良市所在のキャンパスは，周辺に平城宮跡や唐招提寺をはじめとした学術的にも貴重な寺社，遺跡が点在する歴史豊かな土地にあり，各学部の授業ではその立地を生かした「歩く・見る・聞く・触れる・感じる」といった実践的学びを推進している。開学以来，遺跡調査から地域連携まで含めた「体験学習」を教学の中心に据えており，全学部・学科に「世界遺産コース」を設置する日本で唯一の大学でもある。近年はキャリア教育の充実にも力を入れている。
平野 亮

鳴門教育大学 [国立] なるときょういくだいがく
Naruto University of Education

1981年（昭和56）初等教育教員・中学校教員の養成を旨とする学部と，主として現職教員により高度な研究・研鑽の機会を確保する大学院からなる新構想の教員養成系大学として創設された。創設時は学校教育学部初等教育教員養成課程のみであったが，1984年に大学院学校教育研究科（修士課程）を設置し，87年には学校教育学部に中学校教員養成課程を加えた。1996年（平成8）には兵庫教育大学大学院連合学校教育学研究科（博士課程）に構成大学として参加。2004年に国立大学法人。徳島県鳴門市にキャンパスを置き，2017年現在の総学生数は学部464人，大学院534人。学部は学校教育学部，大学院は学校教育研究科（修士課程・専門職学位課程）。2016年3月卒業者大学別就職状況で教員就職率88.8％となり，7年連続全国第1位を記録した。
小濱 歩

南欧の大学 → テーマ編 p.133

南欧の大学改革 なんおうのだいがくかいかく

［イタリア］

イタリアはボローニャ宣言のお膝元であるだけでなく，それに先立つ1998年のソルボンヌ宣言の署名国であり，▶ボローニャ・プロセスの先導的役割を果たしてきた国の一つである。しかし，ボローニャ宣言の会議開催国であるにもかかわらず，イタリアの大学側の反応は鈍く，学術団体も新しい秩序への取組みを積極的におこなおうとはせず，大学や学界や社会は一般に無関心であった。むしろ，ボロ

ーニャ・プロセスに積極的に参加して，イタリアの高等教育を再組織化しようとしたのは，政府や文部行政の側であった。本来，イタリアの大学教育はエリート養成という歴史的な目的を維持し，高度な研究・教育の連携を図ろうとしてきた。他国においては大卒後教育レベルの課程を，大学教育としておこなってきたという自負に支えられていた。その結果，大学の大衆化などからくる多様な要求への対応を怠り，ヨーロッパでも大学未修了中退者の最も多い高等教育制度となっていた。

このため行政当局は，まず2〜3年間で取得できる短期学位（diploma，▶ディプロマ）の課程（1990年制定，92年施行）を導入するとともに，▶チューター制度も制度化して，全体的な教育内容の決定に関する自治権も各大学に付与してきた。労働界の要求に応じる目的を持ったこの短期学位は，大学入学資格であるマトゥリタを得てすぐに，正規の学位（laurea: ラウレア）課程か短期学位課程かの選択を学生に強要する点などが批判されたが，科学・技術分野などでは労働界に直結するものとして一定の成功を収めた。他方で，法律や行政分野においては，資格に直結しない低い評価しか与えられなかった。さらに，大学の教員の側が大学教育の伝統的な高度性を重んじて，これを評価しなかったため，短期学位課程の登録者は全体の10％を超えることはなかった。このような状況の中で，1999年のボローニャ宣言に則った改革が，同年に即座におこなわれた。とりわけ，欧州高等教育圏（EHEA）をめざす大学の学習サイクルの改革は，同年509省令（大臣 O. ゼッキーノ）で導入され，2001/02学年度からイタリアのすべての大学に適用された。つづいて，2004年の施策270省令（大臣 L. モラッティ）によって部分的に改訂され，それによって2010/11学年度までに学習課程の改革が大学に課せられた。

以上の制度改革は，職業構造に合わせた改革としては一応の成功を収めていると言って良い。たとえば，1995年の段階では，ラウレア取得者の3年後の就職率は7割程度であった。これは大学の大衆化によって従来の伝統的な労働市場が大学修了者を吸収できなくなっていたからであるが，3＋2サイクルの導入によって大学教育を一般労働市場と専門職市場に従来よりも適合させることが可能となった。そのため，大学登録者数は1990年代には漸減傾向にあったが，2000年以降は増加に転じ，その増加は3年間のラウレア課程の登録者によるものであった。そして，1999年のラウレア取得者の3年後の就職率は88.5％と増加した。その意味で，広く一般的に人材の質を高める中等後教育の提供という目的や，それと区別されるより質の高い専門職の養成教育という高等教育の目的に対応するものであったと言えるのである。

改革の効果は，就業面のみならず，教育の面においても現れた。従来イタリアの大学の顕著な特徴であった中途退学者率の高さは，教育・大学・科学研究省（MIUR）のデータによると，第1年次から第2年次の間の率が，1998/99の21％から，2007/08の18％にわずかとはいえ減少はした。またラウレア取得率に関しても，以前は規定の3年間で取得できる者の比率が10％以下という低い水準であったものが，40％を超えるようになった。しかし，改善されたとはいえ，依然として半数以上の者が3年間でラウレア学位を取得していないという現実には，別の問題も指摘されている。それは改革以前の教育内容がしばしばそのまま3年課程に移され，次の段階の専門課程における教育内容との合理的な分離がなされていないという点である。そのため，新しい3年のラウレア課程の意義を積極的に学生が見いだせないという結果を生んでいる。

このことは，ラウレア取得者が次の2年間の専門課程に進学する率の高さに表れている。その率は平均的には65％，科目によっては90％近い率を示している。3年間のラウレア取得者の多くが次の専門課程で勉学を続けるとすれば，3＋2の二つのサイクルの改革の意義は無意味になる危険性がある。実際，改革批判の大部分は，この3年のラウレア課程に対するものである。ラウレア取得が明確に職業構造に一致していないために，より高度な能力を要求しようとする労働市場に合わせて，学生たちは勉学を延長する傾向にある。教師の側も，3年間のラウレア課程では十分な教育ができず，労働界の要求に適合する教育ができないと主張してきたのである。

こうした主張はイタリアのみならず，ボローニャ・プロセスを受け入れた各国に見られるものであって，その対応策として大学に設置された課程がレベルⅠとレベルⅡの二つのマスター課程である。本来は，この課程もボローニャ・プロセスに沿って設置されるものであり，同プロセスの加盟国との協同関係やEHEAにおける労働界の資格互換性などから見ても期待されていた。実際，このマスター課程には多くの学生が登録したが，近年のデータを見る限り，マスター取得が職業的利益に直結しているとは言えない状況である。

こうした大学教育と労働界の必要を合致させるには，次の三つの活動が必要とされている。まず，大学のカリキュラムに労働界に必要とされる知識，すなわち情報処理や言語能力などの知識を導入すること。企業内教育や訓練を大学の教育課程にクレジットを付与して設置すること。これらの課程について，労働界の代表や専門家と相談し承認を得る必要があること。これらの活動を通じて，他国に比べてイタリアが遅れてきた改革を調整する必要がある。　　　　　　　　　　　　　　　　　児玉 善仁

［スペイン・ポルトガル］

21世紀に入ってからのスペインでは，2001年「大学組織法」によって大学の組織改革が始まった。

閉鎖的であった大学の運営に対し，大学教員の公募採用や国家資格の導入，第三者による評価機関の設置などは，大学の自治を侵害するとして強い反発も起こった。2004年に政権交代があり，2007年に「改正大学組織法」が成立，新たな改革が着手された。2007年の法律は，ボローニャ・プロセスへの一貫性と欧州高等教育圏への適合を目指す基本的骨組みが示されており，大学の段階的な基本構造としての▶学士課程，▶修士課程，▶博士課程の3段階の制度が構築され，さらに学部の再編成，それぞれの段階の年限が学士課程4年，修士課程1〜2年，博士課程3年に，ヨーロッパ共通の単位制度の導入も規定されている。2013年11月には「教育の質向上法」が成立した。この法律は中等教育までの質的改革を目指すものであるが，これにより大学入学資格試験が大幅に改革される。スペインは近年の金融および不動産バブルの崩壊による急激な経済危機によって，大学予算が削減され，▶授業料の値上げも行われている。その中で減少する学生数の問題，大学の質をどのように維持するのかなど，課題は山積している。大学の危機の時代とも言われ，学生デモも頻発している。2020年という新たな目標設定がなされたボローニャ・プロセスに対しての取組みも継続している。

　ポルトガルにおいても，経済危機による教育財政の圧迫により，授業料の値上げ，外部資金の導入，非常勤や任期付き雇用の教員の増加等，大学の運営は難しい状況にある。2005年に制定された教育法で，新たな単位制度の導入，段階的な基本構造の整備等の改革がなされた。この改革はボローニャ・プロセスとも合致するもので，学士課程（3年以上），修士課程（2年），博士課程（5年）の3段階が規定された。ポルトガルの高等教育制度には，大学のほかに専門学校を再編して創設されたポリテクニコという機関が存在する。2006年の政令により，ポリテクニコにおいても学士課程（3年），修士課程（2年）が設置され，学位を取得できるようになった。なおポルトガルでは，大学の所轄官庁は科学・技術・高等教育省であったが，2011年12月に統合されて教育・科学省が誕生し，大学は高等教育庁の管轄下に置かれることとなった。スペイン同様に経済的に厳しい状況下において，いかにして大学を運営し，教育の質を守るのかが課題となっている。　　　　　　　　　　　　　　　　安藤 万奈

→ 南欧の大学（テーマ編），欧州単位互換制度

［イタリア］◎児玉善仁「「世界の大学改革─伝統と革新」をめぐって」『大学史研究』第24号，2010.
◎Alessandro Bellavista, Il reclutamento dei professori e dei ricercatori universitari dopo la legge "Gelmini", *Newsletter Roars Review*, 2002: http://www.roars.it/online/il-reclutamento-dei-professori-e-dei-ricercatori-universitari-dopo-la-legge-gelmini/
［スペイン・ポルトガル］◎VV.AA., *História da Universidade em Portugal*, Coimbra, Universidade, Fundação Calouste Gulbenkian,

1997.
◎VV.AA., *La Universidad en el siglo XX* (España e Iberoamérica), Murcia, Sociedad Española de Historia de la Educación, Departamento de Teoría e Historia de la Educación, Universidad de Murcia, 1998.
◎Viñao, Antonio, Escuela para todos, *Educación y modernidad en la España del siglo XX*, 2004.
◎Neave, Guy, Amaral, Alberto (eds.), *Higher Education in Portugal 1974-2009: A Nation, a Generation*, 2012.

南山大学 [私立] ｜なんざんだいがく
Nanzan University

1932年（昭和7）にヨゼフ・ライネルス神父が設立した旧制の南山中学校（のち名古屋外国語専門学校）を起源とする。1949年に新制の南山大学として開学，52年に学園創立20周年を迎え，建学の精神として「人間の尊厳のために」（ラテン語で「Hominis Dignitati」）が採択される。当初は4学科をもつ文学部のみだったが，1960年に社会科学部を設置して以降，順次学部を増やし，昭和40年代半ばには4学部11学科へと発展，総合大学となる。1995年（平成7）に同じカトリック系の名古屋聖霊学園と法人合併し，中部地方唯一のカトリック系大学となる。キャンパスは名古屋にあり，2017年5月現在の8学部（人文・外国語・経済・経営・法・総合政策・理工・国際教養）の学生数は9628人（短期大学部を除く），大学院在学者数は205人（専門職大学院を含む）。　　　　　　　　　　　　　　　　和崎 光太郎

ナント大学 [フランス] ｜ナントだいがく
Université de Nantes

フランス西部，ペイ・ド・ラ・ロワール地域圏のロワール・アトランティック県ナント市にある。キャンパスはエルドル川沿いの丘陵地に位置。前身はブルターニュ公フランソワ2世時代の1460年に創立されたが，フランス革命によって廃止に追い込まれた。1968年の高等教育改革ののち，70年に六つの教育研究単位（▶UFR）からなる文学，五つの単位からなる科学をはじめ，法学，経済学，経営管理，医学，薬学，歯科医学の教育研究単位が定められた。2009年にはナント，アンジェ，ル・マンの3都市の大学を統合して，ナント大学を中心に研究・高等教育拠点（▶PRES）がつくられ，ロワール地域圏の研究発信地として一翼を担った。学生数3万7780（2015/16年）。2016年，大学・高等教育機関共同体（COMUE）に参加し，ブルターニュ・ロワール大学に加わっている。　　　　　　　　　　　　高橋 洋行

南原繁 ｜なんばらしげる
1889-1974（明治22-昭和49）

政治学者。香川県生まれ。第一高等学校を経て，1914年（大正3）東京帝国大学法科大学を卒業。同年内務省に入るが，1921年に辞して東京帝国

大学法科大学助教授。ヨーロッパに留学後，1925年教授。政治学の講義を担当し，フィヒテの政治哲学などを研究。学生時代に内村鑑三の聖書講義に加わり，キリスト教を信仰した。第2次世界大戦下，『国家と宗教』(1942年)においてナチズム批判を行った。1945年(昭和20)3月，東京帝国大学法学部長となり，法学部教授とともに終戦工作を試みた。同年12月より6年間，東京帝国大学総長をつとめ，戦時体制の払拭，本郷文教地区構想の提起，憲法問題・インフレーション対策など5項目の総合研究の推進などを実施した。1946年貴族院議員として憲法審議に従事し，47年教育刷新委員会委員長となって教育改革で中心的役割を果たした。1970年に日本学士院長。『南原繁著作集』全10巻(岩波書店，1972-73年)がある。

冨岡 勝

新潟医療福祉大学 [私立] にいがたいりょうふくしだいがく
Niigata University of Health and Welfare

新潟市北区にある。2000年(平成12)に学校法人新潟総合学園が設立され，翌2001年に医療技術学部(理学療法学科・作業療法学科・言語聴覚学科・健康栄養学科)，社会福祉学部(社会福祉学科)の2学部5学科をもつ医療福祉系大学として開学。2005年に2専攻からなる大学院医療福祉学研究科を設置し，2007年には医療技術学部・健康科学学部・社会福祉学部の3学部に改組，2010年には医療経営管理学部医療情報管理学科を新設するなど順次発展を続ける。日本国内外の多くの大学と学術交流協定の締結を進めている。2016年現在，4学部11学科が設置されており，同年5月の学部・大学院(博士後期課程含む)の在籍者は3972人で，医療福祉系大学としては全国屈指の規模を持つ。毎年多くの看護士，理学療法士，作業療法士，社会福祉士などを輩出し，就職率も全国屈指を誇る。

和崎 光太郎

新潟経営大学 [私立] にいがたけいえいだいがく
Niigata University of Management

1994年(平成6)高等教育機関への進学機会を望む地域住民の要望により開学。大学の理念として三つの教育目標，「知育・徳育をトータルに行う全人教育の復活」「自然・生命に対する敬意を基盤とした倫理性の涵養」「自分自身の活躍の場を創出できる活力ある人材の輩出」を掲げる。2017年現在，新潟県加茂市にキャンパスを構え，2学部3学科に656人の学士課程学生が在籍する。経営情報学科には経営，会計，情報，英語，起業家，経済・法律のコースが，スポーツマネジメント学科にはスポーツビジネス，スポーツトレーナー・指導者，健康・地域スポーツの専攻が，そして観光経営学科に

はレジャー・まちづくり，アグリ・フードビジネス，英語・ツーリズム，ホテル・ホスピタリティコースがある。

戸村 理

新潟県立看護大学 [公立] にいがたけんりつかんごだいがく
Niigata College of Nursing

2002年(平成14)看護学部看護学科の1学部1学科の単科大学として開学。「地域文化に根ざした看護科学の考究」を大学の使命とし，「資質の高い看護人材の育成を通じて地域に貢献する」ことを掲げる。学部1年次より少人数ゼミナール教育を取り入れて，「質の高い対人交流能力」の修得と「生涯学習の態度と基本的な知的探求の技術」の修得をめざしている。また「地域社会の人々と交流するプログラム」を設けて，「生活者に対する洞察力・想像力を教育研究に反映」させている。ほぼ100%近くの卒業生が，看護師，保健師，助産師として就職する。新潟県上越市にキャンパスを構え，2016年4月現在，看護学部と1研究科に410人の学生を収容する。

山本 剛

新潟県立大学 [公立] にいがたけんりつだいがく
University of Niigata Prefecture

新潟県の高等教育の充実と県立4年制大学の早期実現に対する県民世論の高まりのもと，2009年(平成21)に国際地域学部国際地域学科，人間生活学部子ども学科，同健康栄養学科の2学部3学科をもって開設。大学の基本理念を「国際性の涵養」「地域性の重視」「人間性の涵養」と掲げる。グローバルな環境で英語が使える学生の育成を目標とした「英語教育プログラムACE(Academic Communicative English)」を実施するなど，世界で活躍できる人材の育成に努めている。新潟市東区にキャンパスを構え，2017年5月現在，1133人の学生を収容する。

山本 剛

新潟工科大学 [私立] にいがたこうかだいがく
Niigata Institute of Technology

1995年(平成7)に開学。新潟県内中小企業関係者を中心に，優秀な人材の確保，将来における県内の会社存続と発展への危機感，日本の技術の空洞化への懸念から，柏崎市と新潟県内市町村の浄財による設置財源130億円超を原資に設立された。基本理念は「社会に開かれた個性ある大学として，産学協同を通して新潟県内産業界に貢献する」であり，建学の精神は「ものづくりの視点を重視した工学教育を通じて，未知の分野に果敢に挑戦する創造性豊かな人材を育成する」である。2016年現在，新潟県柏崎市にキャンパスを構え，工学部工学科などに502人の学士課程学生が在籍す

る。上越教育大学とは包括的連携を，ハルビン理工大学など中国，韓国，モンゴルとは学術交流を，県内三つの大学と一つの学部とは▶単位互換制度を整えている。　　　　　　　　　　　　戸村　理

新潟国際情報大学[私立]
にいがたこくさいじょうほうだいがく
Niigata University of International and Information Studies

1994年(平成6)に開学。設立発起人代表小沢辰男および初代学長内山秀夫の思いから策定された建学の精神を基に，大学の理念を「日本文化と異文化との違いを理解し，国や地域を越えて情報文化に貢献できる人材を育成し」，「情報社会を先導し，国・地域・人間の文化を尊重しつつ，国や地域を越えて人類の福祉向上に貢献」するとした。2016年現在，新潟県新潟市に二つのキャンパスを構え，2学部2学科に1240人の学士課程学生が在籍する。情報処理教育では，演習授業において学生のスキルや目的に応じた6段階のカリキュラムが設定されている。また国際教育でもアメリカ，ロシア，中国，韓国・朝鮮といった近隣諸国の言語・歴史・社会・文化の習熟と，「話せる，使える」英語教育プログラムの体制が設定されている。　戸村　理

新潟産業大学[私立]｜にいがたさんぎょうだいがく
Niigata Sangyo University

1947年(昭和22)に開校した柏崎専門学校が前身。以後，柏崎短期大学，新潟短期大学と改称を重ね，1988年に現行の新潟産業大学として開学した。建学の精神は，創設者下條恭兵の言う「戦後日本の再建・発展と平和で幸福な社会の建設は，一にかかって若い人材の育成に在り」であり，その教育理念を「主体的自我の確立」とした。私立文系大学としては，新潟県内で最も長い歴史を有す。2017年(平成29)現在，新潟県柏崎市にキャンパスを構え，1学部2学科に457人の学士課程学生が在籍する。校章にある三つの「S」は，Study(勉学)，Society(地域社会)，Service(貢献)という理念を示しており，勉学を通じた地域社会への貢献を意味する。　　　　　　　　　　　　　戸村　理

新潟青陵大学[私立]｜にいがたせいりょうだいがく
Niigata Seiryo University

2000年(平成12)に開学。学校法人青陵学園の建学の精神「日進の学理を応用し，勉めて現今の社会に適応すべき実学を教授する」に即し，「実学教育」を基調とする。大学の教育理念は「こころの豊かな看護と福祉の実践」であり，教育目的を「人間性に富んだ看護・福祉の全人的教育」とする。2017年現在，新潟県新潟市にキャンパスを構え，

2学部3学科に930人の学士課程学生が在籍する。現在の看護学部と福祉心理学部は，ケアに関わる専門職育成の急務および地域社会が求める▶高度専門職業人の育成というニーズから，2015年に看護福祉心理学部を分離改組したことにより誕生した。なお2006年には大学院臨床心理学研究科が設置された。これにより教育と研究を通じた高度専門知識を有する職業人の育成に，より大きな期待が寄せられている。　　　　　　戸村　理

新潟大学[国立]｜にいがただいがく
Niigata University

1870年(明治3)設置の仮病院(共立病院)，1874年設置の官立新潟師範学校が起源。1919年(大正8)に新潟高等学校，22年に新潟医科大学，23年に長岡高等工業学校が設置されるなど，現新潟大学の各学部にあたる学校が大正後期に設置される。1949年(昭和24)の国立学校設置法公布により，新潟医科大学・新潟高等学校・新潟第一師範学校・新潟第二師範学校・新潟青年師範学校・県立農林専門学校・長岡工業専門学校の7校をもとに人文学部，教育学部，理学部，医学部，工学部，農学部の6学部を擁した新潟大学が設置された。1960年代半ばに教養部，歯学部を設置。2010(平成22)年度学部卒業生就職者のうち，約半数が新潟県内に就職している。2017年，到達目標創生型の教育プログラムを展開する創生学部を新設。2017年5月現在，10学部6研究科に1万2375人が在籍。　　　　　　　　和崎　光太郎

新潟薬科大学[私立]｜にいがたやっかだいがく
Niigata University of Pharmacy and Applied Life Sciences

1977年(昭和52)に薬剤師の養成を目的に開学。大学の理念は「生命の尊厳に基づき，薬学及び生命科学両分野を連携させた教育と研究を通して，人々の健康の増進，環境の保全，国際交流や地域社会の発展に貢献する高い専門性と豊かな人間性を有する有為な人材の育成とともに，社会の進歩と文化の高揚に有益な研究成果の創出」とする。2016年(平成28)現在，新潟県新潟市に二つのキャンパスを構え，2学部3学科に1627人の学士課程学生が在籍する。社会的使命は，薬学部と応用生命科学部からなる生命科学系の総合大学であることから，「ヒトと地球の健康を科学して人類に貢献する」ことである。なお2016年現在，新潟県において薬学部を有す大学は新潟薬科大学のみである。　　　　　　　　　　　　　　　戸村　理

新潟リハビリテーション大学 [私立]
にいがたリハビリテーションだいがく
Niigata University of Rehabilitation

2007年（平成19）に新潟リハビリテーション大学院大学として開学。2010年に医療学部を開設したことで，現在の校名となる。大学の理念は，建学の精神「人の心の杖であれ」の精神を礎とした崇高な倫理観を備えること，そして優れた医療人としての厳格さと慈愛をあわせもつ全人教育をめざし，日本の医療分野に貢献することである。2016年現在，新潟県村上市にキャンパスを構え，医療学部リハビリテーション学科に453人の学士課程学生が在籍する。同学科は，理学療法学，作業療法学，言語聴覚学，リハビリテーション心理学の四つの専攻に分かれており，地域社会や国際社会で活躍し得る優しい心遣いと思いやりをもった医療人の育成をめざしている。　　　　　　　　戸村　理

新島襄 |にいじまじょう
1843-90（天保14-明治23）

上野安中藩出身。蘭学を修めたのち，航海術や英学を学び，キリスト教に深く感銘。1865年（慶応1）国禁を犯してボストンに渡り，▶アムハースト・カレッジ卒業後，アンドゥバー神学校に進む。1972〜73年（明治5〜6）に岩倉具視遣外使節訪米時に通訳を務め，とくに文部理事官田中不二麿に随行して欧米の教育事情を視察し，使節団の報告書ともいうべき『理事功程』の編纂に尽力した経験から，軍事力以上に国民精神の教育が一国の独立に重要と確信する。日本でのキリスト教主義学校の建設を訴え，アメリカン・ボードの協賛を得て宣教師補として1874年に帰国，京都府顧問山本覚馬，宣教師デーヴィス（Jerome Dean Davis, 1838-1910）の協力のもと，75年京都に同志社英学校（▶同志社大学の前身）を創設した。布教のためではなく，「青年の精神と品行とを陶冶する活力」をもつキリスト教主義による教育を強調し，「一国の良心とも謂ふ可き人々」の育成を目指した。この点，同じ自由と自治を標榜したリベラルな私学でありながら，学問的知識の習得を重視した慶應義塾と対照的と評される。新島はいち早く大学設立を計画し，1888年に「同志社大学設立の旨意」を公表。資金援助のため奔走するなか，設立前に病没した。　杉谷　祐美子

新見公立大学 [公立] |にいみこうりつだいがく
Niimi College

1980年（昭和55）旧阿新広域事務組合を設立母体とする新見女子短期大学として開学（看護学科・幼児教育学科）。1999年（平成11）に新見公立短期大学に改称し共学化。2008年に公立大学法人化。

2010年に新見公立大学を開学し，看護学部看護学科を設置した（2017年に健康科学部に改称）。2014年に大学院を，翌15年に助産学専攻科を設置。2016年現在，岡山県新見市に健康科学部・助産学専攻科・大学院看護学研究科（修士課程）を置き，学部生256人，専攻科生6人，大学院生14人を擁する。公開講座開講（1982年），健康生活面での助言等を行う「新見まごころネット」の設置（2003年），幼児教育に携わる人々への研修指導を行う教育支援センターの設置（2004年）など，地域連携に積極的であり，現在も地域支援センターを拠点に多種多様な交流・支援活動を展開している。
　　　　　　　　小濱　歩

二期校 ➡ 一期校・二期校

二元式学修課程 |にげんしきがくしゅうかてい
duale Studiengänge [独]

学生が高等教育機関で学修を行う一方，企業と職業訓練契約を結び，当該企業で給与の支払いを受けながら職業訓練にも参加する形式のドイツの学修課程。おもに▶専門大学に設置されており，ドイツの中等教育制度の主要な部分を構成する「デュアルシステム」を高等教育に転用したものである。この課程への入学要件は，まず専門大学の入学資格ないし一般の大学入学資格である▶アビトゥーアを有していること，そして入学志願者が職業訓練を提供する企業等と相応の職業訓練契約を締結していることである。入学を認められた学生は，高等教育機関での学修と企業での職業訓練を一定期間交互に受け（3ヵ月単位が一般的），専門大学の場合，通常3.5年（210単位）で学士を取得でき，各種職能団体などによる試験に合格すれば相応の職業資格の取得にも至る。ベルリン市の場合，各大学と企業との協定によって，学生に毎月500ユーロ以上の報酬を支払うことを保障する一方，企業が学修内容の50％に関与することを認めている。
　　　　　　　　髙谷　亜由子

西九州大学 [私立] |にしきゅうしゅうだいがく
Nishikyushu University

1968年（昭和43）開設の佐賀家政大学を前身とし，74年西九州大学に校名変更。佐賀県内唯一の4年制私立大学。健康栄養学部・健康福祉学部・リハビリテーション学部・子ども学部がある。永原学園西九州大学グループには保育園・幼稚園・専門学校・短期大学部もある。建学の精神には「高度の知識を授け，人間性の高揚を図り，専門知識と応用技術をもって社会に貢献し，世界文化の向上と人類福祉に寄与する人物を養成する」とある。

永原学園の教育理念を象徴する「あすなろう」とは「明日はひのきになろう」の意。「地域大学宣言」を発表し，地域の活性化の中核として発展することを目標に掲げ，地域自治体，地域産業界，ならびに地域社会と連携した教育研究活動を展開。佐賀県神埼市などにキャンパスを構え，2016年（平成28）現在1778人の学生が在籍。　　　　船勢 肇

西日本工業大学 [私立] | にしにっぽんこうぎょうだいがく
Nishinippon Institute of Technology

1936年（昭和11）九州工学校設立を起源とし，48年九州高等工科学校に校名変更，67年西日本工業大学を開学。基本理念は「人を育て技術を拓く（ひらく）」。教育目標は「豊かな人間性の錬成とすぐれた工業技術者の育成」。使命・目的は「工業に関する専門の学術と一般の学芸とを教授研究し，かつ，人格の形成と陶冶を図り，もって文化の向上に寄与する」。教育方針は「学生の個性を伸ばすきめ細かな教育の実現」「産業界を支える自立した実務型技術者の育成」「国際社会で，職場で尊敬され，頼りにされる技術者の育成（基本教科の確実な修得・コンピュータに強い技術者の育成・個性化への対応）」。福岡県京都郡苅田町新津のキャンパスに工学部とデザイン学部が置かれ，2017年（平成29）現在1450人の学生が在籍。　　　　船勢 肇

21世紀COEプログラム
にじゅういっせいきシーオーイープログラム
The 21st Century COE Program

文部科学省による研究助成事業。2001年（平成13）6月「大学（国立大学）の構造改革の方針」に基づき，2002年度に予算を措置され，2004年度まで3年間実施された。▶第三者評価による競争原理により競争的環境を一層醸成することを通じ，国際競争力のある世界最高水準の研究教育拠点（大学院博士課程レベル）を日本の大学に形成することが目的である。研究水準の向上と世界をリードする創造的な人材の育成を目指した。予算額は2002年度182億円，2003年度334億円，2004年度367億円であった。募集分野と申請数は，2002年度が生命科学，化学・材料科学，情報・電気・電子，人文科学，学際・複合・新領域の5分野について464件（163大学），2003年度は医学系，数学・物理学・地球科学，機械・土木・建築・その他工学，社会科学，学際・複合・新領域の5分野について611件（225大学），2004年度は革新的な学術分野について320件（186大学）であった。採択数は2002年度が113件，2003年度が133件，2004年度が28件であった。　　　　佐々木 研一朗

→COE，世界トップレベル国際研究拠点形成促進プログラム

◎日本学術振興会「21世紀COEプログラム」：
https://www.jsps.go.jp/j-21coe/

21世紀の大学像と今後の改革方策について（大学審議会答申）
にじゅういっせいきのだいがくぞうとこんごのかいかくほうさくについて

1998年（平成10）10月に，文部省の諮問機関である▶大学審議会が文部大臣に提出した答申。「競争的環境の中で個性が輝く大学」という副題をもつ。21世紀初頭において，日本の高等教育が世界的水準の教育研究を展開し，その求められる役割をはたしてゆくために次のような4点での改革が必要であると建議した。①課題探求能力の育成を目指した教育研究の質の向上，②教育研究システムの柔構造化による大学の自律性の確保，それを支える③責任ある意思決定と実行を目指した組織運営体制の整備，さらにこうした取組みについての④多元的な評価システムの確立による大学の個性化と教育研究の不断の改善。1991年の▶大学設置基準の改正＝教育課程編成基準の大綱化による個別大学の教育課程編成権限の拡大をうけ，さらには論議が高揚しつつあった国立大学法人化（2003年制度成立）を意識しつつ，教育研究の質向上，自律性確保，責任ある組織運営体制，大学の個性化を打ち出したところに特色が見られた。　　　　斉藤 泰雄

21世紀のための高等教育に関する世界宣言
にじゅういっせいきのためのこうとうきょういくにかんするせかいせんげん
World Declaration on Higher Education for the Twenty-First Century

通称は高等教育世界宣言。「21世紀のための高等教育に関する世界宣言―ビジョンと行動」は，高等教育の発展および国際協力の促進を目的に，1998年10月にユネスコ（国際連合教育科学文化機関，UNESCO）がパリで開催した世界高等教育会議において採択された宣言である。本宣言により，高等教育の使命と機能が明確化されるとともに，平等なアクセスの確保，産業界との連携強化，ガバナンスの改善，国際化の推進など高等教育の将来的なビジョンが打ち出された。ユネスコの「高等教育における変化と発展のための政策文書」（1995年）の議論を深めるべく開催された世界高等教育会議には，世界162ヵ国から政府および高等教育関係者，国際機関やNGOの代表などおよそ4200人が参加し，宣言とともに行動計画「高等教育の変化及び発展のための優先的行動のための枠組み」も採択した。　　　　髙谷 亜由子

二松学舎大学 [私立] にしょうがくしゃだいがく
Nishogakusha University

1877年(明治10)三島中洲により設立された漢学塾二松学舎を起源とする。1928年(昭和3)に二松学舎専門学校となり，49年に新制大学に移行。「東洋の精神による人格の陶冶」と「己ヲ修メ人ヲ治メ一世ニ有用ナル人物ヲ養成スル」を建学の精神として掲げる。文学部には国文学科と中国文学科を置き，東洋学を中心とする研究教育を推進して，多くの有能な研究者を学界・教育界に輩出している。現在，文学部と国際政治経済学部の2学部からなり，ゼミナールを中心とした少人数教育を行う。東京都千代田区に九段キャンパス，千葉県柏市に柏キャンパスを構え，2017年(平成29)5月現在，2学部と2研究科に2866人の学生を収容する。　山本 剛

日本工業大学 [私立] にっぽんこうぎょうだいがく
Nippon Institute of Technology

1907年(明治40)開校の東京工科学校を起源とし，67年(昭和42)に工業高校出身者の受け皿としての高等教育機関の創設が求められ，日本工業大学が開学した。工学部内には時代に合わせて学科を増設し，現在は機械工学科，ものづくり環境学科，創造システム工学科，電気電子工学科，情報工学科，建築学科，生活環境デザイン学科が設置されている。このほか実験教育系センターや技術研究系センター，教育支援系センターなど複数のセンターを設置し，学生の学修を支援する体制を整えている。埼玉県宮代町などにキャンパスが置かれ，2017年(平成29)現在の収容人数4365人。2018年には学部を改組し，基幹工学部(機械工学科，電気電子通信工学科，応用化学科)，先進工学部(ロボティクス学科，情報メディア工学科)，建築学部(建築学科建築コース，建築学科生活環境デザインコース)の3学部6学科2コースに改変される予定。　鈴木 崇義

日本赤十字秋田看護大学 [私立]
にっぽんせきじゅうじあきたかんごだいがく
Japanese Red Cross Akita College of Nursing

1896年(明治29)に開始した，日本赤十字社秋田支部による救護看護婦養成に端を発する。直接には1996年(平成8)開学の日本赤十字秋田短期大学を前身とし，2009年に改組転換することで日本赤十字秋田看護大学を開学した。東北地方では唯一の赤十字の大学である。建学の精神は，世界的な人道機関としての赤十字の理念を基調とした「人道：Humanity」を大原則とすることであり，教育目的は，人々の保健・医療・福祉・救護の向上に寄与できる看護専門職者の育成である。2016年現在，秋田県秋田市にキャンパスを構え，看護学部看護

学科に455人の学士課程学生が在籍する。学生は1年次後期から，隣接する秋田県内唯一の救命救急センターであり，かつ地域医療の中核を担う秋田赤十字病院において実習を行い，看護に必要な知識・技術・態度を修得する。　戸村 理

日本赤十字看護大学 [私立]
にっぽんせきじゅうじかんごだいがく
Japanese Red Cross College of Nursing

1890年(明治23)開設の日本赤十字社病院看護婦養成所が前身。1946年(昭和21)日本赤十字女子専門学校，54年日本赤十字女子短期大学，66年日本赤十字中央女子短期大学を経て，86年に日本赤十字看護大学が設立。「赤十字の理想とする人道の理念に基づき，広い知識と深い専門の学芸とを教授，研究し，知的，道徳的及び応用的能力を展開させることによって，保健医療の分野で活躍できる人材を育成し，看護学の発展及び人類の福祉に寄与する」を目的に掲げる。看護学部の1学部と1研究科を有する。「臨地実習」に重きを置き，高い実践能力を持つ看護職者を育成している。東京都渋谷区に広尾キャンパス，東京都武蔵野市に武蔵野キャンパスを構え，2016年(平成28)5月現在，606人の学生を収容する。　山本 剛

日本赤十字九州国際看護大学 [私立]
にっぽんせきじゅうじきゅうしゅうこくさいかんごだいがく
Japanese Red Cross Kyushu International College of Nursing

看護学部看護学科を置く単科大学。日本赤十字社の看護教育は1890年(明治23)日本赤十字社病院における看護師養成に始まる。1954年(昭和29)学校法人日本赤十字女子短期大学(現，学校法人日本赤十字学園)を設立。2001年(平成13)学校法人日本赤十字学園が設置する4番目の看護大学として誕生。教育課程は，赤十字の「人道」の理念を基調とし，人間の尊厳を尊重した看護職者の育成をめざしている。大学名に「国際」が付されているようにグローバル社会を見通し，海外でも活躍できる看護職の育成にも力を入れている。キャッチフレーズは「ひとりを看る目，その目を世界へ」。福岡県宗像市にキャンパスを構え，2016年現在464人の学生が在籍。ゼミや実習での少人数構成によるきめ細かい指導が可能となる。赤十字の医療施設などへの就職が約半数。　船勢 肇

日本赤十字豊田看護大学 [私立]
にっぽんせきじゅうじとよたかんごだいがく
Japanese Red Cross Toyota College of Nursing

1941年(昭和16)創立の日本赤十字社愛知県支部病院救護看護婦養成所をルーツとして，日本赤十

字愛知短期大学を母体として2004年(平成16)に開学した看護学部の単科大学。愛知県豊田市に立地。2010年に大学院看護学研究科の修士課程，2016年に同研究科の博士課程を設置。本学で学び研究する看護学には，赤十字基本原則である人道・公平・中立・独立・奉仕・単一・世界性を指針とした人道主義的要素，具体的には災害救護演習や国際救援活動・国際保健医療を前提とした語学学習などが含まれており，この点が本学の特徴となっている。カリキュラム編成は，「人間」「環境」「健康」「看護」「赤十字」を主要概念として，これらの概念に沿った教養科目・専門基礎科目・専門科目で構成されている。2017年現在580人の学生が在籍。　　　　　　　　　　　　　　和﨑 光太郎

日本赤十字広島看護大学[私立]
にっぽんせきじゅうじひろしまかんごだいがく
Japanese Red Cross Hiroshima College of Nursing

2000年(平成12)日本赤十字学園の中国・四国ブロック拠点校として開学。2004年に大学院看護学研究科修士課程を，16年には博士課程を設置した。「看護の本質であるヒューマン・ケアリングを実践する心と力を育む」ことを教育理念に掲げて，総合的な看護教育を展開。大学院は開設時より土日開講を実施し，2007年度に長期履修制度を導入するなど，看護職の仕事と学びとの両立を図っている。また，2009年に設置されたヒューマン・ケアリングセンターは，大学の教育・実践・研究機能を，地域の保健医療福祉の増進に繋げていく生涯教育拠点としての取組みを進めている。2016年現在，広島県廿日市市阿品台のキャンパスに看護学部看護学科，大学院看護学研究科看護学専攻・共同看護学専攻を置き，学部生565人，大学院生27人，教員52人を擁する。　　　　　　　　小濱 歩

日本赤十字北海道看護大学[私立]
にっぽんせきじゅうじほっかいどうかんごだいがく
Japanese Red Cross Hokkaido College of Nursing

北海道北見市に道東地区唯一の看護・医療系大学として設置されている。1999年(平成11)日本赤十字北海道看護大学として開学した。学校法人日本赤十字学園による経営の看護大学として2校目である。2003年大学院看護学研究科看護学専攻，2009年大学院に助産学専攻が開設された。2016年4月大学院看護学研究科共同看護学専攻の博士課程が置かれ，高度な看護の教育，研究が一層推進されている。赤十字の大学として教育理念は「humanity(人道)」を掲げている。看護学部には看護学科が置かれ，2017年現在の学生数469人。これまでの学部卒業生数は約1500人にのぼる。大学院ではインターネットを活用して遠隔授

業のコースに参加し，質問やアドバイスを受けることも可能である。　　　　　　　　　　　　蝶 慎一

日本体育大学[私立]｜にっぽんたいいくだいがく
Nippon Sport Science University

1893年(明治26)に設立された日本体育会体操練習所を前身とする。1900年に日本体育会体操学校，41年(昭和16)に日本体育専門学校となり，49年に現在の日本体育大学となる。2016年(平成28)5月現在，東京・世田谷と横浜・健志台の2キャンパスに3学部(体育・児童スポーツ教育・保険医療)と大学院を置く。建学の精神(理念)は「體育富強之基(たいいくふきょうのもとい)」であり，「真に豊かな国家・社会を実現するためには，体育・スポーツの普及・発展を積極的に推進し，健全な心身を兼ね備えた全人格的な人間を数多く育成することが肝要」とする。スポーツの総合大学として各種競技に多彩な人材を輩出。2020年に開催される東京オリンピック・パラリンピックに向けては，本大学出身のオリンピアンを70人以上出場させること，パラリンピックの指導者を養成することなどを目標とする。日体大アスリートサポートシステム(Nittaidai Athlete Support System: NASS)を組織し，医・科学，財政，研究，教育サポートの体制整備を図っている。2017年スポーツ文化学部を設置。4学部に7018人が在籍。　　　　　　　　　　　　　　　戸村 理

日本文理大学[私立]｜にっぽんぶんりだいがく
Nippon Bunri University

1967年(昭和42)開学の大分工業大学を前身とし，82年日本文理大学と改称。建学の精神である「産学一致」に「人間力の育成」「社会・地域貢献」を加えた三つの教育理念を強固につなげ，地(知)の拠点(Center Of Community: COC)としての機能を有する大学として教育改革を推進し，恵まれた教育環境の中で地域に愛着を持ち，発展を担うことのできる人材「地域創生人」を地域や産業界と協働してはぐくむことをめざす。「豊かな自然環境や幅広い産業など恵まれた」"大分全域"を学びのフィールドにして，「人間力教育」を推進している。大分県大分市のキャンパスに工学部と経営経済学部を設け，2017年(平成29)現在2085人の学生が在籍。　　　　　　　　　　　　　　　船勢 肇

ニード・ブラインド奨学金
ニード・ブラインドしょうがくきん
Need-Blind

アメリカ合衆国の有名私立大学を中心に導入されている▶奨学金制度。入学選考の際に，学生が属する家庭の収入を伏せることをニード・ブラインド

(need-blind)という。裕福な家庭出身の学生の大学への▶寄付金を目当てに，選考の公正さがそがれることがないようにするための施策である。そして選考後，学生の出身家庭の年収にもとづく奨学金が給付される。アメリカの有名私大は学問的な名声の追求のために▶大学院の比重が大きい。そうした大学院の▶授業料は，原則として奨学金で埋め合わせることで，7割以上の学部生が通う全国の州立大学から優秀な学生を確保してきた。したがって，学部には大学院を支える集金機能を求められる傾向があった。それを是正するためにニード・ブラインド選考および奨学金が導入されたとされるが，その背景には州立大学の授業料の高騰によって貧困層への敷居が高くなり，有名私大が自前で，裕福でなくても優秀な学生を学部の段階から確保したいという意向が働いているように思われる。　　　　　　　　　　　　　　　白石 嘉治

二部➡夜間部

日本医科大学[私立]｜にほんいかだいがく
Nippon Medical School

1876年（明治9）長谷川泰により創立された済生学舎を前身とし，1926年（大正15）大学令による日本医科大学に昇格，52年（昭和27）に新制大学として発足。建学の精神は「済生救民」であり，教育理念として「愛と研究心を有する質の高い医師と医学者の育成」を掲げる。最新の医学を教育・研究し，広く国際的な視野に立った見識と豊かな人間性を備えた臨床医，医学研究者，医政従事者を輩出している。最先端でハイレベルな医療に触れながら学べる環境を整備し，自ら考え判断でき，生涯にわたって学ぶことのできる人材を養成するためのカリキュラムを編成している。東京都文京区に千駄木キャンパス，東京都武蔵野市に武蔵境キャンパスを構え，2016年（平成28）5月現在，698人の学生を収容する。　　　　　　　　　　　　　　山本 剛

日本育英会｜にほんいくえいかい
Japan Scholarship Foundation

1943年（昭和18）に財団法人大日本育英会として創立され，44年に大日本育英会法（昭和19年法律第30号）の公布・施行により特殊法人として発足した。その後，1953年に日本育英会に名称を変更し，2004年（平成16）に▶日本学生支援機構に統合された。おもな制度の変更としては，1984年の有利子奨学金制度の導入（日本育英会法の全部改正，昭和59年法律第64号），98年の教育職に従事したときの▶奨学金の返還免除の廃止（大学院で受けた奨学金を除く）など，99年の「きぼう21プラン奨学金」（第2種

奨学金）の創設による貸与人員の大幅増や採用基準の緩和，貸与月額の選択性の導入などの改善，「緊急採用奨学金制度」（第1種奨学金）の創設（家計急変者を対象とした無利息の奨学金），2003年の「入学時特別増額貸与奨学金制度」（第2種奨学金）創設などがあり，現在も継続している。　　小林 雅之

日本医療科学大学[私立]｜にほんいりょうかがくだいがく
Nihon Institute of Medical Science

1960年（昭和35）学校法人城西学園設立の城西レントゲン技術専門学校を起源とする。姉妹校の城西放射線技術専門学校とともに，医療・福祉分野に専門職となる人材を輩出してきたが，2007年（平成19）日本医療科学大学として開学した。保険医療学部に診療放射線学科，リハビリテーション学科（理学療法学専攻・作業療法学専攻），看護学科，臨床工学科を設置している。建学の精神は「報恩感謝」であり，専門学校時より推進してきた専門技術・知識の修得はもとより，医療人としてふさわしい教養や心構えをそなえた人材の育成をめざしている。埼玉県毛呂山町にキャンパスが置かれ，2016年現在の収容人数1519人。　　鈴木 崇義

日本医療大学[私立]｜にほんいりょうだいがく
Japan Health Care College

北海道札幌市清田区および恵庭市にある。1989年（平成1）厚生省介護福祉士養成施設指定の日本福祉学院が開学したことに始まる。その後，専門学校日本福祉看護学院，専門学校日本福祉リハビリテーション学院の開学後，統合などを経て2014年日本医療大学として開学した。建学の精神は「ヒューマニティ（人間尊重，人間愛）に育まれる「人間力」」を掲げ，「人間尊重を基盤とした人間力を備えた医療人の育成」という教育理念をめざしている。保健医療学部は，看護学科，リハビリテーション学科，診療放射線学科から構成されており，看護師，作業療法士，放射線技師などの資格に結びつく少人数でかつ実践的な教育が行われている。2016年現在の学生数431人。また公開講座，▶高大連携の取組みが推進されていることも特徴的である。　蝶 慎一

日本ウェルネススポーツ大学[私立]
にほんウェルネススポーツだいがく
Nihon Wellness sports University

2012年（平成24）に日本初の「対面授業と通信教育を融合させた体育・スポーツ系大学」として開学。建学の精神は，「物事を科学する人材の養成」「質実剛健な人材の養成」「グローバルな人材の養成」である。キャリアアップと▶リカレント教育の双方に寄与し，新しい体育・スポーツ振興を担う指導者育

成を目的に，平日通学と在宅通信教育とを選択可能とするスタイルを取る。2017年現在，三つのキャンパス（茨城県利根町・東京都板橋区・福岡県北九州市）を構え，スポーツプロモーション学部に727人の学士課程学生が在籍する。スポーツプロモーションとは，スポーツの普及・促進・発展を意味する。スポーツと，スポーツにかかわる諸条件や環境を最適に連携し，企画・立案・実践を行うスポーツコーディネーターの養成にも力を入れている。　　戸村 理

日本映画大学 [私立]｜にほんえいがだいがく
Japan Institute of the Moving Image

2011年（平成23）に日本初の映画専門大学として開学。1975年（昭和50）に2年制の各種学校として，今村昌平が横浜放送映画専門学院を創設したことに端を発する。建学の精神は今村昌平が日本映画学校創立時に掲げた建学の理念を継承しており，その目的は映画を通じて「映画人の養成と学術コミュニティの構築」「人間として生きる力となる映画力」「映画を媒体とした地域社会との連携」を実現することである。2017年現在，神奈川県川崎市にキャンパスを構え，映画学部映画学科に374人の学士課程学生が在籍する。単科大学であるが，脚本演出，撮影照明，録音，編集，ドキュメンタリー，映画・映像文化，身体表現・俳優コースなど多様なコースが開設されており，独自の特徴的なカリキュラムによる教育が行われている。　　戸村 理

日本学術会議｜にほんがくじゅつかいぎ
Science Council of Japan

1948年（昭和23）7月に制定された日本学術会議法に基づいて，内閣総理大臣の所管の下で政府から独立した「特別の機関」として設立された組織。その職務として科学に関する重要事項を審議しその実現を図ること，科学に関する研究の連絡を図りその能率を向上させることの二つが定められており，政府・社会に対する提言，国際的な活動，科学リテラシーの普及・啓発および科学者間ネットワークの構築の4点に重点を置いた活動を展開している。また法に基づき，政府は科学に関する種々の諮問を日本学術会議に対して行い，会議は政府に対して各種の勧告を行うことができる。会員は210名からなり，さらに連携会員として2000名に及ぶ研究者が関与している。組織は会議・総会の下に人文・社会科学，生命科学，理学・工学からなる三つの部と各種の常設・特設の委員会が置かれている。分野別常設委員会では，部を構成する全領域を30の分野に分割し審議を行っている。2008年（平成20）には7項からなる日本学術会議憲章を発表し，会議と会員・連携会員とが自律的に順守すべき義務と責任を明文化した。　　沖 清豪

日本学術振興会｜にほんがくじゅつしんこうかい
Japan Society for the Promotion of Science: JSPS

▶文部科学省が所管する独立行政法人で，科学研究費助成事業（いわゆる科研費）による学術研究助成や，▶特別研究員制度等による研究者養成，国際学術交流の促進により学術の振興を図ることを目指している。学術研究は，研究者の自由な発想に基づく研究をいい，人文科学，社会科学および自然科学ならびにそれらの応用を対象とする。前身は，皇室からの下賜金を受けて，1932年（昭和7）に設置された財団法人日本学術振興会であり，67年に特殊法人に発展的に改組されたのち，2003年（平成15）に現在の独立行政法人となった。科研費の募集・審査，交付業務は当初からの業務ではなく，審査や評価の向上等を目指し，1999年以降，文部省，その後の文部科学省から移管が進められたものである。近年はグローバルCOEプログラムやスーパーグローバル大学等の事業，▶世界トップレベル研究拠点プログラム（WPI）等の審査や評価，管理等が文部科学省から委託されている。　　榎 孝浩

→科学研究費補助金，COE

日本学生支援機構｜にほんがくせいしえんきこう
Japan Student Services Organization: JASSO

独立行政法人通則法（平成11年法律第103号）および独立行政法人日本学生支援機構法（平成15年法律第94号）に基づき，2004年（平成16）4月1日に設立された。▶日本育英会が実施してきた日本人学生への奨学金貸与事業，日本国際教育協会，内外学生センター，国際学友会，関西国際学友会の各公益法人が実施してきた留学生交流事業，および国が実施してきた留学生に対する▶奨学金の給付事業や「学生生活調査」等の事業を整理・統合し，学生支援事業を総合的に実施する文部科学省所管の独立行政法人である。事業の大部分は旧日本育英会の奨学金事業で，2016年度の事業費は約1兆1000億円，奨学生数は約134万人で，内訳は大学約98万人，大学院約7万2000人，高等専門学校約5400人，短期大学約5万7000人，専修学校専門課程約22万人となっている。なお従来の無利子の第1種奨学金の奨学生数約47万人に対して，有利子の第2種奨学金の奨学生数は約84万人で，第2種奨学金の伸びが著しかったが，2013年度以降減少傾向にある。　　小林 雅之

→留学，学生支援

日本技術者教育認定機構
にほんぎじゅつしゃきょういくにんていきこう
Japan Accreditation Board for Engineering Education: JABEE

JABEE（ジャビー）とは，高等教育機関の工農理系学

大学事典　　にほんぎじ　717

科で行われている技術者教育プログラムが，社会の要求水準を満たしているかどうかを審査するため，1999年に設立された第三者評価機関である。工農理系学協会と連携して，アウトカムベースの教育，▶PDCAサイクルによる教育改善，デザイン教育，チームワーク教育等を重視した先駆的な審査に取り組み，日本の大学評価の議論を牽引してきた。JABEEでは，日本の技術者が世界で活躍するためには，技術者教育の国際的同等性を確保することが重要であるという考え方に基づいて国際的枠組み(エンジニアリングはワシントン協定，情報系はソウル協定，建築はUNESCO-UIA)に加盟し，協定に準拠した基準で審査を行っている。このことによって，JABEE認定プログラム修了生は，海外留学をしたり，技術者として海外で働いたりする際に，他の加盟国の認定プログラム修了生と同等の資格を有していることを証明することができる。また修了生は，国家試験である技術士資格試験の第1次試験も免除されている。

深堀 聡子

→技術者養成教育，第三者評価

日本教育大学院大学[私立]
にほんきょういくだいがくいんだいがく
Japan Professional School of Education

日本初の教員養成▶専門職大学院として，2006年(平成18)に株式会社栄光が設置。2014年に学校法人国際学園が設置者となる。「教育の次代を創る」を建学の精神として掲げる。学校教育研究科学校教育専攻を有し，「教養と哲学に裏打ちされた情熱ある高度な専門性を有した教員」「教育の時代を創るリーダー的な存在に成長する教員」を養成することを使命としている。昼夜開講制や「メディア授業」を実施するなど社会人が現職のまま学べる環境を整えている。神奈川県横浜市にキャンパスを構え，2015年現在，51人の学生を収容する。2017年には同法人が設置する星槎大学大学院教育実践研究科として開設される。

山本 剛

日本経済大学[私立]｜にほんけいざいだいがく
Japan University of Economics

都築学園グループの大学。経済学科・経営学科・貿易学科(現，商学科)の3学科を擁する大学として開学。2014年(平成26)経営学部を設置。経済学部および経営学部の2学部5学科18コース体制で情報化社会・国際化社会に対応できる能力の育成に取り組んでいる。福岡キャンパス(福岡県太宰府市五条)，神戸三宮キャンパス(神戸市中央区琴ノ緒町)，東京渋谷キャンパス(東京都渋谷区桜丘町)があり，2015年現在3911人の学生が在籍。建学の精神は「個性の伸展による人生練磨」。経済という領域の中で，好きな分野，自分の得意な分野，興味や関心のある分野を学科やコースの中から選択し，より専門性=個性を集中特化していき，ほかの追随や真似のできない独特の領域へと確立していく。独自性identity，専門性professionalの追求に最大の価値を置いている。

船勢 肇

日本高等教育学会｜にほんこうとうきょういくがっかい
Japanese Association of Higher Education Research: JAHER

高等教育研究を主とする学会。1997年(平成9)高等教育研究に携わる20人の発起により，多くの参加者を得て東京大学で創立された。このことは高等教育研究が研究分野として確立したことを意味している。初代会長は，元日本学術会議会員であり，高等教育研究の先駆者として知られる天野郁夫。設立初年次から年次大会の開催と学会誌『高等教育研究』を毎年発行するほか，若手・中堅研究者の発表機会として「研究交流集会」を毎年開催している。また，国際的な事業として日中高等教育フォーラムを2003年から13年まで開催したほか，会員が企画する国際活動への支援を2010年から実施している。なお，この学会は研究職以外(おもに大学職員)の参加も多く，共同研究の展開等，多様な立場の活動が研究の裾野を広げている。2016年4月現在の会員数710人。

中村 章二

日本高等教育評価機構
にほんこうとうきょういくひょうかきこう
Japan Institution for Higher Education Evaluation: JIHEE

▶日本私立大学協会を母体として，▶私立大学を中心とした▶第三者評価を実施するために2004年(平成16)に財団法人として設立された。現在は公益財団法人。2005年には4年制大学の認証評価機関として文部科学大臣から認証を受け，その後，短期大学，ファッションビジネス系の▶専門職大学院についても認証を受け，▶認証評価を実施している。大学の自律的な改善・発展を支援し，教育研究活動等の質を保証することを認証評価の目的とし，大学の特性，特徴に配慮し，個性を重視した評価を行うこと，各大学の規模や構成に合わせて選任された大学の教職員を主体とした有識者による評価(▶ピア・レビュー)を中心に行うこと，大学と評価機構とのコミュニケーションを重視しながら評価を実施することなどを特徴としている。2005年から2010年までの6年間に認証評価を行った4年制大学は延べ276大学(私立274，株式会社立2)で，その後2011年度から2015年度までに延べ187大学(私立186，株式会社立1)の認証評価を行った。2015年度現在，会員は332大学(私立331，公立1)および私立9短期大学。

前田 早苗

日本歯科大学 [私立]｜にほんしかだいがく
The Nippon Dental University

1907年（明治40）中原市五郎によって創立された私立共立歯科医学校が前身。1909年に日本歯科医学校，47年（昭和22）に日本歯科大学に昇格，52年に新制大学となる。1972年に新潟市に新潟歯学部を増設。建学の精神を「自主独立」とし，「学・技両全にして人格高尚なる歯科医師の養成」を基本理念に掲げる。国内で唯一，歯学部の学部名を生命歯学部とする。6年一貫制のカリキュラム編成により，一般教養から基礎，臨床教育へと効率的で整合性のある学習を展開している。世界最大の歯科大学として，2015年（平成27）5月現在，東京都千代田区にキャンパスを構える生命歯学部に832人，新潟県新潟市にキャンパスを構える新潟生命歯学部に480人の学生を収容する。　山本　剛

日本社会事業大学 [私立]｜にほんしゃかいじぎょうだいがく
Japan College of Social Work

1946年（昭和21）設立の日本社会事業学校が前身。1950年に日本社会事業短期大学が開校，58年に日本社会事業短期大学からの昇格が認可され設立。厚生労働省の委託による「指導的社会福祉従事者の養成」および「モデル的社会福祉教育に関する研究」を目的とする。「忘我友愛」「窮理躬行」「平和共生」を建学の精神と掲げ，社会福祉学部に福祉計画学科と福祉援助学科を有している。全員が社会福祉士国家試験受験資格を取得するとともに，進路選択に応じて他の資格取得も含めて計画的かつ柔軟に学べるカリキュラムを編成している。東京都清瀬市にキャンパスを構え，2017年（平成29）5月現在，上記の学部と2研究科に1006人の学生を収容する。　山本　剛

日本獣医生命科学大学 [私立]
にほんじゅういせいめいかがくだいがく
Nippon Veterinary and Life Science University

1881年（明治14）私立獣医学校として開校。1949年（昭和24）に日本獣医畜産大学設立，2006年（平成18）現在名に改称。学是は「敬譲相和」，教育理念は「愛と科学の心を有する質の高い獣医師と専門職及び研究者の育成」を掲げる。同一学校法人の日本医科大学との学術連携のもと，医学および獣医生命科学の総合学園として発展する。獣医学部と応用生命科学部の2学部4学科と大学院1研究科3専攻を有する。「人と動物の生命はひとつ」を合言葉に，獣医学，獣医保健看護学，動物科学，食品科学を教育研究し，獣医師国家試験では，例年高い合格率を維持している。東京都武蔵野市にキャンパスを構え，2017年5月現在，

1805人の学生を収容する。　山本　剛

日本女子体育大学 [私立]｜にほんじょしたいいくだいがく
Japan Women's College of Physical Education

1922年（大正11）二階堂トクヨにより設立された二階堂体操塾が前身。1950年（昭和25）日本女子体育短期大学となり，65年に日本女子体育大学体育学部が開学する。建学の精神を「体育を中軸に据えた全人教育」とし，教育目的を「体育に関する高度の科学的研究教授を行い，有能な女子体育指導者等を養成するとともに教養高き社会人を養成し，体育の普及発展に寄与すること」と定めている。運動科学科とスポーツ健康学科の体育学部1学部2学科4専攻と1研究科1専攻を有し，スポーツや舞踊表現を指導できる人材を育成する。東京都世田谷区にキャンパスを構え，2017年（平成29）5月現在，2178人の学生を収容する。　山本　剛

日本女子大学 [私立]｜にほんじょしだいがく
Japan Women's University

1901年（明治34）成瀬仁蔵により，日本女子大学校の名称で日本で最初の総合的女子高等教育機関として設立。当初は家政学部・国文学部・英文学部からなる大学と，英語予備科，附属高等女学校の構成で出発し，1906年には教育学部を，21年（大正10）には社会事業学部を開設した。1948年（昭和23）に新制日本女子大学発足。2016年（平成28）5月現在，4学部5研究科18専攻を設置し，東京都文京区の目白キャンパス・神奈川県川崎市の西生田キャンパスに6493人の学生を収容している。1909年に女子高等教育の通信教育を開始し，生涯教育の先駆けとなったが，新制大学発足の翌年には通信教育部を開講してその伝統を継承した。2021年の創立120周年に向けて「Vision120」を策定し，目白キャンパスの整備計画「グランドデザイン」を進めており，4学部15学科と大学院5研究科を同キャンパスに統合して，新たなカリキュラムを実施するための取組みを遂行中である。

小濱　歩

日本私立学校振興・共済事業団
にほんしりつがっこうしんこう・きょうさいじぎょうだん
The Promotion and Mutual Aid Corporation for Private Schools of Japan

1998年（平成10）に日本私学振興財団と私立学校教職員共済組合が統合して設立された法人。前身の一つ日本私学振興財団は，私学に対する経常費補助を定めた日本私学振興財団法に基づき1970年（昭和45）設立。当事業団では2012年に学校法人に対し3200億円余の経常費補助金を

交付しており，学生一人当たりでは16万円程度となる。補助金は使途の指定がない経常費一般補助と，特定分野の教育研究のための特別補助がある。特別補助は「大学院等の機能の高度化への支援」などに交付され，毎年割合が増加している。また国からの借入れ，金融市場からの資金調達を原資として，学校法人に毎年600億円程度の施設整備費を貸し付けている。さらに私学関係の財務経営データを収集，それに基づき学校法人の私学経営について調査・助言等を行っている。事業団のもう一つの前身である教職員共済組合は1954年の設立で，その業務は事業団に継承され，私立学校教職員の健康保険や年金等の福利厚生業務を運営している。　　　　　　　　　　丸山 文裕

日本私立大学協会 にほんしりつだいがくきょうかい
Association of Private Universities of Japan: APUJ

1946年（昭和21）12月に結成された全国私立大学連合会を母体として，48年3月に設立された私立大学の連合体の一つ。2017年（平成29）5月現在で385学校法人，407大学が加盟しており，大学数で私立大学の3分の2を占めている。高等教育および学術研究の機関としての私立大学の地位の重要性に鑑み，学校法人相互の提携と協力によって私立大学の振興を図り，その使命達成に寄与し，学術および教育の進歩発展に貢献するために，私立大学の発展に必要となる種々の法制の調査・研究や企画・活動を行う。文教予算や私立大学に関連する国の法制，私立大学の振興に必要な寄付金等に関する事項から，各大学での教育研究活動に必要となる諸事項まで広範な事項を活動の対象としている。附置機関として私学高等教育研究所を擁しており，また機関紙である『教育学術新聞』には総会・理事会や諸委員会の活動等が掲載される。なお大学の認証評価団体の中では公益財団法人▶日本高等教育評価機構との関係が深い。　沖 清豪

日本私立大学教職員組合連合
にほんしりつだいがくきょうしょくいんくみあいれんごう
Japan Federation of Private University Teachers' and Employees' Unions: JFPU

1989年（平成1）7月に結成された日本で唯一の私立大学・短大教職員組合の全国組織。略称は日本私大教連。複数の都道府県を担当エリアとする地区組織（北海道，東京，東海，京滋，関西，九州の6私大教連）のほか，各県の私立学校教組，直接加盟組合などで構成されている。2016年10月現在で37都道府県をカバーする17単位組織，185単組，約2万人が加盟。いずれのナショナルセンターにも所属せず，中立的な立場で教育・研究条件，賃金・労働条件の改善・向上，大学の民主的運営を

めざしている。教育研究集会，各種フォーラムや学習セミナー等を全国各地で開催し，▶私立大学をめぐる諸課題をテーマに討論・交流を行っている。「私立・国立同等原則」を軸に大学間格差の是正等の要求を政策提言としてまとめ，政府，国会議員，文部科学省，私大団体等への要請行動を展開している。また，私立大学生の学費負担を軽減する新たな助成制度や給付制奨学金の創設，私大の経常費に対する2分の1助成等の実現を求め，国会請願署名運動，省庁要請等にも継続的に取り組んでいる。　　　　　　　　　　堀内 健

日本私立大学振興協会
にほんしりつだいがくしんこうきょうかい

1984年（昭和59）に▶日本私立大学連盟，▶日本私立大学協会いずれにも加盟していない私立大学によって，新たな私立大学団体として設立された。加盟大学は一時20校を数えていたが，2013年（平成25）時点で8法人8大学となった。▶日本私立大学団体連合会を構成する3団体の一つであったが，2013年度末をもって解散した。　　沖 清豪

日本私立大学団体連合会
にほんしりつだいがくだんたいれんごうかい
Federation of Japanese Private Colleges and Universities Associations

▶私立大学の連合体が複数ある状況を踏まえて，加盟団体に共通した重要事項に関する意思統一・決定機関および加盟団体を対外的に代表する機関として，1984年（昭和59）4月に設立された。2017年（平成29）6月現在，▶日本私立大学協会（385法人・407大学），一般社団法人▶日本私立大学連盟（109法人・123大学）から構成されており，私立大学全体の約9割が加盟している。「活力溢れた多様な人間の育成と新しい多様な価値の創造」を基本理念としており，事業としては私立大学の教育・研究の質的向上のための交流促進，文教政策に関わる私大側の要請・統一見解の決定，補助金等の要求と分配方式の策定，管理運営の適正化の促進が想定されている。なお設立時は私立大学連盟，私立大学協会および1951年設立の私立大学懇話会によって構成されていたが，84年11月に日本私立大学振興協会が加入し，その後私立大学懇話会が86年に解散，さらに▶日本私立大学振興協会が2014年に解散したため，現在の構成となっている。　　　　　　　　　　沖 清豪

日本私立大学連盟 |にほんしりつだいがくれんめい
The Japan Association of Private Universities and Colleges: JAPUC

1951年(昭和26)7月に私立大学協会を脱会した24の私立大学を会員として設立された私立大学の連合体の一つ。2017年(平成29)4月現在で109法人123大学が加盟しており，大学数としては私立大学の2割，学生数で5割を占めている。建学の精神に基づく各会員大学の独自性と私立大学の多様性を保証し，人類の未来に貢献する人間を育成するための基盤強化に資することを目的としており，「私立大学の権威を保持し，自律性を尊重し，大学の振興と向上，学術文化の発展に資するため，会員法人の協働による教育研究・運営，情報の共有・発信を推進する」というビジョンを踏まえた事業計画を立案し，活動を展開している。事業としては，大学の経営基盤強化に関する事業，大学における教育研究・経営に関する支援および情報の交換，大学における教育研究・経営に関する調査研究，大学の教職員および学生の福利厚生に必要な事業，大学における教育研究・経営に関する会誌および著書の出版等を軸としており，対外的な情報発信や教職員向けの研修等も実施している。　　　　　　　　　　　　　　　　　沖　清豪

日本私立短期大学協会
にほんしりつたんきだいがくきょうかい

▶短期大学が制度化された1950年(昭和25)に，132校を会員として設立された私立短期大学の連合体。2017年(平成29)6月現在で313校が加盟しており，学生募集を行っている私立短期大学のほとんどが加盟している。私学の特色を保持しつつ，会員相互の協力によって，私立短期大学の自主性と公共性を高め，その健全な発展に寄与することを目的とした組織である。地域別の支部，常設委員会や特別委員会等の活動を通じて，事業目標である私立短期大学の教育研究条件の充実向上，経営の安定強化が目指されている。認証評価団体である一般財団法人▶短期大学基準協会との関係が深い。　　　　　　　　　　　　　　　　　沖　清豪

日本大学 [私立]|にほんだいがく
Nihon University

1889年(明治22)に司法大臣山田顕義と，帝国大学教授宮崎道三郎ら若き法律学者11名の協力により創立された日本法律学校を前身とする。1903年に日本大学と改称，20年(大正9)に大学令によって私立大学としての公的認可を得た。現在は山田顕義を学祖とし，宮崎道三郎ら11名を創立者と定めている。2016年(平成28)5月現在，東京都千代田区の三崎町・駿河台のほかに多くのキャンパスを有し，18学部20研究科に7万4449人の学生を収容(通信教育部を含む)。短期大学部も併置され，113万人超の卒業生を有する大規模総合大学である。教育理念・目的は「自主創造」で，近年は知的好奇心をもって自らが課題に取り組み，新しい道を切り開く人材を「自主創造型パーソン」と位置付け，その実現のために教育プログラムが実施されている。また世界30ヵ国1地域の135大学などと学術交流協定などを結んでおり，世界規模のネットワークを有する。卒業生の校友ネットワークを背景に就職支援も徹底され，卒業生は多方面で活躍している。　　　　　　　　　　　　　　　　　戸村　理

日本の高等教育 |にほんのこうとうきょういく

高等教育という表現が日本で一般的に用いられるようになったのは，1990年代以降のせいぜいこの20年ほどでしかない。マーチン・トロウのいう「マス段階」から「ユニバーサル段階」への移行が進む中で，ようやく日本においても「高等教育」という言葉がリアリティをもったということであろう。高等教育の定義は時代や社会によって少なからぬ多様性があり，普遍的に通用する定義づけは簡単ではない。ここではさしあたり日本に関する検討をするために，喜多村和之による定義を若干修正したものを用いたい。すなわち中等教育修了者以上を入学資格とする，国が認めた正規の学校によって提供されている教育機会という定義である。もちろんこれも完全な定義とはいえないにせよ，おおよそのところでの議論を進めるには十分であろう。以下ではこの定義の内容に拠って，近代高等教育制度が日本に導入されて以後の高等教育の基本的構造を中心に状況を概観する。便宜上，1949年(昭和24)までの旧学制期とそれ以後の新学制期とに分けて論じる。

[旧学制期]
この時期の高等教育は大まかにいえば大学，▶専門学校そして▶高等学校という3種の高等教育機関から構成されていた。しかし制度形成期である明治期の最初の30年間ほど，制度は試行錯誤を繰り返した。当初は「外国教師ニテ教授スル高尚ナル学校」(学制二編追加，1873年布達)であった専門学校は，次には「専門一科ノ学術ヲ授クル所」(教育令，1879年布告)とされ，さらに「各科ノ学業ヲ授クル所」(教育令再改正，1880年布告)となった。しかも専門学校に相当するとされた諸学校は実に多様な中身をもち，実態は中等教育機関というべきものも含まれた。「高等ノ学術技芸ヲ教授スル学校」として専門学校が制度的に安定するのは1903年(明治36)の▶専門学校令制定以降である。その他の学校のすべてには触れられないが，たとえば高等学校も

1894年までは高等中学校という中等教育の一種としての位置づけが与えられていたし，高等学校になってからも医・工・法などの「学部」が設置され，いうなれば専門学校化が目指された時期もあった。

しかしながら明治末期までに，▶帝国大学およびその実質的予科としての高等学校と，他方で専門学校（▶高等師範学校などさまざまな学校が存在し，法令上は専門学校ではないが，同レベルの諸官制教育機関を含んで考える）という2層に明確に分かれた学校系列が成立する。天野郁夫が指摘しているように，その2層構造は官学と私学というもうひとつの軸と組み合わさって「二元重層的」な高等教育構造をなし，それが以後の旧学制期を通じて維持され，その基本的な特徴となる。いうまでもなくその構造が重要であったのは，それが単に教育年限の長さや教育課程の内容，設置形態の違いにとどまらず，人的・物的資源の差，その卒業者のキャリアや影響力といった人材養成機能の差，そしてそれらの結果としての社会的威信の格差を伴っていたからである。

ただしこうした「二元重層的」構造が盤石であったかというとそうでもない。たとえば専門学校から大学を目指そうとする動きは根強く存在した。いわゆる昇格要求である。その要求の激化はときに高等教育構造を揺るがし，昇格の達成が重層構造の上下差をいささか縮める効果を持つこともあった。さらに，より直接的にその構造を揺るがしたのは，明治中期以後に繰り返し登場していた，大学と専門学校の一本化を目指す制度改革構想である。とくに昭和初年までにはそうした改革構想が広範な支持を得るようになっていた。しかしそれが旧学制期に実現しなかったのは，制度的慣性によるのみでなく，政策決定に強い影響力をもつ帝国大学存続論者たちが陰に陽に抵抗したためである。改革の実現には彼らを上回る権力をもった占領軍の登場を待たなければならなかった。

［新学制期］
第2次世界大戦敗戦後の学制改革によって単線型の教育制度が生まれ，高等教育機関は大学に一本化された。旧制機関の存続を目指す動きも根強くあったが，占領軍の認めるところとはならなかった。しかし大学への移行が人的・物的資源の不足によりできなかった旧制高等教育機関の救済策として，▶短期大学制度が1950年（昭和25）に暫定的に発足したことで，新学制も実質的には「重層的」構造をもってスタートしたのである。占領期の終了後にも，旧制専門学校レベルの技術者養成機関を求める産業界の主張が続き，短期大学の処理問題とあわせた対応策として専科大学案が50年代末に提案されたが実現しなかった。結局のところ▶高等専門学校制度の創設（1961年）および短期大学制度の恒久化（1964年）がなされるにとどまった。

こうして三つの機関類型をもって高度成長期の高等教育大拡張時代を迎えることになるが，結果としてもたらされたのは，高等教育機関のさらなる多様化ではなく，むしろ4年制大学中心の高等教育構造である。高等専門学校は量的にはきわめてマイナーな存在であり続け，短期大学は拡大したとはいえ，ほぼ女子の短期高等教育機関化し，入学者数で大学の半分に達することもなかった。高度成長期の終焉とともに1975年（昭和50）に創設された専門学校制度は，その実学的教育内容と大学進学希望者に対するバッファー的機能により，短期間で短期大学を超える入学者数をもったが，1990年代半ばに拡大が止まってしまった。こうして1980年代半ばから90年代半ばまでの約10年間を例外として，大学はそれ以外の高等教育機関を合計したよりも大きな入学者規模を持ち続けてきた。

旧学制期の高等教育構造が，非大学機関の多様性が大きく，また量的比重では大学がマイノリティであったのに対し，新学制期では機関類型の多様性は小さく，しかも大学が他機関を上回る大きな規模をもっていた。しかし新学制期にかつてのような機関類型間の序列構造がなくなったかと言えば，まったくそうではない。1990年代以降に多数見られる短期大学の4年制大学化はそれがもたらした一つの帰結であろう。さらに，拡大した大学部門の内部に旧学制期時代の序列構造が取り込まれ，加えて新設大学が多くの場合，序列の底辺に付け加えられる形で巨大なピラミッド構造が形成されていったことは周知の通りである。

加えて，威信においてのみならず，大学の実態においてその多様性はかつてなく大きくなっている。高等教育機関相互の関係も変化している。短期大学・高等専門学校に加えて，一定の基準を満たした専門学校卒業生にも大学編入学の門戸が開かれた（1998年）。1991年（平成3）には学位授与機構（▶大学改革支援・学位授与機構の前身）が創設され，学士の取得ルートは大学以外の高等教育機関にも開かれるようになった。さらに学士をもっていなくても，大学院入学資格を得ることが可能になった（1999年）。このように今日では大学部門が大きな比重をもちつつ，その内部での多様性を増大させ，かつ高等教育全体の柔構造化も進んでいる。そうした変化を背景に冒頭で述べたように高等教育という言葉がリアリティをもつようになっているといってよいだろう。

伊藤 彰浩

→日本の大学（テーマ編），日本の大学改革，戦後改革と新制大学，高等教育機関法制

◎天野郁夫『高等教育の日本的構造』玉川大学出版部，1986.
◎喜多村和之『現代の大学・高等教育』玉川大学出版部，1999.

日本の成長と教育（文部省）
にほんのせいちょうときょういく

文部省により1962年（昭和37）に発表された教育と経済成長との関係を扱った初期の政策文書。文部省調査局編，副題は「教育の展開と経済の発達」。1950年代後半から興隆してきた▶人的資本論の影響を受け，教育発展の経済効果や，教育の普及と社会・経済の発展，教育投資の配分などに関する史的・比較的考察がなされ，教育投資の観点からみた長期総合教育計画の必要性などが論じられている。なかでも教育発展の経済効果については，シュルツ方式・ストルミリン方式を用いて，教育投資の増加によって国民所得の増加のうち33％・25％が生み出されたとする計測がなされている。またソ連や欧米諸国における長期総合教育計画への取組みを踏まえて，①国民所得等に占める教育費の程度，②教育費の有効な配分方法，③教育費負担のあり方の3面を含んだ教育計画の必要性を説く。同時に教育投資の停滞状況に対する反省や，有効な投資先として①後期中等教育の拡充，②高等教育への配分率の上昇，③科学技術教育振興などが挙げられ，教育投資に関する国の役割の増大の必要性が指摘されている。　島 一則

日本の大学 →テーマ編 p.102

日本の大学院｜にほんのだいがくいん
Japanese graduate school

日本の大学院は▶学校教育法を根拠とする制度的存在で，「学術の理論及び応用を教授研究し，その深奥をきわめ，又は高度の専門性が求められる職業を担うための深い学識及び卓越した能力を培い，文化の進展に寄与することを目的とする」（同法99条）とされている。大学院のうち，「学術の理論及び応用を教授研究し，高度の専門性が求められる職業を担うための深い学識及び卓越した能力を培うことを目的とするものは，専門職大学院とする」（99条2項）としているので，▶専門職大学院以外の大学院は，「学術の理論及び応用を教授研究し，その深奥をきわめ」ることを目的とするものということになる。その設置に必要な最低の基準は，▶大学院設置基準および専門職大学院設置基準に定められている。

大学院の課程は，▶修士課程，▶博士課程および専門職学位課程とされ，その全部を置く場合と一つだけを置く場合がある。修士課程の入学資格は大学を卒業した者，または文部科学大臣の定めるところにより，これと同等以上の学力があると認められた者で，標準修業年限は2年である。博士課程の入学資格も修士課程と同様で，標準修業年限は5年である。ただし博士課程は前期2年と後期3年の課程に区分することができ，多くの大学ではこの区分制の博士課程を置いて，後期課程に修士学位取得者を入学させている。この場合，前期2年の課程は修士課程として取り扱われる。

▶専門職学位課程は，標準修業年限は2年または専攻分野の特性に応じて1年以上2年未満とされるが，もっぱら法曹養成のための教育を行うことを目的とするものを置く専門職大学院である▶法科大学院の課程は3年，もっぱら幼稚園，小学校，中学校，高等学校，中等教育学校および特別支援学校の，高度の専門的な能力および優れた資質を有する教員の養成のための教育を行うことを目的とする▶教職大学院は2年とされている。

専門職大学院を除く大学院の課程を修了した者に対しては修士または博士の学位，専門職大学院の課程を修了した者のうち，法科大学院の課程を修了した者には法務博士（専門職），教職大学院の課程を修了した者には教職修士（専門職），その他の専門職大学院の課程を修了した者には修士（専門職）の学位が授与される。

大学院は，専門分野に応じて教育研究上の目的から組織される▶研究科を置くことを常例としているが，「教育研究上の目的を達成するため有益かつ適切である場合においては，文部科学大臣の定めるところにより，研究科以外の教育研究上の基本となる組織を置くことができる」（学校教育法100条）とされており，実際，教育部と研究部を分けて置くもの，前者にあたる組織を学環や学府とし，後者にあたるものを学府や研究院と称しているものなどがある。

第2次世界大戦前の大学制度を定めていた▶大学令は，「大学ニハ数個ノ学部ヲ置クヲ常例トス」（2条）として，学部を大学の構成単位とし，「学部ニハ研究科ヲ置クヘシ」「数個ノ学部ヲ置キタル大学ニ於テハ研究科間ノ聯絡協調ヲ期スル為之ヲ綜合シテ大学院ヲ設クルコトヲ得」（3条）と規定していた。つまり，大学院は学部に置かれた研究科の連絡調整組織にしかすぎなかったが，戦後の制度では「大学には，大学院を置くことができる」（学校教育法97条）と規定しており，大学に置かれるものの，大学とは別の機関という位置づけとなっている。同時に，この規定の違いは，戦前の制度では大学院（研究科）が必置であったのに対して，戦後は必置ではなくなったことを意味する。そして学校教育法によれば，「大学には，学部を置くことを常例とする」（85条）が，「学部を置くことなく大学院を置くものを大学とすることができる」（103条）ので，大学院だけの大学が存在することになり，一般にこの種の大学を▶大学院大学と称している。このことは現在の日本の大学概念が，博士レベルの最高学位までの▶学位授与権を有する高等教育機関のみを▶ユニバーシティとするヨーロッパ型の大学概念

から離れ，およそ学位たるものを授与する機関を一括して扱うアメリカ合衆国のユニバーシティ・アンド・カレッジ概念に対応するものとなっていることを示している。

[現状]

2016年現在，日本には777の大学があり，そのうち627大学(80.7%)に大学院が置かれている。また，そのうちの599大学に修士課程，446大学に博士課程，133大学に専門職学位課程が置かれている。専門職学位課程のみを置く大学は14大学である。国立では86大学のすべてに大学院が置かれているが，公立では91大学のうち79大学(86.8%)，私立では600大学のうち462大学(77.0%)に置かれているにすぎない。大学院の学生数は，総数24万9588人のうち国立15万0724人(60.4%)，公立1万6108人(6.5%)，私立8万2756人(33.2%)で，国立が過半を占めている。これは学部学生の総数256万7030人のうち国立44万4204人(17.3%)，公立13万1406人(5.1%)に対して，私立199万1420(77.6%)と私立の割合が高いことと対照をなしている。

舘　昭

→ 大学院(テーマ編)，プロフェッショナル・スクール(アメリカ型)，大学院重点化，専門職学位／職業学位

◎舘昭『原点に立ち返っての大学改革』東信堂，2006.
◎舘昭『改めて「大学制度とは何か」を問う』東信堂，2007.
◎文部科学省「平成26年度学校基本調査」

日本の大学改革 | にほんのだいがくかいかく

日本の大学は，第2次世界大戦中に大久保利謙が叙述したように「上代の大学」，「近世の封建大学」，「近代的大学」と推移してきた。明治初期に作られた近代的大学(近代大学)は，大正期の改革で一応の形を整え，敗戦後の改革で現在の大学の骨格が形成された。その後も何度かの改革を経験しているが，大きな枠組みに変化のない，調整的なものにとどまっている。

日本に大学という名前の学校が登場したのは，上代とされる奈良時代であった。それは日本が固有の大和王朝の仕組みから，唐制を取り入れてのいわゆる律令制国家を形成する過程であり，律令国家の経営をする上で必要となる官僚の養成機関として大学(寮)が作られた。そして，その崩壊後の紆余曲折の末に形成された封建社会では，江戸幕府の官学として昌平黌(しょうへいこう)が設けられ，林家が代々大学頭を世襲した。各藩もそれに倣い，▶藩校を大学と称して開設した。

こうした上代と封建2段階の大学の間にはかなりの違いがあるものの，人類史の大枠でみると，農業牧畜社会での大学の存在であり，伝統大学ということができる。そして，西欧がそれまでにない社会である工業(産業)社会に突入すると，その圧倒的な生産力と軍事力の前に地球上の他の地域はその植民地あるいは半植民地になることを余儀なくされた。それに対して，唯一の例外といっていいのが日本で，植民地化の危機のもとで西欧に倣った諸制度を導入し，工業化社会への転換を図って自ら近代化の途を進んだ。日本の近代大学はその過程で生まれ，その推移とともに改革を迫られ，行ってきた。

[日本の近代大学]

近代大学を工業社会に適応した大学と定義するならば，日本における最初の近代大学は，1886年(明治19)設立の▶帝国大学である。それが法科，医科，文科，理科の欧州の近代大学(ユニバーシティ)に倣った▶分科大学と，当時の欧州ではユニバーシティ以外の高等教育機関とされていた工業と農業(1890年〜)分野の分科大学で構成されていたことに，大学の創設が，農業社会を統治する能力としての四書五経に精通した人材の養成機関たる封建大学から，工業社会に適応した近代大学への大改革であったことがうかがい知れる。

そして，工業化が進み，地域や民衆の力が増してくると，帝国大学，すなわち官立総合大学のみを大学としておくことは合理性を欠くようになり，いわゆる「学制改革問題」が発生した。その解決として行われたのが，大正期の大改革であり，1918年(大正7)発布の▶大学令は帝国大学以外の官立，北海道および府県立の公立，そして私立の大学の存在を認めた。また分野(学部)に経済学，商学を加えた。これによって，それまで工業化の進展過程で生まれてきた▶専門学校の多くが，大学へと転換をとげ，それらを取り込んだ日本の大学は，さらに工業社会に適合した近代的大学へと進化した。

[戦後の改革]

そして，迎えたのが第2次世界大戦の敗戦である。大学令が廃され，▶学校教育法に基づく大学制度が発足した。それが戦後の大改革であり，大学を民主主義の養成場にして，より地域や民衆に近いものにするという発想から，アメリカモデルの改革が断行された。旧来の修業年限6年の小学校の上に，男子のみが学べる5年の中学校，3年の高等学校，3年の大学という仕組みは変更され，男女の共学を許し，3年の新制中学，3年の新制高校，そして旧制高校で高等普通教育とされていた部分を一般教育としてその前期に含み込む4年の▶新制大学の仕組みが誕生した。そして旧制大学がこの形態に組み直されるとともに，旧制の専門学校，高等学校，▶師範学校が新制大学として「大学昇格」を果たした。大都市圏と北海道等を除き，一府県一国立大学の原則が示され，今まで大学がなかった県にも国立大学が生まれた。ただし，存在した専門学校や師範学校をそのまま大学としたことから，キャンパスが分かれた，いわゆる▶たこ足大学としての出発であった。

その後に行われたうちの最初の改革は，1960年代以前の，主権は部分回復したものの日本の工業力の回復に悲観的な政府によって進められた，旧制復帰の傾向を持つ改革で，大学の数を減らし，旧制専門学校的な学校を復活させようとするものであった。しかし，朝鮮戦争を契機にアメリカの占領政策が変わり，政府が所得倍増計画に象徴されるように日本の工業力の育成に積極的になると，日本の大学はむしろ不足気味になり，1960年代には，新制大学はさまざまな軋みをともないながらも定着し，発展期を迎えた。▶私立大学が拡大して学生のマジョリティを受け入れるようになり，▶短期大学が女子の高等教育需要に適合するものとして興隆し，国立大学のたこ足状態の解消も始まった。その過程で旧制専門学校の地位を期待されながら創設された▶高等専門学校はほとんどが国立で，工業と商船という極めて限られた形で存在するのみとなった。

この展開は，しっかりとした全体像をもった大学政策の結果ではなかったこともあり，1960年代末には全国的な▶大学紛争の勃発という事態に直面した。また工業化も，計画性がもてる重工業中心の時代から，脱工業化，情報化，サービス産業化と言われる新段階に突入し，新興の産業部門への対応，国際化，生涯教育体系への移行が大学改革の主要な課題となってきた。その中で，大学の組織形態を一新する▶新構想大学群がつくられ，私立大学への経常費補助が始まり，進学圧力の一部は新制の専門学校が担うようになった。紛争を封じこめる狙いもあって，大学の大都市圏での拡張は制限され，郊外移転や地方設置が推進された。

[近年の大学改革]

そんな中で，1991年(平成3)の▶大学設置基準の大綱化と呼ばれる大学の教育内容の規制を緩める処置をはじめとする「大学改革」が行われた。その後，経済のグローバル化，18歳人口の減少という局面を迎え，21世紀に入り，国立大学の法人化，▶法科大学院の創設，新たな評価制度の導入などの「大改革」が行われている。これらの改革は，どちらも明治期と戦後のそれにつづく第3の「大改革」と銘打って進められたが，これまで見てきたように，そのレベルのものでないことは明らかである。そして，改革と称される政策が，ほぼ毎年のように打ち出され，「改革疲れ」が言われる状態さえ現出している。

こうした近年の大学改革の特徴は，現在の大学の基礎となっている戦後改革による枠組みの意味を十分に解することなく，直面する課題に対して対処療法的に，そのすべてを法令化し，大学自身の自律性によらず権力による強制によって行おうとしている点にある。そのことは▶教育課程における目標の明示にしろ，▶キャリア教育の実施にしろ，ほとんどの改革が，文部科学大臣の下す命令である設置基準に盛り込まれることによって，推進されていることに如実に示されている。いま日本の大学改革は，日本社会の行く末の人類史的な展望のもとで，現在を規定している枠組みの客観的な認識と意義づけを得ての，大学自身の主体性に基づく改革へと方向転換が求められている。　　　舘 昭

→日本の大学(テーマ編)，日本の高等教育，戦後改革と新制大学，大学法人化論(日本)

◎大久保利謙『日本の大学』創元社，1943.
◎舘昭『大学改革——日本とアメリカ』玉川大学出版会，1997.
◎舘昭『原点に立ち返っての大学改革』東信堂，2006.
◎舘昭『原理原則を踏まえた大学改革を』東信堂，2013.

日本福祉大学 [私立] | にほんふくしだいがく
Nihon Fukushi University

1953年(昭和28)創立の中部社会事業短期大学を改組して57年に名古屋市に開学。1983年に愛知県知多郡美浜町に総合移転し，本部を美浜町に置く。1969年に大学院社会福祉学研究科の修士課程を開設，76年に経済学部を開設して以降，学部と研究科の増設・再編を進め，2017年(平成29)時点で社会福祉学部，経済学部，福祉経営学部(通信教育)，子ども発達学部，国際福祉開発学部，健康科学部，看護学部，スポーツ科学部の8学部と，大学院社会福祉学研究科，医療・福祉マネジメント研究科，国際社会開発研究科，福祉社会開発研究科の4研究科を持ち，2017年現在在学者(通信教育課程を含む)が1万2029人を数える大規模な「ふくしの総合大学」となっている。建学の精神に基づいた教育標語として「万人の福祉のために，真実と慈愛と献身を」とうたう。　　　和崎 光太郎

日本文化大学 [私立] | にほんぶんかだいがく
Nihon Bunka University

1978年(昭和53)創学者の蜷川親継により法学部のみを設置する単科大学として開学。「恩愛礼義」「清明和敬」「重厚中正」「祖風継承」を建学精神に掲げる。少人数制教育を重視し，講義や学生指導を実施するうえではクラス制を採用している。将来の進路や目標に応じて学べるコース制を導入するなど，学生の進路希望に沿って系統的に学ぶことのできるカリキュラムを設定する。また，入学直後から就職活動に直結するプログラムを用意し，採用試験を見据えた実践的な科目をカリキュラムに取り入れる。警察官の採用試験では高い評価を得ている。東京都八王子市にキャンパスを構え，2016年(平成28)5月現在，722人の学生を収容する。　　　山本 剛

日本保健医療大学 [私立] |にほんほけんいりょうだいがく
Japan University of Health Sciences

2010年(平成22)埼玉県幸手市に開学。保健医療学部に看護学科および理学療法学科(2017年開設)を擁する。高齢化社会にあって，国民一人一人が心身ともに健康で生甲斐をもって日々充実した生活を送るためには，医学の分野のみならず保健医療福祉の分野の充実・拡充が急務である。また，医療現場では，医療専門スタッフがチームを組んでケアに当たる，チーム医療が求められている。こうした背景が大学設立の背景として示されており，人間性や専門性，国際性や社会性を備えた人材の育成をめざし，そのためのカリキュラムが策定されている。さらに，看護師国家試験対策および就職支援を充実させ，埼玉県内外の病院をはじめとする医療機関に卒業生を輩出している。2016年現在の収容人数418人。
　　　　　　　　　　　　　　　　　鈴木 崇義

日本薬科大学 [私立] |にほんやっかだいがく
Nihon Pharmaceutical University

学校法人東京インターナショナル学園が2004年(平成16)埼玉県伊奈町に開学。2009年に学校法人都築学園に合併された。建学の精神は「個性の伸展による人生練磨」である。地域連携として，地域の森林資源を活用して地元企業と連携した商品開発や，小学生対象の公開講座を開催している。また，漢方を中心とした国際交流をはかり，台湾の中国医薬大学との相互研修やシンポジウムを開催し，さらには2011年に医療ビジネス薬科学科を設置し，医療や科学技術の分野に関する知識や技能だけでなく，会計，財務，統計といったビジネススキルおよび倫理観を養成し，医療機関に求められる人材を輩出している。薬系単科大学としては初めて診療情報管理士(日本病院会認定資格)受験認定指定校となった。2017年現在の収容人数1763人。
　　　　　　　　　　　　　　　　　鈴木 崇義

入学オフィス →アドミッションズ・オフィス

入学許可訴訟 |にゅうがくきょかそしょう
university admissions lawsuits

大学へ入学するために試験を受けたものの，何らかの不合理な理由(多くは学力試験の成績以外)によって大学への入学許可を得られなかったと推測される場合に，受験者が大学に対し入学許可を求めて提起する訴訟。学生の入学を決定するのは▶学長であるが，▶教授会は学長が決定を行うに当たり意見を述べることができるとされている(「学校教育法」93条2項)。また，試験の内容や合格基準の決定は各大学の裁量事項と考えられている。国立大学医学部の入試において，年齢を理由に不合格とされたことを不当として，受験者が入学許可を求めた裁判では，①大学入試の合否判定が司法審査の対象になるか，②実際に年齢による差別があったか，などが争われたが，年齢による差別が明白とは認められず，訴えは退けられた(群馬大学医学部入試訴訟，平成18年前橋地裁判決)。ほかに国籍を理由に入学を許可しなかった大学に対して違憲判決が下り(平成23年東京地裁判決)，許可前提での再審査という形で和解するに至ったケースや，特定の宗教団体と密接に関係している合格者を入学不許可とした私立大学が違法と判断されたケースがある(平成18年東京地裁判決)。
　　　　　　　　　　　　　　　　　齋藤 千尋

入学金 |にゅうがくきん

入学金は日本独自の▶学生納付金である。韓国にも入学金はあるが，格段に低額で日本円で1万円から4万円程度である(1ウォン＝0.1円として換算)。またフランスなどの▶登録料も入学金とみなせないことはないが，約2万円から6万円ほどで(1ユーロ＝140円として換算)，やはり格段に低額である。これらを除いて，各国の大学では入学金に相当するものはない。日本独自であるだけでなく，現在，平均30万円と高額であることも特徴である。21世紀に入って続出した▶学納金返還請求訴訟において，入学金は「学生が当該大学に入学し得る地位を取得するための対価としての性質を有するもの」であり，学生は入学金の納付をもって大学に入学し得る地位を取得するとされ，「その額が不相当に高額であるなど他の性質を有するものと認められる特段の事情のない限り」，返還の対象とならないとされた(平成18年11月27日最高裁第二小法廷判決)。なお，高額な入学金は日本で▶編入学が進まないことの一つの原因である。
　　　　　　　　　　　　　　　　　小林 雅之

→ 授業料，入学制度(テーマ編)

入学式／卒業式 |にゅうがくしき／そつぎょうしき
entrance ceremony／graduation ceremony

入学および卒業の際に行われる儀式。小学校，中学校，高等学校等では，入学式・卒業式は学習指導要領で定められる特別活動に該当するが，大学についてはとくに式に関する法令がなく，各校が学内行事として独自に行っている。大学における最初の卒業式の事例は，明治10年(1877)の東京大学(当時)である。▶帝国大学が設置されてからは，東京帝国大学の卒業式への天皇の臨幸をはじめ，各帝大の卒業式に皇族や文部大臣等が臨席した。また成績優秀者に対しては恩賜の銀時計を授与するなど格式の高い式典と位置付けられ，これは▶大

学令の施行により帝大の卒業制度が変更される前年の1918年（大正7）まで存続した。現在の卒業式では，▶学士課程の修了を証明する学位記の授与があわせて行われる。また袴等を着用する女性も見られるなど，シンボリックな儀式となっている。欧米では入学式を行わない国が多い一方，卒業式ではセレモニーが行われ，英米の大学の卒業生は▶アカデミック・ドレスを着用して出席する。

黒川　直秀

→開講式，学籍

入学者選抜制度→大学入学者選抜制度

入学制度→テーマ編 p.84

入学前教育｜にゅうがくぜんきょういく
education for pre-registered students

2000年前後から各大学で採用されるようになった▶推薦入試や▶AO入試では，入学決定から実際に入学するまで数ヵ月に及ぶ「ギャップ・ターム」が生じる。入試準備の動機を失った高校生は，周囲から孤立して自己の生活管理に困難を感じるだけではなく，周囲の生徒にも良くない影響を与えることが危惧されている。入学決定者に，より積極的な生活を送らせるため，レポートを課して提出させる，一定間隔で面接を行う，センター試験の受験を推奨する，ポートフォリオを作らせる等の入学前教育を行っている大学学部がある。ただし，全学的な規定を設けて入学前教育を実施している例は多くはない。2007年の文部科学省の調査によれば，大学を総合大学，理系中心，文系中心，芸術中心，医療医学系中心の5学系に分けた場合，入学前教育の「機能度」が最も高いのは理系中心大学で5点満点で3.62，最も低いのは医療医学系大学で3.33であった。ここでの機能度とは，学内での実施状況を把握して点数化したものを指す。

小笠原　正明

ニュージーランドの大学→オセアニアの大学
（テーマ編 p.151）

ニューマン
John Henry Newman｜1801-90

イギリスの神学者，枢機卿。銀行家の息子としてロンドンに生まれる。1817年，16歳でオックスフォード大学トリニティ・カレッジに入学し，翌年カレッジ奨学金を得る。1820年に学位取得。1822年には競争試験により，オリエル・カレッジの▶フェローシップを獲得し学生教育に携わった。1824年に聖職者となり，28年にオックスフォード，セント・メア

リー教会の牧師となる。J. キーブルらの影響から高教会派に転じ，イングランド国教会（イギリス国教会）刷新運動であるオックスフォード運動では指導的人物の一人として，大学の宗教基盤を堅持する立場から多くのトラクト（小冊子）の編集・執筆を行った。1843年にセント・メアリー教会の牧師職を辞任し，45年カトリック教に改宗。その後，ダブリンのカトリック大学設立に関わり，1852年に大学教育についての講演を行う。この講演や大学教育に関するエッセイをまとめた著作が1873年に『大学の理念』として出版され，北米を中心に教養教育論に大きな影響を与えた。

中村　勝美

→パティソン

ニューヨーク大学アブダビ校［アラブ首長国連邦］
ニューヨークだいがくアブダビこう
New York University Abu Dhabi

アラブ首長国連邦（UAE）の首都アブダビ市にある，ニューヨーク大学初の海外分校。UAEを構成する首長国の一つ，アブダビ首長国政府が100％出資し2010年に私立大学として設置した。アブダビ政府は豊富な石油収入を活用し，世界トップクラスの大学の誘致に取り組み，2006年にはパリのソルボンヌ大学アブダビ校，2007年にはINSEADアブダビ・センターが開設された。ニューヨーク大学アブダビ校は世界最高水準の▶リベラルアーツ・カレッジを目指し学士課程教育として芸術・人文，工学，理学，社会科学の各分野で22の主専攻（メジャー），450のコースを提供する。学生対教員の比は8：1。1クラス平均10人以下の少人数教育を実施しており，教授言語は英語である。世界100ヵ国以上から900人以上の学生が学んでいる。世界中から入学希望者を集め，厳しい選抜を経て入学者を決定していることで知られる。アメリカの中部地域高等教育委員会から▶アクレディテーションを獲得している。

和氣　太司

任期付教員｜にんきつききょういん
academic staff with a fixed term of appointment

常時勤務する教員のうち，期間を定めて雇用される教員。かつては一部の▶私立大学で例外的に存在するに過ぎなかったが，教員等相互の学問的交流や多様な人材の受入れ促進を目的として，1997年（平成9）に「▶大学の教員等の任期に関する法律」が制定されて，公務員である国公立大学の教員にも任期制を導入することが可能となった。同法4条は，教員の任用に関して，①先端的，学際的又は総合的な教育研究であることその他の当該教育研究組織で行われる教育研究の分野又は方法の特性にかんがみ，多様な人材の確保が特に求められる教育研究組織の職に就けるとき，②▶助教の職

に就けるとき，③大学が定め又は参画する特定の計画に基づき期間を定めて教育研究を行う職に就けるとき，のいずれかに該当する場合，大学が教員の任期を定めることができると定めている。その場合，各大学は教員の任期に関する規則を定めなければならない。

大場 淳

人間環境大学 [私立]｜にんげんかんきょうだいがく
University of Human Environments

1906年（明治39）創立の私立岡崎裁縫女学校をルーツとして，91年（平成3）開学の岡崎学園国際短期大学を母体として2000年に愛知県岡崎市に開学。開学時は人間環境学部の単科大学。2003年に大学院人間環境学研究科を開設。開学以来，学校法人岡崎学園の運営だったが，2014年より学校法人河原学園の運営となる。翌15年に愛知県大府市に看護学部と大学院看護学研究科（博士前期課程・博士後期課程）を，17年には四国の愛媛県松山市に松山看護学部を開設。2017年現在832人の学生が在籍。建学の精神は「人間環境学の探求」，教育理念は「人間環境に関する該博な知識と深い理解力を備え，すぐれた見識をもって人類と国家社会に貢献できる有為な人材」を育成することを目的とする。

和崎 光太郎

人間総合科学大学 [私立]｜にんげんそうごうかがくだいがく
University of Human Arts and Sciences

1953年（昭和28）学校法人早稲田医療学園が創設した東京カイロプラクティック学院を起源とする。2000年（平成12）日本の私立大学としては初めて通信制課程のみの大学として人間総合科学大学を開学した。2005年通学制の健康栄養学科（管理栄養士養成課程），11年に保健医療学部看護学科・リハビリテーション学科，17年に人間科学部ヘルスフードサイエンス学科を開設した。さらに大学院人間総合科学研究科心身健康科学専攻（修士課程，博士後期課程）は，日本で唯一「心身健康科学」の博士・修士の学位を授与する機関として設置され，心身健康科学という人間の健康を「心身の相関性」を基盤に探求する新しい学問領域の体系化をめざしている。2016年現在，埼玉県の蓮田・岩槻キャンパスに2502人が在籍。

鈴木 崇義

▶大学通信教育，通信制大学

認証評価 ｜にんしょうひょうか
Certified Evaluation and Accreditation

［認証評価制度の概要］
国公私のすべての大学，▶短期大学，▶高等専門学校（以下，大学等という）に対して，認証評価機関の評価を定期的に受けることを義務づけた制度を認証評価制度という。2003年（平成15）の▶学校教育法改正時に規定され，2004年から実施に移された。▶文部科学省は認証評価の目的を，①評価結果が公表されることにより大学等が社会による評価を受けること，②評価結果を踏まえて大学等が自ら改善を図ることとしている。

日本では長らく，大学等の最低基準を「設置基準」として定めること，設置基準を担保するために大学等に対して行われる「設置認可審査」が厳格に行われることによって大学等の水準の維持が行われてきた。しかし，大学等を設置する際の入口審査だけでは不十分で，設置後にどのような教育活動が行われているかをチェックする必要があると考えられるようになってきた。また，いわゆる▶進学率の上昇によって大学がユニバーサル化し，大学で提供される教育の質に対する社会の関心が高まってきたこと，進学者の増加と多様化によって社会が成熟したことで，大学等もその社会変化や進学者のニーズに対応することが求められるようになった。そこで，文部科学省による入口審査を緩和し，大学の自律的な活動を促しつつ，その結果を確認するシステムを設けるという政策変更が必要となった。こうした状況から導入された「認証評価」は，「設置基準」「設置認可審査」とともに日本の高等教育の公的な質保証の3本の柱として位置付けられている。

［認証評価の仕組み］
認証評価には，機関別認証評価と専門職大学院認証評価がある。機関別認証評価は大学等の教育研究，組織運営および施設設備の総合的な状況についての評価で，すべての大学等は7年以内ごとに評価を受けなければならない。専門職大学院認証評価は▶専門職大学院の教育課程，教員組織その他教育研究活動の状況に関する評価で，専門職大学院は機関別認証評価とは別に5年以内ごとに評価を受けることが義務づけられている。認証評価を行おうとする機関は文部科学大臣によって認証を受けることが必要であり，認証されるための基準は法令で詳細に定められている。認証評価には大学等が設置認可時の水準を維持していることをチェックするとともに，各大学等の個性の伸長と教育研究の向上を支援するという二つの役割が課されている。

認証評価のための基準は認証評価機関が独自に定めることとされているが，評価基準に含めるべき評価領域は機関別認証評価7領域，▶法科大学院を除く専門職大学院認証評価4領域が定められている。法科大学院に関しては13領域と格段に多く，詳細かつ厳格に評価が行われている。複数の認証評価機関がある場合，いずれの機関を選択するかは大学の判断で決定できる。機関別認証評価，専門職大学院認証評価のいずれも，同じ評価対象または専門分野で複数の認証評価機関が存

在することは，大学等の多様性に即しており，評価機関の個性ともいえるが，一方で評価の水準や厳格性に差が出ることで評価の信頼性を損なうことがないよう認証評価機関間の連携等の配慮が必要である。

認証評価において「認証」されるのは評価機関であって，大学は認証評価機関の評価を受けることが義務づけられているのみであるが，認証評価機関はすべて評価結果で適格性の認定（合格・不合格の判定）を行っているため，評価結果の公表は，社会的にも当該大学にとっても重要な意味を持っている。なお，法科大学院に関しては法令で適格認定を義務づけている。

[認証評価機関]

4年制大学，短期大学の機関別認証評価機関は，それぞれ3機関ある（2016年3月現在）。専門職大学院の認証評価を実施する機関として文部科学大臣から認証されている機関がある分野は法科大学院，ビジネス，会計，助産，公共政策，ファッションビジネス，▶教職大学院，情報・創造技術・組込み技術・原子力の複合分野，公衆衛生，知的財産，ビューティビジネス，環境・造園，グローバル・コミュニケーションの13分野である（2016年3月現在）。

前田 早苗

→大学設置基準，質保証制度，アクレディテーション，チャーターリングとアクレディテーション

◎前田早苗「第3章第1節 大学評価の類別と目的・意義」『大学職員ナレッジ・スタンダード 大学業務知識編Ⅱ』日本能率協会，2011.
◎早田幸政・船戸高樹編著『よくわかる大学の認証評価』エイデル研究所，2007.

任用 |にんよう
appointment

任命権者が特定の人を特定の職に就けること。おもに公務員に関する法規上で用いられる用語。職員である者またはそうでなかった者を新たに公務員法上の特定の職に就けることを意味し，採用，昇任，降任，転任を含む（国家公務員法35条）。▶国立大学の場合，これまで国家公務員法54条を踏まえた「採用昇任等基本方針」に沿って，各任命権者が職員の任用をおこなった。しかし，2004年の国立大学法人化に伴い，教職員の身分も国家公務員から非公務員型の法人職員となり，教職員人事も国家公務員としての任用ではなく，労働契約法に基づいて各大学独自に実施している。たとえば教員を除く大学職員の採用では，人事院が実施する国家公務員採用試験から国立大学法人等が合同で実施する試験に変わっている。▶公立大学においては，非法人型大学の場合は▶教育公務員特例法に基づく任用を行っているが，法人型公立大学では国立大学同様，独自に実施している。

大川 一毅

→任用制度，教職員の昇進制度，教員の職階構造，教職員（テーマ編）

任用制度 |にんようせいど
faculty and staff appointments

任用とは，人を特定の職務に就かせて用いることである。任用制度は，職員（大学では教員を含む）の採用や昇進等に関する基準や手続き等を定めるものである。昇進（昇任）は「教職員の昇進制度」の項目で取り上げられているので，本項目では日本における採用を中心に任用制度について説明する。

一般に任用は，国家公務員法や地方公務員法（以下「両法」）に定められているように，任用される者の能力の実証に基づいて行うとされる（能力主義）。採用については，両法は競争試験に基づくことを原則としているが，例外的にそれ以外の能力の実証に基づく試験（選考）による採用を認めている。大学においては，教員外職員（以下「職員」）の多くは競争試験によって採用されるのに対して，教員についてはその職務の特性を踏まえて選考で採用されるのが通常である。

[教員]

▶教育公務員特例法（以下「教特法」）は，大学の教員の採用・昇任は選考によるものとし，当該選考は▶教授会の議に基づき▶学長が行うと定めている（教授会が置かれる組織の長は当該教授会に意見を述べることができる）。現在では教特法が適用される大学は法人化されていない▶公立大学に限定されるものの，教特法の定める原則の多くは憲法・教育基本法が定める学問の自由を具現化するものであることから，法人化後の国公立大学や▶私立大学でも▶学則等で同法の定める任用に関する原則の多くが導入されている。たとえば東京大学では，東京大学教員の就業に関する規程で「大学教員の採用及び昇任の選考は，教授会が行う」（3条）と定め，教特法より同僚制の強い制度が採用されている。

教員選考の基準は，教特法では▶評議会（評議会を置かない大学にあっては教授会）の議に基づき学長が定めるとされるが，基準策定の基礎となるべき大学教員の資格は▶大学設置基準（第4章）が規定している。同基準が定める大学教員の資格は研究業績を重視したものであったが，高等教育の多様化等を反映して関連規定は数次にわたって改正され，現在では社会の多様な専門分野で知識・経験を有する者の登用を可能にするとともに，教育上の能力を必須とするものとなっている（助手を除く）。

教員を採用することとなった場合，教員選考の手続きは，通常，選考組織（教授会等）の下に置かれた選考委員会等が行う。選考委員会等は，選考基準や募集法等の必要事項を決めて，候補者を募る。募集法は近年，国の政策を反映するなどして，公募によるものが増えている。公募の場合，選

考委員会等は書類審査等に基づいて候補者を絞って面接を行い，最終候補者を決定して選考組織に報告する。採用の決定は選考組織が行うが，多くの場合，選考委員会等が選んだ候補者が採用される。教員採用に際して最も重視される基準は，国公私立大学とも研究活動，次いで教育活動であるが，前者を重視する程度は国立・公立・私立の順に高い（2006年広島大学高等教育研究開発センター調査）。

[職員]

近年中途採用が増えてきたものの，職員採用の主流は依然として大学新卒者を対象とした競争試験による定期（4月）採用である。国立大学では，地方単位で行われる国立大学法人等職員統一採用試験（第一次試験）および各大学が行う第二次試験に基づいて採用が行われる（第一次試験を利用せずに，大学独自の試験で職員採用を行う大学もある）。法人化されていない公立大学では，設立自治体の公務員採用試験で一括採用された者の中から職員が配置される。多くは他の部署からの転任であり，一定の期間後に転出することから，大学職員としての専門性が育たないことが課題として指摘されてきた。法人化された公立大学および私立大学では，通常，各法人が行う競争採用試験によって職員採用が行われる。

大場 淳

→ 教職員（テーマ編），教員の職階構造

◎大学審議会「教員採用の改善について（答申）」文部省，1994.
◎松野弘『大学教授の資格』NTT出版，2010.

NEDO（ネド）→新エネルギー・産業技術総合開発機構

農学部｜のうがくぶ
Faculty of Agriculture

[農学部の誕生と拡大]

日本における最初の大学農学部は，1890年（明治23）設置の帝国大学農科大学（東京大学農学部の前身）である。農科大学は農商務省所管の東京農林学校を前身としており，農学科，林学科，獣医学科が設置された。東京農林学校は駒場農学校，東京山林学校が合併した学校で，両校はドイツ人教師およびドイツ留学帰国者が教師陣の中心を占め，官房学的傾向が強く国家経済に資する教育・研究，高級技術官僚の養成が志向された。一方，独自の出自を持ち発展したのが，1903年設置の東北帝国大学農科大学（北海道大学農学部の前身）である。前身の札幌農学校は米国人教師の強い影響を受けながら，北海道開拓に資する人材養成機関として幅広い教育を実施した。その後，戦前期には京都帝国大学，九州帝国大学および台北帝国大学，東京農業大学に農学部が設置された。

第2次世界大戦後，新制国立大学を中心に農学部は大幅に増加した。1947年（昭和22）に発足した新制東京大学農学部は農学科，農芸化学科，林学科，獣医学科，水産学科，農業経済学科，農業土木科の7学科で構成されていた。戦後の大学農学部は，多少の名称・学科数の相違はあっても（獣医学科は畜産学科の場合もある），上記7分野の範囲で農林水産業に関わる教育・研究を担ってきた。この学科構成は長く固定されていたが，例外として地方国立大学を中心に設置された総合農学科がある。縦割り化された▶学科を越えて，分野横断的に農業技術の普及や実務人材の育成を目標にしていた。戦後の農村生活改善運動にも対応したものであるが，アメリカ合衆国の▶モリル法により設立された土地付与大学農学部からの影響が読み取れるだろう。ただし，この理想が日本の大学に根づくことはなく，総合農学科の多くは昭和30年代までに旧来の7分野に対応した学科増設の土台となり姿を消した。

[近年の農学部改組，新たな展開]

農学は農林水産業に関わる生産手法，加工・流通に関わる諸課題を教育・研究する応用科学として出発したが，今日では生命科学の進歩，地球規模での環境問題・気候変動，土地開発と貿易に関わる摩擦の拡大等により，産業振興だけではなく人類の生存環境全体を取り扱う学問として広領域化している。長く学科構成の中心となってきた農学7分野は，前述の変化の影響を受けて，1980年代後半に大きな変革期を迎える。多くの大学で農学部が改組されて，旧学科が生物生産学科，生物環境学科等，生物や環境を冠する学科名に変更・統合された。ただし，その場合もコース，▶専攻等として実質的に旧学科組織が維持された例が多かった。1990年代以降，多くの大学農学部は2度目の改組を実施し，農学部という名称も生物資源学部，農学生命科学部等に変更する事例もあり，旧来の学科組織の統廃合も進行している。大学によっては学問分野を限定して教育・研究資源を集中させる動きも起きている。ただし，東京農業大学は1998年（平成10）に農学部を4学部に改組・拡充するという改革を実施しており，それ以降も複数の大学に農学系学部が新設されている。農学部自体の存在が否定されているわけではないが，対象領域が広域化する中で自らの学問体系を再評価している過程にあると言えよう。

[アメリカとドイツの動向]

日本の大学農学部に大きな影響を与えたアメリカ合衆国，ドイツにおいても農学部は大きな変動期にある。1862年に制定されたモリル法はアメリカの農業技術革新，大学大衆化に大きな影響を与えた。同法はおもに農学，工学を教授する大学を設置するため，州政府等に連邦政府所有の土地を供与することを可能にした。これらの大学は土地付与大学と言われ，研究・教育，そして技術普及の

三つの目的を持つ実学教育機関として設立された。この大学と産業発展，実務人材育成との密接な関係構築はアメリカ型大学の特色とも言えるが，農学部はその原型モデルを提供したとも言える。土地付与大学は各州の高等教育機関の中核となり，ミシガン州立大学のように全米屈指の規模を持つ▶総合大学に発展した大学も多い。1980年代以降は農学部学士課程登録者数の減少という事態に直面して，技術者教育偏重から一般市民のための農業リテラシー教育の重視，環境問題への対応が志向されている。

ドイツの大学は複線型教育を基盤とした総合大学・▶専門大学制度を特色としてきた。総合大学でも，たとえば1818年設立の▶ボン大学には7学部の一つとして農学部が設置されており，同学部は栄養・食糧科学科，測地・地理空間情報学科，食品・資源経済学科，農業工学科，作物科学・資源保護学科，有機農業学科，動物科学科で構成されている。伝統的な総合大学の農学部では，高度な学術研究と高級官僚養成等を担ってきた。一方で，1999年に合意された▶ボローニャ・プロセスによる欧州共通学位制度の導入は，農学教育にも大きな影響を与えている。中級官僚や実務技術者養成を担ってきた専門大学は認定される学位等で総合大学とは厳然とした区分があったが，学士課程・大学院を備えた「応用科学大学」として再編されている。しかし，依然として教育体系が複線化されている中で，異なる属性の進学者の教育，学位をどのように共通化するのかという課題や，農学分野における人材需要の変化もあり，ドイツの大学における農学教育も大きな変動の中にある。　　奥山 洋一郎

→学部の概念(テーマ編)，獣医学部，理系のカリキュラム

◎奥山洋一郎「戦前期におけるわが国林学高等教育の展開」，筑波大学大学研究センター『大学研究』16号，1997.
◎山谷洋二「アメリカの農学高等教育の改革」，広島大学大学教育研究センター『高等教育研究叢書』47号，1998.
◎坂野慎二「ドイツの高等教育機関における産学連携教育」，広島大学高等教育研究開発センター『高等教育研究叢書』122号，2013.

農場|のうじょう
university farm; experimental farm

農学分野の学部や学科の教育研究用に設置される附属施設。▶大学設置基準により，設置することが規定されている。附属農場のほか，農業技術センター，フィールドサイエンス教育研究センター等の名称が用いられる。教育実習，研究のほか，▶公開講座，小中学校等との連携等，地域との交流にも活用される。2014年現在50以上の国公私立大学に設置されている。なお大学設置基準は，林学に関しては演習林，獣医学に関しては家畜病院，畜産学に関しては飼育場または牧場，水産学に関しては練習船，水産増殖に関しては養殖施設の設置を規定している。近年はこれらの施設の大学を超えた共同利用化が進められている。アメリカ合衆国の州立大学では，▶農学部は教育研究のみならず地域社会へのエクステンションサービスの典型である育種や営農等の普及機能を有していた。農場はそのための実験，普及のための圃場でもあった。日本ではこれらの活動は都道府県の農業改良普及事業として位置付けられ，農業改良普及センター等の組織がその機能を担っている。　　小林 信一

ノーザン・ヴァージニア・コミュニティ・カレッジ[アメリカ]
Northern Virginia Community College: NVCC／NOVA

ヴァージニア州北ヴァージニア地区に所在し，学生数7万5000超，六つのキャンパスと四つのセンターを有する全米最大級の2年制大学にして，州最大の公立高等教育機関。1964年ノーザン・ヴァージニア・テクニカル・カレッジとして創設。1965年に一つの建物での761人の入学者で出発するも，翌年には現在名に改称して最初のキャンパスとなる敷地をアレクサンドリアに取得。以降，▶コミュニティ・カレッジの典型となる急速な拡大を遂げる。1975年からは遠隔学習課程も提供。1979年に教育財団を設立して財政基盤を強化。現在は160超の学位および資格課程を展開するほか，高校とのデュアル・エンロールメント(二重在籍)の教育提供も実施。2007年以来，コミュニティ・カレッジ学生の課程修了の成功を支援する全米運動であるアチービング・ザ・ドリーム(ATD)に参画し，2010年にはその成果によりリーダー・カレッジに認定される。ワシントンD.C. 近郊という地理的条件も影響して，学生の出身国が180以上という多様性も特徴。23校からなるヴァージニア・コミュニティ・カレッジ・システム(VCCS)の一員。　　舘 昭

ノースアジア大学[私立]|ノースアジアだいがく
North Asia University

1964年(昭和39)設立の秋田経済大学が前身。1983年法学部の開設に伴い校名を秋田経済法科大学に改称し，秋田短期大学(現在の秋田栄養短期大学)を秋田経済法科大学短期大学部へと改称するなどを経て，2007年(平成19)現在のノースアジア大学に名称を変更。建学の精神は「真理・調和・実学」であり，これは秋田看護福祉大学と同様である。2016年現在，秋田県秋田市にキャンパスを構え，2学部3学科に820人の学士課程学生が在籍する。学士課程教育はもちろん，学生のキャリア支援にも重点を置いており，ダブルスクールの必要なく司法試験や各種公務員試験を突破できる体制が取られている。国家試験等センターには，学生の目標に応じた六つの研究室(行政・警察・司法・税

務会計・観光・国際)が設置され，学生は個別ブースでの学習が可能である。　　　　　　　　　　　　戸村 理

ノートルダム清心女子大学[私立]
ノートルダムせいしんじょしだいがく
Notre Dame Seishin University

岡山市の私立女子大学。19世紀初頭，フランスに設立されたナミュール・ノートルダム修道女会(Sisters of Notre Dame de Namur)を設立母体とする。1886年(明治19)に，岡山市で最初の私立女学校，

私立岡山女学校が創立(のち清心高等女学校に改名)。1944年(昭和19)に岡山清心女子専門学校となり，48年にはヘレン・ケラーが来校した。1949年にノートルダム清心女子大学となり，学芸学部が設けられた。2016年(平成28)5月現在，文学部・人間生活学部が置かれ，学生数2326人。教育理念を「キリスト教精神に基づいて，真なるもの・善なるもの・美なるものの追求」とする。　　　　船勢 肇

→ キリスト教系大学

は ハ

梅花女子大学 [私立] ばいかじょしだいがく
Baika Women's University

1878年(明治11)に日本人教会と生徒費用により運営される，日本初の自給学校として創設された梅花女学校を起源とする。梅花高等女学校，梅花女子専門学校，第2次世界大戦後には梅花短期大学開校と，大阪における女子高等教育機関として大きく発展し，4年制大学は1964年(昭和39)に開学。創立者沢山保羅の愛唱の聖句「人にしてもらいたいと思うことは何でも，あなたがたも人にしなさい」(マタイによる福音書7章12節)が今もスクール・モットーとして受け継がれており，愛と自主・自立，他者への愛と奉仕の精神を備える自立した女性の育成が教育目標である。2017年(平成29)現在4学部3研究科を擁し，大阪府茨木市のキャンパスに1909人の学生を収容する。学部学科共通科目としてキリスト教科目が置かれている。　　堀之内 敏恵

→ キリスト教系大学

梅光学院大学 [私立] ばいこうがくいんだいがく
Baiko Gakuin University

1872年(明治5)アメリカ改革派宣教師スタウト夫妻が，長崎に男女それぞれの私塾を開いたことに端を発する。女子の塾は1890年梅香崎女学校となり，1914年(大正3)に山口の光城女学院と合併して，下関に梅光女学院を開校。同学院を母体として，1967年(昭和42)に設立されたのが梅光女学院大学(文学部日本文学科・英米文学科)である。1976年に大学院開設。2001年(平成13)に開学130周年を記念して校名を梅光学院大学と変更し，男女共学となった。2015年に文学部・国際言語学部・子ども学部の3学部4学科体制から文学部人文学科・子ども学部子ども未来学科の2学部2学科体制へと改組。2016年現在，下関市のキャンパスに学部生1102人，大学院生7人，教員50人を擁する。「地方都市の小規模ミッションスクール」の特性を活かした，アットホームな校風の中での人格形成を特色とする。　　小濱 歩

ハイデルベルク大学 [ドイツ] ハイデルベルクだいがく
Universität Heidelberg

4学部に3万人以上の学生を抱える総合大学。神聖ローマ帝国では▶プラハ大学，▶ウィーン大学に次ぐ3番目の大学として，現在のドイツでは初めての大学として1386年，ライン川の支流ネッカー川沿いのハイデルベルクの街に神学部，法学部，医学部，哲学部の4学部をもって創設された。開学以来，学問と文化の拠点として発展し，19世紀にはガスバーナーを発明したブンゼン，検眼鏡や共鳴器を開発したヘルムホルツの活躍の場となったほか，近代から現代にかけては物理学，生理学，医学の分野で8人ものノーベル賞受賞者を輩出するなど高い功績を上げてきた。現在も臨床医学や心臓病研究の分野では世界的なレベルを誇り，哲学や心理学の分野でもドイツ観念論を代表する思想家ヘーゲル，実験心理学の父と称されるブント，実存主義で知られる▶ヤスパースといった多くの著名人が教壇に立ち，各分野の体系的発展に多大な貢献をなした。卓越した高等教育機関に重点投資を行う▶エクセレンス・イニシアティブでは「エリート大学」に選ばれ，タイムズ誌の世界大学ランキングにランク入りするなど，国内的にも国際的にも評価の高い研究重点大学である。学生数は2万9700人(2016/17年冬学期)。　　髙谷 亜由子

ハーヴァード大学 [アメリカ] ハーヴァードだいがく
Harvard University

ボストン近郊所在の北米最古の大学。ヨーロッパ三十年戦争のただ中の1636年，ピューリタンたちが「学問の発展と永続化」を目指し，新天地に創設した。初期から学士号を授与し，牧師と役人が構成した外部の視学委員会に監督を委ねた。ボストンのインテリ層と深く繋がりつつも，19世紀前半まで州の援助を受けたが，南北戦争後に私学化。1900年の学生数は全米最大で，科目履修の選択制を導入していた。2012年現在，共学の学生数はカレッジ，学術大学院，九つの▶専門職大学院で計2万余名と，規模では数十位に後退した。しかし，世界中からの客員研究者数では最上位を占める。大きな工学部なしで多額の連邦研究援助金を得，現役教授から32名のノーベル賞受賞者を出す研究成果をあげている。蔵書数1500万冊余の図書館，3兆円の基金は全米で最大。20世紀以降，5人の大統領を輩出した一方，地域住民に向けた高水準の教育も提供している。2007年，初の女性学長を迎えた。　　立川 明

ハーヴァード・ビジネス・スクール
Harvard Business School

世界の▶ビジネス・スクールのランキングで常にトップクラスにランキングされる代表的なアメリカのビ

ジネス・スクール。▶MBA（Master of Business Adminis-tration, 経営学修士）プログラムを1908年に設立して以来，世界各国から本ビジネス・スクールを目指す学生が多数集まり，経営者として活躍している卒業生も世界各国に数多い。本ビジネス・スクールで取り入れられているケースメソッド（事例研究）方式は有名で，日本の▶経営系専門職大学院でも本ビジネス・スクールで開発したケースメソッドを教材として活用しているところがある。ケースメソッド方式とは，学生が事前にビジネスの状況が提示された実際のケースを分析してから授業に参加し，対話中心の授業に臨みながら問題発見，問題解決能力を身につけるという方法である。正規のMBAプログラム以外にも，学位取得しない短期の社会人教育プログラムも多く構築されており，日本の経営幹部にもこうしたプログラムに参加した経験のある者が多い。

山田 礼子

パヴィア大学 [イタリア] ｜パヴィアだいがく
Università degli Studi di Pavia

北イタリアのパヴィアにある国立総合大学。パヴィアには9世紀から著名な修辞学や法学の学校が存在していたが，大学は1361年にミラノのガレアッツォ2世が皇帝カール4世より設立認可を得て創設された。その後1389年には教皇の設立教書も獲得したが，98年にピアチェンツァに大学の大部分が移されて衰退。1412年に再興されてミラノ公国の大学として繁栄した。数学者で医者のジェロラモ・カルダーノなどが学んだことでも知られ，法学と医学研究の中心の一つとなった。しかし，1525年以降のスペイン支配下において再び低迷し，18世紀後半のオーストリア支配ではマリア・テレジアやヨゼフ2世の啓蒙政策によって再生し，19世紀にかけて著名な医学者や数学者を輩出した。現在，▶エラスムス・プログラムにも積極的に参加するなど，活発な教育活動を展開している。2011年には18学科，正教授291人，准教授277人，研究員413人，2015/16年の登録学生数約2万1500人。

児玉 善仁

博士 (はかせ) →博士 (はくし)

バカラリウス
baccalarius [羅]

バカラリウス学位は，12世紀末，誕生したばかりの自治団体としての大学が授与したものである。最終的な取得学位である▶マギステル位に至る最初の学位として位置づけられた。バカラリウスとは，語源的には修行中で一人前になる前の者を指す言葉であったが，のちに転じて「いまだ教授免許（li-centia docendi）は与えられていないが，教師の監督の下，講義を行う上級の学生」を意味することになった。パリでは，まず▶神学部に初出し（1231年），その後，教養部（1245年）に現れる。パリの教養部でバカラリウス試験（デテルミナティオ：determinatio）を受けるには，5年間規定の教科書を学び，20歳に達していなければならなかった（1252年の規定）。ボローニャでは，バカラリウス制は明確な形をとらなかった。13世紀末になって，学芸学部の規約においてデテルミナティオが上級学部への必要条件とされた。

バカラリウスの役割は，マギステルの補助者として無報酬で講義（「特殊講義」）を行うことであったが，のちにマギステルが行う授業（「正講義」）をも担当するようになった。今日，イギリスやアメリカ合衆国の大学で学部卒業生をバチェラーと呼ぶが，ドイツやイタリアの大学でこの▶称号は使われない。またフランスでは大学入学資格者のことをバシュリエ（bachelier）と呼んでいる。

松浦 正博

→ 教授免許，学位と称号 (テーマ編)

バカロレア
baccalauréat [仏]

フランスにおいて，中等教育修了を証明するとともに，大学入学資格を認定するための国家試験。また資格そのもの。試験は毎年6月に全国一斉に実施される。合格者は基本的にどの大学にも入学できる（フランスでは，各大学による個別の入学者選抜試験は行われていない）。普通バカロレア（1808年創設），技術（科学技術）バカロレア（1968年創設），職業バカロレア（1985年創設）の3種類があり，それぞれ後期中等教育の普通科（リセ），技術科，職業科に対応している。3種類のバカロレアのいずれに合格しても大学に進学する権利が与えられるため，近年は技術バカロレア・職業バカロレア取得者も次第に大学へ進学するようになり，入学者の多様化が進んでいる。しかし同時に，大学生の学力低下の問題が生じている。他方で，バカロレアを取得できずに学校を離れる，無資格の生徒の就職難の問題もある。1980年代半ば以降，バカロレア試験合格率を同年齢層内の80％に引き上げることを国家的施策として推進し，2013年度には86.9％に達した。なお，フランスの高等教育機関には，バカロレアを持っていれば無試験で入学できる大学のほかに，各学校が実施する入学試験のある▶グランド・ゼコール（grandes écoles）等がある。

齋藤 千尋

→ 国際バカロレア

白鷗大学 [私立] |はくおうだいがく
Hakuoh University

1915年(大正4)に，上岡長四郎によって栃木県足利市に創設された足利裁縫女学校が起源。1986年(昭和61)に経営学部の単科大学として開学。1990年(平成2)に学校法人名を足利学園から学校法人白鷗大学に変更する。以後，1992年に法学部，2004年に法務研究科(法科大学院)，発達科学部発達科学科を設置。2007年に発達科学部を教育学部に名称変更する。建学の理念を具現化する言葉として「PLUS ULTRA(さらに向こうへ)」を掲げる。教育学部は児童教育・スポーツ健康・英語教育・心理学の四つの専攻があり，幼稚園教諭や保育士の就職に関して，北関東中心の公私立幼稚園・保育園にほぼ100%の就職率を誇っている。地域に開かれた大学として，一般市民が学生と一緒に講義に参加する「市民開放講座」をはじめ，「白鷗大学▶公開講座」などのさまざまな学習機会を地域住民に提供している。キャンパスは栃木県小山市に所在。2016年5月現在，3学部3研究科(法科大学院を含む)からなり，学生数4818人。　山本 剛

博士 |はくし
doctor

博士号または博士号取得者を指す。博士号は，日本の大学で授与される学位の最高位に位置する。1887年(明治20)の学位令で▶大博士と博士が設けられ(実際には大博士の授与はない)，博士には推薦博士(総長推薦)，▶課程博士(大学院卒業)，▶論文博士ともいうべき3種の取得ルートが想定され，法学・医学・工学・文学・理学の5種類の博士が定められた。翌88年に最初の博士25人(同年度で計50人)が生まれ，98年の学位令改正で農学，林学，獣医学，薬学の4種類の博士が追加された。さらに1919年(大正8)の▶大学令施行，翌20年の学位令改正で，▶帝国大学だけでなく官公立大学や私立大学でも授与が始まり，博士は増加するが，「末は博士か大臣か」といわれるように希少な存在であった。とくに第2次世界大戦前では論文博士が主流で，大部分が医学博士であったため，名誉的，職業的なものであった。戦後になり，アメリカのPh.D.(Doctor of Philosophy)のような研究者の最低資格としての博士号に変える努力がなされたが，理工系ではそれが進んだものの，人文・社会科学系では▶修士が代替した。人文・社会科学系で博士が普及するのは，1991年(平成3)の学位規則改正後である。他方で，たとえば「法務博士」などの明確な専門職学位としての博士は，▶専門職大学院制度の開始とともに始まった。　阿曽沼 明裕

⇨学位と称号(テーマ編)，博士課程，学位の種類，専門職学位／職業学位，大学院(テーマ編)

博士課程 |はくしかてい
doctoral course

「専攻分野について，研究者として自立して研究活動を行い，又はその他の高度に専門的な業務に従事するに必要な高度の研究能力及びその基礎となる豊かな学識を養うこと」(大学院設置基準4条)を目的とし，高度な専門性や研究能力だけでなく，研究者としての自立性を養う▶大学院の課程。▶大学院設置基準において，以下の設置形態が認められている。2年の博士前期課程と3年の博士後期課程から構成される5年制の博士課程，後期3年の課程のみの博士課程，前期後期の区分がない5年一貫制博士課程，医学，歯学，薬学の一部，獣医学の学部の修行年限を6年としている分野の4年制博士課程がある。入学要件は大学を卒業した者または文部科学大臣の定めるところによりこれと同等以上の学力があると認められた者であるが，博士後期への直接入学の場合は▶修士の学位および▶専門職学位を有するかそれとの同等者となる。一般的な修了要件は5年以上在学し，30単位以上を習得したうえで，必要な研究指導を受け，博士論文の審査および試験に合格することである。課程修了者には▶博士の学位が授与される。　山崎 慎一

博士課程の実質化 |はくしかていのじっしつか
substantiating doctoral degree program

博士学位は自律した研究者であることの大学による認定であるが，その能力は実際に研究をすることによって培われる。そのため，博士の養成は確立した研究者である教員のもとでの徒弟教育的な訓練となるが，アメリカ合衆国ではこの養成を▶グラデュエート・スクール(大学院)に入学した学生に，当該分野の基礎教育を授業として体系的に提供しつつ研究テーマを確立させ，総合試験に合格した者をキャンディデート(candidate: 博士候補者)としてから徒弟訓練に入ることで，一定のプログラム化つまり課程化に成功した。日本では，第2次世界大戦後，博士の養成に「課程」という言葉は用いるようになったものの，アメリカのシステムについての理解も不十分であったことから，徒弟訓練のみに頼る状態が続いており，2005年の中央教育審議会答申「▶新時代の大学院教育」に盛り込まれるなど，「課程」としての「博士課程の実質化」が言われ続けている。その主張の中に課程を定めた年数内に博士を創出するとの考えが含まれているが，アメリカでは年数内であることが求められるのはキャンディデート以前の学習に対してであり，徒弟訓練に入ってからは研究の成功が必要であり，博士号取得にいたる年数には当然に分野差，個人差がある。　舘 昭

博士研究員 | はくしけんきゅういん
postdoctoral fellow; postdoctoral research fellow

博士号取得後，アメリカ合衆国では大学の助教授，日本では▶助教などの職に就く前に，研究分野の拡大深化のため，希望する分野の研究室で，通常，授業などの教育的義務を離れて研究に専念する研究者。大学教員が初めから独立して研究室を主宰するアメリカの大学で発達した制度で，研究主宰者の審査を経て採用され，研究者には給料が支払われる。アメリカの大学では，給料が所属研究室の教授等(研究主宰者)のグラント(研究助成金)から支払われる場合，▶全米科学財団(National Science Foundation: NSF)などの研究助成機関から支払われる場合(財団等の▶フェローシップを研究者が持っている場合)，研究助成機関から大学等へ▶競争的資金として支給される博士研究員のための訓練助成金(training-grant)から支払われる場合の三通りがある。アメリカの大学では常勤(full-time)の研究職で，研究活動を支えるアカデミック・スタッフ(academic staff)として処遇される。現在，世界の多くの国と大学で博士研究員の職と地位が制度化されている。通常，任期は1〜2年で更新可能である。日本でも▶日本学術振興会の特別研究員(PD)の制度がある。とくに自然科学系，医学系分野において，世界の多くの研究実験は博士研究員により遂行されている。　　　　　　　　　　　　　　赤羽 良一

▶️特別研究員制度

博物館 | はくぶつかん
university museum

博物館は，「博物館法」の規定に基づいて登録された「歴史，芸術，民俗，産業，自然科学等に関する資料を収集し，保管し，展示して教育的配慮の下に一般公衆の利用に供し，その教養，調査研究，レクリエーション等に資するために必要な事業を行い，あわせてこれらの資料に関する調査研究をすることを目的とする機関」である。ただし，大学に設置される博物館は「博物館に相当する施設」であり，文部科学省もしくは都道府県教育委員会が指定する。大学の博物館，もしくは列品館，陳列館の名称で呼ばれた学術標本を収蔵・管理した施設は，古くから存在した。1996年(平成8)学術審議会学術資料部会報告，生涯学習審議会答申が，大学の豊富な知的資産を活用することで「ユニバーシティ・ミュージアム」を設置して，大学の教育研究のみならず社会教育の観点からも学術標本の多面的活用を図ることを提言して以来，▶大学博物館として整備される例が増えた。たとえば，東京大学総合研究資料館は総合研究博物館に改組され(1996年)，京都大学は総合博物館を発足させた(1997年)。　　　　　　　　　　　　　　小林 信一

ハーゲン通信制大学 [ドイツ]
ハーゲンつうしんせいだいがく
FernUniversität in Hagen

ドイツの公立通信制総合大学。1970年代に問題となっていた学生増を背景に，各高等教育機関の負担軽減を図るとともに，大学レベルのさまざまな生涯学習や働きながらの継続教育に対する当時の社会的なニーズに応えることを目的とする。1974年に当時の学術担当大臣のイニシアティブの下で創設されたドイツで初めての，そして唯一の公立の通信制総合大学である。経済学と数学の2分野に1300人の学生をもってスタートした。現在は文化・社会学部，数学・情報学部，経済学部，法学部の4学部に，一般の学士課程と修士課程のほか，高度な職業資格を持ちつつも大学入学資格である▶アビトゥーアを持たない者を対象としたアカデミー学修や，特定の職業集団を対象とした継続教育のコースなどが設けられている。また課程制は採っていないが，博士号の取得に向けた学生の指導および博士号の授与も行っている。学生数は6万8400人(2016/17年冬学期)。　　　　　　　　　高谷 亜由子

▶️大学通信教育，通信制大学

函館大学 [私立] | はこだてだいがく
Hakodate University

北海道函館市にある。建学の精神は，「学園訓3か条(報恩感謝，常識涵養，実践躬行)を具体的信条として知・情・意を高度に，かつ円満に発達させる真の学問追究をすること」である。商学部は「実践教育重視型」の「企業経営コース」「市場創造コース」「英語国際コース」の三つのコースで構成されている。1年次からの実践的カリキュラムにより，4年間で商学実習と専門ゼミナールを通じての充実した学びとなる。中学校教諭一種免許状(英語，社会)，高等学校教諭一種免許状(英語，公民，商業)，日商簿記検定，基本情報技術者試験などの資格もあわせて取得できる。2017年(平成29)現在の学生数302人。「生涯学習」「成人学習」の促進として社会人入試・シニア入試を2018年度に実施する(若干名)。函館大学地域総合研究所では，研究プロジェクトとして新幹線と観光の関係の研究を行っている。　　　　　　　　　　　　　　　蝶 慎一

羽衣国際大学 [私立] | はごろもこくさいだいがく
Hagoromo University of International Studies

1923年(大正12)開校の羽衣高等女学校をルーツとする学校法人羽衣学園により，羽衣学園短期大学(1964年開学)を4年制大学化し，2002年(平成14)に開学。建学の精神は「愛真教育」を基盤とした「自由・自主・自律・個性尊重の人間教育」を通し

て，社会に有為な人材を育成する」である。2016年現在，大阪府堺市にキャンパスを構え，現代社会学部，人間生活学部の2学部に1190人の学生を収容する。教育ミッションである「これからの共生社会において主体的に行動する実践的職業人の育成」のため，知識や理論，技術を"オンキャンパス=学内"で学び，それらを確実に自分のものにするために，"オフキャンパス=学外"で実践できるプログラムを1年次から展開している。　堀之内 敏恵

バーゼル大学[スイス]|バーゼルだいがく
University of Basel; Universität Basel[独]

1460年に設立されたスイス最古の大学。設立当初は神学，法学，医学，人文科学の4学部で構成され，227人の学生と教員がいたが，2013年現在，七つの学部に約1万2800人の学生と300人を超える教授陣を擁する(『バーゼル大学 2013年版』)。17世紀にはベルヌーイ家出身の数学者や物理学者が活躍し，19世紀以来，自然科学が中心的な役割を果たしている。連邦立の大学になることも議論されたことがあったが，現在も州(バーゼル=シュタット準州とバーゼル州)の管轄下にある。1971年には世界的に有名なバイオセンター(Biozentrum)が設立され，2003年には心理学部が設立された。創立当初の15世紀後半のバーゼルでは印刷，出版業が栄え，図書館はスイスで最も大きな図書館の一つになっている。著名な教授陣としてはエラスムス，ニーチェ，ヤスパース，カール・バルト等がおり，ライヒシュタイン(Tadeus Reichstein)，アーバー(Werner Arber)などのノーベル賞受賞者を輩出している。　中山 あおい

八戸学院大学[私立]|はちのへがくいんだいがく
Hachinohe Gakuin University

青森県八戸市にある。1981年(昭和56)に学校法人光星学院により八戸大学商学部商学科が設置。2004年(平成16)に商学部商学科をビジネス学部ビジネス学科に名称変更。2005年に人間健康学部(2016年健康医療学部に名称変更)人間健康学科を開設。2013年に八戸学院大学に名称変更。2016年に健康医療学部看護学科を開設。カトリック精神にのっとり「神を敬し，人を愛する」を建学の精神とし，「広く豊かな教養を授け，深い専門の学術を探求せしめ，正しい道徳観と高い知性を有する民主的にして平和を愛好する人材を育成すること」を教育目的とする。豊かな人間性を涵養するために，専門教育科目のほか宗教関連科目，リテラシー教育科目，外国語科目を必修とし，多彩なリベラルアーツ科目を配置するカリキュラムが設定されている。2016年現在，3学部に学生625人が在籍する。「地域社会の発展に貢献する大学」として，地域に根ざした教育研究活動を行っている。　山本 剛

八戸工業大学[私立]|はちのへこうぎょうだいがく
Hachinohe Institute of Technology

青森県八戸市にある。1956年(昭和31)前身の八戸高等電波学校が開校，72年八戸工業大学が開学した。1995年(平成7)大学院工学研究科(修士課程)を開設。2014年八戸市と「連携に関する協定」が締結された。建学の精神は「正己以格物」(己を正し以て物に格る)である。現在，工学部は機械情報技術学科，電気電子システム学科，システム情報工学科，バイオ環境工学科，土木建築工学科で，感性デザイン学部は感性デザイン学科で構成されている。大学教育再生加速プログラムで「学修の過程を振り返らせる達成度評価の確立と可視化」が採択されている。2017年現在の学部生1146人。　蝶 慎一

バーチャル・ユニバーシティ
virtual university

バーチャルは，実物ではないが，それと同じような効果があるという意味で，コンピュータが，物理的には存在しないものを，あるがごときに現出させた状態をバーチャル・リアリティ(仮想現実)という。バーチャル・ユニバーシティは，その仮想現実に依拠した大学である。といっても，完全に実物の大学全体をバーチャル化したものは存在せず，インターネットを活用したeラーニングを主体とする大学，あるいは既存の大学が一部で提供するオンラインプログラムを称している。バーチャル・ユニバーシティはそうした大学を指す普通名詞であるが，アフリカン・バーチャル・ユニバーシティのように自大学の名称に用いている場合もある。本来は実物と同じ効果があるというだけの意味であるから，遠隔大学全般に用いることが可能であり，1960年代に設立され，世界で初めて放送の活用で成功を収めたイギリスの▶オープン・ユニバーシティを，世界最初のバーチャル・ユニバーシティということもある。

館 昭

➡サイバー・ユニバーシティ，eラーニングとICT活用教育

バッキ訴訟事件|バッキそしょうじけん
Bakke Case

1973年と74年の2回，カリフォルニア大学デーヴィス校のメディカル・スクールに出願した白人男性アラン・バッキが入学許可を求めて提訴した事件。マイノリティを対象とした「特別方式」で自分より総合点の低い志願者が合格する一方，自分が人種を理由に「特別方式」から排除されたことは，憲法修正第14条とカリフォルニア州憲法の同趣旨の規定および1964年公民権法のタイトルⅥに違反しているとして入学許可を求め提訴した。1978年6月28

日の最高裁判決はバッキの入学を命じ，「特別方式」を人種的割当に相当するとして違法とした部分では州最高裁の判決を支持したが，入学者選抜における人種の考慮を禁じた部分についてはそれを覆して，人種の考慮は憲法違反ではないとの見解を示した。多数派意見を書いたパウエル判事は「多様性の確保」のみが人種の考慮を正当化しうる根拠であるとし，これがその後の大学の入学者選抜における▶アファーマティブ・アクションの指針となった。

中村 雅子

→ マイノリティと大学

バッキンガム大学 [イギリス] | バッキンガムだいがく
University of Buckingham

イギリスの最初にして唯一の私立大学。M. ベロフを中心とする一群の大学人，実業家，政治家（M. サッチャーをはじめ主として自由主義を奉じる保守党系の人々）により，アメリカの▶リベラルアーツ・カレッジをモデルに，1973年，バッキンガム・ユニバーシティ・カレッジとして設立された。寄付金と授業料のみで維持・運営され，国庫補助金にはまったく依存しない「独立大学」で，高水準の学士課程教育を短期間（4学期2学年制）で施すことを目指した。法学，経済学，法学・経済学・政治学の三つのスクールに80人の学生という陣容で発足（おおよそ4分の3は外国人留学生）。コース終了者には独自の「資格 licence」が授与された。1980年にはカレッジで学ぶイギリス人学生に対する公的奨学金の支給が認められ，次いで83年には念願の勅許状を獲得して独自の▶学位授与権を有する「大学」となった。これに伴い「licence」という言葉は「学位 degree」に代えられた。2013年の時点で法学，人文学，芸術・言語，ビジネス，理学・医学の五つのスクールに約1500人の学生が学ぶ。

安原 義仁

ハッチンズ
Robert Maynard Hutchins | 1899-1977

▶シカゴ大学の学長・総長を務め，大学改革やアカデミック・フリーダムの擁護で活躍した。長老派牧師の子として生まれ，オベリン・カレッジを経てイェール・カレッジを卒業し，同大学ロー・スクールでLL.B. 学位を取得。在学中に法人事務局長に就任したのち，ロー・スクール教授，同部長を歴任し，学際的法学研究の推進に尽力した。1929年シカゴ大学学長に抜擢され，45年に総長となり，51年の退任まで学問の専門分化傾向を批判した。▶学士課程の入学・修了の早期化をはじめとして大学の知的活性化をめざす大胆な諸改革を主導し，学内外で大きな議論を巻き起こした。討議の方法として古典的名著の学習を重視したことでも知られる。1945年以降は世界憲法作成委員長，ブリタニ

カ編集委員長，出版の自由に関する十三人委員会代表などを歴任。1951年フォード財団副理事長に就任。その後，同財団共和国基金会長，1959年以降同財団民主制度研究所を主宰した。主著に『*The Higher Learning in America*』（1936年）がある。

松浦 良充

→ グレート・ブックス

パティソン
Mark Pattison | 1813-84

イギリスの学者，オックスフォード大学リンカン・カレッジ学寮長。ヨークシャーの福音主義派の聖職者であった彼の父親は，息子をオックスフォードのカレッジのフェローにしたいという希望をもち，そのための準備教育を家庭で行った。1832年にオックスフォード大学オリエル・カレッジに入学。1836年学位取得。いくつかのカレッジでフェローシップ試験に挑戦したのち，1839年にリンカン・カレッジのフェローとなる。この頃，オックスフォード運動に参加し，J.H.▶ニューマンから大きな影響を受けた。1843年からは同カレッジで▶チューターをつとめ，学生指導や学位試験委員として大学内で名声を得るが，51年の学寮長選挙に敗れ，新学寮長との軋轢からチューターを辞任し，大学やカレッジの運営・改革への熱意を失った。大学改革に関して，初期には▶学寮制を擁護したが，のちにドイツ式の教授を中心とする▶研究大学への移行を支持した。1861年にリンカン・カレッジ学寮長。主著に『大学組織に対する提案』（1868年），『カソーボン伝』（1875年），『ミルトン伝』（1879年）がある。

中村 勝美

→ フェローシップ

パドヴァ大学 [イタリア] | パドヴァだいがく
Università degli Studi di Padova

パドヴァにある国立総合大学で，1222年に▶ボローニャ大学からの学生・教師の集団移住によって成立したとされる。都市と君主の保護の下に繁栄し，1363年には神学部が創設され，99年には法学部から医学・教養諸学部が独立した。1405年以降ヴェネツィアの支配下に置かれて，自由で世俗的な雰囲気を獲得してからは，医学や自然学の分野でヨーロッパ随一の名声を博した。パドヴァ医学は，スコラ的医学と異なった経験的方法を確立して，疫学，病理学や，オランダの▶ライデン大学に影響を与える臨床医学，▶ヴェサリウスをもつに至る外科学・解剖学などの分野で急速な発達を遂げ，近代医学の成立に貢献した。15世紀から17世紀までの黄金時代には，この名声にひかれてイタリアはもとよりヨーロッパ各地から多数の学生が参集した。コペルニクス，W. ハーヴェイなどもここに学び，ガリレオ・▶ガリレイをはじめとする多くの著名

人が教授した。世界最初の試みとして，1543年に医学臨床実習のための講座，45年に薬草植物園，94年に円形階段状の解剖学教室が創設され，1629年にはイタリア初の大学付属図書館が設立された。

18世紀には，成立以来学生が保持した自治権の教師への委譲，新講座の設立などの改革が行われたが，ヴェネツィアの疲弊に伴って大学も衰退した。1797年のヴェネツィア共和国の崩壊以後，大学の伝統的組織機能は払拭され，イタリア統一以後近代的な大学として再生した。2015年には8スクオーラ，32学科，教員数2057人，2015/16年の登録学生数約5万9000人。

児玉 善仁

パートタイム学生｜パートタイムがくせい
part-time student

アメリカ合衆国やイギリスなど欧米に多くみられる就学形態。大学の通常コースに通い，4年制の大学であれば卒業までに必要な単位をとり，通常4年間で学位取得を目指すフルタイム学生に対し，通常のコースより単位取得が少なくても，学位を取得できるのがパートタイム学生である。アメリカでは，通常コースの75％未満の単位取得でよいとされる学生がパートタイム学生とよばれている。現在のアメリカでは，家庭をもちながら，あるいは働きながら大学に通う学生も多いため，そうした事情を考慮して，各学生にあわせて必要単位数を決めているのである。今日，アメリカではパートタイム学生が一般化しており，4年制の大学では20％以上が，2年制の大学だと60％以上がパートタイム学生である。日本ではまだ認められていないが，近年，大学が社会人学生の受入れを積極的にすすめるなかで，パートタイム学生の受入れが検討されている（2000年大学審議会答申「グローバル化時代に求められる高等教育の在り方について」）。

栗原 康

→ 生涯学習と大学（テーマ編），単位制

花園大学 [私立]｜はなぞのだいがく
Hanazono University

起源は，1872年（明治5）に京都の妙心寺（臨済宗妙心寺派大本山）山内に創建された般若林。1903年に花園学林に改称し，臨済学院専門学校などを経て，49年（昭和24）に新制の花園大学が開学。仏教学部仏教学科にて発足したが，2016年（平成28）5月現在は文学部と社会福祉学部および各研究科を有し，2学部2研究科で組織されている。京都市内のキャンパスには1853人の学生を収容。「臨済禅のこころ」を建学の精神とする世界唯一の大学で，毎年秋に教職員・学生が一堂に会して座禅に取り組む「大学摂心」や全学必修の講座として「基礎禅学」を開講するなど特色あるカリキュラムを

設ける一方，1986年には国際禅学研究所を開設し，世界の禅研究をリードしている（付属機関ではないが，構内に公益財団法人禅文化研究所を設置）。すべての学部・学科の基盤は仏教学部仏教学科にあり，時代のニーズに即して特化・発展したものである。

平野 亮

→ 仏教系大学

パフォーマンス・ファンディング
performance funding

パフォーマンス・ファンディングとは，政府が大学に対して補助金を交付する際に業績評価に基づいて配分額を算定する手法である。業績評価と予算配分の連動はアメリカ合衆国やイギリスなどのアングロサクソン諸国のみならず，現在，世界各国に広がっている。

アメリカでは，公立大学に対する州政府交付金（state appropriations）の算出方法は対前年度のベースライン増減方式（base plus/minus approach）の州が多く，約7割を占めている（水田・吉田，2009）。また，あらかじめ設定された算定式を用いて交付額を算定するフォーミュラ方式（funding formula approach）も約3割の州で採用されており，フルタイム換算学生数や教員数などに基づいて算定が行われている。前者の方式は安定的な予算の確保の面で優れており，後者の方式は予算配分の透明性や公平性の確保という面で優れた手法であるが，これらの算定手法の問題点は大学教育の質を改善・向上させるインセンティブが働かないという点にある。

そこで，業績評価を交付金の配分と連動させるパフォーマンス・ファンディングに注目が集まり，とくに学士課程教育における学習成果の向上や卒業率・就職率等の改善に向けて導入を行う州が増加している。アメリカ州政府による公立大学のパフォーマンス・ファンディングを調査したバーク（Joseph C. Burke）によれば，業績評価と予算配分の関係はパフォーマンス・バジェッティング（performance budgeting）とパフォーマンス・ファンディング（performance funding）の2種類に分類される。前者は評価結果を州政府交付金の予算編成において多くの要素の中の一つとして参考にするものであるが，後者は評価結果を交付金の配分額と直接的に連動させる手法である（Burke and Associates, 2002）。

［アメリカ合衆国におけるパフォーマンス・ファンディングの展開］

アメリカにおいて州政府交付金の算定にパフォーマンス・ファンディングが初めて導入されたのは，1979年のテネシー州においてである。同州では今日まで40年近くにわたって継続されており，パフォーマンス・ファンディングのモデル州として広く知られている。1980年代にはいくつかの州で導入されたが，州財政の悪化とともに廃止されるケースが多

く，大きな注目を集めることはなかった。しかし，高等教育の質の向上を求める声が拡大し，公立大学に対する▶アカウンタビリティの要請が強まるにつれてパフォーマンス・ファンディングを導入する州が増加していくことになった。全米州議会協議会（National Conference of State Legislatures: NCSL）の調査では，2015年7月時点で32州で実施されており，5州が導入準備をしていると報告されている。

業績評価基準（performance indicators）は，一般に①インプット基準（学生数，教職員数，授業料，奨学金，学生一人当たり支出，SATスコア等），②プロセス基準（教員授業負担，教員学生比，クラス規模等），③アウトプット基準（学生残留率・卒業率，学位授与数，教員論文数等），④アウトカム基準（標準テスト得点，資格試験合格率，就職状況，学生・卒業生満足度等）の四つに分類される。初期には標準テストの得点や就職率などの最終的なアウトカムが注目されていたが，近年は学生のコース修了状況（course completions）や数学・英語といった必須科目の単位取得状況，年間の取得単位数といった学習プロセスにおける中間アウトカム（intermediate student outcomes）に注目する州が増加している（Dougherty & Reddy, 2013）。なお，パフォーマンス・ファンディングによる配分額は州政府交付金収入の5％程度であり，基盤的な交付金に上乗せするボーナスの形で配分されることが多い。しかし近年は，基盤部分そのものに対してパフォーマンス・ファンディングが適用されるケースも増えている。

［国立大学法人運営費交付金とパフォーマンス・ファンディング］

2004年（平成16）に発足した▶国立大学法人制度においては，業績評価の結果を▶運営費交付金の配分に反映することについて，法人化の検討段階から議論されてきた。2002年の文部科学省国立大学等の独立行政法人化に関する調査検討会議の最終報告書『新しい「国立大学法人」像について』では「運営費交付金には，競争的環境の醸成及び各大学の個性ある発展を促進する観点から，中期計画終了後の各大学に対する▶第三者評価の結果等を適切に反映させるものとし，その具体的方法や手続についてさらに検討する」と記され，評価結果を大学の資源配分に反映することが方向づけられた。

第1期中期目標期間の業務実績は，教育研究等の質の向上3項目および業務運営・財務内容等の状況4項目について評価ポイントが算定され，ポイント数が一定以上の33法人に対して運営費交付金の「法人運営活性化支援分」計30億円が第2期中期目標期間を通じて分配された（国立大学法人法制研究会『国立大学法人法コンメンタール改訂版』ジアース教育新社，2017年）。さらに，第3期中期目標期間においては，各大学の機能強化の方向性に応じた取組みをきめ細かく支援するために，国立大学

運営費交付金の中に三つの重点支援の枠組みが新設され，機能強化促進係数によってあらかじめ拠出された経費を各大学の評価に応じて再配分する仕組みが導入された。2016年度の予算は308億円であった。

吉田 香奈

▶大学の財政（テーマ編），補助金収入，国立大学法人法，国立大学法人評価，中期計画・中期目標

◎Burke, J.C. and Associates, *Funding Public Colleges and Universities for Performance: Popularity, Problems, and Prospects*, New York: The Rockefeller Institute Press, 2002.
◎Dougherty, K.J. and Reddy, V., *Performance Funding for Higher Education: What Are the Mechanisms ? What Are the Impact ?: ASHE Higher Education Report*, Vol. 39, Issue 2, Jossey-Bass, 2013.
◎水田健輔・吉田香奈「米国州政府予算における高等教育資源配分メカニズム─配分根拠・プロセス・影響要因の実態と日本に対する示唆」，国立大学財務・経営センター『大学財務経営研究』第6号，2009.

浜松医科大学 [国立] | はままついかだいがく
Hamamatsu University School of Medicine

1974年（昭和49）に国立医科大学として開学。1977年に附属病院が開設され，80年には第1回卒業生を送り出すとともに大学院を設置した。1995年（平成7）に看護学科を設置。2008年に修業年限1年の助産学専攻科，翌2009年に大阪大学・金沢大学・浜松医科大学連合小児発達学研究科を設置。2014年現在，静岡県内唯一の医学部として，卒業生の約半数が県内に定着するなど，地域医療を支えている。一方で，1991年に光量子医学研究センター，2016年光尖端医学教育研究センターを設置するなど，光医学の研究に力を注いでいる。2016年5月現在，学部生1000人，院生210人が在籍。医師免許の国家試験合格率は，ここ10年間で90％前後を保ち続けている。

和崎 光太郎

浜松学院大学 [私立] | はままつがくいんだいがく
Hamamatsu Gakuin University

1924年（大正13）設立の遠江商業学校をルーツに持つ学校法人興誠学園が51年（昭和26）に浜松短期大学を開学。同短期大学に併設して，2004年（平成16）に現代コミュニケーション学部地域共創学科の単科大学として浜松学院大学が開学，短期大学は同大学短期大学部となる。建学の精神は「誠を興す」。静岡県浜松市に立地。同学科は，近年増加してきた「共創」をうたう学科または学部の嚆矢であり，コミュニケーション能力を通して人や地域，組織をマネジメントする資質の修得をめざす。2007年に現代コミュニケーション学部に子どもコミュニケーション学科を開設。2016年現在438人の学生が在籍。系列校として浜松学院中学校と同高等学校を持ち，中・高・大の一貫教育をめざす。

和崎 光太郎

バーミンガム大学[イギリス]｜バーミンガムだいがく
University of Birmingham

イングランド第2の都市に所在する研究型大学。実業家ジョサイア・▶メイソンの寄付を基に，1875年に創設されたメイソン科学カレッジに起源をもつ。1900年，同カレッジはバーミンガム医学校（1825年設立）と統合し，勅許状を得て大学に昇格，単独で大学の地位を獲得した最初の▶市民大学となった。初代総長はジョゼフ・チェンバレン。1902年に設置され，歴史学派経済学者ウィリアム・アシュリーを擁した商学部は，イギリスの高等商業教育の嚆矢となった。イギリス初のキャンパス・モデルの大学でもある。現在，それぞれ複数の学科（school）からなる5学部（college）体制をとっている。イギリスの▶研究大学の連合体であるラッセル・グループの加盟校で，早稲田大学をはじめ13の国・地域の大学が参画する▶ウニベルシタス21の創立メンバーでもある。ネヴィル・チェンバレン，スタンリー・ボールドウィンの二人の首相，8人のノーベル賞受賞者を輩出している。
　　　　　　　　　　　　　　　　　福石　賢一

ハラスメント
harassment

ハラスメントについて確定的な定義は存在しないが，広義には人間としての尊厳や権利を侵害する行為と捉えられる。一般に，①パワー・ハラスメント（パワハラ）は組織における一定の地位や権力を背景として行われるもの，②セクシュアル・ハラスメント（セクハラ）は行為者の性的な言動に起因するもの，③▶アカデミック・ハラスメント（アカハラ）は，とくに教育・研究上の地位や権力を背景として行われるもの，として概念上は峻別される。しかし，事象としてのハラスメントは複合的な要素により構成され，明確な区分が困難な場合もある。日本の大学におけるハラスメントに対する問題認識は，1990年代に▶ジェンダーの観点から提起され，2000年代以降に職場における地位・権力上，もしくは教育・研究上の観点へと拡大した。1999年には文部省（当時）が，「文部省におけるセクシュアル・ハラスメントの防止等に関する規程」を定め，セクハラに対応するための委員会などの設置を国立大学に義務付けた。現在では，設置者の別を問わず，ハラスメントに関する相談窓口の設置などの対応が進んでいる。
　　　　　　　　　　　　　　　　　橋場　論

パラツキー大学[チェコ]｜パラツキーだいがく
Palacky University; Univerzita Palackého[チェコ語]

チェコのモラヴィア北部のオロモウツ市にあり，正式名は国立パラツキー大学。1569年（1573年とも）に設立されたチェコで2番目に古い大学で，歴史

学者で政治家のフランティシェク・パラツキーの名を冠する。当初，医学部のない総合大学として出発したが，1778年に医学部が設立されると，遺伝学者メンデルを輩出した大学として当時のヨーロッパの医学大学として主要な地位を占めた。1957年から医学系大学に特化され，東欧圏の医学大学として有名になり，社会主義諸国から多くの学生を集めた。1990年以後の体制転換以降は閉鎖されていた神学部なども復活し，現在は医学・自然科学・哲学・教育・神学・体育・法学・保健の8学部を有する。国際交流も盛んで，1993年に日本学科が創設された。2017年現在の学生数2万4000人。
　　　　　　　　　　　　　　　　　加藤　一夫

バリアフリー
accessibility

おもに障害分野で障壁がない状態を示す。国際的には1970年代に広まり，おもに物理的な障壁の除去を示す。日本では1990年代に定着し，政府を含め，広い意味で①物理的障壁，②制度的障壁，③文化・情報面での障壁，④意識上の障壁の除去について用いられる。大学に関しては，スロープや車いす用のトイレの設置などによる物理的な障壁の除去に加えて，点訳や手話通訳，ノートテイクなどの情報保障面の課題が大きい。国際的にはバリアフリーという言葉よりも，アクセシブルやアクセシビリティのほうが通用する。障害者権利条約では，アクセシビリティに関する独立した条文があり，建物や移動，情報通信の各分野について触れているほか，手話通訳者や朗読者も取り上げている。「合理的配慮」（「障害者」の項目参照）があくまで障害者一人一人に対応した変更や調整であるのに対して，バリアフリーやアクセシビリティは社会制度としての整備である。
　　　　　　　　　　　　　　　　　長瀬　修

▶ 教育機会の平等，マイノリティと大学

ハリウッド大学院大学[私立]
ハリウッドだいがくいんだいがく
Hollywood Graduate School of Beauty Business

学校法人メイ・ウシヤマ学園を設置母体とする。日本で最初のビューティビジネスに関する▶専門職大学院として，2008年（平成20）に開設。「人を美しく幸福に導く一流の美の天使を育成し，ビューティビジネスの発展に貢献することによって美の楽園を築く」を建学の精神と掲げる。ビューティビジネス研究科を有し，ビューティビジネスに直結する高度な知識やスキルを効果的に修得するカリキュラムを設定している。美容室，エステサロン，ネイルサロン，化粧品店などのビューティビジネス業界の経営者，管理者，指導者，教育者などの育成，再教育に努めている。社会人のために「平日夜間・土曜

開講制」を採用する。東京都港区六本木にキャンパスを構え，2016年5月現在，43人の学生を収容する。

山本 剛

パリ大学 [フランス] | パリだいがく
Université de Paris [仏]

[成立期および中世]

パリ大学は，▶ボローニャ大学(イタリア)，▶オックスフォード大学(イギリス)，▶モンペリエ大学(フランス)などと並んで，最も古い歴史を有する大学の一つである。12世紀末頃から教師および学生の共同体が現れ，1200年に国王フィリップ・オーギュスト，15年に教皇インノケンティウス3世からの認可を受け，さらに31年にグレゴリウス9世による教皇大勅書『諸学の父』により，パリ大学の自由と特権が承認されることとなった。またパリ大学は早くより，神学，法学，医学，文芸(リベラルアーツ)の各学部を備えていた。パリ大学の名声は1250年頃にはすでにヨーロッパに広まっていた。貧しい学生のためにロベール・ド・ソルボンによって1253年に創設された▶学寮が，1257年には国王によって認可され，ここからソルボンヌというパリ大学の呼称が生まれている。また，たとえばローマとアヴィニョンに教皇が並び立った1378年から1417年の西欧の教会大分裂の収拾に際しては，神学者であったパリ大学総長ジェルソンが重要な役割を果たすなど，ヨーロッパにおけるパリ大学の存在は大きかった。

なお1530年には，神学中心であった当時の大学に対して，人文主義を中心により開かれた学問を行う場として，フランソワ1世により今日の▶コレージュ・ド・フランスが創設されているが，このこと自体，ソルボンヌへの対抗機関を国王が求めていたととらえることもできる。

[フランス革命およびナポレオンの帝国大学]

学問的にも，政治的あるいは社会的にも大きな影響力を有していたパリ大学であったが，フランス革命においては他の大学と同様に，その大きな波を蒙ることとなった。アンシャン・レジーム下の特権的な同業組合を廃止するという革命期の動きの中で，1793年にパリ大学は廃止されたのである。その後，ナポレオン帝政期の19世紀はじめに「帝国大学(▶ユニヴェルシテ・アンペリアル)」が創設されるが，これは通常考えられるような高等教育機関ではなく，実際には初等，中等教育を含む各種の学校をその監督下におく教育行政機関であった。教育，研究の場としての「大学」に相当するべきものは単科大学(faculté: ファキュルテ)であったが，法科，医科のファキュルテは▶グランド・ゼコールと同様に職業教育に結びついた専門学校としての性格が強く，また文科，理科のファキュルテは学位授与のための単なる試験機関というのがおもな任務であった。こうした状態は，19世紀を通じてパリを含むフ

ランスの大学の停滞をもたらすこととなった。

[19世紀末の大学改革]

普仏戦争の敗北が「フランスの科学の敗北」ととらえられた第三共和政下において，ナポレオン期からの大学のあり方に対する改革が進められた。当時のドイツの大学の隆盛を踏まえつつ，グランド・ゼコールとの対比の中で，大学は単なる職業教育ではない，「科学」の行われる場であることが強調された。この文脈で新たな諸学問が大学に導入され，「▶研究所」等も新たに創設された。また科学の普遍性，総合性を体現する場として，ファキュルテの分立ではない総合大学(université: ユニヴェルシテ)の設立が目指され，1896年の▶総合大学設置法に結実する。ただしこれは各大学区の既存のファキュルテの連合体にユニヴェルシテの名を与えたにとどまるともされる。文科，法科，理科，医科の4種のファキュルテをすべて備えていたのはパリ，リヨン，ナンシーのみであったが，パリ大学においても各ファキュルテの「自治」は大きくは変わらなかった。

[1968年五月革命とその後]

パリ大学ナンテール分校での大学寮の問題に端を発した▶学生運動は，その後労働者をも巻き込む形で拡大し「五月革命」に至った。五月革命の主たる攻防の場は，ソルボンヌのあるカルティエ・ラタンであった。五月革命は，「68年世代」という言葉が用いられるように時代の転換を象徴するものであるが，その背景には，第2次世界大戦後に生まれたベビーブーム世代が大学に進学する年齢となり，学生数の増加や大学教育の社会的な意味の変容などが生じてきたことがある。

五月革命の，大学に対する直接的な影響としては，1968年11月12日の高等教育基本法(▶エドガール・フォール法)の制定が挙げられる。この法律で，大学区に複数の大学を創設することが可能であると述べられ，1970年12月23日の政令によって，パリ大学はパリ第1大学からパリ第13大学の13の大学に分かれることとなった。また，それまでのファキュルテが解体され，おおよそ「学科」のレベルに相当する「教育研究単位(▶UFR)」によって大学が構成されることとなり，インターディシプリナリーな学問を推奨するという方向性も示された。さらに「参加」の観点から教員，学生，職員，学外識者による評議会が設けられることとなった。

[今日のパリ大学]

近年のフランスの高等教育の改革の動きとして，2007年8月10日に成立した「大学の自由と責任に関する法律(▶LRU)」を展開する形で，2013年7月22日には「高等教育・研究法」が新たに成立している。LRUに先立つ2006年4月18日の「研究計画法」によって設立された「研究・高等教育拠点(▶PRES)」が，この「高等教育・研究法」によって廃止され，「大学・高等教育機関共同体(COMUE)」に

置き換えられたが，PRES およびその後継の CO-MUE は，大学，グランド・ゼコールをはじめとする各種高等教育機関，諸研究機関を集める形で組織されている。COMUE の導入によって 13 に分かれていたパリの大学は，Université Paris-Est（含パリ第 12 大学），Université Paris lumières（含パリ第 8，第 10 大学），Université Paris-Saclay（含パリ第 11 大学），Paris sciences et lettres（含パリ・ドフィーヌ＝旧パリ第 9 大学），Université Sorbonne Paris Cité（含パリ第 3，第 5，第 7，第 13 大学），Sorbonne Université（含パリ第 2，第 4，第 6 大学）の六つの COMUE に再構成されつつある。なお，パリを中心とするイル・ド・フランス圏には，ほかに HeSam Université および Université Paris-Seine の二つの COMUE がある。

近年は地方分権の政策が進められているものの，中央集権的な性格の強いフランスにおいて，首都に位置するパリ大学は，フランスの大学界において大きな存在であり続けている。　　　白鳥　義彦

→フランスの大学（テーマ編），フランス大学モデル，フランスの大学改革，ナポレオン大学体制，68 年 5 月，PRES／COMUE

◎クリストフ・シャルル，ジャック・ヴェルジェ著，岡山茂，谷口清彦訳『大学の歴史』白水社，2009.
◎田原音和『歴史のなかの社会学——デュルケームとデュルケミアン』木鐸社，1983.

バリャドリード大学 [スペイン] ｜バリャドリードだいがく
Universidad de Valladolid

スペイン北西部カスティーリャ・イ・レオン自治州のバリャドリードにある 13 世紀創立の公立大学。その起源に関してはさまざまな説を持つ。パレンシアに設立されたイベリア半島最初の大学▶パレンシア大学が起源ともされる。最も有力な説とされるのは，1292 年にサンチョ 4 世によって司教座付属学校として許され，1346 年に教皇クレメンス 6 世により正式な認可を得たという説である。16 世紀になるとサラマンカ，アルカラ両大学とともにイベリア半島における三大大学として重要視される。とくに法学と医学の教授に力点が置かれた。サラマンカ大学とともに外国人に対するスペイン語教育に定評があり，国際交流も積極的に行っている。現在，バリャドリード市内のほかにカスティーリャ・イ・レオン自治州内のパレンシア，セゴビア，ソリアにもキャンパスを持つ。　　　安藤　万奈

バル＝イラン大学 [イスラエル] ｜バル＝イランだいがく
Bar-Ilan University

正統派ユダヤ教徒により設立されたイスラエル唯一の私立総合大学。イスラエル最大の商業都市テルアビブの東に隣接するラマト・ガン市に位置する。1950 年，ユダヤ教正統派のイェシーバー大学（アメリカ・ニューヨーク）の発展に寄与してきたピンコス・チ

ュルゲン教授がユダヤの価値と学術の卓越性をそなえた大学の実現に取り組み，1955 年に誕生した。バル＝イラン大学の名称は優れた宗教シオニスト指導者ラビ・メイヤ・バル・イランに由来する。設置初年度はユダヤ学，自然科学・数学，社会科学，言語・文学の 4 学科，34 コースで 90 人の学生が学んだ。2015 年時点で 8 学部（医学，ユダヤ学，人文学，社会科学，生命科学，理学，法学，工学），52 学科，8000 のコースを擁し，3 万 2000 人の学生が学ぶ。海外からの留学生は 1000 人以上に及ぶが，加えてアラブ諸国から 750 人の学生が学んでおり，その宗教的背景はさまざまである。2015 年のタイムズ誌のアジア大学ランキングでは 75 位。　　　和氣　太司

バルセロナ大学 [スペイン] ｜バルセロナだいがく
Universidad de Barcelona

スペイン北東部カタルーニャ自治州の州都バルセロナにある公立大学。1450 年にアルフォンソ 5 世によって設立された。1717 年に▶レリダ大学と統合し，セルベラに移転。1842 年に再びバルセロナにおいて開校。20 世紀に入ってからは，その歴史はカタルーニャ，およびバルセロナの歴史と深いかかわりを持ってきた。1933 年には大学自治規則が制定され，教育におけるカタルーニャ語使用の正当性，学生の大学組織への参加等が規定された。しかし，1939 年以後のフランコ政権下では厳しい状況下に置かれた。フランコ後の民主化のプロセスにおいて，1985 年に新しい大学自治規則が制定され，2003 年には改定がなされた。1950 年代にバルセロナ市内に建設が始められたキャンパスは現在六つで，約 9 万人の学生が学ぶ。　　　安藤　万奈

ハルツーム大学 [スーダン] ｜ハルツームだいがく
University of Khartoum

スーダン共和国の大学。イギリス植民地期の 1902 年，同国の軍人チャールズ・ゴードンにちなんで創設されたゴードン・メモリアル・カレッジが起源。当初は初等教育のみが提供され，中等教育，技術訓練，初等教員養成が段階的に導入された。1936 年の法学部設置とともに高等教育を開始し，40 年までに 6 学部が設置された。1945 年にはこれらの学部は▶ロンドン大学の管理下に置かれたが，反植民地運動の高まりをうけ，51 年に首都の名を冠したハルツーム・ユニバーシティ・カレッジに改称した。1956 年のスーダン独立とともに国立総合大学であるハルツーム大学となり，翌年にロンドン大学の管理を離れた。スーダン最古の大学で，植民地期に寄贈された細菌研究所と，大学病院が付属する。22 学部，11 の研究機関，4 キャンパスで構成され，教職員数約 1670 人，学生数は約 4 万 4000 人。全学生のうち約半数が大学院に所属し，女性が 70 ％

を占める（2011年）。 谷口 利律

ハレ・ヴィッテンベルク大学[ドイツ]
ハレ・ヴィッテンベルクだいがく
Martin-Luther-Universität Halle-Wittenberg

旧東ドイツのザクセン・アンハルト州にある州立総合大学。正式名称はマルティン・ルター大学ハレ・ヴィッテンベルク。1933年から大学にゆかりがあるルターの生誕450年にちなんでこの名称が使われるようになった。所在地はハレ（ハレ・アン・デア・ザーレ）。ヴィッテンベルク大学（ザクセン選帝侯フリードリヒ3世により1502年に設立）と，ハレ大学（ブランデンブルク選帝侯フリードリヒ3世［のちの初代プロイセン国王フリードリヒ1世］により1694年に設立）を母体とする。両大学とも19世紀初頭ナポレオン軍の占領によりいったん閉鎖を余儀なくされたが，1817年に合体して新たな大学として再出発した。

ヴィッテンベルク大学は，1517年に宗教改革の烽火をあげたマルティン・ルター（1483-1546）が神学部教授であったことで有名である。人文主義者で，ルターのプロテスタント神学を体系化したメランヒトン（1497-1560）も同大学で教鞭をとった。ハレ大学はのちのベルリン大学（現，▶ベルリン・フンボルト大学）の創設に先立ち，近代大学の端緒を開いたと言われている。同大学の教授であった啓蒙主義者クリスティアン・ヴォルフ（1679-1754）は，哲学を神学から切り離し，ラテン語ではなくドイツ語で講義した学者として知られている。現在，教授336人，学生1万9319人，うち外国人1655人（2016年10月現在）。 木戸 裕

バレンシア大学[スペイン]｜バレンシアだいがく
Universidad de València

スペイン東部，地中海に面したスペイン第3の都市バレンシアにある公立大学。司教座学校としての起源は1245年に遡る。15世紀のバレンシア市の繁栄を背景に，市当局が大学設置へと動いた結果，1499年に設立された。1501年に教皇アレクサンドル6世に認可され，1502年にアラゴン王国のフェルナンド2世が特権を認めた。都市とともに発展し，17世紀から18世紀半ばに最も繁栄した。中でも植物学に関しては，1567年に▶植物園が設立され，薬草の研究が行われた。現在も植物園は存在し，地中海沿岸特有の植物の保存等に努めている。三つのキャンパスに約5万5000人の学生が集う。サイエンス・パークを有し，企業と共同で新しい研究にも取り組んでいる。 安藤 万奈

パレンシア大学｜パレンシアだいがく
Universidad de Palencia

イベリア半島初の大学として，13世紀（1208〜12年頃）にカスティーリャ王国のパレンシアに設立されたが，現存しない。カスティーリャ国王アルフォンソ8世の支援で，神学と学芸を教える学校として誕生。起源は司教座付属学校である。フランスやイタリアから教師が招かれた。当時，パレンシア大学は▶パリ大学と同等の優先権を享受していた。1214年にアルフォンソ8世が死去して支援を失い，経済的危機に陥る。1220年に教皇の認可を受けたにもかかわらず，1263年に閉鎖され消滅した。現存の▶バリャドリード大学がパレンシア大学を引き継いだとも言われる。当時の建物等は残っていない。 安藤 万奈

藩校｜はんこう

江戸時代，諸藩によって設立された藩士の子弟を対象とする教育機関で，藩黌，藩学，藩学校などとも呼ばれた。狭義にはおもに儒学を教える学校であり，広義には医学校・洋学校・国学（皇学）校・郷学校・武芸学校などを含む藩立学校の総称。寛政期（1789-1801）以降，各藩が藩政改革のために人材養成に力を入れ，ほとんどの有力大名が藩校を設けるようになった。1867年（慶応3）までに少なくとも219藩で開設され，幕末にはそのうちの約200藩で藩士の子弟の入学が強制されるようになった。入学年齢は10歳以上が多かったが，幕末になると7，8歳に低下する傾向が見られた。一部の藩では庶民の入学を認めた。通学生が主で，一部寄宿生も置かれた。素読・講義・会読・臨講などさまざまな教育方法が用いられ，等級制を設けた藩校も多かった。受講料を徴収しない場合がほとんどで，学田や藩費で経費をまかなった。1871年（明治4）の廃藩置県で廃止された。藩校の中には，明治以降の学制で旧制高等学校の母体となり現在の地方の国立大学に繋がっているものや，旧制中学校の母体となり現在の高等学校に繋がっているものなどがある。 冨岡 勝

→私塾

蕃書調所｜ばんしょしらべしょ

江戸幕府が設けた洋学研究教育機関。1853年（嘉永6）のペリー来航を契機として，洋書翻訳と洋学の研究・教育を目的に幕府によって洋学校の設立が計画され，55年（安政2）に初代洋学所頭取に古賀謹一郎（号は茶渓など，諱は増）が任命され，翌年，蕃書調所と改称して江戸九段坂下に開所し

た。箕作阮甫（みつくりげんぽ）と杉田成卿（せいけい）の2名の教授と教授手伝，句読教授が任命され，洋書の翻訳とともに洋学教育が実施された。開所当時，1日約100名が登校した。入学者は当初幕臣に限定されたが，のち諸藩士も認められた。オランダ語をはじめ，英語，フランス語，ドイツ語などの語学教育が実施された。1863年（文久3）開成所と改称。翌64年に制定された開成所規則ではオランダ語，英語，フランス語，ドイツ語，ロシア語の5ヵ国語と天文学，地理学，窮理学（物理学），数学，物産学，化学，機械学，画学，活字術の9学術の実施が定められた。1868年（明治1）開成所は明治新政府に移管された。　　　　　　　　　　　　　　　冨岡　勝

→ 開成学校

阪南大学 [私立]｜はんなんだいがく
Hannan University

1939年（昭和14）に小林菊治郎・奥田政三が設立した大鉄工学校を起源として，65年に世界的視野に立つ近代的経済人の育成を使命として，商学部商学科のみの単科大学として開学。建学の精神は「すすんで世界に雄飛していくに足る有能有為な人材，真の国際商業人の育成」である。世界と実業界と地域，社会に開かれた就職に強い大学を標榜し，2017年（平成29）現在，5学部5学科，1研究科を擁する総合大学として4983人を収容する。大阪府松原市の本キャンパス，南キャンパスに加えて，2014年にはあべのハルカスキャンパス（大阪市）を開設し，良好な立地条件を活かして学生の就職活動支援，ゼミや授業での活用，社会人向けの講座の開講，自治体や企業との連携事業などを行い，教育研究活動の情報発信の拠点となっている。
　　　　　　　　　　　　　　　堀之内　敏恵

ピア・レビュー
peer review

審査や評価，検査等のレビューが，その対象について共通の専門的知見を有する研究者・専門家の同業者・同僚（ピア）によって行われることをいう。▶学術雑誌等に掲載する論文の査読や，▶研究資金配分のための研究計画の審査・評価等において，一般的に用いられている。論文の査読では，とくに公正性と中立性を確保するため，査読者の氏名等は，通常，論文の著者に明かされず，匿名とされる。これをシングル・ブラインドといい，近年はこれに加えて，著者の氏名等を査読者に明かさず，相互に匿名とするダブル・ブラインドを採用することもある。ピア・レビューは，高度な専門的知見を正当性の拠りどころとするが，内輪による馴れ合いという批判も少なくない。研究資金配分のための研究計画の審査・評価では，近年，専門的知見からの

価値や優位性だけでなく，社会・経済的な効果も考慮することが求められるようになっている。
　　　　　　　　　　　　　　　榎　孝浩

→ 研究評価

比較高等教育学 ｜ひかくこうとうきょういくがく
comparative higher education

高等教育に関わるあらゆる事象を対象とし，比較という手法を用いて複数の国家・地域・文化圏やシステム，さらには個別機関について横断的に分析し，そこに類似点や相違点，一定の法則性や類型を見いだす学問分野。異なる時代間の通時比較（比較史）や▶留学・▶国際交流の各種実践分析（国際教育学）も含みうる。マクロな文脈での定評のある研究成果として，①国家権威・大学寡頭制・市場の3頂点からなる三角形を想定し，各国の高等教育システムがその内側に位置し，3力の間の調整や力学の中でシステムのあり方が決まるとするクラーク（Burton R. Clark）の分析枠組み，②従属理論を援用し，中心と周辺との影響関係を概括したアルトバック（Philip G. Altbach）の枠組みなどを挙げうる。制度・政策や大学が当該社会で果たす機能の分析結果は従来かなり蓄積されてきたが，教育の中身，すなわちカリキュラムや教授法に関わる比較分析はいまだ十分に行われてきたとは言い難い。　大塚　豊

→ 高等教育と大学

東大阪大学 [私立]｜ひがしおおさかだいがく
Higashiosaka College

学校法人村上学園により2003年（平成15）に開学。子どもをとりまく問題を大人の視点から解決するのではなく，子どもの視点に立って考える新しい学問「こども学」を探究するべく，日本で最初のこども学部こども学科を設立。2011年にはこども学部アジアこども学科を設立し，アジアを中心に世界の子どもを取り巻く社会の諸問題を追究し，アジア諸国はもとより世界で幅広く活躍する人材の育成をめざしている。建学の精神は「学問を通して人間をつくる教育」である。大阪府東大阪市西堤にキャンパスを構え，2017年現在1学部2学科に274人を収容する。こども学科では小学校・幼稚園教諭一種免許状，アジアこども学科ではビジネス実務士，小学校教諭一種免許状などの資格，免許の取得が可能である。
　　　　　　　　　　　　　　　堀之内　敏恵

東日本国際大学 [私立]｜ひがしにっぽんこくさいだいがく
Higashi Nippon International University

1966年（昭和41）設置の昌平黌（しょうへいこう）短期大学が前身で，72年にいわき短期大学と校名が変更され，95年（平成7）に現在の東日本国際大学となる。建

学の精神は「行義以達其道」（義を行い以て，其の道に達す）である。これは孔子の言行録『論語』にある言葉であり，「義」には「正義」「道理」「人として生きるための思いやり」「礼節」といった意味が含まれることから，他人を思いやり，心を施すことができる人間性豊かな人材の育成をめざす。2016年現在，福島県いわき市にキャンパスを構え，2学部1別科を設置し，750人の学士課程学生が在籍する。学修・キャリア支援体制の充実が進められており，文部科学省大学教育再生加速プログラム「卒業時における質保証の取組の強化」（平成28〜31年度）に福島県では唯一採択された。また2017年度卒業生の就職内定率は100％である。　　　　戸村 理

光産業創成大学院大学 [私立]
ひかりさんぎょうそうせいだいがくいんだいがく
The Graduate School for the Creation of New Photonics Industries

2004年（平成16）に開学。光技術を用いて新しい産業を創成することを目的に，博士後期課程「光産業創成研究科」のみで構成される▶大学院大学である。光技術で有名な浜松ホトニクス株式会社と，ものづくり企業とが集まって開設した。建学の精神は「光を用いて未知未踏の新しい産業を創成しうる人材を養成する」である。2017年現在，静岡県浜松市にキャンパスを構え，1研究科に29人の大学院後期課程学生が在籍する。「光技術を中心とした起業」を教学の柱としており，起業をめざした実践のための研究や，創業または製品開発のための研究が行われている。ウェブサイトの情報（2017年時点）によれば，開学以来，在学生・卒業生・教員によって設立された会社は30社を超える。
戸村 理

ピサ高等師範学校 [イタリア] | ピサこうとうしはんがっこう
La Scuola Normale Superiore di Pisa

1810年，パリの高等師範学校をモデルに，ナポレオン法令によってイタリアのピサに設立。1862年に国立となり，教育機能を持った研究型高等教育機関となった。1932年に自治権が付与された。多数の研究者や政治家を輩出し，ノーベル賞受賞者であるエンリコ・フェルミ，ジョスエ・カルドゥッチ，共和国大統領グロンキなどがいる。教育研究組織は文学と科学の2分野に分けられ，高度な人文学科目と科学科目が教えられている。分野ごとに毎年定員が定められ，国家試験によって入学が認められる。入学者は▶ピサ大学の当該課程を受講し試験を受けることもできる。1987年には，この高等師範学校を拡張し補完する意図で，新たにサンタ・アンナ高等研究大学校（La Scuola Superiore di Studi Universitari e di Perfezionamento Sant'Anna）が併設され

た。この教育研究組織は高等師範学校と異なり，社会科学と実験科学の2分野に分けられている。2011年現在，高等師範学校は正教授24人，准教授4人，研究員53人，サンタ・アンナは正教授26人，准教授28人，研究員19人。　　児玉 善仁

ピサ大学 [イタリア] | ピサだいがく
Università di Pisa

1338年，▶ボローニャ大学の移動によって成立。ピサには，13世紀に著名な学校が存在していた。1343年に教皇クレメンス6世によって特権が付与され，55年には皇帝カール4世が設立証書を出している。1406年にピサがフィレンツェ共和国の支配下になり，大学も不安定な状態に置かれ，49年には閉鎖された。1472年にフィレンツェがその大学を解消してピサを自国の大学としたが，97年にフィレンツェに移動させられた。1543年にコジモ1世がピサに大学を再開してから繁栄。1580年代にガリレオ・▶ガリレイが学び，数学を教えた。ナポレオン支配下では，フランスの帝国大学体制に組み込まれた。イタリア統一期の1862年に最初に主要な国立大学として定められた6大学（ほかにトリノ，パヴィア，ボローニャ，ナポリ，パレルモ）の一つとなった。教育改革を進めたジョヴァンニ・ジェンティーレなどの著名人が学び，教えた。2015年現在，20学科，別に1スクオーラ，教員1429人，2015/16年の登録学生数約4万9000人。　　児玉 善仁

PGCHE | ピージーシーエッチイー
Postgraduate Certificate in Higher Education

イギリスにおける，教員の教育職能開発のための高等教育資格課程。大学が，おもに雇用する大学教員に提供し，大学における教育能力（資格）を修得し修了証明を取得するための教育課程であり，PG Cert，PG Certificateとも呼ばれる。この課程は▶修士レベルに相当し，全体で60単位を取得するパートタイムの正規教育課程である。2006年以降，全英のほとんどの大学が，新規採用の教育を職務とする教員に対し，3〜5年間の試用期間に，この教育課程の修了証明の取得，もしくは少なくとも30〜40単位の取得を正規採用の要件としている。高等教育アカデミーが「全英の教育および学習支援の専門職能の基準枠組み The UK Professional Standards Framework for teaching and supporting learning: UKPSF」を用いて，その教育プログラム認証を行っている。　　加藤 かおり

→ 教員の専門性

ビジネス・スクール
school (graduate school) of business and management

ビジネス・スクールは俗称であって，実際はスクール・オブ・ビジネス・アンド・マネジメントという正式名称をもっているところがほとんどである。つまり，マネジメントの手法等を学ぶ▶プロフェッショナル・スクールとなるが，アメリカ合衆国でのマネジメント教育の最終目標は，ゼネラリスト的な経営幹部の育成と，財務部門などのスペシャリストの育成の両方にあるといわれている。

アメリカのビジネス・スクールの授業内容は，ロー・スクールやエンジニアリング・スクール，▶メディカル・スクールなどのように，教えなければならない知識，伝達しなければならない知識の量と範囲によって縛られておらず，柔軟性がある。カリキュラムは各スクールの個性によってさまざまであるが，コアコースと呼ばれる必修科目はどこのビジネス・スクールでもそれほど差はない。この必修科目は組織論，研究方法論，財務，政策分析，経済分析，そして人的資源，情報システムなどが代表的なものとなる。卒業生をどれだけ大企業に送り込むかが，ビジネス・スクールのランクを決定する場合にかなり重要な要素となる。職業経験を持っていることが入学条件として挙げられているビジネス・スクールも多く，学生集団の構成を見ても，学部から直接進学してきた者の比率はそれほど高くない。最近では，とくに企業の中堅幹部やトップ幹部を対象としたプログラムを開設するところも増加している。　　　　　　　　　　　　　　　山田 礼子

→ハーヴァード・ビジネス・スクール

ビジネス・ブレークスルー大学 [私立]
ビジネスブレークスルーだいがく
Business Breakthrough University

株式会社ビジネス・ブレークスルーを設立母体として，2005年(平成17)に経営学研究科経営管理専攻(▶専門職大学院)を有するビジネス・ブレークスルー大学院大学として開学。2010年には経営学部グローバル経営学科，ITソリューション学科を新設してビジネス・ブレークスルー大学と名称を改め，1学部2学科，1研究科(専門職大学院)を有する。インターネットを用いた通信制の大学として，「通学不要・100％オンライン」で経営学の学士を取得できる。「知的創造を礎に，国際的視野と開拓者精神を持ち，先駆的指導者たらん人格を涵養し，世界社会に貢献する」を建学の精神と掲げる。個別の学習相談，履修相談などの学生生活全般を支援する体制が整っている。　　　　　　　山本 剛

比治山大学 [私立] ｜ひじやまだいがく
Hijiyama University

広島市にあり，前身は1939年(昭和14)設立の財団法人広島昭和高等女学校で，広島文理科大学・同高等師範学校(ともに現在の広島大学)の教育実習校として発足。1941年に広島昭和学園，43年に比治山高等女学校と改称。1966年に比治山女子短期大学，94年(平成6)に比治山大学が開学。1998年女子短期大学は比治山大学短期大学部となり，大学も含め男女共学化。2016年5月現在，現代文化学部・健康栄養学部があり，学部学生数は1488人。建学の精神・理念は，広島昭和高等女学校の第3代国信玉三校長の教育理念に基づくものとして，「悠久不滅の生命の理想に向かって精進する」とされている。教育目標として「文化の継承・創造・発展」などが重視されている。　船勢 肇

非常勤講師 ｜ひじょうきんこうし
part-time lecturer

非常勤講師は，専任ではない▶講師である(「講師」の項を参照)。他の教育職と異なって講師は，特定の専門分野について授業を担当する専門家としての非常勤の職が想定されており(▶教育公務員特例法2条は，講師についてのみ常時勤務者に限定している)，▶教授・▶准教授相当者についても常勤以外の者については非常勤講師として取り扱われるのが通例である。非常勤講師は，原則として大学の▶専任教員が担当できない授業科目のみを担当し，拘束時間も当該授業時間のみである。大学の社会人の活用等に非常勤制度の利用が促されているが，他方において，専任教員数を減らして教養科目を中心に非常勤講師に教育の多くを依存する大学が少なくない。非常勤講師の職は，通常，他学の専任教員や企業や官公庁の職員など専任の職を持つ者を前提にしたものであるため，その身分保障や待遇は限定的である。　　　　　　　大場 淳

→非常勤講師問題

非常勤講師問題 ｜ひじょうきんこうしもんだい
part-time lecturer issues

▶非常勤講師は，広義には大学の講義を担当するために非正規で雇われる教員全般を指す。講義を担当する非正規の教員として，ほかに▶客員教授・客員准教授もいるが，狭義には非常勤講師と区別される。狭義の非常勤講師は，大学において非常勤講師ないしは兼任講師と呼ばれる教員のみをいう。狭義の非常勤講師はさらに二つに分類される。一つは本務校(ないしは，ほかの本業)のある非常勤講師である。主たる仕事を別に持ち，大学で非常勤講師を務める者をいう。他の一つは本務校のな

い非常勤講師である。本務校のない非常勤講師には退職後の再雇用者もいるが，大学の非常勤職を主たる生計としている者は多い。本項目では，非常勤講師職を主たる生計とする，いわゆる「専業非常勤講師」の労働・研究環境の状況を記述する。

[非常勤講師の実態]

非常勤講師は一般的に各自の専門研究を持ち，その評価によって採用されるため，学歴は大学院卒が基本である。したがって非常勤講師問題は院卒者の処遇の問題でもある。院卒研究者の雇用先は専門分野・年代により異なるが，文系と呼ばれる人文科学・社会科学系においては，一般企業の採用は少ない。そこで，多くの文系院卒者が就職先として期待するのが大学であり，大学教員という職種である。非常勤であっても，自らの専門分野に近い講義を受け持つ限り，研究を続けながら収入を得られる。また講師の肩書によって何らかの専門性を持つとみなされ，研究を志す者にとっては非常勤講師職の人気は高い。理系の院卒研究者の場合，かつては企業への就職は困難ではなかったが，2004年(平成16)の国立大学法人化後，▶産学連携の強化により企業側のコストダウンとしての研究所縮小が行われ，急速に雇用事情が悪化した。国会では院卒者の就職難が1985年(昭和60)ごろからすでに質疑されていたが，理系の就職難により，以後メディアや国会の注目が集まるようになった。

　本務校を持たない専業非常勤講師の数は，全国で約2万9000人と推測される。文部科学省の「学校教員統計調査」(平成25年度)によれば，大学の専業非常勤講師総数は延べ8万9290人であり，前述の非常勤講師数は，非常勤講師組合のアンケートで一人平均3.1校を掛け持ちしている結果から割り出した。そして首都圏の▶私立大学では授業の6割近くを非常勤講師が担当するのが普通になっている。週1回の90分講義を1コマと呼ぶが，非常勤講師給は1コマあたり月2万から3万円の間で，この額は全国の大学で少なくとも1980年代以降，ほとんど変動がない。非常勤講師組合のアンケートによれば，専業非常勤講師の平均年収は306万円で，250万円以下の者は44％となっている。大半の大学では一時金や退職金，研究費が支払われず，社会保険や雇用保険にも加入できない。大学経営上のコストとして考えると，同じコマ数の講義を非常勤と専任で比較した場合，賃金では7倍，社会保険や退職金，研究費などを含めると十数倍の差があるとされる。

　多くが1年契約の不安定雇用のため，非常勤講師組合のアンケートによれば雇止めの経験者は50％にも達する。雇止めの理由はリストラ(短期大学の廃止，学部の統廃合など)，カリキュラム変更(第2外国語の廃止，必修科目の選択制導入など)のほか，▶専任教員の選好に基づく入替え，高齢化や長期勤続，専任教員の労働強化，直接雇用ではない講師の委託・外注化などとされている。また専任教員採用の際に女性差別があるため，専任教員に比較して非常勤講師の女性比率は高く，実際に非常勤講師の組合活動を支えているのは多くが女性である。

[非常勤講師職の問題点]

非常勤講師職にある研究者の不安は，大きく過去・現在・未来の三つに分けられる。過去については▶奨学金返済である。研究を志す者の多くは，研究成果を出すまでの生活費用を維持する必要から，▶日本育英会(現，▶日本学生支援機構)の奨学金制度を利用していた。かつては大学院卒業後5年以内に指定の教育機関に正規雇用されれば返済免除という返還特別免除制度があり，多くが免除を目標に研究を続けたが，正規雇用されなければ返済に困ることになり，また日本育英会法の廃止により2004年4月以降はその制度もなくなった。

　現在の不安とは，低賃金，予測不能な雇止めリスクのある仕事に依存しているため，生活・研究の安定的な維持が困難ということである。合理的な理由を提示せずに雇止めをする大学は多い。2012年に改正された労働契約法により，短期契約を継続更新しているすべての非正規労働者は，5年後に契約期間のない雇用に転換することが可能という制度が導入されたが，逆に継続更新は5年までと宣言する大学や，クーリング期間と称する空白期間を設け継続を分断する大学が出てきた。将来についての不安には，年金や健康保険の問題がある。非常勤講師は短時間パート労働者とみなされ，専任教員との勤務時間の差が大きいため，厚生年金に加入できない。

　大学に対する非常勤講師の不満の第1は，賃金が低いことである。賃金は講義時間単位で支払われるが，膨大な講義時間外の課題・問題作成，採点，学生指導，成績評価等の時間は賃金対象外である。また大学の講義はその専門性ゆえに，1大学当りの担当コマ数が1〜2しかない場合がある。生活可能な収入を得るために複数大学の講義を掛け持ちすれば通勤時間が増え，労働形態の効率が悪く研究時間をとりにくい。さらに講義の内容と責任において同一の権限を持つ専任教員と比較して，根拠の不明な賃金格差がある。不満の第2は，雇用の不安定さである。アンケートでは，せめて雇止めの理由を教えて欲しいとの声もあり，突然雇止めを通告されるなど，将来に対する精神的苦痛と不安は大きい。また講義準備のための施設が不十分，クラスの人数が多い(採点に時間がかかる)，産休・育休・病欠の保障が不十分等という声もある。第3は，雇用されている大学の研究紀要への論文掲載が認められないなど，研究者として扱われないことがあることである。▶文部科学省は科学研究費助成事業への応募を非常勤講師にも認め

ているが，申請の可否は所属機関に任せられているため，多くの大学では非常勤講師は科研費を申請できないのが実情である。

　これらの問題を軽減するためには均衡処遇，また日本型雇用と大学院制度の改善が不可欠である。非常勤講師の劣悪な労働環境は新しいものではない。そもそも日本の労働環境は学歴（学位の取得）に連動していないともいえる。院卒が国策として飛躍的に増加している今日，ポスドクだけでなく非常勤講師もまた，研究者の育成という高等教育機関の使命の範疇にある存在だということを国と大学が自覚するならば，これらの問題は改善されていくはずである。

松村 比奈子

→ 教職員（テーマ編），科学研究費補助金，ポストドクター

◎首都圏大学非常勤講師組合編著『大学教師はパートでいいのか——非常勤講師は訴える』こうち書房，1997.
◎大学非常勤講師問題会議編『大学危機と非常勤講師運動』こうち書房，2000.
◎水月昭道『高学歴ワーキングプア——「フリーター生産工場」としての大学院』光文社，2007.
◎関西圏大学非常勤講師組合・首都圏大学非常勤講師組合ほか「大学非常勤講師の実態と声 2007」：
http://www. hijokin. org/en2007/index. html
◎文部科学省科学技術政策研究所第1調査研究グループ『日本の大学教員の女性比率に関する分析』，2012.
◎大理奈穂子・栗田隆子・大野左紀子著，水月昭道監修『高学歴女子の貧困——女子は学歴で「幸せ」になれるか？』光文社，2014.
◎マックス・ウェーバー著，尾高邦雄訳『職業としての学問』岩波書店，1980.
◎文部科学省「学校教員統計調査」（平成25年度）

非正規雇用 |ひせいきこよう
atypical employment

正社員以外の雇用形態を指す言葉であり，一般にパート，▶アルバイト，契約社員，派遣社員，嘱託などの総称。有期雇用契約であることや労働時間が短いことを定義とする場合もある。非正規雇用者数は増加基調にあり，昨今では役員を除く雇用者の3分の1以上を占める。1990年代半ばから2000年代半ばにかけて，とりわけ若年の非正規雇用者が大幅に増えた。非正規雇用には雇用が不安定，賃金が低い，能力開発機会が乏しい，セーフティネットが不十分等の課題が指摘されている一方，労働時間の柔軟さなどから育児や介護などと両立しやすい働き方として選択される場合もある。非正規雇用比率は低学歴であるほど高く，大卒のそれは相対的に低いものの，新卒市場が冷え込む中で新卒でも非正規雇用に就かざるを得ない事態が問題となった。一方，多くの大学では▶非常勤講師や派遣の事務職員などを活用しており，大学経営は非正規雇用抜きでは成り立たない状況にある。

小杉 礼子

→ 雇用の流動化，非常勤講師問題

必修科目 |ひっしゅうかもく
required subject

カリキュラムの理念を実現するため，あるいは学習の連続性を保証するために，全員の▶履修が望ましい科目を必修として教育課程に位置づける科目。大学設置基準20条で「教育課程は，各授業科目を必修科目，選択科目及び自由科目に分け，これを各年次に配当して編成するものとする」と規定されており，その詳細は各大学の▶学科の通則に記載される。教養教育では▶選択科目が多いが，学部専門科目では必修科目が多くなる。一般に理系学部では必修科目の数が多いが，学科により大きく異なる。たとえば，ある大学理学部生物学科の専門科目における選択科目は68単位のうち60単位であるが，物理学科では10単位である。さらに医歯薬系学部は免許取得に向けてカリキュラムが構成されるために，専門科目のほとんどが必修科目となる。

細川 敏幸

PDCAサイクル |ピーディーシーエーサイクル
PDCA Cycle

組織を経営機能の循環システムとして捉え，目標・計画(Plan)，実施(Do)，点検・評価(Check)，改善(Action)の一連の過程からなる目標管理手法。まず組織としての目標を設定し，具体的な行動計画を策定する(P)。そして，組織編成・役割分担を含め策定した行動計画を実行し(D)，目標との適合性の観点から点検・評価を行う(C)。点検・評価によって当初の計画に問題があれば修正し，計画の改訂を行う(A)。高等教育におけるグローバル化とユニバーサル化への対応は，日本国内のみならず世界共通の課題となっている。そして，20世紀終盤から高等教育の質保証に関する枠組みの策定が国レベル，地域レベルで急速に進められている。とくに各機関における▶内部質保証システムの構築は焦眉の課題となっており，▶自己点検・評価の実質化や認証評価・法人評価等の▶第三者評価制度において，PDCAサイクルは効果的なフレームとして推奨されている。

山田 剛史

→ カリキュラム・マネジメント，質保証制度，認証評価

一橋大学 [国立] |ひとつばしだいがく
Hitotsubashi University

1875年（明治8）に▶森有礼により開設された商法講習所が起源。1884年に東京商業学校，87年に高等商業学校，1902年に東京高等商業学校と改称され，20年（大正9）に東京商科大学となる。1949年（昭和24）に一橋大学と改称され，商学部，経済学部，法学社会学部（1951年に法学部と社会学部に分離）を設置する。1953年に各学部の上に四つの

大学院を設置。以後，1996年（平成8）に言語社会研究科，98年に国際企業戦略研究科，2004年に法科大学院，2005年に国際・公共政策大学院を設置する。教育の目標に「構想力ある専門人，理性ある革新者，指導力ある政治経済人の育成」を掲げる。ゼミナールを核とした少人数精鋭教育を特徴とする。創立以来，社会科学の総合大学として，国内のみならず国際的に活躍する多くの有為の人材を各界に輩出する。2011年度に「一橋プラン135」を発表し，「世界水準の社会科学系研究総合大学」としての取組みが行われている。2016年5月現在，東京都国立市，小平市，千代田区に三つのキャンパスを有し，4学部・6研究科（法科大学院を含む）1教育部に学生6252人が在籍する。　山本　剛

姫路大学 [私立]｜ひめじだいがく
Himeji University

2004年（平成16）に近畿大学から分離独立した学校法人近畿大学弘徳学園（2016年に学校法人弘徳学園に名称変更）により，2007年に看護学部のみの単科大学として近大姫路大学が開学。翌08年に教育学部こども未来学科・同通信教育課程を開設した。2016年に姫路大学と改称。近畿大学創立者の世耕弘一が説いた「教育の目的は，人に愛される人，人に信頼される人，人に尊敬される人の育成にある」を建学の精神とする。2017年現在，兵庫県姫路市大塩町にキャンパスを構え，2学部に565人の学生を収容し，同通信教育課程には2028人が在籍する。2017年には看護学研究科を開設。教育学部こども未来学科では，地域貢献の一環として地域ボランティアを必修科目として設定している。　堀之内　敏恵

姫路獨協大学 [私立]｜ひめじどっきょうだいがく
Himeji Dokkyo University

学校法人姫路獨協学園と姫路市との全国初，公私協力方式により，1987年（昭和62）に開学。姫路市を中心とした西播磨4市21町の住民の「姫路に総合大学を」という長年の要望に応えたものである。学校法人獨協学園は，1883年（明治16）に西周らにより設立された獨逸学協会学校を起源とする。獨協大学初代学長天野貞祐の「大学は学問を通じての人間形成の場である」を建学の理念とする。2016年（平成28）現在，兵庫県姫路市上大野にキャンパスを構え，6学部1学群（2016年に外国語学部，法学部，経済情報学部を統合して人間社会学群とする）3研究科に1919人の学生を収容する。地域の人たちとの交流を大切にし，留学生の小・中学校への派遣，地域の外国人を対象にした日本語教室ボランティア，「発達障がい児・者サポート」なども行っている。　堀之内　敏恵

→ 学系／学群

評価に関する法制｜ひょうかにかんするほうせい

日本の大学は，その教育研究水準の向上に資するため，▶学校教育法109条の規定により，自らの大学の教育および研究，組織および運営ならびに施設および設備の状況について▶自己点検・評価を行い，その結果を公表すること，さらに上記の事項の総合的な状況について，一定期間ごと（現行の規定では7年ごと）に文部科学大臣の認証を受けた評価機関（「認証評価機関」という）によるいわゆる▶第三者評価を受けることが義務づけられている。なお，認証評価機関の認証に関しては，同法110条に定められている。また，国立大学においては大学機関別認証評価機関による評価のほかに，▶国立大学法人法35条に基づき，一部を読み換えて準用される独立行政法人通則法の適用により，国立大学法人の中期目標期間（6年間）における中期目標の達成状況について，文部科学省に置かれる国立大学法人評価委員会の評価を受けることが制度化されている。　濱中　義隆

→ 認証評価，質保証制度，中期目標・中期計画

評議員｜ひょうぎいん
councillor

▶私立学校法の規定に基づいて▶学校法人に置かれる評議員会の構成員。評議員は，①その学校法人の職員のうちから，寄付行為（法人の根本規則）の定めるところにより選任された者，②その私立学校卒業生で25歳以上の者のうちから，寄付行為の定めるところにより選任された者，③その他寄付行為の定めるところにより選任された者がなる。ただし，職員のうちから選任された評議員は，職員の職を退いた時点で評議員の立場を失う。なお，▶理事会の専断を抑止し，学校法人の公共性を担保することを企図して，評議員の定数は理事の定数の2倍を超えるものとされている。大学のガバナンス改革の流れのなかで，評議員会は2004年（平成16）の私立学校法の改正により，その機能が強化された。すなわち，理事長は予算，借入金，事業計画，寄付行為の変更，合併，解散等の事項については，あらかじめ評議員会の意見を聴取しなければならないとされた。

なお，2004年以降に設置された▶国立大学法人における教育研究評議会の構成員も評議員と呼ばれる。教育研究評議会は，教育研究に関わる重要事項を審議する機関である。　橋場　論

評議会 ひょうぎかい
council of the university

法人化以前の国立大学には評議会が置かれていた。その前身は明治期の東京大学における大学諮詢会とされ，評議会は▶帝国大学令と同時に設置された。評議会の規定は，1886年(明治19)の帝国大学令において，総長の諮問機関として定められ，学科課程や大学院，▶分科大学の利害に関わる事項を審議することとされていた。当時の構成員は，各分科大学教授から2名を文部大臣が選ぶものであり，構成員は当初，評議官と呼ばれていたが，1893年からは評議員に改称されて教授による一部互選制へと改められ，同時に文相に高等教育全般について建議するなど，権限の拡充も行われた。

評議会は元来，▶帝国大学に置かれたものであったため，▶新制大学においても同様なものが必要とされ，その根拠規定が求められる中，1953年(昭和28)に「国立大学の評議会に関する暫定措置を定める規則」によって，▶教授会と並んで大学の重要事項を審議するための学内管理運営組織と位置づけられた。同規則では，数個の学部を置く国立大学に評議会を置き，単科の大学においても評議会を置くことができるとされ，国立大学には原則評議会が設置されることになっていた。構成メンバーは▶学長，各学部長，各学部から2名ずつ選ばれる教授，および附置研究所の所長で，学長の諮問に応じて，学部ごとに置かれている教授会の意向を調整しつつ，全学的な立場から大学の運営に関する重要事項，具体的には学則や全学の規則などの制定改廃，予算の方針，教員の人事基準，学部や学科の改廃，学生の処分などの事項を審議するものとされた。公私立大の中にもこれに準じた組織を持つ大学が少なからずみられた。

評議会の権限をめぐっては，学長が評議会の議決や承認を得なければならないという規定はなく，その意味で評議会は議決機関ではなかったが，戦前の旧帝国大学では大学自治の審議決定機関とみなされてきたという経緯もあり，法人化以前は学長による迅速な意思決定や改革を妨げるものとして，教授会とともに批判の対象になることもあった。なお「国立大学の評議会に関する暫定措置を定める規則」は，1999年(平成11)の「学校教育法等の一部を改正する法律」によって廃止され，評議会の役割は旧▶国立学校設置法の中で明確化されることとなった。

旧国立学校設置法では，国立大学に評議会を置くとし，そのメンバーは学長，学部長，国立大学院大学の大学院の研究科その他の文部科学省令で定める大学院の研究科の長，教養部の長および大学附置の研究所の長等とされ，学長の申し出に基づいて文部大臣が任命する管理職員であった。評議会の審議事項には，①大学の教育研究上の目的を達成するための基本的な計画に関する事項，②学則その他重要な規則の制定または改廃に関する事項，③大学の予算の見積りの方針に関する事項，④学部，学科その他の重要な組織の設置または廃止および学生の定員に関する事項，⑤教員人事の方針に関する事項，⑥大学の教育課程の編成に関する方針に係る事項，⑦学生の厚生および補導に関する事項，⑧学生の入学，卒業または課程の修了その他その在籍に関する方針および学位の授与に関する方針に係る事項，⑨大学の教育研究活動等の状況について当該大学が行う評価に関する事項，⑩その他大学の運営に関する重要事項が挙げられていた。

国立大学の法人化後は，教育研究に関わる重要事項を審議する機関として，教育研究評議会が必置されることとなった。▶国立大学法人法21条によれば，「国立大学法人に，国立大学の教育研究に関する重要事項を審議する機関として，教育研究評議会を置く」とあり，教育研究評議会は学長，学長が指名する理事，学部・研究科・大学附置の研究所その他の教育研究上の重要な組織の長のうち教育研究評議会が定める者，その他教育研究評議会が定めるところにより学長が指名する職員で組織される。また，その審議内容は，①中期目標についての意見に関する事項，②中期計画および年度計画に関する事項，③学則その他の教育研究に係る重要な規則の制定または改廃に関する事項，④教員人事に関する事項，⑤教育課程の編成に関する方針に係る事項，⑥学生の円滑な修学等を支援するために必要な助言，指導その他の援助に関する事項，⑦学生の入学，卒業または課程の修了その他学生の在籍に関する方針および学位の授与に関する方針に係る事項，⑧教育および研究の状況について自ら行う点検および評価に関する事項，⑨その他国立大学の教育研究に関する重要事項となっている。国立大学設置法下での評議会の審議事項との比較でいえば，大学の予算，組織の設置改廃や学生定員に関わる事項が，教育研究評議会の審議事項から削除された点が挙げられる。この背景には，大学の経営に関する事項の審議が，法人化に伴って設置された経営協議会や役員会の審議事項となったことがある。法人化以前の評議会を前身とする法人化後の教育研究評議会は，教育研究により特化した事項を審議する機関へと変わったといえる。 　　　　　　小方 直幸

→ 大学管理機関，国立大学法人，中期目標・中期計画

◎黒羽亮一『戦後大学政策の展開』玉川大学出版部，2001.
◎国立大学財務・経営センター『国立大学法人化後の財務・経営に関する研究』国立大学財務・経営センター研究報告第10号，2007.

兵庫医科大学 [私立] ひょうごいかだいがく
Hyogo College of Medicine

当地の地域医療，社会福祉活動に尽くした精神科医森村茂樹により1972年(昭和47)に創立された，兵庫県内で医学部を有する唯一の私立大学。建学の精神は「社会の福祉への奉仕」「人間への深い愛」「人間への幅の広い科学的理解」である。2016年(平成28)現在，武庫川河畔に隣接する西宮キャンパス(兵庫県西宮市武庫川町)に医学部と医学研究科の学生888人を収容する。開学以来3978人の卒業生を輩出し，良医として高い評価を受け阪神地域を中心に全国各地域で医療の中核を担っている。良医へとステップアップする「知・医・技」の学びとして，少人数制のチュートリアル教育，基礎から臨床まで全科横断的なカリキュラム，早期臨床体験実習，クリニカル・クラークシップ(診療参加型臨床実習)などを取り入れている。　　堀之内 敏恵

兵庫医療大学 [私立] ひょうごいりょうだいがく
Hyogo University of Health Sciences

学校法人兵庫医科大学により，2007年(平成19)薬学部，看護学部，リハビリテーション学部(理学療法学科，作業療法学科)の3学部4学科を擁する医療総合大学として開学。同一法人の兵庫医科大学，兵庫医科大学病院，兵庫医科大学ささやま医療センターと一体となり，医学・医療を包括的に捉え，チーム医療を支える医療人の育成を目標としている。2016年現在，ポートアイランド(兵庫県神戸市中央区)にキャンパスを構え，3学部3研究科に1708人の学生を収容。チーム医療教育科目として，学部の枠を越えた合同教育プログラムを積極的に取り入れており，入学早期から4年次まで段階を踏んだ合同授業が準備されている。たとえば，1年次の医療科学概論では入門講義後，兵庫医科大学も含めた4学部合同でチュートリアル学習を実施している。　　堀之内 敏恵

兵庫教育大学 [国立] ひょうごきょういくだいがく
Hyogo University of Teacher Education

現職教員の研修などを目的とする新構想(1971年，中央教育審議会答申)の教員養成大学として，1978年(昭和53)に兵庫県加東市に開学。当初の学校教育学部および学校教育研究科の1学部1研究科に加え，1996年(平成8)に鳴門教育大学・岡山大学・上越教育大学とともに運営する大学院連合学校教育学研究科博士課程を設置。2008年には博士課程を含む専門職学位課程(教職大学院)を開設し，実践的な教育研究による教員の資質向上に努めている。創設趣旨の一つである「教員のための大学」のため，都市部からのアクセスが容易なサテラ

イト教室やフレックスタイム・カリキュラム制度などを導入し，修士課程ならびに教職大学院で学ぶ学生の3分の1を占める現職教員や，職業を有する博士課程の学生が履修しやすい制度を設けている。高い教員就職率を誇り，2014年1月に文科省が発表した統計において全国第1位(83.1%)となっている。2016年5月現在の学生数は1525人(うち大学院837人)。附属学校園には幼稚園，小学校および中学校がある。　　平野 亮

兵庫県立大学 [公立] ひょうごけんりつだいがく
University of Hyogo

神戸商科大学(1948年に日本初の公立新制大学として開学，前身は29年開設の県立神戸高等商業学校)，姫路工業大学(1949年に工業系単科大学として開学，前身は44年開設の県立高等工業高校)，および兵庫県立看護大学(1993年に国公立初の看護系4年制単科大学として開学)の県立3大学が統合して，2004年(平成16)に開学。県内各地に九つのキャンパスを構える，いわゆるタコ足大学である。2016年5月現在，6学部14研究科に6550人の学生を収容。阪神・淡路大震災の経験を活かすための減災復興政策研究科(2016年設置)や，またスーパーコンピュータ「京」や日本最大の大型放射光施設「Spring-8」などとの連携などによる，特色ある研究を推進する。　　平野 亮

兵庫大学 [私立] ひょうごだいがく
Hyogo University

学校法人睦学園により1995年(平成7)経済情報学部のみの単科大学として開学。東播磨地域唯一の高等教育機関である。学校法人睦学園は，1921年(大正10)聖徳太子薨去1300年にあたり，聖徳太子の和の精神を基盤とした教育を施すという目的で創設した太子日曜学校を起源とする。建学の精神は聖徳太子の十七条憲法に示された「和」である。仏教主義の大学として，入学式・卒業式において献灯，献花，三帰依文，恩徳讃などの唱和，毎週水曜日の昼休みには定例礼拝が行われている。2016年現在，4学部1研究科に1242人の学生を収容する(2017年に健康科学部看護学科から看護学部看護学科へと改組)。地域に根ざした大学として，地域の生涯学習の拠点となる兵庫大学エクステンション・カレッジを2014年に開設している。　　堀之内 敏恵

→仏教系大学

平等と大学 →テーマ編 p.21

平賀粛清 [ひらがしゅくせい]

1939年(昭和14)東京帝国大学総長の平賀譲が教授会および評議会の議決を経ずに，総長の判断・責任によって経済学部教授の河合栄治郎と土方成美(ひじかたなるみ)の休職処分を決定した事件。それ以前から同学部では派閥対立が顕著になり，採用・昇進人事を中心として▶教授会が機能不全に陥っていた中で，1938年に河合の著作4冊が赤化容共的な内容をもつとして発禁処分になるという河合事件が起こった。それに対する裁定として，平賀粛清は次の点で学問の自由の先例を無視した処断になった。①▶沢柳事件を契機に1914年(大正3)以来確認されていた，教授の任免は教授会の議を経ることという▶教授会自治の慣行が覆された。②河合の処分に対しては，教授の不適格要件が思想そのものではなく表現方法にまで拡張された。③河合のみならず土方も処分を受けた理由は，自由主義派および国家主義的「革新派」の派閥の中心人物であった両者に対して，学部内紛の責任という異例の教授不適格要件が適用されたことであった。

岩田 弘三

ビルケント大学 [トルコ] | ビルケントだいがく
Bilkent University; Bilkent Üniversitesi [トルコ語]

首都アンカラにあるトルコで最も古い，国を代表する私立大学の一つ。創立者のイフサン・ドーラマジュ教授は医学者でアンカラ大学長などを歴任し，高等教育界をリードした。自身のアメリカ留学の経験から質の高い私立大学がトルコにも必要と考えたドーラマジュは私立大学の設置を認めるための法整備に尽力し，1982年，私立大学が法的に認められた。1984年，ドーラマジュ自身が設立した3財団を基にトルコ初の私立大学としてビルケント大学を設立。自身が理事長を務めた。ビルケントはトルコ語で「学問と科学の都市」を意味する。2015年時点で三つのキャンパスに9学部(芸術・デザイン・建築，経営，経済・社会科学，教育，工学，人文・言語，法学，音楽，理学)，2専門職スクールを擁している。32の学士課程プログラム，48の大学院プログラムに1万3000人の学生が学び，74ヵ国から留学生を受け入れている。2015年のタイムズ誌のアジア大学ランキングでは30位。

和氣 太司

ビーレフェルト大学 [ドイツ] | ビーレフェルトだいがく
Universität Bielefeld

ドイツ中西部，ノルトライン・ヴェストファーレン州ビーレフェルトにある州立総合大学。1969年に改革構想に基づき設立された「新大学」の一つで，ドイツでは少ないキャンパス・ユニバーシティ。1965

年に▶シェルスキーらをメンバーとする設立委員会が設けられる。改革の理念として研究の優位，研究と教育の統一，学問と実践の結合がうたわれた。専門を超えた研究を促進する学際的研究センターは，当時のドイツで唯一の存在であった。異なる学部の建物同士が地上階のホールで一つにつながり，学部間の垣根を取り除くことに努めるなど，改革理念は建物にも反映された。1969年に3学部(数学，法学，社会学)で開始され，以後，順次拡充された。1976年に本館完成。学際的という理念を教員養成にも活かすという趣旨から，1974年に州立実験学校である「ラボールシューレ」「上級段階コレーク」を開設。2007年に欧州ホンダとアシモに関する共同研究施設を設置。学生数は2万4400人(2016/17年冬学期)。

長島 啓記

弘前医療福祉大学 [私立] | ひろさきいりょうふくしだいがく
Hirosaki University of Health and Welfare

青森県弘前市にある。1965年(昭和40)開設の弘前料理学院を始まりとし，2009年(平成21)4年制としての弘前医療福祉大学が開学した。建学の理念は「ホスピタリティー精神を基盤に豊かな人間性を兼ね備え，人間の尊厳を基本とし，さまざまな健康・福祉に関する問題を総合的にとらえ，科学的に解決できる専門知識と技術を養い，かつ生活の質を重視した保健・医療・福祉サービスに重点を置き，地域に貢献できる質の高い専門資格者の教育」を行い，「新たな健康維持増進，疾病，障がいの予防・自立支援の担い手となりうる人材の育成」をめざすとする。現在，保健学部には看護学科，医療技術学科(作業療法学専攻，言語聴覚学専攻)がある。2016年現在の学生数475人。

蝶 慎一

弘前学院大学 [私立] | ひろさきがくいんだいがく
Hirosaki Gakuin University

青森県弘前市にある。1886年(明治19)弘前教会内に遺愛女学校の分校(来徳女学校)が開設されたことに始まる。1889年弘前女学校が設立され，1950年(昭和25)に弘前学院短期大学，71年に弘前学院大学の開学となった。1999年(平成11)共学となり，2000年に短大は閉学した。建学の精神は「畏神愛人」であり，「神を畏れ人を愛すること」と述べられ，キリスト教精神と本多庸一の精神に基づいた教育が展開されている。現在，学部は文学部(英語・英米文学科，日本語・日本文学科)，社会福祉学部，看護学部で構成されている。また開放講義の名称で地域に「開かれた大学」として，普段学生が受講する授業(外国語，人体，精神医学等の内容)を一般に開放している。2017年現在の学部生709人。

蝶 慎一

弘前大学 [国立] ひろさきだいがく
Hirosaki University

青森県弘前市にある。1949年（昭和24）弘前高等学校，青森師範学校，青森医学専門学校，青森青年師範学校，弘前医科大学を母体として開学された。5学部・7研究科などを有する中規模の総合大学である。2016年（平成28）5月現在の学生数は6901人。理念は教育基本法の精神にのっとり，「広く知識を授け，深く専門の学芸を教授研究し，知的，道徳的及び応用的能力を展開させ，人類文化に貢献しうる教養識見を備えた人格者の育成をもって目的とする」を掲げ，教育，研究，社会貢献，学外連携，管理運営が展開されている。青森県という地域特性を生かし，原子力施設および核融合関連施設をはじめ，世界自然遺産に登録されている白神山地，食の安全などと深く関わる取組みも行っている。大学の存在それ自体が地域に大きく貢献してきた実績があり，創立60周年記念で建てられた産学官連携拠点の「コラボ弘大」は有名である。今後も「地域とともに」をモットーとして国際的にも発展していくことが期待される。　　蝶 慎一

広島経済大学 [私立] ひろしまけいざいだいがく
Hiroshima University of Economics

1967年（昭和42）学校法人石田学園を母体として経済学部経済学科を置く単科大学として開学。以後，経営学科（1974年），国際地域経済学科（1999年），ビジネス情報学科（2002年），スポーツ経営学科（2011年）を設置。また大学院は1979年に経済学研究科経済学専攻修士課程を，90年（平成2）に博士課程を設置した。2017年現在，広島県広島市安佐南区祇園のキャンパスに学部生2847人，大学院生15人，教員106名を擁する。石田学園建学の精神「和を以て貴しと為す」と，大学立学の方針「明徳を明らかにする」に拠りつつ，2006年度には新たに「「ゼロから立ち上げる」興動人の育成」を教育理念として掲げ，その実現のため，「人間力」「知力」「プレゼンテーション能力」を養成する三つのプログラムから構成された独自の教育システムを実施している。　　小濱 歩

広島工業大学 [私立] ひろしまこうぎょうだいがく
Hiroshima Institute of Technology

1961年（昭和36）設立の広島工業短期大学を改組して，63年に工学部の単科大学として開学。1989年（平成1）に大学院を設置。1993年に環境学部を増設。2006年に工学部・環境学部の2学部8学科を，工学部・環境学部・情報学部の3学部12学科に改組転換。2012年に生命学部を設置。2017年現在，広島県広島市佐伯区のキャンパスに4学部

14学科1研究科を置き，学部生4536人，大学院生91人，教員176人を擁する。建学の精神「教育は愛なり」と教育方針「常に神と共に歩み社会に奉仕する」に基づき，「高い倫理観と実践する力を備えた課題探求能力を持つ技術系人材」の育成に取り組む。2016年には，独自のポートフォリオシステムや，自身の達成を可視化するポイント制度などを活用しつつ，学生の学習と成長をサポートする新たな教育プログラム「HIT（ヒット）教育2016」を開始した。　　小濱 歩

広島国際学院大学 [私立]
ひろしまこくさいがくいんだいがく
Hiroshima Kokusai Gakuin University

1967年（昭和42）工学部の単科大学「広島電機大学」として開学。1996年（平成8）に大学院を設置し，99年大学名を広島国際学院大学に変更した。以後，学部の新設と改組を経て，2016年現在，広島県広島市安芸区の中野・上瀬野に2キャンパスを構え，工学部・情報文化学部の2学部4学科，工学研究科・現代社会学研究科の2研究科を置き，学部生712人，大学院生15人，教員51人を擁する。「信和・協同・実践」の教育理念のもと，「文」「理」双方にわたる教育資源を活かしつつ，小規模校ならではのていねいな教育指導を行うことを大学の特色として掲げており，▶チューター制度・習熟度別クラス編成・ゼミ指導などによる学修支援体制を整えている。また，安芸区地域唯一の大学として区と連携協定を締結し，地域社会への貢献にも積極的に取り組んでいる。　　小濱 歩

広島国際大学 [私立] ひろしまこくさいだいがく
Hiroshima International University

1998年（平成10）建学の理念に「保健・医療と福祉を軸に世界平和を創造する大学」を掲げて，保健医療学部と医療福祉学部の2学部で開学。以後，学部学科の新設・改組を経て，2017年現在，広島県東広島市・呉市・広島市の3キャンパスに8学部10学科10専攻，5研究科11専攻，1専攻科を展開する医療系総合大学に成長。学部生4227人，大学院生88人，教員260人を擁している。2013年から，学生全員が専門職連携（IPW）に関する知識・技術を修得するための「広島国際大学の専門職連携教育（広国IPE）」を推進。また，2016年度の新カリキュラムでは初年次教育に新たな「スタンダード科目群」を設定し，IPEのさらなる充実と，アカデミック・リテラシーの強化に注力。加えて地域社会への貢献をめざし「防災・危機管理学」「地域創生論」を開講する。　　小濱 歩

広島修道大学 [私立] ひろしましゅうどうだいがく
Hiroshima Shudo University

学校法人修道学園が広島市に設置する大学。1725年(享保10)創立の広島藩の藩校「講学所」を源流とし，1887年(明治20)に私立修道学校を設立。1952年(昭和27)に修道短期大学商科(第2部)，56年に修道短期大学商科(第1部)を設立。1960年に広島商科大学として開学し，商学部商業学科を設置。1973年に広島修道大学となり，74年4月に西区観音から現在の沼田キャンパスに移転。「修道」は『中庸』の「天命之謂性　率性之謂道　修道之謂教」に由来し，「人間にはそれぞれの天性がある。天性を伸ばすのが人間の道である。その道をしっかりとしたものに整えるのが教育である」と解される。2017年(平成29)5月現在，商・人文・法・経済科学・人間環境・健康科学の6学部，4研究科があり，学部学生6180人，大学院生48人。　船勢 肇

広島女学院大学 [私立] ひろしまじょがくいんだいがく
Hiroshima Jogakuin University

1886年(明治19)に砂本貞吉によって創設された広島女学会を淵源とする。1949年(昭和24)英文学部英文科を置く新制大学として広島女学院大学を開学(1967年に文学部に改組)。1993年(平成5)に生活科学部を設置して2学部体制となる。1995年大学院言語文化研究科，99年に人間生活学研究科を開設。2012年に学部を国際教養学部・人間生活学部の2学部4学科に改組した。2017年現在，広島県広島市のキャンパスに学部生1411人，大学院生20人，教員37人を擁する。明治時代から女子の自立教育に取り組んできた伝統を継ぎつつ，教育理念に「基督教主義に基づいて教育を施し，女子の霊性，知性，徳性の円満な発達をはかり，専門的な学術の修得」を掲げ，リベラルアーツ系大学としての機能強化や，国際交流活動および海外留学支援の充実などの取組みを推し進めている。　小濱 歩

広島市立大学 [公立] ひろしましりつだいがく
Hiroshima City University

1994年(平成6)国際学部・情報科学部・芸術学部の3学部構成で開学。「科学と芸術を軸に世界平和と地域に貢献する国際的な大学」を建学理念に掲げる。1998年には大学院博士前期課程を，2000年に後期課程を開設し，2010年に公立大学法人に移行。2017年現在，広島市安佐南区のキャンパスに3学部3研究科を置き，学生1766人，大学院生244人，教員202人を擁する。1998年設置の広島平和研究所では核兵器廃絶・平和推進のための学術研究を推進している。2007年には社会連携センターを設置して，地域貢献・▶産学連携に取り組んでいる。とくに2015年には文部科学省補助事業「地(知)の拠点大学による地方創生推進事業」に採択され，「海の国際文化生活圏」の創生を掲げて，豊富な観光資源を活用した地域振興のための人材育成事業を推し進めている。　小濱 歩

→ 知の拠点整備事業

広島大学 [国立] ひろしまだいがく
Hiroshima University

東広島市に拠点をおく国立大学。きわめて多くの前身校をもち，1902年(明治35)設立の広島高等師範学校は全国で2校目の官立高等師範学校で「教育の西の総本山」とも称され，29年(昭和4)に広島文理科大学に附置された。1949年に広島文理科大学，広島高等学校，広島工業専門学校，広島高等師範学校，広島女子高等師範学校，広島師範学校，広島青年師範学校を包括，広島市立工業専門学校を併合して6学部(文・教育・政経・理・工・水畜産)の新制国立大学として開学。初代学長は森戸辰男。多くの前身校をもつためキャンパスも分散していたが，東広島キャンパスに移転した。大学関係者の原爆死没者数は1602人確認されている。原爆死没者慰霊碑(広島平和都市記念碑)の碑文を撰述・揮毫したのは教養学部教授の雑賀忠義。建学の精神は「自由で平和な一つの大学」。2016年(平成28)11月現在，11学部13研究科があり，学部学生1万883人，大学院生4379人。　船勢 肇

広島大学高等教育研究開発センター
ひろしまだいがくこうとうきょういくけんきゅうかいはつセンター
Research Institute for Higher Education, Hiroshima University

1972年(昭和47)に設置された，日本で最初の大学・高等教育研究のための専門組織。設置当初は大学教育研究センターと称したが，2000年(平成12)に21世紀の高等教育研究を見据えた大幅な組織再編がなされ，現在名に改称された。果たしてきたおもな使命は，第1に国際的な高等教育研究の中心地としての役割であり，毎年，高等教育に関する国際会議や国際セミナーを開催している。第2に全国に開かれた研究者への共同利用的な高等教育研究所としての役割であり，毎年，これら研究者が集う研究員集会を開催している。第3に大学・高等教育に関する研究成果の刊行センターとしての機能であり，第4に高等教育の研究者や専門職を育成する役割である。21世紀に入り，2002～07年には文部科学省▶21世紀COEプログラム「21世紀型高等教育システム構築と質的保証」を実施し，2008年度から文部科学省戦略的研究推進経費による研究を開始するなど，今後も高等教育研究の国際的な学問中心地として拠点形成の整備発

展をさらに推進しようとしている。　　渡部　廉弘

広島都市学園大学 [私立]｜ひろしまとしがくえんだいがく
Hiroshima Cosmopolitan University

2009年（平成21）学校法人古沢学園によって健康科学部看護学科を置き設立された4年制大学。2013年に健康科学部リハビリテーション学科を設置，14年には子ども教育学部子ども教育学科を開設し，2学部3学科体制となった。建学の精神に「心技一体」を，教育方針に「調和・啓発・創造」を掲げて，「人を愛する豊かな心と優れた技術を統合できる」有能な専門的職業人の育成をめざしており，医療系分野と教育・保育系分野との間で学的な相互連携・交流を進めつつ，看護・リハビリ・教育・保育のスペシャリストの養成を行う。2015年現在，広島県広島市に宇品キャンパス・西風新都キャンパスの2校地を構え，学生836名，教員63名を擁する。　　小濱　歩

広島文化学園大学 [私立]｜ひろしまぶんかがくえんだいがく
Hiroshima Bunka Gakuen University

1995年（平成7）広島県呉市の要請を受け，学校法人広島文化学園によって呉大学（社会情報学部社会情報学科）が設立された。1999年には看護学部看護学科を設置し，また大学院社会情報研究科を開設。2009年に大学名を広島文化学園大学に変更した。2016年現在，呉市に2キャンパス，安芸郡に1キャンパス，広島市安佐南区に1キャンパスを構え，社会情報学部・看護学部・学芸学部の3学部と，社会情報研究科・看護学研究科・教育学研究科の3研究科を置き（2018年に人間健康学部を新設予定），学部生1448人，大学院生60人，教員86人を擁する。建学の精神「究理実践（実践を伴う理論の追究）」のもと，AO一貫教育とセミナー制度による学修支援体制を整えて「学習者中心の教育」を推進。また，設立時の精神を継承して地域連携にも積極的に取り組んでいる。　　小濱　歩

広島文教女子大学 [私立]
ひろしまぶんきょうじょしだいがく
Hiroshima Bunkyo Women's University

1948年（昭和23）武田ミキによって「真実に徹した堅実なる女性の育成」を建学の精神に掲げ創設された広島県可部女子専門学校を淵源とする。1966年に広島文教女子大学（文学部国文学科・英文学科）を開学。1986年に大学院文学研究科を開設。2000年（平成12）に文学部を人間科学部に，2005年には文学研究科を人間科学研究科に改称。2016年現在，人間科学部に初等教育学科・人間福祉学科・心理学科・人間栄養学科・グローバルコ

ミュニケーション学科の5学科を，人間科学研究科に教育学・人間福祉学の2専攻を置き，広島市安佐北区のキャンパスに学部生1222人，大学院生15人，教員88人を擁する。2007年度から「文教スタンダード21」プロジェクトのもと，教養教育の再構築，BECC（Bunkyo English Communication Center）開設，学科カリキュラムの改革など，教育力向上の諸施策を積極的に推進している。　　小濱　歩

びわこ学院大学 [私立]｜びわこがくいんだいがく
Biwako-Gakuin University

2009年（平成21）学校法人滋賀学園により開設。同法人の前身は学校法人八日市女子学園であり，1933年（昭和8）の和服裁縫研究所が学校法人の起源である。建学の精神は未来の地域社会を切り拓く創意と意欲を持った「地域に貢献できる人材育成」である。教育福祉学部（子ども学科とスポーツ教育学科）では，家庭や地域社会に働きかけることができる福祉の視点と，子どもの本質や人間としての本質をきちんと理解できる教育者の視点をあわせもった，幅広い現場で活躍できる人材の育成をめざした教育を行っている。また滋賀県の私立大学で唯一，小学校教諭一種免許状や特別支援学校教諭一種免許状を取得できる教育系大学でもある。キャンパスは滋賀県東近江市にあり，2016年時点で409人の学生が在籍。　　堺　完

びわこ成蹊スポーツ大学 [私立]
びわこせいけいスポーツだいがく
Biwako Seikei Sport College

2003年（平成15）学校法人大阪成蹊学園により開設。同法人は1933年（昭和8）創設の高等成蹊女学校をその起源とする。建学の精神の「桃李不言下自成蹊」の理念に基づき，新しいスポーツ文化の創造のための教育研究に努め，日々のスポーツや健康に関するニーズに応えられるよう，スポーツを開発し，支援することのできる豊かな教養と高度な専門性を有する人材を育成することを目的としている。スポーツ学部では，特色ある教育の取組みとして1年次から2年次にかけての「野外スポーツ3大実習」があり，技術の習得のみならず，仲間づくり，大学生としての規律も身に付け，それ以降の学びの基礎作りを行っている。キャンパスは滋賀県大津市にあり，2017年時点で1417人の学生が在籍。　　堺　完

貧困学生｜ひんこんがくせい
poorer students; poverty students

▶大学生協の「学生生活実態調査」によれば，家賃や公共料金等を除いて，学生が自由に使える金額

は1980年代よりも2000年代は少ないという。また1990年代には，下宿生で毎月10万円以上の仕送りを受けている学生は6割を超えていたが，2014年現在では3割ほどで，5万円未満の学生が2割以上になっている。貧困学生の増加はあきらかだが，彼／彼女たちが属す機制の従来との違いに注意しなければならない。1950年代から60年代には政治的な主体の「層としての学生」(武井昭夫)が見いだされたように，90年代以後の労働力の流動化のなかで，まずは▶アルバイトを強いられる貧困学生は安価な労働力商品の「層」として見いだされ，さらに2004年の▶日本育英会から▶日本学生支援機構への移行を通じて，「▶奨学金」という名の学生ローンの負債を負う金融商品となる。今日の学生の貧困は経済に組み込まれることによってつくりだされているのであり，経済のくびきを逃れた自律的な貧しさという，学生の古典的なイメージとはかけ離れたものである。

白石 嘉治

→教育費の負担

ファカルティ・ディベロップメント
Faculty Development: FD

[FDの定義と歴史]

ファカルティ・ディベロップメント(FD)とは，文字通りの解釈をすれば「大学教員(集団)の能力開発」のことである。この場合の能力とは，研究能力のみならず，教育能力，マネジメント能力，地域貢献能力といった総合的・複合的な能力が想定されている。大学が教育機関であることから，これらの中でも教育能力の開発に関わるさまざまな研修プログラムやサービスが数多く提供されている。日本では，教育能力の中でもとりわけ授業実施に関わる能力に特化してFDは議論されてきた。一方，授業，カリキュラム・プログラムの改革を意味する「教育開発」，あるいは組織・制度・規則の改革を意味する「組織開発」をも含めて，幅広くFDを定義する考え方もある。このようにFDの定義は，地域・時代によって多様である。

歴史的には，大学が誕生した当初から「実態としてのFD」は存在していたことが予測される。中世ヨーロッパの大学では，遍歴学生が大学教員を評価しており，学生の授業料収入で生活していた大学教員は教授内容や方法を常に見直さざるを得なかった。アメリカ合衆国では19世紀初頭に▶ハーヴァード大学で導入された，サバティカル(研究休暇)制度がFDの出発点だとする見方もある。しかしながら，一般的にFDの出発点とされているのは，1960年代後半の▶学生運動の頃である。学生運動は，大学がエリート段階から大衆段階に移行しているにもかかわらず，それに対応できていない授業やカリキュラムに対する，学生からの異議申立てという側面があった。北米・欧州・豪州諸国では，学

生運動に対する大学側の対応として，おもに新任教員を対象とした大学教員研修制度，それを担う大学教育センターならびにFDを専門とするスタッフ(ファカルティ・ディベロッパー)が誕生した。また，その後に続く世界的な経済不況は，政府・企業からの大学教育に対する期待と批判を高め，着実にFDの取組みが進展していった。

一方，日本においては，学生運動はFDの出発点にならなかった。日本の学生運動においても講座制やマスプロ授業批判といった教育制度に対する不満が述べられていた。その結果，いくつかの大学では教育・学習環境の改善が見られたり，学生を大学運営に部分的に参画させたりする取組みも見られた。しかし，その後に続く政治的介入，そして経済の好況がそうした動きを減速させた。バブル経済崩壊まで，大学教員は研究活動を，大学生は▶アルバイトと就職活動を重視する状況が続き，教育・学習が大学において中核的な位置を占めることはなかった。1980年代に入り一部の大学教員や学会でFDは議論されていたものの，個別大学における組織的な取組みとして進展するまでに至った大学は非常に少なかった。

こうした状況を変えた一つの要因が，文部科学省が2000年代に始めた▶競争的資金を使ったFD推進政策，いわゆるGP(▶グッド・プラクティス)事業である。2010年に民主党による事業仕分けによって廃止が決定されるまでの間，この取組みによって，膨大な数の新しいカリキュラム・プログラムが誕生した。またポストバブル時代の経済状況は，政府・企業そして学生自身が教育のあり方を問い直す機会を作り上げた。こうした環境の変化を，持続的に発展する内発的な改革に結びつけた大学も多い。

[日本のFDの現状]

各大学ではさまざまなFDの取組みが行われているが，これらの取組みは3層に仕分けることができる。第1層はミクロ・レベルである。公開授業と授業検討会，授業評価アンケートの実施・分析，各種授業技術を学ぶセミナーやワークショップ，専門家による授業コンサルティングなどがこれにあたる。第2層はミドル・レベルである。カリキュラム・プログラムの再構築・評価などがこれにあたる。第3層はマクロ・レベルである。FD委員会や大学教育センターの設置，ディベロッパーの配置，全学的な教育方針の策定などがこれにあたる。日本ではミドルやマクロ・レベルのFDが進展しておらず，FDを実施するための組織的基盤が脆弱である。そのため教員相互の授業参観や講演会開催といった比較的容易に実施できるFDの取組みが一般的である。活動内容の多様性があまりなく，深度の浅いものに留まってしまっている取組みも多い。

[FDの将来]

教育能力を中心に議論されてきたFDであるが，こ

れからは研究能力やマネジメント能力を含めた「総合的な大学教員の能力開発」として捉え直すことになるだろう。しかも，こうした複数の能力が個別に位置づけられるのではなく，教員個人の中で統合されている必要がある。ボイヤーは，別々ではあるが重なり合う四つの大学教員の機能として，発見の学識，統合の学識，応用の学識，教育の学識をあげた。「研究と教育の統合」を促すFDの取組みが求められる。また単独の大学だけではなく，▶大学間連携や国家間連携によるFDの取組みが増えていくだろう。欧州ではすでに国家レベルで高等教育教授能力証明制度を導入している国が複数ある。欧州連合としても同様の制度を共同開発しようとしている。

　大学の大衆化が叫ばれる中，学生の大衆化と同時に，大学教員の大衆化も進展している。現代の大学教員にはどのような能力が求められているのか，そしてその能力をどのように開発して保証していくのか。大学教員個人，各大学，大学間，国家，そして世界レベルで議論する時期に来ている。

佐藤　浩章

→教職員（テーマ編），スタッフ・ディベロップメント，サバティカル・リーブ，授業評価

◎有本章『大学教授職とFD』東信堂，2005.
◎E.L. ボイヤー著，有本章訳『大学教授職の使命—スカラーシップ再考』玉川大学出版部，1996.

ファカルティとデパートメント
faculty and department

ファカルティとは，アメリカ合衆国の初等〜高等教育機関において集合的に教員（集団）を指す。大学では教育研究組織としての学部を意味することもある。その場合も教員組織（▶教授会）に限定される場合もあれば，学生も含めた組織としての学部（必ずしも学士課程のみではない）を意味することもある。その由来は▶中世大学の学部facultas（ファクルタス）に遡る。大学組織としてのデパートメントは，学部・研究科（college, school, facultyなど）の下位部門である。基本的に専門分野ごとに組織される。教員組織が核となるが，学士課程の専門段階や大学院課程の学生の帰属先となることもある。研究・教育，人事，財政，管理運営に関して組織的な独立性や自律性をもつことが多い。デパートメントの細分化や孤立化が進むと，学際的・統合的な研究教育の障壁となることがあるため，いくつかのデパートメントをまとめてディヴィジョン（division）という中間組織を編成することもある。

松浦　良充

→学部の概念（テーマ編），学科，教職員（テーマ編），講座，主専攻・副専攻

フィヒテ
Johann Gottlieb Fichte ╎ 1762-1814

ドイツの哲学者。1762年，ドレスデン近郊のランメナウで紐織業者の家庭に生まれる。貴族の援助を得てプフォルタ学院で学び，1780年に▶イエーナ大学神学部に入学。翌年，ライプツィヒ大学へ移り，法学と哲学を学ぶ。貧困な生活の中で家庭教師の職につき，1790年からカント哲学の研究を始める。1794年にイエーナ大学教授となり，94〜95年に『全知識学の基礎』を公刊。1798年に「無神論論争」によりイエーナ大学から退去せざるを得なくなり，ベルリンへ移る。1805年にエルランゲン大学教授，1806年にケーニヒスベルク大学教授。ナポレオン戦争によるハレ大学の閉鎖などにより，ベルリンに新しい大学を創設する動きが生じ，1806年に『ベルリンに創設予定の高等教育施設の演繹的計画』を完成。1807年から翌年にかけて，ベルリンのアカデミーで「ドイツ国民に告ぐ」の講演。「計画」が採用されることはなかったが，1810年にベルリン大学（現，▶ベルリン・フンボルト大学）が開設されると哲学部長となり，翌年，選挙による初代学長となった。

長島　啓記

フィランソロピー
philanthropy

ギリシア語では人類愛を意味するが，大学との関連では篤志家や財団等による寄付，とくに19世紀最後の4半世紀のアメリカ合衆国で大学新設に向けて巨額を寄付した富豪の行為を指す場合が多い。急激な産業発展による富の蓄積と，科学の発展こそ人類の幸福を確約するという信仰が結合し，ジョンズ・ホプキンズ，リランド・スタンフォード，ジョン・ロックフェラー（シカゴ大学）等が大学を一挙に新設できる巨額を寄付した。寄付行為の一部はその後カーネギー財団等の組織へ移管され，今日も大学への影響力をもつ。しかし，今や大学の膨大な収入に占める寄付の割合は数パーセントで，▶授業料や連邦政府補助金，基金運用益，州の支出金（州立大学）等に及ばない。過去の半世紀，州立研究大学の収入に占める州支出金の割合は大幅に減少し，ミシガン大学では現在授業料の36％に対して，8％に満たない。にもかかわらず，州立大学もフィランソロピーへの期待を高めるばかりである。

立川　明

→寄付金，カーネギー財団／カーネギー分類，州立大学の私学化

フィリピン大学 [フィリピン] ╎ フィリピンだいがく
University of the Philippines: UP

フィリピンの国立大学。1908年に大学法によって

設立された。ディリマン校，マニラ校，ロスバニョス校，ヴィサヤ校，ミンダナオ校，バギオ校，セブ校の7校と一つのオープン・ユニバーシティをもつ。教育理念は「国家を形成する知性を育てる(shaping minds that shape the nation)」。フィリピンにおける旗艦大学であり，これまで7人の大統領を筆頭に多くの最高裁判事，医者，弁護士等を輩出している。学生は国民の学者(scholar of the nation)と呼ばれている。教育研究に対する競争的資金を国内で最も多く獲得しており，2015/16年のQS社の大学ランキングではアジア70位。入学は難関で，入試倍率は5倍を超える。入学試験は，UPCAT(University of the Philippines College Admission Test)と呼ばれる大学独自の試験と高校の成績によって判定される。国立大学であるため授業料は低く抑えられており，家庭の収入によって授業料が減額される措置もある。2011年の学生数は学部学生4万1991人，大学院学生1万414人。

中井　俊樹

フィールドワーク
field work

［フィールドワークとは］

今日フィールドワークという語は，人文社会科学や自然科学の別を問わず，各学術領域において多様な定義がなされており，一概に把握することは難しい。一方で，これらの複数の領域にまたがる共通した感覚も存在している。すなわち，野(＝フィールド)における研究というニュアンスであり，書斎や図書館・公文書館，あるいは実験室などにおける屋内での研究と対比される，野外における学問的な営為を包括的に表している。

　フィールドワークの方法論を類型化するならば，まず人文社会科学系と自然科学系の二つに分けられる。後者においては，地質学や動物・植物学などにおいてみられるように，野外における現場観察や観測，各分野の方法論に基づいた調査法の実施という意味合いが強く，「野外科学」という語が当てはめられることもある。広義の科学が自然哲学(Natural philosophy)と博物学(Natural history)に大別された19世紀には，後者にとってフィールドワークを通しての標本の収集とその分類は，決定的に重要な手続きであった。

　人文社会科学系では，現地を訪れて行う社会調査という意味合いが強く，その調査法は関与型と非関与型に大きく分類できる。関与型は，いわゆる人類学的もしくは民族誌的な方法論を指し，現地社会の活動に参加したり，直接参加しないまでも密着取材を行うなど，現地の人々に何らかの関わりを持ったりするものである。一方，非関与型は，現地の人々とは直接的な関係を持たず観察を行うタイプ(現場観察)や，アンケートの配布や質問リストなどを用いた構造的なインタビューのような

サーベイ調査が含まれる(佐藤 1992年)。

　本項目では，とくに近年その重要性が主張され，大学のカリキュラムに組み込まれてきた人文社会科学分野におけるフィールドワーク教育，とりわけ関与型の社会調査実習に焦点を絞る。

［人類学と社会調査］

狭義のフィールドワークは，文化人類学がその核として構築してきた方法論である。イギリスの人類学者マリノフスキーによる『西太平洋の遠洋航海者』(1922年)がその端緒となり，長期間の参与観察を通じて民族誌(エスノグラフィー)を作成するという研究の型が形成されていった。現地社会に長期間身を置き，現地の言語を習得し，人々との交流を通じて親愛(ラポール)関係を構築しながら，人々の生きる世界を「内から」理解するというこの方法論は，基本的には研究者が単独で行うものとして構築されてきた。一方で，社会学や民俗学，人文地理学などにおけるフィールドワークは短期的(数日から数週間)なものも多く，かつ現場でのデータ収集に関しても人類学ほどに濃密な人間関係が必要とされないため，大学教育のカリキュラムにおける社会調査として適応可能なものとみなされてきた。人類学教育においても，後者に近い短期的な社会調査実習の方法が模索されてきている。

［大学での学習］

社会調査実習が大学教育で重視されるようになったことは，2008年に社会調査協会が設立され，社会調査士の資格認定に沿ったカリキュラムが多くの大学で採用されていることからも理解できる。近年のこの動きは，知識・技術・文献講読力などの習得から得られる教育的効果に並び，実際に現場で経験を積み重ね，自ら課題を見つけ，自ら情報を収集し，自ら問題解決に向けた方法を探し出すという，主体的で創造的な能力を伸ばす教育のあり方に着目が集まっていることと連動している。このような能動的な学習形態は，いわゆる▶アクティブ・ラーニングやPBL(Project-based Learning，課題解決型学習)教育の一つの潮流として捉えることができ，総合的で主体的な学習環境の構築が急務とされてきた。

［フィールドワークと地域貢献］

また，近年の「大学の地域連携・地域貢献」への期待が高まるなか，フィールドワーク教育のもたらす地域へのさまざまな効果が注目されてきた。地域社会にみられる多様な資源や文化事象に関する聞き取り・資料収集・記録・分析などを行う関与型のフィールドワークでは，地域住民も調査過程に大きく関与することになる。このことは，住民が自らの生活世界を客体化する契機を得るとともに，外部からやってくる他者との接触から生まれる刺激が精神的な活性化に結びつくことや，調査結果を応用することによる新たな地域開発の可能性にもつながる。また，継続的な大学の関与により，さまざまな

立場を持ちうる住民の横断的な関係性が生み出されることになり，公共性が形成されるという側面もあるだろう。こうしたつながりの中から，次世代の地域社会の担い手が育成されていくという状況も期待されている。

[フィールドワーク教育の課題]
このようにフィールドワークは，大学における新たな教育的効果や，地域貢献などのプラスの面が強調される傾向にあるが，一方でその方法論や具体的な成果，社会還元に対する議論が蓄積されてきたとは言い難い。フィールドワーク教育はそれぞれの分野で，個別の教員の裁量に任されていることが多く，かつその経験が共有されてこなかった。また，「調査被害」という言葉で示されるように，調査者と現地住民の間で生じるさまざまな軋轢や負の影響への対策や解決策も議論されるべき重要項目だろう。フィールドワークとは見知らぬ他者との間で構築されていく関係そのものが，調査者と被調査者の双方の「学び」の過程となることがその骨子である以上，関係構築に関する方法論や事後処理における，ある程度共有すべき調査倫理が構築されることが望まれる。　　　　　　　　　　小西 公大

→大学と研究(テーマ編)，実験，社会貢献，地域振興，社会開発支援
◎佐藤郁哉『フィールドワーク─書を持って街へ出よう』新曜社，1992.

フィレンツェ大学 [イタリア] |フィレンツェだいがく
Università degli Studi di Firenze

フィレンツェにある国立総合大学。1321年に▶ボローニャ大学の一部が移動して成立し，同年にフィレンツェ共和国が設立を発布したが，恒常的に設立されたのは1348年以降。1349年の教皇教書で学位授与権を獲得したのち，皇帝カール4世が1364年に皇帝立大学と宣言し，1516年にはレオ10世によって付加的特権が授与された。ボッカチオがダンテの『神曲』を講義したこともあったが，大学を維持した共和国の状況によって繁栄と不運の多彩な変遷をたどった。コジモ1世は，トスカナ大公国に併合されて間もないピサに愛着を持ち，▶ピサ大学の拡大を積極的に推進し，ロレンツォ・デ・メディチの指示によって結果的にピサ大学に吸収された。ただその後も，多数の教師がフィレンツェに留まったとされる。イタリア統一以後に高等教育機関として再生し，1924年に大学に昇格して，11学部を持った。2013年には従来の12学部を10のスクオーラに再編した。教育研究活動のみならず活発な文化活動でも知られ，21図書館と6博物館を持つ。2011年には10スクオーラ，24学科，正教授561人，准教授630人，研究員629人，2015/16年の登録学生数約5万1000人。
　　　　　　　　　　　　　　　　　　児玉 善仁

フェニックス大学 [アメリカ] |フェニックスだいがく
University of Phoenix

1976年に実業家のジョン・スパーリング(John Glen Sperling, 1921-2014)が創設した全米で最大規模の営利大学。本部はアリゾナ州フェニックスにあり，経営母体はナスダックに上場しているアポロ・グループである。フェニックス大学成長の要因は，大きく2点に集約される。第1は伝統的な大学とは異なり，社会人学生にターゲットを定めている点である。社会人学生に対応するため，社会で雇用ニーズが高い分野を中心にコースを設置したり，修学の利便性を考慮し100以上のブランチ・キャンパスやオンライン教育を提供したりしている。第2は徹底した効率経営を追求している点である。9割以上の教員をパートタイムの▶実務家教員によって構成し，キャンパス内に学生寮やグラウンド，図書館といった施設を持たないなどにより大幅なコスト削減を実現している。しかし21世紀に入ってからは教育の質と卒業率の低さ，さらには教育ローンによる負債者の増加等への批判や訴訟が頻発するようになった。その結果，2016年度の学生数は2000年のピーク時の60万から14万余と4分の1に激減し，それに伴いキャンパスの閉鎖やスタッフの解雇が進行し，一転して後退局面を迎えている。
　　　　　　　　　　　　　　　　　　古賀 暁彦

→営利目的の大学

ブエノスアイレス大学 [アルゼンチン]
ブエノスアイレスだいがく
Universidad de Buenos Aires [西]

アルゼンチン最大かつ最も権威のある大学。ブエノスアイレスには植民地期に大学がなかったが，1821年にブエノスアイレス州知事等によって創設された。1880年にブエノスアイレス市が連邦直轄の首都となった際に，国立大学となった。学費無償の伝統を持ち，入学試験はないが，1985年よりそれぞれの専門に対応する第1年目の共通基礎サイクルを合格してのち，ファカルティ(大学院レベルを含む)へ進学するシステムとなっている。三つの付属中等学校，共通基礎サイクル，ファカルティ13などからなる。2011年には基礎サイクル6万7445人，学部レベル学生26万2932人(経済学部が最大で3万6377人，続いて建築・設計・都市学部2万5748人，医学部2万4198人)，大学院学生1万4441人が在籍(約6割が女性)。教授4人がノーベル賞受賞者となった。
　　　　　　　　　　　　　　　　　　米村 明夫

フェラーラ大学 [イタリア] |フェラーラだいがく
Università degli Studi di Ferrara

イタリア北部のフェラーラにある国立総合大学。

1391年にエステ家のアルベルト5世の働きかけで，教皇ボニファキウス8世が通常の特権とすべての学位を授与する資格を市の司教に授与して正式に成立。1264年の都市規約に「学生大学」の存在の記載もある。1430年にはボローニャから一部の教師・学生が移住。15～16世紀にはルネサンス文化の中心の一つとなった町の大学として学問的重要性を獲得し，あらゆる▶国民団の学生によって隆盛した。ことに，1503年にはコペルニクスがカノン法の学位を取得し，パラケルススも医学の学位を取得したことで著名。1797年にはヨーロッパ最初の憲法講座が設置された。ナポレオン支配下の1803年に，学位授与権を喪失。イタリア統一以後に自由大学として再生され，現在は国立大学として12学科，ほかに2スクオーラ，登録学生数約1万5000人（2015/16年）。

児玉 善仁

フェリス女学院大学 [私立] ｜フェリスじょがくいんだいがく
Ferris University

1965年（昭和40）に開設。1870年（明治3）に改革派宣教師メアリー・E. キダーが，日本初のキリスト教精神による女子教育機関として，ヘボン施療所で授業を行ったことに端を発する。建学の精神は「キリスト教の信仰に基づく女子教育」であり，教育理念は「For Others」である。これは他者のために，他者の存在をも考慮して，他者のために行動することを意味する。2017年（平成29）現在，神奈川県横浜市に2キャンパスを構え，3学部6学科に2546人の学士課程学生が在籍する。2020年に学院創立150周年を迎えるにあたり，グランドデザインFerris Univ. 2020を策定した。これには育成すべき人材像を「新しい時代を切り拓く女性」として，建学の精神と教育理念のさらなる明確化・具体化，リベラルアーツによる「21世紀の教養」の醸成，専門教育カリキュラムの21世紀化が掲げられている。

戸村 理

▶ キリスト教系大学

フェローシップ
fellowship

アングロ・サクソンの国の大学での構成員資格や，特定の種類の▶奨学金を示す言葉。イギリスとアメリカ合衆国で等しく大学院生・若手研究者向けの奨学金制度を意味する場合があるが，中世以来，自治団体（universitas）の伝統を保持してきたイギリスのオックスブリッジでは，特徴的には大学という団体構成員資格と同意義で，教員もフェローの間から任用されてきた。対して，当初から外部組織に管理され，自治団体の性格が弱かったアメリカの大学では，教員は団体への加入者というより，被雇用者（雇われ教師）であった。その結果，フェロー

シップはとくに優秀な大学院生への給付奨学金の制度の意味が強まった。博士号を取得した研究員（▶ポストドクター）の制度も短期の契約であり，教授団への参入というよりは，高度な研究補助活動への対価としての奨学金の色彩が強い。

立川 明

［イギリス］
イギリスのカレッジや大学のシニア・メンバーの地位。主として上級学位の取得を目指し勉学する貧困学徒が食事や礼拝を共にする共同体がカレッジであるが，その基本財産によって維持される成員の地位。オックスフォード，ケンブリッジ両大学のカレッジでは創設者により寄付された基本財産に応じて，一定数のフェローやスカラーの枠を定め，フェローは小麦相場の変動に応じて基金から一定額の支給を受けた。フェローの中から学寮長や学監（dean），▶チューターなどの役職者が選ばれ，カレッジの運営にあたった。一般にフェローは聖職につき，かつ独身でなければならず，特定地域出身者に限定されるなどその選出にはさまざまな制約が課された。18世紀にはフェローシップの大多数は国教会聖職者の保持するところとなり，カレッジに在住するフェローは減少し，勉学の機会を提供するというよりも国教会における昇進の一段階とみなされるようになった。19世紀大学改革においてこれらの制約は段階的に廃止された。

中村 勝美

［アメリカ合衆国］
アメリカの大学で何らかの経費の支給を受けて，おもに研究活動に参加する場合に得る地位を表す。博士号取得後の研究者が得る場合，大学院生が得る場合，そして学士課程学生が得る場合の3通りがある。最も多いのが博士号取得後に大学で研究活動に参加する場合に与えられるもので，これを「postdoctoral research fellowship」（博士後研究員制度）と呼び，この地位にある研究者を一般に「post-doctoral research fellow」と呼ぶ。この地位の給付の仕方は大別して二つあり，一つは大学の持つ経費（通常，研究室を主宰する教員の研究費）から支払われる場合であり，もう一つは▶全米科学財団（NSF）や▶国立衛生研究所（NIH）など研究を支援する財団から，研究者の応募と財団による選抜を経て支給される場合である。財団によるフェローシップを得ることは名誉なことであり，一般に研究経歴の上で評価がより高くなる。同様に大学院生の場合も，財団等から支援を受ける場合と大学の基金から支援を受ける場合がある。これらはいずれも競争的な経費として選ばれた大学院生に与えられ，一般に「graduate fellowship」（大学院特別奨学生制度）と呼ぶが，博士号取得前に受けるフェローシップなので「predoctoral fellowship」（博士前特別奨学生制度）と呼ぶこともある。学士課程の学生の場合も所属大学や財団などによる研究に参加するためのフェローシップがある。

赤羽 良一

→博士研究員，特別研究員制度，GRE，学寮，チュートリアル，財団と大学

◎Petrik, John F., *Academic Opportunities*, Graduate Group, 1997.
◎ヴィヴィアン・H.H. グリーン著，安原義仁，成定薫訳『イギリスの大学』法政大学出版局，1994.
◎阿曽沼明裕『アメリカ研究大学の大学院』名古屋大学出版会，2014.

フオーリ・コルソ
fuori corso [伊]

イタリアで，正規に定められた課程を修了しない学生のことを指す。南欧諸国ではこの学生数の多さがかねてより問題となってきたが，これを単純に脱落者と捉えるのは正確ではない。元来，ヨーロッパの他の諸国と同様に，大学で一定期間学び必ずしも学位を取得しないという伝統的な大学教育観が存在した。そのため，歴史的にみても登録者数に対して学位取得者数は少なかった。日本のように，特定の大学に「入学」して「卒業」するという観念は弱く，自ら選んだ大学に「登録」して必要な科目を学んで，望めば修了してラウレア（学位）を取得する。「卒業」するのではなく，学位を取得するのであり，望まなければ特定科目の履修で終わる。このような科目履修者と中途退学者を区別するのは，統計上困難である。　　　　　　　　　児玉 善仁

→退学，卒業

フォール法 →エドガール・フォール法

ブカレスト大学 [ルーマニア] | ブカレストだいがく
Bucharest University; Universitatea din Bucureşti [ルーマニア語]

首都ブカレストにあるルーマニア最大の国立総合大学。1694年にワラキヤ公コンスタンティン・ブルンコヴェアヌによって設立された聖サヴァ学院を，1864年ルーマニア公アレクサンドル・ヨアン・クザが大学として改編した。第1次世界大戦で一時閉鎖されるが，戦後，社会主義圏内に入り，ソ連モデルの大学に改編された。1956年以後のスターリン批判では学生たちの抗議活動が続いた。チャウシェスク独裁体制で自由を失ったが，1989年のルーマニア革命では反チャウシェスク独裁体制打倒の中心となった。体制転換後，ヨーロッパを志向し，▶ボローニャ・プロセスを積極的に推進し，2012年のヨーロッパ高等教育担当大臣会議では教育の質の向上や流動性の強化などで積極的な役割を果たした。2016年現在22学部，学生数は約3万人。
　　　　　　　　　加藤 一夫

福井医療大学 [私立] | ふくいいりょうだいがく
Fukui Health Science University

2006年（平成18）設立の福井医療短期大学が直接の前身であり，2017年に4年制の福井医療大学へと改組した。その起源は1971年（昭和46）設立の福井高等看護学院（1976年福井医療技術専門学校に変更）にさかのぼる。建学の精神に「多様なリハビリテーション学・看護学を身につけた専門職の育成」を掲げており，「幅広い専門知識と技術に裏打ちされた問題解決能力」に加え，「仁の心」を持ち，「地域住民の健康づくり」に貢献する人材の輩出をめざす。2017年現在，福井県福井市にキャンパスを構え，保健医療学部リハビリテーション学科・看護学科に176人の学士課程学生が在籍する（ほかに短期大学生が400人在籍）。学びの場と医療現場とが直結しており，新田塚医療福祉センターには総合病院や介護老人保健および福祉施設，保育園などが連ね，各施設で実践的研修が行われている。
　　　　　　　　　戸村 理

福井県立大学 [公立] | ふくいけんりつだいがく
Fukui Prefectural University

1992年（平成4）経済学部・生物資源学部の2学部で福井県吉田郡永平寺町に開学。1996年に大学院修士課程，98年に大学院博士課程を設置，99年に同大学看護短期大学部を母体に看護福祉学部を開設。2009年には小浜市に海洋生物資源学部を開設し，現在は，経済学部，生物資源学部，海洋生物資源学部，看護福祉学部の4学部と，大学院3研究科からなる総合大学に発展。ほかに小浜市とあわら市に研究所を置くなど，県全域を「キャンパス」として地域と連携している。大学の基本理念の中では「地域社会と連携した開かれた大学」をうたい，公開講座などを積極的に実施。また2001年に地域経済研究所を開設，2013年に恐竜学研究所を開設するなど，地域の特色を最大限に生かした研究を推進している。2017年現在1800人の学生が在籍。
　　　　　　　　　和崎 光太郎

福井工業大学 [私立] | ふくいこうぎょうだいがく
Fukui University of Technology

1949年（昭和24）創立の北陸電気学校を母体とし，65年に電気工学科・機械工学科の2学科で開学。福井県福井市に立地。開学以降，学科・専攻の開設と再編を続けることで大学の規模を継続的に拡大。2015年（平成27）の開学50周年を機に，環境情報学部，スポーツ健康科学部，工学部の3学部8学科に再編し，文系学生や女子学生に積極的に門戸を開いている。大学院は応用理工学専攻と社会システム学専攻があり，それぞれ博士前期課

程と博士後期課程がある。建学の精神の冒頭で
「悠久なる日本民族の歴史と伝統とに根ざした愛
国心を培い」とうたい，教育方針の冒頭には「日本
人としての誇りと自覚をもって，人間性の尊厳に根
ざした豊かな教養を培い」とあり，単なる工業技術
の伝授ではなく人間性をはぐくむ教育がめざされて
いる。2017年現在2367人の学生が在籍。

和崎 光太郎

福井大学[国立]｜ふくいだいがく
University of Fukui

1873年（明治6）創立の福井師範学校，1938年（昭
和13）の福井青年師範学校，および23年（大正12）
創立の福井工業専門学校を基に49年に学芸学
部・工学部の2学部で発足。この時以来現在まで
本部を福井県福井市に置く。2003年（平成15）には
1978年創立の福井医科大学と統合，さらに2016
年には国際地域学部を創設し，現在は教育学部・
工学部・医学部（元医科大学）・国際地域学部の4学
部からなる。まだ卒業生を輩出していない国際地
域学部を除く各学部は大学院修士課程（または博士
前期課程）を持ち，博士課程（博士後期課程）は工学
研究科・医学系研究科を擁する。ほかに連合小児
発達学研究科という▶連合大学院の福井校を設置
する。総合大学として学術界に貢献するのに加え，
特色ある教育に力を入れており，高い就職率と，
就職後の低い離職率を誇る。2016年現在5077人
の学生が在籍。

和崎 光太郎

福岡看護大学[私立]｜ふくおかかんごだいがく
Fukuoka Nursing College

2017年（平成29）に開学。建学の精神は「教育基本
法及び学校教育法に基づき，看護学に関する専門
の学術を教授研究し，教養と良識を備えた有能な
看護専門職を育成することを目的とし，社会福祉
に貢献するとともに，看護学の進展に寄与すること
を使命とする」である。2017年現在，福岡県福岡
市にキャンパスを構え，看護学部に119人の学士
課程学生が在籍する。教育理念にはwell-beingを
掲げ，「一人ひとりの尊厳を保ち，その人らしい最
適な暮らしを支える看護専門職」の育成がめざされ
ている。母体である学校法人福岡学園は，福岡歯
科大学や同医科歯科総合病院，同口腔医療セン
ターのほか，福岡医療短期大学，介護老人保健施
設や特別養護老人ホームを擁しており，福岡看護
大学では在宅看護や口腔ケアを学び，チーム医療
で必須な看護実践能力の育成に努めている。

戸村 理

福岡教育大学[国立]｜ふくおかきょういくだいがく
University of Teacher Education Fukuoka

1949年（昭和24）国立学校設置法により福岡学芸大
学が福岡第一師範学校・福岡第二師範学校・福岡
青年師範学校を包括し，新制大学として発足し
た。1966年に福岡教育大学に改称。本部および
本校を福岡県宗像郡宗像町赤間に移転。2004年
（平成16）に国立大学法人福岡教育大学発足。学
術の中心として深く専門の学芸を研究教授すると
ともに，広く知識技能を開発し，豊かな教養を与
え，もって有為な教育者を養成し，文化の進展に
寄与することを目的とする。また東アジア諸国をは
じめ，世界の教育機関との教育・学術交流を通して
国際化を図る。卒業生の半数以上が教員になって
いる。2016年現在2755人の学生が在籍。　船勢 肇

福岡県立大学[公立]｜ふくおかけんりつだいがく
Fukuoka Prefectural University

人間社会学部・看護学部の2学部と大学院2研究
科を擁する公立福祉系総合大学。1945年（昭和
20）福岡県立保健婦学校設置。1967年福岡県立
保母養成所を発展的に解消し福岡県社会保育短
期大学（保育科，社会福祉科）を開学。1992年（平成
4）福岡県立大学開学。2006年公立大学法人に移
行。e-ラーニングを導入し「教員と学生の距離が
近い」教育環境を整備。両学部の連携により融合
教育プログラムを充実させている。卒業後には社
会福祉士，精神保健福祉士，看護師，保健師，臨
床心理士，社会調査士，養護教諭，高校・中学・
幼稚園教諭，保育士，公務員などとして社会で活
躍するリーダーの育成をめざしている。2016年現
在1788人の学生が在籍。　船勢 肇

福岡工業大学[私立]｜ふくおかこうぎょうだいがく
Fukuoka Institute of Technology

1954年（昭和29）福岡高等無線電信学校の創設を
起源とし，60年福岡電子工業短期大学を開設，
63年福岡電波学園電子工業大学工学部を開設，
66年大学の名称を福岡工業大学に変更，また短
期大学の名称を福岡工業短期大学に変更（2002年
さらに福岡工業大学短期大学部に変更）。建学の綱領
は「学徒の品性を陶冶し真の国民としての教養を
啓培する」「宇宙の真理を探求しこれを実生活に応
用して社会に貢献する」「人類至高の精神，自由平
和信愛を基調として世界に雄飛する人材を育成す
る」。福岡県福岡市東区和白東のキャンパスに工
学部・情報工学部・社会環境学部が置かれ，2017
年（平成29）現在4299人の学生が在籍。就職先は
関東が40％以上，九州が40％以上（福岡県内が
30％以上）。　船勢 肇

福岡国際大学 [私立]｜ふくおかこくさいだいがく
Fukuoka International University

1903年(明治36)私立豫修館開設を起源とし，07年私立九州高等女学校設立，66年(昭和41)九州学園福岡女子短期大学開設，72年同大学を福岡女子短期大学に名称変更，98年(平成10)福岡国際大学を開設。建学の精神に「強く，正しく，優しく」を掲げ，国際化社会に応じた大学として設置された。国際コミュニケーション学部国際コミュニケーション学科に現代英語コース・アジア言語文化コース・国際社会コース・ビジネス経済コースがある。福岡県太宰府市五条にキャンパスを構え，2016年現在147人の学生が在籍。語学力と情報処理能力を重視。プレゼミナールは15人程度，語学クラスは20人程度とするなどの少人数教育を実施している。　　　　　　　　　　　　　船勢 肇

福岡歯科大学 [私立]｜ふくおかしかだいがく
Fukuoka Dental College

1973年(昭和48)開学。西日本唯一の私立歯科大学。教育目標は「教養・良識および国際感覚を備えた優秀な歯科医師を育成し，社会福祉に貢献するとともに，歯科医学の進展に寄与すること」。「6年間一貫教育」を導入，教養科目・専門基礎科目・専門科目・臨床実習によるカリキュラムを編成する。大学附属の医科歯科総合病院で臨床実習を行うが，歯科だけでなく，医科(内科，外科，麻酔科，耳鼻咽喉科，形成外科，心療内科，眼科，小児科，整形外科・リハビリテーション科，皮膚科)，診療科も配置されている。キャンパス内には二つの介護施設があり，教育実習も行われる。福岡市早良区田村のキャンパスに口腔歯学部口腔歯学科が設けられ，2016年(平成28)現在638人の学生が在籍。　　　船勢 肇

福岡女学院看護大学 [私立]
ふくおかじょがくいんかんごだいがく
Fukuoka Jo Gakuin Nursing University

1885年(明治18)英和女学校創立を起源とし，1912年(大正1)福岡英和女学校と改称，17年私立福岡女学校と改称，64年(昭和39)福岡女学院短期大学開設，90年(平成2)福岡女学院大学開設，2008年国立病院機構福岡東医療センターと連携して看護大学を設置。教育理念は，キリスト教精神に基づき，人間の尊厳，倫理観を備えたヒューマンケアリング教育をめざすこと。福岡東医療センターと同じ敷地にあり，国立病院機構との連携で充実した実習量と質の高い実習を実現する体制が用意されている。また「ヒューマンケアリング」を実践できる看護職者を育成することを目的としたカリキュラムを編成し，徹底した人間愛の教育と実践を支える

高度な看護学・医学の知識・技能習得をめざしている。福岡県古賀市にキャンパスを構え，2016年現在456人の学生が在籍。　　　　　　船勢 肇

福岡女学院大学 [私立]｜ふくおかじょがくいんだいがく
Fukuoka Jo Gakuin University

1885年(明治18)英和女学校創立を起源とし，1912年(大正1)福岡英和女学校と改称，17年私立福岡女学校と改称，64年(昭和39)福岡女学院短期大学開設，90年(平成2)福岡女学院大学開設。建学の精神には「キリスト教に基づく福岡女学院創立の精神に則り，神を畏れ奉仕に生きるよき社会人としての女性を育成する」とある。キリスト教主義教育・伝統と格式・英語教育・少人数教育が学びの特徴。とくに少人数教育については，全学部1クラスの人数は20人前後が基本で，各教員がアドバイザーとして各クラスを担任している。福岡県福岡市南区曰佐のキャンパスに人文学部・人間関係学部・国際キャリア学部が置かれ，2017年現在2409人の学生が在籍。　　　　　　　　　　　船勢 肇

福岡女子大学 [公立]｜ふくおかじょしだいがく
Fukuoka Women's University

1923年(大正12)国内初の公立女子専門学校として開校された福岡県立女子専門学校が前身。1950年(昭和25)に4年制の福岡女子大学として開学し，2006年(平成18)公立大学法人となる。2011年に国際文理学部1学部に改組，国際教養学科，環境科学科，食・健康学科を設置した。2015年人文社会科学・人間環境科学の2研究科を設置。建学の精神は「次代の女性リーダーを育成」である。初年次の1年間は，「国際学友寮 なでしこ」での全寮制教育を実施し，同級生や留学生と生活をともにする。また少人数制の演習形式の講義が入学直後から行われる。2016年5月現在の学部学生1030人，大学院生43人。　　　　　船勢 肇

福岡大学 [私立]｜ふくおかだいがく
Fukuoka University

福岡市にある。1934年(昭和9)創立の福岡高等商業学校が前身。1944年戦時非常措置に基づく学校統合により福岡高等商業学校と九州専門学校が合併して九州経済専門学校が発足し，46年福岡経済専門学校に改称。1949年福岡経済専門学校と福岡外事専門学校が合併し，福岡商科大学が開学。1956年法経学部を増設するのにともない，福岡大学に改称された。建学の精神として「思想堅実」「穏健中正」「質実剛健」「積極進取」を掲げる。2016年(平成28)5月現在，人文学部・法学部・経済学部・商学部・商学部第二部・理学部・

764　　ふくおかこ　　　　　　　　　　　　　　　　　　　　　　　　大学事典

工学部・医学部・薬学部・スポーツ科学部の9学部31学科で学生数1万9524人，大学院は10研究科で大学院生は582人。キャンパスは城南区七隈にまとまっている。
船勢 肇

復学／再入学|ふくがく／さいにゅうがく
re-enrollment／readmission

▶除籍になっていない状態で，大学での学業を一時中断(休学)した学生が大学に復帰することを復学という。復帰先は在籍する学部・学科に限られる。退学や在籍可能年限超過，授業料未納等の事由によりいったん除籍(▶退学)となった者が，再び同じ大学へ復帰するケースについては，多くの場合，復学と区別して再入学と呼ばれる。ただし，このケースも含めて復学と定義する大学も存在し，この区別は▶学則上の定義によって異なる。再入学が認められるのは，除籍後一定の期間内に限られる場合が多いものの，近年は制限を撤廃する大学も見られ柔軟になっている。アメリカ合衆国では，多くの学生が学費と生活費を稼ぎながら大学に通うが，授業の厳しさなどから卒業に4年以上かかる場合が多い。高額の学費負担と財政難を背景に中途退学者が増加しており，大学側は他大学を中途退学した者も受け入れたり，ほぼ無試験での復学・再入学を認めるなど，支援に力を入れるようになっている。
齋藤 千尋

福沢諭吉|ふくざわゆきち
1834-1901(天保5-明治34)

豊前中津藩士の家に生まれ，長崎で蘭学を学び，大坂で緒方洪庵の適塾に入門。1858年(安政5)藩命により江戸に蘭学塾(のちの慶應義塾)を開設。英学を独学し，1860年(万延1)咸臨丸で渡米。幕府遣外使節に随行し，欧米を視察して著した西洋文明の紹介書『西洋事情』は広く読まれた。幕府の翻訳方を務めるも，明治維新後は官職を固辞し，在野で人材育成と国民の啓蒙活動に専心する。1868年(明治1)英学教授に転換した塾を独立させ，慶應義塾(▶慶應義塾大学の前身)と命名。日本で初めて授業料制を導入した。上野戦争の際も講義を続け，随一の英学校として名を馳せ，初期の門下生は教師として活躍し，後年実業家を輩出した。知的側面の開発をとくに重視し，「天は人の上に人を造らず」に始まる『学問のすゝめ』では，封建制度を打破し，国民各自が実学を志して独立自尊を図ることが一国の独立になると説き，時の教育政策に採用されベストセラーになる。明六社の同人，新聞『時事新報』の創刊など文明開化に多大な貢献をし，女子教育や家庭教育の重要性も主張した。しかし，その自由主義，民主主義への評価が高い一方，政治への妥協や天皇制に対する見解では評価が分かれる。
杉谷 祐美子

福島学院大学[私立]|ふくしまがくいんだいがく
Fukushima College

1941年(昭和16)に菅野慶助・八千代により，洋裁教育を通じた婦人の教養および社会的地位向上を目的に設置された福島高等洋裁学院に端を発する。1966年福島短期大学が開学，2000年(平成12)に男女共学となり，2003年に福島学院大学が開学した。学是である建学の精神は「真心こそすべてのすべて」であり，これは創立者の信念に則るものである。教育理念は，「感銘と感動を与え，知的好奇心を喚起する授業の実施を目指すと共に，自らの人生を創造的に生きようとする学生を受け入れ，支援する」である。2016年現在，福島県の宮代と福島駅前にキャンパスを構え，福祉学部に264人の学士課程学生が在籍する。建学の精神に基づいた基礎教育を行うほか，オリジナリティ教育として，語学教育と種目選択制体育を設定して，魅力的な教育を行っている。
戸村 理

福島県立医科大学[公立]|ふくしまけんりついかだいがく
Fukushima Medical University

福島県福島市にある。1944年(昭和19)の福島県立女子医学専門学校の創設が始まりで，50年医科大学(旧制)学部が置かれた。1998年(平成10)看護学部(看護学科)を設置。理念は「ひとのいのちを尊び倫理性豊かな医療人を教育・育成する」「最新かつ高度な医学および看護学を研究・創造する」「県民の基幹施設として，全人的・統合的な医療を提供する」の3点である。医療人育成・支援センター，医療研究推進センターなどのほか，学部や病院によらない組織に「ふくしま国際医療科学センター」「ふくしま子ども・女性医療支援センター」「臨床研究イノベーションセンター」がある。2016年現在の学部生1100人，大学院生206人。
蝶 慎一

福島大学[国立]|ふくしまだいがく
Fukushima University

1949年(昭和24)福島師範学校，福島青年師範学校，福島経済専門学校を包括して開学された。「自由・自治・自立の精神の尊重」「教育重視の人材育成大学」「文理融合の教育・研究の推進」「グローバルに考え地域とともに歩む」の四つの理念のもと，教育組織と研究組織を分離した「学群・学類・学系制」を導入し，教育，研究が行われている。2016年(平成28)現在，2学群・4学類，4研究科からなり，学生数は4491人。東日本大震災の復興を支援する中核的大学として，2011年4月に「福島大学うつくしまふくしま未来支援センター」を創設

し，また「福島大学環境放射能研究所」とともに大学一丸となった多様な活動を展開している。「南相馬地域支援サテライト」「いわき・双葉地域支援サテライト」が設置され，被災地に根ざした復興の拠点となっている。「大学と地域の英知を結集してふくしま復興を！」としてますます積極的な取組みが進められている。

蝶 慎一

▶学系／学群

副手|ふくしゅ
assistant

副手は，第2次世界大戦前においては，▶助手と同じ職務を行う者としておもに学部卒業者から採用された者である。たとえば東京帝国大学では，「副手ノ職務ハ助手ニ同シ」「副手ハ無給トス」と規定していた。助手が官制で位置付けられた官吏であるのに対して，学内規程で設けられる副手は原則として無給で，その身分は非常勤の嘱託員であった。その制度は戦後も引き継がれたが，待遇の改善を求める教職員組合活動が続けられ，また国会でも副手が置かれた環境が劣悪であることが問題視されるなどした結果，一部の副手の有給化や無給副手制度の廃止が図られるなどした。副手は国が定める制度ではなく，かつての▶国立大学においても国の定員管理の対象外であって，その取扱いはさまざまであった。現在においても，助手の前段階あるいは教育研究支援職員等として副手が採用されている大学はあるが，その採用条件，身分，業務内容は多様である。

大場 淳

複数学位課程|ふくすうがくいかてい
joint-degree programs

代表的には，同一大学の二つの▶大学院を同時に修了するか，国の内外の二つの大学を同時に卒業し，二つの学位を取得する制度。アメリカ合衆国の法科やビジネス大学院は他分野の学位の同時取得を奨励するが，グローバル化の文脈ではおもに2国の大学に在籍し，二つの大学の学位を同時に取得する制度を指す。国民国家の解体の過程にある現代，学士課程は自国の伝統の教育を充実する一方，異文化の中で活躍しうる素地の徹底的な訓練を必要とする。2国の大学の教育内容・課程，卒業要件等を相互調整・編成した上で，学生の在籍年数をほぼ2分し，一貫した学修経験を提供する過程が解決策とされる。大学院では，外国の機関と共同して初めて達成可能な，高度な研究指導体制も構築しうる。2012年現在，100校前後の日本の大学・大学院がアジア・北米・ヨーロッパの諸大学と協力体制を組んでいるが，教育課程を「共同で編成・実施」する厳密なJoint-degree Programsは数件にとどまる。

立川 明

復旦大学|[中国]|ふくたんだいがく
Fudan University

震旦公学の教員と学生が独立して1905年に創設した復旦公学を前身とする。1917年に私立復旦大学となり，日中戦争が勃発すると37年に重慶に移転し，41年には国民政府行政院の認可を経て国立復旦大学となった。1946年夏には上海市で再開され，52年の院系調整を通じて，人文社会科学系と自然科学系の基礎科学を中心とする大学に再編成された。1959年には全国重点大学の一つに選ばれた。1984年には大学院組織である「研究生院」が設置されて，90年代には「211プロジェクト」および「985計画」の対象校に選ばれ，2000年には，1927年に設立された上海医科大学と合併して新たな復旦大学となるなど，世界一流の総合的研究大学をめざす取組みが進められている。2013年時点で大学直属の組織として18学院と10系が置かれ，そこに本科課程が70専攻開設されている。学生数は2015年時点で約2万8000人であり，大学院生が約1万5000人で半数を超える。専任教員は2542人。

南部 広孝

福知山公立大学|[公立]|ふくちやまこうりつだいがく
The University of Fukuchiyama

2016年(平成28)公立大学法人福知山公立大学により設置された単科大学(地域経営学部)。1871年(明治4)創設の愛花草舎を起源とし，山陰短期大学(1950年設置)，京都短期大学(1956年改称)，京都創成大学(2000年改組)を経て，2010年に成美大学と改称。2015年京都府福知山市議会が公立化を推進，16年より設置者を福知山市に変更し，公立化に移行。大学の基本理念は「市民の大学，地域のための大学，世界とともに歩む大学」であり，「地域に根ざし，世界を視野に活躍するグローカリスト(Glocalist)」の人材育成をめざす。世界(グローバル)を見つめる幅広い視野を持ち，地域(ローカル)に根を下ろし，地域で活躍できる人材を育成するため，フィールド研究重視の実践的教育システムを採用し，学生と教職員が地域に出向く「地域協働型教育研究」を展開している。学部を構成する2学科も，地域のマネジメントを実践的に学ぶ地域経営学科と，フィールドワークを活かして地域医療の担い手を育成する医療福祉経営学科で，それぞれ強い専門性をもって研究・実践している。福知山市のキャンパスに2017年現在267人の学生が在籍。地元京都府出身の入学生が開学の2016年度が約2割，翌17年度は約1割であり，全国各地から学生が集まっている。

堺 完＋和崎 光太郎

福山市立大学 [公立] | ふくやましりつだいがく
Fukuyama City University

2011年(平成23)広島県福山市港町に開学。教育学部と都市経営学部の2学部を有する。2015年には大学院教育学研究科と、都市経営学研究科を設置した。2016年現在、学生数1058人、大学院生17人、教員53人を擁する。「地域に開かれた教育研究拠点として、地域の文化の向上に貢献するとともに、国際化時代に相応しい地域社会の実現に貢献する」ことを大学の使命として掲げ、地域課題の解決や産業の活性化に向けた産官学連携事業、教員の資質向上のための事業、まちづくり・地域づくりへの参加と助言、地域住民のための生涯学習の機会提供、子育て支援活動や学校支援活動、地域の国際化の拠点としての機能発揮、キャンパス施設の市民開放など、地域のニーズに即したさまざまな社会貢献の取組みを推進している。

小濱 歩

福山大学 [私立] | ふくやまだいがく
Fukuyama University

1975年(昭和50)経済学部・工学部の2学部で広島県福山市に開学。2017年(平成29)現在、経済学部・工学部・薬学部・人間文化学部・生命工学部の5学部14学科、経済学研究科・人間科学研究科・工学研究科・薬学研究科の4研究科を置き、学部生3511人、大学院生54人、教員213人を擁する。2008年度より「福山大学教育システム」を推進。学部・学科ごとに知識・技能・態度にかかわる大目標を提示し、その達成に至る中・小目標を授業科目と関連づけてマップ化し、学生のスムーズかつ着実な学修を促す「目標設定型教育システム」を実施している。また2016年に経済学部国際経済学科で「トップ10カリキュラム」をスタート。成績優秀な学生に手厚い助成金をつけて海外に派遣するなど、グローバル人材育成の施策強化に乗り出した。

小濱 歩

福山平成大学 [私立] | ふくやまへいせいだいがく
Fukuyama Heisei University

学校法人福山大学によって、福山市など近隣市町村などとの公私協力方式で設立された。1994年(平成6)経営学部経営情報学科・経営法学科・経営福祉学科の1学部3学科で開学。2000年に大学院を開設。2016年現在、経営学部・福祉健康学部・看護学部の3学部、経営学研究科・スポーツ健康科学研究科・看護学研究科の3研究科、助産学専攻科を置く。広島県福山市のキャンパスに、学部生1198人、大学院生10人、専攻科生10人、教員87人を擁する。福山市を中心とした備後地域の発展に貢献する人材育成を第一の目的としており、在学生には地元出身者が多く、就職先も地元企業の割合が大きい。少人数教育と手厚い学修支援のもと、資格取得支援や地元企業との連携による体験教育を通して、地域に密着した人材育成・社会貢献を推進している。

小濱 歩

藤女子大学 [私立] | ふじじょしだいがく
Fuji Women's University

北海道札幌市北区と石狩市にある。1947年(昭和22)設立の藤女子専門学校に由来し、50年藤女子短期大学、61年に藤女子大学として開学した。建学の理念は、「キリスト教的世界観や人間観を土台として、女性の全人的高等教育を通して、広く人類社会に対する愛と奉仕に生きる高い知性と豊かな人間性を備えた女性の育成を使命とする」が掲げられている。学部は、文学部(英語文化学科、日本語・日本文学科、文化総合学科)と人間生活学部(人間生活学科、食物栄養学科、保育学科)が設置されている。▶留学の取組みも推進されており、「海外協定校留学」「海外協定校半期留学」「短期プログラム」などにより世界各地で学んでいる。2016年(平成28)現在の学部生2180人。

蝶 慎一

富士大学 [私立] | ふじだいがく
Fuji University

岩手県花巻市にある。1965年(昭和40)奥州大学として開学、76年富士大学に名称を変更した。2003年(平成15)大学院経済・経営システム研究科を設置。教育理念は「人類の築き上げつつある学術文化を研究・教授し、深い教養と総合的判断力を具えた豊かな人間性を養うことによって、平和的かつ創造的な文化の向上と活力ある社会の発展に寄与する人材を育成するにある」とし、これに基づき、建学の精神は「特に地球的・国際的視野の涵養、創造的・実践的知性の開発、自発的・奉仕的精神の体得を目標として、心身ともに健全な学生の育成を期する」とする。岩手県で唯一の経済学部であることから、学部と大学院の教育を接続した職業会計人育成モデルが創造されている。2016年現在の学部生609人。

蝶 慎一

藤田保健衛生大学 [私立] | ふじたほけんえいせいだいがく
Fujita Health University

1964年(昭和39)学校法人藤田学園が設立され、同法人理事長の藤田啓介が68年に名古屋保健衛生大学を創設。創設時は衛生学部の単科大学であったが、1971年に医学部医学科を開設、78年に大学院医学研究科を開設し、91年(平成3)に現在の校名になる。2001年大学院保健学研究科を開

設，2008年衛生学部を医療科学部に改組。2017年現在，愛知県豊明市に本部とキャンパスを置き，医学部には医学科を，医療科学部には6学科を設置している。2016年現在2942人の学生が在籍。建学の精神は「独創一理」。大学の教育病院を，キャンパス内の第一病院を含めてそれぞれ独立して3ヵ所に持ち，さらに中部国際空港に診療所を持つ。公開講座や市民講座の開催，地域包括ケアの実践など，地域連携の場での教育にも積極的に取り組んでいる。

和崎 光太郎

付属学校 ふぞくがっこう
attached school

日本において上級学校に付設されている下級学校のこと。国立学校の場合は「附属」と表記するのが正式である。大学に付設されているケースが多いが，教育学系だけでなく工学部や音楽学部の付属校もあるし，高等学校付属校もある。▶国立大学の付属学校の場合，多くは先進的・先導的な教育実践と併せて，学部・学科等の実験校や実習校としての役割を主として担う。私立学校の場合は，大学付属校は▶教職課程認定上の教育実習校を兼ねてはいるが，多くは▶建学の精神に基づいた教育を早期から行うことを趣旨にしているし，上級学校と学校法人内では同格で，付設ではなく併設されている場合も少なくない。近年では中高一貫教育を進めるため，公立高等学校の付属学校として公立中学校を位置づけるケースも出てきた。そうした付属学校の中でも，旧制大学や▶高等師範学校を母体とする▶新制大学の付属学校は，その伝統と大学の格付けから入学難関校となっている。また，▶師範学校を母体とする国立教員養成系大学・学部の付属学校も，有名進学校としての評判が高いのが一般的である。

木岡 一明

→教員養成

付属病院 →大学病院

ブダペスト大学 [ハンガリー] ブダペストだいがく
Budapest University;
Budapesti Tudományegyetem [ハンガリー語]

ハンガリーの首都ブダペストにある国立大学で，正式名はエトヴェシュ・ロラーンド大学 (Eötvös Loránd Tudományegyetem)。1635年に神学者パーズマーニ・ペーテル司教により，現在のスロヴァキアのトルナヴァにイエズス会大学として創立された。最初は教養学部と神学部，1667年に法学部，1769年に医学部が設立された。イエズス会解体後，1777年にブダに移転，1784年にペシュトに移されて現在に至る。歴史的にはハンガリーで2番目に古い大学で(最も古いのは1367年にラヨシュ1世が創設したペーチ大学)，1844年にハンガリー語が公用語となるまで，講義は▶ラテン語で行われた。ゲルマン化に対して民族教育を実現するための抵抗の拠点となり，1848年の民族革命に重要な役割を果たした。1895年には女性の入学を認めた。2013年現在8学部，学生数は約3万人。

加藤 一夫

ブツェリウス・ロースクール [ドイツ]
Bucerius Law School: BLS

2000年にドイツ(ハンブルク)ではじめて創設された私立の法科大学。名称は創設者のブツェリウス夫妻(Ebelin und Gerd Bucerius)に由来する。州立大学中心のドイツの大学制度のなかで，近年アメリカ型の私立ロースクールや，企業や経済団体が設立する経営学，経済学，会計学などを専門とする私立大学が次々に設置されるようになっており，その一つ。BLSでは，1学期間を世界30ヵ国に90ある提携大学で学ぶことを義務付けている。同時に提携大学からの留学生を受け入れている。学修課程は外国語プログラム，経済学プログラム，一般学習プログラムの3プログラムからなり，法学だけでなく外国語と経済学が重視される。最終2学期間は，法学国家試験の準備にあてる。国際性と実践志向がモットーとなっており，国家試験の合格率，点数も州立大学よりも高いとされている。2016/17年冬学期の学生数853。授業料は1学期(3学期制)あたり4000ユーロ。

木戸 裕

仏教系大学 ぶっきょうけいだいがく

仏教系大学とは，設立や教育の理念に仏教精神を掲げたり，仏教教団が創設に関わっている大学を指す。その中でも，伝統仏教教団(▶宗門)が設立・経営に関わっている場合には宗門系大学と称することもある。仏教系大学の中には現在もなお僧侶養成を担っている大学もあるが，それは全体として少数であり，実際には一般学生の在学が多数を占める。近年では，福祉や教育といった人文系学部のみならず，医や理工，情報など仏教とは直接関わりのない学部・学科を有する大学が増えている。なお，アジア以外にも欧米やオーストラリアなどにも仏教系大学が設置されている。

[日本の仏教系大学]
日本の仏教系大学の源流としては，平安初期，一般大衆を対象とし空海が開設した綜藝種智院が挙げられる。ほぼ同時期，高野山や比叡山には僧侶養成に特化した教育機関が設置される。中世になると宗門ごとに檀林，学寮といった僧侶のための教育機関が整備され始める。それらは近世期に確固とした組織体系を有するようになり，各宗門にと

っての重要な教育機関として位置づけられていった。

　明治に入るとそれらは国家の教育制度に準じるかたちで展開していく。後に仏教系大学へと展開していく僧侶養成機関は各種学校，私立学校を経て専門学校というように段階的に高等教育機関化していった。その過程において宗乗・余乗（僧侶養成のための伝統的な学問）が減少し，欧米から輸入された近代的な学問が僧侶養成カリキュラムに採用されていった。▶大学令（大正7年公布）に拠って正式に認可された仏教系大学は，龍谷大学・大谷大学（大正11年），立正大学（同13年），駒澤大学（同14年），高野山大学・大正大学（同15年），東洋大学（昭和3年）の7大学である。東洋大学のみが仏教者・井上円了を中心として設立された大学であり，ほかの6大学は宗門を設立母体とした大学であったため，この時期は仏教系大学≒宗門系大学といえる状況であった。宗門系大学は近世以来の僧侶養成の伝統を色濃く受け継いでおり，在籍者の多くは卒業後に住職を期待される寺院子弟であった。また旧学制下においては，上記以外に仏教系専門学校が18校（うち7校は女子専門学校）存在しており，先の7大学と同様に，仏教精神を強く前面に打ち出しながら教育・研究活動が行われていた。

　1946年（昭和21）の学制改革以降においては，前述の7大学はそのまま大学として認可され，仏教系専門学校も順次大学へ昇格していく。ほかにも女子大学・女子短期大学の創設，宗門が関与しない仏教系大学の増加，仏教系新宗教による大学設置など，仏教系大学をめぐる状況は大きく変化していった。新学制下における仏教系大学の特徴としては，一般学生の入学に重点を置いた運営を行い，戦後の高等教育需要拡大に伴って多学部化の路線を歩んだことが指摘できる。多学部化によって仏教学部の地位は相対的に低下し，圧倒的多数を占めていた宗門関係者の割合は減少していった。それに伴い，僧侶養成や仏教精神に重点を置いた大学理念を，一般学生を視野に入れた理念へと転換していった。さらに戦後は大学自治の観念が浸透し学校法人としての独立性が高まっていったため，戦前と比べ宗門との関わりは小さくなっていった。なお，1994年（平成6）に仏教系大学会議が設立された。▶建学の理念を仏教に置く全国の仏教系大学（短期大学を含む）のうち53校が加盟しており（平成25年度），各大学間の連絡組織として機能している。

［諸外国における仏教系大学］

高度な教育・研究内容を備えていたという意味において，世界最古の大学の一つとして名高いナーランダ大学，後期インド仏教の拠点となったヴィクラマシーラ大学など仏教系大学（実質的には僧院）の歴史は古い。仏教が東漸するに従ってチベット，中国，スリランカ，タイなどに僧侶養成のための教育機関が設置されてきた。しかし，現在設置されている仏教系大学のほぼすべてが欧米の近代教育制度の影響を受けながら20世紀以降に設立されたものである。各国の例を挙げると，インドの新ナーランダ大学，ミャンマーの国際仏教大学，タイのマハーチュラロンコーンラージャヴィドゥヤ大学，モンクット仏教大学，韓国の東国大学，金剛大学，台湾の仏光大学，玄奘大学などがある。このほかアメリカ合衆国やオーストラリア，ハンガリーにも仏教系大学が設置されている。ただし，これらの諸大学は実に多様な内実を有しており，大学の理念や組織，教育内容に大きな差異がみられる。

　2007年には国際仏教徒大学協会（International Association of Buddhist Universities）がタイのバンコクで発足し，仏教系高等教育機関を会員とした世界初の国際組織が結成された。2013年段階では17ヵ国60大学の加盟があり，各大学間における教育・研究の交流を推進すべく活動している。　　江島 尚俊

→宗門

◎江島尚俊・三浦周・松野智章編『近代日本の大学と宗教』法藏館，2014.

佛教大学 [私立]｜ぶっきょうだいがく
Bukkyo University

1868年（明治1）に京都知恩院（浄土宗総本山）山内に設置された仏教講究の機関が起源。1907年の浄土宗学制の改革により宗教大学分校となるが，1912年（大正1）に宗教大学（現在の大正大学）と分離して翌年に佛教専門学校と改称，1949年（昭和24）に新制の佛教大学として京都市に開設。仏教精神を建学の理念に，仏教学部仏教学科にて発足したが，2016年（平成28）5月現在は文学，歴史，教育，社会，社会福祉，保健医療技術の6学部を加え，7学部4研究科からなる総合大学である。学生数7137人。特色の一つである通信教育課程は1953年に開設され，2016年5月現在，6学部4研究科と教員免許状取得課程や科目履修コースなどの幅広い課程で1万333人が受講，私立大学のものとして国内有数の規模を誇っている。学部・大学院とは別に仏教専修の別科を設けており，浄土宗教師資格の取得を希望する学生の養成を行い，卒業・修了時に浄土宗宗務庁への申請資格を与えている。　　平野 亮

→仏教系大学

フライブルク大学 [ドイツ]｜フライブルクだいがく
Albert-Ludwig-Universität Freiburg

ドイツ南西部，バーデン・ヴュルテンベルク州フライブルクにある州立総合大学。正式名称はアルベルト・ルートヴィヒ大学フライブルク。1457年，神学，法学，医学，哲学の4学部により設立，「アルベル

ティーナ」と称される。宗教改革の時代，大学はカトリックに与する。18世紀，マリア・テレジアの時代，イエズス会の影響は減少した。ナポレオン戦争により大学は危機に立つが，バーデン大公の寄付金により存続を確保。1900年にはドイツの大学で初めて女子が入学している。ナチス時代の1933年，哲学者ハイデッガーが学長になる。第2次世界大戦後，フライブルクはフランス占領地域となるが，1945年秋には大学の再建・再開を認められる。1957年の五百年祭に新しい大学定款を定め，60年代末以降，自然科学と医学，工学の拡充がなされた。ハイエクら10人のノーベル賞受賞者を輩出。▶エクセレンス・イニシアティブ（2006年，2007年）に選定。現在11学部，学生数2万5000人（2016/17年冬学期）。

長島 啓記

フラタニティ／ソロリティ
fraternity／sorority

アメリカの大学の課外活動の一環をなす組織。原義はそれぞれ兄弟愛／姉妹愛で，2文字か3文字のギリシア文字をその会の名称とする。フラタニティは，1776年にウィリアム・アンド・メアリー・カレッジに創設されたファイ・ベータ・カッパ（ΦBK）を嚆矢とし，ソロリティは，1851年にウェスレヤン・カレッジにできたアルファ・デルタ・パイ（ΑΔΠ）が最初である。学生たちの社交と互助を目的とする組織であるが，入会のための資格，特別な儀式，バッジなどを有しており，より高い学問的スタンダード，将来の指導者としての資質の育成などを目指す。他方，過度の飲酒やキャンパス内での無軌道な行動，新入生いじめなど問題行動の温床にもなっている。もともと男女白人学生のみの組織であったが，ここから排除されたアフリカ系，ユダヤ系の学生たち，さらに近年は多文化主義の影響のもと，アジア系，同性愛の学生たちの組織等もつくられるようになった。

坂本 辰朗

→コーア，学生文化

プラハ大学［チェコ］｜プラハだいがく
Charles University in Prague; Univerzita Karlova［チェコ語］

中部ヨーロッパで最も古い歴史をもつ国立大学。1348年に神聖ローマ皇帝カール4世（ボヘミア王カレル1世）によってボヘミア（現在のチェコ）の首都プラハに創設された。創設者の名前をとってプラハ・カレル大学と呼ばれる。神聖ローマ帝国の最初の大学である▶パリ大学をモデルにしたといわれている。1348年にウィクリフ神学をめぐり学内で民族組織が対立した。1618年からの三十年戦争期にイエズス会が主導権を握り，戦争末期に教授・学生軍が結成されて参戦し，スウェーデン軍を撃退した。1653年にカール・フェルドナンド大学に改称され

た。第1次世界大戦後の1918年に独立してプラハ大学となった。戦後は社会主義体制下でソ連型に改編されたが，「自由な大学」といった理念は部分的に継承されてきたともいえよう。1980年代以後，少しずつチェコスロヴァキアの民主化は進展したが，それには大学，学生が主要な役割を果たした。1989年のビロード革命に際し大学と学生が積極的に参加し，体制転換に寄与した。著名な出身者に宗教改革者のヤン・フス，独立運動の指導者で第2次大戦後大統領を務めたエドヴァルド・ベネシュ，作家のフランツ・カフカ，ミラン・クンデラ，カレル・チャペックなどがいる。2017年現在17学部，学生数約5万人。

加藤 一夫

フランシュ・コンテ大学［フランス］
フランシュ・コンテだいがく
Université de Franche-Comté: UFC

ブザンソン，ベルフォール，モンベリアール，ヴズールとロン・ル・ソーニエの5地域都市における環境や風土に合わせて創立された学際的な大学。創立の起源は1287年に遡るとされるが，大学として機能するのは1423年にドールに「二つのブルゴーニュの大学」が開かれてからである。フランシュ・コンテ大学の名称は当時のブルゴーニュ郡の支配者の名に由来するといわれる。現在は科学，技術，人文科学，言語学，社会科学，スポーツ，法律，経済，経営など主要な学問分野を網羅し，技術（DUT），リサンス（学士），職業リサンス，マスター（修士），工学博士の学位など，欧州基準を満たした資格を取得することができる。これら各コースは研究活動だけでなく，レクリエーション，スポーツ，文化といった一般社会の生活面でも貢献している。学生数2万3690（2016/17年）。2013年の高等教育・研究法に伴い，15年にブルゴーニュ大学が大学・高等教育機関共同体（COMUE）に加盟し，名称がブルゴーニュ・フランシュ・コンテ大学となっている。

髙橋 洋行

→PRES／COMUE

フランス学生全国連合
フランスがくせいぜんこくれんごう
Union nationale des étudiants de France［仏］: UNEF

1907年に創設されたフランスで最も影響力のある学生団体。フランスの大学における研究体制や▶学生寮のあり方まで，さまざまな意見を表明している。アルジェリア独立運動以降の▶学生運動の高まりのなかで，多様な政治勢力や労働組合との連携が強化されたが，現在はレイシズムへの反対運動など社会的な関心が強化されている。2002年のフランス大統領選では，高校生全国連合（Union nationale lycéenne）と提携して，ジャン＝マリー・ルペン

770　｜ふらたにて

大学事典

の極右政党「国民戦線」に対する抗議運動を展開。
▶高大連携の社会運動の中核を担い今日に至っている。近年では，ロマ出身の15歳のレオナルダ・ディブラニが学校行事のバスで移動中に警察に身柄を拘束されコソボに強制送還された，いわゆる「レオナルダ事件」(2013年)において，全国規模の抗議活動を呼びかけたことであらためて注目を浴びた。

松浦　寛

フランス大学モデル | フランスだいがくモデル

フランスの高等教育の第1の特徴は，▶グランド・ゼコールおよびその入試準備のためのCPGE (▶グランド・ゼコール準備級)と，▶バカロレア (中等教育修了資格)を取りさえすれば基本的にだれでも進学できる大学がパラレルに存在することだろう。グランド・ゼコールとCPGEが徹底した少人数教育を行っているのに対して，多くの学生を抱える大学の教育環境は格段に悪い。しかし医師や法律家などのプロフェッション・リベラルは大学が養成している。このパラレリズムは19世紀末の大学の復活以来のものだが，戦後の学生の急増のもとでは「不公平」なものとなっている。

　第2の特徴は，フランスの大学の▶学士課程 (リサンス)は3年制で，1年度から▶ディシプリンごとに分かれた▶一般教育が行われていることだろう。法学，医学，薬学のような職業専門の学部 (▶UFR)を除けば，それは自由な知的探求のためのものである。その3年目にはグランド・ゼコールの受験に失敗したCPGEの学生も編入を許される。しかし職業教育をおこなうIUT (技術短期大学部)のような2年制の短期コースが大学に付設されたことで，大学も変わってきた。現在の大学のリサンスの3年目には，多様な職 (メチエ)への就業に配慮した「職業専門学士課程」も設置され，IUTの修了者もそこに進学できるようになっている。

　さらに第3の特徴として，全国レベルで研究者たちの活動を統括する▶CNRS (国立科学研究センター)のような機関が存在することが挙げられる。大学の教員は教育と研究のいずれにも従事するが，それらの機関の研究者は教育には従事しない。それゆえ研究は彼らによってリードされている。かくして大学は，教育においてはCPGEやグランド・ゼコールに，研究においてはCNRSにお株を奪われるという傾向にある。

　しかし，これが第4の特徴だが，すべての市民に開かれた知の空間としての大学というアイデンティティは，いまだにフランスの大学に保たれている。大学の周辺には，中世においてはユマニストや▶ゴリアルド，19世紀末においては「知識人」が存在した。そういった伝統は今でも学問の自由 (そしてそれを守るための政治参加)を尊ぶ気風のなかに生きてい

る。

[大学のフランスモデルとEU]

グランド・ゼコール (エコール・スペシアル)のモデルは，オーストリア・ハンガリー帝国やロシア帝国の専制君主によっても採用された。また帝国大学 (▶ユニヴェルシテ・アンペリアル)は，ナポレオンの征服にともないイタリア，スペイン，ベルギー，ドイツ・ラインラント地方にも拡大した。しかしプロイセンはナポレオンへの抵抗のなかでベルリン大学を創設し，ドイツの大学モデルを確立している。ナポレオンの失脚のあとは，そのドイツモデルがヨーロッパや北アメリカ大陸にも拡がることになる。

　日本の明治政府もドイツとフランスの制度を参照しながら教育制度を整備している。全国を学区に分けた中央集権的なシステムはナポレオンのユニヴェルシテ・アンペリアルのものだし，日本の▶帝国大学を形成するそれぞれの学部は，国家の官僚やエリートを養成するグランド・ゼコールのような専門学校にほかならなかった。市民の啓蒙という理念はむしろ，▶大学令 (1919年)によって新たに大学となる私立および官立の▶専門学校，そして第2次世界大戦後の▶新制大学によって担われることになる。

　ところでフランスは19世紀末に大学を再生させるときに，ドイツの大学モデルを参照した。普仏戦争に敗北したフランスは，中世以来の大学が残るイングランドよりも，近代の大学を発展させたドイツのモデルを選んだ。それはフランスにそのまま根づいたわけではなかったが，ドイツの大学モデルがその初源の姿で紹介されたことの意義は大きい。上級ブルジョワジーと貴族階級のためのものであったフンボルト・モデルの大学は，フランスでは自由な市民や知識人をはぐくみうるモデルに生まれ変わっている。

　ジャン＝フランソワ・▶リオタールは，知のドイツモデル (思惟の自律)とフランスモデル (民衆の解放)はいずれもモダンな物語であって，19世紀末以降はもはや失効していると述べた。しかしフランスで蘇ったカント以来のドイツモデル (それ自体がルソーを批判的に継承している)は，「ポスト・モダン」の大学モデルがいまだ存在しない (あるいはアングロ・サクソン系の大学が▶世界大学ランキングで君臨している)今の世界において，EU統合の試金石となりうるものだろう。▶ボローニャ・プロセスによって形成された「ヨーロッパ高等教育圏」には，大学の理念をめぐる簡単には乗り越えられない不一致も存在している。ユーロの導入で始まり，イギリスがいま離脱しようとしているEUが，たんなる自由貿易の交易圏にとどまらないためには，大学やジャーナリズムを介して理念上の空間としてのヨーロッパを創ることが求められる。フランスの大学はすべての市民 (あるいは民衆)に開かれているという意味で，それにふさわしいモデルと言えるのである。

岡山　茂

→フランスの大学（テーマ編），フランスの大学改革，一般教育／教養教育，ドイツ大学モデル

◎ジャン＝フランソワ・リオタール著，小林康夫訳『ポスト・モダンの条件─知・社会・言語ゲーム』風の薔薇，1986.
◎Christophe Charle, *La République des universitaires 1870-1940*, Seuil, 1994.
◎アレゼール（高等教育と研究の現在を考える会）編，岡山茂・中村征樹訳「危機にある大学への診断と緊急措置」，アレゼール日本編『大学界改造要綱』藤原書店，2003.

フランスの大学 →テーマ編 p.122

フランスの大学改革 | フランスのだいがくかいかく

［パリ・ソルボンヌと中央集権改革］

フランスの大学改革は，13世紀に▶パリ大学が創設され，ソルボンヌに▶学寮が建設されて以来，相対的に自律した大学共同体と，教会や国家による庇護と介入をめぐり，中央集権改革が繰り広げられた長い歴史をもつ点に特色がある。地方でも13世紀の▶トゥールーズ大学と▶モンペリエ大学をはじめ，15世紀には全国規模で大学が設立されていったが，パリへの集中は現在に至るまで続いている。

アリストテレスの論理学を基礎とする中世の▶スコラ学から，14世紀末〜16世紀にルネサンスの人文主義者による古典文芸の復興運動が起こり，パリ大学に対する自由学問の機関として現▶コレージュ・ド・フランスの創設などに至った。また，カトリックが支配するフランスでは，宗教改革期にイエズス会の学校で始まった厳格な人文主義教育が，17〜18世紀の絶対王政期に国家庇護で停滞した大学に対し，フランス革命期来のエリート養成機関である▶グランド・ゼコールと同準備級が分岐する先駆けとなった。

大革命後の1793年に旧体制の大学は廃止されたが，ナポレオン1世による国家管理のもとで▶ユニヴェルシテ・アンペリアル（帝国大学）が創られ，1808年には▶バカロレアが創設され，現在までに至る大学とグランド・ゼコールの二元構造が確立した。19世紀後半になると，とくに普仏戦争の敗北を契機に，ドイツのフンボルト主義に基づく近代大学モデルの導入が進み，国民国家形成に向けて職業専門性を重視する研究教育の強化が図られた。1896年には▶総合大学設置法が制定され，「諸学部の連合体」としての大学に法人格が与えられている。文・理・法・医・薬・神学の学部構成は維持されたが，自然科学の方法を取り入れた実証研究が発展し，心理学や社会学などの人間科学，外国文学，経済学などの学問分野も徐々に浸透していった。19世紀末からは女性と留学生の進学機会も高まっている。

第2次世界大戦後も大学の基本制度は変わら

ず，1947年ランジュヴァン・ワロン改革案で教育民主化に向けた再編構想が示され，59年ベルトワン改革で大学の社会人材養成を強調する高等教育の使命が規定された。学生数が急増する中，パリ大学では1964年にナンテールの第二文学部，65年にオルセーの第二理学部が分離独立した。1966年フーシェ改革で文・理学部の教育課程が，1，2年次の第一期課程，3，4年次の第二期（修士）課程，5年次以降の第三期（博士）課程に改編され，第二期のはじめの1ヵ年だけの▶学士課程（リサンス）も設けられた。学部内でも専門分野の学位が制度化され，▶学科の自律性が高まっていった。また，職業養成を重視した2年制技術短期大学部（IUT）が1966年に創設された。

［1968年以降の展開］

▶学生運動が頂点に達した1968年5月の大学危機を経て高等教育基本法（▶エドガール・フォール法）が成立し，学部に代わる教育研究単位（▶UFR）に基づく「ディシプリン統治下の大学」へと再編が進められた。大学関係者の参加，自治管理面の自律性，教育研究におけるディシプリン複合性からなるプラグマティックな3原則が打ち出され，パリのヴァンセンヌとドフィーネに「大学実験センター」を設立し，アメリカ合衆国の大学モデルを導入して社会に開かれた現代的研究教育を推進した。1971年度には新たに57大学が発足し，パリ大学は13の大学に分割された。

ミッテラン社会党政権期の1984年に高等教育法（サヴァリ法）が制定され，大学は研究教育と行財政の自律性を与えられた法人格をもつ「学術的・文化的・職業専門的性格を有する公共施設」と規定された。職業養成を重視した教育研究単位のもとで，各大学の分権化を図る政策が推進された。全国評価委員会（CNE）による大学評価が始まるとともに，1989年から4年間の契約政策が導入され，機関としての大学ガバナンスが強化され，自治体・企業等との連携強化が進んでいった。また，1985年にバカロレア同一年齢層80％取得目標を立て，一層の高等教育拡大を図ったが，開放入学制を原則とする大学の修学環境が劣悪化し，若年失業増加に伴う就職難が深刻化していった。1986年に大学入学選抜と授業料値上げを可能にする法案（▶ドヴァケ法）が出されたが，68年以来といわれる反対運動により撤回された。

1990年代以降は欧州統合に向けた改革が進むとともに，市場競争を促す新自由主義政策が浸透していった。1998年ソルボンヌ宣言と99年ボローニャ宣言を受けて，2010年のヨーロッパ高等教育圏建設を目標とする▶ボローニャ・プロセスが開始され，2002年には欧州統一基準の三・五・八年制▶LMD（Licence-Master-Doctorat）課程が導入された。また，2001年に自律的財政運営を可能にする予算組織法（LOLF）が制定され，2006年から適用にな

ふらんすの

り，研究・高等教育評価機構（▶AERES）による大学評価が始まった。同年の研究計画法により，近隣の大学，グランド・ゼコール，研究所等が参加する研究・高等教育拠点（▶PRES）の制度整備が始まり，ネットワークを形成して教育を提供し，共同免状を授与することが可能になった。2007年のサルコジ大統領就任後には「大学の自由と責任に関する法律（▶LRU）」（ペクレス法）が成立し，2012年度にはすべての大学が自律的経営に移行した。2013年にはオランド社会党政権に移行し，市場化政策の見直しが図られているが，大学の歴史的意義をふまえた「再生」（refondation）を企てる改革論議が展開されている。

大前　敦巳

→フランスの大学（テーマ編），フランス大学モデル，フンボルト理念

◎クリストフ・シャルル，ジャック・ヴェルジェ著，岡山茂，谷口清美訳『大学の歴史』白水社，2009.
◎Christine Musselin, *La longue marche des universités françaises*, P.U.F., 2001.

フランスの大学法制 | フランスのだいがくほうせい

フランスでは初等・中等・高等教育に関する過去の法令を集成した『教育法典』（le code de l'Éducation）が2000年に創られており，その後に成立した法律はその条文を書き換えたり，あらたな条文として書き加えたりすることで『法典』を更新するものとなっている（最新版はウェブ上で閲覧可能）。研究に関しては『研究法典』が存在する。

『教育法典』において大学は，「学術的・文化的・職業専門的性格をもつ公共施設」（Établissement public à caractère scientifique, culturel et professionnel: ▶EPSCP）と規定されている（L711-1）。2016年現在，EPSCPには141施設あるが，それらはすべて「公法における法人格をもつ国立の施設」であり，そのなかには71の大学のほか，4つの高等師範学校，20のグラン・ゼタブリスマン（grands établissements,「由緒ある施設」という意味），海外にある5つの学校も含まれる。グラン・ゼタブリスマンには▶コレージュ・ド・フランス，自然史博物館，東洋語学校，エコール・ポリテクニックなどが含まれる。

グラン・ゼタブリスマンに対しては，コンセイユ・デタ（国務院）の議を経たデクレ（政令，省令）によって，それぞれの施設が個別の規約をもつことが認められている（L717-1）。大学にはそのような規定は存在しないが，2013年7月の「高等教育と研究に関する法律」によって，条件を満たせばグラン・ゼタブリスマンへの移行が可能となった（L717-1）。移行した大学はいまのところ，ロレーヌ大学とパリ-ドフィーヌ大学の2校に限られている。さらに大学とグラン・ゼタブリスマンがともに「卓越の拠点」を形成する場合もEPSCPとして認められ，現在そのようなグループが21存在する。

フランス共和国憲法は「教育のすべての段階にわたってライシテ（非宗教性）と無償性を保障することは国家の義務である」としている（第五共和国憲法に含まれる1946年憲法の前文）。フランスにおいて大学が無償であらねばならないのは，憲法にこの規定があるためである。しかし最近では，グラン・ゼタブリスマンの一つであるパリ政治学院（シアンスポ）などにおいて，親の収入によって学費も変動させるシステムも導入されている。『教育法典』Article L151-6では「高等教育は自由である」とされ，高等教育を担う公共施設にも多様性が存在している。

いずれの高等教育機関も修了証あるいは免状（diplôme）を授与できるが，大学の学位（grade）および称号（titre）を授与するのは国家である（L631-1）。それゆえに少なくとも紙の上では，それを取得した大学がどこであるかを問わず，学位や称号は同一の価値を持つとされる。私立の高等教育機関も存在するが，それらは「自由学部」を名乗ることはできても大学を名乗ることはできず，また▶バカロレア，リサンス，ドクトラといった学位を提供することもできない（L731-14）。

大学の運営（gouvernance），評議会のあり方，学長の選出とその役割も『教育法典』に定められている。運営に関しては，「学長はその決定により，運営評議会はその決議により，そして学術評議会はその決議と意見により」（L712-1），それを保障するとある。学長に関しては「運営評議会の多数決によって，国籍に関係なく，教員＝研究者（大学の教員），研究者，客員あるいは招聘の教授，准教授，さらにそれに相当する学外者のなかから選ばれる」とあり，その任期は4年で1回の再任が可能である（L712-2）。2007年の「▶大学の自由と責任に関する法律」（LRU）によって，学長の権限は強化された。また国家は高等教育機関と複数年契約を結ぶことができ，契約の終了時には高等教育研究高等評議会（Le Haut Conseil de l'évaluation de la recherche et de l'enseignement supérieur，『研究法典』L114-3-1）による評価を受けることになっている（L611-6）。

フランスに中世からあった大学は大革命のときにすべて廃絶されている。その後いくつかのファキュルテ（学部）が再生されたが，ナポレオンはそれらをユニヴェルシテ・アンペリアルという中等・高等教育を一つにした全国的な組織のなかに統合した。第三共和政は1880年にファキュルテに法人格を与えたため，ファキュルテは学部長のもとで自治を享受しうるようになる。1896年に▶総合大学設置法によって各地に法人格をもつ大学が設置された後も，ファキュルテは法人格をもったままだった。そのファキュルテは▶68年5月の後にエドガール・フォール法によって廃止されることになる。しかしその後も，フランスの大学は自治を持ちえなかったとされる（ナポレオン以来の国家による中央集権的な管理と，専門分野ごとに分かれた教員＝研究者の全国組織がその自治を

阻んでいた）。現在のフランスの大学法制は，大学の学長に強い権限を与える2007年の「大学の自由と責任に関する法律」(LRU)と，それを修正した2013年の「高等教育と研究に関する法律」によって形成されたものである。

岡山　茂

→フランスの大学(テーマ編)，フランス大学モデル，フランスの大学改革，ナポレオン大学体制

◎『教育法典』(le code de l'Éducation)ウェブサイト：https://www. legifrance. gouv. fr/
◎フランス高等教育研究省ウェブサイト：http://www. enseignementsup-recherche. gouv. fr/
◎大場淳「フランスにおける大学ガバナンスの改革─大学の自由と責任に関する法律(LRU)の制定とその影響」，広島大学高等教育研究センター『大学論集』第45集，2014.

ブリティッシュ・コロンビア大学[カナダ]
ブリティッシュ・コロンビアだいがく
University of British Columbia

カナダのブリティッシュ・コロンビア州にある公費運営大学。1899年にケベック州の▶マギル大学と協定を締結し，1906年にはマギル大学ブリティッシュ・コロンビア校として学位を授与していた前史を有するが，1908年の「ブリティッシュ・コロンビア州における大学設置法」により，独自の学位授与権を有するブリティッシュ・コロンビア大学の設置が認められた。大学ではこの年を設立年とし，州立の大学としてすべての州民のすべてのニーズに応えることを目指す大学として出発した。ただし第1次世界大戦の影響もあり，ヴァンクーヴァー西部のポイントグレーのキャンパス建設は1915年の開学時に間に合わなかった。現在，ヴァンクーヴァーキャンパス(学生5万3000人)と内陸部ケローナにあるオカナガンキャンパス(学生8400人)の2キャンパスをもち，計6万1000人の学生(うち留学生1万3000人，2015年現在)，5000人の教員と1万人の職員を擁する。

溝上 智恵子

プリメディカル・コース
pre-medical course

学士課程生が自ら選択した分野を専攻する一方，医学大学院側が指定する化学，生物学，物理学等の理系科目，英語作文等を3年以内に履修し，医学大学院への進学条件(素養)を整える履修上のプログラム。専門職向け訓練を大学院段階で行うアメリカ合衆国では，学士課程生は基礎学術のいずれかを自由に専攻する。他方，特定の学問分野は現代医学の基礎として早期の履修が不可欠である。学士課程での医学専攻予備課程(Pre-Medical)は，この相反する要請を調停する。しかし，大学は同時に時間をかけて，医学大学院進学の希望者に，自らの適性・力量と医師の職務の実態とを十分に照合した上で選択するよう促し，医療関連のボランティア活動への参加を手助けし，標準適性テストの受験を含めた進学スケジュールの全うを配慮する。医師職向け勉学の準備でありながら，学生に根拠ある選択を迫るガイダンスでもある。医師にふさわしい人物の特性が重視され，人文専攻の学生さえ歓迎される昨今，Pre-Medicalのガイダンス的側面は，一層重要となるであろう。

立川　明

→メディカル・スクール，医学教育

ブリュッセル自由大学[ベルギー]
ブリュッセルじゆうだいがく
Free University Brussels; Université Libre de Bruxelles[仏]

ベルギーの首都ブリュッセルに主要キャンパスを持ち，1834年に設立された。現在7学部と7研究所からなる総合大学。自由の名前は創立当初，オランダからの支配脱却とローマ・カトリックからの独立に伴い名付けられたといわれる。おもにソルボッシュ・キャンパス(ブリュッセル)，プレーヌ・キャンパス(イクセル)，エラスムス・キャンパス(アンデルレヒト)の三つに分かれている。主要キャンパスであるソルボッシュ・キャンパスには大学の管理組織と一般業務を司る部署があるほか，人文科学学部，理工科学学校，また人文科学系の図書館が併設されている。プレーヌ・キャンパスには科学(science)と薬学の学部があり，物理・化学の実験棟，薬用植物や医薬品を展示している博物館，学生寮などもある。エラスムス・キャンパスには医学部，公衆衛生学部，運動生理学部やそれらの大学院があり，病院やヘルスケア部門の建物が隣接している。

高橋 洋行

プリンストン大学[アメリカ] プリンストンだいがく
Princeton University

ニュージャージー州プリンストン所在の，カレッジ教育を重視する▶研究大学。信仰復興(大覚醒)に端を発し1746年に設立され，アメリカ的キリスト教との繋がりが深い。しかし，合衆国の戦争とのかかわりも顕著で，独立戦争では戦場と化し，南北戦争では南部学生も抱え国家分裂の危機を体現し，第1次世界大戦では前学長のウィルソン大統領のもと，参戦と国際連盟下の新秩序を模索するなど，国の苦難を刻んだ最もアメリカ的な大学。19世紀以来，多くの寄付金を受けて学術的な水準を高め，▶アメリカ大学協会の創立会員となった。2013年現在，学士課程生の規模が5000名でイェールとほぼ同じ，ハーヴァードの4分の3であるが，2校は大学院の在籍者がカレッジをかなり上回るのに対し，プリンストンでは半分以下である。科学研究を牽引しながらも，学士課程の教育に力を入れている。アインシュタインが奉職したプリンストン高等

研究所，標準テストSAT（Scholastic Assessment Test）を作成するETS（Educational Testing Service）等を近隣に集める。

立川 明

→SAT/ACT

ブリンモア大学 [アメリカ] | プリンモアだいがく
Bryn Mawr College

ペンシルヴェニア州にある私立の女性大学。1885年，クエーカー教徒たちが創設。第2代女性学長トーマス（M. Carey Thomas, 1857-1935）が，▶ジョンズ・ホプキンズ大学のカリキュラムをモデルに高度な学問的水準を目指し，博士号を授与できるアメリカ合衆国最初の女性大学となった。▶津田塾大学の創設者，津田梅子も大学院で生物学を研究した。1970年代になり，女性大学が次々と共学化して行く中，近郊のハヴァフォード大学と教育提携関係を締結，女性大学としての存在を維持し現在に及んでいる。卒業生には学術界で活躍する女性が多く，ドルー・ファウスト（1947- ，ハーヴァード大学最初の女性学長。在任2007- ），ハンナ・グレイ（1930- ，シカゴ大学最初の女性学長。在任1978-93），エミリー・バルチ（1867-1961，経済学者。1946年ノーベル平和賞受賞）など多彩。

坂本 辰朗

→女子大学

プール学院大学 [私立] | プールがくいんだいがく
Poole Gakuin University

1879年（明治12）英国聖公会宣教協会派遣の婦人宣教師により，日本の女子にキリスト教を基軸とする宗教的情操と，高い文化的な教養を身に付けさせるために創立された永生学校を起源とする。4年制大学は1950年（昭和25）開学のプール学院短期大学英文科を改組して96年（平成8）に開学した。そのミッションは「「キリスト教の精神を根底とする霊的人格教育」をもって，世界に奉仕する」ことである。2017年現在，大阪府堺市南区にキャンパスを構え，2学部に578人を収容する。教養学科では現場体験をすべて▶インターンシップの単位とすることができ，小学校や高齢者福祉施設での奉仕活動，長期休暇中の海外研修，土日の農業体験など特色ある学びを展開している。

堀之内 敏恵

→キリスト教系大学

ブルシェンシャフト
Burschenschaft [独]

ナポレオン戦争からの帰還兵であったドイツの学生たちがウィーン体制に反発し，自由とドイツの統一を求めて結成した学生結社。ナポレオン戦争後，戦後処理のためにイギリス，フランス，プロイセン，オーストリアなどヨーロッパ諸国の代表によってウィーン会議が開かれ（1814年9月～15年6月），フランス革命以前の主権と領土を正統とする正統主義と，ヨーロッパの大国間の勢力均衡を原則としたウィーン体制（1815～48年）が敷かれることになった。この体制に反発した学生たちは，まず▶イエーナ大学に最初の学生結社を結成した。その後，学生結社はドイツ各地の大学につくられ，自由とドイツの統一を求めるブルシェンシャフト運動が各地に広がった。しかし，1817年のルターの宗教改革300年祭に各地から学生が集結したことをきっかけに，オーストリアの宰相メッテルニヒらはブルシェンシャフト運動がウィーン体制の維持を危うくするとして，その弾圧に乗り出した。1819年には劇作家のコッツェブーが急進派の学生によって暗殺されたことで，ブルシェンシャフトの本格的な弾圧を申し合わせたカールスバード決議がメッテルニヒらによって採択された。これにより，ブルシェンシャフトは徹底的に弾圧され衰退した。

髙谷 亜由子

ブルデュー
Pierre Bourdieu | 1930-2002

フランスの社会学者。▶コレージュ・ド・フランス教授。『社会科学研究紀要』（*Actes de la recherche en sciences sociales*）を創刊。ピレネーの山村からパリのルイ＝ル＝グラン校に進み，高等師範学校（▶エコール・ノルマル・シュペリウール）を経て哲学教授資格を取得する。学校の寄宿舎での生活やアルジェリアでの教員としての経験から，▶デュルケームの社会学に回帰し，それを人間についての総合的な学とすることを目指すようになる。シャン，ハビトゥス，文化資本などの概念を駆使し，被支配者も知らないうちにその共犯となる「象徴暴力」のシステムを可視化しようとした。それは晩年の自己分析（『パスカル的省察』2003年）にまでつながっている。高等教育に関しては，大学が社会的出自による選別を助長し（『遺産相続者たち』1964年），教員がスコラ的思考に閉塞し（『ホモ・アカデミクス』1984年），▶グランド・ゼコールが新たな貴族階級を形成している実態を示した（『国家貴族』1989年）。1990年代以降は，大学人にも専門を生かしてグループで活動する「集団的知識人」としての社会参加を訴えた。

岡山 茂

フルブライト奨学金 | フルブライトしょうがくきん
Fulbright Scholar Program

第2次世界大戦の直後，アメリカ合衆国アーカンソー州選出のJ. ウィリアム・フルブライト上院議員が成立させた，連邦政府資金による相互留学と国際親善の▶奨学金制度。1946年から2016年までに，160ヵ国37万人の大学生・大学院生，研究者，ジャーナリスト等に学術・文化交流の機会を与えた。初期には，公開試験による国際奨学金の代名詞で

あったが，その後の各国での留学奨学制度の多様化を経てからも，フルブライトの認知度はいぜん高い。その理由の一端は，合衆国の僻地アーカンソーからオックスフォードに学んだ創設者フルブライト上院議員の幅のある学術・文化交流の思想と，反共狩りが猖獗を極めた1950年代，マッカーシー議員に反論した筋金入りのリベラルな態度に求められよう。もう一つの理由は，合衆国主導の奨学金ではあるが，各国での具体化は，合衆国と当該国との二国間委員会で審議・実行するという，運営組織上のユニークさである。関係諸国と市民による拠出と寄付は，年間総予算の4分の1を超える。

立川 明

→留学

プレFD（プレエフディー）→大学教員準備プログラム

PRES／COMUE｜プレス／コミュ
Pôles de recherche et d'enseignement supérieur／Communautés d'universités et d'établissements[仏]

PRESはフランスの「研究・高等教育拠点」。2006年4月の研究計画法により導入された高等教育政策。地域の大学間の連携のためのプランを募集し，そのなかから選ばれたいくつかの「拠点」に効率的な投資を行い，EUおよび世界の高等教育市場でのフランスのプレザンスを高めようとした。2010年1月までに15の「拠点」が形成された。しかし2013年7月の高等教育・研究法により，新たにCOMUE（大学・高等教育機関共同体）が導入されている。COMUEには大学と同じ法人格（▶EPSCP）が与えられ，独自の修了証の発行や予算の執行も可能になった。2017年6月現在21存在するCOMUEにおいては，大きな大学を中心として周辺の▶グランド・ゼコールなどを吸収しつつ，MとD（マスターとドクトラ）に傾斜した教育が目指されている。他方，COMUEからはずれた大学には，L（リサンス＝学士）に財源を集中して大学中退者を減らす努力が求められている。大学人からは大学の二極化をもたらすとの批判もある。

岡山 茂

フローニンゲン大学[オランダ]｜フローニンゲンだいがく
University of Groningen; Rijksuniversiteit Groningen[蘭]

1614年設立のオランダで2番目に古い大学で，オランダ北部地域の発展とともに歩んできた。伝統を重視すると同時に国際性も重視し，初代学長はドイツ人で，17世紀の時点ですでに学生の半数近くが外国人であった。現在も博士課程学生の半数近く，スタッフの2割が外国人である。女子学生や女性講師を他大学に先駆けて受け入れるなど，革新的な面も有する。1876年の高等教育法改正に

よって現在の名称に変更されるとともに，大学としてオランダ語とラテン語が授業言語として採用され，教育と研究の両方が追求されるようになり，現在の▶研究大学の地位を確立した。2016年現在，11学部27研究機関を有し，生態学，新素材工学，天文学の分野ではヨーロッパでトップ3に入る業績をあげているほか，持続可能な社会に向けたエネルギー問題や高齢化問題を重点的に研究している。タイムズ誌の世界大学ランキング（2016/17年）では80位。

松浦 真理

プロフェッサー
professor

▶中世大学に起源を持つ大学の教師（教える人）のこと。プロフェッサー（professor: 英語）とは，「何らかの主題について公的に発言する人」の意味を持つ。ヨーロッパの中世大学では，ラテン語の▶ドクトル（doctor），▶マギステル（magister），プロフェッソール（professor）は，元来，まったく同義であった。▶ボローニャ大学では法学教師にドクトルが最もよく使われた。ドクトルが使われたのは，学位（ドクトル）が教師になる資格であったことに由来する。同様に▶パリ大学の神学，医学，教養の諸学部の教師にはしばしばマギステルが，時にプロフェッソールが使用された。ところが国家による俸給（salaria）制の導入に伴い，俸給の有無による教師層の分裂，つまり教師の職階性が生じてきた。イタリアでは15世紀頃まで大学団が学位保持者（ドクトル）から俸給を受ける教師を選んでいたが，この教師の呼び方は▶教授（プロフェッサー）でもあった。ドイツ語圏では俸給を受ける教師をProfessor（プロフェッソール）と呼ぶ例が14世紀に登場し，その名称は16世紀に確立した。現在大学で使われている「教授」や「professor」という用語は，この俸給を受けた教師，すなわち「有給教師」にその起源を持つ。

赤羽 良一

プロフェッショナル・スクール（アメリカ型）
professional school

プロフェッショナル・スクールとは，アメリカ合衆国で制度化されている専門職を育成する大学院レベルの教育機関のことである。代表的なものにSchool of the Arts and Architecture（芸術と建築学部），School of Dentistry（歯学部），Graduate School of Education and Information Studies（教育と情報学大学院），School of Engineering and Applied Science（工学部），School of Law（ロー・スクール），Graduate School of Management（経営管理学大学院），School of Medicine（メディカル・スクール），School of Veterinary Medicine（獣医学スクール），School of Dental Medicine（デンタル・スクール），School of Nursing（看護学部），School of Public Health（公衆衛生学部），School of Public Policy and Social Research（公共政策学部），School of Theater, Film and Television（演劇・映画・TV学部）などがある。プロフェッショナル・スクールでは法律，医学，企業等の経営者，教師，学校経営者，法制の政策立案者，ケースワーカーなどの実務家を養成する専門職教育が実施されている。

　上記のスクールは，大学組織においてはプロフェッショナル・スクールとして位置づけられているが，一方で，そのほとんどが▶博士課程を併設し研究者を養成している。メディカル・スクールやデンタル・スクール等においては，スクールのおもな目的は臨床医学や歯学を通じて専門医，歯科医を養成する点にあるが，研究者養成を主とする生命科学(life science)分野にある博士課程での所定の単位取得を通じて，免疫や遺伝，生物学等の博士号の授与も同時に行われている。こうしたメディカル・スクールやデンタル・スクールあるいはロー・スクールを除いた，ほかのプロフェッショナル・スクールでは，▶修士課程プログラムはおもに専門職養成を目指し，博士課程では研究に主眼を置いたプログラムが構築されている。

　プロフェッショナル・スクール修了後の学位は，そこで学んだ成果を示すことを意図して，たとえばMBA (Master of Business Administration)，J.D.（Juris Doctor），M.Ed.（Master of Education）など，通常の研究型大学院を修了した際に授与される学位の名称とは異なっている。プロフェッショナル・スクールが授与する学位は，実際に専門職として通用する学位として，産業界や専門職団体からの評価が確立している。ちなみに多くのプロフェッショナル・スクールが授与する最終学位は修士号である。日本においても，2004年にアメリカのプロフェッショナル・スクールを参考に，▶専門職大学院が制度化された。　　　　　　　　　　　　　　　山田 礼子

→ 大学院（テーマ編），日本の大学院，大学院重点化，公共・社会政策プロフェッショナル・スクール

◎山田礼子『プロフェッショナルスクール──アメリカの専門職養成』玉川大学出版部，1998.

文化学園大学 [私立] ｜ぶんかがくえんだいがく
Bunka Gakuen University

1964年（昭和39）に文化女子大学として創立。2011年（平成23）文化学園大学に校名を変更し，翌12年に男女共学となる。衣文化関連分野の中核的教育研究拠点として，「新しい美と文化の創造」を建学の精神と掲げる。服装学部，造形学部，現代文化学部の3学部を有する。教育方針は「グローバリゼーション」「イノベーション」「クリエーション」である。服装学部では，自分自身で必要なカリキュラムを各フィールドから選択していく横断型履修システムを導入し，多様化するファッション業界に対応できる人材を育成する。クラス担任・副担

任制により学生生活をきめ細かく支援している。東京都渋谷区にキャンパスを構え，2017年5月現在，2877人の学生を収容する。　　　　山本 剛

文学部 ｜ぶんがくぶ
Faculty of Letters

［文学とは何か］
1877年（明治10）に日本で最初の国立大学（正確に言えば文部省の大学）として誕生した東京大学は四つの学部をもっていたが，文学部はその最初の，つまり日本最古の学部の一つである。この文学部は2科に分かれており，第一科は史学哲学及政治学科，第二科は和漢文学科であった。その後第一科から史学が削られ，1881年には第一科哲学科，第二科政治学及理財学科，第三科和漢文学科となった。政治学や理財学が文学部に含まれているのは現在の目には奇妙に映るだろう。1883年に文学部を卒業した坪内逍遥(1859-1935)は「文学部といっても，当時は政治，経済が主で」という言葉を残しているが（高田早苗述『半峰昔ばなし』），この政治学と理財学は1885年に▶法学部に移される。ここからも浮かびあがってくるように，当初「文学」をもって何を指すのかがそれほど明確ではなかった。「文学」は文科系の学問，文献についての学問，文章術などを広く意味していたのである。これは，文学部が英語ではFaculty of Lettersと呼ばれることからも示される。狭義のliterature（文学）ではなく，letters（文）を研究する場なのである。

　1886年の▶帝国大学令により，東京大学文学部は帝国大学文科大学になるが，そこに英吉利文学科と独逸文学科が新設されたことがきっかけとなり，文芸作品やその研究が狭義の文学＝literatureとして定着していく。つまり，むしろ文学部の学問内容の方が文学の意味形成に影響を与えた。文学部に含まれる学科が時代によって変化していったことは，「文学」という言葉の多様性と関係していると言える。東京帝国大学文科大学は哲学科・史学科・文学科に大きく分かれていたが，これが日本の文学部の核となる学問内容である。1919年（大正8）の帝国大学令改正とともに文科大学は再び文学部となり，19の専修学科を持つことになる。そこには新たに教育学，心理学，社会学が含まれていた。教育学科は新制東京大学の発足時に▶教育学部として独立している。

［低い地位と高い誇り］
ヨーロッパの大学，とくにドイツの大学をモデルとしてつくられた▶帝国大学の文学部が本家と大きく違う点は，大学内での地位の低さである。東京大学文学部は当時のドイツの大学の▶哲学部(Philosophische Fakultät)にあたるものとして構想された。哲学部は中世の大学においては，現在の日本の大学の人文系学部と▶理学部を合わせたような，言わば

文理学部として下級学部に位置づけられており，その上に▶法学部・神学部・医学部などの職業教育をする専門学部が置かれていた。それが18世紀末頃から一つの上級学部として独立し，専門諸学部と同格になった。中山茂『帝国大学の誕生』（中公新書，1978年）によれば，19世紀のドイツ大学の名声を支えたのがこの哲学部の隆盛であったという。

それに対して，帝国大学内での文学部の地位は高いものではなかった。そもそも，いわゆる旧七帝国大学の中で文学部の設置が認められたのは東京と京都のみであった。東京帝国大学の中核をなすのは官僚養成機関としての法学部だった。またドイツでは実学を扱う学部として大学から排除されていた▶工学部と▶農学部が，帝国大学には当初から組み込まれたのである。明治日本の官僚育成・理系実学重視の政策は，帝大文学部には不利に働いた。就職に恵まれない文学部には学生があまり集まらなかったのである。しかしその反面，夏目漱石（1867-1916）をはじめとする日本近代文学の担い手たちを，文学部は数多く生みだすことにもなる。このことは，欧米の作家たちが必ずしも大学卒業者や文学部出身者ではないのに対し，近代日本の作家たちの一つの特徴となっていると言えよう。

第2次世界大戦後の▶新制大学，とりわけ▶私立大学において文学部はその数を増やしていく。1971（昭和46）年度の文学部の数は123で，諸学部の中で最も多い（文部省『学制百年史』）。文学部は▶総合大学として備えておきたい伝統ある学部であった。文学部はまた，戦後，大学への入学が可能になった女子の受け皿と見なされた。早稲田大学教授で国文学者の暉峻康隆は「女子学生世にはばかる」と題するエッセイを1962年『婦人公論』に発表し，「女子学生亡国論」という言葉まで生まれたが，このエッセイでは，私立大学文学部で定員の半数以上が「学科試験の成績がよいというだけ」の女子学生に占められてしまったことが嘆かれている。

［少子化と大衆化の中で］

しかし文学部に本当に大きな転機が訪れるのは1990年代半ば以降である。『文学部がなくなる日』（倉部史記著，主婦の友社，2011年）というショッキングな題名の本もあるが，実際，文学部という名称を捨て学部を改組する私立大学が続々と出てきたのである。国際教養学部や総合人間学部といった名称である。また以前ならば文学部と称されてもよい新設学部が，グローバル・コミュニケーション学部といった名称を採用している。文学部が少なくなっていく理由として，大学激増と少子化の挟撃によって私立大学経営が苦しくなり，より受験生とその就職希望にアピールする学部名が求められていることがまず挙げられるだろう。さらに大学進

学率が約50％という急激な高等教育の大衆化によって学生が多様化し，人文系の学部に入ってくる学生に対して，かつての文学部の伝統的な教育が通用しなくなっていることも考えられる。いずれにしろ文学部は変化しつつある。あるいは，ここに記述してきたように，つねに変化し続けてきた。

高田　里恵子

▶学部の概念（テーマ編），新設学部の動向

◎磯田光一「訳語『文学』の誕生─西と東の交点」『鹿鳴館の系譜』講談社，1991.
◎東京大学大学院人文社会系研究科・文学部制作『靉鬨夢華─昔の文学部 今の文学部』，2004.

文化資本｜ぶんかしほん
cultural capital

フランスの社会学者ピエール・▶ブルデュー（Pierre Bourdieu）とジャン＝クロード・パスロン（Jean-Claude Passeron）が考案した概念で，人間の知識技能を資本として捉えたゲーリー・ベッカー（Gary S. Becker）の人的資本概念を文化領域に拡張し，貨幣や財の経済的側面のみならず，教育や文化の面において財が相続・生産・蓄積・投資される過程を説明する。文化資本は言葉遣いや立居振る舞いなどの身体化された様態，書物・絵画などの文化財所有による客体化された様態，学歴・資格によって制度化された様態からなり，それらを教育や就職など，経済的には「市場」となりうる「場＝界（champ）」に投資することで，再生産戦略を可能にする物質的・象徴的な利益を引き出す。それは幼少期の家庭から相続継承され，学校教育を通じて中立的な能力証明へと変換され，社会的な地位や権力の再生産に結びつく。この概念によって，一見利害関係なく実践される文化慣習行動を，貨幣経済より広範な「象徴交換の経済」に取り込んで分析することが目指される。

大前　敦巳

▶文化的再生産，人的資本論

分科大学｜ぶんかだいがく

1886年（明治19）制定の▶帝国大学令下における帝国大学の構成単位。同令は帝国大学を「大学院及分科大学ヲ以テ構成ス」（2条）とし，大学院を学術技芸の蘊奥を考究するところとする一方，分科大学を学術技芸の理論および応用を教授するところと規定し，法科大学，医科大学，工科大学，文科大学，理科大学を分科大学とした（10条）。各分科大学には長，教頭，教授，助教授，舎監，書記が置かれ，分科大学長は法科大学を除き教授の兼任とされた（11条，12条）。一方，帝国大学には総長，評議官，書記官，書記が置かれ，総長は帝国大学を総括するほか，法科大学長の職務に当たる

とされた(5条，6条)。1918年(大正7)制定の▶大学令で，分科大学は帝国大学と対置される「大学」ではなく，帝国大学を含む大学に置かれる学部となり，その位置づけは第2次世界大戦後の▶学校教育法にも引き継がれ，今日に至っている。旧帝国大学各校では学校教育法上の学長を総長と称しているが，それは分科大学の長が学長で，帝国大学の長は総長であった時代の呼称を引き継いでいるからである。

舘 昭

文化的再生産｜ぶんかてきさいせいさん
cultural reproduction

［階級・階層分化と教育］

文化的再生産とは，社会階級・階層に分化した社会において，近代化が進んで業績主義が主要な選抜・配分原理となり，直接的な身分世襲や財産相続が困難になる中で，出身家庭から▶文化資本の相続・継承を受けて高い教育達成を獲得し，より隠蔽・正統化された形で社会的地位および階級・階層構造の再生産を企てる過程を意味する。フランスの社会学者ピエール・▶ブルデュー(Pierre Bourdieu)，ジャン=クロード・パスロン(Jean-Claude Passeron)らによって理論化がなされた。

　とくにフランス社会においては，「必要性への距離」が最も大きい古典的な文学・芸術・音楽・スポーツなどの文化が，ブルジョワ上流階級の正統的文化となって専有され，それらは学校で獲得される知識技能よりも，家庭での教育経験や話し方・振舞いなどの慣習行動(pratique)を通じて伝達される。それが長い時間をかけて蓄積されると，身体化された態度性向となったハビトゥス(habitus)を通じて卓越化した趣味やセンスが形成されるとともに，それが文化資本となって学校教育での成功へと変換され，結果として得られる学歴資格は「公平」で「中立」な選抜を経たものと認証される。相対的に自律した「場＝界(champ)」としての教育システムは，こうした作用を及ぼすかぎり階級・階層構造の再生産に貢献することになる。

　また，学校教育は，社会経済的な要求に完全に従属しないアカデミックな自律性に基づく知識技能を教え込み，それを試験などによって評価するが，そこには学校で明示的に伝達されない家庭での習得を前提とする知識技能が介在しており，そうした側面を誤認したり隠蔽したりすることで，文化を前にした不平等を強化する選別装置が作動する。イギリスの社会学者バジル・バーンスティン(Basil B. Bernstein)が提起した言語コード論における「精密コード」と「限定コード」の関係は，小論文や口頭試問の試験形態にみられるように，学校教育が前者を自明視して容認するほど，出自階級の影響を受けるようになる。ポール・ウィリス(Paul Willis)が描き出した労働者階級の「野郎ども」における反

学校文化も，「男らしさ」を自明とする規範適応が制約となって，自己選別による階級再生産へと帰着していく。このような文化的再生産のメカニズムをめぐって，今日では世界各国でさまざまな実証研究が展開されている。

［大学とエリート再生産］

ブルデューらの文化的再生産に関する議論は，1960年代にフランスの大学(おもに文学部)で実施された調査に基づいている。最高学府としての大学は，エリート再生産の場であると位置づけられ，社会的出自が高く文化資本を相続・継承した「遺産相続者たち héritiers」は，大学で暗黙に共有される自由闊達なディレッタント学生文化を享受することができた。それは教授-学生間の自然化されたコミュニケーションに表出され，教授の難解な言語が学生に理解されず，メッセージ伝達の機能不全が黙認されたまま，ブルジョワ階級文化に根ざした言葉遣いや振舞いの教え込みが行われ，そうした教育的権威に基づく正統的文化の押しつけを象徴暴力と呼んだ。この暗黙の文化を共有できない庶民階級出身の「奨学生たち boursiers」は，額面通りにメッセージを受容する場違いな学校的態度を露呈してしまい，大学生活に適応することが困難になる。このような象徴暴力をめぐる問題は，社会階級・階層以外にも▶ジェンダー，移民，地域などの多様な観点から論じられる。

　歴史的な観点からは，フランスでは大学以上にエリート養成に特化した▶グランド・ゼコールを含めて，近代国家の成立に伴い学歴資格を通じた再生産が正統化される中，かつての身分制における大貴族と小貴族，小貴族と平民を分けていた社会的境界が，学校制度を通じて「国家貴族 noblesse d'État」として制度化されるに至ったという議論が展開される。さまざまな諸権力に対して文化資本に負う「国家貴族」が出現してきた歴史過程は，元来恣意的に作り上げられた正統的文化の定義をめぐって，国家の公益奉仕と能力主義(▶メリトクラシー)を大義名分とする，当該社会の支配集団間における象徴闘争を通じて形成された。「国家貴族」は公的な教育によって選抜されたという無私性を伴った権力を振るうことができる点で，近代国家の中で象徴的な正統性を獲得することが可能になった。フランスで「共和国エリート」として社会的に認められるゆえんである。

　現代においても，教育機会が拡大して国民の過半数が高等教育に進学するようになった中，教育民主化の理想が掲げられるにもかかわらず，教育や社会における成功を個人の「天賦の才」や「努力」に還元するメリトクラシーのイデオロギーの下で，エリートの再生産を企てる大学と高等教育，およびそれを支える国家のあり方が問われている。

大前 敦巳

⇒社会構造と大学(テーマ編)，教育機会の平等，
大学の民主化

◎ピエール・ブルデュー，ジャン=クロード・パスロン著，宮島喬訳『再生産—教育・社会・文化』藤原書店，1991.
◎ピエール・ブルデュー著，立花英裕訳『国家貴族—エリート教育と支配階級の再生産 Ⅰ・Ⅱ』藤原書店，2012.

文化ファッション大学院大学 [私立]
ぶんかファッションだいがくいんだいがく
Bunka Fashion Graduate University

2006年(平成18)学校法人文化学園によりファッションおよびファッションビジネスに特化した▶専門職大学院として開学。建学の精神を「ファッション分野における知財創造ビジネスのビジネスモデルを確立し，国際的に通用するファッション価値を創造・具現化させ，グローバル視点に立つ独自のブランドを確立できる人材を育成する」と掲げる。ファッションビジネス研究科にファッションクリエイション専攻とファッションマネジメント専攻の2専攻3コースを有する。実学教育を中心としたカリキュラムを設置し，各分野から招いた特別講師から最先端かつ高度な実務技能を学ぶことができる。東京都渋谷区にキャンパスを構え，2016年5月現在，142人の学生を収容する。

山本 剛

文官高等試験 ぶんかんこうとうしけん

第2次世界大戦前に上級官吏を登用するために実施された試験。略称は高文。高等文官試験とも称される。1894年(明治27)から1948年(昭和23)まで実施された。1887年(明治20)制定の文官試験補及見習規則により文官(奏任・判任)の資格任用制度が採用され，奏任官は高等試験，判任官は普通試験に合格することが任用要件となった。帝国大学法科・文科卒業者は高等試験を免除されたため各方面から批判を受けた。そこで，1893年に文官任用令・文官試験規則が制定され，奏任官への任用はすべて文官高等試験合格が要件となった。高等試験は予備試験と本試験に分かれ(年1回東京で実施)，帝国大学法科大学卒業生等は予備試験を免除された。外交官および司法官の試験は別であったが，1918年(大正7)の高等試験令などによって統合・整理され，行政・外交・司法各科の試験が年1回実施された。1948年，国家公務員法に基づく各種国家公務員試験の実施により廃止された。

橋本 鉱市

文京学院大学 [私立] ぶんきょうがくいんだいがく
Bunkyo Gakuin University

1924年(大正13)創設の島田裁縫伝習所が前身。1991年(平成3)に文京女子大学として開学。2002

年現在の大学名称に改め，05年に男女共学に移行。「自立と共生」を建学の精神と掲げる。外国語学部，経営学部，人間学部，保健医療技術学部の4学部と4研究科を有する。1年次から「キャリアデザイン・プログラム」を実施して，個別就職指導と徹底した実学教育により全国平均を大幅に上回る就職内定率を維持する。また保健医療技術学部では，理学療法士，作業療法士，臨床検査技師として多くの卒業生が活躍している。東京都文京区に本郷キャンパス，埼玉県ふじみ野市にふじみ野キャンパスを構え，2016年5月現在，4769人の学生を収容する。

山本 剛

文教大学 [私立] ぶんきょうだいがく
Bunkyo University

1927年(昭和2)馬田行啓，小野光洋によって開校された立正裁縫女学校を起源とする。1932年に立正学園高等女学校を設置し，53年に立正学園女子短期大学，66年には埼玉県越谷市に立正女子大学を設置した。1976年に名称を文教大学に改称し，翌77年に男女共学となった。教育学部，人間科学部，文学部，情報学部，国際学部，健康栄養学部，経営学部の7学部が設置され，教育学部は私立大学として初めて教員養成を目的として設置された。現在は埼玉県越谷市と神奈川県茅ヶ崎市の2校地制を敷いている。建学の精神は，法華経の精神に基づいた，人間性の絶対的尊厳とその無限の発展性とを確信し，理想社会の実現を期するための前提となる「人間愛」である。どの学部においても教育理念として位置づけられている。2017年(平成29)現在の収容人数8859人。

鈴木 崇義

文人共和国 ぶんじんきょうわこく
La République des Lettres [仏]

[文人共和国の理念]
文人共和国とは，16世紀から18世紀の時期，すなわちルネサンス期から啓蒙期にかけて，学問に携わる者たちが政治的，宗教的な国境を越えて，知の共有によって建設しようとした独自の共同体である。「文人 hommes de lettres」という語が用いられてはいるが，これは「文学」といった限定的な意味ではなく，より広く「学問」「学識」「知識」「科学」に関わる者といった意味でとらえられるべきである。文人共和国という言葉は，15世紀はじめごろから徐々に用いられるようになり，16世紀の最初の四半期以降には日常的な語となった。その理念的な特徴として，以下のような諸点をあげることができる。
(1)文人共和国は理念的に独自の「国家」として想定される。それは独自の政体として，すなわち固

有の法律を持ち，またその構成員がお互いを文人共和国の「市民」と呼び合うような国家として特徴づけられる。確かにこうした表現は，現実の国家と比較した場合の正当性という問題を引き起こし得たにせよ，学者たちは自分たちの共同体を，国家のように固有の法律と主権をもつ組織として，抽象的に想定することができた。

（2）文人共和国は地理的な国境を越えた普遍的なものとしてとらえられる。現実のヨーロッパが国家によって分断されて現れてくるのに対して，文人共和国は単一で広範な地理的広がりを有するものとしてとらえられていた。この普遍性は，理念的には地球全体の規模にまで広がり得たが，現実にはヨーロッパという枠のなかで認識されることが多かった。

（3）文人共和国は平等な市民によって構成される。当時は一般に出生に伴うと考えられていた権利と特権が否定され，アンシャン・レジームの社会を特徴づけていた階級制への感覚と対照をなすものとして立ち現れる。

（4）文人共和国は多宗派性を特徴とし，この点においても当時の現実の国家とは異なる特徴を示している。宗教改革によって中世の「キリスト教的共和国」の一体性が破壊された時にも，文人共和国は確固として揺るがなかった。各国が程度の差はあれ単一宗派的であることを求め，寛容はそれを実践する人々にとっては次善の策に過ぎなかったという現実の状況のなかで，カトリックおよびプロテスタントといった多様な宗派に属する人々を結集している文人共和国は，この点においても独創的な存在であった。

（5）文人共和国においては，自由ということに絶対的な価値が認められる。自由によって完全に支配される国家という理念が，その根幹をなしている。この点においても文人共和国は，絶対主義的であれ寡頭政治的であれ権威に関してはそれを支持していた当時の現実の国家とは非常に対照的である。

（6）文人共和国は「知的共同体」「精神の共同体」である。それは理性の庇護のもとに置かれ，真の知と学識に奉仕し，それらを教授，擁護し，かつ子孫に伝達するという目的を追い求める。また人類共通の救済という，より高次の理想を目指すものであり，こうした究極目的はあらゆる個別的利害，あらゆる独我論を断罪するものであった。この目的を理想として，有益であると認められた知の伝達が推し進められていったのである。

［活動の諸相］

文人共和国の成立の背景として，当時における▶印刷術の発展と書物の刊行，宗教改革によるキリスト教世界の分裂の危機などをあげることができる。こうした要因は，教会や大学といった知の伝統的な拠り所を越えた文人共和国の理念を支えること

となった。アカデミーや大学といった組織も，確かに知識の増強，保護，伝達という，文人共和国と類似の機能を持ってはいるが，対比的には，前者らは「個別的組合」，後者は「普遍的組合」としてとらえられた。また，学者たちの知の交換の手段として，文通も重要な位置を占めていた。文人共和国の基礎が築かれたのは，エラスムスを筆頭とする偉大な人文主義者たちの時代であり，1550年から1750年頃がその黄金時代としてとらえられる。その理想は18世紀の間ずっと保たれてきたが，18世紀末以降，とくに文人たちが要求した政治的役割の影響のもとで大きな変容を蒙り，文人共和国の理念は衰退していくこととなった。

［文人共和国の意義］

当時の現実的な文脈においてとらえるならば，文人共和国はいくつかの国家に分裂したヨーロッパにおいて，また国境よりもさらに閉鎖的な宗教的境界によって細分化された「キリスト教的世界」において，知の集大成が日々破壊され，ますます専門化が進行する世界において，過ぎ去った過去に対するノスタルジアを表明したものであるという側面も見いだされ得る。しかしこのノスタルジアによって後ろ向きに歩くよりもむしろ，壮大で一体的な知的建造物を構築したいという強い願望を表明するものであった。この意味では文人共和国は，究極的には観念と事実，ユートピアと現実との間における避けられない緊張の場として立ち現れてくるのであり，そこに現実を超えた理想としての文人共和国の意義が見いだされる。また歴史的に見れば，文人共和国は，その自由と独立の理想において，その批判的機能において，その普遍性への志向において，近現代における「知識人」の出現に大きな先駆的影響を与えるものであるという意義も認めることができる。

白鳥 義彦

→ 知識人と大学（テーマ編），学問の自由（テーマ編），アカデミア

◎ Hans Bots, Françoise Waquet, *La République des lettres*, Belin, De Boeck, 1997（H. ボーツ，F. ヴァケ著，池端次郎，田村滋男訳『学問の共和国』知泉書館，2015）.

文星芸術大学 [私立] | ぶんせいげいじゅつだいがく
Bunsei University of Art

1911年（明治44）創立の私立宇都宮実業英語簿記学校が起源。1999年（平成11）に先進的芸術教育の実現を目的に五つの理念・理想，「充実した教育体制」「新しい創造観に立った内容編成」「人格的感化をともなうはぐくみ」「夢のある学び舎」「世界に発信する芸術」を掲げて開学した。学是は「三敬精神」である。2017年現在，栃木県宇都宮市にキャンパスを構え，美術学部に245人の学士課程学生が在籍する。学科はアート専攻，デザイン専攻，マンガ専攻に分かれ，2018年度からは総合造形専攻も設置予定である。転専攻制度も有しており，

その場合は，所属専攻と転向希望先専攻との双方の教員による相談が行われている。　　　　戸村　理

文法学校 | ぶんぽうがっこう
grammar school

［誕生と性格］

中世イギリスに誕生した，主として▶ラテン語（文法）を教える学校。文法学校（scolae grammaticales）と呼ばれるゆえんであり，この言葉は14世紀以降，広く用いられるにいたった。ある地域に住む少年を対象に無償で教育を施す目的で，高位聖職者などの有志篤志家によって創設された。ラテン語は大学や教会で使用されるヨーロッパ共通の言語であり，その習得は大学への進学を志す者や教会関係の仕事に従事する者には不可欠であった。初期中世に体系化された七自由学芸（seven liberal arts）は大きく言語系の三学（trivium：ラテン語文法，論理学，修辞学）と数理系の四科（quadrivium：算数，幾何学，天文学，音楽）に分けられるが，ラテン語文法はそれらの中でもっとも予備的・入門的な知識，さらには形而上学や神学といった高度な学問に通ずる知識全体の基礎として位置づけられた。文法学校（グラマー・スクール）は，19世紀後半から20世紀初頭にかけて整備される複線型学校体系の中で，大学へと通じる大学進学準備校（下構型中等教育機関）として位置づけられ，フランスのリセや▶コレージュ，ドイツのギムナジウムと同様，イギリスにおけるエリート養成の一翼を担うことになる（グラマー・スクールの中から寄宿制のパブリック・スクールが発展する）。

［近世から近代へ］

16世紀には，ヘンリー8世による修道院の解散とその没収財産に基づいて一連の文法学校の新設と再編が行われ，文法学校はかつてない隆盛をみた。全国各地にKing's schoolsなかんずくエドワード6世文法学校が設立された。また，その一方で，ロンドンにはルネサンス新学芸を導入したセントポール校（ウィリアム・リリーが初代校長），ウェストミンスター校，マーチャント・テイラーズ校が創設された。1558年から1685年の間に少なくとも計358の文法学校が裕福な商人などを含む篤志家によって新設されたという。まさに「教育革命」と呼ぶにふさわしい現象であった。その背景には地主層であるジェントリーの勃興と，子弟にジェントルマンにふさわしい教育を施したいというかれらの願望があった。文法学校を経て▶オックスフォード大学あるいは▶ケンブリッジ大学への進学というジェントルマン教育のかたちは，この時代に形成されたものであった。

ルネサンス以降，文法学校でのカリキュラムには一部ギリシア語も導入されるようになったが，依然としてラテン語がその中核を占め続けた。多くの文法学校での教育は，ひとつの教室で一人の教師が

おそらく一人の助教の助けを借りて，テキストを暗記するという中世以来のかたちで行われた。毎日長時間に及ぶ学校生活やむちによる体罰も一般的であった。だが，宗教改革を契機にカトリックであれプロテスタントであれ，学校教師になるためには司教あるいは主教による認可が必要とされたし，またラテン語のテキストも標準化されて，エラスムス，コレット，リリーが編纂した『Royal Grammar』にとって替えられた（1540-42年）。一部の革新的な学校では教授法に関しても新たな方法が採用された。

［再編と改革］

18世紀に文法学校は多様化した。イートン校やウェストミンスター校のような全国から生徒を集めてエリートを輩出する学校，地域に根ざし地元出身の生徒をオックスブリッジに送る学校（ハル・グラマー・スクールやマンチェスター・グラマー・スクールなど），地元の通学生を教育して商業アカデミーや徒弟訓練へと送りだす学校などである。一方，基金の価値の下落や古典語教育に対する需要の低下そして種々の私営学校との競争のなかで，閉校や初等学校への転換を余儀なくされた学校もあった。学校の名称も「グラマー・スクール」以外に「フリー・スクール」「パリッシュ・スクール」「パブリック・スクール」などさまざまな言葉が区別されることなく同義で用いられた。

文法学校は有志篤志家の寄付によって創設された「基金立文法学校（endowed grammar school）」であり，その運営は創設規約に基づいて理事会が行った。だが，創設者の意図を体現する創設規約は時に，時代の変化に応じた学校経営の障害となり，理事会と校長との間で軋轢や対立が生じた。創設規約の遵守を是としたエルドン判決（1805年）などを経て，文法学校で数学やフランス語など伝統的な教科以外の知識を無償で教授することが可能になったのは1840年のことである。

ヴィクトリア時代には2度にわたる王立調査委員会の実態調査に基づく基金立文法学校の大々的な再編が行われた。ラグビー校やハロー校など「9大パブリック・スクール」が特定され（1864年のクラレンドン委員会），また，それ以外の学校についても分類・性格づけがなされた（1868年のトーントン委員会）。その後，1902年教育法の下で公立の中等学校が設立されることになったが，その際グラマー・スクールがその範型（規範的教育機関）とされた。1940年代中葉から1960年代後半にかけて存続した三分岐型中等学校制度（生徒が進学する学校は11歳時に実施される試験の成績によって決定される）の下でも，グラマー・スクールは大学進学へと通じるアカデミックなカリキュラムを提供するエリート中等学校として位置づけられた。三分岐型中等学校制度は1960年代から1970年代に多くの地方教育当局において無選抜の総合制中等学校制度へと移行し，

グラマー・スクールの多くは総合制中等学校(コンプリヘンシブ・スクール)に統合されるか閉校となった。一方,三分岐型に留まった地域のグラマー・スクールは,授業料を課す私営の「インディペンデント・スクール」となる道を選択して今日にいたっている。

安原 義仁

→言語学研究, アカデミー・フランセーズ

◎藤井泰『イギリス中等教育制度史研究』風間書房, 1995.
◎宮腰英一『十九世紀英国の基金立文法学校—チャリティの伝統と変容』創文社, 2000.

フンボルト

Karl Wilhelm von Humboldt│1767-1835

18世紀後半から19世紀前半に活躍した,ドイツの新人文主義の代表的思想家で,プロイセンの政治家,教育行政官,外交官でもある。2歳年下の弟に,博物学者として自然科学の分野で名を馳せたアレクサンダー(1769-1859)がいる。

フンボルトは20歳の時,フランクフルト・アン・デア・オーダー大学で法学を学ぶものの,その1年後に▶ゲッティンゲン大学に移るとギリシア古典とカント哲学に関心を寄せるようになり,ゲーテ,シラー,▶フィヒテらと親交を深める中で人文主義的教養の研究に没頭した。その後,ローマ教皇庁の特使(1801〜09年)を経て,1809年にプロイセン政府より内務省文教局長に任ぜられると,わずか1年余のことであるが,新人文主義の立場から,当時の身分に応じた学校制度に替えて初等学校,ギムナジウム,大学の三つの教育段階からなる分岐型の学校制度の構築,ギムナジウム教員を対象とした教職試験の導入など,さまざまな学校改革に尽力した。その最後を飾ったのが,教育と研究の一体化を図り,現代の大学のモデルにもなったベルリン大学(現,▶ベルリン・フンボルト大学)の創設である。1810年からは外交官として活躍し,19年には内務大臣となったが,大学に対する監視の強化などを定めたカールスバード決議に反対したことで同年罷免され,以降は公務を離れ学術研究に専念した。

髙谷 亜由子

→フンボルト理念

フンボルト理念│フンボルトりねん

Humboldtian education idea

[フンボルトの大学構想]

ドイツの新人文主義の代表的思想家として知られるヴィルヘルム・フォン・▶フンボルト(1767-1835)は,プロイセンの教育行政官として活躍した経歴も持つ。それはわずか1年3ヵ月という短い期間のことであるが,フンボルトは1809年にプロイセン政府によって内務省文教局長に任ぜられると,学校制度改革に取り組むとともに,現代の大学のモデルにも

なったとされるベルリン大学(現,▶ベルリン・フンボルト大学)の創設(1810年)にも尽力した。それを支えたフンボルトの新人文主義的な大学構想そのものや,フンボルトの大学構想またはベルリン大学のスタイルをモデルにしたとされる大学を支える理念は,一般に「フンボルト理念」と呼ばれている。

フンボルトの大学構想の柱であり,また現代の大学のモデルにもなっている主要な理念が,教育と研究の結合と,国家からの学問(Wissenschaft)の自由,すなわち▶大学の自治である。1810年のベルリン大学の創設以前,ドイツにはテュービンゲンやマールブルクといった,中世以来の伝統的な比較的小規模な大学と,イエーナ,ゲッティンゲン,ハレ(現,▶ハレ・ヴィッテンベルク大学),ライプツィヒといった比較的大きな規模の大学が存在した。前者のなかには,既成の学問内容を学生に一方的に教育するだけの場として,当時の大学不要論を呼び起こすほど退廃的な状況にあるところも少なくなかった。それに対して後者は,とりわけ17世紀末から18世紀の啓蒙期には,国家官吏の養成をおもな目的とする法学などの実用的な学問に重点を置いたことで,我が子を国家官吏に育てたいという貴族からは,法学において大学教授の研究に基づいた質の高い教育を受けることができる場として支持を受けた。また領邦国家からも,貴族から多額の寄付などの収入が得られるとして重用された。しかし,フンボルトが理想とするギリシア古典に描かれる普遍的な人間像は,既知の内容を教えるだけの小規模大学でも,国家の重要な経済的拠点となっていた実学重視の大規模大学でも実現しうるものではなかった。

フンボルトは,普遍的な人間像に至るプロセスを「Bildung教養」と呼び,これを実用的な学問に先行すべきものと位置づけ,大学の使命とした(「Bildungビルドゥング」は,「教養」以外にも「陶冶」「人間形成」などと訳される)。しかし教養は,教授から学生への一方的な活動によってもたらされるものではない。もっぱら自己修練,すなわち自律的,自発的な活動をもってして得られるものであった。そこで,フンボルトは「教育」という,それまで行われていた一方向的な活動に,「研究」という自立的,自発的な活動を統合しようとする。さらに,自立的,自発的な活動である「研究」を行うには,学問を教える自由や学ぶ自由,探求する自由が保障されていなければならないとして,フンボルトは,国家が大学の学問内容に干渉してはならないとする。ここからフンボルトは,教授の選任については国家の権限としながらも,あらゆる領域における大学の自治を主張する。

[フンボルト理念の影響]

フンボルトの大学構想あるいはそれを体現したベルリン大学のスタイルは,新しい大学のモデルとして他の大学にも,少しずつ変容されつつも広く採用さ

れていった。その背景には，当時，社会のエリートとして政治，社会，文化の各分野で圧倒的な力を持つようになっていた「教養市民層 Bildungsbürgertum」の存在がある。貴族ではない「教養市民層」の人々は，大学で教養を身につけていることが「教養市民層」であることの前提であった。大学が彼らを「教養市民層」の一員として証明する一方で，彼らもまた大学を修了すると，おもに官僚，大学教授，聖職者，医師，弁護士，判事，音楽家，芸術家など社会的地位の高い専門職に就いて，教養を身につけることのできる大学の維持と発展に貢献したのである。やがて，ベルリン大学をはじめとするドイツの大学が世界最高水準の大学としてドイツ国外にも知られるようになると，日本人を含む多くの外国人がドイツの大学に▶留学してくるようになった。

　19世紀後半に入ると，工業化の波がドイツにも押し寄せ，実用指向の▶工科大学や商科大学が力を増す一方，フンボルトが唱導してきた大学教育における教養主義は後退していった。しかし，かつて多くの留学生をドイツに送り込んだアメリカ合衆国や日本では「フンボルト理念」が生かされ，専門的な学修に教養の学修が先行する学修スタイルや，ゼミナールにおける教授と学生がともに未知の領域へと学問を拡張・探求する研究スタイルなどは，現代の大学でも一般にみられるような馴染み深いものとなった。

　なお近年では，現代の大学モデルを提供した「フンボルト理念」は，そもそもフンボルト自身の大学構想やベルリン大学を起源としているのか，後世の者が普及させたのではないかとする，従来の見解を転回するような研究が，ドイツのフライブルク大学のパレチェク(1957-)らによって進められている。

高谷 亜由子

▶ドイツの大学(テーマ編)，ドイツ大学モデル，大学論の系譜，カントの大学論，演習／ゼミナール

◎潮木守一「フンボルト理念とは神話だったのか──パレチェク仮説との対話」『大学論集』第38集，広島大学高等教育研究開発センター，2007.
◎金子勉「ドイツにおける近代大学理念の形成過程」『大学論集』第42集，広島大学高等教育研究開発センター，2011.
◎別府昭郎『ヴィルヘルム・フォン・フンボルトとベルリン大学創設の理念』『教育学研究』第70巻第2号，日本教育学会，2003.

文理科大学 | ぶんりかだいがく

旧学制下における官立単科大学の一種。1929年(昭和4)4月に東京文理科大学および広島文理科大学の2校が設立された。臨時教育会議答申により，▶高等師範学校に中等教員養成の高度化を目指して専攻科を設置することとされたが，折から盛り上がりをみせていた官立専門学校などの▶大学昇格運動を背景に，師範大学設立の動きが活発とな

った。しかしアカデミズム志向の強い大学観が支配的であった当時において，▶教員養成を目的とする大学は受け入れられず，高等師範学校の専攻科を母体とし，文理科を併合した単科大学が設立され，そこに高等師範学校が付置されることになる。文理科大学の入学者は高等師範学校卒業者の比率が最も高く，また卒業生の大半は中等教育機関の教員になっていった。このように組織としてはアカデミックな形態をもちつつ，他方で中等教員養成機能が期待されるという，一種のねじれをもった高等教育機関であったと言える。新制大学制度の発足とともに，それぞれ東京教育大学(現，筑波大学)と広島大学に包摂された。

伊藤 彰浩

平安女学院大学 [私立] | へいあんじょがくいんだいがく
Heian Jogakuin (St. Agnes') University

2000年(平成12)学校法人平安女学院により開学。同法人は1875年(明治8)大阪の川口居留地に「エディの学校」を開校したのが起源である。建学の精神は「知性を広げ，望みを高くし，感受性を豊かにし，そして神を知らせる」である。学生一人一人が「躾(マナー)」「心得(スキル)」「愛(ホスピタリティ)」を身につけた「貴品女性」を目標に人格形成に励む学風の中で，少人数制と教員の「クラス担任制」を採用し学生一人一人の顔の見える教育を行っている。またキャリア形成教育においても教員と職員が一体となった個別指導を行い，キャリアデザインから就職決定まで総合的に支援している。キャンパスは京都府京都市と大阪府高槻市にあり，2017年時点で501人の学生が在籍。

堺 完

平成音楽大学 [私立] | へいせいおんがくだいがく
Heisei College of Music

1972年(昭和47)学校法人御船学園設立，熊本音楽短期大学開学，2001年(平成13)平成音楽大学開学。九州唯一の音楽単科の大学である。音楽部内に音楽学科とこども学科がある。建学の精神には「九州から音楽文化を発信することを大学の使命・目的」として「音楽芸術の真理の探究」「創造性豊かな心を持つ人間形成」「地域社会の音楽文化の発展に寄与する人材育成」「福祉の進展に寄与する人材の育成」の四つの基本理念を掲げている。特徴としては，クラス授業は少人数制をとり，専門実技や副科実技(専門に次ぐ科目)ではマンツーマンの個人指導を実施している。熊本県御船町にキャンパスを構え，2017年現在263人の学生が在籍。

船勢 肇

平成国際大学 [私立] | へいせいこくさいだいがく
Heisei International University

1996年(平成8)学校法人佐藤学園により埼玉県加須市に開学した。当初は法学部のみの単科大学であったが，2017年にスポーツ健康学部が設置された。法人の建学の精神である「人間是宝」に基づき，法学部は国際化・情報化時代の中で法分野の実務，政治行政分野，現代社会の複雑な課題に対する問題解決能力を有する人材の育成をめざしている。また，スポーツ健康学部はスポーツと健康に関する体系的な教育を通じて，おもにスポーツ指導者となる人材の育成をめざしている。また1998年の台湾の中国文化大学との交流協定締結をはじめ，淡江大学，中華大学，呉鳳科技大学，大仁科技大学と協定を結び，留学生の受入れや学術交流をはかっている。2017年現在の収容人数1060人。
鈴木 崇義

ベイルート・アメリカン大学 [レバノン]
ベイルート・アメリカンだいがく
American University of Beirut: AUB

1856年，アメリカン・ボード(American Board of Commissioners for Foreign Missions)によってレバノンに派遣されたアメリカ人ブリス(Daniel Bliss)は，ベイルート南東部の山岳避暑地アレー(Aley)にある小さな学校(1843年創立)で教育実績を上げ，1858年から62年までアレー北部の全寮制スーク・アルガルブ校を任された。この間に現地アラビア語を習得し，布教から本格的な高等教育に転換すると，1864年にニューヨーク州から大学設立計画の特許を受け，アメリカン・ボードの資金援助も得て，1866年シリアン・プロテスタント・カレッジ(Syrian Protestant College)として，人文・自然科学部からスタートした。以後，1867年に医学部，71年薬学部，大学進学準備校(1960年分離，現International collegeに改組)，1900年商学部(のち人文・自然科学部に編入)を設置，1905年病院に看護学部(現ラーフェク・ハリーリー看護学校に改組)，10年歯学部(1940年まで存続)を併設。1920年に現在の名称に変更，51年工学部，建築学部，52年農学部(現農業・食品科学部に発展)，54年公衆衛生学部(現保健科学部に発展)，2000年ビジネス・スクール(現Suliman S. Olayanビジネス・スクールに改組)を設置。授与学位はレバノン高等教育省，ニューヨーク州教育委員会により正式に承認されている。設立以来の高い教育実績は，中東地域に限らず多くの学生を集めている。
阿久津 正幸

北京大学 [中国] | ペキンだいがく
Peking University

1898年設立の京師大学堂を前身とする，中国を代表する大学。1912年に北京大学に改称された。1910年代には学長の蔡元培が教育組織や管理運営の改革を進め，19年からの五四愛国運動では中心的拠点となった。日中戦争が始まると南方に移転し国立長沙臨時大学，国立西南連合大学として継続した。1949年から52年にかけて院系調整が行われ，文学と理学を中心とする12系33専攻から構成される総合大学となった。1990年代以降，「211プロジェクト」の対象校となるとともに，北京大学創立100周年記念大会での江沢民国家主席(当時)の講演をもとに始まった「985計画」で清華大学とともに最初の重点支援大学に選ばれた。2000年4月には北京医科大学と合併・統合し，新たな北京大学となった。2016年時点で理学部，情報・工学部，人文学部，社会科学部，経営・管理学部，医学部の6学部が設置されており，本科課程学生1万5000人，大学院課程学生2万5000人を擁し，教員は7000人を数える。
南部 広孝

別科 | べっか
special course

当該種別の学校に入学できる資格を有する者に対して，特別の技能教育を施すことを目的とする学校の▶課程。修業年限は1年以上で，修了時に「修了証明書」が交付される。現行の大学設置基準には規定がないが，大学における教育の一環として学校教育法91条に「専攻科」とともに位置づけられた正規の教育課程である。別科設置は明治初期から始まっており，▶農学部に別科として獣医(1884年東京大学)や農業技術(1918年岩手大学)のコースが設けられた記録がある。現行では，芸術大学で声楽，器楽，邦楽などの技能を学修するコースや，教育大学で大学入学資格を有し，かつ看護師免許を有する人に対しての養護教諭の養成コース，外国人留学生のための日本語研修コースなどが運用されている。「別科」と称さずに「日本語研修プログラム」等の名称で同様のコースを設置している大学もある。
細川 敏幸

別府大学 [私立] | べっぷだいがく
Beppu University

学校法人別府大学は，大学院，大学，短期大学，高等学校，中学校，県下で唯一の私立小学校，幼稚園，保育所を有する総合的な学園。1908年(明治41)豊州女学校設立，46年(昭和21)別府女学院開設，47年別府女子専門学校認可，50年別府女子大学設置認可(文学部国文科・英文科)，54年別府大学と改称(男女共学となる)。建学の精神は「真理はわれらを自由にする」。全学を挙げて地域に貢献できる大学・学校をめざし，地域の将来を担う人材を育成するとともに，大学や教員の持つ知力を

地域に役立てる地域連携事業にも積極的に取り組んでいる。大分県別府市と大分市のキャンパスに文学部・国際経営学部・食物栄養科学部が置かれ，2017年（平成29）現在1800人の学生が在籍。

船勢 肇

ヘブライ大学 [イスラエル] | ヘブライだいがく
Hebrew University of Jerusalem

聖地エルサレムにあるイスラエルを代表する国立総合大学の一つ。シオニズム運動を背景にイスラエルの地にヘブライ人の大学を設立し，海外からユダヤ人学生・学者の受入れ・移民を拡大するため，1918年に設置された。1925年に英国委任統治下の東エルサレムのスコープス山キャンパスに学生を受け入れて開学した。2015年時点で六つのキャンパスに7学部（人文学，社会科学，法学，数学・科学，医学，農学・食物・環境，歯学），315学科を擁する。学生数は2万3000人（学士1万2500人，修士5000人，博士2200人，その他3300人）で教員数は955人。世界44ヵ国の262機関と学術交流協定を締結している。ノーベル賞受賞者8名，数学のフィールズ賞受賞者1名を輩出し，2015年のタイムズ誌のアジア大学ランキングでは25位。イスラエルをリードする大学として，▶研究大学と評価されるテルアビブ大学，ハイファ大学，ネゲヴ・ベン＝グリオン大学の創設を支援した。

和氣 太司

ヘリコプター・ペアレンツ
helicopter parents

子どもの大学生活に対して頻繁に介入する保護者を示す用語。自らの子どもの上空を旋回しながら見守り，問題が生じるや否や着陸し，子どもを助けるという保護者の行動イメージから名づけられた。1990年にアメリカ人医学博士のフォスター・クライン（Foster Cline）により，その著書の中で初めて用いられた。2000年代以降のアメリカでは，ヘリコプター・ペアレンツの存在が各種調査によって指摘されている。日本においても，入学式や卒業式等の参加に加え，履修や進路等に関する相談を保護者が積極的に行う事例が報告されている。こうした保護者の存在の背景としては，少子化による家族関係の変化や▶学生消費者主義の台頭が考えられる。しかし，介入が許容される範囲と「過介入」と判断される範囲との線引きは難しく，保護者の介入を好ましくないものとして一概に否定すべきではない。わが子の教育に対して強い関心を払う保護者に対する大学の向き合い方が問われている。

橋場 論

ベルギーの言語戦争 | ベルギーのげんごせんそう
language conflict in Belgium

ベルギーは人口1132万人（2017年1月現在）を有する立憲君主制の連邦制国家で，オランダ語，フランス語，ドイツ語を公用語とし，おもにゲルマン系のフランデレン人と，ラテン系のワロン人によって構成される多言語・多民族国家である。オランダ語は北部ベルギー（フランデレン地域）で，フランス語は南部ベルギー（ワロン地域）で話されている。なお，首都のブリュッセルは二つの言語の併用地とされる。各言語の人口比はオランダ語が約60％，フランス語が約39％，ドイツ語が約1％である。オランダ語を母語とするフランデレン人は1830年の建国以来，常に多数派を占めてきた。しかし19世紀を通じて，ベルギーにおけるオランダ語はフランス語に対して劣位に置かれる状況が続いてきた。このことが，現在まで延々と続くベルギーの言語戦争（言語紛争）の発端となった。

[ベルギーにおける言語戦争の歴史]

ベルギーの歴史は言語戦争の歴史ともいえる。ベルギー王国の建国は，1830年10月のネーデルラント連合王国からの独立を契機としたものである。独立のおもな要因として，現在のオランダ地域の人々による現在のベルギー地域の人々への政治的・経済的抑圧やカトリック教徒への宗教的圧力などに加えて，オランダ語の強制が挙げられる。これらの圧政に対する反抗が，フランス語を話すブルジョワジーを中心とした独立運動に繋がった。フランス語の話者がベルギーの独立を主導したことから，建国時に制定された憲法では，フランス語とフランデレン語（オランダ語の方言）の平等が保証されたものの，実際には教育も含め公的な場ではフランス語のみが用いられることとなった。よって，当時のフランデレン語は，フランデレン地域の家庭や仲間内で使われる話し言葉でしかなかった。この言語的格差がのちのフランデレン運動を推進する原動力になっていくのである。

ベルギー建国間もない頃のフランデレン運動は，フランデレンの言語と文化の地位向上を目的とした社会・民族運動であった。しかしながら，1865年にフランス語を理解できないフランデレン人の被告に対して，フランス語による裁判で死刑が宣告され，死刑執行後に無罪が判明するという冤罪事件が起こると，フランデレン運動は過激な政治運動へと変化していくことになる。それは公的な場におけるフランデレン語の使用を認める「二言語主義」の展開を意味した。その結果，法廷，行政，教育におけるフランデレン語の使用を認める法案が順次可決されていった。そして1898年に，すべての法律と勅令が二つの言語で記載される「平等法」が成立し，ベルギー全土における二言語主義が確立した。ただし，これでフランデレン運動が終結したわ

けではなかった。運動の目的が「二言語主義」から、「地域別一言語主義」へと変遷していったからである。

地域別一言語主義とは、その地域の言葉を日常語とする「地域言語」の概念に基づいて、フランデレン地域はフランデレン語のみを使用するという考え方である（なお当時のフランデレン語は地方ごとに異なる方言を用いていたため、オランダの標準語をモデルに統一化が進められていた。このため、以下の記述はフランデレン語をオランダ語と表記する）。この地域別一言語主義の考え方は、1932年にベルギーの国土を南北に分断するように言語境界線が引かれたことで実現された。こうしてフランデレン地域ではオランダ語、ワロン地域ではフランス語のみの使用が、1932年に行政および初等・中等教育で、1935年に法廷で、1938年に軍隊でそれぞれ義務づけられることになった。最終的に1963年の言語法によって、地域別一言語主義は明文化されることになった。この法律は高等教育にも適用されたのである。

[言語戦争の大学への影響]

現在のベルギーに立地する大学は、ベルギーが建国される以前は一般的に▶ラテン語を▶教育言語としていたが、ベルギー建国時にラテン語からフランス語に置き換えられた。この置換はオランダ語圏のフランデレン地域の大学でも実施された。とはいえフランデレン運動が活発化してくると、フランデレンの言語や文化を大学で教えることが強く望まれるようになった。この要望に最も早く応えた大学は、フランデレン地域のヘント大学（Universiteit Gent［蘭］、ゲント大学とも）である。同大学は1817年に初代オランダ国王のウィレム1世によって設立され、ベルギー独立後はフランス語に教育言語を改めていたが、1852年にフランデレン文学の講座を最初に開設した大学として知られている。そしてフランス語とフランデレン語のバイリンガル大学へと早々に変容し、1930年にはベルギーで最初のオランダ語のみを教育言語とする大学となった。

ヘント大学以外のフランデレン地域の大学は、1963年の言語法施行以後にオランダ語への移行を開始した。この移行は大学の分割という悲劇も引き起こしている。たとえば、ベルギー最古の大学である▶ルーヴァン・カトリック大学（Katholieke Universiteit Leuven［蘭］）はフランデレン（フランドル）地域にあるフランス語とオランダ語のバイリンガル大学であったが、言語法によってオランダ語のみの指導を要求されたため、ワロン地域（フランス語圏）に新たな学園都市としてルーヴァン・ラ・ヌーヴを建設し、1968年に新たに同名のルーヴァン・カトリック大学（Université Catholique de Louvain［仏］）を開設することで、フランス語の教育・研究活動を継続させることになった。

田中　正弘

→オランダ・ベルギーの大学（テーマ編）、大学と言語（テーマ編）

◎小川秀樹編著『ベルギーを知るための52章』明石書店、2009.
◎正躰朝香「ベルギーの連邦化改革をめぐる国内政治過程―言語問題の政治化と国家再編への緒」『四天王寺国際仏教大学紀要』42号、2006.
◎和田文雄「ベルギーの言語紛争について―持続可能な社会の形成過程」『広島経済大学研究論集』35巻4号、2013.

ベルギーの大学 →オランダ・ベルギーの大学
（テーマ編p.130）

ヘルシンキ大学［フィンランド］｜ヘルシンキだいがく
University of Helsinki; Helsingin yliopisto［フィンランド語］

1640年に設立されたフィンランド最古の大学。トゥルク（オーボ）に設立されたトゥルク王立アカデミー（オーボ王立アカデミー）を起源とする。フィンランドを統治下においていたスウェーデンがその支配的地位を確固たるものとし、自らの統治を円滑にすべく、公務員および聖職者の養成機関として設立した。1809年にフィンランドの支配権がロシアに移行すると、トゥルク帝国アカデミーに改称された。1827年にトゥルクで起きた大火を契機として、翌28年にヘルシンキに移されると、名称もアレクサンドル皇帝大学へと改めている。移転はフィンランドに対する支配を強めたいロシア政府が、潜在的脅威と感じていたアカデミーを大火に乗じて地理的によりロシアに近いヘルシンキに移し、統制を強めることを狙いとしていた。現在の名称になったのは、フィンランド独立（1917年）後の1919年である。20世紀に入るまで、フィンランド唯一の高等教育機関であった。2014年現在、11学部（神学、法学、医学、人文科学、理学、薬学、生物環境科学、行動科学、社会科学、農林学、獣医学）で約4万人の学生が学ぶ。

渡邊　あや

ペルピニャン大学［フランス］｜ペルピニャンだいがく
Université de Perpignan

フランス南部、オクシタニー地域圏にあるピレネー・オリエンタル県ペルピニャン市にある。1350年、アラゴン王のペドロ4世が創設したのに始まるといわれる。14世紀末までには医学・法学・神学・自由学芸の学問分野を有していた。現在の大学は1971年に設立された大学センターを基盤とし、理事会によって管理され、理事会が選んだ学長によって運営されていた。財政や管理、教育上の自治を得たのは1979年のことである。文学・人文科学、精密科学・実験科学、法学・経済学の三つの教育研究単位（▶UFR）で構成され、ほかに経営・管理研究所、フランス・カタルーニャ友好研究所および技術短期大学部（IUT）の三つの教育研究機関がある。学生数8945（2015/16年）。

高橋　洋行

ベルリン自由大学[ドイツ] ｜ベルリンじゆうだいがく
Freie Universität Berlin

ベルリンにある州立総合大学で，ソ連占領下にあったフンボルト大学(現，▶ベルリン・フンボルト大学)から離反した教授・学生らが，アメリカの支援を受け，1948年に西ベルリンに設立した。生物，教育，法学など15の学部がある。冷戦下の政治的影響から，▶ラテン語の自由(Libertas)と真理(Veritas)，正義(Institia)の三文字が大学の印章に刻まれている。キャンパスは，20世紀初頭に文部官僚▶アルトホーフが手がけたダーレムの研究団地が基礎となっている。地理学者アレクサンダー・フォン・フンボルトが管理した植物園を擁する。創設当初は州直轄ではなく州・大学・学生による代表団による運営であった。

　1970年代より学生が増加，90年代初頭には学生6万人を擁し，▶ミュンヘン大学に次ぐドイツ第2のマス大学となった。創設時より国際化に力を入れており，とくに東西ドイツ統一後は，ベルリン市内の他大学との差別化のため国際化をより前面に打ち出している。5人のノーベル賞受賞者を輩出し，▶エクセレンス・イニシアティブに採択されている。近年，医学部や教員養成課程の一部統合などでベルリン・フンボルト大学との連携を強めている。2017年現在，教授349人，学生3万1500人(留学生6300人を含む)を擁する。　　　山本　隆太

ベルリン・フンボルト大学[ドイツ]
ベルリン・フンボルトだいがく
Humboldt-Universität zu Berlin

ベルリンに位置する州立総合大学で，医学，法学，生命科学，数学・自然科学，哲学，文学，文化社会教育，神学，経済学の9学部から構成される。フンボルト大学ベルリンとも称される。第2次世界大戦前はベルリン大学(正称は，創設時のプロイセン国王の名前を冠してフリードリヒ・ヴィルヘルム大学)，戦後は東ベルリンにあったため東ドイツの大学となり，フンボルト大学と呼ばれるようになった(1949年から)。西ベルリンには，共産主義の大学に反発する人々によって▶ベルリン自由大学が新たに設立された。東西ドイツの統一(1990年)にともない現在名となる。

　ナポレオン戦争に敗北したプロイセンは領内にあったハレ大学を失ったこともあり，新たな人材養成の高等教育機関を必要とし，1810年に新人文主義の代表的思想家で政治家でもあった▶フンボルトの主導によって創設された。創設時は法学，医学，哲学，神学の4学部。近代大学のモデルである「フンボルトモデル」の発祥地として知られる。19世紀末には文部官僚▶アルトホーフの手腕もあり，著名な研究者を数多く招聘し名実ともにドイツを

代表する大学に躍り出た。1889年，ベルリン自然史博物館が開館。20世紀初頭，学生数では▶パリ大学に次いでヨーロッパ第2の大学であり，他大学に大きな影響を与えた。細菌学者のロベルト・コッホなど29人のノーベル賞受賞者を輩出している(2016年現在。ただし，そのほとんどは第2次大戦前である)。近年「エリート大学」の選抜と言われている▶エクセレンス・イニシアティブ(連邦政府の大学研究支援プログラム)に採択されるなど，研究活動も活発である。ベルリン自由大学との連携も強めている。現在(2017年)，教授424人，研究員3551人，学生3万2500人(留学生5200人を含む)を擁する。　　　山本　隆太

偏差値 ｜へんさち
deviation

知能や学力等の試験において，個人の成績が被験者集団の中でどの程度の位置にあるかを，集団の平均値からどの程度隔たっているかによって示す数値。日本では一般に，

$$偏差値 = \frac{10 \times (個人の得点 - 集団の平均値)}{標準偏差} + 50$$

で算出される値が用いられ，平均値に位置する個人の偏差値は50となる。標準偏差とは得点のばらつきの程度を示すもので，

$$標準偏差 = \sqrt{\frac{\Sigma(個人の得点 - 集団の平均値)^2}{集団の人数}}$$

で示される。検査結果の表示法として偏差値が用いられるようになったのは知能検査が先だが，やがて学力検査でも用いられるようになった。1970年代以降，入試の合否の予測のための情報源として活用されている。これは個人の学力が全国的な規模でどの程度の水準に位置しているか，偏差値を通して把握できるためである。しかし，偏差値による「輪切り選抜」や「大学の序列化」といった問題が指摘されるようになり，文部省(当時)は▶共通一次試験の廃止と▶大学入試センター試験の実施など，評価尺度の多元化を進めたが，依然として偏差値は受験の際の判断材料として重視されている。偏差値自体ではなく，その活用の仕方が問題と指摘される。　　　齋藤　千尋

ペンシルヴェニア大学[アメリカ] ｜ペンシルヴェニアだいがく
University of Pennsylvania

1740年，イギリス国教会の聖職者だったジョージ・ホイットフィールドによってフィラデルフィアに開設された慈善学校に起源を持つ。1751年，ベンジャミン・フランクリンが同校の施設を購入し，24名の理事を組織してアカデミーが開設された。同校の

788　｜べるりんじ　　　　　　　　　　　　　　　　　　　　大学事典

校長・理事となったフランクリンの主眼は，聖職者ではなく政府・公共サービス・ビジネスに従事する人材の育成にあり，現代のリベラルアーツ教育に似たカリキュラムは植民地カレッジの時代において新規性のあるものだった。1755年に設立勅許状を獲得するが，カレッジ内部ではじめからフランクリンの教育理念が実現したわけではなかった。しかし，1765年にはアメリカ合衆国で最初の▶メディカル・スクールが設置され，79年にはアメリカ植民地の高等教育機関としてはじめて「university」を名乗るなど，聖職者養成を中心的目的とする他のカレッジとは一線を画し，実践性・新規性ある学術を追求してきたという特徴を持つ。本大学関係者から，独立宣言署名者9名，合衆国憲法署名者11名を輩出した。1881年にはアメリカ最初の▶ビジネス・スクールであるウォートン・スクールが開設された。現在，▶アイビー・リーグを形成する大学の一つとして，アメリカを代表する▶研究大学であり続けている。2014年現在の学生数約2万5000人。　　福留 東土

編入学 | へんにゅうがく
transfer admission

もともとある大学に在籍していなかった者が，国内・海外の他の学校から移転して入学すること。または過去に同種の学校に在学していた者が入学すること。学校種(▶高等専門学校，▶短期大学，4年制大学など)の異同は問わない(ただし，学校教育法上の大学への編入学[狭義]は，短期大学の卒業者，高等専門学校の卒業者，専修学校専門課程の修了者にのみ認められる)。出願資格は大学や学部・学科により異なる。なお，学校種が同じである場合は「転学(転入学)」という場合もある(4年制A大学の1年次を修了した者が4年制B大学の1年次または2年次へ入学する場合，C短期大学1年次を修了した者がD短期大学の2年次に入学する場合など)。アメリカ合衆国では転学が多く，日本に比べて容易である。これは学位プログラムが明確で，教育の▶質保証制度が機能していることが背景にある。

編入学・転学に伴い，移転前に所属していた高等教育機関での学習の成果(単位等)は，移転後の機関に移行できる場合がある。▶大学設置基準には，学生が在学中や入学前に他の大学等で履修した単位等について，60単位を上限に単位認定できるという規定があるが，編入学・転学の場合は例外とされ，大学により異なる。「学士入学」も編入学の一種であり，4年制大学を卒業し学士号を取得した者，あるいは学士号取得見込みの者を対象とするが，入学しようとする大学にかつて在籍していた者に限定される場合がある。　　齋藤 千尋

ボアジチ大学 [トルコ] | ボアジチだいがく
Boğaziçi University; Boğaziçi Üniversitesi [トルコ語]

トルコ共和国イスタンブルにある国立大学。ボアジチとは，トルコ語でボスポラス海峡を意味する。オスマン帝国末期の1863年，アメリカのプロテスタント系宣教団であるアメリカン・ボード(ABCFM)は，プロテスタントの普及と教育のために，イスタンブルでロバート・カレッジを設立した。その後，共和国期の1971年に，同じくオスマン時代から続くアメリカン女子カレッジ(1890年設立)と合併のうえ，国立に移管された。ほぼすべての講義を英語で教授していることもあり，受験生からの人気も高く，トルコを代表する大学の一つである。2013年現在，4学部，6研究所，2実業校を有する。　　長谷部 圭彦

ポアティエ大学 [フランス] | ポアティエだいがく
Université de Poitiers

フランス中西部，ポアトゥー=シャラント地域圏(現，アキテーヌ=リムーザン=ポアトゥー=シャラント地域圏)ヴィエンヌ県にある。1431年にローマ教皇エウゲニウス4世によって設立され，その後フランス王シャルル7世によって大学として承認された。当時は神学，教会法，民法，医学と自由学芸の5学部で構成されていた。著名人を輩出し，フランソワ・ラブレー，ジョアシャン・デュ・ベレー，フランシス・ベーコン，ルネ・デカルトなどが知られる。現在の教育研究単位(▶UFR)は経済学，文学・言語学，法律・社会学，人文学・自由学芸，医学，スポーツ科学で構成される。学生数2万4720(2009/10年)。2013年の高等教育・研究法に伴い，15年に大学・高等教育機関共同体(COMUE)に加盟。2017年現在，本大学およびリモージュ大学，▶オルレアン大学，トゥール大学，国立高等機械航空学校，国立応用学院ヴァル・デ・ロワール校で，レオナルド・ダ・ヴィンチ連合大学を構成している。　　高橋 洋行

→ PRES／COMUE

法学院 | ほうがくいん
Inns of Court

インズ・オブ・コート。イングランドとウェールズで活動する法廷弁護士のための法曹専門職団体。リンカン，インナー・テンプル，ミドル・テンプル，グレイの四つの法学院があり，いずれもロンドンに位置する。法廷弁護士はすべて，いずれかの法学院に所属することが義務づけられている。法学院は評議員(bencher)と呼ばれる古参会員によって運営され，学生(studentあるいはinner barrister)や法廷弁護士などその構成員に対する教育・訓練，居住の場，資格の付与と剝奪，監督の機能を有している。15世紀頃に誕生し，法曹専門職の教育機関・専門職

団体として発展した。法曹に関する実務的知識・技能のみならず、ジェントルマンにふさわしい教養教育も提供したことから、「イングランド第三の大学」と呼ばれた。オックスブリッジを経て法学院に進む学生も多かった。両大学のカレッジとの類似は図書室、大食堂、方庭など敷地内の建物の配置や建築様式にも顕著である。

安原 義仁

→法学教育

法学教育|ほうがくきょういく
law education

[歴史]

日本における法律学は、明治維新期における外国法の継受に始まった。したがって法学教育も外国法教育から始まった。フランス法、英米法、ドイツ法がその候補であった。フランス法は、司法省明法寮（のち▶司法省法学校、さらに東京法学校となる）で教えられた。これは、1804年に制定されたナポレオン法典が世界の民法典に甚大な反響を与え、フランス法は当時、最もすぐれた近代法制のモデルとされたからである。明法寮での教育はもっぱらボアソナードらフランス人教師の手で行われ、フランス語による教育が行われた。他方、東京開成学校は英米法を選択した。それは主として英語の方が用いやすかったからとされる。同校は東京大学の法学部となり、1885年（明治18）東京法学校を併合した。その頃、明治政府がプロイセンをモデルとする国家体制を指向したことを背景に、当時の大学綜理加藤弘之と、イギリスからドイツに転学して帰国した穂積陳重との二人が転換の担い手となり、東京大学ではドイツ法が法学教育の中心となっていった。

外国人教師により、外国語で行われる教育は「正則」、日本人教師が日本語で行うそれは「変則」とされた。この時点で、高額の俸給を要する外国人教師を雇う余裕のない私立法律学校が一段格の低い高等教育機関とみられたことは否めない。しかし、『明治大学五十年史』によれば、「在来、法学の講義なるものは、恰も漢籍の講義の如く一定の洋書を講読せしに過ぎ」なかったのに対して、明治法律学校での日本人教師による講義は「その形を全く破り、講師は学説及び判例等を咀嚼し、其れ自らの説として講義を行った」とされている。

ドイツ流概念法学を学んだ末弘厳太郎(すえひろいずたろう)は、第1次世界大戦により当初予定していたドイツを断念しアメリカ合衆国に留学した。そこで学んだ法社会学の成果を法解釈学に持ち込み、実生活に内在する「生きた法」と国家の制定した「法律」を区別し、判例こそ「生きた法」であるとした。判決の前提となった事実を詳細に調査し、従前あった判決との関係を調べて法の具体的変遷を明らかにするという手法は学界に大きな衝撃を与えた。しかし彼が

専攻する民法はまだしも判例の蓄積があったが、戦前の憲法は裁判で争われることもなく、憲法学は「てっとり早い対象として憲法典をとりあげ、それに主観的な、あるいはせいぜい形式論理的な一貫性をもつ註釈を加えれば、それでおしまい」（長谷川正安『憲法学の方法』）とさえ評された。しかし第2次世界大戦後は違憲審査制が導入され、憲法判例も蓄積されている。

[内容と目的]

▶法学部で教えられる主要な法律あるいは法律群には憲法、行政法、民法、刑法、商法、労働法、社会保障法、独占禁止法（独禁法）、民事訴訟法、刑事訴訟法、国際法などがある。国家と国民の関係を定める法律を公法といい、憲法や行政法がそれに当たる。私人間の法律関係を扱う法律を私法といい、民法や商法がそれに当たる。刑法は犯罪とそれに対する刑罰を規律する法である。戦後はこれに加え、憲法25〜28条を具体化した社会法と呼ばれる法分野が登場した。労働法、社会保障法などである。さらに経済法としては独禁法などがある。これらを総称して実体法というが、それに対し訴訟法は、実体法を具体的事件の中で適用し事件を解決する手続きを定めた法である。また国家間の関係や、国境を越えた私人間の紛争を扱うのが国際法である。こうした法の基礎にある考え方を研究教育する科目として法哲学、法社会学、法制史、比較（外国）法などがある。

戦後は、日本国憲法が英米法の強い影響を受けていることもあり、外国法研究はアメリカ法が中心となっている。しかし日本においても、一定の歴史のなかで法律、法制度が整備され、判例も蓄積されてきた。それ故、法学教育は日本の法に関する判例、学説の解説を中心に行われ、外国法は参考にされるに過ぎない。

そこで行われる法学教育の目的は、当事者の権利、義務を明らかにすることに帰着する。たとえば、いじめで自殺した生徒がいるとする。非法律家であれば「こんなことがあっていいの、悲しいね」とか、加害者に対し、「そんなことをするのは悪い奴だよね」という感想を持つだろう。しかし法律家はそこにとどまらず、次のように考える。いじめ加害者Aは刑法をはじめとする刑事法に反しているだろうか。反しているとすれば、警察はAを逮捕すべきだろうか、裁判で有罪となるだろうか。また、被害者の遺族は誰に対して損害賠償の訴えの権利を有するだろうか、とも考えるであろう。

このように、法律家のように考えるということは、事実状況からはじまり、ある過程を経て、当該状況の当事者の権利と義務についての結論にたどり着く、ということを本質的に必要とする。ある過程とは、①憲法・法律を精査し、判例を調べ、この事実状況に当てはめるべきルールの構造を明らかにし、②入手可能な事実を丹念に調べ、③この事実にル

ールの構造を当てはめることである。法学教育は
こうした思考法（リーガルマインド）を身に付けさせ
ることを志向している。　　　　　　　　中富 公一

→職業教育カリキュラム，法科大学院，専門職教育，専門職
資格

◎天野郁夫『近代日本高等教育研究』玉川大学出版部，1989.
◎Kenneth J. Vandevelde, *Thinking Like a Lawyer: An Introduction to Legal Reasoning*, Westview Press, 1996.

法学部 ｜ほうがくぶ
Faculty of Law

［世界最古の法学部］
世界最古の大学の一つに▶ボローニャ大学がある。
11世紀後半から12世紀にかけて，ボローニャでは
ペポや▶イルネリウスなどの著名な法学者が活動し
ていた。彼らは「自ら学びかつ教え」ていたが，その
名声が高まるにつれて，ヨーロッパ各地から法学を
学ぶ学生がボローニャに参集した。学生たちは相
互に交換した情報に基づいて特定の法学者を選ん
で，教授・学習関係を結ぶ契約を取り交わした。
その後，学生はウニヴェルシタス（大学団）に統合さ
れていき，この大学団が教師たちと教育契約を結
ぶことになる。

　ボローニャにおいて大学が誕生した背景として，
当時のイタリアの地位が挙げられる。地中海を経
由してオリエントへ通じる遠隔地貿易にとっての有
利な地勢，高い農業生産性，ドイツ国王とローマ
法王の提携という特殊な政治的状況，皇帝と法王
との激しくなっていく競合関係，都市の権利の強大
化，ローマ帝国の歴史的遺産などである。都市の
拡大は優れた行政能力，処理能力を必要とした。
貿易は組織化され保護されねばならなかった。そ
れぞれが独自の法的権力をもっていた諸都市間が
競争しているという状況は，二つの普遍権力，つま
り皇帝と教皇の特殊な諸機能を理解させるもので
もある。都市がそれぞれに独自の法律的権力をも
っていたことから生じる法律上の混乱は，そのつど
上位に立つ二つの普遍権力の法律行為によっての
み押さえることができたからである。競い合う諸都
市は，多くの領域において，都市間に広がる交流
を可能なものにするために，二つの普遍権力の発
する法律には特段の関心を示した。

　さらに，11世紀末から始まった教会主導で行わ
れた十字軍によって新しい思想，とくにイスラムと
古代の知識がキリスト教徒たちの中に入ってきたこ
とが挙げられる。たとえば哲学にとってはアリスト
テレスの著作が，法律にとってはユスティニアヌス
法典が役立てられた。イルネリウスは，ユスティニ
アヌスが編纂した法の秩序を再編成した。これに対
して，普遍的な教会の法体系を整備したのはボロ
ーニャの修道僧であったグラティアヌスである。ま
さにボローニャで市民法と教会法という普遍法は

誕生した。

［日本における法学部の位置］
法による社会の秩序維持と統制は，政治権力の支
配と安定にとって欠くことのできない用具である。
それぞれの政治体制は独自の法体制をもち，政治
体制の変革は当然のことながら法体制の変革を要
求する。明治維新による新しい国家権力の成立
は，まさにそうした伝統的な法体制の廃絶と新しい
法体制の創出への強い政治的要求をもつものであ
った。

　江戸時代，統治者たちには能力よりも徳目が要
請された。儒学理念に裏付けられた幕藩体制では
前例踏襲による守成が善となり，家柄に応じた仕
事を行い，変わらないことが尊重された。そこでは
自ら考え，動くことはタブーであった。たとえば，あ
る武士の家訓によれば，価値秩序は非理法権天の
順とされた。理性（合理性）は，親に従うべしという
「法」，権力者の命令という「権」より下位に置かれ
た。天が最上位にあるのは，その権力者でさえも
お天気を左右できないという意味にすぎなかった。

　これでは西欧諸国家に対抗できる近代国家を形
成することはできない。西洋法を継受し，日本に
根づかせるための営み，さらに明治政府を支える
官僚の育成は喫緊の課題であった。外国法の継
受は司法省明法寮におけるフランス法，▶東京開成
学校（のち東京大学法学部）における英米法の二つの
ルートで開始された。その後，東京大学に司法省
法学校，▶工部大学校，さらには東京農林学校が
併合され，法・医・工・文・理・農の六つの▶分科大
学と▶大学院からなる▶帝国大学が誕生した。法科
大学長は大学総長の兼任とされ，法科大学は国家
学を講じて行政官を養成する機関であることが示
された。法律学科では憲法から始めて法理学ま
で，政治学科では国法学から始めて財政学まで，
法学，政治学，経済学を構造的に習得させる段階
的カリキュラムが組まれた。このように日本の法学
部は司法官，行政官の養成目的から始まった。そ
れが法曹養成に特化しているアメリカ合衆国のロ
ー・スクールとの違いであろう。

　なお代言人（弁護士）の供給は，司法省法学校お
よび東京大学法学部という二つの官立学校の教育
目的の外におかれ，その確保はもっぱら国家による
資格試験制度に依存する方向がとられた。日本の
▶私立大学の淵源をなす私立法律学校の成立の最
大の契機は，こうした代言人資格試験の受験者の
ための，教育訓練の場の必要性の出現に求めるこ
とができる。

　今日，諸外国に比し日本では法曹になるための
司法試験に合格することが難しいこと，また大学も
大衆化したことから，法学部を卒業しても法曹資
格を有しないまま一般社会で活躍する者も多い。
それでもいまなお法学部は，地方公務員も含め行
政職公務員の大きな供給源となっている。それは

M.▶ウェーバーのいうように，近代的大組織を動かすには官僚的合理性が不可欠な故であろう。

中富 公一

→▶法学教育，法科大学院，学部の概念(テーマ編)，南欧の大学
(テーマ編)

◎ハンス=ヴェルナー・プラール著，山本尤訳『大学制度の社会史』法政大学出版局，1988.
◎天野郁夫『近代日本高等教育研究』玉川大学出版部，1989.

法科大学院 |ほうかだいがくいん
law graduate school

もっぱら法曹養成のための教育を行うことを目的とする▶専門職大学院。▶学校教育法の定める専門職大学院の一種であるが，一般の専門職大学院がその名称を法定されていないのに対して，専門職大学院設置基準で法科大学院と特定されている。また，一般の専門職大学院が標準の就業年限2年で授与する学位が▶修士(専門職)であるのに対して，3年で法務博士が授与される。さらに専門職大学院に課されている▶認証評価では，その評価が適格認定であることが定められている。2004年に裁判員制度の導入などと並ぶ司法制度改革の一環として，これまで司法試験にばかり頼ってきた法曹養成に組織的な教育訓練を組み込むため，アメリカのロー・スクールを模して導入された。しかし，ロー・スクールが法律以外の▶学士課程教育を受けてきた学生に司法教育を集中的に施すのに対して，法科大学院は▶法学部卒のいわゆる法学既習者を主体とするなど根本的な違いがある。また司法試験への依存が依然続くなか，多くの法科大学院の修了者がきわめて低い合格率で苦境に立つなど，さらなる改革が必要な事態となっている。 舘 昭

法科大学院入学適性テスト
ほうかだいがくいんにゅうがくてきせいテスト
Law–School Admission Test: LSAT

アメリカ合衆国の▶法科大学院に進学を希望する学士課程の卒業者(卒業予定者)向けの適性テスト。合衆国のおもな法科大学院の加盟する非営利団体が，世界の五十数ヵ国で年4回(国によっては4回未満)実施する。法の知識は問わないが，入学判定の最重要資料となる。比較的短い文章の解読をもとに，事柄の順序や構成を探る論理的な力，論者の主張内容を正確に把握する力，同じく主張の展開を批判的に検討する力を測定する35分ずつの多肢選択のテスト5部(うち1部は研究調査目的)を中心とし，最低140から最高180に点数化される。加えて，ある状況下での二つの選択のいずれかを支持する理由を論じる作文が課され，採点されないまま志願先へ送付される。LSATが広く関心を呼ぶ理由の一つは，社会的威信の高い法曹界への

関門だからである。しかし同時に，このテストは合衆国の学士課程教育の目標そのもの，すなわち言語を通して物事を論理的に考察し表現する訓練と極めて多くの共通点をもつことも注目される理由である。 立川 明

法学校 →司法省法学校

法政大学 [私立] |ほうせいだいがく
Hosei University

1880年(明治13)に在野の法律家であった金丸鉄・伊藤修・薩埵正邦らが設立した東京法学社が起源。1889年に仏学会(日仏協会の前身)が設立した東京仏学校と合併して和仏法律学校と改称，1903年には専門学校令により財団法人和仏法律学校法政大学となる。1920年(大正9)には大学令のもとで財団法人法政大学となり，法学部，経済学部を擁す私立大学として公的認可を得た。戦後，工学部をはじめ学部を新設し，2016年(平成28)5月現在，東京都千代田区市ヶ谷のほか，多摩と小金井にもキャンパスを持ち，16学部15研究科，通信教育部，▶専門職大学院を擁する総合大学として，3万6064人(通信教育部を含む)の学生を収容する。開学以来のフランス法精神に基づく「自由と進歩」の精神を継承し，現在はとくに「自立的で人間力豊かなリーダーの育成」「最先端の研究の促進」「持続可能な地球社会への貢献」を具体化するためのビジョンを掲げ，教育研究活動を実施。2003年には日本初のキャリアデザイン学部が設置された。 戸村 理

放送大学 [私立] |ほうそうだいがく
The Open University of Japan

1981年(昭和56)に公布・施行された放送大学学園法に基づき83年に設置され，85年よりテレビやラジオ放送による遠隔教育を開始した▶通信制大学。全国に学習センターやサテライトスペースが置かれ，インターネット配信もなされる。2001年(平成13)には大学院修士課程が設置され，14年には博士後期課程が設置された。大学では「学士(教養)」を，大学院では「修士(学術)」「博士(学術)」の学位を取得できる。

放送大学設立の萌芽は1960年代にある。社会教育審議会答申「映像放送及びFM放送による教育専門放送のあり方について」(1969年)では，1969年にイギリスで設立された▶オープン・ユニバーシティの事例などを踏まえ，教育の機会拡充とそのための放送利用の必要性が述べられた。その後，関連省庁における検討が進み，1975年に文部省の「放送大学創設準備に関する調査研究会議」が取りまとめた「放送大学の基本計画に関する報告」が放送

大学構想の礎となった。社会人に生涯学習機会を，また高等学校卒業者に大学進学機会を保障することのみならず，既存の大学との連携協力による大学教育の改善に資することが放送大学の目的である。

中村 香

設立者である放送大学学園は特殊法人として設置されたが，2003年に「特別な学校法人」へ移行し，14年現在は私立大学に分類される。本部は千葉市の幕張新都心にあり，ほかに放送授業の再視聴や面接授業(スクーリング)，単位認定試験を行う学習センターおよびサテライトスペースが全国都道府県(合計57ヵ所)に設置されている。入学時期は年2回(4月と10月)で，入学試験を課さず，1科目(2単位)1万1000円からの受講が可能である。2016年度2学期現在，1学部(教養学部)1研究科(文化科学研究科)にさまざまな世代や職業に従事する9万1405人の学生が在籍している。

戸村 理

法律顧問→大学の法律顧問

北欧の大学→テーマ編 p.142

北欧の大学改革 | ほくおうのだいがくかいかく

北欧諸国において進められてきた大学改革の多くは，北欧レベルでの連携・協力関係を基盤として，相互に影響し合いながら進められてきた。とくにスウェーデンが実行した改革に他の北欧諸国が学ぶという事例は，高等教育制度が整備されていく段階において多く確認できる。こうした北欧諸国内での学び合い(政策研究)に加え，近年は高等教育の大衆化や国際化・グローバル化など，高等教育の国際的な潮流が，各国の改革動向に与える影響が色濃くなっている。とりわけ，1999年のボローニャ宣言を契機として欧州で進められた▶ボローニャ・プロセスと呼ばれる高等教育改革が北欧諸国にもたらした影響は甚大なものであった。▶学士と▶修士から構成される学位制度や▶単位互換制度の確立，質保証システムの整備など，この枠組みのもとで進められた改革において，北欧諸国はこれらを導入するだけでなく，速やかにそのプロセスを実行した国と評されている。

欧州で進む改革に加え，高等教育をめぐる国際的な動向の影響も大きい。①二元型高等教育システムをめぐる改革による「大学」の再定義，②高等教育の再編・統合，③国と大学の関係の変化，④ガバナンス改革などは北欧諸国においても進められている。これらは，いずれもこれまでの北欧諸国の大学のあり方に転換を促すような改革である。

まず，高等教育制度の二元化とは，学術型の大学に加え，新たに職業型の高等教育機関を設置す

るというものである。北欧諸国の中ではスウェーデンが最も早く，1970年代末に導入していたが，90年代に入り，ほかの北欧諸国もこれに追随している。高等教育レベルの▶職業教育を提供する機関として，当初は学術型大学との相互補完性が意識されていたが，近年，大学を取り巻く環境が変化する中で，両者の違いが曖昧になりつつある。とくにスウェーデンやノルウェーにおいてその傾向が顕著であり，職業型の高等教育機関(大学カレッジ)であっても博士号授与権を認められている課程を持つ機関もあるほか，条件を満たせば大学へ昇格することも可能である。これまで博士号の授与権を持つことが大学を特徴づける要素の一つとされてきたが，すべての課程において博士号授与権を有しているか否かということへと変化している。

2点目の高等教育の再編・統合は，2000年代後半から進められている。機関を大規模化すること，および合理化を図ることにより，国際競争力を高めることを主たるねらいとしている。各国で進められている改革であるが，①いつ実施するか，②実施プロセスが急進的であるか漸進的であるか，③どのセクターを対象とするか(大学，その他の高等教育機関，その両方)，④セクター内での再編であるか，セクターを超えた再編であるか(大学のみで行われるのか，他の高等教育機関も含めた再編であるか)，といった点においてはそれぞれ異なっている。

これに大規模な形で，いち早く取り組んだのがデンマークである。2007年に政府系の研究機関を含める形で再編が行われ，12機関あった大学が8機関に統合された。デンマークとともに大規模な統合を進めているのがフィンランドである。「トップ大学」構想のもと，ヘルシンキ工科大学・ヘルシンキ経済大学・ヘルシンキ芸術デザイン大学という三つの単科大学を統合して，▶アールト大学を設立するなど，戦略的に再編を行っている。一方，ノルウェーは2008年に大学の統合が計画されたが，国会において法案が否決されている。

3点目の国と大学の関係の変化は，国によっては大学のあり方を転換させるほどのインパクトを持つものであった。実際，デンマークは2003年に財団化を，フィンランドは2010年に法人化・財団化をそれぞれ実行している。これは，それまですべての大学が国立であった両国にとっては大きな変化であった。改革に対する各国のスタンスの違いから，大学の設置形態こそ異なっているが，大学の自律性を高めていくという全体的な方向性は，北欧諸国すべてに共通するものである。実際，1990年代以降の高等教育政策は，大学の自律性の担保とその向上を前提として展開されている。

4点目のガバナンス改革のうち最も目に見える変化は，大学運営における外部関係者の参画である。これまで北欧諸国では大学の管理運営等に係る意思決定を，教授，その他の教育・研究・事務職

員，学生の三者から構成される会議体において決定してきた。いわゆる三者自治と呼ばれる大学の管理運営モデルである。これに新たに外部関係者の参加が義務付けられることとなっている。理事会等，最高意思決定機関における内部関係者と外部関係者の比率や，議長を外部関係者から選任するか否かなど，その関与の度合いは各国で異なるが，外部関係者の参画と関与を増やしていく傾向にあることは北欧諸国すべてに共通している。

渡邊 あや

→ 北欧の大学 (テーマ編)，質保証制度，国立大学の法人化

◎ *Hallituksen esitys yliopistolaiksi ja siihen liittyviksi laeiksi*, 20.2, 2009.
◎ Jan Petter Myklebust, "More autonomous universities," *University World News*, No.153, Vol.09, January 2011.

北欧の大学法制 | ほくおうのだいがくほうせい

北欧諸国における大学関係のおもな法律として，アイスランドには2006年の高等教育機関法，2008年の公立高等教育機関法 (Lög um opinbera háskóla)，スウェーデンには1992年の高等教育法 (Högskolelag)，デンマークには2012年の大学法 (Bekendtgørelse af lov om universiteter (universitetsloven)) と大学カレッジ法 (Bekendtgørelse af lov om professionshøjskoler for videregående uddannelser)，ノルウェーには2005年の大学・大学カレッジ法 (Lov om universiteter og høyskoler)，フィンランドには2009年の大学法 (Yliopistolaki) と2014年の専門大学 (AMK) 法 (Ammattikorkeakoululaki) がある。複数種の高等教育機関を持つ北欧諸国であるが，一つの法律ですべての高等教育機関に適用している場合と，機関種別に法律を定めている場合とがある。

渡邊 あや

→ 北欧の大学 (テーマ編)

北翔大学 [私立] | ほくしょうだいがく
Hokusho University

北海道江別市にある。1939年 (昭和14) 設立の北海ドレスメーカー女学園に始まり，63年北海道女子短期大学 (被服科)，97年 (平成9) に北海道女子大学 (人間福祉学部介護福祉学科・生活福祉学科) を開設。1999年に北海道浅井学園大学への校名変更を経て，2007年北翔大学とする。建学の精神は「女性の社会的地位の向上を目指し，女性にふさわしい職業的技能と幅広い教養を身につけた，自立できる社会人の育成」とし，「今日的意義」には「常に変化する社会に向かって真摯にかつ創造的に対応できる人材の輩出を目指し，より高い専門性と幅広い教養を身につけた，自立できる社会人の育成」と確認している。生涯スポーツ学部，教育文化学部を有し，2017年現在の学部生1749人。

蝶 慎一

北星学園大学 [私立] | ほくせいがくえんだいがく
Hokusei Gakuen University

北海道札幌市厚別区にある。1951年 (昭和26) 北星学園女子短期大学が開学したことに始まる。1962年北星学園大学が開学し，文学部 (英文学科，社会福祉学科) が置かれた。1992年 (平成4) 大学院 (修士課程)，96年に社会福祉学部が設定された。2011年以降，海外の多数の大学と国際交流協定を締結してきた。「世にあって星のように輝く」という言葉を掲げ，男女共学の総合大学となっている。自身の所属する学部学科専門課程以外の学びが可能となる副専攻制度があり，修了者には副専攻認定証書が授与される。資格は，中学校教諭一種免許状 (英語，社会)，高等学校教諭一種免許状 (英語，公民，地理・歴史，商業，情報)，特別支援学校教諭一種免許状，精神保健福祉士，社会福祉士などが取得できる。2017年現在の学部生3876人，大学院生33人。

蝶 慎一

北陸学院大学 [私立] | ほくりくがくいんだいがく
Hokuriku Gakuin University

1885年 (明治18) アメリカの宣教師団によって創立された金沢女学校を起源として，北陸学院短期大学に併設して2008年 (平成20) にキリスト教系の共学校として石川県金沢市に開学，同時に短期大学は短期大学部となる。人間総合科学部のみの単科大学であり，子ども教育学科，社会学科を持ち，子ども教育学科では保育士・幼稚園教諭・小学校教諭の免許に加えて中学校教諭免許も取得できる。各学科の入学定員は70名で，2016年現在502人の学生が在籍。学是は"Realize Your Mission" (あなたの使命を実現しよう)。キリスト教の精神に基づいた人間教育を基盤に置いた上で，実践を重視した知識と技術を深める教育に取り組む。

和崎 光太郎

→ キリスト教系大学

北陸先端科学技術大学院大学 [国立]
ほくりくせんたんかがくぎじゅつだいがくいんだいがく
Japan Advanced Institute of Science and Technology

1990年 (平成2) 日本の国立大学としては初めて大学院課程のみの大学院大学として開学。先端科学技術分野における国際的水準の研究を行うことを目的とする。2016年5月現在，石川県能美市にキャンパスを構え，4研究科に981人の学生を収容。入学者選抜は全学で統一されており，面接を交えて専門性や学生区分 (社会人・留学生など) を問わず選抜される。また教育研究は研究室主導でなく，コースワークを中心とした体系的カリキュラムによる指導体制が取られている。授業実施方法も特

徴的で，専門科目は主として週2回，午前中に開講される。午後は研究やゼミ，午前に行った授業を学生自身が学習する時間が設けられ，学習内容の定着が図られている。なお東京サテライトには先端領域社会人教育院が置かれ，社会人学生を対象に，知識科学研究科と情報科学研究科が設置した計4コースの支援を行っている。　　　戸村 理

北陸大学[私立]｜ほくりくだいがく
Hokuriku University

1975年(昭和50)設置の学校法人松雲学園(1985年に学校法人北陸大学に名称変更)により同年に開学。創設者は，吉田茂内閣の国務大臣を務めた林屋亀次郎である。松雲の名は，金沢の教育振興に功績のあった5代加賀藩主前田綱紀の諡号からとっており，その精神を基にした，「自然を愛し，生命を尊び，真理を究める人間の形成」を建学の精神とする。「健康社会の実現」を使命とする，薬学部の単科大学として開学したが，大学院の設置・廃止を含む幾度かの改組を経て，2017年(平成29)4月より経済経営，国際コミュニケーション，医療保健の各学部を含む4学部体制となった。金沢市太陽が丘にキャンパスを構え，2017年5月現在，2059人の学生を収容する。2016年度より文部科学省事業「私立大学研究ブランディング事業」に参加。　　　平野 亮

ボケーショナル教育｜ボケーショナルきょういく
vocational education

古典的な専門職養成や大学院レベルでの▶専門職教育と並行して，大学▶学士課程以下のレベルで，特定の職業または一定の広範囲の職業に向けての▶職業教育があり，ボケーショナル教育と位置づけられる。J. デューイの『経験と教育』から敷衍すれば，職業の，職業による，職業のための教育として定義できよう。教育の目的・方法・統制のそれぞれの次元で産業や職業の関係者の関与が明確に設定されたボケーショナル教育として，2014年度から専門学校の職業実践専門課程，15年度からは大学の職業実践力育成プログラムが，厚生労働省教育訓練給付金制度と連携した文部科学省の認定制度としてスタートしている。ただし，大卒ホワイトカラー層については新卒市場での職業技能ニーズが明確でなく，技能習得や現場の関係性理解のための，実習や▶インターンシップが十分に展開できないままであることが課題となっている。吉本 圭一

◎吉本圭一「専門学校と高等職業教育の体系化」，広島大学高等教育研究開発センター『大学論集』第40集，2009.

保健医療経営大学[私立]｜ほけんいりょうけいえいだいがく
College of Healthcare Management

2008年(平成20)開学。建学の理念に「我が国及び世界において人々が等しく高い水準の健康を享有する社会が実現されんことを願い，これに貢献するための教育及び研究に取り組むことを目的として，ここに設立する」とある。教育研究上の理念として，「人」を理解する，「社会」を理解する，「地域」を理解する，「世界」を理解する，「未来」を理解する，「自分」を理解する，という6項目を掲げている。分野別就職先の50%は医療機関で，福祉関連施設8%，医療関連企業20%，一般企業22%である。深い教養や幅広い視野，コミュニケーション力，的確な課題解決力などを修得するためのカリキュラムを構成している。福岡県みやま市瀬高町高柳にキャンパスを構え，2016年現在174人の学生が在籍。　　　船勢 肇

保健管理センター｜ほけんかんりセンター
health center

国立学校設置法施行規則にもとづき，学生の健康管理に関する専門的業務を行う厚生施設として，1966年(昭和41)から国立大学に順次設置されるようになった。大学によって保健管理センターの担う役割は異なるが，保健計画の立案，定期健康診断，臨時の健康診断，健康相談と診療，精神衛生や環境衛生に関する指導など保健に関する業務を担当し，また同時にこれらに関する教育・研究の推進を担っていることが多い。診療所としての機能を持っていることも少なくない。私立大学でも同様の施設を保健センター，健康管理センターなどの名称で運営しているところがある。国立大学の法人化に伴い，保健管理センターのあり方は多様化してきており，内包してきた▶学生相談部門を別立てとするような組織改編の動きも見られる。寺島 吉彦

→ 学生相談室

ボゴール農科大学[インドネシア]｜ボゴールのうかだいがく
Bogor Agricultural University; Institute Pertanian Bogor: IPB

インドネシアの大学。オランダ植民地期の20世紀初頭に設立された農業，林業，獣医学の専門学校を前身とする。1947年以降，これらの学校は▶インドネシア大学の農学部および獣医学部に統合された。その後1963年にボゴール農科大学が開学，65年に農，林業，獣医，畜産，水産，農業技術の6学部が開設された。現在は農，獣医，水産，畜産，林業，農業技術，理，経済経営，人間生態の9学部および大学院と3年制の多くのディプロマ・コースを開設。2000年以降，インドネシア大学やガジャマダ大学，バンドン工科大学と同様に国有法

人化され，研究に力を注ぐ。近年は海外の大学との教育・研究協力を活発に展開し，オーストラリアやドイツの大学や研究機関，企業との協定を結んでいる。また東京農業大学，千葉大学，琉球大学，筑波大学，京都大学，奈良先端技術大学など日本の大学との学生交流や共同研究にも積極的に取り組んでいる。

中田 有紀

星薬科大学 [私立]｜ほしやっかだいがく
Hoshi University

1911年(明治44)星一により設立された星製薬株式会社の教育部門を源泉とする。商業学校，専門学校として発展を続け，1950年(昭和25)に星薬科大学が開学。建学の精神を「世界に奉仕する人材育成の揺籃である」と定め，「薬学に関する学理および応用」を教授し，人格・実力・情熱を兼ね備えた薬剤師，あるいは人類の健康増進に貢献できる専門家を育成する。薬学部に6年制の薬学科，4年制の創薬科学科の2学科，1研究科を有する。少人数教育を重視し，国家試験では高い合格率を維持する。多くの人材を病院，薬局，製薬業界などへと輩出する。東京都品川区にキャンパスを構え，2017年(平成29)5月現在，1847人の学生を収容する。

山本 剛

補助金収入 ｜ほじょきんしゅうにゅう

補助金とは，国や地方公共団体等が特定の事業等を行う者に対し，その遂行を補助するために交付する金銭的給付である。▶国立大学は，継続的・安定的に教育研究活動を実施できるよう，▶文部科学省より国立大学法人等運営費交付金や国立大学法人等施設整備補助金を措置されているが，これ以外にも大学改革や研究・国際化等を推進するための補助金や地域の課題に対処するための補助金が国や地方公共団体より交付され，各大学の補助金収入となっている。また，私立の大学，▶短期大学，▶高等専門学校の教職員給与や教育研究経費等の▶経常的経費，および施設・設備等の整備についても国は補助金を交付している。▶日本私立学校振興・共済事業団は文部科学省から私立大学等経常費補助金の交付を受け，これを私立大学等を設置している▶学校法人に対して交付しており，2015年度は約3150億円が配分された。日本私立学校振興・共済事業団『今日の私学財政─大学・短期大学編』(平成28年度版)によれば，2015年度の▶事業活動収入に占める補助金比率は私立大学部門で11％，私立短期大学部門で15％である。

吉田 香奈

➡学生納付金，私立大学の財政・財務

POSTECH (ポステック) ➡浦項 (ポハン) 工科大学校

ポストドクター
postdoctoral fellow

▶博士の学位を取得後，①大学等の研究機関で研究業務に従事している者であって，教授・准教授・助教等の職にない者や，②独立行政法人等の研究機関において研究業務に従事している者のうち，任期を付して任用されている者で，かつ所属する研究グループのリーダー・主任研究員等ではない者をいう。①，②ともに，▶博士課程に標準修業年限以上在学し，所定の単位を修得した上で退学した者(満期退学者)を含む。ポスドクと略されることもある。1990年代から始まった▶大学院重点化計画により▶大学院の定員は増え，増加した博士号取得者を支援するために，第1期科学技術基本計画の一部として，1996年からポストドクター等1万人支援計画が実施された。ポストドクター制度は，博士の学位を取得しながら定職に就けない▶オーバードクター問題を緩和したものの，ポストドクター後のキャリアパスが十分に整備されていないため定職に就けないポストドクター問題を新たに抱えることになった。

中井 俊樹

北海学園大学 [私立]｜ほっかいがくえんだいがく
Hokkai-Gakuen University

北海道札幌市豊平区と中央区にあり，地下鉄直結の大学として著名。1885年(明治18)北海英語学校が設立されたことに始まる。1950年(昭和25)北海短期大学，52年に北海学園大学(4年制)として開学した。1970年には大学院経済学研究科(修士課程)を設置。2005年(平成17)法務研究科(法科大学院)法務専攻専門学位課程を開設。建学の精神は「開拓者精神」である。学部は，経済学部，経営学部，法学部，人文学部，工学部で構成され，インターンシップや就職支援，資格の取得，留学による学生派遣事業なども実施されている。また受験生に向けた進学相談会を北海道内外で精力的に行っている。2017年現在の学部生8348人，大学院生91人。

蝶 慎一

北海商科大学 [私立]｜ほっかいしょうかだいがく
Hokkai School of Commerce

札幌市豊平区にある。始まりは北海学園大学と同じく，1885年(明治18)北海英語学校が設立されたことに始まる。1977年(昭和52)北海学園北見大学商学部商学科，94年(平成6)に観光産業学科を開設した。2006年北海商科大学と名称変更，校地も北見から札幌に変更された。2011年大学院商

学研究科ビジネス専攻(修士課程)を開設。建学の精神は「開拓者精神の涵養」である。商学部に商学科，観光産業学科を有し，修学上の問題を抱え得る学生に対しては，「修学指導面談」(学年ごとに前・後期)を実施し，中途退学などの問題が起こらないように手厚く支援している。2017年現在の学部生755人。2017年度は北海学園北東アジア研究交流センターで公開講座を実施している。　蝶 慎一

北海道医療大学 [私立] | ほっかいどういりょうだいがく
Health Sciences University of Hokkaido

北海道石狩郡当別町にある。1974年(昭和49)東日本学園大学が設立され，薬学部が開設された。1978年に歯学部，93年に看護福祉学部が開設され，94年(平成6)北海道医療大学に名称変更。建学の理念は「知育・徳育・体育 三位一体による医療人としての全人格の完成」である。現在は，薬学部，歯学部，看護福祉学部，心理科学部，リハビリテーション科学部を有し，各々に大学院教育も展開されている。北海道医療大学病院，歯科クリニックなどの関連する医療機関も充実している。2017年現在の学部生3294人，大学院生171人。札幌駅徒歩3分の好立地に札幌サテライトキャンパスがあり，生涯学習や同窓会などにも活用できる。　蝶 慎一

北海道科学大学 [私立] | ほっかいどうかがくだいがく
Hokkaido University of Sciences

北海道札幌市手稲区にある。1953年(昭和28)開学の北海道自動車短期大学が前身とされ，67年北海道工業大学が開学した。2014年(平成26)北海道科学大学と名称変更，17年に創立50周年を迎える。2018年北海道薬科大学と統合し，薬学部薬学科(仮称)を設置する予定。建学の精神は，「「科学的市民」の育成を教育理念の中心に据えて，知識基盤社会を担う市民としての汎用的技能・能力と時代の要請に即した専門の学術を教授・研究し，高い応用能力と健全な心身を備え，科学的思考によって専門職としての役割を主体的に果たせる人材を育成することにより，地域社会の活性化に寄与することを使命とする」である。現在，工学部，保健医療学部，未来デザイン学部を有する。2016年現在の学部生3322人，大学院生38人。　蝶 慎一

北海道教育大学 [国立] | ほっかいどうきょういくだいがく
Hokkaido University of Education

1949年(昭和24)北海道第一・第二・第三師範学校および北海道青年師範学校を包括して，国立大学北海道学芸大学として発足した。札幌・函館・旭川・釧路に分校を，岩見沢に分教場(のち分校)を置く。1966年北海道学芸大学学芸学部を北海道教育大学教育学部と改称。1992年(平成4)に大学院設置。2006年に学部課程を集約・再編して従来の5分校体制を廃止し，1大学5キャンパスとの体制を明確化した上で，キャンパスごとの機能分担システムへと移行した。2016年5月現在，教育学部内に教員養成課程(札幌・旭川・釧路校)，国際地域学科(函館校)，芸術・スポーツ文化学科(岩見沢校)を有し，また大学院教育学研究科には修士課程(学校教育専攻・教科教育専攻・養護教育専攻・学校臨床心理専攻)と専門職学位課程(高度教職実践専攻)を置き，学生5387人を収容している。　小濱 歩

北海道情報大学 [私立] | ほっかいどうじょうほうだいがく
Hokkaido Information University

北海道江別市にある。1989年(平成1)経営情報学部(経営学科，情報学科)の大学として開学した。1994年日本初となる衛星通信(PINE-NET)を使った通信教育部経営情報学部を開設した。1996年大学院(修士課程)を開設し，99年以降は中国，アメリカ，タイの各大学との提携を行ってきた。建学の理念は「情報化社会の新しい大学と学問の創造」である。現在は，経営情報学部，医療情報学部，情報メディア学部のほか，通信教育部を有し，経営情報学部や通信教育部では中学校教諭一種免許状(数学)，高等学校教諭一種免許状(数学，情報，商業)を取得できる。2017年現在の学部生(通信教育部は除く)は1455人，大学院生(同)10人。　蝶 慎一

→ 大学通信教育

北海道大学 [国立] | ほっかいどうだいがく
Hokkaido University

1876年(明治9)に開校した札幌農学校を起源とする。1918年(大正7)に北海道帝国大学が設置され，東北帝国大学農科大学が北海道帝国大学農科大学となった。初代総長は農科大学長を兼務した佐藤昌介が就任した。1941年(昭和16)に低温科学研究所を，78年に国内唯一とされるスラブ研究センター(現，スラブ・ユーラシア研究センター)を設置，2006年(平成18)には創基130年を迎えた。札幌農学校教頭であったクラーク博士が残した「Boys, be ambitious !(青年よ大志を抱け)」は有名で，この「開拓精神」は今も脈々と受け継がれている。北海道札幌市のキャンパスを中心に12学部(水産学部は函館市)と，7研究科・10学院・10研究院などが置かれ，学生数1万7414人(2016年5月現在)。「フロンティア精神」「国際性の涵養」「全人教育」「実学の重視」の四つを基本理念に掲げ，グローバルな教育研究拠点を形成する日本有数の総合大

学である。2010年ノーベル化学賞を受賞した鈴木章教授(北海道大学名誉教授)の出身大学であり,卓越した学術研究の成果は北海道のみならずグローバル社会にも広く発信されている。

蝶 慎一

北海道千歳リハビリテーション大学[私立]
ほっかいどうちとせリハビリテーションだいがく
Hokkaido Chitose College of Rehabilitation

1995年(平成7)設立の北海道千歳リハビリテーション学院が前身。2017年に4年制大学へと改組した。建学の精神は「医療専門職教育を通じて真の人間を育成」である。2017年現在,千歳市にキャンパスを構え,健康科学部リハビリテーション学科に123人の学士課程学生が在籍する。前身校では1600人を超す卒業生を輩出しており,その数は北海道内の理学療法士および作業療法士の5人に1人に相当する。教育研究でも前身校の実績が活かされ,保健・医療・福祉・介護の連携に対応できる人材の育成,地域振興・活性化への貢献がその目的に掲げられている。生涯の学び舎となることをめざしており,研修会や講習会,さらにはウェブでの教育システムを活用することで,国家資格取得後の学びのサポート体制の構築にも注力している。

戸村 理

北海道文教大学[私立]｜ほっかいどうぶんきょうだいがく
Hokkaido Bunkyo University

北海道恵庭市にある。1942年(昭和17)北海道女子栄養学校が設立されたことに端を発する。1963年北海道栄養短期大学が開学し,94年(平成6)北海道文教短期大学に名称変更,99年に北海道文教大学を開学した。2003年には大学院グローバルコミュニケーション研究科(修士課程)を開設。建学の精神は「清く,正しく,雄々しく進め」とうたった「清正進実」であり,「真理を探究する清新な知性」「正義に基づく誠実な倫理性」「未来を拓く進取の精神」「国民の生活の充実に寄与する実学の精神」を支柱とする。現在,外国語学部(国際言語学科),人間科学部(健康栄養学科,理学療法学科,作業療法学科,看護学科,こども発達学科)を有する。2016年現在の学部生2339人,大学院生16人。 蝶 慎一

北海道武蔵女子短期大学[私立]
ほっかいどうむさしじょしたんきだいがく
Hokkaido Musashi Women's Junior College

武蔵大学同窓生有志・教員によって北海道札幌市の西北に1967年(昭和42)に創立された女子の私立短期大学。武蔵大学の学問的・人間的交流を重視するゼミナールによる少人数教育をもって,北海道で激増する女子の高等教育への要望に応えると

ともに,北海道の学問・文化の向上を希求して設立された。教養科を設置すると同時に図書館司書課程を付設した。初代理事長は武蔵大学教授岡茂男,初代学長は武蔵大学の5代学長宮本和吉。1968年秘書(セクレタリー)課程を付設(2004年ビジネス教養課程に変更)。1974年英文学科を増設し教養科を教養学科に改称,95年に経済学科が増設され3学科となり,現在に至る。2016年(平成28)5月現在の学生数838人。設立趣意書に掲げた建学の精神を学則第1条におき,「真理を求めいつくしむ知性ある女性」「愛に生き信念に生きる気品ある女性」「人類文化の発展に尽す意欲ある女性」と集約し,教育理想とした。教養教育と自ら学び自ら考えるゼミナールを中心とした教育により,現代女性に必要とされる汎用能力・自己開発能力を養成し,図書館司書をはじめ広く地域の基盤となる人材を輩出している。経済関係の学科をもつ数少ない短期大学の一つ。

齋藤 麻美世

北海道薬科大学[私立]｜ほっかいどうやっかだいがく
Hokkaido Pharmaceutical University

北海道札幌市手稲区にある。1974年(昭和49)の薬学部開設に始まり,78年大学院薬学研究科(修士課程)が開設された。2012年(平成24)収益事業の北海道薬科大学附属薬局を開局。2015年手稲区の前田キャンパスに移った。2018年北海道科学大学と統合し,薬学部薬学科(仮称)が設置される予定。建学の精神は「地域社会の要請に応え,質の高い薬剤師を養成,輩出することによって北海道の医療の発展に貢献する」であり,教育理念は「ファーマシューティカル・ケアの実践を通じて地域社会ならびに国民の健康と福祉の向上に寄与する薬剤師の養成を図る」である。卒業生は北海道内最多の6500人以上のネットワークがあり,同窓会などを含めて生かすことができる。2017年現在の学部生1273人。

蝶 慎一

浦項工科大学校[韓国]｜ポハンこうかだいがっこう
Pohang University of Science and Technology: POSTECH

1986年に浦項(ポハン)総合製鉄(現POSCO)が主体となって設置された私立大学。韓国東部の慶尚北道浦項市に位置する。ソウル市内に所在する有力伝統私学と比べ,比較的歴史の浅い地方私学であるが,2010年以降,タイムズ誌の世界大学ランキング上位に連続して入り,国内外の注目を集めている。もともと韓国国内での評価は高く,報道機関が実施する大学評価では常に上位にランキングされ,競争的資金に基づく政府の教育・研究支援事業でも多くのプロジェクトが採択されてきた。科学技術分野における国際的水準の高級人材の育成を目的としており,学部の講義の70%を英語で進

行するなど，グローバル人材の育成にも力を入れて
いる。2016年現在，数学科や物理学科，化学科，
生命科学科，新素材工学科，機械工学科，産業
経営工学科など，工学分野を中心に12学科が設
置されている。2015年現在の学生数は3555人(学
部1413人，大学院2142人)，教員数は267人。

松本 麻人

ポポロ事件➡東大ポポロ事件

『ホモ・アカデミクス』
Homo academicus

フランスの社会学者ピエール・▶ブルデュー(Pierre
Bourdieu)が1984年に出版した著書のタイトル。政
治や経済などの世界から相対的に自律した大学界
のさまざまな位置関係を占める教員・研究者集団
を意味し，語義の範囲としては大学人と呼ばれる
ものに近い。アカデミックな大学界に棲息する人類
(ホモ・サピエンス)というアイロニカルなニュアンスを
もつ造語である。ただし，諸個人は均質なものとし
て想定されず，各人の社会的出自・学歴・称号など
に表出する▶文化資本や象徴資本のような保有資
力と，所属機関・学部・学科・職名・専門内容など
の到達位置との対応関係が分析され，競争や敵対
を伴う大学界の権力空間構造とその矛盾が取り上
げられる。本書の出版に至るまでに，研究の着手
から約20年の歳月を経たことが記されており，自
らが立脚する学問的生産の社会的諸条件を反省
的に客体化する困難な作業から，より厳密な大学
界の科学的研究を構築することが目指された。訳
書は藤原書店(石崎晴己・東松秀雄訳)から1997年に
刊行。

大前 敦巳

ポリテクニク(総合工芸学校)
polytechnics

啓蒙時代の産物であるポリテクニクは，伝統的な
大学に代わりうる高等教育モデルである。17世紀
には数学と実験との結合によって近代科学の原型
が確立し，18世紀にはフランスを中心に，応用科
学による世界の体系的な変革が提唱された。1794
年，高度な理学の共通基盤の上に，多様な技芸の
訓練を目指した▶エコール・ポリテクニクがフラン
スに誕生した。類似の機関は西欧世界に拡散した
が，既存の大学からの抵抗は強力であった。▶カリ
フォルニア工科大学やMIT，スイスのチューリヒ工
科大学等の少数のポリテクニクは，大学制度に譲
歩しつつ世界で最高度の「大学」にのし上がった。
他方，大多数のポリテクニクは「技術屋」養成機関
として，大学より格下に甘んじた。現在，世界の各
地で，ポリテクニクの大学への昇格の運動と同時

に，そうした運動への批判も起こりつつある。

立川 明

[イギリス]
1960年代のイギリスでは，急激に拡大した高等教
育人口を収容する受け皿として，政府の管轄の下
に非大学型のポリテクニクが開校された。▶学位授
与権を持たず，工学分野での職業教育を中心とし
た機関であり，1966年の白書『ポリテクニクとカレ
ッジのための計画*A Plan for Polytechnics and Other
Colleges*』の勧告にもとづき28校(のち30校)が設立さ
れた(Dept. of Education and Science, 1966)。これらポリ
テクニクは31のLEA(地方教育当局)の管轄下にあっ
た50以上の既存の工科カレッジと教育カレッジが
統合されたもので，1973年には15万人の学生を有
することになった。大学は基礎研究を含みつつそ
の伝統的・学問的役割を堅持する独立自治法人で
あるが，ポリテクニクはLEAの管理下に置かれ，職
業訓練や職業関連科目をパートタイム・コースやサ
ンドイッチ・コース，准学位コースで提供することが
期待された。大学の場合，約90%がフルタイム学
生である一方，ポリテクニクは半数がパートタイム
学生であった。1992年以降は学位を授与する大
学へ一律に昇格し，その大多数の名称から「Poly-
technic」の語が消滅した。

秦 由美子

➡工科大学，工学部

◎中山茂「産業時代の科学」，広重徹編『科学史のすすめ』筑摩
書房，1970．
◎James E. McClellan III & Harold Dorn, *Science and Technology
in World History*, The Johns Hopkins University Press, 2006.

ボルドー大学 [フランス] | ボルドーだいがく
Université de Bordeaux

フランス南西部のジロンド県，アキテーヌ地域圏の
首府，ボルドー市にある。1441年，当時の大司教
の要請により▶中世大学が創られたことに端を発す
る。当時は神学，法学，医学，自由学芸の4分野
があった。1896年に近代的な大学として甦り，文
学，理学，法学，医・薬学の4学部構成へと変わ
る。1968年11月の▶エドガール・フォール法により，
ボルドー第1大学(科学，法律，社会学，政治学，経
済・経営学)，ボルドー第2大学(医学，薬学)，ボルド
ー第3大学(文学)の三つに再編成された。1995年
にボルドー第4大学が創設され，第1大学から法
律，社会学，政治学，経済・経営学の分野が移さ
れ，ボルドー・モンテスキュー大学IVとなった。第1
大学は科学分野を保持し，現在はボルドー科学技
術大学Iと称される。第2大学は生命科学，健康
科学，人間科学の分野を維持しボルドー・セガレン
大学II，第3大学は人文科学，言語学，芸術学，
社会科学の分野を持ち，ボルドー・ミシェル・ド・モ
ンテーニュ大学IIIと呼ばれている。
　ボルドー大学はモンテスキューが法学を学び，デ

ュルケームが教授を務めたことで知られる。2006年に研究・高等教育拠点（▶PRES）としてのボルドー大学が創設された。2013年の高等教育・研究法ではアキテーヌ地域内の大学・高等教育機関共同体（COMUE）の中核となっている。学生数5万3000（2015/16年）。

髙橋　洋行

ボローニャ大学 [イタリア]｜ボローニャだいがく
Università di Bologna

ボローニャにある国立総合大学で，▶パリ大学と並ぶ世界最古の大学とされる。八百年祭の際に1088年が創立年と定められたが，自生的に出現したため明確な創立年は存在しない。11〜12世紀に活躍した▶イルネリウスなどの著名な法学者の下にヨーロッパ各地から学生が参集して，12世紀末から次第に学生の自治団体組織としての大学（universitas）が成立した。そのため法学の学生主体の大学であり，排除された教師は独自に学位授与団体（collegium）を形成した。パリ大学が神学を中心とした教師と学生の自治団体として出現したのと対照的である。14世紀には解剖学のモンディーノに代表される医学の名声が高まって，法学部から医学・教養諸学部が独立するとともに，神学部も新たに加えられた。1506年以降教皇庁の支配下に置かれてから，大学本部となる建物が整備される一方，大学の自治権が徐々に侵され，1604年にはその象徴であった学生学頭職も廃止された。さらに18世紀末のフランス支配下において教師団体が廃止されて教師は学位授与権を喪失し，伝統的な組織機能は崩壊した。

イタリア統一以後に改革されて近代的な大学となり，ヨーロッパの伝統的大学の一つとして重要な位置を占め，1988年の九百年祭に集まったヨーロッパの大学学長たちによってボローニャ宣言が出された。これは大学のマグナ・カルタと言われ，その後の▶ボローニャ・プロセスの方向を定めるものとなった。近年の改革によって，2013年には11スクオーラ，33学科。2011年の正教授776人，准教授882人，研究員1192人，2015/16年の登録学生数約7万8500人。

児玉　善仁

ボローニャ・プロセス
Bologna Process

［ソルボンヌ宣言からボローニャ宣言へ］
1998年パリにおいて，イギリス，ドイツ，フランス，イタリアの4ヵ国の教育関係大臣は「ソルボンヌ宣言」に署名した。この宣言には，①各国に共通する資格枠組みを設ける，②2サイクル（学部／大学院）の段階構造を採用し，共通なレベルの学位システムとし，国際的な資格の相互承認を改善する，③学生，教員の移動を促進し，彼らのヨーロッパ労

働市場への統合をはかる，といった内容が盛り込まれた。

この内容は，1999年に29ヵ国が署名した「ボローニャ宣言」となって結実した。ボローニャ宣言では，ソルボンヌ宣言を踏襲し，2010年を目標として，次の六つの課題が掲げられた。①容易に理解でき，比較可能な学位システムの確立，②学部，大学院という2サイクルの大学構造の構築，③▶欧州単位互換制度（ECTS）の導入と普及，④学生，教員の移動の促進，⑤ヨーロッパレベルでの質保証の推進（高等教育の質の保証に関する比較可能な基準と方法論を，ヨーロッパ各国の協力体制のもとで開発），⑥高等教育における「ヨーロッパ次元」の促進。これら六つの目標を達成することにより，ヨーロッパの大学を自由に移動でき，どこの大学で学んでも共通の学位，資格を得られる，「ヨーロッパ高等教育圏（EHEA）」の構築に向けて一連の取組みを進めていく過程がボローニャ・プロセスである。

これまで多くのヨーロッパ諸国では，アメリカ合衆国のような▶学士，▶修士，▶博士というように段階化された高等教育の構造はなかった。また何単位で卒業といった単位制度も採用されてこなかった。大学で行われている研究と教育の質を評価するという考え方とも，縁遠いものがあった。こうしたヨーロッパの伝統的な大学像が，世界的な大学改革の潮流の中で，大きな変貌をとげている。その流れの中心に位置づけられるのがボローニャ・プロセスであり，ヨーロッパの大学を大きく変革させようとしている。

［ボローニャ・プロセスの展開］
ボローニャ宣言のあと2年ごとに，そのフォローアップのために，署名国の持回りで高等教育関係大臣会議が開催されている（2001年：プラハ，2003年：ベルリン，2005年：ベルゲン，2007年：ロンドン，2009年：ルーヴァン／ルーヴァン・ラ・ヌーヴ）。参加国も，プラハには32ヵ国，ベルリンには40ヵ国，ベルゲンには45ヵ国，ロンドンからは46ヵ国と回を重ねるごとに増加している。なお，ボローニャ・プロセスは2010年までに「ヨーロッパ高等教育圏」を創設することが目標とされていたが，10年3月にブダペストとウィーンで開催された高等教育関係大臣会議では，2009年のルーヴァン会議で採択された行動計画を20年まで引き続いて進めていくことが確認された。また新たにカザフスタンが参加することになった。同会議は2012年にはブカレスト，15年にはアルメニアのエレヴァンで開催された。さらに2015年からベラルーシが加わり，参加国は48ヵ国となった。

［ボローニャ・プロセスの課題・批判・意義］
今後の課題として，以下の点をとおして「ヨーロッパ高等教育圏」の推進をはかっていくことが挙げられている。
(1)学生，教職員の移動をさらに促進させる。卒業する学生の少なくとも20％は，外国での学習ま

たは訓練を経験しているものとする
(2) 出身階層などによる不利を除去する社会的次元への配慮（マイノリティ集団に属する人たちの高等教育へのアクセスを拡大する）
(3) 卒業者の雇用可能性を改善する
(4) 学生中心のカリキュラム改革を進める
(5) 「ヨーロッパ資格枠組み」と参照可能な国の資格枠組みを策定する

ボローニャ・プロセス対する批判として，たとえばドイツでは次のような点が言われている。
(1) 大学の学校化：大学がギムナジウムの延長になってしまった。大学に入学しても学校の延長上にある。3年で卒業するように規則化されて負担が増え，「自由な学習」というドイツの大学の伝統が失われた
(2) 職業準備への狭小化：幅広い教育が求められなくなった。大学の授業が，経済界が求める基準に沿った狭い職業準備に偏っている
(3) 大学間の移動に障害：本来，ボローニャ・プロセスは大学間の移動を促進することを目指したものであった。しかし現実には，内外の大学間の移動が困難となっている。その理由として，大学のカリキュラムが窮屈になり，大学を移動しても移動先の大学のカリキュラムに合わせる余裕がない

ボローニャ・プロセスの意義として，ヨーロッパ48ヵ国の高等教育関係の大臣が一堂に会して，各国に共通の目標を定め，高等教育のもろもろの改革をヨーロッパレベルで進めているという点が挙げられよう。ボローニャ・プロセスは，EUが権限をもって実施するものではないが，参加国および欧州委員会がボローニャ・フォローアップ・グループ（BFG）を形成し，諮問メンバーとして欧州審議会，ユネスコ・ヨーロッパ高等教育センター，ヨーロッパ高等教育質保証協会（ENQA），▶ヨーロッパ学生連合（ESU），▶ヨーロッパ大学協会（EUA），ヨーロッパ高等教育機関協会（EURASHE），教育インターナショナル（EI），ビジネス・ヨーロッパ（欧州経営者連盟）といった関係諸団体の代表が関与している（図参照）。

木戸 裕

→質保証制度，学位・資格枠組み，EUの高等教育政策，労働市場と大学（テーマ編）

◎木戸裕『ドイツ統一・EU統合とグローバリズム―教育の視点からみたその軌跡と課題』東信堂，2012．

ホワイト
Andrew Dickson White｜1832-1918

アメリカ合衆国の歴史家，大学教授，外交官，教育者。アメリカの大学が古い宗派的な束縛から解放され，純粋科学や応用科学が文学などと同等な地位を持つことを理想とし，1865年，エズラ・コーネルとともに，今日▶研究大学，進歩的な大学として名声を有する▶コーネル大学を共同で設立した。ニューヨーク州に生まれ，イェール大学で学士号を取得。同級生にダニエル・コイト・▶ギルマンがいた。パリ大学やベルリン大学にも学び，1858年にミシガン大学歴史学および英文学教授，66年にコーネル大学歴史学教授ならびに初代学長（任期1885まで）となる。外交官としても活躍し，1892～94年にロシア大使，1897～1902年にドイツ大使を務めた。著書に『キリスト教国における科学と神学の戦いの歴史 A History of the Warfare of Science with Theology in Christendom』（上下2巻，1896年）があり，一部邦訳されている（森島恒雄訳『科学と宗教との闘

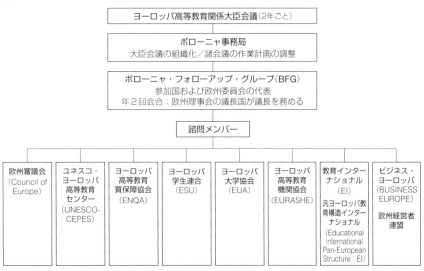

図｜ボローニャ・プロセスの関係機関

（出典）DAAD, Brücken für Bildung. Der Bologna-Prozess in Stichworten
http://eu.daad.de/imperia/md/content/eu/flyer_final.pdf
木戸裕「ヨーロッパ高等教育の課題―ボローニャ・プロセスの進展状況を中心として」，国立国会図書館調査及び立法考査局『レファレンス』（2008.8）をもとに作成

争』岩波新書，1968年）。ニューヨーク州イサカで死
去。 赤羽 良一

香港大学 [中国]｜ホンコンだいがく
University of Hong Kong

1911年3月，香港で最初に創設された大学。1912
年3月に正式に開学した。創設時には文，工，医
の3学院が置かれた。このうち医学院は，1887年
に設立された香港西医書院を前身としており，孫
中山（孫文）は同書院の卒業生である。その後1969
年に社会科学学院，82年に牙医（歯科医）学院が設
置され，84年には法学院が社会科学学院から分離
独立するとともに，建築学院，教育学院が新設さ
れた。21世紀に入って以降設置された経済・工商
管理学院，理学院を含め，2015年時点で10の学
院が置かれている。2012年，それまで3年制だっ
た学士課程は4年制に移行した。また1998年には
大学院教育課程の運営と質保証に責任を負う研
究学院が設置された。2015年時点で2万8000人
の学生を擁し，このうち学士課程段階の学生は1
万6000人。常勤の教員は1107人で，このうち674
人が香港以外の国籍を持つ（中国大陸出身者を含
む）。2015年までに18万8000人を超える卒業生を
輩出している。 南部 広孝

ボン大学 [ドイツ]｜ボンだいがく
Rheinische Friedrich-Wilhelms-Universität Bonn

ボンにある州立総合大学で，正式名称は創設者に

ちなみライン・フリードリヒ・ヴィルヘルム大学ボン。
起源は1777年にケルン選帝侯によって設立された
アカデミーである。1786年に学位授与権を得て大
学に昇格するが，その後のフランス支配体制下で
はライン地方の他大学と同様1798年に閉鎖され
た。ナポレオン戦争後，カトリック神学部，プロテ
スタント神学部，医学部，法学部，哲学部からなる
ライン大学として1818年に創設された。ライン地
方の統制強化に向けたモデル大学として位置づけ
られ，キリスト教両宗派が混在する地域性を鑑み
て，宗派の平等性を重視した学部編成が採用され
た。また，プロイセンの大学として▶フンボルト理念
の影響を強く受けた。

19世紀末にはプロイセン選帝侯の子弟が数多く
学んだためプリンスの大学として知られたが，第1
次世界大戦後の不況下では州の教育予算が削減
され，大学は独自に企業との提携を模索し，学生
は今日まで続く学生自治会（AStA）を組織した。同
時期に法律経済学部が独立，また農業大学を農
学部として編入した。第2次世界大戦後は大きく
躍進し，ヴォルフガング・パウルやラインハルト・ゼ
ルテンなど8人のノーベル賞受賞者を輩出した。ド
イツ統一（1990年）後の首都移転に際しては，その
補填事業として三つの付属研究所が新設された。
2017年現在，7学部，教授555人，研究員5741
人，学生数3万5000人（留学生4000人を含む）を擁
する。 山本 隆太

ボンベイ大学 →ムンバイー大学

ま / マ

マイアミ・デイド・カレッジ[アメリカ]
Miami Dade College: MDC／Miami Dade

フロリダ州マイアミ・デイド郡に所在し，学生数16万人超，八つのキャンパスと多数のアウトリーチ・センターを有する全米最大規模の州立▶コミュニティ・カレッジ。1959年，当時の人種差別撤廃運動とキューバ難民の大量流入を背景に，オープン・アドミッション・ポリシーのもとで，高卒資格を持つ郡内のすべての住民を受け入れてアソシエート学位を提供する機関として，デイド郡ジュニア・カレッジの名称で創設。新入生1428人で出発したが，1967年までに学生数2万3000人超で三つのキャンパスを持つ州最大の高等教育機関に成長。1970年代には「卓越のもとでのアクセス」の理念を確立し，全米のコミュニティ・カレッジの模範と目される。1963年にマイアミ・デイド・ジュニア・カレッジ，73年にマイアミ・デイド・コミュニティ・カレッジへと改称。その後も，大学病院に接するコメディカル課程センターや郡内を網羅するアウトリーチ・センターの設置，インターネットによるバーチャル・カレッジの開設，学力優良者を有力大学に転入させるオーナーズ・カレッジや高校生に授業を提供する上級学習学校（SAS）の展開など，郡内の多様な高等教育需要に応える革新を続ける。2003年一部にバチェラー学位課程を導入し，現在の名称となる。1990年代中葉の州財政緊縮以来，卒業生を中心に設立した財団が財政を支える。州内28の公立カレッジを束ねるフロリダ・カレッジ・システム（FCS）の一員。　　　　　　　　　　　舘　昭

マイノリティと大学｜マイノリティとだいがく
minority and university

［男だけの世界］
ヨーロッパにはじまる大学の歴史において「学生」は，文法的にはどうあれ，長らく男性名詞であった。いわんや「教授」においてをやである。アベラールはその聡明さを認めはしてもエロイーズを大学へと誘うことはなく，あくまで家庭教師であり続けた。基本的に貴族の子弟からなる大学において女性は長らくマイノリティであった。第2次世界大戦後の女性の権利の拡大により，今日では，宗教的な理由で女性の就学が認められにくいイスラム圏などを除き，▶女子学生は必ずしも数の上でのマイノリティではなくなりつつある。ことに日本のように大学が増え続けるような社会においては，成績優秀な女子学生の確保は予備校のつくる偏差値競争

を勝ち抜く上で看過し得ない課題でもあり，デパートのようなパウダールームの設置や学食をカフェテリアのように改装することで女子学生を積極的に受け入れるように変わってきている。宗教的な理由で女子の就学を否定するような地域を除き，もはや女子学生は大学におけるマイノリティであるとはいえないだろう。それでは，今日における大学におけるマイノリティとはどのような存在であろうか。

［エスニック・マイノリティと大学］
大学はエリート養成機関である以上，かつての貴族の子弟とは対極に位置するような存在，すなわち，被支配的な階層にとっては無縁の界であった。初等教育すらおぼつかない状態で高等教育を求めるはずもなく，経済的な成功を築いていたユダヤ人を例外として，強制的なものであれ自発的なものであれ，被支配層や新規移住者の子どもにとって大学は長らく別世界であった。こうした状況を改善するために，たとえばアメリカ合衆国ではアフリカ系やヒスパニック系の学生を大学に進学させるための▶アファーマティブ・アクション（affirmative action）が導入されている。WASP（ホワイト・アングロサクソン・プロテスタント）のための大学ではなく開かれた大学であるためには，エスニック・マイノリティに進学の道を開かねばならない。こうしたエスニック・マイノリティの優遇措置に関しては，エスニック・マイノリティの側からの批判もある。優遇枠の故に能力が低くても大学に進学したとみなされれば，能力主義的な社会において能力そのものを評価されたことにはならず，エスニック・マイノリティを劣ったものとみなす偏見を覆すどころか補強してしまう可能性も残されているからだ。しかしながら，まず機会が与えられることが肝要であり，大学という界への門扉が開かれることが望ましいことはいうまでもない。

［留学生］
こうしたエスニック・マイノリティと同様に，大学という空間においてしばしばマイノリティとなってしまう存在に留学生がある。ヨーロッパの大学のように単位互換が認められ，学生が自由に大学間を往来するような地域において留学生は決してマイノリティたり得ないが，日本のように極めてドメスティックな大学において留学生は圧倒的な少数者である。大学の国際化を標榜する過程で，留学生の積極的受入れが▶文部科学省によって奨励されているものの，長らく閉鎖的であった日本の大学に留学する者は特定の地域に限定される傾向がある。現代日本社会においては，留学生が学びやすい環境の整備の立遅れが，留学生をマイノリティにしてい

大学事典　　　　　　　　　　　　　　　　　　　　　　　　　　　　　　　　　　　　まいのりて　803

る側面は否定できない。

[障碍者の修学環境]

留学生と同様に環境の整備が十全でないために，日本の大学においてマイノリティであるのは障碍を有する学生たちである。身体的な障碍をもつ学生の受入れは早い段階から行われていたが，車椅子を利用する学生のためにバリアフリーな設備を整えている大学は必ずしも多くはない。また，視覚に障碍がある学生を支援するための点字翻訳者や聴覚に障碍をもつ学生を助けるノートテイカーの必要性が指摘されながらも，支援者の養成は必ずしも十分ではなく，全授業に不足なくボランティアを配置することは難しい状況にある。また，発達障碍を抱えている学生，精神障碍が認められる学生も大学に進学しており，彼らの支援もまた大きな課題である。身体の障碍のように可視的なものではないため支援から取り残される傾向もあるが，大学での学びをサポートするのみならず学友との関係性の構築や誤解から生じる不利益をなくすためにも，積極的な支援が不可欠である。こうした大学による障碍者支援の現実を進学情報としてまとめたものが乏しいこともまた，障碍のある学生をマイノリティにしている一因と考えられる。

[LGBT]

またレズビアン(Lesbian)，ゲイ(Gay)，バイセクシュアル(Bisexual)，トランスジェンダー(Transgender)の学生たちに対する環境の整備も急務である。戸籍に記載された性別を学籍簿や学生証に掲載されることはトランスジェンダーの学生を苦しめることにほかならないが，本人が申告した性の掲載を認めている大学であるか否かの情報は必ずしも十分ではない。また，女子学生用のトイレの整備に力を入れていても，障碍者にも便利な「だれでもトイレ」が整備されているかどうかは▶オープン・キャンパスにでも出かけなければわからない。「共生社会」という生物学的アナロジーの普及と環境問題の高まりを受けて「生物多様性(biodiversity)」の重要性は日本社会でも広く認識されるところとなり，2008年には生物多様性基本法も施行されている。この多様性が問われるのは自然界だけではなく，むしろ社会においてこそである。大学が実り豊かなダイバーシティ空間であるためには，性の多様性，エスニックな多様性を積極的に認めていくことが望まれよう。大学のダイバーシティ状況についての指標等は必ずしも十分に整備されているとはいえず，▶偏差値や就職率での大学ランキングに熱心な大学情報関連の産業がこの点を見過ごしがちであることから，ダイバーシティそのものがまだまだマイノリティであるといえるのかもしれない。

紀 葉子

▶ジェンダー，ユダヤ人問題，障害者，留学

◎マリアテレーザ・フマガッリ=ベオニオ=ブロッキエーリ著，白崎容子・石岡ひろみ・伊藤博明訳『エロイーズとアベラール──ものではなく言葉を』法政大学出版局，2004.

◎ゲオルク・ジンメル著，酒田健一・杉野正・熊沢義宣・居安正訳『橋と扉』白水社，1998.

前橋工科大学 [公立] ｜まえばしこうかだいがく
Maebashi Institute of Technology

1952年(昭和27)開学の前橋市立工業短期大学を母体として，97年(平成9)に工学系の昼夜開講制で開学。「自然と人との共生ならびに持続可能な循環型社会の構築に貢献する知的基盤の創造を推進することによって，文化的で健康な市民生活の実現に寄与し，地域と社会の発展と福祉に貢献する工学を追求する」を理念として掲げる。社会環境工学科，建築学科，生命情報学科，システム生体工学科，生物工学科，総合デザイン工学科の工学部6学科を有する。総合デザイン工学科では地域職業人の再教育を目的として実践的実務的な技術者の養成を行っている。群馬県前橋市上佐鳥町にキャンパスを構え，2017年5月現在，1214人の学生を収容する。

山本 剛

マギステル
magister[羅]

マギステルという言葉は，古代ローマ時代より教師，司教座聖堂学校の校長という意味で用いられていた。しかし，13世紀初頭，パリやボローニャで教師のギルド(大学)が成立してくると，ギルドによる教授資格＝教授活動の認定という性格を持ち，学位となったのである。本来，教授活動を行うには▶リケンティアを授与されるだけで可能であったが，教師ギルド(collegium)に加入しなければ実際に教えることはできなくなった。その加入に際して行われたのが，リケンティア試験に次ぐ学位試験であり，パリではインケプティオ(ボローニャではコンヴェントゥス＝教師組合加入式)と称された。この学位試験は組合加入の儀式的試験であったといわれるが，14，15世紀になると，この試験を経ることがマギステルと呼ばれるための明確な要件となる。

マギステル学位は，本来，教職の後継者を養成するものであったが，中世末以後，教職以外の専門職(医者，法律家)の養成が目的ともなり，教職に就かないマギステルも現れてくる。このことは，学位が社会的要請に応じて，多様なエリートの養成機能を果たすことになったことを意味している。なお，インケプティオを経て取得するこの学位の名称は，大学や学部によりマギステルのほか，▶ドクトル，プロフェッソール，ドミヌス等異なった名称が用いられた。

松浦 正博

▶教授免許，学位と称号(テーマ編)

マギル大学 [カナダ] | マギルだいがく
McGill University

カナダのケベック州モントリオールにある公費運営大学。イギリス人毛皮商のジェームズ・マギルの遺産をもとに，1821年にマギル・カレッジ設立の勅令が下された。1829年に開学したが，▶リベラルアーツ・カレッジとして実際の授業が開始されたのは43年である。フランス語圏ケベック州所在にもかかわらず，開学時から現在に至るまで教授言語は基本的に英語である。1855年から38年間にわたって学長をつとめたジョン・ウィリアム・ドーソンの時代に，カナダ国内で最初の理工学部が設置され，国際的な名声を得る大学へと飛躍した。現在，モントリオール市街地にあるダウンタウン・キャンパスとモントリオール島西端のマクドナルド・キャンパスから構成され，学部生約2万7000人余，大学院生約9000人余，ポストドクターその他3500人余，計約4万人を擁し，うち留学生は9500人を占める。教員約1700人，職員約3500人(以上2015年現在)というカナダを代表する研究大学である。　溝上 智恵子

マケレレ大学 [ウガンダ] | マケレレだいがく
Makerere University

ウガンダ共和国の首都カンパラにある。技術者や医師の養成を目的に，イギリス植民地期の1922年に創設されたハンブル技術学校が起源。1930年代後半には東アフリカの高等教育機関の中心的役割を担うようになり，49年に本国の▶ロンドン大学と提携し，同大学の学位が授与されるようになった。ウガンダ独立の翌年(1963年)に東アフリカ大学が設置されると，同大学を構成するキャンパスの一つとなった。1970年に本学，ケニアのナイロビ大学，タンザニアのダルエスサラーム大学の3校に分離し，国立大学のマケレレ大学となった。東アフリカの著名な大学であり，1960年代の東アフリカ3ヵ国の大統領や首相，大臣の多くが本学出身である。2011年には，学部を主体とする運営体制からイギリス型のカレッジ制へと移行し，半自治権を有する9カレッジと1スクールを設置した。夜間教育や遠隔教育も実施しており，学部生約3万5000人と大学院生約3000人が在籍している(2012年)。
　谷口 利律

マサチューセッツ工科大学 [アメリカ]
マサチューセッツこうかだいがく
Massachusetts Institute of Technology: MIT

ボストン近郊所在の世界有数の工業大学。1861年，物理・地質学者ウィリアム・B. ロジャーズ(1804-82)の企画に基づき州から設立認許を受け，65年開学した。創立期の化学教授チャールズ・W.▶エリ

オットは69年にハーヴァードの学長に転出，以後何度もMITの併合を試みた。▶ランドグラント・カレッジでもあったMITは，当時全盛の博物学(動植物の分類学)に対抗して，物理・化学中心の動的な科学とその応用を体系的に教授し，アメリカ大陸での生産と交通の理知的な開発を企図した。時には職業訓練に傾斜したが，20世紀以降は膨大な寄付も受けて物理・化学の研究教育を再強化し，1934年，▶アメリカ大学協会の会員資格を得た。科学・工学の方面で世界的な成果をあげ，学生も両分野が大半を占めるが，しかし経済学や言語学でも世界をリードする。他大学に先駆けて講義資料を全世界に向け公開している。2015年の学士課程生4527人，大学院生6804人。　立川 明

マサリク大学 [チェコ] | マサリクだいがく
Masaryk University; Masarykova Univerzita [チェコ語]

チェコスロヴァキア独立期の1919年に，モラヴィア地方のチェコ第2の都市ブルノに設立された，チェコ初代大統領トマシュ・マサリクの名を冠した国立大学。民族独立を理念に掲げて生まれた。1939年ナチス占領期に閉鎖され，第2次世界大戦後，社会主義体制下ではブルノ大学と称したが，89年の体制転換後に現在の名称に戻った。中世以来の伝統を誇るカレル大学(現在の▶プラハ大学)に対し，最新テクノロジー研究，マイクロエレクトロニクスやシリコン技術など最新の科学・技術を重視し，医療・福祉の大学としても知られている。欧米諸国と積極的な国際交流を行っており，2008年には日本研究所が設立され，日本との交流も盛んである。▶ボローニャ・プロセス実現に積極的で，学生の自由な移動を目指す▶エラスムス・プログラムを積極的に推進している。2017年現在9学部，学生数4万4000人。
　加藤 一夫

マーチン・トロウ ➡トロウ

松本歯科大学 [私立] | まつもとしかだいがく
Matsumoto Dental University

1972年(昭和47)開学。創立者は矢ヶ崎康である。建学の理念は佐久間象山と福沢諭吉の学訓に従って策定。教育目標は「建学の理念を具現化し，人間教育全体を教育目標とし，人間としての倫理に基づき，先ず「良き歯科医師となる前に良き人間たれ」という教育方針をモットーとし，学生が将来歯科医師として社会に貢献し，歯科医学の発展に寄与することができるように人材育成を行う」ことである。2016年(平成28)現在，長野県塩尻市にキャンパスを構え，577人の学士課程学生が在籍する。2008年に最新の医療器具を備えた新病院が

開院，研修室や臨床予備実習室も新設されており，臨床実習体制の充実を通して質の高い歯科医師の養成に努めている。 　　　　　　　　　戸村 理

松本大学 [私立] まつもとだいがく
Matsumoto University

長野県松本市にある。1898年(明治31)に設立された私立戊戌学会が起源で，1911年に松本商業学校，48年(昭和23)に松商学園高等学校となる。同校の運営母体である松商学園が1953年に松商学園短期大学を開学，一部が77年に松本市新村に移転し，2002年(平成14)同地に松本大学を開学。総合経営学部のみの単科大学としてスタートし，2007年に人間健康学部を新たに設置，2011年には大学院・健康科学研究科を新設した。地域社会との連携に力を入れ，2013年度「地(知)の拠点整備事業(大学COC事業)」に，本大学が申請した「地域社会の新たな地平を拓く牽引力，松本大学」が選定された。2017年5月現在，3学部(総合経営・人間健康・教育)1研究科の在籍者数は1532人。「自主独立」を建学の精神とする。 　和崎 光太郎

➡ 知の拠点整備事業

松山東雲女子大学 [私立] まつやましののめじょしだいがく
Matsuyama Shinonome College

1886年(明治19)松山第一基督教会の牧師二宮邦次郎により，四国最初の女学校として設立された松山女学校に淵源を有する。1992年(平成4)に松山東雲女子大学を開学。「信仰・希望・愛」をスクールモットーとし，キリスト教精神に基づく「神を畏れ，神による希望に生き，神と隣人を愛する，自立した女性を育成する教育」を建学の精神に掲げる。愛媛県松山市のキャンパスに人文科学部心理子ども学科の1学部1学科を置き，心理・保育・教育・福祉各分野の専門家育成を推進。2016年現在，学生393人，教員22人を擁する。女学校創設以来の，松山市域における長い女子教育の伝統を踏まえ，幼児教育に関する講演会・保育ゼミナールなどの開講を通じた地域社会への貢献や，愛媛県・松山市などの自治体や地元企業との連携にも取り組んでいる。 　　　　　　　　　小濱 歩

松山大学 [私立] まつやまだいがく
Matsuyama University

愛媛県松山市にある。1923年(大正12)松山高等商業学校が創立され，44年(昭和19)に松山経済専門学校に改称。1949年設立者新田家，温山会および県官民の協力を得て松山商科大学として開学し，商経学部を設置。1952年短期大学部(第2部)を設立(現在の松山短期大学)。1989年(平成1)に松

山大学に改称。松山高等商業学校設立に貢献した新田長次郎・加藤恒忠・加藤彰廉を「三恩人」とする。校訓に「真実」「実用」「忠実」からなる「三実」を掲げ，これは高等商業学校の初代校長加藤彰廉が定めた校訓を第3代校長田中忠夫がまとめたものである。2016年5月現在，経済・経営・人文・法・薬の5学部，大学院(5研究科)があり，学生数は5923人。就職先は愛媛県内が過半数を占める。 　　　　　　　　　船勢 肇

マドラサ
madrass

原義は学問や教育の場，学校。イスラームの宗教諸学を学ぶには，広くその権威を認められた教師に師事しなければならない慣習が確立されていった。マドラサとして，この慣習が財政的に支援されることで，学術教育活動が効果的に促進されることになった。善行とされる寄進(ワクフ)によって財政支援がなされたことからも，伝統に則った効果的な教育活動の範型として，マドラサの創立は11世紀以降イスラーム世界各地に広がった。宿泊機能を伴う専用施設の形態をとることが多いが，モスクなど既存の公共空間を利用する形態も少なくなかった。教育を行う人物の専門分野や，そのときの政治や社会状況から，神学校や法学校(イスラーム法学校)などとも呼ばれるが，共通して高等レベルの宗教諸学が教育内容となっている。現代では，おもにアラブ諸国では学校という普通名詞として用いられているが，非アラブ・イスラーム諸国では現代の(世俗的)学校体系と対比して，宗教諸学も扱う伝統的教育の場という意味でこの呼称が用いられるので注意が必要である。 　阿久津 正幸

マドラス大学 [インド] マドラスだいがく
University of Madras

1857年，イギリス植民地体制のもと，▶ロンドン大学をモデルに，インドのタミル・ナードゥ州のチェンナイ(当時のマドラス)に創設された大学。▶カルカッタ大学や▶ムンバイー大学にならび，インドで最も歴史・伝統のある州立大学の一つ。大学総長には州知事が就任。四つのキャンパスをもち，18学部68学科と186の加盟カレッジ・機関によって構成される。1914年に設置されたインド史・考古学部の伝統を受け継ぐ歴史学部のほか，ナノサイエンス・光通信学などの新分野の学部もある。1981年に設立された遠隔教育研究所が提供する通信課程には，近隣南アジア諸国や中東諸国の学習センター利用者を含む約16万人が登録している。大学補助金委員会が卓越に向けた発展性のある拠点に認定する15大学の一つでもあり，教育・研究環境整備のための補助金を受けている。2007年にはイン

ドの高等教育の質保証機関である国家評価認証評議会からA評価を得ている。 小原 優貴

マトリケル
Matrikel[独]

学籍登録簿。ボローニャやハイデルベルク，ウィーンなどヨーロッパの大学では，中世以来，大学の名簿に自分の名前を「記入する」ことにより，大学の一員になることを許され，大学生としての権利を保障されるという慣行が採られて来た。この名簿を「マトリケル」と言う。名簿には名前のほか，出身地，在籍期間なども記され，印刷して残されている。ドイツの古い大学は，これらを大学に関わる文書としてアーカイブ（文書館）に保管している。これにより，誰がいつ，どこの大学で学んだかを知ることができる。現在でもドイツの大学には，大学入試に相当するものはない。▶アビトゥーア試験と呼ばれる大学入学資格試験に合格した者は，希望する大学に「登録する」ことにより▶入学を許可される。「登録Immatrikulierung」は同時に入学許可を意味している。この登録の記録が大学のマトリケルに保管される。 木戸 裕

➡ 学籍，登録料，入学制度（テーマ編）

マドリード・コンプルテンセ大学[スペイン]
マドリード・コンプルテンセだいがく
Universidad Complutense de Madrid

スペインの首都マドリードにある公立大学。1499年にマドリードから東に30kmのところにあるアルカラ・デ・エナーレスに設立される。▶アルカラ大学と起源を共有する。大学名にある「コンプルテンセ」は「アルカラ・デ・エナーレスの」という意味の形容詞で，ローマ時代のアルカラ・デ・エナーレスの名称である「コンプルトゥム」に由来する。1822年に「中央大学」という名でマドリードに移転した。政治の揺れから，1823年から36年まで両都市間を往復。名称は一時，「マドリード文科大学」に変わるが，その後は1970年まで「中央大学」と称された。1970年教育法によって現在の名称となる。1954年までは国内唯一の博士号授与機関。メイン・キャンパスはマドリード市北西部に広がる大学都市にある。この大学都市は大学都市計画に基づいて，1929年に建設が開始された。マドリード・コンプルテンセ大学のほか，マドリード工科大学，放送大学，大学付属の学生寮，国の研究機関等の建物があり，内戦時に激戦地であったことでも知られる。 安藤 万奈

マルチバーシティ
multiversity

カリフォルニア大学第12代総長クラーク・カー（Clark Kerr, 1911-2003）の造語。多数や多様性を意味するmultiと，universityから単一を含意するuni（unum[羅]）を削った部分とを合成して造られた。▶中世大学以来の教師と学生とからなる単一の集団組織，およびその目的や機能をもつ大学は，もはや過去のものとなったことを強調した学術用語である。いまや簡便な辞書にも掲載され，マンモス大学などの訳がある。1963年に刊行されたカーの『▶大学の効用』の第1章のタイトルは，「The Idea of a Multiversity」であった。伝統的な大学観であるカーディナル・ニューマン（Cardinal Newman, 1801-90）やA. フレックスナー（Abraham Flexner, 1866-1959）などの大学論を批判しつつ，カー自身が率いてきたカリフォルニア大学のような多様かつ複雑で，「矛盾だらけの組織」を理解するために必要な新しい大学観を提示した。 羽田 積男

マンチェスター大学[イギリス] マンチェスターだいがく
University of Manchester

イングランドで最古の▶市民大学の一つ。1851年に実業家J.▶オウエンズの遺産によって設立されたオウエンズ・カレッジに起源をもつ。同カレッジは1872年に医学校と統合後，80年にイングランド初の市民大学であるヴィクトリア大学の最初の構成校となった。同大学にはのちにリヴァプールとリーズの各カレッジが参加した。しかし1900年にバーミンガムが単独で大学設立勅許状を得たことを機に，各構成校は単独での大学昇格をめざすこととなり，1903年にはオウエンズ・カレッジも単独でマンチェスター・ヴィクトリア大学（The Victoria University of Manchester）へと昇格した。2004年，マンチェスター・ヴィクトリア大学はマンチェスター科学技術大学（UMIST）と合併し，マンチェスター大学となり現在に至る。単一のキャンパスとしてはイギリス最大規模の大学で，物理学や経済学等で世界的な学術水準を維持し，毎年の入学志願者数は5万人を超える。イギリスの▶研究大学の連合体であるラッセル・グループの加盟校。卒業生とかつてのスタッフから25名のノーベル賞受賞者を輩出している。 福石 賢一

マンパワーポリシー
manpower policy

［マンパワーポリシーの誕生］
▶人的資本論の勃興（1950年代後半から60年代）と時期を同じくしつつ，経済発展のためには一定の労働力構成（職業別・教育段階別）が必要であるとし，

その構築のために教育計画が必要とされるという考え方が普及した。こうした発想はマンパワーアプローチと呼ばれ，この考え方を踏まえた一連の政策はマンパワーポリシー（人的能力開発政策）と呼ばれ，実際にも1950年代～70年代に各国で進められた。

マンパワーアプローチにもとづく経済発展と労働力構成との関係について多くの実証分析がなされたが，なかでもハービソンとマイヤーズの研究（Harbison & Myers）による，中等教育修了レベルの技能労働力と一人当たりGNPの相関がもっとも高いことの発見が，ミドルレベルマンパワーが工業化に決定的な役割を果たすという政策的含意となって，当時の途上国のみならず，先進国の教育政策にも大きな影響を与えた。日本においては，こうしたアプローチにもとづいて文部省によって複数の分析がなされたが，なかでも「▶日本の成長と教育」（1962年）は，教育計画策定の必要性を各国の状況や日本における教育投資収益率の値などを踏まえて指摘した最も初期の政策文書といえる。またアメリカ合衆国においては，1957年のソヴィエトによる人類最初の人工衛星スプートニクの成功も大きな影響を与え，国を挙げての大学教育奨励の時代に入り，日本もその影響を多分に受けることとなった。

[日本におけるマンパワーポリシー]

日本におけるマンパワーポリシーの実施例としては，1950年代半ば以降に新長期経済計画（1957年）の一環として理工系学生8000人増募があり，その後の国民所得倍増計画（1960年）でも17万人の科学技術者の不足が見込まれ，理工系学生の増募が重要な課題となった。こうした「理工系人材養成」のほかに，「医歯薬系人材養成」「教員人材養成」などもマンパワーポリシーの具体例として考えられる。以上のほかに，日本におけるマンパワーアプローチの研究としては，潮木守一「経済変動と教育」（『現代教育社会学講座2 社会変動と教育』）が代表的なものとして存在するが，重要なポイントとして経済システムの変動とともに高等教育システムへの需要も変化するといった観点から分析が行われている。逆にいえば，経済システムと高等教育システムを「固定的」に捉えると，こうしたマンパワーアプローチでは現実との間に大きな乖離が生じることになる。

[マンパワーポリシーに対する懐疑と現状]

こうした問題は，1973年と79年の原油価格急騰によるいわゆるオイルショックなどで経済システムの急変が生じることによって現実のものとなった。アメリカではさらにベビーブーム世代の大学進学が重なり，大卒者の供給が過剰となって▶高学歴失業の問題が生じた。また多くの発展途上国でも，同様に高学歴者の間で高い失業が発生し，いわゆる「オーバー・エデュケーション問題」が生じて，実際にマンパワーポリシーの想定通りに経済成長が達成されることもなかった。その結果1970年代において，マンパワーポリシーに対する懐疑的な態度が急速に高まることになる。しかしその後，こうした政策がまったく行われなくなったわけではない。日本において，福祉分野やIT分野などで行われる人材養成などは，現代版マンパワーポリシーの例として挙げることができる。また知識経済化・知識社会化が唱えられる中で，1990年代以降，日本において大学院拡充政策が進められるが，こうした政策もマンパワーポリシーとして理解することができるであろう。しかし，▶大学院の拡充も，結果としては「高学歴無業者」といった形での新たな「オーバー・エデュケーション問題」を生んでおり，実際面でのマンパワーポリシーの難しさを示している。

島 一則

→教育経済学

◎Harbison, F.H. and Myers, C.A., *Education, Manpower, and Economic Growth*, New York: McGraw-Hill, 1964.
◎金子元久「発展と職業教育―問題点の整理」，米村明夫編『教育開発―政策と現実』アジア経済研究所，2001.
◎文部省『日本の成長と教育』文部省，1962.
◎小方直幸編著『大学から社会へ―人材育成と知の還元』玉川大学出版部，2011.
◎OECD, *Occupational and Educational Structures of the Labour Force and Levels of Economic Development*, Paris: OECD, 1970.
◎潮木守一「経済変動と教育」『現代教育社会学講座2 社会変動と教育』東京大学出版会，1976.

三重県立看護大学 [公立] みえけんりつかんごだいがく
Mie Prefectural College Of Nursing

1997年（平成9）三重県津市に創立された看護学部のみの単科大学。在学者数は415人（2017年現在），大学院進学者以外のほとんどの卒業生が就職している。大学創立時に地域交流研究センター（後の地域交流センター）を設置するなど，地域社会に開かれた大学となっており，公開講座・出前講座も行っている。また，看護の実践学に加えて，コミュニケーション能力や情報分析能力といった看護職に必要なあらゆる能力を身につける教育に力を入れている。2001年に大学院看護学研究科を開設。マスコットキャラクター「みかんちゃん」は，三重看護の略称「みかん」に由来する。

和崎 光太郎

三重大学 [国立] みえだいがく
Mie University

1949年（昭和24）に学芸学部・農学部の2学部を有する新制国立大学として設立される。1966年に学芸学部を教育学部に改称するとともに大学院（農学研究科）を設置した。以後，1969年に工学部，72年には三重県立大学から移管する形で医学部と水産学部，83年に人文学部を設置。さらに1987年には農学部と水産学部を統合改組して生物資源

学部を設置した。2016年（平成28）5月現在，三重県津市の上浜キャンパスに5学部6研究科を置き，学生7252人を収容する。2014年に「教養教育機構」を設置し，翌15年より，全学生が履修し「自律的・能動的学修力の育成」「グローバル化に対応できる人材の育成」をめざす「共通カリキュラム」と，各学部の理念に従って履修する「目的別カリキュラム」からなる，新たな教養教育プログラムをスタートした。　　　　　　　　　　　　　　　　小濱 歩

ミシガン大学［アメリカ］｜ミシガンだいがく
University of Michigan, Ann Arbor

デトロイト西方のアナーバーに所在するミシガン州の旗艦大学。創立年では他の2, 3の州立大学に遅れるが，19世紀中頃から今日まで全米の大学中で首位に近い実力を維持し，「州立大学の母」と目される。初期の学長H. タッパン（在職1852-63）は，ドイツ流の大学教育を提唱して農科や商科を軽視し，1862年のランドグラントは後発の農科大学（現，ミシガン州立大学）に譲る結果となった。他方，1900年，エリート大学を結集した▶アメリカ大学協会では，カリフォルニア大学，ウィスコンシン大学と並んで州立側の創設会員となり，以後，社会科学を中心にアメリカ合衆国の学術研究を牽引してきた。フットボールでも州立では最高の実績を残す。近年，研究費と州外からの学生の獲得力を根拠として，財政難の州からの拠出金を削減され，2015年現在，全収入に占めるその割合は1割を割り込んでいる。同年の州外生向け授業料は5万4000ドル強に高騰し，有力な私立大学の多くを上回る。他方，基金の増加は急速で，私学化の噂が絶えない。　　　　　　　　　　　　　　　　立川 明

三つのポリシー→DP・CP・AP（三つのポリシー）

南九州大学［私立］｜みなみきゅうしゅうだいがく
Minami Kyushu University

1967年（昭和42）開学。教育理念は「豊かな自然と温和な気候に恵まれた南九州の環境のなかで，創造性に富み，人間性と社会性豊かな人間を育成するとともに，食・緑・人に関する基礎的，応用的研究をすすめ，専門分野において社会に貢献寄与できる人材を育成する」。人類にとって根源的に重要な環境と生命の調和を踏まえた「食，緑，人」を教育研究し，専門的分野において社会に貢献できる専門家を養成している。当初は1学部（園芸学部）2学科（園芸学科・造園学科）であったが，現在は環境園芸学部（環境園芸学科），健康栄養学部（管理栄養学科・食品開発学科），人間発達学部（子ども教育学科）。キャンパスは宮崎市など宮崎県内に3ヵ

所置かれ，2016年（平成28）現在1187人の学生が在籍。　　　　　　　　　　　　　　船勢 肇

南太平洋大学　みなみたいへいようだいがく
University of the South Pacific

1968年に大洋州地域島嶼国の12ヵ国政府（クック諸島，フィジー共和国，キリバス共和国，マーシャル諸島共和国，ナウル共和国，ニウエ，ソロモン諸島，トケラウ諸島，トンガ王国，ツバル，バヌアツ共和国，サモア独立国）が資金を拠出し合い，共同設立した大学。南太平洋に点在する諸島諸国はほとんどが小規模国家であり，単独での大学設置は難しいという背景から本学が生まれた。キャンパスはフィジー（メイン・キャンパスであるラウカラ・キャンパス），サモア，バヌアツの3ヵ所だが，それ以外に共同設立国11ヵ所に▶サテライト・キャンパスがある。学部は芸術・法学・教育学部，科学・科学技術・環境学部，ビジネス・経済学部の三つ。本学の大きな特徴は通信教育による遠隔地教育にあり，各サテライト・キャンパスで本校から配信される授業を受講する（USP-Net）。日本政府はこの情報通信技術を支えるための無償資金協力を行っている。太平洋島嶼国が抱える共通課題の研究教育機能の拠点となっている。　　　　　　　　　　　　　福本 みちよ

南デンマーク大学［デンマーク］｜みなみデンマークだいがく
University of Southern Denmark;
Syddansk Universitet［デンマーク語］

フュン島に位置するデンマーク第3の都市オーデンセ（オーゼンセ）にある。前身はオーデンセ大学で，当初は医療系の高等教育機関として構想されたが，4学部（人文科学部，社会科学部，健康科学部，自然科学部）を持つ総合大学として設立された（1966年）。1998年，南デンマーク商工大学，南ユトランド大学センターが統合され，南デンマーク大学となる。2006年にはオーデンセ工科大学カレッジ，翌2007年にはスラゲルセ・ビジネス・スクール・センターと国立公衆衛生研究所が統合された。メインキャンパスは，かつてのオーデンセ大学である。2014年現在，5学部（人文科学，社会科学，理学，工学，健康科学）に2万7000人が学んでいる。　渡邊 あや

ミネルヴァ大学［アメリカ］｜ミネルヴァだいがく
Minerva Schools at KGI

現代のグローバル社会を牽引する人材を養成する革新的な教育の提供をうたって，2014年に開設された▶リベラルアーツ・カレッジ。初年度の募集人員300人に対して応募者が98ヵ国から1万1000人以上で，選抜度（2.8％）が全米第1位となり注目を集めた。教育は構造化された学際プログラムで，

Ⅰ
Ⅱ
Ⅲ
Ⅳ

ア
カ
サ
タ
ナ
ハ
マ
ヤ
ラ
ワ

索引

全授業がレクチャーではなくオンライン・セミナーで行われる。本拠はサンフランシスコであるが，学生は4年間でベルリン，ソウル，ロンドンなどの七つの国際都市で学寮生活をしつつ，現地の企業，NPO，行政機関などとの協働プロジェクトやインターンに従事するよう仕組まれている。上記の学士課程のほかにパートタイムの修士課程を持つ。運営は，アメリカのトップ大学の学長などが未来の大学教育の目指すべき姿を実現するためとして創始したミネルヴァ・プロジェクトと，5校の一流リベラルアーツ・カレッジおよび2校の▶グラデュエート・スクールからなる大学コンソーシアムであるクレアモント大学(Claremont Colleges)の一角，ケック大学院(Keck Graduate Institute, KGI)によって行われている。ミネルヴァ・プロジェクトは2011年の設立で，12年のBenchmarkからの出資は，当時，ベンチャー企業による史上最大のシード基金提供とされた。プロジェクトCEOのベン・ネルソンはベンチャー系企業の出身で，学長に就任。　　　　　　　　　館 昭

身延山大学 [私立]｜みのぶさんだいがく
Minobusan University

1994年(平成6)に身延山短期大学を改組して開学。日蓮宗総本山身延山久遠寺に併設され，建学の精神は，「日蓮聖人の立正安国の精神に則り，健全なる社会人として，広い視野に立った専門教育を施し，学術の理論及び応用を教授して，社会のために身を以て尽くすことの出来る人間の養成」である。その教育方針は，日蓮上人が佐渡流罪中に執筆した『諸法実相鈔』のこころに拠る。2017年現在，山梨県身延町にキャンパスを構え，1学部2学科に85人の学士課程学生が在籍する。2017年度からは1学部1学科3専攻制(日蓮学，仏教芸術，福祉学)へと改組される。国際日蓮学研究所(旧東洋文化研究所)では日蓮聖人の立正安国の精神に則った調査研究が行われる。　　　　　　　戸村 理

→仏教系大学

美作大学 [私立]｜みまさかだいがく
Mimasaka University

1967年(昭和42)美作女子大学として開学，家政学部家政学科を置く。2000年(平成12)に学部名称を生活科学部に改称。2003年に共学化し，校名を美作大学に変更した。2005年に大学院設置。2016年現在，岡山県津山市のキャンパスに1学部3学科(食物学科・児童学科・社会福祉学科)と大学院2研究科(生活科学研究科・人間発達学研究科)を置き，学部生943名，大学院生3名，教員51名を擁する。岡山県北唯一の大学院を備えた大学として，「多様化し，複雑さを増す生活問題の解明・解決に取組み，地域社会で求められる人材の育成に

努め，生活の質向上に寄与」すること，「地域社会に開かれた大学として，文化・産業そして行政等の面での貢献」をめざす。地域社会をフィールドとした取組みに基づく，女子大時代以来の高い就職実績を大学の特色として掲げている。　　　　小濱 歩

宮城学院女子大学 [私立]｜みやぎがくいんじょしだいがく
Miyagi Gakuin Women's University

1886年(明治19)に押川方義，ウィリアム・E. ホーイらが中心となって設立した宮城女学院が前身。1946年(昭和21)校名を宮城学院と改称し，49年に現行の宮城学院女子大学となった。幼稚園，中学校，高等学校，大学，大学院を有する総合学園である。同学院の建学の精神は，「福音主義キリスト教の精神に基づいて学校教育を行い，神を畏れ敬い，自由かつ謙虚に真理を探究し，隣人愛に立ってすべての人の人格を尊重し，人類の福祉と世界の平和に貢献する女性を育成すること」であり，スクール・モットーは「神を畏れ，隣人を愛する」である。2016年(平成28)現在，宮城県仙台市にキャンパスを構え，4学部9学科に2894人の学士課程学生が在籍する。2015年からはMGUスタンダードとして，新たな基礎教育プログラムが開始された。　　　　　　　戸村 理

宮城教育大学 [国立]｜みやぎきょういくだいがく
Miyagi University of Education

1965年(昭和40)に小中学校・盲学校教員養成課程および附属理科教育研究施設生物部門を設置して設立。2016年(平成28)4月現在，仙台市は青葉山地区にキャンパスを構え，1学部1研究科を置き，1619人の学生を収容する。「教育の未来と子どもたちの未来のために」として，教員養成における広域拠点型大学ゆえの強い責任を有し，幼稚園・小学校・中学校・特別支援学校などで優れた資質や能力を発揮する教員の養成に努めている。教員免許状更新講習に加えて，▶教職大学院では実践的指導力やカリキュラムの開発力，児童生徒を理解し，学級や学校をマネジメントするスクールリーダーとしての資質を醸成した「総合的な教師力」を身につけた教師の育成をめざす。また学校現場での一つ一つの授業運営の重要性を鑑み，2006年度から「教育実践・宮城教育大学賞」を設定して，優れた授業を創出した現場教員をたたえる機会も設けた。なお2014年度は学部卒業生の約5割が学校教員として就職しており，そのうちの約7割は小中学校教員であった。　　　　　　　戸村 理

宮城大学 [公立] みやぎだいがく
Miyagi University

大学本部がある「大和キャンパス」は宮城県黒川郡大和町にある。1993年(平成5)宮城県企画部県立大学設置準備室が置かれ，宮城大学創設準備委員会により準備が進められた。1997年宮城大学として開学し，看護学部，事業構想学部(のち食産業学部)が開設された。建学の理念は「ホスピタリティ精神とアメニティ感覚に溢れ，高度な専門性と実践的能力を身につけた，地域の発展をリードし，世界に貢献できる人材を育成するとともに，学術・文化の向上と豊かで活力のある地域社会の形成に寄与する」である。これまで3学部体制であったが，2017年度から看護学群(1学類)，事業構想学群(3学類)，食産業学群(2学類)の3学群となる。1年次修了時まで自身の進路を考えることができるカリキュラムとなっている。2017年5月現在の学生数は1885人。　　　　　　　　　　　　　蝶　慎一

→学系／学群

宮崎県立看護大学 [公立] みやざきけんりつかんごだいがく
Miyazaki Prefectural Nursing University

1996年(平成8)大学設置認可，翌年第1回入学式。宮崎市まなび野に所在。ナイチンゲールの看護論および看護教育論をカリキュラムの理論的基盤に据え，教育理念として「いつでも，どこでも，どんな人にも，自分の持てる力を差し出せるような看護職者を育成する」を掲げ，看護専門者育成に取り組んでいる。カリキュラムは，一般教育と専門教育とを体系的に編成している。2016年現在431人の学生が在籍。卒業後は，保健医療の専門家として，一人一人の個性と意欲にあった病院，診療所，保健所，市町村，社会福祉施設，教育機関，研究所，民間企業など，社会のさまざまなステージでの活躍が期待されている。看護師・保健師・助産師の国家試験の合格率は高く，とくに看護師は100％に近い。　　　　　　　　　　　　　　　船勢　肇

宮崎公立大学 [公立] みやざきこうりつだいがく
Miyazaki Municipal University

1993年(平成5)開学。2007年公立大学法人宮崎公立大学を設立し，宮崎公立大学の設置者とする。人文学部国際文化学科からなる。リベラルアーツ教育を通じて教養あるグローバル人材を育成。広く知識を授け，深く専門の学術を教授研究し，高い識見と国際的な視野を持つ人間性豊かな人材を育成するとともに，広く地域に開かれた大学として生涯学習の振興，産業経済の発展および文化の向上に貢献することを目的とする。宮崎県内からの入学者は半数近く，宮崎を含む九州からの入

学者は8割で，2017年現在919人の学生が在籍。宮崎市街にある都市型大学だが，キャンパスには植物が豊かに茂るのびやかな雰囲気がある。
　　　　　　　　　　　　　　　船勢　肇

宮崎国際大学 [私立] みやざきこくさいだいがく
Miyazaki International College

1939年(昭和14)宮崎学園創立，65年宮崎女子短期大学設置，94年(平成6)宮崎国際大学比較文化学部比較文化学科開学。2006年比較文化学部を国際教養学部に改称，14年教育学部児童教育学科設置。本学は「真の国際人を育成するため」に創立され，建学の精神は「礼節・勤労」。国際教養学部比較文化学科では英語で国際的リベラルアーツを学ぶ。教育学部児童教育学科では，幼児・児童教育に必須な知識と教養を身につける。宮崎県宮崎市にキャンパスを構え，2016年現在337人の学生が在籍。宮崎学園には宮崎学園短期大学のほか，高等学校・中学校，短期大学付属みどり幼稚園および同清武みどり幼稚園がある。　　　船勢　肇

宮崎産業経営大学 [私立]
みやざきさんぎょうけいえいだいがく
Miyazaki Sangyo-keiei University

1922年(大正11)開学の日州高等簿記学校を起源とする。戦後の1953年(昭和28)に現在の学校法人大淀学園が設置され，87年に現在の宮崎産業経営大学が開学した。建学の精神は「師弟同行のもとに実学の精神を尊重する」である。宮崎県内の社会科学系大学としては唯一法学部と経営学部とを有しており，地域社会で活躍する中核人材の育成と，学術研究機能の地域還元に努めている。2017年(平成29)現在，宮崎県宮崎市にキャンパスを構え，上記2学部に964人の学士課程学生が在籍する。進路研究演習や学内塾，Ｗスクールを開講するなどキャリア教育の充実に努めており，1年次から学生の希望進路に応じたキャリア教育システムを徹底している。　　　　　　　戸村　理

宮崎大学 [国立] みやざきだいがく
University of Miyazaki

1949年(昭和24)に宮崎師範学校および宮崎青年師範学校，宮崎県工業専門学校，宮崎農林専門学校が統合され設置。その後1974年に設置された宮崎医科大学と，法人化1年前の2003年(平成15)に統合した。2016年5月現在，木花・清武の2キャンパスに5学部6研究科を置き，5489人の学生を収容する。また学部・研究科ではないものの，地域社会における指導的農業後継者の育成を目的に，畜産別科も設置する。「世界を視野に地域

から始めよう」のスローガンに加えて，現在は「地域と共に興す「新たに光る宮崎ブランド」の確立と発信」，「異分野統合を軸に「地の利，人の利」を活かした教育研究等の推進」を掲げ大学運営に取り組む。2016年度には，人文社会科学と農学・工学の専門性に基づく文理融合型の学部で，地域固有の課題を解決し地域産業を振興してマネジメントに取り組む人材を養成する，地域資源創成学部を設立した。　　　　　　　　　　　　　　戸村　理

ミュンヘン工科大学 [ドイツ]｜ミュンヘンこうかだいがく
Technische Universität München

ドイツ南部，バイエルン州ミュンヘンにある。名称は工科となっているが，神学部，経済学部，医学部なども含む総合大学。1868年に大学の地位を有する総合技術学校として設立され，77年に工科大学 (Technische Hochschule) の名称となる。1922年にミュンヘン商業大学，30年に農業・醸造大学を統合。ナチスの時代，「指導者原理」の下に統制されたが，第2次世界大戦後の1946年4月に大学再開。1961年に医学部が設立されるなど拡充され，70年に名称も工科総合大学 (Technische Universität) となる。1974年に従来の6学部から11学部になるなど改編された。現在，ミュンヘン，ガルヒンク，ヴァイエンシュテファンの3立地に13学部，学生数3万9600人 (2016/17年冬学期)。2002年，シンガポールにドイツ科学技術研究所 (GIST) を設立。▶エクセレンス・イニシアティブ (2006年) の「エリート大学」に選定。　　　　　　　　　　　　　長島　啓記

ミュンヘン大学 [ドイツ]｜ミュンヘンだいがく
Ludwig-Maximilians-Universität München

ドイツ・バイエルン州の大学。正式名称はルートヴィヒ・マクシミリアン大学ミュンヘン。ドイツで最も古い大学の一つ。その起源は1472年にバイエルン・ランツフート公ルートヴィヒ9世によってインゴルシュタットに創立されたインゴルシュタット大学である。1800年，バイエルン選帝侯マクシミリアン1世はナポレオン戦争の戦禍を避けるためにランツフートに移転し，1802年に名称をルートヴィヒ・マクシミリアン大学と変更した。その後，1826年にバイエルンの首都ミュンヘンに移り現在に至る。第2次世界大戦中の反ナチス運動の一つである白バラの活動は，ミュンヘン大学の医学部生を中心に行われた。現在は，さまざまな国際ランキングで▶ハイデルベルク大学，▶ミュンヘン工科大学とドイツ1位の座を巡って争っている。2015年現在，5万人以上の学生に約190の学位プログラムが提供され，18の学部と五つのセンターを擁する。これまで13人のノーベル賞受賞者を輩出している。　田中　達也

ミラノ工科大学 [イタリア]｜ミラノこうかだいがく
Politecnico di Milano

ミラノにある国立大学。1863年に創設され，当初は高等技術学校 (Istituto Tecnico Superiore) と呼ばれた。イタリア最初の工学系高等教育機関。1865年に美術アカデミーを統合して建築学校を併設。1923年に国立となった。1927年よりダ・ヴィンチ広場に本部を持ち，33年に建築学部，53年にヨーロッパ大陸初の電算センターを設置。1987年以降にコモ，レッコ，クレモナ，マントヴァなど近隣の町に分校を開校し，「ポリテク網」と呼ばれる分校ネットワークをつくっている。2004年以降はトリノの総合工科大学とも教育・研究における連携を図っている。教員には産業化学者ジュリオ・ナッタなどのノーベル賞受賞者や，著名人が多い。2011年には4スクオーラ，12学科，教員数1306人，2015年の登録学生数約4万2500人。　　　　　　児玉　善仁

ミラノ大学 [イタリア]｜ミラノだいがく
Università degli Studi di Milano

ミラノにある国立総合大学。1447年にミラノの元老院が大学を設立する旨を発布したことがあるが，大学は短期間しか継続せず，ミラノ公国も長く▶パヴィア大学を公国の大学としてきたため，ミラノ自体に大学が創設されたのは1924年のことである。前年の▶ジェンティーレ改革の影響によって，法学，文哲，医学・外科学，数学・自然科学の4学部で開校。すぐに登録者数ではナポリ，ローマ，パドヴァに次ぐイタリア4番目の大学となった。ミラノ公フランチェスコ・スフォルツァが創設したカ・グランダと称された旧救貧病院を大学本部とした。現在も，この建物は事務管理部門と人文学部と法学部などに使用されている。科学系学部は「研究都市」と呼ばれる一帯に置かれている。登録学生数の増大に対応するために，1998年に「第二ミラノ大学」としてミラノ・ビコッカ大学が設立された。ヴァレーゼやコモにキャンパスを拡張すると同時に，ミラノ北部のインスブリア地方にも大学が新設されている。ミラノ大学だけで2011年には32学科10学部 (スクオーラ)，正教授587人，准教授666人，研究員917人，2016年の登録学生数約5万7000人。　　　　　　　　　　　　　児玉　善仁

民間情報教育局 ｜みんかんじょうほうきょういくきょく
Civil Information and Educational Section: CIE

第2次世界大戦後の占領下，1945-52年の日本に置かれた連合国総司令部 (General Headquarters Supreme Commander for the Allied Powers: GHQ/SCAP) の1部局。初等班，中等班，高等班，特殊教育班と協同委員会，教員養成委員会，高等調査委員会，

教科書および教育資料許可調査委員会，調査情報委員会，審査委員会，連絡委員会の4班7委員会から構成されており，間接統治下，教育関係者の適格審査，各種メディア，芸術，宗教，世論調査，文化財保護など，教育および文化に関する諸改革を指導し監督した。学校制度と大学改革に関わっては，その方向を決定づけた米国教育使節団の訪日，その受け皿として組織された日本側委員会を母体に設置された教育刷新委員会の議論を経て，戦前の複線型学校体系から現在の学校体系の基本となっている，▶学校教育法にもとづく六・三・三・四の単線型学校体系への移行が実現した。そのもとで旧制高等教育機関の再編による私立・公立の▶新制大学の発足，一府県一大学を含む11原則にもとづく新制国立大学の設立はCIEの強い関与のもとで行われた。　　　　　　　　　館　昭

→戦後改革と新制大学，占領期大学改革，一府県一大学原則

MOOC|ムーク
Massive Open Online Course

大規模公開オンライン講座(ムーク，複数形にしてMOOCsとも表記)のこと。2012年からアメリカ合衆国を中心として開始された名門大学や有名教授によるインターネット上の無料オンライン講座で，1講座当たり数万人が世界中から受講しており，大学のあり方を大きく変える可能性が指摘されている。講座は5〜15週にわたって毎週配信され，講義動画はテーマごとに短く区切られ，小テストや課題提出が複数回課されて採点もされる(ただし自動または相互採点)。一定の成果を達成した学習者には，修了証が発行される(単位が認定される講座もある)。アメリカの主要なMOOC事業主体には，▶スタンフォード大学の教員が設立してベンチャーキャピタルからの資金を元に営利団体として事業を推進しているコーセラ(Coursera)とユーダシティー(Udasity)，▶マサチューセッツ工科大学と▶ハーヴァード大学が資金を拠出して非営利事業として運営しているエデックス(edX)がある。国内でも東京大学と京都大学がこれらのプラットフォームに参加して授業の配信を始めるとともに，2013年11月にはJMOOC(一般社団法人日本オープンオンライン教育推進協議会)が設立され，会員の大学，企業，団体からの会費を基盤として，14年4月からオンライン講座の提供を開始した。　　　　　　　　　　　　　鈴木　克夫

→インターネット大学，オープンコースウェア

武庫川女子大学[私立]|むこがわじょしだいがく
Mukogawa Women's University

1939年(昭和14)に創設された武庫川学院，同年の武庫川高等女学校を礎に，1946年開校の武庫川

女子専門学校を経て，1949年に新制の武庫川女子学院大学として開学。1958年，武庫川女子大学に改称。「高い知性，善美な情操，高雅な徳性」を立学の精神に掲げ，それらを兼ね備えた社会に役立つ有能な女性の育成を教育理念とする。2017年(平成29)5月現在，6学部6研究科1専攻科および短期大学部から構成され，兵庫県西宮市にある中央・浜甲子園・上甲子園の3キャンパスに1万285人を収容。2015年4月に看護学部看護学科を新設。2013年に▶アクティブ・ラーニング・スタジオやカフェを備えた地階を含めた7層の中央図書館が竣工した。広域大学連携事業として，2008年から関西6大学の連携で開講する，日本唯一の学部生対象の「臨床医工学・情報学」を展開。「資格と就職に強い大学」をうたっており，近年も幼稚園・小学校教員，保育士，管理栄養士など複数の職種において採用者や資格試験合格者が全国トップクラスを誇る。　　　　　　　　　　　平野　亮

→大学間連携

武蔵大学[私立]|むさしだいがく
Musashi University

1922年(大正11)に創立された日本初の旧制七年制高等学校である旧制武蔵高等学校を前身とする。創設者は「鉄道王」と称された根津嘉一郎であり，アメリカの実業家の慈善事業に感銘を受け，「人間形成を根幹に，明日の新しい日本を担う，優れた人材を育てる」との理想を掲げて，武蔵高等学校を創立した。1949年(昭和24)新制武蔵大学となる。2016年(平成28)5月現在，江古田(東京都練馬区)キャンパスに3学部8学科2研究科を設置し，4627人の学生を収容する。現在は建学の三理想をもとに，「自立」(自ら調べ自ら考える)，「対話」心を開いて対話する，「実践」(世界に思いをめぐらし，身近な場所で実践する)という三つの目標を掲げ，伝統である「ゼミ」を通して「自立した活力ある人材」を育成している。その武蔵のゼミは旧制高等学校以来の伝統を継承するもので，新制武蔵大学でも1951年から開始された。ゼミは入学式直後から開始され，全員が4年間履修し，国内外をフィールドに多くの成果を生み出している。　　　戸村　理

武蔵野音楽大学[私立]|むさしのおんがくだいがく
Musashino Academia Musicae

1929年(昭和4)創立の武蔵野音楽学校が前身。創立者は福井直秋。1949年に武蔵野音楽大学音楽学部を設置。建学の精神を「和のこころ」と定め，「音楽芸術美の探究」を基本理念とし，「音楽芸術の研鑽」と「人間形成」を教育方針とする。演奏学科と音楽総合学科の音楽学部と音楽研究科を有して，高い専門性と深い教養を身につけた世

界に通用する人材を育成する。コンサートやオーディションなどの実践活動への積極的な取組みを奨励し，また校外学修などの音楽活動の実体験を積ませることに努める。東京都練馬区に江古田キャンパス，埼玉県入間市に入間キャンパスを構え，2016年(平成28)5月現在，888人の学生を収容する。

山本 剛

武蔵野学院大学 [私立] | むさしのがくいんだいがく
Musashino Gakuin University

1912年(明治45)東京日本橋に創設された大橋幼稚園を起源とする。1920年(大正9)に大橋家政女学校，22年に武蔵野高等女学校が設立された。これを前身として1981年(昭和56)埼玉県狭山市に武蔵野短期大学が開学，2004年(平成16)武蔵野学院大学が開学した。国際コミュニケーション学部国際コミュニケーション学科を有する単科大学であり，1年生向けに設定された英語で行われる授業の開講や，AMUSEプログラムという学生の学習進度に合わせた英会話・TOEIC対策の実施など，英語教育に力を注いでいるという特徴がある。また，中学・高校の英語科教員の養成，日本語教員の養成もカリキュラムに取り入れ，異文化理解・国際交流を実現していく人材の育成をめざしている。2016年現在の収容人数311人。

鈴木 崇義

武蔵野大学 [私立] | むさしのだいがく
Musashino University

1924年(大正13)高楠順次郎により創設された武蔵野女子学院が母体。1965年(昭和40)文学部のみの単科大学として武蔵野女子大学を設立。2003年(平成15)武蔵野大学に校名変更し，翌年2004年に男女共学化が実現する。建学の精神を「仏教精神を根幹とした人格育成」と掲げる。文・理・医療・グローバルの総合大学として，9学部16学科，9大学院研究科，通信教育部，16研究所・センターを擁する。全学生が1年次を武蔵野キャンパスで過ごし，全学共通の教育プログラム「武蔵野BASIS」を学ぶ。東京都西東京市に武蔵野キャンパス，江東区に有明キャンパスを構え，2017年5月現在，学部研究科に8851人の学生を収容する。

山本 剛

武蔵野美術大学 [私立] | むさしのびじゅつだいがく
Musashino Art University

1929年(昭和4)に東京都武蔵野市に創立された帝国美術学校を起源とする。1947年に造型美術学園，48年に武蔵野美術学校に名称を変更。1962年に武蔵野美術大学を設置し，造形学部を開設した。設置者は学校法人武蔵野美術大学で，現在

のメインキャンパスは東京都小平市にある。1973年の大学院造形研究科の開設，学科の新設・改組などを経て，2016年(平成28)5月現在，11学科を擁する造形学部と大学院造形研究科に4529人の学生を擁する。また，1951年から通信教育を展開しており，2002年に開設された4年制の通信教育課程には2016年5月現在2345人の学生が在籍している。開学以来，「真に人間的自由に達するような美術教育」，「教養を有する美術家養成」を建学の精神として継承し，絵画，彫刻，デザイン，建築，映像，芸術文化といった幅広い分野の教育研究活動を展開している。作家やデザイナーのみならず，企業へも人材を輩出している。

福井 文威

室蘭工業大学 [国立] | むろらんこうぎょうだいがく
Muroran Institute of Technology

北海道室蘭市にある。1949年(昭和24)北海道帝国大学附属土木専門部，室蘭工業専門学校を基盤として設置された。基本理念は「自然豊かなものづくりのまち室蘭の環境を活かし，総合的な理工学教育を行い，未来をひらく科学技術者を育てるとともに，人間・社会・自然との調和を考えた創造的な科学技術研究を展開し，地域社会さらには国際社会における知の拠点として豊かな社会の発展に貢献します」である。2017年(平成29)8月現在の学部生2801人，大学院生533人。近年，環境調和材料工学研究センターにおいて，希土類(レアアース)の特徴的な研究が推進されていることで有名である。関東地区での諸活動に活用可能な東京事務所(東京都港区西新橋)がある。

蝶 慎一

ムンバイー大学 [インド] | ムンバイーだいがく
University of Mumbai

1857年，イギリス植民地体制のもと，▶ロンドン大学をモデルにインドのマハーラーシュトラ州ムンバイー(1995年に英語名ボンベイから現地名のムンバイーに改称)に設立された大学。▶カルカッタ大学，▶マドラス大学にならび，インドで最も歴史・伝統のある州立大学の一つ。大学総長には州知事が就任。五つのキャンパスをもち，6学部56学科，691の加盟カレッジといくつかの研究所によって構成される。過去10年で学生数が急増し，2011年の在籍者数は約55万人(2001年は約34万人)。遠隔教育研究所の通信課程には，正規課程への参加が困難な学生約7万人が登録している。大学補助金委員会が発展性のある研究拠点に認定する15大学の一つでもあり，教育・研究環境整備のための補助金を受けている。2012年にはインドの高等教育の質保証機関である国家評価認証評議会からA評価を得ている。

小原 優貴

名桜大学 [公立] めいおうだいがく
Meio University

1994年(平成6)沖縄県名護市字為又に開学。沖縄県ならびに名護市を中心とする北部12市町村によって設立された沖縄県唯一の公設民営の私立大学であったが，2010年に公立大学法人名桜大学が開設。平和を愛し，自由を尊重し，人類の進歩と福祉に貢献する国際的教養人と専門家の育成を建学の精神とする。2015年には「教養教育センター」を「リベラルアーツ機構」として改組。カリキュラムは，幅広い教養教育を基礎として円満な人間形成をめざし，専門分野では深い知識を探求できるよう設計されている。これを「名桜大学型リベラルアーツ教育」と呼んでいる。国際学群と人間健康学部があり，2016年現在2056人の学生が在籍。

船勢 肇

→ 公設民営大学，リベラルアーツ

明海大学 [私立] めいかいだいがく
Meikai University

1970年(昭和45)に歯科医学・医療に貢献する人材の育成を目的とし，埼玉県坂戸市に城西歯科大学として開学。創設者は宮田慶三郎。1988年に千葉県浦安市に外国語学部，経済学部を設置し，明海大学と名称変更する。1992年(平成4)に日本で唯一の不動産学部を設置，2005年にホスピタリティ・ツーリズム学部を設置する。建学の精神として「社会性・創造性・合理性を身につけ，広く国際未来社会で活躍し得る有為な人材の育成をめざす」を掲げる。「基礎教育」「人間力形成教育」「キャリア形成教育」「専門教育」などのカリキュラムをバランスよく配置し，「実学志向の実践教育」を行う。外国人留学生を積極的に受け入れ，海外研修や▶留学を支援するなど，学内外における学生たちの「国際性の涵養」に力を入れている。キャンパスは坂戸キャンパス(歯学部)と浦安キャンパスがある。2017年5月現在，5学部4研究科，別科日本語研修課程からなり，学生数は4142人(別科66人)。

山本 剛

明治学院大学 [私立] めいじがくいんだいがく
Meiji Gakuin University

1863年(文久3)開設の英学塾「ヘボン塾」を淵源とし，1949年(昭和24)に文経学部第一部，第二部を有する新制大学として認可。建学の精神は「キリスト教による人格教育」，教育理念は「Do for Others(他者への貢献)」を掲げる。キャンパスは東京都港区および神奈川県横浜市に構え，2016年(平成28)5月現在，6学部(文学部，経済学部，社会学部，法学部，国際学部，心理学部)15学科，7研究科12専攻

を有し，学部には1万2197人の学生を収容する。学生が多様な文化や価値観に触れることで成長できるよう，国際教育・交流に力を入れており，海外▶留学制度をはじめ，留学生をサポートする「バディ制度」など，さまざまな留学や海外プログラムを実施している。

山本 剛

明治国際医療大学 [私立] めいじこくさいいりょうだいがく
Meiji University of Integrative Medicine

1983年(昭和58)学校法人明治東洋医学院により開学。同法人は1925年(大正14)の山崎鍼灸学院を起源とする。建学の精神は「和の精神」を真髄となし，東西両医学を有機的に関連づけて，社会および国民の医療に貢献できる真の医療人を育成することにほかなく，「人と人との和・人と自然の調和・東洋と西洋の融和」を掲げている。日本初の鍼灸の高等教育機関として誕生して，2017年(平成29)現在，看護学部，保健医療学部，鍼灸学部の3学部を有している。キャンパス内に16診療科の附属病院があることで活きた医療現場に触れることができ，学びをより確かなものにできるなど，瞬時の判断力や応用力を鍛え，医療人の一員としての自覚と責任を身につけさせる環境にある。キャンパスは京都府南丹市にあり，2016年時点で634人の学生が在籍。

堺 完

明治大学 [私立] めいじだいがく
Meiji University

1881年(明治14)に司法省法学校の同窓生であった岸本辰雄・宮城浩蔵・矢代操によって開校した明治法律学校を起源とする。同学校は1903年に専門学校令のもとで明治大学と改称し，20年(大正9)に大学令による私立大学として公的認可を得た。2016年(平成28)5月現在，東京都千代田区駿河台のほか，和泉・生田・中野の4キャンパスに，10学部12研究科と法科大学院や▶専門職大学院を擁する総合大学として，3万3310人の学生を収容する。建学の精神は個人の権利や自由を認め，学問の独立を基礎として自律の精神を養うという理念を広く普及させる意味から「権利自由，独立自治」を掲げており，「個」の確立を基礎とする教育方針をとる。現在はさらに「世界へ—「個」を強め，世界をつなぎ，未来へ—」を大学の基本理念に付加し，「知の創造と人材の育成を通し，自由で平和，豊かな社会を実現する」を使命とする。リクルート進学総研「進学ブランド力調査2016」によると，関東エリア高校生の「志願したい大学」では8年連続トップに選定された。

戸村 理

明治薬科大学 [私立] めいじやっかだいがく
Meiji Pharmaceutical University

1902年(明治35)恩田重信により設立された東京薬学専門学校が前身。49年(昭和24)に新制大学として明治薬科大学が発足。建学の精神は「薬学の普及と社会に有用な薬剤師を養成し，医薬分業を実施し，もって国民の保健衛生へ貢献する」を掲げて，大学の目的を「ソフィア(純粋知)とフロネシス(実践知)を兼ね備えた人材を育成する」と定めている。薬学部には6年制の薬学科と4年制の生命創薬科学科の2学科を有している。薬剤師国家試験ではきめ細やかな試験対策と徹底したサポートにより，毎年安定した高い合格率を維持している。東京都清瀬市にキャンパスを構え，2017年(平成29)5月現在，薬学部と1研究科に2350人の学生を収容する。
山本 剛

名城大学 [私立] めいじょうだいがく
Meijo University

1926年(大正15)に尾張商業学校内に設置された名古屋高等理工科講習所を起源とする。創設者は物理学者の田中寿一。1949年(昭和24)に開学した時は商学部のみだったが，翌年に法商学部，理工学部，農学部の3学部となる。さらに1954年に薬学部と大学院を設置するなど急速に拡大し，新しい学部・学科・研究科を順次設置して総合大学化し，他学部履修制度を積極的に導入。2017年(平成29)5月現在では9学部(法・経営・経済・外国語・人間・都市情報・理工・農・薬)の在学生1万4821人，大学院在学者605人(博士後期課程・専門職学位課程を含む)で，中部地方最大規模の大学になっている。キャンパスは名古屋市などにある。スポーツでは1960年代末からラグビーの強豪校であり，90年代からは柔道，2000年代からは女子駅伝の強豪校としても知られるようになった。
和崎 光太郎

明星大学 [私立] めいせいだいがく
Meisei University

1964年(昭和39)理工学部を設置して開学。創立者は児玉九十。「和の精神のもと，世界に貢献する人を育成する」を建学の精神に掲げて，「自己実現を目指し，社会貢献ができる人の育成」を教育目標とする。理工，人文，経済，情報，教育，経営，デザイン，心理の8学部11学科5研究科12専攻，通信教育課程を擁する。2017年(平成29)5月現在，東京都日野市にキャンパスを構え，学部には8498人の学生を収容する。全学部1年次配当の必修科目として「自立と体験1」を開講し，「学部・学科横断型の少人数クラスで対話を重ね，未来へ向けて，一人一人の理想や目的」を明確にす

る教育を実施する。また教職センターを設置し，教員採用試験対策などのサポートを行っている。
山本 剛

メイソン
Sir Josiah Mason | 1795-1881

イギリスの慈善家。イングランド中西部キッダーミンスター生まれ。8歳から働き始め，靴製造，鍛冶屋，大工，絨毯織工など多種の仕事に携わった。1825年に分割リング事業会社を購入。1829年には鋼鉄製ペンの製造を開始し，すぐに同製品の世界最大の製造業者となった。彼はさらにG.R.エルキントンとのパートナーシップのもと電気メッキならびに銅およびニッケル溶錬事業に携わり莫大な富を築いた。彼はその富の中から26万ポンドを500人の子どもたちのための孤児院の創設・運営のために寄付した。その後，バーミンガムに科学教育を行うためのカレッジを創設する目的で18万ポンドを寄付した。これにより1875年，メイソン科学カレッジが開学。同カレッジは1900年に医学校とともに勅許状を得て▶バーミンガム大学となった。1872年にナイトの爵位を与えられた。
福石 賢一

名誉学位 めいよがくい
honorary degree

学位は，大学・▶大学院の課程を修了し，一定以上の学術・研究上の能力を有することの証明として，大学教授団による審査を経て授与されることを通例とする。これに対して，上記のプロセスを経ずに，社会的な功績を顕彰する目的で大学等の学術機関から授与される名誉称号を総称して名誉学位という。学術研究のみならず，教育，芸術，文化などさまざまな領域における顕著な功績が顕彰の対象とされている。日本では，名誉学位について法令上の根拠規定はなく，各大学が▶学則等で授与要件等を規定しているが，教育課程の修了者に授与される通常の学術的な学位とは，名称等において区別が可能な形態で授与されることが一般的である。大学院制度が発達する以前の19世紀のアメリカ合衆国では著名人，大学への大口寄付者などに博士号(名誉博士)を授与することが慣例化し，学位の質や社会的通用性をめぐって議論が引き起こされたという。
濱中 義隆

▶ 学位と称号(テーマ編)，称号

名誉教授 めいよきょうじゅ
professor emeritus; professor emerita

大学等に▶教授等として勤務した者で功績のあった者に対して授与される▶称号。名誉教授については，従来官公立大学についてのみ勅令で規定され

ていたが，1950年(昭和25)の学校教育法改正で同法に関連規定が追加され，すべての大学が当該称号を授与できることとなった。現行の学校教育法106条は，「大学は，当該大学に学長，副学長，学部長，教授，准教授又は講師として勤務した者であつて，教育上又は学術上特に功績のあつた者に対し，当該大学の定めるところにより，名誉教授の称号を授与することができる」と規定し，各大学の判断で当該称号を授与することを認めている。かつては大学に多年勤務したことを称号授与に必須としていたが，当該要件は2001年(平成13)の学校教育法改正で削除された。

大場 淳

『明六雑誌』|めいろくざっし

明六社の機関誌。▶森有礼の提案でつくられた洋学者による啓蒙団体明六社の例会の演説内容公表などを目的として，1874年(明治7)4月に創刊された。翌年11月の第43号で終刊。活版印刷による平均20頁の小冊子で，毎号平均約3200部が発行された。執筆者は▶森有礼・西村茂樹・津田真道・西周・中村正直・加藤弘之・▶福沢諭吉・箕作秋坪・箕作麟祥ら明六社の関係者で，大半は旧幕府開成所出身の洋学者であり，福沢以外は明治政府の官吏であった。内容は政治，哲学，宗教，教育，社会，経済など広範囲にわたる学術的論文や演説筆記など。1875年，政府から新聞紙条例と讒謗律が出され，官吏が政務を私的に新聞雑誌に載せることが禁止されると，福沢が廃刊を提案し，賛成多数を得て終刊となった。日本における総合学術誌，学会誌の先駆けとされる。

冨岡 勝

→学術雑誌

メキシコ国立自治大学[メキシコ]
メキシコこくりつじちだいがく
Universidad Nacional Autónoma de México[西]: UNAM

16世紀創立の王室・教皇メキシコ大学を起源とするが，近代大学としては1910年のメキシコ国立大学に始まる。ホセ・バスコンセーロス学長による識字十字軍キャンペーン(1920年)に見られるように，民衆的なナショナリズムの追求はそのアイデンティティの一つである。高い研究，教育水準を維持し，大統領，政治家，高級官僚を輩出してきた。1968年の学生の民主化運動は多くの犠牲者を出したが，国政の歴史的な転機となった。2012年度の学生数は大学院2万6878人，学部19万707人，高校11万1982人，教員数は3万7610人である。高等教育については，13の学部，七つのインターディシプリナリー・ユニット，四つの高等職業専門学校があり，研究所は自然科学系30，社会科学系16を数える。

米村 明夫

目白大学[私立]|めじろだいがく
Mejiro University

1923年(大正12)に佐藤重遠によって設立された研心学園が前身。1994年(平成6)に人文学部の単科大学として開学。建学の精神に「主・師・親」を掲げる。文系の4学部(人間学部，社会学部，経営学部，外国語学部)は東京都新宿区の新宿キャンパス，医療・看護系の2学部(保健医療学部，看護学部)は埼玉県さいたま市の岩槻キャンパスに設置し，2016年5月現在，6学部16学科7研究科に5920人の学生を収容する。「育てて送り出す」を大学の使命に掲げて，いずれの学科もクラス担任制をとるなど，学生と教職員の距離の近さ，面倒見の良さ，親密なコミュニケーションを特色としている。保健医療学部，看護学部では，試験対策としてグループ学習を用意し，国家試験の100%の合格をめざしている。

山本 剛

メディア授業|メディアじゅぎょう

▶大学設置基準25条2項に「大学は，文部科学大臣が別に定めるところにより，前項の授業を，多様なメディアを高度に利用して，当該授業を行う教室等以外の場所で履修させることができる」とあり，大学通信教育設置基準3条1項がこれを「メディアを利用して行う授業」と命名したことから，メディア授業と略称される。「通信衛星，光ファイバ等を用い，多様なメディアを高度に利用して，文字，音声，静止画，動画等の多様な情報を一体的に扱う」ことを前提に，同時・双方向，かつ授業を行う教室等以外の教室，研究室またはこれらに準ずる場所で履修させるもの(テレビ会議式の遠隔授業)と，毎回の授業の実施に当たって，設問解答，添削指導，質疑応答等による十分な指導を併せ行い，かつ学生等の意見の交換の機会が確保されているもの(インターネット等活用授業)の二つがある(2001年文部科学省告示第51号，2007年改正)。この方法によって修得することができる単位数は，通学課程では卒業要件の124単位中60単位までだが，通信教育課程では30単位以上を面接授業またはメディア授業により修得するものとするとされており，124単位すべてをこの方法によって修得することも可能である。

鈴木 克夫

→インターネット大学，大学通信教育，通信制と通学制の融合

メディカル・スクール
medical school

アメリカ合衆国において医師免許を取得し医業を行えるものは，M. D. (Doctor of Medicine)とD. O.

（Doctor of Osteopathic Medicine）の2種類がある。医師になるためには，認可された通常4年間の医学教育を実施するメディカル・スクール（医学大学院）を卒業し，国家試験に合格し，ライセンスを取得すること，そしてこれはM. D. の場合はレジデンシーと呼ばれる研修医制度，D. O. の場合はインターンシップあるいはレジデンシーと呼ばれる研修医制度のもとで，一般的には1年から7年にわたる▶大学院での医学教育をこなさなければならない。M. D. のレジデンシー・プログラムに参加するには，The National Board of Medical Examinersが標準テストを候補者に実施しており，D. O. のレジデンシー・プログラムに対しては，The National Board of Osteopathic Medical Examinersが標準テストを実施している。メディカル・スクールに入学するには，▶学士課程の上級学年では物理学，一般化学，有機化学，生物学の基礎科学を履修するか，▶プリメディカル・コースを履修しなければならない。さらには学士課程を修了して学士号を取得し，▶MCAT（Medical College Admission Test）と呼ばれる標準試験を受けなければならない。

山田 礼子

→医学教育

メリトクラシー
meritocracy

イギリスの社会学者マイケル・ヤング（Michael Young）が1958年に書いた小説『The Rise of the Meritocracy』における造語で，その後教育や社会の分野で広く使われるようになった。「知能（IQ）＋努力」からなる個人のメリットが，社会的選抜・配分の支配的原理となることを指す。また，そうした原理が人々の意識の中に受け入れられるイデオロギーの意味で用いることもある。小説では，伝統的な世襲や情実による属性主義が徐々に駆逐され，科学的に測定された知能に応じて教育と社会的地位が与えられる社会ができ上がるが，その厳密さが増すほど高知能エリートの世襲になるという逆説が起こり，全国的な危機を迎える結末になっている。業績主義，能力主義などの類似語があるが，それを合理的・効率的に突き詰めた結果が必ずしも幸福な社会を実現するとは限らないことを，この概念は暗示している。わが国ではとくに▶学歴社会との関わりの中で，日本型メリトクラシーの諸問題が検討されている。

大前 敦巳

→教育選抜と社会移動，社会構造と大学（テーマ編）

メルボルン大学 ［オーストラリア］｜メルボルンだいがく
University of Melbourne

1853年創設。19世紀の世俗的な大学教育の考え方にならい，古典とともに現代語，文学，数学，自然科学を教授。▶シドニー大学同様，1881年に女

子学生の入学を認め，83年には初の学士号を授与。第2次世界大戦後は，より実学に根ざし，国家建設に有用な人材の育成を目指し，社会科学，自然科学および医学の教育・研究を重視。オーストラリアで最初の博士号を1947年に授与している。2008年には「メルボルン・モデル」と呼ばれるカリキュラム改革を断行し，学部教育は大学院で各専門的な研究をする前段階の教養教育と位置付けられるようになる。2016年現在，12の学部・大学院がある。オーストラリア国内の卓越した大学の連合であるグループ・オブ・エイト（Group of Eight: Go8）の一つで，▶環太平洋大学協会（APRU）や国際的な大学連合である▶ウニベルシタス21にも所属。とくに医学生理学分野に強く，ノーベル賞受賞者をはじめ多くの著名な卒業生を輩出している。

青木 麻衣子

メンザ
Mensa［独］

ドイツの大学の▶学生食堂のこと。メンザとはラテン語で食卓の意味がある。その多くは，学生の大学生活を援助する公法上の組織である学生互助会（DSW）が運営している。スタンダードな料理として，子牛の肉を使ったカツレツ風のシュニッツェルなどがある。主品にフライドポテト，野菜，プリンなどが添えられた定食メニューのほか，単品でも購入できる。アルコールなどの飲み物も用意されている。最近はサラダバー，メキシコ料理，アジア料理などメニューも豊富になっている。記録によれば，1900年に▶テュービンゲン大学で開設された「カール王子」という名称の食堂がドイツ最初のメンザとされる。一般にも開放されているが，学生証などを提示することで割引料金となる。定食だけであれば，おおむね4ユーロ以下の支払いで済ますことができる。学生雑誌『ウニクム』は毎年ドイツ大学のベストメンザをインターネット投票により選んでいるが，そこではハイデルベルク，ロストックなどの名前が挙げられている。

木戸 裕

→ドイツ学生互助会

目的・機能 → 大学の目的・機能（テーマ編 p.92）

モジュール
module

大学教育におけるモジュールとは，ひとまとまりの教育内容を指す。教育は本来継続的な営みで，博識者からその見識に教えを請うものであった。それが近代の高等教育制度の発達とともに，科目や単位などの概念が生まれ，それら教育単位の組合せにより，学位が授与されるようになった。アメリ

カ合衆国で19〜20世紀に生まれたカーネギー単位が淵源となっている。欧州では▶ボローニャ・プロセス以降，▶欧州単位互換制度（ECTS）が導入された。欧州ではテーマを同じくする▶講義，ゼミナール，演習を組み合わせて，最大2セメスターの長さの「モジュール」を構成し，ECTSを付与できるとしている。2012年に世界を席巻した大規模公開オンライン講座（▶MOOC）により，教育をモジュールとして大学から切り離し，学習者が独自に教育課程を編成できるという考えが生まれた（「高等教育のアンバンドリング」）。また科目内容により，1モジュールの期間や学習時間が可変で良いとの考えが生まれた。

森守 美穂

➡️単位制，演習／ゼミナール

モスクワ大学［ロシア］｜モスクワだいがく
Moscow University; Moskovskii universitet［露］

正式名称はM.V. ロモノーソフ記念国立モスクワ大学。ロシア連邦教育法（2012年12月29日付）において，▶サンクト・ペテルブルグ大学とともに，特別連邦法により「連邦大学」「国家研究大学」を超える独自のカテゴリーに収められた，文字通りロシアを代表する総合大学である。ペトロヴナ女帝の勅令によって1755年に創設され，数多くの革命的思想家（ゲルツェン等），文学者（チェーホフ等），数学者（ノヴィコフ等のフィールズ賞受賞者），物理学者（サハロフ等）や，教育学者のウシンスキー，政治家のゴルバチョフなどを輩出している。現在は20を超える学部以外にアジア・アフリカ研究所をはじめ，多数の研究所を擁し，学部学生は3万人以上，大学院生数も約7000人，教員と研究員は総勢1万人という最大級の規模を誇る。諸外国との学術交流も盛んで，中枢的学術・教育機関の重責を担っている。

森岡 修一

ものつくり大学［私立］｜ものつくりだいがく
Institute of Technologist

2001年（平成13）「次代を担う若者が，情熱と理想を持ってものづくりに取り組める教育環境」の整備拡大を目的に，国や自治体，産業界からの支援をうけて技能工芸学部（製造技能工芸学科，建設技能工芸学科）を設置して開学。2011年に学科名称を製造学科，建設学科に変更。キャンパスは埼玉県行田市に所在。「ものづくりに直結する実技・実務教育の重視」などを基本理念として掲げ，「実務経験者が多数を占める教員集団」のもと，「トップクラスの実習施設・設備，グループ学習等」で技術者の育成を行う。長期インターンシップを正課に採り入れ，より実践的な技能・技術の修得を図る。2016年5月現在，1学部1研究科（ものつくり学専攻）に，学生1123人が在籍する。少人数教育およ

び担任制を採用するなど，きめ細かい学生生活指導や就職支援を行っている。また「おもしろものづくり教室」を開催するなど，地域に対しての活動を行っている。

山本 剛

桃山学院大学［私立］｜ももやまがくいんだいがく
St. Andrew's University

1884年（明治17）イギリス人宣教師ワレン師が大阪の川口外国人居留地内の聖三一教会（Holy Trinity Church）の一室に開設した，男子校（三一小学校）と三一神学校を起源とする。当時，授業は宣教師による英語と聖書の勉強のほかに日本人教師による教育も行われており，「英語の桃山」という伝統はこの時代にさかのぼる。4年制の大学は1959年（昭和34）にキリスト教新教日本伝来100年を期して開学された。建学の精神は「キリスト教精神に基づく世界の市民の養成」である。2017年（平成29）現在，大阪府和泉市まなび野にキャンパスを構え，5学部4研究科に6561人を収容する。建学の精神，「地域で，世界で，人を支える」という教育ビジョンを達成するべく，街や地域から学ぶ実践的な講義やゼミ，国を越えてボランティアや研修に参加できる国際プログラムなどが用意されている。

堀之内 敏恵

➡️キリスト教系大学

森有礼｜もりありのり
1847-89（弘化4-明治22）

外交官，教育行政官。初代文部大臣。薩摩藩士の五男として鹿児島に生まれる。幼名は助五郎，のち金之丞と称す。藩校造士館および藩の洋学校開成所で学ぶ。1865年（元治2）藩派遣の英国留学生に選抜され，ロンドンに留学。1867年（慶応3）にはアメリカに渡り，宗教家トーマス・レイク・ハリスからの影響を受ける。翌年帰国し，以後，米国在勤少弁務使，駐清公使，駐英公使などを歴任。1873年（明治6）の明六社設立，翌74年の▶『明六雑誌』創刊，75年の商法講習所（一橋大学の前身）創設など，啓蒙活動にも力を入れた。在米勤務中に，英文著作「*Religious Freedom in Japan*」と「*Education in Japan*」を発表。在英中にハーバート・スペンサーらと交流した。1882年（明治15），欧州歴訪中の▶伊藤博文に自らの教育方策を語って伊藤の信頼を得る。1885年第1次伊藤博文内閣の文部大臣に就任し，翌年▶帝国大学令，師範学校令・小学校令・中学校令や諸学校通則を制定し，学校教育体系の整備につとめた。帝国大学令では，▶帝国大学を「国家ノ須要ニ応スル学術技芸」の教授・研究機関と規定し，国家における大学の役割を明確化した。1889年の大日本帝国憲法発布当日，森が伊勢神宮において不敬な態度をとったと信じた国粋

主義者の西野文太郎に刺され，翌日死去。 冨岡 勝

盛岡大学 [私立] | もりおかだいがく
Morioka University

岩手県滝沢市にある。1950年（昭和25）細川泰子が生活研究所を創設したことをはじめとし，81年盛岡大学（文学部）を開学した。建学の精神は「創設者の信条であった「キリスト教精神」に由来する」とし，「愛と奉仕」を行動理念としている。学部は，文学部（英語文化学科，日本文学科，社会文化学科，児童教育学科），栄養科学部（栄養科学科）がある。教員免許，日本語教員資格，児童英語教員の養成課程，保育士，栄養士などの多様な資格が取得できる。学生によるボランティア活動（「ボランティア委員会 結-YOU-」），国際交流活動（「学生国際交流委員会」），部活動やサークル活動も盛んに行われている。2016年（平成28）現在の学部生1780人。 蝶 慎一

森戸事件 | もりとじけん

1919年（大正8）から翌年にかけて起きた東京帝国大学経済学部助教授森戸辰男の筆禍事件。1919年12月末に刊行された経済学部の経済学研究会機関誌『経済学研究』創刊号に掲載された森戸辰男の研究論文「クロポトキンの社会思想の研究」に対し，学内の憲法学者の上杉慎吉やその影響下にあった興国同志会は，これを無政府主義の政治宣伝であるとして非難し，政府（原敬内閣）もこの論文を問題視した。翌年1月，森戸は経済学部教授会によって休職処分に付され，さらに新聞紙法違反（朝憲紊乱）に問われて同誌発行・編集人の大内兵衛とともに起訴された。10月の大審院での上告棄却判決で，森戸は禁固3ヵ月・罰金70円，大内は禁固1ヵ月（執行猶予1年）・罰金20円に処され，両名とも東京帝国大学を失職した。『経済学研究』は創刊号のみで廃刊となった。 冨岡 勝

森ノ宮医療大学 [私立] | もりのみやいりょうだいがく
Morinomiya University of Medical Sciences

学校法人森ノ宮医療学園により2007年（平成19）に開学。4年制の大学に看護学科，理学療法学科，作業療法学科，臨床検査学科，鍼灸学科，そして大学院，助産学専攻科を有する医療の総合大学で，建学の精神は「臨床に優れ，かつ豊かな人間性に裏打ちされた医療人を育成する」である。2017年現在，大阪市住之江区のキャンパスに1139人を収容する。キャンパス内のすべての学生が医療資格の取得を志しており，刺激し合いながらともに学ぶ環境，連携した教育など，医療に特

化した大学ならではの体制により，医療者としての高い意識と幅広く柔軟な知識，医療センスを養っている。地域の基幹病院との相互連携協定の締結などにより，学生が臨床の場で学べる環境を整えるとともに，地域医療の活性化にも貢献している。 堀之内 敏恵

モリル法 | モリルほう
The Morrill Act

アメリカ合衆国東部ヴァーモント州選出の下院議員ジャスティン・S. モリル（Justin S. Morrill）が，初回は1858年に上程し，連邦議会を2度通過したのち，62年リンカーン大統領に批准された連邦政府による州の大学設立と維持への援助を規定した法律。本法の援助提案に応じる州は，連邦議会議員1名あたり3万エーカーの土地ないし証券を付与され，売却金を基金として農工，文理，軍事の関連分野を教授する大学を最低1校設立・維持する義務を負った。大学史上では，神・法・医の旧専門職者の養成を前提とした既存の大学を，人口の多数を占める生産者諸階級向けに根本から再編成しようとした点が注目される。他方，アメリカ史上では，南北戦争という国家の分裂の危機の中，大学の設立・維持への連邦介入を通して諸州の結束を図る一度だけの試みであった。本法は新大学の目的を「生産者諸階級が実生活においてさまざまな生業や専門職を遂行するに必要な，リベラルかつ実用的な教育を奨励する」と規定し，そうした大学での革新，新分野の実験研究の成果を公刊し，すべての該当大学間で交換し続けることを義務づけた。 立川 明

モンテビデオ大学 [ウルグアイ] | モンテビデオだいがく
Universidad de Montevideo [西]

ウルグアイ共和国の首都，モンテビデオにある最も質の高い私立高等教育機関の一つ（教員一人当たりの学生数8人）。1986年，モンテビデオ企業研究インスティテュートとして出発し，企業法等の大学院レベルの高等教育を行ってきた。1997年に法，企業研究・経済学，工学の三つのファカルティが認められ，総合大学としての法的資格を獲得し，名称もモンテビデオ大学となった。2013年現在，コミュニケーション学および人文学を加えた5ファカルティ，ビジネススクール（モンテビデオ企業研究インスティテュート），生医学センター，教育高等インスティテュート等で構成。これらは学部レベルに加え，大学院レベルのディプロマ（コース修了証書）やマスター学位，公立中等教育教授資格を得るためのコースを持つ。 米村 明夫

820 | もりおかだ 大学事典

文部科学技官 | もんぶかがくぎかん
technical officer of the Ministry of Education and Science

第2次世界大戦後の国家公務員制度下で，文部省（のち▶文部科学省）の行政機構の範囲に含まれる諸機関の勤務員に用いられた官職名の一つ。旧各庁職員通則（昭和21年勅令第189号）1条の定めにより，官職を①事務官，②技官，③教官の三つに大別し，それぞれの所属する省庁等の名称をその前に付して用いることとなった。同通則2条において，技官は「特別ノ学術技芸ニ関スルコト（教育ニ関スルコトヲ除ク）ヲ掌ル」ものとされている。実際には▶実験・実習に従事する，もしくは研究の補助を行う技術職員などに対して技官の官職名を付すことが一般的であった。2001年（平成13）の省庁再編以前は，文部技官という官職名が用いられた。なお2004年の国立大学法人化以降，▶国立大学の職員は国家公務員から法人職員に転換されたため，文部科学技官の官職名が充てられることはなくなった。

橋場 論

文部科学教官 | もんぶかがくきょうかん
educational officer of the Ministry of Education and Science

第2次世界大戦後の国家公務員制度下で，文部省（のち▶文部科学省）の行政機構の範囲に含まれる諸機関の勤務員に用いられた官職名の一つ。旧各庁職員通則（昭和21年勅令第189号）1条の定めにより，官職を①事務官，②技官，③教官の三つに大別し，それぞれの所属する省庁等の名称をその前に付して用いることとなった。同通則2条において，教官は「教育ニ関スルコトヲ掌ル」ものとされている。2001年（平成13）以前は文部教官という官職名が用いられていたが，省庁再編により文部科学教官という官職名に変更された。従来は，国立の▶高等専門学校および国立大学附属の諸学校の教育職員にも文部教官（文部科学教官）という官職名が充てられていた。しかし，▶国立大学や国立高等専門学校の法人化により，それらの機関に所属する教育職員は国家公務員ではなくなり，官職名は用いられなくなった。

橋場 論

文部科学事務官 | もんぶかがくじむかん
administrative officer of the Ministry of Education and Science

第2次世界大戦後の国家公務員制度下で，文部省（のち▶文部科学省）の行政機構の範囲に含まれる諸機関の勤務員に用いられた官職名の一つ。旧各庁職員通則（昭和21年勅令第189号）1条の定めにより，官職を①事務官，②技官，③教官の三つに大別し，それぞれの所属する省庁等の名称をその前に付して用いることとなった。同通則2条において，事務官は「事務ヲ掌ル」ものとされている。

2001年（平成13）の省庁再編以前は，文部事務官という官職名が用いられた。2004年の国立大学法人化以降，▶国立大学の職員は国家公務員ではなく法人職員となったため，文部科学事務官の官職名が充てられることはなくなった。なお，文部科学省（文部省）から国立大学に派遣される文部科学事務官（文部事務官）を異動官職と呼んだ。異動官職は，法人化前の国立大学においては，事務局長をはじめとする本部事務局の要職を占めることが通例であった。

橋場 論

→ 事務長

文部科学省 | もんぶかがくしょう
Ministry of Education, Culture, Sports, Science and Technology: MEXT

国家行政組織法に基づいて設置される日本の国家行政機関の一つで，教育行政事務の実質的な管理・執行機関である。英語名称が示すように，教育だけでなく，文化，スポーツ，科学技術の振興や普及もその所掌事務としている。前身の文部省が設置されたのは1871年（明治4）である。戦時期に軍国主義化や思想統制の一翼を担ったことから，第2次世界大戦後には解体論もあったが，民主化・地方分権化の方向で改組され存続することとなった。2001年（平成13）の省庁再編により，科学技術庁（1956年設置）と統合され，現在の文部科学省となった。本省と外局の文化庁，スポーツ庁で構成されており，本省内部には大臣官房のほか，生涯学習政策局，初等中等教育局，高等教育局，科学技術・学術政策局，研究振興局，研究開発局が置かれている。また，所轄機関として国立教育政策研究所，科学技術・学術政策研究所，日本学士院，地震調査研究推進本部，日本ユネスコ国内委員会がある（2017年現在）。

文部科学省の任務は「教育の振興及び生涯学習の推進を中核とした豊かな人間性を備えた創造的な人材の育成，学術及び文化の振興，科学技術の総合的な振興並びにスポーツに関する施策の総合的な推進を図るとともに，宗教に関する行政事務を適切に行うこと」であり（文部科学省設置法3条），これを果たすために「豊かな人間性を備えた創造的な人材の育成のための教育改革に関すること」を筆頭に，約90もの所掌事務が規定されている（同法4条）。大学・高等教育関係では，教育の振興に関する企画・立案と援助・助言，教育のための補助，教育の基準の設定，設置・廃止，設置者の変更等の認可，入学者の選抜と学位の授与，奨学・厚生・補導，留学生の受入れと派遣などの事務を司るとされている。これらを受けて高等教育局は，大学・大学院の振興（大学の質の保証，大学教育改革の支援など），奨学金事業，私立学校の振興，留学生交流の推進などに取り組んでいる。また研究関係では，

学術研究の推進(科学技術・学術政策局)，産官学連携の推進(研究振興局)等を行っている。

　第2次大戦後，文部省は「教育の民主化を推進するにふさわしい中央教育行政機構」として，戦前の中央集権的な「監督行政の色彩を全面的に払拭した」「教育，学術，文化のあらゆる面について指導助言を与え，これを助長育成する機関」とすることとされた(1949年の文部省設置法の国会審議より)。文部科学省が担う教育行政の第1の特徴は，理論上は，権力的性格のきわめて強い警察行政や税務行政の対極にあり，保育的・助長的性格を有することである。法律の定めがある場合を除き命令や監督を行わず，指導・助言・援助といった非権力的行為を内容とする行政である。これは，教育が不当な支配に服することのないよう教育に高度の自主性と専門性が要請されているためとされている。第2の特徴は基準設定を行う点であり，文部科学省の長である文部科学大臣は，教育に関する国家的基準を設定する権限を有している。そのおもなものとしては，学校の施設・設備や組織編制にかかわる学校設置基準(学校教育法3条)と教育内容にかかわる教育課程基準(学校教育法33条など)がある。▶大学設置基準，▶短期大学設置基準，▶大学院設置基準は前者に該当する。後者は学習指導要領や教科書に関するもので，教育の自由の観点から批判もなされている。

　大学・高等教育に関して，文部科学省(文部省)は2000年代前半頃までは▶高等教育計画に基づき，量的拡大を抑制する政策を採ってきた。しかしながら，規制改革の動きを背景に，高等教育計画を放棄し，事前規制型から事後チェック型へと方針を転換してきている。教育に関しては，1991年(平成3)の▶大学設置基準の大綱化以降，大学教育の多様化を推進するとともに，評価システムの強化による質保証を進めている。また近年ではGP(▶グッド・プラクティス)などの▶競争的資金の導入により，教育改善の政策的誘導を行っている。

服部 憲児

→審議会行政

◎教育制度研究会編『要説 教育制度 新訂第三版』学術図書出版社，2011.
◎坂野慎二「高等教育政策と国の関係性」『日本教育行政学会年報』39，2013.
◎高見茂・服部憲児編著『教育行政提要(平成版)』協同出版，2016.
◎文部科学省：http://www.mext.go.jp/

モンペリエ大学[フランス]｜モンペリエだいがく
Université de Montpellier

フランス南部のオクシタニー地域圏(ラングドック=ルシヨン地域圏)，エロー県モンペリエ市にある。モンペリエには1130年頃から医学校が存在し，1220年に教皇から大学としての規約が与えられている。1289年にローマ教皇ニコラウス4世の勅書によって▶中世大学として創設され，神学，医学，文学の3学部が設置された。1968年の高等教育改革により，モンペリエ第1大学(法学，経済学，医学・薬学)と同第2大学(理学・工学，数学)，同第3大学(人文・社会科学，語学，芸術学)の三つに分かれた。第3大学はポール・ヴァレリー大学とも称される。2009年に南フランスモンペリエ研究・高等教育拠点(▶PRES)が創設されたことにより，ラングドック=ルシヨン地域圏を中心とした大学・研究機関がモンペリエ大学に集結されることとなった。2013年の高等教育・研究法により，本大学は翌14年にラングドック=ルシヨン大学・高等教育機関共同体(COMUE)に加盟した。学生数4万5000(2016/17年)。　　　高橋 洋行

や　　　　　　　　　　　　　　　ヤ

夜間大学院 | やかんだいがくいん
nighttime graduate school

社会人が働きながら大学院教育を受けられるように，もっぱら夜間に教育・研究を行う▶大学院。1987年(昭和62)に文部省に設置された▶大学審議会が88年に取りまとめた答申「大学院制度の弾力化について」において夜間大学院の設置基準が明らかになり，89年(平成1)に改定された▶大学院設置基準に基づき設置されるようになった。1993年の大学審議会答申「夜間に教育を行う博士課程等について」以降，大学院制度の一層の弾力化が図られ，昼夜開講制の▶博士課程や，もっぱら夜間に教育を行う博士課程が開設されるようになった。▶知識基盤社会といわれる今日，社会人の学習需要は高まっているが，社会人の就業経験を生かした教育・研究を大学院で展開するためには，通学上の利便性や▶社会人入試のあり方のみならず，成人が自らの経験を生かして実践的に学べるように，成人の学習論(アンドラゴジー)の観点を踏まえた教育内容の再構築が求められる。　　　　中村 香

→ 社会人大学院

夜間部 | やかんぶ
evening university courses

▶学校教育法(昭和22年法律第26号)の規定により，大学には夜間において授業を行う学部を置くことができるとされており(86条)，これに相当するものが夜間部(夜間学部)または二部と呼ばれる。大学院の▶研究科および短期大学の▶学科についても，それぞれ夜間に授業を行うものが認められている(同法101条および108条6項)。夜間部の歴史は古く，第2次世界大戦前から，明確な法的根拠はないものの，旧制の大学や専門学校において，昼間働きながら夜間に学ぶ勤労学生のために夜間の授業が行われていた。戦後も国公私立を問わず多くの大学・短期大学に夜間部が設けられ，教育の機会均等を保障するために大きな役割を果たしてきた。しかし，日本の経済成長等に伴う社会状況の変化により，勤労学生よりも昼間の大学に不合格となって夜間部に入学する者の割合が次第に増加し，夜間部の性格の曖昧化が指摘されるようになった。1975年(昭和50)頃を境として，志願者数も徐々に減少し始めた。
　1980年代後半に臨時教育審議会答申により生涯学習の推進が打ち出されてからは，18歳人口の減少もあって，大学・大学院の夜間授業は社会人のスキルアップの場へと移行しており，受講のしやすさを考えて昼夜開講制の仕組みも整備された。近年は，夜間学部の廃止が続き減少の一途であるのに対し，学生のニーズを反映して社会人向けの夜間または昼夜開講制の大学院の増加がみられるようになっている。　　　　寺倉 憲一

→ 夜間大学院，社会人大学院，生涯学習社会

ヤギエウォ大学 [ポーランド] | ヤギエウォだいがく
Jagiellonian University;
Uniwersytet Jagielloński w Krakowie [ポーランド語]

ポーランド最古の大学。クラクフにあり，クラクフ大学ともいわれる。1364年にピアスト朝のカジミエシュ3世が創設したスラヴ人による最初の大学で，15世紀は▶ラテン語を教授言語にしてヨーロッパ中の学生を集めた。天文学者のコペルニクスが学んだことでも知られる。ポーランドが独立した1918年以後，ポーランドの教育・研究の拠点となるが，ナチス・ドイツ支配下で閉鎖されると「地下大学」を組織して抵抗した。第2次世界大戦後はソ連の統治下で社会主義体制に組み込まれたが，ポーランドの民族的独自性を守ったことで知られている。その後の民主化運動，とりわけ1980年代の「連帯」運動の一翼を形成してポーランドの民主化に寄与した。ポーランドを代表する国立の総合大学であり，著名な出身者にコペルニクスのほか，第264代ローマ教皇ヨハネ・パウロ2世，作家のスタニスラフ・レム，ノーベル文学賞を受賞した詩人ヴィスワヴァ・シンボルスカなどがいる。2017年現在16学部，学生数約4万人。　　　　加藤 一夫

薬学部 | やくがくぶ
Faculty of Pharmaceutical Sciences

日本の薬学部は6年制の薬学科と4年制の薬科学科からなる。2006(平成18)年度の6年制課程の設置は医療技術の高度化，医薬分業の進展に対応するためである。2017年現在，国公立大学17校，私立大学56校に6年制課程がある。6年制課程においては薬剤師職能教育を充実させるため長期の病院薬局実務実習が導入され，臨床現場で役に立つ実践的な薬学の能力を培うことが目的とされている。6年制課程を修了した学生は，厚生労働省が実施する薬剤師国家試験の受験資格が与えられる。ただし経過措置として，2017年度入学者までは4年制課程の修了者にも一定の追加要件を課した上で受験資格が与えられた。4年制課程は

基礎薬学(物理，化学，生物学等の基礎科学に近い薬学領域)や創薬科学(新薬創出につながる学際的な領域)等の教育・研究を実施することを目的とする。6年制課程の修了者には，4年制の博士課程への進学が想定されている。6年制課程の導入と時期をあわせて多数の薬学部が新設されるなど，近年の薬学部の入試動向には大きな変化が見られる。卒業生の進路は多様で，進学のほか，薬局，病院，製薬企業(研究・開発，医薬情報担当など)，医薬品販売業(ドラッグストアなど)，行政機関(国，地方)などが主たる就職先である。

小野 俊介

→医学部，医学教育

八洲学園大学 [私立] | やしまがくえんだいがく
Yashima Gakuen University

2004年(平成16)に▶通信制大学として開学。日本初のインターネット利用による学位および国家資格取得を実現した大学である。建学の精神は「「教育の原点は家庭である」ことに基づいた，家庭教育，学校教育，社会教育の融合を図り，もって生涯学習社会を実現すると同時に，すべての人が高等教育の機会を得られることに貢献する」である。教育の理念は「人間性豊かなeラーニングを推進することにより，個人や社会の学習の課題を発見・解決し，新たな道を拓くことのできる資質・能力を養い，高める」である。2017年春期現在，神奈川県横浜市にキャンパスを構え，生涯学習学部に240人の正科生と138人の科目等履修生が在籍する。図書館司書や学芸員の資格取得，eラーニングによる教員免許状更新講習も行われている。

戸村 理

安田女子大学 [私立] | やすだじょしだいがく
Yasuda Women's University

1915年(大正4)安田リョウの創立した安田学園(広島技芸女学校)に端を発する。1966年(昭和41)文学部日本文学科・英米文学科を置いて開学。1994年(平成6)に大学院設置。以降，多くの学部学科の新設・改組を経て，2017年現在，広島県広島市のキャンパスに7学部3研究科1短期大学を置き，学部生4753人，大学院生36人，教員201人を擁する総合大学へと発展している。創立者の唱えた「柔しく剛く」を学園訓とし，徳育と知育をめざした全人教育を建学の理念に掲げる。2014年には「安田女子大学 国際化ビジョン2020」を策定して海外留学・外国語教育・海外大学との連携について一層の強化充実を推進。2016年には文科省「私立大学研究ブランディング事業」に「小学校での英語教育を実質化する教員養成・研修システムの研究開発と展開」が採択された。

小濱 歩

ヤスパース
Karl Theodor Jaspers | 1883-1969

ドイツの実存主義哲学者，精神科医。1883年にオルデンブルクで生まれた。古典語ギムナジウムを経て，1901年からハイデルベルク大学，ミュンヘン大学で法学を学んだのち，1902年からベルリン大学(現，ベルリン・フンボルト大学)，ゲッティンゲン大学，ハイデルベルク大学で医学を学ぶ。1909年にハイデルベルク大学で医学の博士学位を取得し，13年に『精神病理学総論』により大学教授資格を取得。同大学の講師，助教授を経て，1922年に哲学部教授。1930年代初めに『現代の精神的状況』(1931年)，『哲学』(1932年)を公刊するが，37年にユダヤ系の夫人をめぐるナチスとの対立から大学を追われ，第2次世界大戦中は苦しい生活を強いられる。戦後の1946年に公刊された『大学の理念』は，大学の使命として研究，教育(教養)，授業の三つをあげ，研究者・教師相互，教師と学生相互の交わり(コミュニカツィオーン)の重要性を強調するなどして影響を与えた。1948年にスイスへ移住し，バーゼル大学の哲学の教授となる。1969年にバーゼルで死去。

長島 啓記

矢内原忠雄 | やないはらただお
1893-1961(明治26-昭和36)

愛媛県出身。第一高等学校時代に校長新渡戸稲造のリベラリズムや内村鑑三に強く影響を受け，無教会派のキリスト教信者となる。1920年(大正9)東京帝国大学経済学部助教授に就任し，植民政策の講座を担当。その後，日本の植民政策への指摘や平和主義的な主張が問題視され，教授職を辞職したが，個人雑誌『嘉信』を発行し，弾圧に屈せず聖書研究に専心した。第2次世界大戦後，東京大学に復職し社会科学研究所長，経済学部長を歴任。1949年(昭和24)に初代教養学部長を務め，「人間として偏らない知識をもち，またどこまでも伸びていく真理探究の精神を植え付けなければならない」と述べ，▶リベラルアーツ教育の理念に基づき，全学の1・2年生を対象とする前期課程教育の確立に尽力した。また，▶新制大学制度を最も評価した一人でもある。▶南原繁のあとに東大総長に選ばれ，▶学生運動が先鋭化するなか，真摯に学生に対峙するとともに，大学自治の原則を貫いた。こうした経験から，退官後は学生問題の重要性を認識し，1958年に学生の調査と個人的相談にあたる学生問題研究所を創設した。

杉谷 祐美子

山形県立保健医療大学[公立]
やまがたけんりつほけんいりょうだいがく
Yamagata Prefectural University of Health Sciences

山形県山形市にある。1993年(平成5)山形県立医療技術短期大学(仮称)整備基本構想策定委員会が「保健医療技術者の教育・養成機関の設置について」の報告を行ったことが始まりで，97年山形県立保健医療短期大学が開学，2000年山形県立保健医療大学が開学した。建学の理念と目的は「幅広い教養と豊かな人間性を備え，高度な知識と技術を持ち，専門職としての理念に基づき行動できる人材を育成するとともに，地域に開かれた大学として保健医療に関する教育・研究の成果を地域に還元し，もって，県民の健康と福祉の向上に寄与する」が掲げられている。保健医療学部の2015年現在の学生数は407人。　　　　　　　　蝶 慎一

山形県立米沢栄養大学[公立]
やまがたけんりつよねざわえいようだいがく
Yamagata Prefectural Yonezawa University of Nutrition Sciences

山形県米沢市にある。1952年(昭和27)に米沢女子短期大学家政科が設置され，63年県立に移管承継になる。2014年(平成26)山形県立米沢栄養大学として開学した。目的を「県民の健康で豊かな暮らしの実現に寄与する」と掲げて教育，研究を行っている。健康栄養学部の健康栄養学科は「栄養に関する専門家である管理栄養士」を県内初として養成する学科である。管理栄養士，栄養士，栄養教諭一種免許などに挑戦可能なカリキュラムとなっている。学生数は，開学して間もないため88名である(2015年5月現在)。地域連携・研究推進センターの運営や出前講座なども行い，地域貢献に力を入れている。県との連携では減塩食育プロジェクト事業が有名である。　　　　　　蝶 慎一

山形大学[国立]｜やまがただいがく
Yamagata University

1949年(昭和24)に，山形高等学校，山形師範学校，山形青年師範学校，米沢工業専門学校および山形県立農林専門学校を統合して設立。2016年(平成28)5月現在，小白川・飯田・米沢・鶴岡の4キャンパスに6学部7研究科を置き，8856人の学生を収容する。「自然と人間の共生」をテーマに，「学生教育を中心とする大学創り」「豊かな人間性と高い専門性の育成」「「知」の創造」「地域創生及び国際社会との連携」「不断の自己改革」を基本理念とする。学長と学生および教職員が直接対話し大学経営を実践する「学長オフィスアワー」が頻繁に実施されている。学生に対する経済的支援では

山形大学未来基金を設置し，「山形大学 YU Do Best▶奨学金」を創設した。学士課程教育は基盤教育と専門教育から構成され，前者は導入・基幹・教養・共通科目からなる。なお2016年度から，教員はすべて学術研究院に所属。学術研究院は教育組織と教員組織とを分離するものであり，カリキュラムの柔軟な変革を実現すべく設置された。　　　　　　　　　　　　　　　戸村 理

山口学芸大学[私立]｜やまぐちがくげいだいがく
Yamaguchi Gakugei University

2007年(平成19)山口芸術短期大学を基盤に，教育学部子ども教育学科の1学部1学科を置く4年制単科大学として開学した。2011年に大学院教育学研究科子ども教育専攻を開設。2016年に子ども教育学科を教育学科に名称変更。2016年現在，山口県山口市のキャンパスに学部生297人，大学院生3人，教員20人を擁する。建学の理念「至誠」を掲げて，母体である短期大学の教育方針を踏襲した「芸術を基盤とする教育」のもと，感性豊かな教育者・保育者を養成することを大学の使命としており，カリキュラムにおいても，1年次から4年次にかけて芸術系科目を系統的に配置し，継続的に履修する体制を整えている。小規模校の特性を活かし，▶チューター制などを活用したていねいな少人数教育を実施する点にも特色が見られる。　　　　　　　　　　　　　　　小濱 歩

山口県立大学[公立]｜やまぐちけんりつだいがく
Yamaguchi Prefectural University

1941年(昭和16)設立の山口女子専門学校を母体として，50年に山口女子短期大学を設置，75年に山口女子大学に改組(文学部，家政学部)。1993年(平成5)文学部を改組して国際文化学部と社会福祉学部を設置。1996年には男女共学化して山口県立大学と改称，看護学部を設置(1998年に家政学部を生活科学部に，2007年に看護学部を看護栄養学部に改称)。2016年5月現在，3学部2研究科および別科助産専攻(2012年開設)を有し，山口県桜畠のキャンパスに学生1400人を収容する。2007年には，文部科学省大学教育改革プログラムに，全国の公立大学で最多の5件が採択されるなど，地方小規模大学のメリットを活かしたていねいな教育実践が高く評価されている。2015年には，地(知)の拠点整備事業「「知の融合」と「異世代交流」による地域活力の創生」と，グローバル人材育成推進事業(タイプB：特色型)との2本のプログラムを中心とした取組みを進めている。　　　　　　小濱 歩

→知の拠点整備事業

山口大学 [国立] やまぐちだいがく
Yamaguchi University

長州藩士の上田鳳陽によって，1815年(文化12)に創設された私塾，山口講堂を起源とする。1949年(昭和24)に山口高等学校，山口師範学校，山口青年師範学校，山口経済専門学校，宇部工業専門学校，山口獣医畜産専門学校を包括，地域における高等教育および学問研究の中核たる新制大学として創設された。入学者は600余名，専任教授17名であった。1964年山口県立医科大学が移管。教育の理念として「発見し・はぐくみ・かたちにする知の広場」の創造，共同・共育・共有精神の涵養，公正・平等・友愛の尊重を掲げている。2016年(平成28)5月現在，9学部(人文，教育，経済，理，医，工，農，共同獣医，国際総合科学)・10研究科があり，学部学生8744人，大学院生1525人。　船勢 肇

ヤマザキ学園大学 [私立] ヤマザキがくえんだいがく
Yamazaki Gakuen University

2010年(平成22)に開学。日本で唯一の動物看護学部を有する。「生命への畏敬」「職業人としての自立」を建学の精神として掲げる。動物看護師として高度動物医療に対応できる人材や動物介在福祉の分野で活躍できる人材を養成する。動物愛護の精神に基づいた教育理念のもと，礼節や思いやりの心を育み，人として備えるべき教養を重視した教育を展開している。動物病院をはじめ関連企業には高い就職率を維持している。1991年にヤマザキ学園ボランティアクラブが発足し，被災した動物の救護を実施する。東京都八王子市に南大沢キャンパス，東京都渋谷区に渋谷キャンパスを構え，2016年5月現在，681人の学生を収容する。2018年4月より大学名称をヤマザキ動物看護大学に変更。　山本 剛

大和大学 [私立] やまとだいがく
Yamato University

1986年(昭和61)設立の学校法人西大和学園が，西大和学園中・高等学校で培われた教育実践の集大成として2014年(平成26)に設置。スローガンは「大志を，まとえ。」で，「学生の目標達成のために全力を尽くす大学」をポリシーとする。開学時の教育学部と保健医療学部の2学部体制に加えて，2016年に西日本では唯一の政治経済学部を開設。理工学部(2019年)，薬学部，国際学部などの開設が予定されるなど，幅広い領域をカバーした学部・学科構成を有する一大総合大学がめざされている。2016年現在，大阪府吹田市片山町のキャンパスに775人の学生を収容する。政治経済学部では，政治・行政・経済・経営のリーダーの育成を目

標とし，政財界の第一線で活躍する政治家や官僚，経済人による実学リレー講座などの特別講義が展開されている。　堀之内 敏恵

山梨英和大学 [私立] やまなしえいわだいがく
Yamanashi Eiwa College

2002年(平成14)に開学。前身は1889年(明治22)設立の山梨英和女学校にさかのぼる。戦後，1966年(昭和41)に山梨英和短期大学が設置され，2001年に男女共学となり，のち4年制大学となった。キリスト教精神を基盤としており，建学の精神(ミッション)は校訓の「敬神・愛人・自修」のもとに，「他者とともに生きる」「他者とともに在る」大学として，地域に根ざした「よき隣人」の輩出をめざすことである。2017年現在，山梨県甲府市にキャンパスを構え，1学部1学科に578人の学士課程学生が在籍する。未来を拓く三つのキーワードとして，「こころ，グローバル，インターネット」に着目しており，それらの領域性を考慮した教育プログラムが導入されている。　戸村 理

山梨学院大学 [私立] やまなしがくいんだいがく
Yamanashi Gakuin University

山梨県甲府市にある。1946年(昭和21)創立の山梨実践女子高等学院を母体として51年に山梨学院短期大学が開学，53年に法経科を設置。1962年に法経科を4年制大学の法学部に改組し，山梨学院大学が開学。1965年に商学部を設置，95年(平成7)に大学院公共政策研究科，2004年に法科大学院を開設するなど拡張した。2016年5月現在，法・現代ビジネス・経営情報・健康栄養・国際リベラルアーツ学部・スポーツ科学部の6学部，社会科学研究科・法科大学院の2研究科の在籍者数は3526人。卒業後の進路は公務員志向が強いことで知られる。箱根駅伝には，2016年現在，1987年に陸上部創部2年目にして初出場して以来連続出場を果たし，3度の総合優勝を誇る。　和崎 光太郎

山梨県立大学 [公立] やまなしけんりつだいがく
Yamanashi Prefectural University

山梨県立看護大学と山梨県立女子短期大学を前身として，2005年(平成17)国際政策学部，人間福祉学部，看護学部の3学部と大学院看護学研究科を有して開学。大学の理念は「グローカルな知の拠点となる大学」「未来の実践的な担い手を育てる大学」「地域に開かれ地域と向き合う大学」を掲げる。「実践的な少人数教育」によってきめの細かい学習指導を行う。人間福祉学部と看護学部では実学を重視し，専門職業人の育成をめざす。社会福祉士，幼稚園教諭，看護師，保健師，専門看

護師などの優秀な人材を輩出し，地域の保健，医療，福祉などへの貢献に努めている。甲府市に飯田キャンパスと池田キャンパスを構え，2017年5月現在，1195人の学生を収容する。

山本　剛

山梨大学 [国立]｜やまなしだいがく
University of Yamanashi

1949年(昭和24)山梨工業専門学校・山梨師範学校・山梨青年師範学校の3校を統合して，工学部・学芸学部からなる新制国立大学として発足。1966年学芸学部を教育学部に改組。1992年(平成4)に大学院工学研究科，95年に教育学研究科を設置。1998年教育学部を教育人間科学部に改組。2002年には山梨医科大学と統合。2003年大学院に医学工学総合研究部・教育部を設置。2004年の国立大学法人法の施行に伴い国立大学法人となる。2010年教職大学院(教育実践創成専攻)，12年生命環境学部を設置。2016年5月現在，山梨県甲府市の甲府キャンパスと中央市の医学部キャンパスの2校地に，学生4781人を収容する。「地域の中核，世界の人材」を掲げて，医学・工学・農学などを融合した世界最先端の研究推進をめざしており，2016年4月に大学院医工農学総合教育部を開設し，既存大学院組織も改組するなど，大学院改革による研究機能強化に取り組んでいる。

小濱　歩

優等学位｜ゆうとうがくい
honours degree

イギリスの大学の▶学士課程で優秀な成績を修めた学生に与えられる学士号で，最終試験の成績によりファースト，アッパー・セカンド，ロウワー・セカンド，サードの4段階に分けられる。優等の基準に満たなかった場合，普通学位(ordinary degree, pass degree)が与えられる。中世以来の討論裁定を中心とする学位試験の形骸化が批判されていた18世紀半ば，競争的要素の導入により学位試験を実質化・活性化し，学生に学習への動機づけを与える目的で開始された。▶ケンブリッジ大学において，数学トライポス(Tripos)と呼ばれる試験の成績優秀者を成績順に公表したのがその嚆矢である。オーストラリアやカナダでは，通常の学士課程より1年程度長く学び，研究論文を作成した学生に授与され，大学院進学の条件としてその取得が課される場合もある。

中村　勝美

UFR｜ユーエフエール
Unité de formation et de recherche [仏]

フランスの大学において教育研究部局を構成するユニット。「教育研究単位」と訳されることが多い。

1968年5月の大学危機を経て同年に制定された高等教育基本法(▶エドガール・フォール法)において，それまでの伝統的な学部(法・文・理・医・薬・神の6種類)に代わり，ディシプリン複合性(pluridisciplinarité)に基づく教育と研究を推進することを目的に，より小規模で機動的な教職員の運営組織としてUER (Unité d'enseignement et de recherche)が設置されたのが始まりである。一つまたは複数の学問分野を単位とし，評議会(conseil)には教職員だけでなく学外者や学生代表も参加する。enseignementもformationも教育を意味するが，後者は知識伝達のみならず職業養成を重視しており，一層の教育拡大が政策課題になった1984年の高等教育法(サヴァリ法)においてUFRに改称された。また，1989年に4年間の契約政策が導入されてから，大学の分権化を図る目的で，UFRを通じて自治体・企業等と連携した教育と研究のプログラムも推進された。

大前　敦巳

→フランスの大学改革，68年5月

ユダヤ人問題｜ユダヤじんもんだい
the Jewish issues

ノーベル賞受賞者に多くのユダヤ人がいるように，ユダヤ人は知的分野において大きな寄与をしてきた。ユダヤ人が子弟の教育にとりわけ熱心で，大学などで高等教育を受けさせることを願うことは，ユダヤ人共同体のあり方と密接に結びついている。

［ユダヤ人の知的志向］
「「問題」という言葉は陰険な論点先取りになることがある。「ユダヤ人問題」と言うことは，ユダヤ人が問題であると仮定することである」(『続審問』)と，アルゼンチンの現代作家ボルヘス(Jorge Luis Borges, 1899-1986)は指摘している。ユダヤ人に対する偏見としていつも取り上げられるのは，『ベニスの商人』に象徴される物欲や金銭への執着であろう。しかし，オーストリア生まれのユダヤ系作家，シュテファン・ツヴァイク(Stefan Zweig, 1881-1942)は，自伝『昨日の世界』において，「富むことがユダヤ人本来の典型的な生活目標」と考えるのは間違いで，「ユダヤ人の本来の意志，その内在的な理想は，精神的なもののなかへ，より高度の文化的な層にのぼって行くこと」であり，それが故に，ユダヤ人社会で最も尊敬されるラビ(ユダヤ教の聖職者)に準ずる者として「精神的人間として通る人間，教授だとか学者だとか音楽家だとかを中心に持っていること」がユダヤ人家族の名誉となるという。

［大学進学とユダヤ人］
周知のように，「知識人」という言葉は，ユダヤ系フランス人ドレフュス大尉をめぐる冤罪事件の際に生まれた。1894年に起きたこのドレフュス事件は，大学人の政治参加とユダヤ人問題が結びついた象徴的事件だった。ほかならぬドレフュス大尉が，▶エコール・ポリテクニークという理工系エリートの養成

学校出身であることは，19世紀末のヨーロッパで，ユダヤ人が高等教育機関を通して社会的昇進を遂げるキャリアパスが構築されていたことを示している。19世紀末以降，ユダヤ人の大学進学率はますます伸張し，それに脅威を覚えた欧米やロシアなど各国では，入学者のユダヤ系比率を一定に抑える「割当制 quota system」を実施してきた。大学におけるユダヤ人差別は，学生の入学と教員の人事の双方にわたるものであり，ナチス・ドイツは，悪名高い全権委任法（1933年）の成立直後に多くの大学からユダヤ系教授を追放した。ユダヤ系であるという理由で，講義と出版を禁じられた哲学者のカール・レーヴィット（Karl Löwith, 1897-1973）が，来日して東北帝国大学で哲学を講じた例はよく知られている。

[ユダヤ人の平等を求める模索]

ユダヤ人による大学における平等の達成の試みの一つとして，アインシュタイン（Albert Einstein, 1879-1955）が遺産と蔵書を寄贈したことで知られる，▶ヘブライ大学の設立（1925年）をあげることができるだろう。リトアニアでユダヤ難民を救済した杉原千畝（1900-86）の四男も学び，今日世界中から留学生を受け入れているヘブライ大学だが，その出発点はユダヤ人によるユダヤ人のための大学だった。

　アメリカ合衆国でも，1948年10月にユダヤ人の支援による世俗的大学，ブランダイス大学が開学した。この大学の設立は，同時期に展開されていた，大学入学におけるユダヤ人の「割当制」撤廃運動に連動したものである。しかし，大学の設立目的は，ユダヤ教の律法を学ぶタルムード学校をつくることでも，ユダヤ人によるユダヤ人のための大学を目指したものでもなかった。この大学の設置運動の根底にあったのは，「人種・宗教が考慮の対象とならない」入試選考を求めることであり，肌の色や宗教の違いを念頭に置かない「カラー・ブラインド」の思想であった。大学におけるユダヤ人差別を撤廃する試みは，20世紀中葉以降，民族や宗教にかかわるあらゆる差別と偏見と闘う平等達成の運動と連動して今日に至っている。　　　　松浦 寛

→ アファーマティブ・アクション，教育機会の平等，平等と大学（テーマ編）

◎山本尤『ナチズムと大学—国家権力と学問の自由』中央公論社，1985.
◎羽田積男「ユダヤ系アメリカ人と大学の創設」『教育学雑誌』第28号，1994.
◎北美幸「アメリカ・ユダヤ人の「平等観」と「るつぼ」—世俗的ユダヤ人大学の創設をめぐる議論から」『北九州市立大学外国語学部紀要』第120号，2007.
◎池端次郎『近代フランス大学人の誕生—大学人史断章』知泉書館，2009.
◎J.L. ボルヘス著，中村健二訳『続審問』岩波書店，2009.
◎Stefan Zweig, *Die Welt von Gestern. Erinnerungeneines Europäers*, Stockholm, Bermann-Fischer Verlag, 1944.
◎Charle Ch., *Les intellectuels en Europe au XIXe siècle: Essai d'histoire comparée*, Paris, Ed. du Seuil, 1996.

ユニヴェルシテ・アンペリアル
Université impériale[仏]

1806年5月10日の法律と1808年3月17日の政令によって具体化されたナポレオン帝政下のフランスの公教育体制。「帝国大学」と訳されるが，教育機関そのものではなく，教育行政・教員組織を指す。①教会との関係における，教育に対する国家の独占，②ファキュルテ，リセ，▶コレージュ，「私立学校 institution」，「寄宿学校 pension」，「小学校 petite école」といった学校の階梯，③大学区（アカデミー）と大学区長（レクトゥール）という枠組みによる中央集権的な教育行政，④神・法・医・文・理の5種のファキュルティ，⑤▶バカロレア，リサンス，ドクトラという3段階の学位とファキュルテによるそれらの授与の独占，⑥全国レベルでの総視学官と大学区レベルでの視学官の役職，⑦アグレガシオン試験の復活などを定めている。大革命を経た後のフランスの近代的な教育制度の出発点をなすもので，諸改革後の今日にまで至る，フランスの教育の基本的な枠組みや特徴を示す点も多く見いだされる。
　　　　白鳥 義彦

→ ナポレオン大学体制，フランスの大学（テーマ編）

ユニバーシアード
Universiade

大学生および大学院生のための国際スポーツ大会。1959年，イタリアのトリノでの夏季大会からはじまる。以後，夏季は西暦の奇数年，冬季は偶数年に開催されていたが，1981年からはいずれも奇数年となり今日に至っている。名称はフランス語の université（大学）と olympiade（オリンピック競技大会）の組合せである。だが，ユニバーシアードはオリンピックのたんなる派生物ではない。近代オリンピックのはじまりを告げるクーベルタンの講演が▶パリ大学でおこなわれたことを想いおこそう。その着想自体，普仏戦争／パリコミューン以後の高等教育の見直しの機運からきている。フランスにおける大学の再生と近代オリンピックのはじまりは同じ歴史的な布置のなかにある。ユニバーシアードでは国歌は歌われない。表彰のたびに流れるのは，中世のラテン語学生賛歌「Gaudeamus igitur（だから愉しもう）」である。そこに大学／オリンピックに込められたユートピア的なものを触知すべきだろう。　　　白石 嘉治

→ 大学スポーツ

ユニバーシティ
university

英語の university，ドイツ語の Universität（ウニヴェルジテート），フランス語の université（ユニヴェルシテ），ラテン語で universitas（ウニヴェルシタス）。12世紀の

ボローニャとパリにその起源を持つ大学のこと。ボローニャでは，学生による生活上の協同・防衛，相互扶助のための出身地別の▶国民団(natio，ナチオ)を経て，その連合組織としての大学団が形成された。これが universitas である。大学団は代表や規約を持ち，教師を雇用する法人組織であった。一方，教師は，学生の教育の到達度を最終的に「学位」として認定するための団体である▶コレギウム(collegium)をつくった。パリでは，12世紀以前からノートルダムの司教座聖堂学校で教養諸学が教えられていたが，それを基盤として12世紀に教授免許授与権を持ち，規約や代表を持つ教師の組合が生まれてきた。これが universitas としての▶パリ大学の起源である。このように，本来，組合や団体を表す universitas が後世に受け継がれて，「大学」を表す「university」となったもので，「大学」には，元来，研究や教育を行う場所，森羅万象を考究する組織という意味は存在しない。

赤羽 良一

→ 大学の概念(テーマ編)，教授免許

ユニバーシティ・カレッジ
university college

今日，「大学」と標準的に表現されるカレッジと▶ユニバーシティが，イギリスとアメリカ合衆国においてそれぞれ独自な歴史的変遷を経た結果，合成表現としてのユニバーシティ・カレッジは，異なる複数の意味内容をもつに至った。

[イギリスの様相]
イギリスでは，中世に起源をもつオックスフォードとケンブリッジが，19世紀初期まで大学制度を独占していた。両校では，それぞれ20前後のカレッジが個別に資産を所有し，全寮制のもと教育訓練の中核を提供し，学位はその連合体としてオックスフォード，ケンブリッジのユニバーシティが授与した。19世紀前半，ロンドンに市民向けの大学が誕生したとき，その組織編成は教育専用の機関としての，世俗的なユニバーシティ・カレッジと宗教色の強いキングズ・カレッジ，▶学位授与機関としての▶ロンドン大学(1836年設立)という，独立した3機関に落着した。ユニバーシティ・カレッジはキングズ・カレッジと同じく大学修了に向けて学生を教育するが，学位の取得にはロンドン大学による試験の合格と学位授与とを待たねばならなかった。ユニバーシティ・カレッジは▶学位授与権を志向しつつも，しかしカレッジの機能以上は果たさない準大学を意味したのである。

19世紀後半，ロンドン大学に続いて各地に設立された▶市民大学は，ユニバーシティ・カレッジとして発足した。ロンドン大学による試験の合格なしには学位取得が不可能だったため，こうしたユニバーシティ・カレッジは入学条件からカリキュラム，組織の運営形態まで著しく類似する結果となった。同

一水準の達成への貢献とも評価できるが，他方，個々の特色の抑圧にも繋がった。1900年以降はバーミンガム等の数校が学位授与権をもつ大学として相次ぎ認可され，他のカレッジも第2次世界大戦後までには同様の認可を完了した。1945年以降の新設校の認可は学位授与権が伴い，ユニバーシティ・カレッジの存在理由は消失した。

第2に，ユニバーシティ・カレッジ・ロンドンは，現代のイギリスを代表する大学の固有名詞である。既述のように，19世紀前半にロンドンの大学体制が確立した際，ユニバーシティ・カレッジは学位授与権を欠く一教育研究機関として出立し，19世紀前半はユニバーシティ・カレッジの名を独占した。その後，各地に多数のユニバーシティ・カレッジが登場したが，ユニバーシティ・カレッジ・ロンドンは学位授与権獲得後もなお，ユニバーシティ・カレッジの嚆矢としてその名を固有名詞として留めている。なお，オックスフォード大学を構成する最古のカレッジの一つもユニバーシティ・カレッジの固有名詞をもつが，その名称の由来はロンドン大学設立以降の事情とは異なる。

[アメリカ合衆国の様相]
アメリカ合衆国の，イギリスとは異なるユニバーシティ・カレッジも，複数の意味に区別できる。前提として，合衆国では最初期のカレッジがすでに学位を授与しており，カレッジとユニバーシティの間にイギリスのような明瞭な区別がない点が重要である。19世紀初頭まで地域やキリスト教諸宗派に密着していたカレッジは，同世紀後半から20世紀初頭にかけて，一部はカレッジを中核に残し▶大学院や専門職向け大学院を付加して大規模大学へと拡大発展し，残余の多数は▶学士課程教育に専念する数百名規模の▶リベラルアーツ・カレッジへと自己限定した。大学生に加えて大学院生・専門職院生も担当する大学(ユニバーシティ)と，大学生のみを対象とするカレッジという垂直方向の分化が生じた。上記の2種のカレッジは，ともに教養重視の中で専門分野を訓練したが，大学内のカレッジは高度な研究と専門職教育を遂行する組織と関係者，巨大な研究施設や図書館と同居する点で，独立したカレッジにはないさまざまな可能性と問題点とを孕み，後者と区別して括るのが便利であった。こうした意味でのユニバーシティ・カレッジは，1930年代，コロンビア大学の学長ニコラス・マレイ・バトラーから現在まで広く用いられている。ハーヴァード・カレッジやコロンビア・カレッジが具体例にあたる。

合衆国での第2の意味内容は，大学院への進学希望者を対象として高度な教育を実施するカレッジの一群である。デイヴィッド・リースマンによれば，大学院への進学が増大した1950年代後半以降に顕在化した100校ほどが，大きな大学の内部のカレッジ(上記のハーヴァードやコロンビアのカレッジ

を含む)と，独立した小規模カレッジ（カールトンやリード，アムハーストなど）の双方として全国に分布している。特定の地域や宗派と密接し，また学生への最終学歴の付与をめざしたそれまでのカレッジとは対照的に，地域や宗派を超えて全米の学術・専門職大学院への進学を視野に，教養も重視した▶専門教育に専念し，今や大多数のカレッジのモデルともなりつつある。大学院に重点を置く大学との接続関係を強調する点で，ユニバーシティ・カレッジを称する。

　以上のほかに，古くは創設期の▶シカゴ大学が企画した教員向け通常時間外の学位取得課程や，▶ミシガン大学が計画した学士2年課程など，ユニバーシティ・カレッジの名を冠した試みは数多いが，いずれも定着したとは言えない。　　　　立川　明

→コレギウム，学寮，イギリスの大学（テーマ編），アメリカ合衆国の大学（テーマ編）

◎Sir Jame Mountford, *British Universities*, Oxford University Press, 1966.
◎D. リースマン，C. ジェンクス著，国弘正雄訳『大学革命―変革の未来像』サイマル出版会，1969.

UMAP（ユーマップ）→アジア太平洋大学交流機構

洋学塾｜ようがくじゅく

蘭学を中心とする西洋の学問を教えた▶私塾。幕末開港後は蘭学以外も教えるようになった。蘭学塾では大槻玄沢の芝蘭堂（天明6年，江戸に開設），シーボルトの鳴滝塾（文政7年，長崎郊外），坪井信道の安徳堂（文政12年，江戸）と日習堂（天保3年，江戸），伊東玄朴の象先堂（天保4年，江戸），緒方洪庵の適々斎塾（適塾，天保9年，大坂），佐藤泰然（和田泰然）の和田塾（天保9年，江戸）と順天堂（天保14年，下総佐倉），新宮涼庭の順正書院（天保10年，京都）などが著名。幕末の開港以後は，蘭学以外に英学・仏学などが教えられるようになった。▶福沢諭吉の蘭学塾（安政5年，江戸）では1863年（文久3）頃から英学が教えられ，1868年（慶応4）には慶應義塾と改称した。仏学塾では，中江兆民の仏蘭西学舎（のち仏学塾，明治7年，東京）などがある。また近藤真琴の攻玉塾（のち攻玉社，明治2年，江戸）では数学や航海術が，箕作秋坪の三叉学舎（明治1年，東京）では漢学や数学や英語が教えられた。順天堂，慶應義塾，攻玉塾など，洋学塾のなかには近代的な高等教育・中等教育機関に引き継がれたものもある。　　　　冨岡　勝

横浜国立大学 [国立]｜よこはまこくりつだいがく
Yokohama National University

1874年（明治7）に設置された小学校教員養成所を

前身とする神奈川師範学校，神奈川青年師範学校，横浜経済専門学校，横浜工業専門学校を統合して，1949年（昭和24）に新制国立大学として横浜国立大学が開学。国際都市である横浜の高等教育機関として発展し，各界のリーダーとして活躍する人材，社会の中枢となる人材を育成している。「実践性」「先進性」「開放性」「国際性」を基本理念とする。2017年（平成29）5月現在，教育人間科学部，経済学部，経営学部，理工学部，工学部，都市科学部の6学部と，国際社会科学府・研究科，工学府，環境情報学府，都市イノベーション学府，教育学研究科の5研究科・学府からなる。世界に開かれた教育・研究活動の一環として，海外の大学と学術交流協定を締結するなど各種の国際交流事業を活発に行う。2017年5月現在の学生数は9940人（教育学部臨時教員養成課程，研究生・科目等履修生・聴講生を含む）を数え，国際都市横浜という地理的特性を生かしながら「実践的学術の国際拠点」の大学をめざしている。　　　　山本　剛

→学域／学府

横浜商科大学 [私立]｜よこはましょうかだいがく
Yokohama College of Commerce

1968年（昭和43）に開学。建学の精神は，1966年に横浜商科短期大学を開学した際の精神を継承し，「安んじて事を託さるる人となれ」である。「商学教育の完成」を目的とした実学重視の実践的教育に重点を置いており，それは教育方針の一つである「高度な専門的職業人としての知識の修得」にも反映されている。2017年（平成29）現在，神奈川県横浜市に二つのキャンパスを構え，1学部3学科に1244人の学士課程学生が在籍する。学士課程教育では「『育つ』カリキュラム」を掲げており，2015年4月からは3・4年次を対象に「フロンティアプログラム」を開始した。これは学んだ専門分野を職業にどう直結させ，どう活かすかを考えるプログラムであり，企業や官公庁との交流を通して，自身の進路選択にも役立つプログラムになっている。　　　　戸村　理

横浜市立大学 [公立]｜よこはましりつだいがく
Yokohama City University

1882年（明治15）に創設された横浜商法学校が源流。1928年（昭和3）に横浜市立横浜商業専門学校（Y専）が設立。1949年に横浜市立医学専門学校と合わせて，新制大学の横浜市立大学が開学し，商学部を設置。1952年に医学部，文理学部を設置。2005年（平成17）に公立大学法人横浜市立大学が発足する。2016年現在，国際総合科学部（国際教養学系，国際都市学系，経営科学系，理学系）と医学部（医学科，看護学科）の2学部と，大学院5研究科からなり，学生数4889人を数える。「国際

830　　ゆーまっぷ　　　　　　　　　　　　　　　　　　　　　大学事典

都市横浜における知識基盤社会の都市社会インフラ」として，「教育研究・医療の拠点機能を担う」ことを使命としている。「教育重視」「学生中心」「地域貢献」の三つを基本方針とし，少人数制の演習・実習指導・研究指導・担任制など，きめ細やかに指導する教育を実施している。横浜市内に金沢八景キャンパス，福浦キャンパス，鶴見キャンパス，舞岡キャンパス（木原生物学研究所）を有し，附属病院，附属市民総合医療センターの2病院を展開している。

山本　剛

横浜創英大学 [私立] ｜よこはまそうえいだいがく
Yokohama Soei University

2012年（平成24）に開学。学園の創設は1940年（昭和15）設置の京浜高等女学校（現在の横浜創英高等学校）にさかのぼる。建学の精神は「考えて行動のできる人の育成」であり，これは初代理事長堀井章一の理念による。教育の理念もまた「考えて行動のできる人」を育成することである。2017年現在，神奈川県横浜市にキャンパスを構え，看護学部とこども教育学部に631人の学士課程学生が在籍する。2016年度には大学院看護学研究科を新設。実践看護学の分野では6領域（看護技術学，母性看護学，小児看護学，成人看護学，高齢者看護学，地域・在宅看護学），看護管理学の分野では1領域（看護管理学），さらに健康情報処理論も交えて，看護の質向上と，学生一人一人のキャリアアップを実現する総合的な教育研究体制が整備されている。　戸村　理

横浜美術大学 [私立] ｜よこはまびじゅつだいがく
Yokohama College of Art ＆ Design

2010年（平成22）に開学。学園の創設は，三角錫子によって1916年（大正5）に創設されたトキワ松学園にさかのぼる。大学の理念は「人間の創造活動の根源を培う美術教育こそ本来の教育の姿である」であり，教育目標には「美術・デザインの専門的な表現技術の修得」「美術・デザインの理論的な知識の修得」「社会性と幅広い教養の修得」の三つが掲げられている。2017年現在，神奈川県横浜市にキャンパスを構え，美術学部に576人の学士課程学生が在籍する。カリキュラムは，1年次では自身の適性を判断するため，A系（絵画・彫刻），V系（ビジュアルデザイン），C系（クラフトデザイン）の中からメインとサブの系を一つずつ選択する。そして2〜4年次は8コースからコースを選択し，社会のニーズに適応した表現力を身につける。　戸村　理

横浜薬科大学 [私立] ｜よこはまやっかだいがく
Yokohama University of Pharmacy

2005年（平成17）に開学。臨床現場に関わる実践

的能力の育成を第一目標に，6年一貫の薬学教育を実施することを目的として創設。建学の精神は「個性の伸展による人生練磨」である。2016年現在，神奈川県横浜市にキャンパスを構え，6年制の漢方薬学科，臨床薬学科，健康薬学科と，4年制の薬科学科に2283人の学士課程学生が在籍する。2015年に設置された4年制薬科学科では，薬学，医学，工学を融合した「創薬研究」を行っており，医薬品はもちろん，健康食品や化粧品，環境分野など，広く薬学関連領域に貢献する人材の育成を目的としている。なお2015年度の卒業生の進路は，病院，薬局勤務で半数を占め，ほかにも医薬品関連企業や，大学での業務，公務員として就職する学生もみられた。

戸村　理

四日市看護医療大学 [私立]
よっかいちかんごいりょうだいがく
Yokkaichi Nursing and Medical Care University

2007年（平成19）三重県四日市市の四日市大学の敷地内に看護学部の単科大学として開学。設置および運営主体は，四日市大学を運営する学校法人暁学園だが，開学は四日市市および四日市市立四日市病院との公私協力による。2011年に大学院看護学研究科の修士課程を開設。建学の精神は「人間たれ」で，「人を愛し，学問を愛し，美を愛する豊かな人間」の育成をめざす。近年，地方における「医療崩壊」が叫ばれて久しいが，その現状を打破すべく全国的に地方における看護学部の設置が進んでおり，本学もその中に位置づけられる。2017年現在456人の学生が在籍。　和崎光太郎

四日市大学 [私立] ｜よっかいちだいがく
Yokkaichi University

1988年（昭和63）学校法人暁学園と三重県四日市市の公私協力によって，経済学部の単科大学として四日市市に開学。1997年（平成9）に環境情報学部，2001年に総合政策学部を開設。開学以来，コミュニティカレッジの開設や大学図書館の地域への開放，社会人入学の積極的な受入れなど，地域で学び地域に貢献する取組みを続けており，2014年度の文部科学省の「▶知の拠点整備事業（COC事業）」（地域貢献型大学づくりをめざす事業）に採択された。その後，「地域を教室に，地域から学ぶ」姿勢をさらに徹底させるカリキュラムの再編を進めており，その一環として2017年度から経済学部の学生募集を停止し，総合政策学部の入学定員を80名から160名に拡大，元経済学部の教育内容を全学共通および残る二つの学部のカリキュラムに組み込んでいる。2017年現在782人の学生が在籍。

和崎光太郎

ヨーロッパ学生連合|ヨーロッパがくせいれんごう
European Students' Union: ESU

ヨーロッパ38ヵ国の45の学生団体の統括組織（2017年現在）。ヨーロッパの1500万人の学生を代表している。その使命は学生の教育的，民主的，政治的，社会的権利を擁護し強化することにあり，ヨーロッパの高等教育の質の向上である。前身は1982年に創設された西ヨーロッパ学生情報事務局（Western European Student Information Bureau: WESIB）で，当初は学生間の情報交換を目的とした。東欧革命後，東ヨーロッパ諸国も加わり1990年からESIBとなった。1993年にヨーロッパ学生国民連合（The National Unions of Students in Europe）となり，ヨーロッパの学生の政治的利害代表の役割も果たすようになった（略称は，従来のESIBがそのまま使用された）。さらに創立25周年を迎えた2007年から現在のESUに改称され，その機能がいっそう強化されることになった。

　本部はベルギーのブリュッセルに置かれている。ESUは欧州審議会，ユネスコ・ヨーロッパ高等教育センター，ヨーロッパ高等教育質保証協会（ENQA），▶ヨーロッパ大学協会（EUA），ヨーロッパ高等教育機関協会（EURASHE），▶教育インターナショナル（EI），ビジネス・ヨーロッパ（欧州経営者連盟）などの団体とともに，▶ボローニャ・プロセスの審議メンバーとなっている。また，ENQAが作成した「ヨーロッパ高等教育圏における質保証のためのスタンダードおよびガイドライン（ESG）」にEUA，EURASHEとともに関与している。　　　木戸 裕

ヨーロッパ研究大学連盟
ヨーロッパけんきゅうだいがくれんめい
League of European Research Universities: LERU

LERUは，2002年にヨーロッパを代表する12の学術研究分野でトップクラスにある大学により発足した。2015年現在，イギリス，ドイツ，フランス，オランダ，スペイン，イタリア，フィンランド，スウェーデン，スイスの22大学が加盟している。本部はベルギーのルーヴァンにあり，ストラスブルク大学学長のアラン・ベレツ（Alain Beretz）教授が議長を務めている。LERUの目的は，イノベーションの源となる基礎研究を通じての新しい知識の創造を推進することである。さまざまな経験の相互交換を通して，ベストプラクティスの開発が行われている。広く社会との連携をはかり，EUの学術政策にも影響を与えている。加盟大学で学ぶ学生数は約55万人，年間5万5000人に修士号，1万2000人に博士号が授与されている。加盟大学の研究予算の総額は50億ユーロを超え，そのうちEUのプロジェクトからの研究助成金は約3億ユーロとなっている。学術スタッフは約5万5000人。　　　木戸 裕

▶研究大学

ヨーロッパ大学院大学 [イタリア]
ヨーロッパだいがくいんだいがく
European University Institute: EUI

1972年にEC創設国6ヵ国が国際的な高等教育研究機関の設置に合意し，76年からイタリアのフィレンツェ郊外フィエゾレに開学された高度な教育研究機関。現在は20ヵ国が条約加盟国となり，EUが財政援助をおこなっている。運営は学長と事務局長のほか，加盟国の代表からなる最高評議会や内部の学術評議会などによる。修士と研究博士の課程を持ち，経済学，歴史学・文明，法学，政治学・社会学の四つの研究科に分かれる。毎年公的な入学試験によって入学者を決定し，英語を主要言語としている。約160もの▶奨学金がEU出身の志願者に付与され，授与される研究博士学位は国際的に評価が高い。EUの前身，欧州石炭鉄鋼共同体の創設に貢献したフランスの外相シューマンの名を冠した高等研究所と，EUの歴史文書館が付設されている。これらの施設ではEU社会の歴史や，民主主義や移民の状況などの諸問題についての研究が進められている。　　　児玉 善仁

ヨーロッパ大学協会|ヨーロッパだいがくきょうかい
European Universities Association: EUA

ヨーロッパ47ヵ国，850以上の機関から組織されるヨーロッパ最大の大学組織。ヨーロッパの大学の利益を代表し，個々の大学だけでなく，学長会議，高等教育関連機関なども構成メンバーとなっている。2001年にヨーロッパ大学協会とヨーロッパ学長会議連盟（Confederation of European Union Rectors' Conferences）が合体して現在の組織になった。欧州委員会の高等教育政策に関わる重要なパートナーと位置づけられている。ヨーロッパレベルで行われている高等教育改革である▶ボローニャ・プロセスに参加するすべての国の大学が加入しており，ボローニャ・プロセスのフォローアップ・グループの一員にもなっている。さまざまな会議やワークショップ，セミナーなどの開催などを通して，ヨーロッパにおける高等教育の調和を図ることを目的としている。ブリュッセルに本部がある。2015年現在，前ルクセンブルク大学学長のロルフ・タラッハ（Rolf Tarrach）が会長を務めている。　　　木戸 裕

▶大学学長会議

ヨーロッパ単位互換制度 ▶欧州単位互換制度

延世大学校 [韓国] | ヨンセ(えんせい)だいがっこう
Yonsei University

▶高麗大学校と並び称される韓国の私学の雄で，アメリカ人宣教師H.G.アンダーウッドによって設立された孤児院を起源とするキリスト教系の総合大学。私立学校や高等教育が厳しい規制を受けた日本統治初期において，最も早く設立された私立専門学校である延禧専門学校とセブランス連合医学専門学校を前身とする。2012年の創立127周年に合わせ，「第3の創学」ビジョンを発表し，「グローバル名門教育の確立」や「世界水準の研究強化」「キャンパスインフラの先進化」「マルチ・キャンパスの自律と融合」「共同体文化の拡散」を目標として掲げた。大学本部があるソウル市内の新村（シンチョン）キャンパスのほか，ソウル近郊の仁川（インチョン）市に国際キャンパス，韓国北東部の原州（ウォンジュ）市に原州キャンパスがある。2015年現在，すべてのキャンパスを合わせ，24の学部と21の各種大学院が設置されている。学生数は大学院生を合わせて3万7742人，専任教員数は1994人。
　　　　　　　　　　　　　　　　松本 麻人

四六答申 | よんろくとうしん

1971年（昭和46）6月に，当時の文部省▶中央教育審議会が発表した「今後における学校教育の総合的な拡充整備のための基本的施策について（答申）」を指す。池田勇人内閣が唱えていた「人づくりは国造りの基礎である」とした人間形成の重要性を盛り込んだ内容となった。その審議会会長は文部大臣を経験した森戸辰男で，戦後教育改革の見直しに尽力した。この答申は明治期の学制，第2次世界大戦後の教育改革に次ぐ「第3の教育改革」と呼ばれ，教育制度改革に関する先導的試行や高等教育の種別化など多くの構想を提言した。発達段階に応じた学校体系の開発，学校段階の特質に応じた教育課程の改善，公教育の質的水準の維持向上と教育の機会均等の保障，さらには幼稚園教育の積極的な普及充実など，就学前教育から高等教育までの学校教育全般にわたる改革案が提示された。教育制度改革の先導的試行や高等教育の種別化構想は実現しなかったが，その後の中央教育審議会の答申や▶臨時教育審議会の審議にも強い影響力をもった。
　　　　　　　　　　　　　　　　清水 一彦

ら　　　　　　　　　　　　　　　ラ

ライセンス
licence

一般に，法令に基づき一定の期間内(期間の定めがない場合もある)，あるものを所持すること(銃の所持許可など)，ある行為を行うことの許可を与えられたことを証する，公式に発行された文書を指す。日本語で「資格」と称されるもののうち，特定の資格を取得している者のみが従事可能で，資格がなければその特定の業務を行うことが禁止されている資格(業務独占資格)，資格取得者以外にその資格の呼称の利用が法令で禁止されている資格(名称独占資格)がライセンスに該当するといえる。一方，特定の能力，知識，技能を有することを証する公式の文書であっても，法令等に基づく許可状でないものについては，▶サーティフィケイトの呼称が用いられることが一般的である。この場合，証書に書かれている事実が真正であることを証する(certify)という意味合いが強く，証書の発行者は大学等の教育機関や民間の職業団体などさまざまである。

濱中 義隆

▶学位・資格枠組み

ライデン大学 [オランダ]｜ライデンだいがく
Leiden University; Universiteit Leiden [蘭]

1575年に設立されたオランダ最古の大学。オランダ連邦共和国初代君主のオラニエ公ウィレム1世が，スペイン軍の支配を退けたライデン市民の功績をたたえて設立した。大学のモットーは「自由の砦」であり，オランダ社会の伝統的気風と通じるものがある。スピノザやデカルト，レンブラントなどが学び，物理学や医学・生理学の分野を中心にノーベル賞受賞者も輩出した。シーボルトが日本から持ち帰った資料をもとに，1855年に世界で初めて日本学科が設立された。現在は国際志向の研究重点大学として世界の多くの大学と共同研究の促進や学生やスタッフの交換プログラムに合意しているほか，ヨーロッパの23の先導的大学が加盟する▶ヨーロッパ研究大学連盟(LERU)の設立メンバーでもある。考古学，人文学，法学，医学，自然科学，社会行動学の6学部で学士，修士，博士(Ph.D.)の養成を行っており，タイムズ誌の世界大学ランキング(2015/16年)では77位。

松浦 真理

ライプツィヒ大学 [ドイツ]｜ライプツィヒだいがく
Universität Leipzig

ドイツ中東部ザクセン州ライプツィヒにある州立総合大学。創立は1409年，▶プラハ大学における学生団の争いにより大学を退去した教師・学生を受け入れたことによる。宗教改革以後，発展し，ゲーテやレッシングらが学ぶ。1879年，ヴントの実験心理学研究所開設。1932年にハイゼンベルクがノーベル物理学賞を受賞。ナチスの時代，政治的・人種的理由から多数の教授・学生が迫害される。第2次世界大戦終了時，大学の建物103のうち無傷だったものは16であったが，1946年，大学の再開決定。ライプツィヒは旧東ドイツ地域となり，53年，ドイツ社会主義統一党(SED)により「カール・マルクス大学ライプツィヒ」に改称された。ドイツ統一後，1991年にライプツィヒ大学の名称に戻る。1993年に伝統的な学部と研究所による組織となる。現在，14学部から構成され，学生数は2万7000人(2016/17年冬学期)。

長島 啓記

酪農学園大学 [私立]｜らくのうがくえんだいがく
Rakuno Gakuen University

1933年(昭和8)に酪農教育，農民教育機関として黒沢酉蔵が設立した北海道酪農義塾が起源。キリスト教の教えのもとに「神を愛し，人を愛し，土を愛する」とする「三愛精神」に徹した人間教育と「健土健民」の思想および学理に基づく実学教育を建学の精神とする。1960年に酪農学園大学酪農学部酪農学科を設置。2016年(平成28)現在，農食環境学群(循環農学類，食と健康学類，環境共生学類)，獣医学群(獣医学類，獣医保健看護学類)の2学群5学類と2研究科(獣医学研究科，酪農学研究科)からなり，学生数は3645人。「質の高い教養を持った専門家を養成する」ことを教育方針とする。初年次教育では「農・食・環境・生命」の有機的結びつきを理解し，視野の広い専門家となるためのカリキュラムが設定されている。獣医師国家試験や管理栄養士国家試験では高い合格率を誇る。北海道江別市に広大なキャンパスを有し，診療，教育，研究を通じて地域と連携する酪農学園大学附属動物病院が設置されている。

山本 剛

▶学系／学群

ラテンアメリカ大学連合 | ラテンアメリカだいがくれんごう
Unión de Universidades de América Latina y el Caribe [西]:
UDUAL

ラテンアメリカおよびカリブ海地域の大学・高等教育機関の国際的な連合組織。1949年に創設され，ラテンアメリカ地域では最も古い歴史を持つ▶大学間連携組織。とくに大学自治の擁護を中心的理念として，地域の加盟大学間での連絡，知識や情報の交換，教授や学生の交流，共通問題に取り組むセミナーや集会の開催，出版などの活動を行う。1959年に連合の追求すべき目的を掲げたラテンアメリカ大学憲章を策定。現在，ラテンアメリカおよびカリブ海地域21ヵ国から，中核的国立大学等，歴史と伝統を持つ大学や高等教育機関179校が加盟。▶メキシコ国立自治大学構内に恒久的な事務局組織を置く。年次総会等において，地域の高等教育の現状や将来像に関してさまざまな宣言や勧告を採択し，地域全体で共有することをめざす。広報誌『*Gaceta UDUAL*』と専門ジャーナル『*Revista Universidades*』（季刊）を発行する。ウェブサイトはhttp://www.udual.org/

斉藤 泰雄

ラテンアメリカの大学 →テーマ編 p.148

ラテンアメリカの大学改革
ラテンアメリカのだいがくかいかく

[地域高等教育会議]
2008年6月，コロンビアにおいて，3000人を超えるラテンアメリカ地域の高等教育関係者が一堂に会して，高等教育の将来像を展望し，目指すべき方向性と戦略を討議する「ラテンアメリカ・カリブ海地域高等教育会議」が開催された。古い歴史を有するラテンアメリカの大学は，少数エリート大学時代の大学像を前提にした構造を温存したまま，1960年代，70年代に急激な量的拡張を経験した。しかし，80年代の経済危機は，国家からの財政支援に依存した大学拡張の限界を露呈し，累積されてきた大学の諸問題をいっきに顕在化させた。国立大学での教育・研究の質の低下，入学者選抜の強化，大学教育無償制廃止などの一方で，私立大学や各種短期高等教育機関が急増した。また外国の大学やバーチャル大学の進出も見られた。量的拡張と多様化が同時に進展し，高等教育制度は否応なく構造改革を迫られた。

この間，経済のグローバル化は進展し，ラテンアメリカ諸国をも巻き込んだ国際競争は激しさを増した。▶知識基盤社会の到来により，科学・技術開発がますます重要性を増すという議論も高まり，国の発展における高等教育の戦略的重要性が再認識されつつあった。こうした中，この種の地域全体

の高等教育会議としては，約12年ぶりに開催されたものであった。

[宣言とその背景]
成果をまとめた宣言文の冒頭には，次のような言葉が掲げられた。「高等教育は，社会的公共財であり，普遍的人権であり，国家の責任である」。この言葉には，次のような意味が込められている。第1に，高等教育は「社会的公共財 a social public good」であると表明していることである。1980年代に生じた高等教育の民営化，市場化において，高等教育がもっぱら個人の利益に属する私的財産として議論され，取り扱われる傾向があったことを意識しての発言と読み取ることができる。次に高等教育を受けることは人権であると踏み込んでいる。基礎教育が基本的人権に属するという理解は普遍的なものとなりつつあるが，高等教育を人権ととらえる認識は先鋭的である。高等教育の量的拡張にもかかわらず，社会階層間での就学機会の格差が顕在化してきており，また先住民系住民の高等教育進学が阻害されていることなどが指摘されている。勉学の意欲と能力のある若者が高等教育から排除されることのないように積極的な施策を講ずべきであるというメッセージである。

第3に，国家の責任を強調していることである。伝統的にラテンアメリカでは，制度的形態としては国立大学が優位であった。国が全面的な財政支援を行う一方で，国の将来の指導者を養成する大学には自治権を与え，その管理運営には直接的に介入しないという体制がとられてきた。▶メキシコ国立自治大学のように大学名に自治を冠する大学も少なくない。独裁政権の下では，しばしば自治侵害や強制介入も見られたが，大学自治の原則は維持されてきた。国は私立大学の設立を極力制限してきた。80年代以降，こうした体制の維持は不可能となった。国からの財政支援は減少し，また，私立高等教育機関への規制を緩和することを迫られた。その結果，明確な設置基準を欠いたまま，教育の質や施設・設備に問題のある多数の私立高等教育機関が数多く乱立することとなった。そこで国家による高等教育の質保証，すなわち国家的な高等教育の評価・認定制度の樹立が求められることになってきた。また，高等教育における国家の責任と役割の強調には，教条的に自治を振りかざしてきた従来の大学自治論とは異なり，自治の行使には社会的責任を伴うことを大学人自らが認識したことが示唆されている。ここには，経済危機以降後退してきた国の高等教育財政支援を回復，増加すべきという意味が込められている。

[改革の基本指針]
会議は，関係者に対して次のような五つの基本指針の下に，ラテンアメリカの大学改革に努力を傾注することを勧告した。
(1)学部と大学院の両方で，良質で，社会的適合

性をそなえ，社会的に開かれた高等教育の量的普
及を推進する。
(2) 高等教育機関の認定・評価・質保証の政策を
推進する。
(3) 教育と研究の革新を促進する。
(4) 各国間での格差を是正し，ラテンアメリカ・カリ
ブ海地域の持続的発展のために，科学・技術・イノ
ベーションの地域的共通課題を設定する。
(5)「ラテンアメリカ・カリブ海の高等教育出会いの
空間」(ENLACES，絆という意味にもなる)等の連携の
場の創設を通じて，地域高等教育の国際化と地域
的統合を支援する。
斉藤 泰雄

▶ラテンアメリカの大学 (テーマ編)

◎斉藤泰雄「ラテンアメリカ地域における大学の国際連携」『比
較教育学研究』第48号，2014.
◎ラテンアメリカ・カリブ海地域高等教育国際研究所：
http://www. unesco. org. ve/

ラテン語 | ラテンご
Latin

大学の▶教育言語として最も古く長い伝統を持つ。
▶中世大学ではテキストも講義もラテン語であった
ため，その読み書き会話が勉学の必須条件であっ
た。ヨーロッパ全域から学生を集めた中世大学の
普遍性は，汎ヨーロッパ的言語であったラテン語に
よって支えられていた。そのため，ラテン語の▶文
法学校が各地に隆盛した。人文主義の興隆ととも
に古代ギリシア語・ラテン語が人文的教養となり，
教科としての古典語は，近代までヨーロッパの後期
中等教育の根幹をなした。大学では古典的な法
学，神学，医学が受け継がれていたし，ローマ教
会はむろんのこと，法曹界，外交，行政組織もラテ
ン語を使い続けたため，大学での教育言語として
長く使用された。しかし，近代科学や外国語が大
学の教育内容に取り込まれ，母国語の力が強まる
につれ，その地位は徐々に低下した。すでに16世
紀から特定の講座で現地語を使用する例が散見さ
れるが，18世紀には，▶トマジウスに代表されるよう
に教授が個人的に母国語を使用し，フランスの▶学
寮でも母国語が使用されはじめ，母国語を教育言
語とするドイツ大学が次第に増加した。大学の教
育言語の母国語化は，近代国民国家の統一的ア
イデンティティの形成に深く関連している。
児玉 善仁

▶大学と言語 (テーマ編)，古典語・外国語教育

ラトヴィア大学 [ラトヴィア] | ラトヴィアだいがく
University of Latvia; Latvijas Universitāte [ラトヴィア語]

ラトヴィアの首都リガにある総合大学。前身は
1862年に設立されたリガ理工科学校 (▶ポリテクニ
ク)。当初はドイツ語で講義が行われていたが，そ

の後ロシア帝国の支配下に入り，講義語はロシア
語となる。設立当時，国籍などによる入学制限が
なかったため，周辺諸国からさまざまな民族出身の
学生が集まり，学生組合を組織し自治意識も高か
った。第1次世界大戦後のラトヴィア独立とあわ
せて1919年に大学に昇格し，講義もラトヴィア語
で行われるようになった。1923年正式にラトヴィア
大学となる。しかし，第2次世界大戦中にソ連に
併合され，自治権を奪われてラトヴィア州大学と
改称，さらに1958年にはソヴィエト・ラトヴィア政
府初代首相の名前からペトリス・スツカ大学と改名
された。1990年の独立回復で再びラトヴィア大学
となり自治権を回復，EU統合と▶ボローニャ・プロ
セスに積極的に関与している。2017年現在13学
部，学生数は約2万3000人。
加藤 一夫

ラトガース大学 [アメリカ] | ラトガースだいがく
Rutgers, The State University of New Jersey

1766年にオランダ改革派教会によってニュージャ
ージー植民地にクイーンズ・カレッジとして設立さ
れ，1825年に同教会の指導者ヘンリー・ラトガース
(Henry Rutgers)の名前を大学名とした。1862年に
▶モリル法が成立，プリンストン大学および州立師
範学校と基金獲得を競いこれに勝利し，64年にモ
リル法の基金で3年制の科学校を付設した。宗派
の私学のなかに公立大学部門を併有する特異な形
態となったが，第2次世界大戦後ラトガース本体が
州立大学へと移行した。2013年には州立医科歯
科大学を吸収合併し，学生数は現在6万7000人
と東海岸で最大規模となった。オランダ系大学の
伝統から，幕末維新期に多くの日本人留学生を集
め，教授のD. モルレー (David Murray, 1830-1905)は
彼らへの支援を惜しまなかった。モルレーはのちに
日本の文部省学監となり，「学制」期の近代教育制
度の確立に大きく貢献した。
羽田 積男

ラーニング・アウトカムズ
learning outcomes

[定義]

ラーニング・アウトカムズ (学習成果)とは，「ある期
間にわたる学習を終えた時点において，学習者が
何を知り，何を理解し，何ができるべきかについて
の期待を表明したもの」である(Moon, 2002)。日本
では，2008年の中央教育審議会答申「学士課程
教育の構築に向けて」(以下，学士課程答申)が，▶学
士課程が分野を問わず共通に保証すべき知識・能
力・態度等として「▶学士力」を学習成果として提言
して以来，注目を浴びるようになった。
　生徒や学生など学習者が教育プログラムを通じ
て何を身につけたのかに関しては，すでに19世紀
後半頃から心理学者の関心を呼び，20世紀に入り

J.B. ワトソンやB.F. スキナーに代表される行動主義心理学は，明確な学習目標と測定方法の確立を主張し，とくに観察できて測定可能な学習成果の必要性を強調した。そのため，研究者の中には，学習成果を学習者の行動として現れたもののみに限定し，学習成果を「学生に対して，理解したり学んだりしたことを，重要な学習経験後に活用して実行できるようになって欲しいと我々が期待する学習結果」と定義し，価値観，信念，態度等の心理的特性は学習成果に含めないとする場合もある。つまり，学習成果は行為や行動に現れるものと考える（Spady, 1994）。

［目的・目標・成果］

このように，学習成果の定義は必ずしも統一されているわけではないが，教育界でこれまで多用されてきた教育目的や教育目標との違いは明確にしておく必要がある。目的とは，教育を提供する側（大学，教員など）の意図であり，目標は彼らが設定した学習者が達成すべき目処である。したがって，意図に過ぎない教育目的や教育目標が実現される保証はない。しかし重要なことは，学習者がどこまで設定された目標に近づいたかである。つまり，「教員が何を教えたかではなく，学生が何を理解し，何ができるようになったのか」が重要なのである。そこで近年，「教育パラダイム」から「学習パラダイム」へのパラダイム転換が生じ，学習者の観点から教育のあり方を見直すことが必要となってきた。そのため，ある教育プログラムを終了した時点で学習者に獲得を期待する目処を「学習目標」として設定したものを「学習成果」とも呼ぶようになった。したがって，多くの大学が「学位授与方針」などで掲げている「学習成果」は，厳密には「期待される（望ましい）学習成果」すなわち「学習目標」ということができる。その意味で，文部科学省が公文書で使用している「学修成果」は，まさに獲得が期待されている「学習成果」が学習を通じて学習者によって実際に修得された「学習成果」に他ならない。

［学習成果，教授・学習過程，アセスメント］

そこで，学習目標（望ましい学習成果）を実際に学修成果にするためには，それらを獲得する学習機会を，大学や教員は▶カリキュラム・マップやコース・ナンバリング制などを活用して体系的・組織的に提供しなければならない。また学習成果に応じて，教育方法にもさまざまな工夫が必要となり，技能の習得を目指すのであれば，実践練習の機会を必ず教育プログラムに設けなければならない。さらに学習目標が実際の学修成果としてどこまで獲得できているかを確認する必要があり，そのためには学習状況に関して情報を収集し，分析するアセスメント（査定）の役割が重要になる。このように，学習成果を重視する方向に教育を転換することは，学習成果の設定を起点として，教授・学習過程とア

セスメントをも含めた教育プログラム全体の改革を必要とし，これら三者の間に「整合性」が確保されていることが必要不可欠である（Biggs & Tang, 2011）。

［現状と課題］

学習成果を重視した高等教育改革は，欧米が先行している。アメリカ合衆国では，今世紀初頭，アメリカの競争力強化のためにG.W. ブッシュ大統領のもとで「落ちこぼれ防止法No Child Left Behind」が制定され，初等・中等教育においてすべての児童・生徒に一定の学力を保証することをめざした。すべての公立学校は，毎年全児童・生徒に全国共通テストを受験させ，学校の教育力の「説明責任accountability」を強く求めることとなった。この流れは高等教育にまで及び，2005年にM. スペリングス連邦教育省長官が設置した委員会では，アメリカの高等教育の質を向上させ，説明責任を果たすために，在学中にどの程度学習成果が獲得できたかを客観的に測定する共通テストの導入を強く求めた。このため，アメリカでは学習成果のアセスメント（outcome assessment）への関心が高い。

他方，欧州では1999年から開始された▶ボローニャ・プロセスで，学生の欧州域内での流動性を高め，学位の同等性を保証するために，「欧州資格枠組み」が制定され，高等教育を▶学士，▶修士，▶博士の三つのサイクルに分け，それぞれの学位の性格を何を知り，何を理解し，何ができなければならないかという学習成果および学習時間（欧州共通単位）で定義した。これをもとに，各国は同等で比較可能な資格枠組みを構築することとなっている。また専門分野においては，教員の自主的な取組みとしてチューニング・プロジェクトが動いている。欧米のこのような動きは，さらに国際的な広がりを見せ，OECDのAHELO（▶高等教育における学習成果調査）プロジェクトへとつながった。

では，課題はどこにあるのだろうか。①冒頭に指摘したように，そもそも学習成果とは何かという合意された定義が存在しない，②学習成果の意味や意義が大学関係者，とりわけ教員に十分理解されておらず，また賛同も必ずしも得られていない，③とくに，多様な高等教育を特定の学習成果のみに限定することは，自由教育の伝統への挑戦とみなされ，創造性の育成を阻害するのではと懸念されている，④学習成果の重要性が認識されても，学習成果を具体的に表現するのが難しい，⑤特定の学習成果を育成する手法やアセスメント方法がまだ十分整備されていない，といったことが挙げられている（Adam, 2013）。これらの課題は日本にも同様であるが，とくに欧米と異なり，「資格枠組み」やイギリスの「分野別参照基準Subject Benchmark」やチューニング・プロジェクトのような外部参照基準が不在であること，加えてアメリカのようにアセスメントの理論・方法・ツールが未開発であり，学習成果

が日本の学位の同等性を保証するにはいまだ至っていないことを指摘したい。　　　　　　川嶋 太津夫

▶学位・資格枠組み，チューニング，認証評価，単位制，アカウンタビリティ

◎Moon, Jennifer, *The Module & Programme Development Handbook: A practical guide to linking levels, learning outcomes & assessment*, Kogan Page, 2002.
◎Spady, William G., *Outcome-Based Education: Critical issues and answers*, The American Association of School Administrator, 1994.
◎Biggs, J. & Catherine Tang, *Teaching for Quality Learning at University*, Society for the Research into Higher Education, 2011.
◎Adam, Stephen, "The Central role of learning Outcomes in the Completion of the European Higher Education Area 2013-2020", *Journal of the European Higher Education Area*, No.2, 2013.

ラーニング・コモンズ
learning commons

学習支援サービス，情報資源，設備を総合的に利用できる滞在型の学習空間。1990年代初頭，アメリカ合衆国に登場したインフォメーション・コモンズが起源。コモンズは共有空間の意味。▶アクティブ・ラーニングへの転換が求められる中で，教室外でも協同的に学習できる空間が求められ，日本では2007年（平成19）以降に大幅に増加した。図書館への設置が多いが，設置場所を限定しない。可動式の椅子やテーブルなどを組み合わせて，利用者自身が目的や人数に応じて学習環境をデザインする。専門職員や学生アシスタントがライティング等の学習相談，コンピュータの操作補助，情報検索の支援などを提供し，学内の学習支援組織の窓口の役割を果たす。北米では学習に困難をかかえる学生への支援，教育開発センターによる教員への支援もみられる。大学の構成員が学術的・文化的な行事を介して相互交流を図る空間になることも期待される。2013年の科学技術・学術審議会「学修環境充実のための学術情報基盤の整備について（審議まとめ）」に言及されている。　　長澤 多代

▶大学図書館

ラーニング・ポートフォリオ
learning portfolio

学習者の教育目標の到達度を測る質的評価手法の一つ。一般的に，授業やコースの教育目標の到達度は，学期末での客観テストやレポート試験などにより評価されてきた。近年，高等教育における学習者中心の教育への転換や▶アクティブ・ラーニング（能動的学修）の導入が叫ばれてきたことから，学習者の学修成果をそのプロセスも含めて多面的に評価できる評価手法の開発が求められており，そのようなニーズに応えるものとして注目されるようになった。大きくは学習者が自身の学修の達成度を「省察した記述」と，その記述を裏付けるエビデンスと呼ばれる授業で作成した課題物や小レポート，授業外での自主的な学習を示す成果物などの「根拠資料」とから成る。ズビザレッタは根拠資料の収集・記録，グループでの共同作業やメンタリング（対話による気づきや助言などを通して，学習者の自発的・自律的な発達を促すことを目指す），それらをもとに学生自身が学修を振り返ることの三つが組み込まれている必要性を指摘している。　　井上 史子

◎Zubizarreta, J., *The Learning Portfolio: Reflective Practice for Improving Student Learning. Second Edition*, San Francisco, CA: Jossey-Bass, 2009.

ラーニング・マネジメント・システム
Learning Management System: LMS

2000年代初めに「e-Learning」と呼ばれ導入された学習教育支援のためのさまざまな試みのうち，学習サポートのための科目別ホームページ（ウェブサイト）のこと。教育手法として有効であることがわかり，日本でも徐々に導入されてきている。特定の科目のホームページに入れば，▶シラバスや▶講義で使われたテキスト，資料，パワーポイントのデータなどが入手できる。教員はここから学生全員にメールを送ることもできる。学生はレポートを自宅からアップロードすることも可能で，従来クラスの中に限られていた多くの行動が講義時間外でも可能となった。有償のシステムだけではなく，「Moodle」などオープンソースのシステムも公開されている。学生個人のホームページが構成され，学生の学習状況等を全貌できる「e-Portfolio」と呼ばれるシステムもLMSの一種として導入されつつある。このシステムでは，学生の到達度や履修状況を学生と教員の間，あるいは教員間で共有できるので，学習指導に有効である。　　細川 敏幸

▶eラーニングとICT活用教育，ティーチング・ポートフォリオ／アカデミック・ポートフォリオ，ラーニング・ポートフォリオ

ランドグラント・カレッジ
land-grant colleges

1862年の▶モリル法によりアメリカ連邦政府から交付された土地ないし証券を売却した基金で，諸州が設立・維持した生産者諸階級＝国民向けの大学群（国有地付与大学）。文理に加え，おもに農工の諸分野を研究，教授した。既存および新設の州立大学が多い中で，私学のイェール大学やブラウン大学も19世紀末まで，MIT（マサチューセッツ工科大学）やコーネル大学は現在もランドグラント・カレッジである。1890年の第2モリル法下での認定校を含めた全68大学のうち，17校は南部諸州がアフリカ系アメリカ人専用に開設した。現在，研究開発費の総額で順位づけると最上位校の3分の1，また在学生数で最大規模校の半数がランドグラント・カレッジである。

[モリル法とランドグラント・カレッジ]

連邦政府は以前にも教育目的で個別に土地を下付したが、モリル法によるものは一律かつ大規模で、南北戦争という国家分裂の最大の危機のただ中で実施された。MITの設立認可条件が10万ドルの寄託金の確保であった当時、たとえば99万エーカーを取得したニューヨーク州は、優に100万ドル以上の基金を期待できたのである。19世紀前半の西進運動では、新設タウンの土地高騰を目論み、数百校もの実体のない「ブースター(景気付け)・カレッジ」(D. ブアスティン)の設立・消滅が繰り返された。その結果、欧州諸国との経済競争に敗北しないためにも、応用分野の教育研究を安定して遂行する大学が必要との認識が高まった。1850年代から60年代は、同時に、奴隷制の存廃をめぐる国家分裂の危機が現実化した。こうした状況の中で連邦政府は、教育への不介入の原則をあえて破り、国家統一の象徴としての「連邦(補助)」大学の設立・維持のため、歴史上一度だけ行動した。国民の大多数の生産者階級向けランドグラント・カレッジは、州立であれ私立であれ、ワシントン大統領以来の国家分裂への危惧を払拭する、「連邦国家」保全の大学であることも重要だったのである。

モリル法の具体的な運用は諸州に一任され、実際、カリフォルニアなどは、当初、既存のカレッジを名称変更したにとどまった。加えて、初期のランドグラント・カレッジは、農工分野、とくに農学専攻の学生不足に悩まされた。学生数の多さでは定評のあったイェールでさえ、最初の24年間で農学の卒業生は6名のみであった。にもかかわらず、ランドグラント・カレッジは革新的な思想を内包していた。モリル法で設立された大学は、しばしばA & M (Agriculture and Mechanic Arts)と略称されてきたが、しかし農工の訓練自体は南北戦争以前から広く導入されていた。一方、当時のカレッジ教育の不動の前提は、神・法・医の旧専門職との連結であった。ランドグラント・カレッジの新しさは、農工にふさわしい生産者階級向けの教養教育を構築した上で、既存の大学の根本的な再編成を図った点にあった。その青写真を早くから提出していたイリノイ州の前大学教師で農民のジョナサン・ボールドウィン・ターナー(1805-99)の影響の下、初期のイリノイ大学は文理を含むあらゆる専門の学生に科学と工学とを基礎科目として課したのである。

さらにターナーの構想では、ランドグラント・カレッジは、首都ワシントンのスミソニアン研究所をセンターとして、各州の地方の末端との中間を占める教育研究機関として、全国規模の組織の一環に位置づけられていた。実際、モリル法に基づく各カレッジは、その教育・研究上の成果を年次報告に記載し、すべての他のランドグラント・カレッジと交換し合うネットワークの一員として規定されたのである。

[ランドグラント・カレッジの評価]

ランドグラント・カレッジは、長期的には農工分野の普及に大きな役割を果たした。1840年代、同じように科学校を開設して応用科学にも取り組んだハーヴァードとイェールを比べると、前者のローレンス科学校の工学卒業生が1862年から92年まで、毎10年ごとに0から2名と低迷したのに対し、ランドグラント校のイェールのシェフィールド科学校は4名、10名、15名、28名と順調に卒業生を増やした。イリノイ、アイオワ、ウィスコンシンの農工学専攻の学生総数も1870年の243名、85年の637名、96年の1584名、1905年の3213名と、この間の大学生一般の場合の3倍強の増加率を記録したのである。質的な成果に関しては、▶カリフォルニア大学バークレー校が今日、世界の最上位校の一つにランクされている一事を指摘すれば足りるであろうが、数字をあげれば、2005年のカーネギー分類で研究活動が最高度と判定された96大学のうち32校をランドグラント・カレッジが占めている。

合衆国において絶対数としては少ないランドグラント・カレッジは、一つの大学群としてこれまで頻繁に論じられてきた。その理由の一つは同カレッジが、生産者階級の実践する応用科学こそ、純粋科学以上に「科学的」である(John Dewey, *Experience and Nature*)とするアメリカ的思想を体現しているからであろう。しかし、もう一つの隠れた理由は、ランドグラント・カレッジが(例外を除き)州立大学である(しかない)にもかかわらず、その起源において、大多数の生産者階級=国民を統合する「連邦(≒ナショナルな)」大学としての希望と役割を託されたことにある。たとえ南北戦争ほどの危機ではないにせよ、今後も合衆国に何らかの分裂の兆しが現れるたびに、その役割は新たに想起され論じられ続けて行くであろう。

立川 明

→ アメリカ合衆国の大学(テーマ編)、アメリカ大学モデル、公立およびランドグラント大学協会、カーネギー財団/カーネギー分類

◎Geiger, Roger L. and Nathan M. Sorber, eds., *The Land-Grant Colleges and the Reshaping of American Higher Education*, Transaction Publishers, 2013.
◎Anderson, G. Lester, ed., *Land-Grant Universities and their Continuing Challenges*, Michigan State University Press, 1976.

リアール
Louis Liard｜1846-1917

フランス第三共和政期の大学改革を主導したリアールは、1846年にノルマンディー地方のファレーズに生まれた。1869年に高等師範学校(▶エコール・ノルマル・シュペリウール)を卒業したのち、リセ(高等学校)の哲学教員を経て、74年に▶ボルドー大学に着任した。1880年にカーン大学区長となって教授職

を離れて行政畑に転じ，84年から1902年の18年にわたって高等教育局長，次いで17年に死去するまでの約15年間パリ大学区副区長（パリ大学区の実質的な責任者）をつとめる。彼の尽力により制定された，従来のファキュルテ（単科大学）を糾合してユニヴェルシテ（総合大学）を創設することとなる1896年の▶総合大学設置法は，1968年に至るまで，以後半世紀以上の長きにわたってフランスの大学の基本的な枠組みを規定することとなる。大学人，政治家など多様な人々を集め，当時の改革に重要な役割を果たした「高等教育協会」での活動や，彼自身の大学人，行政官という経歴も注目される。

白鳥 義彦

利益相反 →外部資金と利益相反

リオタール
Jean-François Lyotard ｜ 1924-98

フランスの哲学者。1950年に哲学のアグレガシオン（教授資格）を取ったのち，アルジェリアの高校，パリ大学ヴァンセンヌ校，パリ第8大学，国際哲学コレージュ，アメリカ合衆国の大学などで教えた。彼の名を世界に知らしめた『ポスト・モダンの条件』（1989年，原著1979年）は，カナダ・ケベック州政府の大学評議会の依頼で書かれた知のあり方をめぐるレポートである。近代にフランスとドイツで語られた普遍的なるもの（正義，真理）をめぐる物語は，19世紀末以降になると失効し（モダンの終焉），科学の正当化の物語としての哲学も崩壊する。しかし科学者が専門知に閉じこもり，大学が自治を失って経済的・政治的要請に振り回されるようになるなか，リオタールはあえて哲学者として，正義と真理がともに成り立ちうる政治のための「条件」を考えた。その影響は，「廃墟」となった大学で「不同意の共同体」を構想するビル・レディングスや，「ポスト・モダンの条件」をとり払って「条件なき大学」について語るジャック・▶デリダにも及んでいる。

岡山 茂

リオデジャネイロ連邦大学［ブラジル］
リオデジャネイロれんぽうだいがく
Universidade Federal do Rio de Janeiro［葡］: UFRJ

リオデジャネイロ市の北方，イリャドフンダォン（Ilha do Fundão）にある学園都市 Cidade Universitária に拠点をもつブラジル最古の大学で，連邦大学の中で首位に立つ。1792年創設の高等工業学校が母体となり，1920年にリオデジャネイロ大学（Universidade do Rio de Janeiro）として設立されたが，37年にブラジル大学（Universidade do Brasil）と改称され，65年に現在の名称となった。リオデジャネイロ市内に学園都市のほか，中心部に三つの教育機関と南方に

一つのキャンパス，またリオデジャネイロ州に二つのキャンパスを擁し，連邦大学の中では最大規模。2016年現在の教員数は4102人，学部生数は3万922人（なお2013年の修士課程6004人，博士課程5538人）。予算は17億円。図書館の蔵書数324万冊余（2013年）。高水準の教育を授業料無料で提供するため，入試の倍率は高い（最も人気の医学は40倍を超える）。2010年から▶アファーマティブ・アクション政策の一環として「クオータ制 sistema de cotas」（公立学校出身者や低所得者層の家庭を対象に特別枠を設ける制度）を導入し，14年からは公立大学の先頭に立ち，修士課程と博士課程に人種クオータ制を導入。

山口アンナ真美

理学部｜りがくぶ
Faculty of Science; School of Science

［理学と理学部］

理学の源流は，人類文明が始まった古代における天体の運行に関する研究に遡る。理学は自然界にひそむ原理や法則および現象を探究する学問であり，その根源はあらゆる自然現象について「なぜだろう」と問い，知りたいと思う，人間に元来備わる知的欲求にある。理学を構成する数学・物理学・化学・生物学・地学等に関する知識，研究方法，自然観などは人類の文化・文明の豊かさの基盤になっている。理学の知識は工学，農学，医学等の実学分野の基礎である。また一般に「科学的方法」といわれる理学の研究方法は自然科学にとどまらず，人文・社会科学の研究にも導入され，専門知識の体系化において根幹的な役割を果たしている。そして理学は，▶実験・観測および理論等に基づく合理的な自然観を広く社会に与えてきた。

理学部は，上記のような理学の意義を理解し，理学の素養（知識・能力・態度）をもって，広く社会に貢献できる人材の育成を教育目的としている。理学の素養には，各分野固有の専門的知識や能力を始め，問題の本質を見極めようとする態度，問題解決にあたり科学的推論等に基づく合理的な筋道を立てられる能力，未知の事象に対して忍耐強く挑み続ける姿勢，自然現象の文化としての愉しさを伝えられる能力等を挙げることができる。

理学はあらゆる分野に通ずるため，理学の学位修得者の進路は非常に多岐にわたる。理学部卒業者の▶大学院進学率は一部の大学で8割を超えるなど高いことから，進路の傾向を見る際には，大学院修了後の進路も合わせて考慮する必要がある。学部卒業段階での就職先には各分野の専門職に加え，公務員や企業の事務職・総合職など理学の汎用的素養を活用できる文系的職業も多いという特徴がある。一方で，大学院修了後の就職先には，研究機関や企業の研究者・技術者を始め，高度な専門的素養が必要な職業が多くなる。この

ほか，理学部は中等教育の数学・理科の教員養成においても主要な役割を担っている。

［組織］

日本で最初の理学部は，1877年(明治10)創立の東京大学に設置された。2016年(平成28)5月現在，理学部(理学院含む)を有する国立大学は30大学，私立大学は12大学である。理学部を構成する組織には数学，物理学，化学，生物学，地球惑星科学，天文学等を専攻する▶学科やコースがある。近年では，理学の学際的・総合的な分野の教育研究を行う情報学・環境学関連の学科等も設置されている。以上の学科等は理学部でなく，理工学部や文理学部等に設置されている場合もある。また，理学の教育研究を行う▶講座や▶研究室が，▶教育学部や▶教養学部に設置されている場合もある。その一方で，生物学部等，理学の一分野が独立した学部も一部の大学で見られる。このように理学の教育研究は，理学部という一つの形態に収まることなく，多様な組織形態においてなされている。

［教育研究の現状と課題］

日本はノーベル物理学賞，化学賞，医学生理学賞およびフィールズ賞の受賞者を2016年5月時点で計24人輩出していることからも，理学に関係した基礎研究において卓越した成果をあげてきたと言えよう。その一方，激しく変化する現代社会において，多くの大学の理学部は継続的に教育改革に取り組んでいる。ここでは，その教育的課題および改革の例として，次の三つを挙げる。第1に，少子高齢化社会において，あらゆる分野で人材の確保が課題となっていることから，理学関係者は理学部を志望し将来研究者や技術者を目指すような生徒を精力的に支援している。その一例としてスーパーサイエンス・ハイスクール，科学コンテスト，科学オリンピック等の取組みへの参画等が挙げられよう。さらに，それらの取組みで優れた成績をあげた生徒を受け入れるための▶推薦入試・▶AO入試等の制度を導入する大学も増えている。

　第2に，将来予測が困難な時代においては主体的に考える力が必要であるとされ，能動学習(▶アクティブ・ラーニング)への転換が求められるようになったことから，一部の大学では理学教育におけるアクティブ・ラーニング型の授業法を開発・実施している。たとえば，従来の学生実験は学生が実験書に従って実験を行う受動的な形式であったため，学生が実験計画から考える課題解決型の授業法が開発された例もある。第3に，大学教育の成果についての社会的な説明責任が高まったことから，理学部およびその学科等に対しても，▶学士課程教育を通じて学生が身につけるべき資質・能力の目標を学位授与の方針(ディプロマ・ポリシー：DP)において明確化するよう求められている。その上で，学生がどの程度の能力を身につけたかを評価し，

その評価をもとに教育改善を行うという教育の質保証をいかに実質化するかが，理学部における現在の課題である。

安田 淳一郎

▶学部の概念(テーマ編)，工学部，理系のカリキュラム

◎日本学術会議「大学教育の分野別質保証のための教育課程編成上の参照基準(各分野)」：http://www.scj.go.jp/ja/member/iinkai/daigakuhosyo/daigakuhosyo.html
◎中央教育審議会「我が国の高等教育の将来像(答申)」「新たな未来を築くための大学教育の質的転換に向けて(答申)」「学士課程教育の構築に向けて(答申)」

リガ工科大学 [ラトヴィア] | リガこうかだいがく

Riga Technical University;
Rīgas Tehniskās universitāte [ラトヴィア語]

ラトヴィアの首都リガにある国立の理系大学。1862年にロシア帝国統治下で創立された私立の理工学校で，同国最初の理工系学校であったが，バルト・ドイツ人貴族に支えられていてドイツ語で授業が行われた。1886年にロシアの公立大学となり，ロシア語が講義語となる。1919年のラトヴィア独立後は，58年まで▶ラトヴィア大学の工学部となる。その後ソ連の統治下で，ラトヴィア・ポリテクニク・インスティチュートとなり，ソ連の科学技術の発展に寄与した。1990年の独立回復時に現在の国立工科大学となり，中・東欧諸国の先端科学技術を支える重要な▶研究大学として国際的にも評価が高い。2016年現在，理系の9学部があり，学生数は約1万5000人。

加藤 一夫

リカレント教育 | リカレントきょういく

recurrent education

リカレント教育とは，人生のあらゆる段階で，個人の興味・関心や職業上の必要性などに応じて自由に学習できるよう，正規の学校・大学教育と労働とが教育－仕事－教育－仕事…というように相互流動化される教育戦略，政策を意味する。リカレント教育の定義によれば，正規の学校教育，現職教育，成人教育に関わるあらゆる教育段階に関連する多様なプログラムを包括する。しかし，現実には中等教育終了後の教育に限定して考えられ，学校教育修了後，社会人が職業から離れて行うフルタイムの再教育や職業に就きながら行うパートタイムの教育を指すことが多い。

　リカレント教育の構想は，スウェーデンの教育大臣であったパルメ(Olof Palme)が，1968年にフランスのヴェルサイユで開かれた第6回ヨーロッパ文部大臣会議で，スウェーデンの新しい教育政策の方向性として提示したことに端を発する。パルメはその後首相になるが，教育大臣として後を継いだカールソン(Ingvar Carlsson)は，パルメによるリカレント教育の考えを継承し，スウェーデンにおける制度整備に尽力した。

当初，リカレント教育が注目された背景として
は，第1に若年層と中高年層といった世代間などさ
まざまな社会的集団に対する教育の平等を求める
議論に合致していたこと，第2に学校教育の長期
化や青少年の社会的成熟の遅れに対する認識か
ら，教育拡大に疑問が呈されていたこと，第3に，
量的にも質的にも教育と労働市場との間にミスマ
ッチがあり，若年失業につながる早い段階でのドロ
ップアウトの存在から，学校教育に対する幻滅や
教育制度に対する不満が生じていたことなどが挙
げられる。そのため，学校・大学の年限延長や，現
職教育による非定型教育（ノンフォーマル教育）の拡
充整備を無制限に行うのではなく，教育の機会均
等の拡大をめざし，総合戦略的に教育政策を行う
新たな発想に期待が寄せられたのである。

その後，リカレント教育はOECD（経済協力開発機
構）の教育政策論の中に取り入れられ，1970年以
後世界的に普及，展開されるようになる。OECD
のアプローチの特徴は，義務教育以降の教育や義
務教育をリカレント教育の政策に適合させるために
総合的政策が必要であること，そして有給教育休
暇制度・キャリア体系・報酬制度や意思決定への参
画など，職業の世界も変革する必要があることを
強調する点である。このように，OECDがリカレン
ト教育を積極的に取り上げたのは，リカレント教育
が労働市場を想定した教育政策であり，労働政策
や若年失業者問題に対し，具体的な政策提言が
可能であったことによる。

[リカレント教育実施の利点と課題]
リカレント教育の提案の斬新さは，①生涯学習を
具現させるために，特定の戦略すなわち教育とその
他の諸活動を交互に行うという戦略を明確にする
必要があるという認識，②リカレント教育の戦略
と，経済的，社会的，労働市場的諸政策との関
連，③個人の生涯にわたる教育とその他の形態の
学習とを交互に行うという原則に沿って再編成が
できるように，現行の正規の教育制度を変革するこ
となどである。

一方，リカレント教育を実施する際の課題とし
て，進学を一定期間延期する場合の方途，成人の
学習能力の評価，早期から能力開発が必要で技
術的に十分熟達するまでの継続学習を必要とする
専門分野への対応，リカレント教育の導入が逆に
教育格差を拡大する場合の対策，職場を離れて学
習する労働者の賃金損失分への公的補償，労働
者の学習権の保障，社会的な教育経費の増大など
が挙げられる。

さらに，職業人がリカレント教育といった生涯学
習の機会を享受するためには，いくつかの前提があ
る。第1に職業人に教育機会を提供しうるよう大
学が開放されなければならないこと，そして第2に，
職業人が職場を離れ学習する学習権が保障される
ことである。これは有給教育休暇制度の整備とい

うことにつながる。さらに第3には，多様な教育方
法により，断続的に習得した単位を換算し，評価
され認証されることも重要である。リカレント教育
の発想にたてば，従来の人生初期に集中的に教育
を受ける学校教育や高等教育の構造，あるいはそ
の内容や方法の構造的変革が求められ，弾力的な
制度運用が必要となるのである。

リカレント教育は，青少年が社会から遊離するこ
となく，労働や職業選択を念頭においた現実感覚
を持った学習を可能にする。しかし，教育制度の
柔軟化，整備がなされた上で，職業人がリカレント
教育を受けるかどうかは，最終的には個人の意欲
や意志に依存している。成人学習の基本が自己
決定学習であるとするなら，学校教育においてもリ
カレント教育を意図した自己教育力の育成に主眼
が置かれなければならないであろう。　　岩崎　久美子

→ 労働市場と大学（テーマ編）

◎OECD/CERI, *Recurrent Education: A Strategy for Lifelong
Learning*, 1973.（『リカレント教育—生涯学習のための戦略』『教育調査』
第88集，文部省大臣官房，1974）
◎Tom Schuler and Jacquetta Megarry（eds.）, *World Yearbook of
Education 1979: Recurrent Education and Lifelong Learning*, Kogan
Page, 1979.

理系のカリキュラム｜りけいのカリキュラム
curriculum for science and engineering education

[自由七科とアリストテレス]
理系のカリキュラムは▶中世大学にその起源をもつ。
▶パリ大学における教皇使節ロベール・ド・クールソ
ンの規約（1215年）が教養諸科（学芸学部）における
▶一般教育のカリキュラムの観念の始まりとされ，
「四科」の算術，幾何学，音楽，占星術（まだAs-
trologyで，天文学のAstronomyではない）がこの時点で
教授されていた。最終学位取得に向けた講義科
目の段階的学習もすでに中世大学においてみら
れ，たとえば14世紀後半の▶ウィーン大学では，学
生はまず学芸学部で最低2年間，ラテン語文法，
修辞学，数学，弁証法など教養諸科の基礎的科
目や道徳哲学（アリストテレス）などを学んで▶バカラ
リウスを取得し，さらにその後，リケンティアトゥス
（教授免許取得者）になるためには，アリストテレスの
天体・宇宙論，生成消滅論，気象論，形而上学・ト
ピカやエウクレイデス5巻などを学習して試験に合
格する必要があった。15世紀の▶ボローニャ大学
でも，医学学位の取得にはアリストテレスの「自然
学」「生成消滅論」「天体論」「気象論」「霊魂論」「形
而上学」などの教養諸学を3年間学んだ上で，▶医
学部でのアヴィケンナの「医学典範」やアヴェロエ
ス「医学原論」などの講義を受ける必要があった。
物質の運動（自然学）や，人間の視覚や聴覚（霊魂
論），雨，風，雷，彗星（気象論）などを取り扱ったア
リストテレスの科学的，哲学的著作は，12～13世
紀のアリストテレスの諸著作の西洋世界への流入

によって拡大・変容した自由七科に加えて，中世を通じて大学カリキュラムの中核部分を占めていた。

［実験と論文の登場］

しかし中世大学においては，基本的に書物を用いた▶講義（討論などを含む）があるのみで，自然科学の特徴である対象に働きかける「▶実験」は行われることがなかった。16世紀になると，数学と実験を重視して今日の物理学につらなる機械学を打ち立てた▶パドヴァ大学のガリレオ・▶ガリレイが登場して，学問のあり方に革新をもたらした。これを契機に，アカデミーなどの大学外組織での実験的研究の時代を経て，19世紀に至ってドイツ大学で研究を行う「実験室」が登場した。ギーセン大学の化学者リービッヒの実験室がその代表格である。また，18世紀に入るとドイツの大学で学位の取得にDissertation（学位論文）の提出が求められるようになった。▶ゲッティンゲン大学では，1770～72年には数学の，1806～08年には化学の学位論文が提出されている。この「実験」や「学位論文」は日本の大学にも受け継がれていく。

［日本の大学と理系カリキュラム］

日本では，カリキュラムに基づく系統的な理系教育は1877年（明治10）創立の東京大学で始まった。理学部工学科では純正および応用数学，物理学，陸地測量，熱動学および蒸気機関学などの講義と実習，英語と第二外国語（フランス語またはゲルマン語［それぞれ法蘭西語，日耳曼語と表記］），最終学年（当時4年制）では機械工学科での材料試験，土木工学科での測地術などに加えて，それぞれ▶卒業論文が課せられた。このカリキュラムの形式は，数学・物理学・及星学科（設立当初は一体で運営），生物学科，化学科，地質学及採鉱学科においても同じであった。語学も重視され，1881年には▶理学部全学科でドイツ語必修（「必ず兼修せしむ」『東京帝国大学五十年史 上』）となった。日本の大学の理学部や▶工学部で今日まで続いている講義，実験，語学，卒業論文による教育形式はここに始まるといえる。1886年に▶帝国大学が誕生し，理科大学，工科大学，医科大学が設立され，90年に農科大学が加わったが，数学や物理学などの専門基礎科目，各専門科目，実験，卒業論文（理科大学と医科大学を除く）を▶履修するカリキュラムの骨格は，帝国大学においても維持された。

その後，1918年（大正7）の▶大学令，47年（昭和22）の▶学校教育法の施行を経て，2012（平成24）年度現在，国公私立大学あわせて772大学に▶農学部，▶薬学部，医学部，▶歯学部を含めて477の理工系学部が存在するが，授業内容の変化，▶大学設置基準の大綱化（1991年）以前の一般科目に相当する科目の導入を除けば，基本的なカリキュラムの構造は旧制帝国大学時代と本質的には変わっていない。すなわち，①専門基礎としての数学，物理，化学等の科目の履修，②専門科目およびそれ

と統合させる形での実験・実習科目の存在，③▶卒業研究の必修制（医学部・歯学部を除く），そして，④専門分野を学ぶ外国語としての語学の重視である。①は中世大学において教養諸科と専門学部における講義の履修順序においてすでに存在し，②は遅くとも19世紀でのドイツ大学での実験室の登場を背景とし，そして③は，②とも関係するが，研究のカリキュラム化ともいえる研究の▶授業への導入であり，ドイツ大学での学位論文提出にもその起源を持つ。この中でとくに，③の卒業研究（論文）の制度化は，日本の大学において，学部学生の学術研究への参加を規定した画期的なものとして位置づけられよう。また語学の重視は，当初は西洋学術の受容のためという側面もあったが，共通の言語で成果を交換・発信するという理系学問の性格に由来するその必要性を先取りしたものともいえる。

このように，日本における理系のカリキュラムは，中世大学以来の歴史を受け継ぎつつ，独自の学部カリキュラムとして発展してきたものである。今後は▶専門教育の内容と深さにおいて，科目を学部と▶大学院でいかに分担・共有していくかが課題の一つとなろう。また理系科目を含むカリキュラムは，理系を専攻分野としない学生のためにも重要である。大学設置基準の大綱化によって，教養課程で専攻分野によらず自然科学を学ぶという枠が取り外された現在，自然科学非専攻の学生が自然科学を大学でいかに学ぶか，そのためのカリキュラム設計のさらなる展開も課題である。

赤羽 良一

→ 大学教育とカリキュラム（テーマ編），理工系・医学系の研究，アカデミア

◎『東京帝国大学五十年史 上・下』東京帝国大学，1932.
◎R.D. アンダーソン著，安原義仁，橋本伸也監訳『近代ヨーロッパ大学史』昭和堂，2012.
◎William Clark, *Academic Charisma and the Origins of the Research University*, The University of Chicago Press, 2006.
◎児玉善仁『イタリアの中世大学―その成立と変容』名古屋大学出版会，2007.
◎H. ラシュドール著，横尾壮英訳『大学の起源―ヨーロッパ中世大学史（3冊）』東洋館出版社，1968-70.
◎E. グラント著，横山雅彦訳『中世の自然学』みすず書房，1982.
◎別府昭郎『ドイツにおける大学教授の誕生』創文社，1998.
◎Edward E. Grant, *God and Reason in the Middle Ages*, Cambridge University Press, 2001.

リケンティア

licentia［羅］

リケンティアは，大学が成立する以前から司教区において地方教会権力，具体的には司教や司教区の役職者である▶カンケラリウス等が教師に授与した教授許可証であった。カンケラリウスは教師たちを自らの裁治権の下に置こうとして，彼らに対する服従宣誓を強いたが，教師たちは彼らの権限に対抗し，この▶教授免許（licentia docendi）の授与をめぐって対立することとなる。こうした動きに，普

遍的権威であった教皇権の介入をみる。ローマ教皇はこの新生の大学(教師)団を将来のキリスト教世界発展の重要な母体とみなし，彼らを保護する政策をとることとなった。1179年の第3回ラテラノ公会議において，教皇アレクサンデル3世が教師として適格と判断されるすべての人に，無償で教授免許を授与するよう定めたのはその具体的現われである。

このように教皇権の保護・支持を受けて教師たちは，司教やカンケラリウスと教授免許授与権をめぐり激しく対立することとなるが，その授与権は司教権に保持され続けはしたが，徐々に大学団の手に掌握されていく。そして，リケンティアは▶バカラリウスに続く大学の第2の学位となったのである。このリケンティア学位取得のための試験(個人試験)に合格した者は，リケンティアートゥスと呼ばれた。なお今日，リケンティアはフランスの大学においてリサンス(学士)という名称で残されている。

松浦 正博

➡学位と称号(テーマ編)

リケンティア・ドケンディ➡教授免許

理工系・医学系の研究
りこうけい・いがくけいのけんきゅう
research in sciences, engineering, and medicine

［理工系・医学系の語の成立と背景］
日本の大学における研究は「学部」という組織およびその性格(教育・研究分野)と不可分である。とくに今日，理学と呼ぶ自然科学系分野，工学という応用諸科学分野においてはそうである。「理工系の研究」は自然科学と応用科学諸分野の研究全般を，「医学系の研究」は臨床医学的，基礎医学的研究を含めた生命医学諸分野の研究全般を内容的には意味するが，そもそも日常的に用いられる「理工系の研究」の「理工」は▶理学部，▶工学部あるいは理工学部を，「医学系の研究」の「医学」は▶医学部を含意した用語といえよう。

「理学部」「医学部」といった「学部」を含んだ用語自体は，1877年(明治10)の東京大学創立時に現れた。寺﨑昌男によれば，同年4月，「東京大学宛文部大輔田中不二麻呂達」に「東京大学ニ四学部ヲ置ク 旧東京開成学校ニハ文学部理学部法学部ヲ置旧東京医学校ニハ医学部ヲ置候事」と書かれている。教育制度上の「理学」や「医学」などの用語はそれより早く，学制第38章(明治5年8月3日文部省布達第13・14号)の「大学ハ高尚ノ諸学ヲ教ル専門科ノ学校ナリ其学科大略左ノ如シ」の「理学化学　法学　医学　数理学」に登場する。一方，「工」あるいは「工学」という用語も制度的文脈では，学制第189章(明治6年4月28日文部省布達第57

号学制二編追加)に「外国教師ヲ雇ヒ専門諸学校ヲ開クモノハ専ラ彼ノ長技ヲ取ルニアリ其ノ取ルヘキ学芸技術ハ法律学医学星学数学物理学化学工学等ナリ」の中に見える。なお，ここでの専門学校は，「外国教師ニテ教授スル高尚ナル学校」(学制第190章)である。学部名での「工」なる字は▶帝国大学成立(1886年)以前の東京大学工芸学部に現れるが，大学に「工学部」という用語が使われるのは，▶大学令(大正7年12月6日勅令第388号)によって帝国大学工科大学が東京帝国大学工学部となった時点である。

研究の内容から日本の大学学部の特徴をみれば，それは医学部に加えて，今日の工学部という実学(応用科学)を教育・研究する学部をその成立初期から大学に取り入れたことにある。この事実は，日本の大学制度が，工学系分野を長く大学から排除していたドイツや，▶モリル法によって19世紀半ばに工学系分野を大学に取り入れたアメリカ合衆国と比較しても，近代大学としてきわめて先進的であったことを示すといえるかもしれない。

1949年(昭和24)学制が新制度となり，旧制度下での大学理学部，工学部，医学部は新制度下でも学部名はそのまま引き継がれ，1903年以来の▶専門学校令(明治36年3月27日勅令第61号)により規定されてきた工業専門学校は工学部に，高等学校令(大正7年12月6日勅令第389号)に規定される旧制▶高等学校(理科)の多くは新制大学文理学部(のちに，そこから理学部が分離)となった。また，1901年に五つの高等学校(旧制)医学部が独立し，その後専門学校令により医学専門学校となったが，これらの学校は▶医科大学を経て，新制度下で各大学の医学部となり，また，もともと医学専門学校として出発した学校も新制度下で大学医学部として再出発した。こうして，今日の新制大学理学部，工学部，医学部群が発足し，「理工系の研究」「医学系の研究」という専門学部の研究内容と密接に関係した用語が誕生した。

一方，「理工」なる語は持たないが，重要な自然科学系分野として「獣医学」や「水産学」を含む「農学」と「薬学」が存在する。いずれの分野も分子などの化学系分野からヒトや動植物の生命科学分野に至る広大な研究領域を包含し，さらに「農学」においては農業土木や農業機械など，研究対象は工学系分野にも関わっている。

「理工系」「医学系」と同様に制度としての歴史も古く，「農」と「獣医」なる語は学制二編追加(明治6年4月28日文部省布達第57号)第193章に「農業学校商業学校獣医学校等コレナリ」として，「薬」なる語は同206章「医学校教科」の「医学本科」の科目名「製薬学」「薬物学」に現れる。現在の▶薬学部は，東京大学医学部に設けられた製薬学科(1880年)や中学校令(明治19年4月10日勅令第15号)に基づく高等中学校に設けられた医学部薬学科にその

844　りけんてい

大学事典

起源をもつ。また大学としての▶農学部は，1890年に帝国大学の一分科大学となった帝国大学農科大学(大学令により東京帝国大学農学部)や，旧制高等農林学校を母体として戦後の学制改革で誕生した新制大学農学部に由来する。帝国大学農科大学には獣医学科も設置(1890年)されている。「理工系の研究」「医学系の研究」と同様に，「農学系の研究」「薬学系の研究」とは，一般的にはそれぞれ農学部，薬学部で行われてきた研究を意味していると言えよう。

[研究分野とその概要・性格]

2017(平成29)年度科学研究費助成事業(系・分野・分科・細目表)によれば，理工系・医学系，農学系(獣医学系，水産学系を含む)，薬学系の研究分野とみなし得るものは以下の通りである。

(1)理工系(以下，分野・分科・細目の順)

[総合理工]　①ナノ・マイクロ科学(ナノ構造化学，ナノ構造物理，ナノ材料化学，ナノ材料工学，ナノバイオサイエンス，ナノマイクロシステム)，②応用物理学(応用物性，結晶工学，薄膜・表面界面物性，光工学・光量子科学，プラズマエレクトロニクス，応用物理学一般)，③量子ビーム科学(量子ビーム科学)，④計算科学(計算科学)

[数物系科学]　①数学(代数学，幾何学，解析学基礎，数学解析，数学基礎・応用数学)，②天文学(天文学)，③物理学(素粒子・原子核・宇宙線・宇宙物理，物性Ⅰ，物性Ⅱ，数理物理・物性基礎，原子・分子・量子エレクトロニクス，生物物理・化学物理・ソフトマターの物理)，④地球惑星科学(固体地球惑星物理学，気象・海洋物理・陸水学，超高層物理学，地質学，層位・古生物学，岩石・鉱物・鉱床学，地球宇宙化学)，⑤プラズマ科学(プラズマ科学)

[化学]　①基礎化学(物理化学，有機化学，無機化学)，②複合化学(機能物性化学，合成化学，高分子化学，分析化学，生体関連化学，グリーン・環境化学，エネルギー関連化学)，③材料化学(有機・ハイブリッド材料，高分子・繊維材料，無機工業材料，デバイス関連化学)

[工学]　①機械工学(機械材料・材料力学，生産工学・加工学，設計工学・機械機能要素・トライボロジー，流体工学，熱工学，機械力学・制御，知能機械学・機械システム)，②電気電子工学(電力工学・電力変換・電気機器，電子・電気材料工学，電子デバイス・電子機器，通信・ネットワーク工学，計測工学，制御・システム工学)，③土木工学(土木材料・施工・建設マネジメント，構造工学・地震工学・維持管理工学，地盤工学，水工学，土木計画学・交通工学，土木環境システム)，④建築学(建築構造・材料，建築環境・設備，都市計画・建築計画，建築史・意匠)，⑤材料工学(金属物性・材料，無機材料・物性，複合材料・表界面工学，構造・機能材料，材料加工・組織制御工学，金属・資源生産工学)，⑥プロセス・化学工学(化工物性・移動操作・単位操作，反応工学・プロセスシステム，触媒・資源化学プロセス，生物機

能・バイオプロセス)，⑦総合工学(航空宇宙工学，船舶海洋工学，地球・資源システム工学，核融合学，原子力学，エネルギー学)

(2)生物系

[総合生物]　①神経科学(神経生理学・神経科学一般，神経解剖学・神経病理学，神経化学・神経薬理学)，②実験動物学(実験動物学)，③腫瘍学(腫瘍生物学，腫瘍診断学，腫瘍治療学)，④ゲノム科学(ゲノム生物学，ゲノム医科学，システムゲノム科学)，⑤生物資源保全学(生物資源保全学)

[生物学]　①生物科学(分子生物学，構造生物化学，機能生物化学，生物物理学，細胞生物学，発生生物学)，②基礎生物学(植物分子・生理科学，形態・構造，動物生理・行動，遺伝・染色体動態，進化生物学，生物多様性・分類，生態・環境)，③人類学(自然人類学，応用人類学)

[農学]　①生産環境農学(遺伝育種科学，作物生産科学，園芸科学，植物保護科学)，②農芸化学(植物栄養学・土壌学，応用微生物学，応用生物化学，生物有機化学，食品科学)，③森林圏科学(森林科学，木質科学)，④水圏応用科学(水圏生産科学，水圏生命科学)，⑤社会経済農学(経営・経済農学，社会・開発農学)，⑥農業工学(地球環境工学・計画学，農業環境・情報工学)，⑦動物生命科学(動物生産科学，獣医学，統合動物学)，⑧境界農学(昆虫科学，環境農学[含ランドスケープ科学]，応用分子細胞生物学)

[医歯薬学]　①薬学(化学系薬学，物理系薬学，生物系薬学，薬理系薬学，天然資源系薬学，創薬化学，環境・衛生系薬学，医療系薬学)，②基礎医学(解剖学一般[含組織学・発生学]，生理学一般，環境生理学[含体力医学・栄養生理学]，薬理学一般，医化学一般，病態医化学，人類遺伝学，人体病理学，実験病理学，寄生虫学[含衛生動物学]，細菌学[含真菌学]，ウイルス学，免疫学)，③境界医学(医療社会学，応用薬理学，病態検査学，疼痛学，医学物理学・放射線技術学)，④社会医学(疫学・予防医学，衛生学・公衆衛生学，病院・医療管理学，法医学)，⑤内科系臨床医学(内科学一般[含心身医学]，消化器内科学，循環器内科学，呼吸器内科学，腎臓内科学，神経内科学，代謝学，内分泌学，血液内科学，膠原病・アレルギー内科学，感染症内科学，小児科学，胎児・新生児医学，皮膚科学，精神神経科学，放射線科学)，⑥外科系臨床医学(外科学一般，消化器外科学，心臓血管外科学，呼吸器外科学，脳神経外科学，整形外科学，麻酔科学，泌尿器科学，産婦人科学，耳鼻咽喉科学，眼科学，小児外科学，形成外科学，救急医学)，⑦歯学(形態系基礎歯科学，機能系基礎歯科学，病態科学系歯学・歯科放射線学，保存治療系歯学，補綴・理工系歯学，歯科医用工学・再生歯学，外科系歯学，矯正・小児系歯学，歯周治療系歯学，社会系歯学)，⑧看護学(基礎看護学，臨床看護学，生涯発達看護学，高齢看護学，地域看護学)

　その他，総合系の[情報学]に情報学基礎(情報学基礎理論，数理情報学，統計科学)など4分科21細

目，［環境学］として環境解析学（環境動態解析，放射線・化学物質影響科学，環境影響評価）など3分科10細目，［複合領域］にも人間医工学（生体医工学・生体材料学，医用システム，医療技術評価学，リハビリテーション科学・福祉工学）など7分科16細目の理工学系・医学系とみなし得る研究分野がある。以上の分野（細目）は，研究費の要求に伴い研究者自身が利用する便宜的な性格を持つが，「物理学」「化学」「機械工学」「生理学」などの伝統的な▶ディシプリンを越えて領域が拡大・深化した今日の理工系・医学系・農学系・薬学系の具体的な研究分野の内容・類似性・相違を十分に表した用語でもあるといえよう。

［学問分野の概要・性格］

［理工系の研究］　理工系分野の研究では▶実験がその中心的位置を占める。普段日常的に使っている電気器具，乗り物，医療器具や薬等は，すべていろいろな段階，階層の実験的研究を経て製品化されている。たとえばパーソナルコンピュータの画面は物質で構成されており，物理学，材料科学，化学，電子工学等の実験的研究の成果が集約されたものである。創薬研究においては，標的化合物（薬となる化合物）は複数の候補からそれを決定した後，フラスコ（あるいはより大型の反応装置）の中での科学的な試行錯誤に基づく化学反応の繰返しによる合成（実験室で化学反応によって化合物を作り出すこと）とその安全性の生物による評価という過程を経て最終的に製品化される。このように基本的には，分野にかかわらず，テーマ（課題）を設定し，その解決のための実験を設計・計画し，それを遂行していくことが理工系の研究の最も大きな特徴である。物理学では素粒子論や宇宙物理学など，理論的研究がきわめて重要な位置を占める分野があるが，そこでも理論と実験が手に手をとって学問（研究）が進歩していく。湯川秀樹の中間子論も，原子を構成する素粒子の質量の起源たる粒子（ヒッグス粒子）の理論も，理論として提唱された後に装置を用いた実験的研究により，理論の正しいことが証明されたことはよく知られている。

　一方，「観察」と「観測」も研究を進める上で本質的な役割を果たす。地質学における化石や地層の発見・観察と分析，天文学における宇宙での星の誕生，爆発，消滅の観測とその理論的解析から地球や生物，そして宇宙の過去・現在・未来が考察され，それにより再び観測あるいは実験されるべき課題が発見されていく。また本来，地球，生命，宇宙の起源，気象予測などは，実際にそのプロセスそのものを実験的に再現して研究することは不可能である。よって，課題をモデル化して実験室スケール（実験の規模と装置の大きさ）で実験を試みる，コンピュータを用いてシミュレーションを行う，などの研究手法もこの分野ではきわめて重要といえる。農学系，薬学系の研究を含め，このような理工系

の研究の役割は，人類の物質や宇宙，生命などについての認識を深めること，そしてその成果を活用して社会生活をより豊かにすることにあるといえよう。

［医学系の研究］　医学系の研究の目的は，人間の生命現象を理解し，病気を癒す方法を探求することである。そこでは分子から個体まで，さまざまなレベルでの病気の症状の観察から研究課題が設定される。医学系の研究の今日的な特徴の一つは，理工系の研究との密接な関係である。たとえば，診断や研究目的に使われる血中のタンパク質である酵素や抗体の検出や定量には種々の化学的分析装置が使われるが，このことは必要な装置の開発と，化学や生化学，遺伝子工学等の▶基礎研究を通して，関連する生体内化学反応の詳細を明らかにしていくことを意味する。光化学と分光学という化学の手法を利用して，がん細胞と正常細胞内の酸素濃度の違いを画像化して，がん細胞の検出に利用する診断技術も生まれつつある。がん治療のための放射線や重粒子線装置のデザインと製作は，物理学，機械工学，コンピュータ工学等と医学との共同作業なくしてはあり得ない。

　医学の研究と診断技術は一世代前に比較して，関連諸科学との共同作業とそれを通した機器化と装置化（これ自身は非人間化ではない）によって大きく進歩した。そして今日臨床医学は，その一つの方向として，iPS細胞（induced pluripotent stem cell: 人工多能性幹細胞）の研究に象徴されるように，細胞および遺伝子レベルの先端「技術」を駆使して，臓器を新たに作り出す再生医療へと進んでおり，基礎医学としてのウイルス学は，ウイルスを人工合成する技術（リバースジェネティクス法）により，100年程前に流行したスペイン風邪ウイルスを再現し，その霊長類への感染実験を行い得る水準に達している。いずれの技術も寿命を延ばし，致死的感染症を防ぐ革新的医療につながる大きな可能性を持っている。

　上記のような診断・治療法の進歩とこれまでにない研究手法・技術を獲得した医学は，人間の健康に関わる諸課題を解決するために，その実践において人文学や社会科学とも共同・協調しつつ，人類に真に豊かな恩恵をもたらす学問として発展していくことが今後強く求められていくであろう。

［装置の重要性］

実験的研究を行うには実験機器あるいは実験装置（以下装置）が必要である。装置とは，ある一定の機能と機構をもったまとまりのことで，普通は機械の形をとる。毎日利用している冷蔵庫や電子レンジも，実験室で用いれば装置となり得る。自然科学や工学全般の研究は何らかの方法あるいは手段によって対象に働きかけ，そこからの応答を検出し，解析する。その仲立ちをするのが装置である。ガリレオ・▶ガリレイが望遠鏡で月の表面の凹凸や木

りこうけい

星の衛星を発見したことが、▶中世大学で長く講義されてきたアリストテレス的宇宙観を崩壊に導く契機の一つになったが、用いた望遠鏡は天体を観測するための装置であった。今日の大型望遠鏡は天文学の研究に欠くことができない。同様に生物学や医学の発展には顕微鏡の進歩が不可欠であったが、今日、顕微鏡の技術は組織や細胞レベルの観測を越え、物質科学の研究においては、分子の並び方(ナノメートル[10億分の1メートル]レベル)の可視化(画像化)まで可能になろうとしている。

装置の開発と研究は密接な関係を持つ。顕微鏡の原理やその制作の技術は必ずしも生物学や化学という学問そのものではないし、心臓手術に用いられる人工心肺装置が、深く関係はしているが医学の研究そのものでもないように、自然科学や医学の研究は互いに他分野の進歩やそれに関係した技術の発展と不可分である。機械工学の訓練も受けた物理学者レントゲンはX線を発見したが、のちにこれは装置化されていわゆるレントゲン撮影装置となって医学の診断に使われてきた。これを高度化したX線CT(Computed Tomography: コンピュータ断層撮影)の手法は内臓や血管等の画像診断を可能にしているが、この開発過程そのものも、医学的課題を解決するための、物理学、機械工学、電子工学、コンピュータ工学等の共同による研究作業にほかならない。レントゲンがX線を発見したとき、手をかざしたら手の骨が画像化されたことで医学への応用が直ちに考えられたが、これは物理的現象の発見が先にあり、それが医学へと装置的に応用された例である。逆に、研究の必要性に応じて装置が開発される場合も数多い。身体を切開しないで身体内部を観測できる内視鏡や上記のCTの技術などはその例であろう。

今日、人が化学実験室に入れば、小さなものから大きなものまで数多くの装置に取り囲まれ、それを駆使して研究に取り組む。温度計、圧力計、真空ポンプ、フラスコなどの汎用装置に加えて、X線を用いた物質(分子)構造解析装置、磁場と電磁波を利用した物質(分子)構造解析装置などである。後者と同じ原理のMRI(Magnetic Resonance Imaging: 核磁気共鳴画像法)は疾病の診断装置として現在広く使われている。なお小型の温度計や化学実験用注射針、医療用メスなどは通常は器具と呼ばれ、化学実験用のフラスコや試験管なども(ガラス)器具である。これらを組み合わせて特定の大きさと機能を持つようにした場合は装置と呼ぶ場合が多い。現在では、コンピュータがあらゆる理工系、医学系の研究に必要不可欠なものとなって実験機器や装置に組み込まれている。

[基礎研究・応用研究・開発]
理工系の研究、医学系の研究のいずれもが、その性格によって三つに大別できる。NSF(▶全米科学財団)は研究(research)をその内容によって基礎研究

(basic research)、応用研究(applied research)、そして開発(development)に分類している。それによれば、①基礎研究とは、まだ知られていない根源的現象や観測事実について、研究により得られた結果を特定の目的に応用したりすることを念頭におかずに、より十分な知識や理解を得ることを志向して行う系統的な研究(study)であり、②応用研究は、ある特定された明確な目的や要件を満たすための手段を決定するために必要な知識あるいは理解を得るための系統的な研究であり、③開発は、研究で得られた知識や理解を、要求される特定の条件に合致するように、原型(プロトタイプ)および新しい製法のデザイン、展開、そして改善を含む有用な物質、デバイス、システムあるいは手法などの生産に向けて計画的に応用することである。

この定義に従えば、大学での研究の多くは①と②に分類されるであろう。医学の研究では、治療や診断への応用という面があるので、形式上は純粋に①と②に分ける意味は理工系に比較して小さいともいえよう。③の開発の多くは、企業の▶研究所等で行われているが、大学でも独自に、また企業との共同研究としても行われている。しかし、企業でも①の基礎研究を行っている場合もあるし、①と②の境界ははっきりしたものではない。基礎研究がそれを行った研究者が持つそれとはまったく別の理解・観点からある分野の応用研究に展開される場合もあるし、製品の開発に利用されたりすることもある。また開発(研究)の過程で、まったく予期せずに物理学や化学の根源的な問題に遭遇し、そこから新たな基礎研究が進んでいく場合も十分あり得る。上記①②③のどれが優位で、どれがより重要でないかという議論は意味がない。大学では研究課題の設定は基本的に自由であるが、大学での研究は単なる真理探究ではない。得られる結果とその応用による社会全体への影響を考えるとき、大学での研究は人類と社会に対して大きな責任を負っていると言えるであろう。

[研究資金と研究]
研究を遂行するには研究費が必要である。研究費は研究に必要な経費をただ支払うための単なる道具ではない。それは、大学での研究のあり方を根本的に規定する。研究費はその性格によって二つに大別できる。一つはコントラクト(contract: 契約)であり、もう一つはグラント(grant: 研究補助金)である。コントラクトとは、ある特定の性能を持ったエンジンの開発や、湖の水質を詳細に調査するなど、具体的な目標を定めた研究を行うための経費で、たとえばアメリカのエネルギー省(Department of Energy)や海軍省の研究部門(Office of Naval Research)などが提供している(これらの機関はグラントも提供する)。この経費には、研究終了時に資金提供機関に対して一定の成果とともに、何らかの説明責任がある。それと対照的に、グラントとは研究者自らの裁量

で，自ら設定した研究目的に沿って自由に使用できる経費である。課題の達成義務や研究終了時の資金提供機関への説明義務は本質的にはない。論文による実績が多ければ研究計画がより採択されやすくなることは研究内容の評価に関することで，グラントの性格とは別問題である。

NSFやNIH(▶国立衛生研究所)の研究費(grant)は文字通りグラントであり，日本の科研費(▶科学研究費補助金)もグラントである。日本の大学に文部科学省から交付される▶運営費交付金は大学内で規則に基づいて配分され，科研費のような形では教員個人の裁量で使用することはできない。したがって，これは，受領した額は教員の裁量で使用できるが，科研費のようなグラントとはいえない。現在，日本の国立大学では教員一人当たり研究費として使用できる運営費交付金は年々減少しているが，外部資金である科研費の総額は増えている。グラントの直接経費は研究者個人に与えられるもので，このグラントの性格こそ，それを受領する大学教員の研究の自由に関わる最も大きなものの一つといえよう。

中井 俊樹 赤羽 良一

▶大学と研究(テーマ編)，学部の概念(テーマ編)，研究資金，間接経費，工科大学，人文・社会科学系の研究

◎寺﨑昌男『東京大学の歴史—大学制度の先駆け』講談社，2007.
◎NSF：https://www.nsf.gov/statistics/2017/nsf17316/overview.htm
◎エミリオ・セグレ著，久保亮五，矢崎裕二訳『X線からクォークまで—20世紀の物理学者たち』みすず書房，1982.
◎青木靖三『ガリレオ・ガリレイ』岩波書店，1965.
◎William Clark, *Academic Charisma and the Origin of the Research Universities*, The University of Chicago Press, 2006.
◎松本三之介，山室信一(校注)『学問と知識人』日本近代思想大系10，岩波書店，1988.
◎児玉善仁『〈病気〉の誕生—近代医療の起源』平凡社，1998.
◎R.J. フォーブス著，田中実訳『技術の歴史』岩波書店，1956.

リサーチ・アシスタント
Research Assistant: RA

研究補助業務を行う▶大学院学生。RAと略される。RA制度の目的は，大学等が行う研究プロジェクト等に，優秀な博士後期課程在学者を研究補助者として参画させ，研究プロジェクトを効果的に推進させるとともに，若手研究者としての研究遂行能力の育成を図ることである。RAとして雇用された大学院学生には給与が支給される。▶国立大学や大学共同利用機関が行う研究プロジェクト等を効果的に促進させるための研究支援策として，1996年(平成8)に国立学校特別会計予算においてRA経費が創設された。2004年の国立大学の法人化に伴い，RA経費は国立大学法人運営費交付金へと移行し，各法人の裁量により運用されるようになった。▶私立大学については，RAの活用に係る所要額の一部が▶学校法人に対して補助されている。2006年の中央教育審議会答申「▶新時代の大

学院教育—国際的に魅力ある大学院教育の構築に向けて」において，RAを活用できる競争的研究資金の拡充が提言されている。

中井 俊樹

▶学生職員，ティーチング・アシスタント，競争的資金

リサーチ・アドミニストレーター
University Research Administrator: URA

大学等において研究開発に対する一定の理解のもと，▶研究資金の調達・管理，知財の管理・活用等をマネジメントする人材。欧米で企業研究を支える専門職として発展してきた。人口減少期に入った日本においても，▶科学技術政策を推進するための人材が不可欠との認識から，文部科学省では2012年(平成24)より支援事業を開始し，リサーチ・アドミニストレーター(URA)の育成・定着に向けたシステムの整備を急速に進めている。教員には，教育・研究・社会貢献・管理運営それぞれの役割を遂行することが要求され，年々それぞれの負荷も高くなってきている。教員実態調査からも研究時間の減少が確認されている。そうした中，研究活動に専念できる環境を整えるURAは重要な役割を担っている。一方，いまだURAの認知度は低く，研究上の事務処理を担う人材といった誤解も存在する。国際的な視野で大学の研究上の個性化とブランディングを進める司令塔として活躍することが期待されている。

山田 剛史

リサーチ・ユニバーシティ ➡研究大学

理事会 |りじかい
board of trustees

学校法人の管理・運営に関する議決機関であり，理事で構成する会議を指す。その設置形態や名称等は大学の設置主体により異なる。

[理事会の名称・権限等]

私立大学を運営する▶学校法人には，理事会が設置されている。▶私立学校法は理事会・理事に関して「学校法人に理事をもつて組織する理事会を置く」「理事会は，学校法人の業務を決し，理事の職務の執行を監督する」と規定している(36条)。同法では理事の該当者は以下のとおりである。①当該学校法人の設置する私立学校の校長(学長・園長を含む)，②当該学校法人の評議員のうちから，寄附行為の定めるところにより選任された者，③その他，寄附行為の定めるところにより選任された者(38条)。さらに理事の職務については以下のように定める。理事長は学校法人を代表し，業務を総理する。理事は，寄附行為の定めるところにより，学校法人を代表し，理事長を補佐して学校法人の業務を掌理し，理事長に事故があるときはその職務

を代理し，理事長が欠けたときはその職務を行う。監事についても，①学校法人の業務の監査，②学校法人の財産状況の監査，③学校法人の業務・財産の状況について毎会計年度，監査報告書を作成し，理事会および評議員会への提出が業務として規定されている(37条)。理事の数は5人以上と規定されている(35条)。実際にはこれを大きく上回る大学が多い。

　国立大学の場合には，「理事会」は設置されていない。▶国立大学法人法(2003年制定)には「理事会」に関する規定はないが，それに相当する組織として「役員会」の設置を規定している(「学長及び理事で構成する会議」同法11条)。理事の数は各大学ごとに決められており一定ではない。大学の規模等により2〜8人である。学長が役員会の議長を務める。

　公立大学の場合には，地方独立行政法人法の「公立大学法人に関する特例」の諸規定の中に，理事会(役員会)に関する規定は設けられていない。理事会を設置するかどうかは設立団体の判断によっており，設置していない大学もある。役員は理事長，副理事長，理事，監事で構成されるが，副理事長については置かないこともできる。役員の数は定款で定められている。

[理事会と教授会の意見対立]

私立大学では理事会と▶教授会の権限をめぐる意見の対立が，従来からしばしばみられる。理事会が法人の経営に関する権限を有するのに対して，教授会は教育・研究面に関する権限を有する。大学の主要な活動が教育・研究であり，その推進・改善に権限と責任を教授会が負う限り，教授会の役割が大きくなるのは必然である。一方，大学といえども経営体の一部である以上，教育・研究の論理のみでは運営できず，経営の論理を無視できない。両者の論理の矛盾が理事会と教授会の見解の対立となる場合も少なくない。

　▶大学設置・学校法人審議会は2003年(平成15)に発表した「学校法人制度の改善方策について」の中で，理事会の機能強化の方針を打ち出した。法人経営をめぐる社会・経済情勢に対応しつつ，安定した学校運営を行うためには，学校法人の管理運営機能の一層の充実を図ることが必要であり，学校法人の業務に関する決定権限を有する理事会の機能の強化が不可欠と指摘している。具体的な方策として，学校法人の業務に関する最終的な決定機関としての位置付けを明確化する観点から，理事会を法令上に位置付けること，理事に外部人材を任用することを適当としている。私学高等教育研究所が2005年に行った理事会運営に関する調査でも，理事会の意思決定・執行機能を強化する傾向が確認された。そのことは，教授会の決定権限と矛盾する場面も想定される。

　2004年に行われた私立学校法の改正では，私立大学の理事会の権限が強化された。同法は，「私立学校の公共性を一層高め」，「学校法人の管理運営制度の改善」を目的として，経営の透明化・明確化，複数の理事が代表権を持つ不合理さを改め理事長の代表権を明確にし，理事の業務分担による権限の分割登記を可能にした。

[理事会をめぐる政策動向]

経済同友会が2012年に発表した「私立大学におけるガバナンス改革─高等教育の質の向上を目指して」は，理事会の現状を，以下のように指摘する。理事会は学校法人の最高意思決定機関であり，学校法人および傘下の大学の人事，予算，規則改定，組織改廃等について最終的な決定権限をもつ。しかし，実態は，理事会の権限は限定的で，大学・教授会の決定を追認するだけになっている。教授会の意向が理事会に影響を及ぼす可能性も否定できない。この現状を踏まえ，理事会に人事権・予算権・組織変更権等を与え，理事会を実質的に最高意思決定機関にしなければならない。これが私立学校法(2004年改正)の本来の主旨であるという。また，理事会が実質的な学長任命権を取り戻し，▶学長の権限を強化し，理事会は学長を通して間接的に大学に影響力を行使する形が望ましい。理事会は，学校法人の長期的展望・戦略や方針の決定および学長人事等を担うことも提言する。つまり，大学のガバナンスが大学・教授会に強く規定されて，経営体としての機能を十分に果たし切れていないとの認識である。さらに，外部理事の比率を増やすことをあわせて提起している。

　中央教育審議会大学分科会は，2014年2月に発表した審議のまとめの中で，法人の監事機能強化の必要性を指摘し，監事の権限を強化し法人の内外から業務運営の改善を図るべきことを提言した。具体的には，財務や会計の状況だけでなく，教育・研究・社会貢献の状況，学長の選考方法，大学内部の意思決定方式等の大学ガバナンス体制等についても監査すべきと指摘した。

　さらに，政府は「経済財政運営と改革の基本方針2015」(2015年5月閣議決定)において，私立大学のガバナンス機能強化を図る観点から，適切な意思決定を可能とする組織運営の確立，教育研究の状況や財務情報等の積極的な公開の促進，財政基盤の確立と基盤的経費等のメリハリある配分を行う方針を示した。ここにみられるのは，教授会の権限を制限して，実質的に理事会が大学の最高決定機関としての実質を回復すべきであること，大学人だけでなく大学外部の人材を積極的に登用して，経営体として大学のガバナンスを高めることを企図するものといえる。

夏目 達也

→評議会，大学管理機関，大学の管理事務部門

◎大学設置・学校法人審議会 学校法人分科会 学校法人制度改善検討小委員会「学校法人制度の改善方策について」，2003.

◎経済同友会「私立大学におけるガバナンス改革—高等教育の質の向上を目指して」，2012.
◎林直嗣「改正私学法と大学の経営・ガバナンス」『ガバナンス問題通信』第15号，2006. 8.

履修 |りしゅう
completion of subjects

大学における履修は▶講義，演習，▶実験，実習または実技の授業科目に登録し，それぞれの授業を受け，試験に合格することによって完結する。それぞれの授業科目の単位数は一定の基準に従って大学学部ごとに決められている。1998年(平成10)の▶大学設置基準の改正により，eラーニングなど多様なメディアを利用して，授業を行う教室以外の場所で当該授業を履修することも可能になった。▶卒業論文，▶卒業研究，卒業制作等の授業科目については，これらの学修の成果をあげるために必要な学修等を考慮して単位数が決められている。新しい▶単位互換制度では，教育上有益と認めるときは，学生が大学の定めるところにより他の大学または▶短期大学において履修した授業科目について修得した単位を，60単位を超えない範囲で当該大学において修得したものとみなすことができる。この規程は，学生が外国の大学または短期大学に▶留学する場合，外国の大学または短期大学が行う通信教育を日本で履修する場合にも準用される。

小笠原 正明

➡単位制，授業，eラーニングとICT活用教育，大学通信教育

リスボン戦略 |リスボンせんりゃく
Lisbon Strategy

EU(欧州連合)では，2000年にリスボンで開催された欧州理事会で「2010年までに世界でもっとも競争力のある，ダイナミックな知識を基盤とした経済空間を創設する」として，「知識社会における生活と労働のための教育および訓練」「研究と革新の欧州空間の創設」「雇用，教育および訓練における社会的統合の促進」など，経済・社会政策について10年間を念頭においたEUの採るべき包括的な方向性が示された。これをリスボン戦略と呼んでいる。このなかで，教育水準の向上は国際的な「競争力」を高め，「知識社会」を実現するために不可欠なものとして，EUレベルで積極的に取り組まれることになった。リスボン戦略に続き，2010年に欧州理事会は「欧州2020」という今後10年間を見据えた成長戦略を策定している。そこでは知的な成長(Smart Growth)，持続可能な成長(Sustainable Growth)，包摂的な成長(Inclusive Growth)という大きく三つの目標が設定されている。

木戸 裕

リスボン大学 [ポルトガル] |リスボンだいがく
Universidade de Lisboa

ポルトガルの首都リスボンにある1911年創立の国立大学。大学として唯一存在してきた▶コインブラ大学の文化的独占を打破するため，1910年に成立した共和国政府によって設立された。前身は理工科学校，王立医学校，文学高等研究所で，これらが統合されて誕生した。2011年，1930年創立のリスボン工科大学との統合プロセスが開始された。2012年12月にポルトガル議会で両大学の統合が承認され，13年7月に統合した。現在18の学部を持つ総合大学となっている。学生数は約4万7000人とポルトガルの大学の中で最も多い(2013/14年)。1973年に設立された国立のリスボン新大学と区別するために「リスボン旧大学」と呼ばれることもある。

安藤 万奈

立教大学 [私立] |りっきょうだいがく
Rikkyo University

1874年(明治7)に，アメリカ聖公会の宣教師ウィリアムズ主教によって設立された英学と聖書を教える私塾「立教学校」が前身。1907年に立教大学と称する。1922年(大正11)に大学令により設立認可。キリスト教に基づいた西欧型リベラルアーツ教育を基盤として発展を遂げる。キャンパスは東京都豊島区と埼玉県新座市に所在。2016年(平成28)10月現在，10学部27学科14研究科(法科大学院を含む)からなり，学生数は2万463人を数える。「キリスト教に基づく教育」という建学の精神のもとで，幅広い考え方のできる人間を育てるためのカリキュラムが設定されている。1997年度からは「専門性に立つ教養人の育成」をめざして，全学部の学生を対象に「全学共通カリキュラム」が開始されるなど教養教育に高い評価を得ている。また2008年には「立教セカンドステージ大学」を開校し，50歳以上のシニア層のための本格的な学びの場を提供している。

山本 剛

立正大学 [私立] |りっしょうだいがく
Rissho University

1580年(天正8)に設立された日蓮宗僧侶の教育機関「飯高壇林」が起源。1872年(明治5)に小教院が設立。1904年に日蓮宗大学林が設置され，07年に日蓮宗大学と改称。1924年(大正13)に大学令により立正大学が設立認可され，文学部(宗教学科，哲学科，社会学科，史学科，文学科)を設置。1949年(昭和24)に新制大学として仏教学部と文学部を設置。1950年に経済学部，67年に経営学部，81年に法学部，96年(平成8)に社会福祉学部，98年に地球環境科学部，2002年に心理学部

を設置。キャンパスは東京都品川区と埼玉県熊谷市に所在。2016年現在，8学部15学科7研究科に1万520人の学生を数える。「真実を求め至誠を捧げよう，正義を尊び邪悪を除こう，和平を願い人類に尽そう」を建学の精神として掲げる。「「モラリスト×エキスパート」を育む」を教育ビジョンとして，「優れた教養」と「高い専門性」を備えた学生を社会に送り出すことを使命としている。

山本 剛

→仏教系大学

立命館アジア太平洋大学[私立]
りつめいかんアジアたいへいようだいがく
Ritsumeikan Asia Pacific University

大分県別府市にある。1995年(平成7)に立命館アジア太平洋大学(APU)設置準備委員会が発足し，2000年に開学。基本理念は「自由・平和・ヒューマニズム」「国際相互理解」「アジア太平洋の未来創造」である。国際社会に貢献する人材の養成をめざす。最大の特徴は学生・教員の多様な国籍で，学生の約半数が国際学生で，教員の約半数も外国籍。キャンパスは日本語と英語が公用語とされ，学部講義のおよそ80%は日英2言語で開講される。春と秋に入学できる制度があり，入学試験は英語でも受けることができ，学内の配布資料や掲示およびガイダンスも日英2言語で表記される。成績優秀者は3年または3年半で卒業できる「早期卒業制度」を設けている。学部はアジア太平洋学部と国際経営学部があり，2016年5月現在の学部学生5617人，大学院生193人。

船勢 肇

立命館大学[私立]｜りつめいかんだいがく
Ritsumeikan University

1869年(明治2)に西園寺公望が創始した私塾の立命館を起源とし，1900年その秘書だった中川小十郎が遺志を継いで設立した私立京都法政学校を前身とする。1903年に京都法政専門学校，翌年に京都法政大学などを経て，13年(大正2)に私立立命館大学に改称。大学令により1922年に旧制大学に昇格。1948年(昭和23)に法・経済・文の3学部を設置，新制大学として開学。建学の精神は「自由と清新」。2016年(平成28)5月現在，映像学部などを含む14学部20研究科を擁する大規模総合大学である(学部横断的教育課程の「インスティテュート」は2012年に募集停止)。学生数3万5529人は日本大学や早稲田大学などに次ぐ規模。キャンパスは京都市の衣笠および朱雀，滋賀県草津市のびわこ・くさつの三つがあり，2015年4月には大阪いばらきキャンパスも開設された。設置者の学校法人立命館は小・中学校，高校を，2000年には立命館アジア太平洋大学を設置し，合計約4万9000人が学ぶ総合学園となっている。

平野 亮

リテラシー
literacy

本来の意味は読み書き能力だが，パソコンの普及により情報技術(IT)の操作能力や，国際性を養うための外国語教育などにも適用されている。さらに広く，その能力を応用することまで含める。ここで用いるリテラシーとは「なんらかの分野で用いられている記述体系を理解し，整理し，活用する能力」である。

［専門分野のリテラシー］
1997年，経済協力開発機構(OECD)は，国際化と高度情報化の進行とともに多様性が増した複雑な社会に適合することが要求される能力概念「コンピテンシー」を，国際的，学際的かつ政策指向的に研究するため，DeSeCo(デセコ，Definition and Selection of Competencies: Theoretical and Conceptual Foundations，コンピテンシーの定義と選択：その理論的・概念的基礎)を組織した。これは，人生の成功と持続可能な発展を支える人材の能力とは何かを探求するものであった。その結果，キー・コンピテンシーとして①相互作用的に道具を用いる，②異質な集団で交流できる，③自律的に活動する，の三つが必要と結論づけられた。一方，この動きと並行して，OECDは初等教育修了段階における生徒の能力測定のため，1997年にOECD生徒の学習到達度調査(PISA)に着手した。PISA調査では新たなリテラシーの概念が提議された。そこでのリテラシーとは「多様な状況において問題を設定し，解決し，解釈する際に，その教科領域の知識や技能を効果的に活用して，ものごとを分析，推論，コミュニケートする生徒の力」と定義されている。これが高等教育に連なる各種リテラシー要求の背景である。

現在，リテラシーはメディア，コンピュータ，情報，視覚，ヘルス，精神，金融，科学，マルチメディア，統計，人種，文化，環境などさまざまな領域で議論されている。大学で求められるリテラシーは社会が期待しているものであり，専門分野ごとに違いがあっても，何らかのリテラシーの修得が高等教育に期待されている。以下に，DeSeCoのキー・コンピテンシーから考えられる，高等教育におけるリテラシーを列挙する。

［道具］ 日本語，英語の読み書き会話能力。コンピュータの操作能力。ワープロ，表計算，プレゼンテーションの3種類のソフトにより資料を作成する能力は必須である。さらには，作業に必要な資料を収集し，分析するとともにまとめる能力。

［交流手法］ 他人とコミュニケーションをとる能力。とくに他人と協力して成果を出す能力。さらにはグループ内での意見の対立を収める能力。

［自律性］ 生涯学習につながる能力。自己の学習そのものを考える(メタ認知)能力がベースにあり，さらに大きな展望の中で活動する能力。また，人生

計画や個人的プロジェクトを設計し実行する能力。

［基礎的なリテラシー］

専門分野のリテラシーでは，変化の大きなグローバル社会で活躍できる人物の基本的な能力が想定されている。一方で，トロウ(Trow)理論のユニバーサル段階に入った日本の高等教育では，同世代人口の半分以上が大学に進学するようになり，従来の意味でのリテラシー教育の重要性も再認識されている。諸星裕は日本の大学を研究型，教養型，底上げ型の3タイプに分類し，底上げ型の大学の目的を▶偏差値の低い学生を対象に相応の付加価値をつけることとしている。付加価値のコアとなるのは国語力と倫理観である。

早期にユニバーサル時代に入ったアメリカ合衆国での大学における自国語教育は，基本的な英語力を学ぶ「English 101」をはじめ，自国語を含むすべての科目で行われる。担当の教員は専門の知識だけではなく英語自体もチェックし，不十分な場合は「writing clinic」に行くよう指示する。日本では，中等教育までの段階では「書くこと話すこと」の指導が十分には行われていない。論理的で適切な日本語を書き話す教育が，高等教育における基本的なリテラシーとして期待されている。多くの大学で倫理観の育成は教育目標に含まれるが，日本語力は必ずしも明示的ではない。日本語教育がカリキュラムに組み込まれ科目として提供されるとともに，日本語サポートセンターが実現されることが望まれる。このような基礎的なリテラシーとより高度な専門分野でのリテラシーとの組合せが，現代の高等教育でのリテラシーとなる。

細川　敏幸

▶トロウ，情報リテラシー教育

◎国立教育政策研究所編『生きるための知識と技能4—OECD生徒の学習到達度調査(PISA) 2009年調査国際結果報告書』明石書店，2010.
◎文部科学省「OECDにおける「キー・コンピテンシー」について」: http://www.mext.go.jp/b_menu/shingi/chukyo/chukyo3/016/siryo/06092005/002/001.htm
◎諸星裕『大学破綻—合併，身売り，倒産の内幕』角川書店，2010.
◎マーチン・トロウ著，天野郁夫・喜多村和之訳『高学歴社会の大学』東京大学出版会，1976.

李登輝事件｜りとうきじけん

2004年12月，中華民国元総統の李登輝が，母校の京都大学訪問を希望し，大学当局に訪問の意を伝えていたにもかかわらず，訪問当日，京都大学は李を警護する警察官の大学構内への立入りを認めることは大学の自治に反することを理由に，警察官の入構を拒んだ。警護なしでの身の安全を考慮した李元総統は，母校訪問を断念するという事態が生じた。この背景には，中台の緊張関係の中で，中国政府が京都大学に対して李氏の訪問を認めるなと事前に圧力をかけてきたことがあったとも

指摘されている。大学が大学自治を楯に警察官の入構を拒むという論理を持ち出すことは，▶東大ポポロ事件の最高裁判決(1963年)以降，とくに1968〜69年の▶大学紛争以降ほとんど見られなかったことであり，大学自治論への先祖返りとして逆に世間の注目を集めた。

斉藤　泰雄

リベラルアーツ

liberal arts; arts libéraux［仏］

自由な知的探究のための▶ディシプリンの総称。自由学芸あるいは教養諸学とも呼ばれ，古代ギリシア以来の歴史がある。中世の大学では神学，法学，医学を学ぶまえに人文(学芸)学部(faculté des arts)で学ぶべきものとされた。近代になるとリベラルアーツはおもに中等教育で教えられるようになるため，この語が大学で用いられることはまれになる。しかしアメリカ合衆国では，今でも▶リベラルアーツ・カレッジや伝統的な私立大学の▶一般教育の理念として生きている。

古代ギリシアの自由人は，さまざまなアーツ(学芸)を学んでパイデイア(教養)を身につけようとした。プラトンはディアレクティケー(弁証法ないし問答術)を至高の学芸とみなしたが，それを学ぶまえに算術，幾何学，天文学，音楽を学んでおくべきとした。イソクラテスはレトリケー(修辞学)のための学校をプラトンのアカデメイアよりも先に設けていたが，数や事物にかかわる学芸は学ばなくともよいとした。プラトンの哲学(フィロソフィア＝知を愛すること)はピタゴラス以来の科学を基礎づけ，のちにコペルニクスやガリレオを生むことになる。またイソクラテス由来の修辞学はキケロ，セネカ，クインティリアヌス，さらにペトラルカなどを経て，西欧近代の人文学的な教養の基盤をなすにいたる。

ギリシアにおいて一連の学芸は「エンキュクリオス・パイデイア」(円環をなすパイデイア)と呼ばれた。それがローマ時代に，キケロやワロロによって「アルテス・リベラレス」(リベラルアーツ＝自由人にふさわしい諸学芸)と呼ばれるようになったとされる。キケロは，ギリシア時代には対立していた弁証法と修辞学を一つに統合しようと試みている。またアウグスティヌスは5世紀の初めに，プラトン以来の学芸の伝統をキリスト教の信仰とつなごうとしている。同じころ異教徒のマルティアヌス・カペラは『フィロロギアとメルクリウスの結婚』を著し，そのなかでフィロロギア(今でいう哲学)という名の花嫁の7人の侍女を自由七科(文法学，修辞学，弁証法，算術，幾何学，天文学，音楽)の化身とみなし，それぞれに自らの知を披瀝させている。

セブン・リベラルアーツ(自由七科)はやがて「トリウィウム(三学)」と「クワドリウィウム(四科)」に分けられるようになる。6世紀にボエティウスは『算術教程』のなかで，算術，音楽，幾何学，天文学の四つ

をまとめて「四科」と呼んだ。三学（文法学，修辞学，弁証法）が一群とされた経緯は不明であるが，もとよりキケロの影響が大きいとされる。カロリング・ルネサンス（9世紀）の頃には，修道院学校においてリベラルアーツが教育の基本理念として定着している。

11世紀末にこの伝統は，とりわけイタリアやフランスでふたたび活気を帯びてくる。教師が独自に開く学校あるいは次々と創られる司教座聖堂付属学校において，リベラルアーツは教えられるようになる。パリのセーヌ左岸に集まるようになった教師たちは，とりわけ文法学や弁証法（論理学）を教えた。「弁証法を武器」にして神学に挑み，教皇とベルナールに斥けられたアベラールは，そういう彼らの先駆者だった。

[リベラルアーツの変貌]
大学では▶神学部，▶法学部，▶医学部に進む学生も，将来の職業とは必ずしも関係のない教養科目を人文学部で学んでいる。しかしリベラルアーツのすべての科目が教えられたわけではなく，▶パリ大学では13世紀の間にクワドリウィウムは扱われなくなり，トリウィウムもアリストテレスの全哲学に取って代わられる（ヴェルジェ，2004）。

アラブ人のアヴェロエスによるアリストテレス注釈がパリ大学にもたらされ，ブラバンのシゲルスらによって教えられることで論争が生じた。アヴェロエスの説は1240年に禁じられ，さらに1513年には教皇レオン10世によって禁じられるが，真理と信仰をめぐるその果てしない論争のなかでトマス・アクィナスのスコラ哲学も生まれ，ゴリアールやユマニスト，そして哲学者や知識人など，近代を準備する形象も生み出される。のちにカントが哲学を近代の大学の基礎に据えるまで，哲学者たちの「放浪」は続くだろう。

大学の外ではユマニストによって古典文芸の研究が，デカルトによって数学が，作曲家たちによって音楽が刷新される。メカニカルアーツ（職人のための技芸）とされていた絵画，彫刻，建築も，ルネサンスの巨匠たちによって「アート」（芸術）とみなされるようになる。18世紀にはダランベールが『百科全書』の序文において，科学，リベラルアーツ，メカニカルアーツを知の三分野として対等に扱うべきであると主張し，ディドロもまた，大学の人文学部があいかわらずアリストテレスや死語となった古典語しか扱っていないことを非難し，数学や科学にも同じだけの時間を割くようにと提言した。しかし当時の大学はそういった運動を回収することはできなかった。また18世紀の「アンシクロペディー」はその膨大さによって，近代における知を一人の人間が把握するのは不可能であることを示していた。

大学がフランス大革命で廃止されたフランスでは，ナポレオンが1802年に創設するリセにおいて古典語，修辞学，哲学が教えられるようになる。リ

セのきわめて限られた数（当該年齢の1％ほど）の生徒のなかには，のちに小説家や詩人となって不可能な「リベラルアーツ」の夢を語る者もいた（フローベールの『ブーバールとペキュシェ』，マラルメの「書物」）。19世紀半ばには▶エコール・ポリテクニークへの進学をめざす生徒に数学をさらに学ばせるための学年が，いくつかのリセに追加されている（▶グランド・ゼコール準備級の誕生）。ドイツではリベラルアーツはギムナジウムで学び，大学の▶哲学部はそれらの知を総合しうる批判的な精神を培うところとされた。しかしイギリスでは▶オックスフォード大学と▶ケンブリッジ大学のカレッジで「リベラル・エデュケーション」が維持されている。「教養ある紳士」（ジェントルマン）を培うその教育は，たしかに自由人のためのリベラルアーツの伝統を引き継いでいた。

アメリカ合衆国の大学にもリベラル・エデュケーションは根づくが，多様な移民によって構成されるこの国では，20世紀中頃からむしろ市民を統合するための「ジェネラル・エデュケーション」（一般教育）が模索されている。今でも伝統的な私立大学の▶学士課程には，アーツ・アンド・サイエンシーズの1学部のみが置かれ，学生はそこでさまざまなディシプリンに触れながら自由に自らの専攻を選ぶことができる。

現在，日本においてリベラルアーツが注目されている背景には，教養の理念をめぐる混乱もさることながら，世界の大学ランキングでアングロ・サクソン系の伝統的な大学が上位を占めているという事情がある。ただしイギリスやアメリカでも，その恵まれた環境で「自由人」としての教育を享受し，さらに▶大学院に進学して▶専門職教育を受けることのできる学生は限られている。大衆化された大学では，リベラルアーツは多様な▶職業教育のための「ネオリベラル・アーツ」のようなものへと変質している。自由人のたしなみか，それとも解放のための技芸かという，リベラルアーツがその起源から抱える問題は，現代においてもなお解決されてはいない。　　　岡山　茂

→ 教養と大学（テーマ編），教養の概念，一般教育／教養教育，スコラ学，リベラルアーツ・カレッジ，大学の概念（テーマ編）

◎ジャック・ヴェルジェ著，野口洋二訳『ヨーロッパ中世末期の学識者』創文社，2004.
◎「特集 中世の自由学芸 I ─ギリシアから前期スコラの時代へ」『中世思想研究』中世哲学会，56号，2014.
◎上垣豊編著『市場化する大学と教養教育の危機』洛北出版，2009.

リベラルアーツ・カレッジ
Liberal Arts College: LAC

学生総数が数百から二千数百程度で，基礎的な学術分野や芸術の学士課程教育に専念する，私学中心の全寮制の大学。全米各地に数百校が所在するが，自他ともにリベラルアーツ・カレッジと認めるのは百数十校で，それ以外ではビジネスや教

員養成などの課程の卒業生が増加しつつある。教育条件や卒業生中の博士号取得者の割合等の基準で上位校と目されるアムハースト・カレッジ、ウィリアムズ・カレッジやスワスモア・カレッジ等は、▶アイビー・リーグ校と入学生の獲得を争う。卒業生の多くは▶研究大学の大学院へ進学し、さまざまな分野において指導的な役割を果たしている。

[科学者の輩出]

20世紀中葉、リベラルアーツ・カレッジは科学者の養成に関して脚光を浴びた。1950年の科学者の出身大学(学士課程)の大規模調査の結果、卒業生中の科学者の輩出率で、大方の予想に反し、上位50校中39校をリベラルアーツ・カレッジが占めたのである (Bernard Barber and Walter Hirsch, eds., *The Sociology of Science*)。しかも第1位のリード・カレッジ (Reed College) は、科学の分野で世界に冠たる▶カリフォルニア工科大学の2倍の割合で科学者を養成したが、学生数わずか443名の小規模カレッジであった。他方、大規模な研究大学で50校に入ったのはシカゴ大学(学生数9304)、ジョンズ・ホプキンズ大学(同4489)、ウィスコンシン大学(同9355)の3校に過ぎなかった。

その後の半世紀、大学での科学研究も著しく専門化・巨大化したが、リベラルアーツ・カレッジは一流の科学者を養成し続けた。20世紀末の5年間の理工の博士号の取得者について、同様な出身大学(学士課程)100名中の平均人数に関する調査が2000年に公表された (Steven Koblik and Stephen Graubard, eds., *Distinctively American*)。確かにこの間、理工に特化した大学の躍進は目覚ましく、かつて2位に甘んじたカリフォルニア工科大学は、今回は100名中42名で群を抜き、22名のMIT(マサチューセッツ工科大学)が続いた。しかし、そのあとの3〜6位は19名から14名までのハーヴェイ・マッド・カレッジ、スワスモア・カレッジ、カールトン・カレッジ、リード・カレッジであり、上位16校の半数はリベラルアーツ・カレッジであった。同様に、社会科学分野での博士号取得者の割合でも研究大学を圧倒している。1998年度の上位10校はスワスモア、トーマス・アクィナス、リード、ブリンモア、シカゴ大学、ベロイト、シマー、オバリン、ハーヴァード大学、ハヴァフォードの順で、大学を付した2校を除き、すべてリベラルアーツ・カレッジであった。

[教育上の特質]

リベラルアーツ・カレッジが教育上の優れた成果を挙げている理由の一つは、教員の境遇にある。UCLAのアレキサンダー・W. アスティンが行った調査研究によれば、客観的な指標に基づき点数化すると、上位のリベラルアーツ・カレッジの教員はさまざまな種類の大学の教員中、研究と教育の最上のバランスを保っている。研究大学は▶学士課程の教育を相対的に軽視し、学士課程中心の大学の多くでは真摯な研究活動は活発とはいえない。上位のリベラルアーツ・カレッジの教員だけが研究論文を発表しつつ、教育にも真剣に取り組み、結果として優秀な学生との共同研究(▶フンボルト理念)を実現しやすいという (*Distinctively American*)。

リベラルアーツ・カレッジは一般教養の教育に特化しているわけでなく、とくに第3、4年次においては専攻分野を集中的に学ぶ。上位のカレッジでは、教育に専念する教員と学生との人数比も1対8ないし9で、セミナーや実験に多くの時間を費やす。学生は教員から一方的な教えを受ける学生としてよりも、むしろ研究協力者として専門を身につけ卒業するといって過言ではない。にもかかわらず、自分の専門分野だけでなく、他分野もかなり学ぶよう義務づけられてもいる。また全寮制の中で、専攻や関心の異なる友人たちと4年間の共同生活を送る。

リベラルアーツ・カレッジはもともと基礎学術の訓練を主とするが、とくに上位校での専攻者数は政治学、経済学、英語学、生物学、歴史学、心理学、数学等のオーソドックスな専門分野が圧倒的に多く、近代外国語や環境問題、神経科学等の学際的分野の学生は一桁少ない。下位のカレッジでは商業・マーケティング、健康科学、教育、心理学等が中心で、職業の準備に即応しており、パターンとしては修士号までを授与する大学、大規模な研究大学でも中堅の機関の場合に近い。他方、上位と中堅の研究大学では工学専攻生の割合が高く、ドイツ科学の相対的な衰退と英米大学の興隆との説明にあたって、20世紀の科学研究には工学が不可欠としたベン・デヴィッド (J. Ben-David) の論を裏書きしている (Universities and Academic Systems in Modern Societies. Norman Kaplan, ed., *Science and Society*)。ただし、スワスモア等の例外を除いて、リベラルアーツ・カレッジは工学専攻課程を持たず、研究の諸条件も研究大学に劣る場合がほとんどである。社会科学専攻の卒業生の割合が高いことが研究大学との目立った共通点である。

合衆国の大学では平均5%の学生が在学中に海外留学を経験するが、上位のリベラルアーツ・カレッジでは40%に達する。大きな研究大学に比して多様な研究機会・施設等が限られているにもかかわらず、学生の旺盛な好奇心が養われている証拠の一つである。19世紀末には死滅を宣告されたリベラルアーツ・カレッジではあるが、合衆国の伝統的なカレッジに近い形態を保持したその歴史を現代まで辿ると、ほかのどの種類の大学よりも、アメリカ自体と浮沈をともにする機関であると言える。　　立川　明

→ アメリカ合衆国の大学(テーマ編)、アメリカ大学モデル

◎Steven Koblik & Stephen R. Graubard, eds., *Distinctively American: The Residential Liberal Arts Colleges*, Transaction Publishers, 2000.
◎Victor E. Ferrall, Jr., *Liberal Arts at the Brink*, Harvard University Press, 2011.

リメディアル教育 | リメディアルきょういく
remedial education

アメリカ合衆国では，19世紀前半から，大学で必要な学習スキルが不足している学生が入学していることへの懸念が広がり，1852年には▶ミシガン大学学長タッパンが小学校レベルの教育が必要な学生も入学し，レベルを下げていることに警告を発していた。1874年に▶ハーヴァード大学は，作文能力の低い学生向け授業を開始した。これらの学生は予備教育デパートメントで教育を受け，19世紀末には，学生の40%に達していたといわれる。ヨーロッパの大学は，学問ベースのカリキュラムで大学進学を目的とする中等教育を修了した学生を入学させるので，問題は発生しなかった。アメリカでこれらの教育は補完教育（developmental education）と呼ばれていたが，1965年の高等教育法により機会均等が推進されることで，ハンディキャップのある学生の入学を促進し，補完教育は補修教育（remedial education）と呼ばれるようになった。　　　羽田 貴史

➔ 初年次教育，導入教育

留学 | りゅうがく
study abroad

『広辞苑』は留学を「よその土地，特に外国に在留して勉強すること」と定義するが，「特に外国」との言及は重要である。鹿児島から北海道の大学へ入れば，「よその土地」で学ぶ条件を満たすにもかかわらず，通常「留学」と言わないのはなぜか。その重要な前提は，多くの場合世界は言語や文化を共有する国家単位で区分され，かつ時代ごと，国家間の学問水準が隔たることである。1世紀余り前，国の独立と発展を企図した日本は，近代的な知識の獲得を不可欠と判断し，西欧諸国にそれを求めた。他から直に学んで学問水準のギャップを埋めようとの政策が，留学を際立たせたのである。留学者は，母国とは異なる言語，歴史文化上の環境下で学び，研究した。しかも当時の留学は高額を要した。明治30年代，イギリス留学で夏目漱石が受けた年間の官費は，当時の小学校教員の初任給15年分であった。留学は威信を伴い，第2次世界大戦前の帝大教授への昇進は2～3年の欧米留学をほぼ条件とした。留学が「よその土地」での学びと区別された所以である。以上の事情は，今日まで，類似の国には多少とも当てはまるであろう。

今日，「先進国」は増加しつつある。たとえば，OECD加盟国とその主要パートナーは世界に分散し，加盟34ヵ国の一人当たりの国民総生産額は，数例を除き，日本並みかそれ以上である。アメリカ合衆国での学費が高騰した2015年現在でも，州立の▶研究大学の年間の必要経費は，日本の小学校教諭の初任給1年分，私立の研究大学も2年

分で賄える。留学可能な階層は格段に拡大した。加えて経済のグローバル化は国境を越えて働ける人材を不可欠とする一方，国民国家を相対的に弱体化させた。結果，21世紀の留学は様変わりした。2014年現在，世界から最大数が留学する合衆国では，そのうち約20万人（20%強）がビジネス・経営学を専攻するが，この分野は1919年には学士号取得者総数がわずか百数十人を数えたのみであった。20万人弱の工学が続く一方で，法学専攻の留学生は1万4000人にすぎない。就職に有利な専攻が圧倒的で，国の存亡を背負う悲壮な決意の留学は大方過去のものとなった。

20世紀の前半には，第1次世界大戦の反省を契機に，ドイツのDAAD，イギリスのブリティッシュ・カウンシルおよび合衆国の▶フルブライト奨学金のような，国際理解を含めた学術交流の制度も設立された。にもかかわらず，WTOによる大学教育の貿易交渉の対象化は留学を商品化し，公的資金の減少に直面した先進諸国の国立・公立大学が，留学生からの▶授業料を収入源と見なし始め，世界の大学のランキングの公表と相まって，留学の商業化を加速している。結果，かつては意義のあった私費と国費（公費）留学の区別は，受入れ大学側には意味を失った。いずれの形でも大学の収入源となる留学生と，▶奨学金や給与として大学側の持出しを伴う留学生との区別の方が，真の関心事となったのである。

以上の傾向にもかかわらず，国民国家と国民文化とが存続し続けるとすれば，留学は今後も長く，世界の大学教育に深刻な問題を提起するであろう。それらに首尾よく対処できるか否かに，大学の，そして人類の未来さえ幾分かは掛かっている。　立川 明

［日本］

日本における留学のルーツは7世紀に遡る。政府が派遣した使節である遣隋使（600年頃～614年）および遣唐使（630～894年）に，学生や学問僧らを同行させたことが始まりとされる。「留学生るがく」という言葉も遣唐使の時代に生まれている。次に，政府派遣による留学が行われたのは幕末期である。江戸幕府や薩長をはじめとする各藩は，海外の先進的な知識や技術を学ぶべく，有望な人材を海外へ送り出している。この時代の留学生には，▶伊藤博文や榎本武揚など明治政府で活躍した者も多い。

明治期になると，国策として留学を奨励するようになる。1869年（明治2）には官費による新政府派遣第1号留学生が送り出されている。当初は富国強兵と殖産興業という国策に即した分野が中心であったが，徐々に芸術・文化等の分野の留学が行われるようになった。この時代，官費で派遣された留学生としては夏目漱石や森鷗外などがいる。また，内村鑑三や新渡戸稲造など私費で留学する者もあった。1871年には津田梅子ら5名が岩倉使節団とともに渡米し，最初の女子留学生となった。

日本で学ぶ留学生も徐々に増え，清，インド，アメリカ，フィリピンなどからの留学生が日本の教育機関で学んでいた。こうした状況を踏まえ，1901年には留学生の受入れ体制整備を趣旨とする文部省令が公布されている。本格的な外国人留学生受入れ制度が整備されたのは，第2次世界大戦後のことである。1954年（昭和29）に国費外国人留学生制度が整備されている。研究留学生および学部留学生の受入れからスタートした制度は，対象となる学校種，留学の目的，期間などにおいて，そのプログラムを多様化させながら発展している。

1983年には，当時の中曾根内閣が「留学生10万人計画」を提言した。21世紀までにフランス並みの留学生を受け入れることを掲げたこの計画は，数値目標が大きなインパクトとなり，その後の留学生政策に大きな影響を与えた。当初，困難であると思われていた目標達成は，アジアからの留学生の急増を受け，2003年（平成15）に実現している。さらに2008年，教育再生会議やアジア・ゲートウェイ戦略会議における議論を経て，文部科学省は「▶留学生30万人計画」を発表し，質・量両面において拡充を図る方針を示した。2016年現在，日本の大学で学ぶ外国人留学生数は23万9287人。出身国は中国，ヴェトナム，ネパール，韓国などアジア諸国が多い（日本学生支援機構「平成28年度外国人留学生在籍状況調査」）。

派遣留学については，これまで，「国費による海外派遣制度」（1968年〜）や「長期留学生派遣制度」（2004年〜）などが実施されてきているが，政策では受入れについての議論が中心であった。しかし，近年は日本人学生の内向き志向を危惧する向きもあり，「グローバル人材育成推進事業」や「官民協働海外留学支援制度」など，派遣推進の政策が打ち出されている。日本学生支援機構「協定等に基づく日本人学生留学状況調査」によると，2015年度の日本人学生の海外留学者数は8万4456人（前年度比3237人増）。留学先はアメリカ，カナダ，オーストラリアが多い。　　　　渡邊 あや

[ヨーロッパ]
ヨーロッパにおいてはヨーロッパの統合という視点から，EU域内での学生・教員の積極的な移動の促進と，それを支える共通の行動基準の開発がメインテーマとなっている。その試みは，EUの枠組みを超えて，ヨーロッパ全体へと拡大しつつある。留学制度の充実もその一環を担っている。この点について大きく三つのトピックから見ていく。

[ヨーロッパ共通の単位制度]　移動を促進するためには，学位や職業資格の相互承認が必要であることは言うまでもない。1988年にディプローム（▶ディプロマ）の相互承認により，高等教育の領域における教員，学生，研究者の移動を促進することを目的とする「少なくとも3年間継続する専門の教育および訓練の修了に際して授与される高等教育の

ディプロームの承認に関する理事会指令」が一般的制度として制定された。さらに1989年から，ECTS（European Credit Transfer System）と呼ばれるヨーロッパ共通の単位互換制度が開発され，同年から導入されている。ECTSにより，出身国以外の加盟国で取得した単位が，自国でのそれに算入されることが可能となっている。

[エラスムス・プログラム]　▶エラスムス・プログラムは，域内での大学生の移動を促進することを目的として，1988年から実施されている行動計画である。この計画の名称は，ルネサンス期を代表する人文主義者で，ヨーロッパ各地を遍歴したエラスムスの名にちなんでいる。このなかで，学術研究などの幅広い分野で欧州内の交流，交換プロジェクトが行われている。各国の学生はそれぞれの在籍大学の在学期間中の一定の時期，欧州の協定先大学で学び，単位を取得することができる。同時に教職員の交流も行われている。

2009/10年度に，21万3266人がエラスムス奨学金により他国の高等教育機関で学んでいる。学生の平均滞在期間は約6ヵ月で，奨学金の支給平均額は月額254ユーロとなっている。送り出し数が多い国は，上からスペイン，フランス，ドイツ，イタリア，ポーランドの順である。一方，受入れ数でもスペインがトップ，フランスの2位も変わらず，以下，イギリス，ドイツ，イタリアとなっている。学習コースのレベルでは，第1サイクル（学士）が7割弱を占めている。ただし，博士課程での移動は1％にすぎない。移動する学生の平均年齢は22.6歳である。男女の比率でいうと女子が約6割である。学生を送り出している高等教育機関数は2853となっている。

[ボローニャ・プロセス]　▶ボローニャ・プロセスは，参加各国の教育関係大臣による教育関係大臣会議での合意にもとづき，各国政府により推進されている。EU加盟国にとどまらず，広くヨーロッパ47ヵ国が参加して，ヨーロッパの大学の間を自由に移動でき，ヨーロッパのどこの大学で学んでも共通の学位，資格を得られる欧州高等教育圏（EHEA）を構築しようというものである。目標として「2020年までに学生の移動を20％とする」ことがベンチマークとして設定されている。

[今後の課題]　移動の障害となっている要因として，経済的な問題がまず挙げられる。そのほか，移動により学業が遅滞するのではないかという懸念，外国の大学で学んだ成果の自国での承認の問題，外国語のスキルなどが挙げられている。外国語のスキルについて言えば，小国の場合，大国の言語を習得しているケースが多い。2014年からの欧州委員会の新しい教育計画は「すべての人々のためのエラスムス」（Erasmus for All）という名称で，学生のいっそうの移動の促進が目指されている。今後，▶ラーニング・アウトカムズ（学習成果）を基礎に置い

たヨーロッパ全体に共通する「資格枠組み」(EQF)とそれに対応する国レベルの資格枠組みの開発が課題である。　　　　　　　　　　　　木戸　裕

[諸外国における留学]

以下では，主として2017年版のUNESCO「世界の(大学)留学生の流れ」(Global Flow of Tertiary-Level Students)に記載されたデータをもとに，日本とヨーロッパを除く主要国の留学の現状を，受入れ・送り出し，政策と留学の将来の順に概観する。アジアで留学生の受入れと送り出し人数の大きな9ヵ国を取り上げると，受入れ数の合計は70万，対して送り出し人数は先進国を主に142万と，完全な出超である。中でも80万を送り出す中国はその典型で，唯一シンガポールが送り出しの2倍を超える留学生を受け入れている。受入れ相手国のトップはいずれもアジアの近隣国で，中でも中国が7万の韓国人学生を，韓国が3万4500の中国人学生を受け入れているのが目立つ。9ヵ国の送り出し先を見ると，アメリカ合衆国が1位の国が5ヵ国(中国，インド，韓国，ヴェトナム，タイ)，オーストラリアとイギリスが1位の国が2ヵ国ずつ(シンガポール，インドネシアおよびマレーシア，香港)で，アングロ・アメリカン諸国が他を圧倒している。

中東の諸国は留学先により3分割できる。第1はイスラーム諸国へ留学生の大多数を送るバーレーン，パレスティナ，イラクである。第2は西欧が主だがイスラーム諸国へも多数を送るイラン，クウェート，レバノン，サウジアラビアである。第3は欧米諸国中心のイスラエル，トルコ，アラブ首長国連邦である。宗教と連動した政治情勢が留学先を強く規定している。アフリカ南部のボツワナ，ナミビア，スワジランド，レソト，ジンバブエでは大学先進国の南アフリカへ留学生が集中する。その南アフリカは合衆国とイギリスへ，また北アフリカのアルジェリア，マダガスカル，モロッコ，セネガル，チュニジア等は多数を旧宗主国フランスへと送る。中南米のブラジル，コロンビア，メキシコ，ヴェネズエラは旧宗主国への名残りは残しつつも合衆国に，アルゼンチンとペルーは旧宗主国に，ボリヴィアはキューバに最大数を留学させている。旧ソヴィエト連邦諸国のおもな留学先はロシアだが，トルクメニスタンでは他の旧連邦諸国，ウクライナでは欧州諸国がロシアに迫っている。

アングロ・アメリカン諸国は留学生の輸入超過の国である。オーストラリアとニュージーランドでは，受入れ数と送り出し数との比はそれぞれ22対1，9対1である。両国は大学教育の商品価値を法的にも保証し，英語が公用語のイギリス連邦の利点も生かしながら，中国とインド，東南アジア等から多数の留学生を引きつけている。同じく14対1で輸入超過の合衆国は，中国，インド，韓国，サウジアラビア，カナダ，日本，ヴェトナム，メキシコ，ブラジル，トルコ，イギリス，ドイツ，フランス等世界中

から計84万人の留学生を迎えている。合衆国が提供する国費留学生の枠は，たとえばドイツDAADの10分の1に過ぎないにもかかわらず，膨大な数の留学生を引きつける理由には，大学ランキングで多くの大学が上位を占めること，研究設備・図書館の充実度が高いこと，外国人大学院生にもTA(▶ティーチング・アシスタント)やRA(▶リサーチ・アシスタント)，Fellowship(▶フェローシップ)といった経済援助を公正な競争で与えること，大学の公用語が英語であること等が考えられる。

シンガポールとマレーシア，アラブ首長国連邦等は近い将来，かつての宗主国や西欧諸国の遺産を活用し，また英米のブランド校を誘致して，オーストラリアを凌駕する本格的な受入れ国となる可能性がある。一方，中東やアジアにおいて，大学中心の新たな文化変容に強力な抵抗が生じることも予想できる。現代が経済の仕組み以上に知の時代であれば，アジアや中東，アフリカの時代の到来にとって，留学事情は重要な予兆かつ帰結ともなるはずである。　　　　　　　　　　　　立川　明

→ 国費留学，交換留学，国際交流カリキュラム，グローバル人材育成，欧州単位互換制度，学位・資格枠組み

[日本]◎井上雅雄『教育交流論序説』玉川大学出版部，1994.
[ヨーロッパ]◎木戸裕「ヨーロッパ統合をめざした高等教育の国際連携─ボローニャ・プロセスを中心として」，日本比較教育学会『比較教育学研究』48号，2014.
[諸外国]◎権藤与志夫編『世界の留学』東信堂，1991.
◎寺倉憲一「留学生受け入れの意義」『レファレンス』2009.3.
◎杉村美紀「アジアにおける留学生政策と留学生移動」『アジア研究』LIV,4，2008.10.

留学生30万人計画

りゅうがくせいさんじゅうまんにんけいかく

Plans to host 300,000 international students in Japan

2008年に福田首相が公表した，2020年を目処に外国人留学生を30万人に増加させる政府計画。1983年の中曾根首相の「留学生10万人計画」に続く政策で，経済産業省の策定への参加が示すように，目的は教育学術面での国際貢献のみならず，少子化が進む日本にとっては優れた人的資源としての留学生の確保にもある。日本留学のブランド化，入学の体制の整備，英語を用いての学位取得を許す大学のグローバル化，留学生の生活環境の整備，卒業者・修了者の日本での就職の奨励が骨子である。目標年度は先であるが，2012年までの4年間で留学生総数は11%増加した。同じ増加率では，2020年の留学生は約17万人と想定され目標に届かない。加えて，日本で就職した留学生の割合を，30万人計画の公表された直前と直後の3年間で比べると，博士・修士・学士課程のいずれも直後の方が低い。計画の実現には，今後，さらに踏み込んだ施策が必要となる。　　　　立川　明

→ 留学

琉球大学 [国立] | りゅうきゅうだいがく
University of the Ryukyus

沖縄県中頭郡西原町にある。1950年(昭和25),沖縄戦で廃墟と化した首里城跡(那覇市)に英語・教育・社会科学・理・農・応用学芸の6学部,教職員44人と学生562人で開学。アメリカ軍政府情報教育部の所管。以後16年間は布告および布令によって管理運営され,「布令時代」といわれる。1965年に琉球大学設置法と琉球大学管理法が制定され,翌66年琉球政府立大学となり,同年短期大学部を併設。1972年沖縄の本土復帰により琉球大学および同短期大学部は国に移管されて国立大学となり,琉球大学附属病院は琉球大学保健学部附属病院となった。2004年(平成16)に国立大学法人となる。基本理念は「建学の精神である「自由平等,寛容平和」を継承・発展させて,「真理の探求」,「地域・国際社会への貢献」,「平和・共生の追求」」としている。学部は法文・観光産業科学・教育・理・医・工・農の7学部,大学院(9研究科)があり,2016年5月現在の学部学生7281人,大学院生903人。　　　　　　　　　　船勢 肇

龍谷大学 [私立] | りゅうこくだいがく
Ryukoku University

1639年(寛永16)に京都西本願寺(浄土真宗本願寺派)の境内に設けられた学寮を起源とする。大学令により,1922年(大正11)に本願寺の山号「龍谷」から龍谷大学に改称。1949年(昭和24)に新制大学として認可され,文学部を開設した。2011年(平成23)には政策学部および大学院政策学研究科が設置され,2016年5月現在,10学部10研究科および短期大学部を擁する総合大学となっている。京都市のキャンパスは国の重要文化財に指定された本館がある大宮学舎,米軍駐留地を取得して開設された深草学舎,またびわこ文化公園都市の西端に位置する瀬田学舎の三つがあり,2万377人の学生を収容。2015年には農学部を設置。「浄土真宗の精神」を建学の精神とし,全学部および短期大学部に必修科目「仏教の思想」を開講し,各キャンパスで朝の勤行を実施。また2011年には日本初の仏教に関する総合博物館「龍谷ミュージアム」が開館した。2012年から新スローガン「You, Unlimited」を掲げている。　　　　　　平野 亮

→ 仏教系大学

流通科学大学 [私立] | りゅうつうかがくだいがく
University of Marketing and Distribution Sciences

学校法人中内学園により,1988年(昭和63)に商学部(流通学科と経営学科)1学部2学科の,流通を科学的に研究する日本で初めての大学として開学。

創設者は中内功である。建学の理念は「流通を科学的に研究教育することを通じて,世界の平和に貢献し,真に豊かな社会の実現に貢献できる人材を育成する」である。2017年(平成29)現在,兵庫県神戸市西区学園西町にキャンパスを構え,6学部(組織改編,名称変更により現構成は3学部)1研究科に3432人の学生を収容する。初年次教育では,宿泊研修,フィールドワーク,講座などにより本当の自分,意外な自分に気づき,主体的に学ぶ姿勢を身につける自分発見カリキュラムを導入,2年次には建学の精神を学ぶ機会として流通科学入門を全学部の必修科目として設定するなど,独自の教育を行っている。　　　　　　堀之内 敏恵

流通経済大学 [私立] | りゅうつうけいざいだいがく
Ryutsu Keizai University

1965年(昭和40)に経済学部経済学科(入学定員200人)を設置し,単科私立大学として開学。設置者の学校法人日通学園は日本通運株式会社が財団法人小運送協会に寄付を行い,同協会が大学設立のためにその寄付を出捐することで誕生した。日通学園設立趣意書に「流通経済一般に関する研究と教育を振興して,わが国経済の飛躍的発展を図るとともに,深く人文科学を攻究し,教養ゆたかな,視野の広い指導的人材を育成して,国民経済の健全化と福祉の増進を図る」とあり,それは建学の精神として開学以来の教育理念である実学主義・教養教育・少人数教育に反映されている。キャンパスは茨城県龍ケ崎市と千葉県松戸市。2016年(平成28)5月現在,5学部5研究科に5297人の学生を収容する中規模大学である。実学重視の教育理念は就職実績にも反映され,2015年度卒業者の就職内定率は98.3%である。　　戸村 理

留年 | りゅうねん
repetition

標準修業年限を超えて在学し続けること。日本では標準修業年限内の▶卒業(修了)が望ましいとされる風潮が強く,留年にはネガティブなイメージが強い。▶学士課程では通常,入学者の8〜9割が標準修業年限内に卒業する。こうした現象は一見,大学教育の有効性を示すようにみえるが,しばしば指摘されるごとく,▶成績評価や卒業認定が厳格に行われていない結果と見なされることが多い。就職がうまくいかず,「新卒」の状態を保持するため意図的に留年する現象もみられ,資格試験や進学に失敗した際の身分保持のために同様の行為が行われることもある。アメリカ合衆国では4年間で卒業する学生は少数派であり,入学者の3〜4割である(ただし,機関類型による差が大きい)。これは成績評価の厳格さも関係していると考えられるが,在学途

中で一時的に大学を離れる場合も多く，日本における「休学」に該当するケースも少なくないと考えられる。早期での卒業を望ましいとするか，年数をかけてでも多様な経験を得ることを望ましいとするか，社会における文化のあり方とも関係する現象である。

福留 東土

→ 修業年限，退学

リュブリャナ大学 [スロヴェニア] | リュブリャナだいがく
University of Ljubljana; Univerza v Ljubljani [スロヴェニア語]

スロヴェニアの首都リュブリャナにある。17世紀に生まれた神学・哲学学校を前身として，1810年にフランスのナポレオン統治下で誕生した。当時はフランスのエコール・サントラル(Ecoles Centrales)に倣い，中央学校と呼ばれた。その後オーストリア・ハプスブルク帝国下で閉鎖されたが，独立後の1919年に5学部(法学，哲学，科学技術，神学，薬学)で再建された。その後スロヴェニアはユーゴスラヴィア連合の一共和国として社会主義体制となるが，体制転換後の1991年に独立した。以後はヨーロッパ型の大学を目指し，▶ボローニャ・プロセスによる大学改革を積極的に推進している。2015年現在23学部と三つの専門学校があり，学生数約5万6000人を有する大規模国立総合大学で，タイムズ誌の世界大学ランキング(2015/16)では601～800位で名前があがっている。

加藤 一夫

了德寺大学 [私立] | りょうとくじだいがく
Ryotokuji University

学校法人了德寺大学により2006年(平成18)千葉県浦安市に開学された，健康科学部を擁する単科大学。校名は法人の創立者であり理事長でもある了德寺健二に由来する。健康科学部には理学療法学科，整復医療・トレーナー学科および看護学科を設置し，医療系大学として医療関係の仕事に従事する人材の育成をめざしている。そのため卒業後に取得できるおもな資格に，理学療法士国家試験受験資格，柔道整復師国家試験受験資格，看護師国家試験受験資格，生活相談員(厚生労働省認定旧社会福祉主事任用資格)があげられる。また教職課程も設置し，中学・高校の保健体育の教員免許および養護教諭免許も取得することができる。2017年現在の収容人数1179人。

鈴木 崇義

旅順工科大学 | りょじゅんこうかだいがく
The Ryojun College of Engineering

1922年(大正11)に現在の中国遼寧省大連市旅順口区に設立され，第2次世界大戦の終戦により廃校となった官立の工科系単科大学。前身は1909年(明治42)に創設された旅順工科学堂(以下，学

堂)で，当時，関東都督府民政長官であった白仁武が初代学長を務めた。学堂は工業技術の振興を図ることを目的に創設され，1920年頃より大学昇格への運動を開始した。昇格した翌年の1923年より予科(3年)の授業を，26年には予科修了生55人と選抜試験合格者9人によって学部(3年)の授業を開始した。学堂および大学の特徴は，機械工学，電気工学，冶金学，採鉱学，応用化学，航空学，物理学といった理工系分野全般で優れた教育を行っていたことである。『旅順工科大学一覧』などによれば，実践的技術者の養成を目的に多くの実験用設備・器具が準備されており，実験・実習に多くの時間を割いて有為な人材を輩出した。なお現地中国人の入学も許可しており，その選抜試験は競争率(倍率)50倍を超え，科挙以上の難関とも言われていた。

戸村 理

リヨン大学 [フランス] | リヨンだいがく
Université de Lyon

フランス南東部のローヌアルプ県リヨン市にある。1292年教皇ニコラウス4世がリヨンの神学と法学の学校を大学として承認したが，ほとんど実態がなかったという。16世紀のリヨンは人文主義運動の地として知られ，医学の学校は中世以来，18世紀まで評価が高かった。1810年に文・理・神学部が開設された。1839年，シルクの輸出業と印刷業を主とする商業の町であったリヨンに商法の講座が設置されている。1970年にリヨン第1大学と第2大学に分かれた。リヨン第1大学はおもに健康科学，科学技術，スポーツ科学の3分野を領域とした教育研究単位(▶UFR)で構成されている。第1大学はクロード・ベルナール大学ともいわれる。リヨン第2大学は社会科学系の分野を主とした教育研究単位(人類学，芸術学，経済・経営学，法学，人文科学，言語学，社会学)で構成され，リュミエール大学ともいう。1973年に創設されたリヨン第3大学は人文系の分野を主とした教育研究単位(法律学，自由学芸，外国語学，哲学)で構成され，ジャン・ムーラン大学と呼ばれた。2007年に研究・高等教育拠点(▶PRES)として再統合され，現在の「リヨンの大学」という集合的呼び名が生まれている。2013年の高等教育・研究法により大学・高等教育機関共同体(COMUE)となり，リヨンとサン・テチエンヌにある11の研究・教育機関および▶CNRSの研究所を統括している。学生数14万2000(2016/17年)。

高橋 洋行

リンガ・フランカ
Lingua franca

▶ラテン語で「フランク族の言語」ないし「勇猛な／自由な／槍を投げる」人々という意味ともいわれる。歴史的にはいわゆる民族大移動時代(3～5世

紀)のフランク族の言語を指すのではなく，15世紀から19世紀にかけて，地中海で用いられたラテン系諸言語とアラビア語の混じった商用混合言語(ピジン)を意味する。とはいえ現在では，その派生的意味合いとして，諸民族にまたがる共用語／共通語として用いられる。たとえば，13〜15世紀の▶スコラ学から人文主義の時代，ラテン語を共通語とする▶文人共和国は，大学におけるリンガ・フランカの初期の事例といえる。17世紀末以降，19世紀にかけてはフランス語が欧州の外交言語だったが，大学の共通言語だったとはいえない。少なくとも書き言葉，学術用語としては，19世紀半ばに至るまで，ラテン語が欧州における大学の共通語であった。いわゆる漢字文化圏における中国語も欧州におけるラテン語と同様の位置にあったが，東アジアにおける近代の大学ではそうした意味をもたなかった。第2次世界大戦後，英語が外交語として世界の共通語になり，大学においてもしだいにかつてのラテン語の位置を占めつつある。　　　　　原　聖

臨時教育審議会 |りんじきょういくしんぎかい
National Council for Education Reform

1980年(昭和55)前後の頃から生徒間のイジメ，登校拒否，校内暴力，青少年非行，過度の受験競争，体罰など「教育の荒廃」とよばれる現象が頻繁に報道され，教育問題が大きな社会的関心となった。こうしたなか，教育改革に取り組むことに意欲を示した，当時の中曾根首相が内閣総理大臣直属の審議機関として1984年に設置した審議会。略称，臨教審(別名，教育臨調)。臨教審は3年間継続し，この間第1次〜第4次の4回にわたって首相に答申を提出。発足当初は，「自由化」「個性化」などをキー・タームとして刺激的な華々しい教育改革議論を展開した。しかしながら，議論が抽象化して拡散してゆくなかで，委員同士の意見の対立も表面化し，具体的な提案の取りまとめに苦慮するという経過をたどる。改革の基本的方向性として，①個性重視の原則，②生涯学習体系への移行，③国際化・情報化等変化への対応を打ち出す。大学関係では，答申に基づいて，専門の審議機関として▶大学審議会が設置されることとなる。▶共通一次試験の廃止等も実現される。　　斉藤　泰雄

ルーヴァン・カトリック大学 [ベルギー]
ルーヴァン・カトリックだいがく
University of Leuven; Katholieke Universiteit Leuven [蘭];
Université Catholique de Louvain [仏]

ルーヴァン(ルーヴェン)にある世界最古のカトリック大学で，1425年にローマ教皇マルティヌス5世によって設立された。大学の発展に著名な教授陣が貢献している。たとえばデジデリウス・エラスムス(De-

siderius Erasmus)は，1517年に古典語を教えるコレギウムを創設している。地図のメルカトル図法で知られるゲラルドゥス・メルカトル(Gerardus Mercator)も，この大学で教えている。▶ヨーロッパ研究大学連盟(LERU)に加盟する23の▶研究大学の一つである。しかし学問的栄光の歴史とともに，いくつもの悲劇に襲われた大学として知られている。第1次世界大戦時の1914年に附属図書館が焼失し，30万冊の蔵書が灰になった。再建された図書館は第2次世界大戦時の1940年に再び焼かれ，蔵書のほとんどが失われている。また▶ベルギーの言語戦争に巻き込まれ，大学が立地するフランデレン地域(オランダ語圏)で，オランダ語のみの教授を求められたため，フランス語を母語とする教職員や学生はワロン地域(フランス語圏)のルーヴァン・ラ・ヌーヴに1968年に新たに設立された同名の大学への移動を余儀なくされた。タイムズ誌の世界大学ランキング(2015/16年)では35位。　　田中　正弘

ル・ゴフ
Jacques Le Goff | 1924-2014

フランスの中世史家。南仏トゥーロンの生まれ。高等師範学校(▶エコール・ノルマル・シュペリウール)に入学し，プラハの▶カレル大学，▶オックスフォード大学，ローマのフランス学院でも学ぶ。リール大学を経て1960年に高等研究実習院(EPHE)第六部門にポストを得る。1969年に『アナール』誌の編集に加わり，歴史人類学や心性史等に関心を寄せながら，アナール学派第3世代として活躍する。1972年，F. ブローデルの後任として第六部門長となり，75年に同部門が社会科学高等研究院(▶EHESS)として独立するのに中心的な役割を果たした。『中世の知識人』(1957年)では，12世紀の知識人の誕生から13世紀の大学と知識人，14〜15世紀のユマニストの出現という大きな流れの中で，当時の知識人について論じている。『中世西欧文明』(1964年)，『もうひとつの中世のために』(1977年)，『煉獄の誕生』(1981年)，『アッシジの聖フランチェスコ』(1999年)，『ヨーロッパは中世に誕生したのか？』(2003年)，『中世とは何か』(2003年)などがあり，邦訳も多い。　　白鳥　義彦

→ 知識人と大学(テーマ編)，大学論の系譜

ルーテル学院大学 [私立] |ルーテルがくいんだいがく
Japan Lutheran College

1909年(明治42)に熊本に開校された路帖神学校を源流とする。1964年(昭和39)にルター派の二つのルーテル教会が牧師養成を目的として神学部神学科のみの日本ルーテル神学大学を開設。その後，牧師養成だけでなく，キリスト教に関心のある人々にも広く門戸を開く。1996年(平成8)に現在名に改

称。「人間の生命を尊重し，その尊厳を守り，生活の質を豊かなものにし，心を癒す専門職を養成する」という理念のもと，5コース制の総合人間学部人間福祉心理学科を有している。1学年90人の少人数教育で「一人ひとりに対応した充実のサポート体制」を整えており，「学生の成長を第一に考えた手作り教育」には高い評価を得ている。2016年現在，東京都三鷹市にキャンパスを構え，423人の学生を収容する。　　　　　　　　　　山本　剛

→キリスト教系大学

ルネサンス・アカデミー
Renaissance Academy

16世紀頃，ルネサンス期のイタリアにおける人文主義の伝統と宮廷文化が合流したところに生まれたアカデミー。対象はルネサンス期の人々の関心を反映して，芸術，音楽，言語，歴史，自然科学，そして錬金術などの秘教的内容まで多岐にわたった。同好の士による身分や宗教を問わない自由な集まりであり，しばしば有力な王族や貴族の支援を受けた。15世紀にプラトンの著作翻訳を進めたマルシリオ・フィチーノの「アカデミア・プラトニカ（プラトン・アカデミー）」は理念的原型とされる（ただし活動実態は不確かで，16世紀末頃に後付けで「起源」とみなされた可能性が高い）。当初は多様な話題を音楽や食事とともに楽しむ社交の場であったが，次第に学術的になり，その活動は言語，芸術，自然科学などの諸分野に分かれていった。有名なものとしてイタリア語の純化を目指したアカデミア・デラ・クルスカなどがあげられる。17世紀になるとこれらのアカデミーは国家による制度化の対象となり，1635年にフランスで設立された王立の▶アカデミー・フランセーズはその嚆矢とされる。一般的に，それ以降のアカデミーは「ルネサンス・アカデミー」とは呼ばない。
　　　　　　　　　　隠岐さや香

→アカデミア，科学アカデミー

◎Ian F. McNeely, "The Renaissance Academies between Science and the Humanities", *Configurations*, 17, 2009.
◎F.A. イェイツ著，高田勇訳『十六世紀フランスのアカデミー』平凡社，1996.

ルベルティ改革 |ルベルティかいかく
Riforma Ruberti [伊]

▶ローマ大学の学長であったルベルティ（Antonio Ruberti, 1927−2000）は，1989年に正式に発足した教育・大学・科学研究省の大臣となり，同年大学に自治権を保証する法律，翌90年には大学における学習の権利と教育課程の再編成に関する法律などを発布した。ことに341法は，各大学に学則の起草権を与えるとともに，2年ないし3年で取得できる短期学位や，▶チューター制度を導入し，さらには教育課程の教科編成の決定権を大学に与え，正教授による講座占有権も廃止する画期的なものであった。1993年には政府が管理してきた各大学の財政支出と学生の登録料の賦課権を各大学に移管して，大学の自治権を強化するなど，きわめて革新的な改革を行った。
　　　　　　　　　　児玉　善仁

ルンド大学 [スウェーデン] |ルンドだいがく
Lund University; Lunds universitet [スウェーデン語]

1666年設立。デンマークとの国境に近い，スウェーデン南部の都市ルンドに所在する。1658年のロスキレ条約によりブーヒュースレーン地方，ブレーキング地方とともにルンドの街を含むスコーネ地方がデンマークからスウェーデンに譲渡されたことを受け，スウェーデンによる支配を確かなものとするための戦略の一環として設立された。当初，レージア・アカデミア・カロリナ（Regia Academia Carolina）と名付けられ，神学・法学・医学・哲学の4学部から構成されていた。施設を持たないままに運営が始まったが，17世紀末にカール11世の寄進を受け，本館を所有するに至った。現在は8学部（人文学部，法学部，社会科学部，経済経営学部，理学部，工学部，医学部，芸術学部）から構成され，2014年現在，4万7000人（うち2万7000人がフルタイム学生）が学んでいる。
　　　　　　　　　　渡邊 あや

麗澤大学 [私立] |れいたくだいがく
Reitaku University

1935年（昭和10）広池千九郎によって開塾された道徳科学専攻塾を起源とする。1942年の東亜専門学校開校，50年の麗澤短期大学開学を経て，59年に麗澤大学として開学した。所在地は千葉県柏市。教育理念は，広池千九郎の提唱するモラロジー（Moralogy，道徳科学）に基づく「知徳一体」の教育である。現在，外国語学部と経済学部があり，外国語学部では英語，ドイツ語，中国語の専攻およびリベラルアーツ，国際コミュニケーション，国際交流・国際協力の専攻があり，経済学部では経済，経営，グローバル人材育成，会計ファイナンス，スポーツビジネスの専攻がある。全学的に国際交流・▶留学に力を入れており，国際交流センター留学生と日本人学生が交流でき，また各種の留学制度の充実をはかっている。2017年（平成29）現在の収容人数2580人。
　　　　　　　　　　鈴木　崇義

LEC東京リーガルマインド大学院大学 [私立]
レックとうきょうリーガルマインドだいがくいんだいがく
LEC Graduate School of Accounting

2005年（平成17）株式会社東京リーガルマインドにより会計▶専門職大学院として設立。「経済のグロ

ーバル化・情報化に即して国の内外の会計基準や税務に精通し，かつ職業倫理観を兼ね備え，高度の思考力・判断力・実践力を有する，質の高い会計専門職業人を養成する」ことを教育目的とする。「Up to date な会計知識を修得させ，併せて税法への理解」を深めるためのカリキュラムを設置しており，IT リテラシーと英語による思考様式の理解と表現力を重視している。実務家教員が中心となり実践的授業を展開する。また社会人が仕事を続けながら学修できるよう，授業は平日夜間と土日に開講する。東京都千代田区にキャンパスを構え，2017年4月現在，142人の学生を収容する。

山本 剛

レリダ大学 [スペイン] | レリダだいがく
Universidad de Lérida

スペイン北東部カタルーニャ自治州のレリダ(カタルーニャ語名はリェイダ Lleida)にある公立大学。1300年に司教座付属学校としてジャウマ2世アラゴン王によって設立され，アラゴン王国最初の大学となった。レリダには当時，アラゴン王国全域から学生が集まり，学生街が形成された。初期には法学をはじめ神学，哲学，薬学が教授された。18世紀スペイン継承戦争後，スペインにブルボン朝が誕生。反ブルボン王朝の立場にあったカタルーニャは戦いに敗れ，新体制の下に新しいモデルの大学を導入するにあたり，1717年レリダの東約70kmにあるセルベラ(Cervera)に▶バルセロナ大学とともに移転，レリダ大学の名は一時消滅する。19世紀にレリダに現在の大学につながる師範学校が設立される。1991年，カタルーニャ議会でレリダ大学の設立に関する法律が承認され，再び大学として開学した。

安藤 万奈

連合大学院 | れんごうだいがくいん
joint graduate school

▶大学院設置基準7条の2の規定に基づき，二つ以上の大学が協力して教育研究を行う▶研究科を指す。複数の大学院の教員組織，研究設備等を有機的に連合・活用することにより，各構成大学の特色を生かした教育と研究体制を整えつつ，学際的な教育・研究の推進を可能にしている。研究科の組織そのものは，一つの基幹となる大学院(基幹大学)に設置されるため，教員，学生ともに基幹大学に所属し(ただし実際には，主たる指導教員が専任として在籍する大学院で学生は教育・研究指導を受ける)，教育課程についても基幹大学において必要な授業科目を自ら開設することになる。学位についても基幹大学の名義で学位記が授与される。これらの点は，2010年度に制度化された，複数の大学・大学院が共同して一つの共同専攻(共同研究科)を設置

する教育課程等の共同実施制度である「共同教育課程」(大学院設置基準31条)とは大きく異なる(後者は教員は各構成大学に所属，学生はすべての構成大学に在籍するが本籍を置く大学を決定する。また学位の授与は共同課程を編成する大学が連名で行う)。

濱中 義隆

レンセラー工科大学 [アメリカ] | レンセラーこうかだいがく
Rensselaer Polytechnic Institute

ニューヨーク州トロイ(Troy)にあるアメリカ合衆国で最も古い▶工科系研究大学(technological research university)。1824年ステファン・ヴァン・レンセラー(Stephen Van Rensselaer)が科学および土木工学を分野とするレンセラー学校(Rensselaer School)として設立，33年にレンセラー大学(Rensselaer Institute)，その後工科系分野全般にミッションを拡大し，61年にレンセラー工科大学(Rensselaer Polytechnic Institute)となった。工科系の学部(School of Engineering)のほか，基礎科学(Science)や芸術，認知科学，経済学などの学科を持つ人文社会系の学部(School of Humanities, Arts, and Social Sciences)も有する。卓越した工科系研究大学への発展を期した戦略的展望(レンセラープラン The Rensselaer Plan)を2000年に策定した。現在，その発展として「レンセラープラン2024」を定め，それに基づいて人文学もそこで重要な位置を占める，深く分野横断的な教育・研究の新しい共同体(The New Polytechnic)の創出をめざしている。2015年の在籍学生数7113。

赤羽 良一

連邦軍大学 [ドイツ] | れんぽうぐんだいがく
Universität der Bundeswehr

若手士官や士官候補生のアカデミックな養成を目的に，時の連邦防衛大臣ヘルムート・シュミットの労により1972年にハンブルクに，73年にミュンヘンに創設された二つの連邦立の大学を指す。前者は「ヘルムート・シュミット大学／連邦軍大学」，後者は「ミュンヘン連邦軍大学」を正式名称とする。ハンブルクの大学が約2500人の学生を対象に電気工学，機械建設，精神科学，経済学の4学部において総合大学のプログラムを提供している一方，ミュンヘンの大学は約3000人の学生を対象に土木・測量学，電気工学，宇宙航空学，人間科学など7学部において総合大学の学修課程と，経営学部，機械建設学など3学部において▶専門大学の学修課程を提供している。

両大学とも，学修に入る前に15ヵ月間の士官向けの一般軍事訓練を終えていること，大学入学資格である▶アビトゥーア(専門大学の学修課程の場合は，専門大学アビトゥーア)を取得していることが入学要件となる。入学を認められた学生は，無償で学修プログラムを提供されるほか，連邦俸給法に則って月額約1500ユーロの給与を支払われるが，学

修開始から13年間は連邦軍から進路について拘束を受ける。一般の大学が2学期制を採用し，年間の取得単位を60単位としているのに対し，両大学は3学期制を敷き，年間75単位まで取得可能としている。そのため，学士課程を経て修士課程まで4年で修了することができる。

髙谷 亜由子

労働市場と大学 ➡テーマ編 p.40

労働市場の国際化|ろうどうしじょうのこくさいか
internationalization of labour market

[日本の労働市場における国際化と「高度人材」受入れ]

経済活動のグローバル化に伴い，人材もまた，国境を越えて移動する。労働市場の国際化が進むということは，一国の労働市場が国境を越えた労働力にも開放されることであり，外国からの労働移動が促進されることを意味する。日本において外国人労働者としてよく取り上げられるのは不法就労や日系人の日本での就労（「デカセギ」）などであり，どちらかといえば未熟練労働に焦点が当たっていた。1990年代に入り，国際競争力強化の観点から，政府は同じ外国人労働者でもいわゆる「高度人材」の獲得のために，在留資格に関する整備等を推し進めた。だが，在留数が伸び悩んだことから，2014年（平成26）以降，とくに「高度人材」で在留する外国人の日本での活動等における制約を緩和するなど，積極的受入れ策をいっそう強化している。政府統計から推計すると，2014年段階の外国人労働力人口は全労働力人口の1.2％で，OECD諸国のデータと比較しても圧倒的に低い。専門的・技術的分野の在留資格に限定すれば0.2％である。

政策的に外国からの「高度人材」予備軍として注目されているのが留学生である。留学生の日本企業への就職は留学生数増加とともに増え，2014年の大学・大学院生の就職による在留資格変更者数は学部5872人，大学院（修士・博士）4483人と，ここ10年の間に3倍近く伸びている。日本企業では近年，優秀な留学生を多く採用する動きが広がっており，▶留学や▶インターンシップ等での外国人学生受入れを足がかりにした人材確保の試みが今後進むと予想される。ただし，新規学卒定期一括採用といった日本固有の雇用慣行が，外国人のみならず，海外留学した日本人学生に対しても不利益を与えることは容易に想像できる。

[日本学卒者の多様な国内外労働市場への進出]

当然，労働市場の国際化は，日本で学校教育を受けた日本人学卒者（以下，日本学卒者）でかつ日本で就職しようとする者にも大きな影響を与える。日本企業が留学生を含めた外国人学卒者を多く雇用するということは，低成長時代においてはとりも

なおさず，日本学卒者が留学生や外国の大学学卒者らと限られた椅子を奪い合う構造になることを意味する。日本企業では「メンバーシップ型」と呼ばれる日本の労働市場（「外資系企業」項目参照）に対応した能力を求められるが，海外展開する企業であれば加えて，経済活動のグローバル化に対応する能力も求められることになる。

他方，世界的な人材獲得競争の中では，日本学卒者が外資系企業や外国企業に職を得るケースも出てくる。日本企業の学卒採用（とくに文系）では，専門分野に関わった獲得能力よりも「訓練可能性」が評価されるが，西欧諸国をはじめ，学歴・学校歴社会が存在する他のアジア諸国においても，「ジョブ型」労働市場（「外資系企業」項目参照）が支配的であり，そうした労働市場へ参入しようとすれば，専門分野に関わった獲得能力が採用時に評価されることになる。日本において大学生の多くを占める日本学卒者もまた，グローバル化した労働市場における人材獲得競争の只中にいる。

[グローバルな存在としての大学と，労働市場のグローバルな相互浸透]

本来，大学における学術の世界は，その起源からコスモポリタンの世界であり，学習者も教授者も国境に縛られずに真実を追究するモデルが，欧州を中心に広く規範化している。コスモポリタンの世界にいる大学は，原理的には国境を越えて活躍する人材を養成する場となるはずだが，実際には，使用言語や労働市場への対応など，所在する地域的文脈の枠内で展開される。

国境を越えた労働市場への対応には在学中の国際的な学習・就業経験が有効であり，政府による「▶グローバル人材育成」政策は，エリート層や英語偏重などの指摘はあるものの，対応を後押しする役割を担っている。また，▶学位・資格枠組みの国際的な普及を通して，個人の教育・学習経験と獲得能力レベルを国境を越えて相互認証し，労働移動を加速する動きが，EU諸国をはじめとして全世界的に高まっている。日本ではUMAP（▶アジア太平洋大学交流機構）などアジアの留学交流圏域形成への参画によって，教育・学習経験の国際的な相互認証は進んでいる。だが，職業資格・職業教育の観点でみると，JABEE（▶日本技術者教育認定機構）やアウトカム・アプローチなど，専門分野に関わった獲得能力の可視化に向けた動きは一部あるものの，労働市場のグローバル化という文脈への理解はまだ十分に形成されていない。

すでにEUの枠組みの下で国境を越えた人材移動が激しい欧州では，「エラスムス」（現在は「エラスムス・プラス」の一部）などの国境を越えた学習プログラムの広がりや，欧州全体の学位・資格枠組み（EQF）確立と各国でのEQFへのチューニングなど，グローバル化への対応経験が多く積まれている。一方，「ジョブ型」労働市場が支配的な欧州諸国で

あっても，「柔軟な専門職」などのイノベーション対応人材の議論はあり，社会的スキルなど「メンバーシップ型」労働市場で重視される能力の強調に，労働市場のグローバルな相互浸透の一端を見ることができる。

　大学は，インバウンドによる国内学卒労働市場への影響に加えて，アウトバウンド，つまり学生自身が国境を越えて活動する可能性があることを含め，国・地域によって異なる文脈を持った学卒労働市場へと学生を輩出することを前提に対応を迫られることになる。日本社会に根強い年齢規範に沿った標準学齢・標準年限へのこだわりや，いったん学校を卒業・就職したら二度と学校に戻ってこない「フロントエンドモデル」から脱却し，リカレントな学習者にも対応しかつ多様な国内外労働市場へと向かうキャリアの可能性を想定した教育へと転換することは可能なのか。労働市場のグローバル化への対応は，大学セクター全体の大きな挑戦でもある。

稲永　由紀

→労働市場と大学(テーマ編)，専門職資格，エラスムス・プログラム，リカレント教育

◎濱口桂一郎『新しい労働社会—雇用システムの再構築へ』岩波新書，2009.
◎Allen, J. and Van der Velden, R. (eds.), *The Flexible Professional in the Knowledge Society: New Challenges for Higher Education*, Dordrecht: Springer, 2011.
◎吉本圭一「第三段階教育における職業教育—諸外国との比較の観点から」『リクルート カレッジマネジメント』203，2017.

労働者教育協会 |ろうどうしゃきょういくきょうかい
Workers' Educational Association: WEA

生活協同組合の書記であったアルバート・マンスブリッジ（Albert Mansbridge）により1903年に創設された，労働者成人のための高等教育を促進するイギリスの組織。当初，「労働者のための高等教育促進協会」と称したが，2年後の1905年に「労働者教育協会」に改称。その目的は，労働者階級の間に高等教育への関心と需要を喚起しつつ，協同組合や大学その他の団体との連携・協力の下にその需要に応え，労働者階級の教育に影響を及ぼすようなあらゆる事柄に関するセンターとしての役割を果たすことにあった。活動・運営においては自立と共同，自由と責任，民主的運営と権威をそれぞれ調和させることを基本方針とした。◆オックスフォード大学との共同で1908年に発足させたチュートリアル・クラスは，少人数手づくり方式による大学レベルの高度な教育を提供するものであった。妻と二人で始めた協会は，現在ではオーストラリア，ニュージーランド，カナダにまで支部を置く巨大組織へと発展した。

安原　義仁

六・三・三制 |ろく・さん・さんせい

単線型の初等・中等教育における段階区分論。アメリカではヨーロッパの影響を受けた小学校8年・ハイスクール4年という学校制度が一般的であったが，教育の機会均等の理念のもと，小学校からハイスクールへの移行のタイミングなどの問題から教育改革運動が起こり，20世紀前半に小学校6年・ハイスクール6年という形への修業年限の改革，さらに6年のハイスクールを3年ごとに2分する改革が進められた（ジュニアハイスクール設立運動）。この新たな制度は6-3-3planと呼ばれ，日本でも大正期に紹介されて六・三・三制の原語となった。昭和期に入ると，このモデルに即しながら教育機会の平等を保障する単線型教育制度への改革が，阿部重孝などによって議論された。占領期の改革においてもこの六・三・三制構想は引き継がれ，「米国教育使節団報告書」（1946年4月）に盛り込まれてその後法制化され，現在まで日本の初等・中等教育の段階区分として堅持されてきている。

橋本　鉱市

68年5月 |ろくじゅうはちねんごがつ
Mai 68

68年5月（あるいは五月革命）には二つの端緒がある。第1に，1966年5月に起きたシチュアシオニストによる◆ストラスブール大学全学生協会事務所の占拠。そして第2に，1968年3月の◆パリ大学ナンテール分校における「3月22日」運動の創設である。シチュアシオニストにとっては，生きることは労働と余暇に分割できない快楽の漂流であり，ヴァネーゲムの『若者用処世術概論』（1967年）では，そうした分割（「疎外」とも「スペクタクル」ともいいかえられる）をこばむ生の実験をになうべき集団的な層としての「若者」＝学生が見いだされている。のちの5月のパリの街路には，同書に着想を得た落書きが散見され，占拠されたソルボンヌの中庭の宙に舞ったのは，シチュアシオニストたちの「労働の廃絶」を訴えるビラだった。

　とはいえ，五月革命は特定の前衛に主導されたものではなかった。そのことを端的に示しているのが，第2の端緒としての「3月22日」運動である。学生数の急増にともなってパリの郊外のナンテールにパリ大学の分校ができるが，設備はとうてい十分といえるものではない。また当時のナンテールには，アルジェリア移民のスラムもあった。矛盾はあらわである。にもかかわらず，ド・ゴール大統領は，大学は国家に奉仕するものと断言する。じっさい，新設のパリ大学ナンテール校のカリキュラムは，あからさまに学生を，既存の秩序のために労働する人的な資本とみなしていた。ヴェトナム戦争は続いている。北米では，学生による抗議活動はすでに

864　ろうどうし

大学事典

始まっていた。多くの幹部が共産党員だった▶フランス学生全国連合（UNEF）は動かない。冷戦体制のもとで，ソ連はド・ゴールの反米政策を支持していた。フランス共産党は，そうしたソ連の強い影響下にあった。敵の敵は友という政治の論理がつらぬかれる。

こうした状況で，コーン＝ベンディットが「3月22日」運動で頭角をあらわし，五月革命を象徴する人物となったのは偶然ではないだろう。ユダヤ系ドイツ人という，愛国的なド・ゴール主義者たちからは対蹠にあるようなその出自のイメージのみならず，彼の兄はアナキズムの理論家でもあった。しかも『日常生活批判序説』で知られるアンリ・ルフェーブルも，ナンテールで教鞭をとっていた。ルフェーブルはシチュアシオニストの思想的源泉でもあるが，教員として運動を大学当局の取締りから守るだろう。共産党の介入をたくみにかわしつつ，左派の諸党派を対等にあつかい，さらには「小集団（グルピュスキュール）」の生成と繁茂がうながされる。運動の始まりは，ヴェトナム反戦委員会に参加したナンテールの学生の不当逮捕に対する抗議だった。それが郊外から都市の中枢へと伝播していく。5月3日，ナンテールの閉鎖に対して，ソルボンヌで抗議集会がひらかれる。学長の要請による警官隊の導入により学生が排除される。カルティエ・ラタンで学生と警官隊が衝突する。五月革命のはじまりである。

一般に，五月革命はナンテール校の女子寮に恋人が宿泊する権利をもとめて始まったともいわれる。あるいは「舗石のしたには，砂浜があった」といった落書きに代表されるその文化的な側面が強調される。そこから五月革命に「資本主義の新たな精神」（ボルタンスキー）の発生をみてとることもできるだろう。五月革命は労働者が平等をもとめる社会的批判の実践というよりは，むしろ学生が自由をもとめる芸術家的批判の発現であり，資本主義は後者の芸術家的批判をとりこんで強力になった，と。だが，クリスティン・ロスも『68年5月とその後』で強調するように，そうした五月革命の射程を文化的な芸術家的批判に限定するのは，著名な当事者たちがつくりあげた彼ら自身がメディアで生き延びるための事後的な「コンセンサス」にすぎない。現実には，パリの美大生たちは，資本主義の打倒をかかげたポスターを連日のように印刷したのであり，1000万人規模のゼネストはたしかに打たれた。学生と労働者は区別されない。ただ資本と国家に対する真剣な叛乱があった。

したがって，問いは反転されなければならないだろう。五月革命は文化的なものでもなければ，自由や平等をもとめる批判的実践がおこなわれていたのでもない。フランス革命以後，自由とは資本が活動する自由であり，平等とは国家のもとでの平等にほかならない。そうした近代のプログラムその

ものをしりぞけること。そして恋人と愛しあい，砂浜の平坦なひろがりを感じとること。もうだれの命令にもしたがわず，ともに生きていくこと。統治のヒエラルキーのない生をもとめる現実の欲望が世界に流れこんできたのであり，五月革命がわれわれに投げかけているのは，そうした流入をもたらす「大学のユートピア的機能」（ルネ・シェレール）のありかである。なぜ，国家と資本に対する叛乱が大学から始まったのだろうか。それは大学にとって本質的なことなのだろうか。われわれにとって「68年5月」を参照することは，こうした問いを反芻することにほかならない。問いはいぜんとして開かれたままである。

白石 嘉治＋谷口 清彦

▶フランスの大学（テーマ編），学生運動

◎四方田犬彦・平沢剛『1968年文化論』毎日新聞社，2010.
◎クリスティン・ロス著，箱田徹訳『68年5月とその後―反乱の記憶・表象・現在』航思社，2014.

ロシア科学アカデミー｜ロシアかがくアカデミー
Russian Academy of Sciences;
Rossiiskaya Akademiya Nauk［露］

ロシア連邦の国立アカデミーの一つ。教育，建築，芸術にそれぞれ関わる他の国立アカデミーに対して特別の法的地位を保証されている。自然科学，工学，医学，農学，社会科学，人文科学などにわたる広範な基礎的学術研究分野を包括し，ロシア連邦の学術政策に関する提言，国家等の公的事業計画に関する専門的評価の提供，内外の学術研究に関する情勢分析の政府への報告等を基本任務とする。その歴史は，1724年ピョートル1世の指示で設置されたサンクト・ペテルブルグ帝室科学アカデミーに始まり，ロシア革命後のロシア科学アカデミー，1925年のソ連邦科学アカデミーを経て，1991年12月のソ連邦崩壊直前にロシア科学アカデミーとして復興され，今日に至っている。

21世紀に入ってから，▶ボローニャ・プロセス加盟などの高等教育改革とともに，先端科学部門の充実や学術行政の国家統制の強化など研究体制改革が進められてきた。2013年9月にロシア医学アカデミーとロシア農学アカデミーを統合するとともに，財務管理を新設の連邦学術機関庁に移管するなど大規模な改革が行われた。この改革によってアカデミーの予算は激減し，基本的に本部経費のみとなる一方，連邦学術機関庁はアカデミー傘下の研究機関の財務管理とともに所長人事も掌握した。すなわち，アカデミーはその研究実施機能を失い，学術政策の立案と評価に関する諮問機関となった。この改革以降，実績評価に基づく傘下学術機関の整理・再編が始まり，研究体制の効率化が推進されている。

遠藤 忠

ロシア教育アカデミー|ロシアきょういくアカデミー

Russian Academy of Education;
Rossiiskaya Akademiya Obrazovaniya[露]

1943年にロシア社会主義共和国連邦教育科学アカデミーとして創設。1966年にソ連邦教育科学アカデミーとなり，全ソ連邦の初等中等教育のカリキュラムや教材の開発に関わる研究を行ってきた。ソ連邦崩壊に伴い，1991年12月にロシア教育アカデミーとして再編された。2011/12年度には研究組織を見直し，一部の研究所を廃止・再編した。2013年9月現在，ニコライ・ニカンドロフ総裁の下に正会員128人，通信会員162人，名誉会員13人，外国人会員71人がいる。研究組織は教育哲学・理論教育学，心理学・年齢生理学，普通中等教育，職業教育，教育・文化の5部門に分かれ，25の研究所とウシンスキー記念国立教育科学図書館および玩具芸術・教育博物館がある。幼稚園1園，初等中等教育学校15校，中等職業教育学校4校，高等教育機関9校，補充教育機関4施設と連携しながら研究を行っている。本部はモスクワ市にあるが，研究所は各地に置かれており，ヴォルガ川流域・コーカサス地方，シベリア地方および北西地方の3ヵ所に支部がある。　　澤野 由紀子

ロシアの大学→テーマ編 p.144

ロシアの大学改革|ロシアのだいがくかいかく

ロシアは，ポスト・ソヴィエト期に入って高等教育の大衆化段階を迎えた。ここでは，とくにその段階における2004年の大統領「教書」以降の大学改革の重点と，全般にわたり抱える課題について述べる。改革の重点は，大学の量的な拡大から活動の集約化と水準引上げへと移動している。

[大学のカテゴリー]
大学改革の対象となる主要大学には三つのカテゴリーがある。
[連邦大学]　2006年以降に指定され，政府誘導で各管区の中心大学に数校を統合して設置される。2014年現在10校で，大学名(所在地)は以下の通り。バルト(カリーニングラード)，極東(ウラジオストク)，カザン(カザン)，クリミヤ(シンフェローポリ)，北方(アルハンゲーリスク)，北東(ヤクーツク)，北カフカース(スターヴロポリ)，シベリア(クラスノヤールスク)，南方(ロストフ・ナ・ドヌー)，ウラル(エカテリンブルグ)。ここに地域開発，学術・文化，情報の各センターとして地域産業との連携，行政・法，教育・医療の人材の地域供給を計画的に担わせるというものである。
[国家研究大学]　2008年秋に指定が開始され，

大学自体の研究力量開発と他研究機関との提携により高い水準の教育をめざす大学として競争原理で選抜された。2014年現在29校ある。そこにはバウマン・モスクワ工業大学やピロゴーフ・ロシア医科大学(保健省設置)，モスクワ航空大学等の首都モスクワの名門大学のほか，ノヴォシビールスク大学(1959年設立)，経済大学校(1992年モスクワに設立，政府直属)，サンクト・ペテルブルグ・アカデミー大学(1997年，科学アカデミー設立のナノテクノロジー研究・教育センター大学)など新構想の大学が含まれる。
[モスクワ大学とサンクト・ペテルブルグ大学]
▶モスクワ大学と▶サンクト・ペテルブルグ大学の2大学は，2009年の独自の連邦法によって学生受入れ，教育・研究活動の組織，運営その他の裁量に関し特別の地位が付与される。

　これらの措置のほか，重点的強化策としてはさらにロシアの大学生を国外の先進的な大学に留学させる計画が開始されている。2014年の大統領令は学生(科学，教育，医学，工学の学士課程生および経営学分野では学士卒以上に限定)を「世界水準」(世界大学ランキング上位300番以内)の各国大学に派遣する方針を決定し，また極東と東シベリアの支援にかかわらせることを付言している。ここには，学生を知識・技術のキャッチアップがより求められる領域に誘導しようとする狙いや，重点地域の開発の政治姿勢がうかがえる。

[入学制度，教育方法]
入学制度の改善も進められている。大学入試の判断資料とされる中等教育学校の成績調書は，親の圧力により教師が水増し記帳しているとの懸念がソヴィエト期以来絶えなかった。そこで透明化・公平性を期して，統一卒業国家試験(EGE)が導入されるに至った。こうした試験は大学入学における学力水準要求の切下げをもたらすとモスクワ大学長サドーフニチーが反対したように，大学の全指導者の支持は得られなかったが，試験は2002年から施行され，2009年からは全中等学校卒業生に必須となっている。

　教育方法と学生観の転換にも課題が残る。学生に対する暗唱指示型の文化がソ連時代から続いているとの批判があったが，現在，教育目標の上で学士課程の専門教養型への転換がはかられるとともに，現場では知識・技能の一方通行型から対話型へと授業法・指導法の転換も生まれつつある。また，学生の健全な社会化の支援策として課外指導・生活指導を復活せよという提案が出されている。一部の大学における学生の大学運営関与の例は注目される。他方で学生への相談事業の充実，その人的資源の確保が緊急の課題とされている。

　また，国立大と非国立大の共存が新時代への期待として模索されている。非国立大学のセクターはすでにロシア教育システムの不可欠な構成部分である。そこでは新しい教育課程が編成され，新

しい専攻や現代的な教育テクノロジーが導入されている。教育活動の経験交流と現代的研究活動が進むならば，国立・非国立の共通の教育研究空間づくりに繋がると期待される。

[大学の国際化]
ロシアは2003年，共通ヨーロッパ高等教育圏の創出に関する1999年のボローニャ宣言に加入し，1930年代以来の5年制大学課程から4年の学士課程と2年の修士課程の2段階制への転換で共通化することに舵を切った。これは履修証明の国際的な相互承認を促進するはずである。ロシアの教育を「輸出する」意図もあるようであるが，ロシアに来る外国人学生の増え方はまだかんばしくない。国際化はロシアの大学の条件整備等にまつところもあると考えられる。

　ロシアは自己の生存のための戦いの最中にあるように見える。しかし，その成果もグローバルな経済的・社会的な力に規定されるように見える。したがってロシアにおける大学の未来もローカルの力学とグローバル化のより広い連関の中で形成されよう。
所　伸一

→ ロシアの大学（テーマ編）

◎Bezborodov, A.B., *Istoriya Rossii v noveishee vremya: 1985-2009*, gg. Otv. red., 2014.（ベズボロドフ, A.B, 編『最近のロシア史：1985-2009年』, プロスペクト社，2014）
◎ロシア教育・科学省のウェブサイト：http://xn--80abucjiibhv9a. xn--p1ai/

ロシア民族友好大学 [ロシア]
ロシアみんぞくゆうこうだいがく
Peoples' Friendship University of Russia;
Russkii universitet Druzhby Narodov[露]

冷戦期さなかの1960年，ソ連邦政府が「民族友好大学」としてアジア・アフリカ・ラテンアメリカ諸国で活躍する専門人材を育成する目的で設立を決定。翌年アフリカ民族独立運動のリーダー，コンゴの首相パトリス・ルムンバの名称を冠し，ルムンバ大学と改称した。工，歴史・哲学，医，農，物理・数・理，経・法の基幹6学部で1962年に正式開校（開講）。1965年第1期卒業生47ヵ国出身の228人を出す。モスクワ市南西部に広大なキャンパスを新設，1975年までに卒業生5600人を数え，うち4250人が89ヵ国の出身であった。卒業者の中からナミビア，アンゴラ，スリランカほかの大統領，バングラデシュ首相等が生まれた。1992年ロシア民族友好大学と改称，環境学部等を増設。2014年現在，大学院生含む学生数約2万8000人，教職員数約5000人である。国内では高い評価を受けている。ロシア出身の著名卒業生にジリノフスキー自民党党首，ハカマダ国会議員，フィリッポフ教育大臣などがいる。
所　伸一

ローズ奨学金 ローズしょうがくきん
Rhodes Scholarship

▶オックスフォード大学で学ぶ留学生のための▶奨学金。イギリスの植民地政治家で典型的な帝国主義者として知られるセシル・ローズの遺贈により，1902年に創設された。大英帝国の統一を維持し，英語諸国民の団結・融和をはかることによって世界の平和を確保するため，植民地とアメリカ合衆国およびドイツの若者（男子）をオックスフォード大学に留学させて教育する，というのがその目的であった。当初，奨学金には「植民地奨学金」と「アメリカ奨学金」の2種類があった。前者については植民地ごとに奨学生の数が割り当てられ（毎年計20人），後者は合衆国各州2人とされた。これらのほかにドイツ人留学生を対象とする奨学金もあった（毎年5人）。奨学金を受ける学生の資格・条件として，ローズは学業成績以外にスポーツの愛好や公共への奉仕の精神を重視した。奨学金用としてローズが大学に寄付した総額600万ポンドに及ぶ基金は，遺産管財人によって管理・運用される。今日では女性やインド出身者も受給対象となっている。歴代のローズ奨学生の中にはフルブライト元アメリカ議会上院議員，ビル・クリントン元アメリカ大統領などがいる。
安原　義仁

ロックフェラー大学 [アメリカ] ロックフェラーだいがく
Rockefeller University

ニューヨーク市にある，生命科学分野およびそれに関連した化学，生物情報学（bioinformatics），物理学などの基礎的分野のみを持つ私立の▶研究大学。学士課程は持たない。学科（department）制をとらず，分野横断的な研究を促進する機構と伝統を持ち，生命科学分野で高い研究水準と世界的名声を誇る。1901年ジョン・D. ロックフェラー1世の寄付により，アメリカ合衆国で最初の生命医学研究施設であるロックフェラー医学研究所（Rockefeller Institute for Medical Research）として設立，10年アメリカで最初の臨床研究センターとしての病院を開いた。ロックフェラーの学者たちは，がんを引き起こすラウス肉腫ウイルスの発見，タバコモザイクウイルスの結晶化，DNAが遺伝を司る実体である物質であることの発見と確立，固相ペプチド合成法の開発，抗体の構造決定など，生命医学の分野で数多くの記念碑的な業績を打ち立てた。1955年最初の大学院生を受け入れ，65年ロックフェラー大学と名称を変更，現在，M.D. /Ph.D. およびPh.D. の学位を提供している。
赤羽　良一

ロード学則｜ロードがくそく
Laudian Statutes

1636年に集大成されたオックスフォード大学学則。1854年のオックスフォード大学法成立まで同大学の教育・運営を規定した。1630年に学長（chancellor）に就任した，のちのカンタベリー大主教ロード（William Laud, 1573-1645）は積極的に大学運営に携わり，不備のあった学則改訂に着手した。この時代，国王ジェームズ1世，チャールズ1世は大学に特権や寄付を与える一方，宗教改革以降の宗教的統一を図るために，大学がイギリス国教会体制の確立と安定化の源となることを求め，ヘブドマダル・ボード（カレッジの長，学監から構成され，週に1度大学運営について討議する機関）を創設するなど，大学への直接的介入を強めていた。

ロードは学生生活の規律化，居住や教育内容など曖昧化していた学位授与要件の厳格化に力を注いだ。第一学位（Bachelor of Arts）のカリキュラムと試験は古典語および古典人文学の著作家が中心となり，上流階級出身学生の増加と相まって，第一学位取得者のための教育が主となっていった。大学運営については，正規の教師のみの集会コンヴォケーションと，補佐教師も含めたより広範な集会コングリゲーションの構成および機能が詳細かつ包括的に成文化された。コンヴォケーションは正規の教師，ドクターから構成され，ヘブドマダル・ボードによって提出された学則等に関する動議がコングリゲーションに提出されたのち，それを認否する権限を与えられた。大学運営の中世的形態は一見変わらなかったが，実権は大学教師の団体からカレッジの学寮長という少数集団へ移行した。

中村 勝美

→エリザベス学則，オックスフォード大学

『ロビンズ報告書』｜ロビンズほうこくしょ
Higher Education Report of the Committee Appointed by the Prime Minister under the Chairmanship of Lord Robbins

1963年にイギリス政府により公刊された，高等教育の将来構想策定のため，とくにその方針および方向性の転換を語る上で欠かせない報告書で，正式名称は『高等教育—ロビンズ卿を委員長とする首相任命の委員会報告書』。1961年に組織されたロビンズ委員会は，▶ロンドン大学の経済学の権威であるロビンズ卿を委員長とする首相の諮問機関で，同委員会のもと，初めてイギリスの高等教育の詳細な調査研究が実施された。その調査結果に基づき，高等教育の中・長期的計画の必要性や，高等教育拡大のための指針や方向性が示されたのが『ロビンズ報告書』で，1960年代の高等教育拡張の推進を理論的に補強し，高等教育の量的拡大のため，大学と非大学型高等教育機関による二

元構造の枠組みの形成に大きな影響を与えた。

秦 由美子

ローマ大学［イタリア］｜ローマだいがく
Università degli Studi La Sapienza

ローマにある国立総合大学。13世紀に存在した教皇庁大学とは別に，1303年に教皇ボニファティウス8世が都市大学として設立。聖職者が管理したが，当初は弱体であった。15世紀以降に教皇によるギリシア語講座の設立など大学復興がなされ，人文主義隆盛の一翼を担った。レオ10世の下で教皇庁大学が併合され，大学も固有の建物を持って「知の館」（Palazzo della Sapienza）と称された。このため，現在でもラ・サピエンツァと呼ばれる。17世紀には衰退し，18世紀のベネディクトゥス14世の改革によって一時復興された。歴史的には副次的重要性しか持たなかったが，イタリア統一以後に中心的大学として位置づけられ，ファシスト政府は1935年に大学都市と呼ばれる一帯に大学組織を集中させて整備した。第2次世界大戦後は首都の大学として全国から学生を集めて学生数が増大したため，1982年に第二ローマ大学トル・ヴェルガタ，91年に第三ローマ大学が新設されている。ラ・サピエンツァだけで2011年には63学科，11学部，正教授1012人，准教授1084人，研究員1903人で，2015/16年の登録学生数約11万2500人を擁する。

児玉 善仁

ロンドン大学［イギリス］｜ロンドンだいがく
University of London

ロンドン中心部に本部を置き，事実上独立した教育機関であるバーベック，キングス，ユニバーシティ等の諸カレッジやロンドン・スクール・オブ・エコノミクス，インスティチュート・オブ・エデュケーション，さらに数個のスクールや研究所を擁するカレッジ連合体の大学。設立勅許状の取得順ではイングランドで3番目に古い。

宗教や階級による制限を排し，カリキュラム等の点でも革新を目指した▶ユニバーシティ・カレッジ（UCL）と，これに対抗して国教派の人々が設立したキングズ・カレッジ（KCL）の学生に対して試験を行い学位を授与する機関として1836年に設立された。1858年には，どこで学んだかを問わず試験に合格した，帝国全土の学徒に学位を開放するようになり，80年にはイギリスの大学として初めて女性に学位を授与した。1898年のロンドン大学法によって，カレッジやスクール，医学校など多数の研究教育施設からなる，「教育を行う大学」としての新生ロンドン大学が誕生した。2007年にインペリアル・カレッジが傘下を離れ，現在は18のカレッジ・教育機関から構成されている。QS社の世界大学

ランキング（2016年）において傘下のユニバーシティ・カレッジが7位，キングズ・カレッジが19位（インペリアル・カレッジは5位）に位置している。　福石 賢一

→ 学外学位

論文博士 |ろんぶんはくし
doctoral degree by thesis only

▶大学院の▶博士課程に在籍せずに，博士学位請求論文を提出し，審査を経て授与される学位。日本において▶博士は1887年（明治20）の学位令で初めて規定されたが，第2次世界大戦前は論文博士がつねに主流を占め，大学院は博士学位取得の主要なルートではなかった。いわば大学院は教育組織として形骸化していた。内容的にも1921〜45年度の間に生まれた博士2万1618人のうち，84.6％を占める1万8297人を医学博士が占め，その

85.1％の1万5568人が論文博士という具合に（医学以外では，論文博士は96.7％），医師や研究者の最低要件というより名誉的資格の色彩が強かった。論文博士は1953年（昭和28）の▶学位規則（文部省令）で博士「乙」と規定され，その後もアメリカ的なコースワークを基礎とする▶課程博士への改革が求められたが，論文博士の優位な時期が続いた。1980年代に至っても工学系では企業への就職後に論文博士を取得する場合も多く，また人文・社会科学系の分野では課程博士への移行が大きく遅れたが，91年（平成3）の学位規則改正を経て，現在は新たに生まれる博士はおもに課程博士であり，論文博士はその比率の高い保健系でも2割以下に減っている。　阿曽沼 明裕

→ 学位の種類，学位と称号（テーマ編）

わ　　　　　　　　　　　　　　　　　　　　ワ

我が国の高等教育の将来像(中教審答申)
わがくにのこうとうきょういくのしょうらいぞう

2005年(平成17)1月28日に中央教育審議会から
出された答申。1999年のケルン・サミットを契機と
した世界各国での▶知識基盤社会における高等教
育改革の進展についての影響を受けたものとなっ
ている。最大の特徴は、従前の▶高等教育計画や
将来構想に替わるものとして、中長期的に想定さ
れる高等教育の全体像、高等教育機関のあり方お
よび高等教育の発展を目指した社会の役割に関す
る将来像(いわば「グランドデザイン」とも呼ぶべきもの)
と、将来像に向けて取り組むべき施策を示したこと
にある。すなわち、「高等教育計画の策定と各種
規制」の時代から、「将来像の提示と政策誘導」の
時代への移行がうたわれている。またこうした観点
から、大学がそれぞれの機能を選び分化していくと
いった「大学の機能別分化」や、それを支える「きめ
細やかなファンディング・システム」といった新たな
方針についても言及されている。　　　島 一則

和歌山県立医科大学[公立]
わかやまけんりついかだいがく
Wakayama Medical University

1945年(昭和20)設置の和歌山県立医学専門学校
を起源として52年新制大学として創立。和歌山
県和歌山市に所在。和歌山県唯一の医学部と、
保健看護学部の2学部を持つ。大学院は医学部・
保健看護学部ともに修士(博士前期)課程・博士(博
士後期)課程が設置されている。ほかに修業年限1
年の助産学専攻が設置されている。2004年(平成
16)保健看護学部を開設。2007年まで医学部の入
学定員は60名だったが、10年度には100名にまで
増えている。保健看護学部の入学定員は80名。
2016年現在1119人の学生が在籍。2006年の大
学法人化に伴って産官学連携推進本部を設置し、
以後、産官学連携に積極的に取り組んでいる。
和崎 光太郎

和歌山大学[国立]｜わかやまだいがく
Wakayama University

和歌山師範学校(1875年設置)の男子部・女子部、
和歌山青年師範学校(1944年設置)、および和歌山
経済専門学校(1946年設置。起源は1922年設置の和
歌山高等商業学校)が統合して、1949年(昭和24)に
開学。和歌山市栄谷にキャンパスを構える、県内

唯一の国立総合大学である。「教養の森」の名を
冠した独自の教養教育(「わかやま」学などを含む)や、
南紀熊野サテライト(田辺市新庄町)における▶公開
講座の開講など、地域連携・地方創生の取組みに
力を入れており、2015(平成27)年度より文部科学
省事業「地(知)の拠点大学による地方創生推進事
業」にも参加している。2016年5月現在、4学部4
研究科に4579人の学生を収容する。　　平野 亮

→知の拠点整備事業

和光大学[私立]｜わこうだいがく
Wako University

1933年(昭和8)に成城学園から分かれて創設され
た学校法人和光学園を母体とし、66年東京都町
田市に開学。「大学は自由な研究と学習の共同
体」という理念のもとに学生の学習の自由意志を尊
重した教育・研究活動を展開している。現代人間
学部、表現学部、経済経営学部の3学部7学科と
1研究科を有する。学生が学部・学科を越えて自
由に科目を選び独自の学びをつくりあげる「講義バ
イキング」は開学以来の特色となっている。また、
フィールドワーク、インターンシップ、短期語学留
学を「現場体験学習プログラム」としてカリキュラム
に位置づけている。2017年(平成29)5月現在、東
京都町田市にキャンパスを構え、2727人の学生を
収容する。　　　　　　　　　　　　山本 剛

早稲田大学[私立]｜わせだだいがく
Waseda University

1882年(明治15)に、▶大隈重信により設立された東
京専門学校が前身。政治経済学科、法律学科、
理学科および英学科を設置して開学。建学の理
念を「学問の独立」、「学問の活用」、「模範国民の
造就」とする。1890年に文学科を設置。1902年に
早稲田大学と改称し、03年には高等師範部を設
置。1920年(大正9)に大学令により設立認可され、
政治経済学部、法学部、文学部、商学部、理工学
部を設置。1949年(昭和24)に新制大学となる。学
部・学科や大学院研究科の設置・改組などを経て、
2016年(平成28)5月現在、13学部22研究科(専門
職大学院を含む)からなり、学生数は5万1130人(通
信教育課程含む)を数える。キャンパスは東京都新
宿区、埼玉県所沢市、同県本庄市、福岡県北九
州市に所在。世界最高水準の研究をめざしてお
り、創造的な人材を育成する。世界各国の大学・
教育研究機関と学術交流協定を締結しており、さ

870　　わがくにの　　　　　　　　　　　　　　大学事典

らに英語によって学士号・修士号を取得するプログラムを開始するなど研究教育のグローバル化をめざしている。2014年度には文部科学省の「スーパーグローバル大学創成支援トップ型（タイプA）」に採択。2032年に創立150周年を迎えるにあたり，「Waseda Vision 150」を掲げ，「アジアのリーディンググユニバーシティ」として「世界へ貢献する大学」であるための改革が行われている。 山本　剛

稚内北星学園大学[私立]
わっかないほくせいがくえんだいがく
Wakkanai Hokusei Gakuen University

北海道稚内市にある。道北宗谷地域に高等教育機関がなかったことから，地域，社会，各界の願望を受けて1987年（昭和62）稚内北星学園短期大学が開学したことに始まる。2000年（平成12）日本初となる情報メディア学部情報メディア学科が開設され，「1，3学年同時開学方式」を採用し，稚内北星学園大学が開学した。2008年創立20周年を迎えた。理念としては「地域社会に貢献し，キリスト教精神の根底にある人間の自由と尊厳を重んじ，平和を愛する人材を育成すること」を掲げている。取得可能な資格は，中学校教諭一種免許状（数学），高等学校教諭一種免許状（数学・情報），社会教育主事，図書館司書などである。2016年現在の学部生120人。 蝶　慎一

ワーヘニンゲン大学[オランダ]｜ワーヘニンゲンだいがく
Wageningen University;
Wageningen Universiteit en Researchcentrum[蘭]

オランダ国内で唯一生命科学，環境工学などを学際的な視点で研究している大学で，複数の研究機関とヴァンホールラーレンスタイン応用科学大学を併設している。19世紀後半にオランダ中南部のワーヘニンゲンに設立された国立農学校を基盤に，1918年に高等教育機関として認定されたのち，1986年に法改正によって名称がワーヘニンゲン農業大学に改められた。総合的な研究大学に改組されたのは1997年であるが，世界をリードするオランダの農業技術を設立当初から支えてきた。▶欧州単位互換制度（ECTS）を適切に導入している点でオランダの大学では初めてECから認定されており，留学生も世界100ヵ国以上から受け入れている。「自然の可能性を引き出し，生活の質の向上を目指す」という大学のモットーが示すように，自然・環境科学を中心にそれと関連する経済・社会学，工

学，健康・栄養学，動・植物学等の教育・研究が進められている。タイムズ誌の世界大学ランキング（2016/17年）は65位，生命科学分野に限ると16位。 松浦　真理

和洋女子大学[私立]｜わようじょしだいがく
Wayo Women's University

1897年（明治30）堀越千代が東京の麹町区飯田町（現，千代田区富士見）に設立した和洋裁縫女学院を起源とする。1946年（昭和21）現在地の千葉県市川市に移転し，49年に和洋女子大学が開学した。教育目標は，和洋裁縫女学院開設当時より「和魂洋才」「明朗和順」を掲げ，日本の心を持って新しい学問・技術を学ぶことを理念としてきた。学部構成は人文学群の中に国際学類，日本文学文化学類，心理学類，こども発達学類を，家政学群に服飾造形学類，健康栄養学類，家政福祉学類を設置している。産官学連携として市川市と協定締結，千葉県との連携により公開講座などを開催し，企業との連携として学生のアイデアを商品開発に活かす企画を運営・開発している。2017年（平成29）現在の収容人数2471人。 鈴木　崇義

ワルシャワ大学[ポーランド]｜ワルシャワだいがく
University of Warsaw; Uniwersytet Warszawski[ポーランド語]

ポーランドの首都ワルシャワにある国立大学。ワルシャワ大公国時代，改革派の啓蒙思想家たちによって1808年に創設された法律学校と翌年創設された医学校を統一し，16年に設立。独立運動の高まりの中でロシア化に抵抗，1830年十一月蜂起の中心となり，閉鎖される。1862年にワルシャワ中央学校として再開され，70年には帝国大学ワルシャワ（Cesarski Uniwersytet Warszawski）と改称されたが，1915年ドイツに占領されて閉鎖。第1次世界大戦が終結した1918年に再建され，ユーゼフ・ピウスツキ大学と称した。しかし財政難や反ユダヤ主義の強まりで大学内が混乱し，やがてナチス・ドイツに占領されたが，「ワルシャワ秘密大学」を組織して対抗した。1944年のワルシャワ蜂起に参加して多くの学生・教授が犠牲となり，大学も破壊された。第2次大戦後再建され，ポーランドの民主化の一翼を担った。1989年の社会主義体制からの転換に大きな役割を果たした。1919年に創設された日本学科は，1991年から日本・韓国学科として現在に至っている。2016年の学生数5万1200人。 加藤　一夫

大学事典　　わるしゃわ　871

索引

1. 和文索引と欧文索引に分け，それぞれ五十音順，アルファベット順に配列した。
2. 見出し語の次の数字はページ数，aは左段，bは右段，fは図，tは表を示す。
3. ページ数・段などが複数ある索引項目は，ページ数・段の若い順に並べた。ただし，独立項目が含まれる場合は，最初にそのページ数・段を示した。
4. 和文索引では，独立項目の見出し語およびページ数・段を太字で示した。
5. 検索の便を図るため，和文索引の見出し語には，適宜，その性格を示す属性を（　）で示した。属性によってページ数・段をまとめた場合もある。
6. 和文索引に配列した欧文の見出し語は，原則としてアルファベット読みで配列した。
7. 語頭に位置する冠詞Theは，除外して配列した。
8. 同一事項であっても読みや表記が異なる場合および別称などは，それぞれ独立した索引項目とした。

和文索引

あ

IIM（インド）　109b
IIPM（インド）　109b
IR➡インスティテューショナル・リサーチ
　（208b）　10b, 187a, 218a, 587b
IR学会　588a
IAMAS　505b
ISS　228a
ISC（国際学生会議）　428b
ISCED　78b, 416a, 435a
INQAAHE　172b, 207b, 434b
INCHER（ドイツ）　588a
IMHE　232a
IAU　433b
IAUP　546b
ILL　605a
アイオワ州立大学獣医学校（アメリカ）
　484b
愛国学園女子短期大学　158a
愛国学園大学　158a
愛国学園短期大学　158a
ICED　81a
ICA　165a
ICT　37a, 158a, 203b
ICT活用教育➡eラーニングとICT活用教育
　（203a）　203b
ICT教育　209b
ICTと大学のクロスボーダー化　158a
ICU　429a
アイスランド大学　142b
アイスランドの大学　142b
ICED　81a
ISCED（ユネスコ）➡国際標準教育分類
　（435a）　78b, 416a
ISCED-2011　417b

愛知医科大学　159a
愛知学院大学　159a
愛知学芸大学　159b
愛知学泉大学　159b
愛知教育大学　159b
愛知きわみ看護短期大学　196a
愛知県公立大学法人　160a
愛知県立看護大学　160a
愛知県立芸術大学　160a
愛知県立女子短期大学　160a
愛知県立大学　160a
愛知工科大学　160a
愛知工業大学　160b
愛知産業大学　160b
愛知淑徳大学　160b
愛知女子大学　159b
愛知大学　161a
愛知大学事件　590a
愛知東邦大学　161a
愛知文教大学　161a
愛知みずほ大学　161b
会津大学　161b
IT　37a
ID（インスティテューショナル・リサーチ）
　209a
IDE（日本）　162a, 588a
ITEFC　38a, 159a
IDEAリーグ　535a
『IDE現代の高等教育』（日本）　599b
IDE大学協会　162a, 588a, 599b
ITMDL　38a, 158b
IT戦略本部　203b
IT総合学部　453a
IT装備対面クラス　158b
IT媒介遠隔学習　158b
藍野大学　162a
IB（国際バカロレア）　433b

IPEDS（アメリカ）　218b
iPS細胞　846b
IPB（インドネシア）　795b
アイビー・リーグ（アメリカ）　162a, 596a
アイペッズ（アメリカ）　218b
IUS（国際学生連盟）　428b
IUFM（フランス）　201b, 565a
IUT（フランス）　125b, 565a, 771a, 772b
IUP（フランス）　565a
アイン・シャムス大学（エジプト）　222b
アヴィニョン大学（フランス）　162b
アヴェロエス　853a
アウグスティヌス　196b
アウグスト, G.　388a
アウトカムベース（資金配分）　99b
アウトソーシング　162b
アウトプット（資金配分）　99b
アウトリーチ　45a
ANR（フランス）　163a
AERES（フランス）　163a, 20a
青木誠四郎　676b
青森県立保健大学　163b
青森公立大学　163b
青森女子中央短期大学　164a
青森大学　163b
青森短期大学　163b
青森中央学院大学　164a
青森中央短期大学　164a
青山学院　164b
青山学院女子短期大学　164a
青山学院大学　164b
青山女学院　164a
アーカイブズ　164b, 614b
赤井米吉　307b
赤色教授学院（ロシア）　145a
アカウンタビリティ　165b, 9a, 68b, 252a
アカウンタビリティ論　13a

872　あいあいえ

アカウンタブル・オートミー　68b
明石嘉聞　545b
暁学園　831b
アカデミー　15b, 24b, 77a, 146a, 166b,
　554b
アカデミア　166b, 134a
アカデミア・アルディーナ　167a
アカデミア・デイ・リンチェイ(イタリア)
　134a, 167a
アカデミア・デラ・クルスカ(イタリア)
　167a, 402a, 861a
アカデミア・プラトニカ　167a, 861a
アカデミー軍団(チェコ)　139b
アカデミズム科学　570b
アカデミック・アドバイジング　246b
アカデミック・アドミニストレーター　169a
アカデミック・インテグリティ　400b, 636b
アカデミック・キャピタリズム　48a, 275b
アカデミック・スキル　314a
アカデミックスタッフ(イギリス)　354a
アカデミック・ドレス　167b, 727a
アカデミック・ハラスメント　168a, 465a,
　613a, 741a
アカデミック・ハラスメントをなくすネットワ
　ーク　168a
アカデミック・プロフェッション　79b
アカデミック・ポートフォリオ➡ティーチング・
　ポートフォリオ／アカデミック・ポートフォ
　リオ(659b)　660a
アカデミック・モビング　168a
アカデミック・リーダーシップ　169a
アカデミー・デ・シアンス(フランス)　167b
アカデミー・フランセーズ(フランス)　169a,
　167a, 402a
アカデメイア　2a, 21a, 408a, 417b
アカハラ　168a, 168b, 741a
赤門(東京大学)　602b
赤レンガ大学(イギリス)　48b, 479b
秋田看護福祉大学　169b
秋田経済大学　731b
秋田経済法科大学　731b
秋田桂城短期大学　169b
秋田県立大学　169b
秋田鉱山専門学校　170a
秋田公立美術工芸短期大学　170a
秋田公立美術大学　170a
秋田大学　170a
秋入学➡9月入学(377a)　288b, 334a
アーキビスト　165a
『アクシデンス, ラテン語簡略入門』
　442a
アクセシビリティ　741b
アクセシブル　741b
アクティブ・ラーニング　170a, 491a, 841a
ACT(アメリカ)　86a, 223b
アグレガシオン(フランス)　355a
アクレディテーション　170b, 9b, 95b,

253a, 265b, 266b, 279b, 304a, 434a,
　581b
［アメリカ］　8b, 57a, 95b, 475a, 564a,
　641b
［オランダ］　132b
［ドイツ］　91a, 279b
アクレディテーション委員会(ドイツ)　170b
旭川医科大学　171a
旭川大学　171a
朝日大学　171b
麻布獣医科大学　171b
麻布大学　171b
アジア・アフリカ言語文化研究所　675b
アジア学長会議　172a
アジア工科大学(タイ)　109b
亜細亜大学　172a
アジア太平洋学部　851a
アジア太平洋研究カレッジ(オーストラリア)
　243a
アジア太平洋大学交流機構　172a, 108b
アジア太平洋地域質保証ネットワーク
　172b, 108b
アジア太平洋地域における高等教育の資格
　の認定に関する地域条約　172b
アジアの大学　107a, 480a, 512b
アジアの大学改革　173a, 108b
アジアの留学　857a
足利学校　174a
足利工業大学　174a
足利裁縫女学校　735a
アジスアベバ大学(エチオピア)　154b
芦屋学園　174b
芦屋大学　174a
アシュビー, E.　174b, 190a
アシュモレアン博物館(イギリス)　614a
アーズ, C.=B.　401b
アスキス委員会　154b
アースキン, J.　383a
AStA(アスタ, ドイツ)　802b
アズハル(エジプト)　195b, 223a
アスピラントゥーラ(ロシア)　262b
アスュート大学(エジプト)　222b
アセアン学生国際移動プログラム
　108b, 173b
アセアン大学ネットワーク　174b, 108b,
　173b
アセアン単位互換制度　175a
ASEAN＋3大学ネットワーク　175a
アソシエイト(イギリス)　354b
アソシエート・ディグリー(アメリカ)　661a
安宅彌吉　419b
足立学園　161a
足立喜三郎　625b
安達寿雄　643b
アタテュルク, M.K.　186b
アダムズ, J.　672b
アダム・スミス　380b

新しい教養教育　197b
新しい「国立大学法人」像について(文部
　科学省)　439b
新しい時代における教養教育の在り方
　について(中教審答申)　199b
新しい時代に対応する教育の諸制度の
　改革について(中教審答申)　498a
新しい時代の教養教育　49a
新しい社会運動(ヨーロッパ)　254b
新しい大学(イギリス)　192b
新しい貧困　271a
アチービング・ザ・ドリーム(アメリカ)
　731b
アーツ・アンド・サイエンシーズ(アメリカ)
　31a
ASHE(アッシェ, アメリカ)　181b, 588a
HCERES(フランス)　163b
アーティキュレーション　175a
アテネウム(オランダ)　179a
ATER(フランス)　175a, 585a
アーデルンク, J.C.　401a
アドバンス・プレイスメント・プログラム(ア
　メリカ)　86a, 693b
跡見学園女子大学　175b
アドミッションズ・オフィス　175b, 86b,
　221a
アドミッション・ポリシー　661a
アドラー, M.　383a
アナール学派　860b
アーバングラント大学構想　60a
アーバン・サービング・ユニバーシティ(ア
　メリカ)　60a
アビトゥーア(ドイツ)　175b, 273a, 596b,
　862b
アビトゥーア試験(ドイツ)　86b, 129a,
　670b, 807a
アビリタシオン　122b
アビリタシオン(フランス)　122b, 356b
アビリタツィオーネ(イタリア)　356a, 463b
アビントン学校区対シェンプ裁判　61a
アファーマティブ・アクション(アメリカ)
　176a, 21b, 343a, 803b, 840b
アファム(AFAM)　135b
『アブー・アルアラー追憶』　222b
アブシェーストゥヴェンナヤ・アクレディタ
　ーツィヤ(ロシア)　476b
アブドゥッサラーム　195b
『アフリカ高等教育ガイド』　433b
アフリカ質保証ネットワーク　155b, 178b
アフリカ大学科学・人文・工学パートナー
　シップ　388b
アフリカ大学連合　177a, 155b, 481b
アフリカの教授言語　513b
アフリカの高等教育　155a
アフリカの大学　153b, 481a, 513b
アフリカの大学改革　177a
アフリカの大学自治　177b

アフリカの留学　857a
アフリカ・マダガスカル高等教育評議会
　　178a, 155b
アフリカン・バーチャル・ユニバーシティ
　　737b
アプレンティスシップ　77a, 561b
安部磯雄　597b
安倍能成　272b
アベラール, P.(アベラルドゥス, P.)　18b,
　　32a, 58b, 82b, 93a, 603a, 803a
AHELO　232a, 418a
天野郁夫　397a, 624a
天野貞祐　693a, 750a
アムステルダム自由大学(オランダ)　**178b**
アムステルダム大学(オランダ)　**178b**
アムハースト・カレッジ(アメリカ)　**179a**,
　　584b
アムハースト大学(アメリカ)　547b
アメリカ医学協会　266b
アメリカ医学大学院協会　227a
アメリカ化学会　390a
アメリカ合衆国の教育構造　112f
アメリカ型大学拡張運動　577b
アメリカ合衆国の大学　110a, 180f
　　[設置形態]　90a, 620a
　　[学問の自由]　16a
　　[学位授与]　74b
　　[社会貢献]　482b, 636a
　　[学費]　35b, 492b
アメリカ合衆国の大学改革　**179a**
アメリカ合衆国の大学法制　**180b**
アメリカ・カレッジ協会　556a, 579a
アメリカ議会図書館　667a
アメリカ教育協会　500b, 579a
アメリカ教員組合　**181b**
アメリカ高等教育学会　**181b**, 588a
アメリカ国立光学天文台　392a
アメリカ・コミュニティ・カレッジ協会
　　445a
アメリカ自然史博物館　262a
アメリカ奨学金　867b
アメリカ先住民　445a
アメリカ大学協会　**182a**, 114b, 396a,
　　521a, 579a
アメリカ大学教授連合　**182a**, 295a, 620b
アメリカ大学史研究　588a
アメリカ大学テスト　86a
アメリカ大学モデル　**183a**, 27b, 275a
アメリカ図書館協会　692b
アメリカのアクレディテーション　641b
アメリカの学習成果　837b
アメリカの学生生活　595b
アメリカのカレッジ・スポーツ　594b
アメリカの技術者養成　329b
アメリカの教授職　411a
アメリカの研究大学　396a
アメリカの質保証　8b

アメリカの私立大学　521a
アメリカの進学率　527a
アメリカの専門職教育　561b
アメリカの専門職資格　563b
アメリカの大学拡張事業　52a
アメリカの大学教員　353b, 584a
アメリカの大学教員養成　582b
アメリカの大学研究　587b
「アメリカの大学支援組織」　452b
アメリカの大学と財団　452b
アメリカの大学都市　603b
アメリカの入学制度　86a
アメリカの農学部　730b
アメリカのフェローシップ　761b
アメリカの留学　857a
アメリカ歴史学会　164b
アメリカン女子カレッジ(トルコ)　789b
アメリカンフットボール　595a
『アメリカン・マインドの終焉』　**184a**
アメリカンメモリー　667a
荒木俊馬　367b
アラゴン王国　862a
新たな未来を築くための大学教育の質
　　的転換に向けて(中教審答申)　446b,
　　583b
アラビア語　32a, 442a, 513b
アラブ首長国連邦大学(アラブ首長国連邦)
　　184a
アリアドネ(日本)　667a
アリーガル運動(インド)　184b
アリーガル・ムスリム大学(インド)　**184b**
アリストテレス　54a, 58a, 58b, 842b
アリストテレス的自然観　256a
アリストテレスの饗宴　264b
アリストテレスの論理学　661b
アリー・ムバーラク　222a
アーリヤーメフル工科大学(イラン)
　　484a
RISTEX(日本)　567b
RIHE(アメリカ)　218b
RIHED(東南アジア)　108b
アル＝アズハル(エジプト)　184b
アル＝アズハル大学(エジプト)　**184b**, 154a
REI(COE)　465b
REF(イギリス)　399a, 399b
RA(リサーチ・アシスタント)　848a
RAE(イギリス)　318a, 399a
RA経費　848a
RNCP(フランス)　564b
ROIS(日本)　586a
アルカラ大学(スペイン)　**185a**, 137b,
　　603a
アルカラ・デ・エナーレス(スペイン)
　　185a, 807a
アルジェ大学(アルジェリア)　**185a**
アルーシャ協定(アフリカ)　178a
アルゼンチンの大学　149b

R-T-Sネクサス　28b
RDF(イギリス)　357b
アルテス・リベラーレス　196b, 852b
アールト, A.　185b
アールト大学(フィンランド)　**185b**, 793b
アルトバック, P.G.　108a
アルトバックの枠組み　745b
アルトホーフ, F.　**185b**
アルトホーフ体制　185b
アルバイト　**185b**
アルバイト従事率　186a
アルバーノ大学(アメリカ)　474b
アルファ・デルタ・パイ(アメリカ)　770a
アルフォンソ8世　744b
アルフォンソ10世　32a, 402b
アルブレヒト, W.E.　388b
アルベルティーナ(ドイツ)　769b
アルベルトゥス大学ケーニヒスベルク
　　388b
アルベルト・ルートヴィヒ大学フライブルク
　　(ドイツ)　769b
RU11(日本)　397a
アレクサンドリア大学(エジプト)　222b,
　　253b
アレクサンドル皇帝大学(フィンランド)
　　144a, 787b
アンカラ大学(トルコ)　**186b**, 697b
アンカラ・ユニヴェルシテスィ(トルコ)
　　697b
アンジェ大学(フランス)　**186b**
アンシクロペディー　30a, 853a
安城学園大学　159b
安全保障技術研究推進制度(日本)
　　398b
アンダーウッド, H.G.　833b
アンダー・グラデュエート(アメリカ)　76b,
　　380b
アンダーソン, R.D.　93a
アンタナナリボ大学(マダガスカル)　154b
アンティオック・カレッジ(アメリカ)　474b,
　　516a
アンテレクチュアル(知識人)　83b
アントワープ大学(ベルギー)　132a
アンブル(ANVUR)　136a, 220b, 463b
暗黙知　638a

い

EI　339b
IAMAS　505b
ERA(ヨーロッパ)　430a
ERATO(日本)　228a, 567b
ERC(ヨーロッパ)　430a
ERDF(EU)　636b
EAIR(ヨーロッパ)　**187a**
ES(日本)　231b

874　あふりかの　　　　　大学事典

ESIB（ヨーロッパ）　832a
ESR（フランス）　91b, 225b
ESF（EU）　636b
イエズス会　32b, 346b, 373b, 443a,
　448a, 449a, 513a
イエズス会神学校（日本）　442b
ESPE（フランス）　202a
ESU（ヨーロッパ）　476a, 832a
EHEA（ヨーロッパ）　78b, 202b, 476a,
　800b, 856b
EHESS（フランス）　212a
家永三郎　624a
イエーナ大学（ドイツ）　**187a**
ENIC　434a, 475b
ENA（フランス）　21b
ENS（フランス）　221b
ENLACES（ラテンアメリカ）　836a
ENQA（ヨーロッパ）　8a, 9a, 171a, 476a,
　832a
EMI　345a
EMBA　227b
イェール・カレッジ　187b
イェール・シンガポール国立大学（シンガ
　ポール）　250a
イェール大学（アメリカ）　**187b**, 111a
イェール・レポート　**187b**, 111b
医学科（日本）　189a
医学教育　**187b**, 54a, 55a, 457b
医学系の研究➡理工系・医学系の研究（844a）
　846b
医学・外科学部（イタリア）　543a
医学所（日本）　545b
医学・生命科学の新展開　255b
医学専攻予備課程　774a
医学大学院　774a, 818a
医学伝習所　701a
医学部　**188b**, 266a, 394b
　［日本］　352b, 561a, 844a
　［ドイツ］　54b, 326a
医学文献分析検索システム　391a
医学類（日本）　189a
医科大学（旧制）　**189b**, 189a, 591b
医科大学（新構想大学）　528t
医学校　591a, 697a
医学校兼病院（日本）　189a
医学校通則　102b
意義ある学習　170b
生きた法　790a
EQA（ヨーロッパ）　476a
EQAR（ヨーロッパ）　476a
EQF（ヨーロッパ）　43a, 260b, 467a
イギリス学長委員会　579a
イギリス型大学拡張運動　577b
イギリス高等教育の一元化　192b
イギリス国教会　118b

イギリス大学モデル　**190a**
イギリスの学生組合　277b
イギリスの学寮　296b
イギリスの技術者養成　329b
イギリス（イングランド）の教育制度　120f
イギリスの教育専門性　357b
イギリスの研究評価　399b
イギリスの高等教育　120f
イギリスの質保証　8b
イギリスの宗教教育　487a
イギリスの職業教育　120f
イギリスの新構想大学　**191a**
イギリスの専門職資格　564a
イギリスの大学　**118b**, 89b, 492b, 619a,
　620b
イギリスの大学改革　**192a**
イギリスの大学教員　354a, 582b, 584b
イギリスの大学都市　603b
イギリスの大学法制　**193a**
イギリスの入学制度　86b
イギリスのフェローシップ　761b
育英黌農業科　681b
幾徳工業大学　306b
池田大作　568a
伊沢修二　106a
遺産相続者たち　779b
医師　54b, 55a, 56b, 562a, 563a, 817b
EGE（ロシア）　866b
ECA（ヨーロッパ）　476a
ECHE（ヨーロッパ）　203a
ECFMG（アメリカ）　189b
石川県農業短期大学　194a
石川県立看護大学　**194a**
石川県立大学　**194a**
医師組合　266a
医師国家試験　561a
医師国家試験制度　188a
石田学園　542b, 754a
ECTS（ヨーロッパ）　4b, 132b, 202b,
　203a, 228a, 232b, 434a, 476a, 597a,
　819a, 856b
石巻専修大学　**194a**
医歯薬学（日本）　845b
医歯薬系学部　557b
イジャーザ（イスラーム）　195a
e-Japan重点計画─2003　203b
医術開業試験（日本）　467b, 563a
医師養成　562a
イスタンブル工科大学（トルコ）　**194b**,
　697b
イスタンブル大学（トルコ）　**194b**, 696b,
　697b
イスタンブル・テクニク・ユニヴェルシテス
　ィ（トルコ）　697b
イスタンブル・ユニヴェルシテイ（トルコ）
　194b, 696b, 697b
イスティトゥート（イタリア）　135b

イストロポリターナ・アカデミー（スロヴァキ
　ア）　445b
イスパニア語　32a, 346b, 402b
イスラーム　61b
イスラーム高等教育機関　154a
イスラームと大学　**194b**
イスラーム法学校　806b
医制（日本）　563a
伊勢神宮　531b
イソクラテス　29a, 852b
イタリア語　33b, 403a, 442b
イタリアの国立大学　92a
イタリアの大学➡南欧の大学（133b）
イタリアの大学改革　707b
イタリアの大学教員　355b
イタリック文字　208a
一元的序列化（日本）　50a
一講座一教授（日本）　412a
一宮研伸大学　**196a**
一宮女学園　489b
一府県一大学原則　**196a**, 371b, 552b
市邨学園大学　703a
一期校・二期校　**196b**
一県一医大政策　465b, 528b, 530b
一等及第（日本）　75a
一般科目　197a
一般教育　**196b**, 199a, 313b, 371a, 463a
　［日本］　304a, 371b
一般教育課程　55b
一般教育科目　**198b**
一般教育／教養教育　**199a**
一般教育／職業専門教育カレッジ（カナ
　ダ）　117a
一般教養　29a, 54a, 371a
一般教養課程　529b
一般言語学講義　401b
一般財源負担額（地方公共団体）　425b
一般全国職業資格（イギリス）　606b
一般大学資金　390b
一般的基礎教養　197a
一般的権力関係　219b
一般補助（私学助成）　100a
ETS　443b, 462a, 479a
Ed. D.　390a
ET 2010（ヨーロッパ）　202b
ET 2020（ヨーロッパ）　202b
ETUCE（ヨーロッパ）　339b
EDUCAUSE（アメリカ）　39b
異動官職　479b, 821b
伊藤博文　**200a**, 103a
伊藤正己　25b
意図せざる効果　**200a**
井上円了　687b
井上毅　**200b**, 353a, 657b
井上操　323b
イノベーション　45b, 47a, 213a, 636a,
　636b

『イノベーションと企業家精神』　47a,
　637b
イバダン大学（ナイジェリア）　**200b**
茨城キリスト教大学　**201a**
茨城県立医療大学　**201a**
茨城大学　**201a**
EPSC（フランス）　217a
EPSCP（フランス）　91a, 122a, 216b,
　521b, 773a
イブラーヒーム・パシャ大学（エジプト）
　222b
異文化理解　432a
違法状態の大学に対する是正措置　201b
e-ポートフォリオ・システム　660a
イマヌエル・カント・バルト大学（ロシア）
　388b
今村昌平　717a
医薬品工学科　695a
EU　4b, 202a, 801a, 832b
EUI（ヨーロッパ）　832b
EURASHE（ヨーロッパ）　476a
EUA（ヨーロッパ）　832b
IUFM（フランス）　**201b**, 565a
EU生涯学習計画　202a, 501a
IUT（フランス）　125b, 565a, 771a, 772a
EUの高等教育政策　202a
EUの奨学金プログラム　500b
IUP（フランス）　565a
eラーニング　51b, 203a, 737b
eラーニングとICT活用教育　203a, 203b
イラン革命　205b
イランの大学　204a
入口の質保証（大学教育）　8b
イリノイ大学（アメリカ）　**206a**, 839a
イリミンスキー・システム（ロシア）　301b
医療安全管理学　469a
医療系大学間共用試験実施機構
　557b
医療福祉系大学　319a, 710a
イルネリウス　206a, 32a, 791a
イルミイェ（イスラーム）　195a
いわき短期大学　745b
いわき明星大学　206b
岩手医科大学　**206b**
岩手県立大学　**206b**
岩手大学　**207a**
岩手保健医療大学　**207a**
印欧語比較言語学　401a
員外教授（ドイツ）　541b
インキュナブラ　33a, 208a
INQAAHE（インクアヘ）　**207b**, 172b, 434b
イングランド高等教育財政審議会
　99a, 192b, 399b, 619a
イングランド第三の大学　790a
イングランドの医学教育　562a
イングランドの教育制度図　120f
イングランドの大学　118b

イングランドの法曹教育　562b
院系調整（中国）　645a
インケプティオ（フランス）　73b, 804b
インゴルシュタット大学（ドイツ）　812a
印刷業　59b
印刷教材等による授業　654a
印刷術　207b
印刷本　208a
INSEADアブダビ・センター（アラブ首長国
　連邦）　727b
インズ・オブ・コート（イギリス）　789b
インスティチューショナル・リサーチ　208b,
　10b, 187a, 218a, 587b
インスティチュート　209a, 144b, 603b
インスティトゥート（ドイツ）　392b
インストラクショナル・デザイン　209a
インスブルック大学（オーストリア）　141a
院卒研究者　748a
院卒者　748a
インターディシプリン　659a
インターネット大学　209b, 600a
インターネット2　39b
インターネット等活用授業　653b, 817b
インターンシップ　209b, 278a, 427b,
　512a, 775a, 818a
インターンシップの推進に当たっての基
　本的な考え方（日本）　210a
インターン制度　188a, 561a
インディアス古文書館（スペイン）　549b
インディペンデント・スクール　783a
インテーカー　210b
インテグレーション　175a
インド経営大学　109b
インド計画経営インスティテュート　109b
インド工科大学（インド）　**211a**, 109b
インドネシア大学（インドネシア）　**211a**
インドの教授言語　512b
インドの大学　109b
インノケンティウス3世　211b
インパクト・ファクター　211b
インフォーマル・リーダーシップ　169a
インフォメーション・コモンズ（アメリカ）
　838a
インプットベース（資金配分）　99a
インブリーディング　80b
インペリアルカレッジ（イギリス）　406a
引用数　211b

う

ヴァージニア大学（アメリカ）　**212a**, 111b,
　463a
ヴァッサー大学（アメリカ）　516a
EHESS（フランス）　**212a**
ヴァン・ハイス, C.R.　212b
ヴァンホールラーレンスタイン応用科学

大学（オランダ）　871a
ウィカムのウィリアム　650b
ヴィクトリア大学（イギリス）　807b
ヴィクトリア大学ウェリントン（ニュージーラ
　ンド）　152t
ヴィクトリア連合大学（イギリス）　479b
ヴィクラマシーラ大学（インド）　769a
宇井純　471a
ウィスコンシン・アイデア（アメリカ）　**212b**
ウィスコンシン大学（アメリカ）　212b,
　516a, 577b
ウィスコンシン大学システム（アメリカ）
　213a
ウィスコンシン大学マディソン校（アメリカ）
　213a
ヴィダコヴィッチ, M.　402b
ヴィッテン・ヘアデッケ大学（ドイツ）　**213b**
ヴィッテンベルク大学（ドイツ）　14b,
　126b, 744a
ウィリアムズ・カレッジ（アメリカ）　**213b**
ウィリス, P.　779a
ヴィリニュス大学（リトアニア）　**214a**, 140a
ヴィリノ大学（ロシア）　144b
WIL　512a
ウィルソン, H.　594b
ヴィルナ帝国大学（リトアニア）　214a
ヴィレール・コトレの王令　403a
ウィーン医科大学（オーストリア）　214b
ウィーン大学（オーストリア）　**214a**, 74a,
　141a, 164b, 410b, 842a
植草学園大学　214b
植草学園短期大学　214b
ヴェサリウス, A.　214b, 256b
ウェスタン・ガバナーズ大学（アメリカ）
　51b
ウエスト=イースタン・ディヴァン管弦楽団
　453a
ウエストポイント陸軍士官学校（アメリカ）
　406a
上田萬年　401b
ヴェトナムの教授言語　512b
ヴェトナムの大学　480b
ヴェトナム反戦運動　276b
上野学園大学　215a
上野陽一　459a, 485a
ウェーバー, M.　215a, 16a
ヴェーバー, W.E.　388a
ウェビナー　506a
ウェブスター, D.　629b
ヴェルジェ, J.　29a
ウェールズ高等教育財政審議会　192b
ウェールズ大学（イギリス）　**215a**, 119b
ウェールズの大学　119b
ウェルズリー大学（アメリカ）　516a, 549b
ヴェンティッヒ, H.　231a
ウォードン（イギリス）　297a
ウォートン・スクール（アメリカ）　789a

ヴォルフ, Ch.　33b, 744a
ヴォロネジ大学(ロシア)　**215b**
ウクライナ語　34a
受付面接者　210b
受取利息・配当金収入　215b
潮木守一　46b
ウスタフ(ロシア)　145b
ESR(フランス)　91b, 225b
ESPE(フランス)　202a
宇宙像の転換　255b
宇都宮共和大学　216a
宇都宮大学　216a
宇都宮農林専門学校　216a
UDUAL(ウドゥアル)➡ラテンアメリカ大学連
　合(835a)　216a
ウナムーノ, M de　457b
ウニヴェルシタス　2b, 3a, 18b, 83a,
　361b, 431a, 447b, 603a, 647a, 828b
『ウニヴェルシタス』　461b
ウニヴェルシテート(ロシア)　144b
ウニヴェルジテート(ドイツ)　828b
『ウニクム』　818b
ウニベルシタス21　216b
ウニベルシタス21グローバル　216b
ウニベルシタス21ペダゴジカ　216b
ウプサラ大学(スウェーデン)　**216b**, 142b,
　164b
EPSCP(フランス)　**216b**, 91a, 122a,
　521b, 773a
宇部短期大学　217a
宇部フロンティア大学　217a
馬越徹　108a
梅香崎女学校　733a
梅村清光　643b
ヴュルツブルク大学(ドイツ)　**217a**
ウラマー(イスラーム)　195a
浦和大学　217b
浦和短期大学　217b
瓜生山学園　368b
ウルグアイ共和国大学(ウルグアイ)　**217b**
ウレシパ・プロジェクト　456a
運営諮問会議　269b
運営費交付金　218a, 18a, 99b, 390b,
　398b, 438b, 440b, 740a, 848a
運営評議会(イタリア)　136b
運動会　594b

え

AIR(エアー, アメリカ)　**218a**, 208b, 587b
AIMS(アセアン)　108b, 173b
AIT(タイ)　109b
エアフルト大学(ドイツ)　**218b**
ARQF(アセアン)　467a
ARWU　547a
A & M(アメリカ)　839a

AERES(フランス)　20a, 163a
『永遠平和のために』　5b
英学主義(anglicism)　512b
英語　7b, 102b, 345a, 374a, 403a,
　442b, 512b, 625a, 860a
栄光ある孤立　166a
英語学校　587a
英国学位授与機構　218b
英国工学学位授与機構　218b
英国高等教育資格課程　81a
英国CS　317b
英国大学協会　192b, 578b
英国大学行政職員会　586a
英語による教育プログラム(アジア)
　109a
永生学校　775a
営造物概念と国公立大学　219a
営造物設定行為　219a
営造物法人　219a
英米型のカレッジ　220a
英米の大学拡張　577b
英米法　790a
APECエンジニア　230b
栄養学部　514a
営利大学(アメリカ)　309b
営利目的の大学　220b
エヴァーグリーン州立大学(アメリカ)
　474b
エーヴァルト, H.G.A.　388a
A.A.(アメリカ)　633a
AAMC(アメリカ)　227a
AAC(アメリカ)　579a
AACSB(アメリカ)　227b
A.S.(アメリカ)　633a
ASHE(アメリカ)　181b, 588a
AStA(ドイツ)　802b
AHELO　232a, 418a
ANR(フランス)　163a
ANVUR(イタリア)　**220b**, 136a, 463b
ANU(オーストラリア)　151b, 243a
AFAM(イタリア)　135b
AFT(アメリカ)　181b
AMK(フィンランド)　144a
AAU(アメリカ)　182a, 396a, 521a, 579a
AAU(イギリス)　417a
AAUP(アメリカ)　182a, 295a
AO入試　221a
AQF(オーストラリア)　152a
エクステンション(大学拡張)　577a
エクセレンス・イニシアティブ(ドイツ)
　221b, 130a, 226a
エコール・サントラル(フランス)　123a
エコール・スペシアル(フランス)　19a,
　123a
エコール・ノルマル・シュペリウール(フランス)
　221b
エコール・ポリテクニーク(フランス)　**221b**,

54b, 329b, 406a, 799a
ACE(アメリカ)　579a
ACT(アメリカ)➡**SAT／ACT**(223b)　86a
ACTS(アセアン)　175a
エジプト大学　195a, 222a, 253b
エジプトの高等教育　153b
エジプトの大学　222a
SEAMEO(東南アジア)　108b
SEDA(イギリス)　81a
SA(スチューデント・アシスタント)　659b
SSM調査(日本)　348a
SHEFC(スコットランド)　192b
SAT／ACT(アメリカ)　**223b**, 86a
SAT科目別試験　223b
SAT論理試験　223b
SNESUP(フランス)　417a
SNS　571b
SF(日本)　300b
SFSS(日本)　300b
SfH(ドイツ)　86b, 129b
SAU　173b
S.J.D　390a
SCQF(スコットランド)　260b
SD➡**スタッフ・ディベロップメント**(537a)
　81b
SDU(イギリス)　537a
エスニック・マイノリティ　803b
エスノグラフィー　759b
SBI大学院大学　224a
SPS(アメリカ)　**224a**
エスピノーサ, A.V.　401a
SVQ(スコットランド)　260b
エチオピアの大学　177b
越境共有(データ)　506a
X線CT　847a
HRST　430b
HRK(ドイツ)　129b, 578b
HRG(ドイツ)　90b
HEEACT(台湾)　547b
HEFCE(イギリス)　99a, 192b, 399b,
　619a
HEFCW(ウェールズ)　192b
HEQC(イギリス)　417a
HECS(オーストラリア)　151b, 492b, 492t
HATOプロジェクト(日本)　159b
HFSP　430b
HOOP(オランダ)　132b
HCERES(フランス)　163b
h指数　211b
閲覧請求(財務情報)　453b
A2レベル(イギリス)　86b
ATER(フランス)　175a, 585a
ATGSB　479a
エディンバラ世界宣教会議　374a
エディンバラ大学(イギリス)　**224a**, 119a
エデックス(edX)　813a
エトゥイナ・マドラサ(チュニジア)　154a

I
II
III
IV

ア
カ
サ
タ
ナ
ハ
マ
ヤ
ラ
ワ

索
引

大学事典　　えとぅいな｜**877**

エトヴェシュ・ロラーンド大学（ハンガリー） 768a

エドガール・フォール法（フランス）**224b**, 742b, 772b, 773b

江戸川学園 224b

江戸川女子短期大学 224b

江戸川大学 224b

エドワーズ, J. 111a, 335b

エドワード6世文法学校 782a

NII（日本） 327b, 391b, 605a

NIS（アメリカ） 275a

NIH（アメリカ） 391a, 437a

NIHU（日本） 586a

NIAD-QE（日本） 577a

NINS（日本） 586a

NEA（アメリカ） 556a

NEDO（日本） 525a

NAIST 707a

NAICU（アメリカ） 556a

NARIC 434a, 476a

NSA（アメリカ） 305b

NSF（アメリカ） 555b, 847b

NLII（アメリカ） 39b

NLARP（イギリス） 354a

NOAO（アメリカ） 392a

NOVA（アメリカ） 731b

NQF 260a, 467a

NCIHE（イギリス） 656a

NCAA（アメリカ） 595a

NCCE（アメリカ） 427b

NCTA（イギリス） 218b

NDIR 218b

NPM 88a, 225a, 225b, 618b, 619a, 649b, 692a

NPMと大学改革 225a, 88a, 618b, 619a, 692a

NPO法人 613a

NVCC（アメリカ） 731b

NUEA（アメリカ） 599a

NUS（イギリス） 277b

NUS（シンガポール） 527a

NUCEA（アメリカ） 599a

榎本武揚 678b

エーバーハルト・カール大学テュービンゲン（ドイツ） 664b

AP➡DP・CP・AP（三つのポリシー）(661a) 314b, 659b

AP（アメリカ） 86a

APRU（環太平洋） 108b, 325a

ABET（アメリカ） 330a

ABA（アメリカ） 266b

APQN➡アジア太平洋地域質保証ネットワーク(172b) 108b

愛媛県立医療技術大学 226b

愛媛県立医療技術短期大学 226b

愛媛大学 226b

APUJ 720a

FH（ドイツ） 262b

FFP 400b

FMICS 537b

FZS（ドイツ） 279b

FD➡ファカルティ・ディベロップメント(757a) 80b, 537a, 538a, 583b

FP（EU） 430a

ABEST21（エーベスト21, 日本）**227a**, 385b

エボラ大学（ポルトガル） 138b, 404b

MIT（アメリカ） 406a, 407a, 805a

MIUR（イタリア） 135b

MRI 847a

MEXT（日本） 821b

M.Ed. 777a

MEDLARS 391a

MEDLINE 391a

M. A.（アメリカ） 57a

M. S.（アメリカ） 57a

MSCA（EU） 430a

MLA（Museum, Library, Archives） 614b

MOOC 39b, 159a, 247b, 813a

MCAT（エムキャット, アメリカ）**227a**

M. D.（アメリカ） 817b

MDC（アメリカ） 803a

MBA 227b, 734a, 777a

MPA（学位） 409a

MBA課程 385a, 386b

MPP（学位） 409a

MPP/UP（学位） 409a

M.V. ロモノーソフ記念国立モスクワ大学 819a

Mマル合（日本） 393a

MUAAS（イギリス） 586a

AUA（イギリス） 586a

AUN➡アセアン大学ネットワーク(174b) 108b, 173b

AUN-ASEAN単位互換制度 631a

AUQA（オーストラリア） 152a

AUC（エジプト） 253b

AUB（レバノン） 785a

エラスムス（ERASMUS） 202b, 228a, 232b

エラスムス, D. 33a, 131a, 228a, 448b, 856b, 860a

エラスムス計画補助金事業 476a

エラスムス奨学金 501a, 856b

エラスムス大学憲章 203a

エラスムス大学ロッテルダム（オランダ）**227b**

エラスムス・プラス（ERASMUS＋） 203a, 228a, 430a, 501a, 651b, 863b

エラスムス・プログラム 228a, 431b, 562b, 856b

エラスムス・ムンドゥス 202b, 228a, 431b, 501a

ERATO（日本）**228a**, 567b

エリオット, C.W. 228b, 231a

エリザベス学則（ケンブリッジ大学）**228b**

エリザベト音楽大学 229a

エリザベト音楽短期大学 229a

エリート型 49b, 698a

エリート再生産 779b

エリート大学（ドイツ） 130b, 221b, 388b, 389a, 671a, 733a

エリート段階（大学進学率） 85b, 611b

エリート・マス・ユニバーサル段階進化論 588a

エリート養成（フランス） 381b

LERU 178b

LERU（ヨーロッパ） 397b, 832a

LEA（イギリス） 192a, 193b, 521b, 799b

LA 280a

LAC（アメリカ） 853b

LSE（イギリス） 193b, 386b

LSAT（アメリカ） 792a

LMS 204a, 838b

LMD（フランス）**229a**

LLP（EU） 202a

LLBA 391a

LRU（エルエールユー, フランス）**229b**, 20a, 22a, 91b, 126a, 225b, 578b, 619b, 773a, 773b

LOLF（フランス） 225b

エル・コレヒオ・デ・メヒコ（メキシコ）**229b**

LGBT 804a

エルゼビア（オランダ） 666a

ENQA（ヨーロッパ） 8a, 9a

遠隔学習 38a, 158b

遠隔教育
　　［日本］ 203b, 653a
　　［アメリカ］ 482b
　　［イギリス］ 247b
　　［オセアニア］ 153a, 809b

遠隔教育研究所（インド） 806b, 814b

遠隔授業 37b, 817b

円環的教養 196b

円環をなすパイデイア 852b

延禧専門学校（韓国） 833a

エンキュクリオス・パイデイア 196b, 852b

燕京大学（中国）**230a**

園芸学部 230a

園芸作物 230a

エンゲージド・ユニバーシティ 45b

エンゲージメント 45a

エンジニア 230a, 561b

エンジニア称号 230a

『エンジニアの教育』 574a

演習（単位制） 631b

演習／ゼミナール 230b

演習林 731a

延世大学校（韓国） 833a

遠藤隆吉 640a

エントリーシート　231b
エンプロイアビリティ　446a
エンベディッド・ライブラリアン（アメリカ）
　692b
エンリケ航海王子（ポルトガル）　393a
エンロール・マネジメント　231b
エンロールメント・マネジメント　231b

お

OER　506b
OECD　232a
OECD-AHELO　651b
OECD教育調査団の報告書　618b
OECDの高等教育政策　232a
奥羽大学　232a
オウエンズ, O.　232a
オウエンズ・カレッジ（イギリス）　119a,
　232a, 479b, 807b
桜花学園大学　232b
欧州IR協会　187a
欧州アクレディテーション・コンソーシア
　ム　476a
欧州学生組合　476a
欧州教育・訓練協力戦略枠組み　202b
欧州教育労働組合　339b
欧州共通単位　837b
欧州研究会議　430a
欧州研究領域　430a
欧州原子核研究機構　391b
欧州高等教育機関協会　476a
欧州高等教育協会　187a
欧州高等教育圏　4b, 434a, 476a,
　651b, 856b
欧州高等教育圏質保証基準及びガイド
　ライン　476a
欧州高等教育資格枠組み　434a
欧州高等教育質保証協会　9a, 171a,
　476a
欧州高等教育レジスター　203a
欧州資格枠組み　466b, 837b
欧州社会基金　636b
奥州大学　767b
欧州大学協会　476a
欧州単位互換制度　232b, 4b, 132b,
　202b, 203a, 228a, 229a, 819a
欧州単位互換累積制度　434a, 476a
欧州地域開発基金　636b
欧州地域の高等教育に関する資格の相
　互承認協定　142b, 475b, 651b
欧州2020　202b, 430a, 527a, 636b,
　850a
欧州評議会　475b
欧州連合　4b, 202a
追手門学院大学　233a
応答責任（社会還元）　274b

桜美林大学　233a, 280a, 537b
応用科学大学（ドイツ）　731a
応用学校（フランス）　406a
応用研究　847b
王立科学アカデミー（フランス）　256b
王立協会　256b
王立教授団学校（フランス）　442a
王立研究所（イギリス）　393a
王立工科大学（スウェーデン）　535a
王立鉱山学校（イギリス）　406a
王立フレゼリク大学（ノルウェー）　143b,
　244b
OSCE　188b, 557b
大分県立看護科学大学　233a
大分工業大学　715b
大分大学　233b
大内兵衛　820a
大江スミ　654a, 676a
おおくくり入試　667b
大久保潜龍　307a
大久保利謙　587b
大隈講堂　602b
大隈重信　233b, 870b
大倉喜八郎　677a
大河内一男　683b
大阪青山女子短期大学　234a
大阪青山大学　234a
大阪医科大学　234a, 591b, 635a
大阪大谷大学　234a
大阪音楽大学　234b
大阪外国語大学　238b, 250b
大阪外事専門学校　250b
大阪学院大学　234b
大阪学芸大学　235a
大阪河崎リハビリテーション大学　235a
大阪観光大学　235a
大阪教育大学　235a
大阪経済大学　235b
大阪経済法科大学　235b
大阪芸術大学　235b
大阪工業大学　236a
大阪交通大学　236b
大阪国際大学　236a
大阪産業大学　236b
大阪歯科大学　236b
大阪樟蔭女子大学　236b
大阪商科大学　237b, 591b, 635b
大阪商業大学　237a
大阪城東大学　237a
大阪女学院　237b
大阪女学院大学　237a
大阪女学院短期大学　237a
大阪女子医科大学　322b
大阪女子大学　239a
大阪市立大学　237b
大阪成蹊学園　756b
大阪成蹊大学　237b

大阪総合保育大学　238a
大阪体育大学　238a
大阪大学　238a, 340a
大阪短期大学　625b
大阪帝国大学　238a
大阪電気通信大学　238b
大阪人間科学大学　238b
大阪物療大学　239a
大阪府立看護大学　239a
大阪府立大学　239a
大阪府立浪速大学教育学部　340b
大阪保健医療大学　239a
大阪明浄大学　235a
大阪薬学専門学院　469a
大阪薬科大学　239b
大阪行岡医療大学　239b
大阪理工科大学　375b
太田耕造　172a
大谷学園　234a
大谷女子大学　234a
大谷大学　239b, 490a, 769a
大谷米太郎　694b
大槻俊斎　545b
大妻コタカ　240a
大妻女子大学　240a
大手前女子大学　240a
大手前大学　240a
大原大学院大学　240b
公の施設（日本）　219b
岡崎学園　728a
岡崎女子大学　240b
岡崎女子短期大学　240b
緒方洪庵　545b
岡山学院大学　240b
岡山県立大学　241a, 505b
岡山商科大学　241a
岡山女子短期大学　241a
岡山清心女子専門学校　732b
岡山大学　241b, 279a, 283b
岡山理科大学　241b
沖大存続闘争　242b
沖縄科学技術大学院大学　241b
沖縄キリスト教学院大学　242a
沖縄県立看護大学　242a
沖縄県立芸術大学　242a
沖縄国際大学　242b
沖縄大学　242b
沖縄短期大学　242b
奥田義人　458a
オークランド工科大学（ニュージーランド）
　153a
オークランド大学（ニュージーランド）　243a
OJT　446a
教える資格　73a
押川方義　685b
OCW　39b, 247b
OCWコンソーシアム　247b

オーストラリア教育資格枠組み(オーストラ
　リア)　152a
オーストラリア国立大学(オーストラリア)
　243a, 151b
オーストラリア大学質保証機構(オーストラ
　リア)　152a
オーストラリアの大学➡オセアニアの大学
　(151a)　492b
オーストラリアの大学法制　243a
オーストラリアの留学　857a
オーストリアの大学➡中・東欧の大学(139a)
　141a, 649a
オスマン大学(トルコ)　697a
オスロ大学(ノルウェー)　**244b**, 143b
オセアニアの大学　151a
オタゴ大学(ニュージーランド)　**244b**
小樽商科大学　244b, 608b
お茶の水女子大学　245a, 340b
オックスフォード運動　727b
オックスフォードおよびケンブリッジ法(イ
　ギリス)　193a
オックスフォード技術カレッジ(イギリス)
　245b
オックスフォード芸術学校(イギリス)
　245b
オックスフォード・ケンブリッジ大学法
　228b
オックスフォード大学(イギリス)　**245a**, 15a,
　118b, 320a, 497b, 548b, 603b
　[学位]　73b, 262a
　[教授資格]　584b
　[学生]　83a
　[奨学金]　867b
　[図書館]　604a
オックスフォード大学法　868a
オックスフォードのウニヴェルシタス　3a
オックスフォード・ブルックス大学(イギリス)
　245b
オックスフォード・ポリテクニク(イギリス)
　245b
オックスフォード理想主義学派　497b
オックスブリッジ(イギリス)　54a, 58a,
　68a, 118b, 167b, 190a, 220b, 297b,
　335b, 404a, 548b
オックスブリッジ・モデル　190a
OD(オーバードクター)　246a
オーデンセ大学(デンマーク)　809b
オーナーズ・プログラム　245b, 540a
尾道市立大学　246a
尾道大学　246a
尾道短期大学　246a
オーバー・エデュケーション問題　46b,
　808a
オーバードクター　246a
小原国芳　629b
帯広畜産大学　246b
オフィス・アワー　246b

オフキャンパス　269a
オーフス大学(デンマーク)　**247a**
オープン・アドミッション　130a, 605b
オープン・キャンパス　247a
オープン教育資源　506b
オープンコースウェア　247b, 39b, 482b
オープン・ドア(無試験)　445a
オープン・ユニバーシティ(イギリス)　**247b**,
　51b, 121a, 191b, 317b, 737b
オベリン, J.F.　248a
オベリン・カレッジ(アメリカ)　**248a**, 516a
お雇い外国人　248a, 102b, 409a
親負担(教育費)　350a
OU(イギリス)　191b
OUVS(イギリス)　586a
オランダ医学　102b
オランダ経済高等専門学校　227b
オランダ語　512b
オランダの大学　131a
オランダ・フランデレン・アクレディテーシ
　ョン協会　133a
オランダ・ベルギーの大学　130b
『**オリエンタリズム**』　453a
オリエンテーション　248b, 250a
オールソウルズ(イギリス)　296b
オルタナティブ・スクール　309b
オルテガ・イ・ガセット, J. 248b, 24a, 349b
オルレアン大学(フランス)　**248b**
オルレアン理工科学学校(フランス)
　249a
音楽・芸術系学部　249b
恩田重信　816a
『**オンタリオ─学習の先導役**』(カナダ)
　117b
オンタリオ獣医大学(カナダ)　389a
オンタリオ州の大学　116a, 117a
オンタリオ農科大学(カナダ)　389a
オンタリオ農業学校(カナダ)　389a
音博士(日本)　408b
オンライン化されたデータベース　506b
オンライン講義　53b
オンライン講座　813a
オンライン・ユニバーシティ　453b

か

カー, C.　5a, 60a, 308b, 316a, 462b,
　610b, 807b
海外キャンパス　250a
海外先進教育研究実践支援(日本)
　582b
『**懐疑的世代**』　463b
階級再生産　779b
海峡植民地・マレー連合州政府立医学
　校(シンガポール)　527b
海軍所　102b

会計責任　68b, 166a
会計専門職業人　862a
開講式　250a
外国教師　844b
外国語学部　250b
外国語学校　587a
外国語狩り　443a
外国語教育➡古典語・外国語教育(441b)
外国語大学　675b
外国人宣教師　374a
外国人留学生　856a, 857b
外国人留学生数　856a
外国人労働者　863a
外国人労働力人口　863a
外国大学日本校　250b
外国法教育　790a
外国法研究　790b
カイザー・ウィルヘルム協会(ドイツ)　24b
改ざん(研究倫理)　400b
外資系企業　251a
会社法人(イギリス)　193b
KAIST(カイスト, 韓国)　**251a**
開成学校　251b, 102a, 605b
改正教育基本法　344a
開成所　102a, 745a
改正大学組織法(スペイン)　709a
改組運動(日本)　372a
開智国際大学　251b
カイパー, A.　178b
開発(研究)　847b
開発学大学(ガーナ)　481b
外部資金　252a, 439a
外部資金と利益相反　252a
外部評価　252a, 625a
外部連携　253a
下位文化(サブカルチャー)　254a
解剖学　738b, 800a
解放派(社青同)　276b
海洋科学博物館(東海大学)　613b
海洋科学部　534b
海洋系学部　534b
海洋系総合大学　675b
カイロ・アメリカン大学(エジプト)　**253b**,
　223a
カイロ大学(エジプト)　**253b**, 195a, 223a
カウツキー, K.　59b
ガウン➡タウンとガウン(627a)
カウンシル(イギリス)　90a
カウンセリングセンター　281b
カウンターカルチャー　254a
カウンターカルチャー運動　276b
嘉悦女子短期大学　255a
嘉悦大学　255a
KMK(ドイツ)　274a
高考(ガオカオ, 中国)　87a
課外活動　255a, 279a, 454b
化学(日本)　845a

科学アカデミー　**255b**, 29b, 123a
科学アカデミア　167a
科学英語　346a
科学革命　401b
科学革命と大学　255b
科学技術　257a, 554a, 570b
科学技術・学術審議会(日本)　533b
科学技術関係経費　545a
科学技術基本計画(日本)　256b,
　364a, 545a
科学技術基本法　256b
科学技術行政協議会(日本)　258a
科学技術協力協定(日本)　429b
科学技術情報発信・流通総合システム
　391b
科学技術振興機構　257a, 391b
科学技術振興事業団(日本)　257a
科学技術人材　430b
科学技術新体制確立要綱　257a
科学技術政策　257b
科学技術政策上の目標(COE)　465b
科学技術政策大綱　545a
科学技術大学院教育研究開発事務所
　108b
科学研究の制度化　570b
科学研究費補助金　258b, 100a, 400a,
　848a
科学政策(アメリカ)　275a
科学的管理法(アメリカ)　386b
科学的方法　840b
化学哲学　255b
科学動員(アメリカ)　275a
科学と大学　24a
科学の制度化　24a
科学のための政策　257b
香川綾　514a
香川医科大学　259a
香川栄養学園　514a
香川県立農科大学　259a
香川県立保健医療大学　258b
香川昇三　514b
香川大学　259a
下級学部　326a, 661b
学位　260a, 410a, 577a
学位記(日本)　365b
学位記(ロシア)　147f
学位記＋修了証　341b
学域／学府　259a
学域・学類制　259a
学位規則　259a, 75a, 667b
学位工場　259b
学位詐称(日本)　268b
学位・資格枠組み　259b, 863b
学位試験(ヨーロッパ)　804b
学位授与機関　261a, 78a
学位授与機構(日本)　75b, 259b,
　261b, 577a, 722b

学位授与権　263b, 3b, 19b, 90a, 92b,
　192b, 193a, 268a, 418a, 621a, 648a
学位授与権を持たない高等教育提供
　機関の学位認定を行う公開大学の認
　定制度(イギリス)　586a
学位授与式　264b, 167b
学位授与組織(アメリカ)　74b
学位授与団体　800a
学位条例(中国)　645b, 646a
学位制度　129b, 142b, 143a, 264b
学位と称号　73a
学位と職業　264b
学位と専門職団体　265b, 57a, 266a,
　560a, 563b, 564a
学位の質保証(日本)　305a
学位の種類　266b, 268a
学位の使用(日本)　268b
学位の審査権　263b
学位の普遍的有効性　3b
学位プログラム　271b, 415b, 650b
学位プロフィール　651a
学位法制　267b
学位令　74b, 626a
学位論文　473b, 843a
学位論文電子化の諸問題に関するワー
　キング・グループ　667b
学園祭➡大学祭／学園祭(589a)　279b
学園都市　622a
学園都市構想　602a
学園紛争　615a
学外学位(イギリス)　268b, 190b
学外学位課程　269a
学外学位授与機関(アメリカ)　262a
学外者管理(アメリカ)　620a
学外者の大学経営参画　269a
革共同　276b
学群　233a, 270a, 530b
学芸員　613b
学系／学群　270a
学芸学部　270b, 340a
学芸学部(中世大学)　27a
学芸大学　270b
学芸の教師(アメリカ)　358a
各国学術承認情報センター　434a
各国情報拠点ネットワーク　434a
学際学部　312a, 530b
学際科目　270b
学際研究　49a
学際性　271a, 659a
学際的学修　311b
学際的研究センター(ドイツ)　753b
格差社会　271a
学士　271b, 232b, 266b, 268b
　[日本]　74b, 261a, 503a, 566a
　[アメリカ]　74b, 261b
　[ロシア]　147f
学士院　77a, 167b

学士課程　271b, 684a, 766a
　[アメリカ]　56b
　[イギリス]　585a
　[スペイン]　709a
学士課程教育の構築に向けて(中教審答申)
　272a, 81a, 537b, 582b, 583b, 661a,
　836b
核磁気共鳴画像法　847a
学士研究科(日本)　77b
学士号(日本)　271b
学士入学➡編入学(789a)
学者ギルド　68a
学者グループ事件　272a
学習院女子大学　272b
学習院女子短期大学　272b
学習院大学　272b
学習管理システム　204a
学習サイクル改革(イタリア)　135a, 708a
学習時間　837b
学修者　631b
学習者　315a, 836b, 838a
『学習社会における高等教育』　121b,
　656a
学習助言　246b
学修成果　650b, 837a, 838a
学習成果➡ラーニング・アウトカムズ(836b)
学習成果　9a, 39a, 466b, 641b, 650b,
　837b
　[日本]　699a
　[アメリカ]　166a, 330a
学習成果調査　418b
学習センター(放送大学)　52a
学修・大学生活評議会(フランス)　91b
学習単位　382b
学習到達度調査　851b
学習の自由(ドイツ)　273a
学修の承認　475b
学習目標　837b
各州文部大臣会議(ドイツ)　274a
学習歴　470a
学術英語　346a
学術監査部(イギリス)　417a
学術機関リポジトリ　327a
学術技芸　197a
学術教育要員養成(ロシア)　146a
学術協力者(ドイツ)　355a
学術研究　717b
学術研究懇談会(日本)　397a
学術研究助成基金助成金　258b
学術雑誌　274a, 390b, 506a
学術誌　274a, 506a
学術ジャーナル　274a
学術承認情報センター　476a
学術情報ナビゲータ(日本)　391b
学術情報ネットワーク　605a
学術助手・芸術助手(ドイツ)　355a
学術審議会(ドイツ)　274b, 226a

学術成果の還元　**274b**
学術専門職員　593b
学術大学(ドイツ)　**275b**, 127b, 129a,
　262b, 585a
学術大学院(アメリカ)　74b
学術的学位(アメリカ)　265a
学術的課程　509b
学術的・文化的・職業専門的な性格を
　有する公共施設(フランス)　91a,
　216b, 773a
学術的・文化的性格を有する公共施設
　(フランス)　217a
学術博士(日本)　75a
学術評議会(フランス)　91b
学術遍歴　32b
学術(芸術)補助員(ドイツ)　355a
学食➡学生食堂(280b)
学士力　**276a**, 198b, 199b, 272a, 446b,
　638a
学資ローン　351b
学生　**82a**
学制(日本)　569a
学生運動　**276a**, 615b, 757a
　[日本]　279b, 283b, 300b, 550a,
　550b, 615a, 683b
　[イタリア]　134b
　[フランス]　865a
　[ラテンアメリカ]　149a
学制改革問題　724b
学生会館　**277a**
学生課外活動　454b
学生学頭職(イタリア)　301b, 800a
学生革命　276b
学生規則　287a
学生教育研究災害障害保険　**277b**
学生・教員FD検討会　283b
学生・教職員教育改善委員会　283b
学生組合(イギリス)　**277b**
学生結社(ドイツ)　775a
学生権利章典　305b
学生交換　631a
学生厚生補導研究会　597a
学生互助会(ドイツ)　668b, 818b
学生国家評議会(イタリア)　136a, 136b
学生賛歌　828b
学生参画　284a
学生参画型FD　283b
学生支援　**278a**, 231b, 281a, 597a, 717b
学生支援センター　278a
学生自治　**278b**, 283b
学生自治会　283b, 802b
学生実験　473a
学生社会科学連合会　300b
学生自由連合(ドイツ)　**279b**
学生主体型FD　284a
学生消費者主義　**280a**, 50b

学生職員　280a
学生食堂　**280b**, 602b, 818b
学生食堂連合会　280b
学生処罰　**280b**
学生新聞➡大学新聞(594a)
「学生生活実態調査」　186a
「学生生活調査」　186a
学生選手　595a
学生相談　**281a**
学生相談・学生支援　281a
学生相談研究会(日本)　281a
学生相談室　**281b**
学生相談所(日本)　281a
学生大会　279a
学生大学(イタリア)　761a
学生大学団(イタリア)　70b, 361a
学生団体(フランス)　770b
学生中心の大学　279a, 283b
学制追加(日本)　74b, 569a
学生とドクトルの医学のウニヴェルシタス
　3a
学生に関する法制　**282a**
学生による授業評価　**282a**
学生のアルバイト　185b
学生のウニヴェルシタス　2b, 3a
学生納付金　**282b**, 34a, 97a, 98b, 179b,
　289a, 492a, 522b
学生の国際交流　431b
学生の大学運営参加　**283a**
学生の誕生　82b
学生のパートタイム労働　185b
学生の反乱(フランス)　21b
学生の貧困　757a
学生評議会(イタリア)　136b
学生部長　294a
学生文化　**284a**
学生問題研究所　824b
学生寮　**285a**, 277a
学生ローン　**286a**
学生割引　300b
学籍　**286a**
学籍登録簿　807a
学則　**286a**, 282a, 389b, 699a
学則上の定義　765a
学長　**287a**
　[日本]　13a, 18a, 89b, 270a, 287a,
　292a, 360a, 426a, 580b, 593a, 751a
　[アメリカ]　90b
　[イギリス]　90a
　[イタリア]　136a
学長会議➡大学学長会議(578b)
学長選考会議(日本)　13a, 89b, 270a,
　287b
学長の統監　292b
学長補佐　288a
学年制　**288b**, 631a
学年暦　**288b**

学納金➡学生納付金(282b)　34a, 289a
学納金返還請求訴訟　289a, 726b
学費➡大学と学費(34a)　143a
学費減免　502a
学費値上げ反対闘争　**289a**
学費無償化　**289b**
学費免除　**290b**
学府　259a
学部　80a, 136b, 530a, 569b, 758a,
　844a
学部外組織　**290b**
学部学生　659b
学部教育　271b
学部教授会　291b, 293a
学部自治　**291b**, 12a, 72b, 360a, 590a
学部自費生(イギリス)　297a
学部長　**292b**
学部長指名制度　293b
学部長の選考　293a
学部通則(日本)　287a
『学部の争い』　326a, 587b, 662a
学部の概念　**70a**
学部名称　42a
角帽(日本)　294a
学帽　**294a**
革マル派　276b
学務委員会(イギリス)　90a
革命的共産主義者同盟　276b
革命的マルクス主義派　276b
革命評議会(イラン)　205b
学問塾　470b
学問的誠実性　636b
学問の自由　**13b**, 11a, 264a, 294b,
　398a, 683b
学問の自由委員会(アメリカ)　182b
学問の自由とテニュアの諸原則に関す
　る宣言(アメリカ)　663a
学問の自由と法制度　**294a**
学問の自由の制度的保障　93a
『学問のすゝめ』　765a
学問の制度化　93a
学問範疇(中国)　645a
学問分野別参照基準　651a
学友会　283b
カ・グランダ(イタリア)　812b
学寮　**296a**, 220a, 335b, 447b, 448a,
　449a, 489b, 650b
　[イギリス]　118b, 190a, 296b
学寮制大学(イギリス)　118b, 267a,
　296b, 297b
学寮長(イギリス)　229a, 297b, 868a
学力低下　**298b**, 85b
学力評価　**300a**
学力評価検査(アメリカ)　86a
学類　270a
学歴間代替　511b
学歴社会　**300a**, 41a, 50a, 498a

学歴主義　300a
学歴偏重社会　300a
学連　300b
学連事件　300b
学割　300b
家計支出　413a
家計負担(教育費)　350a
加計学園　639b
科研費(日本)➡科学研究費補助金(258b)
　848a
鹿児島経済大学　300b
鹿児島国際大学　300b
鹿児島純心女子大学　301a
鹿児島女子大学　466a
鹿児島大学　301a
鹿児島大学大学院連合農学研究科
　454a
カザーティ, G.　134a, 301b
カザーティ法(イタリア)　301a
カザン大学(ロシア)　301b, 144b
貸付金(奨学金)　500a, 502a
家塾　470b
柏崎短期大学　711a
ガスダールストゥヴェンナヤ・アクレディタ
　ーツィヤ(ロシア)　476a
カスティーリャ王国　744b
カスティーリャ語　32a, 401a, 403a,
　442a, 609b
カステルレシ, A.　402a
家政研究所　676a
カターニア大学(イタリア)　301b
片柳学園　677a
片山潜　672b
カタール大学(カタール)　302a
カタルーニャ語　609b, 743b
カタルーニャ自治州　609b
家畜病院　731a
勝ち組　271a
学科　302a, 72a
　[アメリカ]　353b
　[イタリア]　136b, 463b
学科と就職先　42a
学科目制(日本)　302b, 411b, 598b
学監　229a, 868a
学環　259a
学期　303b
学校化社会　50a
「学校基本調査」(日本)　526a
学校教育　498a, 841b
学校教育行政の行革提言(日本)　618b
学校教育法　303b, 67a, 69a, 76a, 78a,
　96b, 97a, 106b, 304a, 523b, 529b,
　569b, 723a, 724b
学校教育法改正　72a
学校教育法施行規則　69a, 286a
学校教育法施行令　69a
学校教育法と設置基準　304a

学校設置会社(日本)　309b, 519b,
　524b
学校設置基準　822a
学校特別会計法　438b
学校法人　305a, 97a, 215b, 519a, 519b,
　616b, 719b
学校法人会計　345a
学校法人会計基準　305b, 97b, 333a,
　468b, 523b
学校法人会計基準の一部を改正する省
　令　468b
学校法人制度(日本)　616b
学校法人分科会(日本)　598a
カッシオドルス　197a
合衆国学生協会　305b
合宿(学寮)　296a
合宿研修施設　549b
合宿所　549b
活水女子大学　306a
活水女子短期大学　306a
桂太郎　628b
課程　306a, 598b
課程学位　267b, 586a
課程制大学院(日本)　575b
課程認定制度(日本)　358b
課程博士(日本)　306b, 75a, 473b
『カテゴリー論』　58b
カテドラ(ラテン語)　72a, 409b
カテドラティコ(講座所有者)　149b
加藤彰廉　806b
加藤弘之　623b
カートライト, T.　228b
カトリック教会　373b
カトリック神学部　525b
カトリック大学　373b
カトリックと大学　93b
カードル(給与所得者)　49a
神奈川県立図書館情報ネットワーク・シス
　テム　605a
神奈川県立保健福祉大学　306b
神奈川工科大学　306b
神奈川歯科大学　307a
神奈川大学　307a
金沢医科大学　307a
金沢学院大学　307b
金沢経済大学　308a
金沢工業大学　307b
金沢女子大学　307b
金沢星稜大学　308a
金沢大学　308a, 259a
金沢美術工芸大学　308a
カナダ教育担当大臣協議会　118a
カナダ国際資格情報センター　118a
カナダ大学財団　116b
カナダの大学　115b
ガーナの大学　481b
カーネギー, A.　308b, 309a, 452b

カーネギー技術学校(アメリカ)　452b
カーネギー教育振興財団(アメリカ)
　308b, 395b, 452b
カーネギー工科大学(アメリカ)　309a
カーネギー工業学校(アメリカ)　309a
カーネギー高等教育機関分類(アメリカ)
　261b
カーネギー高等教育審議会(アメリカ)
　308b, 587b
カーネギー財団／カーネギー分類　308b
カーネギー単位　308b, 819a
カーネギー調査　28a
カーネギー分類　308b, 396b
カーネギーメロン大学(アメリカ)　309a,
　452b
鹿屋体育大学　309a
ガバナンス(統治)　20b, 95b
ガーフィールド, E.　212a
株式会社立専門職大学院(日本)　385b
株式会社立大学　309a, 220b, 579b, 661b
壁のない学校　309b
壁のない大学　309b
華北協和女子大学(中国)　230a
鎌倉女子大学　310a
カミングス, W.　107b
亀田医療大学　310a
亀田自證　310a
科目担当者会議　315a
科目等履修生　310a, 485t
科目別ホームページ　838b
カラウィネ大学(モロッコ)　154a
カラジッチ, V.S.　403a
ガラタサライ校(トルコ)　697a
「カラー・ブラインド」の思想　828a
カリキュラム➡大学教育とカリキュラム(26b)
　27a, 314b, 351b, 432a, 507a, 509b,
　558a, 581a, 842b
カリキュラム委員会　352a
カリキュラム改革　310b
カリキュラム概念　310b
カリキュラム・チェックリスト　314b
カリキュラム・ツリー　314b, 661a
カリキュラム統合　433a
カリキュラムの学際化　311b
カリキュラムの基盤　315a
カリキュラムの専門性　312b
カリキュラムの理念　313b
カリキュラム編成　351b
カリキュラム・ポリシー　661a
カリキュラム・マップ　314b, 661a
カリキュラム・マネジメント　315b
カリフォルニア工科大学(アメリカ)　316a,
　114b
カリフォルニア高等教育マスタープラン
　316a
カリフォルニア大学システム(アメリカ)
　181a, 424t

I
II
III
IV

ア
カ
サ
タ
ナ
ハ
マ
ヤ
ラ
ワ

索
引

かりふぉる　883

カリフォルニア大学バークレー校(アメリカ)　316b, 462b
カリフォルニア大学ロサンゼルス校(アメリカ)　316b
ガリレイ, G.　317a, 15b, 256a, 317a
カール4世　760a
カール5世　15a
カール王子(ドイツ)　818b
カルカッタ大学(インド)　317a
カルカッタ・マドラサー(インド)　512b
カールスバード決議　15b, 775b
カールソン, I.　841b
カール大帝　402b
カルダーノ, G.　734a
カルチェ・ラタン　603a
カルチュラル・スタディーズ　317a
「カルチュラル・スタディーズ―現在と未来」　318a
「カルチュラル・スタディーズとの対話」　318a
カルチュラル・タイフーン　318a
カルティエ・ラタン(フランス)　83b, 122b, 603a
Caltech(アメリカ)　316a
カルト問題　62a
カールトン・カレッジ(アメリカ)　318b
カール・フェルドナンド大学(チェコ)　770a
カール・マルクス大学ライプツィヒ(ドイツ)　834b
カレッジ⇒学寮(296a), コレギウム(447b)
カレッジ　296a, 303a, 447b, 564a
　[アメリカ]　71b, 114b, 335b, 829b
　[イギリス]　118b, 119a, 190a, 220a, 228b, 245b, 564a, 603b, 650b, 761b
カレッジ・アンド・ユニバーシティ　106a
カレッジ・オブ・ヨーロッパ　318b
カレッジ教育　187b, 266a
カレッジ・システム　648a
カレッジ・スポーツ　594b
カレッジ制度(カナダ)　116b
カレッジボード(アメリカ)　223b
カレル大学(チェコ)⇒プラハ大学(770a)　139a, 139b
CALOHEE(ヨーロッパ)　651b
カロリンスカ医科大学(スウェーデン)　319a
カロリンスカ・インスティチュート(スウェーデン)　319a
河合栄治郎　753a
河合事件　753a
河井道　387b
川口短期大学　451b
川崎医科大学　319a
川崎医療福祉大学　319a
川崎学園　319a
川崎学園　235a

川崎市立看護短期大学　319b
川並香順　544a
川南豊作　701a
川村学園女子大学　319b
川村女学院　319b
川村文子　319b
漢学(日本)　102a, 409a
漢学塾　470b
環境情報学部　427a
環境調和材料工学研究センター　814b
環境・人間の安全保障研究所　436t
カンケラリウス　320a, 73b, 704b
看護学　674a
看護学部　546a
看護学科　322a
韓国科学技術院　251a
韓国科学技術院法　251b
韓国大学教育協議会　320a
韓国大学評価院　320a, 581b
韓国の大学　320b, 493a
韓国の大学法制　321b
看護系大学　322a
監査(audit)　8a
関西医科大学　322b
関西医療大学　322b
関西外国語大学　323a
関西看護医療大学　323a
関西工学専修学校　548a
関西国際大学　323a
関西女子美術短期大学　628b
関西鍼灸大学　322b
関西鍼灸短期大学　322b
関西大学　323b
関西福祉科学大学　323b
関西福祉大学　324a
関西文化学術研究都市　707a
関西文理総合学園　702a
関西法律学校　323b
監事(学校法人)　849a
慣習行動　779a
関西学院大学　324a
間接経費　324a
観測(研究)　846a
カーン大学(カン大学, フランス)　324b
環太平洋大学　324b
環太平洋大学協会　325a, 108b
神田外語大学　325a
カンタベリー大学(ニュージーランド)　152t
カンツラー(ドイツ語)　320a
カンディダート・ナウク学位(ロシア)　146b, 641a
カント, I.　5b, 19b, 59a, 83a, 325b, 388b, 587b, 662a
関東学院大学　325b
関東学園大学　325b
関東高等女学校　325b
カントー大学(ヴェトナム)　480b

カントの大学論　325b
刊本(印刷術)　208a
関与型(社会調査)　759a
官吏(ドイツ)　90b
管理委員会　90a, 616a
管理運営　88a, 608a
管理・運営権(学部)　71b
管理運営評議会(フランス)　91b, 354b
管理権(設置者)　580a
管理事務部門⇒大学の管理事務部門(608a)
官吏たる教授　273a
官立(日本)　88a
官立大学　327a, 642a
管理評議会(フランス)　229b
官僚育成　93b

き

畿央大学　327a
機械学と静力学の系譜　255b
機会の平等　343a
技官(日本)　821a
機関アクレディテーション　261b, 266b, 274b
基幹学校(ドイツ)　128a
機関契約(フランス)　619b
機関助成　99a
旗艦大学(アメリカ)　490b
機関別アクレディテーション　170b, 475b
機関別アクレディテーション団体　641b
機関別認証評価　728b
機関リポジトリ　327a, 604b, 667a
危機管理　327b
危機管理学　328a
危機管理学部　639b
危機管理の三原則　328a
危機の回避　328a
起業家的大学　275b
起業者型大学論　588a
基金立文法学校(イギリス)　782b
菊池大麓　328b, 106a
キケロ, M.T.　532a
期限つき定員(日本)　96a
帰国子女入試(日本)　328b
帰国生入試　328b
キー・コンピテンシー　446b, 851b
キサンガニ大学(コンゴ民主共和国)　376b
騎士アカデミー　167b
技師学校(技師養成所, フランス)　125f, 565a
寄宿学校(フランス)　705b
寄宿舎　285a
技術移転　329a, 639a
技術移転機関　329a, 639a

技術科学大学　528t, 695b, 699b
技術学校(トルコ)　697b
技術系専門職(日本)　561b
技術士(日本)　230b, 561b
技術士資格試験　718a
技術士補　330a
技術者教育相互認証条約　330a
技術者養成教育　329a
技術職員(日本)　537b, 821a
技術短期大学部(フランス)　565a, 772b
技術の発展　256a
技術バカロレア(フランス)　87a, 734b
基準財政需要額　425a
基準設定(文部科学省)　822a
基準認定　170b, 641b
技師養成校(フランス)　565a
ギーセン大学(ドイツ)　843a
基礎医学　557b
基礎科学　330a
基礎学位　267a, 267b
基礎学芸　267a
基礎学年コース(イギリス)　191a, 375a
基礎学校(ドイツ)　128a
基礎科目　554a
基礎教育能力資格(オランダ)　133b
基礎教養　197a
貴族アカデミー　167b
帰属収支差額比率(私学財政)　523b
帰属収入(学校法人会計)　468b
基礎研究　330a, 571a, 847b
北アイルランド教育省　192b
北九州市立大学　330b
北九州大学　330b
北里柴三郎　330b
北里大学　330b
北見工業大学　331a
北見工業短期大学　331a
北見大学　796b
機能強化促進係数　218a
機能主義概念　200a
『昨日の世界』　827b
基盤的経費　99a, 218a, 364a
基盤的資金　390b, 399a
基盤の設備　691b
吉備国際大学　331a
吉備商科短期大学　241a
寄付　758b
岐阜医療科学大学　331a
岐阜医療技術短期大学　331a
寄付金　331b, 332a, 589a
岐阜経済大学　331b
岐阜県立医科大学　332b
岐阜県立看護大学　332a
岐阜県立国際情報科学芸術アカデミー　505b
岐阜県立大学　332b
寄付行為　750b

寄付講座　332a
岐阜歯科大学　171b
岐阜聖徳学園大学　332a
岐阜女子大学　332b
寄付税制➡️大学財政と寄付税制(589a)
岐阜大学　332b
岐阜薬科大学　333a
基本金　333a, 523b
基本金組入れ制度　523b
ギボンズ, M.　47a, 638a, 659a
君が淵学園　570a
木宮泰彦　692a
金日成総合大学(北朝鮮)　333a
ギムナジウム(ドイツ)　8b, 86b, 128a, 176a, 661b
客員教員　333b, 585a
客員教授　333b, 355a, 747b
客員准教授　747b
客観的臨床能力試験　188b, 557b
ギャップイヤー　333b, 596a
CAPS➡️アジア学長会議(172a)
キャップ制　334a, 632a
ギャップターム(日本)　334a
キャリアガイダンス　334a
キャリア開発　198a
キャリア教育　334b, 28b, 314a, 335a, 509a
キャリア教育・職業教育答申　40a
キャリア形成　466b
キャリアセンター　334b, 278a
キャリアデザイン　335a
キャリアパス　354a, 354t, 796b
キャンディデート(アメリカ)　735a
キャンパス　335a, 191b, 603b
CAMPUS Asia事業　109a
キャンパス大学(イギリス)　335b
キャンパスライフ➡️大学生活(595a)
キャンベル, T.　336b
910法(イタリア)　134b
休学　333b
旧学制期の学部　530a
九州医学専門学校　382b
九州栄養福祉大学　337a
九州学院大学　574b
九州学園福岡女子短期大学　764a
九州看護福祉大学　337a
九州共立大学　337a
九州芸術工科大学　338b
九州工業大学　337b, 505b
九州国際大学　337b
九州産業大学　338a
九州産業大学美術館　338a
九州歯科大学　338a
九州商科大学　338a
九州情報大学　338a
九州女子院短期大学　339a
九州女子大学　338b

九州女子短期大学　338b
九州大学　338b, 340a
九州帝国大学　338b, 658a
九州保健福祉大学　338b
九州ルーテル学院大学　339a
旧制高校の教養　339a
旧制高等学校➡️高等学校(旧制)(415a)　285a, 371b
旧制大学　84b
旧大学(イギリス)　90a, 192b, 521b
宮廷学校　166b
旧帝国大学(日本)　196b, 397b
985計画(中国)　645b
救貧病院(イタリア)　812b
給付型奨学金(日本)　501b
給付奨学金　290b, 350b, 626b
QAA(イギリス)➡️高等教育質保証機構(416b)　315a
QAD(イギリス)　417a
QN(質保証)　207b
QF(学位・資格枠組み)　259b
ギュルハネ勅令　697a
ギュレン運動　195b
共愛学園女子短期大学　339b
共愛学園前橋国際大学　339b
教育アシスタント(イギリス)　354b
教育インターナショナル　339b
教育改革法(イギリス)　192a, 621b
教育開発　757a
教育・科学省(ポルトガル)　709a
教育学　26a
教育学位　267b
『教育学術新聞』　720a
教育学部　340a
教育過剰　48a
教育活動(TP)　659b, 660a
教育課程➡️大学教育とカリキュラム(26b)　80a, 306a, 310b, 341a, 351b
教育課程委員会　352a
教育課程の共同設置　341a, 581a
教育課程法制　342a
教育カレッジ(カタール)　302a
教育関係共同利用拠点(日本)　342a
教育機会の平等　342b
教育機能(学部)　71b
教育基盤設備　522b
教育基本法　343b, 13a, 67a, 68b, 76b
教育業績　659b
教育訓練施設(日本)　624b
教育・訓練2010ワークプログラム　202b
教育訓練の分類枠組み(フランス)　260b
教育計画　46a, 46b
教育経済学　344a, 496a, 531a
教育経費国庫補助金(イギリス)　121b
教育権(学部)　71a
教育・研究機能の拡張　578a

教育研究経費　**345a**
教育研究支援職員　766a
教育研究施設　291a
教育研究審議機関(日本)　426b
教育研究単位(フランス)　162b, 224b,
　324b, 709b, 742b, 827a
教育・研究媒体の英語化　345a
教育研究評議会(日本)　13a, 89b,
　270a, 750b, 751b
教育研究補助(日本)　517b
教育研究補助員(フランス)　175a, 585a
教育言語　346a, 32a, 512b
　[オランダ]　131a
　[スペイン]　609b
　[ドイツ]　694b
　[バルト諸国]　139b
　[ベルギー]　787a
教育公務員特例法　347a, 12a, 97a,
　295a, 359b, 611a, 660b, 729b
教育再生実行会議(日本)　86a, 360a,
　528a
教育刷新委員会(日本)　551b
教育刷新審議会(日本)　551b, 643a
教育実習　210a, 583a
教育質保証　699a
教育GP(日本)　378a, 475a
教育受託者(ドイツ)　355a
教育省(アメリカ)　180b
教育情報の公表　347b
教育職員免許法　358b, 561b
教育審議会　347b
教育振興基本計画　81a, 498a, 584a
教育政策　498a, 841b, 842a
教育選抜と社会移動　348a
教育戦略　841b
教育組織　80a
教育大学(日本)　358b
教育・大学・科学研究省(イタリア)　135b
教育大学法(オーストリア)　649a
教育体制の改革に関する決定(中国)
　646a
教育段階(学位)　266b
教育担当副学長　349a
教育投資　344a, 485a, 723a
教育と研究　349a, 28a, 783b
教育都市(カタール)　302a
教育と市場　344b
教育能力　757a
教育の改善(TP)　660a
教育の家族主義　350b
教育の機会均等　342b
教育の機会不平等　348b
『教育の経済価値』　496a
教育の荒廃(日本)　860a
教育の個人主義　350b
教育の質向上法(スペイン)　709a
教育の質保証　118a, 284a

教育の自由化論(日本)　96b
教育の生産関数分析　344b
教育の専門性(イギリス)　357b
教育の福祉国家主義　350b
教育の理念　313b
教育バウチャー　345a
教育費　34a
教育費の負担　350a
教育病院(アメリカ)　518a
教育評議会　351a
教育プリンシパル(イギリス)　354t
教育プログラム　8a, 351b, 582b, 837a
教育プロダクト　209a
教育法　321b, 645b, 646a, 709a
『教育法典』(フランス)　585a, 773a
教育方法(教授法)　360b
教育補助業務　583a, 659b
教育目的　28a
教育目標　314b
教育リソース　341a
教育理念　28a
教育力　314a
教育臨調(日本)　860a
教育ローン　351a
教員　351b, 362b, 363a, 537a, 660b
教員会議　292a
教員＝研究員(フランス)　122a, 354b,
　585a
教員採用　729b
教員集団　352a
教員選考　729b
教員組織　80a, 353a
教員団　76b
教員のカリキュラム編成　351b
教員の教育力　314a
教員の職階構造　352b
教員の専門性　357a
教員評価　79b
教員養成　357b, 55b, 340b
教員養成所(ドイツ)　127b
教員養成制度(日本)　270b
教員養成大学院(フランス)　202a
教員養成評価機構(日本)　358b
享栄学園　536b
共栄大学　358b
教会法　134a
教学　95b
共学化　516b
教学事項(日本)　580a
共学制　516b
教学評議会(フランス)　91b
教官(日本)　821a
協議会(日本)　527b
教教分離　80a
教皇庁　361b
教皇庁大学(イタリア)　868b

競合的立法(ドイツ)　671b
行財政改革　96b
共産主義者同盟　276b
教師ギルド(ヨーロッパ)　690b, 804b
教師組合加入式(イタリア)　804b
教室(建造物)　602b
『教室の雰囲気―女性にとって冷やや
　かなものか？』　516b
教師と学生のウニヴェルシタス　2b,
　70b, 647b
教師と学生の大学団(フランス)　361a
教師の職階構造　647b
教師法(中国)　645b, 646a
教師免許状(ヨーロッパ)　361a
教授
　[アメリカ]　353b
　[イギリス]　354b, 584b
　[イタリア]　776b
　[ドイツ]　355a, 411a, 585a
　[フランス]　354b
教授(日本)　**359a**, 353a, 357b, 362b,
　412a, 476b, 496b, 555b, 583b
教授会(ドイツ)　585b
教授会(日本)　**359a**, 72b, 89a, 291b,
　293a, 352a, 360a, 362b, 458a, 590a,
　729b, 849a
教授会自治　360a, 457b, 580a, 628b
教授許可証(ヨーロッパ)　843b
教授グループ事件 ➡ 学者グループ事件
　(272a)
教授権　3b
教授言語 ➡ 教育言語(346a)　32a, 512b
教授言語としての英語　345a
教授資格 ➡ 大学教授資格(583b)
教授資格　265b, 267a
　[アメリカ]　584a
　[ヨーロッパ]　263b, 266b
教授資格学位　92b
教授資格試験(ドイツ)　411a
教授治校　437b
教授団　293b
教授団革命(アメリカ)　**360b**
教授の椅子　411b
教授不適格要件　753a
教授法　360b
教授免許　361a, 73a, 211b, 409b, 843b
教授免許者(ヨーロッパ)　264b
教授免許授与権　13b, 829a
教職(教員)　358a
教職員　79a, 537b
教職員間連携(日本)　581b
教職員組合(アメリカ)　556a
教職員の昇進制度　362a
教職員免許状　363a
教職課程　363a, 340a, 487b
教職協働　363a
教職修士(日本)　75b, 261a, 363b,

723b
教職専門職大学院　561b
教職大学院(日本)　**363b**, 76a, 341a,
　358b, 510a, 723b, 752a
行政学修士学位　409a
行政学校(トルコ)　697a
行政管理　225a
行政・経営・管理➡大学の行政・経営・管理
　(95b)
共生社会　804a
行政専門大学(ドイツ)　567a
業績原理　348a
業績主義　818a
業績評価　79b, 100a, 288a, 659b,
　660a, 739b
業績評価基準　740a
業績連動資金配分方式　99a
競争移動　49b
競争試験　86a
競争的研究資金　258b, 363b, 848b
競争的資金　**363b**, 390b, 400a, 439a
競争的資金の導入(日本)　398b
供託金(日本)　591b
共通一次試験(日本)　**365a**, 85a, 231a,
　298b, 438a, 607a
共通英語教育研究センター　422a
共通教育　352a, 372b
共通性(公共性概念)　610b
共通第一次学力試験(日本)　607a
京都医療科学大学　**365b**
共同学位　**365b**
共同学術委員会(ドイツ)　**365b**
協同拡張事業(アメリカ)　636a
共同教育課程(日本)　341b, 365b,
　862b
共同研究／受託研究　**366a**, 474a
共同獣医学部(日本)　484b, 601b
共同獣医学科(日本)　484b
共同統治(アメリカ)　90b
共同任務(ドイツ)　671b
共同利用　474a
共同利用・共同研究拠点(日本)　290b,
　393b
共同利用研究施設・機関　391b
京都外国語大学　**366a**
京都学園　366b
京都学園大学　**366b**
京都学連事件　276a, 300b
京都華頂大学　**366b**
京都看護大学　**366b**
京都教育大学　**367a**
教特法(日本)　359b
京都光華女子大学　**367a**
京都工芸繊維大学　**367b**
京都嵯峨芸術大学　454a
京都産業大学　**367b**
京都・宗教系大学院連合　423a

京都自由大学　613a
京都情報大学院大学　**367b**
京都女子学園　368a
京都女子大学　**368a**
京都市立音楽短期大学　368a
京都市立看護短期大学　366b
京都市立芸術大学　**368a**
京都市立美術大学　368a
京都成安学園　540b
京都精華大学　**368b**
京都精華短期大学　368b
京都造形芸術大学　**368b**
京都大学　**368b**, 165b, 300b, 691a, 852b
京都大学教育学部　340a
京都大学電子図書館　667a
京都大学文書館　165a, 165b
京都橘大学　**369a**
京都短期大学　766b
京都帝国大学　368b, 457b, 657b
京都帝国大学福岡医科大学　338b
京都ノートルダム女子大学　**369a**
京都美術工芸大学　369b
京都府立医科大学　**369b**
京都府立大学　**369b**
京都文教大学　**370a**
京都法政大学　851a
京都薬学専門学校　370a
京都薬科大学　**370a**
京都連合教職大学院　367a
業務独占資格(日本)　834a
共有地の悲劇　200b
教養　30a, 196b, 339a, 370b, 637b,
　783b
教養学位　267a, 267b
教養学士(オランダ)　133a
教養学部　**370a**
　[日本]　372a, 429a
　[ドイツ]　267a
　[ヨーロッパ]　661b
教養課程　306a, 312b
教養カレッジ(オランダ)　133a
教養教育➡一般教育／教養教育(199a)
教養教育　28b, 197b, 199b, 313b,
　352a, 564a, 637b, 689b
　[日本]　197b, 199b, 372b
　[イギリス]　267b, 564a
教養教育機構　809a
共用語／共通語　860a
共用試験(日本)　188b
教養市民層(ドイツ)　48b, 784a
教養主義文化　284a
教養小説　31a
教養諸科　533b
教養諸学　197a, 647b, 852b
教養と大学　**29a**
教養の概念　**370b**

教養部(日本)　**371b**, 371a
教養部改組　530b
教養部の改革　299a
共立女子大学　**372b**
恐竜学研究所　762b
杏林大学　**373a**
共和国エリート　779b
共和国大学(トルコ)　697b
極端紫外光研究施設(日本)　391b
極東国立大学(ロシア)　373a
極東連邦大学(ロシア)　**373a**
巨大国立大学　149b
距離を置いた統制　88a
ギリシア語　31b, 346a, 441b
キリスト教　61a, 373a, 486a, 489b, 525a
キリスト教学校　374a
キリスト教学校教育同盟　374b
キリスト教カレッジ　94b
基督教教育同盟会　374a
キリスト教系大学　**373a**, 61b, 526a
キリスト教主義学校　712a
擬律(日本)　230b
桐生大学　**374b**
キール大学(イギリス)　**375a**, 121a, 191a
ギルド(ヨーロッパ)　690b
キールの実験(イギリス)　191a
ギルマン, D.C.　**375a**, 518a
近畿医療福祉大学　420a
近畿大学　**375b**
近畿福祉大学　420a
銀杏学園短期大学　379b
**キング・アブドゥッラーサイエンス＆テクノロ
　ジー大学**(サウジアラビア)　**375b**
キング・アブドゥルアズィーズ大学(サウジアラ
　ビア)　**376a**
キング・サウード大学(サウジアラビア)　**376a**
キングス・カレッジ(カナダ)　116a, 698b
キングズ・カレッジ(イギリス)　118b,
　296b, 829a, 868b
キングスレー, J.　187b
キングスレー館(日本)　672b
キンシャサ大学(コンゴ民主共和国)　**376a**
金城学院大学　**376b**
金城大学　**376b**
金城短期大学　376b
近世の封建大学　724a
近代医学　189b, 738b
近代外国語　442a
近代科学と大学　4a
近代化と大学　93b
近代大学　4a, 11b, 27b, 43b, 59a,
　335b, 724a, 724b
近代大学の理念　11b
近代的大学拡張　577b
近代デジタルライブラリー　667a
近大姫路大学　750a
金日成総合大学(北朝鮮)　333a

きんにちせ　887

く

グアン, F.　347a
グーイ, L.　134b, 377a
グーイ法案(イタリア)　**377a**
クウェート大学(クウェート)　**377a**
クオータ制　176a, 840b
クォーター制(学期)　303b
苦学生　185b
9月入学　**377a**
釧路公立大学　**377b**
グッド・プラクティス(日本)　**377b**, 757b, 822b
グーテンベルク, J.　207b
国立音楽大学　**378b**
久保田譲　694b
熊本医科大学　**379a**
熊本音楽短期大学　784b
熊本学園大学　**379a**
熊本県立大学　**379a**
熊本工業大学　570a
熊本工業短期大学　570a
熊本商科大学　379a
熊本女子大学　379a
熊本女子短期大学　502b
熊本大学　**379a**, 203b
熊本短期大学　379a
熊本保健科学大学　**379b**
久米長八　413b
グライフスワルト大学(ドイツ)　410b
クライン, F.W.　786a
クラーク, B.R.　275b, 588a
クラーク, W.S.　**379b**
クラークの分析枠組み　745b
クラクフ大学(ポーランド)　823b
倉敷芸術科学大学　**380a**
くらしき作陽大学　**380a**
倉敷宣言　534a
グラスゴー大学(イギリス)　**380a**, 336b
クラスター(大学連合体)　583a
グラスノスチ(ロシア)　145a
グラーツ大学(オーストリア)　141a
クラップ, T.　111a
グラティアヌス, J.　791a
『グラティアヌス教令集』　134a, 211b
グラデュエート・エデュケーション　76b, 77a, 380b
グラデュエート(卒後)課程　76b
グラデュエート・スクール　**380b**, 76b
グラデュエート・スタディーズ　76b
グラデュエート・ディビジョン(アメリカ)　380b
クラブ活動　454b
グラマー・スクール　782a
グラムシ, A.　**380b**
グラン・ゼタブリスマン(フランス)　217a, 773a
グラント(研究補助金)　847b
グランド・ゼコール(フランス)　**381a**, 19a, 65a, 68a, 87a, 122a, 123b, 125f, 262b, 565a, 705a, 771a, 772a
グランド・ゼコール準備級(フランス)　**382a**, 381a, 771a, 853a
グランド・ツアー　431a
クリスタル, D.　346a
GRIPS　542a
クリニカルクラークシップ　188b, 557b
グリム, J.　388a, 401a
グリム, W.　388a
グリム兄弟　388a, 402b
栗山津彌　514b
クーリング期間　748b
クルイ(CRUI, イタリア)　135b, 490b, 491a
グルッター判決(アメリカ)　176b
クルトゥルハイム聖堂(上智大学)　602b
グルノーブル・アルプ大学(フランス)　382a
グルノーブル政治学院(フランス)　382a
グルノーブル大学(フランス)　**382a**
グループ・オブ・エイト(オーストラリア)　243a, 477b, 818b
グループ・カウンセリング　281a
グループ制(研究)　398a
グールマン・レポート　547a
久留米医科大学　382b
久留米工業学園短期大学　382b
久留米工業大学　**382b**
久留米大学　**382b**
クレアモント大学(アメリカ)　810a
グレーザー, N.　57a
クレジット(アメリカ)　**382b**
CREST(日本)　567a
呉大学　756a
グレート・ブックス(アメリカ)　**383a**, 555b, 690a
グレード・ポイント・アベレージ　478b
グレフ(GREPH, フランス)　665a
クレルモン学寮(フランス)　298a
クロアチア大学　455a
クロアチアの大学　649a
グローカル大学　245a
黒沢西蔵　834a
クロスアポイントメント制度　80b, 226a
クロスボーダー化　158a
黒田清隆　**383a**
クロード・ベルナール大学(フランス)　859b
グローバリゼーション・文化・モビリティ研究所　436t
グローバル化 国際化とグローバル化(5a)
グローバル化時代に求められる高等教育の在り方について(大学審議会答申)　**383b**, 429b, 498a
グローバル化時代の一般教育　197b
グローバル・クラスルーム国際会議　227a
グローバル30(日本)　109a, 285b
グローバルCOEプログラム(日本)　465b
グローバル人材育成　**383b**, 863b
グローバル人材育成推進事業　422b
グローバル大学　6b
グローバル・ナレッジ・ネットワーク機構　227a
グロービス経営大学院大学　**384a**
桑沢学園　680a
クワドリウィウム　852b
CUN／CRUI(イタリア)　135b, 490b, 491
クーン, T.S.　93a
軍医養成アカデミー(スウェーデン)　319a
薫英学園　238b
軍事研究　398b
群馬医療福祉大学　**384a**
群馬県立県民健康科学大学　**384a**
群馬県立女子大学　**384b**
群馬社会福祉大学　384a
群馬大学　**384b**
群馬パース看護短期大学　385a
群馬パース大学　**385a**
訓練助成金　736a

け

敬愛大学　**385a**
経営　95b, 225a
経営改善係数　439a
経営学修士 MBA(227b)　734a
経営学部　**385a**, 386b, 502b
経営管理修士(日本)　227b
経営管理大学院入学協会(アメリカ)　479a
経営協議会(日本)　13a, 89b, 270a, 441a
経営系専門職大学院　**385b**
経営情報学部　459a
経営審議機関(日本)　426b
慶應義塾　591a, 765a, 830a
慶應義塾出版局　470b
慶應義塾大学　**385b**, 292a, 601b
KEK(日本)　586a
経験科学　570b
『経済学原理』　46a, 531a
経済格差　48a
経済学部　**386a**
経済学科(日本)　386a
経済協力開発機構　232a
経済財政運営と改革の基本方針2017　89a

経済資本　21a
経済・政治学部(イギリス)　386b
経済専門学校　473a
『経済と社会』　215a
経済発展と大学　46a
形式知　638a
形而上学的認識の第一原理　326a
京師大学堂(中国)　601a, 785a
芸術アカデミー(デンマーク)　143a
芸術・音楽高等教育(イタリア)　135b
芸術学部　249b
芸術家的批判　254b
芸術協力者(ドイツ)　355a
芸術系学部➡音楽・芸術系学部(249b)
芸術系総合大学　703a
芸術系独立大学院　684b
芸術人類学研究所　630b
芸術大学(ドイツ)　127b
『芸術・文芸・科学の国家的発展に関す
　る政府委員会報告書』(カナダ)　116b
京城大学　387a
京城帝国大学　387a, 321b
経常的経費　387b, 305b
経常費一般補助　720a
経常費補助金　719b
恵泉女学園大学　387b
継続教育　577b, 599a
継続教育部　577b
継続・高等教育法(イギリス)　121a,
　192b, 193a
継続職業教育訓練　260a
啓発誘導(中国)　408b
軽犯罪法(日本)　268b
京阪奈三教育大学連携共同事業
　367a
京浜女子大学　310a
啓蒙主義　93b
契約(研究費)　847b
契約政策　20a
契約政策(フランス)　125b, 619b, 772b
契約と大学　18b
敬和学園大学　387b
KAIST(韓国)　251a
KMK(ドイツ)　274a
KL-NET(日本)　605a
ゲオルイオス・ヘルモニュオス　33a
ゲオルク・アウグスト大学ゲッティンゲン
　(ドイツ)　388a
KCL(イギリス)　868b
ケースメソッド方式(アメリカ)　734a
結果の平等　343a
ケック大学院(アメリカ)　810a
結束基金(EU)　636b
決定(中国)　646a
ゲッティンゲン七教授事件　388a
ゲッティンゲン大学(ドイツ)　388a, 11b,
　15b, 30a, 59a, 126b, 843a

K-12(アメリカ)　517b
ケニアの大学　177b
ケーニヒスベルク大学　388b, 326a
ゲネラーレ　539a
ケープタウン大学(南アフリカ)　388b
ケプラー, J.　256a
ケベック州の高等教育　117a
ケベック大学(カナダ)　117a
ケマル・アタチュルク　403b
ゲルヴィーヌス, G.G.　388a
『ケルズの書』　696a
ケルビン卿　380b
ケルン憲章　485a
ケルン・サミット　638a
ケルン大学(ドイツ)　389a
見学型臨床実習　557b
建学の精神　389a, 28b, 62a
建議(日本)　527b
研究➡大学と研究(23b)　75b, 558b
研究アシスタント(イギリス)　354b
研究員(イタリア)　355b, 356b
研究科　390a, 78a, 723b
研究学位　390a, 267a, 267b
研究学位(博士)課程(イギリス)　193b
研究学園都市　635b
研究・技術開発枠組み計画(EU)　430a
研究機能(学部)　71b
研究休暇　457a
研究・教育・学修の連携　28b
研究教育拠点(日本)　548a, 713a
研究教授(イギリス)　354t
研究業績評価(イギリス)　318a
研究経費国庫補助金(イギリス)　121b
研究公正　400b
研究・高等教育拠点(フランス)　186b,
　249a, 709b, 773a, 776a
研究・高等教育評価機構(フランス)
　20a, 163a
研究・高等教育評価高級審議会(フラン
　ス)　163a
研究資金　390b, 16b, 17b, 847b
研究資源　390b
研究至上主義　349a
研究施設➡研究組織／研究施設(394a)
　290b, 395a
研究室　392b, 394a, 411b
研究実験　473b, 572a
研究指導　392b
研究指導教員(日本)　392b
研究指導認証審査(フランス)　122b
研究指導補助教員(日本)　393a
研究者開発の枠組み(イギリス)　357b
研究者交流　430b
研究修士(フランス)　267b, 390a
研究所　393a, 136b, 555a

研究助成金(ドイツ)　669a
研究する能力(ドイツ)　75b
研究生院(中国)　644a, 766b
研究成果　364a, 364b
研究設備　522b
研究センター(日本)　393b
研究専念義務(日本)　691b
研究組織　80a
研究組織／研究施設　394a, 290b, 395a
研究大学　395b, 20b, 465a, 482b, 639a
　[日本]　397a, 412a
　[アメリカ]　60a, 114b, 180b, 183a,
　　275a, 396a, 406b, 482b, 583a, 584a,
　　855a, 867b
　[イギリス]　90a
　[オランダ]　132a, 132b
　[ベルギー]　132a, 133a
研究大学強化促進事業(日本)　396a,
　400a
研究大学群(アメリカ)　396a
研究大学連盟　178b
研究代表者　398a, 394a
研究卓越性枠組み(イギリス)　399a
研究と教育　28a, 311a, 349a, 554b,
　669b
研究と教授の自由　126b
研究ドクター学位(イタリア)　135a, 356b
研究ドクター課程(イタリア)　137a
研究と社会的責任　25a
研究と大学　24b
研究能力　758a
研究の規制　398b
研究の自由　398a, 295b
研究の物まね　349b
研究博士学位　832b
研究博士号　390a
研究費　258a, 324b, 363b, 398b, 847b
研究評価　399a, 136a
研究評価委員会(イタリア)　136a
研究評価事業(イギリス)　399a
研究不正　400b
研究補助業務　848a
研究補助金　847b
研究優先主義　349a
研究用試料　392a
研究倫理　400b
研究論文作成　390a
言語➡大学と言語(31b)
言語アカデミア　167a, 403a
健康科学大学　400b
健康科学部　859a
健康管理センター　795b
言語学研究　400b
言語教育研究センター　675b
建国大学　513a
言語コード論　779a
言語純化　401b

言語政策と大学　402b
言語戦争➡ベルギーの言語戦争(786b)
　131b
言語訴訟　609b
言語紛争(ベルギー)　786b
言語法(ベルギー)　787a
現在価値法　485a
研修(SD)　537a, 538a
研修休暇　457a
研修所　549a
研修プログラム(TA研修)(アメリカ)　582b
現職教育　841b
建造物➡大学と建造物(602b)
現代GP(日本)　378a, 403b
『現代社会と知の創造』　47a, 638b
現代中国学部　161a
現代的教育ニーズ取組支援プログラム(日
　本)　403b
『現代ドイツ家族の変化』　463b
現代文化研究センター(イギリス)　317b
「現代文明(Contemporary Civilization)」
　449b
ゲント大学(ベルギー)　131b, 787a
兼任講師　747b
現場観察　759a
ケンブリッジ大学(イギリス)　404a, 52a,
　118b, 262a, 336f, 603b
ケンブリッジ大学法　228b
憲法講座　761a
県立看護短期大学　479a
県立島根女子短期大学　479a
県立長崎シーボルト大学　700b
県立広島女子大学　404a
県立広島大学　404a, 601b
権力空間構造　799a

こ

コーア(ドイツ)　404b
コア・カリキュラム　199a, 554a
コア・ファンディング　390b, 399a
小石川御薬園　512a
小石川植物園　512a
コインブラ大学(ポルトガル)　404b, 137b,
　138a, 603a
コインブラ歴史地区(ポルトガル)　405a
興亜工業大学　640b
高エネルギー加速器研究機構　586a
公害原論　471a
公開講座　405a, 52a, 577b, 735a
公開試験　361b
公開性(公共性概念)　610b
公開全学協議会(日本)　283b
公開大学　51b
工科インスティテュート(スウェーデン)
　535a

工学(日本)　845a
工学院　405a
工学院大学　405a
工学技術教育認証委員会(アメリカ)
　330a
工学教育(日本)　405b
興学教団　159a
工学高等教育　406a
工学士(日本)　75a
工学部　405b, 54b, 509b, 561b, 844a
工学寮(日本)　329b, 405b
高学歴失業　406b, 46b, 808a
工科系研究大学(アメリカ)　406b
光華女子大学　367a
工科大学
　[日本]　329b, 405b, 561b
　[アメリカ]　114a
　[イギリス]　119b
工科大学(ドイツ)　407a, 54b, 329b
工科大学法(インド)　211a
皇學館大学　407b, 531a
交換留学　408a
講義　408a, 65a, 204a, 208b, 230b,
　409b
　[中国]　408b
　[神学部]　525b
　[単位制]　631b
講義言語　139b
後期中等教育修了証(ヨーロッパ)　87b
公教育　417b
公教育法(トルコ)　697a
工業教育論　574a
公共圏　610b
公共・社会政策プロフェッショナル・スクール
　(アメリカ)　409a
公共性➡大学の公共性(610a)
公共性概念　610a
公共政策学修士学位　409a
公共政策大学院　510a
工業専門学校　473a
工業総合大学(ドイツ)　407b
工業大学(日本)　55a
公共団体(日本)　220a
公共的空間　610b
航空科学専門学校　674a
工芸科学部　367b
工芸学部　249b, 405b
公権力性(公共性概念)　610b
高校生　414b
講座　409b, 72a, 598b
公財政支出　413a, 98b, 99b, 99f, 100b
講座所有者　149b
講座制　17b, 103b, 303a, 353a, 411b,
　412b, 657b
孔子　408b
講師　354a, 355a, 408b
講師(日本)　413b, 362b, 747b

甲子園大学　413b
公私協力方式(日本)　89a, 414a
公施設法人(フランス)　91a, 521b
高授業料・高奨学金政策　35b
向上基準(大学設置)　598b
江西共産主義労働大学(中国)　413b
江西農業大学(中国)　414a
厚生補導(日本)　281a, 608b
厚生労働科学研究費補助金　258b
公設試験研究機関(日本)　393a
公設民営大学(日本)　414a, 89a, 685b
構造改革特区(日本)　309b
構造改革派　276b
構造改革路線(日本)　225a
構造主義　532b
校則　287a
高卒認定➡高等学校卒業程度認定試験
　(415a)　415b
抗大(中国)　644b
高大連携(日本)　414a, 581a
高知医科大学　415a
高知県立大学　414b
高知工科大学　414b
高知女子大学　322b, 414b
高知大学　415a
口中科(日本)　467b
皇帝立大学(イタリア)　760a
公的研究費　364a
公的資金　99a
公的負担(教育費)　350a
公的法人(イギリス)　193a
皇典講究所　531a
高等家政女学校　370a
高等学校(旧制)　415a, 8b, 9b, 84b,
　285a, 339a, 371b, 721b
高等学校(高大連携)　414a
高等学校基礎学力テスト(日本)　607b
高等学校卒業程度認定試験　415a, 415b
高等学校令　689a
高等技術学校(イタリア)　812b
高等教育➡日本の高等教育(721b)
高等教育　35a, 166a, 417b
　[日本]　415b, 721b
　[フランス]　705a
高等教育アカデミー(イギリス)　582b,
　746b
高等教育アクレディテーション協議会(ア
　メリカ)　434b, 475b, 641b
高等教育改革(オーストラリア)　151b
高等教育改革条例(ベルギー)　132b
高等教育開発センター(ドイツ)　637a
高等教育開発地域センター(東南アジア)
　108b
高等教育科学省(デンマーク)　143a
高等教育学位(フランス)　229a
高等教育カレッジ(オーストラリア)　151b
高等教育関係大臣会議(ヨーロッパ)

800b
高等教育機関　2a, 268a, 417b, 434a
高等教育機関の管理運営に関するプログラム(OECD)　232a
高等教育機関の地位について(ロシア)　145b
高等教育機関法(アイスランド)　794a
高等教育機関法制　415b
高等教育基本法(フランス)　742b, 772b
高等教育教員の地位に関する勧告(ユネスコ)　417b
高等教育協会(フランス)　840a
高等教育協議会(トルコ)　697b
高等教育教授能力証明制度　758a
高等教育局(文部科学省)　821b
高等教育計画　416b
高等教育圏(ヨーロッパ)　78b
『高等教育研究』　718b
『高等教育研究紀要』　162a
高等教育・研究計画(オランダ)　132b
高等教育研究高等評議会(フランス)　773b
高等教育研究者全国組合(フランス)　417a
高等教育研究センター(アメリカ)　462b, 587b
高等教育研究法(フランス)　225b, 229b
高等教育・研究法(オランダ)　132a
高等教育研修院(韓国)　320b
高等教育貢献拠出金制度(オーストラリア)　492b
高等教育財政(OECD)　100b
高等教育財政カウンシル(イギリス)　90a
高等教育財政投資10ヵ年基本計画(韓国)　321a
高等教育支援法(オーストラリア)　151a
高等教育資格課程(イギリス)　746b
高等教育施行規則(スウェーデン)　142b
高等教育質委員会(南アフリカ共和国)　481b
高等教育質審議会(イギリス)　417a
高等教育質保証委員会(オーストラリア)　152a
高等教育質保証機関　434b
高等教育質保証機関国際ネットワーク　172b
高等教育質保証機構(イギリス)　416b, 9a, 315a
高等教育者全国組合(フランス)　417a
高等教育政策➡EUの高等教育政策(202a), OECDの高等教育政策(232a)
高等教育政策研究センター(オランダ)　637a
高等教育政策レビュー　232a
高等教育制度の二元化(北欧)　793a
高等教育世界宣言➡21世紀のための高等教育に関する世界宣言(713b)　289b

高等教育組織法(オーストリア)　141a
高等教育大綱法(ドイツ)　599b
高等教育担当大臣会議(EU)　140b
高等教育ディプロマ(イギリス)　661a
高等教育適格認定協議会(アメリカ)　262a, 266b
高等教育と研究に関する法律(フランス)　773a
高等教育と大学　417b
高等教育における学習成果調査　418a, 232a, 651b
高等教育のアンバンドリング　819a
高等教育の管理責任に関する暫定規定(中国)　646a
高等教育の質　8a
高等教育の質・基準機構(オーストラリア)　151a
高等教育の質保証(大学評価)機関の国際ネットワーク　207b
高等教育の地方分散化政策　44a
『高等教育の変貌1860-1930――拡張・多様化・機会開放・専門職化』　623b
高等教育白書(南アフリカ共和国)　481b
高等教育法
[韓国]　321b
[スウェーデン]　794a
[中国]　645b, 646a, 646b
[フランス]　619b, 772b
高等教育法人(イギリス)　90a, 192a, 193b
高等教育問題研究会　537b
『高等教育――ロビンズ卿を委員長とする首相任命の委員会報告書』　868a
『高等教育論――学生消費者主義時代の大学』　280a
合同キリスト教大学　374a
高等研究実習院(フランス)　212a
高等工業学校(日本)　473a, 557a
高等工業専門学校(ドイツ)　329b
高等資格審査委員会(ロシア)　262b
高等試験令(日本)　563a
高等師範学校
[イタリア]　746a
[フランス]　221b, 705a, 746a
高等師範学校(日本)　418b, 358a, 478a
高等師範学校(フランス)➡エコール・ノルマル・シュペリウール(221b)
高等師範学校女子部　245a
高等師範学校専攻科　418b
行動主義心理学　837a
高等商業学校(日本)　473a, 502a, 557a
高等女学院(ロシア)　144b
高等職業教育評価認証院(韓国)　581b
高等専門学校(日本)　418b, 438b, 496a, 725a, 796a
高等専門学校制度(日本)　722a
高等専門職課程(フランス)　565a

高等中学校(日本)　415a
高等農林学校(日本)　473a, 557b
高等普通教育(日本)　416a
高等文官試験➡文官高等試験(780a)　780a
行動目標　315a
高度技術工業集積地域開発促進法　635b
高度資格要員養成(ロシア)　146a
高度情報通信ネットワーク社会推進戦略本部　203b
高度職業人養成学校　509b
高度人材　863a
高度専門士　419a, 556b
高度専門職業人　419a, 56a, 510a
高度専門能力開発型人材　41b
構内外食券食堂　280b
甲南女子大学　419b
甲南大学　419b
高認(日本)　415b
公認技師(イギリス)　564b
公認サークル　454b
高年齢者等の雇用の安定等に関する法律　660b
工農理系学協会　718a
公費運営大学　115b, 389a, 698b
工部省　103b
工部省工学寮　405b
工部大学校(日本)　420a, 55a, 75a, 103b, 200a, 405b, 561a, 624b
高文(文官高等試験)　780a
公文書等の管理に関する法律　165a
神戸医療福祉大学　420a
神戸海星女子学院大学　420a
神戸学院大学　420b
神戸経済大学　422b
神戸芸術工科大学　420b
神戸国際大学　420b
神戸市外国語大学　421a
神戸市看護大学　421a
神戸松蔭女子学院大学　421a
神戸商科大学　752b
神戸商業大学　422a
神戸商船大学　422b
神戸情報大学院大学　421b
神戸女学院大学　421b
神戸女子大学　422a
神戸女子短期大学　422a
神戸女子薬科大学　422b
神戸市立看護短期大学　421a
神戸親和女子大学　422a
神戸大学　422a, 385a
神戸電子学園　421b
神戸常盤大学　422b
神戸常盤短期大学　422b
神戸薬科大学　422b
神戸山手大学　423a
公募(教員)　80b, 354b, 729b

公法(法学教育)　790b
公法人　90b, 181a
公民権法(アメリカ)　343a
公務員採用試験　730a
高野山大学　**423a**, 490a, 769a
高野山密教研究所　423a
校友会　**423a**, 683b
高麗大学校　447a
公立およびランドグラント大学協会(アメリカ)
　423b, 579a
公立音楽大学　368a
効率化係数　439a
公立学校教育公務員特例法　347a
公立高等教育機関法(アイスランド)
　794a
公立大学　**423b**
　〔日本〕　88b, 282b, 287b, 424a, 598a,
　635a
　〔アメリカ〕　90a, 114b
公立大学改革支援・評価研究センター
　424a
公立大学協会(日本)　**424a**
公立大学システム(アメリカ)　**424a**, 424t
公立大学政策・評価研究センター
　424a
公立大学の財政・財務　**424b**
公立大学の収入　98b
『公立大学便覧』　425a
公立大学法人　**425b**, 89b, 97a, 424a,
　426a, 616b, 619b, 640b
公立大学法人に関する特例　287b
公立大学法制　**426a**
公立短期大学　552b
公立鳥取環境大学　**427a**
公立はこだて未来大学　**427a**
合理的配慮　499a
交流協定　429a
交流サイト　506a
光量子医学研究センター　740b
COOP(日本)　459a
コーオプ教育　**427a**, 210a, 459a
郡山女子大学　**427b**
郡山女子短期大学　427b
五月革命(フランス)　21b, 742b, 864b
顧客主義　225a
國學院大學　**427b**, 531a
國學院大學栃木短期大学　532a
國學院大學北海道短期大学部　532a
国語国字問題　403b
国際医療福祉大学　**428a**
国際化拠点整備事業　109a
国際学院　428a
国際学院埼玉短期大学　**428a**
国際学園　718a
国際学生会議　428b
国際学生評議会　428b
国際学生寮WISH　285b

国際学生連盟　**428b**
国際学連　428b
国際化とグローバル化　**5a**
国際関係学部　471b
国際共同利用機関　391b
国際共同・連携支援(日本)　582b
国際教養　49b
国際教養学部(日本)　370b
国際教養大学　**428b**
国際基督教大学　**429a**, 370b, 374b,
　595b, 659b
国際研究交流　429b
国際高等教育質保証機関ネットワーク
　9b
国際公文書館会議　165a
国際交流　**429a**
国際交流カリキュラム　**432a**
国際交流基金　**433a**
国際質保証グループ　434b
国際社会科学研究所　228a
国際奨学金　775b
国際商科大学　678a
国際人権規約　35a, 94b
国際禅学研究所　739b
国際大学　**433b**, 242b
国際大学協会　**433b**, 6b
『国際大学ハンドブック』　433b
国際チューニング・アカデミー　651b
国際哲学コレージュ(フランス)　665a
国際日蓮学研究所　810a
国際バカロレア　**433b**
国際バカロレア機構　433b
国際バカロレア資格　434a
国際評価・認定　**434a**
国際標準教育分類(ユネスコ)　**435a**, 78b,
　416a, 417b
国際仏教学大学院大学　**435a**
国際仏教徒大学協会　769b
国際武道大学　**435b**
国際法(法学教育)　790b
国際連携教育課程(日本)　342a
国際連合教育科学文化機関　417b
国際連合大学　**435b**, 436t
国士舘大学　**435b**
黒人カレッジ(アメリカ)　94b
黒人大学(アメリカ)　95a
黒人の高等教育機会　95a
国定教育スタンダード(ロシア)　146b
国土形成計画　636a
国内情報センター　172b
国費外国人留学生制度　856a
国費留学　**436a**
『国富論』　46a, 531a
国民教育委員会(ポーランド・リトアニア)
　140a
国民教育国家委員長(ロシア)　145b
国民国家と大学　93b

国民所得倍増計画　808a
国民団　**436b**, 2b, 5b, 7b, 18b, 70b,
　73a, 431a, 647a, 829a
国民の学者(フィリピン)　759a
国民の大学(スコットランド)　119b
国有地付与大学(アメリカ)　74a, 838b
国立医学図書館(アメリカ)　391b
国立イスラーム大学医学部(インドネシア)
　195b
国立遺伝学研究所(日本)　392a
国立衛生研究所(アメリカ)　**437a**, 391a
国立科学研究センター(フランス)
　546b, 771a
国立学校財務センター　438b
国立学校設置法　**437a**, 269b, 333b,
　440b, 569b, 751a
国立学校特別会計法　438b
国立感染症研究所(日本)　392a
国立教育政策研究所　418b, 651b
国立行政学院(フランス)　21b
国立京都学芸大学　367a
国立研究機構(フランス)　163a
国立公文書館　165b
国立国会図書館　666b
国立コメニウス大学(スロヴァキア)　445b
国立情報学研究所　327b, 391b, 605a
国立清華大学　541a
国立西南連合大学(中国)　**437b**, 541a,
　645a, 785b
国立総合大学　196a
国立総合大学令　569b
国立ソウル大学　570a
国立ソウル大学校設立法(韓国)　321b
国立大学　**437b**, 87b
　〔日本〕　13a, 43b, 80a, 100b, 269a,
　282b, 287a, 327a, 438a, 440a, 479b,
　528b, 552b, 568a, 589b, 724b
　〔アジア〕　107b
　〔ラテンアメリカ〕　513a, 835b
国立大学運営費交付金　99b
国立大学改革プラン　17b
国立大学管理法案➡大学管理法案(580b)
国立大学協会(日本)　**438a**
国立大学財政　438b
国立大学財務　439a
国立大学財務・経営センター　**438b**, 577a
国立大学審議会(イタリア)　135b, 490b
国立大学水産学部　534b
国立大学セクターの収入　98b
国立大学入試改善調査施設(日本)
　606b
国立大学の研究所　393b
国立大学の交付金　99b
国立大学の財政・財務　**438b**
国立大学の評議会に関する暫定措置を
　定める規則　751a
国立大学離れ　150a, 298b

国立大学標準授業料額　34b
国立大学法人　**439b**, 88a, 437b, 440b,
　616b, 688b
　［中期計画の認可］　20a, 96b, 643b
　［運営費交付金］　218a, 619b, 740a
　［財務情報］　453b
国立大学法人化　88b, 226a, 439b,
　587a
国立大学法人会計　345a
国立大学法人会計基準　439a
国立大学法人情報系センター協議会
　39b
国立大学法人等職員統一採用試験
　730a
国立大学法人評価　**440a**, 399a
国立大学法人評価委員会　13a, 96b,
　100a, 226a, 441a, 477a, 643b
国立大学法人法　**440a**, 89b, 97a, 643a
国立大学法制　**440a**
国立大学民営化　688b
国立大学モデル　615b
国立台湾大学（台湾）　**441a**, 626b
国立長沙臨時大学（中国）　437b,
　541a, 785b
国立パラツキー大学（チェコ）　741a
国連大学➡国際連合大学（435b）
国連大学サステイナビリティ高等研究所
　436t
ゴシック体（印刷術）　207b
越原学園　703b
コジモ1世　760a
個人試験（ヨーロッパ）　361a
個人助成　99a
個人的利益（公財政支出）　98b
個人補助型（私立大学助成）　524b
コスト病　35b
コーセラ（Coursera）　813a
五大学新聞連盟　594a
五代友厚　237b
国家学位・資格枠組み　260a
国家貴族　779b
国家基本法（オーストリア）　214a
国家行政組織法（日本）　527b
国家研究大学（ロシア）　866a
国家高等ディプロマ（イギリス）　661a
国家公務員　269a
国家コンコルソ（イタリア）　355b
国家コンコルソ委員会（イタリア）　355b
国家資格　564a
国家資格枠組み　467a
国家試験　563b, 565a
国家神道系大学　61b
国家創設型大学　648a
国家通用語言文字法（中国）　645b,
　646a
国家的利益研究計画（イタリア）　136a,
　221a

国家認証（ロシア）　476a
国家の大学（ドイツ）　103b
国境を越えて提供される高等教育の質保証
　に関するガイドライン　**441b**
国公立大学　219a, 580a
国公立大学共通第一次学力試験（日本）
　85a, 365a
国公立大学離れ　298b
古典ギリシア語　402b
古典語　441b, 836a
古典語・外国語教育　**441b**
古典シリア語　442a
古典的大学拡張　577b
「孤独と自由」　670a
言葉狩り　443a
こども学部　745b
こども教育宝仙大学　**443b**
子供のための音楽教室　684b
ゴードン・メモリアル・カレッジ（スーダン）
　154b, 743b
コナント, J.B.　**443b**
コナント報告　199a
ゴネッラ, G.　134b
コーネル, E.　**443b**
コーネル大学（アメリカ）　**443b**
五年契約（フランス）　619b
コーパス・クリスティ（イギリス）　296b
コバム, T.　604a
コピタル, J.　402a
コープ（生協）　541a
子負担（教育費）　350a
コペルニクス, N.　256a, 761a
コペンハーゲン大学（デンマーク）　**444a**,
　143a, 401a
コペンハーゲン・プロセス　43a, 260b,
　466b
コーホート　41a
駒沢女子大学　**444a**
駒澤大学　**444b**, 490a, 769a
駒澤大学苫小牧短期大学　694a
駒場農学校　55a, 484b, 730a
駒場寮　285b
509省令（イタリア）　135a
COMUE（フランス）➡**PRES／COMUE**
　（776a）　126a, 187a, 324b, 382a,
　742b, 789b, 800a
コミュニティ・アウトリーチ・パートナーシッ
　プ・プログラム（アメリカ）　636a
コミュニティ・カレッジ（アメリカ）　**444b**,
　180b, 183b, 518a, 803a
コミュニティ高等教育サービス・パートナ
　ーシップ（南アフリカ共和国）　481b
コムニカツィオーン　824b
コメニウス, J.A.　442b
コメニウス大学（スロヴァキア）　**445b**
コメンスキー大学（スロヴァキア）　445b
コモナー（イギリス）　167b, 297a

コモンロー系　68a
雇用（職業構造）　511a
雇用柔軟型人材　41b
雇用の流動化　**445b**
雇用モデルの多様化　511b
コライス, A.　402b
ゴリアール　446b
ゴリアルド　**446b**
高麗大学校（韓国）　**447a**
コルカタ大学（インド）　317a
コルドバ宣言　**447a**, 149a
コルドバ大学（アルゼンチン）　149a, 447a
コルドバ大学（スペイン）　**447b**
コルドリエ学寮（フランス）　297b
コルポラチオ（法人自治団体）　3b
コルポラツィオン（ドイツ）　19b
コールマン報告（アメリカ）　343a
コレアス, G.　403a
コレギアトゥス　410b
コレギウム　**447b**, 70b, 73a, 647a
コレギウム・トゥリリンゲ　**448b**, 33a, 442a
コレクタ　73a, 647b
コレジオ　442b
コレージュ（フランス）　**449a**, 123a, 125a,
　297b, 447b, 705a
コレージュ・アンペリアル（フランス）　449a
コレージュ・デ・ディズユイット（フランス）
　448a
コレージュ・ド・ギュイエンヌ（フランス）
　448b
コレージュ・ド・クレルモン（フランス）
　298a
コレージュ・ド・フランス（フランス）　**449a**,
　29b, 123a, 298a, 442a, 448b, 772a
コレージュ・ユニーク（フランス）　449a
コレージュ・ルイ＝ル＝グラン（フランス）
　123b, 298a
コレージュ・ロワイヤル（フランス）　298a,
　401a, 403a, 442a, 448b, 449a
コレジヨ（Collegio）　373b
コレスポンダンス　653b
コロキウム（ドイツ）　585b
コロニアル・カレッジ（アメリカ）　**449a**
コロンビア・カレッジ（アメリカ）　449b
コロンビア大学（アメリカ）　**449b**, 322b
コンヴェントゥス（イタリア）　73b, 804b
コンヴォケーション　868a
コングリゲーション　868a
コンクール（イタリア）　355b
混合給与制度　226a
コンゴ国立大学（コンゴ民主共和国）
　376b
コンゴ大学（コンゴ民主共和国）　376b
今後の社会の動向に対応した生涯学習
　の振興方策について（生涯学習審議会
　答申）　498a
コンコルソ（イタリア）　355b

コンスタンツ大学（ドイツ）　**449b**
コンスタンティヌス・アフリカヌス　32a
コンスタンティノープル大学（トルコ）　31b
混成研究単位（フランス）　546b
コンソルティア　437a
コントラクト（契約）　847b
コンドルセ, M.de　123a
『今日の私学財政―大学・短期大学編』
　　522b
コンピテンシー　851b
「コンピテンシーの定義と選択」プロジェ
　　クト　446b
コンピテンス　650b
コンピュータ　37a
コンピュータ教育　677b
コンピュータ支援教育　203a
コンピュータ断層撮影　847a
コンピュータ理工学部　161b
コンピュータを用いた客観試験　557b
コンプリヘンシブ・スクール　783a
コンプレックス（日本）　431a
コーン＝ベンディット, D.　865a

さ

サイエンス型産業　274b
サイエンスカフェ　451a
サイエンスダイレクト　666a
西園寺公望　851a
在学者（学生）　82a
西京大学　369b
財政➡大学の財政（98a）
再生医療　846b
財政覚書（イギリス）　619a
財政・財務
　　［国立大学］　438b
　　［公立大学］　424b
　　［私立大学］　522b
財政審議会（イギリス）　399b
再征服運動　92b
埼玉医科大学　451a
埼玉学園大学　451b
埼玉県立大学　451b
埼玉工業大学　451b
埼玉大学　452a
財団と大学　452a, 16b
財団法人　452a
財団理事会（ドイツ）　91a
裁定（講座）　409b
最低基準（大学設置）　598b, 728b
サイテーション・インデックス　212a
サイード, E.W.　453a, 63b
サイニィ（CiNii, 日本）　391b
SINET（日本）　605a
再入学➡復学／再入学（765a）
サイバー大学　453a

サイバー・ユニバーシティ　453a
サイファインダー　391a
財務情報の公開　453b
財務諸表　439a, 453b
採用（職員）　729b
採用昇任等基本方針（日本）　729a
ザイール国立大学（コンゴ民主共和国）
　　376b
サヴァリ法（フランス）　772b
サウス・アフリカン・カレッジ（南アフリカ）
　　388b
佐賀医科大学　453b
佐賀家政大学　712b
座学（専門教育）　557a
佐賀大学　453b
嵯峨美術大学　454a
相模工業大学　504b
相模女子大学　454a
さきがけ（日本）　228a, 567b
作新学院大学　454a
佐久大学　454b
作陽音楽大学　380a
作陽学園大学　380a
サークル　454b
ザグレブ大学（クロアチア）　**455a**
サクロ・クオーレ・カトリック大学（イタリア）
　　543a
佐々木惣一　25b
サセックス大学（イギリス）　**455a**
佐多愛彦　635b
サダト　223a
サーダート校（イラン）　204b
雑誌　208b
SAT／ACT（アメリカ）　86a, 223b
札幌医科大学　455a
札幌大谷大学　455b
札幌大谷短期大学　455b
札幌学院大学　455b
札幌国際大学　456a
札幌商科大学　455b
札幌市立高等看護学院　456a
札幌市立高等専門学校　456a
札幌市立大学　456a
札幌静修短期大学　456a
札幌大学　456a
札幌大学孔子学院　456b
札幌短期大学　455b
札幌農学校　379b, 484b, 614a, 730a,
　　797b
札幌保健医療大学　456b
サーティフィケイト　456b, 267a, 341b,
　　834a
サテライト・キャンパス　457a, 595b
サテライト教室　485t
佐藤カツ　469b
佐藤泰然　497a
佐藤夕子　627b

佐野学園　325a
サバティカル　757a
サバティカル・イヤー　457a
サバティカル・リーブ　457a
サバリ法（フランス）　619b
サピア, E.　401b
サービス・ラーニング　481b, 577b
サブカルチャー　254a
サーベイ調査　759b
サムスン・グループ　573a
サラマンカ大学（スペイン）　**457a**, 137b,
　　403a, 603a, 604a, 647a
サラリーマン　49a
ザルツブルク大学（オーストリア）　141a
サレルノ大学（イタリア）　**457b**, 58a
『サレルノ養生訓』　457b
『ザ・ワーク・オブ・ネーションズ』　47b,
　　638a
沢柳事件　457b, 12a, 359a, 360b, 458a,
　　589b
沢柳政太郎　458a, 457b, 543a, 625a
沢山保羅　733a
三育学院大学　458a
三育学院短期大学　458b
サン・イグナシオ・カレッジ（フィリピン）
　　460a
三・一五事件（日本）　459b
山陰短期大学　766b
三学（リベラルアーツ）　853a
産学官連携　45a, 213a, 253a, 458b,
　　483a
産学共同　458b
産学共同研究開発　458b
三学四科　782a
産学・地域連携推進機構　693b
産学連携　458b, 555a
　　［日本］　236a, 275a, 458b, 578a,
　　581a, 638a
　　［アメリカ］　482b, 636a
産学連携プロジェクト　571a
「3月22日」運動（フランス）　864b
産活法（日本）　329a
産業医科大学　459a
産業化仮説　348a
産業活力再生特別措置法　47b, 329a
産業技術大学院大学　459a
産業競争力会議（日本）　477a
産業競争力強化法　329a
産業構造の転換　49a
産業資本の寄付（日本）　406a
産業能率大学　459a
産業能率短期大学　485a
産業保健学部　459a
サンクト・ペテルブルグ科学アカデミー（ロ
　　シア）　459b
サンクト・ペテルブルグ大学（ロシア）　**459b**,
　　144b, 145a, 866b

サンクト・ペテルブルグ帝室科学アカデミー（ロシア）865b
三言語学院 442a, 448b
三幸学園 682a
三国語学寮（ベルギー）296b
三古典語学院（フランス）448b
三者自治（北欧）794a
三十九箇条の信仰箇条 15a
参照基準（チューニング）651b
サンスクリット語 401a
三全総 635b
サンタ・アンナ高等研究大学校（イタリア）746a
三大学教授追放事件（日本）**459b**
三大予備校（日本）494a
3段階教育区分 417b
3段階構造 202b
暫定的教育機関（日本）633b
サンドイッチ・システム 42b
サント・ジュヌヴィエーヴの丘 82b
サント・トマス大学（フィリピン）**460a**
サント・ドミンゴ自治大学（ドミニカ共和国）**460a**
サント・ドミンゴ大学（ドミニカ共和国）460a
サントリ奨学金プログラム（インドネシア）195b
参入資格（日本）265b
サンパウロ大学（ブラジル）**460b**
三派全学連 276b, 550a
三八答申 9b
サン・フェリーチェ修道院（イタリア）133b
サンフェリペ大学（チリ）652b
サンフランシスコ・シティ・カレッジ（アメリカ）**460b**
サンフランシスコ・ジュニア・カレッジ（アメリカ）460b
三分岐型中等学校制度（イギリス）782b
サン・マルコス国立大学（ペルー）**461a**
サン・マルコス大学（ペルー）461a
参与（大学経営）269b
山陽英和女学校 461a
山陽小野田市立山口東京理科大学 461a
山陽学園大学 461a
341法（イタリア）861a

し

CIE（民間情報教育局）196a, 551b, 616a, 629a, 812b
CIS（イタリア）**461b**
GIST（ドイツ）812a
CIHE（アメリカ）182a
CIQG 434b
GI権利章典 254b
GIビル（アメリカ）**461b**

CIVR（イタリア）136a
CRICOS（オーストラリア）152b
GRIPS 542a
GRE（アメリカ）**462a**
CREST（日本）228a, 567b
CRES, 2008（ラテンアメリカ）481a
GREPH（フランス）665a
CRUI（イタリア）➡**CUN／CRUI**（490b）135b, 491a
シアンスポ（フランス）773b
CERN（スイス）391b
飼育場 731a
CEGEP（カナダ）117a
CEP（アメリカ）182a
CEVU（フランス）91b
CA（フランス）91b
CAI（コンピュータ支援教育）203a
JIHEE 718b
シェアード・ガバナンス（アメリカ）620b
CAE（オーストラリア）151b
JASSO 717b
JAHER 718b
JANU 438a
CAS（アメリカ）391a
JST 257a, 391b
J-STAGE 391b
JSPS 717b
CAHEP（アメリカ）182a
JABEE 330a, 717b
JAPUC 721a
JFPU 720a
JMOOC（日本）813a
CAMES➡**アフリカ・マダガスカル高等教育評議会**（178a）
CALOHEE（ヨーロッパ）651b
JOCW（日本）247b
シェク=アンタ・ジョップ・ダカール大学（セネガル）**462a**
CS（フランス）91b
GSI（日本）583b
CSHE（アメリカ）**462b**, 587b
CHE（ドイツ）637b
CHEA（アメリカ）266b, 434b, 475b, 641b
CHESP（南アフリカ共和国）481b
CHEシステム（ドイツ）547b
CHEPS（オランダ）588a, 637a
J.D. 266b, 777a
CATs（イギリス）119b
シエナ大学（イタリア）**462b**
CNRS（フランス）411a, 546b, 771a
CNE（フランス）20a
CNAA（イギリス）➡**英国学位授与機構**（218b）
CNSU（イタリア）136a, 136b
CNVSU（イタリア）136a
GNVQ（イギリス）606b
CNU（フランス）122a, 354b

ジェネラル・エデュケーション 31a, 371a
『*General Education in a Free Society*』463a
ジェネラル・オーナーズ・コース（アメリカ）383a
CAPs（アジア）172a
CAP調査 28a
CF（EU）636b
ジェファーソン, T. 463a
GMAC（アメリカ）479a
GMAT 478b
ジェメッリ付属病院（イタリア）543a
CAUSE（アメリカ）39b
シェルスキー, H. 463b, 661b
ジェルミーニ, M. 463b
ジェルミーニ改革（イタリア）**463b**, 136b, 356b
JYA（アメリカ）495a
ジェンキンズ, J. 346a
ジェンダー 463b, 634a
ジェンティーレ, G. 134b, 465a, 746b
ジェンティーレ改革（イタリア）**465a**
ジェントルマン教育 118b
COE 465a, 396a
Go8（オーストラリア）243a, 477b, 818b
COMUE（フランス）126a, 187a, 324b, 382a, 742b, 776a, 789b, 800a
COOP（日本）459a
COC（日本）44b, 639a
COC＋（日本）44b, 639b
四科（リベラルアーツ）853a
滋賀医科大学 465b
歯科医学校（日本）467b
滋賀学園 756b
資格 466a
私学 520a
資格課程 466a
志學館大学 466a
私学高等教育研究所（日本）849a
私学財政 98a
資格試験 86a, 562b, 563b
資格試験制度 55a, 563a
自学自習の尊重（日本）305a
資格取得 466a
私学助成（日本）100a, 519a, 523a
私学振興助成金 99b
視覚的読書 208b
史学哲学及政治学科（日本）777b
資格認定 172b
資格のものさし（指標）466b
歯学部 467a, 394b
私学補助（日本）**467b**, 519a, 523a
資格枠組み 466b
滋賀県立大学 467b
滋賀県立短期大学 467b
シカゴ・コロンビアトリオ 496a, 531b

シカゴ大学(アメリカ)　**468a**, 452b	静岡県立大学　**471b**	〔ロシア〕　476a
シカゴ・ボーイズ　652b	静岡県立農科大学　471b	質保証制度　**475a**, 9a, 581b
歯科大学(アメリカ)　467a	静岡産業大学　**471b**	質保証ネットワーク　9b
滋賀大学　**468a**	静岡女子大学　471b	実務家(アメリカ)　777a
至学館大学　**468b**	静岡女子短期大学　471b	実務家教員(日本)　**476b**, 80b
4月入学　377a	静岡大学　**471b**	指定校制度　**477a**, 41a
時間割(単位制)　631b, 632a	静岡福祉情報短期大学　472a	指定国立大学法人　**477a**
職(しき)　510b	静岡福祉大学　**472a**	私的セクター(中国)　646b
私教育費　108a	静岡文化芸術大学　**472a**	私的負担(教育費)　350a
事業活動収支計算書　468b	静岡薬科大学　471b	四天王寺大学　**477b**
事業活動収入　**468b**, 333a	静岡理工科大学　**472a**	児童規則　287a
事業構想研究所　469a	静かな革命(カナダ)　117a	シドニー大学(オーストラリア)　**477b**, 151a,
事業構想大学院大学　**468b**	死生学　63a	190b
司教座聖堂学校　73b, 409b	自生型大学(中世大学)　647a, 647b	信濃自由大学　489a
司教座付属学校　137b	至誠館大学　**472b**	シニア(イタリアの研究員)　356b
事業創造大学院大学　**469a**	施設設備整備費補助金　100a	シニューレ　267a
事業報告書　453b	G7教育大臣会合　534a	芝浦工業大学　**477b**
資金移転(私学財政)　523a	自然科学院(イスラエル)　665b	柴田徳次郎　435b
資金配分　99a	自然科学研究機構　586a	芝和英聖書学校　458a
資金配分機関(日本)　257a	自然科学と大学　23b	師範学校(日本)　**478a**, 358a, 587a
シグナリング論　46b, 344b	自然哲学　759a	CP➡DP・CP・AP(三つのポリシー)(661a)
滋慶医療科学大学院大学　**469a**	自然発生型大学　647a	314b
時限付き研究費　363b	慈善法人(イギリス)　193a	GP(日本)➡グッド・プラクティス(377b)
資源の開放　577a	私大連(日本)　537a	757b, 822b
自校教育　**469a**, 62a	GWK(ドイツ)　365b	GPA　**478b**, 272a, 543b
私講師(ドイツ)　273a, 355a, 411a, 541b	自治医科大学　**472b**	CPGE(フランス)　382a, 771a
自己学習　51b	自治会連合(学生寮)　285b	GP事業(日本)　377b
自己規制的共同体　560a	七自由学芸　782a	自費生(イギリス)　167b
四国学院大学　**469b**	自治侵害事件　12a	CBT(日本)　188b, 557b
四国基督教学園　469b	自治団体性(中世大学)　647b	CPPHE(アメリカ)　182a
自国語教育(アメリカ)　852a	自治的機能(学部)　72a	私費負担(教育支出)　413a
四国大学　**469b**	自治の侵害　589b	CPU(フランス)　578b
自己形成・教養　19b	シチュアシオニスト　864b	私費留学　436b
自己収入　98b	自治寮　285a	CVCP(イギリス)　579a
自己成就的予言　200a	実益協会(ドイツ)　402a	私法(法学教育)　790b
事後対応(危機管理)　328a	実科学校(ドイツ)　128a	司法科試験(日本)　563a
自己点検　475a	実業専門学校　**473a**, 557a	司法試験　561a, 563b
自己点検・評価　**470a**, 252a, 625a	シックスフォーム(イギリス)　86b	司法省法学校(日本)　**478b**, 55a, 561a,
仕事　510b	実験　**473a**, 554b, 557a, 843a	791b
自己投資　**470a**	実験科学　570b	司法省明法寮(日本)　791b
自己破壊の予言　200a	実験カレッジ(アメリカ)　**474a**	資本的支出(公財政支出)　100b
自己評価　10a, 470a	実験機器　846b	島津学園　365b
資産運用　215b	実験室　843a	GMAT(ジーマット)　**478b**
GCE-Aレベル試験(イギリス)　86b, 606a	実験装置　846b	島根医科大学　479a
GCSE試験(イギリス)　86b	実験的研究　846a	島根県立国際短期大学　479a
CCSF(アメリカ)　460b	実験哲学　255b	島根県立島根農科大学　479a
CCCS(イギリス)　317b, 318a	実施権許諾　329a	島根県立大学　**479a**
『時事新報』　**470b**	実践女子大学　**474b**	島根大学　**479a**
時事通信社　470b	実体法(法学教育)　790b	清水安三　233a
『四十二行聖書』　208a	質の高い大学教育推進支援プログラム(日	市民開放講座　735a
私塾　**470b**	本)　**474b**	市民講座　53a
自主講座　**470b**	質の定義　8a	市民生協　541b
自主財源　331b	質保証➡大学の質保証(8a)	市民大学(イギリス)　**479b**, 119a, 192a,
司書　692b	質保証　8a, 118a, 155b, 441b	262a, 329b, 564b, 584b, 829a
四條畷学園大学　**471a**	〔アフリカ〕　155b	市民大学(生涯学習)　53b
自助機関(ドイツ)　668b	〔アメリカ〕　475a	事務官(日本)　821a
静岡英和学院大学　**471a**	〔カナダ〕　118a	事務局(日本)　479b, 608b

事務職員(日本)　537b, 608b, 660b
事務組織(日本)　608b
事務長(日本)　**479b**
下出民義　161a
下田歌子　474b
下関市立大学　480a
下八川圭祐　507a
社員教育　446a
社会移動➡教育選抜と社会移動(348a)
社会移動の機能　93a
社会階層　348a
社会階層的2言語状況　625a
社会階層と社会移動全国調査　348a
社会開発支援　480a
社会科学系の研究➡人文・社会科学系の研究(533a)
社会科学高等研究院(フランス)　212a
社会化の機能　93a
社会技術研究開発センター(日本)　567b
社会教育主事　482a
社会教育主事課程　482a
社会共創学部　226b
社会契約　19a, 25a
社会権規約(国際連合)　289b
社会貢献　482a, 452b
社会貢献・地域連携センター　45a
社会構造と大学　48a
社会サービス　94a
社会主義学生同盟　276b
社会主義青年同盟　276b
社会人学習者　486t
社会人学生　280a, 457a
社会人基礎力(日本)　49a, 446a
社会人教員(日本)　476b
社会人大学院　483a, 53a
社会人特別選抜　485t
社会人入学者　486a
社会人入試　483b
社会調査　759a
社会調査協会(日本)　759b
社会調査士(日本)　759b
社会的障壁　499a
社会的正義(公財政支出)　98b
社会的責任　166a
社会的選抜(大学の機能)　93a
社会的認証(ロシア)　476b
社会的批判　254b
社会的利益(財政支援の根拠)　98b
社会福祉系学部　483b
社会法(法学教育)　790b
社会奉仕　183b
社会奉仕活動　481a
社学同　276b
ジャクソン研究所(アメリカ)　392a
ジャコト, J.　22a
ジャコバン学寮(フランス)　297b

JASSO　717b
JASSO奨学金(日本)　501b
ジャディード(イラン)　204a
シャニャフスキー記念人民大学(ロシア)　144b
JABEE(日本)**➡日本技術者教育認定機構**
(717b)　330a
JABEE認定プログラム修了生　718a
『ジャーヒリーヤ詩について』　222b
写本　208a, 507a
写本工房　208a
ジャーミアト・カーヒラ(エジプト)　223a
『ジャラット報告書』　192b
シャリフ工科大学(イラン)　**484a**
シャンスリエ(フランス語)　320a
上海交通大学(中国)　547a
ジャン・ムーラン大学(フランス)　859b
自由　781a
獣医学部　484a, 171b
獣医師法(日本)　484b
獣医・農畜産系大学　246b
獣医免許規則(日本)　484b
獣医療　484b
収益率分析　484b
自由応募制　477b
私有化(学術成果)　275b
集会コンヴォケーション　868a
集会コングリゲーション　868b
自由が丘産能短期大学　485a
自由学芸　196b, 267a, 852b
自由学部(フランス)　773b
就学・履修の弾力化　485a
就活　486b, 255a
就活講座　486b
宗教科　487b
宗教改革　14b, 525b
宗教学　62b
宗教学科　62b
宗教教育　486b
宗教系大学(日本)　61b, 62a
宗教(的)情操教育　486b
就業上の地位　511a
宗教大学分校　769b
宗教知識教育　486b
宗教と大学　60b
修業年限　487b
自由裁量(オランダ)　132b
修士　488a, 232b, 266b, 268b, 496b
　［日本］　75a, 261a, 496b
　［アメリカ］　74b, 261b, 563b
　［ロシア］　147f
修士学位(アメリカ)　57a, 113f
修士学位スタディ(アメリカ)　113f
修士課程　488a
　［日本］　55b, 488a, 723a
　［スペイン］　709a
修士号授与大学(アメリカ)　183b

修士相当の課程学位　586a
修士大学(日本)　397a
自由七科　48b, 197a, 326b, 533b, 661b, 842b, 852b
就実学園　488b
就実女子大学　488b
就実大学　488b
『自由社会における一般教育』　463a
就職活動➡就活(486b)　255a
就職協定　488b, 41b
就職・採用活動　210b
就職支援　278a
就職・進路決定(フランス)　354b
自由人　82b
終身雇用　446a
終身在職権(アメリカ)　295a, 663a
自由大学(日本)　**488b**
『自由大学雑誌』　489a
州大学法(ドイツ)　620a, 672a
集団合議制大学(ドイツ)　**489a**
集団的知識人　775b
集中研方式　571a
集中講義　489a
重点本科大学(中国)　87a
修道院　489b, 58a, 59a, 335a
修道院図書館　604a
修道会　373b, 489b, 629a
修道会コレージュ(フランス)　297b
修道者　489b
修道短期大学　755a
自由な学習(ドイツ)　129b
12世紀ルネサンス説　58a
自由の砦　834a
宗派教育　62a, 93b, 486b
宗派大学(カナダ)　116a
18人学寮(フランス)　296a, 448a
18歳人口の減少(日本)　523a, 530b
修文大学　489b
住民の公の施設利用権(日本)　220a
秀明大学　490a
宗門　490a
宗門系大学　490a, 768b
十文字学園女子大学　490b
十文字学園女子短期大学　490b
修養　371a
収容定員　656a
重理軽文(中国)　645a
州立旗艦大学(アメリカ)　490b
州立大学
　［アメリカ］　61a, 90a, 115a, 181a, 212b, 335a, 437b, 487a, 500b, 555a, 620b, 716a, 758b
　［ドイツ］　437b, 672a
州立大学の私学化(アメリカ)　**490b**
州立大学の母　809a
修了　571b
CUN／CRUI(イタリア)　**490b**, 135b, 491a

儒学　102a
授業　491a, 361a, 583a, 631b
授業科目　631b
授業期間　491a
儒教教育　573a
授業時間　491b
授業時間外学修　631b
授業評価　492a
儒教モデル　108b
授業料　492a
　[日本]　34b, 101a, 289a
　[イギリス]　621a
　[オーストラリア]　151b
　[ドイツ]　671a
　[ニュージーランド]　153a
授業料減免　290b
授業料収入　523a
授業料／奨学金政策　36a, 36f
授業料値上げ　523a
授業料無償化　289b
淑徳大学　493b
綜藝種智院　494b, 768b
受験産業　494a
受験戦争　494a
「主人・代理人」関係　619b
主専攻・副専攻　494b
主題専門図書館員(アメリカ)　692b
受託研究➡共同研究／受託研究(366a)
種智院大学　494b
出版業　208a
種痘館　545b
種痘所　102a, 545b
首都大学東京　495a
シュトルム, J.von　167a
シュナイダー, H.　458b
ジュニア(イタリアの研究員)　356b
ジュニア・イヤー・アブロード(アメリカ)
　495a
ジュニア・カレッジ(アメリカ)　**495b**, 444b,
　632b
ジュニアハイスクール設立運動　864b
ジュニア・プロフェッサー(ドイツ)　17b,
　130a, 355a, 355b, 411a, 585b
ジュネーヴ大学(スイス)　**495b**, 401b
シュネーダー, D.B.　685b
シュパイヤー行政大学院(ドイツ)　**495b**
シュプランガー, E.　25a
シューマン高等研究所　832b
シュミット, H.　862b
ジュムフリエット・ダーリュリュフュヌーヌ(ト
　ルコ)　697b
主要研究大学(アメリカ)　396a
腫瘍分子生物学研究所　507b
授与権　2a
授与権者(日本)　75a
授与権認証(フランス)　91b
シュライエルマッハー, F.　273b

受理面接者　210b
シュルツ, T.W.　496a
『ジュルナール・デ・サバン』　274a
巡回講義　43b, 577b
準学士　496a, 75b, 261b, 633a
循環移動　348a
准教授
　[アメリカ]　353b, 584a, 663b
　[イギリス]　354b, 584b
　[イタリア]　135a, 355b, 356b
　[フランス]　354b
准教授(日本)　**496b**, 353a, 362b, 508a
準教授(ドイツ)　**496b**, 355a, 411a, 585b
純授業料　35b
順心会看護医療大学　323a
純真学園大学　497a
純心女子短期大学　700b
純粋移動　348a
純粋科学　330a
順正学園　338b
純正語　402b
準大学　829a
準大学院大学(日本)　397a
順天堂大学　497a
書院(中国)　408b
ジョイント・ディグリー　341a, 365b
ジョイント・ディグリー取得コース　501a
ジョイント・ディグリー制度(日本)　429b
ジョイント・ディグリー・プログラム➡複数学
　位課程(766a)　341b
樟蔭学園　236b
松蔭女子学院大学　421b
松蔭女子短期大学　497a
松蔭大学　497a
松雲学園　795a
上越教育大学　497b, 340b
ジョウェット, B.　497b
障害学　499a
生涯学習　44a, 405a, 446b, 503b,
　842a
生涯学習機関　51a, 498a
生涯学習教育研究センター　44b
生涯学習計画(EU)　202a
生涯学習系センター　44b, 577b
生涯学習行動プログラム　202b
生涯学習社会　498a, 38b
生涯学習と大学　51a
生涯学習の基盤整備について(中教審答
　申)　44b
生涯学習の推進(日本)　823a
生涯学習のためのドイツ資格枠組み
　(DQR)　565b
生涯学習の理念　498a
生涯教育について(中教審答申)　53a
障害者(障碍者)　**498b**, 804a
障害者基本計画　499b
障害者基本法　498b

障害者権利条約　95a, 499a, 741b
障害者差別解消法　499a, 499b
障害者の権利に関する条約　499a
障害の社会モデル　498b
商科カレッジ(アメリカ)　386b
昇格(教職員)　362a
奨学寄付金　332a
奨学金　499b, 36a
　[日本]　98b, 278a, 282a, 351a, 467a,
　　501b, 626b, 717b
　[アメリカ]　180a, 500a, 761a, 775b
　[イギリス]　621a, 761a, 867b
　[韓国]　493b
奨学金事業費　100a
奨学金返済　748b
商学士(日本)　386a, 502a
奨学生　167b, 779b
商学部　502a, 386a, 741a
商科大学　245a, 386b
小学校(フランス)　705b
上級学部　326a, 564a
上級技術者(ドイツ)　355a
上級教員資格(フランス)　355a
上級継続教育課程(イギリス)　193b
上級工科カレッジ(イギリス)　119b, 192a
上級講師(イギリス)　354a
上級三学部　267a, 326a, 661b
上級助手(ドイツ)　355a
上級段階コレーク(ドイツ)　753b
商業化(学術成果)　275b
商業学士(日本)　386a, 502a
商業学科(日本)　386a, 502a
商業学校(フランス)　565a
商業経営学(日本)　386b
商業大学(日本)　55a
常勤講師(アメリカ)　353a
尚絅学院大学　502b
尚絅女学院短期大学　502b
尚絅大学　502b
条件なき大学(フランス)　22b
『条件なき大学』　665a
称号　502b, 75b
城西国際大学　503a
城西歯科大学　815a
城西大学　503a
少子化　503b, 51b
常翔学園　236a
昇進(教職員)　362a
昇進制度➡教職員の昇進制度(362a)
少壮教授(アメリカ)　353b
上代の大学(日本)　724a
上智大学　503b, 373b
上智大学短期大学部　504a
上智短期大学　504a
象徴交換の経済　778b
省庁大学校　504a
省庁大学校に関する法制　504a

象徴暴力　775b, 779b
聖徳学園岐阜教育大学　332a
湘南医療大学　504b
城南学園　238a
湘南工科大学　504b
昇任(教職員)　362b
少年クラス(中国)　644a
尚美音楽短期大学　504b
尚美学園大学　504b
尚美学園短期大学　504b
消費者契約法　289a
消費収支計算書　468b
消費生活協同組合　541a
上武大学　505a
昌平学校　102a, 505a
昌平黌　505a, 605b, 724a
昌平黌短期大学　745b
昌平坂学問所　505a
情報科学芸術大学院大学　505a
情報技術　37a
情報技術装備対面クラス　38a
情報技術媒介遠隔学習　38a
情報系学部　505b
情報工学部　505b
商法講習所(日本)　386a
情報・システム研究機構　586b
情報社会と大学　37a
情報セキュリティ大学院大学　505b
情報通信技術　37a, 158a, 203b
情報の越境　506a
情報リテラシー教育　506b, 49b
正本と版権　507a
証明書の形態で公的認定の価値を判
　断する基準や単位のパッケージ(ILO)
　260a
商用混合言語　860a
逍遥する大学　578a
省令(日本)　68b
条例(日本)　68b
奨励金　502a
奨励研究員制度(日本)　691b
昭和医科大学　507b
昭和音楽大学　507a
昭和女子大学　507b
昭和女子薬科大学　507b
昭和大学　507b
昭和薬科大学　507b
女学院　516a
助学金(中国)　493a
『諸学部の争い』　326a, 587b, 662a
助教(日本)　508a, 353a, 362b, 727b
助教授(アメリカ)　353b, 584a, 663a
助教授(日本)　508a, 352a, 362b, 412a,
　476b
職員　79a, 362b, 363a, 537a
職員交流　431a
職員採用　730a

職員論　537a, 538a
職業　510b
職業学位➡専門職学位／職業学位(560b)
　267a
職業学士(フランス)　565a
職業／技能教育機関(アメリカ)　113f
職業教育　508b, 314a, 705b, 795a
職業教育カリキュラム　509b
職業教育訓練　260a
職業訓練契約(ドイツ)　712b
職業構造　510b
職業構造の高度化　40b
職業高等教育アカデミー(デンマーク)
　143a
職業資格　265b, 560b, 564b
職業実践専門課程(日本)　795a
職業実践力育成プログラム(日本)
　795a
職業指導　334a
職業修士(フランス)　267b
職業準備教育(ドイツ)　565b
職業人再教育　483b
職業専門化　49a, 565a
職業専門学士課程(フランス)　771a
職業的課程　509b
職業的レリバンス　511b, 275a
職業統合的学習　512a, 509a
『職業としての学問』　215a
職業と専門教育　557b
職業による教育　509a
職業の教育　509a
職業のための教育　508b
職業バカロレア(フランス)　87a, 606b,
　734a
職能開発(SD)　537a
職能資格制度　362b
植物園　512a, 613b, 744a
植民地カレッジ(アメリカ)　199a
植民地経営の人材育成　94a
植民地奨学金　867b
植民地大学
　[アジア]　94a, 107a, 387a
　[アフリカ]　154b
　[カナダ]　116a
　[ラテンアメリカ]　148b, 513a
植民地の教授言語　512b
職務　510b
『諸言語の扉』　442b
『諸言語を教え学ぶ方法』　347a
女子英学塾　655a
女子栄養大学　514a
女子栄養大学短期大学部　514b
女子学生　514b, 284b, 803a
女子学生ファッション　515a
女子学生亡国論(日本)　778a
女子カレッジ　94b
女子高等師範学校　245a, 418b

女子高等専門学校　373b
女子師範科　418b
女子セミナリー　516a
女子大学　515b, 374a
女子短期大学　373b, 516b
女子美術大学　516b
助手
　[イタリア]　356b
　[ドイツ]　355a
助手(日本)　517a, 352b, 362b, 583a,
　766a
女子力　515a
女性
　[ジェンダー]　464a
　[マイノリティ]　803a
　[雇用]　446b
女性研究者　464b
女性研究者支援　634b
女性研究者支援センター　655a
女性大学　775a
女性の管理職比率(日本)　634b
女性の進学率(日本)　634a
女性の大学入学　94b
除籍　517a
職階制度　352b
初等教育　416a
初等・中等教員　561b
所得階層　517b
所得連動返還型奨学金制度　501b
初任者研修制度(オランダ)　133b
初年次教育　517b, 314a, 684a
ジョブ型の専門・職業別労働市場　42a
ジョリエット・ジュニア・カレッジ(アメリカ)
　517b
ジョーンズ, W.　401a
ジョンズ・ホプキンズ大学(アメリカ)　**518a**,
　74b, 77b, 114a
白梅学園大学　518a
白梅学園短期大学　518a
シラケ　615b
白仁武　859b
シラバス　518b, 342a
白百合女子大学　518b
シリアン・プロテスタント・カレッジ(レバノ
　ン)　785a
私立学校　305a, 467a, 705a
私立学校教職員共済組合　719b
私立学校振興助成法　519a, 96a, 100a,
　101a, 305b, 387b, 467b
私立学校振興助成法施行令　387b
私立学校法　519a, 97a, 519b, 520b,
　524a, 552a, 616b, 848b
　[韓国]　322a
私立國學院大學　427b, 531a
私立獣医学校(日本)　484b
私立専門学校　40b
私立大学　519b, 88a, 453b

［日本］　9b, 40b, 100b, 269a, 282b, 287b, 290b, 389b, 453b, 479b, 520a, 522a, 522b, 580a, 589b, 611b, 720a, 720b, 721a, 725a, 796a
［アジア］　107b
［アメリカ］　90a, 114b
市立大学システム（アメリカ）　424b
私立大学情報教育協議会　39b
私立大学助成　524b
私立大学審議会（日本）　520b, 597b
私立大学戦略的研究基盤形成支援検討会（日本）　522a
私立大学戦略的研究基盤形成支援事業（日本）　**522a**
私立大学・大学院等教育研究装置施設整備費補助　522a
私立大学等経常費補助　522a, 796a
私立大学等研究設備整備費等補助　522a
私立大学等情報処理教育連絡協議会　39b
私立大学におけるガバナンス改革（日本）　360a, 849b
私立大学の学部自治　291b
私立大学の研究設備に対する国の補助に関する法律　**522b**
私立大学の財政・財務　522b
私立大学の収入　98b
私立大学法制　523b
私立短期大学（団体）　721a
私立哲学館大学　687b
私立電機学校　681a
私立法律学校（日本）　791b
資料室　165a
シルヴェスター, J.　403a
四六答申　9b, 618a, 833b
仁愛大学　524b
新エネルギー・産業技術総合開発機構　525a
新エネルギー総合開発機構（日本）　525a
神学　62b, 536b
神学科社会事業学専攻　484a
進学塾　494a
新学制期の学部　530a
『神学大全』　536b
進学適性検査（日本）　85a
神学部　525a, 27a, 61a, 326a
進学率　526a, 107b
神学校　61a, 525b, 806b
シンガポール経営大学　109b
シンガポール国立大学（シンガポール）　**527a**
シンガポール大学　527b
シンガポールの大学　109a
審議会（日本）　527b
審議会行政（日本）　**527b**
新技術開発事業団（日本）　257a

新技術事業団（日本）　257a
鍼灸学部　536b
新教育大学（新構想）　528t
神宮皇學館　531b
神宮皇學館大学　407b, 531b
シングル・ブラインド　745a
新公共経営 ➡ NPMと大学改革（225a）　88a, 618b, 619a, 692a
新公共事業中央学校（フランス）　222a
新公共政策　96b
新構想大学（イギリス）　191a, 192a
新構想大学（日本）　**528b**, 259a, 269b, 270a, 530b, 569b, 725a
新構想大学論　528b
人工多能性幹細胞　846b
新高等教育計画（日本）　414a
新高等教育法（スウェーデン）　142b
真言宗高野山大学　423a
人材育成（大学の目的）　92b
人材養成（職業教育）　508a
新左翼　276b
新左翼系学生運動　550a
新事業創出促進法　635b
人事権（学部）　71a
新時代の大学院教育（中教審答申）　**529a**
シンシナティ大学（アメリカ）　427b
神社本庁　531a
真宗大谷大学　239b
新自由主義改革　50b
新自由主義的な高等教育政策　150a
信州大学　529a
人種クオータ制（ブラジル）　840b
人種の考慮　176b
尋常師範学校　478a
神職課程　487b
神職養成機関　61b, 531a
新人会　276a
新人文主義　532b
新制国立大学　88b, 552b, 568a
新制大学　529b, 9b, 55b, 96a, 196b, 358a, 551a, 561b, 580b, 724b
新設学部の動向　530a
新大学
　［イギリス］　90a, 119b, 191a, 245b, 375a, 455a, 521b, 621b
　［ドイツ］　753a
『人体の構造について』　214b
震旦公学（中国）　766b
新長期経済計画　808a
進適（日本）　85a
人的資本　46a, 496a
人的資本論　531a, 49a, 344a
人的能力開発政策　808a
神道学専攻科（皇學館大学）　532a
神道学科（皇學館大学）　532a
神道教育　532a
神道系大学　531a, 61b

神道文化学部（國學院大學）　531b
ジンナジオ（イタリア）　301b
新任教員研修　81a
人文科学　532a
人文学　532a
人文学ニュー・カレッジ（イギリス）　191b
人文学の多様化　532b
人文学部　533a
人文・社会科学系の研究　533a
人文社会科学部（日本）　533a
人文主義　29b, 532a
人文主義アカデミア　167a
人文主義者　167a
シンボリックアナリスト　47b
人民戦線事件　272a
真理の探究　25a
診療参加型臨床実習　188b, 557b
人類学と社会調査　759b
進路指導　334a
親和女子大学　422a

す

水圏科学フィールド教育研究センター　675b
水産学　534b
水産学部　534b
スイスの大学 中・東欧の大学（139a）　141a, 649b
スイス連邦工科大学　141b
スイス連邦工科大学チューリヒ校（スイス）　**534b**
スイス連邦工科大学ローザンヌ校　534b
推薦校友　423b
推薦入試　535a, 85b, 221a
推薦博士　306b, 735a
水族館　613b
垂直的なアーティキュレーション　175a
水平的なアーティキュレーション　175a
睡眠科学センター　174a
スウェーデン王立工科大学（スウェーデン）　**535a**
スウェーデン化政策　535b
スウェーデン語　535b
スウェーデンの大学　142b
スヴェーリエ・アカデミー　402a
スヴェーリエ語　33a, 402a
スヴェーリエ語化　535b
数学トライポス　827a
数物系科学（日本）　845b
末弘厳太郎　790a
スオミ（フィンランド）語　34a
スカラー（イギリス）　167b, 297a
スキナー, B.F.　837a
杉野学園女子短期大学　535b

杉野女子大学　535b

杉野服飾大学　**535b**

杉野芳子　535b

椙山今子　536a

椙山女学園大学　536a

杉山女子学園　332b

杉山新七　332b

椙山正弌　536a

スクオーラ(イタリア)　136b, 463b

スクリップス, E.B.　536a

スクリップス研究所(アメリカ)　**536a**, 262a

スクリップス代謝クリニック(アメリカ)
　536a

スクーリング　51b, 600a, 653b

スクール(学部, 学科)　71a, 303a

スクール・オブ・ビジネス・アンド・マネジメ
　ント　747a

優れた研究拠点(日本)　396a

優れた取組み(教育改革)　377b

スコット, P.　6a

スコットランド啓蒙　119b

スコットランド高等教育財政審議会
　192b

スコットランドの大学　119a

スコーネ(スヴェーリエ語化)　535b

スコラ学　536a, 32a, 92b, 256a

スコラスティクス　320a

スコラ哲学　27a

鈴鹿医療科学技術大学　536b

鈴鹿医療科学大学　536b

鈴鹿国際大学　536b

鈴鹿大学　536b

スースロワ, N.　141b

スタッフ・ディベロップメント　537a, 81a

スーダン国立ニーレイン大学　253b

スタンフォード, J.　538b

スタンフォード, L.　538b

スタンフォード大学(アメリカ)　**538b**, 16a

スタンレイ・ブラウン, J.　517b

スチュアート, J.　230a, 549a, 577b, 578a

スチューデント・アシスタント　659b

スチューデント・パワー　276b, 284b

ステークホルダー　538b, 252b

ステファン・バートリ大学(リトアニア)
　214a

ステフィン, S.　33a, 403a

須藤いま子　627b

ストゥディウム(教育機関)　3b, 361b,
　539a

ストゥディウム・ゲネラーレ　539a, 3b, 4b,
　32a, 266b, 361b, 448a, 535b

ストゥディウム・パルティキュラーレ　361b

ストラスブール大学(フランス)　**539a**

ストロングポイント　252a

砂本貞吉　755a

SNESUP(スネシュップ, フランス)　417a

頭脳韓国21　321a

頭脳保持　211a

頭脳流出　539b, 211a

スパイラル・プロセス　47a, 638a

スーパーグローバル大学(日本)　400a,
　478a

スーパービジョン　650b

スパーリング, J.G.　760b

すばる望遠鏡　392a

ズビザレッタ, J.　838b

スピリチュアル・エデュケーション　62b

スブヤン(トルコ)　697a

スプリング, J.　6b

スペイン学寮(イタリア)　296a, 448a

スペイン語　457b, 513a, 743a

スペインの家(メキシコ)　229b

スペインの大学　137b

スペインの大学改革　708b

スペイン・ポルトガルの大学➡南欧の大学
　(133b)

スペシャリスト(ロシア)　146a

スペシャリスト資格(ロシア)　641a

すべての人々のためのエラスムス
　202a, 856b

スペリングス報告(アメリカ)　180a, 527b

スペローニ, S.　403a

スペンス, A.M.　46b

スポーツ・イベント　594b

スポーツ科学　553b, 643b

スポーツ学　309a

スポーツ学部　756b

スポーツ系大学　716b

スポーツ健康学部　785a

スポーツ総合大学　715b

スミス, A.　46a

スミス大学(アメリカ)　516a

住田智見　685a

スラヴ・ギリシア・ラテン・アカデミー(ロシ
　ア)　144b

スラブ研究センター　797b

スラブ・ユーラシア研究センター　797b

Suliman S. Olayanビジネス・スクール(レバ
　ノン)　785a

駿河台大学　539b

スルタン・カブース大学(オマーン)　540a

スロヴァキアの大学　648b

スロヴェニア語　402b

スワスモア・カレッジ(アメリカ)　**540a**, 547b

諏訪東京理科大学　540a

スワヒリ語　513b

せ

CA(フランス)　91b

成安造形大学　540b

西安臨時大学(中国)　601a

青淵学園　684a

正課外活動　255a

清華学堂(中国)　541a

清華学校(中国)　541a

聖学院大学　540b

清華大学(中国)　**541a**

聖カタリナ女子大学　541a

聖カタリナ大学　541a

生活協同組合　541a

成果有体物の移転　639a

正規研究員(イタリア)　356b

生協　541a

正教授　647b
　[アメリカ]　584a
　[イタリア]　135a, 355b, 356b, 861b
　[ドイツ]　410b, 541b

正教授支配大学(ドイツ)　**541b**

政教分離　61a, 62a, 63a, 486b

成均館管制(韓国)　321b

成均館大学校　573a

成蹊大学　541b

正講義(ヨーロッパ)　647b, 734b

聖サヴァ学院(ルーマニア)　762a

政策研究大学院大学　542a

政策のための科学　257b

星槎大学　542a

星槎道都大学　542a

生産関数分析　344b

製紙　207b

政治学科(日本)　791b

政治学校(トルコ)　697b

政治経済学部　542b, 386a

政治的公正(アメリカ)　22a

政治的大学(ドイツ)　187a

静修女子大学　456a

成城大学　543a

星城大学　542b

聖職者養成　60b, 215a, 373b, 380a,
　487b, 525a, 630b

精神科学　532a

成人学生　51a

聖心カトリック大学(イタリア)　**543a**

成人教育　51a, 841b

聖心女子大学　543a

精神の共同体　781a

成績証明(ドイツ)　597a

成績評価　543b, 38b, 478b

成績評価値　478b

清泉女学院大学　543b

清泉女子大学　544a, 608b

聖泉大学　544a

聖泉短期大学　544a

生徒　82a

正当性の付与機能　93a

生徒規則　287a

聖徳学園短期大学　544b

聖徳大学　544a

生徒の学習到達度調査(PISA)　232a

聖トマス大学 **→** サント・トマス大学 (460a)

西南学院大学　**544b**

西南女学院大学　**544b**

西南女学院短期大学　544b

西南連合大学 (中国)　437b, 601a

青年師範学校　478a

青年文法学派　401b

成美大学　766b

西部学校・大学協会大学評価委員会

(アメリカ)　262a

政府研究開発投資　**545a**

政府資金　98a

生物学 (日本)　845b

生物学部 (日本)　841a

生物・教育学院 (イスラエル)　665b

生物資源学部　534b

生物多様性　804a

政府負担国内研究開発総支出額

545a

西武文理大学　**545a**

西北聯合大学 (中国)　601a

聖マリア学院大学　**545a**

聖マリア・カレッジ (イギリス)　297a

聖マリアンナ医科大学　**545b**

生命科学　330b

誓約 (プロフェッション)　19a

西洋医学　102b

西洋医学所　**545b**

『西洋事情』　765a

西洋数学研究　328b

聖路加国際大学　**546a**

政令 (日本)　68b

聖隷学園浜松衛生短期大学　546a

聖隷クリストファー看護大学　546a

聖隷クリストファー大学　**546a**

聖隷社　546a

清和大学　**546a**

聖和大学　324a

CEVU (フランス)　91b

CS (フランス)　91b

CNE (フランス)　20a

CNRS (フランス)　**546b**, 411a, 771a

CNU (フランス)　122a, 354b

世界医学教育連盟　188b, 434b

世界開発経済研究所　436t

世界高等教育会議　713b

世界高等教育データベース　433b

世界三大音楽院　641a

「世界人権宣言」　35a

世界水準大学　173a

世界大学学術ランキング　547a

世界大学総長協会　**546b**

世界大学ランキング　**547a**

世界トップレベル研究拠点プログラム (日本)

547b, 395a

世界の大学トップ50　243a

積算公費 (日本)　398b

積算単価 (基準財政需要額)　425a

関一　635b

セキュリエ (フランス)　298a

セクシュアル・ハラスメント (セクハラ)

741a

セクシュアル・ハラスメント防止措置義務

168a

セクシュアル・ハラスメント防止配慮義務

168a

世襲呼称 (日本)　502b

世俗コレージュ (フランス)　297b

SEDA (イギリス)　81a

積極的差別是正措置 (アメリカ)　176a,

343a

浙江大学 (中国)　109b

設置基準　728b

設置計画履行状況等調査委員会

598b

設置形態 **→** 大学の設置形態 (87b)

設置者 **→** 大学管理機関 (設置者) (579b)

設置者 (公立大学)　425a

設置者管理主義 (日本)　579b

設置審査の準則化 (日本)　642b

設置認可 **→** チャーターリングとアクレディテ

ーション (641a)　263b, 475a, 598a

設置認可基準　641b

設置認可審査　728b

設置認可手続　591b

ZVS (ドイツ)　86b, 129a

摂南工業大学　236a

摂南大学　**548a**

CEP (アメリカ)　182a

説明責任　165b, 837b

設立型大学　648a

設立特許状 (ヨーロッパ)　193a, 263b

設立認可状 (アメリカ)　620a

セツルメント運動　**548b**

セネト (イギリス)　90a

セビーリャ大学 (スペイン)　**549a**

セブランス連合医学専門学校 (韓国)

833a

セブン・シスターズ (アメリカ)　**549b**

セブン・リベラルアーツ　852b

CPGE (フランス)　382a, 771a

CPU (フランス)　578b

ゼミ　230b

セミナー・ハウス　**549b**

セミナリー　61a

セミナリオ　442b

ゼミナール (セミナー, ゼミ) **→** 演習／ゼミナー

ル (230b)

セミネール・ド・ケベック (カナダ)　116a

セメスター　**549b**

セルヴィア語　402b, 403b

セルディン, P.　660a

CERN (スイス)　391b

セレクティブ・アドミッション　605b

繊維学部　367b, 529b

全英高等教育調査委員会　655b

全英大学教員職務概要集　354a

全英の教育および学習支援の専門職能

の基準枠組み　357b

全学協議会 (日本)　283b

全学共闘会議　276b, 550b

全学連　**550a**, 276b, 279a

専科大学　**550a**, 87b

前期中等教育普通教育証書試験 (イギリ

ス)　86b

1992年以降の大学 (イギリス)　192b

1992年以前の大学 (イギリス)　192b

1992年大学 (イギリス)　68a, 121a

1915年諸原則の宣言 (アメリカ)　620b

1970年教育法 (スペイン)　138a

1989年シドニー大学法 (オーストラリア)

244a

専業 (中国)　645a

全共闘　**550b**, 276b, 683b

専業非常勤講師　748a

専攻　**550b**

選考委員会　354b, 729b

専攻科　**551a**

戦後改革と新制大学　**551a**

全国学園闘争　550b

全国学生連合会　300b

全国教育領域認証エージェンシー (ロシ

ア)　476b

全国高等教育認可プロセス規約 (オース

トラリア)　152a

全国公立短期大学協会　**552b**

全国国立大学生涯学習系センター研究

協議会　44b

全国職業資格総覧 (フランス)　564b

全国全共闘　550b

全国大学学長会議 (イタリア)　135b,

491a

全国大学高専教職員組合　**553a**

全国大学コンソーシアム協議会 (日本)

581b

全国大学史資料協議会　165a

全国大学生活協同組合連合会　597b

全国大学生協連　597b

全国大学統一入試 (中国)　87a

全国大学評価委員会 (フランス)　20a

『戦後の大学論』　624a

戦時動員 (日本)　570b

専修学校 (日本)　556b

専修大学　**553a**

先住民教育　347a

先住民言語　513a

先制医療研究センター　655b

『全世界言語辞典』　401a

洗足学園音楽大学　**553b**

専属的立法 (ドイツ)　671b

全大教　553a

『全大教新聞』 553a
仙台白百合学園 553b
仙台白百合女子大学 **553b**
仙台白百合短期大学 553b
仙台神学校 685b
仙台大学 553b
センター・オブ・エクセレンス➡COE(465a)
　396a
選択科目 **554a**, 631b
選択と集中 45a
選択必修科目 554a
センター試験➡大学入試センター試験
　(607) 85b
先端科学·技術 554a
先端領域社会人教育院 795a
全ドイツ学生経済支援 668b
全ドイツ言語協会 402a, 443a
セント・ジョンズ・カレッジ(アメリカ) **555a**,
　383a, 690a
セント・ジョンズ・カレッジ(オックスフォード)
　548b
セント・デーヴィッド・カレッジ(イギリス)
　215a
全日本学生自治会総連合 276b,
　279a, 550a
全日本学生寮自治会連合 285b
専任教員(日本) **555b**, 747b
専任助手(フランス) 354b
前納金返還訴訟 283a
選抜機会の複線化(日本) 494b
禅文化研究所 739b
全米育英奨学金 500b
全米科学財団 **555b**, 847a
全米学習情報インフラ先導事業 39b
全米教育協会 556a
全米コーオプ教育委員会 427a
全米大学拡張協会 94a, 577b, 599a
全米大学継続教育協会 599a
全米大学体育協会 594b
全米大学ビジネス·スクール協会(アメリ
　カ) 227b
全米独立カレッジ·大学協会 **556a**
全米法曹協会 266b
全米歴史学会 651b
専門アクレディテーション 57a, 265a,
　564a
専門学位(イタリア) 137a
専門学部 55b
専門家集団 352a
専門学校(旧制) **556b**, 55a, 415a, 473a,
　520a, 590b, 632a, 721b
専門学校(フランス) 123a, 123b
専門学校法制 **556b**
専門学校令 **557a**, 591a
専門課程 306a, 312b
専門科目 197a, 554a
専門教育 **557a**, 28b, 314a

専門教育課程 55b
専門教育のカリキュラム 558a
専門士(日本) 556b, 661a
専門修士(ロシア) 147f
専門職 559b
専門職員 81b
専門職学位 57a, 267a, 359a, 496b,
　563b
　[日本] 76a, 359a, 496b, 735a
　[アメリカ] 261b, 264b, 265a, 563b
専門職学位課程(日本) 510a, 723b
専門職学位／職業学位 **560b**, 267a
専門職学校(アメリカ) 113f
専門職教育 **561a**, 54a, 92b, 508b, 564a
　[アメリカ] 56b, 563b, 777a
　[イギリス] 564a
　[イタリア] 708a
専門職協会 560a
専門職業人 95b
専門職資格 **563a**, 4b
専門職者(イギリス) 77a
専門職大学 566a
専門職大学院 **566a**, 224a, 421b, 459a,
　600a, 718a, 741b, 747a, 780a, 861b
　[学校教育法] 10b, 419a, 723a
　[高度専門職業人] 55b, 76a, 80b
　[学位と認証評価] 56a, 75b, 261a,
　728b
　[経営, 会計] 386b
　[公共·社会政策] 409a
　[実務家教員] 476b
専門職大学院制度(日本) 385a, 488a
専門職大学院設置基準(日本) 576b
専門職大学院認証評価 728b
専門職短期大学(日本) 566a
専門職団体➡学位と専門職団体(265b)
　57a, 266a, 560a, 563b, 564a
専門職と大学 54a
専門職能の基準枠組み(イギリス) 746b
専門職養成 55b, 465a
専門職養成のための学校(アメリカ)
　74b
専門職連携 640a, 754b
専門性基準枠組み(イギリス) 582b
専門大学
　[オランダ] 132a, 132b
　[韓国] 320b
　[スイス] 141a
　[フィンランド] 144a
　[ベルギー] 132a, 133a
専門大学(ドイツ) **567a**, 127b, 129a,
　262b, 407b, 585a, 712b
専門大学アビトゥーア(ドイツ) 862b
専門大学院 55b, 56a
専門大学教育課程法(オーストリア)
　649a
専門大学入学資格(ドイツ) 567a

専門大学法(フィンランド) 794a
専門ディプロマ課程(イタリア) 137a
専門的技術的職業 508b, 511a
専門的技術的職業従事者 419b
専門的職員 592b, 592f
専門的職業 265a
専門的能力 466a
専門分野のリテラシー 851b
専門分野別アクレディテーション団体
　641b
専門領域(ドイツ) 662b
千里金蘭大学 567a
戦略的創造研究推進事業(日本) **567b**,
　228a
戦略的大学連携支援事業(日本) **567b**
占領期大学改革 568a
全寮連 285b
1601年慈善目的付属文書(イギリス)
　193a

そ

ソイスカーテリ制(ロシア) 146b
相愛女学校 568a
相愛女子大学 568a
相愛大学 568a
造園学 230a
総会(イギリス) 90a
僧階課程 487b
創価大学 568a
総括副学長(アメリカ) 181b
総括理事 288a
造型美術学園 814a
象牙の塔 568b
総合学園 32b
総合学習モデル 199b
総合規制改革会議答申(日本) 530b
総合研究大学院大学 568b
総合工芸学校 799a
総合職と一般職 634a
総合制学校(ドイツ) 128b
総合制私立大学(カナダ) 118a
総合制中等学校 783a
総合生物(日本) 845b
総合大学 **569a**, 632a
　[日本] 397a, 528t
　[フランス] 742b
　[ロシア] 146a
総合大学設置法(フランス) **569b**, 19b,
　772a, 773b, 840a
総合農学科(日本) 730b
総合理工(日本) 845a
創志学園 324b
造士館 301a
崇城大学 570a
挿図(印刷術) 208a

創造科学技術推進事業(日本) 228b
総長(日本) 12a, 288a, 457b, 590a
曹洞宗大学 444b
相馬永胤 553a
総務省(公立大学) 424b
僧侶養成 490a, 768b
ソウル大学校(韓国) **570a**
ソキエタス(イタリア) 18b
俗語 401a, 443a, 625a
俗語(母語)使用 33a
束脩 34b
ソクラテス 21a, 82b
俗ラテン語 346a
SOKENDAI 568b
底上げ型の大学 852a
組織開発 757a
組織・教学マネジメント 328a
組織的研究 **570b**
組織的研究単位(アメリカ) 394a
ソーシャルメディア 571b
ソーシャルメディアと大学 **571b**
ソーシャルラーニング 571b
ソシュール, F.de. 401b
訴訟演習(日本) 230b
訴訟法(法学教育) 790b
卒業 **571b**, 273a
卒業研究 **572a**, 474a, 558b, 843b
卒業式➡入学式／卒業式(726b)
卒業者教育(アメリカ) 77a
卒業率 186b
卒業論文 **572a**, 843a
卒前教育(アメリカ) 380b
園田学園 572b
園田学園女子大学 **572b**
ソフィア大学(ブルガリア) **572b**
ソフィア大学聖クリメント・オフリドフスキ
　(ブルガリア) 572b
ソフィスト 82b
ゾラ, É 64a
ソルボンヌ 742a
ソルボンヌ学寮(フランス) 122b, 298a,
　448a
ソルボンヌカレッジ(パリ大学) 604a
ソルボンヌ宣言 800a
ソルボンヌ大学アブダビ校(アラブ首長国
　連邦) 727b
ソ連時代の大学 144b
ソ連邦科学アカデミー(ロシア) 865b
ソ連邦教育科学アカデミー 866a
ソロリティ➡フラタニティ／ソロリティ(770a)
成均館(ソンギュンガァン)官制(韓国)
　321b
成均館大学校(韓国) **573a**

た

ダイアー, H. **574a**, 405b
体育会 594b
体育系学部 **574a**
体育部 594b
第一学位(イギリス) 868a
第1学位課程(ドイツ) 78b
第一工業大学 **574b**
第一高等中学校 681a
第一次国家試験(ドイツ) 565a
第1次ベビーブーマー 372a
第一専門職学位(アメリカ) 265a, 560b
第一大学区医学校 605b
第一大学区第一番中学 605b
第一薬科大学 **574b**
第1級教授(イタリア) 355b
第1種奨学金 626b, 717b
退役軍人援助法(アメリカ) 461b
太学 644b
退学 **574b**
大学(起源) 73a, 612b
大学(大学校) 621b
大学(高等教育機関) 418a
大学アーカイブズ 164b
大学医学部型(日本) 189b
大学医療 **575a**
大学院 **76a**, 395b, 549a, 723a
　[日本] 53a, 55b, 56a, 75a, 80b,
　106a, 457a, 483a, 583a, 622b, 653a,
　657b, 723a, 796b, 823a
　[アメリカ] 56b, 375a, 554b
大学院改革 56b
大学院拡充政策(日本) 47a
大学院学生 659b, 848a
大学院課程 313a
大学院基準 552a
大学院教育 474a, 529a
大学院教育プログラム 396b
大学院教授(日本) 576a
大学院重点化 **575b**, 412a
大学院修了資格(ロシア) 641a
大学院進学率 840b
大学院生 582b, 583a
大学院設置基準 **576a**, 313a
大学院大学
　[アメリカ] 114a
　[サウジアラビア] 375b
大学院大学(日本) **576b**, 241b, 528t,
　542a, 568b, 569b, 723b, 794b
大学院特別奨学生制度(アメリカ) 761b
大学院の研究 559a
大学院部局化 576a
大学院連合学校教育学研究科 752a
大学運営の円滑化について(大学審議会
　答申) 360a, 363b

大学改革
　[日本] 364a, 538a, 568a, 593b,
　691b, 724a
　[アジア] 173a
　[アフリカ] 177a
　[アメリカ] 179b
　[イギリス] 192a
　[イラン] 205b
　[中・東欧] 648b
　[ドイツ] 670b
　[南欧] 707b
　[フランス] 772a
　[北欧] 793a
　[ラテンアメリカ] 835b
　[ロシア] 866a
　[NPM] 225b
大学改革運動(アルゼンチン) 149a,
　447a
大学改革係数 439a
大学改革支援・学位授与機構 **577a**, 75b,
　226a, 259a, 261a
大学改革実行プラン 578a
大学改革準備調査会管理組織専門委
　員会(日本) 618a
大学改革促進係数 218a
大学改革組織法(スペイン) 138a
大学開放 577a
大学開放センター 52b
大学開放／大学拡張 **577a**, 52a
大学開放の促進について(社会教育審議
　会答申) 52a, 635b
大学拡張 52a, 577a
大学拡張運動(イギリス) **578a**, 94a, 549a
大学学長会議 **578b**, 129b, 578b
大学拡張講座 43b
大学拡張部 212b, 577b
大学革命 24a
大学ガバナンス改革の推進について(審
　議まとめ) 593a
大学カレッジ 142b, 143b
大学・カレッジ入学サービス(イギリス)
　86b, 606a, 621b
大学カレッジ法(デンマーク) 794a
大学間交流協定 429a
大学間国際交流 429a
大学管理機関(設置者) **579b**, 12a, 89a,
　580a, 611a
大学管理法案 **580b**
大学間連携 **581a**, 253a
大学間連携カリキュラム **581a**
大学間連携共同教育推進事業(日本)
　538b
大学機関評価認証(韓国) **581b**
大学機関別認証評価 253a, 286b
大学技術移転促進法(日本) 458b
大学基準(日本) 598a, 642a
大学基準運用要綱 598a

大学基準協会　**581b**, 96a, 304a, 529b, 552a, 598a, 599b, 633b, 642a

大学規程（日本）　642a

大学規模の抑制政策　530b

大学教育改革（文部科学省）　378b

大学教育開放　52t

大学教育開放センター（東北大学）　52b

大学教育拡張ロンドン協会　94a

大学教育研究センター　755b

大学教育再生加速プログラム（日本）　**582a**

大学教育支援プログラム　690b

大学教育充実のための戦略的大学連携支援プログラム（日本）　567b

大学教育とカリキュラム　**26b**, 27a, 310b, 314b, 351b, 432a, 507a, 509b, 558a, 581a, 842b

大学教育の開放　577a

大学教育の国際化加速プログラム（日本）　**582a**

大学教育の質　8b

大学教育の方法論　650b

大学教育の無償化　35a

大学教育の理念　313b

大学教育普及　577a

大学教育法（スペイン）　138a

大学教員　79a, 80b, 352b, 361a, 362b, 583b, 729b, 757a

大学教員資格　357a, 729b

大学教員準備プログラム　**582b**

大学教員性善説　79b

大学教員の専門性　357a

大学教員（集団）の能力開発　757a

大学教員の身分保障（日本）　611a

大学教員養成　582b

大学協会（ベルギー）　133a

大学教師　650a

大学教授資格　**583b**, 265b, 267a

　［イタリア］　356a

　［ドイツ］　130a, 355a, 496b, 670b

大学教授資格授与権（ドイツ）　275b

大学行政　95b

大学行政管理学会（日本）　**586a**

大学行政管理職員　593b

大学行政職員協会（イギリス）　**586a**

大学共通第一次学力試験（日本）　606b

大学共同利用機関　391b, 393b, 395a

大学共同利用機関法人　**586a**

大学教務職員会合　586a

大学区　**587a**

大学経営　269a, 270a

大学経営人材養成（日本）　**587a**

大学継続教育協会　599a

大学契約（ドイツ）　620a

大学圏　6b

大学研究　**587b**

大学・研究評価独立機構（イタリア）　136a, 220b, 463b

大学建設促進法（ドイツ）　671b

大学兼務教員（日本）　162b

大学公開講座　52a

大学講師（ドイツ）　355a

「大学公社」案　**588b**

「大学公社」論　618a

大学・高等教育機関共同体（フランス）　187a, 742b, 776a, 789b

大学構内　12b, 590a, 683b, 852a

大学校分局　621b

大学校本校　605b, 621b

大学コンコルソ（イタリア）　356a

大学コンソーシアム　578a, 581a

大学祭／学園祭　**589a**, 279b

大学財政　177b, 282b

大学財政審議会（イギリス）　192a, 621b

大学財政と寄付税制　**589a**

大学財務　98a

大学参与会　269b

大学COC事業　639a

大学史・科学史国際センター　461b

大覚寺学園　454a

『**大学史研究**』　**589b**

大学史研究会（日本）　**589b**, 165a, 588b

大学史研究通信　589b

大学諮問会（日本）　751a

大学施設の開放　52b

大学自治　11a, 12b, 835b

大学自治会　279a

大学自治侵害　**589b**, 12a

大学自治の慣行　589b

大学自治論　12b

大学出版会　**590b**

大学出版部協会　590b

大学昇格　55a

大学昇格運動　**590b**

大学職員　79a, 81a, 592a

大学職員の専門職化　**592a**

大学人　799a

大学進学機会　517b

大学進学準備リンカーン校（エジプト）　253b

大学進学率　85b, 523b

大学審議会　**594a**, 50b, 860a

大学新聞　**594a**

大学スポーツ　**594b**

大覚醒（アメリカ）　335b

大学生活　**595a**

大学生活支援団体　**597a**

大学生協　**597b**

大学制度　67a

『大学制度管見』　624a

大学制度の一般的原則（ドイツ）　671b

『大学制度の再検討』　162a

『大学制度の社会史』　623a

大学設置委員会（日本）　304a, 598a, 642a

大学設置・学校法人審議会　**597b**, 598a, 642a, 849a

大学設置基準　**598a**, 69a

　［制定］　96a, 304a, 529a, 642a

　［大綱化］　304a, 372b, 470a, 599a

　［教員］　80a, 286b, 353a, 357a, 517a, 555b, 583b, 729b

　［職員］　538a

　［学科・課程］　302a, 312b

　［単位制］　631b

大学設置基準の大綱化　**599a**, 199b, 304a, 311b, 389b, 470a, 530b

大学設置計画分科会（日本）　414a

大学設置審議会（日本）　304a, 597b

大学設置認可基準　598b

大学設置分科会（日本）　597b, 598a

大学設置令（スペイン）　138a

大学設立・運営規程（韓国）　322a

大学設立基準設定協議会（日本）　552a

大学設立構想（日本）　591a

大学占拠闘争　276b

大学全入時代（日本）　494b, 526b

大学専門職・継続教育協会（アメリカ）　**599a**

大学総合評価認定制（韓国）　581b

大学組織改革　80a

大学組織改革臨時法（オーストリア）　141a

大学組織法　141a, 645a, 649a

大学・大学カレッジ法（ノルウェー）　794a

大学大綱法（ドイツ）　**599a**, 90b, 130a, 355a, 489a, 521b, 585b, 619b, 671b

大学多元ランキング（EU）　637a

大学団　18b, 296a, 409b, 437a, 507a, 829a, 844a

大学・短期大学進学率（日本）　526a

大学団体　**599b**

大学通信教育　**600a**, 51b, 209b, 653b

大学通信教育基準　600a

大学通信教育設置基準　209b, 600a, 653a

大学等技術移転促進法　45a

大学東校→大学南校／大学東校（605b）　102a

大学統合　**601a**, 629b

大学等進学率（日本）　526a

「**大学等の地域的適正配置の推進について**」（国土庁）　**602a**

大学と学費　**34a**, 143a

大学独自給付奨学金（アメリカ）　35b, 493a

大学独立論（日本）　618a

大学と研究　**23b**, 75b, 558b

大学と研究組織　571a

大学と言語　**31b**, 7b

大学と建造物　**602b**

大学都市　**602b**, 2a, 296a, 448b, 807a, 868b

大学図書館　**604a**, 291a, 592b, 602b,
　605a, 667a, 692b, 739a
大学図書館間相互利用　**605a**
大学と特許　**605a**
大学内研究施設　395a
大学南校／大学東校　**605b**, 102a
大学における社会人の受入れの促進に
　ついて〈中教審〉　486a
大学入学希望者学力評価テスト〈日本〉
　607b
大学入学財団〈ドイツ〉　86b, 129b
大学入学資格　84b
大学入学資格検定〈日本〉　415b
大学入学資格試験〈ドイツ〉　596b
大学入学試験制度　84b
大学入学者選抜実施要項〈日本〉　535a
大学入学者選抜制度　**605b**
大学入学制度　84b
大学入試　84b, 683b
大学入試センター　**606b**, 85a, 365a, 607a
『大学入試センター研究紀要』〈日本〉
　607a
大学入試センター試験　**607a**, 85b
大学の運営に関する臨時措置法　**608a**,
　12b, 615b
大学の概念　2a
大学の開放　654a
『大学の可能性』　587b
大学のガバナンス改革〈日本〉　97b
大学のガバナンス体制〈日本〉　89b
大学の管理➡大学の行政・経営・管理（95b）
大学の管理事務部門　**608a**
大学の企業化　275b
大学の起源　58a
『大学の起源』　**609a**, 587b
大学の機能➡大学の目的・機能（92a）
大学の機能別分化　870a
大学の教員組織の在り方について〈審
　議のまとめ〉　508a
大学の教員等の任期に関する法律　**609b**,
　80a, 727b
大学の境界は州の境界　212b
大学の行政・経営・管理　**95b**
大学のグローバル化　6a
大学の経営➡大学の行政・経営・管理（95b）
大学の研究機能　25a
大学の研究組織　394a
大学の言語訴訟　**609b**
大学の公共性　**610a**
『大学の効用』　**610b**, 462b, 807b
『大学の効率性の研究のための運営委
　員会報告書』　192b
大学の国際化　5b, 109a
『大学の孤独と自由―ドイツの大学なら
　びにその改革の理念と形態』　463b
大学の財政　**98a**
大学の自治　**11a**, 264a, 359b, 589b,

683b, 783b
大学の自治と教育公務員特例法　**611a**
大学の質保証　**8a**, 118a, 155b, 441b,
　598b
『大学の使命』　248b
大学の社会貢献　94a
大学の社会的責任　25b
大学の自由　13b
大学の宗教教育　62a
大学の自由と責任に関する法律〈フラン
　ス〉　20a, 22a, 91b, 225b, 229b,
　578b, 619b, 773a, 773b
『大学の自由の歴史』　624a
大学の宗派教育　93a
大学の西欧化　7a
大学の世界展開力強化事業　109a
大学の設置形態　**87b**
大学の相対的自律性　48a
大学の大衆化　**611b**
大学のための緊急施策〈イタリア〉　134b
大学の地域連携・地域貢献　759b
大学の都心回帰　595b
大学の廃止〈フランス〉　705a
大学の博物館　736a
大学の法律顧問　**612b**
大学の民主化　**612b**
大学の目的　286b
大学の目的・機能　**92a**
『大学の理念』　727b, 824b
大学の量的拡張　149a
『大学の歴史』　623a
大学博物館　**613b**, 736a
大学発ベンチャー1000社計画〈日本〉
　458b
大学病院　**614b**, 44a, 345a
大学評価　252a
大学評価・学位授与機構〈日本〉　261b,
　577a
大学評価観察機構〈イタリア〉　136a
大学評価機関　581b
『大学評価研究』　162a
大学評価国家委員会〈イタリア〉　136a
大学評価法〈オーストリア〉　649a
大学評議会　90b, 91a, 226a, 354b
大学附設教員養成センター〈フランス〉
　201b, 565a
大学附設職業教育部〈フランス〉　565a
大学冬の時代　**614b**
大学ブランド化　**615a**
大学分科会　528a
大学紛争　**615a**
　[日本]　12b, 165b, 231a, 269b, 683b,
　725a
　[アメリカ]　254b
大学へのアクセス　**616a**
大学編入課程　518a
大学法　649a, 794a

大学法試案要綱〈日本〉　**616a**
大学法人　**616b**
大学法人化　13a, 99b, 153a, 438b,
　619b, 729a
大学法人化論　**617b**
大学法制　**67a**, 645b
　[国立大学]　440a
　[公立大学]　426a
　[私立大学]　523b
　[短期大学]　633b
　[教育課程]　342a
　[契約]　619a
　[評価]　750b
　[アメリカ]　180b
　[イギリス]　193a
　[オーストラリア]　243a
　[韓国]　321b
　[中国]　645b
　[ドイツ]　671b
　[フランス]　773a
　[北欧]　794a
大学法制における契約　**619a**
大学補助金委員会〈イギリス〉　**621b**, 19b,
　192a
大学ポートレート　347b
大学本校　**621b**, 605b
大学マネジメント　293b
大学マネジメント研究会　586a
大学モデル
　[中世大学]　647a
　[アメリカ]　27b, 183a, 275a
　[イギリス]　190a
　[ドイツ]　27b, 94a, 669a, 771b
　[フランス]　771a
大学誘致　**622a**
大学予科　**622a**, 85a
大学ランキング➡世界大学ランキング
　（547a）　547a
大学理事会　136b, 649b
大学立地検討連絡会議　602a, 635b
大学寮　**622b**, 74b, 408b, 417b
大学臨時措置法➡大学の運営に関する臨時
　措置法（608a）
大学令　**622b**, 78a, 96a, 569a, 642a,
　724b
大学連携　637a
大学論　568b, 623b
大学論の系譜　**623a**
大学校　**624b**, 504a
大学校〈昌平坂学問所〉　102a, 505a
大規模公開オンライン講座　159a, 813a
大規模国立総合大学〈日本〉　395b
待遇官吏〈日本〉　88b
ダイグラフィア　625a
ダイグロシア　**624b**
大検〈日本〉　415b
代言人〈日本〉　791b

代言人規則(日本)　563a
代言人資格試験(日本)　791b
大講座(日本)　412a
大綱試験規程(ドイツ)　170b
大綱的立法(ドイツ)　671b
対抗文化　254a, 284b
滞在型の学習空間　838a
第三次高等教育戦略2010〜15(ニュージ
　ーランド)　153a
第三次全国総合開発計画　602a, 635b
第三者評価　**625a**, 10a, 252a, 440a,
　718a, 750b
第三者評価機関　227a, 252b
第三者評価制度(日本)　96b
第三者評価体制(日本)　400a
第三段階教育　120f, 151a, 509a
第3の教育改革(日本)　833b
第三の使命(日本)　482a
第三ローマ大学(イタリア)　868b
大衆学生　84a
大衆化大学　350a
大衆教育社会　50b, 348b
大衆社会　50a
大修道院制　489b
『大衆の反逆』　248b
大正教養主義　339a, 370b, 371a
大正7年の大学令　591a
大乗淑徳学園　493b
大正大学　**625a**, 490a, 769a
大神学校　373b
太成学院大学　**625b**
大卒(日本)　271b
大卒グレーカラー化　511b
大卒女性　634b
代替医療　189b
大同工業大学　625b
大同工業短期大学　625b
大同大学　**625b**, 513a
大東文化大学　**625b**
大都市回帰(日本)　416b
第2級教授(イタリア)　355b
第二次国家試験(ドイツ)　565b
第2種奨学金　626b, 717b
第二段階後教育(アメリカ)　113f
泰日工業大学(タイ)　**626a**
第2の科学革命　24a
第2の帝国大学　657b
大日本育英会　716a
大日本文明協会　234a
第二ミラノ大学(イタリア)　812b
第二ローマ大学(イタリア)　868b
タイの大学　480a
大博士　**626a**, 75a
ダイバーシティ　804a
大評議会(ドイツ)　91a
代表的大学(アメリカ)　181a
太平洋島嶼部の大学　153a

台北帝国大学　**626b**, 441a
タイムズ誌大学ランキング　547a
対面クラス形態　38a
ダイヤモンド・モデル　315a
貸与型奨学金(日本)　501b
第四次全国総合開発計画　635b
貸与奨学金　**626b**, 100b, 350b
大陸法系　68a
対立講座　72a
対立主題　658b
対話法　408a
台湾協会学校　629a
台湾大学　441b
タウンとガウン　**627a**
タウンとガウンの争い　67b
高岡短期大学　695a
高岡法科大学　**627a**
髙木兼寛　678a
髙楠順次郎　814a
多学問領域性　659a
多賀工業専門学校　201a
高崎経済大学　**627a**
高崎健康福祉大学　**627b**
高崎商科大学　**627b**
高崎市立短期大学　627a
高田勇道　682a
高千穂商科大学　628a
高千穂大学　**628a**
高根義人　231a, 624a
高松大学　**628a**
高松短期大学　628a
高峰譲吉　380b
宝塚医療大学　**628a**
宝塚造形芸術大学　628b
宝塚大学　**628b**
ダカール大学(セネガル)　154b, 462a
滝川事件　**628b**, 590a
滝川幸辰　628b
タクシー・プロフェッサー　150a
拓殖大学　**628b**
托鉢修道会　**629a**, 297b, 489b
武市春男　240b
武田ミキ　756a
竹鶴政孝　380b
『多言語対訳聖書』　185a
多元的大学ランキング　434b
たこ足大学　**629a**, 724b
他者による大学評価　252a
ターシャリー・エデュケーション　416a
橘女子大学　369a
タック・ビジネス・スクール(アメリカ)
　227b
『脱工業化社会』　47a, 638a
脱構築　665a
達成度テスト(日本)　86a
脱ディシプリン　50b
田所太郎　594a

ダートマス・カレッジ事件(アメリカ)　**629b**,
　620b
ダートマス大学(アメリカ)　227b
ターナー, J.B.　111b, 206a, 839a
田中不二麻呂　844a
谷岡学園　237a, 420b
谷本昇　323a
多人数教育(日本)　96a
ダーネシュガーヘ・テヘラーン(イラン)
　205a
ターハー・フサイン　222b
W(ドイツの教師の給与等級)　411a
W2(ドイツの教師の給与等級)　411a
W3(ドイツの教師の給与等級)　411a
WIL　512a
WID(アメリカ)　213a
WR(ドイツ)　274b
WRK(ドイツ)　578b
WEA(イギリス)　864a
WESIB(ヨーロッパ)　832a
WHW(オランダ)　132a
WFME(医学教育連盟)　188b, 434b
WCU　173a, 321a
WPIプログラム(日本)　395a, 547a
WBT　203b
ダブル・ディグリー　151a, 341a, 365b,
　429b
ダブル・ディグリー・プログラム　341b
ダブル・ブラインド　745a
玉川大学　**629b**
多摩芸術学園　630b
タマサート大学(タイ)　**630a**
多摩大学　**630a**
玉田学園　422b
多摩帝国美術学校　630b
多摩美術大学　**630a**
多摩美術短期大学　630b
ターミナル・ディグリー(アメリカ)　57a,
　563b
田村学園　630a
多目的第一サイクル・モデル　445a
タラゴナ大学(スペイン)　609b
ダラム大学(イギリス)　**630b**, 8b
ダラム大学およびニューカッスル・アポ
　ン・タイン大学法(イギリス)　193a
ダランベール, J.　853a
ダーリュリュフュヌーヌ・オスマーニー(トル
　コ)　697a
ダーリュリュフュヌーヌ・シャーハーネ(トル
　コ)　194b, 696b, 697b
ダーリュリュフュヌーン(トルコ)　697a
ダール・アルウルーム(エジプト)　222a
ダール・アルハンダサ(エジプト)　222a
ダルエスサラーム大学(タンザニア)
　481a
タルトゥ国立大学(エストニア)　631a
タルトゥ大学(エストニア)　**630b**

ダールマン, F.C.　388a
ダーレンドルフ　449b
ダーロル・フォヌーン(イラン)　204a,
　664a, 664b
単位　232b, 631a
単位互換　631a
単位互換制度　341a, 429b, 565a,
　581a, 850a, 856b
単位数　334a
単位制　631a, 288b, 491b
単位制度の弾力化　304b
単位の計算方法　304a
単位の実質化　491b, 632a
単科大学　632a, 146a, 705a
短期学位(イタリア)　377a, 708a
短期高等教育機関(アメリカ)　180b,
　444b
短期高等教育機関卒業者(日本)　496a
短期大学　632b, 373b, 374b, 528t,
　550b, 552b, 600b, 634b, 725a, 796a
短期大学基準協会　633a
短期大学士　633a, 75b, 261a, 496a,
　661a
短期大学制度　722a
短期大学設置基準　633a, 302b
短期大学通信教育設置基準　600a
短期大学法制　633b
短期ターシャリー　416a
単系大学(日本)　397a
タンザニアの大学　481a
男子師範科　418b
男女共学　248a, 516a
男女共同参画　633b
男女共同参画社会基本法(日本)　633b
『男女共同参画白書』　446b
男女雇用機会均等法(日本)　634a
男女雇用機会均等法改正　168a
タンズィマート(トルコ)　696b
タンズィマート改革(トルコ)　697a
ダンスター, H.　33a, 346b
『断絶の時代』　47a, 637b
単線型学校体系　358a
短大生調査　633a
担当副学長制(日本)　349a
ターンブル司教　380a

ち

地域アクレディテーション団体(アメリカ)
　261b
地域イノベーションクラスタープログラム
　(日本)　638b
地域医療　60a
地域学　635a
地域共創学群　456a
地域経済研究センター　377b

地域研究　635a
地域言語(ベルギー)　787a
地域貢献人材育成入試　479b
地域再生の核となる大学づくり構想
　44b
地域産業の振興　45a
地域資源創成学部　812a
地域社会と大学　43a
地域振興　635a
地域創造研究所　161a
地域統合比較研究所　436t
地域における生涯学習機会の充実方策
　について(生涯学習審議会答申)　52b
地域の人材育成　44a
地域の成長への大学のかかわり:実践
　ガイド(EU)　637a
地域の専門職養成　44a
地域の知の拠点　44a
地域別一言語主義(ベルギー)　787a
地域連携　578a
地域連携センター　217a
地域連携ネットワーク(アジア)　108b
地位伝達　348a
CIVR(チイベッレ, イタリア)　136a
チーヴァー, E.　442a
チェコ語　33b, 403b
チェコの大学　648b
CHEPS(オランダ)　637a, 588b
CNSU(イタリア)　136a, 136b
CNVSU(イタリア)　136a
チェンバレン, B.H.　401b
地下大学(ポーランド)　823b
地区アクレディテーション協会(アメリカ)
　475a
筑紫女学園大学　637b
筑紫女学園短期大学　637b
知識(労働市場)　41b
知識基盤社会　637b, 45a, 47b, 48b, 49a,
　272a, 289b, 485a, 498b, 527a
　[日本]　45a, 272a, 485a
知識経済　47a, 637b
知識社会　47b, 638a
知識人　63b
知識人と大学　63b
『知識人とは何か』　453a
知識人論　381a
知識生産(研究)　47b
『知識創造企業』　47a, 638a
知識伝達(教育)　47b
知識伝達・知識生産　638a
知識とイノベーションによる経済発展
　(EU)　636b
チス(CIS, イタリア)　461b
知的共同体　294b, 781a
知的クラスター創成事業(日本)　638b
知的財産活動　638b
千歳科学技術大学　639a

地(知)の拠点整備事業　245a, 301a,
　479a, 639a
知の拠点整備事業　639a, 44b, 380a,
　627b, 831b
地(知)の拠点大学　427a, 498a, 755b
地(知)の拠点大学による地方創生推進
　事業　45a, 241a, 639b
知の館(イタリア)　868b
千葉医科大学　640b
千葉科学大学　639b
千葉敬愛経済大学　385a
千葉経済大学　639b
千葉県医療技術大学校　639b
千葉県立衛生短期大学　639b
千葉県立保健医療大学　639b
千葉工業大学　640a
千葉商科大学　640a
千葉大学　640b
千葉大学園芸学部　230a
地方教育当局(イギリス)　192a, 193b,
　521b, 799b
地方公共団体　424b
地方交付税(公立大学)　425a
地方独立行政法人評価委員会(日本)
　426b
地方独立行政法人法　640b, 97a, 426a
『*TEAM*』　187a
チャイコフスキー記念国立モスクワ音楽院
　(ロシア)　**641a**
チャーター　263b, 620a
チャータード・エンジニア(イギリス)
　230b, 564b
チャーターリング　95b, 641a
**チャーターリングとアクレディテーション
　641a**, 475a
チャプレン(牧師)　61a
チャンセラー　73b, 320a
中央学院大学　642b
中央学籍配分機関(ドイツ)　86b, 129a
中央学校(スロヴェニア)　859a
中央教育審議会　642b, 272a, 527b,
　537b, 593a, 849b
中央教育審議会答申　55b
中央工学校(フランス)　329b
中央大学　643b
中央大学(スペイン)　807a
中欧の大学➡中・東欧の大学(139a)
中核的研究拠点形成プログラム　465b
中核派　276b
中核派系全学連　550a
中華人民共和国学位条例　645a
中華人民共和国教育法　645b
中華人民共和国教師法　645b
中華人民共和国高等教育法　645b
中華人民共和国国家通用語言文字法
　645b
中華人民共和国民弁教育促進法

908　│　だーるまん

大学事典

645b
中間アウトカム　740a
中期計画　20a, 643b
中期目標　619b
中期目標期間評価　440a
中期目標・中期計画　643a, 13a, 20a,
　100a, 218a, 226a, 691b
中級マンパワー　46b
中京学院大学　643b
中京女子大学　468b
中京女子短期大学　468b
中教審(日本)　643a
中京大学　643b
中京短期大学　643b
中国科学技術大学(中国)　644a
中国学園大学　644a
中国教育改革・発展綱要　646a
中国語　860b
中国高等教育法　644a, 646a
中国抗日紅軍大学　644b
中国女子短期大学　644a
中国人民解放軍東北軍政大学　644b
中国人民抗日軍事政治大学(中国)　644b
中国帝国大学　658a
中国の講義　408b
中国の大学　644b, 480b, 493a
中国の大学統合　601a
中国の大学法制　645b
中国の入学制度　87a
中世大学　647a, 27a, 93a, 608a, 661b
　[成立と変容]　4a, 5a, 58a
　[専門職教育]　54a, 56b, 95b
　[学位, 教授免許]　13b, 266b
　[講座, 講義]　230b, 409b
中世大学モデル　647a
中世都市　58a
中世の知識人　64a
『中世の知識人』　860b
中退　135a
中・東欧の大学　139a
中・東欧の大学改革　648b
中等学校教員養成機能(日本)　340a
中等教育改造運動期(アメリカ)　175a
中等教育教員(フランス)　585a
中等後教育　113f, 416a
中等後・非高等教育　416a
中東諸国の留学　857a
中等普通教育証書上級(イギリス)　86b
中等普通教育証書上級試験(イギリス)
　606a
中途退学者　765a
中南米の留学　857a
中部学院大学　649b
中部工業大学　650a
中部社会事業短期大学　725b
中部女子短期大学　649b
中部大学　650a

中部地区高等教育委員会(アメリカ)
　262a
昼夜開講制　53a, 483b, 485t, 823b
チューター　650a, 246b, 297b, 497b
チュートリアル　650b, 650a
チュートリアル・クラス　577b, 578b,
　864a
チューニング　650b, 837b
チュラロンコン大学(タイ)　652a
チューリヒ工科大学(スイス)　534a
チューリヒ大学(スイス)　141b
チュルゲン, P.　743a
超学際性　271a
聴覚的読書　208b
超学問領域性　659a
長期海外留学支援(日本)　582a
長期総合教育計画　723a
長期蓄積能力活用型人材　41a
長期履修学生制度　652a, 485t
聴講生　652b
超国家的な法　54b
調査被害(フィールドワーク)　760a
長沙臨時大学(中国)　601a
調整の三角形理論　588a
朝鮮教育令(韓国)　321b
直接経費(大学財源)　324b
直接政府資金　390b
直接法(言語教育)　347a, 442b
著作権　208b
勅許状　90a, 193a, 641a
勅許法人(イギリス)　90a, 193a
チョムスキー, A.N.　401b
チリ・カトリック大学(チリ)　652b
チリ大学(チリ)　652b
鎮西学院短期大学　700a
陳列館　736a

つ

ツヴァイク, S.　827b
通学課程　817b
通学制➡通信制と通学制の融合(653b)
通州協和大学(中国)　230a
通信教育➡大学通信教育(600a)　51b,
　209b, 212b, 269a, 485a, 653b, 717a,
　769b, 814b
通信教育課程　653b, 817b
通信教育部　797b
通信制総合大学(ドイツ)　736b
通信制大学　653a, 485t, 486a, 528t,
　792b
通信制大学院　653a, 485t
通信制と通学制の融合　653b
通則法(日本)　692a
ZVS(ドイツ)　86b, 129a
塚本学院　235b

筑波学院大学　654a
筑波技術大学　654b
筑波技術短期大学　654b
つくば国際大学　654b
筑波大学　654b, 97b, 259a, 269b, 270a,
　340b, 395b, 569b, 615b
筑波大学法　528b
筑波モデル　615b
津田梅子　655a, 855b
津田塾大学　655a, 374b, 608b
土田杏村　488b
都築学園　718a
敦賀市立看護大学　655a
都留市立都留短期大学　655b
都留文科大学　655b
鶴見女子大学　655b
鶴見大学　655b

て

『**デアリング報告書**』　655b, 39a, 121b
デイ, J.　111a, 187b
ディアスポラ博物館(イスラエル)　665b
ディアレクティケー　408a, 852b
DEA(フランス)　267a
『*TEAM*』　187a
DESS(フランス)　565a
DENI(北アイルランド)　192b
TEQSA(オーストラリア)　151a
定員　656a
定員外教授(ドイツ)　355a
ディヴィジョン(アメリカ)　758a
ディヴィニティ・スクール　61a
TA　473b, 582a, 583a, 659b
DAAD(ドイツ)　668b
TA研修➡大学教員準備プログラム(582a)
TSRI(アメリカ)　536a
DSW(ドイツ)　668b, 818b
TA制度　659b
TH(ドイツ)　54b, 407a
THE　547a
DHV(ドイツ)　669a
TNI(タイ)　626a
DfES(イギリス)　193b
DFG(ドイツ)　669a
TAU(イスラエル)　665b
TLO(日本)　329a, 639a
D. O.(アメリカ)　817b
定価授業料　35b
定期試験　656b, 631b
DQR(ドイツ)　565b
TQM(スイス)　649b
帝京科学大学　656b
帝京技術科学大学　657a
帝京大学　656b
帝京平成大学　657a

ディグリー　415b

ディグリー・ミル（アメリカ）　262a

帝国学生互助会（ドイツ）　668b

帝国自由都市　603b

帝国女子医学薬学専門学校　684b

帝国大学

　［トルコ］　194b, 696b, 697b

　［フランス］　4a, 19a, 77b, 705a, 742a,
　771b, 828b

帝国大学（日本）　**657a**, 12a, 55a, 84b,
　96a, 103a, 189a, 200a, 327a, 329b,
　561a, 590b, 724b, 778b, 819b, 843a

帝国大学医科大学（日本）　189b, 561a

帝国大学運動会　594b

帝国大学改革　200b

帝国大学官制（日本）　89a

帝国大学工科大学　420a

帝国大学制度（フランス）　94a

帝国大学独立案私考（日本）　617b

帝国大学農科大学（日本）　730a

帝国大学の学部自治　291b

帝国大学文科大学（日本）　777b

帝国大学理学博物場　614a

帝国大学令　**658a**, 77b, 96a, 569a, 624a

帝国大学ワルシャワ（ポーランド）　871b

帝国美術学校　814a

ティコ・ブラーエ　256a

定時契約研究員（イタリア）　356a

ディシプリン　**658b**, 20a, 29a, 48b, 270b,
　311b, 852b

ディシプリン統治下の大学（フランス）
　772b

低授業料政策　34b

ディスタンス・エデュケーション　653b

ティーチング・アシスタント　**659b**, 582b

ティーチング・ポートフォリオ／アカデミック・
　ポートフォリオ　**659b**, 660a

ティッドボール, M.E.　516b

デイド郡ジュニア・カレッジ（アメリカ）
　803a

ディドロ, D.　29b, 853a

定年制　**660b**

停年制　660b

TP（ティーチング・ポートフォリオ）　659b

DP・CP・AP（三つのポリシー）　**661a**,
　314b, 315b, 841a

ディプロマ　**661a**, 267a, 708a

ディプロマ・サプリメント　203a

ディプロマ・ポリシー　314b, 661a, 841a

ディプロマ・ミル　259b, 262a

ディプロム（ドイツ）　267a

ディプローム（ドイツ）　565a, 597a

Ｄマル合（日本）　393a

ディルセー, S.　14b, 410b

ディーン（学部長）　293b

ティンバーゲン, J.　227b

ティンバーゲン研究所（オランダ）　228a

デ・ヴェッキ法（イタリア）　134b

DSW（ドイツ）　668b, 818b

DFG（ドイツ）　669a

デカルト, R.　29b, 131b

デカンショ節　284b

適格者（イタリアの大学教員）　355b

適格認定　170b, 253a, 261b, 265b

適格判定→**アクレディテーション**（170b）, **チャ**
　ーターリングとアクレディテーション（641a）

適格判定（accreditation）　8a

適格判定基準　641b

DQR（ドイツ）　565b

出口の質保証（大学教育）　8b

テクノ・グローバリズム　465b

テクノポリス法　635b

デジタルハリウッド大学　**661a**

DESS（フランス）　565a

DeSeCo（デセコ）　198a, 446b, 851b

データ共有サイト　506a

データベース　506a

データベース化　390b

哲学科（日本）　662b

哲学教育研究グループ（フランス）　665a

哲学的大学　662a

哲学博士　380b, 390a

哲学は神学の婢　525b, 661b

哲学部　**661b**, 54a, 59a, 326a, 326b,
　533b, 777b

哲学部と医学部との争い　326a

哲学部と神学部との争い　326a

哲学部と法学部との争い　326a

哲学部のコペルニクス的転回　662a

『哲学への権利』　665a

帝塚山学院大学　**662b**

帝塚山学園　662b

帝塚山大学　**662b**

鉄蕉館　310a

デテルミナティオ　734b

テニュア（アメリカ）　**663a**, 295a

テニュアトラック　80b

テニュアトラック事業（日本）　394b

テニュアトラック制（日本）　**664a**, 457a

TH（ドイツ）　54b, 407b

デパートメント→**ファカルティとデパートメン**
　ト（758a）　71a, 72a, 303a

デパートメント（アメリカ）　758a

DHV（ドイツ）　669a

テヘラン医療大学（イラン）　**664a**

テヘラン大学（イラン）　**664b**, 205a

デュアル・エンロールメント（アメリカ）
　693b

デュアル・サポート　364a

デュアルシステム（ドイツ）　42b, 712b

デューイ, J.　59b

テュービンゲン大学（ドイツ）　**664b**

デュベレー, J.　402a, 403a

デュボワ, J.　214b, 403a

デュルケーム, É.　**665a**

寺﨑昌男　624a

デリダ, J.　**665a**, 21b, 22b

デリー大学（インド）　**665b**

テルアビブ大学（イスラエル）　**665b**

デルプト大学（ロシア）　144b, 215b

テレンジーニ, P.T.　209a

田園調布学園大学　**665b**

転科→**転部／転科**（667b）

転学→**編入学**（789a）　631a

転学の自由　273a

電気通信大学　**666a**

電子化資料　666b

天使厚生短期大学　666b

電子ジャーナル　390b

電子ジャーナル／電子書籍　**666a**

電子書籍　666a

天使大学　**666b**

電視大学（中国）　645a

電子図書館　**666b**

天職　510b

伝統医学　189b

伝統的学校　38b, 158b

伝統的クラスルーム　38b, 158b

伝統的専門職　264b

天皇機関説　590a

転部／転科　**667b**

デンマークの大学　143a

デンマークの大学改革　793b

天文方　102a

天文台　**667b**

天理医療大学　**668a**

天理教　668a

天理大学　**668a**

と

ドーア, R.P.　300a

ドイツ医学　102b

ドイツ科学技術研究所　812a

ドイツ学術交流会　**668b**

ドイツ学生互助会　**668b**

ドイツ観念論　59b, 187a

ドイツ近代大学　59a

ドイツ経営学　385a, 386b

ドイツ研究振興協会　**669a**

ドイツ語　33a, 103a, 345a, 402a, 402b,
　442b, 443a, 843a

ドイツ国民に告ぐ　127a

ドイツ大学　54b, 262b, 273a, 410b

ドイツ大学教員連盟　**669a**

ドイツ大学モデル　**669a**, 27b, 94a, 771b

ドイツ大学連盟　669a

ドイツの医学教育　54b, 562b

ドイツの学生　83b

ドイツの学生生活　596b

ドイツの技術者養成　329b
ドイツの教育制度　128f
ドイツの教授職　410b
ドイツの工学　54b
ドイツの質保証　8b
ドイツの専門職資格　565b
ドイツの大学　**126b**, 11b, 74a, 90b, 94a,
　225b, 345b, 493a, 619b, 688a, 843a
ドイツの大学改革　**670b**
ドイツの大学教員　355a
ドイツの大学教授資格　585a
ドイツの大学都市　603b
ドイツの大学法制　**671b**
ドイツの哲学部　662a
ドイツの入学制度　86b
ドイツの農学部　731a
ドイツの法教育　54b
ドイツの法曹教育　562b
ドイツ版COEプログラム　221b
ドイツ法　790a
ドイツ連邦共和国基本法　671b
トインビー, A.　548b, 672b
トインビー・ホール(イギリス)　**672b**, 548b
東亜学院　682a
ドヴァケ, A.　672b
ドヴァケ法(フランス)　**672b**
東亜大学　**673a**
東亜同文書院　673a
東亜同文書院大学　**673a**, 161a
同一学内招聘禁止(ドイツ)　355a
統一卒業国家試験(ロシア)　866b
桐蔭横浜大学　**673a**
トゥウェンテ大学(オランダ)　132a, 637b
東欧の大学➡中・東欧の大学(139a)
Tuoカード　597b
東海学院大学　**673b**
東海学園大学　**673b**
東海女子大学　673b
東海女子短期大学　673b
東海大学　**674a**, 602a
東海大学医療技術短期大学　**674a**
東海同朋大学　685a
東京有明医療大学　**674b**
東京医科歯科大学　**674b**, 467b
東京医科大学　**674b**
東京医学校　102a, 102b, 189b, 545b,
　605b
東京医療学院大学　**675a**
東京医療保健大学　**675a**
東京衛生病院看護婦学校　458a
東京英和学校　164b
東京音楽学校　677a
東京音楽大学　**675a**
東京外国語大学　**675b**, 250b
東京外事専門学校　250b
東京開成学校　102a, 251b, 605b,
　790a, 791b

東京海洋大学　**675b**
東京学芸大学　**676a**
東京家政学院大学　**676a**
東京家政学院短期大学　676a
東京家政学院筑波短期大学　654a
東京家政大学　**676a**
東京家政大学短期大学部　**676b**
東京教育大学　340b, 615a, 615b,
　654b, 784b
東京基督教大学　**676b**
東京キリスト短期大学　676b
東京経済大学　**677a**
東京藝術大学　**677a**
東京工科大学　**677b**
東京工業学校　677b
東京工業大学　**677b**, 473a
東京工芸大学　**677b**
東京高等音楽学院　684a
東京高等工業学校　473a
東京高等歯科医学校　467b
東京高等師範学校　478a
東京高等商業学校　386a, 473a, 502a
東京国際大学　**678a**
東京裁縫女学校　676b
東京山林学校　730a
東京歯科大学　**678a**, 467b
東京慈恵会医科大学　**678a**
東京師範学校　418b
東京写真大学　677b
東京純心女子大学　678b
東京純心大学　**678b**
東京商科大学　386b, 502a, 749b
東京商業学校　502a, 749b
東京商業大学　473a
東京商船大学　675b
東京情報大学　**678b**
東京女学館大学　**679a**
東京女子医科大学　**679a**
東京女子高等師範学校　245a, 340b
東京女子師範学校　245a, 478a
東京女子専門学校　676b
東京女子体育大学　**679a**
東京女子大学　**679b**, 374a
同郷人会(ドイツ)　404b
東京神学大学　**679b**
東京水産大学　675b
東京聖栄大学　**680a**
東京成徳大学　**680a**
東京繊維専門学校　681b
東京専門学校　233b, 542b, 591a,
　870b
東京造形大学　**680a**
東京第一師範学校　676a
東京大学　**680b**, 681a
　[創立]　12a, 96a, 102a, 251b, 545b,
　605b
　[学部]　371a, 569b

　[教授会]　359b
　[教員任用]　691a, 729b
　[学位授与]　689a
　[理系教育]　843a
　[図書館]　604a
　[大学紛争]　615a, 683b
東京大学医学部　188a
東京大学教養学部　370b
東京大学駒場寮　285a
東京大学諮問会　89a
東京大学総理　74b
東京大学大学院　**680b**
東京大学農学部　730b
東京大学予備門　**681a**
東京帝国大学　84b, 96a, 401b, 680b,
　694b
東京帝国大学医科大学　189b
『東京帝国大学新聞』　594a
東京電機大学　**681a**
東京都市大学　**681a**
東京都立科学技術大学　495a
東京都立大学　495a
東京都立短期大学　495a
東京都立保健科学大学　495a
東京農業大学　**681b**, 730b
東京農工大学　**681b**
東京農林学校　730a
東京農林専門学校　681b
東京箱根間往復大学駅伝競走　594b
東京美術学校　677a
東京福祉大学　**682a**
東京富士大学　**682a**
東京物理学校　682b
東京文政大学　625b
東京文理科大学　784a
東京法学院大学　**643a**
東京法学社　792b
東京法学校　478a
東京未来大学　**682a**
東京薬学専門学校　682b, 816a
東京薬舗学校　682b
東京薬科大学　**682b**
東京理科大学　**682b**
東京理科大学諏訪短期大学　540a
東京理科大学山口短期大学　461a
東校(大学東校)　605b
同好会　454b
統合生涯学習計画　202a
統合的デジタル通信網　39a
『東西両京の大学』　624a
同志社　682b
同志社英学校　374a, 712a
同志社学生消費組合　597b
同志社女子大学　**682b**
同志社大学　**683a**, 712a
投資費用　485a
答申(日本)　527b

同窓会　**683a**
東大全共闘　683b
東大紛争　683b
東大ポポロ事件　683b, 590a
到達目標(カリキュラム・マップ)　315a,
　315b
東都医療大学　684a
道徳教育　487a
道都大学　542b
東南アジア教育大臣機構　108b
導入教育　684a
導入ミーティング(ドイツ)　596b
銅版画　208a
動物看護学部　826a
東邦医科大学予科　685a
東邦音楽大学　684a
東邦音楽短期大学　684a
同朋学園　685a, 702a
東邦学園大学　161a
桐朋学園大学　684b
桐朋学園大学院大学　684b
東方教会　32b
東邦大学　684b
同朋大学　685a
東邦薬科大学　685a
東北医科薬科大学　685a
東北科学技術短期大学　687a
東北学院大学　685b
東北芸術工科大学　685b
東北公益文化大学　685b
東北工業大学　686a
東北歯科大学　232a
東北女子大学　686a
東北女子短期大学　686a
東北生活文化大学　686a
東北大学　686b
東北大学教育学部　340a
東北大学史料館　165a
東北帝国大学　514b, 657b
東北帝国大学農科大学　730a
東北福祉大学　686b
東北福祉短期大学　686b
東北文化学園大学　687a
東北文化研究センター　685b
東北文教大学　687a
東北薬科大学　685a
盗用(研究倫理)　400b
東洋医学研究所　536b
東洋医科大学　545b
東洋英和女学院大学　687a
東洋音楽大学　675a
東洋音楽短期大学　675a
東洋学院(ロシア)　373a
東洋学園大学　687b
東洋主義(orientalism)　512b
東洋女子歯科医学専門学校　687b
東洋女子短期大学　687b

東洋大学　687b, 769a
東洋文化研究所　810a
東横学園女子短期大学　681a
ドウラターバーディー, Y.　204b
同僚制　226a
トゥルク王立アカデミー(フィンランド)
　144a, 787b
トゥルク帝国アカデミー(フィンランド)
　787b
トゥールーズ大学(フランス)　**688a**, 3a,
　14a, 92b, 410a, 647a
トゥールーズ・ミディ=ピレネー連合大学
　(フランス)　688b
トゥールーズ理工科学院(フランス)
　688a
登録(ドイツ)　807a
登録金(韓国)　493b
登録料　688a
討論　409b, 525b
遠山プラン　688a, 395b, 400a, 465b,
　618b
常磐会学園　688b
常磐会学園大学　688b
常磐大学　688b
常磐大学短期大学　688b
トキワ松学園　831a
ドーキンス改革(オーストラリア)　151b
独学試験制度(中国)　645a
独学者　83a
得業士　689a
篤志家　452b
徳島家政短期大学　469b
徳島女子大学　689b
徳島女子短期大学　689b
徳島大学　689a
徳島文理大学　689b
特殊講義(ヨーロッパ)　734b
特殊分野大学(新構想)　528t
読書　689b, 208a
特色ある大学教育支援プログラム(日本)
　690b, 378a
特色GP(日本)　378a, 690b
ドクター　74b, 266b, 565b
ドクター学位　648a
特定機能病院　614b
特定教員　691a
特定教授　79b
特定有期雇用教員　691a
ドクトラ(フランス)　773b
ドクトラントゥーラ(ロシア)　263a
ドクトル　690b, 73b, 410a, 776b
特任教員(日本)　162b, 691a
特任教授(日本)　**691a**, 80b
特別会計制度導入(日本)　618a
特別教育研究経費　691a
特別経費(財政支援)　691b

特別研究員(日本)　736a
特別研究員－RPD　691b
特別研究員制度　691b
特別権力関係論　219a
特別実験(日本)　474a
特別貸与制度(奨学金)　501b
特別補助(私学助成)　100a, 720a
独法(日本)　692a
徳山大学　691b
独立営造物　219a
独立行政法人　692a
独立行政法人制度(日本)　618b
独立行政法人通則法(日本)　218a,
　692a
独立研究科(日本)　76b, 576b
独立大学院(日本)　76b, 576b
独立の大学(アメリカ)　521a
特例適用専攻科　551a
都検(日本)　405b
常葉学園大学　692a
常葉大学　692a
都市と大学　57b
ドージャー, C.K.　544b
図書館➡大学図書館(604a)　153b, 291a,
　506b, 592b, 602b, 605a, 614b, 692b
図書館員　692b
図書館情報大学　654b
図書館専門職員　692b
図書室　604a
土地付与大学(アメリカ)　95b, 838b
土地付与大学農学部(アメリカ)　730b
特許➡大学と特許(605a)
獨協医科大学　692b
獨協学園　692b, 750a
獨協大学　693a
特許権　47b
特許状　92b, 95b
ドットラート・ディ・リチェルカ(イタリア)
　135a
鳥取看護大学　693a
鳥取大学　693b
ドットーレ(イタリア)　135a
「トップ大学」構想(フィンランド)　793b
徒弟制的訓練　394a
徒弟奉公(イギリス)　77a
ドナートゥス, A.　346b
飛び級　693b
飛び入学　694a, 616a
ドブロフスキー, J.　403b
苫小牧駒澤大学　694a
苫小牧駒澤短期大学　694a
トマシアン(フィリピン)　460a
トマジウス, C.　694a, 33b
トーマス, M.C.　775a
トマス・アクィナス　32a, 59a, 536b, 629a
戸水事件　694b
戸水寛人　694b

ドミヌス　267a, 691a, 804b
富山医科薬科大学　695a
富山県立技術短期大学　694b
富山県立大学　694b
富山国際大学　695a
富山女子短期大学　695a
富山大学　695a
豊田工業大学　695a
豊田佐吉　695b
豊田短期大学　232b
豊橋技術科学大学　695b
豊橋創造大学　695b
豊橋短期大学　695b
ドラッカー, P.　47a, 637b
ドーラマジュ, I.　753a
トリウィウム　852b
トリニティ・カレッジ(アイルランド)　**696a**
トリニティ・カレッジ(イギリス)　228b, 548b, 549a
トリノ大学(イタリア)　**696a**
トリブバン大学(ネパール)　**696b**
トリメスター制　303b
トル・ヴェルガタ(イタリア)　868b
トルコ語　402b
トルコの大学　696b
ドルパート大学(エストニア)　631a
トレド翻訳学校(スペイン)　32a, 400b
ドレフュス事件　64a, 827b
トロウ, M.A.　698a, 49b, 85b, 445a, 588a, 611b, 623b
トロリーカー・カレッジ(アメリカ)　460b
トロント大学(カナダ)　**698b**, 116a, 190b

な

NIAD-QE(日本)　577a
内規　699a
内木玉枝　468b
ナイジェリアの大学　177b
NAIST(日本)　707a
ナイト, J.　6a
内部規則の総点検・見直しにおける留意事項(日本)　293a
内部質保証　699a, 660a
ナヴァール学寮(フランス)　296b, 298a
永井道雄　537a, 587b, 588b, 618a, 624a
中内功　858b
長岡技術科学大学　699b
長岡女子短期大学　700a
長岡造形大学　699b
長岡大学　699b
長岡短期大学　700a
長尾真　667a
中川小十郎　851a
長崎医科大学　701a

長崎ウエスレヤン大学　700a
長崎ウエスレヤン短期大学　700a
長崎海軍伝習所　102a
長崎外国語大学　700a
長崎外国語短期大学　700a
長崎県立国際経済大学　700b
長崎県立佐世保商科短期大学　700b
長崎県立女子短期大学　700b
長崎県立大学　700b
長崎国際大学　700b
長崎純心大学　700b
長崎総合科学大学　701a
長崎造船大学　701a
長崎造船短期大学　701a
長崎大学　701a
仲里朝章　242a
長戸路政司　385a
長野県看護大学　701a
長野大学　701b, 44b
長野保健医療大学　701b
長浜バイオ大学　702a
中原市五郎　719a
永原学園　712b
中村栄養短期大学　702a
中村学園大学　702a
中村産業学園　338a
中村春二　541b
名古屋医科大学　704a
名古屋音楽大学　702a
名古屋音楽短期大学　702a
名古屋外国語大学　702b
名古屋学院大学　702b
名古屋学芸大学　702b
名古屋経済大学　703a
名古屋芸術大学　703a
名古屋工業大学　703a
名古屋高等工業学校　703a
名古屋高等理工科講習所　816a
名古屋産業大学　703b
名古屋市緑ヶ丘女子学園　703b
名古屋自由学院　703a
名古屋商科大学　703b
名古屋女子医科大学　704a
名古屋女子大学　703b
名古屋市立大学　704a
名古屋聖霊学園　709b
名古屋造形芸術短期大学　704a
名古屋造形大学　704a
名古屋大学　704a, 537b
名古屋大学教育学部　340a
名古屋帝国大学　704a
名古屋電気大学　160b
名古屋文理大学　704b
名古屋文理短期大学　704b
名古屋保健衛生大学　767b
名古屋明徳短期大学　542b
名古屋薬科大学　704a

ナショナリズム(ドイツ近代大学)　59b
那須大学　216a
ナチオ(国民団)　18b, 73a, 82b, 431a, 829a
夏目漱石　31a, 855a
七つの学芸　197a
浪速芸術大学　235a
浪速大学　239a
ナポリ大学(イタリア)　**704b**, 14a, 33b, 92b, 457b, 647a, 648a
ナポリ第二大学(イタリア)　**705a**
ナポレオン大学体制　705a
浪商学園　238a
名寄女子短期大学　706a
名寄市立大学　706a
奈良学園大学　706a
奈良学芸大学　706a
奈良学芸大学学芸学部　340b
奈良教育大学　706a
奈良県立医科大学　706b
奈良県立商科大学　706b
奈良県立大学　706b
奈良県立短期大学　706b
奈良産業大学　706a
奈良女子大学　707a, 340b
奈良先端科学技術大学院大学　707a, 667a
奈良大学　707a
ナーランダ大学(インド)　769a
生業(なりわい)　510b
鳴門教育大学　707b, 340b
ナレッジ・マネジメント　446a
南欧の大学　133b
南欧の大学改革　707b
南京同文書院　673a
南校(大学南校)　605b
南山大学　709b, 374a
南巡講話(中国)　646a
ナンテール校(フランス)　864b
ナント大学(フランス)　**709b**
ナンバー学群　270a
ナンバースクール　415a
南原繁　709b, 551b
南洋大学(シンガポール)　601b
南洋理工学院(シンガポール)　601b
南洋理工大学(シンガポール)　601b

に

新潟医科大学　711b
新潟医療福祉大学　710a
新潟経営大学　710a
新潟県立看護大学　710b
新潟県立大学　710b
新潟工科大学　710b
新潟国際情報大学　711a
新潟産業大学　711a

新潟青陵大学　711a
新潟総合学園　710a
新潟大学　711b, 340b
新潟短期大学　711a
新潟薬科大学　711b
新潟リハビリテーション大学　712a
新潟リハビリテーション大学院大学
　712a
新島襄　712a, 683a
211工程(中国)　645b
211プロジェクト(中国)　645b
新見公立大学　712a
新見公立短期大学　712a
新見女子短期大学　712a
二階堂トクヨ　719b
2学期制　303b, 491a, 549b
二期校➡一期校・二期校(196b)
二期校コンプレックス(日本)　196b
二元構造(イギリス)　121a, 192a, 868a
二言語主義(ベルギー)　786b
二元式学修課程(ドイツ)　712b
ニザーミーヤ学院(イスラーム)　195a
西九州大学　712b
『西太平洋の遠洋航海者』　759b
西ドイツ学長会議　578b
西東京科学大学　656b
西日本工業大学　713a
西大和学園　826a
21世紀型高等教育システム構築と質的
　保証　755b
21世紀型市民　276a
21世紀COEプログラム(日本)　713a,
　378a, 465b
「21世紀の高等教育に向けての世界宣
　言─展望と行動」(ユネスコ)　8a
21世紀の国土のグランドデザイン
　635b
21世紀の大学像と今後の改革方策について
　(大学審議会答申)　713b, 56a, 360a
21世紀のための高等教育に関する世界宣言
　713b, 289b, 417b
二重支援制度(イギリス)　399b
二松学舎大学　714a
西ヨーロッパ学生情報事務局　832a
偽学位販売業　259b
2001年高等教育法(オーストラリア)　244a
2003年高等教育支援法(オーストラリア)
　243b
2011年高等教育質・基準機構法(オース
　トラリア)　243b
2013年高等教育・研究法(フランス)
　91b
2020年30%　446b
2段階構造の構築　202b
日米投資イニシアティブ　251a
日蓮宗大学　850b
新田長次郎　806b

新田塚医療福祉センター　762b
日通学園　858b
日本工業大学　714a
日本赤十字愛知短期大学　714b
日本赤十字秋田看護大学　714a
日本赤十字秋田短期大学　714a
日本赤十字学園　715a
日本赤十字看護大学　714b
日本赤十字九州国際看護大学　714b
日本赤十字女子短期大学　714b
日本赤十字中央女子短期大学　714b
日本赤十字豊田看護大学　714b
日本赤十字広島看護大学　715a
日本赤十字北海道看護大学　715a
日本体育大学　715b
日本文理大学　715b
ニード・ブラインド奨学金(アメリカ)　715b
新渡戸稲造　371a, 679b
蜷川親継　725b
2年制コミュニティまたはジュニア・カレッ
　ジ(アメリカ)　113f
二宮邦次郎　806a
二部➡夜間部(823a)
日本医科大学　716a, 674b, 719a
日本育英会　716a, 501b, 717b
日本医療科学大学　716b
日本医療大学　716b
日本ウェルネススポーツ大学　716b
日本映画大学　717a
日本オープンオンライン教育推進協議
　会　813a
日本オープンコースウェア・コンソーシア
　ム　247b
日本科学技術情報センター　257a
日本学術会議　717a, 398b
日本学術振興会　717b, 533a
日本学生支援機構　717b, 98b, 278a,
　282a, 501b, 626b, 716a
日本学卒者　863b
日本型学歴社会　50a
日本型雇用　559b
日本型メリトクラシー　818a
日本学科　834a, 871b
日本カトリック大学連盟　373b
日本カトリック短期大学連盟　373b
日本側教育家委員会　551b
日本技術者教育認定機構　717b, 330a,
　510a
日本キャリアデザイン学会　335a
日本教育大学院大学　718a
日本経済大学　718a
日本研究所(チェコ)　805b
日本現行法律　230b
日本語　513a
日本高等教育学会　718b, 588a
日本高等教育評価機構　718b
日本語学科(スロヴァキア)　445b

日本国際教育支援協会　277b
日本語能力試験　433a
日本語力　852a
日本三育学院　458a
日本私学振興財団　719b
日本私学団体総連合会　520b
日本歯科大学　719a
日本私大教連　720a
日本社会事業大学　719a, 484a
日本社会事業短期大学　719a
日本獣医生命科学大学　719a
日本獣医畜産大学　719a
日本女子衛生短期大学　307a
日本女子経済短期大学　255a
日本女子体育大学　719b
日本女子体育短期大学　719b
日本女子大学　719b, 233b, 374b
日本私立学校振興・共済事業団　719b
日本私立大学協会　720a
日本私立大学教職員組合連合　720a
日本私立大学振興協会　720b
日本私立大学団体連合会　720b
日本私立大学連盟　721a, 537a
日本私立短期大学協会　721a
日本人学生留学　856a
日本人学卒者　863a
日本専攻学科(ブルガリア)　572b
日本体育専門学校　715b
日本大学　721a
日本大学大阪専門学校　375b
日本大学専門学校　375b
『日本大百科全書』　666a
日本的な職業構造　511b
日本のアクレディテーション　642a
日本の医学教育　188a
日本の医師養成　561a
日本のFD　757b
日本の科学技術政策　258a
日本の学位制度　74b
日本の学生寮　285a
日本の学部　72b
日本の学校系統図　104f, 105f
日本の技術者養成　329b
日本のキャンパスライフ　595b
日本の近代大学　724b
日本の研究大学　397a
日本の研究評価　400a
日本の工学高等教育　405b
日本の講義　408b
日本の高等教育　721b
日本の国際研究交流　429b
日本の国立大学　226a, 617b
日本の質保証　9b
日本の宗教系大学　61b
日本の私立大学　389b
日本の成長と教育(文部省)　723a, 46b,
　808a

| 日本の専門職教育　561a
| 日本の専門職資格　563a
| 日本の専門職養成　54b
| **日本の大学**　102a, 843a
| 　［法的地位］　88a
| 　［学問の自由］　17a
| 　［公共性］　43b, 482b, 610a
| 　［学費］　34b
| 　［欧米との比較］　179a, 670b
| 『日本の大学』　537b, 587b, 624a
| **日本の大学院**　723a, 77b, 397a, 549a, 583a, 796b
| 　［創設］　77b, 106a, 622b, 657b
| 　［専門職養成］　55b, 56a, 78a, 80b, 395b, 419a, 653a
| 　［社会人教育］　53a, 457a, 483a, 653a, 823a
| 　［学位，称号］　75a, 723b
| 日本の大学改革　724a
| 日本の大学開放　577b
| 日本の大学カリキュラム　26b
| 日本の大学教員　352b
| 日本の大学行政　96a
| 日本の大学経営　97a
| 日本の大学研究　588a
| 日本の大学財政　282b
| 『日本の大学―産業社会にはたす役割』　624a
| 日本の大学史研究　588b
| 日本の大学自治　12a
| 日本の大学進学率　526a
| 日本の大学スポーツ　594b
| 日本の大学統合　601a
| 日本の大学と財団　452a
| 日本の大学博物館　614a
| 日本の大学法制　68b
| 日本の仏教系大学　768b
| 日本の法曹養成　561a
| 日本橋学館大学　251b
| 日本橋女学館短期大学　251b
| 日本版ギャップイヤー　334a
| 日本版バイドール条項　329a
| 日本標準職業分類　419b, 510b
| 日本福祉学院　716b
| **日本福祉大学**　725b, 484a
| **日本文化大学**　725b
| 日本法律学校　721a
| **日本保健医療大学**　726a
| 二本松学院　369b
| 日本マルクス主義学生同盟　276a
| 日本民主青年同盟　276b
| **日本薬科大学**　726a
| 日本ルーテル神学大学　860b
| 入学オフィス ➡ アドミッションズ・オフィス　（175b）
| 入学オフィス（アメリカ）　221a
| **入学許可訴訟**　726a

入学金　726b, 289a
入学資格　134b, 137a, 709a
入学式／卒業式　726b
入学試験　137a, 147f
入学試験制度　298b
入学者選抜（質保証）　10a
入学者選抜室（アメリカ）　609a
入学者選抜制度 ➡ 大学入学者選抜制度　（605b）
入学制限　86b, 129a, 606a
入学制度　84b, 866b
入学前教育　727a
入学登録料　688a
入試改革　85b
ニューカッスル大学（イギリス）　630b
ニュー・カレッジ（イギリス）　297a, 650b
ニュージャージー大学（アメリカ）　335a
ニュージーランドの大学 ➡ オセアニアの大学　（151a）152b
ニュージーランドの留学　857a
ニュートン, I.　256a
ニューブランズウィック大学（カナダ）　116a
ニューマン, J.H.　727a, 30b
ニューヨーク州大学評議会（アメリカ）　262a
ニューヨーク州立大学システム　424b, 424t
ニューヨーク市立大学システム　424t
ニューヨーク大学（アメリカ）　60b, 164b
ニューヨーク大学アブダビ校（アラブ首長国連邦）　727b
ニューレフト知識人　317b
240法（イタリア）　356a, 463b
任期制　727b
任期付教員（日本）　727b, 80a
人間環境大学　728a
人間総合科学大学　728a
人間文化研究機構　586a
認証（アメリカ）　641b
認証評価　728a, 170b, 227a, 252b, 341b, 577a
　［日本］　170b, 341b, 470a, 577b, 581b, 625a, 633a, 699a, 718b
　［カナダ］　117b
　［韓国］　581b
認証評価機関（日本）　96b, 728b, 750b
認証評価制度（日本）　96b, 642b
認定専攻科　551b
任用　729a
任用制度　729b

ね

ネオリベラル・アーツ　853b
ネーション（同郷団）　431a, 499b

根津嘉一郎　813b
捏造（研究倫理）　400b
ネットワーク（大学間交流）　429b
ネーデルラント語　33a, 403a
NEDO（日本）➡ 新エネルギー・産業技術総合開発機構（525a）
ネブリーハ, E.A.de　185a, 346b, 401a, 442a
年次講座（フランス）　449a
年史室　165a
年度評価　440a

の

農学　730b, 844b, 845b
農学系私立総合大学　681b
農学部　730a, 845a
農科大学（日本）　329b, 730b
農業拡張（アメリカ）　636a
農業学校　473a
能研テスト　85a
農場　731a
農村生活改善運動（日本）　730b
能動学習　170a, 841a
能動的学修　198b
能力開発研究所　85a
能力主義　818a
農林専門学校　473a
ノーザン・ヴァージニア・コミュニティ・カレッジ（アメリカ）　731b
ノースアジア大学　731b
ノーススタッフォードシャー・ユニバーシティ・カレッジ（イギリス）　375a
望ましい学習成果　837a
ノータロ（中世大学）　608a
ノートテイカー　804a
ノートルダム司教座聖堂学校　73b
ノートルダム女学院　369a
ノートルダム女子大学　369a
ノートルダム清心女子大学　732a
ノブレス・オブリージュ　481a
ノーベル賞　547a
ノルウェーの大学　143b
ノルドプラス（北欧）　142a
ノルマリアン（フランス）　221b
ノルマンディー大学・高等教育機関共同体（フランス）　324b
ノンセクトラジカル　276b

は

馬医（日本）　484b
バイオサイエンス学部　702a
バイオセーフティーレベル　392a
バイオセンター（スイス）　737b

梅花女子大学　**733a**
梅花短期大学　733a
梅光学院大学　733a
梅光女学院大学　733a
ハイスクール（アメリカ）　416a
パイデイア　29a
ハイデルベルク（大学都市）　603b
ハイデルベルク大学（ドイツ）　**733a**, 74a,
　126b, 410a, 602b, 648a
配当金収入　215b
バイ・ドール法（アメリカ）　47b, 115a,
　275a, 329a, 605a, 636a
ハイパー・メリトクラシー　197b
配分必修モデル　199b
ハイヤー・エデュケーション　415b
ハーヴァード, J.　190a
ハーヴァード・カレッジ（アメリカ）　190a
ハーヴァード経営大学院（アメリカ）
　386b
ハーヴァード大学（アメリカ）　**733b**, 33a,
　74b, 110a, 227b, 335b, 336f, 346b,
　442b, 603b
ハーヴァード・ビジネス・スクール（アメリカ）
　733b
バヴィア大学（イタリア）　**734a**
ハーヴェイ, W.　214b, 256b, 738b
HRK（ドイツ）　129b, 578b
HRG（ドイツ）　90b
博士（はかせ）➡**博士**（はくし）（735a）
バカラーヴル（ロシア）　146a
バカラリウス　734a, 73b, 661b
バカラリウス試験　734b
バカロレア（フランス）　**734b**, 87a, 122a,
　267a, 773b
萩国際大学　472b
萩女子短期大学　472b
バーク, P.　403a
白鷗大学　735a
博士　735a, 266b, 268b, 359a
　［日本］　74b, 75a, 261a, 359a, 583b,
　626a
　［アメリカ］　74b, 261b, 353b, 563b
　［ロシア］　147f, 262b
博士院（フランス）　262b
博士「乙」（日本）　306b, 869b
博士会（日本）　626a
博士学位授与権（ドイツ）　275b
博士学位スタディ（アメリカ）　113f
博士学位請求論文　869a
博士課程　735b, 395b
　［日本］　723a
　［スペイン］　709a
　［ロシア］　147f
博士課程大学院　180b, 397a
博士課程の実質化　735b
博士研究員　736a, 412b, 663b
博士「甲」（日本）　306b

博士号
　［日本］　735a
　［アメリカ］　584a
　［ドイツ］　262b, 355a, 585a
　［フランス］　354b, 585a
博士号取得者（日本）　735a
博士号授与機関　395b
博士号授与大学（アメリカ）　396b
博士候補（ロシア）　147f, 262b
博士候補者（アメリカ）　735b
博士後研究員制度（アメリカ）　761b
博士準備課程修了証（フランス）　267a
博士前期課程　488a
博士前特別奨学生制度（アメリカ）　761b
白色革命（イラン）　205a
白線浪人　85a
博物学　759a
博物館　736a, 153b, 613b
ハーゲン通信制大学（ドイツ）　**736b**
派遣留学　856a
函館大学　736b
箱根駅伝　594b
羽衣学園短期大学　736b
羽衣国際大学　736b
バシュリエ（フランス）　734b
ハスキンズ, C.H.　58a
パスツール型　330b
パスファインダー　667a
パスロン, J-C.　778b
派生型大学　648a
長谷川泰　716a
長谷川仏教文化研究所　493b
長谷川良信　493b
PACES（パセス, フランス）　125f
バーゼル大学（スイス）　**737a**, 33b, 189a
バチェラー　266b, 267a, 271b
　［アメリカ］　74b, 267b
　［イギリス］　73b
　［ドイツ］　565a
八戸学院大学　737a
八戸工業大学　737b
八戸大学　737a
バーチャル・カンファレンス　506a
バーチャルネットワーク型研究所　257a
バーチャル・モビリティ　430b
バーチャル・ユニバーシティ　737b
バッキ訴訟事件　737b
バッキンガム大学（イギリス）　**738a**, 191b
バッキンガム・ユニバーシティ・カレッジ（イ
　ギリス）　191b, 738a
ハッセルト大学（ベルギー）　132a
発達障害者支援法　499b
ハッチ法（アメリカ）　423b
ハッチンズ, R.M.　738a, 468a
発展段階説　49b, 698a
罰札　443a
パティソン, M.　738b

ハーデルワイク大学（オランダ）　131b
パドヴァ大学（イタリア）　**738b**, 15b, 214b
パートタイム学生　739a
パートナー大学（アメリカ）　583a
HATOプロジェクト（日本）　159b
ハドリアヌス6世　131a
花園大学　739a
バーネット, S.　548b, 672b
パノムヨン, P.　630a
ハーパー, W.R.　468a
ハーバーマス, J.　59b
ハービソン, F.H.　46b
ハビタ（勅令）　14a, 134a
ハビトゥス　515b, 779a
ハビリタツィオン（ドイツ）　130a, 411a,
　585a, 670b
パフォーマンス・バジェッティング　739b
パフォーマンス・ファンディング　739b
パブリック・スクール　782a
浜名ミサヲ　323a
浜松医科大学　740b
浜松学院大学　740b
浜松大学　692a
浜松短期大学　740b
バーミンガム医学校（イギリス）　741a
バーミンガム学派　317b
バーミンガム大学（イギリス）　**741a**, 318a,
　479b, 816b
林屋亀次郎　795a
パラケルスス　33b, 256b, 761a
ハラスメント　741a, 168a, 613a
原田林市　240b
パラツキー大学（チェコ）　**741a**
ハラッサー　168a
パラン審議会（カナダ）　117a
パリ（大学都市, フランス）　2a
バリアフリー　741b
ハリウッド大学院大学　741b
パリ王立科学アカデミー（フランス）　255b
ハリコフ大学（ロシア）　144b
パリ政治学院（フランス）　773b
パリ大学（フランス）　**742a**, 245b, 320a,
　604a, 800a
　［創立］　3a, 18b, 58b, 92b, 437a,
　603a, 647a, 829a
　［教会, 教皇］　59a, 93a, 211b, 362a,
　442a
　［学部］　27a, 70b
　［学位, 称号］　73a, 362a, 691a, 734b
　［教育・研究］　54a, 401b
パリ大学医学部（フランス）　189a
パリ大学ナンテール校　864b
パリッシュ・スクール（イギリス）　782a
パリの学生　83b
バリャドリード大学（スペイン）　**743a**, 137b,
　410a
バリュー・フォー・マネー　225a

バル=イラン大学（イスラエル）　**743a**
バルカン諸国の大学　139b
バルセロナ大学（スペイン）　**743b**
ハルツーム大学（スーダン）　**743b**
ハルツーム・ユニバーシティ・カレッジ（スーダン）　743b
バルト諸国の大学　139b
春入学　377b
ハル・ハウス（アメリカ）　672b
パルメ, O.　841b
ハレ・ヴィッテンベルク大学（ドイツ）　**744a**,
　33b, 694b
バレス, M.　64b
ハレ大学（ドイツ）　15b, 59a, 126b,
　694b, 744a
パレチェク, S.　784a
バレール, B.　403a
バレンシア大学（スペイン）　**744a**
バレンシア大学（スペイン）　**744b**, 137b,
　410a
『**バーロウ委員会報告書**』　621b
パワハラ　741a
パワー・ハラスメント　741a
ハーン, S.A.　184b
バーン, B.B.　432b
藩学　744b
藩学校　744b
蛮カラ文化　284b
ハンガリーの大学　649a
パンキョウ（日本）　371b
版権　507b
判検事（日本）　563a
藩校　**744b**, 724a
藩黌　744b
万国教授資格（ヨーロッパ）　14a, 75b,
　266b, 362a
蕃書調所　**744b**, 102a
バーンスティン, B.B.　779a
反体制文化　254a
反帝全学連　550a
パンディダクテリオン　31b
反転学習　491a
坂東の大学　174a
阪南大学　**745a**
ハンブル技術学校（ウガンダ）　805a
ハンブルク協定　274a
汎用的コンピテンス　651a

ひ

PI（研究代表者）　392b, 394a, 571a
PISA（学習到達）　232a, 851b
PRIN（イタリア）　136a
PRES（フランス）　126a, 187a, 249a,
　709b, 773a, 776a, 822b
PRES／COMUE（フランス）　776a

ピア・レビュー　**745a**, 20a, 274a, 399a
PE（アメリカ）　230b
PERDO（タイ）　109a
被引用数　211b
PACES（フランス）　125f
BSL　392a
BSL-4　392a
Ph.D.　380b, 390a
Ph. D. または上級専門職学位（アメリカ）
　113f
PFI（日本）　225a
PFFP　582b
BFG（ヨーロッパ）　801a
BLS（ドイツ）　768b
BLK（ドイツ）　366a
PO（研究）　571a
POSCO（韓国）　798b
POSTECH（韓国）　109b, 798b
POD（アメリカ）　81a
比較言語学　401a
比較高等教育学　**745b**
東アジア的アプローチ　107b
東アフリカ大学（ウガンダ）　805a
東大阪大学　**745b**
東ドイツの大学　127b
東日本国際大学　**745b**
東日本学園大学　797a
ピガフェッタ, A.　401a
光産業創成大学院大学　**746a**
非関与型（社会調査）　759a
BKO（オランダ）　133b
BK21（韓国）　321a
非現職ドクター（ヨーロッパ）　691a
庇護移動　49b
非国立セクター（ロシア）　147b
非国立大学　135b, 145b
ピサ高等師範学校（イタリア）　**746a**
ピサ大学（イタリア）　**746b**, 317a, 760a
PCFC（イギリス）　192a
土方成美　753a
PGCHE（イギリス）　**746b**, 81a
ビジネス・スクール　**747a**, 57b, 57f,
　227b, 385a, 703b
『**ビジネスと大学との協働のためのレビュ
ー**』　192b
ビジネス・ブレークスルー大学　**747a**
比治山女子短期大学　747b
比治山大学　**747b**
非州立高等教育機関（ドイツ）　91a
美術学部　249b, 630b
非常勤教員　354a, 585a
非常勤研究員（イタリア）　356a
非常勤講師　**747b**, 162b, 585a
非常勤講師問題　**747b**
Vision 2020　573b
ピジン（言語）　860a
ヒズメット（イスラーム）　195b

非正規雇用　**749a**
ピーターハウス学寮（イギリス）　296b,
　448a
筆禍事件　12a
必修科目　**749b**, 558b, 747a
必要性への距離　779a
PD（私講師, ドイツ）　411a
PDCAサイクル　**749b**, 97a, 316a, 699a
非独立営造物　219a
ひとつの傘の下に　202a
一橋大学　**749b**, 473a
人見円吉　507b
ビードル（中世大学）　608a
姫路工業大学　752b
姫路大学　**750a**
姫路獨協大学　**750a**
『**百科全書**』　29b
ヒューストン・コミュニティ・カレッジ（アメリ
カ）　445a
ヒューマン・ケアリングセンター　715a
ヒューマン・フロンティア・サイエンス・プロ
グラム　430a
評価（evaluation）　8a
評価機関　253a
評価者　252b
評価に関する法制　**750b**
評価認証制度　10b
評価ポイント（業務実績）　740a
評議員（日本）　**750b**, 751a
評議員会（日本）　617a, 750b
評議会　**751a**, 89a, 91a, 352a
評議官（日本）　751a
兵庫医科大学　**752a**
兵庫医療大学　**752a**
兵庫教育大学　**752a**, 340b
兵庫県立看護大学　752b
兵庫県立大学　**752b**
兵庫大学　**752b**
標準修業年限の弾力化　485t
剽窃（研究倫理）　400b
平等主義　348a
平等と大学　**21a**
平等な市民　781a
平等法（ベルギー）　786b
平賀粛清　**753a**, 399a
『**開かれた言語の扉**』　442b
「開かれた大学」論　482b
非理法権天（日本）　791b
ビルケント大学（トルコ）　**753a**, 698a
ビルドゥング　19b, 22b, 30a, 83b, 783b
ビルドゥングス・ロマン　31a
ビレッタ（帽子）　294a
ビーレフェルト大学（ドイツ）　**753a**
広池千九郎　861b
弘前医科大学　754a
弘前医療福祉大学　**753b**
弘前学院大学　**753b**

弘前学院短期大学　753b
弘前大学　754a
非ロシア人教育（ロシア）　301b
広島音楽学校　229a
広島経済大学　754a
広島県可部女子専門学校　756a
広島県立大学　404a
広島県立保健福祉大学　404a
広島工業大学　754a
広島工業短期大学　754a
広島高等師範学校　418b, 755b
広島国際学院大学　754b
広島国際大学　754b
広島修道大学　755a
広島商科大学　755a
広島昭和学園　747b
広島女学院大学　755a
広島市立大学　755a
広島大学　755b, 537b, 601a
広島大学教育学部　340a
広島大学高等教育研究開発センター
　755b, 588b
広島大学大学教育研究センター　588a
広島電機大学　754b
広島都市学園大学　756a
広島文化学園大学　756a
広島文教女子大学　756a
広島文理科大学　755b, 784a
広島平和研究所　755a
ビロード革命（チェコスロヴァキア）　648b
廣中レポート　279a, 281a, 283b
びわこ学院大学　756b
びわこ成蹊スポーツ大学　756b
貧困学生　756b

ファイ・ベータ・カッパ（アメリカ）　770a
ファイユーム大学（エジプト）　253b
ファーガソン, C.　624b
ファカルティ　70b, 76b, 303a, 760a
ファカルティ集会　217b
ファカルティ・ディベロップメント　757a,
　80b, 272a, 283b, 342a, 492a, 537a,
　538a, 583b, 660a
ファカルティとデパートメント（アメリカ）
　758a, 71a, 303a
ファカルティ理事会　217b
ファキュルテ（フランス）　20a, 30b, 71a,
　94a, 123b, 705b, 742a, 773b
ファクルタス　70a
フアード1世大学（エジプト）　222b, 253b
『ファブリカ』　214b
ファーリー, E.　225b
ファールーク大学（エジプト）　222b, 253b
ファンディング　570b

ファンディング・システム　331b, 870a
フィーエトル, W.　347a
VFM　225a
フィージビリティ・スタディ　418b
フィッシュマン, J.　625a
フィヒテ, J.G.　758b, 126b, 402b, 662a
フィランソロピー　758b
フィランソロピスト　452b
フィリピン大学　758b, 480a
フィリピンの教授言語　512b
フィリピンの大学　480a
フィールズ賞　547a
フィールド・ライブラリアン（アメリカ）
　692b
フィールドワーク　759a
フィールドワーク教育　759b
フィレンツェ大学（イタリア）　760a
『フィロソフィカル・トランザクションズ』
　256b, 274a
『フィロロギアとメルクリウスの結婚』
　852b
フィンランドの公財政支出　100b
フィンランドの国立大学　92a
フィンランドの大学　144a
フィンランドの大学改革　793b
フェニックス大学（アメリカ）　760b, 51b
ブエノスアイレス大学（アルゼンチン）　760b
フェノロサ, E.F.　103a
フェラーラ大学（イタリア）　760b
フェリス女学院大学　761a
フェルミ国立加速器研究所（アメリカ）
　391b
フェロー（イギリス）　297a, 354t, 650b,
　761b
フェローシップ　761a, 691b
フォーミュラ方式　739b
フォーラーベイ・カレッジ（シエラレオネ）
　154a
フオーリ・コルソ（イタリア）　762a, 135a
フォール法→エドガール・フォール法（224b）
ブカレスト大学（ルーマニア）　762a
部局化（日本）　97b
福井医科大学　763a
福井医療大学　762b
福井医療短期大学　762b
福井県立大学　762b
福井工業大学　762b
福井大学　763a
福井直秋　813b
復員軍人援助法（アメリカ）　461b
『福翁自伝』　409a
福岡学園　763a
福岡学芸大学　763b
福岡看護大学　763a
福岡教育大学　763b
福岡県社会保育短期大学　763b
福岡県立女子専門学校　764a

福岡県立大学　763b
福岡工業大学　763b, 505b
福岡工業短期大学　763b
福岡国際大学　764a
福岡歯科大学　764a
福岡商科大学　764b
福岡女学院看護大学　764a
福岡女学院大学　764b, 764a
福岡女学院短期大学　764b
福岡女子大学　764b
福岡女子短期大学　764a
福岡大学　764b
福岡電子工業短期大学　763b
福岡電波学園電子工業大学　763b
復学／再入学　765a
副学長　287b, 349a
副教授　647b
複合学位　151a
副講義　647b
複合サークル　454b
複合大学（日本）　44a, 397a
福沢諭吉　765a, 22b, 385b, 470b
福祉系学部　483b
副次文化　254a
福島学院大学　765b
福島県立医科大学　765b
福島県立女子医学専門学校　765b
福島大学　765b
福島大学環境放射能研究所　766a
福島短期大学　765b
副手（日本）　766a
複数学位課程　766a
複数学位プログラム　341b
副専攻制度　794b
福田学園　239a
復旦公学（中国）　766b
復旦大学（中国）　766b
福知山公立大学　766b
福原学園　337a, 338b
福山重一　174b
福山市立大学　767a
福山大学　767a
福山平成大学　767a
フサイン, T.　195a
プサントレン（インドネシア）　195b
フーシェ改革（フランス）　772b
藤女子大学　767b
藤女子短期大学　767b
富士大学　767b
藤田啓介　767b
藤田保健衛生大学　767b
富士短期大学　682a
富士常葉大学　692a
藤村学園　679a
輔仁大学（台湾）　601b
フス, J.　139b
普成専門学校（韓国）　447a

附属（国立学校） 768a
付属学校 768a
部族カレッジ 445b
附属施設 291a
付属病院 ➡大学病院（614b）
ブダペスト大学（ハンガリー） 768a
附置研究所（日本） 394b
普通学 102b
普通学位（イギリス） 267b, 827a
普通教育 371a, 463a
普通バカロレア（フランス） 87a, 734b
普通本科大学（中国） 87a
ブツェリウス・ロースクール（ドイツ） 768b
仏学塾 830a
仏教学 62b
仏教学部 769a
仏教教育学園 366b
仏教教団 490a
仏教系専門学校 769a
仏教系大学 768b, 61b, 62a, 240a
仏教系大学会議 769a
佛教専門学校 769b
佛教大学 769b
仏教連合大学 625a
物質フラックス・資源統合管理研究所 436t
ブッシュ, V. 667a
物療学園 239a
不動産学部 815a
ブードン, R. 200a
プーナ・カレッジ（インド） 512b
部分社会の法理 219b
普遍契約 20b
普遍的教育（フランス） 22a
普遍的教授権（ヨーロッパ） 75b
普遍的組合 781b
普遍的な学位授与権 3b
フマニタス（古代ローマ） 532a
部門（ドイツ） 662b
冬木学園 327a
ブライ, D.A. 408b
フライブルク大学（ドイツ） 769b
プライベート・ファイナンス・イニシアティブ 225a
フラヴィオ・ビオンド 32b
ブラジル大学（ブラジル） 840a
ブラジルの大学 149b
フラタニティ（アメリカ） 596a
フラタニティ／ソロリティ（アメリカ） 770a
『ブラッドリー報告』（オーストラリア） 152a
プラトン 21a, 29a, 82b, 166b, 852b
プラトン・アカデミー 167a, 861a
フラネカー大学（オランダ） 131b
プラハ・カレル大学（チェコ） 770a
プラハ大学（チェコ） 770a, 14b, 74a, 647a
プラール, H-W. 92b
フランク族の言語 859b

フランクリン, B. 788b
フランシュ・コンテ大学（フランス） 770b
フランス学生全国連合 770b
フランス革命 403a
フランス語 33a, 103a, 169b, 345a, 401a, 402a, 402b, 442b, 512b, 513b
フランス国立科学研究センター 411a
フランス大学モデル 771a
フランスの学生 83b
フランスの学寮 297b
フランスの技術者養成 329b
フランスの高等教育 124f, 125f
フランスの職業資格 564b
フランスの大学 122a, 73b, 91a, 225b, 411a, 619b, 688a
フランスの大学改革 772a
フランスの大学教員 354b, 585a
フランスの大学法制 773a
フランスの入学制度 87a
フランス法 790a
フランス留学 478b
フランソワ1世 123a
ブランダイス大学（アメリカ） 828a
フランデレン運動（ベルギー） 131b, 786b
フランデレン語 786b
フランデレン地域（ベルギー） 131a
ブランド化 615a
ブリス, D. 785a
フリー・スクール（イギリス） 782b
ブリティッシュ・カウンシル 615a
ブリティッシュ・コロンビア大学（カナダ） 774a
フリードリヒ（ザクセン選帝侯） 14b
フリードリヒ2世 704b
フリードリヒ・ヴィルヘルム大学（ドイツ） 788a
フリードリヒ・シラー大学イエーナ（ドイツ） 187a
プリメディカル・コース（アメリカ） 774a
ブリュッセル自由大学（ベルギー） 774b
PRIN（プリン, イタリア） 136a
ブリング（ハラスメント） 168a
プリンストン大学（アメリカ） 774b, 111a, 335a, 336f
ブリンモア大学（アメリカ） 775a, 516a, 549b
フルオンライン型授業 204a
プール学院大学 775a
古河財閥 406a
ブルークマン, K. 401a
ブルゴーニュ大学（フランス） 770b
ブルゴーニュ・フランシュ・コンテ大学（フランス） 770b
古沢学園 756a
ブルシェンシャフト（ドイツ） 775a, 19b, 404b

フルタイム学生 739a
ブルックス, J.H. 245b
ブルックス報告 257b
ブルデュー, P. 775b, 21a, 93a, 778b, 799a
ブルノ大学（チェコ） 805b
フルブライト, J.W. 775b, 867b
フルブライト奨学金（アメリカ） 775b
ブルーム, A. 184a
ブルーム, B.S. 315a
ブレイス語 443a
プレFD➡大学教員準備プログラム（582b） 280a
プレカリアート 21a
フレクスナー・レポート 188a
Pre-1992universities（イギリス） 192b
PRES（フランス） 126a, 187a, 249a, 709b, 773a, 776a, 822b
PRES／COMUE（フランス） 776a
フレックスナー, A. 308b
『フレックスナー・レポート』 308b
プレートグラス（イギリス） 68a
ブレンディッド・ライブラリアン（アメリカ） 692b
プログラム・アクレディテーション 170b, 261b, 266b, 475a
プログラム会議 315a
プロジェクト型の組織的研究 571a
プロジェクト競争的資金 99a
プロジェクト・グーテンベルク 667a
プロジェクト資金 390b
プロセスの質保証（大学教育） 8b
ブロックグラント方式 100a, 439a
『プロテスタンティズムの倫理と資本主義の精神』 215a
プロテスタント系大学 374a
プロテスタント自治大学（コンゴ民主共和国） 376b
プロテスタント神学部 525b
プロテスタントと大学 43b, 61a, 93b
フローニンゲン大学（オランダ） 776a, 131a
プロパテント政策（アメリカ） 275a
プロフェッサー 776b, 267a
プロフェッション（誓約） 19a
プロフェッショナル（イギリス） 77a
プロフェッショナルアーツ 233a
プロフェッショナル・エンジニア（アメリカ） 230b
プロフェッショナル・スクール（アメリカ型） 776b, 56b, 57f, 78a, 266b, 380b, 561b, 563b
プロフェッション 56b, 264b
プロフェッソール 776b, 804b
フローベール, G. 853b
プロボスト（アメリカ） 90b, 181b
文化学園 780a
文化学園大学 777a

文学部　777b
文化資本　778b, 21a
文化資本を再生産する機能　93a
文化女子大学　777a
分科大学　778b, 77b, 103a, 291b, 530a, 657, 658a, 724b
文科大学　777b
文化的再生産　779a
文化ファッション大学院大学　780a
文官高等試験　780a
文官分限令　694b
文教育学部　340b
文京学院大学　780a
文京女子大学　780a
文教大学　780b
文系院卒者　748a
「分合」学部　530a
分散研方式　571a
文書館　164b
文人共和国　780b, 32b
文星芸術大学　781b
ブンゼン, R.W.　733b
ブント　276b
ブント, W.　733b
文法学校　417b
文法学校(イギリス)　782a
『文法術』　346b
フンボルト, K.W.von　783a, 19b, 23b, 30a, 83b, 127a, 273b, 401a, 402a, 403b, 669b
フンボルト改革　71b
フンボルト大学(ドイツ)　788a
フンボルト大学ベルリン(ドイツ)　788a
フンボルトの大学　783b
フンボルト・モデル　8b, 93b, 788a
フンボルト・モデルの大学　125a, 771b
フンボルト理念　783a, 23b, 77a, 349b, 802b
分野別参照基準(イギリス)　837b
分野別認証評価機関　227a
文理学部(日本)　533b, 841a
文理科大学　784a, 55a
文理情報短期大学　545a
分離分割方式(日本)　85b
分裂したハビトゥス　515b

平安女学院大学　784b
米国教育使節団　85a
米国教育使節団報告書　551a
米国障害者法　499a
米国連邦規律　400b
兵士の権利章典(アメリカ)　461b
ベイズ, W.　442b
平成医療学園　628a

平成音楽大学　784b
平成国際大学　785a
ベイルート・アメリカン大学(レバノン)　785a
ベヴァリッジ, W.　549a
WR(ドイツ)　274b
BLK(ドイツ)　366a
WRK(ドイツ)　578b
北京医学院(中国)　601a
北京医科大学(中国)　601a
北京医科大学校(中国)　601a
北京匯文大学(中国)　230a
北京公教大学輔仁社(台湾)　601b
北京大学(中国)　785a, 601a
北京大学医学院(中国)　601a
ペクレス法(フランス)　229b, 773a
ヘーゲル, G.W.F.　19b
ベーコン, F.　255b
ベストプラクティス　832a
ベースライン増減方式　739b
ペーチ大学(ハンガリー)　768b
別科　785b
ベッカー, G.S.　778b
HECS(オーストラリア)　151b, 492b, 492t
別府女子大学　785b
別府大学　785b
ペ・テ・ウ(ロシア)　145a
ペデルセン, O.　58a
ペトリス・ストゥッカ大学(ラトヴィア)　836b
ペトルス・ロンバルドゥス　32a
ベナレス・サンスクリット・カレッジ(インド)　512b
ベニ・スエフ大学(エジプト)　253b
ベビーブーマー　254b
北平大学(中国)　601a
北平臨時大学(中国)　601a
ヘブドマダル・ボード　868a
ヘブライ語　33a, 110b, 401b, 441b
ヘブライ大学(イスラエル)　786a, 828a
ペポ(法学者)　791a
ヘボン塾　815a
ベリオル・カレッジ(イギリス)　497b
ペリオン, J.　401a
ヘリコプター・ペアレンツ　786a
ベル, D.　47a, 638a
ペル・アンク(エジプト)　153b
ベルギーの言語戦争　786b, 131b
ベルギーの大学→オランダ・ベルギーの大学　(130b)　131b
ペル奨学金(アメリカ)　500b
ヘルシンキ大学(フィンランド)　787b, 144a
ベルトワン改革(フランス)　772b
ペルピニャン大学(フランス)　787b
ヘルムート・シュミット大学／連邦軍大学(ドイツ)　862b
ヘルムホルツ H.L.F von　127a, 733b
ベルリン(大学都市)　59b
「ベルリン高等学問施設の内的ならびに

外的組織の理念」　670a
ベルリン自由大学(ドイツ)　788a
ベルリン商科大学(ドイツ)　386b
ベルリン大学(ドイツ)　4a, 23b, 59a, 83b, 127a, 273b, 662a, 669a, 783b, 788a
ベルリン大学法(ドイツ)　620b
ベルリン・フンボルト大学(ドイツ)　788a, 127a, 401a, 402a, 403b, 669a
ペレグリナティオ・アカデミカ　32b
返還特別免除制度　748b
返還免除職制度(奨学金)　501b
弁護士　54b, 55a, 563a, 564b
偏差値　788b
ベンサム, J.　5b
弁証法　852b
ペンシルヴェニア大学(アメリカ)　788b
ヘンデセイ・ミュルキエ・メクテビ(トルコ)　194b
ベン-デービット, J.　24a
ヘント大学(ベルギー)　131b, 787b
編入学　789a, 600b
ベンボ, P.　402b

ほ

ボアジチ大学(トルコ)　789b, 697b
ボアソナード, G.E.　103a
ボアティエ大学(フランス)　789b
ホーイ, W.E.　685b
保育的・助長的性格(文部科学省)　822a
ホイジンガ研究所(オランダ)　228a
ボイル, R.　255b, 256b
法学院(イギリス)　789b
法学科　200a
法学教育　790a, 783b
法学のドクトル(イタリア)　73a
法学部　791a, 27a, 54b, 326a, 561a
法科コレギウム(イタリア)　70b
法科大学　103b, 200a, 386a, 561a, 791b
法科大学院　792a, 10b, 56a, 76a, 510a, 561a, 723b, 728b
法科大学院入学適性テスト(アメリカ)　792a
法科大学長(日本)　791b
法学校→司法省法学校(478b)
法学校　206a, 697a, 806b
俸給(salaria)　776b
俸給制　410b
傍系入学者　84b
方言札　443a
奉仕学習　481b
法人自治団体　3b
法人団体組織(コレギウム)　447b
法人の長(日本)　580b
ホウゼ=イェ・ルミーイェ(イラン)　195b

法政大学　**792b**
法政大学(タイ)　630a
宝仙学園　443b
放送授業　654a
放送大学　51b
　[イギリス]　191b
　[オランダ]　132a
放送大学(日本)　**792b**, 51b, 203b, 371b,
　600a
法曹団体(イングランド)　562b
法体制(日本)　791b
法廷弁護士(イギリス)　789b
法文学部(日本)　533a
方法の教師(アメリカ)　358a
法務職　320a
法務博士(日本)　75b, 261a, 723b,
　792a
亡命外国人学者緊急援助委員会(アメリ
　カ)　65b
亡命知識人　65b
法律学習補助クリニック　562a
法律学科(日本)　791b
法律・経済学院(イスラエル)　665b
法律顧問➡大学の法律顧問(612b)
法令(日本)　68b
ホガート, R.　317b
補完教育(アメリカ)　855a
補完性原則　202a
北欧会議　142a
北欧閣僚会議　142a
北欧高等教育圏　142a
北欧の高等教育機関　143a, 143b,
　144a
北欧の大学　142a
北欧の大学改革　793a
北欧の大学法制　794a
牧師　61a
牧場　731a
北翔大学　794a
北星学園女子短期大学　794b
北星学園大学　794b
北東アジア学　479a
北洋大学(中国)　645a
北陸学院大学　794b
北陸学院短期大学　794b
北陸先端科学技術大学院大学　794b
北陸大学　795a
北陸帝国大学　658a
ボケーショナル教育　795a
保健医療経営大学　795b
保健管理センター　795b, 281a
母国語　694b, 836a
保護者　786a
母語使用　33a, 346b
ボゴール農科大学(インドネシア)　**795b**
星薬科大学　796a
補習教育　684a, 855a

保証有限会社(イギリス)　90a
補助金　305b, 796a
補助金収入　796a, 425a
POSCO(韓国)　798b
POSTECH(韓国)**➡浦項**(ポハン)**工科大学
　校**(798b)　109b
ホステル(学寮)　296b
ポステル, G.　401a
ポスト学生自治　279b
ポスト9. 11GIビル　462a
ポスドク　246b, 796b
ポスト・グラデュエート(卒後)課程　76b
ポスト・セカンダリー・エデュケーション
　416a
Post−1992universities(イギリス)　192b
ポストドクター　796b, 246b, 364b, 582b
ポスト・ポスドク問題(日本)　246b
『**ポスト・モダンの条件**』　840a
ボストン(大学都市)　603b
ホスピキウム(学寮)　296a
ホスピティウム(学寮)　448a
補正係数(基準財政需要額)　425a
細川泰子　820a
母胎大学　647b
北海学園大学　796b
北海商科大学　796b
北海短期大学　796b
北海道浅井学園大学　794a
北海道医療大学　797a
北海道栄養短期大学　798a
北海道科学大学　797a, 798b
北海道学芸大学　797a
北海道教育大学　797a
北海道工業大学　797a
北海道産業専門学校　542a
北海道自動車短期大学　797a
北海道情報大学　797b
北海道女子大学　794a
北海道女子短期大学　794a
北海道大学　797b, 340a, 583a, 614a,
　659b
北海道千歳リハビリテーション大学　798a
北海道帝国大学　658a, 797b
北海道帝国大学農科大学　686b
北海道文教大学　798a
北海道文教短期大学　798a
北海道武蔵女子短期大学　798a
北海道薬科大学　798b, 797a
北海道立女子医学専門学校　455a
ボッタイ法(イタリア)　134b
ポツダム自治会　550b
POD(アメリカ)　81a
ポップ, F.　401a
ポートフォリオ　659b
ボドリアン・ライブラリー(イギリス)　245b
ボナヴェントゥラ(スコラ学)　536b, 629a
骨太の方針　89a

ホノリウス3世　13b
浦項(ポハン)**工科大学校**(韓国)　**798b**,
　109b
浦項(ポハン)総合製鉄　798b
ホプキンズ, J.　518a
『**ボブ・レイ報告書**』(カナダ)　117b
ポポロ事件➡東大ポポロ事件(683b)
『**ホモ・アカデミクス**』　**799a**
ポモナ・カレッジ(アメリカ)　584b
ホライズン2020(EU)　430a
ボランティア　44b, 480b, 481b, 548b,
　577b, 636b, 672b
ポーランド語　33b
堀栄二　536b
ポリクリ実習　188b, 557b
ポリティカル・エコノミー　542b
ポリティカル・コレクトネス(アメリカ)　22a
ポリテクニク
　[イギリス]　10a, 121a, 799a
　[スイス]　534b
　[ラトヴィア]　836a
ポリテクニク(総合工芸学校)　**799a**
ポリテクニクおよびカレッジ財政審議会
　(イギリス)　192a
『**ポリテクニクとカレッジのための計画**』
　799b
ポリテクニコ(ポルトガル)　709a
ホール(学寮)　296a, 296b
ホール, S.　317b
ポール・ヴァレリー大学(フランス)　822b
ポルスカ語　403a
ボルタンスキー, L.　254b
ボルティモア歯科医学校(アメリカ)　467a
『**ホールデン委員会報告書**』　621b
ボルドー科学技術大学Ⅰ(フランス)
　799b
ポルトガルの国立大学　91b
ポルトガルの大学　138a
ポルトガルの大学改革　709a
ボルドー・セガレン大学Ⅱ(フランス)
　799b
ボルドー大学(フランス)　**799b**
ポルト大学(ポルトガル)　138b
ボルドー・ミシェル・ド・モンテーニュ大学
　Ⅲ(フランス)　799b
ボルドー・モンテスキュー大学Ⅳ(フラン
　ス)　799b
ボルヘス, J.L.　827b
ボローニャ(イタリア)　2a, 18b, 73a, 82b,
　829a
ボローニャ宣言　140b, 267a, 476a,
　648b, 800a, 800b
ボローニャ大学(イタリア)　**800a**, 134a,
　320a, 461b
　[創立]　58a, 92b, 206a, 437a, 603a,
　647a
　[教会, 教皇]　13b, 211b, 362a, 738b

[学部]　27a, 70b, 791a
[学位, 称号]　73a, 362a, 691a, 734b, 842b
[教育・研究]　54a, 791a
ボローニャ・フォローアップ・グループ　801a
ボローニャ・プロセス　**800a**, 6b, 9a, 75b, 78b, 87b, 431b, 476a, 596b, 772b, 800b, 856b
[イタリア]　707b
[オランダ]　132b
[スペイン]　709a
[中・東欧]　140b, 648b
[ドイツ]　273b, 279b
[フランス]　772b
ボローニャ・プロセス報告書(EU)　648b
ホワイト, A.D.　**801b**
ホワイトカラー　49a
本科大学(中国)　87a
香港西医書院　802a
香港大学(中国)　**802a**
本州大学　701b
ボン大学(ドイツ)　**802a**, 731a
本多由三郎　240b
本多庸一　753b
ボーンデジタル　666b
本部事務局　479b
ボンベイ大学➡ムンバイー大学(814b)
本間喜一　673a
翻訳文化　26b

ま

マイアミ・デイド・カレッジ(アメリカ)　**803a**, 445a
マイアミ・デイド・コミュニティ・カレッジ(アメリカ)　803a
マイノリティと大学　**803a**
マイヤーズ, C.A.　46b
前田若尾　553b
前橋医科大学　384b
前橋工科大学　**804b**
前橋市立工業短期大学　804b
マギスター(ドイツ)　565a, 597a
マギステル　**804b**, 73b, 267a, 691a, 776b
マギストル(ロシア)　146a
マギル大学(カナダ)　**805a**
マギル大学ブリティッシュ・コロンビア校(カナダ)　774a
マクタブ　696b
負け組(格差社会)　271a
マケレレ・カレッジ(ウガンダ)　154b
マケレレ大学(ウガンダ)　**805a**
マケレレ大学の改革(ウガンダ)　178a
孫福賞　586a

マサチューセッツ工科大学(アメリカ)　**805a**, 39b, 247b, 261b, 406a
マサチューセッツ州立大学(アメリカ)　309b
マサリク大学(チェコ)　**805b**, 140a
マーシャル, A.　46a
マーシャル, J.　629b
マジャール語　33b, 401a, 403a
マーシャル判事　629b
マージンソン, S.　108a
マス型　49b, 698a
マスター　73b, 74b, 266b, 488a, 565a
マスター学位(イタリア)　137a
マスター課程(イタリア)　708b
マス段階(大学進学率)　85b, 611b
マーストリヒト大学(オランダ)　54b, 132a
マスプロ教育(日本)　96a
マダリアーガ, S.de　318b
マーチン・トロウ➡トロウ(698a)
松浦昇平　497a
マッカーシー, C.M.　213a
マックス・プランク協会(ドイツ)　24b
マックス・プランク研究所(ドイツ)　262b
マッサリウス(中世大学)　608a
松商学園短期大学　806a
『マッセイ報告書』(カナダ)　116b
マッセー大学(ニュージーランド)　152t
松前重義　435b, 674a
松本医科大学　529a
松本歯科大学　**805b**
松本大学　**806a**
松本良順　545b
松山東雲女子大学　**806a**
松山商科大学　806a
松山女学校　806a
松山大学　**806a**
松山短期大学　806a
マトゥリタ(イタリア)　137a, 606a
マドラサ(イスラーム)　**806b**, 195a, 417b, 696b
マドラサの嚆矢　195a
マドラス大学(インド)　**806b**
マトリケル　807a
マドリード・コンプルテンセ大学(スペイン)　**807a**
マドリード大学(スペイン)　248b
マドリード文科大学(スペイン)　807a
マートン, R.K.　200a
マートン学寮(イギリス)　448a
学び直し　405a
マヌティウス, A.P.　167a, 208a
マネジメント(経営)　95b
マネジメント能力　758b
マハーウィタヤライ・タマサート(タイ)　630a
マラヤ大学(シンガポール)　527b
マラルメ, S.　853b

マリア・テレジア　141a
マリー・スクウォドフスカ=キュリー・アクションズ　430a
マリノフスキー, B.K.　759b
マル学同　276b
マルクス主義　276a
丸太小屋カレッジ　111a
マルチバーシティ　**807b**, 611a
マルティアヌス・カペラ　852b
マルティン・ルター大学ハレ・ヴィッテンベルク(ドイツ)　744a
マルピーギ, M.　256b
マールブルク大学(ドイツ)　15a
マレルブ, F.de　402a
満期退学　796b
マンスブリッジ, A.　864a
マンスール・ファフミー　222b
曼荼羅図書館　667a
マンチェスター・ヴィクトリア大学(イギリス)　807b
マンチェスター科学技術大学(イギリス)　807b
マンチェスター大学(イギリス)　**807b**
マンハッタン計画(アメリカ)　24b, 570b
マンパワーアプローチ　46a, 808a
マンパワー政策　49a
マンパワーポリシー　**807b**, 46a, 808a
マンフォード, L.　58a
マンモス大学　807b

み

三浦幸平　650a
MIUR(ミウル, イタリア)　135b
三重県立看護大学　**808b**
三重県立大学　808b
見えざる大学　24a
三重大学　**808b**
見える化(能力)　467a
ミシガン工科大学(アメリカ)　407a
ミシガン大学(アメリカ)　**809a**, 315a, 516a, 758b
三島学園女子大学　686b
三島学園女子短期大学　686b
三島中洲　714a
水・環境・保健研究所　436t
水田三喜男　503a
水野とし子　703a
ミズーリ理工科大学(アメリカ)　406b
三田会　386a
『三田新聞』　594a
密教文化研究所　423a
ミッショナリーの学校(アフリカ)　154a
ミッション・スクール　374a
三つのポリシー➡DP・CP・AP(三つのポリシー)(661a)

MIT(アメリカ)　406a, 407a, 805a
ミドルレベルマンパワー　46b
南アジア大学　173b
南アフリカ共和国の高等教育　95a
南アフリカ共和国の大学　481b
南九州大学　809a
南太平洋大学　809b
南デンマーク大学　809b
南フランスモンペリエ研究・高等教育拠
　点(フランス)　822b
ミネルヴァ大学(アメリカ)　**809b**, 39b
ミネルヴァ・プロジェクト(アメリカ)　810a
身延山大学　810a
身延山短期大学　810a
美濃部(達吉)事件　590a
身分保障(教員)　663a
美作女子大学　810a
美作大学　810a
三室戸敬光　684a
宮城学院女子大学　810b
宮城教育大学　810b, 270b
宮城大学　811a
宮崎医科大学　811b
宮崎学園　811b
宮崎県立看護大学　811a
宮崎公立大学　811a
宮崎国際大学　811b
宮崎産業経営大学　811b
宮崎女子短期大学　811b
宮崎大学　811b
宮崎道三郎　721a
ミュヘンディスハーネイ・ベッリーイ・ヒュマ
　ーユーン(トルコ)　194b
ミュンヘン工科大学(ドイツ)　**812a**
ミュンヘン大学(ドイツ)　**812a**
ミュンヘン連邦軍大学(ドイツ)　862b
ミラノ工科大学(イタリア)　**812b**
ミラノ大学(イタリア)　**812b**
ミラノ・ビコッカ大学(イタリア)　812b
ミル, J.S.　6a, 564a
ミルダート, W.van　630b
民営化　225a
民間技術者協会(イギリス)　329b
民間資金　98b
民間支出(高等教育財政)　100b
民間情報教育局　812b, 196a, 551b,
　616a, 629a
民間負担(教育費)　350a
民主教育協会　162a, 588a
民青　276b
民族高大(韓国)　447a
民族誌　759b
民族薬物資料館　695a
民弁(中国)　646b
民弁教育促進法(中国)　646a, 646b
民弁大学(中国)　645a

む

無医大県解消政策　530b
無給教師　410a
MOOC(ムーク)　**813a**, 39b, 159a, 247b
武庫川女子学院大学　813b
武庫川女子大学　813a
武蔵工業大学　681a
武蔵高等学校　813b
武蔵大学　813b, 798a
武蔵野音楽大学　813b
武蔵野学院大学　814a
武蔵野女子大学　814a
武蔵野大学　814a
武蔵野短期大学　814a
武蔵野地域自由大学　44b
武蔵野美術学校　814a
武蔵野美術大学　814a
無償教育　289b
結び合う大学　45b
ムセイオン　166b
『無知な教師』　22a
睦学園　752b
ムハマダン・アングロ・オリエンタル・カレ
　ッジ(インド)　184b
ムバラク　223a
ムハンディスハーナ(エジプト)　222a
ムハンマド・アリー　222a
ムハンマド・アリー大学(エジプト)　222b
村崎サイ　689b
無料オンライン講座　813a
室蘭工業専門学校　814a
室蘭工業大学　814b
ムンバイー大学(インド)　**814b**

め

名桜大学　815a
明海大学　815a
明治学院大学　815a
明治工業専門学校　337b
明治国際医療大学　815b
明治専門学校　337b
明治大学　815b
明治大学博物館　165a
明治東洋医学院　815b
明治法律学校　790a, 815b
明治薬科大学　816a
名城大学　816a
名称独占資格(日本)　834a
明星大学　816a
メイソン, Sir J.　816b
メイソン科学カレッジ(イギリス)　741a,
　816b
『命題集』　32a, 525b

名誉学位　816b
名誉教授　816b, 355a
名誉称号　816b
名誉職教授(ドイツ)　355a
名誉博士(アメリカ)　816b
『明六雑誌』　817a
明六社　817a
メインカルチャー　254a
メガ大学　149b
メカニカルアーツ　853a
メキシコ国立自治大学(メキシコ)　**817a**
メキシコ国立大学(メキシコ)　817a
メキシコの大学　149b, 481a
MEXT(日本)　821b
メクテブ　696b
目白大学　817b
メディア授業　817b, 600a, 653b
メディアリテラシー　571b
メディアを利用して行う授業　653b,
　817b
メディカル・スクール(アメリカ)　**817b**, 56b
メディカル・スクール型(アメリカ)　189b
メディチ, C.dé　167a
メディチ, G.　134b
MEDLINE　391a
メトリーズ(フランス)　267a
メートル・ドゥ・コンフェランス(フランス)
　411a
メドレセ(マドラサ)　696b
目に見える拠点(日本)　548a
『メノン』　21a
メランヒトン, Ph.　126b, 744a
メリトクラシー　818a, 19b, 21b, 348a
メルカトル, G.　860b
メルボルン大学(オーストラリア)　**818a**
メルボルン・モデル(オーストラリア)　818b
メロン研究所(アメリカ)　309a
免許取得　466a
免許取得者　73b
メンザ(ドイツ)　**818b**
面接授業　51b, 600a, 653b, 817b

も

目的・機能→大学の目的・機能(92a)
目標管理手法　749b
モジュール　818b
モスクワ音楽院(ロシア)　641a
モスクワ大学(ロシア)　**819a**, 33b, 144b,
　547a, 866b
モデル・コア・カリキュラム　188b
モード論　41b
モナシュ大学(オーストラリア)　109a
ものつくり大学　819a
モハンマド・レザー・シャー　205a
桃山学院大学　819b

モヤーノ法（スペイン）　137b
森有礼　**819b**, 749b
森鷗外　31a
盛岡大学　**820a**
森茂樹　420b
森戸事件　**820a**
森戸辰男　820a
森ノ宮医療大学　**820a**
森村茂樹　752a
モリル, J.S.　111b, 820b
モリル法（アメリカ）　**820b**, 74a, 94a, 111b, 482b, 620b, 730b, 839b, 844b
森わさ　420b
モルレー, D.　103a, 836b
文書館　164b
モンテギュー（フランス）　296a
モンテビデオ企業研究インスティテュート（ウルグアイ）　820b
モンテビデオ大学（ウルグアイ）　**820b**
問答術　852b
文部科学技官（日本）　**821a**
文部科学教官（日本）　**821a**
文部科学事務官（日本）　**821a**
文部科学省　**821b**, 203b, 424b, 429a
文部科学大臣　598a
文部技官（日本）　821a
文部卿（日本）　74b
文部教官（日本）　821a
文部事務官（日本）　821b
文部省　821b
文部省認可通信教育　600a
モンペリエ大学（フランス）　**822b**, 3a

野外科学　759a
夜間学部　485t, 823a
夜間授業（日本）　823a
夜間大学院　823a, 483b
夜間部　823a
ヤギエウォ大学（ポーランド）　**823b**, 33b, 139a
野球　594b
役員会（国立大学）　270a, 849a
薬学　844b
薬学部　**823b**, 510a, 844b
薬草園　512a
薬用植物園　512a
八洲学園大学　**824a**
八代学院大学　420b
八代斌助　420b
安井てつ　679b
安田講堂事件　615b, 683b
安田女子大学　**824a**
安田リョウ　824a
ヤスパース, K.T.　**824b**, 349a, 733b

八千代国際大学　490a
矢内原事件　272b
矢内原忠雄　**824b**
ヤーノシュ, S.　401a
八幡大学　337b
山形県立保健医療大学　**825a**
山形県立保健医療短期大学　825a
山形県立米沢栄養大学　**825a**
山形大学　**825a**, 282a
山川健次郎　337b, 694b
山口学芸大学　**825b**
山口芸術短期大学　825b
山口県立医科大学　826a
山口県立大学　**825b**
山口女子大学　825b
山口女子短期大学　825b
山口大学　**826a**
山口東京理科大学　461a
山口福祉文化大学　472b
ヤマザキ学園大学　**826a**
ヤマザキ動物看護大学　826a
山田顕義　721a
山田きみ　163b
大和大学　**826a**
山梨医科大学　827a
山梨英和大学　**826b**
山梨英和短期大学　826b
山梨学院大学　**826b**
山梨学院短期大学　826b
山梨県立看護大学　826b
山梨県立女子短期大学　826b
山梨県立大学　**826b**
山梨大学　**827a**
山手線沿線私立大学図書館コンソーシアム　605a
ヤング, M.　818a

UI（インドネシア）　211a
URA　398a, 571a, 848b
UER（フランス）　827b
由緒ある施設（フランス）　773a
有機的知識人　381a
有給教師　410a, 776b
有給教授職　410a
有限責任保証会社（イギリス）　193b
優等学位（イギリス）　**827a**, 267b
優等学位プログラム（アメリカ）　572b
優等第1学位（イギリス）　584b
US（シンガポール）　527b
USSA（アメリカ）　305b
USHEPiA（アフリカ）　388b
UST（フィリピン）　460a
USP（ブラジル）　460b
USU（アメリカ）　60a

UNEF（フランス）　770b
UNAM（メキシコ）　817a
UNMSM（ペルー）　461a
UNU　435b
UFRJ（ブラジル）　840a
UFR（ユーエフエール, フランス）　**827a**, 20a, 162b, 224b, 324b, 709b, 742b
UFC（イギリス）　192a, 621b
UFC（フランス）　770b
UMIST（イギリス）　807a
UMAP（アジア太平洋）　108b, 172a
U-MAP（EU）　637a
UMAP単位互換制度　172b, 631a
行岡忠雄　239b
行吉学園　422a
UKPSF（イギリス）　357b, 357t, 746b
UCEA（アメリカ）　599a
UCAS（イギリス）　86b, 606a, 621b
UCLA（アメリカ）　316b
UGC（イギリス）　192a, 621b
UCTS（アジア）　172b, 631a
ユース・ウービクエ・ドケンディ　32b
ユスティニアヌス法典（東ローマ帝国）　791a
ユーゼフ・ピウツキ大学（ポーランド）　871b
ユーダシティー（Udasity）　813a
ユダヤ学院（イスラエル）　665b
ユダヤ人差別　828a
ユダヤ人問題　**827b**
UDUAL（ラテンアメリカ）　216a, 835a
ゆとり教育　299a
ユトレヒト大学（オランダ）　131b
ユニヴェルシテ　569b, 697b, 742b, 828b
ユニヴェルシテ・アンペリアル（フランス）　**828b**, 4a, 19a, 742b, 771b, 773b
U21　178b
ユニバーサル型　49b, 698a
ユニバーサル段階（大学進学率）　85b, 611b
ユニバーシアード　**828b**
ユニバーシティ　**828b**
ユニバーシティ・カウンシル（大学審議会）　53a
ユニバーシティ・カレッジ　**829a**, 118b, 296b, 564a, 868b
ユニバーシティ・カレッジ・ロンドン（イギリス）　190b, 829b
ユニバーシティ・ミュージアム（日本）　614a, 736a
UNESCO　417b
ユネスコ・スクール　706a
UP（フィリピン）　758b
UPCEA（アメリカ）　599a
UPCAT（フィリピン）　759a
UVSOR（日本）　391b

UMAP（アジア太平洋）→アジア太平洋大学
交流機構（172a）　108b
UMAP単位互換制度　172b, 631a
ユマニスム　29b
UUK（イギリス）　192b, 578b
ユランの大学教育（デンマーク）　247a
ユリウス・マクシミリアン大学ヴュルツブ
ルク（ドイツ）　217a
ユリエフ大学（エストニア）　215b, 631a

よ

洋学　102a
洋学塾　830a, 470b
洋学調所　102a
洋学校　744b
養殖施設　731a
揺籃期本　208a
予科（日本）　591a
ヨキウス　296a
ヨーク大学（カナダ）　39a
横浜国立大学　830a
横浜商科大学　830b
横浜商科短期大学　830b
横浜市立大学　830b
横浜創英大学　831a
横浜バプテスト神学校　325b
横浜美術大学　831a
横浜薬科大学　831a
予算組織法（フランス）　225b
吉田一士　323b
予習・復習（単位制）　631b
余剰博士　246a
ヨーゼフ2世　141a, 214a
四日市看護医療大学　831b
四日市大学　831b
米沢女子短期大学　825a
4年制卒前課程（アメリカ）　113f
予備校　494a
『読み書き能力の効用』　317b
よろず相談室　281b
ヨーロッパ・エンジニア　230b
ヨーロッパ学生国民連合　832a
ヨーロッパ学生連合　832a, 279b
ヨーロッパ学長会議連盟　832b
ヨーロッパ研究大学連合　832a, 397b
ヨーロッパ高等教育圏　6b, 140b,
202b, 771b, 772b, 800b
ヨーロッパ高等教育の統合構想　649a
ヨーロッパ大学院大学（イタリア）　832b
ヨーロッパ大学学長会議　461b
ヨーロッパ大学協会　832b
『ヨーロッパ大学史』　461b
ヨーロッパ単位互換制度→欧州単位互換制
度（232b）
ヨーロッパの進学率　526b

ヨーロッパの大学都市　602b
四一答申　9b
4学期制　303b, 377b, 491b
延世大学校（韓国）　833a
四全総　635b
四大学連合憲章　674b
四六答申　833b, 9b, 618a

ら

ライシュ, R.B.　47b, 638a
ライセンス　834a
ライデン大学（オランダ）　834a, 33b, 131a
Leiden ランキング（オランダ）　547b
ライプツィヒ大学（ドイツ）　834b, 33b,
401a, 694a
ラインアイテム方式　439a
ライン・フリードリヒ・ヴィルヘルム大学ボ
ン（ドイツ）　802b
ラヴォアジェ, A.de　255b
ラウレア学位（イタリア）　134b, 135a,
135b, 137a, 762a
ラウレア課程　708a
酪農学園大学　834b
ラ・サピエンツァ（イタリア）　868b
ラシュドール, H.　587b, 609a
ラスク, R.C.　401a
ラッセル, E.　306a
ラッセル・グループ（イギリス）　479b, 579a
ラッフルズ・カレッジ（シンガポール）
512b, 527a
ラテラノ公会議（第4回）　211b
ラテンアメリカ・カリブ海地域高等教育会
議　150b, 835a
ラテンアメリカ・カリブ海の高等教育出会
いの空間　836b
ラテンアメリカ植民地大学　513a
ラテンアメリカ大学憲章　835a
ラテンアメリカ大学連合　835a, 216a
ラテンアメリカの高等教育　835b
ラテンアメリカの大学　148b, 11b, 480b,
513a
ラテンアメリカの大学改革　835a
ラテン語　836a, 2a, 27a, 31b, 346a,
401a, 401b, 403a, 441b, 443a, 512b,
513a, 782a, 860a
『ラテン語入門』　346b, 442a
『ラテン語文法入門』　442a
ラトヴィア州大学　836b
ラトヴィア大学　836a
ラトヴィア・ポリテクニク・インスティチュー
ト　841b
ラトガース, H.　836b
ラトガース大学（アメリカ）　836b
ラドクリフ大学（アメリカ）　549b
ラーニング・アウトカムズ　836b, 641b

ラーニング・アシスタント　280a
ラーニング・コモンズ　838a, 604b
ラーニング・ポートフォリオ　838a
ラーニング・マネジメント・システム　838b
ラバル大学（カナダ）　116a
ラーフェク・ハリーリー看護学校（レバノン）
785a
ラ・フォレット, R.M.　212b
ラボールシューレ（ドイツ）　753b
蘭学塾　830a
ランカスター大学（イギリス）　191b
ラングラン, P.　49b
ランゴンメディカルセンターアーカイブズ
164b
ランシエール, J.　22a
ランジュヴァン・ワロン改革案（フランス）
772b
ランツマンシャフト（ドイツ）　404b
ランドグラント・カレッジ（アメリカ）　838b,
43b, 60a, 95b, 111b, 335b, 423b,
482b
ランドグラント大学協会（アメリカ）　579a
ランバス, W.R.　324a
『ランバート報告書』　192b

り

リアール, L.　839b, 65a
リヴァプール大学（イギリス）　564b
利益相反→外部資金と利益相反（252a）
リオタール, J-F.　840a, 771b
リオデジャネイロ大学（ブラジル）　840a
リオデジャネイロ連邦大学（ブラジル）　840a
利害関係者　538b
理化学研究所　393a
理学　840b
理学の素養　840b
理学部　840b, 844a
リガ工科大学（ラトヴィア）　841b
リカード, D.　6a
リガ理工科学校（ラトヴィア）　836a
リカレント教育　841b, 483b, 498b
陸軍技術学校（トルコ）　194b
陸軍獣医学校　484b
陸軍所　102a
陸軍兵学寮（日本）　484b
リクルーター　477a
理系女子　634b
理系のカリキュラム　842b
リケジョ　634b
理研（日本）　393a
理研コンツェルン（日本）　393a
リケンティア　843b
リケンティアートゥス　73b, 264b, 844a
リケンティア・ドケンディ→教授免許（361a）
理工科学校（フランス）　221b, 329b,

りこうかが　925

381a, 705a
理工学部　841a
理工科大学（日本）　405b
理工系（日本）　844a
理工系・医学系の研究　844a, 846b
理工系学部　557a, 843a
理工系人材養成　46b, 808a
理工系の研究　846a
理財学科（日本）　386a
リサーチ・アシスタント　848a
リサーチ・アドミニストレーター　848b, 398a, 571a
Research-R型（日本）　397a
リサーチ・インテグリティ　400b
リサーチ・エクセレンス・イニシアティブ　465b
リサーチ・エシックス　400b
リサーチパーク　635b
リサーチ・ユニバーシティ→研究大学（395b）
リサール, J.　460a
リサンス（フランス）　267a, 771a, 773b, 844a
理事（学校法人）　617a, 848b
理事会（アメリカ）　88a, 90b, 620a
理事会（日本）　848b, 89b, 580a
『理事功程』　712a
理事集団（アメリカ）　68a
理事長　287b, 426b, 848b
履修　850a, 631b
履修科目　631b
履修証明　485t
履修証明書　456b
リシュリュー　169a
RISTEX（日本）　567b
リスボン旧大学　850b
リスボン協定　651b
リスボン工科大学（ポルトガル）　850b
リスボン新大学（ポルトガル）　850b
リスボン戦略　850a, 202b
リスボン大学（ポルトガル）　850b, 138b
リースマン, D.　280a
リセ（フランス）　30b, 87a, 123b, 298b, 705a, 853a
理性の立法　662a
リセ・ド・パリ（フランス）　123b
リチェオ（イタリア）　301b
リツェーイ（ロシア）　144b
立教大学　850b
立正学園女子短期大学　780b
立正女子大学　780b
立正大学　850b, 490a, 769a
立命館アジア太平洋大学　851a
立命館大学　851a, 283b
リテラシー　851b
李登輝事件　852a
リード・カレッジ（アメリカ）　854a
リニア・モデル　45b

リバースジェネティクス法　846b
リハビリテーション法（アメリカ）　499a
リービッヒ, J.von　843a
リフレッシュ教育（日本）　483b
リベラルアーツ　852b, 18b, 48b, 73b, 370b, 533b, 612b
リベラルアーツ学部（日本）　370b
リベラルアーツ・カレッジ（アメリカ）　853b, 60a, 183a, 335b, 370b, 448b, 521a, 584b
リベラルアーツ教育　265a, 387b, 543b, 850b
リベラル・エデュケーション　199a
リベルタス・フィロソファンデ　273b
リポジトリサービス　327b
リマ大学（ペルー）　461a
リメディアル教育　855a, 684a
リヤド大学（サウジアラビア）　376a
留学　855b, 7a, 152a, 408a, 431b, 433b
留学生　7a, 345b, 539b, 803b
　［日本］　62a, 436b, 863a
　［アメリカ］　855b
　［オーストラリア］　152a
留学生30万人計画　857b, 856a
留学生10万人計画　856a
留学生に対する教育サービス法（オーストラリア）　152a
留学生のグローバル化　7a
琉球政府立大学　858a
琉球大学　858a
龍谷女子学園　368a
龍谷大学　858a, 490a, 769a
龍谷ミュージアム　858a
流通科学大学　858a
流通経済大学　858b
留年　858b, 487b
リュケイオン　2a, 166b, 408b, 417b
リュシュディエ（トルコ）　697a
リュブリャナ大学（スロヴェニア）　859a
リュミエール大学（フランス）　859b
寮歌　285b
寮歌祭　285b
寮舎付き教師（ドイツ）　410b
了徳寺健二　859a
了徳寺大学　859a
領邦国家　93b
領邦立大学　648b
旅順工科大学　859a
リヨン獣医学校（フランス）　484a
リヨン大学（フランス）　859b
リリー, W.　442a, 782a
林学科　730a
リンガ・フランカ　859b
リンカン・カレッジ（イギリス）　738b
リンカーン大学（ニュージーランド）　152t
臨教審（日本）　860a
臨時教育会議（日本）　569a, 591a

臨時教育審議会（日本）　860a, 50b, 79b, 96b, 618b, 833b
臨床医学教育　188a
臨床教育法　561b
臨床教授　79b
臨床実習　188b, 557b
臨床宗教師研修　63b
臨床的応用　25b
リンブルク研究大学・専門大学協会（ベルギー）　133a
倫理教育　562a

ルイ14世　123a
ルーヴァン・カトリック大学（ベルギー）　860a, 131a, 131b, 787a
ルーヴァン・ラ・ヌーヴ（ベルギー）　787a, 860a
留学生（るがくせい）　855b
ル・ゴフ, J.　860b, 63b
ルター, M.　33a, 126b, 744a
ルーテル学院大学　860b
ルートヴィヒ・マクシミリアン大学ミュンヘン（ドイツ）　812a
ルドルフ4世　214a
ルドルフ, F.　588a
ルネサンス・アカデミー　861a, 255b
ルフェーブル, H.　865a
ルブフ（リヴィウ）大学（ウクライナ）　33b
ルブンバシ大学（コンゴ民主共和国）　376b
ルベルティ, A.　135a, 861a
ルベルティ改革（イタリア）　861a
ルムンバ大学（ロシア）　867a
ルンド大学（スウェーデン）　861b, 142b, 535b

れ

麗澤大学　861b, 608b
麗澤短期大学　861b
Reitorランキング　547a
礼拝センター　61b
レイマン・コントロール（アメリカ）　620a
レーヴィット, K.　828a
レオナルダ事件（フランス）　771a
レオナルド・ダ・ヴィンチ　256a
レギュリエ（フランス）　298a
レケプトール（中世大学）　608a
レコンキスタ　92b
レザー・シャー（イラン）　204b
レージア・アカデミア・カロリナ（スウェーデン）　861b
レジデンシー　818a

レスプブリカ・リテラリア　32b
LEC東京リーガルマインド大学院大学
　　861b
レッドブリック(イギリス)　68a, 119a
レッドブリック大学(イギリス)　479b
列品館　736a
レディングズ, B.　5b
レニングラード大学(ロシア)　145a
レリダ大学(スペイン)　**862a**, 137b
連携教員(フランス)　585a
連携大学院制度　341a, 581a
連合学校教育学研究科　676a
連合教職大学院　235b, 323b, 375b
連合国総司令部　812b
連合制ウェールズ大学(イギリス)　119b,
　　215b
連合制大学　119a
連合大学院　**862a**, 341a
連合農学研究科　693b
練習船　534b, 731a
レンセラー, S.V.　862b
レンセラー校(アメリカ)　111b
レンセラー工科大学(アメリカ)　**862b**,
　　111b, 329b, 406a
レンセラー大学(アメリカ)　862b
連続法(近代外国語教育)　347a
連邦・各州教育計画委員会(ドイツ)
　　672a
連邦・各州教育計画・研究助成委員会
　　(ドイツ)　366a
連邦学術機関庁(ロシア)　865b
連邦教育監督機構(ロシア)　147a
連邦教育省(アメリカ)　262a, 266b
連邦教育助成法(ドイツ)　671b
連邦軍大学(ドイツ)　**862b**
連邦工科大学(スイス)　141a
連邦奨学金(ドイツ)　596b
連邦大学(ロシア)　866a
連邦(補助)大学(アメリカ)　839a
連邦ニュージーランド大学　152t,
　　153a, 244b
連邦俸給法(ドイツ)　862b
連邦留学生受入れ機関登録制度(オー
　　ストラリア)　152b

ろ

ロイヒリン, J.　33a
ロイヤル軍事大学(カナダ)　117a
ロイヤル・ソサエティ(イギリス)　167b,
　　255b
ロヴァニウム大学(コンゴ民主共和国)
　　376b
労働衛生管理　459a
労働契約法　748b
労働市場と専門教育　559a

労働市場と大学　40a
労働市場の国際化　863a
労働実習プログラム(イラン)　205b
労働者教育協会(イギリス)　**864a**, 577b
労働者のための高等教育促進協会(イギ
　　リス)　864a
六・三・三制　864b
六・三・三・四制　551b
68年5月(フランス)　**864b**, 21b
ロシア科学アカデミー　865b
ロシア教育アカデミー　866a
ロシア語　33b
ロシア社会主義共和国連邦教育科学ア
　　カデミー　866a
ロシアの高等教育　145b, 146f
ロシアの大学　**144b**
ロシアの大学改革　866a
ロシア民族友好大学(ロシア)　867a
ロシア連邦教育科学省　263a
ロシュディーイェ, M.H.　195b
ロシュディーイェ校(イラン)　204b
ローズ, C.J.　867b
ロー・スクール　56b, 76b
ロスケリヌス　32a
ローズ奨学金(イギリス)　**867b**
ロックフェラー, J.D.　452b, 867b
ロックフェラー医学研究所(アメリカ)
　　867b
ロックフェラー財団(アメリカ)　452b
ロックフェラー大学(アメリカ)　**867b**, 452b
ロード, W.　868a
ロード学則(オックスフォード大学)　**868a**
ロバート・カレッジ(トルコ)　697b, 789b
ロビラ・イ・ビルジリ大学(スペイン)　609b
ロビンズ委員会(イギリス)　868a
『ロビンズ報告書』　**868a**
ローマ教会　54a, 58b, 59a
ローマ教皇　13b
ローマ大学(イタリア)　**868b**
ローマ法　133b, 206a
ロヨラ, I.de　448a
ロラード派(イギリス)　15a
LOLF(フランス)　225b
ロンドン王立協会(イギリス)　24a
ロンドン経済・政治学スクール(イギリス)
　　386b
ロンドン・スクール・オブ・エコノミクス(イギ
　　リス)　193b
ロンドン大学(イギリス)　**868b**, 4a, 118b,
　　190b, 192a, 200b, 262a, 268b, 564a,
　　829a
ロンドン大学国際プログラム　269a
ロンバルドゥス, P.　525b
論文(研究実験)　473b
論文検索用データベース　391a
論文作成　394b
論文博士　**869a**, 75a, 261a

わ

YÖK(トルコ)　697b
我が国の高等教育の将来像(中教審答申)
　　870a, 47b, 286b, 331a, 396a, 482a,
　　537b, 578a, 638a
若者の反乱　284b
若者ファッション　284b
和歌山県立医科大学　870a
和歌山大学　870a
和歌山大学地域連携・生涯学習センタ
　　ー　44b
和漢医薬総合研究所　695a
和漢文学科(日本)　777b
ワークショップ　660a
ワクフ(寄付)　375b, 806b
和光大学　870b
ワシントン・アコード　330a
ワシントン協定　434b
早稲田大学　**870b**, 233b, 340b, 359b,
　　542b
渡辺崋山　623b
渡辺洪基　405a
渡邉辰五郎　676b
稚内北星学園大学　871a
稚内北星学園短期大学　871a
ワトソン, C.A.　253b
ワトソン, J.B.　837a
和仏法律学校　792b
ワーヘニンゲン大学(オランダ)　**871a**
ワーヘニンゲン農業大学(オランダ)
　　871a
和洋女子大学　871b
割当制　828a
ワルシャワ大学(ポーランド)　**871b**, 139b,
　　140a, 144b
ワルシャワ中央学校(ポーランド)　871b
ワルシャワ秘密大学(ポーランド)　140a,
　　871b

欧文索引

A

A. A.　633a
AAC　579a
AACSB　227b
AACSB International　227b
Aalto University　185b
Aalto-yliopisto　185b
AAMC　227a
Aarhus Universitet　247a
Aarhus University　247a
AAU　182a, 396a, 417a, 521a, 579a
AAUP　182a, 295a
ABA　266b
ABEST21　227a, 385b
ABET　330a
abilitazione　356b
Abitur　175b
Abiturprüfung　129a
Abteilung　662b
academia　166b
Academic Audit Unit　417a
academic board　90a
academic calendar　288b
academic capitalism　275b
academic degree　265b
academic dress　167b
academic harassment　168a, 613a
academic journal　274a
academic knowledge transfer　274b
academic leadership　169a
academic orientation　250a
Academic Portfolio　659b
Academic Senate　90b
academic staff　663b
Academie　166b
académie　166b
Académie française　169a
academy　166b
academy of sciences　255b
Accademia dei Lincei　167a
Accademia della Crusca　167a
accessibility　741b
『Accidence, a Short Introduction to a Latin Tongue』　442a
accountability　165b, 837b
accreditation　95b, 170b, 475a, 641b
Accreditation Board for Engineering and Technology　330a
Accrediting Commission for Senior Colleges and Universities　262a
ACE　579a
ACT　86a, 223b

Active Learning　170a
ACTS　175a
adjunct professor　354a
administration　225a
administrative division of the university　608a
administrative officer of the Ministry of Education and Science　821a
Admission Policy　314b, 661a
admissions office　175b, 609a
Admissions Test for Graduate Study in Business　479a
advanced course　551a
Advanced diploma　419a
advanced placement　693b
advanced science and technology　554a
advisory councils for decision-making　527b
AERES　163a, 20a
AFAM　135b
affirmative action　176a, 803b
African Quality Assurance Network　155b
『African Universities and Western Tradition』　174b
AFT　181b
Agence d'évaluation de la recherche et de l'enseignement supérieur　163a
Agence nationale de la recherche　163a
Agenzia nazionale di valutazione del sistema universitario e della ricerca　220b
agrégation　355a
Agricultural Extension　636a
Agriculture and Mechanic Arts　839a
AHELO　232a, 418a
『A History of the University in Europe』　623a
AIMS　108b, 173b
AIR　218a, 208b, 587b
AIR Forum　218a
AIT　109b
Akademia Istropolitana　445b
Akkreditierungsrat　170b
Al-Azhar University　184b
Albert-Ludwig-Universität Freiburg　769b
Albertus-Universität Königsberg　388b
Aligarh Muslim University　184b
Alliance on Business Education and Scholarship for Tomorrow, a 21st century organization　227a
Altbach, P.G.　108a, 745b
Althoff, F.　185b

alumni association　683a
A & M　839a
American Association of University Professors　182a, 295a
American Bar Association　266b
American College Test　223b
『American Colleges & Universities: A History』　588a
American Educational Society　500b
『American Educator』　181b
American Federation of Teachers　181b
American Federation of Teachers and Students　181b
American Medical Association　266b
American Museum of Natural History　262a
Americans with Disabilities Act　499a
American University in Cairo　253b
American University of Beirut　785a
Amherst College　179a
AMK　144a
Ammattikorkeakoulu　144a
Ammattikorkeakoululaki　794a
Anglo-American Colleges　220a
『An Inquiry into the Nature and Causes of the Wealth of Nations』　46a
Ankara Üniversitesi　186b
Ankara University　186b
ANR　163a
Anti-Japanese Military and Political College　644b
ANU　151b, 243a
ANVUR　220b, 136a, 463b
AO　221a
AP　86a, 314b, 659b, 661a
APEC　230b
『A Plan for Polytechnics and Other Colleges』　799b
Apl. Professor　411a
applied research　847b
appointment　729a
apprentice system　394a
APQN　108b, 172b
APRU　108b, 325a
APUJ　720a
AQF　152a
Arbeit　185b
archives　164b
argument for incorporation of state universities　617b
ARQF　467a
『Ars Grammatica』　346b
artes liberales　196b, 267a
articulation　175a

arts libéraux　852b
ARWU　547a
A. S.　633a
ASEAN＋　175a
ASEAN Regional Qualifications Framework　467a
ASEAN University Network　174b
Ashby, E.　174b
ASHE　181b, 588a
Asia-Pacific Quality Assurance Network　172b
Asia-Pacific Regional Convention on the Recognition of Qualifications in Higher Education　172b
Assessment of Higher Education Learning Outcomes　232a, 418a
assistant　766a
Assistant Professor　353b, 411a, 508a, 663a
assistant titulaire　354b
Associate degree　261b, 496a, 633a
Associate of Arts　633a
Associate of Science　633a
Associate Professor　353b, 354b, 411a, 496b, 663a
Associatie Universiteit　133a
Association for Institutional Research　218a
Association for the Study of Higher Education　181b
Association of African Universities　155b, 177a
Association of American Medical Colleges　227a
Association of American Universities　182a, 396a
Association of Institutional Research　208b
Association of Pacific Rim Universities　325a
Association of Private Universities of Japan　720a
Association of Public and Land-grant Universities　423b
Association of University Administrators　586a
AStA　802b
ATER　175a, 585a
ATGSB　479a
Athenaeum Illustre　131b, 179a
attached school　768a
Attaché temporaire d'enseignement et de recherche　175a
atypical employment　749a
AUA　586a
AUB　785a
AUC　253b

auditing students　652b
AUN　108b, 173b, 174b
AUN-ASEAN　631a
AUQA　152a
Außerordentlicher Professor　541b
außerplanmäßige Professoren　355a
Außerplanmäßiger Professor　411a
Australian National University　243a
Australian Qualifications Framework　152a
Australian Universities Quality Agency　152a
Authentica Habita　134a
autonomy of faculty council　291b

B

baccalarius　267a, 661b, 734a
baccalauréat　267a, 734b
bachelier　734b
Bachelor　232b, 268b, 271b
Bachelor of Arts　868a
Bachelor of Science　262a
bachelor or equivalent　416a
bachelor's degree　261b
BAföG　596b
Bakalavr　147f
Bakke Case　737b
Baltimore College of Dental Surgery　467a
Bar-Ilan University　743a
base plus/minus approach　739b
basic research　330a, 847b
Basiskwalificatie Onderwijs　133b
Bayh-Dole Act　275a
Beamte　90b
Becker, G.S.　778b
Bekendtgørelse af lov om professionshøjskoler for videregående uddannelser　794a
Bekendtgørelse af lov om universiteter　794a
Bernstein, B.B.　779a
BFG　801a
Bildung　370b, 783b
Bildungsbürgertum　784a
Bilkent Üniversitesi　753a
Bilkent University　753a
biosafety level　392a
Biozentrum　737a
biretum　294a
BK21　321a
BKO　133b
blended librarian　692b
Bliss, D.　785a
BLK　366a

BLS　768b
board of governors　90a
Board of Regents　90b
Board of Regents of the University of the State of New York　262a
Board of Trustee　90b
board of trustees　848b
Boğaziçi Üniversitesi　789b
Boğaziçi University　789b
Bogor Agricultural University　795b
Bologna Process　800a
Borges, J.L.　827b
botanical garden　512a
Boudon, R.　200a
boundaries of the university are the boundaries of the state　212b
Bourdieu, P.　775b, 778b, 799a
bourse　499b
boursiers　779b
brain drain　539b
Bryn Mawr College　775a
BSL　392a
BSL-4　392a
Bucerius Law School　768b
Bucharest University　762a
Budapesti Tudományegyetem　768a
Budapest University　768a
Burschenschaft　775a
Business Administration　386b
bylaws　699a

C

CA　91b
Cac　91b
CAE　151b
CAHEP　182a
CAI　203a
California Institute of Technology　316a
California Master Plan of Higher Education　316a
calling　510b
CALOHEE　651b
Caltech　316a, 407a
CAMES　178a
Campbell, T.　336b
campus　335a, 595a
CAMPUS Asia　109a
campuses in Japan of foreign universities　250b
campus life　595a
cancellarius　320a
candidate　735b
canteen　280b
CAP　28a

CAPs 172a
CAP system 334a
career center 334b
career design 335a
career education 334b
career guidance 334a
Career/technical institutions 113f
Carleton College 318b
Carnegie Classification of Institutions of
　Higher Education 308b
Carnegie Commission on Higher Educa-
　tion 308b
Carnegie Foundation 308b
Carnegie Foundation for Advancement
　of Teaching 395b
Carnegie Foundation for the Advance-
　ment of Teaching 308b
Carnegie Institute of Technology 309a
Carnegie Mellon University 309a
Carnegie Technical Schools 309a
Carnegie Unit 308b
Cartwright, T. 228b
CAS 391a
Casati, G. 301b
cathedra 72a, 409b
Cathedrarius 410a
CATs 119b
CAUSE 39b
CBT 188b, 557b
CCCS 317b, 318a
CCSF 460b
CEGEP 117a
CEng 230b
Center for Higher Education 637a
Center for Higher Education Policy
　Studies 637a
Center for Studies in Higher Education
　462b
Center of Community 498a, 639a
Center of Excellence 378a, 396a, 465a
Central Council for Education 642b
Centre for Contemporary Cultural Stud-
　ies 317b
Centre national de la recherche scien-
　tifique 546b
CEP 182a
CERN 391b
certificate 456b, 466b
certify 834a
Cesarski Uniwersytet Warszawski 871b
CEVU 91b
CF 636b
champ 779a
chancelier 320a
Chancellor 90b, 320a
change of department 667b
chargé d'enseignement 585a

Charles University in Prague 770a
charter 641a
Chartered Corporation 90a
chartered engineer 564b
chartering 95b, 641a
chartering and accreditation 641a
CHE 547b, 637a
CHEA 266b, 434b, 475b, 641b
Chemical Abstracts 391a
Chemical Abstracts Service 391a
CHEPS 637a, 588a
CHESP 481b
chilly climate 516b
Chulalongkorn University 652a
CIE 196a, 551b, 616a, 629a, 812b
CIHE 182a
CiNii 391b
CIQG 434b
CIS 461b
citation 211b
cité universitaire 602b
City College of San Francisco 460b
civic universities 119a, 479b
Civil Information and Educational Sec-
　tion 812b
CIVR 136a
Claremont Colleges 810a
Clark, B.R. 588a, 745b
Clark, W.S. 379b
class 491a
classes préparatoires aux grandes écoles
　382a
class evaluation by students 282a
Cline, F.W. 786a
Clinical Clerkship 188b
clinical education 561b
『Closing of the American Mind』 184a
club activities 454b
cluster 270a
CNAA 218b
CNE 20a
CNRS 546b, 411a, 771a
CNSU 136a, 136b
CNU 122a, 354b
CNVSU 136a
COC 44b, 639a
COC＋ 45a, 639b
COE 465a, 221b, 378a, 396a, 465b,
　713a
collaborative research 366a
collaborative work among universities
　581a
collecta 73a
college 220a, 259a, 296a, 303a, 447b,
　632a
collège 296a, 297b, 447b, 449a
College Board 223b

college campus festival 589a
Collège de France 449a
Collège d'Europe 318b
College of Advanced Education 151b
College of Commerce 386b
College of Dentistry 467a
College of Europe 318b
collège régulier 297b
collège séculier 297b
Colleges of Advanced Technology
　119b
collegiate reading 689b
collegiate sports 594b
collegiate university 118b
Collegiatra 410b
Collegio 373b
collegium 73a, 226a, 447b, 800a, 804b
Collegium Trilingue 448b
Colonial colleges 449a
Columbia College 449b
Columbia University in the City of New
　York 449b
Comenius University 445b
comité de sélection 354b
commencement 264b
commercialization 275b
Committee of Vice-Chancellors and
　Principles 579a
Commonwealth Register of Institutions
　and Courses for Overseas Students
　152b
Communautés d'universités et d'éta-
　blissements 776a
community college 444b
Community-Renewal College 445a
company limited by guarantee 90a,
　193b
comparative higher education 745b
competitive funds 363b
Computed Tomography 847a
Computer-Aided Instruction 203a
Computer Based Testing 188b, 557b
COMUE 126a, 187a, 324b, 382a,
　742b, 776a, 789b, 800a
Conant, J.B. 443b
Conceil Africain et Malgache pour
　l'enseignement superieur 155b, 178a
concept of curriculum 310b
concorso 355b
Confederation of European Union Rec-
　tors' Conferences 832b
Conférence des Présidents d'Université
　578b
Conference of Asian University Presi-
　dents 172a
Conferenza permanente dei Rettori delle
　Università Italiane 490b

confessional religious education 487a
conflict of interest 252a
Confucian Model 108b
congress of the university presidents 578b
Connecting Universities to Regional Growth: A Practical Guide 637a
Conseil académique 91b
conseil d'administration 91b, 354b
conseil des études et de la vie universitaire 91b
Conseil national des universités 354b
conseil scientifique 91b
Consiglio degli studenti 136b
Consiglio di amministrazione 136b
Consiglio Universitario Nazionale 490b
Contemporary Civilization 449b
Continuing Education 577b
contract 847b
contrat d'établissement 619b
contrat quinquennal 619b
Convention on the Recognition of Qualifications concerning Higher Education in the European Region 142a
Convention on the Rights of Persons with Disabilities 499a
conventus 73b
COOP 459a
cooperation of high school and university 414a
cooperative education 427a
Cooperative Extension Service 636a
Cornell University 443b
corporation 193a
correspondence 653b
correspondence graduate school 653a
Council for Higher Education Accreditation 262a, 266b, 475b, 641b
Council for National Academic Awards 218b
councillor 750b
Council of Europe 475b
council of the university 751a
course evaluation 543b
court 90a
CP 314b, 661a
CPGE 382a, 771a
CPPHE 182a
CPU 578b
credential society 300a
credit 232b, 382b
credit hour 382b
credit system 631a
credit transfer system 631a
CRES, 2008 481a

CREST 228a, 567b
CRICOS 152b
crisis management 327b
Cross-disciplinary 271a
CRUI 135b, 490b, 491a
CS 91b, 317a, 317b
CSHE 462b, 587b
CT 847a
cultural capital 778b
cultural reproduction 779a
cultural stadies 317a
culture 370b
culture générale 29a, 197a
Cummings, W. 107b
CUN 135b
CUN／CRUI 490b
curriculum management 315b
curriculum map 314b
Curriculum Policy 314b, 661a
CVCP 579a
cyber university 453a

D

DAAD 668b
Dal'nevostochnyi federal'nyi universitet 373a
Dānesh-gāh-e Tehrān 664b
Dartmouth College Case 629b
DEA 267a
dean 292b
decline in academic ability 298b
Definition and Selection of Competencies 198a, 446b, 851b
degree 264b, 415b
degree awarding ceremony 264b
degree-granting authority 263b
degree-granting institutions 261a
degree-granting powers 263b
degree mill 262a
democratization of university 612b
DENI 192b
department 302a, 303a, 758a
Department of Athletic 595a
Derrida, J. 665a
『Der Streit der Fakultäten』 326a, 662a
DeSeCo 198a, 446b, 851b
DESS 565a
determinatio 409b, 734b
Deutsche Forschungsgemeinschaft 669a
Deutscher Akademischer Austauschdienst 668b
Deutscher Hochschulverband 669a
Deutsches Studentenwerk 668b
Deutsche Universität für Verwaltungs-

wissenschaften Speyer 495b
development 847b
developmental education 855a
development of globally competent human resources 383b
deviation 788b
DfES 193b
DFG 669a
DHV 669a
digital library 666b
diglossia 624b
dipartimento 136b
Diplom 147f, 267a
diploma 661a
diploma di master 137a
diploma mill 259b, 262a
Diploma of Higher Education 661a
Diploma Policy 314b, 661a
diplom aspiranta 641a
diplôme d'études approfondies 267a
diplôme d'études supérieures spécialisées 565a
diplomi di specializzazione 137a
diplom spetsialista 641a
disability studies 499a
discere 658b
discipline 658b
disputatio 409b
Dissertation 843a
distance education 653b
distance education graduate school 653a
Divinitatis Doctor 267a
division 758a
Division of General Education 371b
D. O. 817b
docere 690b
doctor 266b, 268b, 690b, 735a, 776b
doctoral course 735b
doctoral degree after completinga doctor program 306b
doctoral degree by thesis only 869a
doctoral or equivalent 416a
Doctoral University 396b
Doctor of Education 390a
Doctor of Juridical Science 390a
Doctor of Jurisprudence 266b
Doctor of Medicine 817b
Doctor of Osteopathic Medicine 818a
Doctor of Philosophy 267b, 380b, 390a, 735a
Doctor of Science 390a
doctor's degree 261b
Doctor's degree study 113f
Doctor Theologiae 267a
Doktorantura 147f
Doktor der Philosophie 262b

大学事典
Dokto 931

doktor nauk 147f, 262b
Dore, R.P. 300a
dormitory 285a
dottorato di ricerca 137a
double degree 365b
DP 314b, 315b, 661a, 841a
DP・CP・AP 661a
DQR 565b
D. Sc. 390a
DSW 668b, 818b
dual enrollment 693b
duale Studiengänge 712b
dual support system 399b
Durkheim, É. 665a
Dyer, H. 405b, 574a

E

EAIR 187a
eAIR 218a
early entry 694a
earned degree 267b
East Asian Approaches 107b
Eberhard Karls Universität Tübingen
    664b
e-book 666a
ECA 476a
ECFMG 189b
ECHE 203a
École des hautes études en sciences
    sociales 212a
école d'ingénieurs 125f, 565a
école doctorale 262b
École normale supérieure 221b
École polytechnique 221b
Ecoles supérieures du professorat et de
    l'éducation 202a
economics of education 344a
『Economic Value of Education』 496a
ECTS 4b, 132b, 202b, 203a, 228a,
    232b, 434a, 476a, 597a, 819a, 856b
Ed. D. 390a
education 370b
Educational Commission for Foreign
    Medical Graduate 189b
educational officer of the Ministry of
    Education and Science 821a
educational selection 348a
Educational Testing Service 443b,
    462a, 479a
Education International 339b
education policy of the OECD 232a
education/research funds 345a
Education Services for Overseas Students
    Act 152a
EDUCAUSE 39b

Educom 39a, 39b
EGE 866b
EHEA 78b, 202b, 476a, 800b, 856b
EHESS 212a
EI 339b
Eidgenössische Technische Hochschule
    Zürich 534b
e-Japan 203b
El Colegio de México 229b
e-Learning 203a
elective subject 554a
electronic book 666a
electronic journal 666a
electronic library 666b
eleemosynary corporations 193a
Eliot, C.W. 228b
Elizabethan Statutes of 1570 228b
EMBA 227b
embedded librarian 692b
Emeriti 355a
EMI 345a
ENA 21b
endowed professorship 410a
Engaged University 45b
Engineering Criteria 2000 330a
engineering education 329a
engineer's title 230a
English as a Medium of Instruction
    345a
ENIC 434a, 475b
ENLACES 836a
ENQA 8a, 9a, 171a, 476a, 832a
enrollment management 231b
ENS 221b
enseignant associé 585a
enseignant-chercheur 354b, 585a
enseignant du second degré 585a
enseignant invité 585a
entrance ceremony 726b
entrance exam industries 494a
entrance exam wars 494a
entrepreneurial universities 588a
Entrepreneurial University 275b
Eötvös Loránd Tudományegyetem
    768a
e-Portfolio 838b
EPSC 217a
EPSCP 216b, 91a, 122a, 521b, 773a
EQA 476a
EQAR 476a
EQF 43a, 260b, 467a
equality of educational opportunity
    342b
ERA 430a
ERASMUS 202b, 228a
ERASMUS＋ 203a, 228a, 430a,
    501a, 651b

Erasmus Charter for Higher Education
    203a
Erasmus, D. 860b
Erasmus for All 202a, 856b
Erasmus Mundus 501a
Erasmus Universiteit Rotterdam 227b
Erasmus University Rotterdam 227b
ERATO 228a, 567b
ERC 430a
ERDF 636b
Erhvervsakademier 143a
ES 231b
ESF 636b
ESG 476a, 832a
ESIB 832a
ESOS 152a
ESPE 202a
ESR 91b, 225b
ESU 476a, 832a
ET 2010 202b
ET 2020 202b
Établissement public à caractère scien-
    tifique, culturel et professionnel
    91a, 216b, 773a
Établissement public à caractère scien-
    tifique et culturel 217a
établissements publics 91a
ETH Zürich 534b
ETS 443b, 462a, 479a
ETUCE 339b
EU 4b, 202a, 501a, 801a, 832b
EUA 832b
EUI 832b
EURASHE 476a
Eur Ing 230b
Europe 2020 202b, 430a
European Association for Institutional
    Research 187a
European Community Action Scheme
    for the Mobility of University Students
    228a
European Credit Transfer and Accumu-
    lation System 202b, 434a
European Credit Transfer System
    132b, 232b, 856b
European Higher Education Area 4b
European Higher Education Society
    187a
European Network of Information Cen-
    tres 434a, 475b
European Organization for Nuclear
    Research 391b
European Qualifications Framework
    43a, 260b, 466b
European Research Area 430a
European Students' Union 832a
European Trade Union Committee for

Education   339b
European Union's Lifelong Learning Programme   202a
European Universities Association   832b
European University Institute   832b
evening university courses   823a
examen privatum   361a
examen publicum   361b
examination conducted by admissions office   221a
examination for working adults   483b
Executive MBA   227b
experiment   473a
experimental colleges   474a
experimental farm   731a
Exploratory Research for Advanced Technology   228a
extension   577a
external degree   268b
external degree program   269a
external evaluation   252a
extracurricular activities   255a
extraordinarius   647b
Exzellenzinitiative   221b, 226a

F

Fabrication   400b
Fachbereich   71a, 662b
Fachhochschule   129a, 141a, 262b, 567a
Fachhochschulreife   567a
Facilities for Common Use Among Universities   342a
facoltà   136b
Fact Book   208b
facultas   70a, 758a
facultatis atrium   661b
faculté   742a
faculté des arts   852b
faculty   70b, 303a, 758a
faculty and staff appointments   729b
faculty and staff promotions   362a
Faculty and Staff Union of Japanese Universities   553a
faculty control over academic matters   360b
faculty council   359a
Faculty Development   757a
faculty meeting   359a
Faculty of Agriculture   730a
Faculty of Arts   249b
Faculty of Arts and Sciences   270b, 370a
Faculty of Business Administration   385a
Faculty of Commerce   502a
Faculty of Computer Science and Systems Engineering   505b
Faculty of Dentistry   467a
Faculty of Economics   386a
Faculty of Economics and Political Science   386b
Faculty of Education   340a
Faculty of Engineering   405b
Faculty of Fishery   534b
Faculty of Foreign Studies   250b
Faculty of Horticulture   230a
Faculty of Humanities   533a
Faculty of Kinesiology   574a
Faculty of Law   791a
Faculty of Letters   777b
Faculty of Letters and Sciences   370a
Faculty of Liberal Arts   270b
Faculty of Medicine   188b
Faculty of Music   249b
Faculty of Pharmaceutical Sciences   823b
Faculty of Philosophy   661b
Faculty of Physical Education   574a
Faculty of Political Science and Economics   542b
Faculty of Science   840b
Faculty of Social Welfare   483b
Faculty of Social Work   483b
Faculty of Sports Sciences   574a
Faculty of Theology   525a
Faculty of Veterinary Medicine   484a
faculty senate, academic senate   352a
Fakultät   71a
Falsification   400b
Far Eastern Federal University   373a
FD   80b, 280a, 283b, 284a, 537a, 538a, 582b, 583b, 757a, 757b
Federation of Japanese Private Colleges and Universities Associations   720b
fellowship   761a
Fermi National Accelerator Laboratory   391b
FernUniversität in Hagen   736b
FFP   400b
FH   262b
Fichte, J.G.   126b, 758b
field librarian   692b
field work   759a
final exams   656b
first-group university   196b
first professional degree   265a, 560b
fixed-term contract   354b
flagship university   181a
FMICS   537b
foreign-affiliated company   251a
for-profit university   309a
foundation and university   452a
foundation year   375a
Fourah Bay College   154a
FP   430a
Framework Programme   430a
fraternity   770a
freedom of research   398a
Free Education   289b
Free University Brussels   774b
Freier Zusammenschluss von Studentenschaften   279b
Freie Universität Berlin   788a
Friedrich-Schiller-Universität Jena   187a
Fudan University   766b
Fulbright Scholar Program   775b
full professor   353b, 411a, 584a
full-time faculty   555b
Funding Councils   399b
funding formula approach   739b
fuori corso   762a
FZS   279b

G

G7   534a
『Gaceta UDUAL』   835a
Galilei, G.   317a
gap-widening society   271a
gap year   333b
Gaudeamus igitur   828b
GCE-A   86b, 606a
GCSE   86b
Geisteswissenschaften   532a
Gelmini, M.   463b
Gemeinsame Wissenschaftskonferenz   365b
gender   463b
gender equality   633b
general education   196b, 198b, 199a
『General Education in a Free Society』   463a
Gentile, G.   465a
Georg-August-Universität Göttingen   388a
Gesamtschule   128b
GI   254b, 461b
GI Bill   461b
G.I. Bill of Rights   461b
Gilman, D.C.   375a
GIST   812a
Global KU Project   447a
Global Leading University   573b
GMAC   479a
GMAT   478b

GNVQ 606b
Go8 243a, 477b, 818b
goliard 446b
goliardus 446b
Good Practice 377b, 403b, 475a, 690b
Gordon Memorial College 154b
Göttinger Sieben 388a
governing body of the university 579b
Government Domestic Expenditure on R & D 545a
Government-financed Gross Domestic Expenditure on R & D 545a
government-financed study abroad 436a
GP 377b, 378a, 403b, 475a, 690b, 757b, 822b
GPA 478b, 272a, 543b
Grade Point Average 478b
graduate 202b, 267a
graduate division 380b
Graduate Education for the New Age 529a
graduate fellowship 761b
Graduate Instructional Program 396b
Graduate Management Admission Council 479a
Graduate Management Admission Test 478b
Graduate Record Examinations 462a
graduate school 74b, 76b, 259a, 380b
graduate school of business and management 747a
graduate school of public and social policy 409a
graduate schools for teacher education 363b
Graduate Student Instructor 583b
graduate studies 76b
Graduate University for Advanced Studies 568b
graduation 571b
graduation ceremony 726b
graduation thesis 572a
grammar school 782a
Gramsci, A. 380b
grandes écoles 381a
grands établissements 217a, 773a
grant 499b, 847b
GRE 462a
Great Awakening 335b
Great Books 383a
GREPH 665a
GRIPS 542a
Grosser Senat 91a
Group of Eight 243a, 477b, 818b
Grundschule 128a
Gruppenuniversität 489a

GSI 583b
guest professor 333b
Guidelines for Quality Provision in Cross-border Higher Education 441b
『Guide to Higher Education in Africa』 433b
Gui, L. 377a
GWK 365b
Gymnasium 128a

H

Habilitation 91b, 130a, 496b, 585a
Handelshochschule 386b
harassment 741a
Harvard Business School 733b
Harvard University 733b
Háskóli Íslands 142b
HATO 159b
Hauptschule 128a
Haut conseil de l'évaluation de la recherche et de l'enseignement supérieur 163a
HCERES 163b
head officer 479b
Hebrew University of Jerusalem 786a
HECS 151b, 492b, 492t
HEEACT 547b
HEFCE 99a, 192b, 399b, 619a
HEFCW 192b
helicopter parents 786a
Helsingin yliopisto 787b
HEQC 417a
héritiers 779b
HFSP 430a
higher education 415b, 416a, 417b
Higher Education Academy 582b
Higher Education Act 2001 244a
Higher Education Contribution Scheme 151b, 492b
Higher Education Corporation 90a
Higher Education Funding Council for England 619a
『Higher Education in the Learning Society: Report of the National Committee』 655b
Higher Education Law of the People's Republic of China 644a
Higher Education Quality Council 417a
『Higher Education Report of the Committee Appointed by the Prime Minister under the Chairmanship of Lord Robbins』 868a
Higher Education Support Act 2003

151a, 243b
Higher Research Activity 396b
Highest Research Activity 396b
high school 416a
Hilfskräfte 355a
H-index 211b
『Histoire des universités, XIIIe-XXIe siècle』 623a
Historically Black Colleges and Universities 95a
Historical Studies on Higher Education 589b
Hochschulrahmengesetz 599b
Hochschulrat 91a, 226a
Hochschulrektorenkonferenz 578b
Hochschulvertrag 620a
Hoger Onderwijs en Onderzoeksplan 132b
Hogeshool 132a
högskola 142b
Högskolelag 794a
Høgskolet 143b
『Homo academicus』 799a
Honorarprofessoren 355a
honorary degree 267b, 816b
honors program 245b, 572b
honours degree 267b, 827a
HOOP 132b
hospitium 448a
HRG 90b
HRK 129b, 578b
HRST 430b
human capital theory 531a
humanities 532a
human sciences 532a
Humboldtian education idea 783a
Humboldt, K.W.von 127a, 783a
Humboldt-Universität zu Berlin 788a
Hutchins, R.M. 738a

I

IAMAS 505b
IAU 433b
IAUP 546b
IB 433b
ICA 165a
ICED 81a
ICT 37a, 158a, 203a, 203b, 209b
ICU 429a
ID 209a
IDE 162a, 588a, 599b
IDEA 535a
IIM 109b
IIPM 109b
ILL 605a

Illinois Industrial University 206a
IMHE 232a
immatrikulieren 250a
Immatrikulierung 807a
Impact factor 211b
inceptio 73b
INCHER 588a
income groups 517b
incorporated administrative agency 692a
Indian Institute of Technology 211a
induced pluripotent stem cell 846b
Information and Communication Technology 158a, 203b
information technology 37a
Innocentius III 211b
Inns of Court 789b
INQAAHE 207b, 172b, 434b
INSEAD 727b
insertion professionnelle 354b
institute 209a, 270a, 392b, 632a
Institute for Democratic Education 162a
Institute for Development of Higher Education 162a
Institute Pertanian Bogor 795b
Institution of Civil Engineers 329b
institutional accreditation 475a
institutional aid 35b, 493a
institutional autonomy 11a
Institutional Management in Higher Education 232a
International Network for Quality Assurance Agencies in Higher Education 207b
institutional repository 327a
Institutional Research 208b
Instituts universitaires de formation des maîtres 201b, 565a
institut universitaire de technologieè 565a
institut universitaire professionnalisé 565a
Instructional Design 209a
instructor 353b, 413b
intake worker 210b
intellectual property management 638b
intensive courses 489a
Inter-disciplinary 271a, 659a
interdisciplinary curriculum 311b
inter-disciplinary subject 270b
intermediate student outcomes 740a
Internal Quality Assurance 699a
International Association of Buddhist Universities 769b
International Association of Universities 6b, 433b

International Association of University Presidents 546b
International Baccalaureate 433b
International Centre for the History of Universities and Science 461b
International college 785a
International Council on Archives 165a
international educational and research exchange 429a
international educational exchange 408a
international exchange 429a
『International Handbook of Universities』 433b
internationalization of labour market 863a
International Network for Quality Assurance Agencies in Higher Education 434b
International Quality Group 434b
International Standard Classification of Education 435a
International Union of Students 428b
internship 209b
Inter-University Research Institute Corporation 586a
『Introductiones latinae』 346b, 442a
introduction of free education 289b
invisible college 24a
IPB 795b
IPEDS 218b
iPS 846b
IPU New Zealand 324b
IR 10b, 187a, 208b, 218a, 587b, 588a
IRer 209a
Irnerius 206a
ISC 428b
ISCED 78b, 416a, 435a
ISCED-2011 417b
ISS 228a
Istanbul Technical University 194b
İstanbul Teknik Üniversitesi 194b
İstanbul Üniversitesi 194b
Istanbul University 194b
istituto 136b
Istituto Tecnico Superiore 812b
IT 37a, 453a
ITEFC 38a, 159a
IT-Equipped Face-to-face Classroom 38a, 158b
ITMDL 38a, 158b
IT-Mediated Distance Learning 38a, 158b
IUFM 201b, 565a
IUP 565a
IUS 428b

ius commune 54b
ius ubique docendi 32b, 75b, 266b, 362a
IUT 125b, 565a, 771a, 772b
Ivy League 162a

J

JABEE 330a, 717b, 718a
Jackson Laboratory 392a
Jagiellonian University 823b
JAHER 718b
JAIRO Cloud 327b
JANU 438a
『Janua linguarum』 442b
『Janua linguarum reserata』 442b
Japan Academy 167b
Japan Accreditation Board for Engineering Education 717b
Japan Association for College Accreditation 633a
Japan Association of Public Junior Colleges 552b
Japanese Association of Higher Education Research 718b
Japan Association of National Universities 438a
Japan Association of Private Universities and Colleges 721a
Japanese Institutional Repositories Online Cloud 327b
Japan Federation of Private University Teachers' and Employees' Unions 720a
Japan Foundation 433a
Japan Institution for Higher Education Evaluation 718b
Japan Scholarship Foundation 716a
Japan Science and Technology Agency 257a, 391b
Japan Science and Technology Agency Information Aggregator, Electronic 391b
Japan Society for the Promotion of Science 717b
Japan Student Services Organization 717b
Japan University Accreditation Association 581b
JAPUC 721a
Jaspers, K.T. 824b
JASSO 501b, 717b
J. D. 266b, 777a
Jefferson, T. 463a
Jewish issues 827b
JFPU 720a

Jiangxi Communist Labor General University 413b
JIHEE 718b
JMOOC 813a
job 510b
job hunting 486b
JOCW 247b
Johns Hopkins University 518a
joint degree 365b
joint degree program 341a
joint-degree programs 766a
joint graduate school 862a
Joliet Junior College 517b
『Journal Citation Reports』 211b
『Journal des Sçavans』 274a
『Journal of Higher Education』 182a
Jowett, B. 497b
JSPS 717b
JST 257a, 391b
J-STAGE 391b
JST Strategic Basic Research Programs 567b
Julius-Maximilians-Univeristät Würzburg 217a
junior college 495b, 632b
Juniorprofessor 130a, 496b, 585b
junior professor 353b
Junior Year Abroad 495a
Juris Doctor 777a
JYA 495a

K

K-12 517b
KAIST 251a
kandidat nauk 147f, 262b, 641a
Kant, I. 325b
Kant's theory of university 325b
Kanzler 320a
Karolinska Institute 319a
Karolinska Institutet 319a
Katholieke Universiteit Leuven 787a, 860a
Kazanskii gosudarstvennyi universitet 301b
Kazan State University 301b
KCL 868b
Keck Graduate Institute 810a
Keijo Imperial University 387a
KEK 586b
Kim Il Sung University 333a
King Abdulaziz University 376a
King Abdullah University of Science and Technology 375b
King Saud University 376a
King William's School 555a

KL-NET 605a
KMK 274a
knowledge-based society 485a, 637b
Knowledge-Cluster Promotion Initiative 638b
Københavns Universitet 444a
Korea Advanced Institute of Science and Technology 251a
Korean Council for University Education 320a
Korea University 447a
Korp 404b
Körperschaft des öffentlichen Rechts 90b
Kungliga Tekniska Högskolan 535a
Kunstneriske uddannelsesinstitutioner 143a
Kuwait University 377a

L

LA 280a
laboratory 392b
laboratory management 571a
LAC 853b
『Lambert Review of Business-University Collaboration』 192b
land-grant colleges 74a, 838b
language conflict in Belgium 786b
language purification 401b
languages of instruction 346a
La République des Lettres 780b
La Scuola Normale Superiore di Pisa 746a
La Scuola Superiore di Studi Universitari e di Perfezionamento Sant'Anna 746a
Latin 836a
Latvijas Universitāte 836a
Laudian Statutes 868a
Laud, W. 868a
laurea 134b
laurea magistrale 137a
laurea specialistica 137a
law education 790a
law graduate school 792a
Law-School Admission Test 792a
LEA 192a, 193b, 521b, 799b
leading research universities 396a
League of European Research Universities 832a
learning about religion 487a
Learning Assistant 280a
learning commons 838a
learning from religion 487a
Learning Management System 204a,

838b
learning outcomes 836b
learning portfolio 838a
Le Centre National de la Recherche Scientifique 411a
le code de l'Éducation 773a
lectura 409b
lecture 408a
lecturer 354a, 408b, 413b, 663b
legal system on academic degrees 267b
legal system on higher education institutions 415b
Legge Casati 301a
legis doctor 691a
Le Goff, J. 860b
Legum Doctor 267a
Le Haut Conseil de l'évaluation de la recherche et de l'enseignement supérieur 773b
Lehrbeauftragte 355a
Lehrstuhl 409b
Lehrstuhlinhaber 411a
Leiden Ranking 547b
Leiden University 834a
Leland Stanford Junior University 538b
Lengrand, P. 49b
le projet de loi Devaquet 672b
Lernfreiheit 273a
LERU 178b, 397b, 832a
LGBT 804a
Liard, L. 839b
liberal arts 370b, 852b
Liberal Arts College 853b
liberal education 199a
librarian 692b
『Libri Quattuor Sententiarum』 32a
licence 267a, 834a
Licence-Master-Doctorat 229a
licence professionnelle 565a
licensing 639a
licentia 843b
licentia docendi 73a, 73b, 361a, 409b, 843b
licentia ubique docendi 361b
lifelong learning society 498a
linear model 275a
Lingua franca 859b
Linguistics and Language Behavior Abstracts 391a
Lisbon Strategy 850a
literacy 851b
literature 777b
LLBA 391a
LLP 202a
LMD 229a
LMS 204a, 838b

Local Education Authority 193b
Local Incorporated Administrative Agency Law 640b
local public 524b
local public university 423b
Lög um opinbera háskóla 794a
Loi d'orientation de l'enseignement supérieur, dite Loi Edgar Faure 224b
Loi du 10 juillet 1896 relative à la constitution des universités 569b
loi relative à l'enseignement supérieur et à la recherche 229b
Loi relative aux libertés et responsabilités des universités 229b
LOLF 225b
loser 271a
Lov om universiteter og høyskoler 794a
Löwith, K. 828a
LRU 229b, 20a, 22a, 91b, 126a, 225b, 578b, 619b, 773a, 773b
LSAT 792a
LSE 193b, 386b
Ludwig-Maximilians-Universität München 812a
Lunds universitet 861b
Lund University 861b
Luther, M. 126b
lycée 87a
Lyotard, J-F. 840a

M

M. A. 57a
Madariaga, S.de 318b
madrass 806b
magister 266b, 267a, 776b, 804b
Magistr 147f
Magnetic Resonance Imaging 847a
Mai 68 864b
maître de conférences 354b, 411a
maîtrise 267a
major 494b, 550b
major research university 396a
Makerere College 154b
Makerere University 805a
management 225a
mandatory retirement system 660b
Manifesto of Cordoba 447a
manpower policy 807b
Marginson, S. 108a
Martin-Luther-Universität Halle-Wittenberg 744a
Masarykova Univerzita 805b
Masaryk University 805b
Mason, Sir J. 816b
Massachusetts Institute of Technology

261b, 805a
Massive Open Online Course 813a
master 232b, 268b, 488a
Master in Public Administration 409a
Master in Public Policy 409a
Master in Public Policy and Urban Planning 409a
Master of Arts 57a
Master of Business Administration 227b, 734a, 777a
Master of Education 777a
Master of Philosophy 390a
Master of Research 390a
Master of Science 57a
master or equivalent 416a
master's course 488a
master's degree 113f, 261b
Master's degree study 113f
material-transfer 639a
Matrikel 807a
maturità 134b, 606a
MBA 227b, 385a, 386b, 734a, 777a
MCAT 227a
McGill University 805a
M. D. 817b
MDC 803a
Measuring and Comparing Learning Outcomes in Higher Education in Europe 651b
M. Ed. 777a
Medical College Admission Test 227a
medical education 187b
Medical Faculty 189b
Medical Literature Analysis and Retrieval System 391a
medical school 817b, 189b
Medicinae Doctor 267a
medieval university 647a
MEDLARS 391a
MEDLINE 391a
Melanchthon, P. 126b
memex 667a
memory extender 667a
mendicant orders 629a
Mensa 818b
Mercator, G. 860b
meritocracy 818a
Merton, R.K. 200a
MEXT 821b
Miami Dade 803a
Miami Dade College 803a
Middle States Commission on Higher Education 262a
Mildert, W.van 630b
Minerva Schools at KGI 39b, 809b
Ministry of Education, Culture, Sports, Science and Technology 821b

minor 494b
minority 803a
MIT 406a, 407a, 805a
MIUR 135b
MLA (Museum, Library, Archives) 614b
mobility of the highly skilled 430b
Moderate Research Activity 396b
module 818b
monastery 489b
MOOC 813a, 39b, 159a, 247b
moral science 532a
Morrill Act 820b
mortarboard 294a
Moscow Conservatory 641a
Moscow University 819a
Moskovskaya gosudarstvennaya Konservatoriya imeni P.I. Chaikovskogo 641a
Moskovskii universitet 819a
movements for upgrading to university status 590b
MPA 409a
M. Phil. 390a
MPP 409a
MPP/UP 409a
M. Res. 390a
MRI 847a
M. S. 57a
MSCA 430a
MUAAS 586a
multi-disciplinary 271a, 659a
multiple-faculty university 44a
multiversity 807b, 611a
Municipal University Corporation 425b
museum 613b

N

NAICU 556a
NAIST 707a
NARIC 434a, 476a
natio 436b, 499b, 829a
national 524b
National Academic Recognition Information Center 434a, 476a
National Association of Independent Colleges and Universities 556a
National Board of Medical Examiners 818a
National Board of Osteopathic Medical Examiners 818a
National Center for University Entrance Examination 606b
National Collegiate Athletic Association 594b

大学事典 　Natio　937

National Commission for Cooperative Education   427b
National Council for Technological Awards   218b
National Education Association   556a
National Graduate Institute for Policy Studies   542a
National Higher Diploma   661a
National Innovation System   275a
National Institute of Informatics   391b
National Institutes of Health   437a
National Institution for Academic Degrees and Quality Enhancement of Higher Education   577a
National Library of Academic Role Profiles   354a
National Library of Medicine   391a
National Merit Scholarship   500b
National Optical Astronomical Observatory   392a
National Planning for Higher Education   416b
National Protocols   152a
national public   524b
national public university   437b
National Qualifications Framework   260a, 467a
National Science Foundation   555b
National Southwestern Associated University   437b
National Student Association   305b
National Student Lobby   305b
National Taiwan University   441a
National Teachers Association   556a
National Union of Students   277b
National Unions of Students in Europe   832a
National University Continuing Education Association   599a
National University Corporation   439b
National University Extension Association   577b, 599a
National University of Singapore   527a
Natural history   759a
Natural philosophy   759a
NCAA   595a
NCCE   427b
NCIHE   656a
NCTA   218b
NDIR   218b
NEA   556a
Nederlands-Vlaamse Accreditatieorganisatie   133a
NEDO   525a
Need-Blind   715b
Neo Liberal Arts   197b
NetLibrary   666a

Neuhumanismus   532b
『New Directions for Institutional Research』   218b
New Energy and Industrial Technology Development Organization   525a
Newman, J.H.   727a
new poor   271a
New Public Management   88a, 225a, 619a, 649b
New Universities   119b
New York University Abu Dhabi   727b
NIAD   577a
NIAD-QE   577a
NIH   391a, 437a
NIHU   586a
NII   327b, 391b, 605a
NINS   586a
NIS   275a
NLARP   354a
NLII   39b
NOAO   392a
noblesse d'État   779b
Nomenclature des niveaux de formation   260b
non-confessional and multi-faith religious education   487a
Nordic Council   142a
Nordic Council of Ministers   142a
Nordplus   142a
Normalien   221b
Northern Virginia Community College   731b
NOVA   731b
NPM   88a, 225a, 618b, 619a, 649b, 692a
NPM and University Reform Policy   225a
NPO   613a
NQF   260a, 467a
NSA   305b
NSF   555b, 847a
NUCEA   599a
NUEA   599a
Numerus clausus   86b, 129a
Nursing Programs in Universities   322a
NUS   277b, 527a
NVCC   731b

Oberingenieure   355a
Oberlin College   248a
Objective Structured Clinical Examination   188b, 557b
observatory   667b
occupation   264b

occupational structure   510b
OCW   39b, 247b
OD   246a
OECD   232a, 618b
OECD-AHELO   651b
OER   506b
Öffentliche Anstalt   219a
office hour   246b
office manager   479b
Off-JT   446a
Off the Job Training   446a
OJT   446a
One Health   484b
『On Higher Education: The Academic Enterprise in an Era of Rising Student Consumerism』   280a
On the Job Training   446a
open campus   247a
open courseware   247b
Open Educational Resources   506b
open lectures   405a
Open Universiteit   132a
open university   247b, 191b
Open University Validation Services   586a
Ordentlicher Professor   541b
Ordinarienuniversität   541b
ordinarius   647b
ordinary degree   267b, 827a
Organisation du Baccalauréat International   433b
organized research   570b
Organized Research Unit   394a
Ortega y Gasset, J.   248b
OSCE   188b, 557b
OU   191b
outsourcing   162b
OUVS   586a
over doctor   246a
over-education   406b
overseas campus   250a
Owens, O.   232a
Oxford and Cambridge Act   193a
Oxford Brookes University   245b

Pace, C.R.   182a
PACES   125f
Palacky University   741a
Palazzo della Sapienza   868b
part-time lecturer   354a, 747b
part-time lecturer issues   747b
part-time student   739a
pass degree   827a
Passeron, J-C.   778b

pathfinder 667a
Pattison, M. 738b
PCFC 192a
PD 411a
PDCA 97a, 316a, 749b
PDCA Cycle 749b
PE 230b
peer review 745a
Peking University 785a
Pell Grant 500b
Peoples' Friendship University of Russia 867a
Per-ankh 153b
PERDO 109a
performance budgeting 739b
performance funding 739b
performance indicators 740a
peripatetic university 578a
Personal Accident Insurance for Students Pursuing Education and Research 277b
persons with disabilities 498b
『Perspectives on the History of Higher Education』 588a
perverse effects 200a
PFFP 582b
PFI 225a
PG Cert 586a, 746b
PG Certificate 746b
PGCHE 746b, 81a
Ph. D. 57a, 74b, 75b, 113f, 267b, 380b, 390a, 584a, 584b, 735a
Ph. D. or advanced professional degree 113f
philanthropy 758b
philosophia ancilla theologiae 661b
Philosophiae Doctor 267b, 390a
『Philosophical Transactions』 274a
Philosophische Fakultät 777b
PI 392b, 394a, 571a
PISA 232a, 851b
Place Making 636b
Plagiarism 400b
PO 571a
POD 81a
Pohang University of Science and Technology 798b
Pôles de recherche et d'enseignement supérieur 776a
policy for science 257b
Politecnico di Milano 812b
politique contractuelle 619b
polytechnics 799a
Pontificia Universidad Católica de Chile 652b
poorer students 756b
popularization of university 611b

POSCO 798b
postdoctoral fellow 246a, 736a, 796b
postdoctoral research fellow 736a
postdoctoral research fellowship 761b
POSTECH 109b, 798b
Postgraduate Certificate 586a
Postgraduate Certificate in Higher Education 746b
post-secondary education 113f, 416a
post-secondary non-higher education 416a
Post-1992 universities 192b
poverty students 756b
pratique 779a
predoctoral fellowship 761b
prefectural and municipal university 423b
Prefectural University Corporation 425b
pre-medical course 774a
Preparing Future Faculty Program 582b
PRES 126a, 187a, 249a, 709b, 773a, 822b
PRES／COMUE 776a
president 287a, 90b
Pre-1992 universities 192b
PRIN 136a
Princeton University 774b
principal investigator 392b, 394a, 398a, 571a
『Principles of Economics』 46a
Privat Dozent 411a
Privatdozenten 355a
private 524b
Private Finance Initiative 225a
private school corporation 305a
Private School Promotion Supporting Law 519a
Private Schools Act 519a
private university 519b
privatization 225a, 275b
professeur 354b
profession 510b
professional association 560a
professional certification 563a
professional degree 560b
professional education 508b, 557a, 561a
professional graduate school 566a
professionalization 49a
professional organization 265b
professional school 74b, 113f, 776b
professional schools for teacher education 363b
Professional University 566a
professionnalisation 565a

professionshøjskole 143a
professor 353b, 354b, 359a, 584b, 776b
professore aggregato 356b
professor emerita 816b
professor emeritus 816b
professorial qualifications 583b
professor of practice 476b
Professor Ordinarius 410b
program 306a
Program for Internationalization of University Education 582a
Program for Promoting High-Quality University Education 474b
Program for Promoting University Education Reform 582a
programmatic accreditation 475a
Program Officer 571a
project management 571a
Promoitonsrecht 275b
Provost 90b
public 524b
publicness of university 610a
public service 482a
public university systems 424a
PubMed 391a
putting priority on graduate education 575b

Q

QAA 315a, 416b
QAD 417a
Qatar University 302a
QF 259b
QN 207b
qualification 466a
qualification course 466a
Qualifications Framework 259b
Quality Assurance Agency for Higher Education 416b
『Quality in Higher Education』 207b
Quality Network 207b
quota system 828a

R

RA 848a
RAE 318a, 399a
rate of return analysis 484b
RDF 357b
reader 354b, 584b
readmission 765a
Realschule 128a
reasonable accommodation 499a

recognition 641b
recruitment agreement for college graduates 488b
recruitment based on designated schools 477a
rector 287a
recurrent education 841b
Reed College 854a
re-enrollment 765a
REF 399a, 399b
Regia Academia Carolina 861b
Regional Accrediting Organizations 261b
regionology 635a
registration fees 688a
REI 465b
Reitor Ranking 547a
religious education 486b
remedial education 855a
Rensselaer Institute 862b
Rensselaer Polytechnic Institute 862b
répertoire national des certifications professionnelles 564b
repetition 858b
required subject 749b
research activity 396b
Research Assessment Exercise 318a, 399b
Research Assistant 848a
research associate 517a
research degree 390a
research doctorate 390a
Researcher Development Framework 357b
researcher mobility 430b
research ethics 400b
research evaluation 399a
Research Excellence Framework 399b
Research Excellence Initiative 465b
research facility 394a
Research Fellowship for Young Scientist 691b
research funding 390b
research group 411b
『Research in Higher Education』 218b
research in humanities and social sciences 533a
research in sciences, engineering, and medicine 844a
research institute 393a
Research Institute for Higher Education, Hiroshima University 755b
research integrity 400b
research on higher education 587b
research organization 394a
research professor 691a
Research-R 397a

research representative 398a
research resources 390b
Research-Teaching and Study Nexus 28b
research university 180b, 395b, 397a
『Review of Higher Education』 182a
『Revista Universidades』 835a
Rheinische Friedrich-Wilhelms-Universität Bonn 802a
Rhodes Scholarship 867b
Riforma Gelmini 463b
Riforma Gentile 465a
Riforma Gui 377a
Riforma Ruberti 861a
Rīgas Tehniskās universitāte 841b
Riga Technical University 841b
RIHE 218b
RIHED 108b
Rijksuniversiteit Groningen 776a
『Rise of the Meritocracy』 818a
RISTEX 567b
RNCP 564b
Rockefeller Institute for Medical Research 867b
Rockefeller University 867b
ROIS 586b
Rosobrnadzor 147a
Rossiiskaya Akademiya Nauk 865b
Rossiiskaya Akademiya Obrazovaniya 866a
Royal Charter 90a, 193a
『Royal Grammar』 782b
Royal Institute 393a
Royal Institute of Technology 535a
RPD 691b
RTDa 356b
RTDb 356b
R-T-S 28b
RU11 397a
Ruberti, A. 861a
Rudolph, F. 588a
Russian Academy of Education 866a
Russian Academy of Sciences 865b
Russkii universitet Druzhby Narodov 867a
Rutgers, The State University of New Jersey 836b

S

SA 659b
sabatikos 457a
sabbatical leave 457a
Said, E.W. 453a
Saint-Petersburg State University 459b
salaria 776b

Sankt-Peterburgskii gosudarstvennyi universitet 459b
SAT 86a
SAT／ACT 223b
satellite campus 457a
SAT Reasoning Test 223b
SAT Subject Test 223b
SAU 173b
Schein 597a
Schelsky, H. 463b, 661b
scholarly communication 571a
scholar of the nation 759a
scholarship 499b
scholastic ability evaluation 300a
Scholastic Aptitude Test 223b
Scholastic Assessment Test 223b
scholasticism 536a
school 303a
School of Arts 249b
school of business and management 747a
School of Medicine 188b
School of Music 249b
School of Science 840b
School of Social Welfare 483b
School of Social Work 483b
school philosophy 389a
school register 286a
school without walls 309b
Schultz, T.W. 496a
science and technology policy 257b
science café 451a
Science Council of Japan 717a
ScienceDirect 391a
science for policy 257b
science policy 257b
scientific revolution 255b
SciFinder 391a
scolasticus 320a
Scottish Credit and Qualifications Framework 260b
Scottish Vocational Qualification 260b
SCQF 260b
Scripps, E.B. 536a
Scripps Metabolic Clinic 536a
Scripps Research Institute 262a, 536a
SD 81b, 537a
SDU 537a
SEAMEO 108b
secondary education 416a
second-group university 196b
SEDA 81a
selection system of admission to universities 605b
self-assessment 470a
self-monitoring and self-evaluation 470a

940 　recog

semester 549b
seminar 230b
seminar house 549b
Senat 91a
Senato accademico 136b
senior lecturer 354a
Seoul National University 570a
Serviceman's Readjustment Act of 1944 461b
settlement movement 548b
seven liberal arts 197a
Seven Sisters 549b
SF 300b
SfH 86b, 129b
SFSS 300b
shared governance 90b
Sharif University of Technology 484a
SHEFC 192b
short-cycle tertiary 416a
Significant Learning 170b
SINET 605a
sistema de cotas 840b
S. J. D 390a
SNESUP 417a
SNS 571b
social mobility 348a
Social Network Service 571b
social structure 48a
society of widening disparities 271a
Sofiyski universitet"Sv. Kliment Ohridski" 572b
SOKENDAI 568b
sorority 770a
specially-appointed professor 691a
Spetcialist 147f
spiritual education 487a
sponsored research 366a
SPS 224a
staatliche Einrichtungen 90b
staff as student 280a
Staff Development 537a
Staff Development in University 537a
stakeholder 538b
Standards and Guidelines for Quality Assurance in the European Higher Education Area 476a
Standards for the Establishment of Universities 598a
Ständige Konferenz der Kultusminister der Länder 274a
Stanford University 538b
Statement of Principles on Academic Freedom and Tenure 663a
state university 437b
Statute of Charitable Uses of 1601 193a
Stecklein, J.E. 218a

steering at a distance 88a
Stiftungsrat 91a
St. John's College 555a
St. Kliment Ohridski University of Sofia 572b
straordinarius 647b
student cap 294a
student consumerism 280a
student discount 300b
student loans 351a, 626b
student orientation 248b
student payments 282b
Student Personnel Services 224a
student services 278a
students' self-government 278b
student staff 280a
studies on higher education 587b
studium 361b
studium generale 3b, 266b, 361b, 539a
studium particurale 361b
study abroad 855a
Sturm, J.von 167a
subfasc 168a
Subject Areas Reference Points 651a
Subject Benchmark 837b
subject librarian 692b
substantiating doctoral degree program 735b
Suliman S. Olayan 785a
Sultan Qaboos University 540a
Sungkyunkwan University 573a
supervision 392b, 650a
Support Program for Contemporary Educational Needs 403b
Support Program for Distinguished University Education 690b
Support Project for Strategic University Cooperation 567b
Sveučilište u Zagrebu 455a
SVQ 260b
Swarthmore College 540a
Swiss Federal Institute of Technology in Zurich 534b
Syddansk Universitet 809b
syllabus 518b
Syndicat national de l'enseignement supérieur 417a
Syndicat national de l'enseignement supérieur et de la recherche 417a
Syrian Protestant College 785a
System Althoff 185b

T

TA 473b, 582b, 583a, 659b
Taihoku Imperial University 626b

Tandaiseichosa 633a
Tartu Ülikool 630b
TAU 665b
taught degree 267b, 586a
teacher training 357b
Teaching Assistant 473b, 659b
teaching associate 517a
Teaching Portfolio 659b
『TEAM』 187a
technical education 557a
technical officer of the Ministry of Education and Science 821a
Technische Hochschule 407b
Technische Universität 407b
Technische Universität München 812a
technological research university 406b
Technology Licensing Organization 329a, 639a
technology transfer 329a
Tehran University of Medical Sciences 664a
Teknologiska Institutet 535a
Tel Aviv University 665b
teleuniversity 247b
tenure 295a, 663a
tenure-track Assistant Professor 663b
TEQSA 151a
Tertiary Education 151a, 416a
Tertiary Education and Management 187a
Tertiary Education Quality and Standards Agency 151a
Tertiary Education Quality and Standards Agency Act 2011 243b
TH 54b, 407b
Thai-Nichi-Institute of Technology 626a
Thammasat University 630a
THE 547a
The 21st Century COE Program 713a
third party evaluation 625a
Thomasians 460a
Thomasius, C. 694a
Tinbergen, J. 227b
title 502b
title of Associate 496a
TLO 329a, 639a
TNI 626a
Total Quality Management 649b
town and gown 627a
Toynbee Hall 672b
TP 659b
TQM 649b
training-grant 736a
trans-disciplinary 271a, 659a
transfer admission 789a
transfer of school 667b

trencher cap 294a

triangle of coordination 588a

Tribal College 445b

Tribhuvan University 696b

Trinity College Dublin 696a

Tripos 827a

Trow, M.A. 588a, 611b, 698a

Tsinghua University 541a

TSRI 536a

tuition 492a

tuition and fees 282b

tuition fees 492a

tuition waiver 290b

tuning 650b

Tuo 597b

tutor 650a

tutorial system at the universities 650b

types of academic degree 266b

U

U21 178b

U21 Global 216b

U21 Pedagogica 216b

UCAS 86b, 606a, 621a

UCEA 599a

UCLA 316b

UCTS 172b, 631a

UDUAL 835a

UER 827b

UFC 192a, 621b, 770b

UFR 827a, 20a, 162b, 224b, 324b, 709b, 742b

UFRJ 840a

UGC 192a, 621b

UI 211a

UK Professional Standards Framework for teaching and supporting learning 357b

UKPSF 357b, 357t, 746b

UMAP 108b, 172a, 631a

U-MAP 637a

UMIST 807b

U-Multirank 203a, 434b, 637a

UNAM 817a

undergraduate 202b, 267a

undergraduate program 271b

unearned degree 267b

UNEF 770b

UNESCO 417b

unintended consequences 200a

Unión de Universidades de América Latina y el Caribe 835a

Union nationale des étudiants de France 770b

United Arab Emirates University 184a

Unité de formation et de recherche 827a

Unité d'enseignement et de recherche 827b

United Nations University 435b

United States Student Association 305b

Universiade 828b

Universidad Autónoma de Santo Domingo 460a

Universidad Complutense de Madrid 807a

Universidad de Alcalá 185a

Universidad de Barcelona 743b

Universidad de Buenos Aires 760b

Universidad de Chile 652b

Universidad de Córdoba 447b

Universidad de la República 217b

Universidad de Lérida 862b

Universidad de Montevideo 820b

Universidad de Palencia 744b

Universidad de Salamanca 457a

Universidad de Sevilla 549a

Universidad de València 744a

Universidad de Valladolid 743a

Universidade de Coimbra 404b

Universidade de Lisboa 850b

Universidade de São Paulo 460b

Universidade Federal do Rio de Janeiro 840a

Universidad Nacional Autónoma de México 817a

Universidad Nacional Mayor de San Marcos 461a

Università Cattolica del Sacro Cuore 543a

Università degli Studi di Catania 301b

Università degli Studi di Ferrara 760b

Università degli Studi di Firenze 760a

Università degli Studi di Milano 812b

Università degli Studi di Napoli Federico II 704b

Università degli Studi di Padova 738b

Università degli Studi di Pavia 734a

Università degli Studi di Salerno 457b

Università degli Studi di Siena 462b

Università degli Studi di Torino 696a

Università degli Studi La Sapienza 868b

Università di Bologna 800a

Università di Pisa 746b

universitas 2b, 73a, 361b, 437a, 612b, 828b

Universitas 21 216b

Universitas Indonesia 211a

universitas magistrorum et scolarium 361a

universitas scolarium 361a

Universität 828b

Universität Basel 737a

Universität Bielefeld 753a

Universität der Bundeswehr 862b

Universitatea din Bucureşti 762a

Universität Erfurt 218b

Universität Heidelberg 733a

Universität Konstanz 449b

Universität Leipzig 834b

Universitätsstadt 602b

Universität Wien 214a

Universität Witten/Herdecke 213b

Universität zu Köln 389a

université 828b

Université Catholique de Louvain 787a, 860a

Université Cheikh Anta Diop de Dakar 462a

Université d'Alger 185a

Université d'Angers 186b

Université d'Avignon 162b

Université de Bordeaux 799b

Université de Caen Basse-Normandie 324b

Université de Franche-Comté 770b

Université de Genève 495b

Université de Grenoble 382a

Université de Kinshasa 376a

Université de Lyon 859b

Université de Montpellier 822b

Université de Nantes 709b

Université de Paris 742a

Université de Perpignan 787b

Université de Poitiers 789b

Université de Strasbourg 539a

Université de Toulouse 688a

Université d'Orléans 248b

Université impériale 828b

Université impériale sous Napoléon Ier 705a

Universiteit 132a

Universiteit Antwerpen 132a

Universiteit Gent 131b, 787a

Universiteit Hasselt 132a

Universiteit Leiden 834a

Universiteit Maastricht 132a

Universiteit Twente 132a

Universiteit Utrecht 131b

Universiteit van Amsterdam 178b

Université Libre de Bruxelles 774b

Universitet 142b

Universitetet 143b

Universitetet i Oslo 244b

universities as corporations or juristic persons 616b

『Universities: British, Indian, African—A

Study in the Ecology of Higher Education』 174b

Universities Funding Council　621b

『*Universities in Europe in the Middle Ages*』　609a

Universities Scotland　579a

Universities UK　578b

university　569a, 828b

university admissions lawsuits　726a

university and patent　605a

university autonomy　11a

university campus festival　589a

university college　133a, 829a

University Continuing Education Association　599a

University Council　594a

university extension courses　405a

University Extension Movement　578a

university farm　731a

University Grants Committee　621b

university hospital　614b

University-Industry Collaboration　458b

university-industry collaboration in research and development　458b

University Institutional Accreditation　581b

university integration　601a

university medical services　575a

University Mobility in Asia and Pacific　172a

university museum　736a

University of Amsterdam　178b

University of Auckland　243a

University of Basel　737a

University of Birmingham　741a

University of British Columbia　774a

University of Buckingham　738a

University of Cairo　253b

University of Calcutta　317a

University of California　181a

University of California, Berkeley　316b

University of California, Los Angeles　316b

University of Cambridge　404a

University of Cape Town　388b

University of Chicago　468a

University of Copenhagen　444a

University of Delhi　665b

University of Durham　630b

University of Edinburgh　224a

University of Geneva　495b

University of Glasgow　380a

University of Groningen　776a

University of Guelph　389a

University of Helsinki　787b

University of Hong Kong　802a

University of Ibadan　200b

University of Illinois at Urbana-Champaign　206a

University of Indonesia　211a

University of Keele　375a

University of Khartoum　743b

University of Latvia　836a

University of Leuven　860a

University of Ljubljana　859a

University of London　868b

University of London International Programmes　269a

University of Madras　806b

University of Manchester　807b

University of Melbourne　818a

University of Michigan, Ann Arbor　809a

University of Mumbai　814b

University of Oslo　244b

University of Otago　244b

University of Oxford　245a

University of Pennsylvania　788b

University of Phoenix　760b

University of Santo Tomas　460a

University of Science and Technology of China　644a

University of Singapore　527b

University of Southern Denmark　809b

University of Sussex　455a

University of Sydney　477b

University of Sydney Act 1989　244a

University of Tartu　630b

University of Tehran　664b

University of the Air　191b, 247b

University of the Philippines　758b

University of the Philippines College Admission Test　759a

University of the South Pacific　809b

University of Toronto　698b

University of Vienna　214a

University of Virginia　212a

University of Wales　215a

University of Warsaw　871b

University of Wisconsin-Madison　213a

University of Wisconsin System　213a

University of Zagreb　455a

university press　590b

University Professional & Continuing Education Association　599a

university regulations　286a

University Research Administrator　398a, 571a, 848b

University Science, Humanities and Engineering Partnerships in Africa　388b

university town　602b

university without walls　309b

Univerza v Ljubljani　859a

Univerzita Karlova　770a

Univerzita Komenského v Bratislave　445b

Univerzita Palackého　741a

Uniwersytet Jagielloński w Krakowie　823b

Uniwersytet Warszawski　871b

UNMSM　461a

UNU　435b

UP　758b

UPCAT　759a

UPCEA　599a

Uppsala universitet　216b

Uppsala University　216b

URA　398a, 571a, 848b

US　527b

U.S. Department of Education　180b

『*Uses of the University*』　610b

USHEPiA　388b

USP　460b

USSA　305b

UST　460a

USU　60a

UUK　192b, 578b

UVSOR　391b

V

Value For Money　225a

Vesalius, A.　214b

VFM　225a

vice-chancellor　90a, 287a

Victoria University of Manchester　807b

Vilniaus universitetas　214a

Vilnius University　214a

virtual university　737b

Vision 2020　573b

visiting professor　333b

Vitae　357b

vocation　510b

vocational degree　560b

vocational education　508b, 795a

vocational relevance　511b

Voronezhskii gosudarstvennyi universitet　215b

Voronezh State University　215b

Vrije Universiteit Amsterdam　178b

Vstupitelnye Ispytanie　147f

VU Amsterdam　178b

Vysshaia Attestatsionnaia Komissiia　262b

W

W 411a
W2 411a
W3 411a
Wageningen Universiteit en Research-centrum 871a
Wageningen University 871a
Watson, C.A. 253b
WBT 203a
WCU 173a, 321a
WEA 864a
Web-Based Training 203a
Weber, M. 215a
Web of Science 211b, 212a
Wernerius 206a
WESIB 832a
Western Association of Schools and Colleges 262a
Western European Student Information Bureau 832a
Western Governors University 51b
Wet op het hoger onderwijs en weten-schappelijk onderzoek 132a
WFME 188b, 434b
White, A.D. 801b
WHW 132a
WID 213a
WIL 512a
William of Wykeham 650b
Williams College 213b
Willis, P. 779a
winner 271a
wireless university 247b
Wisconsin Idea 212b
Wisconsin Institutes for Discovery 213a
WISH 285b
wissenschaftliche Hochschule 129a, 275b
Wissenschaftsrat 226a, 274b
Wissenschaft 411a
women's college 515b
Workers' Educational Association 577b, 864a
Work Integrated Learning 512a
World Class University 173a, 321a
World Declaration on Higher Education for the Twenty-First Century 713b
World Federation for Medical Education 188b
World Higher Education Database 433b
World Premier Research Center Initiative 547b
world university rankings 547a

Worldwide Political Science Abstracts 391a
WPI 395a, 547b
WR 274b
WRK 578b

Y

Yale-NUS College 250a, 527b
Yale Report of 1828 187b
Yale University 187b
2-year community or junior colleges 113f
4-year undergraduate programs 113f
Yenching University 230a
Yliopisto 144a
Yliopistolaki 794a
YÖK 697b
Yonsei University 833a
Young, M. 818a

Z

ZVS 86b, 129a
Zweig, S. 827b

大学事典

2018 年 6 月 22 日　初版第 1 刷発行
2019 年 4 月 25 日　初版第 2 刷発行

編集委員──児玉善仁＋赤羽良一＋岡山 茂＋川島啓二＋
　　　　　木戸 裕＋斉藤泰雄＋舘 昭＋立川 明

発行者────下中美都
発行所────株式会社平凡社
　　　　　〒101-0051　東京都千代田区神田神保町 3-29
　　　　　電話────03-3230-6584［編集］
　　　　　　　　　　03-3230-6573［営業］
　　　　　振替────00180-0-29639
　　　　　ホームページ──http://www.heibonsha.co.jp/

装丁────中垣信夫＋三好 誠
編集────株式会社平凡社
　　　　　一般社団法人百科綜合リサーチ・センター
印刷────株式会社東京印書館
製本────大口製本印刷株式会社
製函────永井紙器印刷株式会社
　　　　　本文用紙──北越コーポレーション株式会社
　　　　　クロス────ダイニック株式会社

©Heibonsha Ltd. 2018 Printed in Japan
ISBN978-4-582-12102-5
NDC 分類番号 377　B5 判（26.3㎝）　総ページ 952
落丁・乱丁本は小社読者サービス係で
お取り替えいたします（送料小社負担）